中国资本市场法制发展报告

—— 2014 ——

中国证券监督管理委员会

法律出版社
LAW PRESS CHINA

主　编:庄心一　姜　洋

副主编:程合红　刘辅华　吴国舫

2014年10月24日，中国证监会主席肖钢主持召开党委中心组（扩大）学习会议，认真传达党的十八届四中全会精神，学习《中共中央关于全面推进依法治国若干重大问题的决定》。

2014 年 2 月 24 日至 27 日，中国证监会副主席庄心一（时任）赴福州、深圳就上市公司监管立法问题进行调研。

2014 年 4 月 29 日，证券期货业信息化工作领导小组召开第十次工作会议，中国证监会副主席刘新华（时任）出席会议并讲话。

2014 年 4 月 9 日，中国证监会纪委书记王会民出席会党校 2014 年春季干部任职培训班开班仪式并讲话。

2014年5月28日，“第十一届上海衍生品市场论坛全体大会”在上海召开，中国证监会副主席姜洋出席会议并讲话。

2014年5月15日，“创新与发展，投资者保护——我们共同的事业”国际研讨会在上海召开，中国证监会主席助理吴利军（时任）出席论坛并讲话。

2014 年 5 月 16 日，2014 年券商创新大会在北京召开，全国人大财经委副主任委员吴晓灵出席会议并讲话。

2014年12月27日，第五届“上证法治论坛”以“依法治市：中国资本市场的现实选择与推进路径”为主题在北京召开，全国人大常委会法工委副主任信春鹰出席论坛并讲话。

2014 年 12 月 27 日，第五届“上证法治论坛”以“依法治市：中国资本市场的现实选择与推进路径”为主题在北京召开，国务院法制办副主任甘藏春出席论坛并讲话。

2014 年 12 月 27 日，第五届“上证法治论坛”以“依法治市：中国资本市场的现实选择与推进路径”为主题在北京召开，最高人民检察院副检察长孙谦出席论坛并讲话。

2014 年 11 月 12 日，期货立法国际研讨会在郑州商品交易所召开，全国人大常委、财经委副主任委员、期货法立法领导小组组长尹中卿出席会议并讲话。

2014 年 2 月 24 日至 27 日，国务院法制办副主任甘藏春、中国证监会副主席庄心一（时任）赴福州、深圳就上市公司监管立法问题进行调研。

2014年6月13日，中国证监会主席肖钢主持召开改革退市制度座谈会，听取法学界、经济学界专家学者对改革完善并严格实施上市公司退市制度的意见和建议。

证券法的法理与逻辑

（代序）

资本市场说到底是一个法治市场，法治强，则市场兴。我们很高兴地看到，全国人大已经把证券法的修改列入了立法规划的第一类项目，也就是条件比较成熟、本届人大需要完成的项目，这是业界翘首以盼的一件大事，对从事证券行业工作的同仁来讲，这是一件鼓舞人心的大事。

事变则法移。情况变了，法律就要相应作出修改。尤其是证券法，在世界各国法律当中变化都是最快的。比如说美国的证券法，从 1933 年出台到现在，大大小小的修改，包括以一些专门立法进行的制度完善，大概修改了 40 多次，平均下来大概每两年就得修改一次。其中关于证券的定义，在 80 多年的历史中就修改了 30 多次。修改总的趋势是，证券的定义在外延上越来越宽泛，除详细列举具体证券品种外，还以非常弹性的"投资合同"兜底，除明确列举的少数品种被豁免外，都需要适用证券法的规范。总之，证券法的修改是一项经常的工作，这是由证券市场的特性所决定的。

进入修法的过程以后，也就是进入了一个各方利益博弈的过程。修法是一件很不简单的事情，各种争论、各种不同意见都会提出来。所以，进一步理清楚证券法的法理和逻辑就显得十分必要。因为这个问题直接关系到证券法的法律品格和法律秉性。不管怎么争论，怎么协调，最后怎么妥协，最终总得有个基本取向和遵循。进一步明确证券法的法理与逻辑，有利于我们在修法过程中更好地协调争议，妥善处理遇到的各种矛盾和问题。所以，可以说，这个问题是我们解决立法争议的基础或者前提。如果离开这个法理和逻辑，就某一个条款争来争去、甚至成为一种部门利益之争，则偏离了立法的正确轨道。

我觉得证券法修改的法理和逻辑应当主要体现以下三个方面：

第一个方面，证券法应当以公众投资者利益保护作为基本价值取向，或者叫作为基本价值目标追求。道理其实很简单，因为证券交易不同于普通的商品交易，也不同于银行的存款和贷款、保险与被保险，它是一对多、多对多的关系，买卖双方不知道谁是买方、谁是卖方。正是因为这个特性，必须强调信息披露的充分和有效。以信息披露为中心的原理就在这里。

在公众化交易的条件下，证券市场的交易关系具有不同于一般民商事关系的特殊性，简单依靠一般的民商事法律难以解决证券市场的特殊问题，需要通过证券法的特别规定来调整。比如证券交易是无纸化的，在证券权益的确认、归属、变动、流转和实现等方面，无法直接适用针对一般动产或者不动产的传统的物权规则;基于证券集中交易的买卖双方无法特定化,通过中央对手方制度实现责任更替和清算交收的合同关系,无法用普通债权债务的概括转移来解释;在高度流动的条件下,传统担保法律制度在担保标的物的范围、担保的设定和行使等方面,也表现出和一般的物权关系不一样的地方。

所以,在公众化交易的条件下,对证券市场的规范和规制,有很特殊的要求。这也是为什么各国的证券监管机构不同于其他行政部门的原因所在。正因为监管公众化交易的特点,证券监管机构不仅不同于银行监管机构,不同于保险监管机构,更不同于一般的行政执法机关。从境外经验看,各国证券监管部门都是集必要的立法、行政和司法职权于一体的法定特设机构。比如熔断机制,当交易出现特别异常情况时,如2分钟内股票暴涨5%,就要暂停交易10分钟,有些交易需要取消,这在一些境外市场是普遍做法,但目前我国没有明确具体的法律规定。因此,遇到类似情况,证券交易所不能采取熔断或取消交易的措施,否则,投资者跟你打官司、上访,交易所就很难讲得清楚。国外这方面的制度,很多是由证监会制定规则或者经过证监会确认的交易所规则来安排的,这是有法律效力的,得到法律保障的。任何人要挑战这个规则,法院是不支持的。因此,监管机构必须要有必要的立法权。执法不用说了,监管执法与一般的行政执法又有所不同,境外一些国家和地区,证监会可以监听,可以查封账户、冻结资金,甚至可以直接向法院提起诉讼的,这就给予了证监会准司法的权力。总之,证监会是一个特殊的机构,是兼有几种职权的综合体。

由公众交易的特殊性所决定,证券法应当把维护公众投资者的权益,作为基本价值追求。我认为,证券法本质上就是一部投资者保护法。我希望在这次证券法修改当中,在对广大公众投资者的保护上应该要有新的突破,在这里,我提出以下几个方面的建议,供大家讨论研究。

一是研究完善证券侵权民事赔偿制度。最高人民法院高度重视证券市场的投资者保护工作,通过司法解释建立了专门的虚假陈述民事赔偿制度,在实践中发挥了很好的作用。同时积极指导各地法院开展内幕交易、操纵市场民事赔偿案件的审理工作,积累了工作经验。这次证券法修改,能不能系统总结民事赔偿的实践经验,将一些成熟可行的制度规则和认定原则,如适格原告的确认、归责原则的要求、因果关系的认定、证明责任的分配、赔偿损失的计算等,上升为法律的规范。在建立集团诉讼还存在诉讼法障碍的情况下,能不能通过明确代表人诉讼实施制度,建立基于同一侵权行为的裁判结果的普遍适用规则,方便投资者降低诉讼成本,及时获得赔偿。

二是研究建立证券市场的公益诉讼制度。在证券市场,虚假陈述、内幕交易、操纵市场等违法违规行为危害范围广,涉及受害人多,且中小投资者在诉讼能力上处于弱势地位,由专门的组织机构为投资者提起公益诉讼,有利于改变诉讼中双方当事人的不平等地位,帮助投资者获得赔偿,符合公益诉讼制度的价值取向。世界上不少国家和地区都有证券领域的公益诉讼制度,比如我国台湾地区2003年就设立了证券投资人及期货交易人保护中心,为投资者提供公益诉讼服务。我国2012年修订的民事诉讼法也专门规定了公益诉讼制度,明确对于损害社会公共利益的行为,法律规定的机关和有关组织可以向法院提起诉讼。因此,能不能依据民事诉讼法的规定,由证券法明确规定可以提起公益诉讼的组织,以方便投资者保护机构通过公益诉讼的方式支持和帮助投资者获得民事赔偿。

三是研究建立和解金赔偿制度。也就是行政和解制度。在中国建立和解制度没有法律障碍,但是确实也没有明确的法律依据。但是法律没有明确禁止,我认为是可以试点的。当然,对实施和解制度也有争议,主要是担心发生道德风险的问题,也就是说花钱买平安。因此,要严格和解的范围,制定一系列的有关和解实施的细则来确保公平、公正、公开,防范道德风险。我认为,在中国证券市场探索和解制度,意义重大。

四是研究建立监管机构责令购回制度。对于通过欺诈方式从证券市场获取巨大经济利益的违法主体,在追究其相应的行政或刑事法律责任的同时,借鉴侵权责任中"恢复原状"的基本法理,强制其支付相应经济代价,通过交易安排恢复原有的状态,是对其最直接也是最有效的经济惩罚方法。能不能借鉴香港市场的做法,在证券法中明确赋予监管机构必要的职责和权力,对于类似欺诈发行、欺诈销售等违法行为,监管机构经过必要的程序,直接责令违法主体购回所发行或所销售的证券产品,将其所获得的不当利益,"回吐"给投资者,并相应建立司法机关直接强制执行的保障机制。

五是研究建立承诺违约强制履约制度。这是我们实践当中遇到的一个难题,就是上市公司、发行人、证券公司、中介机构是做了承诺的,但是他违约了,最后承诺没有履行,他不履行我们没有很好的办法,强制他履行承诺。如果这次修法能够明确监管机构可以责令其履行承诺,提出明确具体的履约要求,并相应建立司法机关强制执行的保障机制,这将是一个很大的进步。

六是研究建立侵权行为人主动补偿投资者的制度。前段时间大家都知道万福生科案件的处理,平安证券主动补偿投资者,开了个很好的先例。当然,主动补偿投资者,并不剥夺投资者通过诉讼到法院去申请民事赔偿的权利,投资者完全可以选择。

七是研究建立证券专业调解制度。证券市场中,除了行政执法,民事、刑事诉讼之外,专业调解也是一种有效的纠纷解决机制,具有专业性强、权威度高、便捷高效、成本低廉的特点。不少国家建立了证券专业调解制度,比如德国建立了专门的金融调解员制度,由独立、公正的调解员针对金融机构和投资者之间的小额纠纷进行专业调解,调解结果对金融机构有约束力,但对投资者而言,如果不认可调解结果,仍可以向法院提起诉讼寻求救济。该制度受到广大投资者的欢迎,在德国证券领域得到了广泛运用,有效地保护了中小投资者的合法权益。证券法修改是不是可以考虑借鉴这种做法,建立适应证券市场特点的专业调解制度,为快速、有效地调解纠纷提供制度基础。

第二个方面,证券法应当以有效激发市场活力为核心。如果前面第一条能够做到,第二条就好实现了。我们看美国证券市场,总是觉得放得很松。比如依据美国JOBS法案,500万元美元以下的公开发行,备案注册也不要了;私募对象从500个放开到1000个。其实很好理解,它对投资者保护的制度和投资者适当性的管理是非常严格的。你一年多少收入,只能买多少钱的股票,都有规定。

可见,宽松的市场管制环境是以一整套投资者保护制度为保障的,后面有保证了,前面也就可以放松了。让资本市场发挥促进经济转型升级,加快科技创新,增加就业和增加国民财富的积极作用,需要放活市场、激发活力。只有这样,资本市场的功能才能有效发挥。但是,投资者保护的制度不落实、不到位,这一点就很难做到,必须这边管住,那边才能放开。

建议证券法修改要在培育和强化市场机制上下功夫：

第一、营造机会公平的市场环境，一切符合条件的市场主体要面对同样的市场机会，都有自主参与竞争的可能。

第二、明确公平一致的市场规则，市场主体参与证券市场活动应当符合怎样的规范要求，享有什么样的权利和义务，可能导致什么样的法律责任和后果，都要有清晰的规定。

第三、健全严格的保护和制裁规则。既要有高效便捷的法律渠道，实现对守法经营主体受害时的权益救济，又要有严密有力的监管措施，实现对违法主体的惩罚和制裁。

所以，以有效激发市场主体活力为核心，来修改证券法，制度安排应当侧重于更多的提供市场主体的活动规则，而不是监管机构的管制规则。从这个意义上来讲，我认为修改后的证券法应该是一部市场运行法，而不是一部市场管制法。

第三个方面，证券法应当以行为统一监管为原则。对证券市场进行集中统一监管是现行证券法明文规定的基本原则。但是，在我们的实践中，同属证券性质的产品，同属证券业务的活动，同属证券交易的市场，却存在着产品规则不统一，监管要求不统一，监管主体不统一的现象。债券市场是这样，私募市场是这样，资产管理市场也是这样，都是分别由不同的部门，不同的法规，不同的规则来监管。

造成这样的局面在我们国家有一些原因，一个就是实践发展往往在先，法律规范在后，你还没规范，某一个品种已经开始出现了，所以法律规范总是有滞后的原因。另外，也有基于历史的原因，因为各个部门、各个主体已经形成了，所以我们立法的时候往往迁就和照顾现实状况，在做具体规定的时候，总会留一个“其他部门”、“其他监管机构”的尾巴。这种立法个别情况可以，如果多了，这就成问题了。

我们现在修改证券法就面临这样一个现实，市场分隔的现实，不同政府部门分别监管不同的市场，实质上是相同性质的产品和业务实行了不同的行为规则，不利于统一市场的形成和发展。三中全会提出让市场在资源配置中起决定性作用，很核心的一条，就是建立统一的市场体系。如果没有一个统一的市场体系，市场经济是建立不起来的。规则不统一的最终结果，影响的是一国证券市场的整体竞争力，我国证券市场周期性地出现需要清理整顿的问题，根本原因也在于此。立足于行为统一监管的原则修改证券法，应当做到业务规则的统一、监管要求的统一和监管机构的统一。

所以，我觉得对有违市场公平公正的，容易引发监管套利的，不利于防范系统风险的市场制度，都要加以完善，在这次证券法修改当中，应当注意解决好这些问题。当然，市场主体的主管部门对参与证券市场活动的相关主体提出特殊管理要求，具有合理性和必要性，但是并不意味着这些主体可以适用不同的市场规则。不同的主管部门可以基于职能提出特殊的管理要求，但是不等于市场主体参与市场活动可以不遵守市场规则，这个关系一定要处理好。

(肖钢主席在第四届“上证法治论坛”上的演讲)

内 容 说 明

本《报告》总结了2014年我国资本市场法制建设的主要成果,并力图反映我国资本市场法制发展的整体状况、发展水平和所处阶段。《报告》在编辑体例和内容上,基本遵循了2011年《报告》的做法,主要包括以下内容:

第一部分为领导讲话,主要收录了有关领导在2014年关于资本市场法制建设的重要讲话11篇。

第二部分为重要文献,收录重要文献5篇。

第三部分为法律法规,主要收录了2014年证券期货市场法律制度建设综述,2014年颁布的与资本市场发展相关的法律法规,包括立法解释1件、法律修改决定2件、行政法规和法规性文件18部、规章15件和司法解释3件的全文,以及其他部委规章3件。

第四部分为执法实践,主要收录了2014年行政许可、信息公开、打击非法证券活动工作、案件稽查、证监会各业务部门监管工作、行政处罚、行政复议与行政诉讼、法律问题评析、律师监管、普法工作、诚信建设等11个方面的工作综述,以及行政处罚、市场禁入和行政复议决定书等文件。

第五部分为派出机构依法行政工作,收录了中国证监会12家派出机构的依法行政工作报告。

第六部分为市场自律组织及相关机构法制建设,收录了上海证券交易所、深圳证券交易所、上海期货交易所、大连商品交易所、郑州商品交易所、中国金融期货交易所、中国证券登记结算公司、中国证券投资者保护基金公司、中国证券金融股份有限公司、中国期货保证金监控中心公司、全国股份转让系统公司、中国证券业协会、中国期货业协会、中国上市公司协会、中国证券投资基金业协会2014年法制建设工作综述,并收录了上海证券交易所、深圳证券交易所、上海期货交易所、大连商品交易所、郑州商品交易所和中国金融期货交易所等作出的纪律措施决定书目录。

第七部分为监管专题,收录了各部门、各单位报送的专项工作稿件11篇。

第八部分为综述评析,收录了上海证券交易所法律部、资本市场研究所武俊桥、刘沛佩、邢梅撰写的《2014年证券市场法治述评》,从顶层设计、制度建设、监管执法、自律监管、证券司法、法治研究等方面对2014年资本市场法制发展取得的成就及存在的问题做了具体阐述和评析。

第九部分为案例评析,收录了2014年在资本市场上有较大影响的5个典型案例分析。

第十部分为司法文书选编,收录了北京市第一中级人民法院行政判决书(杨剑波不服中国证监会对其内幕交易行政诉讼案)、北京市高级人民法院行政判决书(唐建平不服中国证监会对其操纵证券市场行政处罚诉讼案)等司法文书共7件。

第十一部分为法律意见书选编,收录了包括主要证券法律服务业类别在内的法律意见书7篇。

附录为2014年资本市场法制建设大事记,按时间顺序收录了2014年发生的对资本市场法制建设有重要影响的事件。

目　　录

第一部分　领导讲话

第二部分　重要文献

第三部分 法律法规

一、立法工作

二、法律文件

三、法律文件说明

第四部分 执 法 实 践

七、行政复议与行政诉讼

八、法律问题评析

九、律师监管

十、普法工作

十一、诚信建设

第五部分　派出机构依法行政工作

第六部分　市场自律组织及相关机构法制建设

一、上海证券交易所

第七部分 监 管 专 题

第八部分 综 述 评 析

第九部分 案 例 评 析

第十部分　司法文书选编

第十一部分　法律意见书选编

一、非公开发行类

二、境内发行上市类

三、境外发行上市类

附　录

第一部分　领导讲话

大力推进监管转型

——肖钢主席在2014年全国证券期货监管工作会议上的讲话

（2014年1月21日）

一、为什么要推进监管转型

加快转变政府职能，深化行政体制改革，是党中央、国务院作出的重大决策，是推动上层建筑适应经济基础的必然要求。转变政府职能，就是要处理好政府与市场、政府与社会的关系，通过简政放权，发挥市场在资源配置中的决定性作用和更好发挥政府作用，激发市场主体活力，增强经济社会发展内生动力，创造良好发展环境，提供优质公共服务，维护社会公平正义。推进监管转型是证监会贯彻落实党中央、国务院部署必须要完成的任务，是资本市场改革创新的内在要求，是顺应时代发展潮流的必由之路。

监管转型是指监管理念、监管模式和监管方法的革新和转变过程，是对社会主义市场经济条件下现代证券期货监管规律的新探索。大力推进监管转型的重要意义主要体现在以下几个方面：第一，推进监管转型是进一步发挥资本市场功能，激发经济活力的迫切需要。第二，推进监管转型是促进资本市场长期稳定健康发展的内在要求。第三，推进监管转型是全面增强证券期货服务业竞争力的重要举措。第四，推进监管转型是提升监管效能、切实履行核心职责的现实选择。

推进监管转型要实现“六个转变”：

一是监管取向从注重融资，向注重投融资和风险管理功能均衡、更好保护中小投资者转变。保护投资者就是保护资本市场，保护小投资者就是保护全体投资者。要把维护中小投资者合法权益贯穿监管工作始终，落实到制度建设、日常监管、稽查执法的各个环节。

二是监管重心从偏重市场规模发展，向强化监管执法，规模、结构和质量并重转变。正确处理市场发展与监管执法的关系，既要加快发展、改善结构、提高质量，更要加大监管执法力度，维护市场公平正义。

三是监管方法从过多的事前审批，向加强事中事后、实施全程监管转变。减少前端审批，不是一放了之，而是必须加强事中事后监管，尽快形成放而不乱、活而有序的新手段、新规则和新机制。

四是监管模式从碎片化、分割式监管，向共享式、功能型监管转变。切实改变条块分割、各自为战的现状，强化监管信息共享和功能协作，整合监管资源，提高监管效能。

五是监管手段从单一性、强制性、封闭性，向多样性、协商性、开放性转变。要开展积极行政监管，丰富监管工具，综合运用各种手段，广泛动员各方力量参与市场、建设市场、维护市场，构建伙伴式赢、开放共享、有序互动的监管格局。

六是监管运行从透明度不够、稳定性不强，向公正、透明、严谨、高效转变。坚持平等对待各类市场主体，实行政务公开，提高决策科学化水平，增强快速反应能力，稳定监管预期。

二、监管转型的主要任务

(一)进一步精简行政审批备案登记等事项

行政审批制度改革是推动监管转型的基本前提。目前,我会已经确定未来3年将继续取消21项行政审批事项,有些今年就要取消。下一步,会机关要继续研究进一步取消和下放审批事项,规范审批事项管理。对派出机构、交易所、协会和会管单位的审批备案等事项,按业务条线列出清单,由会机关业务部门商相关单位进行甄别清理,在今年6月底前完成。

总的原则:一是会机关及派出机构凡法律法规没有规定的行政许可审批事项,一律取消;二是会机关及派出机构非行政许可审批事项清理规范后该取消的取消,该调整的调整,逐步废止非行政许可审批事项;三是会机关及派出机构在其他行政管理行为中,不得以任何名义或任何方式实施或变相实施行政审批;四是系统各单位凡没有法律规定的各类事前备案、报告等事项,一律取消,确有必要的,改为事后备案;五是系统各单位对审批事项以外的登记、考试、验收等事项以及要求市场主体报送的数据表格、资料等文件进行全面清理,提出废除、整合、简化的意见并予以公告;六是系统各单位所有审批备案事项,都必须公布标准、流程、期限和方式,不公布的不得实施。

(二)推进股票发行注册制改革

注册制改革是推进监管转型的重要突破口,牵一发而动全身,必将带动和促进其他方面的改革。

当前,我国已具备了向注册制过渡的基本条件。但实施还需要一个过程,并且要以证券法修改为前提。要抓紧制定过渡期安排,做好今年的新股发行审核工作。

初步设想,注册制改革总的思路是:证监会依法设定和核准股票发行及上市条件,统一注册审核规则。发行人是信息披露第一责任人,其言行必须与信息披露的内容相一致。发行人、中介机构对信息披露的真实性、准确性、完整性、充分性和及时性承担法律责任。投资者自行判断发行人的盈利能力和投资价值,自担投资风险。证券监管部门依法对发行和上市全程进行监管,严厉查处违法违规行为。

在过渡期内,要全面落实《关于进一步推进新股发行体制改革的意见》,在现有法律框架内做好审核工作,提高发行审核效率。优化发行审核流程,清理发行审核中的备案、登记、验收等不必要的环节或前置程序。增强发行审核透明度,梳理现有的信息披露要求和审核标准并及时向社会公布,公开审核流程及审核意见,发审会过程向公众公开。

(三)确立以信息披露为中心的监管理念

必须加强信息披露监管,重点打击虚假信息披露、欺诈发行、价格操纵等违法违规行为,确保市场机制有效发挥作用。

强化市场主体信息披露的法律责任。信息披露是向社会公众作出的承诺,信息披露义务人必须严格履行法律义务,其言行必须与所披露信息一致。如信息发生变化,应当及时按规定进行持续公开披露。市场主体要强化公司治理及内控体系建设,建立健全规范化运作流程并有效执行,从源头上确保信息披露质量。保荐机构、财务顾问、会计师和律师事务所、资产评估机构要勤勉尽责,发挥好信息披露把关作用。证券交易所全面负责上市公司定期报告、临时公告等信息披露的一线监管,树立信息披露监管权威,加强自律管理。

坚持以投资者需求为导向,使信息披露更好地为投资者服务,而不是以监管自身需求为中心。要把满足投资者的需求作为出发点和落脚点,建立发行上市、日常监管等各个环节有机衔接的信息披露规则体系。在股票发行环节,要完善招股说明书的格式、语言和内容,针对不同行业制定适应其特点的差异化信息披露要求,增强信息披露的有效性。在日常监管环节,要把现行对同业竞争、关联交易、并购重组、再融资、公司治理、财务会计等方面的监管要求纳入信息披露监管。要根据日常监管中发现的问题,充实和调整信息披露要求,完善信息披露规范制定机制。

在加强市场主体信息披露监管的同时,要加快建设透明证监会。秘密是公正的天敌,阳光是最好的消毒剂。证监会要维护"三公",必须增强透明度。政府信息要以公开为原则,以不公开为例外,做到规则公开、过程公开、结果公开。要加大新闻宣传和舆论引导工作力度,强化沟通交流互动,及时解疑释惑,让市场各方充分理解和支持监管工作。

(四)理顺监管与执法的关系

推进监管转型,需要进一步厘清和处理好日常监管与稽查执法的关系,证监会行政监管与交易所、协会自律管理的关系,监管措施、行政处罚措施与自律措施的关系。

(五)强化派出机构职责

派出机构是所在辖区事中事后监管主力军,主要职责是按照证监会的统一部署和要求,做好辖区内一线监管工作,完成全系统协作监管任务。修订《派出机构监管工作职责》,及时将非上市公众公司、私募业务等纳入监管范围,加强投资者保护、打击非法证券期货活动等职能。针对不同辖区的市场情况,建立科学的派出机构资源配置和评价体系。

派出机构要重点开展辖区内上市公司、挂牌公司和拟上市公司、证券期货经营机构的监管执法工作,对各类违法违规行为和风险苗头要及时查处、及时制止。加强与地方党委政府和有关部门沟通交流和监管协调,完善在公司上市、退市、多层次市场建设、稽查执法、相关风险处置等方面的协作机制。深化与公安机关的协作,探索快捷有效的平行移送模式。派出机构要依法行使监管权力,提高监管执法水平,及时向会机关报告辖区重大事项,积极建言献策。同时,增强大局意识和责任意识,自觉维护整个证券期货监管系统的统一性、权威性和公信力。

(六)促进证券期货服务业提升竞争力

建立机构业务牌照管理体系。适应综合经营趋势,实施公开透明、进退有序的证券期货业务牌照管理制度。公开各类业务的牌照准入标准、条件,制定并公示相应业务规范,向符合条件的机构开放,逐步解决大市场与小行业的矛盾。打破证券、期货、基金等机构业务相互割裂的局面,允许相关机构交叉申请业务牌照。区分公募和私募,探索建立与私募业务相适应的业务牌照管理方式,明确投资者适当性要求,加强监管协作,支持私募业务创新发展。

放宽证券期货经营机构准入。扩大行业对内对外开放,支持符合条件的主体设立证券期货经营机构,形成国有、民营、内资、外资并存的多元化竞争格局和优胜劣汰机制。大力发展专业证券投资机构,支持社会保险资金、养老金、企业年金等长期资金委托专业机构投资运营,拓宽资金进入资本市场的渠道。按照准入前国民待遇加负面清单的管理模式,推动相关法律法规修改,并在此基础上逐步放宽证券期货业外资准入限制,取消外资金融机构持股比例限制,允许外资证券期货经营机构设立独资子公司或分公司,取消合资公司业务牌照限制。支持境内证券期货经营机构通过跨境并购和开展跨境业务做强做大。

促进中介机构创新发展。逐步推进原则监管,增强监管规则的弹性和包容性,最大限度减少对证券期货经营机构具体业务活动和内部事务的管理。支持证券期货经营机构围绕实体经济和客户需求,依法自主开展业务与产品创新,扩大业务范围、丰富产品种类、提升服务质量和经营效益。丰富证券期货经营机构组织形式,鼓励特色化经营、差异化发展。规范发展证券期货经营机构柜台业务,稳步发展机构间市场。促进会计审计评估机构、评级增信机构、法律服务机构提升执业质量和公信力。促进证券投资基金管理公司向现代资产管理机构转型。支持引导证券期货服务业利用网络信息技术创新产品和服务,规范发展互联网金融业务。

(七)提高稽查执法效能

深入落实我会《关于进一步加强稽查执法工作的意见》,全面深化执法体制机制改革,加大执法力度,严厉打击违法违规行为。一方面,要优化线索处理、案件快速反应和移送机制。另一方面,要继续深化查审分离体制改革。

(八)推进资本市场中央监管信息平台建设

建设集中统一、信息共享的中央监管信息平台,是推进监管转型的重要措施。

今年要全面启动中央监管信息平台建设,作为各单位"一把手"工程。全力推进业务监管系统逻辑集中,实现监管数据信息的统一、全面、共享。坚持统一规划、分工协作、分步实施的原则,正确处理好集中统一与差异化需求之间的关系。同时,加强组织领导,力争用3年左右时间全面完成系统建设,时间服从质量。

(九)建设法律实施规范体系

资本市场法律体系建设规划主要有两方面内容:一是进一步完善法律、行政法规和司法解释,这项工作主要依靠立法机关和司法机关,证监会主要是推动和配合。关于证券法修改、期货法制定,现在已经全面启动,这是全系统的一件大事,会机关具体牵头部门要担负起统筹协调、综合判断的职责,系统各单位要积极行动起来,按照各自分工,切实负起责任,提高工作效率。二是集中开展证监会规章和规范性文件的清理和整合工作,这项工作要靠我们来完成,主要任务是构建由融资与并购、市场交易、产品业务、市场与机构主体、投资者保护、监管执法、对外开放、审慎监管等8个子体系组成的法律实施规范体系。今后,证监会出台的制度规则,只要涉及规范行政相对人权利义务内容的,原则上一律采用规章的形式,规范性文件只能用来规定一些解释性、指引性、操作性的事项。

肖钢主席在沪港通开通仪式上的致辞

(2014年11月17日)

今天,我们欢聚一堂,共同见证沪港股票交易互联互通机制试点正式开通的历史时刻。沪港通是贯彻落实党的十八届三中全会决定和《国务院关于进一步促进资本市场健康发展的若干意见》,推进两地资本市场双向开放的重大举措,是资本市场的一项重大制度创新。沪港通的构想来源于市场,顺应了投资者的需求,是沪、港交易所敏锐把握大势、勇于开拓创新、长期精诚合作的成果。在我国资本项目尚未完全实现可兑换的情况下,开创了操作便利、风险可控的跨境证券投资新模式。

沪港通意义重大,影响深远。它丰富了交易品种,优化了市场结构,为境内外投资者投资A股和港股提供了便利和机会,有利于投资者共享两地经济发展成果,促进两地资本市场的共同繁荣发展;有利于拓展市场的广度和深度,巩固香港国际金融中心地位,加快建设上海国际金融中心,增强我国资本市场的整体实力;有利于推进人民币国际化,提高跨境资本和金融交易可兑换程度。

当前,我国资本市场发展迎来了难得的历史机遇,我们一定要以开放促改革促发展,逐步健全多层次资本市场体系,使之成为打造中国经济升级版的强大支撑,成为大众创业、万众创新的广阔平台,成为实现中国梦的重要载体。

作为证券期货市场的监管机构,我们要与香港证监会密切合作,加大跨境执法力度,严厉打击违法违规活动,确保沪港通试点平稳运行,切实维护市场公平、公开、公正和投资者的合法权益。两地交易所及登记结算机构应当依法履行各项职责,组织市场参与各方有序开展沪港通业务。证券、基金经营机构应当遵守沪港通管理规则,加强内部控制,防范金融风险,做好投资者教育和服务,切实维护投资者合法权益。投资者应当充分了解两地交易结算制度差异,审慎评估市场风险,理性参与沪港通投资。

在沪港通正式启动的时刻,我要特别感谢今天出席开通仪式的各位领导和嘉宾,特别感谢沪港交易所及结算机构的领导和员工,特别感谢参与沪港通准备的所有人士。正是因为汇聚了各方的智慧和心血,大家付出了艰苦努力和辛勤劳动,得到了各界的积极响应和大力支持,才会有今天的市场创新。

衷心祝愿沪港通顺利起航，一帆风顺，圆满成功！

谢谢大家。

全面推进依法治国是对资本市场最大的完善

——全国人大常委会法制工作委员会信春鹰副主任在第五届上证法治论坛上的讲话

（2014年12月28日）

首先，我代表全国人大常委会法制工作委员会祝贺第五届上证法治论坛开幕。上证法治论坛经过多年的潜心经营，已经成为一个品牌。但是，今年的上证法治论坛有一个很大的不同，我认为，最大的不同就是它在四中全会做出全面推进依法治国这样一个决定的大背景下召开，这样一个背景一定会大大地拓展本次论坛的思路和空间。

我自己参与了四中全会文件的起草，我体会到四中全会的决定是有深刻的社会背景和战略考虑。首先，它是为了全面建成小康社会和全面深化改革；其次，它是要以法治思维和法治方式解决党和国家事业发展的一系列重大问题，增强社会活力；第三，它是为了推动我国经济社会持续和健康发展，解决我们面临的一系列问题而提供的一个法治化方案。关于全面推进依法治国的必要性和重要性，习近平总书记有过很多的论述，他说法治兴则国家兴，法治衰则国家乱，什么时候重视法治，法治昌明，什么时候就国泰民安，什么时候忽视法治，法治松弛，什么时候就国乱民怨。习近平总书记引用了我们法律学者经常引用的西方哲人说过的话：法律是人类最伟大的发明，别的发明都是为了驾驭自然，而法律使人类学会了怎样的驾驭自己。这段话我们在座读法律的都不陌生，它准确地定位了法律是干什么的——法律是为了约束我们自身。在这个大背景下，我们应该从四中全会的决定来考虑证券领域的法治问题。

未来证券法律的完善应该有一个明确的方向。在加快重点领域立法这个部分，四中全会有两段话值得我们证券业认真研究：第一段话，要加快建立完善体现法律公平，规则公平的法律制度；第二段话，要保护产权、维护契约、统一市场、平等交换、公平竞争、有效监管，从这些角度来完善社会主义市场经济的法律制度。

回到证券法律本身，我们会非常自信地看我们中国的证券市场。实际上这个市场是用二十多年的时间走过了西方国家几百年走过的道路，所以，它有问题是不奇怪的。我认为，我们证券市场的法治应该说也相对的比其他领域更完善，现在在法律层面有《公司法》、《证券法》、《证券投资基金法》，还有《刑法》的有关规定。在法规层面也有几十件，再往下还有大项的规则和规章。所以从法律制度上说，我们处在一个既需要不断完善，但是同时也已经有一个相当好的法律框架的阶段。在透明、信息公开、参与者平等、监管者公正执法这些方面，也都有一些规则。

但是，我们同时必须看到，市场经济是法治经济，资本市场是法治经济的最前沿。从资本市场的一些要素情况来看，比如说市场机制、法律规制、参与者的诚信水平、监管者的能力等，我们虽然都有一些制度的建构，但是现状仍然是市场机制虽然已经形成，但是行政手段仍然在发挥重要的作用；法律制度框架大体完善，但是，还不能够适应市场快速发展的需求。市场参与者的诚信水平还不能达到一个理想的程度，利益驱动过度投机，丧失信用根基，经常会损害证券市场的投资和融资功能。从监管来看,虽然监管能力和水平不断提高,但是道高一尺,魔高一丈,监管手段会经常捉襟见肘,一会儿孙检还要讲这个问题,这都是我们未来要完善法治、完善法律要关注的问题。

全面推进依法治国是对资本市场的最大的完善。我认为,更重要的是它的价值含义。没有价值取向的规则和规范,可能会成为监管者的专断,他最终会损害这个市场的健康发展。相信在即将到来的一年,在全面推进依法治国这样一个大的背景之下,我们的资本市场能够有一个长期、持续、稳定的发展,更规范、更透明、更兴旺,就像最近这几天一样,让大家都感到幸福,谢谢大家!

立足中国实际　努力推进资本市场立法的完善

——国务院法制办甘藏春副主任在第五届上证法治论坛上的讲话

(2014 年 12 月 28 日)

很荣幸参加第五届“上证法治论坛”,这是我第二次参加这个论坛。几年来,“上证法治论坛”紧密围绕我国资本市场法治建设的热点问题,交流思想、探讨对策,已成为具有品牌效应的重要学术平台,对此表示衷心祝贺!

本届论坛以“依法治市:中国资本市场的现实选择与推进路径”为主题,很有现实意义。资本市场立法是“依法治市”的起点,法治建设是资本市场健康发展的基础性保障。这些年来,在各方面共同努力下,我国资本市场立法不断完善,制度体系基本形成,有力地保障了资本市场的改革发展。同时,我们也要清醒看到,和资本市场改革发展的实际需要相比,资本市场立法还存在许多不适应、不符合的问题,进一步加强和完善资本市场立法仍是我们面临的重要课题。要完善资本市场的立法,必须解决出发点问题,也就是“我从哪里来,要到哪里去”的问题。我的看法是,必须从我国资本市场的实际出发,同不断深化的改革开放进程相适应,从历史和现实的维度准确把握我国资本市场的特点,走出一条有中国特色的资本市场制度建设的路子。

我国资本市场是伴随着改革开放的步伐,在从计划经济体制向市场经济体制转变过程中,从无到有逐步发展起来,并一直在不断地变化、成长和进步。在这个过程中,我国资本市场吸收借鉴了国外成熟市场的一些经验作法,但更深深刻上了我国政治、经济、市场环境乃至社会观念等各种因素综合作用的烙印,和西方国家资本市场在起点和发展路径、发展环境等方面都有较大差别,具有自身鲜明的特点。比如:

从市场主体的治理结构看,我国资本市场特别是股票市场在很大程度上是以国有企业改革为起点的,许多上市公司由国有企业改制而来,“一股独大”现象较为普遍。主板上市公司中,第一大股东持股比例在 35% 以上的公司数量接近 50% ,其中国有企业占比约 76% 。公司法确立的公司治理结构还没有完全实现,合理制衡、有效运转的完善的公司治理结构尚待时日。这个问题的彻底解决,有赖于国有企业改革的深化。这就要求我们的资本市场的法律完善,既要考虑这个实际,又要注意遵从公司制度的一般规则,努力把两者结合好,在结合中寻求有效管用的规则。

从市场中介组织的作用发挥看,近年来资本市场中介服务机构在自律和服务等方面的作用越来越明显,已成为促进资本市场健康发展不可或缺的力量。但总体上看,中介服务机构的专业化程度还不高,诚信水平有待提升,和成熟资本市场对中介机构的要求还有不小的差距。

从政府的监管水平和能力看,随着资本市场监管制度不断完善和监管经验的积累,政府监管能力建设持续得到加强,但仍存在监管手段相对简单、粗放,监管效果特别是事中事后监管效果亟待提升等问题,还不能完全适应资本市场健康发展的客观需要。

从投资者的情况看,经过这些年资本市场风云变幻的洗礼,投资者在知识、经验、风险意识和风险承受能力等方面有了较大提高,但与理性、成熟仍有不小的距离,急于求财、盲目投资现象较为普遍,"刚性兑付"意识较强,如何平衡"买者自负"与加强投资者特别是中小投资者保护仍是一大难题。

此外,由于历史原因,目前我国资本市场形成了分业监管的格局,法律法规对此也予以确认,这一制度环境也是我国资本市场实际情况的重要特征。

准确认识和把握我国资本市场这些不完善的特质,立足实际情况,是我们进一步完善资本市场立法的起点。背离了这一根本遵循,就会事倍功半,欲速则不达。这就要求我们既要注重汲取先进的立法理念,运用法律保障、促进资本市场的健康发展,更要充分考虑实际条件和环境对资本市场立法的制约和"规定性",使资本市场立法深深扎根于中国实际。借此机会,对下一步推进我国资本市场立法工作提出以下建议:

首先是对现有的资本市场立法进行全面、客观的评估。在全面深化改革的新形势下,我国资本市场发展面临许多新问题新挑战,对法律制度建设提出了新的要求。当前有必要对现行资本市场立法做一次全面细致的"体检",认真评估、判断现有立法能不能解决实际问题,是否适应新情况新形势,从而发现资本市场的"真问题"和客观立法需求,而不是想像出来的问题或者逻辑推演出来的所谓"立法需求"。在此基础上区分轻重缓急,统筹提出要不要立、需不需改、应不应废的具体建议。无论立新法还是改旧法,都要以解决我国资本市场的实际问题为目的,不以追求理念的超前、概念的统一、监管的"大一统"或者体系的完整为目标。

其次是处理好几个关系。一是立法和改革的关系。当前,全面深化改革本身就是重要的基本国情。资本市场立法与资本市场改革决策相衔接,适应改革需要,也是一切从实际出发的必然要求。当前我国全面深化改革已经进入攻坚阶段,这个阶段改革的特征是,改革是系统的而不是零碎的,改革是全面配套的而不是单兵突进的。这就要求我们完善资本市场的立法,在注重立法决策与改革决策相统一的过程中,既要注重与资本市场的改革相统一,还要与其他经济领域的改革相统一。二是政府和市场的关系。这是经济体制改革的核心目标,也是后发国家在改革中的难题。由于资本市场的特殊性,在这一领域处理好政府和市场的关系难度更大。资本市场立法既要尊重资本市场的客观规律,发挥好市场在资源配置中的决定性作用,划清政府与市场的界限,进一步简政放权,激发市场的内在活力,又要充分考虑当前政府监管能力、市场主体诚信度、中介组织自律水平和投资者素质等实际情况,切实做到防好风险、守住底线。三是风险自负与加强投资者保护的关系。既要尊重资本市场风险自负这一通行规则,打破"刚性兑付"对市场机制的扭曲,培养股权文化、培育契约精神,又要根据我国上市公司治理结构以及投资者自我保护能力等实际情况,加强对控股股东行为的有效规范和约束,防止其滥用控制权损害中小股东合法权益;同时完善信息披露、投资者教育、投资者适当性管理等制度,切实强化对投资者特别是中小投资者权益的保护。四是资本市场法律相互之间的关系。现有制度环境也是立法中必须考虑的实际情况。当前我国资本市场立法已从"大刀阔斧"进入到"深耕细作"的新阶段。制定新法或者修改旧法,都要认真考虑并处理好与资本市场现有其他法律法规的关系,注意保持资本市场制度体系的内在和谐,增强制度的合力。

第三是力求凝聚最大共识。资本市场立法要切实做到从中国实际出发,就必须使立法过程成为不断寻求共识的过程。当前,资本市场发展日新月异,利益群体不断分化,利益关系更加复杂,利益主体诉求日趋多样,对制度建设的期待各有不同。此外,不同的监管部门出于自身职责,对市场、产品也有不同的理解和认识。立足这一实际,在资本市场立法中就需要找到参与各方的"最大公约数",妥善平衡不同利益群体的关系。在立法工作机制上,要进一步做好开门立法,不断深化相关各方立法参与程度,体现诉求,回应关切。

我们正站在新的历史起点上,完善我国资本市场立法工作还有很长的路要走。现状与目标之间总会有一段距离,推进立法也是一个长期艰巨的过程,很难“毕其功于一役”,需要智慧和耐心。唯其艰难,方显勇毅;唯其磨砺,始得玉成。在座各位对资本市场都有深刻的理解,相信通过本届论坛,大家互相交流启发,一定能够为进一步完善我国资本市场立法贡献出真知灼见。

祝本届“上证法治论坛”圆满成功!

依法履行检察职能　促进资本市场健康发展

——最高人民检察院孙谦副检察长在第五届上证法治论坛上的讲话

(2014 年 12 月 28 日)

上午好! 非常高兴参加上海证券交易所、中国人民大学等单位联合举办的第五届“上证法治论坛”,共同探讨依法治市和推动中国资本市场发展问题。首先请允许我代表最高人民检察院对论坛的举办表示热烈祝贺!

金融是现代经济的核心,直接关系经济社会发展全局。我国证券市场伴随着市场经济的发展从无到有、从小到大,市场规模不断扩大,在筹集社会资金、提供投资渠道、优化资源配置等方面发挥了不可替代的作用。上交所作为国内最重要的证券交易所,为市场参与者创造了透明、开放、安全、高效的市场环境,对市场经济发展起到了十分重要的推动作用。

十八届四中全会绘制了依法治国的宏伟蓝图,为立法、司法和行政执法等各个环节落实依法治国指明了方向。检察机关有责任、有义务通过依法履行职能,为资本市场健康发展提供服务和保障。

一是通过依法惩治证券期货犯罪,筑牢依法治市的底线。内幕交易、泄露内幕信息,利用未公开信息交易,操纵证券、期货市场,欺诈发行股份、债券,编造并传播证券、期货交易虚假信息等犯罪行为,破坏公平交易秩序,损害广大投资者利益,违背社会诚信和市场运行规则,危害资本市场健康发展。我们注意到,2010 年以来,证券类犯罪案件平均每年以 26% 左右的速度增长。检察机关依法批准逮捕和起诉证券犯罪,也可以说是反复在重申证券市场行为的底线,向社会公众传递资本市场应遵循的法律规则,表明维护市场经济秩序的决心。例如,最高人民检察院对马乐利用未公开信息交易案向最高人民法院提出抗诉,也表明了检察机关严惩证券犯罪的态度,保护金融创新,维护市场发展的动力和源泉,做到打击与保护两手抓、两手硬。在经济社会和资本市场日益发展的今天,检察机关要加强研究资本市场新问题、新动向,尤其要研究新型交易行为的法律性质和效力,严格区分罪与非罪的界限,完善刑事追诉标准。

二是通过依法查办证券领域职务犯罪,提升公众对资本市场的信任和信心。相比普通证券犯罪,证券领域职务犯罪,即作为市场规则制定和执行者利用职权实施的犯罪,其危害性和破坏力远远超过普通犯罪,对投资者的信心、信任冲击是巨大的。近年来,检察机关加大了对金融机构、监管部门国家工作人员利用职权寻租、牟取非法利益犯罪的惩治力度,包括业内管理人员贪污、受贿、挪用公款、滥用管理职权等职务犯罪。依法打击证券领域职务犯罪,对于从源头上遏制资本市场犯罪具有重要意义。

三是完善相关追诉标准和司法解释,构建依法治市的完备执法依据。为了规范和统一证券领域刑事案件的定罪量刑标准,近年来高检院会同公安部制定了相关证券犯罪立案追诉标准;与最高法院共同制定了办理内幕交易、泄露内幕信息刑事案件的司法解释,明确了“非法获取证券、期货交易内幕信息的人员”、“内幕信息敏感期”、“情节严重”、“情节特别严重”等问题的认定标准。我们将继续加强与最高法院、公安部、证监会等有关部门的沟通配合，及时研究解决证券领域犯罪在适用法律方面存在的突出问题，努力完善证券市场法律体系和执法依据。

四是积极开展证券犯罪预防工作，遏制证券犯罪的蔓延。在查办案件中，发现法律、管理制度和监管部门、主管部门存在的漏洞和缺失，及时提出纠正违法和整改建议，是检察机关义不容辞的责任。证券领域从业人员犯罪具有明显的行业特点，资金密集、犯罪数额巨大，犯罪主体往往年轻、高学历、具有出色的专业水准，但是一些人漠视职业道德、对法律缺乏敬畏之心，面对诱惑轻易越界违法犯罪。对此，检察机关一方面要积极推动证券犯罪预防机制建设，另一方面通过警示教育，向从业人员宣传证券刑事法律知识，增强从业人员坚守职业底线意识。

各位来宾，十八届四中全会对推进依法治国做出了全面部署，资本市场依法治市正是法治蓝图中的重要一笔，我们要深入研究推进依法治市的路径、方法，用法治思维和法治方式推动资本市场的改革和发展，优化资本市场法治环境、构建资本市场诚信体系，切实维护公开、公平、公正的市场秩序。

借鉴国际经验，推进期货立法

——全国人大财经委副主任委员尹中卿在期货立法国际研讨会上的讲话

（2014 年 11 月 12 日）

各位来宾、女士们、先生们：

上午好！

很高兴参加上海衍生品市场论坛，与各位一起探讨我国期货衍生品市场的市场化、法治化、国际化的前景与路径。结合本次论坛主题，我就期货市场法治化前景谈一些看法，供大家参考。

大家都知道，我国期货市场起步晚，期货市场法制建设历史也不长。全国人大一直高度重视期货立法工作。期货交易法曾经列入八届全国人大常委会立法规划一类项目，十届、十一届全国人大常委会会立法规划二类项目。全国人大财经委员会先后两次成立起草组，分别于 1994 年、2007 年拟出两个草案。期货立法贯穿于期货市场形成发展的整个过程。我国期货市场第一部全国性行政性法规是 1999 年国务院颁布的《期货交易管理暂行条例》。经过十多年努力，目前已经初步形成了以《期货交易管理条例》、最高人民法院司法解释为支撑，以证监会部门规章、规范性文件为配套，以期货交易所、期货业协会自律规则为补充的具有中国特色的期货市场法规制度体系。与此同时，期货市场的法规实施、行政执法、法规宣传教育、法规理论研究也取得了重大进展。实践表明，我国期货市场在不断的探索实践中逐渐摸索出了一条既符合期货市场发展规律、又适应期货市场发展需要的有中国特色的期货市场法治道路。

大家也能看到，期货市场本质上是法治市场，法治强则市场兴。期货市场法治化对于保障、规范、引领、促进期货市场改革发展已经并正在发挥着越来越重要的作用。十多年来，我国期货市场持续稳定健康发展，交易品种日益丰富，市场规模稳步扩大，商品期货市场成交量连续多年居全球前列，金融期货的影响力也在逐步上升。与此同时，期货市场在形成相关行业价格机制、整合产业资源、促进商品流通、提高企业风险管理水平、稳定农业生产等方面功能越来越明显，期货行业形象也有所好转，各级政府和社会各界对期货市场作为重要金融市场之一的地位、期货市场对国民经济的作用都有了更加全面、更加客观的认识,并积极主动利用期货市场实现宏观调控、风险管理和资产保值增值的目的。良好的法治环境为期货衍生品市场的健康发展提供强有力的制度保障。

在看到成绩的同时,我们也清醒地意识到,市场经济本质上是法治经济,期货市场是规则导向的市场,完备的法律制度是保障市场平稳运行的关键。与期货市场迅速发展相比,目前我国期货市场的法治化进程还相对滞后,法规层级效力低,规则分散不统一,监管标准各异,期货市场发展亟待法律作出回应。党的十八大和十八届三中全会提出要全面深化改革、健全多层次资本市场体系、推进法治建设、保障金融市场安全高效运行和整体稳定。这些都对期货市场法治化提出了新的、更高的要求。

我国期货立法历经四届全国人大,可谓艰难曲折。值得庆幸的是,这些年我国期货市场已经积累了较为丰富的实践经验,为制定期货法奠定了坚实的制度基础。十二届全国人大常委会对期货立法工作非常重视,将期货法列为立法规划二类项目。去年 12 月份,全国人大财经委员会成立了包括全国人大常委会法工委、国务院法制办和有关部委、证监会、最高人民法院等部门组成的起草领导小组,由我担任组长,经过半年多时间的紧张工作,我们已经草拟出期货法草案第一稿,5 月 13 日提请起草组全体会议进行了讨论修改。大家认为,期货立法的基本思路主要体现在五个方面;

第一,期货法应当是一部保障法:调整期货各方权利义务民事关系,增强契约精神和风险意识,保护期货交易各方特别是中小交易者合法权益,保护社会公共利益,保障国家经济安全。

第二,期货法应当是一部规范法:调整期货市场主体之间经济行政关系,规范期货交易行为,维护期货市场秩序,规范期货行业健康有序发展,服务国民经济。

第三,期货法应当是一部促进法:发挥市场配置资源决定性作用,处理好稳定性与灵活性、现实性与前瞻性、原则性与可操作性之间的关系,促进期货市场健康发展。

第四,期货法应当是一部创新法:顺应国际期货市场趋势,适应现阶段运行特征,发挥前瞻性和先导性作用,为期货市场改革创新发展提供法律指引并预留适度空间。

第五,期货法应当是一部平衡法:贯彻公正、公平、公开原则,兼顾权利与义务、监管与保护、规范与发展、效率与安全之间的平衡,淡化期货市场行政色彩,强化期货行业自治作用。

立法是全局性的工作,一定要坚持科学立法和民主立法,不断提高立法质量。张德江委员长在十二届全国人大常委会第二次会议上提出,"要切实提高法律的针对性、及时性、系统性。要突出提高立法质量,使法律准确反映经济社会发展要求,更好协调利益关系,严谨周密、可靠管用。要增强法律的可执行性,在立法中科学严密地设计法律规范,有针对性地作出规定。"我们要充分考虑到期货立法面临的困难和问题,把握住来之不易的机会,广泛听取各方意见,妥善地处理好各方利益,积极、稳妥、有效地推进期货法起草的各项工作。

女士们、先生们!期货立法是我国期货市场发展具有里程碑意义的大事,制定期货法需要社会各界的共同关心和努力。希望大家充分利用上海衍生品市场论坛这个平台,为我国期货市场法治化建言献策。我也相信,与会各位这两天的思想交流与碰撞的智慧火花,一定能够照亮市场化、法治化和国际化的道路,为我国乃至全球期货衍生品市场的发展提供宝贵的财富。

最后,祝愿论坛取得圆满成功!祝各位朋友身体健康、万事如意!

法治是资本市场善治的根基

——庄心一副主席(时任)在第五届上证法治论坛上的讲话

(2014年12月28日)

本届“上证法治论坛”以“依法治市:中国资本市场的现实选择与推进路径”为主题,探讨资本市场改革与立法、创新与法治、发展与监管等重大问题,具有十分重要的意义。我代表中国证监会,对此次论坛的成果表示期待,并借此机会,向长期以来始终关心支持资本市场改革发展和法治建设的法律界、法学界的各位领导、同志、专家学者表示衷心的感谢。

市场经济本质上是法治经济。市场配置资源功能的发挥,本质上是通过市场交易关系实现的,公平有效的交易关系必须以产权清晰、契约自由、地位平等、公平竞争为基础和前提,这都需要通过具体的民商事法律制度、行政法律制度和刑事法律制度来体现和保障。因此,市场经济天然依赖规则,市场化客观上要求法治化,只有法治的思维和手段,才能保障市场长远的发展和繁荣。

我国资本市场是伴随着社会主义市场经济体制的建立完善逐步发展起来的。资本市场财富高度集中、信息高度透明、参与主体多元,市场活动表现出明显的趋利性、博弈性、公开性、对抗性、对等性等特点。在这样的市场中,妥善平衡各方利益,保障交易公平,实现有效监管,离开法治的方法和手段是难以想象的。与其他领域相比,资本市场更加需要形成共同规则,更加强调普遍遵守规则,更加难以容忍不按规则办事。离开了规则导向,就无法形成市场预期,离开了规则约束,就无从保障交易结果,也就不可能真正形成公平高效的市场机制。

实践经验表明,法治是资本市场善治的根基。

一方面,法治引领、推动和保障了资本市场发展。资本市场改革和发展始终遵循了法治先导的路径选择。没有21年前的股票条例,就不会有股票市场试点工作全面推开;没有16年前的证券法,就不可能有资本市场这么多年的快速发展;没有法律对公司治理的严格要求,就不可能确立上市公司作为现代企业制度典范的重要地位;没有法律对监管机构的充分授权,资本市场的违法违规行为就得不到及时打击,公开、公平、公正的原则就得不到维护,投资者特别是中小投资者的合法权益就得不到保护;没有法治的不断完善,我国资本市场就难以在新兴加转轨条件下,排除干扰,攻坚克难,取得一个又一个新的发展和进步。

另一方面,资本市场的法治实践也推动了我国法治的进步与发展。资本市场的实践推动了一批重要法律制度的建立和完善,比如公司治理、独立董事、金融机构风险处置、背信行为制裁、市场禁入措施等,这些法律制度创新,在有效解决资本市场实践问题的同时,客观上推动了国家民商事、行政、刑事法律制度的进步。

我们有理由认为,资本市场的内在属性和运行规律,客观上与法治的价值具有天然的一致性,资本市场改革和发展必须更加重视法治作用,全面实现资本市场法治化。

党的十八届四中全会对深入推进依法治国作了全面部署,为依法治市创造了前所未有的良好环境,资本市场改革发展面临重大机遇:

——完善以宪法为核心的中国特色社会主义法律体系,深入推进科学立法、民主立法,加强重点领域立法,有利于敞开资本市场法律制度供给渠道,更好地、更及时地、更充分地为资本市场改革、创新、可持续发展提供制度保障;

——深入推进依法行政,加快建设法治政府,有利于正确处理政府与市场的关系,规范政府行为,有利于各级政府对资本市场各类主体和各项业务活动,提供稳定、规范、高效、便利的服务和支持;

——保证公正司法,提高司法公信力,充分发挥司法的监督和保障作用,有利于进一步完善证券民事赔偿机制,健全行政执法和刑事司法衔接机制,切实提升证券市场民事和刑事案件的效率和效果,进一步形成行政和司法保护投资者合法权益的工作合力;

——增强全民法治观念,推进法治社会建设,有利于使资本市场参与主体成为法治的自觉遵守者、坚定捍卫者,为依法治市创造良好社会氛围。

党的十八届三中、四中全会和国务院关于资本市场稳定发展的"新国九条",明确赋予资本市场新的战略定位,提出了更高的工作要求、更重的工作任务。资本市场的改革发展和监管执法,面临良好的历史机遇。我们必须顺应时代的要求和市场需要,认真贯彻中央精神,以法治的思维和法治的方式,扎实做好资本市场的改革发展和监管执法的各项工作。

一要以股票发行注册制改革为核心,推动修改完善证券法等市场基础性法律制度。我们理解,市场广泛关注的股票发行注册制改革,绝不仅仅是股票发行方式的简单变化,而是事关市场运行机制和监管理念的基础性重大变革。考察不同国家和地区注册制的做法,一致的要求是,以信息披露为中心,监管者关注的是信息披露的质量,并不负责对发行人及其证券进行价值判断,发行时机、价格也完全由发行人和中介机构根据市场情况决定。证券法修改是注册制正式实施的前提,我们要积极配合全国人大对证券法的修改工作,通过对现行证券法关于证券发行核准制的制度调整,明确厘定注册主体、注册要求以及注册程序等安排,特别是要从法律上清楚界定信息披露的要求和不同主体对信息披露的职责边界,严格落实发行人的诚信责任和中介机构的把关责任。同时,要丰富和强化监管机关的执法措施和执法手段,完善民事、行政和刑事法律责任制度,为坚决惩治注册信息虚假行为,切实保障投资者合法权益,提供完备的法律制度保障。

二要以监管转型为重点,进一步提高行政执法效能。证监会从本质上说是监管执法机关,要从过去过多的事前审批,向加强事中事后监管转变,把工作重点切实转到加强监管执法,保护投资者特别是中小投资者合法权益上来。一方面,要继续按照国务院的部署,把该放的审批项目放开、放到位,最大限度激发市场活力;对确需保留的审批项目,也要本着降低门槛、优化程序、公开透明的原则,简化审批方式,方便当事人。另一方面,要学会并敢于运用事中事后监管的手段和方式,通过业务规范、行为标准、监管措施、行政处罚等方式,引导和规范市场主体的活动。特别是要进一步整合监管资源,完善执法体制,加强执法力量,着力打击欺诈发行、内幕交易、操纵市场等违法行为,切实维护公开、公平、公正的市场秩序。

三要以解决投资者经济利益救济难题为目标,健全多元化的纠纷解决和利益补偿机制。欺诈发行、虚假陈述、内幕交易、操纵市场等违法行为发生时,投资者最关切的往往是经济损失能不能挽回,而这恰恰是目前投资者保护的薄弱环节,也是下一步必须加强的重点工作。要进一步完善证券侵权民事赔偿司法解释,有效解决民事赔偿诉讼面临的实际问题,支持投资者通过民事诉讼维护自身权益;要积极稳妥推进行政和解试点工作,对于符合行政和解条件的特定案件,可以通过与案件当事人达成和解协议,由当事人交纳和解金的方式补偿投资者;要不断提升行业调解专业化水平,推动专业化调解组织建设,推进诉调对接、仲调对接,不断拓宽证券期货市场矛盾纠纷解决渠道。

四要以公开透明为原则,积极营造诚信守法的市场环境。信息披露是公开原则的核心内容,要以信息披露为中心,以投资者需求为导向,立足于区分财务信息与非财务信息的不同特征,建立差异化的披露要求,进一步加强首发信息披露与持续信息披露在披露事项、标准上的衔接,不断总结信息披露实践,有针对性完善信息披露规则体系。在强制性信息披露基础上,鼓励自愿性、差异化信息披露。同时,要全面推进政务公开,坚持以公开为常态、不公开为例外原则,推进决策公开、执行公开、管理公开、服务公开、结果公开,以切实规范和约束市场主体及监管机关双方的行为。

五要以构建创新与法治的良性互动关系为手段,形成法治引领和保障改革创新、改革创新在法治轨道上进行的新常态。创新是资本市场持续发展的动力源泉,没有创新就没有资本市场的长足发展。推进资本市场的改革和创新,需要准确认识和把握改革创新与法治的关系,实现二者的动态平衡,良性互动:一方面,市场所有改革创新都必须于法有据,改革创新应当尊重法律权威,在法治轨道上进行;另一方面,立法要主动适应改革和经济社会发展需要,主动引领和保障改革创新。实践证明行之有效的,要及时上升为法律;实践条件还不成熟、需要先行先试的,要按照法定程序作出授权;对不适应改革要求的法律法规,要及时修改和废止。

各位来宾,资本市场说到底是一个法治市场。法治强,则市场兴。证监会将一如既往的用法治思维和方式推进资本市场改革发展,也希望法学界、法律界和实务界的各方朋友继续关心和支持资本市场法治化建设,紧紧抓住十八届四中全会全面推进依法治国这一重要战略契机,积极推动理论创新和实践探索,努力为资本市场法治进步贡献智慧和力量。

预祝论坛圆满成功!

稳步推进中国资本市场对外开放,继续加强中英证券期货监管合作

——刘新华副主席(时任)在第六次中英财经对话上的讲话

(2014 年 9 月 12 日)

尊敬的奥斯本财政大臣,尊敬的马凯副总理,女士们、先生们:

大家中午好!近年来,中国资本市场的改革步伐加快,市场基础性制度建设不断加强,市场秩序进一步规范。在过去的一年中,中国证监会深入贯彻十八届三中全会全面深化改革的精神,围绕加快发展多层次资本市场的任务要求,解放思想,明确目标,坚定不移地推进资本市场改革。与此同时,中英两国资本市场及证券期货监管机构的交流与合作也不断向深层次、宽领域发展加强。

目前,英资金融机构参股了包括证券、基金以及期货等全部证券期货领域的合资公司,其中 1 家合资证券公司、7 家合资基金公司、1 家期货合资公司,5 家合资基金公司的参股比例达到了 49%的上限;目前英资背景 QFII 参与者共 24 家、在获准开展 QFII 托管业务的 5 家外资银行中,有 2 家为英资背景的商业银行。第五次中英经济财经对话后,英国获得 800 亿人民币的 RQFII 额度,现已有包括安石投资管理有限公司、贝莱德顾问(英国)有限公司、汇丰环球资产管理(英国)有限公司和天达资产管理有限公司共 4 家机构获批相关业务资格,此外还有三家机构正在申请过程之中。

我们支持英国金融机构在华业务的发展。2012 年 10 月,我们将合资证券公司中外资股权比例上限提高到 49%。现在,我们将进一步完善法律法规并新推出支持符合条件的证券公司、基金管理公司、期货公司和证券咨询公司申请交叉持牌。这一政策不仅针对内资公司,合资公司也同样适用。与此同时,我们积极推动人民币合格境外机构投资者(RQFII)在英国的试点工作。我们也希望英方欢迎并支持中方机构赴英开展业务。

长期以来,我们始终重视与英国证券期货监管机构的交流合作。虽然英国的监管机构几经变革,但我们的合作并没有因此受到影响。现在,英国金融市场行为监管局(FCA)和中国证监会均为 IOSCO 理事会成员,也都是 IOSCO 多边备忘录的签署方。截至目前,我们收到英方提出的五项协查请求,均已办结。

今年国务院颁布了《关于进一步促进资本市场健康发展的若干意见》,为中国资本市场改革和

对外开放指明了方向。在未来,我们将在便利境内外主体跨境投融资、逐步提高证券期货行业对外开放水平和加强跨境监管合作三个方面继续推进有关工作,也期待着与英方进一步扩大在资本市场改革和发展领域的技术合作和联合研究,进一步在多层次资本市场建设、跨境监管合作、中国企业在英上市等方面加强合作交流。我们愿与英方监管部门紧密联系,相互理解,分享最佳实践经验。通过强化双方在双边与多边下的金融监管改革合作,促进两国资本市场的稳定与发展。

谢谢大家。

必须把监督责任扛在肩上

——王会民纪委书记在2014年会系统纪委书记培训班上的讲话

(2014年11月25日)

今天,中国纪检监察学院"第28期纪检监察业务培训班",也就是我们的纪委书记培训班正式开班了。纪检监察学院对本次培训给予了大力支持,不但将本次培训班列入教育培训计划,还为我们提供了良好的教学和后勤保障,在此,我要对学院领导和老师们表示衷心的感谢!

这次来参加培训的同志,既有系统内任职时间较长的纪委书记,也有新任的纪委书记,还有好几个单位的党委书记,大家能用一段时间坐下来集中学习,相互交流,机会十分难得。下面,我想结合一年来的学习和思考,围绕"必须把监督责任扛在肩上"这个题目,谈谈对纪检监察工作的几点体会,同时也给大家提提要求,与大家共勉。

一、新常态下要有新思路

十八大以来,党中央以前所未有的力度和决心,下大力气抓了群众反映强烈的作风问题、腐败问题,通过出台"八项规定",反对"四风",提出"老虎"、"苍蝇"一起打,坚决遏制了腐败蔓延势头,提振了党的形象,赢得了百姓的拥护。在两年多时间里,中央纪委以查处曝光违反"八项规定"和"四风"问题、集中力量查办案件为两个主要抓手,持续释放执纪必严的信号,始终保持高压态势,不断加大惩治腐败的工作力度,营造"不敢腐"的氛围,形成有力震慑,取得了举世瞩目的成效。今年十月底召开的十八届四中全会上,党中央做出了全面推进"依法治国"的重大决定,向治本方向迈出了坚实的一步。当前,党中央本着彻底反腐的决心,以高压反腐为基本态势,以从严治党、依规治党为基本方针,以面向现代治理的改革创新为基本方向,持续发力不松劲,着力营造的反腐倡廉新常态已经逐步清晰起来。在这种新常态下,我们的纪检监察工作不能照搬过去的一套做法,要有新的思路。我体会,今后要着重抓好以下工作。

(一)聚焦主业,切实加大执纪、监督力度

根据中央纪委"推进三转"的要求,执纪、监督是现阶段纪检监察工作的主业和重点,无论从大的形势,还是系统实际情况看,下一步都要加大工作力度。

1. 在执纪上,要加强信访举报管理和线索处置,加大案件查处力度,快查快结,释放执纪必严的信号

一是建立信访案件管理信息系统,提高信访处置工作的规范性,强化对信访处置工作的指导。前一段时间,中纪委已经就如何落实"查办案件以上级纪委为主"草拟了实施意见,对线索处置和案件查办的报告程序作了详细规定,其中信访线索和案件查办的报告拟利用电子信息系统上报。

根据这个情况，有必要参照中纪委做法建立我会纪检监察信访线索处置和案件查办管理信息系统。信息系统建成后要在系统各单位统一组织一次信访案件清理、登记和录入工作，指导各单位按要求通过信息系统报送信访线索和处置情况。会纪委将以此为抓手加强对下级纪委线索处置和案件查办工作的指导和管理。

二是以零容忍的态度加大案件查处力度。今年虽然大的案子尚没出现，但一些苗头性问题不少。为了严肃党纪，加强震慑，形成“不敢腐”的氛围，下一步要强化“分级查办、快查快结”的案件查办机制，重点查处违反八项规定精神、利用行政许可权、稽查办案权、行政处罚权和监管检查权进行权力寻租、进行内幕交易和违规买卖股票等案件，提高查办质量及效率。要加强这方面的人员配备，适当增强纪检与稽查的轮岗交流，加大培训力度，加强对系统各单位纪委查办案件工作的督促和指导，对有案不查，瞒案不报的严肃追究责任。

2. 在监督上，要以权力部门、关键岗位为重点，以监督到位为目标，更好履行监督责任

一是发挥好行政监察的功能。对强化纪检、监察两个职能，中纪委已经提出要求，关键是要拿出行之有效的行政监察办法，聚焦机制、制度的建立、实际执行和运行效果情况，真正把纪检部门的监督检查植入业务审批过程，不能“两张皮”。执法监察本身是很好的抓手，关键要配强监察力量，强化问题导向，做好充分准备，通过调阅档案和业务留痕记录等进行廉政检查分析，使权力部门真切感受到监督的存在。要以会机关发行、上市、机构、稽查等部门为重点，围绕制度机制是否健全科学，执行运行是否落实到位，认真审查评估廉政风险防控效果，从具体流程细节上分析是否隐藏寻租空间和廉政风险，共同研究提出解决办法。

二是重视系统信息数据方面的管理和廉政风险。各个交易所的市场监察部、登记结算公司的数据管理部门、期货保证金监控中心的监控部门能接触到市场交易、结算数据，这些数据非常敏感，极容易出现管理问题。必须加强对这些掌握市场数据信息的敏感部门和岗位的监督，探索行之有效的外部监督制约机制，加强廉政风险防控，防止暗箱操作，避免选择性报告和非法牟利，形成制度规则，确保信息安全。

三是推动重点部门、关键岗位的轮岗交流。派出机构的轮岗交流推行多年，基本形成了定期化、制度化的安排。要下决心推动会机关权力部门重要岗位人员的定期轮岗，推动会管单位主要负责人、敏感部门关键岗位人员的轮岗交流，会同组织部门研究形成制度化的安排。

四是落实巡视组织建设，研究改进工作方法，加大巡视成果运用力度，充分发挥巡视监督作用。

(二)落实党风廉政建设责任制，传导压力，强化问责

党的十八届三中全会决定中，第36条开宗明义提出，落实党风廉政建设责任制，党委负主要责任，纪委负监督责任，制定实施切实可行的责任追究制度。决定第36条抓住了党风廉政建设的要害和关键，必须认真贯彻落实。

一是出台《关于落实党风廉政建设主体责任的实施意见》，明确系统各单位和会机关部门落实主体责任内容和具体要求。落实主体责任是抓实反腐倡廉工作的“牛鼻子”。要督促部门领导加强廉政教育提醒和监督检查，把责任传递到位，强调会机关部门负责人的主体责任比照各单位党委执行，同要求，同检查，同问责。

二是及时修订《党风廉政建设工作评价办法》。目前试行的评价办法在实施中还存在过于简单化，对主体责任和监督责任突出不够，引导性不足等问题。要组织好修订工作，以评价为抓手，突出对主体责任和监督责任落实情况的检查评估，通过考核传导压力，确保党风廉政建设责任制的落地。

三是坚持“一案双查”，强化问责。形成案件的事后检查评估和问责机制，对落实主体责任、监督责任不力，工作抓得不实，管理确有疏漏的，坚决问责，起到警示作用。

(三)拉直条线，持续加强纪检监察组织建设

实行“三转”，干部队伍很重要，组织保障是关键。当前主要工作是继续抓好会党委7号文件的落实。7号文下发后，各单位尚在落实过程中，有些已经到位，有些还需要进一步推动。会纪委

将对照会党委加强纪检监察组织建设的意见,逐条检查系统各单位的落实情况,作为履行主体责任的重要考核指标。

以上是对我会纪检监察工作的初步思考和想法。明年年初中央纪委全会召开后,我们将根据中纪委相关部署和要求进一步予以完善,形成全年工作计划和重点,报经会党委同意后,印发全系统落实。

二、新思路下要有新定位

位明则立信,位准则有序,位正则事成。新一届中央纪委领导班子成立后首先解决的就是“发散有余、聚焦不足、职责不清”的问题,岐山同志曾明确指出,中央单位纪委要明确职能定位,聚焦中心任务,转职能、转方式、转作风,切实履行监督职责。这就要求我们通过厘清职能,找准位置,明确责任,切实做到守位不离位、到位不越位、正位不错位。要真正“归位尽责”,就“必须把监督责任扛在肩上”,把各方面工作转到新的定位上来。

(一)明确职责、突出重点

党章是我们立党、治党、管党的总章程,也是党的纪律检查工作的根本依据。党章明确了纪委作为党内专门监督机关的地位和产生方式、领导体制、组织制度,规定了纪委的“三项主要任务”和“五项经常性工作”。“三项主要任务”和“五项经常性工作”相互作用、密不可分,构成了纪委的基本职责。这是我们职责的总依据,对此要常看常记,了然于心。

根据中纪委的要求,现阶段履行职责的重点必须毫不动摇地转到“执纪、监督、问责”上来。年初召开的十八届中央纪委三次全会上,习近平同志着重强调“遵守党的纪律是无条件的,要说到做到,有纪必执,有违必查,不能把纪律作为一个软约束或束之高阁的一纸空文”“使纪律真正成为带电的高压线”。这对我们的纪律检查工作提出了很高的要求,大家一定要从关系党的生死存亡这个战略高度,认识从严治党、严明纪律是党中央的重大政治决断,也是交给纪检监察机关的一项重要政治任务。我们必须回归本职,明确职责,认清重点,把执纪监督落到实处,营造“不敢腐”的氛围,形成威慑,为治标赢得时间。

(二)找准位置、集中发力

新的形势下,如何处理好与上级纪委、同级党委和业务部门的关系,这是大家都需要思考和弄清楚的问题。党的十八届三中全会决定:各级纪委书记、副书记的提名和考察以上级纪委会同组织部门为主;查办腐败案件以上级纪委领导为主,线索处置和案件查办在向同级党委报告的同时必须向上级纪委报告。这是中央改革纪律检查体制机制的重要内容,其目的就是强化上级纪委对下级纪委的领导和指导,加大惩治腐败的工作力度。肖主席在年初系统纪检工作会议上也强调要拉直纪检条线,加强会纪委对各单位纪检工作的领导。希望大家要认真领会党中央和会党委的精神,有事及时报告,有什么想法随时沟通,牢固树立起系统纪检一盘棋的观念。对于同级党委,你们既是领导与被领导的关系,也是监督与被监督的关系。大家要全心全意协助党委加强党风廉政建设和组织协调反腐败工作,党委主体责任落实不到位,纪委书记要负一份责任。对于业务部门,你们主要是监督与被监督的关系,同时也是一种爱护关系。你真的板起脸认真监督了,干部刚有小的问题你就发现,抓早抓小,红红脸,往往是爱护了干部,避免他滑得更远,犯更大的错误。这也是一种成绩。

在座的同志,有的是专职纪委书记,有的还兼着行政职务,专职纪委书记也不同程度上分管有其他的工作。大家要对照我党面临的挑战和考验,对照党的十八大报告、党章和习近平总书记的要求,对照岐山同志关于“三转”的讲话精神,结合系统实际深入学习和思考,统一思想认识,坚持责任担当,以实实在在的举措,切实解决“身转心不转”、“聚焦不足”等问题,纠正越位、缺位、错位现象,从思想上、组织上、行动上全面推进“三转”,凝神聚力,执纪监督,真正把精力放到纪检监察本职工作上来。

(三)积极作为、增强定力

长期以来,一些从事纪检监察工作的同志在认识上出现了偏差,认为纪委的工作不好做,干的都是得罪人的事，工作干好了没人看得见，出一个案子就一切白干了。有了这样的认识，就会一副坐冷板凳的委屈样子，满足于所谓的“无为而治”，心里盼着别出事，遇到问题绕着走，看别人脸色行事，搞无原则的一团和气，甚至在反腐倡廉问题上只表态、不行动，说一套、做一套。同志们，这样不行啊。权力就是责任，责任就要担当。作为纪委书记，必须要有很强的政治使命感和责任心，要有干事创业的主动性，“咬定青山不放松”，积极作为，抓作风建设、抓严明纪律、抓惩治腐败，要敢于得罪人。系统各单位纪委绝不能闲在那里，无所事事，要动起来，忙起来，运用执法监察等多种手段强化监督，开动脑筋，真抓实干，务求实效。

岐山同志讲过，负责任的人能把冷板凳坐热，不负责任的人能把热板凳坐冷。开展工作不能总强调客观，动不动说党委不支持，权威不够、人少抓不过来。思路就是出路，有为才能有位。不少同志都有这个体会，那就是有的干部从事的工作一开始未必是领导重视的，但因为干得出色，就会引起领导关注；有的工作领导一开始就很重视，但因为没有做出成绩，最终淡出了领导视野。为适应新的形势，会党委在纪检监察组织建设上下了不少功夫，我们也在积极思考如何形成机制，经过一段时期纪检岗位的培养，真正把有担当精神，想干事，能干事的纪检监察干部重用起来，使纪检监察这个板凳变热。希望大家真正热爱纪检监察事业，增强定力，保持一份平常心，以担当精神和实实在在的业绩坐热冷板凳。

三、新定位下要有新要求

重新定位后，纪检监察工作确实变得要求高、任务重、责任大，不是谁都能干好。这里也给大家压压担子。纪委书记的工作岗位非常重要，我们要为能在这个岗位上工作感到自豪、感到光荣，始终坚定理想信念，始终忠诚于党的事业，以更高的标准要求自己，不断提高思想政治素质和履职能力，切实履行好肩负的职责和使命。打铁还得自身硬。借此机会我给大家提三点要求。

（一）忠诚、干净、担当

忠诚、干净、担当，这是岐山同志在十八届中央纪委四次全会上对纪检监察干部提出的要求。我想，忠诚，就是要模范执行党的路线、方针、政策，对党忠实热诚。忠诚是中国传统文化的核心价值观，古人尚讲“食君之禄、忠君之事”，我们作为党员，境界肯定要更高，要怀着对党和人民的一颗忠诚之心，恪尽职守，为党分忧。干净，就是做人守好底线，做事不越红线，廉洁自律，洁身自好。作为执行党纪党规的监督者，只有自身干净，监督他人时才能硬气。担当，就是勇挑重担，把责任扛在肩上，不畏艰难，不怕得罪人，守土有责，守土尽责。

（二）学会法治思维和法治方法

要认真学习领会四中全会的决定，深刻理解全面推进“依法治国”的丰富内涵，要把学习成果内化于心，运用到工作中。要对党纪国法有一颗敬畏之心，时刻牢记党纪条规面前人人平等。要带头遵纪守法，自觉维护和执行党的各项纪律。要强化规则意识，完善工作程序，注重严格依法依规办事，讲事实，重证据，树立法治精神。要自觉接受监督，绝不能随意性执纪、选择性查处和越权违规办案，所做工作要经得起历史检验。

（三）养成过硬的工作作风

“四风”问题对我们的工作伤害很大，是顽疾，一时不禁，势成燎原。大家在工作中必须坚持实事求是，客观公正，努力做到“三严三实”。我们所从事的是人的工作，关系到党员干部的政治生命，关系到人民群众的切身利益。要敢抓敢管、敢于碰硬，也要注意工作策略，防止简单生硬，各项工作和要求都要坚持以人为本，合情合理。要坚持一切从实际出发，不要搞形式主义，不要搞花架子和华而不实的东西，要把精力放在解决问题上，通过加强调查研究，深入了解真实情况，找准问题症结，提出有针对性的措施，真正做到“情况明、数字准、责任清、作风正、工作实”。

最后，借用朱镕基总理在1998年就职时讲的一段话与大家共勉：恪尽职守，敢讲真话；从严治政，敢得罪人；清正廉洁，严惩腐败；勤奋学习，刻苦工作。

我就讲这些，谢谢大家。

姜洋副主席在期货立法国际研讨会上的讲话

(2014 年 11 月 12 日)

由郑州商品交易所主办的期货立法国际研讨会今天隆重召开,我代表中国证监会对会议的召开表示热烈的祝贺!这次国际研讨会是为了配合我国《期货法》的制定,专门研究讨论立法的重大问题。来自美国、英国、新加坡以及香港、台湾等地的监管机构、交易所、行业协会、律师事务所的专家和代表,将为我国《期货法》立法工作献计献策,让我们对各位嘉宾的到来表示热烈的欢迎!

借此机会,我就中国期货及衍生品市场发展和《期货法》制定,谈几点看法,与大家交流。

一、20 多年来中国期货及衍生品市场发展取得巨大进步

以 1990 年 10 月郑州商品期货市场发轫为起点,中国的期货及衍生品市场已经走过了 24 年的发展历程。20 多年来,我国期货市场发展成就显著,市场规模和质量取得了巨大进步。一是品种体系日益完善,目前,在郑州商品交易所、上海期货交易所、大连商品交易所、中国金融期货交易所等四家期货交易所共上市了 45 个期货品种,其中商品期货 43 个、金融期货 2 个。二是市场体系逐步健全,形成了 4 家期货交易所、156 家期货公司、78 万开户交易者以及 300 多家交割仓库为参与主体的较为完备的商品期货和金融期货市场体系。三是法规制度体系基本完善,形成了以《期货交易管理条例》为核心,相关法律规定为基础,司法解释为支持,中国证监会部门规章和规范性文件为主体,期货交易所和期货业协会自律规则为补充的期货市场法规制度体系。四是监管体制机制独具特色与效能,中国证监会及其派出机构、中国期货业协会、各期货交易所、中国期货保证金监控中心五方相互配合、相互协调地开展监管工作,形成了分工明确、协调有序、运转顺畅、反应快速、监管有效的“五位一体”的期货监管协调机制和监管工作体系。五是交易规模迅速增长,商品期货成交量连续多年位居全球前列,金融期货成交量呈现跨越式增长。六是运行质量持续提升,交易成本不断下降,持仓结构不断优化,产业客户参与度稳步提高,市场运行效率有效提升,风险防范能力显著增强。期货市场功能得到较好发挥,期货市场与实体经济的融合度不断提升。

在期货市场取得巨大发展的同时,场外衍生品市场也保持了较快发展势头,交易规模不断扩大,产品种类日益丰富,参与者日趋多元化。目前,人民币本币市场开展了远期、互换、信用风险缓释凭证(CRM 凭证)等衍生品交易,外汇市场开展了远期、掉期、期权等衍生品交易。证券市场开展了权益类收益互换与场外期权等衍生品交易。商品场外衍生品市场方面,期货公司风险管理子公司等机构开展了合作套保、远期合约、场外期权等业务。

二、中国期货及衍生品市场发展正在进入新阶段

我国对期货及衍生品市场发展高度重视。今年 5 月,国务院发布了《关于进一步促进资本市场健康发展的若干意见》,提出健全多层次资本市场体系,激发市场创新活力,拓展市场广度深度,扩大市场双向开放,提高证券期货服务业竞争力,加强中小投资者合法权益保护。其中专门提出,要推进期货市场建设,发展商品期货市场,建设金融期货市场。这既是对过去 20 多年来期货市场发展成绩的充分肯定,也对期货市场的进一步改革发展提出了更高的要求。

中国证监会认真贯彻落实国家发展期货及衍生品市场的方针政策,积极稳妥有序地推进产品、业务创新,不断完善和加强市场监管,大力推动期货及衍生品市场由量的提升向质的飞跃转变。一

是推出原油期货作为国际化期货品种上市。依据修订后的《期货交易管理条例》,研究制定配套规则,为引入境外交易者参与境内期货交易提供制度保障。二是推动期货交易工具创新,推动场内股票 ETF 期权试点,研究开发股指期权、商品期权、汇率期货。三是稳步推进场外衍生品创新,目前证券期货市场已经开展了以个股、指数、基金、期货、可转债以及金属、农产品等为基础资产的场外衍生品远期和期权交易。四是促进期货经营机构创新发展,放宽行业准入,增强期货经营机构竞争力,探索培育专业交易商,推进期货经营机构对外开放,提升服务实体经济能力。五是加强对交易者特别是中小交易者合法权益的保护,完善交易者适当性制度,明确期货经营机构的适当性管理责任,推动建立多元化、专业化的期货纠纷调解机制,不断完善期货交易者维权相关制度安排。六是妥善处理创新发展与风险防范的关系,以提升期货市场服务实体经济能力和效率为目的鼓励和引导市场创新,同时要牢牢守住不发生系统性、区域性风险的底线。

三、依法推进期货及衍生品市场的改革发展

目前,中国期货及衍生品市场还缺少一部基本法律。《期货交易管理条例》作为行政法规,构建了中国期货及衍生品市场的主要制度框架,在实践中有效推动和保障了期货及衍生品市场的健康发展。但是,随着期货及衍生品市场的不断拓展和深化,现有法规制度体系的不足日益暴露,迫切需要一部《期货法》,从更高层面来规范、引导和保障期货及衍生品市场的改革开放与创新发展。

一是期货及衍生品市场的一些基本民事法律关系需要从法律层面作出安排。期货市场的保证金交易、中央对手方结算、强行平仓、强制减仓等制度和措施,涉及交易者、期货经营机构、期货交易场所的基本权利和义务,有些可以适用《合同法》等基本民事法律制度,但更多的还需要通过期货交易特别法来规范。现行《期货交易管理条例》法律层级不高、效力不够,有关保证金的性质、期货经营机构平仓权、期货交易所中央对手方法律地位等内容的制度基础还不够坚实。

二是期货及衍生品市场进一步改革创新需要法律提供保障。期货市场现行法规制度体系侧重于维护秩序、防范风险,一些制度规定对期货及衍生品市场改革创新预留空间不足,对期货交易所之外的交易场所开展期货业务缺乏针对性的规定;期货及衍生品市场的结算机构建设、期货经营机构业务范围拓宽、期货业务牌照管理等问题都需要从法律层面统筹考虑解决。

三是期货及衍生品市场进一步对外开放需要法律支持。原油期货的即将推出,提出了境外交易者参与模式、境外期货经纪机构监管以及跨境交易监管执法等问题。针对"走出去"、"引进来"情形下的跨境管辖与协作,需要在法律层面作出有针对性的规定。

四是场外衍生品市场健康发展需要良好的法律环境。目前,我国场外衍生品市场的法律制度依据严重不足,缺乏最基本的一些制度规定,如单一主协议原则、终止净额结算、履约保障机制等,制约了我国场外衍生品市场的发展,急需在法律层面予以规定。

五是交易者权益保护离不开法律保障。在期货及衍生品市场发展过程中,监管部门高度重视对交易者权益的保护,但目前有关交易者保护的制度还不够完备,相关要求散落于法规、规章、规范性文件和司法解释等不同层级的规定中,内容散乱、层级较低,特别是在法律层面缺乏违法民事责任和交易者适当性等境外成熟市场行之有效的交易者保护制度,制约了投资者合法权益保护工作。

上述问题在很大程度上影响了中国期货及衍生品市场进一步改革开放和创新发展。多年来,全国人大高度重视《期货法》立法工作,几次将其列入立法规划。2013 年,全国人大常委会再次将制定《期货法》列入第十二届全国人大立法规划,全国人大财经委成立了立法工作领导小组和起草工作组,一年多来开展了大量卓有成效的立法调研和起草工作,已形成了较为完善的《期货法》草案,为下一步立法工作打下了坚实的基础。这次期货立法国际研讨会的召开恰逢其时,正是在立法起草工作的关键时期,各位专家和嘉宾的发言必将对《期货法》下一步的立法工作提供有益的借鉴和帮助,希望大家畅所欲言,为期货立法贡献更多的智慧。

女士们、先生们:

中国期货及衍生品市场的发展只有短短的 20 多年,我们认真学习借鉴境外成熟市场经验,结合中国市场实际和交易者特点,逐步探索形成了自己的市场发展道路和监管体系。这些成绩的取得,离不开社会方方面面的支持和帮助,得益于境内外专家学者的关心和鼓励,在此一并表示感谢,同时也衷心希望大家继续支持我国期货及衍生品市场的发展,更好地服务国家经济社会发展。

最后,预祝本次期货立法国际研讨会圆满成功,祝各位来宾和朋友们在郑州度过一段美好的时光。

吴利军主席助理(时任)在“创新与发展,投资者保护——我们共同的事业”国际研讨会上的讲话

(2014 年 5 月 15 日)

今天,由中国证券投资者保护基金公司、美国证券投资者保护公司和加拿大投资者保护基金共同发起的,中国证券投资者保护基金公司主办的“创新与发展,投资者保护—我们共同的事业”国际研讨会在这里召开,我谨代表中国证监会,向出席本次会议的境内外投资者保护机构代表和有关专家表示热烈的欢迎。

近几年,各国的投资者保护组织共同举办过多次国际研讨会,不断推进投资者保护工作的国际交流与合作,取得了很好的成果,在各自资本市场发展中发挥了积极作用。举办国际研讨会,搭建交流合作平台,以及开展多种形式的投资者保护工作,均体现出各国资本市场都在不断加大投资者保护力度,强化以投资者保护工作为核心的市场发展理念。投资者是资本市场发展的基础,没有投资者就没有市场。从成熟市场的发展经验看,市场发展首先要保护好投资者,保护投资者就是保护市场。中国资本市场发展了 20 多年,投资者队伍不断壮大,目前股票、债券、期货投资者已达 9000 万人,公募基金投资者达6000 多万人,投资者总数约占我国城镇人口的14%。我国投资者结构中,97%以上的投资者是投资金额在 50 万元人民币以下的中小投资者,中小投资者持股市值仅占 A 股流通市值的 10.4%,这是中国资本市场的一个显著特征。由于个人投资者数量多、占比高,中国证监会一直以来对保护投资者特别是中小投资者合法权益非常重视,并将其作为监管工作的重中之重。当前,我们正致力于树立以投资者保护为核心的监管理念,构建相应的监管制度框架,实施具体监管政策,保护投资者合法权益。

在制度保障方面,不断强化投资者保护制度供给和法律支持。去年底国务院专门发布了《关于进一步加强资本市场中小投资者合法权益保护工作的意见》,完善了保护中小投资者合法权益的政策体系。目前,中国证监会正在按照《意见》的要求,组织修改完善相关规定和部门规章,把保护投资者的相关要求嵌入到监管工作的各个环节。我们也正推动在新修订的《证券法》中增设更多的投资者保护的内容。今年内,我们还计划完成统一的投资者适当性管理规定的制定工作,建立规范的投资者分类标准,进一步明确不同市场、不同产品的适当性要求,明确相关各方的责任和义务,尽量减少投资者入市风险,提高市场运作的规范化水平。在监管执法方面,坚决查处违法违规行为,特别是加大对侵害投资者利益行为的打击力度,努力维护投资者合法权益。同时通过监管执法形成倒逼机制,强化相关主体对投资者的赔偿救助责任。探索建立先行赔付制度,支持违法责任主体主动赔偿中小投资者损失,对于能够积极履行投资者赔偿义务的责任方,监管部门将在法律法规许可的范围内从轻予以处罚。2013 年,一家欺诈发行的上市公司被查处期间,我们支持该公司及其保荐机构共同设立专项补偿基金,由中国证券投资者保护基金公司担任了补偿基金的管理人,主动赔偿了受损投资者 1.8 亿元人民币。这一赔偿机制得到了市场的广泛认可。最近,又有一家

被查处的上市公司,其大股东主动提出了赔偿安排,我们对此表示积极支持。下一步,我们还将制定出台证券期货违法违规案件举报奖励制度,进一步拓展违法违规线索来源。在投资者服务方面,不断强化中小投资者教育服务,提高风险防范意识,健全完善投诉处理、纠纷解决、维权救济等工作机制。拓宽投资者诉求反映和处理渠道,我们开通了“12386”中国证监会专线,畅通投资者诉求渠道。我们将支持设立为中小投资者提供服务的专门机构,为中小投资者自主维权提供教育、法律、信息、技术等方面服务,接受中小投资者委托提供调解、和解服务,帮助中小投资者反映诉求,公益性持股、行权维权等。此外,我们还将支持已有或即将建立的投诉处理机构,完善投诉处理机制和办理流程,推动与法院建立调解与诉讼的对接机制,提高调解工作的法律效力。通过上述工作,不断优化投资环境,提升市场投资价值,培育成熟合格的投资者队伍,让投资者能得到真正的回报,投资者合法权益得到更好的保护。

投资者保护工作是一项长期、艰巨、复杂的系统工程,当前还面临许多难题,与投资者的诉求还有较大差距。在一些问题的认识上可能还存在争议。比如在“同股同权”原则下,过多强调保护中小投资者是不是有悖于公平原则;在“资本多数决”原则下,需不需要中小投资者参与公司决策;在交易自愿原则下,受侵害投资者的损失是否应“买者自负”;强调投资者的知情权、参与权和决策权,是否会大幅提高上市公司决策成本、影响运行效率等等。此外,现行制度针对投资者权益保护的专门安排还不够充分,市场信息不对称导致的侵害中小投资者权利和利益的问题还比较多;投资回报缺乏足够的约束力,一些大股东不重视维护其上市公司股价,不重视投资者投资回报,致使投资者的长期投资理念难以形成。一些违法违规行为直接侵害中小投资者利益,维权渠道又不便于中小投资者得到有效的法律救助。因虚假陈述、内幕交易、操纵市场等违法违规行为造成投资者损失的,如何划定受损投资者范围、计算损失和赔偿金等等,还存在不少操作上的问题。这些问题,有的是各国资本市场发展面临的共性问题,有的是中国资本市场的特有问题,都值得深入研讨。中国证监会非常重视市场化的投资者保护体系建设,也非常支持投资者保护工作的组织机构相互交流,加强协作,充分发挥市场组织的优势,为监管部门提出好的工作意见和建议。希望本次研讨会上,各位与会代表能畅所欲言,交流成熟做法,借鉴有益经验,共同推动促进投资者保护事业的发展。

最后,预祝本次国际研讨会取得圆满成功!

谢谢!

第二部分　重要文献

关于《中共中央关于全面推进依法治国若干重大问题的决定》的说明

习近平

受中央政治局委托，我就《中共中央关于全面推进依法治国若干重大问题的决定》起草情况向全会作说明。

一、关于全会决定起草背景和过程

党的十八届三中全会后，中央即着手研究和考虑党的十八届四中全会的议题。党的十八大提出了全面建成小康社会的奋斗目标，党的十八届三中全会对全面深化改革作出了顶层设计，实现这个奋斗目标，落实这个顶层设计，需要从法治上提供可靠保障。

党的十八大提出，法治是治国理政的基本方式，要加快建设社会主义法治国家，全面推进依法治国；到2020年，依法治国基本方略全面落实，法治政府基本建成，司法公信力不断提高，人权得到切实尊重和保障。党的十八届三中全会进一步提出，建设法治中国，必须坚持依法治国、依法执政、依法行政共同推进，坚持法治国家、法治政府、法治社会一体建设。全面贯彻落实这些部署和要求，关系加快建设社会主义法治国家，关系落实全面深化改革顶层设计，关系中国特色社会主义事业长远发展。

法律是治国之重器，法治是国家治理体系和治理能力的重要依托。全面推进依法治国，是解决党和国家事业发展面临的一系列重大问题，解放和增强社会活力、促进社会公平正义、维护社会和谐稳定、确保党和国家长治久安的根本要求。要推动我国经济社会持续健康发展，不断开拓中国特色社会主义事业更加广阔的发展前景，就必须全面推进社会主义法治国家建设，从法治上为解决这些问题提供制度化方案。

改革开放以来，我们党一贯高度重视法治。1978年12月，邓小平同志就指出："应该集中力量制定刑法、民法、诉讼法和其他各种必要的法律，例如工厂法、人民公社法、森林法、草原法、环境保护法、劳动法、外国人投资法等等，经过一定的民主程序讨论通过，并且加强检察机关和司法机关，做到有法可依，有法必依，执法必严，违法必究。"党的十五大提出依法治国、建设社会主义法治国家，强调依法治国是党领导人民治理国家的基本方略，是发展社会主义市场经济的客观需要，是社会文明进步的重要标志，是国家长治久安的重要保障。党的十六大提出，发展社会主义民主政治，最根本的是要把坚持党的领导、人民当家作主和依法治国有机统一起来。党的十七大提出，依法治国是社会主义民主政治的基本要求，强调要全面落实依法治国基本方略，加快建设社会主义法治国家。党的十八大强调，要更加注重发挥法治在国家治理和社会管理中的重要作用。

党的十八大以来，党中央高度重视依法治国，强调落实依法治国基本方略，加快建设社会主义法治国家，必须全面推进科学立法、严格执法、公正司法、全民守法进程，强调坚持党的领导，更加注重改进党的领导方式和执政方式；依法治国，首先是依宪治国；依法执政，关键是依宪执政；新形势下，我们党要履行好执政兴国的重大职责，必须依据党章从严治党、依据宪法治国理政；党领导人民制定宪法和法律，党领导人民执行宪法和法律，党自身必须在宪法和法律范围内活动，真正做到党领导立法、保证执法、带头守法。

现在，全面建成小康社会进入决定性阶段，改革进入攻坚期和深水区。我们党面对的改革发展稳定任务之重前所未有、矛盾风险挑战之多前所未有，依法治国在党和国家工作全局中的地位更加突出、作用更加重大。全面推进依法治国是关系我们党执政兴国、关系人民幸福安康、关系党和国家长治久安的重大战略问题，是完善和发展中国特色社会主义制度、推进国家治理体系和治理能力现代化的重要方面。我们要实现党的十八大和十八届三中全会作出的一系列战略部署，全面建成小康社会、实现中华民族伟大复兴的中国梦，全面深化改革、完善和发展中国特色社会主义制度，就必须在全面推进依法治国上作出总体部署、采取切实措施、迈出坚实步伐。

基于这样的考虑，今年1月，中央政治局决定，党的十八届四中全会重点研究全面推进依法治国问题并作出决定。为此，成立由我任组长，张德江同志、王岐山同志任副组长，相关部门负责同志、两位省里的领导同志参加的文件起草组，在中央政治局常委会领导下进行文件起草工作。

1月27日，党中央发出《关于对党的十八届四中全会研究全面推进依法治国问题征求意见的通知》。2月12日，文件起草组召开第一次全体会议，文件起草工作正式启动。2月18日至25日，文件起草组组成8个调研组分赴14个省区市进行调研。

从各方面反馈的意见和实地调研情况看，大家一致认为，党的十八届四中全会研究全面推进依法治国问题并作出决定，意义重大而深远，符合党和国家事业发展需要和全党全国各族人民期盼。大家普遍希望通过这个决定明确全面推进依法治国的指导思想和总体要求，深刻阐明党的领导和依法治国的关系等法治建设的重大理论和实践问题，针对法治工作中群众反映强烈的突出问题提出强有力的措施，对社会主义法治国家建设作出顶层设计。

文件起草组在成立以来的8个多月时间里，深入调查研究，广泛征求意见，开展专题论证，反复讨论修改。其间，中央政治局常委会召开3次会议、中央政治局召开2次会议分别审议全会决定。8月初，决定征求意见稿下发党内一定范围征求意见，包括征求党内老同志意见，还专门听取了各民主党派中央、全国工商联负责人和无党派人士意见。

从反馈的情况看，各方面一致认为，全会决定直面我国法治建设领域的突出问题，立足我国社会主义法治建设实际，明确提出了全面推进依法治国的指导思想、总目标、基本原则，提出了关于依法治国的一系列新观点、新举措，回答了党的领导和依法治国的关系等一系列重大理论和实践问题，对科学立法、严格执法、公正司法、全民守法、法治队伍建设、加强和改进党对全面推进依法治国的领导作出了全面部署，有针对性地回应了人民群众呼声和社会关切。各方面一致认为，全会决定鲜明提出坚持走中国特色社会主义法治道路、建设中国特色社会主义法治体系的重大论断，明确建设社会主义法治国家的性质、方向、道路、抓手，必将有力推进社会主义法治国家建设。

在征求意见的过程中，各方面提出了许多好的意见和建议。中央责成文件起草组认真梳理和研究这些意见和建议。文件起草组对全会决定作出重要修改。

二、关于全会决定的总体框架和主要内容

中央政治局认为，全面推进依法治国涉及改革发展稳定、治党治国治军、内政外交国防等各个领域，必须立足全局和长远来统筹谋划。全会决定应该旗帜鲜明就法治建设的重大理论和实践问题作出回答，既充分肯定我国社会主义法治建设的成就和经验，又针对现实问题提出富有改革创新精神的新观点新举措；既抓住法治建设的关键，又体现党和国家事业发展全局要求；既高屋建瓴、搞好顶层设计，又脚踏实地、做到切实管用；既讲近功，又求长效。

全会决定起草突出了5个方面的考虑。一是贯彻党的十八大和十八届三中全会精神，贯彻党的十八大以来党中央工作部署，体现全面建成小康社会、全面深化改革、全面推进依法治国这“三个全面”的逻辑联系。二是围绕中国特色社会主义事业总体布局,体现推进各领域改革发展对提高法治水平的要求,而不是就法治论法治。三是反映目前法治工作基本格局,从立法、执法、司法、守法4个方面作出工作部署。四是坚持改革方向、问题导向,适应推进国家治理体系和治理能力现代化要求,直面法治建设领域突出问题,回应人民群众期待,力争提出对依法治国具有重要意义的改革举措。五是立足我国国情,从实际出发,坚持走中国特色社会主义法治道路,既与时俱进、体现时代精神,又不照抄照搬别国模式。

全会决定共分三大板块。导语和第一部分构成第一板块,属于总论。第一部分旗帜鲜明提出坚持走中国特色社会主义法治道路、建设中国特色社会主义法治体系、建设社会主义法治国家,阐述全面推进依法治国的重大意义、指导思想、总目标、基本原则,阐述中国特色社会主义法治体系的科学内涵,阐述党的领导和依法治国的关系等重大问题。

第二部分至第五部分构成第二板块,从目前法治工作基本格局出发,对科学立法、严格执法、公正司法、全民守法进行论述和部署。第二部分讲完善以宪法为核心的中国特色社会主义法律体系、加强宪法实施,从健全宪法实施和监督制度、完善立法体制、深入推进科学立法民主立法、加强重点领域立法4个方面展开,对宪法实施和监督提出基本要求和具体措施,通过部署重点领域立法体现依法治国同中国特色社会主义事业总体布局的关系。第三部分讲深入推进依法行政、加快建设法治政府,从依法全面履行政府职能、健全依法决策机制、深化行政执法体制改革、坚持严格规范公正文明执法、强化对行政权力的制约和监督、全面推进政务公开6个方面展开。第四部分讲保证公正司法、提高司法公信力,从完善确保依法独立公正行使审判权和检察权的制度、优化司法职权配置、推进严格司法、保障人民群众参与司法、加强人权司法保障、加强对司法活动的监督6个方面展开。第五部分讲增强全民法治观念、推进法治社会建设,从推动全社会树立法治意识、推进多层次多领域依法治理、建设完备的法律服务体系、健全依法维权和化解纠纷机制4个方面展开。

第六部分、第七部分和结束语构成第三板块。第六部分讲加强法治工作队伍建设,从建设高素质法治专门队伍、加强法律服务队伍建设、创新法治人才培养机制3个方面展开。第七部分讲加强和改进党对全面推进依法治国的领导,从坚持依法执政、加强党内法规制度建设、提高党员干部法治思维和依法办事能力、推进基层治理法治化、深入推进依法治军从严治军、依法保障“一国两制”实践和推进祖国统一、加强涉外法律工作7个方面展开。最后,号召全党全国为建设法治中国而奋斗。

三、关于需要说明的几个问题

第一,党的领导和依法治国的关系。党和法治的关系是法治建设的核心问题。全面推进依法治国这件大事能不能办好,最关键的是方向是不是正确、政治保证是不是坚强有力,具体讲就是要坚持党的领导,坚持中国特色社会主义制度,贯彻中国特色社会主义法治理论。党的领导是中国特色社会主义最本质的特征,是社会主义法治最根本的保证。中国特色社会主义制度是中国特色社会主义法治体系的根本制度基础,是全面推进依法治国的根本制度保障。中国特色社会主义法治理论是中国特色社会主义法治体系的理论指导和学理支撑,是全面推进依法治国的行动指南。这3个方面实质上是中国特色社会主义法治道路的核心要义,规定和确保了中国特色社会主义法治体系的制度属性和前进方向。

全会决定明确提出,坚持党的领导,是社会主义法治的根本要求,是党和国家的根本所在、命脉所在,是全国各族人民的利益所系、幸福所系,是全面推进依法治国的题中应有之义;党的领导和社会主义法治是一致的,社会主义法治必须坚持党的领导,党的领导必须依靠社会主义法治。全会决定围绕加强和改进党对全面推进依法治国的领导提出“三统一”、“四善于”,并作出了系统部署。

把坚持党的领导、人民当家作主、依法治国有机统一起来是我国社会主义法治建设的一条基本经验。我国宪法以根本法的形式反映了党带领人民进行革命、建设、改革取得的成果,确立了在历史和人民选择中形成的中国共产党的领导地位。对这一点,要理直气壮讲、大张旗鼓讲。要向干部群众讲清楚我国社会主义法治的本质特征,做到正本清源、以正视听。

第二，全面推进依法治国的总目标。全会决定提出，全面推进依法治国，总目标是建设中国特色社会主义法治体系，建设社会主义法治国家，并对这个总目标作出了阐释：在中国共产党领导下，坚持中国特色社会主义制度，贯彻中国特色社会主义法治理论，形成完备的法律规范体系、高效的法治实施体系、严密的法治监督体系、有力的法治保障体系，形成完善的党内法规体系，坚持依法治国、依法执政、依法行政共同推进，坚持法治国家、法治政府、法治社会一体建设，实现科学立法、严格执法、公正司法、全民守法，促进国家治理体系和治理能力现代化。

提出这个总目标，既明确了全面推进依法治国的性质和方向，又突出了全面推进依法治国的工作重点和总抓手。一是向国内外鲜明宣示我们将坚定不移走中国特色社会主义法治道路。中国特色社会主义法治道路，是社会主义法治建设成就和经验的集中体现，是建设社会主义法治国家的唯一正确道路。在走什么样的法治道路问题上，必须向全社会释放正确而明确的信号，指明全面推进依法治国的正确方向，统一全党全国各族人民认识和行动。二是明确全面推进依法治国的总抓手。全面推进依法治国涉及很多方面，在实际工作中必须有一个总揽全局、牵引各方的总抓手，这个总抓手就是建设中国特色社会主义法治体系。依法治国各项工作都要围绕这个总抓手来谋划、来推进。三是建设中国特色社会主义法治体系、建设社会主义法治国家是实现国家治理体系和治理能力现代化的必然要求，也是全面深化改革的必然要求，有利于在法治轨道上推进国家治理体系和治理能力现代化，有利于在全面深化改革总体框架内全面推进依法治国各项工作，有利于在法治轨道上不断深化改革。

第三，健全宪法实施和监督制度。宪法是国家的根本法。法治权威能不能树立起来，首先要看宪法有没有权威。必须把宣传和树立宪法权威作为全面推进依法治国的重大事项抓紧抓好，切实在宪法实施和监督上下功夫。

党的十八届三中全会提出，要进一步健全宪法实施监督机制和程序，把实施宪法要求提高到一个新水平。这次全会决定进一步提出，完善全国人大及其常委会宪法监督制度，健全宪法解释程序机制；加强备案审查制度和能力建设，依法撤销和纠正违宪违法的规范性文件；将每年12月4日定为国家宪法日；在全社会普遍开展宪法教育，弘扬宪法精神。

全会决定提出建立宪法宣誓制度。这是世界上大多数有成文宪法的国家所采取的一种制度。在142个有成文宪法的国家中，规定相关国家公职人员必须宣誓拥护或效忠宪法的有97个。关于宪法宣誓的主体、内容、程序，各国做法不尽相同，一般都在有关人员开始履行职务之前或就职时举行宣誓。全会决定规定，凡经人大及其常委会选举或者决定任命的国家工作人员正式就职时公开向宪法宣誓。这样做，有利于彰显宪法权威，增强公职人员宪法观念，激励公职人员忠于和维护宪法，也有利于在全社会增强宪法意识、树立宪法权威。

第四，完善立法体制。新中国成立以来特别是改革开放以来，经过长期努力，我国形成了中国特色社会主义法律体系，国家生活和社会生活各方面总体上实现了有法可依，这是一个了不起的重大成就。同时，我们也要看到，实践发展永无止境，立法工作也永无止境，完善中国特色社会主义法律体系任务依然很重。

我们在立法领域面临着一些突出问题，比如，立法质量需要进一步提高，有的法律法规全面反映客观规律和人民意愿不够，解决实际问题有效性不足，针对性、可操作性不强；立法效率需要进一步提高。还有就是立法工作中部门化倾向、争权诿责现象较为突出，有的立法实际上成了一种利益博弈，不是久拖不决，就是制定的法律法规不大管用，一些地方利用法规实行地方保护主义，对全国形成统一开放、竞争有序的市场秩序造成障碍，损害国家法治统一。

推进科学立法、民主立法，是提高立法质量的根本途径。科学立法的核心在于尊重和体现客观规律，民主立法的核心在于为了人民、依靠人民。要完善科学立法、民主立法机制，创新公众参与立法方式，广泛听取各方面意见和建议。全会决定提出，明确立法权力边界，从体制机制和工作程序上有效防止部门利益和地方保护主义法律化。一是健全有立法权的人大主导立法工作的体制机制，发挥人大及其常委会在立法工作中的主导作用；建立由全国人大相关专门委员会、全国人大常委会法制工作委员会组织有关部门参与起草综合性、全局性、基础性等重要法律草案制度；增加有法治实践经验的专职常委比例；依法建立健全专门委员会、工作委员会立法专家顾问制度。二是加强和改进政府立法制度建设，完善行政法规、规章制定程序，完善公众参与政府立法机制；重要行政管理法律法规由政府法制机构组织起草；对部门间争议较大的重要立法事项，由决策机关引入第三方评估，不能久拖不决。三是明确地方立法权限和范围，禁止地方制发带有立法性质的文件。

需要明确的是，在我们国家，法律是对全体公民的要求，党内法规制度是对全体党员的要求，而且很多地方比法律的要求更严格。我们党是先锋队，对党员的要求应该更严。全面推进依法治国，必须努力形成国家法律法规和党内法规制度相辅相成、相互促进、相互保障的格局。

第五，加快建设法治政府。法律的生命力在于实施，法律的权威也在于实施。“天下之事，不难于立法，而难于法之必行。”如果有了法律而不实施、束之高阁，或者实施不力、做表面文章，那制定再多法律也无济于事。全面推进依法治国的重点应该是保证法律严格实施，做到“法立，有犯而必施；令出，唯行而不返”。

政府是执法主体，对执法领域存在的有法不依、执法不严、违法不究甚至以权压法、权钱交易、徇私枉法等突出问题，老百姓深恶痛绝，必须下大气力解决。全会决定提出，各级政府必须坚持在党的领导下、在法治轨道上开展工作，加快建设职能科学、权责法定、执法严明、公开公正、廉洁高效、守法诚信的法治政府。全会决定提出了一些重要措施。一是推进机构、职能、权限、程序、责任法定化，规定行政机关不得法外设定权力，没有法律法规依据不得作出减损公民、法人和其他组织合法权益或者增加其义务的决定；推行政府权力清单制度，坚决消除权力设租寻租空间。二是建立行政机关内部重大决策合法性审查机制，积极推行政府法律顾问制度，保证法律顾问在制定重大行政决策、推进依法行政中发挥积极作用；建立重大决策终身责任追究制度及责任倒查机制。三是推进综合执法，理顺城管执法体制，完善执法程序，建立执法全过程记录制度，严格执行重大执法决定法制审核制度，全面落实行政执法责任制。四是加强对政府内部权力的制约，对财政资金分配使用、国有资产监管、政府投资、政府采购、公共资源转让、公共工程建设等权力集中的部门和岗位实行分事行权、分岗设权、分级授权，定期轮岗，强化内部流程控制，防止权力滥用；完善政府内部层级监督和专门监督；保障依法独立行使审计监督权。五是全面推进政务公开，推进决策公开、执行公开、管理公开、服务公开、结果公开，重点推进财政预算、公共资源配置、重大建设项目批准和实施、社会公益事业建设等领域的政府信息公开。这些措施都有很强的针对性，也同党的十八届三中全会精神一脉相承，对法治政府建设十分紧要。

第六，提高司法公信力。司法是维护社会公平正义的最后一道防线。我曾经引用过英国哲学家培根的一段话，他说：“一次不公正的审判，其恶果甚至超过十次犯罪。因为犯罪虽是无视法律——好比污染了水流，而不公正的审判则毁坏法律——好比污染了水源。”这其中的道理是深刻的。如果司法这道防线缺乏公信力，社会公正就会受到普遍质疑，社会和谐稳定就难以保障。因此，全会决定指出，公正是法治的生命线；司法公正对社会公正具有重要引领作用，司法不公对社会公正具有致命破坏作用。

当前，司法领域存在的主要问题是，司法不公、司法公信力不高问题十分突出，一些司法人员作风不正、办案不廉，办金钱案、关系案、人情案，“吃了原告吃被告”，等等。司法不公的深层次原因在于司法体制不完善、司法职权配置和权力运行机制不科学、人权司法保障制度不健全。

党的十八届三中全会针对司法领域存在的突出问题提出了一系列改革举措，司法体制和运行机制改革正在有序推进。这次全会决定在党的十八届三中全会决定的基础上对保障司法公正作出了更深入的部署。比如，为确保依法独立公正行使审判权和检察权，全会决定规定，建立领导干部干预司法活动、插手具体案件处理的记录、通报和责任追究制度；健全行政机关依法出庭应诉、支持法院受理行政案件、尊重并执行法院生效裁判的制度；建立健全司法人员履行法定职责保护机制，等等。为优化司法职权配置，全会决定提出，推动实行审判权和执行权相分离的体制改革试点；统一刑罚执行体制；探索实行法院、检察院司法行政事务管理权和审判权、检察权相分离；变立案审查制为立案登记制，等等。为保障人民群众参与司法，全会决定提出，完善人民陪审员制度，扩大参审范围；推进审判公开、检务公开、警务公开、狱务公开；建立生效法律文书统一上网和公开查询制度，等等。全会决定还就加强人权司法保障和加强对司法活动的监督提出了重要改革措施。

第七，最高人民法院设立巡回法庭。近年来，随着社会矛盾增多，全国法院受理案件数量不断增加，尤其是大量案件涌入最高人民法院，导致审判接访压力增大，息诉罢访难度增加，不利于最高人民法院发挥监督指导全国法院工作职能，不利于维护社会稳定，不利于方便当事人诉讼。

全会决定提出，最高人民法院设立巡回法庭，审理跨行政区域重大行政和民商事案件。这样做，有利于审判机关重心下移、就地解决纠纷、方便当事人诉讼，有利于最高人民法院本部集中精力制定司法政策和司法解释、审理对统一法律适用有重大指导意义的案件。

第八，探索设立跨行政区划的人民法院和人民检察院。随着社会主义市场经济深入发展和行政诉讼出现，跨行政区划乃至跨境案件越来越多，涉案金额越来越大，导致法院所在地有关部门和领导越来越关注案件处理，甚至利用职权和关系插手案件处理，造成相关诉讼出现"主客场"现象，不利于平等保护外地当事人合法权益、保障法院独立审判、监督政府依法行政、维护法律公正实施。

全会决定提出，探索设立跨行政区划的人民法院和人民检察院。这有利于排除对审判工作和检察工作的干扰、保障法院和检察院依法独立公正行使审判权和检察权，有利于构建普通案件在行政区划法院审理、特殊案件在跨行政区划法院审理的诉讼格局。

第九，探索建立检察机关提起公益诉讼制度。现在，检察机关对行政违法行为的监督，主要是依法查办行政机关工作人员涉嫌贪污贿赂、渎职侵权等职务犯罪案件，范围相对比较窄。而实际情况是，行政违法行为构成刑事犯罪的毕竟是少数，更多的是乱作为、不作为。如果对这类违法行为置之不理、任其发展，一方面不可能根本扭转一些地方和部门的行政乱象，另一方面可能使一些苗头性问题演变为刑事犯罪。全会决定提出，检察机关在履行职责中发现行政机关违法行使职权或者不行使职权的行为，应该督促其纠正。作出这项规定，目的就是要使检察机关对在执法办案中发现的行政机关及其工作人员的违法行为及时提出建议并督促其纠正。这项改革可以从建立督促起诉制度、完善检察建议工作机制等入手。

在现实生活中，对一些行政机关违法行使职权或者不作为造成对国家和社会公共利益侵害或者有侵害危险的案件，如国有资产保护、国有土地使用权转让、生态环境和资源保护等，由于与公民、法人和其他社会组织没有直接利害关系，使其没有也无法提起公益诉讼，导致违法行政行为缺乏有效司法监督，不利于促进依法行政、严格执法，加强对公共利益的保护。由检察机关提起公益诉讼，有利于优化司法职权配置、完善行政诉讼制度，也有利于推进法治政府建设。

第十，推进以审判为中心的诉讼制度改革。充分发挥审判特别是庭审的作用，是确保案件处理质量和司法公正的重要环节。我国刑事诉讼法规定公检法三机关在刑事诉讼活动中各司其职、互相配合、互相制约，这是符合中国国情、具有中国特色的诉讼制度，必须坚持。同时，在司法实践中，存在办案人员对法庭审判重视不够，常常出现一些关键证据没有收集或者没有依法收集，进入庭审的案件没有达到"案件事实清楚、证据确实充分"的法定要求，使审判无法顺利进行。

全会决定提出推进以审判为中心的诉讼制度改革，目的是促使办案人员树立办案必须经得起法律检验的理念，确保侦查、审查起诉的案件事实证据经得起法律检验，保证庭审在查明事实、认定证据、保护诉权、公正裁判中发挥决定性作用。这项改革有利于促使办案人员增强责任意识，通过法庭审判的程序公正实现案件裁判的实体公正，有效防范冤假错案产生。

全面推进依法治国是一个系统工程，是国家治理领域一场广泛而深刻的革命。制定好这次全会决定具有十分重要的意义。大家要深刻领会中央精神，从党和国家事业发展全局出发，全面理解和正确对待全会决定提出的重大改革举措，深刻领会有关改革的重大现实意义和深远历史意义，自觉支持改革、拥护改革。在讨论中，希望大家相互启发、相互切磋，既提出建设性的修改意见和建议，进一步完善全会决定提出的思路和方案，又加深理解，以利于会后传达贯彻。让我们共同努力，把这次全会开好。

维护社会公平正义的大事

——肖钢主席在《上海证券报》发表署名文章

(2014年1月7日)

高度重视和切实加强中小投资者保护,既是维护社会公平正义和关系亿万人民群众切身利益的大事,也是资本市场自身改革创新和健康发展的重要前提,同时也有利于促进证券期货监管转型。

中小投资者权益保护是一项长期任务和系统工程,要统筹协调,充分调动各方资源和力量,形成保护合力,加快形成法律保护、监管保护、自律保护、市场保护、自我保护的综合体系。

这次会议的主要任务是,认真学习贯彻国务院办公厅《关于进一步加强资本市场中小投资者合法权益保护工作的意见》,部署加强中小投资者保护工作。下面,我讲几点意见。

认真学习领会国办文件,提高思想认识

长期以来,党中央、国务院对保护中小投资者工作一直高度重视。证监会一直把它作为监管工作的重中之重,采取了一系列政策措施,取得了积极成效。但中小投资者仍处于弱势地位,风险意识和自我保护能力不强,容易受到侵害。资本市场是公众化投资场所,我国拥有全球数量最多、最活跃的个人投资者群体,股票、债券、期货投资者9000万人,公募基金投资者6000多万人,其中99%以上是投资金额少于50万元的中小投资者,占我国城镇人口的14%。新一届政府成立之初,李克强总理在回答中外记者提问时就提出要保护投资者,尤其是中小投资者的合法权益。2013年5月,他在国务院第七次常务会议上提出,要制定中小投资者权益保护相关政策。此后,国务院批转的《关于2013年深化经济体制改革重点工作的意见》,明确提出健全投资者尤其是中小投资者权益保护政策体系。2013年11月十八届三中全会决定明确要求,“优化上市公司投资者回报机制,保护投资者尤其是中小投资者合法权益”。国办《意见》是落实十八届三中全会《决定》精神和国务院一系列部署的重要举措,在我国资本市场发展历程中首次全面构建了保护中小投资者合法权益的政策体系,是指导资本市场中小投资者保护工作的一个纲领性文件。高度重视和切实加强中小投资者保护,既是维护社会公平正义和关系亿万人民群众切身利益的大事,也是资本市场自身改革创新和健康发展的重要前提,同时也有利于促进证券期货监管转型。因此,证监会系统各级领导班子和干部职工要认真学习领会国办文件精神,充分认识维护中小投资者合法权益的重大意义,紧密联系实际,认真抓好贯彻落实。为进一步统一思想认识,需要正确理解和把握保护中小投资者的本质与内容,处理好几个重要关系。

一是正确认识“同股同权”原则与中小投资者保护的关系。

“同股同权”、“资本多数决”,是现代公司治理的基本原则。我国《公司法》第127条和第104条规定了“同股同权”和“资本多数决”原则。股份或股权的本意就包含了份额平等、权力公平、参与机会均等和利益分享等内涵。“同股同权”是指同一类型的股份享有相同的权利。

在早期公司实践中,同股同权的实现采用了“一致同意”的表决机制,小股东享有任意的否决权,同股同权原则被简单、机械、绝对地实现。随着工业化推进,公司资本规模扩大,股东人数增多,这种方式很不适应社会化大生产的需要,为此,逐渐确立资本多数决机制,持有多数表决权的股东能够决定公司事务，即所谓“控制权溢价”，“制度红利”。这就为控制股东凭借其优势地位，滥用控制权侵害小股东的正当利益提供了条件和可能。因此，为了实现股东之间的实质平等，一些国家和地区的公司法纷纷确立防范控股股东滥用控制权的制度。赋予控股股东特殊的诚信义务，限制他们的权利，约束他们的行为。所谓诚信义务，源于信托法中受托人对委托人应当承担的责任，通常指公司高管人员掌握广泛权利，要对经营公司财产负责。随着中小股东权利被控股股东损害的情形不断出现，大陆法系和英美法系都将诚信义务承担者扩展到控股股东。就是说，控股股东除了自身利益外，负有维护其他股东利益和公司利益的义务与责任。同时，实践中形成了一些机制，如累积投票制、投票权代理和征集投票权制度、异议股东股份回购请求权、代表诉讼制度。

可见，对中小投资者保护，是矫正资本多数决的滥用，实现股东实质平等的共同做法，并不损害股东平等原则，恰恰是真正实现同股同权。

二是正确认识“买者自慎”原则与中小投资者保护的关系。

“买者自慎”（buyer beware）是自古罗马沿袭至今的商品交易原则，反映到资本市场就是“投资风险自负”。

在商品结构较为简单、买卖双方面对面、对商品质量和用途等认知的力量基本对等的情形下，为防止交易中的不诚信或悔约等现象频繁发生，买者自负原则成为维护交易秩序稳定的重要法律工具。随着工业革命发展，新型通讯手段使远距离交易成为可能，交易内容不再限于现货交易，新技术运用使得商品的专业化、复杂化程度越来越高，大大增加了买方检验商品品质和正确判断交易风险的难度，买卖双方对交易标的认识的落差也越来越大，买方越来越难以全面了解有关交易信息。在这种情况下，一味强调买者自负，客观上变成了只有买方承担交易不利后果，是不公平的，对社会和经济发展是不利的。因此，卖方有责的观念逐步发展起来。

证券交易不同于一般商品交易，在公众化集中交易的条件下，交易双方信息不对称，一对多，多对多，因此证券市场在强调买者自负的同时，必须强调卖者有责。从各国证券法的制定与实施看，基本的经验是，对投资者盈亏自担、风险自负的买者自负原则，适用的前提是卖方履行了信息披露、销售适当性等强制义务，以及不存在虚假陈述、内幕交易和操纵市场等欺诈行为。两者相辅相成，不可分割。

总之，保护中小投资者与买者自负原则并不矛盾。在强调买者自负原则的同时，必须强化卖者有责。必须明确，保护中小投资者绝不是保证投资者不赔钱。而且保护中小投资者是一个政策体系，首要的是适当性管理制度，这也是政府监管的责任。加强投资者教育本身也是保护措施，有利于增强自我保护的能力。

三是正确认识交易自愿原则与中小投资者保护的关系。

交易自愿原则源于罗马法。谚语说，合同是当事人之间的枷锁。“合同胜于法律”，自愿签订的合同效力高于法律。随着商品经济发展和市场交易的复杂化，交易自愿原则开始受到限制。如果买方没有机会检验货物，那就不应当适用交易自愿原则。如果买方基于对卖方的信赖而订购货物，那么该货物应当合理地满足买方购买货物的目的。可见，法律越来越倾向于保护合同正义，而不仅仅是合同自由。

市场上不少观点认为，投资交易是“一个愿打，一个愿挨”、“两厢情愿”的事情，投资亏损是投资者“愿赌服输”或“自作自受”的结果。这些观点貌似有理，实则漠视投资者，是政府监管不作为的表现，也是股权文化不健康的反映，有违正义原则和契约精神。

资本市场崇尚契约精神。所谓契约精神包括契约自由、契约平等、契约信守和契约救济，核心是诚信无欺、契约正义。证券期货契约往往是标准化的，专业性强，结构复杂。因此，对交易自愿原则必须加以限制，对投资者尤其是中小投资者实施保护。主要方式有：一是交易前实施投资者适当性管理，对于不具备专业投资能力和风险承受能力的投资者，即使自愿，也不允许从事交易。二是交易中要求卖方承担充分的说明义务，有关中介机构勤勉尽责，承担忠实代理义务。三是交易后建立风险补偿制度。

四是正确认识效率原则与中小投资者保护的关系。

有些人担心,过多强调中小投资者利益保护,给上市公司及大股东、实际控制人规定大量限制性条款,会大幅增加上市公司运行成本,增加市场机构的合规成本,会影响市场运行效率,甚至最终产生市场对上市公司的“挤出效应”,出现更多公司选择境外上市。这些看法其实是误解。一些国家或地区证券市场研究表明,投资者保护机制对上市公司、控股股东的行为有显著影响,有利于抑制其不良行为,有利于帮助公司提高治理水平。这是因为控股股东行为如果损害中小投资者利益,一般也会伤害整个公司的利益。一些研究还认为,对关联销售和关联采购没有限制的公司,其业绩显著低于有限制的公司。

从许多国家或地区实践情况看,投资者保护越好,市场创新越多,行政管制越少,市场运行效率越高,股票市场也越发达。相反,忽视投资者保护,将给市场带来更高的运行成本,甚至可能影响市场信心和诚信基础,降低整个市场效率。美国安然事件后,2004 年出台《萨班斯法》,对上市公司提出了更高的要求,成本高了,反而激发了市场创新活力,促进了整个市场的快速发展。

狠抓落实,将中小投资者保护贯穿监管始终

出台一个好文件不容易,贯彻落实好就更不容易,关键要狠抓落实。

(一)以中小投资者需求和权益保护为导向,全面梳理部门规章制度

要抓住落实《意见》的契机,结合行政许可的清理工作,对证监会系统现行的规章制度、规范性文件、内部工作指引等进行全面清理。对照《意见》的要求,进行修改、补充、整合、完善。在证券期货市场改革发展和监管工作的各环节、各方面,都要全面嵌入中小投资者保护的具体要求。要大力推动证券期货交易所、有关协会和相关会管单位,结合各自的职能和特点,相应修改完善自律规则、业务规则和服务流程,进一步做好中小投资者保护工作。

(二)健全投资者适当性制度,严格投资者适当性管理

适当性管理是投资者进入资本市场的第一道保护。目前国际上没有对中小投资者做专门的定义,对投资者的划分主要是出于分类监管和市场分类风险管理的需要。我国投资者结构呈现多元化,客观上出现了多种分类,在一些领域、一些产品已经有适当性管理,但标准不统一且比较分散。如何针对复杂的投资者构成进行科学的分类管理,建立统一的投资者适当性管理规定,是当前的一项紧迫工作。

我国资本市场实行合格投资者管理的时间不长,标准门槛差异大,相关配套考虑不够。应当认真总结经验,建立规范的投资者分类标准,并建立统一的投资者适当性管理规范,将适合的产品和服务提供给适当的投资者。同时,明确市场经营服务机构的适当性管理责任,健全各类自律规则的要求。

(三)优化投资回报机制,提升投资价值

获得投资回报是中小投资者参与投资的正当权利。目前我国上市公司现金分红占净利润比例大体25% ,显著低于成熟市场的40% ,平均年化股息率低于2% 。针对当前资本市场综合回报低、回报方式单一、回报意识不强,《意见》提出了优化回报机制的系统性制度安排,要求建立现金分红、股份回购、以股代息等综合回报体系,全面优化投资回报环境。督促上市公司及中介服务机构牢固树立回报股东的意识,改变整体回报低和分配制度不规范不透明的状况。

要督促公司修改章程,强化分红承诺和披露,发挥诚信监管系统的作用。全面落实 IPO、再融资和并购重组中的股权摊薄和承诺要求。形成落实公司在股价低于每股净资产时回购股份的监管安排。完善各项审核与信息披露制度,落实对现金分红回报稳定公司的监管扶持政策措施。发挥基金等专业机构参与公司治理、改善投资者回报的作用。大力发展定期支付、绝对收益类产品,支持货币基金创新。进一步发挥托管人作用,督促基金管理人履行分红承诺。

(四)保障投资者参与权和知情权,便利中小投资者行权

《意见》提出了便利投资者行权的一系列“组合拳”安排,对全面落实投资者知情权、参与权和

监督权，提升公司治理，将形成有力支持。要全面评估完善证券发行、公司持续经营、并购重组以及各类产品的信息披露标准，制定并实施自愿性和简明化信息披露规则，提升信息披露质量和细化披露、承诺责任。围绕再融资、并购重组、股东权益变动等对投资者权益敏感的事项，细化披露和追责的标准和监管措施。建立统一的信息披露平台，便利中小投资者获取信息，并及时曝光异常披露和失信行为。对异常信息、衍生信息、承诺事项、股价异动及市场关切的事项，加强事中监测检查，实时作出监管反应。推动公募基金统一账户体系建设，方便投资者查询。

尽快出台实施中小股东单独计票、全面网络投票、推行累积投票制和征集投票权的统一监管要求。制定股东大会投票表决第三方见证的规范指引。制定中小投资者提出罢免董事提案的规范程序。健全公司利益冲突回避机制的要求。加大公司治理责任，明确控股股东、实际控制人及董事、高管义务，强化对股东会、董事会及公司重大决策事项的程序合规性监管和公告义务。依托行业基础平台建设，为基金持有人投票表决提供设施支持。

（五）强化中小投资者赔偿救助，积极推动权益维护

要致力于构建和谐的投资者关系，建立各类权益纠纷解决机制。支持市场主体开展纠纷和解与专业调解，支持公益诉讼、风险代理等服务。建立统一明确的投诉处理规范要求，督促市场经营主体承担投诉处理的首要责任，健全客户投诉与纠纷处理机制。重视发挥自律组织作用，为中小投资者权益保护提供专业服务、咨询和救济援助。完善证券、基金、期货公司风险准备金制度，推动建立上市公司违规风险准备金，研究建立证券发行保荐质保金制度，鼓励推行中介机构职业保险以及退市保险，全面提升执业规范水平和责任意识。

健全督促侵权行为人主动赔偿投资者制度，推动建立监管机构责令购回制度和承诺违约强制履行制度。严格查处各种形式的信息披露违法违规，打击各类侵权行为。加快完善诚信数据库建设。建立违法案件举报制度。制定实施行政和解试点方案。

（六）强化中小投资者教育和完善保护组织体系，建立长效工作机制

要制定投资者教育总体规划，加大对中小投资者教育力度，普及投资知识，开展警示宣传，帮助他们提高风险意识和自我保护能力，经常告诫他们不要听信流言，不要盲目跟风，不要炒新、炒小、炒差。督促证券期货经营机构将投资者教育纳入开户、交易、营销及客户服务等各个环节。

中小投资者权益保护是一项长期任务和系统工程，要统筹协调，充分调动各方资源和力量，形成保护合力，加快形成法律保护、监管保护、自律保护、市场保护、自我保护的综合体系。要加强与国务院相关部委和地方政府的沟通和信息共享，共同推进维护投资者权益。依托上市公司规范运作和打击非法证券期货活动两个部际联席会议机制，探索建立中小投资者权益维护的综合沟通协调机制。完善有利于中小投资者行权、维权和救济服务的环境，推动相关各方加大资源投入。加强投资者保护的国际交流与合作。

加强组织领导，落实工作责任

（一）要抓好学习和组织宣传

证监会系统各单位、各部门要认真组织学习，充分认识《意见》的重要意义和精神实质，掌握各项工作要求。要采取宣讲、专项培训等有效方式，组织系统干部、市场主体认真学习，将思想和行动统一到《意见》要求上来。同时，采取多种形式向投资者宣传、解读，使投资者了解自身权利，依法行权。

（二）要抓好任务分解和责任落实

会机关相关部门要建立投资者保护的标准，优化制度政策，投资者保护局要加强统筹协调。各监管部门和稽查处罚部门要将中小投资者保护嵌入到日常监管运行、稽查执法的各个环节。各派出机构要继续深化辖区责任制建设，结合辖区投资者特点和工作实际落实《意见》要求，创新工作内容和工作方式。交易所和行业协会要完善投资者权益保障和服务的自律规则，提升会员单位的投保意识和工作水平。各会管机构要按《意见》要求和我会统一部署，完善业务规则和服务流程，

丰富服务内容。系统各单位要及时发现和反映中小投资者权益保护工作中的新情况、新问题,提出改进监管意见和建议。市场经营服务机构和中介机构要对投资者、对客户切实履行勤勉忠实的义务,增强责任意识,提升专业服务水平。中小投资者要加强自身学习,强化风险意识,树立理性投资理念。

(三)要抓好统筹协调和检查评估

落实《意见》是一项需要常抓不懈的工作,要抓好统筹协调,做到远近结合,突出重点,及时总结完善。各单位、各部门要制定落实方案,明确时间表,强化监管合作,形成全系统、全行业的投资者保护协同功能。投保局要发挥自身作用,动态跟进《意见》的落实状况,建立督办机制。要围绕《意见》的落实,建立监督检查和评估评价机制,组织开展对中小投资者权益保护满意度调查和评估,对于检查发现的侵害投资者合法权益的行为,依法及时采取监管措施。将投资者保护工作情况纳入证券期货经营服务机构分类评价,建立投资者保护权益监测、巡查、抽查机制。要组织好对派出机构和会管机构投资者保护工作的评价,把维护中小投资者合法权益的职责履行情况作为衡量监管工作成效的重要依据。

健全多层次资本市场体系

——肖钢主席在《人民日报》发表署名文章

(2014年1月22日)

党的十八届三中全会《决定》提出的健全多层次资本市场体系,是完善现代市场体系的重要内容,也是促进我国经济转型升级的一项战略任务。早在2003年,中央就提出建立多层次资本市场体系。当时主要是考虑我国股票市场只有面向大中型企业的主板市场,层次单一,难以满足大量中小型企业特别是创新型企业的融资需求。2004年我国推出了中小板,2009年推出了创业板。经过10年探索,我国多层次资本市场体系初具规模,股票交易所市场日益壮大,中小企业股份转让系统("新三板")服务范围已扩展至全国,各地区域股权转让市场和证券公司柜台市场积极探索前行。同时,债券市场、期货及衍生品市场蓬勃发展,产品日益丰富,规模不断扩大。多层次资本市场建设不仅有力支持了经济社会发展,而且为建立现代企业制度、构建现代金融体系、推动多种所有制经济共同发展作出了重要贡献。同时应看到,当前我国资本市场仍处在"新兴加转轨"阶段,还存在不少问题,主要表现在市场化、法制化、国际化程度不高,直接融资比重偏低,市场层次、结构和基础设施不完善,产品不够丰富,证券期货服务业和机构投资者发展不足等,迫切需要深化改革、扩大开放,健全多层次资本市场体系。

多层次资本市场是对现代资本市场复杂形态的一种表述,是资本市场有机联系的各要素总和,具有丰富的内涵。从交易场所来看,多层次资本市场可以分为交易所市场和场外市场;根据发行和资金募集方式,可以分为公募市场和私募市场;根据交易品种,可以分为以股票债券为主的基础产品市场和期货及衍生品市场;同一个市场内部也包含不同的层次。同时,多层次资本市场的各个层次并不是简单平行、彼此隔离的,而是既相互区分、又相互交错并不断演进的结构。资本市场的多层次特性还体现在投资者结构、中介机构和监管体系的多层次,交易定价、交割清算方式的多样性,它们与多层次市场共同构成一个有机平衡的金融生态系统。

健全多层次资本市场体系的重要性

健全多层次资本市场体系,是发挥市场配置资源决定性作用的必然要求,是推动经济转型升级和可持续发展的有力引擎，也是维护社会公平正义、促进社会和谐、增进人民福祉的重要手段。

有利于调动民间资本的积极性，将储蓄转化为投资，提升服务实体经济的能力。我国储蓄率较高，但存在企业融资难、民间投资难的突出矛盾，反映了我国资本市场欠发达、市场层次不丰富、资金供需双方不能有效匹配的矛盾。处在不同发展阶段的企业，其融资需求和条件是不一样的；同样，投资者的需求也是多样的。多层次资本市场体系可以提供多种类型的金融产品和交易场所，为多样化的投融资需求打造高效匹配的平台，有利于促进生产要素自由流动，激发经济增长活力。

有利于创新宏观调控机制，提高直接融资比重，防范和化解经济金融风险。我国金融结构长期失衡，直接融资比重偏低，实体经济过度依赖银行信贷。潜在不良贷款、影子银行、地方政府融资平台、房地产市场等方面的风险相互关联且正在累积。近年来，我国企业和地方政府的负债水平不断提高，依靠信贷大规模扩张刺激经济难以为继。国际经验表明，直接融资和间接融资平衡发展是增强经济金融结构弹性的重要举措。多层次资本市场可以提供多元化的股权融资，加快资本形成，降低实体经济杠杆率；有助于盘活存量资产，进一步改善金融结构，改变过度依赖银行体系的局面，分散和化解金融风险隐患。

有利于促进科技创新，促进新兴产业发展和经济转型。中小企业孕育着新的商业模式以至新兴产业，往往会成为引领经济转型的先导力量。我国大量科技创新型企业具有风险高、资产少的特点，难以获得银行信贷资金支持。多层次资本市场可以通过提供风险投资、私募股权投资等建立融资方和投资方风险共担、利益共享的机制，缓解中小企业和科技创新型企业融资难问题，并由市场筛选出有发展潜力的企业，推动新兴业态和产业成长，促进经济转型升级。

有利于促进产业整合，缓解产能过剩。大力推进企业市场化并购重组，促进产业整合，是解决产能过剩问题的重要手段。多层次资本市场可以提供更加高效透明的定价机制和灵活多样的支付工具与融资手段，如普通股、优先股、可转债、高收益债券、并购基金等，推动产业结构调整。

有利于满足日益增长的社会财富管理需求，改善民生，促进社会和谐。随着经济发展和居民收入增加，居民投资理财需求激增。多层次资本市场可以提供多种风险收益特征的金融产品，多渠道满足日益增长的居民投资和理财需求，使不同风险偏好和承受能力的投资者都能找到适合自己的产品和服务，增加居民财产性收入，进而促进社会和谐稳定。同时，多层次资本市场可以有效促进养老金等社会保险基金保值增值，提高社会保障水平。

有利于提高我国经济金融的国际竞争力。近年来，我国企业参与跨国并购不断增多，迫切需要金融机构提高专业服务能力和国际化水平。加快发展多层次资本市场，可以拓展我国资本市场的深度和广度，为扩大双向开放创造有利条件，提高我国资本市场和证券期货服务业的国际竞争力，更好地服务于我国经济参与全球竞争。同时，健全多层次资本市场体系有利于增强我国在国际大宗商品领域的话语权。

健全多层次资本市场体系的重点任务

着力推动股票市场发展。股票交易所市场是多层次资本市场的压舱石，也是宏观经济运行的晴雨表，不仅可以吸引长期投资，还可以为其他资本市场提供定价基准和风险管理工具。要继续壮大主板市场，丰富产品和层次，完善交易机制，降低交易成本。改革创业板制度，适当降低财务标准的准入门槛，建立再融资机制。在创业板建立专门层次，允许尚未盈利但符合一定条件的互联网和科技创新企业在创业板发行上市，并实行不同的投资者适当性管理制度。加快建设全国中小企业股份转让系统，拓宽民间投资渠道，缓解中小微企业融资难问题。在清理整顿的基础上，将地方区域性股权市场纳入多层次资本市场体系。发展券商柜台市场，逐步建立券商间联网或联盟，开展多种柜台交易和业务。同时，不同层次市场间应建立健全转板机制，改革完善并严格执行退市制度，推动形成有机联系的股票市场体系。

发展并规范债券市场。债券市场是直接融资体系的重要组成部分，与股票市场联系紧密。在很多境外成熟市场中，债券市场的规模远远超过股票市场。健全的债券市场还是稳步推进利率市场化和人民币国际化的必要条件。应进一步发展公司债券,丰富债券品种,方便发行人和投资人自主选择发行交易市场,提高市场化水平;发展资产证券化,盘活存量资金,优化资源配置。扩大私募债发行主体和投资人范围,进一步发展场外交易;强化市场化约束机制,促进银行间债券市场和交易所债券市场的互联互通和监管规则统一。

稳步扩大期货及衍生品市场。随着我国经济市场化程度加深和体量增大,企业对大宗商品价格波动愈加敏感,投资者也越来越需要运用期货及其他金融衍生品管理和规避风险。应进一步完善商品期货和金融衍生品市场,健全价格形成机制,帮助企业发现价格和管理风险;稳步发展权益类、利率类、汇率类金融期货品种,完善场外衍生品市场体系,适应金融机构风险管理、居民理财和区域经济发展等多元化需求。

促进私募市场规范发展。与公募市场相比,私募市场发行主体更加多元化,发行流程相对简单高效,发行对象通常限于风险识别和财务能力较强的适格投资者,交易品种更为丰富,交易机制更加灵活,可以提供更加多样化和个性化的投资服务。应鼓励发展私募股权投资基金和风险投资基金,为不同发展阶段的创新创业型中小企业提供股权融资,支持创新,促进并购,增加就业,并实行适度监管、行业自律,建立健全投资者适当性制度,规范募集和宣传推介行为,严厉打击非法集资活动。

发展多层次资本市场需要把握的几个原则

坚持市场化取向。尊重市场规律,充分调动市场各方的积极性,让市场在资源配置中起决定性作用。同时,更好发挥监管职能,进一步简政放权、转变职能,大力推进监管转型,强化事中事后监管,加强监管执法,切实维护公开公平公正市场秩序,维护投资者特别是中小投资者合法权益。

夯实法治基础。切实加强资本市场法制建设,努力营造公平的市场环境,落实严格的保护和制裁制度,既有高效便捷的法律渠道,实现对守法经营主体受害时的权利救济;又有严密有力的监管措施,实现对违法主体的惩罚和制裁。

加强投资者保护。保护投资者就是保护资本市场,保护中小投资者就是保护全体投资者。应建立健全投资者适当性制度,优化投资回报机制,保障投资者知情权、参与权、选择权和监督权,推动建立多元化纠纷解决机制,严厉惩处违法违规行为,加强中小投资者教育,创新服务中小投资者的组织体系和服务方式。

坚持渐进式改革。健全多层次资本市场体系是一项长期任务和系统工程,必须立足国情,吸收借鉴境外市场的经验教训,充分发挥后发优势。把加强顶层设计和摸着石头过河结合起来,把整体推进和重点突破结合起来,精心制定操作方案,积极稳妥推进,做到全局在胸、统筹协调、远近结合。正确处理改革发展稳定的关系,把握好改革的节奏、力度和市场承受程度,确保市场稳定运行。

注重风险防范。随着市场层次和金融产品的不断丰富以及新技术的大量运用,资本市场风险的表现形式日益多样化,风险传导路径日益复杂,不同产品、不同市场、不同国家和地区的金融风险可能相互传导、联动并放大。因此,应加强风险识别,强化资本市场信息系统安全防护,切实提高风险监测、预警、防范和处置能力,及时有效弥补市场失灵;完善监管协调机制,界定中央和地方金融监管职责和风险处置责任,坚决守住不发生区域性、系统性金融风险的底线。

积极探索监管执法的行政和解新模式

——肖钢主席在《行政管理改革》杂志发表署名文章

（2014 年 2 月 19 日）

有效保护投资者合法权益，一方面，需要通过严格执法，严肃查处和惩治各类市场违法失信行为，实现对全体投资者利益的整体保护；另一方面，需要及时弥补因违法违规行为给投资者造成的经济损失，实现对单一投资者的个体保护。按照现有执法体制，上述法律目标主要是通过行政执法的公权制裁方式以及民事赔偿的私权救济方式实现的。由于公权制裁与私权救济是两种不同的法律程序，行政执法无法解决投资者最为关心的赔偿问题，而民事诉讼实践中投资者往往面临维权成本高、举证难等问题，获得救济的效果也不理想。面对投资者保护的现实难题，境外很多国家和地区采取的行政和解执法模式，较好地兼顾了监管机构行政执法和投资者损失赔偿两方面的需要。这一制度的特殊机制在于，监管机构在执法过程中可以按照法律规定的条件与程序，通过与案件当事人协商达成和解，使其主动交出不当所得甚至付出更大代价，并将该资金直接用于补偿投资者所受损失。

一、行政和解制度符合现代行政法治的基本价值取向

基于行政职权法定、行政权力不得自由处分的原理，行政法的理论和实践一直对行政和解制度秉持较为审慎的态度。事实上，由于法律无法对所有的细节作出具体规定，行政机关在权力运行过程中的自由裁量广泛存在，反映出行政执法并不能完全排除对于行政权力的自由处分。特别是随着市场经济和科技的发展，现代行政法治的价值追求，出现了从规范和限制行政权力这一相对单一的目标，向效率行政、民主行政、程序行政、和谐行政等多元目标转变的趋势。与此相适应，除了“命令—服从”的强制行政管理方式，现代行政开始出现了行政合同、行政指导、行政协商等多样化行政管理方式。行政和解执法模式体现了自由裁量行政和行政法治价值追求的变化趋势，逐渐成为许多国家和地区行政法治的重要制度安排和实践形式。现代证券监管正由传统的消极行政拓展为积极行政，从对抗行政转向合作行政。证券监管执法方式的单一性、强制性等特征正在向多样性、互动性、协商性转换，并与日益兴起的多元化纠纷解决机制相配套。在资本市场监管执法领域，行政和解执法模式的应用更为广泛。无论是英美法系的美国、英国及我国香港地区，还是大陆法系的德国及我国台湾地区，均在其行政程序法律中，对行政和解制度作出了统一、明确的规定。一些国家和地区的监管机构以行政和解方式处理的案件，甚至已占其全部执法案件的 80% 以上，其中不乏数额高、影响广的重大案件。可见，资本市场监管执法更多采用行政和解执法模式，不仅符合现代行政法治的基本价值取向，而且更加适应资本市场监管的特殊规律要求。

（一）有利于及时弥补投资者所受经济损失

按照传统的行政执法模式，对于侵害投资者权益的违法违规行为，监管机构只能采取罚款等行政处罚措施了事。这对于保护投资者的目标来说，充其量只是实现了一半，即让侵害者承担了法律上的不利后果，付出了必要的代价，但却未能让受害者得到补偿。2006 年至 2012 年间，证监会正式处理的虚假陈述案件 122 起，但据不完全统计，此期间，仅有部分受到损害的投资者对 41 家上市公司提起虚假陈述民事赔偿诉讼，涉及索赔金额约 3.84 亿元人民币，最终获赔约 6700 万人民币。

至于投资者因内幕交易、操纵市场提起民事损害赔偿诉讼并获得相应赔偿的,至今尚无案例。如果能够使用和解金及其他罚没款补偿受损投资者,就可以开辟行政监管直接为投资者提供有效救济的渠道。行政和解制度一方面使涉案当事人以交纳"和解金"的形式,在实质上承担财产处罚的法律后果,另一方面使受害投资者通过涉案当事人所缴纳的"和解金"及时获得实实在在的经济补偿,兼顾了行政执法的惩治功能与救济功能,更加有利于保护投资者尤其是中小投资者的合法权益。

(二)有利于尽快明确和稳定市场预期

一定意义上,资本市场是基于预期判断进行交易的市场。对于各种可能影响证券价格的事实和事件信息,都需要依法尽快予以明确和公开,行政效率在资本市场具有不同于其他社会领域的特殊重要性。虚假陈述、内幕交易或者操纵市场等违法违规行为,对相关证券交易的价格具有重要影响,一旦发现涉案线索,投资者基于自身利益考虑,普遍对监管机构查明事实、依法处理的执法活动的时效性具有强烈的期待和关注。如果不能及时作出处理,市场风险可能蔓延扩大,不仅不利于及时稳定市场预期,而且最终会影响到投资者对于市场的信心,影响资本市场功能作用的正常发挥。

资本市场对于案件"查处快"的要求,始终面临着"查处难"的现实矛盾。由于资本市场交易关系复杂,涉及利益巨大,违法违规行为多呈现高智能、涉众广、跨区域的特点,取证难度大,查办案件需要较长时间。如果向公安机关移送案件,经过检察机关审查起诉,到法院作出一审判决,需要的时间就更长。还有一些特殊案件,违法嫌疑很大,但由于案情复杂,难以获取关键证据,致使案件长期不能查清。而实行行政和解制度,调查处理结案的时间则相对要短得多。这也是境外监管机构大量适用行政和解程序的原因之一。按照行政和解制度的做法,对于存在事实状态不明确,且这种不明确的状态在客观上难以排除,或者彻底查清需要大量资源,短期内难以及时作出处罚决定的,监管机构即可以与当事人进行协商,双方各做适当让步,以当事人支付必要数额和解金为代价,以和解金补偿受损投资者为条件,达成监管机构不再另行作出处罚决定的和解协议。可以看出,这种执法模式能够在特定情形下,更加快速有效地实现惩治违法、保护受害投资者、及时恢复市场秩序的监管执法目的,更为符合资本市场的特点要求。

(三)有利于根本减少和平息行政争议

资本市场监管执法是监管机构实施的一种单方行为,但执法的结果却涉及到包括行政相对人、投资者等在内的双边乃至多边关系。现代行政要求行政机关在履行行政职能时,既要实现法律规范的目标,也要追求定纷止争、化解矛盾、实现和谐的效果。简单秉持传统单方行政、强制行政的方式,拒绝与行政相对人协商,忽视行政相对人的过程参与,所做的行政决定往往得不到行政相对人的内心认同,转而通过行政复议或行政诉讼寻求法律救济。为了从根本上减少行政争议,需要更加强调民主协商、过程参与。

行政和解制度通过当事人过程参与的协商机制,尽可能地听取当事人及投资者等利害关系人的意见,将原来监管机构的单方行为,转变为双方乃至多方的共同行为;将原来一方意思对另一方的强制,转变为双方甚至多方意思在自愿基础上的共识,使相应执法决定更容易为当事人接受,从而更有利于做到案结事了,化解矛盾,迅速恢复市场秩序,促进社会和谐。

(四)有利于破解制度供给不足或缺陷的现实难题

金融创新是资本市场永恒的主题。同时,为了获取不法利益,违法主体往往想方设法,翻新手法,变化手段,逃避监管,特别是我国资本市场处于新兴加转轨的发展阶段,法律制度正在逐步完善的过程中,实践变动性与法律稳定性的矛盾在资本市场显得尤为突出。以操纵市场为例,现行《证券法》仅规定了联合买卖、连续买卖、自买自卖、串通交易等几种典型手法,但实践中已经出现了"抢帽子"、蛊惑交易、虚假申报等多种新型手法,虽然法律规定了兜底条款,但适用缺乏明确标准,在行政执法及司法审判中对上述新型违法行为的认定难度很大。监管机构在处理新型的涉嫌违法违规行为时,经常会遇到法律规定不明、违法性判断模糊、执法依据不足等困难,因而陷于两难的尴尬境地。一方面,如果不及时进行执法处理,可能会招致行政不作为的诟病,面临很大的市场和社会压力；另一方面，如果进行执法处理，又会面临职权依据不足的质疑，引发越权行政的不当行为。

面对市场发展变化的新情况、新问题，为了维护执法的严肃性和有效性，必须更新执法理念，创新执法机制。采取行政和解，在缺少专门法律规定，或者法律规定不明确，客观上确实难以认定当事人行为法律性质的情况下，可以不必强行作出当事人行为是合法或违法的明确认定结论，但可以根据当事人行为的社会危害后果，通过协商，以当事人交纳相应数额的和解金的形式进行结案处理。应当说，这是一种比较实事求是的做法，既破解了现实的执法难题，顺应了市场的发展变化，同时也从另一个方面体现了以法律为准绳的依法行政原则，实现了监管执法的目的。

二、证券期货行政和解制度核心在于投资者救济及和解权力制约

行政和解执法模式在制度设计、执法机制和工作方法等方面，与以行政处罚为主的传统执法模式有很大差别。在制度设计上，不仅关注对涉嫌违法违规的相对人的经济制裁，还要尽可能兼顾对利益受损投资者的补偿，力争实现行政处罚执法和民事赔偿的有效融合。在机制上，和解采用协商行政的执法机制，监管机构及其工作人员在案件裁量方面，当事人在表达意见、诉求利益方面，都有较大空间，容易引发道德风险和利益冲突。因此，在证券期货监管中实行行政和解制度，必须对监管机构严格执法的能力水平、权力运行的制约监督、案件处理的公平公正等提出更高的要求。

（一）严格限定适用范围，切实防止滥用行政和解

监管机构实施行政和解必须符合特定的条件，并非所有的涉嫌违法违规案件都可以适用行政和解。在德国和我国台湾地区，只有案件事实基础或法律依据在客观上不够明确，这种不明确状态不能排除或者需要花费巨大的行政成本才可能排除的情况，才能适用行政和解制度。在美国，行政和解程序不适用于可能涉及行政先例的确立、公共政策、信息公开的必要性等因素的行政争议案件。行政和解制度适用范围的有限性，一方面强调了监管机构不能随心所欲的使用和解制度，必须按照法律规定的条件范围确定适合的案件。另一方面要求行政和解的行使必须基于立法本意，有正当的动机，有利于实现执法资源的合理配置、执法效率的提高和投资者权益的维护等和解制度追求的价值目标。

从我国的市场环境和社会条件出发，推行行政和解制度，更要从严掌握适用案件的条件，从严控制适用案件的范围。一方面，可以行政和解的案件应当具有明确的社会危害性，但由于违法手法翻新、手段隐蔽，行为构成和因果关系等认定缺少明确具体规定，或者案件关键证据难以获取，案件的调查处理存在实际困难。另一方面，可以行政和解的应当是当事人能够通过交纳和解金对投资者遭受损失做出有效补偿，并且能够主动纠正涉嫌违法违规行为，积极消除、减轻涉嫌违法违规行为危害后果的案件。对于能够查清认定的案件，或者仅是违反行政管理秩序而并不涉及投资者补偿的案件，或者当事人不对补偿投资者损失作出承诺的案件，一律不能纳入行政和解案件范围。基于上述考虑，可以从以下两类案件入手，尝试采取行政和解的处理方式：一是市场机构涉嫌内幕交易、操纵市场的案件；二是证券公司、基金公司、期货公司涉嫌欺诈销售、误导投资者的案件。

（二）严格管理和解金，最大限度弥补投资者损失

和解金是行政和解制度的核心，不同国家和地区对于和解金收取和使用安排不尽相同。有的将和解金直接归入国库，有的将和解金专门用于补偿受损投资者以及投资者教育等公益目的。由于我国现阶段投资者通过民事诉讼求偿存在着时间长、举证难、成本高等情况，相关诉讼制度处在逐步完善的过程之中，将和解金直接用于补偿投资者受损权益，既可提高投资者获得补偿的效率，又可降低投资者求偿的难度，具有很强的现实意义。

具体说来，可以从和解金收取、管理、补偿机制等方面对和解金制度作出整体安排。一是在依法合规，充分协商的基础上，综合考虑涉嫌违法违规行为所造成的投资者损失，涉嫌违法违规行为一旦查实所对应的处罚金额、处罚种类，相对人因涉嫌违法违规所获收益等因素，合理确定和解金的额度，尽可能强化和解金的补偿能力。二是将和解金交由独立的第三方公益机构实行专户管理，专门用于补偿投资者损失、开展投资者教育等目的，不得挪作他用。三是合理安排投资者申请补偿

的制度机制,发挥证券交易所、证券登记结算机构等的专业优势,降低适格投资者申请补偿的举证义务,简化申请程序,缩短申请时间。四是通过听取利害关系人意见、公示分配方案等制度,加强投资者对和解金分配的监督,确保和解金补偿分配方案公开、公平、公正。五是做好和解赔偿与相关民事损害赔偿诉讼的衔接,一方面不因行政和解程序的启动而影响投资者民事诉讼的提起;另一方面要防止出现利用行政和解与民事诉讼获得优于其他投资者的重复救济、显失公平问题。

(三)严格规范和解程序,确保和解执法的严肃与公正

行政和解在程序上虽然需要监管机构和案件当事人进行双方乃至多方的协商,并签署和解协议,但不等同于纯粹的经济合同等民事法律行为,仍然是一种涉及公权力行使的行政执法行为,在程序上必须做到公平公正、严谨规范。行政和解的程序包括监管机构与当事人之间的直接协商谈判、必要时的公开听证、利害关系人等第三方的参与等。这样做,可以避免和解过程中监管机构利用职权压制或强制当事人的意愿,有效保护当事人的合法权益,也可以使受害者等第三方的权益在和解中得到较为充分的体现与维护,从而使行政和解建立在兼顾各方利益、更为公平合理的基础之上。

在我国资本市场实施行政和解制度的程序上,一是明确监管机构不能主动提出和解,只有在对案件进行了一定的调查,且当事人主动提出和解的情况下,才可以进行行政和解。二是要求监管机构受理当事人的和解申请后,应当继续进行调查,相应的证据收集工作不能停止,防止因启动和解而丧失调查取证的时机或者证据被毁损、灭失、转移、隐匿,直至双方达成和解协议方可中止调查。三是对行政和解的期限要有明确规定,对超过期限而仍未达成和解协议的,要终止和解程序,不能"久和不结",以免出现有损投资者权益的不良变故。四是在涉及各方的意见表达和利益诉求方面,要建立包括受害投资者投诉、听证、专家咨询等在内的程序机制,保证广泛听取各方意见。

(四)严格坚持公益目的,务必保持监管强度和效果

行政和解协议虽然是监管机构与案件当事人所达成的,但监管机构进行行政和解的目的却并非是为了案件当事人的个体利益或者监管机构自身的利益,而是从维护投资者权益等市场的整体利益出发的一项公益行为。因此,无论在是否同意和解、收取多大数额的和解金,还是在和解协议的履行、和解金的管理使用等问题上,都应当坚持公益性的原则,不得利用行政和解为监管机构放松执法提供空间,甚至"花钱买平安",更不能使行政和解成为相对人降低违法成本的渠道。由于和解成功后行政调查终止,相对人不会再因涉嫌违法违规行为受到处罚,因此,必须通过有效的机制安排防止监管机构和相对人滥用这种制度空间。一是采用行政和解方式结案要有利于及时纠正涉嫌违法违规行为,减少涉案行为对资本市场的不良影响,并不得损害社会公共利益和他人合法权益。对于当事人的涉嫌违法行为情节严重、影响恶劣,或者当事人对监管机构的调查、检查拒不配合的,不得进行和解。二是行政和解中当事人必须承诺对涉嫌违法违规行为进行整改,主动消除、减轻涉嫌违法违规行为危害后果,并承诺不以行政和解作为其涉嫌违法违规行为所涉民事赔偿诉讼的免责或抗辩理由。三是行政和解具有行政处罚的替代功能,当事人缴纳和解金在一定程度上也是为其涉嫌违法违规行为付出的成本与代价,当事人不得就其所交纳和解金寻求保险赔偿、税款抵扣或者其他补偿,不能将其自身应承担的法律后果转嫁给他人或社会。四是对于当事人未按照行政和解协议约定履行承诺的,监管机构应当继续进行调查,依法决定是否进行行政处罚,并将当事人对和解协议的履行情况记入诚信档案。

三、稳妥推进证券期货行政和解试点工作

目前我国法律没有明确规定统一的行政和解制度,但行政和解在许多方面已经得到了关注和认同。2006年,中央办公厅、国务院办公厅联合发布的《关于预防和化解行政争议 健全行政争议解决机制的意见》(中办发〔2006〕27号)明确提出要"增强运用协商、调解的办法解决行政争议的意识","积极探索和完善行政和解制度"。近年来,有关法律也从各自的角度对行政机关在一定条件下与当事人进行协商处理的制度,作出了相应的具体规定。如《行政强制法》规定了执行和解制

度,《反垄断法》规定了涉嫌垄断经营者承诺放弃垄断制度,《反倾销条例》规定了境外出口商作出改变价格或者停止以倾销价格出口的价格承诺制度,《行政复议法实施条例》则规定了复议过程中被申请复议的行政机关可以与申请人达成和解协议等。这些制度规定虽然与典型、完备的行政和解制度相比还存在差异,但体现了行政和解制度内在的法治精神和理念。立足我国证券期货监管所面临的现实,借鉴境外市场的经验,在证券期货监管领域引入行政和解制度,既符合中央的政策要求,也有相关的实践参考,符合现代行政执法改革的方向。考虑到我国现阶段的立法基础、执法环境和公众的接受程度,可以抓紧研究论证行政和解的相关制度安排,在条件成熟的时候,本着务实审慎、稳健周密、逐步推进、不断完善的原则,稳妥推进相关试点工作。

(一)积极推动完善行政和解执法模式的法律基础

目前,《证券法》的修订和《期货法》的制定已经纳入十二届全国人大的立法工作规划。在缺乏统一的行政和解法律制度规定情况下,可以借此机会,争取在《证券法》和《期货法》中先行确立我国证券期货执法中的行政和解制度,为在资本市场监管领域实施行政和解执法模式提供充分的法律依据,并为今后制定统一而完备的行政和解法律制度提供立法经验。

(二)稳妥推进行政和解执法模式的试点工作

考虑到行政和解制度比较集中地体现了资本市场的特点要求,对于维护广大中小投资者的合法权益具有重要意义,同时也有比较丰富的国际市场经验可供借鉴,因此,在有关行政和解制度的法律规定正式出台之前,可以经过必要的批准程序,先行试点。要制定在证券期货行政执法工作中试行行政和解的专门规定,立足于行政和解的功能定位,系统规范适用行政和解案件范围、工作程序、和解赔偿、和解协议、和解效力以及和解监督等内容,作为监管机构开展行政和解试点工作的基本依据。

(三)切实加强对行政和解试点工作的监督和制约

监管机构开展行政和解,是一项新型执法活动,必须切实加强监督,保障各项工作的平稳推进。一是要强化公开监督。监管机构与当事人达成的和解协议,在不涉及国家秘密、商业秘密、个人隐私和不影响执法工作的情况下,原则上应当向社会公开,接受投资者、市场、社会和新闻舆论的监督。二是要强化内部制约。负责实施行政和解的部门要保持相对独立,与案件的调查处罚部门之间实行分工负责,既相互配合,又相互制约,加强制衡。要建立专门的决策制度,防止和减少对和解决策的不当干扰与影响。三是要建立行政和解执法试点报告制度,对于试点期间的情况和问题,及时总结报告,适当作出调整,确保行政和解试点顺利进行。

中国证监会就"新国九条"答记者问

(2014年5月9日)

据证监会网站消息,今日,国务院印发了《关于进一步促进资本市场健康发展的若干意见》(国发〔2014〕17号,以下简称《若干意见》)。记者就此采访了中国证监会新闻发言人。

一、《若干意见》发布后,引起了新闻媒体和社会各界的广泛关注,请您简要介绍一下出台《若干意见》的背景。

答:《若干意见》是贯彻落实党的十八大和十八届三中全会精神,全面深化资本市场改革的纲领性文件,从经济社会发展全局的高度,对新时期资本市场改革、开放、发展和监管等方面进行了统筹规划和总体部署,对于指导当前和今后一个时期资本市场各项工作具有重要现实意义,也必将对我国资本市场的长期稳健发展产生深远影响。

资本市场是社会主义市场经济和现代金融体系的重要组成部分。20多年来,我国资本市场快速发展,初步形成了涵盖股票、债券、期货的市场体系,为促进改革开放和经济社会发展、建立和完善现代企业制度作出了重要贡献。但总体上看,我国资本市场起步晚、发展时间短,仍处在新兴加转轨的阶段,还很不成熟,一些体制机制性问题依然存在,新情况新问题不断出现。主要表现在:市场体系仍不健全,市场主体总体上不够成熟,市场机制有待进一步完善,市场功能发挥不平衡,市场运行稳定性不足等。这些问题影响了资本市场长期稳定健康发展,必须下大力气,采取有效措施,逐步加以解决。

当前,我国正处于全面深化改革的新时期。进一步促进资本市场健康发展,有利于构建符合我国实际的多样化投融资平台,拓宽企业和居民投融资渠道,更好地满足日益增长的多元化投融资和风险管理需求,使市场在资源配置中起决定性作用;有利于发挥资本市场引导创新创业的功能优势和机制优势,激发各类经济主体的创新活力,推动经济结构战略性调整和发展方式转变;有利于进一步丰富资本市场的投资产品,拓宽居民获得财产性收入的渠道,促进保障和改善民生;有利于优化金融市场结构,健全金融市场体系,提高直接金融比重,增强我国金融市场运行的稳定性和金融体系的抗风险能力,防范和分散金融风险。

在这种背景下,国务院出台《若干意见》,对当前和今后较长一段时期促进资本市场健康发展进行顶层设计、作出统筹部署,体现了党中央、国务院对资本市场改革发展的高度重视,对统一思想认识、明确发展方向、凝聚全社会推进资本市场改革发展的共识具有重要意义,为释放改革红利、鼓励创新发展、激发市场活力、优化外部环境、夯实市场基础、加强市场监管、维护市场稳定创造更为有利的条件和政策环境。

二、《若干意见》提出的进一步促进资本市场健康发展的总体要求是什么?

答:《若干意见》从指导思想、基本原则和主要任务三个方面,提出了进一步促进资本市场健康发展的总体要求。

关于指导思想,一是要高举中国特色社会主义伟大旗帜,以邓小平理论、“三个代表”重要思想、科学发展观为指导,贯彻党中央和国务院的决策部署,解放思想,开拓进取。二是要紧紧围绕促进实体经济发展,依靠改革创新,坚持市场化和法治化取向,维护公开、公平、公正的市场秩序,维护投资者特别是中小投资者合法权益。三是要激发市场创新活力,拓展市场广度深度,扩大市场双向开放,促进直接融资与间接融资协调发展,提高直接融资比重,防范和分散金融风险。四是要积极发展混合所有制经济,完善现代企业制度和公司治理结构,提高上市公司质量,增强企业竞争能力,促进资本形成和股权流转,更好发挥资本市场优化资源配置的作用,促进创新创业、结构调整和经济社会持续健康发展。

关于基本原则,《若干意见》提出,资本市场改革发展要从我国国情出发,积极借鉴国际经验,处理好“四对关系”:一是市场与政府的关系;二是创新发展与防范风险的关系;三是风险自担与强化投资者保护的关系;四是积极推进与稳步实施的关系。

关于主要任务,《若干意见》提出,要加快建设多渠道、广覆盖、严监管、高效率的股权市场,规范发展债券市场,拓展期货市场,着力优化市场体系结构、运行机制、基础设施和外部环境,实现发行交易方式多样、投融资工具丰富、风险管理功能完备、场内场外和公募私募协调发展。到2020年,基本形成结构合理、功能完善、规范透明、稳健高效、开放包容的多层次资本市场体系。

三、我们注意到,《若干意见》在指导思想中提出,要促进直接融资与间接融资协调发展,提高直接融资比重。请问这方面的主要考虑是什么?

答:直接融资和间接融资的比例关系,反映了一国金融市场结构。与间接融资相比,直接融资具有风险共担、利益共享的市场化机制，资金来源和风险相对分散，服务实体经济尤其是创新创业和中小微企业的能力更强。从国际经验来看，随着一国经济不断发展，直接融资比重逐步提高，资本市场在金融体系中发挥的作用越来越大是普遍规律。

2012 年底，我国直接融资占比为 42.3%，不仅低于美国（87.2%）、日本（74.4%）、德国（69.2%）等发达国家，也低于印度（66.7%）、印度尼西亚（66.3%）等发展中国家，与我国经济社会发展实际需求不相匹配。直接融资和间接融资比例的失衡，使我国金融风险高度集中于银行体系，客观上也加重了实体经济融资难和融资贵、居民投资渠道有限等问题。更重要的是，这种失衡一直处在加强的趋势。2007 年至 2012 年，银行资产占金融总资产的比重由 53% 上升至 76%。因此，促进直接融资与间接融资协调发展、提高直接融资比重具有全局意义。

资本市场是直接金融的高效平台。《若干意见》提出，要发展多层次股票市场，规范发展债券市场，培育私募市场，提高证券期货服务业竞争力等政策措施，一个重要考虑就是顺应当前我国居民多元化投资和企业多样化融资的大趋势，健全多层次资本市场体系，丰富金融工具和产品供给，提高证券期货经营机构的服务能力和水平，从而健全促进社会储蓄高效转化为投资的机制，扩大直接融资，优化融资结构，防范和分散金融风险。

四、近年来，随着创业板建立和发展、全国中小企业股份转让系统试点扩大到全国、区域性股权市场积极探索，多层次股票市场初步形成。请问：《若干意见》就今后一个时期继续发展多层次股权市场提出了哪些政策措施？

答：加快多层次股权市场建设，是健全多层次资本市场体系的一项重要任务。《若干意见》针对当前存在的突出问题，围绕市场载体、市场主体、市场机制三个角度提出了具体政策措施。

在市场载体方面，目前存在的主要问题是有的市场板块竞争力不强，有的市场板块制度安排不完善，有的市场板块功能定位不清晰等。针对这些问题，《若干意见》明确了多层次股权市场的体系结构，提出要壮大主板、中小企业板市场，改革创业板市场，加快完善全国中小企业股份转让系统，在清理整顿的基础上将区域性股权市场纳入多层次资本市场体系，从而加快多层次股权市场建设。

在市场主体方面，目前存在的主要问题是上市公司规范化运作水平不高、回报投资者能力不强、激励约束机制不健全等。为此，《若干意见》紧紧围绕提高上市公司质量这一目标，提出了引导上市公司通过资本市场完善现代企业制度、履行好信息披露义务、增强持续回报投资者能力、规范控股股东和实际控制人行为、鼓励建立市值管理制度、完善股权激励制度、允许按规定通过多种形式开展员工持股计划等政策措施。

在市场机制方面，目前存在的主要问题是市场配置资源的作用尚未得到充分发挥，发行上市、并购重组、公司退出等环节的市场化程度仍有待提高。《若干意见》提出，要积极稳妥推进股票发行注册制改革，建立和完善以信息披露为中心的股票发行制度。充分发挥资本市场在企业并购重组过程中的主渠道作用，实现公司产权和控制权跨地区、跨所有制顺畅转让。构建符合我国实际并有利于投资者保护的退市制度，逐步形成公司进退有序、市场转板顺畅的良性循环机制。

五、债券市场是多层次资本市场的重要组成部分，《若干意见》在债券市场方面有哪些政策措施？

答：近年来，我国债券市场实现了快速发展。相关资料显示，截至 2013 年年底，公司信用类债券余额达 9.2 万亿元。债券市场在拓宽投融资渠道、服务实体经济发展、提高直接融资比重、分散金融风险等方面发挥了重要作用，但也面临一些深层次矛盾和结构性问题，如品种不够丰富、市场相对分割、信用约束机制不健全和违约处置机制不完善等。为推动解决这些问题，《若干意见》按照发展与规范并举的思路提出了相应举措。

一手抓发展。就是完善公司债券公开发行制度，发展适合不同投资者群体的多样化债券品种，丰富适合中小微企业的债券品种，统筹推进符合条件的资产证券化发展。在符合投资者适当性管理要求的前提下,完善债券品种在不同市场的交叉挂牌及自主转托管机制,促进债券跨市场顺畅流转。鼓励债券交易场所合理分工、发挥各自优势。

一手抓规范。就是充分发挥公司信用类债券部际协调机制作用,各相关部门按照法律法规赋予的职责,各司其职,加强对债券市场准入、信息披露和资信评级的监管,建立投资者保护制度,加大查处虚假陈述、内幕交易、价格操纵等各类违法违规行为的力度。同时,强化债券市场信用约束,强化发行人和投资者的责任约束,健全债券违约监测和处置机制,切实防范道德风险。

六、《若干意见》在统筹规划股票、债券、期货市场发展的同时,还单列一条对培育私募市场作出了具体部署,这在国务院文件中是第一次。请问,这是基于什么考虑?

答:私募市场主要指面向特定对象、采取非公开方式募集资金和进行交易的金融市场,该市场既包括股票(股权)、债券、基金等金融产品,也涵盖了场内及场外的交易方式。境外成熟资本市场通常是以私募市场、场外市场为基础发展壮大起来的。我国资本市场在过去20多年中,主要围绕交易所市场和公募市场展开,私募市场刚刚起步,发展空间和潜力巨大。当前,培育私募市场,不仅可以健全多层次资本市场体系,拓展市场服务范围,增强对新兴产业、中小微企业的服务能力,还能够有效拓宽居民投资渠道,激发民间投资活力,提高社会资金使用效率。

为培育私募市场,《若干意见》首先提出了证券私募发行的总体要求。主要包括,建立合格投资者标准体系,规范募集行为。对私募发行不设行政审批,允许各类发行主体在依法合规的基础上,向累计不超过法律规定特定数量的投资者发行股票、债券、基金等产品。针对私募产品的风险收益特点,建立健全私募产品发行监管制度,切实强化事中事后监管。建立促进经营机构规范开展私募业务的风险控制和自律管理制度安排,以及各类私募产品的统一监测系统。

在实践中,私募投资基金是重要的投资主体,因此《若干意见》对发展私募投资基金进行了专门规定。主要是:按照功能监管、适度监管的原则,完善各类私募投资产品的监管标准。依法严厉打击以私募为名的各类非法集资活动。完善扶持创业投资发展的政策体系,研究制定保险资金投资创业投资基金的相关政策。创新科技金融产品和服务,促进战略性新兴产业发展。

七、期货市场是资本市场的重要组成部分,《若干意见》在这方面有什么政策措施?

答:建立在商品、股票、债券等基础产品之上的期货衍生品,是现代市场定价体系的核心和专业风险管理工具。截至2013年底,我国共上市38个商品期货品种和2个金融期货品种,形成了覆盖农产品、金属、能源、化工和金融等国民经济重要领域的期货品种体系,成交量居于世界前列。但与实体经济的客观需求和成熟市场状况相比,我国期货市场的产品结构、中介机构结构、投资者结构和市场服务能力等方面还存在诸多不足。为了建设一个与我国经济金融发展程度相匹配、与风险管理需求相适应、竞争力强的期货市场,《若干意见》从两个方面提出了政策措施。

一方面是发展商品期货市场。《若干意见》提出,以提升产业服务能力和配合资源性产品价格形成机制改革为重点,继续推出大宗资源性产品期货品种,发展商品期权、商品指数、碳排放权等交易工具,充分发挥期货市场价格发现和风险管理功能,增强期货市场服务实体经济的能力。比如,原油、天然气、电力等期货品种,有色金属、农产品等商品类指数期货产品,以及服务生态文明建设的碳排放权期货等环保类衍生品。同时,针对我国期货市场以散户为主、法人客户占比低、市场深度不足的问题,《若干意见》还提出,允许符合条件的机构投资者以对冲风险为目的使用期货衍生品工具,清理取消对企业运用风险管理工具的不必要限制。

另一方面是建设金融期货市场。目前,国际衍生品市场中,金融期货及衍生品占比超过90%。我国期货市场仍以商品期货为主,金融期货发展不够,相应的新型交易工具多数还处于研发阶段。对此,《若干意见》提出,配合利率市场化和人民币汇率形成机制改革,适应资本市场风险管理需要,平稳有序发展金融衍生产品。这包括了权益类、利率类、汇率类三大类金融衍生品。在此基础上,《若干意见》还重点强调要逐步丰富股指期货、股指期权和股票期权品种;逐步发展国债期货,进一步健全反映市场供求关系的国债收益率曲线。

八、长期以来，我国证券期货经营机构的竞争力不强，资产规模偏小，盈利模式相对单一，《若干意见》对破解这一难题有哪些政策措施？

答：证券公司、基金管理公司、期货公司等证券期货经营机构是资本市场重要的组织者、参与者。进一步促进资本市场健康发展，离不开一支具有较强竞争力的证券期货经营机构队伍。为了落实党的十八大报告提出的“提高证券行业竞争力”的要求，《若干意见》提出了四个方面的政策措施。

一是放宽业务准入。证券期货行业本质属于竞争性行业。以功能监管为导向，放宽行业准入，可以有效打破行业和业务分割，激发活力、促进竞争。《若干意见》提出的政策包括：实施证券期货业务牌照管理制度，研究证券公司、基金管理公司、期货公司、证券投资咨询公司等交叉持牌，支持符合条件的其他金融机构申请证券期货业务牌照；积极支持民营资本进入证券期货服务业；支持证券期货经营机构与其他金融机构在风险可控前提下以相互控股、参股的方式探索综合经营。

二是促进中介机构创新发展。《若干意见》提出了不同证券期货经营机构的发展目标。对于证券经营机构，要形成若干具有国际竞争力、品牌影响力和系统重要性的现代投资银行；对于基金管理公司，要向现代资产管理机构转型；对于期货经营机构，要提高行业集中度；对于会计师事务所、资产评估机构、评级增信机构和律师事务所等服务机构，要强化监督，提升执业质量和公信力，打造功能齐备、分工专业、服务优质的金融服务产业。同时，《若干意见》也有针对性地提出了具体的政策措施。比如，支持证券期货经营机构拓宽融资渠道，扩大业务范围；在风险可控前提下，优化客户交易结算资金存管模式；支持证券期货经营机构、各类资产管理机构围绕风险管理、资本中介、投资融资等业务自主创设产品；规范发展证券期货经营机构柜台业务。鼓励创新决不能放松监管、忽视风险。要强化风险防范和审慎监管，证券期货中介机构必须始终牢固树立风险意识，任何时候都要把风险防范放在第一位。

三是壮大专业机构投资者。机构投资者在稳定市场运行、强化市场约束、倡导理性文化等方面作用重大。机构投资者不够发达是我国资本市场的突出问题。对此，《若干意见》提出，要支持全国社会保障基金积极参与资本市场投资，支持社会保险基金、企业年金、职业年金、商业保险资金、境外长期资金等机构投资者资金逐步扩大资本市场投资范围和规模。推动商业银行、保险公司等设立基金管理公司，大力发展证券投资基金。

四是引导证券期货互联网业务有序发展。《若干意见》适应网络新技术的发展，提出支持证券期货服务业、各类资产管理机构利用网络信息技术创新产品、业务和交易方式。支持有条件的互联网企业参与资本市场，扩大资本市场服务的覆盖面。同时，针对互联网业务潜在的风险隐患，《若干意见》也强调要建立健全证券期货互联网业务监管规则，以堵塞监管漏洞，强化风险监测，推动资本市场互联网业务规范健康发展。

九、以开放促改革、促发展、促创新，是我国经济社会发展的重要经验。《若干意见》对下一步资本市场扩大开放有何要求？

答：我国资本市场20多年来取得了巨大发展成就，但总体上看，资本市场整体开放水平滞后于实体经济的开放进程。当前，利率与汇率市场化改革稳步推进，对资本市场的对外开放提出了迫切要求，也带来了发展机遇。《若干意见》根据十八届三中全会提出的“推动资本市场双向开放，有序提高跨境资本和金融交易可兑换程度”的要求，进一步明确了资本市场扩大开放的措施。

一是便利境内外主体跨境投融资。长期以来，沪、深股市合格境外机构投资者持股占流通市值比例不到2%，而从全球范围看，境外投资者相关占比大多在25%至45%之间。境内机构和个人投资境外市场的渠道也不够便捷。为了适应境内外主体的投资需求，《若干意见》提出，扩大合格境外机构投资者、合格境内机构投资者的范围，提高投资额度与上限。稳步开放境外个人直接投资境内资本市场,有序推进境内个人直接投资境外资本市场。建立健全个人跨境投融资权益保护制度。

二是逐步提高证券期货行业对外开放水平。总体来看,当前我国证券期货经营机构国际化经营尚在起步阶段,竞争力有待提高。《若干意见》从两个方面对行业的对外开放作出了安排。一方面,对于证券期货经营机构,要适时扩大外资参股或控股的境内证券期货经营机构的经营范围,鼓励境内证券期货经营机构实施“走出去”战略,增强国际竞争力;另一方面,要推动境内外交易所市场的连接,研究推进境内外基金互认和证券交易所产品互认。

三是加强跨境监管合作。随着资本市场走向开放,境内外市场联系日益密切,产品结构日趋复杂,业务模式不断创新。监管工作将面对日益复杂的市场运行环境,有必要加强跨境合作。对此,《若干意见》提出,完善跨境监管合作机制,加大跨境执法协查力度,形成适应开放型资本市场体系的跨境监管制度;深化与香港、澳门特别行政区和台湾地区的监管合作;加强与国际证券期货监管组织的合作,积极参与国际证券期货监管规则制定。

十、促进资本市场健康发展的一个题中应有之义,就是有效防范和化解金融风险,请问《若干意见》对这个问题是怎样考虑的?

答:资本市场是高风险市场,有效防范系统性区域性风险是资本市场改革发展的永恒主题。当前我国资本市场的风险总体可控,但一些潜在隐患仍未消除,历史上积累的老问题和改革中带来的新情况相互联系、交叉叠加。《若干意见》把切实防范和化解市场风险摆在更加突出位置,提出了四个方面的措施。

一是完善系统性风险监测预警和评估处置机制。主要是建立健全宏观审慎管理制度。逐步建立覆盖各类金融市场、机构、产品、工具和交易结算行为的风险监测监控平台。完善风险管理措施,及时化解重大风险隐患。加强涵盖资本市场、货币市场、信托理财等领域的跨行业、跨市场、跨境风险监管。

二是健全市场稳定机制。从本质上看,资本市场运行受经济状况、市场结构、投资回报、资金供求、心理预期以及政策环境等多种因素的影响,市场的涨跌也是上述因素综合作用的客观反映。但我国资本市场由于起步晚、建设时间短,体制机制不健全,市场自我调节能力不足,容易大起大落。《若干意见》立足我国国情,充分借鉴成熟市场经验,提出了健全市场稳定机制的政策措施。主要包括,要求各地区、各部门在出台政策时充分考虑资本市场的敏感性,做好新闻宣传和舆论引导工作;完善市场交易机制,丰富市场风险管理工具;建立健全金融市场突发事件快速反应和处置机制;健全稳定市场预期机制。

三是从严查处证券期货违法违规行为。加强违法违规线索监测,提升执法反应能力。严厉打击证券期货违法犯罪行为。完善证券期货行政执法与刑事司法的衔接机制,深化证券期货监管部门与公安司法机关的合作。进一步加强执法能力,丰富行政调查手段,大幅改进执法效率,提高违法违规成本,切实提升执法效果。

四是推进证券期货监管转型。监管转型是指监管理念、监管模式和监管方法的革新和转变过程,是对社会主义市场经济条件下现代证券期货监管规律的新探索。从法律赋予的职责看,证券期货监管的核心就是维护公开、公平、公正的市场秩序,维护投资者的合法权益,促进资本市场健康发展。为实现这一目标,就要按照《若干意见》的要求,加强全国集中统一的证券期货监管体系建设,依法规范监管权力运行,减少审批、核准、备案事项,强化事中事后监管,提高监管能力和透明度。支持市场自律组织履行职能。加强社会信用体系建设,完善资本市场诚信监管制度,强化守信激励、失信惩戒机制。

十一、资本市场改革发展是一项系统工程,涉及到方方面面的工作,请问《若干意见》对相关的配套改革有什么考虑?

答:这确实是一个非常重要的问题。促进资本市场的健康发展,离不开完善的外部环境,需要统筹考虑、协调推进。《若干意见》的第九条强调了六个方面的工作。

一是健全法规制度。重点是推进证券法修订和期货法制定工作。建立健全结构合理、内容科学、层级适当的法律实施规范体系。配合完善民事赔偿法律制度，健全操纵市场等犯罪认定标准。

二是坚决保护投资者特别是中小投资者合法权益。2013年，国务院办公厅发布了《关于进一步加强资本市场中小投资者合法权益保护工作的意见》（国办发〔2013〕110号），对资本市场中小投资者保护工作进行了全面部署，《若干意见》从更高层面重申了投资者保护工作。

三是完善资本市场税收政策。《若干意见》提出，要按照宏观调控政策和税制改革的总体方向，统筹研究有利于进一步促进资本市场健康发展的税收政策。

四是完善市场基础设施。资本市场的基础设施具有系统重要性，在很大程度上决定了资本市场建设能否顺利推进、系统性风险能否有效防范。《若干意见》提出，要加强登记、结算、托管等公共基础设施建设；实现监管数据信息共享；推进资本市场信息系统建设，提高防范网络攻击、应对重大灾难与技术故障的能力。

五是加强协调配合。《若干意见》要求各地区、各部门要加强中小投资者保护工作协调合作，加强与证券期货监管部门的信息共享与协同配合；相关部门要出台支持资本市场扩大对外开放的外汇、海关监管政策；地方人民政府要规范各类区域性交易场所，打击各种非法证券期货活动，做好区域内金融风险防范和处置工作。

六是规范资本市场信息传播秩序。资本市场本质上是对资本或风险进行定价的场所，而市场价格就是各种信息集聚、交汇、博弈后的综合反映。各类信息传播载体已经成为资本市场重要的参与主体。因此，《若干意见》特别强调，各地区、各部门要严格管理涉及资本市场的内幕信息，确保信息发布公开公正、准确透明。健全资本市场政策发布和解读机制，创新舆论回应与引导方式。综合运用法律、行政、行业自律等方式，完善资本市场信息传播管理制度。依法严肃查处造谣、传谣以及炒作不实信息误导投资者和影响社会稳定的机构、个人。

第三部分　法律法规

一、立 法 工 作

2014 年资本市场立法工作综述

2014 年是资本市场改革创新举措较多、力度较大的一年。资本市场制度建设紧紧围绕各项工作重点，坚持依法立法、科学立法、民主立法，取得了显著成效，为切实履行好"两维护一促进"的核心职能提供了制度支撑。全年共推动国务院发布法规性文件 2 件，制定出台规章 15 件，规范性文件 50 件。截至 2014 年年底，现行有效的专门规范证券期货市场的法律文件共 657 件。其中，法律 3 件、行政法规和法规性文件 27 件、规章和规范性文件 542 件，与资本市场相关的司法政策文件 85 件。资本市场法制化水平稳步提升，市场健康有序发展的保障机制进一步巩固。

一、资本市场立法工作总体情况

（一）加强基础性制度建设，推动资本市场创新发展

一是推进基础性制度建设取得实质进展。《证券法》修订草案已经全国人大财经委全体会议审议通过。《期货法》草案已形成第二稿，正进一步论证完善。《上市公司监督管理条例》已正式提请国务院常务会议审议。《私募投资基金管理暂行条例》送审稿正式上报国务院，已进入国务院法制办审查阶段。

二是配合修改行政审批制度改革所涉法律法规条款。落实国务院行政审批制度改革关于取消上市公司收购报告书备案、证券公司借入次级债审批、证券公司专项投资审批、期货公司部分变更事项审批等行政许可项目的安排，修改《证券法》、《证券公司监督管理条例》、《期货交易管理条例》和《证券公司风险处置条例》相关条款。

三是推动出台资本市场改革发展重要政策性文件。推动国务院出台《关于进一步促进资本市场健康发展的若干意见》、《关于进一步优化企业兼并重组市场环境的意见》等重要政策文件，勾勒资本市场改革发展新图景，明确改革发展重要政策措施。

四是修改完善资本市场诚信建设制度规范。修改《证券期货市场诚信监督管理暂行办法》。进一步优化资本市场诚信监管制度机制，全面强化资本市场诚信约束。与最高法院共同发布《关于加强信用信息共享及司法协助机制建设的通知》，大力推进部际信用信息共享。

五是积极推动沪港通项目有关规章及配套文件出台。发布《沪港股票市场交易互联互通机制试点若干规定》，会同财政部、国家税务总局、中国人民银行等部委发布配套文件，规范沪港通试点相关活动，保护投资者合法权益，维护证券市场秩序，确保沪港通项目平稳运行。

（二）完善发行融资制度，夯实直接融资基础

一是进一步完善新股发行和再融资制度。修改《证券发行与承销管理办法》，发布《关于加强新股发行监管的措施》及信息披露指引等配套文件，进一步加强事中事后监管，发挥市场约束机制作用，为下一步向注册制改革过渡打

下良好基础。修订《首次公开发行股票并在创业板上市管理办法》、《创业板上市公司证券发行管理暂行办法》，贯彻以信息披露为中心的监管理念，优化发行条件，提高融资效率。

二是推动出台优先股发行相关配套文件。集中修订并发布《上市公司章程指引》、《关于商业银行发行优先股补充一级资本的指导意见》等多部规范性文件及信息披露准则，就优先股股东权利行使、上市公司发行优先股等事项进行规定，为优先股发行构建制度基础，推进资本市场改革创新。

（三）推动健全上市公司治理，加强上市公司监管

一是健全上市公司并购重组制度。修改《上市公司收购管理办法》和《上市公司重大资产重组管理办法》，以“放松管制、加强监管”为理念，进一步减少和简化并购重组行政许可，在强化信息披露、加强事中事后监管、督促中介机构归位尽责、保护投资者权益等方面作出配套安排。

二是完善多层次资本市场信息披露制度。配合优先股制度推出、并购重组制度改革、创业板制度完善等资本市场重大改革措施，制定、修改公开发行证券公司信息披露内容与格式准则16件次，信息披露编报规则4件次。

三是推动上市公司实施员工持股计划试点。会同中国银监会发布《关于上市公司实施员工持股计划试点的指导意见》，促进上市公司开展员工持股计划良性发展。

四是制定出台上市公司退市制度相关文件。制定《关于改革完善并严格实施上市公司退市制度的若干意见》，提升公司质量，增强市场竞争力和活力，培育理性投资的股权文化，保护投资者的合法权益。

（四）完善非上市公众公司监管体系，不断丰富资本市场层次

一是制定非上市公众公司监管相关基础规范。制定《非上市公众公司收购管理办法》、《非上市公众公司重大资产重组管理办法》，突出股东自治和市场化约束机制，构建有别于交易所市场和上市公司的并购重组制度体系，进一步完善多层次资本市场，提升服务中小微企业功能。

二是推动出台非上市公众公司信息披露规则。发布《信息披露内容与格式准则第5号——权益变动报告书、收购报告书、要约收购报告书》等信息披露规则4件次，完善配套制度建设。

三是会同财政部、国家税务总局发布《关于实施全国中小企业股份转让系统挂牌公司股息红利差别化个人所得税政策有关问题的通知》，为挂牌公司融资创造更宽松的制度环境。

（五）改善机构经营环境，推动证券基金期货行业创新

一是会同银监会、财政部、人民银行、保监会发布《金融资产管理公司监管办法》，会同人民银行、银监会、保监会、外汇管理局发布《关于规范金融机构同业业务的通知》，促进监管标准统一，优化机构创新发展制度环境。

二是修订《证券公司资产证券化业务管理规定》，发布《证券公司及基金管理公司子公司资产证券化业务管理规定》及配套指引，按照功能监管原则扩展业务主体范围，实行证券自律组织事后备案制和“负面清单”管理，强化以信息披露为核心的监管要求。

三是发布《期货公司监督管理办法》。降低准入门槛，扩大期货公司业务范围，明确期货公司多元化经营的相关要求，强化期货公司信息披露义务，推进期货市场改革发展，提高期货公司经营服务能力。

四是发布《公开募集证券投资基金运作管理办法》及其实施规定。对基金募集、申购赎回、投资、收益分配、持有人大会等环节须普遍遵守的业务规范作出规定，贯彻落实基金产品注册制，充分激发市场机构产品创新活力。发布《公开募集证券投资基金运作指引第1号——商品期货交易型开放式基金指引》，为商品期货ETF的顺利推出奠定坚实基础。

五是发布《私募投资基金监督管理暂行办法》。确立符合私募基金行业运作特点的适度监管制度，促进各类私募投资基金健康规范发展，为建立健全促进各类私募基金特别是创业投资基金发展的政策体系奠定法律基础。

二、资本市场立法工作的主要特点和经验

资本市场是一个规则先行的市场，高度依

赖健全完备的法律制度体系。在新的形势下，进一步发挥资本市场服务实体经济的功能作用，切实履行好“两维护、一促进”的核心职责，对健全和完善资本市场法律体系，提出了新的任务和要求。2014 年，为了更好地发挥法治引领、促进和保障资本市场改革发展的重要作用，我会在资本市场立法工作方面积极探索，全力推进，注重实效，形成以下四方面主要特点：

一是不断增强制度建设的计划性。2014 年，我会对资本市场法律体系建设作出了全面规划。特别是按照功能监管的基本理念，针对市场发展的现实要求，加大重点领域的制度建设力度，遵循证券期货监管的法理逻辑，根据规制内容与法律关系的不同性质，将实施法律、行政法规的法律体系划分为融资与并购、市场交易、产品业务、市场与机构主体、对外开放、审慎监管、投资者保护、监管执法等八大子体系。总体规划、总体研究、总体推进、分步到位，务实推进法律实施规范体系建设。要求各部门按照规划开展规章项目制定工作，不得随意变更、延迟或者无故取消项目。从我会近来已出台的规章项目看，基本属于资本市场法律体系建设的规划项目。

二是着力提升制度建设的质量。全面落实《立法法》、《行政法规制定程序条例》和《规章制定程序条例》等的工作要求，严格按照《证券期货规章制定程序规定》、《证券期货规章草案公开征求意见试行规则》的有关规定开展制度建设，采取有效措施，进一步提高制度建设的整体质量：

第一，深入调查研究，明确制度建设的重点和核心，准确设定立法工作目标，增强规制内容的针对性与可操作性。具体规则上既有实体性要求，也有程序性规范、保障性措施；既有行为规范，也有保障这些行为规范得以遵守的一一对应的监管措施、行政处罚等制裁手段。第二，加强意见征求、反馈工作。采取有效方式直接听取市场主体特别是中小投资者的意见。除涉及国家秘密、国家安全或者证券期货市场敏感问题的，所有规章草案一律向社会公开征求意见，并尽可能地延长征求意见时间。对于拟采纳的意见，提出具体的修改建议；对于不予采纳的意见，通过新闻稿等形式向社会公开说明并作出解释。第三，强化立法审查制约机制。每件规章草案须经过严格的审议程序，包括合法性审查、行政决策程序等，才能够正式提请对外发布。第四，保持法律实施规范体系层次效力的适当性。以去年为例，2014 年是我会成立以来规章数量最多、规章和规范性文件结构最合理的一年。以总量为例，出台规章 15 件，数量为历年之最，远远超过 2013 年的 8 件、2012 年的 12 件和 2011 年的 7 件。

三是严格确保法律实施规范的立、改、废并重。按照《通知》的要求，各相关部门全面清理、整合与完善所有以我会名义发布的现行有效规章、规范性文件，以及以会内部门名义发布的所有规范行政相对人权利义务、具有反复适用性的通知、问答、部门便函等文件，做到各项规则立、改、废并重。2014 年，我会集中废止了 77 件证券期货规章和规范性文件，有效确保了资本市场法律制度的严肃性和统一性。

四是切实加强立法工作的组织机制保障。为了更好地保障资本市场法律体系建设工作顺利开展，我会不断创新工作机制，严抓工作落实，强化分工配合。特别是在法律实施规范体系建设过程中，一方面，由法制工作机构切实负起统筹协调的工作职责，及时汇总每个规章项目的实施方案，建立专门的工作督促机制，动态掌握并定期通报工作进展，并将督促、指导法律实施规范体系建设与编制、实施年度立法工作计划有机结合起来。另一方面，各部门之间加强协调配合，牵头部门负责组织、协调各方力量，认真做好规章制定工作，并对与该规章项目有关的现有规章、规范性文件或者其他文件的清理、整合提出明确处理意见。其他部门主动或者按照牵头部门要求，通过委托研究、委托起草、征求意见等灵活多样的形式参与法律实施规范体系建设，做好配合、支持工作。

资本市场立法工作是一项系统性工程，是我会实现监管转型的重要基础。一方面，通过有效力的法律规范对行政审批制度改革的成果加以定型，对取消或者改变方式的审批项目，及时对原有的法律规范进行调整和修改。另一方面，建立起一套有法律效力的制度安排来明确执法标准、强化执法手段、完善执法程序，实现从事前审批向事中事后监管转变的监管转型要求。今后，我会将继续立足于资本市场改革与发展的全局性要求，紧紧围绕有效履行"两维护、一促进"核心职责的实际需要，按照夯实基础、完善制度、健全体系、提升层级的总体要求，推动形成基本法律健全、行政法规配套、司法解释完备、规章体系科学、规范层级适当、制度供给机制有效的资本市场法律体系，进一步发挥法治的引领、促进和保障作用，为推动实现我国资本市场向成熟型市场的转变，提供有效的法律制度支撑。

二、法 律 文 件

（一）法　　律

全国人民代表大会常务委员会关于《中华人民共和国刑法》第一百五十八条、第一百五十九条的解释

（2014 年 4 月 24 日第十二届全国人民代表大会常务委员会第八次会议通过）

全国人民代表大会常务委员会讨论了公司法修改后刑法第一百五十八条、第一百五十九条对实行注册资本实缴登记制、认缴登记制的公司的适用范围问题，解释如下：

刑法第一百五十八条、第一百五十九条的规定，只适用于依法实行注册资本实缴登记制的公司。

现予公告。

全国人民代表大会常务委员会关于修改《中华人民共和国保险法》等五部法律的决定

（2014 年 8 月 31 日第十二届全国人民代表大会常务委员会第十次会议通过）

第十二届全国人民代表大会常务委员会第十次会议决定：

一、对《中华人民共和国保险法》作出修改

（一）将第八十二条中的"有《中华人民共和国公司法》第一百四十七条规定的情形"修改为"有《中华人民共和国公司法》第一百四十六条规定的情形"。

（二）将第八十五条修改为："保险公司应当聘用专业人员，建立精算报告制度和合规报告制度。"

二、对《中华人民共和国证券法》作出修改

（一）将第八十九条第一款中的"事先向国务院证券监督管理机构报送"修改为"公告"，第一款第八项中的"报送"修改为"公告"。

删去第二款。

(二)删去第九十条第一款。

(三)将第九十一条修改为:“在收购要约确定的承诺期限内,收购人不得撤销其收购要约。收购人需要变更收购要约的,必须及时公告,载明具体变更事项。”

(四)将第一百零八条、第一百三十一条第二款中的“有《中华人民共和国公司法》第一百四十七条规定的情形”修改为“有《中华人民共和国公司法》第一百四十六条规定的情形”。

(五)删去第二百一十三条中的“报送上市公司收购报告书”和“或者擅自变更收购要约”。

三、对《中华人民共和国注册会计师法》作出修改

(一)将第二十五条第一款修改为:“设立会计师事务所,由省、自治区、直辖市人民政府财政部门批准。”

(二)将第四十四条修改为:“外国人申请参加中国注册会计师全国统一考试和注册,按照互惠原则办理。

“外国会计师事务所需要在中国境内临时办理有关业务的,须经有关的省、自治区、直辖市人民政府财政部门批准。”

四、对《中华人民共和国政府采购法》作出修改

(一)将第十九条第一款中的“经国务院有关部门或者省级人民政府有关部门认定资格的”修改为“集中采购机构以外的”。

(二)删去第七十一条第三项。

(三)将第七十八条中的“依法取消其进行相关业务的资格”修改为“在一至三年内禁止其代理政府采购业务”。

五、对《中华人民共和国气象法》作出修改

将第二十一条修改为:“新建、扩建、改建建设工程,应当避免危害气象探测环境;确实无法避免的,建设单位应当事先征得省、自治区、直辖市气象主管机构的同意,并采取相应的措施后,方可建设。”

本决定自公布之日起施行。

《中华人民共和国保险法》、《中华人民共和国证券法》、《中华人民共和国注册会计师法》、《中华人民共和国政府采购法》、《中华人民共和国气象法》根据本决定作相应修改,重新公布。

全国人民代表大会常务委员会关于修改《中华人民共和国行政诉讼法》的决定

(2014 年 11 月 1 日第十二届全国人民代表大会常务委员会第十一次会议通过)

第十二届全国人民代表大会常务委员会第十一次会议决定对《中华人民共和国行政诉讼法》作如下修改:

一、将第一条修改为:“为保证人民法院公正、及时审理行政案件,解决行政争议,保护公民、法人和其他组织的合法权益,监督行政机关依法行使职权,根据宪法,制定本法。”

二、第二条增加一款,作为第二款:“前款所称行政行为,包括法律、法规、规章授权的组织作出的行政行为。”

三、增加一条,作为第三条:“人民法院应当保障公民、法人和其他组织的起诉权利,对应当受理的行政案件依法受理。

“行政机关及其工作人员不得干预、阻碍人民法院受理行政案件。

“被诉行政机关负责人应当出庭应诉。不能出庭的,应当委托行政机关相应的工作人员出庭。”

四、将第十一条改为第十二条，将第一款修改为："人民法院受理公民、法人或者其他组织提起的下列诉讼：

"（一）对行政拘留、暂扣或者吊销许可证和执照、责令停产停业、没收违法所得、没收非法财物、罚款、警告等行政处罚不服的；

"（二）对限制人身自由或者对财产的查封、扣押、冻结等行政强制措施和行政强制执行不服的；

"（三）申请行政许可，行政机关拒绝或者在法定期限内不予答复，或者对行政机关作出的有关行政许可的其他决定不服的；

"（四）对行政机关作出的关于确认土地、矿藏、水流、森林、山岭、草原、荒地、滩涂、海域等自然资源的所有权或者使用权的决定不服的；

"（五）对征收、征用决定及其补偿决定不服的；

"（六）申请行政机关履行保护人身权、财产权等合法权益的法定职责，行政机关拒绝履行或者不予答复的；

"（七）认为行政机关侵犯其经营自主权或者农村土地承包经营权、农村土地经营权的；

"（八）认为行政机关滥用行政权力排除或者限制竞争的；

"（九）认为行政机关违法集资、摊派费用或者违法要求履行其他义务的；

"（十）认为行政机关没有依法支付抚恤金、最低生活保障待遇或者社会保险待遇的；

"（十一）认为行政机关不依法履行、未按照约定履行或者违法变更、解除政府特许经营协议、土地房屋征收补偿协议等协议的；

"（十二）认为行政机关侵犯其他人身权、财产权等合法权益的。"

五、将第十四条改为第十五条，修改为："中级人民法院管辖下列第一审行政案件：

"（一）对国务院部门或者县级以上地方人民政府所作的行政行为提起诉讼的案件；

"（二）海关处理的案件；

"（三）本辖区内重大、复杂的案件；

"（四）其他法律规定由中级人民法院管辖的案件。"

六、将第十七条改为第十八条，修改为："行政案件由最初作出行政行为的行政机关所在地人民法院管辖。经复议的案件，也可以由复议机关所在地人民法院管辖。

"经最高人民法院批准，高级人民法院可以根据审判工作的实际情况，确定若干人民法院跨行政区域管辖行政案件。"

七、将第二十条改为第二十一条，修改为："两个以上人民法院都有管辖权的案件，原告可以选择其中一个人民法院提起诉讼。原告向两个以上有管辖权的人民法院提起诉讼的，由最先立案的人民法院管辖。"

八、将第二十一条改为第二十二条，修改为："人民法院发现受理的案件不属于本院管辖的，应当移送有管辖权的人民法院，受移送的人民法院应当受理。受移送的人民法院认为受移送的案件按照规定不属于本院管辖的，应当报请上级人民法院指定管辖，不得再自行移送。"

九、将第二十三条改为第二十四条，修改为："上级人民法院有权审理下级人民法院管辖的第一审行政案件。

"下级人民法院对其管辖的第一审行政案件，认为需要由上级人民法院审理或者指定管辖的，可以报请上级人民法院决定。"

十、将第二十四条改为第二十五条，将第一款修改为："行政行为的相对人以及其他与行政行为有利害关系的公民、法人或者其他组织，有权提起诉讼。"

十一、将第二十五条改为第二十六条，将第二款修改为："经复议的案件，复议机关决定维持原行政行为的，作出原行政行为的行政机关和复议机关是共同被告；复议机关改变原行政行为的，复议机关是被告。"

增加一款，作为第三款："复议机关在法定期限内未作出复议决定，公民、法人或者其他组织起诉原行政行为的，作出原行政行为的行政机关是被告；起诉复议机关不作为的，复议机关是被告。"

将第四款改为第五款，修改为："行政机关委托的组织所作的行政行为，委托的行政机关是被告。"

将第五款改为第六款，修改为："行政机关被撤销或者职权变更的，继续行使其职权的行政机关是被告。"

十二、将第二十六条改为第二十七条，修改

为:"当事人一方或者双方为二人以上,因同一行政行为发生的行政案件,或者因同类行政行为发生的行政案件、人民法院认为可以合并审理并经当事人同意的,为共同诉讼。"

十三、增加一条,作为第二十八条:"当事人一方人数众多的共同诉讼,可以由当事人推选代表人进行诉讼。代表人的诉讼行为对其所代表的当事人发生效力,但代表人变更、放弃诉讼请求或者承认对方当事人的诉讼请求,应当经被代表的当事人同意。"

十四、将第二十七条改为第二十九条,修改为:"公民、法人或者其他组织同被诉行政行为有利害关系但没有提起诉讼,或者同案件处理结果有利害关系的,可以作为第三人申请参加诉讼,或者由人民法院通知参加诉讼。

"人民法院判决第三人承担义务或者减损第三人权益的,第三人有权依法提起上诉。"

十五、将第二十九条改为第三十一条,修改为:"当事人、法定代理人,可以委托一至二人作为诉讼代理人。

"下列人员可以被委托为诉讼代理人:

"(一)律师、基层法律服务工作者;

"(二)当事人的近亲属或者工作人员;

"(三)当事人所在社区、单位以及有关社会团体推荐的公民。"

十六、将第三十条改为第三十二条,修改为:"代理诉讼的律师,有权按照规定查阅、复制本案有关材料,有权向有关组织和公民调查,收集与本案有关的证据。对涉及国家秘密、商业秘密和个人隐私的材料,应当依照法律规定保密。

"当事人和其他诉讼代理人有权按照规定查阅、复制本案庭审材料,但涉及国家秘密、商业秘密和个人隐私的内容除外。"

十七、将第三十一条改为第三十三条,修改为:"证据包括:

"(一)书证;

"(二)物证;

"(三)视听资料;

"(四)电子数据;

"(五)证人证言;

"(六)当事人的陈述;

"(七)鉴定意见;

"(八)勘验笔录、现场笔录。

"以上证据经法庭审查属实,才能作为认定案件事实的根据。"

十八、将第三十二条改为第三十四条,增加一款,作为第二款:"被告不提供或者无正当理由逾期提供证据,视为没有相应证据。但是,被诉行政行为涉及第三人合法权益,第三人提供证据的除外。"

十九、将第三十三条改为第三十五条,修改为:"在诉讼过程中,被告及其诉讼代理人不得自行向原告、第三人和证人收集证据。"

二十、增加三条,作为第三十六条、第三十七条、第三十八条:

"第三十六条　被告在作出行政行为时已经收集了证据,但因不可抗力等正当事由不能提供的,经人民法院准许,可以延期提供。

"原告或者第三人提出了其在行政处理程序中没有提出的理由或者证据的,经人民法院准许,被告可以补充证据。

"第三十七条　原告可以提供证明行政行为违法的证据。原告提供的证据不成立的,不免除被告的举证责任。

"第三十八条　在起诉被告不履行法定职责的案件中,原告应当提供其向被告提出申请的证据。但有下列情形之一的除外:

"(一)被告应当依职权主动履行法定职责的;

"(二)原告因正当理由不能提供证据的。

"在行政赔偿、补偿的案件中,原告应当对行政行为造成的损害提供证据。因被告的原因导致原告无法举证的,由被告承担举证责任。"

二十一、将第三十四条改为两条,作为第三十九条、第四十条,修改为:

"第三十九条　人民法院有权要求当事人提供或者补充证据。

"第四十条　人民法院有权向有关行政机关以及其他组织、公民调取证据。但是,不得为证明行政行为的合法性调取被告作出行政行为时未收集的证据。"

二十二、增加一条,作为第四十一条:"与本案有关的下列证据,原告或者第三人不能自行收集的,可以申请人民法院调取:

"(一)由国家机关保存而须由人民法院调取的证据;

"(二)涉及国家秘密、商业秘密和个人隐

私的证据；

“（三）确因客观原因不能自行收集的其他证据。”

二十三、增加一条，作为第四十三条：“证据应当在法庭上出示，并由当事人互相质证。对涉及国家秘密、商业秘密和个人隐私的证据，不得在公开开庭时出示。

“人民法院应当按照法定程序，全面、客观地审查核实证据。对未采纳的证据应当在裁判文书中说明理由。

“以非法手段取得的证据，不得作为认定案件事实的根据。”

二十四、将第三十七条改为第四十四条，修改为：“对属于人民法院受案范围的行政案件，公民、法人或者其他组织可以先向行政机关申请复议，对复议决定不服的，再向人民法院提起诉讼；也可以直接向人民法院提起诉讼。

“法律、法规规定应当先向行政机关申请复议，对复议决定不服再向人民法院提起诉讼的，依照法律、法规的规定。”

二十五、将第三十八条改为第四十五条，修改为：“公民、法人或者其他组织不服复议决定的，可以在收到复议决定书之日起十五日内向人民法院提起诉讼。复议机关逾期不作决定的，申请人可以在复议期满之日起十五日内向人民法院提起诉讼。法律另有规定的除外。”

二十六、将第三十九条改为第四十六条，修改为：“公民、法人或者其他组织直接向人民法院提起诉讼的，应当自知道或者应当知道作出行政行为之日起六个月内提出。法律另有规定的除外。

“因不动产提起诉讼的案件自行政行为作出之日起超过二十年，其他案件自行政行为作出之日起超过五年提起诉讼的，人民法院不予受理。”

二十七、增加一条，作为第四十七条：“公民、法人或者其他组织申请行政机关履行保护其人身权、财产权等合法权益的法定职责，行政机关在接到申请之日起两个月内不履行的，公民、法人或者其他组织可以向人民法院提起诉讼。法律、法规对行政机关履行职责的期限另有规定的，从其规定。

“公民、法人或者其他组织在紧急情况下请求行政机关履行保护其人身权、财产权等合法权益的法定职责，行政机关不履行的，提起诉讼不受前款规定期限的限制。”

二十八、将第四十条改为第四十八条，修改为：“公民、法人或者其他组织因不可抗力或者其他不属于其自身的原因耽误起诉期限的，被耽误的时间不计算在起诉期限内。

“公民、法人或者其他组织因前款规定以外的其他特殊情况耽误起诉期限的，在障碍消除后十日内，可以申请延长期限，是否准许由人民法院决定。”

二十九、将第四十一条改为第四十九条，将第一项修改为：“原告是符合本法第二十五条规定的公民、法人或者其他组织；”。

三十、增加一条，作为第五十条：“起诉应当向人民法院递交起诉状，并按照被告人数提出副本。

“书写起诉状确有困难的，可以口头起诉，由人民法院记入笔录，出具注明日期的书面凭证，并告知对方当事人。”

三十一、将第四十二条改为两条，作为第五十一条、第五十二条，修改为：

“第五十一条　人民法院在接到起诉状时对符合本法规定的起诉条件的，应当登记立案。

“对当场不能判定是否符合本法规定的起诉条件的，应当接收起诉状，出具注明收到日期的书面凭证，并在七日内决定是否立案。不符合起诉条件的，作出不予立案的裁定。裁定书应当载明不予立案的理由。原告对裁定不服的，可以提起上诉。

“起诉状内容欠缺或者有其他错误的，应当给予指导和释明，并一次性告知当事人需要补正的内容。不得未经指导和释明即以起诉不符合条件为由不接收起诉状。

“对于不接收起诉状、接收起诉状后不出具书面凭证，以及不一次性告知当事人需要补正的起诉状内容的，当事人可以向上级人民法院投诉，上级人民法院应当责令改正，并对直接负责的主管人员和其他直接责任人员依法给予处分。

“第五十二条　人民法院既不立案，又不作出不予立案裁定的，当事人可以向上一级人民法院起诉。上一级人民法院认为符合起诉条件的，应当立案、审理，也可以指定其他下级人民法院立案、审理。”

三十二、增加一条,作为第五十三条:“公民、法人或者其他组织认为行政行为所依据的国务院部门和地方人民政府及其部门制定的规范性文件不合法,在对行政行为提起诉讼时,可以一并请求对该规范性文件进行审查。

“前款规定的规范性文件不含规章。”

三十三、将第七章分为五节,增加节名,规定:“第一节　一般规定”,内容为第五十四条至第六十六条;“第二节　第一审普通程序”,内容为第六十七条至第八十一条;“第三节　简易程序”,内容为第八十二条至第八十四条;“第四节　第二审程序”,内容为第八十五条至第八十九条;“第五节　审判监督程序”,内容为第九十条至第九十三条。

三十四、将第四十三条改为第六十七条,将第一款修改为:“人民法院应当在立案之日起五日内,将起诉状副本发送被告。被告应当在收到起诉状副本之日起十五日内向人民法院提交作出行政行为的证据和所依据的规范性文件,并提出答辩状。人民法院应当在收到答辩状之日起五日内,将答辩状副本发送原告。”

三十五、将第四十四条改为第五十六条,修改为:“诉讼期间,不停止行政行为的执行。但有下列情形之一的,裁定停止执行:

“(一)被告认为需要停止执行的;

“(二)原告或者利害关系人申请停止执行,人民法院认为该行政行为的执行会造成难以弥补的损失,并且停止执行不损害国家利益、社会公共利益的;

“(三)人民法院认为该行政行为的执行会给国家利益、社会公共利益造成重大损害的;

“(四)法律、法规规定停止执行的。

“当事人对停止执行或者不停止执行的裁定不服的,可以申请复议一次。”

三十六、将第四十五条改为第五十四条,增加一款,作为第二款:“涉及商业秘密的案件,当事人申请不公开审理的,可以不公开审理。”

三十七、将第四十七条改为第五十五条,将第四款修改为:“院长担任审判长时的回避,由审判委员会决定;审判人员的回避,由院长决定;其他人员的回避,由审判长决定。当事人对决定不服的,可以申请复议一次。”

三十八、增加一条,作为第五十七条:“人民法院对起诉行政机关没有依法支付抚恤金、最低生活保障金和工伤、医疗社会保险金的案件,权利义务关系明确、不先予执行将严重影响原告生活的,可以根据原告的申请,裁定先予执行。

“当事人对先予执行裁定不服的,可以申请复议一次。复议期间不停止裁定的执行。”

三十九、将第四十八条改为第五十八条,修改为:“经人民法院传票传唤,原告无正当理由拒不到庭,或者未经法庭许可中途退庭的,可以按照撤诉处理;被告无正当理由拒不到庭,或者未经法庭许可中途退庭的,可以缺席判决。”

四十、将第四十九条改为第五十九条,修改为:“诉讼参与人或者其他人有下列行为之一的,人民法院可以根据情节轻重,予以训诫、责令具结悔过或者处一万元以下的罚款、十五日以下的拘留;构成犯罪的,依法追究刑事责任:

“(一)有义务协助调查、执行的人,对人民法院的协助调查决定、协助执行通知书,无故推拖、拒绝或者妨碍调查、执行的;

“(二)伪造、隐藏、毁灭证据或者提供虚假证明材料,妨碍人民法院审理案件的;

“(三)指使、贿买、胁迫他人作伪证或者威胁、阻止证人作证的;

“(四)隐藏、转移、变卖、毁损已被查封、扣押、冻结的财产的;

“(五)以欺骗、胁迫等非法手段使原告撤诉的;

“(六)以暴力、威胁或者其他方法阻碍人民法院工作人员执行职务,或者以哄闹、冲击法庭等方法扰乱人民法院工作秩序的;

“(七)对人民法院审判人员或者其他工作人员、诉讼参与人、协助调查和执行的人员恐吓、侮辱、诽谤、诬陷、殴打、围攻或者打击报复的。

“人民法院对有前款规定的行为之一的单位,可以对其主要负责人或者直接责任人员依照前款规定予以罚款、拘留;构成犯罪的,依法追究刑事责任。

“罚款、拘留须经人民法院院长批准。当事人不服的,可以向上一级人民法院申请复议一次。复议期间不停止执行。”

四十一、将第五十条改为第六十条,修改为:“人民法院审理行政案件,不适用调解。但是,行政赔偿、补偿以及行政机关行使法律、法规规定的自由裁量权的案件可以调解。

“调解应当遵循自愿、合法原则，不得损害国家利益、社会公共利益和他人合法权益。”

四十二、增加一条，作为第六十一条：“在涉及行政许可、登记、征收、征用和行政机关对民事争议所作的裁决的行政诉讼中，当事人申请一并解决相关民事争议的，人民法院可以一并审理。

“在行政诉讼中，人民法院认为行政案件的审理需以民事诉讼的裁判为依据的，可以裁定中止行政诉讼。”

四十三、将第五十三条改为第六十三条第三款，修改为：“人民法院审理行政案件，参照规章。”

四十四、增加两条，作为第六十四条、第六十五条：

“第六十四条　人民法院在审理行政案件中，经审查认为本法第五十三条规定的规范性文件不合法的，不作为认定行政行为合法的依据，并向制定机关提出处理建议。

“第六十五条　人民法院应当公开发生法律效力的判决书、裁定书，供公众查阅，但涉及国家秘密、商业秘密和个人隐私的内容除外。”

四十五、将第五十四条改为四条，作为第六十九条、第七十条、第七十二条、第七十七条，修改为：

“第六十九条　行政行为证据确凿，适用法律、法规正确，符合法定程序的，或者原告申请被告履行法定职责或者给付义务理由不成立的，人民法院判决驳回原告的诉讼请求。

“第七十条　行政行为有下列情形之一的，人民法院判决撤销或者部分撤销，并可以判决被告重新作出行政行为：

“（一）主要证据不足的；

“（二）适用法律、法规错误的；

“（三）违反法定程序的；

“（四）超越职权的；

“（五）滥用职权的；

“（六）明显不当的。

“第七十二条　人民法院经过审理，查明被告不履行法定职责的，判决被告在一定期限内履行。

“第七十七条　行政处罚明显不当，或者其他行政行为涉及对款额的确定、认定确有错误的，人民法院可以判决变更。

“人民法院判决变更，不得加重原告的义务或者减损原告的权益。但利害关系人同为原告，且诉讼请求相反的除外。”

四十六、增加七条，作为第七十三条、第七十四条、第七十五条、第七十六条、第七十八条、第七十九条、第八十条：

“第七十三条　人民法院经过审理，查明被告依法负有给付义务的，判决被告履行给付义务。

“第七十四条　行政行为有下列情形之一的，人民法院判决确认违法，但不撤销行政行为：

“（一）行政行为依法应当撤销，但撤销会给国家利益、社会公共利益造成重大损害的；

“（二）行政行为程序轻微违法，但对原告权利不产生实际影响的。

“行政行为有下列情形之一，不需要撤销或者判决履行的，人民法院判决确认违法：

“（一）行政行为违法，但不具有可撤销内容的；

“（二）被告改变原违法行政行为，原告仍要求确认原行政行为违法的；

“（三）被告不履行或者拖延履行法定职责，判决履行没有意义的。

“第七十五条　行政行为有实施主体不具有行政主体资格或者没有依据等重大且明显违法情形，原告申请确认行政行为无效的，人民法院判决确认无效。

“第七十六条　人民法院判决确认违法或者无效的，可以同时判决责令被告采取补救措施；给原告造成损失的，依法判决被告承担赔偿责任。

“第七十八条　被告不依法履行、未按照约定履行或者违法变更、解除本法第十二条第一款第十一项规定的协议的，人民法院判决被告承担继续履行、采取补救措施或者赔偿损失等责任。

“被告变更、解除本法第十二条第一款第十一项规定的协议合法，但未依法给予补偿的，人民法院判决给予补偿。

“第七十九条　复议机关与作出原行政行为的行政机关为共同被告的案件，人民法院应当对复议决定和原行政行为一并作出裁判。

“第八十条　人民法院对公开审理和不公开审理的案件,一律公开宣告判决。

“当庭宣判的,应当在十日内发送判决书;定期宣判的,宣判后立即发给判决书。

“宣告判决时,必须告知当事人上诉权利、上诉期限和上诉的人民法院。”

四十七、将第五十六条改为第六十六条,修改为:“人民法院在审理行政案件中,认为行政机关的主管人员、直接责任人员违法违纪的,应当将有关材料移送监察机关、该行政机关或者其上一级行政机关;认为有犯罪行为的,应当将有关材料移送公安、检察机关。

“人民法院对被告经传票传唤无正当理由拒不到庭,或者未经法庭许可中途退庭的,可以将被告拒不到庭或者中途退庭的情况予以公告,并可以向监察机关或者被告的上一级行政机关提出依法给予其主要负责人或者直接责任人员处分的司法建议。”

四十八、将第五十七条改为第八十一条,修改为:“人民法院应当在立案之日起六个月内作出第一审判决。有特殊情况需要延长的,由高级人民法院批准,高级人民法院审理第一审案件需要延长的,由最高人民法院批准。”

四十九、增加三条,作为第八十二条、第八十三条、第八十四条:

“第八十二条　人民法院审理下列第一审行政案件,认为事实清楚、权利义务关系明确、争议不大的,可以适用简易程序:

“(一)被诉行政行为是依法当场作出的;

“(二)案件涉及款额二千元以下的;

“(三)属于政府信息公开案件的。

“除前款规定以外的第一审行政案件,当事人各方同意适用简易程序的,可以适用简易程序。

“发回重审、按照审判监督程序再审的案件不适用简易程序。

“第八十三条　适用简易程序审理的行政案件,由审判员一人独任审理,并应当在立案之日起四十五日内审结。

“第八十四条　人民法院在审理过程中,发现案件不宜适用简易程序的,裁定转为普通程序。”

五十、将第五十九条改为第八十六条,修改为:“人民法院对上诉案件,应当组成合议庭,开庭审理。经过阅卷、调查和询问当事人,对没有提出新的事实、证据或者理由,合议庭认为不需要开庭审理的,也可以不开庭审理。”

五十一、增加一条,作为第八十七条:“人民法院审理上诉案件,应当对原审人民法院的判决、裁定和被诉行政行为进行全面审查。”

五十二、将第六十条改为第八十八条,修改为:“人民法院审理上诉案件,应当在收到上诉状之日起三个月内作出终审判决。有特殊情况需要延长的,由高级人民法院批准,高级人民法院审理上诉案件需要延长的,由最高人民法院批准。”

五十三、将第六十一条改为第八十九条,修改为:“人民法院审理上诉案件,按照下列情形,分别处理:

“(一)原判决、裁定认定事实清楚,适用法律、法规正确的,判决或者裁定驳回上诉,维持原判决、裁定;

“(二)原判决、裁定认定事实错误或者适用法律、法规错误的,依法改判、撤销或者变更;

“(三)原判决认定基本事实不清、证据不足的,发回原审人民法院重审,或者查清事实后改判;

“(四)原判决遗漏当事人或者违法缺席判决等严重违反法定程序的,裁定撤销原判决,发回原审人民法院重审。

“原审人民法院对发回重审的案件作出判决后,当事人提起上诉的,第二审人民法院不得再次发回重审。

“人民法院审理上诉案件,需要改变原审判决的,应当同时对被诉行政行为作出判决。”

五十四、将第六十二条改为第九十条,修改为:“当事人对已经发生法律效力的判决、裁定,认为确有错误的,可以向上一级人民法院申请再审,但判决、裁定不停止执行。”

五十五、增加一条,作为第九十一条:“当事人的申请符合下列情形之一的,人民法院应当再审:

“(一)不予立案或者驳回起诉确有错误的;

“(二)有新的证据,足以推翻原判决、裁定的;

“(三)原判决、裁定认定事实的主要证据不足、未经质证或者系伪造的;

“(四)原判决、裁定适用法律、法规确有错误的;

“(五)违反法律规定的诉讼程序,可能影响公正审判的;

“(六)原判决、裁定遗漏诉讼请求的;

“(七)据以作出原判决、裁定的法律文书被撤销或者变更的;

“(八)审判人员在审理该案件时有贪污受贿、徇私舞弊、枉法裁判行为的。”

五十六、将第六十三条改为第九十二条,修改为:“各级人民法院院长对本院已经发生法律效力的判决、裁定,发现有本法第九十一条规定情形之一,或者发现调解违反自愿原则或者调解书内容违法,认为需要再审的,应当提交审判委员会讨论决定。

“最高人民法院对地方各级人民法院已经发生法律效力的判决、裁定,上级人民法院对下级人民法院已经发生法律效力的判决、裁定,发现有本法第九十一条规定情形之一,或者发现调解违反自愿原则或者调解书内容违法的,有权提审或者指令下级人民法院再审。”

五十七、将第六十四条改为第九十三条,修改为:“最高人民检察院对各级人民法院已经发生法律效力的判决、裁定,上级人民检察院对下级人民法院已经发生法律效力的判决、裁定,发现有本法第九十一条规定情形之一,或者发现调解书损害国家利益、社会公共利益的,应当提出抗诉。

“地方各级人民检察院对同级人民法院已经发生法律效力的判决、裁定,发现有本法第九十一条规定情形之一,或者发现调解书损害国家利益、社会公共利益的,可以向同级人民法院提出检察建议,并报上级人民检察院备案;也可以提请上级人民检察院向同级人民法院提出抗诉。

“各级人民检察院对审判监督程序以外的其他审判程序中审判人员的违法行为,有权向同级人民法院提出检察建议。”

五十八、将第六十五条改为三条,作为第九十四条、第九十五条、第九十六条,修改为:

“第九十四条　当事人必须履行人民法院发生法律效力的判决、裁定、调解书。

“第九十五条　公民、法人或者其他组织拒绝履行判决、裁定、调解书的,行政机关或者第三人可以向第一审人民法院申请强制执行,或者由行政机关依法强制执行。

“第九十六条　行政机关拒绝履行判决、裁定、调解书的,第一审人民法院可以采取下列措施:

“(一)对应当归还的罚款或者应当给付的款额,通知银行从该行政机关的账户内划拨;

“(二)在规定期限内不履行的,从期满之日起,对该行政机关负责人按日处五十元至一百元的罚款;

“(三)将行政机关拒绝履行的情况予以公告;

“(四)向监察机关或者该行政机关的上一级行政机关提出司法建议。接受司法建议的机关,根据有关规定进行处理,并将处理情况告知人民法院;

“(五)拒不履行判决、裁定、调解书,社会影响恶劣的,可以对该行政机关直接负责的主管人员和其他直接责任人员予以拘留;情节严重,构成犯罪的,依法追究刑事责任。”

五十九、增加一条,作为第一百零一条:“人民法院审理行政案件,关于期间、送达、财产保全、开庭审理、调解、中止诉讼、终结诉讼、简易程序、执行等,以及人民检察院对行政案件受理、审理、裁判、执行的监督,本法没有规定的,适用《中华人民共和国民事诉讼法》的相关规定。”

六十、将本法相关条文中的“具体行政行为”修改为“行政行为”。

六十一、将第四十六条改为第六十八条,第五十五条改为第七十一条。删去第三十五条、第九章的章名、第六十七条、第六十八条、第六十九条、第七十二条。

本决定自2015年5月1日起施行。

《中华人民共和国行政诉讼法》根据本决定作相应修改,重新公布。

中华人民共和国行政诉讼法

(1989 年 4 月 4 日第七届全国人民代表大会第二次会议通过
根据 2014 年 11 月 1 日第十二届全国人民代表大会常务委员会第十一次会议
《关于修改〈中华人民共和国行政诉讼法〉的决定》修正)

第一章 总 则

第一条 为保证人民法院公正、及时审理行政案件,解决行政争议,保护公民、法人和其他组织的合法权益,监督行政机关依法行使职权,根据宪法,制定本法。

第二条 公民、法人或者其他组织认为行政机关和行政机关工作人员的行政行为侵犯其合法权益,有权依照本法向人民法院提起诉讼。

前款所称行政行为,包括法律、法规、规章授权的组织作出的行政行为。

第三条 人民法院应当保障公民、法人和其他组织的起诉权利,对应当受理的行政案件依法受理。

行政机关及其工作人员不得干预、阻碍人民法院受理行政案件。

被诉行政机关负责人应当出庭应诉。不能出庭的,应当委托行政机关相应的工作人员出庭。

第四条 人民法院依法对行政案件独立行使审判权,不受行政机关、社会团体和个人的干涉。

人民法院设行政审判庭,审理行政案件。

第五条 人民法院审理行政案件,以事实为根据,以法律为准绳。

第六条 人民法院审理行政案件,对行政行为是否合法进行审查。

第七条 人民法院审理行政案件,依法实行合议、回避、公开审判和两审终审制度。

第八条 当事人在行政诉讼中的法律地位平等。

第九条 各民族公民都有用本民族语言、文字进行行政诉讼的权利。

在少数民族聚居或者多民族共同居住的地区,人民法院应当用当地民族通用的语言、文字进行审理和发布法律文书。

人民法院应当对不通晓当地民族通用的语言、文字的诉讼参与人提供翻译。

第十条 当事人在行政诉讼中有权进行辩论。

第十一条 人民检察院有权对行政诉讼实行法律监督。

第二章 受 案 范 围

第十二条 人民法院受理公民、法人或者其他组织提起的下列诉讼:

(一)对行政拘留、暂扣或者吊销许可证和执照、责令停产停业、没收违法所得、没收非法财物、罚款、警告等行政处罚不服的;

(二)对限制人身自由或者对财产的查封、扣押、冻结等行政强制措施和行政强制执行不服的;

(三)申请行政许可,行政机关拒绝或者在法定期限内不予答复,或者对行政机关作出的有关行政许可的其他决定不服的;

(四)对行政机关作出的关于确认土地、矿藏、水流、森林、山岭、草原、荒地、滩涂、海域等自然资源的所有权或者使用权的决定不服的;

(五)对征收、征用决定及其补偿决定不服的;

(六)申请行政机关履行保护人身权、财产权等合法权益的法定职责,行政机关拒绝履行或者不予答复的;

(七)认为行政机关侵犯其经营自主权或者农村土地承包经营权、农村土地经营权的;

(八)认为行政机关滥用行政权力排除或者限制竞争的;

(九)认为行政机关违法集资、摊派费用或

者违法要求履行其他义务的；

（十）认为行政机关没有依法支付抚恤金、最低生活保障待遇或者社会保险待遇的；

（十一）认为行政机关不依法履行、未按照约定履行或者违法变更、解除政府特许经营协议、土地房屋征收补偿协议等协议的；

（十二）认为行政机关侵犯其他人身权、财产权等合法权益的。

除前款规定外，人民法院受理法律、法规规定可以提起诉讼的其他行政案件。

第十三条　人民法院不受理公民、法人或者其他组织对下列事项提起的诉讼：

（一）国防、外交等国家行为；

（二）行政法规、规章或者行政机关制定、发布的具有普遍约束力的决定、命令；

（三）行政机关对行政机关工作人员的奖惩、任免等决定；

（四）法律规定由行政机关最终裁决的行政行为。

第三章　管　　辖

第十四条　基层人民法院管辖第一审行政案件。

第十五条　中级人民法院管辖下列第一审行政案件：

（一）对国务院部门或者县级以上地方人民政府所作的行政行为提起诉讼的案件；

（二）海关处理的案件；

（三）本辖区内重大、复杂的案件；

（四）其他法律规定由中级人民法院管辖的案件。

第十六条　高级人民法院管辖本辖区内重大、复杂的第一审行政案件。

第十七条　最高人民法院管辖全国范围内重大、复杂的第一审行政案件。

第十八条　行政案件由最初作出行政行为的行政机关所在地人民法院管辖。经复议的案件，也可以由复议机关所在地人民法院管辖。

经最高人民法院批准，高级人民法院可以根据审判工作的实际情况，确定若干人民法院跨行政区域管辖行政案件。

第十九条　对限制人身自由的行政强制措施不服提起的诉讼，由被告所在地或者原告所在地人民法院管辖。

第二十条　因不动产提起的行政诉讼，由不动产所在地人民法院管辖。

第二十一条　两个以上人民法院都有管辖权的案件，原告可以选择其中一个人民法院提起诉讼。原告向两个以上有管辖权的人民法院提起诉讼的，由最先立案的人民法院管辖。

第二十二条　人民法院发现受理的案件不属于本院管辖的，应当移送有管辖权的人民法院，受移送的人民法院应当受理。受移送的人民法院认为受移送的案件按照规定不属于本院管辖的，应当报请上级人民法院指定管辖，不得再自行移送。

第二十三条　有管辖权的人民法院由于特殊原因不能行使管辖权的，由上级人民法院指定管辖。

人民法院对管辖权发生争议，由争议双方协商解决。协商不成的，报它们的共同上级人民法院指定管辖。

第二十四条　上级人民法院有权审理下级人民法院管辖的第一审行政案件。

下级人民法院对其管辖的第一审行政案件，认为需要由上级人民法院审理或者指定管辖的，可以报请上级人民法院决定。

第四章　诉讼参加人

第二十五条　行政行为的相对人以及其他与行政行为有利害关系的公民、法人或者其他组织，有权提起诉讼。

有权提起诉讼的公民死亡，其近亲属可以提起诉讼。

有权提起诉讼的法人或者其他组织终止，承受其权利的法人或者其他组织可以提起诉讼。

第二十六条　公民、法人或者其他组织直接向人民法院提起诉讼的，作出行政行为的行政机关是被告。

经复议的案件，复议机关决定维持原行政行为的，作出原行政行为的行政机关和复议机关是共同被告；复议机关改变原行政行为的，复议机关是被告。

复议机关在法定期限内未作出复议决定，公民、法人或者其他组织起诉原行政行为的，作出原行政行为的行政机关是被告;起诉复议机关不作为的,复议机关是被告。

两个以上行政机关作出同一行政行为的,共同作出行政行为的行政机关是共同被告。

行政机关委托的组织所作的行政行为,委托的行政机关是被告。

行政机关被撤销或者职权变更的,继续行使其职权的行政机关是被告。

第二十七条 当事人一方或者双方为二人以上,因同一行政行为发生的行政案件,或者因同类行政行为发生的行政案件、人民法院认为可以合并审理并经当事人同意的,为共同诉讼。

第二十八条 当事人一方人数众多的共同诉讼,可以由当事人推选代表人进行诉讼。代表人的诉讼行为对其所代表的当事人发生效力,但代表人变更、放弃诉讼请求或者承认对方当事人的诉讼请求,应当经被代表的当事人同意。

第二十九条 公民、法人或者其他组织同被诉行政行为有利害关系但没有提起诉讼,或者同案件处理结果有利害关系的,可以作为第三人申请参加诉讼,或者由人民法院通知参加诉讼。

人民法院判决第三人承担义务或者减损第三人权益的,第三人有权依法提起上诉。

第三十条 没有诉讼行为能力的公民,由其法定代理人代为诉讼。法定代理人互相推诿代理责任的,由人民法院指定其中一人代为诉讼。

第三十一条 当事人、法定代理人,可以委托一至二人作为诉讼代理人。

下列人员可以被委托为诉讼代理人:

(一)律师、基层法律服务工作者;

(二)当事人的近亲属或者工作人员;

(三)当事人所在社区、单位以及有关社会团体推荐的公民。

第三十二条 代理诉讼的律师,有权按照规定查阅、复制本案有关材料,有权向有关组织和公民调查,收集与本案有关的证据。对涉及国家秘密、商业秘密和个人隐私的材料,应当依照法律规定保密。

当事人和其他诉讼代理人有权按照规定查阅、复制本案庭审材料,但涉及国家秘密、商业秘密和个人隐私的内容除外。

第五章 证 据

第三十三条 证据包括:

(一)书证;

(二)物证;

(三)视听资料;

(四)电子数据;

(五)证人证言;

(六)当事人的陈述;

(七)鉴定意见;

(八)勘验笔录、现场笔录。

以上证据经法庭审查属实,才能作为认定案件事实的根据。

第三十四条 被告对作出的行政行为负有举证责任,应当提供作出该行政行为的证据和所依据的规范性文件。

被告不提供或者无正当理由逾期提供证据,视为没有相应证据。但是,被诉行政行为涉及第三人合法权益,第三人提供证据的除外。

第三十五条 在诉讼过程中,被告及其诉讼代理人不得自行向原告、第三人和证人收集证据。

第三十六条 被告在作出行政行为时已经收集了证据,但因不可抗力等正当事由不能提供的,经人民法院准许,可以延期提供。

原告或者第三人提出了其在行政处理程序中没有提出的理由或者证据的,经人民法院准许,被告可以补充证据。

第三十七条 原告可以提供证明行政行为违法的证据。原告提供的证据不成立的,不免除被告的举证责任。

第三十八条 在起诉被告不履行法定职责的案件中,原告应当提供其向被告提出申请的证据。但有下列情形之一的除外:

(一)被告应当依职权主动履行法定职责的;

(二)原告因正当理由不能提供证据的。

在行政赔偿、补偿的案件中,原告应当对行政行为造成的损害提供证据。因被告的原因导致原告无法举证的,由被告承担举证责任。

第三十九条 人民法院有权要求当事人提供或者补充证据。

第四十条 人民法院有权向有关行政机关

以及其他组织、公民调取证据。但是,不得为证明行政行为的合法性调取被告作出行政行为时未收集的证据。

第四十一条　与本案有关的下列证据,原告或者第三人不能自行收集的,可以申请人民法院调取:

(一)由国家机关保存而须由人民法院调取的证据;

(二)涉及国家秘密、商业秘密和个人隐私的证据;

(三)确因客观原因不能自行收集的其他证据。

第四十二条　在证据可能灭失或者以后难以取得的情况下,诉讼参加人可以向人民法院申请保全证据,人民法院也可以主动采取保全措施。

第四十三条　证据应当在法庭上出示,并由当事人互相质证。对涉及国家秘密、商业秘密和个人隐私的证据,不得在公开开庭时出示。

人民法院应当按照法定程序,全面、客观地审查核实证据。对未采纳的证据应当在裁判文书中说明理由。

以非法手段取得的证据,不得作为认定案件事实的根据。

第六章　起诉和受理

第四十四条　对属于人民法院受案范围的行政案件,公民、法人或者其他组织可以先向行政机关申请复议,对复议决定不服的,再向人民法院提起诉讼;也可以直接向人民法院提起诉讼。

法律、法规规定应当先向行政机关申请复议,对复议决定不服再向人民法院提起诉讼的,依照法律、法规的规定。

第四十五条　公民、法人或者其他组织不服复议决定的,可以在收到复议决定书之日起十五日内向人民法院提起诉讼。复议机关逾期不作决定的,申请人可以在复议期满之日起十五日内向人民法院提起诉讼。法律另有规定的除外。

第四十六条　公民、法人或者其他组织直接向人民法院提起诉讼的,应当自知道或者应当知道作出行政行为之日起六个月内提出。法律另有规定的除外。

因不动产提起诉讼的案件自行政行为作出之日起超过二十年,其他案件自行政行为作出之日起超过五年提起诉讼的,人民法院不予受理。

第四十七条　公民、法人或者其他组织申请行政机关履行保护其人身权、财产权等合法权益的法定职责,行政机关在接到申请之日起两个月内不履行的,公民、法人或者其他组织可以向人民法院提起诉讼。法律、法规对行政机关履行职责的期限另有规定的,从其规定。

公民、法人或者其他组织在紧急情况下请求行政机关履行保护其人身权、财产权等合法权益的法定职责,行政机关不履行的,提起诉讼不受前款规定期限的限制。

第四十八条　公民、法人或者其他组织因不可抗力或者其他不属于其自身的原因耽误起诉期限的,被耽误的时间不计算在起诉期限内。

公民、法人或者其他组织因前款规定以外的其他特殊情况耽误起诉期限的,在障碍消除后十日内,可以申请延长期限,是否准许由人民法院决定。

第四十九条　提起诉讼应当符合下列条件:

(一)原告是符合本法第二十五条规定的公民、法人或者其他组织;

(二)有明确的被告;

(三)有具体的诉讼请求和事实根据;

(四)属于人民法院受案范围和受诉人民法院管辖。

第五十条　起诉应当向人民法院递交起诉状,并按照被告人数提出副本。

书写起诉状确有困难的,可以口头起诉,由人民法院记入笔录,出具注明日期的书面凭证,并告知对方当事人。

第五十一条　人民法院在接到起诉状时对符合本法规定的起诉条件的,应当登记立案。

对当场不能判定是否符合本法规定的起诉条件的,应当接收起诉状,出具注明收到日期的书面凭证,并在七日内决定是否立案。不符合起诉条件的,作出不予立案的裁定。裁定书应当载明不予立案的理由。原告对裁定不服的,可以提起上诉。

起诉状内容欠缺或者有其他错误的,应当

给予指导和释明,并一次性告知当事人需要补正的内容。不得未经指导和释明即以起诉不符合条件为由不接收起诉状。

对于不接收起诉状、接收起诉状后不出具书面凭证,以及不一次性告知当事人需要补正的起诉状内容的,当事人可以向上级人民法院投诉,上级人民法院应当责令改正,并对直接负责的主管人员和其他直接责任人员依法给予处分。

第五十二条　人民法院既不立案,又不作出不予立案裁定的,当事人可以向上一级人民法院起诉。上一级人民法院认为符合起诉条件的,应当立案、审理,也可以指定其他下级人民法院立案、审理。

第五十三条　公民、法人或者其他组织认为行政行为所依据的国务院部门和地方人民政府及其部门制定的规范性文件不合法,在对行政行为提起诉讼时,可以一并请求对该规范性文件进行审查。

前款规定的规范性文件不含规章。

第七章　审理和判决

第一节　一 般 规 定

第五十四条　人民法院公开审理行政案件,但涉及国家秘密、个人隐私和法律另有规定的除外。

涉及商业秘密的案件,当事人申请不公开审理的,可以不公开审理。

第五十五条　当事人认为审判人员与本案有利害关系或者有其他关系可能影响公正审判,有权申请审判人员回避。

审判人员认为自己与本案有利害关系或者有其他关系,应当申请回避。

前两款规定,适用于书记员、翻译人员、鉴定人、勘验人。

院长担任审判长时的回避,由审判委员会决定;审判人员的回避,由院长决定;其他人员的回避,由审判长决定。当事人对决定不服的,可以申请复议一次。

第五十六条　诉讼期间,不停止行政行为的执行。但有下列情形之一的,裁定停止执行:

(一)被告认为需要停止执行的;

(二)原告或者利害关系人申请停止执行,人民法院认为该行政行为的执行会造成难以弥补的损失,并且停止执行不损害国家利益、社会公共利益的;

(三)人民法院认为该行政行为的执行会给国家利益、社会公共利益造成重大损害的;

(四)法律、法规规定停止执行的。

当事人对停止执行或者不停止执行的裁定不服的,可以申请复议一次。

第五十七条　人民法院对起诉行政机关没有依法支付抚恤金、最低生活保障金和工伤、医疗社会保险金的案件,权利义务关系明确、不先予执行将严重影响原告生活的,可以根据原告的申请,裁定先予执行。

当事人对先予执行裁定不服的,可以申请复议一次。复议期间不停止裁定的执行。

第五十八条　经人民法院传票传唤,原告无正当理由拒不到庭,或者未经法庭许可中途退庭的,可以按照撤诉处理;被告无正当理由拒不到庭,或者未经法庭许可中途退庭的,可以缺席判决。

第五十九条　诉讼参与人或者其他人有下列行为之一的,人民法院可以根据情节轻重,予以训诫、责令具结悔过或者处一万元以下的罚款、十五日以下的拘留;构成犯罪的,依法追究刑事责任:

(一)有义务协助调查、执行的人,对人民法院的协助调查决定、协助执行通知书,无故推拖、拒绝或者妨碍调查、执行的;

(二)伪造、隐藏、毁灭证据或者提供虚假证明材料,妨碍人民法院审理案件的;

(三)指使、贿买、胁迫他人作伪证或者威胁、阻止证人作证的;

(四)隐藏、转移、变卖、毁损已被查封、扣押、冻结的财产的;

(五)以欺骗、胁迫等非法手段使原告撤诉的;

(六)以暴力、威胁或者其他方法阻碍人民法院工作人员执行职务,或者以哄闹、冲击法庭等方法扰乱人民法院工作秩序的;

(七)对人民法院审判人员或者其他工作人员、诉讼参与人、协助调查和执行的人员恐吓、侮辱、诽谤、诬陷、殴打、围攻或者打击报复的。

人民法院对有前款规定的行为之一的单位，可以对其主要负责人或者直接责任人员依照前款规定予以罚款、拘留；构成犯罪的，依法追究刑事责任。

罚款、拘留须经人民法院院长批准。当事人不服的，可以向上一级人民法院申请复议一次。复议期间不停止执行。

第六十条　人民法院审理行政案件，不适用调解。但是，行政赔偿、补偿以及行政机关行使法律、法规规定的自由裁量权的案件可以调解。

调解应当遵循自愿、合法原则，不得损害国家利益、社会公共利益和他人合法权益。

第六十一条　在涉及行政许可、登记、征收、征用和行政机关对民事争议所作的裁决的行政诉讼中，当事人申请一并解决相关民事争议的，人民法院可以一并审理。

在行政诉讼中，人民法院认为行政案件的审理需以民事诉讼的裁判为依据的，可以裁定中止行政诉讼。

第六十二条　人民法院对行政案件宣告判决或者裁定前，原告申请撤诉的，或者被告改变其所作的行政行为，原告同意并申请撤诉的，是否准许，由人民法院裁定。

第六十三条　人民法院审理行政案件，以法律和行政法规、地方性法规为依据。地方性法规适用于本行政区域内发生的行政案件。

人民法院审理民族自治地方的行政案件，并以该民族自治地方的自治条例和单行条例为依据。

人民法院审理行政案件，参照规章。

第六十四条　人民法院在审理行政案件中，经审查认为本法第五十三条规定的规范性文件不合法的，不作为认定行政行为合法的依据，并向制定机关提出处理建议。

第六十五条　人民法院应当公开发生法律效力的判决书、裁定书，供公众查阅，但涉及国家秘密、商业秘密和个人隐私的内容除外。

第六十六条　人民法院在审理行政案件中，认为行政机关的主管人员、直接责任人员违法违纪的，应当将有关材料移送监察机关、该行政机关或者其上一级行政机关；认为有犯罪行为的，应当将有关材料移送公安、检察机关。

人民法院对被告经传票传唤无正当理由拒不到庭，或者未经法庭许可中途退庭的，可以将被告拒不到庭或者中途退庭的情况予以公告，并可以向监察机关或者被告的上一级行政机关提出依法给予其主要负责人或者直接责任人员处分的司法建议。

第二节　第一审普通程序

第六十七条　人民法院应当在立案之日起五日内，将起诉状副本发送被告。被告应当在收到起诉状副本之日起十五日内向人民法院提交作出行政行为的证据和所依据的规范性文件，并提出答辩状。人民法院应当在收到答辩状之日起五日内，将答辩状副本发送原告。

被告不提出答辩状的，不影响人民法院审理。

第六十八条　人民法院审理行政案件，由审判员组成合议庭，或者由审判员、陪审员组成合议庭。合议庭的成员，应当是三人以上的单数。

第六十九条　行政行为证据确凿，适用法律、法规正确，符合法定程序的，或者原告申请被告履行法定职责或者给付义务理由不成立的，人民法院判决驳回原告的诉讼请求。

第七十条　行政行为有下列情形之一的，人民法院判决撤销或者部分撤销，并可以判决被告重新作出行政行为：

（一）主要证据不足的；

（二）适用法律、法规错误的；

（三）违反法定程序的；

（四）超越职权的；

（五）滥用职权的；

（六）明显不当的。

第七十一条　人民法院判决被告重新作出行政行为的，被告不得以同一的事实和理由作出与原行政行为基本相同的行政行为。

第七十二条　人民法院经过审理，查明被告不履行法定职责的，判决被告在一定期限内履行。

第七十三条　人民法院经过审理，查明被告依法负有给付义务的，判决被告履行给付义务。

第七十四条　行政行为有下列情形之一的，人民法院判决确认违法，但不撤销行政

行为:

(一)行政行为依法应当撤销,但撤销会给国家利益、社会公共利益造成重大损害的;

(二)行政行为程序轻微违法,但对原告权利不产生实际影响的。

行政行为有下列情形之一,不需要撤销或者判决履行的,人民法院判决确认违法:

(一)行政行为违法,但不具有可撤销内容的;

(二)被告改变原违法行政行为,原告仍要求确认原行政行为违法的;

(三)被告不履行或者拖延履行法定职责,判决履行没有意义的。

第七十五条 行政行为有实施主体不具有行政主体资格或者没有依据等重大且明显违法情形,原告申请确认行政行为无效的,人民法院判决确认无效。

第七十六条 人民法院判决确认违法或者无效的,可以同时判决责令被告采取补救措施;给原告造成损失的,依法判决被告承担赔偿责任。

第七十七条 行政处罚明显不当,或者其他行政行为涉及对款额的确定、认定确有错误的,人民法院可以判决变更。

人民法院判决变更,不得加重原告的义务或者减损原告的权益。但利害关系人同为原告,且诉讼请求相反的除外。

第七十八条 被告不依法履行、未按照约定履行或者违法变更、解除本法第十二条第一款第十一项规定的协议的,人民法院判决被告承担继续履行、采取补救措施或者赔偿损失等责任。

被告变更、解除本法第十二条第一款第十一项规定的协议合法,但未依法给予补偿的,人民法院判决给予补偿。

第七十九条 复议机关与作出原行政行为的行政机关为共同被告的案件,人民法院应当对复议决定和原行政行为一并作出裁判。

第八十条 人民法院对公开审理和不公开审理的案件,一律公开宣告判决。

当庭宣判的,应当在十日内发送判决书;定期宣判的,宣判后立即发给判决书。

宣告判决时,必须告知当事人上诉权利、上诉期限和上诉的人民法院。

第八十一条 人民法院应当在立案之日起六个月内作出第一审判决。有特殊情况需要延长的,由高级人民法院批准,高级人民法院审理第一审案件需要延长的,由最高人民法院批准。

第三节 简易程序

第八十二条 人民法院审理下列第一审行政案件,认为事实清楚、权利义务关系明确、争议不大的,可以适用简易程序:

(一)被诉行政行为是依法当场作出的;

(二)案件涉及款额二千元以下的;

(三)属于政府信息公开案件的。

除前款规定以外的第一审行政案件,当事人各方同意适用简易程序的,可以适用简易程序。

发回重审、按照审判监督程序再审的案件不适用简易程序。

第八十三条 适用简易程序审理的行政案件,由审判员一人独任审理,并应当在立案之日起四十五日内审结。

第八十四条 人民法院在审理过程中,发现案件不宜适用简易程序的,裁定转为普通程序。

第四节 第二审程序

第八十五条 当事人不服人民法院第一审判决的,有权在判决书送达之日起十五日内向上一级人民法院提起上诉。当事人不服人民法院第一审裁定的,有权在裁定书送达之日起十日内向上一级人民法院提起上诉。逾期不提起上诉的,人民法院的第一审判决或者裁定发生法律效力。

第八十六条 人民法院对上诉案件,应当组成合议庭,开庭审理。经过阅卷、调查和询问当事人,对没有提出新的事实、证据或者理由,合议庭认为不需要开庭审理的,也可以不开庭审理。

第八十七条 人民法院审理上诉案件,应当对原审人民法院的判决、裁定和被诉行政行为进行全面审查。

第八十八条 人民法院审理上诉案件,应当在收到上诉状之日起三个月内作出终审判决。有特殊情况需要延长的，由高级人民法院批准，高级人民法院审理上诉案件需要延长的，由最高人民法院批准。

第八十九条　人民法院审理上诉案件，按照下列情形，分别处理：

（一）原判决、裁定认定事实清楚，适用法律、法规正确的，判决或者裁定驳回上诉，维持原判决、裁定；

（二）原判决、裁定认定事实错误或者适用法律、法规错误的，依法改判、撤销或者变更；

（三）原判决认定基本事实不清、证据不足的，发回原审人民法院重审，或者查清事实后改判；

（四）原判决遗漏当事人或者违法缺席判决等严重违反法定程序的，裁定撤销原判决，发回原审人民法院重审。

原审人民法院对发回重审的案件作出判决后，当事人提起上诉的，第二审人民法院不得再次发回重审。

人民法院审理上诉案件，需要改变原审判决的，应当同时对被诉行政行为作出判决。

第五节　审判监督程序

第九十条　当事人对已经发生法律效力的判决、裁定，认为确有错误的，可以向上一级人民法院申请再审，但判决、裁定不停止执行。

第九十一条　当事人的申请符合下列情形之一的，人民法院应当再审：

（一）不予立案或者驳回起诉确有错误的；

（二）有新的证据，足以推翻原判决、裁定的；

（三）原判决、裁定认定事实的主要证据不足、未经质证或者系伪造的；

（四）原判决、裁定适用法律、法规确有错误的；

（五）违反法律规定的诉讼程序，可能影响公正审判的；

（六）原判决、裁定遗漏诉讼请求的；

（七）据以作出原判决、裁定的法律文书被撤销或者变更的；

（八）审判人员在审理该案件时有贪污受贿、徇私舞弊、枉法裁判行为的。

第九十二条　各级人民法院院长对本院已经发生法律效力的判决、裁定，发现有本法第九十一条规定情形之一，或者发现调解违反自愿原则或者调解书内容违法，认为需要再审的，应当提交审判委员会讨论决定。

最高人民法院对地方各级人民法院已经发生法律效力的判决、裁定，上级人民法院对下级人民法院已经发生法律效力的判决、裁定，发现有本法第九十一条规定情形之一，或者发现调解违反自愿原则或者调解书内容违法的，有权提审或者指令下级人民法院再审。

第九十三条　最高人民检察院对各级人民法院已经发生法律效力的判决、裁定，上级人民检察院对下级人民法院已经发生法律效力的判决、裁定，发现有本法第九十一条规定情形之一，或者发现调解书损害国家利益、社会公共利益的，应当提出抗诉。

地方各级人民检察院对同级人民法院已经发生法律效力的判决、裁定，发现有本法第九十一条规定情形之一，或者发现调解书损害国家利益、社会公共利益的，可以向同级人民法院提出检察建议，并报上级人民检察院备案；也可以提请上级人民检察院向同级人民法院提出抗诉。

各级人民检察院对审判监督程序以外的其他审判程序中审判人员的违法行为，有权向同级人民法院提出检察建议。

第八章　执　　行

第九十四条　当事人必须履行人民法院发生法律效力的判决、裁定、调解书。

第九十五条　公民、法人或者其他组织拒绝履行判决、裁定、调解书的，行政机关或者第三人可以向第一审人民法院申请强制执行，或者由行政机关依法强制执行。

第九十六条　行政机关拒绝履行判决、裁定、调解书的，第一审人民法院可以采取下列措施：

（一）对应当归还的罚款或者应当给付的款额，通知银行从该行政机关的账户内划拨；

（二）在规定期限内不履行的，从期满之日起，对该行政机关负责人按日处五十元至一百元的罚款；

（三）将行政机关拒绝履行的情况予以

公告;

(四)向监察机关或者该行政机关的上一级行政机关提出司法建议。接受司法建议的机关,根据有关规定进行处理,并将处理情况告知人民法院;

(五)拒不履行判决、裁定、调解书,社会影响恶劣的,可以对该行政机关直接负责的主管人员和其他直接责任人员予以拘留;情节严重,构成犯罪的,依法追究刑事责任。

第九十七条　公民、法人或者其他组织对行政行为在法定期限内不提起诉讼又不履行的,行政机关可以申请人民法院强制执行,或者依法强制执行。

第九章　涉外行政诉讼

第九十八条　外国人、无国籍人、外国组织在中华人民共和国进行行政诉讼,适用本法。法律另有规定的除外。

第九十九条　外国人、无国籍人、外国组织在中华人民共和国进行行政诉讼,同中华人民共和国公民、组织有同等的诉讼权利和义务。

外国法院对中华人民共和国公民、组织的行政诉讼权利加以限制的,人民法院对该国公民、组织的行政诉讼权利,实行对等原则。

第一百条　外国人、无国籍人、外国组织在中华人民共和国进行行政诉讼,委托律师代理诉讼的,应当委托中华人民共和国律师机构的律师。

第十章　附　　则

第一百零一条　人民法院审理行政案件,关于期间、送达、财产保全、开庭审理、调解、中止诉讼、终结诉讼、简易程序、执行等,以及人民检察院对行政案件受理、审理、裁判、执行的监督,本法没有规定的,适用《中华人民共和国民事诉讼法》的相关规定。

第一百零二条　人民法院审理行政案件,应当收取诉讼费用。诉讼费用由败诉方承担,双方都有责任的由双方分担。收取诉讼费用的具体办法另行规定。

第一百零三条　本法自1990年10月1日起施行。

(二)行政法规、法规性文件

国务院关于取消和下放一批行政审批项目的决定

(2014年1月28日　国发〔2014〕5号)

各省、自治区、直辖市人民政府,国务院各部委、各直属机构:

经研究论证,国务院决定,再取消和下放64项行政审批项目和18个子项。另建议取消和下放6项依据有关法律设立的行政审批项目,国务院将依照法定程序提请全国人民代表大会常务委员会修订相关法律规定。

各地区、各部门要抓紧做好取消和下放管理层级行政审批项目的落实和衔接工作,并切实加强事中事后监管。要继续大力推进行政审批制度改革,使简政放权成为持续的改革行动。要健全监督制约机制,加强对行政审批权运行的监督,不断提高政府管理科学化、规范化水平。

附件:国务院决定取消和下放管理层级的行政审批项目目录(64项,另有18个子项)

附件

国务院决定取消和下放管理层级的行政审批项目目录

（64 项，另有 18 个子项）

序号	项目名称	审批部门	其他共同审批部门	设定依据	处理决定	备注
1	利用互联网实施远程高等学历教育的教育网校审批	教育部	无	《国务院对确需保留的行政审批项目设定行政许可的决定》（国务院令第 412 号）	取消	
2	国家重点学科审批	教育部	无	《教育部关于加强国家重点学科建设的意见》（教研〔2006〕2 号） 《教育部关于印发〈国家重点学科建设与管理暂行办法〉的通知》（教研〔2006〕3 号）	取消	
3	电信业务资费标准审批	工业和信息化部	无	《中华人民共和国电信条例》（国务院令第 291 号） 《国家计委　信息产业部关于印发〈电信资费审批备案程序规定（试行）〉的通知》（计价格〔2002〕1489 号）	取消	
4	基础电信和跨地区增值电信业务经营许可证备案核准	工业和信息化部	无	《国务院对确需保留的行政审批项目设定行政许可的决定》（国务院令第 412 号） 《电信业务经营许可管理办法》（工业和信息化部令 2009 年第 5 号）	取消	原由省、自治区、直辖市电信管理机构实施

续表

序号	项目名称	审批部门	其他共同审批部门	设定依据	处理决定	备注
5	民用爆炸物品安全生产许可	工业和信息化部	无	《安全生产许可证条例》(国务院令第397号) 《民用爆炸物品安全管理条例》(国务院令第466号)	下放至省级人民政府民用爆炸物品行业主管部门	
6	计算机信息系统集成企业资质认定	工业和信息化部	无	《国务院对确需保留的行政审批项目设定行政许可的决定》(国务院令第412号)	取消	
7	计算机信息系统集成项目经理人员资质评定	工业和信息化部	无	原信息产业部《关于发布〈计算机信息系统集成项目经理资质管理办法(试行)〉的通知》(信部规〔2002〕382号)	取消	
8	信息系统工程监理单位资质认证和监理工程师资格认定	工业和信息化部	无	《国务院对确需保留的行政审批项目设定行政许可的决定》(国务院令第412号)	取消	
9	外国组织或者人员运用电子监测设备在我国境内进行电波参数测试审批	工业和信息化部	无	《中华人民共和国无线电管理条例》(国务院令第128号)	取消	今后禁止开展此类活动
10	核材料国内运输免检通行许可	公安部	无	《国务院对确需保留的行政审批项目设定行政许可的决定》(国务院令第412号)	取消	通过其他方式管理

续表

序号	项目名称	审批部门	其他共同审批部门	设定依据	处理决定	备注
11	司法部所属院校设置和调整专业目录外的专业审批	司法部	无	《国务院办公厅关于保留部分非行政许可审批项目的通知》（国办发〔2004〕62号）	取消	
12	财政部负责的会计从业资格认定	财政部	无	《中华人民共和国会计法》 《会计从业资格管理办法》（财政部令2005年第26号）	下放至省级人民政府财政部门	
13	金融资产管理公司债权转股权方案和协议审核	财政部	国务院国资委	《国家经贸委、中国人民银行关于实施债权转股权若干问题的意见》（国经贸产业〔1999〕727号） 《金融资产管理公司条例》（国务院令第297号） 《国务院关于第六批取消和调整行政审批项目的决定》（国发〔2012〕52号）	取消	
14	1994年前签订合同或立项的房地产项目首次免征土地增值税审批	财政部	税务总局	财政部、税务总局《关于对一九九四年一月一日前签订开发及转让合同的房地产征免土地增值税的通知》（财法字〔1995〕7号）	取消	
15	建设项目施工和地质勘查需要临时使用国有土地或者农民集体所有土地审批	国土资源部	无	《中华人民共和国土地管理法》	取消	仅取消国土资源部该审批事项，县级以上地方人民政府土地行政主管部门此项审批依然保留

续表

序号	项目名称	审批部门	其他共同审批部门	设定依据	处理决定	备注
16	中外合作勘查、开采矿产资源前置性审查	国土资源部	无	《矿产资源勘查区块登记管理办法》(国务院令第240号) 《矿产资源开采登记管理办法》(国务院令第241号)	取消	
17	地质调查备案核准	国土资源部	无	《矿产资源勘查区块登记管理办法》(国务院令第240号)	取消	
18	土地开垦区内开发未确定使用权的国有土地从事生产审查	国土资源部	无	《中华人民共和国土地管理法》 《中华人民共和国土地管理法实施条例》(国务院令第256号)	下放至省级人民政府土地行政主管部门	
19	在国家地质公园地质遗迹保护区外的园区进行矿产资源勘查、开发和工程建设活动审批	国土资源部	无	《国土资源部关于发布〈国家地质公园规划编制技术要求〉的通知》(国土资发〔2010〕89号)	取消	仅取消国土资源部该审批事项,地方政府此项审批依然保留
20	矿业权投放计划审批	国土资源部	无	《国土资源部关于开展煤炭矿业权审批管理改革试点的通知》(国土资发〔2010〕143号) 《国土资源部关于加快推进整装勘查实现找矿重大突破的通知》(国土资发〔2012〕140号)	取消	

续表

序号	项目名称	审批部门	其他共同审批部门	设定依据	处理决定	备注
21	省级土地整治规划审核	国土资源部	无	《国土资源部、财政部关于加快编制和实施土地整治规划大力推进高标准基本农田建设的通知》(国土资发〔2012〕63号)	取消	
22	中国温泉之乡(城、都)命名审批	国土资源部	无	《国土资源部办公厅关于申报中国温泉之乡(城、都)的通知》(国土资厅发〔2010〕49号)	取消	
23	煤炭矿业权审批管理改革试点省煤炭矿业权审批项目备案核准	国土资源部	无	《国土资源部关于开展煤炭矿业权审批管理改革试点的通知》(国土资发〔2010〕143号)	取消	
24	进入环境保护部门管理的国家级自然保护区实验区参观、旅游审批	环境保护部	无	《中华人民共和国自然保护区条例》(国务院令第167号)	取消	
25	环境保护(污染治理)设施运营单位甲级资质认定	环境保护部	无	《国务院对确需保留的行政审批项目设定行政许可的决定》(国务院令第412号) 《环境污染治理设施运营资质许可管理办法》(环境保护部令2012年第20号) 《国务院关于第六批取消和调整行政审批项目的决定》(国发〔2012〕52号)	取消	
26	雇用外国籍船员在中国籍船舶上任职审批	交通运输部	无	《中华人民共和国船舶登记条例》(国务院令第155号)	取消	
27	生产建设项目水土保持监测单位资质认定	水利部	无	《中华人民共和国水土保持法》 《生产建设项目水土保持监测资质管理办法》(水利部令2011年第45号)	取消	

续表

序号	项目名称	审批部门	其他共同审批部门	设定依据	处理决定	备注
28	占用农业灌溉水源、灌排工程设施审批	水利部	无	《国务院对确需保留的行政审批项目设定行政许可的决定》(国务院令第412号)	取消	仅取消水利部审批权,地方各级人民政府水行政主管部门审批权仍然保留
29	在草原上修建直接为草原保护和畜牧业生产服务的工程设施使用七十公顷以上草原审批	农业部	无	《中华人民共和国草原法》《草原征占用审核审批管理办法》(农业部令2006年第58号)	下放至省级人民政府农业主管部门	
30	兽药安全性评价单位资格认定	农业部	无	《兽药管理条例》(国务院令第404号)	取消	
31	商业银行、信用社代理乡镇国库业务审批	中国人民银行	无	《国务院对确需保留的行政审批项目设定行政许可的决定》(国务院令第412号)	取消	中国人民银行及其分支行实施的此项审批均取消
32	研制、仿制、引进、销售、购买和使用印制人民币所特有的防伪材料、防伪技术、防伪工艺和专用设备审批	中国人民银行	无	《中华人民共和国人民币管理条例》(国务院令第280号)	取消	有关事项由中国人民银行指定中国印钞造币总公司独家实施
33	对外提供印制人民币的特殊材料、技术、工艺、专用设备审批	中国人民银行	无	《中华人民共和国人民币管理条例》(国务院令第280号)	取消	有关事项由中国人民银行指定中国印钞造币总公司独家实施
34	扣缴税款登记核准	税务总局	无	《中华人民共和国税收征收管理法实施细则》(国务院令第362号)	取消	各级主管税务机关实施的此项审批均取消
35	房地产开发企业计税成本对象确定核准	税务总局	无	《国家税务总局关于印发〈房地产开发经营业务企业所得税处理办法〉的通知》(国税发〔2009〕31号)	取消	各级主管税务机关实施的此项审批均取消

续表

序号	项目名称	审批部门	其他共同审批部门	设定依据	处理决定	备注
36	非居民企业股权转让选择特殊性税务处理核准	税务总局	无	《国家税务总局关于加强非居民企业股权转让所得企业所得税管理的通知》(国税函〔2009〕698号)	取消	各级主管税务机关实施的此项审批均取消
37	奥林匹克标志备案核准	工商总局	无	《奥林匹克标志保护条例》(国务院令第345号)	取消	
38	奥林匹克标志使用许可合同备案核准	工商总局	无	《奥林匹克标志保护条例》(国务院令第345号)	取消	
39	世界博览会标志备案核准	工商总局	无	《世界博览会标志保护条例》(国务院令第422号)	取消	
40	出版物总发行单位设立审批	新闻出版广电总局	无	《出版管理条例》(国务院令第343号公布,第594号修订)	取消	
41	从事出版物总发行业务的单位变更《出版物经营许可证》登记事项,或者兼并、合并、分立审批	新闻出版广电总局	无	《出版管理条例》(国务院令第343号公布,第594号修订)	取消	
42	运动员交流协议批准	体育总局	无	《全国运动员注册与交流管理办法(试行)》(体竞字〔2003〕82号)	取消	
43	经营第一类中的药品类易制毒化学品审批	食品药品监管总局	无	《易制毒化学品管理条例》(国务院令第445号)	下放至省级人民政府食品药品监管部门	

续表

序号	项目名称	审批部门	其他共同审批部门	设定依据	处理决定	备注
44	蛋白同化制剂、肽类激素进口准许证核发	食品药品监管总局	无	《反兴奋剂条例》（国务院令第398号）	下放至省级人民政府食品药品监管部门	
45	营造林工程监理员职业资格审核	国家林业局	无	《中华人民共和国劳动法》 《劳动和社会保障部办公厅关于加强职业技能鉴定质量管理有关工作的通知》（劳社厅发〔2003〕18号） 《劳动和社会保障部办公厅关于印发第八批林木种苗工等65个国家职业标准的通知》（劳社厅发〔2004〕1号）	下放至省级人民政府林业主管部门	
46	外资银行营业性机构停业后申请复业审批	银监会	无	《中华人民共和国外资银行管理条例》（国务院令第478号）	取消	
47	外国银行分行动用生息资产审批	银监会	无	《国务院对确需保留的行政审批项目设定行政许可的决定》（国务院令第412号） 《中华人民共和国外资银行管理条例实施细则》（银监会令2006年第6号）	取消	
48	外资金融机构由总行或联行转入信贷资产审批	银监会	无	《国务院对确需保留的行政审批项目设定行政许可的决定》（国务院令第412号）	取消	
49	证券公司借入次级债审批	证监会	无	《证券公司监督管理条例》（国务院令第522号）	取消	

续表

序号	项目名称	审批部门	其他共同审批部门	设定依据	处理决定	备注
50	境外期货业务持证企业年度外汇风险敞口核准	证监会	无	《国务院对确需保留的行政审批项目设定行政许可的决定》(国务院令第412号)	取消	
51	证券公司专项投资审批	证监会	无	《证券公司监督管理条例》(国务院令第522号)	取消	
52	保险公估从业人员资格核准	保监会	无	《国务院对确需保留的行政审批项目设定行政许可的决定》(国务院令第412号)	取消	
53	保险从业人员资格核准	保监会	无	《国务院对确需保留的行政审批项目设定行政许可的决定》(国务院令第412号) 《国务院关于第六批取消和调整行政审批项目的决定》(国发〔2012〕52号)	取消	《国务院关于第六批取消和调整行政审批项目的决定》(国发〔2012〕52号)已将此项审批下放至保监会派出机构,此次予以取消
54	国内通用航空企业承担境外通用航空业务审批	中国民航局	无	《国务院关于通用航空管理的暂行规定》(国发〔1986〕2号)	取消	
55	境内航空公司之间、境内航空公司与境外航空公司之间的代号共享等商务合作审批	中国民航局	无	《国务院对确需保留的行政审批项目设定行政许可的决定》(国务院令第412号)	取消	
56	飞行签派员训练机构审批	中国民航局	无	《国务院对确需保留的行政审批项目设定行政许可的决定》(国务院令第412号)	下放至民航地区管理局	
57	民用航空器部件修理人员资格认定	中国民航局	无	《国务院对确需保留的行政审批项目设定行政许可的决定》(国务院令第412号) 《国务院关于第六批取消和调整行政审批项目的决定》(国发〔2012〕52号)	取消	《国务院关于第六批取消和调整行政审批项目的决定》(国发〔2012〕52号)已取消此项审批中的部分事项,此次全部取消

续表

序号	项目名称	审批部门	其他共同审批部门	设定依据	处理决定	备注
58	国外(境外)民用航空器维修人员资格认定	中国民航局	无	《国务院对确需保留的行政审批项目设定行政许可的决定》(国务院令第412号)	取消	中国民航局及其地区管理局实施的此项审批均取消
59	民用航空器外国驾驶员、领航员、飞行机械员、飞行通信员执照认可	中国民航局	无	《国务院对确需保留的行政审批项目设定行政许可的决定》(国务院令第412号)	下放至民航地区管理局	
60	空勤人员和空中交通管制员体检合格认定	中国民航局	无	《中华人民共和国民用航空法》	下放至民航地区管理局	
61	特殊经济区域区内机构结汇、购付汇核准与外汇登记	国家外汇局	无	《国务院对确需保留的行政审批项目设定行政许可的决定》(国务院令第412号) 《国务院关于第六批取消和调整行政审批项目的决定》(国发〔2012〕52号)	取消	原由国家外汇局分支局实施,《国务院关于第六批取消和调整行政审批项目的决定》(国发〔2012〕52号)已取消此项审批中的部分事项,此次全部取消
62	金融机构的外方投资者收益汇出或者购汇汇出核准	国家外汇局	无	《国务院对确需保留的行政审批项目设定行政许可的决定》(国务院令第412号) 《国务院关于第六批取消和调整行政审批项目的决定》(国发〔2012〕52号)	取消	原由国家外汇局分支局实施,《国务院关于第六批取消和调整行政审批项目的决定》(国发〔2012〕52号)已取消此项审批中的部分事项,此次全部取消
63	境内机构非贸易购付汇真实性审核	国家外汇局	无	《国务院对确需保留的行政审批项目设定行政许可的决定》(国务院令第412号)	取消	原由国家外汇局分支局实施

续表

序号	项目名称	审批部门	其他共同审批部门	设定依据	处理决定	备注
64	机构外汇资金境内划转核准	国家外汇局	无	《国务院对确需保留的行政审批项目设定行政许可的决定》(国务院令第412号) 《国务院关于第六批取消和调整行政审批项目的决定》(国发〔2012〕52号)	取消	原由国家外汇局分支局实施,《国务院关于第六批取消和调整行政审批项目的决定》(国发〔2012〕52号)已取消此项审批中的部分事项,此次全部取消
65	高等学校设置和调整第二学士学位专业审批	教育部	无	《国务院对确需保留的行政审批项目设定行政许可的决定》(国务院令第412号)	取消	此为"高等学校设置、调整管理权限范围外的本科专业、第二学士学位专业和国家控制的其他专业审批"项目的子项
66	高等教育自学考试专科专业审批	教育部	无	《国务院关于发布〈高等教育自学考试暂行条例〉的通知》(国发〔1988〕15号)	下放至省级人民政府教育行政部门	此为"省级自学考试机构开考高等教育自学考试专业审批"项目的子项
67	医疗使用的Ⅰ类放射源单位、制备正电子发射计算机断层扫描(PET)用放射性药物(自用)单位的辐射安全许可证核发	环境保护部	无	《放射性同位素与射线装置安全和防护条例》(国务院令第449号)	下放至省级人民政府环境保护主管部门	此为"生产放射性同位素、销售和使用Ⅰ类放射源和Ⅰ类射线装置单位许可证核发"项目的子项
68	省际普通货物水路运输许可	交通运输部	无	《国内水路运输管理条例》(国务院令第625号)	下放至省级人民政府交通运输主管部门	此为"国内水路运输、水路运输业务经营审批"项目的子项
69	有关作业单位防治船舶及其有关作业活动污染海洋环境应急预案审批	交通运输部	无	《防治船舶污染海洋环境管理条例》(国务院令第561号)	取消	此为"船舶所有人、经营人或者管理人以及有关作业单位防治船舶及其有关作业活动污染海洋环境应急预案审批"项目的子项

续表

序号	项目名称	审批部门	其他共同审批部门	设定依据	处理决定	备注
70	水运工程监理乙级企业资质认定	交通运输部	无	《建设工程质量管理条例》(国务院令第279号) 《公路水运工程监理企业资质管理规定》(交通部令2004年第5号)	下放至省级人民政府交通运输主管部门	此2项为“水运工程监理企业资质认定”项目的子项
71	水运机电工程专项监理企业资质认定					
72	向国外申请农业植物新品种权审批	农业部	无	《中华人民共和国植物新品种保护条例》(国务院令第213号公布,第635号修订)	下放至省级人民政府农业主管部门	此为“向国外申请农业植物新品种权及向外国人转让申请权或者品种权审批”项目的子项
73	食用菌菌种进出口审批	农业部	无	《中华人民共和国种子法》 《食用菌菌种管理办法》(农业部令2006年第62号)	下放至省级人民政府农业主管部门	此2项为“向境外提供种质资源和进出口农作物种子、草种、食用菌菌种审批”项目的子项
74	草种进出口审批		无	《中华人民共和国种子法》 《草种管理办法》(农业部令2006年第56号)		
75	中央在京直属企业所属远洋渔业船员注册	农业部	无	《中华人民共和国船员条例》(国务院令第494号) 《中华人民共和国海洋渔业船员发证规定》(农业部令2006年第61号)	取消	此3项为“中央在京直属企业所属远洋渔业船舶渔业船员注册、适任证书核发及服务机构、一级培训机构资格认定”项目的子项
76	渔业船员一级培训机构资格认定		无	《中华人民共和国船员条例》(国务院令第494号)	取消	
77	渔业船员服务机构资格认定		无	《中华人民共和国船员条例》(国务院令第494号)	取消	
78	食用菌菌种质量检验机构资格认定	农业部	无	《中华人民共和国种子法》 《食用菌菌种管理办法》(农业部令2006年第62号)	下放至省级人民政府农业主管部门	此2项为“农作物种子、草种、食用菌菌种质量检验机构及检验员资格认定”项目的子项
79	草种质量检验机构资格认定		无	《中华人民共和国种子法》 《草种管理办法》(农业部令2006年第56号)		

续表

序号	项目名称	审批部门	其他共同审批部门	设定依据	处理决定	备注
80	特种设备改造单位许可	质检总局	无	《中华人民共和国特种设备安全法》 《特种设备安全监察条例》(国务院令第373号公布,第549号修订)	下放至省级人民政府质量技术监督部门	此为“特种设备生产单位许可”项目的子项
81	特种设备安全管理类人员资格认定	质检总局	无	《中华人民共和国特种设备安全法》 《特种设备安全监察条例》(国务院令第373号公布,第549号修订) 《国务院对确需保留的行政审批项目设定行政许可的决定》(国务院令第412号)	下放至省级人民政府质量技术监督部门	此2项为“特种设备安全管理人员、检验、检测人员和作业人员(限于氧舱维护管理人员、客运索道作业人员、大型游乐设施管理安装人员)资格认定”项目的子项
82	特种设备安全操作类作业人员资格认定		无			

国务院关于印发注册资本登记制度改革方案的通知

(2014年2月7日　国发〔2014〕7号)

各省、自治区、直辖市人民政府,国务院各部委、各直属机构:

国务院批准《注册资本登记制度改革方案》(以下简称《方案》),现予印发。

一、改革工商登记制度,推进工商注册制度便利化,是党中央、国务院作出的重大决策。改革注册资本登记制度,是深入贯彻党的十八大和十八届二中、三中全会精神,在新形势下全面深化改革的重大举措,对加快政府职能转变、创新政府监管方式、建立公平开放透明的市场规则、保障创业创新,具有重要意义。

二、改革注册资本登记制度涉及面广、政策性强,各级人民政府要加强组织领导,统筹协调解决改革中的具体问题。各地区、各部门要密切配合,加快制定完善配套措施。工商行政管理机关要优化流程、完善制度,确保改革前后管理工作平稳过渡。要强化企业自我管理、行业协会自律和社会组织监督的作用,提高市场监管水平,切实让这项改革举措“落地生根”,进一步释放改革红利,激发创业活力,催生发展新动力。

三、根据全国人民代表大会常务委员会关于修改公司法的决定和《方案》,相应修改有关行政法规和国务院决定。具体由国务院另行公布。

《方案》实施中的重大问题,工商总局要及时向国务院请示报告。

注册资本登记制度改革方案

根据《国务院机构改革和职能转变方案》,为积极稳妥推进注册资本登记制度改革,制定本方案。

一、指导思想、总体目标和基本原则

(一)指导思想。

高举中国特色社会主义伟大旗帜,以邓小平理论、“三个代表”重要思想、科学发展观为指导,坚持社会主义市场经济改革方向,按照加快政府职能转变、建设服务型政府的要求,推进公司注册资本及其他登记事项改革,推进配套监管制度改革,健全完善现代企业制度,服务经济社会持续健康发展。

(二)总体目标。

通过改革公司注册资本及其他登记事项,进一步放松对市场主体准入的管制,降低准入门槛,优化营商环境,促进市场主体加快发展;通过改革监管制度,进一步转变监管方式,强化信用监管,促进协同监管,提高监管效能;通过加强市场主体信息公示,进一步扩大社会监督,促进社会共治,激发各类市场主体创造活力,增强经济发展内生动力。

(三)基本原则。

1. 便捷高效。按照条件适当、程序简便、成本低廉的要求,方便申请人办理市场主体登记注册。鼓励投资创业,创新服务方式,提高登记效率。

2. 规范统一。对各类市场主体实行统一的登记程序、登记要求和基本等同的登记事项,规范登记条件、登记材料,减少对市场主体自治事项的干预。

3. 宽进严管。在放宽注册资本等准入条件的同时,进一步强化市场主体责任,健全完善配套监管制度,加强对市场主体的监督管理,促进社会诚信体系建设,维护宽松准入、公平竞争的市场秩序。

二、放松市场主体准入管制,切实优化营商环境

(一)实行注册资本认缴登记制。公司股东认缴的出资总额或者发起人认购的股本总额(即公司注册资本)应当在工商行政管理机关登记。公司股东(发起人)应当对其认缴出资额、出资方式、出资期限等自主约定,并记载于公司章程。有限责任公司的股东以其认缴的出资额为限对公司承担责任,股份有限公司的股东以其认购的股份为限对公司承担责任。公司应当将股东认缴出资额或者发起人认购股份、出资方式、出资期限、缴纳情况通过市场主体信用信息公示系统向社会公示。公司股东(发起人)对缴纳出资情况的真实性、合法性负责。

放宽注册资本登记条件。除法律、行政法规以及国务院决定对特定行业注册资本最低限额另有规定的外,取消有限责任公司最低注册资本3万元、一人有限责任公司最低注册资本10万元、股份有限公司最低注册资本500万元的限制。不再限制公司设立时全体股东(发起人)的首次出资比例,不再限制公司全体股东(发起人)的货币出资金额占注册资本的比例,不再规定公司股东(发起人)缴足出资的期限。

公司实收资本不再作为工商登记事项。公司登记时,无需提交验资报告。

现行法律、行政法规以及国务院决定明确规定实行注册资本实缴登记制的银行业金融机构、证券公司、期货公司、基金管理公司、保险公司、保险专业代理机构和保险经纪人、直销企业、对外劳务合作企业、融资性担保公司、募集设立的股份有限公司,以及劳务派遣企业、典当行、保险资产管理公司、小额贷款公司实行注册资本认缴登记制问题,另行研究决定。在法律、行政法规以及国务院决定未修改前,暂按现行规定执行。

已经实行申报(认缴)出资登记的个人独资企业、合伙企业、农民专业合作社仍按现行规定执行。

鼓励、引导、支持国有企业、集体企业等非公司制企业法人实施规范的公司制改革,实行注册资本认缴登记制。

积极研究探索新型市场主体的工商登记。

(二)改革年度检验验照制度。将企业年度检验制度改为企业年度报告公示制度。企业

应当按年度在规定的期限内，通过市场主体信用信息公示系统向工商行政管理机关报送年度报告，并向社会公示，任何单位和个人均可查询。企业年度报告的主要内容应包括公司股东（发起人）缴纳出资情况、资产状况等，企业对年度报告的真实性、合法性负责，工商行政管理机关可以对企业年度报告公示内容进行抽查。经检查发现企业年度报告隐瞒真实情况、弄虚作假的，工商行政管理机关依法予以处罚，并将企业法定代表人、负责人等信息通报公安、财政、海关、税务等有关部门。对未按规定期限公示年度报告的企业，工商行政管理机关在市场主体信用信息公示系统上将其载入经营异常名录，提醒其履行年度报告公示义务。企业在三年内履行年度报告公示义务的，可以向工商行政管理机关申请恢复正常记载状态；超过三年未履行的，工商行政管理机关将其永久载入经营异常名录，不得恢复正常记载状态，并列入严重违法企业名单（“黑名单”）。

改革个体工商户验照制度，建立符合个体工商户特点的年度报告制度。

探索实施农民专业合作社年度报告制度。

（三）简化住所（经营场所）登记手续。申请人提交场所合法使用证明即可予以登记。对市场主体住所（经营场所）的条件，各省、自治区、直辖市人民政府根据法律法规的规定和本地区管理的实际需要，按照既方便市场主体准入，又有效保障经济社会秩序的原则，可以自行或者授权下级人民政府作出具体规定。

（四）推行电子营业执照和全程电子化登记管理。建立适应互联网环境下的工商登记数字证书管理系统，积极推行全国统一标准规范的电子营业执照，为电子政务和电子商务提供身份认证和电子签名服务保障。电子营业执照载有工商登记信息，与纸质营业执照具有同等法律效力。大力推进以电子营业执照为支撑的网上申请、网上受理、网上审核、网上公示、网上发照等全程电子化登记管理方式，提高市场主体登记管理的信息化、便利化、规范化水平。

三、严格市场主体监督管理，依法维护市场秩序

（一）构建市场主体信用信息公示体系。完善市场主体信用信息公示制度。以企业法人国家信息资源库为基础构建市场主体信用信息公示系统，支撑社会信用体系建设。在市场主体信用信息公示系统上，工商行政管理机关公示市场主体登记、备案、监管等信息；企业按照规定报送、公示年度报告和获得资质资格的许可信息；个体工商户、农民专业合作社的年度报告和获得资质资格的许可信息可以按照规定在系统上公示。公示内容作为相关部门实施行政许可、监督管理的重要依据。加强公示系统管理，建立服务保障机制，为相关单位和社会公众提供方便快捷服务。

（二）完善信用约束机制。建立经营异常名录制度，将未按规定期限公示年度报告、通过登记的住所（经营场所）无法取得联系等的市场主体载入经营异常名录，并在市场主体信用信息公示系统上向社会公示。进一步推进“黑名单”管理应用，完善以企业法人法定代表人、负责人任职限制为主要内容的失信惩戒机制。建立联动响应机制，对被载入经营异常名录或“黑名单”、有其他违法记录的市场主体及其相关责任人，各有关部门要采取有针对性的信用约束措施，形成“一处违法，处处受限”的局面。建立健全境外追偿保障机制，将违反认缴义务、有欺诈和违规行为的境外投资者及其实际控制人列入“重点监控名单”，并严格审查或限制其未来可能采取的各种方式的对华投资。

（三）强化司法救济和刑事惩治。明确政府对市场主体和市场活动监督管理的行政职责，区分民事争议与行政争议的界限。尊重市场主体民事权利，工商行政管理机关对工商登记环节中的申请材料实行形式审查。股东与公司、股东与股东之间因工商登记争议引发民事纠纷时，当事人依法向人民法院提起民事诉讼，寻求司法救济。支持配合人民法院履行民事审判职能，依法审理股权纠纷、合同纠纷等经济纠纷案件，保护当事人合法权益。当事人或者利害关系人依照人民法院生效裁判文书或者协助执行通知书要求办理工商登记的，工商行政管理机关应当依法办理。充分发挥刑事司法对犯罪行为的惩治、威慑作用，相关部门要主动配合公安机关、检察机关、人民法院履行职责，依法惩处破坏社会主义市场经济秩序的犯罪行为。

（四）发挥社会组织的监督自律作用。扩大行业协会参与度，发挥行业协会的行业管理、监督、约束和职业道德建设等作用，引导市场主体履行出资义务和社会责任。积极发挥会计师事务所、公证机构等专业服务机构的作用，强化对市场主体及其行为的监督。支持行业协会、仲裁机构等组织通过调解、仲裁、裁决等方式解决市场主体之间的争议。积极培育、鼓励发展社会信用评价机构，支持开展信用评级，提供客观、公正的企业资信信息。

(五)强化企业自我管理。实行注册资本认缴登记制，涉及公司基础制度的调整，公司应健全自我管理办法和机制，完善内部治理结构，发挥独立董事、监事的监督作用，强化主体责任。公司股东(发起人)应正确认识注册资本认缴的责任，理性作出认缴承诺，严格按照章程、协议约定的时间、数额等履行实际出资责任。

(六)加强市场主体经营行为监管。要加强对市场主体准入和退出行为的监管，大力推进反不正当竞争与反垄断执法，加强对各类商品交易市场的规范管理，维护公平竞争的市场秩序。要强化商品质量监管，严厉打击侵犯商标专用权和销售假冒伪劣商品的违法行为，严肃查处虚假违法广告，严厉打击传销，严格规范直销，维护经营者和消费者合法权益。各部门要依法履行职能范围内的监管职责，强化部门间协调配合，形成分工明确、沟通顺畅、齐抓共管的工作格局，提升监管效能。

(七)加强市场主体住所(经营场所)管理。工商行政管理机关根据投诉举报，依法处理市场主体登记住所(经营场所)与实际情况不符的问题。对于应当具备特定条件的住所(经营场所)，或者利用非法建筑、擅自改变房屋用途等从事经营活动的，由规划、建设、国土、房屋管理、公安、环保、安全监管等部门依法管理；涉及许可审批事项的，由负责许可审批的行政管理部门依法监管。

四、保障措施

(一)加强组织领导。注册资本登记制度改革，涉及部门多、牵涉面广、政策性强。按照国务院的统一部署，地方各级人民政府要健全政府统一领导，部门各司其职、相互配合，集中各方力量协调推进改革的工作机制。调剂充实一线登记窗口人员力量，保障便捷高效登记。有关部门要加快制定和完善配套监管制度，统筹推进，同步实施，强化后续监管。建立健全部门间信息沟通共享机制、信用信息披露机制和案件协查移送机制，强化协同监管。上级部门要加强指导、监督，及时研究解决改革中遇到的问题，协调联动推进改革。

(二)加快信息化建设。充分利用信息化手段提升市场主体基础信息和信用信息的采集、整合、服务能力。要按照“物理分散、逻辑集中、差异屏蔽”的原则，加快建设统一规范的市场主体信用信息公示系统。各省、自治区、直辖市要将建成本地区集中统一的市场主体信用信息公示系统，作为本地区实施改革的前提条件。工商行政管理机关要优化完善工商登记管理信息化系统，确保改革前后工商登记管理业务的平稳过渡。有关部门要积极推进政务服务创新，建立面向市场主体的部门协同办理政务事项的工作机制和技术环境，提高政务服务综合效能。各级人民政府要加大投入，为构建市场主体信用信息公示系统、推行电子营业执照等信息化建设提供必要的人员、设施、资金保障。

(三)完善法制保障。积极推进统一的商事登记立法，加快完善市场主体准入与监管的法律法规，建立市场主体信用信息公示和管理制度，防范市场风险，保障交易安全。各地区、各部门要根据法律法规修订情况，按照国务院部署开展相关规章和规范性文件的“立、改、废”工作。

(四)注重宣传引导。坚持正确的舆论导向，充分利用各种媒介，做好注册资本登记制度改革政策的宣传解读，及时解答和回应社会关注的热点问题，引导社会正确认识注册资本认缴登记制的意义和股东出资责任、全面了解市场主体信用信息公示制度的作用，广泛参与诚信体系建设，在全社会形成理解改革、关心改革、支持改革的良好氛围，确保改革顺利推进。

附件：暂不实行注册资本认缴登记制的行业

暂不实行注册资本认缴登记制的行业

序号	名称	依据
1	采取募集方式设立的股份有限公司	《中华人民共和国公司法》
2	商业银行	《中华人民共和国商业银行法》
3	外资银行	《中华人民共和国外资银行管理条例》
4	金融资产管理公司	《金融资产管理公司条例》
5	信托公司	《中华人民共和国银行业监督管理法》
6	财务公司	《中华人民共和国银行业监督管理法》
7	金融租赁公司	《中华人民共和国银行业监督管理法》
8	汽车金融公司	《中华人民共和国银行业监督管理法》
9	消费金融公司	《中华人民共和国银行业监督管理法》
10	货币经纪公司	《中华人民共和国银行业监督管理法》
11	村镇银行	《中华人民共和国银行业监督管理法》
12	贷款公司	《中华人民共和国银行业监督管理法》
13	农村信用合作联社	《中华人民共和国银行业监督管理法》
14	农村资金互助社	《中华人民共和国银行业监督管理法》
15	证券公司	《中华人民共和国证券法》
16	期货公司	《期货交易管理条例》
17	基金管理公司	《中华人民共和国证券投资基金法》
18	保险公司	《中华人民共和国保险法》
19	保险专业代理机构、保险经纪人	《中华人民共和国保险法》
20	外资保险公司	《中华人民共和国外资保险公司管理条例》
21	直销企业	《直销管理条例》
22	对外劳务合作企业	《对外劳务合作管理条例》
23	融资性担保公司	《融资性担保公司管理暂行办法》
24	劳务派遣企业	2013 年 10 月 25 日国务院第 28 次常务会议决定
25	典当行	2013 年 10 月 25 日国务院第 28 次常务会议决定
26	保险资产管理公司	2013 年 10 月 25 日国务院第 28 次常务会议决定
27	小额贷款公司	2013 年 10 月 25 日国务院第 28 次常务会议决定

国务院关于废止和修改部分行政法规的决定

(2014 年 2 月 19 日　国务院令第 648 号)

为了运用法治方式推进政府职能转变,进一步放宽市场主体准入条件,激发社会投资活力,依据 2013 年 12 月 28 日第十二届全国人民代表大会常务委员会第六次会议通过的修改公司法的决定,落实《注册资本登记制度改革方案》关于注册资本实缴登记改为认缴登记、年度检验验照制度改为年度报告公示制度,以及完善信用约束机制的内容,国务院对涉及的行政法规进行了清理。经过清理,国务院决定:

一、对 2 部行政法规予以废止。(附件 1)

二、对 8 部行政法规的部分条款予以修改。(附件 2)

本决定自 2014 年 3 月 1 日起施行。

附件:1. 国务院决定废止的行政法规

2. 国务院决定修改的行政法规

附件 1:

国务院决定废止的行政法规

一、《中外合资经营企业合营各方出资的若干规定》(1987 年 12 月 30 日国务院批准,1988 年 1 月 1 日对外经济贸易部、国家工商行政管理局发布)

二、《〈中外合资经营企业合营各方出资的若干规定〉的补充规定》(1997 年 9 月 2 日国务院批准,1997 年 9 月 29 日对外贸易经济合作部、国家工商行政管理局发布)

附件 2:

国务院决定修改的行政法规

一、对《中华人民共和国公司登记管理条例》作出修改

(一)删去第九条第五项;将第九项改为第八项,修改为:“有限责任公司股东或者股份有限公司发起人的姓名或者名称。”

(二)删去第十三条中的“和实收资本”。

(三)第十四条修改为:“股东的出资方式应当符合《公司法》第二十七条的规定,但股东不得以劳务、信用、自然人姓名、商誉、特许经营权或者设定担保的财产等作价出资。”

(四)删去第二十条第二款第四项、第五项和第三款。

(五)删去第二十一条第二款第四项、第五项;将第三款修改为:“以募集方式设立股份有限公司的,还应当提交创立大会的会议记录以及依法设立的验资机构出具的验资证明；以募集方式设立股份有限公司公开发行股票的，还应当提交国务院证券监督管理机构的核准文件。”

（六）删去第三十一条第一款、第二款、第三款、第五款；增加一款作为第一款：“公司增加注册资本的，应当自变更决议或者决定作出之日起30日内申请变更登记。”

（七）删去第三十二条。

（八）第三十五条改为第三十四条，第一款修改为：“有限责任公司变更股东的，应当自变更之日起30日内申请变更登记，并应当提交新股东的主体资格证明或者自然人身份证明。”

（九）第五十七条改为第五十六条，修改为：“公司登记机关应当将公司登记、备案信息通过企业信用信息公示系统向社会公示。”

（十）删去第九章。

（十一）第十章改为第九章，标题修改为：“年度报告公示、证照和档案管理”。

（十二）增加一条作为第五十八条：“公司应当于每年1月1日至6月30日，通过企业信用信息公示系统向公司登记机关报送上一年度年度报告，并向社会公示。

“年度报告公示的内容以及监督检查办法由国务院制定。”

（十三）第六十三条改为第五十九条，增加一款作为第二款：“国家推行电子营业执照。电子营业执照与纸质营业执照具有同等法律效力。”

（十四）第六十七条改为第六十三条，修改为：“营业执照正本、副本样式，电子营业执照标准以及公司登记的有关重要文书格式或者表式，由国家工商行政管理总局统一制定。”

（十五）删去第七十六条。

二、对《中华人民共和国企业法人登记管理条例》作出修改

（一）第八章的标题修改为：“公示和证照管理”。

（二）第二十三条修改为：“登记主管机关应当将企业法人登记、备案信息通过企业信用信息公示系统向社会公示。”

（三）第二十四条修改为：“企业法人应当于每年1月1日至6月30日，通过企业信用信息公示系统向登记主管机关报送上一年度年度报告，并向社会公示。

“年度报告公示的内容以及监督检查办法由国务院制定。”

（四）第二十五条第三款修改为：“《企业法人营业执照》、《企业法人营业执照》副本，不得伪造、涂改、出租、出借、转让或者出卖。”增加一款作为第四款：“国家推行电子营业执照。电子营业执照与纸质营业执照具有同等法律效力。”

（五）删去第二十六条中的“年度检验”和“年检费”。

（六）第三十条第一款第三项修改为：“不按照规定办理注销登记的”。第四项修改为：“伪造、涂改、出租、出借、转让或者出卖《企业法人营业执照》、《企业法人营业执照》副本的”。

三、对《中华人民共和国中外合资经营企业法实施条例》作出修改

第十三条第四项修改为：“合营企业的投资总额，注册资本，合营各方的出资额、出资比例、出资方式、出资缴付期限、股权转让的规定，利润分配和亏损分担的比例”。

四、对《中华人民共和国中外合作经营企业法实施细则》作出修改

第十三条第四项修改为：“合作企业的投资总额，注册资本，合作各方认缴出资额、投资或者提供合作条件的方式、期限”。

五、对《中华人民共和国外资企业法实施细则》作出修改

（一）第十五条第三项修改为：“投资总额、注册资本、认缴出资额、出资方式、出资期限”。

（二）第二十条第二款修改为：“外资企业的注册资本与投资总额的比例应当符合中国有关规定。”

（三）删去第二十七条第二款。

（四）第三十条修改为：“外国投资者缴付出资的期限应当在设立外资企业申请书和外资企业章程中载明。”

（五）删去第三十一条。

（六）删去第三十二条。

六、对《中华人民共和国合伙企业登记管理办法》作出修改

(一)第六章的标题修改为:“公示和证照管理”。

(二)增加一条作为第三十一条:“企业登记机关应当将合伙企业登记、备案信息通过企业信用信息公示系统向社会公示。”

(三)第三十一条改为第三十二条,修改为:“合伙企业应当于每年1月1日至6月30日,通过企业信用信息公示系统向企业登记机关报送上一年度年度报告,并向社会公示。

“年度报告公示的内容以及监督检查办法由国务院制定。”

(四)第三十二条改为第三十三条,增加一款作为第二款:“国家推行电子营业执照。电子营业执照与纸质营业执照具有同等法律效力。”

(五)删去第四十二条。

(六)删去第四十三条。

七、对《个体工商户条例》作出修改

(一)第九条中增加一款作为第三款:“国家推行电子营业执照。电子营业执照与纸质营业执照具有同等法律效力。”

(二)第十四条修改为:“个体工商户应当于每年1月1日至6月30日,向登记机关报送年度报告。

“个体工商户应当对其年度报告的真实性、合法性负责。

“个体工商户年度报告办法由国务院工商行政管理部门制定。”

(三)增加一条作为第十五条:“登记机关将未按照规定履行年度报告义务的个体工商户载入经营异常名录,并在企业信用信息公示系统上向社会公示。”

(四)增加一条作为第十六条:“登记机关接收个体工商户年度报告和抽查不得收取任何费用。”

(五)删去第二十三条。

八、对《农民专业合作社登记管理条例》作出修改

(一)第十七条中增加一款作为第三款:“国家推行电子营业执照。电子营业执照与纸质营业执照具有同等法律效力。”

(二)第十九条修改为:“农民专业合作社的登记文书格式,营业执照的正本、副本样式以及电子营业执照标准,由国务院工商行政管理部门制定。”

(三)增加一条作为第三十二条:“建立农民专业合作社年度报告制度。农民专业合作社年度报告办法由国务院工商行政管理部门制定。”

此外,对相关行政法规的条文顺序作了相应调整。

国务院关于进一步优化企业兼并重组市场环境的意见

(2014年3月7日　国发〔2014〕14号)

各省、自治区、直辖市人民政府,国务院各部委、各直属机构:

兼并重组是企业加强资源整合、实现快速发展、提高竞争力的有效措施,是化解产能严重过剩矛盾、调整优化产业结构、提高发展质量效益的重要途径。近年来,我国企业兼并重组步伐加快,但仍面临审批多、融资难、负担重、服务体系不健全、体制机制不完善、跨地区跨所有制兼并重组困难等问题。为深入贯彻党的十八大和十八届二中、三中全会精神,认真落实党中央和国务院的决策部署,营造良好的市场环境,充分发挥企业在兼并重组中的主体作用,现提出以下意见:

一、主要目标和基本原则

（一）主要目标。

1. 体制机制进一步完善。企业兼并重组相关行政审批事项逐步减少，审批效率不断提高，有利于企业兼并重组的市场体系进一步完善，市场壁垒逐步消除。

2. 政策环境更加优化。有利于企业兼并重组的金融、财税、土地、职工安置等政策进一步完善，企业兼并重组融资难、负担重等问题逐步得到解决，兼并重组服务体系不断健全。

3. 企业兼并重组取得新成效。兼并重组活动日趋活跃，一批企业通过兼并重组焕发活力，有的成长为具有国际竞争力的大企业大集团，产业竞争力进一步增强，资源配置效率显著提高，过剩产能得到化解，产业结构持续优化。

（二）基本原则。

1. 尊重企业主体地位。有效调动企业积极性，由企业自主决策、自愿参与兼并重组，坚持市场化运作，避免违背企业意愿的“拉郎配”。

2. 发挥市场机制作用。发挥市场在资源配置中的决定性作用，加快建立公平开放透明的市场规则，消除企业兼并重组的体制机制障碍，完善统一开放、竞争有序的市场体系。

3. 改善政府的管理和服务。取消限制企业兼并重组和增加企业兼并重组负担的不合理规定，解决企业兼并重组面临的突出问题，引导和激励各种所有制企业自主、自愿参与兼并重组。

二、加快推进审批制度改革

（三）取消下放部分审批事项。系统梳理企业兼并重组涉及的审批事项，缩小审批范围，对市场机制能有效调节的事项，取消相关审批。取消上市公司收购报告书事前审核，强化事后问责。取消上市公司重大资产购买、出售、置换行为审批（构成借壳上市的除外）。对上市公司要约收购义务豁免的部分情形，取消审批。地方国有股东所持上市公司股份的转让，下放地方政府审批。

（四）简化审批程序。优化企业兼并重组相关审批流程，推行并联式审批，避免互为前置条件。实行上市公司并购重组分类审核，对符合条件的企业兼并重组实行快速审核或豁免审核。简化海外并购的外汇管理，改革外汇登记要求，进一步促进投资便利化。优化国内企业境外收购的事前信息报告确认程序，加快办理相关核准手续。提高经营者集中反垄断审查效率。企业兼并重组涉及的生产许可、工商登记、资产权属证明等变更手续，从简限时办理。

三、改善金融服务

（五）优化信贷融资服务。引导商业银行在风险可控的前提下积极稳妥开展并购贷款业务。推动商业银行对兼并重组企业实行综合授信，改善对企业兼并重组的信贷服务。

（六）发挥资本市场作用。符合条件的企业可以通过发行股票、企业债券、非金融企业债务融资工具、可转换债券等方式融资。允许符合条件的企业发行优先股、定向发行可转换债券作为兼并重组支付方式，研究推进定向权证等作为支付方式。鼓励证券公司开展兼并重组融资业务，各类财务投资主体可以通过设立股权投资基金、创业投资基金、产业投资基金、并购基金等形式参与兼并重组。对上市公司发行股份实施兼并事项，不设发行数量下限，兼并非关联企业不再强制要求作出业绩承诺。非上市公众公司兼并重组，不实施全面要约收购制度。改革上市公司兼并重组的股份定价机制，增加定价弹性。非上市公众公司兼并重组，允许实行股份协商定价。

四、落实和完善财税政策

（七）完善企业所得税、土地增值税政策。修订完善兼并重组企业所得税特殊性税务处理的政策，降低收购股权（资产）占被收购企业全部股权（资产）的比例限制，扩大特殊性税务处理政策的适用范围。抓紧研究完善非货币性资产投资交易的企业所得税、企业改制重组涉及的土地增值税等相关政策。

（八）落实增值税、营业税等政策。企业通过合并、分立、出售、置换等方式，转让全部或者部分实物资产以及与其相关联的债权、债务和劳动力的，不属于增值税和营业税征收范围，不应视同销售而征收增值税和营业税。税务部门要加强跟踪管理，企业兼并重组工作牵头部门要积极协助财税部门做好相关税收政策的落实。

(九)加大财政资金投入。中央财政适当增加工业转型升级资金规模,引导实施兼并重组的企业转型升级。利用现有中央财政关闭小企业资金渠道,调整使用范围,帮助实施兼并重组的企业安置职工、转型转产。加大对企业兼并重组公共服务的投入力度。各地要安排资金,按照行政职责,解决本地区企业兼并重组工作中的突出问题。

(十)进一步发挥国有资本经营预算资金的作用。根据企业兼并重组的方向、重点和目标,合理安排国有资本经营预算资金引导国有企业实施兼并重组、做优做强,研究完善相关管理制度,提高资金使用效率。

五、完善土地管理和职工安置政策

(十一)完善土地使用政策。政府土地储备机构有偿收回企业因兼并重组而退出的土地,按规定支付给企业的土地补偿费可以用于企业安置职工、偿还债务等支出。企业兼并重组中涉及因实施城市规划需要搬迁的工业项目,在符合城乡规划及国家产业政策的条件下,市县国土资源管理部门经审核并报同级人民政府批准,可收回原国有土地使用权,并以协议出让或租赁方式为原土地使用权人重新安排工业用地。企业兼并重组涉及土地转让、改变用途的,国土资源、住房城乡建设部门要依法依规加快办理相关用地和规划手续。

(十二)进一步做好职工安置工作。落实完善兼并重组职工安置政策。实施兼并重组的企业要按照国家有关法律法规及政策规定,做好职工安置工作,妥善处理职工劳动关系。地方各级人民政府要进一步落实促进职工再就业政策,做好职工社会保险关系转移接续,保障职工合法权益。对采取有效措施稳定职工队伍的企业给予稳定岗位补贴,所需资金从失业保险基金中列支。

六、加强产业政策引导

(十三)发挥产业政策作用。提高节能、环保、质量、安全等标准,规范行业准入,形成倒逼机制,引导企业兼并重组。支持企业通过兼并重组压缩过剩产能、淘汰落后产能、促进转型转产。产能严重过剩行业项目建设,须制定产能置换方案,实施等量或减量置换。

(十四)鼓励优强企业兼并重组。推动优势企业强强联合、实施战略性重组,带动中小企业"专精特新"发展,形成优强企业主导、大中小企业协调发展的产业格局。

(十五)引导企业开展跨国并购。落实完善企业跨国并购的相关政策,鼓励具备实力的企业开展跨国并购,在全球范围内优化资源配置。规范企业海外并购秩序,加强竞争合作,推动互利共赢。积极指导企业制定境外并购风险应对预案,防范债务风险。鼓励外资参与我国企业兼并重组。

(十六)加强企业兼并重组后的整合。鼓励企业通过兼并重组优化资金、技术、人才等生产要素配置,实施业务流程再造和技术升级改造,加强管理创新,实现优势互补、做优做强。

七、进一步加强服务和管理

(十七)推进服务体系建设。进一步完善企业兼并重组公共信息服务平台,拓宽信息交流渠道。培育一批业务能力强、服务质量高的中介服务机构,提高关键领域、薄弱环节的服务能力,促进中介服务机构专业化、规范化发展。发挥行业协会在企业兼并重组中的重要作用。

(十八)建立统计监测制度。加强企业兼并重组的统计信息工作,构建企业兼并重组统计指标体系,建立和完善统计调查、监测分析和发布制度。整合行业协会、中介组织等信息资源,畅通统计信息渠道,为企业提供及时有效的信息服务。

(十九)规范企业兼并重组行为。严格依照有关法律法规和政策,保护职工、债权人和投资者的合法权益。完善国有产权转让有关规定,规范国有资产处置,防止国有资产流失。采取切实措施防止企业通过兼并重组逃废银行债务,依法维护金融债权,保障金融机构合法权益。在资本市场上,主板、中小板企业兼并重组构成借壳上市的,要符合首次公开发行条件。加强上市公司和非上市公众公司信息披露,强化事中、事后监管,严厉查处内幕交易等违法违规行为。加强外国投资者并购境内企业安全审查,维护国家安全。

八、健全企业兼并重组的体制机制

(二十)完善市场体系建设。深化要素配

置市场化改革，进一步完善多层次资本市场体系。加快建立现代企业产权制度，促进产权顺畅流转。加强反垄断和反不正当竞争执法，规范市场竞争秩序，加强市场监管，促进公平竞争和优胜劣汰。行政机关和法律法规授权的具有管理公共事务职责的组织，应严格遵守反垄断法，不得滥用行政权力排除和限制竞争。

（二十一）消除跨地区兼并重组障碍。清理市场分割、地区封锁等限制，加强专项监督检查，落实责任追究制度。加大一般性转移支付力度，平衡地区间利益关系。落实跨地区机构企业所得税分配政策，协调解决企业兼并重组跨地区利益分享问题，解决跨地区被兼并企业的统计归属问题。

（二十二）放宽民营资本市场准入。向民营资本开放非明确禁止进入的行业和领域。推动企业股份制改造，发展混合所有制经济，支持国有企业母公司通过出让股份、增资扩股、合资合作引入民营资本。加快垄断行业改革，向民营资本开放垄断行业的竞争性业务领域。优势企业不得利用垄断力量限制民营企业参与市场竞争。

（二十三）深化国有企业改革。深入推进国有企业产权多元化改革，完善公司治理结构。改革国有企业负责人任免、评价、激励和约束机制，完善国有企业兼并重组考核评价体系。加大国有企业内部资源整合力度，推动国有资本更多投向关系国家安全、国民经济命脉的重要行业和关键领域。

九、切实抓好组织实施

（二十四）进一步加大统筹协调力度。充分发挥企业兼并重组工作部际协调小组的作用，解决跨地区跨所有制企业兼并重组和跨国并购中的重大问题，做好重大部署的落实，组织开展政策执行情况评估和监督检查。各有关部门要按照职责分工抓紧制定出台配套政策措施，加强协调配合，完善工作机制，扎实推进各项工作。

（二十五）切实加强组织领导。各地区要按照本意见要求，结合当地实际抓紧制定优化企业兼并重组市场环境的具体方案，建立健全协调机制和服务体系，积极协调解决本地区企业兼并重组中遇到的问题，确保各项政策措施落到实处，有关重大事项及时报告企业兼并重组工作部际协调小组。

国务院办公厅关于金融服务“三农”发展的若干意见

（2014年4月20日　国办发〔2014〕17号）

各省、自治区、直辖市人民政府，国务院各部委、各直属机构：

农村金融是我国金融体系的重要组成部分，是支持服务“三农”发展的重要力量。近年来，我国农村金融取得长足发展，初步形成了多层次、较完善的农村金融体系，服务覆盖面不断扩大，服务水平不断提高。但总体上看，农村金融仍是整个金融体系中最为薄弱的环节。为贯彻落实党的十八大、十八届三中全会精神和国务院的决策部署，积极顺应农业适度规模经营、城乡一体化发展等新情况新趋势新要求，进一步提升农村金融服务的能力和水平，实现农村金融与“三农”的共赢发展，经国务院同意，现提出以下意见。

一、深化农村金融体制机制改革

（一）分类推进金融机构改革。在稳定县域法人地位、维护体系完整、坚持服务“三农”的前提下，进一步深化农村信用社改革，积极稳妥组建农村商业银行，培育合格的市场主体，更好地发挥支农主力军作用。完善农村信用社管理体制，省联社要加快淡出行政管理，强化服务功能，优化协调指导，整合放大服务“三农”的能力。研究制定农业发展银行改革实施总体方案,强化政策性职能定位,明确政策性业务的范围和监管标准,补充资本金,建立健全治理结构,加大对农业开发和农村基础设施建设的中长期信贷支持。鼓励大中型银行根据农村市场需求变化,优化发展战略,加强对“三农”发展的金融支持。深化农业银行“三农金融事业部”改革试点,探索商业金融服务“三农”的可持续模式。鼓励邮政储蓄银行拓展农村金融业务,逐步扩大涉农业务范围。稳步培育发展村镇银行,提高民营资本持股比例,开展面向“三农”的差异化、特色化服务。各涉农金融机构要进一步下沉服务重心,切实做到不脱农、多惠农。(银监会、人民银行、发展改革委、财政部、农业部等按职责分工分别负责)

(二)丰富农村金融服务主体。鼓励建立农业产业投资基金、农业私募股权投资基金和农业科技创业投资基金。支持组建主要服务“三农”的金融租赁公司。鼓励组建政府出资为主、重点开展涉农担保业务的县域融资性担保机构或担保基金,支持其他融资性担保机构为农业生产经营主体提供融资担保服务。规范发展小额贷款公司,建立正向激励机制,拓宽融资渠道,加快接入征信系统,完善管理政策。(财政部、发展改革委、银监会、人民银行、证监会、农业部等按职责分工分别负责)

(三)规范发展农村合作金融。坚持社员制、封闭性、民主管理原则,在不对外吸储放贷、不支付固定回报的前提下,发展农村合作金融。支持农民合作社开展信用合作,积极稳妥组织试点,抓紧制定相关管理办法。在符合条件的农民合作社和供销合作社基础上培育发展农村合作金融组织。有条件的地方,可探索建立合作性的村级融资担保基金。(银监会、人民银行、财政部、农业部、供销合作总社等按职责分工分别负责)

二、大力发展农村普惠金融

(四)优化县域金融机构网点布局。稳定大中型商业银行县域网点,增强网点服务功能。按照强化支农、总量控制原则,对农业发展银行分支机构布局进行调整,重点向中西部及经济落后地区倾斜。加快在农业大县、小微企业集中地区设立村镇银行,支持其在乡镇布设网点。(银监会、人民银行、财政部等按职责分工分别负责)

(五)推动农村基础金融服务全覆盖。在完善财政补贴政策、合理补偿成本风险的基础上,继续推动偏远乡镇基础金融服务全覆盖工作。在具备条件的行政村,开展金融服务“村村通”工程,采取定时定点服务、自助服务终端,以及深化助农取款、汇款、转账服务和手机支付等多种形式,提供简易便民金融服务。(银监会、人民银行、财政部等按职责分工分别负责)

(六)加大金融扶贫力度。进一步发挥政策性金融、商业性金融和合作性金融的互补优势,切实改进对农民工、农村妇女、少数民族等弱势群体的金融服务。完善扶贫贴息贷款政策,引导金融机构全面做好支持农村贫困地区扶贫攻坚的金融服务工作。(人民银行、财政部、银监会等按职责分工分别负责)

三、引导加大涉农资金投放

(七)拓展资金来源。优化支农再贷款投放机制,向农村商业银行、农村合作银行、村镇银行发放支小再贷款,主要用于支持“三农”和农村地区小微企业发展。支持银行业金融机构发行专项用于“三农”的金融债。开展涉农资产证券化试点。对符合“三农”金融服务要求的县域农村商业银行和农村合作银行,适当降低存款准备金率。(人民银行、银监会、证监会等按职责分工分别负责)

(八)强化政策引导。切实落实县域银行业法人机构一定比例存款投放当地的政策。探索建立商业银行新设县域分支机构信贷投放承诺制度。支持符合监管要求的县域银行业金融机构扩大信贷投放,持续提高存贷比。(人民银行、银监会、财政部等按职责分工分别负责)

(九)完善信贷机制。在强化涉农业务全面风险管理的基础上,鼓励商业银行单列涉农信贷计划,下放贷款审批权限,优化绩效考核机制,推行尽职免责制度,调动“三农”信贷投放的内在积极性。(银监会、人民银行等按职责分工分别负责)

四、创新农村金融产品和服务方式

(十)创新农村金融产品。推行“一次核定、随用随贷、余额控制、周转使用、动态调整”

的农户信贷模式，合理确定贷款额度、放款进度和回收期限。加快在农村地区推广应用微贷技术。推广产业链金融模式。大力发展农村电话银行、网上银行业务。创新和推广专营机构、信贷工厂等服务模式。鼓励开展农业机械等方面的金融租赁业务。（银监会、人民银行、农业部、工业和信息化部、发展改革委等按职责分工分别负责）

（十一）创新农村抵（质）押担保方式。制定农村土地承包经营权抵押贷款试点管理办法，在经批准的地区开展试点。慎重稳妥地开展农民住房财产权抵押试点。健全完善林权抵押登记系统，扩大林权抵押贷款规模。推广以农业机械设备、运输工具、水域滩涂养殖权、承包土地收益权等为标的的新型抵押担保方式。加强涉农信贷与涉农保险合作，将涉农保险投保情况作为授信要素，探索拓宽涉农保险保单质押范围。（人民银行、银监会、保监会、国土资源部、农业部、林业局等按职责分工分别负责）

（十二）改进服务方式。进一步简化金融服务手续，推行通俗易懂的合同文本，优化审批流程，规范服务收费，严禁在提供金融服务时附加不合理条件和额外费用，切实维护农民利益。（银监会、证监会、保监会、发展改革委、人民银行等按职责分工分别负责）

五、加大对重点领域的金融支持

（十三）支持农业经营方式创新。在部分地区开展金融支持农业规模化生产和集约化经营试点。积极推动金融产品、利率、期限、额度、流程、风险控制等方面创新，进一步满足家庭农场、专业大户、农民合作社和农业产业化龙头企业等新型农业经营主体的金融需求。继续加大对农民扩大再生产、消费升级和自主创业的金融支持力度。（银监会、人民银行、农业部、证监会、保监会、发展改革委等按职责分工分别负责）

（十四）支持提升农业综合生产能力。加大对耕地整理、农田水利、粮棉油糖高产创建、畜禽水产品标准化养殖、种养业良种生产等经营项目的信贷支持力度。重点支持农业科技进步、现代种业、农机装备制造、设施农业、农产品精深加工等现代农业项目和高科技农业项目。（银监会、人民银行、发展改革委、农业部等按职责分工分别负责）

（十五）支持农业社会化服务产业发展。支持农产品产地批发市场、零售市场、仓储物流设施、连锁零售等服务设施建设。（银监会、人民银行、发展改革委、财政部、农业部、商务部、供销合作总社等按职责分工分别负责）

（十六）支持农业发展方式转变。大力发展绿色金融，促进节水农业、循环农业和生态友好型农业发展。（人民银行、银监会、农业部、林业局、发展改革委等按职责分工分别负责）

（十七）探索支持新型城镇化发展的有效方式。创新适应新型城镇化发展的金融服务机制，重点发挥政策性金融作用，稳步拓宽城镇建设融资渠道，着力做好农业转移人口的综合性金融服务。（人民银行、发展改革委、财政部、银监会等按职责分工分别负责）

六、拓展农业保险的广度和深度

（十八）扩大农业保险覆盖面。重点发展关系国计民生和国家粮食安全的农作物保险、主要畜产品保险、重要“菜篮子”品种保险和森林保险。推广农房、农机具、设施农业、渔业、制种保险等业务。（保监会、财政部、农业部、林业局等按职责分工分别负责）

（十九）创新农业保险产品。稳步开展主要粮食作物、生猪和蔬菜价格保险试点，鼓励各地区因地制宜开展特色优势农产品保险试点。创新研发天气指数、农村小额信贷保证保险等新型险种。（保监会、财政部、农业部、林业局、银监会、发展改革委等按职责分工分别负责）

（二十）完善保费补贴政策。提高中央、省级财政对主要粮食作物保险的保费补贴比例，逐步减少或取消产粮大县的县级保费补贴。（财政部、保监会、农业部等按职责分工分别负责）

（二十一）加快建立财政支持的农业保险大灾风险分散机制，增强对重大自然灾害风险的抵御能力。（财政部、保监会、农业部等按职责分工分别负责）

（二十二）加强农业保险基层服务体系建设，不断提高农业保险服务水平。（保监会、财政部、农业部、林业局等按职责分工分别负责）

七、稳步培育发展农村资本市场

(二十三)大力发展农村直接融资。支持符合条件的涉农企业在多层次资本市场上进行融资,鼓励发行企业债、公司债和中小企业私募债。逐步扩大涉农企业发行中小企业集合票据、短期融资券等非金融企业债务融资工具的规模。支持符合条件的农村金融机构发行优先股和二级资本工具。(证监会、人民银行、发展改革委、银监会等按职责分工分别负责)

(二十四)发挥农产品期货市场的价格发现和风险规避功能。积极推动农产品期货新品种开发,拓展农产品期货业务。完善商品期货交易机制,加强信息服务,推动农民合作社等农村经济组织参与期货交易,鼓励农产品生产经营企业进入期货市场开展套期保值业务。(证监会负责)

(二十五)谨慎稳妥地发展农村地区证券期货服务。根据农村地区特点,有针对性地提升证券期货机构的专业能力,探索建立农村地区证券期货服务模式,支持农户、农业企业和农村经济组织进行风险管理,加强对投资者的风险意识教育和风险管理培训,切实保护投资者合法权益。(证监会负责)

八、完善农村金融基础设施

(二十六)推进农村信用体系建设。继续组织开展信用户、信用村、信用乡(镇)创建活动,加强征信宣传教育,坚决打击骗贷、骗保和恶意逃债行为。(人民银行、银监会、保监会、公安部、发展改革委等按职责分工分别负责)

(二十七)发展农村交易市场和中介组织。在严格遵守《国务院关于清理整顿各类交易场所切实防范金融风险的决定》(国发〔2011〕38号)的前提下,探索推进农村产权交易市场建设,积极培育土地评估、资产评估等中介组织,建设具有国内外影响力的农产品交易中心。(证监会、发展改革委、国土资源部、农业部、财政部等按职责分工分别负责)

(二十八)改善农村支付服务环境。推广非现金支付工具和支付清算系统,稳步推广农村移动便捷支付,不断提高农村地区支付服务水平。(人民银行、工业和信息化部、银监会等按职责分工分别负责)

(二十九)保护农村金融消费者权益。畅通农村金融消费者诉求渠道,妥善处理金融消费纠纷。继续开展送金融知识下乡、入社区、进校园活动,提高金融知识普及教育的有效性和针对性,增强广大农民风险识别、自我保护的意识和能力。(银监会、证监会、保监会、人民银行、公安部等按职责分工分别负责)

九、加大对“三农”金融服务的政策支持

(三十)健全政策扶持体系。完善政策协调机制,加快建立导向明确、激励有效、约束严格、协调配套的长期化、制度化农村金融政策扶持体系,为金融机构开展“三农”业务提供稳定的政策预期。(财政部、人民银行、银监会、税务总局、证监会、保监会等按职责分工分别负责)

(三十一)加大政策支持力度。按照“政府引导、市场运作”原则,综合运用奖励、补贴、税收优惠等政策工具,重点支持金融机构开展农户小额贷款、新型农业经营主体贷款、农业种植业养殖业贷款、大宗农产品保险,以及银行卡助农取款、汇款、转账等支农惠农政策性支付业务。按照“鼓励增量,兼顾存量”原则,完善涉农贷款财政奖励制度。优化农村金融税收政策,完善农户小额贷款税收优惠政策。落实对新型农村金融机构和基础金融服务薄弱地区的银行业金融机构(网点)的定向费用补贴政策。完善农村信贷损失补偿机制,探索建立地方财政出资的涉农信贷风险补偿基金。对涉农贷款占比高的县域银行业法人机构实行弹性存贷比,优先支持开展“三农”金融产品创新。(财政部、人民银行、税务总局、银监会、保监会等按职责分工分别负责)

(三十二)完善涉农贷款统计制度。全面、及时、准确反映农林牧渔业贷款、农户贷款、农村小微企业贷款以及农民合作社贷款情况,依据涉农贷款统计的多维口径制定金融政策和差别化监管措施,提高政策支持的针对性和有效性。(人民银行、银监会等按职责分工分别负责)

(三十三)开展政策效果评估,不断完善相关政策措施,更好地引导带动金融机构支持“三农”发展。(财政部、人民银行、银监会、农业部、税务总局、证监会、保监会等按职责分工

分别负责）

（三十四）防范金融风险。金融管理部门要按照职责分工，加强金融监管，着力做好风险识别、监测、评估、预警和控制工作，进一步发挥金融监管协调部际联席会议制度的作用，不断健全新形势下的风险处置机制，切实维护金融稳定。各金融机构要进一步健全制度，完善风险管理。地方人民政府要按照监管规则和要求，切实担负起对小额贷款公司、担保公司、典当行、农村资金互助合作组织的监管责任，层层落实突发金融风险事件处置的组织职责，制定完善风险应对预案，守住底线。（银监会、证监会、保监会、人民银行等按职责分工分别负责）

（三十五）加强督促检查。各地区、各有关部门和各金融机构要按照国务院统一部署，增强做好"三农"金融服务工作的责任感和使命感，各司其职，协调配合，扎实推动各项工作。地方各级人民政府要结合本地区实际，抓紧研究制定扶持政策，加大对农村金融改革发展的政策支持力度。各省、自治区、直辖市人民政府要按年度对本地区金融支持"三农"发展工作进行全面总结，提出政策意见和建议，于次年1月底前报国务院。各有关部门要按照职责分工精心组织，切实抓好贯彻落实工作，银监会要牵头做好督促检查和各地区工作情况的汇总工作，确保各项政策措施落实到位。

国务院关于进一步促进资本市场健康发展的若干意见

（2014年5月8日　国发〔2014〕17号）

各省、自治区、直辖市人民政府，国务院各部委、各直属机构：

进一步促进资本市场健康发展，健全多层次资本市场体系，对于加快完善现代市场体系、拓宽企业和居民投融资渠道、优化资源配置、促进经济转型升级具有重要意义。20多年来，我国资本市场快速发展，初步形成了涵盖股票、债券、期货的市场体系，为促进改革开放和经济社会发展作出了重要贡献。但总体上看，我国资本市场仍不成熟，一些体制机制性问题依然存在，新情况新问题不断出现。为深入贯彻党的十八大和十八届二中、三中全会精神，认真落实党中央和国务院的决策部署，实现资本市场健康发展，现提出以下意见。

一、总体要求

（一）指导思想。

高举中国特色社会主义伟大旗帜，以邓小平理论、"三个代表"重要思想、科学发展观为指导，贯彻党中央和国务院的决策部署，解放思想，改革创新，开拓进取。坚持市场化和法治化取向，维护公开、公平、公正的市场秩序，维护投资者特别是中小投资者合法权益。紧紧围绕促进实体经济发展，激发市场创新活力，拓展市场广度深度，扩大市场双向开放，促进直接融资与间接融资协调发展，提高直接融资比重，防范和分散金融风险。推动混合所有制经济发展，完善现代企业制度和公司治理结构，提高企业竞争能力，促进资本形成和股权流转，更好发挥资本市场优化资源配置的作用，促进创新创业、结构调整和经济社会持续健康发展。

（二）基本原则。

资本市场改革发展要从我国国情出发，积极借鉴国际经验，遵循以下原则：

一是处理好市场与政府的关系。尊重市场规律，依据市场规则、市场价格、市场竞争实现效益最大化和效率最优化，使市场在资源配置中起决定性作用。同时，更好发挥政府作用，履行好政府监管职能，实施科学监管、适度监管，创造公平竞争的市场环境，保护投资者合法权益，有效维护市场秩序。

二是处理好创新发展与防范风险的关系。

以市场为导向、以提高市场服务能力和效率为目的,积极鼓励和引导资本市场创新。同时,强化风险防范,始终把风险监测、预警和处置贯穿于市场创新发展全过程,牢牢守住不发生系统性、区域性金融风险的底线。

三是处理好风险自担与强化投资者保护的关系。加强投资者教育,引导投资者培育理性投资理念,自担风险、自负盈亏,提高风险意识和自我保护能力。同时,健全投资者特别是中小投资者权益保护制度,保障投资者的知情权、参与权、求偿权和监督权,切实维护投资者合法权益。

四是处理好积极推进与稳步实施的关系。立足全局、着眼长远,坚定不移地积极推进改革。同时,加强市场顶层设计,增强改革措施的系统性、针对性、协同性,把握好改革的力度、节奏和市场承受程度,稳步实施各项政策措施,着力维护资本市场平稳发展。

(三)主要任务。

加快建设多渠道、广覆盖、严监管、高效率的股权市场,规范发展债券市场,拓展期货市场,着力优化市场体系结构、运行机制、基础设施和外部环境,实现发行交易方式多样、投融资工具丰富、风险管理功能完备、场内场外和公募私募协调发展。到2020年,基本形成结构合理、功能完善、规范透明、稳健高效、开放包容的多层次资本市场体系。

二、发展多层次股票市场

(四)积极稳妥推进股票发行注册制改革。建立和完善以信息披露为中心的股票发行制度。发行人是信息披露第一责任人,必须做到言行与信息披露的内容一致。发行人、中介机构对信息披露的真实性、准确性、完整性、充分性和及时性承担法律责任。投资者自行判断发行人的盈利能力和投资价值,自担投资风险。逐步探索符合我国实际的股票发行条件、上市标准和审核方式。证券监管部门依法监管发行和上市活动,严厉查处违法违规行为。

(五)加快多层次股权市场建设。强化证券交易所市场的主导地位,充分发挥证券交易所的自律监管职能。壮大主板、中小企业板市场,创新交易机制,丰富交易品种。加快创业板市场改革,健全适合创新型、成长型企业发展的制度安排。增加证券交易所市场内部层次。加快完善全国中小企业股份转让系统,建立小额、便捷、灵活、多元的投融资机制。在清理整顿的基础上,将区域性股权市场纳入多层次资本市场体系。完善集中统一的登记结算制度。

(六)提高上市公司质量。引导上市公司通过资本市场完善现代企业制度,建立健全市场化经营机制,规范经营决策。督促上市公司以投资者需求为导向,履行好信息披露义务,严格执行企业会计准则和财务报告制度,提高财务信息的可比性,增强信息披露的有效性。促进上市公司提高效益,增强持续回报投资者能力,为股东创造更多价值。规范上市公司控股股东、实际控制人行为,保障公司独立主体地位,维护各类股东的平等权利。鼓励上市公司建立市值管理制度。完善上市公司股权激励制度,允许上市公司按规定通过多种形式开展员工持股计划。

(七)鼓励市场化并购重组。充分发挥资本市场在企业并购重组过程中的主渠道作用,强化资本市场的产权定价和交易功能,拓宽并购融资渠道,丰富并购支付方式。尊重企业自主决策,鼓励各类资本公平参与并购,破除市场壁垒和行业分割,实现公司产权和控制权跨地区、跨所有制顺畅转让。

(八)完善退市制度。构建符合我国实际并有利于投资者保护的退市制度,建立健全市场化、多元化退市指标体系并严格执行。支持上市公司根据自身发展战略,在确保公众投资者权益的前提下以吸收合并、股东收购、转板等形式实施主动退市。对欺诈发行的上市公司实行强制退市。明确退市公司重新上市的标准和程序。逐步形成公司进退有序、市场转板顺畅的良性循环机制。

三、规范发展债券市场

(九)积极发展债券市场。完善公司债券公开发行制度。发展适合不同投资者群体的多样化债券品种。建立健全地方政府债券制度。丰富适合中小微企业的债券品种。统筹推进符合条件的资产证券化发展。支持和规范商业银行、证券经营机构、保险资产管理机构等合格机构依法开展债券承销业务。

(十)强化债券市场信用约束。规范发展

债券市场信用评级服务。完善发行人信息披露制度，提高投资者风险识别能力，减少对外部评级的依赖。建立债券发行人信息共享机制。探索发展债券信用保险。完善债券增信机制，规范发展债券增信业务。强化发行人和投资者的责任约束，健全债券违约监测和处置机制，支持债券持有人会议维护债权人整体利益，切实防范道德风险。

（十一）深化债券市场互联互通。在符合投资者适当性管理要求的前提下，完善债券品种在不同市场的交叉挂牌及自主转托管机制，促进债券跨市场顺畅流转。鼓励债券交易场所合理分工、发挥各自优势。促进债券登记结算机构信息共享、顺畅连接，加强互联互通。提高债券市场信息系统、市场监察系统的运行效率，逐步强化对债券登记结算体系的统一管理，防范系统性风险。

（十二）加强债券市场监管协调。充分发挥公司信用类债券部际协调机制作用，各相关部门按照法律法规赋予的职责，各司其职，加强对债券市场准入、信息披露和资信评级的监管，建立投资者保护制度，加大查处债券市场虚假陈述、内幕交易、价格操纵等各类违法违规行为的力度。

四、培育私募市场

（十三）建立健全私募发行制度。建立合格投资者标准体系，明确各类产品私募发行的投资者适当性要求和面向同一类投资者的私募发行信息披露要求，规范募集行为。对私募发行不设行政审批，允许各类发行主体在依法合规的基础上，向累计不超过法律规定特定数量的投资者发行股票、债券、基金等产品。积极发挥证券中介机构、资产管理机构和有关市场组织的作用，建立健全私募产品发行监管制度，切实强化事中事后监管。建立促进经营机构规范开展私募业务的风险控制和自律管理制度安排，以及各类私募产品的统一监测系统。

（十四）发展私募投资基金。按照功能监管、适度监管的原则，完善股权投资基金、私募资产管理计划、私募集合理财产品、集合资金信托计划等各类私募投资产品的监管标准。依法严厉打击以私募为名的各类非法集资活动。完善扶持创业投资发展的政策体系，鼓励和引导创业投资基金支持中小微企业。研究制定保险资金投资创业投资基金的相关政策。完善围绕创新链需要的科技金融服务体系，创新科技金融产品和服务，促进战略性新兴产业发展。

五、推进期货市场建设

（十五）发展商品期货市场。以提升产业服务能力和配合资源性产品价格形成机制改革为重点，继续推出大宗资源性产品期货品种，发展商品期权、商品指数、碳排放权等交易工具，充分发挥期货市场价格发现和风险管理功能，增强期货市场服务实体经济的能力。允许符合条件的机构投资者以对冲风险为目的使用期货衍生品工具，清理取消对企业运用风险管理工具的不必要限制。

（十六）建设金融期货市场。配合利率市场化和人民币汇率形成机制改革，适应资本市场风险管理需要，平稳有序发展金融衍生产品。逐步丰富股指期货、股指期权和股票期权品种。逐步发展国债期货，进一步健全反映市场供求关系的国债收益率曲线。

六、提高证券期货服务业竞争力

（十七）放宽业务准入。实施公开透明、进退有序的证券期货业务牌照管理制度，研究证券公司、基金管理公司、期货公司、证券投资咨询公司等交叉持牌，支持符合条件的其他金融机构在风险隔离基础上申请证券期货业务牌照。积极支持民营资本进入证券期货服务业。支持证券期货经营机构与其他金融机构在风险可控前提下以相互控股、参股的方式探索综合经营。

（十八）促进中介机构创新发展。推动证券经营机构实施差异化、专业化、特色化发展，促进形成若干具有国际竞争力、品牌影响力和系统重要性的现代投资银行。促进证券投资基金管理公司向现代资产管理机构转型，提高财富管理水平。推动期货经营机构并购重组，提高行业集中度。支持证券期货经营机构拓宽融资渠道，扩大业务范围。在风险可控前提下，优化客户交易结算资金存管模式。支持证券期货经营机构、各类资产管理机构围绕风险管理、资本中介、投资融资等业务自主创设产品。规范发展证券期货经营机构柜台业务。对会计师事务所、资产评估机构、评级增信机构、法律服务机构开展证券期货相关服务强化监督,提升证券期货服务机构执业质量和公信力,打造功能齐备、分工专业、服务优质的金融服务产业。

(十九)壮大专业机构投资者。支持全国社会保障基金积极参与资本市场投资,支持社会保险基金、企业年金、职业年金、商业保险资金、境外长期资金等机构投资者资金逐步扩大资本市场投资范围和规模。推动商业银行、保险公司等设立基金管理公司,大力发展证券投资基金。

(二十)引导证券期货互联网业务有序发展。建立健全证券期货互联网业务监管规则。支持证券期货服务业、各类资产管理机构利用网络信息技术创新产品、业务和交易方式。支持有条件的互联网企业参与资本市场,促进互联网金融健康发展,扩大资本市场服务的覆盖面。

七、扩大资本市场开放

(二十一)便利境内外主体跨境投融资。扩大合格境外机构投资者、合格境内机构投资者的范围,提高投资额度与上限。稳步开放境外个人直接投资境内资本市场,有序推进境内个人直接投资境外资本市场。建立健全个人跨境投融资权益保护制度。在符合外商投资产业政策的范围内,逐步放宽外资持有上市公司股份的限制,完善对收购兼并行为的国家安全审查和反垄断审查制度。

(二十二)逐步提高证券期货行业对外开放水平。适时扩大外资参股或控股的境内证券期货经营机构的经营范围。鼓励境内证券期货经营机构实施"走出去"战略,增强国际竞争力。推动境内外交易所市场的连接,研究推进境内外基金互认和证券交易所产品互认。稳步探索B股市场改革。

(二十三)加强跨境监管合作。完善跨境监管合作机制,加大跨境执法协查力度,形成适应开放型资本市场体系的跨境监管制度。深化与香港、澳门特别行政区和台湾地区的监管合作。加强与国际证券期货监管组织的合作,积极参与国际证券期货监管规则制定。

八、防范和化解金融风险

(二十四)完善系统性风险监测预警和评估处置机制。建立健全宏观审慎管理制度。逐步建立覆盖各类金融市场、机构、产品、工具和交易结算行为的风险监测监控平台。完善风险管理措施,及时化解重大风险隐患。加强涵盖资本市场、货币市场、信托理财等领域的跨行业、跨市场、跨境风险监管。

(二十五)健全市场稳定机制。资本市场稳定关系经济发展和社会稳定大局。各地区、各部门在出台政策时要充分考虑资本市场的敏感性,做好新闻宣传和舆论引导工作。完善市场交易机制,丰富市场风险管理工具。建立健全金融市场突发事件快速反应和处置机制。健全稳定市场预期机制。

(二十六)从严查处证券期货违法违规行为。加强违法违规线索监测,提升执法反应能力。严厉打击证券期货违法犯罪行为。完善证券期货行政执法与刑事司法的衔接机制,深化证券期货监管部门与公安司法机关的合作。进一步加强执法能力,丰富行政调查手段,大幅改进执法效率,提高违法违规成本,切实提升执法效果。

(二十七)推进证券期货监管转型。加强全国集中统一的证券期货监管体系建设,依法规范监管权力运行,减少审批、核准、备案事项,强化事中事后监管,提高监管能力和透明度。支持市场自律组织履行职能。加强社会信用体系建设,完善资本市场诚信监管制度,强化守信激励、失信惩戒机制。

九、营造资本市场良好发展环境

(二十八)健全法规制度。推进证券法修订和期货法制定工作。出台上市公司监管、私募基金监管等行政法规。建立健全结构合理、内容科学、层级适当的法律实施规范体系,整合清理现行规章、规范性文件,完善监管执法实体和程序规则。重点围绕调查与审理分离、日常监管与稽查处罚协同等关键环节,积极探索完善监管执法体制和机制。配合完善民事赔偿法律制度,健全操纵市场等犯罪认定标准。

(二十九)坚决保护投资者特别是中小投资者合法权益。健全投资者适当性制度,严格投资者适当性管理。完善公众公司中小投资者投票和表决机制，优化投资者回报机制，健全多元化纠纷解决和投资者损害赔偿救济机制。督促证券投资基金等机构投资者参加上市公司业绩发布会，代表公众投资者行使权利。

（三十）完善资本市场税收政策。按照宏观调控政策和税制改革的总体方向，统筹研究有利于进一步促进资本市场健康发展的税收政策。

（三十一）完善市场基础设施。加强登记、结算、托管等公共基础设施建设。实现资本市场监管数据信息共享。推进资本市场信息系统建设，提高防范网络攻击、应对重大灾难与技术故障的能力。

（三十二）加强协调配合。健全跨部门监管协作机制。加强中小投资者保护工作的协调合作。各地区、各部门要加强与证券期货监管部门的信息共享与协同配合。出台支持资本市场扩大对外开放的外汇、海关监管政策。地方人民政府要规范各类区域性交易场所，打击各种非法证券期货活动，做好区域内金融风险防范和处置工作。

（三十三）规范资本市场信息传播秩序。各地区、各部门要严格管理涉及资本市场的内幕信息，确保信息发布公开公正、准确透明。健全资本市场政策发布和解读机制，创新舆论回应与引导方式。综合运用法律、行政、行业自律等方式，完善资本市场信息传播管理制度。依法严肃查处造谣、传谣以及炒作不实信息误导投资者和影响社会稳定的机构、个人。

国务院关于促进市场公平竞争维护市场正常秩序的若干意见

（2014 年 6 月 4 日　国发〔2014〕20 号）

各省、自治区、直辖市人民政府，国务院各部委、各直属机构：

按照《中共中央关于全面深化改革若干重大问题的决定》精神、国务院机构改革和职能转变要求，现就完善市场监管体系，促进市场公平竞争，维护市场正常秩序提出以下意见。

一、总体要求

（一）指导思想。

以邓小平理论、“三个代表”重要思想、科学发展观为指导，深入学习领会党的十八大、十八届二中、三中全会精神，贯彻落实党中央和国务院的各项决策部署，围绕使市场在资源配置中起决定性作用和更好发挥政府作用，着力解决市场体系不完善、政府干预过多和监管不到位问题，坚持放管并重，实行宽进严管，激发市场主体活力，平等保护各类市场主体合法权益，维护公平竞争的市场秩序，促进经济社会持续健康发展。

（二）基本原则。

简政放权。充分发挥市场在资源配置中的决定性作用，把该放的权力放开放到位，降低准入门槛，促进就业创业。法不禁止的，市场主体即可为；法未授权的，政府部门不能为。

依法监管。更好发挥政府作用，坚持运用法治思维和法治方式履行市场监管职能，加强事中事后监管，推进市场监管制度化、规范化、程序化，建设法治化市场环境。

公正透明。各类市场主体权利平等、机会平等、规则平等，政府监管标准公开、程序公开、结果公开，保障市场主体和社会公众的知情权、参与权、监督权。

权责一致。科学划分各级政府及其部门市场监管职责；法有规定的，政府部门必须为。建立健全监管制度，落实市场主体行为规范责任、部门市场监管责任和属地政府领导责任。

社会共治。充分发挥法律法规的规范作用、行业组织的自律作用、舆论和社会公众的监督作用,实现社会共同治理,推动市场主体自我约束、诚信经营。

(三)总体目标。

立足于促进企业自主经营、公平竞争,消费者自由选择、自主消费,商品和要素自由流动、平等交换,建设统一开放、竞争有序、诚信守法、监管有力的现代市场体系,加快形成权责明确、公平公正、透明高效、法治保障的市场监管格局,到2020年建成体制比较成熟、制度更加定型的市场监管体系。

二、放宽市场准入

凡是市场主体基于自愿的投资经营和民商事行为,只要不属于法律法规禁止进入的领域,不损害第三方利益、社会公共利益和国家安全,政府不得限制进入。

(四)改革市场准入制度。制定市场准入负面清单,国务院以清单方式明确列出禁止和限制投资经营的行业、领域、业务等,清单以外的,各类市场主体皆可依法平等进入;地方政府需进行个别调整的,由省级政府报经国务院批准。(发展改革委、商务部牵头负责)改革工商登记制度,推进工商注册制度便利化,大力减少前置审批,由先证后照改为先照后证。(工商总局、中央编办牵头负责)简化手续,缩短时限,鼓励探索实行工商营业执照、组织机构代码证和税务登记证"三证合一"登记制度。(县级以上地方各级人民政府负责)完善节能节地节水、环境、技术、安全等市场准入标准。探索对外商投资实行准入前国民待遇加负面清单的管理模式。(发展改革委、商务部牵头负责)

(五)大力减少行政审批事项。投资审批、生产经营活动审批、资质资格许可和认定、评比达标表彰、评估等,要严格按照行政许可法和国务院规定的程序设定;凡违反规定程序设定的应一律取消。(中央编办、法制办、人力资源社会保障部牵头负责)放开竞争性环节价格。(发展改革委牵头负责)省级人民政府设定临时性的行政许可,要严格限定在控制危险、配置有限公共资源和提供特定信誉、身份、证明的事项,并须依照法定程序设定。(省级人民政府负责)对现有行政审批前置环节的技术审查、评估、鉴证、咨询等有偿中介服务事项进行全面清理,能取消的尽快予以取消;确需保留的,要规范时限和收费,并向社会公示。(中央编办、发展改革委、财政部负责)建立健全政务中心和网上办事大厅,集中办理行政审批,实行一个部门一个窗口对外,一级地方政府"一站式"服务,减少环节,提高效率。(县级以上地方各级人民政府负责)

(六)禁止变相审批。严禁违法设定行政许可、增加行政许可条件和程序;严禁以备案、登记、注册、年检、监制、认定、认证、审定、指定、配号、换证等形式或者以非行政许可审批名义变相设定行政许可;严禁借实施行政审批变相收费或者违法设定收费项目;严禁将属于行政审批的事项转为中介服务事项,搞变相审批、有偿服务;严禁以加强事中事后监管为名,变相恢复、上收已取消和下放的行政审批项目。(中央编办、发展改革委、财政部、法制办按职责分工分别负责)

(七)打破地区封锁和行业垄断。对各级政府和部门涉及市场准入、经营行为规范的法规、规章和规定进行全面清理,废除妨碍全国统一市场和公平竞争的规定和做法,纠正违反法律法规实行优惠政策招商的行为,纠正违反法律法规对外地产品或者服务设定歧视性准入条件及收费项目、规定歧视性价格及购买指定的产品、服务等行为。(发展改革委、财政部、商务部牵头负责)对公用事业和重要公共基础设施领域实行特许经营等方式,引入竞争机制,放开自然垄断行业竞争性业务。(发展改革委牵头负责)

(八)完善市场退出机制。对于违反法律法规禁止性规定的市场主体,对于达不到节能环保、安全生产、食品、药品、工程质量等强制性标准的市场主体,应当依法予以取缔,吊销相关证照。(各相关市场监管部门按职责分工分别负责)严格执行上市公司退市制度,完善企业破产制度,优化破产重整、和解、托管、清算等规则和程序,强化债务人的破产清算义务,推行竞争性选任破产管理人的办法,探索对资产数额不大、经营地域不广或者特定小微企业实行简易破产程序。(证监会、法制办按职责分工分别负责)简化和完善企业注销流程,试行对个体工商户、未开业企业以及无债权债务企业实行简易注销程序。(工商总局负责)严格执行金融、食品药品、安全生产、新闻出版等领域违法人员从业禁止规定。抓紧制订试行儿童老年用品及交通运输、建筑工程等领域违法人员从业禁止规定。（人民银行、银监会、证监会、保监会、食品药品监管总局、安全监管总局、新闻出版广电总局、质检总局、交通运输部、住房城乡建设部等部门按职责分工分别负责）

三、强化市场行为监管

依法规范生产、经营、交易等市场行为，创新监管方式，保障公平竞争，促进诚信守法，维护市场秩序。

（九）强化生产经营者主体责任。国务院有关部门要抓紧推动制修订有关条例，完善消费环节经营者首问和赔偿先付制度，建立企业产品和服务标准自我声明公开和监督制度，建立消费品生产经营企业产品安全事故强制报告制度，修订缺陷产品强制召回制度，建立生态环境损害责任制度，提请国务院审议。（工商总局、质检总局、食品药品监管总局、环境保护部、林业局、法制办按职责分工分别负责）试行扩大食品药品、生态环境、安全生产等领域的责任保险，形成风险分担的社会救济机制和专业组织评估、监控风险的市场监督机制。（保监会牵头负责）

（十）强化依据标准监管。加快推动修订标准化法，推进强制性标准体系改革，强化国家强制性标准管理。（质检总局牵头负责）强制性标准严格限定在保障人身健康和生命财产安全、国家安全、生态环境安全的范围。市场主体须严格执行强制性标准，市场监管部门须依据强制性标准严格监管执法。（各相关市场监管部门按职责分工分别负责）

（十一）严厉惩处垄断行为和不正当竞争行为。依照反垄断法、反不正当竞争法、价格法的有关规定，严肃查处损害竞争、损害消费者权益以及妨碍创新和技术进步的垄断协议、滥用市场支配地位行为；加大经营者集中反垄断审查力度，有效防范通过并购获取垄断地位并损害市场竞争的行为；改革自然垄断行业监管办法，强化垄断环节监管。严厉查处仿冒名牌、虚假宣传、价格欺诈、商业贿赂、违法有奖销售、商业诋毁、销售无合法进口证明商品等不正当竞争行为；依法保护各类知识产权，鼓励技术创新，打击侵犯知识产权和制售假冒伪劣商品的行为。（商务部、发展改革委、工商总局、知识产权局等部门按职责分工分别负责）

（十二）强化风险管理。加强对市场行为的风险监测分析，加快建立对高危行业、重点工程、重要商品及生产资料、重点领域的风险评估指标体系、风险监测预警和跟踪制度、风险管理防控联动机制。（各相关市场监管部门按职责分工分别负责）完善区域产品质量和生产安全风险警示制度。（质检总局、工商总局、安全监管总局按职责分工分别负责）依据风险程度，加强对发生事故几率高、损失重大的环节和领域的监管，防范区域性、行业性和系统性风险。（各相关市场监管部门按职责分工分别负责）

（十三）广泛运用科技手段实施监管。充分利用信息网络技术实现在线即时监督监测，加强非现场监管执法。充分运用移动执法、电子案卷等手段，提高执法效能。（工商总局、质检总局、安全监管总局、食品药品监管总局、环境保护部、文化部、海关总署等部门按职责分工分别负责）利用物联网建设重要产品等追溯体系，形成“来源可查、去向可追、责任可究”的信息链条。（商务部牵头负责）加快完善认定电子签名法律效力的机制。（工业和信息化部、法制办牵头负责）

四、夯实监管信用基础

运用信息公示、信息共享和信用约束等手段，营造诚实、自律、守信、互信的社会信用环境，促进各类市场主体守合同、重信用。

（十四）加快市场主体信用信息平台建设。完善市场主体信用信息记录，建立信用信息档案和交换共享机制。逐步建立包括金融、工商登记、税收缴纳、社保缴费、交通违章、统计等所有信用信息类别、覆盖全部信用主体的全国统一信用信息网络平台。推进信用标准化建设，建立以公民身份号码和组织机构代码为基础的统一社会信用代码制度，完善信用信息征集、存储、共享与应用等环节的制度，推动地方、行业信用信息系统建设及互联互通，构建市场主体信用信息公示系统，强化对市场主体的信用监管。（发展改革委、人民银行牵头负责）

（十五）建立健全守信激励和失信惩戒机制。将市场主体的信用信息作为实施行政管理的重要参考。根据市场主体信用状况实行分类分级、动态监管,建立健全经营异常名录制度,对违背市场竞争原则和侵犯消费者、劳动者合法权益的市场主体建立“黑名单”制度。(工商总局牵头负责)对守信主体予以支持和激励,对失信主体在经营、投融资、取得政府供应土地、进出口、出入境、注册新公司、工程招投标、政府采购、获得荣誉、安全许可、生产许可、从业任职资格、资质审核等方面依法予以限制或禁止,对严重违法失信主体实行市场禁入制度。(各相关市场监管部门按职责分工分别负责)

(十六)积极促进信用信息的社会运用。在保护涉及公共安全、商业秘密和个人隐私等信息的基础上,依法公开在行政管理中掌握的信用信息。拓宽信用信息查询渠道,为公众查询市场主体基础信用信息和违法违规信息提供便捷高效的服务。依法规范信用服务市场,培育和发展社会信用服务机构,推动建立个人信息和隐私保护的法律制度,加强对信用服务机构和人员的监督管理。(发展改革委、人民银行牵头负责)

五、改进市场监管执法

创新执法方式,强化执法监督和行政问责,确保依法执法、公正执法、文明执法。

(十七)严格依法履行职责。行政机关均须在宪法和法律范围内活动,依照法定权限和程序行使权力、履行职责。没有法律、法规、规章依据,市场监管部门不得作出影响市场主体权益或增加其义务的决定;市场监管部门参与民事活动,要依法行使权利、履行义务、承担责任。(各相关市场监管部门按职责分工分别负责)

(十八)规范市场执法行为。建立科学监管的规则和方法,完善以随机抽查为重点的日常监督检查制度,优化细化执法工作流程,确保程序正义,切实解决不执法、乱执法、执法扰民等问题。(工商总局、质检总局、安全监管总局、食品药品监管总局、环境保护部等部门按职责分工分别负责)完善行政执法程序和制度建设,健全市场监管部门内部案件调查与行政处罚决定相对分离制度,规范执法行为,落实行政执法责任制。建立行政执法自由裁量基准制度,细化、量化行政裁量权,公开裁量范围、种类和幅度,严格限定和合理规范裁量权的行使。行政执法过程中,要尊重公民合法权益,不得粗暴对待当事人,不得侵害其人格尊严,积极推行行政指导、行政合同、行政奖励及行政和解等非强制手段,维护当事人的合法权益。(各相关市场监管部门按职责分工分别负责)推进监管执法职能与技术检验检测职能相对分离,技术检验检测机构不再承担执法职能。(中央编办、质检总局牵头负责)

(十九)公开市场监管执法信息。推行地方各级政府及其市场监管部门权力清单制度,依法公开权力运行流程。公示行政审批事项目录,公开审批依据、程序、申报条件等。(中央编办牵头负责)依法公开监测、抽检和监管执法的依据、内容、标准、程序和结果。除法律法规另有规定外,市场监管部门适用一般程序作出行政处罚决定或者处罚决定变更之日起20个工作日内,公开执法案件主体信息、案由、处罚依据及处罚结果,提高执法透明度和公信力。建立健全信息公开内部审核机制、档案管理等制度。(各相关市场监管部门按职责分工分别负责)

(二十)强化执法考核和行政问责。加强执法评议考核,督促和约束各级政府及其市场监管部门切实履行职责。(县级以上地方各级人民政府负责)综合运用监察、审计、行政复议等方式,加强对行政机关不作为、乱作为、以罚代管等违法违规行为的监督。对市场监管部门及其工作人员未按强制性标准严格监管执法造成损失的,要依法追究责任;对市场监管部门没有及时发现、制止而引发系统性风险的,对地方政府长期不能制止而引发区域性风险的,要依法追究有关行政监管部门直至政府行政首长的责任。因过错导致监管不到位造成食品药品安全、生态环境安全、生产安全等领域事故的,要倒查追责,做到有案必查,有错必究,有责必追。不顾生态环境盲目决策,造成严重后果的领导干部,要终身追究责任。(监察部、审计署、法制办按职责分工分别负责)

六、改革监管执法体制

整合优化执法资源,减少执法层级,健全协作机制,提高监管效能。

(二十一)解决多头执法。整合规范市场监管执法主体,推进城市管理、文化等领域跨部门、跨行业综合执法,相对集中执法权。市场监管部门直接承担执法职责,原则上不另设具有独立法人资格的执法队伍。一个部门设有多支执法队伍的,业务相近的应当整合为一支队伍;不同部门下设的职责任务相近或相似的执法队伍,逐步整合为一支队伍。清理取消没有法律法规依据、违反机构编制管理规定的执法队伍。(中央编办牵头负责)

(二十二)消除多层重复执法。对反垄断、商品进出口、外资国家安全审查等关系全国统一市场规则和管理的事项,实行中央政府统一监管。对食品安全、商贸服务等实行分级管理的事项,要厘清不同层级政府及其部门的监管职责,原则上实行属地管理,由市县政府负责监管。要加强食品药品、安全生产、环境保护、劳动保障、海域海岛等重点领域基层执法力量。由基层监管的事项,中央政府和省、自治区政府市场监管部门,主要行使市场执法监督指导、协调跨区域执法和重大案件查处职责,原则上不设具有独立法人资格的执法队伍。设区的市,市级部门承担执法职责并设立执法队伍的,区本级不设执法队伍;区级部门承担执法职责并设立执法队伍的,市本级不设执法队伍。加快县级政府市场监管体制改革,探索综合设置市场监管机构,原则上不另设执法队伍。乡镇政府(街道)在没有市场执法权的领域,发现市场违法违规行为应及时向上级报告。经济发达、城镇化水平较高的乡镇,根据需要和条件可通过法定程序行使部分市场执法权。(中央编办牵头负责)

(二十三)规范和完善监管执法协作配合机制。完善市场监管部门间各司其职、各负其责、相互配合、齐抓共管的工作机制。制定部门间监管执法信息共享标准,打破"信息孤岛",实现信息资源开放共享、互联互通。(商务部牵头负责)建立健全跨部门、跨区域执法协作联动机制。(各相关市场监管部门按职责分工分别负责)对未经依法许可的生产经营行为,工商行政管理部门和负责市场准入许可的部门要及时依法查处,直至吊销营业执照。(工商总局、负责市场准入许可的部门按职责分工分别负责)

(二十四)做好市场监管执法与司法的衔接。完善案件移送标准和程序,细化并严格执行执法协作相关规定。(各相关市场监管部门按职责分工分别负责)建立市场监管部门、公安机关、检察机关间案情通报机制。市场监管部门发现违法行为涉嫌犯罪的,应当依法移送公安机关并抄送同级检察机关,不得以罚代刑。公安机关作出立案决定的,应当书面通知移送案件的市场监管部门,不立案或者撤销案件决定的,应当书面说明理由,同时通报同级检察机关。公安机关发现违法行为,认为不需要追究刑事责任但依法应当作出行政处理的,要及时将案件移送市场监管部门。(公安部牵头负责)市场监管部门须履行人民法院的生效裁定和判决。对当事人不履行行政决定的,市场监管部门依法强制执行或者向人民法院申请强制执行。(各相关市场监管部门按职责分工分别负责)

七、健全社会监督机制

充分发挥社会力量在市场监管中的作用,调动一切积极因素,促进市场自我管理、自我规范、自我净化。

(二十五)发挥行业协会商会的自律作用。推动行业协会商会建立健全行业经营自律规范、自律公约和职业道德准则,规范会员行为。鼓励行业协会商会制定发布产品和服务标准,参与制定国家标准、行业规划和政策法规。支持有关组织依法提起公益诉讼,进行专业调解。加强行业协会商会自身建设,增强参与市场监管的能力。(民政部牵头负责)限期实现行政机关与行业协会商会在人员、财务资产、职能、办公场所等方面真正脱钩。探索一业多会,引入竞争机制。(发展改革委、民政部牵头负责)加快转移适合由行业协会商会承担的职能,同时加强管理,引导其依法开展活动。(民政部、中央编办牵头负责)

(二十六)发挥市场专业化服务组织的监督作用。支持会计师事务所、税务师事务所、律师事务所、资产评估机构等依法对企业财务、纳税情况、资本验资、交易行为等真实性合法性进行鉴证,依法对上市公司信息披露进行核查把关。(财政部牵头负责)推进检验检测认证机构与政府脱钩、转制为企业或社会组织的改革,推进检验检测认证机构整合,有序放开检验检测认证市场,促进第三方检验检测认证机构发展。(中央编办、质检总局牵头负责)推进公证管理体制改革。(司法部负责)加快发展市场中介组织,推进从事行政审批前置中介服务的市场中介组织在人、财、物等方面与行政机关或者挂靠事业单位脱钩改制。建立健全市场专业化服务机构监管制度。(发展改革委、财政部牵头负责)

(二十七)发挥公众和舆论的监督作用。健全公众参与监督的激励机制,完善有奖举报制度,依法为举报人保密。(各相关市场监管部门按职责分工分别负责)发挥消费者组织调处消费纠纷的作用,提升维权成效。(工商总局牵头负责)落实领导干部接待群众来访制度,健全信访举报工作机制,畅通信访渠道。(信访局牵头负责)整合优化各职能部门的投诉举报平台功能,逐步建设统一便民高效的消费投诉、经济违法行为举报和行政效能投诉平台,实现统一接听、按责转办、限时办结,统一督办,统一考核。(县级以上地方各级人民政府负责)强化舆论监督,曝光典型案件,震慑违法犯罪行为,提高公众认知和防范能力。新闻媒体要严守职业道德,把握正确导向,重视社会效果。严惩以有偿新闻恶意中伤生产经营者、欺骗消费者的行为。(新闻出版广电总局牵头负责)对群众举报投诉、新闻媒体反映的问题,市场监管部门要认真调查核实,及时依法作出处理,并向社会公布处理结果。(各相关市场监管部门按职责分工分别负责)

八、完善监管执法保障

加强制度建设,强化执法能力保障,确保市场监管有法可依、执法必严、清正廉洁、公正为民。

(二十八)及时完善相关法律规范。根据市场监管实际需要和市场变化情况,及时修订完善相关法律法规。梳理取消和下放行政审批项目、加强后续监管措施涉及的法律法规、规章和规范性文件,提出法律修改、废止建议,修改或者废止有关法规、规章和规范性文件。研究技术标准、信用信息和信用报告、备案报告等政府管理方式的适用规则。完善市场监管规范性文件合法性审查机制,健全法规、规章和规范性文件备案审查制度。健全行政复议案件审理机制,推动扩大行政诉讼受案范围。(法制办、各相关市场监管部门按职责分工分别负责)

(二十九)健全法律责任制度。调整食品药品、生态环境、安全生产、劳动保障等领域现行法律制度中罚款等法律责任的规定,探索按日计罚等法律责任形式。扩大市场监管法律制度中惩罚性赔偿的适用范围,依法大幅度提高赔偿倍数。强化专业化服务组织的连带责任。健全行政补偿和赔偿制度,当发生市场监管部门及其工作人员行使职权损害相对人合法权益时,须履行补偿或赔偿责任。(各相关市场监管部门、法制办按职责分工分别负责)

(三十)加强执法队伍建设。在财政供养人员总量不增加的前提下,盘活存量、优化结构,完善待遇、选拔任用等激励保障制度,推动执法力量向基层和一线倾斜。加强执法人员专业培训和业务考核,配备必要的执法装备,提高执法人员综合素质和能力水平。(财政部、人力资源社会保障部、中央编办按职责分工分别负责)全面落实财政保障执法经费制度,市场监管工作经费和能力建设经费全部纳入各级财政预算予以保障,确保监管执法人员工资足额发放。严格执行“收支两条线”制度,严禁下达罚款任务,严禁收费罚没收入按比例返还等与部门利益挂钩或者变相挂钩。(财政部牵头负责)

九、加强组织领导

促进市场公平竞争,完善市场监管体系是一项系统工程,各地区各部门要高度重视、统一思想、狠抓落实,力求取得实效。

(三十一)加强领导,明确分工。各地区各部门要深刻认识完善市场监管体系工作的重大意义,认真落实本意见提出的各项措施和要求。各级人民政府要建立健全市场监管体系建设的领导和协调机制,加强统筹协调、督促落实,明确部门分工任务。各地区各部门要按照职责分工,结合本地区本部门实际,研究出台具体方案和实施办法,细化实化监管措施,落实和强化监管责任。加强新闻宣传和舆论引导,确保市场运行平稳有序。

(三十二)联系实际,突出重点。要把人民群众反映强烈、关系人民群众身体健康和生命财产安全、对经济社会发展可能造成大的危害的问题放在突出位置,着力加强对重点区域、重点领域、重点环节和重点产品的监管,切实解决食品药品、生态环境、安全生产、金融服务、网络信息、电子商务、房地产等领域扰乱市场秩序、侵害消费者合法权益的问题。

（三十三）加强督查，务求实效。各地区各部门要加强对本意见落实工作的监督检查，推动市场监管体系建设，促进市场公平竞争，维护市场正常秩序。国务院办公厅负责对本意见落实工作的统筹协调、跟踪了解、督促检查，确保各项任务和措施落实到位。

国务院关于修改部分行政法规的决定

（2014 年 7 月 29 日　国务院令第 653 号）

为了依法推进行政审批制度改革和政府职能转变，发挥好地方政府贴近基层的优势，促进和保障政府管理由事前审批更多地转为事中事后监管，进一步激发市场活力、发展动力和社会创造力，根据 2014 年 1 月 28 日国务院公布的《国务院关于取消和下放一批行政审批项目的决定》，国务院对取消和下放的行政审批项目涉及的行政法规进行了清理。经过清理，国务院决定：对 21 部行政法规的部分条款予以修改。

一、将《国务院关于通用航空管理的暂行规定》第八条修改为："经营通用航空业务的企业，可以承担中国境外通用航空业务，但是应当按照国家有关规定办理相关手续。"

二、将《高等教育自学考试暂行条例》第六条第三款第三项修改为："制定高等教育自学考试开考专业的规划，审批开考本科专业"。

第十一条修改为："高等教育自学考试开考专科新专业，由省考委确定；开考本科新专业，由省考委组织有关部门和专家进行论证，并提出申请，报全国考委审批。"

三、删去《中华人民共和国船舶登记条例》第七条第一款。

删去第五十三条中的"擅自雇用外国籍船员或者"。

四、将《中华人民共和国植物新品种保护条例》第二十六条中的"向审批机关登记"修改为"按照职责分工向省级人民政府农业、林业行政部门登记"。

五、删去《矿产资源勘查区块登记管理办法》第十三条第一款中的"经评估确认的"。

第十三条第二款修改为："国家出资勘查形成的探矿权价款，由具有矿业权评估资质的评估机构进行评估；评估报告报登记管理机关备案。"

第三十八条修改为："中外合作勘查矿产资源的，中方合作者应当在签订合同后，将合同向原发证机关备案。"

删去第四十条。

六、删去《矿产资源开采登记管理办法》第十条第一款中的"经评估确认的"。

第十条第二款修改为："国家出资勘查形成的采矿权价款，由具有矿业权评估资质的评估机构进行评估；评估报告报登记管理机关备案。"

第二十九条修改为："中外合作开采矿产资源的，中方合作者应当在签订合同后，将合同向原发证机关备案。"

七、将《探矿权采矿权转让管理办法》第九条第二款修改为："国家出资勘查形成的探矿权、采矿权价款，由具有矿业权评估资质的评估机构进行评估；评估报告报探矿权、采矿权登记管理机关备案。"

八、将《中华人民共和国土地管理法实施条例》第十七条第二款修改为："在土地利用总体规划确定的土地开垦区内，开发未确定土地使用权的国有荒山、荒地、荒滩从事种植业、林业、畜牧业、渔业生产的，应当向土地所在地的县级以上地方人民政府土地行政主管部门提出申请，按照省、自治区、直辖市规定的权限，由县级以上地方人民政府批准。"

删去第十七条第三款。

第十七条第四款改为第三款,并将其中的“县级以上人民政府”修改为“县级以上地方人民政府”。

九、将《中华人民共和国人民币管理条例》第十三条修改为:“除中国人民银行指定的印制人民币的企业外,任何单位和个人不得研制、仿制、引进、销售、购买和使用印制人民币所特有的防伪材料、防伪技术、防伪工艺和专用设备。有关管理办法由中国人民银行另行制定。”

十、删去《中华人民共和国电信条例》第十九条第二款。

第二十一条第一款中的“未经国务院信息产业主管部门批准”修改为“遵守网间互联协议和国务院信息产业主管部门的相关规定,保障网间通信畅通”。

第二十三条修改为:“电信资费实行市场调节价。电信业务经营者应当统筹考虑生产经营成本、电信市场供求状况等因素,合理确定电信业务资费标准。”

删去第二十四条。

第二十五条改为第二十四条,修改为:“国家依法加强对电信业务经营者资费行为的监管,建立健全监管规则,维护消费者合法权益。”

第二十六条改为第二十五条,删去第一款。

第四十一条改为第四十条,删去第三项。

十一、删去《出版管理条例》第三十五条第一款。

第四十条中的“印刷或者复制单位、发行单位”修改为“印刷或者复制单位、发行单位或者个体工商户”。

第六十五条增加一项,作为第六项:“印刷或者复制单位、发行单位或者个体工商户印刷或者复制、发行伪造、假冒出版单位名称或者报纸、期刊名称的出版物的”。

十二、将《安全生产许可证条例》第二条第一款、第十一条、第十二条中的“民用爆破器材”修改为“民用爆炸物品”。

第五条修改为:“省、自治区、直辖市人民政府民用爆炸物品行业主管部门负责民用爆炸物品生产企业安全生产许可证的颁发和管理,并接受国务院民用爆炸物品行业主管部门的指导和监督。”

十三、将《反兴奋剂条例》第十一条第一款中的“还应当取得进口准许证”修改为“还应当取得省、自治区、直辖市人民政府食品药品监督管理部门颁发的进口准许证”。

第十一条第二款中的“国务院食品药品监督管理部门”修改为“省、自治区、直辖市人民政府食品药品监督管理部门”。

十四、将《兽药管理条例》第七条第二款修改为:“研制新兽药,应当进行安全性评价。从事兽药安全性评价的单位应当遵守国务院兽医行政管理部门制定的兽药非临床研究质量管理规范和兽药临床试验质量管理规范。”

第七条增加一款,作为第三款:“省级以上人民政府兽医行政管理部门应当对兽药安全性评价单位是否符合兽药非临床研究质量管理规范和兽药临床试验质量管理规范的要求进行监督检查,并公布监督检查结果。”

十五、将《易制毒化学品管理条例》第十条第一款中的“国务院食品药品监督管理部门”修改为“省、自治区、直辖市人民政府食品药品监督管理部门”。

十六、将《放射性同位素与射线装置安全和防护条例》第六条第一款修改为:“除医疗使用Ⅰ类放射源、制备正电子发射计算机断层扫描用放射性药物自用的单位外,生产放射性同位素、销售和使用Ⅰ类放射源、销售和使用Ⅰ类射线装置的单位的许可证,由国务院环境保护主管部门审批颁发。”

第六条第二款修改为:“除国务院环境保护主管部门审批颁发的许可证外,其他单位的许可证,由省、自治区、直辖市人民政府环境保护主管部门审批颁发。”

十七、将《民用爆炸物品安全管理条例》第二条第三款、第四条、第十二条第一款、第十五条、第十九条第一款、第二十四条第一款、第二十五条第一款、第四十三条、第四十四条、第四十五条、第四十九条、第五十三条、第五十四条中的“国防科技工业主管部门”修改为“民用爆炸物品行业主管部门”。

第十二条增加一款,作为第三款:“民用爆炸物品生产企业持《民用爆炸物品生产许可证》到工商行政管理部门办理工商登记,并在办理工商登记后3日内,向所在地县级人民政府公安机关备案。”

第十三条修改为："取得《民用爆炸物品生产许可证》的企业应当在基本建设完成后，向省、自治区、直辖市人民政府民用爆炸物品行业主管部门申请安全生产许可。省、自治区、直辖市人民政府民用爆炸物品行业主管部门应当依照《安全生产许可证条例》的规定对其进行查验，对符合条件的，核发《民用爆炸物品安全生产许可证》。民用爆炸物品生产企业取得《民用爆炸物品安全生产许可证》后，方可生产民用爆炸物品。"

十八、将《中华人民共和国外资银行管理条例》第五十九条修改为："外资银行营业性机构已经或者可能发生信用危机，严重影响存款人和其他客户合法权益的，国务院银行业监督管理机构可以依法对该外资银行营业性机构实行接管或者促成机构重组。"

十九、将《中华人民共和国船员条例》第十二条修改为："中国籍船舶的船长应当由中国籍船员担任。"

删去第六十条第二项中的"或者高级船员"。

二十、将《证券公司监督管理条例》第十三条第一款修改为："证券公司增加注册资本且股权结构发生重大调整，减少注册资本，变更业务范围或者公司章程中的重要条款，合并、分立，设立、收购或者撤销境内分支机构，在境外设立、收购、参股证券经营机构，应当经国务院证券监督管理机构批准。"

第十六条第一款修改为："国务院证券监督管理机构应当对下列申请进行审查，并在下列期限内，作出批准或者不予批准的书面决定：(一)对在境内设立证券公司或者在境外设立、收购或者参股证券经营机构的申请，自受理之日起6个月；(二)对增加注册资本且股权结构发生重大调整，减少注册资本，合并、分立或者要求审查股东、实际控制人资格的申请，自受理之日起3个月；(三)对变更业务范围、公司章程中的重要条款或者要求审查高级管理人员任职资格的申请，自受理之日起45个工作日；(四)对设立、收购、撤销境内分支机构，或者停业、解散、破产的申请，自受理之日起30个工作日；(五)对要求审查董事、监事任职资格的申请，自受理之日起20个工作日。"

删去第二十四条第一款中的"和境内分支机构负责人"。

第四十七条修改为："证券公司使用多个客户的资产进行集合投资，应当符合法律、行政法规和国务院证券监督管理机构的有关规定。"

第八十一条修改为："证券公司或者其境内分支机构超出国务院证券监督管理机构批准的范围经营业务的，依照《证券法》第二百一十九条的规定处罚。"

删去第九十三条中的"经国务院证券监督管理机构批准"。

二十一、删去《防治船舶污染海洋环境管理条例》第十四条第一款中的"以及有关作业单位"。

第十四条第二款修改为："港口、码头、装卸站的经营人以及有关作业单位应当制定防治船舶及其有关作业活动污染海洋环境的应急预案，并报海事管理机构和环境保护主管部门备案。"

此外，对相关行政法规的条文顺序作了相应调整。

本决定自公布之日起施行。

企业信息公示暂行条例

(2014年8月7日　国务院令第654号)

第一条　为了保障公平竞争，促进企业诚信自律，规范企业信息公示，强化企业信用约束，维护交易安全，提高政府监管效能，扩大社会监督，制定本条例。

第二条　本条例所称企业信息，是指在工商行政管理部门登记的企业从事生产经营活动过程中形成的信息，以及政府部门在履行职责过程中产生的能够反映企业状况的信息。

第三条　企业信息公示应当真实、及时。公示的企业信息涉及国家秘密、国家安全或者社会公共利益的，应当报请主管的保密行政管理部门或者国家安全机关批准。县级以上地方人民政府有关部门公示的企业信息涉及企业商业秘密或者个人隐私的，应当报请上级主管部门批准。

第四条　省、自治区、直辖市人民政府领导本行政区域的企业信息公示工作，按照国家社会信用信息平台建设的总体要求，推动本行政区域企业信用信息公示系统的建设。

第五条　国务院工商行政管理部门推进、监督企业信息公示工作，组织企业信用信息公示系统的建设。国务院其他有关部门依照本条例规定做好企业信息公示相关工作。

县级以上地方人民政府有关部门依照本条例规定做好企业信息公示工作。

第六条　工商行政管理部门应当通过企业信用信息公示系统，公示其在履行职责过程中产生的下列企业信息：

(一)注册登记、备案信息；

(二)动产抵押登记信息；

(三)股权出质登记信息；

(四)行政处罚信息；

(五)其他依法应当公示的信息。

前款规定的企业信息应当自产生之日起20个工作日内予以公示。

第七条　工商行政管理部门以外的其他政府部门(以下简称其他政府部门)应当公示其在履行职责过程中产生的下列企业信息：

(一)行政许可准予、变更、延续信息；

(二)行政处罚信息；

(三)其他依法应当公示的信息。

其他政府部门可以通过企业信用信息公示系统，也可以通过其他系统公示前款规定的企业信息。工商行政管理部门和其他政府部门应当按照国家社会信用信息平台建设的总体要求，实现企业信息的互联共享。

第八条　企业应当于每年1月1日至6月30日，通过企业信用信息公示系统向工商行政管理部门报送上一年度年度报告，并向社会公示。

当年设立登记的企业，自下一年起报送并公示年度报告。

第九条　企业年度报告内容包括：

(一)企业通信地址、邮政编码、联系电话、电子邮箱等信息；

(二)企业开业、歇业、清算等存续状态信息；

(三)企业投资设立企业、购买股权信息；

(四)企业为有限责任公司或者股份有限公司的，其股东或者发起人认缴和实缴的出资额、出资时间、出资方式等信息；

(五)有限责任公司股东股权转让等股权变更信息；

(六)企业网站以及从事网络经营的网店的名称、网址等信息；

(七)企业从业人数、资产总额、负债总额、对外提供保证担保、所有者权益合计、营业总收入、主营业务收入、利润总额、净利润、纳税总额信息。

前款第一项至第六项规定的信息应当向社会公示，第七项规定的信息由企业选择是否向社会公示。

经企业同意，公民、法人或者其他组织可以查询企业选择不公示的信息。

第十条　企业应当自下列信息形成之日起20个工作日内通过企业信用信息公示系统向社会公示：

(一)有限责任公司股东或者股份有限公司发起人认缴和实缴的出资额、出资时间、出资方式等信息；

(二)有限责任公司股东股权转让等股权变更信息；

(三)行政许可取得、变更、延续信息；

(四)知识产权出质登记信息；

(五)受到行政处罚的信息；

(六)其他依法应当公示的信息。

工商行政管理部门发现企业未依照前款规定履行公示义务的，应当责令其限期履行。

第十一条　政府部门和企业分别对其公示信息的真实性、及时性负责。

第十二条　政府部门发现其公示的信息不准确的，应当及时更正。公民、法人或者其他组织有证据证明政府部门公示的信息不准确的，有权要求该政府部门予以更正。

企业发现其公示的信息不准确的，应当及时更正；但是，企业年度报告公示信息的更正应当在每年6月30日之前完成。更正前后的信息应当同时公示。

第十三条　公民、法人或者其他组织发现企业公示的信息虚假的，可以向工商行政管理部门举报，接到举报的工商行政管理部门应当自接到举报材料之日起20个工作日内进行核查，予以处理，并将处理情况书面告知举报人。

公民、法人或者其他组织对依照本条例规定公示的企业信息有疑问的，可以向政府部门申请查询，收到查询申请的政府部门应当自收到申请之日起20个工作日内书面答复申请人。

第十四条　国务院工商行政管理部门和省、自治区、直辖市人民政府工商行政管理部门应当按照公平规范的要求，根据企业注册号等随机摇号，确定抽查的企业，组织对企业公示信息的情况进行检查。

工商行政管理部门抽查企业公示的信息，可以采取书面检查、实地核查、网络监测等方式。工商行政管理部门抽查企业公示的信息，可以委托会计师事务所、税务师事务所、律师事务所等专业机构开展相关工作，并依法利用其他政府部门作出的检查、核查结果或者专业机构作出的专业结论。

抽查结果由工商行政管理部门通过企业信用信息公示系统向社会公布。

第十五条　工商行政管理部门对企业公示的信息依法开展抽查或者根据举报进行核查，企业应当配合，接受询问调查，如实反映情况，提供相关材料。

对不予配合情节严重的企业，工商行政管理部门应当通过企业信用信息公示系统公示。

第十六条　任何公民、法人或者其他组织不得非法修改公示的企业信息，不得非法获取企业信息。

第十七条　有下列情形之一的，由县级以上工商行政管理部门列入经营异常名录，通过企业信用信息公示系统向社会公示，提醒其履行公示义务；情节严重的，由有关主管部门依照有关法律、行政法规规定给予行政处罚；造成他人损失的，依法承担赔偿责任；构成犯罪的，依法追究刑事责任：

（一）企业未按照本条例规定的期限公示年度报告或者未按照工商行政管理部门责令的期限公示有关企业信息的；

（二）企业公示信息隐瞒真实情况、弄虚作假的。

被列入经营异常名录的企业依照本条例规定履行公示义务的，由县级以上工商行政管理部门移出经营异常名录；满3年未依照本条例规定履行公示义务的，由国务院工商行政管理部门或者省、自治区、直辖市人民政府工商行政管理部门列入严重违法企业名单，并通过企业信用信息公示系统向社会公示。被列入严重违法企业名单的企业的法定代表人、负责人，3年内不得担任其他企业的法定代表人、负责人。

企业自被列入严重违法企业名单之日起满5年未再发生第一款规定情形的，由国务院工商行政管理部门或者省、自治区、直辖市人民政府工商行政管理部门移出严重违法企业名单。

第十八条　县级以上地方人民政府及其有关部门应当建立健全信用约束机制，在政府采购、工程招投标、国有土地出让、授予荣誉称号等工作中，将企业信息作为重要考量因素，对被列入经营异常名录或者严重违法企业名单的企业依法予以限制或者禁入。

第十九条　政府部门未依照本条例规定履行职责的，由监察机关、上一级政府部门责令改正；情节严重的，对负有责任的主管人员和其他直接责任人员依法给予处分；构成犯罪的，依法追究刑事责任。

第二十条　非法修改公示的企业信息，或者非法获取企业信息的，依照有关法律、行政法规规定追究法律责任。

第二十一条　公民、法人或者其他组织认为政府部门在企业信息公示工作中的具体行政行为侵犯其合法权益的，可以依法申请行政复议或者提起行政诉讼。

第二十二条　企业依照本条例规定公示信息，不免除其依照其他有关法律、行政法规规定公示信息的义务。

第二十三条　法律、法规授权的具有管理公共事务职能的组织公示企业信息适用本条例关于政府部门公示企业信息的规定。

第二十四条　国务院工商行政管理部门负

责制定企业信用信息公示系统的技术规范。

个体工商户、农民专业合作社信息公示的具体办法由国务院工商行政管理部门另行制定。

第二十五条 本条例自 2014 年 10 月 1 日起施行。

国务院关于加快发展现代保险服务业的若干意见

(2014 年 8 月 10 日 国发〔2014〕29 号)

各省、自治区、直辖市人民政府,国务院各部委、各直属机构:

保险是现代经济的重要产业和风险管理的基本手段,是社会文明水平、经济发达程度、社会治理能力的重要标志。改革开放以来,我国保险业快速发展,服务领域不断拓宽,为促进经济社会发展和保障人民群众生产生活作出了重要贡献。但总体上看,我国保险业仍处于发展的初级阶段,不能适应全面深化改革和经济社会发展的需要,与现代保险服务业的要求还有较大差距。加快发展现代保险服务业,对完善现代金融体系、带动扩大社会就业、促进经济提质增效升级、创新社会治理方式、保障社会稳定运行、提升社会安全感、提高人民群众生活质量具有重要意义。为深入贯彻党的十八大和十八届二中、三中全会精神,认真落实党中央和国务院决策部署,加快发展现代保险服务业,现提出以下意见。

一、总体要求

(一)指导思想。以邓小平理论、“三个代表”重要思想、科学发展观为指导,立足于服务国家治理体系和治理能力现代化,把发展现代保险服务业放在经济社会工作整体布局中统筹考虑,以满足社会日益增长的多元化保险服务需求为出发点,以完善保险经济补偿机制、强化风险管理核心功能和提高保险资金配置效率为方向,改革创新、扩大开放、健全市场、优化环境、完善政策,建设有市场竞争力、富有创造力和充满活力的现代保险服务业,使现代保险服务业成为完善金融体系的支柱力量、改善民生保障的有力支撑、创新社会管理的有效机制、促进经济提质增效升级的高效引擎和转变政府职能的重要抓手。

(二)基本原则。一是坚持市场主导、政策引导。对商业化运作的保险业务,营造公平竞争的市场环境,使市场在资源配置中起决定性作用;对具有社会公益性、关系国计民生的保险业务,创造低成本的政策环境,给予必要的扶持;对服务经济提质增效升级具有积极作用但目前基础薄弱的保险业务,更好发挥政府的引导作用。二是坚持改革创新、扩大开放。全面深化保险业体制机制改革,提升对内对外开放水平,引进先进经营管理理念和技术,释放和激发行业持续发展和创新活力。增强保险产品、服务、管理和技术创新能力,促进市场主体差异化竞争、个性化服务。三是坚持完善监管、防范风险。完善保险法制体系,加快推进保险监管现代化,维护保险消费者合法权益,规范市场秩序。处理好加快发展和防范风险的关系,守住不发生系统性区域性金融风险的底线。

(三)发展目标。到 2020 年,基本建成保障全面、功能完善、安全稳健、诚信规范,具有较强服务能力、创新能力和国际竞争力,与我国经济社会发展需求相适应的现代保险服务业,努力由保险大国向保险强国转变。保险成为政府、企业、居民风险管理和财富管理的基本手段,成为提高保障水平和保障质量的重要渠道,成为政府改进公共服务、加强社会管理的有效工具。保险深度(保费收入/国内生产总值)达到5%,保险密度(保费收入/总人口)达到3500元/人。保险的社会“稳定器”和经济“助推器”作用得到有效发挥。

二、构筑保险民生保障网，完善多层次社会保障体系

（四）把商业保险建成社会保障体系的重要支柱。商业保险要逐步成为个人和家庭商业保障计划的主要承担者、企业发起的养老健康保障计划的重要提供者、社会保险市场化运作的积极参与者。支持有条件的企业建立商业养老健康保障计划。支持保险机构大力拓展企业年金等业务。充分发挥商业保险对基本养老、医疗保险的补充作用。

（五）创新养老保险产品服务。为不同群体提供个性化、差异化的养老保障。推动个人储蓄性养老保险发展。开展住房反向抵押养老保险试点。发展独生子女家庭保障计划。探索对失独老人保障的新模式。发展养老机构综合责任保险。支持符合条件的保险机构投资养老服务产业，促进保险服务业与养老服务业融合发展。

（六）发展多样化健康保险服务。鼓励保险公司大力开发各类医疗、疾病保险和失能收入损失保险等商业健康保险产品，并与基本医疗保险相衔接。发展商业性长期护理保险。提供与商业健康保险产品相结合的疾病预防、健康维护、慢性病管理等健康管理服务。支持保险机构参与健康服务业产业链整合，探索运用股权投资、战略合作等方式，设立医疗机构和参与公立医院改制。

三、发挥保险风险管理功能，完善社会治理体系

（七）运用保险机制创新公共服务提供方式。政府通过向商业保险公司购买服务等方式，在公共服务领域充分运用市场化机制，积极探索推进具有资质的商业保险机构开展各类养老、医疗保险经办服务，提升社会管理效率。按照全面开展城乡居民大病保险的要求，做好受托承办工作，不断完善运作机制，提高保障水平。鼓励发展治安保险、社区综合保险等新兴业务。支持保险机构运用股权投资、战略合作等方式参与保安服务产业链整合。

（八）发挥责任保险化解矛盾纠纷的功能作用。强化政府引导、市场运作、立法保障的责任保险发展模式，把与公众利益关系密切的环境污染、食品安全、医疗责任、医疗意外、实习安全、校园安全等领域作为责任保险发展重点，探索开展强制责任保险试点。加快发展旅行社、产品质量以及各类职业责任保险、产品责任保险和公众责任保险，充分发挥责任保险在事前风险预防、事中风险控制、事后理赔服务等方面的功能作用，用经济杠杆和多样化的责任保险产品化解民事责任纠纷。

四、完善保险经济补偿机制，提高灾害救助参与度

（九）将保险纳入灾害事故防范救助体系。提升企业和居民利用商业保险等市场化手段应对灾害事故风险的意识和水平。积极发展企业财产保险、工程保险、机动车辆保险、家庭财产保险、意外伤害保险等，增强全社会抵御风险的能力。充分发挥保险费率杠杆的激励约束作用，强化事前风险防范，减少灾害事故发生，促进安全生产和突发事件应急管理。

（十）建立巨灾保险制度。围绕更好保障和改善民生，以制度建设为基础，以商业保险为平台，以多层次风险分担为保障，建立巨灾保险制度。研究建立巨灾保险基金、巨灾再保险等制度，逐步形成财政支持下的多层次巨灾风险分散机制。鼓励各地根据风险特点，探索对台风、地震、滑坡、泥石流、洪水、森林火灾等灾害的有效保障模式。制定巨灾保险法规。建立核保险巨灾责任准备金制度。建立巨灾风险管理数据库。

五、大力发展“三农”保险，创新支农惠农方式

（十一）积极发展农业保险。按照中央支持保大宗、保成本，地方支持保特色、保产量，有条件的保价格、保收入的原则，鼓励农民和各类新型农业经营主体自愿参保，扩大农业保险覆盖面，提高农业保险保障程度。开展农产品目标价格保险试点，探索天气指数保险等新兴产品和服务，丰富农业保险风险管理工具。落实农业保险大灾风险准备金制度。健全农业保险服务体系，鼓励开展多种形式的互助合作保险。健全保险经营机构与灾害预报部门、农业主管部门的合作机制。

（十二）拓展“三农”保险广度和深度。各地根据自身实际，支持保险机构提供保障适度、

保费低廉、保单通俗的“三农”保险产品。积极发展农村小额信贷保险、农房保险、农机保险、农业基础设施保险、森林保险,以及农民养老健康保险、农村小额人身保险等普惠保险业务。

六、拓展保险服务功能,促进经济提质增效升级

(十三)充分发挥保险资金长期投资的独特优势。在保证安全性、收益性前提下,创新保险资金运用方式,提高保险资金配置效率。鼓励保险资金利用债权投资计划、股权投资计划等方式,支持重大基础设施、棚户区改造、城镇化建设等民生工程和国家重大工程。鼓励保险公司通过投资企业股权、债权、基金、资产支持计划等多种形式,在合理管控风险的前提下,为科技型企业、小微企业、战略性新兴产业等发展提供资金支持。研究制定保险资金投资创业投资基金相关政策。

(十四)促进保险市场与货币市场、资本市场协调发展。进一步发挥保险公司的机构投资者作用,为股票市场和债券市场长期稳定发展提供有力支持。鼓励设立不动产、基础设施、养老等专业保险资产管理机构,允许专业保险资产管理机构设立夹层基金、并购基金、不动产基金等私募基金。稳步推进保险公司设立基金管理公司试点。探索保险机构投资、发起资产证券化产品。探索发展债券信用保险。积极培育另类投资市场。

(十五)推动保险服务经济结构调整。建立完善科技保险体系,积极发展适应科技创新的保险产品和服务,推广国产首台首套装备的保险风险补偿机制,促进企业创新和科技成果产业化。加快发展小微企业信用保险和贷款保证保险,增强小微企业融资能力。积极发展个人消费贷款保证保险,释放居民消费潜力。发挥保险对咨询、法律、会计、评估、审计等产业的辐射作用,积极发展文化产业保险、物流保险,探索演艺、会展责任险等新兴保险业务,促进第三产业发展。

(十六)加大保险业支持企业“走出去”的力度。着力发挥出口信用保险促进外贸稳定增长和转型升级的作用。加大出口信用保险对自主品牌、自主知识产权、战略性新兴产业的支持力度,重点支持高科技、高附加值的机电产品和大型成套设备,简化审批程序。加快发展境外投资保险,以能源矿产、基础设施、高新技术和先进制造业、农业、林业等为重点支持领域,创新保险品种,扩大承保范围。稳步放开短期出口信用保险市场,进一步增加市场经营主体。积极发展航运保险。拓展保险资金境外投资范围。

七、推进保险业改革开放,全面提升行业发展水平

(十七)深化保险行业改革。继续深化保险公司改革,加快建立现代保险企业制度,完善保险公司治理结构。全面深化寿险费率市场化改革,稳步开展商业车险费率市场化改革。深入推进保险市场准入、退出机制改革。加快完善保险市场体系,支持设立区域性和专业性保险公司,发展信用保险专业机构。规范保险公司并购重组。支持符合条件的保险公司在境内外上市。

(十八)提升保险业对外开放水平。推动保险市场进一步对内对外开放,实现“引进来”和“走出去”更好结合,以开放促改革促发展。鼓励中资保险公司尝试多形式、多渠道“走出去”,为我国海外企业提供风险保障。支持中资保险公司通过国际资本市场筹集资金,多种渠道进入海外市场。努力扩大保险服务出口。引导外资保险公司将先进经验和技术植入中国市场。

(十九)鼓励保险产品服务创新。切实增强保险业自主创新能力,积极培育新的业务增长点。支持保险公司积极运用网络、云计算、大数据、移动互联网等新技术促进保险业销售渠道和服务模式创新。大力推进条款通俗化和服务标准化,鼓励保险公司提供个性化、定制化产品服务,减少同质低效竞争。推动保险公司转变发展方式,提高服务质量,努力降低经营成本,提供质优价廉、诚信规范的保险产品和服务。

(二十)加快发展再保险市场。增加再保险市场主体。发展区域性再保险中心。加大再保险产品和技术创新力度。加大再保险对农业、交通、能源、化工、水利、地铁、航空航天、核电及其他国家重点项目的大型风险、特殊风险的保险保障力度。增强再保险分散自然灾害风

险的能力。强化再保险对我国海外企业的支持保障功能,提升我国在全球再保险市场的定价权、话语权。

(二十一)充分发挥保险中介市场作用。不断提升保险中介机构的专业技术能力,发挥中介机构在风险定价、防灾防损、风险顾问、损失评估、理赔服务等方面的积极作用,更好地为保险消费者提供增值服务。优化保险中介市场结构,规范市场秩序。稳步推进保险营销体制改革。

八、加强和改进保险监管,防范化解风险

(二十二)推进监管体系和监管能力现代化。坚持机构监管与功能监管相统一,宏观审慎监管与微观审慎监管相统一,加快建设以风险为导向的保险监管制度。加强保险公司治理和内控监管,改进市场行为监管,加快建设第二代偿付能力监管制度。完善保险法规体系,提高监管法制化水平。积极推进监管信息化建设。充分发挥保险行业协会等自律组织的作用。充分利用保险监管派出机构资源,加强基层保险监管工作。

(二十三)加强保险消费者合法权益保护。推动完善保险消费者合法权益保护法律法规和规章制度。探索建立保险消费纠纷多元化解决机制,建立健全保险纠纷诉讼、仲裁与调解对接机制。加大保险监管力度,监督保险机构全面履行对保险消费者的各项义务,严肃查处各类损害保险消费者合法权益的行为。

(二十四)守住不发生系统性区域性金融风险的底线。加强保险业全面风险管理,建立健全风险监测预警机制,完善风险应急预案,优化风险处置流程和制度,提高风险处置能力。强化责任追究,增强市场约束,防止风险积累。加强金融监管协调,防范风险跨行业传递。完善保险监管与地方人民政府以及公安、司法、新闻宣传等部门的合作机制。健全保险保障基金管理制度和运行机制。

九、加强基础建设,优化保险业发展环境

(二十五)全面推进保险业信用体系建设。加强保险信用信息基础设施建设,扩大信用记录覆盖面,构建信用信息共享机制。引导保险机构采取差别化保险费率等手段,对守信者予以激励,对失信者进行约束。完善保险从业人员信用档案制度、保险机构信用评价体系和失信惩戒机制。

(二十六)加强保险业基础设施建设。加快建立保险业各类风险数据库,修订行业经验生命表、疾病发生率表等。组建全行业的资产托管中心、保险资产交易平台、再保险交易所、防灾防损中心等基础平台,加快中国保险信息技术管理有限责任公司发展,为提升保险业风险管理水平、促进行业转型升级提供支持。

(二十七)提升全社会保险意识。发挥新闻媒体的正面宣传和引导作用,鼓励广播电视、平面媒体及互联网等开办专门的保险频道或节目栏目,在全社会形成学保险、懂保险、用保险的氛围。加强中小学、职业院校学生保险意识教育。

十、完善现代保险服务业发展的支持政策

(二十八)建立保险监管协调机制。加强保险监管跨部门沟通协调和配合,促进商业保险与社会保障有效衔接、保险服务与社会治理相互融合、商业机制与政府管理密切结合。建立信息共享机制,逐步实现数据共享,提升有关部门的风险甄别水平和风险管理能力。建立保险数据库公安、司法、审计查询机制。

(二十九)鼓励政府通过多种方式购买保险服务。鼓励各地结合实际,积极探索运用保险的风险管理功能及保险机构的网络、专业技术等优势,通过运用市场化机制,降低公共服务运行成本。对于商业保险机构运营效率更高的公共服务,政府可以委托保险机构经办,也可以直接购买保险产品和服务;对于具有较强公益性,但市场化运作无法实现盈亏平衡的保险服务,可以由政府给予一定支持。

(三十)研究完善加快现代保险服务业发展的税收政策。完善健康保险有关税收政策。适时开展个人税收递延型商业养老保险试点。落实和完善企业为职工支付的补充养老保险费和补充医疗保险费有关企业所得税政策。落实农业保险税收优惠政策。结合完善企业研发费用所得税加计扣除政策,统筹研究科技研发保险费用支出税前扣除政策问题。

(三十一)加强养老产业和健康服务业用地保障。各级人民政府要在土地利用总体规划

中统筹考虑养老产业、健康服务业发展需要,扩大养老服务设施、健康服务业用地供给,优先保障供应。加强对养老、健康服务设施用地监管,严禁改变土地用途。鼓励符合条件的保险机构等投资兴办养老产业和健康服务业机构。

(三十二)完善对农业保险的财政补贴政策。加大农业保险支持力度,提高中央、省级财政对主要粮食作物的保费补贴,减少或取消产粮大县三大粮食作物保险县级财政保费补贴。建立财政支持的农业保险大灾风险分散机制。

各地区、各部门要充分认识加快现代保险服务业发展的重要意义,把发展现代保险服务业作为促进经济转型、转变政府职能、带动扩大就业、完善社会治理、保障改善民生的重要抓手,加强沟通协调,形成工作合力。有关部门要根据本意见要求,按照职责分工抓紧制定相关配套措施,确保各项政策落实到位。省级人民政府要结合实际制定具体方案,促进本地区现代保险服务业有序健康发展。

国务院关于加强地方政府性债务管理的意见

(2014 年 9 月 21 日　国发〔2014〕43 号)

各省、自治区、直辖市人民政府,国务院各部委、各直属机构:

为加强地方政府性债务管理,促进国民经济持续健康发展,根据党的十八大、十八届三中全会精神,现提出以下意见:

一、总体要求

(一)指导思想。以邓小平理论、"三个代表"重要思想、科学发展观为指导,全面贯彻落实党的十八大、十八届三中全会精神,按照党中央、国务院决策部署,建立"借、用、还"相统一的地方政府性债务管理机制,有效发挥地方政府规范举债的积极作用,切实防范化解财政金融风险,促进国民经济持续健康发展。

(二)基本原则。

疏堵结合。修明渠、堵暗道,赋予地方政府依法适度举债融资权限,加快建立规范的地方政府举债融资机制。同时,坚决制止地方政府违法违规举债。

分清责任。明确政府和企业的责任,政府债务不得通过企业举借,企业债务不得推给政府偿还,切实做到谁借谁还、风险自担。政府与社会资本合作的,按约定规则依法承担相关责任。

规范管理。对地方政府债务实行规模控制,严格限定政府举债程序和资金用途,把地方政府债务分门别类纳入全口径预算管理,实现"借、用、还"相统一。

防范风险。牢牢守住不发生区域性和系统性风险的底线,切实防范和化解财政金融风险。

稳步推进。加强债务管理,既要积极推进,又要谨慎稳健。在规范管理的同时,要妥善处理存量债务,确保在建项目有序推进。

二、加快建立规范的地方政府举债融资机制

(一)赋予地方政府依法适度举债权限。经国务院批准,省、自治区、直辖市政府可以适度举借债务,市县级政府确需举借债务的由省、自治区、直辖市政府代为举借。明确划清政府与企业界限,政府债务只能通过政府及其部门举借,不得通过企事业单位等举借。

(二)建立规范的地方政府举债融资机制。地方政府举债采取政府债券方式。没有收益的公益性事业发展确需政府举借一般债务的,由地方政府发行一般债券融资,主要以一般公共预算收入偿还。有一定收益的公益性事业发展确需政府举借专项债务的,由地方政府通过发行专项债券融资,以对应的政府性基金或专项收入偿还。

(三)推广使用政府与社会资本合作模式。

鼓励社会资本通过特许经营等方式，参与城市基础设施等有一定收益的公益性事业投资和运营。政府通过特许经营权、合理定价、财政补贴等事先公开的收益约定规则，使投资者有长期稳定收益。投资者按照市场化原则出资，按约定规则独自或与政府共同成立特别目的公司建设和运营合作项目。投资者或特别目的公司可以通过银行贷款、企业债、项目收益债券、资产证券化等市场化方式举债并承担偿债责任。政府对投资者或特别目的公司按约定规则依法承担特许经营权、合理定价、财政补贴等相关责任，不承担投资者或特别目的公司的偿债责任。

（四）加强政府或有债务监管。剥离融资平台公司政府融资职能，融资平台公司不得新增政府债务。地方政府新发生或有债务，要严格限定在依法担保的范围内，并根据担保合同依法承担相关责任。地方政府要加强对或有债务的统计分析和风险防控，做好相关监管工作。

三、对地方政府债务实行规模控制和预算管理

（一）对地方政府债务实行规模控制。地方政府债务规模实行限额管理，地方政府举债不得突破批准的限额。地方政府一般债务和专项债务规模纳入限额管理，由国务院确定并报全国人大或其常委会批准，分地区限额由财政部在全国人大或其常委会批准的地方政府债务规模内根据各地区债务风险、财力状况等因素测算并报国务院批准。

（二）严格限定地方政府举债程序和资金用途。地方政府在国务院批准的分地区限额内举借债务，必须报本级人大或其常委会批准。地方政府不得通过企事业单位等举借债务。地方政府举借债务要遵循市场化原则。建立地方政府信用评级制度，逐步完善地方政府债券市场。地方政府举借的债务，只能用于公益性资本支出和适度归还存量债务，不得用于经常性支出。

（三）把地方政府债务分门别类纳入全口径预算管理。地方政府要将一般债务收支纳入一般公共预算管理，将专项债务收支纳入政府性基金预算管理，将政府与社会资本合作项目中的财政补贴等支出按性质纳入相应政府预算管理。地方政府各部门、各单位要将债务收支纳入部门和单位预算管理。或有债务确需地方政府或其部门、单位依法承担偿债责任的，偿债资金要纳入相应预算管理。

四、控制和化解地方政府性债务风险

（一）建立地方政府性债务风险预警机制。财政部根据各地区一般债务、专项债务、或有债务等情况，测算债务率、新增债务率、偿债率、逾期债务率等指标，评估各地区债务风险状况，对债务高风险地区进行风险预警。列入风险预警范围的债务高风险地区，要积极采取措施，逐步降低风险。债务风险相对较低的地区，要合理控制债务余额的规模和增长速度。

（二）建立债务风险应急处置机制。要硬化预算约束，防范道德风险，地方政府对其举借的债务负有偿还责任，中央政府实行不救助原则。各级政府要制定应急处置预案，建立责任追究机制。地方政府出现偿债困难时，要通过控制项目规模、压缩公用经费、处置存量资产等方式，多渠道筹集资金偿还债务。地方政府难以自行偿还债务时，要及时上报，本级和上级政府要启动债务风险应急处置预案和责任追究机制，切实化解债务风险，并追究相关人员责任。

（三）严肃财经纪律。建立对违法违规融资和违规使用政府性债务资金的惩罚机制，加大对地方政府性债务管理的监督检查力度。地方政府及其所属部门不得在预算之外违法违规举借债务，不得以支持公益性事业发展名义举借债务用于经常性支出或楼堂馆所建设，不得挪用债务资金或改变既定资金用途；对企业的注资、财政补贴等行为必须依法合规，不得违法为任何单位和个人的债务以任何方式提供担保；不得违规干预金融机构等正常经营活动，不得强制金融机构等提供政府性融资。地方政府要进一步规范土地出让管理，坚决制止违法违规出让土地及融资行为。

五、完善配套制度

（一）完善债务报告和公开制度。完善地方政府性债务统计报告制度，加快建立权责发生制的政府综合财务报告制度，全面反映政府的资产负债情况。对于中央出台的重大政策措施如棚户区改造等形成的政府性债务，应当单独统计、单独核算、单独检查、单独考核。建立

地方政府性债务公开制度,加强政府信用体系建设。各地区要定期向社会公开政府性债务及其项目建设情况,自觉接受社会监督。

(二)建立考核问责机制。把政府性债务作为一个硬指标纳入政绩考核。明确责任落实,各省、自治区、直辖市政府要对本地区地方政府性债务负责任。强化教育和考核,纠正不正确的政绩导向。对脱离实际过度举债、违法违规举债或担保、违规使用债务资金、恶意逃废债务等行为,要追究相关责任人责任。

(三)强化债权人约束。金融机构等不得违法违规向地方政府提供融资,不得要求地方政府违法违规提供担保。金融机构等购买地方政府债券要符合监管规定,向属于政府或有债务举借主体的企业法人等提供融资要严格规范信贷管理,切实加强风险识别和风险管理。金融机构等违法违规提供政府性融资的,应自行承担相应损失,并按照商业银行法、银行业监督管理法等法律法规追究相关机构和人员的责任。

六、妥善处理存量债务和在建项目后续融资

(一)抓紧将存量债务纳入预算管理。以2013年政府性债务审计结果为基础,结合审计后债务增减变化情况,经债权人与债务人共同协商确认,对地方政府性债务存量进行甄别。对地方政府及其部门举借的债务,相应纳入一般债务和专项债务。对企事业单位举借的债务,凡属于政府应当偿还的债务,相应纳入一般债务和专项债务。地方政府将甄别后的政府存量债务逐级汇总上报国务院批准后,分类纳入预算管理。纳入预算管理的债务原有债权债务关系不变,偿债资金要按照预算管理要求规范管理。

(二)积极降低存量债务利息负担。对甄别后纳入预算管理的地方政府存量债务,各地区可申请发行地方政府债券置换,以降低利息负担,优化期限结构,腾出更多资金用于重点项目建设。

(三)妥善偿还存量债务。处置到期存量债务要遵循市场规则,减少行政干预。对项目自身运营收入能够按时还本付息的债务,应继续通过项目收入偿还。对项目自身运营收入不足以还本付息的债务,可以通过依法注入优质资产、加强经营管理、加大改革力度等措施,提高项目盈利能力,增强偿债能力。地方政府应指导和督促有关债务举借单位加强财务管理、拓宽偿债资金渠道、统筹安排偿债资金。对确需地方政府偿还的债务,地方政府要切实履行偿债责任,必要时可以处置政府资产偿还债务。对确需地方政府履行担保或救助责任的债务,地方政府要切实依法履行协议约定,作出妥善安排。有关债务举借单位和连带责任人要按照协议认真落实偿债责任,明确偿债时限,按时还本付息,不得单方面改变原有债权债务关系,不得转嫁偿债责任和逃废债务。对确已形成损失的存量债务,债权人应按照商业化原则承担相应责任和损失。

(四)确保在建项目后续融资。地方政府要统筹各类资金,优先保障在建项目续建和收尾。对使用债务资金的在建项目,原贷款银行等要重新进行审核,凡符合国家有关规定的项目,要继续按协议提供贷款,推进项目建设;对在建项目确实没有其他建设资金来源的,应主要通过政府与社会资本合作模式和地方政府债券解决后续融资。

七、加强组织领导

各地区、各部门要高度重视,把思想和行动统一到党中央、国务院决策部署上来。地方政府要切实担负起加强地方政府性债务管理、防范化解财政金融风险的责任,结合实际制定具体方案,政府主要负责人要作为第一责任人,认真抓好政策落实。要建立地方政府性债务协调机制,统筹加强地方政府性债务管理。财政部门作为地方政府性债务归口管理部门,要完善债务管理制度,充实债务管理力量,做好债务规模控制、债券发行、预算管理、统计分析和风险监控等工作;发展改革部门要加强政府投资计划管理和项目审批,从严审批债务风险较高地区的新开工项目;金融监管部门要加强监管、正确引导,制止金融机构等违法违规提供融资;审计部门要依法加强对地方政府性债务的审计监督,促进完善债务管理制度,防范风险,规范管理,提高资金使用效益。各地区、各部门要切实履行职责,加强协调配合,全面做好加强地方政府性债务管理各项工作,确保政策贯彻落实到位。

国务院关于取消和调整一批行政审批项目等事项的决定

（2014年10月23日　国发〔2014〕50号）

各省、自治区、直辖市人民政府，国务院各部委、各直属机构：

经研究论证，国务院决定，取消和下放58项行政审批项目，取消67项职业资格许可和认定事项，取消19项评比达标表彰项目，将82项工商登记前置审批事项调整或明确为后置审批。另建议取消和下放32项依据有关法律设立的行政审批和职业资格许可认定事项，将7项依据有关法律设立的工商登记前置审批事项改为后置审批，国务院将依照法定程序提请全国人民代表大会常务委员会修订相关法律规定。

附件：1. 国务院决定取消和下放管理层级的行政审批项目目录（共计58项）
2. 国务院决定取消的职业资格许可和认定事项目录（共计67项）
3. 国务院决定取消的评比达标表彰项目目录（共计19项）
4. 国务院决定调整或明确为后置审批的工商登记前置审批事项目录（共计82项）

附件1

国务院决定取消和下放管理层级的行政审批项目目录
（共计58项）

序号	项目名称	审批部门	其他共同审批部门	设定依据	处理决定	备注
1	商业银行承办记账式国债柜台交易审批	中国人民银行	财政部	《国务院对确需保留的行政审批项目设定行政许可的决定》（国务院令第412号）	取消	
2	贷款卡发放核准	中国人民银行	无	《国务院对确需保留的行政审批项目设定行政许可的决定》（国务院令第412号）	取消	原由中国人民银行及其分支行实施，此次一并取消
3	个人携带黄金及其制品进出境审批	中国人民银行	无	《国务院对确需保留的行政审批项目设定行政许可的决定》（国务院令第412号）	取消	

续表

序号	项目名称	审批部门	其他共同审批部门	设定依据	处理决定	备注
4	境外上市外资股项下境外募集资金调回结汇审批	国家外汇局	无	《国务院对确需保留的行政审批项目设定行政许可的决定》(国务院令第412号)	取消	原由国家外汇局及其分支局实施,此次一并取消
5	合格境外机构投资者托管人资格审批	证监会	国家外汇局、银监会	《国务院对确需保留的行政审批项目设定行政许可的决定》(国务院令第412号)	取消	
6	期货公司变更法定代表人、住所或者营业场所,设立或者终止境内分支机构,变更境内分支机构经营范围的审批	证监会	无	《期货交易管理条例》(国务院令第627号)	取消	原由证监会派出机构实施
7	证券公司行政重组审批及延长行政重组期限审批	证监会	无	《证券公司风险处置条例》(国务院令第523号)	取消	
8	证券金融公司变更名称、注册资本、股东、住所、职责范围,制定或者修改公司章程,设立或者撤销分支机构审批	证监会	无	《转融通业务监督管理试行办法》(证监会令2011年第75号)	取消	
9	转融通互保基金管理办法审批	证监会	无	《转融通业务监督管理试行办法》(证监会令2011年第75号)	取消	
10	转融通业务规则审批	证监会	无	《转融通业务监督管理试行办法》(证监会令2011年第75号)	取消	

续表

序号	项目名称	审批部门	其他共同审批部门	设定依据	处理决定	备注
11	证券公司融资融券业务监控规则审批	证监会	无	《转融通业务监督管理试行办法》(证监会令2011年第75号)	取消	
12	从事证券相关业务的证券类机构借入或发行、偿还或兑付次级债审批	证监会	无	《证券公司次级债管理规定》(证监会公告2012年51号)	取消	
13	在营企业完成改组改制、符合豁免条件的东北老工业基地企业历史欠税豁免审批	税务总局	辽宁、吉林、黑龙江省和大连市财政部门	《财政部　国家税务总局关于豁免东北老工业基地企业历史欠税有关问题的通知》(财税〔2006〕167号) 《财政部　国家税务总局关于豁免东北老工业基地企业历史欠税问题的批复》(财税〔2009〕58号)	取消	
14	葡萄酒消费税退税审批	税务总局	无	《葡萄酒消费税管理办法(试行)》(国税发〔2006〕66号)	取消	
15	销货退回的消费税退税审批	税务总局	无	《中华人民共和国消费税暂行条例实施细则》(财政部、税务总局令2008年第51号)	取消	
16	出口应税消费品办理免税后发生退关或国外退货补缴消费税审批	税务总局	无	《中华人民共和国消费税暂行条例实施细则》(财政部、税务总局令2008年第51号)	取消	
17	收入全额归属中央的企业下属二级及二级以下分支机构名单的备案审核	税务总局	无	《国家税务总局关于中国工商银行股份有限公司等企业企业所得税有关征管问题的通知》(国税函〔2010〕184号)	取消	

续表

序号	项目名称	审批部门	其他共同审批部门	设定依据	处理决定	备注
18	汇总纳税企业组织结构变更审核	税务总局	无	《跨地区经营汇总纳税企业所得税征收管理办法》(税务总局公告2012年第57号)	取消	
19	以上市公司股权出资不征证券交易印花税的认定	税务总局	无	《财政部　国家税务总局关于以上市公司股权出资有关证券(股票)交易印花税政策问题的通知》(财税〔2010〕7号)	取消	
20	一级注册建筑师执业资格认定	住房城乡建设部	无	《中华人民共和国建筑法》《中华人民共和国注册建筑师条例》(国务院令第184号)	取消	
21	在国家级风景名胜区内修建缆车、索道等重大建设工程项目选址方案核准	住房城乡建设部	无	《风景名胜区条例》(国务院令第474号)	下放至省级人民政府住房城乡建设行政主管部门	
22	外商投资企业从事城市规划服务资格证书核发	住房城乡建设部	商务部	《中华人民共和国城乡规划法》《国务院对确需保留的行政审批项目设定行政许可的决定》(国务院令第412号)《外商投资城市规划服务企业管理规定》(建设部令2003年第116号)	取消	
23	经营港口理货业务许可	交通运输部	无	《中华人民共和国港口法》《港口经营管理规定》(交通运输部令2009年第13号)	下放至省级人民政府交通运输行政主管部门	
24	国家重点公路工程施工许可	交通运输部	无	《中华人民共和国公路法》《公路建设市场管理办法》(交通运输部令2011年第11号)	下放至省级人民政府交通运输行政主管部门	

续表

序号	项目名称	审批部门	其他共同审批部门	设定依据	处理决定	备注
25	内河运输危险化学品船舶污染损害责任保险证书或者财务担保证明核发	交通运输部	无	《危险化学品安全管理条例》（国务院令第591号）	取消	
26	船员适任证书核发	交通运输部	无	《中华人民共和国船员条例》（国务院令第494号）	下放至省级及以下海事管理机构	
27	农作物种子质量检验机构资格认定	农业部	无	《中华人民共和国种子法》《农作物种子质量检验机构考核管理办法》（农业部令2008年第12号）	下放至省级人民政府农业行政主管部门	
28	保税工厂设立	海关总署	无	《中华人民共和国海关对加工贸易保税工厂的管理办法》（〔1988〕署货字第343号）	取消	原由直属海关审批
29	进料加工保税集团登记	海关总署	无	《中华人民共和国海关对进料加工保税集团管理办法》（海关总署令1993年第41号）	取消	原由直属海关审批
30	进口旧机电产品备案	质检总局	无	《中华人民共和国进出口商品检验法实施条例》（国务院令第447号）	取消	
31	广播电视播出机构赴境外租买频道、办台审批	新闻出版广电总局	无	《国务院办公厅关于保留部分非行政许可审批项目的通知》（国办发〔2004〕62号）	取消	
32	生产第一类中的药品类易制毒化学品审批	食品药品监管总局	无	《易制毒化学品管理条例》（国务院令第445号）	下放至省级人民政府食品药品监管部门	

续表

序号	项目名称	审批部门	其他共同审批部门	设定依据	处理决定	备注
33	东北、内蒙古重点国有林区年度木材生产计划审批	国家林业局	无	《中华人民共和国森林法》 《中华人民共和国森林法实施条例》(国务院令第278号) 《国务院批转林业局关于全国"十二五"期间年森林采伐限额审核意见的通知》(国发〔2011〕3号)	取消	
34	重点国有林区木材运输证核发	国家林业局	无	《中华人民共和国森林法》 《中华人民共和国森林法实施条例》(国务院令第278号)	下放至省级人民政府林业主管部门	
35	在重点国有林区经营(含加工)木材审批	国家林业局	无	《中华人民共和国森林法实施条例》(国务院令第278号)	下放至省级人民政府林业主管部门	
36	防雷产品使用备案核准	中国气象局	无	《防雷减灾管理办法》(中国气象局令第24号)	取消	原由省级气象主管机构实施
37	外地防雷工程专业资质备案核准	中国气象局	无	《防雷工程专业资质管理办法》(中国气象局令第25号)	取消	原由省级气象主管机构实施
38	为教学和科学研究等开展的临时气象观测备案核准	中国气象局	无	《气象行业管理若干规定》(中国气象局令第12号)	取消	原由省级气象主管机构实施
39	国家重点建设水电站项目和国家核准(审批)水电站项目竣工验收	国家能源局	无	《水库大坝安全管理条例》(国务院令第77号) 《国务院办公厅关于加强基础设施工程质量管理的通知》(国办发〔1999〕16号) 《国务院办公厅关于印发国家能源局主要职责内设机构和人员编制规定的通知》(国办发〔2013〕51号)	下放至省级人民政府能源主管部门	

续表

序号	项目名称	审批部门	其他共同审批部门	设定依据	处理决定	备注
40	跨区域电网输配电价审核	国家能源局	国家发展改革委	《国务院办公厅关于印发国家能源局主要职责内设机构和人员编制规定的通知》(国办发〔2013〕51号)	取消	
41	中央政府专项资金使用审批：能源领域技术研发资金、行业规划和行业标准经费	国家能源局	无	《中华人民共和国标准化法》 《中华人民共和国标准化法实施条例》(国务院令第53号) 《国务院办公厅关于印发国家能源局主要职责内设机构和人员编制规定的通知》(国办发〔2013〕51号)	取消	
42	发电机组进入及退出商业运营审核	国家能源局	无	《发电机组进入及退出商业运营管理办法》(电监市场〔2011〕32号)	取消	
43	发电机组并网安全性评价	国家能源局	无	《电力监管条例》(国务院令第432号) 《发电机组进入及退出商业运营管理办法》(电监市场〔2011〕32号) 《电网运行规则(试行)》(电监会令2006年第22号)	取消	
44	重要商品年度计划审批：煤层气商品量分配计划	国家能源局	无	《中华人民共和国矿产资源法》 《国家发展改革委关于取消、调整和保留行政审批项目的通知》(发改政研〔2004〕3008号) 《国务院办公厅关于印发国家能源局主要职责内设机构和人员编制规定的通知》(国办发〔2013〕51号)	取消	
45	研究堆操纵人员资格审核	国家国防科工局	无	《中华人民共和国民用核设施安全监督管理条例》(1986年10月29日国务院发布)	取消	
46	设立烟叶收购站(点)审批	国家烟草局	无	《中华人民共和国烟草专卖法》 《中华人民共和国烟草专卖法实施条例》(国务院令第223号)	下放至设区的市级烟草专卖行政主管部门	

续表

序号	项目名称	审批部门	其他共同审批部门	设定依据	处理决定	备注
47	烟草专卖品中外合资、合作项目及中外合资企业变更事项审批	国家烟草局	无	《中华人民共和国烟草专卖法》《国务院办公厅关于保留部分非行政许可审批项目的通知》(国办发〔2004〕62号)	取消	
48	测绘行业特有工种职业技能鉴定	国家测绘地信局	无	《职业技能鉴定规定》(劳部发〔1993〕134号)《测绘行业特有工种职业技能鉴定实施办法(试行)》(国测人字〔1997〕12号)	取消	
49	商业非运输运营人、私用大型航空器运营人、航空器代管人运行合格证核发	中国民航局	无	《国务院对确需保留的行政审批项目设定行政许可的决定》(国务院令第412号)	下放至民航地区管理局	
50	民用航空器地面教员执照核发	中国民航局	无	《国务院对确需保留的行政审批项目设定行政许可的决定》(国务院令第412号)《国务院关于第六批取消和调整行政审批项目的决定》(国发〔2012〕52号)	取消	原由民航地区管理局审批
51	民用航空器噪声合格证和涡轮发动机飞机排放物合格认可	中国民航局	无	《国务院对确需保留的行政审批项目设定行政许可的决定》(国务院令第412号)	取消	
52	运输机场专业工程验收许可	中国民航局	无	《民用机场管理条例》(国务院令第553号)	下放至民航地区管理局	
53	民用航空器改装设计批准(MDA)	中国民航局	无	《中华人民共和国民用航空器适航管理条例》(1987年5月4日国务院发布)	下放至民航地区管理局	

续表

序号	项目名称	审批部门	其他共同审批部门	设定依据	处理决定	备注
54	民用航空器生产检验系统批准（A-PIS）	中国民航局	无	《国务院对确需保留的行政审批项目设定行政许可的决定》（国务院令第412号）	取消	
55	民用航空器零部件制造人批准（PMA）	中国民航局	无	《国务院对确需保留的行政审批项目设定行政许可的决定》（国务院令第412号）	下放至民航地区管理局	
56	民用航空器零部件适航批准	中国民航局	无	《国务院对确需保留的行政审批项目设定行政许可的决定》（国务院令第412号）	下放至民航地区管理局	
57	撤销提供邮政普遍服务的邮政营业场所审批	国家邮政局	无	《中华人民共和国邮政法》	下放至省（区、市）邮政管理局和市（地）邮政管理局	
58	邮政企业停止办理或者限制办理邮政普遍服务业务和特殊服务业务审批	国家邮政局	无	《中华人民共和国邮政法》	下放至省（区、市）邮政管理局和市（地）邮政管理局	

附件2

国务院决定取消的职业资格许可和认定事项目录

（共计67项）

一、取消的专业技术人员职业资格许可和认定事项(共计26项,其中准入类14项,水平评价类12项)

序号	项目名称	实施部门(单位)	资格类别	设定依据	处理决定	备注
1	土地估价师资格	国土资源部	准入类	《土地估价师资格考试管理办法》(国土资源部令2006年第35号)	取消	
2	机动车驾驶员培训机构教学负责人、机动车驾驶员培训结业考核人员从业资格	交通运输部	准入类	《道路运输从业人员管理规定》(交通部令2006年第9号)	取消	
3	公路水运工程试验检测人员资格	交通运输部	准入类	《公路水运工程试验检测管理办法》(交通部令2005年第12号)	取消	
4	理货人员从业资格	交通运输部	准入类	《关于印发〈理货人员从业资格管理办法〉等三个办法的通知》(交水发〔2007〕575号)	取消	
5	水土保持监测人员上岗资格	水利部	准入类	《水土保持生态环境监测网络管理办法》(水利部令2000年第12号)	取消	
6	拍卖行业从业人员资格	中国拍卖行业协会	准入类	《拍卖管理办法》(商务部令2004年第24号)	取消	原实施单位为国资委管理的行业协会
7	机械工业质量管理咨询师	中国机械工业质量管理协会	准入类	《关于试行机械工业质量管理咨询诊断师证书的暂行规定》(84机质字242号)		
8	机械工业标准复核人员资格	中国机械工业标准化技术协会	准入类	《机械工业标准复核人员管理细则(试行)》(机科标〔1994〕38号)		
9	机械工业企业标准化人员资格	中国机械工业标准化技术协会	准入类	《关于开展机械工业企业标准化培训工作的通知》(机科标〔1995〕93号)		

续表

序号	项目名称	实施部门（单位）	资格类别	设定依据	处理决定	备注
10	出入境检验检疫报检员资格	质检总局	准入类	《国务院对确需保留的行政审批项目设定行政许可的决定》（国务院令第412号） 《中华人民共和国进出口商品检验法实施条例》（国务院令第447号）	取消	
11	外国证券类机构驻华代表机构首席代表资格核准	证监会	准入类	《国务院对确需保留的行政审批项目设定行政许可的决定》（国务院令第412号）	取消	
12	保荐代表人资格	证监会	准入类	《国务院对确需保留的行政审批项目设定行政许可的决定》（国务院令第412号）	取消	
13	保险公司精算专业人员资格认可	保监会	准入类	《中华人民共和国保险法》	取消	
14	保险公估机构高级管理人员任职资格核准	保监会	准入类	《国务院对确需保留的行政审批项目设定行政许可的决定》（国务院令第412号）	取消	
15	注册企业培训师	国家发展改革委	水平评价类	无	取消	原由中国人力资源开发研究会具体实施
16	中国职业经理人	国家发展改革委	水平评价类	无	取消	原由中国人力资源开发研究会具体实施
17	商业企业价格人员岗位资格行业认证	国家发展改革委	水平评价类	《价格认证管理办法》（计价格〔1999〕1074号） 《商业企业价格人员岗位资格行业认证办法（试行）》（发改价证认〔2004〕36号）	取消	原由国家发展改革委价格认证中心具体实施

续表

序号	项目名称	实施部门(单位)	资格类别	设定依据	处理决定	备注
18	机械工业企业价格人员岗位资格行业认证	国家发展改革委	水平评价类	《价格认证管理办法》(计价格〔1999〕1074号) 《全国机械工业企业价格人员岗位资格行业认证办法(试行)》(中机联人〔2006〕56号)	取消	原由国家发展改革委价格认证中心具体实施
19	建设项目水资源论证上岗资格	水利部	水平评价类	《建设项目水资源论证管理办法》(水利部、国家发展计划委员会令2002年第15号) 《水文水资源调查评价资质和建设项目水资源论证资质管理办法(试行)》(水利部令2003年第17号)	取消	
20	内部审计人员岗位资格	审计署	水平评价类	《内部审计人员岗位资格证书实施办法》(中内协发〔2003〕22号) 《审计署关于内部审计工作的规定》(审计署令2003年第4号)	取消	
21	特许经营管理师	中国商业联合会	水平评价类	《特许经营管理师》协会标准(CGCC/Z0005－2007)	取消	
22	QC小组活动诊断师	中国机械工业质量管理协会	水平评价类	无	取消	原实施单位为国资委管理的行业协会
23	机械工业质量管理奖评审员	中国机械工业质量管理协会	水平评价类	无	取消	
24	知识产权管理工程师	国家知识产权局	水平评价类	无	取消	
25	金融理财师	原由中国人民银行中国金融教育发展基金会实施,2009年后由社会机构自行实施	水平评价类	无	取消	

续表

序号	项目名称	实施部门（单位）	资格类别	设定依据	处理决定	备注
26	国际金融理财师	原由中国人民银行中国金融教育发展基金会实施，2009年后由社会机构自行实施	水平评价类	无	取消	

二、取消的技能人员职业资格许可和认定事项（共计41项，其中准入类1项，水平评价类40项）

序号	项目名称	实施部门（单位）	资格类别	设定依据	处理决定	备注
1	中央储备粮保管、检验、防治人员资格认定	国家粮食局	准入类	《中央储备粮管理条例》（国务院令第388号）	取消	
2	长途电话交换机务员	工业和信息化部	水平评价类	《邮电通信行业职业技能标准（试行）》（邮部联〔1996〕515号） 《关于颁发〈国家职业技能鉴定规范（邮电营业员等五十七职业）〉（考核大纲）的通知》（邮部联〔1996〕1060号）	取消	
3	市内电话交换机务员	工业和信息化部	水平评价类	《邮电通信行业职业技能标准（试行）》（邮部联〔1996〕515号） 《关于颁发〈国家职业技能鉴定规范（邮电营业员等五十七职业）〉（考核大纲）的通知》（邮部联〔1996〕1060号）	取消	
4	邮电业务营销员	工业和信息化部	水平评价类	《邮电通信行业职业技能标准（试行）》（邮部联〔1996〕515号） 《关于颁发〈国家职业技能鉴定规范（邮电营业员等五十七职业）〉（考核大纲）的通知》（邮部联〔1996〕1060号）	取消	
5	割草机操作工	农业部	水平评价类	无	取消	
6	农产品加工机械操作工	农业部	水平评价类	无	取消	

续表

序号	项目名称	实施部门(单位)	资格类别	设定依据	处理决定	备注
7	农业技术推广员(水产)	农业部	水平评价类	无	取消	
8	品种试验员	农业部	水平评价类	无	取消	
9	水稻直播机操作工	农业部	水平评价类	无	取消	
10	植物组织培养员	农业部	水平评价类	无	取消	
11	种子贮藏技术人员	农业部	水平评价类	无	取消	
12	健康教育指导师资格	国家卫生计生委	水平评价类	《全国健康教育与健康促进工作规划纲要(2005—2010年)》(卫妇社发〔2005〕11号)	取消	
13	中国保健行业心理保健师资格	国家卫生计生委	水平评价类	无	取消	
14	中国保健行业营养保健师资格	国家卫生计生委	水平评价类	无	取消	
15	安全评价人员资格	安全监管总局	水平评价类	《安全评价人员资格登记管理规则》(安监总规划字〔2005〕108号)	取消	
16	松香包装工	国家林业局	水平评价类	《中华人民共和国工种分类目录》(1992)	取消	
17	木材搬运工	国家林业局	水平评价类	《中华人民共和国工种分类目录》(1992)	取消	
18	挂杆复烤工	国家烟草局	水平评价类	《中华人民共和国职业分类大典》(1999)	取消	

续表

序号	项目名称	实施部门（单位）	资格类别	设定依据	处理决定	备注
19	不间断电源机务员	中国民航局	水平评价类	《关于印发民航行业飞机维护机械员等79个工种〈国家职业技能鉴定规范〉的通知》（劳社培就司发〔1999〕60号）	取消	民航行业已依照有关规章实施人员内部管理
20	测距设备机务员	中国民航局	水平评价类	《关于印发民航行业飞机维护机械员等79个工种〈国家职业技能鉴定规范〉的通知》（劳社培就司发〔1999〕60号）	取消	
21	电话交换机机务员	中国民航局	水平评价类	《关于印发民航行业飞机维护机械员等79个工种〈国家职业技能鉴定规范〉的通知》（劳社培就司发〔1999〕60号）	取消	
22	电讯材料员	中国民航局	水平评价类	《关于印发民航行业飞机维护机械员等79个工种〈国家职业技能鉴定规范〉的通知》（劳社培就司发〔1999〕60号）	取消	
23	二次雷达机务员	中国民航局	水平评价类	《关于印发民航行业飞机维护机械员等79个工种〈国家职业技能鉴定规范〉的通知》（劳社培就司发〔1999〕60号）	取消	
24	飞机（苏式）维护电气员	中国民航局	水平评价类	《关于印发民航行业飞机维护机械员等79个工种〈国家职业技能鉴定规范〉的通知》（劳社培就司发〔1999〕60号）	取消	

续表

序号	项目名称	实施部门（单位）	资格类别	设定依据	处理决定	备注
25	飞机(苏式)维护无线电、雷达员	中国民航局	水平评价类	《关于印发民航行业飞机维护机械员等79个工种〈国家职业技能鉴定规范〉的通知》(劳社培就司发〔1999〕60号)	取消	
26	飞机(苏式)维护仪表员	中国民航局	水平评价类	《关于印发民航行业飞机维护机械员等79个工种〈国家职业技能鉴定规范〉的通知》(劳社培就司发〔1999〕60号)	取消	
27	飞机电气修理工	中国民航局	水平评价类	《关于印发民航行业飞机维护机械员等79个工种〈国家职业技能鉴定规范〉的通知》(劳社培就司发〔1999〕60号)	取消	
28	飞机机械附件修理工	中国民航局	水平评价类	《关于印发民航行业飞机维护机械员等79个工种〈国家职业技能鉴定规范〉的通知》(劳社培就司发〔1999〕60号)	取消	
29	飞机结构修理工	中国民航局	水平评价类	《关于印发民航行业飞机维护机械员等79个工种〈国家职业技能鉴定规范〉的通知》(劳社培就司发〔1999〕60号)	取消	
30	飞机气动、救生设备修理工	中国民航局	水平评价类	《关于印发民航行业飞机维护机械员等79个工种〈国家职业技能鉴定规范〉的通知》(劳社培就司发〔1999〕60号)	取消	
31	飞机维护电气员	中国民航局	水平评价类	《关于印发民航行业飞机维护机械员等79个工种〈国家职业技能鉴定规范〉的通知》(劳社培就司发〔1999〕60号)	取消	

续表

序号	项目名称	实施部门（单位）	资格类别	设定依据	处理决定	备注
32	飞行计划处理设备机务员	中国民航局	水平评价类	《关于印发民航行业飞机维护机械员等79个工种〈国家职业技能鉴定规范〉的通知》（劳社培就司发〔1999〕60号）	取消	
33	归航机/指点标机机务员	中国民航局	水平评价类	《关于印发民航行业飞机维护机械员等79个工种〈国家职业技能鉴定规范〉的通知》（劳社培就司发〔1999〕60号）	取消	
34	航管计算机外围设备机务员	中国民航局	水平评价类	《关于印发民航行业飞机维护机械员等79个工种〈国家职业技能鉴定规范〉的通知》（劳社培就司发〔1999〕60号）	取消	
35	航管计算机硬件机务员	中国民航局	水平评价类	《关于印发民航行业飞机维护机械员等79个工种〈国家职业技能鉴定规范〉的通知》（劳社培就司发〔1999〕60号）	取消	
36	航空材料员	中国民航局	水平评价类	《关于印发民航行业飞机维护机械员等79个工种〈国家职业技能鉴定规范〉的通知》（劳社培就司发〔1999〕60号）	取消	
37	航空电信报（话）务员	中国民航局	水平评价类	《关于印发民航行业飞机维护机械员等79个工种〈国家职业技能鉴定规范〉的通知》（劳社培就司发〔1999〕60号）	取消	
38	航空发动机附件修理工	中国民航局	水平评价类	《关于印发民航行业飞机维护机械员等79个工种〈国家职业技能鉴定规范〉的通知》（劳社培就司发〔1999〕60号）	取消	

续表

序号	项目名称	实施部门(单位)	资格类别	设定依据	处理决定	备注
39	航空发动机修理工	中国民航局	水平评价类	《关于印发民航行业飞机维护机械员等79个工种〈国家职业技能鉴定规范〉的通知》(劳社培就司发〔1999〕60号)	取消	
40	航管内话通信机务员	中国民航局	水平评价类	《关于印发民航行业飞机维护机械员等79个工种〈国家职业技能鉴定规范〉的通知》(劳社培就司发〔1999〕60号)	取消	
41	航空摄影测绘员	中国民航局	水平评价类	《关于印发民航行业飞机维护机械员等79个工种〈国家职业技能鉴定规范〉的通知》(劳社培就司发〔1999〕60号)	取消	

附件3

国务院决定取消的评比达标表彰项目目录

(共计19项)

序号	项目名称	主办单位	处理决定
1	全国民族体育先进集体、先进个人和民族体育科学论文评选	国家民委	取消
2	全国民委系统信息工作先进集体、先进个人和优秀信息表彰	国家民委	取消
3	创建“文明样板航道”	交通运输部	取消
4	交通运输综合统计工作评比	交通运输部	取消
5	文化发展统计分析报告优秀稿件评比	文化部	取消
6	文化部文化艺术科学优秀成果奖	文化部	取消
7	全国工商系统法制宣传教育先进集体和先进个人	工商总局	取消
8	全国工商系统法治工商建设先进单位和先进个人	工商总局	取消
9	全国广播影视系统法制宣传教育先进集体和先进个人	新闻出版广电总局	取消
10	全国投入产出调查先进集体和先进个人	国家统计局	取消
11	国家林业局高等职业教育精品课程评选	国家林业局	取消
12	国家林业局高等职业教育示范性实训基地评选	国家林业局	取消
13	全国知识产权系统杰出青年和优秀青年	国家知识产权局	取消
14	优秀专利代理机构和优秀专利代理人	国家知识产权局	取消
15	保监会系统文明单位	保监会	取消

续表

序号	项目名称	主办单位	处理决定
16	全国粮食行业技术能手、全国粮食行业技能人才培育突出贡献奖	国家粮食局	取消
17	全国火力发电可靠性金牌机组和全国供电可靠性金牌企业表彰	国家能源局	取消
18	政务信息工作先进个人	国家外汇局	取消
19	国际收支统计之星先进单位及个人	国家外汇局	取消

附件4

国务院决定调整或明确为后置审批的工商登记前置审批事项目录

（共计82项）

序号	项目名称	实施机关	设定依据	处理决定
1	价格评估机构资质认定	国家发展改革委或省级人民政府发展改革（物价主管）部门	《国务院对确需保留的行政审批项目设定行政许可的决定》（国务院令第412号） 《国务院关于第六批取消和调整行政审批项目的决定》（国发〔2012〕52号） 《价格评估机构资质认定管理办法》（国家发展改革委令2005年第32号）	改为后置审批
2	保安培训许可证核发	省级人民政府公安机关	《保安服务管理条例》（国务院令第564号）	改为后置审批
3	资产评估机构设立审批	省级人民政府财政行政主管部门	《国有资产评估管理办法》（国务院令第91号） 《国务院关于第三批取消和调整行政审批项目的决定》（国发〔2004〕16号） 《资产评估机构审批和监督管理办法》（财政部令2011年第64号）	改为后置审批
4	会计师事务所及其分支机构设立审批	省级人民政府财政行政主管部门	《中华人民共和国注册会计师法》 《会计师事务所审批和监督暂行办法》（财政部令第24号） 《国务院关于取消和下放一批行政审批项目的决定》（国发〔2013〕44号）	改为后置审批
5	中介机构从事会计代理记账业务审批	县级以上地方人民政府财政行政主管部门	《中华人民共和国会计法》 《代理记账管理办法》（财政部令第27号）	改为后置审批
6	中外合作职业技能培训机构设立审批	省级人民政府人力资源社会保障行政主管部门	《中华人民共和国中外合作办学条例》（国务院令第372号） 《中外合作职业技能培训办学管理办法》（劳动和社会保障部令第27号）	改为后置审批

续表

序号	项目名称	实施机关	设定依据	处理决定
7	设立人才中介服务机构及其业务范围审批	县级以上人民政府人力资源社会保障行政主管部门	《国务院对确需保留的行政审批项目设定行政许可的决定》(国务院令第412号) 《人才市场管理规定》(人事部、工商总局令2005年第4号)	改为后置审批
8	危险废物经营许可	省级人民政府环境保护行政主管部门	《中华人民共和国固体废物污染环境防治法》 《危险废物经营许可证管理办法》(国务院令第408号) 《国务院关于取消和下放一批行政审批项目的决定》(国发〔2013〕44号)	改为后置审批
9	拆船厂设置环境影响报告书审批	县级以上地方人民政府环境保护行政主管部门	《防止拆船污染环境管理条例》(1988年5月18日国务院发布)	改为后置审批
10	经营港口理货业务许可	省级人民政府交通运输行政主管部门	《中华人民共和国港口法》 《港口经营管理规定》(交通运输部令2009年第13号)	改为后置审批
11	从事国际道路运输审批	省级人民政府道路运输管理机构	《中华人民共和国道路运输条例》(国务院令第406号)	改为后置审批
12	道路运输站(场)经营业务许可证核发	县级人民政府道路运输管理机构	《中华人民共和国道路运输条例》(国务院令第406号)	改为后置审批
13	机动车维修经营业务许可证核发	县级人民政府道路运输管理机构	《中华人民共和国道路运输条例》(国务院令第406号)	改为后置审批
14	机动车驾驶员培训业务许可证核发	县级人民政府道路运输管理机构	《中华人民共和国道路运输条例》(国务院令第406号)	改为后置审批
15	国家重点保护水生野生动物驯养繁殖许可证核发	农业部或省级人民政府渔业行政主管部门	《中华人民共和国野生动物保护法》 《中华人民共和国水生野生动物保护实施条例》(农业部令1993年第1号)	改为后置审批
16	设立饲料添加剂、添加剂预混合饲料生产企业审批	省级人民政府饲料管理部门	《饲料和饲料添加剂管理条例》(国务院令第609号) 《国务院关于取消和下放一批行政审批项目的决定》(国发〔2013〕44号)	改为后置审批
17	生猪定点屠宰证书核发	设区的市级人民政府生猪定点屠宰管理部门	《生猪屠宰管理条例》(国务院令第525号)	改为后置审批
18	石油成品油批发经营资格审批	商务部或省级人民政府商务行政主管部门	《国务院对确需保留的行政审批项目设定行政许可的决定》(国务院令第412号) 《国务院办公厅转发国家经贸委等部门关于进一步整顿和规范成品油市场秩序意见的通知》(国办发〔2001〕72号)	改为后置审批

续表

序号	项目名称	实施机关	设定依据	处理决定
19	石油成品油零售经营资格审批	省级人民政府商务行政主管部门	《国务院对确需保留的行政审批项目设定行政许可的决定》(国务院令第412号) 《国务院办公厅转发国家经贸委等部门关于进一步整顿和规范成品油市场秩序意见的通知》(国办发〔2001〕72号)	改为后置审批
20	设立旧机动车鉴定评估机构审批	设区的市级人民政府商务行政主管部门	《国务院对确需保留的行政审批项目设定行政许可的决定》(国务院令第412号) 《国务院关于第四批取消和调整行政审批项目的决定》(国发〔2007〕33号) 《国务院关于第六批取消和调整行政审批项目的决定》(国发〔2012〕52号) 《二手车流通管理办法》(商务部、公安部、工商总局、税务总局令2005年第2号)	改为后置审批
21	鲜茧收购资格认定	省级人民政府商务行政主管部门或茧丝绸生产行政主管部门	《国务院对确需保留的行政审批项目设定行政许可的决定》(国务院令第412号) 《国务院办公厅转发国家经贸委关于深化蚕茧流通体制改革意见的通知》(国办发〔2001〕44号)	改为后置审批
22	设立经营性互联网文化单位审批	省级人民政府文化行政主管部门	《国务院对确需保留的行政审批项目设定行政许可的决定》(国务院令第412号) 《国务院关于第五批取消和下放管理层级行政审批项目的决定》(国发〔2010〕21号)	改为后置审批
23	港、澳服务提供者在内地设立互联网上网服务营业场所	省级人民政府文化行政主管部门	《〈内地与香港关于建立更紧密经贸关系的安排〉补充协议九》 《〈内地与澳门关于建立更紧密经贸关系的安排〉补充协议九》	改为后置审批
24	港、澳服务提供者在内地设立内地方控股合资演出团体审批	县级人民政府文化行政主管部门	《〈内地与香港关于建立更紧密经贸关系的安排〉补充协议九》 《〈内地与澳门关于建立更紧密经贸关系的安排〉补充协议九》	改为后置审批
25	营利性医疗机构设置审批	县级以上人民政府卫生计生行政主管部门	《医疗机构管理条例》(国务院令第149号) 《卫生部、国家中医药管理局、财政部、国家发展计划委员会关于印发〈关于城镇医疗机构分类管理的实施意见〉的通知》(卫医发〔2000〕233号)	改为后置审批

续表

序号	项目名称	实施机关	设定依据	处理决定
26	经营流通人民币审批	中国人民银行	《中华人民共和国人民币管理条例》(国务院令第 280 号)	改为后置审批
27	装帧流通人民币审批	中国人民银行	《中华人民共和国人民币管理条例》(国务院令第 280 号)	改为后置审批
28	设立认证机构审批	质检总局	《中华人民共和国认证认可条例》(国务院令第 390 号)	改为后置审批
29	从事出版物批发业务许可	省级人民政府新闻出版行政主管部门	《出版管理条例》(国务院令第 594 号)	改为后置审批
30	从事出版物零售业务许可	县级人民政府新闻出版行政主管部门	《出版管理条例》(国务院令第 594 号)	改为后置审批
31	设立从事包装装潢印刷品和其他印刷品印刷经营活动的企业审批	设区的市级人民政府新闻出版行政主管部门	《印刷业管理条例》(国务院令第 315 号) 《国务院关于第六批取消和调整行政审批项目的决定》(国发〔2012〕52 号)	改为后置审批
32	印刷业经营者兼营包装装潢和其他印刷品印刷经营活动审批	设区的市级人民政府新闻出版行政主管部门	《印刷业管理条例》(国务院令第 315 号) 《国务院关于第六批取消和调整行政审批项目的决定》(国发〔2012〕52 号)	改为后置审批
33	音像制作单位设立审批	省级人民政府新闻出版行政主管部门	《音像制品管理条例》(国务院令第 595 号)	改为后置审批
34	电子出版物制作单位设立审批	省级人民政府新闻出版行政主管部门	《音像制品管理条例》(国务院令第 595 号)	改为后置审批
35	音像复制单位设立审批	省级人民政府新闻出版行政主管部门	《音像制品管理条例》(国务院令第 595 号) 《国务院关于取消和下放 50 项行政审批项目等事项的决定》(国发〔2013〕27 号)	改为后置审批
36	电子出版物复制单位设立审批	省级人民政府新闻出版行政主管部门	《音像制品管理条例》(国务院令第 595 号) 《国务院关于取消和下放 50 项行政审批项目等事项的决定》(国发〔2013〕27 号)	改为后置审批

续表

序号	项目名称	实施机关	设定依据	处理决定
37	设立可录光盘生产企业审批	省级人民政府新闻出版行政主管部门	《中央宣传部、新闻出版署、国家计划委员会、对外贸易经济合作部、海关总署、国家工商行政管理局、国家版权局关于进一步加强光盘复制管理的通知》（中宣发〔1996〕7 号） 《国务院关于第三批取消和调整行政审批项目的决定》（国发〔2004〕16 号）	改为后置审批
38	烟花爆竹批发许可	设区的市级人民政府安全生产监督管理部门	《烟花爆竹安全管理条例》（国务院令第 455 号） 《国务院关于第六批取消和调整行政审批项目的决定》（国发〔2012〕52 号）	改为后置审批
39	烟花爆竹零售许可	县级人民政府安全生产监督管理部门	《烟花爆竹安全管理条例》（国务院令第 455 号）	改为后置审批
40	互联网药品交易服务企业审批	食品药品监管总局或省级人民政府食品药品监管部门	《国务院对确需保留的行政审批项目设定行政许可的决定》（国务院令第 412 号）	改为后置审批
41	药品、医疗器械互联网信息服务审批	省级人民政府药品监督管理部门	《互联网信息服务管理办法》（国务院令第 292 号）	改为后置审批
42	化妆品生产企业卫生许可	省级人民政府食品药品监管部门	《化妆品卫生监督条例》（1989 年 9 月 26 日国务院批准，1989 年 11 月 13 日卫生部令第 3 号发布）	改为后置审批
43	食品生产许可	县级以上地方人民政府食品药品监管部门	《中华人民共和国食品安全法》 《中华人民共和国食品安全法实施条例》（国务院令第 557 号） 《国务院办公厅关于印发国家食品药品监督管理总局主要职责内设机构和人员编制规定的通知》（国办发〔2013〕24 号）	改为后置审批
44	食品流通许可	县级以上地方人民政府食品药品监管部门	《中华人民共和国食品安全法》 《中华人民共和国食品安全法实施条例》（国务院令第 557 号） 《国务院办公厅关于印发国家食品药品监督管理总局主要职责内设机构和人员编制规定的通知》（国办发〔2013〕24 号）	改为后置审批

续表

序号	项目名称	实施机关	设定依据	处理决定
45	餐饮服务许可	县级以上地方人民政府食品药品监管部门	《中华人民共和国食品安全法》 《中华人民共和国食品安全法实施条例》(国务院令第557号) 《国务院办公厅关于印发国家食品药品监督管理总局主要职责内设机构和人员编制规定的通知》(国办发〔2013〕24号)	改为后置审批
46	在林区经营(加工)木材审批	县级以上人民政府林业行政主管部门	《中华人民共和国森林法实施条例》(国务院令第278号)	改为后置审批
47	出售、收购国家二级保护野生植物审批	省级人民政府林业行政主管部门	《中华人民共和国野生植物保护条例》(国务院令第204号)	改为后置审批
48	国家重点保护陆生野生动物驯养繁殖许可证核发	省级以上人民政府林业行政主管部门及其委托的同级相关部门	《中华人民共和国陆生野生动物保护实施条例》(1992年2月10日国务院批准,1992年3月1日林业部发布)	改为后置审批
49	专利代理机构设立审批	国家知识产权局	《专利代理条例》(国务院令第76号)	改为后置审批
50	旅行社经营边境游资格审批	边境游地区省级人民政府旅游行政主管部门	《国务院对确需保留的行政审批项目设定行政许可的决定》(国务院令第412号) 《国务院关于取消和调整一批行政审批项目等事项的决定》(国发〔2014〕27号)	改为后置审批
51	粮食收购资格认定	县级以上人民政府粮食行政主管部门	《粮食流通管理条例》(国务院令第407号) 《国务院关于进一步深化粮食流通体制改革的意见》(国发〔2004〕17号)	改为后置审批
52	承装(承修、承试)电力设施许可证核发	国家能源局	《电力供应与使用条例》(国务院令第196号)	改为后置审批
53	铁路运输企业准入许可	国家铁路局	《国务院对确需保留的行政审批项目设定行政许可的决定》(国务院令第412号)	改为后置审批
54	民用航空器维修单位维修许可	中国民航局	《中华人民共和国民用航空法》	改为后置审批

续表

序号	项目名称	实施机关	设定依据	处理决定
55	经营邮政通信业务审批	国家邮政局或省级邮政行政主管部门	《国务院对确需保留的行政审批项目设定行政许可的决定》(国务院令第412号)	改为后置审批
56	拍卖企业经营文物拍卖许可	国家文物局	《中华人民共和国文物保护法》	改为后置审批
57	文物商店设立审批	省级人民政府文物行政主管部门	《中华人民共和国文物保护法》 《国务院关于第四批取消和调整行政审批项目的决定》(国发〔2007〕33号)	改为后置审批
58	投资咨询机构、财务顾问机构、资信评级机构从事证券服务业务审批	证监会	《中华人民共和国证券法》	改为后置审批
59	设立保险公估机构审批	保监会	《国务院对确需保留的行政审批项目设定行政许可的决定》(国务院令第412号) 《保险公估机构监管规定》(保监会令2009年第7号)	改为后置审批
60	新建棉花加工企业审批	省级人民政府发展改革部门、工商行政管理部门、棉花质量监督机构	《棉花质量监督管理条例》(国务院令第470号) 《棉花加工资格认定和市场管理暂行办法》(国家发展改革委令2006年第49号)	改为后置审批
61	城镇集体所有制企业设立、合并、分立、停业、迁移或者主要登记事项变更审批	省级人民政府规定的审批部门	《中华人民共和国城镇集体所有制企业条例》(国务院令第88号)	改为后置审批
62	假肢和矫形器(辅助器具)生产装配企业资格认定	省级人民政府民政行政主管部门	《国务院对确需保留的行政审批项目设定行政许可的决定》(国务院令第412号) 《民政部、国家工商行政管理局关于对假肢和矫形器生产装配企业实行资格审查和登记管理有关问题的通知》(民福函〔1995〕248号)	改为后置审批

续表

序号	项目名称	实施机关	设定依据	处理决定
63	会计师事务所从事证券相关业务审批	财政部、证监会	《中华人民共和国证券法》 《财政部、证监会关于会计师事务所从事证券期货相关业务有关问题的通知》(财会〔2012〕2号)	明确为后置审批
64	会计师事务所从事期货相关业务审批	财政部、证监会	《中华人民共和国证券法》 《财政部、证监会关于会计师事务所从事证券期货相关业务有关问题的通知》(财会〔2012〕2号)	明确为后置审批
65	资产评估机构从事证券服务业务审批	财政部、证监会	《中华人民共和国证券法》	明确为后置审批
66	民用核安全设备设计、制造、安装和无损检验单位许可证核发	环境保护部	《民用核安全设备监督管理条例》(国务院令第500号)	明确为后置审批
67	从事城市生活垃圾经营性清扫、收集、运输、处理服务审批	所在城市的市人民政府市容环境卫生行政主管部门	《国务院对确需保留的行政审批项目设定行政许可的决定》(国务院令第412号)	明确为后置审批
68	从事内地与台湾、港澳间海上运输业务许可	交通运输部	《国务院对确需保留的行政审批项目设定行政许可的决定》(国务院令第412号)	明确为后置审批
69	设立引航及验船机构审批	交通运输部或交通运输部海事局	《国务院对确需保留的行政审批项目设定行政许可的决定》(国务院令第412号)	明确为后置审批
70	从事海洋船舶船员服务业务审批	交通运输部海事局	《中华人民共和国船员条例》(国务院令第494号) 《国务院关于取消和下放一批行政审批项目等事项的决定》(国发〔2013〕19号)	明确为后置审批
71	转基因农作物种子生产许可证核发	农业部	《农业转基因生物安全管理条例》(国务院令第304号)	明确为后置审批

续表

序号	项目名称	实施机关	设定依据	处理决定
72	消毒产品生产企业(一次性使用医疗用品的生产企业除外)卫生许可	省级人民政府卫生行政主管部门	《国务院对确需保留的行政审批项目设定行政许可的决定》(国务院令第412号)	明确为后置审批
73	饮用水供水单位卫生许可	设区的市级、县级人民政府卫生行政主管部门	《中华人民共和国传染病防治法》 《国务院对确需保留的行政审批项目设定行政许可的决定》(国务院令第412号) 《国务院关于第六批取消和调整行政审批项目的决定》(国发〔2012〕52号)	明确为后置审批
74	特种设备生产单位许可	质检总局或省级人民政府质量技术监督部门	《中华人民共和国特种设备安全法》 《特种设备安全监察条例》(国务院令第549号) 《国务院关于取消和下放一批行政审批项目的决定》(国发〔2014〕5号)	明确为后置审批
75	特种设备检验检测机构核准	质检总局或省级人民政府质量技术监督部门	《中华人民共和国特种设备安全法》 《特种设备安全监察条例》(国务院令第549号) 《国务院关于第六批取消和调整行政审批项目的决定》(国发〔2012〕52号)	明确为后置审批
76	免税商店设立审批	海关总署	《中华人民共和国海关法》	明确为后置审批
77	举办健身气功活动及设立站点审批	县级以上人民政府体育行政主管部门	《国务院对确需保留的行政审批项目设定行政许可的决定》(国务院令第412号) 《国务院关于第五批取消和下放管理层级行政审批项目的决定》(国发〔2010〕21号)	明确为后置审批
78	生产、经营第一类中的非药品类易制毒化学品审批	省级人民政府安全生产监督管理部门	《易制毒化学品管理条例》(国务院令第445号)	明确为后置审批
79	从事测绘活动的单位资质认定	国家测绘地信局或省级人民政府测绘行政主管部门	《中华人民共和国测绘法》	明确为后置审批

续表

序号	项目名称	实施机关	设定依据	处理决定
80	银行、农村信用社、兑换机构等结汇、售汇业务市场准入、退出审批	国家外汇局	《中华人民共和国外汇管理条例》(国务院令第532号)	明确为后置审批
81	保险、证券公司等非银行金融机构外汇业务市场准入、退出审批	国家外汇局	《中华人民共和国外汇管理条例》(国务院令第532号)	明确为后置审批
82	非金融机构经营结汇、售汇业务审批	国家外汇局	《中华人民共和国外汇管理条例》(国务院令第532号)	明确为后置审批

国务院关于扶持小型微型企业健康发展的意见

(2014年10月31日　国发〔2014〕52号)

各省、自治区、直辖市人民政府,国务院各部委、各直属机构:

工商登记制度改革极大地激发了市场活力和创业热情,小型微型企业数量快速增长,为促进经济发展和社会就业发挥了积极作用,但在发展中也面临一些困难和问题。为切实扶持小型微型企业(含个体工商户)健康发展,现提出如下意见。

一、充分发挥现有中小企业专项资金的引导作用,鼓励地方中小企业扶持资金将小型微型企业纳入支持范围。(财政部、发展改革委、工业和信息化部、科技部、商务部、工商总局等部门负责)

二、认真落实已经出台的支持小型微型企业税收优惠政策,根据形势发展的需要研究出台继续支持的政策。小型微型企业从事国家鼓励发展的投资项目,进口项目自用且国内不能生产的先进设备,按照有关规定免征关税。(财政部会同税务总局、工商总局、工业和信息化部、海关总署等部门负责)

三、加大中小企业专项资金对小企业创业基地(微型企业孵化园、科技孵化器、商贸企业集聚区等)建设的支持力度。鼓励大中型企业带动产业链上的小型微型企业,实现产业集聚和抱团发展。(财政部、工业和信息化部、科技部、商务部、工商总局等部门负责)

四、对小型微型企业吸纳就业困难人员就业的,按照规定给予社会保险补贴。自工商登记注册之日起3年内,对安排残疾人就业未达到规定比例、在职职工总数20人以下(含20人)的小型微型企业,免征残疾人就业保障金。(人力资源社会保障部会同财政部、中国残联等部门负责)

五、鼓励各级政府设立的创业投资引导基金积极支持小型微型企业。积极引导创业投资基金、天使基金、种子基金投资小型微型企业。符合条件的小型微型企业可按规定享受小额担保贷款扶持政策。(财政部会同发展改革委、

工业和信息化部、证监会、科技部、商务部、人力资源社会保障部等部门负责）

六、进一步完善小型微型企业融资担保政策。大力发展政府支持的担保机构，引导其提高小型微型企业担保业务规模，合理确定担保费用。进一步加大对小型微型企业融资担保的财政支持力度，综合运用业务补助、增量业务奖励、资本投入、代偿补偿、创新奖励等方式，引导担保、金融机构和外贸综合服务企业等为小型微型企业提供融资服务。（银监会会同发展改革委、工业和信息化部、财政部、科技部、商务部、人力资源社会保障部、人民银行、税务总局等部门负责）

七、鼓励大型银行充分利用机构和网点优势，加大小型微型企业金融服务专营机构建设力度。引导中小型银行将改进小型微型企业金融服务和战略转型相结合，科学调整信贷结构，重点支持小型微型企业和区域经济发展。引导银行业金融机构针对小型微型企业的经营特点和融资需求特征，创新产品和服务。各银行业金融机构在商业可持续和有效控制风险的前提下，单列小型微型企业信贷计划。在加强监管前提下，大力推进具备条件的民间资本依法发起设立中小型银行等金融机构。（银监会会同人民银行、发展改革委、财政部、工业和信息化部、科技部、商务部等部门负责）

八、高校毕业生到小型微型企业就业的，其档案可由当地市、县一级的公共就业人才服务机构免费保管。（人力资源社会保障部、工业和信息化部、工商总局等部门负责）

九、建立支持小型微型企业发展的信息互联互通机制。依托工商行政管理部门的企业信用信息公示系统，在企业自愿申报的基础上建立小型微型企业名录，集中公开各类扶持政策及企业享受扶持政策的信息。通过统一的信用信息平台，汇集工商注册登记、行政许可、税收缴纳、社保缴费等信息，推进小型微型企业信用信息共享，促进小型微型企业信用体系建设。通过信息公开和共享，利用大数据、云计算等现代信息技术，推动政府部门和银行、证券、保险等专业机构提供更有效的服务。从小型微型企业中抽取一定比例的样本企业，进行跟踪调查，加强监测分析。（工商总局、发展改革委、税务总局、工业和信息化部、人力资源社会保障部、人民银行、质检总局、统计局等部门负责）

十、大力推进小型微型企业公共服务平台建设，加大政府购买服务力度，为小型微型企业免费提供管理指导、技能培训、市场开拓、标准咨询、检验检测认证等服务。（工业和信息化部会同财政部、科技部、商务部、质检总局等部门负责）

各地区、各部门要结合本地区、本部门实际，在落实好已有的小型微型企业扶持政策的基础上，加大对政策的解读、宣传力度，简化办事流程，提高服务效率。各地区、各部门要确保政策尽快落实，并适时提出进一步措施。

国务院关于创新重点领域投融资机制鼓励社会投资的指导意见

（2014 年 11 月 16 日　国发〔2014〕60 号）

各省、自治区、直辖市人民政府，国务院各部委、各直属机构：

为推进经济结构战略性调整，加强薄弱环节建设，促进经济持续健康发展，迫切需要在公共服务、资源环境、生态建设、基础设施等重点领域进一步创新投融资机制，充分发挥社会资本特别是民间资本的积极作用。为此，特提出以下意见。

一、总体要求

（一）指导思想。全面贯彻落实党的十八大和十八届三中、四中全会精神，按照党中央、国务院决策部署,使市场在资源配置中起决定性作用和更好发挥政府作用,打破行业垄断和市场壁垒,切实降低准入门槛,建立公平开放透明的市场规则,营造权利平等、机会平等、规则平等的投资环境,进一步鼓励社会投资特别是民间投资,盘活存量、用好增量,调结构、补短板,服务国家生产力布局,促进重点领域建设,增加公共产品有效供给。

(二)基本原则。实行统一市场准入,创造平等投资机会;创新投资运营机制,扩大社会资本投资途径;优化政府投资使用方向和方式,发挥引导带动作用;创新融资方式,拓宽融资渠道;完善价格形成机制,发挥价格杠杆作用。

二、创新生态环保投资运营机制

(三)深化林业管理体制改革。推进国有林区和国有林场管理体制改革,完善森林经营和采伐管理制度,开展森林科学经营。深化集体林权制度改革,稳定林权承包关系,放活林地经营权,鼓励林权依法规范流转。鼓励荒山荒地造林和退耕还林林地林权依法流转。减免林权流转税费,有效降低流转成本。

(四)推进生态建设主体多元化。在严格保护森林资源的前提下,鼓励社会资本积极参与生态建设和保护,支持符合条件的农民合作社、家庭农场(林场)、专业大户、林业企业等新型经营主体投资生态建设项目。对社会资本利用荒山荒地进行植树造林的,在保障生态效益、符合土地用途管制要求的前提下,允许发展林下经济、森林旅游等生态产业。

(五)推动环境污染治理市场化。在电力、钢铁等重点行业以及开发区(工业园区)污染治理等领域,大力推行环境污染第三方治理,通过委托治理服务、托管运营服务等方式,由排污企业付费购买专业环境服务公司的治污减排服务,提高污染治理的产业化、专业化程度。稳妥推进政府向社会购买环境监测服务。建立重点行业第三方治污企业推荐制度。

(六)积极开展排污权、碳排放权交易试点。推进排污权有偿使用和交易试点,建立排污权有偿使用制度,规范排污权交易市场,鼓励社会资本参与污染减排和排污权交易。加快调整主要污染物排污费征收标准,实行差别化排污收费政策。加快在国内试行碳排放权交易制度,探索森林碳汇交易,发展碳排放权交易市场,鼓励和支持社会投资者参与碳配额交易,通过金融市场发现价格的功能,调整不同经济主体利益,有效促进环保和节能减排。

三、鼓励社会资本投资运营农业和水利工程

(七)培育农业、水利工程多元化投资主体。支持农民合作社、家庭农场、专业大户、农业企业等新型经营主体投资建设农田水利和水土保持设施。允许财政补助形成的小型农田水利和水土保持工程资产由农业用水合作组织持有和管护。鼓励社会资本以特许经营、参股控股等多种形式参与具有一定收益的节水供水重大水利工程建设运营。社会资本愿意投入的重大水利工程,要积极鼓励社会资本投资建设。

(八)保障农业、水利工程投资合理收益。社会资本投资建设或运营管理农田水利、水土保持设施和节水供水重大水利工程的,与国有、集体投资项目享有同等政策待遇,可以依法获取供水水费等经营收益;承担公益性任务的,政府可对工程建设投资、维修养护和管护经费等给予适当补助,并落实优惠政策。社会资本投资建设或运营管理农田水利设施、重大水利工程等,可依法继承、转让、转租、抵押其相关权益;征收、征用或占用的,要按照国家有关规定给予补偿或者赔偿。

(九)通过水权制度改革吸引社会资本参与水资源开发利用和保护。加快建立水权制度,培育和规范水权交易市场,积极探索多种形式的水权交易流转方式,允许各地通过水权交易满足新增合理用水需求。鼓励社会资本通过参与节水供水重大水利工程投资建设等方式优先获得新增水资源使用权。

(十)完善水利工程水价形成机制。深入开展农业水价综合改革试点,进一步促进农业节水。水利工程供非农业用水价格按照补偿成本、合理收益、优质优价、公平负担的原则合理制定,并根据供水成本变化及社会承受能力等适时调整,推行两部制水利工程水价和丰枯季节水价。价格调整不到位时,地方政府可根据实际情况安排财政性资金,对运营单位进行合理补偿。

四、推进市政基础设施投资运营市场化

（十一）改革市政基础设施建设运营模式。推动市政基础设施建设运营事业单位向独立核算、自主经营的企业化管理转变。鼓励打破以项目为单位的分散运营模式，实行规模化经营，降低建设和运营成本，提高投资效益。推进市县、乡镇和村级污水收集和处理、垃圾处理项目按行业“打包”投资和运营，鼓励实行城乡供水一体化、厂网一体投资和运营。

（十二）积极推动社会资本参与市政基础设施建设运营。通过特许经营、投资补助、政府购买服务等多种方式，鼓励社会资本投资城镇供水、供热、燃气、污水垃圾处理、建筑垃圾资源化利用和处理、城市综合管廊、公园配套服务、公共交通、停车设施等市政基础设施项目，政府依法选择符合要求的经营者。政府可采用委托经营或转让—经营—转让（TOT）等方式，将已经建成的市政基础设施项目转交给社会资本运营管理。

（十三）加强县城基础设施建设。按照新型城镇化发展的要求，把有条件的县城和重点镇发展为中小城市，支持基础设施建设，增强吸纳农业转移人口的能力。选择若干具有产业基础、特色资源和区位优势的县城和重点镇推行试点，加大对市政基础设施建设运营引入市场机制的政策支持力度。

（十四）完善市政基础设施价格机制。加快改进市政基础设施价格形成、调整和补偿机制，使经营者能够获得合理收益。实行上下游价格调整联动机制，价格调整不到位时，地方政府可根据实际情况安排财政性资金对企业运营进行合理补偿。

五、改革完善交通投融资机制

（十五）加快推进铁路投融资体制改革。用好铁路发展基金平台，吸引社会资本参与，扩大基金规模。充分利用铁路土地综合开发政策，以开发收益支持铁路发展。按照市场化方向，不断完善铁路运价形成机制。向地方政府和社会资本放开城际铁路、市域（郊）铁路、资源开发性铁路和支线铁路的所有权、经营权。按照构建现代企业制度的要求，保障投资者权益，推进蒙西至华中、长春至西巴彦花铁路等引进民间资本的示范项目实施。鼓励按照“多式衔接、立体开发、功能融合、节约集约”的原则，对城市轨道交通站点周边、车辆段上盖进行土地综合开发，吸引社会资本参与城市轨道交通建设。

（十六）完善公路投融资模式。建立完善政府主导、分级负责、多元筹资的公路投融资模式，完善收费公路政策，吸引社会资本投入，多渠道筹措建设和维护资金。逐步建立高速公路与普通公路统筹发展机制，促进普通公路持续健康发展。

（十七）鼓励社会资本参与水运、民航基础设施建设。探索发展“航电结合”等投融资模式，按相关政策给予投资补助，鼓励社会资本投资建设航电枢纽。鼓励社会资本投资建设港口、内河航运设施等。积极吸引社会资本参与盈利状况较好的枢纽机场、干线机场以及机场配套服务设施等投资建设，拓宽机场建设资金来源。

六、鼓励社会资本加强能源设施投资

（十八）鼓励社会资本参与电力建设。在做好生态环境保护、移民安置和确保工程安全的前提下，通过业主招标等方式，鼓励社会资本投资常规水电站和抽水蓄能电站。在确保具备核电控股资质主体承担核安全责任的前提下，引入社会资本参与核电项目投资，鼓励民间资本进入核电设备研制和核电服务领域。鼓励社会资本投资建设风光电、生物质能等清洁能源项目和背压式热电联产机组，进入清洁高效煤电项目建设、燃煤电厂节能减排升级改造领域。

（十九）鼓励社会资本参与电网建设。积极吸引社会资本投资建设跨区输电通道、区域主干电网完善工程和大中城市配电网工程。将海南联网Ⅱ回线路和滇西北送广东特高压直流输电工程等项目作为试点，引入社会资本。鼓励社会资本投资建设分布式电源并网工程、储能装置和电动汽车充换电设施。

（二十）鼓励社会资本参与油气管网、储存设施和煤炭储运建设运营。支持民营企业、地方国有企业等参股建设油气管网主干线、沿海液化天然气（LNG）接收站、地下储气库、城市配气管网和城市储气设施，控股建设油气管网支线、原油和成品油商业储备库。鼓励社会资本

参与铁路运煤干线和煤炭储配体系建设。国家规划确定的石化基地炼化一体化项目向社会资本开放。

（二十一）理顺能源价格机制。进一步推进天然气价格改革，2015 年实现存量气和增量气价格并轨，逐步放开非居民用天然气气源价格，落实页岩气、煤层气等非常规天然气价格市场化政策。尽快出台天然气管道运输价格政策。按照合理成本加合理利润的原则，适时调整煤层气发电、余热余压发电上网标杆电价。推进天然气分布式能源冷、热、电价格市场化。完善可再生能源发电价格政策，研究建立流域梯级效益补偿机制，适时调整完善燃煤发电机组环保电价政策。

七、推进信息和民用空间基础设施投资主体多元化

（二十二）鼓励电信业进一步向民间资本开放。进一步完善法律法规，尽快修订电信业务分类目录。研究出台具体试点办法，鼓励和引导民间资本投资宽带接入网络建设和业务运营，大力发展宽带用户。推进民营企业开展移动通信转售业务试点工作，促进业务创新发展。

（二十三）吸引民间资本加大信息基础设施投资力度。支持基础电信企业引入民间战略投资者。推动中国铁塔股份有限公司引入民间资本，实现混合所有制发展。

（二十四）鼓励民间资本参与国家民用空间基础设施建设。完善民用遥感卫星数据政策，加强政府采购服务，鼓励民间资本研制、发射和运营商业遥感卫星，提供市场化、专业化服务。引导民间资本参与卫星导航地面应用系统建设。

八、鼓励社会资本加大社会事业投资力度

（二十五）加快社会事业公立机构分类改革。积极推进养老、文化、旅游、体育等领域符合条件的事业单位，以及公立医院资源丰富地区符合条件的医疗事业单位改制，为社会资本进入创造条件，鼓励社会资本参与公立机构改革。将符合条件的国有单位培训疗养机构转变为养老机构。

（二十六）鼓励社会资本加大社会事业投资力度。通过独资、合资、合作、联营、租赁等途径，采取特许经营、公建民营、民办公助等方式，鼓励社会资本参与教育、医疗、养老、体育健身、文化设施建设。尽快出台鼓励社会力量兴办教育、促进民办教育健康发展的意见。各地在编制城市总体规划、控制性详细规划以及有关专项规划时，要统筹规划、科学布局各类公共服务设施。各级政府逐步扩大教育、医疗、养老、体育健身、文化等政府购买服务范围，各类经营主体平等参与。将符合条件的各类医疗机构纳入医疗保险定点范围。

（二十七）完善落实社会事业建设运营税费优惠政策。进一步完善落实非营利性教育、医疗、养老、体育健身、文化机构税收优惠政策。对非营利性医疗、养老机构建设一律免征有关行政事业性收费，对营利性医疗、养老机构建设一律减半征收有关行政事业性收费。

（二十八）改进社会事业价格管理政策。民办教育、医疗机构用电、用水、用气、用热，执行与公办教育、医疗机构相同的价格政策。养老机构用电、用水、用气、用热，按居民生活类价格执行。除公立医疗、养老机构提供的基本服务按照政府规定的价格政策执行外，其他医疗、养老服务实行经营者自主定价。营利性民办学校收费实行自主定价，非营利性民办学校收费政策由地方政府按照市场化方向根据当地实际情况确定。

九、建立健全政府和社会资本合作（PPP）机制

（二十九）推广政府和社会资本合作（PPP）模式。认真总结经验，加强政策引导，在公共服务、资源环境、生态保护、基础设施等领域，积极推广 PPP 模式，规范选择项目合作伙伴，引入社会资本，增强公共产品供给能力。政府有关部门要严格按照预算管理有关法律法规，完善财政补贴制度，切实控制和防范财政风险。健全 PPP 模式的法规体系，保障项目顺利运行。鼓励通过 PPP 方式盘活存量资源，变现资金要用于重点领域建设。

（三十）规范合作关系保障各方利益。政府有关部门要制定管理办法，尽快发布标准合同范本，对 PPP 项目的业主选择、价格管理、回报方式、服务标准、信息披露、违约处罚、政府接管以及评估论证等进行详细规定，规范合作关系。平衡好社会公众与投资者利益关系，既要保障社会公众利益不受损害，又要保障经营者合法权益。

（三十一）健全风险防范和监督机制。政府和投资者应对 PPP 项目可能产生的政策风险、商业风险、环境风险、法律风险等进行充分论证，完善合同设计，健全纠纷解决和风险防范机制。建立独立、透明、可问责、专业化的 PPP 项目监管体系，形成由政府监管部门、投资者、社会公众、专家、媒体等共同参与的监督机制。

（三十二）健全退出机制。政府要与投资者明确 PPP 项目的退出路径，保障项目持续稳定运行。项目合作结束后，政府应组织做好接管工作，妥善处理投资回收、资产处理等事宜。

十、充分发挥政府投资的引导带动作用

（三十三）优化政府投资使用方向。政府投资主要投向公益性和基础性建设。对鼓励社会资本参与的生态环保、农林水利、市政基础设施、社会事业等重点领域，政府投资可根据实际情况给予支持，充分发挥政府投资“四两拨千斤”的引导带动作用。

（三十四）改进政府投资使用方式。在同等条件下，政府投资优先支持引入社会资本的项目，根据不同项目情况，通过投资补助、基金注资、担保补贴、贷款贴息等方式，支持社会资本参与重点领域建设。抓紧制定政府投资支持社会投资项目的管理办法，规范政府投资安排行为。

十一、创新融资方式拓宽融资渠道

（三十五）探索创新信贷服务。支持开展排污权、收费权、集体林权、特许经营权、购买服务协议预期收益、集体土地承包经营权质押贷款等担保创新类贷款业务。探索利用工程供水、供热、发电、污水垃圾处理等预期收益质押贷款，允许利用相关收益作为还款来源。鼓励金融机构对民间资本举办的社会事业提供融资支持。

（三十六）推进农业金融改革。探索采取信用担保和贴息、业务奖励、风险补偿、费用补贴、投资基金，以及互助信用、农业保险等方式，增强农民合作社、家庭农场（林场）、专业大户、农林业企业的贷款融资能力和风险抵御能力。

（三十七）充分发挥政策性金融机构的积极作用。在国家批准的业务范围内，加大对公共服务、生态环保、基础设施建设项目的支持力度。努力为生态环保、农林水利、中西部铁路和公路、城市基础设施等重大工程提供长期稳定、低成本的资金支持。

（三十八）鼓励发展支持重点领域建设的投资基金。大力发展股权投资基金和创业投资基金，鼓励民间资本采取私募等方式发起设立主要投资于公共服务、生态环保、基础设施、区域开发、战略性新兴产业、先进制造业等领域的产业投资基金。政府可以使用包括中央预算内投资在内的财政性资金，通过认购基金份额等方式予以支持。

（三十九）支持重点领域建设项目开展股权和债权融资。大力发展债权投资计划、股权投资计划、资产支持计划等融资工具，延长投资期限，引导社保资金、保险资金等用于收益稳定、回收期长的基础设施和基础产业项目。支持重点领域建设项目采用企业债券、项目收益债券、公司债券、中期票据等方式通过债券市场筹措投资资金。推动铁路、公路、机场等交通项目建设企业应收账款证券化。建立规范的地方政府举债融资机制，支持地方政府依法依规发行债券，用于重点领域建设。

创新重点领域投融资机制对稳增长、促改革、调结构、惠民生具有重要作用。各地区、各有关部门要从大局出发，进一步提高认识，加强组织领导，健全工作机制，协调推动重点领域投融资机制创新。各地政府要结合本地实际，抓紧制定具体实施细则，确保各项措施落到实处。国务院各有关部门要严格按照分工，抓紧制定相关配套措施，加快重点领域建设，同时要加强宣传解读，让社会资本了解参与方式、运营方式、盈利模式、投资回报等相关政策，进一步稳定市场预期，充分调动社会投资积极性，切实发挥好投资对经济增长的关键作用。发展改革委要会同有关部门加强对本指导意见落实情况的督促检查，重大问题及时向国务院报告。

附件：重点政策措施文件分工方案

附件

重点政策措施文件分工方案

序号	政策措施文件	负责单位	出台时间
1	大力推行环境污染第三方治理	发展改革委、环境保护部	2014 年底
2	推进排污权、碳排放权交易试点,鼓励社会资本参与污染减排和排污权、碳排放权交易	财政部、环境保护部、发展改革委、林业局、证监会(其中碳排放权交易由发展改革委牵头)	2015 年 3 月底
3	鼓励和引导社会资本参与节水供水重大水利工程建设运营的实施意见,积极探索多种形式的水权交易流转方式,鼓励社会资本参与节水供水重大水利工程投资建设	水利部、发展改革委、证监会	2015 年 3 月底
4	选择若干县城和重点镇推行试点,加大对市政基础设施建设运营引入市场机制的政策支持力度	住房城乡建设部、发展改革委	2014 年底
5	通过业主招标等方式,鼓励社会资本投资常规水电站和抽水蓄能电站	能源局	2014 年底
6	支持民间资本投资宽带接入网络建设和业务运营	工业和信息化部	2015 年 3 月底
7	政府投资支持社会投资项目的管理办法	发展改革委、财政部	2015 年 3 月底
8	创新融资方式,拓宽融资渠道	人民银行、银监会、证监会、保监会、财政部	2015 年 3 月底
9	政府使用包括中央预算内投资在内的财政性资金,支持重点领域产业投资基金管理办法	发展改革委	2015 年 3 月底
10	完善价格形成机制,增强重点领域建设吸引社会投资能力	发展改革委、国务院有关部门	2015 年 3 月底

注:有 2 个或以上负责单位的,排在第一位的为牵头单位。

不动产登记暂行条例

（2014年11月24日国务院令第656号公布　自2015年3月1日起施行）

第一章　总　　则

第一条　为整合不动产登记职责，规范登记行为，方便群众申请登记，保护权利人合法权益，根据《中华人民共和国物权法》等法律，制定本条例。

第二条　本条例所称不动产登记，是指不动产登记机构依法将不动产权利归属和其他法定事项记载于不动产登记簿的行为。

本条例所称不动产，是指土地、海域以及房屋、林木等定着物。

第三条　不动产首次登记、变更登记、转移登记、注销登记、更正登记、异议登记、预告登记、查封登记等，适用本条例。

第四条　国家实行不动产统一登记制度。

不动产登记遵循严格管理、稳定连续、方便群众的原则。

不动产权利人已经依法享有的不动产权利，不因登记机构和登记程序的改变而受到影响。

第五条　下列不动产权利，依照本条例的规定办理登记：

（一）集体土地所有权；

（二）房屋等建筑物、构筑物所有权；

（三）森林、林木所有权；

（四）耕地、林地、草地等土地承包经营权；

（五）建设用地使用权；

（六）宅基地使用权；

（七）海域使用权；

（八）地役权；

（九）抵押权；

（十）法律规定需要登记的其他不动产权利。

第六条　国务院国土资源主管部门负责指导、监督全国不动产登记工作。

县级以上地方人民政府应当确定一个部门为本行政区域的不动产登记机构，负责不动产登记工作，并接受上级人民政府不动产登记主管部门的指导、监督。

第七条　不动产登记由不动产所在地的县级人民政府不动产登记机构办理；直辖市、设区的市人民政府可以确定本级不动产登记机构统一办理所属各区的不动产登记。

跨县级行政区域的不动产登记，由所跨县级行政区域的不动产登记机构分别办理。不能分别办理的，由所跨县级行政区域的不动产登记机构协商办理；协商不成的，由共同的上一级人民政府不动产登记主管部门指定办理。

国务院确定的重点国有林区的森林、林木和林地，国务院批准项目用海、用岛，中央国家机关使用的国有土地等不动产登记，由国务院国土资源主管部门会同有关部门规定。

第二章　不动产登记簿

第八条　不动产以不动产单元为基本单位进行登记。不动产单元具有唯一编码。

不动产登记机构应当按照国务院国土资源主管部门的规定设立统一的不动产登记簿。

不动产登记簿应当记载以下事项：

（一）不动产的坐落、界址、空间界限、面积、用途等自然状况；

（二）不动产权利的主体、类型、内容、来源、期限、权利变化等权属状况；

（三）涉及不动产权利限制、提示的事项；

（四）其他相关事项。

第九条　不动产登记簿应当采用电子介质，暂不具备条件的，可以采用纸质介质。不动产登记机构应当明确不动产登记簿唯一、合法的介质形式。

不动产登记簿采用电子介质的,应当定期进行异地备份,并具有唯一、确定的纸质转化形式。

第十条 不动产登记机构应当依法将各类登记事项准确、完整、清晰地记载于不动产登记簿。任何人不得损毁不动产登记簿,除依法予以更正外不得修改登记事项。

第十一条 不动产登记工作人员应当具备与不动产登记工作相适应的专业知识和业务能力。

不动产登记机构应当加强对不动产登记工作人员的管理和专业技术培训。

第十二条 不动产登记机构应当指定专人负责不动产登记簿的保管,并建立健全相应的安全责任制度。

采用纸质介质不动产登记簿的,应当配备必要的防盗、防火、防渍、防有害生物等安全保护设施。

采用电子介质不动产登记簿的,应当配备专门的存储设施,并采取信息网络安全防护措施。

第十三条 不动产登记簿由不动产登记机构永久保存。不动产登记簿损毁、灭失的,不动产登记机构应当依据原有登记资料予以重建。

行政区域变更或者不动产登记机构职能调整的,应当及时将不动产登记簿移交相应的不动产登记机构。

第三章 登记程序

第十四条 因买卖、设定抵押权等申请不动产登记的,应当由当事人双方共同申请。

属于下列情形之一的,可以由当事人单方申请:

(一)尚未登记的不动产首次申请登记的;

(二)继承、接受遗赠取得不动产权利的;

(三)人民法院、仲裁委员会生效的法律文书或者人民政府生效的决定等设立、变更、转让、消灭不动产权利的;

(四)权利人姓名、名称或者自然状况发生变化,申请变更登记的;

(五)不动产灭失或者权利人放弃不动产权利,申请注销登记的;

(六)申请更正登记或者异议登记的;

(七)法律、行政法规规定可以由当事人单方申请的其他情形。

第十五条 当事人或者其代理人应当到不动产登记机构办公场所申请不动产登记。

不动产登记机构将申请登记事项记载于不动产登记簿前,申请人可以撤回登记申请。

第十六条 申请人应当提交下列材料,并对申请材料的真实性负责:

(一)登记申请书;

(二)申请人、代理人身份证明材料、授权委托书;

(三)相关的不动产权属来源证明材料、登记原因证明文件、不动产权属证书;

(四)不动产界址、空间界限、面积等材料;

(五)与他人利害关系的说明材料;

(六)法律、行政法规以及本条例实施细则规定的其他材料。

不动产登记机构应当在办公场所和门户网站公开申请登记所需材料目录和示范文本等信息。

第十七条 不动产登记机构收到不动产登记申请材料,应当分别按照下列情况办理:

(一)属于登记职责范围,申请材料齐全、符合法定形式,或者申请人按照要求提交全部补正申请材料的,应当受理并书面告知申请人;

(二)申请材料存在可以当场更正的错误的,应当告知申请人当场更正,申请人当场更正后,应当受理并书面告知申请人;

(三)申请材料不齐全或者不符合法定形式的,应当当场书面告知申请人不予受理并一次性告知需要补正的全部内容;

(四)申请登记的不动产不属于本机构登记范围的,应当当场书面告知申请人不予受理并告知申请人向有登记权的机构申请。

不动产登记机构未当场书面告知申请人不予受理的,视为受理。

第十八条 不动产登记机构受理不动产登记申请的,应当按照下列要求进行查验:

(一)不动产界址、空间界限、面积等材料与申请登记的不动产状况是否一致;

(二)有关证明材料、文件与申请登记的内容是否一致;

(三)登记申请是否违反法律、行政法规

规定。

第十九条　属于下列情形之一的，不动产登记机构可以对申请登记的不动产进行实地查看：

（一）房屋等建筑物、构筑物所有权首次登记；

（二）在建建筑物抵押权登记；

（三）因不动产灭失导致的注销登记；

（四）不动产登记机构认为需要实地查看的其他情形。

对可能存在权属争议，或者可能涉及他人利害关系的登记申请，不动产登记机构可以向申请人、利害关系人或者有关单位进行调查。

不动产登记机构进行实地查看或者调查时，申请人、被调查人应当予以配合。

第二十条　不动产登记机构应当自受理登记申请之日起30个工作日内办结不动产登记手续，法律另有规定的除外。

第二十一条　登记事项自记载于不动产登记簿时完成登记。

不动产登记机构完成登记，应当依法向申请人核发不动产权属证书或者登记证明。

第二十二条　登记申请有下列情形之一的，不动产登记机构应当不予登记，并书面告知申请人：

（一）违反法律、行政法规规定的；

（二）存在尚未解决的权属争议的；

（三）申请登记的不动产权利超过规定期限的；

（四）法律、行政法规规定不予登记的其他情形。

第四章　登记信息共享与保护

第二十三条　国务院国土资源主管部门应当会同有关部门建立统一的不动产登记信息管理基础平台。

各级不动产登记机构登记的信息应当纳入统一的不动产登记信息管理基础平台，确保国家、省、市、县四级登记信息的实时共享。

第二十四条　不动产登记有关信息与住房城乡建设、农业、林业、海洋等部门审批信息、交易信息等应当实时互通共享。

不动产登记机构能够通过实时互通共享取得的信息，不得要求不动产登记申请人重复提交。

第二十五条　国土资源、公安、民政、财政、税务、工商、金融、审计、统计等部门应当加强不动产登记有关信息互通共享。

第二十六条　不动产登记机构、不动产登记信息共享单位及其工作人员应当对不动产登记信息保密；涉及国家秘密的不动产登记信息，应当依法采取必要的安全保密措施。

第二十七条　权利人、利害关系人可以依法查询、复制不动产登记资料，不动产登记机构应当提供。

有关国家机关可以依照法律、行政法规的规定查询、复制与调查处理事项有关的不动产登记资料。

第二十八条　查询不动产登记资料的单位、个人应当向不动产登记机构说明查询目的，不得将查询获得的不动产登记资料用于其他目的；未经权利人同意，不得泄露查询获得的不动产登记资料。

第五章　法律责任

第二十九条　不动产登记机构登记错误给他人造成损害，或者当事人提供虚假材料申请登记给他人造成损害的，依照《中华人民共和国物权法》的规定承担赔偿责任。

第三十条　不动产登记机构工作人员进行虚假登记，损毁、伪造不动产登记簿，擅自修改登记事项，或者有其他滥用职权、玩忽职守行为的，依法给予处分；给他人造成损害的，依法承担赔偿责任；构成犯罪的，依法追究刑事责任。

第三十一条　伪造、变造不动产权属证书、不动产登记证明，或者买卖、使用伪造、变造的不动产权属证书、不动产登记证明的，由不动产登记机构或者公安机关依法予以收缴；有违法所得的，没收违法所得；给他人造成损害的，依法承担赔偿责任；构成违反治安管理行为的，依法给予治安管理处罚；构成犯罪的，依法追究刑事责任。

第三十二条　不动产登记机构、不动产登记信息共享单位及其工作人员，查询不动产登记资料的单位或者个人违反国家规定，泄露不动产登记资料、登记信息，或者利用不动产登记资料、登记信息进行不正当活动，给他人造成损害的，依法承担赔偿责任；对有关责任人员依法给予处分；有关责任人员构成犯罪的，依法追究刑事责任。

第六章　附　　则

第三十三条　本条例施行前依法颁发的各类不动产权属证书和制作的不动产登记簿继续有效。

不动产统一登记过渡期内，农村土地承包经营权的登记按照国家有关规定执行。

第三十四条　本条例实施细则由国务院国土资源主管部门会同有关部门制定。

第三十五条　本条例自 2015 年 3 月 1 日起施行。本条例施行前公布的行政法规有关不动产登记的规定与本条例规定不一致的，以本条例规定为准。

国务院关于修改《中华人民共和国外资银行管理条例》的决定

（2014 年 11 月 27 日　国务院令第 657 号）

国务院决定对《中华人民共和国外资银行管理条例》作如下修改：

一、将第八条第二款修改为："外商独资银行、中外合资银行在中华人民共和国境内设立的分行，应当由其总行无偿拨给人民币或者自由兑换货币的营运资金。外商独资银行、中外合资银行拨给各分支机构营运资金的总和，不得超过总行资本金总额的 60%。"

二、删去第十条第二项、第十一条第二项、第十二条第三项、第二十八条第二款。

三、将第三十四条修改为："外资银行营业性机构经营本条例第二十九条或者第三十一条规定业务范围内的人民币业务的，应当具备下列条件，并经国务院银行业监督管理机构批准：

"（一）提出申请前在中华人民共和国境内开业 1 年以上；

"（二）国务院银行业监督管理机构规定的其他审慎性条件。

"外国银行分行改制为由其总行单独出资的外商独资银行的，前款第一项规定的期限自外国银行分行设立之日起计算。

"外国银行的 1 家分行已经依照本条例规定获准经营人民币业务，该外国银行的其他分行申请经营人民币业务的，不受本条第一款第一项的限制。"

本决定自 2015 年 1 月 1 日起施行。

《中华人民共和国外资银行管理条例》根据本决定作相应修改，重新公布。

中华人民共和国外资银行管理条例

（2006年11月11日中华人民共和国国务院令第478号公布　根据2014年7月29日《国务院关于修改部分行政法规的决定》第一次修订　根据2014年11月27日《国务院关于修改〈中华人民共和国外资银行管理条例〉的决定》第二次修订）

第一章　总　　则

第一条　为了适应对外开放和经济发展的需要，加强和完善对外资银行的监督管理，促进银行业的稳健运行，制定本条例。

第二条　本条例所称外资银行，是指依照中华人民共和国有关法律、法规，经批准在中华人民共和国境内设立的下列机构：

（一）1家外国银行单独出资或者1家外国银行与其他外国金融机构共同出资设立的外商独资银行；

（二）外国金融机构与中国的公司、企业共同出资设立的中外合资银行；

（三）外国银行分行；

（四）外国银行代表处。

前款第一项至第三项所列机构，以下统称外资银行营业性机构。

第三条　本条例所称外国金融机构，是指在中华人民共和国境外注册并经所在国家或者地区金融监管当局批准或者许可的金融机构。

本条例所称外国银行，是指在中华人民共和国境外注册并经所在国家或者地区金融监管当局批准或者许可的商业银行。

第四条　外资银行必须遵守中华人民共和国法律、法规，不得损害中华人民共和国的国家利益、社会公共利益。

外资银行的正当活动和合法权益受中华人民共和国法律保护。

第五条　国务院银行业监督管理机构及其派出机构（以下统称银行业监督管理机构）负责对外资银行及其活动实施监督管理。法律、行政法规规定其他监督管理部门或者机构对外资银行及其活动实施监督管理的，依照其规定。

第六条　国务院银行业监督管理机构根据国家区域经济发展战略及相关政策制定有关鼓励和引导的措施，报国务院批准后实施。

第二章　设立与登记

第七条　设立外资银行及其分支机构，应当经银行业监督管理机构审查批准。

第八条　外商独资银行、中外合资银行的注册资本最低限额为10亿元人民币或者等值的自由兑换货币。注册资本应当是实缴资本。

外商独资银行、中外合资银行在中华人民共和国境内设立的分行，应当由其总行无偿拨给人民币或者自由兑换货币的营运资金。外商独资银行、中外合资银行拨给各分支机构营运资金的总和，不得超过总行资本金总额的60%。

外国银行分行应当由其总行无偿拨给不少于2亿元人民币或者等值的自由兑换货币的营运资金。

国务院银行业监督管理机构根据外资银行营业性机构的业务范围和审慎监管的需要，可以提高注册资本或者营运资金的最低限额，并规定其中的人民币份额。

第九条　拟设外商独资银行、中外合资银行的股东或者拟设分行、代表处的外国银行应当具备下列条件：

（一）具有持续盈利能力，信誉良好，无重大违法违规记录；

（二）拟设外商独资银行的股东、中外合资银行的外方股东或者拟设分行、代表处的外国银行具有从事国际金融活动的经验；

（三）具有有效的反洗钱制度；

（四）拟设外商独资银行的股东、中外合资银行的外方股东或者拟设分行、代表处的外国银行受到所在国家或者地区金融监管当局的有

效监管,并且其申请经所在国家或者地区金融监管当局同意;

（五）国务院银行业监督管理机构规定的其他审慎性条件。

拟设外商独资银行的股东、中外合资银行的外方股东或者拟设分行、代表处的外国银行所在国家或者地区应当具有完善的金融监督管理制度,并且其金融监管当局已经与国务院银行业监督管理机构建立良好的监督管理合作机制。

第十条　拟设外商独资银行的股东应当为金融机构,除应当具备本条例第九条规定的条件外,其中唯一或者控股股东还应当具备下列条件:

（一）为商业银行;

（二）提出设立申请前 1 年年末总资产不少于 100 亿美元;

（三）资本充足率符合所在国家或者地区金融监管当局以及国务院银行业监督管理机构的规定。

第十一条　拟设中外合资银行的股东除应当具备本条例第九条规定的条件外,其中外方股东及中方唯一或者主要股东应当为金融机构,且外方唯一或者主要股东还应当具备下列条件:

（一）为商业银行;

（二）提出设立申请前 1 年年末总资产不少于 100 亿美元;

（三）资本充足率符合所在国家或者地区金融监管当局以及国务院银行业监督管理机构的规定。

第十二条　拟设分行的外国银行除应当具备本条例第九条规定的条件外,还应当具备下列条件:

（一）提出设立申请前 1 年年末总资产不少于 200 亿美元;

（二）资本充足率符合所在国家或者地区金融监管当局以及国务院银行业监督管理机构的规定。

第十三条　外国银行在中华人民共和国境内设立营业性机构的,除已设立的代表处外,不得增设代表处,但符合国家区域经济发展战略及相关政策的地区除外。

代表处经批准改制为营业性机构的,应当依法办理原代表处的注销登记手续。

第十四条　设立外资银行营业性机构,应当先申请筹建,并将下列申请资料报送拟设机构所在地的银行业监督管理机构:

（一）申请书,内容包括拟设机构的名称、所在地、注册资本或者营运资金、申请经营的业务种类等;

（二）可行性研究报告;

（三）拟设外商独资银行、中外合资银行的章程草案;

（四）拟设外商独资银行、中外合资银行各方股东签署的经营合同;

（五）拟设外商独资银行、中外合资银行的股东或者拟设分行的外国银行的章程;

（六）拟设外商独资银行、中外合资银行的股东或者拟设分行的外国银行及其所在集团的组织结构图、主要股东名单、海外分支机构和关联企业名单;

（七）拟设外商独资银行、中外合资银行的股东或者拟设分行的外国银行最近 3 年的年报;

（八）拟设外商独资银行、中外合资银行的股东或者拟设分行的外国银行的反洗钱制度;

（九）拟设外商独资银行的股东、中外合资银行的外方股东或者拟设分行的外国银行所在国家或者地区金融监管当局核发的营业执照或者经营金融业务许可文件的复印件及对其申请的意见书;

（十）国务院银行业监督管理机构规定的其他资料。

拟设机构所在地的银行业监督管理机构应当将申请资料连同审核意见,及时报送国务院银行业监督管理机构。

第十五条　国务院银行业监督管理机构应当自收到设立外资银行营业性机构完整的申请资料之日起 6 个月内作出批准或者不批准筹建的决定,并书面通知申请人。决定不批准的,应当说明理由。

特殊情况下,国务院银行业监督管理机构不能在前款规定期限内完成审查并作出批准或者不批准筹建决定的,可以适当延长审查期限,并书面通知申请人,但延长期限不得超过 3 个月。

申请人凭批准筹建文件到拟设机构所在地

的银行业监督管理机构领取开业申请表。

第十六条 申请人应当自获准筹建之日起6个月内完成筹建工作。在规定期限内未完成筹建工作的,应当说明理由,经拟设机构所在地的银行业监督管理机构批准,可以延长3个月。在延长期内仍未完成筹建工作的,国务院银行业监督管理机构作出的批准筹建决定自动失效。

第十七条 经验收合格完成筹建工作的,申请人应当将填写好的开业申请表连同下列资料报送拟设机构所在地的银行业监督管理机构:

(一)拟设机构的主要负责人名单及简历;

(二)对拟任该机构主要负责人的授权书;

(三)法定验资机构出具的验资证明;

(四)安全防范措施和与业务有关的其他设施的资料;

(五)设立分行的外国银行对该分行承担税务、债务的责任保证书;

(六)国务院银行业监督管理机构规定的其他资料。

拟设机构所在地的银行业监督管理机构应当将申请资料连同审核意见,及时报送国务院银行业监督管理机构。

第十八条 国务院银行业监督管理机构应当自收到完整的开业申请资料之日起2个月内,作出批准或者不批准开业的决定,并书面通知申请人。决定批准的,应当颁发金融许可证;决定不批准的,应当说明理由。

第十九条 经批准设立的外资银行营业性机构,应当凭金融许可证向工商行政管理机关办理登记,领取营业执照。

第二十条 设立外国银行代表处,应当将下列申请资料报送拟设代表处所在地的银行业监督管理机构:

(一)申请书,内容包括拟设代表处的名称、所在地等;

(二)可行性研究报告;

(三)申请人的章程;

(四)申请人及其所在集团的组织结构图、主要股东名单、海外分支机构和关联企业名单;

(五)申请人最近3年的年报;

(六)申请人的反洗钱制度;

(七)拟任该代表处首席代表的身份证明和学历证明的复印件、简历以及拟任人有无不良记录的陈述书;

(八)对拟任该代表处首席代表的授权书;

(九)申请人所在国家或者地区金融监管当局核发的营业执照或者经营金融业务许可文件的复印件及对其申请的意见书;

(十)国务院银行业监督管理机构规定的其他资料。

拟设代表处所在地的银行业监督管理机构应当将申请资料连同审核意见,及时报送国务院银行业监督管理机构。

第二十一条 国务院银行业监督管理机构应当自收到设立外国银行代表处完整的申请资料之日起6个月内作出批准或者不批准设立的决定,并书面通知申请人。决定不批准的,应当说明理由。

第二十二条 经批准设立的外国银行代表处,应当凭批准文件向工商行政管理机关办理登记,领取工商登记证。

第二十三条 本条例第十四条、第十七条、第二十条所列资料,除年报外,凡用外文书写的,应当附有中文译本。

第二十四条 按照合法性、审慎性和持续经营原则,经国务院银行业监督管理机构批准,外国银行可以将其在中华人民共和国境内设立的分行改制为由其单独出资的外商独资银行。申请人应当按照国务院银行业监督管理机构规定的审批条件、程序、申请资料提出设立外商独资银行的申请。

第二十五条 外国银行分行改制为由其总行单独出资的外商独资银行的,经国务院银行业监督管理机构批准,该外国银行可以在规定的期限内保留1家从事外汇批发业务的分行。申请人应当按照国务院银行业监督管理机构规定的审批条件、程序、申请资料提出申请。

前款所称外汇批发业务,是指对除个人以外客户的外汇业务。

第二十六条 外资银行董事、高级管理人员、首席代表的任职资格应当符合国务院银行业监督管理机构规定的条件,并经国务院银行业监督管理机构核准。

第二十七条 外资银行有下列情形之一的,应当经国务院银行业监督管理机构批准,并按照规定提交申请资料,依法向工商行政管理

机关办理有关登记:

(一)变更注册资本或者营运资金;

(二)变更机构名称、营业场所或者办公场所;

(三)调整业务范围;

(四)变更股东或者调整股东持股比例;

(五)修改章程;

(六)国务院银行业监督管理机构规定的其他情形。

外资银行更换董事、高级管理人员、首席代表,应当报经国务院银行业监督管理机构核准其任职资格。

第二十八条　外商独资银行、中外合资银行变更股东的,变更后的股东应当符合本条例第九条、第十条或者第十一条关于股东的条件。

第三章　业务范围

第二十九条　外商独资银行、中外合资银行按照国务院银行业监督管理机构批准的业务范围,可以经营下列部分或者全部外汇业务和人民币业务:

(一)吸收公众存款;

(二)发放短期、中期和长期贷款;

(三)办理票据承兑与贴现;

(四)买卖政府债券、金融债券,买卖股票以外的其他外币有价证券;

(五)提供信用证服务及担保;

(六)办理国内外结算;

(七)买卖、代理买卖外汇;

(八)代理保险;

(九)从事同业拆借;

(十)从事银行卡业务;

(十一)提供保管箱服务;

(十二)提供资信调查和咨询服务;

(十三)经国务院银行业监督管理机构批准的其他业务。

外商独资银行、中外合资银行经中国人民银行批准,可以经营结汇、售汇业务。

第三十条　外商独资银行、中外合资银行的分支机构在总行授权范围内开展业务,其民事责任由总行承担。

第三十一条　外国银行分行按照国务院银行业监督管理机构批准的业务范围,可以经营下列部分或者全部外汇业务以及对除中国境内公民以外客户的人民币业务:

(一)吸收公众存款;

(二)发放短期、中期和长期贷款;

(三)办理票据承兑与贴现;

(四)买卖政府债券、金融债券,买卖股票以外的其他外币有价证券;

(五)提供信用证服务及担保;

(六)办理国内外结算;

(七)买卖、代理买卖外汇;

(八)代理保险;

(九)从事同业拆借;

(十)提供保管箱服务;

(十一)提供资信调查和咨询服务;

(十二)经国务院银行业监督管理机构批准的其他业务。

外国银行分行可以吸收中国境内公民每笔不少于100万元人民币的定期存款。

外国银行分行经中国人民银行批准,可以经营结汇、售汇业务。

第三十二条　外国银行分行及其分支机构的民事责任由其总行承担。

第三十三条　外国银行代表处可以从事与其代表的外国银行业务相关的联络、市场调查、咨询等非经营性活动。

外国银行代表处的行为所产生的民事责任,由其所代表的外国银行承担。

第三十四条　外资银行营业性机构经营本条例第二十九条或者第三十一条规定业务范围内的人民币业务的,应当具备下列条件,并经国务院银行业监督管理机构批准:

(一)提出申请前在中华人民共和国境内开业1年以上;

(二)国务院银行业监督管理机构规定的其他审慎性条件。

外国银行分行改制为由其总行单独出资的外商独资银行的,前款第一项规定的期限自外国银行分行设立之日起计算。

外国银行的1家分行已经依照本条例规定获准经营人民币业务,该外国银行的其他分行申请经营人民币业务的,不受本条第一款第一项的限制。

第四章　监督管理

第三十五条　外资银行营业性机构应当按照有关规定，制定本行的业务规则，建立、健全风险管理和内部控制制度，并遵照执行。

第三十六条　外资银行营业性机构应当遵守国家统一的会计制度和国务院银行业监督管理机构有关信息披露的规定。

第三十七条　外资银行营业性机构举借外债，应当按照国家有关规定执行。

第三十八条　外资银行营业性机构应当按照有关规定确定存款、贷款利率及各种手续费率。

第三十九条　外资银行营业性机构经营存款业务，应当按照中国人民银行的规定交存存款准备金。

第四十条　外商独资银行、中外合资银行应当遵守《中华人民共和国商业银行法》关于资产负债比例管理的规定。外国银行分行变更的由其总行单独出资的外商独资银行以及本条例施行前设立的外商独资银行、中外合资银行，其资产负债比例不符合规定的，应当在国务院银行业监督管理机构规定的期限内达到规定要求。

国务院银行业监督管理机构可以要求风险较高、风险管理能力较弱的外商独资银行、中外合资银行提高资本充足率。

第四十一条　外资银行营业性机构应当按照规定计提呆账准备金。

第四十二条　外商独资银行、中外合资银行应当遵守国务院银行业监督管理机构有关公司治理的规定。

第四十三条　外商独资银行、中外合资银行应当遵守国务院银行业监督管理机构有关关联交易的规定。

第四十四条　外国银行分行营运资金的30%应当以国务院银行业监督管理机构指定的生息资产形式存在。

第四十五条　外国银行分行营运资金加准备金等项之和中的人民币份额与其人民币风险资产的比例不得低于8%。

国务院银行业监督管理机构可以要求风险较高、风险管理能力较弱的外国银行分行提高前款规定的比例。

第四十六条　外国银行分行应当确保其资产的流动性。流动性资产余额与流动性负债余额的比例不得低于25%。

第四十七条　外国银行分行境内本外币资产余额不得低于境内本外币负债余额。

第四十八条　在中华人民共和国境内设立2家及2家以上分行的外国银行，应当授权其中1家分行对其他分行实施统一管理。

国务院银行业监督管理机构对外国银行在中华人民共和国境内设立的分行实行合并监管。

第四十九条　外资银行营业性机构应当按照国务院银行业监督管理机构的有关规定，向其所在地的银行业监督管理机构报告跨境大额资金流动和资产转移情况。

第五十条　国务院银行业监督管理机构根据外资银行营业性机构的风险状况，可以依法采取责令暂停部分业务、责令撤换高级管理人员等特别监管措施。

第五十一条　外资银行营业性机构应当聘请在中华人民共和国境内依法设立的会计师事务所对其财务会计报告进行审计，并应当向其所在地的银行业监督管理机构报告。解聘会计师事务所的，应当说明理由。

第五十二条　外资银行营业性机构应当按照规定向银行业监督管理机构报送财务会计报告、报表和有关资料。

外国银行代表处应当按照规定向银行业监督管理机构报送资料。

第五十三条　外资银行应当接受银行业监督管理机构依法进行的监督检查，不得拒绝、阻碍。

第五十四条　外商独资银行、中外合资银行应当设置独立的内部控制系统、风险管理系统、财务会计系统、计算机信息管理系统。

第五十五条　外国银行在中华人民共和国境内设立的外商独资银行的董事长、高级管理人员和从事外汇批发业务的外国银行分行的高级管理人员不得相互兼职。

第五十六条　外国银行在中华人民共和国境内设立的外商独资银行与从事外汇批发业务的外国银行分行之间进行的交易必须符合商业原则，交易条件不得优于与非关联方进行交易的条件。外国银行对其在中华人民共和国境内设立的外商独资银行与从事外汇批发业务的外国银行分行之间的资金交易,应当提供全额担保。

第五十七条 外国银行代表处及其工作人员,不得从事任何形式的经营性活动。

第五章 终止与清算

第五十八条 外资银行营业性机构自行终止业务活动的,应当在终止业务活动30日前以书面形式向国务院银行业监督管理机构提出申请,经审查批准予以解散或者关闭并进行清算。

第五十九条 外资银行营业性机构已经或者可能发生信用危机,严重影响存款人和其他客户合法权益的,国务院银行业监督管理机构可以依法对该外资银行营业性机构实行接管或者促成机构重组。

第六十条 外资银行营业性机构因解散、关闭、依法被撤销或者宣告破产而终止的,其清算的具体事宜,依照中华人民共和国有关法律、法规的规定办理。

第六十一条 外资银行营业性机构清算终结,应当在法定期限内向原登记机关办理注销登记。

第六十二条 外国银行代表处自行终止活动的,应当经国务院银行业监督管理机构批准予以关闭,并在法定期限内向原登记机关办理注销登记。

第六章 法律责任

第六十三条 未经国务院银行业监督管理机构审查批准,擅自设立外资银行或者非法从事银行业金融机构的业务活动的,由国务院银行业监督管理机构予以取缔,自被取缔之日起5年内,国务院银行业监督管理机构不受理该当事人设立外资银行的申请;构成犯罪的,依法追究刑事责任;尚不构成犯罪的,由国务院银行业监督管理机构没收违法所得,违法所得50万元以上的,并处违法所得1倍以上5倍以下罚款;没有违法所得或者违法所得不足50万元的,处50万元以上200万元以下罚款。

第六十四条 外资银行营业性机构有下列情形之一的,由国务院银行业监督管理机构责令改正,没收违法所得,违法所得50万元以上的,并处违法所得1倍以上5倍以下罚款;没有违法所得或者违法所得不足50万元的,处50万元以上200万元以下罚款;情节特别严重或者逾期不改正的,可以责令停业整顿或者吊销其金融许可证;构成犯罪的,依法追究刑事责任:

(一)未经批准设立分支机构的;

(二)未经批准变更、终止的;

(三)违反规定从事未经批准的业务活动的;

(四)违反规定提高或者降低存款利率、贷款利率的。

第六十五条 外资银行有下列情形之一的,由国务院银行业监督管理机构责令改正,处20万元以上50万元以下罚款;情节特别严重或者逾期不改正的,可以责令停业整顿、吊销其金融许可证、撤销代表处;构成犯罪的,依法追究刑事责任:

(一)未按照有关规定进行信息披露的;

(二)拒绝或者阻碍银行业监督管理机构依法进行的监督检查的;

(三)提供虚假的或者隐瞒重要事实的财务会计报告、报表或者有关资料的;

(四)隐匿、损毁监督检查所需的文件、证件、账簿、电子数据或者其他资料的;

(五)未经任职资格核准任命董事、高级管理人员、首席代表的;

(六)拒绝执行本条例第五十条规定的特别监管措施的。

第六十六条 外资银行营业性机构违反本条例有关规定,未按期报送财务会计报告、报表或者有关资料,或者未按照规定制定有关业务规则、建立健全有关管理制度的,由国务院银行业监督管理机构责令限期改正;逾期不改正的,处10万元以上30万元以下罚款。

第六十七条 外资银行营业性机构违反本条例第四章有关规定从事经营或者严重违反其他审慎经营规则的,由国务院银行业监督管理机构责令改正,处20万元以上50万元以下罚款;情节特别严重或者逾期不改正的,可以责令停业整顿或者吊销其金融许可证。

第六十八条 外资银行营业性机构违反本

条例规定,国务院银行业监督管理机构除依照本条例第六十三条至第六十七条规定处罚外,还可以区别不同情形,采取下列措施:

（一）责令外资银行营业性机构撤换直接负责的董事、高级管理人员和其他直接责任人员;

（二）外资银行营业性机构的行为尚不构成犯罪的,对直接负责的董事、高级管理人员和其他直接责任人员给予警告,并处5万元以上50万元以下罚款;

（三）取消直接负责的董事、高级管理人员一定期限直至终身在中华人民共和国境内的任职资格,禁止直接负责的董事、高级管理人员和其他直接责任人员一定期限直至终身在中华人民共和国境内从事银行业工作。

第六十九条　外国银行代表处违反本条例规定,从事经营性活动的,由国务院银行业监督管理机构责令改正,给予警告,没收违法所得,违法所得50万元以上的,并处违法所得1倍以上5倍以下罚款;没有违法所得或者违法所得不足50万元的,处50万元以上200万元以下罚款;情节严重的,由国务院银行业监督管理机构予以撤销;构成犯罪的,依法追究刑事责任。

第七十条　外国银行代表处有下列情形之一的,由国务院银行业监督管理机构责令改正,给予警告,并处10万元以上30万元以下罚款;情节严重的,取消首席代表一定期限在中华人民共和国境内的任职资格或者要求其代表的外国银行撤换首席代表;情节特别严重的,由国务院银行业监督管理机构予以撤销:

（一）未经批准变更办公场所的;

（二）未按照规定向国务院银行业监督管理机构报送资料的;

（三）违反本条例或者国务院银行业监督管理机构的其他规定的。

第七十一条　外资银行违反中华人民共和国其他法律、法规的,由有关主管机关依法处理。

第七章　附　　则

第七十二条　香港特别行政区、澳门特别行政区和台湾地区的金融机构在内地设立的银行机构,比照适用本条例。国务院另有规定的,依照其规定。

第七十三条　本条例自2006年12月11日起施行。2001年12月20日国务院公布的《中华人民共和国外资金融机构管理条例》同时废止。

国务院关于清理规范税收等优惠政策的通知

（2014年11月27日　国发〔2014〕62号）

各省、自治区、直辖市人民政府,国务院各部委、各直属机构:

根据党的十八届三中全会精神和《国务院关于深化预算管理制度改革的决定》(国发〔2014〕45号)要求,为严肃财经纪律,加快建设统一开放、竞争有序的市场体系,现就清理规范税收等优惠政策有关问题通知如下:

一、充分认识清理规范税收等优惠政策的重大意义

近年来,为推动区域经济发展,一些地区和部门对特定企业及其投资者(或管理者)等,在税收、非税等收入和财政支出等方面实施了优惠政策(以下统称税收等优惠政策),一定程度上促进了投资增长和产业集聚。但是,一些税收等优惠政策扰乱了市场秩序,影响国家宏观调控政策效果,甚至可能违反我国对外承诺,引发国际贸易摩擦。

全面规范税收等优惠政策,有利于维护公平的市场竞争环境,促进形成全国统一的市场体系,发挥市场在资源配置中的决定性作用;有利于落实国家宏观经济政策,打破地方保护和行业垄断,推动经济转型升级;有利于严肃财经纪律,预防和惩治腐败,维护正常的收入分配秩序;有利于深化财税体制改革,推进依法行政,科学理财,建立全面规范、公开透明的预算制度。

二、总体要求

(一)指导思想。

以邓小平理论、"三个代表"重要思想、科学发展观为指导,全面贯彻党的十八大和十八届三中、四中全会精神,落实党中央、国务院决策部署,以加快建设统一开放、竞争有序的市场体系,促进社会主义市场经济健康发展为目标,通过清理规范税收等优惠政策,反对地方保护和不正当竞争,着力清除影响商品和要素自由流动的市场壁垒,推动完善社会主义市场经济体制,使市场在资源配置中起决定性作用,促进经济转型升级。

(二)主要原则。

1. 上下联动,全面规范。各有关部门要按照法律法规和国务院统一要求,清理规范本部门出台的税收等优惠政策,各地区要同步开展清理规范工作。凡违法违规或影响公平竞争的政策都要纳入清理规范的范围,既要规范税收、非税等收入优惠政策,又要规范与企业缴纳税收或非税收入挂钩的财政支出优惠政策。

2. 统筹规划,稳步推进。既要立足当前,分清主次,坚决取消违反法律法规的优惠政策,做到符合世界贸易组织规则和我国对外承诺,逐步规范其他优惠政策;又要着眼长远,以开展清理规范工作为契机,建立健全长效管理机制。

3. 公开信息,接受监督。要按照政府信息公开的要求,全面推进税收等优惠政策相关信息公开,增强透明度,提高公信力;建立举报制度,动员各方力量,加强监督制衡。

三、切实规范各类税收等优惠政策

(一)统一税收政策制定权限。坚持税收法定原则,除依据专门税收法律法规和《中华人民共和国民族区域自治法》规定的税政管理权限外,各地区一律不得自行制定税收优惠政策;未经国务院批准,各部门起草其他法律、法规、规章、发展规划和区域政策都不得规定具体税收优惠政策。

(二)规范非税等收入管理。严格执行现有行政事业性收费、政府性基金、社会保险管理制度。严禁对企业违规减免或缓征行政事业性收费和政府性基金、以优惠价格或零地价出让土地;严禁低价转让国有资产、国有企业股权以及矿产等国有资源;严禁违反法律法规和国务院规定减免或缓征企业应当承担的社会保险缴费,未经国务院批准不得允许企业低于统一规定费率缴费。

(三)严格财政支出管理。未经国务院批准,各地区、各部门不得对企业规定财政优惠政策。对违法违规制定与企业及其投资者(或管理者)缴纳税收或非税收入挂钩的财政支出优惠政策,包括先征后返、列收列支、财政奖励或补贴,以代缴或给予补贴等形式减免土地出让收入等,坚决予以取消。其他优惠政策,如代企业承担社会保险缴费等经营成本、给予电价水价优惠、通过财政奖励或补贴等形式吸引其他地区企业落户本地或在本地缴纳税费,对部分区域实施的地方级财政收入全留或增量返还等,要逐步加以规范。

四、全面清理已有的各类税收等优惠政策

各地区、各有关部门要开展一次专项清理,认真排查本地区、本部门制定出台的税收等优惠政策,特别要对与企业签订的合同、协议、备忘录、会议或会谈纪要以及"一事一议"形式的请示、报告和批复等进行全面梳理,摸清底数,确保没有遗漏。

通过专项清理,违反国家法律法规的优惠政策一律停止执行,并发布文件予以废止;没有法律法规障碍,确需保留的优惠政策,由省级人民政府或有关部门报财政部审核汇总后专题请示国务院。

各省级人民政府和有关部门应于 2015 年 3 月底前,向财政部报送本省(区、市)和本部门对税收等优惠政策的专项清理情况,由财政部汇总报国务院。

五、建立健全长效机制

(一)建立评估和退出机制。对法律法规规定的税收优惠政策和经国务院批准实施的非税收入及财政支出优惠政策,财政部要牵头定期评估。没有法律法规障碍且具有推广价值的

政策，要尽快在全国范围内实施；有明确执行时限的政策，原则上一律到期停止执行；未明确执行时限的政策，要设定政策实施时限。对不符合经济发展需要、效果不明显的政策，财政部要牵头会同有关部门提出调整或取消的意见，报国务院审定。

（二）健全考评监督机制。明确地方各级人民政府主要负责人为本地区税收等优惠政策管理的第一责任人，将税收等优惠政策管理情况作为领导班子和领导干部综合考核评价体系的重要内容，作为提拔任用、管理监督的重要依据。

（三）建立信息公开和举报制度。建立目录清单制度，除涉及国家秘密和安全的事项外，税收等优惠政策的制定、调整或取消等信息，要形成目录清单，并以适当形式及时、完整地向社会公开。建立举报制度，鼓励和引导各方力量对违法违规制定实施税收等优惠政策行为进行监督。

（四）强化责任追究机制。建立定期检查和问责制度，监察部、财政部、审计署、税务总局等部门要按照职责分工，及时查处并纠正各类违法违规制定税收等优惠政策行为。自本通知印发之日起，对违反规定出台或继续实施税收等优惠政策的地区和部门，要依法依规追究政府和部门主要负责人和政策制定部门、政策执行部门主要负责人的责任，并给予相应纪律处分；中央财政按照税收等优惠额度的一定比例扣减对该地区的税收返还或转移支付。

六、健全保障措施

（一）加强组织领导。建立由财政部牵头的清理税收等优惠政策部际联席会议制度，具体负责政策指导和统筹协调，加强监督检查和跟踪落实，研究解决重大问题，重大事项及时报告国务院。省、市、县级人民政府要建立由财政部门牵头、相关部门配合的清理税收等优惠政策工作机制，组织实施本地区的清理规范工作。

（二）完善相关政策。在扎实开展清理规范工作的同时，各地区、各部门要按照党中央、国务院的统一部署，认真落实国家统一制定的税收等优惠政策，大力培育新兴产业，积极支持小微企业加快发展，进一步完善社会保险、社会救助和社会福利制度，加大对城乡低收入群体的保障力度，努力促进就业和基本公共服务均等化。

（三）加强舆论引导。各地区、各部门和有关新闻单位要通过政府或部门网站、广播电视、平面媒体等渠道，加强政策宣传解读，及时发布信息，统一思想、凝聚共识，营造良好的舆论氛围。

规范税收等优惠政策工作事关全局，政策性强，涉及面广。各地区、各部门要高度重视，牢固树立大局意识，加强领导、周密部署、及时督查，切实将规范税收等优惠政策工作抓实、抓好、抓出成效。

国务院关于推广中国（上海）自由贸易试验区可复制改革试点经验的通知

（2014年12月21日　国发〔2014〕65号）

各省、自治区、直辖市人民政府，国务院各部委、各直属机构：

设立中国（上海）自由贸易试验区（以下简称上海自贸试验区）是党中央、国务院作出的重大决策。上海自贸试验区成立一年多来，上海市和有关部门以简政放权、放管结合的制度创新为核心，加快政府职能转变，探索体制机制创新，在建立以负面清单管理为核心的外商投资管理制度、以贸易便利化为重点的贸易监管制度、以资本项目可兑换和金融服务业开放为目标的金融创新制度、以政府职能转变为核心的事中事后监管制度等方面，形成了一批可复制、可推广的改革创新成果。经党中央、国务院批准,上海自贸试验区的可复制改革试点经验将在全国范围内推广。现就有关事项通知如下:

一、可复制推广的主要内容

上海自贸试验区可复制改革试点经验,原则上,除涉及法律修订、上海国际金融中心建设事项外,能在其他地区推广的要尽快推广,能在全国范围内推广的要推广到全国。有关部门结合自身深化改革的各项工作,已在全国范围复制推广了一批经验和做法。在此基础上,进一步推广以下事项:

(一)在全国范围内复制推广的改革事项。

1. 投资管理领域:外商投资广告企业项目备案制、涉税事项网上审批备案、税务登记号码网上自动赋码、网上自主办税、纳税信用管理的网上信用评级、组织机构代码实时赋码、企业标准备案管理制度创新、取消生产许可证委托加工备案、企业设立实行“单一窗口”等。

2. 贸易便利化领域:全球维修产业检验检疫监管、中转货物产地来源证管理、检验检疫通关无纸化、第三方检验结果采信、出入境生物材料制品风险管理等。

3. 金融领域:个人其他经常项下人民币结算业务、外商投资企业外汇资本金意愿结汇、银行办理大宗商品衍生品柜台交易涉及的结售汇业务、直接投资项下外汇登记及变更登记下放银行办理等。

4. 服务业开放领域:允许融资租赁公司兼营与主营业务有关的商业保理业务、允许设立外商投资资信调查公司、允许设立股份制外资投资性公司、融资租赁公司设立子公司不设最低注册资本限制、允许内外资企业从事游戏游艺设备生产和销售等。

5. 事中事后监管措施:社会信用体系、信息共享和综合执法制度、企业年度报告公示和经营异常名录制度、社会力量参与市场监督制度,以及各部门的专业监管制度。

(二)在全国其他海关特殊监管区域复制推广的改革事项。

1. 海关监管制度创新:期货保税交割海关监管制度、境内外维修海关监管制度、融资租赁海关监管制度等措施。

2. 检验检疫制度创新:进口货物预检验、分线监督管理制度、动植物及其产品检疫审批负面清单管理等措施。

二、高度重视推广工作

各地区、各部门要深刻认识推广上海自贸试验区可复制改革试点经验的重大意义,将推广工作作为全面深化改革的重要举措,积极转变政府管理理念,以开放促改革,结合本地区、本部门实际情况,着力解决市场体系不完善、政府干预过多和监管不到位等问题,更好地发挥市场在资源配置中的决定性作用和政府作用。要适应经济全球化的趋势,逐步构建与我国开放型经济发展要求相适应的新体制、新模式,释放改革红利,促进国际国内要素有序自由流动、资源高效配置、市场深度融合,加快培育参与和引领国际经济合作竞争的新优势。

三、切实做好组织实施

各省(区、市)人民政府要因地制宜,将推广相关体制机制改革措施列为本地区重点工作,建立健全领导机制,积极创造条件、扎实推进,确保改革试点经验生根落地,产生实效。国务院各有关部门要按照规定时限完成相关改革试点经验推广工作。各省(区、市)人民政府和国务院各有关部门要制订工作方案,明确具体任务、时间节点和可检验的成果形式,于2015年1月31日前送商务部,由商务部汇总后报国务院。改革试点经验推广过程中遇到的重大问题,要及时报告国务院。

附件:1. 国务院有关部门负责复制推广的改革事项任务分工表
2. 各省(区、市)人民政府借鉴推广的改革事项任务表

附件1

国务院有关部门负责复制推广的改革事项任务分工表

序号	改革事项	负责部门	推广范围	时限
1	外商投资广告企业项目备案制	工商总局	全国	2015年6月30日前
2	涉税事项网上审批备案	税务总局		
3	税务登记号码网上自动赋码			
4	网上自主办税			
5	纳税信用管理的网上信用评级			
6	组织机构代码实时赋码	质检总局		
7	企业标准备案管理制度创新			
8	取消生产许可证委托加工备案			
9	全球维修产业检验检疫监管			
10	中转货物产地来源证管理			
11	检验检疫通关无纸化			
12	第三方检验结果采信			
13	出入境生物材料制品风险管理			
14	个人其他经常项下人民币结算业务	人民银行		
15	外商投资企业外汇资本金意愿结汇	外汇局		
16	银行办理大宗商品衍生品柜台交易涉及的结售汇业务			
17	直接投资项下外汇登记及变更登记下放银行办理			
18	允许融资租赁公司兼营与主营业务有关的商业保理业务	商务部		
19	允许设立外商投资资信调查公司			
20	允许设立股份制外资投资性公司			
21	融资租赁公司设立子公司不设最低注册资本限制			
22	允许内外资企业从事游戏游艺设备生产和销售，经文化部门内容审核后面向国内市场销售	文化部		
23	从投资者条件、企业设立程序、业务规则、监督管理、违规处罚等方面明确扩大开放行业具体监管要求，完善专业监管制度	各行业监管部门	在全国借鉴推广	结合扩大开放情况

续表

序号	改革事项	负责部门	推广范围	时限
24	期货保税交割海关监管制度	海关总署	海关特殊监管区域	2015 年 6 月 30 日前
25	境内外维修海关监管制度			
26	融资租赁海关监管制度			
27	进口货物预检验	质检总局		
28	分线监督管理制度			
29	动植物及其产品检疫审批负面清单管理			

附件 2

各省(区、市)人民政府借鉴推广的改革事项任务表

序号	改革事项	主要内容	时限
1	企业设立实行“单一窗口”	企业设立实行“一个窗口”集中受理	2~3 年内
2	社会信用体系	建设公共信用信息服务平台,完善与信用信息、信用产品使用有关的系列制度等	
3	信息共享和综合执法制度	建设信息服务和共享平台,实现各管理部门监管信息的归集应用和全面共享;建立各部门联动执法、协调合作机制等	
4	企业年度报告公示和经营异常名录制度	与工商登记制度改革相配套,运用市场化、社会化的方式对企业进行监管	
5	社会力量参与市场监督制度	通过扶持引导、购买服务、制定标准等制度安排,支持行业协会和专业服务机构参与市场监督	
6	完善专业监管制度	配合行业监管部门完善专业监管制度	结合扩大开放情况

（三）中国证监会规章

优先股试点管理办法

（2014 年 3 月 21 日　证监会令第 97 号）

第一章　总　　则

第一条　为规范优先股发行和交易行为，保护投资者合法权益，根据《公司法》、《证券法》、《国务院关于开展优先股试点的指导意见》及相关法律法规，制定本办法。

第二条　本办法所称优先股是指依照《公司法》，在一般规定的普通种类股份之外，另行规定的其他种类股份，其股份持有人优先于普通股股东分配公司利润和剩余财产，但参与公司决策管理等权利受到限制。

第三条　上市公司可以发行优先股，非上市公众公司可以非公开发行优先股。

第四条　优先股试点应当符合《公司法》、《证券法》、《国务院关于开展优先股试点的指导意见》和本办法的相关规定，并遵循公开、公平、公正的原则，禁止欺诈、内幕交易和操纵市场的行为。

第五条　证券公司及其他证券服务机构参与优先股试点，应当遵守法律法规及中国证券监督管理委员会（以下简称中国证监会）相关规定，遵循行业公认的业务标准和行为规范，诚实守信、勤勉尽责。

第六条　试点期间不允许发行在股息分配和剩余财产分配上具有不同优先顺序的优先股，但允许发行在其他条款上具有不同设置的优先股。

同一公司既发行强制分红优先股，又发行不含强制分红条款优先股的，不属于发行在股息分配上具有不同优先顺序的优先股。

第七条　相同条款的优先股应当具有同等权利。同次发行的相同条款优先股，每股发行的条件、价格和票面股息率应当相同；任何单位或者个人认购的股份，每股应当支付相同价额。

第二章　优先股股东权利的行使

第八条　发行优先股的公司除按《国务院关于开展优先股试点的指导意见》制定章程有关条款外，还应当按本办法在章程中明确优先股股东的有关权利和义务。

第九条　优先股股东按照约定的股息率分配股息后，有权同普通股股东一起参加剩余利润分配的，公司章程应明确优先股股东参与剩余利润分配的比例、条件等事项。

第十条　出现以下情况之一的，公司召开股东大会会议应通知优先股股东，并遵循《公司法》及公司章程通知普通股股东的规定程序。优先股股东有权出席股东大会会议，就以下事项与普通股股东分类表决，其所持每一优先股有一表决权，但公司持有的本公司优先股没有表决权：

（1）修改公司章程中与优先股相关的内容；

（2）一次或累计减少公司注册资本超过百分之十；

（3）公司合并、分立、解散或变更公司形式；

（4）发行优先股；

（5）公司章程规定的其他情形。

上述事项的决议，除须经出席会议的普通股股东（含表决权恢复的优先股股东）所持表决权的三分之二以上通过之外,还须经出席会议的优先股股东(不含表决权恢复的优先股股东)所持表决权的三分之二以上通过。

第十一条　公司股东大会可授权公司董事会按公司章程的约定向优先股支付股息。公司累计三个会计年度或连续两个会计年度未按约定支付优先股股息的,股东大会批准当年不按约定分配利润的方案次日起,优先股股东有权出席股东大会与普通股股东共同表决,每股优先股股份享有公司章程规定的一定比例表决权。

对于股息可累积到下一会计年度的优先股,表决权恢复直至公司全额支付所欠股息。对于股息不可累积的优先股,表决权恢复直至公司全额支付当年股息。公司章程可规定优先股表决权恢复的其他情形。

第十二条　优先股股东有权查阅公司章程、股东名册、公司债券存根、股东大会会议记录、董事会会议决议、监事会会议决议、财务会计报告。

第十三条　发行人回购优先股包括发行人要求赎回优先股和投资者要求回售优先股两种情况,并应在公司章程和招股文件中规定其具体条件。发行人要求赎回优先股的,必须完全支付所欠股息,但商业银行发行优先股补充资本的除外。优先股回购后相应减记发行在外的优先股股份总数。

第十四条　公司董事、监事、高级管理人员应当向公司申报所持有的本公司优先股及其变动情况,在任职期间每年转让的股份不得超过其所持本公司优先股股份总数的百分之二十五。公司章程可以对公司董事、监事、高级管理人员转让其所持有的本公司优先股股份作出其他限制性规定。

第十五条　除《国务院关于开展优先股试点的指导意见》规定的事项外,计算股东人数和持股比例时应分别计算普通股和优先股。

第十六条　公司章程中规定优先股采用固定股息率的,可以在优先股存续期内采取相同的固定股息率,或明确每年的固定股息率,各年度的股息率可以不同;公司章程中规定优先股采用浮动股息率的,应当明确优先股存续期内票面股息率的计算方法。

第三章　上市公司发行优先股

第一节　一般规定

第十七条　上市公司应当与控股股东或实际控制人的人员、资产、财务分开,机构、业务独立。

第十八条　上市公司内部控制制度健全,能够有效保证公司运行效率、合法合规和财务报告的可靠性,内部控制的有效性应当不存在重大缺陷。

第十九条　上市公司发行优先股,最近三个会计年度实现的年均可分配利润应当不少于优先股一年的股息。

第二十条　上市公司最近三年现金分红情况应当符合公司章程及中国证监会的有关监管规定。

第二十一条　上市公司报告期不存在重大会计违规事项。公开发行优先股,最近三年财务报表被注册会计师出具的审计报告应当为标准审计报告或带强调事项段的无保留意见的审计报告;非公开发行优先股,最近一年财务报表被注册会计师出具的审计报告为非标准审计报告的,所涉及事项对公司无重大不利影响或者在发行前重大不利影响已经消除。

第二十二条　上市公司发行优先股募集资金应有明确用途,与公司业务范围、经营规模相匹配,募集资金用途符合国家产业政策和有关环境保护、土地管理等法律和行政法规的规定。

除金融类企业外,本次募集资金使用项目不得为持有交易性金融资产和可供出售的金融资产、借予他人等财务性投资,不得直接或间接投资于以买卖有价证券为主要业务的公司。

第二十三条　上市公司已发行的优先股不得超过公司普通股股份总数的百分之五十,且筹资金额不得超过发行前净资产的百分之五十,已回购、转换的优先股不纳入计算。

第二十四条　上市公司同一次发行的优先股,条款应当相同。每次优先股发行完毕前,不得再次发行优先股。

第二十五条　上市公司存在下列情形之一的,不得发行优先股:

（一）本次发行申请文件有虚假记载、误导性陈述或重大遗漏；

（二）最近十二个月内受到过中国证监会的行政处罚；

（三）因涉嫌犯罪正被司法机关立案侦查或涉嫌违法违规正被中国证监会立案调查；

（四）上市公司的权益被控股股东或实际控制人严重损害且尚未消除；

（五）上市公司及其附属公司违规对外提供担保且尚未解除；

（六）存在可能严重影响公司持续经营的担保、诉讼、仲裁、市场重大质疑或其他重大事项；

（七）其董事和高级管理人员不符合法律、行政法规和规章规定的任职资格；

（八）严重损害投资者合法权益和社会公共利益的其他情形。

第二节　公开发行的特别规定

第二十六条　上市公司公开发行优先股，应当符合以下情形之一：

（一）其普通股为上证50指数成份股；

（二）以公开发行优先股作为支付手段收购或吸收合并其他上市公司；

（三）以减少注册资本为目的回购普通股的，可以公开发行优先股作为支付手段，或者在回购方案实施完毕后，可公开发行不超过回购减资总额的优先股。

中国证监会核准公开发行优先股后不再符合本条第（一）项情形的，上市公司仍可实施本次发行。

第二十七条　上市公司最近三个会计年度应当连续盈利。扣除非经常性损益后的净利润与扣除前的净利润相比，以孰低者作为计算依据。

第二十八条　上市公司公开发行优先股应当在公司章程中规定以下事项：

（一）采取固定股息率；

（二）在有可分配税后利润的情况下必须向优先股股东分配股息；

（三）未向优先股股东足额派发股息的差额部分应当累积到下一会计年度；

（四）优先股股东按照约定的股息率分配股息后，不再同普通股股东一起参加剩余利润分配。

商业银行发行优先股补充资本的，可就第（二）项和第（三）项事项另行约定。

第二十九条　上市公司公开发行优先股的，可以向原股东优先配售。

第三十条　除本办法第二十五条的规定外，上市公司最近三十六个月内因违反工商、税收、土地、环保、海关法律、行政法规或规章，受到行政处罚且情节严重的，不得公开发行优先股。

第三十一条　上市公司公开发行优先股，公司及其控股股东或实际控制人最近十二个月内应当不存在违反向投资者作出的公开承诺的行为。

第三节　其他规定

第三十二条　优先股每股票面金额为一百元。

优先股发行价格和票面股息率应当公允、合理，不得损害股东或其他利益相关方的合法利益，发行价格不得低于优先股票面金额。

公开发行优先股的价格或票面股息率以市场询价或证监会认可的其他公开方式确定。非公开发行优先股的票面股息率不得高于最近两个会计年度的年均加权平均净资产收益率。

第三十三条　上市公司不得发行可转换为普通股的优先股。但商业银行可根据商业银行资本监管规定，非公开发行触发事件发生时强制转换为普通股的优先股，并遵守有关规定。

第三十四条　上市公司非公开发行优先股仅向本办法规定的合格投资者发行，每次发行对象不得超过二百人，且相同条款优先股的发行对象累计不得超过二百人。

发行对象为境外战略投资者的，还应当符合国务院相关部门的规定。

第四节　发行程序

第三十五条　上市公司申请发行优先股，董事会应当按照中国证监会有关信息披露规定，公开披露本次优先股发行预案，并依法就以下事项作出决议，提请股东大会批准。

(一)本次优先股的发行方案;

(二)非公开发行优先股且发行对象确定的,上市公司与相应发行对象签订的附条件生效的优先股认购合同。认购合同应当载明发行对象拟认购优先股的数量、认购价格或定价原则、票面股息率或其确定原则,以及其他必要条款。认购合同应当约定发行对象不得以竞价方式参与认购,且本次发行一经上市公司董事会、股东大会批准并经中国证监会核准,该合同即应生效;

(三)非公开发行优先股且发行对象尚未确定的,决议应包括发行对象的范围和资格、定价原则、发行数量或数量区间。

上市公司的控股股东、实际控制人或其控制的关联人参与认购本次非公开发行优先股的,按照前款第(二)项执行。

第三十六条　上市公司独立董事应当就上市公司本次发行对公司各类股东权益的影响发表专项意见,并与董事会决议一同披露。

第三十七条　上市公司股东大会就发行优先股进行审议,应当就下列事项逐项进行表决:

(一)本次发行优先股的种类和数量;

(二)发行方式、发行对象及向原股东配售的安排;

(三)票面金额、发行价格或其确定原则;

(四)优先股股东参与分配利润的方式,包括:票面股息率或其确定原则、股息发放的条件、股息支付方式、股息是否累积、是否可以参与剩余利润分配等;

(五)回购条款,包括回购的条件、期间、价格及其确定原则、回购选择权的行使主体等(如有);

(六)募集资金用途;

(七)公司与发行对象签订的附条件生效的优先股认购合同(如有);

(八)决议的有效期;

(九)公司章程关于优先股股东和普通股股东利润分配、剩余财产分配、优先股表决权恢复等相关政策条款的修订方案;

(十)对董事会办理本次发行具体事宜的授权;

(十一)其他事项。

上述决议,须经出席会议的普通股股东(含表决权恢复的优先股股东)所持表决权的三分之二以上通过。已发行优先股的,还须经出席会议的优先股股东(不含表决权恢复的优先股股东)所持表决权的三分之二以上通过。上市公司向公司特定股东及其关联人发行优先股的,股东大会就发行方案进行表决时,关联股东应当回避。

第三十八条　上市公司就发行优先股事项召开股东大会,应当提供网络投票,还可以通过中国证监会认可的其他方式为股东参加股东大会提供便利。

第三十九条　上市公司申请发行优先股应当由保荐人保荐并向中国证监会申报,其申请、审核、核准、发行等相关程序参照《上市公司证券发行管理办法》和《证券发行与承销管理办法》的规定。发审委会议按照《中国证券监督管理委员会发行审核委员会办法》规定的特别程序,审核发行申请。

第四十条　上市公司发行优先股,可以申请一次核准,分次发行,不同次发行的优先股除票面股息率外,其他条款应当相同。自中国证监会核准发行之日起,公司应在六个月内实施首次发行,剩余数量应当在二十四个月内发行完毕。超过核准文件时限的,须申请中国证监会重新核准。首次发行数量应当不少于总发行数量的百分之五十,剩余各次发行的数量由公司自行确定,每次发行完毕后五个工作日内报中国证监会备案。

第四章　非上市公众公司非公开发行优先股

第四十一条　非上市公众公司非公开发行优先股应符合下列条件:

(一)合法规范经营;

(二)公司治理机制健全;

(三)依法履行信息披露义务。

第四十二条　非上市公众公司非公开发行优先股应当遵守本办法第二十三条、第二十四条、第二十五条、第三十二条、第三十三条的规定。

第四十三条　非上市公众公司非公开发行优先股仅向本办法规定的合格投资者发行,每次发行对象不得超过二百人,且相同条款优先股的发行对象累计不得超过二百人。

第四十四条　非上市公众公司拟发行优先股的，董事会应依法就具体方案、本次发行对公司各类股东权益的影响、发行优先股的目的、募集资金的用途及其他必须明确的事项作出决议，并提请股东大会批准。

董事会决议确定具体发行对象的，董事会决议应当确定具体的发行对象名称及其认购价格或定价原则、认购数量或数量区间等；同时应在召开董事会前与相应发行对象签订附条件生效的股份认购合同。董事会决议未确定具体发行对象的，董事会决议应当明确发行对象的范围和资格、定价原则等。

第四十五条　非上市公众公司股东大会就发行优先股进行审议，表决事项参照本办法第三十七条执行。发行优先股决议，须经出席会议的普通股股东（含表决权恢复的优先股股东）所持表决权的三分之二以上通过。已发行优先股的，还须经出席会议的优先股股东（不含表决权恢复的优先股股东）所持表决权的三分之二以上通过。非上市公众公司向公司特定股东及其关联人发行优先股的，股东大会就发行方案进行表决时，关联股东应当回避，公司普通股股东（不含表决权恢复的优先股股东）人数少于二百人的除外。

第四十六条　非上市公众公司发行优先股的申请、审核（豁免）、发行等相关程序应按照《非上市公众公司监督管理办法》等相关规定办理。

第五章　交易转让及登记结算

第四十七条　优先股发行后可以申请上市交易或转让，不设限售期。

公开发行的优先股可以在证券交易所上市交易。上市公司非公开发行的优先股可以在证券交易所转让，非上市公众公司非公开发行的优先股可以在全国中小企业股份转让系统转让，转让范围仅限合格投资者。交易或转让的具体办法由证券交易所或全国中小企业股份转让系统另行制定。

第四十八条　优先股交易或转让环节的投资者适当性标准应当与发行环节保持一致；非公开发行的相同条款优先股经交易或转让后，投资者不得超过二百人。

第四十九条　中国证券登记结算公司为优先股提供登记、存管、清算、交收等服务。

第六章　信息披露

第五十条　公司应当按照中国证监会有关信息披露规则编制募集优先股说明书或其他信息披露文件，依法履行信息披露义务。上市公司相关信息披露程序和要求参照《上市公司证券发行管理办法》和《上市公司非公开发行股票实施细则》及有关监管指引的规定。非上市公众公司非公开发行优先股的信息披露程序和要求参照《非上市公众公司监督管理办法》及有关监管指引的规定。

第五十一条　发行优先股的公司披露定期报告时，应当以专门章节披露已发行优先股情况、持有公司优先股股份最多的前十名股东的名单和持股数额、优先股股东的利润分配情况、优先股的回购情况、优先股股东表决权恢复及行使情况、优先股会计处理情况及其他与优先股有关的情况，具体内容与格式由中国证监会规定。

第五十二条　发行优先股的上市公司，发生表决权恢复、回购普通股等事项，以及其他可能对其普通股或优先股交易或转让价格产生较大影响事项的，上市公司应当按照《证券法》第六十七条以及中国证监会的相关规定，履行临时报告、公告等信息披露义务。

第五十三条　发行优先股的非上市公众公司按照《非上市公众公司监督管理办法》及有关监管指引的规定履行日常信息披露义务。

第七章　回购与并购重组

第五十四条　上市公司可以非公开发行优先股作为支付手段，向公司特定股东回购普通股。上市公司回购普通股的价格应当公允、合理，不得损害股东或其他利益相关方的合法利益。

第五十五条　上市公司以减少注册资本为目的回购普通股公开发行优先股的，以及以非公开发行优先股为支付手段向公司特定股东回购普通股的，除应当符合优先股发行条件和程序，还应符合以下规定：

(一)上市公司回购普通股应当由董事会依法作出决议并提交股东大会批准;

(二)上市公司股东大会就回购普通股作出的决议,应当包括下列事项:回购普通股的价格区间,回购普通股的数量和比例,回购普通股的期限,决议的有效期,对董事会办理本次回购股份事宜的具体授权,其他相关事项。以发行优先股作为支付手段的,应当包括拟用于支付的优先股总金额以及支付比例;回购方案实施完毕之日起一年内公开发行优先股的,应当包括回购的资金总额以及资金来源;

(三)上市公司股东大会就回购普通股作出决议,必须经出席会议的普通股股东(含表决权恢复的优先股股东)所持表决权的三分之二以上通过;

(四)上市公司应当在股东大会作出回购普通股决议后的次日公告该决议;

(五)依法通知债权人。

本办法未做规定的应当符合中国证监会有关上市公司回购的其他规定。

第五十六条 上市公司收购要约适用于被收购公司的所有股东,但可以针对优先股股东和普通股股东提出不同的收购条件。

第五十七条 上市公司可以按照《上市公司重大资产重组管理办法》规定的条件发行优先股购买资产,同时应当遵守本办法第三十三条,以及第三十五条至第三十八条的规定,依法披露有关信息、履行相应程序。

第五十八条 上市公司发行优先股作为支付手段购买资产的,可以同时募集配套资金。

第五十九条 非上市公众公司发行优先股的方案涉及重大资产重组的,应当符合中国证监会有关重大资产重组的规定。

第八章 监管措施和法律责任

第六十条 公司及其控股股东或实际控制人,公司董事、监事、高级管理人员以及其他直接责任人员,相关市场中介机构及责任人员,以及优先股试点的其他市场参与者违反本办法规定的,依照《公司法》、《证券法》和中国证监会的有关规定处理;涉嫌犯罪的,依法移送司法机关,追究其刑事责任。

第六十一条 上市公司、非上市公众公司违反本办法规定,存在未按规定制定有关章程条款、不按照约定召集股东大会恢复优先股股东表决权等损害优先股股东和中小股东权益等行为的,中国证监会应当责令改正,对上市公司、非上市公众公司和其直接负责的主管人员和其他直接责任人员,可以采取相应的行政监管措施以及警告、三万元以下罚款等行政处罚。

第六十二条 上市公司违反本办法第二十二条第二款规定的,中国证监会可以责令改正,并在三十六个月内不受理该公司的公开发行证券申请。

第六十三条 上市公司、非上市公众公司向本办法规定的合格投资者以外的投资者非公开发行优先股,中国证监会应当责令改正,并可以自确认之日起在三十六个月内不受理该公司的发行优先股申请。

第六十四条 承销机构在承销非公开发行的优先股时,将优先股配售给不符合本办法合格投资者规定的对象的,中国证监会可以责令改正,并在三十六个月内不接受其参与证券承销。

第九章 附 则

第六十五条 本办法所称合格投资者包括:

(一)经有关金融监管部门批准设立的金融机构,包括商业银行、证券公司、基金管理公司、信托公司和保险公司等;

(二)上述金融机构面向投资者发行的理财产品,包括但不限于银行理财产品、信托产品、投连险产品、基金产品、证券公司资产管理产品等;

(三)实收资本或实收股本总额不低于人民币五百万元的企业法人;

(四)实缴出资总额不低于人民币五百万元的合伙企业;

(五)合格境外机构投资者(QFII)、人民币合格境外机构投资者(RQFII)、符合国务院相关部门规定的境外战略投资者;

(六)除发行人董事、高级管理人员及其配偶以外的,名下各类证券账户、资金账户、资产管理账户的资产总额不低于人民币五百万元的个人投资者;

（七）经中国证监会认可的其他合格投资者。

第六十六条　非上市公众公司首次公开发行普通股并同时非公开发行优先股的，其优先股的发行与信息披露应符合本办法中关于上市公司非公开发行优先股的有关规定。

第六十七条　注册在境内的境外上市公司在境外发行优先股，应当符合境外募集股份及上市的有关规定。

注册在境内的境外上市公司在境内发行优先股，参照执行本办法关于非上市公众公司发行优先股的规定，以及《非上市公众公司监督管理办法》等相关规定，其优先股可以在全国中小企业股份转让系统进行转让。

第六十八条　本办法下列用语含义如下：

（一）强制分红：公司在有可分配税后利润的情况下必须向优先股股东分配股息；

（二）可分配税后利润：发行人股东依法享有的未分配利润；

（三）加权平均净资产收益率：按照《公开发行证券的公司信息披露编报规则第9号——净资产收益率和每股收益的计算及披露》计算的加权平均净资产收益率；

（四）上证50指数：中证指数有限公司发布的上证50指数。

第六十九条　本办法中计算合格投资者人数时，同一资产管理机构以其管理的两只以上产品认购或受让优先股的，视为一人。

第七十条　本办法自公布之日起施行。

关于修改《证券发行与承销管理办法》的决定

（2014年3月21日　证监会令第98号）

一、增加一条，作为第五条："首次公开发行股票，网下投资者须具备丰富的投资经验和良好的定价能力，应当接受中国证券业协会的自律管理，遵守中国证券业协会的自律规则。

"网下投资者参与报价时，应当持有一定金额的非限售股份。发行人和主承销商可以根据自律规则，设置网下投资者的具体条件，并在发行公告中预先披露。主承销商应当对网下投资者是否符合预先披露的条件进行核查，对不符合条件的投资者，应当拒绝或剔除其报价。"

二、第五条改为第六条，第二款修改为："网下投资者报价应当包含每股价格和该价格对应的拟申购股数，且只能有一个报价。非个人投资者应当以机构为单位进行报价。首次公开发行股票价格（或发行价格区间）确定后，提供有效报价的投资者方可参与申购。

三、第六条改为第七条，第二款和第三款合并，修改为："公开发行股票数量在4亿股（含）以下的，有效报价投资者的数量不少于10家；公开发行股票数量在4亿股以上的，有效报价投资者的数量不少于20家。剔除最高报价部分后有效报价投资者数量不足的，应当中止发行。"

四、删除第八条。

五、第九条第一款改为第一款、第二款，修改为："首次公开发行股票后总股本4亿股（含）以下的，网下初始发行比例不低于本次公开发行股票数量的60%；发行后总股本超过4亿股的，网下初始发行比例不低于本次公开发行股票数量的70%。其中，应安排不低于本次网下发行股票数量的40%向通过公开募集方式设立的证券投资基金（以下简称公募基金）和社保基金投资管理人管理的社会保障基金（以下简称社保基金）配售，安排一定比例的股票向根据《企业年金基金管理办法》设立的企业年金基金和符合《保险资金运用管理暂行办法》等相关规定的保险资金（以下简称保险资金）配售。公募基金、社保基金、企业年金基金和保险资金有效申购不足安排数量的，发行人和主承销商可以向其他符合条件的网下投资者配售剩余部分。

"对网下投资者进行分类配售的,同类投资者获得配售的比例应当相同。公募基金、社保基金、企业年金基金和保险资金的配售比例应当不低于其他投资者。"

六、第十条第二款修改为:"网上投资者有效申购倍数超过50倍、低于100倍(含)的,应当从网下向网上回拨,回拨比例为本次公开发行股票数量的20%;网上投资者有效申购倍数超过100倍的,回拨比例为本次公开发行股票数量的40%;网上投资者有效申购倍数超过150倍的,回拨后网下发行比例不超过本次公开发行股票数量的10%。本款所指公开发行股票数量应按照扣除设定12个月及以上限售期的股票数量计算。"

七、第十五条增加一项作为第五项:"(五)过去6个月内与主承销商存在保荐、承销业务关系的公司及其持股5%以上的股东、实际控制人、董事、监事、高级管理人员,或已与主承销商签署保荐、承销业务合同或达成相关意向的公司及其持股5%以上的股东、实际控制人、董事、监事、高级管理人员。"第五项改为第六项。

八、第十六条修改为:"发行人和承销商及相关人员不得泄露询价和定价信息;不得以任何方式操纵发行定价;不得劝诱网下投资者抬高报价,不得干扰网下投资者正常报价和申购;不得以提供透支、回扣或者中国证监会认定的其他不正当手段诱使他人申购股票;不得以代持、信托持股等方式谋取不正当利益或向其他相关利益主体输送利益;不得直接或通过其利益相关方向参与认购的投资者提供财务资助或者补偿;不得以自有资金或者变相通过自有资金参与网下配售;不得与网下投资者互相串通,协商报价和配售;不得收取网下投资者回扣或其他相关利益。"

九、增加一条,作为第三十五条:"中国证监会对证券发行承销过程实施事中事后监管,发现涉嫌违法违规或者存在异常情形的,可责令发行人和承销商暂停或中止发行,对相关事项进行调查处理。"

十、增加一条,作为第三十六条:"中国证券业协会应当建立对承销商询价、定价、配售行为和网下投资者报价行为的日常监管制度,加强相关行为的监督检查,发现违规情形的,应当及时采取自律监管措施。中国证券业协会还应当建立对网下投资者和承销商的跟踪分析和评价体系,并根据评价结果采取奖惩措施。"

十一、第三十五条改为第三十七条,修改为:"发行人、证券公司、证券服务机构、投资者及其直接负责的主管人员和其他直接责任人员有失诚信、违反法律、行政法规或者本办法规定的,中国证监会可以视情节轻重采取责令改正、监管谈话、出具警示函、责令公开说明、认定为不适当人选等监管措施,或者采取市场禁入措施,并记入诚信档案;依法应予行政处罚的,依照有关规定进行处罚;涉嫌犯罪的,依法移送司法机关,追究其刑事责任。"

本决定自公布之日起施行。

《证券发行与承销管理办法》根据本决定作相应的修改并对条文顺序作相应调整,重新公布。

证券发行与承销管理办法

(2013年10月8日中国证券监督管理委员会第11次主席办公会议审议通过
根据2014年3月21日中国证券监督管理委员会《关于修改
〈证券发行与承销管理办法〉的决定》修订)

第一章 总 则

第一条 为规范证券发行与承销行为,保护投资者合法权益,根据《证券法》和《公司法》,制定本办法。

第二条 发行人在境内发行股票或者可转换公司债券(以下统称证券)、证券公司在境内承销证券以及投资者认购境内发行的证券,适用本办法。

首次公开发行股票时公司股东公开发售其所持股份(以下简称老股转让)的,还应当符合中国证券监督管理委员会(以下简称中国证监会)的相关规定。

第三条 中国证监会依法对证券发行与承销行为进行监督管理。证券交易所、证券登记结算机构和中国证券业协会应当制定相关业务规则(以下简称相关规则),规范证券发行与承销行为。证券公司承销证券,应当依据本办法以及中国证监会有关风险控制和内部控制等相关规定,制定严格的风险管理制度和内部控制制度,加强定价和配售过程管理,落实承销责任。

为证券发行出具相关文件的证券服务机构和人员,应当按照本行业公认的业务标准和道德规范,严格履行法定职责,对其所出具文件的真实性、准确性和完整性承担责任。

第二章 定价与配售

第四条 首次公开发行股票,可以通过向网下投资者询价的方式确定股票发行价格,也可以通过发行人与主承销商自主协商直接定价等其他合法可行的方式确定发行价格。发行人和主承销商应当在招股意向书(或招股说明书,下同)和发行公告中披露本次发行股票的定价方式。上市公司发行证券的定价,应当符合中国证监会关于上市公司证券发行的有关规定。

第五条 首次公开发行股票,网下投资者须具备丰富的投资经验和良好的定价能力,应当接受中国证券业协会的自律管理,遵守中国证券业协会的自律规则。

网下投资者参与报价时,应当持有一定金额的非限售股份。发行人和主承销商可以根据自律规则,设置网下投资者的具体条件,并在发行公告中预先披露。主承销商应当对网下投资者是否符合预先披露的条件进行核查,对不符合条件的投资者,应当拒绝或剔除其报价。

第六条 首次公开发行股票采用询价方式定价的,符合条件的网下机构和个人投资者可以自主决定是否报价,主承销商无正当理由不得拒绝。网下投资者应当遵循独立、客观、诚信的原则合理报价,不得协商报价或者故意压低、抬高价格。

网下投资者报价应当包含每股价格和该价格对应的拟申购股数,且只能有一个报价。非个人投资者应当以机构为单位进行报价。首次公开发行股票价格(或发行价格区间)确定后,提供有效报价的投资者方可参与申购。

第七条 首次公开发行股票采用询价方式的,网下投资者报价后,发行人和主承销商应当剔除拟申购总量中报价最高的部分,剔除部分不得低于所有网下投资者拟申购总量的10%,然后根据剩余报价及拟申购数量协商确定发行价格。剔除部分不得参与网下申购。

公开发行股票数量在4亿股(含)以下的,有效报价投资者的数量不少于10家;公开发行股票数量在4亿股以上的,有效报价投资者的数量不少于20家。剔除最高报价部分后有效报价投资者数量不足的,应当中止发行。

第八条 首次公开发行股票时,发行人和主承销商可以自主协商确定参与网下询价投资者的条件、有效报价条件、配售原则和配售方式,并按照事先确定的配售原则在有效申购的网下投资者中选择配售股票的对象。

第九条 首次公开发行股票后总股本4亿股(含)以下的,网下初始发行比例不低于本次公开发行股票数量的60%;发行后总股本超过4亿股的,网下初始发行比例不低于本次公开发行股票数量的70%。其中,应安排不低于本次网下发行股票数量的40%优先向通过公开募集方式设立的证券投资基金(以下简称公募基金)和由社保基金投资管理人管理的社会保障基金(以下简称社保基金)配售,安排一定比例的股票向根据《企业年金基金管理办法》设立的企业年金基金和符合《保险资金运用管理暂行办法》等相关规定的保险资金(以下简称保险资金)配售。公募基金、社保基金、企业年金基金和保险资金有效申购不足安排数量的,发行人和主承销商可以向其他符合条件的网下投资者配售剩余部分。

对网下投资者进行分类配售的,同类投资者获得配售的比例应当相同。公募基金、社保基金、企业年金基金和保险资金的配售比例应当不低于其他投资者。

安排向战略投资者配售股票的,应当扣除向战略投资者配售部分后确定网下网上发行比例。

网下投资者可与发行人和主承销商自主约定网下配售股票的持有期限并公开披露。

第十条 首次公开发行股票网下投资者申购数量低于网下初始发行量的,发行人和主承销商不得将网下发行部分向网上回拨,应当中止发行。

网上投资者有效申购倍数超过50倍、低于100倍(含)的,应当从网下向网上回拨,回拨比例为本次公开发行股票数量的20%;网上投资者有效申购倍数超过100倍的,回拨比例为本次公开发行股票数量的40%;网上投资者有效申购倍数超过150倍的,回拨后网下发行比例不超过本次公开发行股票数量的10%。本款所指公开发行股票数量应按照扣除设定12个月及以上限售期的股票数量计算。

网上投资者申购数量不足网上初始发行量的,可回拨给网下投资者。

除本办法第六条和本条第一款规定的中止发行情形外,发行人和主承销商还可以约定中止发行的其他具体情形并事先披露。中止发行后,在核准文件有效期内,经向中国证监会备案,可重新启动发行。

第十一条 首次公开发行股票,持有一定数量非限售股份的投资者才能参与网上申购。网上配售应当综合考虑投资者持有非限售股份的市值和申购资金量。采用其他方式进行网上申购和配售的,应当符合中国证监会的有关规定。

第十二条 首次公开发行股票的网下发行应和网上发行同时进行,参与申购的网下和网上投资者应当全额缴付申购资金。投资者应自行选择参与网下或网上发行,不得同时参与。

发行人股东拟进行老股转让的,发行人和主承销商应于网下网上申购前协商确定发行价格、发行数量和老股转让数量。无老股转让计划的,发行人和主承销商可通过网下询价确定发行价格或发行价格区间。网上投资者申购时仅公告发行价格区间、未确定发行价格的,主承销商应当安排投资者按价格区间上限申购,如最终确定的发行价格低于价格区间上限,差价部分应当及时退还投资者。

第十三条 首次公开发行股票数量在4亿股以上的,可以向战略投资者配售股票。发行人应当与战略投资者事先签署配售协议。

发行人和主承销商应当在发行公告中披露战略投资者的选择标准、向战略投资者配售的股票总量、占本次发行股票的比例以及持有期限等。

战略投资者不参与网下询价,且应当承诺获得本次配售的股票持有期限不少于12个月,持有期自本次公开发行的股票上市之日起计算。

第十四条 首次公开发行股票数量在4亿股以上的,发行人和主承销商可以在发行方案中采用超额配售选择权。超额配售选择权的实施应当遵守中国证监会、证券交易所、证券登记结算机构和中国证券业协会的规定。

第十五条 首次公开发行股票网下配售时,发行人和主承销商不得向下列对象配售股票:

(一)发行人及其股东、实际控制人、董事、监事、高级管理人员和其他员工;发行人及其股东、实际控制人、董事、监事、高级管理人员能够直接或间接实施控制、共同控制或施加重大影响的公司,以及该公司控股股东、控股子公司和控股股东控制的其他子公司;

(二)主承销商及其持股比例5%以上的股东,主承销商的董事、监事、高级管理人员和其他员工;主承销商及其持股比例5%以上的股东、董事、监事、高级管理人员能够直接或间接实施控制、共同控制或施加重大影响的公司,以及该公司控股股东、控股子公司和控股股东控制的其他子公司;

(三)承销商及其控股股东、董事、监事、高级管理人员和其他员工;

(四)本条第(一)、(二)、(三)项所述人士的关系密切的家庭成员,包括配偶、子女及其配偶、父母及配偶的父母、兄弟姐妹及其配偶、配偶的兄弟姐妹、子女配偶的父母;

(五)过去6个月内与主承销商存在保荐、承销业务关系的公司及其持股5%以上的股东、实际控制人、董事、监事、高级管理人员,或已与主承销商签署保荐、承销业务合同或达成相关意向的公司及其持股5%以上的股东、实际控制人、董事、监事、高级管理人员;

(六)通过配售可能导致不当行为或不正

当利益的其他自然人、法人和组织。

本条第(二)、(三)项规定的禁止配售对象管理的公募基金不受前款规定的限制,但应符合中国证监会的有关规定。

第十六条　发行人和承销商及相关人员不得泄露询价和定价信息;不得以任何方式操纵发行定价;不得劝诱网下投资者抬高报价,不得干扰网下投资者正常报价和申购;不得以提供透支、回扣或者中国证监会认定的其他不正当手段诱使他人申购股票;不得以代持、信托持股等方式谋取不正当利益或向其他相关利益主体输送利益;不得直接或通过其利益相关方向参与认购的投资者提供财务资助或者补偿;不得以自有资金或者变相通过自有资金参与网下配售;不得与网下投资者互相串通,协商报价和配售;不得收取网下投资者回扣或其他相关利益。

第十七条　上市公司发行证券,存在利润分配方案、公积金转增股本方案尚未提交股东大会表决或者虽经股东大会表决通过但未实施的,应当在方案实施后发行。相关方案实施前,主承销商不得承销上市公司发行的证券。

第十八条　上市公司向原股东配售股票(以下简称配股),应当向股权登记日登记在册的股东配售,且配售比例应当相同。

上市公司向不特定对象公开募集股份(以下简称增发)或者发行可转换公司债券,可以全部或者部分向原股东优先配售,优先配售比例应当在发行公告中披露。

第十九条　上市公司增发或者发行可转换公司债券,主承销商可以对参与网下配售的机构投资者进行分类,对不同类别的机构投资者设定不同的配售比例,对同一类别的机构投资者应当按相同的比例进行配售。主承销商应当在发行公告中明确机构投资者的分类标准。

主承销商未对机构投资者进行分类的,应当在网下配售和网上发行之间建立回拨机制,回拨后两者的获配比例应当一致。

第二十条　上市公司非公开发行证券的,发行对象及其数量的选择应当符合中国证监会关于上市公司证券发行的相关规定。

第三章　证券承销

第二十一条　发行人和主承销商应当签订承销协议,在承销协议中界定双方的权利义务关系,约定明确的承销基数。采用包销方式的,应当明确包销责任;采用代销方式的,应当约定发行失败后的处理措施。

证券发行依照法律、行政法规的规定应由承销团承销的,组成承销团的承销商应当签订承销团协议,由主承销商负责组织承销工作。证券发行由两家以上证券公司联合主承销的,所有担任主承销商的证券公司应当共同承担主承销责任,履行相关义务。承销团由3家以上承销商组成的,可以设副主承销商,协助主承销商组织承销活动。

承销团成员应当按照承销团协议及承销协议的规定进行承销活动,不得进行虚假承销。

第二十二条　证券公司承销证券,应当依照《证券法》第二十八条的规定采用包销或者代销方式。上市公司非公开发行股票未采用自行销售方式或者上市公司配股的,应当采用代销方式。

第二十三条　股票发行采用代销方式的,应当在发行公告(或认购邀请书)中披露发行失败后的处理措施。股票发行失败后,主承销商应当协助发行人按照发行价并加算银行同期存款利息返还股票认购人。

第二十四条　证券公司实施承销前,应当向中国证监会报送发行与承销方案。

第二十五条　上市公司发行证券期间相关证券的停复牌安排,应当遵守证券交易所的相关规则。

主承销商应当按有关规定及时划付申购资金冻结利息。

第二十六条　投资者申购缴款结束后,发行人和主承销商应当聘请具有证券、期货相关业务资格的会计师事务所对申购和募集资金进行验证,并出具验资报告;还应当聘请律师事务所对网下发行过程、配售行为、参与定价和配售的投资者资质条件及其与发行人和承销商的关联关系、资金划拨等事项进行见证,并出具专项法律意见书。证券上市后10日内,主承销商应当将验资报告、专项法律意见随同承销总结报告等文件一并报中国证监会。

第四章　信息披露

第二十七条　发行人和主承销商在发行过

程中,应当按照中国证监会规定的要求编制信息披露文件,履行信息披露义务。发行人和承销商在发行过程中披露的信息,应当真实、准确、完整、及时,不得有虚假记载、误导性陈述或者重大遗漏。

第二十八条　首次公开发行股票申请文件受理后至发行人发行申请经中国证监会核准、依法刊登招股意向书前,发行人及与本次发行有关的当事人不得采取任何公开方式或变相公开方式进行与股票发行相关的推介活动,也不得通过其他利益关联方或委托他人等方式进行相关活动。

第二十九条　首次公开发行股票招股意向书刊登后,发行人和主承销商可以向网下投资者进行推介和询价,并通过互联网等方式向公众投资者进行推介。

发行人和主承销商向公众投资者进行推介时,向公众投资者提供的发行人信息的内容及完整性应与向网下投资者提供的信息保持一致。

第三十条　发行人和主承销商在推介过程中不得夸大宣传,或以虚假广告等不正当手段诱导、误导投资者,不得披露除招股意向书等公开信息以外的发行人其他信息。

承销商应当保留推介、定价、配售等承销过程中的相关资料至少三年并存档备查,包括推介宣传材料、路演现场录音等,如实、全面反映询价、定价和配售过程。

第三十一条　发行人和主承销商应当将发行过程中披露的信息刊登在至少一种中国证监会指定的报刊,同时将其刊登在中国证监会指定的互联网网站,并置备于中国证监会指定的场所,供公众查阅。

第三十二条　发行人披露的招股意向书除不含发行价格、筹资金额以外,其内容与格式应当与招股说明书一致,并与招股说明书具有同等法律效力。

第三十三条　首次公开发行股票的发行人和主承销商应当在发行和承销过程中公开披露以下信息:

(一)招股意向书刊登首日在发行公告中披露发行定价方式、定价程序、参与网下询价投资者条件、股票配售原则、配售方式、有效报价的确定方式、中止发行安排、发行时间安排和路演推介相关安排等信息;发行人股东拟老股转让的,还应披露预计老股转让的数量上限,老股转让股东名称及各自转让老股数量,并明确新股发行与老股转让数量的调整机制。

(二)网上申购前披露每位网下投资者的详细报价情况,包括投资者名称、申购价格及对应的拟申购数量;剔除最高报价有关情况;剔除最高报价部分后网下投资者报价的中位数和加权平均数以及公募基金报价的中位数和加权平均数;有效报价和发行价格(或发行价格区间)的确定过程;发行价格(或发行价格区间)及对应的市盈率;网下网上的发行方式和发行数量;回拨机制;中止发行安排;申购缴款要求等。已公告老股转让方案的,还应披露老股转让和新股发行的确定数量,老股转让股东名称及各自转让老股数量,并应提示投资者关注,发行人将不会获得老股转让部分所得资金。按照发行价格计算的预计募集资金总额低于拟以本次募集资金投资的项目金额的,还应披露相关投资风险。

(三)如公告的发行价格(或发行价格区间上限)市盈率高于同行业上市公司二级市场平均市盈率,发行人和主承销商应当在披露发行价格的同时,在投资风险特别公告中明示该定价可能存在估值过高给投资者带来损失的风险,提醒投资者关注。内容至少包括:

1. 比较分析发行人与同行业上市公司的差异及该差异对估值的影响;提请投资者关注发行价格与网下投资者报价之间存在的差异。

2. 提请投资者关注投资风险,审慎研判发行定价的合理性,理性做出投资决策。

(四)在发行结果公告中披露获配机构投资者名称、个人投资者个人信息以及每个获配投资者的报价、申购数量和获配数量等,并明确说明自主配售的结果是否符合事先公布的配售原则;对于提供有效报价但未参与申购,或实际申购数量明显少于报价时拟申购量的投资者应列表公示并着重说明;发行后还应披露保荐费用、承销费用、其他中介费用等发行费用信息。

(五)向战略投资者配售股票的,应当在网下配售结果公告中披露战略投资者的名称、认购数量及持有期限等情况。

第三十四条　发行人和主承销商在披露发行市盈率时,应同时披露发行市盈率的计算方式。在进行行业市盈率比较分析时,应当按照中国证监会有关上市公司行业分类指引中制定的行业分类标准确定发行人行业归属,并分析说明行业归属的依据。存在多个市盈率口径时,应当充分列示可供选择的比较基准,并应当按照审慎、充分提示风险的原则选取和披露行业平均市盈率。发行人还可以同时披露市净率等反映发行人所在行业特点的估值指标。

第五章　监管和处罚

第三十五条　中国证监会对证券发行承销过程实施事中事后监管,发现涉嫌违法违规或者存在异常情形的,可责令发行人和承销商暂停或中止发行,对相关事项进行调查处理。

第三十六条　中国证券业协会应当建立对承销商询价、定价、配售行为和网下投资者报价行为的日常监管制度,加强相关行为的监督检查,发现违规情形的,应当及时采取自律监管措施。中国证券业协会还应当建立对网下投资者和承销商的跟踪分析和评价体系,并根据评价结果采取奖惩措施。

第三十七条　发行人、证券公司、证券服务机构、投资者及其直接负责的主管人员和其他直接责任人员有失诚信、违反法律、行政法规或者本办法规定的,中国证监会可以视情节轻重采取责令改正、监管谈话、出具警示函、责令公开说明、认定为不适当人选等监管措施,或者采取市场禁入措施,并记入诚信档案;依法应予行政处罚的,依照有关规定进行处罚;涉嫌犯罪的,依法移送司法机关,追究其刑事责任。

第三十八条　证券公司承销未经核准擅自公开发行的证券的,依照《证券法》第一百九十条的规定处罚。

证券公司承销证券有前款所述情形的,中国证监会可以采取12至36个月暂不受理其证券承销业务有关文件的监管措施。

第三十九条　证券公司及其直接负责的主管人员和其他直接责任人员在承销证券过程中,有下列行为之一的,中国证监会可以采取本办法第三十五条规定的监管措施;情节比较严重的,还可以采取3至12个月暂不受理其证券承销业务有关文件的监管措施;依法应予行政处罚的,依照《证券法》第一百九十一条的规定予以处罚:

(一)夸大宣传,或以虚假广告等不正当手段诱导、误导投资者;

(二)以不正当竞争手段招揽承销业务;

(三)从事本办法第十六条规定禁止的行为;

(四)向不符合本办法第八条规定的网下投资者配售股票,或向本办法第十五条规定禁止配售的对象配售股票;

(五)未按本办法要求披露有关文件;

(六)未按照事先披露的原则和方式配售股票,或其他未依照披露文件实施的行为;

(七)向投资者提供除招股意向书等公开信息以外的发行人其他信息;

(八)未按照本办法要求保留推介、定价、配售等承销过程中相关资料;

(九)其他违反证券承销业务规定的行为。

第四十条　发行人及其直接负责的主管人员和其他直接责任人员有下列行为之一的,中国证监会可以采取本办法第三十五条规定的监管措施;构成违反《证券法》相关规定的,依法进行行政处罚:

(一)从事本办法第十六条规定禁止的行为;

(二)夸大宣传,或以虚假广告等不正当手段诱导、误导投资者;

(三)向投资者提供除招股意向书等公开信息以外的发行人信息;

(四)中国证监会认定的其他情形。

第六章　附　　则

第四十一条　其他证券的发行与承销比照本办法执行。中国证监会另有规定的,从其规定。

第四十二条　本办法自2013年12月13日起施行。2006年9月17日发布并于2010年10月11日、2012年5月18日修改的《证券发行与承销管理办法》同时废止。

首次公开发行股票并在创业板上市管理办法

(2014 年 5 月 14 日　证监会令第 99 号)

第一章　总　　则

第一条　为了规范首次公开发行股票并在创业板上市的行为,促进自主创新企业及其他成长型创业企业的发展,保护投资者的合法权益,维护社会公共利益,根据《证券法》、《公司法》,制定本办法。

第二条　在中华人民共和国境内首次公开发行股票并在创业板上市,适用本办法。

第三条　发行人申请首次公开发行股票并在创业板上市,应当符合《证券法》、《公司法》和本办法规定的发行条件。

第四条　发行人依法披露的信息,必须真实、准确、完整、及时,不得有虚假记载、误导性陈述或者重大遗漏。

发行人作为信息披露第一责任人,应当及时向保荐人、证券服务机构提供真实、准确、完整的财务会计资料和其他资料,全面配合保荐人、证券服务机构开展尽职调查。

第五条　发行人的控股股东、实际控制人、董事、监事、高级管理人员等责任主体应当诚实守信,全面履行公开承诺事项,不得在发行上市中损害投资者的合法权益。

第六条　保荐人及其保荐代表人应当严格履行法定职责,遵守业务规则和行业规范,对发行人的申请文件和信息披露资料进行审慎核查,督导发行人规范运行,对证券服务机构出具的专业意见进行核查,对发行人是否具备持续盈利能力、是否符合法定发行条件作出专业判断,并确保发行人的申请文件和招股说明书等信息披露资料真实、准确、完整、及时。

第七条　为股票发行出具文件的证券服务机构和人员,应当严格履行法定职责,遵守本行业的业务标准和执业规范,对发行人的相关业务资料进行核查验证,确保所出具的相关专业文件真实、准确、完整、及时。

第八条　中国证券监督管理委员会(以下简称中国证监会)依法对发行人申请文件的合法合规性进行审核,依法核准发行人的首次公开发行股票申请,并对发行人股票发行进行监督管理。

证券交易所依法制定业务规则,创造公开、公平、公正的市场环境,保障创业板市场的正常运行。

第九条　中国证监会依据发行人提供的申请文件核准发行人首次公开发行股票申请,不对发行人的盈利能力、投资价值或者投资者的收益作出实质性判断或者保证。

投资者自主判断发行人的投资价值,自主作出投资决策,自行承担股票依法发行后因发行人经营与收益变化或者股票价格变动引致的投资风险。

第十条　创业板市场应当建立健全与投资者风险承受能力相适应的投资者准入制度,向投资者充分提示投资风险,注重投资者需求,切实保护投资者特别是中小投资者的合法权益。

第二章　发行条件

第十一条　发行人申请首次公开发行股票应当符合下列条件:

(一)发行人是依法设立且持续经营三年以上的股份有限公司。有限责任公司按原账面净资产值折股整体变更为股份有限公司的,持续经营时间可以从有限责任公司成立之日起计算;

(二)最近两年连续盈利,最近两年净利润累计不少于一千万元;或者最近一年盈利,最近一年营业收入不少于五千万元。净利润以扣除非经常性损益前后孰低者为计算依据；

（三）最近一期末净资产不少于二千万元，且不存在未弥补亏损；

（四）发行后股本总额不少于三千万元。

第十二条　发行人的注册资本已足额缴纳，发起人或者股东用作出资的资产的财产权转移手续已办理完毕。发行人的主要资产不存在重大权属纠纷。

第十三条　发行人应当主要经营一种业务，其生产经营活动符合法律、行政法规和公司章程的规定，符合国家产业政策及环境保护政策。

第十四条　发行人最近两年内主营业务和董事、高级管理人员均没有发生重大变化，实际控制人没有发生变更。

第十五条　发行人的股权清晰，控股股东和受控股股东、实际控制人支配的股东所持发行人的股份不存在重大权属纠纷。

第十六条　发行人资产完整，业务及人员、财务、机构独立，具有完整的业务体系和直接面向市场独立经营的能力。与控股股东、实际控制人及其控制的其他企业间不存在同业竞争，以及严重影响公司独立性或者显失公允的关联交易。

第十七条　发行人具有完善的公司治理结构，依法建立健全股东大会、董事会、监事会以及独立董事、董事会秘书、审计委员会制度，相关机构和人员能够依法履行职责。

发行人应当建立健全股东投票计票制度，建立发行人与股东之间的多元化纠纷解决机制，切实保障投资者依法行使收益权、知情权、参与权、监督权、求偿权等股东权利。

第十八条　发行人会计基础工作规范，财务报表的编制和披露符合企业会计准则和相关信息披露规则的规定，在所有重大方面公允地反映了发行人的财务状况、经营成果和现金流量，并由注册会计师出具无保留意见的审计报告。

第十九条　发行人内部控制制度健全且被有效执行，能够合理保证公司运行效率、合法合规和财务报告的可靠性，并由注册会计师出具无保留结论的内部控制鉴证报告。

第二十条　发行人的董事、监事和高级管理人员应当忠实、勤勉，具备法律、行政法规和规章规定的资格，且不存在下列情形：

（一）被中国证监会采取证券市场禁入措施尚在禁入期的；

（二）最近三年内受到中国证监会行政处罚，或者最近一年内受到证券交易所公开谴责的；

（三）因涉嫌犯罪被司法机关立案侦查或者涉嫌违法违规被中国证监会立案调查，尚未有明确结论意见的。

第二十一条　发行人及其控股股东、实际控制人最近三年内不存在损害投资者合法权益和社会公共利益的重大违法行为。

发行人及其控股股东、实际控制人最近三年内不存在未经法定机关核准，擅自公开或者变相公开发行证券，或者有关违法行为虽然发生在三年前，但目前仍处于持续状态的情形。

第二十二条　发行人募集资金应当用于主营业务，并有明确的用途。募集资金数额和投资方向应当与发行人现有生产经营规模、财务状况、技术水平、管理能力及未来资本支出规划等相适应。

第三章　发行程序

第二十三条　发行人董事会应当依法就本次发行股票的具体方案、本次募集资金使用的可行性及其他必须明确的事项作出决议，并提请股东大会批准。

本次发行股票时发行人股东公开发售股份的，发行人董事会还应当依法合理制定股东公开发售股份的具体方案并提请股东大会批准。

第二十四条　发行人股东大会应当就本次发行股票作出决议，决议至少应当包括下列事项：

（一）股票的种类和数量；

（二）发行对象；

（三）发行方式；

（四）价格区间或者定价方式；

（五）募集资金用途；

（六）发行前滚存利润的分配方案；

（七）决议的有效期；

（八）对董事会办理本次发行具体事宜的授权；

（九）其他必须明确的事项。

第二十五条 发行人应当按照中国证监会有关规定制作申请文件,由保荐人保荐并向中国证监会申报。

第二十六条 保荐人保荐发行人发行股票并在创业板上市,应当对发行人的成长性进行尽职调查和审慎判断并出具专项意见。发行人为自主创新企业的,还应当在专项意见中说明发行人的自主创新能力,并分析其对成长性的影响。

第二十七条 中国证监会收到申请文件后,在五个工作日内作出是否受理的决定。

第二十八条 中国证监会受理申请文件后,由相关职能部门对发行人的申请文件进行初审,由创业板发行审核委员会审核,并建立健全对保荐人、证券服务机构工作底稿的检查制度。

第二十九条 中国证监会自申请文件受理之日起三个月内,依法对发行人的发行申请作出予以核准、中止审核、终止审核、不予核准的决定,并出具相关文件。发行人根据要求补充、修改发行申请文件的时间不计算在内。

发行人应当自中国证监会核准之日起十二个月内发行股票,发行时点由发行人自主选择;超过十二个月未发行的,核准文件失效,须重新经中国证监会核准后方可发行。

第三十条 发行申请核准后至股票发行结束前,发行人应当及时更新信息披露文件内容,财务报表过期的,发行人还应当补充财务会计报告等文件;保荐人及证券服务机构应当持续履行尽职调查职责;其间发生重大事项的,发行人应当暂缓或者暂停发行,并及时报告中国证监会,同时履行信息披露义务;出现不符合发行条件事项的,中国证监会撤回核准决定。

第三十一条 股票发行申请未获核准的,发行人可自中国证监会作出不予核准决定之日起六个月后再次提出股票发行申请。

第四章 信息披露

第三十二条 发行人应当以投资者的决策需要为导向,按照中国证监会的有关规定编制和披露招股说明书,内容简明易懂,语言浅白平实,便于中小投资者阅读。

第三十三条 中国证监会制定的创业板招股说明书内容与格式准则是信息披露的最低要求。不论准则是否有明确规定,凡是对投资者作出投资决策有重大影响的信息,均应当予以披露。

第三十四条 发行人应当在招股说明书显要位置作如下提示:“本次股票发行后拟在创业板市场上市,该市场具有较高的投资风险。创业板公司具有业绩不稳定、经营风险高、退市风险大等特点,投资者面临较大的市场风险。投资者应充分了解创业板市场的投资风险及本公司所披露的风险因素,审慎作出投资决定。”

第三十五条 发行人应当在招股说明书中分析并完整披露对其持续盈利能力产生重大不利影响的所有因素,充分揭示相关风险,并披露保荐人对发行人是否具备持续盈利能力的核查结论意见。

第三十六条 发行人应当在招股说明书中披露相关责任主体以及保荐人、证券服务机构及相关人员作出的承诺事项、承诺履行情况以及对未能履行承诺采取的约束措施,包括但不限于:

(一)本次发行前股东所持股份的限售安排、自愿锁定股份、延长锁定期限或者相关股东减持意向的承诺;

(二)稳定股价预案;

(三)依法承担赔偿或者补偿责任的承诺;

(四)填补被摊薄即期回报的措施及承诺;

(五)利润分配政策(包括现金分红政策)的安排及承诺。

第三十七条 发行人及其全体董事、监事和高级管理人员应当在招股说明书上签名、盖章,保证招股说明书内容真实、准确、完整、及时。保荐人及其保荐代表人应当对招股说明书的真实性、准确性、完整性、及时性进行核查,并在核查意见上签名、盖章。

发行人的控股股东、实际控制人应当对招股说明书出具确认意见,并签名、盖章。

第三十八条 招股说明书引用的财务报表在其最近一期截止日后六个月内有效。特别情况下发行人可申请适当延长,但至多不超过一个月。财务报表应当以年度末、半年度末或者季度末为截止日。

第三十九条 招股说明书的有效期为六个月,自公开发行前招股说明书最后一次签署之日起计算。

第四十条　发行人申请文件受理后，应当及时在中国证监会网站预先披露招股说明书（申报稿）。发行人可在公司网站刊登招股说明书（申报稿），所披露的内容应当一致，且不得早于在中国证监会网站披露的时间。

第四十一条　发行人及保荐人应当对预先披露的招股说明书（申报稿）负责，一经申报及预披露，不得随意更改，并确保不存在故意隐瞒及重大差错。

第四十二条　预先披露的招股说明书（申报稿）不能含有股票发行价格信息。

发行人应当在预先披露的招股说明书（申报稿）的显要位置作如下声明："本公司的发行申请尚未得到中国证监会核准。本招股说明书（申报稿）不具有据以发行股票的法律效力，仅供预先披露之用。投资者应当以正式公告的招股说明书作为投资决定的依据。"

第四十三条　发行人及其全体董事、监事和高级管理人员应当保证预先披露的招股说明书（申报稿）的内容真实、准确、完整、及时。

第四十四条　发行人股票发行前应当在中国证监会指定网站全文刊登招股说明书，同时在中国证监会指定报刊刊登提示性公告，告知投资者网上刊登的地址及获取文件的途径。

发行人应当将招股说明书披露于公司网站，时间不得早于前款规定的刊登时间。

第四十五条　保荐人出具的发行保荐书、证券服务机构出具的文件及其他与发行有关的重要文件应当作为招股说明书备查文件，在中国证监会指定网站和公司网站披露。

第四十六条　发行人应当将招股说明书及备查文件置备于发行人、拟上市证券交易所、保荐人、主承销商和其他承销机构的住所，以备公众查阅。

第四十七条　申请文件受理后至发行人发行申请经中国证监会核准、依法刊登招股说明书前，发行人及与本次发行有关的当事人不得以广告、说明会等方式为公开发行股票进行宣传。

第五章　监督管理和法律责任

第四十八条　证券交易所应当建立适合创业板特点的上市、交易、退市等制度，加强对相关当事人履行公开承诺行为的监督和约束，督促保荐人履行持续督导义务，对违反有关法律、法规、交易所业务规则以及不履行承诺的行为，及时采取相应的监管措施。

第四十九条　证券交易所应当建立适合创业板特点的市场风险警示及投资者持续教育的制度，督促发行人建立健全保护投资者合法权益的制度以及防范和纠正违法违规行为的内部控制体系。

第五十条　自申请文件受理之日起，发行人及其控股股东、实际控制人、董事、监事、高级管理人员以及保荐人、证券服务机构及相关人员即对发行申请文件的真实性、准确性、完整性、及时性承担相应的法律责任。

发行人的发行申请文件和信息披露文件存在自相矛盾或者同一事实表述不一致且有实质性差异的，中国证监会将中止审核并自确认之日起十二个月内不受理相关保荐代表人推荐的发行申请。

第五十一条　发行人向中国证监会报送的发行申请文件有虚假记载、误导性陈述或者重大遗漏的，中国证监会将终止审核并自确认之日起三十六个月内不受理发行人的发行申请，并依照《证券法》的有关规定进行处罚；致使投资者在证券交易中遭受损失的，发行人及其控股股东、实际控制人、董事、监事、高级管理人员以及保荐人、证券服务机构应当依法承担赔偿责任。

第五十二条　发行人不符合发行条件以欺骗手段骗取发行核准的，发行人以不正当手段干扰中国证监会及其发行审核委员会审核工作的，发行人或其董事、监事、高级管理人员、控股股东、实际控制人的签名、盖章系伪造或者变造的，发行人及与本次发行有关的当事人违反本办法规定为公开发行股票进行宣传的，中国证监会将终止审核并自确认之日起三十六个月内不受理发行人的发行申请，并依照《证券法》的有关规定进行处罚。

第五十三条　保荐人出具有虚假记载、误导性陈述或者重大遗漏的发行保荐书的，保荐人以不正当手段干扰中国证监会及其发行审核委员会审核工作的，保荐人或其相关签名人员的签名、盖章系伪造或变造的，或者不履行其他法定职责的,依照《证券法》和保荐制度的有关规定处理。

第五十四条　证券服务机构未勤勉尽责,所制作、出具的文件有虚假记载、误导性陈述或者重大遗漏的,中国证监会将自确认之日起十二个月内不接受相关机构出具的证券发行专项文件,三十六个月内不接受相关签名人员出具的证券发行专项文件,并依照《证券法》及其他相关法律、行政法规和规章的规定进行处罚;给他人造成损失的,应当依法承担赔偿责任。

第五十五条　发行人、保荐人或证券服务机构制作或者出具文件不符合要求,擅自改动招股说明书或者其他已提交文件的,或者拒绝答复中国证监会审核提出的相关问题的,中国证监会将视情节轻重,对相关机构和责任人员采取监管谈话、责令改正等监管措施,记入诚信档案并公布;情节严重的,给予警告等行政处罚。

第五十六条　发行人披露盈利预测,利润实现数如未达到盈利预测的百分之八十的,除因不可抗力外,其法定代表人、财务负责人应当在股东大会及中国证监会指定网站、报刊上公开作出解释并道歉;情节严重的,中国证监会给予警告等行政处罚。

利润实现数未达到盈利预测的百分之五十的,除因不可抗力外,中国证监会还可以自确认之日起三十六个月内不受理该公司的公开发行证券申请。

注册会计师为上述盈利预测出具审核报告的过程中未勤勉尽责的,中国证监会将视情节轻重,对相关机构和责任人员采取监管谈话等监管措施,记入诚信档案并公布;情节严重的,给予警告等行政处罚。

第六章　附　　则

第五十七条　本办法自公布之日起施行。《首次公开发行股票并在创业板上市管理暂行办法》(证监会令第61号)、《关于进一步做好创业板推荐工作的指引》(证监会公告〔2010〕8号)同时废止。

创业板上市公司证券发行管理暂行办法

(2014年5月14日　证监会令第100号)

第一章　总　　则

第一条　为了规范创业板上市公司(以下简称上市公司)证券发行行为,保护投资者的合法权益和社会公共利益,根据《证券法》、《公司法》制定本办法。

第二条　上市公司申请在境内发行证券,适用本办法。

本办法所称证券,指下列证券品种:

(一)股票;

(二)可转换公司债券;

(三)中国证券监督管理委员会(以下简称中国证监会)认可的其他品种。

第三条　上市公司发行证券,可以向不特定对象公开发行,也可以向特定对象非公开发行。

第四条　上市公司发行证券,必须真实、准确、完整、及时、公平地披露或者提供信息,不得有虚假记载、误导性陈述或者重大遗漏。

上市公司作为信息披露第一责任人,应当及时向保荐人、证券服务机构提供真实、准确、完整的财务会计资料和其他资料,全面配合保荐人、证券服务机构开展尽职调查。

第五条　保荐人应当严格履行法定职责,遵守业务规则和行业规范,对保荐的上市公司的申请文件和证券服务机构出具的专业意见进行审慎核查,督导上市公司规范运作,对上市公司是否具备持续盈利能力、是否符合发行条件作出专业判断，并确保所出具的发行保荐书和上市公司的申请文件真实、准确、完整、及时。

第六条　为证券发行出具文件的证券服务机构和人员，应当严格履行法定职责，遵照本行业的业务标准和执业规范，对上市公司的相关业务资料进行核查和验证，确保所出具的专业文件真实、准确、完整、及时。

第七条　上市公司应当建立投资者保护机制，优化投资回报机制，保障投资者的知情权和参与权等权利，切实保护投资者特别是中小投资者的合法权益。

第八条　中国证监会对上市公司证券发行的核准，不表明其对该证券的投资价值或者投资者的收益作出实质性判断或者保证。投资者应当自主判断上市公司的投资价值并作出投资决策，自行承担因上市公司经营与收益的变化引致的投资风险。

第二章　发行证券的条件

第一节　一般规定

第九条　上市公司发行证券，应当符合《证券法》规定的条件，并且符合以下规定：

（一）最近二年盈利，净利润以扣除非经常性损益前后孰低者为计算依据；

（二）会计基础工作规范，经营成果真实。内部控制制度健全且被有效执行，能够合理保证公司财务报告的可靠性、生产经营的合法性，以及营运的效率与效果；

（三）最近二年按照上市公司章程的规定实施现金分红；

（四）最近三年及一期财务报表未被注册会计师出具否定意见或者无法表示意见的审计报告；被注册会计师出具保留意见或者带强调事项段的无保留意见审计报告的，所涉及的事项对上市公司无重大不利影响或者在发行前重大不利影响已经消除；

（五）最近一期末资产负债率高于百分之四十五，但上市公司非公开发行股票的除外；

（六）上市公司与控股股东或者实际控制人的人员、资产、财务分开，机构、业务独立，能够自主经营管理。上市公司最近十二个月内不存在违规对外提供担保或者资金被上市公司控股股东、实际控制人及其控制的其他企业以借款、代偿债务、代垫款项或者其他方式占用的情形。

第十条　上市公司存在下列情形之一的，不得发行证券：

（一）本次发行申请文件有虚假记载、误导性陈述或者重大遗漏；

（二）最近十二个月内未履行向投资者作出的公开承诺；

（三）最近三十六个月内因违反法律、行政法规、规章受到行政处罚且情节严重，或者受到刑事处罚，或者因违反证券法律、行政法规、规章受到中国证监会的行政处罚；最近十二个月内受到证券交易所的公开谴责；因涉嫌犯罪被司法机关立案侦查或者涉嫌违法违规被中国证监会立案调查；

（四）上市公司控股股东或者实际控制人最近十二个月内因违反证券法律、行政法规、规章，受到中国证监会的行政处罚，或者受到刑事处罚；

（五）现任董事、监事和高级管理人员存在违反《公司法》第一百四十七条、第一百四十八条规定的行为，或者最近三十六个月内受到中国证监会的行政处罚、最近十二个月内受到证券交易所的公开谴责；因涉嫌犯罪被司法机关立案侦查或者涉嫌违法违规被中国证监会立案调查；

（六）严重损害投资者的合法权益和社会公共利益的其他情形。

第十一条　上市公司募集资金使用应当符合下列规定：

（一）前次募集资金基本使用完毕，且使用进度和效果与披露情况基本一致；

（二）本次募集资金用途符合国家产业政策和法律、行政法规的规定；

（三）除金融类企业外，本次募集资金使用不得为持有交易性金融资产和可供出售的金融资产、借予他人、委托理财等财务性投资，不得直接或者间接投资于以买卖有价证券为主要业务的公司；

（四）本次募集资金投资实施后，不会与控股股东、实际控制人产生同业竞争或者影响公司生产经营的独立性。

第二节　公开发行股票

第十二条　向原股东配售股份(以下简称配股),除符合本章第一节规定外,还应当符合下列规定:

(一)拟配售股份数量不超过本次配售股份前股本总额的百分之三十;

(二)控股股东应当在股东大会召开前公开承诺认配股份的数量;

(三)采用《证券法》规定的代销方式发行。

控股股东不履行认配股份的承诺,或者代销期限届满,原股东认购股票的数量未达到拟配售数量百分之七十的,上市公司应当按照发行价并加算银行同期存款利息返还已经认购的股东。

第十三条　向不特定对象公开募集股份(以下简称增发),除符合本章第一节规定外,还应当符合下列规定:

(一)除金融类企业外,最近一期末不存在持有金额较大的交易性金融资产和可供出售的金融资产、借予他人款项、委托理财等财务性投资的情形;

(二)发行价格不低于公告招股意向书前二十个交易日或者前一个交易日公司股票均价。

第三节　非公开发行股票

第十四条　上市公司非公开发行股票除符合本章第一节规定外,还应当符合本节的规定。

前款所称非公开发行股票,是指上市公司采用非公开方式,向特定对象发行股票的行为。

第十五条　非公开发行股票的特定对象应当符合下列规定:

(一)特定对象符合股东大会决议规定的条件;

(二)发行对象不超过五名。

发行对象为境外战略投资者的,应当遵守国家的相关规定。

第十六条　上市公司非公开发行股票确定发行价格和持股期限,应当符合下列规定:

(一)发行价格不低于发行期首日前一个交易日公司股票均价的,本次发行股份自发行结束之日起可上市交易;

(二)发行价格低于发行期首日前二十个交易日公司股票均价但不低于百分之九十,或者发行价格低于发行期首日前一个交易日公司股票均价但不低于百分之九十的,本次发行股份自发行结束之日起十二个月内不得上市交易;

(三)上市公司控股股东、实际控制人或者其控制的关联方以及董事会引入的境内外战略投资者,以不低于董事会作出本次非公开发行股票决议公告日前二十个交易日或者前一个交易日公司股票均价的百分之九十认购的,本次发行股份自发行结束之日起三十六个月内不得上市交易。

上市公司非公开发行股票将导致上市公司控制权发生变化的,还应当符合中国证监会的其他规定。

第十七条　上市公司非公开发行股票募集资金用于收购兼并的,免于适用本办法第九条第(一)项的规定。

第四节　发行可转换公司债券

第十八条　公开发行可转换公司债券的上市公司,除应当符合《证券法》规定的条件外,还应当符合本章第一节和本节的规定。

前款所称可转换公司债券,是指上市公司依法发行、在一定期间内依据约定的条件可以转换成股份的公司债券。

第十九条　可转换公司债券的期限最短为一年。

第二十条　可转换公司债券每张面值一百元。

可转换公司债券的利率由上市公司与主承销商协商确定,但必须符合国家的有关规定。

第二十一条　公开发行可转换公司债券,应当委托具有资格的资信评级机构进行信用评级和跟踪评级。

资信评级机构每年至少公告一次跟踪评级报告。

第二十二条　上市公司应当在可转换公司债券期满后五个工作日内办理完毕偿还债券余额本息的事项。

第二十三条　公开发行可转换公司债券,

应当约定保护债券持有人权利的办法，以及债券持有人会议的权利、程序和决议生效条件。

存在下列事项之一的，应当召开债券持有人会议：

（一）拟变更募集说明书的约定；

（二）上市公司不能按期支付本息；

（三）上市公司减资、合并、分立、解散或者申请破产；

（四）保证人或者担保物发生重大变化；

（五）其他影响债券持有人重大权益的事项。

第二十四条　可转换公司债券自发行结束之日起六个月后方可转换为公司股票，转股期限由公司根据可转换公司债券的存续期限及公司财务状况确定。

债券持有人对转换股票或者不转换股票有选择权，并于转股的次日成为上市公司股东。

第二十五条　转股价格应当不低于募集说明书公告日前二十个交易日和前一个交易日公司股票均价。

前款所称转股价格，是指募集说明书事先约定的可转换公司债券转换为每股股份所支付的价格。

第二十六条　募集说明书可以约定赎回条款，规定上市公司可以按事先约定的条件和价格赎回尚未转股的可转换公司债券。

第二十七条　募集说明书可以约定回售条款，规定债券持有人可以按事先约定的条件和价格将所持债券回售给上市公司。

募集说明书应当约定，上市公司改变公告的募集资金用途的，赋予债券持有人一次回售的权利。

第二十八条　募集说明书应当约定转股价格调整的原则及方式。发行可转换公司债券后，因配股、送股、派息、分立及其他原因引起上市公司股份变动的，应当同时调整转股价格。

第二十九条　募集说明书约定转股价格向下修正条款的，应当同时约定：

（一）转股价格修正方案须提交公司股东大会表决，且须经出席会议的股东所持表决权的三分之二以上同意。股东大会进行表决时，持有公司可转换债券的股东应当回避；

（二）修正后的转股价格不低于前项规定的股东大会召开日前二十个交易日和前一个交易日公司股票均价。

第三章　发 行 程 序

第三十条　上市公司申请发行证券，董事会应当依法就下列事项作出决议，并提请股东大会批准：

（一）本次证券发行的方案；

（二）本次发行方案的论证分析报告；

（三）本次募集资金使用的可行性报告；

（四）其他必须明确的事项。

董事会在编制本次发行方案的论证分析报告时，应当结合上市公司所处行业和发展阶段、融资规划、财务状况、资金需求等情况进行论证分析，独立董事应当发表专项意见。论证分析报告至少包括下列内容：

（一）本次发行证券及其品种选择的必要性；

（二）本次发行对象的选择范围、数量和标准的适当性；

（三）本次发行定价的原则、依据、方法和程序的合理性；

（四）本次发行方式的可行性；

（五）本次发行方案的公平性、合理性；

（六）本次发行对原股东权益或者即期回报摊薄的影响以及填补的具体措施。

第三十一条　股东大会就发行股票作出的决定，应当至少包括下列事项：

（一）本次发行证券的种类和数量；

（二）发行方式、发行对象及向原股东配售的安排；

（三）定价方式或者价格区间；

（四）募集资金用途；

（五）决议的有效期；

（六）对董事会办理本次发行具体事宜的授权；

（七）其他必须明确的事项。

第三十二条　股东大会就发行可转换公司债券作出的决定，应当至少包括下列事项：

（一）本办法第三十一条规定的事项；

（二）债券利率；

（三）债券期限；

（四）回售条款；

（五）还本付息的期限和方式；

（六）转股期；

（七）转股价格的确定和修正。

第三十三条　股东大会就发行证券事项作出决议，必须经出席会议的股东所持表决权的三分之二以上通过，中小投资者表决情况应当单独计票。向本公司特定的股东及其关联人发行证券的，股东大会就发行方案进行表决时，关联股东应当回避。

上市公司就发行证券事项召开股东大会，应当提供网络投票的方式，公司还可以通过其他方式为股东参加股东大会提供便利。

第三十四条　上市公司年度股东大会可以根据公司章程的规定，授权董事会决定非公开发行融资总额不超过最近一年末净资产百分之十的股票，该项授权在下一年度股东大会召开日失效。

上市公司年度股东大会给予董事会前款授权的，应当按照本办法第三十一条的规定通过相关决议，作为董事会行使授权的前提条件。

第三十五条　上市公司申请发行证券，应当由保荐人保荐，但是根据本办法第三十七条规定适用简易程序且根据本办法第四十条规定采取自行销售的除外。

保荐人或者上市公司应当按照中国证监会的有关规定编制和报送发行申请文件。

第三十六条　中国证监会依照下列程序审核发行证券的申请：

（一）收到申请文件后，五个工作日内决定是否受理；

（二）中国证监会受理后，对申请文件进行初审；

（三）创业板发行审核委员会审核申请文件；

（四）中国证监会作出核准或者不予核准的决定。

第三十七条　上市公司申请非公开发行股票融资额不超过人民币五千万元且不超过最近一年末净资产百分之十的，中国证监会适用简易程序，但是最近十二个月内上市公司非公开发行股票的融资总额超过最近一年末净资产百分之十的除外。

前款规定的简易程序，中国证监会自受理之日起十五个工作日内作出核准或者不予核准决定。

第三十八条　上市公司应当自中国证监会核准之日起六个月内发行证券。超过六个月未发行的，核准文件失效，须重新经中国证监会核准后方可发行。

第三十九条　上市公司发行证券前发生重大事项的，应当暂缓发行，并及时报告中国证监会。该事项对本次发行条件构成重大影响的，发行证券的申请应当重新经中国证监会核准。

第四十条　上市公司公开发行证券，应当由证券公司承销。非公开发行股票符合以下情形之一的，可以由上市公司自行销售：

（一）发行对象为原前十名股东；

（二）发行对象为上市公司控股股东、实际控制人或者其控制的关联方；

（三）发行对象为上市公司董事、监事、高级管理人员或者员工；

（四）董事会审议相关议案时已经确定的境内外战略投资者或者其他发行对象；

（五）中国证监会认定的其他情形。

上市公司自行销售的，应当在董事会决议中确定发行对象，且不得采用竞价方式确定发行价格。

第四十一条　证券发行申请未获核准的上市公司，自中国证监会作出不予核准的决定之日起六个月后，可以再次提出证券发行申请。

第四章　信息披露

第四十二条　上市公司发行证券，应当以投资者决策需求为导向，按照中国证监会规定的程序、内容和格式，编制公开发行证券募集说明书或者其他信息披露文件，依法履行信息披露义务。

第四十三条　上市公司应当保证投资者及时、充分、公平地获得法定披露的信息，信息披露文件使用的文字应当简洁、平实、浅白、易懂，便于中小投资者阅读。

中国证监会规定的内容是信息披露的最低要求，凡对投资者投资决策有重大影响的信息，上市公司均应当充分披露。

第四十四条　证券发行议案经董事会表决通过后，应当在二个工作日内报告证券交易所，公告召开股东大会的通知。

使用募集资金收购资产或者股权的，应当

在公告召开股东大会通知的同时，披露该资产或者股权的基本情况、交易价格、定价依据以及是否与公司股东或者其他关联人存在利害关系。

第四十五条　股东大会通过本次发行议案之日起二个工作日内，上市公司应当披露股东大会决议公告。股东大会决议公告中应当包括中小投资者单独计票结果。

第四十六条　上市公司提出发行申请后，出现下列情形之一的，应当在次一工作日予以公告：

（一）收到中国证监会不予受理或者终止审查决定；

（二）收到中国证监会不予核准或者予以核准决定；

（三）上市公司撤回证券发行申请。

第四十七条　上市公司全体董事、监事、高级管理人员应当在公开发行证券募集说明书等证券发行信息披露文件上签字，保证不存在虚假记载、误导性陈述或者重大遗漏，并声明承担个别和连带的法律责任。

保荐人及保荐代表人应当声明对其保荐的上市公司公开发行证券募集说明书等证券发行信息披露文件的真实性、准确性、完整性和及时性承担责任。

为证券发行出具文件的证券服务机构和人员应当声明对所出具文件的真实性、准确性、完整性和及时性承担责任。

第四十八条　公开发行证券募集说明书等证券发行信息披露文件所引用的审计报告、盈利预测审核报告、资产评估报告、资信评级报告，应当由有资格的证券服务机构出具，并由至少二名有从业资格的人员签署。

公开发行证券募集说明书等证券发行信息披露文件所引用的法律意见书，应当由律师事务所出具，并由至少二名经办律师签署。

第四十九条　公开发行证券募集说明书自最后签署之日起六个月内有效。

公开发行证券募集说明书等证券发行信息披露文件不得使用超过有效期的资产评估报告或者资信评级报告。

第五十条　上市公司在公开发行证券前的二至五个工作日内，应当将经中国证监会核准的公司发行证券募集说明书刊登在中国证监会指定的互联网网站，并置备于中国证监会指定的场所，供公众查阅。

第五十一条　上市公司在非公开发行证券后的二个工作日内，应当将发行情况报告书刊登在中国证监会指定的互联网网站，并置备于中国证监会指定的场所，供公众查阅。

第五十二条　上市公司可以将公开发行证券募集说明书、发行情况报告书刊登于其他网站，但不得早于按照本办法第五十条、第五十一条规定披露信息的时间。

第五章　监管和处罚

第五十三条　上市公司违反本办法规定，中国证监会可以责令改正；对其直接负责的主管人员和其他直接责任人员，可以采取监管谈话、认定为不适当人选等监管措施，记入诚信档案并公布。

第五十四条　上市公司及其直接负责的主管人员和其他直接责任人员违反法律、行政法规或者本办法规定，依法应当予以行政处罚的，依照有关规定进行处罚；涉嫌犯罪的，依法移送司法机关，追究其刑事责任。

第五十五条　自申请文件受理之日起，上市公司及其控股股东、实际控制人、董事、监事、高级管理人员以及保荐人、证券服务机构及相关人员即对申请文件的真实性、准确性、完整性、及时性承担相应的法律责任。

上市公司报送的申请文件中记载的信息自相矛盾、或者就同一事实前后存在不同表述且有实质性差异的，中国证监会将中止审查并自确认之日起十二个月内不受理相关保荐代表人推荐的发行申请。

第五十六条　上市公司报送的申请文件中有虚假记载、误导性陈述或者重大遗漏的，中国证监会将终止审查并自确认之日起三十六个月内不受理该上市公司的发行证券申请，并依照《证券法》的有关规定进行处罚；致使投资者在证券交易中遭受损失的，应当依法承担赔偿责任。

第五十七条　上市公司在发行证券决策、申请、发行过程中，非法向他人提供尚未依法公开披露信息的，中国证监会可以对其直接负责的主管人员和其他直接责任人员采取监管谈话、认定为不适当人选等监管措施,并依照《证券法》的有关规定进行处罚或者追究相关责任。

第五十八条 上市公司披露盈利预测,利润实现数如未达到盈利预测的百分之八十的,除因不可抗力外,其法定代表人、财务负责人应当在股东大会及中国证监会指定网站、报刊上公开作出解释并道歉;情节严重的,中国证监会给予警告等行政处罚。

利润实现数未达到盈利预测的百分之五十的,除因不可抗力外,中国证监会还可以自确认之日起三十六个月内不受理该上市公司的发行证券申请。

注册会计师为上述盈利预测出具审核报告的过程中未勤勉尽责的,中国证监会将视情节轻重,对相关机构和责任人员采取监管谈话等监管措施,记入诚信档案并公布;情节严重的,给予警告等行政处罚。

第五十九条 上市公司违反本办法第十一条第(三)项、第(四)项规定的,中国证监会可以责令改正;情节严重的,自确认之日起三十六个月内不受理该公司的发行证券申请。

第六十条 上市公司及其董事、高级管理人员以及上市公司控股股东、实际控制人及其控制的关联方违反所作出的与上市公司证券发行相关的约定或者承诺的,中国证监会可以对其采取监管谈话、责令公开说明、责令改正、认定为不适当人选等监管措施。

上市公司控股股东或者实际控制人最近十二个月内未履行持股意向等公开承诺的,不得参与本上市公司发行证券认购。

第六十一条 保荐人出具有虚假记载、误导性陈述或者重大遗漏的发行保荐书的,中国证监会可以责令改正,并依照《证券法》和保荐制度的有关规定进行处理;致使投资者遭受损失的,应当依法承担赔偿责任。

第六十二条 保荐人以不正当手段干扰中国证监会及其创业板发行审核委员会审核工作的,保荐人或其相关签名人员的签名、盖章系伪造或变造的,或者不履行其他法定职责的,依照《证券法》和保荐制度的有关规定处理。

第六十三条 为证券发行出具审计报告、法律意见、资产评估报告、资信评级报告及其他专项文件的证券服务机构和人员,在其出具的专项文件中存在虚假记载、误导性陈述或者重大遗漏,中国证监会自确认之日起十二个月内不接受相关机构出具的证券发行专项文件,三十六个月内不接受相关人员出具的证券发行专项文件;致使投资者遭受损失的,应当依法承担赔偿责任。

第六十四条 承销机构在承销非公开发行的证券时,将证券配售给不符合本办法第十五条规定的对象的,中国证监会可以责令改正;情节严重的,自确认之日起三十六个月内不接受其参与证券承销。

第六十五条 上市公司在非公开发行新股时,违反本办法第四十条规定的,中国证监会可以责令改正;情节严重的,自确认之日起三十六个月内不受理该上市公司的发行证券申请。

第六十六条 本办法规定的特定对象违反规定,擅自转让限售期限未满的股票的,中国证监会可以责令改正;情节严重的,自确认之日起十二个月内不得作为特定对象认购证券。

第六章 附　　则

第六十七条 上市公司向员工发行证券用于激励的办法、上市公司发行优先股的办法法律法规另有规定的,适用其规定。

第六十八条 本办法自公布之日起施行。

沪港股票市场交易互联互通机制试点若干规定

（2014 年 6 月 13 日 证监会令第 101 号）

第一条 为了规范沪港股票市场交易互联互通机制试点相关活动，保护投资者合法权益，维护证券市场秩序，根据《证券法》和其他相关法律、行政法规，制定本规定。

第二条 本规定所称沪港股票市场交易互联互通机制（以下简称沪港通），是指上海证券交易所和香港联合交易所有限公司（以下简称香港联合交易所）建立技术连接，使内地和香港投资者可以通过当地证券公司或经纪商买卖规定范围内的对方交易所上市的股票。沪港通包括沪股通和港股通两部分。

沪股通，是指香港投资者委托香港经纪商，经由香港联合交易所设立的证券交易服务公司，向上海证券交易所进行申报，买卖规定范围内的上海证券交易所上市的股票。

港股通，是指内地投资者委托内地证券公司，经由上海证券交易所设立的证券交易服务公司，向香港联合交易所进行申报，买卖规定范围内的香港联合交易所上市的股票。

第三条 沪港通遵循两地市场现行的交易结算法律法规，相关交易结算活动遵守交易结算发生地的监管规定及业务规则，上市公司遵守上市地的监管规定及业务规则，证券公司或经纪商遵守所在国家或地区监管机构的监管规定及业务规则，本规定另有规定的除外。

第四条 中国证监会对沪港通业务进行监督管理，并通过监管合作安排与香港证券及期货事务监察委员会及其他有关国家或地区的证券监督管理机构，按照公平、公正、对等的原则，维护投资者跨境投资的合法权益。

第五条 上海证券交易所、香港联合交易所开展沪港通业务，应当履行下列职责：

（一）提供必要的场所和设施；

（二）在对方所在地设立证券交易服务公司，对其业务活动进行管理，督促并协助其履行本规定所赋予的职责；

（三）制定沪港通相关业务规则并进行自律管理；

（四）制定证券交易服务公司开展沪港通业务的技术标准；

（五）对沪港通交易进行实时监控，并建立相应的信息交换制度和联合监控制度，共同监控跨境的不正当交易行为，防范市场风险；

（六）管理和发布沪港通相关的市场信息；

（七）中国证监会规定的其他职责。

上海证券交易所应当按照有关监管要求，制定港股通投资者适当性管理的具体标准和实施指引，并报中国证监会备案。

第六条 证券交易服务公司应当按照证券交易所的相关业务规则或通过证券交易所的相关业务安排履行下列职责：

（一）上海证券交易所证券交易服务公司提供港股通相关服务；香港联合交易所证券交易服务公司提供沪股通相关服务；

（二）提供必要的设施和技术服务；

（三）履行沪股通或港股通额度管理相关职责；

（四）制定沪股通或港股通业务的操作流程和风险控制措施，加强内部控制，防范风险；

（五）上海证券交易所证券交易服务公司应当制定内地证券公司开展港股通业务的技术标准，并对拟开展业务公司的技术系统进行测试评估；香港联合交易所证券交易服务公司应当制定香港经纪商开展沪股通业务的技术标准，并对拟开展业务公司的技术系统进行测试评估；

（六）为证券公司或经纪商提供技术服务，并对其接入沪股通或港股通的技术系统运行情况进行监控；

（七）中国证监会规定的其他职责。

第七条 中国证券登记结算有限责任公司(以下简称中国证券登记结算公司)、香港中央结算有限公司(以下简称香港中央结算公司)开展沪港通业务,应当履行下列职责:

(一)提供必要的场所和设施;

(二)为沪港通业务提供登记、存管、结算服务;

(三)制定相关业务规则;

(四)依法提供名义持有人服务;

(五)对开展沪港通业务的登记结算参与机构的相关活动进行自律管理;

(六)中国证监会规定的其他职责。

第八条 内地证券公司开展港股通业务,应当遵守法律、行政法规、本规定、中国证监会其他规定及相关业务规则的要求,加强内部控制,防范和控制风险,并根据中国证监会及上海证券交易所投资者适当性管理有关规定,制定相应的实施方案,切实维护客户权益。

第九条 因交易异常情况严重影响沪港通部分或全部交易正常进行的,上海证券交易所、香港联合交易所可以按照业务规则和合同约定,暂停部分或者全部沪港通相关业务活动并予以公告。

第十条 上海证券交易所、香港联合交易所开展沪港通业务,限于向投资者提供规定范围内的股票交易服务和中国证监会认可的其他服务。

第十一条 证券交易服务公司和证券公司或经纪商不得自行撮合投资者通过沪港通买卖股票的订单成交,不得以其他任何形式在证券交易所以外的场所对通过沪港通买卖的股票提供转让服务,中国证监会另有规定的除外。

第十二条 境外投资者的境内股票投资,应当遵循下列持股比例限制:

(一)单个境外投资者对单个上市公司的持股比例,不得超过该上市公司股份总数的10%;

(二)所有境外投资者对单个上市公司A股的持股比例总和,不得超过该上市公司股份总数的30%。

境外投资者依法对上市公司战略投资的,其战略投资的持股不受上述比例限制。

境内有关法律法规和其他有关监管规则对持股比例的最高限额有更严格规定的,从其规定。

第十三条 投资者依法享有通过沪港通买入的股票的权益。

内地投资者通过港股通买入的股票应当记录在中国证券登记结算公司在香港中央结算公司开立的证券账户。中国证券登记结算公司应当以自己的名义,通过香港中央结算公司行使对该股票发行人的权利。中国证券登记结算公司行使对该股票发行人的权利,应当通过内地证券公司事先征求内地投资者的意见,并按照其意见办理。

中国证券登记结算公司出具的股票持有记录,是港股通投资者享有该股票权益的合法证明。内地投资者不能要求提取纸面股票,中国证监会另有规定的除外。

香港投资者通过沪股通买入的股票应当登记在香港中央结算公司名下。香港投资者通过沪股通买卖股票达到信息披露要求的,应当依法履行报告和信息披露义务。

第十四条 对于通过港股通达成的交易,由中国证券登记结算公司承担股票和资金的清算交收责任。对于通过沪股通达成的交易,由香港中央结算公司承担股票和资金的清算交收责任。

中国证券登记结算公司及香港中央结算公司,应当按照两地市场结算风险相对隔离、互不传递的原则,互不参加对方市场互保性质的风险基金安排;其他相关风险管理安排应当遵守交易结算发生地的交易结算风险管理有关规定。

第十五条 投资者通过沪港通买卖股票,应当以人民币与证券公司或经纪商进行交收。

第十六条 对违反法律法规、本规定以及中国证监会其他有关规定的,中国证监会依法采取监督管理措施;依法应予行政处罚的,依照《证券法》、《行政处罚法》等法律法规进行处罚;涉嫌犯罪的,依法移送司法机关,追究刑事责任。

中国证监会与香港证券及期货事务监察委员会和其他有关国家或地区的证券监督管理机构,通过跨境监管合作机制,依法查处沪港通业务相关跨境违法违规活动。

第十七条 上海证券交易所、中国证券登记结算公司依照本规定的有关要求,制定沪港通的业务规则，报中国证监会批准后实施。

第十八条　证券交易所、证券交易服务公司及结算机构应当妥善保存履行本规定所规定的职责形成的各类文件、资料，保存期限不少于20年。

第十九条　本规定自公布之日起施行。

非上市公众公司收购管理办法

（2014年6月23日　证监会令第102号）

第一章　总　　则

第一条　为了规范非上市公众公司（以下简称公众公司）的收购及相关股份权益变动活动，保护公众公司和投资者的合法权益，维护证券市场秩序和社会公共利益，促进证券市场资源的优化配置，根据《证券法》、《公司法》、《国务院关于全国中小企业股份转让系统有关问题的决定》、《国务院关于进一步优化企业兼并重组市场环境的意见》及其他相关法律、行政法规，制定本办法。

第二条　股票在全国中小企业股份转让系统（以下简称全国股份转让系统）公开转让的公众公司，其收购及相关股份权益变动活动应当遵守本办法的规定。

第三条　公众公司的收购及相关股份权益变动活动，必须遵守法律、行政法规及中国证券监督管理委员会（以下简称中国证监会）的规定，遵循公开、公平、公正的原则。当事人应当诚实守信，遵守社会公德、商业道德，自觉维护证券市场秩序，接受政府、社会公众的监督。

第四条　公众公司的收购及相关股份权益变动活动涉及国家产业政策、行业准入、国有股份转让、外商投资等事项，需要取得国家相关部门批准的，应当在取得批准后进行。

第五条　收购人可以通过取得股份的方式成为公众公司的控股股东，可以通过投资关系、协议、其他安排的途径成为公众公司的实际控制人，也可以同时采取上述方式和途径取得公众公司控制权。

收购人包括投资者及其一致行动人。

第六条　进行公众公司收购，收购人及其实际控制人应当具有良好的诚信记录，收购人及其实际控制人为法人的，应当具有健全的公司治理机制。任何人不得利用公众公司收购损害被收购公司及其股东的合法权益。

有下列情形之一的，不得收购公众公司：

（一）收购人负有数额较大债务，到期未清偿，且处于持续状态；

（二）收购人最近2年有重大违法行为或者涉嫌有重大违法行为；

（三）收购人最近2年有严重的证券市场失信行为；

（四）收购人为自然人的，存在《公司法》第一百四十六条规定的情形；

（五）法律、行政法规规定以及中国证监会认定的不得收购公众公司的其他情形。

第七条　被收购公司的控股股东或者实际控制人不得滥用股东权利损害被收购公司或者其他股东的合法权益。

被收购公司的控股股东、实际控制人及其关联方有损害被收购公司及其他股东合法权益的，上述控股股东、实际控制人在转让被收购公司控制权之前，应当主动消除损害；未能消除损害的，应当就其出让相关股份所得收入用于消除全部损害做出安排，对不足以消除损害的部分应当提供充分有效的履约担保或安排，并提交被收购公司股东大会审议通过，被收购公司的控股股东、实际控制人及其关联方应当回避表决。

第八条　被收购公司的董事、监事、高级管理人员对公司负有忠实义务和勤勉义务，应当公平对待收购本公司的所有收购人。

被收购公司董事会针对收购所做出的决策及采取的措施，应当有利于维护公司及其股东的利益，不得滥用职权对收购设置不适当的障碍，不得利用公司资源向收购人提供任何形式的财务资助。

第九条　收购人按照本办法第三章、第四章的规定进行公众公司收购的，应当聘请具有财务顾问业务资格的专业机构担任财务顾问，但通过国有股行政划转或者变更、因继承取得股份、股份在同一实际控制人控制的不同主体之间进行转让、取得公众公司向其发行的新股、司法判决导致收购人成为或拟成为公众公司第一大股东或者实际控制人的情形除外。

收购人聘请的财务顾问应当勤勉尽责，遵守行业规范和职业道德，保持独立性，对收购人进行辅导，帮助收购人全面评估被收购公司的财务和经营状况；对收购人的相关情况进行尽职调查，对收购人披露的文件进行充分核查和验证；对收购事项客观、公正地发表专业意见，并保证其所制作、出具文件的真实性、准确性和完整性。在收购人公告被收购公司收购报告书至收购完成后12个月内，财务顾问应当持续督导收购人遵守法律、行政法规、中国证监会的规定、全国股份转让系统相关规则以及公司章程，依法行使股东权利，切实履行承诺或者相关约定。

财务顾问认为收购人利用收购损害被收购公司及其股东合法权益的，应当拒绝为收购人提供财务顾问服务。

第十条　公众公司的收购及相关股份权益变动活动中的信息披露义务人，应当依法严格履行信息披露和其他法定义务，并保证所披露的信息及时、真实、准确、完整，不得有虚假记载、误导性陈述或者重大遗漏。

信息披露义务人应当在全国股份转让系统指定的信息披露平台(以下简称指定网站)依法披露信息；在其他媒体上进行披露的，披露内容应当一致，披露时间不得早于指定网站的披露时间。在相关信息披露前，信息披露义务人及知悉相关信息的人员负有保密义务，禁止利用该信息进行内幕交易和从事证券市场操纵行为。

信息披露义务人依法披露前，相关信息已在媒体上传播或者公司股票转让出现异常的，公众公司应当立即向当事人进行查询，当事人应当及时予以书面答复，公众公司应当及时披露。

第十一条　中国证监会依法对公众公司的收购及相关股份权益变动活动进行监督管理。

全国股份转让系统应当制定业务规则，为公众公司的收购及相关股份权益变动活动提供服务，对相关证券转让活动进行实时监控，监督公众公司的收购及相关股份权益变动活动的信息披露义务人切实履行信息披露义务。

中国证券登记结算有限责任公司应当制定业务规则，为公众公司的收购及相关股份权益变动活动所涉及的证券登记、存管、结算等事宜提供服务。

第二章　权益披露

第十二条　投资者在公众公司中拥有的权益，包括登记在其名下的股份和虽未登记在其名下但该投资者可以实际支配表决权的股份。投资者及其一致行动人在公众公司中拥有的权益应当合并计算。

第十三条　有下列情形之一的，投资者及其一致行动人应当在该事实发生之日起2日内编制并披露权益变动报告书，报送全国股份转让系统，同时通知该公众公司；自该事实发生之日起至披露后2日内，不得再行买卖该公众公司的股票。

(一)通过全国股份转让系统的做市方式、竞价方式进行证券转让，投资者及其一致行动人拥有权益的股份达到公众公司已发行股份的10%；

(二)通过协议方式，投资者及其一致行动人在公众公司中拥有权益的股份拟达到或者超过公众公司已发行股份的10%。

投资者及其一致行动人拥有权益的股份达到公众公司已发行股份的10%后，其拥有权益的股份占该公众公司已发行股份的比例每增加或者减少5%(即其拥有权益的股份每达到5%的整数倍时)，应当依照前款规定进行披露。自该事实发生之日起至披露后2日内，不得再行买卖该公众公司的股票。

第十四条　投资者及其一致行动人通过行政划转或者变更、执行法院裁定、继承、赠与等方式导致其直接拥有权益的股份变动达到前条规定比例的，应当按照前条规定履行披露义务。

投资者虽不是公众公司的股东，但通过投资关系、协议、其他安排等方式进行收购导致其间接拥有权益的股份变动达到前条规定比例的，应当按照前条规定履行披露义务。

第十五条　因公众公司向其他投资者发行股份、减少股本导致投资者及其一致行动人拥有权益的股份变动出现本章规定情形的，投资者及其一致行动人免于履行披露义务。公众公司应当自完成增加股本、减少股本的变更登记之日起2日内，就因此导致的公司股东拥有权益的股份变动情况进行披露。

第三章　控制权变动披露

第十六条　通过全国股份转让系统的证券转让，投资者及其一致行动人拥有权益的股份变动导致其成为公众公司第一大股东或者实际控制人，或者通过投资关系、协议转让、行政划转或者变更、执行法院裁定、继承、赠与、其他安排等方式拥有权益的股份变动导致其成为或拟成为公众公司第一大股东或者实际控制人且拥有权益的股份超过公众公司已发行股份10%的，应当在该事实发生之日起2日内编制收购报告书，连同财务顾问专业意见和律师出具的法律意见书一并披露，报送全国股份转让系统，同时通知该公众公司。

收购公众公司股份需要取得国家相关部门批准的，收购人应当在收购报告书中进行明确说明，并持续披露批准程序进展情况。

第十七条　以协议方式进行公众公司收购的，自签订收购协议起至相关股份完成过户的期间为公众公司收购过渡期（以下简称过渡期）。在过渡期内，收购人不得通过控股股东提议改选公众公司董事会，确有充分理由改选董事会的，来自收购人的董事不得超过董事会成员总数的1/3；被收购公司不得为收购人及其关联方提供担保；被收购公司不得发行股份募集资金。

在过渡期内，被收购公司除继续从事正常的经营活动或者执行股东大会已经作出的决议外，被收购公司董事会提出拟处置公司资产、调整公司主要业务、担保、贷款等议案，可能对公司的资产、负债、权益或者经营成果造成重大影响的，应当提交股东大会审议通过。

第十八条　按照本办法进行公众公司收购后，收购人成为公司第一大股东或者实际控制人的，收购人持有的被收购公司股份，在收购完成后12个月内不得转让。

收购人在被收购公司中拥有权益的股份在同一实际控制人控制的不同主体之间进行转让不受前述12个月的限制。

第十九条　在公众公司收购中，收购人做出公开承诺事项的，应同时提出所承诺事项未能履行时的约束措施，并公开披露。

全国股份转让系统应当对收购人履行公开承诺行为进行监督和约束，对未能履行承诺的收购人及时采取自律监管措施。

第二十条　公众公司控股股东、实际控制人向收购人协议转让其所持有的公众公司股份的，应当对收购人的主体资格、诚信情况及收购意图进行调查，并在其权益变动报告书中披露有关调查情况。

被收购公司控股股东、实际控制人及其关联方未清偿其对公司的负债，未解除公司为其负债提供的担保，或者存在损害公司利益的其他情形的，被收购公司董事会应当对前述情形及时披露，并采取有效措施维护公司利益。

第四章　要 约 收 购

第二十一条　投资者自愿选择以要约方式收购公众公司股份的，可以向被收购公司所有股东发出收购其所持有的全部股份的要约（以下简称全面要约），也可以向被收购公司所有股东发出收购其所持有的部分股份的要约（以下简称部分要约）。

第二十二条　收购人自愿以要约方式收购公众公司股份的，其预定收购的股份比例不得低于该公众公司已发行股份的5%。

第二十三条　公众公司应当在公司章程中约定在公司被收购时收购人是否需要向公司全体股东发出全面要约收购，并明确全面要约收购的触发条件以及相应制度安排。

收购人根据被收购公司章程规定需要向公司全体股东发出全面要约收购的，对同一种类股票的要约价格，不得低于要约收购报告书披露日前6个月内取得该种股票所支付的最高价格。

第二十四条 以要约方式进行公众公司收购的,收购人应当公平对待被收购公司的所有股东。

第二十五条 以要约方式收购公众公司股份的,收购人应当聘请财务顾问,并编制要约收购报告书,连同财务顾问专业意见和律师出具的法律意见书一并披露,报送全国股份转让系统,同时通知该公众公司。

要约收购需要取得国家相关部门批准的,收购人应当在要约收购报告书中进行明确说明,并持续披露批准程序进展情况。

第二十六条 收购人可以采用现金、证券、现金与证券相结合等合法方式支付收购公众公司的价款。收购人聘请的财务顾问应当说明收购人具备要约收购的能力。收购人应当在披露要约收购报告书的同时,提供以下至少一项安排保证其具备履约能力:

(一)将不少于收购价款总额的20%作为履约保证金存入中国证券登记结算有限责任公司指定的银行等金融机构;收购人以在中国证券登记结算有限责任公司登记的证券支付收购价款的,在披露要约收购报告书的同时,将用于支付的全部证券向中国证券登记结算有限责任公司申请办理权属变更或锁定;

(二)银行等金融机构对于要约收购所需价款出具的保函;

(三)财务顾问出具承担连带担保责任的书面承诺。如要约期满,收购人不支付收购价款,财务顾问应当承担连带责任,并进行支付。

收购人以证券支付收购价款的,应当披露该证券的发行人最近2年经审计的财务会计报表、证券估值报告,并配合被收购公司或其聘请的独立财务顾问的尽职调查工作。收购人以未在中国证券登记结算有限责任公司登记的证券支付收购价款的,必须同时提供现金方式供被收购公司的股东选择,并详细披露相关证券的保管、送达被收购公司股东的方式和程序安排。

第二十七条 被收购公司董事会应当对收购人的主体资格、资信情况及收购意图进行调查,对要约条件进行分析,对股东是否接受要约提出建议,并可以根据自身情况选择是否聘请独立财务顾问提供专业意见。

被收购公司决定聘请独立财务顾问的,可以聘请为其提供督导服务的主办券商为独立财务顾问,但存在影响独立性、财务顾问业务受到限制等不宜担任独立财务顾问情形的除外。被收购公司也可以同时聘请其他机构为其提供顾问服务。

第二十八条 收购要约约定的收购期限不得少于30日,并不得超过60日;但是出现竞争要约的除外。

收购期限自要约收购报告书披露之日起开始计算。要约收购需要取得国家相关部门批准的,收购人应将取得的本次收购的批准情况连同律师出具的专项核查意见一并在取得全部批准后2日内披露,收购期限自披露之日起开始计算。

在收购要约约定的承诺期限内,收购人不得撤销其收购要约。

第二十九条 采取要约收购方式的,收购人披露后至收购期限届满前,不得卖出被收购公司的股票,也不得采取要约规定以外的形式和超出要约的条件买入被收购公司的股票。

第三十条 收购人需要变更收购要约的,应当重新编制并披露要约收购报告书,报送全国股份转让系统,同时通知被收购公司。变更后的要约收购价格不得低于变更前的要约收购价格。

收购要约期限届满前15日内,收购人不得变更收购要约;但是出现竞争要约的除外。

出现竞争要约时,发出初始要约的收购人变更收购要约距初始要约收购期限届满不足15日的,应当延长收购期限,延长后的要约期应当不少于15日,不得超过最后一个竞争要约的期满日,并按规定比例追加履约保证能力。

发出竞争要约的收购人最迟不得晚于初始要约收购期限届满前15日披露要约收购报告书,并应当根据本办法的规定履行披露义务。

第三十一条 在要约收购期间,被收购公司董事不得辞职。

第三十二条 同意接受收购要约的股东(以下简称预受股东),应当委托证券公司办理预受要约的相关手续。

在要约收购期限届满前2日内,预受股东不得撤回其对要约的接受。在要约收购期限内,收购人应当每日披露已预受收购要约的股份数量。

在要约收购期限届满后 2 日内，收购人应当披露本次要约收购的结果。

第三十三条　收购期限届满，发出部分要约的收购人应当按照收购要约约定的条件购买被收购公司股东预受的股份，预受要约股份的数量超过预定收购数量时，收购人应当按照同等比例收购预受要约的股份；发出全面要约的收购人应当购买被收购公司股东预受的全部股份。

第五章　监管措施与法律责任

第三十四条　公众公司董事未履行忠实勤勉义务，利用收购谋取不当利益的，中国证监会采取监管谈话、出具警示函等监管措施，情节严重的，有权认定其为不适当人选。涉嫌犯罪的，依法移交司法机关追究其刑事责任。

第三十五条　收购人在收购要约期限届满时，不按照约定支付收购价款或者购买预受股份的，自该事实发生之日起 2 年内不得收购公众公司；涉嫌操纵证券市场的，中国证监会对收购人进行调查，依法追究其法律责任。

前款规定的收购人聘请的财务顾问没有充分证据表明其勤勉尽责的，中国证监会视情节轻重，自确认之日起采取 3 个月至 12 个月内不接受该机构出具的相关专项文件、12 个月至 36 个月内不接受相关签字人员出具的专项文件的监管措施，并依法追究其法律责任。

第三十六条　公众公司控股股东和实际控制人在转让其对公司的控制权时，未清偿其对公司的负债，未解除公司为其提供的担保，或者未对其损害公司利益的其他情形作出纠正的，且被收购公司董事会未对前述情形及时披露并采取有效措施维护公司利益的，中国证监会责令改正，在改正前收购人应当暂停收购活动。

被收购公司董事会未能依法采取有效措施促使公司控股股东、实际控制人予以纠正，或者在收购完成后未能促使收购人履行承诺、安排或者保证的，中国证监会有权认定相关董事为不适当人选。

第三十七条　公众公司的收购及相关股份权益变动活动中的信息披露义务人，未按照本办法的规定履行信息披露以及其他相关义务，或者信息披露文件中有虚假记载、误导性陈述或者重大遗漏的，中国证监会采取责令改正、监管谈话、出具警示函、责令暂停或者终止收购等监管措施；情节严重的，比照《证券法》第一百九十三条、第二百一十三条进行行政处罚，并可以采取市场禁入的措施；涉嫌犯罪的，依法移送司法机关追究刑事责任。

第三十八条　投资者及其一致行动人规避法定程序和义务，变相进行公众公司收购，或者外国投资者规避管辖的，中国证监会采取责令改正、出具警示函、责令暂停或者停止收购等监管措施；情节严重的，进行行政处罚，并可以采取市场禁入的措施；涉嫌犯罪的，依法移交司法机关追究其刑事责任。

第三十九条　为公众公司收购出具审计报告、法律意见书和财务顾问报告的证券服务机构或者证券公司及其专业人员，未依法履行职责的，中国证监会采取责令改正、监管谈话、出具警示函等监管措施；情节严重的，比照《证券法》第二百二十三条进行行政处罚，并可以采取市场禁入的措施；涉嫌犯罪的，依法移送司法机关追究刑事责任。

第四十条　任何知悉收购信息的人员在相关信息依法披露前，泄露该信息、买卖或者建议他人买卖相关公司股票的，比照《证券法》第二百零二条予以处罚；涉嫌犯罪的，依法移送司法机关追究刑事责任。

第四十一条　编造、传播虚假收购信息，操纵证券市场或者进行欺诈活动的，比照《证券法》第二百零三条、二百零七条予以处罚；涉嫌犯罪的，依法移送司法机关追究刑事责任。

第四十二条　中国证监会将公众公司的收购及相关股份权益变动活动中的当事人的违法行为和整改情况记入诚信档案。

第六章　附　　则

第四十三条　本办法所称一致行动人、公众公司控制权及持股比例计算等参照《上市公司收购管理办法》的相关规定。

第四十四条　为公众公司收购提供服务的财务顾问的业务许可、业务规则和法律责任等，按照《上市公司并购重组财务顾问业务管理办法》的相关规定执行。

第四十五条　做市商持有公众公司股份相关权益变动信息的披露,由中国证监会另行规定。

第四十六条　股票不在全国股份转让系统公开转让的公众公司收购及相关股份权益变动的信息披露内容比照本办法的相关规定执行。

第四十七条　本办法自2014年7月23日起施行。

非上市公众公司重大资产重组管理办法

(2014年6月23日　证监会令第103号)

第一章　总　　则

第一条　为了规范非上市公众公司(以下简称公众公司)重大资产重组行为,保护公众公司和投资者的合法权益,促进公众公司质量不断提高,维护证券市场秩序和社会公共利益,根据《公司法》、《证券法》、《国务院关于全国中小企业股份转让系统有关问题的决定》、《国务院关于进一步优化企业兼并重组市场环境的意见》及其他相关法律、行政法规,制定本办法。

第二条　本办法适用于股票在全国中小企业股份转让系统(以下简称全国股份转让系统)公开转让的公众公司重大资产重组行为。

本办法所称的重大资产重组是指公众公司及其控股或者控制的公司在日常经营活动之外购买、出售资产或者通过其他方式进行资产交易,导致公众公司的业务、资产发生重大变化的资产交易行为。

公众公司及其控股或者控制的公司购买、出售资产,达到下列标准之一的,构成重大资产重组:

(一)购买、出售的资产总额占公众公司最近一个会计年度经审计的合并财务会计报表期末资产总额的比例达到50%以上;

(二)购买、出售的资产净额占公众公司最近一个会计年度经审计的合并财务会计报表期末净资产额的比例达到50%以上,且购买、出售的资产总额占公众公司最近一个会计年度经审计的合并财务会计报表期末资产总额的比例达到30%以上。

公众公司发行股份购买资产触及本条所列指标的,应当按照本办法的相关要求办理。

第三条　公众公司实施重大资产重组,应当符合下列要求:

(一)重大资产重组所涉及的资产定价公允,不存在损害公众公司和股东合法权益的情形;

(二)重大资产重组所涉及的资产权属清晰,资产过户或者转移不存在法律障碍,相关债权债务处理合法;所购买的资产,应当为权属清晰的经营性资产;

(三)实施重大资产重组后有利于提高公众公司资产质量和增强持续经营能力,不存在可能导致公众公司重组后主要资产为现金或者无具体经营业务的情形;

(四)实施重大资产重组后有利于公众公司形成或者保持健全有效的法人治理结构。

第四条　公众公司实施重大资产重组,有关各方应当及时、公平地披露或者提供信息,保证所披露或者提供信息的真实、准确、完整,不得有虚假记载、误导性陈述或者重大遗漏。

第五条　公众公司的董事、监事和高级管理人员在重大资产重组中,应当诚实守信、勤勉尽责,维护公众公司资产的安全,保护公众公司和全体股东的合法权益。

第六条　公众公司实施重大资产重组,应当聘请独立财务顾问、律师事务所以及具有证券、期货相关业务资格的会计师事务所等证券服务机构出具相关意见。公众公司应当聘请为其提供督导服务的主办券商为独立财务顾问,但存在影响独立性、财务顾问业务受到限制等不宜担任独立财务顾问情形的除外。公众公司也可以同时聘请其他机构为其重大资产重组提供顾问服务。

为公众公司重大资产重组提供服务的证券服务机构及人员，应当遵守法律、行政法规和中国证券监督管理委员会（以下简称中国证监会）的有关规定，遵循本行业公认的业务标准和道德规范，严格履行职责，不得谋取不正当利益，并应当对其所制作、出具文件的真实性、准确性和完整性承担责任。

第七条　任何单位和个人对知悉的公众公司重大资产重组信息在依法披露前负有保密义务，不得利用公众公司重大资产重组信息从事内幕交易、操纵证券市场等违法活动。

第二章　重大资产重组的信息管理

第八条　公众公司与交易对方就重大资产重组进行初步磋商时，应当采取有效的保密措施，限定相关敏感信息的知悉范围，并与参与或知悉本次重大资产重组信息的相关主体签订保密协议。

第九条　公众公司及其控股股东、实际控制人等相关主体研究、筹划、决策重大资产重组事项，原则上应当在相关股票暂停转让后或者非转让时间进行，并尽量简化决策流程、提高决策效率、缩短决策时限，尽可能缩小内幕信息知情人范围。如需要向有关部门进行政策咨询、方案论证的，应当在相关股票暂停转让后进行。

第十条　公众公司筹划重大资产重组事项，应当详细记载筹划过程中每一具体环节的进展情况，包括商议相关方案、形成相关意向、签署相关协议或者意向书的具体时间、地点、参与机构和人员、商议和决议内容等，制作书面的交易进程备忘录并予以妥当保存。参与每一具体环节的所有人员应当即时在备忘录上签名确认。

公众公司应当按照全国股份转让系统的规定及时做好内幕信息知情人登记工作。

第十一条　在筹划公众公司重大资产重组的阶段，交易各方初步达成实质性意向或者虽未达成实质性意向，但相关信息已在媒体上传播或者预计该信息难以保密或者公司股票转让出现异常波动的，公众公司应当及时向全国股份转让系统申请股票暂停转让。

第十二条　筹划、实施公众公司重大资产重组，相关信息披露义务人应当公平地向所有投资者披露可能对公众公司股票转让价格产生较大影响的相关信息，不得有选择性地向特定对象提前泄露。

公众公司的股东、实际控制人以及参与重大资产重组筹划、论证、决策等环节的其他相关机构和人员，应当及时、准确地向公众公司通报有关信息，并配合公众公司及时、准确、完整地进行披露。

第三章　重大资产重组的程序

第十三条　公众公司进行重大资产重组，应当由董事会依法作出决议，并提交股东大会审议。

第十四条　公众公司召开董事会决议重大资产重组事项，应当在披露决议的同时披露本次重大资产重组报告书、独立财务顾问报告、法律意见书以及重组涉及的审计报告、资产评估报告（或资产估值报告）。董事会还应当就召开股东大会事项作出安排并披露。

如公众公司就本次重大资产重组首次召开董事会前，相关资产尚未完成审计等工作的，在披露首次董事会决议的同时应当披露重大资产重组预案及独立财务顾问对预案的核查意见。公众公司应在披露重大资产重组预案后6个月内完成审计等工作，并再次召开董事会，在披露董事会决议时一并披露重大资产重组报告书、独立财务顾问报告、法律意见书以及本次重大资产重组涉及的审计报告、资产评估报告（或资产估值报告）等。董事会还应当就召开股东大会事项作出安排并披露。

第十五条　股东大会就重大资产重组事项作出的决议，必须经出席会议的股东所持表决权的2/3以上通过。公众公司股东人数超过200人的，应当对出席会议的持股比例在10%以下的股东表决情况实施单独计票。公众公司应当在决议后及时披露表决情况。

前款所称持股比例在10%以下的股东，不包括公众公司董事、监事、高级管理人员及其关联人以及持股比例在10%以上股东的关联人。

公众公司重大资产重组事项与本公司股东

或者其关联人存在关联关系的,股东大会就重大资产重组事项进行表决时,关联股东应当回避表决。

第十六条 公众公司可视自身情况在公司章程中约定是否提供网络投票方式以便于股东参加股东大会;退市公司应当采用安全、便捷的网络投票方式为股东参加股东大会提供便利。

第十七条 公众公司重大资产重组可以使用现金、股份、可转换债券、优先股等支付手段购买资产。

使用股份、可转换债券、优先股等支付手段购买资产的,其支付手段的价格由交易双方自行协商确定,定价可以参考董事会召开前一定期间内公众公司股票的市场价格、同行业可比公司的市盈率或市净率等。董事会应当对定价方法和依据进行充分披露。

第十八条 公众公司重大资产重组不涉及发行股份或者公众公司向特定对象发行股份购买资产后股东累计不超过200人的,经股东大会决议后,应当在2个工作日内将重大资产重组报告书、独立财务顾问报告、法律意见书以及重组涉及的审计报告、资产评估报告(或资产估值报告)等信息披露文件报送全国股份转让系统。

全国股份转让系统应当对上述信息披露文件的完备性进行审查。

第十九条 公众公司向特定对象发行股份购买资产后股东累计超过200人的重大资产重组,经股东大会决议后,应当按照中国证监会的有关规定编制申请文件并申请核准。

中国证监会受理申请文件后,依法进行审核,在20个工作日内作出核准、中止审核、终止审核、不予核准的决定。

第二十条 股东大会作出重大资产重组的决议后,公众公司拟对交易对象、交易标的、交易价格等作出变更,构成对原重组方案重大调整的,应当在董事会表决通过后重新提交股东大会审议,并按照本办法的规定向全国股份转让系统重新报送信息披露文件或者向中国证监会重新提出核准申请。

股东大会作出重大资产重组的决议后,公众公司董事会决议终止本次交易或者撤回有关申请的,应当说明原因并披露,并提交股东大会审议。

第二十一条 公众公司收到中国证监会就其发行股份购买资产的重大资产重组申请作出的核准、中止审核、终止审核、不予核准的决定后,应当在2个工作日内披露。

中国证监会不予核准的,自中国证监会作出不予核准的决定之日起3个月内,中国证监会不受理该公众公司发行股份购买资产的重大资产重组申请。

第二十二条 公众公司实施重大资产重组,相关当事人作出公开承诺事项的,应当同时提出未能履行承诺时的约束措施并披露。

全国股份转让系统应当加强对相关当事人履行公开承诺行为的监督和约束,对不履行承诺的行为及时采取自律监管措施。

第二十三条 公众公司重大资产重组完成相关批准程序后,应当及时实施重组方案,并在本次重大资产重组实施完毕之日起2个工作日内,编制并披露实施情况报告书及独立财务顾问、律师的专业意见。

退市公司重大资产重组涉及发行股份的,自收到中国证监会核准文件之日起60日内,本次重大资产重组未实施完毕的,退市公司应当于期满后2个工作日内披露实施进展情况;此后每30日应当披露一次,直至实施完毕。

第二十四条 独立财务顾问应当按照中国证监会的相关规定,对实施重大资产重组的公众公司履行持续督导职责。持续督导的期限自公众公司完成本次重大资产重组之日起,应当不少于一个完整会计年度。

第二十五条 独立财务顾问应当结合公众公司重大资产重组实施当年和实施完毕后的第一个完整会计年度的年报,自年报披露之日起15日内,对重大资产重组实施的下列事项出具持续督导意见,报送全国股份转让系统,并披露:

(一)交易资产的交付或者过户情况;

(二)交易各方当事人承诺的履行情况及未能履行承诺时相关约束措施的执行情况;

(三)公司治理结构与运行情况;

(四)本次重大资产重组对公司运营、经营业绩影响的状况;

(五)盈利预测的实现情况(如有);

(六)与已公布的重组方案存在差异的其他事项。

第二十六条　本次重大资产重组涉及发行股份的，特定对象以资产认购而取得的公众公司股份，自股份发行结束之日起6个月内不得转让；属于下列情形之一的，12个月内不得转让：

（一）特定对象为公众公司控股股东、实际控制人或者其控制的关联人；

（二）特定对象通过认购本次发行的股份取得公众公司的实际控制权；

（三）特定对象取得本次发行的股份时，对其用于认购股份的资产持续拥有权益的时间不足12个月。

第四章　监督管理与法律责任

第二十七条　全国股份转让系统对公众公司重大资产重组实施自律管理。

全国股份转让系统应当对公众公司涉及重大资产重组的股票暂停与恢复转让、防范内幕交易等作出制度安排；加强对公众公司重大资产重组期间股票转让的实时监管，建立相应的市场核查机制，并在后续阶段对股票转让情况进行持续监管。

全国股份转让系统应当督促公众公司及其他信息披露义务人依法履行信息披露义务，发现公众公司重大资产重组信息披露文件中有违反法律、行政法规和中国证监会规定行为的，应当向中国证监会报告，并采取相应的自律监管措施；情形严重的，应当要求其暂停重大资产重组。

全国股份转让系统应当督促为公众公司提供服务的独立财务顾问诚实守信、勤勉尽责，发现独立财务顾问有违反法律、行政法规和中国证监会规定行为的，应当向中国证监会报告，并采取相应的自律监管措施。

第二十八条　中国证监会依法对公众公司重大资产重组实施监督管理。

中国证监会发现公众公司进行重大资产重组未按照本办法的规定履行信息披露及相关义务、存在可能损害公众公司或者投资者合法权益情形的，有权要求其补充披露相关信息、暂停或者终止其重大资产重组；有权对公众公司、证券服务机构采取《证券法》第一百八十条规定的措施。

第二十九条　重大资产重组实施完毕后，凡不属于公众公司管理层事前无法获知且事后无法控制的原因，购买资产实现的利润未达到盈利预测报告或者资产评估报告预测金额的80%，或者实际运营情况与重大资产重组报告书存在较大差距的，公众公司的董事长、总经理、财务负责人应当在公众公司披露年度报告的同时，作出解释，并向投资者公开道歉；实现利润未达到预测金额的50%的，中国证监会可以对公众公司及相关责任人员采取监管谈话、出具警示函、责令定期报告等监管措施。

第三十条　公众公司或其他信息披露义务人未按照本办法的规定披露或报送信息、报告，或者披露或报送的信息、报告有虚假记载、误导性陈述或者重大遗漏的，责令改正，依照《证券法》第一百九十三条予以处罚；情节严重的，责令停止重大资产重组，并可以对有关责任人员采取市场禁入的措施。

中国证监会还可以采取自确认之日起36个月内不受理公众公司定向发行申请的监管措施。

第三十一条　公众公司董事、监事和高级管理人员在重大资产重组中，未履行诚实守信、勤勉尽责义务，导致重组方案损害公众公司利益的，采取责令改正、监管谈话、出具警示函等监管措施；情节严重的，进行行政处罚，并可以采取市场禁入的措施；涉嫌犯罪的，依法移送司法机关追究刑事责任。

第三十二条　为重大资产重组出具财务顾问报告、审计报告、法律意见书、资产评估报告（或资产估值报告）及其他专业文件的证券服务机构及其从业人员未履行诚实守信、勤勉尽责义务，违反行业规范、业务规则的，采取责令改正、监管谈话、出具警示函等监管措施；情节严重的，依照《证券法》第二百二十六条予以处罚。

前款规定的证券服务机构及其从业人员所制作、出具的文件存在虚假记载、误导性陈述或者重大遗漏的，责令改正，依照《证券法》第二百二十三条予以处罚；情节严重的，可以采取市场禁入的措施；涉嫌犯罪的，依法移送司法机关追究刑事责任；除此之外，中国证监会视情节轻重，自确认之日起采取3个月至12个月内不接受该机构出具的相关专项文件、12个月至36

个月内不接受相关签字人员出具的专项文件的监管措施。

第三十三条　违反本办法的规定构成证券违法行为的,比照《证券法》等法律法规的规定追究法律责任。

第三十四条　中国证监会将公众公司重大资产重组中的当事人的违法行为和整改情况记入诚信档案。

第五章　附　　则

第三十五条　计算本办法第二条规定的比例时,应当遵守下列规定:

(一)购买的资产为股权的,且购买股权导致公众公司取得被投资企业控股权的,其资产总额以被投资企业的资产总额和成交金额二者中的较高者为准,资产净额以被投资企业的净资产额和成交金额二者中的较高者为准;出售股权导致公众公司丧失被投资企业控股权的,其资产总额、资产净额分别以被投资企业的资产总额以及净资产额为准。

除前款规定的情形外,购买的资产为股权的,其资产总额、资产净额均以成交金额为准;出售的资产为股权的,其资产总额、资产净额均以该股权的账面价值为准。

(二)购买的资产为非股权资产的,其资产总额以该资产的账面值和成交金额二者中的较高者为准,资产净额以相关资产与负债账面值的差额和成交金额二者中的较高者为准;出售的资产为非股权资产的,其资产总额、资产净额分别以该资产的账面值、相关资产与负债账面值的差额为准;该非股权资产不涉及负债的,不适用第二条第三款第(二)项规定的资产净额标准。

(三)公众公司同时购买、出售资产的,应当分别计算购买、出售资产的相关比例,并以二者中比例较高者为准。

(四)公众公司在12个月内连续对同一或者相关资产进行购买、出售的,以其累计数分别计算相应数额。已按照本办法的规定履行相应程序的资产交易行为,无须纳入累计计算的范围。

交易标的资产属于同一交易方所有或者控制,或者属于相同或者相近的业务范围,或者中国证监会认定的其他情形下,可以认定为同一或者相关资产。

第三十六条　特定对象以现金认购公众公司定向发行的股份后,公众公司用同一次定向发行所募集的资金向该特定对象购买资产达到重大资产重组标准的适用本办法。

第三十七条　公众公司重大资产重组涉及发行可转换债券、优先股等其他支付手段的,应当遵守《证券法》、《国务院关于开展优先股试点的指导意见》和中国证监会的相关规定。

第三十八条　为公众公司重大资产重组提供服务的独立财务顾问业务许可、业务规则及法律责任等,按照《上市公司并购重组财务顾问业务管理办法》的相关规定执行。

第三十九条　退市公司符合中国证监会和证券交易所规定的重新上市条件的,可依法向证券交易所提出申请。

第四十条　股票不在全国股份转让系统公开转让的公众公司重大资产重组履行的决策程序和信息披露内容比照本办法的相关规定执行。

第四十一条　本办法自2014年7月23日起施行。

公开募集证券投资基金运作管理办法

（2014 年 7 月 7 日 证监会令第 104 号）

第一章 总 则

第一条 为了规范公开募集证券投资基金（以下简称基金）运作活动，保护投资者的合法权益，促进证券投资基金市场健康发展，根据《证券投资基金法》及其他有关法律、行政法规，制定本办法。

第二条 本办法适用于基金的募集，基金份额的申购、赎回和交易，基金财产的投资，基金收益的分配，基金份额持有人大会的召开，以及其他基金运作活动。

第三条 从事基金运作活动，应当遵守法律、行政法规和中国证券监督管理委员会（以下简称中国证监会）的规定，遵循自愿、公平、诚实信用原则，不得损害国家利益和社会公共利益。

基金管理人运用基金财产进行证券投资，应当遵守审慎经营规则，制定科学合理的投资策略和风险管理制度，有效防范和控制风险。

第四条 中国证监会及其派出机构依照法律、行政法规、本办法的规定和审慎监管原则，对基金运作活动实施监督管理。

中国证监会对基金募集的注册审查以要件齐备和内容合规为基础，以充分的信息披露和投资者适当性为核心，以加强投资者利益保护和防范系统性风险为目标。中国证监会不对基金的投资价值及市场前景等作出实质性判断或者保证。投资者应当认真阅读基金招募说明书、基金合同等信息披露文件，自主判断基金的投资价值，自主做出投资决策，自行承担投资风险。

第五条 证券投资基金行业协会（以下简称基金行业协会）依据法律、行政法规、中国证监会的规定和自律规则，对基金运作活动进行自律管理。

第二章 基金的募集

第六条 申请募集基金，拟任基金管理人、基金托管人应当具备下列条件：

（一）拟任基金管理人为依法设立的基金管理公司或者经中国证监会核准的其他机构，拟任基金托管人为具有基金托管资格的商业银行或者经中国证监会核准的其他金融机构；

（二）有符合中国证监会规定的、与管理和托管拟募集基金相适应的基金经理等业务人员；

（三）最近一年内没有因重大违法违规行为、重大失信行为受到行政处罚或者刑事处罚；

（四）没有因违法违规行为、失信行为正在被监管机构立案调查、司法机关立案侦查，或者正处于整改期间；

（五）最近一年内向中国证监会提交的注册基金申请材料不存在虚假记载、误导性陈述或者重大遗漏；

（六）不存在对基金运作已经造成或者可能造成不良影响的重大变更事项，或者诉讼、仲裁等其他重大事项；

（七）不存在治理结构不健全、经营管理混乱、内部控制和风险管理制度无法得到有效执行、财务状况恶化等重大经营风险；

（八）中国证监会根据审慎监管原则规定的其他条件。

第七条 申请募集基金，拟募集的基金应当具备下列条件：

（一）有明确、合法的投资方向；

（二）有明确的基金运作方式；

（三）符合中国证监会关于基金品种的规定；

（四）基金合同、招募说明书等法律文件草

案符合法律、行政法规和中国证监会的规定;

(五)基金名称表明基金的类别和投资特征,不存在损害国家利益、社会公共利益,欺诈、误导投资者,或者其他侵犯他人合法权益的内容;

(六)招募说明书真实、准确、完整地披露了投资者做出投资决策所需的重要信息,不存在虚假记载、误导性陈述或者重大遗漏,语言简明、易懂、实用,符合投资者的理解能力。

(七)有符合基金特征的投资者适当性管理制度,有明确的投资者定位、识别和评估等落实投资者适当性安排的方法,有清晰的风险警示内容;

(八)基金的投资管理、销售、登记和估值等业务环节制度健全,行为规范,技术系统准备充分,不存在影响基金正常运作、损害或者可能损害基金份额持有人合法权益、可能引发系统性风险的情形;

(九)中国证监会规定的其他条件。

第八条 基金管理人申请募集基金,应当按照《证券投资基金法》和中国证监会的规定提交申请材料。申请材料自被行政受理时点起,基金管理人、基金托管人及相关中介机构即需要对申请材料的真实性、准确性、完整性承担相应的法律责任。

为基金申请材料出具法律意见书等文件的中介机构,应当勤勉尽责,对所依据的文件资料的真实性、准确性、完整性进行核查和验证。

申请材料受理后,相关内容不得随意更改。申请期间申请材料涉及的事项发生重大变化的,基金管理人应当自变化发生之日起五个工作日内向中国证监会提交更新材料。

第九条 中国证监会依照《行政许可法》和《证券投资基金法》第五十五条的规定,受理基金募集注册申请,并进行审查,作出注册或者不予注册的决定,并通知申请人;不予注册的,应当说明理由。

第十条 中国证监会在注册审查中可视情况征求基金行业协会、证券交易所、证券登记结算机构等的意见,供注册审查参考。

第十一条 基金募集期限自基金份额发售之日起不得超过三个月。

第十二条 基金募集期限届满,募集的基金份额总额符合《证券投资基金法》第五十九条的规定,并具备下列条件的,基金管理人应当按照规定办理验资和基金备案手续:基金募集份额总额不少于两亿份,基金募集金额不少于两亿元人民币;基金份额持有人的人数不少于二百人。

发起式基金不受上述限制。发起式基金是指,基金管理人在募集基金时,使用公司股东资金、公司固有资金、公司高级管理人员或者基金经理等人员资金认购基金的金额不少于一千万元人民币,且持有期限不少于三年。发起式基金的基金合同生效三年后,若基金资产净值低于两亿元的,基金合同自动终止。

第十三条 中国证监会自收到基金管理人验资报告和基金备案材料之日起三个工作日内予以书面确认;自中国证监会书面确认之日起,基金备案手续办理完毕,基金合同生效。

基金管理人应当在收到中国证监会确认文件的次日予以公告。

第十四条 基金募集期间的信息披露费、会计师费、律师费以及其他费用,不得从基金财产中列支;基金收取认购费的,可以从认购费中列支。

第三章　基金份额的申购、赎回和交易

第十五条 开放式基金的基金合同应当约定,并在招募说明书中载明基金管理人办理基金份额申购、赎回业务的日期(以下简称开放日)和时间。基金管理人在办理基金份额申购、赎回业务时,应当遵循基金份额持有人利益优先原则,发生申购、赎回损害持有人利益的情形时,应当及时暂停申购、赎回业务。

第十六条 开放式基金的基金合同可以约定基金管理人自基金合同生效之日起一定期限内不办理赎回;但约定的期限不得超过三个月,并应当在招募说明书中载明。但中国证监会规定的特殊基金品种除外。

第十七条 开放式基金份额的申购、赎回价格,依据申购、赎回日基金份额净值加、减有关费用计算。开放式基金份额的申购、赎回价格具体计算方法应当在基金合同和招募说明书中载明。

开放式基金份额净值,应当按照每个开放

日闭市后,基金资产净值除以当日基金份额的余额数量计算。具体计算方法应当在基金合同和招募说明书中载明。

第十八条 基金管理人不得在基金合同约定之外的日期或者时间办理基金份额的申购、赎回或者转换。

投资者在基金合同约定之外的日期和时间提出申购、赎回或者转换申请的,其基金份额申购、赎回价格为下次办理基金份额申购、赎回时间所在开放日的价格。

第十九条 投资者申购基金份额时,必须全额交付申购款项;投资者交付申购款项,申购成立;基金份额登记机构确认基金份额时,申购生效。基金份额持有人递交赎回申请,赎回成立;基金份额登记机构确认赎回时,赎回生效。但中国证监会规定的特殊基金品种除外。

投资特定指数所对应的组合证券或者基金合同约定的其他投资标的的开放式基金,其基金份额可以用组合证券、现金或者基金合同约定的其他对价进行申购、赎回。基金份额的申购、赎回对价根据基金的资产组合和申购、赎回日基金份额净值确定,具体计算方法应当在基金合同和招募说明书中载明。基金份额的上市交易、申购赎回和资金结算应当符合证券交易所和证券登记结算机构等的有关规定。

第二十条 基金管理人应当自收到投资者申购、赎回申请之日起三个工作日内,对该申购、赎回的有效性进行确认,但中国证监会规定的特殊基金品种除外。

基金管理人应当自接受投资者有效赎回申请之日起七个工作日内支付赎回款项,但中国证监会规定的特殊基金品种除外。

第二十一条 开放式基金的基金合同可以约定基金达到一定的规模后,基金管理人不再接受认购、申购申请,但应当在招募说明书中载明。

基金管理人在基金募集期间不得调整基金合同约定的基金规模。基金合同生效后,基金管理人可以按照基金合同的约定,根据实际情况调整基金规模,但应当提前三日公告,并更新招募说明书。

第二十二条 开放式基金的基金合同可以对单个基金份额持有人持有基金份额的比例或者数量设置限制,但应当在招募说明书中载明。

第二十三条 开放式基金单个开放日净赎回申请超过基金总份额的百分之十的,为巨额赎回,但中国证监会规定的特殊基金品种除外。

开放式基金发生巨额赎回的,基金管理人当日办理的赎回份额不得低于基金总份额的百分之十,对其余赎回申请可以延期办理。

第二十四条 开放式基金发生巨额赎回的,基金管理人对单个基金份额持有人的赎回申请,应当按照其申请赎回份额占当日申请赎回总份额的比例,确定该单个基金份额持有人当日办理的赎回份额。

基金份额持有人可以在申请赎回时选择将当日未获办理部分予以撤销。基金份额持有人未选择撤销的,基金管理人对未办理的赎回份额,可延迟至下一个开放日办理,赎回价格为下一个开放日的价格。

第二十五条 开放式基金发生巨额赎回并延期办理的,基金管理人应当通过邮寄、传真或者招募说明书规定的其他方式,在三个交易日内通知基金份额持有人,说明有关处理方法,同时在指定媒介上予以公告。

第二十六条 开放式基金连续发生巨额赎回,基金管理人可按基金合同的约定和招募说明书的规定,暂停接受赎回申请;已经接受的赎回申请可以延缓支付赎回款项,但延缓期限不得超过二十个工作日,并应当在指定媒介上予以公告。

第二十七条 开放式基金的基金合同可以约定,单个基金份额持有人在单个开放日申请赎回基金份额超过基金总份额一定比例的,基金管理人可以按照本办法第二十六条的规定暂停接受赎回申请或者延缓支付。

第二十八条 开放式基金应当保持不低于基金资产净值百分之五的现金或者到期日在一年以内的政府债券,以备支付基金份额持有人的赎回款项,但中国证监会规定的特殊基金品种除外。

第二十九条 基金份额可以依法在证券交易所上市交易,或者按照法律法规规定和基金合同约定在中国证监会认可的交易场所或者通过其他方式进行转让。

第四章 基金的投资和收益分配

第三十条 基金合同和基金招募说明书应

当按照下列规定载明基金的类别：

(一)百分之八十以上的基金资产投资于股票的,为股票基金；

(二)百分之八十以上的基金资产投资于债券的,为债券基金；

(三)仅投资于货币市场工具的,为货币市场基金；

(四)百分之八十以上的基金资产投资于其他基金份额的,为基金中基金；

(五)投资于股票、债券、货币市场工具或其他基金份额,并且股票投资、债券投资、基金投资的比例不符合第(一)项、第(二)项、第(四)项规定的,为混合基金；

(六)中国证监会规定的其他基金类别。

第三十一条　基金名称显示投资方向的,应当有百分之八十以上的非现金基金资产属于投资方向确定的内容。

第三十二条　基金管理人运用基金财产进行证券投资,不得有下列情形：

(一)一只基金持有一家公司发行的证券,其市值超过基金资产净值的百分之十；

(二)同一基金管理人管理的全部基金持有一家公司发行的证券,超过该证券的百分之十；

(三)基金财产参与股票发行申购,单只基金所申报的金额超过该基金的总资产,单只基金所申报的股票数量超过拟发行股票公司本次发行股票的总量；

(四)一只基金持有其他基金(不含货币市场基金),其市值超过基金资产净值的百分之十,但基金中基金除外；

(五)基金中基金持有其他单只基金,其市值超过基金资产净值的百分之二十,或者投资于其他基金中基金；

(六)基金总资产超过基金净资产的百分之一百四十；

(七)违反基金合同关于投资范围、投资策略和投资比例等约定；

(八)中国证监会规定禁止的其他情形。

完全按照有关指数的构成比例进行证券投资的基金品种可以不受前款第(一)项、第(二)项规定的比例限制。

基金管理人运用基金财产投资证券衍生品种的,应当根据风险管理的原则,并制定严格的授权管理制度和投资决策流程。基金管理人运用基金财产投资证券衍生品种的具体比例,应当符合中国证监会的有关规定。

中国证监会另行规定的其他特殊基金品种可不受上述比例的限制。

第三十三条　基金管理人运用基金财产买卖基金管理人、基金托管人及其控股股东、实际控制人或者与其有重大利害关系的公司发行的证券或者承销期内承销的证券,或者从事其他重大关联交易的,应当符合基金的投资目标和投资策略,遵循持有人利益优先原则,防范利益冲突,建立健全内部审批机制和评估机制,按照市场公平合理价格执行。相关交易必须事先得到基金托管人的同意,并按法律法规予以披露。重大关联交易应提交基金管理人董事会审议,并经过三分之二以上的独立董事通过。基金管理人董事会应至少每半年对关联交易事项进行审查。

第三十四条　基金管理人应当自基金合同生效之日起六个月内使基金的投资组合比例符合基金合同的有关约定。期间,基金的投资范围、投资策略应当符合基金合同的约定。

第三十五条　因证券市场波动、上市公司合并、基金规模变动等基金管理人之外的因素致使基金投资不符合本办法第三十二条规定的比例或者基金合同约定的投资比例的,基金管理人应当在十个交易日内进行调整,但中国证监会规定的特殊情形除外。

第三十六条　下列与基金有关的费用可以从基金财产中列支：

(一)基金管理人的管理费；

(二)基金托管人的托管费；

(三)基金合同生效后的会计师费和律师费；

(四)基金份额持有人大会费用；

(五)基金的证券交易费用；

(六)按照国家有关规定和基金合同约定,可以在基金财产中列支的其他费用。

基金管理人可以根据与基金份额持有人利益一致的原则,结合产品特点和投资者的需求设置基金管理费率的结构和水平。

第三十七条　封闭式基金的收益分配,每年不得少于一次,封闭式基金年度收益分配比例不得低于基金年度可供分配利润的百分之九十。

开放式基金的收益分配，由基金合同约定。

第三十八条　基金收益分配应当采用现金方式，但中国证监会规定的特殊基金品种除外。

开放式基金的基金份额持有人可以事先选择将所获分配的现金收益，按照基金合同有关基金份额申购的约定转为基金份额；基金份额持有人事先未做出选择的，基金管理人应当支付现金。

第五章　基金转换运作方式、合并及变更注册

第三十九条　基金转换运作方式或者与其他基金合并，应当按照法律法规及基金合同约定的程序进行。实施方案若未在基金合同中明确约定的，应当经基金份额持有人大会审议通过。基金管理人应当提前发布提示性通知，明确有关实施安排，说明对现有基金份额持有人的影响以及基金份额持有人享有的选择权（如赎回、转出或者卖出），并在实施前预留至少二十个开放日或者交易日供基金份额持有人做出选择。

第四十条　基金注册后，如需对原注册事项进行实质性调整，应当依照法律法规和基金合同履行相关手续；继续公开募集资金的，应当在公开募集前按照《行政许可法》的规定向中国证监会提出变更注册事项的申请。未经注册，不得公开或者变相公开募集基金。

第四十一条　按照本办法第十二条第一款成立的开放式基金，基金合同生效后，连续二十个工作日出现基金份额持有人数量不满二百人或者基金资产净值低于五千万元情形的，基金管理人应当在定期报告中予以披露；连续六十个工作日出现前述情形的，基金管理人应当向中国证监会报告并提出解决方案，如转换运作方式、与其他基金合并或者终止基金合同等，并召开基金份额持有人大会进行表决。

按照本办法第十二条第二款成立的发起式基金，在基金合同生效三年后继续存续的，依照前款规定执行。

第六章　基金份额持有人大会

第四十二条　除《证券投资基金法》第四十八条第（一）项至第（四）项规定的事项外，基金合同还应当按照中国证监会的规定，约定对基金合同当事人权利、义务产生重大影响，须召开基金份额持有人大会的其他事项。

第四十三条　基金份额持有人大会未设立日常机构的，基金托管人认为有必要召开基金份额持有人大会的，应当向基金管理人提出书面提议。基金管理人应当自收到书面提议之日起十日内决定是否召集，并书面告知基金托管人。

基金管理人决定召集的，应当自出具书面决定之日起六十日内召开；基金管理人决定不召集，基金托管人仍认为有必要召开的，应当自行召集，并自出具书面决定之日起六十日内召开并告知基金管理人，基金管理人应当配合。

第四十四条　基金份额持有人大会未设立日常机构的，代表基金份额百分之十以上的基金份额持有人认为有必要召开基金份额持有人大会的，应当向基金管理人提出书面提议。基金管理人应当自收到书面提议之日起十日内决定是否召集，并书面告知提出提议的基金份额持有人代表和基金托管人。

基金管理人决定召集的，应当自出具书面决定之日起六十日内召开；基金管理人决定不召集，代表基金份额百分之十以上的基金份额持有人仍认为有必要召开的，应当向基金托管人提出书面提议。

基金托管人应当自收到书面提议之日起十日内决定是否召集，并书面告知提出提议的基金份额持有人代表和基金管理人；基金托管人决定召集的，应当自出具书面决定之日起六十日内召开。

第四十五条　基金份额持有人大会设立日常机构的，基金管理人、基金托管人或者代表基金份额百分之十以上的基金份额持有人认为有必要召开基金份额持有人大会的，应当向该日常机构提出书面提议。

该日常机构应当自收到书面提议之日起十日内决定是否召集，并书面告知基金管理人、基金托管人和提出提议的基金份额持有人代表。该日常机构决定召集的，应当自出具书面决定之日起六十日内召开；该日常机构决定不召集，基金管理人、基金托管人或者代表基金份额百分之十以上的基金份额持有人仍认为有必要召

开的,按照未设立日常机构的相关规定执行。

第四十六条　基金份额持有人大会日常机构、基金管理人和基金托管人都不召集基金份额持有人大会的,基金份额持有人可以按照《证券投资基金法》第八十四条第二款的规定自行召集基金份额持有人大会。

基金份额持有人自行召集基金份额持有人大会的,应当至少提前三十日向中国证监会备案。

第四十七条　基金份额持有人依法自行召集基金份额持有人大会的,基金份额持有人大会日常机构、基金管理人、基金托管人应当配合,不得阻碍、干扰。

第四十八条　基金份额持有人大会可通过现场开会或者通讯开会等基金合同约定的方式召开。基金管理人、基金托管人须为基金份额持有人行使投票权提供便利。

基金份额持有人大会决定的事项自表决通过之日起生效。基金份额持有人大会按照《证券投资基金法》第八十七条的规定表决通过的事项,召集人应当自通过之日起五日内报中国证监会备案。

第四十九条　基金份额持有人大会日常机构、基金管理人、基金托管人和基金份额持有人应当执行生效的基金份额持有人大会的决定。

第七章　监督管理和法律责任

第五十条　中国证监会及其派出机构对基金管理人、基金托管人从事基金运作活动的情况进行定期或者不定期检查,基金管理人、基金托管人应当予以配合。

第五十一条　基金管理人、基金托管人及其直接负责的主管人员和其他直接责任人员违反本办法规定从事基金运作活动,依法应予以行政处罚的,依照法律、行政法规的规定进行行政处罚;法律、行政法规未做规定的,依照本办法的规定进行行政处罚;涉嫌犯罪的,依法移送司法机关,追究其刑事责任。

第五十二条　基金管理人、基金托管人违反本办法规定的,中国证监会及其派出机构可以采取监管谈话、出具警示函、责令限期整改,整改期间暂停受理及审查基金产品募集申请或者其他业务申请等行政监管措施,记入诚信档案;对直接负责的主管人员和其他直接责任人员,可以采取监管谈话、出具警示函、暂停履行职务、认定为不适宜担任相关职务者等行政监管措施,记入诚信档案。

第五十三条　基金管理人注册基金,向中国证监会提交的申请材料存在信息自相矛盾、或者就同一事实前后存在不同表述且有实质性差异的,中国证监会将中止审查,并在六个月内不再受理基金管理人提交的基金注册申请。

基金管理人注册基金,向中国证监会提交的申请材料存在虚假记载、误导性陈述、重大遗漏的,中国证监会不予受理;已经受理的,不予注册;已经注册,尚未募集的,撤销注册决定;并在一年内不再受理该基金管理人提交的基金注册申请,对该基金管理人及其直接负责的主管人员和其他直接责任人员,采取相关行政监管措施并记入诚信档案;情节严重的,采取单处或者并处警告、三万元以下罚款。已经注册并募集的,依照《证券投资基金法》第一百三十二条的规定处罚。

基金管理人违反本办法第四十条的规定,在公开募集前未变更注册的,依照《证券投资基金法》第一百二十八条的规定处罚。

第五十四条　基金管理人违反本办法第三十二条的规定运用基金财产进行证券投资、情节严重的,或者违反本办法第三十三条的规定从事关联交易的,依照《证券投资基金法》第一百三十条的规定处罚。

第五十五条　基金管理人、基金托管人不按照本办法第四十二条、第四十三条的规定召集基金份额持有人大会的,依照《证券投资基金法》第一百三十三条的规定处罚。

第五十六条　基金管理人从事基金运作活动,有下列情形之一的,中国证监会可以对基金管理人及其直接负责的主管人员和其他直接责任人员,采取相关行政监管措施并记入诚信档案;情节严重的,可单处或者并处警告、三万元以下罚款:

(一)未按照本办法第十一条规定发售基金份额;

(二)未按照本办法第十二条规定及时办理验资和基金备案手续;

(三)未按照本办法第十五条规定办理申购、赎回业务,涉及损害基金财产和基金份额持有人利益的；

（四）未按照本办法第十七条的规定计算基金份额申购、赎回价格；

（五）基金管理人违反本办法第十八条的规定，在基金合同约定之外的日期或者时间办理基金份额的申购、赎回或者转换的；

（六）未按照本办法第二十条的规定确认申购、赎回的有效性，并支付赎回款项；

（七）未按照本办法第二十三条第二款、第二十四条第一款的规定办理赎回申请；

（八）未按照本办法第二十八条的规定保持现金或者政府债券；

（九）未按照本办法第三十四条、第三十五条的规定调整投资比例；

（十）未按照本办法第三十七条、第三十八条的规定进行收益分配；

（十一）未按照本办法第三十九条的规定办理基金转换运作方式或者合并；

（十二）未按照本办法第四十一条的规定报告、说明有关情况，报送解决方案，或者召开基金份额持有人大会；

（十三）技术系统出现故障，影响基金正常运作，损害持有人利益的。

第五十七条 基金管理人、基金托管人有下列情形之一的，中国证监会可以对基金管理人、基金托管人及其直接负责的主管人员和其他直接责任人员，采取相关行政监管措施并记入诚信档案；情节严重的，可单处或者并处警告、三万元以下罚款：

（一）未按照本办法第十四条、第三十六条规定列支相关费用；

（二）未按照本办法第四十七条规定配合基金份额持有人召集基金份额持有人大会；

（三）未按照本办法第四十八条的规定申请备案基金份额持有人大会决定的事项；

（四）未按照本办法第四十九条的规定执行基金份额持有人大会的生效决定；

（五）未按照本办法第五十条的规定配合中国证监会及其派出机构进行检查。

第八章 附 则

第五十八条 证券公司管理的投资者超过二百人的集合资产管理计划须遵守《证券投资基金法》关于管理人及从业人员禁止从事利益输送、非公平交易、内幕交易等规定，并参照本办法关于防范利益冲突、保护投资者的相关规定执行。

第五十九条 本办法自2014年8月8日起施行。《证券投资基金运作管理办法》（证监会令第79号）同时废止。

私募投资基金监督管理暂行办法

（2014年8月21日 证监会令第105号）

第一章 总 则

第一条 为了规范私募投资基金活动，保护投资者及相关当事人的合法权益，促进私募投资基金行业健康发展，根据《证券投资基金法》、《国务院关于进一步促进资本市场健康发展的若干意见》，制定本办法。

第二条 本办法所称私募投资基金（以下简称私募基金），是指在中华人民共和国境内，以非公开方式向投资者募集资金设立的投资基金。

私募基金财产的投资包括买卖股票、股权、债券、期货、期权、基金份额及投资合同约定的其他投资标的。

非公开募集资金，以进行投资活动为目的设立的公司或者合伙企业，资产由基金管理人或者普通合伙人管理的，其登记备案、资金募集和投资运作适用本办法。

证券公司、基金管理公司、期货公司及其子公司从事私募基金业务适用本办法,其他法律法规和中国证券监督管理委员会(以下简称中国证监会)有关规定对上述机构从事私募基金业务另有规定的,适用其规定。

第三条　从事私募基金业务,应当遵循自愿、公平、诚实信用原则,维护投资者合法权益,不得损害国家利益和社会公共利益。

第四条　私募基金管理人和从事私募基金托管业务的机构(以下简称私募基金托管人)管理、运用私募基金财产,从事私募基金销售业务的机构(以下简称私募基金销售机构)及其他私募服务机构从事私募基金服务活动,应当恪尽职守,履行诚实信用、谨慎勤勉的义务。

私募基金从业人员应当遵守法律、行政法规,恪守职业道德和行为规范。

第五条　中国证监会及其派出机构依照《证券投资基金法》、本办法和中国证监会的其他有关规定,对私募基金业务活动实施监督管理。

设立私募基金管理机构和发行私募基金不设行政审批,允许各类发行主体在依法合规的基础上,向累计不超过法律规定数量的投资者发行私募基金。建立健全私募基金发行监管制度,切实强化事中事后监管,依法严厉打击以私募基金为名的各类非法集资活动。

建立促进经营机构规范开展私募基金业务的风险控制和自律管理制度,以及各类私募基金的统一监测系统。

第六条　中国证券投资基金业协会(以下简称基金业协会)依照《证券投资基金法》、本办法、中国证监会其他有关规定和基金业协会自律规则,对私募基金业开展行业自律,协调行业关系,提供行业服务,促进行业发展。

第二章　登 记 备 案

第七条　各类私募基金管理人应当根据基金业协会的规定,向基金业协会申请登记,报送以下基本信息:

(一)工商登记和营业执照正副本复印件;

(二)公司章程或者合伙协议;

(三)主要股东或者合伙人名单;

(四)高级管理人员的基本信息;

(五)基金业协会规定的其他信息。

基金业协会应当在私募基金管理人登记材料齐备后的20个工作日内,通过网站公告私募基金管理人名单及其基本情况的方式,为私募基金管理人办结登记手续。

第八条　各类私募基金募集完毕,私募基金管理人应当根据基金业协会的规定,办理基金备案手续,报送以下基本信息:

(一)主要投资方向及根据主要投资方向注明的基金类别;

(二)基金合同、公司章程或者合伙协议。资金募集过程中向投资者提供基金招募说明书的,应当报送基金招募说明书。以公司、合伙等企业形式设立的私募基金,还应当报送工商登记和营业执照正副本复印件;

(三)采取委托管理方式的,应当报送委托管理协议。委托托管机构托管基金财产的,还应当报送托管协议;

(四)基金业协会规定的其他信息。

基金业协会应当在私募基金备案材料齐备后的20个工作日内,通过网站公告私募基金名单及其基本情况的方式,为私募基金办结备案手续。

第九条　基金业协会为私募基金管理人和私募基金办理登记备案不构成对私募基金管理人投资能力、持续合规情况的认可;不作为对基金财产安全的保证。

第十条　私募基金管理人依法解散、被依法撤销、或者被依法宣告破产的,其法定代表人或者普通合伙人应当在20个工作日内向基金业协会报告,基金业协会应当及时注销基金管理人登记并通过网站公告。

第三章　合格投资者

第十一条　私募基金应当向合格投资者募集,单只私募基金的投资者人数累计不得超过《证券投资基金法》、《公司法》、《合伙企业法》等法律规定的特定数量。

投资者转让基金份额的,受让人应当为合格投资者且基金份额受让后投资者人数应当符合前款规定。

第十二条　私募基金的合格投资者是指具

备相应风险识别能力和风险承担能力，投资于单只私募基金的金额不低于100万元且符合下列相关标准的单位和个人：

（一）净资产不低于1000万元的单位；

（二）金融资产不低于300万元或者最近三年个人年均收入不低于50万元的个人。

前款所称金融资产包括银行存款、股票、债券、基金份额、资产管理计划、银行理财产品、信托计划、保险产品、期货权益等。

第十三条　下列投资者视为合格投资者：

（一）社会保障基金、企业年金等养老基金，慈善基金等社会公益基金；

（二）依法设立并在基金业协会备案的投资计划；

（三）投资于所管理私募基金的私募基金管理人及其从业人员；

（四）中国证监会规定的其他投资者。

以合伙企业、契约等非法人形式，通过汇集多数投资者的资金直接或者间接投资于私募基金的，私募基金管理人或者私募基金销售机构应当穿透核查最终投资者是否为合格投资者，并合并计算投资者人数。但是，符合本条第（一）、（二）、（四）项规定的投资者投资私募基金的，不再穿透核查最终投资者是否为合格投资者和合并计算投资者人数。

第四章　资金募集

第十四条　私募基金管理人、私募基金销售机构不得向合格投资者之外的单位和个人募集资金，不得通过报刊、电台、电视、互联网等公众传播媒体或者讲座、报告会、分析会和布告、传单、手机短信、微信、博客和电子邮件等方式，向不特定对象宣传推介。

第十五条　私募基金管理人、私募基金销售机构不得向投资者承诺投资本金不受损失或者承诺最低收益。

第十六条　私募基金管理人自行销售私募基金的，应当采取问卷调查等方式，对投资者的风险识别能力和风险承担能力进行评估，由投资者书面承诺符合合格投资者条件；应当制作风险揭示书，由投资者签字确认。

私募基金管理人委托销售机构销售私募基金的，私募基金销售机构应当采取前款规定的评估、确认等措施。

投资者风险识别能力和承担能力问卷及风险揭示书的内容与格式指引，由基金业协会按照不同类别私募基金的特点制定。

第十七条　私募基金管理人自行销售或者委托销售机构销售私募基金，应当自行或者委托第三方机构对私募基金进行风险评级，向风险识别能力和风险承担能力相匹配的投资者推介私募基金。

第十八条　投资者应当如实填写风险识别能力和承担能力问卷，如实承诺资产或者收入情况，并对其真实性、准确性和完整性负责。填写虚假信息或者提供虚假承诺文件的，应当承担相应责任。

第十九条　投资者应当确保投资资金来源合法，不得非法汇集他人资金投资私募基金。

第五章　投资运作

第二十条　募集私募证券基金，应当制定并签订基金合同、公司章程或者合伙协议（以下统称基金合同）。基金合同应当符合《证券投资基金法》第九十三条、第九十四条规定。

募集其他种类私募基金，基金合同应当参照《证券投资基金法》第九十三条、第九十四条规定，明确约定各方当事人的权利、义务和相关事宜。

第二十一条　除基金合同另有约定外，私募基金应当由基金托管人托管。

基金合同约定私募基金不进行托管的，应当在基金合同中明确保障私募基金财产安全的制度措施和纠纷解决机制。

第二十二条　同一私募基金管理人管理不同类别私募基金的，应当坚持专业化管理原则；管理可能导致利益输送或者利益冲突的不同私募基金的，应当建立防范利益输送和利益冲突的机制。

第二十三条　私募基金管理人、私募基金托管人、私募基金销售机构及其他私募服务机构及其从业人员从事私募基金业务，不得有以下行为：

（一）将其固有财产或者他人财产混同于基金财产从事投资活动；

（二）不公平地对待其管理的不同基金

财产；

（三）利用基金财产或者职务之便，为本人或者投资者以外的人牟取利益，进行利益输送；

（四）侵占、挪用基金财产；

（五）泄露因职务便利获取的未公开信息，利用该信息从事或者明示、暗示他人从事相关的交易活动；

（六）从事损害基金财产和投资者利益的投资活动；

（七）玩忽职守，不按照规定履行职责；

（八）从事内幕交易、操纵交易价格及其他不正当交易活动；

（九）法律、行政法规和中国证监会规定禁止的其他行为。

第二十四条　私募基金管理人、私募基金托管人应当按照合同约定，如实向投资者披露基金投资、资产负债、投资收益分配、基金承担的费用和业绩报酬、可能存在的利益冲突情况以及可能影响投资者合法权益的其他重大信息，不得隐瞒或者提供虚假信息。信息披露规则由基金业协会另行制定。

第二十五条　私募基金管理人应当根据基金业协会的规定，及时填报并定期更新管理人及其从业人员的有关信息、所管理私募基金的投资运作情况和杠杆运用情况，保证所填报内容真实、准确、完整。发生重大事项的，应当在10个工作日内向基金业协会报告。

私募基金管理人应当于每个会计年度结束后的4个月内，向基金业协会报送经会计师事务所审计的年度财务报告和所管理私募基金年度投资运作基本情况。

第二十六条　私募基金管理人、私募基金托管人及私募基金销售机构应当妥善保存私募基金投资决策、交易和投资者适当性管理等方面的记录及其他相关资料，保存期限自基金清算终止之日起不得少于10年。

第六章　行业自律

第二十七条　基金业协会应当建立私募基金管理人登记、私募基金备案管理信息系统。

基金业协会应当对私募基金管理人和私募基金信息严格保密。除法律法规另有规定外，不得对外披露。

第二十八条　基金业协会应当建立与中国证监会及其派出机构和其他相关机构的信息共享机制，定期汇总分析私募基金情况，及时提供私募基金相关信息。

第二十九条　基金业协会应当制定和实施私募基金行业自律规则，监督、检查会员及其从业人员的执业行为。

会员及其从业人员违反法律、行政法规、本办法规定和基金业协会自律规则的，基金业协会可以视情节轻重，采取自律管理措施，并通过网站公开相关违法违规信息。会员及其从业人员涉嫌违法违规的，基金业协会应当及时报告中国证监会。

第三十条　基金业协会应当建立投诉处理机制，受理投资者投诉，进行纠纷调解。

第七章　监督管理

第三十一条　中国证监会及其派出机构依法对私募基金管理人、私募基金托管人、私募基金销售机构及其他私募服务机构开展私募基金业务情况进行统计监测和检查，依照《证券投资基金法》第一百一十四条规定采取有关措施。

第三十二条　中国证监会将私募基金管理人、私募基金托管人、私募基金销售机构及其他私募服务机构及其从业人员诚信信息记入证券期货市场诚信档案数据库；根据私募基金管理人的信用状况，实施差异化监管。

第三十三条　私募基金管理人、私募基金托管人、私募基金销售机构及其他私募服务机构及其从业人员违反法律、行政法规及本办法规定，中国证监会及其派出机构可以对其采取责令改正、监管谈话、出具警示函、公开谴责等行政监管措施。

第八章　关于创业投资基金的特别规定

第三十四条　本办法所称创业投资基金，是指主要投资于未上市创业企业普通股或者依法可转换为普通股的优先股、可转换债券等权益的股权投资基金。

第三十五条　鼓励和引导创业投资基金投

资创业早期的小微企业。

享受国家财政税收扶持政策的创业投资基金，其投资范围应当符合国家相关规定。

第三十六条　基金业协会在基金管理人登记、基金备案、投资情况报告要求和会员管理等环节，对创业投资基金采取区别于其他私募基金的差异化行业自律，并提供差异化会员服务。

第三十七条　中国证监会及其派出机构对创业投资基金在投资方向检查等环节，采取区别于其他私募基金的差异化监督管理；在账户开立、发行交易和投资退出等方面，为创业投资基金提供便利服务。

第九章　法 律 责 任

第三十八条　私募基金管理人、私募基金托管人、私募基金销售机构及其他私募服务机构及其从业人员违反本办法第七条、第八条、第十一条、第十四条至第十七条、第二十四条至第二十六条规定的，以及有本办法第二十三条第一项至第七项和第九项所列行为之一的，责令改正，给予警告并处三万元以下罚款；对直接负责的主管人员和其他直接责任人员，给予警告并处三万元以下罚款；有本办法第二十三条第八项行为的，按照《证券法》和《期货交易管理条例》的有关规定处罚；构成犯罪的，依法移交司法机关追究刑事责任。

第三十九条　私募基金管理人、私募基金托管人、私募基金销售机构及其他私募服务机构及其从业人员违反法律法规和本办法规定，情节严重的，中国证监会可以依法对有关责任人员采取市场禁入措施。

第四十条　私募证券基金管理人及其从业人员违反《证券投资基金法》有关规定的，按照《证券投资基金法》有关规定处罚。

第十章　附　　则

第四十一条　本办法自公布之日起施行。

关于修改《证券期货市场诚信监督管理暂行办法》的决定

（2014 年 9 月 5 日　证监会令第 106 号）

为建立资本市场违法失信信息互联网查询制度，并调整违法失信信息的效力期限，加强信息主体权益保护，现决定对《证券期货市场诚信监督管理暂行办法》进行修改。修改内容如下：

一、第十三条修改为：“本办法第八条规定的违法失信信息，在诚信档案中的效力期限为 3 年，但因证券期货违法行为被行政处罚、市场禁入、刑事处罚和判决承担较大侵权、违约民事赔偿责任的信息，其效力期限为 5 年。法律、行政法规和中国证监会其他规章对违法失信信息的效力期限另有规定的，从其规定。

前款所规定的效力期限，自对违法失信行为的处理决定执行完毕之日起算。

超过效力期限的违法失信信息，不再进行诚信信息公开，并不再接受诚信信息申请查询，公民、法人或其他组织根据本办法第十六条申请查询自己信息的除外。

二、第十四条增加一款，作为第二款：“中国证监会在中国证监会网站建立资本市场违法失信信息公开查询平台，社会公众可通过该平台查询本办法第八条第（五）项行政处罚、市场禁入决定信息和第（六）项信息等违法失信信息。”

本决定自 2014 年 10 月 15 日起施行。

《证券期货市场诚信监督管理暂行办法》根据本决定作相应的修改，重新公布。

证券期货市场诚信监督管理暂行办法

(2012 年 4 月 10 日中国证券监督管理委员会第 14 次主席办公会议审议通过
根据 2014 年 9 月 5 日中国证券监督管理委员会《关于修改
〈证券期货市场诚信监督管理暂行办法〉的决定》修订)

第一章　总　　则

第一条　为了加强证券期货市场诚信建设,保护投资者合法权益,维护证券期货市场秩序,促进证券期货市场健康稳定发展,根据有关法律、行政法规,制定本办法。

第二条　中国证券监督管理委员会(以下简称中国证监会)建立全国统一的证券期货市场诚信档案数据库(以下简称诚信档案),记录证券期货市场诚信信息。

第三条　记入诚信档案的诚信信息的界定、采集与管理,诚信信息的公开、查询,诚信约束、激励与引导等,适用本办法。

第四条　公民(自然人)、法人或其他组织从事证券期货市场活动,应当诚实信用,遵守法律、行政法规、规章和依法制定的自律规则,禁止欺诈、内幕交易、操纵市场以及其他损害投资者合法权益的不诚实信用行为。

第五条　中国证监会鼓励、支持诚实信用的公民、法人或其他组织从事证券期货市场活动,实施诚信约束、激励与引导。

第六条　中国证监会可以和国务院其他部门、地方政府、司法机关、行业组织建立诚信监督合作机制,实施诚信信息共享,推动健全社会信用体系。

第二章　诚信信息的采集

第七条　下列从事证券期货市场活动的公民、法人或其他组织的诚信信息,记入诚信档案:

(一)证券业从业人员和期货从业人员;

(二)发行人、上市公司及其董事、监事、高级管理人员、主要股东和实际控制人;

(三)证券公司、基金管理公司、期货公司及其董事、监事、高级管理人员、主要股东和实际控制人;

(四)会计师事务所、律师事务所、保荐机构、财务顾问机构、资产评估机构、投资咨询机构、信用评级机构等证券期货服务机构及其从业人员;

(五)独立基金销售机构、基金评价机构及其相关业务人员,非公开募集基金管理人、合格境外机构投资者、合格境内机构投资者及其主要投资管理人员,境外证券类机构驻华代表机构及其首席代表;

(六)为证券期货业提供信息技术服务或者软硬件产品的供应商;

(七)为发行人、上市公司提供投资者关系管理及其他公关服务的服务机构及其人员;

(八)其他有与证券期货市场活动相关的违法失信行为的公民、法人或其他组织。

第八条　本办法所称诚信信息包括:

(一)公民的姓名、性别、国籍、身份证件号码,法人或其他组织的名称、住所、组织机构代码等基本信息;

(二)中国证监会、国务院其他主管部门等其他省部级及以上单位和证券期货交易所、证券期货市场行业协会、证券登记结算机构等全国性证券期货市场行业组织(以下简称证券期货市场行业组织)作出的表彰、奖励、评比,以及信用评级机构作出的信用评级;

(三)中国证监会及其派出机构作出的行政许可决定;

(四)发行人、上市公司及其主要股东、实际控制人,董事、监事和高级管理人员,重大资产重组交易各方,及收购人所作的公开承诺的未履行或未如期履行、正在履行、已如期履行等情况;

（五）中国证监会及其派出机构作出的行政处罚、市场禁入决定和采取的监督管理措施；

（六）证券期货市场行业组织实施的纪律处分措施和法律、行政法规、规章规定的管理措施；

（七）因涉嫌证券期货违法被中国证监会及其派出机构调查及采取强制措施；

（八）因涉嫌证券期货犯罪被中国证监会及其派出机构移送公安机关、人民检察院处理；

（九）因证券期货犯罪或其他犯罪被人民法院判处刑罚；

（十）因证券期货侵权、违约行为被人民法院判决承担较大民事赔偿责任；

（十一）因违法开展经营活动被银行、保险、财政、税收、环保、工商、海关等相关主管部门予以行政处罚；

（十二）违背诚实信用原则的其他行为信息。

第九条　本办法第七条所列公民、法人或其他组织所受表彰、奖励、评比和信用评级信息，由其自行向中国证监会及其派出机构申报，记入诚信档案。

第十条　本办法第八条第（一）项、第（三）项至第（八）项诚信信息，由中国证监会及其派出机构、证券期货市场行业组织依其职责采集并记入诚信档案。

第十一条　本办法第八条第（九）项至第（十一）项诚信信息，由中国证监会及其派出机构通过政府信息公开、信用信息共享等途径采集并记入诚信档案。

第十二条　记入诚信档案的诚信信息所对应的决定或者行为经法定程序撤销、变更的，中国证监会及其派出机构将相应删除、修改该诚信信息。

第十三条　本办法第八条规定的违法失信信息，在诚信档案中的效力期限为3年，但因证券期货违法行为被行政处罚、市场禁入、刑事处罚和判决承担较大侵权、违约民事赔偿责任的信息，其效力期限为5年。法律、行政法规和中国证监会其他规章对违法失信信息的效力期限另有规定的，从其规定。

前款所规定的效力期限，自对违法失信行为的处理决定执行完毕之日起算。

超过效力期限的违法失信信息，不再进行诚信信息公开，并不再接受诚信信息申请查询，公民、法人或其他组织根据本办法第十六条申请查询自己信息的除外。

第三章　诚信信息的公开与查询

第十四条　本办法第八条第（二）、（三）、（四）、（六）项信息和第（五）项的行政处罚、市场禁入信息依法向社会公开。

中国证监会在中国证监会网站建立资本市场违法失信信息公开查询平台，社会公众可通过该平台查询本办法第八条第（五）项行政处罚、市场禁入决定信息和第（六）项信息等违法失信信息。

第十五条　除本办法第十四条规定之外的诚信信息，公民、法人或其他组织可以根据本办法规定向中国证监会及其派出机构申请查询。

第十六条　公民、法人或其他组织提出诚信信息查询申请，符合以下条件之一的，中国证监会及其派出机构应当予以办理：

（一）公民、法人或其他组织申请查询自己的诚信信息的；

（二）发行人、上市公司申请查询拟任董事、监事、高级管理人员的诚信信息的；

（三）发行人、上市公司申请查询拟参与本公司并购、重组的公民、法人或其他组织的诚信信息的；

（四）发行人、上市公司申请查询拟委托的证券公司、证券服务机构及其相关从业人员的诚信信息的；

（五）证券公司、证券服务机构申请查询其所提供专业服务的发行人、上市公司及其董事、监事、高级管理人员、控股股东和实际控制人的诚信信息的；

（六）证券公司、基金管理公司、期货公司、证券期货服务机构申请查询已聘任或拟聘任的董事、监事、高级管理人员或其他从业人员的诚信信息的；

（七）中国证监会规定的其他条件。

第十七条　公民、法人或其他组织提出诚信信息查询申请，应当提供如下材料：

（一）查询申请书；

（二）身份证明文件；

（三）办理本办法第十六条第（二）项至第

（六）项查询申请的，查询申请书应经查询对象签字或盖章同意，或有查询对象的其他书面同意文件。

第十八条　公民、法人或其他组织提出的查询申请，符合条件，材料齐备的，中国证监会及其派出机构应当自收到查询申请之日起5个工作日内反馈。

第十九条　公民、法人或其他组织申请查询的诚信信息属于国家秘密，其他公民、法人或其他组织的商业秘密及个人隐私的，中国证监会及其派出机构不予查询，但应当在答复中说明。

第二十条　记入诚信档案的公民、法人或其他组织，认为其诚信信息具有本办法第十二条规定的应予删除、修改情形的，或者具有其他重大、明显错误的，可以向中国证监会及其派出机构申请更正。

中国证监会及其派出机构收到公民、法人或其他组织的信息更正申请后，应当在15个工作日内进行处理，并将处理结果告知申请人。确有本办法第十二条规定的应予删除、修改情形的，或者其他重大、明显错误情形的，应予更正。

第二十一条　公民、法人或其他组织通过查询获取诚信信息的，不得泄露或提供他人使用，不得进行以营利为目的的使用、加工或处理，不得用于其他非法目的。

第四章　诚信约束、激励与引导

第二十二条　中国证监会及其派出机构审核行政许可申请，应当查阅申请人以及申请事项所涉及的有关当事人的诚信档案。

第二十三条　中国证监会及其派出机构审核行政许可申请，发现申请人以及有关当事人有本办法第八条第（四）项中的未履行或未如期履行承诺信息，或者第（五）项至第（十一）项规定的违法失信信息的，可以要求申请人或受申请人委托为行政许可申请提供证券期货服务的有关机构，进行口头或书面说明、解释。

第二十四条　根据本办法第二十三条规定进行书面说明、解释的，申请人或有关证券期货服务机构应当在规定期限内提交书面回复意见。

书面回复意见应就如下事项进行说明：

（一）诚信信息所涉及相关事实的基本情况；

（二）有关部门对申请人所作决定的执行及其他后续情况，并提供证明材料；

（三）有关证券期货服务机构关于诚信信息对行政许可事项是否构成影响的分析。

第二十五条　申请人或有关证券期货服务机构的书面回复意见不明确，有关分析、说明不充分的，中国证监会及其派出机构可以直接或者委托有关机构对有关事项进行核查。

第二十六条　根据本办法第二十三条、第二十四条、第二十五条进行书面说明、解释或核查的时间，不计入行政许可审核法定期限。

第二十七条　行政许可申请人以及申请事项所涉及的有关当事人有本办法第八条第（四）项中的未履行或未如期履行承诺信息，或者第（五）项至第（十一）项规定的违法失信信息之一，属于法定不予许可条件范围的，中国证监会及其派出机构应当依法作出不予许可的决定。

申请人以及申请事项所涉及的有关当事人的诚信信息虽不属于法定不予许可条件范围，但有关法律、行政法规和规章对行政许可法定条件提出诚实信用要求、作出原则性规定或设定授权性条款的，中国证监会及其派出机构可以综合考虑诚信状况等相关因素，审慎审核申请人提出的行政许可申请事项。

第二十八条　非行政许可事项、业务创新试点申请人有本办法第八条第（四）项中的未履行或未如期履行承诺信息，或者第（五）项至第（十一）项规定的违法失信信息之一的，中国证监会及其派出机构可以暂缓或不予审批、安排，但申请人能证明该违法失信信息与非行政许可事项或业务创新明显无关的除外。

第二十九条　中国证监会及其派出机构在非行政许可审批、业务创新试点安排中，可以在法律、行政法规规定的范围内，对于同等条件下诚信状况较好的申请人予以优先审批、安排。

第三十条　中国证监会及其派出机构在对公民、法人或其他组织进行行政处罚、实施市场禁入和采取监督管理措施中，可以查阅诚信档案，在综合考虑当事人违法行为的性质、情节以及损害投资者合法权益的程度的基础上，将当事人的诚信状况作为确定处罚幅度、禁入期间和监督管理措施类别的酌定因素。

第三十一条　中国证监会及其派出机构在开展监督检查等日常监管工作中，可以综合考虑被监管的机构及其人员的诚信状况，有针对性地进行现场检查和非现场检查，或者适当调整、安排现场检查的对象、频率和内容。

第三十二条　公民、法人或其他组织公开发布证券期货市场评论信息，所述事实内容与实际情况不相符合的，或者存在其他显著误导公众情形的，中国证监会及其派出机构可以对其出具诚信关注函，记入诚信档案，并可将有关情况向其所在工作单位、所属主管部门或行业自律组织通报。

证券期货投资咨询机构及其人员公开发布证券期货市场评论信息违反规定的，依照有关规定处理、处罚。

公民、法人或其他组织利用公开发布证券期货市场评论信息进行内幕交易、操纵市场等违法行为的，依法予以处罚；构成犯罪的，由司法机关依法追究刑事责任。

第三十三条　证券期货市场行业组织应当教育和鼓励其成员以及从业人员遵守法律，诚实信用。对遵守法律、诚实信用的成员以及从业人员，可以给予表彰、奖励。

中国证监会鼓励证券期货市场行业组织等建立证券期货市场诚信评估制度，组织开展对有关行业和市场主体的诚信状况评估，并将评估结果予以公示。

第三十四条　上市公司、证券公司、基金管理公司、期货公司和证券期货服务机构等应当不断完善内部诚信监督、约束制度机制，提高诚信水平。

中国证监会及其派出机构对前款规定机构的内部诚信监督、约束制度机制建设情况进行检查、指导，并可将检查情况在行业和辖区内进行通报。

第三十五条　对有本办法第八条第（四）项中的未履行或未如期履行承诺信息，或者第（五）项至第（十一）项规定的违法失信信息的公民，中国证监会及其派出机构、证券期货市场行业组织可以不聘任其担任下列职务：

（一）中国证监会主板、创业板发行审核委员会委员；

（二）中国证监会上市公司并购重组审核委员会委员；

（三）中国证监会及其派出机构、证券期货市场行业组织成立的负有审核、监督、核查、咨询职责的其他组织的成员。

第五章　监督与管理

第三十六条　中国证监会诚信监督管理机构履行下列职责：

（一）界定、组织采集证券期货市场诚信信息；

（二）建立、管理诚信档案，组织、督促诚信信息的记入；

（三）组织办理诚信信息的公开、查询和共享；

（四）建立、协调实施诚信监督、约束与激励机制；

（五）中国证监会规定的其他诚信监督管理与服务职责。

第三十七条　中国证监会各派出机构负责接收、办理住所地在本辖区的公民、法人或其他组织根据本办法规定提出的诚信信息记入申报、诚信信息查询申请、诚信信息更正申请等事项。

第三十八条　中国证监会及其派出机构、证券期货市场行业组织，未按照本办法规定及时、真实、准确、完整地记入诚信信息，造成不良后果的，按照有关规定对相关责任人员进行行政处分；情节严重的，依法追究法律责任。

第三十九条　公民、法人或其他组织对自己申报和依法报告、公告的诚信信息的真实性、准确性、完整性负责。

公民、法人或其他组织申报、报告和公告的诚信信息，有虚假内容的，中国证监会及其派出机构可以采取责令改正、监管谈话、出具警示函、责令公开说明等监督管理措施；情节严重的，依法追究法律责任。

第四十条　公民、法人或其他组织违反本办法规定获取、使用、泄露诚信信息的，中国证监会及其派出机构可以采取责令改正、监管谈话、出具警示函等监督管理措施；情节严重的，依法追究法律责任。

第六章　附　　则

第四十一条　中国证监会及其派出机构办理诚信信息查询，除可以收取打印、复制、装订、邮寄成本费用外，不得收取其他费用。

第四十二条　证券期货市场行业组织在履行自律管理职责中，查询诚信档案，实施诚信约束、激励的，参照本办法有关规定执行。

第四十三条　本办法自 2012 年 9 月 1 日起施行。

关于改革完善并严格实施上市公司退市制度的若干意见

(2014 年 10 月 15 日　证监会令第 107 号)

上市公司退市是指公司股票在证券交易所终止上市交易。上市公司退市制度是资本市场重要的基础性制度。一方面，上市公司基于实现发展战略、维护合理估值、稳定控制权以及成本效益法则等方面的考虑，认为不再需要继续维持上市地位，或者继续维持上市地位不再有利于公司发展，可以主动向证券交易所申请其股票终止交易。另一方面，证券交易所为维护公开交易股票的总体质量与市场信心，依照规则要求交投不活跃、股权分布不合理、市值过低而不再适合公开交易的股票终止交易，特别是对于存在严重违法违规行为的公司，证券交易所可以依法强制其股票退出市场交易。

要充分尊重并保护市场主体基于其意思自治作出的退市决定，而不是将退市与否作为评判一家公司好坏的绝对标准。进一步改革完善并严格执行退市制度，有利于健全资本市场功能，降低市场经营成本，增强市场主体活力，提高市场竞争能力，有利于实现优胜劣汰，惩戒重大违法行为，引导理性投资，保护投资者特别是中小投资者合法权益。为贯彻落实《国务院关于进一步促进资本市场健康发展的若干意见》的有关要求，根据《证券法》的有关规定，按照市场化、法治化、常态化的原则，现就退市制度改革实施有关事项提出如下意见：

一、健全上市公司主动退市制度

(一)确立主动退市的途径和方式。上市公司通过对上市地位维持成本收益的理性分析，或者为充分利用不同证券交易场所的比较优势，或者为便捷、高效地对公司治理结构、股权结构、资产结构、人员结构等实施调整，或者为进一步实现公司股票的长期价值，可以依据《证券法》和证券交易所规则实现主动退市。

上市公司在履行必要的决策程序后，可以主动向证券交易所提出申请，撤回其股票在该交易所的交易，并决定不再在交易所交易。

上市公司在履行必要的决策程序后，可以主动向证券交易所提出申请，撤回其股票在该交易所的交易，并转而申请在其他交易场所交易或者转让。

上市公司向所有股东发出回购全部股份或者部分股份的要约，导致公司股本总额、股权分布等发生变化不再具备上市条件的，其股票按照证券交易所规则退出市场交易。

上市公司股东向所有其他股东发出收购全部股份或者部分股份的要约，导致公司股本总额、股权分布等发生变化不再具备上市条件的，其股票按照证券交易所规则退出市场交易。

除上市公司股东外的其他收购人向所有股东发出收购全部股份或者部分股份的要约，导致公司股本总额、股权分布等发生变化不再具备上市条件的，其股票按照证券交易所规则退出市场交易。

上市公司因新设合并或者吸收合并，不再具有独立主体资格并被注销，其股票按照证券交易所规则退出市场交易。

上市公司股东大会决议解散的，其股票按

照证券交易所规则退出市场交易。

（二）明确主动退市公司的内部决策程序。上市公司拟决定其股票不再在交易所交易，或者转而申请在其他交易场所交易或者转让的，应当召开股东大会作出决议，须经出席会议的股东所持表决权的2/3以上通过，并须经出席会议的中小股东所持表决权的2/3以上通过。在召开股东大会前，上市公司应当充分披露退市原因及退市后的发展战略，包括并购重组安排、经营发展计划、重新上市安排等。独立董事应当针对上述事项是否有利于公司长远发展和全体股东利益充分征询中小股东意见，在此基础上发表独立意见，独立董事意见应当与股东大会通知一并公布。上市公司应当聘请财务顾问为主动退市提供专业服务、发表专业意见并予以披露。

全面要约收购上市公司股份、实施以上市公司为对象的公司合并、上市公司全面回购股份以及上市公司自愿解散，应当按照上市公司收购、重组、回购等监管制度及公司法律制度严格履行实施程序。

（三）规范主动退市申请与决定程序。申请其股票退出市场交易，或者转而申请在其他交易场所交易或者转让的上市公司应当在股东大会作出终止上市决议后的15个交易日内，向证券交易所提交退市申请。退市申请至少应当包括股东大会决议、退市申请书、退市后去向安排的说明、异议股东保护的专项说明及证券交易所规定的其他材料。证券交易所应当自上市公司提交退市申请之日起5个交易日内，作出是否受理的决定并通知公司；决定受理的，应当自受理上市公司提交的退市申请之日起15个交易日内，重点从保护投资者特别是中小投资者权益的角度，在审查决策程序合规性的基础上，作出同意或者不同意其股票终止上市交易的决定。

因全面要约收购上市公司股份、实施以上市公司为对象的公司合并、上市公司全面回购股份以及上市公司自愿解散，导致公司股票退出市场交易的，证券交易所应当在上市公司公告回购或者收购结果、完成合并交易、作出解散决议之日起15个交易日内，作出终止其股票上市的决定。

建立上市公司主动退市的专门报告制度。证券交易所应当在作出同意或者不同意上市公司主动退市决定之日起15个工作日内，以及上市公司退出市场交易之日起15个工作日内，将上市公司主动退市情况报告证监会。

（四）健全主动退市的配套政策措施。完善上市公司收购制度，丰富要约收购履约保证形式，研究建立包括触发条件、救济程序等内容的余股强制挤出制度。完善上市公司股份回购制度，允许上市公司公开发行优先股以回购发行在外的普通股。制定上市公司吸收合并专门制度规范。研究丰富并购融资工具。完善非上市公众公司并购重组制度，对包括退市公司在内的非上市公众公司并购重组的条件、程序、披露要求等作出规范。

上市公司在出现股价低于每股净资产等情形时部分乃至全面回购股份，导致公司股票退出市场交易的，公司可以申请再次公开发行证券，或者向其选择的证券交易所申请重新上市。存在强制退市可能的上市公司在触及强制退市指标前，实施主动退市，在消除可能导致强制退市的情形后，可以重新申请上市。涉嫌欺诈发行的公司或其控股股东、实际控制人，在受到证监会行政处罚前，按照公开承诺回购或者收购全部新股，赔偿中小投资者经济损失，及时申请其股票退出市场交易的，可以从轻或者减轻处罚。

证券交易所可以通过设定差异化的上市年费、提高信息披露要求等经济或者自律方式，加大存在强制退市可能的上市公司维持上市地位的成本，引导其主动退出交易所市场。

二、实施重大违法公司强制退市制度

（五）对欺诈发行公司实施暂停上市。上市公司因首次公开发行股票申请或者披露文件存在虚假记载、误导性陈述或者重大遗漏，致使不符合发行条件的发行人骗取了发行核准，或者对新股发行定价产生了实质性影响，受到证监会行政处罚，或者因涉嫌欺诈发行罪被依法移送公安机关的，证券交易所应当依法作出暂停其股票上市交易的决定。

（六）对重大信息披露违法公司实施暂停上市。上市公司因信息披露文件存在虚假记载、误导性陈述或者重大遗漏，受到证监会行政处罚，并且因违法行为性质恶劣、情节严重、市场影响重大,在行政处罚决定书中被认定构成重大违法行为,或者因涉嫌违规披露、不披露重要信息罪被依法移送公安机关的,证券交易所应当依法作出暂停其股票上市交易的决定。

(七)对重大违法暂停上市公司限期实施终止上市。对于上述因受到证监会行政处罚,或者因涉嫌犯罪被依法移送公安机关而暂停上市的公司,在证监会作出行政处罚决定或者移送决定之日起一年内,证券交易所应当作出终止其股票上市交易的决定。

(八)重大违法暂停上市公司终止上市的例外情形。对于上述因受到证监会行政处罚被暂停上市的公司,在证券交易所作出终止公司股票上市交易决定前,该行政处罚决定被依法撤销,且证监会不能重新作出本意见第(五)条、第(六)条规定的行政处罚决定,或者因对违法行为性质的认定发生根本性变化,被依法变更的,公司可以向证券交易所申请恢复上市。对于上述因涉嫌犯罪被依法移送公安机关而暂停上市的公司,在证券交易所作出终止公司股票上市交易决定前,公安机关决定不予立案或者撤销案件,或者人民检察院作出不予起诉决定,或者司法机关作出无罪判决或者免于刑事处罚,而证监会不能依法作出本意见第(五)条、第(六)条规定的行政处罚决定的,公司可以向证券交易所申请恢复上市。在证券交易所作出终止公司股票上市交易决定后,出现上述规定情形的,公司可以向证券交易所申请重新上市。

对于上述因信息披露违法被暂停上市的公司,在证券交易所作出终止公司股票上市交易决定前,全面纠正违法行为、及时撤换有关责任人员、对民事赔偿责任承担作出妥善安排的,公司可以向证券交易所申请恢复上市。

证券交易所应当在规定期限内作出同意其股票恢复上市的决定。

三、严格执行不满足交易标准要求的强制退市指标

证券交易所应当在继续严格执行其上市规则等文件中已经规定的各项相关退市指标的基础上,及时补充并适时调整完善以下指标:

(九)关于股本总客、股权分布的退市指标。因股本总额发生变化不再具备上市条件,在证券交易所规定的期限内仍不能达到上市条件的上市公司,证券交易所应当依法终止其股票上市交易。证券交易所可以针对不同板块,在上市条件中规定不同的股本总额要求。

社会公众持股比例不足公司股份总数25%的上市公司,或者股本总额超过人民币4亿元,社会公众持股比例不足公司股份总数10%的上市公司,在证券交易所规定的期限内仍不能达到上市条件的,证券交易所应当终止其股票上市交易。证券交易所应当制定基于单一股东最低持股量及股东人数最低要求等能够动态反映股权分布状况的退市指标。

(十)关于股票成交量的退市指标。上市公司股票流动性严重不足,已经不再适合公开交易,证券交易所应当及时终止其上市交易。证券交易所可以针对不同板块,在综合分析该板块股票交易总体情况的基础上,对于一定期限内股票累计成交量的最低限额作出具体规定,并根据实施效果,适时予以调整。

(十一)关于股票市值的退市指标。公司股票连续20个交易日(不含停牌交易日)每日收盘价均低于股票面值的,证券交易所应当终止其上市交易。

四、严格执行体现公司财务状况的强制退市指标

证券交易所应当在继续严格执行其上市规则等文件中已经规定的各项相关退市指标的基础上,及时补充并适时调整完善以下指标:

(十二)关于公司净利润、净资产、营业收入、审计意见类型的退市指标。上市公司因净利润、净资产、营业收入、审计意见类型或者追溯重述后的净利润、净资产、营业收入等触及规定标准,其股票被暂停上市交易后,公司披露的最近一个会计年度经审计的财务会计报告存在扣除非经常性损益前后的净利润孰低者为负值、期末净资产为负值、营业收入低于证券交易所规定数额或者被会计师事务所出具保留意见、无法表示意见、否定意见的审计报告等情形之一的,证券交易所应当终止其股票上市交易。

(十三)关于未在规定期限内依法如实披露的退市指标。公司在证券交易所规定的期限内,未改正财务会计报告中的重大差错或者虚假记载的,证券交易所应当终止其股票上市交

易。法定期限届满后，公司在证券交易所规定的期限内，依然未能披露年度报告或者半年度报告的，证券交易所应当终止其股票上市交易。公司因净利润、净资产、营业收入、审计意见类型或者追溯重述后的净利润、净资产、营业收入等触及规定标准，其股票被暂停上市交易，不能在法定期限内披露最近一个会计年度的年度报告的，证券交易所应当终止其股票上市交易。

五、完善与退市相关的配套制度安排

（十四）严格执行恢复上市程序。证券交易所应当明确暂停上市公司提出恢复上市申请及证券交易所作出相应决定的时限要求。在规定期限内未提出恢复上市申请或不符合恢复上市条件的，证券交易所应当终止其股票上市交易。提交的申请材料不全且逾期未补充的，证券交易所应当及时作出终止其股票上市交易的决定。

（十五）限制相关主体股份减持行为。上市公司首次公开发行股票申请或者披露文件，存在虚假记载、误导性陈述或者重大遗漏，被证监会立案稽查的，在形成案件调查结论前，上市公司控股股东、实际控制人、董事、监事、高级管理人员、持有首次公开发行股票前已发行股份的股东及其他持有法律、行政法规、证监会规定、证券交易所规则规定的限售股的股东或者自愿承诺股份限售的股东，应当遵守在公开募集及上市文件或者其他文件中作出的公开承诺，暂停转让其拥有权益的股份。上市公司发行新股申请或者披露文件，或者构成借壳上市的重大资产重组申请或者相关披露文件出现上述情形的，在形成案件调查结论前，上市公司控股股东、实际控制人、董事、监事、高级管理人员、重组方及其一致行动人、上市公司购买资产对应经营实体的股份或者股权持有人，及其他持有法律、行政法规、证监会规定、证券交易所规则规定的限售股的股东或者自愿承诺股份限售的股东，应当遵守在信息披露文件或者其他文件中作出的公开承诺，暂停转让其拥有权益的股份。证券交易所和证券登记结算机构应当采取相应措施，确保控股股东、实际控制人、重组方及其他承诺主体切实履行上述承诺。

（十六）设立"退市整理期"。对于股票已经被证券交易所决定终止上市交易的强制退市公司，证券交易所应当设置"退市整理期"，在其退市前给予30个交易日的股票交易时间。在股票被证券交易所决定终止上市交易前，经董事会决议通过并已公告筹划重大资产重组事项的强制退市公司应当召开股东大会，对公司股票是否进入"退市整理期"交易进行表决，证券交易所应当按照股东大会决议对公司股票是否进入"退市整理期"交易作出安排。"退市整理期"公司的并购重组行政许可申请将不再受理；已经受理的，应当终止审核。证券交易所应当建立参与"退市整理期"股票交易的投资者适当性制度。

（十七）明确公司退市后的去向及交易安排。主动退市公司可以选择在证券交易场所交易或者转让其股票，或者依法作出其他安排。

强制退市公司股票应当统一在全国中小企业股份转让系统设立的专门层次挂牌转让。

（十八）明确重新上市条件及程序。主动退市公司可以随时向其选择的证券交易所提出重新上市申请。强制退市公司在证券交易所规定的间隔期届满后，可以向其选择的证券交易所提出重新上市申请。退市公司拟申请重新上市的，应当召开股东大会，对申请重新上市事项作出决议，股东大会决议须经出席股东大会的股东所持表决权的2/3以上通过。证券交易所应当制定退市公司重新上市的具体规定，在条件、程序、信息披露、交易安排等方面，可以区分主动退市公司与强制退市公司，以及强制退市公司所触及强制退市指标的不同作出差异化安排。

六、加强退市公司投资者合法权益保护

（十九）认真贯彻执行投资者保护的总体性要求。保护投资者特别是中小投资者合法权益，是退市制度的重要政策目标，也是退市工作的重中之重。要在退市工作的各个环节，认真落实《国务院办公厅关于进一步加强资本市场中小投资者合法权益保护工作的意见》的要求。

（二十）强化上市公司退市前的信息披露义务。证券交易所应当依照《证券法》及其配套的证券监管规定，有针对性地完善主动退市公司、强制退市公司的信息披露规则。上市公司退市前应当及时、准确、完整地持续披露其股

票可能暂停或者终止上市交易的提示性公告。严厉打击虚假陈述、内幕交易、操纵市场等违法行为。

(二十一)完善主动退市公司异议股东保护机制。主动退市公司应当在其公司章程中对主动退市股东大会表决机制以及对决议持异议股东的回购请求权、现金选择权等作出专门安排。

(二十二)明确重大违法公司及相关责任主体的民事赔偿责任。上市公司存在本意见规定的重大违法行为,公司及其控股股东、实际控制人、董事、监事、高级管理人员等相关责任主体,应当按照《证券法》、《国务院办公厅关于进一步加强资本市场中小投资者合法权益保护工作的意见》的规定,赔偿投资者损失;或者根据信息披露文件中的公开承诺内容或者其他协议安排,通过回购股份等方式赔偿投资者损失。

七、进一步落实退市工作责任

(二十三)认真做好政策配套和监测应对工作。证监会及其派出机构要按照简政放权、监管转型的要求,积极稳妥推进股票发行注册制改革和公司并购重组制度改革,营造与退市市场化、法治化、常态化要求相适应的政策环境。要鼓励依法开展并购方式、并购工具创新。要加强舆论宣传,引导各类市场主体正确认识和理解退市的本质及其基本功能,树立退市的正确理念。要针对有条件、有意愿实施主动退市的上市公司,做好政策说明与指导工作。要在上市公司日常监管中,密切关注上市公司的财务状况、交易状况、合规状况,持续跟踪存在强制退市可能的上市公司,通过实地走访、现场检查等方式,及时掌握情况,有效形成预判,提前制定上市公司退市风险应急处置预案。要与证券交易场所、国务院有关部门、地方政府建立更为顺畅的信息通报、共享机制,对于存在强制退市可能的上市公司,应当提前将有关情况通报地方政府。

(二十四)切实加强退市实施工作的统筹和协调。要建立健全退市工作协调机制,及时制定各方联动的工作方案。要进一步加强与地方政府、国务院有关部门的沟通协调,积极推动地方政府将上市公司退市维稳工作有机纳入地方维稳工作机制和工作体系,配合地方政府妥善做好职工、债权人、股东及其他利益相关方的安置安抚、解释疏导与纠纷处置等工作,维护上市公司的经营秩序、财产安全与社会稳定。要高度重视舆情监测和舆论引导,及时掌握媒体及市场各方的反应,并通过有理有据、务实高效的措施综合应对处理。要及时分析、研判退市制度执行过程中出现的新情况、新问题,采取有效措施,切实加以解决。

(二十五)证券交易所应当依法履行退市工作职责。证券交易所是实施退市制度的责任主体,应当按照本意见的要求,及时完善上市规则及其配套规则,并严格执行。对于应当退市的公司,必须采取有效措施,“出现一家、退市一家”,坚决维护退市制度的严肃性和权威性。证券交易所应当督促退市公司依法及时、准确、完整地披露与退市有关的信息。证监会要切实加强对证券交易所的监督检查,确保本意见各项工作要求的严格执行和落实。

本意见自 2014 年 11 月 16 日起施行。

附件 1.1:上市公司退市情形一览表

附件 1.1

上市公司退市情形一览表

序号	主动退市
1	上市公司在履行必要的决策程序后,主动向证券交易所提出申请,撤回其股票在该交易所的交易,并决定不再在交易所交易
2	上市公司在履行必要的决策程序后,主动向证券交易所提出申请,撤回其股票在该交易所的交易,并转而申请在其他交易场所交易或者转让
3	上市公司向所有股东发出回购全部股份或者部分股份的要约,导致公司股本总额、股权分布等发生变化不再具备上市条件,其股票按照证券交易所规则退出市场交易
4	上市公司股东向所有其他股东发出收购全部股份或者部分股份的要约,导致公司股本总额、股权分布等发生变化不再具备上市条件,其股票按照证券交易所规则退出市场交易
5	除上市公司股东外的其他收购人向所有股东发出收购全部股份或者部分股份的要约,导致公司股本总额、股权分布等发生变化不再具备上市条件,其股票按照证券交易所规则退出市场交易
6	上市公司因新设合并或者吸收合并,不再具有独立主体资格并被注销,其股票按照证券交易所规则退出市场交易
7	上市公司股东大会决议解散,其股票按照证券交易所规则退出市场交易
	强制退市
8	上市公司因首次公开发行股票申请或者披露文件存在虚假记载、误导性陈述或者重大遗漏,致使不符合发行条件的发行人骗取了发行核准,或者对新股发行定价产生了实质性影响,受到证监会行政处罚被暂停上市后,在证监会作出行政处罚决定之日起一年内,被证券交易所作出终止公司股票上市交易的决定
9	上市公司因首次公开发行股票申请或者披露文件存在虚假记载、误导性陈述或者重大遗漏,致使不符合发行条件的发行人骗取了发行核准,或者对新股发行定价产生了实质性影响,涉嫌欺诈发行罪被依法移送公安机关而暂停上市,在证监会作出移送决定之日起一年内,被证券交易所作出终止公司股票上市交易的决定
10	上市公司因信息披露文件存在虚假记载、误导性陈述或者重大遗漏,受到证监会行政处罚,并在行政处罚决定书中被认定构成重大违法行为而暂停上市,在证监会作出行政处罚决定之日起一年内,被证券交易所依据其股票上市规则作出终止公司股票上市交易的决定
11	上市公司因信息披露文件存在虚假记载、误导性陈述或者重大遗漏,涉嫌违规披露、不披露重要信息罪被依法移送公安机关而暂停上市,在证监会作出移送决定之日起一年内,被证券交易所依据其股票上市规则作出终止公司股票上市交易的决定
12	上市公司股本总额发生变化不再具备上市条件,且在证券交易所规定的期限内仍不能达到上市条件
13	上市公司社会公众持股比例不足公司股份总数的25%,或者公司股本总额超过4亿元,社会公众持股比例不足公司股份总数的10%,且在证券交易所规定的期限内仍不能达到上市条件
14	上市公司股票在一定期限内累计成交量低于证券交易所规定的最低限额
15	上市公司股票连续20个交易日(不含停牌交易日)每日股票收盘价均低于股票面值
16	上市公司因净利润、净资产、营业收入、审计意见类型或者追溯重述后的净利润、净资产、营业收入等触及规定标准,其股票被暂停上市后,公司披露的最近一个会计年度经审计的财务会计报告显示扣除非经常性损益前、后的净利润孰低者为负值
17	上市公司因净利润、净资产、营业收入、审计意见类型或者追溯重述后的净利润、净资产、营业收入等触及规定标准,其股票被暂停上市后,公司披露的最近一个会计年度经审计的财务会计报告显示期末净资产为负值

续表

	示期末净资产为负值
18	上市公司因净利润、净资产、营业收入、审计意见类型或者追溯重述后的净利润、净资产、营业收入等触及规定标准,其股票被暂停上市后,公司披露的最近一个会计年度经审计的财务会计报告显示营业收入低于证券交易所规定数额
19	上市公司因净利润、净资产、营业收入、审计意见类型或者追溯重述后的净利润、净资产、营业收入等触及规定标准,其股票被暂停上市后,公司披露的最近一个会计年度经审计的财务会计报告被会计师事务所出具否定意见、无法表示意见或者保留意见
20	上市公司在证券交易所规定期限内,未改正财务会计报告中的重大差错或者虚假记载
21	法定期限届满后,上市公司在证券交易所规定的期限内,依然未能披露年度报告或者半年度报告
22	上市公司因净利润、净资产、营业收入、审计意见类型或者追溯重述后的净利润、净资产、营业收入等触及规定标准,其股票被暂停上市,不能在法定期限内披露最近一个会计年度的年度报告
23	上市公司股票被暂停上市后在规定期限内未提出恢复上市申请
24	上市公司股票被暂停上市后其向交易所提交的恢复上市申请材料不全且逾期未补充
25	上市公司股票被暂停上市后其恢复上市申请未获证券交易所同意
26	上市公司被法院宣告破产
27	证券交易所规定的其他情形

关于修改《上市公司收购管理办法》的决定

(2014 年 10 月 23 日　证监会令第 108 号)

一、第六条第二款第(四)项修改为:"收购人为自然人的,存在《公司法》第一百四十六条规定情形;"

二、第九条增加一款,作为第四款:"财务顾问不得教唆、协助或者伙同委托人编制或披露存在虚假记载、误导性陈述或者重大遗漏的报告、公告文件,不得从事不正当竞争,不得利用上市公司的收购谋取不正当利益。"

三、第十三条第一款修改为:"通过证券交易所的证券交易,投资者及其一致行动人拥有权益的股份达到一个上市公司已发行股份的5%时,应当在该事实发生之日起 3 日内编制权益变动报告书,向中国证监会、证券交易所提交书面报告,通知该上市公司,并予公告;在上述期限内,不得再行买卖该上市公司的股票。"

四、第十四条第一款修改为:"通过协议转让方式,投资者及其一致行动人在一个上市公司中拥有权益的股份拟达到或者超过一个上市公司已发行股份的 5% 时,应当在该事实发生之日起 3 日内编制权益变动报告书,向中国证监会、证券交易所提交书面报告,通知该上市公司,并予公告。"

五、第二十八条修改为:"以要约方式收购上市公司股份的,收购人应当编制要约收购报告书,聘请财务顾问,通知被收购公司,同时对要约收购报告书摘要作出提示性公告。

"本次收购依法应当取得相关部门批准的,收购人应当在要约收购报告书摘要中作出特别提示,并在取得批准后公告要约收购报告书。"

六、第二十九条第一款第九项修改为:"公告收购报告书时持有被收购公司的股份数量、比例；”

七、第三十条修改为：“收购人按照本办法第四十七条拟收购上市公司股份超过30%，须改以要约方式进行收购的，收购人应当在达成收购协议或者做出类似安排后的3日内对要约收购报告书摘要作出提示性公告，并按照本办法第二十八条、第二十九条的规定履行公告义务，同时免于编制、公告上市公司收购报告书；依法应当取得批准的，应当在公告中特别提示本次要约须取得相关批准方可进行。

“未取得批准的，收购人应当在收到通知之日起2个工作日内，公告取消收购计划，并通知被收购公司。”

八、第三十一条修改为：“收购人自作出要约收购提示性公告起60日内，未公告要约收购报告书的，收购人应当在期满后次一个工作日通知被收购公司，并予公告；此后每30日应当公告一次，直至公告要约收购报告书。

“收购人作出要约收购提示性公告后，在公告要约收购报告书之前，拟自行取消收购计划的，应当公告原因；自公告之日起12个月内，该收购人不得再次对同一上市公司进行收购。”

九、第三十二条修改为：“被收购公司董事会应当对收购人的主体资格、资信情况及收购意图进行调查，对要约条件进行分析，对股东是否接受要约提出建议，并聘请独立财务顾问提出专业意见。在收购人公告要约收购报告书后20日内，被收购公司董事会应当公告被收购公司董事会报告书与独立财务顾问的专业意见。

“收购人对收购要约条件做出重大变更的，被收购公司董事会应当在3个工作日内公告董事会及独立财务顾问就要约条件的变更情况所出具的补充意见。”

十、第三十六条修改为：“收购人可以采用现金、证券、现金与证券相结合等合法方式支付收购上市公司的价款。收购人以证券支付收购价款的，应当提供该证券的发行人最近3年经审计的财务会计报告、证券估值报告，并配合被收购公司聘请的独立财务顾问的尽职调查工作。收购人以在证券交易所上市的债券支付收购价款的，该债券的可上市交易时间应当不少于一个月。收购人以未在证券交易所上市交易的证券支付收购价款的，必须同时提供现金方式供被收购公司的股东选择，并详细披露相关证券的保管、送达被收购公司股东的方式和程序安排。

“收购人聘请的财务顾问应当对收购人支付收购价款的能力和资金来源进行充分的尽职调查，详细披露核查的过程和依据，说明收购人是否具备要约收购的能力。收购人应当在作出要约收购提示性公告的同时，提供以下至少一项安排保证其具备履约能力：

（一）以现金支付收购价款的，将不少于收购价款总额的20%作为履约保证金存入证券登记结算机构指定的银行；收购人以在证券交易所上市交易的证券支付收购价款的，将用于支付的全部证券交由证券登记结算机构保管，但上市公司发行新股的除外；

（二）银行对要约收购所需价款出具保函；

（三）财务顾问出具承担连带保证责任的书面承诺，明确如要约期满收购人不支付收购价款，财务顾问进行支付。”

十一、第三十九条第二款修改为：“收购人需要变更收购要约的，必须及时公告，载明具体变更事项，并通知被收购公司。”

十二、第四十条修改为：“收购要约期限届满前15日内，收购人不得变更收购要约；但是出现竞争要约的除外。

“出现竞争要约时，发出初始要约的收购人变更收购要约距初始要约收购期限届满不足15日的，应当延长收购期限，延长后的要约期应当不少于15日，不得超过最后一个竞争要约的期满日，并按规定追加履约保证。

“发出竞争要约的收购人最迟不得晚于初始要约收购期限届满前15日发出要约收购的提示性公告，并应当根据本办法第二十八条和第二十九条的规定履行公告义务。”

十三、第四十一条修改为：“要约收购报告书所披露的基本事实发生重大变化的，收购人应当在该重大变化发生之日起2个工作日内作出公告，并通知被收购公司。”

十四、第四十五条修改为：“收购期限届满后15日内，收购人应当向证券交易所提交关于收购情况的书面报告，并予以公告。”

十五、第四十八条第一款修改为：“以协议方式收购上市公司股份超过30%，收购人拟依据本办法第六章的规定申请豁免的，应当在与上市公司股东达成收购协议之日起3日内编制上市公司收购报告书,提交豁免申请,委托财务顾问向中国证监会、证券交易所提交书面报告,通知被收购公司,并公告上市公司收购报告书摘要。”

删除第四十八条第三款。

十六、第五十条第一款修改为:“收购人公告上市公司收购报告书时,应当提交以下备查文件:

(一)中国公民的身份证明,或者在中国境内登记注册的法人、其他组织的证明文件;

(二)基于收购人的实力和从业经验对上市公司后续发展计划可行性的说明,收购人拟修改公司章程、改选公司董事会、改变或者调整公司主营业务的,还应当补充其具备规范运作上市公司的管理能力的说明;

(三)收购人及其关联方与被收购公司存在同业竞争、关联交易的,应提供避免同业竞争等利益冲突、保持被收购公司经营独立性的说明;

(四)收购人为法人或者其他组织的,其控股股东、实际控制人最近2年未变更的说明;

(五)收购人及其控股股东或实际控制人的核心企业和核心业务、关联企业及主营业务的说明;收购人或其实际控制人为两个或两个以上的上市公司控股股东或实际控制人的,还应当提供其持股5%以上的上市公司以及银行、信托公司、证券公司、保险公司等其他金融机构的情况说明;

(六)财务顾问关于收购人最近3年的诚信记录、收购资金来源合法性、收购人具备履行相关承诺的能力以及相关信息披露内容真实性、准确性、完整性的核查意见;收购人成立未满3年的,财务顾问还应当提供其控股股东或者实际控制人最近3年诚信记录的核查意见。”

十七、第五十一条第二款修改为:“上市公司董事、监事、高级管理人员存在《公司法》第一百四十八条规定情形,或者最近3年有证券市场不良诚信记录的,不得收购本公司。”

十八、第五十九条第一款修改为:“上市公司实际控制人及受其支配的股东未履行报告、公告义务的,上市公司应当自知悉之日起立即作出报告和公告。上市公司就实际控制人发生变化的情况予以公告后,实际控制人仍未披露的,上市公司董事会应当向实际控制人和受其支配的股东查询,必要时可以聘请财务顾问进行查询,并将查询情况向中国证监会、上市公司所在地的中国证监会派出机构(以下简称派出机构)和证券交易所报告;中国证监会依法对拒不履行报告、公告义务的实际控制人进行查处。”

十九、第六十二条修改为:“有下列情形之一的,收购人可以向中国证监会提出免于以要约方式增持股份的申请:

(一)收购人与出让人能够证明本次股份转让是在同一实际控制人控制的不同主体之间进行,未导致上市公司的实际控制人发生变化;

(二)上市公司面临严重财务困难,收购人提出的挽救公司的重组方案取得该公司股东大会批准,且收购人承诺3年内不转让其在该公司中所拥有的权益;

(三)中国证监会为适应证券市场发展变化和保护投资者合法权益的需要而认定的其他情形。

“收购人报送的豁免申请文件符合规定,并且已经按照本办法的规定履行报告、公告义务的,中国证监会予以受理;不符合规定或者未履行报告、公告义务的,中国证监会不予受理。中国证监会在受理豁免申请后20个工作日内,就收购人所申请的具体事项做出是否予以豁免的决定;取得豁免的,收购人可以完成本次增持行为。”

二十、第六十三条修改为:“有下列情形之一的,投资者可以向中国证监会提出免于发出要约的申请,中国证监会自收到符合规定的申请文件之日起10个工作日内未提出异议的,相关投资者可以向证券交易所和证券登记结算机构申请办理股份转让和过户登记手续;中国证监会不同意其申请的,相关投资者应当按照本办法第六十一条的规定办理:

(一)经政府或者国有资产管理部门批准进行国有资产无偿划转、变更、合并,导致投资者在一个上市公司中拥有权益的股份占该公司已发行股份的比例超过30%;

(二)因上市公司按照股东大会批准的确定价格向特定股东回购股份而减少股本,导致投资者在该公司中拥有权益的股份超过该公司已发行股份的30%;

（三）中国证监会为适应证券市场发展变化和保护投资者合法权益的需要而认定的其他情形。

“有下列情形之一的，相关投资者可以免于按照前款规定提交豁免申请，直接向证券交易所和证券登记结算机构申请办理股份转让和过户登记手续：

（一）经上市公司股东大会非关联股东批准，投资者取得上市公司向其发行的新股，导致其在该公司拥有权益的股份超过该公司已发行股份的30%，投资者承诺3年内不转让本次向其发行的新股，且公司股东大会同意投资者免于发出要约；

（二）在一个上市公司中拥有权益的股份达到或者超过该公司已发行股份的30%的，自上述事实发生之日起一年后，每12个月内增持不超过该公司已发行的2%的股份；

（三）在一个上市公司中拥有权益的股份达到或者超过该公司已发行股份的50%的，继续增加其在该公司拥有的权益不影响该公司的上市地位；

（四）证券公司、银行等金融机构在其经营范围内依法从事承销、贷款等业务导致其持有一个上市公司已发行股份超过30%，没有实际控制该公司的行为或者意图，并且提出在合理期限内向非关联方转让相关股份的解决方案；

（五）因继承导致在一个上市公司中拥有权益的股份超过该公司已发行股份的30%；

（六）因履行约定购回式证券交易协议购回上市公司股份导致投资者在一个上市公司中拥有权益的股份超过该公司已发行股份的30%，并且能够证明标的股份的表决权在协议期间未发生转移；

（七）因所持优先股表决权依法恢复导致投资者在一个上市公司中拥有权益的股份超过该公司已发行股份的30%。

“相关投资者应在前款规定的权益变动行为完成后3日内就股份增持情况做出公告，律师应就相关投资者权益变动行为发表符合规定的专项核查意见并由上市公司予以披露。相关投资者按照前款第（二）项、第（三）项规定采用集中竞价方式增持股份，每累计增持股份比例达到该公司已发行股份的1%的，应当在事实发生之日通知上市公司，由上市公司在次一交易日发布相关股东增持公司股份的进展公告。相关投资者按照前款第（三）项规定采用集中竞价方式增持股份的，每累计增持股份比例达到上市公司已发行股份的2%的，在事实发生当日和上市公司发布相关股东增持公司股份进展公告的当日不得再行增持股份。前款第（二）项规定的增持不超过2%的股份锁定期为增持行为完成之日起6个月。”

二十一、第六十八条修改为：“财务顾问应当在财务顾问报告中作出以下承诺：

（一）已按照规定履行尽职调查义务，有充分理由确信所发表的专业意见与收购人公告文件的内容不存在实质性差异；

（二）已对收购人公告文件进行核查，确信公告文件的内容与格式符合规定；

（三）有充分理由确信本次收购符合法律、行政法规和中国证监会的规定，有充分理由确信收购人披露的信息真实、准确、完整，不存在虚假记载、误导性陈述和重大遗漏；

（四）就本次收购所出具的专业意见已提交其内核机构审查，并获得通过；

（五）在担任财务顾问期间，已采取严格的保密措施，严格执行内部防火墙制度；

（六）与收购人已订立持续督导协议。”

二十二、第七十八条修改为：“收购人未依照本办法的规定履行相关义务或者相应程序擅自实施要约收购的，中国证监会责令改正，采取监管谈话、出具警示函、责令暂停或者停止收购等监管措施；在改正前，收购人不得对其持有或者支配的股份行使表决权。

“发出收购要约的收购人在收购要约期限届满，不按照约定支付收购价款或者购买预受股份的，自该事实发生之日起3年内不得收购上市公司，中国证监会不受理收购人及其关联方提交的申报文件。

“存在前二款规定情形，收购人涉嫌虚假披露、操纵证券市场的，中国证监会对收购人进行立案稽查，依法追究其法律责任；收购人聘请的财务顾问没有充分证据表明其勤勉尽责的，自收购人违规事实发生之日起1年内，中国证监会不受理该财务顾问提交的上市公司并购重组申报文件，情节严重的，依法追究法律责任。”

二十三、第八十一条增加一款，作为第二

款:“前款规定的证券服务机构及其从业人员被责令改正的,在改正前,不得接受新的上市公司并购重组业务。”

二十四、第八十五条修改为:“信息披露义务人涉及计算其拥有权益比例的,应当将其所持有的上市公司已发行的可转换为公司股票的证券中有权转换部分与其所持有的同一上市公司的股份合并计算,并将其持股比例与合并计算非股权类证券转为股份后的比例相比,以二者中的较高者为准;行权期限届满未行权的,或者行权条件不再具备的,无需合并计算。

“前款所述二者中的较高者,应当按下列公式计算:

(一)投资者持有的股份数量/上市公司已发行股份总数

(二)(投资者持有的股份数量+投资者持有的可转换为公司股票的非股权类证券所对应的股份数量)/(上市公司已发行股份总数+上市公司发行的可转换为公司股票的非股权类证券所对应的股份总数)

“前款所称‘投资者持有的股份数量’包括投资者拥有的普通股数量和优先股恢复的表决权数量,‘上市公司已发行股份总数’包括上市公司已发行的普通股总数和优先股恢复的表决权总数。”

二十五、本决定自2014年11月23日起施行。《上市公司收购管理办法》根据本决定做相应修改,重新发布。

上市公司收购管理办法

(2006年5月17日中国证券监督管理委员会第180次主席办公会议审议通过 根据2008年8月27日中国证券监督管理委员会《关于修改〈上市公司收购管理办法〉第六十三条的决定》、2012年2月14日中国证券监督管理委员会《关于修改〈上市公司收购管理办法〉第六十二条及第六十三条的决定》、2014年10月23日中国证券监督管理委员会《关于修改〈上市公司收购管理办法〉的决定》修订)

第一章 总 则

第一条 为了规范上市公司的收购及相关股份权益变动活动,保护上市公司和投资者的合法权益,维护证券市场秩序和社会公共利益,促进证券市场资源的优化配置,根据《证券法》、《公司法》及其他相关法律、行政法规,制定本办法。

第二条 上市公司的收购及相关股份权益变动活动,必须遵守法律、行政法规及中国证券监督管理委员会(以下简称中国证监会)的规定。当事人应当诚实守信,遵守社会公德、商业道德,自觉维护证券市场秩序,接受政府、社会公众的监督。

第三条 上市公司的收购及相关股份权益变动活动,必须遵循公开、公平、公正的原则。

上市公司的收购及相关股份权益变动活动中的信息披露义务人,应当充分披露其在上市公司中的权益及变动情况,依法严格履行报告、公告和其他法定义务。在相关信息披露前,负有保密义务。

信息披露义务人报告、公告的信息必须真实、准确、完整,不得有虚假记载、误导性陈述或者重大遗漏。

第四条 上市公司的收购及相关股份权益变动活动不得危害国家安全和社会公共利益。

上市公司的收购及相关股份权益变动活动涉及国家产业政策、行业准入、国有股份转让等事项,需要取得国家相关部门批准的,应当在取得批准后进行。

外国投资者进行上市公司的收购及相关股份权益变动活动的,应当取得国家相关部门的批准,适用中国法律,服从中国的司法、仲裁管辖。

第五条 收购人可以通过取得股份的方式成为一个上市公司的控股股东,可以通过投资关系、协议、其他安排的途径成为一个上市公司的实际控制人，也可以同时采取上述方式和途径取得上市公司控制权。

收购人包括投资者及与其一致行动的他人。

第六条　任何人不得利用上市公司的收购损害被收购公司及其股东的合法权益。

有下列情形之一的，不得收购上市公司：

（一）收购人负有数额较大债务，到期未清偿，且处于持续状态；

（二）收购人最近3年有重大违法行为或者涉嫌有重大违法行为；

（三）收购人最近3年有严重的证券市场失信行为；

（四）收购人为自然人的，存在《公司法》第一百四十六条规定情形；

（五）法律、行政法规规定以及中国证监会认定的不得收购上市公司的其他情形。

第七条　被收购公司的控股股东或者实际控制人不得滥用股东权利损害被收购公司或者其他股东的合法权益。

被收购公司的控股股东、实际控制人及其关联方有损害被收购公司及其他股东合法权益的，上述控股股东、实际控制人在转让被收购公司控制权之前，应当主动消除损害；未能消除损害的，应当就其出让相关股份所得收入用于消除全部损害做出安排，对不足以消除损害的部分应当提供充分有效的履约担保或安排，并依照公司章程取得被收购公司股东大会的批准。

第八条　被收购公司的董事、监事、高级管理人员对公司负有忠实义务和勤勉义务，应当公平对待收购本公司的所有收购人。

被收购公司董事会针对收购所做出的决策及采取的措施，应当有利于维护公司及其股东的利益，不得滥用职权对收购设置不适当的障碍，不得利用公司资源向收购人提供任何形式的财务资助，不得损害公司及其股东的合法权益。

第九条　收购人进行上市公司的收购，应当聘请在中国注册的具有从事财务顾问业务资格的专业机构担任财务顾问。收购人未按照本办法规定聘请财务顾问的，不得收购上市公司。

财务顾问应当勤勉尽责，遵守行业规范和职业道德，保持独立性，保证其所制作、出具文件的真实性、准确性和完整性。

财务顾问认为收购人利用上市公司的收购损害被收购公司及其股东合法权益的，应当拒绝为收购人提供财务顾问服务。

财务顾问不得教唆、协助或者伙同委托人编制或披露存在虚假记载、误导性陈述或者重大遗漏的报告、公告文件，不得从事不正当竞争，不得利用上市公司的收购谋取不正当利益。

第十条　中国证监会依法对上市公司的收购及相关股份权益变动活动进行监督管理。

中国证监会设立由专业人员和有关专家组成的专门委员会。专门委员会可以根据中国证监会职能部门的请求，就是否构成上市公司的收购、是否有不得收购上市公司的情形以及其他相关事宜提供咨询意见。中国证监会依法做出决定。

第十一条　证券交易所依法制定业务规则，为上市公司的收购及相关股份权益变动活动组织交易和提供服务，对相关证券交易活动进行实时监控，监督上市公司的收购及相关股份权益变动活动的信息披露义务人切实履行信息披露义务。

证券登记结算机构依法制定业务规则，为上市公司的收购及相关股份权益变动活动所涉及的证券登记、存管、结算等事宜提供服务。

第二章　权益披露

第十二条　投资者在一个上市公司中拥有的权益，包括登记在其名下的股份和虽未登记在其名下但该投资者可以实际支配表决权的股份。投资者及其一致行动人在一个上市公司中拥有的权益应当合并计算。

第十三条　通过证券交易所的证券交易，投资者及其一致行动人拥有权益的股份达到一个上市公司已发行股份的5%时，应当在该事实发生之日起3日内编制权益变动报告书，向中国证监会、证券交易所提交书面报告，通知该上市公司，并予公告；在上述期限内，不得再行买卖该上市公司的股票。

前述投资者及其一致行动人拥有权益的股份达到一个上市公司已发行股份的5%后，通过证券交易所的证券交易，其拥有权益的股份占该上市公司已发行股份的比例每增加或者减少5%，应当依照前款规定进行报告和公告。

在报告期限内和作出报告、公告后2日内,不得再行买卖该上市公司的股票。

第十四条 通过协议转让方式,投资者及其一致行动人在一个上市公司中拥有权益的股份拟达到或者超过一个上市公司已发行股份的5%时,应当在该事实发生之日起3日内编制权益变动报告书,向中国证监会、证券交易所提交书面报告,通知该上市公司,并予公告。

投资者及其一致行动人拥有权益的股份达到一个上市公司已发行股份的5%后,其拥有权益的股份占该上市公司已发行股份的比例每增加或者减少达到或者超过5%的,应当依照前款规定履行报告、公告义务。

前两款规定的投资者及其一致行动人在作出报告、公告前,不得再行买卖该上市公司的股票。相关股份转让及过户登记手续按照本办法第四章及证券交易所、证券登记结算机构的规定办理。

第十五条 投资者及其一致行动人通过行政划转或者变更、执行法院裁定、继承、赠与等方式拥有权益的股份变动达到前条规定比例的,应当按照前条规定履行报告、公告义务,并参照前条规定办理股份过户登记手续。

第十六条 投资者及其一致行动人不是上市公司的第一大股东或者实际控制人,其拥有权益的股份达到或者超过该公司已发行股份的5%,但未达到20%的,应当编制包括下列内容的简式权益变动报告书:

(一)投资者及其一致行动人的姓名、住所;投资者及其一致行动人为法人的,其名称、注册地及法定代表人;

(二)持股目的,是否有意在未来12个月内继续增加其在上市公司中拥有的权益;

(三)上市公司的名称、股票的种类、数量、比例;

(四)在上市公司中拥有权益的股份达到或者超过上市公司已发行股份的5%或者拥有权益的股份增减变化达到5%的时间及方式;

(五)权益变动事实发生之日前6个月内通过证券交易所的证券交易买卖该公司股票的简要情况;

(六)中国证监会、证券交易所要求披露的其他内容。

前述投资者及其一致行动人为上市公司第一大股东或者实际控制人,其拥有权益的股份达到或者超过一个上市公司已发行股份的5%,但未达到20%的,还应当披露本办法第十七条第一款规定的内容。

第十七条 投资者及其一致行动人拥有权益的股份达到或者超过一个上市公司已发行股份的20%但未超过30%的,应当编制详式权益变动报告书,除须披露前条规定的信息外,还应当披露以下内容:

(一)投资者及其一致行动人的控股股东、实际控制人及其股权控制关系结构图;

(二)取得相关股份的价格、所需资金额、资金来源,或者其他支付安排;

(三)投资者、一致行动人及其控股股东、实际控制人所从事的业务与上市公司的业务是否存在同业竞争或者潜在的同业竞争,是否存在持续关联交易;存在同业竞争或者持续关联交易的,是否已做出相应的安排,确保投资者、一致行动人及其关联方与上市公司之间避免同业竞争以及保持上市公司的独立性;

(四)未来12个月内对上市公司资产、业务、人员、组织结构、公司章程等进行调整的后续计划;

(五)前24个月内投资者及其一致行动人与上市公司之间的重大交易;

(六)不存在本办法第六条规定的情形;

(七)能够按照本办法第五十条的规定提供相关文件。

前述投资者及其一致行动人为上市公司第一大股东或者实际控制人的,还应当聘请财务顾问对上述权益变动报告书所披露的内容出具核查意见,但国有股行政划转或者变更、股份转让在同一实际控制人控制的不同主体之间进行、因继承取得股份的除外。投资者及其一致行动人承诺至少3年放弃行使相关股份表决权的,可免于聘请财务顾问和提供前款第(七)项规定的文件。

第十八条 已披露权益变动报告书的投资者及其一致行动人在披露之日起6个月内,因拥有权益的股份变动需要再次报告、公告权益变动报告书的,可以仅就与前次报告书不同的部分作出报告、公告;自前次披露之日起超过6个月的,投资者及其一致行动人应当按照本章的规定编制权益变动报告书,履行报告、公告义务。

第十九条　因上市公司减少股本导致投资者及其一致行动人拥有权益的股份变动出现本办法第十四条规定情形的，投资者及其一致行动人免于履行报告和公告义务。上市公司应当自完成减少股本的变更登记之日起2个工作日内，就因此导致的公司股东拥有权益的股份变动情况作出公告；因公司减少股本可能导致投资者及其一致行动人成为公司第一大股东或者实际控制人的，该投资者及其一致行动人应当自公司董事会公告有关减少公司股本决议之日起3个工作日内，按照本办法第十七条第一款的规定履行报告、公告义务。

第二十条　上市公司的收购及相关股份权益变动活动中的信息披露义务人依法披露前，相关信息已在媒体上传播或者公司股票交易出现异常的，上市公司应当立即向当事人进行查询，当事人应当及时予以书面答复，上市公司应当及时作出公告。

第二十一条　上市公司的收购及相关股份权益变动活动中的信息披露义务人应当在至少一家中国证监会指定媒体上依法披露信息；在其他媒体上进行披露的，披露内容应当一致，披露时间不得早于指定媒体的披露时间。

第二十二条　上市公司的收购及相关股份权益变动活动中的信息披露义务人采取一致行动的，可以以书面形式约定由其中一人作为指定代表负责统一编制信息披露文件，并同意授权指定代表在信息披露文件上签字、盖章。

各信息披露义务人应当对信息披露文件中涉及其自身的信息承担责任；对信息披露文件中涉及的与多个信息披露义务人相关的信息，各信息披露义务人对相关部分承担连带责任。

第三章　要约收购

第二十三条　投资者自愿选择以要约方式收购上市公司股份的，可以向被收购公司所有股东发出收购其所持有的全部股份的要约（以下简称全面要约），也可以向被收购公司所有股东发出收购其所持有的部分股份的要约（以下简称部分要约）。

第二十四条　通过证券交易所的证券交易，收购人持有一个上市公司的股份达到该公司已发行股份的30%时，继续增持股份的，应当采取要约方式进行，发出全面要约或者部分要约。

第二十五条　收购人依照本办法第二十三条、第二十四条、第四十七条、第五十六条的规定，以要约方式收购一个上市公司股份的，其预定收购的股份比例均不得低于该上市公司已发行股份的5%。

第二十六条　以要约方式进行上市公司收购的，收购人应当公平对待被收购公司的所有股东。持有同一种类股份的股东应当得到同等对待。

第二十七条　收购人为终止上市公司的上市地位而发出全面要约的，或者向中国证监会提出申请但未取得豁免而发出全面要约的，应当以现金支付收购价款；以依法可以转让的证券（以下简称证券）支付收购价款的，应当同时提供现金方式供被收购公司股东选择。

第二十八条　以要约方式收购上市公司股份的，收购人应当编制要约收购报告书，聘请财务顾问，通知被收购公司，同时对要约收购报告书摘要作出提示性公告。

本次收购依法应当取得相关部门批准的，收购人应当在要约收购报告书摘要中作出特别提示，并在取得批准后公告要约收购报告书。

第二十九条　前条规定的要约收购报告书，应当载明下列事项：

（一）收购人的姓名、住所；收购人为法人的，其名称、注册地及法定代表人，与其控股股东、实际控制人之间的股权控制关系结构图；

（二）收购人关于收购的决定及收购目的，是否拟在未来12个月内继续增持；

（三）上市公司的名称、收购股份的种类；

（四）预定收购股份的数量和比例；

（五）收购价格；

（六）收购所需资金额、资金来源及资金保证，或者其他支付安排；

（七）收购要约约定的条件；

（八）收购期限；

（九）公告收购报告书时持有被收购公司的股份数量、比例；

（十）本次收购对上市公司的影响分析，包括收购人及其关联方所从事的业务与上市公司的业务是否存在同业竞争或者潜在的同业竞争,是否存在持续关联交易;存在同业竞争或者持续关联交易的,收购人是否已作出相应的安排,确保收购人及其关联方与上市公司之间避免同业竞争以及保持上市公司的独立性;

(十一)未来12个月内对上市公司资产、业务、人员、组织结构、公司章程等进行调整的后续计划;

(十二)前24个月内收购人及其关联方与上市公司之间的重大交易;

(十三)前6个月内通过证券交易所的证券交易买卖被收购公司股票的情况;

(十四)中国证监会要求披露的其他内容。

收购人发出全面要约的,应当在要约收购报告书中充分披露终止上市的风险、终止上市后收购行为完成的时间及仍持有上市公司股份的剩余股东出售其股票的其他后续安排;收购人发出以终止公司上市地位为目的的全面要约,无须披露前款第(十)项规定的内容。

第三十条　收购人按照本办法第四十七条拟收购上市公司股份超过30%,须改以要约方式进行收购的,收购人应当在达成收购协议或者做出类似安排后的3日内对要约收购报告书摘要作出提示性公告,并按照本办法第二十八条、第二十九条的规定履行公告义务,同时免于编制、公告上市公司收购报告书;依法应当取得批准的,应当在公告中特别提示本次要约须取得相关批准方可进行。

未取得批准的,收购人应当在收到通知之日起2个工作日内,公告取消收购计划,并通知被收购公司。

第三十一条　收购人自作出要约收购提示性公告起60日内,未公告要约收购报告书的,收购人应当在期满后次一个工作日通知被收购公司,并予公告;此后每30日应当公告一次,直至公告要约收购报告书。

收购人作出要约收购提示性公告后,在公告要约收购报告书之前,拟自行取消收购计划的,应当公告原因;自公告之日起12个月内,该收购人不得再次对同一上市公司进行收购。

第三十二条　被收购公司董事会应当对收购人的主体资格、资信情况及收购意图进行调查,对要约条件进行分析,对股东是否接受要约提出建议,并聘请独立财务顾问提出专业意见。在收购人公告要约收购报告书后20日内,被收购公司董事会应当公告被收购公司董事会报告书与独立财务顾问的专业意见。

收购人对收购要约条件做出重大变更的,被收购公司董事会应当在3个工作日内公告董事会及独立财务顾问就要约条件的变更情况所出具的补充意见。

第三十三条　收购人作出提示性公告后至要约收购完成前,被收购公司除继续从事正常的经营活动或者执行股东大会已经作出的决议外,未经股东大会批准,被收购公司董事会不得通过处置公司资产、对外投资、调整公司主要业务、担保、贷款等方式,对公司的资产、负债、权益或者经营成果造成重大影响。

第三十四条　在要约收购期间,被收购公司董事不得辞职。

第三十五条　收购人按照本办法规定进行要约收购的,对同一种类股票的要约价格,不得低于要约收购提示性公告日前6个月内收购人取得该种股票所支付的最高价格。

要约价格低于提示性公告日前30个交易日该种股票的每日加权平均价格的算术平均值的,收购人聘请的财务顾问应当就该种股票前6个月的交易情况进行分析,说明是否存在股价被操纵、收购人是否有未披露的一致行动人、收购人前6个月取得公司股份是否存在其他支付安排、要约价格的合理性等。

第三十六条　收购人可以采用现金、证券、现金与证券相结合等合法方式支付收购上市公司的价款。收购人以证券支付收购价款的,应当提供该证券的发行人最近3年经审计的财务会计报告、证券估值报告,并配合被收购公司聘请的独立财务顾问的尽职调查工作。收购人以在证券交易所上市的债券支付收购价款的,该债券的可上市交易时间应当不少于一个月。收购人以未在证券交易所上市交易的证券支付收购价款的,必须同时提供现金方式供被收购公司的股东选择,并详细披露相关证券的保管、送达被收购公司股东的方式和程序安排。

收购人聘请的财务顾问应当对收购人支付收购价款的能力和资金来源进行充分的尽职调查,详细披露核查的过程和依据,说明收购人是否具备要约收购的能力。收购人应当在作出要约收购提示性公告的同时,提供以下至少一项安排保证其具备履约能力:

（一）以现金支付收购价款的，将不少于收购价款总额的20%作为履约保证金存入证券登记结算机构指定的银行；收购人以在证券交易所上市交易的证券支付收购价款的，将用于支付的全部证券交由证券登记结算机构保管，但上市公司发行新股的除外；

（二）银行对要约收购所需价款出具保函；

（三）财务顾问出具承担连带保证责任的书面承诺，明确如要约期满收购人不支付收购价款，财务顾问进行支付。

第三十七条 收购要约约定的收购期限不得少于30日，并不得超过60日；但是出现竞争要约的除外。

在收购要约约定的承诺期限内，收购人不得撤销其收购要约。

第三十八条 采取要约收购方式的，收购人作出公告后至收购期限届满前，不得卖出被收购公司的股票，也不得采取要约规定以外的形式和超出要约的条件买入被收购公司的股票。

第三十九条 收购要约提出的各项收购条件，适用于被收购公司的所有股东。

收购人需要变更收购要约的，必须及时公告，载明具体变更事项，并通知被收购公司。

第四十条 收购要约期限届满前15日内，收购人不得变更收购要约；但是出现竞争要约的除外。

出现竞争要约时，发出初始要约的收购人变更收购要约距初始要约收购期限届满不足15日的，应当延长收购期限，延长后的要约期应当不少于15日，不得超过最后一个竞争要约的期满日，并按规定追加履约保证。

发出竞争要约的收购人最迟不得晚于初始要约收购期限届满前15日发出要约收购的提示性公告，并应当根据本办法第二十八条和第二十九条的规定履行公告义务。

第四十一条 要约收购报告书所披露的基本事实发生重大变化的，收购人应当在该重大变化发生之日起2个工作日内作出公告，并通知被收购公司。

第四十二条 同意接受收购要约的股东（以下简称预受股东），应当委托证券公司办理预受要约的相关手续。收购人应当委托证券公司向证券登记结算机构申请办理预受要约股票的临时保管。证券登记结算机构临时保管的预受要约的股票，在要约收购期间不得转让。

前款所称预受，是指被收购公司股东同意接受要约的初步意思表示，在要约收购期限内不可撤回之前不构成承诺。在要约收购期限届满3个交易日前，预受股东可以委托证券公司办理撤回预受要约的手续，证券登记结算机构根据预受要约股东的撤回申请解除对预受要约股票的临时保管。在要约收购期限届满前3个交易日内，预受股东不得撤回其对要约的接受。在要约收购期限内，收购人应当每日在证券交易所网站上公告已预受收购要约的股份数量。

出现竞争要约时，接受初始要约的预受股东撤回全部或者部分预受的股份，并将撤回的股份售予竞争要约人的，应当委托证券公司办理撤回预受初始要约的手续和预受竞争要约的相关手续。

第四十三条 收购期限届满，发出部分要约的收购人应当按照收购要约约定的条件购买被收购公司股东预受的股份，预受要约股份的数量超过预定收购数量时，收购人应当按照同等比例收购预受要约的股份；以终止被收购公司上市地位为目的的，收购人应当按照收购要约约定的条件购买被收购公司股东预受的全部股份；未取得中国证监会豁免而发出全面要约的收购人应当购买被收购公司股东预受的全部股份。

收购期限届满后3个交易日内，接受委托的证券公司应当向证券登记结算机构申请办理股份转让结算、过户登记手续，解除对超过预定收购比例的股票的临时保管；收购人应当公告本次要约收购的结果。

第四十四条 收购期限届满，被收购公司股权分布不符合上市条件，该上市公司的股票由证券交易所依法终止上市交易。在收购行为完成前，其余仍持有被收购公司股票的股东，有权在收购报告书规定的合理期限内向收购人以收购要约的同等条件出售其股票，收购人应当收购。

第四十五条 收购期限届满后15日内，收购人应当向证券交易所提交关于收购情况的书面报告，并予以公告。

第四十六条 除要约方式外，投资者不得在证券交易所外公开求购上市公司的股份。

第四章　协议收购

第四十七条　收购人通过协议方式在一个上市公司中拥有权益的股份达到或者超过该公司已发行股份的5%，但未超过30%的，按照本办法第二章的规定办理。

收购人拥有权益的股份达到该公司已发行股份的30%时，继续进行收购的，应当依法向该上市公司的股东发出全面要约或者部分要约。符合本办法第六章规定情形的，收购人可以向中国证监会申请免除发出要约。

收购人拟通过协议方式收购一个上市公司的股份超过30%的，超过30%的部分，应当改以要约方式进行；但符合本办法第六章规定情形的，收购人可以向中国证监会申请免除发出要约。收购人在取得中国证监会豁免后，履行其收购协议；未取得中国证监会豁免且拟继续履行其收购协议的，或者不申请豁免的，在履行其收购协议前，应当发出全面要约。

第四十八条　以协议方式收购上市公司股份超过30%，收购人拟依据本办法第六章的规定申请豁免的，应当在与上市公司股东达成收购协议之日起3日内编制上市公司收购报告书，提交豁免申请，委托财务顾问向中国证监会、证券交易所提交书面报告，通知被收购公司，并公告上市公司收购报告书摘要。

收购人自取得中国证监会的豁免之日起3日内公告其收购报告书、财务顾问专业意见和律师出具的法律意见书；收购人未取得豁免的，应当自收到中国证监会的决定之日起3日内予以公告，并按照本办法第六十一条第二款的规定办理。

第四十九条　依据前条规定所作的上市公司收购报告书，须披露本办法第二十九条第(一)项至第(六)项和第(九)项至第(十四)项规定的内容及收购协议的生效条件和付款安排。

已披露收购报告书的收购人在披露之日起6个月内，因权益变动需要再次报告、公告的，可以仅就与前次报告书不同的部分作出报告、公告；超过6个月的，应当按照本办法第二章的规定履行报告、公告义务。

第五十条　收购人公告上市公司收购报告书时，应当提交以下备查文件：

(一)中国公民的身份证明，或者在中国境内登记注册的法人、其他组织的证明文件；

(二)基于收购人的实力和从业经验对上市公司后续发展计划可行性的说明，收购人拟修改公司章程、改选公司董事会、改变或者调整公司主营业务的，还应当补充其具备规范运作上市公司的管理能力的说明；

(三)收购人及其关联方与被收购公司存在同业竞争、关联交易的，应提供避免同业竞争等利益冲突、保持被收购公司经营独立性的说明；

(四)收购人为法人或者其他组织的，其控股股东、实际控制人最近2年未变更的说明；

(五)收购人及其控股股东或实际控制人的核心企业和核心业务、关联企业及主营业务的说明；收购人或其实际控制人为两个或两个以上的上市公司控股股东或实际控制人的，还应当提供其持股5%以上的上市公司以及银行、信托公司、证券公司、保险公司等其他金融机构的情况说明；

(六)财务顾问关于收购人最近3年的诚信记录、收购资金来源合法性、收购人具备履行相关承诺的能力以及相关信息披露内容真实性、准确性、完整性的核查意见；收购人成立未满3年的，财务顾问还应当提供其控股股东或者实际控制人最近3年诚信记录的核查意见。

境外法人或者境外其他组织进行上市公司收购的，除应当提交第一款第(二)项至第(六)项规定的文件外，还应当提交以下文件：

(一)财务顾问出具的收购人符合对上市公司进行战略投资的条件、具有收购上市公司的能力的核查意见；

(二)收购人接受中国司法、仲裁管辖的声明。

第五十一条　上市公司董事、监事、高级管理人员、员工或者其所控制或者委托的法人或者其他组织，拟对本公司进行收购或者通过本办法第五章规定的方式取得本公司控制权(以下简称管理层收购)的，该上市公司应当具备健全且运行良好的组织机构以及有效的内部控制制度，公司董事会成员中独立董事的比例应当达到或者超过1/2。公司应当聘请具有证券、期货从业资格的资产评估机构提供公司资产评估报告，本次收购应当经董事会非关联董事作出决议，且取得2/3以上的独立董事同意后，提交公司股东大会审议，经出席股东大会的非关联股东所持表决权过半数通过。独立董事发表意见前，应当聘请独立财务顾问就本次收购出具专业意见，独立董事及独立财务顾问的意见应当一并予以公告。

上市公司董事、监事、高级管理人员存在《公司法》第一百四十八条规定情形，或者最近3年有证券市场不良诚信记录的，不得收购本公司。

第五十二条　以协议方式进行上市公司收购的，自签订收购协议起至相关股份完成过户的期间为上市公司收购过渡期（以下简称过渡期）。在过渡期内，收购人不得通过控股股东提议改选上市公司董事会，确有充分理由改选董事会的，来自收购人的董事不得超过董事会成员的1/3；被收购公司不得为收购人及其关联方提供担保；被收购公司不得公开发行股份募集资金，不得进行重大购买、出售资产及重大投资行为或者与收购人及其关联方进行其他关联交易，但收购人为挽救陷入危机或者面临严重财务困难的上市公司的情形除外。

第五十三条　上市公司控股股东向收购人协议转让其所持有的上市公司股份的，应当对收购人的主体资格、诚信情况及收购意图进行调查，并在其权益变动报告书中披露有关调查情况。

控股股东及其关联方未清偿其对公司的负债，未解除公司为其负债提供的担保，或者存在损害公司利益的其他情形的，被收购公司董事会应当对前述情形及时予以披露，并采取有效措施维护公司利益。

第五十四条　协议收购的相关当事人应当向证券登记结算机构申请办理拟转让股份的临时保管手续，并可以将用于支付的现金存放于证券登记结算机构指定的银行。

第五十五条　收购报告书公告后，相关当事人应当按照证券交易所和证券登记结算机构的业务规则，在证券交易所就本次股份转让予以确认后，凭全部转让款项存放于双方认可的银行账户的证明，向证券登记结算机构申请解除拟协议转让股票的临时保管，并办理过户登记手续。

收购人未按规定履行报告、公告义务，或者未按规定提出申请的，证券交易所和证券登记结算机构不予办理股份转让和过户登记手续。

收购人在收购报告书公告后30日内仍未完成相关股份过户手续的，应当立即作出公告，说明理由；在未完成相关股份过户期间，应当每隔30日公告相关股份过户办理进展情况。

第五章　间接收购

第五十六条　收购人虽不是上市公司的股东，但通过投资关系、协议、其他安排导致其拥有权益的股份达到或者超过一个上市公司已发行股份的5%未超过30%的，应当按照本办法第二章的规定办理。

收购人拥有权益的股份超过该公司已发行股份的30%的，应当向该公司所有股东发出全面要约；收购人预计无法在事实发生之日起30日内发出全面要约的，应当在前述30日内促使其控制的股东将所持有的上市公司股份减持至30%或者30%以下，并自减持之日起2个工作日内予以公告；其后收购人或者其控制的股东拟继续增持的，应当采取要约方式；拟依据本办法第六章的规定申请豁免的，应当按照本办法第四十八条的规定办理。

第五十七条　投资者虽不是上市公司的股东，但通过投资关系取得对上市公司股东的控制权，而受其支配的上市公司股东所持股份达到前条规定比例、且对该股东的资产和利润构成重大影响的，应当按照前条规定履行报告、公告义务。

第五十八条　上市公司实际控制人及受其支配的股东，负有配合上市公司真实、准确、完整披露有关实际控制人发生变化的信息的义务；实际控制人及受其支配的股东拒不履行上述配合义务，导致上市公司无法履行法定信息披露义务而承担民事、行政责任的，上市公司有权对其提起诉讼。实际控制人、控股股东指使上市公司及其有关人员不依法履行信息披露义务的，中国证监会依法进行查处。

第五十九条　上市公司实际控制人及受其支配的股东未履行报告、公告义务的，上市公司应当自知悉之日起立即作出报告和公告。上市公司就实际控制人发生变化的情况予以公告后，实际控制人仍未披露的，上市公司董事会应当向实际控制人和受其支配的股东查询，必要时可以聘请财务顾问进行查询，并将查询情况向中国证监会、上市公司所在地的中国证监会派出机构(以下简称派出机构)和证券交易所报告；中国证监会依法对拒不履行报告、公告义务的实际控制人进行查处。

上市公司知悉实际控制人发生较大变化而未能将有关实际控制人的变化情况及时予以报告和公告的，中国证监会责令改正，情节严重的，认定上市公司负有责任的董事为不适当人选。

第六十条　上市公司实际控制人及受其支配的股东未履行报告、公告义务，拒不履行第五十八条规定的配合义务，或者实际控制人存在不得收购上市公司情形的，上市公司董事会应当拒绝接受受实际控制人支配的股东向董事会提交的提案或者临时议案，并向中国证监会、派出机构和证券交易所报告。中国证监会责令实际控制人改正，可以认定实际控制人通过受其支配的股东所提名的董事为不适当人选；改正前，受实际控制人支配的股东不得行使其持有股份的表决权。上市公司董事会未拒绝接受实际控制人及受其支配的股东所提出的提案的，中国证监会可以认定负有责任的董事为不适当人选。

第六章　豁免申请

第六十一条　符合本办法第六十二条、第六十三条规定情形的，投资者及其一致行动人可以向中国证监会申请下列豁免事项：

(一)免于以要约收购方式增持股份；

(二)存在主体资格、股份种类限制或者法律、行政法规、中国证监会规定的特殊情形的，可以申请免于向被收购公司的所有股东发出收购要约。

未取得豁免的，投资者及其一致行动人应当在收到中国证监会通知之日起30日内将其或者其控制的股东所持有的被收购公司股份减持到30%或者30%以下；拟以要约以外的方式继续增持股份的，应当发出全面要约。

第六十二条　有下列情形之一的，收购人可以向中国证监会提出免于以要约方式增持股份的申请：

(一)收购人与出让人能够证明本次股份转让是在同一实际控制人控制的不同主体之间进行，未导致上市公司的实际控制人发生变化；

(二)上市公司面临严重财务困难，收购人提出的挽救公司的重组方案取得该公司股东大会批准，且收购人承诺3年内不转让其在该公司中所拥有的权益；

(三)中国证监会为适应证券市场发展变化和保护投资者合法权益的需要而认定的其他情形。

收购人报送的豁免申请文件符合规定，并且已经按照本办法的规定履行报告、公告义务的，中国证监会予以受理；不符合规定或者未履行报告、公告义务的，中国证监会不予受理。中国证监会在受理豁免申请后20个工作日内，就收购人所申请的具体事项做出是否予以豁免的决定；取得豁免的，收购人可以完成本次增持行为。

第六十三条　有下列情形之一的，投资者可以向中国证监会提出免于发出要约的申请，中国证监会自收到符合规定的申请文件之日起10个工作日内未提出异议的，相关投资者可以向证券交易所和证券登记结算机构申请办理股份转让和过户登记手续；中国证监会不同意其申请的，相关投资者应当按照本办法第六十一条的规定办理：

(一)经政府或者国有资产管理部门批准进行国有资产无偿划转、变更、合并，导致投资者在一个上市公司中拥有权益的股份占该公司已发行股份的比例超过30%；

(二)因上市公司按照股东大会批准的确定价格向特定股东回购股份而减少股本，导致投资者在该公司中拥有权益的股份超过该公司已发行股份的30%；

(三)中国证监会为适应证券市场发展变化和保护投资者合法权益的需要而认定的其他情形。

有下列情形之一的，相关投资者可以免于按照前款规定提交豁免申请，直接向证券交易所和证券登记结算机构申请办理股份转让和过户登记手续：

(一)经上市公司股东大会非关联股东批准，投资者取得上市公司向其发行的新股，导致其在该公司拥有权益的股份超过该公司已发行股份的30%，投资者承诺3年内不转让本次向其发行的新股，且公司股东大会同意投资者免于发出要约；

（二）在一个上市公司中拥有权益的股份达到或者超过该公司已发行股份的30%的，自上述事实发生之日起一年后，每12个月内增持不超过该公司已发行的2%的股份；

（三）在一个上市公司中拥有权益的股份达到或者超过该公司已发行股份的50%的，继续增加其在该公司拥有的权益不影响该公司的上市地位；

（四）证券公司、银行等金融机构在其经营范围内依法从事承销、贷款等业务导致其持有一个上市公司已发行股份超过30%，没有实际控制该公司的行为或者意图，并且提出在合理期限内向非关联方转让相关股份的解决方案；

（五）因继承导致在一个上市公司中拥有权益的股份超过该公司已发行股份的30%；

（六）因履行约定购回式证券交易协议购回上市公司股份导致投资者在一个上市公司中拥有权益的股份超过该公司已发行股份的30%，并且能够证明标的股份的表决权在协议期间未发生转移；

（七）因所持优先股表决权依法恢复导致投资者在一个上市公司中拥有权益的股份超过该公司已发行股份的30%。

相关投资者应在前款规定的权益变动行为完成后3日内就股份增持情况做出公告，律师应就相关投资者权益变动行为发表符合规定的专项核查意见并由上市公司予以披露。相关投资者按照前款第（二）项、第（三）项规定采用集中竞价方式增持股份，每累计增持股份比例达到该公司已发行股份的1%的，应当在事实发生之日通知上市公司，由上市公司在次一交易日发布相关股东增持公司股份的进展公告。相关投资者按照前款第（三）项规定采用集中竞价方式增持股份的，每累计增持股份比例达到上市公司已发行股份的2%的，在事实发生当日和上市公司发布相关股东增持公司股份进展公告的当日不得再行增持股份。前款第（二）项规定的增持不超过2%的股份锁定期为增持行为完成之日起6个月。

第六十四条　收购人提出豁免申请的，应当聘请律师事务所等专业机构出具专业意见。

第七章　财务顾问

第六十五条　收购人聘请的财务顾问应当履行以下职责：

（一）对收购人的相关情况进行尽职调查；

（二）应收购人的要求向收购人提供专业化服务，全面评估被收购公司的财务和经营状况，帮助收购人分析收购所涉及的法律、财务、经营风险，就收购方案所涉及的收购价格、收购方式、支付安排等事项提出对策建议，并指导收购人按照规定的内容与格式制作申报文件；

（三）对收购人进行证券市场规范化运作的辅导，使收购人的董事、监事和高级管理人员熟悉有关法律、行政法规和中国证监会的规定，充分了解其应当承担的义务和责任，督促其依法履行报告、公告和其他法定义务；

（四）对收购人是否符合本办法的规定及申报文件内容的真实性、准确性、完整性进行充分核查和验证，对收购事项客观、公正地发表专业意见；

（五）接受收购人委托，向中国证监会报送申报材料，根据中国证监会的审核意见，组织、协调收购人及其他专业机构予以答复；

（六）与收购人签订协议，在收购完成后12个月内，持续督导收购人遵守法律、行政法规、中国证监会的规定、证券交易所规则、上市公司章程，依法行使股东权利，切实履行承诺或者相关约定。

第六十六条　收购人聘请的财务顾问就本次收购出具的财务顾问报告，应当对以下事项进行说明和分析，并逐项发表明确意见：

（一）收购人编制的上市公司收购报告书或者要约收购报告书所披露的内容是否真实、准确、完整；

（二）本次收购的目的；

（三）收购人是否提供所有必备证明文件，根据对收购人及其控股股东、实际控制人的实力、从事的主要业务、持续经营状况、财务状况和诚信情况的核查，说明收购人是否具备主体资格，是否具备收购的经济实力，是否具备规范运作上市公司的管理能力，是否需要承担其他附加义务及是否具备履行相关义务的能力，是

否存在不良诚信记录;

(四)对收购人进行证券市场规范化运作辅导的情况,其董事、监事和高级管理人员是否已经熟悉有关法律、行政法规和中国证监会的规定,充分了解应承担的义务和责任,督促其依法履行报告、公告和其他法定义务的情况;

(五)收购人的股权控制结构及其控股股东、实际控制人支配收购人的方式;

(六)收购人的收购资金来源及其合法性,是否存在利用本次收购的股份向银行等金融机构质押取得融资的情形;

(七)涉及收购人以证券支付收购价款的,应当说明有关该证券发行人的信息披露是否真实、准确、完整以及该证券交易的便捷性等情况;

(八)收购人是否已经履行了必要的授权和批准程序;

(九)是否已对收购过渡期间保持上市公司稳定经营作出安排,该安排是否符合有关规定;

(十)对收购人提出的后续计划进行分析,收购人所从事的业务与上市公司从事的业务存在同业竞争、关联交易的,对收购人解决与上市公司同业竞争等利益冲突及保持上市公司经营独立性的方案进行分析,说明本次收购对上市公司经营独立性和持续发展可能产生的影响;

(十一)在收购标的上是否设定其他权利,是否在收购价款之外还作出其他补偿安排;

(十二)收购人及其关联方与被收购公司之间是否存在业务往来,收购人与被收购公司的董事、监事、高级管理人员是否就其未来任职安排达成某种协议或者默契;

(十三)上市公司原控股股东、实际控制人及其关联方是否存在未清偿对公司的负债、未解除公司为其负债提供的担保或者损害公司利益的其他情形;存在该等情形的,是否已提出切实可行的解决方案;

(十四)涉及收购人拟提出豁免申请的,应当说明本次收购是否属于可以得到豁免的情形,收购人是否作出承诺及是否具备履行相关承诺的实力。

第六十七条 上市公司董事会或者独立董事聘请的独立财务顾问,不得同时担任收购人的财务顾问或者与收购人的财务顾问存在关联关系。独立财务顾问应当根据委托进行尽职调查,对本次收购的公正性和合法性发表专业意见。独立财务顾问报告应当对以下问题进行说明和分析,发表明确意见:

(一)收购人是否具备主体资格;

(二)收购人的实力及本次收购对被收购公司经营独立性和持续发展可能产生的影响分析;

(三)收购人是否存在利用被收购公司的资产或者由被收购公司为本次收购提供财务资助的情形;

(四)涉及要约收购的,分析被收购公司的财务状况,说明收购价格是否充分反映被收购公司价值,收购要约是否公平、合理,对被收购公司社会公众股股东接受要约提出的建议;

(五)涉及收购人以证券支付收购价款的,还应当根据该证券发行人的资产、业务和盈利预测,对相关证券进行估值分析,就收购条件对被收购公司的社会公众股股东是否公平合理、是否接受收购人提出的收购条件提出专业意见;

(六)涉及管理层收购的,应当对上市公司进行估值分析,就本次收购的定价依据、支付方式、收购资金来源、融资安排、还款计划及其可行性、上市公司内部控制制度的执行情况及其有效性、上述人员及其直系亲属在最近24个月内与上市公司业务往来情况以及收购报告书披露的其他内容等进行全面核查,发表明确意见。

第六十八条 财务顾问应当在财务顾问报告中作出以下承诺:

(一)已按照规定履行尽职调查义务,有充分理由确信所发表的专业意见与收购人公告文件的内容不存在实质性差异;

(二)已对收购人公告文件进行核查,确信公告文件的内容与格式符合规定;

(三)有充分理由确信本次收购符合法律、行政法规和中国证监会的规定,有充分理由确信收购人披露的信息真实、准确、完整,不存在虚假记载、误导性陈述和重大遗漏;

(四)就本次收购所出具的专业意见已提交其内核机构审查,并获得通过;

(五)在担任财务顾问期间,已采取严格的保密措施,严格执行内部防火墙制度;

（六）与收购人已订立持续督导协议。

第六十九条　财务顾问在收购过程中和持续督导期间，应当关注被收购公司是否存在为收购人及其关联方提供担保或者借款等损害上市公司利益的情形，发现有违法或者不当行为的，应当及时向中国证监会、派出机构和证券交易所报告。

第七十条　财务顾问为履行职责，可以聘请其他专业机构协助其对收购人进行核查，但应当对收购人提供的资料和披露的信息进行独立判断。

第七十一条　自收购人公告上市公司收购报告书至收购完成后12个月内，财务顾问应当通过日常沟通、定期回访等方式，关注上市公司的经营情况，结合被收购公司定期报告和临时公告的披露事宜，对收购人及被收购公司履行持续督导职责：

（一）督促收购人及时办理股权过户手续，并依法履行报告和公告义务；

（二）督促和检查收购人及被收购公司依法规范运作；

（三）督促和检查收购人履行公开承诺的情况；

（四）结合被收购公司定期报告，核查收购人落实后续计划的情况，是否达到预期目标，实施效果是否与此前的披露内容存在较大差异，是否实现相关盈利预测或者管理层预计达到的目标；

（五）涉及管理层收购的，核查被收购公司定期报告中披露的相关还款计划的落实情况与事实是否一致；

（六）督促和检查履行收购中约定的其他义务的情况。

在持续督导期间，财务顾问应当结合上市公司披露的季度报告、半年度报告和年度报告出具持续督导意见，并在前述定期报告披露后的15日内向派出机构报告。

在此期间，财务顾问发现收购人在上市公司收购报告书中披露的信息与事实不符的，应当督促收购人如实披露相关信息，并及时向中国证监会、派出机构、证券交易所报告。财务顾问解除委托合同的，应当及时向中国证监会、派出机构作出书面报告，说明无法继续履行持续督导职责的理由，并予公告。

第八章　持续监管

第七十二条　在上市公司收购行为完成后12个月内，收购人聘请的财务顾问应当在每季度前3日内就上一季度对上市公司影响较大的投资、购买或者出售资产、关联交易、主营业务调整以及董事、监事、高级管理人员的更换、职工安置、收购人履行承诺等情况向派出机构报告。

收购人注册地与上市公司注册地不同的，还应当将前述情况的报告同时抄报收购人所在地的派出机构。

第七十三条　派出机构根据审慎监管原则，通过与承办上市公司审计业务的会计师事务所谈话、检查财务顾问持续督导责任的落实、定期或者不定期的现场检查等方式，在收购完成后对收购人和上市公司进行监督检查。

派出机构发现实际情况与收购人披露的内容存在重大差异的，对收购人及上市公司予以重点关注，可以责令收购人延长财务顾问的持续督导期，并依法进行查处。

在持续督导期间，财务顾问与收购人解除合同的，收购人应当另行聘请其他财务顾问机构履行持续督导职责。

第七十四条　在上市公司收购中，收购人持有的被收购公司的股份，在收购完成后12个月内不得转让。

收购人在被收购公司中拥有权益的股份在同一实际控制人控制的不同主体之间进行转让不受前述12个月的限制，但应当遵守本办法第六章的规定。

第九章　监管措施与法律责任

第七十五条　上市公司的收购及相关股份权益变动活动中的信息披露义务人，未按照本办法的规定履行报告、公告以及其他相关义务的，中国证监会责令改正，采取监管谈话、出具警示函、责令暂停或者停止收购等监管措施。在改正前，相关信息披露义务人不得对其持有或者实际支配的股份行使表决权。

第七十六条　上市公司的收购及相关股份权益变动活动中的信息披露义务人在报告、公告等文件中有虚假记载、误导性陈述或者重大遗漏的，中国证监会责令改正，采取监管谈话、出具警示函、责令暂停或者停止收购等监管措施。在改正前，收购人对其持有或者实际支配的股份不得行使表决权。

第七十七条　投资者及其一致行动人取得上市公司控制权而未按照本办法的规定聘请财务顾问，规避法定程序和义务，变相进行上市公司的收购，或者外国投资者规避管辖的，中国证监会责令改正，采取出具警示函、责令暂停或者停止收购等监管措施。在改正前，收购人不得对其持有或者实际支配的股份行使表决权。

第七十八条　收购人未依照本办法的规定履行相关义务或者相应程序擅自实施要约收购的，中国证监会责令改正，采取监管谈话、出具警示函、责令暂停或者停止收购等监管措施；在改正前，收购人不得对其持有或者支配的股份行使表决权。

发出收购要约的收购人在收购要约期限届满，不按照约定支付收购价款或者购买预受股份的，自该事实发生之日起 3 年内不得收购上市公司，中国证监会不受理收购人及其关联方提交的申报文件。

存在前二款规定情形，收购人涉嫌虚假披露、操纵证券市场的，中国证监会对收购人进行立案稽查，依法追究其法律责任；收购人聘请的财务顾问没有充分证据表明其勤勉尽责的，自收购人违规事实发生之日起 1 年内，中国证监会不受理该财务顾问提交的上市公司并购重组申报文件，情节严重的，依法追究法律责任。

第七十九条　上市公司控股股东和实际控制人在转让其对公司的控制权时，未清偿其对公司的负债，未解除公司为其提供的担保，或者未对其损害公司利益的其他情形作出纠正的，中国证监会责令改正、责令暂停或者停止收购活动。

被收购公司董事会未能依法采取有效措施促使公司控股股东、实际控制人予以纠正，或者在收购完成后未能促使收购人履行承诺、安排或者保证的，中国证监会可以认定相关董事为不适当人选。

第八十条　上市公司董事未履行忠实义务和勤勉义务，利用收购谋取不当利益的，中国证监会采取监管谈话、出具警示函等监管措施，可以认定为不适当人选。

上市公司章程中涉及公司控制权的条款违反法律、行政法规和本办法规定的，中国证监会责令改正。

第八十一条　为上市公司收购出具资产评估报告、审计报告、法律意见书和财务顾问报告的证券服务机构或者证券公司及其专业人员，未依法履行职责的，中国证监会责令改正，采取监管谈话、出具警示函等监管措施。

前款规定的证券服务机构及其从业人员被责令改正的，在改正前，不得接受新的上市公司并购重组业务。

第八十二条　中国证监会将上市公司的收购及相关股份权益变动活动中的当事人的违法行为和整改情况记入诚信档案。

违反本办法的规定构成证券违法行为的，依法追究法律责任。

第十章　附　　则

第八十三条　本办法所称一致行动，是指投资者通过协议、其他安排，与其他投资者共同扩大其所能够支配的一个上市公司股份表决权数量的行为或者事实。

在上市公司的收购及相关股份权益变动活动中有一致行动情形的投资者，互为一致行动人。如无相反证据，投资者有下列情形之一的，为一致行动人：

（一）投资者之间有股权控制关系；

（二）投资者受同一主体控制；

（三）投资者的董事、监事或者高级管理人员中的主要成员，同时在另一个投资者担任董事、监事或者高级管理人员；

（四）投资者参股另一投资者，可以对参股公司的重大决策产生重大影响；

（五）银行以外的其他法人、其他组织和自然人为投资者取得相关股份提供融资安排；

（六）投资者之间存在合伙、合作、联营等其他经济利益关系；

（七）持有投资者 30% 以上股份的自然人，与投资者持有同一上市公司股份；

（八）在投资者任职的董事、监事及高级管理人员，与投资者持有同一上市公司股份；

（九）持有投资者 30% 以上股份的自然人

和在投资者任职的董事、监事及高级管理人员，其父母、配偶、子女及其配偶、配偶的父母、兄弟姐妹及其配偶、配偶的兄弟姐妹及其配偶等亲属，与投资者持有同一上市公司股份；

（十）在上市公司任职的董事、监事、高级管理人员及其前项所述亲属同时持有本公司股份的，或者与其自己或者其前项所述亲属直接或者间接控制的企业同时持有本公司股份；

（十一）上市公司董事、监事、高级管理人员和员工与其所控制或者委托的法人或者其他组织持有本公司股份；

（十二）投资者之间具有其他关联关系。

一致行动人应当合并计算其所持有的股份。投资者计算其所持有的股份，应当包括登记在其名下的股份，也包括登记在其一致行动人名下的股份。

投资者认为其与他人不应被视为一致行动人的，可以向中国证监会提供相反证据。

第八十四条　有下列情形之一的，为拥有上市公司控制权：

（一）投资者为上市公司持股50%以上的控股股东；

（二）投资者可以实际支配上市公司股份表决权超过30%；

（三）投资者通过实际支配上市公司股份表决权能够决定公司董事会半数以上成员选任；

（四）投资者依其可实际支配的上市公司股份表决权足以对公司股东大会的决议产生重大影响；

（五）中国证监会认定的其他情形。

第八十五条　信息披露义务人涉及计算其拥有权益比例的，应当将其所持有的上市公司已发行的可转换为公司股票的证券中有权转换部分与其所持有的同一上市公司的股份合并计算，并将其持股比例与合并计算非股权类证券转为股份后的比例相比，以二者中的较高者为准；行权期限届满未行权的，或者行权条件不再具备的，无需合并计算。

前款所述二者中的较高者，应当按下列公式计算：

（一）投资者持有的股份数量/上市公司已发行股份总数

（二）（投资者持有的股份数量+投资者持有的可转换为公司

股票的非股权类证券所对应的股份数量）/（上市公司已发行股份总数+上市公司发行的可转换为公司股票的非股权类证券所对应的股份总数）

前款所称“投资者持有的股份数量”包括投资者拥有的普通股数量和优先股恢复的表决权数量，“上市公司已发行股份总数”包括上市公司已发行的普通股总数和优先股恢复的表决权总数。

第八十六条　投资者因行政划转、执行法院裁决、继承、赠与等方式取得上市公司控制权的，应当按照本办法第四章的规定履行报告、公告义务。

第八十七条　权益变动报告书、收购报告书、要约收购报告书、被收购公司董事会报告书、要约收购豁免申请文件等文件的内容与格式，由中国证监会另行制定。

第八十八条　被收购公司在境内、境外同时上市的，收购人除应当遵守本办法及中国证监会的相关规定外，还应当遵守境外上市地的相关规定。

第八十九条　外国投资者收购上市公司及在上市公司中拥有的权益发生变动的，除应当遵守本办法的规定外，还应当遵守外国投资者投资上市公司的相关规定。

第九十条　本办法自2006年9月1日起施行。中国证监会发布的《上市公司收购管理办法》（证监会令第10号）、《上市公司股东持股变动信息披露管理办法》（证监会令第11号）、《关于要约收购涉及的被收购公司股票上市交易条件有关问题的通知》（证监公司字〔2003〕16号）和《关于规范上市公司实际控制权转移行为有关问题的通知》（证监公司字〔2004〕1号）同时废止。

上市公司重大资产重组管理办法

(2014年10月23日　证监会令第109号)

第一章　总　　则

第一条　为了规范上市公司重大资产重组行为,保护上市公司和投资者的合法权益,促进上市公司质量不断提高,维护证券市场秩序和社会公共利益,根据《公司法》、《证券法》等法律、行政法规的规定,制定本办法。

第二条　本办法适用于上市公司及其控股或者控制的公司在日常经营活动之外购买、出售资产或者通过其他方式进行资产交易达到规定的比例,导致上市公司的主营业务、资产、收入发生重大变化的资产交易行为(以下简称重大资产重组)。

上市公司发行股份购买资产应当符合本办法的规定。

上市公司按照经中国证券监督管理委员会(以下简称中国证监会)核准的发行证券文件披露的募集资金用途,使用募集资金购买资产、对外投资的行为,不适用本办法。

第三条　任何单位和个人不得利用重大资产重组损害上市公司及其股东的合法权益。

第四条　上市公司实施重大资产重组,有关各方必须及时、公平地披露或者提供信息,保证所披露或者提供信息的真实、准确、完整,不得有虚假记载、误导性陈述或者重大遗漏。

第五条　上市公司的董事、监事和高级管理人员在重大资产重组活动中,应当诚实守信、勤勉尽责,维护公司资产的安全,保护公司和全体股东的合法权益。

第六条　为重大资产重组提供服务的证券服务机构和人员,应当遵守法律、行政法规和中国证监会的有关规定,遵循本行业公认的业务标准和道德规范,严格履行职责,对其所制作、出具文件的真实性、准确性和完整性承担责任。

前款规定的证券服务机构和人员,不得教唆、协助或者伙同委托人编制或者披露存在虚假记载、误导性陈述或者重大遗漏的报告、公告文件,不得从事不正当竞争,不得利用上市公司重大资产重组谋取不正当利益。

第七条　任何单位和个人对所知悉的重大资产重组信息在依法披露前负有保密义务。

禁止任何单位和个人利用重大资产重组信息从事内幕交易、操纵证券市场等违法活动。

第八条　中国证监会依法对上市公司重大资产重组行为进行监督管理。

中国证监会审核上市公司重大资产重组或者发行股份购买资产的申请,可以根据上市公司的规范运作和诚信状况、财务顾问的执业能力和执业质量,结合国家产业政策和重组交易类型,作出差异化的、公开透明的监管制度安排,有条件地减少审核内容和环节。

第九条　鼓励依法设立的并购基金、股权投资基金、创业投资基金、产业投资基金等投资机构参与上市公司并购重组。

第十条　中国证监会在发行审核委员会中设立上市公司并购重组审核委员会(以下简称并购重组委),并购重组委以投票方式对提交其审议的重大资产重组或者发行股份购买资产申请进行表决,提出审核意见。

第二章　重大资产重组的原则和标准

第十一条　上市公司实施重大资产重组,应当就本次交易符合下列要求作出充分说明,并予以披露:

(一)符合国家产业政策和有关环境保护、土地管理、反垄断等法律和行政法规的规定;

(二)不会导致上市公司不符合股票上市

条件；

（三）重大资产重组所涉及的资产定价公允，不存在损害上市公司和股东合法权益的情形；

（四）重大资产重组所涉及的资产权属清晰，资产过户或者转移不存在法律障碍，相关债权债务处理合法；

（五）有利于上市公司增强持续经营能力，不存在可能导致上市公司重组后主要资产为现金或者无具体经营业务的情形；

（六）有利于上市公司在业务、资产、财务、人员、机构等方面与实际控制人及其关联人保持独立，符合中国证监会关于上市公司独立性的相关规定；

（七）有利于上市公司形成或者保持健全有效的法人治理结构。

第十二条　上市公司及其控股或者控制的公司购买、出售资产，达到下列标准之一的，构成重大资产重组：

（一）购买、出售的资产总额占上市公司最近一个会计年度经审计的合并财务会计报告期末资产总额的比例达到50%以上；

（二）购买、出售的资产在最近一个会计年度所产生的营业收入占上市公司同期经审计的合并财务会计报告营业收入的比例达到50%以上；

（三）购买、出售的资产净额占上市公司最近一个会计年度经审计的合并财务会计报告期末净资产额的比例达到50%以上，且超过5000万元人民币。

购买、出售资产未达到前款规定标准，但中国证监会发现存在可能损害上市公司或者投资者合法权益的重大问题的，可以根据审慎监管原则，责令上市公司按照本办法的规定补充披露相关信息、暂停交易、聘请独立财务顾问或者其他证券服务机构补充核查并披露专业意见。

第十三条　自控制权发生变更之日起，上市公司向收购人及其关联人购买的资产总额，占上市公司控制权发生变更的前一个会计年度经审计的合并财务会计报告期末资产总额的比例达到100%以上的，除符合本办法第十一条、第四十三条规定的要求外，主板（含中小企业板）上市公司购买的资产对应的经营实体应当是股份有限公司或者有限责任公司，且符合《首次公开发行股票并上市管理办法》（证监会令第32号）规定的其他发行条件；上市公司购买的资产属于金融、创业投资等特定行业的，由中国证监会另行规定。

创业板上市公司不得实施前款规定的交易行为。

第十四条　计算本办法第十二条、第十三条规定的比例时，应当遵守下列规定：

（一）购买的资产为股权的，其资产总额以被投资企业的资产总额与该项投资所占股权比例的乘积和成交金额二者中的较高者为准，营业收入以被投资企业的营业收入与该项投资所占股权比例的乘积为准，资产净额以被投资企业的净资产额与该项投资所占股权比例的乘积和成交金额二者中的较高者为准；出售的资产为股权的，其资产总额、营业收入以及资产净额分别以被投资企业的资产总额、营业收入以及净资产额与该项投资所占股权比例的乘积为准。

购买股权导致上市公司取得被投资企业控股权的，其资产总额以被投资企业的资产总额和成交金额二者中的较高者为准，营业收入以被投资企业的营业收入为准，资产净额以被投资企业的净资产额和成交金额二者中的较高者为准；出售股权导致上市公司丧失被投资企业控股权的，其资产总额、营业收入以及资产净额分别以被投资企业的资产总额、营业收入以及净资产额为准。

（二）购买的资产为非股权资产的，其资产总额以该资产的账面值和成交金额二者中的较高者为准，资产净额以相关资产与负债的账面值差额和成交金额二者中的较高者为准；出售的资产为非股权资产的，其资产总额、资产净额分别以该资产的账面值、相关资产与负债账面值的差额为准；该非股权资产不涉及负债的，不适用第十二条第一款第（三）项规定的资产净额标准。

（三）上市公司同时购买、出售资产的，应当分别计算购买、出售资产的相关比例，并以二者中比例较高者为准。

（四）上市公司在12个月内连续对同一或者相关资产进行购买、出售的，以其累计数分别计算相应数额。已按照本办法的规定编制并披露重大资产重组报告书的资产交易行为，无须纳入累计计算的范围,但本办法第十三条规定情形除外。

交易标的资产属于同一交易方所有或者控制,或者属于相同或者相近的业务范围,或者中国证监会认定的其他情形下,可以认定为同一或者相关资产。

第十五条 本办法第二条所称通过其他方式进行资产交易,包括:

(一)与他人新设企业、对已设立的企业增资或者减资;

(二)受托经营、租赁其他企业资产或者将经营性资产委托他人经营、租赁;

(三)接受附义务的资产赠与或者对外捐赠资产;

(四)中国证监会根据审慎监管原则认定的其他情形。

上述资产交易实质上构成购买、出售资产,且按照本办法规定的标准计算的相关比例达到50%以上的,应当按照本办法的规定履行相关义务和程序。

第三章 重大资产重组的程序

第十六条 上市公司与交易对方就重大资产重组事宜进行初步磋商时,应当立即采取必要且充分的保密措施,制定严格有效的保密制度,限定相关敏感信息的知悉范围。上市公司及交易对方聘请证券服务机构的,应当立即与所聘请的证券服务机构签署保密协议。

上市公司关于重大资产重组的董事会决议公告前,相关信息已在媒体上传播或者公司股票交易出现异常波动的,上市公司应当立即将有关计划、方案或者相关事项的现状以及相关进展情况和风险因素等予以公告,并按照有关信息披露规则办理其他相关事宜。

第十七条 上市公司应当聘请独立财务顾问、律师事务所以及具有相关证券业务资格的会计师事务所等证券服务机构就重大资产重组出具意见。

独立财务顾问和律师事务所应当审慎核查重大资产重组是否构成关联交易,并依据核查确认的相关事实发表明确意见。重大资产重组涉及关联交易的,独立财务顾问应当就本次重组对上市公司非关联股东的影响发表明确意见。

资产交易定价以资产评估结果为依据的,上市公司应当聘请具有相关证券业务资格的资产评估机构出具资产评估报告。

证券服务机构在其出具的意见中采用其他证券服务机构或者人员的专业意见的,仍然应当进行尽职调查,审慎核查其采用的专业意见的内容,并对利用其他证券服务机构或者人员的专业意见所形成的结论负责。

第十八条 上市公司及交易对方与证券服务机构签订聘用合同后,非因正当事由不得更换证券服务机构。确有正当事由需要更换证券服务机构的,应当披露更换的具体原因以及证券服务机构的陈述意见。

第十九条 上市公司应当在重大资产重组报告书的管理层讨论与分析部分,就本次交易对上市公司的持续经营能力、未来发展前景、当年每股收益等财务指标和非财务指标的影响进行详细分析。

第二十条 重大资产重组中相关资产以资产评估结果作为定价依据的,资产评估机构应当按照资产评估相关准则和规范开展执业活动;上市公司董事会应当对评估机构的独立性、评估假设前提的合理性、评估方法与评估目的的相关性以及评估定价的公允性发表明确意见。

相关资产不以资产评估结果作为定价依据的,上市公司应当在重大资产重组报告书中详细分析说明相关资产的估值方法、参数及其他影响估值结果的指标和因素。上市公司董事会应当对估值机构的独立性、估值假设前提的合理性、估值方法与估值目的的相关性发表明确意见,并结合相关资产的市场可比交易价格、同行业上市公司的市盈率或者市净率等通行指标,在重大资产重组报告书中详细分析本次交易定价的公允性。

前二款情形中,评估机构、估值机构原则上应当采取两种以上的方法进行评估或者估值;上市公司独立董事应当出席董事会会议,对评估机构或者估值机构的独立性、评估或者估值假设前提的合理性和交易定价的公允性发表独立意见,并单独予以披露。

第二十一条 上市公司进行重大资产重组,应当由董事会依法作出决议,并提交股东大会批准。

上市公司董事会应当就重大资产重组是否构成关联交易作出明确判断，并作为董事会决议事项予以披露。

上市公司独立董事应当在充分了解相关信息的基础上，就重大资产重组发表独立意见。重大资产重组构成关联交易的，独立董事可以另行聘请独立财务顾问就本次交易对上市公司非关联股东的影响发表意见。上市公司应当积极配合独立董事调阅相关材料，并通过安排实地调查、组织证券服务机构汇报等方式，为独立董事履行职责提供必要的支持和便利。

第二十二条　上市公司应当在董事会作出重大资产重组决议后的次一工作日至少披露下列文件：

（一）董事会决议及独立董事的意见；

（二）上市公司重大资产重组预案。

本次重组的重大资产重组报告书、独立财务顾问报告、法律意见书以及重组涉及的审计报告、资产评估报告或者估值报告至迟应当与召开股东大会的通知同时公告。上市公司自愿披露盈利预测报告的，该报告应当经具有相关证券业务资格的会计师事务所审核，与重大资产重组报告书同时公告。

本条第一款第（二）项及第二款规定的信息披露文件的内容与格式另行规定。

上市公司应当在至少一种中国证监会指定的报刊公告董事会决议、独立董事的意见，并应当在证券交易所网站全文披露重大资产重组报告书及其摘要、相关证券服务机构的报告或者意见。

第二十三条　上市公司股东大会就重大资产重组作出的决议，至少应当包括下列事项：

（一）本次重大资产重组的方式、交易标的和交易对方；

（二）交易价格或者价格区间；

（三）定价方式或者定价依据；

（四）相关资产自定价基准日至交割日期间损益的归属；

（五）相关资产办理权属转移的合同义务和违约责任；

（六）决议的有效期；

（七）对董事会办理本次重大资产重组事宜的具体授权；

（八）其他需要明确的事项。

第二十四条　上市公司股东大会就重大资产重组事项作出决议，必须经出席会议的股东所持表决权的2/3以上通过。

上市公司重大资产重组事宜与本公司股东或者其关联人存在关联关系的，股东大会就重大资产重组事项进行表决时，关联股东应当回避表决。

交易对方已经与上市公司控股股东就受让上市公司股权或者向上市公司推荐董事达成协议或者默契，可能导致上市公司的实际控制权发生变化的，上市公司控股股东及其关联人应当回避表决。

上市公司就重大资产重组事宜召开股东大会，应当以现场会议形式召开，并应当提供网络投票和其他合法方式为股东参加股东大会提供便利。除上市公司的董事、监事、高级管理人员、单独或者合计持有上市公司5%以上股份的股东以外，其他股东的投票情况应当单独统计并予以披露。

第二十五条　上市公司应当在股东大会作出重大资产重组决议后的次一工作日公告该决议，以及律师事务所对本次会议的召集程序、召集人和出席人员的资格、表决程序以及表决结果等事项出具的法律意见书。

属于本办法第十三条规定的交易情形的，上市公司还应当按照中国证监会的规定委托独立财务顾问在作出决议后3个工作日内向中国证监会提出申请。

第二十六条　上市公司全体董事、监事、高级管理人员应当公开承诺，保证重大资产重组的信息披露和申请文件不存在虚假记载、误导性陈述或者重大遗漏。

重大资产重组的交易对方应当公开承诺，将及时向上市公司提供本次重组相关信息，并保证所提供的信息真实、准确、完整，如因提供的信息存在虚假记载、误导性陈述或者重大遗漏，给上市公司或者投资者造成损失的，将依法承担赔偿责任。

前二款规定的单位和个人还应当公开承诺，如本次交易因涉嫌所提供或者披露的信息存在虚假记载、误导性陈述或者重大遗漏，被司法机关立案侦查或者被中国证监会立案调查的，在案件调查结论明确之前，将暂停转让其在该上市公司拥有权益的股份。

第二十七条　中国证监会依照法定条件和程序,对上市公司属于本办法第十三条规定情形的交易申请作出予以核准或者不予核准的决定。

中国证监会在审核期间提出反馈意见要求上市公司作出书面解释、说明的,上市公司应当自收到反馈意见之日起 30 日内提供书面回复意见,独立财务顾问应当配合上市公司提供书面回复意见。逾期未提供的,上市公司应当在到期日的次日就本次交易的进展情况及未能及时提供回复意见的具体原因等予以公告。

第二十八条　股东大会作出重大资产重组的决议后,上市公司拟对交易对象、交易标的、交易价格等作出变更,构成对原交易方案重大调整的,应当在董事会表决通过后重新提交股东大会审议,并及时公告相关文件。

中国证监会审核期间,上市公司按照前款规定对原交易方案作出重大调整的,还应当按照本办法的规定向中国证监会重新提出申请,同时公告相关文件。

中国证监会审核期间,上市公司董事会决议撤回申请的,应当说明原因,予以公告;上市公司董事会决议终止本次交易的,还应当按照公司章程的规定提交股东大会审议。

第二十九条　上市公司重大资产重组属于本办法第十三条规定的交易情形的,应当提交并购重组委审核。

第三十条　上市公司在收到中国证监会关于召开并购重组委工作会议审核其申请的通知后,应当立即予以公告,并申请办理并购重组委工作会议期间直至其表决结果披露前的停牌事宜。

上市公司收到并购重组委关于其申请的表决结果的通知后,应当在次一工作日公告表决结果并申请复牌。公告应当说明,公司在收到中国证监会作出的予以核准或者不予核准的决定后将再行公告。

第三十一条　上市公司收到中国证监会就其申请作出的予以核准或者不予核准的决定后,应当在次一工作日予以公告。

中国证监会予以核准的,上市公司应当在公告核准决定的同时,按照相关信息披露准则的规定补充披露相关文件。

第三十二条　上市公司重大资产重组完成相关批准程序后,应当及时实施重组方案,并于实施完毕之日起 3 个工作日内编制实施情况报告书,向证券交易所提交书面报告,并予以公告。

上市公司聘请的独立财务顾问和律师事务所应当对重大资产重组的实施过程、资产过户事宜和相关后续事项的合规性及风险进行核查,发表明确的结论性意见。独立财务顾问和律师事务所出具的意见应当与实施情况报告书同时报告、公告。

第三十三条　自完成相关批准程序之日起 60 日内,本次重大资产重组未实施完毕的,上市公司应当于期满后次一工作日将实施进展情况报告,并予以公告;此后每 30 日应当公告一次,直至实施完毕。属于本办法第十三条、第四十四条规定的交易情形的,自收到中国证监会核准文件之日起超过 12 个月未实施完毕的,核准文件失效。

第三十四条　上市公司在实施重大资产重组的过程中,发生法律、法规要求披露的重大事项的,应当及时作出公告;该事项导致本次交易发生实质性变动的,须重新提交股东大会审议,属于本办法第十三条规定的交易情形的,还须重新报经中国证监会核准。

第三十五条　采取收益现值法、假设开发法等基于未来收益预期的方法对拟购买资产进行评估或者估值并作为定价参考依据的,上市公司应当在重大资产重组实施完毕后 3 年内的年度报告中单独披露相关资产的实际盈利数与利润预测数的差异情况,并由会计师事务所对此出具专项审核意见;交易对方应当与上市公司就相关资产实际盈利数不足利润预测数的情况签订明确可行的补偿协议。

预计本次重大资产重组将摊薄上市公司当年每股收益的,上市公司应当提出填补每股收益的具体措施,并将相关议案提交董事会和股东大会进行表决。负责落实该等具体措施的相关责任主体应当公开承诺,保证切实履行其义务和责任。

上市公司向控股股东、实际控制人或者其控制的关联人之外的特定对象购买资产且未导致控制权发生变更的,不适用本条前二款规定,上市公司与交易对方可以根据市场化原则,自主协商是否采取业绩补偿和每股收益填补措施及相关具体安排。

第三十六条　上市公司重大资产重组发生下列情形的，独立财务顾问应当及时出具核查意见，并予以公告：

（一）上市公司完成相关批准程序前，对交易对象、交易标的、交易价格等作出变更，构成对原重组方案重大调整，或者因发生重大事项导致原重组方案发生实质性变动的；

（二）上市公司完成相关批准程序后，在实施重组过程中发生重大事项，导致原重组方案发生实质性变动的。

第三十七条　独立财务顾问应当按照中国证监会的相关规定，对实施重大资产重组的上市公司履行持续督导职责。持续督导的期限自本次重大资产重组实施完毕之日起，应当不少于一个会计年度。实施本办法第十三条规定的重大资产重组，持续督导的期限自中国证监会核准本次重大资产重组之日起，应当不少于3个会计年度。

第三十八条　独立财务顾问应当结合上市公司重大资产重组当年和实施完毕后的第一个会计年度的年报，自年报披露之日起15日内，对重大资产重组实施的下列事项出具持续督导意见，并予以公告：

（一）交易资产的交付或者过户情况；

（二）交易各方当事人承诺的履行情况；

（三）已公告的盈利预测或者利润预测的实现情况；

（四）管理层讨论与分析部分提及的各项业务的发展现状；

（五）公司治理结构与运行情况；

（六）与已公布的重组方案存在差异的其他事项。

独立财务顾问还应当结合本办法第十三条规定的重大资产重组实施完毕后的第二、三个会计年度的年报，自年报披露之日起15日内，对前款第（二）至（六）项事项出具持续督导意见，并予以公告。

第四章　重大资产重组的信息管理

第三十九条　上市公司筹划、实施重大资产重组，相关信息披露义务人应当公平地向所有投资者披露可能对上市公司股票交易价格产生较大影响的相关信息（以下简称股价敏感信息），不得有选择性地向特定对象提前泄露。

第四十条　上市公司的股东、实际控制人以及参与重大资产重组筹划、论证、决策等环节的其他相关机构和人员，应当及时、准确地向上市公司通报有关信息，并配合上市公司及时、准确、完整地进行披露。上市公司获悉股价敏感信息的，应当及时向证券交易所申请停牌并披露。

第四十一条　上市公司及其董事、监事、高级管理人员，重大资产重组的交易对方及其关联方，交易对方及其关联方的董事、监事、高级管理人员或者主要负责人，交易各方聘请的证券服务机构及其从业人员，参与重大资产重组筹划、论证、决策、审批等环节的相关机构和人员，以及因直系亲属关系、提供服务和业务往来等知悉或者可能知悉股价敏感信息的其他相关机构和人员，在重大资产重组的股价敏感信息依法披露前负有保密义务，禁止利用该信息进行内幕交易。

第四十二条　上市公司筹划重大资产重组事项，应当详细记载筹划过程中每一具体环节的进展情况，包括商议相关方案、形成相关意向、签署相关协议或者意向书的具体时间、地点、参与机构和人员、商议和决议内容等，制作书面的交易进程备忘录并予以妥当保存。参与每一具体环节的所有人员应当即时在备忘录上签名确认。

上市公司预计筹划中的重大资产重组事项难以保密或者已经泄露的，应当及时向证券交易所申请停牌，直至真实、准确、完整地披露相关信息。停牌期间，上市公司应当至少每周发布一次事件进展情况公告。

上市公司股票交易价格因重大资产重组的市场传闻发生异常波动时，上市公司应当及时向证券交易所申请停牌，核实有无影响上市公司股票交易价格的重组事项并予以澄清，不得以相关事项存在不确定性为由不履行信息披露义务。

第五章　发行股份购买资产

第四十三条　上市公司发行股份购买资

产,应当符合下列规定:

(一)充分说明并披露本次交易有利于提高上市公司资产质量、改善财务状况和增强持续盈利能力,有利于上市公司减少关联交易、避免同业竞争、增强独立性;

(二)上市公司最近一年及一期财务会计报告被注册会计师出具无保留意见审计报告;被出具保留意见、否定意见或者无法表示意见的审计报告的,须经注册会计师专项核查确认,该保留意见、否定意见或者无法表示意见所涉及事项的重大影响已经消除或者将通过本次交易予以消除;

(三)上市公司及其现任董事、高级管理人员不存在因涉嫌犯罪正被司法机关立案侦查或涉嫌违法违规正被中国证监会立案调查的情形,但是,涉嫌犯罪或违法违规的行为已经终止满3年,交易方案有助于消除该行为可能造成的不良后果,且不影响对相关行为人追究责任的除外;

(四)充分说明并披露上市公司发行股份所购买的资产为权属清晰的经营性资产,并能在约定期限内办理完毕权属转移手续;

(五)中国证监会规定的其他条件。

上市公司为促进行业的整合、转型升级,在其控制权不发生变更的情况下,可以向控股股东、实际控制人或者其控制的关联人之外的特定对象发行股份购买资产。所购买资产与现有主营业务没有显著协同效应的,应当充分说明并披露本次交易后的经营发展战略和业务管理模式,以及业务转型升级可能面临的风险和应对措施。

特定对象以现金或者资产认购上市公司非公开发行的股份后,上市公司用同一次非公开发行所募集的资金向该特定对象购买资产的,视同上市公司发行股份购买资产。

第四十四条　上市公司发行股份购买资产的,可以同时募集部分配套资金,其定价方式按照现行相关规定办理。

上市公司发行股份购买资产应当遵守本办法关于重大资产重组的规定,编制发行股份购买资产预案、发行股份购买资产报告书,并向中国证监会提出申请。

第四十五条　上市公司发行股份的价格不得低于市场参考价的90%。市场参考价为本次发行股份购买资产的董事会决议公告日前20个交易日、60个交易日或者120个交易日的公司股票交易均价之一。本次发行股份购买资产的董事会决议应当说明市场参考价的选择依据。

前款所称交易均价的计算公式为:董事会决议公告日前若干个交易日公司股票交易均价=决议公告日前若干个交易日公司股票交易总额/决议公告日前若干个交易日公司股票交易总量。

本次发行股份购买资产的董事会决议可以明确,在中国证监会核准前,上市公司的股票价格相比最初确定的发行价格发生重大变化的,董事会可以按照已经设定的调整方案对发行价格进行一次调整。

前款规定的发行价格调整方案应当明确、具体、可操作,详细说明是否相应调整拟购买资产的定价、发行股份数量及其理由,在首次董事会决议公告时充分披露,并按照规定提交股东大会审议。股东大会作出决议后,董事会按照已经设定的方案调整发行价格的,上市公司无需按照本办法第二十八条的规定向中国证监会重新提出申请。

第四十六条　特定对象以资产认购而取得的上市公司股份,自股份发行结束之日起12个月内不得转让;属于下列情形之一的,36个月内不得转让:

(一)特定对象为上市公司控股股东、实际控制人或者其控制的关联人;

(二)特定对象通过认购本次发行的股份取得上市公司的实际控制权;

(三)特定对象取得本次发行的股份时,对其用于认购股份的资产持续拥有权益的时间不足12个月。

第四十七条　上市公司申请发行股份购买资产,应当提交并购重组委审核。

第四十八条　上市公司发行股份购买资产导致特定对象持有或者控制的股份达到法定比例的,应当按照《上市公司收购管理办法》(证监会令第108号)的规定履行相关义务。

上市公司向控股股东、实际控制人或者其控制的关联人发行股份购买资产,或者发行股份购买资产将导致上市公司实际控制权发生变更的,认购股份的特定对象应当在发行股份购买资产报告书中公开承诺:本次交易完成后 6 个月内如上市公司股票连续 20 个交易日的收盘价低于发行价,或者交易完成后 6 个月期末收盘价低于发行价的,其持有公司股票的锁定期自动延长至少 6 个月。

前款规定的特定对象还应当在发行股份购买资产报告书中公开承诺:如本次交易因涉嫌所提供或披露的信息存在虚假记载、误导性陈述或者重大遗漏,被司法机关立案侦查或者被中国证监会立案调查的,在案件调查结论明确以前,不转让其在该上市公司拥有权益的股份。

第四十九条　中国证监会核准上市公司发行股份购买资产的申请后,上市公司应当及时实施。向特定对象购买的相关资产过户至上市公司后,上市公司聘请的独立财务顾问和律师事务所应当对资产过户事宜和相关后续事项的合规性及风险进行核查,并发表明确意见。上市公司应当在相关资产过户完成后 3 个工作日内就过户情况作出公告,公告中应当包括独立财务顾问和律师事务所的结论性意见。

上市公司完成前款规定的公告、报告后,可以到证券交易所、证券登记结算公司为认购股份的特定对象申请办理证券登记手续。

第五十条　换股吸收合并涉及上市公司的,上市公司的股份定价及发行按照本章规定执行。

上市公司发行优先股用于购买资产或者与其他公司合并,中国证监会另有规定的,从其规定。

上市公司可以向特定对象发行可转换为股票的公司债券、定向权证用于购买资产或者与其他公司合并。

第六章　重大资产重组后申请发行新股或者公司债券

第五十一条　经中国证监会审核后获得核准的重大资产重组实施完毕后,上市公司申请公开发行新股或者公司债券,同时符合下列条件的,本次重大资产重组前的业绩在审核时可以模拟计算:

(一)进入上市公司的资产是完整经营实体;

(二)本次重大资产重组实施完毕后,重组方的承诺事项已经如期履行,上市公司经营稳定、运行良好;

(三)本次重大资产重组实施完毕后,上市公司和相关资产实现的利润达到盈利预测水平。

上市公司在本次重大资产重组前不符合中国证监会规定的公开发行证券条件,或者本次重组导致上市公司实际控制人发生变化的,上市公司申请公开发行新股或者公司债券,距本次重组交易完成的时间应当不少于一个完整会计年度。

第五十二条　本办法所称完整经营实体,应当符合下列条件:

(一)经营业务和经营资产独立、完整,且在最近两年未发生重大变化;

(二)在进入上市公司前已在同一实际控制人之下持续经营两年以上;

(三)在进入上市公司之前实行独立核算,或者虽未独立核算,但与其经营业务相关的收入、费用在会计核算上能够清晰划分;

(四)上市公司与该经营实体的主要高级管理人员签订聘用合同或者采取其他方式,就该经营实体在交易完成后的持续经营和管理作出恰当安排。

第七章　监督管理和法律责任

第五十三条　未依照本办法的规定履行相关义务或者程序,擅自实施重大资产重组的,由中国证监会责令改正,并可以采取监管谈话、出具警示函等监管措施;情节严重的,可以责令暂停或者终止重组活动,处以警告、罚款,并可以对有关责任人员采取市场禁入的措施。

上市公司重大资产重组因定价显失公允、不正当利益输送等问题损害上市公司、投资者合法权益的,由中国证监会责令改正,并可以采取监管谈话、出具警示函等监管措施;情节严重的,可以责令暂停或者终止重组活动,处以警告、罚款,并可以对有关责任人员采取市场禁入的措施。

第五十四条　上市公司或者其他信息披露义务人未按照本办法规定报送重大资产重组有关报告,或者报送的报告有虚假记载、误导性陈述或者重大遗漏的,由中国证监会责令改正,依照《证券法》第一百九十三条予以处罚;情节严重的,可以责令暂停或者终止重组活动,并可以对有关责任人员采取市场禁入的措施;涉嫌犯罪的,依法移送司法机关追究刑事责任。

第五十五条　上市公司或者其他信息披露义务人未按照规定披露重大资产重组信息,或者所披露的信息存在虚假记载、误导性陈述或者重大遗漏的,由中国证监会责令改正,依照《证券法》第一百九十三条规定予以处罚;情节严重的,可以责令暂停或者终止重组活动,并可以对有关责任人员采取市场禁入的措施;涉嫌犯罪的,依法移送司法机关追究刑事责任。

重大资产重组或者发行股份购买资产的交易对方未及时向上市公司或者其他信息披露义务人提供信息,或者提供的信息有虚假记载、误导性陈述或者重大遗漏的,按照前款规定执行。

第五十六条　重大资产重组涉嫌本办法第五十三条、第五十四条、第五十五条规定情形的,中国证监会可以责令上市公司作出公开说明、聘请独立财务顾问或者其他证券服务机构补充核查并披露专业意见,在公开说明、披露专业意见之前,上市公司应当暂停重组;上市公司涉嫌前述情形被司法机关立案侦查或者被中国证监会立案调查的,在案件调查结论明确之前应当暂停重组。

涉嫌本办法第五十四条、第五十五条规定情形,被司法机关立案侦查或者被中国证监会立案调查的,有关单位和个人应当严格遵守其所作的公开承诺,在案件调查结论明确之前,不得转让其在该上市公司拥有权益的股份。

第五十七条　上市公司董事、监事和高级管理人员未履行诚实守信、勤勉尽责义务,或者上市公司的股东、实际控制人及其有关负责人员未按照本办法的规定履行相关义务,导致重组方案损害上市公司利益的,由中国证监会责令改正,并可以采取监管谈话、出具警示函等监管措施;情节严重的,处以警告、罚款,并可以对有关人员采取认定为不适当人选、市场禁入的措施;涉嫌犯罪的,依法移送司法机关追究刑事责任。

第五十八条　为重大资产重组出具财务顾问报告、审计报告、法律意见、资产评估报告、估值报告及其他专业文件的证券服务机构及其从业人员未履行诚实守信、勤勉尽责义务,违反行业规范、业务规则,或者未依法履行报告和公告义务、持续督导义务的,由中国证监会责令改正,并可以采取监管谈话、出具警示函、责令公开说明、责令参加培训、责令定期报告、认定为不适当人选等监管措施;情节严重的,依照《证券法》第二百二十六条予以处罚。

前款规定的证券服务机构及其从业人员所制作、出具的文件存在虚假记载、误导性陈述或者重大遗漏的,由中国证监会责令改正,依照《证券法》第二百二十三条予以处罚;情节严重的,可以采取市场禁入的措施;涉嫌犯罪的,依法移送司法机关追究刑事责任。

存在前二款规定情形的,在按照中国证监会的要求完成整改之前,不得接受新的上市公司并购重组业务。

第五十九条　重大资产重组实施完毕后,凡因不属于上市公司管理层事前无法获知且事后无法控制的原因,上市公司所购买资产实现的利润未达到资产评估报告或者估值报告预测金额的80%,或者实际运营情况与重大资产重组报告书中管理层讨论与分析部分存在较大差距的,上市公司的董事长、总经理以及对此承担相应责任的会计师事务所、财务顾问、资产评估机构、估值机构及其从业人员应当在上市公司披露年度报告的同时,在同一报刊上作出解释,并向投资者公开道歉;实现利润未达到预测金额50%的,中国证监会可以对上市公司、相关机构及其责任人员采取监管谈话、出具警示函、责令定期报告等监管措施。

第六十条　任何知悉重大资产重组信息的人员在相关信息依法公开前,泄露该信息、买卖或者建议他人买卖相关上市公司证券、利用重大资产重组散布虚假信息、操纵证券市场或者进行欺诈活动的,中国证监会依照《证券法》第二百零二条、第二百零三条、第二百零七条予以处罚;涉嫌犯罪的,依法移送司法机关追究刑事责任。

第八章　附　　则

第六十一条　本办法自2014年11月23日起施行。2008年4月16日发布并于2011年8月1日修改的《上市公司重大资产重组管理办法》(证监会令第73号)、2008年11月11日发布的《关于破产重整上市公司重大资产重组股份发行定价的补充规定》(证监会公告〔2008〕44号)同时废止。

期货公司监督管理办法

（2014年10月29日　证监会令第110号）

第一章　总　　则

第一条　为了规范期货公司经营活动，加强对期货公司监督管理，保护客户合法权益，推进期货市场建设，根据《公司法》和《期货交易管理条例》等法律、行政法规，制定本办法。

第二条　在中华人民共和国境内设立的期货公司，适用本办法。

第三条　期货公司应当遵守法律、行政法规和中国证券监督管理委员会（以下简称中国证监会）的规定，审慎经营，防范利益冲突，履行对客户的诚信义务。

第四条　期货公司的股东、实际控制人和其他关联人不得滥用权利，不得占用期货公司资产或者挪用客户资产，不得侵害期货公司、客户的合法权益。

第五条　中国证监会及其派出机构依法对期货公司及其分支机构实行监督管理。

中国期货业协会、期货交易所按照自律规则对期货公司实行自律管理。

期货保证金安全存管监控机构依法对客户保证金安全实施监控。

第二章　设立、变更与业务终止

第六条　申请设立期货公司，除应当符合《期货交易管理条例》第十六条规定的条件外，还应当具备下列条件：

（一）具有期货从业人员资格的人员不少于15人；

（二）具备任职资格的高级管理人员不少于3人。

第七条　持有5%以上股权的股东为法人或者其他组织的，应当具备下列条件：

（一）实收资本和净资产均不低于人民币3000万元；

（二）净资产不低于实收资本的50%，或有负债低于净资产的50%，不存在对财务状况产生重大不确定影响的其他风险；

（三）没有较大数额的到期未清偿债务；

（四）近3年未因重大违法违规行为受到行政处罚或者刑事处罚；

（五）未因涉嫌重大违法违规正在被有权机关立案调查或者采取强制措施；

（六）近3年作为公司（含金融机构）的股东或者实际控制人，未有滥用股东权利、逃避股东义务等不诚信行为；

（七）不存在中国证监会根据审慎监管原则认定的其他不适合持有期货公司股权的情形。

第八条　持有期货公司5%以上股权的个人股东应当符合本办法第七条第（三）项至第（七）项规定的条件，且其个人金融资产不低于人民币3000万元。

第九条　持有期货公司5%以上股权的境外股东，除应当符合本办法第七条规定的条件外，还应当具备下列条件：

（一）依其所在国家或者地区法律设立、合法存续的金融机构；

（二）近3年各项财务指标及监管指标符合所在国家或者地区法律的规定和监管机构的要求；

（三）所在国家或者地区具有完善的期货法律和监督管理制度，其期货监管机构已与中国证监会签订监管合作备忘录，并保持有效的监管合作关系；

（四）期货公司外资持股比例或者拥有的权益比例，累计（包括直接持有和间接持有）不得超过我国期货业对外或者对我国香港特别行政区、澳门特别行政区和台湾地区开放所作的承诺。

境外股东应当以可自由兑换货币或者合法取得的人民币出资。

第十条　期货公司有关联关系的股东持股比例合计达到5%的,持股比例最高的股东应当符合本办法第七条至第九条规定的条件。

第十一条　申请设立期货公司,应当向中国证监会提交下列申请材料:

(一)申请书;

(二)公司章程草案;

(三)经营计划;

(四)发起人名单及其审计报告或者个人金融资产证明;

(五)拟任用高级管理人员和从业人员名单、简历和相关资格证明;

(六)拟订的期货业务制度、内部控制制度和风险管理制度文本;

(七)场地、设备、资金证明文件;

(八)律师事务所出具的法律意见书;

(九)中国证监会规定的其他申请材料。

第十二条　外资持有股权的期货公司,应当按照法律、行政法规的规定,向国务院商务主管部门申请办理外商投资企业批准证书,并向外汇管理部门申请办理外汇登记、资本金账户开立以及有关资金结购汇手续。

第十三条　按照本办法设立的期货公司,可以依法从事商品期货经纪业务;从事金融期货经纪、境外期货经纪、期货投资咨询的,应当取得相应业务资格。从事资产管理业务的,应当依法登记备案。

期货公司经批准可以从事中国证监会规定的其他业务。

第十四条　期货公司申请金融期货经纪业务资格,应当具备下列条件:

(一)申请日前2个月风险监管指标持续符合规定标准;

(二)具有健全的公司治理、风险管理制度和内部控制制度,并有效执行;

(三)符合中国证监会期货保证金安全存管监控的规定;

(四)业务设施和技术系统符合相关技术规范且运行状况良好;

(五)高级管理人员近2年内未受到刑事处罚,未因违法违规经营受到行政处罚,无不良信用记录,且不存在因涉嫌违法违规经营正在被有权机关调查的情形;

(六)不存在被中国证监会及其派出机构采取《期货交易管理条例》第五十六条第二款、第五十七条规定的监管措施的情形;

(七)不存在因涉嫌违法违规正在被有权机关立案调查的情形;

(八)近2年内未因违法违规行为受过刑事处罚或者行政处罚。但期货公司控股股东或者实际控制人变更,高级管理人员变更比例超过50%,对出现上述情形负有责任的高级管理人员和业务负责人已不在公司任职,且已整改完成并经期货公司住所地中国证监会派出机构验收合格的,可不受此限制;

(九)控股股东净资产或者个人金融资产不低于人民币3000万元;

(十)中国证监会根据审慎监管原则规定的其他条件。

第十五条　期货公司申请金融期货经纪业务资格,应当向中国证监会提交下列申请材料:

(一)申请书;

(二)加盖公司公章的营业执照和业务许可证复印件;

(三)股东会或者董事会决议文件;

(四)申请日前2个月风险监管报表;

(五)公司治理、风险管理制度和内部控制制度执行情况报告;

(六)业务设施和技术系统运行情况报告;

(七)控股股东经具有证券、期货相关业务资格的会计师事务所审计的最近一期财务报告或者个人金融资产证明;

(八)律师事务所出具的法律意见书;

(九)若存在本办法第十四条第(八)项规定的情形的,还应提供期货公司住所地中国证监会派出机构出具的整改验收合格意见书;

(十)中国证监会规定的其他申请材料。

第十六条　期货公司申请境外期货经纪、期货投资咨询以及经批准的其他业务的条件,由中国证监会另行规定。

第十七条　期货公司变更股权有下列情形之一的,应当经中国证监会批准:

(一)变更控股股东、第一大股东;

(二)单个股东或者有关联关系的股东持

股比例增加到100%；

（三）单个股东的持股比例或者有关联关系的股东合计持股比例增加到5%以上，且涉及境外股东的。

除前款规定情形外，期货公司单个股东的持股比例或者有关联关系的股东合计持股比例增加到5%以上，应当经期货公司住所地中国证监会派出机构批准。

第十八条　期货公司变更股权有本办法第十七条所列情形的，应当具备下列条件：

（一）拟变更的股权不存在被查封、冻结等情形；

（二）期货公司与股东之间不存在交叉持股的情形，期货公司不存在为股权受让方提供任何形式财务支持的情形；

（三）涉及的股东符合本办法第七条至第十条规定的条件。

第十九条　期货公司变更股权，有本办法第十七条所列情形的，应当提交下列相关申请材料：

（一）申请书；

（二）关于变更股权的决议文件；

（三）股权转让或者变更出资合同，以及有限责任公司其他股东放弃优先购买权的承诺书；

（四）所涉及股东的基本情况报告、变更后期货公司股东股权背景情况图以及期货公司关于变更后股东是否存在关联关系、期货公司是否为股权受让方提供任何形式财务支持的情况说明；

（五）所涉及股东的股东会、董事会或者其他决策机构做出的相关决议；

（六）所涉及股东的审计报告或者个人金融资产证明；

（七）律师事务所出具的法律意见书；

（八）中国证监会规定的其他材料。

期货公司单个境外股东的持股比例或者有关联关系的境外股东合计持股比例增加到5%以上的，还应当提交下列申请材料：

（一）境外股东的章程、营业执照或者注册证书和相关业务资格证书复印件；

（二）境外股东所在国家或者地区的相关监管机构或者中国证监会认可的境外机构出具的关于其符合本办法第七条第（四）项、第（五）项与第九条第一款第（二）项规定条件的说明函。

期货公司发生本办法第十七条规定情形以外的股权变更，应当自完成工商变更登记手续之日起5个工作日内向公司住所地中国证监会派出机构报备下列书面材料：

（一）变更持有5%以下股权股东情况报告；

（二）股权受让方相关背景材料；

（三）股权背景情况图；

（四）股权变更相关文件；

（五）公司章程、准予变更登记文件、营业执照复印件；

（六）中国证监会规定的其他材料。

第二十条　期货公司变更法定代表人，拟任法定代表人应当具备任职资格。期货公司应当向住所地中国证监会派出机构提交下列申请材料：

（一）申请书；

（二）关于变更法定代表人的决议文件；

（三）拟任法定代表人任职资格证明；

（四）中国证监会规定的其他材料。

第二十一条　期货公司变更住所，应当妥善处理客户资产，拟迁入的住所和拟使用的设施应当符合业务需要。期货公司在中国证监会不同派出机构辖区变更住所的，还应当符合下列条件：

（一）符合持续性经营规则；

（二）近2年未因重大违法违规行为受到行政处罚或者刑事处罚；

（三）中国证监会根据审慎监管原则规定的其他条件。

第二十二条　期货公司变更住所，应当向拟迁入地中国证监会派出机构提交下列申请材料：

（一）申请书；

（二）拟变更后的住所所有权或者使用权证明和相关消防合格证明材料；

（三）客户资产处理情况报告；

（四）中国证监会规定的其他材料。

第二十三条　期货公司可以设立营业部、分公司等分支机构。

期货公司申请设立分支机构，应当具备下列条件：

(一)公司治理健全,内部控制制度符合有关规定并有效执行;

(二)申请日前3个月符合风险监管指标标准;

(三)符合有关客户资产保护和期货保证金安全存管监控的规定;

(四)未因涉嫌违法违规经营正在被有权机关调查,近1年内未因违法违规经营受到行政处罚或者刑事处罚;

(五)具有符合业务发展需要的分支机构设立方案;

(六)中国证监会根据审慎监管原则规定的其他条件。

第二十四条 期货公司申请设立分支机构,应当向公司所在地中国证监会派出机构提交下列申请材料:

(一)申请书;

(二)拟设立分支机构的决议文件;

(三)公司治理和内部控制制度运行情况报告;

(四)申请日前3个月风险监管报表;

(五)分支机构设立方案;

(六)中国证监会规定的其他材料。

期货公司在提交申请材料时,应当将申请材料同时抄报拟设立分支机构所在地的中国证监会派出机构。

第二十五条 期货公司变更分支机构营业场所的,应当妥善处理客户资产,拟迁入的营业场所和拟使用的设施应当满足业务需要。

本办法所称期货公司变更分支机构营业场所仅限于在中国证监会同一派出机构辖区内变更营业场所。

第二十六条 期货公司终止分支机构的,应当先行妥善处理该分支机构客户资产,结清分支机构业务并终止经营活动。

期货公司应当向分支机构住所地中国证监会派出机构提交下列申请材料:

(一)申请书;

(二)拟终止分支机构的决议文件;

(三)关于处理客户资产、结清分支机构业务并终止经营活动的情况报告;

(四)中国证监会规定的其他材料。

第二十七条 期货公司申请设立、收购或者参股境外期货类经营机构,应当具备下列条件:

(一)申请日前6个月符合风险监管指标标准;

(二)近2年内未因重大违法违规行为受到行政处罚或者刑事处罚;

(三)具有完备的境外机构管理制度,能够有效隔离风险;

(四)拟设立、收购或者参股机构所在国家或者地区的期货监管机构已与中国证监会签署监管合作备忘录;

(五)中国证监会根据审慎监管原则规定的其他条件。

第二十八条 期货公司申请设立、收购或者参股境外期货类经营机构,应当向中国证监会提交下列申请材料:

(一)申请书;

(二)拟设立、收购或者参股境外期货类经营机构的决议文件;

(三)申请日前6个月风险监管报表;

(四)境外机构管理制度文本;

(五)经具有证券、期货相关业务资格的会计师事务所审计的前一年度财务报告;申请日在下半年的,还应当提供经审计的半年度财务报告;

(六)律师事务所出具的法律意见书;

(七)中国证监会规定的其他材料。

第二十九条 期货公司申请设立、收购或者参股境外期货类经营机构,应当按照外汇管理部门相关规定,办理外汇登记、有关资金划转以及结购汇手续。

第三十条 期货公司因遭遇不可抗力等正当事由申请停业的,应当妥善处理客户资产,清退或者转移客户。

期货公司恢复营业的,应当符合期货公司持续性经营规则。停业期限届满后,期货公司未能恢复营业或者不符合持续性经营规则的,中国证监会可以根据《期货交易管理条例》第二十一条第一款规定注销其期货业务许可证。

第三十一条 期货公司停业的,应当向中国证监会提交下列申请材料:

(一)申请书;

(二)停业决议文件;

(三)关于处理客户资产、处置或者清退客户情况的报告;

（四）中国证监会规定的其他材料。

第三十二条　期货公司被撤销所有期货业务许可的，应当妥善处理客户资产，结清期货业务；公司继续存续的，应当依法办理名称、营业范围和公司章程等工商变更登记，存续公司不得继续以期货公司名义从事业务，其名称中不得有“期货”或者近似字样。

期货公司解散、破产的，应当先行妥善处理客户资产，结清业务。

第三十三条　期货公司设立、变更、停业、解散、破产、被撤销期货业务许可或者其分支机构设立、变更、终止的，期货公司应当在中国证监会指定的媒体上公告。

第三十四条　期货公司及其分支机构的许可证由中国证监会统一印制。许可证正本或者副本遗失或者灭失的，期货公司应当在30个工作日内在中国证监会指定的媒体上声明作废，并持登载声明向中国证监会重新申领。

第三章　公司治理

第三十五条　期货公司应当按照明晰职责、强化制衡、加强风险管理的原则，建立并完善公司治理。

第三十六条　期货公司与其控股股东、实际控制人在业务、人员、资产、财务等方面应当严格分开，独立经营，独立核算。

未依法经期货公司股东会或者董事会决议，期货公司控股股东、实际控制人不得任免期货公司的董事、监事、高级管理人员，或者非法干预期货公司经营管理活动。

期货公司向股东、实际控制人及其关联人提供服务的，不得降低风险管理要求。

第三十七条　持有期货公司5%以上股权的股东或者实际控制人出现下列情形之一的，应当在3个工作日内通知期货公司：

（一）所持有的期货公司股权被冻结、查封或者被强制执行；

（二）质押所持有的期货公司股权；

（三）决定转让所持有的期货公司股权；

（四）不能正常行使股东权利或者承担股东义务，可能造成期货公司治理的重大缺陷；

（五）涉嫌重大违法违规被有权机关调查或者采取强制措施；

（六）因重大违法违规行为受到行政处罚或者刑事处罚；

（七）变更名称；

（八）合并、分立或者进行重大资产、债务重组；

（九）被采取停业整顿、撤销、接管、托管等监管措施，或者进入解散、破产、关闭程序；

（十）其他可能影响期货公司股权变更或者持续经营的情形。

持有期货公司5%以上股权的股东发生前款规定情形的，期货公司应当自收到通知之日起3个工作日内向期货公司住所地中国证监会派出机构报告。

期货公司实际控制人发生第一款第（五）项至第（九）项所列情形的，期货公司应当自收到通知之日起3个工作日内向住所地中国证监会派出机构报告。

第三十八条　期货公司有下列情形之一的，应当立即书面通知全体股东或进行公告，并向住所地中国证监会派出机构报告：

（一）公司或者其董事、监事、高级管理人员因涉嫌违法违规被有权机关立案调查或者采取强制措施；

（二）公司或者其董事、监事、高级管理人员因违法违规行为受到行政处罚或者刑事处罚；

（三）风险监管指标不符合规定标准；

（四）客户发生重大透支、穿仓，可能影响期货公司持续经营；

（五）发生突发事件，对期货公司或者客户利益产生或者可能产生重大不利影响；

（六）其他可能影响期货公司持续经营的情形。

中国证监会及其派出机构对期货公司及其分支机构采取《期货交易管理条例》第五十六条第二款、第四款或者第五十七条规定的监管措施或者作出行政处罚，期货公司应当书面通知全体股东或进行公告。

第三十九条　期货公司股东会应当按照《公司法》和公司章程，对职权范围内的事项进行审议和表决。股东会每年应当至少召开一次会议。期货公司股东应当按照出资比例或者所持股份比例行使表决权。

第四十条　期货公司应当设立董事会，并按照《公司法》的规定设立监事会或监事，切实保障监事会和监事对公司经营情况的知情权。

期货公司可以设立独立董事，期货公司的独立董事不得在期货公司担任董事会以外的职务，不得与本期货公司存在可能妨碍其作出独立、客观判断的关系。

第四十一条　期货公司应当设首席风险官，对期货公司经营管理行为的合法合规性、风险管理进行监督、检查。

首席风险官发现涉嫌占用、挪用客户保证金等违法违规行为或者可能发生风险的，应当立即向住所地中国证监会派出机构和公司董事会报告。

期货公司拟解聘首席风险官的，应当有正当理由，并向住所地中国证监会派出机构报告。

第四十二条　期货公司的董事长、总经理、首席风险官之间不得存在近亲属关系。董事长和总经理不得由一人兼任。

第四十三条　期货公司应当合理设置业务部门及其职能，建立岗位责任制度，不相容岗位应当分离。交易、结算、财务业务应当由不同部门和人员分开办理。

期货公司应当设立风险管理部门或者岗位，管理和控制期货公司的经营风险。

期货公司应当设立合规审查部门或者岗位，审查和稽核期货公司经营管理的合法合规性。

第四十四条　期货公司应当对分支机构实行集中统一管理，不得与他人合资、合作经营管理分支机构，不得将分支机构承包、租赁或者委托给他人经营管理。

分支机构经营的业务不得超出期货公司的业务范围，并应当符合中国证监会对相关业务的规定。

期货公司应当按照规定对营业部实行统一结算、统一风险管理、统一资金调拨、统一财务管理和会计核算。

第四十五条　期货公司可以按照规定，运用自有资金投资于股票、投资基金、债券等金融类资产，与业务相关的股权以及中国证监会规定的其他业务，但不得从事《期货交易管理条例》禁止的业务。

第四章　业务规则

第一节　一般规定

第四十六条　期货公司应当建立并有效执行风险管理、内部控制、期货保证金存管等业务制度和流程，有效隔离不同业务之间的风险，确保客户资产安全和交易安全。

第四十七条　期货公司应当按照规定实行投资者适当性管理制度，建立执业规范和内部问责机制，了解客户的经济实力、专业知识、投资经历和风险偏好等情况，审慎评估客户的风险承受能力，提供与评估结果相适应的产品或者服务。

期货公司应当向客户全面客观介绍相关法律法规、业务规则、产品或者服务的特征，充分揭示风险，并按照合同的约定，如实向客户提供与交易相关的资料、信息，不得欺诈或者误导客户。

期货公司应充分了解和评估客户风险承受能力，加强对客户的管理。

第四十八条　期货公司应当在营业场所公示业务流程。

期货公司应当提供从业人员资格证明等资料供客户查阅，并在本公司网站和营业场所提示客户可以通过中国期货业协会网站查询。

第四十九条　期货公司应当具有符合行业标准和自身业务发展需要的信息系统，制定信息技术管理制度，按照规定设置信息技术部门或岗位，保障信息系统安全运行。

第五十条　期货公司应当承担投资者投诉处理的首要责任，建立、健全客户投诉处理制度，公开投诉处理流程，妥善处理客户投诉及与客户的纠纷。

第五十一条　期货公司应当建立数据备份制度，对交易、结算、财务等数据进行备份管理。

期货公司应当妥善保存客户资料，除依法接受调查和检查外，应当为客户保密。客户资料保存期限不得少于20年。

第二节　期货经纪业务

第五十二条　期货公司不得接受下列单位

和个人的委托,为其进行期货交易:

(一)国家机关和事业单位;

(二)中国证监会及其派出机构、期货交易所、期货保证金安全存管监控机构、中国期货业协会工作人员及其配偶;

(三)期货公司工作人员及其配偶;

(四)证券、期货市场禁止进入者;

(五)未能提供开户证明材料的单位和个人;

(六)中国证监会规定的不得从事期货交易的其他单位和个人。

第五十三条　客户开立账户,应当出具合法有效的单位、个人身份证明或者其他证明材料。

第五十四条　期货公司在为客户开立期货经纪账户前,应当向客户出示《期货交易风险说明书》,由客户签字确认,并签订期货经纪合同。

《〈期货经纪合同〉指引》和《期货交易风险说明书》由中国期货业协会制定。

第五十五条　客户可以通过书面、电话、计算机、互联网等委托方式下达交易指令。

期货公司应当建立交易指令委托管理制度,并与客户就委托方式和程序进行约定。期货公司应当按照客户委托下达交易指令,不得未经客户委托或者未按客户委托内容,擅自进行期货交易。期货公司从业人员不得未经过其依法设立的营业场所私下接受客户委托进行期货交易。

以书面方式下达交易指令的,客户应当填写书面交易指令单;以电话方式下达交易指令的,期货公司应当同步录音;以计算机、互联网等委托方式下达交易指令的,期货公司应当以适当方式保存。以互联网方式下达交易指令的,期货公司应当对互联网交易风险进行特别提示。

第五十六条　期货公司应当在传递交易指令前对客户账户资金和持仓进行验证。

期货公司应当按照时间优先的原则传递客户交易指令。

第五十七条　期货公司应当在每日结算后为客户提供交易结算报告,并提示客户可以通过期货保证金安全存管监控机构进行查询。客户应当按照期货经纪合同约定方式对交易结算报告内容进行确认。

客户对交易结算报告有异议的,应当在期货经纪合同约定的时间内以书面方式提出,期货公司应当在约定时间内进行核实。客户未在约定时间内提出异议的,视为对交易结算报告内容的确认。

第五十八条　期货公司应当制定并执行错单处理业务规则。

第五十九条　期货公司应当按照规定为客户申请、注销交易编码。客户与期货公司的委托关系终止的,应当办理销户手续。期货公司不得将客户未注销的资金账号、交易编码借给他人使用。

第六十条　期货公司可以按照规定委托其他机构或者接受其他机构委托从事中间介绍业务。

第三节　期货投资咨询业务

第六十一条　期货公司可以依法从事期货投资咨询业务,接受客户委托,向客户提供风险管理顾问、研究分析、交易咨询等服务。

第六十二条　期货公司从事期货投资咨询业务,应当与客户签订服务合同,明确约定服务内容、收费标准及纠纷处理方式等事项。

第六十三条　期货公司及其从业人员从事期货投资咨询业务,不得有下列行为:

(一)向客户做获利保证;

(二)以虚假信息、市场传言或者内幕信息为依据向客户提供期货投资咨询服务;

(三)对价格涨跌或者市场走势做出确定性的判断;

(四)利用向客户提供投资建议谋取不正当利益;

(五)利用期货投资咨询活动传播虚假、误导性信息;

(六)以个人名义收取服务报酬;

(七)法律、行政法规和中国证监会规定禁止的其他行为。

第四节　资产管理业务

第六十四条　期货公司可以依法从事资产管理业务,接受客户委托,运用客户资产进行投资。投资收益由客户享有,损失由客户承担。

第六十五条 期货公司从事资产管理业务,应当与客户签订资产管理合同,通过专门账户提供服务。

第六十六条 期货公司可以依法从事下列资产管理业务:

(一)为单一客户办理资产管理业务;

(二)为特定多个客户办理资产管理业务。

第六十七条 资产管理业务的投资范围包括:

(一)期货、期权及其他金融衍生产品;

(二)股票、债券、证券投资基金、集合资产管理计划、央行票据、短期融资券、资产支持证券等;

(三)中国证监会认可的其他投资品种。

第六十八条 期货公司及其从业人员从事资产管理业务,不得有下列行为:

(一)以欺诈手段或者其他不当方式误导、诱导客户;

(二)向客户做出保证其资产本金不受损失或者取得最低收益的承诺;

(三)接受客户委托的初始资产低于中国证监会规定的最低限额;

(四)占用、挪用客户委托资产;

(五)以转移资产管理账户收益或者亏损为目的,在不同账户之间进行买卖,损害客户利益;

(六)以获取佣金或者其他利益为目的,使用客户资产进行不必要的交易;

(七)利用管理的客户资产为第三方谋取不正当利益,进行利益输送;

(八)法律、行政法规以及中国证监会规定禁止的其他行为。

第五章 客户资产保护

第六十九条 客户的保证金和委托资产属于客户资产,归客户所有。客户资产应当与期货公司的自有资产相互独立、分别管理。非因客户本身的债务或者法律、行政法规规定的其他情形,不得查封、冻结、扣划或者强制执行客户资产。期货公司破产或者清算时,客户资产不属于破产财产或者清算财产。

第七十条 期货公司应当在期货保证金存管银行开立期货保证金账户。

期货公司开立、变更或者撤销期货保证金账户的,应于当日向期货保证金安全存管监控机构备案,并通过规定方式向客户披露账户开立、变更或者撤销情况。

第七十一条 客户应当向期货公司登记以本人名义开立的用于存取期货保证金的结算账户。

期货公司和客户应当通过备案的期货保证金账户和登记的期货结算账户转账存取保证金。

第七十二条 期货公司存管的客户保证金应当全额存放在期货保证金账户和期货交易所专用结算账户内,严禁在期货保证金账户和期货交易所专用结算账户之外存放。

第七十三条 期货公司应当按照规定及时向期货保证金安全存管监控机构报送信息。

第七十四条 期货保证金存管银行未按规定向期货保证金安全存管监控机构报送信息,被期货交易所采取自律监管措施或者被中国证监会采取监管措施、处以行政处罚的,期货公司应当暂停在该存管银行开立期货保证金账户,并将期货保证金转存至其他符合规定的期货保证金存管银行。

第七十五条 期货公司应当按照期货交易所规则,缴存结算担保金,并维持最低数额的结算准备金等专用资金,确保客户正常交易。

第七十六条 除依据《期货交易管理条例》第二十九条划转外,任何单位或者个人不得以任何形式占用、挪用客户保证金。

客户在期货交易中违约造成保证金不足的,期货公司应当以风险准备金和自有资金垫付,不得占用其他客户保证金。

期货公司应当按照规定提取、管理和使用风险准备金,不得挪作他用。

第六章 监 督 管 理

第七十七条 期货公司应当按照规定报送年度报告、月度报告等资料。

期货公司法定代表人、经营管理主要负责人、首席风险官、财务负责人应当对年度报告和月度报告签署确认意见;监事会或监事应对年度报告进行审核并提出书面审核意见;期货公司董事应当对年度报告签署确认意见。

期货公司年度报告、月度报告签字人员应当保证报告内容真实、准确、完整；对报告内容有异议的，应当注明意见和理由。

第七十八条　中国证监会及其派出机构可以要求下列机构或者个人，在指定期限内报送与期货公司经营相关的资料：

（一）期货公司及其董事、监事、高级管理人员及其他工作人员；

（二）期货公司股东、实际控制人或者其他关联人；

（三）期货公司控股、参股或者实际控制的企业；

（四）为期货公司提供相关服务的会计师事务所、律师事务所、资产评估机构等中介服务机构。

报送、提供或者披露的资料、信息应当真实、准确、完整，不得有虚假记载、误导性陈述或者重大遗漏。

第七十九条　持有期货公司5%以上股权的股东、实际控制人或者其他关联人在期货公司从事期货交易的，期货公司应当自开户之日起5个工作日内向住所地中国证监会派出机构报告开户情况，并定期报告交易情况。

第八十条　发生下列事项之一的，期货公司应当在5个工作日内向住所地中国证监会派出机构书面报告：

（一）变更公司名称、形式、章程；

（二）发生本办法第十七条规定情形以外的股权或者注册资本变更；

（三）变更分支机构负责人或者营业场所；

（四）作出终止业务等重大决议；

（五）被有权机关立案调查或者采取强制措施；

（六）发生影响或者可能影响期货公司经营管理、财务状况或者客户资产安全等重大事件；

（七）中国证监会规定的其他事项。

上述事项涉及期货公司分支机构的，期货公司应当同时向分支机构住所地中国证监会派出机构书面报告。

第八十一条　期货公司聘请或者解聘会计师事务所的，应当自作出决定之日起5个工作日内向住所地中国证监会派出机构报告；解聘会计师事务所的，应当说明理由。

第八十二条　期货公司应当按照规定，公示基本情况、历史情况、分支机构基本情况、董事及监事信息、高级管理人员及从业人员信息、公司股东信息、公司诚信记录以及中国证监会要求的其他信息。

第八十三条　中国证监会可以按照规定对期货公司进行分类监管。

第八十四条　中国证监会及其派出机构可以对期货公司及其分支机构进行定期或者不定期现场检查。

中国证监会及其派出机构依法进行现场检查时，检查人员不得少于2人，并应当出示合法证件和检查通知书，必要时可以聘请外部专业人士协助检查。

中国证监会及其派出机构可以对期货公司子公司以及期货公司的控股股东、实际控制人进行延伸检查。

第八十五条　中国证监会及其派出机构对期货公司及其分支机构进行检查，有权采取下列措施：

（一）询问期货公司及其分支机构的工作人员，要求其对被检查事项作出解释、说明；

（二）查阅、复制与被检查事项有关的文件、资料；

（三）查询期货公司及其分支机构的客户资产账户；

（四）检查期货公司及其分支机构的信息系统，调阅交易、结算及财务数据。

第八十六条　中国证监会及其派出机构认为期货公司可能存在下列情形之一的，可以要求其聘请中介服务机构进行专项审计、评估或者出具法律意见：

（一）期货公司年度报告、月度报告或者临时报告等存在虚假记载、误导性陈述或者重大遗漏；

（二）违反客户资产保护、期货保证金安全存管监控规定或者风险监管指标管理规定；

（三）中国证监会根据审慎监管原则认定的其他情形。

期货公司应当配合中介服务机构工作。

第八十七条　期货公司违反本办法有关规定的，中国证监会及其派出机构可以对其采取监管谈话、责令改正、出具警示函等监督管理措施。

第八十八条　期货公司或其分支机构有下列情形之一的,中国证监会及其派出机构可以依据《期货交易管理条例》第五十六条规定采取监管措施:

(一)公司治理不健全,部门或者岗位设置存在较大缺陷,关键业务岗位人员缺位或者未履行职责,可能影响期货公司持续经营;

(二)业务规则不健全或者未有效执行,风险管理或者内部控制等存在较大缺陷,经营管理混乱,可能影响期货公司持续经营或者可能损害客户合法权益;

(三)不符合有关客户资产保护或者期货保证金安全存管监控规定,可能影响客户资产安全;

(四)未按规定执行分支机构统一管理制度,经营管理存在较大风险或者风险隐患;

(五)未按规定实行投资者适当性管理制度,存在较大风险或者风险隐患;

(六)未按规定委托或者接受委托从事中间介绍业务;

(七)交易、结算或者财务信息系统存在重大缺陷,可能造成有关数据失真或者损害客户合法权益;

(八)信息系统不符合规定;

(九)股东、实际控制人或者其他关联人停业、发生重大风险或者涉嫌严重违法违规,可能影响期货公司治理或者持续经营;

(十)存在重大纠纷、仲裁、诉讼,可能影响持续经营;

(十一)未按规定进行信息报送、披露或者报送、披露的信息存在虚假记载、误导性陈述或者重大遗漏;

(十二)其他不符合持续性经营规则规定或者出现其他经营风险的情形。

对经过整改仍未达到经营条件的分支机构,中国证监会派出机构有权依法关闭。

第八十九条　期货公司股东、实际控制人、其他关联人,为期货公司提供相关服务的会计师事务所、律师事务所、资产评估机构等中介服务机构违反本办法规定的,中国证监会及其派出机构可以对其采取监管谈话、责令改正、出具警示函等监督管理措施。

第九十条　期货公司的股东、实际控制人或者其他关联人有下列情形之一的,中国证监会及其派出机构可以责令其限期整改:

(一)占用期货公司资产;

(二)直接任免期货公司董事、监事、高级管理人员,或者非法干预期货公司经营管理活动;

(三)股东未按照出资比例或者所持股份比例行使表决权;

(四)报送、提供或者出具的材料、信息或者报告等存在虚假记载、误导性陈述或者重大遗漏。

因前款情形致使期货公司不符合持续性经营规则或者出现经营风险的,中国证监会及其派出机构可以依据《期货交易管理条例》第五十六条的规定责令控股股东转让股权或者限制其行使股东权利。

第九十一条　未经中国证监会或其派出机构批准,任何个人或者单位及其关联人擅自持有期货公司5%以上股权,或者通过提供虚假申请材料等方式成为期货公司股东的,中国证监会或其派出机构可以责令其限期转让股权。该股权在转让之前,不具有表决权、分红权。

第七章　法律责任

第九十二条　期货公司及其分支机构接受未办理开户手续的单位或者个人委托进行期货交易,或者将客户的资金账号、交易编码借给其他单位或者个人使用的,给予警告,单处或者并处3万元以下罚款。

第九十三条　期货公司及其分支机构有下列行为之一的,根据《期货交易管理条例》第六十七条处罚:

(一)未按规定实行投资者适当性管理制度,损害客户合法权益;

(二)未按规定将客户资产与期货公司自有资产相互独立、分别管理;

(三)在期货保证金账户和期货交易所专用结算账户之外存放客户保证金;

(四)占用客户保证金;

(五)向期货保证金安全存管监控机构报送的信息存在虚假记载、误导性陈述或者重大遗漏;

(六)违反期货保证金安全存管监控管理

相关规定，损害客户合法权益；

（七）未按规定缴存结算担保金，或者未能维持最低数额的结算准备金等专用资金；

（八）在传递交易指令前未对客户账户资金和持仓进行验证；

（九）违反中国证监会有关结算业务管理规定，损害其他期货公司及其客户合法权益；

（十）信息系统不符合规定，损害客户合法权益；

（十一）违反中国证监会风险监管指标规定；

（十二）违反规定从事期货投资咨询或者资产管理业务，情节严重的；

（十三）违反规定委托或者接受其他机构委托从事中间介绍业务；

（十四）对股东、实际控制人及其关联人降低风险管理要求，侵害其他客户合法权益；

（十五）以合资、合作、联营方式设立分支机构，或者将分支机构承包、出租给他人，或者违反分支机构集中统一管理规定；

（十六）拒不配合、阻碍或者破坏中国证监会及其派出机构的监督管理；

（十七）违反期货投资者保障基金管理规定。

第九十四条　期货公司及其分支机构有下列情形之一的，根据《期货交易管理条例》第六十八条处罚：

（一）发布虚假广告或者进行虚假宣传，诱骗客户参与期货交易；

（二）不按照规定变更或者撤销期货保证金账户，或者不按照规定方式向客户披露期货保证金账户信息。

第九十五条　会计师事务所、律师事务所、资产评估机构等中介服务机构不按照规定履行报告义务，提供或者出具的材料、报告、意见不完整，责令改正，没收业务收入，单处或者并处3万元以下罚款。对直接负责的主管人员和其他责任人员给予警告，并处3万元以下罚款。

第九十六条　未经中国证监会或其派出机构批准，任何个人或者单位及其关联人擅自持有期货公司5%以上股权，或者通过提供虚假申请材料等方式成为期货公司股东，情节严重的，给予警告，单处或者并处3万元以下罚款。

第八章　附　　则

第九十七条　经中国证监会批准，其他期货经营机构可以从事特定期货业务。具体办法由中国证监会另行制定。

第九十八条　期货公司参与其他交易场所交易的，应当遵守法律、行政法规及其他交易场所业务规则的规定。

第九十九条　本办法中所称金融资产包括银行存款、股票、债券、基金份额、资产管理计划、银行理财产品、信托计划、保险产品、期货权益等。

第一百条　本办法自公布之日起施行。2005年8月19日发布的《关于香港、澳门服务提供者参股期货经纪公司有关问题的通知》（证监期货字〔2005〕138号）、2007年2月25日发布的《关于加强期货公司客户风险控制有关工作的通知》（证监期货字〔2007〕18号）、2007年4月9日发布的《期货公司管理办法》（证监会令第43号）、2011年11月3日发布的《期货营业部管理规定（试行）》（证监会公告〔2011〕33号）、2012年5月10日发布的《关于期货公司变更注册资本或股权有关问题的规定》（证监会公告〔2012〕11号）同时废止。

中国证监会委托上海、深圳证券交易所实施案件调查试点工作规定

(2014年12月8日　证监会令第111号)

第一条　为了加强证券期货市场稽查执法力量,规范委托调查行为,维护公开、公平、公正的市场秩序,维护投资者特别是中小投资者合法权益,促进资本市场健康发展,根据《中华人民共和国证券法》、《中华人民共和国证券投资基金法》、《中华人民共和国行政处罚法》、《期货交易管理条例》等有关法律、行政法规,制定本规定。

第二条　中国证监会及其派出机构负责证券期货市场违法案件的调查工作,中国证监会依法委托上海、深圳证券交易所(以下简称交易所)实施部分案件的调查取证。

第三条　中国证监会委托交易所对部分涉嫌欺诈发行、内幕交易、操纵市场、虚假陈述等违法行为,实施调查取证;采用一事一委托的方式,委托交易所对涉嫌重大、新型、跨市场等特定违法行为,实施调查取证。

第四条　交易所在委托的范围内,应当以中国证监会的名义,依照《中华人民共和国证券法》、《中华人民共和国证券投资基金法》、《中华人民共和国行政处罚法》、《期货交易管理条例》等法律、行政法规和中国证监会相关规定实施案件调查;调查终结,将证据等案件材料移交中国证监会稽查执法部门或其指定的派出机构复核后,由中国证监会或其授权的派出机构依照法定程序对调查结果进行审查、作出决定。

交易所受托实施案件调查,有权采取《中华人民共和国证券法》、《中华人民共和国证券投资基金法》、《期货交易管理条例》等法律、行政法规规定的措施,但需要采取查封、冻结、封存等与行政处罚权有关的行政强制措施的,应当报请中国证监会稽查执法部门依法办理。

第五条　交易所应当设立专门的部门从事受托案件调查,其工作人员经培训、考试考核合格,取得中国证监会统一颁发的行政执法证件后,方可上岗从事案件调查工作。

第六条　交易所应当自行完成受委托的案件调查事项,不得将受委托事项再委托给其他组织或者个人。

第七条　中国证监会依法对交易所及其工作人员实施案件调查进行监督和指导,并对委托行为的后果承担法律责任。

第八条　交易所未根据委托实施案件调查,或者超越委托范围、权限、期限实施案件调查的,中国证监会责令改正;情节严重的,撤销委托,并依法对直接负责的主管人员和其他直接责任人员给予行政处分。

交易所的工作人员执行案件调查任务,滥用职权、徇私舞弊、玩忽职守、泄露秘密,或者有违反法律、行政法规、中国证监会规定的其他情形,造成严重后果的,依法给予处分。

交易所或者其工作人员在受托实施案件调查时,因违法违规行为侵害被调查单位和个人的合法权益而造成损害的,依法承担赔偿责任;构成犯罪的,依法追究刑事责任。

第九条　本规定自2015年1月9日起施行。

（四）其他部委发布的与资本市场相关的部门规章

公司注册资本登记管理规定

（2014年2月20日　工商总局令第64号）

第一条　为规范公司注册资本登记管理，根据《中华人民共和国公司法》（以下简称《公司法》）、《中华人民共和国公司登记管理条例》（以下简称《公司登记管理条例》）等有关规定，制定本规定。

第二条　有限责任公司的注册资本为在公司登记机关依法登记的全体股东认缴的出资额。

股份有限公司采取发起设立方式设立的，注册资本为在公司登记机关依法登记的全体发起人认购的股本总额。

股份有限公司采取募集设立方式设立的，注册资本为在公司登记机关依法登记的实收股本总额。

法律、行政法规以及国务院决定规定公司注册资本实行实缴的，注册资本为股东或者发起人实缴的出资额或者实收股本总额。

第三条　公司登记机关依据法律、行政法规和国家有关规定登记公司的注册资本，对符合规定的，予以登记；对不符合规定的，不予登记。

第四条　公司注册资本数额、股东或者发起人的出资时间及出资方式应当符合法律、行政法规的有关规定。

第五条　股东或者发起人可以用货币出资，也可以用实物、知识产权、土地使用权等可以用货币估价并可以依法转让的非货币财产作价出资。

股东或者发起人不得以劳务、信用、自然人姓名、商誉、特许经营权或者设定担保的财产等作价出资。

第六条　股东或者发起人可以以其持有的在中国境内设立的公司（以下称股权所在公司）股权出资。

以股权出资的，该股权应当权属清楚、权能完整、依法可以转让。

具有下列情形的股权不得用作出资：

（一）已被设立质权；

（二）股权所在公司章程约定不得转让；

（三）法律、行政法规或者国务院决定规定，股权所在公司股东转让股权应当报经批准而未经批准；

（四）法律、行政法规或者国务院决定规定不得转让的其他情形。

第七条　债权人可以将其依法享有的对在中国境内设立的公司的债权，转为公司股权。

转为公司股权的债权应当符合下列情形之一：

（一）债权人已经履行债权所对应的合同义务，且不违反法律、行政法规、国务院决定或者公司章程的禁止性规定；

（二）经人民法院生效裁判或者仲裁机构裁决确认；

（三）公司破产重整或者和解期间，列入经人民法院批准的重整计划或者裁定认可的和解协议。

用以转为公司股权的债权有两个以上债权人的，债权人对债权应当已经作出分割。

债权转为公司股权的，公司应当增加注册资本。

第八条　股东或者发起人应当以自己的名义出资。

第九条　公司的注册资本由公司章程规定，登记机关按照公司章程规定予以登记。

以募集方式设立的股份有限公司的注册资本应当经验资机构验资。

公司注册资本发生变化,应当修改公司章程并向公司登记机关依法申请办理变更登记。

第十条　公司增加注册资本的,有限责任公司股东认缴新增资本的出资和股份有限公司的股东认购新股,应当分别依照《公司法》设立有限责任公司和股份有限公司缴纳出资和缴纳股款的有关规定执行。股份有限公司以公开发行新股方式或者上市公司以非公开发行新股方式增加注册资本的,还应当提交国务院证券监督管理机构的核准文件。

第十一条　公司减少注册资本,应当符合《公司法》规定的程序。

法律、行政法规以及国务院决定规定公司注册资本有最低限额的,减少后的注册资本应当不少于最低限额。

第十二条　有限责任公司依据《公司法》第七十四条的规定收购其股东的股权的,应当依法申请减少注册资本的变更登记。

第十三条　有限责任公司变更为股份有限公司时,折合的实收股本总额不得高于公司净资产额。有限责任公司变更为股份有限公司,为增加资本公开发行股份时,应当依法办理。

第十四条　股东出资额或者发起人认购股份、出资时间及方式由公司章程规定。发生变化的,应当修改公司章程并向公司登记机关依法申请办理公司章程或者公司章程修正案备案。

第十五条　法律、行政法规以及国务院决定规定公司注册资本实缴的公司虚报注册资本,取得公司登记的,由公司登记机关依照《公司登记管理条例》的相关规定予以处理。

第十六条　法律、行政法规以及国务院决定规定公司注册资本实缴的,其股东或者发起人虚假出资,未交付作为出资的货币或者非货币财产的,由公司登记机关依照《公司登记管理条例》的相关规定予以处理。

第十七条　法律、行政法规以及国务院决定规定公司注册资本实缴的,其股东或者发起人在公司成立后抽逃其出资的,由公司登记机关依照《公司登记管理条例》的相关规定予以处理。

第十八条　公司注册资本发生变动,公司未按规定办理变更登记的,由公司登记机关依照《公司登记管理条例》的相关规定予以处理。

第十九条　验资机构、资产评估机构出具虚假证明文件的,公司登记机关应当依照《公司登记管理条例》的相关规定予以处理。

第二十条　公司未按规定办理公司章程备案的,由公司登记机关依照《公司登记管理条例》的相关规定予以处理。

第二十一条　撤销公司变更登记涉及公司注册资本变动的,由公司登记机关恢复公司该次登记前的登记状态,并予以公示。

对涉及变动内容不属于登记事项的,公司应当通过企业信用信息公示系统公示。

第二十二条　外商投资的公司注册资本的登记管理适用本规定,法律另有规定的除外。

第二十三条　本规定自2014年3月1日起施行。2005年12月27日国家工商行政管理总局公布的《公司注册资本登记管理规定》、2009年1月14日国家工商行政管理总局公布的《股权出资登记管理办法》、2011年11月23日国家工商行政管理总局公布的《公司债权转股权登记管理办法》同时废止。

银行办理结售汇业务管理办法

（2014年6月22日　中国人民银行令〔2014〕第2号）

第一章　总　　则

第一条　为了规范银行办理结售汇业务，保障外汇市场平稳运行，根据《中华人民共和国中国人民银行法》、《中华人民共和国外汇管理条例》（以下简称《外汇管理条例》），制定本办法。

第二条　中国人民银行及其分支机构、国家外汇管理局及其分支局（以下简称外汇局）是银行结售汇业务的监督管理机关。

第三条　本办法下列用语的含义：

（一）银行是指在中华人民共和国境内依法设立的商业银行、城市信用合作社、农村信用合作社等吸收公众存款的金融机构以及政策性银行；

（二）结售汇业务是指银行为客户或因自身经营活动需求办理的人民币与外汇之间兑换的业务，包括即期结售汇业务和人民币与外汇衍生产品业务；

（三）即期结售汇业务是指在交易订立日之后两个工作日内完成清算，且清算价格为交易订立日当日汇价的结售汇交易；

（四）人民币与外汇衍生产品业务是指远期结售汇、人民币与外汇期货、人民币与外汇掉期、人民币与外汇期权等业务及其组合；

（五）结售汇综合头寸是指银行持有的，因银行办理对客和自身结售汇业务、参与银行间外汇市场交易等人民币与外汇间交易而形成的外汇头寸。

第四条　银行办理结售汇业务，应当经外汇局批准。

第五条　银行办理结售汇业务，应当遵守本办法和其他有关结售汇业务的管理规定。

第二章　市场准入与退出

第六条　银行申请办理即期结售汇业务，应当具备下列条件：

（一）具有金融业务资格；

（二）具备完善的业务管理制度；

（三）具备办理业务所必需的软硬件设备；

（四）拥有具备相应业务工作经验的高级管理人员和业务人员。

第七条　银行申请办理人民币与外汇衍生产品业务，应当具备下列条件：

（一）具有即期结售汇业务资格；

（二）具备完善的业务管理制度；

（三）拥有具备相应业务工作经验的高级管理人员和业务人员；

（四）符合银行业监督管理机构对从事金融衍生产品交易的有关规定。

第八条　银行可以根据经营需要一并申请即期结售汇业务和人民币与外汇衍生产品业务资格。

第九条　银行申请即期结售汇业务或人民币与外汇衍生产品业务资格，应当由其总行统一提出申请，外国银行分行除外。

政策性银行、全国性商业银行申请即期结售汇业务或人民币与外汇衍生产品业务资格，由国家外汇管理局审批；其他银行由所在地国家外汇管理局分局、外汇管理部审批。

第十条　银行分支机构办理即期结售汇业务或人民币与外汇衍生产品业务，应当取得已具备相应业务资格的上级机构授权，并报所在地国家外汇管理局分支局备案。

第十一条　银行办理结售汇业务期间，发生合并或者分立的，新设立的银行应当向外汇局重新申请结售汇业务资格；发生变更名称、变更营业地址、经营结售汇业务的分支机构合并或者分立等情况的,应当自变更之日起 30 日内报外汇局备案。

第十二条 银行停止办理即期结售汇业务或人民币与外汇衍生产品业务的,应当自停办业务之日起 30 日内报外汇局备案。

第十三条 银行被依法撤销或者宣告破产的,其结售汇业务资格自动丧失。

第三章 监督管理

第十四条 银行应当建立、健全本行结售汇业务风险管理制度,并建立结售汇业务经营和风险管理定期评估机制。

外汇局对银行办理结售汇业务中执行外汇管理规定的情况实行定期评估。

第十五条 银行应当指定专门部门作为结售汇业务的牵头管理部门,负责督导、协调本行及其分支机构的外汇管理规定执行工作。

第十六条 银行应当加强对结售汇业务管理人员、经办人员、销售人员、交易员以及其他相关业务人员的外汇管理政策培训,确保其具备必要的政策法规知识。

第十七条 银行应当建立结售汇会计科目,区分即期结售汇和人民币与外汇衍生产品,分别核算对客结售汇、自身结售汇和银行间市场交易业务。

第十八条 银行办理结售汇业务时,应当按照"了解业务、了解客户、尽职审查"的原则对相关凭证或商业单据进行审核。国家外汇管理局有明确规定的,从其规定。

第十九条 银行办理人民币与外汇衍生产品业务时,应当与有真实需求背景的客户进行与其风险能力相适应的衍生产品交易,并遵守国家外汇管理局关于客户、产品、交易头寸等方面的规定。

第二十条 银行应当遵守结售汇综合头寸管理规定,在规定时限内将结售汇综合头寸保持在核定限额以内。

银行结售汇综合头寸限额根据国际收支状况、银行外汇业务经营情况以及宏观审慎管理等因素,按照法人监管原则统一核定,外国银行分行视同法人管理。

第二十一条 尚未取得人民币业务资格的外资银行,在取得即期结售汇业务资格以后,应当向中国人民银行当地分支机构申请开立结售汇人民币专用账户,专门用于结售汇业务的人民币往来,不适用本办法第二十条结售汇综合头寸管理规定。

第二十二条 银行办理结售汇业务时,可以根据经营需要自行决定挂牌货币,并应当执行中国人民银行和国家外汇管理局关于银行汇价管理的相关规定。

第二十三条 银行应当及时、准确、完整地向外汇局报送结售汇、综合头寸等数据以及国家外汇管理局规定的其他相关报表和资料,并按要求定期核对和及时纠错。

第二十四条 银行应当建立结售汇单证保存制度,区分业务类型分别保存有关单证,保存期限不得少于 5 年。

第二十五条 银行应当配合外汇局的监督检查,如实说明有关情况,提供有关文件、资料,不得拒绝、阻碍和隐瞒。

第二十六条 外汇局通过非现场监管和现场检查等方式,加强对银行结售汇业务的监督管理,建立健全银行结售汇业务监管信息档案。

第四章 罚则

第二十七条 银行未经批准擅自办理结售汇业务的,由外汇局或者有关主管部门依照《外汇管理条例》第四十六条第一款予以处罚。

第二十八条 银行有下列情形之一的,由外汇局依照《外汇管理条例》第四十七条予以处罚:

(一)办理结售汇业务,未按规定审核相关凭证或商业单据的;

(二)未按规定将结售汇综合头寸保持在核定限额内的;

(三)未按规定执行中国人民银行和国家外汇管理局汇价管理规定的。

第二十九条 银行未按规定向外汇局报送结售汇、综合头寸等数据以及国家外汇管理局规定的其他相关报表和资料的,由外汇局依照《外汇管理条例》第四十八条予以处罚。

第五章　附　　则

第三十条　未取得结售汇业务资格的银行因自身需要进行结售汇的，应当通过具有结售汇业务资格的银行办理。

第三十一条　非银行金融机构办理结售汇业务，参照本办法执行，国家外汇管理局另有规定的除外。

第三十二条　本办法由中国人民银行负责解释。

第三十三条　本办法自2014年8月1日起施行。此前规定与本办法不一致的，以本办法为准。《外汇指定银行办理结汇、售汇业务管理暂行办法》（中国人民银行令〔2002〕4号发布）、《中国人民银行关于结售汇业务管理工作的通知》（银发〔2004〕62号）同时废止。

财政部关于修改《企业会计准则——基本准则》的决定

（2014年7月23日　财政部令第76号）

为了适应我国企业和资本市场发展的实际需要，实现我国企业会计准则与国际财务报告准则的持续趋同，经财政部部务会议决定，将《企业会计准则——基本准则》第四十二条第五项修改为："（五）公允价值。在公允价值计量下，资产和负债按照市场参与者在计量日发生的有序交易中，出售资产所能收到或者转移负债所需支付的价格计量。"

本决定自发布之日起施行。

《企业会计准则——基本准则》根据本决定作相应修改，重新公布。

企业会计准则——基本准则

（2006年2月15日财政部令第33号公布　自2007年1月1日起施行
2014年7月23日根据《财政部关于修改〈企业会计准则——基本准则〉的决定》修改）

第一章　总　　则

第一条　为了规范企业会计确认、计量和报告行为，保证会计信息质量，根据《中华人民共和国会计法》和其他有关法律、行政法规，制定本准则。

第二条　本准则适用于在中华人民共和国境内设立的企业（包括公司，下同）。

第三条　企业会计准则包括基本准则和具体准则，具体准则的制定应当遵循本准则。

第四条　企业应当编制财务会计报告（又称财务报告，下同）。财务会计报告的目标是向财务会计报告使用者提供与企业财务状况、经营成果和现金流量等有关的会计信息，反映企业管理层受托责任履行情况，有助于财务会计报告使用者作出经济决策。

财务会计报告使用者包括投资者、债权人、政府及其有关部门和社会公众等。

第五条　企业应当对其本身发生的交易或者事项进行会计确认、计量和报告。

第六条　企业会计确认、计量和报告应当以持续经营为前提。

第七条　企业应当划分会计期间,分期结算账目和编制财务会计报告。

会计期间分为年度和中期。中期是指短于一个完整的会计年度的报告期间。

第八条　企业会计应当以货币计量。

第九条　企业应当以权责发生制为基础进行会计确认、计量和报告。

第十条　企业应当按照交易或者事项的经济特征确定会计要素。会计要素包括资产、负债、所有者权益、收入、费用和利润。

第十一条　企业应当采用借贷记账法记账。

第二章　会计信息质量要求

第十二条　企业应当以实际发生的交易或者事项为依据进行会计确认、计量和报告,如实反映符合确认和计量要求的各项会计要素及其他相关信息,保证会计信息真实可靠、内容完整。

第十三条　企业提供的会计信息应当与财务会计报告使用者的经济决策需要相关,有助于财务会计报告使用者对企业过去、现在或者未来的情况作出评价或者预测。

第十四条　企业提供的会计信息应当清晰明了,便于财务会计报告使用者理解和使用。

第十五条　企业提供的会计信息应当具有可比性。

同一企业不同时期发生的相同或者相似的交易或者事项,应当采用一致的会计政策,不得随意变更。确需变更的,应当在附注中说明。

不同企业发生的相同或者相似的交易或者事项,应当采用规定的会计政策,确保会计信息口径一致、相互可比。

第十六条　企业应当按照交易或者事项的经济实质进行会计确认、计量和报告,不应仅以交易或者事项的法律形式为依据。

第十七条　企业提供的会计信息应当反映与企业财务状况、经营成果和现金流量等有关的所有重要交易或者事项。

第十八条　企业对交易或者事项进行会计确认、计量和报告应当保持应有的谨慎,不应高估资产或者收益、低估负债或者费用。

第十九条　企业对于已经发生的交易或者事项,应当及时进行会计确认、计量和报告,不得提前或者延后。

第三章　资　　产

第二十条　资产是指企业过去的交易或者事项形成的、由企业拥有或者控制的、预期会给企业带来经济利益的资源。

前款所指的企业过去的交易或者事项包括购买、生产、建造行为或其他交易或者事项。预期在未来发生的交易或者事项不形成资产。

由企业拥有或者控制,是指企业享有某项资源的所有权,或者虽然不享有某项资源的所有权,但该资源能被企业所控制。

预期会给企业带来经济利益,是指直接或者间接导致现金和现金等价物流入企业的潜力。

第二十一条　符合本准则第二十条规定的资产定义的资源,在同时满足以下条件时,确认为资产:

(一)与该资源有关的经济利益很可能流入企业;

(二)该资源的成本或者价值能够可靠地计量。

第二十二条　符合资产定义和资产确认条件的项目,应当列入资产负债表;符合资产定义、但不符合资产确认条件的项目,不应当列入资产负债表。

第四章　负　　债

第二十三条　负债是指企业过去的交易或者事项形成的、预期会导致经济利益流出企业的现时义务。

现时义务是指企业在现行条件下已承担的义务。未来发生的交易或者事项形成的义务,不属于现时义务,不应当确认为负债。

第二十四条　符合本准则第二十三条规定的负债定义的义务,在同时满足以下条件时,确认为负债:

(一)与该义务有关的经济利益很可能流出企业;

(二)未来流出的经济利益的金额能够可

靠地计量。

第二十五条　符合负债定义和负债确认条件的项目，应当列入资产负债表；符合负债定义，但不符合负债确认条件的项目，不应当列入资产负债表。

第五章　所有者权益

第二十六条　所有者权益是指企业资产扣除负债后由所有者享有的剩余权益。

公司的所有者权益又称为股东权益。

第二十七条　所有者权益的来源包括所有者投入的资本、直接计入所有者权益的利得和损失、留存收益等。

直接计入所有者权益的利得和损失，是指不应计入当期损益、会导致所有者权益发生增减变动的、与所有者投入资本或者向所有者分配利润无关的利得或者损失。

利得是指由企业非日常活动所形成的、会导致所有者权益增加的、与所有者投入资本无关的经济利益的流入。

损失是指由企业非日常活动所发生的、会导致所有者权益减少的、与向所有者分配利润无关的经济利益的流出。

第二十八条　所有者权益金额取决于资产和负债的计量。

第二十九条　所有者权益项目应当列入资产负债表。

第六章　收　　入

第三十条　收入是指企业在日常活动中形成的、会导致所有者权益增加的、与所有者投入资本无关的经济利益的总流入。

第三十一条　收入只有在经济利益很可能流入从而导致企业资产增加或者负债减少，且经济利益的流入额能够可靠计量时才能予以确认。

第三十二条　符合收入定义和收入确认条件的项目，应当列入利润表。

第七章　费　　用

第三十三条　费用是指企业在日常活动中发生的、会导致所有者权益减少的、与向所有者分配利润无关的经济利益的总流出。

第三十四条　费用只有在经济利益很可能流出从而导致企业资产减少或者负债增加，且经济利益的流出额能够可靠计量时才能予以确认。

第三十五条　企业为生产产品、提供劳务等发生的可归属于产品成本、劳务成本等的费用，应当在确认产品销售收入、劳务收入等时，将已销售产品、已提供劳务的成本等计入当期损益。

企业发生的支出不产生经济利益的，或者即使能够产生经济利益但不符合或者不再符合资产确认条件的，应当在发生时确认为费用，计入当期损益。

企业发生的交易或者事项导致其承担了一项负债而又不确认为一项资产的，应当在发生时确认为费用，计入当期损益。

第三十六条　符合费用定义和费用确认条件的项目，应当列入利润表。

第八章　利　　润

第三十七条　利润是指企业在一定会计期间的经营成果。利润包括收入减去费用后的净额、直接计入当期利润的利得和损失等。

第三十八条　直接计入当期利润的利得和损失，是指应当计入当期损益、会导致所有者权益发生增减变动的、与所有者投入资本或者向所有者分配利润无关的利得或者损失。

第三十九条　利润金额取决于收入和费用、直接计入当期利润的利得和损失金额的计量。

第四十条　利润项目应当列入利润表。

第九章　会计计量

第四十一条　企业在将符合确认条件的会计要素登记入账并列报于会计报表及其附注（又称财务报表，下同）时，应当按照规定的会计计量属性进行计量，确定其金额。

第四十二条　会计计量属性主要包括：

（一）历史成本。在历史成本计量下，资产按照购置时支付的现金或者现金等价物的金额,或者按照购置资产时所付出的对价的公允价值计量。负债按照因承担现时义务而实际收到的款项或者资产的金额,或者承担现时义务的合同金额,或者按照日常活动中为偿还负债预期需要支付的现金或者现金等价物的金额计量。

(二)重置成本。在重置成本计量下,资产按照现在购买相同或者相似资产所需支付的现金或者现金等价物的金额计量。负债按照现在偿付该项债务所需支付的现金或者现金等价物的金额计量。

(三)可变现净值。在可变现净值计量下,资产按照其正常对外销售所能收到现金或者现金等价物的金额扣减该资产至完工时估计将要发生的成本、估计的销售费用以及相关税费后的金额计量。

(四)现值。在现值计量下,资产按照预计从其持续使用和最终处置中所产生的未来净现金流入量的折现金额计量。负债按照预计期限内需要偿还的未来净现金流出量的折现金额计量。

(五)公允价值。在公允价值计量下,资产和负债按照市场参与者在计量日发生的有序交易中,出售资产所能收到或者转移负债所需支付的价格计量。

第四十三条　企业在对会计要素进行计量时,一般应当采用历史成本,采用重置成本、可变现净值、现值、公允价值计量的,应当保证所确定的会计要素金额能够取得并可靠计量。

第十章　财务会计报告

第四十四条　财务会计报告是指企业对外提供的反映企业某一特定日期的财务状况和某一会计期间的经营成果、现金流量等会计信息的文件。

财务会计报告包括会计报表及其附注和其他应当在财务会计报告中披露的相关信息和资料。会计报表至少应当包括资产负债表、利润表、现金流量表等报表。

小企业编制的会计报表可以不包括现金流量表。

第四十五条　资产负债表是指反映企业在某一特定日期的财务状况的会计报表。

第四十六条　利润表是指反映企业在一定会计期间的经营成果的会计报表。

第四十七条　现金流量表是指反映企业在一定会计期间的现金和现金等价物流入和流出的会计报表。

第四十八条　附注是指对在会计报表中列示项目所作的进一步说明,以及对未能在这些报表中列示项目的说明等。

第十一章　附　　则

第四十九条　本准则由财政部负责解释。

第五十条　本准则自 2007 年 1 月 1 日起施行。

(五)司 法 解 释

最高人民法院关于修改关于适用《中华人民共和国公司法》若干问题的规定的决定

(2014 年 2 月 20 日　法释〔2014〕2 号)

根据 2013 年 12 月 28 日第十二届全国人民代表大会常务委员会第六次会议的决定和修

改后重新公布的《中华人民共和国公司法》，最高人民法院审判委员会第1607次会议决定：

一、《最高人民法院关于适用〈中华人民共和国公司法〉若干问题的规定（一）》（法释〔2006〕3号，以下简称《规定（一）》）第三条中的“第七十五条”修改为“第七十四条”。

二、《规定（一）》第四条中的“第一百五十二条”修改为“第一百五十一条”。

三、《最高人民法院关于适用〈中华人民共和国公司法〉若干问题的规定（二）》（法释〔2008〕6号，以下简称《规定（二）》）第一条第一款中的“第一百八十三条”修改为“第一百八十二条”。

四、《规定（二）》第二条、第七条第一款中的“第一百八十四条”修改为“第一百八十三条”。

五、《规定（二）》第十一条中的“第一百八十六条”修改为“第一百八十五条”。

六、《规定（二）》第二十二条第一款中的“第八十一条”修改为“第八十条”。

七、《规定（二）》第二十三条第二款、第三款中的“第一百五十二条”修改为“第一百五十一条”。

八、删去《最高人民法院关于适用〈中华人民共和国公司法〉若干问题的规定（三）》（法释〔2011〕3号，以下简称《规定（三）》）第十二条第一项，并将该条修改为“公司成立后，公司、股东或者公司债权人以相关股东的行为符合下列情形之一且损害公司权益为由，请求认定该股东抽逃出资的，人民法院应予支持：（一）制作虚假财务会计报表虚增利润进行分配；（二）通过虚构债权债务关系将其出资转出；（三）利用关联交易将出资转出；（四）其他未经法定程序将出资抽回的行为。”

九、《规定（三）》第十三条第四款中的“第一百四十八条”修改为“第一百四十七条”。

十、删去《规定（三）》第十五条。

十一、《规定（三）》第二十四条改为第二十三条。该条中的“第三十二条、第三十三条”修改为“第三十一条、第三十二条”。

十二、对《规定（三）》条文顺序作相应调整。

十三、本决定施行后尚未终审的股东出资相关纠纷案件，适用本决定；本决定施行前已经终审的，当事人申请再审或者按照审判监督程序决定再审的，不适用本决定。

《规定（一）》《规定（二）》《规定（三）》根据本决定作相应修改，重新公布。

最高人民法院关于审理融资租赁合同纠纷案件适用法律问题的解释

（2014年2月24日　法释〔2014〕3号）

为正确审理融资租赁合同纠纷案件，根据《中华人民共和国合同法》《中华人民共和国物权法》《中华人民共和国民事诉讼法》等法律的规定，结合审判实践，制定本解释。

一、融资租赁合同的认定及效力

第一条　人民法院应当根据合同法第二百三十七条的规定，结合标的物的性质、价值、租金的构成以及当事人的合同权利和义务，对是否构成融资租赁法律关系作出认定。

对名为融资租赁合同，但实际不构成融资租赁法律关系的，人民法院应按照其实际构成的法律关系处理。

第二条　承租人将其自有物出卖给出租人，再通过融资租赁合同将租赁物从出租人处租回的，人民法院不应仅以承租人和出卖人系同一人为由认定不构成融资租赁法律关系。

第三条　根据法律、行政法规规定，承租人对于租赁物的经营使用应当取得行政许可的，人民法院不应仅以出租人未取得行政许可为由认定融资租赁合同无效。

第四条 融资租赁合同被认定无效，当事人就合同无效情形下租赁物归属有约定的，从其约定；未约定或者约定不明，且当事人协商不成的，租赁物应当返还出租人。但因承租人原因导致合同无效，出租人不要求返还租赁物，或者租赁物正在使用，返还出租人后会显著降低租赁物价值和效用的，人民法院可以判决租赁物所有权归承租人，并根据合同履行情况和租金支付情况，由承租人就租赁物进行折价补偿。

二、合同的履行和租赁物的公示

第五条 出卖人违反合同约定的向承租人交付标的物的义务，承租人因下列情形之一拒绝受领租赁物的，人民法院应予支持：

（一）租赁物严重不符合约定的；

（二）出卖人未在约定的交付期间或者合理期间内交付租赁物，经承租人或者出租人催告，在催告期满后仍未交付的。

承租人拒绝受领租赁物，未及时通知出租人，或者无正当理由拒绝受领租赁物，造成出租人损失，出租人向承租人主张损害赔偿的，人民法院应予支持。

第六条 承租人对出卖人行使索赔权，不影响其履行融资租赁合同项下支付租金的义务，但承租人以依赖出租人的技能确定租赁物或者出租人干预选择租赁物为由，主张减轻或者免除相应租金支付义务的除外。

第七条 承租人占有租赁物期间，租赁物毁损、灭失的风险由承租人承担，出租人要求承租人继续支付租金的，人民法院应予支持。但当事人另有约定或者法律另有规定的除外。

第八条 出租人转让其在融资租赁合同项下的部分或者全部权利，受让方以此为由请求解除或者变更融资租赁合同的，人民法院不予支持。

第九条 承租人或者租赁物的实际使用人，未经出租人同意转让租赁物或者在租赁物上设立其他物权，第三人依据物权法第一百零六条的规定取得租赁物的所有权或者其他物权，出租人主张第三人物权权利不成立的，人民法院不予支持，但有下列情形之一的除外：

（一）出租人已在租赁物的显著位置作出标识，第三人在与承租人交易时知道或者应当知道该物为租赁物的；

（二）出租人授权承租人将租赁物抵押给出租人并在登记机关依法办理抵押权登记的；

（三）第三人与承租人交易时，未按照法律、行政法规、行业或者地区主管部门的规定在相应机构进行融资租赁交易查询的；

（四）出租人有证据证明第三人知道或者应当知道交易标的物为租赁物的其他情形。

第十条 当事人约定租赁期间届满后租赁物归出租人的，因租赁物毁损、灭失或者附合、混同于他物导致承租人不能返还，出租人要求其给予合理补偿的，人民法院应予支持。

三、合同的解除

第十一条 有下列情形之一，出租人或者承租人请求解除融资租赁合同的，人民法院应予支持：

（一）出租人与出卖人订立的买卖合同解除、被确认无效或者被撤销，且双方未能重新订立买卖合同的；

（二）租赁物因不可归责于双方的原因意外毁损、灭失，且不能修复或者确定替代物的；

（三）因出卖人的原因致使融资租赁合同的目的不能实现的。

第十二条 有下列情形之一，出租人请求解除融资租赁合同的，人民法院应予支持：

（一）承租人未经出租人同意，将租赁物转让、转租、抵押、质押、投资入股或者以其他方式处分租赁物的；

（二）承租人未按照合同约定的期限和数额支付租金，符合合同约定的解除条件，经出租人催告后在合理期限内仍不支付的；

（三）合同对于欠付租金解除合同的情形没有明确约定，但承租人欠付租金达到两期以上，或者数额达到全部租金百分之十五以上，经出租人催告后在合理期限内仍不支付的；

（四）承租人违反合同约定，致使合同目的不能实现的其他情形。

第十三条 因出租人的原因致使承租人无法占有、使用租赁物，承租人请求解除融资租赁合同的，人民法院应予支持。

第十四条　当事人在一审诉讼中仅请求解除融资租赁合同，未对租赁物的归属及损失赔偿提出主张的，人民法院可以向当事人进行释明。

第十五条　融资租赁合同因租赁物交付承租人后意外毁损、灭失等不可归责于当事人的原因而解除，出租人要求承租人按照租赁物折旧情况给予补偿的，人民法院应予支持。

第十六条　融资租赁合同因买卖合同被解除、被确认无效或者被撤销而解除，出租人根据融资租赁合同约定，或者以融资租赁合同虽未约定或约定不明，但出卖人及租赁物系由承租人选择为由，主张承租人赔偿相应损失的，人民法院应予支持。

出租人的损失已经在买卖合同被解除、被确认无效或者被撤销时获得赔偿的，应当免除承租人相应的赔偿责任。

四、违约责任

第十七条　出租人有下列情形之一，影响承租人对租赁物的占有和使用，承租人依照合同法第二百四十五条的规定，要求出租人赔偿相应损失的，人民法院应予支持：

（一）无正当理由收回租赁物；

（二）无正当理由妨碍、干扰承租人对租赁物的占有和使用；

（三）因出租人的原因导致第三人对租赁物主张权利；

（四）不当影响承租人对租赁物占有、使用的其他情形。

第十八条　出租人有下列情形之一，导致承租人对出卖人索赔逾期或者索赔失败，承租人要求出租人承担相应责任的，人民法院应予支持：

（一）明知租赁物有质量瑕疵而不告知承租人的；

（二）承租人行使索赔权时，未及时提供必要协助的；

（三）怠于行使融资租赁合同中约定的只能由出租人行使对出卖人的索赔权的；

（四）怠于行使买卖合同中约定的只能由出租人行使对出卖人的索赔权的。

第十九条　租赁物不符合融资租赁合同的约定且出租人实施了下列行为之一，承租人依照合同法第二百四十一条、第二百四十四条的规定，要求出租人承担相应责任的，人民法院应予支持：

（一）出租人在承租人选择出卖人、租赁物时，对租赁物的选定起决定作用的；

（二）出租人干预或者要求承租人按照出租人意愿选择出卖人或者租赁物的；

（三）出租人擅自变更承租人已经选定的出卖人或者租赁物的。

承租人主张其系依赖出租人的技能确定租赁物或者出租人干预选择租赁物的，对上述事实承担举证责任。

第二十条　承租人逾期履行支付租金义务或者迟延履行其他付款义务，出租人按照融资租赁合同的约定要求承租人支付逾期利息、相应违约金的，人民法院应予支持。

第二十一条　出租人既请求承租人支付合同约定的全部未付租金又请求解除融资租赁合同的，人民法院应告知其依照合同法第二百四十八条的规定作出选择。

出租人请求承租人支付合同约定的全部未付租金，人民法院判决后承租人未予履行，出租人再行起诉请求解除融资租赁合同、收回租赁物的，人民法院应予受理。

第二十二条　出租人依照本解释第十二条的规定请求解除融资租赁合同，同时请求收回租赁物并赔偿损失的，人民法院应予支持。

前款规定的损失赔偿范围为承租人全部未付租金及其他费用与收回租赁物价值的差额。合同约定租赁期间届满后租赁物归出租人所有的，损失赔偿范围还应包括融资租赁合同到期后租赁物的残值。

第二十三条　诉讼期间承租人与出租人对租赁物的价值有争议的，人民法院可以按照融资租赁合同的约定确定租赁物价值；融资租赁合同未约定或者约定不明的，可以参照融资租赁合同约定的租赁物折旧以及合同到期后租赁物的残值确定租赁物价值。

承租人或者出租人认为依前款确定的价值严重偏离租赁物实际价值的，可以请求人民法院委托有资质的机构评估或者拍卖确定。

五、其 他 规 定

第二十四条 出卖人与买受人因买卖合同发生纠纷,或者出租人与承租人因融资租赁合同发生纠纷,当事人仅对其中一个合同关系提起诉讼,人民法院经审查后认为另一合同关系的当事人与案件处理结果有法律上的利害关系的,可以通知其作为第三人参加诉讼。

承租人与租赁物的实际使用人不一致,融资租赁合同当事人未对租赁物的实际使用人提起诉讼,人民法院经审查后认为租赁物的实际使用人与案件处理结果有法律上的利害关系的,可以通知其作为第三人参加诉讼。

承租人基于买卖合同和融资租赁合同直接向出卖人主张受领租赁物、索赔等买卖合同权利的,人民法院应通知出租人作为第三人参加诉讼。

第二十五条 当事人因融资租赁合同租金欠付争议向人民法院请求保护其权利的诉讼时效期间为两年,自租赁期限届满之日起计算。

第二十六条 本解释自 2014 年 3 月 1 日起施行。《最高人民法院关于审理融资租赁合同纠纷案件若干问题的规定》(法发〔1996〕19 号)同时废止。

本解释施行后尚未终审的融资租赁合同纠纷案件,适用本解释;本解释施行前已经终审,当事人申请再审或者按照审判监督程序决定再审的,不适用本解释。

最高人民法院关于刑事裁判涉财产部分执行的若干规定

(2014 年 10 月 30 日 法释〔2014〕13 号)

为进一步规范刑事裁判涉财产部分的执行,维护当事人合法权益,根据《中华人民共和国刑法》《中华人民共和国刑事诉讼法》等法律规定,结合人民法院执行工作实际,制定本规定。

第一条 本规定所称刑事裁判涉财产部分的执行,是指发生法律效力的刑事裁判主文确定的下列事项的执行:

(一)罚金、没收财产;

(二)责令退赔;

(三)处置随案移送的赃款赃物;

(四)没收随案移送的供犯罪所用本人财物;

(五)其他应当由人民法院执行的相关事项。

刑事附带民事裁判的执行,适用民事执行的有关规定。

第二条 刑事裁判涉财产部分,由第一审人民法院执行。第一审人民法院可以委托财产所在地的同级人民法院执行。

第三条 人民法院办理刑事裁判涉财产部分执行案件的期限为六个月。有特殊情况需要延长的,经本院院长批准,可以延长。

第四条 人民法院刑事审判中可能判处被告人财产刑、责令退赔的,刑事审判部门应当依法对被告人的财产状况进行调查;发现可能隐匿、转移财产的,应当及时查封、扣押、冻结其相应财产。

第五条 刑事审判或者执行中,对于侦查机关已经采取的查封、扣押、冻结,人民法院应当在期限届满前及时续行查封、扣押、冻结。人民法院续行查封、扣押、冻结的顺位与侦查机关查封、扣押、冻结的顺位相同。

对侦查机关查封、扣押、冻结的财产,人民法院执行中可以直接裁定处置,无需侦查机关出具解除手续,但裁定中应当指明侦查机关查封、扣押、冻结的事实。

第六条 刑事裁判涉财产部分的裁判内容,应当明确、具体。涉案财物或者被害人人数较多,不宜在判决主文中详细列明的,可以概括叙明并另附清单。

判处没收部分财产的，应当明确没收的具体财物或者金额。

判处追缴或者责令退赔的，应当明确追缴或者退赔的金额或财物的名称、数量等相关情况。

第七条　由人民法院执行机构负责执行的刑事裁判涉财产部分，刑事审判部门应当及时移送立案部门审查立案。

移送立案应当提交生效裁判文书及其附件和其他相关材料，并填写《移送执行表》。《移送执行表》应当载明以下内容：

（一）被执行人、被害人的基本信息；

（二）已查明的财产状况或者财产线索；

（三）随案移送的财产和已经处置财产的情况；

（四）查封、扣押、冻结财产的情况；

（五）移送执行的时间；

（六）其他需要说明的情况。

人民法院立案部门经审查，认为属于移送范围且移送材料齐全的，应当在七日内立案，并移送执行机构。

第八条　人民法院可以向刑罚执行机关、社区矫正机构等有关单位调查被执行人的财产状况，并可以根据不同情形要求有关单位协助采取查封、扣押、冻结、划拨等执行措施。

第九条　判处没收财产的，应当执行刑事裁判生效时被执行人合法所有的财产。

执行没收财产或罚金刑，应当参照被扶养人住所地政府公布的上年度当地居民最低生活费标准，保留被执行人及其所扶养家属的生活必需费用。

第十条　对赃款赃物及其收益，人民法院应当一并追缴。

被执行人将赃款赃物投资或者置业，对因此形成的财产及其收益，人民法院应予追缴。

被执行人将赃款赃物与其他合法财产共同投资或者置业，对因此形成的财产中与赃款赃物对应的份额及其收益，人民法院应予追缴。

对于被害人的损失，应当按照刑事裁判认定的实际损失予以发还或者赔偿。

第十一条　被执行人将刑事裁判认定为赃款赃物的涉案财物用于清偿债务、转让或者设置其他权利负担，具有下列情形之一的，人民法院应予追缴：

（一）第三人明知是涉案财物而接受的；

（二）第三人无偿或者以明显低于市场的价格取得涉案财物的；

（三）第三人通过非法债务清偿或者违法犯罪活动取得涉案财物的；

（四）第三人通过其他恶意方式取得涉案财物的。

第三人善意取得涉案财物的，执行程序中不予追缴。作为原所有人的被害人对该涉案财物主张权利的，人民法院应当告知其通过诉讼程序处理。

第十二条　被执行财产需要变价的，人民法院执行机构应当依法采取拍卖、变卖等变价措施。

涉案财物最后一次拍卖未能成交，需要上缴国库的，人民法院应当通知有关财政机关以该次拍卖保留价予以接收；有关财政机关要求继续变价的，可以进行无保留价拍卖。需要退赔被害人的，以该次拍卖保留价以物退赔；被害人不同意以物退赔的，可以进行无保留价拍卖。

第十三条　被执行人在执行中同时承担刑事责任、民事责任，其财产不足以支付的，按照下列顺序执行：

（一）人身损害赔偿中的医疗费用；

（二）退赔被害人的损失；

（三）其他民事债务；

（四）罚金；

（五）没收财产。

债权人对执行标的依法享有优先受偿权，其主张优先受偿的，人民法院应当在前款第（一）项规定的医疗费用受偿后，予以支持。

第十四条　执行过程中，当事人、利害关系人认为执行行为违反法律规定，或者案外人对执行标的主张足以阻止执行的实体权利，向执行法院提出书面异议的，执行法院应当依照民事诉讼法第二百二十五条的规定处理。

人民法院审查案外人异议、复议，应当公开听证。

第十五条　执行过程中，案外人或被害人认为刑事裁判中对涉案财物是否属于赃款赃物认定错误或者应予认定而未认定，向执行法院提出书面异议，可以通过裁定补正的，执行机构应当将异议材料移送刑事审判部门处理；无法通过裁定补正的,应当告知异议人通过审判监督程序处理。

第十六条　人民法院办理刑事裁判涉财产部分执行案件,刑法、刑事诉讼法及有关司法解释没有相应规定的,参照适用民事执行的有关规定。

第十七条　最高人民法院此前发布的司法解释与本规定不一致的,以本规定为准。

附件一:

中国证监会规范性文件目录

1.《中国证监会、财政部关于公开发行证券的公司信息披露编报规则第21号——年度内部控制评价报告的一般规定》(2014年1月3日　证监会公告〔2014〕1号)

2.《证券期货业统计指标标准指引(2013年修订)》(2014年1月3日　证监会公告〔2014〕2号)

3.《公开发行证券的公司信息披露编报规则第26号——商业银行信息披露特别规定(2014年修订)》(2014年1月6日　证监会公告〔2014〕3号)

4.《关于加强新股发行监管的措施》(2014年1月12日　证监会公告〔2014〕4号)

5.《关于废止部分证券期货规章的决定(第十二批)》(2014年2月12日　证监会公告〔2014〕8号)

6.《关于取消部分行政审批项目的公告》(2014年2月21日　证监会公告〔2014〕10号)

7.《关于修改〈首次公开发行股票时公司股东公开发售股份暂行规定〉的决定》(2014年3月21日　证监会公告〔2014〕11号)

8.《公开发行证券的公司信息披露内容与格式准则第32号——发行优先股申请文件》(2014年4月1日　证监会公告〔2014〕12号)

9.《公开发行证券的公司信息披露内容与格式准则第33号——发行优先股预案和发行情况报告书》(2014年4月1日　证监会公告〔2014〕13号)

10.《公开发行证券的公司信息披露内容与格式准则第34号——发行优先股募集说明书》(2014年4月1日　证监会公告〔2014〕14号)

11.《中国证券监督管理委员会上市公司并购重组审核委员会工作规程(2014年修订)》(2014年4月20日　证监会公告〔2014〕15号)

12.《上市公司章程指引(2014年修订)》(2014年5月28日　证监会公告〔2014〕19号)

13.《上市公司股东大会规则(2014年修订)》(2014年5月28日　证监会公告〔2014〕20号)

14.《公开发行证券的公司信息披露内容与格式准则第2号——年度报告的内容与格式(2014年修订)》(2014年5月28日　证监会公告〔2014〕21号)

15.《公开发行证券的公司信息披露内容与格式准则第3号——半年度报告的内容与格式(2014年修订)》(2014年5月28日　证监会公告〔2014〕22号)

16.《公开发行证券的公司信息披露编报规则第13号——季度报告内容与格式特别规定(2014年修订)》(2014年5月28日　证监会公告〔2014〕23号)

17.《公开发行证券的公司信息披露内容与格式准则第15号——权益变动报告书(2014年修订)》(2014年5月28日　证监会公告〔2014〕24号)

18.《公开发行证券的公司信息披露内容与格式准则第16号——上市公司收购报告书(2014年修订)》(2014年5月28日　证监会公告〔2014〕25号)

19.《公开发行证券的公司信息披露内容与格式准则第17号——要约收购报告书(2014年修订)》(2014年5月28日　证监会公告〔2014〕26号)

20.《公开发行证券的公司信息披露内容与格式准则第26号——上市公司重大资产重组申请文件（2014年修订）》（2014年5月28日　证监会公告〔2014〕27号）

21.《公开发行证券的公司信息披露内容与格式准则第28号——创业板公司招股说明书（2014年修订）》（2014年6月11日　证监会公告〔2014〕28号）

22.《公开发行证券的公司信息披露内容与格式准则第29号——首次公开发行股票并在创业板上市申请文件（2014年修订）》（2014年6月11日　证监会公告〔2014〕29号）

23.《公开发行证券的公司信息披露内容与格式准则第35号——创业板上市公司公开发行证券募集说明书》（2014年6月11日　证监会公告〔2014〕30号）

24.《公开发行证券的公司信息披露内容与格式准则第36号——创业板上市公司非公开发行股票预案和发行情况报告书》（2014年6月11日　证监会公告〔2014〕31号）

25.《公开发行证券的公司信息披露内容与格式准则第37号——创业板上市公司发行证券申请文件》（2014年6月11日　证监会公告〔2014〕32号）

26.《关于上市公司实施员工持股计划试点的指导意见》（2014年6月20日　证监会公告〔2014〕33号）

27.《非上市公众公司信息披露内容与格式准则第5号——权益变动报告书、收购报告书和要约收购报告书》（2014年6月23日　证监会公告〔2014〕34号）

28.《非上市公众公司信息披露内容与格式准则第6号——重大资产重组报告书》（2014年6月23日　证监会公告〔2014〕35号）

29.《关于实施〈公开募集证券投资基金运作管理办法〉有关问题的规定》（2014年7月7日　证监会公告〔2014〕36号）

30.《中国证券监督管理委员会信访工作规则》（2014年8月14日　证监会公告〔2014〕39号）

31.《关于〈国务院关于修改部分行政法规的决定〉有关事项的公告》（2014年8月29日　证监会公告〔2014〕40号）

32.《关于〈全国人民代表大会常务委员会关于修改〈中华人民共和国保险法〉等五部法律的决定〉有关事项的公告》（2014年9月18日　证监会公告〔2014〕43号）

33.《非上市公众公司信息披露内容与格式准则第7号——定向发行优先股说明书和发行情况报告书》（2014年9月19日　证监会公告〔2014〕44号）

34.《非上市公众公司信息披露内容与格式准则第8号——定向发行优先股申请文件》（2014年9月19日　证监会公告〔2014〕45号）

35.《上市公司股东大会规则（2014年修订）》（2014年10月20日　证监会公告〔2014〕46号）

36.《上市公司章程指引（2014年修订）》（2014年10月20日　证监会公告〔2014〕47号）

37.《关于港股通下香港上市公司向境内原股东配售股份的备案规定》（2014年11月14日　证监会公告〔2014〕48号）

38.《证券公司及基金管理公司子公司资产证券化业务管理规定》（2014年11月19日　证监会公告〔2014〕49号）

39.《证券公司及基金管理公司子公司资产证券化业务信息披露指引》（2014年11月19日　证监会公告〔2014〕49号）

40.《证券公司及基金管理公司子公司资产证券化业务尽职调查工作指引》（2014年11月19日　证监会公告〔2014〕49号）

41.《关于〈国务院关于取消和调整一批行政审批项目等事项的决定〉有关事项的公告》（2014年12月11日　证监会公告〔2014〕50号）

42.《公开募集证券投资基金运作指引第1号——商品期货交易型开放式基金指引》（2014年12月16日　证监会公告〔2014〕51号）

43.《公开发行证券的公司信息披露内容与格式准则第17号——要约收购报告书（2014年修订）》（2014年12月24日　证监会公告〔2014〕52号）

44.《公开发行证券的公司信息披露内容与格式准则第26号——上市公司重大资产重

组(2014年修订)》(2014年12月24日 证监会公告〔2014〕53号)

45.《公开发行证券的公司信息披露编报规则第15号——财务报告的一般规定(2014年修订)》(2014年12月25日 证监会公告〔2014〕54号)

46.《证券期货业统计指标标准指引(2014年修订)》(2014年12月30日 证监会公告〔2014〕60号)

附件二:

其他部委发布与资本市场相关的规范性文件目录

1.《中国保监会关于保险资金投资创业板上市公司股票等有关问题的通知》(2014年1月7日 保监发〔2014〕1号)

2.《国家外汇管理局关于进一步改进和调整资本项目外汇管理政策的通知》(2014年1月10日 汇发〔2014〕2号)

3.《财政部关于印发〈企业会计准则解释第6号〉的通知》(2014年1月17日 财会〔2014〕1号)

4.《财政部关于印发〈企业会计准则第39号——公允价值计量〉的通知》(2014年1月26日 财会〔2014〕6号)

5.《财政部关于印发修订〈企业会计准则第30号——财务报表列报〉的通知》(2014年1月26日 财会〔2014〕7号)

6.《财政部关于印发修订〈企业会计准则第9号——职工薪酬〉的通知》(2014年1月27日 财会〔2014〕8号)

7.《财政部关于印发修订〈企业会计准则第33号——合并财务报表〉的通知》(2014年2月17日 财会〔2014〕10号)

8.《财政部关于印发〈企业会计准则第40号——合营安排〉的通知》(2014年2月17日 财会〔2014〕11号)

9.《中国人民银行公告〔2014〕第3号》(2014年3月5日)

10.《财政部关于印发修订〈企业会计准则第2号——长期股权投资〉的通知》(2014年3月13日 财会〔2014〕14号)

11.《财政部关于印发〈企业会计准则第41号——在其他主体中权益的披露〉的通知》(2014年3月14日 财会〔2014〕16号)

12.《财政部关于印发〈金融负债与权益工具的区分及相关会计处理规定〉的通知》(2014年3月17日 财会〔2014〕13号)

13.《最高人民法院、最高人民检察院、公安部关于办理非法集资刑事案件适用法律若干问题的意见》(2014年3月25日 公通字〔2014〕16号)

14.《中国银监会、中国证监会关于商业银行发行优先股补充一级资本的指导意见》(2014年4月3日 银监发〔2014〕12号)

15.《中国人民银行、中国银监会、中国证监会、中国保监会、国家外汇管理局关于规范金融机构同业业务的通知》(2014年4月24日 银发〔2014〕127号)

16.《国家发展改革委办公厅关于进一步做好支持创业投资企业发展相关工作的通知》(2014年5月13日 发改办财金〔2014〕1044号)

17.《财政部、国家税务总局关于在全国中小企业股份转让系统转让股票有关证券(股票)交易印花税政策的通知》(2014年5月27日 财税〔2014〕47号)

18.《财政部、国家税务总局关于转让优先股有关证券(股票)交易印花税政策的通知》(2014年5月27日 财税〔2014〕46号)

19.《最高人民法院关于人民法院为企业兼并重组提供司法保障的指导意见》(2014年6月3日 法发〔2014〕7号)

20.《财政部、中国人民银行、中国证监会关于关键期限国债开展预发行试点的通知》(2014年6月6日 财库〔2014〕72号)

21.《财政部关于进一步明确国有金融企

业直接股权投资有关资产管理问题的通知》(2014 年 6 月 6 日　财金〔2014〕31 号)

22.《财政部关于印发修订〈企业会计准则第 37 号——金融工具列报〉的通知》(2014 年 6 月 20 日　财会〔2014〕23 号)

23.《国家外汇管理局关于印发〈银行对客户办理人民币与外汇衍生产品业务管理规定〉的通知》(2014 年 6 月 23 日　汇发〔2014〕34 号)

24.《财政部、国家税务总局、中国证监会关于实施全国中小企业股份转让系统挂牌公司股息红利差别化个人所得税政策有关问题的通知》(2014 年 6 月 27 日　财税〔2014〕48 号)

25.《中国银监会、财政部、中国人民银行、中国证监会、中国保监会关于印发〈金融资产管理公司监管办法〉的通知》(2014 年 8 月 14 日　银监发〔2014〕41 号)

26.《中国保监会关于保险资金投资优先股有关事项的通知》(2014 年 10 月 17 日　保监发〔2014〕80 号)

27.《最高人民法院、中国银监会关于人民法院与银行业金融机构开展网络执行查控和联合信用惩戒工作的意见》(2014 年 10 月 24 日　法〔2014〕266 号)

28.《财政部、国家税务总局、中国证监会关于 QFII 和 RQFII 取得中国境内的股票等权益性投资资产转让所得暂免征收企业所得税问题的通知》(2014 年 10 月 31 日　财税〔2014〕79 号)

29.《中国证监会、财政部、国家税务总局关于沪港股票市场交易互联互通机制试点有关税收政策的通知》(2014 年 10 月 31 日　财税〔2014〕81 号)

30.《中国人民银行、中国证监会关于沪港股票市场交易互联互通机制试点有关问题的通知》(2014 年 11 月 4 日　银发〔2014〕336 号)

31.《国家税务总局关于发布〈股权转让所得个人所得税管理办法(试行)〉的公告》(2014 年 12 月 7 日　国家税务总局公告 2014 年第 67 号)

32.《最高人民法院、中国证监会关于加强信用信息共享及司法协助机制建设的通知》(2014 年 12 月 9 日　法〔2014〕312 号)

33.《中国保监会关于保险资金投资创业投资基金有关事项的通知》(2014 年 12 月 12 日　保监发〔2014〕101 号)

34.《财政部、国家税务总局关于促进企业重组有关企业所得税处理问题的通知》(2014 年 12 月 25 日　财税〔2014〕109 号)

三、法律文件说明

《首次公开发行股票并在创业板上市管理暂行办法》修订说明

为贯彻落实党的十八届三中全会的决定和国务院有关要求,健全多层次资本市场体系,进一步明确创业板支持成长型、创新型中小企业的市场定位,我会对《首次公开发行股票并在创业板上市管理暂行办法》(以下简称《管理办法》)进行了修订。现将有关修订情况说明如下:

一、修订背景

创业板市场经过四年多发展,初步实现设立时的预期目标,推动科技创新和战略新兴产业发展的积极作用逐步显现。随着市场的发展,初期确立的创业板制度尤其是发行条件逐渐显现出一定的局限性,亟待改革。一方面,创业板对业绩持续增长的要求缺乏灵活性和包容性,一批业绩波动大的创业企业被挡在门槛之外;另一方面,创业板设置相对较高的财务准入指标,不能满足更多成长型、创新型中小企业的融资需求。

二、修订的总体思路和主要内容

《管理办法》修订的总体思路是:健全多层次资本市场体系,进一步明确创业板市场定位,推动创业板市场真正成为支持创新型、成长型中小企业发展的资本市场平台。

本次修订《管理办法》要贯彻落实新股发行体制改革以及保护中小投资者合法权益的有关要求。修订后总体架构不变,仍分为总则、发行条件、发行程序、信息披露、监督管理和法律责任、附则六章,共57条,其中,删除7条、新增6条、修改28条。主要修改内容如下:

(一)适当放宽财务准入指标,取消持续增长要求

本次修订将原规定“最近两年连续盈利,最近两年净利润累计不少于一千万元,且持续增长;或最近一年盈利,且净利润不少于五百万元,最近一年营业收入不少于五千万元,最近两年营业收入增长率均不低于百分之三十”,修改为“最近两年连续盈利,最近两年净利润累计不少于一千万元;或最近一年盈利,最近一年营业收入不少于五千万元”。

修改后简化了财务指标,取消了财务指标增长的硬性要求,允许收入在一定规模以上的企业只需要有一年盈利记录即可上市,扩大服务中小企业的覆盖面。修订后《管理办法》仍保留服务于成长型企业的市场定位,要求保荐人对发行人的成长性进行尽职调查和审慎判断并出具专项意见。

修订后,创业板财务指标较主板低,但高于新三板挂牌条件,基本符合创业板在多层次资本市场的定位。

(二)简化其他发行条件,强化信息披露约束

本次修订将原规定的发行人依法纳税、不存在重大偿债风险、资金占用、关联担保、董监高知法明责、募集资金专户存储等发行条件,调整为信息披露要求。

(三)贯彻落实保护中小投资者合法权益和新股发行体制改革意见的要求

本次修订贯彻落实《国务院办公厅关于进一步加强资本市场中小投资者合法权益保护工作的意见》和《中国证监会关于进一步推进新股发行体制改革的意见》的要求,强化新股市场化发行机制,淡化对持续盈利能力的实质性判断,进一步明晰强化各市场主体的责任义务,落实保护中小投资者合法权益的各项措施。

《创业板上市公司证券发行管理暂行办法(征求意见稿)》起草说明

为了贯彻《中共中央关于全面深化改革若干重大问题的决定》提出的“健全多层次资本市场体系”、“提高直接融资比重”的精神,完善创业板市场制度建设,进一步支持创新型、成长型企业发展,根据《证券法》、《公司法》,中国证监会制订了《创业板上市公司证券发行管理暂行办法(征求意见稿)》(以下简称“《暂行办法》”),规范创业板上市公司的证券发行行为。现就《暂行办法》说明如下:

一、起草背景

创业板开板四年多来,支持一批国家战略性新兴产业领域的创新成长型企业借助资本市场做大做强,并产生积极示范效应。目前,创业板上市公司在快速发展中由于扩大投资规模、同行业兼并收购和市场竞争压力等因素,对持续融资的需求日益迫切。再融资规则的推出可以引导创业板公司形成合理的融资预期,一定程度上防止首发时一次募足的非理

性融资冲动。因此，再融资规则的尽快出台已经成为市场共识，是创业板市场功能建设的基本要求。

自2010年以来，我会深入进行调查研究，广泛听取各方面意见，充分论证，反复斟酌，形成了《暂行办法》。

二、遵循的理念及原则

建立创业板再融资制度要坚持市场化的改革方向，贯彻"以信息披露为中心"、实现"投融资相对均衡"的理念，结合创业板上市公司特点，作出符合我国现阶段市场发展状况的制度安排。

《暂行办法》贯彻落实《国务院办公厅关于进一步加强资本市场中小投资者合法权益保护工作的意见》（国办发〔2013〕110号）和《中国证监会关于进一步推进新股发行体制改革的意见》（证监会公告〔2013〕42号）的有关要求，并遵循以下原则：

（一）坚持市场化导向和加强市场约束，强化发行人和市场相关主体归位尽责

创业板以民营企业为主的群体特征和作为新市场的优势，为推行更加市场化的再融资制度奠定了基础。《暂行办法》贯彻"放松管制、加强监管"的理念，在发行定价上遵循"随行就市"原则，将再融资定价与二级市场价格挂钩，并相应强化保荐人等中介机构的责任约束，使市场化的运行机制能够切实发挥作用。

（二）贯彻"以信息披露为中心"的监管理念，优化发行条件

创业板再融资监管强化"资本约束、市场约束、诚信约束"理念，加强投资者自担风险机制，定位于对信息披露、主体诚信、承诺事项的监管，防止发行欺诈，保障公平。设置明确具体的发行条件，增强制度的可预期性，不对持续盈利能力等弹性较大事项进行实质判断。

（三）以建立"科学、便捷、高效"融资制度为目标，提高融资效率

通过创立年度股东大会一次决策、董事会分次实施制度，允许"不保荐不承销"、适用简易程序、拓宽自行销售范围、实现"闪电发行"等一系列支持"小额快速"的融资机制，全方位降低上市公司成本，降低因融资决策、获取核准、发行上市过程较长而产生的市场风险，提高融资效率。

（四）督促公司完善公司治理，保障投资者特别是中小投资者的合法权益

为引导上市公司理性决策，要求董事会在充分分析论证基础上审慎作出融资决议，董事会作出决议时应当编制本次发行方案的论证分析报告，分析本次发行对原股东权益或者即期回报摊薄的影响以及填补的具体措施；上市公司召开相关股东大会时，应当提供网络投票，决议公告应当对中小投资者表决情况单独计票，从而有效保护投资者合法权益。

三、主要内容

《暂行办法》共六章六十八条，包括总则、发行证券的条件、发行程序、信息披露、监管和处罚、附则等。主要内容如下：

（一）设置客观量化的发行条件，减少实质判断

对《证券法》有明确规定的发行条件不再重复，并尽量减少扩张性解释，规定客观量化、操作性强的条件，减少需要作出实质性判断的条件。

第一，实施简单明确统一的证券发行一般条件。一是从规范发行证券的积极条件、消极条件和募集资金使用等三方面作出规定，简洁明了；二是规定最近2年盈利，会计工作规范，内控制度健全，最近2年按照公司章程实施现金分红，财务报告达标，最近一期末资产负债率高于45%（上市公司非公开发行股票的除外），上市公司具备独立性，最近12个月内不存在违规对外担保或被占用资金等发行证券积极条件；三是规定本次申请文件存在虚假陈述，最近12个月内未履行向投资者作出的公开承诺，上市公司存在重大违规行为、因涉嫌犯罪被司法机关立案侦查或者涉嫌违法违规行为被中国证监会立案调查，控股股东或实际控制人最近12个月内存在重大证券违法行为，现任董事、监事、高级管理人员存在重大违规行为、因涉嫌犯罪被司法机关立案侦查或者涉嫌违法违规行为被中国证监会立案调查等证券发行消极条件；四是强化对募集资金的事后监管，要求前次募集资金基本使用完毕，且使用进度和效果与披露情况基本一致；本次募集资金用途符合国家产业政策和法律、行政法规的规定；除金融类企

业外,本次募集资金使用不得为持有交易性金融资产和可供出售的金融资产、借予他人、委托理财等财务性投资,不得直接或间接投资于以买卖有价证券为主要业务的公司;本次募集资金投资实施后,不会与控股股东或实际控制人产生同业竞争或影响公司生产经营的独立性。

第二,合理设置配股的其他条件。一是规定拟配售股份数量不超过本次配售股份前股本总额的30%;二是要求控股股东应当在股东大会召开前公开承诺认配股份的数量;三是采用《证券法》规定的代销方式发行。

第三,实施市场化和保护原股东权益的公开增发制度。规定发行价格不低于公告招股意向书前20个交易日或前一个交易日公司股票均价,降低原股东自身权益被摊薄的风险。

第四,实施便捷高效的非公开发行股票制度,提高市场化约束和可操作性。为增加非公开发行股票的灵活性和适应性,作出以下规定:一是非公开发行股票的发行对象限定为不超过5名;二是设置差异化的定价方式和锁定要求。(1)非公开发行股票价格不低于发行期首日前一个交易日公司股票均价的,不锁定;(2)非公开发行股票价格低于发行期首日前20个交易日或者前一个交易日公司股票均价但不低于90%的,锁定12个月;(3)支持战略投资者定向入股。上市公司控股股东、实际控制人或者其控制的关联方,以及董事会引入的境内外战略投资者以不低于董事会作出本次定向增发决议公告日前20个交易日或者前一个交易日公司股票均价的90%认购的,锁定36个月;三是对于非公开发行股票募集资金用于收购兼并的,免于适用最近2年盈利的发行条件。

(二)推出"小额快速"定向增发机制,允许"不保荐不承销",提高再融资效率

第一,推出"小额快速"定向增发,体现"小额、快速、灵活、便捷"的机制优势。一是将"小额快速"定向增发的数额限定为不超过5000万元且不超过公司净资产的10%;二是设置年度股东大会一次决策、董事会分次实施制度。上市公司召开年度股东大会时可以一揽子对公司年度"小额快速"融资安排作出决议,并由董事会分次对具体融资时间和融资额作出决策。年度股东大会决议,12个月内"小额快速"定向增发总额限定为不超过最近一年公司净资产的10%。从而减少为每次小额融资单独履行股东大会决策程序,提高决策效率;三是在发行审核程序方面作出支持快速融资的安排。"小额快速"定向增发适用简易程序,我会自受理之日起15个工作日内作出核准或者不予核准的决定。为避免滥用该项机制,对于最近12个月实施"小额快速"定向增发融资总额超过最近一年净资产10%的,不再适用简易程序;四是在核准后的发行环节,实现"闪电发行"。为了降低上市公司的融资成本,提高发行效率,拟优化当前非公开发行上市相关流程,大幅缩减发行上市周期。

第二,作为需聘请保荐人的例外规定,允许"小额快速"定向增发在特定发行对象范围内"不保荐不承销"。

(三)支持上市公司在特定范围自行销售非公开发行的股票,降低融资成本

根据《证券法》第28条的规定,发行人可以采取自行销售的方式向特定对象发行证券。为降低融资成本,提高发行效率,《暂行办法》规定上市公司可以向以下发行对象自行销售其非公开发行的股票:一是上市公司原前10名股东;二是上市公司控股股东、实际控制人或者其控制的关联方;三是上市公司董事、监事、高级管理人员或者员工;四是董事会审议相关议案时已经确定的境内外战略投资者或者其他发行对象;五是中国证监会认定的其他情形。同时,为避免上市公司滥用规则随意确定发行对象,以及在销售过程中过度承担承销商的职责,规定上市公司自行销售的,应当在董事会决议中确定发行对象,且不得采用竞价方式确定发行价格。

(四)加大公司董事会的自我约束功能,强化公司管理层再融资的责任意识

为引导上市公司理性作出再融资决定,加强对上市公司及原股东合法权益的保护,《暂行办法》要求董事会作出融资决议时编制关于本次发行方案的论证分析报告,并由独立董事发表专项意见。董事会在编制本次发行方案的论证分析报告时,应当结合上市公司所处行业和发展阶段、融资规划、财务状况、资金需求等情况进行论证分析,且至少包括下列内容:(1)本次发行证券及其品种选择的必要性;(2)本次发行对象的选择范围、数量和标准的

适当性;(3)本次发行定价的原则、依据、方法和程序的合理性;(4)本次发行方式的可行性;(5)本次发行方案的公平性、合理性;(6)本次发行对原股东权益或者即期回报摊薄的影响以及填补的具体措施。

《非上市公众公司收购管理办法(征求意见稿)》起草说明

非上市公众公司(以下简称公众公司)的收购一般是指取得或巩固对公众公司的控制权,通常会对公众公司的生产经营活动产生较大影响。为了规范公众公司的收购及相关股份权益变动活动,保护公众公司和投资者的合法权益,维护证券市场秩序和社会公共利益,促进证券市场资源的优化配置,依照《公司法》、《证券法》、《国务院关于全国中小企业股份转让系统有关问题的决定》(国发〔2013〕49号)、《国务院关于进一步促进企业兼并重组若干政策措施的意见》(国发〔2014〕14号)及其他相关法律法规的规定,我们制定了《非上市公众公司收购管理办法》(以下简称《收购办法》)及配套的信息披露内容与格式指引。现说明如下:

一、总体原则

公众公司收购的交易对象形式上是公司股份,而实质上是公司控制权。与公司董事会、监事会、股东大会各司其职、相互制衡的内部治理结构相比,公众公司收购能对公司管理者形成外部约束,是公司外部治理的重要方式。公众公司收购监管制度的建立,一方面是为了规范引导收购活动,提高收购质量,发挥收购优化市场资源配置功能,有效推动产业结构调整和产业升级,促进实体经济发展;另一方面是为了保护投资者合法权益,避免不诚信的收购行为,防范和减少内幕交易的发生。这与上市公司收购的监管原理是一致的。并且,境外成熟资本市场的收购监管基本不对公众公司和上市公司进行严格区分。因此,公众公司收购监管制度仍需坚持和沿用上市公司监管制度中已经被实践证明的、成熟且行之有效的做法和基本制度。

公众公司具有自身的特点,与上市公司相比,公众公司多以中小微企业为主,收购机会可能更多,所涉及的资产金额可能更小,收购监管制度安排应简便、灵活、高效,体现鼓励公众公司收购的精神。公众公司具有数量多、情况差异大、监管难度较高等特点,收购监管要求不宜过多、过高或者整齐划一,应具有适应性、适当性和有效性。此外,全国中小企业股份转让系统(以下简称全国股份转让系统)的制度安排和投资者结构也与交易所市场有所不同。因此,公众公司收购监管应坚持“鼓励收购、降低成本、强化信披、提高效率”的原则,建立适度的制度安排。

我们深入研究了公众公司与上市公司、交易所市场与全国股份转让系统的差异及其对收购活动可能产生的影响,在此基础上形成了公众公司收购监管制度。

二、主要内容

在参考上市公司监管制度的基础上,我们结合公众公司和全国股份转让系统的特点制定了公众公司收购监管制度。《收购办法》共六章四十七条,分为总则、权益披露、控制权变动披露、要约收购、监管措施与法律责任和附则。

(一)沿用或借鉴的上市公司收购监管制度

1. 收购人准入资格要求

收购主要涉及公司股权结构调整,目标大多指向公司控制权变动,核心内容是“股东准入”。健康的市场必须摒除虚假交易和滥用市场机制行为。我国是新兴加转轨市场,市场约束不强,需要市场准入规定。对收购人资格的限制,实际上就是明确市场准入条件,有利于市场的健康发展和长期稳定。上市公司的实践证明不限制收购人资格对市场损害极大。

《收购办法》规定，收购人及其实际控制人应当具有良好诚信记录，其为法人的应当具有健全的公司治理机制。收购人负有数额较大且到期未清偿债务、最近2年有重大违法行为或者涉嫌有重大违法行为、最近2年有严重的证券市场失信行为等情形的，不得收购公众公司。考虑到全国股份转让系统的公开转让说明书中关于重大违法违规行为的时间要求也为最近2年，因此收购人的准入年限要求与挂牌准入的标准保持一致。

2. 充分发挥财务顾问等中介机构作用

上市公司收购监管建立了财务顾问对收购人事前把关、事中跟踪、事后持续督导的制度，实践效果较好。《收购办法》借鉴了上市公司的相关规定，在第一大股东或实际控制人变更时及要约收购时，要求收购人必须聘请具有财务顾问业务资格的专业机构担任财务顾问，但国有股行政划转或者变更、因继承取得股份以及股份在同一实际控制人控制的不同主体之间进行转让、取得公众公司向其发行的新股、司法继承等情形除外。财务顾问应保持独立性，对收购人进行辅导和尽职调查，并在收购完成后12个月内持续督导收购人遵纪守法、切实履行承诺及相关约定。关注收购人是否对公众公司有不当行为，防范收购人侵害公众公司和中小股东的合法权益。经财务顾问的核查，筛除不符合条件的收购人。

3. 控股股东或实际控制人退出的要求

目前公众公司股权相对比较集中，控股股东或实际控制人通常决定公司的经营发展，其退出会对公司产生较大影响。我们针对此类收购活动提出较为严格的要求：控股股东、实际控制人向收购人协议转让其所持有的公众公司股份的，应当对收购人的主体资格、诚信情况及收购意图进行调查，并在其权益变动报告书中披露有关调查情况。控股股东、实际控制人及其关联方在转让被收购公司控制权之前有损害被收购公司及其他股东合法权益的，被收购公司董事会应当及时披露，并采取有效措施维护公司利益。这些都与上市公司的相关规定保持一致。

4. 收购人的股份限售要求

通过公众公司收购，收购人成为公司第一大股东或者实际控制人的，其收购目的应当是看好公司的长期发展，而不是为了获取股权的短期价差收益。故制度设计上应要求控制权在一定期限内保持稳定，《收购办法》规定进行公众公司收购后，收购人成为公司第一大股东或者实际控制人的，其持有的被收购公司股份在收购完成后12个月内不得转让。

5. 违法违规的处罚

违法违规处罚是监管制度中的重要一环，对于收购中的虚假披露、内幕交易、操纵市场和失信行为具有重要的威慑作用。考虑到公众公司收购不设行政许可，事前监管大大减少，这就需要相应加强事中监管和事后处罚力度。因此，违法违规处罚与上市公司基本保持一致，中国证监会可以采取监管谈话、出具警示函、责令暂停或者停止收购、认定不适当人选及市场禁入等监管措施，并将当事人的违法行为和整改情况记入诚信档案，情节严重的，还将比照《证券法》的规定进行行政处罚。

（二）修改的监管制度

1. 不设行政许可，以信息披露为核心，强化自律监管

全国股份转让系统实行了较为严格的投资者适当性制度，未来发展方向将是一个以合格投资者为主的市场。投资者具备投资决策能力，具有较强的风险识别和承受能力，具备一定维护自身权利的意识和手段。全国股份转让系统交易不活跃，尚未形成连续的交易，收购行为对市场等造成的影响可能较上市公司略轻。因此《收购办法》不设行政许可，充分地发挥市场约束机制。公众公司收购监管专注于构建以信息披露为核心的监管体系，推动并实现收购活动市场化。在行政监管“往后退”的同时，强化全国股份转让系统的自律监管职责，全国股份转让系统对相关证券转让活动进行实时监控，监督公众公司收购及相关股份权益变动活动的信息披露义务人切实履行信息披露义务。

2. 调整权益变动的披露要求和触发比例

挂牌公司大部分以个人直接持股为主，根据对全国股份转让系统716家挂牌公司的统计结果，平均股东人数为33.62人，第一大股东为个人的为82.12%，且第一大股东平均持股比例为51.3%，股权结构相对集中且简单。基于公众公司的股权结构高度集中、股东人数少、股

权流动性差等特点，我们将触发权益变动的披露标准从5%适当提高到10%，对于持股10%以上的权益拥有人，增减触及5%的倍数披露权益变动报告书，使披露时点更加明确，有利于市场执行。

而且我们将公司控制权是否变更作为披露的重要依据，控制权未发生变更的，每增减5%披露权益变动报告书；控制权发生变更且拥有权益10%以上的，披露收购报告书。同时，我们在权益变动和控制权变更披露中涵盖了协议收购和间接收购的相关内容，不再另行规定。

3. 自主约定是否实行强制全面要约收购制度

《国务院关于进一步促进企业兼并重组若干政策措施的意见》中明确了非上市公众公司收购不实施强制全面要约收购制度，但我们把收购人是否需要实施全面要约收购的权利交由公司自行决定，采取自治的方式在公司章程中约定，在公司收购时收购人是否需要向公司全体股东发出全面要约收购。公司章程中约定收购人需要发出全面要约收购的，应明确全面要约收购的触发条件、要约价格的确定标准以及相应制度安排，同时对要约价格提出原则性规定，如果收购人在要约收购书披露日前6个月内取得过该股票的，对同一种类股票的要约价格不得低于前6个月内收购人取得该种股票所支付的最高价格，以体现公平对待所有股东的原则。

4. 调整自愿要约收购制度

对于收购人自愿进行要约收购（包括全面要约收购），在具体制度上我们做了适当调整，主要包括：

（1）针对要约收购，不严格限制收购价格。考虑到自愿要约都是主动性要约，真实收购股票为意图，为达到收购目的，自然会提出合理的收购价格；且全国股份转让系统的投资者具有一定的投资经验和较强的风险识别能力，我们不限制要约收购价格，仅要求公平对待其他股东。

（2）需要变更收购要约的，变更后的要约收购价格不得低于变更前的要约收购价格。收购人的要约收购应当以真实收购为意图，在发出公告后应受到要约的约束，公司股价已经反映收购行为对公司的影响，且被收购公司的股东根据最新的股票价格做出相应决策，如允许收购人降低要约收购价格，将明显损害投资者的利益，有操纵市场之嫌，且容易导致收购失败。因此，我们要求变更后的要约收购价格不得低于变更前的要约收购价格。

（3）不强制要求被收购公司聘请独立财务顾问。被收购公司董事会应当对收购人的主体资格、资信情况及收购意图进行调查，对股东是否接受要约提出建议，并可以根据自身情况决定是否聘请独立财务顾问。被收购公司决定聘请的，可以聘请为其提供督导服务的主办券商为独立财务顾问，但存在影响独立性、财务顾问业务受到限制等不宜担任独立财务顾问情形的除外。被收购公司也可以同时聘请其他机构为其提供顾问服务。

（4）收购人可以采用现金、证券、现金与证券相结合等合法方式支付收购公众公司的价款。为鼓励公众公司收购活动并降低收购人成本，支付方式不局限于现金，为创新留下空间。此外，为保护投资者合法权益，避免不诚信的收购行为，财务顾问应当承担连带责任。财务顾问没有充分证据表明其勤勉尽责的，中国证监会依法追究责任并可视情节轻重，自确认之日起采取3个月至12个月内不接受其出具的相关专项文件、12个月至36个月内不接受相关签字人员出具的专项文件的监管措施。

（5）采用多种形式保证履约能力。为减少收购人成本，收购人履约保证能力除在指定银行等金融机构存入20%履约保证金外，增加了证券、银行等金融机构出具的保函和财务顾问担保并承担连带责任等履约保证形式。

5. 简化披露内容

除要约收购或者收购活动导致第一大股东或实际控制人发生变更的，其他收购只需要披露权益变动报告书，简要披露收购人的基本情况、持股数量和比例、持股性质、权益取得方式等信息，不需要披露持股目的、前6个月买卖公众公司股份情况、持有达到或超过5%的其他公众公司和上市公司股份情况等。收购报告书和要约收购报告书也大幅减少披露内容，重点强化客观性事实披露，如：收购人的基本情况、财务资料、前6个月买卖公司股份情况、前24个月与公司及关联方之间的重大交易等；弱化主观性分析信息，如对公司的影响分析等。收购报告书和要约收购报告书的规定不足 20 项,较上市公司的相关要求减少超过一半。

6. 加强责任主体的自我约束和市场自律监管

我们借鉴了新股发行制度改革的做法,对于相关责任主体作出公开承诺的,要求同时披露未能履行承诺时的约束措施。全国股份转让系统应对收购人履行公开承诺行为进行监督和约束,并对未能履行承诺的及时采取自律监管措施。通过加强责任主体的自我约束和市场自律监管,尽可能减少行政监管的介入。

7. 管理层收购暂不做明确规定

管理层收购是一类比较特殊的收购方式,其制度设计应充分考虑公众公司的特点和实际需要。从上市公司实践来看,管理层收购的案例不是很多,且大多为国有企业。公众公司以民营企业为主,目前这类公司的管理层与股东基本高度重合,管理层收购的意愿不强烈。所以,按照"简单起步、急用先行"的原则,建议《收购办法》暂时不做明确要求,如果监管初期出现此类收购,可以按照一般收购活动对待,在实践中逐步积累经验,不断探索完善,形成适合公众公司特点的管理层收购制度。

《非上市公众公司重大资产重组管理办法(征求意见稿)》起草说明

重大资产重组行为作为公司经营中的一项重大事项,会对公司的营业范围、资产结构、收入构成、经营业绩产生重大影响,不仅会影响股东的权益,还有可能直接反映在公司的股票交易价格上,从而影响投资者的投资决策。因此,为了规范非上市公众公司(以下简称公众公司)重大资产重组行为,督促公众公司履行相应的决策程序和信息披露义务,保护公众公司和投资者的合法权益,促进产业结构整合和实现资源优化配置,依照《公司法》、《证券法》、《国务院关于全国中小企业股份转让系统有关问题的决定》(国发〔2013〕49 号)、《国务院关于进一步促进企业兼并重组若干政策措施的意见》(国发〔2014〕14 号)及其他相关法律法规的规定,我们制定了《非上市公众公司重大资产重组管理办法》(以下简称《重组办法》)及配套的信息披露内容与格式指引。

一、起草原则

公众公司和上市公司都因为涉及公众利益,需要监管部门对其行为进行适度的监管,以达到保护投资者的最终目的。我们在制定《重组办法》的时候,兼顾公众公司特点,确定了以下原则:

1. 放松管制,减少事前的行政许可,加强自律管理,强化事中、事后监管

《国务院关于进一步优化企业兼并重组市场环境的意见》"要求加强非上市公众公司信息披露,强化事中、事后监管"。对于公众公司的重大资产重组行为,我们不设事前的行政许可,以信息披露为抓手。但是公众公司重大资产重组涉及发行股份的,应当按照定向发行股票的要求实施核准管理。对不涉及发行股份或者公众公司发行股份购买资产后股东累计不超过 200 人的重大资产重组由全国股转系统实施自律管理。全国股转系统对公众公司涉及重大资产重组的股票暂停与恢复转让、防范内幕交易等作出制度安排,做好股票转让的实时监管和市场核查工作;并对公众公司重大资产重组披露文件和独立财务顾问的执业情况进行自律监管。针对违法违规行为,我们将比照上市公司,可以采取监管谈话、出具警示函、责令改正等监管措施,并将当事人的违法行为和整改情况记入诚信档案;情节严重的,参照《证券法》的规定进行行政处罚,并采取市场禁入的措施。

2. 突出公司自治原则,减少硬性规定

对于公众公司监管,我们一直强调要通过要求公司健全治理机制,实现自治。因此,我们

在起草《重组办法》时，注重规范公司决策程序，而对于一些涉及重组的具体事项，取消了很多强制性的规定，给予公司一定的自主权和选择空间。比如不限制支付手段定价、不强制要求对重组资产进行评估、不强制要求对重组做出盈利预测、不强制要求公司对重组拟购买资产的业绩进行承诺，但如果做出承诺的，应当披露相关承诺及未能履行承诺时的约束措施等。

3．简化要求，降低公司重组成本

公众公司多属初创型、成长型中小企业，具有较高的成本敏感性。为此，在保证公司具有一定透明度、规范性的同时，尽可能的降低公司的成本，比如：简化公众公司重大资产重组程序，不设重组委；实现独立财务顾问与主办券商结合，降低公司重组中聘请中介的支出；精炼信息披露内容，减少公司披露主观描述性的信息等。

4．强化中介机构的作用，督促其“归位尽责”

中介机构在公众公司重大资产重组中发挥着不可替代的作用，因此，公众公司重大资产重组原则上应聘请为其提供持续督导服务的主办券商作为独立财务顾问。这样的安排将独立财务顾问的职责与主办券商的义务相统一，不仅能够实现信息披露的事前审核与事后督导的连续性和一致性，避免不同中介机构的多重要求或发生要求冲突的情况，更重要的是将主办券商与公司利益相绑定，使得主办券商为了做好督导业务，有责任和动力替公众公司把好重组关。同时，为了突出独立财务顾问督导的侧重点，我们明确了作为独立财务顾问所需要履行的督导的事项。并且为了督促中介机构“归位尽责”，我们在相关条款中加大了对其违规的责任追究和处罚力度。

5.完善制度供给，加强投资者保护

公众公司重大资产重组制度制定过程中着重体现了对中小投资者的权益保护提供救济渠道：一是明确投资者参与公众公司并购重组的决策权，规定了公众公司启动并购重组的程序，需要董事会、股东大会决策；二是保障投资者知情权，对信息披露义务人及时披露并购重组相关信息提出具体要求；三是实施中小投资者单独计票，充分体现中小投资者的意愿。

二、主要内容

《重组办法》共五章四十一条，对公众公司重大资产重组的原则和标准、信息管理、程序、监督管理与法律责任做出了相应规定，相比上市公司重大资产重组监管，有保留也有创新：

（一）沿用或借鉴的上市公司重大资产重组监管制度

1．内幕信息管理

内幕交易是重大资产重组中最重要的问题之一，也往往因为内幕交易，可能影响和阻碍公司的重组行为。因此，为了做好公众公司重大资产重组中的信息管理、兼顾公平与效率、防范内幕交易的发生，我们沿用了上市公司重大资产重组制度中关于内幕信息管理的要求，包括控制筹划阶段的内幕知情人范围、规范决策程序、督促公司实施内幕信息知情人登记等；沿用了上市公司重大资产重组中的停复牌制度及与之相关二级市场核查制度，防范和打击重组中的内幕交易。

2．重组的原则要求

上市公司与公众公司在并购重组的监管目标上具有一致性，即为了实现产业整合和升级、保护投资者，所以我们借鉴了上市公司重大资产的原则，要求重组资产定价公允，资产权属清晰，不存在侵害公司和股东合法权益的情形，有利于提高公司的资产质量和持续经营能力，有利于形成或者保持健全有效的法人治理结构。

同时，为了做好与公众公司准入时的标准相衔接，重组原则中不对盈利能力等作出要求。

3．重组的决策程序

按照《公司法》的有关规定，上市公司的重大资产重组需要经董事会审议后提交股东大会特别决议。《国务院关于全国中小企业股份转让系统有关问题的决定》中明确了挂牌公司的监管可以比照上市公司进行。因此，为了充分保障股东行使权利，公众公司重大资产重组参照上市公司的决策程序，需要经董事会审议后提交股东大会特别决议。

4．违法违规处罚

违法违规处罚是监管制度中的重要一环，对于重大资产重组中违法违规行为具有重要的威慑作用。因此，我们在违法违规处罚上与上市公司基本保持一致，除可以参照《证券法》的规定进行处罚外,还可以采取监管谈话、出具警示函、责令暂停或者停止收购等监管措施,并将当事人的违法行为和整改情况记入诚信档案。此外,我们还可以采取不接受公众公司定向发行申请的措施,提高威慑力。

(二)进行调整和创新的重大资产重组监管制度

1. 实行分类监管,提高效率

我们在设计公众公司的重大资产重组监管制度中,充分考虑重大资产重组行为本身可能对公众公司产生的影响,实行分层次、分类别的监管方式:一是对不涉及股份发行的重大资产重组行为,不进行行政许可,充分尊重公司、股东的意愿,只要履行了董事会、股东大会的决策程序并且取得了其他相关部门的批准,向全国股份转让系统报送信息披露文件后,即可实施;二是对于发行股票购买资产后股东累计不超过200人的重大资产重组行为,参照定向发行股票的规定,可以豁免向我会提出核准申请,由全国股份转让系统实施自律管理;三是只有发行股份购买资产后股东累计超过200人的重大资产重组行为,才需要向我会提出核准申请。

2. 从公众公司特点出发,调整重大资产重组的判断指标

判定公众公司重大资产重组行为时,我们结合公众公司的特点,在具体的监管指标上与上市公司监管指标相比进行了适量合理调整:一是取消了营业收入指标;二是对触及净资产的指标进行调整,将重大资产重组的标准定义为超过净资产的50%且同时超过总资产的30%;三是在判断是否构成重组的具体计算方式上有所调整,即对于购买或出售的参股权,以成交金额和账面价值分别计算是否触及重大资产重组标准,不再考虑将被投资企业的总资产、净资产乘以股权比例作为判断是否触及重大资产重组标准的计算基础。

此外,考虑到申请成为公众公司时并无实质性标准,故在公众公司重大资产重组中,对于借壳行为不做特殊规定。

3. 充分发挥公司自治,允许支付手段自主定价

《国务院关于进一步促进企业兼并重组若干政策措施的意见》中规定"非上市公众公司兼并重组,允许实行股份协商定价"。因此,我们对公众公司的支付手段的定价不作强制性规定,但为了保证定价的合理性,要求公司可以在参考股票市价、同行业可比公司情况的基础上,由买卖双方自行协商价格,充分发挥公司自治功能。同时强化披露,要求董事会充分披露支付手段定价的合理性。

4. 实施中小投资者单独计票机制

全国股份转让系统的投资者虽然具有一定的投资能力和维权意识,但在股东大会审议发行股份定价等可能影响中小投资者利益的重大事项时,相比大股东而言,中小投资者的话语权还是处于弱势一方。因此,为了充分体现中小投资者的意愿,并且按照《证券法》中有关涉众的情形,对股东人数超过200人的公众公司实施重大资产重组,要求实施中小投资者单独计票机制并披露结果。

5. 丰富支付手段,给予公司创新空间

鼓励公众公司逐步创新支付手段,公众公司可以视自身的情况,通过发行可转换债券、优先股等方式实现重大资产重组。

6. 简化申报文件和披露内容

结合公众公司投资者适当性管理的特点,重大资产重组时可以不强制要求公司提供盈利预测报告、备考财务报告等信息。

对于披露内容进行大幅减化,不要求董事会对评估机构独立性、评估假设和评估方法的合理性、评估定价的公允性进行讨论并发表意见;不要求公众公司在报刊上披露董事会决议和重大资产重组报告书摘要;不要求公司频繁披露重组情况进展;对于披露的事项,要求公司突出客观性事实的陈述,减少描述性、定性的分析以及预测性信息。

7. 加强退市公司重组的监管要求

从法律属性来说,退市公司属于当然的非上市公众公司,其监管安排应当符合非上市公众公司并购重组的一般规定。退市公司与普通的非上市公众公司相比,在股东人数和结构、经营状况等方面具有显著的差异,而且伴随着重新上市制度的确立,退市公司可能会具有较强的并购重组动机。需要突出强调的是,退市公司重大资产重组与申请重新上市是两个独立的事项。重大资产重组是对公司的资产结构、经营范围等实体变化调整的过程,而重新上市仅是公司满足一定条件可以获得上市资格的一种

途径。因此，退市公司实施重大资产重组与申请重新上市并无必然联系。

据此，为了提高制度的针对性和适用性，我们适当的加强了对退市公司的重大资产重组要求，比如要求退市公司提供网络投票等便捷方式保障股东行使表决权、加强重组实施过程中的信息披露的要求和突出相应的风险提示。

三、关于《重组办法》的适用范围

公众公司监管正处于起步阶段，我们还缺乏对这类公司监管的经验，需要在实践中不断的摸索和总结。因此，按照急用先行、循序渐进的实施原则，《重组办法》现阶段主要是针对挂牌公司。对于不挂牌公司的重大资产重组行为，决策程序和信息披露内容比照挂牌公司的相关规定执行。在日常监管中，如发现此类公司重大资产重组存在重大问题、违规甚至违法行为的，将比照挂牌公司采取相应的监管措施或作出相应的行政处罚。

《沪港股票市场交易互联互通机制试点若干规定（征求意见稿）》起草说明

为规范沪港股票市场交易互联互通机制试点工作，根据《证券法》和其他相关法律、行政法规，中国证监会起草了《沪港股票市场交易互联互通机制试点若干规定（征求意见稿）》（以下简称《沪港通若干规定》），现就有关情况说明如下。

一、起草背景

沪港股票市场交易互联互通机制（以下简称沪港通）是指，上海证券交易所（以下简称上交所）和香港联合交易所有限公司（以下简称联交所）建立技术连接，使内地和香港投资者可以通过当地证券公司或经纪商买卖规定范围内的对方交易所上市的股票。沪港通是我国资本市场对外开放的重要内容，有利于加强两地资本市场联系，推动资本市场双向开放，在增强我国资本市场的综合实力、巩固上海和香港两个金融中心的地位、推动人民币国际化等方面具有积极意义。

二、起草原则

（一）稳妥有序，逐步推进

沪港通试点坚持稳妥有序、逐步推进的原则，对相关主体应当履行的职责与义务提出了总体要求，强调保护投资者合法权益，并要求有关主体制定相应的业务规则、进行实时监控、建立相应的信息交换制度和联合监控制度、控制市场风险，以促进沪港通平稳运行。

（二）属地为主，兼顾差异

沪港通是在现有制度框架下，推进我国资本市场双向开放的积极尝试。沪港通遵循两地市场现行的交易结算法律法规和运行模式。同时根据两地规则的客观差异，对结算风险基金安排、投资者权利的行使等作适当安排。

（三）突出重点，适当授权

考虑到沪港通涉及一系列交易及结算机制、投资者保护等的协调问题，覆盖面较广且部分问题相对复杂，某些情况下需要作特殊安排。故《沪港通若干规定》着重对沪港通相关的重大事项作出一般性规定，同时保留一定的制度弹性，授权交易所和结算机构制定相应的业务规则，对有关事项作进一步明确。

三、主要内容

《沪港通若干规定》重点对确需在证监会层面明确的有关重大事项予以规定，明确了市场主体的职责与义务、禁止性规定及相关制度安排，共计 19 条。具体如下：

（一）对沪港通相关业务活动作出一般性规定

一是明确了沪港通、沪股通、港股通的定义。二是明确了法律法规的适用原则。沪港通遵循两地市场现行的交易结算法律法规,相关交易结算活动遵守交易结算发生地的监管规定及业务规则,上市公司遵守上市地的监管规定及业务规则,证券公司或经纪商遵守所在国家或地区监管机构的监管规定及业务规则,《沪港通若干规定》另有规定的除外。三是明确了中国证监会的监管权并对投资者保护提出总体要求。中国证监会对沪港通业务进行监督管理,并通过监管合作安排与香港证监会和其他有关国家或地区的证券监督管理机构,将按照公平、公正、对等的原则,维护投资者跨境投资的合法权益。

(二)规定了交易所的职责

交易所的职责包括:设立并管理证券交易服务公司、督促并协助其证券交易服务公司履行规定的职责、制定业务规则并进行自律管理、管理和发布相关市场信息、进行市场监控等。此外,上交所还将制定港股通投资者的适当性管理标准及实施指引。

(三)规定了证券交易服务公司的职责

证券交易服务公司的职责包括:按照交易所的业务规则或通过交易所的相关业务安排提供沪港通相关服务,负责额度管理,制定业务规则、操作流程和风险控制措施,制定证券公司或经纪商开展沪港通的技术标准并对其技术系统进行测评,对接入的证券公司或经纪商的技术系统运行情况进行监控。

(四)规定了结算机构的职责

结算机构的职责包括:提供必要的场所和设施,为沪港通业务提供登记、存管、结算服务,制定相关业务规则,依法提供名义持有人服务,对开展沪港通业务的结算参与人的相关活动进行自律管理等。

(五)对境内证券公司参与沪港通提出原则性要求

《沪港通若干规定》对境内证券公司开展港股通业务提出了原则性的要求,即应当遵守法律、行政法规、本规定和相关业务规则的要求,加强内部控制,防范和控制风险,根据上交所投资者适当性管理有关规定,制定相应的实施方案,切实维护客户权益。

(六)明确了沪港通下交易环节的相关安排和要求

一是授权交易所对于交易异常情况,可暂停全部或者部分沪港通业务。二是明确沪港通的业务范围。上交所、联交所开展沪港通业务,限于向投资者提供规定范围内的股票交易服务和中国证监会认可的其他服务。三是明确禁止暗盘交易。规定证券交易服务公司和证券公司或经纪商不得自行撮合投资者通过沪港通买卖股票的订单成交,不得以其他任何形式在证券交易所以外的场所对通过沪港通买卖的股票提供转让服务。四是明确外资持股应当遵守的监管要求。比照境外机构投资者境内证券投资的相关监管规定,要求境外投资者的境内股票投资,应当遵循关于持股比例限制的相关规定。

(七)明确了沪港通下结算环节的相关安排和要求

一是明确了股票权益的归属。投资者依法享有通过沪港通买入的股票的权益。二是规定了中国结算作为名义持有人的权利义务及投资者与中国结算的法律关系。中国结算应当以自己的名义,通过香港结算行使对该股票发行人的权利。中国结算代表投资者行使股东权利前,应当通过内地证券公司事先征求投资者的意见,并按照其意见办理。中国结算出具的股票持有记录,是港股通投资者享有该股票权益的合法证明。三是明确了沪股通下的信息披露义务人。香港投资者通过沪股通买入股票达到信息披露要求的,应当依法履行报告和信息披露义务。四是确定了互不传导结算风险的原则。对于通过港股通达成的交易,由中国结算承担清算交收责任;对于通过沪股通达成的交易,由香港结算承担清算交收责任。两地结算机构应当以风险相对隔离、互不传递的原则,互不参加对方市场互保性质的风险基金安排。五是关于交收货币。规定投资者通过沪港通买卖股票,应当以人民币与证券公司或经纪商进行交收。

(八)其他事项

一是对监管执法及跨境合作作出原则性规定。对违反《证券法》等法律、行政法规以及《沪港通若干规定》的,中国证监会依法采取监督管理措施;涉嫌犯罪的,依法移送司法机关,追究其刑事责任。中国证监会与香港证监会和其他有关国家或地区的证券监督管理机构,通过跨境监管合作机制,依法查处沪港通业务相关跨境违法违规活动。二是要求上交所、中国结算按照《沪港通若干规定》的有关要求，制定业务规则，报中国证监会批准后实施。三是明确了各方的资料保存义务。要求交易所、证券交易服务公司及结算机构妥善保存相关文件、资料，保存期限不少于20年。

《关于改革完善并严格实施上市公司退市制度的若干意见（征求意见稿）》起草说明

为贯彻落实《国务院关于进一步促进资本市场健康发展的若干意见》（国发〔2014〕17号）的有关要求，进一步健全资本市场基础功能，增强市场主体活力，提高市场竞争能力，惩戒重大违法，实现优胜劣汰，引导理性投资文化，我会在总结市场实践经验，借鉴成熟市场有益做法的基础上，起草了《关于改革完善并严格实施上市公司退市制度的若干意见（征求意见稿）》（以下简称《退市意见》）。现就有关情况说明如下：

一、起草背景

退市是指公司股票在证券交易所终止上市交易。上市公司股票退出市场交易是正常的市场现象。从境外市场的情况来看，退市具体情形有很多，但归纳而言基本可以分为两类：主动退市与强制退市。以美国为例，1995年至2012年，纽约证券交易所有3052家公司退市，纳斯达克有7975家公司退市。其中，多数为主动退市，如2003年至2007年，纽约证券交易所年均退市率6%，约1/2是主动退市，纳斯达克年均退市率8%，主动退市占近2/3。

上市公司退市制度是资本市场重要的基础性制度。自1993年《公司法》确立我国上市公司退市制度以来，特别是在2005年《证券法》修改，将退市决定权从证监会转交给证券交易所后，以《证券法》的规定为基础，以证券交易所的自律规则为主干的上市公司退市制度不断完善。迄今为止，我国证券市场累计已有78家上市公司的股票退出市场交易。但在退市制度实施过程中，也存在着退市情形规定不够全面、退市相关指标设定不够合理、退市后安排不够配套、投资者特别是中小投资者保护不够有效等问题。特别是由于具体的执法标准不够明确、具体，一些存在重大违法行为的上市公司不能及时退出市场，影响到退市制度的具体实施效果。对此，我会经过深入研究论证，在广泛听取市场主体、专家学者意见的基础上，起草形成了《退市意见》。

二、总体定位与基本原则

《退市意见》按照“市场化、法治化、常态化”的基本原则，严格依照现有法律规定，立足于证券交易所作为退市决定实施主体的法定地位，从促进资本市场健康稳定发展顶层设计的角度，对退市制度作了系统而集中的规范，特别是针对退市工作中较为突出、市场较为关注的现实问题，在既有法律制度框架下，作了明确和细化的规定。总体而言，《退市意见》是对现有法律制度在实践操作层面的具体规范，属于法律实施性质的规范文件。《退市意见》的具体规范要求需要进一步通过证券交易所修改其股票上市规则及其配套规则予以落实，并由证券交易所负责具体实施。

三、《退市意见》的主要内容

《退市意见》共分7大部分25条，主要内容包括：

（一）健全上市公司主动退市制度。《退市意见》逐项列举了因为收购、回购、吸收合并以及其他市场活动引发的7种主动退市情形。并针对主动退市的特殊性，在实施程序、后续安排等方面做出了有别于强制退市的专门安排，包括经过股东大会特别多数决通过、聘请独立财务顾问进行专业把关、要求独立董事发表意见等。而在公司外部，《退市意见》基于合同解除的法理逻辑,要求向证券交易所提交退市申请,并经证券交易所同意,以防范在主动退市中可能出现的损害中小股东利益的不当行为。同时,为引导市场化的主动退市,《退市意见》规定了一系列有针对性的配套政策措施。

(二)对重大违法公司实施强制退市。上市公司存在欺诈发行或者重大信息披露违法,被证监会依法作出行政处罚决定,或者因涉嫌犯罪被证监会依法移送公安机关的,证券交易所应当暂停其股票上市交易。对于上述重大违法暂停上市公司,《退市意见》原则上要求证券交易所在一年内作出终止上市决定,但同时也区分欺诈发行与重大信息披露违法作了差异化安排:重大信息披露违法暂停上市公司在规定时限内全面纠正了违法行为、及时撤换了有关责任人员、对民事赔偿责任承担作出了妥善安排的,其股票可以恢复上市交易,但对于欺诈发行暂停上市公司,除非发现其行为不构成欺诈发行,否则其股票应当在规定时限内终止上市交易。

(三)严格执行市场交易类、财务类强制退市指标。《退市意见》根据《证券法》第五十五条第(一)、(二)、(四)项的规定,对现有的退市指标作了全面梳理,并按照市场交易类、财务类分别作了归纳列举。其中,市场交易类包括股本总额、股权分布、成交量、股票市值等指标,财务类包括净利润、净资产、营业收入、审计意见类型,以及未在规定期限内依法如实披露等指标。《退市意见》在统一创业板与主板、中小板上述退市标准的同时,允许证券交易所在其上市规则中对部分指标予以细化或者动态调整,并且针对不同板块的特点作出差异化安排。另外,尽管市场上存在着不同意见,但考虑到"连续三年亏损"是现行《证券法》确立的退市情形,在法律未作修改的情况下,《退市意见》依然保留了这一指标。

(四)完善与退市相关的配套制度安排。《退市意见》始终将维护中小投资者交易权作为完善退市配套安排时考虑的重点问题:一是,要求证券交易所对强制退市公司股票设置"退市整理期"。同时,为防止部分投资者特别是中小散户以投机为目的参与退市公司股票的交易,明确要求证券交易所应当安排相应的投资者准入制度;二是,统一安排强制退市公司股票在全国股份转让系统设立的专门层次挂牌交易。公司退市后满足上市条件的,可以申请重新上市,证券交易所可以针对主动退市公司与强制退市公司,不同情形的强制退市公司作出差异化安排。为防止重大违法退市公司有关责任股东通过提前转让股份来规避法律责任,《退市意见》还对其转让行为做了专门限制。

(五)加强退市公司投资者合法权益保护。保护投资者特别是中小投资者合法权益,是退市制度的重要政策目标,也是退市工作的重中之重。为此,《退市意见》要求在退市工作的各个环节,认真落实《国务院办公厅关于进一步加强资本市场中小投资者合法权益保护工作的意见》的要求。另外,针对退市工作的特殊性,《退市意见》重点强调了退市中的信息披露、主动退市异议股东保护问题,进一步明确了重大违法公司及有关责任人员的民事赔偿责任。

此外,《退市意见》对证监会及其派出机构、证券交易所贯彻执行规定内容,进一步落实退市工作责任提出了相应的工作要求。

关于修订《上市公司重大资产重组管理办法》的起草说明

为贯彻落实《国务院关于促进企业兼并重组的意见》(国发〔2010〕27 号,以下简称 27 号文)、《国务院关于进一步优化企业兼并重组市场环境的意见》(国发〔2014〕14 号,以下简称 14 号文)和《国务院关于进一步促进资本市场健康发展的若干意见》(国发〔2014〕17 号)的要求,结合对实践需求和市场各方意见的分析研究,证监会会对《上市公司重大资产重组管理办法》(以下简称《重组办法》)进行修订,进一步发挥证券市场发现价格、优化资源配置的功能,减少和简化行政许可,支持上市公司进行有利于可持续发展的并购重组。

一、本次修订的总体思路

(一)进一步贯彻"放松管制、加强监管"的监管理念

在充分论证的基础上进一步"简政放权"、完善审核分道制,同时在强化信息披露、加强事中事后监管、督促中介机构归位尽责等方面作出配套安排。

(二)突出重点、及时修订

随着股权分置改革的完成,我国资本市场逐步具备了促进上市公司大规模并购重组的能力和条件。目前,进一步健全并购重组的市场化定价机制、减少和简化行政审批、完善"优胜劣汰"的并购重组机制,已成为市场需求迫切、讨论较为充分、意见相对一致的修订内容,本次修订强调突出重点、及时修订。

二、本次修订的主要内容及理由

(一)取消除借壳上市以外的重大资产重组行政审批(修订后的第12条、第25条、第27条、第29条)

"上市公司重大资产购买、出售、置换行为审批"是《国务院关于确需保留行政审批的项目设定行政许可的决定》(国务院412号令)第395项明确的行政许可事项。本次《重组办法》修订根据14号文的要求,对不构成借壳上市的上市公司重大资产购买、出售、置换行为,全部取消审批。需要说明的是,"上市公司发行股份购买资产核准"行政许可也是《国务院关于确需保留行政审批的项目设定行政许可的决定》第400项明确的行政许可事项,根据《证券法》现行规定,上市公司发行新股用于并购重组的,因涉及发行股票行为,不论是否达到重大标准,仍须报经核准。本次修订大幅减少对上述资产重组行为的行政审批,主要考虑是:

1. 这类资产重组行为交易形式相对简单,通过强化信息披露和中介机构核查把关,能够充分揭示交易影响和风险,取消审批有助于进一步提高交易效率。

2. 如购买资产达到一定数额构成借壳上市,基于从严监管借壳上市的理念,仍保留审批,除此之外的购买、出售、置换资产均不再审批。

(二)强化事中事后监管,督促中介机构归位尽责,加强投资者保护(修订后的第6条、第11条、第12条、第20条、第22条、第24条、第24条至第26条、第32条至第36条、第38条、第43条、第48条、第53条至第58条)

本次修订大幅减少对重大资产重组的事前审批,为防止出现监管真空,避免"无审批导致无监管、无披露"的情况,需要进一步强化事中事后监管,督促中介机构归位尽责,加强投资者保护。主要修订如下:

1. 继续加强信息披露监管,强化事中监管手段

为做好取消审批后的衔接,除保留关于公告重大资产重组报告书等信息披露要求外,明确规定证监会可以根据审慎监管原则,责令上市公司按照本办法的规定补充披露相关信息、聘请独立财务顾问及其他证券服务机构补充核查并发表专业意见,在补充披露、发表专业意见前应暂停交易。同时,《重组办法》在发行股份定价、标的资产定价等方面也进一步强化了信息披露要求,为投资者决策提供更充分的参考。

2. 对中介机构加强事中事后监管

一是在《重组办法》的总则部分新增规定,强调中介机构及其人员不得教唆、协助委托人编制虚假的交易报告或公告,不得从事不正当竞争、谋取不正当利益。二是在重组程序中,强化律师对股东大会的合规把关责任,要求其必须对会议程序、表决结果等事项出具明确意见并公开披露。三是对中介机构加强事后督导,各类证券服务机构及其人员存在违法违规情形的,在按要求完成整改之前,不得接受新的并购重组业务。

3. 对重组交易各方强化事后监管

一是控股股东及其关联人或者拟借壳上市的收购人作为发行对象的,应当公开承诺,如重组后股价低于发行价达到一定标准的,其持股锁定期自动延长至少6个月(参照《关于进一步推进新股发行体制改革意见》)。二是明确规定,上市公司重组因定价显失公允、不正当利益输送等问题损害上市公司、投资者利益的,我会可以责令暂停或停止重组活动,对有关责任人采取监管措施、进行行政处罚。

4. 落实《中小投资者保护意见》,加强投资

者权益保护

一是引导重组交易对方公开承诺依法赔偿因其虚假披露对投资者造成的损害(修订后的第 26 条);二是明确规定涉嫌违法违规的单位和个人,应当严格履行其所作承诺,在案件调查结论明确前不得转让所持股份(新增第 56 条);三是引导建立民事赔偿机制,要求重组交易对方公开承诺其提供的信息不存在虚假记载、误导性陈述和重大遗漏,否则将对上市公司和投资者依法承担赔偿责任(修订后的第 26 条);四是要求股东大会必须提供网络投票方式(修订后的第 24 条);五是要求单独统计并披露中小投资者(单独或合计持股 5% 以上的股东除外)的投票情况(修订后的第 24 条);六是明确律师对股东大会表决过程和结果出具独立鉴证意见(修订后的第 25 条);七是要求公司董事会分析重组交易对当年每股收益的影响(修订后的第 19 条),针对因重组摊薄每股收益的情况提出填补回报的具体措施(修订后的第 35 条)。

(三)明确重大资产重组审核分道制工作要求(修订第 8 条)

按照 14 号文关于"实行上市公司并购重组分类审核"的要求,在总则部分第 8 条增加一款,规定"中国证监会审核上市公司重大资产重组行政许可申请,可以根据上市公司的规范运作和诚信状况、财务顾问的执业能力和执业质量,结合国家产业政策和重组交易类型,作出差异化的监管制度安排,有条件地减少审核内容和环节。"

(四)进一步完善借壳上市的认定标准,明确对借壳上市执行与 IPO 审核等同的要求,创业板上市公司不允许借壳上市(修订后的第 13 条)

本次涉及借壳上市内容的修订主要是以下几方面:一是明确借壳上市审核标准与 IPO 等同,这一要求我会已于 2013 年 11 月 30 日在《关于在借壳上市审核中严格执行首次公开发行股票上市标准的通知》(证监发〔2013〕61 号)中予以明确。二是明确禁止创业板上市公司借壳上市。三是将借壳方进一步明确为"收购人及其关联人",防止规避行为,杜绝监管套利。

从最近 3 年的借壳案例看,购买资产并不仅仅针对收购人,有半数以上的案例是同时向收购人与其关联人购买,虽然实践中已将关联人一并视为借壳方,但规则上没有明确,存在模糊地带。为防止收购人在取得控制权后通过其关联人注入资产而规避监管,将借壳方明确为"收购人及其关联人"。

(五)不再要求上市公司提供盈利预测报告(修订后的第 19 条、第 35 条和第 59 条)

现行《重组办法》要求出具两个盈利预测报告:一是上市公司购买资产的,应当提供标的资产的盈利预测报告;二是发行股份购买资产以及应提交并购重组委审议的其他重大资产重组方案,在提供标的资产盈利预测的基础上,还要求上市公司提供重组后的整体盈利预测报告。本次修订取消盈利预测报告要求的主要考虑为:1. 在实际取得标的资产并完成整合前,上市公司对资产盈利能力进行量化预测往往缺乏依据。2. 在国内外经济形势快速变化的背景下,盈利预测信息客观上有较大不确定性。中介机构出具盈利预测报告通常会设定诸多的假设前提,容易造成误导。本次修订虽然取消了盈利预测报告要求,但相应强化了管理层讨论与分析的信息披露要求,即要求在重大资产重组报告书(或发行股份购买资产报告书)的管理层讨论与分析部分,详细分析本次重组对上市公司持续经营能力、未来发展前景、当年每股收益等财务指标和非财务指标的影响,为投资者决策提供有效信息。

(六)取消向非关联第三方发行股份购买资产的门槛限制和相关的盈利补偿要求(修订后的第 35 条、第 43 条第二款)

为鼓励中小规模的上市公司采用发行股份的方式并购,本次修订取消了最低发行股数和金额的门槛要求。同时,鉴于向非关联第三方购买资产属于典型的市场化博弈,内生约束较强,强制要求交易双方进行对赌补偿不具有合理性,因此,本次修订按照 14 号文的精神明确规定,向非关联第三方购买资产无须签订盈利补偿协议。

(七)进一步完善发行股份购买资产的市场化定价机制(修订后的第 45 条)

发行股份购买资产的发行定价目前有两种方式:一是发行定价应当不低于董事会公告日前 20 个交易日公司股票交易均价。二是上市公司破产重整中涉及发行股份购买资产的，允许相关各方不执行20日均价的规定，可以协商确定发行价格。

本次修订考虑到：

1.20个交易日公司股票交易均价的规定过于刚性

该规定的初衷是防止公众股东权益被过度摊薄，在制度推出初期具有积极意义。但随着实践发展，这种定价模式的缺陷逐渐显现：一是该规定过于刚性，在市场发生较大波动，尤其是股价单边下行时，资产出售方容易违约。二是由于投资者对部分上市公司存在资产注入预期，公司股价相对于内在价值长期偏高，增加了交易难度。三是资产出售方为了尽快完成交易并寻求一定的补偿，往往高评估注入资产，经常引发市场质疑。

2.破产重整的协商定价规定过于弹性，约束机制不足

从五年多的实践看，破产重整的协商定价机制虽然促成一些危机公司进行发行股份购买资产，但也给并购重组市场带来了以下影响：一是破产重组实行协商定价，不符合我会严格退市制度、不鼓励借壳上市的总体政策导向。二是协商定价机制强化了投资者对ST或＊ST公司被借壳的预期，推高了这类公司的股价，不利于优胜劣汰。三是市场质疑部分公司破产重整协商定价缺少平等协商的实质内涵。本次修订为遏制对破产重整公司借壳上市的炒作，废止了《补充规定》的协商定价机制，破产重整公司发行股份购买资产适用与其他公司相同的定价规则。

在充分听取市场意见和总结实践经验的基础上，本次修订旨在进一步完善市场化的发行定价机制，使相关规定既不过于刚性，也不是毫无约束。修订内容包括：一是拓宽定价区间，增大选择面，并允许适当折扣。定价区间从董事会决议公告日前20个交易日均价拓宽为：可以在公告日前20个交易日、60个交易日或120个交易日的公司股票交易均价中任选其一，并允许打九折（与《发行办法》关于非公开发行股票的折扣规定相一致）。二是引入可以根据股票市价重大变化调整发行价的机制，但要求在首次董事会决议的第一时间披露，给投资者明确预期。具体而言，发行股份购买资产的首次董事会决议可以明确规定，在交易获得我会核准前，上市公司股票价格相比发行价发生重大变化的，董事会可以根据已设定的调整方案对发行价进行一次调整；该调整方案应当明确具体，并提交股东大会审议，经批准后，董事会即可按该方案适时调整发行价，且无须因此次调价而重新提出申请。三是为遏制对破产重整公司借壳上市的炒作，将废止《补充规定》的协商定价机制，破产重整公司发行股份购买资产适用与其他公司相同的定价规则。

（八）对实践中已存在的不以资产评估值作为资产定价依据的情况进行规范（修订后的第20条、第35条、第53条第二款）

实践中，重大资产重组标的资产的定价主要有三种情形：一是以资产评估值作为定价依据；二是采用财务顾问等中介机构出具的估值报告或类似形式，例如收购标的为证券公司等特殊行业企业；三是在标的资产本身即为上市公司股权的情况下，直接采用标的公司股票市价作为定价依据。

现行《重组办法》第19条规范了重组中相关资产以资产评估结果作为定价依据的情形，实际包括两层含义：一是并不强制要求所有重大资产重组的标的资产定价必须以资产评估值作为定价依据；二是如选择以资产评估值作为定价依据，相关方须符合相应的程序要求。但是，对于实践中已存在的其他估值定价方式，重组办法未作出相应规定。

本次修订进一步明确：第一，资产定价可以将资产评估结果作为定价依据，也可不以资产评估结果作为定价依据。第二，不以资产评估结果作为定价依据的，应当详细分析说明相关资产的估值方法、参数及其他影响估值结果的指标、特别因素等。第三，上市公司董事会应当对估值机构（包括评估机构和其他估值机构）的独立性、估值假设前提的合理性、估值方法与估值目的的相关性以及交易定价的公允性发表明确意见。上市公司独立董事应当参与董事会决议，对估值机构的独立性、估值假设前提的合理性和交易定价的公允性发表独立意见。第四，在《重组办法》第53条，针对定价显失公允导致上市公司、投资者利益受到损害的行为，增设监管措施和处罚条款。

(九)明确换股吸收合并的股份定价及发行规则依据,增设优先股的特别条款,增设定向发行可转债、定向权证及并购基金等并购支付和融资工具的规定(新增第9条、第50条)

已完成股改的上市公司实施换股吸收合并自2006年启动试点以来,累计有60多单。参照发行股份购买资产的股份定价和发行规则,换股吸收合并在实践中已形成较成熟的操作流程,但一直没有明确的制度规定。此次修订在“发行股份购买资产的特别规定”专章中增加一条,明确换股吸收合并涉及的上市公司股份定价及发行按本章规定执行。

同时,为落实14号文和《国务院关于开展优先股试点的指导意见》,明确优先股可以作为并购重组的支付手段,《重组办法》新增的第50条第2款规定,上市公司发行优先股购买资产或者与其他公司合并,中国证监会另有规定的,从其规定。主要是考虑优先股发行定价和决议程序等方面可能存在特殊性,需按照我会制定的其他规则予以调整。

此外,按照14号文要求,为进一步增强资本市场对并购重组的支持、丰富并购支付和融资工具,一是在总则部分新增第9条规定,“鼓励依法设立的股权投资基金、创业投资基金、产业投资基金、并购基金等投资机构参与上市公司并购重组。”二是在新增的第50条第三款规定,“上市公司可以向特定对象发行可转换为股票的公司债券、定向权证,用于购买资产或者与其他公司合并”。

关于修改《上市公司收购管理办法》的起草说明

为落实《国务院关于进一步优化企业兼并重组市场环境的意见》(国发〔2014〕14号,以下简称14号文)精神,证监会在现行《证券法》框架下,对《上市公司收购管理办法》(以下简称《收购办法》)部分条文进行修改。

一、修改背景

股权分置改革完成后,我国证券市场发生了深刻变化,上市公司股权结构渐趋分散,股份流动性逐步增强,公司股价表现成为并购重组的重要驱动力,并购重组的市场化程度明显提升。为贯彻落实14号文精神,更好地使资本市场服务于国民经济发展,结合《收购办法》实施七年多来的市场实践,我会对《收购办法》作出进一步修改,重点是简化审批环节、放松行政管制、加强事中事后监管、提高并购重组效率。

二、修改内容

(一)兼顾效率与公平,取消要约收购行政许可(修改第二十八条、第三十一条)

为遏止虚假要约和欺诈性要约,现行《收购办法》对要约收购设置了行政许可程序。实践表明,要约收购价格时效性强,上市公司股价易受宏观、微观层面多种因素的影响而不断变化,行政许可审核周期长容易导致要约价格偏离二级市场价格,由此可能迫使要约人提高要约收购成本,甚至会致使要约收购失败。

为兼顾效率与公平,本次修改拟取消要约收购的行政许可,改为信息披露的事中监管机制,即要约收购人按规定报送上市公司收购报告书之日起十五日后,公告其收购要约。我会发现要约收购报告书不符合法律、行政法规及相关规定的,及时告知要约收购人,收购人不得公告其收购要约。为进一步提高效率,本次修改保留了现行《收购办法》规定的提前公告机制,即在15日内我会对要约收购报告书披露的内容表示无异议并通知收购人的,收购人可以立即进行公告。

此外,《收购办法》规定收购人依法应当取得批准的(如国资监管部门、商务主管部门),应当在对要约收购报告书摘要的提示性公告中做出特别提示,并在取得批准后才能公告要约收购报告书。

（二）丰富要约收购履约保证制度，强化财务顾问责任（修改《收购办法》第三十六条）

为避免收购人发出虚假要约来操纵市场或不具备履约能力，《收购办法》规定收购人应当在作出要约收购提示性公告的同时支付履约保证金。实践中，因需取得外资准入批准、反垄断审查等事项，从收购人发出要约收购提示性公告到真正发出要约往往需要较长时间。在此期间，收购人无法动用已存入的履约保证金，承担了额外利息损失，增大了收购成本。市场普遍反映，履约保证金制度导致要约成本加大是投资者不愿以要约方式增持上市公司股票的重要原因。为适当降低收购人成本，本次修改增加了银行出具保函、财务顾问担保并承担连带保证责任两种履约担保形式。

（三）简化两种豁免情形的审批，提高审核效率（修改《收购办法》第六十二条、第六十三条）

1. 考虑到因取得上市公司发行新股而取得控制权的情形已经过我会严格审核，仅需对收购人资格等少数关注点进行审核，本次修改拟取消对该种情形的行政许可，改为自动豁免。

2. 对于证券公司、银行等金融机构在其经营范围内依法从事承销、贷款等业务导致其持有一个上市公司已发行股份超过 30%，相关方没有实际控制该公司的行为或者意图，并且提出在合理期限内向非关联方转让相关股份的解决方案的情形，因豁免条件比较清晰，无须设置行政许可，可以改为自动豁免。

（四）增加两项自动豁免情形，适应市场发展需要（修改《收购办法》第六十三条）

1. 对于因履行约定购回式证券交易协议，购回上市公司股份导致投资者在一个上市公司中拥有权益的股份超过该公司已发行股份的 30%，并且能够证明标的股份的表决权在协议期间未发生转移的情形，给予自动豁免。该种情形下，相关股份对应的表决权归属实质上并无变化，要求履行要约义务缺乏合理性。

2. 对于因所持优先股的表决权依法恢复导致投资者在一个上市公司中拥有权益的股份超过该公司已发行股份的 30% 的情形，给予自动豁免。该种情形下，投资者不具有收购意图，其表决权恢复属于法定的救济权利，要求履行要约义务缺乏合理性。

（五）简化报送要求，部分取消向派出机构报送材料的要求（修改《收购办法》第十三条、第十四条、第二十八条、第三十条、第三十二条、第三十九条、第四十五条）

结合监管实践，为简化程序、便利收购活动，部分取消了在收购过程中向派出机构抄送材料的要求。为便于派出机构及时掌握收购情况，保留了要约收购结果及协议收购中向派出机构抄送材料的要求。

（六）强化事中事后监管，加大处罚力度（修改《收购办法》第九条、第七十八条、第八十一条）

1. 进一步明确监管措施和罚则，遏制恶意收购人滥发要约。收购人未依法履行相关义务或者相应程序擅自实施要约收购的，采取责令改正，采取监管谈话、出具警示函、责令暂停或者停止收购等监管措施；在改正前，收购人不得对其持有或者支配的股份行使表决权。涉嫌虚假披露、操纵市场的，我会对收购人进行立案稽查，依法追究其法律责任。

2. 加强对中介机构监管。一是明确财务顾问执业的禁止性规定，要求其不得教唆、协助或者伙同委托人编制或披露存在虚假记载、误导性陈述或者重大遗漏的报告、公告文件，不得从事不正当竞争，不得利用上市公司的收购谋取不正当利益。二是加大财务顾问对要约人具备履约能力的资金核查责任及违规惩戒力度，明确收购人不支付收购款的，且财务顾问不能提供充分证据证明已履行勤勉尽责义务的，我会一年内不接受该财务顾问机构报送的并购重组项目。三是明确证券服务机构及其从业人员因未履行职责被我会责令改正的，在改正前，不得接受新的上市公司并购重组业务。

《证券期货市场诚信监督管理暂行办法》修改说明

《证券期货市场诚信监督管理暂行办法》(证监会令第 80 号)2012 年 7 月 25 日发布,2012 年 9 月 1 日起施行。《诚信监管办法》施行以来,将资本市场参与主体的诚信状况纳入监管范围逐渐成为各方共识,资本市场各方的诚信约束意识有所增强。为贯彻落实《国务院关于进一步促进资本市场健康发展的若干意见》(国发〔2014〕17 号)关于"加强社会信用体系建设,完善资本市场诚信监管制度,强化守信激励、失信惩戒机制"的要求,现决定对《诚信监管办法》进行修改。现就修改情况及其考虑说明如下。

一、建立资本市场违法失信信息互联网查询制度

使违法失信信息能够集中地、便捷地接受公众和投资者查询,是发挥失信惩戒作用、维护资本市场秩序和保护中小投资者利益的重要方面。《国务院办公厅关于进一步加强资本市场中小投资者合法权益保护工作的意见》(国发〔2013〕110 号)也提出要"健全中小投资者查询市场经营主体诚信状况的机制"。现行《诚信监管办法》已经建立了诚信信息公开制度和接受市场主体申请查询制度。在此基础上,为进一步完善资本市场诚信监管制度,强化失信惩戒,拟建立资本市场违法失信信息互联网查询制度。

据此,拟在现行《诚信监管办法》第十四条增加一款,作为第二款:"中国证监会在中国证监会网站建立资本市场违法失信信息公开查询平台,社会公众可通过该平台查询本办法第八条第(五)项的行政处罚、市场禁入决定信息和第(六)项信息等违法失信信息。"

二、完善违法失信信息的效力期限相关规定

在强化失信惩戒的同时,也不能忽视对违法失信行为人的权益保护,其中一个重要方面就是违法失信信息效力期限的确定问题,这也是理论界、实务界争论较多的难点问题。截至目前,相关法律、行政法规未就行政管理中产生的违法失信信息效力期限作出明确规定。2013 年开始施行的《征信业管理条例》也仅规定,征信机构对个人不良信息的保存期限为 5 年。我会在 2012 年出台《诚信监管办法》时,本着积极探索的原则,规定了一般违法失信信息 5 年,行政处罚、刑事处罚、市场禁入等 10 年的效力期限。

经过近两年的实践经验积累、同时考虑到,从更深层次来说,诚信建设的宗旨更在于鼓励改过自新,应当给想重新做"好人"者以机会,拟对现行《诚信监管办法》关于违法失信信息的效力期限进行调整,即一般违法失信信息为 3 年,行政处罚、市场禁入、刑事处罚和被人民法院判决承担侵权民事赔偿责任的为 5 年。

特此说明。

《商品期货交易型开放式基金指引（征求意见稿）》起草说明

一、起草背景和起草过程

商品期货ETF近年来在境外发展较快，是一个比较成熟的品种。在我国现有商品期货投资渠道的基础上，开发商品期货ETF具有积极意义：一是可以引入机构机构者参与商品期货市场投资，这对于改善商品期货市场投资者结构具有积极意义，二是广大投资者借助基金的专业管理可以在证券市场参与商品期货投资，拓宽基金业发展空间，推动多层次资本市场体系建设，三是满足投资者多样化资产配置投资需求，有效分散投资风险，四是有利于增强证券经营机构服务投资者和实体经济的能力。近年来，为稳步开展商品期货ETF相关工作，我们积极推动证券交易所、商品期货交易所及基金公司等相关各方对商品期货ETF研究论证。在此基础上，我会草拟了《公开募集证券投资基金运作指引第1号——商品期货交易型开放式基金指引（征求意见稿）》（以下简称《指引》）。

二、主要内容

《指引》共十条，对商品期货ETF的定义、投资范围、风险控制、相关主体责任、监管要求等内容进行了规范：

（一）明确商品期货ETF的定义。

《指引》第二条规定，商品期货ETF是指以持有经中国证监会依法批准设立的商品期货交易所挂盘交易的商品期货合约为主要策略，以跟踪商品期货价格或价格指数为目标，使用商品期货合约组合或基金合同约定的方式进行申购赎回，并在证券交易所上市交易的开放式基金。

（二）将商品期货交易所挂盘交易的商品期货合约列入基金的投资品种。

商品期货合约是商品期货交易所的交易品种，是指由商品期货交易所统一制定的、规定在某一特定的时间和地点交割一定数量标的商品实物的标准化合约，在交易所集中竞价交易并统一交收，实行严格的风险管理和监管制度。

此外，为保持商品期货ETF风格清晰、稳定，《指引》规定商品期货ETF所持有商品期货合约的价值合计（买入、卖出轧差计算）不低于基金资产净值的90%、不高于基金资产净值的110%。同时，将除支付商品期货合约保证金以外基金财产投资于货币市场工具，可在保证基金的绝大部分风险暴露来源于商品期货市场的前提下，进行现金资产管理。

（三）加强风险控制。

为与实物商品区别，《指引》第三条第四款规定，商品期货ETF不得办理实物商品的交割业务。此外，由于商品期货合约采用保证金交易，可以进行卖空或放大杠杆操作，为控制有关风险，保持商品期货ETF风格稳定，《指引》第三条第一款在控制杠杆的同时，第二款还规定，商品期货ETF持有卖出商品期货合约只能用于风险管理或提高资产配置效率，防止投机行为。此外，《指引》还从强化相关主体责任、充分信息披露及风险揭示等方面进行了规范。

《期货公司监督管理办法(征求意见稿)》起草说明

为贯彻落实监管转型的要求,进一步加强和完善对期货公司的监管,推进期货市场建设,根据2012年修订的《期货交易管理条例》(以下简称"《条例》"),结合近年来期货行业发展情况和监管实践,我们对2007年4月9日发布的《期货公司管理办法》进行了修订,并将名称变更为《期货公司监督管理办法(征求意见稿)》(以下简称"《办法》")。现说明如下:

一、起草背景

2007年4月,我会首次发布《期货公司管理办法》,至今已施行七年。七年来,审批期货行业规模不断壮大,服务能力不断增强。2012年9月,国务院发布《国务院关于第六批取消和调整行政项目的决定》(以下简称"《决定》"),对期货行业相关行政审批项目进行了大幅精简。同年10月,国务院发布新修订的《条例》,对期货市场及期货经营机构的有关规定进行调整。2014年5月,国务院发布《国务院关于进一步促进资本市场健康发展的若干意见》(以下简称"国九条"),对提高证券期货服务业竞争力以及扩大资本市场开放等方面提出了新的要求。在新形势下,我们需要响应国务院简政放权的要求,贯彻我会监管转型的精神,落实国九条关于提高证券期货服务业竞争力的有关意见;适应期货公司业务多元化现状,加强对期货公司的事中事后监管;促进期货行业对内对外开放,为提升期货公司服务能力和期货行业国际竞争力提供有利条件。鉴此,我们需要起草《办法》,进一步规范期货公司经营活动,加强对期货公司监督管理,保护客户合法权益,推进期货市场建设。

二、起草原则

本次起草过程中,我们遵循以下原则:

一是落实《决定》、国九条以及我会关于"放松管制,加强监管"有关要求,调整期货公司准入条件,减少审批事项,简化审批材料;

二是明确期货公司多元化经营的方向,反映和梳理现有业务规则,加强业务引导与规范,同时为未来业务创新预留空间;

三是推动期货行业双向开放,为"引进来"和"走出去"战略提供制度供给,提升期货行业竞争力;

四是以"两维护、一促进"为目标,加强期货公司事中事后监管。

三、具体内容

本次修改内容共涉及条款80余条,总条款由97条改为100条。主要内容如下:

(一)落实简政放权,减少行政审批,,调整行政许可项目取消和下放相关内容

一是明确期货公司已取消审批项目的备案要求。鉴于期货公司变更公司形式、变更境内分支机构营业场所等审批项目已经取消,《办法》删除了相应的行政许可条款,并明确了期货公司在发生前述事项时应当履行的事后报告义务。

二是明确期货公司股权变更的相关规定。根据行政许可清理情况,在《办法》中明确期货公司变更控股股东、第一大股东,单个股东的持股比例或者有关联关系的股东合计持股比例增加到100%的,应当经我会批准;除前述情形外,期货公司单个股东持股或者有关联关系的股东合计持股比例增加到5%以上,应当经期货公司住所地派出机构批准。同时,对股权变更的审批程序、申报材料作出相应调整。

(二)降低准入门槛,扩大期货公司股东范围,优化股东条件

一是扩大期货公司股东范围。。为更好落实国务院关于鼓励和支持民间资本进入金融业的相关要求,《办法》取消了期货公司股东必须为法人的要求,将股东范围扩大到自然人、法人或其他组织。这样,既有利于国有、集体、民营等各类资本投资期货行业,也为期货公司发行

上市扫清了政策障碍。

二是优化非自然人股东的资格条件。原《期货公司管理办法》规定的部分股东资格条件已不适应期货行业发展的需要，在一定程度上影响了大型金融机构和企业集团的进入。为此，《办法》对相关条款进行了调整，取消了期货公司股东对外长期股权投资不超过自身净资产等要求。

三是增加个人股东的资格条件。在《办法》中明确了自然人股东的资格条件，对于持股5%以上的个人股东，要求其个人金融资产不低于人民币3000万元。

（三）完善期货公司业务范围，为创新业务和牌照管理预留空间

一是完善拓宽期货公司业务范围，为创新业务预留空间。为适应资本市场混业趋势和期货公司业务多元化发展现状，我们对业务范围等条款进行调整，将期货公司从事的业务划分为三个层次。第一层次为商品期货经纪业务，依法设立的期货公司可以直接从事该业务；第二层次为需取得相应资格的业务，包括金融期货经纪、境外期货经纪、期货投资咨询、资产管理业务；第三层次为需经我会批准的其他业务，如公开募集证券投资基金销售等。通过“期货公司经批准可以从事中国证监会规定的其他业务”的表述，为进一步扩大期货公司业务范围预留空间。

二是明确期货公司可以从事中间介绍业务。《办法》允许期货公司接受其他机构的委托从事中间介绍业务，扩大了中间介绍业务的参与范围，为期货公司通过中间介绍方式参与个股期权经纪业务明确了法规依据。

三是为牌照管理和混业经营预留空间。《办法》附则中明确“经中国证监会批准，其他期货经营机构可以从事特定期货业务”，在满足证券公司等金融机构参与ETF期权等创新业务的同时，也为未来的牌照管理预留空间。

（四）适应期货公司业务多元化需要，调整完善业务规则

一是增加业务规则的一般性规定。我们归纳了期货公司从事各项业务均需遵守的共性规定，专设“一般规定”一节，增加了期货公司业务风险隔离、利益冲突防范、投资者适当性管理、信息系统建设、投资者保护、信息公示和资料保存等基本规则，进一步完善了业务规则体系。

二是适当增加业务规则的相关内容。在第四章“经纪业务规则”的基础上，对具体业务规则细分为期货经纪、期货投资咨询和资产管理业务，明确了各业务规则的主要规则与禁止性规定，健全完善对各项业务的监管要求。

三是修改业务部门及岗位设置相关要求。原《期货公司管理办法》基于经纪业务对期货公司的部门及岗位设置作了规定，部分要求已不适应期货公司经营管理的现状，《办法》根据实际情况进行了调整，明确了“期货公司应当合理设置业务部门及其职能，建立岗位责任制度，不相容岗位应当分离”。

（五）扩大对外开放，明确期货公司引进境外股东和设立境外机构的规则，并为境外客户参与境内期货交易预留空间

一是增加外资参股期货公司的相关规定。为落实我国对外开放的有关承诺，《办法》明确外资可以参股期货公司。考虑到期货行业引入外资股东后，对外资期货公司与内资期货公司在股东资格条件、业务范围、经营运作、日常监管等方面要求的一致性，除规定外资持股比例或者拥有的权益比例累计不得超过期货业对外开放承诺，以及将境外股东的准入条件限定为金融机构外，对合资公司的日常监管等方面没有特别限制，基本遵循“国民待遇”原则。

二是明确期货公司设立境外机构的规则。《条例》已明确规定，期货公司可以设立、收购或者参股境外期货类经营机构。为支持期货公司“走出去”开展国际化经营，更好地服务实体企业，《办法》进一步明确了期货公司设立、收购或者参股境外期货类经营机构的基本要求及合规条件。

三是明确境外客户可以参与境内期货交易。考虑到我国建设原油期货市场拟引入境外投资者，《条例》已对境外机构参与境内期货交易作了相应的制度安排。因此，《办法》对关于客户开立期货账户的规定进行了调整，为今后引进境外投资者参与境内期货市场交易预留空间。

（六）完善监管制度，着力维护投资者合法权益

一是完善持续监管的制度和措施。为加强对期货公司的事中事后监管，进一步完善并丰富了相关监管的措施和手段。在业务规则中明

确了期货公司应充分揭示风险,如实提供资料信息,不得欺诈或者误导客户等要求,细化了公司忠实执行客户委托的义务,并明确禁止公司未经客户委托或者未按客户委托内容,擅自进行期货交易。在现场检查制度中,增加了监管部门可以聘请外部专业人士协助开展检查工作以及现场检查可延伸至子公司的相关规定。

二是强化投资者教育和保护制度。进一步完善适当性管理等方面投资者保护制度,强化并规范了期货公司的投资者保护义务和责任。在一般业务规则中,增加了期货投资者适当性管理制度的总体性规定,要求期货公司建立适当性管理的执业规范和问责机制。

三是强化交易风险控制要求。为进一步提升期货公司风险控制水平,一方面要求期货公司应当在传递交易指令前对客户账户资金和持仓进行验证,从而有效管控机构交易风险;另一方面,要求期货公司建立健全交易指令委托业务管理制度,强化委托业务的客户身份验证要求,减少因委托业务产生的纠纷。

四是明确期货公司自有资金使用的规则。为落实简政放权要求,进一步放松管制、加强监管,在按照《条例》要求禁止从事期货自营的前提下,《办法》允许期货公司按照规定,运用自有资金投资于股票、基金、债券等金融类资产以及与期货业务相关的股权,以提高期货公司资金使用效率;并以兜底条款的方式规定自有资金可以从事我会规定的其他业务,拓宽了自有资金的使用范围。同时,重申期货公司不得从事或者变相从事《条例》禁止的业务。

五是增加信息系统建设相关规定期货公司信息系统建设事关客户交易安全和市场平稳运行,为督促期货公司加强信息系统建设和信息安全保障,保持与我会发布的《证券期货业信息安全7保障管理办法》和《证券期货业信息安全事件报告与调查处理办法》等法规相衔接,在《办法》增加了相应条款。

六是取消广告宣传材料的备案要求。原《期货公司管理办法》规定,期货公司应将对外发布的广告宣传材料报住所地派出机构备案。考虑到期货公司普遍建立了内部审查机制,相关行为的规范性大为提高,监管部门进行审查的必要性不强,且需占用大量资源,同时对期货公司的虚假宣传行为可以依据相关规定进行处理,《办法》取消了此项备案要求。

七是取消期货保证金账户相关事项向派出机构报备的要求。考虑到期货保证金账户的开立、变更、撤销事项已向期货保证金监控中心备案,且派出机构可通过内部监管信息系统获取相关账户情况,并负责对期货保证金监控中心发出的预警信息进行核查,因此《办法》取消期货公司保证金账户变动要向派出机构报备的要求。

(七)鼓励期货公司组织形式创新,满足多元化发展需要

一是增加期货公司分支机构的种类。《条例》规定期货公司设立分支机构需经我会派出机构批准,而原《期货公司管理办法》只规定了营业部这一类分支机构。实践中,期货公司为提高经营管理效率,有设立分公司等其他分支机构的需求。因此,《办法》规定,期货公司可以设立营业部、分公司等分支机构,并对原有营业部设立、变更、终止及日常监管相关规定进行调整。

二是明确期货公司设立其他机构相关规定。期货公司在业务多元化发展中,需要设立子公司以有效隔离风险,或者与其他金融机构开展股权合作。《办法》规定,期货公司可以按照规定进行与期货业务相关的股权投资,可以设立、收购、参股境外期货经营机构。同时,《办法》还规定,我会及派出机构可以要求期货公司控股或者实际控制的企业报送相关资料。

三是增加其他期货经营机构相关规定。近年来,随着我国金融业综合经营试点的稳步推进,金融机构跨业投资明显增多,交叉性金融产品和业务发展迅速。同时,我国证券与期货行业融合发展的趋势日益增强。因此,《办法》规定,"经中国证监会批准,其他期货经营机构可以从事特定期货业务",为其他期货经营机构参与特定期货业务和构建开放包容、公平竞争的期货中介服务体系预留空间。

(八)强化期货公司信息披露义务,健全信息报送及公示制度

一是调整期货公司股东的告知要求。原《期货公司管理办法》规定期货公司股东出现特定情形应当及时告知期货公司。随着期货公司股权多元化特别是小股东数量的增加,需要提高对股东告知要求的针对性、有效性。《办法》调整了报告义务主体,并对需告知事项予

以完善，增加了股东因重大违法违规行为受到行政处罚、刑事处罚及其他可能影响期货公司持续经营的情形。同时，对期货公司股东开户及交易报告等相关要求作出了调整。

二是完善期货公司对股东的报告要求。原《期货公司管理办法》规定期货公司出现特定情形应当立即通知股东。考虑到目前期货公司风控、合规体系逐步健全，监管手段不断增加，可以对相关要求进行适当调整，明确期货公司被采取重大监管措施、行政处罚，发生可能影响其持续经营的客户重大透支、穿仓等，应当立即通知全体股东。

三是强化期货公司的信息披露义务。原《期货公司管理办法》对期货公司信息披露作了原则性规定。为督促期货公司提高透明度，强化市场约束，结合《期货公司信息公示管理规定》相关条款，《办法》进一步强化了期货公司的信息披露要求，期货公司应按照规定公示其基本情况、历史情况、分支机构基本情况、董事及监事信息、高级管理人员及从业人员信息、股东信息、诚信记录以及中国证监会要求的其他信息。

（九）强化对期货公司的监管要求与法律责任，加大对违法违规行为的惩处力度

根据推进监管转型、加强监管执法的总体思路，《办法》对监管措施及法律责任的相关条款进行了补充、细化和完善，增加了对期货公司分类监管的原则性规定。新增了对期货公司未按规定实行投资者适当性管理和未对账户资金、持仓进行验证的行为给予行政处罚的罚则，补充了期货公司信息系统不符合规定以及信息披露存在虚假记载、误导性陈述或重大遗漏等违法违规行为的监管措施。此外，进一步强化了期货公司及其高管人员、股东的责任，加大对违法违规行为的惩处力度。

《证券公司及基金管理公司子公司资产证券化业务管理规定（修订稿）》修订说明

根据《国务院关于取消和下放一批行政审批项目的决定》（国发〔2014〕5 号），我会于 2 月 21 日公告取消证券公司专项投资业务，以证券公司专项计划为特殊目的载体（SPV）的资产证券化业务行政审批相应取消，资产证券化业务的法律适用和监管规则需做相应调整。据此，我们对《证券公司资产证券化业务管理规定》进行了修订，拟更名为《证券公司及基金管理公司子公司资产证券化业务管理规定》（以下简称《规定》）。修订后的《规定》共七章五十一条，新增“资产支持证券的挂牌、转让”一章，同时合并原“管理人及托管人”和“原始权益人”等章节（原《规定》共八章四十六条）。

本次修订旨在认真贯彻落实党中央、国务院的相关决策部署，盘活存量资产，服务经济结构调整和转型升级，按市场化、法治化原则加快推进资产证券化业务发展，同时全面加强事中、事后监管。现就修订主要情况说明如下：

、明确以《证券法》、《基金法》、《私募投资基金监督管理暂行办法》为上位法，统一以资产支持专项计划作为 SPV 开展资产证券化业务

根据功能监管原则，修订后的《规定》拟将资产证券化业务开展主体范围由证券公司扩展至基金管理公司子公司，同时，依托我会《私募投资基金监督管理暂行办法》，构建资产证券化业务的 SPV。为区别于一般私募（证券或股权投资）基金，并与原《规定》尽量保持一致（原 SPV 名为“专项资产管理计划”），修订后的 SPV 名称定为“资产支持专项计划”。

二、改事前行政审批为事后备案，同时实行负面清单管理制度

一是本次修订删除了原《规定》中与审批相关的条款，由基金业协会依据备案规则统一

事后备案,明确规定专项计划设立完成后由中国基金业协会事后备案,即证券公司、基金管理公司子公司应当自专项计划设立后5个工作日内将设立情况报中国基金业协会备案,并按照相关自律规则提交备案文件,同时抄送相关派出机构。对未按规定进行备案的资产支持证券,证券交易场所不得为其提供挂牌转让服务。

二是中国基金业协会对基础资产实施负面清单管理,并可以根据监管需要适时调整负面清单。

三是拟在证券交易场所挂牌转让的资产支持证券,应当符合相关证券自律组织的挂牌转让条件。

三、强化重点环节监管,加强投资者保护

一是突出以信息披露为中心的监管要求,起草了《证券公司及基金管理公司子公司资产证券化业务信息披露指引》,主要内容包括信息披露的基本原则、发行及存续环节信息披露要求等,拟做为《规定》的配套规则同步发布。

二是强化基础资产的真实性要求。《规定》第三条第二款要求,作为基础资产的财产权利或者财产其交易基础应当真实,交易对价应当公允,现金流应当持续、稳定。此外,考虑到资产证券化业务中尽职调查的重要性和特殊性,专门起草了《证券公司及基金管理公司子公司资产证券化业务尽职调查工作指引》,拟做为《规定》的配套规则同步发布,以加强尽职调查环节的监管。

三是明确建立资产支持证券持有人会议制度,完善持有人权益保护。《规定》要求,发行资产支持证券,可以在计划说明书中约定资产支持证券持有人会议的召集程序及持有人会议规则,明确资产支持证券持有人通过持有人会议行使权利的范围、程序和其他重要事项。

关于《中国证监会委托上海深圳证券交易所实施案件调查试点工作规定(草案)》的起草说明

为贯彻落实《国务院关于进一步促进资本市场健康发展的若干意见》(国发〔2014〕17号)提出的“严厉打击证券期货违法犯罪行为”的精神,解决证券期货执法任务不断加重与执法力量相对不足的突出矛盾,加强证券期货市场稽查执法力量,更好地履行“两维护、一促进”核心职责,根据《行政处罚法》等相关规定,结合资本市场实际情况,草拟了《中国证监会委托上海深圳证券交易所实施案件调查试点工作规定(草案)》(以下简称《委托调查规定》)。现将主要内容说明如下:

一是关于委托的对象。考虑到委托交易所实施案件调查属于执法工作的创新举措,为稳妥推进相关工作,《委托调查规定》明确规定,试点初期委托对象为上海,深圳证券交易所(第二条)。

二是关于委托的方式。结合资本市场实际,《委托调查规定》明确中国证监会可以采取专项委托和一事一委托两种委托方式:委托交易所对部分涉嫌欺诈发行、内幕交易、操纵市场、虚假陈述等违法行为,实施调查取证;采用一事一委托的方式,委托交易所对涉嫌重大、新型、跨市场等特定违法行为,实施调查取证(第三条)。

三是关于委托的内容。《委托调查规定》规定,交易所在委托的范围内,应当以中国证监会的名义,依照法律、行政法规和中国证监会相关规定实施案件调查;调查终结,将证据等案件材料移交中国证监会稽查执法部门或其指定的派出机构复核后,由中国证监会或其授权的派出机构依照法定程序对调查结果进行审查、作出决定(第四条)。由此可见,交易所仅参与行政处罚调查取证环节,审理听证、处罚决定、处罚执行等行政处罚的其他环节仍由中国证监会及其授权的派出机构负责。

四是关于实施调查的工作要求。第一,明

确调查权限。《委托调查规定》明确,交易所的调查人员在调查过程中,应当与中国证监会调查人员一样,遵守法律、法规和中国证监会案件调查相关规定,并有权采取《证券法》、《基金法》、《期货交易管理条例》等规定的调查手段。考虑到《行政强制法》第十七条明确规定"行政强制措施权不得委托",明确交易所受托实施案件调查,需要采取查封、冻结、封存等与行政处罚权有关的行政强制措施的,应当报请中国证监会稽查执法部门依法办理(第四条)。第二,持证上岗。《委托调查规定》规定,交易所应设立专门的部门从事受托案件调查,其工作人员经培训、考试考核合格、取得中国证监会统一颁发的行政执法证件后,方可上岗从事案件调查工作(第五条)。第三,禁止转委托。《委托调查规定》规定,交易所应当自行完成受委托的案件调查事项,不得将受委托事项再委托给其他组织或者个人(第六条)。

五是关于监督指导。《委托调查规定》规定,中国证监会依法对交易所及其工作人员实施案件调查进行监督和指导,并对委托行为的后果承担法律责任(第七条)。

六是关于法律责任。为保障交易所按照委托承担案件调查任务,防止在调查过程中不作为、乱作为,《委托调查规定》明确规定,出现特定情形的,可以对交易所责令改正、撤销委托并依法对直接负责的主管人员和其他直接责任人员给予行政处分;对其工作人员依法给予处分,构成犯罪的,依法追究刑事责任(第八条)。

《股票期权交易试点管理办法(征求意见稿)》起草说明

为落实《国务院关于进一步促进资本市场健康发展的若干意见》(国发〔2014〕17 号)关于"强化证券交易所市场的主导地位,壮大主板,创新交易机制,丰富交易品种"和"建设金融期货市场,平稳有序发展金融衍生产品,逐步丰富股票期权品种"的要求,规范股票期权市场秩序,中国证监会起草了《股票期权交易试点管理办法(征求意见稿)》(以下简称"《办法》"),现就相关情况说明如下。

一、起草背景

股票期权是指交易双方关于未来买卖单只股票或交易型开放式指数基金(以下简称ETF)的权利达成的合约,包括个股期权(合约标的为单只股票)和 ETF 期权(合约标的为ETF)两类,是国际资本市场成熟的基础金融衍生产品。在我国证券交易所开展股票期权交易试点,有利于提高资本市场配置资源的能力,为投资者提供更为精细化的风险管理工具和丰富证券交易所的交易品种和交易工具,强化证券交易所的主导地位。同时,推出股票期权交易试点对推动证券期货经营机构创新发展,提升行业竞争力也具有积极意义。

二、起草原则

由于《期货交易管理条例》(以下简称《条例》)已对期权业务作出了较为全面的规范,并且股票期权是资本市场重大创新产品,相关规范需要在审慎试点基础上逐步完善,因此《办法》遵循"统一、规范、概括"的起草原则,对证券交易所,证券登记结算机构,证券公司和期货公司参与股票期权业务的资格和基本业务规范作出规定。对《条例》已有明确规定的事项,不再重复;对具体业务细节,则授权证券交易所和证券登记结算机构通过业务规则予以规定。

三、《办法》体例结构及主要内容

在体例结构上,《办法》参照《条例》的体例,按照"总则—市场主体—业务规范—监督管理—法律责任"的逻辑作出规定。由于内容较为精简,仅三十个条文,故未再单设章节,主要内容包括"股票期权交易场所和结算机构"、"证券公司和期货公司与股票期权相关的业务资格"、"投资者保护"、"股票期权风控措施"

及“其他规定”等五个方面。

(一)明确证券交易所和证券登记结算机构分别作为股票期权交易场所和结算结构

一是根据《条例》第四条和第八十五条授权,规定证券交易所作为股票期权交易场所,依法组织开展股票期权业务,并要求其应当遵循《条例》的相关规定,按照期货交易的基本原理,构建相应的股票期权交易与风控制度。同时,为与《条例》规定严格一致,《办法》最后规定其他交易场所经我会批准可参照《办法》规定开展股票期权交易。

二是根据《条例》第八十三条授权,规定证券登记结算机构作为股票期权结算机构,办理证券交易所股票期权交易的结算业务。

(二)对证券公司和期货公司从事股票期权相关业务的资格进行了规定

《办法》明确证券公司可以从事股票期权经纪业务、做市业务和自营业务,但不扩展至其他期货、期权品种的经纪业务。具有金融期货资格的期货公司可以从事股票期权经纪业务以及与股票期权行权交割相关的有限范围的证券现货经纪业务,包括允许投资者通过期货公司向证券登记结算机构申请开设证券账户、允许期货公司从事与股票期权备兑开仓和行权相关的标的证券经纪业务。具体资格要求和业务规范由我会配套指引另行规定。

(三)高度重视投资者保护

一是规定股票期权交易实行投资者适当性管理制度。股票期权作为金融衍生品种,交易方式相对复杂,不适合中小投资者参与,境外成熟市场均从资产状况、知识结构和交易经验等各方面对参与股票期权交易的投资者的资格作出了限定。综合以上考虑,《办法》规定股票期权试点实行投资者适当性制度,并要求证券交易所制定具体标准和实施指引。

二是明确规定了证券期货经营机构的投资者保护义务,要求期权经营机构审慎判断投资者风险承担能力,主动提示投资者如实提供开户资料,并在期权合约到期前要提醒投资者妥善处理交易持仓;同时投资者也要自主承担股票期权交易的相关风险,不得通过申报虚假开户资料等手段规避投资者适当性制度。

三是建立纠纷处理机制,要求期权经营机构对与投资者发生纠纷时的处理规则和程序、投资者投诉的方式和渠道以及投资者权益保障等内容进行公示和说明。

四是规定证券期货经营机构可以与投资者约定为其提供“协议行权”服务,以更好保障投资者合法权益。

五是要求证券交易所、证券登记结算机构、保证金安全存管监控机构建立跨市场信息共享和监测协作机制,提高打击跨市场违法违规行为的协同性,切实保障投资者合法权益。

(四)针对性建立股票期权风控措施

《办法》既注重促进股票期权市场发展,更注重规范股票期权市场秩序,防范市场风险,相关风控制度安排包括:一是明确将跨市场操纵和内幕交易行为列为违法违规行为予以打击,《办法》除禁止通过期权市场操纵期权合约价格以及通过期权市场内幕信息进行内幕交易外,还明确禁止通过操纵期权合约标的价格的方式操纵期权合约自身价格以及禁止利用合约标的市场的内幕信息或其他未公开信息进行期权合约交易。二是对股票期权合约标的提出明确要求,为防止期权市场被爆炒以及合约被操纵,要求交易所上市期权合约时,应选择抗操纵性强、透明度高、流动性好的标的物。三是允许证券交易所建立做市商制度,为市场提供流动性,提高期权合约定价的合理性,同时对做市商提出了明确的业务规范要求。四是要求证券交易所在业务规则中明确上市公司董事、监事、高级管理人员及持股达到一定比例的股东从事股票期权交易的规范要求。五是注重发挥证券交易所、证券登记结算机构、保证金安全存管监控机构、行业协会等市场组织者和自律组织的一线监管职能,要求前述机构切实承担起维护市场交易结算秩序的职责,建立相应的风控措施,并且发现问题要及时报告我会并向市场公告。

此外,鉴于股票期权市场与其他市场相关性高,《办法》除禁止通过操纵其他市场和利用其他市场内幕信息及未公开信息操纵股票期权市场或从事股票期权交易外,还明确禁止通过操纵股票期权市场和利用股票期权市场内幕信息从事其他市场的交易。

(五)其他内容

1. 关于保证金安全存管监控机构:由于目前证券投资者保护基金公司(以下简称“投保公司”)和期货保证金监控中心(以下简称“期

保中心”）分别负责证券公司和期货公司资金业务的监控，基于减少中介机构多头报送数据、避免系统重复开发和维护各机构现有职责不变等考虑，《办法》明确规定投保公司和期保中心作为保证金安全存管监控机构，分别负责证券公司、期货公司从事期权业务时的保证金监控工作。

2. 关于证券交易所和证券登记结算机构的职责分工：由于我国缺乏开展期权交易的经验，因此《办法》对所司在风险管理这一环节的分工做了初步界定，具体职责分工则由所司通过业务规则的形式予以明确。

3. 关于期货公司从事相关现货经纪业务时的资金存管：《办法》按照“期、现隔离”原则要求期货公司从事与备兑开仓和行权相关的现货经纪业务时需为投资者单独开立相关现货资金账户。

4. 关于配套指引：为进一步明确证券公司、期货公司和基金管理公司等证券期货经营机构参与股票期权业务的具体规范，我会将根据《办法》同步出台《证券期货经营机构参与股票期权交易试点指引》，对证券公司、期货公司和基金管理公司等证券期货经营机构参与股票期权业务的资格要求、资金存管、风控指标计算及投资行为规范等问题作出具体规定。

此外，证券公司、期货公司从事股票期权业务或者与期权相关现货经纪业务发生重大风险时，可以按照《证券投资者保护基金管理办法》和《期货投资者保障基金管理暂行办法》的规定动用相关基金，证券公司、证券交易所从事股票期权业务无需另外缴纳期货投资者保障基金，期货公司从事相关证券现货经纪业务时也无需另行缴纳证券投资者保护基金。

《证券期货经营机构参与股票期权交易试点指引（征求意见稿）》起草说明

为明确证券期货经营机构参与股票期权交易试点的有关要求，推动股票期权交易试点工作平稳展开，中国证监会起草了《证券期货经营机构参与股票期权交易试点指引（征求意见稿）》（以下简称“《指引》”），现就有关情况说明如下：

一、起草背景

股票期权是指交易双方关于未来买卖单只股票或交易型开放式指数基金的权利达成的合约，是国际资本市场成熟的基础金融衍生产品。在我国证券交易所开展股票期权交易试点，既有利于提高资本市场配置资源的能力，为投资者提供更为精细化的风险管理工具，也有利于推动证券期货经营机构创新发展，提升行业竞争力。

我会《股票期权交易试点管理办法（征求意见稿）》（以下简称“《办法》”）中，已经对证券交易所、证券登记结算机构、证券公司和期货公司参与股票期权业务的基本规范作出规定，并明确证券公司可以从事股票期权经纪业务、做市业务和自营业务，期货公司可以从事股票期权经纪业务、与股票期权备兑开仓以及行权相关的证券现货经纪业务。本《指引》作为《办法》的配套文件，主要就证券期货经营机构参与股票期权交易试点的具体业务形式及资格条件、风险控制指标计算规则以及有关监管要求进行明确。

二、起草原则

股票期权业务与传统证券、基金等业务的业务模式和风险特征不同，证券期货经营机构应在熟悉业务规则、完善风险防控措施的基础上，稳步开展期权业务。因此，我们在起草《指引》过程中主要遵循了以下原则：

一是逐步放开、稳步推进。

考虑到股票期权经纪业务、做市业务对证券期货经营机构客户适当性管理、定价能力和风险管理能力要求较高,为有效防范风险,对证券期货经营机构从事股票期权经纪业务和做市业务设置了一定条件,由风控合规水平较高、资本实力较强的机构先行开展,积累经验后再逐步推广。

二是风险可控、规范运行。

考虑到证券期货经营机构尚无场内期权业务实践经验,要求各机构在开展股票期权业务时,遵循风险可测、可控、可承受原则,规范业务流程,合理控制业务规模,确保业务平稳运行。

三是适用性和针对性。

股票期权与股指期货、国债期货等现有场内衍生品相比既有共性,也有其自身特点。在制度设计时,既要借鉴股指期货、国债期货的已有监管经验,又要针对期权业务特点,提出有针对性的具体要求。

三、主要内容

《指引》共32条,主要包括以下三个方面:证券期货经营机构从事股票期权经纪业务有关要求;证券期货经营机构自营、做市及资产管理业务参与股票期权的有关要求;证券期货经营机构强化内控管理及计算风控指标等监管要求。

(一)股票期权经纪业务有关要求

证券公司从事股票期权经纪业务试点,应当符合以下基本条件:一是具有证券经纪业务资格;二是期权业务制度健全,且有拟负责期权业务的高级管理人员和适当数量的专业人员;三是具有满足从事期权业务要求的营业场所、技术系统等软硬件设施,技术系统已通过相关证券交易所和证券登记结算公司组织的测试;四是公司及其董事、监事、高级管理人员最近1年内未因重大违法违规行为受到行政处罚和刑事处罚。本着简政放权、放松管制的原则,《指引》对证券公司从事股票期权经纪业务试点不设行政许可,而要求相关机构于其实际开展股票期权经纪业务后五个工作日内报公司住所地中国证监会派出机构备案。

期货公司依法获得金融期货经纪业务资格后,即可开展股票期权经纪业务,无须再履行审批或备案程序。考虑到期货公司从事与股票期权备兑开仓以及行权相关的证券现货经纪业务是开展股票期权经纪业务的必要环节,而非一项独立业务,因此期货公司从事此项业务也不需单独审批或备案。

证券公司、期货公司从事股票期权经纪业务的,还应当指定专门部门和专人开展业务,制定并严格执行股票期权经纪业务投资者适当性管理制度,按规定在保证金存管银行开设保证金账户,并与公司自有资金、证券现货交易结算资金实行分户管理。投资者参与股票期权交易的,应当在证券公司、期货公司营业场所现场办理股票期权交易开户手续,并书面签署风险揭示书。

期货公司可以接受一家或者多家证券公司或期货公司的委托,为其介绍客户参与股票期权交易,并提供其他相关服务。《指引》对中间介绍业务的备案、介绍业务协议的内容、介绍业务服务规范等提出了具体要求。

(二)自营、做市及资产管理业务参与股票期权有关要求

在自营业务方面,《指引》要求证券公司以自有资金参与股票期权交易试点的,应当具备证券自营业务资格;不具备证券自营业务资格的证券公司,其自有资金只能以套期保值为目的,参与股票期权交易。除法律法规另有规定外,期货公司不得以自有资金参与股票期权交易试点。

在做市业务方面,《指引》规定证券公司从事股票期权做市业务试点的,应依法经我会批准,并满足具有证券自营业务资格、最近6个月净资本持续不低于40亿元、最近18个月净资本等风险控制指标持续符合规定标准、具有完备的做市业务实施方案及内部管理制度等要求。《指引》还要求从事股票期权做市业务的证券公司加强做市业务管理,不得利用从事做市业务的机会,进行内幕交易、市场操纵等违法违规行为。

在资产管理业务方面,《指引》要求除经中国证监会注册的特殊基金品种外,公开募集证券投资基金参与股票期权交易的,应当按照风险管理的原则,以套期保值为主要目的;基金合同中应明确参与股票期权交易的投资策略、比例限制、估值方法、信息披露、风险控制等事项;定期信息披露文件中应披露参与股票期权交易的有关情况;基金管理公司应建立股票期权交易决策部门或小组,确保投资、风控等核心岗位

人员具备股票期权业务知识和相应的专业能力。对于证券期货经营机构开展的公开募集证券投资基金之外的其他资产管理业务，应按照合同的约定参与股票期权交易，并向委托人充分披露有关信息。

（三）强化内控管理、计算风控指标等监管要求

《指引》要求，证券期货经营机构从事股票期权相关业务的，应当强化内部控制制度，对股票期权相关业务制定严格的授权管理制度和投资决策流程；应当建立健全并有效执行风险管理制度，完善相应的风险管理系统，加强对市场风险、流动性风险、操作风险等的识别、监测和控制。证券公司从事股票期权相关业务的，还应当建立健全并有效执行信息隔离制度，对经纪、自营、做市、资产管理等业务进行有效隔离，防范利益冲突。

《指引》还对证券期货经营机构从事股票期权相关业务的风险控制指标做出了具体规定。对于证券公司从事股票期权经纪业务的，参照期货公司对期货经纪业务的计算标准，按客户缴纳保证金的4%计算风险资本准备，对客户欠缴的保证金按100%扣减净资本。对于证券公司从事股票期权自营业务和做市业务的，考虑到期权风险的非线性特点，《指引》利用交易所公布的期权Delta系数来计算各期权合约的Delta值，并以此为基础计算股票期权业务的投资规模和风险资本准备。公开募集证券投资基金参与股票期权交易的，除中国证监会另有规定或注册的特殊基金品种外，要求其持有期权所支付及收取的权利金总额不得高于基金资产净值的10%，且持有期权合约面值不得超过基金资产净值的20%。期货公司开展股票期权相关业务，风险监管指标应当符合《期货公司风险监管指标管理办法》的有关规定。

《公司债券发行与交易管理办法（征求意见稿）》修订说明

2007年8月，中国证监会发布《公司债券发行试点办法》（以下简称《试点办法》），启动公司债券发行试点，确立了公司债券发行监管的基本制度，服务实体经济的功能初步发挥。试点至今，《试点办法》部分规定已经不能满足实体经济需求和市场发展需要，及时进行修订对于规范发展债券市场，提高直接融资比重，缓解融资难、融资贵问题，支持经济稳增长、调结构具有重要作用，市场需求急迫。

本次修订的指导思想是：按照党的十八届三中全会决定和国务院《关于进一步促进资本市场健康发展的若干意见》（国发〔2014〕17号）关于规范发展债券市场的总体目标，体现新一届政府简政放权、宽进严管的政府职能转变要求，适应债券市场改革发展的新形势，推动债券市场监管转型，提升债券市场服务实体经济的能力，同时加强市场监管，强化投资者保护。

修订后的《试点办法》更名为《公司债券发行与交易管理办法》（以下简称《管理办法》），共六章七十三条。现就主要修订内容说明如下：

一、扩大发行主体范围

为进一步提高公司债券市场支持服务实体经济的能力，在《公司法》、《证券法》的框架下，《管理办法》将原来限于境内证券交易所上市公司、发行境外上市外资股的境内股份有限公司、证券公司的发行范围扩大至所有公司制法人。依照《国务院关于加强地方政府性债务管理的意见》（国发〔2014〕43号）等有关规定，《管理办法》附则中规定发债主体不包括地方政府融资平台公司。

二、丰富债券发行方式

非公开发行公司债券融资方式灵活，创新

空间较大,可作为下一步债券市场发展的重点领域。《管理办法》在总结中小企业私募债试点经验的基础上,对非公开发行以专门章节作出规定,全面建立非公开发行制度。

三、增加债券交易场所

《管理办法》将公开发行公司债券的交易场所由上海、深圳证券交易所拓展至全国中小企业股份转让系统;非公开发行公司债券的交易场所由上海、深圳证券交易所拓展至全国中小企业股份转让系统、机构间私募产品报价与服务系统和证券公司柜台。

四、简化发行审核流程

《试点办法》在公司债券的试点阶段,引进了股票发行的保荐制度、发审委制度。根据市场发展情况和监管转型的要求,《管理办法》取消了公司债券公开发行的保荐制和发审委制度,以简化审核流程,体现债券特性。

五、实施分类管理

对公司债券公开发行建立了投资者适当性制度,高信用等级的公司债券向公众发行,也可自主选择向合格投资者发行;其他债券向合格投资者发行。

证券交易场所对公开发行公司债券的上市交易或转让实施分类管理,实行差异化的交易机制,并根据债券资信状况动态调整。

六、加强债券市场监管

一是加强信息披露监管。《管理办法》以专章对信息披露作出规定,对公司债券公开发行涉及的重大事项提出强制披露要求,同时明确非公开发行应按照规定和约定披露信息。

二是将非公开发行纳入监管。《管理办法》引入了私募债的监管规定,将非公开发行公司债券虚假陈述等损害投资者合法权益的行为纳入监管,在规章层面对私募债的行政监管作出安排。

三是完善承销行为监管。《管理办法》对债券承销进行系统规范,防范利益输送。

四是完善募集资金使用的监管。《管理办法》规定发行人须指定专项账户,用于公司债券募集资金的接收、存储、划转与本息偿付。

五是提高评级信息透明度。《管理办法》进一步明确了评级机构的信息披露义务。

七、强化持有人权益保护

一是完善债券受托管理人制度,进一步明确债券受托管理人职责,以及其在债券持有人权益保护中的重要地位。

二是完善债券持有人会议制度,细化债券持有人会议规则,明确决议的约束力。

三是完善债券增信机制。《管理办法》对增信措施作出引导性规定,明确发行人可以采取相关内外部增信措施,并规定增信机构可以成为中国证券业协会会员。

《管理办法》注重在原有基础上,进一步利用债券契约设计灵活,市场自治空间较大的特点,通过债券受托人制度、持有人会议制度和债券契约条款三重制度的引导性规范,引导发行人、债券持有人对财务限制、债务重组、集体行动等偿债保障事项事前作出约定,同时发挥受托管理人的专业化服务职能,进一步探索市场化、法治化的债券违约处理机制。

关于《中国证监会行政和解试点实施办法(征求意见稿)》的起草说明

一、起草背景

有效查处和惩治各类市场违法失信行为,并对因违法违规行为给投资者造成的经济损失及时、充分地予以补偿,是保护投资者尤其是中小投资者合法权益的实质举措,也是维护资本市场公开、公平、公正的市场环境和运行秩序，实现资本市场功能作用的基本保障。为了实现上述执法目标，境外一些国家或地区在执法实践中逐步建立了行政和解这一新的执法方式，行政机关在对行政相对人涉嫌违法违规行为调查过程中，通过与行政相对人就停止、纠正涉嫌违法违规行为，消除不良后果，交纳行政和解金补偿受害人损失等进行协商，达成和解协议的方式，让违法违规者付出经济代价，直接实现制裁和惩戒的目的，并对受害人的经济损失作出补偿，从而及时化解社会矛盾，稳定市场预期。行政和解是一种兼顾对违法违规者经济制裁和对利益受损投资者经济补偿的执法方式。

2013 年，国务院办公厅发布《国务院办公厅关于进一步加强资本市场中小投资者合法权益保护工作的意见》（国办发〔2013〕110 号），提出“探索建立证券期货领域行政和解制度，开展行政和解试点”。为落实这一工作要求，中国证监会就在证券期货领域开展行政和解试点工作进行了认真研究，并与全国人大常委会法工委、最高人民法院和国务院法制办等相关单位进行了专门论证，于 2014 年正式向国务院请示，在证券期货领域进行行政和解试点。近日，国务院批准了中国证监会的请示。根据国务院的相关要求，中国证监会在全国人大常委会法工委、最高人民法院、国务院法制办的指导下，会同有关部门经过深入调查研究、广泛征求意见，研究起草了《中国证监会行政和解试点实施办法（征求意见稿）》（以下简称征求意见稿）。

二、征求意见稿的主要内容

征求意见稿共 5 章 40 条，分别为总则、行政和解的适用范围与条件、行政和解的实施程序、行政和解金的管理和使用、附则。现将主要内容说明如下：

（一）行政和解的适用范围与条件

行政和解是指中国证监会在对公民、法人或者其他组织等行政相对人涉嫌违反证券期货法律、行政法规和相关监管规定行为进行调查执法过程中，根据行政相对人的申请，与其就改正涉嫌违法违规行为，消除涉嫌违法违规行为不良后果，交纳行政和解金补偿投资者损失等进行协商达成行政和解协议，并据此终止调查执法程序的行为（第二条）。从试点阶段审慎起步，严格限制适用范围的角度，征求意见稿规定，只有行政相对人涉嫌实施虚假陈述、内幕交易、操纵市场或欺诈客户等违法行为，并符合以下全部条件的，才可以适用行政和解程序：中国证监会已经正式立案，且经过了必要的调查程序，但案件事实或法律关系尚难完全明确；采取行政和解方式执法有利于减少争议，稳定和明确市场预期，恢复市场秩序；行政相对人愿意采取有效措施补偿因其涉嫌违法违规行为受到损失的投资者；以行政和解方式结案不违反法律、行政法规的禁止性规定，不损害社会公共利益和他人合法权益（第六条）。

此外，征求意见稿从反面规定，行政相对人涉嫌违法违规行为的事实清楚，证据充分，法律适用明确，依法应当给予行政处罚的，行政相对人涉嫌犯罪，依法应当移送司法机关处理的，中国证监会基于审慎监管原则认定不适宜行政和解的，以及中国证监会派出机构负责查处的案件，不得适用行政和解程序（第六条第二款，第七条）。

（二）行政和解的实施程序

征求意见稿将行政和解的实施程序分为申请、受理、行政和解协议的协商、行政和解协议的签订与执行等几个环节。

行政相对人自收到中国证监会送达的案件调查通知书之日起三个月后，至中国证监会作出行政处罚决定前，可以向中国证监会提出行政和解申请，中国证监会不得向行政相对人主动或者变相主动提出行政和解建议，或者强制行政相对人进行行政和解（第四条，第九条）。

中国证监会实施行政和解，由专门的行政和解实施部门（以下简称和解实施部门）负责，与中国证监会的案件调查部门（以下简称案件调查部门）、案件审理部门（以下简称案件审理部门）相互独立（第八条）。和解实施部门收到行政相对人提交的申请书及相关申请材料后，应当征求案件调查部门意见（第十三条）。行政相对人在案件移送案件审理部门后，作出行政处罚决定前提出行政和解申请的，和解实施部门除征求案件调查部门意见外，还应当征求案件审理部门的意见（第十五条）。和解实施部门综合案件调查部门、案件审理部门的意见对行政相对人的申请进行审查，认为行政相对人的行政和解申请符合条件的,向行政相对人出具受理通知(第十四条,第十六条至第十八条)。

行政和解申请受理后,至中国证监会与行政相对人达成行政和解协议前,中国证监会对案件的调查工作不中止。案件调查部门发现新的事实、证据,认为案件不再符合行政和解受理条件的,和解实施部门应当终止行政和解程序。但对于已经移送案件审理部门审理的行政和解案件,案件受理后,审理部门应当中止对案件的审理(第十九条)。

和解实施部门自作出受理行政和解申请决定之日起,可以就行政相对人涉嫌违法违规行为的情况、行政相对人将要交纳的行政和解金数额、行政相对人将要采取的纠正涉嫌违法违规行为的措施等问题,与行政相对人进行沟通和协商(第二十条)。行政和解协商的期限为3个月,经中国证监会主要负责人批准,可以延长1个月,未能在期限内达成行政和解协议的,行政和解程序终止(第二十二条)。行政和解的协商过程适用回避制度、保密制度(第二十三条,第二十四条)。

中国证监会与行政相对人就涉嫌违法违规行为的处理进行协商、沟通,达成一致的,签订行政和解协议。行政和解协议应当载明行政和解的事由,行政相对人交纳行政和解金的数额、方式,行政相对人对涉嫌违法违规行为进行整改以及消除、减轻涉嫌违法违规行为所造成危害后果的其他具体措施,行政相对人履行行政和解协议的期限以及需要载明的其他事项(第二十六条)。中国证监会应当依照规定公开行政和解协议的主要内容、结果,但涉及行政相对人在行政和解过程中作出的自认、承诺,国家秘密,行政相对人商业秘密和个人隐私情形及法律、行政法规或者中国证监会另有规定的除外(第二十八条第一款)。

行政和解协议达成后,中国证监会应当中止对案件的调查工作,并监督行政相对人在协议规定的时限内履行协议规定的义务。行政相对人履行完全部义务后,中国证监会应当作出终止案件调查、审理的决定。行政相对人因同一涉嫌违法违规行为被采取相关限制性措施的,一并停止执行(第二十九条)。

行政和解协议达成后,行政相对人不履行行政和解协议的,中国证监会有权终止和解程序,且应当及时恢复对行政相对人涉嫌违法违规行为的调查、审理工作,并告知行政相对人。同时,行政和解协议无效,但行政相对人交纳的行政和解金已由行政和解金管理机构依法补偿投资者的除外(第三十条)。

对于行政相对人未能在规定期限内与中国证监会达成行政和解协议的案件,中国证监会在继续调查、恢复审理时不得再次适用行政和解程序;对于行政相对人未按照约定履行行政和解协议的案件,中国证监会在恢复调查、审理后不得再次适用行政和解程序(第三十一条)。

中国证监会在与行政相对人进行行政和解的过程中,或者行政和解协议达成后,发现行政相对人存在所提供的材料有虚假记载或者重大遗漏等欺诈情形的,应当终止行政和解程序,恢复调查、审理程序(第三十二条)。

行政相对人不履行行政和解协议,或者提供材料存在虚假记载或重大遗漏的,由和解实施部门负责记入诚信档案(第三十四条)。

(三)行政和解金的确定、管理和使用原则

行政和解是一种兼顾市场秩序的整体维护与对投资者进行个体救济的新型执法方式,运用行政相对人交纳的行政和解金及时有效地弥补投资者因行政相对人涉嫌违法违规行为受到的损失,是行政和解制度的核心价值体现。据此,征求意见稿规定,行政和解金数额的确定应当综合考虑行政相对人涉嫌违法违规行为被查实后依法可处以罚款或者没收违法所得的金额,行政相对人因涉嫌违法违规行为所获收益、所避免的损失,其他人因涉嫌违法违规行为所遭受的损失等因素(第二十七条第一款)。

根据国务院批准的工作安排,有关行政和解金的具体管理和使用办法,由中国证监会和财政部共同研究制定。征求意见稿仅在第4章对行政和解金的管理和使用作了原则规定,包括:行政和解金由行政和解金管理机构专户管理(第三十六条);行政相对人因行政和解协议所涉行为造成投资者损失的,投资者可以向行政和解金管理机构申请补偿(第三十七条第一款)。

(四)投资者通过行政和解金获得补偿与通过民事诉讼获得赔偿的关系

行政和解金补偿与民事赔偿是投资者寻求

损失救济的两种不同机制。和解程序不影响投资者提起民事诉讼的权利。受害投资者既可以申请行政和解金补偿,也可以提起民事诉讼请求赔偿。但另一方面,行政和解金制度在功能上体现出一定的补偿性,与民事赔偿制度功能有相似之处,需要处理好行政和解金补偿与民事赔偿的衔接问题。对已经通过行政和解金获得补偿的投资者再就同一行为提起诉讼主张赔偿的,要作出专门安排,防止出现有的投资者同时利用行政和解金补偿与民事诉讼赔偿两种不同救济机制获得优于其他投资者的重复救济。因此,征求意见稿规定,投资者可以通过行政和解金补偿程序获得补偿,或者按照《中华人民共和国民事诉讼法》的规定对行政相对人提起民事损害赔偿诉讼请求赔偿。但投资者已通过行政和解金补偿程序获得补偿的,不应就已获得补偿部分再行提起民事损害赔偿诉讼(第三十七条第二款)。

《境外交易者和境外经纪机构从事境内特定品种期货交易管理暂行办法(征求意见稿)》起草说明

一、起草背景

我国已成为世界第二大经济体,是多种大宗商品的生产国、消费国和贸易国。满足国民经济发展需要,为实体经济发展提供优质高效的价格发现和风险管理服务,有必要引入境外交易者和境外经纪机构参与我国期货市场交易,以提高我国期货市场的国际化程度和定价能力。我会已批准上海期货交易所在其国际能源交易中心开展原油期货交易。原油期货作为我国第一个国际化的期货品种,将建设国际化交易结算平台,全面引入境外交易者和境外经纪机构。为此,有必要专门制定引入境外交易者和境外经纪机构从事境内特定品种期货交易的管理办法。

二、起草依据

2012年10月24日国务院公布了修订《期货交易管理条例》(以下简称《条例》)的决定,增加了第二十四条第二款:“符合规定条件的境外机构,可以在期货交易所从事特定品种的期货交易。具体办法由国务院期货监督管理机构制定”的规定。根据《条例》第五条第一款“国务院期货监督管理机构对期货市场实行集中统一的监督管理”和第二十四条第二款的授权,中国证监会起草了《境外交易者和境外经纪机构从事境内特定品种期货交易管理暂行办法(征求意见稿)》(以下简称《办法》),对境外交易者和境外经纪机构从事境内特定品种期货交易的条件、参与规则、监督管理等事项进行规定。

三、《办法》的主要内容

《办法》是专门规定境外交易者和境外经纪机构从事境内特定品种期货交易的规范,共35条,按照“总则—参与模式—基本交易规则—监督管理—法律责任”的逻辑作出规定。对于《条例》规定的期货交易基本规则、监督管理等事项,《办法》作为部门规章按《条例》有关规定执行;《期货交易所管理办法》、《期货公司监督管理办法》中在市场监管和公司监管方面的有关未尽事宜,《办法》进行了补充性规定。

(一)境内特定品种的确定

从我国商品现货和期货市场的发展实际出发,期货市场对外开放遵循循序渐进的原则,统筹考虑人民币资本项目开放进程、实体企业及金融机构参与程度,期货市场的风险控制能力等诸多因素,稳步有序推进期货品种的国际化步伐,并在实践中不断积累监管经验。原油期货是我会确定的第一个允许境外交易者和境外经纪机构参与期货交易的特定品种。

(二)规范境外交易者和境外经纪机构的多种参与模式

境外交易者可以根据自身情况和业务需

要,选择通过以下模式参与:通过境内期货公司或者境外经纪机构从事境内特定品种期货交易;符合条件的境外交易者经期货交易所批准,可以直接在期货交易所从事境内特定品种期货交易。

境外经纪机构可以根据情况,选择通过以下模式参与:境外经纪机构在接受境外交易者委托后,委托境内期货公司进行境内特定品种期货交易;符合条件的境外经纪机构经期货交易所批准,可以接受境外交易者委托,直接在期货交易所进行境内特定品种期货交易。

此外,为引导期货市场的有序良性发展,境外经纪机构仅能接受境外交易者委托进行境内特定品种期货交易。

(三)明确基本交易规则及监督管理

《办法》主要明确了境内特定品种期货交易涉及的主要业务环节,包括开户、运营要求、结算安排、保证金收取及存管要求、大户报告、强行平仓、违约处理、纠纷调解处理等。

《办法》还明确了我会对境外交易者、境外经纪机构从事境内特定品种期货交易及相关业务活动的现场检查、违法违规查处和跨境执法等监督管理职责。这些规定是在梳理《条例》和《期货交易所管理办法》对期货交易所会员的监管要求的基础上,将有关条款引入《办法》,规范境外交易者和境外经纪机构。此外,《条例》中针对客户的相关条款,在《办法》中也明确同样适用境外交易者。

(四)跨境监管协作

《条例》第六十三条第二款已经授权我会可以和其他国家或者地区的期货监管机构建立监管合作机制,实施跨境监督管理,《办法》据此作出规定。

第四部分　执法实践

一、行 政 许 可

（一）2014 年行政许可受理工作综述

2014 年，中国证监会不断深化行政审批制度改革，严格按照《行政许可法》和《中国证券监督管理委员会行政许可实施程序规定》的有关规定，高效有序开展行政许可受理工作。

一、深化行政审批制度改革，进一步精简行政审批事项

共取消 13 项行政许可审批事项和 4 项的部分情形，包括取消上市公司收购报告书审核和不构成借壳上市的重大资产购买、出售、置换审批等一批影响面广的审批事项、90% 以上的上市公司并购重组交易单数已无需中国证监会审批。公募基金产品由核准制改为注册制。在私募基金、资产证券化等市场发展新领域不设前置审批，由行业协会实施自律管理。发布行政审批事项目录，实行审批标准、流程和结果“三公开”，提高审批透明度。彻底清理非行政许可审批事项，在已取消 5 项的基础上，除 1 项拟新设为行政许可外，其余 9 项拟全部取消。

二、严格依法依规做好行政许可申请受理工作，确保受理工作规范高效运转

2014 年，共接收各类行政许可申请 1,920 件，发出受理通知 1,758 件，送达行政许可决定 1,625 件，不予受理决定 32 件，终止审查决定 223 件。

（二）2014 年证监会作出的行政许可决定书目录

序号	发文字号	标　　题	签批日期
1	证监许可〔2014〕1 号	关于核准有研半导体材料股份有限公司向北京有色金属研究院等发行股份购买资产并募集配套资金的批复	2014 - 1 - 2
2	证监许可〔2014〕2 号	关于核准芜湖长信科技股份有限公司向深圳市德普特光电显示技术有限公司发行股份购买资产的批复	2014 - 1 - 2
3	证监许可〔2014〕3 号	关于核准上海东方证券资产管理有限公司设立建元 1 号专项资产管理计划的批复	2014 - 1 - 2

续表

序号	发文字号	标　　题	签批日期
4	证监许可〔2014〕4 号	关于核准北京恒华伟业科技股份有限公司首次公开发行股票并在创业板上市的批复	2014－1－2
5	证监许可〔2014〕5 号	关于核准重庆博腾制药科技股份有限公司首次公开发行股票并在创业板上市的批复	2014－1－2
6	证监许可〔2014〕6 号	关于核准安徽应流机电股份有限公司首次公开发行股票的批复	2014－1－2
7	证监许可〔2014〕7 号	关于核准广州天赐高新材料股份有限公司首次公开发行股票的批复	2014－1－2
8	证监许可〔2014〕8 号	关于核准齐鲁证券有限公司设立国泰一期专项资产管理计划的批复	2014－1－2
9	证监许可〔2014〕9 号	关于核准凯诺科技股份有限公司向海澜集团有限公司等发行股份购买资产的批复	2014－1－15
10	证监许可〔2014〕10 号	关于核准海澜集团有限公司及一致行动人公告凯诺科技股份有限公司收购报告书并豁免其要约收购义务的批复	2014－1－15
11	证监许可〔2014〕11 号	关于核准武汉钢铁股份有限公司非公开发行股票的批复	2014－1－3
12	证监许可〔2014〕12 号	关于核准山河智能装备股份有限公司非公开发行股票的批复	2014－1－3
13	证监许可〔2014〕13 号	关于核准浙江省围海建设集团股份有限公司非公开发行股票的批复	2014－1－3
14	证监许可〔2014〕14 号	关于核准太平洋证券股份有限公司非公开发行股票的批复	2014－1－3
15	证监许可〔2014〕15 号	关于核准特变电工股份有限公司配股的批复	2014－1－3
16	证监许可〔2014〕16 号	关于核准江苏中超电缆股份有限公司公开发行公司债券的批复	2014－1－3
17	证监许可〔2014〕17 号	关于核准中铁铁龙集装箱物流股份有限公司公开发行公司债券的批复	2014－1－3
18	证监许可〔2014〕18 号	关于核准河北汇金机电股份有限公司首次公开发行股票并在创业板上市的批复	2014－1－3
19	证监许可〔2014〕19 号	关于核准北京神州绿盟信息股份有限公司首次公开发行股票并在创业板上市的批复	2014－1－3
20	证监许可〔2014〕20 号	关于核准东方网力科技首次公开发行股票并在创业板上市的批复	2014－1－3
21	证监许可〔2014〕21 号	关于核准唐山汇中仪表股份有限公司首次公开发行股票并在创业板上市的批复	2014－1－3
22	证监许可〔2014〕22 号	关于核准天津鹏翎胶管股份有限公司首次公开发行股票并在创业板上市的批复	2014－1－3
23	证监许可〔2014〕23 号	关于核准北京安控科技股份有限公司首次公开发行股票并在创业板上市的批复	2014－1－3
24	证监许可〔2014〕24 号	关于核准扬州扬杰电子股份有限公司首次公开发行股票并在创业板上市的批复	2014－1－3

续表

序号	发文字号	标　　题	签批日期
25	证监许可〔2014〕25 号	关于核准鼎捷软件股份有限公司首次公开发行股票并在创业板上市的批复	2014－1－3
26	证监许可〔2014〕26 号	关于核准四川创意信息技术股份有限公司首次公开发行股票并在创业板上市的批复	2014－1－3
27	证监许可〔2014〕27 号	关于核准丹东欣泰电气股份有限公司首次公开发行股票并在创业板上市的批复	2014－1－3
28	证监许可〔2014〕28 号	关于核准深圳赢时胜信息股份有限公司首次公开发行股票并在创业板上市的批复	2014－1－3
29	证监许可〔2014〕29 号	关于核准广东易事特电源股份有限公司首次公开发行股票并在创业板上市的批复	2014－1－3
30	证监许可〔2014〕30 号	关于核准慈铭健康体检股份有限公司首次公开发行股票的批复	2014－1－3
31	证监许可〔2014〕31 号	关于核准思美传媒股份有限公司首次公开发行股票的批复	2014－1－3
32	证监许可〔2014〕32 号	关于核准广东欧浦钢铁股份有限公司首次公开发行股票的批复	2014－1－3
33	证监许可〔2014〕33 号	关于核准国泰浓益灵活配置混合型证券投资基金募集的批复	2014－1－3
34	证监许可〔2014〕34 号	关于核准国投瑞银新机遇灵活配置混合型证券投资基金募集的批复	2014－1－6
35	证监许可〔2014〕35 号	关于核准湖南天一科技股份有限公司重大资产重组及向叶湘武等发行股份购买资产并募集配套资金的决定	2014－1－6
36	证监许可〔2014〕36 号	关于核准怀集登云汽配股份有限公司首次公开发行股票的批复	2014－1－6
37	证监许可〔2014〕37 号	关于核准贵人鸟股份有限公司首次公开发行股票的批复	2014－1－6
38	证监许可〔2014〕38 号	关于核准浙江跃岭股份有限公司首次公开发行股票的批复	2014－1－6
39	证监许可〔2014〕39 号	关于核准甘肃宏良皮业股份有限公司首次公开发行股票的批复	2014－1－6
40	证监许可〔2014〕40 号	关于核准牧原食品股份有限公司首次公开发行股票的批复	2014－1－6
41	证监许可〔2014〕41 号	关于核准江苏太平洋石英股份有限公司首次公开发行股票的批复	2014－1－6
42	证监许可〔2014〕42 号	关于核准东昌日盛家居装饰集团股份有限公司首次公开发行股票的批复	2014－1－6
43	证监许可〔2014〕43 号	关于核准金轮科创股份有限公司首次公开发行股票的批复	2014－1－6
44	证监许可〔2014〕44 号	关于核准浙江友邦集成吊顶股份有限公司首次公开发行股票的批复	2014－1－6
45	证监许可〔2014〕45 号	关于核准柳州市金贵银业股份有限公司首次公开发行股票的批复	2014－1－6
46	证监许可〔2014〕46 号	关于核准麦趣尔集团股份有限公司首次公开发行股票的批复	2014－1－6

续表

序号	发文字号	标　　题	签批日期
47	证监许可〔2014〕47 号	关于核准干东金莱特电器股份有限公司首次公开发行股票的批复	2014-1-6
48	证监许可〔2014〕48 号	关于核准北京金一文化发展股份有限公司首次公开发行股票的批复	2014-1-6
49	证监许可〔2014〕49 号	关于核准岭南园林股份有限公司首次公开发行股票的批复	2014-1-6
50	证监许可〔2014〕50 号	关于核准苏州晶方半导体材料科技股份有限公司首次公开发行股票的批复	2014-1-6
51	证监许可〔2014〕51 号	关于核准三安光电股份有限公司非公开发行股票的批复	2014-1-6
52	证监许可〔2014〕52 号	关于核准陕西延长石油化建股份有限公司非公开发行股票的批复	2014-1-6
53	证监许可〔2014〕53 号	关于核准庞大汽贸集团股份有限公司公开发行公司债券的批复	2014-1-6
54	证监许可〔2014〕54 号	关于核准鸿博股份有限公司公开发行公司债券的批复	2014-1-6
55	证监许可〔2014〕55 号	关于核准江苏澳洋顺昌股份有限公司非公开发行股票的批复	2014-1-6
56	证监许可〔2014〕56 号	关于核准中国船舶重工股份有限公司非公开发行股票的批复	2014-1-6
57	证监许可〔2014〕57 号	关于核准甘肃亚盛实业(集团)股份有限公司公开发行公司债券的批复	2014-1-6
58	证监许可〔2014〕58 号	关于核准烟台杰瑞石油服务集团股份有限公司非公开发行股票的批复	2014-1-6
59	证监许可〔2014〕59 号	关于核准东莞市搜于特服装股份有限公司公开发行公司债券的批复	2014-1-6
60	证监许可〔2014〕60 号	关于核准南方新优享灵活配置混合型证券投资基金募集的批复	2014-1-6
61	证监许可〔2014〕61 号	关于核准东吴阿尔法灵活配置混合型证券投资基金募集的批复	2014-1-6
62	证监许可〔2014〕62 号	关于核准太平洋证券股份有限公司融资融券业务资格的批复	2014-1-7
63	证监许可〔2014〕63 号	关于核准徽商银行股份有限公司证券投资基金托管资格的批复	2014-1-3
64	证监许可〔2014〕64 号	关于核准广东溢多利生物科技股份有限公司首次公开发行股票并在创业板上市的批复	2014-1-8
65	证监许可〔2014〕65 号	关于核准上海安硕信息技术股份有限公司首次公开发行股票并在创业板上市的批复	2014-1-8
66	证监许可〔2014〕66 号	关于核准北京东方通科技股份有限公司首次公开发行股票并在创业板上市的批复	2014-1-8
67	证监许可〔2014〕67 号	关于核准苏州斯莱克精密设备股份有限公司首次公开发行股票并在创业板上市的批复	2014-1-8

续表

序号	发文字号	标　　题	签批日期
68	证监许可〔2014〕68 号	关于核准北京光环新网科技股份有限公司首次公开发行股票并在创业板上市的批复	2014－1－9
69	证监许可〔2014〕69 号	关于核准广州证券有限责任公司通过受让天源证券有限公司股权设立子公司的批复	2014－1－9
70	证监许可〔2014〕70 号	关于核准华西能源工业股份有限公司非公开发行股票的批复	2014－1－9
71	证监许可〔2014〕71 号	关于核准浙江久立特材科技股份有限公司公开发行可转换公司债券的批复	2014－1－9
72	证监许可〔2014〕72 号	关于核准维维食品饮料股份有限公司公开发行公司债券的批复	2014－1－9
73	证监许可〔2014〕73 号	关于核准安徽金禾实业股份有限公司公开发行公司债券的批复	2014－1－9
74	证监许可〔2014〕74 号	关于核准华泰证券股份有限公司发行次级债券的批复	2014－1－9
75	证监许可〔2014〕75 号	关于核准新时代证券有限责任公司发行次级债券的批复	2014－1－9
76	证监许可〔2014〕76 号	关于核准中国生物技术股份有限公司发行境外上市外资股的批复	2014－1－9
77	证监许可〔2014〕77 号	关于核准景林资产管理香港有限公司人民币合格境外机构投资者资格的批复	2014－1－10
78	证监许可〔2014〕78 号	关于核准招商证券股份有限公司证券投资基金托管资格的批复	2014－1－10
79	证监许可〔2014〕79 号	关于核准华斯农业开发股份有限公司非公开发行股票的批复	2014－1－10
80	证监许可〔2014〕80 号	关于核准成都市新筑路桥机械股份有限公司非公开发行股票的批复	2014－1－10
81	证监许可〔2014〕81 号	关于核准新疆冠农果茸集团股份有限公司非公开发行股票的批复	2014－1－10
82	证监许可〔2014〕82 号	关于核准内蒙古和信园蒙草抗旱绿化股份有限公司向宋敏敏等发行股份购买资产并募集配套资金的批复	2014－1－10
83	证监许可〔2014〕83 号	关于核准广州农村商业银行股份有限公司证券投资基金托管资格的批复	2014－1－9
84	证监许可〔2014〕84 号	关于核准上海良茂期货经纪有限公司变更注册资本和股权的批复	2014－1－13
85	证监许可〔2014〕85 号	关于核准豁免海亮集团有限公司要约收购浙江海亮股份有限公司股份义务的批复	2014－1－13
86	证监许可〔2014〕86 号	关于核准广东科达机电股份有限公司向吕定雄等发行股份购买资产并募集配套资金的批复	2014－1－13
87	证监许可〔2014〕87 号	关于核准中电投先融期货有限公司变更股权的批复	2014－1－14
88	证监许可〔2014〕88 号	关于核准华泰柏瑞创新升级混合型证券投资基金募集的批复	2014－1－14

续表

序号	发文字号	标　题	签批日期
89	证监许可〔2014〕89号	关于核准佛山市海天调味食品股份有限公司首次公开发行股票的批复	2014-1-14
90	证监许可〔2014〕90号	关于不予核准湖北武昌鱼股份有限公司向北京华普投资有限责任公司等发行股份购买资产并募集配套资金的决定	2014-1-14
91	证监许可〔2014〕91号	关于核准兴业证券股份有限公司公开发行公司债券的批复	2014-1-14
92	证监许可〔2014〕92号	关于核准东华能源股份有限公司非公开发行股票的批复	2014-1-14
93	证监许可〔2014〕93号	关于核准永赢货币市场基金募集的批复	2014-1-15
94	证监许可〔2014〕94号	关于核准景顺长城优势企业股票型证券投资基金募集的批复	2014-1-15
95	证监许可〔2014〕95号	关于核准工银瑞信薪金宝货币市场基金募集的批复	2014-1-15
96	证监许可〔2014〕96号	关于核准农银汇理医疗保健主题股票型证券投资基金募集的批复	2014-1-15
97	证监许可〔2014〕97号	关于核准设立中金基金管理有限公司的批复	2014-1-15
98	证监许可〔2014〕98号	关于核准中国梦灵活配置混合型证券投资基金募集的批复	2014-1-15
99	证监许可〔2014〕99号	关于核准国投瑞银双债丰利两年定期开放债券型证券投资基金募集的批复	2014-1-15
100	证监许可〔2014〕100号	关于核准新天绿色能源股份有限公司增发境外上市外资股的批复	2014-1-15
101	证监许可〔2014〕101号	关于核准江苏亨通光电股份有限公司非公开发行股票的批复	2014-1-16
102	证监许可〔2014〕102号	关于核准保利文化集团股份有限公司发行境外上市外资股的批复	2014-1-17
103	证监许可〔2014〕103号	关于核准广东东方精工科技股份有限公司重大资产重组的批复	2014-1-17
104	证监许可〔2014〕104号	关于核准川财证券有限责任公司保荐机构资格的批复	2014-1-17
105	证监许可〔2014〕105号	关于核准银华养老主题中证成长股债恒定组合70/30指数证券投资基金募集的批复	2014-1-20
106	证监许可〔2014〕106号	关于核准长盛高端装备制造灵活配置混合型证券投资基金募集的批复	2014-1-20
107	证监许可〔2014〕107号	关于核准长盛航天海工装备灵活配置混合型证券投资基金募集的批复	2014-1-20
108	证监许可〔2014〕108号	关于核准前海开源可转换债券型发起式证券投资基金募集的批复	2014-1-20
109	证监许可〔2014〕109号	关于核准华商创新成长灵活配置混合型发起式证券投资基金募集的批复	2014-1-20
110	证监许可〔2014〕110号	关于核准上银慧财宝货币市场基金募集的批复	2014-1-20
111	证监许可〔2014〕111号	关于核准辽宁成大股份有限公司非公开发行股票的批复	2014-1-20

续表

序号	发文字号	标　　题	签批日期
112	证监许可〔2014〕112 号	关于核准华宝兴业资产管理(香港)有限公司人民币合格境外机构投资者资格的批复	2014－1－20
113	证监许可〔2014〕113 号	关于核准广发证券股份有限公司设立吉林城建 BT 项目资产支持收益专项资产管理计划的批复	2014－1－20
114	证监许可〔2014〕114 号	关于核准安信价值精选股票型证券投资基金募集的批复	2014－1－21
115	证监许可〔2014〕115 号	关于核准湖南大康牧业股份有限公司非公开发行股票的批复	2014－1－21
116	证监许可〔2014〕116 号	关于核准中邮核心竞争力灵活配置混合型证券投资基金募集的批复	2014－1－21
117	证监许可〔2014〕117 号	关于核准广州广船国际股份有限公司增发境外上市外资股的批复	2014－1－21
118	证监许可〔2014〕118 号	关于核准洛阳国宏投资集团有限公司公告洛阳栾川钼业集团股份有限公司收购报告书并豁免其要约收购义务的批复	2014－1－21
119	证监许可〔2014〕119 号	关于核准江苏省铁路发展股份有限公司股票在全国中小企业股份转让系统公开转让的批复	2014－1－21
120	证监许可〔2014〕120 号	关于核准落安优势行业灵活配置混合型证券投资基金募集的批复	2014－1－21
121	证监许可〔2014〕121 号	关于核准中国电力建设集团有限公司公告中国水利水电建设股份有限公司收购报告书并豁免其要约收购义务的批复	2014－1－21
122	证监许可〔2014〕122 号	关于核准中信证券股份有限公司设立中信启航专项资产管理计划的批复	2014－1－16
123	证监许可〔2014〕123 号	关于核准上海莱士血液制品股份有限公司向科瑞天诚投资控股有限公司等发行股份购买资产并募集配套资金的批复	2014－1－22
124	证监许可〔2014〕124 号	关于核准信诚幸福消费股票型证券投资基金募集的批复	2014－1－22
125	证监许可〔2014〕125 号	关于核准泰达宏利转型机遇股票型证券投资基金募集的批复	2014－1－22
126	证监许可〔2014〕126 号	关于核准广发新动力股票型证券投资基金募集的批复	2014－1－22
127	证监许可〔2014〕127 号	关于核准中银活期宝货币市场基金募集的批复	2014－1－22
128	证监许可〔2014〕128 号	关于核准国金通用金腾通货币市场证券投资基金募集的批复	2014－1－22
129	证监许可〔2014〕129 号	关于核准华盛顿大学合格境外机构投资者资格的批复	2014－1－23
130	证监许可〔2014〕130 号	关于核准浦银安盛月月盈安心养老定期支付债券型证券投资基金募集的批复	2014－1－23
131	证监许可〔2014〕131 号	关于核准信诚中证 TMT 产业主题指数分级证券投资基金募集的批复	2014－1－23
132	证监许可〔2014〕132 号	关于核准中国电子信息产业集团有限公司公告深圳长城开发科技股份有限公司收购报告书并豁免其要约收购义务的批复	2014－1－23
133	证监许可〔2014〕133 号	关于核准中国电子信息产业集团有限公司公告中国长城计算机深圳股份有限公司收购报告书并豁免其要约收购义务的批复	2014－1－23

续表

序号	发文字号	标　题	签批日期
134	证监许可〔2014〕134 号	关于核准华电福新能源股份有限公司增发境外上市外资股的批复	2014-1-24
135	证监许可〔2014〕135 号	关于核准浪潮电子信息产业股份有限公司非公开发行股票的批复	2014-1-24
136	证监许可〔2014〕136 号	关于核准中国振华(集团)科技股份有限公司非公开发行股票的批复	2014-1-24
137	证监许可〔2014〕137 号	关于核准江苏综艺股份有限公司非公开发行股票的批复	2014-1-24
138	证监许可〔2014〕138 号	关于核准孚日集团股份有限公司公开发行公司债券的批复	2014-1-24
139	证监许可〔2014〕139 号	关于核准四川天齐锂业股份有限公司非公开发行股票的批复	2014-1-24
140	证监许可〔2014〕140 号	关于核准工银瑞信目标收益一年定期开放债券型证券投资基金募集的批复	2014-1-26
141	证监许可〔2014〕141 号	关于核准申万菱信申银万国证券行业指数分级证券投资基金募集的批复	2014-1-26
142	证监许可〔2014〕142 号	关于核准天治基金管理有限公司常永涛基金行业高级管理人员任职资格的批复	2014-1-26
143	证监许可〔2014〕143 号	关于核准鹏华聚财通货币市场基金募集的批复	2014-1-26
144	证监许可〔2014〕144 号	关于核准鑫元基金管理有限公司设立子公司的批复	2014-1-26
145	证监许可〔2014〕145 号	关于核准兴业证券股份有限公司设立资产管理公司的批复	2014-1-26
146	证监许可〔2014〕146 号	关于核准南方启元债券型证券投资基金募集的批复	2014-1-26
147	证监许可〔2014〕147 号	关于核准华夏沪深 300 指数增强型证券投资基金募集的批复	2014-1-26
148	证监许可〔2014〕148 号	关于核准王燕担任日本三井住友信托银行股份有限公司(证券业务)北京代表处首席代表的批复	2014-1-26
149	证监许可〔2014〕149 号	关于核准鹏华中证 800 非银行金融指数分级证券投资基金募集的批复	2014-1-26
150	证监许可〔2014〕150 号	关于核准鹏华中证 800 地产指数分级证券投资基金募集的批复	2014-1-26
151	证监许可〔2014〕151 号	关于核准鹏华中证信息技术指数分级证券投资基金募集的批复	2014-1-26
152	证监许可〔2014〕152 号	关于核准诺安聚鑫分级债券型证券投资基金募集的批复	2014-1-27
153	证监许可〔2014〕153 号	关于核准金鹰元汇纯债分级债券型证券投资基金募集的批复	2014-1-27
154	证监许可〔2014〕154 号	关于核准招商沪深 300 地产等权重指数分级证券投资基金募集的批复	2014-1-27
155	证监许可〔2014〕155 号	关于核准招商中证全指证券公司指数分级证券投资基金募集的批复	2014-1-27
156	证监许可〔2014〕156 号	关于核准上证可转换债券交易型开放式指数证券投资基金及其联接基金募集的批复	2014-1-27

续表

序号	发文字号	标　　题	签批日期
157	证监许可〔2014〕157 号	关于核准富国基金管理有限公司陈戈基金行业高级管理人员任职资格的批复	2014－1－27
158	证监许可〔2014〕158 号	关于核准齐鲁证券有限公司发行次级债券的批复	2014－1－27
159	证监许可〔2014〕159 号	关于核准澳门金融管理局合格境外机构投资者资格的批复	2014－1－27
160	证监许可〔2014〕160 号	关于核准史蒂夫尼可洛可股份有限公司合格境外机构投资者资格的批复	2014－1－27
161	证监许可〔2014〕161 号	关于核准职总英康保险合作社有限公司合格境外机构投资者资格的批复	2014－1－27
162	证监许可〔2014〕162 号	关于核准易亚投资管理有限公司人民币合格境外机构投资者资格的批复	2014－1－27
163	证监许可〔2014〕163 号	关于核准麦格理基金管理（香港）有限公司人民币合格境外机构投资者资格的批复	2014－1－27
164	证监许可〔2014〕164 号	关于核准 Invesco Power Shares 资产管理有限公司合格境外机构投资者资格的批复	2014－1－27
165	证监许可〔2014〕165 号	关于核准道富环球投资管理亚洲有限公司人民币合格境外机构投资者资格的批复	2014－1－27
166	证监许可〔2014〕166 号	关于核准苏黎世欧洲再保险股份有限公司合格境外机构投资者资格的批复	2014－1－27
167	证监许可〔2014〕167 号	关于核准 Nordea 投资管理公司合格境外机构投资者资格的批复	2014－1－27
168	证监许可〔2014〕168 号	关于核准豁免山田林业开发（福建）有限公司要约搜狗福建中福实业股份有限公司股份义务的批复	2014－1－27
169	证监许可〔2014〕169 号	关于核准包叙平及一致行动人公告上海海降软件股份有限公司要约收购报告书的批复	2014－1－28
170	证监许可〔2014〕170 号	关于核准北京首钢股份有限公司重大资产重组及向首钢总公司发行股份购买资产的批复	2014－1－29
171	证监许可〔2014〕171 号	关于核准中利科技集团股份有限公司非公开发行股票的批复	2014－1－29
172	证监许可〔2014〕172 号	关于核准东睦新材料集团股份有限公司非公开发行股票的批复	2014－1－29
173	证监许可〔2014〕173 号	关于核准冀中能源股份有限公司非公开发行股票的批复	2014－1－29
174	证监许可〔2014〕174 号	关于核准中航投资控股股份有限公司非公开发行股票的批复	2014－1－29
175	证监许可〔2014〕175 号	关于核准中国葛洲坝集团股份有限公司非公开发行股票的批复	2014－1－29
176	证监许可〔2014〕176 号	关于核准天津中环半导体股份有限公司公开发行公司债券的批复	2014－1－29
177	证监许可〔2014〕177 号	关于核准浙江杭萧钢构股份有限公司非公开发行股票的批复	2014－1－29
178	证监许可〔2014〕178 号	关于核准复旦复华科技股份有限公司非公开发行股票的批复	2014－1－29

续表

序号	发文字号	标　　题	签批日期
179	证监许可〔2014〕179 号	关于核准建信健康民生混合型证券投资基金募集的批复	2014－1－29
180	证监许可〔2014〕180 号	关于核准兴业定期开放债券型证券投资基金募集的批复	2014－1－29
181	证监许可〔2014〕181 号	关于核准中加纯债一年定期开放债券型证券投资基金募集的批复	2014－1－29
182	证监许可〔2014〕182 号	关于核准南方通利债券型证券投资基金募集的批复	2014－1－29
183	证监许可〔2014〕183 号	关于核准华安大国新经济股票型证券投资基金募集的批复	2014－1－29
184	证监许可〔2014〕184 号	关于核准诺安天天宝货币市场基金募集的批复	2014－1－29
185	证监许可〔2014〕185 号	关于核准金谷期货有限公司变更股权的批复	2014－1－30
186	证监许可〔2014〕186 号	关于核准金瑞期货有限公司资产管理业务资格的批复	2014－1－30
187	证监许可〔2014〕187 号	关于核准苏州胜利精密制造科技股份有限公司非公开发行股票的批复	2014－1－30
188	证监许可〔2014〕188 号	关于核准浙江东南网架股份有限公司公开发行公司债券的批复	2014－1－30
189	证监许可〔2014〕189 号	关于核准浙富控股集团股份有限公司非公开发行股票的批复	2014－2－7
190	证监许可〔2014〕190 号	关于核准东江环保股份有限公司公开发行公司债券的批复	2014－2－7
191	证监许可〔2014〕191 号	关于核准北海国发海洋生物产业股份有限公司非公开发行股票的批复	2014－2－8
192	证监许可〔2014〕192 号	关于核准浙江大立科技股份有限公司非公开发行股票的批复	2014－2－8
193	证监许可〔2014〕193 号	关于核准海富通双福分级债券型证券投资基金募集的批复	2014－2－8
194	证监许可〔2014〕194 号	关于核准瀚华金控股份有限公司发行境外上市外资股的批复	2014－2－10
195	证监许可〔2014〕195 号	关于核准西藏同信证券有限责任公司保荐机构资格的批复	2014－2－11
196	证监许可〔2014〕196 号	关于核准安信证券股份有限公司发行次级债券的批复	2014－2－12
197	证监许可〔2014〕197 号	关于核准陕西炼石有色资源股份有限公司非公开发行股票的批复	2014－2－12
198	证监许可〔2014〕198 号	关于核准中加基金管理有限公司设立子公司的批复	2014－2－12
199	证监许可〔2014〕199 号	关于核准联讯证券有限责任公司融资融券业务资格的批复	2014－2－13
200	证监许可〔2014〕200 号	关于核准东吴证券股份有限公司非公开发行股票的批复	2014－2－13
201	证监许可〔2014〕201 号	关于核准 TCL 集团股份有限公司非公开发行股票的批复	2014－2－13
202	证监许可〔2014〕202 号	关于核准厦门信达股份有限公司非公开发行股票的批复	2014－2－13
203	证监许可〔2014〕203 号	关于核准上海宝信软件股份有限公司非公开发行股票的批复	2014－2－13
204	证监许可〔2014〕204 号	关于核准恒丰银行股份有限公司证券投资基金托管资格的批复	2014－2－10
205	证监许可〔2014〕205 号	关于核准包商银行股份有限公司证券投资基金托管资格的批复	2014－2－10

续表

序号	发文字号	标　题	签批日期
206	证监许可〔2014〕206号	关于核准天弘通利混合型证券投资基金募集的批复	2014-2-14
207	证监许可〔2014〕207号	关于核准广证证券股份有限公司在香港特别行政区设立方正证券(香港)金融控股有限公司的批复	2014-2-13
208	证监许可〔2014〕208号	关于核准中邮双动力混合型证券投资基金募集的批复	2014-2-14
209	证监许可〔2014〕209号	关于核准鑫元一年定期开放债券型证券投资基金募集的批复	2014-2-17
210	证监许可〔2014〕210号	关于核准中银多策略灵活配置混合型证券投资基金募集的批复	2014-2-17
211	证监许可〔2014〕211号	关于核准杭州兴源过滤科技股份有限公司向沈少鸿等发行股份购买资产并募集配套资金的批复	2014-2-18
212	证监许可〔2014〕212号	关于核准九州通医药集团股份有限公司非公开发行股票的批复	2014-2-18
213	证监许可〔2014〕213号	关于核准宝盈新价值灵活配置混合型证券投资基金募集的批复	2014-2-19
214	证监许可〔2014〕214号	关于核准鹏华增值宝货币市场基金募集的批复	2014-2-19
215	证监许可〔2014〕215号	关于核准中邮货币市场基金募集的批复	2014-2-19
216	证监许可〔2014〕216号	关于核准上投摩根优信增利债券型证券投资基金募集的批复	2014-2-19
217	证监许可〔2014〕217号	关于核准兴全添利宝货币市场基金募集的批复	2014-2-19
218	证监许可〔2014〕218号	关于核准广东海印集团股份有限公司非公开发行股票的批复	2014-2-19
219	证监许可〔2014〕219号	关于核准陕西燃气集团有限公司公告陕西省天然气股份有限公司收购报告书并豁免其要约收购义务的批复	2014-2-19
220	证监许可〔2014〕220号	关于核准中航机电系统有限公司公告宝胜科技创新股份有限公司收购报告书并豁免其要约收购义务的批复	2014-2-19
221	证监许可〔2014〕221号	关于核准远东实业股份有限公司向柴继军等发行股份购买资产的批复	2014-2-20
222	证监许可〔2014〕222号	关于核准柴继军及一致行动人公告远东实业股份有限公司收购报告书并豁免其要约收购义务的批复	2014-2-20
223	证监许可〔2014〕223号	关于核准广东星辉车模股份有限公司向黄挺等发行股份购买资产并募集配套资金的批复	2014-2-19
224	证监许可〔2014〕224号	关于核准河北建投能源投资股份有限公司向河北建设投资集团有限责任公司发行股份购买资产并募集配套资金的批复	2014-2-21
225	证监许可〔2014〕225号	关于核准裵贤珠担任韩国华宜资产运用株式会社上海代表处首席代表的批复	2014-2-25
226	证监许可〔2014〕226号	关于核准方正证券股份有限公司发行次级债券的批复	2014-2-25
227	证监许可〔2014〕227号	关于核准苏州锦富新材料股份有限公司重大资产重组的批复	2014-2-27
228	证监许可〔2014〕228号	关于核准浦银安盛日日盈货币市场基金募集的批复	2014-2-27

续表

序号	发文字号	标　　题	签批日期
229	证监许可〔2014〕229 号	关于核准深圳市格林美高新技术股份有限公司非公开发行股票的批复	2014－2－28
230	证监许可〔2014〕230 号	关于核准荣盛石化股份有限公司公开发行公司债券的批复	2014－2－28
231	证监许可〔2014〕231 号	关于核准株洲旗滨集团股份有限公司非公开发行股票的批复	2014－2－28
232	证监许可〔2014〕232 号	关于核准国药集团一致药业股份有限公司非公开发行股票的批复	2014－2－28
233	证监许可〔2014〕233 号	关于核准华泰证券股份有限公司设立广州长隆主题公司入园凭证专项资产管理计划的批复	2014－2－28
234	证监许可〔2014〕234 号	关于核准广发聚益分级债券型证券投资基金募集的批复	2014－2－28
235	证监许可〔2014〕235 号	关于核准安信宝丰分级债券型证券投资基金募集的批复	2014－2－28
236	证监许可〔2014〕236 号	关于核准富国中证军工指数分级证券投资基金募集的批复	2014－2－28
237	证监许可〔2014〕237 号	关于核准上工申贝（集团）股份有限公司非公开发行股票的批复	2014－2－28
238	证监许可〔2014〕238 号	关于核准嘉实对冲套利定期开放混合型发起式证券投资基金募集的批复	2014－2－28
239	证监许可〔2014〕239 号	关于核准万科企业股份有限公司到香港交易所主板上市的批复	2014－3－2
240	证监许可〔2014〕240 号	关于核准上海复星医药（集团）股份有限公司增发境外上市外资股的批复	2014－3－2
241	证监许可〔2014〕241 号	关于核准上海鹏欣（集团）有限公司及一致行动人公告湖南大康牧业股份有限公司收购报告书并豁免其要约收购义务的批复	2014－3－3
242	证监许可〔2014〕242 号	关于核准江信聚福定期开放债券型发起式证券投资基金募集的批复	2014－3－3
243	证监许可〔2014〕243 号	关于核准新华一路财富灵活配置混合型证券投资基金募集的批复	2014－3－4
244	证监许可〔2014〕244 号	关于核准大成灵活配置混合型证券投资基金募集的批复	2014－3－4
245	证监许可〔2014〕245 号	关于核准景顺长城中小板创业板精选股票型证券投资基金募集的批复	2014－3－4
246	证监许可〔2014〕246 号	关于核准天弘优选债券型证券投资基金募集的批复	2014－3－4
247	证监许可〔2014〕247 号	关于核准银华活钱宝货币市场基金募集的批复	2014－3－4
248	证监许可〔2014〕248 号	关于核准哈尔滨银行股份有限公司发行境外上市外资股并到香港交易所主板上市的批复	2014－3－4
249	证监许可〔2014〕249 号	关于核准泰达宏利创盈灵活配置混合型证券投资基金募集的批复	2014－3－5
250	证监许可〔2014〕250 号	关于核准嘉实活钱包货币市场基金募集的批复	2014－3－5
251	证监许可〔2014〕251 号	关于核准中国证券登记结算有限公司证券投资基金托管资格的批复	2014－3－4

续表

序号	发文字号	标题	签批日期
252	证监许可〔2014〕252 号	关于核准上银基金管理有限公司设立上银瑞金资产管理(上海)有限公司的批复	2014-3-5
253	证监许可〔2014〕253 号	关于核准申万菱信基金管理有限公司设立上银瑞金资产管理(上海)有限公司的批复	2014-3-5
254	证监许可〔2014〕254 号	关于核准世纪证券有限责任公司融资融券业务资格的批复	2014-3-5
255	证监许可〔2014〕255 号	关于核准太原双塔刚玉股份有限公司非公开发行股票的批复	2014-3-4
256	证监许可〔2014〕256 号	关于核准嘉理资产管理有限公司人民币合格境外机构投资者资格的批复	2014-3-6
257	证监许可〔2014〕257 号	关于核准施罗德投资管理(香港)有限公司人民币合格境外机构投资者资格的批复	2014-3-6
258	证监许可〔2014〕258 号	关于核准乐视网信息技术(北京)股份有限公司向曹勇等发行股份及支付现金购买资产并募集配套资金的批复	2014-3-7
259	证监许可〔2014〕259 号	关于核准福建福日电子股份有限公司非公开发行股票的批复	2014-3-7
260	证监许可〔2014〕260 号	关于核准杭州前进齿轮箱集团股份有限公司公开发行公司债券的批复	2014-3-7
261	证监许可〔2014〕261 号	关于核准淄博齐翔腾达化工股份有限公司公开发行可转换公司债券的批复	2014-3-7
262	证监许可〔2014〕262 号	关于核准浙江万里扬变速器股份有限公司公开发行公司债券的批复	2014-3-7
263	证监许可〔2014〕263 号	关于核准德邦基金管理有限公司李定荣基金行业高级管理人员任职资格的批复	2014-3-7
264	证监许可〔2014〕264 号	关于核准圆信永丰基金管理有限公司开展特定客户资产管理业务的批复	2014-3-7
265	证监许可〔2014〕265 号	关于核准设立北信瑞丰基金管理有限公司的批复	2014-3-10
266	证监许可〔2014〕266 号	关于核准贵州信邦制药股份有限公司向张观福等发行股份购买资产并募集配套资金的批复	2014-3-10
267	证监许可〔2014〕267 号	关于核准无锡市太极实业股份有限公司公开发行公司债券的批复	2014-3-10
268	证监许可〔2014〕268 号	关于核准富国收益宝货币市场基金募集的批复	2014-3-10
269	证监许可〔2014〕269 号	关于核准秦燕担任澳大利亚罗素投资集团有限公司北京代表处首席代表的批复	2014-3-10
270	证监许可〔2014〕270 号	关于核准广州杰赛科技股份有限公司公开发行公司债券的批复	2014-3-10
271	证监许可〔2014〕271 号	关于核准在苏州新海宜通信科技股份有限公司配股的批复	2014-3-10
272	证监许可〔2014〕272 号	关于核准光大保德信基金管理有限公司陶耿基金行业高级管理人员任职资格的批复	2014-3-11

续表

序号	发文字号	标　　题	签批日期
273	证监许可〔2014〕273 号	关于核准浙江沪杭甬高速公路股份有限公司公开发行公司债券的批复	2014－3－11
274	证监许可〔2014〕274 号	关于核准山东联合化工股份有限公司向文开福等发行股份购买资产并募集配套资金的批复	2014－3－11
275	证监许可〔2014〕275 号	关于核准文开福及一致行动人公告山东联合化工股份有限公司收购报告书并豁免其要约收购义务的批复	2014－3－11
276	证监许可〔2014〕276 号	关于核准大成高新技术产业股票型证券投资基金募集的批复	2014－3－11
277	证监许可〔2014〕277 号	关于核准交银施罗德新成长股票型证券投资基金募集的批复	2014－3－11
278	证监许可〔2014〕278 号	关于核准光大保德信银发商机主题股票型证券投资基金募集的批复	2014－3－11
279	证监许可〔2014〕279 号	关于核准上海拉夏贝尔服饰股份有限公司首次公开发行境外上市外资股的批复	2014－3－11
280	证监许可〔2014〕280 号	关于核准中银健康生活股票型证券投资基金募集的批复	2014－3－12
281	证监许可〔2014〕281 号	关于核准信诚薪金宝货币市场基金募集的批复	2014－3－12
282	证监许可〔2014〕282 号	关于核准建信改革红利股票型证券投资基金募集的批复	2014－3－12
283	证监许可〔2014〕283 号	关于核准华顿证券投资信托股份有限公司合格境外机构投资者资格的批复	2014－3－11
284	证监许可〔2014〕284 号	关于核准喀斯喀特有限责任公司合格境外机构投资者资格的批复	2014－3－11
285	证监许可〔2014〕285 号	关于核准贝莱德资产管理北亚有限公司人民币合格境外机构投资者资格的批复	2014－3－11
286	证监许可〔2014〕286 号	关于核准交银施罗德资产管理(香港)有限公司人民币合格境外机构投资者资格的批复	2014－3－12
287	证监许可〔2014〕287 号	关于核准铭基国际投资公司合格境外机构投资者资格的批复	2014－3－12
288	证监许可〔2014〕288 号	关于核准中海积极收益灵活配置混合型证券投资基金募集的批复	2014－3－12
289	证监许可〔2014〕289 号	关于核准招商招财宝货币市场基金募集的批复	2014－3－12
290	证监许可〔2014〕290 号	关于核准易方达创新驱动灵活配置混合型证券投资基金募集的批复	2014－3－12
291	证监许可〔2014〕291 号	关于核准华安新活力灵活配置混合型证券投资基金募集的批复	2014－3－12
292	证监许可〔2014〕292 号	关于核准上海外高桥保税区开发股份有限公司非公开发行股票的批复	2014－3－13
293	证监许可〔2014〕293 号	关于核准汇添富和聚宝货币市场基金募集的批复	2014－3－14
294	证监许可〔2014〕294 号	关于核准前海开源中证军工指数型证券投资基金募集的批复	2014－3－14
295	证监许可〔2014〕295 号	关于核准山煤国际能源集团股份有限公司公开发行公司债券的批复	2014－3－17

续表

序号	发文字号	标　　题	签批日期
296	证监许可〔2014〕296 号	关于核准四川宏达股份有限公司非公开发行股票的批复	2014－3－17
297	证监许可〔2014〕297 号	关于核准广东锦龙发展股份有限公司公开发行公司债券的批复	2014－3－17
298	证监许可〔2014〕298 号	关于核准渤海证券设立大都市热电公司电力上网收费权专项资产管理计划的批复	2014－3－17
299	证监许可〔2014〕299 号	关于核准中原证券设立大成西黄河大桥通行费收入收益权专项资产管理计划的批复	2014－3－17
300	证监许可〔2014〕300 号	关于核准银华多利宝货币市场基金募集的批复	2014－3－17
301	证监许可〔2014〕301 号	关于核准华宝兴业创新优选股票型证券投资基金募集的批复	2014－3－17
302	证监许可〔2014〕302 号	关于核准新华鑫利灵活配置混合型证券投资基金募集的批复	2014－3－17
303	证监许可〔2014〕303 号	关于核准长盛生态环境主题灵活配置混合型证券投资基金募集的批复	2014－3－17
304	证监许可〔2014〕304 号	关于核准中加基金管理有限公司夏英、霍向辉基金行业高级管理人员任职资格的批复	2014－3－17
305	证监许可〔2014〕305 号	关于核准信达证券股份有限公司设立唐山市东出口路桥收费收益权专项资产管理计划的批复	2014－3－17
306	证监许可〔2014〕306 号	关于核准永赢基金管理有限公司设立永赢资产管理有限公司的批复	2014－3－17
307	证监许可〔2014〕307 号	关于核准国泰国证食品饮料行业指数分级证券投资基金募集的批复	2014－3－18
308	证监许可〔2014〕308 号	关于核准国泰深证 TMT50 指数分级证券投资基金募集的批复	2014－3－18
309	证监许可〔2014〕309 号	关于核准海富通亚洲收益分级债券型证券投资基金募集的批复	2014－3－18
310	证监许可〔2014〕310 号	关于核准张沛文担任富达基金（香港）有限公司上海代表处首席代表的批复	2014－3－20
311	证监许可〔2014〕311 号	关于核准奥本海默基金公司合格境外机构投资者资格的批复	2014－3－19
312	证监许可〔2014〕312 号	关于核准北京金隅股份有限公司非公开发行股票的批复	2014－3－19
313	证监许可〔2014〕313 号	关于核准广东新会美达锦纶股份有限公司非公开发行股票的批复	2014－3－19
314	证监许可〔2014〕314 号	关于核准大成招财宝货币市场基金募集的批复	2014－3－19
315	证监许可〔2014〕315 号	关于核准中航期货经纪有限公司吸收合并江南期货经纪有限公司并变更注册资本及股权的批复	2014－3－19
316	证监许可〔2014〕316 号	关于核准东航期货有限责任公司变更股权的批复	2014－3－19
317	证监许可〔2014〕317 号	关于核准浙江长安仁恒科技股份有限公司发行境外上市外资股并到香港交易所创业板上市的批复	2014－3－19
318	证监许可〔2014〕318 号	关于核准无锡盛力达科技股份有限公司首次公开发行境外上市外资股的批复	2014－3－19

续表

序号	发文字号	标　　题	签批日期
319	证监许可〔2014〕319 号	关于核准山西证券股份有限公司公开募集证券投资基金管理业务资格的批复	2014－3－19
320	证监许可〔2014〕320 号	关于核准北京掌趣科技股份有限公司向叶凯等发行股份购买资产并募集配套资金的批复	2014－3－24
321	证监许可〔2014〕321 号	关于核准广东奥飞动漫文化股份有限公司向张铮等发行股份购买资产并募集配套资金的批复	2014－3－24
322	证监许可〔2014〕322 号	关于核准深圳市海普瑞药业股份有限公司重大资产重组的批复	2014－3－24
323	证监许可〔2014〕323 号	关于核准江苏宏宝五金股份有限公司重大资产重组及向长城影视文化企业集团有限公司等发行股份购买资产的批复	2014－3－24
324	证监许可〔2014〕324 号	关于核准长城影视文化企业集团有限责任公司公告江苏宏宝五金股份有限公司收购报告书并豁免其要约收购义务的批复	2014－3－24
325	证监许可〔2014〕325 号	关于核准锦泰期货有限公司资产管理业务资格的批复	2014－3－25
326	证监许可〔2014〕326 号	关于核准易方达现金增利货币市场基金募集的批复	2014－3－26
327	证监许可〔2014〕327 号	关于核准华宝兴业生态中国股票型证券投资基金募集的批复	2014－3－26
328	证监许可〔2014〕328 号	关于核准越秀资产管理有限公司人民币合格境外机构投资者资格的批复	2014－3－26
329	证监许可〔2014〕329 号	关于核准梅花伞业股份有限公司重大资产重组及向林奇等发行股份购买资产的批复	2014－3－26
330	证监许可〔2014〕330 号	关于核准林奇公告梅花伞业股份有限公司收购报告书并豁免其要约收购义务的批复	2014－3－26
331	证监许可〔2014〕331 号	关于核准华福货币市场基金募集的批复	2014－3－27
332	证监许可〔2014〕332 号	关于核准大唐电信科技股份有限公司向周浩等发行股份购买资产并募集配套资金的批复	2014－3－27
333	证监许可〔2014〕333 号	关于核准润晖投资管理香港有限公司人民币合格境外机构投资者资格的批复	2014－3－27
334	证监许可〔2014〕334 号	关于核准新华阿里一号保本混合型证券投资基金募集的批复	2014－3－28
335	证监许可〔2014〕335 号	关于核准广发全球日用消费品指数证券投资基金募集的批复	2014－3－28
336	证监许可〔2014〕336 号	关于核准华商新量化灵活配置混合型证券投资基金募集的批复	2014－3－28
337	证监许可〔2014〕337 号	关于核准杭州银行证券投资基金托管资格的批复	2014－3－17
338	证监许可〔2014〕338 号	关于核准建信嘉薪宝货币市场基金募集的批复	2014－3－28
339	证监许可〔2014〕339 号	关于核准科大智能科技股份有限公司向蔡剑虹等发行股份购买资产并募集配套资金的批复	2014－3－31
340	证监许可〔2014〕340 号	关于收回保德信资产运用株式会社证券投资业务许可证的决定	2014－3－27

续表

序号	发文字号	标　　题	签批日期
341	证监许可〔2014〕341 号	关于核准北京神州太岳股份有限公司向李毅等发行股份购买资产的批复	2014-3-31
342	证监许可〔2014〕342 号	关于核准华谊兄弟传媒股份有限公司向刘长菊等发行股份购买资产并募集配套资金的批复	2014-4-1
343	证监许可〔2014〕343 号	关于核准东华软件股份公司向黄麟雏等发行股份购买资产并募集配套资金的批复	2014-4-1
344	证监许可〔2014〕344 号	关于核准深圳市天威视讯股份有限公司向深圳广播电影电视集团等发行股份购买资产的批复	2014-4-2
345	证监许可〔2014〕345 号	关于核准泰信基金管理有限公司王小林基金行业任职资格的批复	2014-4-2
346	证监许可〔2014〕346 号	关于核准长盛基金管理有限公司高新基金行业任职资格的批复	2014-4-2
347	证监许可〔2014〕347 号	关于核准华安国际龙头(DAX)交易型开放式指数证券投资基金及其联接基金募集的批复	2014-4-2
348	证监许可〔2014〕348 号	关于核准中海惠祥分级债券型证券投资基金募集的批复	2014-4-2
349	证监许可〔2014〕349 号	关于核准申万菱信中证环保产业指数分级证券投资基金募集的批复	2014-4-2
350	证监许可〔2014〕350 号	关于核准申万菱信中证军工指数分级证券投资基金募集的批复	2014-4-2
351	证监许可〔2014〕351 号	关于核准新华鑫安保本一号混合型证券投资基金募集的批复	2014-4-2
352	证监许可〔2014〕352 号	关于核准东方汇产业升级灵活配置混合型证券投资基金募集的批复	2014-4-2
353	证监许可〔2014〕353 号	关于核准广发证券股份有限公司设立中航租赁资产支持收益专项资产管理计划的批复	2014-4-2
354	证监许可〔2014〕354 号	关于核准华邦颖泰股份有限公司向于俊田等发行股份购买资产并募集配套资金的批复	2014-4-2
355	证监许可〔2014〕355 号	关于核准齐鲁证券有限公司设立资产管理子公司的批复	2014-4-2
356	证监许可〔2014〕356 号	关于核准银河基金管理公司设立银河资本管理有限公司的批复	2014-4-2
357	证监许可〔2014〕357 号	关于核准中信建投证券设立海印股份信托受益权专项资产管理计划的批复	2014-4-2
358	证监许可〔2014〕358 号	关于核准长安基金管理有限公司袁明基金行业高级管理人员任职资格的批复	2014-4-2
359	证监许可〔2014〕359 号	关于核准国金通用基金通用一年期定期支付债券型证券投资基金募集的批复	2014-4-2
360	证监许可〔2014〕360 号	关于核准国泰国证有色金属行业指数分级证券投资基金募集的批复	2014-4-2

续表

序号	发文字号	标　　题	签批日期
361	证监许可〔2014〕361 号	关于核准桂林广陆数字测控股份有限公司向中辉世纪传媒发展有限公司等发行股份购买资产并募集配套资金的批复	2014－4－2
362	证监许可〔2014〕362 号	关于核准天津长荣印刷设备股份有限公司向王建军等发行股份购买资产并募集配套资金的批复	2014－4－2
363	证监许可〔2014〕363 号	关于核准四川和邦股份有限公司向四川省盐业总公司发行股份购买资产的批复	2014－4－2
364	证监许可〔2014〕364 号	关于核准长城淘金一年期理财债券型证券投资基金募集的批复	2014－4－2
365	证监许可〔2014〕365 号	关于核准浦银安盛新经济结构灵活配置混合型证券投资基金募集的批复	2014－4－3
366	证监许可〔2014〕366 号	关于核准上投摩根现金管理货币市场基金募集的批复	2014－4－3
367	证监许可〔2014〕367 号	关于核准东吴鼎元双债债券型证券投资基金募集的批复	2014－4－3
368	证监许可〔2014〕368 号	关于核准国开泰富基金管理有限责任公司设立子公司的批复	2014－4－2
369	证监许可〔2014〕369 号	关于核准吴萌担任香港博大证券有限公司上海代表处首席代表的批复	2014－4－4
370	证监许可〔2014〕370 号	关于核准铜陵精达特种电磁线股份有限公司非公开发行股票的批复	2014－4－1
371	证监许可〔2014〕371 号	关于核准深圳市洪涛装饰股份有限公司非公开发行股票的批复	2014－4－4
372	证监许可〔2014〕372 号	关于核准广州广日股份有限公司非公开发行股票的批复	2014－4－4
373	证监许可〔2014〕373 号	关于核准江苏长青农化股份有限公司公开发行公司可转换公司债券的批复	2014－4－4
374	证监许可〔2014〕374 号	关于核准长城工资宝货币市场基金募集的批复	2014－4－8
375	证监许可〔2014〕375 号	关于核准嘉实薪金宝货币市场基金募集的批复	2014－4－8
376	证监许可〔2014〕376 号	关于核准国寿安保沪深 300 指数型证券投资基金募集的批复	2014－4－8
377	证监许可〔2014〕377 号	关于核准金元惠理金元宝货币市场基金募集的批复	2014－4－8
378	证监许可〔2014〕378 号	关于核准五矿证券保荐机构资格的批复	2014－4－4
379	证监许可〔2014〕379 号	关于核准高观投资有限公司合格境外机构投资者资格的批复	2014－4－8
380	证监许可〔2014〕380 号	关于核准浙江华峰氨纶股份有限公司非公开发行股票的批复	2014－4－8
381	证监许可〔2014〕381 号	关于不予核准东旭光电科技股份有限公司发行公司债申请的决定	2014－4－8
382	证监许可〔2014〕382 号	关于核准内蒙古伊东煤炭股份有限公司公开发行公司债券的批复	2014－4－8
383	证监许可〔2014〕383 号	关于核准铜陵有色金属集团股份有限公司非公开发行股票的批复	2014－4－8

续表

序号	发文字号	标　　题	签批日期
384	证监许可〔2014〕384 号	关于核准广州恒运企业集团股份有限公司公开发行公司债券的批复	2014－4－8
385	证监许可〔2014〕385 号	关于核准浙江东晶电子股份有限公司非公开发行股票的批复	2014－4－8
386	证监许可〔2014〕386 号	关于核准山东威远机械股份有限公司非公开发行股票的批复	2014－4－8
387	证监许可〔2014〕387 号	关于核准江苏恒顺醋业股份有限公司非公开发行股票的批复	2014－4－8
388	证监许可〔2014〕388 号	关于核准厦门建发股份有限公司配股的批复	2014－4－8
389	证监许可〔2014〕389 号	关于核准吉林利源精制股份有限公司公开发行公司债券的批复	2014－4－8
390	证监许可〔2014〕390 号	关于核准利亚德光电股份有限公司向张志清等发行股份购买资产并募集配套资金的批复	2014－4－9
391	证监许可〔2014〕391 号	关于核准上海佳豪船舶工程设计股份有限公司向上海沃金石油天然气有限公司发行股份购买资产并募集配套资金的批复	2014－4－9
392	证监许可〔2014〕392 号	关于核准唐华担任英国施罗德集团上海代表处首席代表的批复	2014－4－9
393	证监许可〔2014〕393 号	关于核准中国航空工业集团公司公告四川成飞集成科技股份有限公司收购报告书并豁免其要约收购义务的批复	2014－4－10
394	证监许可〔2014〕394 号	关于核准爱建证券有限责任公司融资融券业务资格的批复	2014－4－9
395	证监许可〔2014〕395 号	关于核准深圳市联建光电股份有限公司向何吉伦等发行股份购买资产并募集配套资金的批复	2014－4－10
396	证监许可〔2014〕396 号	关于核准山东高速股份有限公司公开发行公司债券的批复	2014－4－11
397	证监许可〔2014〕397 号	关于核准北京城建投资发展股份有限公司非公开发行股票的批复	2014－4－11
398	证监许可〔2014〕398 号	关于核准卧龙地产集团股份有限公司公开发行公司债券的批复	2014－4－11
399	证监许可〔2014〕399 号	关于核准恒泰艾普石油天然气技术服务股份有限公司非公开发行公司债券的批复	2014－4－11
400	证监许可〔2014〕400 号	关于核准江西联创光电科技股份有限公司公开发行公司债券的批复	2014－4－11
401	证监许可〔2014〕401 号	关于核准天津市地产发展（集团）股份有限公司公开发行公司债券的批复	2014－4－11
402	证监许可〔2014〕402 号	关于核准天津天保基建股份有限公司非公开发行股票的批复	2014－4－11
403	证监许可〔2014〕403 号	关于核准中青旅控股有限公司非公开发行股票的批复	2014－4－14
404	证监许可〔2014〕404 号	关于核准中国北平股份有限公司首次公开发行境外上市外资股的批复	2014－4－14
405	证监许可〔2014〕405 号	关于核准南京银行证券投资基金托管资格的批复	2014－4－9
406	证监许可〔2014〕406 号	关于核准中证 500 医药卫生指数交易型开放式指数证券投资基金募集的批复	2014－4－15

续表

序号	发文字号	标　　题	签批日期
407	证监许可〔2014〕407 号	关于核准中证 500 工业指数交易型开放式指数证券投资基金募集的批复	2014 - 4 - 15
408	证监许可〔2014〕408 号	关于核准中证 500 信息技术指数交易型开放式指数证券投资基金募集的批复	2014 - 4 - 15
409	证监许可〔2014〕409 号	关于核准中证 500 原材料指数交易型开放式指数证券投资基金募集的批复	2014 - 4 - 15
410	证监许可〔2014〕410 号	关于核准华富恒财分级债券型证券投资基金募集的批复	2014 - 4 - 15
411	证监许可〔2014〕411 号	关于核准民生加银基金管理有限公司林海基金行业高级管理人员任职资格的批复	2014 - 4 - 15
412	证监许可〔2014〕412 号	关于核准富安达基金管理有限公司秦雁基金行业任职资格的批复	2014 - 4 - 15
413	证监许可〔2014〕413 号	关于核准湖北福星科技股份有限公司公开发行公司债券的批复	2014 - 4 - 15
414	证监许可〔2014〕414 号	关于核准赤子之心亚洲资本管理有限公司人民币合格境外机构投资者资格的批复	2014 - 4 - 17
415	证监许可〔2014〕415 号	关于核准圆信永丰纯债债券型证券投资基金募集的批复	2014 - 4 - 17
416	证监许可〔2014〕416 号	关于核准天舟文化股份有限公司向李桂华等发行股份购买资产并募集配套资金的批复	2014 - 4 - 17
417	证监许可〔2014〕417 号	关于核准上海远东资信评估有限公司从事证券市场资信评级业务的批复	2014 - 4 - 17
418	证监许可〔2014〕418 号	关于核准浙江水晶光电科技股份有限公司向浙江方远控股集团有限公司等发行股份购买资产并募集配套资金的批复	2014 - 4 - 17
419	证监许可〔2014〕419 号	关于核准中银聚利分级债券型证券投资基金募集的批复	2014 - 4 - 17
420	证监许可〔2014〕420 号	关于核准重庆市迪马实业股份有限公司向重庆东银控股集团有限公司发行股份购买资产并募集配套资金的批复	2014 - 4 - 17
421	证监许可〔2014〕421 号	关于不予核准浙江杭州鑫富药业股份有限公司向程先锋等发行股份购买资产的决定	2014 - 4 - 17
422	证监许可〔2014〕422 号	关于不予核准芜湖顺荣汽车部件股份有限公司向李卫伟等发行股份购买资产并募集配套资金的决定	2014 - 4 - 17
423	证监许可〔2014〕423 号	关于核准陈婷担任香港贝莱德资产管理北亚有限公司北京代表处首席代表的批复	2014 - 4 - 17
424	证监许可〔2014〕424 号	关于核准廖明担任瑞银证券亚洲有限公司北京代表处首席代表的批复	2014 - 4 - 17
425	证监许可〔2014〕425 号	关于核准国金证券股份有限公司公开发行可转换公司债券的批复	2014 - 4 - 18
426	证监许可〔2014〕426 号	关于核准厦门国贸集团股份有限公司配股的批复	2014 - 4 - 18
427	证监许可〔2014〕427 号	关于核准天津中环半导体股份有限公司非公开发行股票的批复	2014 - 4 - 18

续表

序号	发文字号	标　　题	签批日期
428	证监许可〔2014〕428 号	关于核准上海大名城企业股份有限公司非公开发行股票的批复	2014－4－18
429	证监许可〔2014〕429 号	关于核准盛屯矿业集团股份有限公司非公开发行股票的批复	2014－4－18
430	证监许可〔2014〕430 号	关于核准天广消防股份有限公司非公开发行股票的批复	2014－4－18
431	证监许可〔2014〕431 号	关于核准浙江古越龙山绍兴酒股份有限公司配股的批复	2014－4－18
432	证监许可〔2014〕432 号	关于核准中茵股份有限公司非公开发行股票的批复	2014－4－18
433	证监许可〔2014〕433 号	关于核准云南白药集团股份有限公司公开发行公司债券的批复	2014－4－18
434	证监许可〔2014〕434 号	关于核准青岛港国际股份有限公司发行境外上市外资股并到香港交易所主板上市的批复	2014－4－21
435	证监许可〔2014〕435 号	关于核准宝盈祥瑞养老混合型证券投资基金募集的批复	2014－4－22
436	证监许可〔2014〕436 号	关于核准青岛海尔股份有限公司非公开发行股票的批复	2014－4－22
437	证监许可〔2014〕437 号	关于核准山东天业恒基股份有限公司向山东天业房地产开发集团有限公司发行股份购买资产并募集配套资金的批复	2014－4－22
438	证监许可〔2014〕438 号	关于核准中原证券股份有限公司发行境外上市外资股并到香港交易所主板上市的批复	2014－4－22
439	证监许可〔2014〕439 号	关于核准富国富钱包货币市场基金募集的批复	2014－4－23
440	证监许可〔2014〕440 号	关于核准诺安理财宝货币市场基金募集的批复	2014－4－28
441	证监许可〔2014〕441 号	关于核准华商新锐产业灵活配置混合型证券投资基金募集的批复	2014－4－28
442	证监许可〔2014〕442 号	关于核准嘉实现金添利货币市场基金募集的批复	2014－4－28
443	证监许可〔2014〕443 号	关于核准东方多策略灵活配置混合型证券投资基金募集的批复	2014－4－29
444	证监许可〔2014〕444 号	关于核准上海凯利泰医疗科技股份有限公司向张家港市金象医用器械有限公司发行股份购买资产并募集配套资金的批复	2014－4－30
445	证监许可〔2014〕445 号	关于核准国联证券股份有限公司设立建发禾山后埔—枋湖片区棚户区改造项目专项资产管理计划的批复	2014－4－30
446	证监许可〔2014〕446 号	关于核准神州学人集团股份有限公司向佟建勋等发行股份购买资产的批复	2014－4－30
447	证监许可〔2014〕447 号	关于核准中国科健股份有限公司向严圣军等发行股份购买资产并募集配套资金的批复	2014－4－30
448	证监许可〔2014〕448 号	关于核准严圣军及一致行动人公告中国科健股份有限公司收购报告书并豁免其要约收购义务的批复	2014－4－30
449	证监许可〔2014〕449 号	关于核准北京联信永益科技股份有限公司重大资产重组及向夏曙东等发行股份购买资产的批复	2014－4－30
450	证监许可〔2014〕450 号	关于核准夏曙东及一致行动人公告北京联信永益科技股份有限公司收购报告书并豁免其要约收购义务的批复	2014－4－30

续表

序号	发文字号	标　题	签批日期
451	证监许可〔2014〕451号	关于核准恒泰证券股份有限公司设立迁安热力供热收费权专项资产管理计划的批复	2014-4-30
452	证监许可〔2014〕452号	关于核准国机汽车股份有限公司向中国机械工业集团有限公司发行股份购买资产并募集配套资金的批复	2014-5-4
453	证监许可〔2014〕453号	关于不予核准福建冠福现代家用股份有限公司非公开发行股票申请的决定	2014-5-6
454	证监许可〔2014〕454号	关于核准邓可欣担任永丰金证券(亚洲)有限公司上海代表处首席代表的批复	2014-5-5
455	证监许可〔2014〕455号	关于核准招商证券股份有限公司非公开发行股票的批复	2014-5-5
456	证监许可〔2014〕456号	关于核准山东齐鲁华信实业股份有限公司股票在全国中小企业股份转让系统公开转让的批复	2014-5-5
457	证监许可〔2014〕457号	关于核准中国水电建设集团房地产有限公司公告武汉南国置业股份有限公司要约收购报告书的批复	2014-5-6
458	证监许可〔2014〕458号	关于核准宁波热电股份有限公司非公开发行股票的批复	2014-5-6
459	证监许可〔2014〕459号	关于核准深圳欧菲光科技股份有限公司非公开发行股票的批复	2014-5-6
460	证监许可〔2014〕460号	关于核准浙江万马电缆股份有限公司公开发行公司债券的批复	2014-5-7
461	证监许可〔2014〕461号	关于核准深圳顺络电子股份有限公司非公开发行股票的批复	2014-5-7
462	证监许可〔2014〕462号	关于核准北京顺鑫农业股份有限公司非公开发行股票的批复	2014-5-7
463	证监许可〔2014〕463号	关于核准矢野裕久担任日本三井住友资产管理公司上海代表处首席代表的批复	2014-5-8
464	证监许可〔2014〕464号	关于核准云南绿大地生物科技股份有限公司向徐洪尧等发行股份购买资产并募集配套资金的批复	2014-5-4
465	证监许可〔2014〕465号	关于核准天津泰达生物医学工程股份有限公司增发境外上市外资股的批复	2014-5-8
466	证监许可〔2014〕466号	关于核准比亚迪股份有限公司增发境外上市外资股的批复	2014-5-8
467	证监许可〔2014〕467号	关于核准李心琢担任英仕曼投资(香港)有限公司北京代表处首席代表的批复	2014-5-9
468	证监许可〔2014〕468号	关于核准华夏薪金宝货币市场基金募集的批复	2014-5-9
469	证监许可〔2014〕469号	关于核准长城久鑫保本混合型证券投资基金募集的批复	2014-5-12
470	证监许可〔2014〕470号	关于核准国联安通盈灵活配置混合型证券投资基金募集的批复	2014-5-12
471	证监许可〔2014〕471号	关于核准招商招金宝货币市场基金募集的批复	2014-5-9
472	证监许可〔2014〕472号	关于核准华润元大医疗保健量化股票型证券投资基金募集的批复	2014-5-12
473	证监许可〔2014〕473号	关于核准易方达财富快线货币市场基金募集的批复	2014-5-12

续表

序号	发文字号	标　　题	签批日期
474	证监许可〔2014〕474 号	关于核准万家品质生活股票型证券投资基金募集的批复	2014－5－12
475	证监许可〔2014〕475 号	关于核准浦银安盛盛世精选灵活配置混合型证券投资基金募集的批复	2014－5－12
476	证监许可〔2014〕476 号	关于核准西安航空动力股份有限公司向中国航空工业集团有限公司等发行股份购买资产并募集配套资金的批复	2014－5－12
477	证监许可〔2014〕477 号	关于核准安徽精诚铜业股份有限公司向安徽楚江投资集团有限公司发行股份购买资产并募集配套资金的批复	2014－5－12
478	证监许可〔2014〕478 号	关于核准绿色动力环保集团股份有限公司发行境外上市外资股并到香港交易所主板上市的批复	2014－5－13
479	证监许可〔2014〕479 号	关于核准海富通新内需灵活配置混合型证券投资基金募集的批复	2014－5－14
480	证监许可〔2014〕480 号	关于核准国寿安保尊享债券型证券投资基金募集的批复	2014－5－14
481	证监许可〔2014〕481 号	关于核准长信改革红利灵活配置混合型证券投资基金募集的批复	2014－5－14
482	证监许可〔2014〕482 号	关于核准浙江京新药业股份有限公司非公开发行股票的批复	2014－5－14
483	证监许可〔2014〕483 号	关于核准新大洲控股股份有限公司非公开发行股票的批复	2014－5－14
484	证监许可〔2014〕484 号	关于核准河南同力水泥股份有限公司非公开发行股票的批复	2014－5－14
485	证监许可〔2014〕485 号	关于核准中国国际贸易中心股份有限公司公开发行公司债券的批复	2014－5－14
486	证监许可〔2014〕486 号	关于核准东方双债添利债券型证券投资基金募集的批复	2014－5－14
487	证监许可〔2014〕487 号	关于核准工银瑞信研究精选股票型证券投资基金募集的批复	2014－5－14
488	证监许可〔2014〕488 号	关于核准鑫元稳利债券型证券投资基金募集的批复	2014－5－15
489	证监许可〔2014〕489 号	关于核准中国中化集团公司公告江苏扬农化工股份有限公司收购报告书并豁免其要约收购义务的批复	2014－5－16
490	证监许可〔2014〕490 号	关于不予核准康新(中国)设计工程股份有限公司首次公开发行股票申请的决定	2014－5－16
491	证监许可〔2014〕491 号	关于核准景顺长城研究精选股票型证券投资基金募集的批复	2014－5－19
492	证监许可〔2014〕492 号	关于核准国投瑞银美丽中国灵活配置混合型证券投资基金募集的批复	2014－5－19
493	证监许可〔2014〕493 号	关于核准长盛养老健康产业灵活配置混合型证券投资基金募集的批复	2014－5－19
494	证监许可〔2014〕494 号	关于核准前海开源沪深 300 指数型证券投资基金募集的批复	2014－5－19
495	证监许可〔2014〕495 号	关于核准建信中小盘先锋股票型证券投资基金募集的批复	2014－5－20
496	证监许可〔2014〕496 号	关于核准广东广州日报传媒股份有限公司向叶玫等发行股份购买资产的批复	2014－5－20
497	证监许可〔2014〕497 号	关于核准格林大华期货有限公司资产管理业务资格的批复	2014－5－20

续表

序号	发文字号	标　　题	签批日期
498	证监许可〔2014〕498 号	关于核准方正中期期货有限公司资产管理业务资格的批复	2014－5－20
499	证监许可〔2014〕499 号	关于核准迈科期货经纪有限公司资产管理业务资格的批复	2014－5－20
500	证监许可〔2014〕500 号	关于核准象屿期货有限责任公司变更股权的批复	2014－5－20
501	证监许可〔2014〕501 号	关于核准广东鸿海期货有限公司变更股权的批复	2014－5－20
502	证监许可〔2014〕502 号	关于核准工银瑞信绝对收益策略混合型发起式证券投资基金募集的批复	2014－5－20
503	证监许可〔2014〕503 号	关于核准南方风机股份有限公司向仇云龙等发行股份购买资产并募集配套资金的批复	2014－5－20
504	证监许可〔2014〕504 号	关于核准招商资产管理(香港)有限公司人民币合格境外机构投资者资格的批复	2014－5－21
505	证监许可〔2014〕505 号	关于核准富达基金(香港)有限公司人民币合格境外机构投资者资格的批复	2014－5－21
506	证监许可〔2014〕506 号	关于核准日兴资产管理亚洲有限公司人民币合格境外机构投资者资格的批复	2014－5－21
507	证监许可〔2014〕507 号	关于核准华邦颖泰股份有限公司公开发行公司债券的批复	2014－5－21
508	证监许可〔2014〕508 号	关于核准毕盛资产管理有限公司人民币合格境外机构投资者资格的批复	2014－5－21
509	证监许可〔2014〕509 号	关于核准欣旺达电子股份有限公司非公开发行公司债券的批复	2014－5－21
510	证监许可〔2014〕510 号	关于核准广发证券股份有限公司证券投资基金托管资格的批复	2014－5－20
511	证监许可〔2014〕511 号	关于核准国泰君安证券股份有限公司证券投资基金托管资格的批复	2014－5－20
512	证监许可〔2014〕512 号	关于核准德邦 42 天理财债券型证券投资基金募集的批复	2014－5－20
513	证监许可〔2014〕513 号	关于核准新华中证环保产业指数分级证券投资基金募集的批复	2014－5－20
514	证监许可〔2014〕514 号	关于核准天弘季加利理财债券型证券投资基金募集的批复	2014－5－20
515	证监许可〔2014〕515 号	关于核准中信证券股份有限公司设立徐州市保障性安居工程专项资产管理计划的批复	2014－5－20
516	证监许可〔2014〕516 号	关于核准上海文化广播影视集团有限公司公告百视通新媒体股份有限公司收购报告书并豁免其要约收购义务的批复	2014－5－21
517	证监许可〔2014〕517 号	关于核准富敦资金管理有限公司人民币合格境外机构投资者资格的批复	2014－5－22
518	证监许可〔2014〕518 号	关于核准畅捷通信息技术股份有限公司首次公开发行境外上市外资股并到香港联合交易所主板上市的批复	2014－5－22
519	证监许可〔2014〕519 号	关于核准广发活期宝货币市场基金募集的批复	2014－5－22

续表

序号	发文字号	标　题	签批日期
520	证监许可〔2014〕520 号	关于核准郑州公用事业投资发展集团有限公司公告中原环保股份有限公司收购报告书并豁免其要约收购义务的批复	2014－5－22
521	证监许可〔2014〕521 号	关于核准广汇汽车服务股份有限公司首次公开发行境外上市外资股并到香港交易所主板上市的批复	2014－5－22
522	证监许可〔2014〕522 号	关于核准深圳市证大速贷款股份有限公司发行境外上市外资股并到香港交易所主板上市的批复	2014－5－23
523	证监许可〔2014〕523 号	关于核准汇添富移动互联股票型证券投资基金募集的批复	2014－5－23
524	证监许可〔2014〕524 号	关于核准华电国际电力股份有限公司增发境外上市外资股的批复	2014－5－23
525	证监许可〔2014〕525 号	关于核准招商丰利灵活配置混合型证券投资基金募集的批复	2014－5－26
526	证监许可〔2014〕526 号	关于核准汇添富环保行业股票型证券投资基金募集的批复	2014－5－26
527	证监许可〔2014〕527 号	关于核准财富期货有限公司变更股权的批复	2014－5－26
528	证监许可〔2014〕528 号	关于核准广发逆向策略灵活配置混合型证券投资基金募集的批复	2014－5－26
529	证监许可〔2014〕529 号	关于核准汇添富互惠分级债券型证券投资基金募集的批复	2014－5－26
530	证监许可〔2014〕530 号	关于核准工银瑞信现金快线货币市场基金募集的批复	2014－5－27
531	证监许可〔2014〕531 号	关于核准国金通用中证 100 动态 ETF 等 4 只沪深 300 风格 ETF 系列募集的批复	2014－5－27
532	证监许可〔2014〕532 号	关于核准国金通用中证 100 动态 ETF 等 4 只沪深 300 风格 ETF 系列募集的批复	2014－5－27
533	证监许可〔2014〕533 号	关于核准国金通用中证 100 动态 ETF 等 4 只沪深 300 风格 ETF 系列募集的批复	2014－5－27
534	证监许可〔2014〕534 号	关于核准国金通用中证 100 动态 ETF 等 4 只沪深 300 风格 ETF 系列募集的批复	2014－5－27
535	证监许可〔2014〕535 号	关于核准建信现金添利货币市场基金募集的批复	2014－5－27
536	证监许可〔2014〕536 号	关于核准天弘基金管理有限公司变更持股 5% 以上股东的批复	2014－5－28
537	证监许可〔2014〕537 号	关于核准英大基金管理有限公司杨峰基金行业高级管理人员任职资格的批复	2014－5－29
538	证监许可〔2014〕538 号	关于核准信达澳银慧管家货币市场基金募集的批复	2014－5－29
539	证监许可〔2014〕539 号	关于核准富国久利分级债券型证券投资基金募集的批复	2014－5－29
540	证监许可〔2014〕540 号	关于核准万家消费成长股票型证券投资基金募集的批复	2014－6－3
541	证监许可〔2014〕541 号	关于核准恒泰证券减少保荐业务以及恒泰长财保荐机构资格的批复	2014－6－3
542	证监许可〔2014〕542 号	关于核准恒泰证券减少保荐业务以及恒泰长财保荐机构资格的批复	2014－6－3

续表

序号	发文字号	标　　题	签批日期
543	证监许可〔2014〕543 号	关于核准景顺长城中证医药卫生交易型开放式指数证券投资基金等四只行业 ETF 募集的批复	2014－6－3
544	证监许可〔2014〕544 号	关于核准景顺长城中证医药卫生交易型开放式指数证券投资基金等四只行业 ETF 募集的批复	2014－6－3
545	证监许可〔2014〕545 号	关于核准景顺长城中证医药卫生交易型开放式指数证券投资基金等四只行业 ETF 募集的批复	2014－6－3
546	证监许可〔2014〕546 号	关于核准景顺长城中证医药卫生交易型开放式指数证券投资基金等四只行业 ETF 募集的批复	2014－6－3
547	证监许可〔2014〕547 号	关于核准易方达季季利理财债券型证券投资基金募集的批复	2014－6－3
548	证监许可〔2014〕548 号	关于核准泰达宏利基金管理有限公司弓劲梅基金行业任职资格的批复	2014－6－3
549	证监许可〔2014〕549 号	关于核准银河基金管理有限公司许国平基金行业任职资格的批复	2014－6－3
550	证监许可〔2014〕550 号	关于核准北京迪信通商贸股份有限公司发行境外上市外资股并到香港交易所主板上市的批复	2014－6－3
551	证监许可〔2014〕551 号	关于核准北京城建设计发展集团股份有限公司首次公开发行境外上市外资股并到香港联合交易所主板上市的批复	2014－6－3
552	证监许可〔2014〕552 号	关于核准民族证券设立中国水务供水合同债权专项资产管理计划的批复	2014－6－3
553	证监许可〔2014〕553 号	关于核准陕西秦川机械发展股份有限公司吸收合并陕西秦川机床工具集团有限公司并募集配套资金的批复	2014－6－3
554	证监许可〔2014〕554 号	关于核准台新国际商业银行股份有限公司合格境外机构投资者资格的批复	2014－6－3
555	证监许可〔2014〕555 号	关于核准洛阳轴研科技股份有限公司配股的批复	2014－6－3
556	证监许可〔2014〕556 号	关于核准辉立资本管理(香港)有限公司人民币合格境外机构投资者资格的批复	2014－6－3
557	证监许可〔2014〕557 号	关于核准南宁八菱科技股份有限公司非公开发行股票的批复	2014－6－3
558	证监许可〔2014〕558 号	关于核准南方薪金宝货币市场基金募集的批复	2014－6－4
559	证监许可〔2014〕559 号	关于核准前海开源大海洋战略经济灵活配置混合型证券投资基金募集的批复	2014－6－4
560	证监许可〔2014〕560 号	关于核准前海开源新经济灵活配置混合型证券投资基金募集的批复	2014－6－4
561	证监许可〔2014〕561 号	关于核准招商目标收益触发灵活配置混合型发起式证券投资基金募集的批复	2014－6－4
562	证监许可〔2014〕562 号	关于核准设立红土创新基金管理有限公司的批复	2014－6－5
563	证监许可〔2014〕563 号	关于核准江苏新民纺织科技股份有限公司重大资产重组的批复	2014－6－5

续表

序号	发文字号	标　　题	签批日期
564	证监许可〔2014〕564 号	关于核准江西特种电机股份有限公司非公开发行股票的批复	2014－6－5
565	证监许可〔2014〕565 号	关于核准新希望六和股份有限公司非公开发行股票的批复	2014－6－5
566	证监许可〔2014〕566 号	关于核准浙江上风实业股份有限公司非公开发行股票的批复	2014－6－5
567	证监许可〔2014〕567 号	关于核准江西正邦科技股份有限公司非公开发行股票的批复	2014－6－5
568	证监许可〔2014〕568 号	关于核准长江精工钢结构(集团)股份有限公司非公开发行股票的批复	2014－6－5
569	证监许可〔2014〕569 号	关于核准湖北富邦科技股份有限公司首次公开发行股票的批复	2014－6－9
570	证监许可〔2014〕570 号	关于核准无锡雪浪环境科技股份有限公司首次公开发行股票的批复	2014－6－9
571	证监许可〔2014〕571 号	关于核准上海联明机械股份有限公司首次公开发行股票的批复	2014－6－9
572	证监许可〔2014〕572 号	关于核准江苏今世缘酒业股份有限公司首次公开发行股票的批复	2014－6－9
573	证监许可〔2014〕573 号	关于核准云南鸿翔一心堂药业(集团)股份有限公司首次公开发行股票的批复	2014－6－9
574	证监许可〔2014〕574 号	关于核准上海北特科技股份有限公司首次公开发行股票的批复	2014－6－9
575	证监许可〔2014〕575 号	关于核准山东龙大肉食品股份有限公司首次公开发行股票的批复	2014－6－9
576	证监许可〔2014〕576 号	关于核准浙江莎普爱思药业股份有限公司首次公开发行股票的批复	2014－6－9
577	证监许可〔2014〕577 号	关于核准广东伊顿电子科技股份有限公司首次公开发行股票的批复	2014－6－9
578	证监许可〔2014〕578 号	关于核准飞天诚信科技股份有限公司首次公开发行股票的批复	2014－6－9
579	证监许可〔2014〕579 号	关于核准华泰柏瑞消费成长灵活配置混合型证券投资基金募集的批复	2014－6－10
580	证监许可〔2014〕580 号	关于核准宝盈科技30灵活配置混合型证券投资基金募集的批复	2014－6－10
581	证监许可〔2014〕581 号	关于核准广发季季利理财债券型证券投资基金募集的批复	2014－6－11
582	证监许可〔2014〕582 号	关于核准海富通季季增利理财债券型证券投资基金募集的批复	2014－6－11
583	证监许可〔2014〕583 号	关于核准中银薪钱包货币市场基金募集的批复	2014－6－11
584	证监许可〔2014〕584 号	关于核准方正富邦金小宝货币市场证券投资基金募集的批复	2014－6－11
585	证监许可〔2014〕585 号	关于核准鑫元鸿利债券型证券投资基金募集的批复	2014－6－11
586	证监许可〔2014〕586 号	关于核准大成景益平稳收益混合型证券投资基金募集的批复	2014－6－11

续表

序号	发文字号	标　　题	签批日期
587	证监许可〔2014〕587 号	关于核准北京物美商业集团股份有限公司增发境外上市外资股的批复	2014－6－11
588	证监许可〔2014〕588 号	关于核准冠城大通股份有限公司公开发行可转换公司债券的批复	2014－6－11
589	证监许可〔2014〕589 号	关于核准江苏新城地产股份有限公司公开发行公司债券的批复	2014－6－11
590	证监许可〔2014〕590 号	关于核准北京东方雨虹防水技术股份有限公司非公开发行股票的批复	2014－6－11
591	证监许可〔2014〕591 号	关于核准东北制药集团股份有限公司非公开发行股票的批复	2014－6－11
592	证监许可〔2014〕592 号	关于核准长盛基金(香港)有限公司人民币合格境外机构投资者资格的批复	2014－6－12
593	证监许可〔2014〕593 号	关于核准博时天天增利货币市场基金募集的批复	2014－6－12
594	证监许可〔2014〕594 号	关于核准景顺长城景丰货币市场基金募集的批复	2014－6－12
595	证监许可〔2014〕595 号	关于核准交银施罗德现金宝货币市场基金募集的批复	2014－6－12
596	证监许可〔2014〕596 号	关于核准中原英石货币市场基金募集的批复	2014－6－12
597	证监许可〔2014〕597 号	关于核准济南圣泉集团股份有限公司股票在全国中小企业股份转让系统公开转让的批复	2014－6－13
598	证监许可〔2014〕598 号	关于核准中山大洋电机股份有限公司非公开发行股票的批复	2014－6－13
599	证监许可〔2014〕599 号	关于核准沈阳公用发展股份有限公司增发境外上市外资股的批复	2014－6－13
600	证监许可〔2014〕600 号	关于核准中国全聚德(集团)股份有限公司非公开发行股票的批复	2014－6－13
601	证监许可〔2014〕601 号	关于核准安徽铜峰电子股份有限公司公开发行公司债券的批复	2014－6－13
602	证监许可〔2014〕602 号	关于核准中原大地传媒股份有限公司向中原出版传媒投资控股集团有限公司发行股份购买资产并募集配套资金的批复	2014－6－13
603	证监许可〔2014〕603 号	关于核准中弘控股股份有限公司非公开发行股票的批复	2014－6－13
604	证监许可〔2014〕604 号	关于核准汇丰环球投资管理(英国)有限公司人民币合格境外机构投资者资格的批复	2014－6－16
605	证监许可〔2014〕605 号	关于核准贝莱德顾问(英国)有限公司人民币合格境外机构投资者资格的批复	2014－6－13
606	证监许可〔2014〕606 号	关于核准华安安享灵活配置混合型证券投资基金募集的批复	2014－6－16
607	证监许可〔2014〕607 号	关于核准华安汇财通货币市场基金募集的批复	2014－6－16
608	证监许可〔2014〕608 号	关于核准嘉实医疗保健股票型证券投资基金募集的批复	2014－6－16
609	证监许可〔2014〕609 号	关于核准中邮多策略灵活配置混合型证券投资基金募集的批复	2014－6－16

续表

序号	发文字号	标　　题	签批日期
610	证监许可〔2014〕610号	关于核准易方达天天增利货币市场基金募集的批复	2014-6-16
611	证监许可〔2014〕611号	关于核准花旗集团基金管理有限公司合格境外机构投资者资格的批复	2014-6-16
612	证监许可〔2014〕612号	关于核准江苏双星彩塑新材料股份有限公司非公开发行股票的批复	2014-6-18
613	证监许可〔2014〕613号	关于核准工银瑞信30天理财债券型证券投资基金募集的批复	2014-6-18
614	证监许可〔2014〕614号	关于核准中金基金管理有限公司阚睿基金行业高级管理人员任职资格的批复	2014-6-18
615	证监许可〔2014〕615号	关于核准株洲时代新材料科技股份有限公司重大资产重组的批复	2014-6-18
616	证监许可〔2014〕616号	关于核准上海东方证券资产管理有限公司钱慧基金行业高级管理人员任职资格的批复	2014-6-18
617	证监许可〔2014〕617号	关于核准建信基金管理有限责任公司杨文升基金行业任职资格的批复	2014-6-18
618	证监许可〔2014〕618号	关于核准重庆渝开发股份有限公司公开发行公司债券的批复	2014-6-19
619	证监许可〔2014〕619号	关于核准江苏银行证券投资基金托管资格的批复	2014-5-20
620	证监许可〔2014〕620号	关于核准华西证券设立资产管理子公司的批复	2014-6-23
621	证监许可〔2014〕621号	关于核准设立嘉和基金管理有限公司的批复	2014-6-23
622	证监许可〔2014〕622号	关于核准叶馨雯担任恒生投资管理有限公司深圳代表处首席代表的批复	2014-6-23
623	证监许可〔2014〕623号	关于核准上投摩根天添宝货币市场基金募集的批复	2014-6-23
624	证监许可〔2014〕624号	关于核准银河康乐股票型证券投资基金募集的批复	2014-6-23
625	证监许可〔2014〕625号	关于核准融通转型三动力灵活配置混合型证券投资基金募集的批复	2014-6-23
626	证监许可〔2014〕626号	关于核准诺安稳健回报灵活配置混合型证券投资基金募集的批复	2014-6-23
627	证监许可〔2014〕627号	关于不予核准成都天兴仪表股份有限公司向郭美姣等发行股份购买资产并募集配套资金的决定	2014-6-23
628	证监许可〔2014〕628号	关于核准东方电气股份有限公司公开发行可转换公司债券的批复	2014-6-24
629	证监许可〔2014〕629号	关于核准中国银河证券股份有限公司证券投资基金托管资格的批复	2014-6-24
630	证监许可〔2014〕630号	关于核准湖北兴发化工集团股份有限公司向浙江金帆达生化股份有限公司发行股份购买资产的批复	2014-6-24
631	证监许可〔2014〕631号	关于核准国联期货有限责任公司资产管理业务资格的批复	2014-6-26
632	证监许可〔2014〕632号	关于核准银河润利保本混合型证券投资基金募集的批复	2014-6-26

续表

序号	发文字号	标　　题	签批日期
633	证监许可〔2014〕633 号	关于核准大成添利宝货币市场基金募集的批复	2014－6－26
634	证监许可〔2014〕634 号	关于核准兴业货币市场证券投资基金募集的批复	2014－6－26
635	证监许可〔2014〕635 号	关于核准工银瑞信医疗保健行业股票型证券投资基金募集的批复	2014－6－27
636	证监许可〔2014〕636 号	关于核准美的集团股份有限公司、TITONI INVESTMENTS DEVELOPMENT LTD. 公告无锡小天鹅股份有限公司要约收购报告书的批复	2014－6－27
637	证监许可〔2014〕637 号	关于核准齐鲁国际控股有限公司人民币合格境外机构投资者资格的批复	2014－6－27
638	证监许可〔2014〕638 号	关于核准冼楚平担任日本大和证券株式会社北京代表处首席代表的批复	2014－6－27
639	证监许可〔2014〕639 号	关于核准信达期货有限公司资产管理业务资格的批复	2014－6－27
640	证监许可〔2014〕640 号	关于核准三星资产运用(香港)有限公司人民币合格境外机构投资者资格的批复	2014－6－30
641	证监许可〔2014〕641 号	关于核准工银瑞信财富快线货币市场基金募集的批复	2014－7－2
642	证监许可〔2014〕642 号	关于核准融通健康产业灵活配置混合型证券投资基金募集的批复	2014－7－2
643	证监许可〔2014〕643 号	关于核准美都控股股份有限公司非公开发行股票的批复	2014－7－2
644	证监许可〔2014〕644 号	关于核准新乡化纤股份有限公司非公开发行股票的批复	2014－7－2
645	证监许可〔2014〕645 号	关于核准国泰君安证券通过受让上海证券股权设立子公司的批复	2014－7－2
646	证监许可〔2014〕646 号	关于核准北京汇冠新技术股份有限公司向王文清等发行股份购买资产并募集配套资金的批复	2014－7－2
647	证监许可〔2014〕647 号	关于核准上海新时达电气股份有限公司向曾逸等发行股份购买资产的批复	2014－7－2
648	证监许可〔2014〕648 号	关于不予核准上海岱美汽车内饰件股份有限公司首次公开发行股票申请的决定	2014－7－2
649	证监许可〔2014〕649 号	关于核准中弘控股股份有限公司公开发行公司债券的批复	2014－7－2
650	证监许可〔2014〕650 号	关于核准设立九泰基金管理有限公司的批复	2014－7－3
651	证监许可〔2014〕651 号	关于核准设立创金合信基金管理有限公司的批复	2014－7－3
652	证监许可〔2014〕652 号	关于核准杭州泰格医药科技股份有限公司重大资产重组的批复	2014－7－3
653	证监许可〔2014〕653 号	关于核准博时现金宝货币市场基金募集的批复	2014－7－3
654	证监许可〔2014〕654 号	关于核准安徽江淮汽车集团控股有限公司公告安徽江淮汽车股份有限公司收购报告书并豁免其要约收购义务的批复	2014－7－3
655	证监许可〔2014〕655 号	关于核准上海国盛(集团)有限公司公告上海棱光实业股份有限公司收购报告书并豁免其要约收购义务的批复	2014－7－3

续表

序号	发文字号	标　　题	签批日期
656	证监许可〔2014〕656 号	关于核准大成纳斯达克 100 指数证券投资基金募集的批复	2014－7－4
657	证监许可〔2014〕657 号	关于核准国泰新经济灵活配置混合型证券投资基金募集的批复	2014－7－4
658	证监许可〔2014〕658 号	关于核准红塔红土盛世普益灵活配置混合型发起式证券投资基金募集的批复	2014－7－4
659	证监许可〔2014〕659 号	关于核准中钢集团吉林炭素股份有限公司重大资产重组及向中国中钢股份有限公司等发行股份购买资产并募集配套资金的批复	2014－7－4
660	证监许可〔2014〕660 号	关于核准广晟有色金属股份有限公司公开发行公司债券的批复	2014－7－7
661	证监许可〔2014〕661 号	关于核准浙江物产中大元通集团股份有限公司非公开发行股票的批复	2014－7－7
662	证监许可〔2014〕662 号	关于核准黑牡丹(集团)股份有限公司公开发行公司债券的批复	2014－7－7
663	证监许可〔2014〕663 号	关于核准华电国际电力股份有限公司非公开发行股票的批复	2014－7－7
664	证监许可〔2014〕664 号	关于核准上海金桥出口加工区开发股份有限公司公开发行公司债券的批复	2014－7－7
665	证监许可〔2014〕665 号	关于核准中信建投货币市场基金募集的批复	2014－7－7
666	证监许可〔2014〕666 号	关于核准招商行业精选股票型证券投资基金募集的批复	2014－7－7
667	证监许可〔2014〕667 号	关于核准诺安聚利债券型证券投资基金募集的批复	2014－7－7
668	证监许可〔2014〕668 号	关于核准平安大华新鑫先锋混合型证券投资基金募集的批复	2014－7－7
669	证监许可〔2014〕669 号	关于核准华商未来主题股票型证券投资基金募集的批复	2014－7－7
670	证监许可〔2014〕670 号	关于核准中材节能股份有限公司首次公开发行股票的批复	2014－7－8
671	证监许可〔2014〕671 号	关于核准中信证券(浙江)有限责任公司分立的批复	2014－7－8
672	证监许可〔2014〕672 号	关于核准苏州天华超净科技股份有限公司首次公开发行股票的批复	2014－7－8
673	证监许可〔2014〕673 号	关于核准会稽山绍兴酒股份有限公司首次公开发行股票的批复	2014－7－8
674	证监许可〔2014〕674 号	关于核准长白山旅游股份有限公司首次公开发行股票的批复	2014－7－8
675	证监许可〔2014〕675 号	关于核准辽宁禾丰牧业股份有限公司首次公开发行股票的批复	2014－7－8
676	证监许可〔2014〕676 号	关于核准安徽国祯环保节能科技股份有限公司首次公开发行股票的批复	2014－7－8
677	证监许可〔2014〕677 号	关于核准康跃科技股份有限公司首次公开发行股票的批复	2014－7－8
678	证监许可〔2014〕678 号	关于核准深圳市艾比森光电股份有限公司首次公开发行股票的批复	2014－7－8

续表

序号	发文字号	标　题	签批日期
679	证监许可〔2014〕679 号	关于核准华泰证券设立资产管理子公司的批复	2014－7－8
680	证监许可〔2014〕680 号	关于核准伊克斯纳有限公司设立上海代表处的批复	2014－7－9
681	证监许可〔2014〕681 号	关于核准北京中长石基信息技术股份有限公司重大资产重组的批复	2014－7－9
682	证监许可〔2014〕682 号	关于核准上海浦东路桥建设股份有限公司重大资产重组的批复	2014－7－9
683	证监许可〔2014〕683 号	关于核准北京立思辰科技股份有限公司向胡伟东等发行股份购买资产并募集配套资金的批复	2014－7－10
684	证监许可〔2014〕684 号	关于核准吉林吉恩镍业股份有限公司非公开发行股票的批复	2014－7－10
685	证监许可〔2014〕685 号	关于核准上海新南洋股份有限公司向上海交大企业管理中心等发行股份购买资产并募集配套资金的批复	2014－7－10
686	证监许可〔2014〕686 号	关于核准福建南纺股份有限公司向福建省能源集团有限责任公司发行股份购买资产的批复	2014－7－10
687	证监许可〔2014〕687 号	关于核准福建省能源集团有限责任公司公告福建南纺股份有限公司收购报告书并豁免其要约收购义务的批复	2014－7－10
688	证监许可〔2014〕688 号	关于核准中国外运股份有限公司增发境外上市外资股的批复	2014－7－10
689	证监许可〔2014〕689 号	关于核准南京康尼机电股份有限公司首次公开发行股票的批复	2014－7－11
690	证监许可〔2014〕690 号	关于核准重庆川仪自动化股份有限公司首次公开发行股票的批复	2014－7－11
691	证监许可〔2014〕691 号	关于核准广东台城制药股份有限公司首次公开发行股票的批复	2014－7－11
692	证监许可〔2014〕692 号	关于核准北京三联虹普新合纤技术服务股份有限公司首次公开发行股票的批复	2014－7－11
693	证监许可〔2014〕693 号	关于核准航天证券有限责任公司融资融券业务资格的批复	2014－7－11
694	证监许可〔2014〕694 号	关于核准国金通用基金管理有限公司张丽基金行业高级管理人员任职资格的批复	2014－7－11
695	证监许可〔2014〕695 号	关于核准华福基金管理有限责任公司郑燕洪基金行业高级管理人员任职资格的批复	2014－7－11
696	证监许可〔2014〕696 号	关于核准芜湖港储运股份有限公司非公开发行股票的批复	2014－7－11
697	证监许可〔2014〕697 号	关于核准富安达新兴成长灵活配置混合型证券投资基金募集的批复	2014－7－11
698	证监许可〔2014〕698 号	关于核准上银慧增利货币市场基金募集的批复	2014－7－11
699	证监许可〔2014〕699 号	关于核准工银瑞信高端制造行业股票型证券投资基金募集的批复	2014－7－11
700	证监许可〔2014〕700 号	关于核准武汉力源信息技术股份有限公司向侯红亮等发行股份购买资产的批复	2014－7－14

续表

序号	发文字号	标　　题	签批日期
701	证监许可〔2014〕701 号	关于不予核准北京翠微大厦股份有限公司向北京市海淀区国有资本经营管理中心发行股份购买资产并募集配套资金的决定	2014－7－14
702	证监许可〔2014〕702 号	关于核准建信潜力新蓝筹股票型证券投资基金募集的批复	2014－7－15
703	证监许可〔2014〕703 号	关于核准北信瑞丰稳定收益债券型证券投资基金募集的批复	2014－7－15
704	证监许可〔2014〕704 号	关于核准安信现金增利货币市场基金募集的批复	2014－7－15
705	证监许可〔2014〕705 号	关于核准东方新兴成长混合型证券投资基金募集的批复	2014－7－15
706	证监许可〔2014〕706 号	关于核准珠海大横琴股份有限公司发行境外上市外资股并到香港交易所主板上市的批复	2014－7－17
707	证监许可〔2014〕707 号	关于核准领航投资香港有限公司设立北京代表处的批复	2014－7－17
708	证监许可〔2014〕708 号	关于核准嘉实新兴产业股票型证券投资基金募集的批复	2014－7－18
709	证监许可〔2014〕709 号	关于核准东方添益债券型证券投资基金募集的批复	2014－7－18
710	证监许可〔2014〕710 号	关于核准阳光城集团股份有限公司非公开发行股票的批复	2014－7－18
711	证监许可〔2014〕711 号	关于核准中电投远达环保(集团)股份有限公司非公开发行股票的批复	2014－7－18
712	证监许可〔2014〕712 号	关于核准海润光伏科技股份有限公司非公开发行股票的批复	2014－7－18
713	证监许可〔2014〕713 号	关于核准乐山电力股份有限公司非公开发行股票的批复	2014－7－18
714	证监许可〔2014〕714 号	关于核准江西赣粤高速公路股份有限公司公开发行公司债券的批复	2014－7－18
715	证监许可〔2014〕715 号	关于核准江苏通鼎光电股份有限公司公开发行可转换公司债券的批复	2014－7－18
716	证监许可〔2014〕716 号	关于核准国金通用鑫安保本混合型证券投资基金募集的批复	2014－7－18
717	证监许可〔2014〕717 号	关于核准中国中信集团有限公司向下属境外中资控股上市公司注资的批复	2014－7－18
718	证监许可〔2014〕718 号	关于不予核准江苏天鸟高新技术股份有限公司首次公开发行股票并在创业板上市申请的决定	2014－7－21
719	证监许可〔2014〕719 号	关于不予核准湖北永祥粮食机械股份有限公司首次公开发行股票并在创业板上市申请的决定	2014－7－21
720	证监许可〔2014〕720 号	关于核准东方红睿丰灵活配置混合型证券投资基金募集的批复	2014－7－22
721	证监许可〔2014〕721 号	关于核准交银施罗德丰盈收益债券型证券投资基金募集的批复	2014－7－22
722	证监许可〔2014〕722 号	关于核准东海证券股份有限公司发行证券公司债的批复	2014－7－23
723	证监许可〔2014〕723 号	关于核准广东盛路通信科技股份有限公司向罗剑平等发行股份购买资产并募集配套资金的批复	2014－7－23
724	证监许可〔2014〕724 号	关于核准中化岩土工程股份有限公司向宋伟民等发行股份购买资产的批复	2014－7－23

续表

序号	发文字号	标　　题	签批日期
725	证监许可〔2014〕725 号	关于核准江苏常铝铝业股份有限公司向常熟市铝箔厂等发行股份购买资产并募集配套资金的批复	2014－7－23
726	证监许可〔2014〕726 号	关于核准浙江方正电机股份有限公司向翁文伟等发行股份购买资产的批复	2014－7－23
727	证监许可〔2014〕727 号	关于核准浙江南洋科技股份有限公司向罗培栋等发行股份购买资产并募集配套资金的批复	2014－7－23
728	证监许可〔2014〕728 号	关于不予核准运盛(上海)实业股份有限公司向上海九川投资(集团)有限公司等发行股份购买资产并募集配套资金的决定	2014－7－23
729	证监许可〔2014〕729 号	关于核准成都卫士通信息产业股份有限公司向中国电子科技集团第三十研究所等发行股份购买资产并募集配套资金的批复	2014－7－23
730	证监许可〔2014〕730 号	关于核准浙江世纪华通车业股份有限公司向王佶等发行股份购买资产并募集配套资金的批复	2014－7－23
731	证监许可〔2014〕731 号	关于核准珠海万力达电气股份有限公司重大资产重组及向珠海赛纳打印科技股份有限公司发行股份购买资产的批复	2014－7－23
732	证监许可〔2014〕732 号	关于核准珠海赛纳打印科技股份有限公司公告珠海万力达电气股份有限公司收购报告书并豁免其要约收购义务的批复	2014－7－23
733	证监许可〔2014〕733 号	关于核准汇丰晋信新动力混合型证券投资基金募集的批复	2014－7－23
734	证监许可〔2014〕734 号	关于核准德邦新动力灵活配置混合型证券投资基金募集的批复	2014－7－23
735	证监许可〔2014〕735 号	关于核准中炬高新技术实业(集团)股份有限公司公开发行公司债券的批复	2014－7－24
736	证监许可〔2014〕736 号	关于核准附件漳州发展股份有限公司公开发行公司债券的批复	2014－7－24
737	证监许可〔2014〕737 号	关于核准华宝兴业量化对冲策略混合型发起式证券投资基金募集的批复	2014－7－23
738	证监许可〔2014〕738 号	关于核准长城久盈纯债分级债券型证券投资基金募集的批复	2014－7－23
739	证监许可〔2014〕739 号	关于核准博时月月盈短期理财债券型证券投资基金募集的批复	2014－7－23
740	证监许可〔2014〕740 号	关于核准东方红睿元三年定期开放灵活配置混合型发起式证券投资基金募集的批复	2014－7－23
741	证监许可〔2014〕741 号	关于核准汇添富绝对收益策略定期开放混合型发起式证券投资基金募集的批复	2014－7－23
742	证监许可〔2014〕742 号	关于核准江苏省交通科学研究院股份有限公司向陈大庆等发行股份购买资产的批复	2014－7－23
743	证监许可〔2014〕743 号	关于核准博时基金管理有限公司变更股权的批复	2014－7－23
744	证监许可〔2014〕744 号	关于核准长安基金管理有限公司股权变更的批复	2014－7－23
745	证监许可〔2014〕745 号	关于核准富国中证移动互联网指数分级证券投资基金募集的批复	2014－7－22

续表

序号	发文字号	标　　题	签批日期
746	证监许可〔2014〕746 号	关于核准天风证券股份有限公司发行证券公司债的批复	2014－7－24
747	证监许可〔2014〕747 号	关于核准江苏润和软件股份有限公司向王杰等发行股份购买资产并募集配套资金的批复	2014－7－24
748	证监许可〔2014〕748 号	关于核准常州天晟新材料股份有限公司向高琍玲等发行股份购买资产并募集配套资金的批复	2014－7－24
749	证监许可〔2014〕749 号	关于核准湖北省广播电视信息网络股份有限公司向湖北省楚天视讯网络有限公司等发行股份购买资产并募集配套资金的批复	2014－7－24
750	证监许可〔2014〕750 号	关于核准北京鼎汉技术股份有限公司向阮寿国等发行股份购买资产并募集配套资金的批复	2014－7－24
751	证监许可〔2014〕751 号	关于核准爱斯普乐基金管理公司合格境外机构投资者资格的批复	2014－7－24
752	证监许可〔2014〕752 号	关于核准新思路投资有限公司人民币合格境外机构投资者资格的批复	2014－7－24
753	证监许可〔2014〕753 号	关于核准新华资产管理（香港）有限公司人民币合格境外机构投资者资格的批复	2014－7－24
754	证监许可〔2014〕754 号	关于核准张佳担任巴克莱证券有限公司上海代表处首席代表的批复	2014－7－25
755	证监许可〔2014〕755 号	关于核准国联安鑫安灵活配置混合型证券投资基金募集的批复	2014－7－25
756	证监许可〔2014〕756 号	关于核准富国研究精选灵活配置混合型证券投资基金募集的批复	2014－7－25
757	证监许可〔2014〕757 号	关于核准海富通基金管理有限公司设立上海富诚海富通资产管理有限公司的批复	2014－7－25
758	证监许可〔2014〕758 号	关于核准天连科冕木业股份有限公司重大资产重组及向朱晔等发行股份购买资产的批复	2014－7－25
759	证监许可〔2014〕759 号	关于核准朱晔、石波涛及一致行动人公告大连科冕木业股份有限公司收购报告书并豁免其要约收购义务的批复	2014－7－25
760	证监许可〔2014〕760 号	关于核准上海海隆软件股份有限公司向庞升东等发行股份购买资产并募集配套资金的批复	2014－7－25
761	证监许可〔2014〕761 号	关于核准北京万邦达环保技术股份有限公司向张建兴等发行股份购买资产的批复	2014－7－25
762	证监许可〔2014〕762 号	关于核准北京中创信测科技股份有限公司向王靖等发行股份购买资产并募集配套资金的批复	2014－7－25
763	证监许可〔2014〕763 号	关于核准王靖及一致行动人公告北京中创信测科技股份有限公司收购报告书并豁免其要约收购义务的批复	2014－7－25
764	证监许可〔2014〕764 号	关于核准彭博家族基金会合格境外机构投资者资格的批复	2014－7－25

续表

序号	发文字号	标　　题	签批日期
765	证监许可〔2014〕765 号	关于核准广东太安堂药业股份有限公司非公开发行股票的批复	2014－7－25
766	证监许可〔2014〕766 号	关于核准浙江海正药业股份有限公司非公开发行股票的批复	2014－7－25
767	证监许可〔2014〕767 号	关于核准莱茵达置业股份有限公司非公开发行股票的批复	2014－7－25
768	证监许可〔2014〕768 号	关于核准江苏中天科技股份有限公司非公开发行股票的批复	2014－7－25
769	证监许可〔2014〕769 号	关于核准工银瑞信新财富灵活配置混合型证券投资基金募集的批复	2014－7－28
770	证监许可〔2014〕770 号	关于核准红塔红土盛金新动力灵活配置混合型证券投资基金募集的批复	2014－7－28
771	证监许可〔2014〕771 号	关于核准华富智慧城市灵活配置混合型证券投资基金募集的批复	2014－7－28
772	证监许可〔2014〕772 号	关于核准内蒙古远兴能源股份有限公司向内蒙古博源控股集团有限公司等发行股份购买资产并募集配套资金的批复	2014－7－28
773	证监许可〔2014〕773 号	关于核准福建省汽车工业集团有限公司公告厦门金龙汽车集团股份有限公司收购报告书并豁免其要约收购义务的批复	2014－7－28
774	证监许可〔2014〕774 号	关于核准南京新工投资集团有限责任公司公告南京化纤股份有限公司收购报告书并豁免其要约收购义务的批复	2014－7－28
775	证监许可〔2014〕775 号	关于核准湖北华昌达职能装备股份有限公司发行股权及支付现金购买资产并募集配套资金的批复	2014－7－28
776	证监许可〔2014〕776 号	关于核准东海基金管理有限责任公司刘清基金行业高级管理人员任职资格的批复	2014－7－28
777	证监许可〔2014〕777 号	关于核准南京新工投资集团有限责任公司公告金陵药业股份有限公司收购报告书并豁免其要约收购义务的批复	2014－7－28
778	证监许可〔2014〕778 号	关于核准深圳浩宁达仪表股份有限公司向赫毅等发行股份购买资产的批复	2014－7－28
779	证监许可〔2014〕779 号	关于核准万家现金宝货币市场证券投资基金募集的批复	2014－7－28
780	证监许可〔2014〕780 号	关于核准华润锦华股份有限公司重大资产重组及向深圳创维－RGB 电子有限公司等发行股份购买资产的批复	2014－7－29
781	证监许可〔2014〕781 号	关于核准深圳创维－RGB 电子有限公司公告华润锦华股份有限公司收购报告书并豁免其要约收购义务的批复	2014－7－29
782	证监许可〔2014〕782 号	关于核准苏州宝馨科技实业股份有限公司向陈敏等发行股份购买资产并募集配套资金的批复	2014－7－29
783	证监许可〔2014〕783 号	关于核准江苏银河电子股份有限公司向张红等发行股份购买资产并募集配套资金的批复	2014－7－29
784	证监许可〔2014〕784 号	关于核准北京托尔思信息技术股份有限公司向荣实等发行股份购买资产的批复	2014－7－29
785	证监许可〔2014〕785 号	关于核准通化双龙化工股份有限公司向孙军等发行股份购买资产并募集配套资金的批复	2014－7－29

续表

序号	发文字号	标　　题	签批日期
786	证监许可〔2014〕786 号	关于核准国海良时期货有限公司资产管理业务资格的批复	2014－7－29
787	证监许可〔2014〕787 号	关于核准富国收益增强债券型证券投资基金募集的批复	2014－7－29
788	证监许可〔2014〕788 号	关于核准平安大华财富宝货币市场基金募集的批复	2014－7－29
789	证监许可〔2014〕789 号	关于核准江苏维尔利环保科技股份有限公司向蔡昌达等发行股份购买资产并募集配套资金的批复	2014－7－29
790	证监许可〔2014〕790 号	关于核准石溪集团合格境外机构投资者资格的批复	2014－7－28
791	证监许可〔2014〕791 号	关于核准元富证券(香港)有限公司人民币合格境外机构投资者资格的批复	2014－7－28
792	证监许可〔2014〕792 号	关于核准石溪集团合格境外机构投资者资格的批复	2014－7－31
793	证监许可〔2014〕793 号	关于核准华富国泰民安灵活配置混合型证券投资基金募集的批复	2014－7－31
794	证监许可〔2014〕794 号	关于核准谭政权担任京华山一国际(香港)有限公司北京代表处首席代表的批复	2014－7－31
795	证监许可〔2014〕795 号	关于核准方正证券股份有限公司向北京政泉控股有限公司等发行股份购买资产的批复	2014－7－31
796	证监许可〔2014〕796 号	关于核准戴骏担任麦格理证券(澳大利亚)股份有限公司上海代表处首席代表的批复	2014－7－31
797	证监许可〔2014〕797 号	关于核准金鹰基金管理有限公司刘岩基金行业高级管理人员任职资格的批复	2014－8－1
798	证监许可〔2014〕798 号	关于核准攀钢集团有限公司公告攀钢集团钒钛资源股份有限公司收购报告书并豁免其要约收购义务的批复	2014－8－4
799	证监许可〔2014〕799 号	关于核准林震铭担任元大宝来证券(香港)有限公司深圳代表处首席代表的批复	2014－8－5
800	证监许可〔2014〕800 号	关于核准华丽家族股份有限公司非公开发行股票的批复	2014－8－5
801	证监许可〔2014〕801 号	关于核准陕西省天然气股份有限公司非公开发行股票的批复	2014－8－5
802	证监许可〔2014〕802 号	关于核准郑州煤电股份有限公司公开发行公司债券的批复	2014－8－5
803	证监许可〔2014〕803 号	关于核准诚志股份有限公司非公开发行股票的批复	2014－8－5
804	证监许可〔2014〕804 号	关于核准普洛药业股份有限公司非公开发行股票的批复	2014－8－5
805	证监许可〔2014〕805 号	关于核准吉林化纤股份有限公司非公开发行股票的批复	2014－8－5
806	证监许可〔2014〕806 号	关于核准崇义章源钨业股份有限公司非公开发行股票的批复	2014－8－5
807	证监许可〔2014〕807 号	关于核准江苏爱康科技股份有限公司非公开发行股票的批复	2014－8－5
808	证监许可〔2014〕808 号	关于核准庞大汽贸集团股份有限公司非公开发行股票的批复	2014－8－5
809	证监许可〔2014〕809 号	关于核准诺安聚鑫宝货币市场基金募集的批复	2014－8－6
810	证监许可〔2014〕810 号	关于核准景顺长城中国回报灵活配置混合型证券投资基金募集的批复	2014－8－6

续表

序号	发文字号	标　　题	签批日期
811	证监许可〔2014〕811 号	关于核准山东家家悦投资控股股份有限公司股票向特定对象转让导致股东累计超过 200 人的批复	2014－8－6
812	证监许可〔2014〕812 号	关于核准国投瑞银信息消费灵活配置混合型证券投资基金募集的批复	2014－8－6
813	证监许可〔2014〕813 号	关于核准银华高端制造业灵活配置混合型证券投资基金募集的批复	2014－8－6
814	证监许可〔2014〕814 号	关于核准北京三聚环保新材料股份有限公司非公开发行股票的批复	2014－8－7
815	证监许可〔2014〕815 号	关于核准鹏华养老产业股票型证券投资基金募集的批复	2014－8－7
816	证监许可〔2014〕816 号	关于核准东方证券股份有限公司发行证券公司债的批复	2014－8－7
817	证监许可〔2014〕817 号	关于核准银河基金管理有限公司董伯儒基金行业高级管理人员任职资格的批复	2014－8－8
818	证监许可〔2014〕818 号	关于核准天弘瑞利分级债券型证券投资基金募集的批复	2014－8－8
819	证监许可〔2014〕819 号	关于核准中天城投集团股份有限公司非公开发行股票的批复	2014－8－11
820	证监许可〔2014〕820 号	关于核准安徽省司尔特肥业股份有限公司公开发行公司债券的批复	2014－8－11
821	证监许可〔2014〕821 号	关于核准国泰君安基金管理有限公司人民币合格境外机构投资者资格的批复	2014－8－11
822	证监许可〔2014〕822 号	关于核准高泰盆景资产管理(香港)有限公司人民币合格境外机构投资者资格的批复	2014－8－11
823	证监许可〔2014〕823 号	关于核准中国化工资产公司及一致行动人公告四川天一科技股份有限公司要约收购报告书的批复	2014－8－12
824	证监许可〔2014〕824 号	关于注销华南期货经纪有限公司经营期货业务许可证的批复	2014－8－8
825	证监许可〔2014〕825 号	关于核准联博香港有限公司人民币合格境外机构投资者资格的批复	2014－8－12
826	证监许可〔2014〕826 号	关于核准财通国际资产管理有限公司人民币合格境外机构投资者资格的批复	2014－8－12
827	证监许可〔2014〕827 号	关于核准南京新街口百货商店股份有限公司重大资产重组的批复	2014－8－14
828	证监许可〔2014〕828 号	关于核准华泰柏瑞基金管理有限公司设立柏瑞爱建资产管理(上海)有限公司的批复	2014－8－14
829	证监许可〔2014〕829 号	关于核准元大宝来证券(香港)有限公司人民币合格境外机构投资者资格的批复	2014－8－15
830	证监许可〔2014〕830 号	关于核准安本亚洲资产管理有限公司人民币合格境外机构投资者资格的批复	2014－8－15
831	证监许可〔2014〕831 号	关于核准河南省宛西控股股份有限公司及一致行动人公告河南省西峡汽车水泵股份有限公司收购报告书并豁免其要约收购义务的批复	2014－8－15

续表

序号	发文字号	标题	签批日期
832	证监许可〔2014〕832 号	关于核准农银汇理基金管理有限公司陈献明基金行业高级管理人员任职资格的批复	2014-8-18
833	证监许可〔2014〕833 号	关于核准平安大华基金管理有限公司罗春风基金行业高级管理人员任职资格的批复	2014-8-18
834	证监许可〔2014〕834 号	关于核准湖北菲利华石英玻璃股份有限公司首次公开发行股票的批复	2014-8-19
835	证监许可〔2014〕835 号	关于核准西安天和防务技术股份有限公司首次公开发行股票的批复	2014-8-19
836	证监许可〔2014〕836 号	关于核准重庆燃气集团股份有限公司首次公开发行股票的批复	2014-8-19
837	证监许可〔2014〕837 号	关于核准长春迪瑞医疗科技股份有限公司首次公开发行股票的批复	2014-8-19
838	证监许可〔2014〕838 号	关于核准杭州福斯特光伏材料股份有限公司首次公开发行股票的批复	2014-8-19
839	证监许可〔2014〕839 号	关于核准华懋(厦门)新材料科技股份有限公司首次公开发行股票的批复	2014-8-19
840	证监许可〔2014〕840 号	关于核准好利来(中国)电子科技股份有限公司首次公开发行股票的批复	2014-8-19
841	证监许可〔2014〕841 号	关于核准江苏亚邦染料股份有限公司首次公开发行股票的批复	2014-8-19
842	证监许可〔2014〕842 号	关于核准中节能风力发电股份有限公司首次公开发行股票的批复	2014-8-19
843	证监许可〔2014〕843 号	关于核准苏州中来光伏新材股份有限公司首次公开发行股票的批复	2014-8-19
844	证监许可〔2014〕844 号	关于核准北京腾信创新网络营销技术股份有限公司首次公开发行股票的批复	2014-8-19
845	证监许可〔2014〕845 号	关于核准吉林金浦钛业股份有限公司非公开发行股票的批复	2014-8-19
846	证监许可〔2014〕846 号	关于核准深圳达实智能股份有限公司非公开发行股票的批复	2014-8-19
847	证监许可〔2014〕847 号	关于核准三湘股份股份有限公司非公开发行股票的批复	2014-8-19
848	证监许可〔2014〕848 号	关于核准张家港保税科技股份有限公司非公开发行股票的批复	2014-8-19
849	证监许可〔2014〕849 号	关于核准成都市兴蓉投资股份有限公司公开发行公司债券的批复	2014-8-19
850	证监许可〔2014〕850 号	关于核准立讯精密工业股份有限公司非公开发行股票的批复	2014-8-19
851	证监许可〔2014〕851 号	关于核准广宇集团股份有限公司非公开发行股票的批复	2014-8-19
852	证监许可〔2014〕852 号	关于核准国电电力发展股份有限公司公开发行公司债券的批复	2014-8-19

续表

序号	发文字号	标　　题	签批日期
853	证监许可〔2014〕853 号	关于核准宁夏银星能源股份有限公司向中铝宁夏能源集团有限公司发行股份购买资产并募集配套资金的批复	2014－8－19
854	证监许可〔2014〕854 号	关于核准国都证券有限责任公司公开募集证券投资基金管理业务资格的批复	2014－8－19
855	证监许可〔2014〕855 号	关于核准东吴基金管理有限公司变更股权的批复	2014－8－19
856	证监许可〔2014〕856 号	关于核准九泰基金管理有限公司王学明、王彦斌基金行业高级管理人员任职资格的批复	2014－8－19
857	证监许可〔2014〕857 号	关于核准浙江浙商证券资产管理有限公司公开募集证券投资基金管理业务资格的批复	2014－8－19
858	证监许可〔2014〕858 号	关于核准天马微电子股份有限公司向中航国际控股股份有限公司等发行股份购买资产并募集配套资金的批复	2014－8－19
859	证监许可〔2014〕859 号	关于准予膨华医疗保健股票型证券投资基金注册的批复	2014－8－19
860	证监许可〔2014〕860 号	关于准予民生加银家盈季度定期宝理财债券型证券投资基金注册的批复	2014－8－19
861	证监许可〔2014〕861 号	关于准予民生加银家盈半年定期宝理财债券型证券投资基金注册的批复	2014－8－19
862	证监许可〔2014〕862 号	关于核准银华双月定期理财债券型证券投资基金注册的批复	2014－8－19
863	证监许可〔2014〕863 号	关于准予国投瑞银岁增利一年期定期开放债券型证券投资基金注册的批复	2014－8－19
864	证监许可〔2014〕864 号	关于准予招商定期宝六个月期理财债券型证券投资基金注册的批复	2014－8－19
865	证监许可〔2014〕865 号	关于准予国投瑞银中证上游资源产业交易型开放式指数证券投资基金注册的批复	2014－8－19
866	证监许可〔2014〕866 号	关于准予国投瑞银中证上游资源产业交易型开放式指数证券投资基金注册的批复	2014－8－19
867	证监许可〔2014〕867 号	关于准予华融现金增利货币市场基金注册的批复	2014－8－19
868	证监许可〔2014〕868 号	关于准予信诚 3 个月理财债券型证券投资基金注册的批复	2014－8－19
869	证监许可〔2014〕869 号	关于准予中金纯债债券型证券投资基金注册的批复	2014－8－19
870	证监许可〔2014〕870 号	关于准予华夏 MSCI 中国 A 股交易型开放式指数证券投资基金及其联接基金注册的批复	2014－8－19
871	证监许可〔2014〕871 号	关于核准长江证券设立资产管理子公司的批复	2014－8－19
872	证监许可〔2014〕872 号	关于准予前海开源中国成长灵活配置混合型证券投资基金注册的批复	2014－8－20
873	证监许可〔2014〕873 号	关于准予易方达龙宝货币市场基金注册的批复	2014－8－20
874	证监许可〔2014〕874 号	关于核准江苏长电科技股份有限公司非公开发行股票的批复	2014－8－20
875	证监许可〔2014〕875 号	关于核准安徽皖通科技股份有限公司非公开发行股票的批复	2014－8－20

续表

序号	发文字号	标　　题	签批日期
876	证监许可〔2014〕876 号	关于核准武汉三特索道集团股份有限公司非公开发行股票的批复	2014－8－20
877	证监许可〔2014〕877 号	关于核准中珠控股股份有限公司非公开发行股票的批复	2014－8－20
878	证监许可〔2014〕878 号	关于核准广东宏大爆破股份有限公司非公开发行股票的批复	2014－8－20
879	证监许可〔2014〕879 号	关于核准华孚色纺股份有限公司公开发行公司证券的批复	2014－8－20
880	证监许可〔2014〕880 号	关于核准本钢板材股份有限公司公开发行公司债券的批复	2014－8－20
881	证监许可〔2014〕881 号	关于不予核准山东德棉股份有限公司非公开发行股票申请的决定	2014－8－20
882	证监许可〔2014〕882 号	关于核准吉视传媒股份有限公司公开发行可转换公司债的批复	2014－8－20
883	证监许可〔2014〕883 号	关于核准杭州解百集团股份有限公司向杭州市商贸旅游集团有限公司发行股份购买资产的批复	2014－8－20
884	证监许可〔2014〕884 号	关于核准中国银河证券股份有限公司公开发行公司债券的批复	2014－8－20
885	证监许可〔2014〕885 号	关于核准新湖中宝股份有限公司非公开发行股票的批复	2014－8－22
886	证监许可〔2014〕886 号	关于准予国寿安保场内实时申赎货币市场基金注册的批复	2014－8－22
887	证监许可〔2014〕887 号	关于核准宝盈睿丰创新灵活配置混合型证券投资基金注册的批复	2014－8－22
888	证监许可〔2014〕888 号	关于核准山东美晨科技股份有限公司向郭柏峰等发行股份购买资产并募集配套资金的批复	2014－8－25
889	证监许可〔2014〕889 号	关于核准江苏凤凰置业投资股份有限公司公开发行公司债券的批复	2014－8－25
890	证监许可〔2014〕890 号	关于核准武汉光迅股份有限公司非公开发行股票的批复	2014－8－25
891	证监许可〔2014〕891 号	关于核准上海嘉宝实业(集团)股份有限公司公开发行公司债券的批复	2014－8－25
892	证监许可〔2014〕892 号	关于核准齐峰新材料股份有限公司公开发行可转换公司债券的批复	2014－8－25
893	证监许可〔2014〕893 号	关于核准东方日升新能源股份有限公司向赵世界等发行股份购买资产并募集配套资金的批复	2014－8－26
894	证监许可〔2014〕894 号	关于核准申万菱信基金管理有限公司王菲萍基金行业高级管理人员任职资格的批复	2014－8－26
895	证监许可〔2014〕895 号	关于准予海富通阿尔法对冲混合型发起式证券投资基金注册的批复	2014－8－28
896	证监许可〔2014〕896 号	关于核准五矿期货有限公司变更股权并吸收合并经易期货经纪有限公司的批复	2014－8－28

续表

序号	发文字号	标　　题	签批日期
897	证监许可〔2014〕897 号	关于核准法国巴黎资产管理人民币合格境外机构投资者资格的批复	2014－8－27
898	证监许可〔2014〕898 号	关于收回富通银行证券投资业务许可证的决定	2014－8－28
899	证监许可〔2014〕899 号	关于核准天达资产管理有限公司人民币合格境外机构投资者资格的批复	2014－8－28
900	证监许可〔2014〕900 号	关于不予核准山东联创节能新材料股份有限公司非公开发行股票申请的决定	2014－9－1
901	证监许可〔2014〕901 号	关于核准西北轴承股份有限公司非公开发行股票的批复	2014－9－1
902	证监许可〔2014〕902 号	关于核准北新集团建材股份有限公司非公开发行股票的批复	2014－9－1
903	证监许可〔2014〕903 号	关于核准钱江水利开发股份有限公司非公开发行股票的批复	2014－9－1
904	证监许可〔2014〕904 号	关于核准中银基金管理有限公司设立中银资产管理有限公司的批复	2014－9－2
905	证监许可〔2014〕905 号	关于准予嘉实元和直投封闭混合型发起式证券投资基金注册的批复	2014－9－2
906	证监许可〔2014〕906 号	关于核准道富基金管理有限公司变更股权的批复	2014－9－2
907	证监许可〔2014〕907 号	关于核准广晟有色金属股份有限公司非公开发行股票的批复	2014－9－2
908	证监许可〔2014〕908 号	关于核准中核华原钛白股份有限公司非公开发行股票的批复	2014－9－2
909	证监许可〔2014〕909 号	关于核准福建漳州发展股份有限公司非公开发行股票的批复	2014－9－2
910	证监许可〔2014〕910 号	关于核准宁波银行股份有限公司非公开发行股票的批复	2014－9－2
911	证监许可〔2014〕911 号	关于核准中华企业股份有限公司非公开发行股票的批复	2014－9－2
912	证监许可〔2014〕912 号	关于准予嘉实六个月理财债券型证券投资基金注册的批复	2014－9－3
913	证监许可〔2014〕913 号	关于准予长信新利灵活配置混合型证券投资基金注册的批复	2014－9－3
914	证监许可〔2014〕914 号	关于准予中信建投稳利保本混合型证券投资基金注册的批复	2014－9－3
915	证监许可〔2014〕915 号	关于准予南方理财金交易性货币市场基金注册的批复	2014－9－3
916	证监许可〔2014〕916 号	关于准予中银新经济灵活配置混合型证券投资基金注册的批复	2014－9－3
917	证监许可〔2014〕917 号	关于核准大唐高鸿数据网络技术股份有限公司向电信科学技术研究院等发行股份购买资产的批复	2014－9－4
918	证监许可〔2014〕918 号	关于核准华芳纺织股份有限公司重大资产重组及向浙江嘉化集团股份有限公司等发行股份购买资产并募集配套资金的批复	2014－9－4
919	证监许可〔2014〕919 号	关于核准浙江嘉化集团股份有限公司及一致行动人公告华芳纺织股份有限公司收购报告书并豁免其要约收购义务的批复	2014－9－4
920	证监许可〔2014〕920 号	关于核准浙江杭州鑫富药业股份有限公司向程先锋等发行股份购买资产的批复	2014－9－4
921	证监许可〔2014〕921 号	关于核准程先锋公告浙江杭州鑫富药业股份有限公司收购报告书并豁免其要约收购义务的批复	2014－9－4

续表

序号	发文字号	标　　题	签批日期
922	证监许可〔2014〕922号	关于核准江苏东光微电子股份有限公司重大资产重组及向北京弘高慧目投资有限公司等发行股份购买资产的批复	2014-9-5
923	证监许可〔2014〕923号	关于核准北京弘高慧目投资有限公司及一致行动人公告江苏东光微电子股份有限公司收购报告书并豁免其要约收购义务的批复	2014-9-5
924	证监许可〔2014〕924号	关于准予华安中证高分红指数增强型证券投资基金注册的批复	2014-9-5
925	证监许可〔2014〕925号	关于核准深圳市怡亚通供应链股份有限公司公开发行公司债券的批复	2014-9-5
926	证监许可〔2014〕926号	关于核准河南辉煌科技股份有限公司公开发行公司债券的批复	2014-9-5
927	证监许可〔2014〕927号	关于准予英大现金宝货币市场基金注册的批复	2014-9-4
928	证监许可〔2014〕928号	关于准予圆信永丰双红利灵活配置混合型证券投资基金注册的批复	2014-9-5
929	证监许可〔2014〕929号	关于准予招商招利1个月理财债券型证券投资基金注册的批复	2014-9-5
930	证监许可〔2014〕930号	关于准予招商招利一年期理财债券型证券投资基金注册的批复	2014-9-9
931	证监许可〔2014〕931号	关于核准山东胜利股份有限公司向山东胜利投资股份有限公司等发行股份购买资产并募集配套资金的批复	2014-9-9
932	证监许可〔2014〕932号	关于准予上证可质押城投债交易型开放式指数证券投资基金注册的批复	2014-9-9
933	证监许可〔2014〕933号	关于准予新华财富金30天理财债券型证券投资基金注册的批复	2014-9-9
934	证监许可〔2014〕934号	关于准予东海美丽中国灵活配置混合型证券投资基金注册的批复	2014-9-9
935	证监许可〔2014〕935号	关于准予博时保证金实施交易型货币市场基金注册的批复	2014-9-9
936	证监许可〔2014〕936号	关于准予华泰柏瑞交易型货币市场基金注册的批复	2014-9-9
937	证监许可〔2014〕937号	关于核准河南汉威电子股份有限公司向陈泽枝等发行股份购买资产并募集配套资金的批复	2014-9-10
938	证监许可〔2014〕938号	关于核准中国银行股份有限公司境外发行优先股的批复	2014-9-10
939	证监许可〔2014〕939号	关于核准合肥荣事达三洋电器股份有限公司非公开发行股票的批复	2014-9-10
940	证监许可〔2014〕940号	关于核准惠而浦（中国）投资有限公司公告合肥荣事达三洋电器股份有限公司收购报告书并豁免其要约收购义务的批复	2014-9-10
941	证监许可〔2014〕941号	关于核准华安基金管理有限公司朱学华基金行业任职资格的批复	2014-9-11
942	证监许可〔2014〕942号	关于准予鑫元合享分级债券型证券投资基金注册的批复	2014-9-11

续表

序号	发文字号	标　　题	签批日期
943	证监许可〔2014〕943 号	关于核准江苏吴通通讯股份有限公司向薛枫等发行股份购买资产并募集配套资金的批复	2014－9－11
944	证监许可〔2014〕944 号	关于准予中银安心回报半年定期开放债券型证券投资基金注册的批复	2014－9－11
945	证监许可〔2014〕945 号	关于核准华夏基金管理有限公司汤晓东基金行业高级管理人员任职资格的批复	2014－9－11
946	证监许可〔2014〕946 号	关于核准浙江九州药业股份有限公司首次公开发行股票的批复	2014－9－15
947	证监许可〔2014〕947 号	关于核准浙江万盛股份有限公司首次公开发行股票的批复	2014－9－15
948	证监许可〔2014〕948 号	关于核准宁波东方电缆股份有限公司首次公开发行股票的批复	2014－9－15
949	证监许可〔2014〕949 号	关于核准北京无线天利移动信息技术股份有限公司首次公开发行股票的批复	2014－9－15
950	证监许可〔2014〕950 号	关于核准江苏省交通规划设计院股份有限公司首次公开发行股票的批复	2014－9－15
951	证监许可〔2014〕951 号	关于核准深圳市劲拓自动化设备股份有限公司首次公开发行股票的批复	2014－9－15
952	证监许可〔2014〕952 号	关于核准浙江花园生物高科股份有限公司首次公开发行股票的批复	2014－9－15
953	证监许可〔2014〕953 号	关于核准南京宝色股份有限公司首次公开发行股票的批复	2014－9－15
954	证监许可〔2014〕954 号	关于核准上海飞凯光电材料股份有限公司首次公开发行股票的批复	2014－9－15
955	证监许可〔2014〕955 号	关于核准电光防爆科技股份有限公司首次公开发行股票的批复	2014－9－15
956	证监许可〔2014〕956 号	关于核准兰州兰石重型装备股份有限公司首次公开发行股票的批复	2014－9－15
957	证监许可〔2014〕957 号	关于核准中国航空工业集团公司公告中航飞机股份有限公司收购报告书并豁免其要约收购义务的批复	2014－9－15
958	证监许可〔2014〕958 号	关于准予广发中证百度自发策略 100 指数型证券投资基金注册的批复	2014－9－15
959	证监许可〔2014〕959 号	关于准予易方达天天发货币市场基金注册的批复	2014－9－15
960	证监许可〔2014〕960 号	关于准予富国新回报灵活配置混合型证券投资基金注册的批复	2014－9－17
961	证监许可〔2014〕961 号	关于准予华商稳固添利债券型证券投资基金注册的批复	2014－9－17
962	证监许可〔2014〕962 号	关于准予海富通季季通利理财债券型证券投资基金注册的批复	2014－9－17
963	证监许可〔2014〕963 号	关于核准湖南郴电国际发展股份有限公司非公开发行股票的批复	2014－9－17

续表

序号	发文字号	标题	签批日期
964	证监许可〔2014〕964 号	关于核准航天科技控股集团股份有限公司配股的批复	2014-9-17
965	证监许可〔2014〕965 号	关于核准成都三泰电子实业股份有限公司配股的批复	2014-9-17
966	证监许可〔2014〕966 号	关于核准浙江永泰科技股份有限公司非公开发行股票的批复	2014-9-22
967	证监许可〔2014〕967 号	关于核准中金基金管理有限公司林寿康基金行业任职资格的批复	2014-9-17
968	证监许可〔2014〕968 号	关于准予鹏华中证传媒指数分级证券投资基金注册的批复	2014-9-17
969	证监许可〔2014〕969 号	关于准予鹏华中证国防指数两只分级证券投资基金注册的批复	2014-9-17
970	证监许可〔2014〕970 号	关于准予新华聚财分级债券型证券投资基金注册的批复	2014-9-17
971	证监许可〔2014〕971 号	关于核准上海建工集团股份有限公司非公开发行股票的批复	2014-9-18
972	证监许可〔2014〕972 号	关于核准四川国栋建设股份有限公司非公开发行股票的批复	2014-9-19
973	证监许可〔2014〕973 号	关于核准内蒙古亿利能源股份有限公司非公开发行股票的批复	2014-9-19
974	证监许可〔2014〕974 号	关于核准深圳和而泰智能控制股份有限公司非公开发行股票的批复	2014-9-19
975	证监许可〔2014〕975 号	关于不予核准北京旋极信息技术股份有限公司非公开发行股票申请的决定	2014-9-19
976	证监许可〔2014〕976 号	关于核准宁波宜科科技实业股份有限公司非公开发行股票的批复	2014-9-19
977	证监许可〔2014〕977 号	关于核准营口港务股份有限公司非公开发行股票的批复	2014-9-19
978	证监许可〔2014〕978 号	关于核准江苏玉龙钢管股份有限公司非公开发行股票的批复	2014-9-19
979	证监许可〔2014〕979 号	关于核准南方黑芝麻集团股份有限公司非公开发行股票的批复	2014-9-19
980	证监许可〔2014〕980 号	关于核准浙江浙能电力股份有限公司非公开发行股票的批复	2014-9-19
981	证监许可〔2014〕981 号	关于核准精华制药集团股份有限公司非公开发行股票的批复	2014-9-19
982	证监许可〔2014〕982 号	关于核准麻省理工学院合格境外机构投资者资格的批复	2014-9-19
983	证监许可〔2014〕983 号	关于核准融通基金管理有限公司孟朝霞基金行业高级管理人员任职资格的批复	2014-9-19
984	证监许可〔2014〕984 号	关于核准中国纺织机械股份有限公司重大资产重组的批复	2014-9-19
985	证监许可〔2014〕985 号	关于核准凯敏雅克资产管理公司人民币合格境外机构投资者资格的批复	2014-9-19
986	证监许可〔2014〕986 号	关于核准西藏城市发展投资股份有限公司非公开发行股票的批复	2014-9-19
987	证监许可〔2014〕987 号	关于核准金科地产集团股份有限公司非公开发行股票的批复	2014-9-19
988	证监许可〔2014〕988 号	关于准予易方达掌柜季季盈理财债券型证券投资基金注册的批复	2014-9-19

续表

序号	发文字号	标　　题	签批日期
989	证监许可〔2014〕989 号	关于准予华润元大富时中国 A50 指数型证券投资基金注册的批复	2014－9－19
990	证监许可〔2014〕990 号	关于核准中国银行股份有限公司非公开发行优先股的批复	2014－9－22
991	证监许可〔2014〕991 号	关于核准中国农业银行股份有限公司非公开发行优先股的批复	2014－9－22
992	证监许可〔2014〕992 号	关于核准北京京能清洁能源电力股份有限公司增发境外上市外资股的批复	2014－9－23
993	证监许可〔2014〕993 号	关于核准万金全球香港有限公司合格境外机构投资者资格的批复	2014－9－22
994	证监许可〔2014〕994 号	关于核准利安资金管理公司人民币合格境外机构投资者资格的批复	2014－9－23
995	证监许可〔2014〕995 号	关于核准高盛国际合格境外机构投资者资格的批复	2014－9－22
996	证监许可〔2014〕996 号	关于核准星展银行有限公司人民币合格境外机构投资者资格的批复	2014－9－22
997	证监许可〔2014〕997 号	关于核准山东征宙机械股份有限公司股票在全国中小企业股份转让系统公开转让的批复	2014－9－26
998	证监许可〔2014〕998 号	关于准予同盛证券投资基金变更注册的批复	2014－9－28
999	证监许可〔2014〕999 号	关于准予易方达中证 500 交易型开放式指数证券投资基金及其联接基金注册的批复	2014－9－28
1000	证监许可〔2014〕1000 号	关于准予鹏华金元宝货币市场基金注册的批复	2014－9－28
1001	证监许可〔2014〕1001 号	关于准予嘉实定期宝 6 个月理财债券型证券投资基金注册的批复	2014－9－28
1002	证监许可〔2014〕1002 号	关于准予国投瑞银钱多宝货币市场基金注册的批复	2014－9－28
1003	证监许可〔2014〕1003 号	关于准予汇添富收益快钱货币市场基金注册的批复	2014－9－28
1004	证监许可〔2014〕1004 号	关于核准上海爱使股份有限公司向刘亮等发行股份购买资产并募集配套资金的批复	2014－9－29
1005	证监许可〔2014〕1005 号	关于准予上投摩根纯债丰利债券型证券投资基金注册的批复	2014－9－29
1006	证监许可〔2014〕1006 号	关于准予招商医药健康产业股票型证券投资基金注册的批复	2014－9－29
1007	证监许可〔2014〕1007 号	关于准予华泰证券股份有限公司证券投资基金托管资格的批复	2014－9－29
1008	证监许可〔2014〕1008 号	关于准予南方绝对收益策略定期开放混合型发起式证券投资基金注册的批复	2014－9－29
1009	证监许可〔2014〕1009 号	关于核准康美药业股份有限公司非公开发行优先股的批复	2014－9－29
1010	证监许可〔2014〕1010 号	关于核准天奇自动化工程股份有限公司公开发行公司债券的批复	2014－9－30
1011	证监许可〔2014〕1011 号	关于核准沈阳蓝英工业自动化装备股份有限公司非公开发行公司债券的批复	2014－9－30

续表

序号	发文字号	标　　题	签批日期
1012	证监许可〔2014〕1012 号	关于核准宋都基业投资股份有限公司非公开发行股票的批复	2014－9－30
1013	证监许可〔2014〕1013 号	关于核准四川广安爱众股份有限公司公开发行公司债券的批复	2014－9－30
1014	证监许可〔2014〕1014 号	关于核准重庆港九股份有限公司非公开发行股票的批复	2014－9－30
1015	证监许可〔2014〕1015 号	关于核准北京荣之联科技股份有限公司向霍向崎等发行股份购买资产并募集配套资金的批复	2014－9－30
1016	证监许可〔2014〕1016 号	关于核准深圳市华测检测技术股份有限公司向张利明等发行股份购买资产并募集配套资金的批复	2014－9－30
1017	证监许可〔2014〕1017 号	关于核准广东星河生物科技股份有限公司向洛阳拓垠农业科技有限公司等发行股份购买资产并募集配套资金的批复	2014－9－30
1018	证监许可〔2014〕1018 号	关于准予汉兴证券投资基金变更注册的批复	2014－9－30
1019	证监许可〔2014〕1019 号	关于准予交银施罗德丰享收益债券型证券投资基金注册的批复	2014－9－30
1020	证监许可〔2014〕1020 号	关于准予汇丰晋信双核策略混合型证券投资基金注册的批复	2014－10－8
1021	证监许可〔2014〕1021 号	关于准予上投摩根天添盈货币市场基金注册的批复	2014－10－8
1022	证监许可〔2014〕1022 号	关于准予中银优利分级债券型证券投资基金注册的批复	2014－10－8
1023	证监许可〔2014〕1023 号	关于核准嘉合基金管理有限公司徐岱基金行业高级管理人员任职资格的批复	2014－10－8
1024	证监许可〔2014〕1024 号	关于准予工银瑞信添益快线货币市场基金注册的批复	2014－10－8
1025	证监许可〔2014〕1025 号	关于准予南方理财 30 天债券型证券投资基金变更注册的批复	2014－10－8
1026	证监许可〔2014〕1026 号	关于核准安盛基金管理有限公司合格境外机构投资者资格的批复	2014－10－8
1027	证监许可〔2014〕1027 号	关于核准融通国际资产管理有限公司人民币合格境外投资者资格的批复	2014－10－8
1028	证监许可〔2014〕1028 号	关于准予中融货币市场基金注册的批复	2014－10－8
1029	证监许可〔2014〕1029 号	关于核准郴州市金贵银业股份有限公司公开发行公司债券的批复	2014－10－9
1030	证监许可〔2014〕1030 号	关于核准厦门钨业股份有限公司非公开发行股票的批复	2014－10－9
1031	证监许可〔2014〕1031 号	关于核准厦门象屿股份有限公司非公开发行股票的批复	2014－10－9
1032	证监许可〔2014〕1032 号	关于核准恒逸石化股份有限公司公开发行公司债券的批复	2014－10－9
1033	证监许可〔2014〕1033 号	关于核准川财证券有限责任公司融资融券业务资格的批复	2014－10－9
1034	证监许可〔2014〕1034 号	关于核准江苏通鼎光电股份有限公司向黄健等发行股份购买资产的批复	2014－10－9
1035	证监许可〔2014〕1035 号	关于不予核准广州市鸿利光电股份有限公司向安茂领等发行股份购买资产并募集配套资金的决定	2014－10－9

续表

序号	发文字号	标　题	签批日期
1036	证监许可〔2014〕1036 号	关于核准江苏鹿港科技股份有限公司向陈瀚海等发行股份购买资产并募集配套资金的批复	2014－10－9
1037	证监许可〔2014〕1037 号	关于核准北京旋极信息技术股份有限公司向王益民等发行股份购买资产的批复	2014－10－9
1038	证监许可〔2014〕1038 号	关于核准北京威卡威汽车零部件股份有限公司向宁波福尔达投资控股有限公司发行股份购买资产的批复	2014－10－9
1039	证监许可〔2014〕1039 号	关于核准北京华录百纳影视股份有限公司向胡刚等发行股份购买资产并募集配套资金的批复	2014－10－9
1040	证监许可〔2014〕1040 号	关于核准上海鼎立科技发展(集团)股份有限公司向曹亮等发行股份购买资产并募集配套资金的批复	2014－10－9
1041	证监许可〔2014〕1041 号	关于核准山西百圆裤业连锁经营股份有限公司向徐佳东等发行股份购买资产并募集配套资金的批复	2014－10－9
1042	证监许可〔2014〕1042 号	关于核准高宝林及一致行动人公告淄博万昌科技股份有限公司收购报告书并豁免其要约收购义务的批复	2014－10－10
1043	证监许可〔2014〕1043 号	关于核准浙江海翔药业股份有限公司向浙江东港股份有限公司等发行股份购买资产并募集配套资金的批复	2014－10－10
1044	证监许可〔2014〕1044 号	关于核准中信证券股份有限公司证券投资基金托管资格的批复	2014－10－11
1045	证监许可〔2014〕1045 号	关于核准内蒙古霍林河露天煤业股份有限公司非公开发行股票的批复	2014－10－11
1046	证监许可〔2014〕1046 号	关于核准深圳香江控股股份有限公司公开发行公司债券的批复	2014－10－11
1047	证监许可〔2014〕1047 号	关于核准青岛双星股份有限公司非公开发行股票的批复	2014－10－11
1048	证监许可〔2014〕1048 号	关于核准河南恒星科技股份有限公司配股的批复	2014－10－11
1049	证监许可〔2014〕1049 号	关于核准哈尔滨电气集团佳木斯电机股份有限公司非公开发行股票的批复	2014－10－11
1050	证监许可〔2014〕1050 号	关于核准三星资产运用株式会社设立上海代表处的批复	2014－10－13
1051	证监许可〔2014〕1051 号	关于核准新韩法国巴黎资产运用株式会社人民币合格境外机构投资者资格的批复	2014－10－13
1052	证监许可〔2014〕1052 号	关于核准上海商业银行有限公司人民币合格境外投资者资格的批复	2014－10－13
1053	证监许可〔2014〕1053 号	关于核准法国巴黎投资管理亚洲有限公司人民币合格境外投资者资格的批复	2014－10－13
1054	证监许可〔2014〕1054 号	关于核准江门市地尔汉宇电器股份有限公司首次公开发行股票的批复	2014－10－14
1055	证监许可〔2014〕1055 号	关于核准海洋王照明科技股份有限公司首次公开发行股票的批复	2014－10－14

续表

序号	发文字号	标　题	签批日期
1056	证监许可〔2014〕1056 号	关于核准沈阳萃华金银珠宝股份有限公司首次公开发行股票的批复	2014－10－14
1057	证监许可〔2014〕1057 号	关于核准辽宁科隆精细化工股份公司首次公开发行股票的批复	2014－10－14
1058	证监许可〔2014〕1058 号	关于核准中电电机股份有限公司首次公开发行股票的批复	2014－10－14
1059	证监许可〔2014〕1059 号	关于核准北京九强生物技术股份有限公司首次公开发行股票的批复	2014－10－14
1060	证监许可〔2014〕1060 号	关于核准合肥合锻机床股份有限公司首次公开发行股票的批复	2014－10－14
1061	证监许可〔2014〕1061 号	关于核准桂林福达股份有限公司首次公开发行股票的批复	2014－10－14
1062	证监许可〔2014〕1062 号	关于核准陕西黑猫焦化股份有限公司首次公开发行股票的批复	2014－10－14
1063	证监许可〔2014〕1063 号	关于核准曙光信息产业股份有限公司首次公开发行股票的批复	2014－10－14
1064	证监许可〔2014〕1064 号	关于核准宁波精达成形装备股份有限公司首次公开发行股票的批复	2014－10－14
1065	证监许可〔2014〕1065 号	关于核准纽银梅隆西部基金管理有限公司变更股权的批复	2014－10－15
1066	证监许可〔2014〕1066 号	关于核准中航电测仪器股份有限公司向汉中航空工业集团有限公司等发行股份购买资产并募集配套资金的批复	2014－10－15
1067	证监许可〔2014〕1067 号	关于核准永赢基金管理有限公司赵鹏基金行业高级管理人员任职资格的批复	2014－10－15
1068	证监许可〔2014〕1068 号	关于核准上海新文化传媒集团股份有限公司向上海银久广告有限公司等发行股份购买资产并募集配套资金的批复	2014－10－16
1069	证监许可〔2014〕1069 号	关于核准北京翠微大厦股份有限公司向北京市海淀区国有资本经营管理中心发行股份购买资产并募集配套资金的批复	2014－10－16
1070	证监许可〔2014〕1070 号	关于核准兰州海默科技股份有限公司向李建国等发行股份购买资产并募集配套资金的批复	2014－10－16
1071	证监许可〔2014〕1071 号	关于核准北方华锦化学工业股份有限公司非公开发行股票的批复	2014－10－16
1072	证监许可〔2014〕1072 号	关于核准河北宝硕股份有限公司非公开发行股票的批复	2014－10－16
1073	证监许可〔2014〕1073 号	关于核准赛轮集团股份有限公司非公开发行股票的批复	2014－10－16
1074	证监许可〔2014〕1074 号	关于核准金正大生态工程集团股份有限公司非公开发行股票的批复	2014－10－16
1075	证监许可〔2014〕1075 号	关于核准天津市海运股份有限公司非公开发行股票的批复	2014－10－16
1076	证监许可〔2014〕1076 号	关于核准武汉三镇实业控股股份有限公司公开发行公司债券的批复	2014－10－16

续表

序号	发文字号	标　　题	签批日期
1077	证监许可〔2014〕1077 号	关于核准华闻传媒投资集团股份有限公司向西藏风网科技有限公司等发行股份购买资产并募集配套资金的批复	2014 - 10 - 16
1078	证监许可〔2014〕1078 号	关于核准巨轮股份有限公司非公开发行股票的批复	2014 - 10 - 16
1079	证监许可〔2014〕1079 号	关于准予银华惠增利货币市场基金注册的批复	2014 - 10 - 16
1080	证监许可〔2014〕1080 号	关于核准上海柘中建设股份有限公司向上海康峰投资管理有限公司等发行股份购买资产及吸收合并上海柘中(集团)有限公司的批复	2014 - 10 - 17
1081	证监许可〔2014〕1081 号	关于核准无锡和晶科技股份有限公司向顾群等发行股份购买资产并募集配套资金的批复	2014 - 10 - 17
1082	证监许可〔2014〕1082 号	关于核准平安银行股份有限公司合格境外机构投资者托管人资格的批复	2014 - 10 - 14
1083	证监许可〔2014〕1083 号	关于核准美国富瑞金融集团设立北京代表处的批复	2014 - 10 - 18
1084	证监许可〔2014〕1084 号	关于核准五矿期货有限公司资产管理业务资格的批复	2014 - 10 - 20
1085	证监许可〔2014〕1085 号	关于核准中融汇信期货有限公司资产管理业务资格的批复	2014 - 10 - 20
1086	证监许可〔2014〕1086 号	关于核准中海基金管理有限公司王莉基金行业高级管理人员任职资格的批复	2014 - 10 - 20
1087	证监许可〔2014〕1087 号	关于核准中原英石基金管理有限公司周小全基金行业任职资格的批复	2014 - 10 - 20
1088	证监许可〔2014〕1088 号	关于核准姜亨奎担任韩国现代证券株式会社上海代表处首席代表的批复	2014 - 10 - 20
1089	证监许可〔2014〕1089 号	关于核准张兰担任施罗德集团北京代表处首席代表的批复	2014 - 10 - 20
1090	证监许可〔2014〕1090 号	关于核准刘育文担任美林国际有限公司北京代表处首席代表的批复	2014 - 10 - 20
1091	证监许可〔2014〕1091 号	关于核准长飞光纤光缆股份有限公司发行境外上市外资股并到香港交易所主板上市的批复	2014 - 10 - 23
1092	证监许可〔2014〕1092 号	关于核准广西梧州中恒集团股份有限公司非公开发行股票的批复	2014 - 10 - 23
1093	证监许可〔2014〕1093 号	关于不予核准北京泰德制药股份有限公司首次公开发行股票并在创业板上市申请的决定	2014 - 10 - 23
1094	证监许可〔2014〕1094 号	关于核准北汽福田汽车股份有限公司公开发行公司债券的批复	2014 - 10 - 23
1095	证监许可〔2014〕1095 号	关于核准南京医药股份有限公司非公开发行股票的批复	2014 - 10 - 23
1096	证监许可〔2014〕1096 号	关于核准中原特钢股份有限公司非公开发行股票的批复	2014 - 10 - 23
1097	证监许可〔2014〕1097 号	关于核准苏州春兴精工股份有限公司非公开发行股票的批复	2014 - 10 - 23
1098	证监许可〔2014〕1098 号	关于核准浙江亚太机电股份有限公司非公开发行股票的批复	2014 - 10 - 23
1099	证监许可〔2014〕1099 号	关于核准昆明云内动力股份有限公司非公开发行股票的批复	2014 - 10 - 23

续表

序号	发文字号	标　　题	签批日期
1100	证监许可〔2014〕1100 号	关于核准安徽神剑新材料股份有限公司非公开发行股票的批复	2014-10-23
1101	证监许可〔2014〕1101 号	关于核准浙江世宝股份有限公司非公开发行股票的批复	2014-10-23
1102	证监许可〔2014〕1102 号	关于核准环旭电子股份有限公司非公开发行股票的批复	2014-10-23
1103	证监许可〔2014〕1103 号	关于核准中信国安葡萄酒业股份有限公司非公开发行股票的批复	2014-10-23
1104	证监许可〔2014〕1104 号	关于核准盛屯矿业集团股份有限公司公开发行公司债券的批复	2014-10-23
1105	证监许可〔2014〕1105 号	关于核准长江证券股份有限公司公开发行公司债券的批复	2014-10-23
1106	证监许可〔2014〕1106 号	关于核准宝钢集团有限公司公开发行可交换公司债券的批复	2014-10-23
1107	证监许可〔2014〕1107 号	关于核准天津松江股份有限公司非公开发行股票的批复	2014-10-23
1108	证监许可〔2014〕1108 号	关于核准杭州新世纪信息技术股份有限公司重大资产重组及向何志涛等发行股份购买资产并募集配套资金的批复	2014-10-23
1109	证监许可〔2014〕1109 号	关于核准豁免何志涛及一致行动人要约收购杭州新世纪信息技术股份有限公司股份义务的批复	2014-10-24
1110	证监许可〔2014〕1110 号	关于核准金龙机电股份有限公司向蒋蕴珍等发行股份购买资产并募集配套资金的批复	2014-10-24
1111	证监许可〔2014〕1111 号	关于核准安徽桑乐金股份有限公司向龚向民等发行股份购买资产并募集配套资金的批复	2014-10-24
1112	证监许可〔2014〕1112 号	关于核准深圳市银之杰科技股份有限公司向冯军等发行股份购买资产的批复	2014-10-24
1113	证监许可〔2014〕1113 号	关于准予华安现金宝货币市场基金注册的批复	2014-10-24
1114	证监许可〔2014〕1114 号	关于准予新华活期添利货币市场基金注册的批复	2014-10-24
1115	证监许可〔2014〕1115 号	关于准予嘉实机构快线货币市场基金注册的批复	2014-10-24
1116	证监许可〔2014〕1116 号	关于准予交银施罗德丰润收益债券型证券投资基金注册的批复	2014-10-24
1117	证监许可〔2014〕1117 号	关于准予华宝兴业品质生活股票型证券投资基金注册的批复	2014-10-24
1118	证监许可〔2014〕1118 号	关于准予华宝兴业高端制造股票型证券投资基金注册的批复	2014-10-24
1119	证监许可〔2014〕1119 号	关于准予国泰 6 个月短期理财债券型证券投资基金注册的批复	2014-10-24
1120	证监许可〔2014〕1120 号	关于准予华富恒稳纯债债券型证券投资基金注册的批复	2014-10-24
1121	证监许可〔2014〕1121 号	关于准予大成景利混合型证券投资基金注册的批复	2014-10-24
1122	证监许可〔2014〕1122 号	关于准予上投摩根稳进回报混合型证券投资基金注册的批复	2014-10-24
1123	证监许可〔2014〕1123 号	关于准予嘉实新收益灵活配置混合型证券投资基金注册的批复	2014-10-24
1124	证监许可〔2014〕1124 号	关于准予北信瑞丰宜投保货币市场基金注册的批复	2014-10-24

续表

序号	发文字号	标　　题	签批日期
1125	证监许可〔2014〕1125 号	关于准予国投瑞银增利宝货币市场基金注册的批复	2014 - 10 - 24
1126	证监许可〔2014〕1126 号	关于准予建信稳定得利债券型证券投资基金注册的批复	2014 - 10 - 24
1127	证监许可〔2014〕1127 号	关于不予核准广州酒家集团股份有限公司首次公开发行股票申请的决定	2014 - 10 - 24
1128	证监许可〔2014〕1128 号	关于核准新疆塔里木农业综合开发股份有限公司非公开发行股票的批复	2014 - 10 - 24
1129	证监许可〔2014〕1129 号	关于核准上海锦江国际酒店发展股份有限公司非公开发行股票的批复	2014 - 10 - 24
1130	证监许可〔2014〕1130 号	关于不予核准浙江迪贝电气股份有限公司首次公开发行股票申请的决定	2014 - 10 - 24
1131	证监许可〔2014〕1131 号	关于核准英大期货有限公司变更注册资本和股权的批复	2014 - 10 - 28
1132	证监许可〔2014〕1132 号	关于准予华泰柏瑞量化优选灵活配置混合型证券投资基金注册的批复	2014 - 10 - 29
1133	证监许可〔2014〕1133 号	关于准予鹏华盈余宝货币市场基金注册的批复	2014 - 10 - 29
1134	证监许可〔2014〕1134 号	关于准予南方产业活力股票型证券投资基金注册的批复	2014 - 10 - 29
1135	证监许可〔2014〕1135 号	关于准予九泰天宝灵活配置混合型证券投资基金注册的批复	2014 - 10 - 29
1136	证监许可〔2014〕1136 号	关于准予民生加银优选股票型证券投资基金注册的批复	2014 - 10 - 29
1137	证监许可〔2014〕1137 号	关于准予中海医药健康产业精选灵活配置混合型证券投资基金注册的批复	2014 - 10 - 29
1138	证监许可〔2014〕1138 号	关于核准北京佳讯飞鸿电气股份有限公司向深圳市航通众鑫投资有限公司等发行股份购买资产的批复	2014 - 10 - 29
1139	证监许可〔2014〕1139 号	关于核准四川依米康环境科技股份有限公司向宋正兴等发行股份购买资产并募集配套资金的批复	2014 - 10 - 29
1140	证监许可〔2014〕1140 号	关于核准豁免中国石油化工集团公司要约收购江汉石油钻头股份有限公司股份义务的批复	2014 - 10 - 29
1141	证监许可〔2014〕1141 号	关于核准国金证券收购香港粤海证券并同意收购粤海融资的批复	2014 - 10 - 30
1142	证监许可〔2014〕1142 号	关于核准四川高金食品股份有限公司重大资产重组及向肖文革等发行股份购买资产的批复	2014 - 10 - 30
1143	证监许可〔2014〕1143 号	关于核准豁免肖文革及其一致行动人要约收购四川高金食品股份有限公司股份义务的批复	2014 - 10 - 30
1144	证监许可〔2014〕1144 号	关于核准广西皇氏甲天下乳业股份有限公司向李建国发行股份购买资产并募集配套资金的批复	2014 - 10 - 30
1145	证监许可〔2014〕1145 号	关于准予国开泰富货币市场证券投资基金注册的批复	2014 - 10 - 30
1146	证监许可〔2014〕1146 号	关于核准长江证券设立中建三局集团有限公司委托贷款债权证券化项目专项资产管理计划的批复	2014 - 10 - 30

续表

序号	发文字号	标　题	签批日期
1147	证监许可〔2014〕1147 号	关于核准中融基金管理有限公司王瑶、向祖荣基金行业高级管理人员任职资格的批复	2014－10－30
1148	证监许可〔2014〕1148 号	关于核准华福基金管理有限责任公司陈文奇基金行业任职资格的批复	2014－10－30
1149	证监许可〔2014〕1149 号	关于核准秦皇岛天业通联重工股份有限公司非公开发行股票的批复	2014－10－30
1150	证监许可〔2014〕1150 号	关于核准深圳市华建盈富投资企业（有限合伙）及一致行动人公告秦皇岛天业通联重工股份有限公司收购报告书并豁免其要约收购义务的批复	2014－10－30
1151	证监许可〔2014〕1151 号	关于准予鹏华安盈宝货币市场基金注册的批复	2014－10－31
1152	证监许可〔2014〕1152 号	关于准予中金现金管家货币市场基金注册的批复	2014－10－31
1153	证监许可〔2014〕1153 号	关于准予上投摩根纯债添利债券型证券投资基金注册的批复	2014－10－31
1154	证监许可〔2014〕1154 号	关于核准人民财产保险股份有限公司增发境外上市外资股的批复	2014－10－31
1155	证监许可〔2014〕1155 号	关于核准国泰安保基金管理有限公司设立国寿财富资产管理有限公司的批复	2014－10－31
1156	证监许可〔2014〕1156 号	关于核准沧州明珠塑料股份有限公司非公开发行股票的批复	2014－10－31
1157	证监许可〔2014〕1157 号	关于核准广州普邦园林股份有限公司非公开发行股票的批复	2014－10－31
1158	证监许可〔2014〕1158 号	关于准予工银瑞信创新动力股票型证券投资基金注册的批复	2014－11－2
1159	证监许可〔2014〕1159 号	关于准予景福证券投资基金变更注册的批复	2014－11－2
1160	证监许可〔2014〕1160 号	关于准予新华阿鑫一号保本混合型证券投资基金注册的批复	2014－11－2
1161	证监许可〔2014〕1161 号	关于核准中诚国际资本有限公司人民币合格境外机构投资者资格的批复	2014－10－31
1162	证监许可〔2014〕1162 号	关于核准华能新能源股份有限公司增发境外上市外资股的批复	2014－11－2
1163	证监许可〔2014〕1163 号	关于核准中国平安保险（集团）股份有限公司增发境外上市外资股的批复	2014－11－2
1164	证监许可〔2014〕1164 号	关于不予核准江苏长海复合材料股份有限公司向中企新兴南京创业投资基金中心（有限合伙）等发行股份购买资产的决定	2014－11－3
1165	证监许可〔2014〕1165 号	关于核准中国广核电力股份有限公司发行境外上市外资股并到香港交易所主板上市的批复	2014－11－3
1166	证监许可〔2014〕1166 号	关于核准华能国际电力股份有限公司增发境外上市外资股的批复	2014－11－3
1167	证监许可〔2014〕1167 号	关于核准国海富兰克林基金管理有限公司毕国强基金行业高级管理人员任职资格的批复	2014－11－4
1168	证监许可〔2014〕1168 号	关于准予银华回报灵活配置定期开放混合型发起式证券投资基金注册的批复	2014－11－4

续表

序号	发文字号	标　　题	签批日期
1169	证监许可〔2014〕1169 号	关于核准渤海证券股份有限公司公开募集证券投资基金管理业务资格的批复	2014－11－5
1170	证监许可〔2014〕1170 号	关于核准兴业证券股份有限公司证券投资基金托管资格的批复	2014－11－5
1171	证监许可〔2014〕1171 号	关于准予汇添富长添利定期开放债券型证券投资基金注册的批复	2014－11－5
1172	证监许可〔2014〕1172 号	关于准予鑫元半年定期开放债券型证券投资基金注册的批复	2014－11－5
1173	证监许可〔2014〕1173 号	关于准予北信瑞丰无限互联主题灵活配置混合型发起式证券投资基金注册的批复	2014－11－5
1174	证监许可〔2014〕1174 号	关于准予国寿安保薪金宝货币市场基金注册的批复	2014－11－5
1175	证监许可〔2014〕1175 号	关于准予中欧睿达定期开放混合型发起式证券投资基金注册的批复	2014－11－5
1176	证监许可〔2014〕1176 号	关于核准佐力科创小额贷款股份有限公司首次公开发行境外上市外资股并到香港联合交易所主板上市的批复	2014－11－5
1177	证监许可〔2014〕1177 号	关于核准财通证券设立资产管理子公司的批复	2014－11－5
1178	证监许可〔2014〕1178 号	关于核准中国证券金融股份有限公司证券投资基金托管资格的批复	2014－11－5
1179	证监许可〔2014〕1179 号	关于核准海南矿业股份有限公司首次公开发行股票的批复	2014－11－6
1180	证监许可〔2014〕1180 号	关于核准维格娜丝时装股份有限公司首次公开发行股票的批复	2014－11－6
1181	证监许可〔2014〕1181 号	关于核准潮州三环(集团)股份有限公司首次公开发行股票的批复	2014－11－6
1182	证监许可〔2014〕1182 号	关于核准广东道氏技术股份有限公司首次公开发行股票的批复	2014－11－6
1183	证监许可〔2014〕1183 号	关于核准天津凯发电气股份有限公司首次公开发行股票的批复	2014－11－6
1184	证监许可〔2014〕1184 号	关于核准广东燕塘乳业股份有限公司首次公开发行股票的批复	2014－11－6
1185	证监许可〔2014〕1185 号	关于核准深圳王子新材料股份有限公司首次公开发行股票的批复	2014－11－6
1186	证监许可〔2014〕1186 号	关于核准华电重工股份有限公司首次公开发行股票的批复	2014－11－6
1187	证监许可〔2014〕1187 号	关于核准广西柳州医药股份有限公司首次公开发行股票的批复	2014－11－6
1188	证监许可〔2014〕1188 号	关于核准湖南方盛制药股份有限公司首次公开发行股票的批复	2014－11－6
1189	证监许可〔2014〕1189 号	关于核准深圳市雄韬电源科技股份有限公司首次公开发行股票的批复	2014－11－6

续表

序号	发文字号	标　　题	签批日期
1190	证监许可〔2014〕1190号	关于核准百达资产管理有限公司人民币合格境外机构投资者资格的批复	2014-11-6
1191	证监许可〔2014〕1191号	关于准予农银汇理红利日结货币市场基金注册的批复	2014-11-6
1192	证监许可〔2014〕1192号	关于准予兴业多策略灵活配置混合型发起式证券投资基金注册的批复	2014-11-6
1193	证监许可〔2014〕1193号	关于准予易方达沪深300非银行金融ETF联接基金注册的批复	2014-11-13
1194	证监许可〔2014〕1194号	关于准予鑫元合丰分级债券型证券投资基金募集注册的批复	2014-11-13
1195	证监许可〔2014〕1195号	关于不予核准福建顶点软件股份有限公司首次公开发行股票并在创业板上市申请的决定	2014-11-13
1196	证监许可〔2014〕1196号	关于核准重庆三峡水利电力(集团)股份有限公司非公开发行股票的批复	2014-11-13
1197	证监许可〔2014〕1197号	关于核准贵人鸟股份有限公司公开发行公司债券的批复	2014-11-13
1198	证监许可〔2014〕1198号	关于核准广东风华高科技股份有限公司非公开发行股票的批复	2014-11-13
1199	证监许可〔2014〕1199号	关于核准南京华东电子信息科技股份有限公司非公开发行股票的批复	2014-11-13
1200	证监许可〔2014〕1200号	关于核准深圳市同洲电子股份有限公司非公开发行股票的批复	2014-11-13
1201	证监许可〔2014〕1201号	关于核准上海梅林正广和股份有限公司非公开发行股票的批复	2014-11-13
1202	证监许可〔2014〕1202号	关于核准亿晶光电科技股份有限公司非公开发行股票的批复	2014-11-13
1203	证监许可〔2014〕1203号	关于核准山东新华医疗器械股份有限公司向隋涌等发行股份购买资产并募集配套资金的批复	2014-11-13
1204	证监许可〔2014〕1204号	关于核准华电福新能源股份有限公司增发境外上市外资股的批复	2014-11-14
1205	证监许可〔2014〕1205号	关于准予中加纯债分级债券型证券投资基金注册的批复	2014-11-15
1206	证监许可〔2014〕1206号	关于准予富国中证国有企业改革指数分级证券投资基金注册的批复	2014-11-15
1207	证监许可〔2014〕1207号	关于准予国寿安保尊益信用纯债一年定期开放债券型证券投资基金注册的批复	2014-11-19
1208	证监许可〔2014〕1208号	关于准予前海开源股息率100强等权重股票型证券投资基金注册的批复	2014-11-19
1209	证监许可〔2014〕1209号	关于核准四川双马水泥股份有限公司向拉法基中国海外控股公司发行股份购买资产的批复	2014-11-19
1210	证监许可〔2014〕1210号	关于核准拓维信息系统股份有限公司向王伟峰等发行股份购买资产并募集配套资金的批复	2014-11-19

续表

序号	发文字号	标　　题	签批日期
1211	证监许可〔2014〕1211 号	关于核准广东省广告股份有限公司向祝卫东等发行股份购买资产并募集配套资金的批复	2014－11－19
1212	证监许可〔2014〕1212 号	关于核准国药控股股份有限公司增发境外上市外资股的批复	2014－11－19
1213	证监许可〔2014〕1213 号	关于核准豁免上海文化广播影视集团有限公司要约收购百事通新媒体股份有限公司股份义务的批复	2014－11－19
1214	证监许可〔2014〕1214 号	关于核准赛德堡资本(英国)人民币合格境外机构投资者资格的批复	2014－11－19
1215	证监许可〔2014〕1215 号	关于核准亨茂资产管理有限公司人民币合格境外机构投资者资格的批复	2014－11－19
1216	证监许可〔2014〕1216 号	关于核准陆乐担任宏富投资管理有限公司北京代表处首席代表的批复	2014－11－20
1217	证监许可〔2014〕1217 号	关于核准曹龙铉担任韩国三星证券公司北京代表处首席代表的批复	2014－11－20
1218	证监许可〔2014〕1218 号	关于核准北京中科金财科技股份有限公司向刘开同等发行股份购买资产并募集配套资金的批复	2014－11－20
1219	证监许可〔2014〕1219 号	关于核准步步高商业连锁股份有限公司向钟永利等发行股份购买资产的批复	2014－11－20
1220	证监许可〔2014〕1220 号	关于核准北京北纬通信科技股份有限公司向蔡红兵等发行股份购买资产的批复	2014－11－20
1221	证监许可〔2014〕1221 号	关于核准新疆赛里木现代农业股份有限公司非公开发行股票的批复	2014－11－20
1222	证监许可〔2014〕1222 号	关于核准北京三元食品股份有限公司非公开发行股票的批复	2014－11－20
1223	证监许可〔2014〕1223 号	关于核准摩根士丹利华鑫基金管理有限公司于华基金行业任职资格的批复	2014－11－21
1224	证监许可〔2014〕1224 号	关于核准南京中北(集团)股份有限公司向南京公用控股(集团)有限公司等发行股份购买资产并募集配套资金的批复	2014－11－21
1225	证监许可〔2014〕1225 号	关于核准茂业物流股份有限公司向孝昌鹰溪谷投资中心(有限合伙)等发行股份购买资产并募集配套资金的批复	2014－11－21
1226	证监许可〔2014〕1226 号	关于核准珠海世纪鼎利通信科技股份有限公司向陈浩等发行股份购买资产的批复	2014－11－21
1227	证监许可〔2014〕1227 号	关于核准利欧集团股份有限公司向詹嘉等发行股份购买资产并募集配套资金的批复	2014－11－21
1228	证监许可〔2014〕1228 号	关于核准湖南天一科技股份有限公司重大资产重组及向叶湘武等发行股份购买资产并募集配套资金的批复	2014－11－21
1229	证监许可〔2014〕1229 号	关于核准中国工商银行股份有限公司境外非公开发行优先股的批复	2014－11－21
1230	证监许可〔2014〕1230 号	关于核准北京顺鑫农业股份有限公司公开发行公司债券的批复	2014－11－21

续表

序号	发文字号	标题	签批日期
1231	证监许可〔2014〕1231号	关于核准兴业银行股份有限公司非公开发行优先股的批复	2014-11-21
1232	证监许可〔2014〕1232号	关于不予核准四川西部资源控股股份有限公司非公开发行股票申请的决定	2014-11-21
1233	证监许可〔2014〕1233号	关于核准洲际油气股份有限公司非公开发行股票的批复	2014-11-21
1234	证监许可〔2014〕1234号	关于核准上海浦东发展银行股份有限公司非公开发行优先股的批复	2014-11-21
1235	证监许可〔2014〕1235号	关于核准甘肃靖远煤电股份有限公司非公开发行股票的批复	2014-11-21
1236	证监许可〔2014〕1236号	关于准予富兰克林国海大中华精选混合型证券投资基金注册的批复	2014-11-21
1237	证监许可〔2014〕1237号	关于准予汇添富外延增长主题股票型证券投资基金注册的批复	2014-11-21
1238	证监许可〔2014〕1238号	关于准予中信建投睿信灵活配置混合型证券投资基金注册的批复	2014-11-21
1239	证监许可〔2014〕1239号	关于准予中邮现金驿站货币市场基金注册的批复	2014-11-21
1240	证监许可〔2014〕1240号	关于核准江苏康缘药业股份有限公司非公开发行股票的批复	2014-11-21
1241	证监许可〔2014〕1241号	关于核准北京汽车股份有限公司发行境外上市外资股并到香港交易所主板上市的批复	2014-11-21
1242	证监许可〔2014〕1242号	关于核准大连万达商业地产股份有限公司首次公开发行境外上市外资股并到香港联合交易所主板上市的批复	2014-11-21
1243	证监许可〔2014〕1243号	关于核准北京市春立正达医疗器械股份有限公司发行境外上市外资股并到香港交易所主板上市的批复	2014-11-21
1244	证监许可〔2014〕1244号	关于准予宝盈先进制造灵活配置混合型证券投资基金注册的批复	2014-11-21
1245	证监许可〔2014〕1245号	关于准予兴业年年利定期开放债券型证券投资基金注册的批复	2014-11-21
1246	证监许可〔2014〕1246号	关于核准洛阳栾川钼业集团股份有限公司公开发行可转换公司债券的批复	2014-11-21
1247	证监许可〔2014〕1247号	关于核准歌尔声学股份有限公司公开发行可转换公司债的批复	2014-11-21
1248	证监许可〔2014〕1248号	关于准予招商招财通理财债券型证券投资基金注册的批复	2014-11-24
1249	证监许可〔2014〕1249号	关于准予天弘深证成份指数证券投资基金(LOF)变更注册的批复	2014-11-24
1250	证监许可〔2014〕1250号	关于准予汇添富新收益债券型证券投资基金变更注册为汇添富添富通货币市场基金的批复	2014-11-24
1251	证监许可〔2014〕1251号	关于准予博时产业新动力灵活配置混合型发起式证券投资基金注册的批复	2014-11-24

续表

序号	发文字号	标　　题	签批日期
1252	证监许可〔2014〕1252 号	关于准予中融国企改革灵活配置混合型证券投资基金注册的批复	2014-11-24
1253	证监许可〔2014〕1253 号	关于准予建信双盈分级债券型证券投资基金注册的批复	2014-11-24
1254	证监许可〔2014〕1254 号	关于核准豁免黄明松要约收购科大智能科技股份有限公司股份义务的批复	2014-11-24
1255	证监许可〔2014〕1255 号	关于核准德邦证券设立资产管理子公司的批复	2014-11-24
1256	证监许可〔2014〕1256 号	关于核准山东丽鹏股份有限公司向汤于等发行股份购买资产并募集配套资金的批复	2014-11-25
1257	证监许可〔2014〕1257 号	关于核准云南旅游股份有限公司向杨清等发行股份购买资产并募集配套资金的批复	2014-11-25
1258	证监许可〔2014〕1258 号	关于核准神州数码信息服务股份有限公司向冯健刚等发行股份购买资产并募集配套资金的批复	2014-11-25
1259	证监许可〔2014〕1259 号	关于核准吉林光华控股集团股份有限公司向金圆控股集团有限公司等发行股份购买资产的批复	2014-11-25
1260	证监许可〔2014〕1260 号	关于核准霸菱资产管理(亚洲)有限公司人民币合格境外机构投资者资格的批复	2014-11-25
1261	证监许可〔2014〕1261 号	关于核准信安环球投资(香港)有限公司人民币合格境外机构投资者资格的批复	2014-11-25
1262	证监许可〔2014〕1262 号	关于准予富国中小盘精选混合型证券投资基金注册的批复	2014-11-26
1263	证监许可〔2014〕1263 号	关于准予华夏医疗健康混合型发起式证券投资基金注册的批复	2014-11-26
1264	证监许可〔2014〕1264 号	关于核准广汇能源股份有限公司非公开发行优先股的批复	2014-11-26
1265	证监许可〔2014〕1265 号	关于核准浙江金固股份有限公司非公开发行股票的批复	2014-11-26
1266	证监许可〔2014〕1266 号	关于核准大成基金管理有限公司罗登攀基金行业高级管理人员任职资格的批复	2014-11-26
1267	证监许可〔2014〕1267 号	关于准予工银瑞信中高等级信用债债券型证券投资基金注册的批复	2014-11-26
1268	证监许可〔2014〕1268 号	关于准予前海开源睿远稳健增利混合型证券投资基金注册的批复	2014-11-26
1269	证监许可〔2014〕1269 号	关于准予广发中证全指信息技术交易型开放式指数证券投资基金及其联接基金注册的批复	2014-11-26
1270	证监许可〔2014〕1270 号	关于准予博时现金增益货币市场基金注册的批复	2014-11-26
1271	证监许可〔2014〕1271 号	关于准予浙商汇金转型成长混合型证券投资基金注册的批复	2014-11-26
1272	证监许可〔2014〕1272 号	关于准予国投瑞银瑞利灵活配置混合型证券投资基金募集注册的批复	2014-11-26
1273	证监许可〔2014〕1273 号	关于核准盛京银行股份有限公司首次公开发行境外上市外资股并到香港联合交易所主板上市的批复	2014-11-26

续表

序号	发文字号	标　题	签批日期
1274	证监许可〔2014〕1274 号	关于核准浙江华智控股股份有限公司重大资产重组及向杭州日报报业集团有限公司等发行股份购买资产的批复	2014－11－27
1275	证监许可〔2014〕1275 号	关于核准豁免杭州日报报业集团有限公司及一致行动人要约收购浙江华智控股股份有限公司股份义务的批复	2014－11－27
1276	证监许可〔2014〕1276 号	关于核准豁免中央汇金投资有限责任公司要约收购中国光大银行股份有限公司股份义务的批复	2014－11－27
1277	证监许可〔2014〕1277 号	关于核准豁免中央汇金投资有限责任公司要约收购光大证券股份有限公司股份义务的批复	2014－11－27
1278	证监许可〔2014〕1278 号	关于核准申银万国证券股份有限公司换股吸收合并宏源证券股份有限公司的批复	2014－11－28
1279	证监许可〔2014〕1279 号	关于核准豁免光明食品（集团）有限公司要约收购光明乳业股份有限公司义务的批复	2014－11－28
1280	证监许可〔2014〕1280 号	关于核准福建东亚水产股份有限公司首次公开发行境外上市外资股并到香港联合交易所主板上市的批复	2014－12－1
1281	证监许可〔2014〕1281 号	关于准予中银研究精选灵活配置混合型证券投资基金注册的批复	2014－12－1
1282	证监许可〔2014〕1282 号	关于准予诺安信经济股票型证券投资基金注册的批复	2014－12－1
1283	证监许可〔2014〕1283 号	关于核准豁免上海文化广播影视集团有限公司要约收购上海东方明珠（集团）股份有限公司股份义务的批复	2014－12－1
1284	证监许可〔2014〕1284 号	关于核准河南神火煤电股份有限公司公开发行公司债券的批复	2014－12－1
1285	证监许可〔2014〕1285 号	关于核准广东肇庆星湖生物科技股份有限公司非公开发行股票的批复	2014－12－1
1286	证监许可〔2014〕1286 号	关于核准深圳华控赛格股份有限公司非公开发行股票的批复	2014－12－1
1287	证监许可〔2014〕1287 号	关于核准有研新材料股份有限公司重大资产重组的批复	2014－12－1
1288	证监许可〔2014〕1288 号	关于核准芜湖顺荣汽车部件股份有限公司向李卫伟等发行股份购买资产并募集配套资金的批复	2014－12－2
1289	证监许可〔2014〕1289 号	关于核准施罗德投资管理（新加坡）有限公司人民币合格境外机构投资者资格的批复	2014－12－2
1290	证监许可〔2014〕1290 号	关于核准国投瑞银资产管理（香港）有限公司合格境外机构投资者资格的批复	2014－12－2
1291	证监许可〔2014〕1291 号	关于核准北京中关村科技发展（控股）股份有限公司重大资产重组的批复	2014－12－2
1292	证监许可〔2014〕1292 号	关于准予中海上证 380 指数证券投资基金变更注册的批复	2014－12－2
1293	证监许可〔2014〕1293 号	关于准予东方红睿阳灵活配置混合型证券投资基金注册的批复	2014－12－2
1294	证监许可〔2014〕1294 号	关于准予博时黄金交易型开放式证券投资基金变更注册的批复	2014－12－2

续表

序号	发文字号	标　　题	签批日期
1295	证监许可〔2014〕1295 号	关于核准嘉实基金管理有限公司邓红国基金行业任职资格的批复	2014 - 12 - 2
1296	证监许可〔2014〕1296 号	关于核准国开泰富基金管理有限责任公司崔智生基金行业任职资格、肖强基金行业高级管理人员任职资格的批复	2014 - 12 - 2
1297	证监许可〔2014〕1297 号	关于准予南方恒生交易型开放式指数证券投资基金注册的批复	2014 - 12 - 2
1298	证监许可〔2014〕1298 号	关于核准保定天威保变电气股份有限公司非公开发行股票的批复	2014 - 12 - 2
1299	证监许可〔2014〕1299 号	关于核准广东长青(集团)股份有限公司非公开发行股票的批复	2014 - 12 - 2
1300	证监许可〔2014〕1300 号	关于不予核准北京能量影视传播股份有限公司首次公开发行股票并在创业板上市申请的决定	2014 - 12 - 2
1301	证监许可〔2014〕1301 号	关于核准通化金马药业集团股份有限公司非公开发行股票的批复	2014 - 12 - 2
1302	证监许可〔2014〕1302 号	关于核准北京北辰实业股份有限公司公开发行公司债券的批复	2014 - 12 - 3
1303	证监许可〔2014〕1303 号	关于准予华夏沪港通恒生交易型开放式指数证券投资基金及其联接基金注册的批复	2014 - 12 - 3
1304	证监许可〔2014〕1304 号	关于核准宁波双林汽车部件股份有限公司向襄阳火炬科技有限公司等发行股份购买资产并募集配套资金的批复	2014 - 12 - 3
1305	证监许可〔2014〕1305 号	关于核准北京东方国信科技股份有限公司向陈益玲等发行股份购买资产并募集配套资金的批复	2014 - 12 - 3
1306	证监许可〔2014〕1306 号	关于准予中银理财 90 天债券型证券投资基金注册的批复	2014 - 12 - 3
1307	证监许可〔2014〕1307 号	关于准予广发中证养老产业指数型发起式证券投资基金注册的批复	2014 - 12 - 3
1308	证监许可〔2014〕1308 号	关于核准沈阳商业城股份有限公司重大资产重组的批复	2014 - 12 - 3
1309	证监许可〔2014〕1309 号	关于核准中信期货有限公司吸收合并中信新际期货有限公司的批复	2014 - 12 - 3
1310	证监许可〔2014〕1310 号	关于核准西安旅游股份有限公司非公开发行股票的批复	2014 - 12 - 4
1311	证监许可〔2014〕1311 号	关于核准河南豫能控股股份有限公司非公开发行股票的批复	2014 - 12 - 4
1312	证监许可〔2014〕1312 号	关于核准天津鑫茂科技股份有限公司非公开发行股票的批复	2014 - 12 - 4
1313	证监许可〔2014〕1313 号	关于核准长城信息产业股份有限公司非公开发行股票的批复	2014 - 12 - 4
1314	证监许可〔2014〕1314 号	关于核准浙江棒杰数码针织品股份有限公司配股的批复	2014 - 12 - 4
1315	证监许可〔2014〕1315 号	关于核准云南旅游股份有限公司公开发行公司债券的批复	2014 - 12 - 4
1316	证监许可〔2014〕1316 号	关于核准烟台双塔食品股份有限公司非公开发行股票的批复	2014 - 12 - 4
1317	证监许可〔2014〕1317 号	关于核准格力地产股份有限公司公开发行可转换公司债券的批复	2014 - 12 - 4

续表

序号	发文字号	标　　题	签批日期
1318	证监许可〔2014〕1318 号	关于核准工银瑞信资产管理(国际)有限公司合格境外机构投资者资格的批复	2014－12－4
1319	证监许可〔2014〕1319 号	关于核准未来资产环球投资有限公司人民币合格境外机构投资者资格的批复	2014－12－4
1320	证监许可〔2014〕1320 号	关于核准浙江浙大网新兰德科技股份有限公司增发境外上市外资股的批复	2014－12－8
1321	证监许可〔2014〕1321 号	关于准予国泰睿吉灵活配置混合型证券投资基金注册的批复	2014－12－8
1322	证监许可〔2014〕1322 号	关于核准浙江金磊高温材料股份有限公司重大资产重组及向石河子快乐永久股权投资有限公司等发行股份购买资产的批复	2014－12－8
1323	证监许可〔2014〕1323 号	关于核准贵阳朗玛信息技术股份有限公司向顾晶等发行股份购买资产的批复	2014－12－8
1324	证监许可〔2014〕1324 号	关于核准浙江金盾风机股份有限公司首次公开发行股票的批复	2014－12－10
1325	证监许可〔2014〕1325 号	关于核准浙江迦南科技股份有限公司首次公开发行股票的批复	2014－12－10
1326	证监许可〔2014〕1326 号	关于核准中矿资源勘探股份有限公司首次公开发行股票的批复	2014－12－10
1327	证监许可〔2014〕1327 号	关于核准葵花药业集团股份有限公司首次公开发行股票的批复	2014－12－10
1328	证监许可〔2014〕1328 号	关于核准广东正业科技股份有限公司首次公开发行股票的批复	2014－12－10
1329	证监许可〔2014〕1329 号	关于核准春秋航空股份有限公司首次公开发行股票的批复	2014－12－10
1330	证监许可〔2014〕1330 号	关于核准宁波高发汽车控制系统股份有限公司首次公开发行股票的批复	2014－12－10
1331	证监许可〔2014〕1331 号	关于核准北京高能时代环境技术股份有限公司首次公开发行股票的批复	2014－12－10
1332	证监许可〔2014〕1332 号	关于核准南威软件股份有限公司首次公开发行股票的批复	2014－12－10
1333	证监许可〔2014〕1333 号	关于核准浙江新澳纺织股份有限公司首次公开发行股票的批复	2014－12－10
1334	证监许可〔2014〕1334 号	关于核准苏州工业园区设计研究院股份有限公司首次公开发行股票的批复	2014－12－10
1335	证监许可〔2014〕1335 号	关于核准国信证券股份有限公司首次公开发行股票的批复	2014－12－10
1336	证监许可〔2014〕1336 号	关于核准瀚蓝环境股份有限公司向创冠环保(香港)有限公司等发行股份购买资产并募集配套资金的批复	2014－12－10
1337	证监许可〔2014〕1337 号	关于核准威灵顿投资管理国际有限公司人民币合格境外机构投资者资格的批复	2014－12－10
1338	证监许可〔2014〕1338 号	关于准予新华万银多元策略灵活配置混合型证券投资基金注册的批复	2014－12－11

续表

序号	发文字号	标　　题	签批日期
1339	证监许可〔2014〕1339号	关于核准江南模塑科技股份有限公司非公开发行股票的批复	2014-12-11
1340	证监许可〔2014〕1340号	关于核准深圳市沃尔核材股份有限公司公开发行公司债券的批复	2014-12-11
1341	证监许可〔2014〕1341号	关于核准中油金鸿能源投资股份有限公司非公开发行股票的批复	2014-12-11
1342	证监许可〔2014〕1342号	关于核准河南黄河旋风股份有限公司非公开发行股票的批复	2014-12-11
1343	证监许可〔2014〕1343号	关于核准陕西坚瑞消防股份有限公司向童新建等发行股份购买资产并募集配套资金的批复	2014-12-11
1344	证监许可〔2014〕1344号	关于准予国寿安保尊盈一年定期开放债券型证券投资基金注册的批复	2014-12-11
1345	证监许可〔2014〕1345号	关于准予安信消费医药主题股票型证券投资基金注册的批复	2014-12-11
1346	证监许可〔2014〕1346号	关于准予新华增盈回报债券型证券投资基金注册的批复	2014-12-11
1347	证监许可〔2014〕1347号	关于准予长城新兴产业灵活配置混合型证券投资基金注册的批复	2014-12-11
1348	证监许可〔2014〕1348号	关于核准加拿大丰业(亚洲)银行人民币合格境外机构投资者资格的批复	2014-12-12
1349	证监许可〔2014〕1349号	关于核准中国建材股份有限公司增发境外上市外资股的批复	2014-12-12
1350	证监许可〔2014〕1350号	关于核准前海开源基金管理有限公司傅成斌基金行业高级管理人员任职资格的批复	2014-12-15
1351	证监许可〔2014〕1351号	关于核准长信基金管理有限责任公司覃波基金行业高级管理人员任职资格的批复	2014-12-15
1352	证监许可〔2014〕1352号	关于核准大成基金管理有限公司刘卓基金行业任职资格的批复	2014-12-15
1353	证监许可〔2014〕1353号	关于核准苏州锦富新材料股份有限公司向黄亚福等发行股份购买资产并募集配套资金的批复	2014-12-15
1354	证监许可〔2014〕1354号	关于核准北京东方通科技股份有限公司向李健等发行股份购买资产并募集配套资金的批复	2014-12-15
1355	证监许可〔2014〕1355号	关于核准上海飞乐音响股份有限公司向北京申安联合有限公司发行股份购买资产并募集配套资金的批复	2014-12-15
1356	证监许可〔2014〕1356号	关于核准杭州初灵信息技术股份有限公司向雷果等发行股份购买资产并募集配套资金的批复	2014-12-15
1357	证监许可〔2014〕1357号	关于核准松德机械股份有限公司向雷万春等发行股份及支付现金购买资产并募集配套资金的批复	2014-12-15
1358	证监许可〔2014〕1358号	关于准予天弘沪深300指数型发起式证券投资基金注册的批复	2014-12-15
1359	证监许可〔2014〕1359号	关于准予长信中证中央企业100指数证券投资基金(LOF)变更注册的批复	2014-12-15

续表

序号	发文字号	标　题	签批日期
1360	证监许可〔2014〕1360 号	关于准予长信量化中小盘股票型证券投资基金变更注册的批复	2014－12－15
1361	证监许可〔2014〕1361 号	关于准予长城环保主题灵活配置混合型证券投资基金注册的批复	2014－12－15
1362	证监许可〔2014〕1362 号	关于准予华泰柏瑞创新动力灵活配置混合型证券投资基金注册的批复	2014－12－15
1363	证监许可〔2014〕1363 号	关于准予中邮核心科技创新灵活配置混合型证券投资基金注册的批复	2014－12－15
1364	证监许可〔2014〕1364 号	关于准予天弘中证 500 指数型发起式证券投资基金注册的批复	2014－12－15
1365	证监许可〔2014〕1365 号	关于准予东方主题精选混合型证券投资基金注册的批复	2014－12－15
1366	证监许可〔2014〕1366 号	关于准予景顺长城量化精选股票型证券投资基金注册的批复	2014－12－15
1367	证监许可〔2014〕1367 号	关于准予景顺长城沪港深精选股票型证券投资基金注册的批复	2014－12－15
1368	证监许可〔2014〕1368 号	关于准予前海开源大安全核心精选灵活配置混合型证券投资基金注册的批复	2014－12－15
1369	证监许可〔2014〕1369 号	关于核准豁免 ADAMA Celsius B. V. 要约收购湖北沙隆达股份有限公司股份义务的批复	2014－12－16
1370	证监许可〔2014〕1370 号	关于核准中国石化仪征化纤股份有限公司重大资产重组及向中国石油化工集团公司发行股份购买资产并募集配套资金的批复	2014－12－17
1371	证监许可〔2014〕1371 号	关于核准福建冠福现代家用股份有限公司向陈烈权等发行股份购买资产并募集配套资金的批复	2014－12－17
1372	证监许可〔2014〕1372 号	关于核准北京飞利信科技股份有限公司向宁波东蓝商贸有限公司发行股份购买资产并募集配套资金的批复	2014－12－17
1373	证监许可〔2014〕1373 号	关于核准上海莱士血液制品股份有限公司向科瑞天诚投资控股有限公司等发行股份购买资产并募集配套资金的批复	2014－12－17
1374	证监许可〔2014〕1374 号	关于核准海南瑞泽新型建材股份有限公司向夏兴兰等发行股份购买资产并募集配套资金的批复	2014－12－17
1375	证监许可〔2014〕1375 号	关于准予北信瑞丰现金添利货币市场基金注册的批复	2014－12－17
1376	证监许可〔2014〕1376 号	关于准予中欧中小盘股票型证券投资基金（LOF）变更注册的批复	2014－12－18
1377	证监许可〔2014〕1377 号	关于准予广发中证环保产业指数型发起式证券投资基金注册的批复	2014－12－18
1378	证监许可〔2014〕1378 号	关于准予华商中证 500 指数分级证券投资基金变更注册的批复	2014－12－18
1379	证监许可〔2014〕1379 号	关于准予华宝兴业稳健回报灵活配置混合型证券投资基金注册的批复	2014－12－18

续表

序号	发文字号	标　题	签批日期
1380	证监许可〔2014〕1380 号	关于准予富国两年期理财债券型证券投资基金注册的批复	2014－12－18
1381	证监许可〔2014〕1381 号	关于准予广发中证全指可选消费交易型开放式指数证券投资基金发起式联接基金注册的批复	2014－12－18
1382	证监许可〔2014〕1382 号	关于准予民生加银新收益债券型证券投资基金注册的批复	2014－12－18
1383	证监许可〔2014〕1383 号	关于准予广发中证全指可选消费交易型开放式指数证券投资基金发起式联接基金注册的批复	2014－12－18
1384	证监许可〔2014〕1384 号	关于核准力帆实业(集团)股份有限公司非公开发行股票的批复	2014－12－18
1385	证监许可〔2014〕1385 号	关于核准康美药业股份有限公司公开发行公司债券的批复	2014－12－18
1386	证监许可〔2014〕1386 号	关于核准江西黑猫炭黑股份有限公司配股的批复	2014－12－18
1387	证监许可〔2014〕1387 号	关于核准豁免泸天化(集团)有限责任公司要约收购四川泸天化股份有限公司股份义务的批复	2014－12－19
1388	证监许可〔2014〕1388 号	关于核准濮阳濮耐高温材料(集团)股份有限公司向王雯丽等发行股份购买资产并募集配套资金的批复	2014－12－18
1389	证监许可〔2014〕1389 号	关于核准山东开泰石化股份有限公司股票在全国中小企业股份转让系统公开转让的批复	2014－12－19
1390	证监许可〔2014〕1390 号	关于核准华福证券有限责任公司发行债券的批复	2014－12－23
1391	证监许可〔2014〕1391 号	关于准予交银施罗德丰泽收益债券型证券投资基金注册的批复	2014－12－24
1392	证监许可〔2014〕1392 号	关于准予中原英石灵活配置混合型发起式证券投资基金注册的批复	2014－12－24
1393	证监许可〔2014〕1393 号	关于核准上海飞乐股份有限公司重大资产重组及向深圳市中恒汇志投资有限公司发行股份购买资产并募集配套资金的批复	2014－12－24
1394	证监许可〔2014〕1394 号	关于核准广东明家科技股份有限公司向甄勇等发行股份购买资产的批复	2014－12－24
1395	证监许可〔2014〕1395 号	关于核准北京华谊嘉信整合营销顾问集团股份有限公司向天津迪思投资管理有限公司等发行股份购买资产并募集配套资金的批复	2014－12－24
1396	证监许可〔2014〕1396 号	关于核准河北先河环保科技股份有限公司向梁常清等发行股份购买资产并募集配套资金的批复	2014－12－24
1397	证监许可〔2014〕1397 号	关于核准广东溢多利生物科技股份有限公司向李洪兵等发行股份购买资产并募集配套资金的批复	2014－12－24
1398	证监许可〔2014〕1398 号	关于核准郑州宇通客车股份有限公司向郑州宇通有限公司等发行股份购买资产的批复	2014－12－24
1399	证监许可〔2014〕1399 号	关于核准光一科技股份有限公司向任昌兆等发行股份购买资产的批复	2014－12－24
1400	证监许可〔2014〕1400 号	关于核准北京久其软件股份有限公司向王新等发行股份购买资产并募集配套资金的批复	2014－12－24

续表

序号	发文字号	标　　题	签批日期
1401	证监许可〔2014〕1401 号	关于核准金鹰基金管理有限公司凌富华基金行业任职资格的批复	2014－12－24
1402	证监许可〔2014〕1402 号	关于核准国投瑞银基金管理有限公司叶柏寿基金行业任职资格的批复	2014－12－24
1403	证监许可〔2014〕1403 号	关于核准中源协和干细胞生物工程股份公司向王辉等发行股份购买资产并募集配套资金的批复	2014－12－24
1404	证监许可〔2014〕1404 号	关于核准骅威科技股份有限公司向付强等发行股份购买资产并募集配套资金的批复	2014－12－24
1405	证监许可〔2014〕1405 号	关于核准豁免天津百利机械装备集团有限公司要约收购天津百利特精电气股份有限公司股份义务的批复	2014－12－24
1406	证监许可〔2014〕1406 号	关于准予广发时冲套利定期开放混合型发起式证券投资基金注册的批复	2014－12－25
1407	证监许可〔2014〕1407 号	关于核准摩根资产管理（新加坡）有限公司人民币合格境外机构投资者资格的批复	2014－12－24
1408	证监许可〔2014〕1408 号	关于核准东洋资产运用（株）人民币合格境外机构投资者资格的批复	2014－12－24
1409	证监许可〔2014〕1409 号	关于核准中原证券设立香港子公司的批复	2014－12－24
1410	证监许可〔2014〕1410 号	关于核准博时基金管理有限公司洪小源基金行业任职资格的批复	2014－12－25
1411	证监许可〔2014〕1411 号	关于核准中信证券经纪（香港）有限公司合格境外机构投资者资格的批复	2014－12－24
1412	证监许可〔2014〕1412 号	关于核准华宸未来基金管理有限公司向旭平基金行业任职资格的批复	2014－12－25
1413	证监许可〔2014〕1413 号	关于核准北京华宇软件股份有限公司向马勤等发行股份购买资产的批复	2014－12－25
1414	证监许可〔2014〕1414 号	关于准予西部利得中证 500 等权重指数分级证券投资基金注册的批复	2014－12－25
1415	证监许可〔2014〕1415 号	关于准予泰信盈丰一年目标触发式保本混合型证券投资基金注册的批复	2014－12－25
1416	证监许可〔2014〕1416 号	关于准予泰达宏利绝对收益策略定期开放混合型发起式证券投资基金注册的批复	2014－12－25
1417	证监许可〔2014〕1417 号	关于准予新华稳健回报灵活配置混合型发起式证券投资基金注册的批复	2014－12－25
1418	证监许可〔2014〕1418 号	关于准予交银施罗德汇利分级债券型证券投资基金注册的批复	2014－12－25
1419	证监许可〔2014〕1419 号	关于核准中国建筑股份有限公司非公开发行优先股的批复	2014－12－25
1420	证监许可〔2014〕1420 号	关于核准博彦科技股份有限公司公开发行公司债券的批复	2014－12－25
1421	证监许可〔2014〕1421 号	关于核准山东圣阳电源股份有限公司非公开发行股票的批复	2014－12－25

续表

序号	发文字号	标　　题	签批日期
1422	证监许可〔2014〕1422 号	关于核准上海紫江企业集团股份有限公司非公开发行股票的批复	2014-12-25
1423	证监许可〔2014〕1423 号	关于核准七台河宝泰隆煤化工股份有限公司非公开发行股票的批复	2014-12-25
1424	证监许可〔2014〕1424 号	关于核准福建东百集团股份有限公司非公开发行股票的批复	2014-12-25
1425	证监许可〔2014〕1425 号	关于核准深圳招邦股份有限公司非公开发行股票的批复	2014-12-25
1426	证监许可〔2014〕1426 号	关于核准汤臣倍健股份有限公司非公开发行股票的批复	2014-12-25
1427	证监许可〔2014〕1427 号	关于核准永泰能源股份有限公司非公开发行股票的批复	2014-12-25
1428	证监许可〔2014〕1428 号	关于核准财富证券有限责任公司发行债券的批复	2014-12-25
1429	证监许可〔2014〕1429 号	关于核准天通控股股份有限公司非公开发行股票的批复	2014-12-25
1430	证监许可〔2014〕1430 号	关于核准北京首创股份有限公司非公开发行股票的批复	2014-12-25
1431	证监许可〔2014〕1431 号	关于核准天地科技股份有限公司向中国煤炭科工集团有限公司发行股份购买资产并募集配套资金的批复	2014-12-26
1432	证监许可〔2014〕1432 号	关于核准杭州兴源过滤科技股份有限公司向兴源控股有限公司等发行股份购买资产并募集配套资金的批复	2014-12-26
1433	证监许可〔2014〕1433 号	关于核准福建福日电子股份有限公司向福建电子信息(集团)有限责任公司等发行股份购买资产的批复	2014-12-26
1434	证监许可〔2014〕1434 号	关于核准华夏银行股份有限公司合格境外机构投资者托管人资格的批复	2014-12-23
1435	证监许可〔2014〕1435 号	关于核准 NH-CA 资产管理有限公司人民币合格境外机构投资者资格的批复	2014-12-26
1436	证监许可〔2014〕1436 号	关于核准富舜投资管理(香港)有限公司人民币合格境外机构投资者资格的批复	2014-12-26
1437	证监许可〔2014〕1437 号	关于核准东部资产运用株式会社人民币合格境外机构投资者资格的批复	2014-12-26
1438	证监许可〔2014〕1438 号	关于准予东吴苏州率先指数证券投资基金募集注册的批复	2014-12-26
1439	证监许可〔2014〕1439 号	关于准予嘉实逆向策略股票型证券投资基金注册的批复	2014-12-26
1440	证监许可〔2014〕1440 号	关于准予嘉实全球互联网股票型证券投资基金注册的批复	2014-12-26
1441	证监许可〔2014〕1441 号	关于准予工银瑞信战略转型主题股票型证券投资基金注册的批复	2014-12-26
1442	证监许可〔2014〕1442 号	关于准予交银施罗德国证新能源指数分级证券投资基金注册的批复	2014-12-29
1443	证监许可〔2014〕1443 号	关于核准华邦颖泰股份有限公司向肖建东等发行股份购买资产的批复	2014-12-29
1444	证监许可〔2014〕1444 号	关于核准东兴证券股份有限公司发行债券的批复	2014-12-26

续表

序号	发文字号	标　　题	签批日期
1445	证监许可〔2014〕1445 号	关于核准韩亚大投证券株式会社人民币合格境外机构投资者资格的批复	2014－12－29
1446	证监许可〔2014〕1446 号	关于核准西安海天天线科技股份有限公司增发境外上市外资股的批复	2014－12－29
1447	证监许可〔2014〕1447 号	关于核准中粮期货有限公司变更股权的批复	2014－12－29
1448	证监许可〔2014〕1448 号	关于核准湘潭电化科技股份有限公司向湘潭振湘国有资产经营投资有限公司发行股份购买资产的批复	2014－12－29
1449	证监许可〔2014〕1449 号	关于核准创智信息科技股份有限公司向永盛科技有限公司等发行股份购买资产的批复	2014－12－30
1450	证监许可〔2014〕1450 号	关于核准申银万国投资管理(亚洲)有限公司合格境外机构投资者资格的批复	2014－12－30
1451	证监许可〔2014〕1451 号	关于核准江阴中南重工股份有限公司向王辉等发行股份及支付现金购买资产并募集配套资金的批复	2014－12－30

二、信　息　公　开

2014 年监管信息公开工作综述

2014 年，中国证监会以进一步提高监管工作透明度为突破口，认真贯彻落实《政府信息公开条例》和《2014 年政府信息公开工作要点》(国办发〔2014〕12 号)相关要求，制定《中国证监会 2014 年监管信息公开工作要点》，不断增强主动公开、宣传回应、依申请公开和机制平台建设等工作实效。

一、主动公开

2014 年，中国证监会及其派出机构通过网站等形式对外公开政府信息 10,446 条，其中会机关公开 2,598 条，各派出机构公开 7,848 条。内容涵盖以下方面：

1. 重要监管政策措施及工作动态

在“证监会要闻”栏目发布重大监管新闻 157 条。主要包括中国证监会重要工作会议、会领导重要讲话、重要监管政策、新品种上市、市场违法案件查处、国际监管合作以及重点工作进展等情况。在“证监会令”及“证监会公告”专栏发布证监会令 14 项、证监会公告 49 项。

2. 行政审批

公开首次公开发行企业信息披露质量抽查抽签情况及监管问答等 17 期、预披露及补充预披露企业 782 余家次、发审会会议公告和审核结果公告 157 期、相关行政许可结果 288 项。公开并购重组审核进度表 44 期、并购重组委会议公告及审核结果公告 71 期、相关行政许可结果 171 项。对首次公开发行股票、上市公司并购重组、证券投资基金募集及涉及证券机构、基金管理公司、资信评级机构等的行政许可事项受理和审核进度情况每周予以更新发布。

3. 稽查、处罚和行政复议

在“稽查局”栏目发布各类稽查执法工作信息 170 篇。在“行政处罚委”栏目发布行政处罚决定书 78 件、市场禁入决定书 11 件。在

“行政复议”栏目发布行政复议决定68件,其中维持63件,依法纠错5件(含确认违法或者责令履行具体行政行为3件,撤销2件)。

4. 市场统计

在“统计数据”栏目发布《证券市场快报》215期、《证券市场月报》10期、《上市公司行业分类》3期、《期货市场周报》47期和《期货市场月报》10期。

5. 机构名录及监管合作

在“机构名录”栏目发布证券类名录1期、基金类名录65期。在“国际部”栏目发布《主板境外上市外资股公司名录》6期、《创业板境外上市外资股公司名录》6期、《境外上市外资股筹资统计简表》6期、《QFII一览表》7期、《QFII托管行一览表》5期、《外资参股证券公司一览表》7期、《外资参股基金公司一览表》7期和《中国证监会与境外证券(期货)监管机构签署的备忘录一览表》4期。

6. 财政资金

4月18日,公布中国证监会2014年预算。7月18日,公布中国证监会2013年决算。公开的内容细化到支出功能分类的项级科目。“三公”经费按财政部要求已公开全部财政拨款安排预算数,以及公务用车购置及保有量、国内公务接待情况、“三公”经费增减变化原因等信息,2013年已公开决算中还细化说明因公出国(境)团组、人数。

7. 证监会年报

在“了解证监会——证监会年报”栏目发布中国证监会2013年年度中英文年报,系统介绍中国证监会监管职责与架构以及在监管改革、制度建设、创新发展、风险防范、法制建设、稽查执法、投资者保护、对外开放与国际合作等方面的工作情况。

二、宣传回应

2014年,中国证监会通过访谈、讲话、政策解读和主题宣传等多种方式,主动宣讲政策,传递权威信息,共回应公众关注热点或重大舆情300余次。

1. 主要负责人访谈和讲话

2014年“两会”期间,证监会主席肖钢出席“一行三会一局”主要负责人记者会,全面解读资本市场重要改革举措,回应市场关切。姜洋副主席参加金融时报访谈、央广“两会”部长在线访谈活动,取得了很好的宣讲效果。组织证券期货监管系统12名代表委员召开五场记者见面会,参加三场网络在线访谈。庄心一副主席、刘新华副主席分别接受了财经国家周刊、新华社和财经杂志的专访,并参加财经杂志年会和新浪金麒麟论坛等有影响力的论坛活动,深入阐述专门领域问题,有序释放政策信息。

2. 政策解读

建立专项媒体舆情收集机制,重点就“IPO新政”及新股发行、落实“新国九条”、退市制度改革、沪港通、员工持股计划、市值管理、稳定市场预期等,有针对性地释疑解惑,发表解读文章500多篇。

3. 主题宣传

开展依法治市主题宣传活动,宣传中国证监会内幕交易警示教育展,在媒体开辟“以案说法”专栏,集中宣传了内幕交易、信息披露和操纵市场等60多个案例,并对社会影响比较大的马乐案、天威视讯内幕交易案进行了深度报道。

4. 投资者保护

一是组织《国务院办公厅关于进一步加强资本市场中小投资者合法权益保护工作的通知》(国办发〔2013〕110号)文件的宣传解读工作,积极宣传、传递和深度解读国务院高度重视中小投资者权益保护的政策信号。二是推出“沪港通投资者保护”频道,发布沪港通各项政策法规,展示会系统各单位开展沪港通培训、调查情况,解答沪港通投资者诉求提出渠道、方式及流程等相关问题。三是重点关注20多家网站财经、证券、股票频道信息,以及10多家网站股民社区论坛信息,汇集整理“12386”热线和系统多家单位投资者互动平台信息,密切跟踪投资者舆情动向,了解投资者关注热点。

三、依申请公开

1. 申请情况

共收到政府信息公开申请118件。其中,现场申请8件,占6.78%;传真申请2件,占1.69%;网络申请11件,占9.32%;信函申请97件,占82.20%。

2. 答复情况

已答复政府信息公开申请104件。其中,属于已主动公开范围的22件,占21.15%;同意公开答复的22件,占21.15%;同意部分公开答复2件,占1.92%;不同意公开答复的23件,占22.12%;不属于本行政机关公开的7件,占6.73%;申请信息不存在的8件,占7.69%;告知作出更改补充的11件,占10.58%;告知通过其他途径办理9件,占8.65%。其余14件政府信息公开申请的答复正在办理之中。

四、机制平台建设

1.《中国证监会新闻工作办法》

2014年3月,经广泛调研并征求意见,发布《中国证监会新闻工作办法》及相应配套通知,成为证券期货监管系统新闻工作的基本制度依据。

2.新闻发布会

坚持和完善每周新闻发布会制度,共举办42场新闻发布会,主动发布280余条新闻,回应记者关注的问题500余个,新闻发布内容全部在中国证监会官方网站和微博即时公布。继续扩大参会媒体和记者,新增了南华早报、凤凰卫视等境外媒体,目前中国证监会新闻发布会参会媒体已近50家。针对新股发行制度改革、上市公司并购重组和退市制度改革等组织十余场媒体通气会。新闻发布会已成为社会各界特别是行业机构、研究人员了解掌握资本市场政策信息的权威平台。

3.网站和新媒体

继续重视网站和微博微信新媒体传播。强化网站、微博、微信间的同步、联通、互补,形成"1+1+1>3"的传播效应,形成多媒体传播的合力。通过网站改版,进一步提高政府网站信息的及时性、权威性和资料性,增进了透明度,网站成为证监会信息第一发布点,改版后累计点击量已超过839万人次,在政府网站的点击率排名中处于前列。通过改进微博微信发布形式,调整新闻发布会微博直播的策略,提高受众感受的友好程度。根据微博传播的特点,加强政策解读。围绕重点工作,结合市场热点,策划组织了9期微博讲座、访谈,涉及沪港通、期货新品种上市、期货创新、IPO改革和退市制度改革等8个热点专题。发布微博2481条、微信82期和信息291条。目前,证监会微博粉丝数超过660万,微信订阅数近7万人。

4."12386"热线

通过"12386"中国证监会热线受理证券期货市场投资者投诉、咨询、建议等。2014年以来共接收、处理投资者诉求36,808件。其中建议类13,552件,占比36.82%;咨询类15,084件,占比40.98%;投诉类8,172件,占比22.20%。

5.人员培训

举办政府信息公开业务培训班两期,具有监管信息公开工作职责的会内部门和各证监局工作人员参加培训。邀请了最高人民法院、国务院办公厅政府信息公开办公室、国家行政学院、北京市第一中级人民法院等单位的领导和专家进行专题授课。

三、打击非法证券活动工作

2014年打击非法证券期货活动工作综述

打击非法证券期货活动是保护社会公众合法利益、促进资本市场健康发展的必然要求。打非局自2014年4月成立以来,积极贯彻落实国务院有关要求,以整合打非资源、健全完善工作机制为核心,抓住重点、打防并举,积极开展打击非法证券期货活动工作:

一、建立健全打非工作机制

一是起草并提请发布《关于进一步加强和改进打击非法证券期货活动工作有关问题的通

知》(证监发〔2014〕68 号),进一步明确证监系统内各方打非工作职责,要求系统内各单位进一步加深对打非工作的认识,着力改进完善打非工作。二是推动各证监局将所有打非工作统一归口到一个处室牵头,加强打非工作统筹,强化打非工作力度。目前各证监局均已明确牵头处室。三是整合完善打非工作信息报送制度,在各证监局报送涉非信息基础上,开展综合分析,研究和探寻非法活动的趋势和规律。四是完善派出机构打非工作评价机制,制定打非工作评价实施细则及评价项目表并下发试行,促进各证监局不断改进打非工作。五是指导各证监局推动地方政府将打非协调小组办公室改设在地方政府相关部门,目前已有 15 个省市完成改设工作。此外,还定期向公安部证券犯罪侦查局通报各证监局向当地公安机关移送涉非案件的情况,方便公安部督导各地公安机关查处涉非案件。

二、推动查处非法活动案件

一是指导证监局着眼“打早打小”,积极摸排、调查、移送涉非案件线索,及时对涉嫌非法活动出具性质认定意见,配合公安机关打击非法“荐股软件”、非法期货交易和非法发行股票等非法活动,有效震慑了不法分子。截至 11 月底,会系统共摸排涉非案件线索 202 次,向公安机关等移送案件线索 112 件,出具非法活动性质认定意见 101 件;公安机关侦破案件 91 件,抓捕犯罪嫌疑人 281 人,侦破案件涉案金额 6500 余万元。二是研究解决打非工作中遇到的疑难、复杂问题,对若干疑难、复杂案件进行深入研究,提出具体处理意见,指导相关证监局稳妥处理。

三、加大防非宣传教育力度

一是采取在证监会外网增设“非法证券期货风险警示”专栏,不定期发布典型案例和黑名单,以及向媒体提供素材等多种方式,提示投资者防范非法活动风险。二是通过座谈会和现场调研,指导证监局开展形式多样的防非宣传教育,并组织证监局开展证券经营机构参与打非工作情况的抽查,推动证券经营机构做好防非宣传教育等工作。三是推动并支持证券业协会开展“防非宣传月”活动,利用广播电台和户外广告等平台,集中开展宣传教育活动。截至 11 月底,会系统共组织防非宣传教育专项活动 1865 场,刊登文章 657 篇,发送手册 13 万余本、单页 15 万余张,刊播广告 2 万余次,发送短信 235 万余条,曝光非法机构、网站 128 个;共监测媒体 599 个,协调规范清理媒体涉非节目或信息 188 条。

四、妥善处理投诉与举报

打非局成立以来,收到了大量投诉举报,均进行了妥善处理。截至 11 月底,共收到 239 件投诉举报,其中涉及各类交易场所的 223 件,非法发行的 6 件,非法经营证券业务的 9 件。对涉及各类交易场所的及时转交地方政府处理,截止 11 月底共转交投诉举报 166 件,收到地方政府反馈函 34 件(完成调查处理 54 件投诉举报)。另经统计,今年以来会系统共处理相关投诉举报 508 件,其中向地方政府转送 325 件。

(证监会打击非法证券期货活动局供稿)

四、案 件 稽 查

(一)2014 年证监会稽查局工作综述

2014 年,稽查局始终坚持服务和保障资本市场监管和改革创新大局,创新理念,开拓思路,推动全系统认真贯彻落实《关于进一步加强稽查执法工作的意见》,精心组织系统稽查力量严格、公正、文明执法，在办案力度、线索渠道、稽查体制和执法协作等方面取得突破性进展，全年各项工作取得显著成效。今年以来，新增受理线索 678 件，增长 11%；新增初步调查 320 件，增长 9%；新增立案调查 205 件，同比增长 8%；移送公安机关 74 件，其中央批大要案达 45 件，创历史最高，力度空前；收缴罚没款共 7.04 亿元，是去年的 2.8 倍；新增涉外执法协作 109 件，同比增长 18%。

一、充分发挥稽查功能，着力促进监管转型

近年来，根据党中央、国务院关于加快转变政府职能、深化行政体制改革的重大决策，我会进一步明确"两维护、一促进"的监管职能定位，将稽查执法作为证监会的基本职责和核心工作。为有效服务监管转型，稽查局加大稽查办案力度，积极发挥稽查工作的促进和保障功能。一是积极践行以信息披露为中心的监管执法理念，不断加大对信息披露打击力度。2014 年新增立案调查 40 起虚假信息披露案件，包括"博元股份"、"成城股份"、"赛迪传媒"和"皖江物流"等大要案，以及"北大医药"等市场关注度较高的案件。二是对内幕交易案件持续保持高压态势。全年立案调查内幕交易 93 起，重点查处了"赛维智能"、"爱施德"、"天龙光电"和"蒙草抗旱"等大要案。三是启动针对市场操纵的专项执法行动，重点查处了操纵中科云网、兴民钢圈、山东如意和珠江啤酒等 18 家公司的股价案，对以市值管理为名等新型市场操纵行为予以重拳出击，及时将大量市场操纵行为遏制于萌芽状态，防范了市场风险的积聚。四是集中力量严打"老鼠仓"，立案调查"老鼠仓"27 起，包括"华夏基金"、"海富通"和"平安资管"等多起在市场有广泛影响的案件，将 39 名涉嫌刑事犯罪人员移送公安机关，打出了声势，促进了资管行业的长远健康规范运行。五是进一步创新投资者赔偿机制。在海联讯欺诈发行案中，积极推动大股东对投资者主动补偿工作，有效申报并达成有效和解的投资者已占适格投资者 95.7%，对投资者支付的补偿金额已达应补偿总金额的 98.8%，获得市场广泛好评。

二、强化线索发现处理能力，优化衔接机制

一是建起"六位一体"的渠道架构体系。年初，稽查局牵头开发的稽查舆情系统联网运行。年中，推动我会发布《举报工作暂行规定》，建立举报中心，开通网络和电话举报，实行举报奖励制度。举报新渠道开通以来，举报中心已受理各类来信 4960 件。目前，以市场监控系统、举报分析系统和舆情监测系统的线索筛查为基础，以自律监管机构、日常监管部门和其他执法单位的线索移交为补充的"六位一体"的线索渠道架构基本确立。

二是完善线索移交与信息反馈机制。依托"三方会议"等机制，不断强化与沪深交易所的线索对接、会商及反馈工作。与发行部、会计部、非公部、基金业协会等自律机构和日常监管部门建立起线索沟通机制，进一步完善了与上市部上市公司线索会商制度，及时反馈重组异常交易查处信息。

三是不断提高线索针对性和有效性。针对市场运行和违法违规的新变化、新特征，强化以"违法违规特征要素"为分析导向，协助交易所完善报警指标体系，开发针对趋同交易、内幕交易和抢帽子交易的智能分析模块。据统计，今年 1—12 月沪深交易所报送线索达 439 件，比去年同期增加了 27%，线索精准度有效提升，其中，"老鼠仓"线索精准率达 90% 以上。针对市场运行和违法违规的特征，及时组织交易所有针对性的线索筛查，及时启动专项执法，扩大了执法声势。

三、健全稽查体制，创新案件查处管理机制

一是推动构建多层次稽查新体制。年初，根据会党委的决策部署，配合人教部完成了对沪深专员办的职能调整和人员调配。针对两办运行中的编制、经费等困难，经大量调研和推动，通过各方共同努力，专员办稽查执法和专项检查职能得到进一步明确和强化。为适应多层次资本市场发展，发挥交易所贴近市场优势，积极推动沪深交易所委托执法及方案设计，确定了委托执法定位和发展路径。至此，"一局、两所、三总队、36 家证监局"的稽查新体制已基本确立，全方位、多层次的全系统、全员执法体系的发展方向和路径基本明朗。

二是完善办案管理机制,不断提高效率。稽查局根据线索特点、调查单位优势、调查任务分布区域等情况,完善精细化分案机制,科学分配调查任务,并加大向新组建单位、多年案发少地区的分案力度,调动各方积极性能动性。通过推动全员执法,挖掘稽查执法潜力,促进执法力量可持续均衡发展。同时,积极推进各调查单位之间的执法协作和经验交流,形成合力,提高办案成效。此外,优化系统立案分工,实行立案报备制度(含初查转立案的报备),下放案件复核职能,既精简了流程,又提高了稽查办案效率。

三是加大执法宣传力度,提升稽查执法成效。采取新闻发布、专题执法宣传和媒体深度报道等方式,不断加大执法宣传,提高稽查执法的透明度和监管公信力,提升市场参与者守法意识。1 至 12 月,及时发布了 30 起案件的立案、查处情况,专项发布 10 篇执法工作信息,接受央视新闻采访 3 次,提供新闻答复口径 21 个,并组织新闻媒体对天威视讯内幕交易案和马乐“老鼠仓”案作了深度报道。2014 年底,进行大密度执法宣传,展示证监会监管转型成果,积极营造有利于市场改革开放的环境基础。目前,已对市场操纵和利用未公开信息交易进行了专题宣传,市场反应较好。

四、健全执法协作协调机制,不断提升执法效率

一是建立稽查执法专题会议,解决执法难题。为适应监管转型的形势,会党委建立稽查执法专题会议制度,目前已召开 3 次会议。稽查局通过充分调研,积极筹备会议,推动解决了一些长期困扰稽查执法的体制机制及重要、疑难、有争议案件的认定处罚问题。

二是探索建立针对“老鼠仓”案件的行刑衔接新模式。2014 年,积极探索针对“老鼠仓”案件的行政与刑事“同步研究、联合调查”新模式,上半年联合公安部集中向上海市公安局交办 13 起大要案,短时间内均已成功侦破。稽查局及时总结经验,对该模式作了进一步完善和推广。

五、加强规则建设和课题研究,夯实制度基础

一是强化稽查办案规则体系建设。组织力量积极参与《证券法》的修订和《期货法》起草工作;制定、修订《证券期货犯罪案件及线索移送办法》、《证券期货违法违规行为举报工作暂行规定》、《联合办案工作细则》、《行政处罚执行工作指引》、《案卷管理规范》、《稽查执法电子化查询登记备案制度》和《稽查执法电子取证工作指引》等十几项稽查工作制度,涵盖调查环节的线索发现、交办、调查、移送、结案的全过程;推动“操纵市场与利用非公开信息交易”司法解释起草工作;与处罚委、法律部、稽查总队共同推进《操纵行为认定指引》起草工作,目前已形成初稿。

二是加强研究,解决执法实践疑难问题。与公安部证券犯罪侦查局牵头组织了“证券期货违法犯罪法律适用问题专题研究”的课题,深入研究执法过程中的行刑衔接及法律适用问题,推动解决当前稽查执法疑难问题;会同上交所研究《沪港通制度下跨境证券监管合作的法律问题》课题,为沪港通执法协作提供理论指导。

六、完成沪港通执法谈判,积极推进跨境执法、反洗钱工作

一是圆满签署沪港通执法备忘录。在完成跨境执法合作课题报告的基础上,及时完成《加强执法合作的总体方案》及相关法律研究、听取专家意见等工作,集中组织力量全力推进沪港通项目下两地加强跨境执法合作备忘录谈判。两地监管机构成功签署备忘录,保障了沪港通顺利开启,夯实了资本市场改革开放基础。

二是主动作为,塑造我会跨境执法协作新形象。积极参与国际证监会组织 IOSCO 组织的有关活动,履行我国作为资本市场大国的执法协作义务。推动双边共同履行跨境执法协作义务,办理协查事项明显增加,信息沟通交流更加频繁,跨境执法协作效率有明显提高。

三是有序推进反洗钱等工作。按照反洗钱部门分工,积极做好行业反洗钱联络工作,推动行业反洗钱工作向纵深方向发展,参与《中国

反洗钱报告(2013)》和金融机构反洗钱岗位培训教材的编审组稿工作,参与国际反洗钱与反恐怖融资会议等工作。

七、推动提高稽查执法专业化、技术化水平

一是强化培训、交流,提升系统干部业务能力。全年举办专题研讨班、业务提高班和技术培训班7次,受训干部300余人。以视频会议形式组织了16次,涉及各类证券期货案件的办案技巧、询问技巧和办案心得等。组织稽查干部和公安部证券犯罪侦查局干警两批共150人次赴证券期货交易所和登记结算公司学习。

二是持续推进执法技术保障基础工作。加快信息系统建设,初步完成舆情监测系统、有奖举报系统、电子文档库和通讯记录快取工具等的一期建设工作,依托中央监管平台建设规划稳步推进案件管理系统设计;持续加大对派出机构技术服务力度,派出技术人员现场指导33人次。

三是推动技术标准建设。成立《关于加强证券期货经营机构客户交易终端信息等客户信息管理的规定》配套规范起草小组,稳步实施规范起草工作;完成《稽查执法电子证据和电子取证规范文书》初稿编写工作。

八、稽查队伍建设取得新突破

2014年,我会以系统编制调剂方式,扩充沪深专员办稽查执法人员130名,并以中国证券登记结算公司为平台扩充机关执法力量,不少派出机构也在积极推行全员稽查模式。为做好新形势下的队伍建设工作,我们按照中央和会纪委部署和要求,结合稽查执法对抗性较强等特征,不断加强稽查执法廉政建设,积极参与完成"稽查执法领域利益冲突及防治"课题研究。圆满完成2013年度稽查立功评奖工作,强化正向引导。改进系统稽查执法评价考核指标设计,发挥其引领作用。

下一步,稽查局将围绕会党委确定的中心工作,持续推动贯彻落实《意见》,创新工作理念和方法,以理顺稽查体制机制为突破口,充分发挥稽查执法的基础性和保障性功能,全面提升稽查执法效能,为维护市场"三公"原则、保护投资者合法权益作出更大贡献。

(证监会稽查局供稿)

(二)2014年证监会稽查总队执法工作综述

2014年以来,稽查总队全面落实会党委决策部署,紧紧围绕我会监管转型、强化执法的中心工作,注重快速反应,优化调查组织,强化行刑衔接,夯实建队基础,各项工作取得了新进展。2014年查实华夏基金、海富通等18件老鼠仓"窝案",成功移送交易金额270亿元的史某等操纵市场惯犯,移交移送出口骗税1.13亿元、实际控制人挪用上市公司8.5亿元、虚增利润5124万元与个人职务侵占2863万元等上市公司大案。办案有效性、威慑力进一步提升,立案案件查实率达94%,累计查实违法所得超过7亿元、侵占上市公司资金10亿元。行刑衔接取得突破性进展,"线索移送、同步侦办"模式试行顺畅,案件移送公安数量、比例均创历史新高,移送33件、拟移送3件,较上年大幅增长100%,移送公安刑事追责80人,移送案件占总队办结案件的43.4%。案件运转流程持续优化,电子取证特种作战能力更为彰显,队伍专业化水平和查办复杂疑难案件核心能力稳步提升,办案周期降到146天,较上年下降26天。年内总队承办各类案件92件,全年办结84件。案件查办震慑效果明显,有效维护了资本市场秩序。

(一)全面落实肖主席调研公安部证券犯罪侦查局的讲话精神,积极探索线索移送、联合侦办等行刑衔接模式,与公安机关更加紧密地开展执法合作。

一是围绕推动案件突破和提升办案效果,

探索“同步研究、联合调查”模式,强化沟通协作,个案查办移送成果丰硕。“海富通”“华夏基金”等18件老鼠仓案、史某操纵案等共计36件案件移送公安机关,较2013年大幅增长100%。“海富通”案中,总队首次试水“同步研究、联合调查”模式,与上海公安“分工协作、信息共享、优势互补、统一行动”,双方60余人混合编组行动,现场短短7个小时即全面突破案件。针对操纵市场查证难、移送难困境,总队迎难而上,在扎实做好调查取证的基础上,反复论证会商,推动史某等5件市场操纵案移送公安机关。

二是积极搭建课题研究等平台,增进公检法对市场违法行为的了解,深化工作联络,推动个案与类案查办。为提高对重大违法隐患的前瞻性研判,统一稽查执法上下游对新型案件的认识,总队在办案之余,围绕监管转型和“新国九条”的改革目标,开展《市场化背景下证券期货违法犯罪行为趋势与对策研究》,一方面拓宽干部视野,提升总队专业化水平,增强执法针对性;另一方面,通过邀请最高检、公安部证券犯罪侦查局、北京、上海、广东、深圳等案发热点地区公检法机关以及承办总队移送案件的相关公安机关深入交流,提升公检法机关对市场违法形势的认识,为推动刑事司法机关更大程度介入资本市场执法以及出台市场操纵、老鼠仓等司法解释、修订刑事追诉标准凝聚共识,同时推动具体个案移送后的侦办进程。

三是注重经验总结,促进行刑有效衔接。本着进一步提高行刑衔接有效性的目标,总队对近年移送公安机关的131件案件进行了梳理分析,对强化行刑有效衔接做了深入思考。一方面,推动在更多案件采取行刑同步研究、联合调查等工作模式。对于重大、紧急、涉嫌犯罪线索较为清晰的案件,在总队外围摸排阶段即启动与公安机关的沟通会商,充分利用公安机关资源实现信息快速查证;一旦锁定犯罪嫌疑人,即实施与公安机关联合调查。另一方面,认真梳理行刑紧密衔接、查处效果较好的案例,建议有关部门组织媒体报道,促进行刑深化合作,放大查案效果。总队提出的抓住新“国九条”发布契机,就完善行刑衔接专题报告国务院的建议,也被会领导采纳。

(二)通过开展个案总结、类案分析与课题研究,创设“周末沙龙”鼓励业务研讨,组织编写案件调查指引,大力提升电子取证能力,努力巩固和提升总队查办新型复杂疑难大要案的能力。

一是深化案件查办规律性认识与执法策略储备。第一,立足办案需要下“先手棋”,深化前瞻性思考研究。今年以来,总队开展的《市场化背景下证券期货违法犯罪行为趋势与对策研究》,包括市值管理的合法性边界、上市公司实际控制人违法防控、资产管理行业风险隐患与执法、程序化交易、互联网金融、沪港通后违法趋势、债券市场违法、期货市场违法等8个子课题,通过追踪分析市场上新制度、新主体、新业务等,预判违法违规行为动向,研究预防和执法对策。第二,在“一案一总结、一案一思考”基础上,针对今年查结的全部内幕交易、操纵市场、老鼠仓以及信批违法案件,进行分类研究,总结违法行为特点、案发成因动机,分析查证难点与应对措施。第三,编发《稽查探索》7期40余篇专业研究论文的同时,组织“周末沙龙”,邀请总队一线调查人员围绕程序化交易、伞形结构化信托、债券利益输送、保险资管老鼠仓监管、涉案数据分析等开展专题研讨10期。此外,鼓励同志们参加我会政策讲座、党委中心组扩大学习以及相关业务会议,使稽查干部紧跟市场和监管变化,及时研究市场发展伴生的违法动向。

二是组织编写案件调查指引,提升办案规范化水平。为深入总结办案规律,实现个体经验、分散经验向总队整体经验的转化,进一步提升总队依法规范办案能力,总队利用下半年案件积压较少的有利时机,集中组织办案骨干编写《稽查总队案件调查指引》。本次编写旨在梳理现行调查指引的基础上,突出实战性、可操作性,查遗补缺、增补空白。目前,《案件调查指引第1号——虚假陈述案件中注册会计师违法违规行为的调查》已印发试行,关于拟上市企业以及保荐机构、律师事务所、资产评估机构等中介机构违法违规行为调查,虚假申报操纵、尾市操纵、连续交易操纵、“抢帽子”交易操纵等市场操纵案件调查,以及老鼠仓案件调查等10项调查指引正在抓紧编写。

三是多措并举提升电子取证特种作战能

力。第一,调查技术中心组建取得阶段性成果。第二,电子取证技术在办案实战中不断提升。新的取证手段投入实战,“大数据”办案模式初现威力。修订完成《稽查总队电子取证工作规程》及实施细则,促进取证流程更加规范、保障证据的法律效力。

(三)继续坚持案件分类办理、重点突破,持续优化调查组织、密切各环节衔接配合,完善保障办案效率与质量的制度机制,有效保持对市场违法不当行为的快速反应与遏制威慑。总队历史上首次实现无案件积压,整体实现“新发新办、快速反应”。调查环节近年基本稳定在120天以内,办案效率提升关键在于压缩移送移交环节耗时。

一是“稽查技术支持系统”投入实战,夯实了办案效率提升的基础。总队开发的稽查技术支持系统,实现了信息多地实时共享与交互,报告撰写等常规工作模块化生成,有效提高了办案效率。系统记录的案件进程数据,为总结办案经验、挖掘案发规律、开展专题研究尤其是分析办案“时间去哪了”提供了实证支撑。目前,案件从进总队到出总队平均耗时146天,较上年缩短26天,信息披露和市场操纵两类案件用时较长,平均需要200天左右。调查与运转环节时间配比约为4∶1;在调查环节,通过推行“提前介入”,内部复核的时间从平均23天缩短为10天以内,效率明显提高。

二是保障办案效率质量的机制逐步成型。继续坚持案件分类管理、动态调整和例会调度制度,重大紧急案件大兵团作战。全面实施内审提前介入制度,所有案件启动提前介入,调查与内审动态跟进、紧密会商。坚持内审会议集体定案制度的同时,针对今年起承办初查案件较多、总队初查后可自主立案的情况,建立了初查案件的立案会商、会议议定等程序,集体决策案件走向,规范办案运转。围绕接案分办、案情分析、调查组织、案件流转、内审衔接、移交移送等各个主要环节,修订增补的几十项业务规程,确保了办案各环节程序规范、标准明确、有章可循。

三是围绕案件线索发现、内幕信息知情人登记制度执行情况、日常监管与稽查执法紧密协作等强化办案衔接配合与反馈,应邀开展案例警示与培训受众4000余人次,变被动查案为建设性办案。第一,积极反馈案件查办中反映的问题。围绕案件线索报送的及时性、重大性、准确性等与沪深交易所进行反馈,推动线索报送质量、案件查处精准度进一步提升。积极参与《证券法》、《期货法》征求意见,推动修改完善不适合执法形势的内幕交易、操纵市场等条款,争取对调查权力做出更具操作性的明确规定。第二,推动强化综合防治。针对“12·20”尾盘异动案反应的QFII调仓影响大盘情况,提请有关部门改进交易规则、加强监测监控。在调查海富通、华夏基金老鼠仓的同时,对上述公司内控合规情况进行延伸调查,提出在基金行业开展专项整改的建议。应有关部门单位要求,选派业务骨干对国务院国资委、北京市政府、中国注册会计师协会、上市公司协会、山东省公安厅、银河证券、中信证券、易方达基金、大唐电力集团以及近10家证监局辖内上市公司交流授课36次受众4000余人,扩大稽查办案影响,促进违法预防。

(四)突出作风建设抓手,坚持“严”字当头管理队伍,一丝不苟抓队伍廉政建设,立足办案需要大兴学习研究之风,队伍团结协作、友爱向上的风气进一步增强。

今年以来,为巩固发扬传统优势,保持提高总队核心战斗力,总队进一步严格管理队伍,努力打造稽查铁军。一是围绕建设一支会党委急难险重任务能够豁得出来、顶得上去的过硬执法队伍,严格队伍管理。党委一班人全面落实党的群众路线教育活动整改方案,以身作则、以上率下、敢抓敢管。大兴学习研究之风,鼓励干部严格要求,强化学习,锤炼作风,跟上市场发展变化。邀请北京市人民检察院二分院检察长就预防职务犯罪授课、组织干部参观司法部燕城监狱听取在押职务犯现身说法,促进公正廉洁执法。组织9名一线调查岗位副处长竞争上岗,营造风清气正用人氛围,形成鼓励一线办案导向。商办公厅印发关于总队财务报销有关问题的通知,细化财务报销标准,严守财经纪律。二是加强纪检组织建设与履职,转职能、转方式、转作风。完成总队纪委(监察室)更名及专职纪检干部配备工作,强化纪检监察履职。印发总队2014年纪检工作要点,编发《勤政廉政文化园地》电子杂志,举办“廉洁执法、风清气正”主题廉政文化作品展,持续抓好反腐倡廉与党风廉政建设。三是加强人文关怀,建设和谐团队。总队领导利用带队办案、会议培训、支部活动等多种渠道,经常与干部谈心,掌握思想动态,勉励干部敬业奉献、不骄不馁。总队团队凝聚力进一步增强。

2015 年,总队将按照会党委总体部署和全国证券期货监管工作会议精神,认真履行查办大要案职责。继续以课题研究为载体,主动研判违法形势,加强与各级公检法的交流,进一步密切行刑衔接,重点推动老鼠仓、操纵市场司法解释与追诉标准修订出台。加强调查标准与证据规则建设,有针对性地加强学习研究,不断提升对各类新型复杂疑难案件的快速反应和查处打击能力,通过坚持不懈的努力,有效打击和遏制市场违法行为,促进监管完善,为维护市场"三公"原则,保护投资者合法权益做出更大的贡献。

(证监会稽查总队供稿)

五、证监会各业务部门监管工作

2014 年发行监管部监管工作综述

一、积极稳妥做好股票发行工作

充分发挥资本市场服务实体经济的功能,支持符合条件的企业首次公开发行和再融资。2014 年共有 125 家公司完成首次公开发行,其中,沪市 43 家,深市 82 家(中小板 31 家、创业板 51 家),累计融资 668.89 亿元,平均每家融资 5.35 亿元。326 家公司完成再融资,累计融资 6339.74 亿元,其中增发 1 家,融资 3.65 亿元;配股 15 家,融资 145.47 亿元;可转债 13 家,融资 323.12 亿元;非公开发行(含创业板小额快速)214 家,融资 3687 亿元;优先股 6 家,融资 1055 亿元;公司债 73 家,融资 1054.5 亿元;证券公司债 3 家,融资 31 亿元;可交换债 1 家,融资 40 亿元。创业板再融资申请 58 家,占创业板公司总数的 14%。

年内新受理企业发行申请 665 家(次),其中再融资申请 480 家(次),同比增长 1/3。组织召开反馈会、初审会、证券公司债部际联席会等 750 余场,发出反馈意见 500 余件,完成 164 家企业的撤销程序、600 多家(次)的中止及恢复审核程序。收到举报信 197 封,办结 128 封。

二、研究起草股票发行注册制改革方案

为落实党的十八届三中全会精神,中国证监会牵头成立了股票发行注册制改革工作组,发展改革委、财政部、人民银行、法制办、银监会、保监会、全国人大法工委、最高法院参加。目前已牵头完成注册制改革方案初稿,征求了部分保荐机构、专家学者及工作组成员单位意见。拟通过改革,探索形成符合我国实际的,市场主导、责任到位、披露为本、预期明确、监管有力的股票发行上市制度,强化市场约束机制,完善投资者保护制度,实现投资与融资的平衡协调发展,大幅提高资本市场服务实体经济与财富管理的能力。

三、进一步推进新股发行体制改革

一是落实《关于进一步推进新股发行体制改革的意见》有关精神,进一步理顺发行、定价、配售等环节的运行机制,发挥市场决定性作用。

二是发布《关于修改〈首次公开发行股票时公司股东公开发售股份暂行规定〉的决定》,进一步规范首次公开发行时老股东公开发售股份的行为。

三是发布《关于加强新股发行监管的措施》及信息披露指引,加强对报价、定价行为的管理,提高首发企业信息披露质量。

四是总结上述新股发行体制改革举措,修

订《证券发行与承销管理办法》。

四、积极推进创业板市场改革

发布《创业板上市公司证券发行管理暂行办法》，修订《首次公开发行股票并在创业板上市管理暂行办法》，放宽创业板首发财务准入指标，取消持续增长要求；废止《关于进一步做好创业板推荐工作的指引》（证监会公告〔2010〕8号），拓展市场服务覆盖面，申报企业不再限于九大行业；建立符合创业板特点的再融资制度，推出“小额、快速、灵活”的定向增发机制，满足创业板上市小微企业的持续融资需求。

五、优化首发和再融资制度安排

积极推进行政审批制度改革，逐步精简清理发行环节行政许可和审批备案登记事项。优化审核流程，取消再融资见面会环节，大幅提高意见反馈效率。组织对首发企业信息披露质量进行抽查。进一步提前招股说明书预先披露时点，继续完善首发审核工作流程，实现再融资审核信息对外公开，通过监管问答、新闻发布会等多种形式，加大发行审核各个环节的公开性和透明度。根据有关规定正式推出可交换债券，扩大发债主体范围，拓宽企业融资渠道。完善现金分红与再融资挂钩制度，再融资上市公司不满足现金分红条件或者未按照公司章程的要求进行现金分红，不得进行再融资，逐步引导上市公司根据自身发展经营以及股东利益最大化的需要制定个性化分红政策。

六、组织推进优先股和员工持股计划试点

落实国务院《关于开展优先股试点的指导意见》，配合有关部门起草并发布《优先股试点管理办法》，制定信息披露相关规则。截至目前，已核准了农业银行、中国银行、浦发银行、兴业银行、康美药业和广汇能源6家公司的优先股发行申请。起草《关于上市公司实施员工持股计划试点的指导意见》，经国务院同意后发布，促进上市公司开展员工持股计划良性发展。截至目前，两市已有43家公司根据《关于上市公司实施员工持股计划试点的指导意见》的规定推出了员工持股计划。

七、强化对发行上市的事中事后监管

组织对新股发行承销过程检查，及时对发行承销过程中存在违规行为的机构和个人采取监管措施，前后对5家证券公司、2家发行人和6名个人采取了监管措施，回应了市场质疑，对违规主体起到了较大的震慑作用，净化了一级市场环境。发布《关于组织对新股发行承销工作进行检查的通知》，建立了新股发行承销常态化的检查机制。借鉴2013年IPO财务专项检查的工作经验，研究制定了在发审会前组织人员对首发公司信息披露质量进行抽查的方案，发布《关于组织对首发企业信息披露质量进行抽查的通知》，对首发企业信息披露质量进行抽查，组织对11家被抽查企业的现场检查工作，后续还将陆续安排新抽中企业的检查工作。

八、完善发审委制度，加强对发审委委员管理

顺利完成第十六届主板发审委和第六届创业板发审委的换届工作，新选聘委员中大幅增加了来自买方代表的委员，使委员构成更加合理、科学。完善初审会程序，对初审过程中的重点问题进行充分讨论。将要求发行人在发审会上答复的重点问题提前告知发行人，继续完善发审委员审核底稿制度，提高发审会质量和审核工作透明度。进一步加强对委员的监督管理，配合会纪委对发审委员持有证券账户情况进行全面排查，对个别委员未及时按照规定清理账户问题采取了谈话提醒、暂停审核、不予续聘等处理措施。对涉嫌证券违法违规被立案调查的发审委委员予以解聘并予以公告。

（证监会发行监管部供稿）

2014年非上市公众公司监管部监管工作综述

2014年,非上市公众公司监管部(以下简称公众公司部)认真落实会党委关于监管转型和资本市场改革发展的总体部署,持续推进行政许可审批事项改革、加大透明度建设、加强事后监管等工作,在促进多层次资本市场建设、服务实体经济等方面取得了一定成效。

一、落实新国九条,重点推进非上市公众公司并购重组、发行优先股等配套政策制定

根据《国务院关于进一步促进资本市场健康发展的若干意见》(以下简称"新国九条")加快多层次股权市场建设的要求,按照会党委关于落实新国九条的总体部署,公众公司部提前完成非上市公众公司并购重组、优先股等相关配套规则的制定,完善了全国中小企业股份转让系统小额、便捷、灵活、多元的投融资机制。

(一)发布实施非上市公众公司并购重组办法

2014年6月23日,公众公司部制定并发布了《非上市公众公司收购管理办法》和《非上市公众公司重大资产重组管理办法》,不仅为挂牌公司进行并购重组提供了配套规则支持,也为退市公司进行并购重组提供了相应的制度供给和操作路径,与退市制度、重新上市制度相互衔接。两个办法的实施有利于挂牌公司优化资源配置,促进转型升级。2014年挂牌公司完成重大资产重组3次,并购金额合计2.99亿元;16家挂牌公司被并购,合计金额17.22亿元,其中8家公司被上市公司并购;1家老三板退市公司(创智信息科技股份有限公司)重大资产重组,涉及金额为40.89亿元。

(二)发布实施非上市公众公司发行优先股配套规则

为贯彻落实《国务院关于开展优先股试点的指导意见》及《优先股试点管理办法》,2014年9月19日,公众公司部制定并发布了《非上市公众公司信息披露内容与格式准则第7号——定向发行优先股说明书和发行情况报告书》和《非上市公众公司信息披露内容与格式准则第8号——定向发行优先股申请文件》,明确了非上市公众公司发行优先股的操作路径和监管要求,丰富了全国中小企业股份转让系统的市场功能和合格投资者的选择空间,有利于非上市公众公司拓宽融资渠道、开展并购重组。

二、进一步推进行政审批制度改革,简化行政许可

为落实2014年监管工作会议关于深化行政审批制度改革的要求,公众公司部以市场化为导向,进一步放松管制,突出股东自治和市场化的约束机制,减少行政审批事项。

(一)持续减少行政许可审批事项

非上市公众公司的绝大部分行政许可审批事项都已下放至全国中小企业股份转让系统。截至2014年12月31日,全国中小企业股份转让系统共有1572家挂牌公司,其中今年以来经审查挂牌的公司1216家,经公众公司部审核的股东人数超200人的挂牌公司仅有5家。在非上市公众公司并购重组办法和优先股制度设计上,进一步下放审批事项:除发行股份购买资产外,收购重组均不设置行政许可;对发行股份购买资产后股东累计不超过200人的重大资产重组,豁免核准,由全国中小企业股份转让系统审查;简化行政许可程序,不设重组委;对股东人数不超过200人的公司发行优先股,豁免核准,由全国中小企业股份转让系统审查。

(二)依法合规、公开透明做好现有行政许可工作

按照《国务院关于全国中小企业股份转让系统有关问题的决定》(国发〔2013〕49号)的规定,由公众公司部负责的行政许可事项主要包括:股东人数超过200人的公司申请在全国中小企业股份转让系统挂牌,以及股东人数超过200人申请定向发行。对于上述工作,公众

公司部严格规范管理，提高效率、加强透明度。

一是建立简便、快捷、高效的行政许可方式。公众公司部制定并实施了规范透明、标准化的行政许可流程，压缩自由裁量空间。主要包括：减少环节，明确不设见面会、反馈会等步骤，最大限度地简化许可流程；简化程序，严格执行在20个工作日内作出许可决定；有据可依，明确审核标准和要求，规范审核工作底稿，并强化集体决策；畅通沟通渠道，建立双人公务接待制度，严格按照规定与申请人见面沟通。

二是公开行政许可流程、期限和方式。自2014年7月1日起，非上市公众公司监管部在证监会网站公布了非上市公众公司行政许可事项的审核工作流程、申请人情况及审核进度。在并购重组办法发布后，公众公司部又进一步扩大公开范围，公示了并购重组行政许可事项说明和进展情况，及时披露监管信息，接受社会监督，提高透明度。

（三）推动历史遗留200人公司自愿纳入监管

对自愿纳入监管的历史遗留200人公司，不设行政许可。自愿申请的公司按要求递交相关申请文件后，符合监管指引规定的，以证监函形式同意其纳入监管。同时，为减少公司纳入监管的成本，规定公司可自主选择在中国证监会指定信息披露平台、公司网站或者其他公众媒体等方式披露信息。截至目前，共有3家200人公司提出申请，其中已有1家公司（广东温氏食品集团公司）经过审核纳入了监管。

三、探索改变监管方式，强化事后执法工作

一是加强对内幕交易防控的研判和解决。会同有关部门，研究建立健全并购重组中涉嫌内幕交易相关工作机制，形成一套可操作的监测、核查、调查、处罚工作流程，并加强相关防范制度建设。

二是研究制定《非上市公众公司监管方案》，初步形成非上市公司监管的基本思路：围绕自治、自律监管理念，监管方式由行政监管为主转向以自律监管为主，由全程化管理、保姆式监管转向事后监管执法为主。监管机构主要履行事后执法职责，以问题和风险为导向，对发现的违法违规行为，予以查处，守住监管底线。同时，加强行政许可、日常监管与稽查执法的对接，强化执法效果。

四、做好日常监管工作，探索建立常态化工作机制

按照加强事中、事后监管的要求，切实做好与全国中小企业股份转让系统日常沟通和对接，探索建立常态化工作机制。

一是建立日常监管信息报送机制，做好日常监管跟踪。编辑非上市公众公司动态44期及增刊2期，通过周报形式，及时、全面地反应了挂牌公司的运行情况及全国股份转让系统的监管情况。

二是开展非上市公众公司信息披露研究。通过对非上市公众公司2013年年报、2014年中报以及信息披露违规案例的分析，归纳总结暴露出的内部控制、经营风险、信息披露质量以及信息披露监管等问题。对非上市公众公司现行信息披露制度体系及执行情况进行全面梳理，研究完善非上市公众公司信息披露规则体系，探索适应不同行业、不同领域的分类信息披露标准。

三是推进非上市公众公司监管信息系统建设。按照中央监管信息平台建设的总体部署，推进非上市公众公司监管信息系统建设工作，为加强中国证监会、派出机构、全国中小企业股份转让系统对非上市公众公司监管工作的沟通与协调，提供监管决策依据、实现监管信息共享，提高整体监管效率。

四是完善挂牌公司税收政策，减轻中小企业负担。协调财政部、国家税务总局联合出台政策，解决了挂牌公司股息红利差别化个人所得税政策有关问题。协助财政部出台全国中小企业股份转让系统优先股和普通股转让的交易印花税政策，初步明确了全国中小企业股份转让系统主要税种征收政策。

五是开展政策宣传培训。与全国中小企业股份转让系统合作，组织派出机构在上海、四川、江苏、山东等地举办非上市公众公司政策法规培训和政策宣讲工作。牵头编撰《非上市公众公司监管工作手册（2014）》，对非上市公众公司监管制度进行系统、全面、深入的介绍。

五、严格落实"一岗双责",强化廉政建设主体责任

按照会党委和会纪委关于抓好反腐倡廉建设的总体要求,认真落实"一岗双责",强化主体责任,防止利益冲突,努力做到廉政工作与监管工作相互促进。组织梳理中央和证监会关于党风廉政教育方面的重要规定,摘录成文发给部内全体工作人员学习,重点了解和掌握不得买卖股票、中央八项规定等相关要求;组织参观"内幕交易警示教育展览",提高对内幕交易危害性的认识,增强工作人员遵纪守法意识;组织廉政讲座,邀请会纪委负责同志进行专题讲座,通过对十八大以来反腐倡廉工作总体情况、相关规定的解读以及典型案例的剖析,尤其是证券监管系统一些典型案例的介绍,使大家充分认识廉洁从政的重要性。

六、强化部门基础管理建设和队伍建设

加强部门基础制度建设,建立完善信息公开工作机制、行政审批内部程序、公文督办、保密等制度,强化内部管理,规范工作流程。加强班子建设,健全主任办公会制度、部务会制度,坚持贯彻民主集中制和党风廉政建设责任制,做好群众路线教育实践活动的整改落实工作。加强队伍建设,强化处室管理,提高工作效率。

(证监会非上市公众公司监管部供稿)

2014年市场监管部监管工作综述

一、沪港通平稳顺利推出

2014年11月17日,沪港通正式开通。开通以来,总体运行平稳有序,交易结算、额度控制、换汇等各个环节运作正常。从沪港通开通以来的运行情况看,沪港通下的制度安排、运作机制及技术系统经受了市场的检验,实现了预期的目标。

(一)沪港通的重要意义

一是提高我国资本市场对外开放程度。沪港通在现有QFII、RQFII制度的基础上,为境外投资者提供了新的投资渠道,为境外长期资金投资A股市场提供了便利。截至12月9日,沪股通总额度使用594.42亿元,余额为2405.58亿元,总额度使用率为19.81%,境外投资者参与A股市场投资比较积极。

二是提振A股市场信心。沪港通开通以来,A股市场呈现价涨量升态势,特别是大盘蓝筹股成交活跃,股价涨幅较大。11月17日至12月9日,上证综指上涨15.23%、上证180指数上涨22.23%,上证380指数上涨7.43%,沪市日均成交金额3778亿元。12月3日以来每日成交金额都在5000亿元以上,屡创历史新高。

三是加快推进人民币国际化进程。沪港通扩大了人民币跨境使用范围,增加了内地投资香港股市的资金来源,为进一步扩大香港人民币离岸市场提供了有力支持。截至2014年12月8日,通过港股通从内地流向香港的人民币资金累计达65.88亿元。

四是巩固香港国际金融中心地位。沪港通加强了两地资本市场联系,增强两地资本市场的整体实力,进一步巩固了香港国际金融中心地位。沪港通的推出后,香港股市表现平稳,11月17日至12月8日,恒生指数下跌0.16%,恒生综合大型指数上涨0.26%,恒生综合中型指数上涨0.27%。

(二)沪港通总体运行良好

一是两地市场运行平稳。11月17日至11月26日,上证综指上涨5.06%,上证180指数上涨5.68%,上证380指数上涨5.98%;恒生指数上涨0.10%,恒生综合大型指数上涨0.33%,恒生综合中型指数上涨0.95%。

二是交易情况符合预期。截至11月26日,沪港通下成交金额合计441.27亿元。其中,沪股通累计成交金额390.07亿元,净买入

为354.39亿元;港股通累计成交金额51.20亿元,净买入为33.10亿元。

三是额度控制措施有效。截至11月26日,沪股通每日额度平均使用47.42亿元,平均使用率为36.71%;港股通每日额度平均使用4.64亿元,平均使用率为4.42%。沪股通总额度使用355.38亿元,剩余2644.62亿元,总额度使用率为11.85%;港股通总额度使用33.46亿元,剩余2466.54亿元,总额度使用率为1.34%。

四是技术系统运行正常。沪港通下交易类资金、风控资金数据交换及交收正常,资金的跨境划拨及有关资金的换汇操作均在规定时间内完成。

五是市场监察及时有效。两地交易所对沪港通下的全部股票交易进行实时监控,实现了全天实时监控有关交易行为、持股比例、总额度和当日额度等重要指标的功能。

六是投资者教育持续深入。中国证监会组织上交所和中国结算,针对投资者和媒体的关注热点,通过官方网站、微博、微信等方式,及时做好有关解释说明工作。其中中国证监会以"沪港通微讲堂"的形式,对投资者普遍关心的主要问题作出了解答。上交所发布了"港股通投资者百问",中国结算针对港股通换汇相关问题进行了解答。

二、优先股试点顺利推进

2013年11月30日,国务院发布实施《关于开展优先股试点的指导意见》,决定开展优先股试点。中国证监会于2014年3月制定发布《优先股试点管理办法》,并发布实施一系列配套的规范性文件,就优先股股东权利的行使、上市公司发行优先股、非上市公众公司非公开发行优先股、交易转让及登记结算等事项进行了规定,为优先股构建制度基础,推进资本市场改革创新。2014年4月,中国证监会会同中国银监会发布《关于商业银行发行优先股补充一级资本的指导意见》。中国证监会还批准了上交所和深交所发布实施优先股业务规则。优先股试点规则体系基本建立。

目前,优先股试点已正式启动,截至2014年12月底,共有5家上市公司完成优先股发行,共募集资金1030亿元。

三、加快发展全国中小企业股份转让系统

(一)积极推进全国中小企业股份转让系统建设

一是推进全国中小企业股份转让系统基础业务制度建设。批准发布《全国中小企业股份转让系统股票转让细则(试行)》,为丰富和完善全国中小企业股份转让系统交易机制提供了制度保障。二是指导督促全国中小企业股份转让系统完善市场基础设施。全国股份转让系统证券交易及登记结算系统于2014年5月19日正式投入运行,实现新的协议转让方式。新交易结算系统兼容协议、做市和竞价三种交易方式,支持普通股、优先股、公司债券及衍生金融工具的发行和交易,满足广大中小微企业多元化的融资和交易需求。新交易结算系统的成功上线标志着全国中小企业股份转让系统市场基础设施进一步完善,交易结算制度进一步优化。三是积极推动全国中小企业股份转让系统丰富交易方式。在完成前期准备工作的基础上,全国股份转让系统做市转让方式于2014年8月25日正式实施,参与首批做市转让的挂牌公司共计43家,涉及做市商42家。截至2014年12月底,挂牌公司共计1572家,其中有122家挂牌公司采用做市转让方式,涉及做市商61家。从目前运行效果看,采用做市方式的股票的日均振幅远低于协议方式,价格曲线趋于连续,做市方式下的股票成交率和日均换手率分别是协议方式的3.44倍、2.11倍,市场流动性和价格形成机制得到改善。

(二)全国中小企业股份转让系统挂牌公司数量和融资规模显著增加,融资功能日益增强

2014年,全国中小企业股份转让系统挂牌公司总数达1572家,总市值达4591.42亿元,覆盖全国30个省、自治区和直辖市,自成立以来累计实现股票融资150.66亿元。

(证监会市场监管部供稿)

2014 年证券基金机构监管部监管工作综述

2014 年,我部认真贯彻全国证券期货监管工作会议部署,落实肖主席《大力推进监管转型》讲话精神,围绕"两维护、一促进"核心职责,扎实推进证券期货监管转型,大力推动证券期货经营机构创新发展。总体思路是,适应新形势,落实新要求,加快转变监管模式、监管方法和监管手段,强化"底线式监控"和"园丁式管理"。一方面放松管制,释放市场活力,支持创新发展;另一方面强化监管底线和市场主体行为底线,加强风险监测,着力风险防控。

一、完善创新配套,推动证券期货经营机构自主提升竞争实力

充分尊重市场机构的创新主体地位,集中精力优化创新环境,破除政策障碍,引导证券期货经营机构以市场需求为导向,以客户为中心,差异化推进创新发展,不断提高市场竞争力,提升服务经济转型、资本市场发展和居民理财的能力和水平。

(一)扎实做好"新国九条"配套落实工作

一是配合办公厅做好推动新国九条出台、完善新国九条会内外分工安排等相关工作。

二是先后发布《关于进一步推进证券经营机构创新发展的意见》、《关于大力推进证券投资基金行业创新发展的意见》和《关于进一步推进期货经营机构创新发展的意见》,并召开了三个创新发展研讨会,进一步明确了今后一段时期推进证券期货经营机构创新发展的总体原则、主要任务和具体措施。就三个创新意见,还配套印发了任务分工表,明确系统相关单位、部门的职责分工,确定具体创新任务推进的路线图,确保行业创新发展推进工作职责明确、形成合力。2014 年以来,为促进相关工作的深入推进,已经召开了数次证券期货行业创新发展小组会议,就重点制度改革创新工作作了研究和部署。

(二)探索建立机构业务牌照管理体系和综合经营

一是继续稳步推进公募基金管理公司及公募业务牌照审批。2014 年以来,共新批 6 家基金管理公司,并有 4 家证券公司或其资管子公司取得公募牌照;积极推动保监会允许保险资产管理机构以内设业务部门形式申请公募基金管理业务资格,接收了业内首家保险资产管理机构泰康资产管理公司申请公募基金管理业务资格申请。此外,为方便相关机构和个人详细了解相关规定,推动基金业协会发布《关于基金管理公司设立及相关业务资格申请有关事宜的问答》,就自然人发起设立基金管理公司等业界关注的问题进行了梳理。

二是研究制定《证券公司设立及业务资格管理暂行规定》,推动重启证券公司设立审批。根据起草思路,《暂行规定》是新《证券法》出台前,在坚持不突破上位法、落实"新国九条"的原则下,对降低行业准入门槛、实施牌照管理、推进交叉持牌的重要尝试;《暂行规定》以"整合规则、明确条件、放宽准入、简化程序"为指导思想,对证券公司的设立条件、证券业务资格条件以及相关审批程序和监管要求予以完善明确;对证券公司股东范围、"一参一控"政策、股权管理要求、简化行政许可等法律法规没有明确规定的部分内容作了进一步改进和完善。

三是贯彻新国九条关于"支持证券期货经营机构与其他金融机构在风险可控前提下以相互控股、参股的方式探索综合经营"的精神,研究安邦集团受让世纪证券控股权事项,并起草了上报国务院的请示;积极推动商业银行设立基金管理公司试点转常规,配合人民银行进一步研究试点工作"常规化"的可行性和后续工作安排。

(三)支持鼓励组织创新

一是推动股东多元化。依法核准首家私募创业投资管理机构作为全资股东设立的红土创

新基金管理公司、首家私募股权投资基金管理机构作为主要股东发起设立的九泰基金管理公司、首家全资基金公司(中金基金管理公司)。

二是研究推动专业人士参股基金管理公司。核准了首家专业人士间接参股成立创金合信基金管理公司的申请,受理了业内首家专业人士作为主要股东发起设立泓德基金管理公司的申请,办理了天弘基金、中欧基金、永赢基金等基金管理公司的专业人士参股基金公司的审批或者备案事项,专业人士的股权激励约束机制正式破题。

三是配合落实《关于上市公司实施员工持股计划试点的指导意见》,研究推进上市证券公司实施员工持股计划试点事宜,力争上市证券公司能够率先突破。

四是拓宽证券期货经营机构融资渠道。下发《关于鼓励证券公司进一步补充资本的通知》,鼓励证券公司多渠道补充资本;推出证券公司短期公司债券试点,研究证券公司发行可续期次级债、优先股相关政策要求;修订《期货公司管理办法》,允许自然人持股期货公司。

五是加强相关热点难点问题研究。包括全资基金管理公司的公司治理、利益冲突防范问题,以及对存在 VIE 结构的境内企业发起设立基金管理公司的审核处理问题。

(四)加快推动产品业务创新

证券公司方面:研究制定修订证券公司风险控制指标、融资融券、客户交易结算资金管理、子公司设立、做市业务等相关规则;将证券公司客户资金消费支付服务、私募基金综合托管业务由试点转入常规;试点推出小额股票质押回购、行权融资、限制性股票融资、新股申购融资、信用担保账户证券出借等融资类业务创新;支持证券公司开展股票期权交易试点、交易和做市业务、大宗商品业务,支持规范发展场外衍生品业务,研究有关监管建议安排;支持证券公司直投业务发展,支持直投子公司股权多元化;启动证券经纪业务转型研究,支持部分公司试点营业部转型,将资产管理、投行等业务从总部引入分支机构;积极研究证券公司利用互联网拓展服务能力问题,支持证券公司互联网开户等创新试点。此外,就行业通过设立证通公司实现证券行业互联互通事宜进行了持续的跟踪和研究。

基金管理公司方面:不断扩大公募基金业务范围、丰富产品种类。制订公募基金参与期权、融资融券、转融通、沪港通业务,投资新三板、优先股、商品期货等的规则;推出计提业绩报酬基金,继续推出绝对收益量化对冲产品,完善涉及场内货币 ETF、黄金 ETF、发起式基金的制度安排,研究推出同时投资于境内外市场的 QDII 基金,研究推出房地产证券投资基金(REITs);为促进公募基金在拓展投资范围、提升服务实体经济能力方面进行新探索,批复了首只投资未上市公司股权的公募基金——嘉实元和直投封闭混合型发起式基金。此外,研究制订《基金服务机构业务管理办法》,将各类服务机构纳入统一监管,推动基金公司专业化、轻型化发展,完善基金份额登记基础平台建设。

期货公司方面,推进期货公司资产管理业务发展,研究放开期货公司一对多资管业务;推进期货公司风险管理子公司试点,指导期货业协会完善子公司备案评审的相关工作程序和实施细则,探索完善风险管理子公司业务运作模式;会同期货部制订《境外机构从事特定品种期货交易暂行管理办法》,完善期货公司开展原油期货境外客户代理的制度安排。

二、深化简政放权,放松事前管制

不断深化部门简政放权工作,推进将该放的权放开放到位。减少对市场主体的微观干预,尊重证券经营机构的创新主体地位;简化行政办事流程,打造透明、高效监管机构。同时,将部门监管干部从事前审批的繁重事务性工作中解放出来,更多地从事政策研究和行为监管工作。

(一)精简行政许可事项

2013 年年底,证券期货经营机构审批项目共 33 项。2014 年以来,落实国务院审改办的要求,进一步研究取消调整证券期货机构审批项目事宜。建议取消 20 项审批项目。上述取消工作完成后,证券期货机构审批项目将从 33 项减至 13 项,减幅达 61%。截至目前,已取消其中 10 项审批以及 3 项审批中的部分子项。同时,配合办公厅做好取消审批事项的后续监管衔接安排工作。

(二)改革审批制度

落实国务院关于工商登记制度改革的要

求,研究工商前置审批改为后置审批以及注册资本登记制度改革事宜。建议将证券公司设立等6项行政审批事项由工商前置审批改为后置审批,目前其中2项已经国务院决定改为后置审批;就相关改革需配套修改完善的规章进行梳理并研提了修改建议。

(三)梳理完善机构设立及牌照审核工作程序

结合部门整合的形势和要求,规范统一审核工作程序,对证券、基金、期货审核在预沟通、现场检查、征求意见、审核会等环节存在的差异进行梳理,按照"确保效果、程序从简"的原则,拟定了统一的工作程序。

(四)深化公募基金产品注册制改革

出台《公开募集证券投资基金运作管理办法》,按照新《基金法》要求,将公募基金产品的审查由核准制改为注册制,并第一次以证监会主席令的形式向社会明确了基金产品注册制度的各项安排以及以信息披露为中心的监管理念。办法发布实施后,进一步简化产品审核程序,扩大简易程序产品类型范围,简化产品申报材料。2014年,新注册基金有427只,市场活力进一步释放。

(五)清理备案报告事项

落实年初监管工作会要求,对涉及机构监管的436项备案报告事项进行了全面清理,逐项提出了取消、调整、保留等清理建议。

(六)完善证券基金类机构资管业务备案监测制度安排

按照会党委的要求,牵头制定中证监测发展中心职能调整方案并组织落实,发布有关通知,将证券公司资管产品、基金管理公司及其子公司专户产品备案监测等职能分别由中证监测发展中心、证监会机构部移交给基金业协会,协调有关方面稳妥做好移交工作。

三、完善基础性法规建设,优化机构创新发展制度环境

落实监管工作会议关于资本市场法律实施规范体系建设的要求,从积极参与行业基本法律制定或修订、做好规章规范性文件清理等方面入手,根据"功能导向、体系统一、逐步完善"的要求,有序做好现有三类机构监管法规清理整合和完善工作,调整过时的规则限制。同时建立健全结构合理、内容科学、层级适当的法律实施规范体系,统一制定主体、业务、人员及风险处置等方面的规则,统一监管标准,优化机构创新发展制度环境。

(一)积极参与《证券法》修改和《期货法》制定工作

围绕牌照管理、业务范围、核心监管制度设计等关切,提供立法支持和建议,以拓展行业发展空间,加强投资者保护,完善监管机制。

(二)妥善做好规章、规范性文件清理工作

贯彻落实监管工作会议和《资本市场法律体系建设规划意见》要求,结合机构监管职责调整实际,探索监管模式和监管方式的革新,提出规章、规范性文件废改立的建议,拟定机构监管的规章体系框架。目前,已经形成《机构部规章项目实施方案》,下一步,将和有关部门一道做好"市场与机构主体"、"产品业务"、"审慎监管"、"对外开放"等子法规体系的建设。

(三)推动建立资产管理业务统一的监管规则

推动金融监管协调部际联席会对规范资产管理行业发展达成"统一标准、明确分工、加强监管、形成合力"的共识;起草了报国务院的《关于完善我国资产管理行业监管机制的请示》,并征求了人民银行、银监会、保监会、外汇局的意见,待修改完善后正式上报;研究草拟《金融机构从事资产管理业务管理办法》,就各类资管业务建立分类统一的监管规则,努力在资产管理领域创造公平有序的市场竞争环境。

(四)以部门整合为契机,做好重点规章的梳理修订工作

根据机构调整后统一规则的监管思路,研究制定《证券期货投资咨询业务管理办法》,整合证券投资咨询、基金投资顾问、期货投资咨询业务牌照,拓展投资咨询业务内涵,推进证券投资咨询机构转型发展;在成功推出《公募基金投资运作管理办法》、完善证券期货经营机构公募业务规则的同时,研究推动建立涵盖证券公司、基金公司、期货公司的统一的资产管理业务规则;梳理证券期货经营机构人员、信息技术、风险处置等监管工作的共性要求,研究制定统一的《证券期货经营机构董事、监事、高级管理人员及从业人员监督管理办法》、《证券期货经营机构信息技术系统管理规定》、《证券期货

经营机构风险处置实施办法》;整合公募基金管理机构的有关规定,修订《公募证券投资基金管理人监督管理办法》;落实《企业信息公示暂行条例》的要求,整合目前证券期货经营机构关于信息公示方面的规定,制订《证券期货经营机构信息公示规定》;结合监管职责的划转,配合股票发行注册制改革和并购重组审批改革,推进《证券发行上市保荐业务管理办法》、《上市公司并购重组财务顾问管理办法》修订工作等。

四、加强监管执法,切实防控风险,维护公平有序的市场环境

加快推进监管转型,将监管重心由事前审批向加强事中事后监管、实施全程监控转变,完善监管安排,增强监管合力,提高监管及时性和有效性,为市场发展创造公平有序的整体环境。

(一)探索加强底线监管

结合监管实践,不断总结明确机构和人员严禁违反的职业操守和职业规范,强化证券期货经营机构开展各类业务不可逾越的底线要求。2014 年以来,在证券公司、基金管理公司及其子公司的资产管理业务方面,总结提炼出"八个不得"的要求,并向行业做了通报;在证券公司客户交易结算资金存管业务方面,印发了《关于规范证券公司客户交易结算资金存放管理活动的通知》,明确提出了"不得挪用、不得超额存放、不得变相转协议存款"的底线要求。

(二)强化问题和风险导向的现场检查

完善年度工作方案,指导派出机构做好证券基金期货机构现场检查工作;组织好证券公司及基金管理公司子公司资管业务专项检查、港股通直检等重点检查;组织证券公司、基金管理公司及其子公司召开"资产管理业务座谈会",通报对部分证券公司、基金子公司的现场检查及处理情况;在总结近年来现场检查工作经验的基础上,对现场检查存在的问题及改进建议进行研究,启动统一的证券期货经营机构现场检查工作指引的制订工作。完善现场检查事后处理机制,对检查发现的一般性不规范问题,督促公司及时整改;对部分公司的违规问题,采取监管措施,对违法线索,移送稽查处理。

(三)及时跟踪、处理热点问题和风险事件,不断提升工作的及时性、预见性、前瞻性

就陕西、山东等地佣金反垄断调查有关工作持续与国家发改委沟通,指导各地积极做好应对工作;持续关注国金证券"佣金宝"、中山证券"零佣通"、"小贷通",指导国金证券、中山证券完成整改工作;继续深化对光大证券"8·16"事件的监管思考,力求完善相关监管安排,健全重大交易异常情况防范和处置机制;对证券公司及工作人员资管业务、债券业务违规,基金从业人员利用非公开信息交易股票、基金管理公司子公司产品兑付风险、基金管理公司操作风险、基金托管部门结算事故等事项进行重点核查;开展基金行业从业人员违规买卖股票行为专项整治活动,努力在"完善制度安排、建立惩防机制、警示教育行业、重塑行业形象"方面发挥积极作用。

(四)完善行业风险特别是系统性风险防范机制

推进修订《货币市场基金管理暂行规定》,重点加强对货币市场基金流动性风险、信用风险和利率风险的防范和监管,并进一步完善配套销售监管安排;规范证券经纪业务活动,下发《关于进一步规范证券经纪业务活动有关事项的通知》,要求全行业不得以任何形式实施垄断、开展不正当竞争或误导投资者;加强证券行业全面风险管理工作,指导证券业协会发布实施《证券公司全面风险管理规定》、《证券公司流动性风险管理指引》;加强防范融资融券业务快速发展带来的风险,深化对融资类创新业务的监管政策研究,完善相关风控安排;发挥自律组织作用,加强新业务风险监测;启动制定修订《证券公司内部控制指引》、《证券公司首席风险官任职指引》;启动研究建立证券公司流动性救助机制。

(五)进一步研究探索加强监管协调,完善监管分工协作机制

加强事中事后监管需充分发挥派出机构辖区监管主力军的作用,为此,组织召开 36 家派出机构分片区座谈会,听取派出机构对加强监管协作的意见和建议。同时加强与自律组织、会管单位的沟通协调,促进其在基础设施建设、市场运行保障、投资者服务、数据统计分析、风险监测监控、创新方案评审和市场教育培训及研究等方面进一步发挥作用。

(六)加强对行政监管措施的专题研究

按会领导“机构部牵头行政监管措施专题研究”指示,推进专题研究,起草专题报告,并就行政监管措施适用等问题,在系统年中监管工作座谈会上作了交流。就机构监管行政监管措施适用问题进行了认真梳理,并启动对统一实施程序问题的研究。

此外,继续做好证券公司、期货公司风险处置工作;扎实推进行业信息技术监管工作;积极参与我会中央监管信息平台的前期制度建设工作;组织建设证券公司统一数据系统,解决目前证券公司数据报送工作中存在多头报送、重复报送、报送口径要求不统一等问题;继续加强投资者教育和保护工作。

五、稳步推进对外开放,推动长期资金入市和跨境投资安排便利化

以开放促竞争,以竞争促发展,是资本市场改革发展的重要经验。壮大机构投资者队伍,推动长期资金入市,是发展资本市场的必然要求。

(一)加快推进行业对外开放,支持境内证券期货经营机构开展跨境业务

落实CEPA、ECFA承诺,制定内地与港澳台合资证券公司、合资证券投资咨询机构设立实施办法;积极推动上海自贸区相关对外开放政策的落实;修改完善QDII办法,征求相关部委意见后拟正式上报国务院;研究推动证券公司、基金管理公司开展外汇业务,目前国泰君安已正式获批结售汇业务资格;支持证券期货经营机构境外子公司的发展。

(二)加快引入QFII步伐,大力推进RQFII发展

稳步推进QFII资格审批,协调外汇局加快批准QFII投资额度。进一步将RQFII试点从香港扩大至包括英国、新加坡、法国等10个国家或地区,并推动进一步增加香港RQFII额度。推动成立由我部及外管局、人民银行相关部门组成的工作小组,研究完善QFII、RQFII制度。目前我会已就完善QFII、RQFII制度形成拟报国务院的报告。推动完善QFII、RQFII税收政策工作取得重要突破,10月31日,财政部、国家税务总局和我会共同发布了《关于QFII和RQFII取得中国境内的股票等权益性投资资产转让所得暂免征收企业所得税问题的通知》。

(三)其他对外开放重点工作

继续推进与香港基金产品的互认,完善有关制度安排的细节,做好推出前的各项准备工作。配合沪港通的推出,完善证券基金类机构参与相关业务的规则;研究商业银行设立养老金管理公司试点问题,提出了我会对建设银行关于申请试点设立养老金管理公司的意见,并上报国务院。配合人力资源与社会保障部研究养老金产品投资股权问题。持续抓好大力发展机构投资者的研究。

(证监会证券基金机构监管部供稿)

2014年上市公司监管部监管工作综述

2014年4月,根据会党委安排,上市公司监管一部和上市公司监管二部合并成立新的上市公司监管部。部门合并顺利完成后,上市公司监管部在会党委领导下,认真贯彻落实国九条、国办发110号文和国发14号文等文件精神,以信息披露为主线,持续推进上市公司监管转型,集中开展了制度建设、法规完善、简政放权、强化退市等工作。

一、简政放权,加强事中事后监管

一是大幅取消或简化事前审核,还权于市场。通过修订重组办法和收购办法,取消、简化部分并购重组审批事项,强化发行股份定价、标的资产定价的信息披露要求。目前,约90%以上的上市公司并购重组无需我会审核即可实施,并购重组审核向以信息披露为中心转变。

二是推进监管重心向事中、事后转移。配

合《上市公司重大资产重组管理办法》、《上市公司收购管理办法》的修订，完善配套披露规则和监管安排，就非行政许可并购重组事项的监管安排下发通知，将取消此类重组许可事项列入交易所直通车范围，派出机构根据问题开展现场核查，加大对财务顾问的监管力度。完善股权激励行权制度安排，提升备案效率，汇总梳理股权激励备案的法律法规依据、流程、存在问题及改进建议。2014 年累计备案上市公司股权激励申报材料 139 单。

三是切实推进简政放权。牵头沪深交易所、各派出机构，对上市公司监管业务条线行政审批备案登记等事项的精简工作进行了清理、分析。全年共取消行政许可事项 28 项，保留行政许可及备案事项 21 项。

四是全面推进信息披露直通车制度，扩大覆盖范围。除个别类型的信息披露因技术因素需事前由交易所审核外，大部分实现了信息披露的直通。上交所、深交所直通车覆盖率分别达 100%、96%，直通披露公告占全部公告的比例分别为 81.1%、80.8%。

二、以投资者需求为导向，完善信息披露规则体系

一是推进定期报告准则修订工作。目前已形成年报准则修订初稿，将主板和创业板年报准则合并统一，鼓励公司自愿性、差异化信息披露。

二是配合《优先股试点管理办法》实施，完善配套规定。集中修订并发布《上市公司章程指引》、《信息披露准则》等九个规范性文件，明确优先股股东权利。

三是进一步完善沪港通相关规则。修订《上市公司股东大会规则》、《上市公司章程指引》，并通过新闻发布会以问答的形式对外通报相关监管要求。

四是协调交易所出台“互动易和 e 互动”制度规范，加强上市公司和投资者的互动交流。

五是制定、完善分行业信息披露指引。上市部已对上市商业银行、上市证券公司、上市保险公司的信息披露作出特别规定。沪深交易所已发布五个行业指引，目前正着手制定零售业、矿产开发、互联网、新能源等行业指引。

六是通报上市公司应对新媒体的监管要求。在对上市公司应对微博等网络新媒体实施动态监管机制研究工作的基础上，从上市公司对内加强机制建设、对外强化舆情研判并建立快速应对机制两个方面提出了相关监管要求，并通过新闻发布会以问答形式对外通报，后续将在修订《上市公司信息披露管理办法》中予以细化落实。

三、以问题为导向，强化信息披露监管执法

一是加强监管协调，提升监管效率。加强上市部、交易所、派出机构之间的监管协调，合理配置监管资源；改变过去按事项出具意见的监管模式，在发现重大问题时及时出具持续监管意见。

二是加强交易所的非现场监管。发挥交易所一线监管信息优势，加大信息披露事后监管力度。全年共完成对 2801 家（次）上市公司的年报审核，累计采取自律监管措施 2566 项，通报批评、公开谴责等纪律处分 56 家（次）（同比增长 20%）；信息披露违法违规行为移送立案 22 家（次）（同比增长 100%）。

三是加强证监局的现场监管。起草修订上市公司现场检查工作指引及工作规程。统一现场检查标准。2014 年，证监局累计现场检查 263 家公司，专项核查 403 家公司，累计采取 278 项行政监管措施。

四是加强与稽查执法、会计监管等部门的工作衔接。明确日常监管中发现违法违规线索的移送标准、机制、流程等；针对新情况、新问题，建立日常监管与稽查部门的会商机制，避免重复检查和调查。进一步加强与会计部的沟通协调，建立信息共享机制。

四、推动重大监管措施公开，提高监管透明度

一是通过新闻发布会通报承诺履行监管专项工作的情况。本次承诺及履行专项治理活动共推动上市公司及相关方解决 102 项超期承诺履行事项及 207 项不规范承诺事项，整改率为 90%，对未按期完成整改的承诺相关方采取责令公开说明监管措施 23 项，下发警示函 10 份，并计入诚信档案。

二是支持、协调证监局、交易所妥善处理个别公司债券偿付风险、经营风险、大股东资金占用、信息披露违规、重大媒体质疑、控制权之争等事项,及时通过新闻发布会予以回应。

三是支持证监局、交易所公布监管措施。交易所已通过专栏方式公开了重大自律监管措施;部分证监局根据自身监管实际,公开重大监管措施。

五、提高行政审批效率,提升行政审批透明度

一是公开监管标准和过程。通过发布问题与解答,向市场持续公开并购重组的信息披露要求,全年共对外发布6个"问题与解答";完善重组报告书的披露内容,加强与IPO信息披露规则的衔接;公开并购重组行政许可的各环节,主动接受监督;制作反馈意见模版,明确反馈意见工作流程,12月29日启动反馈意见公开工作;建立日常监管通报机制、媒体质疑应对机制,主动释放监管声音。

二是优化审核机制,提高审核效率。梳理统计立案稽查暂停审核项目暂停、恢复时间及原因,优化并购重组与内幕交易挂钩机制;制定重组会前投诉举报快速处理机制和提请重组委会议审核项目停牌流程。2014年全市场并购交易金额1.45万亿元。其中证监会累计受理并购重组行政许可申请项目347单,累计核准280单(2013年结转54单),累计不予核准9单(2013年结转4单),终止审查18单(2013年结转4单)。核准的交易总金额约为4124.79亿元,同比增长31.3%,其中,重组交易金额约为4100.19亿元(含配套募集资金不超过534.97亿元);收购金额24.6亿元。

六、改革退市制度,优化市场环境

一是深入推进新一轮退市制度改革,进一步明确、完善退市政策。协同法律部,发布《关于改革完善并严格实施上市公司退市制度的若干意见》,启动新一轮退市制度改革。通过健全主动退市制度、完善重大违法退市机制、严格执行强制退市指标、完善配套安排,推动退市工作市场化、多元化、常态化。同步修订《上市规则》、《退市公司重新上市实施办法》、《退市整理期业务特别规定》、《年报格式准则》等配套规则,对终止上市公司和重大违法被实施退市风险警示公司建立专项报告制度,提出风险评估和制定应对预案的披露要求。

二是建立退市预警排查机制,完善退市过程监控机制和退市后监管衔接机制,初步实现退市工作常态化。建立以重大违法、财务指标和破产重整等指标为核心的退市预警指标体系和上市部、稽查局、处罚委、交易所、证监局五位一体的退市公司排查机制。进一步完善退市公司监管机制和退市后与公众公司部的后续监管衔接机制。

三是严格执行退市制度,稳妥推进首家央企退市工作。长航油运是我国证券市场上第一家退市的央企上市公司,上市部抓住退市环节信息披露、交易衔接、社会维稳三个关键领域,督促公司充分披露信息回应质疑,协调交易所强化退市整理期交易监控,协同非公部推进公司平稳转板,与信访办协同北京市政府妥善应对来信、来访事项。严格执行退市政策,实现公司平稳退市。

四是做好重点公司监管,提前进行退市准备。根据预警排查结果,指导证监局进行监管复核、年报检查、专项督办,督促公司充分揭示风险。加强破产重整公司的司法衔接。及时向地方通报高风险公司情况,提前建立维稳联动机制。

七、加强监管协作,发挥综合监管作用

一是依托企业兼并重组工作部际协作小组,会同发改委、商务部、工信部探索并购重组并联式审批,提高审核效率。10月24日,会同发改委、商务部等相关部委正式实施上市公司并购重组并联审批,并通过新闻发布会向社会解读方案,告知相关事项。

二是依托上市公司规范运作部际小组,将上市公司并购重组和规范运作专题纳入地方国资监管人员培训内容;同时会同国资委开展央企集团联合培训,推动国有股东与所控股上市公司规范同业竞争和关联交易、通过并购重组做优做强。

八、完善法律法规,加强制度建设

一是积极参与《证券法》修订工作。上市部针对《证券法》"上市公司持续信息公开制度"和"上市公司收购制度"内容提出修改建议;认真参与有关立法调研和研讨活动,牵头联络人大财经委赴上市公司实地走访。

二是全力配合《上市公司监督管理条例》(以下简称《条例》)修订工作。目前,《条例》送审稿已由国务院法制办上报国务院,国务院办公厅正择期提请国务院常务会议审议。

(证监会上市公司监管部供稿)

2014 年期货监管部监管工作综述

2014 年,经中国证监会党委研究并报中央编办批准,期货监管一部和期货监管二部合并成立新的期货监管部,其主要职责包括拟定监管期货市场的规则、实施细则;依法审核期货交易所、期货结算机构的设立,并审核其章程和业务规则;审核上市期货、期权产品及合约规则;监管市场相关参与者的交易、结算、交割等业务活动;监管期货市场的交易行为;负责商品及金融场外衍生品市场的规则制订、登记报告和监测监管;负责期货市场功能发挥评估及对外开放等工作;牵头负责期货市场出现重大问题及风险处置的相关问题等。

期货监管部深入贯彻落实"新国九条"精神,扎实开展期货市场改革创新的各项工作,推动期货市场更好地服务实体经济。截至 11 月底,期货市场共成交 21.9 亿手,同比增长 15.53%;成交金额为 234.27 万亿元,同比下降 4.8%。同期,金融期货累计成交 1.72 亿手,成交金额 118.91 万亿元,分别占期货市场的 7.85%和 50.76%。截至 11 月 30 日,期货市场投资者达到 80.11 万户,客户保证金 2680.35 亿元。

一、期货品种创新步伐加快

一是原油期货市场建设取得突破性进展。中国证监会与国家发改委向国务院联合上报的上市原油期货的请示已获批准。为引入境外交易者和境外经纪机构并规范其行为,起草制定了《境外交易者和境外经纪机构从事境内特定品种期货交易管理暂行办法》。二是成功推出聚丙烯、热轧卷板、晚籼稻、玉米淀粉、硅铁和锰硅 6 个期货品种。三是积极推进锡、镍、生猪、10 年期和 3 年期国债期货、上证 50 和中证 500 股指期货、交叉汇率期货等期货品种的研发上市。加强有色金属指数期货、商品期货期权、股指期权等新型交易工具的研发工作。

二、监管转型成效显著

一是积极推进行政审批制度改革。研究取消目前 7 项行政许可事项中涉及交易所合并、分立、解散,住址或营业场所变更以及合约上市、修改或终止 3 项审批事项。修改完善交易所主要业务活动监管指引,已废止了《1 号指引》和《2 号指引》,修改了《5 号指引》、《6 号指引》、《8 号指引》和《20 号指引》等,全部取消了缺乏法律法规依据的相关事前备案、事前征求意见事项。进一步简化品种上市审核程序,提升市场创新效率。二是推动保证金、套保审批、限仓等制度改革。陆续推出套利交易保证金优惠、单向大边保证金制度等优惠措施。在风险可控的前提下,进一步简化套保审批流程,提高套保审批透明度。研究制定商品期货限仓制度的监管工作指引。调整金融期货最低交易保证金和持仓限额标准。推动取消会员限仓制度。允许国债充抵交易保证金。在原有贵金属、有色金属品种的基础上,扩大连续交易品种的覆盖面,推出焦炭、棕榈油、白糖、PTA、甲醇、棉花、菜粕等开展连续交易。深入研究期货投资者保障基金的征收比例、缴纳方式等问题。

三、市场发展基础进一步夯实

一是全面参与期货法立法工作,积极推进期货法立法研究。比较美国、欧盟、日本等境外期货法律制度,开展证券法与期货法调整范围、中央对手方、场外衍生品市场等期货法专题研究。配合开展期货法立法调研,共同研究期货法立法条文,积极参与期货立法国际研讨会。二是服务"三农"和实体经济途径和机制不断拓展。完成2013年已上市品种的功能评估工作,有针对性地完善已上市品种合约规则。全年共修改期货合约2次、规则17项。研究期货市场服务棉花、大豆目标价格补贴试点的配套方案,配合农业市场化改革进程,推动完善农产品价格形成机制。三是积极推进碳排放权市场建设工作,建立健全与相关部委和地方政府的日常沟通工作机制,加强对国内碳排放权交易试点的调研和引导工作。四是深入开展商品场外衍生品市场研究,推动建立多层次商品市场体系。进一步扩大和完善期货保税交割试点,推进期货市场对外开放步伐。

四、加强事中事后监管,守住风险底线

一是加强跨市场监管协作,形成监管合力。完善"五位一体"的监管协作机制,推进行政监管和交易所一线监管协调联动。推进监管技术创新,利用统一的监测监控系统,动态监测期货市场风险,深入排查跨市场风险隐患。加强金融期货市场信息共享及风险预警机制,有效防范期现货市场风险传递和市场操纵。研究推动原油期货等开放品种的跨境监管协作。二是打击违法违规行为,切实保护投资者权益。指导各期货交易所严厉打击操纵市场、内幕交易等各类违法违规行为,规范市场秩序,保护期货市场投资者利益,严厉打击市场违法违规行为。截至2014年11月底,4家期货交易所共采取自律监管措施1150次;由各期货交易所发现违规线索并移送稽查局的案件共5起,移送公安案件共2起。三是指导交易所加强一线监管,维护市场"三公"秩序。加强对交易所业务活动的检查力度,督促期货交易所完善规则体系,提高规则的透明度。指导各交易所严格遵守异常交易的认定标准,加强异常交易及市场异常风险的监测,确保及时发现并处置市场风险,提高市场监察工作效率。加强对程序化交易等新型交易行为的监管,保障市场交易的公平性。四是研究建立金融市场基础设施监管框架,建立相关支持和风险处置机制。组织期货交易所完成金融市场基础设施自评估工作,从制度建设、业务处理和系统运行等方面,对期货交易所进行详细地检查、监测和评估,继续做好金融市场基础设施的外部评估工作,并探索建立相关支持和风险处置机制。

(证监会期货监管供稿)

2014年会计部监管工作综述

2014年,会计部以"放松管制、加强监管"为指针,围绕确立以信息披露为核心的监管理念、推进新股发行体制改革等资本市场重大改革举措,加快推进会计监管转型,深化落实对会计师事务所与资产评估机构从事证券业务的监管,不断加强和改进会计监管工作,切实维护资本市场秩序和投资者合法权益,促进市场健康稳定发展。截至2014年年底,我国具有证券期货相关业务资格的会计师事务所和资产评估机构分别为40家和70家。

一、完善监管体制机制

一是结合《证券法》修改和新股发行体制改革的推进,组织开展会计师事务所与资产评估机构从事证券业务行政许可实施情况的评价工作,深入研究境外主要资本市场的审计监管模式,研究完善对会计师事务所与资产评估机构从事证券业务的管理制度。

二是坚持质量优先原则,紧密围绕监管工作重点,修订《派出机构会计师事务所与资产评估机构监管工作评价办法》,进一步明晰会计监管评价内容和标准,完善监管机制。

三是广泛调研和听取意见,从完善内部质量控制体系、科学评价会计师事务所开展证券业务质量等方面入手,研究提高审计执业质量的监管手段。

四是落实以信息披露为中心的监管理念,结合会计准则的最新要求并考虑资本市场现实情况，修订《公开发行证券的公司信息披露编报规则第15号——财务报告的一般规定》，进一步规范、引导市场主体的财务信息披露行为。

二、加强日常监管工作

一是抽样审阅415家上市公司披露的2013年度财务报告、内控评价报告和内控审计报告，掌握上市公司执行会计准则、内部控制规范和财务信息披露规则的情况，完成2013年上市公司年报会计监管报告和上市公司实施企业内部控制规范体系情况分析报告。

二是组织开展年报审计监管工作。以风险导向为原则，根据市场主体和审计机构风险合理划分重点类监管项目，加强对重点类监管项目的监管。同时根据监管情况，完成2013年上市公司年报审计分析报告。

三是建设资本市场会计监管信息系统。全面梳理系统需求，加快建设资本市场会计监管信息系统，完成信息报备、年报审计监管、查询统计、通讯平台等模块，推进监管模式从碎片化、分割式监管向共享式、功能型监管转变。

四是开展证券资格专项核查。结合会计师事务所年报信息情况和日常监管情况，联合财政部会计司开展对4家会计师事务所持续符合证券资格条件的专项核查，并根据核查情况进行相应处理。

五是扎实做好行政许可事项信息公开和清理工作。公开会计师事务所与资产评估机构从事证券业务行政许可的的设立依据、申请条件、申请材料明细，以及证券资格会计师事务所名录，同时，全面清理各项审批备案登记事项。

六是研究对H股资格事务所监管问题。会同财政部开展12家H股资格会计师事务所从事H股企业审计业务的评估工作，研究目前执业中存在的问题，制定下一步监管政策措施。

三、强化执业质量检查

一是创新监管方式，做好年度检查。2014年，组织各证监局、沪深专员办对31个审计执业项目和18个评估执业项目开展专项检查，对2家会计师事务所和1家资产评估机构开展全面检查，有效督促审计与评估机构加强内部管理，建立健全质量控制体系，规范执业行为，提高执业质量。

二是积极应对媒体质疑和信访投诉。通过组织核查、专项检查以及直接约谈等多种方式，主动应对贤成矿业、獐子岛等6项媒体质疑和信访投诉，建立快速反应机制。

四、加大对违法违规行为的查处力度

2014年，对8家会计师事务所、9家资产评估机构以及42名注册会计师、21名注册资产评估师采取行政监管措施，并通过我会新闻发布会和有关媒体进行通报；对情节严重、涉嫌违法证券法的，移送立案稽查处理，严厉打击了审计与评估机构的违法违规行为，充分保证资本市场的会计信息质量。

五、加强审计监管与执法跨境合作

一是深化中美审计监管合作。多次与美国公众公司会计监察委员会就推进中美审计监管合作进行磋商。落实中美执法合作备忘录，完成在美上市公司审计工作底稿涉密筛查的合规性审查工作。

二是协调财政部加强境外会计师事务所入境临时执业管理。关注境外事务所通过申请临时执业许可，入境审计我国境外上市公司相关的执业及审计工作底稿等文件保存合规性问题，协调财政部加大监管力度。

三是开展资本市场会计监管国际交流。应邀参加由加拿大公共会计责任委员会（CPAB）主办的国际审计质量研讨会并做主题发言，与来自各主要国家审计监管机构和准则制定机构等的代表共同探讨审计监管政策的最新变化趋势。参加国际证监会组织等国际组织召开的会议，参与国际审计标准的制定。协调安排美国公众公司会计监管委员会、香港会计师公会、香港财务汇报局等国际组织来我会访问。

四是与香港方面协调审计监管合作有关个案。

（证监会会计部供稿）

2014 年国际合作部监管工作综述

2014 年,按照十八届四中全会“提高对外开放水平”与“新国九条”中“扩大资本市场开放,提高证券期货行业对外开放水平,加强跨境监管合作”的相关要求,国际合作部(以下简称国际部)有针对性地积极做好资本市场对外开放、国际交流合作等工作,不断提高监管工作效率和透明度,提升服务实体经济的能力和水平,稳步推进资本市场的进一步开放,达到以开放促改革、促发展的目标。

一、与香港证监会磋商解决沪港通下涉及两地跨境监管与执法合作、ATS 牌照等问题,确保沪港通顺利启动

沪港通是推进两地资本市场双向开放的重大举措,是资本市场的一项重大制度创新,打开了内地和香港市场双向开放的新格局。中国证监会与香港证监会(SFC)全面协商解决沪港通下涉及两地跨境监管与执法合作的相关问题,与 SFC 就沪港通下加强两会执法合作进行协商并签署 MOU,与 SFC 就沪港通下获得 ATS 牌照和提供有关信息的跨境市场监察合作问题进行多轮协商,最终达成一致并签署协议,确保沪港通顺利启动。同时,与港方有关部门和机构签署沪港通下三项合作安排(包括:《沪港通投资者诉求处理合作安排》、《沪港通投资者教育合作安排》、《沪港通应急及重大事件联络安排》),以及协调推进《上市公司股东大会规则》的修订、境外投资者通过沪股通买入 A 股的财产权问题、税收等问题的解决。

二、改革境外上市审核程序,进一步支持境内企业境外融资

一是精简境外上市审核程序、取消财务审核,并大幅缩减反馈意见数量。中国证监会已取消境外上市申请的财务审核,不再出具财务会计方面的反馈意见,并对外公布了新的申请材料目录。同时,重新梳理非财务反馈意见,对无法律依据的反馈意见全部取消,个案平均反馈意见数量从近 40 条减少到不足 20 条,平均审核周期从近 4 个月减少到不足 2 个月。截至 2014 年年底,共有 205 家境内股份有限公司到境外上市,筹资总额 2444.43 亿美元。其中,在香港交易所主板上市 178 家(含香港、纽约同时上市 10 家,香港、伦敦同时上市 4 家,香港、纽约、伦敦同时上市 1 家),在香港交易所创业板上市 24 家,在新加坡交易所上市 3 家。境外上市公司中有 86 家已发行 A 股,1 家已发行 A、B 股,1 家已发行 B 股。

二是积极推进解决“全流通”问题。未在境内上市的 H 股公司内资股东所持存量股份在境外市场流通转让程序不明确(简称“全流通”障碍),长期以来影响着大量中小民营企业选择 H 股方式的积极性。国际部与国务院法制办等相关部门做了进一步沟通,研究“全流通”的可行性解决方案,进一步推动解决“全流通”问题。

三是支持企业境外发行人民币股票。根据《国务院关于股份有限公司境外募集股份及上市的特别规定》(国务院令第 160 号),境内企业到境外上市发行境外上市外资股须以外币认购。由于境外人民币存量已形成较大规模,境外人民币持有人的投资需求不断增加,中国证监会积极支持有实际需求的境内企业通过发行人民币股票的方式在境外融资。2014 年,中国证监会依法核准中国工商银行股份有限公司在境外发行人民币计价优先股,融资人民币 120 亿元,进一步推动人民币国际化进程,深化跨境金融合作的深度和广度,有利于境内企业拓宽直接融资的渠道,提高利用国际资本市场的效率。

四是支持境内企业境外发行优先股。中国证监会明确境外上市公司在境外发行优先股的有关规定,要求其符合境外募集股份及上市的标准。中国证监会依法核准中国银行股份有限

公司、中国工商银行股份有限公司境外发行优先股，分别融资为65亿美元和56.4亿美元。

五是推进B股转H股试点工作。中国证监会积极推动B股市场改革，2014年，依法核准丽珠医药集团股份有限公司和万科企业股份有限公司以介绍方式在香港联交所上市。

三、顺利完成中美、中英、中法等高级别经济财金对话任务，参与中美、中欧双边投资协定和中韩、中澳自贸区谈判

一是积极参与中美、中英、中法等高级别经济财金对话，达成成果26项。在参与上述对话机制的过程中，在积极表达诉求的同时严守底线，双边对话工作成果较为丰硕，助推境内金融机构“走出去”，提高我国资本市场国际化水平。

二是双边投资协定与自贸区谈判取得积极进展。中美双边投资协定谈判已经进行到第十六轮，经过密集谈判，取得了积极进展。双方在文本方面缩小了分歧、扩大了共识，就国民待遇、最惠国待遇等大部分条款达成了一致。此外，中欧双边投资协定谈判已进行到第三轮，中韩和中澳自贸区已经完成了实质性内容的谈判。自贸区谈判和BIT谈判中的国民待遇和负面清单模式将推动建立资本市场全面开放的新模式，促进我会行政管理体制改革和职能转变，推动市场在资源配置中起决定性作用。

四、在IOSCO第39届年会顺利当选IOSCO新理事会常任理事及副主席

在2014年9月举行的IOSCO第39届年会上，中国证监会通过各种渠道与IOSCO相关成员进行多轮沟通，积极争取，顺利当选IOSCO新理事会常任理事。此外，中国证监会代表还成功当选多边备忘录监督小组和投资管理委员会副主席。

五、努力改进跨境协查部际会商流程，协调司法部完成有关跨境协查案件

一是自2007年签署IOSCO多边备忘录以来，中国证监会一直积极履行多边备忘录项下的跨境执法合作义务。2014年，中国证监会共收到境外协查请求97件，办结69件；对外提出协查请求13件。中国证监会会同财政部与包括美国、加拿大在内的境外审计监管机构进行磋商，推动跨境审计监管合作。

二是在IOSCO秘书处组织的非正式意见交换圆桌会议上及在迪拜举行的IOSCO第四委员会上，国际部在会议上通报了中国证监会稽查执法改革的进展和改进跨境执法工作所做出的努力，获得了第四委员会主席和与会境外监管机构的认同。

六、继续推进与境外监管机构建立合作框架，进一步扩大对外交流与合作

一是继续做好谅解备忘录磋商和签署工作。2014年，中国证监会与白俄罗斯共和国财政部、文莱金融管理局、泽西金融服务委员会以及马恩岛金融监督管理委员会4家境外监管机构签署了证券期货监管合作谅解备忘录。截至2014年年底，中国证监会共与55个国家（或地区）的证券期货监管机构签署了59个监管合作谅解备忘录。

二是进一步做好系统单位与外方签署备忘录工作。明确系统单位备忘录相关必备条款，备案工作进入平稳运行状态。2014年，国际部共收到24件系统单位备忘录事前备案申请。

七、借鉴国际经验，促进我会重点领域改革

一是在2014年上半年，为进一步落实肖钢主席在证券期货监管工作会议上关于推进股票发行注册制改革的要求，国际部邀请了新加坡、德国、美国、日本、韩国监管机构及港交所和台交所相关专家进行了7次新股发行制度改革讲座，对我国股票发行体制改革起到了有益的借鉴意义。

二是在2014年11月13日至14日成功举办了中国证监会国际顾问委员会第11次会议，来自10余个国家（或地区）的19名顾委会委员围绕“变革中的资本市场监管”这一主题，积极建言献策。

（证监会国际合作部供稿）

2014年投资者保护局监管工作综述

2014年,在中国证监会党委的正确领导下,投资者保护局紧紧围绕证监会中心工作,以贯彻落实《国务院办公厅关于进一步加强资本市场中小投资者合法权益保护工作的意见》(以下简称"国办《意见》")为主线,按照监管转型要实现"六个转变"的要求,在建立健全投资者保护制度体系、推动投资者保护措施落到实处、加强统筹协调投保工作等方面取得了一定成效。

一、落实国办《意见》,建立健全投资者保护制度体系

国办《意见》全面构建了现阶段中小投资者合法权益保护的制度安排,投保局从法律、规章、规范性意见等各个层面努力推动将国办《意见》要求落实到具体制度规则中。

(一)起草《证券期货市场投资者适当性管理办法》

在全面评估境内投资者适当性管理现状及问题,系统研究境外市场适当性管理经验的基础上,投保局牵头组织起草了《证券期货市场投资者适当性管理办法》。该办法立足于建立覆盖全市场的统一的投资者适当性管理制度,确立投资者保护的原则导向、底线标准和负面清单管理模式,从制度上降低市场道德风险和投资者权益损害。目前该办法已形成讨论稿,正在修改完善中。

(二)起草《证券期货投资者教育指导意见》和《投资者教育纳入国民教育体系的实施意见》

针对证券期货市场缺乏投资者教育统一规划和具体要求的情况,起草了《证券期货投资者教育指导意见》,主要明确了投资者教育工作的原则、目的、内容和方式,市场经营主体的投资者教育责任,监督管理要求等。通过座谈会、书面发函和问卷调查等形式征求了系统单位(部门)、部分经营机构和投资者的意见,目前已经形成指导意见的上报稿。

为了实现投资者教育从小抓起,覆盖学校教育、职业教育和特殊教育等领域,投保局在实地调研和与教育部沟通的基础上,研究起草了两部委关于投资者教育纳入国民教育体系的实施意见,提出课程设置、教材开发、师资建设、平台搭建和组织保障等方面的具体要求。目前实施意见已书面征求了系统单位(部门)的意见,形成与教育部沟通稿。

(三)起草《证券期货投诉处理办法》

为落实市场经营主体投诉处理的首要责任,在研究境内外投诉处理情况和系统单位建议的基础上,通过问卷调查、网络调查和座谈会等方式,充分了解投资者需求,形成了《证券期货市场投资者投诉处理管理暂行办法》征求意见稿。该办法提出市场经营主体投诉处理的规范要求,建立投诉处理监管备案制度,进一步优化畅通现有投诉路径,引导投资者与市场主体通过多元化的调解、仲裁等方式解决争议纠纷。

(四)起草证券期货投资者权益监测、检查和投资者调查互动规则

草拟证券期货投资者权益监测和评估指导意见,有效整合系统单位投资者权益监测和评估等相关资源,形成不同渠道多元化的权益监测评估发布机制。起草证券期货市场投资者权益检查办法,保持对损害投资者权益行为的快速监管反应,督促和约束市场主体切实履行保护投资者合法权益的义务。起草投资者调查和互动沟通工作指引,对系统单位的投资者互动平台提出整体要求和分工定位,同时对投资者调查的目的、要求、方式、内容和成果使用等做出了安排,形成分工合理、优势互补、制度明确的工作机制。

(五)研究证券期货产品销售和保障中小投资者行权规则

按照资本市场法律体系建设总体规划要求,研究起草证券期货产品销售规则,致力于统

一规范证券期货产品销售行为，明确投资者保护的通行规则。会同投资者服务中心对单独计票、网络投票、征集投票权等便利中小投资者行权的基础性制度进行深入研究，形成了调研报告，提出了工作建议。同时梳理现行法规制度和实践案例，学习相关研究成果和借鉴境外市场经验，形成了证券期货市场中小投资者行权指引初稿。

此外，投保局还广泛参与证券期货市场改革和制度建设，围绕注册制改革、新三板深化建设、并购重组、退市等重点工作，从便利投资者行权、统一投资者适当性制度、完善信息披露标准、强化权益摊薄填补和充分揭示风险等方面提出意见建议。

二、践行监管转型要求，推动投资者保护措施落地

（一）完善投资者教育产品建设

会同投资者服务中心形成了推进投资者教育产品建设工作的总体思路和安排。梳理了投教产品的类型、体现形式和推广方式，明确投教产品的质量标准，提出规划立项、专家评审等质量控制要求，细化投教产品建设的组织分工，形成系统内产品征集、展示活动方案。同时，组织系统相关单位编辑了3本期货知识书籍，首次引入专家评审，拟以适当形式刊印，弥补了投保局牵头开发的投教产品尚无期货类产品的空白。

（二）推动扩大投资者教育纳入国民教育体系试点工作

组织经验交流，协调指导推动上海、青岛、湖南、四川、广东、深圳、宁夏等地区开展试点，探索将投资者教育以多种形式纳入各级各类学校教育。如上海证监局、上交所积极配合当地教育部门开展中小学金融知识教学工作，在浦东新区中小学广泛开设“金融与理财”课程，目前已有近30万名学生学习了该课程。青岛、湖南、四川证监局组织和引导当地证券机构将投教工作深入高校，开设纳入学分管理的证券期货课程，开办“证券财富管理班”，向高校学生普及证券期货知识，目前已有1000多名学生选修了该课程。

（三）建立“对外一站式、对内有分工”的投资者诉求处理工作机制

证监会信访、举报、投诉、行政复议、信息公开等公众诉求处理渠道加强配合，由证监会投资者保护局统筹协调，集中转办督办，实现投资者诉求处理高效快捷流转。研究起草证券期货投诉处理办法。

（四）“12386”中国证监会热线服务投资者能力进一步提高

在投保局与投保基金公司的共同努力下，“12386”热线开通一年来运行顺畅，已成为我会面向投资者回应诉求和沟通交流的重要渠道。2014年，热线共接收投诉9897件，达成和解8610件，占87%。投保局建立热线投资者诉求会商机制，会同系统单位召开诉求会商会议5次，集中力量解决一批重点、热点投诉，并形成《投资者诉求》刊物13期。持续优化热线业务系统功能，提升“12386”证监会热线知识库体量水平，梳理形成咨询问答口径1835条、常见问题答复口径89条，并通过证监会官方网站发布50条。

（五）推动发展专业调解，畅通多元化纠纷解决渠道

按照“多元探索、统筹推进、创新机制、增强实力”的总体思路，投保局牵头推动证券期货纠纷调解工作，就调解中的重点难点问题与投资者服务中心、各行业协会、投保基金公司充分沟通，赴最高人民法院、保监会和中华全国律师协会沟通合作，鼓励深圳、天津和广东探索多种调解组织形式。2014年，中国证券业协会及地方协会受理案件1007起，调解成功934起，占比93%。支持投资者服务中心开展专业调解实践。目前投资者服务中心经法院委托或当事人申请受理案件125起，成功调解74起，赔付金额925万元。建立健全专业调解规范，草拟了《证券期货投资者纠纷调解指导意见》及相关配套规则，起草了《最高人民法院、中国证券监督管理委员会关于开展建立证券期货纠纷诉讼与调解对接试点工作的通知》。为满足中小投资者和市场经营主体便捷解决民事纠纷的需要，研究建立了“一站式”投诉处理与调解的对接机制。

（六）建立征集反映投资者意见常态化工作机制

一是印发《关于建立征集反映投资者意见常态化机制的通知》，要求系统各单位加强和丰富与投资者互动、交流和沟通的功能与方式，

建立和完善投资者信息库。二是建立投资者调查常态化机制,联合投保基金公司、上交所、期保中心,围绕新股发行、一码通、沪港通、投资者网站建设等市场热点及涉及投资者的重大政策法规设计调查问卷,实施了10多次投资者综合调查和专项调查。三是完善互动平台建设工作机制。发挥系统各单位开设的网站、投资者热线、呼叫中心、纠纷调解中心、网上投诉平台、数据库、互动易和e互动等各类投资者互动平台的作用和优势,定期开展投资者调查,加强投资者舆情收集工作。

(七)论证开办并启动建设"中国投资者网站"

为充分发挥网络在投资者教育服务中的作用和功能,投保局经过充分研究和论证,启动了"中国投资者网站"的建设工作,于2014年11月19日完成该独立政府网站域名(www.investor.gov.cn)的申请注册,并形成了网站建设初步方案。网站定位于"监管部门支持下的公益平台",具有十二项功能,并开设辖区频道、会管单位频道。同时,投保局还向系统各单位征集网站功能需求及模块设计意见建议。

(八)做好沪港通投资者保护相关安排

按照中国证监会与香港证监会关于沪港通监管合作的整体部署,投保局与香港证监会、香港投资者教育中心经过多次磋商,签订了《沪港通投资者诉求处理合作安排》和《沪港通投资者教育合作安排》,并开展了以下工作:一是组织开展"沪港通投资及风险教育"专题培训,覆盖系统单位、各类市场主体和投资者300余人。二是开展"沪港通个人投资者及其权益"专项调查。三是在会外网开设沪港通投资者保护专题,发布沪港通投资者教育服务、诉求处理和投资者问答等信息。四是汇总分析沪港通启动后投资者各类诉求信息。五是组织热线话务员沪港通业务培训。

三、加强统筹协调,形成投资者保护工作合力

建立投保局与投保基金公司、投资者服务中心"一体两翼"工作机制,充分发挥投资者保护联席会议机制作用,调动系统和市场力量,形成投资者保护合力。

(一)组织动员各方力量,开展投资者教育专项活动

一是学习宣传国办《意见》。开展国办《意见》解读,对重点问题形成统一宣传口径,组织系统单位开展专项活动,深入辖区和市场主体宣讲,组织媒体开辟专栏,形成全社会学习理解国办《意见》、确立中小投资者保护导向的良好氛围。二是开展"3·15"投资者权益主题教育活动。系统单位针对投资者关注的重点事项,动员多方力量,多渠道开展宣传教育,向投资者投放了大量的投资者教育宣传材料,如天津局发放了1万套《投资者保护宣传系列手册》(每套6册),厦门局发送投资者教育短信276万条。

(二)健全投资者保护工作评价机制

修改完善2014年度派出机构投资者保护工作评价项目表,草拟了《会管机构评价细则》征求意见稿,进一步改进和提升评价工作,促进评价工作与日常监管、稽查执法、专业服务工作有机结合。

(三)利用网络资源,增进投保工作交流

完成证监会外网"投资者保护频道"改版,新设"投保专题"、"投资者教育"、"投资者服务"、"12386证监会热线"4个一级栏目和17个二级栏目。新增"学习贯彻国办投保《意见》"、"沪港通投资者保护"专题。

此外,投保局认真办理7件两会建议及提案。作为国际证监会组织中小投资者委员会成员单位,参加国际会议,介绍我国强化中小投资者教育的做法,学习借鉴境外成熟市场投资者保护工作的制度和有益经验。

(证监会投资者保护局供稿)

2014年公司债券监管部监管工作综述

2014年，公司债券监管部（以下简称"债券部"）认真贯彻《国务院关于进一步促进资本市场健康发展的若干意见》（国发〔2014〕17号）有关规范发展债券市场的工作部署，全力落实年初证券期货监管会议精神和各项任务分工，坚持市场化、法治化、国际化导向，坚持打基础、建机制、谋发展与加快市场改革创新相结合，积极践行监管转型，加快推动债券市场改革发展。2014年全年，中国证监会批准的公司债券（包括公司债、可转债、可分离债和可交换债）共发行199只，发行金额3315.24亿元；上海、深圳证券交易所备案的中小企业私募债发行313只，发行金额532.09亿元。截至2014年年底，公司债券托管面值11027.27亿元，中小企业私募债托管面值870.20亿元。

一、完善公司债券基础制度

（一）修订《公司债券发行试点办法》及配套业务规则，推动公司债券市场试点转常规发展。在总结公司债券近几年试点经验、并广泛听取行业意见与建议的基础上，对《公司债券发行试点办法》进行了修订，修订后的《公司债券发行和交易管理办法》已于2014年年底公开征求意见，契合监管转型，扩大发行主体，丰富发行方式，增加交易场所，简化审核流程，实施分类管理，加强事中事后监管，强化持有人权益保护。同时，指导交易所、证券业协会等自律组织制订完善相关业务规则，细化合规执业规范要求，强化市场参与主体内控机制。

（二）修订《证券公司资产证券化业务管理规定》，进一步完善资产证券化业务的制度安排。按照简政放权、宽进严管的要求，中国证监会于2014年2月取消了资产证券化业务行政许可，并于2014年11月发布《证券公司及基金管理公司子公司资产证券化业务管理规定》。按照功能监管原则扩展业务主体范围，实行证券自律组织事后备案制和"负面清单"管理，强化以信息披露为核心的监管要求。

二、加快债券市场创新发展

（一）推进上市公司股东发行可交换公司债试点，支持盘活股权存量。协调自律组织完善可交换公司债券交易、结算配套规则，首家试点企业宝钢集团于2014年12月完成发行40亿元可交换债。

（二）组织交易场所启动证券公司短期公司债、并购重组债试点工作。证券公司短期债试点自2014年10月16日启动至12月31日，沪深交易所已接受备案发行1848亿元，实际发行金额421亿元。昆明市高速公路建设开发股份有限公司已于2014年12月26日向上海证券交易所备案拟发行25亿元的并购债。

（三）加快推进资产证券化备案发行。截至2014年年底，上海、深圳证券交易所已发行资产证券化产品24只，募集资金350亿元，其中在深圳证券交易所发行的5亿元中和农信项目为我国第一单涉农小贷资产证券化产品。厦门后埔和徐州保障房两个棚户区改造资产证券化项目在深圳证券交易所发行融资31亿元。

（四）丰富债券市场交易机制。研究推动交易所债券市场引入货币经纪公司，组织上海证券交易所、中国证券登记结算公司、中国证券金融股份有限公司等研究推进质押式协议回购、债券借贷试点等业务，进一步提高债券产品的流动性。

三、深化债券市场互联互通

（一）落实国务院常务会有关信贷资产证券化工作部署，推动信贷资产证券化产品在证券交易所上市交易。2014年6月，平安银行1号小额消费贷款资产支持证券在上海证券交易所发行上市，发行规模26.31亿元。

（二）推进政策性金融债在交易所市场发行上市。国家开发银行在上海证券交易所完成发行300亿元债券。

(三)会同财政部等联合发布《关于关键期限国债开展预发行试点的通知》,将国债预发行券种扩大至全部关键期限记账式国债。

四、健全债券市场风险防控机制

协同各方妥善处置"超日债"、"华锐债"、"13中森债"、"山东博瑞格"、"江苏同捷科技"等单体违约事件,有序可控打破刚性兑付;建立健全投资者适当性管理制度,有效遏制债券信用风险向个人投资者扩散;对债券质押式回购潜在风险进行预研预判,稳妥有序开展高风险质押券清理出库工作;编制《债券市场风险监测季报》,及时掌握债券市场风险底数,做好债券信用风险、回购风险监测和处置工作;在中央监管信息平台下启动债券监管系统的建设工作,推动监管模式向共享式、功能型转变;推动债券违约诚信档案制度建设,协调配合法律部完善诚信监管工作相关规程,指导自律组织将市场主体债券违约信息录入诚信档案并加强数据共享。

五、强化评级机构监管和信用约束

简化行政许可业务流程,修订资信评级机构行政许可工作制度及相关实施细则,落实双岗双审制度,增强审核工作的公开性和透明度;牵头组织对资信评级机构进行专项现场检查。强化监管执法手段,加大检查处罚力度,进一步健全完善评级机构管理体制;完善证券评级信息披露制度和工作机制,明确披露主体,强化发行人和资信评级机构"各负其责、及时披露、依规操作"的信息披露义务。

六、协调加强债券市场稽查执法

加强债券市场利益输送监控和违法违规查处。督促自律组织强化自律监管职责,对于发行人违反相关自律规则行为,协调采取自律措施。

(证监会公司债券监管部供稿)

2014年创新业务监管部监管工作综述

自2014年4月成立以来,创新业务监管部(以下简称"创新部")在中国证监会党委的正确领导下,在部门班子成员和全体干部的共同努力下,按照年初监管工作会议精神和会党委的决策部署,认真履行部门职能,统筹资本市场全面深化改革工作,推动互联网金融创新,支持上海自贸区建设和地区经济金融改革试点,取得了一定成效。

一、建立资本市场全面深化改革工作机制,统筹协调推进全面深化改革工作

一是建立资本市场全面深化改革工作机制,推动全面深化改革工作。按照十八届三中全会和会党委的部署,中国证监会成立了由肖钢主席任组长的资本市场全面深化改革领导小组,创新部专门承担全面深化改革领导小组办公室的日常工作,加强与中央改革办等相关单位的沟通协调,组织建立了涵盖会内主要业务部门的深化改革工作联络员制度,通报深化改革工作相关情况。

二是研究制定资本市场深化改革中长期实施规划,指导推进深化改革工作。按照中央要求,组织编制了十八届三中全会确定的336项重要改革举措中由中国证监会牵头的第40项和第239项改革措施的中长期规划,同时配合其他部委完成了中国证监会共同牵头或参与的其他22项改革举措的中长期实施规划,提出了2014年至2020年中国证监会需要完成的11项重点改革任务、时间进度表以及体现的改革成果,指导推进各项改革工作。

三是认真贯彻落实中央深化改革工作部署,稳步推动重点改革任务。协调会内相关部门抓紧制订注册制改革工作方案,及时向中央改革办上报相关改革方案进展情况。同时,按照中央要求和会党委工作部署，协调会内相关部门抓紧推进创业板改革、优先股试点、债券市场发展、期货衍生品市场建设和优化投资者回报等2014年重点改革工作。

二、明确股权众筹业务监管思路，初步形成监管法规框架

一是深入调查研究股权众筹业务，明确股权众筹监管思路。深入开展国内股权众筹业务调研，准确掌握市场发展状况，深入分析了国内股权众筹平台典型案例，撰写了《我国股权众筹行业发展情况的报告》，为制定股权众筹业务的监管规则奠定了基础。同时，深入研究境外股权众筹行业发展现状及监管情况，借鉴国际经验，撰写了《境外股权众筹发展与监管情况的报告》。

二是基本形成股权众筹监管法规框架，起草股权众筹业务监管规则。研究修订《证券法（修订稿）》中有关众筹内容，为众筹业务发展提供法律依据。指导证券业协会起草《私募股权众筹融资管理暂行办法（试行）（征求意见稿）》。积极配合人民银行推动尽快出台《关于促进互联网金融健康发展的指导意见》。

三、推动出台政策措施，促进地区经济金融改革

一是积极推动政策落地，大力支持上海自贸区资本市场建设。加紧制定《在中国（上海）自由贸易试验区加快资本市场改革开放的若干政策措施》，组织起草支持上海自贸区建设的配套实施细则，积极配合人民银行等相关部门研究出台《进一步推进中国（上海）自由贸易试验区金融开放创新试点，加快上海国际金融中心建设方案》。

二是起草政策文件，支持深圳资本市场改革创新。研究深圳资本市场改革创新的政策需求，从市场开放、机构设立和监管模式创新等方面支持深圳资本市场改革创新，推动深圳资本市场发展。

三是认真研究政策措施，支持地方政府金融改革试点。组织中国证监会相关部门赴辽宁、吉林和黑龙江开展专题调研，研究推动资本市场服务支持东北老工业基地振兴发展。落实我会对口支持赣州等原中央苏区振兴发展相关工作，积极引导和鼓励证券期货经营机构在赣州开展业务和新设分支机构，指导赣州市出台《关于加快推进企业进入全国股份转让系统挂牌的实施意见》，支持赣南地区企业在新三板挂牌及直接融资。深入研究相关政策需求，支持广东前海、南沙、横琴等地区创新发展。

四、加强调查和研究工作，积极推动证券期货经营机构创新发展

一是及时跟踪众筹行业新动态，探索互联网金融创新思路。深入调研证券经营机构、互联网企业的互联网金融创新需求，探讨创新的政策供给，探索证券与互联网行业的有效结合点。对止观公司通过众筹融资提供A股做空研究报告服务问题、百度公司“百发有戏”平台众筹电影问题可能涉及的合规与风险问题撰写专题报告，及时报送会领导和相关业务部门参阅。按照国务院领导批示，对“娱乐宝”、众筹行业监管等相关问题进行了深入研究。

二是成立证券期货行业创新工作小组，支持行业创新发展。联合机构部成立了证券期货行业创新发展工作小组，召开了3次工作小组会议，协调推动证券、基金、期货和私募等行业的改革与创新工作。

三是认真研究自贸区投资者跨境投融资的客户资金账户管理模式、资金跨境流动等问题。多次与人民银行等相关单位进行沟通，组织相关证监局和部分证券期货经营机构进行研究讨论，研究自贸区投资者跨境投融资的客户资金账户及境外交易结算等问题，便利区内投资者跨境投资。

（证监会创新业务监管部供稿）

2014 年私募基金监管部监管工作综述

私募基金监管部4月8日成立以来,按照会党委的工作部署《2014年私募基金部工作要点》,抓紧建立健全私募基金法规体系,构建监管机制,支持私募基金行业创新发展,主要做了以下工作:

(一)抓紧建立法规体系

一是今年1月向国务院上报《私募投资基金管理暂行条例(送审稿)》,国务院法制办已就《条例》广泛征求意见。目前,正在协助法律部按照国务院法制办要求,梳理汇总各单位反馈意见,提出处理建议。二是制定发布《私募投资基金监督管理暂行办法》,其中对私募基金合格投资者标准进行了专门规定。同时,研究制定私募办法释义,多次召开座谈会、专题培训会,对私募办法进行广泛宣传和培训。

(二)指导协会加强自律

一是指导基金业协会稳妥开展登记备案工作,目前已由集中登记阶段转入常态阶段。截至11月底,已登记私募基金管理机构4855家,管理私募基金6798只,管理规模1.94万亿元,从业人员87056人。二是持续跟踪登记备案情况,加强对新情况新问题的研究,及时明确外资机构、管理规模为零机构的登记等政策口径问题,通过基金业协会或者我会新闻发布会予以公布。三是指导基金业协会制定自律检查规程、信访规则、纠纷调解、纪律处分等自律规则,推动落实自律为本的监管理念。

(三)逐步构建监管机制

一是研究确立私募基金的监管思路和监管理念,明确适度监管、底线监管、重在行业自律、促进行业发展的基本监管原则。二是制定印发《关于做好〈私募投资基金监督管理暂行办法〉实施工作的通知》,明确派出机构私募基金监管主要职责。召开派出机构私募基金监管工作座谈会,统一认识,明确工作要求。三是制定印发《关于共享私募基金登记备案信息的通知》,指导基金业协会向派出机构开放私募基金登记备案系统查询权限,建立协会与证监部门信息共享制度,为监管工作提供数据支持。四是加强与发改委的沟通,多次赴发改委和中央编办沟通协调创业投资基金监管职责问题,对发改委发布的《国家发展改革委办公厅关于进一步做好支持创业投资企业发展相关工作的通知》进行研究分析,向其回函阐述我会观点。五是加强与地方政府、地方私募基金协会的沟通,多次实地调研,听取其关于私募基金行业发展与监管的意见建议。

(四)持续做好监管执法

一是研究制定私募基金数据统计与信息报送制度,根据不同类型私募基金特点,分别设计数据统计监测指标以及季报、年报内容与格式模板,为下一步开展统计监测工作奠定基础。指导基金业协会做好登记备案系统二期开发工作,增加统计监测等系统功能。二是监测主流媒体私募基金负面舆情,梳理非法集资等违法违规查处和风险处置相关机制,研究私募领域违法违规打击及处置安排。三是先后赴山西、广东、浙江等多地调研,了解私募基金行业情况,包括山西城镇化建设基金、房地产基金以及创业投资基金发展情况,听取有关方面对私募基金发展与监管的意见建议。四是研究将私募基金监管需求纳入中央监管信息系统,搭建私募行业产品备案管理、数据统计与分析、风险监测与预警、信息披露与报送功能配套的信息共享平台。五是针对私募基金风险个案指导派出机构开展执法检查,指导基金业协会采取自律管理措施。六是组织协调派出机构做好私募机构现场检查,促进私募基金行业规范发展。

(五)推动出台促进行业发展的政策措施

一是贯彻落实"新国九条",研究起草了《关于大力推进私募基金行业创新发展若干意见》。二是协调解决了私募基金管理人开立证券账户和期货账户问题。正在与人民银行沟通私募基金管理人在银行间市场开立债券账户事宜。三是推动完善私募基金税收政策，针对私募基金领域“重复征税”和“税收盲区”问题，成立了私募基金税收课题小组，邀请财政部、税务总局有关部门负责同志参与，力求推动解决私募基金行业税收问题。经与财税部门沟通，拟推动修订有关规定，将创业投资基金享受税收优惠政策的前提条件由在发改委备案，改为在我会授权机构备案并经年检确认为“合格创业投资（基金）企业”。四是推动解决私募基金工商登记问题。与国家工商总局初步沟通了契约型私募基金作为未上市企业股东的工商登记以及使用“基金”字样私募基金管理人工商登记与基金业协会登记备案的衔接等问题，拟共同出台指导性文件。五是推动扩大私募基金资金来源。与社保基金理事会沟通，推动其修改原有规定，拟允许社保基金投资经基金业协会备案的私募基金。与保监会沟通，推动允许保险资金投资创业投资基金等私募基金。六是与财政部沟通，推动允许在基金业协会登记备案的国有创业投资基金享受国有股豁免转持政策。七是加强与新三板公司的沟通，研究推动私募基金管理机构参与新三板做市和推荐业务。八是指导基金业协会制定出台私募基金外包服务规则，提升行业规范运作水平。九是组织召开机构间私募产品报价与转让系统建设专题座谈会，推动完善报价与转让系统建设，进一步增强系统在私募基金投融资、份额转让方面的作用，拓宽私募基金退出通道。

（证监会私募基金监管部供稿）

六、行 政 处 罚

（一）2014 年行政处罚工作综述

一、2014 年度行政处罚委工作综述及相关统计数据

2014 年，处罚委深入贯彻落实党的十八届三中、四中全会精神和习近平总书记系列重要讲话精神，紧紧围绕会党委关于监管转型的总体部署，按照肖主席提出的加强监管执法、提高执法效能的总体要求，全面推进行政处罚体制机制改革，高效、严厉打击各类违法案件，稳妥处理大案、要案，积极应对诉讼复议高发的严峻形势，不断加强制度和标准建设，完善处罚工作机制，认真开展对派出机构案件审理的指导工作。全年处罚执法工作在会党委的正确领导和会内相关部门、派出机构的大力支持下，切实维护了市场“三公”原则和投资者合法权益，为资本市场的稳定健康发展发挥了积极作用。

2014 年，处罚委共结案 103 件，较 2013 年增加 20%，是处罚委成立以来结案数量最多的一年，其中内幕交易案 46 件，信息披露案 20 件，操纵市场案 11 件，证券从业人员买卖股票案 7 件，超比例持股未披露案 5 件，法人非法利用他人账户从事证券交易案 5 件，其他类型案件 9 件。2014 年共作出 104 项行政处罚决定，较 2013 年增加 32%，创历史新高，作出 18 项市场禁入决定。其中行政处罚对象涉及 16 家上市公司、4 家会计师事务所、14 家其他机构、297 名个人。对 31 人实施了市场禁入，10 人被终身市场禁入。全年处罚委作出的行政处罚罚没款总计达 3.9 亿元。

2014 年，共有 10 件案件 48 名当事人不服我会行政处罚（市场禁入）决定提起 64 件行政复议，复议案件占处罚案件 10%，提起复议当事人占被处罚当事人 18%，天能科技 2 名签字注册会计师还向国务院提起了 4 起裁决申请。目前已经作出复议决定的案件中，除天目药业信息披露违法案被撤销了行政处罚决定外，其余案件复议均予以维持。2014 年，处罚委共办理了涉及 9 件案件 25 名当事人，共 43 起对证

监会提起的行政诉讼,处罚委共派员出庭应诉15次,向法院提交证据材料520卷共计11万页。目前已经作出判决或裁定的案件中,除联合置地利用他人账户买卖股票案我会败诉外,其他案件我会均胜诉。

2014年,我会派出机构共审结案件60件,其中处罚结案53件,不予处罚结案7件,罚没款金额总计达8066.76万元。

二、2014年的行政处罚决定书、市场禁入决定书

2014年,处罚委共作出104项行政处罚决定书和18项市场禁入决定书。

三、2014年行政处罚典型案例分析

在抓紧审理日常一般案件的同时,为配合监管转型和提高执法效能的要求,2014年处罚委继续组织、调配审理力量,启动快速程序对一批大要案和典型案件进行了重点审理,对市场形成有力震慑和警示。

(一)海联讯欺诈发行案——严惩欺诈发行和实际控制人

海联讯因骗取发行核准和信息披露违法,被我会依法采取行政处罚和市场禁入措施。本案系我会首次明确将发行人造假粉饰IPO申请文件相关财务指标的行为定性为骗取发行核准;将发行人的控股股东、实际控制人参与并知悉造假粉饰财务指标行为认定为“指使”发行人从事骗取发行核准,并且对其实施较发行人更重的处罚措施。本案的严肃处理强化了股东对保证发行人依法诚信申请上市的责任,对发行人及股东造假粉饰财务指标闯关发行审核的行为起到了震慑作用。

(二)康盛股份内幕交易案——内幕交易敏感期因人而异

如何认定内幕信息的形成时间,如何认定不同身份的知情人在内幕信息发展过程中知悉内幕信息,从而判断是否利用内幕信息进行交易,在案件调查和审理过程中尚未达成完全共识。康盛股份案中,处罚对象分别属于能够影响内幕信息形成的筹划、决策人员和具体执行人员,审理认定,虽然都属于法定内幕信息知情人,但因在内幕信息形成过程中的作用和影响力不同,两类人员所认识和理解的内幕信息形成时点也不同。该案成为依据不同当事人各自情况认定内幕交易敏感期,并给予行政处罚的一个成功案例。

(三)恒逸石化案——对新型市场操纵行为作出准确回应

恒逸集团操纵“恒逸石化”股票案系我会首次处罚上市公司增发股票中的股价操纵行为,也是我会首次对特定目的操纵开出罚单。上市公司在增发过程中大股东对股价进行操纵,严重误导投资者,扰乱证券市场秩序,具有一定的典型性。本案中,我委经过认真研究,将原来调查部门认定的内幕交易调整为操纵市场。在市场结构、交易技术手段不断发展,操纵行为样态不断演变情况下,是我委更新执法理念、创新执法手段的体现,也是对操纵市场行为新样态的有力打击。

四、围绕会党委中心工作部署推进完成的专项工作及报告

按照肖主席在2014年全国证券期货监管工作会议上的讲话精神和会议所确定的重点工作,遵照2013年以来会领导对处罚执法工作的一系列指示精神,处罚委在认真总结近年工作经验、征求各方意见的基础上提出行政处罚机制改革方案,对“查审分离”体制和行政处罚机制进行革新优化,各项改革事项有序推进。

(二)2014年作出的行政处罚决定书

关于深圳财富成长投资有限公司、唐雪来、肖猛违反证券法规的行政处罚决定书

(〔2014〕1号)

当事人:深圳财富成长投资有限公司(以下简称财富成长),住所:广东省深圳市福田区深南路与彩田路交汇处东方新大地广场C座,法定代表人唐仲品。

唐雪来,男,1977年1月出生,时任财富成长总经理、投资总监、基金经理,住址:广东省广州市越秀区东兴南路。

肖猛,男,1978年9月出生,时任天音通信控股股份有限公司(以下简称天音控股)证券事务代表,住址:广东省深圳市福田区荔香街。

依据《中华人民共和国证券法》(以下简称《证券法》)的有关规定,我会对财富成长等涉嫌内幕交易天音控股股票行为进行了立案调查、审理,并依法向当事人告知了作出行政处罚的事实、理由、依据及当事人依法享有的权利。当事人均未提出陈述、申辩意见,也未要求听证。本案现已调查、审理终结。

经查明,财富成长等当事人存在以下内幕交易违法事实:

一、内幕信息的形成和公开过程

天音控股是一家在深圳证券交易所上市的公司。天音控股持有深圳市天音通信发展有限公司(2011年7月更名为天音通信有限公司,以下简称天音通信)70%的股份。

2010年12月初,苹果电脑贸易(上海)有限公司(以下简称苹果公司)相关人员与天音通信首席营运官严某某联系,表示苹果公司希望与天音通信合作,由天音通信销售苹果公司产品。

2010年12月7日,苹果公司将其大中华区销售副总裁同意天音通信作为苹果公司授权经销商的情况告知天音通信。

2010年12月15日,严某某等人与苹果公司进行会谈。此后,严某某安排人员向苹果公司提供合作涉及的公司财务报表、股权结构等数据和材料。

2011年1月7日,严某某组织召开下属分公司负责人视频会议,布置与苹果公司合作的准备工作。

2011年1月9日,严某某在收到的《苹果公司授权中国经销商协议》上签字。当日,天音通信将签署后的《苹果公司授权中国经销商协议》送交苹果公司。

2011年2月14日,天音通信收到苹果公司快递的《苹果公司授权中国经销商协议》。

2011年2月14日,“天音控股”股价一度触及涨停,收盘价较上一交易日上涨8.76%。当日,天音控股发布《重大事项停牌公告》,称公司因签订重大销售协议,公司股票于2011年2月15日至16日停牌2天。

2011年2月16日,天音控股发布《关于与苹果公司签订分销协议的公告》,称公司控股子公司天音通信于2011年1月20日与苹果公司签订分销商协议,天音通信成为苹果公司在中国的指定授权分销商。

二、肖猛知悉天音通信与苹果公司签订协议销售苹果产品事项并交易天音控股股票的情况

(一)肖猛知悉天音通信与苹果公司签订协议销售苹果产品事项的情况

2010年12月底或2011年1月初,天音通

信召开年度策略会,此次会议提及天音通信与苹果公司合作的事项。会后不久,肖猛在一次与同事吃饭时,听说天音通信2011年要跟苹果公司合作。饭后,肖猛向天音控股董事会秘书何某某询问与苹果公司的合作事项。何某某告知肖猛,天音通信确实在与苹果公司商谈合作销售IPhone事宜,2011年天音通信应该会代理销售苹果产品,天音通信尚未拿到正式合同,不打算进行公告。

2011年1月9日后,因深圳证券交易所向肖猛了解与苹果公司合作进展情况,肖猛向何某某请示。何某某告知肖猛,天音通信已经与苹果公司签约。

2011年1月12日中午,肖猛与他人吃饭,席间聊到天音控股与苹果公司合作的传闻,肖猛称天音通信确实在与苹果公司谈分销合作事宜,由天音通信代理销售IPhone手机,相关合作事项基本已经敲定,天音通信已在合作协议上签字,目前协议已寄往苹果亚太区总部所在地新加坡,等待苹果公司签署。

(二)肖猛交易天音控股股票的情况

2011年2月14日,肖猛利用其实际控制的"尹某某"账户买入"天音控股"8,000股。该8,000股"天音控股"于2011年2月17日被全部卖出,获利14,210.00元。

三、肖猛向唐雪来泄露天音通信与苹果公司签订协议销售苹果产品事项及唐雪来代表财富成长建议他人买卖天音控股股票的情况

(一)肖猛向唐雪来泄露天音通信与苹果公司签订协议销售苹果产品事项

2011年2月11日,肖猛通过电话向唐雪来证实,天音控股已经与苹果公司签署正式合作协议,分销苹果产品。合作协议正在苹果公司新加坡亚太区总部审核。

(二)唐雪来代表财富成长建议他人买卖"天音控股"股票

由唐雪来担任总经理的财富成长系某信托公司设立并发行的6只信托产品的投资顾问,按照合同约定收取投资顾问管理费,并作为信托产品受益人享有特定信托利益。6只信托产品的交易建议主要由唐雪来作出。

2011年2月14日,上述6只信托产品中的4个账户合计买入"天音控股"1,965,629股。依据合同约定,因信托产品账户2011年2月14日买入"天音控股"股票,财富成长计提投资顾问管理费102.89元,享有特定信托利益195,851.75元,两项合计获利195,954.64元。

以上事实,有相关工商登记资料、内部审批资料、会议记录、电子邮件、经销商协议、情况说明、重大事项停牌公告、账户信息、信托合同、证券账户委托交易资料和当事人询问笔录等证据证明,足以认定。

天音通信与苹果公司签订协议销售苹果产品事项,属于《证券法》第七十五条规定的内幕信息。肖猛知悉该内幕信息,其在信息公开前买卖天音控股股票并向唐雪来泄露该内幕信息的行为,违反了《证券法》第七十三条和第七十六条的规定,构成《证券法》第二百零二条所述"证券交易内幕信息的知情人,在涉及证券的发行、交易或者其他对证券的价格有重大影响的信息公开前,买卖该证券,或者泄露该信息"的行为。唐雪来在知悉内幕信息后,代表财富成长建议他人买卖天音控股股票的行为,违反了《证券法》第七十六条的规定,构成《证券法》第二百零二条所述"非法获取内幕信息的人,在涉及证券的发行、交易或者其他对证券的价格有重大影响的信息公开前,…建议他人买卖该证券"的行为。对于财富成长的违法行为,唐雪来是直接负责的主管人员。

根据当事人违法行为的事实、性质、情节与社会危害程度,依据《证券法》第二百零二条的规定,我会决定:

一、没收财富成长违法所得195,954.64元,并处以587,863.92元罚款;

二、对唐雪来给予警告,并处以20万元罚款;

三、对肖猛处以10万元罚款。

上述当事人应自收到本处罚决定书之日起15日内,将罚没款汇交中国证券监督管理委员会(开户银行:中信银行总行营业部,账号:7111010189800000162,由该行直接上缴国库),并将注有当事人名称的付款凭证复印件送中国证券监督管理委员会稽查局备案。当事人如果对本处罚决定不服,可在收到本处罚决定书之日起60日内向中国证券监督管理委员会申请行政复议,也可在收到本处罚决定书之日起3个月内直接向有管辖权的人民法院提起行政诉讼。复议和诉讼期间,上述决定不停止执行。

关于程立中、陈筱萍违反证券法规的行政处罚决定书

（〔2014〕2 号）

当事人:程立中,男,1965 年 7 月出生,住址:广东省深圳市南山区世界花园,2008 年 5 月至 2010 年 2 月任原湖南金德发展股份有限公司(以下简称金德发展或公司)董事。

陈筱萍,女,1956 年 2 月出生,住址:湖南省株洲市芦淞区解放街,2008 年 5 月至调查时任金德发展董事、董事会秘书。

依据《中华人民共和国证券法》(以下简称《证券法》)的有关规定,我会对金德发展股票内幕交易案进行了立案调查、审理,并依法向当事人告知了作出行政处罚的事实、理由、依据及当事人依法享有的权利。当事人陈筱萍进行了陈述和申辩,未要求听证;当事人程立中未提出陈述、申辩意见,也未要求听证。本案现已调查、审理终结。

经查明,当事人存在以下违法事实:

一、内幕信息的形成与公开

金德发展原名株洲庆云发展股份有限公司,1996 年 11 月在深圳证券交易所挂牌上市。沈阳宏元集团有限公司(以下简称沈阳宏元)成立于 1999 年 3 月,2000 年通过协议收购法人股成为该公司控股股东。2002 年,公司更名为金德发展。深圳市赛洛实业发展有限公司(以下简称深圳赛洛)成立于 2006 年 12 月,实际控制人、董事长为杨某清(2009 年 10 月因涉嫌犯罪被公安机关逮捕)。

2008 年 3 月 31 日,沈阳宏元与深圳赛洛签订股权转让协议,沈阳宏元将其持有的 1,523.54 万股金德发展股票转让给深圳赛洛。

2008 年 4 月 8 日,金德发展披露了控股股东股权转让事项及重组方案。

2008 年 4 月 18 日,金德发展办理股权过户手续,深圳赛洛成为金德发展控股股东。

2008 年 5 月 12 日,金德发展发布公告,称由于深圳赛洛重组置入上市公司的部分资产存在出资手续不完善等问题,重组方案不具备可行性,决定终止重组并复牌恢复交易。

2008 年 5 月 23 日,金德发展公司召开董事会换届会议,程立中、陈筱萍参会并当选董事。

2008 年 11 月 3 日,金德发展公告称控股股东深圳赛洛筹划上市公司重大资产重组事项,公司股票停牌。

2008 年 11 月 27 日,金德发展董事会审议通过《公司重大资产置换及发行股份收购资产暨关联交易预案》,深圳赛洛拟将金德发展的全部资产和负债与其持有的武汉爱思开汇能·赛洛燃气集团有限公司(以下简称武汉赛洛)51% 的股权和岳阳君山赛洛天然气有限公司 100% 的股权进行置换,同时金德发展向深圳赛洛的关联公司发行股份以购买其持有的城市燃气资产。

2008 年 12 月 2 日,金德发展披露重大资产置换及发行股份购买资产暨关联交易预案并复牌。

2009 年 4 月 21 日,金德发展发布公告,称由于武汉赛洛的外资股东 SK E& S HongKong Corporation Limited(以下简称 SK 公司)未签署同意置入资产进行本次重大资产置换及发行股份购买资产的相关法律文件,决定终止本次重组。

二、涉案交易情况

(一)程立中操作“张某”账户交易金德发展股票

“张某”账户于 2008 年 6 月 30 日在英大证券长沙五一中路营业部开立,下挂上海、深圳股东账户各一个,无委托代理人。2008 年 8 月 12

日在广发证券番禺环城东路营业部开立“张某”账户，下挂深圳股东账户一个，委托代理人李某。2008 年 8 月 14 日至 2009 年 11 月 18 日，该账户累计买入“金德发展”2,430,379 股，买入金额 20,759,210.64 元，卖出 2,430,379 股，卖出金额 25,401,541.59 元。其中，2009 年 3 月 17 日至 4 月 20 日，该账户卖出 234,400 股，卖出金额 2,446,980.61 元，减少亏损 138,140.61元。

程立中的询问笔录显示，张某是他的外甥，“张某”账户内的股票都是其下单交易的。

(二)陈筱萍操作“江某英”账户交易金德发展股票

“江某英”账户于 2008 年 7 月 22 日在英大证券长沙五一中路营业部开立，下挂上海、深圳股票账户各一个，无委托代理人。2008 年 8 月 25 日至 2009 年 12 月 7 日，该账户累计买入“金德发展”1,262,710 股，买入金额 11,462,758.92 元，累计卖出 1,262,710 股，卖出金额 13,387,399.78 元。其中，2009 年 3 月 18 日至 2009 年 4 月 20 日卖出 444,500 股，卖出金额 4,592,083.92 元，减少亏损 213,758.92 元。

江某英的询问笔录显示，其向陈筱萍借出身份证，具体用途不清楚；其没有在账户上存取资金、交易股票。陈筱萍的询问笔录显示，该账户在 2008 年底后的交易都是其操作的；2009 年 4 月 13 日卖出 398,500 股“金德发展”时，其已清楚金德发展的重组有问题，对杨某清注入上市公司的资产没有信心。其通过办公室电脑网上委托下达交易指令。

三、程立中、陈筱萍知悉内幕信息情况

杨某清的询问笔录显示，金德发展 2008 年 3 月至 2009 年 8 月期间的重组，程立中都知道，其将每次重组的情况告诉陈筱萍，程立中有时候直接问杨某清，有时通过陈筱萍打听。2008 年 5 至 8 月，SK 公司同意重组方案，2008 年 9 月，SK 公司又提出要求控制上市公司管理且不放弃优先购买权（重组工作的实质性障碍），2008 年 11 月 3 日金德发展公告重组事项停牌后，其一直与 SK 公司沟通谈判，希望对方放弃优先购买权，推进重组工作，2009 年 3 月，杨某清明确清楚 SK 公司已不会同意重组方案，将这些情况告知了陈筱萍、程立中。

程立中的询问笔录显示，其清楚杨某清一直在争取 SK 公司能够同意注入资产，但 SK 公司的意见不明确，其想赌一把重组成功，所以买入公司股票。2009 年 3 月 17 日，他参加了在湖南启元律师事务所（以下简称启元所）召开的协调会，会议内容为 SK 公司可能不同意金德发展的重组方案，要做好重组失败的准备。

陈筱萍的询问笔录显示，2008 年以来公司的重大重组事项其基本都参与了。启元所律师谢某提供的工作底稿显示，2009 年 3 月 17 日晚上 9 点在该所召开会议，讨论 SK 公司不配合出具公司董事会决议等问题，杨某清、陈筱萍、程立中参会。

以上事实，有公司情况说明、相关公告、涉案账户交易记录以及涉案人员询问笔录等证据证明，足以认定。

上述行为，违反了《证券法》第七十六条的规定，构成了《证券法》第二百零二条所述违法行为。

当事人陈筱萍在陈述、申辩材料中提出，“江某英”账户中的金德发展股票是其向杨某清提出公司在正常运转和员工稳定方面存在的问题后，杨某清安排程立中于 2008 年 7 月开户并通过大宗交易一次性购买了 72 万股，拟通过股票变现支付公司相关日常费用；其不存在内幕交易的主观故意，卖出股票是为支付相关费用，并非利用内幕信息为个人牟利，卖出股票资金后被公安机关以同杨某清涉嫌犯罪行为相关为由扣押，其不存在违法所得的问题；其为公司重组顺利完成作出了重大贡献，目前家庭经济困难，暂不具备支付相关罚款能力。请求作出不构成内幕交易的认定或从轻、减轻对其的处罚。

经复核，根据当事人的询问笔录及涉案账户交易记录，“江某英”账户 2008 年底后的交易由陈筱萍作出。2009 年 4 月操作“江某英”账户卖出金德发展股票时，陈筱萍已清楚上市公司重组遇到问题，对杨某清注入上市公司的资产没有信心，不想持有公司股票。因此，其有关不存在主观违法故意、未利用内幕信息交易股票的申辩理由不能成立；经复核，“江某英”账户在金德发展重组失败利空消息暨内幕信息公开前卖出金德发展股票规避损失的事实清楚、证据充分。“江某英”账户卖出股票所得资

金被公安机关扣押同我会认定该账户从事内幕交易避损之间没有关系，不影响对涉案交易违法所得作出认定；经复核，当事人有关为公司重组作出贡献和家庭困难同本案违法事实认定之间没有直接联系，依法不构成对其从轻或减轻处罚的依据。综上，鉴于当事人在陈述、申辩材料中未就《行政处罚事先告知书》有关其违法行为的认定提出新的事实及证据，对其申辩意见不予采纳。

根据当事人违法行为的事实、性质、情节与社会危害程度，依据《证券法》第二百零二条的规定，我会决定：

一、没收程立中违法所得138,140.61元，并处以138,140.61元罚款；

二、没收陈筱萍违法所得213,758.92元，并处以213,758.92元罚款。

当事人应自收到本处罚决定书之日起15日内，将罚没款汇交中国证券监督管理委员会（开户银行：中信银行总行营业部，账号：7111010189800000162，由该行直接上缴国库），并将注有当事人名称的付款凭证复印件送中国证券监督管理委员会稽查局备案。当事人如对本处罚决定不服，可在收到本处罚决定书之日起60日内向中国证券监督管理委员会申请行政复议，也可在收到本处罚决定书之日起3个月内直接向有管辖权的人民法院提起行政诉讼。复议和诉讼期间，上述决定不停止执行。

关于赵清波、赵波林违反证券法规的行政处罚决定书

（〔2014〕3号）

当事人：赵清波，男，1963年5月20日出生，天津汇邦投资有限公司（以下简称天津汇邦）监事，住址：天津市南开区广开中街公园北里。

赵波林，男，1968年6月28日出生，岳阳天邦房地产开发有限公司（以下简称岳阳天邦）总经理，住址：长沙市芙蓉区韶山路。

依据《中华人民共和国证券法》（以下简称《证券法》）的有关规定，我会依法对赵清波、赵波林违法违规行为进行了立案调查、审理，并依法向当事人告知了作出行政处罚的事实、理由、依据及当事人依法享有的权利，当事人赵清波、赵波林提出了陈述、申辩意见并要求听证。我会于2013年11月6日举行听证会，听取了当事人的陈述和申辩。本案现已调查、审理终结。

经查明，赵清波、赵波林存在以下违法违规事实：

赵清波和赵波林于2012年1月9日至2月22日利用其共同控制的"天津汇邦"账户组进行对倒交易、开盘前虚假申报，操纵天津天保基建股份有限公司（以下简称天保基建）股票。

一、赵清波和赵波林为"天津汇邦"账户组的共同控制人

赵清波为天津汇邦的监事、证券投资业务的负责人。根据赵美某和赵清波的询问笔录，天津汇邦、赵清波、赵某一、张某、董某某等账户均由赵清波直接控制使用；从交易地址分析，"赵美某"账户交易的IP及MAC地址与"张某"账户、"董某某"账户的交易地址有交叉重合，"赵荣某"账户、"赵某二"账户和"李某某"账户的交易IP及MAC地址与"天津汇邦"账户、"赵清波"账户的交易地址有交叉重合，同时赵荣某、赵某二均承认赵清波知道其账户的密码，并曾经委托赵清波使用其账户交易；从资金流向分析，"赵荣某"账户的资金主要来自天津汇邦，"赵某二"账户的资金部分来自天津汇邦，"李某某"账户的全部资金实际来自于天津汇邦。综上，从赵清波本人的身份、赵美某和赵清波的自认、交易地址重合度，以及上述账户之间的资金流动分析，可以认定赵清波是天津汇邦、赵清波、赵某一、张某、董某某、赵美某、赵荣

某、赵某二、李某某等账户的实际控制人。

赵波林在询问笔录中自认,其为"中融融裕23号"账户、"赵波林"账户、"赵某某"账户和"孙某"账户的直接控制人。"中融融裕23号"账户、"赵某某"账户、"孙某"账户的资金主要来自岳阳天邦,而岳阳天邦是天津汇邦的子公司。同时,"中融融裕23号"账户有部分资金来自赵静,"赵清波"账户也有部分资金来自"赵某某"账户,"赵某二"账户也有部分资金来自"孙某"账户,"赵某一"账户有部分资金来自孙某等人;"赵某某"账户交易地址与"天津汇邦"等账户交易地址存在交叉重合。在2012年1月9日至2月22日,赵清波任岳阳天邦的法定代表人、董事长,赵波林任岳阳天邦的总经理,而且二人又是亲兄弟。综合上述因素,可以认定赵波林直接控制的4个涉案账户和赵清波直接控制的9个涉案账户(以下合称"天津汇邦"账户组)之间存在高度关联。

综上所述,赵清波和赵波林为"天津汇邦"账户组13个账户的共同控制人。

二、赵清波和赵波林操纵"天保基建"

赵清波和赵波林利用其共同控制的"天津汇邦"账户组在2012年1月9日至2月22日的期间内,在其共同控制的账户之间进行对倒交易、开盘前虚假申报,采取集中时间段拉抬或打压股价等方式,操纵"天保基建"的交易量、交易价格的意图明显。具体交易情况如下:

2012年1月9日至2月22日,"天津汇邦"账户组买入"天保基建"合计47,690,787股,成交金额合计366,139,408.55元,卖出合计51,799,637股,成交金额合计397,477,078.34元;"天保基建"累计上涨21.43%,同期深证综指累计上涨16.69%,偏离大盘4.74%;涉案账户组交易"天保基建"账面收益合计20,540,820.11元。

在上述28个交易日中,涉案账户组有2个交易日存在开盘前100%撤单的虚假申报行为;有23个交易日存在对倒交易"天保基建"的行为,当日对倒量占该股票成交量比例最低为1.18%,最高为33.63%,平均为14.96%,当日股价涨跌幅与深证综指涨跌幅偏离程度最低为-3.04%,最高为4.81%。

"天津汇邦"账户组交易"天保基建"处于持续状态,2012年2月22日以后仍在持续频繁交易"天保基建"。截至我会向深圳证券交易所发函计算日(2012年9月27日)收盘,该账户组尚持有"天保基建"28,899,666股,账户组自开户至计算日连续交易期间累计账面收益为-49,565,562.87元,已卖出部分实际收益为-42,227,020.47元。

上述事实,有交易流水、当事人询问笔录、电脑IP、MAC取证信息等证据证明,足以认定。

我会认为,赵清波和赵波林操纵"天保基建"的行为违反了《证券法》第七十七条的规定,构成了《证券法》第二百零三条所述违法行为。

当事人赵清波、赵波林在听证会上提出如下申辩意见:一是交易"天保基建"的目的并非操纵,而是中长线股票投资。二是"天保基建"股价上涨幅度应与地产指数作比较,二者偏离度较小。三是认识到自身行为的错误,并且账户实际亏损严重,因此请求减轻处罚。

经复核,我会认为:首先,当事人利用在其共同控制的账户之间进行对倒交易、开盘前虚假申报等方式,操纵"天保基建"的交易量、交易价格,从当事人操纵行为的特征判断,当事人操纵该股票的意图明显。其次,以大盘指数还是地产指数作为比较标准,并不影响对当事人操纵股票行为的认定。当事人认识到自身行为的错误,态度良好,配合我会相关调查工作,可酌情从轻处罚。

根据当事人违法行为的事实、性质、情节与社会危害程度,依据《证券法》第二百零三条的规定,我会决定:对赵清波和赵波林处以90万元罚款。

上述当事人应自收到本处罚决定书之日起15日内,将罚没款汇交中国证券监督管理委员会(开户银行:中信银行总行营业部,账号:7111010189800000162,由该行直接上缴国库),并将注有当事人名称的付款凭证复印件送中国证券监督管理委员会稽查局备案。当事人如果对本处罚决定不服,可在收到本处罚决定书之日起60日内向中国证券监督管理委员会申请行政复议,也可以在收到本处罚决定书之日起3个月内直接向有管辖权的人民法院提起行政诉讼。复议和诉讼期间,上述决定不停止执行。

关于顾鹏违反证券法规的行政处罚决定书

（〔2014〕4 号）

当事人：顾鹏，男，1980 年 11 月出生，住址：广西南宁市西乡塘区火炬一支路。

依据《中华人民共和国证券法》（以下简称《证券法》）有关规定，我会对顾鹏涉嫌违反证券法律法规案进行了立案调查、审理，并依法向当事人告知了作出行政处罚的事实、理由、依据及当事人依法享有的权利。当事人未提出陈述、申辩意见。本案现已调查、审理终结。

经查明，顾鹏存在如下违法行为：

2009 年 4 月 1 日至 2012 年 4 月 16 日，顾鹏在国元证券任职期间，作为证券从业人员，在国元证券东外营业部没有与客户李某静等签订代理业务协议的情况下，私下接受客户委托买卖证券，频繁交易李某静等证券账户。违反了《证券法》第一百四十五条“证券公司及其从业人员不得未经过其依法设立的营业场所私下接受客户委托买卖证券”的规定，构成《证券法》第二百一十五条所述情形。

上述违法事实有交易流水、情况说明、当事人询问笔录等证据证明，足以认定。

考虑到顾鹏与李某静已达成和解，顾鹏能积极配合调查，依据《证券法》第二百一十五条和《行政处罚法》第二十七条的规定，我会决定：对顾鹏给予警告。

当事人如果对本处罚决定不服，可在收到本处罚决定书之日起 60 日内向中国证券监督管理委员会申请行政复议，也可在收到本处罚决定书之日起 3 个月内直接向有管辖权的人民法院提起行政诉讼。复议和诉讼期间，上述决定不停止执行。

关于段晓军违反证券法规的行政处罚决定书

（〔2014〕5 号）

当事人：段晓军，男，1967 年 3 月出生。住址：辽宁省大连市沙河口区联兴巷。

依据《中华人民共和国证券法》（以下简称《证券法》）有关规定，我会对段晓军涉嫌内幕交易行为进行了立案调查、审理，并依法向当事人告知了作出行政处罚的事实、理由、依据及当事人依法享有的权利。当事人未提出陈述、申辩意见，也未要求听证。本案现已调查、审理终结。

经查明，段晓军存在如下违法行为：

一、内幕信息形成过程及敏感期的认定

2012 年 4 月 8 日，大商股份有限公司（以下简称大商股份）所属分、子公司将一季度会计报表及相关附注报送至公司财务本部，开始进行一季度合并报表的编制。4 月 18 日，大商股份财务本部将一季度财务报告通过邮箱报送至证券部，同时将邮件发送至大华会计师事务所段晓军进行审核；4 月 21 日，大商股份财务本部将一季度财务报告终稿报送至证券部，证券部将数据录入上海证券交易所年报报送系统，并进行系统校验；4 月 24 日，一季度财务报

告提交大商股份董事会进行审议;4 月 25 日,大商股份公告一季度财务报告。4 月 25 日、26 日,大商股份股票价格上涨 20.4%,同期上证指数上涨 0.66%。

大商股份 2012 年一季度财务报告中,“归属于上市公司股东的净利润”、“基本每股收益”等指标比 2011 年四季度大幅增长。大商股份 2012 年一季度财务报告在未公开前属于《证券法》第七十五条规定的内幕信息,内幕信息敏感期为 2012 年 4 月 8 日至 4 月 24 日。

二、段晓军知悉内幕信息及交易股票情况

大商股份财务人员于 2012 年 4 月 18 日将第一季度财务报告发给段晓军审核,4 月 21 日,大商股份财务本部将一季度财务报告终稿报送至公司证券部。因此,段晓军属于内幕信息知情人,知悉时间不晚于 2012 年 4 月 21 日。

2012 年 4 月 23 日至 24 日,“段晓军”证券账户买入大商股份股票 9,800 股,交易金额 309,767.22 元;4 月 26 日,卖出 9,800 股,交易金额 378,471.03 元,实际获利 68,973.81 元。

上述违法事实,有交易流水、询问笔录、情况说明等证据证明,足以认定。

段晓军知悉内幕信息,并使用本人账户在内幕信息敏感期内交易大商股份股票的行为违反《证券法》第七十六条关于“禁止内幕交易”的规定,构成内幕交易行为。

根据当事人违法行为的事实、性质、情节与社会危害程度,依据《证券法》第二百零二条的规定,我会决定:没收段晓军违法所得 68,973.81 元,并处以 68,973.81 元罚款。

当事人应自收到本处罚决定书之日起 15 日内,将罚没款汇交中国证券监督管理委员会(开户银行:中信银行总行营业部,账号:7111010189800000162,由该行直接上缴国库),并将注有当事人名称的付款凭证复印件送中国证券监督管理委员会稽查局备案。当事人如果对本处罚决定不服,可在收到本处罚决定书之日起 60 日内向中国证券监督管理委员会申请行政复议,也可在收到本处罚决定书之日起 3 个月内直接向有管辖权的人民法院提起行政诉讼。复议和诉讼期间,上述决定不停止执行。

关于许军、刘青、许慧违反证券法规的行政处罚决定书

([2014]6 号)

当事人:许军,男,1964 年 12 月出生,时任深圳广电网络改革重组领导小组办公室副主任,住址:广东省深圳市福田区梅林一村。

刘青,女,1967 年 9 月出生,住址:广东省深圳市福田区梅林一村。

许慧,女,1961 年 12 月出生,住址:山东省济南市历下区解放东路 69 号。

依据《中华人民共和国证券法》(以下简称《证券法》)的有关规定,我会对许军等人涉嫌内幕交易行为进行了立案调查、审理,并依法向当事人告知了作出行政处罚的事实、理由、依据及当事人依法享有的权利。当事人许军、刘青、许慧未提出陈述、申辩意见,也未要求听证。本案现已调查、审理终结。

经查明,许军、刘青、许慧存在以下违法事实:

一、内幕信息的形成及敏感期的认定

2011 年 10 月 18 日,深圳广电集团向深圳市委常委和宣传部长上报了《关于加快推进全市有线广电网络改革重组工作有关问题的请示》及方案,市委领导圈阅。该文件是深圳有线广电网络改革重组工作加速并重新启动的标志。深圳市天威视讯股份有限公司(以下简称天威视讯)拟通过向控股股东深圳广电集团等特定对象发行股份约 7,600 万股,购买深圳天宝公司以及深圳天隆公司两项资产,该交易资产的预估值为 13.07 亿元,占上市公司最近一

期经审计年度报告披露总资产的67%。上述事项属于《证券法》第六十七条第二款第(二)项所述“公司的重大投资行为”，未公开前属于《证券法》第七十五条规定的内幕信息。内幕信息敏感期为2011年10月18日至2012年6月11日。

二、许军泄露内幕信息的事实

许军，时任深圳广电网络改革重组领导小组办公室副主任，是深圳广电网络改革重组具体工作的组织参与者，属核心工作人员，是内幕信息知情人。由于其担任职务及职责的关系，许军知悉内幕信息的时间不晚于2011年10月18日。刘青是许军的妻子，许慧是许军的姐姐。许军向刘青谈起过天威视讯整合天宝、天隆网络资产的事;2012年春节期间给老家亲属拜年时，许军向许慧谈到天宝、天隆公司网络资产整合到天威视讯的事情。

三、刘青、许慧知悉内幕信息及进行内幕交易情况

“刘青”证券账户由本人控制，账户内资金为自有资金。刘青从许军处知悉了内幕信息，2012年2月16日至3月30日，该账户买入天威视讯股票5,100股，成交金额85,202元，卖出3,000股，成交金额51,690元。

“许慧”账户由其本人决策，委托许某下单，账户内资金为自有资金。许慧从许军处知悉了内幕信息，2012年2月20日至3月28日期间，该账户买入天威视讯股票17,200股，成交金额298,391元，卖出12,100股，成交金额214,089元。

上述违法事实，有交易流水、账簿资料、相关协议及当事人询问笔录等证据证明，足以认定。

许军知悉内幕信息，在内幕信息敏感期内向他人泄露未公开信息，其行为违反《证券法》第七十六条关于“禁止泄露内幕信息”的规定;刘青、许慧获知内幕信息后，利用其本人证券账户在内幕信息敏感期内交易“天威视讯”，其行为违反《证券法》第七十六条关于“禁止内幕交易”的规定。

根据当事人违法行为的事实、性质、情节与社会危害程度，依据《证券法》第二百零二条的规定，我会决定:

一、对许军处以5万元罚款;

二、责令刘青、许慧自收到本处罚决定书之日起7个可交易日内，依法处理非法持有的证券;如有违法所得，没收违法所得，并处以违法所得一倍罚款;如没有违法所得或者违法所得不足3万元，处以3万元罚款。

上述当事人应自收到本处罚决定书之日起15日内，将罚没款汇交中国证券监督管理委员会(开户银行:中信银行总行营业部，账号:7111010189800000162，由该行直接上缴国库)，并将注有当事人名称的付款凭证复印件送中国证券监督管理委员会稽查局备案。如对本处罚决定不服，可在收到本处罚决定书之日起60日内向中国证券监督管理委员会申请行政复议;也可以在收到本处罚决定书之日起3个月内直接向有管辖权的人民法院提起诉讼。复议和诉讼期间，上述决定不停止执行。

关于徐建华、王甫荣违反证券法规的行政处罚决定书

(〔2014〕7号)

当事人:徐建华，男，1968年2月出生，时任深圳天宝广播电视网络股份有限公司(以下简称天宝公司)财务总监，住址:广东省深圳市福田区华富路1004号。

王甫荣，男，1971年9月出生，住址:广东省深圳市福田区益田村107栋。

依据《中华人民共和国证券法》(以下简称《证券法》)的有关规定，我会对徐建华等人涉

嫌内幕交易行为进行了立案调查、审理,并依法向当事人告知了作出行政处罚的事实、理由、依据及当事人依法享有的权利。当事人徐建华、王甫荣提出了陈述申辩意见,但未要求听证。本案现已调查、审理终结。

经查明,徐建华、王甫荣存在以下违法事实:

一、内幕信息的形成及敏感期的认定

2011 年 10 月 18 日,深圳广电集团向深圳市委常委和宣传部长上报了《关于加快推进全市有线广电网络改革重组工作有关问题的请示》及方案,市委领导圈阅。该文件是深圳有线广电网络改革重组工作加速并重新启动的标志。深圳市天威视讯股份有限公司(以下简称天威视讯)拟通过向控股股东深圳广电集团等特定对象发行股份约 7,600 万股,购买天宝公司以及深圳天隆公司两项资产,该交易资产的预估值为 13.07 亿元,占上市公司最近一期经审计年度报告披露总资产的 67%。上述事项属于《证券法》第六十七条第二款第(二)项所述"公司的重大投资行为",未公开前属于《证券法》第七十五条规定的内幕信息。内幕信息敏感期为 2011 年 10 月 18 日至 2012 年 6 月 11 日。

二、徐建华知悉内幕信息及进行内幕交易情况

徐建华,时任天宝公司财务总监。2011 年 12 月 27 日,深圳广电集团对天宝公司经营班子进行考评,其中提到天威视讯重组天宝公司的网络整合已经进入操作阶段,市领导已签署文件。考评会签到表显示徐建华参会。徐建华在询问笔录中承认 2011 年下半年参与拟定了深圳广电网络改革重组方案的起草工作。徐建华知悉内幕信息时间不晚于 2011 年 12 月 27 日。

"徐建华"证券账户由其本人操作控制,账户内资金是自有资金。2012 年 3 月 29 日该账户买入天威视讯股票 3,100 股,成交金额 49,228元,3 月 30 日卖出 3,100 股,成交金额 49,941 元,盈利 365.55 元。

三、王甫荣知悉内幕信息及进行内幕交易情况

王甫荣与徐建华曾是会计师事务所的同事,徐建华在询问笔录中承认王甫荣 2012 年春节前后,曾向其询问过天威视讯重组整合的事情。王甫荣在询问笔录中承认其买入天威视讯股票,是根据向徐建华询问结果操作的。王甫荣聊天记录、通话记录和交易行为吻合证实王甫荣从徐建华处非法获知内幕信息。

"王甫荣"证券账户由其本人操作控制,账户内资金是自有资金。2012 年 2 月 13 日至 3 月 16 日期间,累计买入天威视讯股票 77,327 股,成交金额 1,219,680.80 元,卖出 327 股,成交金额 5,526.30 元。

上述违法事实,有交易流水、账簿资料、相关协议及当事人询问笔录等证据证明,足以认定。

徐建华在其申辩材料中提出:其买卖天威视讯股票的原因是基于自身对股票的研究和判断,符合平时的交易习惯,与内幕信息无关;王甫荣向其询问天威视讯重组事宜时,仅回答的是重组事宜早晚要实施,未提及具体何时启动,不构成泄露内幕信息的行为。王甫荣在其申辩材料中提出:其买卖天威视讯股票的原因是基于自身对天威视讯股票的研究和判断,以及国家发展文化产业的政策因素。

经复核,我会认为,徐建华、王甫荣申辩理由不成立。一是徐建华在内幕信息敏感期内知悉内幕信息;二是王甫荣在询问笔录中承认向徐建华核实后买入天威视讯股票;三是王甫荣聊天记录、通话记录证明王甫荣从徐建华处非法获知内幕信息。

徐建华知悉内幕信息,在内幕信息敏感期内向他人泄露未公开信息并在内幕信息敏感期内交易"天威视讯",其行为违反《证券法》第七十六条关于"禁止内幕交易和泄露内幕信息"的规定;王甫荣获知内幕信息后,利用其本人证券账户在内幕信息敏感期内交易"天威视讯",其行为违反《证券法》第七十六条关于"禁止内幕交易"的规定。

根据当事人违法行为的事实、性质、情节与社会危害程度,依据《证券法》第二百零二条的规定,我会决定:

一、对徐建华处以5万元罚款；

二、责令王甫荣自收到本处罚决定书之日起7个可交易日内，依法处理非法持有的证券；如有违法所得，没收违法所得，并处以违法所得一倍罚款；如没有违法所得或者违法所得不足3万元，处以3万元罚款。

上述当事人应自收到本处罚决定书之日起15日内，将罚没款汇交中国证券监督管理委员会（开户银行：中信银行总行营业部，账号：7111010189800000162，由该行直接上缴国库），并将注有当事人名称的付款凭证复印件送中国证券监督管理委员会稽查局备案。如对本处罚决定不服，可在收到本处罚决定书之日起60日内向中国证券监督管理委员会申请行政复议；也可以在收到本处罚决定书之日起3个月内直接向有管辖权的人民法院提起诉讼。复议和诉讼期间，上述决定不停止执行。

关于方春花、方元生违反证券法规的行政处罚决定书

（〔2014〕8号）

当事人：方元生，男，1964年1月出生，时任深圳天宝广播电视网络股份有限公司（以下简称天宝公司）副总经理，住址：广东省深圳市宝安区宝城龙井一路79号。

方春花，女，1968年11月出生，住址：广东省深圳市宝安区宝城洪浪一村东5栋。

依据《中华人民共和国证券法》（以下简称《证券法》）的有关规定，我会对方元生等人涉嫌内幕交易行为进行了立案调查、审理，并依法向当事人告知了作出行政处罚的事实、理由、依据及当事人依法享有的权利。当事人方元生、方春花未提出陈述、申辩意见，也未要求听证。本案现已调查、审理终结。

经查明，方元生、方春花存在以下违法事实：

一、内幕信息的形成及敏感期的认定

2011年10月18日，深圳广电集团向深圳市委常委和宣传部长上报了《关于加快推进全市有线广电网络改革重组工作有关问题的请示》及方案，市委领导圈阅。该文件是深圳有线广电网络改革重组工作加速并重新启动的标志。深圳市天威视讯股份有限公司（以下简称天威视讯）拟通过向控股股东深圳广电集团等特定对象发行股份约7,600万股，购买天宝公司以及深圳天隆公司两项资产，该交易资产的预估值为13.07亿元，占上市公司最近一期经审计年度报告披露总资产的67%。上述事项属于《证券法》第六十七条第二款第（二）项所述"公司的重大投资行为"，未公开前属于《证券法》第七十五条规定的内幕信息。内幕信息敏感期为2011年10月18日至2012年6月11日。

二、方元生知悉内幕信息及进行内幕交易情况

方元生，时任天宝公司副总经理。2011年12月27日，深圳广电集团对天宝公司经营班子进行考评，提到天威视讯重组天宝公司的网络整合已经进入操作阶段，市领导已签署文件。考评会签到表显示方元生参会。方元生知悉内幕信息时间不晚于2011年12月27日。

方元生通过其本人证券账户，在2012年2月6日至3月29日期间，买入天威视讯股票32,400股，成交金额484,980元，卖出31,900股，成交金额525,653元。方元生控制其子方某的账户，于2012年3月7日，买入天威视讯股票400股，成交金额6,872元。

三、方春花知悉内幕信息及进行内幕交易情况

方元生承认其告诉过方春花深圳广电网络

要整合事情,因此,方春花知悉内幕信息。"方春花"证券账户由其本人控制,账户内资金是自有资金,2012年2月14日至3月21日期间,该账户买入天威视讯股票20,000股,成交金额335,264元。

上述违法事实,有交易流水、账簿资料、相关协议及当事人询问笔录等证据证明,足以认定。

方元生知悉内幕信息,在内幕信息敏感期内向他人泄露未公开信息并在内幕信息敏感期内交易"天威视讯",其行为违反《证券法》第七十六条关于"禁止内幕交易和泄露内幕信息"的规定;方春花获知内幕信息后,利用其本人证券账户在内幕信息敏感期内交易"天威视讯",其行为违反《证券法》第七十六条关于"禁止内幕交易"的规定。

根据当事人违法行为的事实、性质、情节与社会危害程度,依据《证券法》第二百零二条的规定,我会决定:责令方元生、方春花自收到本处罚决定书之日起7个可交易日内,依法处理非法持有的证券;如有违法所得,没收违法所得,并处以违法所得一倍罚款;如没有违法所得或者违法所得不足3万元,处以3万元罚款。

上述当事人应自收到本处罚决定书之日起15日内,将罚没款汇交中国证券监督管理委员会(开户银行:中信银行总行营业部,账号:7111010189800000162,由该行直接上缴国库),并将注有当事人名称的付款凭证复印件送中国证券监督管理委员会稽查局备案。如对本处罚决定不服,可在收到本处罚决定书之日起60日内向中国证券监督管理委员会申请行政复议;也可以在收到本处罚决定书之日起3个月内直接向有管辖权的人民法院提起诉讼。复议和诉讼期间,上述决定不停止执行。

关于邓惠文、邱仲敏违反行政法规的行政处罚决定书

(〔2014〕9号)

当事人:邓惠文,女,1966年5月出生,住址:广东省深圳市宝安区宝城洪浪北路碧涛居6幢。

邱仲敏,男,1968年6月出生,住址:广东省深圳市宝安区宝城建安一路402号。

依据《中华人民共和国证券法》(以下简称《证券法》)的有关规定,我会对邓惠文等人涉嫌内幕交易行为进行了立案调查、审理,并依法向当事人告知了作出行政处罚的事实、理由、依据及当事人依法享有的权利。当事人邱仲敏未提出陈述、申辩意见,也未要求听证;当事人邓惠文提出了陈述、申辩意见,但未要求听证。本案现已调查、审理终结。

经查明,邓惠文、邱仲敏存在以下违法事实:

一、内幕信息的形成及敏感期的认定

2011年10月18日,深圳广电集团向深圳市委常委、宣传部长上报了《关于加快推进全市有线广电网络改革重组工作有关问题的请示》及方案,市委领导圈阅。该文件是深圳有线广电网络改革重组工作加速并重新启动的标志。深圳市天威视讯股份有限公司(以下简称天威视讯)拟通过向控股股东深圳广电集团等特定对象发行股份约7,600万股,不超过8,500万股,购买深圳天宝公司以及深圳天隆公司两项资产,该交易资产的预估值为13.07亿元,占上市公司最近一期经审计年度报告披露总资产的67%。上述事项属于《证券法》第六十七条第二款第(二)项所述"公司的重大投资行为",未公开前属于《证券法》第七十五条规定的内幕信息。内幕信息敏感期为2011年10月18日至2012年6月11日。

二、邓惠文知悉内幕信息及进行内幕交易情况

邓惠文丈夫欧阳某光系深圳天宝公司副总经理，2011 年 12 月 27 日，深圳广电集团对天宝公司经营班子进行考评，提到天威视讯重组天宝公司的网络整合已经进入操作阶段，市领导已签署文件。考评会签到表显示欧阳某光参会。欧阳某光知悉内幕信息时间不晚于 2011 年 12 月 27 日。

欧阳某光和邓惠文聊天时曾无意中提到过公司整合及工作去向的事情，因此，邓惠文知悉了内幕信息。"邓惠文"证券账户由其本人控制，账户内资金是自有资金，2012 年 2 月 16 日至 2 月 28 日期间，该账户买入天威视讯股票 7,300 股，成交金额 119,655 元。

三、邱仲敏知悉内幕信息及进行内幕交易情况

邱仲敏妻子伍某系天宝公司总工办主任。2011 年 12 月 27 日，深圳广电集团对天宝公司经营班子进行考评，提到天威视讯重组天宝公司的网络整合已经进入操作阶段，市领导已签署文件。考评会签到表显示伍某参会，伍某在询问笔录中也承认参会。伍某知悉内幕信息时间不晚于 2011 年 12 月 27 日。

伍某曾与邱仲敏商量重组后的工作去向，因此，邱仲敏知悉了内幕信息。"邱仲敏"证券账户由其本人控制，账户内资金是自有资金，2012 年 2 月 6 日至 3 月 9 日期间，该账户买入天威视讯股票 30,200 股，成交金额 472,495 元，卖出 10,200 股，成交金额 172,724 元。

上述违法事实，有交易流水、账簿资料、相关协议及当事人询问笔录等证据证明，足以认定。

邓惠文在其申辩材料中提出，其买卖天威视讯股票的行为符合平时的交易习惯，与内幕信息无关；其与丈夫欧阳某光的谈话只涉及网台分离后丈夫工作去向问题，并不知悉内幕信息。

经复核，我会认为，第一，欧阳某光知晓内幕信息，邓惠文与欧阳某光是夫妻关系。第二，邓惠文在询问笔录中承认，聊天时曾提到过公司整合的事情。第三，邓惠文在敏感期内先后卖掉"宝安地产"和"招商银行"，买入"天威视讯"，其所述"买卖行为与内幕信息无关"可信度较低，我会不予采纳。

邓惠文、邱仲敏获知内幕信息后，利用其本人证券账户在内幕信息敏感期内交易"天威视讯"，其行为违反《证券法》第七十六条关于"禁止内幕交易"的规定。

根据当事人违法行为的事实、性质、情节与社会危害程度，依据《证券法》第二百零二条的规定，我会决定：责令邓惠文、邱仲敏自收到本处罚决定书之日起 7 个可交易日内，依法处理非法持有的证券；如有违法所得，没收违法所得，并处以违法所得一倍罚款；如没有违法所得或者违法所得不足 3 万元，处以 3 万元罚款。

上述当事人应自收到本处罚决定书之日起 15 日内，将罚没款汇交中国证券监督管理委员会（开户银行：中信银行总行营业部，账号：7111010189800000162，由该行直接上缴国库），并将注有当事人名称的付款凭证复印件送中国证券监督管理委员会稽查局备案。如对本处罚决定不服，可在收到本处罚决定书之日起 60 日内向中国证券监督管理委员会申请行政复议；也可以在收到本处罚决定书之日起 3 个月内直接向有管辖权的人民法院提起诉讼。复议和诉讼期间，上述决定不停止执行。

关于牛金瓶、王斌、王垦海等5名责任人违反证券法规的行政处罚决定书

（〔2014〕10号）

当事人:牛金瓶,女,1964年5月出生,时任深圳天宝广播电视网络股份有限公司(以下简称天宝公司)总经理助理兼总编办主任,住址:广东省深圳市宝安区前进一路1号。

王斌,男,1972年1月出生,时任天宝公司总工程师,住址:广东省深圳市福田区南天大厦5栋。

王垦海,男,1962年3月出生,时任天宝公司计财部主任,住址:广东省深圳市宝安区宝城兴华二路87号。

刘盈,女,1967年8月出生,时任深圳宝安广播电视中心(以下简称广电中心)电视专题部部长,住址:广东省深圳市宝安区宝城洪浪北路碧涛居9栋。

苏剑虹,女,1973年7月出生,时任广电中心编辑、主持人,住址:广东省深圳市南山区兴工路17-19号。

依据《中华人民共和国证券法》(以下简称《证券法》)的有关规定,我会对牛金瓶等人涉嫌内幕交易行为进行了立案调查、审理,并依法向当事人告知了作出行政处罚的事实、理由、依据及当事人依法享有的权利。当事人王斌、王垦海、刘盈未提出陈述、申辩意见,也未要求听证;当事人牛金瓶、苏剑虹提出了陈述、申辩意见,但未要求听证。本案现已调查、审理终结。

经查明,牛金瓶、王斌、王垦海、刘盈、苏剑虹存在以下违法事实:

一、内幕信息的形成及敏感期的认定

2011年10月18日,深圳广电集团向深圳市委常委和宣传部长上报了《关于加快推进全市有线广电网络改革重组工作有关问题的请示》及方案,市委领导圈阅。该文件是深圳有线广电网络改革重组工作加速并重新启动的标志。深圳市天威视讯股份有限公司(以下简称天威视讯)拟通过向控股股东深圳广电集团等特定对象发行股份约7,600万股,购买天宝公司以及深圳天隆公司两项资产,该交易资产的预估值为13.07亿元,占上市公司最近一期经审计年度报告披露总资产的67%。上述事项属于《证券法》第六十七条第二款第(二)项所述"公司的重大投资行为",未公开前属于《证券法》第七十五条规定的内幕信息。内幕信息敏感期为2011年10月18日至2012年6月11日。

二、牛金瓶知悉内幕信息及进行内幕交易情况

牛金瓶,时任天宝公司总经理助理兼总编办主任。2012年2月2日,在深圳宝安区宣传部联合深圳市广电集团在广电中心举行的广电职工座谈会上,金某华向职工代表介绍网络重组改革的进展情况和人员分流政策,牛金瓶在询问笔录中承认参会。牛金瓶知悉内幕信息时间不晚于2012年2月2日。

"牛金瓶"证券账户由其本人控制,账户内资金是自有资金,2012年2月3日至2月17日期间,该账户买入天威视讯股票64,700股,成交金额1,019,015元。牛金瓶控制其女"王某乐"证券账户于2012年2月3日买入天威视讯股票25,600股,成交金额367,872元。

三、王斌知悉内幕信息及进行内幕交易情况

王斌,时任天宝公司总工程师。2012年2月2日,在深圳宝安区宣传部联合深圳市广电集团在广电中心举行的广电职工座谈会上,金某华向职工代表介绍网络重组改革的进展情况

和人员分流政策，王斌在询问笔录中承认参会。王斌知悉内幕信息时间不晚于2012年2月2日。

“王斌”证券账户由其本人控制，账户内资金是自有资金，2012年3月13日，该账户买入天威视讯股票2,900股，成交金额51,329元。王斌控制其妻子“姚某燕”证券账户，分别于2012年2月3日和2月7日，买入天威视讯股票43,100股，成交金额638,511元。

四、王垦海知悉内幕信息及进行内幕交易情况

王垦海，时任天宝公司计财部主任。2011年12月27日，深圳广电集团对天宝公司经营班子进行考评，提到天威视讯重组天宝公司的网络整合已经进入操作阶段，市领导已签署文件。考评会签到表显示王垦海参会，王垦海在询问笔录中也承认参会。王垦海知悉内幕信息时间不晚于2011年12月27日。

“王垦海”证券账户由其本人控制，账户内资金是自有资金，2012年1月18日、19日和2月10日，该账户累计买入天威视讯股票4,000股，成交金额61,480元。

五、刘盈知悉内幕信息及进行内幕交易情况

刘盈，时任广电中心电视专题部部长。2011年12月27日，深圳广电集团对天宝公司经营班子进行考评，提到天威视讯重组天宝公司的网络整合已经进入操作阶段，市领导已签署文件。考评会签到表显示刘盈参会，刘盈在询问笔录中也承认参会。刘盈知悉内幕信息时间不晚于2011年12月27日。

“刘盈”证券账户由其本人控制，账户内资金是自有资金。2012年2月2日至2月15日期间，该账户由刘盈委托邱某敏操作累计买入天威视讯股票67,200股，成交金额998,514.90元。

六、苏剑虹知悉内幕信息及进行内幕交易情况

苏剑虹，时任广电中心编辑、主持人。2012年2月2日，在深圳宝安区宣传部联合深圳市广电集团在广电中心举行的广电职工座谈会上，金某华向职工代表介绍网络重组改革的进展情况和人员分流政策，苏剑虹在询问笔录中承认参会。苏剑虹知悉内幕信息时间不晚于2012年2月2日。

“苏剑虹”证券账户由其本人控制，账户内资金是自有资金，2012年2月16日至3月28日期间，该账户买入天威视讯股票13,100股，成交金额214,439元。

上述违法事实，有交易流水、账簿资料、相关协议及当事人询问笔录等证据证明，足以认定。

牛金瓶、苏剑虹均在其申辩材料中提出：广电网络整合工作早就在2008年就已经被广电集团大多数员工知晓，并不是所谓内幕信息。2012年2月2日的职工代表大会，内容仅为人员编制调整议题，并不涉及其他。自身买卖天威视讯股票的决策依靠股票走势和自身经验，与内幕信息无关。

经复核，我会认为：第一，天威视讯收购天宝公司、深圳天隆公司在未公开前属于《证券法》第七十五条规定的内幕信息。第二，根据天宝公司代拟的《关于宝安区广电网络改革重组工作广电中心职工座谈会的情况汇报》，“2012年2月2日下午，区委宣传部联合市广电集团在区广电中心组织召开广电职工座谈会。会上，市广电集团网络办主任金某华向与会人员传达了省市关于广电网络改革重组工作的精神，介绍全省广电网络改革重组的进展情况，对我市的改革重组工作形势进行了全面深入的分析”，因此，可以认定牛金瓶、苏剑虹从该会议上知悉了内幕信息。第三，天威视讯收购关键是人员分流问题，相对市场其他投资者，牛金瓶、苏剑虹清楚知晓该事件进展情况，敏感期内交易股票可以认定为内幕交易。因此，二人提出的“买卖天威视讯股票的决策依靠股票走势和自身经验，与内幕信息无关”的理由可信度较低，我会不予采纳。

牛金瓶、王斌、王垦海、刘盈、苏剑虹获知内幕信息后，利用其本人或他人证券账户在内幕信息敏感期内交易“天威视讯”，其行为违反《证券法》第七十六条关于“禁止内幕交易”的规定。

根据当事人违法行为的事实、性质、情节与社会危害程度，依据《证券法》第二百零二条的

规定,我会决定:责令牛金瓶、王斌、王垦海、刘盈、苏剑虹自收到本处罚决定书之日起 7 个可交易日内,依法处理非法持有的证券;如有违法所得,没收违法所得,并处以违法所得一倍罚款;如没有违法所得或者违法所得不足 3 万元,处以 3 万元罚款。

上述当事人应自收到本处罚决定书之日起 15 日内,将罚没款汇交中国证券监督管理委员会(开户银行:中信银行总行营业部,账号:7111010189800000162,由该行直接上缴国库),并将注有当事人名称的付款凭证复印件送中国证券监督管理委员会稽查局备案。如对本处罚决定不服,可在收到本处罚决定书之日起 60 日内向中国证券监督管理委员会申请行政复议;也可以在收到本处罚决定书之日起 3 个月内直接向有管辖权的人民法院提起诉讼。复议和诉讼期间,上述决定不停止执行。

关于成蓉违反证券法规的行政处罚决定书

(〔2014〕11 号)

当事人:成蓉,女,1970 年 6 月出生,时任深圳宝安广播电视中心电视新闻部副部长,住址:广东省深圳市福田区丰田路 2 号香榭里花园 6 栋。

依据《中华人民共和国证券法》(以下简称《证券法》)的有关规定,我会对成蓉涉嫌内幕交易行为进行了立案调查、审理,并依法向当事人告知了作出行政处罚的事实、理由、依据及当事人依法享有的权利。当事人成蓉提出了陈述申辩意见,但未要求听证。本案现已调查、审理终结。

经查明,成蓉存在以下违法事实:

一、内幕信息的形成及敏感期的认定

2011 年 10 月 18 日,深圳广电集团向深圳市委常委、宣传部长上报了《关于加快推进全市有线广电网络改革重组工作有关问题的请示》及方案,市委领导圈阅。该文件是深圳有线广电网络改革重组工作加速并重新启动的标志。深圳市天威视讯股份有限公司(以下简称天威视讯)拟通过向控股股东深圳广电集团等特定对象发行股份约 7,600 万股,购买深圳天宝公司以及深圳天隆公司两项资产,该交易资产的预估值为 13.07 亿元,占上市公司最近一期经审计年度报告披露总资产的 67%。上述事项属于《证券法》第六十七条第二款第(二)项所述"公司的重大投资行为",未公开前属于《证券法》第七十五条规定的内幕信息。内幕信息敏感期为 2011 年 10 月 18 日至 2012 年 6 月 11 日。

二、成蓉知悉内幕信息及进行内幕交易情况

成蓉,时任深圳宝安广播电视中心电视新闻部副部长。2011 年 12 月 27 日,深圳广电集团对天宝公司经营班子进行考评,提到天威视讯重组天宝公司的网络整合已经进入操作阶段,市领导已签署文件。考评会签到表显示成蓉参会,成蓉在询问笔录中也承认参会。成蓉知悉内幕信息时间不晚于 2011 年 12 月 27 日。

"成蓉"证券账户由其本人控制,账户内资金是自有资金,2012 年 2 月 9 日至 6 月 11 日期间,该账户买入天威视讯股票 110,032 股,成交金额 1,693,408.54 元,卖出 110,032 股,成交金额 1,803,203.89 元,盈利 97,502.31 元。

上述违法事实,有交易流水、账簿资料、相关协议及当事人询问笔录等证据证明,足以认定。

成蓉在其申辩材料中提出:广电网络整合工作早就在 2008 年就已经被广电集团大多数员工知晓,并不是所谓内幕信息。2011 年 12 月 27 日的班子考评会议上提到网络整合已进

入操作阶段，其并未放在心上，会后也未立即因此买入天威股票。自身买卖天威视讯股票的决策依靠股票走势和自身经验，与内幕信息无关。

经复核，我会认为：第一，天威视讯收购深圳天宝、深圳天隆公司在未公开前属于《证券法》第七十五条规定的内幕信息。第二，其买入天威视讯股票的时间仍然在内幕信息敏感期内。第三，2011年年底的经营班子考评会，明确提到网络整合已经进入操作阶段，市领导已签署文件，相对市场其他投资者，成蓉清楚知晓该事件情况，敏感期内交易股票可以认定为内幕交易。因此，成蓉提出的“买卖天威视讯股票的决策依靠股票走势和自身经验，与内幕信息无关”的理由可信度较低，我会不予采纳。

成蓉获知内幕信息后，利用其本人证券账户在内幕信息敏感期内交易“天威视讯”，其行为违反《证券法》第七十六条关于“禁止内幕交易”的规定。

根据当事人违法行为的事实、性质、情节与社会危害程度，依据《证券法》第二百零二条的规定，我会决定：没收成蓉违法所得97,502.31元，处以10万元罚款。

上述当事人应自收到本处罚决定书之日起15日内，将罚没款汇交中国证券监督管理委员会（开户银行：中信银行总行营业部，账号：7111010189800000162，由该行直接上缴国库），并将注有当事人名称的付款凭证复印件送中国证券监督管理委员会稽查局备案。如对本处罚决定不服，可在收到本处罚决定书之日起60日内向中国证券监督管理委员会申请行政复议；也可以在收到本处罚决定书之日起3个月内直接向有管辖权的人民法院提起诉讼。复议和诉讼期间，上述决定不停止执行。

关于苏颜翔违反证券法规的行政处罚决定书

（〔2014〕12号）

当事人：苏颜翔，男，1969年9月出生，住址：广东省信宜市人民路53号。

依据《中华人民共和国证券法》（以下简称《证券法》）的有关规定，我会对苏颜翔违法一案进行了立案调查、审理，并依法向当事人告知了作出行政处罚的事实、理由、依据及当事人依法享有的权利。当事人苏颜翔进行了陈述和申辩。应当事人苏颜翔的要求，我会定于2013年9月11日举行听证会。相关《听证会通知书》已于2013年8月30日由深圳证监局送达。2013年9月11日上午，苏颜翔及其委托的律师未于规定时间出现在听证会现场，我会工作人员随即与其电话联系，苏颜翔及其委托的律师均确认不再参加此次听证，自动放弃听证权利。本案现已调查、审理终结。

经查明，苏颜翔存在以下违法事实：

2010年7月至2012年5月，苏颜翔操作“苏颜翔”、“苏某明”、“严某生”等账户（以下简称“苏颜翔”账户组或涉案账户），多次在每日集合竞价阶段，于可申报可撤单期间申报买入相关股票后撤单，于可申报不可撤单期间以低于之前申报买入价格申报卖出；在盘中连续竞价阶段，苏颜翔操作涉案账户频繁申报撤单，具体为大笔申报买入后快速撤单，以不成交或少量成交的方式拉抬、维持、逐步推高股价，随后反向卖出，涉及“中联重科”等13支股票，获利3,805,783.71元。

一、2010年7月29日“中联重科”股票申报和成交情况

2010年7月29日，“苏颜翔”账户组共申报买入10笔，申报数量4,460,000股，占全天市场申买总量的6.88%，申买排名第一，申买委托撤单量占其申买量比例79.17%，申买委托撤单量占市场同期撤单总量的比例10.17%。

(一)9:17:37,涉案账户以24.00元申报买入300,000股,9:19:05撤销该笔申报,该笔申报占同期市场申买量比例为21.78%。申买排名第一。

(二)9:47:21,涉案账户以22.98元申报卖出50,000股,全部成交。

(三)10:02:32至10:04:48期间,涉案账户以23.18元、23.20元申报买入共计1,200,000股,占该时段市场申买总量的25.27%,申买排名第一,为申买前期订单簿上前5档其他投资者待成交买申报总量的499%。申买委托撤单量占其申买量比例75%,申买委托撤单量占市场同期撤单总量的比例36.35%,申买委托最短驻留时间22秒。

(四)10:04:49,涉案账户以23.35元申报卖出30,000股,全部成交。

(五)10:15:53至11:10:30,涉案账户以23.35元至23.50元申报买入共计2,030,000股,占该时段市场申买总量的13.17%,申买排名第一,为申买前期订单簿上前5档其他投资者待成交买申报总量的2434%。申买委托撤单量占其申买量比例80.74%,申买委托撤单量占市场同期撤单总量的比例19.32%,申买委托最短驻留时间15.6秒。

(六)11:10:31至13:40:05,涉案账户以23.05元至23.25元申报卖出共计620,202股,成交600,000股。

(七)14:45:01至14:54:39,涉案账户申报买入共计930,000股,占该时段市场申买总量的14.67%,申买排名第一,为申买前期订单簿上前5档其他投资者待成交买申报总量的305%。申买委托撤单量占其申买量比例74.43%,申买委托撤单量占市场同期撤单总量的比例18.83%,申买委托最短驻留时间19.5秒。

二、2010年10月15日"东方钽业"股票申报和成交情况

2010年10月15日,"苏颜翔"账户组共申报买入8笔,申报数量2,670,000股,占全天市场申买总量的7.91%,申买排名第一,申买委托撤单量占其申买量比例92.72%,申买委托撤单量占市场同期撤单总量的比例12.65%。

(一)9:15:12:30,涉案账户以24.58元申报买入380,000股,9:18:30:20撤销该笔申报,占同期市场申买量比例为73.69%,申买排名第一。

(二)9:30:06:57至10:50:21:91,涉案账户以23.80元、24元申报卖出共计130,406股,未成交。

(三)11:19:53:26至13:08:08:45,涉案账户以24.2元至24.5元申报买入共计1,390,000股,占该时段市场申买总量的28.14%,申买排名第一,为申买前期订单簿上前5档其他投资者待成交买申报总量的3774.10%。申买委托撤单量占其申买量比例92.48%,申买委托撤单量占市场同期撤单总量的比例42.11%,申买委托最短驻留时间16.8秒。

(四)13:08:09:45,涉案账户以24.80元申报卖出80,406股,全部成交。

(五)13:17:52:89至13:21:03:15,涉案账户以25.15元、25.20元申报买入共计600,000股,占该时段市场申买总量的19.69%,申买排名第一,为申买前期订单簿上前5档其他投资者待成交买申报总量的2384.25%。申买委托撤单量占其申买量比例85.01%,申买委托撤单量占市场同期撤单总量的比例29.40%,申买委托最短驻留时间37.8秒。

(六)13:21:04:15至13:23:41:99,涉案账户以26元至26.15元申报卖出共计250,000股,全部成交。

(七)13:43:29:61,涉案账户以25.60元申报买入300,000股,占该时段市场申买总量的18.48%,申买排名第一,为申买前期订单簿上前5档其他投资者待成交买申报总量的3846.15%,13:43:49:27撤销该笔申报,驻留时间19.8秒,无成交。申买委托撤单量占市场同期撤单总量的比例17.22%。

(八)13:58:05:43至14:10:10:85,涉案账户以25元至25.40元申报卖出共计199,000股,成交145,442股。

三、2010年10月25日"云南铜业"股票申报和成交情况

2010年10月25日,"苏颜翔"账户组共申报买入15笔,申报数量6,350,000股,占全天市场申买总量的5.42%,申买排名第一,申买

委托撤单量占其申买量比例84.3%，申买委托撤单量占市场同期撤单总量的比例9.25%。

（一）9:15:14，涉案账户以29.90元申报买入580,000股，9:18:07撤销该笔申报，占同期市场申买量比例为85.88%，申买排名第一。

（二）9:30:09至11:12:56，涉案账户以28.60元至28.84元申报买入共计3,800,000股，申买量排名第一，为申买前期订单簿上前5档其他投资者待成交买申报总量的76000%。申买委托撤单量占其申买量比例78.95%，申买委托撤单量占市场同期撤单总量的比例16.84%，申买委托最短驻留时间10.2秒。

（三）11:12:57，涉案账户以29.17元申报卖出13,632股，全部成交。

（四）11:15:54至13:19:06，涉案账户以29.08元申报买入300,000股，申报排名第六，为申买前期订单簿上前5档其他投资者待成交买申报总量的516%。申买委托撤单量占其申买量比例93.23%，申买委托撤单量占市场同期撤单总量的比例5.07%，申买委托驻留时间18.6秒。

（五）13:19:07至13:19:13，涉案账户以29.12元、29.10元申报卖出80,000股，全部成交。

（六）13:47:32至13:51:38，涉案账户以29.01元至29.35元申报买入共计1,580,000股，申买排名第一，为申买前期订单簿上前5档其他投资者待成交买申报总量的1452%。申买委托撤单量占其申买量比例94.48%，申买委托撤单量占市场同期撤单总量的比例25.76%，申买委托最短驻留时间10.2秒。

（七）13:51:39至13:52:05，涉案账户以29.75元、29.80元申报卖出100,000股，全部成交。

（八）13:54:09，涉案账户以30元申报买入90,000股，申买排名第十六，为申买前期订单簿上前5档其他投资者待成交买申报总量的94%，该时段内，申买成交量占其申买量比例为100%。

（九）13:59:31至14:18:44，涉案账户以30.20元至30.50元申报卖出210,000股，成交170,000股。

四、2010年12月2日"潍柴动力"股票申报和成交情况

2010年12月2日，"苏颜翔"账户共申报买入36笔，申报数量2,670,000股，占全天市场申买总量的8.13%，申买排名第一，申买委托撤单量占其申买量比例92.28%，申买委托撤单量占市场同期撤单总量的比例9.80%。

（一）9:15:08:36，涉案账户以128元申报买入60,000股，9:18:15:33撤销该笔申报，占该时段市场申买总量的5.71%，申买排名第四。

（二）9:50:43:43至9:56:25:96，涉案账户以123.36元至125.52元申报买入共计660,000股，申买排名第一，为申买前期订单簿上前5档其他投资者待成交买申报总量的10732%。申买委托撤单量占其申买量比例97.76%，申买委托撤单量占市场同期撤单总量的比例33.83%，申买委托最短驻留时间9.6秒。

（三）9:56:26至9:56:52，涉案账户以126.50元、126.40元申报卖出共计10,384股，成交7,182股。

（四）10:29:09:71，涉案账户以125.30元申报买入150,000股，占该时段市场申买总量的20.60%，申买排名第一，为申买前期订单簿上前5档其他投资者待成交买申报总量的1558%。10:29:18:39撤销该笔申报，驻留时间8.4秒，成交472股。

（五）10:40:31，涉案账户以125.90元申报卖出1,202股，全部成交。

（六）11:03:30:75至11:08:38:31，涉案账户125.50元至126.50元申报买入共计530,000股，占该时段市场中买总量的28.89%，申买排名第一，为申买前期订单簿上前5档其他投资者待成交买申报总量的26500%。申买委托撤单量占其申买量比例95.75%，申买委托撤单量占市场同期撤单总量的比例44.20%，申买委托最短驻留时间18秒。

（七）11:08:39，涉案账户以127.38元申报卖出10,000股，全部成交。

（八）11:10:40:42，涉案账户以126.98元申报买入30,000股，占该时段市场申买总量的

4.58%,申买排名第三,为申买前期订单簿上前5档其他投资者待成交买申报总量的52%。11:11:23:22撤销该笔申报,驻留时间42.6秒,无成交。

(九)11:13:13,涉案账户以127.80元申报卖出10,000股,无成交。

(十)11:19:36:06至13:02:46:22,涉案账户以127.3元至127.15元申报买入共计90,000股,申买排名第一,占该时段市场申买总量的9%,为申买前期订单簿上前5档其他投资者待成交买申报总量的272%。申买委托撤单量占其申买量比例82.71%,申买委托撤单量占市场同期撤单总量的比例8.43%,申买委托最短驻留时间22.8秒。

(十一)13:02:47,涉案账户以127.55元申报卖出10,000股,全部成交。

(十二)13:08:40:75至13:10:51:85,涉案账户以127.25元至128元申报买入共计230,000股,申买排名第二,占该时段市场申买总量的14.48%,为申买前期订单簿上前5档其他投资者待成交买申报总量的4600%。申买委托撤单量占其申买量比例99.83%,申买委托撤单量占市场同期撤单总量的比例28.08%,申买委托最短驻留时间9.6秒。

(十三)13:10:52至13:11:26,涉案账户以128.80元、129.20元申报卖出共计10,000股,全部成交。

(十四)13:14:37:61至13:16:26:59,涉案账户以130元至129.40元申报买入共计260,000股,申买排名第一,占该时段市场申买总量的20.12%,为申买前期订单簿上前5档其他投资者待成交买申报总量的846%。申买委托撤单量占其申买量比例88.46%,申买委托撤单量占市场同期撤单总量的比例27.92%,申买委托最短驻留时间14.4秒。

(十五)13:16:27,涉案账户以130.80元申报卖出10,000股,全部成交。

(十六)13:22:22:21至14:06:25:15,涉案账户以129.40元至129.50元申报买入共计460,000股,申买排名第一,占该时段市场申买总量的7.51%,为申买前期订单簿上前5档其他投资者待成交买申报总量的12332%。申买委托撤单量占其申买量比例80.41%,申买委托撤单量占市场同期撤单总量的比例6.64%,申买委托最短驻留时间20.4秒。

(十七)14:06:26,涉案账户以128.99元申报卖出3,841股,全部成交。

五、2010年12月2日"丰原药业"股票申报和成交情况

2010年12月2日,"苏颜翔"账户组共申报买入12笔,申报数量3,270,000股,占全天市场申买总量的9.20%,申买排名第一,申买委托撤单量占其申买量比例68.35%,申买委托撤单量占市场同期撤单总量的比例11.75%。

(一)9:15:08:36,涉案账户以11.60元申报买入60,000股,9:19:03:86撤销该笔申报,9:23:25:21以11.38元申报买入60,000股,成交60,000股。该时段账户申买排名第一。

(二)9:50:52:43至9:53:07:82,涉案账户以11.30元、11.39元申报买入共计830,000股,占该时段市场申买总量的40.17%,申买排名第一,为申买前期订单簿上前5档其他投资者待成交买申报总量的693%。申买委托撤单量占其申买量比例70.33%,申买委托撤单量占市场同期撤单总量的比例63.42%,申买委托最短驻留时间31.2秒。

(三)9:53:08:82至9:54:41:34,涉案账户以11.50元、11.55元价格申报卖出106,865股,全部成交。

(四)9:58:51:07至10:02:09:25,涉案账户以11.45元、11.46元申报买入共计450,000股,占该时段市场申买总量的30.49%,申买排名第一,为申买前期订单簿上前5档其他投资者待成交买申报总量的501%。申买委托撤单量占其申买量比例55.29%,申买委托撤单量占市场同期撤单总量的比例38.58%,申买委托最短驻留时间102.6秒。

(五)10:02:10:25,涉案账户以11.55元价格申报卖出90,000股,未成交。

(六)10:29:59:88至13:33:45:20,涉案账户以11.40元至11.45元申报买入共计1,240,000股,占该时段市场申买总量的14.48%,申买排名第一,为申买前期订单簿上前5档其他投资者待成交买申报总量的510%。申买委托撤单量占其申买量比例67.61%,申买委托撤单量占市场同期撤单总量

的比例20.22%,申买委托最短驻留时间15.6秒。

(七)13:33:46:20,涉案账户以11.55元申报卖出90,000股,未成交。

(八)14:22:59:58至14:34:29:52,涉案账户以11.34元、11.40元申报买入共计630,000股,占该时段市场申买总量的15.07%,申买排名第二,为申买前期订单簿上前5档其他投资者待成交买申报总量的324%。申买委托撤单量占其申买量比例80.03%,申买委托撤单量占市场同期撤单总量的比例27.64%,申买委托最短驻留时间73.2秒。

(九)14:34:30:52至14:42:16:34,涉案账户以11.53元至11.65元申报卖出809,794股,成交390,000股。

六、2010年12月8日"丰原药业"股票申报和成交情况

2010年12月8日,"苏颜翔"账户共申报买入10笔,申报数量2,580,000股,占全天市场申买总量的8.03%,申买排名第一,申买委托撤单量占其申买量比例89.83%,申买委托撤单量占市场同期撤单总量的比例12.25%。

(一)9:15:07:68,涉案账户以11.20元申报买入150,000股,申买排名第一。9:16:17:44撤销该笔申报,9:24:27:39以10.90元申报卖出66,314股,9:31:03:67撤销该笔申报,无成交。

(二)9:31:30:61至9:33:09:90,涉案账户以10.90元、11元申报买入共计800,000股,占该时段市场申买总量的28.13%,申买排名第一,为申买前期订单簿上前5档其他投资者待成交买申报总量的563%。申买委托撤单量占其申买量比例88.40%,申买委托撤单量占市场同期撤单总量的比例42.66%,申买委托最短驻留时间22.8秒。

(三)9:33:10:90至9:40:13:31,涉案账户以11.10元至11.25元申报卖出510,614股,成交266,314股。

(四)9:44:03:34至10:10:32:24,涉案账户以11.10元、11.15元申报买入共计600,000股,占该时段市场申买总量的11.31%,申买排名第一,为申买前期订单簿上前5档其他投资者待成交买申报总量的1661%。上述买入申报全部撤单。申买委托撤单量占其申买量比例100%,申买委托撤单量占市场同期撤单总量的比例19.90%,申买委托最短驻留时间12.6秒。

(五)10:10:33:24至10:12:23:08,涉案账户以11.25元、11.40元申报卖出共计100,000股,成交50,000股。

(六)10:15:04:80至10:17:39:32,涉案账户以11.33元、11.40元申报买入共计600,000股,占该时段市场申买总量的39.13%,申买排名第一,为申买前期订单簿上前5档其他投资者待成交买申报总量的1244%。申买委托撤单量占其申买量比例84.55%,申买委托撤单量占市场同期撤单总量的比例51.82%,申买委托最短驻留时间67.2秒。

(七)10:17:40:32,涉案账户以11.50元申报卖出150,000股,未成交。

(八)10:22:09:07至11:04:55:71,涉案账户以11.47元、11.39元申报买入共计430,000股,占该时段市场申买总量的12%,申买排名第一,为申买前期订单簿上前5档其他投资者待成交买申报总量的1236%。申买委托撤单量占其申买量比例82.12%,申买委托撤单量占市场同期撤单总量的比例16.42%,申买委托最短驻留时间11.4秒。

(九)11:04:56:71至14:44:41:19,涉案账户以11.03元至11.30元申报卖出共计1,156,067股,成交950,000股。

七、2011年1月6日"云南铜业"股票申报和成交情况

2011年1月6日,"苏颜翔"账户组共申报买入14笔,申报数量5,880,000股,占全天市场申买总量的11.71%,申买排名第一,申买委托撤单量占其申买量比例95.01%,申买委托撤单量占市场同期撤单总量的比例18.25%。

(一)9:24:18,涉案账户以28.35元申报买入300,000股,9:30:03撤销该笔申报。

(二)9:30:28,涉案账户以28.70元申报卖出12,987股,全部成交。

(三)9:32:43至9:34:32,涉案账户以28.30元、28.40元申报买入共计990,000股,占该时段市场申买总量的57.61%,申买排名第一,为申买前期订单簿上前5档其他投资者待成交买申报总量的10421%。申买委托撤单

量占其申买量比例 85%,申买委托撤单量占市场同期撤单总量的比例 67.68%,申买委托最短驻留时间 13 秒。

(四)9:34:33 至 9:35:41,涉案账户以 28.50 元、28.65 元申报卖出 99,994 股,全部成交。

(五)9:36:49,涉案账户以 28.55 元申报买入 300,000 股,申买排名第一,占该时段市场申买总量的 35.47%,为申买前期订单簿上前 5 档其他投资者待成交买申报总量的 175%。上述买入申报全部撤单。申买委托撤单量占其申买量比例 100%,申买委托撤单量占市场同期撤单总量的比例 34.83%,申买委托最短驻留时间 11.7 秒。

(六)9:37:27,涉案账户以 28.70 元申报卖出 100,000 股,全部成交。

(七)9:40:52,涉案账户以 28.60 元申报买入 390,000 股,申买排名第一,占该时段市场申买总量的 36.56%,为申买前期订单簿上前 5 档其他投资者待成交买申报总量的 466%。上述买入申报全部撤单。申买委托撤单量占其申买量比例 100%,申买委托撤单量占市场同期撤单总量的比例 78.55%,申买委托驻留时间 10.9 秒。

(八)9:41:38,涉案账户以 28.70 元申报卖出 100,000 股,无成交。

(九)10:59:59 至 14:44:31,涉案账户以 28.29 元至 28.30 元申报买入共计 2,350,000 股,申买排名第一,占该时段市场申买总量的 11.55%,为申买前期订单簿上前 5 档其他投资者待成交买申报总量的 3132%。申买委托撤单量占其申买量比例 96.44%,申买委托撤单量占市场同期撤单总量的比例 19.24%,申买委托最短驻留时间 9.6 秒。

(十)14:44:32,涉案账户以 28.40 元申报卖出 100,000 股,成交 73,710 股。

八、2011 年 3 月 3 日"四川双马"股票申报和成交情况

2011 年 3 月 3 日,"苏颜翔"账户组共申报买入 7 笔,申报数量 2,078,000 股,占全天市场申买总量的 5.83%,申买排名第一,申买委托撤单量占其申买量比例 87.39%,申买委托撤单量占市场同期撤单总量的比例 8.52%。

(一)9:15:10:31,涉案账户以 12.98 元申报买入 178,000 股,9:18:25:35 撤销该笔申报,该笔申报占该时段市场申买总量的 29.76%,申买排名第一。

(二)9:30:41:13,涉案账户以 12.70 元申报买入 300,000 股,占该时段市场申买总量的 62.23%,申买排名第一,为申买前期订单簿上前 5 档其他投资者待成交买申报总量的 177%。9:30:59:58 撤销该笔申报,驻留时间 18.6 秒,无成交,申买委托撤单量占市场同期撤单总量的比例 80.05%。

(三)9:31:18 至 9:31:58,涉案账户以 12.78 元至 12.74 元申报卖出共计 60,000 股,成交 20,000 股。

(四)9:42:04:51 至 9:56:29:72,涉案账户以 12.50 元至 12.80 元申报买入共计 1,600,000股,申买量排名第一,占该时段市场申买总量的 28.72%,为申买前期订单簿上前 5 档其他投资者待成交买申报总量的 804%。申买委托撤单量占其申买量比例 83.62%,申买委托撤单量占市场同期撤单总量的比例 47.85%,申买委托最短驻留时间 12 秒。

(五)9:56:30 至 10:10:06,涉案账户以 12.70 元至 12.90 元申报卖出共计 472,072 股,成交 372,072 股。

九、2011 年 4 月 29 日"新都酒店"股票申报和成交情况

2011 年 4 月 29 日,"苏颜翔"账户组共申报买入 20 笔,申报数量 5,210,000 股,占全天市场申买总量的 15.03%,申买排名第一,申买委托撤单量占其申买量比例 90.50%,申买委托撤单量占市场同期撤单总量的比例 21.59%。

(一)9:31:02:83 至 9:33:26:59,涉案账户以 6.65 元至 6.75 元申报买入共计 1,200,000 股,占该时段市场申买总量的 40.83%,申买排名第一,为申买前期订单簿上前 5 档其他投资者待成交买申报总量的 2474%。申买委托撤单量占其申买量比例 86.17%,申买委托撤单量占市场同期撤单总量的比例 54.24%,申买委托最短驻留时间 11.4 秒。

(二)9:33:27:59,涉案账户以 6.80 元申报卖出 80,631 股,成交 5,600 股。

(三)9:35:58:78 至 13:37:31:40,涉案账

户以6.65元、6.77元申报买入共计2,190,000股,占该时段市场申买总量的12.57%,申买排名第一,为申买前期订单簿上前5档其他投资者待成交买申报总量的655%。申买委托撤单量占其申买量比例87.84%,申买委托撤单量占市场同期撤单总量的比例19.41%,申买委托最短驻留时间17.4秒。

(四)13:37:32,涉案账户以6.90元申报卖出75,031股,全部成交。

(五)13:39:10:93至13:44:48:67,涉案账户以6.85元至6.89元申报买入共计1,330,000股,占该时段市场申买总量的53.29%,申买排名第一,为申买前期订单簿上前5档其他投资者待成交买申报总量的1254%。申买委托撤单量占其申买量比例64.13%,申买委托撤单量占市场同期撤单总量的比例52.41%,申买委托最短驻留时间7.2秒。

(六)13:44:49至13:45:16,涉案账户以6.90元、6.91元申报卖出共计100,000股,成交50,000股。

(七)13:49:35:89至13:55:01:49,涉案账户以6.85元至6.88元申报买入共计490,000股,占该时段市场申买总量的40.21%,申买排名第一,为申买前期订单簿上前5档其他投资者待成交买申报总量的471%。申买委托撤单量占其申买量比例92.71%,申买委托撤单量占市场同期撤单总量的比例37.46%,申买委托最短驻留时间64.8秒。

(八)13:55:02,涉案账户以6.90元申报卖出50,000股,全部成交。

十、2011年8月22日“金种子酒”股票申报和成交情况

2011年8月22日,“苏颜翔”账户组共申报买入19笔,申报数量3,330,000股,占全天市场申买总量的12.04%,申买排名第一,申买委托撤单量占其申买量比例94.67%,申买委托撤单量占市场同期撤单总量的比例36.15%。

(一)9:15:06,涉案账户以21.3元申报买入50,000股,9:18:51撤销该笔申报,占同期市场申买量比例为33.44%,申买排名第一。

(二)9:21:35,涉案账户以21.05元申报卖出80,000股,成交10,000股。

(三)9:34:28至9:35:26,涉案账户分别以21.1元、21.15元申报卖出70,000股,全部成交。

(四)9:38:54,涉案账户以21.1元申报买入150,000股,占该时段市场申买量18.54%,申买排名第一,为申买前期订单簿上前5档其他投资者待成交买申报总量的293.32%。9:39:02撤销该笔申报,驻留时间8秒,无成交。

(五)9:54:42至9:56:52,涉案账户以21元、21.1元申报买入共计460,000股,占该时段市场申买量的37.19%,申买排名第一,为申买前期订单簿上前5档其他投资者待成交买申报总量的375.75%。上述买入申报全部撤单。申买委托撤单量占市场同期撤单总量的比例73.03%,申买委托最短驻留时间22秒。

(六)9:56:52至9:58:21,涉案账户以21.2元至21.35元申报卖出共计100,000股,全部成交。

(七)10:21:25至10:32:59,涉案账户以21.16元至21.3元申报买入共计1,110,000股,占该时段市场申买总量的33.12%,申买排名第一,为申买前期订单簿上前5档其他投资者待成交买申报总量的2677.67%。申买委托撤单量占其申买量比例92.80%,申买委托撤单量占市场同期撤单总量的比例61.04%,申买委托最短驻留时间28秒。

(八)10:32:59,涉案账户以21.45元申报卖出20,000股,全部成交。

(九)10:45:49至10:50:17,涉案账户以21.41元至21.6元申报买入共计570,000股,占该时段市场申买总量的31.10%,申买排名第一,为申买前期订单簿上前5档其他投资者待成交买申报总量的498.60%。申买委托撤单量占其申买量比例82.89%,申买委托撤单量占市场同期撤单总量的比例48.61%,申买委托最短驻留时间12秒。

(十)10:50:17至10:53:10,涉案账户以21.65元至21.75元申报卖出共计100,000股,成交71,800股。

(十一)11:08:55至11:10:46,涉案账户以21.51元、21.6元申报买入共计280,000股,占该时段市场申买总量的41.25%,申买排名第一,为申买前期订单簿上前5档其他投资者待成交买申报总量的300.26%。上述买入申报

全部撤单。申买委托撤单量占其申买量比例100%,申买委托撤单量占市场同期撤单总量的比例64.92%,申买委托最短驻留时间18秒。

(十二)11:10:46至11:12:21,涉案账户以21.65元、21.69元申报卖出共计80,000股,全部成交。

(十三)13:06:36至13:42:33,涉案账户以21.40元申报买入共计110,000股,占该时段市场申买总量的8.50%,申买排名第二,为申买前期订单簿上前5档其他投资者待成交买申报总量的284.24%。上述买入申报全部撤单。申买委托撤单量占其申买量比例100%,申买委托撤单量占市场同期撤单总量的比例26.73%,申买委托最短驻留时间46秒。

(十四)13:42:33至13:50:32,涉案账户以21元至21.25元申报卖出共计620,000股,成交599,119股。

(十五)13:51:15至13:54:17,涉案账户以20.90元、21元申报买入共计600,000股,占该时段市场申买总量的55.88%,申买排名第一,为申买前期订单簿上前5档其他投资者待成交买申报总量的963.08%。上述买入申报全部撤单。申买委托撤单量占其申买量比例100%,申买委托撤单量占市场同期撤单总量的比例89.81%,申买委托最短驻留时间10秒。

(十六)13:54:17至14:48:15,涉案账户以20.69元至21.2元申报卖出共计2,005,607股,成交1,128,781股。

十一、2011年9月16日"山西证券"股票申报和成交情况

2011年9月16日,"苏颜翔"账户组共申报买入4笔,申报数量2,100,000股,占全天市场申买总量的12.94%,申买排名第一,申买委托撤单量占其申买量比例93.99%,申买委托撤单量占市场同期撤单总量的比例17.26%。

(一)9:15:08:48,涉案账户以8.50元申报买入200,000股,9:18:52:40撤销该笔申报,占该时段市场申买总量的37.99%,申买排名第一。

(二)9:44:34:92至9:49:22:04,涉案账户以8.37元至8.40元共申报买入共计1,900,000股,占该时段市场申买总量的71.65%,申买排名第一,为申买前期订单簿上前5档其他投资者待成交买申报总量的1255%。申买委托撤单量占其申买量比例93.35%,申买委托撤单量占市场同期撤单总量的比例70.42%,申买委托最短驻留时间16.8秒。

十二、2011年10月28日"中南传媒"股票申报和成交情况

2011年10月28日,"苏颜翔"账户组共申报买入21笔,申报数量6,370,000股,占全天市场申买总量的10.31%,申买排名第一,申买委托撤单量占其申买量比例86.83%,申买委托撤单量占市场同期撤单总量的比例25.28%。

(一)9:15:06,涉案账户以10.88元申报买入190,000股,占同期市场申买量比例为13.45%,申买排名第二。9:18:08撤销该笔申报。

(二)9:24:16,涉案账户以10.87元申报卖出31,308股,成交31,308股。

(三)9:57:39至11:05:39,涉案账户以10.74元至10.99元申报买入共计3,790,000股,占该时段市场申买总量的19.77%,申买排名第一,为申买前期订单簿上前5档其他投资者待成交买申报总量的1302.09%。申买委托撤单量占其申买量比例84.66%,申买委托撤单量占市场同期撤单总量的比例37.37%,申买委托最短驻留时间7秒。

(四)11:05:39,涉案账户以11.05元申报卖出100,000股,全部成交。

(五)11:16:28至13:11:31,涉案账户以11元至11.2元申报买入共计2,390,000股,占该时段市场申买总量的17.19%,申买排名第一,为申买前期订单簿上前5档其他投资者待成交买申报总量的2384.25%。申买委托撤单量占其申买量比例89.22%,申买委托撤单量占市场同期撤单总量的比例43.23%,申买委托最短驻留时间21秒。

十三、2012年2月10日"中润资源"股票申报和成交情况

2012年2月10日,"苏颜翔"账户组共申报买入13笔,申报数量3,058,000股,占全天市场申买总量的14.98%,申买排名第一,申买委托撤单量占其申买量比例91.64%,申买委

托撤单量占市场同期撤单总量的比例20.38%。

（一）9:31:47:21至9:32:58:74，涉案账户以11.35元、11.45元申报买入共计600,000股，占该时段市场申买总量的69.46%，申买排名第一，为申买前期订单簿上前5档其他投资者待成交买申报总量的3370.39%。申买委托撤单量占其申买量比例95.93%，申买委托撤单量占市场同期撤单总量的比例85.22%，申买委托最短驻留时间18秒。

（二）9:32:59:74，涉案账户以11.52元价格申报卖出61,818股，无成交。

（三）9:37:16:36至9:38:38:60，涉案账户以11.55元、11.60元申报买入共计600,000股，占该时段市场申买总量的44.94%，申买排名第一，为申买前期订单簿上前5档其他投资者待成交买申报总量的629.59%。申买委托撤单量占其申买量比例91.14%，申买委托撤单量占市场同期撤单总量的比例65.44%，申买委托最短驻留时间34.8秒。

（四）9:38:39:60至9:41:14:34，涉案账户以11.70元、11.80元申报卖出111,818股，成交61,818股。

（五）9:46:50:14至9:49:08:63，涉案账户以11.66元、11.72元申报买入共计800,000股，占该时段市场申买总量的40.89%，申买排名第一，为申买前期订单簿上前5档其他投资者待成交买申报总量的958.08%。申买委托撤单量占其申买量比例98.21%，申买委托撤单量占市场同期撤单总量的比例70.06%，申买委托最短驻留时间62.4秒。

（六）9:49:09:63至9:49:16:35，涉案账户以11.85元、11.81元申报卖出100,000股，成交50,000股。

十四、2012年3月7日“星网锐捷”股票申报和成交情况

2012年3月7日，“苏颜翔”账户组共申报买入5笔，申报数量1,140,000股，占全天市场申买总量的5.34%，申买排名第一，申买委托撤单量占其申买量比例97.61%，申买委托撤单量占市场同期撤单总量的比例9.44%。

（一）9:15:10:22，涉案账户以17元申报买入80,000股，9:17:50:79撤销该笔申报，占该时段市场申买总量的31.70%，申买排名第一。

（二）9:38:37:45至9:39:21:97，涉案账户以16.35元、16.40元申报买入共计600,000股，占该时段市场申买总量的85.59%，申买排名第一，为申买前期订单簿上前5档其他投资者待成交买申报总量的904%。申买委托撤单量占其申买量比例95.45%，申买委托撤单量占市场同期撤单总量的比例87.28%，申买委托最短驻留时间10.8秒。

（三）9:39:22至10:03:02，涉案账户以16.55元至16.76元申报卖出191,188股，全部成交。

（四）10:03:28:55至10:04:39:19，涉案账户以16.72元、16.74元申报买入共计460,000股，占该时段市场申买总量的35.41%，申买排名第一，为申买前期订单簿上前5档其他投资者待成交买申报总量的692%。上述申买委托全部撤单。申买委托撤单量占其申买量比例100%，申买委托撤单量占市场同期撤单总量的比例58.27%，申买委托最短驻留时间12秒。

（五）10:03:28至10:04:39，涉案账户以16.85元至17.24元申报卖出678,700股，成交610,000股。

十五、2012年3月9日“东方钽业”股票申报和成交情况

2012年3月9日，“苏颜翔”账户组共申报买入21笔，申报数量4,405,800股，占全天市场申买总量的20.43%，申买排名第一，申买委托撤单量占其申买量比例93.30%，申买委托撤单量占市场同期撤单总量的比例31.22%。

（一）9:36:32:76至9:37:54:34，涉案账户以19.05元至19.15元申报买入共计900,000股，占该时段市场申买总量的67.10%，申买排名第一，为申买前期订单簿上前5档其他投资者待成交买申报总量的1118.71%。申买委托撤单量占其申买量比例98.84%，申买委托撤单量占市场同期撤单总量的比例74.92%，申买委托最短驻留时间12秒。

（二）9:37:55:34，涉案账户以19.30元申报卖出77336股，无成交。

（三）9:40:30:36至13:06:30:64，涉案账户以19.18元至19.02元申报买入共计1,250,000股，占该时段市场申买总量的

17.17%,申买排名第一,为申买前期订单簿上前5档其他投资者待成交买申报总量的4545.62%。申买委托撤单量占其申买量比例89.32%,申买委托撤单量占市场同期撤单总量的比例24.01%,申买委托最短驻留时间10.8秒。

(四)13:06:31:64至13:06:59:22,涉案账户以18.97元、18.99元申报卖出35,137股,全部成交。

(五)13:13:38:74至14:39:26:40,涉案账户以19.08元至19.20元申报买入2,255,800股,占该时段市场申买总量的27.81%,申买排名第一,为申买前期订单簿上前5档其他投资者待成交买申报总量的3710.20%。申买委托撤单量占其申买量比例93.30%,申买委托撤单量占市场同期撤单总量的比例39.00%,申买委托最短驻留时间10.8秒。

(六)14:39:27:40,涉案账户以19.30元申报卖出77336股,无成交。

十六、2012年5月21日"中科三环"股票申报和成交情况

2012年5月21日,"苏颜翔"账户组共申报买入24笔,申报数量5,440,000股,占全天市场申买总量的6.86%,申买排名第一,申买委托撤单量占其申买量比例90.66%,申买委托撤单量占市场同期撤单总量的比例10.22%。

(一)9:33:32:99,涉案账户以40.30元申报买入300,000股,占该时段市场申买总量的10.22%,申买排名第一。9:33:36:81撤销该笔申报,驻留时间3.6秒,无成交。

(二)9:35:49:50,涉案账户以41.10元申报卖出69,309股,全部成交。

(三)9:53:25:38至10:02:50:31,涉案账户以40.80元、41元申报买入共计650,000股,占该时段市场申买总量的17.48%,申买排名第一,为申买前期订单簿上前5档其他投资者待成交买申报总量的1982%。上述申买委托全部撤单。申买委托撤单量占其申买量比例100%,申买委托撤单量占市场同期撤单总量的比例35.21%,申买委托最短驻留时间9.6秒。

(四)10:02:50:31,涉案账户以41.20元申报卖出100,000股,全部成交。

(五)10:09:39:60,涉案账户以41.53元申报买入300,000股,占该时段市场申买总量的2.74%,申买排名第四,为申买前期订单簿上前5档其他投资者待成交买申报总量的129%。10:09:51:38撤销该笔申报,驻留时间12秒,无成交。

(六)10:55:15至10:56:01,涉案账户以41.30元、41.40元申报卖出100,000股,成交50,000股。

(七)11:03:55:11,涉案账户以41.14元申报买入150,000股,占该时段市场申买总量的23.50%,申买排名第一,为申买前期订单簿上前5档其他投资者待成交买申报总量的413%。11:04:28:85撤销该笔申报,驻留时间33.6秒,无成交。

(八)11:06:04至11:06:09,涉案账户以41.40元申报卖出50,000股,全部成交。

(九)11:27:51:04至13:02:33:30,涉案账户以41.90元、42元申报买入共计800,000股,占该时段市场申买总量的18.83%,申买排名第一,为申买前期订单簿上前5档其他投资者待成交买申报总量的1171%。申买委托撤单量占其申买量比例92.68%,申买委托撤单量占市场同期撤单总量的比例17.27%,申买委托最短驻留时间16.8秒。

(十)13:02:34,涉案账户以42.30元申报卖出50,000股,未成交。

(十一)13:17:23:67至13:23:06:75,涉案账户以42.12元至42.50元申报买入共计1,100,000股,占该时段市场申买总量的23.49%,申买排名第一,为申买前期订单簿上前5档其他投资者待成交买申报总量的1925%。申买委托撤单量占其申买量比例85.99%,申买委托撤单量占市场同期撤单总量的比例28.89%,申买委托最短驻留时间7.8秒。

(十二)13:23:07,涉案账户以42.90元申报卖出50,000股,全部成交。

(十三)13:29:11:37至14:23:58:64,涉案账户以42.75元至42.30元申报买入共计1,390,000股,占该时段市场申买总量的11.64%,申买排名第一,为申买前期订单簿上前5档其他投资者待成交买申报总量的1571%,该时段内,申买成交量占其申买量比例为13.16%,申买委托撤单量占其申买量比例

86.84%,申买委托撤单量占市场同期撤单总量的比例15.21%,申买委托最短驻留时间9.6秒。

(十四)14:23:59至14:33:31,涉案账户以42.50元至42.95元申报卖出195,629股,成交169,709股。

(十五)14:45:00至15:00:00,涉案账户申报买入共计600,000股,占该时段市场申买总量的6.98%,申买排名第二,为申买前期订单簿上前5档其他投资者待成交买申报总量的1441%,该时段内,申买委托撤单量占其申买量比例81.23%,申买委托撤单量占市场同期撤单总量的比例9.93%,申买委托最短驻留时间13.8秒。

以上事实,有涉案账户交易记录、涉案人员询问笔录等证据证明,足以认定。

我会认为,苏颜翔的上述行为,违反了《证券法》第七十七条第一款第(四)项不得以其他手段操纵证券市场的规定,构成了《证券法》第二百零三条所述违法行为。

苏颜翔提出申辩理由,表示其没有任何操纵股价的主观故意,其行为也没有导致相关股票价格产生明显的非正常变化。

我会认为,"苏颜翔"账户组频繁虚假申报撤单、随即反向卖出的客观行为,足以显示其不以成交为目的、操纵市场的主观心理状态:(1)全天撤单比例一般在80%以上,大部分在90%以上,最高达97.61%;(2)驻留委托时间短,大都为几秒、十几秒;(3)申买撤单后迅速反向卖出,时间间隔较短,一般为几秒到几分钟,且频繁反复使用;(4)全天以卖出为主,卖出行为坚决;(5)后续申报卖出价格与此前申报买入价格矛盾。

而且,苏颜翔的大笔申报买入撤单行为,已严重影响到时段内相应股票的供求关系,足以对其他投资者产生误导,绝大部分时段的指标同时满足以下条件:(1)账户组申买量占同期市场申买总量超过10%;(2)账户组买申报总量占申买前期订单簿上前5档价位其他投资者的待成交买申报总量的比例大于100%;(3)账户组申买后较账户组申买前其他投资者申买户数、申买量、申买均价的比值大于1;(4)全天及多数时段申买排名均为第一。

苏颜翔申辩提出,其不知道相关操作的违规性,请求我会做出适当处罚。

我会认为,自2007年以来,我会已查处了多起虚假申报撤单操纵案件,明确指出此类交易方式违反了《证券法》第七十七条第一款第(四)项规定,已公布的处罚案例有周建明案(证监罚字〔2007〕35号)、张建雄案(行政处罚决定书〔2009〕15号)、卢道军案(行政处罚决定书〔2009〕37号)、莫建军案(行政处罚决定书〔2009〕43号)、沈昌宇案(行政处罚决定书〔2010〕31号)、陈国生案(行政处罚决定书〔2011〕10号)。对于虚假申报撤单操纵行为,最高人民检察院、公安部2008年3月发布的《关于经济犯罪案件追诉标准的补充规定》、2010年5月发布的《关于公安机关管辖的刑事案件立案追诉标准的规定(二)》均明确将相关严重情形列入刑事追责范围。当事人所提"不知道相关操作的违规性",不构成减轻或者免除处罚的理由。

苏颜翔还对一些单笔操纵行为的违法所得计算方法提出了异议。

我会认为,我会认定的单笔操纵获利金额为构成操纵日卖出相应股票的获利金额,并非当事人账户组交易该支股票的整体盈利情况,相关计算方法并无不当之处。

根据当事人违法行为的事实、性质、情节与社会危害程度,依据《证券法》第二百零三条的规定,我会决定:没收苏颜翔违法所得3,805,783.71元,并处以3,805,783.71元罚款。

当事人应自收到本处罚决定书之日起15日内,将罚没款汇交中国证券监督管理委员会(开户银行:中信银行总行营业部,账号:7111010189800000162,由该行直接上缴国库),并将注有当事人名称的付款凭证复印件送中国证券监督管理委员会稽查局备案。当事人如对本处罚决定不服,可在收到本处罚决定书之日起60日内向中国证券监督管理委员会申请行政复议,也可在收到本处罚决定书之日起3个月内直接向有管辖权的人民法院提起行政诉讼。复议和诉讼期间,上述决定不停止执行。

关于吴京荣违反证券法规的行政处罚决定书

(〔2014〕13 号)

当事人:吴京荣,男,1961 年 11 月出生,时任福建龙净环保股份有限公司(以下简称龙净环保)董事、首席执行官,住址:北京市海淀区。

依据《中华人民共和国证券法》(以下简称《证券法》)的有关规定,我会对吴京荣内幕交易龙净环保股票行为进行了立案调查、审理,并依法向当事人告知了作出行政处罚的事实、理由、依据及当事人依法享有的权利。当事人未提出陈述、申辩意见,也未要求听证。本案现已调查、审理终结。

经查明,吴京荣存在以下违法事实:

一、内幕信息的形成和公开过程

2012 年上半年,吴京荣向龙净环保董事长周某华表示,机构投资者呼吁公司增加股本。周某华表态让吴京荣论证龙净环保股本转增事项。

2012 年 5 月 31 日,吴京荣、龙净环保董事会秘书陈某敏和财务总监余某凤制作《福建龙净环保股份有限公司股票股利分配方案》,方案预算了龙净环保可分配资源以及 2012 年至 2014 年三年的分配设想。

2012 年 6 月开始,吴京荣多次找周某华汇报沟通上述方案,但周某华并未明确表态。

2013 年 2 月 18 日,吴京荣给周某华打电话商讨 2012 年分配方案,在得到周某华的认可后即安排陈某敏准备公告事项。陈某敏所准备的预分配方案中,10 股送 10 股是吴京荣告知的。

2013 年 2 月 20 日,吴京荣电话向周某华汇报预分配方案,建议 2012 年每股送现金 4 元并以资本公积转增股本,拟 10 股送 10 股,并定于 2 月 22 日下午三点召开董事会,周某华表示同意。其后,吴京荣口头通知陈某敏于 2 月 22 日下午三点召开关于利润分配预案会议并要求其制作相关信息披露文件。

2013 年 2 月 22 日上午,陈某敏及证券办公室通知董事参加下午三点的会议,但未告知会议内容。2 月 22 日下午三点,龙净环保召开董事会讨论并通过了预分配方案。

2013 年 2 月 23 日,龙净环保发布“关于 2012 年业绩预增及年度利润分配预案”公告称,公司第一大股东及第二大股东向董事会提交 2012 年度利润分配预案,向全体股东每 10 股派发现金股利 4 元,并转增 10 股。

龙净环保 2012 年度利润分配预案,属于《证券法》第七十五条第二款第(二)项规定的“公司分配股利或增资的计划”,为内幕信息。吴京荣时任龙净环保的董事、首席执行官,是上述预案的动议者和主导者,全程参与该预案事项,属于《证券法》第七十四条规定的内幕信息知情人,在 2013 年 2 月 22 日前知悉内幕信息。

二、吴京荣交易龙净环保股票的情况

“冯某梅”账户(账号:0301 × × ×631)开立于 2000 年 3 月 7 日,早期在其开户的爱建证券厦门湖滨一里证券营业部办理授权委托手续,委托吴京荣代理,代理权限为:股票的买卖、查询、资金存取及沪市撤销指定、深市转托管业务,于 2008 年撤销授权委托。“冯某梅”账户开户以来一直由吴京荣使用,账户的资金来源于吴京荣个人银行账户。

吴京荣使用“冯某梅”账户于 2013 年 2 月 22 日 14:52 至 14:55 分 6 笔买入“龙净环保” 50,714 股,成交金额为 1,718,985.32 元,2 月 25 日全部卖出,成交金额 1,833,701.47 元,获利 107,492.53 元。

以上违法事实,有分配预案形成及公告相关文件、“冯某梅”账户的开户、交易、资金流水记录、账户委托下单 IP 地址、下单电脑硬盘序列号记录、相关人员询问笔录等证据证明,足以认定。

吴京荣使用“冯某梅”账户交易龙净环保股票的行为，违反了《证券法》第七十三条、第七十六条的规定，构成《证券法》第二百零二条所述的内幕交易行为。

根据当事人违法行为的事实、性质、情节与社会危害程度，依据《证券法》第二百零二条的规定，我会决定：没收吴京荣违法所得107,492.53元，并处以107,492.53元罚款。

当事人应自收到本处罚决定书之日起15日内，将罚没款汇交中国证券监督管理委员会（开户银行：中信银行总行营业部，账号：7111010189800000162，由该行直接上缴国库），并将注有当事人名称的付款凭证复印件送中国证券监督管理委员会稽查局备案。当事人如果对本处罚决定不服，可在收到本处罚决定书之日起60日内向中国证券监督管理委员会申请行政复议，也可在收到本处罚决定书之日起3个月内直接向有管辖权的人民法院提起行政诉讼。复议和诉讼期间，上述决定不停止执行。

关于刘刚违反证券法规的行政处罚决定书

（〔2014〕14号）

当事人：刘刚，男，1981年1月出生，时任深圳市宇顺电子股份有限公司（以下简称宇顺电子）中兴客户部副经理，住址：吉林省长春市朝阳区建设街。

依据《中华人民共和国证券法》（以下简称《证券法》）有关规定，我会对刘刚涉嫌内幕交易行为进行了立案调查、审理，并依法向当事人告知了作出行政处罚的事实、理由、依据及当事人依法享有的权利。当事人刘刚未提出陈述、申辩意见，未要求听证。本案现已调查、审理终结。

经查明，刘刚存在如下违法事实：

一、内幕信息形成过程及敏感期的认定

2011年11月，深圳市中兴康讯股份有限公司（以下简称中兴康讯）启动2012年度大招标LCM/CTP（即液晶显示模组、电容式触摸屏模组）项目。2011年11月25日，中兴康讯以电子邮件形式通知宇顺电子参加2012年度大招标液晶显示项目；12月12日，中兴康讯以电子邮件形式通知宇顺电子参加2012年度大招标电容式触摸屏项目。12月20日，中兴康讯通过其供应商电子系统正式实施招标。12月23日至26日，中兴康讯在其供应商电子系统陆续发布中标通知。12月31日，中兴康讯以电子邮件形式向宇顺电子提供液晶显示项目框架协议文本；2012年1月4日，中兴康讯以电子邮件形式向宇顺电子提供电容式触摸屏项目框架协议文本，宇顺电子在框架协议签字盖章，并交中兴康讯签字盖章。2月1日和2日，中兴康讯分别完成LCM项目框架协议盖章和CTP项目框架协议盖章，由宇顺电子的刘刚于2012年2月2日下午将经双方盖章确认的框架协议取回。2月4日，宇顺电子发布《签署重大协议公告暨复牌公告》。宇顺电子中标中兴康讯2012年度大招标项目并签订框架协议为《证券法》第六十七条第二款规定的重大事件，在未公开前属于《证券法》第七十五条规定的内幕信息，内幕信息敏感期为2011年12月26日至2012年2月4日。

二、刘刚知悉内幕信息和交易股票情况

刘刚时任宇顺电子中兴客户部副经理，负责客户订单交付，知悉宇顺电子与中兴康讯签署协议的全过程，2012年2月1日和2日，中兴康讯分别完成LCM项目框架协议盖章和CTP项目框架协议盖章，刘刚于2月2日下午将经双方盖章确认的框架协议取回。宇顺电子提供的《上市公司内幕信息知情人员档案》显示，刘刚为宇顺电子与中兴康讯签订框架协议的内幕

信息事项的知情人员,知悉内幕信息时间为2011年11月25日,知悉内幕信息的方式为电子邮件,内幕信息内容为招标通知。刘刚在询问笔录中承认参与了中兴通讯2012年度液晶显示模组和电容式触摸屏项目招标,知悉招标、中标、签订框架协议和发布公告的情况。因此,刘刚知悉并确认内幕信息不晚于2011年12月26日。

2011年12月29日,“刘刚”账户买入“宇顺电子”700股,成交金额12,181.44元;2012年2月2日,分两笔合计买入“宇顺电子”3,400股,成交金额合计52,855.09元;2月9日至10日,上述股票全部卖出,盈利32,258.52元。

上述违法事实,有交易流水、询问笔录、情况说明等证据证明,足以认定。

刘刚获知内幕信息后,利用其本人证券账户在内幕信息敏感期内交易“宇顺电子”违反了《证券法》第七十六条关于“禁止内幕交易”的规定,构成内幕交易行为。

根据当事人违法行为的事实、性质、情节与社会危害程度,依据《证券法》第二百零二条的规定,我会决定:没收刘刚违法所得32,258.52元,并处以32,258.52元罚款。

当事人应自收到本处罚决定书之日起15日内,将罚没款汇交中国证券监督管理委员会(开户银行:中信银行总行营业部,账号:7111010189800000162,由该行直接上缴国库),并将注有当事人名称的付款凭证复印件送中国证券监督管理委员会稽查局备案。当事人如果对本处罚决定不服,可在收到本处罚决定书之日起60日内向中国证券监督管理委员会申请行政复议,也可在收到本处罚决定书之日起3个月内直接向有管辖权的人民法院提起行政诉讼。复议和诉讼期间,上述决定不停止执行。

关于北京禧达丰证券投资顾问有限公司、白杰旻违反证券法规的行政处罚决定书

(〔2014〕15号)

当事人:北京禧达丰证券投资顾问有限公司(以下简称禧达丰投资),住所:北京市朝阳区朝外大街。

白杰旻,男,1962年9月出生,时任禧达丰投资总经理,住址:北京市东城区大羊宜宾胡同。

依据《中华人民共和国证券法》(以下简称《证券法》)的有关规定,我会对禧达丰投资、白杰旻违反证券法律法规行为进行了立案调查、审理,并依法向当事人告知了作出行政处罚的事实、理由、依据及当事人依法享有的权利,当事人禧达丰投资、白杰旻未提出陈述申辩意见,也未要求听证。本案现已调查、审理终结。

经查明,禧达丰投资、白杰旻存在以下违法事实:

司法机关认定,2009年4月,余某和罗某旭商量借用禧达丰投资的平台发表荐股文章,经与禧达丰投资总经理白杰旻电话联系后,白杰旻初步同意余某借用禧达丰投资白杰旻的名义发表荐股文章。随后余某安排罗某旭、龚某到北京与白杰旻商讨具体“合作”事宜,商定由罗某旭等人撰写相关股票的荐股文章,交余某审核修改后,发送到双方共有的邮箱,再由白杰旻进入该邮箱提取荐股文章,以“禧达丰白杰旻”的名义分别向“新浪网”、“和讯网”、“金融界”等各大财经网站发布,余某每季度付给白杰旻“佣金”5万元。双方确定“合作”事项后,余某等人借用场所,购买设备,并安排开立证券账户、资金,在荐股前集中买入准备操纵的股票,然后撰写荐股文章,由禧达丰投资将文章在财经网站发布,随后卖出相关股票。

2009年5月至12月期间,余某等人利用上述方法对“粤富华”、“新潮实业”、“多伦股份”等61只股票进行了操纵,累计买入成交额

3,166,776,107.44元,累计卖出成交额3,250,239,785.37元,非法获利共计83,463,677.93元。

司法机关认定,白杰旻身为证券从业人员,明知自己的行为是违反证券法规而为之,其行为触犯了《中华人民共和国刑法》第一百八十二条第一款第(四)项规定的行为,但犯罪情节轻微,其在整个犯罪过程中处于次要地位,属从犯,且具有投案自首情节,积极退回了非法所得,根据《中华人民共和国刑法》第二十七条、第六十七条的规定,可以免除刑罚。依据《中华人民共和国刑事诉讼法》第一百四十二条第二款的规定,决定对白杰旻不起诉。

以上违法事实,有司法机关认定文件等证据证明,足以认定。

我会认为,白杰旻的上述行为违反了《证券、期货投资咨询管理暂行办法》(以下简称《暂行办法》)第二十四条第(五)项的规定,禧达丰投资的上述行为构成《暂行办法》第三十三条第(四)项规定所述情形。

根据当事人违法行为的事实、性质、情节与社会危害程度,依据《暂行办法》)第三十三条、第三十六条的规定,我会决定:

一、撤销白杰旻证券投资咨询业务资格;

二、对禧达丰投资处以5万元罚款。

上述当事人应自收到本处罚决定书之日起15日内,将罚款汇交中国证券监督管理委员会(开户银行:中信银行总行营业部,账号:7111010189800000162,由该行直接上缴国库),并将注有当事人名称的付款凭证复印件送中国证券监督管理委员会稽查局备案。当事人如果对本处罚决定不服,可在收到本处罚决定书之日起60日内向中国证券监督管理委员会申请行政复议,也可在收到本处罚决定书之日起3个月内直接向有管辖权的人民法院提起行政诉讼。复议和诉讼期间,上述决定不停止执行。

关于余凯违反证券法规的行政处罚决定书

(〔2014〕16号)

当事人:余凯,男,1977年1月出生,2004年取得证券投资咨询业务资格,2005年11月至2008年1月任武汉新兰德证券投资顾问有限公司部门经理,2008年初任深圳智多盈投资顾问有限公司分析师,住址:湖北省武汉市江汉区马场路。

依据《中华人民共和国证券法》(以下简称《证券法》)的有关规定,我会对余凯违反证券法律法规行为进行了立案调查、审理,并依法向当事人告知了作出行政处罚的事实、理由、依据及当事人依法享有的权利,当事人余凯未提出陈述申辩意见,也未要求听证。本案现已调查、审理终结。

经查明,余凯存在以下违法事实:

司法机关认定,2008年2月至2009年初,余凯分别以柳某、罗某、翁某伟的名义先后成立了武汉胜券在握投资咨询服务有限公司、武汉金仕齐投资有限公司、武汉善行投资有限公司,随后招聘罗某旭负责操盘、管理日常事务和撰写荐股文章,招聘雷某为各大财经媒体联络人,招聘龚某负责操盘。同时,余凯还聘请江海证券分析师蔡某澍、洛阳证券分析师黄某为其撰写荐股文章,并要求二人和罗某旭为其开立了"鄂某英"等7个证券账户及对应的银行账户,加上其控制的"刘某珍"账户,按照"先建仓、再荐股、后卖出"的操作模式对"ST金花"等44只股票进行了操纵,即在每天收盘之前购买相关股票,然后余凯利用华泰证券分析师李某胜和中信建投分析师丁某森的名义在"证券之星"、"和讯网"、"新浪网"、"金融界"等多个财经网站公开推荐上述股票,影响证券价格,并在荐股文章发表的当日或第二个交易日内将上述股票全部卖出。上述证券账户,累计买入成交额518,734,662.74元,累计卖出成交额596,612,532.96元,非法获利共计18,477,870.22元。

2009年4月,余凯和罗某旭商量借用北京禧达丰证券投资顾问有限公司(以下简称禧达丰投资)的平台发表荐股文章,经与禧达丰投资总经理白某旻电话联系后,白某旻同意余凯借用禧达丰投资白某旻的名义发表荐股文章。随后余凯安排罗某旭、龚某到北京与白某旻商讨具体"合作"事宜,商定由罗某旭等人撰写相关股票的荐股文章,交余凯审核修改后,发送到双方共有的邮箱,再由白某旻进入该邮箱提取荐股文章,以"禧达丰白某旻"的名义分别向"新浪网"、"和讯网"、"金融界"等各大财经网站发布,余凯每季度付给白某旻"佣金"5万元。双方确定"合作"事项后,余凯等人借用办公场所,购买电脑等办公设备,并安排罗某旭、龚某等人到武汉、太原、天津、郑州、沈阳、哈尔滨等地开立70个证券账户和对应的第三方存管银行账户。余凯等人利用自有资金、对外融资等形式筹集的资金,并向相关人员提供其操纵信息,通过由余凯实际控制的48个证券账户、由罗某旭实际控制的3个证券账户、由雷某实际控制的4个证券账户以及蔡某澍等人实际控制的15个证券账户在荐股前集中买入准备操纵的股票,然后由罗某旭、黄某以及蔡某澍等人对该股撰写荐股文章,由禧达丰投资将文章在财经网站发布。与此同时,为了防止禧达丰投资漏发文章,余凯安排其弟通过QQ将荐股原文发至雷某,由雷某再将该文章用禧达丰投资的邮箱以"禧达丰白某旻"的名义发往"新浪网"、"和讯网"、"金融界"等网站,并通知编辑发表,待荐股文章发布后股价推高时,余凯、罗某旭、龚某等人在两个交易日内将股票卖出。2009年5月至12月期间,余凯等人以"先建仓、再荐股、后卖出"的手段,先后在"和讯网"等网站发表荐股文章87篇,对"粤富华"等61只股票进行了操纵。上述70个证券账户,累计买入成交额3,166,776,107.44元,累计卖出成交额3,250,239,785.37元,非法获利共计83,463,677.93元。

司法机关判决余凯犯操纵证券市场罪,判处有期徒刑三年,并处罚金人民币450万元,并没收违法所得。

以上违法事实,有刑事判决书等证据证明,足以认定。

我会认为,余凯的上述行为违反了《证券、期货投资咨询管理暂行办法》(以下简称《暂行办法》)第二十四条第(五)项的规定。

根据余凯违法行为的事实、性质、情节与社会危害程度,依据《暂行办法》第三十六条的规定,我会决定:撤销余凯证券投资咨询业务资格。

当事人如果对本处罚决定不服,可在收到本处罚决定书之日起60日内向中国证券监督管理委员会申请行政复议,也可在收到本处罚决定书之日起3个月内直接向有管辖权的人民法院提起行政诉讼。复议和诉讼期间,上述决定不停止执行。

关于蔡国澍违反证券法规的行政处罚决定书

(〔2014〕17号)

当事人:蔡国澍,男,1972年6月出生,2004年11月取得证券投资咨询业务资格,2006年至2007年3月任江海证券哈尔滨友谊路营业部客户经理,住址:黑龙江省哈尔滨市道外区新江桥街。

依据《中华人民共和国证券法》(以下简称《证券法》)的有关规定,我会对蔡国澍违反证券法律法规行为进行了立案调查、审理,并依法向当事人告知了作出行政处罚的事实、理由、依据及当事人依法享有的权利,当事人蔡国澍未提出陈述申辩意见,也未要求听证。本案现已调查、审理终结。

经查明,蔡国澍存在以下违法事实:

司法机关认定,蔡国澍在2007年被余某网上招聘至武汉新兰德证券投资顾问有限公司(以下简称新兰德公司)从事证券分析业务,按照文章的数量获取报酬。2008年底新兰德公司解散后至案发,蔡国澍继续应余某的要求,帮助其撰写荐股分析文章,从中获取利益。此外,蔡国澍还在2009年3月利用“吴某”、“杨某”2个证券账户,利用余某提供的信息与其同步操纵证券13只(次),累计买入成交额29,578,619.84元,累计卖出成交金额31,131,248.50元,非法获利1,552,628.66元。期间,应余某要求,蔡国澍还为其开设了5个证券账户和对应的银行账户并交给余某操作,后期又帮其开了2个银行账户用于转账。案发后,追缴蔡国澍非法所得100万元,已上缴国库。

司法机关认为,蔡国澍身为证券从业人员,明知自己的行为是违反证券法规而为之,其行为触犯了《中华人民共和国刑法》第一百八十二条第一款第(四)项规定的行为,但犯罪情节轻微,其在整个犯罪过程中处于次要地位,属从犯,且退回了部分非法所得,根据《中华人民共和国刑法》第二十七条的规定,可以免除刑罚。依据《中华人民共和国刑事诉讼法》第一百四十二条第二款的规定,决定对蔡国澍不起诉。

以上违法事实,有司法机关认定文件等证据证明,足以认定。

我会认为,蔡国澍的上述行为违反了《证券、期货投资咨询管理暂行办法》(以下简称《暂行办法》)第二十四条第(五)项的规定。

根据蔡国澍违法行为的事实、性质、情节与社会危害程度,依据《暂行办法》第三十六条的规定,我会决定:撤销蔡国澍证券投资咨询业务资格。

当事人如果对本处罚决定不服,可在收到本处罚决定书之日起60日内向中国证券监督管理委员会申请行政复议,也可在收到本处罚决定书之日起3个月内直接向有管辖权的人民法院提起行政诉讼。复议和诉讼期间,上述决定不停止执行。

关于李德胜、丁彦森违反证券法规的行政处罚决定书

(〔2014〕18号)

当事人:李德胜,男,1973年7月出生,1997年任职于华泰证券天津真理道营业部,2004年取得证券投资咨询业务资格,住址:天津市南开区凌庄子道。

丁彦森,男,1978年6月出生,2004年11月至2010年3月任中信建投证券天津红旗南路营业部分析师,2008年取得证券投资咨询业务资格,住址:天津市河西区解放南路。

依据《中华人民共和国证券法》(以下简称《证券法》)的有关规定,我会对李德胜、丁彦森违反证券法律法规行为进行了立案调查、审理,并依法向当事人告知了作出行政处罚的事实、理由、依据及当事人依法享有的权利,当事人李德胜、丁彦森未提出陈述申辩意见,也未要求听证。本案现已调查、审理终结。

经查明,李德胜、丁彦森存在以下违法事实:

2008年2月19日至2009年3月27日,“证券之星”等网站发布署名为华泰证券李德胜的荐股文章64篇。2009年3月18日至31日,“全景网”等网站发布署名为中信建投证券丁彦森的荐股文章5篇。

2007年底,任某请李德胜帮其朋友撰写荐股文章,每月报酬5,000元,李德胜表示同意。但实际李德胜并未给任某等人写过文章,任某只是让其朋友借李德胜的名义发表荐股文章。2008年初,任某告诉李德胜他以李德胜的名义在163网站注册了一个邮箱,任某及其朋友将荐股文章发到该邮箱后再转发到网络媒体。

2009年3月,任某向丁彦森表示其朋友余某等人欲借其名义在网站上发表荐股文章,每月支付给丁彦森8,000元,丁彦森表示同意。

任某要求丁彦森在163网站注册一个邮箱,该邮箱名称和密码均由任某指定,并在注册后交由任某使用。任某提供给丁彦森在"新浪"等网站发布文章需要的授权书模本和各网站传真号码,丁彦森填好后,连同其身份证和证券分析师执业证书复印件一起传真给上述网站。

我会认为,李德胜、丁彦森出租个人业务资格的行为违背了其作为执业人员应负的诚信义务,违反了《证券、期货投资咨询管理暂行办法》(以下简称《暂行办法》)第十九条的规定。李德胜、丁彦森的上述行为对投资者构成欺诈,同时,为他人利用其从业资格从事违法行为提供了便利条件。

根据李德胜、丁彦森违法行为的事实、性质、情节与社会危害程度,依据《暂行办法》第三十六条的规定,我会决定:对李德胜、丁彦森分别处以3万元罚款,同时暂停李德胜证券投资咨询业务资格2年,暂停丁彦森证券投资咨询业务资格1年。

上述当事人应自收到本处罚决定书之日起15日内,将罚款汇交中国证券监督管理委员会(开户银行:中信银行总行营业部,账号:7111010189800000162,由该行直接上缴国库),并将注有当事人名称的付款凭证复印件送中国证券监督管理委员会稽查局备案。当事人如果对本处罚决定不服,可在收到本处罚决定书之日起60日内向中国证券监督管理委员会申请行政复议,也可在收到本处罚决定书之日起3个月内直接向有管辖权的人民法院提起行政诉讼。复议和诉讼期间,上述决定不停止执行。

关于河南天丰节能板材科技股份有限公司、李续禄、孙玉玲等19名责任人违反证券法规的行政处罚决定书

(〔2014〕19号)

当事人:河南天丰节能板材科技股份有限公司(以下简称天丰节能),住所:河南省新乡市开发区,法定代表人李续禄。

李续禄,男,1963年4月出生,天丰节能法定代表人、董事长,住址:河南省新乡市牧野区建设路。

孙玉玲,女,1973年4月出生,天丰节能财务总监,住址:河南省驻马店市驿城区乐山路。

张爱军,男,1969年3月出生,天丰节能董事、总经理,住址:河南省新乡市牧野区燎原街。

刘存芳,女,1981年4月出生,天丰节能董事,住址:河南省新乡市卫滨区平远乡。

王文立,男,1961年2月出生,天丰节能董事,住址:海南省海口市龙华区国贸路。

王敏康,男,1970年12月出生,天丰节能独立董事,住址:江苏省南京市鼓楼区人和街。

贺颖奇,男,1962年10月出生,天丰节能独立董事,住址:北京市海淀区清华园。

张武,男,1969年8月出生,天丰节能独立董事,住址:山西省大同市矿区和平街。

李公杰,男,1974年6月出生,天丰节能监事会主席,住址:河南省新乡市牧野区王村乡。

郭新胜,男,1973年11月出生,天丰节能监事,住址:河南省新乡市凤泉区耿黄乡。

张明,男,1985年2月出生,天丰节能监事,住址:河南省延津县榆林乡。

谢晓飞,男,1974年5月出生,天丰节能副总经理,住址:河南省郑州市金水区丰庆路。

袁伟,男,1971年2月出生,天丰节能副总经理,住址:河南省新乡市牧野区风云街。

杨俊杰,男,1963年8月出生,天丰节能副总经理,住址:河南省平顶山市卫东区建设中路。

张辉,男,1981年11月出生,天丰节能副总经理,住址:北京市昌平区沙河镇。

杨建峰,男,1965年1月出生,天丰节能副总经理,住址:河南省新乡市红旗区东干道。

赵鹏,男,1977年5月出生,天丰节能副总

经理、董事会秘书,住址:河南省郑州市金水区祭城镇。

李公壮,男,1977 年 12 月出生,天丰节能副总经理,住址:河南省新乡市牧野区王村乡。

依据《中华人民共和国证券法》(以下简称《证券法》)的有关规定,我会对天丰节能报送虚假发行申请文件行为进行了立案调查、审理,并依法向当事人告知了作出行政处罚的事实、理由、依据及当事人依法享有的权利,当事人天丰节能、李续禄、王文立、王敏康、贺颖奇、张武提出了书面申辩意见;应当事人李续禄、王文立的要求,我会举行了听证会,听取了当事人李续禄、王文立的陈述和申辩。本案现已调查、审理终结。

经查明,天丰节能存在以下违法事实:

一、天丰节能在 2010 年至 2012 年,通过虚增销售收入、虚增固定资产、虚列付款等多种手段虚增利润且存在关联交易披露不完整等行为,导致报送的 IPO 申报文件(含《招股说明书》、相关财务报表等)及《河南天丰节能板材科技股份有限公司关于报告期财务报告专项检查的说明》(以下简称《天丰节能检查说明》)存在虚假记载

(一)虚增销售收入

2010 年至 2012 年,天丰节能通过虚构客户、虚构销售业务等手段虚增销售收入三年共计 92,560,597.15 元,其中:2010 年虚增 11,302,460.63 元,2011 年虚增 36,642,518.14 元,2012 年虚增 44,615,618.38 元,分别占当年账面销售收入的 10.22%、17.54%、16.43%。具体包括:虚构安徽长彦水利工程有限公司等 74 家公司客户及其销售业务,虚增销售收入 58,232,201.59 元;虚构与广东恒耀工程有限公司等 14 家公司客户的销售业务,虚增销售收入 18,797,508.79 元;虚构与河南汇能建筑装饰工程有限公司等 7 家公司客户的销售业务,虚增销售收入 8,361,386.46 元;虚构与湖北天福建筑安装工程有限公司等 2 家公司客户的销售业务,虚增销售收入 2,327,418.09 元;虚构李彦斌等 6 个自然人客户的销售业务,虚增销售收入 4,842,082.22 元。

(二)虚增固定资产

天丰节能通过虚构固定资产采购和贷款利息支出资本化,2010 年至 2011 年累计虚增固定资产和在建工程 10,316,140.12 元,占 2011 年末公司资产总额的 3.08%;2010 年至 2012 年共计虚增固定资产和在建工程 27,923,990.26 元,占公司 2012 年末资产总额的 5.83%。具体包括:虚构向台湾后东机械公司和意大利 OMS 进口设备采购交易虚增固定资产与在建工程 25,812,879.11 元,其中 2011 年虚增固定资产 9,595,120.94 元,2012 年虚增固定资产 8,738,985.04 元,2012 年虚增在建工程 7,478,773.13 元;通过国家开发银行河南省分行贷款利息支出资本化虚增在建工程 2,111,111.15 元,其中 2011 年 721,019.18 元,2012 年 1,390,091.97 元。

(三)虚增利润

2010 年至 2012 年,天丰节能虚增利润共计 34,390,224.35 元,其中:2010 年虚增利润 4,088,464.23 元,占当年利润总额的 14.11%;2011 年虚增利润 14,044,687.34 元,占当年利润总额的 23.46%;2012 年虚增利润 16,257,072.78 元,占当年利润总额的 22.94%。

(四)虚列付款

天丰节能 2010 年至 2012 年虚列向开封市升龙化工物资贸易有限公司、上海昱业实业有限公司、新乡市天发节能建材有限公司等 13 家供应商付款共计 29,441,438.62 元。其中:2011 年虚列付款 2,047,337.40 元,2012 年虚列付款 27,394,101.22 元。

(五)关联交易披露不完整

2010 年至 2012 年,天丰节能通过以下三种方式隐瞒关联交易,导致在《招股说明书》中关联交易披露不完整:

1. 天丰节能采取先与无关联第三方签订买卖合同,再由第三方与天丰节能关联方河南天丰钢结构建设有限公司(以下简称天丰建设)等签订买卖合同的手段,将实质性关联交易转化为非关联交易,3 年规避关联交易金额合计 29,777,598.92 元。第三方公司包括安阳宏午商贸有限公司、重庆强捷钢结构有限公司、新乡市汇鑫商贸有限公司、武汉奥克商贸有限公司、自贡东方彩钢结构有限公司。

2. 天丰节能将关联交易资金往来在财务记账时直接篡改为与非关联第三方往来,3 年共计 3,622,411.02 元,其中 2011 年为 747,953.

25 元,2012 年为 2,874,457.77 元。

3. 天丰节能与河南天丰投资发展有限公司(以下简称天丰投资)、河南天丰钢结构有限公司(以下简称天丰钢构)、天丰建设银行账户间存在大额资金拆借,未计入财务账,3 年合计 544,211,105.30 元。其中 2010 年 97,630,000 元、2011 年 437,581,105.30 元、2012 年 9,000,000 元。

(六)账银不符,伪造银行对账单

天丰节能《招股说明书》存在"母公司资产负债表中 2011 年 12 月 31 日货币资金余额为 65,499,487.33 元"的虚假记载,实际货币资金余额应为 35,499,487.33 元。

天丰节能明细账显示建设银行新乡牧野支行 41001557710050203102 账户(以下简称建行牧支 3102 账户)2011 年 12 月 31 日的财务账面余额为 30,380,019.96 元,建设银行对账单显示,2011 年 12 月 31 日该银行账户余额为 380,019.96 元。

为了掩盖上述差异,天丰节能伪造了建行牧支 3102 账户 2011 年度银行对账单。此外,为了配合前述财务造假行为,天丰节能还伪造了新乡市区农村信用联合社 32106232596012 账户等账户自 2010 至 2012 年的全套对账单。

二、天丰节能财务不独立,在独立性方面有严重缺陷,《招股说明书》中相关内容存在虚假记载

(一)天丰节能的资金运营不独立

自 2010 年 6 月至 2012 年底,天丰节能的所有资金运转包括银行账户开立、资金收付、票据开立、借款都是由天丰投资统一管理。

《招股说明书》存在"本公司设置了独立的财务部门,建立了独立规范的会计核算体系和财务管理制度。公司根据有关会计制度的要求,依法独立进行财务决策"、"公司不存在货币资金或其他资产被控股股东、实际控制人及其控制的其他企业占用的情况"的虚假记载。

(二)高级管理人员任职不独立

天丰节能财务总监孙玉玲实际履行天丰投资财务总监的职能,总体负责天丰投资的财务工作。

《招股说明书》存在"公司财务会计人员未在控股股东、实际控制人及其控制的其他企业兼职"的虚假记载。

以上事实有天丰节能招股说明书,检查说明,财务账册,会计凭证,资金存取和划款凭证,工商登记资料,询问笔录,情况说明等证据证明,足以认定。

综上,天丰节能报送的 IPO 申请文件及《天丰节能检查说明》存在虚假记载,违反《证券法》第二十条第一款的规定,构成了《证券法》第一百九十三条第二款所述情形。李续禄、孙玉玲是天丰节能报送虚假发行申请文件直接负责的主管人员。张爱军、刘存芳、王文立、王敏康、贺颖奇、张武、李公杰、郭新胜、张明、谢晓飞、袁伟、杨俊杰、张辉、杨建峰、赵鹏、李公壮等人签字承诺招股说明书及其摘要不存在虚假记载、误导性陈述或重大遗漏,并对其真实性、准确性、完整性承担个别和连带的法律责任,是其他直接责任人员。

当事人天丰节能提出了陈述申辩理由:1. 借款利息资本化虚增固定资产与实际情况不符;2. 账银不符只是报表列示的错误行为;3. 不具有虚假上市的主观故意,尚未给投资者造成损失和危害,积极配合核查,勇于承担社会责任,对其处罚过重。

我会认为,1. 新会计准则对专门借款的性质和用途作出了明确规定,只有专门用于"购建"或"生产"用途的借款利息才符合资本化条件。天丰节能将国家开发银行河南省分行获取的 5,200 万元贷款中 2,011 万元用于归还公司贷款和利息,未用于购建相关资产,并将不应资本化的借款利息予以资本化,导致虚增固定资产。天丰节能称占用一般借款进行固定资产投资的利息均未资本化,与本案认定事实没有关系;2. 天丰节能《招股说明书》中 2011 年 12 月 31 日资产负债表货币资金余额存在虚假记载,并且存在伪造银行对账单的违法行为;3. 天丰节能实施了报送虚假申请文件的违法行为并具有明显的主观故意,在应我会要求自查后,仍未停止申报虚假申请文件行为,情节恶劣,严重破坏证券市场诚信基础和投资者信心,造成了严重的社会影响。

当事人李续禄提出了陈述申辩理由:1. 认定其为"直接负责的主管人员"存在事实错误,其为技术型管理人员,对财务等方面知识存在欠缺,未亲自参与公司财务管理和未实施清除和转移公司财务数据行为，主要行为由财务总监孙玉玲实施；2.天丰节能身份仅是申请人，并非被核准发行的发行人，不属于《证券法》第一百九十三条第二款的适用对象；3.配合调查工作，主动消除违法行为的后果；4.对其进行证券市场禁入措施违反法律规定；5.承担了较多的社会责任，对国家作出了较大的贡献。

我会认为，1.李续禄作为天丰节能董事长及法定代表人，对公司财务管理不存在不能履职的情形，同时又是公司发行上市的主要决策人，对公司的违法行为应承担最主要责任，但对公司财务相关情形的申辩意见部分予以接受；2.天丰节能向我会报送发行申请文件即已属于发行人身份，应当遵守《证券法》第二十条第一款规定，如有违反则应当依据《证券法》第一百九十三条第二款进行处罚；3.李续禄在调查初期不接受我会调查，不接收《调查通知书》，未能要求公司配合调查。天丰节能未在自查阶段提出撤回请求，后期按照要求进行自查，出具了相关自查报告。李续禄提出的配合调查工作的说法存在片面性，不能完全成为减轻处罚的理由；4.天丰节能的行为情节恶劣，严重扰乱证券市场秩序，李续禄应对公司违法行为承担相应的责任；5.李续禄承担社会责任不能作为减轻其行政违法责任的依据。

当事人王文立提出了陈述申辩理由：1.天丰节能仅是申请人，不是发行人，不属于《证券法》第一百九十三条第二款的适用对象；2."虚增销售收入"金额应以天丰节能《自查报告》中查明的数据为准；3.不存在不配合调查、阻碍调查的情形；4.适用法律错误，调查程序违反法律规定。

我会认为，1.违法事实认定"虚增销售收入"的数据是根据天丰节能会计凭证、应收账款明细账、银行对账单、客户外调结果、天丰节能《自查报告》等综合分析后作出的确认；2.王文立4月23日到达调查现场后，未按《证券法》要求接受调查询问，其后在被通知接受调查的情况下始终未与调查组联系，有相关证据证明。王文立对发行人认识存在错误，与其法律专业人士身份不符，其不配合调查的事实成立。王文立阻碍调查情节缺乏确凿证据证明，我会不再予以认定；3.天丰节能为《证券法》所规定的发行人，我会对其立案调查时间距其终止申请行为未超过行政处罚时效，调查程序没有违反法律规定，王文立辩称的2013年4月23日对其调查行为没有法定依据的理由不能成立。

当事人天丰节能独立董事王敏康、贺颖奇、张武提出了陈述申辩理由并提交了履职情况及材料，提出独立董事不应对天丰节能的违法行为承担责任。独立董事张武还提出，从《证券法》第六十八条和第二十条的逻辑关系和规定来看，发行人报送的申请文件虚假记载的，独立董事不具有法定保证义务。

我会认为，独立董事提交的材料无法证明其对天丰节能报送的文件履行了勤勉尽责的义务，结合《证券法》第二十条规定的发行人的保证义务、第一百九十三条第二款关于责任人员的规定，以及《首次公开发行股票并上市管理办法》第五十四条关于董事的保证义务的规定来看，独立董事应对本案违法行为的发生承担相应的责任。

根据当事人违法行为的事实、性质、情节与社会危害程度，依据《证券法》第一百九十三条第二款的规定，我会决定：

一、对天丰节能给予警告，并处以60万元罚款；

二、对李续禄、孙玉玲给予警告，并分别处以30万元罚款；

三、对王文立给予警告，并处以10万元罚款；

四、对张爱军、刘存芳、王敏康、贺颖奇、张武、李公杰、郭新胜、张明、谢晓飞、袁伟、杨俊杰、张辉、杨建峰、李公壮、赵鹏给予警告，并分别处以5万元罚款。

上述当事人应自收到本处罚决定书之日起15日内，将罚款汇交中国证券监督管理委员会（开户银行：中信银行总行营业部，账号：7111010189800000162，由该行直接上缴国库），并将注有当事人名称的付款凭证复印件送中国证券监督管理委员会稽查局备案。当事人如果对本处罚决定不服，可在收到本处罚决定书之日起60日内向中国证券监督管理委员会申请行政复议，也可在收到本处罚决定书之日起3个月内直接向有管辖权的人民法院提起行政诉讼。复议和诉讼期间，上述决定不停止执行。

关于光大证券股份有限公司、李瑞瑜、水润东违反证券法规的行政处罚决定书

(〔2014〕20 号)

当事人:光大证券股份有限公司(以下简称光大证券),系河南天丰节能板材科技股份有限公司(以下简称天丰节能)首次公开发行股票并上市申请(以下简称 IPO)保荐机构,住所:上海市静安区新闸路。

李瑞瑜,男,1974 年 1 月出生,天丰节能 IPO 光大证券签字保荐代表人,住址:北京市海淀区世纪城。

水润东,男,1978 年 4 月出生,天丰节能 IPO 光大证券签字保荐代表人,住址:北京市海淀区苏州街。

依据《中华人民共和国证券法》(以下简称《证券法》)的有关规定,我会对光大证券违法违规行为进行了立案调查、审理,并依法向当事人告知了作出行政处罚的事实、理由、依据及当事人依法享有的权利。当事人未要求陈述、申辩和听证。本案现已调查、审理终结。

经查明,光大证券存在以下违法事实:

光大证券在核查天丰节能 IPO 材料以及进行财务自查过程中未勤勉尽责,导致 2013 年 3 月 27 日出具的《发行保荐书》和 2013 年 3 月 28 日出具的《光大证券股份有限公司关于河南天丰节能板材科技股份有限公司报告期财务报告专项检查的自查报告》(以下简称《光大证券自查报告》)存在虚假记载。

一、货币资金方面

光大证券在依据《保荐人尽职调查工作准则》(以下简称《保荐准则》)第四条、第五条、第六条和第五十条规定要求执行货币资金尽职调查程序时,未独立获取天丰节能银行账户资料,未独立获取银行对账单,未独立实施函证,对存在明显异常的银行对账单未予以审慎核查,导致未能发现天丰节能伪造银行对账单、伪造银行业务原始凭证入账、银行资金划转与财务记账严重不符等情况。光大证券提交给我会的《发行保荐书》中存在“三、(二)19. 天丰节能申报文件中不存在下列情形:(3)操纵、伪造或者篡改编制财务报表所依据的会计记录或者相关凭证”的虚假记载。

二、固定资产方面

光大证券在依据《保荐准则》第四条、第五条、第六条和第五十四条的相关要求执行固定资产尽职调查程序时,未能对存在明显异常的购置合同和原始单据予以审慎核查,未能获取完整的报关单,未能审慎核查固定资产的使用状态、在建工程的施工进度,未能审慎核查当期新增固定资产的真实性,导致未发现天丰节能报告期内虚增固定资产的行为。《发行保荐书》中存在“三、(一)3. 天丰节能最近三年财务会计文件无虚假记载……。三、(二)15.(4)天丰节能编制财务报表以实际发生的交易或者事项为依据;……19. 天丰节能申报文件中不存在下列情形:(1)故意遗漏或者虚构交易、事项或者其他重要信息”的虚假记载。

三、销售情况方面

光大证券在依据《保荐准则》第四条、第五条、第六条和第二十二条执行销售情况尽职调查程序时,未对 2010 年和 2011 年前十大主要客户编制销售额占年度销售总额的比例及回款情况,未独立发放函证,对明显异常回函未予以关注,在对大客户销售业务真实性的核查中,遗漏客户资料,对明显异常回款凭证未予以审慎核查,导致未能发现天丰节能报告期内虚构客户、虚增收入的行为。《发行保荐书》中存在“三、(一)3. 天丰节能最近三年财务会计文件

无虚假记载……。三、(二)15.(4)天丰节能编制财务报表以实际发生的交易或者事项为依据;……19.天丰节能申报文件中不存在下列情形:(1)故意遗漏或者虚构交易、事项或者其他重要信息”的虚假记载。

四、采购情况方面

光大证券在依据《保荐准则》第四条、第五条、第六条和第二十条执行采购情况尽职调查程序时,未计算主要供应商的采购金额占天丰节能同类原材料采购金额的比例,未独立实施函证,对存在明显异常的回函未予关注,在对供应商走访过程中,对未取得实际采购数据的企业默认无差异,导致未能发现天丰节能虚构采购、虚增成本的行为。《发行保荐书》中存在“三、(一)3.天丰节能最近三年财务会计文件无虚假记载……。三、(二)15.(4)天丰节能编制财务报表以实际发生的交易或者事项为依据;……19.天丰节能申报文件中不存在下列情形:(1)故意遗漏或者虚构交易、事项或者其他重要信息”的虚假记载。

五、关联交易方面

光大证券在依据《保荐准则》第四条、第五条和第二十五条执行关联交易尽职调查程序时,未独立获取天丰节能关联方财务凭证,遗漏关联交易未予披露,对关联交易非关联化的调查流于形式,导致未能发现天丰节能掩盖关联交易、通过第三方将关联交易非关联化的行为。《发行保荐书》中存在“三、(二)15.(5)天丰节能已完整披露关联方关系和关联交易”的虚假记载。

六、独立性方面

光大证券在依据《保荐准则》第四条、第五条和第十六条执行独立性尽职调查程序时,对于已知的独立性缺陷未予审慎核查,导致未能发现天丰节能部分高级管理人员任职不独立、财务不独立的事实。《发行保荐书》存在“三、(二)7.发行人具备独立性……。(3)天丰节能的人员独立,……财务总监……未在控股股东……任除董事、监事以外的其他职务……。(4)天丰节能的财务独立……”的虚假记载。

七、现金回款方面

光大证券在核查天丰节能各报告期内的现金收款交易时,未按照我会《关于进一步提高首次公开发行股票公司财务信息披露质量有关问题的意见》的相关要求对天丰节能的现金交易给予充分关注,未关注天丰节能刻意隐瞒现金收款的做账过程,违反了《保荐准则》第四条、第五条,导致其提交的《光大证券自查报告》中存在“报告期内,天丰节能现金收付交易占比较小,现金收款占营业收入的比例分别为2%、1.59%和0.96%,呈逐年下降的趋势”的虚假记载。

以上事实,有光大证券出具的《发行保荐书》、《光大证券自查报告》、工作底稿、相关人员询问笔录等证据证明,足以认定。

光大证券在核查过程中未勤勉尽责,出具的《发行保荐书》和《光大证券自查报告》存在虚假记载的行为,违反了《证券法》第十一条的规定,构成《证券法》第一百九十二条所述情形。李瑞瑜、水润东是直接负责的主管人员。

根据当事人违法行为的事实、性质、情节与社会危害程度,依据《证券法》第一百九十二条的规定,我会决定:

一、对光大证券给予警告,没收业务收入215万元,并处以430万元罚款;

二、对李瑞瑜、水润东给予警告,并分别处以30万元罚款。

上述当事人应自收到本处罚决定书之日起15日内,将罚没款汇交中国证券监督管理委员会(开户银行:中信银行总行营业部,账号:7111010189800000162,由该行直接上缴国库),并将注有当事人名称的付款凭证复印件送中国证券监督管理委员会稽查局备案。当事人如果对本处罚决定不服,可在收到本处罚决定书之日起60日内向中国证券监督管理委员会申请行政复议,也可在收到本处罚决定书之日起3个月内直接向有管辖权的人民法院提起行政诉讼。复议和诉讼期间,上述决定不停止执行。

关于利安达会计师事务所、黄程、温京辉等4名责任人违反证券法规的行政处罚决定书

(〔2014〕21号)

当事人:利安达会计师事务所(以下简称利安达),系河南天丰节能板材科技股份有限公司(以下简称天丰节能)首次公开发行股票并上市申请(以下简称IPO)证券服务机构,住所:北京市朝阳区八里庄西里,法定代表人黄锦辉。

黄程,男,1972年12月出生,天丰节能IPO审计报告利安达签字注册会计师,住址:北京市朝阳区慧忠北里。

温京辉,男,1970年4月出生,天丰节能IPO审计报告利安达签字注册会计师,住址:北京市海淀区阜成路。

汪国海,男,1979年3月出生,天丰节能IPO审计项目负责人,住址:山东省曹县常乐集乡。

依据《中华人民共和国证券法》(以下简称《证券法》)的有关规定,我会对利安达违法违规行为进行了立案调查、审理,并依法向当事人告知了作出行政处罚的事实、理由、依据及当事人依法享有的权利,当事人利安达、黄程、温京辉、汪国海提出了书面申辩意见;应当事人利安达、黄程、温京辉、汪国海的要求,我会举行了听证会,听取了利安达及其代理人、黄程、温京辉、汪国海的陈述和申辩。本案现已调查、审理终结。

经查,利安达存在以下违法事实:

利安达及其注册会计师在审计天丰节能IPO和执行首次公开发行股票公司审计业务专项核查工作时未勤勉尽责,2013年2月17日出具的审计报告和2013年3月28日出具的《利安达会计师事务所有限责任公司关于河南天丰节能板材科技股份有限公司落实〈关于做好首次公开发行股票公司2012年度财务报告专项检查工作的通知〉的自查报告》(以下简称《自查报告》)存在虚假记载。

(一)IPO审计底稿中计划类工作底稿缺失或没有在计划中对评估出的重大错报风险作出恰当应对,没有设计进一步审计程序,没有对舞弊风险进行评估和计划应对,违反《审计准则第1231号——针对评估的重大错报风险采取的应对措施》第五条、第六条和《审计准则第1141号——财务报表审计中与舞弊相关的责任》第十三条、第十六条、第十七条的规定。

利安达IPO审计底稿(2010年)无计划类工作底稿,无总体审计策略、具体审计计划、重要性水平确定表等;无“风险评估汇总表”或其他风险评估底稿。

利安达IPO审计底稿(2011年)无总体审计策略、具体审计计划;无“风险评估汇总表”或其他风险评估底稿。

利安达IPO审计底稿(2012年)具体审计计划中将“评估的重大错报风险”索引至C47,但未见该份底稿。2012年“风险评估汇总表”中将销售收款循环评估为财务报表层次的重大错报风险,最高风险,并将对报表的影响描述为虚增营业收入和虚增应收账款;将固定资产循环评估为高风险,对报表的影响描述为虚增资产,涉及在建工程、固定资产科目。但总体应对措施仅描述为“控制测试及实质性测试”,也没有就认定层次重大错报风险设计进一步审计程序。

利安达IPO审计底稿(2010年—2012年)中没有舞弊风险评估的相关底稿。

(二)IPO审计时应收账款函证过程未保持控制,对明显异常回函没有关注,替代程序未得到有效执行,违反《审计准则第1312号——函证》第十四条、第十九条、第二十三条和《审计准则第1301号—审计证据》第十条、第十一条

的规定,未能发现天丰节能虚构客户、虚增收入的行为。

利安达2010年函证的20家应收账款客户中有1家为虚假客户(即天丰节能虚构的客户),10家存在虚假销售(即天丰节能以该客户名义虚构销售),IPO审计底稿中留存了此11家客户中7家的询证函回函。2010年天丰节能虚增对上述11家客户的销售收入1,079.61万元,利润390.49万元,占当期利润总额的13.47%。利安达2012年函证的51家应收账款客户中有5家为虚假客户,2家存在虚假销售,IPO审计底稿中留存了这7家客户的询证函回函。2012年天丰节能虚增对上述客户的销售收入495.64万元,利润165.15万元,占当期利润总额的2.33%。

(三)IPO审计时银行账户函证程序缺失或未有效执行,银行账户函证范围存在遗漏,函证未保持控制,未回函的银行账户和异常的询证函回函未予追查,对获取的明显异常的银行对账单未予关注,也未采取进一步审计程序,违反《审计准则第1312号——函证》第十二条、第十四条和《审计准则第1301号——审计证据》第十条、第十一条、第十五条的规定,未能发现天丰节能在建设银行新乡牧野支行开立的41001557710050203102账户2011年末实际余额比账面余额少3,000万元的事实,以及天丰节能伪造银行询证函回函、伪造银行对账单的事实。

(四)对固定资产的审计程序未能有效执行,检查固定资产新增发生额时,未关注原始凭证异常情况,盘点时未关注大额进口设备及构件,未核对设备编号,检查付款凭证时没有关注合同异常,违反《审计准则第1301号——审计证据》第十条、第十一条、第十五条的规定,未能发现天丰节能虚增固定资产2,581.3万元。

(五)IPO审计过程中,未有效执行关联方识别和披露的审计程序,违反《审计准则第1323号——关联方》第十四条、第十五条和第十六条的规定,未能发现天丰节能通过第三方公司隐瞒关联交易的事实。

利安达2010年IPO审计底稿中仅有关联方及关联方交易"审计程序表",虽标有程序执行索引号,但未见相关底稿。2011年IPO审计底稿中没有任何执行关联方审计程序的记录。2012年IPO审计底稿没有执行其他实质性审计程序的记录,关联方关系及披露没有审计结论。

(六)自查时关联方核查程序未有效执行,对客户的走访流于形式,部分结论没有底稿支持。

自查底稿以及IPO审计底稿中均没有注册会计师核对天丰节能与河南天丰钢结构建设有限公司(以下简称天丰建设)等关联方的往来明细账、现金日记账、银行日记账的记录,也没有访谈上述关联方的记录。

自查底稿显示,走访重庆强捷钢结构有限公司(以下简称重庆强捷)没有访谈记录,底稿中仅取得一份"重庆强捷钢结构有限公司基本情况及财务数据"的说明,未加盖重庆强捷公章。该说明后附的明细清单为天丰节能对重庆强捷的往来明细账,会计师未对双方交易进行核查。同时,会计师未对天丰节能向安阳宏午商贸有限公司、安阳宏信达公司、自贡东方彩钢结构有限公司的销售金额与利安达IPO审计底稿中记录的差异进行核查。

自查底稿结论称"项目组核查关联方财务报告、成本、费用、营业外支出明细以及现金银行账款科目明细表、往来科目明细表",但自查底稿中未见关于上述情况的任何记录。

以上违法事实,有利安达出具的审计报告、自查报告、IPO审计底稿、自查底稿、相关人员询问笔录等证据证明,足以认定。

利安达未按照行业标准履行勤勉尽责义务,出具的审计报告、自查报告存在虚假记载,违反了《证券法》第二十条第二款、第一百七十三条的规定,构成《证券法》第二百二十三条所述情形。对利安达的上述违法行为,黄程、温京辉是直接负责的主管人员,汪国海是其他直接责任人员。

当事人利安达提出了陈述申辩理由:1.天丰节能项目是以姜某为首的项目组非法控制利安达期间负责的业务,以黄某辉为代表的利安达存续股东在利安达失控期间及恢复控制权后均对该项目毫不知情,从未参与项目的审计、复核及业务收入分配,且项目组的办公地点及审计底稿存放均不在利安达营业执照住所地。2013年2月17日IPO审计报告和后续《自查报告》均是在被项目组胁迫的情况下出具的,业务收入亦转入姜某账户,利安达不应为项目组的违法执业承担法律责任;2. 2010 年、2011 年财务报告加盖的是已作废的公章,利安达不应对两份年审报告承担法律责任,2013 年的审计报告和《自查报告》不能够反映本案的基本事实;3. 天丰节能的行为尚未对社会公众产生实质损害,违法行为显著轻微。

我会认为,利安达的申辩理由不能成立,1. 认定利安达为责任主体的依据在于:第一,利安达与天丰节能于 2010 年 4 月签订《审计业务约定书》时,尚未发生股权纠纷,三名会计师均在利安达正常执业,该协议从形式到实质均不存在法律瑕疵。第二,虽然利安达内部股东就公司控制权进行诉讼,但其作为法人主体始终存续,本案所涉报告也均是以利安达名义出具。第三,业务收入转入利安达公司账户,利安达作为独立人格的法人享有对该业务收入的所有权,之后的资金划转属于公司的收益分配。第四,利安达在公司内部治理已陷入失控局面,审计条件发生重大不确定性情况下,利安达管理层基于利益与风险考虑作出妥协,放弃对天丰节能项目实施正常管控并加盖公章,应视为利安达对天丰节能项目的确认。第五,从申辩材料看,利安达已于 2 月 27 日取得所谓被姜某扣留的转制必要材料,但仍在 3 月 28 日盖章出具了《自查报告》并由黄某辉签字,此时利安达所称受胁迫情形并不存在。利安达在执行天丰节能 IPO 审计业务中未勤勉尽责,有违对外部报告使用人的信赖义务,破坏证券市场管理秩序;2. 利安达 2013 年 2 月提交的 IPO 审计报告是独立的审计报告,其使用了以前年度审计底稿代替 IPO 审计底稿,并不意味着使用以前年度审计报告代替 IPO 审计报告,因此,2010 年、2011 年财务报告加盖公章是否真假与 IPO 审计报告无关,亦与本案认定无关;3. 天丰节能报送虚假申请文件行为,情节恶劣,严重破坏证券市场诚信基础和投资者信心,造成严重的社会影响。

当事人黄程提出了陈述申辩理由:在提交给核查小组的电子版本底稿中存在计划类工作底稿,2012 年实施了舞弊风险相关程序,计划类工作底稿和舞弊风险评估工作底稿缺失与审计失败没有必然联系,客户虚增收入是客户与银行串通提供虚假银行对账单及与第三方串通函证,与审计程序的执行程度不存在必然关系,对未回函客户部分实施了走访程序,银行询证函和对账单格式的异常可接受,盘点固定资产时进行了函证并已获取了充分适当的审计证据,关联方程序 2012 年实施了风险评估程序并采取了应对措施等。对上述申辩意见,我会不予支持。

对黄程提出的对其处罚与以往案例相比采取了简单的方式、终身禁入措施适用法律错误、未能考虑其配合态度和立功表现。我会认为,会计师在天丰节能 IPO 审计业务及自查业务中未能勤勉尽责,执业存在诸多问题,特别是在我会要求自查后仍未能尽职,应当予以严惩。但同时,也需要考虑当事人的具体情节。黄程在调查未能第一时间从天丰节能获取电子账簿的情况下,应调查要求提供了会计师保存的公司电子账簿,显示其有配合调查的主观意愿,对本案调查工作有一定贡献,对黄程相关意见部分予以采纳。

当事人温京辉、汪国海提出的陈述申辩理由和黄程部分相同,请求减轻和免除处罚,我会不予支持。

根据当事人违法行为的事实、性质、情节与社会危害程度,依据《证券法》第二百二十三条的规定,我会决定:

一、对利安达没收业务收入 60 万元,并处以 120 万元罚款;

二、对黄程、温京辉给予警告,并分别处以 10 万元罚款;

三、对汪国海给予警告,并处以 8 万元罚款。

上述当事人应自收到本处罚决定书之日起 15 日内,将罚没款汇交中国证券监督管理委员会(开户银行:中信银行总行营业部,账号:7111010189800000162,由该行直接上缴国库),并将注有当事人名称的付款凭证复印件送中国证券监督管理委员会稽查局备案。当事人如果对本处罚决定不服,可在收到本处罚决定书之日起 60 日内向中国证券监督管理委员会申请行政复议,也可在收到本处罚决定书之日起 3 个月内直接向有管辖权的人民法院提起行政诉讼。复议和诉讼期间,上述决定不停止执行。

关于北京市竞天公诚律师事务所、王丽娟、张绪生违反证券法规的行政处罚决定书

（〔2014〕22 号）

当事人：北京市竞天公诚律师事务所（以下简称竞天公诚），系河南天丰节能板材科技股份有限公司（以下简称天丰节能）首次公开发行股票并上市申请（以下简称 IPO）证券服务机构，住所：北京市朝阳区建国路。

王丽娟，女，1973 年 5 月出生，天丰节能 IPO 相关法律文件签字律师，住址：北京市崇文区夕照寺街。

张绪生，男，1956 年 9 月出生，天丰节能 IPO 相关法律文件签字律师，住址：北京市东城区柏树胡同。

依据《中华人民共和国证券法》（以下简称《证券法》）的有关规定，我会对竞天公诚违法违规行为进行了立案调查、审理，并依法向当事人告知了作出行政处罚的事实、理由、依据及当事人依法享有的权利。所有当事人均未要求陈述、申辩和听证。本案现已调查、审理终结。

经查明，竞天公诚在为天丰节能提供法律服务时，未能勤勉尽责地核查和验证天丰节能相关情况，导致其出具的法律意见书等文件存在虚假记载。具体存在以下违法事实：

一、2012 年 12 月 5 日出具的《补充法律意见书》（二）中，就天丰节能与河南天丰钢结构建设有限公司（以下简称天丰建设）之间通过第三方进行的实质关联交易出具了错误的法律意见

发行人与关联方是否存在重大关联交易是法律意见书及律师工作报告的必备内容。《信息披露编报规则第 12 号——公开发行证券的法律意见书和律师工作报告》第二十四条、第三十八条对该事项做出明确规定，同时，我会于 2012 年 9 月 20 日对中介机构提出的反馈意见——重点关注问题 6 中明确要求“发行人律师核查发行人与天丰建设之间是否存在实质的关联交易（如通过第三方等中间环节的关联交易）”。

竞天公诚在《补充法律意见书》（二）中出具了“天丰建设与发行人之间不存在实质关联交易”的意见，该意见与客观事实不符。

《律师事务所证券法律业务执业规则》（以下简称《执业规则》）第四条规定“对于收集证据材料等事项，应当亲自办理，不得交由委托人代为办理”。竞天公诚存在通过天丰节能获得天丰建设的购销合同，未亲自到天丰建设索取的情形。

《执业规则》第十四条规定“律师采用书面审查方式进行查验的，应当分析相关书面信息的可靠性”；第十一条规定“待查验事项仅有书面凭证不足以证明的，律师应当采用实地调查、面谈等方式进行查验”。竞天公诚存在未亲自去天丰建设进行实地调查和现场访谈的情形。工作底稿中没有律师前往天丰建设现场调查的工作记录、访谈笔录及合同或相关财务账簿信息。在查验程序尚未充分履行，待查事项仍存在不确定性的情况下，竞天公诚对于天丰节能协调天丰建设所提供合同未采取进一步的手段进行查验，仅在有限的合同范围内，对交易对方中是否存在共同方进行比对，并据此出具了不存在实质性关联交易的法律意见。

二、在进行核查和验证前未编制查验计划

《律师事务所从事证券法律业务管理办法》（以下简称《管理办法》）第十三条规定“在进行核查和验证前，应当编制查验计划，明确需要查验的事项，并根据业务的进展情况，对其予以适当调整”；《执业规则》第九条规定“查验计划应当列明需要查验的具体事项、查验工作程序、查验方法”。

截至调查日,律师未编制查验计划,在律师电脑中存储的历次尽职调查文件清单中仅列出接收方需提供的材料,未包含查验工作程序、查验方法等内容,未能反映律师为查验工作所做的准备及对工作情况的记录。

以上违法事实,有竞天公诚出具的法律意见书、工作底稿、相关人员询问笔录等证据证明,足以证明。

竞天公诚的上述行为,违反了《证券法》第二十条、第一百七十三条,《管理办法》第十三条,《执业规则》第四条、第十四条的规定,构成《证券法》第二百二十三条、第二百二十六条所述情形。对于竞天公诚的上述违法行为,王丽娟、张绪生是直接负责的主管人员。

根据当事人违法行为的事实、性质、情节与社会危害程度,依据《证券法》第二百二十三条的规定,我会决定:

一、对竞天公诚没收业务收入15万元,并处以30万元罚款;

二、对王丽娟、张绪生给予警告,并分别处以10万元罚款。

上述当事人应自收到本处罚决定书之日起15日内,将罚没款汇交中国证券监督管理委员会(开户银行:中信银行总行营业部,账号:7111010189800000162,由该行直接上缴国库),并将注有当事人名称的付款凭证复印件送中国证券监督管理委员会稽查局备案。当事人如果对本处罚决定不服,可在收到本处罚决定书之日起60日内向中国证券监督管理委员会申请行政复议,也可在收到本处罚决定书之日起3个月内直接向有管辖权的人民法院提起行政诉讼。复议和诉讼期间,上述决定不停止执行。

关于江阴市金铜业有限公司、赵凤娣违反证券法规的行政处罚决定书

(〔2014〕23号)

当事人:江阴市汇金铜业有限公司(原江阴市华西铜业有限公司,以下简称汇金铜业),住所:江苏省江阴市芙蓉大道,法定代表人赵凤娣。

赵凤娣,女,1950年10月出生,住址:江苏省江阴市华士镇华西村。

依据《中华人民共和国证券法》(以下简称《证券法》)的有关规定,我会对汇金铜业非法利用他人账户买卖证券行为进行了立案调查、审理,并依法向当事人告知了作出行政处罚的事实、理由、依据及当事人依法享有的权利。当事人未提出陈述、申辩意见,也未要求听证。本案现已调查、审理终结。

经查明,汇金铜业存在以下违法事实:

2009年5月至2011年4月期间,汇金铜业利用在华泰证券股份有限公司镇江中山东路证券营业部开立的240××544(账户名称:黄某)和在中国国际金融有限公司上海淮海中路证券营业部开立的830×××352(账户名称:季某某)两个资金账户下挂的证券账户从事证券交易,获利55,035,209.86元。

以上事实,有相关工商登记资料、账户资料、资金往来凭证、交易所数据、情况说明和当事人询问笔录等证据证明,足以认定。

汇金铜业利用黄某、季某某账户从事证券交易的行为,违反了《证券法》第八十条的规定,构成《证券法》第二百零八条所述"法人以他人名义设立账户或者利用他人账户买卖证券"的情形。对汇金铜业的上述违法行为,赵凤娣是直接负责的主管人员。

在我会调查过程中,汇金铜业和赵凤娣能够积极配合我会工作,且主动清理涉案账户。

根据当事人违法行为的事实、性质、情节与社会危害程度,依据《证券法》第二百零八条、《中华人民共和国行政处罚法》第二十七条的规定,我会决定:

一、没收汇金铜业违法所得 55,035,209.86 元；

二、对赵凤娣给予警告，并处以 3 万元罚款。

上述当事人应自收到本处罚决定书之日起 15 日内，将罚没款汇交中国证券监督管理委员会(开户银行：中信银行总行营业部，账号：7111010189800000162，由该行直接上缴国库)，并将注有当事人名称的付款凭证复印件送中国证券监督管理委员会稽查局备案。当事人如果对本处罚决定不服，可在收到本处罚决定书之日起 60 日内向中国证券监督管理委员会申请行政复议，也可在收到本处罚决定书之日起 3 个月内直接向有管辖权的人民法院提起行政诉讼。复议和诉讼期间，上述决定不停止执行。

关于紫鑫药业股份有限公司、郭春生、曹恩辉等 9 名责任人违反证券法规的行政处罚决定书

(〔2014〕24 号)

当事人：紫鑫药业股份有限公司(以下简称紫鑫药业)，住所：吉林省长春市南关区东关道街 137 号，法定代表人曹恩辉。

郭春生，男，1971 年 3 月 19 日出生，时任紫鑫药业董事长、总经理。

曹恩辉，男，1975 年 11 月 8 日出生，时任紫鑫药业董事。

祖春香，女，1959 年 1 月 25 日出生，时任紫鑫药业董事。

殷金龙，男，1979 年 7 月 9 日出生，时任紫鑫药业董事。

李飞，女，1963 年 3 月 8 日出生，时任紫鑫药业独立董事。

方勇，男，1971 年 9 月 15 日出生，时任紫鑫药业独立董事。

韩明，男，1972 年 12 月 23 日出生，时任紫鑫药业监事。

徐吉峰，男，1975 年 7 月 12 日出生，时任紫鑫药业财务总监。

依据《中华人民共和国证券法》(以下简称《证券法》)的有关规定，我会对紫鑫药业信息披露违法行为进行了立案调查、审理，并依法向当事人告知了作出行政处罚的事实、理由、依据及当事人依法享有的权利。当事人紫鑫药业、郭春生、曹恩辉、祖春香、殷金龙、李飞、方勇、韩明、徐吉峰未提出陈述、申辩意见，未要求听证。本案现已调查、审理终结。

经查明，紫鑫药业存在以下违法事实：

紫鑫药业未在《2010 年年度报告》中披露与延边耀宇人参贸易有限责任公司、延边劲辉人参贸易有限责任公司、延边欣鑫人参贸易有限责任公司、通化伟诚人参贸易有限公司、通化嘉熙人参贸易有限公司、通化振豪人参贸易有限公司、吉林正德药业有限公司的关联关系和关联交易。

紫鑫药业的上述行为违反了《证券法》第六十三条关于上市公司依法披露的信息，必须真实、准确和完整，不得有虚假记载、误导性陈述或者重大遗漏的规定，构成了《证券法》第一百九十三条所述的上市公司报送的报告有虚假记载、误导性陈述或者重大遗漏的违法行为。

对紫鑫药业上述行为直接负责的主管人员为郭春生，其他直接责任人员为曹恩辉、祖春香、殷金龙、李飞、方勇、韩明、徐吉峰。

以上违法事实，有紫鑫药业《2010 年年度报告》、相关工商资料、相关财务凭证、相关银行账户开立资料、相关交易资料、相关人员的谈话笔录等证据证明，足以认定。

根据当事人违法行为的事实、性质、情节与社会危害程度，依据《证券法》第一百九十三条的规定，我会决定：

一、责令紫鑫药业改正，给予紫鑫药业警告，并处以 40 万元罚款；

二、给予郭春生警告,并处以10万元罚款;

三、给予曹恩辉、祖春香、殷金龙、李飞、方勇,韩明、徐吉峰警告,并分别处以3万元罚款。

上述当事人应自收到本处罚决定书之日起15日内,将罚款汇交中国证券监督管理委员会(开户银行:中信银行总行营业部,账号:7111010189800000162,由该行直接上缴国库),并将注有当事人名称的付款凭证复印件送中国证券监督管理委员会稽查局备案。当事人如果对本处罚决定不服,可在收到本处罚决定书之日起60日内向中国证券监督管理委员会申请行政复议,也可在收到本处罚决定书之日起3个月内直接向有管辖权的人民法院提起行政诉讼。复议和诉讼期间,上述决定不停止执行。

关于胡海波、曹琏琏违反证券法规的行政处罚决定书

(〔2014〕25号)

当事人:胡海波,男,1968年1月出生,住址:广东省深圳市南山区前海路。

曹琏琏,女,1944年11月出生,住址:贵州省贵阳市云岩区。

依据《中华人民共和国证券法》(以下简称《证券法》)的有关规定,我会对胡海波、曹琏琏内幕交易违法行为进行了立案调查、审理,并依法向当事人告知了作出行政处罚的事实、理由、依据及当事人依法享有的权利。当事人均提出陈述、申辩意见,胡海波提出听证。本案现已调查、审理终结。

经查明,当事人存在以下内幕交易违法事实:

一、内幕信息的形成与公开过程

上海永生投资管理股份有限公司(简称永生投资)第一大股东为贵州神奇集团控股有限公司(简称神奇集团),实际控制人为张某庭,张某庭还实际控制贵州神奇药业股份有限公司(简称神奇药业)。

2003年神奇集团入主永生投资后,张某庭一直考虑把整个神奇集团的药业资产注入永生投资。曹琏琏为张某庭的私人助理,在神奇集团的主要工作职责是策划协调重组上市事宜,制定方案、联络中介机构,并把张某庭想法、决定传达下去,做好督办工作,其参与了整个重组过程。

2011年4月18日,神奇集团向贵州省经济与信息委员会报告了公司内部重组整合并整体上市的初步设想。

2011年5、6月份,国家药监局允许制药企业通过技术转让的方式转让药号后,神奇集团整合旗下药业资产整体上市的障碍消除。

2011年8月1日,贵州省经济与信息委员会复函表示肯定与支持神奇集团重组整合上市的思路。

2011年8月19日,神奇集团与建银国际会谈,提出了"重组整合—引入战略投资—定向增发"的重组思路。

此后,张某庭曾考虑过由公司进行债券融资的途径,但其向有关部门了解后,知悉公司债、企业债无法做。

2011年10月27日,根据曹琏琏汇报,张某庭决定按既定的方案做下去,即"内部整合—引进战略投资—定向增发上市",打造永生股份(可改名神奇药业)百亿市值。

其后,曹琏琏等参与重组决策的核心人员又对重组方案进度进行了细化调整。

2011年11月30日左右,张某庭与曹琏琏商谈,要求立即开始做全面准备工作,包括推进完成内部重组,聘请独立财务顾问与法律顾问,聘请中介机构对重组标的作预审计和预评估;以上工作准备好后,视市场情况适时申请停牌。

2011年12月2日,张某庭要求曹琏琏跟踪股价走势,选择一个合适的停牌机会,争取在两会前停牌启动增发。

2011 年 12 月 5 日，曹琏琏就拟置入资产的评估与交易作价等细节问题咨询中介机构有关人员。

2012 年春节（2012 年 1 月 23 日）前，曹琏琏向张某庭报告称准备工作就绪，股价水平合适，问何时停牌。

2012 年 2 月 3 日，张某庭看到永生投资股价比较合理，于下午临近收盘时，致电永生投资董事会秘书，要求永生投资申请停牌。

2012 年 2 月 4 日，永生投资发布重大事项停牌公告并于 2 月 6 日起正式停牌。

2012 年 3 月 17 日，永生投资发布《重大资产重组进展暨延期复牌公告》。

2012 年 5 月 11 日，永生投资复牌并披露重组预案。

2012 年 5 月 11 日至 5 月 17 日，"永生投资"连续 5 个交易日以涨停开盘，除 5 月 17 日涨幅为 9.51% 外，其余 4 个交易日均以涨停板收盘。随后永生投资股价继续盘整上涨，至 2012 年 8 月 8 日出现最高成交价 23.18 元，为 5 年来最高；而同期（2012 年 5 月 11 日至 2012 年 8 月 8 日）上证综合指数从 2,406.07 点下跌至 2,160.99 点，下跌幅度 10.19%，永生投资股价的背离率高达 271.15%。

二、曹琏琏泄露内幕信息、胡海波实施交易的情况

（一）涉案账户交易情况

1. 胡海波账户

胡海波，时任平安信托有限责任公司渠道服务部副总经理，曹琏琏是胡海波的岳母。

2011 年 6 月 24 日，胡海波账户买入"永生投资"28,900 股，至 8 月 11 日累计卖出 28,800 股，余 100 股。2011 年 12 月 19 日至 2012 年 1 月 4 日，该账户分 5 个交易日单向大笔买入 67,200 股；2012 年 5 月 11 日复牌后，于 2012 年 5 月 17 日、28 日、6 月 4 日共买入 64,100 股；2012 年 5 月 28 日至 6 月 25 日，4 个交易日将 131,400 股全部卖出。

胡海波账户 2011 年 12 月 19 日至 2012 年 1 月 4 日买入的 67,200 股，卖出后实际获利 368,823 元。

2010 年 1 月 1 日以来，该账户仅交易过 6 只股票，其中三只股票仅进行过一次交易（卖出后不再买入），剩余的"永生投资"、"中信证券"、"中国平安"等三只多次交易的股票中，仅有"永生投资"一只非金融蓝筹股，且交易数量最大（160,200 股，远超"中国平安"12,400 股、"中信证券"125,000 股），交易时间跨度最小（扣除停牌时间，实际跨度不足 9 个月，而"中国平安"、"中信证券"在买入"永生投资"前一直在交易，时间跨度均超过 14 个月）。此外，该账户在大笔买入"永生投资"前，陆续将持有的"中国平安"、"中信证券"亏损清仓并买入"永生投资"，按先进先出法估算，"中国平安"亏损比例超过 20%，"中信证券"亏损比例超过 30%。

2. 魏某飚账户

魏某飚是曹琏琏的配偶，胡海波的岳父。

2012 年 1 月 20 日，魏某飚账户内可用资金全部买入"永生投资"400 股；2012 年 2 月 1 日，该账户转入资金 80,000 元，并在当天全部买入"永生投资"10,014 股，两次交易累计成交金额为 83,318 元，成交均价 8.00 元。2012 年 11 月 19 日，全部卖出，成交价 14.44 元，实际获利 66,195.15 元。

除"永生投资"外，魏某飚账户开户以来仅交易过"燕京啤酒"、"中南建设"两只股票，交易数量均只有 1,000 股。

（二）交易资金的归属与往来情况

胡海波账户资金主要来源于胡海波平安银行账户，胡海波承认账户内资金为其自有闲余资金。

根据胡海波、曹琏琏、魏某飚询问笔录，魏某飚账户资金为魏某飚与曹琏琏所有，2012 年 2 月 1 日该账户转入的 8 万元资金为曹琏琏从神奇集团获得的工资收入。银行账户流水显示，该笔资金中 6 万元确为 2012 年 1 月 13 日在贵阳现金存入。营业部资料显示，该笔 8 万元的银证转账操作由电话委托完成，委托电话为胡海波手机号码。

（三）交易操作情况

胡海波账户内幕信息形成后及复牌后交易"永生投资"共有 50 笔，其中 49 笔为手机委托，交易号码为胡海波手机号码，另有 1 笔卖出委托为网上委托，IP 地址为深圳电信，MAC 地址与胡海波深圳家庭电脑一致；胡海波称该证券账户一直由本人操作。

胡海波、曹琏琏、魏某飚均称2012年1月20日、2月1日魏某飚账户买入“永生投资”为胡海波操作。这些交易均为网络委托,下单IP地址均为深圳电信,其中2012年1月20日交易下单的MAC地址与胡海波深圳家庭电脑MAC地址一致。

(四)信息传递情况

曹琏琏称,除非有事情要讲,与胡海波通话联系比较少,胡海波也称基本每个月会打电话问候一次岳父母。

根据曹琏琏手机通话记录,胡海波与曹琏琏在2011年12月15日至2012年2月4日期间有多次通话,且与胡海波、魏某飚账户交易“永生投资”时间高度吻合。

胡海波称,自己长期关注“永生投资”,岳母曹琏琏到神奇集团工作之后就更加关注了。胡海波承认岳母曹琏琏有时会跟其聊到神奇集团相关情况。曹琏琏也承认曾经跟胡海波交流过神奇集团重组的情况,但比较少。

曹琏琏称,最早知道胡海波用其本人账户买了“永生投资”是调查人员现场调查要求其提供亲属身份证号码时,胡海波才告知她的。2012年6月18日,调查人员曾询问其亲属股票交易情况,曹琏琏隐瞒了女儿、女婿相关情况。

曹琏琏称,最早知道胡海波操作魏某飚账户买入“永生投资”的时间是2012年2月1日,当日胡海波买完后即打电话告诉她,她当时还让胡海波不要买永生投资的股票,抓紧时间卖掉。曹琏琏手机通话记录显示,魏某飚账户买入“永生投资”当日(2012年2月1日),胡海波在下单前有两次与曹琏琏的通话,下单成交之后也有一次通话。胡海波称,在魏某飚账户内买入“永生投资”曾经告诉过魏某飚本人,不知道魏某飚有没有将相关情况告诉曹琏琏;对于其本人有没有告诉过曹琏琏,胡海波表示不记得了。

对于2011年12月15日与胡海波长达718秒的通话,曹琏琏解释为当时女婿胡海波想要换工作,给胡海波提些建议;而胡海波早在2011年5月份已经由平安数据科技调任平安信托任部门副职,曹琏琏又称胡海波对现在的工作(平安信托)是满意的。对于交易“永生投资”期间其他通话的内容,曹琏琏、胡海波均无法解释;对于相互之间通话记录与涉案账户交易“永生投资”时间高度吻合,二人也无法给出合理解释。

(五)当事人关于交易理由的解释

胡海波称,用自己账户买入“永生投资”是因其价格跌到了11元左右比较安全的位置。但是,胡海波账户历史交易记录与其解释并不吻合。

以上事实,有相关工商登记资料、涉案人员情况说明、重大事项停牌公告、证券账户委托交易资料和当事人询问笔录等证据证明,足以认定。

我会认为,无论从法律规定还是我国证券市场的实践看,本案中,神奇集团及其实际控制人筹划将其药业资产注入永生投资,实现药业资产整体上市,无疑对永生投资的资产、经营与证券市场投资者交易决策具有重大影响。综合考量本案中当事人之间的固有关系,胡海波买入“永生投资”时点与交易模式上的异常情况,曹琏琏与胡海波于涉嫌交易期间频繁、异常的电话联络情况,二人电话联络时点与涉嫌交易时点的高度吻合,以及当事人对于电话联络内容未能作出合理说明、对于交易原因未能作出合理解释等情况,推断曹琏琏将内幕信息泄露给胡海波,胡海波利用相关信息进行内幕交易。曹琏琏、胡海波的行为,违反了《证券法》第七十三条、第七十六条的规定,构成了《证券法》第二百零二条所述内幕交易行为。

本案《事先告知书》送达后,当事人曹琏琏、胡海波均提交了书面陈述、申辩意见,胡海波申请听证。2013年8月20日,我会举行了听证会,进行了复核。

胡海波提出,神奇集团、永生投资的实际控制人张某庭一直考虑把整个神奇集团的药业资产注入永生投资,永生投资的重组,是市场早有预期的情况,并非内幕信息。

我会认为,在神奇集团将其药业资产整体注入永生投资的主要障碍已经消除,神奇集团、永生投资共同的实际控制人基本确定了重组路径、决定近期启动之后,相关信息已经具有重要性;当时证券市场对永生投资的重大资产重组已经存在普遍预期,并不影响有关重大资产重组方案细节与进展过程的信息构成内幕信息。

胡海波提出,永生投资的重组,主要依赖于张某庭的个人意愿,决定因素是永生投资股价走低,曹琏琏既不是神奇集团的高管,也不是有合同的员工，并不知悉张某庭是否已经决定要做定向增发以及何时停牌公告，曹琏琏个人笔记本上关于重组事项的记录，记载的只是她自己的理解和想法。因此，曹琏琏并非内幕信息知情人。

我会认为，曹琏琏作为张某庭聘请的私人助理，在神奇集团的主要工作职责是策划协调重组上市事宜，制定方案、联络中介机构，并把张某庭想法、决定传达下去，做好督办工作，其全程参与了永生投资酝酿与启动重大资产重组的相关事项，对重组启动时点与方案细节有着清晰、准确的了解，实际知悉内幕信息。

曹琏琏提出，其没有向胡海波透露神奇集团重组的计划安排情况，与胡海波的通话内容都是一些家务事；调查过程中，因为紧张等原因隐瞒了女儿、女婿的情况。胡海波提出，其与岳母通讯联系并未谈到内幕信息，涉案时段包含春节期间，与岳父母频繁通话实属正常，胡海波还在听证会上播放了证明2011年12月16日曾给岳母预定机票的航空公司客服录音。胡海波认为，其买卖涉案股票，系基于自己多年的观察和交易经验，符合自己多年的股票交易习惯模式，不存在异常，现有证据不足以证明其获悉和利用了内幕信息。

我会认为，本案相关环境证据，足以形成完整的证据链条，证明胡海波从曹琏琏处获知了内幕信息；胡海波提出的辩解理由，既缺乏足够的证据支持，也不足以推翻其交易涉案股票系基于内幕信息的推定。

胡海波提出，已将魏某飚账户相关交易行为告知永生投资，并已将收益上交永生投资。胡海波于听证会后补充了收益上交凭证。

我会认为，内幕交易案件中，当事人是否已经将违法所得上交上市公司，既不影响认定，也与量罚无涉。

根据当事人违法行为的事实、性质、情节与社会危害程度，依据《证券法》第二百零二条的规定，我会决定：没收胡海波账户违法所得368,823元、魏某飚账户违法所得66,195.15元，并对胡海波处以435,018.15元罚款，对曹琏琏处以3万元罚款。

上述当事人应自收到本处罚决定书之日起15日内，将罚没款汇交中国证券监督管理委员会（开户银行：中信银行总行营业部，账号：7111010189800000162，由该行直接上缴国库），并将注有当事人名称的付款凭证复印件送中国证券监督管理委员会稽查局备案。当事人如果对本处罚决定不服，可在收到本处罚决定书之日起60日内向中国证券监督管理委员会申请行政复议，也可在收到本处罚决定书之日起3个月内直接向有管辖权的人民法院提起行政诉讼。复议和诉讼期间，上述决定不停止执行。

关于姜兵违反证券法规的行政处罚决定书

（〔2014〕26号）

当事人：姜兵，男，1974年12月出生，住址：辽宁省大连市甘井子区周家街1号。

依据《中华人民共和国证券法》（以下简称《证券法》）的有关规定，我会对“姜兵”账户超比例持股案进行了立案调查、审理，并依法向当事人告知了作出行政处罚的事实、理由、依据及当事人依法享有的权利。当事人未提出陈述、申辩意见，也未要求听证。本案现已调查、审理终结。

经查，姜兵实施了超比例持有“同大股份”未依法披露的行为，具体事实如下：

一、涉案账户开立和交易“同大股份”的事实

（一）姜兵账户

2011年12月19日，该账户开立于东莞证券深圳营业部，2012年11月28日转移至大连白山路营业部。该账户交易“同大股份”的期间为2012年11月14日至12月7日，累计买入

1,076,934 股,交易金额 22,779,009.59 元,累计卖出 1,076,933 股,交易金额 21,547,299.41 元。2012 年 12 月 7 日卖出完毕后,账户内剩余 1 股。

2012 年 11 月 13 日至 12 月 10 日该账户共发生 3 笔银行转存业务,6 笔银行转取业务。累计存入金额 10,540,000 元,累计转出金额 10,880,700 元。资金来源银行账户为:郜某群、翟某晖、云升创业(大连)股份有限公司,资金去向银行账户为:郜某群。

(二)郜某群账户

2012 年 2 月 16 日,该账户开立于东莞证券上海古北路营业部,2012 年 11 月 28 日转移至东莞证券大连白山路营业部。该账户交易"同大股份"的期间为 2012 年 11 月 9 日至 2013 年 1 月 30 日,累计买入 2,294,268 股,交易金额 45,265,526.04 元;累计卖出 2,294,268 股,交易金额 46,477,417.23 元。2013 年 1 月 30 日全部卖出。

2012 年 11 月 1 日至 11 月 26 日期间,该账户共发生 11 笔银行转存业务,14 笔银行转取业务。累计存入金额为 42,590,000 元,累计转出金额为 27,149,079 元。资金来源银行账户主要为:四平市树一贸易有限公司、高某微、翟某晖,资金去向银行账户主要为:李某峰、郑某、洪某植、姜兵、袁某、许某华。

(三)王某香账户

2012 年 11 月 20 日,该账户开立于东莞证券大连白山路营业部,11 月 21 日该账户转移至东莞证券上海古北路营业部。该账户交易"同大股份"的期间为 2012 年 11 月 23 日至 2013 年 1 月 21 日,累计买入 777,451 股,交易金额 17,005,620.35 元;累计卖出 777,451 股,交易金额 18,050,578.01 元。2013 年 1 月 21 日全部卖出。

2012 年 11 月 23 日至 2013 年 1 月 7 日期间,该账户共发生 3 笔银行转存业务,3 笔银行转取业务。累计存入金额为 12,000,000 元,累计转出金额为 4,363,000。资金来源银行账户主要为:唐某、吴某含,资金去向银行账户为:唐某。

(四)王某琴账户

2012 年 11 月 20 日,该账户开立于东莞证券大连白山路营业部,11 月 21 日,该账户转移至东莞证券上海古北路营业部。该账户交易"同大股份"的期间为 2012 年 11 月 22 日至 12 月 26 日,累计买入 792,117 股,交易金额 17,004,243.18元,累计卖出 792,117 股,交易金额 18,047,091.99 元。2012 年 12 月 26 日全部卖出。

2012 年 11 月 22 日至 12 月 28 日期间,该账户共发生 5 笔银行转存业务,4 笔银行转取业务。累计存入金额为 9,500,000 元,累计转出金额为 10,294,058 元。资金来源银行账户主要为:郜某群、张某飞、程某秀,资金去向银行账户为:苑某玉、高某微。

(五)袁某账户

2012 年 11 月 9 日,该账户开立于东莞证券大连白山路营业部,2012 年 11 月 13 日转移至东莞证券上海古北路营业部,而后于 2012 年 11 月 28 日转移回大连白山路营业部。该账户交易"同大股份"期间为 2012 年 11 月 19 日至 12 月 25 日,累计买入 680,738 股,交易金额 13,769,564.67 元,累计卖出 680,738 股,交易金额 15,415,466.27 元。2012 年 12 月 25 日全部卖出。

2012 年 11 月 19 日至 12 月 27 日期间该账户共发生 4 笔银行转存业务,4 笔银行转取业务。累计存入金额为 11,900,000 元,累计转出金额为 13,600,000 元。资金来源银行账户主要为:郜某群、翟某晖、唐某,资金去向银行账户主要为:哥伦布(大连)科技有限责任公司、大连长海公司、陈某军(汇款代理人为唐玉)。

(六)许某华账户

2012 年 2 月 13 日,该账户开立于东莞证券上海古北路营业部,2012 年 11 月 16 日从东莞证券上海营业部转移至大连白山路营业部。该账户交易"同大股份"的期间为 2012 年 11 月 20 日至 12 月 20 日,累计买入 539,635 股,交易金额 11,154,330.2 元;累计卖出 539,635 股,交易金额 11,217,915.28 元。2012 年 12 月 20 日全部卖出。

2012 年 11 月 20 日至 12 月 21 日期间,该账户共发生 3 笔银行转存业务,10 笔银行转取业务。累计存入金额为 10,000,000 元,累计转出金额为 10,063,500 元。资金来源银行账户主要为:郜某群、张某飞,资金去向银行账户为:郜某群、张某飞。

（七）孙某柱账户

2011 年9 月14 日，该账户开立于长江证券大连西安路营业部。该账户交易"同大股份"的期间为2012 年11 月27 日至2013 年2 月7 日，累计买入 1，097，889 股，交易金额23，512，344.95元；累计卖出1，097，889 股，交易金额23，133，826.72 元。2013 年2 月7 日全部卖出。

2012 年11 月27 日至12 月27 日该账户共发生1 笔银行转存业务，2 笔银行转取业务。累计存入金额14，400，000 元，累计转出金额2，086，000元。资金来源银行账户为：翟某晖、张某飞，资金去向银行账户为：邰某群。

二、姜兵等七个涉案账户之间的关系及实际控制人情况

根据姜兵、邰某群的谈话笔录，姜兵以个人名义与邰某群于2012 年11 月1 日签订借款合同。邰某群向姜兵提供7500 万元借款用于股票交易，根据借款合同附件，该笔借款在进行股票交易过程中产生的盈亏均由姜兵承担。邰某群将这笔借款通过本人及翟某晖、高某微、张某飞等银行账户分别存入上述7 个股东账户（邰某群为了保证资金安全，指定了袁某、王某香、王某琴、邰某群、孙某柱5 个股东账户）对应的三方存管银行账户供姜兵用于股票交易。邰某群作为资金提供者没有参与上述7 个股东账户交易"同大股份"的过程。

根据姜兵的谈话笔录，许某华为姜兵的同事，姜兵向其借用股东账户用来进行股票交易。涉案7 个股东账户在交易"同大股份"期间全部采用网上委托方式进行下单，均使用过号码为222.33.78.166 的 IP 地址及号码为00－1E－4C－39－E5－1F 的 MAC 地址进行网上委托。经查，上述 IP 地址为大连云升科技有限公司（简称云升科技）办公场所的固定 IP 地址；上述 MAC 号码为云升科技办公笔记本电脑，姜兵为该公司董事长、总经理。

三、姜兵账户组未依法披露超比例持股

涉案7 个股东账户 2012 年11 月9 日至2013 年2 月7 日期间大量交易"同大股份"。2012 年11 月21 日，该账户组持股231.35 万股，占总股本的5.21%；11 月28 日，该账户组持股404.57 万股，占总股本的9.11%，达到峰值；之后该账户组逐步减少持股数量，12 月26 日，该账户组持股 177.6 万股，占总股本的4%；至2013 年2 月7 日，该账户组持有"同大股份"仅1 股。

经查询2012 年11 月22 日至24 日国务院证券监督管理机构指定媒体的公开信息，没有查看到姜兵对上述7 个股东账户合计持有"同大股份"数额超过总股本5% 的事实进行公开披露的信息。

上述违法事实分别有交易明细、银行账户明细、当事人询问笔录、上市公司报告等证据证明，足以认定。

姜兵控制上述7 个股东账户合计持有"同大股份"数额超过总股本5% 后未及时履行信息披露义务，其行为违反了《证券法》第八十六条的规定。

根据当事人违法行为的事实、性质、情节与社会危害程度，依照《证券法》第一百九十三条的规定，我会决定：对姜兵给予警告，并处以30 万元罚款。

上述当事人应自收到本处罚决定书之日起15 日内，将罚款汇交中国证券监督管理委员会（开户银行：中信银行总行营业部，账号：7111010189800000162，由该行直接上缴国库），并将注有当事人名称的付款凭证复印件送中国证券监督管理委员会稽查局备案。当事人如果对本处罚决定不服，可在收到本处罚决定书之日起60 日内向中国证券监督管理委员会申请行政复议，也可在收到本处罚决定书之日起3 个月内直接向有管辖权的人民法院提起行政诉讼。复议和诉讼期间，上述决定不停止执行。

关于青海贤成矿业股份有限公司、臧静涛、吴茂成等13名责任人违反证券法规的行政处罚决定书

(〔2014〕27号)

当事人:青海贤成矿业股份有限公司(以下简称贤成矿业),住所:青海省西宁市冷湖路27号宁景苑商务中心十六楼,法定代表人:陶亚东。

臧静涛,男,1960年7月23日出生,时任贤成矿业董事长。

吴茂成,男,1962年9月15日出生,时任贤成矿业董事、副董事长,住址:广东省深圳市罗湖区。

王彬,男,1963年12月26日出生,时任贤成矿业董事。住址:广东省珠海市香洲区。

李晓冬,女,1967年12月12日出生,时任贤成矿业董事、总经理,住址:北京市朝阳区。

马海杰,男,1963年5月6日出生,时任贤成矿业董事、董事会秘书,住址:广东省广州市。

田树浩,男,1977年10月20日出生,时任贤成矿业董事、副总经理,住址:广东省广州市天河区。

黄绍优,男,1972年11月25日出生,时任贤成矿业监事、董事,住址:广东省广州市天河区。

易永健,男,1965年10月26日出生,时任贤成矿业独立董事,住址:广东省深圳市福田区。

王汉齐,男,1969年9月25日出生,时任贤成矿业独立董事,住址:上海市浦东新区。

裴永红,女,1978年8月18日出生,时任贤成矿业独立董事,住址:上海市卢湾区。

蒋晓帆,男,1968年11月19日出生,时任贤成矿业副总经理,住址:广东省广州市天河区。

王霖,女,1976年10月27日出生,时任贤成矿业副总经理、财务总监,住址:广东省广州市越秀区。

依据《中华人民共和国证券法》(以下简称《证券法》)的有关规定,我会对贤成矿业信息披露违法行为进行了立案调查、审理,并依法向当事人告知了作出行政处罚的事实、理由、依据及当事人依法享有的权利。当事人臧静涛、王彬、黄绍优提出陈述、申辩意见,未要求听证;易永健、王汉齐、裴永红提出陈述、申辩意见;贤成矿业、吴茂成、李晓冬、马海杰、田树浩、蒋晓帆、王霖未提出陈述、申辩意见,未要求听证。本案现已调查、审理终结。

经查明,贤成矿业存在以下违法事实:

一、2009年半年度报告未披露相关担保事项

(一)2009年3月31日,贤成矿业控股子公司盘县华阳煤业有限公司(以下简称华阳煤业)为贵州省盘县云贵矿业有限公司(以下简称云贵矿业)的1,500万元借款提供担保。

(二)2009年3月31日,贤成矿业为华阳煤业的1,500万元借款提供担保。

(三)2009年5月7日,贤成矿业、华阳煤业为贤成矿业参股子公司盘县华阳森林矿业有限公司(以下简称华阳森林)的1,500万元借款提供担保。

贤成矿业2009年半年度报告未披露上述3项担保。

对贤成矿业2009年半年度报告未披露相关担保事项直接负责的主管人员为董事长臧静涛,其他直接责任人员为副董事长李广建,董事吴茂成、张勇、黄志文、王彬,独立董事易永健、王汉齐、裴永红,总经理白延霄,副总经理蒋晓帆。

二、2009年年度报告未披露相关担保事项

(一)2009年3月31日,华阳煤业为云贵

矿业的1,500万元借款提供担保。

（二）2009年3月31日，贤成矿业为华阳煤业的1,500万元借款提供担保。

（三）2009年5月7日，贤成矿业、华阳煤业为华阳森林的1,500万元借款提供担保。

贤成矿业2009年年度报告未披露上述3项担保。

对贤成矿业2009年年度报告未披露相关担保事项直接负责的主管人员为董事长臧静涛，其他直接责任人员为副董事长吴茂成，董事张勇、黄志文、王彬，独立董事易永健、王汉齐、裴永红，总经理白延霄，副总经理蒋晓帆。

三、2010年半年度报告未披露相关担保事项

（一）2009年3月31日，华阳煤业为云贵矿业的1,500万元借款提供担保。

（二）2009年3月31日，贤成矿业为华阳煤业的1,500万元借款提供担保。

（三）2009年5月7日，贤成矿业、华阳煤业为华阳森林的1,500万元借款提供担保。

贤成矿业2010年半年度报告未披露上述3项担保。

对贤成矿业2010年半年度报告未披露相关担保事项直接负责的主管人员为董事长臧静涛，其他直接责任人员为副董事长吴茂成，董事兼总经理李晓冬，董事兼董事会秘书马海杰，董事兼副总经理田树浩，董事王彬，独立董事裴永红、易永健、王汉齐，副总经理蒋晓帆。

四、2010年年度报告未披露相关担保事项

2009年3月31日，贤成矿业为华阳煤业的1,500万元借款提供担保。

贤成矿业2010年年度报告未披露上述担保。

对贤成矿业2010年年度报告未披露相关担保事项直接负责的主管人员为董事长臧静涛，其他直接责任人员为副董事长吴茂成，董事兼总经理李晓冬，董事兼董事会秘书马海杰，董事兼副总经理田树浩，董事王彬，独立董事裴永红、易永健、王汉齐，副总经理蒋晓帆。

五、2011年半年度报告未披露相关担保事项

（一）2009年1月6日，贤成矿业控股子公司光富矿业为仁怀市五马镇铜龙煤矿的1,500万元借款提供担保。

（二）2009年1月6日，光富矿业为仁怀陶洪煤矿的1,000万元借款提供担保。

（三）2009年3月31日，贤成矿业为华阳煤业的1,500万元借款提供担保。

（四）2009年10月30日，贤成矿业控股子公司云尚矿业为大坪煤矿的2,000万元借款提供担保。

（五）2011年4月12日，光富矿业、云尚矿业、贤成矿业控股子公司云贵矿业为贵州省纳雍县迎新煤业（以下简称迎新煤业）的3,000万元借款提供担保。

（六）2011年4月12日，云贵矿业、云尚矿业为光富矿业的9,400万元借款提供担保。

贤成矿业2011年半年度报告未披露上述6项担保。

对贤成矿业2011年半年度报告未披露相关担保事项直接负责的主管人员为董事长臧静涛，其他直接责任人员为董事兼总经理李晓冬，董事兼董事会秘书马海杰，董事兼副总经理田树浩，董事王彬、黄绍优，独立董事裴永红、易永健、王汉齐。

六、2011年年度报告未披露相关担保事项

（一）2009年1月6日，光富矿业为仁怀市五马镇铜龙煤矿的1,500万元借款提供担保。

（二）2009年1月6日，光富矿业为仁怀陶洪煤矿的1,000万元借款提供担保。

（三）2009年3月31日，贤成矿业为华阳煤业的1,500万元借款提供担保。

（四）2009年10月30日，云尚矿业为大坪煤矿的2,000万元借款提供担保。

（五）2011年4月12日，光富矿业、云尚矿业、云贵矿业为迎新煤业的3,000万元借款提供担保。

（六）2011年4月12日，云贵矿业、云尚矿业为光富矿业的9,400万元商业贷款提供担保。

贤成矿业2011年年度报告未披露上述6项担保。

对贤成矿业2011年年度报告未披露相关担保事项直接负责的主管人员为董事长臧静涛，其他直接责任人员为董事兼总经理李晓冬，董事兼董事会秘书马海杰，董事兼副总经理田

树浩,董事王彬、黄绍优,独立董事裴永红、易永健、王汉齐。

七、未及时披露24,147万元银行存款被法院冻结

2012年4月25日,广西梧州市万秀区法院冻结了贤成矿业控股子公司创新矿业的24,147万元银行存款。

2012年5月17日,贤成矿业董事长臧静涛知悉了上述事项。

2012年6月26日,贤成矿业披露创新矿业24,000万元银行存款被法院冻结。

对贤成矿业未按规定及时披露上述信息行为直接负责的主管人员为董事长臧静涛。

八、2012年半年度报告未披露向实际控制人黄贤优控制的广州华胜、广州集有、源旺达等3家机构划转45,000万元非经营性资金的关联交易和相关担保事项

(一)未披露向实际控制人黄贤优控制的广州华胜、广州集有、源旺达等3家机构划转45,000万元非经营性资金的关联交易

经查,广州华胜实业有限公司(以下简称广州华胜)、广州集有贸易有限公司(以下简称广州集有)、佛山源旺达贸易有限公司(以下简称源旺达)受贤成矿业实际控制人黄贤优控制。

2012年1月至2月,贤成矿业控股子公司创新矿业向广州华胜、广州集有划转非经营性资金43,000万元。

2012年5月,创新矿业向源旺达划转非经营性资金2,000万元。

根据《企业会计准则-关联方关系及其交易的披露》和上海证券交易所《上市规则》的规定,贤成矿业与广州华胜、广州集有、源旺达构成关联关系。

按照《证券法》的相关规定,贤成矿业应在2012年半年度报告中披露与广州华胜、广州集有、源旺达的关联关系,披露向广州华胜、广州集有、源旺达划转非经营性资金的关联交易。贤成矿业未在2012年半年度报告中披露与广州华胜、广州集有、源旺达的关联关系,及向广州华胜、广州集有、源旺达划转非经营性资金的关联交易。

(二)未披露相关担保事项

1. 2009年1月6日,光富矿业为仁怀市五马镇铜龙煤矿的1,500万元借款提供担保。

2. 2009年1月6日,光富矿业为仁怀陶洪煤矿的1,000万元借款提供担保。

3. 2009年3月31日,贤成矿业为华阳煤业的1,500万元借款提供担保。

4. 2011年4月12日,云贵矿业、云尚矿业为光富矿业的9,400万元借款提供担保。

贤成矿业2012年半年度报告未披露上述4项担保。

对贤成矿业2012年半年度报告未披露向实际控制人黄贤优控制的广州华胜、广州集有、源旺达等3家机构划转45,000万元非经营性资金的关联交易和相关担保事项直接负责的主管人员为董事长臧静涛,其他直接责任人员为董事兼总经理李晓冬,董事兼董事会秘书马海杰,董事兼副总经理田树浩,董事王彬、黄绍优,副总经理兼财务总监王霖。

贤成矿业的上述行为违反了《证券法》第六十三条关于上市公司依法披露的信息,必须真实、准确和完整,不得有虚假记载、误导性陈述或者重大遗漏的规定,违反了《证券法》第六十七条关于上市公司发生可能对上市公司股票交易价格产生较大影响的重大事件,投资者尚未得知时,上市公司应当立即将有关该重大事件的情况向国务院证券监督管理机构和证券交易所报送临时报告,并予公告,说明事件的起因、目前的状态和可能产生的法律后果的规定,构成了《证券法》第一百九十三条所述的上市公司未按照规定披露信息,或者所披露的信息有虚假记载、误导性陈述或者重大遗漏的违法行为。

以上违法事实,有贤成矿业2009年半年度报告、2009年年度报告、2010年半年度报告、2010年年度报告、2011年半年度报告、2011年年度报告、2012年半年度报告,贤成矿业临时公告,贤成矿业的会计凭证,相关银行的资金划转凭证,相关担保合同,相关司法文书,相关机构的说明,相关人员的询问笔录等证据证明,足以认定。

臧静涛在陈述、申辩中提出,由于相关担保事项发生在其上任前,臧静涛不知悉相关担保事项;贤成矿业结构混乱,不能有效管理;向实

际控制人黄贤优控制的广州华胜、广州集有、源旺达等3家机构划转45,000万元非经营性资金不是关联交易。臧静涛要求减轻行政处罚。

王彬在陈述、申辩中提出,贤成矿业在信息披露方面的违法行为被故意隐瞒,其无法发现;王彬作为董事只能通过阅读贤成矿业出具的文件和专业机构出具的相关文件履行职责。王彬要求减轻行政处罚。

黄绍优在陈述、申辩中提出,因其经济困难,要求减免对其10万元的罚款。

易永健、王汉齐、裴永红在陈述、申辩中提出,贤成矿业在信息披露方面的违法行为被故意隐瞒,其无法发现;在审计机构未能发现相关问题的情况下,易永健、王汉齐、裴永红无法发现相关问题;易永健、王汉齐、裴永红认为其已勤勉尽责。易永健、王汉齐、裴永红要求免除行政处罚。

根据相关事实和证据,我会认为,现有证据不足以证明臧静涛、王彬、易永健、王汉齐、裴永红忠实、勤勉地履行了职责,上述人员在陈述、申辩意见中没有提出证明其在本案贤成矿业信息披露的违法行为中忠实、勤勉地履行职责的证据。按照《中华人民共和国公司法》及我会的相关规定,上市公司董事应当根据公司和全体股东的最大利益,忠实、勤勉地履行职责,遵守有关法律、法规、规章及公司章程的规定,保证公开披露的文件内容没有虚假记载、误导性陈述或重大遗漏。上市公司董事应当对董事会的决议负责,保证上市公司定期报告的真实、准确和完整。还应当对提供给中介机构进行审计的上市公司相关财务报表的真实、准确和完整负责。

根据相关事实和证据,我会认为,贤成矿业向实际控制人黄贤优控制的广州华胜、广州集有、源旺达等3家机构划转45,000万元非经营性资金构成关联交易。

我会认为,黄绍优因其经济困难而要求减免对其10万元罚款的主张于法无据。

考虑到易永健、王汉齐、裴永红的违法情节,依据《证券法》第一百九十三条和《中华人民共和国行政处罚法》(以下简称《行政处罚法》)第二十七条从轻行政处罚的相关规定,我会已经对易永健、王汉齐、裴永红从轻处罚。

因此,我会对臧静涛、王彬、易永健、王汉齐、裴永红未勤勉尽责的认定事实清楚、证据充分、处罚适当,对黄绍优的行政处罚适当;我会对臧静涛、王彬、黄绍优、易永健、王汉齐、裴永红的申辩意见不予采纳。

根据当事人违法行为的事实、性质、情节与社会危害程度,依据《证券法》第一百九十三条,《行政处罚法》第二十七条的规定,我会决定:

(一)责令贤成矿业改正,对贤成矿业给予警告,并处以60万元罚款。

(二)对臧静涛给予警告,并处以30万元罚款。

(三)对王彬、李晓冬、马海杰、田树浩、黄绍优给予警告,并分别处以10万元罚款。

(四)对吴茂成、蒋晓帆、王霖给予警告,并分别处以5万元罚款。

(五)对易永健、王汉齐、裴永红给予警告,并分别处以3万元罚款。

李广建、张勇、黄志文、白延霄的责任已过行政处罚时效,按照《行政处罚法》的规定,不再给予行政处罚。

上述当事人应自收到本处罚决定书之日起15日内,将罚款汇交中国证券监督管理委员会(开户银行:中信银行总行营业部,账号:7111010189800000162,由该行直接上缴国库),并将注有当事人名称的付款凭证复印件送中国证券监督管理委员会稽查局备案。当事人如果对本处罚决定不服,可在收到本处罚决定书之日起60日内向中国证券监督管理委员会申请行政复议,也可在收到本处罚决定书之日起3个月内直接向有管辖权的人民法院提起行政诉讼。复议和诉讼期间,上述决定不停止执行。

关于姜胜芳、陆昇栋、倪浩等4名责任人违反证券法规的行政处罚决定书

(〔2014〕28号)

当事人:姜胜芳,女,1951年4月出生,上海杨行铜材有限公司(以下简称杨行铜材)副总经理,2002年9月25日至2010年6月22日任昆山市东升变压器辅机有限公司(以下简称东升变压)股东、法定代表人,住址:上海市杨浦区政通路。

陆昇栋,男,1974年10月出生,2008年11月20日起任东升变压总经理,2010年6月22日起兼任东升变压法定代表人。杨行铜材副总经理姜胜芳之子,住址:上海市杨浦区政通路。

倪浩,男,1974年4月出生,时任杨行铜材副总经理,住址:上海市宝山区杨行镇。

段婷婷,女,1977年9月出生,倪浩妻子,住址:上海市宝山区杨行镇。

依据《中华人民共和国证券法》(以下简称《证券法》)的有关规定,我会对姜胜芳等内幕交易案进行了立案调查、审理,并依法向当事人告知了作出行政处罚的事实、理由、依据及当事人依法享有的权利。当事人姜胜芳、倪浩提出陈述、申辩意见,并提出听证要求。我会于2013年10月30日召开听证会,倪浩及其代理人、姜胜芳代理人参加听证会,当事人陆昇栋在听证程序中作证,当事人陆昇栋、段婷婷提出陈述申辩意见,但未要求听证。本案现已调查、审理终结。

经查明,姜胜芳等人存在以下违法事实:

一、内幕信息及知情人的认定

2009年6月,广东蓉胜超微线材股份有限公司(以下简称蓉胜超微)与杨行铜材双方人员初步接触,蓉胜超微实际控制人诸建中向杨行铜材董事长倪某某、副总经理姜胜芳提出定向增发股票购买资产的合作方式。2009年6月13日,蓉胜超微草拟了重组初步方案。此后重组谈判一直推进。2009年11月,杨行铜材主要股东认为上市公司股价过高,重组项目暂停。2010年1-4月,蓉胜超微方仍旧努力推动重启重组。由于在杨行铜材资产评估价值及双方持股比例等问题上存在分歧,双方直至2010年4月8日晚上才最终达成一致,停牌时间确定为2010年4月26日下午13:00。姜胜芳、倪浩等人参与了重组双方的各项沟通和具体工作,是本案的内幕信息知情人。

二、当事人利用内幕信息交易涉案股票的情况

(一)姜胜芳与陆昇栋

姜胜芳与陆昇栋共同生活,陆昇栋2008年便在姜胜芳担任法定代表人的东升变压担任总经理。2010年,姜胜芳将陆昇栋变更为公司法定代表人。相关笔录表明,姜胜芳会与家人谈论工作上的事情。因此,姜胜芳有将内幕信息传递给陆昇栋的条件。

1.“陆昇栋”账户

在2010年4月8日、4月25日姜胜芳前往珠海与蓉胜超微方面进行谈判前后,母子二人联系密切;陆昇栋操作本人资金账户交易“蓉胜超微”股票前后,母子二人联系密切,且交易方向与姜胜芳掌握的内幕信息情况高度吻合。姜胜芳、陆昇栋均承认“陆昇栋”资金账户的资金主要来源于姜胜芳。

2010年4月8日至4月26日期间,姜胜芳、陆昇栋利用“陆昇栋”账户内幕交易累计买入“蓉胜超微”股票55,015股,实际获利17,326.12元。

2.“陆某某”账户

从资金来源看,“陆某某”账户交易“蓉胜超微”股票的资金全部来源于陆昇栋及陆昇

栋、姜胜芳共同所有的东升变压,陆昇栋亦承认其向陆某某提供了160万元资金;从资金流向看,在完成对“蓉胜超微”股票的交易后,“陆某某”资金账户内资金几乎全部转出至陆昇栋。

姜胜芳、陆昇栋利用“陆某某”账户交易“蓉胜超微”股票的行为存在重大异常,明显是在利用内幕信息交易。一是从交易情况看,自2009年8月25日开户至2010年4月12日,该账户无任何证券交易,2010年4月13日至内幕信息公开,该账户仅交易过“蓉胜超微”一只股票;二是交易前后,陆某某与陆昇栋、姜胜芳联系频繁,“陆某某”账户交易情况与姜胜芳掌握的内幕信息情况高度吻合;三是从“陆某某”与“陆昇栋”账户相关度看,“陆某某”账户交易“蓉胜超微”股票的时间、买卖方向与“陆昇栋”账户高度一致。“陆某某”账户于4月13日开始买入“蓉胜超微”股票,与“陆昇栋”账户开始买入“蓉胜超微”股票的时间一致;4月22日上午,“陆某某”账户卖出所持有的全部“蓉胜超微”股票,而4月23日上午,“陆昇栋”账户亦卖出所持有的全部“蓉胜超微”股票;4月23日上午,“陆某某”账户全仓买入“蓉胜超微”股票,当日下午,“陆昇栋”账户亦全仓买入“蓉胜超微”股票;四是陆某某对陆昇栋资金进出自己账户的解释为买房以及买房还款,与每一笔款项入账后立即买入“蓉胜超微”股票的事实矛盾,不符合常理。

综上所述,2010年4月8日至4月26日期间,姜胜芳、陆昇栋利用“陆某某”账户实行内幕信息交易,共计买入股票227,900股,实际亏损3,954.35元。

3.“廖某”账户

从资金来源及用途看,“廖某”账户交易“蓉胜超微”股票的资金由陆昇栋提供,实际来源于姜胜芳。2010年4月12日,陆昇栋向该资金账户提供资金100万元,占账户内资金余额的82.65%,廖某夫妇对陆昇栋资金进出的解释彼此矛盾,与常理不符,而陆昇栋的资金进入廖某账户后立即被转入资金账户进行“蓉胜超微”股票交易。“廖某”账户的交易行为存在重大异常。一是从交易特征看,陆昇栋提供资金之后至内幕信息公开前,该账户主要交易“蓉胜超微”股票;二是从“廖某”账户交易“蓉胜超微”股票的交易风格看,与该账户交易其他股票的情况存在明显差异。自2009年7月15日开户至2010年4月11日,“廖某”账户以新股申购为主,期间仅买入过4只股票,且交易比较谨慎,在2010年4月12日至4月26日期间,该账户交易“蓉胜超微”股票的交易风格非常激进;三是从通讯记录上看,“廖某”账户的操作者廖某的丈夫奚某某在内幕信息公开前交易“蓉胜超微”股票期间,与陆昇栋联系频繁,“廖某”账户交易“蓉胜超微”股票的时间、买卖方向与“陆昇栋”账户高度一致;四是“廖某”账户交易情况与姜胜芳掌握的内幕信息情况高度吻合。

2010年4月8日至4月26日期间,姜胜芳、陆昇栋实际控制“廖某”账户内幕交易共计买入“蓉胜超微”股票179,350股,实际亏损54,094.86元。

综上所述,2010年4月8日至4月26日期间,姜胜芳、陆昇栋利用所知悉的内幕信息实际控制“陆昇栋”、“陆某某”、“廖某”三个账户交易“蓉胜超微”股票,合计亏损32,814.39元。

(二)倪浩、段婷婷

相关证据证实,倪浩为内幕信息知情人员,而段婷婷为其配偶。自重组谈判至内幕信息公开,二人没有分割财产迹象,且通讯联络频繁。据倪浩公司职员介绍,二人关系没有破裂的迹象。因此,倪浩有将内幕信息传递给段婷婷的条件。根据段婷婷借用账户的所有人丁某笔录,段婷婷在借用其账户前已经向其透露相关内幕信息,说明段婷婷知悉内幕信息。

1.“丁某”账户交易涉案股票

相关证据显示,段婷婷借用丁某账户交易“蓉胜超微”股票;调查人员让丁某登陆自己的股票账户,其四次输入密码均错误,说明其对自己账户非常不熟悉,甚至无法控制自己账户;“丁某”账户在交易“蓉胜超微”股票前后委托下单电话不同,买卖“蓉胜超微”股票的下单手机号码为段婷婷手机号码;“丁某”账户在2010年4月14日交易“蓉胜超微”股票前资产基本清空,其后资金全部来源于段婷婷。因此,可以认定段婷婷控制并利用“丁某”账户交易涉案股票。

2.“丁某”账户交易“蓉胜超微”股票的行为明显异常

“丁某”账户内的资金变化与内幕信息的

形成和变化呈现出正相关。在蓉胜超微重组一事基本确定之后,倪浩招商银行账户转出120万元现金至段婷婷账户,段婷婷又分几笔将125万元现金转入"丁某"账户;在卖出"蓉胜超微"股票后,丁某又将大部分现金提出交与段婷婷。

3. 段婷婷在交易"蓉胜超微"股票期间与倪浩联系密切

在内幕信息公开前,段婷婷交易"蓉胜超微"股票期间,与倪浩多次通话联系,且通话时间与买卖时间高度吻合。2010年4月25日晚,蓉胜超微和杨行铜材签订《上市公司重大资产重组意向书》当晚,即停牌前夜的22:22至22:37,倪浩手机与段婷婷通话4次。4月26日上午(停牌的最后一个上午)9:23和9:32,倪浩2次主叫段婷婷;9:20至9:42期间,"丁某"账户委托并买入成交"蓉胜超微"股票92,394股,成交金额1,308,732.48元。

综上所述,倪浩、段婷婷利用内幕信息控制"丁某"账户在2010年4月8日至6月24日期间共计买入"蓉胜超微"股票121,893股,实际亏损14,399.48元。

上述违法事实,有相关人员询问笔录、相关交易记录、通讯记录、相关会议记录等证据证明,足以认定。

姜胜芳的代理人在听证会上提出:第一,儿子陆昇栋说内幕信息是从2009年6月的一次与重组合作方的餐宴上偶然获得,姜胜芳未故意泄露内幕信息;第二,违法所得计算数额与实际所得不符合;第三,因业务与工作需要,经常汇款给其子,不能就此推断内幕交易或泄露信息。

倪浩在听证会上提出:在一次生日宴会上陆昇栋泄露信息给妻子段婷婷;倪浩与段婷婷在交易股票期间感情不睦,一直分居;交易前后通话频繁的原因是与段婷婷商议离婚事宜及两个子女的教育问题;对于段婷婷转出资金120万元炒股一事倪浩不知情,称段婷婷控制其银行账户转账。

我会认为,根据现有证据,姜胜芳、陆昇栋、倪浩、段婷婷的陈述申辩不足以推翻内幕交易的认定。但是,其申辩违法所得计算存在与事实不符问题,我会予以采纳,并进行了重新计算。

姜胜芳、陆昇栋、倪浩、段婷婷在内幕信息公开前交易"蓉胜超微"股票,上述行为违反了《中华人民共和国证券法》(以下简称《证券法》)第七十三条以及第七十六条之规定,构成《证券法》第二百零二条所述情形。

根据当事人违法行为的事实、性质、情节与社会危害程度,依据《证券法》第二百零二条之规定,我会决定:

一、对姜胜芳、陆昇栋处以5万元罚款;

二、对倪浩、段婷婷处以5万元罚款。

上述当事人应自收到本处罚决定书之日起15日内,将罚款汇交中国证券监督管理委员会(开户银行:中信银行总行营业部,账号:7111010189800000162,由该行直接上缴国库),并将注有当事人名称的付款凭证复印件送中国证券监督管理委员会稽查局备案。当事人如果对本处罚决定不服,可在收到本处罚决定书之日起60日内向中国证券监督管理委员会申请行政复议,也可在收到本处罚决定书之日起3个月内直接向有管辖权的人民法院提起行政诉讼。复议和诉讼期间,上述决定不停止执行。

关于王雄英违反证券法规的行政处罚决定书

(〔2014〕29号)

当事人:王雄英,女,1965年9月出生,住址:广东省陆丰市东海镇东大道。

依据《中华人民共和国证券法》(以下简称《证券法》)的有关规定,我会对"王雄英"账户涉嫌内幕交易案进行了立案调查、审理,并依法向当事人告知了作出行政处罚的事实、理由、依据及当事人依法享有的权利。当事人未提出陈述、申辩意见,也未要求听证。本案现已调查、审理终结。

经查,王雄英实施了内幕交易深圳市长方半导体照明股份有限公司(以下简称长方照明)股票的行为,具体事实如下:

2012年6月底,长方照明董事长邓某长就长方照明高送转事项与副总经理邓某贤等其他董事会成员沟通。6月21日,大华会计师事务所与长方照明签订业务约定书及内幕信息知情人保密协议。7月2日,大华会计师事务所会计师陆续进场,到长方照明现场开展审计。7月18日上午,邓某长将利润分配预案的提案提交到董事会办公室,当日下午,长方照明证券事务代表将公告内容提交到深交所业务专区。7月18日晚,长方照明在深交所发布《关于2012年半年度利润分配预案的预披露公告》,以截至2012年6月30日公司总股本10,800万股为基数向全体股东每10股派发现金股利人民币2元(含税),同时以10,800万股为基数向全体股东每10股转增15股。

2008年11月5日,王雄英在安信证券汕尾陆丰证券营业部开立其本人账户,联系人为王某伟。该账户以前从未买卖过长方照明股票,2012年7月18日当天一次性买入长方照明股票66,500股,成交金额1,117,200元。2012年7月18日至2013年3月27日,该账户累计买入长方照明股票85,500股,成交金额1,557,210元,转增108,000股,累计卖出18,500股,成交金额356,215元。截至2013年3月27日,该户仍持有长方照明股票175,000股。

王雄英的股票账户由其侄儿林某锥代为操作,2012年7月18日,王雄英电话通知林某锥全仓买入长方照明股票,林某锥据此进行了下单交易。王雄英账户大额资金来源主要为邓某贤农行账户转入107万元。王雄英、邓某贤称向王雄英账户汇入107万元是归还邓某贤之前向王雄英的借款和利息。

调查发现邓某贤与王雄英在2012年6月21日至7月18日有5次通话。

长方照明利润分配计划属于《证券法》第七十五条第(二)款规定的"公司分配股利或者增资计划"范围,是涉及到公司的经营、财务或者对该公司证券的市场交易价格有重大影响的信息,在尚未公开前,属于内幕信息。长方照明董事长邓某长、董事兼副总经理邓某贤等均是该内幕信息的知情人。至2012年6月21日,该信息已经形成,并以长方照明与大华会计师事务所签订保密协议的形式予以保存。

王雄英的股票账户在7月18日首次一次性买入长方照明股票66,500股,与该账户通常分散、少量地买入其他股票的特征不同,交易行为异常。结合王雄英资金账户与邓某贤资金账户之间存在大额资金往来的情况,以及在2012年6月21日至7月18日期间邓某贤与王雄英有多次通话的事实,可以认定王雄英与内幕信息知情人邓某贤存在密切关系,王雄英是从邓某贤处非法获取了内幕信息。

上述违法事实分别有交易明细、银行账户明细、当事人询问笔录和通讯记录、上市公司报告公告等证据证明,足以认定。

王雄英内幕交易长方照明股票的行为违反了《证券法》第七十三条、第七十六条第(一)款的规定。

根据当事人违法行为的事实、性质、情节与社会危害程度,依照《证券法》第二百零二条的规定,我会决定:对王雄英处以30万元罚款;责令王雄英在接到本行政处罚决定书之日起7个交易日内,依法处理非法持有的长方照明股票;如有违法所得,没收违法所得。

上述当事人应自收到本处罚决定书之日起15日内,将罚没款汇交中国证券监督管理委员会(开户银行:中信银行总行营业部,账号:7111010189800000162,由该行直接上缴国库),并将注有当事人名称的付款凭证复印件送中国证券监督管理委员会稽查局备案。当事人如果对本处罚决定不服,可在收到本处罚决定书之日起60日内向中国证券监督管理委员会申请行政复议,也可在收到本处罚决定书之日起3个月内直接向有管辖权的人民法院提起行政诉讼。复议和诉讼期间,上述决定不停止执行。

关于袁郑健违反证券法规的行政处罚决定书

(〔2014〕30 号)

当事人:袁郑健,男,1957 年 7 月 31 日出生,住址:上海市普陀区。

依据《中华人民共和国证券法》(以下简称《证券法》)的有关规定,我会对袁郑健操纵中茵股份有限公司(以下简称中茵股份)股票交易价格行为进行了立案调查、审理,并依法向袁郑健公告送达《行政处罚事先告知书》,袁郑健在公告期限内未领取《行政处罚事先告知书》。本案现已调查、审理终结。

经查明,袁郑健操纵中茵股份股票交易价格:

袁郑健于 2011 年 3 月 10 日至 4 月 14 日使用 3 个证券账户,连续交易中茵股份股票,在自己实际控制的证券账户之间交易中茵股份股票,在持有中茵股份股票的情况下发表博客文章推荐中茵股份股票。由于连续交易、在自己实际控制的证券账户之间交易的数量较大,通过媒体推荐中茵股份股票的博客文章阅读次数较多,致使中茵股份股票交易价格从 2011 年 3 月 9 日的 8.78 元上涨至 2011 年 4 月 6 日的 12.31 元,涨幅 40.20%;之后,中茵股份股票交易价格调整至 2011 年 4 月 14 日的 10.51 元。根据以上事实,我会认定,自 2011 年 3 月 10 日至 4 月 14 日,袁郑健操纵中茵股份股票交易价格。

袁郑健操纵中茵股份股票交易价格获利 2,051,191.07 元。

以上违法事实,有袁郑健交易中茵股份股票所使用的 IP 地址、袁郑健交易中茵股份股票的资金往来、相关博客文章发表的 IP 地址及阅读情况、袁郑健交易中茵股份股票的数据、中茵股份股票交易价格变化情况等证据证明,足以认定。

袁郑健的上述行为违反了《证券法》第七十七条关于禁止操纵证券交易价格的规定,构成了《证券法》第二百零三条所述的操纵证券交易价格行为。

根据当事人违法行为的事实、性质、情节与社会危害程度,依据《证券法》第二百零三条的规定,我会决定:没收袁郑健违法所得 2,051,191.07元,并对袁郑健处以 4,102,382.14 元罚款。

上述当事人应自收到本处罚决定书之日起 15 日内,将罚没款汇交中国证券监督管理委员会(开户银行:中信银行总行营业部,账号:7111010189800000162,由该行直接上缴国库),并将注有当事人名称的付款凭证复印件送中国证券监督管理委员会稽查局备案。当事人如果对本处罚决定不服,可在收到本处罚决定书之日起 60 日内向中国证券监督管理委员会申请行政复议,也可在收到本处罚决定书之日起 3 个月内直接向有管辖权的人民法院提起行政诉讼。复议和诉讼期间,上述决定不停止执行。

关于南风兰违反证券法规的行政处罚决定书

（〔2014〕31 号）

当事人：南风兰，女，1957 年 10 月 2 日出生。时任民生证券有限责任公司（以下简称民生证券）监事长。住址：北京市三元桥国际港。

依据《中华人民共和国证券法》（以下简称《证券法》）的有关规定，我会对南风兰违规买卖股票行为进行了立案调查、审理，并依法向当事人告知了作出行政处罚的事实、理由、依据及当事人依法享有的权利。当事人提交了书面陈述申辩材料，未要求听证。本案现已调查、审理终结。

经查明，南风兰存在以下违法事实：

马某婷为南风兰之女，其资金账户（账号 056××××066）于 2006 年 12 月 12 日开立，实际由南风兰控制。自 2006 年 12 月 12 日至 2009 年 8 月 3 日，南风兰利用实际控制的马某婷账户买卖股票，主要通过网上下单的方式，主要交易过“民生投资”、“中信银行”、“中信证券”、“茂化实华”等股票。经查，马某婷账户的资金来源及去向主要为南风兰的银行账户，为南风兰家庭自有资金，马某婷账户的主要交易在南风兰的工作单位民生证券完成。马某婷账户在开户日（2006 年 12 月 12 日）到销户日（2009 年 8 月 3 日）期间合计收益 1,440,653.00 元。南风兰配合调查，承认错误并及时清理了账户予以纠正。

以上违法事实，有任职说明、账户开户交易资料、相关资金凭证、询问笔录等证据证明，足以认定。

南风兰的行为违反了《证券法》第四十三条之规定，构成了《证券法》第一百九十九条所述违法行为。

南风兰在陈述申辩中提出，根据民生证券监事长的相关职责，其不从事证券专业工作，且根据相关规定，监事长任职资格中并不必然要求具备证券从业资格，因此，其不属于《证券法》第四十三条规定的禁止参与股票交易的证券公司从业人员。

我会认为，南风兰在违法期间任职民生证券监事长，为公司专职工作人员，且对公司的决策、经营和管理负有相应的检查监督职责，具有接触相关信息的便利，属于证券公司的从业人员，应受《证券法》四十三条规范。南风兰申辩所提没有从事证券专业工作或者不需要证券从业资格因而其不是证券从业人员的理由不能成立。

根据当事人违法行为的事实、性质、情节与社会危害程度，依据《证券法》第一百九十九之规定，我会决定：没收南风兰违法所得 1,440,653.00元。

上述当事人应自收到本处罚决定书之日起 15 日内，将没收款汇交中国证券监督管理委员会（开户银行：中信银行总行营业部，账号：7111010189800000162，由该行直接上缴国库），并将注有当事人名称的付款凭证复印件送中国证券监督管理委员会稽查局备案。当事人如果对本处罚决定不服，可在收到本处罚决定书之日起 60 日内向中国证券监督管理委员会申请行政复议，也可在收到本处罚决定书之日起 3 个月内直接向有管辖权的人民法院提起行政诉讼。复议和诉讼期间，上述决定不停止执行。

关于考尚校违反证券法规的行政处罚决定书

(〔2014〕32 号)

当事人:考尚校,男,1961 年 9 月 27 日出生。2008 年 1 月 7 日至 2009 年 5 月 27 日任民生投资管理股份有限公司(以下简称民生投资,公司股票代码:000416,公司名称于 2008 年 1 月变更为青岛华馨实业股份有限公司、2008 年 12 月变更为民生投资管理股份有限公司)董事、董事长。通讯地址:上海中山东一路。

依据《中华人民共和国证券法》(以下简称《证券法》)的有关规定,我会对考尚校短线交易行为进行了立案调查、审理,并依法向当事人告知了作出行政处罚的事实、理由、依据及当事人依法享有的权利。当事人未提出陈述、申辩意见,也未要求听证。本案现已调查、审理终结。

经查明,考尚校存在以下违法事实:

2008 年 10 月 27 日到 10 月 31 日期间,考尚校控制使用郭某裕账户,用电话下单的方式合计买入"民生投资"821,976 股,均价 2.894 元;在 2009 年 2 月 25 日到 3 月 4 日期间考尚校又控制郭某裕账户用电话下单的方式对上述股票实施了卖出操作,合计卖出 821,976 股,均价 6.171 元。

郭某裕账户的资金存取是通过郭某裕实名招商银行账户(622588 × × × ×776221)以银证转账方式办理的。经查,自 2007 年 5 月 9 日至 2009 年 3 月 24 日,郭某裕资金账户共转入资金 5,930,950 元,其中资金来源均为个人,包括考尚校、考某飞、陈某香的银行账户。考某飞和陈某香的上述银行账户均由考尚校控制,账户内资金都是考尚校的自有资金。

以上违法事实,有任职说明、账户开户交易资料、相关资金凭证、询问笔录等证据证明,足以认定。

考尚校在担任民生投资董事长、董事期间,将持有的民生投资股票在买入后六个月内卖出,其行为违反了《证券法》第四十七条第一款之规定,构成《证券法》一百九十五条所述情形。

根据当事人违法行为的事实、性质、情节与社会危害程度,依据《证券法》第一百九十五之规定,我会决定:对考尚校给予警告,并处以 8 万元罚款。

上述当事人应自收到本处罚决定书之日起 15 日内,将罚款汇交中国证券监督管理委员会(开户银行:中信银行总行营业部,账号:7111010189800000162,由该行直接上缴国库),并将注有当事人名称的付款凭证复印件送中国证券监督管理委员会稽查局备案。当事人如果对本处罚决定不服,可在收到本处罚决定书之日起 60 日内向中国证券监督管理委员会申请行政复议,也可在收到本处罚决定书之日起 3 个月内直接向有管辖权的人民法院提起行政诉讼。复议和诉讼期间,上述决定不停止执行。

关于舒文胜、朱项平违反证券法规的行政处罚决定书

（〔2014〕33 号）

当事人：舒文胜，男，1966 年 1 月出生，2004 年 3 月至调查之日任广发证券广州江湾路营业部总经理，住址：广东省广州市天河区富华街。

朱项平，男，1971 年 9 月出生，2009 年 2 月至调查之日任广发证券资本市场部副总经理，住址：上海市浦东新区浦东大道。

依据《中华人民共和国证券法》（以下简称《证券法》）的有关规定，我会对舒文胜、朱项平从业人员买卖股票案进行了立案调查、审理，并依法向当事人告知了作出行政处罚的事实、理由、依据及当事人依法享有的权利。当事人未提出陈述、申辩意见，也未要求听证。本案现已调查、审理终结。

经查明，本案存在以下违法事实：

一、舒文胜的交易情况

证据显示，“舒某华”、“舒某萱”、“徐某某”等三个账户的开户由舒文胜主导；“舒某华”、“邹某某”、“舒某萱”、“徐某某”等四个账户的交易席位由舒文胜安排，交易地址多有重合，交易对应 MAC 码所属电脑集中于舒文胜常出入的客户室。因此，舒文胜控制“舒某华”、“邹某某”、“徐某某”、“舒某萱”等四个账户进行交易。“舒某华”、“邹某某”、“徐某某”、“舒某萱”等四个账户内的资金主要来源于舒文胜，去向主要是舒文胜账户。舒文胜为证券从业人员，利用“舒某华”、“邹某某”、“徐某某”、“舒某萱”等四个账户交易股票，实际获利 1,498,539.75 元。

二、朱项平的交易情况

证据显示，“朱国某”、“朱璐某”、“李某某”等三个账户部分下单交易 IP 地址与朱项平出差地址重合；上述证券账户交易的部分电脑 MAC 码与朱项平常用电脑 MAC 码一致；根据相关人员询问笔录，“朱国某”、“朱璐某”、“李某某”等三个账户是由朱项平操作。“朱国某”、“朱璐某”、“李某某”等三个账户内的资金来源及去向主要是朱项平及其妻子王某账户。朱项平为证券从业人员，利用“朱国某”、“朱璐某”、“李某某”等三个账户交易股票，实际亏损 3,149,819.48 元。

舒文胜、朱项平身为从业人员期间买卖股票的行为违反了《证券法》第四十三条的规定，构成《证券法》第一百九十九条所述情形。

根据当事人违法行为的事实、性质、情节与社会危害程度，根据《证券法》第一百九十九条的规定，我会决定：

一、责令舒文胜依法处理非法持有的股票，没收违法所得 1,498,539.75 元，并处以 50 万元罚款；

二、对朱项平处以 50 万元罚款。

上述当事人应自收到本处罚决定书之日起 15 日内，将罚没款汇交中国证券监督管理委员会（开户银行：中信银行总行营业部，账号：7111010189800000162，由该行直接上缴国库），并将注有当事人名称的付款凭证复印件送中国证券监督管理委员会稽查局备案。当事人如果对本处罚决定不服，可在收到本处罚决定书之日起 60 日内向中国证券监督管理委员会申请行政复议，也可在收到本处罚决定书之日起 3 个月内直接向有管辖权的人民法院提起行政诉讼。复议和诉讼期间，上述决定不停止执行。

关于刘明星、沈晓中违反证券法规的行政处罚决定书

(〔2014〕34 号)

当事人:刘明星,男,1983 年 8 月出生,时任广州日报社计财处投资专员,住址:广东省广州市天河区五山路。

沈晓中,男,1979 年 10 月出生,时任羊城地铁报财务总监,住址:广东省广州市海珠区新市头路。

依据《中华人民共和国证券法》(以下简称《证券法》)的有关规定,我会对广东九州阳光传媒股份有限公司(以下统称粤传媒)股票内幕交易案进行了立案调查、审理,并依法向当事人告知了作出行政处罚的事实、理由、依据及当事人依法享有的权利。当事人刘明星、沈晓中提出了陈述申辩意见。本案现已调查、审理终结。

经查明,刘明星、沈晓中存在以下违法事实:

一、刘明星、沈晓中知悉内幕信息的过程

2010 年 3 月,广州日报社开始筹划粤传媒资产重组方案。粤传媒、广州日报社于 2010 年 3 月 19 日开始起草广州日报社资产注入粤传媒的方案,形成了《关于报业集团向九阳传媒注入资产有关方案的请示》。2010 年 4 月上旬,参与重组人员去北京向中宣部就重组问题进行了汇报。此后,重组工作稳步推进。2010 年 5 月 19 日上午,广州日报社及粤传媒方面再次开会,讨论报社体制改革和粤传媒重组方案修改。广州日报社计财处投资专员刘明星参会。2010 年 5 月 25 日下午,重组方案正式确定。2010 年 5 月 26 日,粤传媒发布《涉及筹划重大资产重组的停牌公告》。广州日报社筹划关于粤传媒的重大资产重组事项属于《证券法》第七十五条第二款第(三)项规定的内幕信息。刘明星为内幕信息知情人。

羊城地铁报财务总监沈晓中在调查过程中承认,刘明星在其 2010 年 5 月左右买入“粤传媒”之前告诉其粤传媒快要重组了,刘明星是计财处负责证券投资的,其相信刘明星的说法比较专业。综上,刘明星将内幕信息泄露给沈晓中,沈晓中知悉内幕信息。

二、刘明星、沈晓中交易“粤传媒”股票的情况

刘明星于 2010 年 5 月 19 日至 25 日买入“粤传媒”股票,实际盈利为 29,233.33 元;沈晓中于 2010 年 5 月 19 日至 25 日买入“粤传媒”股票,实际盈利为 49,217.38 元。

上述违法事实,有相关人员询问笔录、相关交易记录、相关会议记录等证据证明,足以认定。

刘明星在申辩意见中提出:1. 没有参加任何有关内幕信息会议;2. 在粤传媒停牌前完全不知道重组事项,没有泄露内幕信息;3. 不是《证券法》第七十四条以及最高人民法院相关司法解释中所列内幕信息知情人;4. 交易行为无任何异常。

我会认为,刘明星的陈述申辩意见不能成立,不予采纳。理由如下:1. 其他参会人员笔录以及刘明星前期准备重组相关材料等证据可以证明刘明星知悉粤传媒正在策划重组事宜的内幕信息;2. 从 2010 年 5 月 19 日会议召开的人员范围、召开时间、会议内容以及刘明星身份等方面判断,作为参会人员的刘明星应当知悉内幕信息;3. 沈晓中在笔录中陈述刘明星将“粤传媒要重组”的信息透露给自己。

沈晓中在申辩意见中提出:1. 关于粤传媒的传闻很多,其所知悉的信息不是敏感信息;2. 刘明星只和其提及粤传媒快重组一事,其不知道刘明星接触过内幕信息,因此,不能够推断其知道的信息是内幕信息;3. 积极配合调查,处

罚过于严苛。

我会认为，沈晓中提出的“不知悉内幕信息”陈述申辩意见不能成立，不予采纳。理由如下：沈晓中在笔录中陈述：“刘明星在2010年5月左右买入粤传媒之前告诉其粤传媒快要重组了，刘明星是计财处负责证券投资的，相信其说法比较专业”。沈晓中知悉刘明星的身份是广州日报社计财处投资专员，其所在部门的工作重点就是研究报社上市、证券投资等与资本运作相关问题。因此，沈晓中能够结合身份判断出刘明星告诉其“粤传媒快要重组了”是内幕信息。但是，沈晓中“积极配合调查”的申辩属实，而且违法所得较小，属于情节比较轻微的违法，我会在量罚时对上述情节予以了考虑。

刘明星、沈晓中交易“粤传媒”股票的行为属于在内幕信息公开前买卖该公司股票，违反了《证券法》第七十六条的规定，构成《证券法》第二百零二条所述情形。刘明星、沈晓中内幕交易金额及违法所得较小，在调查过程中积极配合、主动承认错误，符合《行政处罚法》第二十七条关于从轻、减轻处罚的相关规定。

根据当事人违法行为的事实、性质、情节与社会危害程度，依据《证券法》第二百零二条以及《中华人民共和国行政处罚法》第二十七条的规定，我会决定：

一、没收刘明星违法所得29,233.33元；

二、没收沈晓中违法所得49,217.38元。

上述当事人应自收到本处罚决定书之日起15日内，将没收款汇交中国证券监督管理委员会（开户银行：中信银行总行营业部，账号：7111010189800000162，由该行直接上缴国库），并将注有当事人名称的付款凭证复印件送中国证券监督管理委员会稽查局备案。当事人如果对本处罚决定不服，可在收到本处罚决定书之日起60日内向中国证券监督管理委员会申请行政复议，也可在收到本处罚决定书之日起3个月内直接向有管辖权的人民法院提起行政诉讼。复议和诉讼期间，上述决定不停止执行。

关于厦门宝拓资源有限公司、陈云卿、苏新违反证券法规的行政处罚决定书

（〔2014〕35号）

当事人：厦门宝拓资源有限公司（以下简称厦门宝拓），法定代表人王伟文，住所：福建省厦门市湖里区五缘湾泗水道617号。

陈云卿，男，1966年3月出生，时任厦门宝拓总经理，住址：上海市虹口区东余杭路。

苏新，男，1966年10月出生，时任厦门宝拓综合部部长，住址：上海市虹口区水电路。

依据《期货交易管理条例》的有关规定，我会对厦门宝拓操纵焦炭1209期货合约（以下简称焦炭1209合约）交割结算价格行为进行了立案调查、审理，并依法向当事人告知了作出行政处罚的事实、理由、依据及当事人依法享有的权利。当事人厦门宝拓、陈云卿、苏新未提出陈述、申辩意见，也未要求听证。本案现已调查、审理终结。

经查明，厦门宝拓存在以下违法事实：

厦门宝拓分别在国泰君安期货和国贸期货开立账户，陈云卿办理开户手续且为指令下达人。厦门恒兴集团有限公司（以下简称厦门恒兴）持有厦门宝拓65%股份，并在国贸期货开立账户，陈云卿为账户操作人，该账户期货交易所需资金由厦门恒兴提供。上海桐润实业有限公司（以下简称上海桐润）在国泰君安期货开立账户，该公司成立时主要由陈云卿出资，后来转给邓某中。邓某中将上海桐润期货账户委托陈云卿打理，陈云卿委托苏新下单。

临近焦炭1209合约交割月，厦门宝拓持有580手焦炭合约。由于每个账户只能交割300手焦炭合约，故厦门宝拓在进入交割月前转移300手到厦门恒兴账户，让其帮助交割。其中，

2012年8月30日转移200手,2012年8月31日分两次分别转移97手、3手。

此后,陈云卿借用上海桐润的期货账户买入厦门宝拓持有的焦炭1209合约。2012年9月7日、9月10日、9月11日和9月12日,陈云卿打电话给苏新,商议交易方式和价格,操作方式是由陈云卿操作上海桐润国泰君安期货账户、由苏新操作厦门宝拓国泰君安期货账户,两者之间交易焦炭1209合约,每次的交易委托价格按市场现货价格确定,每次单边成交20手焦炭1209合约。具体过程如下:2012年9月7日10时40分52秒,上海桐润以1520元的委托价格开仓买入20手焦炭1209合约;当日10时40分55秒,厦门宝拓以1520元的委托价格平仓卖出20手焦炭1209合约。9月10日10时37分24秒,上海桐润以1580元的委托价格平仓卖出20手焦炭1209合约;当日10时37分27秒,厦门宝拓以1580元的委托价格开仓买入20手焦炭1209合约。9月11日10时37分26秒,上海桐润以1492元的委托价格开仓买入20手焦炭1209合约;当日10时37分29秒,厦门宝拓以1492元的委托价格平仓卖出20手焦炭1209合约。9月12日10时56分10秒,上海桐润以1500元的委托价格平仓卖出20手焦炭1209合约;当日10时56分18秒,厦门宝拓以1500元的委托价格开仓买入20手焦炭1209合约。经计算,两者间的成交量占该合约9月所有成交量的96%。鉴于焦炭1209合约交割结算价为该合约9月所有成交价格的加权平均价,该行为影响了焦炭1209合约的交易量和交割结算价,涉案账户的交易导致该合约最终交割结算价上涨幅度达3.11%。

厦门宝拓的操纵行为导致焦炭1209合约交割价(增值税发票价)虚高,从而使得厦门宝拓、厦门恒兴合计持有的580手焦炭1209合约交割结算价多计进项增值税387,658.12元。

以上事实,有焦炭1209合约相关资料,涉案人员询问笔录等证据证明,足以认定。

上述行为,违反了《期货交易管理条例》第四十三条关于禁止操纵期货交易价格的规定,构成《期货交易管理条例》第七十四条所述违法行为。陈云卿是对上述行为直接负责的主管人员,苏新为其他直接责任人员。

根据当事人违法行为的事实、性质、情节与社会危害程度,依据《期货交易管理条例》第七十四条规定,我会决定:

一、对厦门宝拓责令改正,没收违法所得387,658.12元,并处以387,658.12元罚款;

二、对陈云卿给予警告,并处以3万元罚款;

三、对苏新给予警告,并处以1万元罚款。

当事人应自收到本处罚决定书之日起15日内,将罚没款汇交中国证券监督管理委员会(开户银行:中信银行总行营业部,账号:7111010189800000162,由该行直接上缴国库),并将注有当事人名称的付款凭证复印件送中国证券监督管理委员会稽查局备案。当事人如果对本处罚决定不服,可在收到本处罚决定书之日起60日内向中国证券监督管理委员会申请行政复议,也可在收到本处罚决定书之日起3个月内直接向有管辖权的人民法院提起行政诉讼。复议和诉讼期间,上述决定不停止执行。

关于马国秋违反证券法规的行政处罚决定书

(〔2014〕36号)

当事人:马国秋,男,1973年9月26日出生,住址:北京市海淀区五棵松路20号。

依据《中华人民共和国证券法》(以下简称《证券法》)的有关规定,我会依法对马国秋等涉嫌内幕交易违法行为进行了立案调查、审理,并依法向当事人告知了作出行政处罚的事实、理由、依据及当事人依法享有的权利,当事人马国秋提出了申辩意见并要求听证。我会于

2013年12月26日举行了听证会,听取了当事人的陈述和申辩。本案现已调查、审理终结。

经查明,马国秋存在以下违法事实:

一、本案涉及的内幕信息

2011年11月2日,广东东方兄弟投资股份有限公司(原名广州东方宝龙汽车工业股份有限公司,以下简称宝龙公司)副总经理彭某与赤峰吉隆矿业有限责任公司(以下简称吉隆矿业)赵某某(董事长)、吕某某(总经理)等,以及西南证券股份有限公司(以下简称西南证券)投行三部高级执行董事陈某某在北京露雨轩茶楼见面,就吉隆矿业借壳上市事项初步接洽。11月6日,西南证券派人以做IPO尽职调查的名义前往吉隆矿业调查。11月11日,陈某某将《框架协议修订版》和《吉隆矿业尽调报告20111111_V1》通过邮件发送给了彭某。2011年11月18日,吉隆矿业赵某某前往东莞虎门与宝龙公司董事长郑某某等进行面谈,双方就关心的净壳、估值、利润保证、重组股价及迁址等问题进行了讨论,并对借壳重组事项达成意向。2012年1月5日,宝龙公司股票(简称"ST宝龙",股票代码600988)因重大事项开始停牌。2012年2月23日,宝龙公司与赵某某等8位自然人签署了《发行股份购买资产协议》。2012年3月20日,"ST宝龙"复牌并公告收购报告书等重组文件,宝龙公司发布董事会决议公告称:宝龙公司拟将截至评估基准日的全部资产与负债出售给威远集团,同时以每股8.68元人民币的价格向吉隆矿业的全体股东发行股份,购买吉隆矿业100%的股权。

宝龙公司向吉隆矿业发行股份购买全部资产,将使宝龙公司的经营方针和经营范围发生重大变化,属于《证券法》第六十七条规定的重大事件;该行为也将直接导致公司的股权结构发生重大变化,构成《证券法》第七十五条第二款第三项规定的"公司股权结构的重大变化";宝龙公司向吉隆矿业发行股份购买全部资产行为,属于《证券法》第七十五条规定的内幕信息,西南证券陈某某是该内幕信息知情人之一。该内幕信息敏感期应始于2011年11月18日宝龙公司和吉隆矿业达成重组共识,终于2012年1月5日"ST宝龙"停牌。

二、马国秋非法获取内幕信息,控制其本人账户内幕交易"ST宝龙"情况

马国秋是陈某某研究生同学,2011年12月30日、2012年1月4日,马国秋控制其本人账户分别委托买入"ST宝龙"140,000股、27,200股,合计成交167,200股;2012年4月13日,该账户委托卖出"ST宝龙",合计成交167,200股。"马国秋"账户交易"ST宝龙"实际获利为1,368,933.18元。

根据相关事实,马国秋上述交易构成内幕交易,理由如下:1.马国秋和陈某某关系密切。马国秋和陈某某在内幕信息敏感期内频繁联络接触。经济往来方面,马国秋和陈某某均承认,陈某某帮马国秋所在公司做过投资咨询服务,收取过咨询服务费。马国秋与陈某某之间存在异常大额资金往来。2011年9月20日,陈某某控制"陈珍芳"招商银行账户(非"陈珍芳"证券第三方存管银行账户)向马国秋转账225万元,经调查确认该资金未进入"马国秋"证券账户。2011年12月1日至2012年1月31日期间,马国秋和陈某某共有14次通讯记录,双方在内幕信息敏感期内频繁联络接触。2.马国秋交易行为明显异常,其证券交易活动与内幕信息高度吻合。2011年12月30日前"马国秋"账户从未交易过"ST宝龙",马国秋与陈某某接触期间大量交易涉案证券。2011年12月29日晚,马国秋和陈某某有一次通话,12月30日,"马国秋"账户开始买入"ST宝龙"。2012年1月3日下午双方有一次通话,1月4日,"马国秋"账户再次买入"ST宝龙"。"马国秋"账户在"ST宝龙"停牌前集中交易,并在其大量买入前与陈某某存在电话联系,交易行为与联络时间高度吻合,其账户买入后该股票开始停牌,时间非常精准,充分说明其证券交易活动与内幕信息高度吻合。

马国秋与内幕信息知情人陈某某在内幕信息敏感期内电话联系后,第二日即买入"ST宝龙"等交易行为明显异常,且马国秋无正当理由和正当信息来源。根据《证券法》第七十六条的规定,马国秋在内幕信息敏感期内交易"ST宝龙"的行为构成内幕交易。

上述违法事实,有相关交易记录、相关协议、通讯记录及当事人询问笔录等证据证明,足

以认定。

马国秋在陈述和申辩中提出:“我不是非法获取内幕信息人”、“我的交易行为不存在明显异常,符合我的一贯交易风格”、“我的交易行为参考了媒体披露的相关报道及研究报告”和“股吧中关于‘ST宝龙’的相关言论坚定了交易”。

经复核,“马国秋”账户买入“ST宝龙”的时间与内幕信息变化和公开的时间基本一致,买入“ST宝龙”的时间与内幕信息知情人联系的时间基本一致,且买入行为与宝龙公司公开信息反映的基本面相背离。马国秋对其交易“ST宝龙”不能作出合理说明或提供证据排除其存在利用内幕信息从事证券交易活动。马国秋公证了其提供的作为当时交易依据的股吧信息,但本案涉及的内幕信息核心内容即本次资产重组的时间、对象、条件等具体内容并未披露。马国秋从公开渠道获知的并不是本案所涉及的内幕信息。综上,马国秋利用与陈某某的密切关系,通过电话等联系接触获取了内幕信息,是非法获取内幕信息人。马国秋从公开渠道获知的并不是本案内幕信息。马国秋交易行为明显异常,其证券交易活动与内幕信息高度吻合。马国秋在内幕信息敏感期内交易“ST宝龙”的行为违反了《证券法》第七十六条的规定构成内幕交易。因此,复核对马国秋的申辩理由不予采纳。

根据《证券法》第二百零二条的规定,我会决定:没收马国秋违法所得1,368,933.18元,并处以1,368,933.18元的罚款。

上述当事人应自收到本处罚决定书之日起15日内,将罚没款汇交中国证券监督管理委员会(开户银行:中信银行总行营业部,账号7111010189800000162,由该行直接上缴国库),并将注有当事人名称的付款凭证复印件送中国证券监督管理委员会稽查局备案。当事人如果对本处罚决定不服,可在收到本处罚决定书之日起60日内向中国证券监督管理委员会申请行政复议,也可在收到本处罚决定书之日起3个月内直接向有管辖权的人民法院提起行政诉讼。复议和诉讼期间,上述决定不停止执行。

关于陈珍芳违反证券法规的行政处罚决定书

(〔2014〕37号)

当事人:陈珍芳,女,1982年3月6日出生,住址:福建省永定县培丰镇长流村。

依据《中华人民共和国证券法》(以下简称《证券法》)的有关规定,我会依法对陈珍芳等涉嫌内幕交易违法行为进行了立案调查、审理,并依法向当事人告知了作出行政处罚的事实、理由、依据及当事人依法享有的权利,当事人陈珍芳未提出陈述、申辩意见,也未要求听证。本案现已调查、审理终结。

经查明,陈珍芳存在以下违法事实:

一、内幕信息的形成和公开过程

2011年11月2日,广东东方兄弟投资股份有限公司(原名广州东方宝龙汽车工业股份有限公司,以下简称宝龙公司)副总经理彭某与赤峰吉隆矿业有限责任公司(以下简称吉隆矿业)赵某某(董事长)、吕某某(总经理)等,以及西南证券股份有限公司(以下简称西南证券)投行三部高级执行董事陈某某在北京露雨轩茶楼见面,就吉隆矿业借壳上市事项初步接洽。11月6日,西南证券派人以做IPO尽职调查的名义前往吉隆矿业调查。11月11日,陈某某将《框架协议修订版》和《吉隆矿业尽调报告20111111_V1》通过邮件发送给了彭某。2011年11月18日,吉隆矿业赵某某前往东莞虎门与宝龙公司董事长郑某某等进行面谈,双方就关心的净壳、估值、利润保证、重组股价及迁址等问题进行了讨论,并对借壳重组事项达成意向。2012年1月5日，宝龙公司股票（简称“ST宝龙”，股票代码600988）因重大事项开始停牌。2012年2月23日，宝龙公司与赵某某等8位自然人签署了《发行股份购买资产协议》。2012年3月20日，宝龙公司股票复牌并公告收购报告书等重组文件，宝龙公司发布董事会决议公告称：宝龙公司拟将截至评估基准日的全部资产与负债出售给威远集团，同时以每股8.68元人民币的价格向吉隆矿业的全体股东发行股份，购买吉隆矿业100%的股权。

宝龙公司向吉隆矿业发行股份购买全部资产，将使宝龙公司的经营方针和经营范围发生重大变化，属于《证券法》第六十七条规定的重大事件；该行为也将直接导致公司的股权结构发生重大变化，构成《证券法》第七十五条第二款第三项规定的“公司股权结构的重大变化”；宝龙公司向吉隆矿业发行股份购买全部资产行为，属于《证券法》第七十五条规定的内幕信息，西南证券陈某某是该内幕信息知情人之一。该内幕信息敏感期应始于2011年11月18日宝龙公司和吉隆矿业达成重组共识，终于2012年1月5日“ST宝龙”停牌。

二、陈珍芳通过听取陈某某工作电话非法获取内幕信息

陈某某和陈珍芳为亲兄妹，关系密切。2011年8月、9月期间，陈珍芳一直在交易“ST宝龙”并关注宝龙公司重组的公告和消息。2011年11月初，她多次通过陈某某的业务通话听到有关宝龙公司的事项，对宝龙公司的重组可行性有预期。陈某某于2011年11月18日前往广东出差，陈珍芳通过陈某某的出差事实，再结合陈某某的投行工作性质，进一步确定陈某某去广东出差从事宝龙公司重组的事实。

陈珍芳通过听取陈某某工作电话知悉内幕信息的事实，在陈珍芳、陈某某两人的谈话笔录中相互印证。陈某某称：“在做宝龙公司重组项目时，电话协调比较多，和陈珍芳在一起时，打电话没有刻意避讳陈珍芳，陈珍芳通过听其通话获知了宝龙公司重组的事情”。陈珍芳也承认：“听到陈某某在与他人电话沟通工作时，提及宝龙公司，再结合陈某某的投行职务背景和出差广东的情况，获知宝龙公司正在筹划资产重组，并进一步坚定了买入‘ST宝龙’的决心”。陈珍芳应在2011年11月底之前，知悉陈某某出差广东从事宝龙公司重组事宜。

三、陈珍芳控制“陈珍芳”、“郑某某”等三个账户在内幕信息敏感期内交易“ST宝龙”

陈珍芳实际控制“陈珍芳”、“郑某某”等三个账户在内幕信息敏感期内交易“ST宝龙”。2011年12月19日，陈珍芳账户买入“ST宝龙”3,800股；12月22日、26日，该账户分别委托卖出“ST宝龙”500股、3,300股。

截至2011年11月18日，“陈某某”账户持有“ST宝龙”100,000股。2011年12月7日、8日、9日、12日、13日、14日、15日，该账户仅委托买入“ST宝龙”一只股票，合计实际成交321,067股；2011年12月28日、29日、30日，2012年1月4日，该账户委托卖出“ST宝龙”，实际成交421,067股。

截至2011年11月18日，“郑某某”账户持有“ST宝龙”1100股。2011年12月8日、9日、19日、26日，该账户分别委托买入“ST宝龙”19,000股、19,000股、100股、4,500股；2012年1月4日，该账户合计委托卖出“ST宝龙”43,700股。

“陈珍芳”、“陈某某”、“郑某某”三个账户实际获利分别为3,158.49元、－238,451.40元、－33,701.67元，三个账户实际获利合计为－268,994.58元。

上述违法事实，有相关人员询问笔录、相关交易记录、通讯记录、相关会议记录等证据证明，足以认定。

宝龙公司向吉隆矿业发行股份购买全部资产行为，属于《证券法》第七十五条规定的内幕信息。陈珍芳是陈某某的妹妹，通过听取陈某某工作电话非法获取了该内幕信息，其在该信息公开前交易“ST宝龙”的行为，违反了《证券法》第七十六条的规定，构成《证券法》第二百零二条所述情形。

根据当事人的违法事实、性质、情节与社会危害程度，依据《证券法》第二百零二条的规定，我会决定：对陈珍芳处以10万元罚款。

上述当事人应自收到本处罚决定书之日起15日内，将罚款汇交中国证券监督管理委员会（开户银行：中信银行总行营业部，账号7111010189800000162，由该行直接上缴国库），并将注有当事人名称的付款凭证复印件送中国证券监督管理委员会稽查局备案。当事人如果对本处罚决定不服,可在收到本处罚决定书之日起60日内向中国证券监督管理委员会申请行政复议,也可在收到本处罚决定书之日起3个月内直接向有管辖权的人民法院提起行政诉讼。复议和诉讼期间,上述决定不停止执行。

关于范立义、钱继新、赵煜敏违反证券法规的行政处罚决定书

(〔2014〕38 号)

当事人:范立义,男,1981 年2 月5 日出生,住址:江苏省常熟市润欣花园。

钱继新,男,1981 年 8 月 20 日出生,住址:江苏省常熟市虞山镇海虞北路。

赵煜敏,男,1962 年1 月8 日出生,住址:江苏省常熟市尚湖镇工业集中区人民南路。

依据《中华人民共和国证券法》(以下简称《证券法》)的有关规定,我会对范立义等人内幕交易常熟风范电力设备股份有限公司(以下简称风范股份,股票代码:601700)股票一案进行了立案调查、审理,并依法向范立义、钱继新、赵煜敏告知了作出行政处罚的事实、理由、依据及当事人依法享有的权利,范立义、钱继新、赵煜敏未提交书面陈述申辩材料,未申请听证。本案现已调查、审理终结。

经查明,范立义、钱继新、赵煜敏存在以下违法事实:

一、本案所涉内幕信息

2013 年1 月6 日至1 月13 日,上海立信会计师事务所的审计人员在风范股份进行现场审计。1 月 11 日下午,2012 年度财务报表(初稿)由财务部编制完成,由于业绩增幅可能在 30% -50% 左右,按照上海证券交易所的规定需发布业绩预告。风范股份董事长范某刚于 2013 年1 月16 日中午12 点30 分,在公司五楼会议室召集董事范立义、赵煜敏等人召开会议。董事长范某刚提出了10 股转增10 股派5 元的利润分配预案,与会董事均表示同意,并在确认意见书上签名。同时,范某刚提议对公司 2012 年度业绩和利润分配预案进行预告。1 月 17 日,风范股份发布"2012 年度业绩预增的公告"及"关于 2012 年度利润分配预案的预披露公告"。

风范股份 2012 年度业绩预增 30% -50% 的信息,属于《证券法》第七十五条第二款第(八)项规定的内幕信息,2012 年度利润分配预案属于《证券法》第七十五条第二款规定的内幕信息。

2013 年 1 月 11 日下午 4 点,风范股份 2012 年度财务报表(初稿)编制完成,业绩预增内幕信息形成;2013 年 1 月 16 日中午 12 点 30 分,风范股份召开有关利润分配预案的会议,利润分配预案内幕信息形成,两个信息均于 2013 年 1 月 17 日公告。

二、内幕信息知悉情况

2013 年1 月11 日下午4 点左右,风范股份财务部主办会计将 2012 年度资产负债表及利润表的初稿放到赵煜敏的办公桌,赵煜敏于当天下午看到,知悉业绩预增的内幕信息。

范立义、赵煜敏于 2013 年 1 月 16 日中午 12 点 30 分,参加了讨论业绩预告及利润分配预案的会议,知悉利润预增与利润分配预案的内幕信息。

三、相关交易情况

(一)范立义内幕交易行为。范立义在 2013 年 1 月 16 日下午利用"曹某丰"账户,委托钱继新利用"某丹"账户累计买入"风范股份"134,800 股,并于内幕信息公告后全部卖

出,获利195,622.02元。"曹某丰"账户买卖"风范股份"均是由范立义本人通过手机委托下单,交易时点与内幕信息形成及公开过程高度吻合。"某丹"账户除内幕信息敏感期间交易"风范股份"外,2011年1月以来未有交易"风范股份"的记录。在2013年1月16日买入"风范股份",并于1月17日卖出,均是由范立义通过电话授意钱继新委托下单,且交易时点与内幕信息形成及公开过程高度吻合。范立义的上述行为违反了《证券法》第七十三条、七十六条的规定,构成内幕交易。

(二)钱继新内幕交易行为。2013年1月16日和1月17日,钱继新与范立义频繁电话联系,钱继新在2013年1月16日下午利用"某芳"账户累计买入"风范股份"45,600股,并于内幕信息公告后全部卖出,获利59,417.31元。钱继新的上述行为违反了《证券法》第七十三条、七十六条的规定,构成内幕交易。虽然双方均称范立义没有将内幕信息泄露给钱继新,范立义也没有建议钱继新交易风范股份股票,但是范立义作为法定内幕信息知情人,和钱继新通话联系的时点与内幕信息形成的时点高度吻合,且"某芳"账户买卖"风范股份"的时点与内幕信息形成及公开过程高度吻合,交易量明显放大。因此,我会认定钱继新利用非法获知的内幕信息交易了风范股份股票。

(三)赵煜敏内幕交易行为。2013年1月14日至1月16日,赵煜敏利用"张某"账户和"张某华"账户累计买入"风范股份"145,957股,并于内幕信息公告后全部卖出,获利224,470.85元。赵煜敏的上述行为违反了《证券法》第七十三条、七十六条的规定,构成内幕交易。

以上事实有相关开户资料、资金划转凭证,委托下单手机号码,IP和Mac地址、上海证券交易所计算结果、相关人员谈话笔录等证据证明,足以认定。

根据《证券法》第二百零二条的规定,我会决定:

一、对范立义作出以下处罚:没收违法所得195,622.02元,并处以391,244.04元罚款;

二、对钱继新作出以下处罚:没收违法所得59,417.31元,并处以59,417.31元罚款;

三、对赵煜敏作出以下处罚:没收违法所得224,470.85元,并处以448,951.70元罚款。

上述当事人应自收到本处罚决定书之日起15日内,将罚没款汇交中国证券监督管理委员会(开户银行:中信银行总行营业部,账号:7111010189800000162,由该行直接上缴国库),并将注有当事人名称的付款凭证复印件送中国证券监督管理委员会稽查局备案。当事人如果对本处罚决定不服,可在收到本处罚决定书之日起60日内向中国证券监督管理委员会申请行政复议,也可在收到本处罚决定书之日起3个月内直接向有管辖权的人民法院提起行政诉讼。复议和诉讼期间,上述决定不停止执行。

关于陆沈良、金刚违反证券法规的行政处罚决定书

(〔2014〕39号)

当事人:陆沈良,男,1986年12月出生,住址为杭州市丰潭路,时任杭州华星创业通信技术股份有限公司(以下简称华星创业或公司)财务部主办会计。

金刚,男,1986年4月出生,住址为绍兴市越城区,与陆沈良为朋友关系。

依据《中华人民共和国证券法》(以下简称《证券法》)的有关规定,我会对陆沈良、金刚内幕交易行为进行了立案调查、审理,并依法向当事人告知了作出行政处罚的事实、理由、依据及当事人依法享有的权利。当事人均未提出陈述、申辩意见及听证申请。本案现已调查、审理终结。

经查明,当事人存在以下内幕交易违法

事实:

一、内幕信息的形成与公开过程

华星创业注册于浙江省杭州市,2009年10月在深圳证券交易所上市,股票代码为300025,经营范围为计算机软、硬件及系统集成技术开发、技术服务、成果转让等,公司董事长、法定代表人为程某彦。

2010年以来,华星创业将收购兼并及对外扩张计划作为公司的战略发展措施。2012年7月23日,程某彦与华星创业总经理陈某光、董事屈某胜、李某、董秘方某英商议后,决定启动重大资产重组准备工作,初步框定4家标的公司:浙江明讯网络技术有限公司(以下简称浙江明讯)、上海鑫众通信技术有限公司(以下简称上海鑫众)、珠海市远利网讯科技发展有限公司(以下简称珠海远利)和浙江金天地通讯工程有限公司(以下简称金天地)。

2012年7月23日至8月3日,陈某光、方某英与中介机构多次商讨后,基本确定初步方案和时间表,中介机构向方某英发送邮件,告知了"停牌前要确定的事项"。

2012年8月1日,方某英转发给陈某光邮件,其中由中介机构起草的《华星创业现金及发行股份购买资产暨重大资产重组方案》显示:方案明确本次拟通过现金及定向发行股份的方式,收购浙江明讯、上海鑫众、金天地和珠海远利股权。

2012年8月6日,陈某光与方某英对"停牌前要确定的事项"进行分工,并开始分头与标的公司主要股东商谈要点。陈某光负责谈收购价格、收购方式、业绩承诺和未分配利润归属等要点,方某英负责谈税收、股份锁定、解锁比例、停牌前签订备忘录等事项。在此过程中,中介机构协助把握标的公司估值等谈判要点。当日,方某英与金天地的实际控制人电话沟通相关税收、股份锁定及解锁比例、资金占用、意向性协议等事项,金天地表示除了对"解锁比例"需要再根据政策依据来确定外,其他无异议。方某英与金天地另一股东王某惠联系后,确定于8月9日上午9点到金天地进行初步尽职调查。

2012年8月8日,方某英告知财务总监鲍某本次重大资产重组的计划,请财务方面配合对标的方尽职调查。8月9日,方某英、鲍某、财务经理陈某荣、中介机构人员到金天地进行初步尽职调查,金天地介绍了情况,王某惠根据要求提供工商、财务等资料。期间,陈某光与金天地商谈过实质性并购要点。8月16日,双方基本确定了并购条件。

在此期间,陈某光、方某英同时与浙江明讯、上海鑫众和珠海远利也进行谈判。

8月29日下午,程某彦发现"华星创业"股价涨幅较大,与陈某光等商量后决定申请8月30日开始停牌。当晚,方某英和证券事务代表张某督促4家标的公司的主要股东召集其他股东签署《收购事项备忘录》,程某彦代表华星创业与4家标的公司的股东签署。

8月30日,华星创业股票停牌。10月30日,华星创业股票复牌,公告拟向特定对象发行股份购买珠海远利、上海鑫众和浙江明讯股权并募集配套资金的预案。

二、陆沈良、金刚内幕交易的情况

(一)涉案账户情况

1."陆沈良"账户

该账户2007年10月开立于中信证券,2011年10月26日至2012年10月30日,累计买入"华星创业"83,389股,卖出69,400股。其中,2012年8月14日至8月24日,累计买入20,400股,8月23日卖出60,000股,2013年3月27日卖出2500股,共计盈利9,693.6元。2011年6月至2012年12月,该账户共交易24只股票,基本上为短期操作,持续操作不超过1个月,大部分股票持有不超过半个月,部分股票买入次日即卖出。仅"华星创业"和"聚光科技"两只股票存在长期操作的情况。截至调查日,账户中仅留有"华星创业"一只股票。

该账户由陆沈良本人操作,账户资金与金刚有关联。

2."金刚"账户

该账户2010年5月开立于中信证券,2011年10月27日至2012年11月12日,累计买入"华星创业"156,350股,累计卖出66,940股。其中,2012年8月15日至8月24日买入75,500股,于2012年11月9日至2013年3月13日期间卖出,累计亏损14,207.06元。2011年6月至2012年12月,"金刚"账户主要交易了“华星创业”、“聚光科技”、“中体产业”等三只股票,其他股票交易金额较小,以短线为主。自2011年11月开始买入“华星创业”后,重仓该股。2012年8月15日至24日,集中买入“华星创业”。

该账户由金刚本人操作,账户资金为自有资金或者来自于金刚父母。

3.“季某娟”账户

该账户2009年9月开立于银河证券,2012年8月28日至2012年12月27日,累计买入“华星创业”246,294股,其中涉案期间内共计买入207,294股,2013年1月14日至3月14日期间全部卖出,共计盈利70,421.52元。该账户于2012年8月27日转入150万元,随后两个交易日大量买入“华星创业”,接近满仓。

该账户由金刚操作,也曾经委托陆沈良代为操作。账户资金为金刚向钱某程融资,用于买入“华星创业”。

(二)内幕信息传递情况

方某英在2012年8月6日之后几天,与财务总监鲍某去金天地了解一些财务情况,去之前鲍某告诉过陈某荣准备收购这家公司,让他看看这家公司的财务数据。回来后,鲍某要求陈某荣督促金天地报送财务数据,陈某荣就开始写尽职调查报告,并多次在办公室用固定电话、手机和QQ等方式与金天地的相关人员联系,要求补充提供财务数据。从金天地回来后,有其他部门的人向陈某荣打听过重组的事。

陈某荣否认向陆沈良说过重组的事,陆沈良也没有向他打听过。但是,陆沈良与陈某荣办公位置实拍照片显示,两人办公室座位相距不到1米,从陆沈良的位置能很方便看到陈某荣电脑屏幕;两人共用一台固定电话,电话机放在两人中间。从位置的距离判断,陆沈良能听到陈某荣打电话。陆沈良称平时陈某荣在办公室打电话他能听得到,陈某荣电脑屏幕打开的文件他想看也能看到。

陈某荣手机通话记录显示:其于2012年8月13日11:32(通话时长11分3秒)、15:20和20:59曾3次与金天地王某惠联系。根据华星创业财务部部分人员2012年8月出勤记录和公司出具的情况说明,8月13日陆沈良正常上班。陆沈良办公室台式电脑文档搜索记录显示,其“QQ”软件于2012年8月13日11:38生成一个图像文件,其电脑中的“BaiduPlayer”软件于2012年8月13日11:43处于工作状态。

陆沈良手机通话记录显示:2012年8月13日、14日,陆沈良与金刚分别通话2次和3次。2012年8月,陆沈良与金刚之间通话53次,其中47次发生在8月9日至8月29日期间。8月27日晚,两人连续通话40多分钟。9月至12月,两人之间每月通话分别为9次、3次、1次和1次。

陆沈良称在2012年8月14日补仓“华星创业”的时候告诉过金刚,平时他们谁补仓了都会告诉对方。

以上事实,有相关公告、涉案账户交易记录以及涉案人员询问笔录等证据在案证明。

综合考量本案当事人之间的固有关系,当事人买入“华星创业”时点与交易模式上的异常情况,陆沈良与内幕信息知情人的座位相邻并共用电话,陆沈良与金刚在涉嫌交易期间频繁的电话联络、共同操作交流投资情况,二人电话联络时点与涉嫌交易时点的高度吻合,以及当事人对于交易原因未能做出合理解释等情况,认定陆沈良、金刚利用相关信息进行内幕交易,二人的行为违反了《中华人民共和国证券法》第七十六条的规定,构成了《中华人民共和国证券法》第二百零二条所述违法行为。

基于当事人违法行为的事实、性质、情节与社会危害程度,依据《中华人民共和国证券法》第二百零二条的规定,我会决定:

一、对陆沈良处以3万元罚款;

二、没收金刚违法所得56,214.46元,并处以56,214.46元罚款。

上述当事人应自收到本处罚决定书之日起15日内,将罚没款汇交中国证券监督管理委员会(开户银行:中信银行总行营业部,账号:7111010189800000162,由该行直接上缴国库),并将注有当事人名称的付款凭证复印件送中国证券监督管理委员会稽查局备案。当事人如果对本处罚决定不服,可在收到本处罚决定书之日起60日内向中国证券监督管理委员会申请行政复议,也可在收到本处罚决定书之日起3个月内直接向有管辖权的人民法院提起行政诉讼。复议和诉讼期间,上述决定不停止执行。

关于林广茂违反证券法规的行政处罚决定书

(〔2014〕40 号)

当事人:林广茂,男,1980 年 4 月出生,住址:北京市东城区建国门内大街。

依据《中华人民共和国证券法》(以下简称《证券法》)的有关规定,我会对林广茂违法一案进行了立案调查、审理,并依法向当事人告知了作出行政处罚的事实、理由、依据及当事人依法享有的权利。当事人林广茂未提出陈述、申辩意见,也未要求听证。本案现已调查、审理终结。

经查明,林广茂存在以下违法事实:

2013 年 1 月至 7 月,林广茂操控"林广茂"、"赵某"等两个账户大量买入广东冠豪高新技术股份有限公司(以下简称冠豪高新)股票,在该两账户合计持股触及 5% 法定披露标准时,未履行相关报告义务、通知上市公司并予公告。

一、"林广茂"账户

林广茂在招商证券北京建国路营业部开立了普通证券账户、信用证券账户各一个,分别下挂上海、深圳股东账户。截至调查日,"林广茂"普通证券账户交易股票资金为 2012 年 1 月之前转入的资金,"林广茂"信用证券账户交易股票资金来源为 2011 年 12 月至 2012 年 3 月期间银证转入 200,000,100 元。林广茂称该账户由其实际控制并使用。

二、"赵某"账户

赵某在中信证券北京复外营业部开立了普通证券账户、信用证券账户各一个,分别下挂上海、深圳股东账户。截至调查日,"赵某"普通证券账户和信用证券账户交易股票资金来源为 2013 年 1 月至 2 月 26 日期间银证转入 18,600 万元,实际来自林广茂个人银行账户;资金去向为 2013 年 2 月 27 日银证转出 5,000 万元,后转到林广茂个人银行账户。调查发现,该账户买卖股票的决策和下单由林广茂作出。

三、大额持股变动未披露

2013 年 1 月起,"林广茂"账户(包含普通、信用证券账户,下同)与"赵某"账户(包含普通、信用证券账户,下同)大量买入"冠豪高新"。2013 年 3 月 6 日,"林广茂"、"赵某"两个账户合计持有"冠豪高新"31,577,884 股,占"冠豪高新"总股本的 5.31%,截至调查日,合计持有"冠豪高新"均超过总股本的 5%,其中 2013 年 5 月 2 日合计持股比例最高达到 7.78%。林广茂未就"林广茂"、"赵某"两个账户合计持股达到 5% 比例事项履行相关报告义务、通知上市公司并予公告。

上述事实,有涉案账户开立、资金划转、交易记录以及相关询问笔录等证据证明,足以认定。

上述行为,违反了《证券法》第八十六条规定,构成了《证券法》第一百九十三条所述违法行为。

根据当事人违法行为的事实、性质、情节与社会危害程度,依据《证券法》第一百九十三条规定,我会决定:对林广茂责令改正,给予其警告并处以 40 万元罚款。

上述当事人应自收到本处罚决定书之日起 15 日内,将罚款汇交中国证券监督管理委员会(开户银行:中信银行总行营业部,账号:7111010189800000162,由该行直接上缴国库),并将注有当事人名称的付款凭证复印件送中国证券监督管理委员会稽查局备案。当事人如对本处罚决定不服,可在收到本处罚决定书之日起 60 日内向中国证券监督管理委员会申请行政复议,也可在收到本处罚决定书之日起 3 个月内直接向有管辖权的人民法院提起行政诉讼。复议和诉讼期间,上述决定不停止执行。

关于浙江恒逸集团有限公司、楼翔违反证券法规的行政处罚决定书

（〔2014〕41 号）

当事人：浙江恒逸集团有限公司（以下简称恒逸集团），法定代表人邱某林，住所：杭州市萧山区。

楼翔，男，1979 年 3 月出生，恒逸集团财务负责人，住址：杭州市下城区。

依据《中华人民共和国证券法》（以下简称《证券法》）的有关规定，我会对恒逸集团操纵证券市场行为进行了立案调查、审理，并依法向当事人告知了作出行政处罚的事实、理由、依据及当事人依法享有的权利。当事人均未提出陈述、申辩意见，也未要求听证。本案现已调查、审理终结。

经查明，当事人存在以下操纵证券市场违法事实：

一、恒逸石化相关涉案事项的进展过程

恒逸石化股份有限公司（以下简称恒逸石化）于 2011 年重大资产重组后控股股东变更为恒逸集团，经营范围为化学纤维、化学原料的生产、加工与销售等业务。邱某林为恒逸集团、恒逸石化的董事长与实际控制人。楼翔于 2011 年 5 月 16 日至 2012 年 6 月 5 日任恒逸石化董事、副总经理、财务总监，2011 年下半年兼任恒逸集团财务负责人。

（　）非公开发行事项

2011 年 4 月 29 日，中介机构到恒逸石化论证非公开发行募投项目，恒逸石化参加人员有邱某林、恒逸石化总经理方某水、楼翔。

2011 年 5 月 6 日，中介机构开始撰写非公开发行公告书以及独立顾问对实施的核查意见等实施文件，并初步拟定非公开发行时间表。

2011 年 5 月 10 日，中介机构将《关于恒逸石化非公开发行方案设计》的邮件发送给楼翔。

2011 年 5 月 19 日，中介机构开始撰写非公开发行募集资金使用可行性报告。

2011 年 5 月 26 日，中介机构完成募集资金使用可行性报告初稿。

2011 年 6 月 14 日，中介机构与恒逸石化讨论非公开发行工作时间、承销协议、募投项目以及前期锁价事宜，恒逸石化参与人员有邱某林、方某水、楼翔等。

2011 年 6 月 20 日，恒逸石化与中介机构沟通再融资停牌时间和停牌事宜，并配合中介机构准备尽职调查报告。

2011 年 6 月 21 日，恒逸石化发布停牌公告，称公司正在策划非公开发行股票事宜，公司股票于 2011 年 6 月 21 日开市起停牌，不迟于 2011 年 6 月 27 日披露相关公告后复牌。

2011 年 6 月 24 日，恒逸石化召开董事会会议，通过了《关于公司符合非公开发行股票条件的议案》等议案。

2011 年 6 月 25 日，恒逸石化公告了董事会会议决议非公开发行 A 股股票预案，拟向不超过 10 名的特定对象发行 6500 万股，定向增发价格为不低于定价基准日前 20 个交易日上市公司股票交易均价（46.40 元）。本次发行完成后，恒逸集团仍为恒逸石化控股股东，邱某林仍为实际控制人。

（二）2011 年利润分配事项

筹划定向增发过程中，根据中介机构建议，为改善股东结构、降低股价，恒逸石化决定在 2011 年年报中公告高送转方案。这样，除公司业绩有保证外，还有高送转、中石化合作己内酰胺项目、定向募投项目宁波 PTA 三期将试生产等利好消息维护定向增发价格。

2012 年 2 月 21 日，恒逸石化公布 2011 年年报，提出以未分配利润向全体股东每 10 股送红股 3 股，每 10 股派发现金红利 10 元，共计派发现金红利 576，793，813 元，同时，以资本公积

金向全体股东每10股转增7股。

(三)文莱石油化工项目

2011年5月12日,邱某林与文莱经发局主席在文莱签署了合作意向书。2012年4月9日,恒逸石化发布董事会决议公告,决定在文莱达鲁萨兰国大摩拉岛投资建设石油化工项目,项目一期投资估算为42.92亿美元,恒逸石化控股子公司恒逸实业(文莱)有限公司作为该项目的实施主体。

2011年6月20日,"恒逸石化"收盘价为43.23元/股;2011年12月13日,"恒逸石化"收盘价为30.5元/股;2012年2月21日,"恒逸石化"收盘价为41.75元/股。

二、涉案账户组交易恒逸石化股票的情况

"何某水"账户开立于2011年6月,由何某水办理开户手续。2011年6月8日至6月16日,该账户累计买入"恒逸石化"315,301股,成交金额14,693,408.90元;2011年12月14日至2012年4月6日,该账户累计买入"恒逸石化"720,548股,成交金额20,643,940元;无卖出。截至2012年5月3日,该账户持有"恒逸石化"2,030,398股(年报送转后)。

"施某红"账户开立于2011年12月27日,由施某红办理开户手续。2011年12月28日至2012年4月6日,该账户累计买入"恒逸石化"381,350股,成交金额12,028,504元;无卖出;截至2012年5月3日,该账户持有"恒逸石化"747,400股(年报送转后)。

根据深圳证券交易所提供数据:2011年12月14日至2012年6月8日,"施某红"和"何某水"账户组期间内最高持股占流通股2.07%,最高交易量达到当日该证券总成交量的15.6%(18个交易日中,13个交易日占比低于3%)。118笔委托中,64笔处于第一档。账户组进行交易的18个交易日中,6个交易日在账户组交易后出现上涨,平均日涨幅为0.79%、4个交易日平盘、其余8个交易日下跌。

根据深圳证券交易所与恒逸集团提供的数据,"何某水"、"施某红"账户中的涉案股票已经全部卖出,累计损失7,374,845.48元。

相关资金转移记录显示,"何某水"、"施某红"账户上述交易"恒逸石化"的资金,系经萧山区合和纺织有限公司、朱幼凤等法人、自然人账户辗转,其最终来源为恒逸集团。

根据邱某林、楼翔、何某水等人询问笔录与书面情况说明,2011年11月中旬至12月初,"恒逸石化"股价一路下跌至30元左右,与46.40元的定向增发价格差距非常大,保荐机构认为不修改增发价格则增发无望,但邱某林坚决不同意修改增发价格;同时,恒逸石化已初步确定实施投资额超过40亿美元的文莱项目,急需再融资予以启动;为防止"恒逸石化"股价进一步下跌,维护股价以完成定向增发,楼翔决定动用恒逸集团3000万元资金,指使何张水操作"何某水"、"施某红"账户拉抬"恒逸石化"股价。

以上事实,有相关工商登记资料、涉案人员情况说明、会议记录、重大事项停牌公告、证券账户委托交易资料和当事人询问笔录等证据证明,足以认定。

我会认为,本案中,恒逸集团利用"何某水"、"施某红"账户买入"恒逸石化"的目的是维持、拉抬"恒逸石化"股价,帮助实现定向增发,因此,其主观上操纵"恒逸石化"交易价格的意图明显。虽然其交易金额、持股比例、对市场价格影响的统计结果等交易指标均处于较低水平,相关交易委托均为真实委托,未能对"恒逸石化"股票的交易价格或交易量产生"显著影响",但恒逸集团动用3000万元巨资集中买入"恒逸石化"的行为,已经构成了《证券法》第七十七条"集中资金优势"、"连续买卖"的操纵证券市场行为。楼翔作为恒逸集团上述行为的决策者与经手人,是直接负责的主管人员。

我会还关注到,恒逸集团将资金交给何张水,由何张水使用"何某水"、"施某红"两个名义账户买入"恒逸石化"股票,同时违反了《证券法》第八十条"禁止法人非法利用他人账户从事证券交易"的规定,构成《证券法》第二百零八条"法人以他人名义设立账户或者利用他人账户买卖证券"的行为。本案证据显示恒逸集团实施法人利用他人账户买卖证券系出于操纵股价的目的,恒逸集团将3000万元资金交给何张水,利用"何某水"、"施某红"账户仅交易了"恒逸石化"一只股票。从交易情况看,两种违法行为所涉及的标的股票、动用的资金、实施的买卖行为及其违法所得结果完全重合,而《证券法》对两者的处罚方式相同但对操纵证

券市场的处罚力度重于法人利用他人账户买卖证券,应由前者吸收后者,在认定与处罚恒逸集团操纵证券市场行为的前提下,不再另行处罚其法人利用他人账户买卖证券的行为。

根据当事人违法行为的事实、性质、情节与社会危害程度,依据《证券法》第二百零三条的规定,我会决定:对恒逸集团处以60万元罚款;对楼翔给予警告,并处以10万元罚款。

上述当事人应自收到本处罚决定书之日起15日内,将罚款汇交中国证券监督管理委员会(开户银行:中信银行总行营业部,账号:7111010189800000162,由该行直接上缴国库),并将注有当事人名称的付款凭证复印件送中国证券监督管理委员会稽查局备案。当事人如果对本处罚决定不服,可在收到本处罚决定书之日起60日内向中国证券监督管理委员会申请行政复议,也可在收到本处罚决定书之日起3个月内直接向有管辖权的人民法院提起行政诉讼。复议和诉讼期间,上述决定不停止执行。

关于南京纺织品进出口股份有限公司、单晓钟、丁杰等13名责任人违反证券法规的行政处罚决定书

(〔2014〕42号)

当事人:南京纺织品进出口股份有限公司(以下简称南纺股份),住所:江苏省南京市鼓楼区云南北路77号,法定代表人夏淑萍。

单晓钟,男,1950年6月2日出生,时任南纺股份董事长、总经理,住址:江苏省南京市白下区。

丁杰,男,1971年6月18日出生,时任南纺股份董事、副总经理、财务总监,住址:江苏省南京市玄武区。

刘盛宁(又名刘胜宁),男,1962年12月28日出生,时任南纺股份副总经理,住址:江苏省南京市鼓楼区。

杨京城,女,1957年12月14日出生,时任南纺股份董事、副总经理,住址:江苏省南京市鼓楼区。

韩勇,男,1968年1月26日出生,时任南纺股份董事、副总经理,住址:江苏省南京市鼓楼区。

赵万龙,男,1964年6月15日出生,时任南纺股份董事,住址:江苏省南京市鼓楼区。

郭素强,男,1960年7月14日出生,时任南纺股份董事、董事长,住址:江苏省南京市建邺区。

汪纯夫,男,1963年11月26日出生,时任南纺股份董事、副总经理,住址:江苏省南京市玄武区。

徐康宁,男,1956年6月25日出生,时任南纺股份独立董事,住址:江苏省南京市玄武区。

杨忠,男,1963年9月26日出生,时任南纺股份独立董事,住址:江苏省南京市玄武区。

王开田,男,1957年11月25日出生,时任南纺股份独立董事,住址:江苏省南京市鼓楼区。

邱斌,男,1969年7月30日出生,时任南纺股份独立董事,住址:江苏省南京市鼓楼区。

依据《中华人民共和国证券法》(以下简称《证券法》)的有关规定,我会对南纺股份信息披露违法行为进行了立案调查、审理,并依法向当事人告知了作出行政处罚的事实、理由、依据及当事人依法享有的权利。当事人南纺股份、韩勇、赵万龙、郭素强、汪纯夫、徐康宁、杨忠、王开田、邱斌提出陈述、申辩意见,并要求听证;单晓钟提出陈述、申辩意见,未要求听证;丁杰、刘盛宁、杨京城未提出陈述、申辩意见,也未要求听证。我会应当事人南纺股份、韩勇、赵万龙、郭素强、汪纯夫、徐康宁、杨忠、王开田、邱斌的要求举行了听证会。因时任董事、副总经理王勇居住国外,我会未能向其履行告知程序,对王

勇的行政处罚将另案处理。本案现已调查、审理终结。

经查明,南纺股份存在以下违法事实:

一、南纺股份 2006 年虚构利润

南纺股份 2006 年年度报告披露的利润为 2,440.50 万元(南纺股份在 2007 年年度报告中将其调整为 1,902.44 万元)。经查,南纺股份虚构利润 3,109.15 万元。扣除虚构的利润,南纺股份 2006 年利润为 -668.65 万元。虚构利润占其披露利润的 127.39%。

对南纺股份在 2006 年年度报告中虚构利润直接负责的主管人员为时任董事长兼总经理单晓钟,副总经理兼财务总监丁杰,副总经理刘盛宁;其他直接责任人员为时任副董事长兼副总经理胡海鸽,董事兼副总经理杨京城、韩勇、王勇,董事周发亮、陈山、赵万龙,独立董事徐康宁、王跃堂、黄伟中。

二、南纺股份 2007 年虚构利润

南纺股份 2007 年年度报告披露的利润为 2,792.74 万元。经查,南纺股份虚构利润 4,223.33 万元。扣除虚构的利润,南纺股份 2007 年利润为 -1,430.59 万元。虚构利润占其披露利润的 151.22%。

对南纺股份在 2007 年年度报告中虚构利润直接负责的主管人员时任董事长兼总经理单晓钟,副总经理兼财务总监丁杰,副总经理刘盛宁;其他直接责任人员为时任副董事长兼副总经理胡海鸽,董事兼副总经理杨京城、韩勇、王勇,董事周发亮、陈山、赵万龙,独立董事徐康宁、王跃堂、黄伟中、杨忠。

三、南纺股份 2008 年虚构利润

南纺股份 2008 年年度报告披露的利润为 1,579.36 万元。经查,南纺股份虚构利润 15,199.83万元。扣除虚构的利润,南纺股份 2008 年利润为 -13,620.47 万元。虚构利润占其披露利润的 962.40%。

对南纺股份在 2008 年年度报告中虚构利润直接负责的主管人员为时任董事长兼总经理单晓钟,副总经理兼财务总监丁杰,副总经理刘盛宁;其他直接责任人员为时任副董事长兼副总经理胡海鸽,董事兼副总经理杨京城、韩勇、王勇,董事周发亮、陈山、赵万龙,独立董事徐康宁、王跃堂、黄伟中、杨忠。

四、南纺股份 2009 年虚构利润

南纺股份 2009 年年度报告披露的利润为 1,582.78 万元。经查,南纺股份虚构利润 6,053.18万元。扣除虚构的利润,南纺股份 2009 年利润为 -4,470.40 万元。虚构利润占其披露利润的 382.43%。

对南纺股份在 2009 年年度报告中虚构利润直接负责的主管人员为时任董事长兼总经理单晓钟,董事兼副总经理、财务总监丁杰,副总经理刘盛宁;其他直接责任人员为时任董事兼副总经理杨京城、韩勇、王勇,董事郭素强、汪纯夫、赵万龙,独立董事徐康宁、杨忠,王开田、邱斌。

五、南纺股份 2010 年虚构利润

南纺股份 2010 年年度报告披露的利润为 -104.89 万元。经查,南纺股份虚构利润 5,864.12 万元。扣除虚构的利润,南纺股份 2009 年利润为 -5,969.01 万元。虚构利润占其披露利润的 5,590.73%。

对南纺股份在 2010 年年度报告中虚构利润直接负责的主管人员为时任董事兼副总经理、财务总监丁杰,副总经理刘盛宁;其他直接责任人员为时任董事长郭素强,董事兼副总经理杨京城、韩勇、王勇,董事汪纯夫,独立董事徐康宁、王开田、邱斌。

南纺股份虚构利润的行为违反了《证券法》第六十三条关于上市公司依法披露的信息,必须真实、准确和完整,不得有虚假记载、误导性陈述或者重大遗漏的规定,构成了《证券法》第一百九十三条所述的上市公司报送的报告有虚假记载、误导性陈述或者重大遗漏的违法行为。

南纺股份 2011 年年度报告披露,调减利润 39,688.71 万元,其中:2010 年以前年度的利润 31,769.70 万元,2010 年的利润 7,919.01 万元。

以上违法事实,有南纺股份 2006 年、2007 年、2008 年、2009 年、2010 年年度报告,南纺股份的会计记录,相关部门提供的书证,相关董事会决议,相关人员的谈话笔录等证据证明,足以

认定。

在我会举行的听证会上，南纺股份提出，南纺股份信息披露的违法行为是时任董事长兼总经理单晓钟等人造成的，南纺股份是最大受害者；南纺股份发现问题后积极整改，配合监管部门的调查。南纺股份要求从轻或减轻处罚。

单晓钟提出，其经济困难。单晓钟要求减免对其30万元的罚款。

韩勇提出，其本人已勤勉尽责；南纺股份信息披露的违法行为是时任董事长兼总经理单晓钟等人造成的，其本人未参与也不知情。韩勇要求免除对其行政处罚。

赵万龙提出，其对南纺股份年度报告的审查是基于专业机构的审计报告，在专业机构没有提出意见的情况下很难发现问题。赵万龙要求对其酌情处理。

郭素强提出，其本人已勤勉尽责；南纺股份信息披露的违法行为是时任董事长兼总经理单晓钟等人造成的，其本人无法发现。郭素强要求免除对其行政处罚。

汪纯夫提出，其本人已勤勉尽责；南纺股份信息披露的违法行为是时任董事长兼总经理单晓钟等人造成的，其本人未参与。汪纯夫要求比照我会对个别人员没有认定责任的情形，免除对其行政处罚。

徐康宁提出，其本人已勤勉尽责，多次质疑过南纺股份的业绩，对本案外的其他问题进行过调研；南纺股份信息披露的违法行为是时任董事长兼总经理单晓钟等人造成的，其本人无法发现；其本人对南纺股份2011年年度报告持保留意见。徐康宁要求免除对其行政处罚。

杨忠提出，其本人已勤勉尽责；南纺股份信息披露的违法行为是时任董事长兼总经理单晓钟等人造成的，其本人无法发现。杨忠要求免除对其行政处罚。

王开田提出，其本人已勤勉尽责；南纺股份信息披露的违法行为是时任董事长兼总经理单晓钟等人造成的，非其勤勉尽责所能发现；其本人积极督促南纺股份整改。王开田要求免除对其行政处罚。

邱斌提出，其本人已勤勉尽责；南纺股份信息披露的违法行为是时任董事长兼总经理单晓钟等人造成的，其本人无法识别南纺股份的犯罪行为。邱斌要求免除对其行政处罚。

根据相关事实和证据，我会认为，南纺股份是南纺股份信息披露违法行为的责任主体，广大投资者特别是中小投资者是南纺股份信息披露违法行为的最大受害者。

我会认为，单晓钟因其经济困难而要求减免对其30万元罚款的主张于法无据。

根据南纺股份审议其定期报告的董事会记录等相关事实和证据，我会认为，韩勇、赵万龙、郭素强、汪纯夫、徐康宁、杨忠、王开田、邱斌等董事在其履行职责时未向南纺股份质疑过利润的真实性，现有证据不足以证明上述人员忠实、勤勉地履行了职责，上述人员在陈述、申辩意见中没有提出证明其在本案南纺股份信息披露的违法行为中忠实、勤勉地履行职责的证据。按照《中华人民共和国公司法》第一百四十八条、《证券法》第六十八条及我会的相关规定，上市公司董事应当根据公司和全体股东的最大利益，忠实、勤勉地履行职责，遵守有关法律、法规、规章及公司章程的规定，保证公开披露的文件内容没有虚假记载、误导性陈述或重大遗漏。上市公司董事应当对董事会的决议负责，保证上市公司定期报告的真实、准确和完整。还应当对提供给中介机构进行审计的上市公司相关财务报表的真实、准确和完整负责。

汪纯夫为南纺股份2009年、2010年虚构利润行为的其他直接责任人员，其情节与我会因个别人员任职时期短暂而没有认定责任的情形不同。

我会认定徐康宁为南纺股份2006年、2007年、2008年、2009年、2010年虚构利润行为的其他直接责任人员，不涉及南纺股份2011年年度报告。

考虑到韩勇、赵万龙、郭素强、汪纯夫、徐康宁、杨忠、王开田、邱斌的违法情节，依据《中华人民共和国行政处罚法》（以下简称《行政处罚法》）第二十七条从轻行政处罚的相关规定，我会已经在《证券法》第一百九十三条规定的罚款幅度内，按照罚款低限对韩勇、赵万龙、郭素强、汪纯夫、徐康宁、杨忠、王开田、邱斌从轻处罚。

因此，我会对南纺股份的行政处罚事实清楚、证据充分、处罚适当，对韩勇、赵万龙、郭素强、汪纯夫、徐康宁、杨忠、王开田、邱斌未勤勉尽责的认定事实清楚、证据充分、处罚适当，对单晓钟的行政处罚适当;我会对南纺股份、单晓钟、韩勇、赵万龙、郭素强、汪纯夫、徐康宁、杨忠、王开田、邱斌的申辩意见不予采纳。

根据当事人违法行为的事实、性质、情节与社会危害程度,依据《证券法》第一百九十三条,《行政处罚法》第二十七条的规定,我会决定:

一、给予南纺股份警告,并处以50万元罚款。

二、给予单晓钟警告,并处以30万元罚款。

三、给予丁杰、刘盛宁警告,并分别处以20万元罚款。

四、给予杨京城、韩勇、赵万龙警告,并分别处以5万元罚款。

五、给予郭素强、汪纯夫、徐康宁、杨忠、王开田、邱斌警告,并分别处以3万元罚款。

胡海鸽、周发亮、陈山、王跃堂、黄伟中的责任已过行政处罚时效,按照《行政处罚法》的相关规定,不再行政处罚。

上述当事人应自收到本处罚决定书之日起15日内,将罚款汇交中国证券监督管理委员会(开户银行:中信银行总行营业部,账号:7111010189800000162,由该行直接上缴国库),并将注有当事人名称的付款凭证复印件送中国证券监督管理委员会稽查局备案。当事人如果对本处罚决定不服,可在收到本处罚决定书之日起60日内向中国证券监督管理委员会申请行政复议,也可在收到本处罚决定书之日起3个月内直接向有管辖权的人民法院提起行政诉讼。复议和诉讼期间,上述决定不停止执行。

关于张世珍违反证券法规的行政处罚决定书

(〔2014〕43号)

当事人:张世珍,男,1971年12月21日出生,住址:福建省福州市仓山区观海路。

依据《中华人民共和国证券法》(以下简称《证券法》)的有关规定,我会对张世珍内幕交易福建冠福现代家用股份有限公司(以下简称ST冠福,股票代码002102)股票一案进行了立案调查、审理,并依法向张世珍告知了作出行政处罚的事实、理由、依据及当事人依法享有的权利,张世珍提交了书面陈述申辩材料,未申请听证。本案现已调查、审理终结。

经查明,张世珍存在以下违法事实:

一、本案所涉内幕信息

ST冠福2010、2011年度连续两年亏损,面临退市风险。2012年6月份,郑州长江矿业有限公司(以下简称长江矿业)两家关联企业的大股东和实际控制人景某某代表长江矿业向中原证券苏某提出了重组意向。

2012年6月底,苏某向信达证券阮某告知了长江矿业的重组意向。7月3日,阮某将长江矿业推荐给了林某洪。林某洪在阮某的协助下对长江矿业进行了初步论证后,与时任ST冠福董事长林某昌进行了沟通。7月10日左右,阮某将长江矿业的相关资料通过U盘拷贝给林某洪,并通过电子邮件发送给林某昌。林某昌要求林某洪前往长江矿业进行现场调研。7月12日,苏某通过电子邮箱向阮某发送了《长江矿业与上市公司换股及现金收购初步沟通方案》及标题为“长江矿业上市沟通方案”和“长江矿业旗下四个矿简介”的附件。7月14日,林某洪、阮某、景某某及苏某等人在郑州见面。7月15日,林某洪、阮某等人前往长江矿业河南桐柏矿区进行实地考察。经林某昌认可后,双方大致达成了合作框架,约定长江矿业拟投入重组的项目为四个铁矿,三年利润保证分别为不低于1.5亿、2亿、2.5亿元人民币,同时约定ST冠福按“部分股权置换,部分现金购买”的资产对价支付方式。7月28日,林某洪、阮某再次前往郑州,与景某某见面商洽。双方进一步明确了合作的主要条件,明确了ST冠福按“25%的现金、75%的股票”的资产对价支付方式。其后，ST冠福开始准备《合作意向书》。7月31日，阮某通过其电子邮箱向苏某发送了《合作意向书》。《合作意向书》属于框架协议，但明确了“25%的现金、75%的股票”的资产对价支付方式。8月1日，苏某分别向景某某等人转发了前述《合作意向书》，并安排论证合作意向的可行性，商议相关尽职调查工作。8月2日，景某某前往上海，与林某昌、林某洪、阮某见面，双方就具体的合作条件进行了商定。当日，ST冠福股票股价异动，林某昌、林某洪、时任ST冠福董事会秘书陈某某、阮某对是否停牌进行了讨论，但未做出停牌决定。8月3日上午，ST冠福股票再次股价异动，当日下午3点左右，ST冠福向深圳证券交易所发出预约申请，申请于2012年8月6日开市起临时停牌。8月4日，苏某通过电子邮件将长江矿业修改的《合作意向书》发送给阮某。8月5日，ST冠福、长江矿业签订了《合作意向书》。8月6日，ST冠福发布临时停牌公告，称正在筹划重大事项。

ST冠福与长江矿业进行重大资产重组的决定，属于《证券法》第六十七条第二款第二项规定的“公司的重大投资行为和重大的购置财产的决定”，在公开前为《证券法》第七十五条第二款所规定的内幕信息，该内幕信息敏感期为2012年7月15日至8月6日。

二、内幕信息知悉情况

2008年至2009年，张世珍曾任ST冠福下属子公司上海五天实业有限公司（以下简称五天实业）财务总监，林某洪任五天实业总经理。2009年，张世珍从五天实业辞职。张世珍与林某洪的关系密切，且林某洪经常向张世珍请教财务等专业问题。

2012年7月份，在与长江矿业的商洽过程中，林某洪多次就与重组事项相关的财务、人事等专业问题向张世珍咨询意见。7月14日、29日，林某洪与张世珍有过多次通话联系。7月14日至8月5日，张世珍还与林某昌、陈某某、阮某分别有过多次通话联系，与ST冠福财务总监张某某也有通话联系。7月31日，林某洪通过U盘把长江矿业的资料拷贝给了张世珍，让张世珍将资料交给陈某某，当日，林某昌、林某洪、陈某某、张世珍、阮某等5人在林某洪办公室对重组进行过讨论。根据《证券法》第七十四条第（七）项及中国证监会《关于规范上市公司信息披露及相关各方行为的通知》第三条的规定，张世珍是内幕信息知情人，最晚于7月31日知悉了内幕信息。

三、相关交易情况

“刘某某”账户由张世珍的妻子刘某某开立，张世珍使用。2012年8月1日至2日，该账户依次卖出了“永辉超市”、“银江股份”、“中国服装”和“二六三”等4只股票。2012年8月1日，该账户委托买入并成交“ST冠福”股票205,100股，成交金额677,746.10元。8月2日，该账户委托买入并成交“ST冠福”股票253,130股，成交金额879,242.00元，委托IP地址为张世珍工作的金汇通公司。上述期间购买的“ST冠福”股票已全部卖出，获利293,770.41元。

张世珍的上述行为，违反了《证券法》第七十六条的规定。

以上违法事实，有相关公告、相关开户资料、资金划转凭证，IP地址、深圳证券交易所计算结果、相关人员谈话笔录等证据证明，足以认定。

张世珍提出，其不应被认定为内幕信息知情人，理由如下：第一，其本人与林某昌、林某洪等人有过多次通话，是因为与他们原本就十分熟悉，经常通话是经常的日常交流行为，不应被认为是在交流所谓的内幕信息。第二，2012年7月31日，其本人并未与林某昌、林某洪、陈某某、阮某等一起在林某洪办公室对重组事项进行讨论。

针对张世珍的陈述申辩意见，经复核认为：根据张世珍、林某洪、林某昌的谈话笔录，张世珍和林某洪曾经是同事关系，两人关系密切，且林某洪经常向张世珍请教财务等专业问题。2012年7月份，在与长江矿业商洽的过程中，林某洪多次就与重组事项相关的财务、人事等专业问题向张世珍咨询意见。7月14日、29日，林某洪与张世珍有过多次通话联系。7月14日至8月5日，张世珍还与林某昌、陈某某、阮某分别有过多次通话联系，与ST冠福财务总监张某某也有通话联系。7月31日，林某洪通过U盘把长江矿业的资料拷贝给了张世珍,让张世珍将资料交给陈某某。林某洪2012年12月26日的谈话笔录、林某昌、陈某某的谈话笔录均称7月31日,林某昌、林某洪、陈某某、张世珍、阮某等5人在林某洪的办公室商量过与长江矿业的并购重组事项。综合上述事实和证据,我会认定张世珍最晚于7月31日知悉内幕信息。

另外,经复核全案事实与证据,考虑到张世珍不是ST冠福的董事、监事或高级管理人员,不是内幕信息知情的核心人员,以及积极配合调查等情节,将处罚幅度由3倍罚款调整为2倍罚款。

综上,根据《证券法》第二百零二条的规定,我会决定:没收张世珍违法所得293,770.41元,并处以587,540.82元罚款。

上述当事人应自收到本处罚决定书之日起15日内,将罚没款汇交中国证券监督管理委员会(开户银行:中信银行总行营业部,账号:7111010189800000162,由该行直接上缴国库),并将注有当事人名称的付款凭证复印件送中国证券监督管理委员会稽查局备案。当事人如果对本处罚决定不服,可在收到本处罚决定书之日起60日内向中国证券监督管理委员会申请行政复议,也可在收到本处罚决定书之日起3个月内直接向有管辖权的人民法院提起行政诉讼。复议和诉讼期间,上述决定不停止执行。

关于郭艺声、曲红军违反证券法规的行政处罚决定书

(〔2014〕44号)

当事人:郭艺声,男,1969年3月出生,住址:福建省厦门市思明区顶澳仔。

曲红军,女,1968年9月出生,住址:辽宁省大连市甘井子区久胜街。

依据《中华人民共和国证券法》(以下简称《证券法》)的有关规定,我会对"ST当代"内幕交易案进行了立案调查、审理,并依法向当事人告知了作出行政处罚的事实、理由、依据及当事人依法享有的权利。应当事人郭艺声、曲红军的要求,我会举行了听证会,听取当事人郭艺声、曲红军的陈述、申辩。本案现已调查、审理终结。

经查明,郭艺声、曲红军存在以下违法事实:

一、内幕信息的形成与公开

大同水泥股份有限公司(以下简称大同水泥)于1997年在深圳证券交易所(以下简称深交所)挂牌上市,2010年12月,厦门当代置业集团(以下简称厦门当代或者当代集团)获得公司29.99%的股权,成为其第一大股东,大同水泥更名为山西当代投资股份有限公司(以下简称山西当代)。郭艺声于2011年7月至9月任厦门当代董事会办公室主任,2011年9月至调查时任厦门当代董事、副总裁,2011年12月至调查时任山西当代董事。

大同市明珠商业网点建设有限责任公司(以下简称大同明珠)的实际控制人为大同市国资委。

2011年6月起,山西当代根据大同市政府、国资委就厦门当代接手原大同水泥后对公司的安排,开始债权债务清理的准备工作。

2011年6月14日,山西当代召开关于资产剥离安排的专题会议,宣布公司资产剥离工作正式启动。

2011年7月7日,相关中介机构开始工作。

2011年9月27日,大同市政府召开会议议定,由大同明珠承接原大同水泥的债权、债务(包括所欠各项税金)和资产(土地使用权);市国资委牵头,尽快开展对原大同水泥债权债务的清理。

2011年10月20日,大同市地税局确认山

西当代截至2011年9月30日欠缴地税税款总额为60,345,885.82元,同意将上述欠缴税款转承到大同明珠,由大同明珠继续履行该部分地税税款的清缴义务。同日,大同市国税局确认山西当代欠缴国税税款总额为35,252,974.26元,同意将上述欠缴税款转承到大同明珠,由大同明珠继续履行该部分国税税款的清缴义务。

2011年10月21日起,郭艺声多次与山西当代方面沟通商讨债务转移相关协议的内容。

2011年10月25日,审计机构出具的审计报告显示,以2011年9月30日为基准日的公司应收款、存货资产账面余额为224,511,064.88元,账面价值为3,718,184.31元。

2011年11月11日,资产评估机构出具的资产评估报告显示,经采用资产基础法评估,截至评估基准日2011年9月30日,山西当代委估资产账面原值224,350,729.48元,账面净值3,557,848.91元,评估价值28,074,515.57元,增值24,516,666.66元,增值率689.09%。

2011年11月25日,时任山西当代财务部部长张某春将税款剥离资料发送给山西当代总会计师吴某,附件内容包括税款剥离的有关协议,含债务转移协议及附表、以资抵债协议及附表、抵押协议及附表。吴某在询问笔录中称其于11月25日收到债务转移的正式合同。山西当代董事会秘书陈某峰在询问笔录中称其与郭艺声等人商议召开关于债务转移、剥离资产的董事会会议时间及确定用于抵偿债务的资产评估截止日期,确定于12月2日之前召开董事会会议,审议债务转移方案。

2011年11月28日,山西当代发出董事会会议通知和会议材料,称公司定于2011年12月2日召开董事会会议,审议公司资产剥离相关事项,收信人有郭艺声等人。会议材料之一是《关于公司与大同市明珠商业网点建设有限责任公司签订〈债务转移协议〉及〈资产转让协议〉、〈抵押担保协议〉的议案》,介绍了拟签订的三个协议的主要内容。其中《债务转移协议》中约定,公司应缴各税务部门总额为95,598,860.08元的税款转移由大同明珠承担,由此公司形成对大同明珠同等金额负债,山西当代同意在2012年3月20日前,向大同明珠清偿上述负债;《资产转让协议》中约定,公司将应收款项及存货以评估值作价28,074,515.57元转让给大同明珠,用以冲抵公司因向大同明珠转让应缴税款对其形成的负债,上述冲抵完成后,公司对大同明珠的负债金额由95,598,860.08元减为67,524,344.51元;《抵押担保协议》中约定,公司将拥有的固定资产和无形资产为抵押物抵押给大同明珠,作为偿还所欠大同明珠67,524,344.51元负债的担保。上述议案认为,本次资产转让协议中涉及的流动资产评估增值24,516,666.66元,资产转让过程中拟新增税费156,422.16元,预计本次资产转让完成后,将对公司当年度的非经营性损益增加24,360,244.50元,净利润增加24,360,244.50元。

2011年11月29日,郭艺声将山西当代驻厦门董事、监事审议通过上述议案的会议决议签字页带到大同。

2011年12月1日上午,山西当代驻大同的董事、监事召开会议,审议通过了上述议案,并在公司驻厦门董事、监事已签字的决议上签字。现场参加此次会议的有郭艺声等人。会议审议的内容与11月28日发送的董事会会议材料的内容相同。

2011年12月2日下午1点48分,陈某峰将董事会决议公告文件上传至深交所信息披露系统,文件中介绍了公司与大同明珠签订三个协议所涉及事项,称"本次资产转让协议中涉及的流动资产评估增值24,516,666.66元……考虑到资产转让过程中拟新增税费156,422.16元,预计本次资产转让完成后,将对公司当年度的非经营性损益增加24,360,244.50元,净利润增加24,360,244.50元。关于本次资产转让因流动资产评估增值对公司损益、净利润的影响,已经公司聘请的年度审计会计师事务所确认。"独立董事意见部分称"公司本次与大同明珠拟进行的债务转移及资产转让、抵押担保相关事项及所签订的相关协议遵循了平等自愿、诚实信用、公平公正的原则,该等事项不存在关联交易情形……"

2011年12月2日,"ST当代"于下午1点左右触及涨停,从1点25分至收盘保持涨停。

2011年12月2日下午3点收市后,深交所监管员致电陈某峰,认为山西当代和大同明珠之间构成关联关系,因此资产转让发生的流动资产评估增值不能计入收益和净利润,而应计入资本公积,并要求公司就此项交易是否构成重大资产重组征求监管部门意见,要求公司股票先做重大事项停牌。陈某峰于当日下午4点24分把申请停牌的公告模板发给了深交所。

2011年12月5日至8日,"ST当代"停牌。

2011年12月8日下午4点59分,陈某峰将董事会决议公告等文件上传至深交所信息披露系统,在关联交易公告中,将资产转让协议中涉及的资产评估增值对公司的影响,修改为"预计本次资产转让完成后,将使公司的所有者权益(资本公积)增加24,933,544.46元,净利润减少573,299.96元。"

2011年12月9日"ST当代"复牌,山西当代公告了其与大同明珠签订的三个协议事项,称该交易将使公司的所有者权益增加2,493万多元,净利润减少57.3万多元。当日"ST当代"跌停。

根据山西当代2010年年报摘要,公司2010年度经审计总资产为158,023,878.65元,净资产为-1,513,527.30元。

二、郭艺声向曲红军泄露内幕信息,曲红军内幕交易

(一)涉案账户交易情况

1."曲红军"账户。开立于德邦证券上海浦东南路营业部。2011年12月2日,该账户买入110,400股"ST当代"。该账户在2011年全年仅于12月2日进行过交易,系将所持有的"上海贝岭"亏损卖出后所得资金全部买入"ST当代"。2012年1月11日上述股票全部卖出,亏损184,894.48元。

前述交易委托下单电脑MAC记录与曲红军住宅台式机电脑的MAC记录一致。

2."曲某富"账户。开立于国泰君安证券大连成义街营业部。2011年12月2日,该账户买入5,200股"ST当代"。2012年1月11日上述股票全部卖出,亏损8,982.69元。

前述交易委托下单电脑MAC记录与曲红军住宅台式机电脑的MAC记录一致。

(二)当事人之间的联系情况

1. 2011年9月至2012年2月,郭艺声手机与曲红军手机之间存在327次通话或短信,与曲红军住宅固定电话之间存在222次通话。

2. 2010年6月3日,郭艺声银行账户向曲红军银行账户转入50万元,当天曲红军银行账户转回50万元至郭艺声银行账户。6月7日,郭艺声银行账户向"曲红军"账户三方存管银行账户转入70万元,曲红军将此70万元转入证券资金账户。

3."曲红军"账户委托资料显示,2012年1月16日至2月10日买入"上海贝岭"、"钱江摩托"、"海默科技"等的下单电脑MAC记录与郭艺声办公室电脑的MAC记录一致。郭艺声办公电脑界面存有证券交易软件,在用户登录页自动显示资金账户02012399,为"曲红军"账户的资金账号。

(三)当事人对相关交易的说明

曲红军在询问笔录中称,其同时使用"曲某富"账户交易"ST当代",并称这个账户的所有交易都是其下单的。

郭艺声在询问笔录中称,2009年4月起,"曲红军"账户由曲红军和郭艺声两人操作交易,郭艺声交易过"钱江摩托"、"华北制药"、"上海贝岭"、"海默科技"等。

曲红军在询问笔录中称,"ST当代这支股我一直关注,我认识该公司的高管郭艺声,我买ST当代是卖出了原持有的一部分上海贝岭出来的钱……我也问过他(郭艺声)是否可以买这只票,他答复我时机还不成熟,他之前也是做分析的,12月2日下午我看见ST当代涨停了就开始往里追着买的,买了有六七十万元的金额,买进去就套了,春节前我在五元多的时候全割肉全抛售掉了。"

郭艺声在询问笔录中称,"她(曲红军)交易股票都会征求一下我的意见。我来当代工作后,她总问我关于公司的事情,我们经常电话沟通,她也知道我在做项目。后来有一天在ST当代涨停板,她把上海贝岭卖出去一些,买了ST当代。曲红军买ST当代之前问过我的意见,我跟她说公司情况不错,一直在找项目,可以买,但是我不能保证股价一定会涨,这个要看情况。"

以上事实,有相关公告、涉案账户交易记录以及涉案人员询问笔录等证据证明,足以认定。

我会认为,山西当代在当代集团与大同市政府部门安排下,剥离原大同水泥遗留的历史债务,属于债务重组事项。该债务重组事项包括债务转承、相关资产转让以及抵押担保,无论从使山西当代得以摆脱历史包袱、为公司进一步资产重组打下基础的角度看，还是从交易涉及金额与公司2010年度经审计总资产和净资产的对比看，该事项无疑对山西当代的财务、经营和证券市场投资者判断具有重大影响。尽管当时证券市场对山西当代历史债务的剥离存在预期或传闻，但这并不影响该事项所涉及的启动、进展时点与细节信息在正式公开前构成内幕信息。尽管山西当代接受了深交所的意见，将债务重组收入列入资本公积而非此前筹划并经董事会通过、拟公开披露的非经常性损益，且信息公开当天其股价跌停，但并不影响与该债务重组事项有关的信息在当时的情境下具有重要性，2011年12月2日下午“ST当代”涨停也提供了相应佐证。

综合衡量涉案人员掌握内幕信息、涉案人员之间的固有关系与惯常联系、涉案交易的异常以及当事人并未对异常交易做出有说服力的解释等情况，我会认定，内幕信息知情人郭艺声向曲红军泄露了相关内幕信息，曲红军利用该信息买入“ST当代”，构成内幕交易。该二人的行为，违反了《证券法》第七十六条的规定，构成了《证券法》第二百零二条所述违法行为。

当事人郭艺声、曲红军在听证会上及陈述、申辩材料中提出，《事先告知书》有关违法行为的认定及处理没有事实依据，请求免予处罚。我会复核认为，本案客观证据已经形成完整的证据链条，依据该证据链条可以推断出当事人实施了违法行为；当事人提出的抗辩，不足以推翻上述推断。

郭艺声作为上市公司控股股东派出的直接参与债务重组事项沟通、谈判与决策的核心内幕信息知情人，向曲红军泄露内幕信息，情节比较严重；曲红军在获悉内幕信息后交易相关股票，涉及金额较大。根据当事人违法行为的事实、性质、情节与社会危害程度，依据《证券法》第二百零二条的规定，我会决定：

一、对郭艺声处以10万元罚款；

二、对曲红军处以10万元罚款。

上述当事人应自收到本处罚决定书之日起15日内，将罚款汇交中国证券监督管理委员会（开户银行：中信银行总行营业部，账号：7111010189800000162，由该行直接上缴国库），并将注有当事人名称的付款凭证复印件送中国证券监督管理委员会稽查局备案。当事人如对本处罚决定不服，可在收到本处罚决定书之日起60日内向中国证券监督管理委员会申请行政复议，也可在收到本处罚决定书之日起3个月内直接向有管辖权的人民法院提起行政诉讼。复议和诉讼期间，上述决定不停止执行。

关于张树德违反证券法规的行政处罚决定书

（〔2014〕45号）

当事人：张树德，男，1972年12月出生，时任北京易华录信息技术股份有限公司（以下简称易华录）职工监事，住址：北京市石景山区八角中里。

依据《中华人民共和国证券法》（以下简称《证券法》）的有关规定，我会对张树德违法违规行为进行了立案调查、审理，并依法向当事人告知了作出行政处罚的事实、理由、依据及当事人依法享有的权利。当事人未提出陈述、申辩意见，也未要求听证。本案现已调查、审理终结。

经查明，张树德存在以下违法事实：

张树德于2008年9月27日至2013年2月3日任易华录职工代表监事期间，控制使用“王某某”账户（资金账号990303××××，下挂上海股东账户A36939××××和深圳股东账户014969××××），买入易华录股票后六个月内卖出，或者在卖出后六个月内又买入，具体情况如下：

2011年9月5日、14日、10月11日，共买

次非公开发行的全部股份。

我会认为,ST 博元重组方案构成重大资产重组,重组完成后,ST 博元的控制权将发生变更,符合《证券法》第七十五条第二款规定的内幕信息。4 月 20 日李某明、陈某与曹某商定重组方案时,内幕信息已形成。

二、孔令敏知悉内幕信息的情况

ST 博元与江西瑞晶商定重组初期,孔令敏是双方主要的中介人。2011 年 5 月 12 日,陈某向孔令敏发送《合作框架协议》的电子邮件,内容与停牌后确定的重组方案基本一致。2011 年 5 月底以后,ST 博元与江西瑞晶双方的往来不再通过孔令敏中转,孔令敏仍继续打探重组相关信息。

我会认为,孔令敏知悉内幕信息,知悉时间不晚于 2011 年 5 月 12 日。

三、孔令强、孔令敏使用相关证券账户交易"ST 博元"情况

"叶某英"账户,2010 年 10 月 11 日开立于上海证券乐城镇乐怡路营业部,资金账号 1053 × × ×52388。"祝某芳"账户,2011 年 2 月 23 日开立于上海证券乐城镇乐怡路营业部,资金账号 1053 × × ×53996。

"叶某英"账户于 2011 年 7 月 20 日、27 日买入"ST 博元"18,200 股。"祝某芳"账户于 2011 年 5 月 23 日开始委托买入"ST 博元",但未成交。2011 年 5 月 30 日至 7 月 28 日,"祝某芳"账户累计买入"ST 博元"1,636,059 股。"叶某英"账户、"祝某芳"账户共计买入"ST 博元"1,654,259 股,买入金额 21,705,997.75 元,共计亏损 433,503.15 元。

叶某英账户资金来源于孔令敏妻子王某静和向杨某德的借款。"叶某英"、"祝某芳"账户由孔令强出面融资,相关借款合同一方当事人显示为孔令敏。叶某英和祝某芳账户的主要操作人为孔令强。孔令敏曾指令使用该两账户从事过"ST 博元"的大宗交易。

上述事实有重组相关协议、公告、询问笔录、证券账户开户及交易资料、资金凭证、MAC 地址等证据证实,足以认定。

我会认为,孔令敏、孔令强与"祝某芳"、"叶某英"账户在涉案期间有密切关联,并共同使用。孔令敏知悉内幕信息并主动关心、刺探重组进程,两账户涉案期内交易"ST 博元"明显异常。孔令敏、孔令强共同实施了利用内幕信息交易"ST 博元"的行为,构成了《证券法》第二百零二条所述的内幕交易行为。

根据当事人违法行为的事实、性质、情节与社会危害程度,依据《证券法》第二百零二条的规定,我会决定:对孔令敏、孔令强分别处以 30 万元罚款。

上述当事人应自收到本处罚决定书之日起 15 日内,将罚款汇交中国证券监督管理委员会(开户银行:中信银行总行营业部,账号:7111010189800000162,由该行直接上缴国库),并将注有当事人名称的付款凭证复印件送中国证券监督管理委员会稽查局备案。当事人如果对本处罚决定不服,可在收到本处罚决定书之日起 60 日内向中国证券监督管理委员会申请行政复议,也可在收到本处罚决定书之日起 3 个月内直接向有管辖权的人民法院提起行政诉讼。复议和诉讼期间,上述决定不停止执行。

关于王明华违反证券法规的行政处罚决定书

(〔2014〕48 号)

当事人:王明华,男,1970 年 1 月出生,住址:浙江省温州市龙湾区海滨街道。

依据《中华人民共和国证券法》(以下简称《证券法》)的有关规定,我会对王明华利用内幕信息交易珠海市博元投资股份有限公司(以下简称 ST 博元)股票的违法行为进行了立案调查、审理,并依法向当事人告知了作出行政处罚的事实、理由、依据及当事人依法享有的权利。当事人王明华提出了书面申辩意见,放弃听证。本案现已调查、审理终结。

经查明,王明华存在以下违法事实:

一、内幕信息的形成过程

2011年3月,ST博元重组事项的决策人李某明经孔某敏介绍,了解到江西瑞晶太阳能科技有限公司(以下简称江西瑞晶)原股东拟出让股权,遂于3月19日与ST博元原总经理陈某、原副总经理方某前往江西与江西瑞晶董事长曹某、孔某敏进行商谈。

2011年4月1-2日,ST博元聘请的会计师事务所、资产评估事务所等中介机构人员前往江西瑞晶进行尽职调查。方某于4月12日起草了《RISUN项目操作概要》,提出了江西瑞晶借壳ST博元的建议。4月18日,陈某发给方某《珠海华信泰&江西瑞晶合作重组ST博元之方案设想(修订版)》,内容为ST博元拟通过非公开发行股票的方式购买江西瑞晶100%的股权。

2011年4月19日,李某明和陈某第二次去江西瑞晶,4月20日离开。李某明、陈某与曹某初步商定,由珠海华信泰投资有限公司(以下简称珠海华信泰)收购部分江西瑞晶股权,并将江西瑞晶资产置入ST博元的重组方案。

2011年5月12日,陈某通过电子邮件向孔某敏发送了《合作框架协议》,内容为江西瑞晶股东把20%的股权转让给珠海华信泰或其指定的人员,之后将江西瑞晶100%股权注入ST博元。该协议由孔某敏转交曹某。曹某向孔某敏表示可以按这个方案推进。

2011年7月28日,李某明、陈某与曹某商谈,三人达成一致,决定ST博元与江西瑞晶进行重组。

2011年7月30日,ST博元发布公告称其正在筹划与本公司相关的重大事项,股票于2011年8月1日起停牌。

2011年9月28日,ST博元召开董事会审议通过《关于公司重大资产出售及发行股份购买资产暨关联交易方案的议案》并公告,决定以每股12.88元的价格向江西瑞晶全体股东非公开发行14,518.63万股股份,江西瑞晶全体股东以其拥有的江西瑞晶100%的股权认购本次非公开发行的全部股份。

我会认为,ST博元重组方案构成重大资产重组,重组完成后,ST博元的控制权将发生变更,符合《证券法》第七十五条第二款规定的内幕信息。4月20日李某明、陈某与曹某商定重组方案时,内幕信息已形成。

二、王明华知悉内幕信息的情况

王明华在2010年7月至2011年9月任ST博元董事。

2010年6月,王明华控制的辽源大成投资管理有限公司(以下简称大成投资)通过司法拍卖获得10,915,341股"ST博元",占ST博元总股本的5.73%;2011年3月,王明华通过提起民事诉讼,将其中的10,900,000股转至本人名下。2011年4月28日、29日ST博元收到王明华分两笔支付的股改承诺款7,569.97万元。

王明华一直关心ST博元的重组事项,其于2011年5月在不同场合提到ST博元将与江西瑞晶进行重组。

2011年4月26日、28日、5月4日王明华与曹某通话,要求曹某就ST博元与江西瑞晶的重组事宜和他商谈。

孔某敏和王明华都是大成投资和上海九赢投资有限公司的股东,关系密切。在2011年6月1日至7月28日期间有较多联络。

我会认为,王明华有了解内幕信息的渠道和行动,其不晚于与曹某第三次通话即2011年5月4日已知悉ST博元与江西瑞晶重组的内幕信息。

三、王明华使用相关账户交易"ST博元"情况

"王某九"、"姚某清"、"黄某龙"、"宋某"、"叶某"、"叶某玻"、"杨某彩"7个账户的共同特点是:由王明华直接或指示他人提供保证金,通过薛某作为中间人进行融资,最终盈亏归于王明华。7个账户在2011年5月4日至7月28日期间均交易了"ST博元"。

"王某九"账户,2010年12月27日开户于广发证券温州欧洲城营业部,资金账号1792××31921;"姚某清"账户,2009年6月14日开立于银泰证券深圳福华三路营业部,资金账

号1100×××09;“黄某龙”账户,2011年6月13日开立于东方证券上海真如营业部,资金账号01×××846;“宋某”账户,2011年5月31日开立于广发证券温州欧洲城营业部,资金账号17920×××2509;“叶某”账户,2010年12月3日开立于西南证券温州江滨西路营业部,资金账号627×××126;“叶某玻”账户,2009年7月1日开立于西南证券温州江滨西路营业部,资金账号627×××734;“杨某彩”账户,2011年5月10日开立于方正证券上海延安西路营业部,资金账号29×××906。

中介人薛某受托管理上述7个账户,实际是为王明华融资,随后将7个账户的交易控制权交予王明华。

7个账户保证金均辗转来自王明华或其相关人员,账户利息均按月支付,每月分别汇至各实际出资人的银行账户,清算资金最终去向为王明华账户或其指定的账户。

“王某九”账户2011年5月27日出借,账户主要交易“ST博元”,买入集中在6月2日至13日、7月5日至20日。“姚某清”账户2011年6月14日出借,买入“ST博元”集中于7月20日至26日。“黄某龙”账户2011年6月14日出借,主要用于买卖“ST博元”,买入集中在7月5日至15日。“宋某”账户2011年6月8日出借,主要用于交易“ST博元”,买入集中在6月9日至7月30日。“叶某”账户2011年5月6日出借,当日重仓买入“ST博元”。“叶某玻”账户2011年5月6日出借,买入“ST博元”主要发生在5月9日至12日。“杨某彩”账户2011年5月11日出借,买入“ST博元”全部发生在5月16日至26日。经计算,上述7个账户买入“ST博元”5,751,079股,共计亏损1,806,814.31元。

上述事实有重组相关协议、公告、询问笔录、资产管理合同、资金凭证、IP/MAC地址等证据证实,足以认定。

我会认为,王明华使用7个账户利用内幕信息交易了“ST博元”,其行为构成了《证券法》第二百零二条所述的内幕交易行为。

王明华提出书面申辩意见,认为其并非是证券交易的内幕信息知情人,无法获得内幕信息,更不可能将内幕信息泄露给其他人,并且根本不存在条件利用内幕信息在价格敏感期内以他人名义或建议他人买卖“ST博元”。

我会认定王明华知悉内幕信息并实施内幕交易的主要事实和证据有:其一,王明华2010年7月至2011年9月任ST博元董事,且是ST博元股东;其二,王明华有了解内幕信息的渠道和行动,有ST博元重组事项决策人李某明、被重组方江西瑞晶董事长曹某及交易相关人薛某等询问笔录证明,且其与重组初期的参与人孔某敏关系密切,通话频繁;其三,王明华是7个账户的资金提供者、实际使用者和受益者,有多名出资人、中介人及相关人员等证言、资产管理合同、资金凭证等证据证实;其四,7个账户对“ST博元”的交易有一致性且与王明华知悉内幕信息的情况基本吻合。我会认为,王明华内幕交易的事实清楚,证据确凿,足以认定。对其申辩的相关当事人做假证及其与账户持有人仅仅存在因其他事项产生的债权债务关系的主张,王明华未提交证据予以支持,不予认可。对MAC地址与其没有直接关联的申辩,不影响其利用相关账户实施内幕交易的认定。综上,对王明华撤销行政处罚的请求,我会不予支持。

根据当事人违法行为的事实、性质、情节与社会危害程度,依据《证券法》第二百零二条的规定,我会决定:对王明华处以60万元罚款。

上述当事人应自收到本处罚决定书之日起15日内,将罚款汇交中国证券监督管理委员会(开户银行:中信银行总行营业部,账号:7111010189800000162,由该行直接上缴国库),并将注有当事人名称的付款凭证复印件送中国证券监督管理委员会稽查局备案。当事人如果对本处罚决定不服,可在收到本处罚决定书之日起60日内向中国证券监督管理委员会申请行政复议,也可在收到本处罚决定书之日起3个月内直接向有管辖权的人民法院提起行政诉讼。复议和诉讼期间,上述决定不停止执行。

关于四川科伦药业股份有限公司、刘革新、程志鹏等12名责任人违反证券法规的行政处罚决定书

（〔2014〕49号）

当事人：四川科伦药业股份有限公司（以下简称科伦药业），住所：四川省成都市，法定代表人刘革新。

刘革新，男，1951年5月12日出生，科伦药业董事长，住址：四川省成都市金牛区。

程志鹏，男，1963年3月5日出生，科伦药业董事、总经理，住址：四川省成都市成华区。

潘慧，女，1962年8月3日出生，科伦药业董事、副总经理，住址：四川省成都市武侯区。

刘思川，男，1984年3月10日出生，科伦药业董事、副总经理，住址：四川省成都市青羊区。

赵力宾，男，1962年7月2日出生，科伦药业董事，住址：四川省成都市武侯区。

高冬，男，1968年10月28日出生，科伦药业董事，住址：上海市徐汇区。

张强，男，1958年5月15日出生，科伦药业独立董事，住址：北京市海淀区。

罗孝银，男，1962年5月12日出生，科伦药业独立董事，住址：四川省成都市成华区。

刘洪，男，1970年6月5日出生，科伦药业独立董事，住址：北京市朝阳区。

熊鹰，男，1972年2月28日出生，科伦药业副总经理、董事会秘书。住址：四川省成都市青羊区。

冯伟，男，1970年7月12日出生，科伦药业副总经理、财务总监。住址：四川省成都市锦江区。

依据《中华人民共和国证券法》（以下简称《证券法》）的有关规定，我会对科伦药业信息披露违法行为进行了立案调查、审理，并依法向当事人告知了作出行政处罚的事实、理由、依据及当事人依法享有的权利。当事人科伦药业、刘革新未提出陈述、申辩意见，未要求听证；程志鹏、潘慧、熊鹰、冯伟未提出陈述、申辩意见；刘思川、赵力宾、高冬、张强、罗孝银、刘洪提出陈述、申辩意见。本案现已调查、审理终结。

经查明，科伦药业存在以下违法事实：

一、科伦药业相关临时信息披露不真实

2011年3月15日，科伦药业发布的《关于使用超募资金用于收购君健塑胶有限公司的公告》披露科伦药业与崇州君健塑胶有限责任公司（以下简称君健塑胶）的原股东四川惠丰投资发展有限责任公司（以下简称惠丰投资）没有关联交易。

经查，科伦药业与惠丰投资构成关联关系，因此，科伦药业披露其与君健塑胶原股东惠丰投资没有关联交易的信息不真实，科伦药业的上述行为违反了《证券法》第六十七条的规定。

二、科伦药业《2010年年度报告》和《2011年年度报告》存在重大遗漏

科伦药业《2010年年度报告》和《2011年年度报告》未披露与君健塑胶的关联关系和关联交易。

经查，科伦药业与君健塑胶构成关联关系，2010年和2011年，科伦药业以公允价格向君健塑胶采购塑料组合盖238,855,028.54元和414,129,974.02元。

科伦药业的上述行为属于重大遗漏，违反了《证券法》第六十三条的规定。

对科伦药业上述临时信息披露不真实和《2010年年度报告》及《2011年年度报告》遗漏与君健塑胶的关联关系和关联交易直接负责的主管人员为时任董事长刘革新；其他直接责任人员为时任董事、总经理程志鹏，董事、副总经理潘慧，董事、副总经理刘思川，董事赵力宾、高冬，独立董事张强、罗孝银、刘洪，副总经理、董

事会秘书熊鹰,副总经理、财务总监冯伟。

以上违法事实,有科伦药业披露的相关临时信息,科伦药业《2010 年年度报告》和《2011 年年度报告》,相关工商登记资料,相关会议记录,相关董事会决议,相关会计记录,相关人员的谈话笔录等证据证明,足以认定。

刘思川在陈述、申辩意见中提出,根据任职情况,其没有注意到君健塑胶为关联方没有过错,其已勤勉尽责,刘思川要求我会撤销对其警告处罚。

赵力宾在陈述、申辩意见中提出,其没有可能知晓本案的真实情况,其已勤勉尽责,赵力宾要求我会撤销对其警告处罚。

高冬、张强、罗孝银、刘洪在陈述、申辩意见中提出,其没有能力判断君健塑胶是否属于关联方,没有策划、实施、参与科伦药业信息披露违法行为,其已勤勉尽责,高冬、张强、罗孝银、刘洪要求我会撤销对其警告处罚。

根据科伦药业审议相关临时信息和定期报告董事会记录等相关事实和证据,我会认为,刘思川、赵力宾、高冬、张强、罗孝银、刘洪等董事在其履行职责时未向科伦药业质疑科伦药业与惠丰投资的关联关系,未向科伦药业质疑科伦药业与君健塑胶的关联关系。现有证据不足以证明上述人员忠实、勤勉地履行了职责,上述人员在陈述、申辩意见中没有提出证明其在本案科伦药业信息披露的违法行为中忠实、勤勉地履行职责的证据。按照《中国人民共和国公司法》第一百四十八条、《证券法》第六十八条及我会的相关规定,上市公司董事应当根据公司和全体股东的最大利益,忠实、勤勉地履行职责,遵守有关法律、法规、规章及公司章程的规定,保证公开披露的文件内容没有虚假记载、误导性陈述或重大遗漏。上市公司董事应当对董事会的决议负责,保证上市公司定期报告的真实、准确和完整。因此,我会对刘思川、赵力宾、高冬、张强、罗孝银、刘洪未勤勉尽责的认定事实清楚、证据充分、处罚适当;我会对刘思川、赵力宾、高冬、张强、罗孝银、刘洪的申辩意见不予采纳。

鉴于科伦药业在没有披露相关关联关系时其关联交易的价格是公允的,科伦药业已补充披露了相关关联关系。根据当事人违法行为的事实、性质、情节与社会危害程度,依据《证券法》第一百九十三条,《行政处罚法》第二十七条的规定,我会决定:

一、对科伦药业给予警告,并处 30 万元罚款;

二、对刘革新给予警告,并处以 5 万元罚款;

三、对程志鹏、潘慧、熊鹰、冯伟给予警告,并分别处以 3 万元罚款;

四、对刘思川,赵力宾、高冬,张强、罗孝银、刘洪给予警告。

上述当事人应自收到本处罚决定书之日起 15 日内,将罚款汇交中国证券监督管理委员会(开户银行:中信银行总行营业部,账号:7111010189800000162,由该行直接上缴国库),并将注有当事人名称的付款凭证复印件送中国证券监督管理委员会稽查局备案。当事人如果对本处罚决定不服,可在收到本处罚决定书之日起 60 日内向中国证券监督管理委员会申请行政复议,也可在收到本处罚决定书之日起 3 个月内直接向有管辖权的人民法院提起行政诉讼。复议和诉讼期间,上述决定不停止执行。

关于吴昌国、王敏雪、王学良违反证券法规的行政处罚决定书

(〔2014〕50 号)

当事人:吴昌国,男,1978 年 7 月出生,时任安徽神剑新材料股份有限公司(以下简称神剑股份)财务总监,住址:安徽省芜湖市繁昌县繁阳镇环城南路新世纪花园小区。

王敏雪,男,1962 年 3 月出生,时任神剑股份董事、董事会秘书,住址:安徽省芜湖市镜湖

区香樟城市花园。

王学良,男,1964 年 12 月出生,时任神剑股份董事、副董事长,住址:江苏省南京市鼓楼区龙蟠里 14 号。

依据《中华人民共和国证券法》(以下简称《证券法》)有关规定,我会对王敏雪、吴昌国等涉嫌证券违法违规案进行了立案调查、审理,并依法向当事人告知了作出行政处罚的事实、理由、依据及当事人依法享有的权利。当事人未提出陈述、申辩意见,也未要求听证。本案现已调查、审理终结。

经查明,当事人存在如下违法事实:

一、内幕信息的形成及内幕信息敏感期

2013 年 1 月 26 日,神剑股份董事长刘某坚向公司财务总监吴昌国咨询公司财务状况,明确询问公司分红能分多少,并咨询了转股和送股的概念,在得知公司账面分红三五千万现金问题不大后,刘某坚本人初步形成一个利润分配意向;1 月 31 日,刘某坚通知王敏雪将在 2 月 1 日召开经理办公会,研究 2012 年度利润分配预案;2 月 1 日,经理办公会上一致通过了每 10 股送红股 2 股,派现金 2 元,公积金转增 8 股的利润分配方案,刘某坚、王敏雪、吴昌国、王学良等 8 人参会;2 月 1 日神剑股份停牌;2 月 2 日对外公告分配预案;2 月 4 日复牌。

神剑股份 2012 年度利润分配事项属《证券法》第七十五条第二款(二)项规定的内幕信息。在刘某坚咨询吴昌国关于公司财务状况和转股送股问题后,形成了利润分配意向,内幕信息形成。因此,内幕信息敏感期为 2013 年 1 月 26 日至 2013 年 2 月 1 日。

二、吴昌国知悉内幕信息并从事内幕交易情况

吴昌国作为公司的财务总监,属法定的内幕信息知情人,其对公司财务状况非常了解。1 月 26 日刘某坚向其询问公司财务状况及利润分配和送转的情况,其知悉内幕信息时间应为 2013 年 1 月 26 日。

吴昌国于 2013 年 1 月开始借用桂某林的股票账户,分别于 1 月 11 日、1 月 22 日、1 月 30 日向桂某林银行账户转款总计 80 万元,上述款项全部转入桂某林的证券资金账户。“桂某林”账户交易“神剑股份”由吴昌国决策和下达指令。2013 年 1 月 30 日,吴昌国在内幕信息敏感期内利用“桂某林”账户交易“神剑股份”,累计买入 18,100 股,成交金额 199,281 元,并全部卖出,实际盈利 17,899.54 元。

三、王敏雪、王学良、吴昌国短线交易情况

王敏雪于 2013 年 1 月 23 日开始借用吕某的股票账户,并于 1 月 23 日、1 月 24 日向吕某银行账户存款总计 390 万元,上述款项全部转入吕某的证券资金账户。“吕某”账户交易“神剑股份”由王敏雪决策和下达指令。2013 年 1 月 24 日至 2013 年 5 月 2 日期间,王敏雪利用“吕某”账户交易“神剑股份”,累计买入 360,000 股,成交金额 3,868,696 元,累计卖出 650,000 股(其中 290,000 股为红股入账),成交金额为 3,804,700 元,收到红利 58,000 元,实际亏损 15,939.43 元。

王学良于 2013 年 1 月开始借用张某豪的股票账户,并于 2013 年 1 月 23 日、2013 年 1 月 31 日向张某豪银行账户存款总计 150 万元,上述款项全部转入张某豪的证券资金账户。“张某豪”账户交易由王学良实际控制和操作。2013 年 1 月 21 日至 2013 年 5 月 3 日期间,王学良利用“张某豪”账户交易“神剑股份”,累计买入 151,300 股,成交金额 1,713,209 元,累计卖出 267,600 股(其中 116,300 股为红股入账),成交金额为 1,694,782 元,收到红利 20,934元,实际亏损 7707.82 元。

吴昌国在2013 年1 月16 日至2013 年2 月8 日期间,利用“桂某林”账户交易“神剑股份”,累计买入 96,572 股,成交金额 1,005,755.88 元,累计卖出 96,572 股,成交金额为1,207,119.40元,实际盈利为 194,660.43 元。剔除内幕交易部分,该账户短线交易“神剑股份”盈利为 176,760.89元。

上述违法事实有交易流水、询问笔录、情况说明等证据证明,足以认定。

吴昌国作为内幕信息知情人,在内幕信息公开前通过他人证券账户买卖“神剑股份”的行为违反了《证券法》第七十六条的规定,构成了《证券法》第二百零二条所述的内幕交易情形。王敏雪、王学良、吴昌国作为神剑股份的董事和高管,利用他人账户,在六个月内频繁交易

"神剑股份",违反了《证券法》第四十七条的规定,构成了《证券法》第一百九十五条所述的短线交易行为。

根据当事人违法行为的事实、性质、情节与社会危害程度,依据《证券法》第一百九十五条、第二百零二条的规定,我会决定:

一、对吴昌国给予警告,没收违法所得17,899.54元,并处以67,899.54元罚款;

二、对王敏雪、王学良给予警告,并分别处以30,000元罚款。

当事人应自收到本处罚决定书之日起15日内,将罚没款汇交中国证券监督管理委员会(开户银行:中信银行总行营业部,账号:7111010189800000162,由该行直接上缴国库),并将注有当事人名称的付款凭证复印件送中国证券监督管理委员会稽查局备案。当事人如果对本处罚决定不服,可在收到本处罚决定书之日起60日内向中国证券监督管理委员会申请行政复议,也可在收到本处罚决定书之日起3个月内直接向有管辖权的人民法院提起行政诉讼。复议和诉讼期间,上述决定不停止执行。

关于河南莲花味精股份有限公司、郑献锋、高君等20名责任人违反证券法规的行政处罚决定书

(〔2014〕51号)

当事人:河南莲花味精股份有限公司(以下简称莲花味精,股票代码600186),1998年7月成立并于同年上市,主营业务:味精和调味品的生产与销售,住所:河南省项城市莲花大道18号,目前总股本10.62亿股,法定代表人:刘向东。公司前五大股东及持股比例为河南省农业综合开发公司(11.9%)、项城市天安科技有限公司(11.26%)、中国长城资产管理公司(4.48%)、华泰证券股份有限公司客户信用交易担保证券账户(1.27%)、国泰君安证券股份有限公司客户信用交易担保证券账户(1.12%)。

郑献锋,男,1964年1月出生,2004年8月至2010年8月任莲花味精董事长,住址:郑州市金水区红专路。

高君,男,1964年1月出生,2005年4月至2010年8月任莲花味精总经理,2007年8月至2010年8月兼任莲花味精董事,住址:河南省项城市郊东一街。

李先进,男,1971年6月出生,2001年至调查时任莲花味精财务总监,2004年8月至2010年8月兼任董事,住址:郑州市管城区清真寺街。

谢清喜,男,1973年6月出生,2005年4月至2008年4月任莲花味精董事会秘书,住址:郑州市郑东新区绿地老街。

牧峻涛,男,1975年3月出生,2008年至调查时任莲花味精董事会秘书,住址:郑州市农业路。

申宏伟,男,1968年8月出生,2004年4月起至调查时任莲花味精第三届董事、总经理助理,2007年8月至2010年8月任董事兼副总经理,住址郑州市郑东新区。

杨立,男,1958年10月出生,1998年起至调查时任莲花味精董事,2004年起至调查时任公司副总经理,住址:河南省周口市文明路。

韩秋月,女,1963年6月出生,2007年8月至2010年8月任莲花味精董事,住址:郑州市郑东新区。

高政,男,1952年5月出生,2007年至调查时任莲花味精董事,身份证住址:河南省项城县水寨镇。

史克龙,男,1959年2月出生,2004年至调查时任莲花味精监事会主席,河南省周口市川汇区七一东路。

薛冲,男,1958年10月出生,2007年至调查时任莲花味精监事,住址:郑州市金水区花

园路。

潘守前,男,1968 年 10 月出生,2007 年至调查时任莲花味精监事,住址:河南省项城市莲花大道。

刘成忠,男,1957 年 5 月出生,2007 年至调查时任莲花味精监事,住址:河南省项城市西大街。

牛文中,男,1966 年 10 月出生,2004 年 8 月至 2007 年 8 月期间任莲花味精监事,2007 年 8 月起至调查时任公司副总经理,住址:项城市莲花大道。

于杰,男,1972 年 10 月出生,2007 年 8 月至调查时任莲花味精监事,住址:河南省项城市西大街。

郑德洲,男,1966 年 12 月出生,2007 年至调查时任莲花味精副总经理,住址:河南省项城市交通中路。

付勇,男,1958 年 6 月出生,2005 年至调查时担任莲花味精副总经理,住址:河南省项城市交通中路味精厂第二生活区。

武明,男,1958 年 12 月出生,2007 年至调查时任莲花味精副总经理,住址:河南省项城市交通中路。

吴玉民,男,1960 年 10 月出生,2004 年 8 月起任莲花味精总经理助理,2007 年起至调查时任公司副总经理、党委委员,住址:郑州市郑东新区。

依据《中华人民共和国证券法》(以下简称《证券法》)的有关规定,我会对莲花味精信息披露违法违规案进行了立案调查、审理,并依法向当事人履行了告知程序。应莲花味精、郑献锋等二十三名当事人的要求,我会举行了听证会,听取了莲花味精、郑献锋等二十三名当事人的陈述和申辩。本案现已调查、审理终结。

经查明,莲花味精存在如下违法事实:

一、2006 年信息披露违法事实

2006 年,莲花味精未按规定披露诉讼事项。2006 年 2 月 22 日至 28 日,中国工商银行项城支行就莲花味精四笔逾期贷款提起诉讼,诉讼标的共计 295,879,389.94 元。2006 年 3 月 6 日,莲花味精收到项城市人民法院四份应诉通知书,并于 2006 年 8 月 30 日收到项城市人民法院(2006)项民初字第 04012 — 04015 号判决书,法院判莲花味精按期偿付上述款项。莲花味精未按照规定临时披露,也未在之后的定期报告中披露诉讼事项。

二、2007 年信息披露违法事实

莲花味精将未到位的政府补助入账、虚增利润。莲花味精通过《关于申请项城市政府给予原材料价格补偿的请示》(豫莲股字〔2007〕62 号)向项城市政府申请补助 1.944 亿元人民币,项城市政府在《项城市人民政府关于对河南莲花味精股份有限公司原材料价格补偿请示的批复》(项政文〔2007〕91 号)中同意将项城市政府的 1.944 亿元作为粮食价格补偿冲抵成本。《项城市政府关于推动莲花化解债务风险工作进展情况及请求延期的函(项政文〔2009〕64 号)》、《项城市政府关于推动莲花化解债务风险工作进展情况及请求延期的函(项政文〔2009〕65 号)》以及《周口市政府关于莲花味精股份有限公司被省证监局立案稽查有关情况的报告》(周政文〔2010〕74 号)均承认政府补助的存在,同时也阐释了政府补助没有到位的客观原因。而莲花味精在政府补助没有实际到位的情况下,将尚未到位的政府补助款项入账,从而虚增 2007 年利润 1.944 亿,导致 2007 年利润亏转盈,2007 年公司公开披露的净利润为 26,513,425.97 元。

三、2008 年信息披露违法事实

(一)莲花味精通过《关于申请项城市人民政府解决人工费用的请示》(豫莲股字〔2008〕51 号)向项城市政府申请补助 3 亿元人民币。在《项城市人民政府关于对河南莲花味精股份有限公司解决人工费用请示的批复》(项政文〔2008〕156 号)中同意将项城市政府的 3 亿元作为人工费用补偿冲抵成本。《项城市政府关于推动莲花化解债务风险工作进展情况及请求延期的函(项政文〔2009〕64 号)》、《项城市政府关于推动莲花化解债务风险工作进展情况及请求延期的函(项政文〔2009〕65 号)》以及《周口市政府关于莲花味精股份有限公司被省证监局立案稽查有关情况的报告》(周政文〔2010〕74 号)均承认政府补助的存在,同时也阐释了政府补助没有到位的客观原因。而莲花味精在政府补助没有实际到位的情况下,将尚未到位的政府补助款项入账,从而虚增2008年利润3亿元,导致2008年利润亏转盈,并导致莲花味精2009年少计应付工行项城支行贷款利息。2008年公司公开披露的净利润为12,405,265.84元。

(二)对政府补助的会计处理不符合会计准则的相关规定。2008年6月-12月,莲花味精分数次收到环保相关补贴资金共计1,898万元,政府淘汰落后产能补偿资金2,272万元。莲花味精将前述应计入营业外收入的政府补助共计4,167万元直接冲减生产成本。

(三)未按规定披露诉讼。2008年,上海浦东发展银行郑州城东路支行、郑州分行诉莲花味精案,诉讼标的共计272,278,921.96元。莲花味精分别于2008年1月17日、2008年6月20日收到应诉通知,法院于2008年6月23日、2008年9月16日分别作出判决。同年,广东粤财诉莲花味精债务纠纷,诉讼标的共计108,334,299.11元。莲花味精于2008年1月17日收到应诉通知,法院于2008年6月4日对该案进行判决。对于以上诉讼,莲花味精既未进行临时披露,也没有在2008年年报披露,而是在2009年中报中进行披露。

四、2009年莲花味精违法事实

对政府补助的会计处理不符合会计准则的相关规定。2009年4月,莲花味精收到政府企业发展促进资金90万元,外贸发展促进资金17.69万元。同年5月收到黄淮四市发展促进资金80万元。莲花味精将应计入营业外收入的前述各类政府补助款187.69万元直接冲减主营业务成本。

莲花味精时任董事长郑献锋、时任总经理高君、时任财务总监李先进、时任董事会秘书谢清喜、牧峻涛等人是莲花味精信息披露违法违规案直接负责的主管人员;莲花味精董事、副总经理申宏伟,董事、副总经理杨立,董事韩秋月、高政,监事会主席史克龙、监事薛冲、潘守前、刘成忠、于杰,副总经理郑德洲、付勇、武明、吴玉民、牛文中是其他责任人员。

莲花味精的上述违法行为违反了《证券法》第六十三条、第六十七条之规定,构成《证券法》第一百九十三条“发行人、上市公司或者其他信息披露义务人未按照规定披露信息,或者披露的信息有虚假记载、误导性陈述或者重大遗漏”之情形。

上述违法事实,有相关人员询问笔录、相关政府文件、相关财务会计资料等证据证明,足以认定。

莲花味精及其责任人员在行政处罚事先告知后提交了陈述申辩意见,并参加或者委托代理人参加了本案听证会。其主要申辩如下:

第一,关于2006年少计贷款利息501.3万的认定与实际情况不符合。

第二,关于2007年、2008年政府补助4.94亿元是河南省、周口市和项城市三级政府主导实施,当年因多种原因未到位,以至于披露不实,但并非“虚构”。2010年,通过资产注入、债务重组等形式陆续补实到位。

第三,2006年、2008年未披露重大诉讼是为了尽快化解莲花味精的债务危机,迅速使公司走出困境。如果及时披露重大诉讼事项,则担心债权人争相效仿,不利于债务危机的化解。

第四,莲花味精及责任人员信息披露违法违规行为并非为了一己私利,而是为了股权分置改革的顺利开展,为了公司债务危机得以化解,为了维护整个项城城市的稳定。

第五,已经纠正信息披露违法违规的后果,对投资者没有造成损害。当地政府及莲花味精一直在为政府补助的到位、债务危机的化解努力。时至今日,4.944亿元政府补助已经全部到位,债务危机也都已经化解,信息披露虚假也得到了更正。

我会认为,莲花味精及其责任人员对2006年少计贷款利息的陈述申辩、2007年至2008年并非虚构政府补助的陈述申辩、信息披露违法中并非为了谋取私利以及已经纠正且清除危害后果的陈述申辩有相应事实证据支持,予以采纳。莲花味精关于2006年、2008年未按规定披露诉讼的申辩意见不成立。

莲花味精在当地政府的大力支持之下已经完成了债务重组工作并于2010年8月召开董事会通过了关于会计差错更正追溯调整事项的议案,对相关会计数据及财务指标情况进行了更正,并对外予以公告。公告中包括2007、2008年度的1.944亿元、3亿元政府补助资金的调整情况。莲花味精在调查终结之前积极整改的举动有利于企业的正常发展,减少市场上股价的波动,降低中小投资者的损失,维护了当地社会的稳定。莲花味精的上述情形,属于《行政处罚法》第二十七条规定的应当依法从轻、减轻行政处罚的情形,应当予以考虑。

根据当事人违法行为的事实、性质、情节与社会危害程度,依据《证券法》第一百九十三条的规定,我会决定:

一、对莲花味精给予警告,并处以 50 万元罚款;

二、对郑献锋、高君、李先进给予警告,并处以 30 万元罚款;

三、对谢清喜、牧峻涛给予警告,并处以 10 万元罚款;

四、对申宏伟、杨立、韩秋月、高政、史克龙、薛冲、潘守前、刘成忠、于杰、郑德洲、付勇、武明、吴玉民、牛文中给予警告,并处以 5 万元罚款。

上述当事人应自收到本处罚决定书之日起 15 日内,将罚没款汇交中国证券监督管理委员会(开户银行:中信银行总行营业部,账号:7111010189800000162,由该行直接上缴国库),并将注有当事人名称的付款凭证复印件送中国证券监督管理委员会稽查局备案。当事人如果对本处罚决定不服,可在收到本处罚决定书之日起 60 日内向中国证券监督管理委员会申请行政复议,也可在收到本处罚决定书之日起 3 个月内直接向有管辖权的人民法院提起行政诉讼。复议和诉讼期间,上述决定不停止执行。

关于亚太(集团)会计师事务所有限公司、秦喜胜、赵强等 4 名责任人违反证券法规的行政处罚决定书

(〔2014〕52 号)

当事人:亚太(集团)会计师事务所有限公司,系河南莲花味精股份有限公司(以下简称莲花味精)审计服务机构,注册地址:北京市西城区车公庄大街。

秦喜胜,男,1970 年 2 月出生,时任亚太(集团)会计师事务所会计,莲花味精 2007 — 2008 年审计报告签字会计师。

赵强,男,1972 年 3 月出生,时任亚太(集团)会计师事务所会计,莲花味精 2005 — 2007 年审计报告签字会计师。

张向红,男,1973 年 11 月出生,时任亚太(集团)会计师事务所会计,莲花味精 2008 年审计报告签字会计师。

依据《中华人民共和国证券法》(以下简称《证券法》)的有关规定,我会对莲花味精信息披露违法违规案进行了立案调查、审理,并依法向当事人履行了告知程序。应亚太(集团)会计师事务所有限公司(以下简称亚太所)、秦喜胜、赵强等当事人的要求,我会举行了听证会,听取了当事人的陈述和申辩。本案现已调查、审理终结。

经查明,亚太所存在如下违法事实:

一、2007 年年报审计中的违法事实

对于 2007 年莲花味精将未到位的政府补助入账、虚增利润事项,会计师未履行以下审计程序:1. 政府补助中所指补助资产为项城市天安科技有限公司(以下简称天安科技)1.944 亿元欠款,对于该债权的真实性、交接手续、可收回性均没有履行相应的审计程序;2. 其他应收款、其他应付款科目审计中,没有获得天安科技的函证;3. 没有取得建行 1.98 亿元贷款的贷款合同;4. 没有取得建行项城支行银行借款和银行存款的函证回函;5. 在贷款卡信息内容不完整的情况下,没有实施进一步审计程序。

莲花味精 2007 年审计报告意见类型为标准无保留意见。当年审计中,对公司 1.944 亿元政府补助和建行 1.98 亿元贷款债务转移的

账务处理,因会计师专业判断错误和审计程序不到位、审计证据不充分,未能发现政府补助未到位和建行贷款实际未转移的事实,致使公司当年利润总额虚增 1.944 亿元,债务虚减 1.98 亿元。

二、关于 2008 年年报审计中的违法事实

对于 2008 年莲花味精在政府补助没有实际到位的情况下,将尚未到位的政府补助款项入账的事项,会计师未履行以下审计程序:1. 政府补助中所指补助资产为天安科技 3 亿元欠款,对于该债权的真实性、交接手续、可收回性均没有履行相应的审计程序;2. 其他应收款、其他应付款科目审计中,没有对该 3 亿元、3.22 亿元发生额履行相应的审计程序;3. 没有取得工行贷款的贷款合同;4. 在银行借款科目的函证里,没有取得工行项城支行的回函;5. 在贷款卡信息内容与三方《债务转让协议》内容明显矛盾的情况下,没有实施进一步审计程序。

2008 年年报审计中,对于 4,167 万元政府补助的账务处理,存在的问题是:在已经发现一笔 575 万元政府补助会计处理错误并予以调整的情况下,未能保持职业怀疑态度,实施充分的审计程序,未能发现该 4,167 万元政府补助的账务处理错误并进行调整。

莲花味精 2008 年审计报告意见类型为标准无保留意见。当年的审计中,对公司 3 亿元政府补助和工行 3.22 亿元贷款转移的账务处理,因会计师专业判断错误和审计程序不到位、审计证据不充分,未能发现政府补助的虚假性和工行贷款实际未转移的事实,致使公司当年利润总额虚增 3 亿元,银行贷款减少 3.22 亿元;当年公司有 4167 万元收到的政府补助会计处理错误,审计中未能发现和调整,致使公司营业利润增加 4,167 万元,营业外收入减少 4,167 万元,影响了公司的利润结构。

2007、2008 年度莲花味精年报审计项目费用分别为:66 万元、66 万元。

上述违法事实,有相关人员询问笔录、相关交易记录等证据证明,足以认定。

亚太所及其责任人员在听证会上提出:1. 关于未审计出 2006 年“未计提莲花对粤财借款本金利息 501 万元”的问题有事实依据。2. 关于未审计出 2007 年、2008 年政府补助的问题。注册会计师认为既然莲花味精与天安科技、银行三方债务转移是事实,那么政府的4.94 亿元补助真实存在;根据相关政府批复、三方债务转让协议及转账凭证判断补助已经到位。3. 会计师已经常规审计仍然无法发现 2007 年、2008 年政府补助未到位一事。事发之后,注册会计师及事务所主动更正,减轻会计差错的危害后果。请求免除 2006 年虚减利息审计问题的处罚,对 2007 年、2008 年审计莲花味精政府补助是否到位的审计程序问题酌情减轻或者免除处罚。4. 会计师事务所主任崔守忠没有负责相关项目的审计工作,没有在审计报告上签字,不应当承担责任。

我会认为,根据现有证据,2006 年虚减利息审计问题和崔守忠责任问题的申辩意见成立,不再追究亚太所对于莲花味精 2006 年虚减利息审计问题的责任,不再追究亚太所主任崔守忠的责任。但是,亚太所在 2007 年、2008 年审计莲花味精政府补助是否到位的审计程序上确实存在不足:一是没有向政府求证补助的相关细节;二是对其他应收款、应付款项没有获得天安科技函证;三是在没有得到银行相关到账回函的情况下做出补助到位的会计确认。其关于 2007 年、2008 年审计莲花味精政府补助已经尽责的申辩不成立;四是结合本案莲花味精违法行为的背景、亚太所主动更正,减轻会计差错的危害后果等情节,亚太所及注册会计师提出减轻处罚的请求予以采纳,在量罚中已经予以考虑。

三、责任认定

亚太所在莲花味精 2007 年、2008 年年报审计中未勤勉尽责,出具的审计报告内容有误导性陈述和重大遗漏,构成《证券法》第二百二十三条所述情形;注册会计师秦喜胜、为 2007 年、2008 年年报审计中直接负责的主管人员,注册会计师赵强、张向红为 2007 年、2008 年年报审计中其他直接责任人员。

根据当事人违法行为的事实、性质、情节与社会危害程度,依据《证券法》第二百二十三条的规定,我会决定:

一、对亚太所给予警告,没收亚太所关于莲花味精 2007 年、2008 年年报审计项目收入 132 万元,并处以 132 万元罚款;

二、对秦喜胜给予警告,并处以 4 万元罚款;

三、对赵强给予警告,并处以 3 万元罚款;

四、对张向红给予警告。

上述当事人应自收到本处罚决定书之日起 15 日内,将罚没款汇交中国证券监督管理委员会(开户银行:中信银行总行营业部,账号:7111010189800000162,由该行直接上缴国库),并将注有当事人名称的付款凭证复印件送中国证券监督管理委员会稽查局备案。当事人如果对本处罚决定不服,可在收到本处罚决定书之日起60 日内向中国证券监督管理委员会申请行政复议,也可在收到本处罚决定书之日起 3 个月内直接向有管辖权的人民法院提起行政诉讼。复议和诉讼期间,上述决定不停止执行。

关于马少鹏违反证券法规的行政处罚决定书

(〔2014〕53 号)

当事人:马少鹏,男,1965 年 10 月出生,住址:广东省普宁市流沙西街。

依据《中华人民共和国证券法》(以下简称《证券法》)的有关规定,我会对马少鹏涉嫌内幕交易行为进行了立案调查、审理,并依法向当事人告知了作出行政处罚的事实、理由、依据及当事人依法享有的权利。当事人马少鹏未提出陈述、申辩意见,也未要求听证。本案现已调查、审理终结。

经查明,马少鹏存在以下违法事实:

一、内幕信息的形成及敏感期的认定

2011 年 10 月 23 日,湖南金沙药业有限责任公司(以下简称金沙药业)主要股东召开股东大会。会议确定了增发换股重组事宜。2012 年 3 月 16 日重组中止。重组中止的原因主要为:一是金沙药业各股东仍未能就增发具体股数达成一致意见;二是中介机构在尽职调查期间,发现金沙药业和广东嘉应制药股份有限公司(以下简称嘉应制药)个别股东、高管家属在停牌之前存在交易嘉应制药股票的情况;三是中介机构建议金沙药业应降低备用金规模,以便于符合证监会重组相关规定及要求。2012 年 5 月 9 日,嘉应制药与金沙药业的主要股东和高管在广州召开工作会议。本次会议确定了解决阻碍嘉应制药收购金沙药业事项相关问题的具体方案,就重组的主要争议问题达成了一致,重组工作取得实际进展。

嘉应制药收购金沙药业事项未公开前属于《证券法》第七十五条规定的内幕信息,内幕信息形成时间为 2012 年 5 月 9 日。金沙药业于 2012 年 12 月 31 日前基本解决了备用金问题。为避免股价太高造成各方对定向增发具体股数出现较大的分歧,2013 年 1 月 16 日,嘉应制药停牌,2 月 18 日复牌。因此,内幕信息敏感期确定为 2012 年 5 月 9 日至 2013 年 1 月 16 日。

二、马少鹏知悉内幕信息及从事内幕交易情况

时任金沙药业总经理陈某锐为上述内幕信息知情人。2012 年 11 月至 2013 年 4 月期间,马少鹏与陈某锐共计通话 116 次。马少鹏及陈某锐均承认,在 2012 年年底或 2013 年年初期间,马少鹏曾致电询问陈某锐关于嘉应制药股票是否值得投资,陈某锐明确告知马少鹏,“嘉应制药股票重组会有机会”。“马少鹏”账户于 2013 年 1 月 7 日开立,次日就大量买入“嘉应制药”,马少鹏向陈某锐咨询嘉应制药是否存在重组机会的时点与马少鹏交易“嘉应制药”时点高度吻合。因此,可以认定马少鹏从陈某锐处打探并印证了内幕信息,属于非法获取内幕信息的人。

马少鹏在内幕信息敏感期内利用本人及其配偶“陈某云”账户交易嘉应制药股票,累计买入 90,090 股,总成交额为 767,480.85 元,2013 年 4 月全部卖出,实际获利 79,980.11 元。

上述违法事实有交易流水、账簿资料、相关协议及当事人询问笔录等证据证明,足以认定。

马少鹏非法获取了内幕信息,在信息公开前通过本人或他人证券账户买卖嘉应制药股票的行为违反了《证券法》第七十六条的规定,构成了《证券法》第二百零二条所述的内幕交易情形。

根据当事人违法行为的事实、性质、情节与社会危害程度,依据《证券法》第二百零二条的规定,我会决定:

没收马少鹏违法所得 79,980.11 元,并处以 159,960.22 元罚款。

当事人应自收到本处罚决定书之日起 15 日内,将罚没款汇交中国证券监督管理委员会(开户银行:中信银行总行营业部,账号 7111010189800000162,由该行直接上缴国库),并将注有当事人名称的付款凭证复印件送中国证券监督管理委员会稽查局备案。如对本处罚决定不服,可在收到本处罚决定书之日起 60 日内向中国证券监督管理委员会申请行政复议;也可以在收到本处罚决定书之日起 3 个月内直接向有管辖权的人民法院提起诉讼。复议和诉讼期间,上述决定不停止执行。

关于唐汉博违反证券法规的行政处罚决定书

(〔2014〕54 号)

当事人:唐汉博,男,1973 年 12 月 25 日出生,住址:北京市东城区阳光都市。

依据《中华人民共和国证券法》(以下简称《证券法》)的有关规定,我会对唐汉博涉嫌操纵包头华资实业股份有限公司(以下简称华资实业,股票代码:600191)一案进行了立案调查、审理,并依法向唐汉博告知了作出行政处罚的事实、理由、依据及当事人依法享有的权利,唐汉博未提交书面陈述申辩材料,未申请听证。本案现已调查、审理终结。

经查明,唐汉博存在以下违法事实:

(一)2012 年 2 月 27 日至 3 月 2 日,唐汉博控制“张某金”、“陈某”、“王某晖”、“关某”、“杨某”、“唐某斯”、“赵某斌”、“朱某喜”、“王某中”等 9 个账户交易“华资实业”

根据 2012 年 2 月 27 日至 3 月 2 日逐日交易 MAC、IP 情况及北京亚洲大酒店提供的账单等证据材料,“唐汉博”、“张某金”、“陈某”、“关某”、“唐某斯”、“王某中”、“王某晖”、“杨某”、“赵某斌”、“朱某喜”等 10 个账户主要使用同一台电脑在北京亚洲大酒店进行下单委托。2 月 27 日至 28 日,“孙某”账户在北京亚洲大酒店登录过。2012 年 2 月 26 日至 3 月 4 日,唐汉博入住亚洲大酒店。“唐汉博”账户自 2011 年 7 月 22 日至 2012 年 7 月 23 共计 108 天使用上述电脑,占同期该账户交易天数 113 天的 95%。2012 年 5 月 23 日,该电脑使用唐汉博家里 IP。2012 年 2 月 27 日至 3 月 2 日唐汉博入住亚洲大酒店期间,该台电脑使用亚洲大酒店 IP。2012 年 2 月 27 日至 3 月 2 日,“张某金”、“陈某”、“关某”、“唐某斯”、“王某中”、“王某晖”、“杨某”、“赵某斌”、“朱某喜”等 9 个账户中的大部分账户都在亚洲大酒店使用 A 电脑下单交易“华资实业”,使用其他电脑下单交易“华资实业”的账户在当日均有使用上述电脑在亚洲大酒店登录的记录。除“王某中”、“杨某”账户之外,“张某金”、“陈某”、“关某”、“唐某斯”、“王某晖”、“赵某斌”、“朱某喜”等 7 个账户与唐汉博有资金关联。根据相关 IP 和 Mac 情况,“杨某”账户与唐汉博本人账户存在大量下单电脑重合情况,杨某、谭某宇谈话笔录等证据证明“杨某”账户为唐汉博使用。唐某荣、蔡某、孙某等人谈话笔录也进一步印证唐汉博控制相关账户。

综上,2012 年 2 月 27 日至 3 月 2 日,唐汉博控制“张某金”、“陈某”、“关某”、“唐某斯”、“王某中”、“王某晖”、“杨某”、“赵某斌”、“朱某喜”等 9 个账户交易“华资实业”事实清楚,证据充分,足以认定。

(二)唐汉博控制“张某金”、“陈某”、“关某”、“唐某斯”、“王某中”、“王某晖”、“杨某”、“赵某斌”、“朱某喜”等 9 个账户 2012 年 2 月 27 日至 3 月 2 日采取虚假申报、在自己实际控制的账户之间进行交易等方式影响“华资实业”证券交易量和价格

第一阶段(2012 年 2 月 27 日 13:50:24 至 2 月 27 日 14:53:47)属于账户组的建仓阶段,合计买入 845 万股。

第二阶段(2012 年 2 月 27 日 14:53:48 至 2 月 28 日 15:00:00),属于账户组的股价拉升阶段,合计买入 1,799 万股,合计卖出 180 万股。其中,2 月 27 日 14:53:48 至 14:54:33,账户组以高于市场成交价的方式进行了四笔大额买委托,分别为申报前一秒卖委托第 1 档申报量的 178、34、6、66 倍,账户组在该时段内的申买量占同期市场申买量比例、买成交量占同期市场成交量比例分别为 80.14% 和 91.62%,市场成交价上涨 1.18%。2 月 28 日,账户组申买量占市场申买量比例和账户组买入成交量占市场成交量比例分别为 50.89% 和 38.68%,对倒量占账户组当日卖出成交量的比例为 76%。该股涨停后,账户组以涨停价申报 381 万股,未成交 303 万股,占当日收盘后涨停价待成交数量 71.21%。账户组以涨停价格买成交的数量占市场当日该股涨停价买成交量 74.81%。

第三阶段(2012 年 2 月 29 日至 3 月 2 日),属于账户组的卖出阶段,该阶段账户组合计卖出 3,082 万股,合计买入 747 万股,余股已全部卖出。其中,2 月 29 日,账户组买入撤单占比 79%;卖出撤单占比 25%。账户组以高于市场成交价的第 1 档位价进行 46 笔买委托,共计 978 万股,致使市场成交价从 6.38 元上升至 6.47元。3 月 1 日,账户组撤单占比 70%。3 月 2 日,账户组撤单占比 81%,对倒量占账户组当日买入成交量的比例为 97%。该阶段账户组合计卖出 3,082 万股,合计买入 747 万股,余股 129 万股,余股已全部卖出。

根据上述事实,唐汉博控制“张某金”、“陈某”、“关某”、“唐某斯”、“王某中”、“王某晖”、“杨某”、“赵某斌”、“朱某喜”等 9 个账户于 2012 年 2 月 27 日至 3 月 2 日期间采取虚假申报、在自己实际控制的账户之间进行交易等方式影响“华资实业”证券交易量和价格,致使“华资实业”收盘价从 2012 年 2 月 27 日的 6.02 元上升至 3 月 2 日的 6.36 元,实际盈利 6,494,049.50 元。唐汉博的上述行为违反了《证券法》第七十七条第一款的规定,构成《证券法》第二百零三条所述情形。

以上事实有相关开户资料、资金划转凭证、交易记录、IP 和 Mac 地址、上海证券交易所计算结果、相关人员谈话笔录等证据证明,足以认定。

根据当事人违法行为的事实、性质、情节和社会危害程度,依据《证券法》第二百零三条的规定,我会决定对唐汉博作出如下处罚:没收违法所得 6,494,049.50 元,并处五倍罚款,即 32,470,247.50 元,罚没款共计 38,964,297 元。

上述当事人应自收到本处罚决定书之日起 15 日内,将罚款汇交中国证券监督管理委员会(开户银行:中信银行总行营业部,账号:7111010189800000162,由该行直接上缴国库),并将注有当事人名称的付款凭证复印件送中国证券监督管理委员会稽查局备案。当事人如果对本处罚决定不服,可在收到本处罚决定书之日起 60 日内向中国证券监督管理委员会申请行政复议,也可在收到本处罚决定书之日起 3 个月内直接向有管辖权的人民法院提起行政诉讼。复议和诉讼期间,上述决定不停止执行。

关于黄天定违反证券法规的行政处罚决定书

(〔2014〕55 号)

当事人:黄天定,男,1979 年 1 月出生,住址:上海市虹口区唐山路。

依据《中华人民共和国证券法》(以下简称《证券法》)的有关规定,我会对黄天定买卖股票的违法行为进行了立案调查、审理,并依法向当事人告知了作出行政处罚的事实、理由、依据及当事人依法享有的权利。当事人黄天定提出了书面申辩意见,应黄天定的要求,我会举行了听证会,听取了黄天定及其代理人的陈述和申辩。本案现已调查、审理终结。

经查明,黄天定存在以下违法事实:

黄天定于 2005 年 6 月取得证券从业资格。2007 年 11 月 14 日至 2010 年 1 月 18 日黄天定任海通证券证券投资部研究员期间,利用国信证券上海市北京东路营业部和华泰证券上海市陆家嘴东路营业部开立的"赵某娟"账户、联讯证券北京市西直门北大街营业部开立的"鲁某花"账户以及东兴证券上海市肇嘉浜路营业部开立的"秦某英"账户买卖"中国神华"等股票,交易金额 1,966,073,508.16 元,盈利共计 5,780,026.35 元。2008 年 5 月 8 日黄天定与张某春签订协议,约定黄天定向张某春借款,用途为投资 A 股市场。协议同时约定,张某春委托重庆信托在华泰证券上海市陆家嘴营业部开立的证券账户(以下简称重庆信托证券账户)作为黄天定进行股票投资的操作账户,账户的操作权归黄天定,张某春行使监控权,账户的投资收益和亏损由黄天定承担。2008 年 5 月 9 日至 10 月 14 日期间,黄天定利用重庆信托证券账户交易股票金额为 623,786,813.3 元,亏损共计 5,099,922.5 元。经合并计算,上述四个账户盈利共计 680,103.85 元。

黄天定与"赵某娟"、"鲁某花"、"秦某英"三个账户名义持有人均有亲戚关系,为上述四个账户提供资金。四个账户的操作均指向黄天定。

我会同时查明,2009 年 4 月至 8 月,黄天定操控"赵某娟"、"鲁某花"账户先于或同步于海通证券自营业务买入并先于后者卖出"创兴置业"等股票 3 只。2009 年 11 月 2 日至 4 日,黄天定利用国海富兰克林基金管理有限公司黄某泄露的该公司旗下基金将要重仓买入"福星股份"的未公开信息,操控"鲁某花"账户对该股进行交易。

黄天定在违法行为期间,经常打探各种"消息"、"题材",对待本职工作态度消极。黄天定买卖股票金额特别巨大,违法情节恶劣。

以上违法事实,有账户开户、交易、资金流水记录及相关银行凭证,委托下单 IP 地址,下单电脑硬盘序列号记录,相关协议,询问笔录等证据证明,足以认定。

我会认为,黄天定利用"赵某娟"等四个账户买卖股票的行为,违反了《证券法》第四十三条有关禁止证券从业人员借他人名义持有、买卖股票的规定,构成了《证券法》第一百九十九条所述违法行为。

黄天定在听证会及书面陈述申辩意见中提出:1. 在违法行为期间,除"赵某娟"、"鲁某花"、"秦某英"三个账户外,还应计入其实际控制的重庆信托证券账户,应合并计算违法所得数额;2. 其职位低,违法的主观恶性小,认错态度好,没有不配合调查,社会危害性小;3. 考虑相关情节及其经济能力,请求减轻或免除处罚。

经复核,黄天定提供的证据材料可以认定重庆信托证券账户为其控制和交易,相关事实成立,我会予以认可。对黄天定所称没有不配合调查的情节,我会不予认可。我会认为,因涉案账户增加、交易金额增大等因素,情形恶劣,虽然违法所得减少,但仍应予以较重的处罚。综上,对黄天定减轻或免除处罚的请求,我会不予支持。

根据当事人违法行为的事实、性质、情节与社会危害程度，依据《证券法》第一百九十九条的规定，我会决定：没收黄天定违法所得680，103.85元，并处以400万元罚款。

上述当事人应自收到本处罚决定书之日起15日内，将罚没款汇交中国证券监督管理委员会（开户银行：中信银行总行营业部，账号：7111010189800000162，由该行直接上缴国库），并将注有当事人名称的付款凭证复印件送中国证券监督管理委员会稽查局备案。当事人如果对本处罚决定不服，可在收到本处罚决定书之日起60日内向中国证券监督管理委员会申请行政复议，也可在收到本处罚决定书之日起3个月内直接向有管辖权的人民法院提起行政诉讼。复议和诉讼期间，上述决定不停止执行。

关于陈狄奇、姚锦聪、王仲鸣、陈述违反证券法规的行政处罚决定书

（〔2014〕56号）

当事人：陈狄奇，男，1981年7月出生，任德信丰益（北京）资本管理中心（以下简称德信丰益）合伙人。

姚锦聪，男，1968年9月出生，任德信丰益合伙人。

王仲鸣，男，1981年10月出生，任德信丰益投资经理。

陈　述，男，1981年9月出生，任德信丰益投资助理。

依据《中华人民共和国证券法》（以下简称《证券法》）的有关规定，我会对"ST甘化"内幕交易案进行了立案调查、审理，并依法向当事人陈狄奇、姚锦聪、王仲鸣、陈述告知了作出行政处罚的事实、理由、依据及当事人依法享有的权利。当事人姚锦聪提出陈述、申辩意见。本案现已调查、审理终结。

经查明，陈狄奇、姚锦聪、王仲鸣、陈述存在以下违法事实：

一、关于内幕信息

2010年10月5日，德力西集团有限公司（以下简称德力西）形成《关于收购某某目标上市公司及资产重组的总体框架方案》。德力西与江门市政府方面第一次接洽是在2010年10月13日，但双方未达成共识；德力西于2010年11月1日形成《关于要求参与甘化重组有关问题的报告》并报送给江门市政府，上述报告提及德力西拟参与江门甘蔗化工厂（集团）股份有限公司（以下简称ST甘化）的重组工作，将LED芯片制造业注入ST甘化等事宜；2010年11月17日，重组双方（即德力西和江门市政府、江门市国资委）第二次接洽，就德力西的《关于要求参与甘化重组有关问题的报告》进行讨论；第二次接洽后，德力西的《20101121广东江门项目考察情况汇报1122（汇总稿）2010－11－23》显示在该次接洽中江门市国资委方面总体认为德力西的方案与其重组想法有很多共同之处，并暗示倾向与德力西合作；第三次接洽是在2011年1月12日，经双方协商一致，1月13日下午收市后，江门市国资委通知ST甘化，提请深交所临时停牌5个交易日；1月14日，ST甘化发布重大事项停牌公告；2月15日，ST甘化发布《非公开发行股票预案》等公告，"ST甘化"于同日复牌。德力西为德信丰益的有限合伙人。德信丰益合伙人陈狄奇、姚锦聪，德信丰益投资经理王仲鸣、德信丰益投资助理陈述在内幕信息公开前知悉了内幕信息。

二、相关当事人参与重组工作及交易"ST甘化"的情况

（一）陈狄奇知悉内幕信息及交易"ST甘化"的情况

陈狄奇为德信丰益合伙人，主要负责德信丰益的行政事务。陈狄奇2010年10月12日

收到过内幕信息知情人姚锦聪出差记录的邮件,内容为姚锦聪于2010年10月13日至15日赴广东参与重组项目;德信丰益投资经理王仲鸣曾经参与《甘化重组投资分析》的草拟修订工作,是内幕信息知情人。陈狄奇承认听到王仲鸣和姚锦聪在办公室内讨论过与ST甘化土地有关的信息(职工安置、政府补贴、转商业用地等),而王仲鸣与姚锦聪谈论的问题正是2010年11月17日第二次重组谈判江门市国资委对德力西有兴趣后谈到的内容;王仲鸣在谈话笔录中表示其在2011年1月听到陈狄奇、陈述在讨论ST甘化重组应该快要成功了。因此,陈狄奇知悉内幕信息的时间应当在2010年11月17日第二次重组谈判之后,在2011年1月12日第三次重组谈判以前。陈狄奇2011年1月11日、12日和13日通过"陈狄奇"账户买入"ST甘化"117,500股的行为违反了《证券法》第七十六条的规定,构成《证券法》第二百零二条所述内幕交易行为。陈狄奇因内幕交易"ST甘化"盈利682,664.26元。

(二)姚锦聪参与重组工作及交易"ST甘化"的情况

姚锦聪参与了ST甘化重组的接洽谈判全过程,是内幕信息知情人,其工作邮箱显示,姚锦聪在2010年10月8日即确定10月12日到江门出差谈重组一事。这说明其不晚于2010年10月8日知悉德力西重组ST甘化一事。姚锦聪是"姚锦聪"账户的控制人,账户资金属于其自有资金。姚锦聪于2011年1月10日、11日和12日合计买入"ST甘化"60,000股的行为违反了《证券法》第七十六条的规定,构成《证券法》第二百零二条所述内幕交易行为。姚锦聪因内幕交易"ST甘化"盈利52,745元。

(三)王仲鸣参与重组工作及交易"ST甘化"的情况

王仲鸣2010年10月8日参与了ST甘化重组事项,是内幕信息的知情人。王仲鸣通过"王仲鸣"账户,在2010年10月12日至2011年1月10日买入"ST甘化"28,200股并在2010年10月18日至2011年1月13日期间卖出28,200股的行为违反了《证券法》第七十六条的规定,构成《证券法》第二百零二条所述内幕交易行为。王仲鸣因内幕交易"ST甘化"盈利2,743.58元。

(四)陈述参与重组工作及交易"ST甘化"的情况

陈述因工作关系于2010年10月9日知悉了ST甘化重组这一内幕信息,属于内幕信息知情人。陈述2011年1月11日通过"陈述"账户买入"ST甘化"5,000股的行为违反了《证券法》第七十六条的规定,构成《证券法》第二百零二条所述内幕交易行为。陈述因内幕交易"ST甘化"盈利22,509.05元。

上述违法事实,有相关人员询问笔录、相关交易记录、通讯记录等证据证明,足以认定。

姚锦聪在陈述申辩意见中提出:本人长期脱离谈判以至于误以为谈判不能够成功,故买入"ST甘化",并无获取不正当利益的蓄意等意见。

我会认为,姚锦聪知悉内幕信息并且交易,因此,其"没有获取不正当利益的蓄意"等意见不予采纳。

根据当事人违法行为的事实、性质、情节与社会危害程度,依据《证券法》第二百零二条的规定,我会决定:

一、没收陈狄奇违法所得682,664.26元,并处以682,664.26元罚款;

二、没收姚锦聪违法所得52,745元,并处以52,745元罚款;

三、对王仲鸣处以3万元罚款;

四、对陈述处以5万元罚款。

上述当事人应自收到本处罚决定书之日起15日内,将罚没款汇交中国证券监督管理委员会(开户银行:中信银行总行营业部,账号:7111010189800000162,由该行直接上缴国库),并将注有当事人名称的付款凭证复印件送中国证券监督管理委员会稽查局备案。当事人如果对本处罚决定不服,可在收到本处罚决定书之日起60日内向中国证券监督管理委员会申请行政复议,也可在收到本处罚决定书之日起3个月内直接向有管辖权的人民法院提起行政诉讼。复议和诉讼期间,上述决定不停止执行。

关于王舜夫、王顺林违反证券法规的行政处罚决定书

(〔2014〕57 号)

当事人:王舜夫,男,1963 年 5 月出生,任上海夫雄智能科技有限公司董事长。

王顺林,男,1966 年 9 月出生,2009 年至 2011 年 3 月期间任德力西集团有限公司(以下简称德力西)副总裁。

依据《中华人民共和国证券法》(以下简称《证券法》)的有关规定,我会对“ST 甘化”内幕交易案进行了立案调查、审理,并依法向当事人王舜夫、王顺林告知了作出行政处罚的事实、理由、依据及当事人依法享有的权利。当事人王舜夫提出陈述、申辩意见。本案现已调查、审理终结。

经查明,王舜夫、王顺林存在以下违法事实:

一、关于内幕信息

2010 年 10 月 5 日,德力西形成了《关于收购某某目标上市公司及资产重组的总体框架方案》。德力西与江门市政府方面第一次接洽是在 2010 年 10 月 13 日,但双方未达成共识;德力西于 2010 年 11 月 1 日形成《关于要求参与甘化重组有关问题的报告》并报送给江门市政府,该报告提及德力西拟参与江门甘蔗化工厂(集团)股份有限公司(以下简称 ST 甘化)的重组工作,将 LED 芯片制造业注入 ST 甘化等事宜;2010 年 11 月 17 日,重组双方(即德力西和江门市政府、江门市国资委)第二次接洽,就德力西的《关于要求参与甘化重组有关问题的报告》进行讨论;第二次接洽后,德力西的《20101121 广东江门项目考察情况汇报 1122(汇总稿)2010-11-23》显示在该次接洽中江门市国资委方总体认为德力西的方案与其重组想法有很多共同之处,暗示倾向与德力西合作;第三次接洽是在 2011 年 1 月 12 日,经双方协商一致,1 月 13 日下午收市后,江门市国资委通知 ST 甘化,提请深交所临时停牌 5 个交易日;1 月 14 日,ST 甘化发布重大事项停牌公告;2 月 15 日,ST 甘化发布《非公开发行股票预案》等公告,“ST 甘化”于同日复牌。德力西副总裁王顺林参与重组工作,是内幕信息的知情人。

二、当事人王舜夫与王顺林接触及王舜夫交易的情况

王舜夫在内幕信息公开前与内幕信息知情人王顺林联络、接触的时间与王舜夫交易“ST 甘化”的时间呈现高度相关性。王顺林于 2010 年 11 月 17 日参与了 ST 甘化重组事项。王顺林在 2010 年 10 月 28 日至 2011 年 3 月 28 日期间多次与王舜夫等有通讯联系。其中,王舜夫与王顺林于 2010 年 12 月 28 日有通讯联系,且当天同机前往重庆。而就在 2010 年 12 月 29 日,王舜夫控制的“王舜夫”、“郑朝晖”、“郑新如”、“夫雄智能”等四个账户开始买入“ST 甘化”。王舜夫交易时间与双方通讯和出行时间呈现出高度的相关性。王舜夫操作账户的名义持有人开户时的委托代理人为王舜夫,且这些人曾提供授权王舜夫操作的《授权书》;王舜夫在谈话笔录中表示上述四个账户均由其操作,因此,王舜夫是上述账户的实际操作人。王舜夫操作的账户在王舜夫与内幕信息知情人王顺林联络接触、同乘一架飞机后次日开始大量买入“ST 甘化”,因此认定王顺林向王舜夫泄露内幕信息。王舜夫操作四个账户在 2010 年 12 月 29 日至 2011 年 1 月 13 日期间买卖“ST 甘化”的行为违反了《证券法》第七十六条的规定,构成《证券法》第二百零二条所述内幕交易行为。王舜夫操作的账户因内幕交易“ST 甘化”盈利 5,852,827.34 元。

王顺林泄露内幕信息的行为,违反了《证

券法》第七十六条的规定,构成《证券法》第二百零二条所述泄露内幕信息行为。

上述违法事实,有相关人员询问笔录、相关交易记录、通讯记录等证据证明,足以认定。

王舜夫在陈述申辩意见中提出:1. 本人操作“ST甘化”出于自己分析,买卖没有内幕交易特征;2. “郑朝晖”、“郑新如”、“夫雄智能”等三个账户都是代理关系,因此,四个账户应当区别对待。

我会认为:1. 王舜夫关于买卖基于自己分析的申辩不予采纳。王舜夫的内幕交易特征明显,在与知情人同乘一架飞机后次日立即下单买入涉案股票,投入金额大,决策果断,异常交易行为时间点、王舜夫与知情人接触的时间点、重组进程三者之间高度吻合,构成内幕交易;王舜夫的陈述申辩不足以推翻内幕交易认定。2. 王舜夫提出“其操作的四个账户中除本人外的三个账户为代理关系,资金与本人无关”的申辩有一定道理:开户协议及授权委托书上明确表述了代理关系;从账户资金往来看,三个账户中的资金也非其所有。但是,这并不能改变王舜夫是违法行为责任人的性质认定,只是表明内幕交易违法所得在其代理交易的相关账户上。

根据当事人违法行为的事实、性质、情节与社会危害程度,依据《证券法》第二百零二条的规定,我会决定:

一、对王顺林处以10万元罚款。

二、没收王舜夫内幕交易行为的违法所得5,852,827.34元(其中“王舜夫”账户违法所得887,101.32元,“郑朝晖”账户违法所得1,060,518.88元,“郑新如”账户违法所得1,914,169.63元,“夫雄智能”账户违法所得1,991,046.51元),并处以1,774,202.64元罚款。

上述当事人应自收到本处罚决定书之日起15日内,将罚没款汇交中国证券监督管理委员会(开户银行:中信银行总行营业部,账号:7111010189800000162,由该行直接上缴国库),并将注有当事人名称的付款凭证复印件送中国证券监督管理委员会稽查局备案。当事人如果对本处罚决定不服,可在收到本处罚决定书之日起60日内向中国证券监督管理委员会申请行政复议,也可在收到本处罚决定书之日起3个月内直接向有管辖权的人民法院提起行政诉讼。复议和诉讼期间,上述决定不停止执行。

关于陈汉违反证券法规的行政处罚决定书

(〔2014〕58号)

当事人:陈汉,男,1970年4月出生,温州银行杭州分行副行长。

依据《中华人民共和国证券法》(以下简称《证券法》)的有关规定,我会对陈汉等内幕交易案进行了立案调查、审理,并依法向当事人告知了作出行政处罚的事实、理由、依据及当事人依法享有的权利。当事人陈汉提出陈述、申辩意见,并提出听证要求。我会于2014年1月16日召开听证会,陈汉参加了听证会。本案现已调查、审理终结。

经查明,陈汉存在以下违法事实:

一、关于内幕信息

2010年10月5日,德力西集团有限公司(以下简称德力西)形成了《关于收购某某目标上市公司及资产重组的总体框架方案》。德力西与江门市政府方面第一次接洽是在2010年10月13日,但双方未达成共识;德力西于2010年11月1日形成《关于要求参与甘化重组有关问题的报告》并报送给江门市政府,该报告提及德力西拟参与江门甘蔗化工厂(集团)股份有限公司(以下简称ST甘化)的重组工作,将LED芯片制造业注入ST甘化等事宜;2010年

11月17日，重组双方（即德力西和江门市政府、江门市国资委）第二次接洽，就德力西的《关于要求参与甘化重组有关问题的报告》进行讨论；第二次接洽后，德力西的《20101121广东江门项目考察情况汇报1122（汇总稿）2010－11－23》显示在该次接洽中江门市国资委总体认为德力西的方案与其重组想法有很多共同之处，并暗示倾向与德力西合作；第三次接洽是在2011年1月12日，经双方协商一致，1月13日下午收市后，江门市国资委通知ST甘化，提请深交所临时停牌5个交易日；1月14日，ST甘化发布重大事项停牌公告；2月15日，ST甘化发布《非公开发行股票预案》等公告，“ST甘化”于同日复牌。德力西董事吴某某参与重组工作，是内幕信息的知情人。

二、当事人陈汉与内幕信息知情人联络及交易的情况

（一）陈汉在内幕信息公开前与内幕信息知情人吴某某联络，且陈汉交易“ST甘化”的时间与二人通话时间呈现高度相关性

陈汉与内幕信息知情人吴某某是朋友关系，二人存在资金往来。陈汉于2011年1月3日至4月26日期间与吴某某有多次通讯联系。两人于2011年1月3日和1月8日（周六）通电话，而陈汉利用“陈汉”、“陈都”两个账户大额买入“ST甘化”的时间正好从2011年1月10日（周一）开始。

（二）陈汉买入“ST甘化”的行为明显异常

陈汉存在紧急筹措资金买入涉案股票的情形。“陈都”账户于2011年1月10日清仓卖出“长江证券”并买入“ST甘化”119,000股，1月11日买入“ST甘化”15,600股，1月12日买入“ST甘化”186,900股，1月13日买入“ST甘化”60,800股；“陈汉”账户于2011年1月11日存入3,380,000元，买入“ST甘化”94,615股，1月12日全仓买入“ST甘化”282,600股。陈汉对清仓其他股票、集中大笔资金全仓买入涉案股票的行为无法做出合理解释。陈汉上述买卖“ST甘化”759,515股的行为违反了《证券法》第七十六条的规定，构成《证券法》第二百零二条所述内幕交易行为。

上述违法事实，有相关人员询问笔录、相关交易记录、通讯记录等证据证明，足以认定。

陈汉在听证会上提出：1.2011年1月8日，本人与吴某某通话内容并非内幕信息，而是为了商量吴某某向其借款的归还事宜；2.本人买入“ST甘化”出于个人判断；3.告知书计算本人内幕交易“ST甘化”收益存在错误。

我会认为：1.陈汉关于不构成内幕交易的申辩意见不予采纳。即便陈汉与吴某某存在借贷关系，也不能否认二人在重组即将宣告成功之际存在密切联系的事实；陈汉在与吴某某通信联系后、第三次重组谈判期间卖出其他股票，买入涉案股票，并紧急筹措资金三百余万元全仓买入涉案股票，买入涉案股票时间与重组进程精准吻合，异常交易行为与陈汉、吴某某二人联络的时间呈现高度吻合，可以认定陈汉与吴某某在沟通联系中获取并利用了内幕信息。2.陈汉关于“违法所得计算不准确”的申辩予以采纳。经重新计算，陈汉的违法所得为572,506.16元。

根据当事人违法行为的事实、性质、情节与社会危害程度，依据《证券法》第二百零二条的规定，我会决定：

没收陈汉违法所得572,506.16元，并处以572,506.16元罚款。

上述当事人应自收到本处罚决定书之日起15日内，将罚没款汇交中国证券监督管理委员会（开户银行：中信银行总行营业部，账号：7111010189800000162，由该行直接上缴国库），并将注有当事人名称的付款凭证复印件送中国证券监督管理委员会稽查局备案。当事人如果对本处罚决定不服，可在收到本处罚决定书之日起60日内向中国证券监督管理委员会申请行政复议，也可在收到本处罚决定书之日起3个月内直接向有管辖权的人民法院提起行政诉讼。复议和诉讼期间，上述决定不停止执行。

关于张益武、李介苗、李焕红违反证券法规的行政处罚决定书

(〔2014〕59 号)

当事人:张益武,男,1971 年 12 月出生,任江门市国资委企业管理科科长。

李介苗,女,1977 年 8 月出生,系张益武配偶。

李焕红,女,1967 年 6 月出生,江门市国资委企业管理科副科长。

依据《中华人民共和国证券法》(以下简称《证券法》)的有关规定,我会对“ST 甘化”内幕交易案进行了立案调查、审理,并依法向当事人张益武、李介苗、李焕红告知了作出行政处罚的事实、理由、依据及当事人依法享有的权利。当事人张益武、李介苗、李焕红提出陈述、申辩意见,并要求听证。我会于 2012 年 2 月 21 日召开听证会。张益武及李介苗、李焕红的代理人参加了听证会。本案现已调查、审理终结。

经查明,张益武、李介苗、李焕红存在以下违法事实:

一、关于内幕信息

2010 年 10 月 5 日,德力西集团有限公司(以下简称德力西)形成了《关于收购某某目标上市公司及资产重组的总体框架方案》。德力西与江门市政府方面第一次接洽是在 2010 年 10 月 13 日,但双方未达成共识;德力西于 2010 年 11 月 1 日形成《关于要求参与甘化重组有关问题的报告》并报送给江门市政府,该报告提及德力西拟参与江门甘蔗化工厂(集团)股份有限公司(以下简称 ST 甘化)的重组工作,将 LED 芯片制造业注入 ST 甘化等事宜;2010 年 11 月 17 日,重组双方(即德力西和江门市政府、江门市国资委)第二次接洽,就德力西的《关于要求参与甘化重组有关问题的报告》进行讨论;第二次接洽后,德力西的《20101121 广东江门项目考察情况汇报 1122(汇总稿)2010-11-23》显示在该次接洽中江门市国资委方总体认为德力西的方案与其重组想法有很多共同之处,暗示倾向与德力西合作;第三次接洽是在 2011 年 1 月 12 日,经双方协商一致,1 月 13 日下午收市后,江门市国资委通知 ST 甘化,提请深交所临时停牌 5 个交易日;1 月 14 日,ST 甘化发布重大事项停牌公告;2 月 15 日,ST 甘化发布《非公开发行股票预案》等公告,“ST 甘化”于同日复牌。张益武自 2011 年 1 月 12 日参与 ST 甘化重组事项,是内幕信息的知情人。

二、李介苗夫妇交易“ST 甘化”的情况

(一)李介苗夫妇控制“林海彬”账户

李介苗系张益武配偶,李介苗夫妇控制“林海彬”账户。其一,李介苗参与了林海彬证券账户的开户,开户时预留的电话与李介苗办理其本人银行业务留存的电话相同,李介苗一直保管该银行账户的存折。其二,李介苗在“林海彬”账户于 2011 年 1 月 12 日至 13 日买入“ST 甘化”前将夫妻共同财产 265,000 元分 7 笔存入“林海彬”账户;1 月 13 日,张益武的同乡张某某存入 130,000 元至“林海彬”账户。其三,李介苗、林海彬在谈话笔录中均表示“林海彬”账户由张某君操作,但张某君在谈话笔录中表现出明显缺乏证券交易方面的常识,也从来没有办理过资金存取业务。其四,“林海彬”账户自 2009 年 9 月 23 日开始交易以来,与“李介苗”账户的交易品种、时间较为相似。

(二)李介苗夫妇交易“ST 甘化”的情况

张益武 2011 年 1 月 12 日参与重组谈判,而“林海彬”账户于 2011 年 1 月 12 日至 13 日集中转入数笔资金买入“ST 甘化”,紧急筹集资金投入该股金额共计 395,000 元。在 2011 年 1 月 11 日至 13 日期间,李介苗每次转入资

金前后多与张益武通讯联系。因此，认定张益武、李介苗2011年1月12日和13日买入“ST甘化”54,800股的行为属于内幕交易。“林海彬”账户因内幕交易“ST甘化”盈利149,624.19元。张益武、李介苗上述交易“ST甘化”的行为，违反了《证券法》第七十六条的规定，构成《证券法》第二百零二条所述内幕交易行为。

（三）李焕红交易“ST甘化”的情况

张益武是李焕红的领导，且二人在同一办公室办公。张益武2011年1月12日参与ST甘化的重组谈判。李焕红在1月12日与张益武有通讯联系。2011年1月13日上午李焕红与张益武同在办公室办公。2011年1月13日，李焕红银行账户收到李某某银行账户转来的150,000元，随后银证转账至李焕红证券账户并买入“ST甘化”19,400股。李焕红与张益武联络接触时间、资金存入时间、买入“ST甘化”时间与内幕信息的公开时间密切关联，且上述时间与张益武知悉内幕信息的时间临近。李焕红对2011年1月13日从李某某账户转入150,000元资金的情况和当天用上述资金全部买入“ST甘化”的原因，不能作出合理说明或提供排除其构成内幕交易的证据。因此，认定李焕红2011年1月13日买入“ST甘化”的行为违反了《证券法》第七十六条的规定，构成《证券法》第二百零二条所述内幕交易行为。李焕红因内幕交易“ST甘化”盈利56,148.65元。

上述违法事实，有相关人员询问笔录、相关交易记录、通讯记录等证据证明，足以认定。

张益武在陈述申辩意见中及听证会上提出：1.认定本人泄露内幕信息没有证据支持；2.即便违法，也已经超过时效，不应当予以处罚。

李介苗在陈述申辩意见中提出：1.张益武没有向本人泄露内幕信息；2.“林海彬”账户的实际控制人不是本人，是张某君，本人没有在家庭及单位的电脑及电话中进行过任何该股票的交易操作；3.本人行为已经超过追诉时效，不应当予以处罚。

我会认为，根据在案证据，李介苗是“林海彬”账户的实际控制人，其丈夫张益武于2011年1月12日参与了ST甘化重组谈判，是内幕信息知情人。李介苗2011年1月11日至13日期间多次向“林海彬”账户转入现金共计395,000元，并买入“ST甘化”54,800股，且每次汇款前后多会与张益武联系。此间接证据能够证明张益武对李介苗筹集资金一事存在明知；而李介苗每次汇款后就会买入“ST甘化”。综上，张益武、李介苗为夫妻关系，共同生活，财产共有，筹集资金从事交易“ST甘化”期间通讯联系密切，能够认定张益武、李介苗共同从事内幕交易。

李焕红在陈述申辩意见中提出：1.没有直接证据证明本人从张益武处获悉内幕信息，认定本人内幕交易纯属推测；2.与张益武在一间办公室、有通讯联系不能够认定本人获悉了内幕信息，更不能认定内幕交易；3.本人与哥哥讨论本地股票“ST甘化”并购买属正常情况，该股当时多日异动，民众传闻较多。李焕红代理律师在听证会上及听证会后提交的书面质证意见中对本案调查人员提供的证据进行质疑，否定相关证据的合法性及关联性。

我会认为，根据现有在案证据，可以认定李焕红从事内幕交易，其申辩意见不予以采纳。其代理律师提出证据合法性、关联性问题，没有证据支持，不予采纳。

根据当事人违法行为的事实、性质、情节与社会危害程度，依据《证券法》第二百零二条的规定，我会决定：

一、没收李介苗、张益武违法所得149,624.19元，并处以149,624.19元罚款。

二、没收李焕红违法所得56,148.65元，并处以56,148.65元罚款。

上述当事人应自收到本处罚决定书之日起15日内，将罚没款汇交中国证券监督管理委员会（开户银行：中信银行总行营业部，账号：7111010189800000162，由该行直接上缴国库），并将注有当事人名称的付款凭证复印件送中国证券监督管理委员会稽查局备案。当事人如果对本处罚决定不服，可在收到本处罚决定书之日起60日内向中国证券监督管理委员会申请行政复议，也可在收到本处罚决定书之日起3个月内直接向有管辖权的人民法院提起行政诉讼。复议和诉讼期间，上述决定不停止执行。

关于吴银旺违反证券法规的行政处罚决定书

(〔2014〕60号)

当事人:吴银旺,男,1971年12月21日出生,住址:福建省福州市仓山区观海路。

依据《中华人民共和国证券法》(以下简称《证券法》)的有关规定,我会对吴银旺涉嫌内幕交易盛达矿业股份有限公司(以下简称盛达矿业,股票代码:000603)股票一案进行了立案调查、审理,并依法向吴银旺告知了作出行政处罚的事实、理由、依据及当事人依法享有的权利,吴银旺未提出陈述、申辩意见,也未要求听证。本案现已调查、审理终结。

经查明,吴银旺存在以下违法事实:

一、盛达矿业2013年中期利润分配计划为内幕信息

2013年4月25日,盛达矿业召开了七届十二次董事会会议,除正式议程外,会议根据董事长朱某某的提议讨论了2013年度中期分红事宜,与会董事一致表示同意中期分红。6月20日,财务经理魏某某起草了《关于公司2013年半年度经营情况的报告》,预计盛达矿业2013年1—6月份归属于上市公司股东的净利润为15,050万元,盛达矿业截止2013年中期的可分配利润基本确定。7月15日,盛达矿业召开了七届十三次董事会会议,审议通过了《公司2013年中期利润分配预案》等议案,并于次日发布"七届十三次董事会会议决议"公告:盛达矿业拟以总股本504,988,667股为基数,每10股派10元(含税)现金红利。盛达矿业的中期利润分配计划属于《证券法》第七十五条第二款规定的"公司分配股利或者增资的计划",是内幕信息,敏感期为2013年6月20日至7月15日。

二、吴银旺知悉内幕信息及交易的情况

赵某某作为盛达矿业董事和实际控制人,是《证券法》第七十四条规定的内幕信息知情人。吴银旺是华夏聚富投资有限公司(以下简称华夏聚富)的研究总监,华夏聚富是甘肃盛达集团股份有限公司以赵某某妻子崔某某名义全额出资设立的公司,由赵某某实际控制。自2012年5、6月份起,华夏聚富只有吴银旺一个正式员工,吴银旺直接对赵某某负责。内幕信息敏感期内,赵某某与吴银旺通话联系频繁,吴银旺利用"余某某"账户、"钱某"账户、"张某某"账户交易"盛达矿业"的时间与两人间的通话时间高度一致。吴银旺利用"余某某"账户、"钱某"账户、"张某某"账户在内幕信息敏感期内合计买入"盛达矿业"2,870,436.00股,成交金额39,313,299.83元;并于内幕信息公告后逐步卖出,获利4,466,037.26元。吴银旺的上述行为违反了《证券法》第七十三条、七十六条的规定,构成《证券法》第二百零二条所述内幕交易行为。

以上事实,有相关开户资料、资金划转凭证、交易记录、IP和Mac地址、相关计算结果、相关人员谈话笔录等证据证明,足以认定。

根据《证券法》第二百零二条的规定,我会决定:没收吴银旺违法所得4,466,037.26元,并处以4,466,037.26元罚款,罚没款共计8,932,074.52元。

上述当事人应自收到本处罚决定书之日起15日内,将罚没款汇交中国证券监督管理委员会(开户银行:中信银行总行营业部,账号:7111010189800000162,由该行直接上缴国库),并将注有当事人名称的付款凭证复印件送中国证券监督管理委员会稽查局备案。当事人如果对本处罚决定不服,可在收到本处罚决定书之日起60日内向中国证券监督管理委员会申请行政复议,也可在收到本处罚决定书之日起3个月内直接向有管辖权的人民法院提起行政诉讼。复议和诉讼期间,上述决定不停止执行。

关于王华违反证券法规的行政处罚决定书

（〔2014〕61 号）

当事人：王华，男，1976 年 11 月出生，时任上海申银万国证券研究所有限公司（以下简称申万研究所）首席分析师，住址：上海市徐汇区常熟路。

依据《中华人民共和国证券法》（以下简称《证券法》）的有关规定，我会对王华违法买卖股票行为进行了立案调查、审理，并依法向当事人告知了作出行政处罚的事实、理由、依据及当事人依法享有的权利。当事人提出陈述、申辩意见，并要求听证。根据当事人要求，我会于 2014 年 4 月 18 日举行听证会，听取了王华的陈述、申辩。本案现已调查、审理终结。

经查明，王华存在以下违法事实：

2010 年 3 月 8 日至 2012 年 4 月 6 日，王华在任职申万研究所首席分析师期间，操作“包某平”账户（资金账号 10××××50）进行股票交易，交易“德赛电池”、“中信海直”、“四环生物”等 59 只股票，买入金额共计 108,722,506.82 元，卖出金额共计 113,349,496.79 元，交易方式主要为网上委托和手机委托。根据王华实际出资情况，王华通过操作“包某平”账户买卖股票获利 1,124,351.46 元。

在上述期间内，王华操作“包某平”、“王某”、“淡某捷”账户，在“大湖科技”、“永鼎股份”、“普利特”等 13 只股票交易中存在先买入相关股票、在其本人署名的研究报告发布后的当天或第二天卖出的反向交易行为。

以上事实，有涉案账户股票交易记录、银行账户资金划转记录、申万研究所说明、申万研究所发布的王华署名的研究报告、相关人员询问笔录等证据证明，足以认定。

王华在“包某平”账户中投入资金，并操作该账户从事股票交易，违反了《证券法》第四十三条关于禁止证券公司的从业人员借他人名义持有、买卖股票的规定，构成《证券法》第一百九十九条所述法律、行政法规规定禁止参与股票交易的人员，直接或者以化名、借他人名义持有、买卖股票的行为。同时，王华使用“包某平”等 3 个账户对“大湖科技”等 13 只股票的反向交易构成与客户利益的冲突。

王华及其代理人在提交的陈述申辩材料及听证中辩称：从证监会对类似案件所作出的处罚决定看，一般只对构成利益冲突的部分进行认定和处罚，本案处罚应保持统一尺度；当事人所交易股票与其研究报告推荐股票重合度不高，利益冲突情节不严重；当事人积极配合调查，认错态度较好，应酌情减轻处罚；从证券法修法趋势看，可能会废止从业人员买卖股票的禁止性规定，且当事人经济条件较差，请求减轻处罚。

我会认为：其一，当事人所举案例性质或为操纵市场违法行为，或为基金从业人员背信行为甚或利用未公开信息犯罪行为，而本案认定的是从业人员违法买卖股票行为，与前述行为不属相同或类似情形，法律适用及判罚标准不存在可比性，当事人的申辩不予认可；其二，经计算，当事人构成明显利益冲突研究报告的数量占比较低；其三，当事人仅在调查后期较为配合；其四，当事人所提其他申辩意见于法无据，不予采纳。

根据当事人违法行为的事实、性质、情节与社会危害程度，依据《证券法》第一百九十九条的规定，我会决定：没收王华违法所得 1,124,351.46元，并处以 112 万元罚款。

上述当事人应自收到本处罚决定书之日起 15 日内，将罚没款汇交中国证券监督管理委员会（开户银行：中信银行总行营业部，账号：7111010189800000162，由该行直接上缴国库），并将注有当事人名称的付款凭证复印件送中国证券监督管理委员会稽查局备案。当事人如果对本处罚决定不服,可在收到本处罚决定书之日起60日内向中国证券监督管理委员会申请行政复议,也可在收到本处罚决定书之日起3个月内直接向有管辖权的人民法院提起行政诉讼。复议和诉讼期间,上述决定不停止执行。

关于刘小勇违反证券法规的行政处罚决定书

(〔2014〕62号)

当事人:刘小勇,男,1968年11月出生,时任民生证券有限责任公司(以下简称民生证券)总裁助理兼证券投资总部总经理,住址:广东省广州市天河区天荣路。

依据《中华人民共和国证券法》(以下简称《证券法》)的有关规定,我会对刘小勇违法买卖股票行为进行了立案调查、审理,并依法向当事人告知了作出行政处罚的事实、理由、依据及当事人依法享有的权利。当事人要求陈述、申辩和举行听证会。据此,我会于2013年12月24日举行听证会,听取了其陈述、申辩。本案现已调查、审理终结。

经查明,刘小勇存在以下违法事实:

2004年2月至2009年6月,刘小勇在任职民生证券总裁助理兼证券投资总部总经理(2007年8月至2008年7月期间未兼任证券投资总部总经理)期间,控制其配偶汤某在西南证券北京北三环中路营业部、银河证券北京望京西园营业部、光大证券广州林和西路营业部以及国泰君安证券广州东风中路营业部开立的4个同名资金账户以及下挂的“汤某”等证券账户(以下简称“汤某”账户组),通过网络委托等方式买卖“健特生物”等129只股票,获利13,554,066.15元。同时,刘小勇还利用其任民生证券证券投资总部总经理的职务便利以及所获取的民生证券自营投资信息,于2005年至2007年期间通过“汤某”账户组从事抢先交易,先于民生证券自营账户买入、卖出相同股票,涉及“北方国际”等44只股票。“汤某”账户组资金主要来源于刘小勇夫妻共同财产及刘小勇朋友任某某,主要去向为刘小勇夫妇和任某某夫妇。

以上违法事实,有“汤某”账户组交易记录、资金流水、下单电脑信息、银行账户资金划转记录、民生证券情况说明、当事人及其他有关人员询问笔录等证据证明,足以认定。

刘小勇的上述行为,违反了《证券法》第四十三条关于禁止从业人员借他人名义持有、买卖股票的规定,构成《证券法》第一百九十九条所述违法行为。同时,刘小勇作为民生证券总裁助理兼证券投资总部总经理,违背其对公司所负信义义务,利用职务便利以及所获取的未公开自营股票投资信息实施抢先交易,客观上损害了公司利益,且获利巨大,违法性质与情节均十分恶劣。

刘小勇在其提交的情况说明及听证中辩称:其与任某某共用账户所获盈利应按出资比例分配但尚未结清,应予扣减;“汤某”账户组与民生证券自营盘交易重合股票中,除“北方国际”外,民生证券对其他股票交易量很小,请求仅就“北方国际”单只股票认定其违法责任;其买卖股票行为未给公司造成重大损失,且部分交易并未抢先;“汤某”账户由汤某本人交易部分的收益应从违法所得中予以扣除。基于上述理由,当事人请求对其减轻处罚。

我会认为,刘小勇的申辩理由不能成立:其一,我会对刘小勇违法所得的认定以交易记录、资金流水、转账记录、当事人询问笔录等为依据,刘小勇所提与任某某盈利未结清的主张无事实依据,不予支持。其二,当事人所提仅就“北方国际”单只股票认定其违法责任的主张无法律依据,不予支持。其三,当事人进行抢先交易的危害性主要在于其对信义义务的违反,无论其是否给公司造成重大损失,均为性质严重的利益冲突行为,构成从重处罚情节。其四,

"汤某"账户组 98.42% 的交易委托指向刘小勇,其本人未予否认,刘小勇操控"汤某"账户组事实成立,且账户资金为刘小勇夫妻共同财产,所谓由汤某交易的部分收益扣除没有依据。

根据当事人违法行为的事实、性质、情节与社会危害程度,依据《证券法》第一百九十九条的规定,我会决定:没收刘小勇违法所得 13,554,066.15 元,并处以 400 万元罚款。

上述当事人应自收到本处罚决定书之日起 15 日内,将罚没款汇交中国证券监督管理委员会(开户银行:中信银行总行营业部,账号:7111010189800000162,由该行直接上缴国库),并将注有当事人名称的付款凭证复印件送中国证券监督管理委员会稽查局备案。当事人如果对本处罚决定不服,可在收到本处罚决定书之日起 60 日内向中国证券监督管理委员会申请行政复议,也可在收到本处罚决定书之日起 3 个月内直接向有管辖权的人民法院提起行政诉讼。复议和诉讼期间,上述决定不停止执行。

关于张明续违反证券法规的行政处罚决定书

(〔2014〕63 号)

当事人:张明续,女,1981 年 3 月 30 日出生,住址:河北省唐山市路北区。

依据《中华人民共和国证券法》(以下简称《证券法》)的有关规定,我会依法对张明续涉嫌内幕交易违法行为进行了立案调查、审理,并依法向当事人告知了作出行政处罚的事实、理由、依据及当事人依法享有的权利,当事人张明续提出了陈述申辩意见并申请听证,我会于 2014 年 5 月 15 日举行了听证会,听取了张明续代理人的陈述和申辩。听证会后其代理人进一步阅卷,并于 2014 年 5 月 20 日向我会递交了新的质证意见。本案现已调查、审理终结。

经查明,张明续存在以下违法事实:

一、内幕信息的形成和公开过程

(一)关于北京梅泰诺通信技术股份有限公司(以下简称梅泰诺,股票代码 300038)收购成都军通通信股份有限公司(以下简称军通股份)部分股权

2012 年 3 月 19 日,梅泰诺董事会秘书兼副总裁伍某某安排人将《军通股份招股说明书(申报稿)》发邮件给该公司董事孟某。2012 年 4 月 11 日至 4 月 13 日,孟某等到成都军通股份调研后,提交调研报告至梅泰诺法定代表人兼董事长张某某。2012 年 4 月 28 日,张某某召集孟某等开会,同意调研报告中对于军通股份的判断,同时确定军通股份的收购报价估值最高不超过 1 个亿。2012 年 6 月 19 日下午在香港沙田凯悦酒店会议室,军通股份部分管理层股东等与梅泰诺张某某、孟某、伍某某就梅泰诺收购军通股份事宜初步达成一致意见。2012 年 6 月 28 日,梅泰诺召开董事会,审议通过梅泰诺收购军通股份 35.2% 的股份。2012 年 6 月 29 日收市后,梅泰诺发布《关于收购成都军通部分股权的公告》,其股票自 7 月 2 日起停牌。该内幕信息敏感期为 2012 年 3 月 19 日至 2012 年 6 月 29 日。

(二)关于向特定对象发行股份购买浙江金之路信息科技有限公司(以下简称金之路)100% 股权

2012 年 1 月 11 日,梅泰诺张某某与金之路董事长缪某某在杭州面谈,口头约定双方可以进行股权层面的合作,以 2012 年预测的税后净利润为基础,目标公司的估值不超过 7 倍市盈率,相关工作在春节后正式启动。2012 年 3 月 23 日,金之路董事长缪某某、总经理哈某与梅泰诺张某某、伍某某等在梅泰诺 7 层大会议室召开座谈会。双方初步确认合作框架、落实具体方案、签署保密协议等。2012 年 5 月 2 日,梅泰诺召开总裁办公会,参加人员为:张某某、伍

某某、赵某某、孟某等,会议涉及金之路并购管理问题。2012 年 6 月 29 日下午 3 点前,梅泰诺伍某某与金之路杨某某电话沟通,确认可以申请停牌。2012 年 7 月 2 日,梅泰诺发布停牌公告。2012 年 8 月 1 日交易双方签署附生效条款的投资协议。2012 年 8 月 1 日在梅泰诺召开了第二届董事会第五次会议。2012 年 8 月 3 日,梅泰诺发布《发行股份购买资产预案》的公告并复牌,该预案为:梅泰诺拟通过向特定对象发行股份的方式,购买缪某迪、缪某娣、哈某及创坤投资合法持有的金之路合计 100% 股权。本次交易完成后,金之路将成为梅泰诺的全资子公司。同日"梅泰诺"股票复牌交易。金之路重大资产重组事项的内幕信息敏感期为 2012 年 1 月 11 日至 2012 年 8 月 3 日。

二、孟某为前述内幕信息知情人

(一)孟某自 2012 年 5 月 21 日起即为梅泰诺的法定内幕信息知情人,自其第二届董事会董事任期届满之日止。孟某自 2012 年 5 月 21 日起,经梅泰诺公司第一届董事会第三十次会议审议通过任公司第二届董事会董事。根据《证券法》第七十四条,证券交易内幕信息的知情人包括发行人的董事、监事、高级管理人员。

(二)孟某作为主要人员参与了军通股份收购项目。从 2012 年 3 月 19 日起至该项目公告,孟某作为主要人员参与了梅泰诺收购军通股份项目。2012 年 7 月 8 日他以法定代表人的身份带着班子进驻军通股份召开会议。

(三)孟某知悉金之路重组项目。2012 年 3 月 2 日梅泰诺艾某某发送给伍某某电子邮件,附件中艾某某在"本周完成工作"中写到:"针对金之路项目与孟总(孟某)沟通业务价值,完善投资建议书"。2012 年 3 月 19 日,梅泰诺召开总裁办公会。张某某等人的谈话笔录均说当天的会议中提及了金之路的投资项目,孟某的笔记本中有金之路投资项目的记录。2012 年 5 月 2 日,梅泰诺召开总裁办公会,张某某、伍某某、孟某的谈话均说当天的会议中提及了金之路的投资项目。2012 年 5 月 14 日,梅泰诺召开周例会,参加人员为:张某某、孟某等。会议听取了金之路审计事宜。2012 年 4 月 20 日、4 月 23 日、6 月 29 日孟某和交易对手方金之路总经理哈某有过电话联系。虽然孟某、哈某在谈话中仅承认双方的谈话内容仅限于梅泰诺与金之路的生产合作,但事实表明孟某与哈某不仅电话联系过,也在南京见过面。

三、在内幕信息敏感期内,张明续在交易梅泰诺股票前、后均与孟某进行过通话,其交易梅泰诺股票构成内幕交易

张明续账户分别于 2012 年 5 月 15 日、5 月 28 日、6 月 5 日累计买入"梅泰诺"股票 30,000 股,该账户于 2012 年 8 月 21 日已将该 30,000 股全部卖出。

2012 年 5 月 7 日 11:41 至 15:56,孟某与张明续 5 次短信联系,当天张明续开立了证券账户。2012 年 5 月 15 日孟某与张明续互相主叫对方,当日张明续买入"梅泰诺"股票 10,000 股。2012 年 5 月 28 日,张明续账户买入"梅泰诺"股票 10,000 股后主叫孟某。2012 年 6 月 5 日,张明续与孟某联系过,张明续账户买入"梅泰诺"股票 10,000 股。张明续账户自 5 月 7 日开户以来至调查日仅交易了"梅泰诺"股票。张明续账户开户及每次交易均与孟某有过通话,且与孟某指使的"杨某某"涉嫌内幕交易刑事案件有关账户交易时间一致。孟某及张明续均否认通话与交易"梅泰诺"股票相关。张明续仅交易"梅泰诺"股票的解释是:"我有自己的理由,具体的原因是我的隐私,我不想说。就是感兴趣"。其辩解与交易事实不符,不具有说服性。

孟某为梅泰诺收购军通股份项目部分股权、梅泰诺向特定对象发行股份购买金之路 100% 股权这两个项目的内幕信息知情人,张明续与孟某在内幕信息敏感期内有频繁通讯联系,通讯联系时间与张明续账户交易"梅泰诺"股票时间高度吻合,且与孟某指使的涉嫌内幕交易刑事案件有关账户交易时间一致。张明续的辩解不能证明其没有非法获取内幕信息。根据《证券法》第七十六条的规定,张明续在内幕信息敏感期内交易"梅泰诺"股票的行为构成内幕交易。

以上事实,有以下证据在案证明:梅泰诺收购军通股份项目部分股权、梅泰诺向特定对象发行股份购买金之路 100% 股权这两个项目的相关协议、相关资料、会议纪要等;有相关人员通讯记录、涉案账户开户资料、交易流水、资金凭证、工商登记资料;当事人询问笔录等。

当事人张明续的主要陈述和申辩意见是:1. 梅泰诺启动军通股份收购项目,孟某在2012年6月19日之前并非内幕信息知情人,更不是项目的参与者;2. 梅泰诺向特定对象发行股份购买金之路100%股权,孟某不知悉该内幕信息。经复核,认定孟宇是梅泰诺收购军通股份项目部分股权、梅泰诺向特定对象发行股份购买金之路100%股权这2个项目的内幕信息知情人证据充分,张明续的申辩理由不能推翻调查认定。

综上,梅泰诺收购军通股份项目部分股权、梅泰诺向特定对象发行股份购买金之路100%股权属于《证券法》第七十五条规定的内幕信息。孟某是以上两个项目的内幕信息知情人。在内幕信息敏感期内,张明续在交易"梅泰诺"股票前或后均与孟某进行过通话,张明续不能对其交易"梅泰诺"股票作出合理说明或提供证据排除其存在利用内幕信息从事相关证券交易活动。张明续为非法获取内幕信息的人,其交易"梅泰诺"股票的行为违反了《证券法》第七十三条关于"禁止证券交易内幕信息的知情人和非法获取内幕信息的人利用内幕信息从事证券交易活动"的规定。

根据当事人的违法事实、性质、情节与社会危害程度,依据《证券法》第二百零二条的规定,我会决定:对张明续处以6万元罚款。

上述当事人应自收到本处罚决定书之日起15日内,将罚款汇交中国证券监督管理委员会(开户银行:中信银行总行营业部,账号:7111010189800000162,由该行直接上缴国库),并将注有当事人名称的付款凭证复印件送中国证券监督管理委员会稽查局备案。当事人如果对本处罚决定不服,可在收到本处罚决定书之日起60日内向中国证券监督管理委员会申请行政复议,也可在收到本处罚决定书之日起3个月内直接向有管辖权的人民法院提起行政诉讼。复议和诉讼期间,上述决定不停止执行。

关于吕燕违反证券法规的行政处罚决定书

(〔2014〕64号)

当事人:吕燕,女,1964年10月出生,住址:广东省深圳市福田区益田路。

依据《中华人民共和国证券法》(以下简称《证券法》)的有关规定,我会对吕燕内幕交易北京深华新股份有限公司(以下简称SST华新)股票和违规买卖股票的行为进行了立案调查、审理,并依法向当事人告知了作出行政处罚的事实、理由、依据及当事人依法享有的权利,当事人提出了陈述、申辩意见,未要求听证。本案现已调查、审理终结。

经查明,吕燕存在以下违法事实:

一、吕燕内幕交易"SST华新"的违法事实

(一)内幕信息的形成及吕燕知悉情况

2012年2、3月份,深圳五岳乾坤投资有限公司(以下简称五岳乾坤)总经理郑某经朋友推荐,与SST华新第一大股东深圳市华润丰实业发展有限公司(以下简称华润丰)、第二大股东信达投资有限公司(以下简称信达投资)联系,洽谈五岳乾坤参与SST华新股改事宜。

2012年5、6月间,郑某与王某(SST华新总经理)主要通过电话联系谈股改的事情。6月2日,郑某、敬某(华润丰最大的自然人股东、SST华新的实际控制人之一)、周某(信达投资总经理)、王某在香港见面,原则同意推进股改。之后,五岳乾坤起草了与信达投资共同推进SST华新股改的《合作协议》,后因主要非流通股股东各方对股改方案不能达成一致意见,该次股改意向终止。6月13日,SST华新经6月6日停牌后复牌,五岳乾坤与华润丰、信达投资的相关谈判仍在继续进行中。

2012年8月9日,郑某称已与华润丰达成共识,并与信达投资积极沟通推进股改事宜。

2012年8月26日,五岳乾坤分别与浙江青

草地园林市政建设发展有限公司和宁波市风景园林设计研究院有限公司签署了重组合作协议,约定重组后上述公司成为五岳乾坤的全资子公司,并由五岳乾坤运用包含上述公司在内的资产进行借壳上市。

2012年8月29日,华润丰与五岳乾坤签署《股份转让协议》,决定向五岳乾坤转让20万股SST华新非流通股。8月30日,SST华新停牌,8月31日发布筹划重大事项停牌公告,称正与相关单位就公司股权分置改革事项进行洽谈。

上述信息在公开之前属于《证券法》第七十五条第二款第(三)项规定的"公司股权结构的重大变化"的内幕信息。2012年8月9日,股改事宜取得实质进展,内幕信息已经形成。

单某作为SST华新证券事务代表,一直参与股改信息的披露工作。王某称,2012年6月份以来,股改信息披露的事情基本都是由单某在深圳负责,主要根据交易所的要求提交相关资料。8月15日晚,王某、郑某和单某等人见面,并谈及公司股改事宜。单某最迟不晚于2012年8月15日知悉该内幕信息。

吕燕为单某配偶,2012年8月16日1:23,10:44、11:35双方存在手机通话联系。吕燕亦承认从单某处知悉SST华新股改信息,从而坚定买入该股。吕燕不晚于2012年8月16日从单某处知悉该内幕信息。

(二)吕燕控制账户及内幕交易情况

1. "钱某兰"账户

"钱某兰"账户,2001年11月1日开立于西南证券深圳滨河大道营业部,代理人为吕燕。2003年5月30日,"钱某兰"资金账户重新开立于华泰证券深圳泰然路营业部,原西南证券股东账户撤销指定交易和转托管,仍由吕燕全权代理。"钱某兰"账户大部分资金由吕燕提供,转出资金均指向吕燕和单某。

2012年8月16日、24日、29日,"钱某兰"华泰证券账户持有的"江西铜业"等4只股票全部卖出,并于卖出当日通过吕燕手机下单几乎全仓买入"SST华新"100,800股,2012年11月15日,卖出6,000股,亏损14,874.26元。

2. "吕某"账户

"吕某"账户,2007年3月8日开立于国信证券杭州体育场路营业部。2009年2月11日,"吕某"资金账户重新开立于国信证券深圳泰然路营业部,原国信证券杭州资金账户销户,股东账户撤销指定交易和转托管。该账户资金进出与吕燕、单某存在密切联系。吕燕承认保管账户资料,办理转户手续,并操作该户。2012年8月16日、24日、28日,"吕某"账户通过吕燕手机下单买入"SST华新"合计15,400股。

吕燕上述行为,违反了《证券法》第七十三、七十六条的规定,构成第二百零二条所述内幕交易的情形。

二、吕燕违规买卖股票的违法事实

2001年11月1日至2013年1月24日期间,"钱某兰"西南证券账户累计交易金额2,997,205.90元,华泰证券账户累计交易金额66,420,000.00元,扣除内幕交易"SST华新"后交易金额为64,573,747.55元。"吕某"国信证券杭州账户累计交易金额12,427,723.00元,深圳账户累计交易金额34,390,000.00元,扣除内幕交易"SST华新"后交易金额为34,119,853.87元。"钱某兰"、"吕某"账户交易股票盈利2,422,814.35元。

吕燕1998年8月至2013年1月25日,任职深圳证券交易所证券导报,深圳证券交易所办公室、投资者教育中心。吕燕实际控制使用"钱某兰"、"吕某"账户交易股票的行为,违反了《证券法》第四十三条的规定,构成第一百九十九条所述从业人员买卖股票的情形。

吕燕在申辩材料中称:1.单某只是SST华新股改信息披露事项的操作人员,未参与任何关于股改的前期接洽、商谈、协议的草拟等,直到8月31日公司股票停牌后才得以知悉股改的实质内容。2.自己于8月15日晚与单某的通话纯属一般的通话联系,不可能谈到华新股改内幕信息。事实上,也只用了"钱某兰"和"吕某"两个账户不到一半的资金购买该股。3."钱某兰"账户一部分资金由父母与妹妹吕某提供,三人分别按一定比例结算权益归属。2007年8月"钱某兰"账户转出106万至"吕某"账户以及2009年"吕某"账户转至深圳后,均由其妹吕某操作管理。4.因违规操作股票,自己已被单位开除,一年来未找到任何工作,恳请处罚时减少巨额罚款,在没收的违法所得中将其他人员的合法权益剔除。

经复核，我会认为：1. 单某作为 SST 华新证券事务代表，一直参与股改的信息披露工作，协助查找股改资料，其对股改进展有明确认知，最迟不晚于 2012 年 8 月 15 日知悉内幕信息。2. 吕燕与单某的联系时点与其交易“SST 华新”的时点高度吻合，且控制账户交易行为异常，对吕燕否认内幕信息的传递及利用该内幕信息交易股票的解释不予采信。3.“钱某兰”和“吕某”账户绝大部分资金由吕燕提供，转出资金也主要指向吕燕夫妇，且两个账户的股票交易下单亦指向吕燕。因此，吕燕对“钱某兰”和“吕某”账户均为实际控制关系，应全户认定收益归属于吕燕。4. 鉴于吕燕能够积极配合调查，“吕某”账户也系吕燕主动交代，酌情减轻对吕燕的处罚。

以上违法事实清楚，有相关公告、账户开户材料、资金流水、交易记录、当事人及相关人员询问笔录等证据证明，足以认定。

根据当事人违法行为的事实、性质、情节与社会危害程度，依据《证券法》第二百零二条、第一百九十九条的规定，我会决定：对吕燕内幕交易违法行为，处以 40 万元罚款；对吕燕违规买卖股票的违法行为，责令依法处理非法持有的股票，没收违法所得 2,422,814.35 元，并处以 60 万元罚款。两项违法行为合并处罚为：责令吕燕依法处理非法持有的股票，没收违法所得 2,422,814.35 元，并处以 100 万元罚款。

上述当事人应自收到本处罚决定书之日起 15 日内，将罚没款汇交中国证券监督管理委员会（开户银行：中信银行总行营业部，账号：7111010189800000162，由该行直接上缴国库），并将注有当事人名称的付款凭证复印件送中国证券监督管理委员会稽查局备案。当事人如果对本处罚决定不服，可在收到本处罚决定书之日起 60 日内向中国证券监督管理委员会申请行政复议，也可在收到本处罚决定书之日起 3 个月内直接向有管辖权的人民法院提起行政诉讼。复议和诉讼期间，上述决定不停止执行。

关于王涛违反证券法规的行政处罚决定书

（〔2014〕65 号）

当事人：王涛，男，1970 年 8 月出生，住址：四川省成都市成华区东风路。

依据《中华人民共和国证券法》（以下简称《证券法》）的有关规定，我会对王涛违法交易股票案进行了立案调查、审理，并依法向当事人告知了作出行政处罚的事实、理由、依据及当事人依法享有的权利。应当事人要求，我会举行了听证会，听取了当事人及其代理人的陈述、申辩。本案现已调查、审理终结。

经查明，王涛存在以下违法事实：

2007 年 4 月至 2009 年 10 月，王涛在担任西南证券股份有限公司（以下简称西南证券）投资银行总部副总经理期间，在其西南证券办公地点或出差地操作其岳父、岳母的账户交易股票，获利 35,704,573.46 元。

本案调查时，王涛能够配合工作，承认交易股票行为并表示悔过。

以上事实，有涉案账户交易记录、涉案资金往来情况以及涉案人员询问笔录等证据证明，足以认定。

王涛的上述行为，违反了《证券法》第四十三条的规定，构成《证券法》第一百九十九条所述违法行为。

王涛及其代理人在听证会上及陈述、申辩材料中，对事先告知书中有关王涛操作他人账户违法交易股票的认定不持异议，但辩称，王涛及其妻子都曾操作涉案账户，因法律不禁止证券从业人员的配偶交易股票，在认定涉案违法所得时，应当扣除王涛妻子交易获利部分；王涛及其妻子都向涉案账户投入过交易资金并就投资收益作出分割，在认定涉案违法所得时，应当扣除王涛妻子投入本金交易获利部分；事先告知书提出的处罚金额过高,请求从个人实际支付能力考虑,适当减免处罚。

我会认为,当事人有关其妻子操作涉案账户交易股票下单的说法,缺乏必要的证据证明,不予采信;当事人有关王涛夫妻二人均向涉案账户投入交易资金并就投资收益作出分割、认定涉案违法所得应当扣除王涛妻子投入本金交易获利部分的说法,缺乏必要的证据证明和法律依据支持,不予采信。

基于上述情况,根据当事人违法行为的事实、性质、情节与社会危害程度,依据《证券法》第一百九十九条的规定,我会决定:没收王涛违法所得 35,704,573.46 元,并处以 1500 万元罚款。

上述当事人应自收到本处罚决定书之日起15 日内,将罚、没款汇交中国证券监督管理委员会(开户银行:中信银行总行营业部,账号:7111010189800000162,由该行直接上缴国库),并将注有当事人名称的付款凭证复印件送中国证券监督管理委员会稽查局备案。当事人如对本处罚决定不服,可在收到本处罚决定书之日起60 日内向中国证券监督管理委员会申请行政复议,也可在收到本处罚决定书之日起 3 个月内直接向有管辖权的人民法院提起行政诉讼。复议和诉讼期间,上述决定不停止执行。

关于李之多违反证券法规的行政处罚决定书

(〔2014〕66 号)

当事人:李之多,男,1983 年 3 月 17 日出生,住址:北京市丰台区方庄南路 58 号。

依据《中华人民共和国证券法》(以下简称《证券法》)的有关规定,我会对李之多涉嫌内幕交易浙江大立科技股份有限公司(以下简称大立科技,股票代码:002214)股票一案,进行了立案调查、审理,并依法向李之多告知了作出行政处罚的事实、理由、依据及当事人依法享有的权利,李之多提交了书面陈述申辩材料,未申请听证。本案现已调查、审理终结。

经查明,李之多存在以下违法事实:

一、内幕信息的形成及内幕信息知情人

2010 年下半年,中国兵器工业集团公司(以下简称兵器集团)与下属企业云南北方夜视科技集团有限公司(以下简称夜视集团)将大立科技等 3 家上市公司作为考察对象,希望进行资产重组。在多次调研的基础上,2011 年3 月 3 日,兵器集团召开会议研究重组事宜,达成与大立科技重组的共识。2011 年 3 月 6 日,曹某某作为兵器集团上市公司管理办公室授权代表与大立科技签订《合作意向书》。2011 年3 月 7 日,大立科技公告披露该信息。2011 年 4 月 6 日,大立科技公告“公司决定终止筹划本次重大资产重组事宜”。

此后,夜视集团并没有停止重组工作,仍继续准备与大立科技进行重组,曹某某经常到夜视集团了解准备工作情况。2011 年下半年,夜视集团资产梳理等各方面准备工作已基本就绪。2011 年 10 月 21 日,曹某某在夜视集团召开专题协调会,与中介机构就《北方夜视科技集团有限公司重组上市方案》调整交换了意见,并下达了资产重组任务分配表。2011 年 11 月 8 日上午,曹某某与夜视集团董事长兰某通话沟通大立科技停牌的具体事宜。2011 年 11 月 9 日,夜视集团与大立科技签定《合作意向书》。2011 年 11 月 10 日,大立科技公告披露该信息。

根据《证券法》第七十五条第二款第一项规定,兵器集团拟将夜视集团所属相关资产与大立科技进行重大资产重组实现借壳上市事项,在公开前属于内幕信息。其中,第一次重组内幕信息形成于 2011 年 3 月 3 日,公开于 2011 年 3 月 7 日。第二次重组内幕信息形成不晚于

2011 年 10 月 21 日，公开于 2011 年 11 月 10 日。

曹某某先后任兵器集团资本运营部副主任、公司权益与风险管理部副主任，参与了调研考察、研究论证、指导协调等工作，且曾作为兵器集团上市公司管理办公室授权代表与大立科技签订《合作意向书》。根据《证券法》第七十四条第（四）项，曹某某是内幕信息知情人。

二、李之多内幕交易的相关情况

李之多系内幕信息知情人曹某某的外甥。李之多与曹某某联系密切，资金往来频繁，在 2007 年 4 月 28 日至 2011 年 11 月 9 日期间，李之多三方存管银行账户有 1,897,223.21 元来自曹某某及其妻子邱某现金或转账存入。

根据交易的 IP、Mac 地址及相关当事人谈话笔录，李之多控制“李之多”、“邢某某”、“某红”、“某容”、“曹某某”等 5 个证券账户。在第二次重组期间，李之多与曹某某有多次电话联系，2011 年 10 月 21 日至 2011 年 11 月 10 日，李之多利用内幕信息控制“李之多”、“邢某某”、“某红”、“某容”、“曹某某”等账户共计买入大立科技股票 856,323 股，实际亏损 8,135,295.22 元。李之多交易大立科技情况同其与曹某某通话记录基本吻合，且交易资金主要来源于亏损卖出的其他股票。李之多的上述行为违反了《证券法》第七十六条的规定。

以上事实有相关开户资料、资金划转凭证、交易记录、IP 和 Mac 地址、深圳证券交易所计算结果、相关人员谈话笔录等证据证明，足以认定。

李之多提出了如下申辩意见：其一，《行政处罚事先告知书》描述李之多与曹某某联系密切，资金往来频繁，在 2007 年 4 月 28 日至 2011 年 11 年 9 日期间，李之多三方存管银行账户有 1,897,223.21 元来自曹某某及其妻子邱某现金或转账存入。李之多申辩，其本人确实找曹某某借过钱，均早已归还，且从未找邱某借过钱。其二，李之多提出其本人与曹某某没什么联系，操作股票全凭自主判断。

针对李之多的上述申辩意见，我会经复核认为：告知书描述的资金往来、相关联系与交易行为等事实，均有转账凭证、通话记录、交易记录等证据证明，对李之多的申辩不予采信。

根据当事人违法行为的事实、性质、情节和社会危害程度，依据《证券法》第二百零二条的规定，我会决定：对李之多处以 60 万元罚款。

上述当事人应自收到本处罚决定书之日起 15 日内，将罚款汇交中国证券监督管理委员会（开户银行：中信银行总行营业部，账号：7111010189800000162，由该行直接上缴国库），并将注有当事人名称的付款凭证复印件送中国证券监督管理委员会稽查局备案。当事人如果对本处罚决定不服，可在收到本处罚决定书之日起 60 日内向中国证券监督管理委员会申请行政复议，也可在收到本处罚决定书之日起 3 个月内直接向有管辖权的人民法院提起行政诉讼。复议和诉讼期间，上述决定不停止执行。

关于新疆金石置业投资集团有限公司违反证券法规的行政处罚决定书

（〔2014〕67 号）

当事人：新疆金石置业投资集团有限公司（以下简称金石置业），住所：乌鲁木齐市天津南路 682 号创业大厦 321 室，法定代表人叶成光。

依据《中华人民共和国证券法》（以下简称《证券法》）有关规定，我会对金石置业利用他人账户从事证券交易行为进行了立案调查、审理，并依法向当事人告知了作出行政处罚的事实、理由、依据及当事人依法享有的权利。因以法律规定的其他方式无法送达，我委于 2014 年

3月11日进行了公告送达。公告期满后,当事人金石置业未要求陈述和申辩,也未要求听证。本案现已调查、审理终结。

经查,2008年6月13日至2011年2月21日期间,金石置业先后利用"李某某"、"赵某某"、"陈某某"、"刘某"、"曹某"、"付某某"、"杨某某"、"刘某某"、"徐某"、"某青"、"某晶"等11个账户从事证券交易,获利52,711,429.60元。

以上事实,有相关资金账户开销户资料、交易流水、营业部说明、银行账户开户资料、银行资金流水、财务凭证、交易电脑信息、交易所数据、情况说明、工商登记资料及当事人询问笔录等证据证明,足以认定。

金石置业利用"李某某"等11个账户从事证券交易的行为,违反了《证券法》第八十条有关"禁止法人非法利用他人账户从事证券交易"的规定,构成《证券法》第二百零八条所述"法人以他人名义设立账户或者利用他人账户买卖证券"的行为。

在我会调查过程中,金石置业能够积极配合我会工作,且主动清理涉案账户。

根据当事人违法行为的事实、性质、情节与社会危害程度,依据《证券法》第二百零八条和《中华人民共和国行政处罚法》第二十七条的规定,我会决定:没收金石置业违法所得52,711,429.60元。

上述当事人应自收到本处罚决定书之日起15日内,将罚没款汇交中国证券监督管理委员会(开户银行:中信银行总行营业部,账号:7111010189800000162,由该行直接上缴国库),并将注有当事人名称的付款凭证复印件送中国证券监督管理委员会稽查局备案。当事人如果对本处罚决定不服,可在收到本处罚决定书之日起60日内向中国证券监督管理委员会申请行政复议,也可在收到本处罚决定书之日起3个月内直接向有管辖权的人民法院提起行政诉讼。复议和诉讼期间,上述决定不停止执行。

关于新疆中基实业股份有限公司、刘一、文勇等8名责任人违反证券法规的行政处罚决定书

([2014]68号)

当事人:新疆中基实业股份有限公司(以下简称新中基),法定代表人曾超,住所:新疆维吾尔自治区乌鲁木齐市天山区青年路。

刘一,男,1957年1月出生,时任新中基董事长,住址:上海市普陀区新村路。

文勇,男,1958年7月出生,时任新中基总经理,住址:新疆维吾尔自治区库尔勒市梨园街。

吴光成,男,1961年8月出生,时任新中基副总经理、总会计师,住址:新疆维吾尔自治区乌鲁木齐市天山区青年路。

成屹,男,1972年1月出生,时任新中基董事会秘书,住址:新疆维吾尔自治区乌鲁木齐市天山区光明路。

侯守军,男,1968年3月出生,时任新中基财务部经理,住址:新疆维吾尔自治区乌鲁木齐市天山区青年路。

李方,男,1971年3月出生,住址:新疆维吾尔自治区乌鲁木齐市沙依巴克区友好北路。

吴新安,男,1967年11月出生,住址:山东省青岛市市南区莱阳路。

依据《中华人民共和国证券法》(以下简称《证券法》)的有关规定,我会对新中基信息披露违法案进行了立案调查、审理,并依法向当事人告知了作出行政处罚的事实、理由、依据及当事人依法享有的权利。当事人未提出陈述、申辩意见,也不要求听证。本案现已调查、审理终结。

经查明,新中基存在以下违法事实:

2006年1月,在刘一的指使下,经吴光成

等人策划与操办，新中基通过隐蔽出资，设立了空壳公司天津晟中国际贸易有限公司（以下简称天津晟中）。天津晟中表面上与新中基在法律上没有任何关系，但其业务与财务实际上完全由新中基控制。天津晟中成立后，先从新中基采购番茄酱，再销售给新中基的控股子公司天津中辰番茄制品有限公司（以下简称天津中辰）。2007年，刘一找到曾任新中基销售负责人、已辞职独立经商的吴新安，请其帮忙从新中基采购番茄酱之后再卖给天津中辰。2007年至2010年间，吴新安控制的新疆豪客国际贸易有限公司（以下简称新疆豪客）先从天津晟中采购番茄酱，加上应交税款与新疆豪客获得的纯利润后，再转手全部销售给天津中辰。相关证据显示，新中基利用非关联企业新疆豪客中转与过账，货物基本不动，实际上的交易就是仓单的转移。

2006年至2008年，新中基各分、子公司向天津晟中累计销售番茄酱15.27万吨，总额66,336.62万元，占期间天津晟中采购额的99.22%。2006年至2010年，天津晟中向天津中辰累计销售番茄酱3.45万吨，总额13,731.75万元，占期间天津晟中销售总额的19.75%；向新疆豪客累计销售番茄酱11.73万吨，总额54,647.50万元，占期间天津晟中销售总额的78.61%；两项合计15.18万吨，总额68,379.25万元，占期间天津晟中销售总额的98.36%。2007年至2010年，新疆豪客向天津中辰累计销售番茄酱11.73万吨，总额54,853.94万元。

按照调查核查计算口径，涉案事项对新中基年度财务报表数据的影响情况如下：2006年虚增收入31,566.92万元，虚增成本22,481.37万元，虚增利润9,085.55万元，虚增利润占经核查更正后净利润的138.57%，导致当年利润由亏损变盈利；2007年虚增收入26,849.77万元，虚增成本24,915.95万元，虚增利润1,933.81万元，虚增利润占经核查更正后净利润的34.50%；2008年虚增收入7,559.67万元，虚增成本10,365.51万元，虚减利润2,805.84万元，虚减利润占经核查更正后净利润的68.57%；2009年虚增收入0元，虚增成本675.04万元，虚减利润675.04万元，虚减利润占经核查更正后净利润的25.43%；2010年虚增收入0元，虚增成本5,648.11万元，虚减利润5,648.11万元，虚减利润占经核查更正后净利润的26.25%；2011年虚增收入0元，虚增成本1,890.47万元，虚减利润1,890.47万元，虚减利润占经核查更正后净利润的1.64%。

以上事实，有新中基相关定期报告、涉案人员询问笔录、财务资料等证据证明，足以认定。

新中基通过自己设立的隐形空壳公司天津晟中，利用非关联的中转过账公司新疆豪客，连续多年虚构购销业务，虚增业务收入与成本，虚增或者虚减利润，不仅隐瞒关联关系、关联交易，更直接导致公司2006年至2011年年度报告信息披露存在虚假记载及重大遗漏。

上述行为，违反了《证券法》第六十三条的规定，构成了《证券法》第一百九十三条所述违法行为。

刘一在任新中基董事长期间，授意、策划、指挥了新中基和天津晟中、新疆豪客之间的虚假销售采购业务，是对新中基违法行为直接负责的主管人员。

吴光成在任新中基总会计师、主管财务的副总经理期间，知悉并组织实施了新中基和天津晟中、新疆豪客之间的虚假销售采购业务，是对新中基违法行为直接负责的主管人员。

侯守军在任新中基财务部经理期间，作为新中基2006年至2009年年度财务报告的会计机构负责人，签字承诺保证财务报告的真实、完整，知悉并执行了新中基和大津晟中之间的虚假采购销售业务，是对新中基违法行为负责的其他直接责任人员。

文勇在任新中基总经理、兼任天津中辰董事长期间，未勤勉尽责，是对新中基违法行为负责的其他直接责任人员。

成屹在任新中基董事会秘书期间，未勤勉尽责，是对新中基违法行为负责的其他直接责任人员。

李方在任天津中辰财务部经理期间，明知天津晟中系刘一为实施违法行为设立的空壳公司，仍安排下属工作人员操作相关事项，应当受到处罚。

吴新安明知是在帮助刘一实施违法行为，仍连续多年配合新中基违法，应当受到处罚。

根据当事人违法行为的事实、性质、情节与社会危害程度，依据《证券法》第一百九十三条的规定，我会决定：

一、对新中基给予警告,并处以40万元罚款;

二、对刘一给予警告,并处以30万元罚款;

三、对吴光成给予警告,并处以20万元罚款;

四、对侯守军、吴新安给予警告,并分别处以10万元罚款;

五、对李方给予警告,并处以5万元罚款;

六、对文勇、成屹给予警告,并分别处以3万元罚款。

上述当事人应自收到本处罚决定书之日起15日内,将罚款汇交中国证券监督管理委员会(开户银行:中信银行总行营业部,账号:7111010189800000162,由该行直接上缴国库),并将注有当事人名称的付款凭证复印件送中国证券监督管理委员会稽查局备案。当事人如对本处罚决定不服,可在收到本处罚决定书之日起60日内向中国证券监督管理委员会申请行政复议,也可在收到本处罚决定书之日起3个月内直接向有管辖权的人民法院提起行政诉讼。复议和诉讼期间,上述决定不停止执行。

关于河北宝硕股份有限公司、周山、闫海清等10名责任人违反证券法规的行政处罚决定书

([2014]69号)

当事人:河北宝硕股份有限公司(以下简称宝硕股份),法定代表人赵力宾,住所:河北省保定市高新区朝阳北大街。

周山,男,1944年12月出生,时任宝硕股份董事长,住址:河北省保定市新市区云杉路。

闫海清,男,1966年10月出生,时任宝硕股份董事、董事长,住址:河北省保定市新市区乐凯北大街。

李纪,男,1954年7月出生,时任宝硕股份副董事长、总经理,住址:河北省保定市新市区中廉良村。

王海棠,女,1962年1月出生,时任宝硕股份董事、副董事长、总会计师。住址:河北省保定市新市区向阳南大街。

勾迈,男,1966年11月出生,时任宝硕股份董事。住址:河北省保定市新市区向阳南大街。

陈枝,男,1937年11月出生,时任宝硕股份董事、独立董事,住址:河北省石家庄市新华区电大街。

徐云建,男,1965年6月出生,时任宝硕股份独立董事,住址:北京市海淀区三虎桥南路。

申富平,男,1964年3月出生,时任宝硕股份独立董事,住址:河北省石家庄市桥西区东莱园中街。

何胜利,男,1969年4月出生,时任宝硕股份董事会秘书、副总经理,住址:河北省保定市新市区朝阳南大街。

依据1999年7月1日起施行的《中华人民共和国证券法》(以下简称原《证券法》)及2006年1月1日起施行的《中华人民共和国证券法》(以下简称《证券法》)的有关规定,我会对宝硕股份信息披露违法案进行了立案调查、审理,并依法向当事人告知了作出行政处罚的事实、理由、依据及当事人依法享有的权利。当事人宝硕股份、周山、闫海清、李纪、王海棠、勾迈、陈枝、徐云建、申富平、何胜利向我会提交了书面陈述、申辩意见。应当事人周山、闫海清、李纪、陈枝、徐云建、申富平、何胜利的要求,我会于2014年3月20日举行了听证。除当事人徐云建外,《听证通知书》均已送达,当事人闫海清、陈枝、申富平、何胜利到场参加听证,当事人周山、李纪书面确认放弃听证权利。本案现已调查、审理终结。

经查明,宝硕股份存在以下违法事实:

一、未按规定披露控股股东及关联方占用资金事项

自2001年以来，宝硕股份及其分、子公司被大股东河北宝硕集团有限公司（以下简称宝硕集团）占用资金437,301,569.46元，宝硕股份未按规定履行披露义务，直至2006年10月才对外公告。具体情况如下：

（一）截至2001年12月31日，宝硕股份子公司被宝硕集团占用资金余额为40,000,000元，其中截至2001年6月30日占用资金19,400,000元。

（二）截至2002年12月31日，宝硕股份及其子公司被宝硕集团占用资金44,350,923.72元，其中截至2002年6月30日占用资金40,458,232元。

（三）截至2003年12月31日，宝硕股份及其子公司被宝硕集团占用资金66,779,368.61元，其中截至2003年6月30日占用47,988,353.88元。

（四）截至2004年12月31日，宝硕股份及其子公司被宝硕集团占用资金77,165,419.63元，其中截至2004年6月30日占用-4,497,979.46元。

（五）截至2005年12月31日，宝硕股份及其子公司被宝硕集团占用资金115,836,293.49元，其中截至2005年6月30日占用资金117,462,447.85元。

（六）截至2006年9月30日，宝硕股份及其子公司被宝硕集团占用资金437,301,569.46元，其中截至2006年6月30日占用409,955,574.60元。

二、未按规定披露为其他公司提供担保事项

2001至2006年，宝硕股份为其他公司银行借款等事项提供对外担保，宝硕股份未按规定履行披露义务，直到2006年10月才对外公告。涉案担保事项如下：

（一）2001年度

2001年1月17日，宝硕股份为保定宝硕新型建筑材料有限公司（以下简称型材公司）在建行保定西郊办事处的10,000万元借款提供保证担保。

（二）2002年度

2002年10月28日，宝硕股份为东盛科技股份有限公司（以下简称东盛科技）在浦发银行西安分行的3,000万元借款提供保证担保。

2002年12月13日，宝硕股份为东盛科技在工行西安高新支行的2,400万元借款提供保证担保。

2002年12月13日，宝硕股份为东盛科技在工行西安高新支行的1,000万元借款提供保证担保。

（三）2003年度

2003年3月5日，宝硕股份为东盛科技在浦发银行西安分行的3,000万元银行承兑汇票的敞口部分提供保证担保。

2003年4月28日，宝硕股份为东盛科技在浦发银行西安分行的3,000万元借款提供保证担保。

2003年6月12日，宝硕股份为东盛科技在民生银行西安分行的综合授信提供最高额保证担保。

2003年6月25日，宝硕股份为保定富太塑料包装材料有限公司（以下简称富太公司）在民生银行广州羊城支行的5,000万元借款提供保证担保。

2003年6月26日，宝硕股份为陕西东盛医药有限责任公司（以下简称东盛医药）在农行西安长安路支行的2,000万元借款提供保证担保。

2003年7月18日，宝硕股份为保定宝康塑胶母料有限公司（以下简称宝康公司）在工行保定东风路支行的2,700万元借款提供最高额保证担保。

2003年8月29日，宝硕股份为富太公司在浦发银行广州东风支行的3,000万元借款提供保证担保。

2003年9月1日，宝硕股份为东盛科技在中信银行西安分行的综合授信提供最高额保证担保，该保证为东盛科技在中信西安分行的2,900万元银行承兑汇票的敞口部分提供担保。

2003年9月12日，宝硕股份为保定宝通新型塑料包装材料有限公司（以下简称宝通公司）在中行保定西城支行的5,894万元借款提供保证担保。

2003年9月15日，宝硕股份为东盛科技在

浦发银行西安分行的3,000万元银行承兑汇票的敞口部分提供保证担保。

2003年9月17日,宝硕股份为宝康公司在工行保定东风路支行的499万元借款提供最高额保证担保。

2003年9月30日,宝硕股份为富太公司在浦发银行广州东风支行的480万美元借款提供保证担保。

2003年10月28日,宝硕股份为东盛科技在浦发银行西安分行的1,000万元银行承兑汇票的敞口部分提供保证担保。

(四)2004年度

2004年1月7日,宝硕股份为富太公司在浦发银行广州东风支行的480万美元借款提供保证担保。

2004年2月5日,宝硕股份为东盛科技在建行西安东大街支行的2,000万元银行承兑协议提供商业汇票承兑保证。

2004年3月3日,宝硕股份为东盛集团有限公司在招商银行西安城南支行的3,000万借款提供担保。

2004年3月9日,宝硕股份为东盛科技在浦发银行西安分行的3,000万元银行承兑汇票的敞口部分提供保证担保。

2004年3月29日,宝硕股份为东盛科技与浦发银行西安分行签署的系列授信合同提供最高额保证担保。

2004年4月1日,宝硕股份为东盛医药在交行西安分行的14,000万元借款提供保证担保。

2004年5月26日,宝硕股份为天津德利得物流有限公司(以下简称天津德利得)在光大银行天津体育中心支行的综合授信提供最高额保证担保。

2004年5月31日,宝硕股份和沧州化工共同为沧州沧骅化学工业有限公司(以下简称沧州沧骅)在工行总行营业部的18,000万元借款提供保证担保。

2004年6月25日,宝硕股份为东盛医药在农行西安长安路支行的2,000万元借款提供保证担保。

2004年6月28日,宝硕股份为东盛医药在中行陕西省分行的8,000万元借款提供保证担保。

2004年8月31日,宝硕股份为天津宝硕门窗发展有限公司(以下简称天津门窗)在农行天津南开支行的4,500万元借款提供保证担保。

2004年10月29日,宝硕股份为东盛医药在农行西安长安路支行的2,000万元借款提供保证担保。

2004年11月2日,宝硕股份为沧州沧骅在工行沧州南环支行的5,000万元借款提供保证担保。

2004年11月26日,宝硕股份为东盛科技在交行西安分行的3,000万元银行承兑汇票提供保证担保。

2004年11月26日,宝硕股份为东盛医药在交行西安分行的12,000万元借款提供保证担保。

2004年12月3日,宝硕股份为沧州沧骅在工行总行营业部的5,000万元借款提供保证担保。

2004年12月30日,宝硕股份为富太公司在建行保定五四西路支行的2,400万元借款提供保证担保。

(五)2005年度

2005年1月11日,宝硕股份为富太公司在中行保定西城支行的650万元借款提供保证担保。

2005年1月11日,宝硕股份为东盛科技在交行西安分行的4,000万元借款提供保证担保。

2005年1月21日,宝硕股份为保定宝来塑料包装材料有限公司(以下简称宝来公司)在中行保定西城支行的1,000万元借款提供保证担保。

2005年2月3日,宝硕股份为宝来公司在中行保定西城支行的1,000万元借款提供保证担保。

2005年2月5日,宝硕股份为富太公司在中行保定西城支行的1,100万元借款提供保证担保。

2005年2月8日,宝硕股份为沧州沧骅在工行沧州南环支行的5,000万元借款提供保证担保。

2005年3月1日,宝硕股份子公司河北宝硕管材有限公司(以下简称管材公司)为宝硕集团在保定信托投资公司的820万元借款提供保证担保。

2005年3月14日，宝硕股份为东盛医药在西安市商业银行碑林支行的2,000万元借款提供保证担保。

2005年3月29日，宝硕股份为沧州沧骅在工行沧州南环支行的5,000万元借款提供保证担保。

2005年4月1日，宝硕股份为天津德利得在光大银行天津体育中心支行的综合授信最高额保证担保。

2005年4月8日，宝硕股份为富太公司在中行保定西城支行的900万元借款提供保证担保。

2005年4月15日，宝硕股份为东盛科技在交行西安分行的2,000万元借款提供保证担保。

2005年4月19日，宝硕股份为东盛医药在工行西安高新支行的3,000万元借款提供保证担保。

2005年4月29日，宝硕股份为东盛科技在浦发银行西安分行的系列授信提供最高额保证担保。

2005年4月29日，宝硕股份为沧州沧骅在工行沧州南环支行的5,000万元借款提供保证担保。

2005年5月22日，宝硕股份为沧州化学工业股份有限公司（以下简称沧州化工）在光大银行深圳红荔路支行的12,200万元借款提供保证担保。

2005年6月2日，宝硕股份为沧州化工在民生银行石家庄分行的10,000万元综合授信、3笔合计8,000万元的借款提供最高额保证担保，并在沧州化工将8,000万元借款提前归还后，继续对沧州化工2006年4、5月份在该行的4笔合计8,000万元借款提供最高额保证担保。

2005年6月22日，宝硕股份为型材公司在中信银行天津分行的4,328万元银行承兑汇票提供保证担保。

2005年6月24日，宝硕股份为东盛医药在农行西安长安路支行的2,000万元借款提供保证担保。

2005年7月15日，宝硕股份为东盛科技在广发银行总行营业部的2,500万元借款提供保证担保。

2005年7月28日，宝硕股份为富太公司在中行保定西城支行的两笔各500万元借款提供保证担保。

2005年8月18日，宝硕股份为东盛科技在中信银行西安分行的综合授信提供最高额保证担保，该保证为东盛科技在中信银行西安分行的两笔各1,400万元借款提供担保。

2005年9月5日，宝硕股份为管材公司在建行保定五四西路支行的500万元借款提供保证担保。

2005年9月20日，宝硕股份为新疆克拉玛依宝硕管材有限公司在中行克拉玛依石油分行的借款提供最高额保证担保。

2005年9月23日，宝硕股份为沧州沧骅在工行沧州南环支行的3,700万元借款提供最高额保证担保。该笔最高额保证担保还分别对沧州沧骅于2006年6月19日在工行沧州南环支行的两笔272万元、2,400万元借款负有保证责任。

2005年9月26日，宝硕股份为河北保定星光集团有限公司在徐水县农村信用合作联社的3,000万元借款提供保证担保。

2005年9月30日，宝硕股份为东盛科技在华夏银行深圳天安支行的2,700万元借款提供保证担保。

2005年10月19日，宝硕股份为天津门窗在中行天津市分行的6,400万元借款提供保证担保。

2005年10月28日，宝硕股份为天津宝络五金制造有限公司在交行天津分行的5,000万元借款提供保证担保。

2005年10月31日，宝硕股份为深圳市正宇投资发展有限公司在广发银行深圳南山支行的1,100万元借款提供保证担保。

2005年11月7日，宝硕股份为河北新大通管业有限公司在中信银行石家庄分行的借款提供最高额保证担保。

2005年11月22日，宝硕股份为沧州化工在建行沧州署西街支行的3,000万元借款提供保证担保。

2005年11月24日，宝硕股份为管材公司在建行保定五四西路支行的4,500万元借款提供保证担保。

2005 年 11 月 30 日,宝硕股份为管材公司在建行保定五四西路支行的 500 万元借款提供保证担保。

2005 年 12 月 23 日,宝硕股份为保定中产新型塑料包装材料有限公司(以下简称中产公司)在保定信托投资公司的 100 万元借款提供保证担保。

2005 年 12 月 23 日,管材公司为宝硕集团在保定信托投资公司的三笔 262 万元、84 万元、150 万元借款提供保证担保。

2005 年 12 月 28 日,宝硕股份为型材公司在中行保定市西城支行申请国内保理业务项下授信额度出具了保证函。

2005 年 12 月 31 日,宝硕股份为型材公司在建行保定五四西路支行的 4,000 万元借款提供保证担保。

2005 年 12 月 31 日,管材公司为宝硕集团在保定信托投资公司的 955 万元借款提供保证担保。

(六)2006 年度

2006 年 1 月 4 日,宝硕股份为管材公司在中行保定西城支行申请银行承兑汇票出具承兑保证函。

2006 年 1 月 11 日,宝硕股份为天津华通润商贸发展有限公司(以下简称华通润商贸)在交行天津分行的 2,000 万元银行承兑汇票提供保证担保。

2006 年 1 月 13 日,宝硕股份为华通润商贸在交行天津分行的 2,000 万元银行承兑汇票提供保证担保。

2006 年 1 月 19 日,宝硕股份为华通润商贸在交行天津分行的 3,920 万元银行承兑汇票提供保证担保。

2006 年 2 月 13 日,宝硕股份为保定市华劲精品服饰有限公司在农行保定阳光支行的 1,400 万元借款提供保证担保。

2006 年 2 月 21 日,宝硕股份为华通润商贸在交行天津分行的 4,080 万元银行承兑汇票提供保证担保。

2006 年 2 月 24 日,宝硕股份为沧州化工在建行沧州署西街支行的 3,800 万元借款提供保证担保。

2006 年 3 月 16 日,宝硕股份为东盛科技在浦发银行广州五羊支行的 3,400 万元借款提供保证担保。

2006 年 3 月 17 日,宝硕股份为沧州沧骅在工行沧州南环支行的 2,225 万元、1,400 万元借款提供最高额保证担保。该笔最高额保证担保还对沧州沧骅于 2006 年 6 月 27 日在工行沧州南环支行的 2,400 万元借款负有保证责任。

2006 年 4 月 21 日,宝硕股份为东盛药业股份有限公司在西安市商业银行碑林支行的 4,000万借款提供保证担保。

2006 年 4 月 24 日,宝硕股份为天津泽融基工贸有限公司在交行天津分行开立银行承兑汇票办理授信业务提供最高额保证担保。

2006 年 6 月 25 日,宝硕股份为天津幸福实业有限公司在华夏银行天津分行的四笔共 1,000万元借款提供最高额保证担保。

2006 年 7 月 18 日,宝硕股份为东盛科技在浦发银行西安分行的系列授信提供最高额保证担保。

2006 年 8 月 21 日,宝硕股份为中信银行西安分行出具了同意为东盛科技贷款展期继续提供保证的函。

三、相关定期报告虚增利润

(一)宝硕股份 2001 年年度报告至 2006 年半年度报告少计财务费用,虚增利润

宝硕股份 2001 年至 2006 年 6 月间发生的利息未列财务费用,记入了其他应收款——德利得中,累计增加利润 190,851,911.49 元。具体情况如下:

宝硕股份将 2002 年至 2005 年间发生的 236 笔贷款利息共 46,783,784.51 元,未列入财务费用而记入其他应收款 - 德利得科目的借方中,因此少记财务费用,增加 2002 年度利润 832,321.50 元,增加 2003 年度利润 15,697,456.56 元,增加 2004 年度利润 17,307,151.81 元,增加 2005 年度利润 12,946,854.64 元。

宝硕股份 2003 年 6 月以富太公司(宝硕股份持有 40% 股份)名义办理了 2 张 1,000 万元的银行汇票贴现业务,贴现利息 155,100.00 元没有记入财务费用,而是记入其他应收款 - 德利得科目的借方发生额。富太公司没有此项业务的记载。宝硕股份因此少记财务费用,增加 2003 年度利润 155,100.00 元。

宝硕股份于2002年至2005年通过其分、子公司河北宝硕股份有限公司氯碱分公司(以下简称氯碱分公司)、型材公司、保定德玛斯新型建筑材料有限公司(以下简称德玛斯公司)和河北宝硕股份有限公司绿源塑料分公司(以下简称绿源分公司)银行账户办理82笔票据贴现业务,贴现资金划归宝硕股份使用。宝硕股份将发生的26,712,155.84元贴现利息记入其他应收款——德利得科目的借方中,因此少记财务费用,增加2002年度利润197,500.00元,增加2003年度利润4,474,283.82元,增加2004年度利润21,882,067.421元,增加2005年度利润158,304.60元。

宝硕股份2006年6月补记了以前年度使用公司账户或使用其他公司名义贷款发生的341笔利息入账,未将总金额为70,186,433.13元的贷款利息记入财务费用,而是记入其他应收款——德利得科目借方发生额中。宝硕股份因此少记财务费用,增加2001年度利润314,572.50元,增加2002年度利润3,080,990.39元,增加2003年度利润14,067,882.47元,增加2004年度利润25,479,696.64元,增加2005年度利润26,183,491.56元,增加2006年半年度利润1,059,799.57元。

宝硕股份2006年6月补记了以前年度使用其控制的银行账户进行的票据贴现业务,未将发生的92笔贴现利息35,503,996.45元记入财务费用,而是记入其他应收款—德利得科目中。宝硕股份因此少记财务费用,增加2002年度利润201,250.00元,增加2003年度利润1,330,875.73元,增加2004年度利润16,697,566.65元,增加2005年度利润15,091,332.07元,增加2006年半年度利润2,182,972.00元。

宝硕股份2006年6月补记了75笔以前年度使用其他公司名义进行的贴现业务。宝硕股份通过其控制的账户开出汇票和收到贴现金额均通过其他应收款－德利得科目记载,进而将其应承担的贴现汇票的贴现息变相隐含在其他应收款－德利得科目的往来中。此项隐含的贴现利息共计11,560,441.56元。宝硕股份因此少记财务费用,增加2002年度利润825,066.67元,增加2003年度利润5,580,279.33元,增加2004年度利润5,155,095.56元。

(二)宝硕股份通过河北宝硕股份有限公司创业塑料分公司(以下简称创业分公司)虚增利润

1999年至2006年,创业分公司自制采购凭证387单,自制采购发票968张,虚开支票383张,通过虚假原材料采购虚增主营业务成本1,748,375,387.10元;以收到销售货款的名义,通过资金结算中心进账单的形式增加账面银行存款2,233,010,598.14元。

创业分公司通过上述虚假行为,虚增销售利润484,635,211.04元。其中,虚增2001年度利润85,547,200.00元,虚增2002年度利润82,697,500.00元,虚增2003年度利润64,885,400.00元,虚增2004年度利润52,179,507.20元,虚增2005年度利润84,469,803.84元,虚增2006年半年度利润20,474,100.00元。

(三)宝硕股份2003年年度报告通过富太公司虚开发票虚增利润

富太公司2003年6月虚开22张增值税发票增加销售收入13,478,644.80元,宝硕股份因此虚增当期利润4,608,083.70元。

四、货币资金虚假记载

(一)宝硕股份2001年至2006年大量会计业务未纳入核算,2001年至2005年年度报告中货币资金虚假记载

宝硕股份在2006年6月份集中补记了公司在2001－2006年发生的业务单据,共录入5103号凭证,装订67本。宝硕股份董事、总会计师王海棠承认宝硕股份存在账外账。

宝硕股份2001年至2005年有230个以其自身名义及其他公司名字开立由宝硕股份控制使用的银行账户,均在账外进行核算。

宝硕股份2001年12月31日账外银行账户存款余额为59,873.22元,2002年12月31日账外银行存款余额为54,893,138.43元,2003年12月31日账外银行存款余额为146,923,145.22元,2004年12月31日账外银行存款余额为168,010,231.78元,2005年12月31日账外银行存款余额为469,992,919.16元。宝硕股份对外披露的2001年至2005年相应年度报告中未包含这些账户存款,直至2006年6月才将这些账户记入银行存款日记账。

宝硕股份在 2003 年 3 月至 2006 年 6 月间,与银行签订了 41 笔借款合同,借款金额 72,870 万元未在账内反映,相关对外披露的财务报告中银行借款涉嫌虚假记载。2006 年 6 月份,宝硕股份将这些借款记入短期借款账内。

(二)宝硕股份将存放在内设机构资金结算中心账户的资金视作银行存款进行核算,大量使用该账户下没有实际业务发生的自制单据入账

宝硕股份及氯碱分公司、创业分公司、绿源分公司、河北宝硕集团有限公司纸品包装分公司、河北宝硕股份有限公司木糖醇分公司、型材公司、管材公司、富太公司、宝来公司、保定宝源新型塑料包装材料有限公司、中产公司、天津门窗、保定宝硕门窗发展有限公司、保定轶思达塑料包装材料有限公司、保定市德利得物流有限公司等关联公司先后在宝硕集团财务结算中心、宝硕股份资金结算中心开立存款账户。宝硕股份资金结算中心还为上述公司提供资金拆借业务,拆借业务的收入上缴宝硕股份财务处。

1999 年至 2006 年,宝硕股份通过宝硕集团资金结算中心(账号:058 - 03)和宝硕股份资金结算中心(账号:962 - 01)划转 1,848,281,946.13 元资金,在两个资金结算中心均没有真实业务发生,没有资金划转记录。

(三)宝硕股份以创业分公司上缴利润名义虚增货币资金

1999 年,创业分公司虚制往来凭证 6 单,虚开结算中心进账单 6 张,通过虚假货币资金退回虚增账面货币资金 27,103,200.00 元。

创业分公司于 1999 年至 2006 年,通过虚假采购、虚假销售、虚假货币资金退回手段虚假记载货币资金,累计增加余额 511,788,411.04 元。创业分公司虚制凭证 158 单,虚开支票 159 张,将虚增的 511,788,411.04 元,分别以上缴利润及内部转款的名义通过其在结算中心开立的账户上交宝硕股份财务处。

1999 年至 2006 年,宝硕股份制凭证 159 单,以创业分公司上缴利润名义记入应付股利科目,同时增加宝硕股份银行存款账户账面的货币资金 504,438,411.04 元。

五、人为调整 2006 年半年度报告报表

宝硕股份 2006 年 8 月 22 日公布了 2006 年半年度财务报告,其对外披露的财务报告与其实际账面数据不符,存在无任何依据的人为调整报表行为。

宝硕股份财务处在 2006 年 6 月将大量历年账外财务资料集中补记入账,造成 2006 年 6 月 30 日宝硕股份财务处账面其他应收款、短期借款及其他应付款科目余额激增。

宝硕股份 2006 年半年度报告公告母公司应收账款金额 222,612,333.23 元,母公司依据账面记载合并后的实际报表数据是 24,612,333.23 元,公告数增加了 198,000,000.00 元。

宝硕股份 2006 年半年度报告公告母公司其他应收款金额 567,442,217.82 元,母公司依据账面记载合并后的实际报表数据是 2,052,442,217.82 元,公告数减少了 1,485,000,000.00 元。

宝硕股份 2006 年半年度报告公告母公司短期借款金额 534,622,553.08 元,母公司依据账面记载合并后的实际报表数据是 1,334,622,553.08 元,公告数减少了 800,000,000.00 元。

宝硕股份 2006 年半年度报告公告母公司其他应付款金额 59,902,377.22 元,母公司依据账面记载合并后的实际报表数据是 559,902,377.22 元,公告数减少了 500,000,000.00 元。

宝硕股份 2006 年半年度报告公告母公司管理费用金额 37,302,216.91 元,母公司依据账面记载合并后的实际报表数据是 50,302,216.91 元,公告数减少了 13,000,000.00 元。由此造成宝硕股份 2006 年半年度报告公告母公司未分配利润公告数增加了 13,000,000.00 元。

在宝硕股份 2001 年至 2005 年年度报告披露的会计报表上签字的法定代表人是周山,主管会计工作负责人是王海棠。在 2006 年半年度报告的会计报表中签字的法定代表人是闫海清,主管会计工作负责人是王海棠。

在宝硕股份董事会审议通过 2001 年年度报告决议上签字的是周山、李纪、王海棠、勾迈、陈枝;在宝硕股份董事会审议通过 2002 年年度报告决议上签字的是周山、李纪、王海棠、勾迈、陈枝、徐云建;在宝硕股份董事会审议通过 2003 年年度报告决议上签字的是周山、李纪、王海棠、勾迈、陈枝、申富平、徐云建;在宝硕股

份董事会审议通过2004年年度报告决议上签字的是周山、李纪、闫海清、王海棠、勾迈、陈枝、申富平、徐云建(陈枝代);在宝硕股份董事会审议通过2005年年度报告决议上签字的是周山、李纪、闫海清、勾迈、陈枝、申富平、徐云建;在宝硕股份董事会审议通过2006年半年度报告决议上签字的是闫海清、李纪、王海棠、勾迈、陈枝、申富平、徐云建。

周山、闫海清、李纪、王海棠、勾迈、陈枝、申富平、徐云建在审议涉案年度报告、半年度报告时未发表过不同意见;何胜利作为宝硕股份董事会秘书暨高级管理人员,对宝硕股份相关信息披露的真实、准确、完整负有保证义务。

以上事实,有宝硕股份情况说明、涉案定期报告、涉案人员询问笔录和情况说明以及财务账册、记账凭证及附件等证据证明,足以认定。

以上行为,违反了原《证券法》第五十九条以及《证券法》第六十三条、第六十八条的规定,构成了原《证券法》第一百七十七条以及《证券法》第一百九十三条所述违法行为。

当事人宝硕股份在陈述、申辩材料中称,公司于2008年1月进入破产重整程序,新希望化工通过竞拍取得公司控股权后,为公司注入大量资金并提供担保支持,目前公司主营业务发生变更,涉案董监高人员均已离职,公司破产重整计划执行完毕,消除了退市风险。请求对其免予处罚。

经复核,宝硕股份未就事先告知有关其违法行为的认定提出异议。宝硕股份大股东资金占用和对外担保未披露问题持续时间长、涉及金额巨大,且在我会集中开展上市公司"清欠解保"专项治理行动后,相关违法行为仍然继续,属于典型的"顶风作案";宝硕股份有关公司破产重整计划执行完毕、消除退市风险等申辩理由不是法定免责理由。综上,鉴于宝硕股份未就事先告知有关其违法行为的认定提出新的事实及证据,对其申辩意见不予采纳。

当事人周山、闫海清、李纪、王海棠、勾迈在陈述、申辩材料中对涉案违法行为造成的不良影响表示歉意,但辩称涉案违法行为发生有其客观历史原因;上市公司及宝硕集团为当地经济和社会发展作出了贡献,其没有从中获取不正当利益;其对宝硕股份整体运作和涉案违法行为不知情,宝硕股份各年度财务报告均经过会计师事务所的审计、应当可信;其为拯救宝硕股份做了大量工作。请求重新考虑对其的处罚。

经复核,当事人周山、闫海清、李纪、王海棠、勾迈未就事先告知有关宝硕股份违法事实的认定提出异议。上市公司信息披露的真实、准确、完整、及时、有效,有赖于全体董事勤勉尽责,实施必要的、有效的监督。这种监督,既包括督促上市公司依照法律、法规规定和监管部门要求建立并完善信息披露制度,也包括通过日常履职和检查督促公司切实执行有关规则,还包括能够及时发现公司在信息披露上存在的问题、及时督促公司改正,对拒不改正的要及时向监管部门举报。当事人周山、闫海清、李纪、王海棠、勾迈长期担任宝硕股份董事、董事长、副董事长、总经理、总会计师等重要职务,直接参与上市公司经营决策、日常管理和财务核算,应当知晓并严格遵守法律和我会对上市公司信息披露所做规定,严格履行有关信息披露职责。但综合审查本案违法行为涉及的具体情况和上述当事人提交的申辩材料,现有证据不足以证明他们曾经对涉案信息披露事项实施了必要的、有效的监督,未尽勤勉义务。当事人所称对涉案违法行为不知情、涉案行为发生有其特定历史背景以及宝硕股份各年度财务报告均经过会计师事务所的审计、应当可信等意见不是法定从轻、减轻处罚的理由,不予采纳。

当事人陈枝、申富平在陈述、申辩材料及听证会上称,涉案违法行为从未履行相关的决策程序,属于个别人员与控股股东联合实施的暗箱操作行为,独立董事未参与有关违法行为的决策和实施;其在任职期间一直勤勉尽责,已履行了应尽的责任和义务,积极配合调查工作。请求对其免予处罚。

当事人何胜利在陈述、申辩材料及听证会上称,宝硕股份的违法行为相当隐蔽,其对有关违法行为不知情,也未参与有关违法行为的决策和实施;其任职期间一直勤勉尽责,已履行了董事会秘书暨高级管理人员应尽的责任和义务;其也是宝硕股份违法行为的受害者。请求对其免予处罚。

经复核,当事人陈枝、申富平、何胜利未就事先告知有关宝硕股份违法事实的认定提出异议。陈枝、申富平担任独立董事期间,何胜利担任公司董事会秘书、副总经理期间,对宝硕股份相关定期报告的真实、准确、完整负有法定保证义务。虽然在上市公司信息披露违法案中,“参与”或者“知悉”涉案违法事项尤其是侵害上市公司利益事项的责任人是我会行政执法打击的重点,但是,那些虽未“参与”、不“知悉”相关事项但未尽监督义务、未勤勉尽责的责任人也难辞其咎。综合审查本案违法行为涉及的具体情况和他们提交的申辩材料,现有证据不足以证明陈枝、申富平、何胜利曾对涉案信息披露事项实施了必要及有效监督、已尽勤勉义务。但考虑到他们不是涉案违法行为的主要决策人,对其申辩意见部分予以采纳。

综上,根据当事人违法行为的事实、性质、情节与社会危害程度,依据原《证券法》第一百七十七条、《证券法》第一百九十三条,我会决定如下:

一、责令宝硕股份改正,给予警告,并处以60万元罚款;

二、对周山给予警告,并处以30万元罚款;

三、对王海棠给予警告,并处以30万元罚款;

四、对李纪给予警告,并处以25万元罚款;

五、对闫海清给予警告,并处以10万元罚款;

六、对勾迈给予警告,并处以5万元罚款;

七、对陈枝、申富平、何胜利给予警告,并分别处以3万元罚款。

我会将对徐云建涉案违法行为另行处理。

上述当事人应自收到本处罚决定书之日起15日内,将罚款汇交中国证券监督管理委员会(开户银行:中信银行总行营业部,账号:7111010189800000162,由该行直接上缴国库),并将注有当事人名称的付款凭证复印件送中国证券监督管理委员会稽查局备案。当事人如对本处罚决定不服,可在收到本处罚决定书之日起60日内向中国证券监督管理委员会申请行政复议,也可在收到本处罚决定书之日起3个月内直接向有管辖权的人民法院提起行政诉讼。复议和诉讼期间,上述决定不停止执行。

关于河北华安会计师事务所有限公司、齐正华、李钰等5名责任人违反证券法规的行政处罚决定书

(〔2014〕70号)

当事人:河北华安会计师事务所有限公司(以下简称华安所),时任法定代表人齐正华,住所:河北省石家庄市桥西区裕华西路158号。

齐正华,男,1966年1月出生,住址:河北省石家庄市桥西区东莱园中街。

李钰,男,1962年4月出生,住址:河北省石家庄市新华区市庄路。

王飞,男,1967年10月出生,住址:河北省石家庄市桥西区工农路。

艾廷生,男,1943年10月出生,住址:河北省石家庄市桥西区东莱园中街。

依据1999年7月1日起施行的《中华人民共和国证券法》及2006年1月1日起施行的《中华人民共和国证券法》(以下简称《证券法》)的有关规定,我会对宝硕股份信息披露违法审计机构责任案进行了立案调查、审理,并依法向当事人告知了作出行政处罚的事实、理由、依据及当事人依法享有的权利。当事人华安所、齐正华、李钰、王飞要求听证并向我会提交了书面陈述、申辩意见。应当事人华安所、齐正华、李钰、王飞的要求,我会于2014年3月21日举行听证,当事人华安所、齐正华、王飞到场参加听证。当事人艾廷生经公告送达,至我会作出决定前,未要求举行听证,也未提交陈述、申辩意见。本案现已调查、审理终结。

经查明,华安所存在以下违法事实:

一、在宝硕股份2004年年度财务报告审计中的问题

（一）审计范围没有包含资金结算中心

2001年12月宝硕股份成立内部单位“宝硕股份资金结算中心”，负责办理宝硕股份及其分、子公司的内部资金往来结算业务，并负责管理开户单位在银行的存款。该资金结算中心没有取得有关金融许可证书，不属于金融机构。宝硕股份及其分、子公司均在资金结算中心开立存款账户。各公司在资金结算中心的账号为资金结算中心在银行开户账号后加缀二级账号。宝硕股份通过资金结算中心伪造962－01账户的资金结算凭证，虚构资金划转。资金结算中心证明没有上述业务发生。工作底稿中未发现华安所对资金结算中心实施审计的痕迹。

（二）对宝硕股份货币资金的审计问题

2004年末宝硕股份将资金结算中心存放款项余额30,935,708.97元计入了宝硕股份资产负债表货币资金项目。华安所对宝硕股份2004年度会计报表的审计工作底稿中，针对股份公司和创业分公司银行存款，填制了“货币资金审定表”、“银行存款审定表”等表格。在华安所对宝硕股份的公司本部财务处及创业分公司2004年度会计报表审计的底稿中，均未见对资金结算中心开户存放资金余额向金融机构的询证函。

华安所对宝硕股份提供的银行存款明细表中建行西郊办（13001665208050000169－01）账户下30,792,177.94元资金，取得了资金结算中心的对账单、银行存款余额调节表等资料，根据对账单确认银行存款余额为29,291,144.97元。调查人员调取资金结算中心2004年12月31日的资金统计日报表显示，该账户资金余额为1,082.28万元；该中心名下包含宝硕股份等25个单位账号的账户在工行、农行、中行、建行、天津中信的全部存款余额为625.24万元。调查人员调取建行五四西路支行（原名建行西郊办）提供的账号为13001665208050000169银行对账单中显示，2004年12月31日的银行存款余额为2,582,083.37元。此存款余额是包括宝硕股份在内的25个公司账户的共同存款。

（三）对宝硕股份银行借款及未披露担保事项的审计问题

华安所编制了短期借款审定表、长期借款审定表、短期借款凭证抽查情况表、长期借款凭证抽查情况表等表格。华安所对宝硕股份在工行保定东风路支行的存款情况及借款情况进行了函证，函中借款情况仅列示了4笔长期借款及5笔短期借款，未对全部借款进行函证。

宝硕股份在其2004年度会计报表披露的关联方担保信息中没有披露宝硕股份为其子公司以及河北宝硕集团有限公司（以下简称宝硕集团）的关联公司在建行保定五四西路支行借款提供保证担保151,000,000元的情况。华安所底稿中有对建行保定五四西路支行的询证函复印件，函中列示了宝硕股份在建行保定五四西路支行的4笔长期借款，未见华安所对宝硕股份在建行保定五四西路支行对外担保事项实施函证等审计程序。

（四）对河北宝硕股份有限公司创业塑料分公司（以下简称创业分公司）主营业务成本、主营业务收入、虚构利润、将虚增的货币资金虚交宝硕股份的审计问题

创业分公司于2004年自制采购凭证80单，自制采购发票295张，通过虚假原材料采购虚增主营业务成本232,720,492.80元。创业分公司当年报表显示主营业务成本为397,504,111.72元。创业分公司虚开采购原材料的发票全部是用本公司的销售发票加盖“保定市轻工物资供销公司”和“保定市德利得物流有限公司”的章充当采购原材料的发票，发票存根联在创业分公司保存。华安所在存货计价测试表中对当年采购的原材料数量、金额予以确认。但是，抽查凭证中没有对保定市轻工物资供销公司的采购发票进行抽查；华安所没有对占创业分公司原材料采购量第一的供应商——虚构的保定市轻工物资供销公司进行关注。

2004年，创业分公司自制销售凭证259单，虚开销售发票1,196张，虚开结算中心单据1,043张，通过虚假销售虚增主营业务收入284,900,000.00元。创业分公司2004年以收到销售货款的名义，通过资金结算中心进账单的形式增加账面银行存款284,900,000.00元。华安所未向结算中心核验销售回款的真实情况，也未取得外部结算单据，就对创业分公司当

年销售收入449,378,146.43元予以确认。

创业分公司通过上述虚假行为,虚增主营业务收入284,900,000.00元,虚增主营业务成本232,720,492.80元,虚增销售利润52,179,507.20元,宝硕股份因此增加2004年度利润52,179,507.20元。华安所未对创业分公司2004年度虚增主营业务收入284,900,000.00元、虚增主营业务成本232,720,492.80元、虚增利润52,179,507.20元的行为提出异议。华安所对创业分公司当年主营业务利润51,874,034.71元予以确认。

创业分公司2004年将虚增的52,179,507.20元以上缴利润的名义,通过其在结算中心开立的账户上交宝硕股份财务处账户。创业分公司将虚增的货币资金52,179,507.20元以上缴利润的名义以支票形式上缴宝硕股份的资金,在资金结算中心没有划转记录。创业分公司支票付款在结算中心没有记录,没有资金出款。华安所未向结算中心核验资金凭证的真实情况,就对169-01账户和169-04账户的资金余额予以确认。

(五)对宝硕集团占用宝硕股份资金的审计问题

截至2004年12月31日,宝硕股份账面显示其他应收款——集团农业分公司科目借方余额为230,725.24元,宝硕股份包装分公司账面显示其他应收款——集团科目借方余额为3,400元,宝硕股份氯碱分公司账面显示应付账款——集团化工分公司科目借方余额为571,254.17元,型材公司账面显示应付账款——德玛斯公司借方余额为26,169,586.16元。以上宝硕股份或合并报表范围内子公司与宝硕集团公司及其关联企业的往来款项均为关联方交易形成,总计26,974,106.47元,属于大股东占用款项。

华安所于2005年出具了《关于河北宝硕股份有限公司控股股东及其他关联方占用资金情况的专项审计说明》,没有披露上述大股东及其关联企业占用上市公司资金的情况,对宝硕股份重要事项中包含不实内容的事实,没有予以指明。

(六)对宝硕股份贷款利息、贴现息挂账的审计问题

2004年宝硕股份通过其他应收款科目与保定德利得公司(以下简称德利得)共发生往来580笔,其中借方发生393笔,发生额为2,943,064,815.26元,贷方发生187笔,发生额为2,943,064,815.27元,余额为-0.01元。

宝硕股份将2004年发生的25笔贷款利息共17,307,151.81元,记入其他应收款——德利得科目的借方中。宝硕股份因此少记财务费用,增加2004年度利润17,307,151.81元。

宝硕股份2004年通过其分、子公司宝硕股份氯碱分公司、型材公司、德玛斯公司和绿源公司银行账户办理53笔票据贴现业务,贴现资金划归宝硕股份使用,发生的21,882,067.42元的贴现利息没有记入财务费用。宝硕股份将其记入其他应收款——德利得科目的借方中。宝硕股份因此少记财务费用,增加2004年度利润21,882,067.42元。

华安所的审计工作底稿中未见其对德利得的大额往来款项进行抽验及替代性测试,对宝硕股份与德利得的异常交易没有关注。

华安所对宝硕股份2004年年度报告进行了审计并出具了标准的无保留意见审计报告,签字的注册会计师是齐正华、李钰。

二、在宝硕股份2005年年度财务报告审计中的问题

(一)审计范围没有包含资金结算中心问题

宝硕股份通过资金结算中心伪造962-01账户的资金结算凭证,虚构资金划转。资金结算中心证明没有上述业务发生。未发现华安所对结算中心实施审计的痕迹。

(二)对宝硕股份货币资金的审计问题

2005年末宝硕股份财务处资金结算中心存放款项的余额33,228,226.39元计入了宝硕股份资产负债表货币资金项目。华安所对宝硕股份财务处2005年度会计报表审计的底稿中,针对股份公司银行存款,填制了"货币资金审定表"、"银行存款审定表"等表格。在华安所对宝硕股份财务处及创业公司2005年度会计报表审计的底稿中,均未见对资金结算中心开户存放资金余额向金融机构的询证函。

华安所对银行存款明细表中建行西郊办(13001665208050000169-01)账户下23,950,946.32元资金,取得了宝硕股份在资金结算中

心的对账单等资料,根据对账单确认银行存款余额为23,950,946.32元。资金结算中心2005年12月31日的资金统计日报表显示该账户资金余额为2,282.01万元。调查人员调取的资金结算中心2005年12月31日的资金统计日报表显示,该中心名下包含宝硕股份等25个单位账号的账户在工行、农行、中行、建行、天津中信、天津工行、天津农行、天津中行的全部存款余额为380.11万元。建行保定五四西路支行提供的账号为1300166520805000169银行对账单中显示,2005年12月31日的银行存款余额为1,998,206.61元。此存款余额是包括宝硕股份在内的25个公司账户的共同存款。

(三)对宝硕股份银行借款及未披露的担保事项的审计问题

宝硕股份于2005年与建行保定五四西路支行签订了9笔短期借款协议,借款金额共计14,700万元。宝硕股份对上述银行借款没有进行账簿记录,也没有纳入会计报表长短期借款项目予以披露,形成账外负债。直到2006年6月份,宝硕股份才进行会计调整,将2005年发生的9笔借款纳入账内核算,记入短期借款账内。宝硕股份在其2005年度会计报表披露的关联方担保信息中没有披露宝硕股份为其子公司在建行保定五四西路支行借款提供保证担保195,000,000元的情况。华安所对宝硕股份在建行保定五四路支行的存款情况及借款情况进行了函证,取得银行盖章后的回函,未见华安所对宝硕股份在该行对外担保情况进行函证。银行在确认的回函中未列示上述账外借款。

宝硕股份于2005年与中行保定西城支行签订了1笔短期借款协议,借款金额600万元。宝硕股份对该笔银行借款没有进行账簿记录,也没有纳入会计报表短期借款项目予以披露,形成账外负债。直到2006年6月份,宝硕股份才进行会计调整,将2005年发生的这笔借款纳入账内核算,记入短期借款账内。宝硕股份在其2005年度会计报表披露的关联方担保信息中没有披露宝硕股份为其子公司以及宝硕集团关联公司在中行保定西城支行借款提供保证担保7,6730,000元的情况。华安所对宝硕股份在中行保定市西城支行的存款情况及借款情况进行了函证,取得银行盖章后的回函,未见华安所对宝硕股份在该行对外担保情况进行函证。银行在确认的回函中未列示上述账外借款。

宝硕股份在其2005年度会计报表披露的关联方担保信息中没有披露宝硕股份为宝硕集团关联公司在保定信托投资公司借款提供保证担保1,000,000元。华安所编制的宝硕股份银行存款明细表显示宝硕股份在保定信托投资公司开设存款账户,账号为3202120324360,账户余额为12,753.39元,华安所予以确认。未见华安所对宝硕股份在保定信托投资公司的存款情况及对外担保情况进行函证。

(四)对创业分公司主营业务成本、主营业务收入、虚构利润、将虚增的货币资金虚交宝硕股份的审计问题

创业分公司于2005年自制采购凭证79单,自制采购发票266张,通过虚假原材料采购虚增主营业务成本184,710,194.30元。创业分公司当年主营业务成本审定数为456,140,569.59元。创业分公司当年虚开采购原材料的发票中,有227张是用本公司的销售发票加盖"保定市轻工物资供销公司"的章充当采购原材料的发票,上述发票存根联在创业分公司保存。华安所制定存货审计程序、编制存货审定表、库存商品审定表、原材料审定表、存货计价测试表等表格,存货审定表中对当年采购的原材料数量、金额予以确认。但是,抽查凭证中没有对保定市轻工物资供销公司的采购发票进行抽查,华安所没有对创业分公司原材料采购的第一供应商——保定市轻工物资供销公司进行关注。

2005年,创业分公司自制销售凭证289单,虚开销售发票,虚开结算中心单据,通过虚假销售虚增主营业务收入269,179,998.14元。2005年,创业分公司以收到销售货款的名义,通过资金结算中心进账单的形式增加1300166520805000169-04账号的账面银行存款269,179,998.14元。华安所未向结算中心核验销售回款的真实情况,也未取得外部结算单据,就对创业分公司当年销售收入531,012,987.66元予以确认。

创业分公司通过上述虚假行为,当年虚增主营业务收入269,179,998.14元,虚增主营业务成本184,710,194.30元,虚增销售利润84,469,803.84元。华安所未对创业分公司2005

年度虚增主营业务收入269,179,998.14元、虚增主营业务成本184,710,194.30元、虚增销售利润84,469,803.84元的行为提出异议。华安所对创业分公司当年主营业务利润74,872,418.07元予以确认。

2005年,创业分公司虚制凭证32单、虚开支票32张,将虚增的资金差额84,469,803.84元,以上缴利润的名义通过其在结算中心开立的账户上交给宝硕股份在资金结算中心的账户。创业分公司将虚增的货币资金84,469,803.84元以上缴利润名义以支票形式上交宝硕股份的资金,在资金结算中心没有划转记录。创业分公司付款支票在结算中心没有付款记录,没有资金出款。华安所未向结算中心核验资金凭证的真实情况,就对169-01账户和169-04账户的资金余额予以确认。

(五)对宝硕集团占用宝硕股份资金的审计问题

截至2005年12月31日,宝硕股份账面显示内部借款——深圳公司科目借方余额为16,575,431.69元,其他应收款——集团公司科目借方余额为66,533.20元,其他应收款——集团农业分公司科目借方余额为20,965.24元;宝源公司账面显示其他应收款——创新公司科目借方余额为28,000元,其他应收款——动力公司科目借方余额为100,000元;北京宝硕公司账面显示其他应收款——集团公司科目借方余额为811,165.75元;宝硕股份创业分公司账面显示其他应收款——集团公司科目借方余额为339,875.72元;型材公司账面显示应付账款——德玛斯公司科目借方余额为39,918,134.87元。以上宝硕股份或合并报表范围内子公司与宝硕集团公司及其关联企业的往来款项均为关联方交易形成,总计57,860,106.47元,属于大股东占用款项。

2006年4月27日华安所出具了《关于河北宝硕股份有限公司2005年度关联方占用资金情况的专项审计说明》,没有披露上述大股东及其关联企业非经营性占用上市公司资金的情况。经检查华安所审计工作底稿,未见对该类关联方交易及占款的审计痕迹。

(六)对宝硕股份股权转让资金的审计问题

2005年2月20日,宝硕股份将所持有的宝硕深圳投资公司95%股权转让给大股东宝硕集团,转让价23,288,901.17元。宝硕股份凭证后附有资金结算中心"银行进账单",显示13001665208050000169-01账户收到23,288,901.17元。资金结算中心证明没有上述资金划付业务的发生。

华安所制定了长期股权审定程序、长期股权审定表、长期股权投资明细表。未发现华安所抽验宝硕股份转让深圳公司的原始凭证的审计记录。华安所确认的长期股权投资审定数37,070,958.75元中包含宝硕股份收回深圳公司的23,288,901.17元的投资收益。

(七)对宝硕股份贷款利息、贴现息挂账的审计问题

2005年宝硕股份通过其他应收款科目与德利得共发生往来467笔,其中借方发生299笔,发生额为2,549,359,087.52元;贷方发生168笔,发生额为2,549,359,087.52元,借贷方累计发生额5,098,718,175.04元,年末余额为0元。

宝硕股份将2005年间发生的159笔银行贷款利息共12,946,854.64元,记入其他应收款——德利得科目的借方中。宝硕股份的银行存款日记账记载了上述159笔银行付款记录。德利得会计凭证后附有12,946,854.64元的宝硕股份名下贷款利息单。

宝硕股份2005年间通过氯碱分公司、型材公司银行账户办理2笔票据贴现业务,贴现资金划归宝硕股份使用,发生的158,304.60元贴现利息转给宝硕股份。宝硕股份将其记入其他应收款——德利得科目的借方中。

宝硕股份上述两项合计13,105,159.24元未列入财务费用,导致虚增2005年度利润13,105,159.24元。

华安所审计人员编制的其他应收款明细表中债务人项下没有德利得公司。华安所对宝硕股份2005年度财务报告的审计工作底稿显示审计人员抽查了7笔宝硕股份与德利得往来的会计凭证,总金额226,200,000.00元,但是华安所对这一巨额异常交易没有实施进一步的审计程序。

(八)对宝硕股份2005年度财务报告的审计问题

华安所对宝硕股份2005年度财务报告进

行了审计并出具了标准的无保留意见审计报告,签字的注册会计师是王飞、艾廷生,齐正华时任华安所主任会计师。

以上事实,有宝硕股份相关定期报告及财务会计报告、会计凭证与附件、华安所提供的情况说明、审计工作底稿等证据证明,足以认定。

华安所对宝硕股份2004年度财务报告审计的有关行为,违反了《股票发行与交易管理暂行条例》(以下简称《股票条例》)第三十五条"为上市公司出具文件的注册会计师及其所在事务所、专业评估人员及其所在机构、律师及其所在事务所,在履行职责时,应当按照本行业公认的业务标准和道德规范,对其出具文件内容的真实性、准确性、完整性进行核查和验证"的规定,构成了《股票条例》第七十三条所述违法行为。

华安所对宝硕股份2005年度财务报告审计的有关行为,违反了《证券法》第一百七十三条"证券服务机构为证券的发行、上市、交易等证券业务活动制作、出具审计报告、资产评估报告、财务顾问报告、资信评级报告或者法律意见书等文件,应当勤勉尽责,对所依据的文件资料内容的真实性、准确性、完整性进行核查和验证"的规定,构成了《证券法》第二百二十三条所述违法行为。

华安所及其代理人在陈述、申辩材料及听证会上称,导致宝硕股份2004、2005年度财务报告审计报告出现问题的原因系宝硕股份的企业会计责任,非其审计责任;华安所早在2006年已没有承担处罚责任的能力。请求对其免予处罚。

复核认为,真实、完整、高效、透明的财务信息披露,是监管部门和投资者对上市公司的基础性要求。会计师事务所的审计作为上市公司财务信息披露报告制度的一部分,担负着过滤会计信息风险,确保会计信息质量,降低会计信息识别成本的重要作用。为此,会计师事务所及其审计人员应当独立于上市公司管理当局开展工作,按照本行业公认的业务标准和审计人员职业规范对所依据的文件内容的真实性、准确性、完整性进行核查和验证并独立发表意见。综合审查现有证据,华安所及其签字会计师在对宝硕股份相关年度财务报告审计过程中未勤勉尽责,存在明显疏漏。综上,鉴于华安所未就事先告知有关其违法行为的认定提出新的事实及证据,对其申辩意见不予采纳。

当事人齐正华、王飞、李钰在陈述、申辩材料及听证会上称,宝硕股份问题更多的属于会计责任;审计结论出现问题的主要原因是企业系统作弊,而不是注册会计师审计出现问题;宝硕股份问题发生在2006年以前,并未造成很大的社会影响,重整后实现了平稳过渡。齐正华、王飞请求对其免予处罚,李钰表示接受对其作出的处罚。

复核认为,综合审查现有证据,齐正华、王飞、李钰作为签字会计师,在对涉案年度财务报告审计过程中未勤勉尽责,存在明显疏漏,对其申辩意见不予采纳。

根据当事人违法行为的事实、性质、情节与社会危害程度,依据《股票条例》第七十三条及《证券法》第二百二十三条的规定,我会决定如下:

一、没收华安所违法所得927,090元,并处以927,090元罚款;

二、对齐正华处以20万元罚款;

三、对李钰、王飞、艾廷生分别处以10万元罚款。

上述当事人应自收到本处罚决定书之日起15日内,将罚没款汇交中国证券监督管理委员会(开户银行:中信银行总行营业部,账号:7111010189800000162,由该行直接上缴国库),并将注有当事人名称的付款凭证复印件送中国证券监督管理委员会稽查局备案。当事人如对本处罚决定不服,可在收到本处罚决定书之日起60日内向中国证券监督管理委员会申请行政复议,也可在收到本处罚决定书之日起3个月内直接向有管辖权的人民法院提起行政诉讼。复议和诉讼期间,上述决定不停止执行。

关于代岩违反证券法规的行政处罚决定书

(〔2014〕71 号)

当事人:代岩,男,1978 年 9 月出生,住址:上海市浦东新区花木镇梅花路。

依据《中华人民共和国证券法》(以下简称《证券法》)的有关规定,我会对代岩提供虚假资料,伪造、篡改交易记录案进行了立案调查、审理,并依法向当事人告知了作出行政处罚的事实、理由、依据及当事人依法享有的权利。当事人未提出陈述、申辩意见,也未要求听证。本案现已调查、审理终结。

经查明,代岩存在以下违法事实:

代岩于 2001 年 7 月起在银河证券上海张杨路证券营业部(以下简称张杨路营业部)工作,2004 年取得证券投资咨询业务(投资顾问)资格,曾任该营业部客户经理,2009 年 4 月起待岗。上海瑞达房地产开发经营有限公司(以下简称瑞达房产)、上海八达实业有限公司(以下简称八达实业)均是周某实际控制与经营管理的企业。2007 年,八达实业、瑞达房产先后在张杨路营业部开立账户。

2007 年 12 月至 2009 年 4 月,代岩接受周某口头委托,操作"八达实业"、"瑞达房产"账户交易股票期间,为掩盖亏损,向周某出具了 6 份虚假对账单和 6 份虚假交割单。

一、虚假对账单

2008 年 1 月、2 月,代岩操作"八达实业"账户买入 114 万股"天地源"股票后,该股股价下跌。为掩盖大额亏损,以期股价回升,代岩分别于 2008 年 3 月 7 日、2008 年 8 月 11 日、2008 年 11 月 10 日、2009 年 3 月 27 日向周某提供了 4 份伪造的八达实业当日单户对账单,均未加盖张杨路营业部印鉴。代岩将 2008 年 3 月 7 日对账单中"天地源"的记录修改成"福晶科技",2008 年 8 月 11 日对账单中"天地源"的记录修改成"陕天然气",2008 年 11 月 10 日和 2009 年 3 月 27 日对账单中"天地源"的记录修改成"江铜发债"。

代岩操作"瑞达房产"账户买入 80 万份上证 50ETF 后,进行波段操作造成亏损。为掩盖亏损,代岩分别于 2008 年 8 月 11 日、2008 年 11 月 10 日向周某提供了 2 份伪造的瑞达房产当日单户对账单,均未加盖张杨路营业部印鉴。代岩将 2008 年 8 月 11 日对账单中上证 50ETF 的持仓数改成 80 万份,增加了现金余额和"中国南车"持仓记录,将 2008 年 11 月 10 对账单中的上证 50ETF 的持仓数量改成 80 万份并增加了"江铜发债"的记录。

二、虚假交割单

2008 年 12 月 11 日,代岩向周某提供了 2 份伪造的八达实业交割单,虚构该账户手工转入上证 50ETF 共 298,139 份和"江铜发债"2,300份。上述 2 份交割单均未加盖张杨路营业部印鉴。2008 年 12 月 16 日,代岩向周某提供了伪造的 2 份八达实业交割单和 2 份瑞达房产交割单,虚构当日"瑞达房产"账户手工转出上证 50ETF 共 80 万份和"江铜发债"2,300 份,"八达实业"账户手工转入上证 50ETF 共 80 万份和"江铜发债"2,300 份。

以上事实,有涉案人员询问笔录和账户交易记录等证据证明,足以认定。

代岩的上述行为,违反了《证券法》第一百四十七条规定,构成《证券法》第二百条所述违法行为。

根据当事人违法行为的事实、性质、情节与社会危害程度,依据《证券法》第二百条的规定,我会决定:撤销代岩的证券从业资格,并处以 8 万元罚款。

上述当事人应自收到本处罚决定书之日起 15 日内,将罚款汇交中国证券监督管理委员会

(开户银行:中信银行总行营业部,账号:7111010189800000162,由该行直接上缴国库),并将注有当事人名称的付款凭证复印件送中国证券监督管理委员会稽查局备案。当事人如对本处罚决定不服,可在收到本处罚决定书之日起60日内向中国证券监督管理委员会申请行政复议,也可在收到本处罚决定书之日起3个月内直接向有管辖权的人民法院提起行政诉讼。复议和诉讼期间,上述决定不停止执行。

关于王潍海、张庆兰、郑东永违反证券法规的行政处罚决定书

([2014]72号)

当事人:王潍海,男,1976年9月出生,住址:山东省诸城市昌城镇,山东得利斯集团有限公司(以下简称得利斯集团)行政总监。

张庆兰,女,1982年8月出生,住址:山东省诸城市辛兴镇,王潍海妻子。

郑东永,男,1970年1月出生,住址:山东诸城市昌城镇。

依据《中华人民共和国证券法》(以下简称《证券法》)的有关规定,我会依法对王潍海、张庆兰、郑东永内幕交易行为进行了立案调查、审理,并向当事人告知了作出行政处罚的事实、理由、依据及当事人依法享有的权利,当事人王潍海、张庆兰、郑东永未提出陈述、申辩意见,也未要求听证。本案现已调查、审理终结。

经查明,王潍海、张庆兰、郑东永存在以下违法事实:

一、内幕信息的形成和公开过程

2013年1月7日,山东得利斯食品股份有限公司(以下简称得利斯)董事长郑某某与总经理于某某、财务总监杨某某、得利斯集团行政总监王潍海讨论预披露2012年度资本公积金转增股本事宜,经讨论达成一致意见,得利斯拟按2012年年末总股本25,100万股为基数,向全体股东进行资本公积金转增股本,每10股转增10股。2013年1月11日9时22分,郑某某打电话告知王潍海向深圳证券交易所(以下简称深交所)报告预披露该转增方案。王潍海于9时26分打电话给得利斯证券事务代表王某安排向深交所报告该转增方案,王某于约9时30分打电话告知证券部员工刘某,刘某电话咨询王潍海情况后于9时40分报告深交所,深交所告知必须停牌和提交停牌申请。其后,深交所对得利斯予以停牌,停牌后得利斯向深交所提交了停牌申请。1月11日下午3时多,得利斯将预披露公告提交给深交所,1月14日深交所予以公告,得利斯股票复牌。

王潍海是以得利斯2012年度利润分配方案为内容的内幕信息的知情人。该信息不迟于2013年1月7日形成,公开于1月14日,内幕信息敏感期为2013年1月7日至14日。

二、涉案账户相关情况

(一)账户基本交易情况

"张某柱"、"王某芳"账户在内幕信息敏感期交易"得利斯"的情况为:2013年1月11日9时54分,"张某柱"账户转入资金2.8万元,4分钟后买入"得利斯"2400股,成交金额27,352元;10时1分,"王某芳"、"张某柱"账户先后卖出"湖南发展"、"攀钢钒钛"、"新海宜"(亏损)等股票,所得资金115,615.68元,买入"得利斯"10,000股,成交金额115,058元;10时13分,"张某柱"账户继续卖出"物产中大"、所得资金20,645.28元,买入"得利斯"1800股,成交金额20,880元;10时17分交易结束。"张某柱"、"王某芳"账户共买入"得利斯"合计14,200股,买入金额合计163,290元,至调查终结时未卖出。

"郑东永"账户在内幕信息敏感期内交易"得利斯"的情况为:2013 年 1 月 11 日 9 时 43 分,"郑东永"账户卖出"广东明珠"、"湖南发展"(亏损)等股票,所得资金 677,498.47 元,用于买入"得利斯",共买入 60,300 股,买入金额 676,410 元;9 时 47 分交易结束。截至 2013 年 6 月 14 日,该账户已卖出"得利斯",实际亏损 8,913.09 元。

(二)账户实际操作人情况

经调查,张庆兰承认于 2013 年 1 月 11 日操作其父亲"张某柱"、母亲"王某芳"的账户买入"得利斯",郑东永承认其账户由其本人做出决策并操作。

(三)账户交易特征

王潍海与张庆兰、张庆兰与郑东永的通讯时点与"张某柱"、"王某芳"、"郑东永"账户买卖"得利斯"的交易时点高度吻合,且存在亏损卖出其他股票后全仓买入"得利斯"情形。

(四)当事人之间关系及联络情况

王潍海、张庆兰为夫妻关系。2013 年 1 月 11 日 9 时 22 分,王潍海接到郑某某催促其向深交所报告预披露转增方案后,于 9 时 29 分给其配偶张庆兰打电话,9 时 41 分,张庆兰给郑东永打电话。9 时 54 分至 10 时 17 分,张庆兰操作"张某柱"、"王某芳"账户交易得利斯股票。9 时 43 分至 9 时 47 分,郑东永操作其本人账户交易得利斯股票,郑东永在交易结束后,于 9 时 50 分给张庆兰打了电话。

上述事实,分别有交易明细、当事人询问笔录、通讯记录、情况说明等证据证明,足以认定。

王潍海、张庆兰、郑东永利用内幕信息交易得利斯股票的行为,违反了《中华人民共和国证券法》(以下简称《证券法》)第七十三条的规定,构成《证券法》第二百零二条所述违法行为。

根据当事人的违法事实、性质、情节与社会危害程度,依据《证券法》第二百零二条的规定,我会决定:

一、责令王潍海、张庆兰依法处理非法持有的得利斯股票,如有违法所得予以没收,并处以 3 万元罚款;

二、对郑东永处以 3 万元罚款。

上述当事人应自收到本处罚决定书之日起 15 日内,将罚没款汇交中国证券监督管理委员会(开户银行:中信银行总行营业部,账号:7111010189800000162,由该行直接上缴国库),并将注有当事人名称的付款凭证复印件送中国证券监督管理委员会稽查局备案。当事人如果对本处罚决定不服,可在收到本处罚决定书之日起 60 日内向中国证券监督管理委员会申请行政复议,也可以在收到本处罚决定书之日起 3 个月内直接向有管辖权的人民法院提起行政诉讼。复议和诉讼期间,上述决定不停止执行。

关于李弘违反证券法规的行政处罚决定书

([2014]73 号)

当事人:李弘,女,1963 年 1 月出生,住址:深圳市福田区阁林网苑,时任深圳市盐田港股份有限公司(以下简称盐田港股份)资产经营管理部员工以及下属物流中心负责人。

依据《中华人民共和国证券法》(以下简称《证券法》)的有关规定,我会依法对李弘内幕交易行为进行了立案调查、审理,并向当事人告知了作出行政处罚的事实、理由、依据及当事人依法享有的权利,当事人李弘未提出陈述、申辩意见,也未要求听证。本案现已调查、审理终结。

经查明,李弘存在以下违法事实:

一、内幕信息的形成和披露过程

2011 年 9 月 26 日,盐田港股份讨论公司发展战略与规划,初步拟定了 2 个整体上市方案,第一个是深圳市盐田港集团有限公司(以下简称盐田港集团)全部资产整体上市,第二个是盐田港集团港口类资产整体上市,其他资产剥离。参会人员包括李弘。

2011 年 11 月 17 日,盐田港集团制作了向深圳市政府的汇报材料,总的思路是盐田港集团将非港口类资产划拨至深圳市特区建设发展集团有限公司(以下简称特区建发),然后将剩下所持有的盐田国际三期和盐田拖轮股权与盐田港股份进行整合。

2011 年 11 月 19 日,盐田港股份召开公司经营管理工作会,此次会上讨论的发展战略与规划(第三稿)与 2011 年 9 月 26 日讨论的相比,资产整合方案由原来的两个选择方案明确为港口类资产整合方案,指出盐田港集团优质港口类资产的整合是实现战略的前提。资产整合模式是将盐田港集团优质港口类资产注入上市公司,其它资产予以剥离。首先是盐田港集团进行资产剥离,将房地产资产、物流资产等剥离给特区建发;然后由盐田港股份换股吸收合并盐田港集团,实现盐田港集团港口类资产的上市,注入盐田港股份的资产为盐田国际三期码头和三期扩建码头股权、盐田拖轮 40% 股权、部分盐田港西港区土地资产,以及盐田港东港区码头公司股权和大铲湾。参加这次会议的有盐田港股份高管人员和部门负责人、控参股企业及内部独立核算单位外派管理人员,参会人员包括李弘。

2011 年 12 月 6 日,盐田港股份召开办公会议,本次办公会议讨论的发展战略与规划第四稿与第三稿基本相同,仍然是将注入盐田港集团港口资产作为资产整合方案。

2012 年 1 月 4 日,盐田港股份停牌,发布筹划重大资产重组事项公告。盐田港股份向深交所提交《上市公司重大资产重组停牌申请表》,称"盐田港拟通过现金及定向增发股份的方式,购买控股股东深圳市盐田港集团有限公司所拥有的盐田三期国际集装箱码头有限公司 35% 的股权、深圳盐田拖轮有限公司 40% 的股权、盐田港国际资讯有限公司 50% 的股权以及深圳大铲湾现代港口发展有限公司 35% 的股权等优质资产"。

2012 年 4 月 20 日,盐田港股份发布复牌公告,称由于本次重大资产重组交易相关各方和公司未能就本次重大资产重组的框架协议达成一致,公司决定终止筹划重大资产重组事项,并承诺:自公司股票复牌之日起至少三个月内不再筹划重大资产重组事项。

盐田港股份复牌当天涨停,涨幅达 9.94%,当日收盘价 5.53 元,当天交通运输板块(中信证券分类)的涨幅为 1.35%,盐田港涨幅与所属板块相比偏离 8.59%。

盐田港股份拟通过现金及定向增发股份的方式购买其控股股东盐田港集团的港口类资产的整合方案,是公司的重大投资行为和重大购置财产的决定,属于《证券法》第六十七条规定的可能对上市公司股票交易价格产生较大影响的"重大事件",在投资者尚未得知时为内幕信息。2011 年 11 月 19 日,盐田港股份召开公司经营管理工作会议,进一步明确了盐田港集团注入盐田港股份的资产为盐田国际三期码头和三期扩建码头股权、盐田拖轮 40% 股权、部分盐田港西港区土地资产,以及盐田港东港区码头公司股权和大铲湾的资产,至此,内幕信息形成。李弘参加了 2011 年 9 月 26 日和 2011 年 11 月 19 日的盐田港股份会议,为内幕信息知情人员。

二、涉案账户买卖盐田港股票的情况

"李某某"账户托管于国泰君安证券深圳笋岗路营业部,2011 年 4 月开户,该账户由李某某的妹妹李弘实际控制和使用。2011 年 11 月 19 日至 2012 年 1 月 4 日期间该账户买入"盐田港"200,080 股,买入金额 996,790.60 元;截至 2012 年 10 月 30 日已卖出,实际盈利为 90,116.80 元。经调查,"李某某"账户开户后主要由李弘操作,交易"盐田港"是由李弘决策和下单,交易资金主要来源于李弘夫妻,下单电脑为李弘的家庭电脑,下单手机号码为李弘的手机号码。

以上事实,有交易流水、当事人询问笔录、电脑 IP、MAC 取证信息等证据证明,足以认定。

李弘利用内幕信息买卖"盐田港"的行为违反了《证券法》第七十六条关于"证券交易信息的知情人和非法获取内幕信息的人,在内幕信息公开前,不得买卖该公司的证券,或者泄露该信息,或者建议他人买卖该证券"的规定,构成《证券法》第二百零二条所述违法行为,因此对其违法行为应予以行政处罚。

根据当事人的违法事实、性质、情节与社会危害程度,依据《证券法》第二百零二条的规定,我会决定:没收李弘违法所得 90,116.80 元,并处以 90,116.80 元罚款。

上述当事人应自收到本处罚决定书之日起 15 日内,将罚没款汇交中国证券监督管理委员会(开户银行:中信银行总行营业部,账号:7111010189800000162,由该行直接上缴国库),并将注有当事人名称的付款凭证复印件送中国证券监督管理委员会稽查局备案。当事人如果对本处罚决定不服,可在收到本处罚决定书之日起60 日内向中国证券监督管理委员会申请行政复议,也可以在收到本处罚决定书之日起3 个月内直接向有管辖权的人民法院提起行政诉讼。复议和诉讼期间,上述决定不停止执行。

关于向军、赵兴违反证券法规的行政处罚决定书

(〔2014〕74 号)

当事人:向军,女,1978 年 8 月 1 日出生,住址:广东省深圳市罗湖区东晓路。

赵兴,男,1978 年 4 月 22 日出生,住址:广东省深圳市宝安区民治滢水山庄。

依据《中华人民共和国证券法》(以下简称《证券法》)的有关规定,我会对向军等人涉嫌内幕交易厦门三五互联科技股份有限公司(以下简称三五互联,股票代码:300051)一案进行了立案调查、审理,并依法向向军、赵兴告知了作出行政处罚的事实、理由、依据及当事人依法享有的权利,向军、赵兴提出了陈述、申辩意见,未要求听证。本案现已调查、审理终结。

经查明,向军、赵兴存在以下违法事实:

一、内幕信息的形成

2013 年 1 月 18 日,时任三五互联董事长龚某某就三五互联收购福州中金在线股份有限公司(以下简称中金在线)股权的事情与时任中金在线董事长沈某某进行了初步沟通,并安排三五互联副总经理兼董秘杨某某负责重组的具体工作,时任三五互联副董事长、中金在线董事、深圳市中科宏易创业投资管理有限公司(以下简称中科宏易)和深圳市龙柏宏易投资管理有限公司(以下简称龙柏宏易)董事长王某也参与了此次收购事宜的讨论。龚某某与王某一直保持联系,随时沟通股权收购的具体进展情况。

2013 年 1 月 29 日,龚某某与沈某某议定收购中金在线股权的事情,并安排杨某某办理停牌的具体事宜。当日,杨某某与王某电话联系,告知王某三五互联决定收购中金在线,并咨询具体的操作程序,王某建议上市公司涉及重大资产重组应尽早停牌。1 月 31 日,杨某某又给王某打电话,再次咨询停牌注意事项。2 月 1 日,王某给杨某某打电话,获知当日下午停牌。当日,沈某某与三五互联就出售其持有的中金在线 58.5% 的股权事宜签订了《意向书》。

2013 年 5 月 4 日,三五互联公告《厦门三五互联科技股份有限公司向特定对象发行股份及支付现金购买资产并募集配套资金暨关联交易的预案》,称三五互联拟发行股份及支付现金购买中金在线 100% 股权,拟以发行股份方式支付 17,000 万元(发行股份总数约为 2,100 万股),拟以现金方式支付约 400 万元。

根据《上市公司信息披露管理办法》第三十条第二款第(十三)项和《深圳证券交易所创业板股票上市规则(2012 年修订)》第九章 9.2(一)的规定,上述信息属于应披露的“重大事件”。三五互联拟以发行股份及支付现金购买中金在线 100% 股权,且中金在线 100% 股权的资产总额、营业收入占三五互联经审计的 2012 年度资产总额、营业收入均达 20%。中金在线

100%股权的评估预估值占三五互联经审计的2012年度资产总额的40%，具有重大性，自2013年1月29日，龚某某与沈某某决定收购中金在线股权至2013年5月4日公告前，该事项属于《证券法》第六十七条第二款第（二）项规定的“重大投资行为和重大购置财产的决定”，为内幕信息。

二、向军知悉内幕信息及向军交易情况

（一）向军知悉内幕信息的情况

向军为深圳市中科龙盛创业投资有限公司的员工，经常帮王某代办中科宏易、龙柏宏易工商登记、银行转汇款、日常行政等业务，并对外宣称为王某的助理，王某每个月会支付向军一定的报酬。王某与向军之间通讯联系频繁。同时，向军办公地址与王某所在的中科宏易一致，王某与向军日常接触机会较多。内幕信息敏感期内，王某与向军存在多次通讯联系，且2013年1月30日，向军陪王某前往香港办理公司工商变更登记事宜。

（二）向军利用“向某某”、“张某某”账户在内幕信息敏感期内交易三五互联股票

内幕信息敏感期内，向军和张某某操作使用“向某某”（系向军的父亲）账户和“张某某”（系向军的配偶）账户合计买入三五互联股票117,857股，并于2013年5月10日、15日全部卖出，盈利539,659.94元。

“向某某”账户内幕信息敏感期内买入三五互联股票的资金来源为：2013年2月1日卖出“昌红科技”资金107,306.50元以及2月1日银证转入500,000元。“张某某”账户内幕信息敏感期内买入三五互联股票的资金来源为：2013年1月31日至2月1日卖出“万里扬”资金280,290.57元和卖出“众生药业”资金37,701.21元。

“向某某”账户内幕信息敏感期内交易三五互联股票的情况为：2013年2月1日下午13:04至13:14共买入成交74,800股。2013年5月10日和5月15日全部卖出，盈利332,133.40元。“张某某”账户内幕信息敏感期内交易三五互联股票的情况为：2013年2月1日下午13:04至13:10共买入成交43,057股，2013年5月10日全部卖出，盈利207,526.54元。“向某某”账户自开户至2013年1月31日、“张某某”账户自2012年1月1日至2013年1月31日，均从未交易过三五互联股票。

2013年1月29日，三五互联发布公告《2012年业绩预告》，称2012年度归属于上市公司股东的净利润比同比下降70.79%～99.80%，但“向某某”、“张某某”账户仍均于2013年2月1日下午13:04左右开始买入三五互联股票。

三、赵兴知悉内幕信息及相关交易情况

（一）赵兴知悉内幕信息的情况

赵兴为中科宏易的司机，与王某见面机会频繁。2013年1月至5月，赵兴、王某每月均多次前往香港，两者前往香港的日期存在重叠，2013年1月30日，向军与王某去香港办理公司工商变更登记事宜，由赵兴接送。

（二）赵兴利用“赵某某”账户在内幕信息敏感期内交易三五互联股票

在内幕信息敏感期内，赵兴操作使用“赵某某”（系赵兴的父亲）账户累计买入三五互联股票102,300股，并于2013年5月9日、10日将所持三五互联股票全部卖出，盈利468,252.25元。

“赵某某”账户内幕信息敏感期内买入三五互联股票的资金来源为：2013年2月1日银证转入500,000元以及当日卖出“众生药业”资金210,465.83元（亏损19,809.25元）和卖出“万里扬”资金206,180.26元。

“赵某某”账户内幕信息敏感期内交易三五互联股票的情况为：2013年2月1日13:14－13:37共买入成交102,300股；2013年5月9日、10日全部卖出，盈利468,252.25元。

“赵某某”账户自2011年9月14日至2013年2月1日买入三五互联股票之前，从未交易过该股。2013年1月29日，三五互联发布公告《2012年业绩预告》，称2012年度归属于上市公司股东的净利润比同比下降70.79%～99.80%，但“赵某某”账户仍于2013年2月1日下午13:14开始买入三五互联股票。

向军、赵兴的上述行为违反了《证券法》第七十三条、七十六条的规定，构成《证券法》第二百零二条所述的内幕交易行为。

以上事实，有相关情况说明、公告、交易记录、通话记录、谈话笔录等证据证明，足以认定。

向军在陈述申辩意见提出,向军和张某某已经有十几年的股票买卖经验,具备一定的研究、判断及投资能力,也有重仓买入一支股票的习惯,向军还提交了其股票交易的流水作为证据。向军买入“三五互联”的理由有三:一是其与中科贸易有业务往来,同时会代办中科贸易的一些事务,对中科贸易投资的项目非常关注,二是认为移动互联网是一个热门话题,三是“三五互联”当时价格偏低。虽然向军与内幕信息知情人王某有频繁联系和接触,2013 年 1 月 30 日的确陪同王某前往香港办事,但没有听到任何关于三五互联的信息。

赵兴在陈述申辩意见中提出,其没有接触过关于三五互联的内幕信息,作为中科宏易的司机,与王某没有私人交往,往返香港属于本职工作,王某从未告知过其任何公司的重大决策。“赵某某”账户并非其本人账户,其资金为其父亲所有,有时其父亲会让其操作账户。该账户买入“三五互联”并非基于内幕信息,作为中科宏易员工,所有中科宏易投资过的股票均为其关注对象。“赵某某”账户交易股票一贯采用大额买卖、股票单一的方式,而“三五互联”并非赵某某账户的全仓交易,当天该账户还买入了其他股票。

经复核,2013 年 1 月 29 日,本案内幕信息知情人王某知悉内幕信息,2 月 1 日,其给三五互联副总经理兼董秘杨某某打电话,得知当日下午停牌。向军与王某联系密切。内幕信息敏感期内,王某与向军中间存在多次通讯联系,2013 年 1 月 30 日,向军陪王某前往香港办理公司工商变更登记事宜。向军控制的“向某某”账户自开户至 2013 年 1 月 31 日、“张某某”账户自 2012 年 1 月 1 日至 2013 年 1 月 31 日,均从未交易过三五互联股票。2013 年 1 月 29 日,三五互联发布公告《2012 年业绩预告》,但“向某某”、“张某某”账户仍均于 2013 年 2 月 1 日下午 13:04 左右开始买入三五互联股票。“向某某”账户、“张某某”账户买入三五互联股票,与王某知悉三五互联 2 月 1 日下午停牌的时间点高度吻合,向军提供的申辩理由不能就其交易行为作出合理说明,其提供的证据不能排除其存在利用内幕信息从事证券交易活动,因此,对向军的申辩理由不予采纳。

根据赵某某提供的情况说明、赵兴的谈话笔录和“赵某某”账户 2013 年 2 月 1 日交易的 Mac 地址,“赵某某”账户由赵兴实际控制并使用,赵某某从未给过任何的股票交易意见。赵兴为中科宏易的司机,与王某见面机会频繁。2013 年 1 月 30 日,向军与王某去香港办理公司工商变更登记事宜,由赵兴接送。“赵某某”账户自 2011 年 9 月 14 日至 2013 年 2 月 1 日买入三五互联股票之前,从未交易过该股。2013 年 1 月 29 日,三五互联发布公告《2012 年业绩预告》,但“赵某某”账户仍均于 2013 年 2 月 1 日下午 13:14 开始买入三五互联股票。赵兴交易三五互联股票的时间与王某知悉内幕信息的过程高度吻合,其提供的申辩理由不能就其交易行为作出合理说明,因此,对赵兴的申辩理由不予采纳。

根据当事人违法行为的事实、性质、情节与社会危害程度,依据《证券法》第二百零二条的规定,我会决定:

一、没收向军违法所得 539,659.94 元,并处以 539,659.94 元罚款;

二、没收赵兴违法所得 468,252.25 元,并处以 468,252.25 元罚款。

上述当事人应自收到本处罚决定书之日起 15 日内,将罚没款汇交中国证券监督管理委员会(开户银行:中信银行总行营业部,账号:7111010189800000162,由该行直接上缴国库),并将注有当事人名称的付款凭证复印件送中国证券监督管理委员会稽查局备案。当事人如果对本处罚决定不服,可在收到本处罚决定书之日起 60 日内向中国证券监督管理委员会申请行政复议,也可在收到本处罚决定书之日起 3 个月内直接向有管辖权的人民法院提起行政诉讼。复议和诉讼期间,上述决定不停止执行。

关于华塑控股股份有限公司、邢乐成、王苏等11名责任人违反证券法规的行政处罚决定书

（〔2014〕75号）

当事人：华塑控股股份有限公司（以下简称华塑控股），住所：四川省成都市武科东三路9号，法定代表人郭宏杰。

邢乐成，男，1962年11月3日出生，时任华塑控股董事长、法定代表人。住址：山东省济南市天桥区。

王苏，男，1962年11月1日出生，时任华塑控股总经理。住址：山东省淄博市张店区。

李建生，男，1953年1月16日出生，时任华塑控股董事、副董事长。住址：广东省深圳市盐田区。

刘永华，男，1958年12月25日出生，时任华塑控股董事。住址：山东省寿光市台头镇。

贾立兴，男，1954年2月1日出生，时任华塑控股董事、董事长。住址：山东省淄博市张店区。

陈志，男，1963年8月29日出生，时任华塑控股董事、副总经理。住址：重庆市渝中区。

王友亭，男，1965年9月15日出生，时任华塑控股独立董事。住址：山东省济南市市中区。

柴磊，男，1956年7月1日出生，时任华塑控股独立董事。住址：山东省济南市市中区。

韩复龄，男，1964年10月23日出生，时任华塑控股独立董事。住址：北京市海淀区。

戴飞，男，1971年12月12日出生，时任财务总监、副总经理、执行总经理。住址：成都市武侯区。

依据《中华人民共和国证券法》（以下简称《证券法》）的有关规定，我会对华塑控股信息披露违法行为进行了立案调查、审理，并依法向当事人告知了作出行政处罚的事实、理由、依据及当事人依法享有的权利。当事人华塑控股提出陈述、申辩意见，并要求听证；邢乐成、贾立兴未提出陈述、申辩意见，未要求听证；王苏要求提出陈述、申辩意见，未要求听证；李建生、刘永华、陈志、王友亭、柴磊、韩复龄要求提出陈述、申辩意见，但李建生、陈志未提出陈述、申辩意见；戴飞要求提出陈述、申辩意见，未要求听证，但戴飞未提出陈述、申辩意见。本案现已调查、审理终结。

经查明，华塑控股存在以下违法事实：

一、华塑控股在2010年间未及时进行信息披露

（一）华塑控股未及时披露与鑫睿融签署的《合作协议》

2010年12月27日，华塑控股与成都鑫睿融投资有限公司（以下简称鑫睿融）签署关于土地开发的《合作协议》。

华塑控股应及时披露上述《合作协议》而未及时披露。

时任董事长邢乐成，董事、总经理王苏为直接负责的主管人员。

2013年1月4日，华塑控股披露上述《合作协议》。

（二）华塑控股未及时披露鑫睿融与山东华塑建材、华塑建材签署的《保证合同》

2010年12月30日，鑫睿融与华塑控股子公司山东华塑建材有限公司（以下简称山东华塑建材）、华塑建材有限公司（以下简称华塑建材）签署关于应收账款处理的《保证合同》抵偿给鑫睿融所有，鑫睿融对华塑控股的债权只为200万元。

华塑控股应及时披露上述《保证合同》而未及时披露。

2011年4月19日，鑫睿融与山东华塑建材、华塑建材签署《〈保证合同〉补充协议》，废止上述《保证合同》。

时任董事、总经理王苏为直接负责的主管人员。

2013 年 1 月 4 日,华塑控股披露上述《保证合同》及《〈保证合同〉补充协议》。

(三)华塑控股未及时披露向招商港湾转款 1,000 万元的事项

2010 年 12 月 31 日,华塑控股向深圳市蛇口招商港湾工程有限公司(以下简称招商港湾)划款 1,000 万元。

华塑控股应及时披露上述交易而未及时披露。

时任董事长邢乐成,董事、总经理王苏为直接负责的主管人员。

2013 年 1 月 4 日,华塑控股披露了上述交易。

二、华塑控股《2010 年年度报告》虚假陈述

(一)华塑控股在《2010 年年度报告》中将与鑫睿融的土地合作事项披露为与德瑞合作开发。

(二)华塑控股在《2010 年年度报告》中未披露鑫睿融与山东华塑建材、华塑建材签署的《保证合同》和废止《保证合同》的《〈保证合同〉补充协议》。

(三)华塑控股未披露转款 1,000 万元至招商港湾,造成华塑控股《2010 年年度报告》披露的财务数据虚假。

(四)华塑控股《2010 年年度报告》披露的财务数据虚假。华塑控股对北京鲁宏、上海熙诚应收账款的计提坏账准备计算错误,少计提坏账准备 4,016,217.63 元,造成华塑控股《2010 年年度报告》披露的财务数据虚假。

时任董事长邢乐成,董事、总经理王苏为直接负责的主管人员;副董事长李建生,董事刘永华、贾立兴,董事、副总经理陈志,独立董事王友亭、柴磊、韩复龄,财务总监戴飞为其他直接责任人员。

三、华塑控股在 2011 年间未及时进行信息披露

(一)华塑控股未及时披露与鑫睿融、南充华塑建材签署《债务抵偿协议》

2011 年 12 月 28 日,华塑控股、鑫睿融、南充华塑建材有限公司(以下简称南充华塑建材)签署关于土地开发赔偿的《债务抵偿协议》。

华塑控股应及时披露上述《债务抵偿协议》而未及时披露。

时任董事长邢乐成,董事、总经理王苏为直接负责的主管人员。

2013 年 1 月 4 日,华塑控股披露了上述《债务抵偿协议》。

(二)华塑控股未及时披露其子公司转让济南鲁宏金属表面精饰有限公司(以下简称鲁宏精饰)股权

2011 年 8 月 28 日,华塑控股子公司山东华塑型材有限公司(以下简称山东华塑安装)、山东华塑建材分别将其持有的鲁宏精饰 96.67%、3.33% 股权转让给济南大正东智工贸有限公司(以下简称大正东智),转让价格 620 万元。

2011 年 9 月 8 日,山东华塑安装将持有的鲁宏精饰 1,350 万元股权以 558 万元的价格转让给大正东智。

2011 年 9 月 8 日,山东华塑建材将持有的鲁宏精饰 150 万元股权以 62 万元的价格转让给徐建东。

上述股权转让造成华塑控股亏损 320.63 万元。

华塑控股应及时披露上述股权转让而未及时披露。

时任董事长邢乐成为直接负责的主管人员。

2013 年 1 月 4 日,华塑控股披露了上述股权转让。

四、华塑控股《2011 年年度报告》虚假陈述

(一)华塑控股《2011 年年度报告》未披露与鑫睿融、南充华塑建材签署《债务抵偿协议》。

(二)华塑控股《2011 年年度报告》按照已被补充协议废止的《保证合同》披露债务重组。

2010 年 12 月 30 日,鑫睿融与山东华塑建材、华塑建材签署《保证合同》。

2011 年 4 月 19 日,鑫睿融与山东华塑建材、华塑建材签署《〈保证合同〉补充协议》,废止 2010 年 12 月 30 日签署的《保证合同》。

华塑控股 2012 年 4 月 22 日公告的《2011

年年度报告》未披露《〈保证合同〉补充协议》，披露根据《保证合同》进行债务重组：华塑建材拥有上海熙诚置业有限公司的 1,775 万元权益，山东华塑建材拥有北京鲁宏塑料门窗有限公司的 545.63 万元权益分别作价 921.51 万元、417.61 万元抵偿鑫睿融对华塑控股的债权。

时任董事长邢乐成，董事、总经理王苏为直接负责的主管人员；副董事长李建生，董事刘永华、贾立兴，董事、副总经理陈志，独立董事王友亭、柴磊、韩复龄，财务总监戴飞为其他直接责任人员。

五、华塑控股在 2012 年间未及时披露相关担保事项

2012 年 8 月 23 日，成都瑞合信投资有限公司（以下简称瑞合信）与山东华塑建材签署《年度委托采购合同》，山东华塑建材委托瑞合信采购 PVC，华塑控股为此承担全部连带担保责任。

华塑控股应及时披露上述担保事项而未及时披露。

2013 年 1 月 4 日，华塑控股披露了上述担保事项。

时任董事长邢乐成为直接负责的主管人员。

华塑控股未及时披露相关事项，违反了《证券法》第六十七条关于上市公司发生可能对上市公司股票交易价格产生较大影响的重大事件，投资者尚未得知时，上市公司应当立即将有关该重大事件的情况向国务院证券监督管理机构和证券交易所报送临时报告，并予公告，说明事件的起因、目前的状态和可能产生的法律后果的规定；华塑控股《2010 年年度报告》、《2011 年年度报告》未披露相关事项，违反了《证券法》第六十三条关于上市公司依法披露的信息，必须真实、准确和完整，不得有虚假记载、误导性陈述或者重大遗漏的规定；构成了《证券法》第一百九十三条所述的上市公司未按照规定披露信息，或者所披露的信息有虚假记载、误导性陈述或者重大遗漏的违法行为。

以上违法事实，有华塑控股 2010 年、2011 年年度报告，华塑控股的会计记录，华塑控股的相关协议、合同，相关董事会决议，相关人员的谈话笔录等证据证明，足以认定。

华塑控股在听证会上提出，华塑控股已实施了资产重组；华塑控股请求我会免除对其行政处罚。

王苏在陈述、申辩中提出，其经济困难。王苏要求减免对其 10 万元的罚款。

刘永华在陈述、申辩中提出，其不是违法违规事项的主要责任人员。刘永华要求减轻行政处罚。

王友亭、柴磊、韩复龄在陈述、申辩中提出，其本人已勤勉尽责；其对相关违法行为不知情，也无法知情。王友亭、柴磊、韩复龄要求免除对其行政处罚。

我会认为，华塑控股违法行为情节比较严重，不能因华塑控股已实施了资产重组而免除行政处罚。

我会认为，王苏因其经济困难而要求减免对其 10 万元罚款的主张于法无据，我会对王苏的申辩意见不予采纳。

根据相关事实和证据，我会认为，现有证据不足以证明刘永华、王友亭、柴磊、韩复龄忠实、勤勉地履行了职责，上述人员在陈述、申辩意见中没有提出证明其在本案华塑控股信息披露的违法行为中忠实、勤勉地履行职责的证据。按照《中华人民共和国公司法》及我会的相关规定，上市公司董事应当根据公司和全体股东的最大利益，忠实、勤勉地履行职责，遵守有关法律、法规、规章及公司章程的规定，保证公开披露的文件内容没有虚假记载、误导性陈述或重大遗漏。上市公司董事应当对董事会的决议负责，保证上市公司定期报告的真实、准确和完整。考虑到刘永华、王友亭、柴磊、韩复龄的违法情节，依据《证券法》第一百九十三条和《中华人民共和国行政处罚法》（以下简称《行政处罚法》）第二十七条从轻行政处罚的相关规定，我会已经对刘永华、王友亭、柴磊、韩复龄从轻处罚。因此，我会对刘永华、王友亭、柴磊、韩复龄未勤勉尽责的认定事实清楚、证据充分、处罚适当；我会对刘永华、王友亭、柴磊、韩复龄的申辩意见不予采纳。

根据当事人违法行为的事实、性质、情节与社会危害程度，依据《证券法》第一百九十三条、《行政处罚法》第二十七条的规定，我会决定：

(一)对华塑控股给予警告,并处以40万元罚款。

(二)对邢乐成、王苏给予警告,并分别处以10万元罚款。

(三)对李建生、刘永华、贾立兴、陈志、王友亭、柴磊、韩复龄给予警告,并分别处以3万元罚款。

(四)对戴飞给予警告,并处以5万元罚款。

上述当事人应自收到本处罚决定书之日起15日内,将罚款汇交中国证券监督管理委员会(开户银行:中信银行总行营业部,账号:7111010189800000162,由该行直接上缴国库),并将注有当事人名称的付款凭证复印件送中国证券监督管理委员会稽查局备案。当事人如果对本处罚决定不服,可在收到本处罚决定书之日起60日内向中国证券监督管理委员会申请行政复议,也可在收到本处罚决定书之日起3个月内直接向有管辖权的人民法院提起行政诉讼。复议和诉讼期间,上述决定不停止执行。

关于黄石东贝机电集团有限责任公司、杨百昌、朱金明等5名责任人违反证券法规的行政处罚决定书

(〔2014〕76号)

当事人:黄石东贝机电集团有限责任公司(以下简称东贝集团),住所:湖北省黄石市铁山区武黄路5号,法人代表杨百昌。

杨百昌:男,1955年出生,住址:湖北省黄石市黄石港区胜阳港永安里,时任东贝集团、黄石东贝电器股份有限公司(以下简称东贝股份,股票代码900956)董事长。

朱金明:男,1963年出生,住址:湖北省黄石市黄石港区胜阳港劳动路,时任东贝集团董事、副总裁、总裁,东贝股份董事。

廖汉钢:男,1963年出生,住址:湖北省黄石市下陆区竹林苑,时任东贝集团、东贝股份董秘。

方泽云:男,1964年出生,住址:湖北省黄石市黄石港区胜阳港颐阳路,时任东贝集团董事,东贝股份董事、总经理。

依据《中华人民共和国证券法》(以下简称《证券法》)的有关规定,我会对东贝集团涉嫌信息披露违法违规一案进行了立案调查、审理,并依法向当事人告知了作出行政处罚的事实、理由、依据及当事人依法享有的权利,当事人未提交陈述申辩材料,未申请听证。本案现已调查、审理终结。

经查明,东贝集团存在以下违法事实:

一、东贝股份未及时披露或未如实披露与黄石艾博科技发展有限公司的关联关系和关联交易

黄石艾博科技发展有限公司(以下简称艾博科技)实际为东贝集团职工持股公司。2006年底,经东贝集团(含下属各子公司)全体职工代表讨论同意,决定由东贝集团全体员工投资入股,以信托方式组建艾博科技。东贝集团管理层负责艾博科技的治理。艾博科技公司章程规定,公司不设董事会,只设执行董事一名。2006年至调查日,艾博科技的执行董事为吴某某。吴某某2007年至调查日任东贝集团监事。目前,艾博科技三家子公司的管理层均为东贝集团管理层成员。

艾博科技的主要业务与东贝股份密切关联。东贝股份的财务资料显示,2006年至2011年期间,东贝股份与艾博科技发生的购销业务如下:2006年至2011年,东贝股份向艾博科技销售商品的金额分别为1260.49万元、2978.13万元、1700.52万元、647.82万元、2361.61万元、2312.09万元,2006年至2011年,艾博科技向东贝股份销售商品的金额分别为458.53万元、2.54亿元、2.30亿元、2.92亿元、4.44亿

元、4.38亿元；占艾博科技销售收入总额的比例（2008年至2011年）分别为97%、96%、84%、83%。交易金额均达到《上海证券交易所股票上市规则》规定的披露标准，东贝股份未及时披露与艾博科技的关联交易，未在2006年、2007年年报中披露与艾博科技的关联关系及关联交易；2008年至2010年年报虽然有所披露，但不充分。

二、东贝股份未披露或未如实披露与芜湖法瑞西投资有限公司的关联关系和关联交易

芜湖法瑞西投资有限公司（以下简称法瑞西）成立于2009年12月，股东为37名自然人，均为东贝集团及各子公司高层管理人员的直系亲属（不包括外部董事高管和独立董事）。法瑞西公司设立的主要目的是用来接受芜湖经济开发区给东贝集团高管层37人的股权奖励。该股权即芜湖经济开发区以土地使用权出资持有的芜湖欧宝机电有限公司（以下简称芜湖欧宝）35%股权。

芜湖欧宝是东贝股份的控股子公司，成立于2006年4月。2010年1月，法瑞西受让芜湖经济技术开发区建设总公司持有的芜湖欧宝35%的股权。因此，芜湖欧宝的股权结构变更为东贝股份持股40%，法瑞西持股35%，昌鑫集团有限公司持股25%，控股股东为东贝股份。东贝股份2009年至2010年年报，2009年至2011年临时报告，未披露法瑞西的股权结构或实际控制人的信息，也未披露法瑞西对芜湖欧宝的持股信息。2010年2月28日，法瑞西以977.36万元的价格受让东贝股份持有的黄石晨信光电有限公司90%的股权，交易金额达到《上海证券交易所股票上市规则》的披露标准，东贝股份对该交易事项未及时披露，仅在2010年年报中将该交易事项作为重大资产出售予以披露，未将其作为关联交易披露。

东贝股份未披露或未如实披露与艾博科技、法瑞西两家公司关联关系以及关联交易的行为违反了《证券法》第六十六条、第六十七条之规定，控股股东东贝集团没有如实将上述信息向上市公司报告，构成《证券法》第一百九十三条第三款“发行人、上市公司或者其他信息披露义务人的控股股东、实际控制人指使从事前两款违法行为”的行为。时任东贝集团董事长杨百昌，是上述信息披露违法行为直接负责的主管人员。时任东贝集团董事、副总裁、总裁朱金明，时任东贝集团董秘廖汉钢，时任东贝集团董事方泽云，是上述信息披露违法行为的其他直接责任人员。

以上事实有相关公告、协议、章程、相关人员谈话笔录等证据证明，足以认定。

根据当事人违法行为的事实、性质、情节与社会危害程度，依据《证券法》第一百九十三条之规定，我会决定：

一、责令东贝集团改正，给予警告，并处以30万元罚款；

二、对直接负责的主管人员杨百昌给予警告，并处以5万元罚款；

三、对其他直接责任人员朱金明、廖汉钢、方泽云给予警告，并分别处以3万元罚款。

上述当事人应自收到本处罚决定书之日起15日内，将罚款汇交中国证券监督管理委员会（开户银行：中信银行总行营业部，账号：7111010189800000162，由该行直接上缴国库），并将注有当事人名称的付款凭证复印件送中国证券监督管理委员会稽查局备案。当事人如果对本处罚决定不服，可在收到本处罚决定书之日起60日内向中国证券监督管理委员会申请行政复议，也可在收到本处罚决定书之日起3个月内直接向有管辖权的人民法院提起行政诉讼。复议和诉讼期间，上述决定不停止执行。

关于李洪弢违反证券法规的行政处罚决定书

(〔2014〕77号)

当事人:李洪弢,男,1985年6月5日出生,住址:广东省深圳市罗湖区深南东路。

依据《中华人民共和国证券法》(以下简称《证券法》)的有关规定,我会对李洪弢涉嫌推荐他人买入龙泉股份有限公司(以下称龙泉股份,股票代码:002671)股票一案进行了立案调查、审理,并依法向李洪弢告知了作出行政处罚的事实、理由、依据及当事人依法享有的权利,李洪弢提出了陈述、申辩意见,未要求听证。本案现已调查、审理终结。

经查明,李洪弢存在以下违法事实:

2012年10月李洪弢任职深圳证券交易所(以下简称深交所)中小板公司管理部期间,负责29家上市公司的监管工作,其中包含龙泉股份。李洪弢作为上市公司监管人员,主要工作职责包括对上市公司披露文件及相关附件进行事前或事后审查。

2012年10月11日上午,李洪弢从龙泉股份董事会秘书某宇处获知龙泉股份中标13亿余元管材采购合同的情况,至晚上发布停牌公告期间,双方多次就公告情况进行沟通。当天中午12:47,李洪弢发微信给某乐,共两条,具体内容为“002671、002205”、“速度关注”,向某乐推荐龙泉股份股票;当天18:31,龙泉股份公告停牌。2012年10月15日,龙泉股份发布项目中标公告,称中标13.96亿元管材采购合同,占2011年营业收入的256.55%。

龙泉股份2012年10月15日公告的中标项目合同属于《证券法》第六十七条第二款第(三)项规定的重大事件,具有重要性,且在公告前不为一般投资者所知悉,具有非公开性,属于《证券法》第七十五条第二款第(一)项规定的内幕信息。李洪弢作为证券交易所监管人员,于2012年10月11日上午知悉内幕信息,是内幕信息的知情人,其随后通过微信向某乐推荐龙泉股份股票的行为违反了《证券法》第七十六条的规定,构成了《证券法》第二百零二条所述违法行为。

以上事实有微信截图、通话记录、深交所《关于提供李洪弢案件相关资料的函》及所附材料、相关人员谈话笔录等证据证明,足以认定。

李洪弢认为其行为不构成推荐他人买卖证券的情形,同时认为我会对其采取的行政处罚和市场禁入过重,理由如下:

第一,其行为不构成建议他人买卖证券。李洪弢认为,其发送微信给相关人员,是出于炫耀的想法,主观上没有建议其买卖的意图,同时,其微信内容仅为“速度关注”,没有关于股价涨跌的判断,也没有明确的买入或者卖出的建议。

第二,我会在《行政处罚及市场禁入事先告知书》中拟对李洪弢处以5万元的罚款并对其采取3年的证券市场禁入措施。考虑到接受其信息的人并没有买入相关股票,我会对其处理过重。

经复核,我会认为:

一、李洪弢的行为构成了《证券法》第二百零二条关于“建议他人买卖证券”的违法行为。李洪弢作为证券交易内幕信息的知情人,在龙泉股份内幕信息公开前向他人发送“速度关注”的微信,并且微信里明确了相应的证券代码,结合其任职身份,李洪弢已构成《证券法》第七十六条、第二百零二条所述建议他人买卖证券的违法行为,因此,对李洪弢关于其行为不构成建议他人买卖证券的申辩理由不予采纳。

二、李洪弢从事违法违规行为时,系深交所中小板公司管理部监管人员,其主要工作职责包括日常信息披露业务和信息披露相关监管工作,因为其所处职位的要求,李洪弢比一般的内幕信息知情人更应审慎作为,其没有严格遵守《证券法》和交易所的相关规定,建议他人买卖证券,造成了较为恶劣的影响,理应受到处罚。本案中,李洪弢推荐他人买卖证券,但在推荐之后多次要求被推荐人不能买卖相应证券,客观上被推荐人也没有买入其推荐的证券,没有造成投资者的损失。另外,本案中,李洪弢配合调查工作。以上情况符合《行政处罚法》第二十七条关于从轻、减轻行政处罚的情节。

综合考量上述因素,根据《证券法》第二百零二条的规定,我会决定:对李洪弢处以5万元罚款。

上述当事人应自收到本处罚决定书之日起15日内,将罚款汇交中国证券监督管理委员会(开户银行:中信银行总行营业部,账号:7111010189800000162,由该行直接上缴国库),并将注有当事人名称的付款凭证复印件送中国证券监督管理委员会稽查局备案。当事人如果对本处罚决定不服,可在收到本处罚决定书之日起60日内向中国证券监督管理委员会申请行政复议,也可在收到本处罚决定书之日起3个月内直接向有管辖权的人民法院提起行政诉讼。复议和诉讼期间,上述决定不停止执行。

关于李国东违反证券法规的行政处罚决定书

([2014]78号)

当事人:李国东,男,1982年10月出生,住址:广东省佛山市禅城区华胜街。

依据《中华人民共和国证券法》(以下简称《证券法》)的有关规定,我会对李国东操纵长春一东离合器股份有限公司(以下简称长春一东)股票案进行了立案调查、审理,并依法向当事人告知了作出行政处罚的事实、理由、依据及当事人依法享有的权利。当事人李国东未提出陈述、申辩意见,也未要求听证。本案现已调查、审理终结。

经查明,李国东存在以下违法事实:

一、李国东实际管理"梁健超"、"邓颖怡"、"陈赋恩"、"吴巧棋"等四个账户

根据梁健超、邓颖怡、陈赋恩、吴巧棋笔录、相关当事人陈述、开户资料、下单IP及MAC地址、资金来源及去向、账户交易品种等证据,李国东是"梁健超"、"邓颖怡"、"陈赋恩"、"吴巧棋"等四个账户交易长春一东股票的实际管理人。

二、李国东管理相关账户操纵长春一东股票及盈亏情况

(一)2012年5月18日,李国东管理的账户存在对倒拉高长春一东股票价格的情形

李国东管理的"邓颖怡"、"陈赋恩"账户于5月17日买入"长春一东"309,507股。5月18日(周五),该股股价一直处于下跌状态。李国东在当天14点36分10秒至14点48分23秒期间,在"邓颖怡"、"陈赋恩"账户上共申报14笔卖出委托,合计委托卖出295,507股,其中13笔委托为涨停价11元,远高于前一秒该股票9.76元至9.80元的市场价。14点58分45秒至14点59分48秒期间,李国东在其管理的其他账户上共申报15笔买入委托,其中14笔委托为涨停价11元,远高于前一秒9.79元至10.45元的市场成交价。前述15笔买入成交507,400股,占该时段长春一东股票成交量比重为89.9%。

在长春一东股价处于下跌状态的情况下,李国东以涨停价大量申报卖出,并在涨停申报卖出之后10分钟内,以涨停价大量申报买进。当股价已达涨停价时,李国东继续以涨停价大

量申报买入。买入总成交量占该时段长春一东股票交易量比重近 90%。上述买卖委托发生在收市前半小时内,买卖委托价格绝大多数相同,且相关委托大部分已成交,成交数量占同时间段全市场成交量的 45.5%。李国东的上述行为,制造了虚假的股票价格和市场交易活跃假象,致使长春一东股票价格从 9.76 元上涨至 11 元。

(二)2012 年 5 月 21 日的交易情况

2012 年 5 月 21 日(周一)长春一东股票开盘价 10.45 元,收盘价 10.31 元,最高价 10.87 元,最低价 9.82 元,振幅 9.63%。为维持股价,当日李国东管理的账户总体交易情况是先买入,再卖出,然后买入。9 点 30 分 23 秒至 9 点 33 分 17 秒,“邓颖怡”、“吴巧棋”账户分 4 笔合计委托买入长春一东股票 580,100 股,成交 153,000 股。9 点 33 分 43 秒至 14 点 58 分 09 秒,“邓颖怡”、“吴巧棋”账户分 76 笔合计委托卖出 495,300 股,其中以不低于市场价的价格分 46 笔合计委托卖出 412,300 股,成交 155,288 股,以低于市场价的价格分 30 笔合计委托卖出 83,000 股,成交 83,000 股,期间股价呈波浪形浮动趋势并总体下跌。14 点 58 分 55 秒至 14 点 59 分 33 秒,“邓颖怡”、“吴巧棋”账户分 4 笔以不低于前一秒市场价的价格合计委托买入 160,000 股,成交 160,000 股,期间股价呈上涨趋势并总体上涨。2012 年 5 月 21 日,李国东管理账户买入长春一东股票共计 313,000 股,卖出“长春一东”股票共计 238,288 股。

(三)盈亏情况

以 2012 年 5 月 17 日为计算起点,2013 年 3 月 4 日收盘时为计算终点,李国东管理的四个账户交易长春一东股票亏损 740,289.41 元。

李国东的上述行为违反了《证券法》第七十七条的规定,构成《证券法》第二百零三条所述“操纵证券市场”的情形。

根据当事人违法行为的事实、性质、情节与社会危害程度,依据《证券法》第二百零三条的规定,我会决定:对李国东处以 30 万元罚款。

上述当事人应自收到本处罚决定书之日起 15 日内,将罚款汇交中国证券监督管理委员会(开户银行:中信银行总行营业部,账号:7111010189800000162,由该行直接上缴国库),并将注有当事人名称的付款凭证复印件送中国证券监督管理委员会稽查局备案。当事人如果对本处罚决定不服,可在收到本处罚决定书之日起 60 日内向中国证券监督管理委员会申请行政复议,也可在收到本处罚决定书之日起 3 个月内直接向有管辖权的人民法院提起行政诉讼。复议和诉讼期间,上述决定不停止执行。

关于刘峰违反证券法规的行政处罚决定书

([2014]79 号)

当事人:刘峰,男,1968 年 8 月出生,住址:河南省郑州市桐柏路。

依据《中华人民共和国证券法》(以下简称《证券法》)的有关规定,我会对刘峰利用内幕信息交易河南新大新材料股份有限公司(以下简称新大新材)股票的行为进行了立案调查、审理,并依法向当事人告知了作出行政处罚的事实、理由、依据及当事人依法享有的权利。当事人未提出陈述、申辩意见,也未要求听证。本案现已调查、审理终结。

经查明,刘峰利用内幕信息交易“新大新材”的事实如下:

一、内幕信息的形成和公开过程

2011 年 12 月 9 日至 14 日,新大新材时任董事长宋某某、总经理郝某某、河南威斯特贸易有限公司总经理刘峰等人前往日本参加半导体展会考察,并与日本株式会社 TKX 公司(以下简称 TKX 公司)进行接洽。双方就光伏行业的发展现状、光伏切割材料的发展趋势及树脂金刚线的技术性问题等进行了交流。

2012 年 4 月 4 日、5 月 8 日、5 月 11 日、5 月 25 日，刘峰分别与新大新材相关人员就与 TKX 公司合作切割树脂金刚线项目进行邮件沟通。

2012 年 5 月 16 日至 18 日，新大新材董事长宋某某、总经理郝某某在上海举办的第六届国际太阳能产业及光伏工程展览会期间，与 TKX 公司就树脂金刚线的合作意向及合作方式进行了商议。

2012 年 5 月 27 日至 6 月 2 日，刘峰陪同新大新材董事长宋某某、总经理郝某某等人前往日本参观 TKX 公司切割树脂金刚线生产线，并就合作事宜进行磋商。

2012 年 5 月 25 日、6 月 4 日、6 月 5 日，刘峰多次就切割树脂金刚线项目与 TKX 公司有关人员通过电子邮件协商。

2012 年 6 月 15 日刘峰将《合作框架》发给新大新材树脂金刚线项目谈判技术人员；同日，该人员在新大新材总经理郝某某签字后，将《合作框架》通过邮件发送给刘峰，并抄送新大新材董事长宋某某、总经理郝某某。新大新材方面表示同意在此合作框架下针对技术方面再展开具体协商。《合作框架》包含合作规模、合作价格等主要条款，合作总金额 27 亿日元。

2012 年 6 月 18 日、6 月 21 日上午，新大新材两次召开切割树脂金刚线项目专题会议，讨论新建年产 360 万千米切割树脂金刚线项目。

2012 年 6 月 20 日、21 日刘峰给 TKX 公司有关人员发邮件，并抄送新大新材董事长宋某某，两封邮件的附件分别为《TKX 公司合同草本》、《新大新材合同草本》。

2012 年 6 月 21 日，TKX 公司有关人员将附件为 TKX 公司确认并修改后的与新大新材的总合同的邮件，发给刘峰，同时抄送新大新材董事长宋某某、总经理郝某某等人。

2012 年 6 月 29 日 10 点 40 分，TKX 公司有关人员发送标题为“关于合同”的邮件给新大新材时任副总经理闫某，同时抄送刘峰。

2012 年 7 月 1 日 15 点 10 分，TKX 公司有关人员将标题为“RE：回复：定稿”的邮件发给闫某，同时抄送刘峰等人。邮件内容为“闫总，你好。合同基本上已确认好……。”当日 15 点 26 分，TKX 公司有关人员将标题为“TKX 定稿”的邮件发给闫某，同时抄送刘峰等人，邮件附件为“翻译合同技术许可合同”。当日 17 点 17 分，TKX 公司有关人员将标题为“关于基本合同换页”的邮件发给闫某，同时抄送刘峰等人，邮件的内容为“闫总，您好。上次您说基本合同里条款的数字有误。可否麻烦您帮忙把条款数字改正后的合同重新发给我一遍。我把那一张换掉”。

2012 年 7 月 3 日，新大新材证券事务代表发给公司董事的会议材料电子邮件中，包括合作框架合同，合同金额为 27 亿日元。

2012 年 7 月 6 日，新大新材召开董事会，审议新建切割树脂金刚线项目的议案，决定如果日方同意新大新材提出的合同补充内容，则视为议案通过，不再集中审议，日方同意日即作为本次董事会召开日。

2012 年 7 月 11 日，新大新材与 TKX 公司就合作内容达成一致。

2012 年 7 月 13 日，新大新材公告拟投资 4.6 亿元新建年产 360 万千米切割树脂金刚线项目，其中 27 亿日元（约人民币 2.1 亿元）用于从 TKX 公司购买项目相关的技术和设备。

二、刘峰知悉相关信息并交易“新大新材”的情况

刘峰介绍新大新材与 TKX 公司进行切割树脂金刚线项目合作谈判，并作为中间人负责与合作双方进行联系沟通，多次转发合作双方邮件，最终促成了双方的合作，刘峰作为事件的主要参与者，知悉相关信息。

刘峰利用“谢某”账户，通过他人操作，于 2012 年 7 月 2 日至 11 日买入“新大新材”894,641 股。2012 年 12 月 25 日，该账户中“新大新材”股票被全部卖出。扣除相关交易费用，“谢某”账户 2012 年 7 月 2 日至 11 日买入的“新大新材”卖出后盈利 379,315.01 元。

以上事实，有相关电子邮件记录、涉案人员情况说明、新大新材有关会议记录、重大事项停牌公告、证券账户委托交易资料和当事人询问笔录等证据证明，足以认定。

上述新大新材拟投资 4.6 亿元新建年产 360 万千米切割树脂金刚线项目以及新大新材拟从 TKX 公司购买项目相关技术和设备的信息，属于《证券法》第七十五条规定的内幕信息。刘峰知悉新大新材拟从 TKX 公司购买切

割树脂金刚线项目相关技术和设备的信息,其在该信息公开前买卖"新大新材"的行为,违反了《证券法》第七十三条、第七十六条的规定,构成《证券法》第二百零二条所述内幕交易行为。

根据当事人违法行为的事实、性质、情节与社会危害程度,依据《证券法》第二百零二条的规定,我会决定:没收刘峰违法所得379,315.01元,并处以758,630.02元罚款。

上述当事人应自收到本处罚决定书之日起15日内,将罚没款汇交中国证券监督管理委员会(开户银行:中信银行总行营业部,账号:7111010189800000162,由该行直接上缴国库),并将注有当事人名称的付款凭证复印件送中国证券监督管理委员会稽查局备案。当事人如果对本处罚决定不服,可在收到本处罚决定书之日起60日内向中国证券监督管理委员会申请行政复议,也可在收到本处罚决定书之日起3个月内直接向有管辖权的人民法院提起行政诉讼。复议和诉讼期间,上述决定不停止执行。

关于杨晓春、倪宋燕、徐永翔等6名责任人违反证券法规的行政处罚决定书

(〔2014〕80号)

当事人:杨晓春,男,1962年2月出生,住址:浙江省杭州市拱墅区湖墅南路。

倪宋燕,男,1981年6月出生,住址:浙江省杭州市江干区杭海路。

徐永翔,男,1969年10月出生,住址:浙江省淳安县千岛湖镇。

余菲,女,1988年12月出生,住址:浙江省淳安县。

方发达,男,1959年10月出生,住址:浙江省淳安县千岛湖镇。

倪健康,男,1959年1月出生,住址:浙江省淳安县千岛湖镇。

依据《中华人民共和国证券法》(以下简称《证券法》)的有关规定,我会依法对杨晓春等人内幕交易浙江康盛股份有限公司(以下简称康盛股份)股票行为进行了立案调查、审理,并向当事人告知了作出行政处罚的事实、理由、依据及当事人依法享有的权利,当事人杨晓春、倪宋燕、徐永翔、余菲、方发达、倪健康均未提交陈述、申辩意见,享有听证权利的当事人杨晓春、方发达、倪健康均未要求听证。本案现已调查、审理终结。

经查明,当事人杨晓春、倪宋燕、徐永翔、余菲、方发达、倪健康存在以下违法事实:

一、内幕信息的形成和公开过程

2012年10月26日至11月14日期间,康盛股份派员到浙江省第一地质大队(以下简称地质大队)了解淳安矿产资源情况。

2012年11月26日,地质大队首次来访康盛股份,就合作开发沙木坞多金属矿和潘家多金属矿矿区事宜洽谈。康盛股份方面参加人有董事长陈某康、方发达、鲁某波、余菲等。

2012年11月27日,鲁某波起草了合作开发沙木坞多金属矿和潘家多金属矿矿区的《战略合作意向书》。

2012年12月4日,双方高层管理人员进行深层次洽谈,分歧较大,参会人员包括康盛股份的陈某康、方发达、鲁某波、陈某、徐永翔。12月7日下午,双方会议达成由海地人评估公司进行初评的意见。参会人员包括康盛股份的方发达、鲁某波、陈某。

2013年1月23日的三方会议后,康盛股份和地质大队仍有很大分歧,决定择机再谈,方发达提出由鲁某波、徐永翔起草合作意向书。

2013年2月3日,徐永翔将两矿区的合作协议和合作意向书发给余菲,由余菲打印后交给陈某康。

2013年2月4日上午10点左右，康盛股份发现股票交易异常，立即向深圳证券交易所申请临时停牌并进行公告。

2013年2月7日至8日，双方签署《潘家矿区合作意向书》、《沙木坞矿区合作意向书》。2013年2月22日，康盛股份董事会审议通过收购议案并公告，康盛股份拟以不低于评估价格收购潘家矿区项目60%的股权；收购沙木坞矿区项目40%的股权。根据中介机构给出的项目建议，潘家矿区项目在4.25平方公里范围内探矿权估价在1.85亿-2.2亿元之间；沙木坞矿区项目探矿权估价为6,000万元。康盛股份股票于同日复牌。

康盛股份与地质大队签署矿区合作意向书，投资矿业事项，使该公司以传统家电配件生产为主的企业逐步向以家电为主、适度多元化的经营方向发展，属于《证券法》第六十七条第二款规定的“公司重大投资行为和重大的购置财产的决定”，为内幕信息。内幕信息敏感期为2012年11月26日至2013年2月22日。

二、杨晓春知悉内幕信息和内幕交易的情况

杨晓春在案发时作为地质大队总工程师，全程参与了矿区合作谈判事项，属于内幕信息知情人。

童某珠是杨晓春的配偶，“童某珠”账户于1997年10月23日开立于银河证券丽水证券营业部。经调查，该账户由杨晓春控制和操作。

“童某珠”账户在2013年2月4日买入“康盛股份”90,000股，成交金额704,200元，并于同年2月25日将上述90,000股全部卖出，盈利总计92,346.87元。交易资金来源于账户内闲置资金。杨晓春承认2013年2月4日上午交易“康盛股份”是因为他了解到康盛公司在和地质大队商谈矿区合作事宜，可能会有利好消息，于是就作了投资“康盛股份”的决策。

三、倪宋燕知悉内幕信息和内幕交易的情况

倪宋燕于调查时在地质大队工作，并于2012年12月10日至12月14日起草和修订了《保密协议》，参与了2012年12月17日《保密协议》的签署，属于内幕信息知情人。

“倪宋燕”账户于2010年3月21日开立于国信证券杭州体育场路证券营业部，由其本人控制和操作。“倪宋燕”账户2013年2月1日买入“康盛股份”4,800股，成交金额35,424元；2013年2月4日买入“康盛股份”8,900股，成交金额69,153元。2013年2月25日卖出上述股票8,900股，成交金额79,299元；2013年2月26日卖出上述股票4,800股，成交金额40,368元。倪宋燕违法所得为12,341.07元。“倪宋燕”账户之前未交易过“康盛股份”，在2013年2月1日和2月4日集中突击交易“康盛股份”，交易“康盛股份”的特征明显异常。

四、徐永翔知悉内幕信息和内幕交易的情况

徐永翔自2012年12月4日开始参与矿区合作谈判事项，且在2013年2月2日参与矿区合作意向书的起草和修改工作，属于内幕信息知情人。

钱某某是徐永翔的配偶，“钱某某”和“徐永翔”两个账户于2007年5月28日开立于西藏证券杭州天目山路证券营业部。“徐永翔”账户于2013年2月4日买入“康盛股份”33,700股，成交金额259,015元。“钱某某”账户于2013年2月4日买入“康盛股份”10,100股，成交金额78,029元。两账户共买入“康盛股份”43,800股，在调查期间均未卖出。两个账户的资金来源于卖出两个账户内其他股票所得。

徐永翔在接受调查时承认操作其本人和其配偶“钱某某”的账户交易“康盛股份”。“徐永翔”、“钱某某”账户自开户以来至2013年2月4日前从未交易过“康盛股份”，在2013年2月4日当天，将所持股票绝大部分卖出，所得资金全部用来买入“康盛股份”。

五、余菲知悉内幕信息和内幕交易的情况

余菲在案发时作为康盛股份总经办文员，在2012年11月26日地质大队首次来访康盛股份的会议上提供会议服务，在2012年12月26日陪同评估机构到矿区进行考察工作，在2013年2月3日，经手矿区合作意向书，属于内幕信息知情人。

“余菲”账户于2012年6月6日开立于财

通证券淳安新安大街证券营业部,该账户由余菲本人控制并使用。“余菲”账户 2013 年 2 月 1 日买入“康盛股份”20,800 股,成交金额为 152,299 元;2 月 4 日买入“康盛股份”9,000 股,成交金额为 70,212 元。上述 29,800 股“康盛股份”在调查期间未卖出。“余菲”账户在内幕信息敏感期内交易“康盛股份”所使用电脑为余菲的办公电脑,买卖股票的资金来源于余菲从吴某奇处的借款。

“余菲”账户自开户以来只交易过“康盛股份”一只股票,在 2012 年 6 月 6 日至 7 日交易过“康盛股份”34,500 股,之后直至 2013 年 2 月 1 日未交易过任何股票。在 2013 年 2 月 1 日至 2 月 4 日突击买入“康盛股份”29,800 股,未交易其他任何股票。

余菲作为服务人员参加了 2012 年 12 月 26 日康盛股份、地质大队陪同海地人评估公司去矿区实地考察事项,2013 年 2 月 1 日其将向吴某奇借来的大部分资金买入“康盛股份”,并于 2013 年 2 月 3 日经手潘家矿区和沙木坞矿区的合作协议和合作意向书后,在 2013 年 2 月 4 日将其账户剩余资金全部买入“康盛股份”。因此“余菲”账户交易“康盛股份”的时间点与其参与谈判事项相关工作的时间点高度吻合。

六、方发达知悉内幕信息和内幕交易的情况

方发达作为康盛股份工作人员全程参与了矿区合作谈判事项,属于内幕信息知情人。

“余某琴”账户于 2011 年 6 月 16 日开立于宏源证券杭州浙大路证券营业部。该账户在内幕信息敏感期内共买入“康盛股份”189,900 股,调查期间卖出“康盛股份”83,500 股,截至 2013 年 7 月 15 日已经全部卖出,最终获利 29,884.13 元。“余某琴”账户交易“康盛股份”的资金来源于方发达。方发达对其操作“余某琴”账户买卖“康盛股份”的行为予以承认。

七、倪健康知悉内幕信息和内幕交易的情况

陈某康作为康盛股份董事长,参与了矿区合作谈判事项,是内幕信息知情人。根据康盛股份董事长陈某康的通话记录显示,在内幕信息敏感期内,陈某康和倪健康总计通话 24 次,电话联系频繁,并在账户交易前两天存在通话。陈某康与倪健康的关系不错,经常一起打高尔夫,二人在 2013 年 2 月 2 日和 2 月 3 日在一起打过球。倪健康也表示,其在 2012 年下半年的时候,听说康盛股份在涉矿,曾经就该事项向陈某康询问过,陈某康回答说还在进行中。

朱某珍是倪健康的妻子,“朱某珍”账户于 2007 年 9 月 4 日在财通证券淳安新安大街证券营业部开立。该账户的交易资金来源于倪健康,并由其实际控制使用。“朱某珍”账户于 2013 年 2 月 4 日分两笔买入“康盛股份”130,000 股,成交金额 1,014,362 元,至调查结束时未卖出。调查显示,该账户在 2012 年 1 月 1 日至 2013 年 2 月 4 日之前未交易过任何股票,在 2013 年 2 月 4 日上午突击转入 100 万元资金,随即全部用于购买“康盛股份”。该账户交易行为存在明显异常,且交易时点与康盛股份内幕信息形成及公开过程高度吻合。

倪健康在内幕信息敏感期内与康盛股份董事长陈某康联系密切,其证券账户大额资金转入时点、交易康盛股份时点与内幕信息的形成和发展时点基本吻合,其证券账户在内幕信息的敏感期内交易资金量较之前明显放大、交易习惯明显改变,交易行为明显异常且无正当理由和正当信息来源。因此可以推定倪健康从陈某康处非法获取内幕信息。

以上事实有交易流水、委托交易记录、当事人询问笔录、通话记录等证据证明。

杨晓春、倪宋燕、徐永翔、余菲、方发达、倪健康利用内幕信息交易“康盛股份”的行为,违反《证券法》第七十三、七十六条的规定,构成《证券法》第二百零二条所述行为。

根据当事人的违法事实、性质、情节与社会危害程度,依据《证券法》第二百零二条的规定,我会决定:

一、没收杨晓春违法所得 92,346.87 元,并处以 92,346 元罚款。

二、对倪宋燕处以 42,341 元罚款。

三、责令徐永翔在收到行政处罚决定书次日起 7 个交易日内依法处理非法持有的股票,如有违法所得予以没收,并处以 3 万元罚款。

四、责令余菲在收到行政处罚决定书次日起 7 个交易日内依法处理非法持有的股票,如有违法所得予以没收,并处以 3 万元罚款。

五、对方发达处以59,884元罚款。

六、责令倪健康在收到行政处罚决定书次日起7个交易日内依法处理非法持有的股票,如有违法所得予以没收,并处以10万元罚款。

上述当事人应自收到本处罚决定书之日起15日内,将罚没款汇交中国证券监督管理委员会(开户银行:中信银行总行营业部,账号7111010189800000162,由该行直接上缴国库),并将注有当事人名称的付款凭证复印件送中国证券监督管理委员会稽查局备案。当事人如果对本处罚决定不服,可在收到本处罚决定书之日起60日内向中国证券监督管理委员会申请行政复议,也可以在收到本处罚决定书之日起3个月内直接向有管辖权的人民法院提起行政诉讼。复议和诉讼期间,上述决定不停止执行。

关于四川大地实业集团有限公司违反证券法规的行政处罚决定书

(〔2014〕81号)

当事人:四川大地实业集团有限公司(以下简称大地集团),住所:四川省成都市,法定代表人贾鹏。

依据《中华人民共和国证券法》(以下简称《证券法》)的有关规定,我会对大地集团涉嫌非法利用他人账户从事证券交易行为进行了立案调查、审理,并依法向当事人告知了作出行政处罚的事实、理由、依据及当事人依法享有的权利。当事人大地集团未提出陈述、申辩意见,未要求听证。本案现已调查、审理终结。

经查明,大地集团存在以下违法事实:

自2009年11月3日至2013年4月16日,大地集团利用11个自然人的22个证券账户从事证券交易。

大地集团的上述行为违反了《证券法》第八十条关于禁止法人非法利用他人账户从事证券交易的规定,构成了《证券法》第二百零八条所述法人利用他人账户买卖证券的行为。

大地集团利用11个自然人的22个证券账户从事证券交易实现盈利8,187,639.68元。

以上违法事实,有相关证券账户开户资料,相关证券交易记录,相关资金往来,大地集团的相关说明,相关人员谈话笔录等证据证明,足以认定。

根据当事人违法行为的事实、性质、情节与社会危害程度,依据《证券法》第二百零八条的规定,我会决定:责令大地集团改正,没收大地集团违法所得8,187,639.68元。

上述当事人应自收到本处罚决定书之日起15日内,将罚没款汇交中国证券监督管理委员会(开户银行:中信银行总行营业部,账号:7111010189800000162,由该行直接上缴国库),并将注有当事人名称的付款凭证复印件送中国证券监督管理委员会稽查局备案。当事人如果对本处罚决定不服,可在收到本处罚决定书之日起60日内向中国证券监督管理委员会申请行政复议,也可在收到本处罚决定书之日起3个月内直接向有管辖权的人民法院提起行政诉讼。复议和诉讼期间,上述决定不停止执行。

关于上海康达化工新材料股份有限公司、陆企亭、陆天耘等4名责任人违反证券法规的行政处罚决定书

(〔2014〕82号)

当事人:上海康达化工新材料股份有限公司(以下简称康达新材),住所:上海市浦东新区庆达路655号,法定代表人陆企亭。

陆企亭,男,1940年3月出生,时任康达新材董事长、总经理、法定代表人,住址:上海市浦东新区川沙镇。

陆天耘,女,1969年5月出生,时任康达新材财务总监,住址:上海市浦东新区川沙镇。

储文斌,男,1969年11月出生,时任康达新材董事会秘书,住址:上海市浦东新区机场镇。

依据《中华人民共和国证券法》(以下简称《证券法》)的有关规定,我会对康达新材违法违规行为进行了立案调查、审理,并依法向当事人告知了作出行政处罚的事实、理由、依据及当事人依法享有的权利。当事人未提出陈述、申辩意见,也未要求听证。本案现已调查、审理终结。

经查明,康达新材存在以下违法事实:

一、未按规定报告会后事项

康达新材首次公开发行股票及上市过程开始于2009年,于2011年12月26日通过发审会审核(即过会)。2012年3月16日,证监会印发了《关于核准上海康达化工新材料股份有限公司首次公开发行股票的批复》。2012年3月19日,康达新材向证监会报送《康达新材公司关于本公司发审会后重大事项的专项说明》(以下简称《康达新材会后事项》)。2012年3月30日,康达新材公告了《上海康达化工新材料股份有限公司首次公开发行股票招股说明书》,同日发布了《首次公开发行股票发行公告》。2012年4月16日,康达新材股票在深圳证券交易所挂牌上市。

过会后至公司股票上市前,康达新材经营业绩出现较大幅度下滑,具体为:2012年1月营业利润为-126.59万元,同比下滑174.38%,2月营业利润为128.18万元,同比下滑67.64%。2012年1至2月合计营业利润同比下滑99.7%;主要产品风电用环氧树脂结构胶的2012年1月1日至3月15日订单同比下滑37%。康达新材在《康达新材会后事项》中承诺不存在影响发行上市和投资者判断的重大会后事项,也没有对截至当时公司经营业绩出现较大幅度下滑的事项另向证监会书面说明。

二、上市公告书虚假记载

2012年4月13日,康达新材公告了《首次公开发行股票上市公告书》(以下简称《上市公告书》),在《上市公告书》中附了2012年度一季度财务报告。在这份披露的2012年一季度财务报告中,康达新材虚增营业利润3,718,480.73元,虚增后2012年一季度营业利润为8,178,798.08元,调增比例为83.37%。具体调整项目如下:营业成本调减1,800,000元,日常费用推迟确认1,136,462.20元,不符合资本化条件的研发支出未计入当期损益782,018.53元。

以上违法事实有《康达新材会后事项》、《上市公告书》、财务报告和凭证及相关人员询问笔录等证据证明,足以认定。

康达新材未按规定向证监会报告2012年1至2月份营业利润出现大幅下滑和公司主要产品订单下滑情况的行为,违反了《证券法》第二十条第一款、《上市公司信息披露管理办法》第十四条的规定,构成了《证券法》第一百九十三条第二款所述的未按规定报送报告的违法行为。陆企亭和陆天耘是直接负责的主管人员。

康达新材在《上市公告书》中披露的2012年一季度主要会计数据和财务指标中虚假记载营业利润的行为，违反了《证券法》第六十三条的规定，构成了《证券法》第一百九十三条第一款所述的所披露的信息有虚假记载的违法行为。陆企亭和陆天耘是直接负责的主管人员，储文斌是其他直接责任人员。

根据当事人违法行为的事实、性质、情节与社会危害程度，根据《证券法》第一百九十三条的规定，我会决定：

一、责令康达新材改正，给予警告，并处以60万元罚款；

二、对陆企亭、陆天耘给予警告，并分别处以30万元罚款；

三、对储文斌给予警告，并处以5万元罚款。

当事人应自收到本处罚决定书之日起15日内，将罚款汇交中国证券监督管理委员会（开户银行：中信银行总行营业部，账号：7111010189800000162，由该行直接上缴国库），并将注有当事人名称的付款凭证复印件送中国证券监督管理委员会稽查局备案。当事人如果对本处罚决定不服，可在收到本处罚决定书之日起60日内向中国证券监督管理委员会申请行政复议，也可在收到本处罚决定书之日起3个月内直接向有管辖权的人民法院提起行政诉讼。复议和诉讼期间，上述决定不停止执行。

关于徐东波违反证券法规的行政处罚决定书

（〔2014〕83号）

当事人：徐东波，男，1958年7月出生，新华锦集团有限公司（以下简称新华锦集团）和山东鲁锦进出口集团有限公司（以下简称鲁锦集团）副总裁。住址：山东省青岛市崂山区松岭路。

依据《中华人民共和国证券法》（以下简称《证券法》）的有关规定，我会对徐东波内幕交易行为进行了立案调查、审理，并依法向当事人告知了作出行政处罚的事实、理由、依据及当事人依法享有的权利。当事人未提出陈述、申辩意见，也未要求听证。本案现已调查、审理终结。

经查明，徐东波存在以下违法事实：

一、内幕信息的形成过程及徐东波知悉内幕信息情况

2013年3月15日，齐鲁证券投行部钱某首次向山东新华锦国际股份有限公司（以下简称新华锦）副董事长兼总裁王某某介绍青岛乾运高科新材料股份有限公司（以下简称乾运高科）的有关情况。2013年3月30日，新华锦和乾运高科第一次见面沟通重组事项，双方都表示出合作意愿。2013年4月7日，重组双方第二次见面，探讨资本合作意向，沟通行业技术。2013年4月12日，新华锦集团召开资本运作委员会会议，首次研究该重组事宜。2013年7月22日，新华锦集团第二次召开资本运作委员会会议讨论该重组事宜，会议提出了“以发行股份方式购买乾运高科有关资产”的思路，原则上同意实施该重组事项。2013年8月9日，重组双方第三次见面，交流各自战略发展思路和企业文化，并就合作的核心条件初步交换意见。2013年8月16日，重组双方第四次见面，初步确定新华锦以发行股份购买资产方式收购乾运高科，并就合作核心条件进行全面讨论，同意在最终决策确定后开始实施。8月19日上午，双方第五次见面，双方达成一致意见并确定上市公司停牌。当日下午1点，公司股票开始停牌，并于8月20日发布重大资产重组连续停牌公告。2013年10月22日，新华锦发布重大资产重组终止公告，公司股票复牌。

徐东波作为新华锦控股股东鲁锦集团的副

总裁,属于《证券法》第七十四条第一款第(二)项规定的法定内幕信息知情人情形,且其早在2013年4月12日之前就已经知悉新华锦收购乾运高科的事项,并于7月22日参加了新华锦资本运作委员会的工作会议,该次会议原则上同意新华锦收购乾运高科的方案。徐东波谈话笔录对其知悉情况表示认可,并对违法行为表示悔过。

二、徐东波控制“姜某某”账户在知悉内幕信息后交易“新华锦”情况

(一)徐东波控制并使用“姜某某”账户的情况

1. “姜某某”账户2013年8月19日至10月22日交易“新华锦”期间仅使用手机号1318895××××下单,该手机号当时为徐东波所用。

2. 徐东波位于青岛市崂山区松岭路127号某公寓的办公室台式电脑上留存有“姜某某”账户的登陆记录,徐东波持有“姜某某”银行账户的银行卡和网银U盾,并进行了现场登陆。

3. 徐东波知悉内幕信息后交易“新华锦”的部分IP地址和MAC码与徐东波位于青岛市崂山区松岭路127号某公寓的办公室使用的IP地址、台式电脑MAC地址相同。

4. 徐东波在笔录中承认其交易新华锦股票使用“姜某某”账户;资金划转记录显示,“姜某某”账户用于交易“新华锦”的资金归属于徐东波。

(二)徐东波交易“新华锦”的情况

2013年8月19日,徐东波利用“姜某某”账户于10:56至11:15共计买入114,000股,成交金额979,170.00元,成交均价8.60元;2013年10月22日共计卖出114,000股,成交金额1,001,523.68元,成交均价8.79元。扣除交易税费,实际获利总计15,341.66元。

徐东波上述交易行为内幕交易特征明显,交易行为与内幕信息的形成、重组进程高度吻合。2012年6月2日至2013年8月18日,“姜某某”账户无任何交易,2013年8月19日突然开始大量买入“新华锦”,在8月19日“新华锦”停牌之前10:56至11:15买入114,000股,至2013年10月22日“新华锦”复牌之后全部卖出,期间没有交易其他任何股票。新华锦总裁王某某8月17日部署19日签字仪式,8月19日新华锦与对方签订《重大资产重组框架协议》并确定股票当天下午1点停牌,徐东波操作证券账户于8月19日10:56至11:15精准买入,交易时点与内幕信息敏感期高度吻合,买入意志坚定且意愿强烈。

徐东波的上述行为违反了《证券法》第七十六条的规定,构成《证券法》第二百零二条所述“内幕交易”的情形。

徐东波违法情节轻微,社会危害性较小,主观恶性不大,违法所得数额较小,且积极配合调查,对违法行为的悔过态度较好。根据当事人违法行为的事实、性质、情节与社会危害程度,依据《证券法》第二百零二条的规定,我会决定:对徐东波处以5万元罚款。

上述当事人应自收到本处罚决定书之日起15日内,将罚款汇交中国证券监督管理委员会(开户银行:中信银行总行营业部,账号:7111010189800000162,由该行直接上缴国库),并将注有当事人名称的付款凭证复印件送中国证券监督管理委员会稽查局备案。当事人如果对本处罚决定不服,可在收到本处罚决定书之日起60日内向中国证券监督管理委员会申请行政复议,也可在收到本处罚决定书之日起3个月内直接向有管辖权的人民法院提起行政诉讼。复议和诉讼期间,上述决定不停止执行。

关于李旭利违反证券法规的行政处罚决定书

（〔2014〕84号）

当事人：李旭利，男，1973年12月出生，时任交银施罗德基金管理有限公司（以下简称交银施罗德）投资总监兼投资决策委员会主席、交银施罗德旗下蓝筹基金的基金经理，住址：上海市浦东新区丁香路。

依据《中华人民共和国证券法》（以下简称《证券法》）、《中华人民共和国证券投资基金法》（2004年6月1日起施行，以下简称原《基金法》）的有关规定，我会对李旭利违法违规行为立案调查并移送公安机关，李旭利利用未公开信息犯罪行为司法判决已生效，我会据此依法向当事人告知了作出行政处罚的事实、理由、依据及当事人依法享有的权利。当事人未要求陈述、申辩，也未要求听证。本案现已调查、审理终结。

司法机关认定，李旭利存在以下违法事实：

2005年8月至2009年5月，李旭利担任交银施罗德投资总监，兼任投资决策委员会主席。2007年8月至2009年5月，李旭利还兼任交银施罗德旗下蓝筹基金的基金经理。在此期间，李旭利有权参与交银施罗德所有基金的投资决策，并对蓝筹基金的股票投资具有直接决定权。

2009年4月7日，在交银施罗德旗下蓝筹基金、成长基金对工商银行、建设银行股票进行建仓的信息尚未披露前，李旭利指示五矿证券深圳华富路证券营业部（现为五矿证券深圳金田路证券营业部）总经理李某君，在李旭利及其家人控制的岳某建、童某强名下两个证券账户内，先于或同期于蓝筹基金、成长基金买入工商银行、建设银行股票，累计股票成交额52,263,797.34元，并于同年6月间将上述股票全部卖出，通过股票交易的差价获利8,992,399.86元，此外还分得工商银行股票红利1,723,342.50元。

2012年11月，上海市第一中级人民法院下达《刑事判决书》，认定李旭利在2009年4月7日的行为构成《中华人民共和国刑法》第一百八十条第四款利用未公开信息交易罪，非法获利10,715,742.36元，依法判处李旭利有期徒刑4年，并处罚金人民币1,800万元，违法所得予以追缴。当事人不服一审判决提出上诉。2013年10月，上海市高级人民法院下达《刑事裁定书》，驳回上诉，维持原判。

以上违法事实，有司法机关认定文件等证据证明。

当事人的上述行为，违反了原《基金法》第十八条的规定，构成原《基金法》第九十七条所述情形。

根据当事人违法行为的事实、性质、情节与社会危害程度，依据原《基金法》第九十七条的规定，我会决定：取消李旭利的基金从业资格。

当事人如果对本处罚决定不服，可在收到本处罚决定书之日起60日内向中国证券监督管理委员会申请行政复议，也可在收到本处罚决定书之日起3个月内直接向有管辖权的人民法院提起行政诉讼。复议和诉讼期间，上述决定不停止执行。

关于郑拓违反证券法规的行政处罚决定书

(〔2014〕85 号)

当事人:郑拓,男,1968 年 3 月出生,时任交银施罗德基金管理有限公司(以下简称交银施罗德)基金经理,住址:上海市浦东新区锦绣路。

依据《中华人民共和国证券法》(以下简称《证券法》)、《中华人民共和国证券投资基金法》(2004 年 6 月 1 日起施行,以下简称原《基金法》)的有关规定,我会对郑拓违法违规行为立案调查并移送公安机关,郑拓利用未公开信息犯罪行为司法判决已生效,我会据此依法向当事人告知了作出行政处罚的事实、理由、依据及当事人依法享有的权利。当事人未要求陈述、申辩,也未要求听证。本案现已调查、审理终结。

司法机关认定,郑拓存在以下违法事实:

2007 年 3 月至 2009 年 8 月,郑拓实际负责交银稳健基金的投资管理工作,2007 年 7 月 4 日起,郑拓正式担任交银稳健基金经理,2009 年 8 月 20 日正式离任。任职期间,郑拓对于交银稳健基金投资股票的种类、数量、价格及时间具有决定权或建议权。2009 年 3 月至 7 月间,郑拓利用担任交银稳健基金经理的职务便利,在交银稳健基金买卖股票的信息尚未公开前,由郑拓本人或者将需要购买的股票种类、数量、价格等告知夏某红、夏某玲,借用原某丽名下中信建投证券哈尔滨中医街营业部证券账户、国泰君安证券北京知春路营业部证券账户,先于或同期于郑拓管理的交银稳健基金买卖相同股票,并从中牟利。期间,郑拓伙同夏某红采用上述方法买卖“万科 A”、“泛海建设”、“华侨城 A”、“吉林敖东”、“西山煤电”、“保利地产”、“金地集团”、“中国神华”、“西部矿业”、“中国平安”、“中煤能源”等股票 11 只,一共成交 283 万余股,交易(买入)金额为 4,638 万余元,获利金额为 1,242 万余元。

2013 年 3 月,上海市第一中级人民法院下达《刑事判决书》,认定郑拓在 2009 年 3 月至 2009 年 7 月间的行为构成《中华人民共和国刑法》第一百八十条第四款利用未公开信息交易罪,非法获利 1,242 万余元,依法判处郑拓有期徒刑 3 年,并处罚金人民币 600 万元,违法所得予以追缴。前述刑事判决已生效。

以上违法事实,有司法机关认定文件等证据证明。

当事人的上述行为,违反了原《基金法》第十八条的规定,构成原《基金法》第九十七条所述情形。

根据当事人违法行为的事实、性质、情节与社会危害程度,依据原《基金法》第九十七条的规定,我会决定:取消郑拓的基金从业资格。

当事人如果对本处罚决定不服,可在收到本处罚决定书之日起 60 日内向中国证券监督管理委员会申请行政复议,也可在收到本处罚决定书之日起 3 个月内直接向有管辖权的人民法院提起行政诉讼。复议和诉讼期间,上述决定不停止执行。

关于吴建敏违反证券法规的行政处罚决定书

（〔2014〕86 号）

当事人：吴建敏，男，1967 年 9 月出生，住址：北京市朝阳区望京西园。2007 年至 2011 年任北京天健兴业资产评估公司（以下简称天健兴业）总经理，2005 年 9 月 25 日至 2010 年 12 月 28 日任利安达会计师事务所有限责任公司合伙人，2011 年 1 月 1 日至我会调查日任天健会计师事务所北京分所副总经理，2007 年 12 月 25 日至 2011 年 12 月 1 日任中国证监会上市公司并购重组审核委员会委员。

依据《中华人民共和国证券法》（以下简称《证券法》）的有关规定，我会对吴建敏违法违规行为进行了立案调查、审理，并依法向当事人告知了作出行政处罚的事实、理由、依据及当事人依法享有的权利。当事人未提出陈述、申辩意见，也未要求听证。本案现已调查、审理终结。

经查明，吴建敏存在以下违法事实：

一、吴建敏控制“苏某某”账户

“苏某某”账户（以下简称涉案账户），资金账号：60013521，于 1997 年 7 月 18 日在方正证券北京和平里东街营业部开立，下挂 A150718418（沪）、97812472（深）两个股东账户。

（一）根据下单 IP 地址与 MAC 码等证据，吴建敏操作过涉案账户。2010 年 1 月 5 日至 2011 年 9 月 30 日期间，“苏某某”账户共下单交易 127 次。其中，6 次交易 IP 地址与吴建敏所在单位天健兴业有关，16 次与吴建敏密切关系人周某某所在单位京能集团财务有限公司有关，其余交易 IP 地址为动态 IP 地址。吴建敏 IBM 笔记本电脑 MAC 码有 71 次涉及“苏某某”账户的交易；吴建敏密切关系人周某某办公室台式机 MAC 码有 26 次涉及“苏某某”账户的交易；吴建敏苹果笔记本电脑 MAC 码有 16 次涉及“苏某某”账户的交易。

（二）从“苏某某”账户资金往来情况看，账户资金主要来源与去向为吴建敏。2002 年至我会调查时，涉案账户共有 11 笔资金存取，其中 9 笔大额资金存取均由吴建敏本人办理。

（三）吴建敏在接受我会调查时的询问笔录中承认其控制“苏某某”账户交易股票。

二、吴建敏受南京红太阳股份有限公司（以下简称红太阳）委托参与相关项目的评估工作

（一）2010 年 3 月 1 日，吴建敏作为天健兴业的评估人员进场开始从事对红太阳持有江苏中邦制药有限公司 47.92% 股权的评估工作，并在风险评估表中作为项目洽谈人签名，同意接受红太阳委托的该资产评估项目。根据报告流程控制表及公司负责人复核表，2010 年 4 月 28 日，吴建敏作为该评估报告（天兴评报字〔2010〕第 227 号）签字注册评估师签名，2010 年 5 月 5 日，吴建敏作为公司负责人或授权人签发了该评估报告。

（二）2010 年 3 月 30 日，吴建敏作为天健兴业的执行董事及评估项目的承接人，在红太阳委托天健兴业评估南京第一农药集团有限公司（南一农）持有的 3 家公司股权的项目承接审批意见表中签名，并在风险评估表中作为项目洽谈人签名，同意接受红太阳委托的该资产评估项目。根据报告流程控制表及公司负责人复核表，2010 年 5 月 8 日，吴建敏作为该评估报告（天兴评报字〔2010〕第 122 号）签字注册评估师签名，2010 年 5 月 9 日，吴建敏作为公司负责人或授权人签发该评估报告。

（三）2011 年 1 月 3 日，吴建敏作为天健兴业的执行董事及评估项目的承接人，在红太阳委托天健兴业评估南一农持有的 3 家公司股权

的项目承接审批意见表中签名,并在风险评估表中作为项目洽谈人签名,同意接受红太阳委托的该资产评估项目。根据报告流程控制表及公司负责人复核表,2011 年 3 月 31 日,吴建敏作为该评估报告(天兴评报字〔2011〕第 22 号)签字注册评估师签名,并作为公司负责人或授权人签发该评估报告。

上述评估报告核心内容至 2011 年 7 月 29 日首次公开披露。

三、吴建敏控制“苏某某”账户交易红太阳股票情况

“苏某某”账户 2010 年 11 月 16 日、17 日、2011 年 1 月 11 日、21 日,分别买入红太阳股票 13,750 股、30,000 股、77,700 股、22,300 股,累计成交金额 2,146,554.25 元。2010 年 11 月 23 日、2011 年 2 月 21 日、3 月 8 日分别卖出红太阳股票 43,750 股、50,000 股、50,000 股,累计成交金额 2,330,812.50 元,交易盈利 179,688.73 元。已查实交易 MAC 地址为 0016D3318BE4(吴建敏 IBM 笔记本电脑 MAC 码)、7C6D62A3086F(吴建敏苹果笔记本电脑 MAC 码)。

吴建敏使用“苏某某”账户交易红太阳股票的行为违反了《证券法》第四十五条第二款“为上市公司出具审计报告、资产评估报告或者法律意见书等文件的证券服务机构和人员,自接受上市公司委托之日起至上述文件公开后五日内,不得买卖该种股票”的规定,构成《证券法》第二百零一条所述情形。

根据当事人违法行为的事实、性质、情节与社会危害程度,依据《证券法》第二百零一条之规定,我会决定:没收吴建敏违法所得 179,688.73 元,并处以 100,000 元罚款。

上述当事人应自收到本处罚决定书之日起 15 日内,将罚没款汇交中国证券监督管理委员会(开户银行:中信银行总行营业部,账号:7111010189800000162,由该行直接上缴国库),并将注有当事人名称的付款凭证复印件送中国证券监督管理委员会稽查局备案。当事人如果对本处罚决定不服,可在收到本处罚决定书之日起 60 日内向中国证券监督管理委员会申请行政复议,也可在收到本处罚决定书之日起 3 个月内直接向有管辖权的人民法院提起行政诉讼。复议和诉讼期间,上述决定不停止执行。

关于鞠成立违反证券法规的行政处罚决定书

(〔2014〕87 号)

当事人:鞠成立,男,1963 年 4 月出生,住址:北京市海淀区三才堂清木华园。

依据《中华人民共和国证券法》(以下简称《证券法》)的有关规定,我会对鞠成立内幕交易广联达软件股份有限公司(以下简称广联达)股票案进行了立案调查、审理,并依法向当事人告知了作出行政处罚的事实、理由、依据及当事人依法享有的权利。当事人未提出陈述、申辩意见,也未要求听证。本案现已调查、审理终结。

经查,鞠成立实施了内幕交易“广联达”股票的行为,具体事实如下:

一、内幕信息的形成过程

2010 年 6 月,广联达刁某中、王某洪、贾某平经过讨论,决定启动广联达与北京梦龙软件有限公司(以下简称梦龙软件)间的战略合作或并购重组专项工作。2010 年 7 月份,王某洪与鞠成立在广联达公司进行了合作意向的沟通和框架性设想的交流,并达成初步合作意向。2010 年 7 月中旬,广联达开始启动与梦龙软件合作的前期准备工作,王某洪、张某江、何某、陈某海为参与人。2010 年 8 月 11 日,鞠成立在广联达会议室就梦龙软件的企业情况、核心业务情况、T平台核心技术情况做了专题介绍，刁某中、王某洪、涂某华、苏某义、陈某海参加了会议。2010年9月2日，广联达与鞠成立签订了《保密协议》，双方开始正式意向的沟通。2010年9月7日，广联达召开对梦龙软件初步调查工作汇报会议，对后续工作做了安排，广联达正式建立项目组，聘请相关中介机构。2010年9月8日，王某洪与鞠成立就相关内容达成共识，并形成备忘录。2010年10月22日至11月18日，广联达建立梦龙软件项目整合策划小组，并开展整合方案的设计、讨论、确定等工作。2010年12月初，广联达与梦龙软件双方确定了最终收购价格、付款方式、合同条款等内容。2010年12月8日，广联达第一届董事会第二十五次会议审议通过了收购方案，12月9日，广联达与梦龙软件正式签订协议。

2010年12月10日，广联达发布《关于使用部分超募资金收购北京梦龙软件有限公司股权的公告》：公司拟与梦龙软件股东鞠成立、立文公司签署《股权转让协议》，约定公司以9,434万元人民币的价格收购鞠成立和立文公司持有的梦龙软件100%股权。2010年12月28日，广联达发布《2010年度第二次临时股东大会决议公告》，审议通过了《关于使用超募资金收购北京梦龙软件有限公司股权的议案》。广联达收购梦龙软件股权属于《证券法》第七十五条规定的内幕信息范围，该内幕信息不迟于2010年8月10日形成，内幕信息敏感期为2010年8月10日至2010年12月10日。鞠成立作为梦龙软件的实际控制人参与了广联达收购梦龙软件股权的谈判，为内幕信息知情人。

2011年3月30日，广联达发布《关于公司股东追加股份限售承诺的提示性公告》：广联达股东鞠成立根据2010年12月28日生效的《鞠成立、北京立文数维科技开发有限公司与广联达软件股份有限公司关于北京梦龙软件有限公司之股权转让协议》规定从二级市场购入广联达软件股份有限公司股票，截止到2011年3月27日，鞠成立已使用30,897,490元购买广联达股票490,254股，占公司股份总数的0.27%；2011年3月29日，公司收到股东鞠成立先生出具的《追加股份限售承诺函》，其中称在2013年5月24日前，鞠成立先生持有的所有广联达股票（含此次购买及以后派生出的权益性股票）不通过证券交易系统（含大宗交易系统）挂牌交易的方式减持。因为公司在2011年3月29日实施每10股转增5股派6元的权益分派方案，所以需锁定股份为735,381股。

二、鞠成立内幕交易的基本情况

“鞠成立”账户（资金账号0011××××3830）2010年9月28日开立于首创证券北京五道口营业部。该户交易“广联达”股票情况：2010年9月28日至10月27日，累计买入32,600股，成交金额1,682,919元；2010年10月19日至11月4日，全部卖出，成交金额1,833,663.92元，盈利138,361.5元。2010年12月23日至2011年3月24日，该户累计买入508,454股，成交金额25,412,116.56元，累计卖出18,200股，成交金额1,093,624元。该户交易“广联达”股票的资金来源为2010年9月30日至10月11日，梦龙软件转入资金259,668.27元，其余均为鞠成立三方存管银行内的自有资金；资金去向为“刘某阳”账户。

“刘某阳”账户（资金账号0011××××4101）2010年11月2日开立于首创证券北京五道口营业部。该户交易“广联达”股票情况：2010年11月2日至12月8日，累计买入335,339股，成交金额19,754,335.46元；2010年11月4日至12月20日，全部卖出，成交金额20,438,741.06元，盈利543,387.63元。该户交易“广联达”股票的资金来源为2010年11月2日至12月8日，梦龙软件转入2,361,141元，广联达转入7,500,000元，其余均为鞠成立银行账户内的自有资金转入；2010年11月2日至12月13日，该户转出1,450,000元至梦龙软件。

根据鞠成立、刘某阳的询问笔录，鞠成立是其本人和刘某阳账户的实际控制人和操作人，账户内的资金为鞠成立所有。

以上事实有交易明细、当事人询问笔录、会议记录等证据证明，足以认定。

鞠成立利用内幕信息交易“广联达”股票的行为违反了《证券法》第七十六条的规定，构成《证券法》第二百零二条所述行为。

根据当事人违法行为的事实、性质、情节与社会危害程度，依照《证券法》第二百零二条的规定，我会决定：没收鞠成立的违法所得681,

749 元,并处以 681,749 元罚款。

上述当事人应自收到本处罚决定书之日起 15 日内,将罚没款汇交中国证券监督管理委员会(开户银行:中信银行总行营业部,账号:7111010189800000162,由该行直接上缴国库),并将注有当事人名称的付款凭证复印件送中国证券监督管理委员会稽查局备案。当事人如果对本处罚决定不服,可在收到本处罚决定书之日起 60 日内向中国证券监督管理委员会申请行政复议,也可在收到本处罚决定书之日起 3 个月内直接向有管辖权的人民法院提起行政诉讼。复议和诉讼期间,上述决定不停止执行。

关于沃克森(北京)国际资产评估有限公司、李文军、黄立新违反证券法规的行政处罚决定书

([2014]88 号)

当事人:沃克森(北京)国际资产评估有限公司,成立于 2006 年 8 月 31 日,法定代表人郑少洋,注册资本 200 万元,注册地址:北京市海淀区车公庄西路乙 19 号华通大厦 B 座 205 室。

李文军,男,1972 年 8 月出生,住址:山东省烟台市芝罘区东兴街,时任沃克森评估公司评估三部主任。

黄立新,男,1967 年 8 月出生,住址:湖南省东安县白牙市镇龙溪路 171 号,时任沃克森评估公司副总经理。

依据《中华人民共和国证券法》(以下简称《证券法》)的有关规定,我会对沃克森(北京)国际资产评估有限公司(以下简称沃克森评估公司)未勤勉尽责案进行了立案调查、审理,并依法向当事人告知了作出行政处罚的事实、理由、依据及当事人依法享有的权利。应当事人沃克森评估公司、李文军、黄立新的要求,我会举行了听证会听取了当事人的陈述和申辩意见。本案现已调查、审理终结。

经查,沃克森评估公司存在未勤勉尽责的行为,具体事实如下:

沃克森评估公司接受广联达软件股份有限公司(以下简称广联达)委托,采用资产基础法和市场法评估方法对北京梦龙软件有限公司(以下简称梦龙软件)股东全部权益在 2010 年 11 月 30 日的市场价值进行了评估,评估值为 9,434.42 万元,评估值较账面净资产增值 8,465.3 万元,增值率 873.51%;对兴安得力股东全部权益在 2010 年 12 月 31 日的市场价值进行了评估,评估值为 33,735.47 万元,评估值较账面净资产增值 26,861.36 万元,增值率 390.76%。上述报告签字的注册资产评估师为黄立新、李文军,李文军为项目总负责人。

沃克森评估公司使用的评估方法具体如下:首先,选择与被评估企业处于同一行业且股票交易活跃的上市公司作为对比公司,并通过交易股价计算对比公司的市场价值,其选取的对比公司为新大陆(股票代码:000997)、用友软件(股票代码:600588)、东软集团(股票代码:600718)和金证股份(股票代码:600446);其次,选择对比公司的一个或几个收益性和/或资产类参数,如 EBIT,EBITDA 或总资产、净资产等作为“分析参数”,并计算对比公司市场价值与所选择分析参数之间的比例关系;最后,通过比较分析被评估企业与参考企业的异同,计算出使用于被评估企业比率乘数,从而得到委估对象的市场价值。

通过审核相关工作底稿,沃克森评估公司该两个项目的评估工作存在以下三方面的问题:

一是对比公司流通股市值计算公式错误。根据梦龙软件、兴安得力评估项目的“可比公司股权价值”表工作底稿记载,流通股市值 = 股价 × 流通股票数量 × 流通股占总股本比例。上述计算公式明显错误。

二是对比公司市场价值评估依据标准不统

一。主要表现在：第一，选取的对比公司股权价值计算标准不统一。在“对比公司折现率计算表”的工作底稿中，对比公司新大陆、东软集团股权价值＝流通股市值＋限售股市值；而用友软件、金证股份的股权价值＝流通股市值＋限售股市值＋负息负债－非经营性资产净值（整体价值）。第二，选取的对比公司息税前利润（EBIT）计算方法不统一。根据梦龙软件、兴安得力评估项目工作底稿，息税前利润（EBIT）＝扣除非主营业务收入后利润总额＋利息支出。梦龙软件项目工作底稿中，四家可比公司“利润表”中“扣除非主营业务收入后利润总额＝营业利润＋资产减值损失－投资收益”。梦龙软件报表中“扣除非主营业务收入后利润总额＝营业利润＋资产减值损失－公允价值变动收益”。兴安得力项目工作底稿中，四家可比公司“利润表”中“扣除非主营业务收入后利润总额＝营业利润－公允价值变动收益－投资收益”。第三，选取的对比公司 EBITDA 的预期增长率计算方法不统一。根据梦龙软件评估项目工作底稿，四家可比公司“利润表”中，新大陆、东软集团的“EBITDA 预期增长率＝息税折旧摊销前利润（EBITDA）增长率的 WACC 折现×税前加权资本成本”，计算结果分别为 8.43%、19.23%；用友软件、金证股份的“EBITDA 预期增长率＝息税折旧摊销前利润/主营业务收入百分比的 WACC 折现×税前加权资本成本”，计算结果分别为 2.87%、1.54%。第四，选取的对比公司资产比率乘数修正系数计算方法不统一。根据梦龙软件、兴安得力评估项目工作底稿，“比率乘数修正系数计算表中”，新大陆、东软集团、金证股份的“EBITDA/总资产的五年平均值＝EBITDA/扣除非经营性资产后的总资产”，用友软件的“EBITDA/总资产的五年平均值＝EBITDA/资产总计”。其中，扣除非经营性资产的总资产＝资产总计－非经营性资产。

三是选取对比公司相关参数的依据不明。沃克森评估公司认为东软集团计算取得的 EBITDA 的预期增长率不合理，直接以用友软件的 EBITDA 预期增长率加以替代，没有具体数据支持。沃克森评估公司两个项目的工作底稿显示，四家对比公司计算所得的增长率包括 8.43%、19.23%、2.87%、1.54%、7.38%、18.45%、5.07%、2.14% 等 8 个数据，沃克森评估公司计算的软件行业 EBITDA 预期增长率为 4.82%，而对梦龙软件和兴安得力的 EBITDA 预期增长率直接取用 8%，此数据与前述对比数据之间难以建立直接的因果关系，对其获取也缺少相关说明和计算依据。

沃克森评估公司的项目负责人、签字注册评估师李文军在回答调查询问时也承认评估报告有明显错误，对评估结果影响较大，原评估结果基本不可信。在使用该评估报告时，评估值会影响客户的合理判断。

上述事实分别有交易明细、当事人询问笔录、通讯记录、相关单位提供的说明、会议记录、评估报告、评估工作底稿等证据证明，足以认定。

我会于 2014 年 1 月 6 日作出行政处罚事先告知书，认定沃克森评估公司的行为违反了《企业价值评估指导意见（试行）》第七条和第三十三条第（三）项的规定，其出具的评估报告有误导性陈述，构成《证券法》第二百二十三条的情形。沃克森评估公司、李文军和黄立新在陈述申辩和听证过程中，提出了如下陈述和申辩意见：

1. 对沃克森公司的行政处罚程序违法。沃克森公司的行政处罚是在其配合调查“鞠成立内幕交易案中”进行的，未对沃克森公司未勤勉尽责一案立案就予以调查违反了行政处罚程序的规定。

2. 适用法律错误。《行政处罚事先告知书》认定沃克森评估公司的行为具有误导性陈述的依据《企业价值评估指导意见（试行）》已经于 2012 年 7 月 1 日起废止。

3. 沃克森公司并未构成误导性陈述。根据近年应用软件行业并购案例及上市公司相关数据比较，沃克森公司评估结果在合理范围之内；事先告知书认定沃克森公司存在误导性陈述的主要证据是沃克森公司的工作底稿记载，由于工作底稿不对外公开，委托方和股权出让方也未提出异议，不存在被误导对象；本案中并无证据证明沃克森公司存在误导的主观故意；通过对事先告知书所提及的问题进行调整后的评估结果均高出原评估结论，可见上市公司在并购中并未遭受损失。

我会对沃克森评估公司、李文军和黄立新

的申辩理由进行了复核,认为:

我会在 2012 年 7 月 24 日决定对“鞠成立”等账户涉嫌利用内幕信息交易行为立案稽查时,对沃克森评估公司的不当行为一并立案调查,在调查过程中按照《证券法》第一百八十一条的规定行事,程序合法。

虽然《企业价值评估指导意见(试行)》已经于 2012 年 7 月 1 日起废止,但沃克森评估公司的违法违规行为发生在 2012 年 7 月 1 日之前,依据行政执法适用违法行为发生时法律的原则,《企业价值评估指导意见(试行)》仍然可以作为衡量行为主体是否违法违规的依据。

沃克森评估公司的对梦龙软件和兴安得力的资产评估报告,是作为广联达公司使用部分超募资金收购梦龙软件和兴安得力股权的公告的备查文件一并对市场披露,资产评估报告的真实性、准确性和完整性对广大投资者的投资行为和利益当然产生影响。通过审核相关工作底稿,沃克森评估公司在对两个项目评估过程中存在未勤勉尽责的事实,股权交易双方对于评估结论没有提出异议不等于沃克森评估公司未勤勉尽责的行为不具法律上的可谴责性和处罚性。梦龙软件和兴安得力被收购后业绩增长系追加投资等多种因素所致,不能成为沃克森评估公司违法评估行为不受追责的理由。

沃克森评估公司的行为违反了《企业价值评估指导意见(试行)》第七条关于“注册资产评估师执行企业价值评估业务,应当恪守独立、客观、公正的原则,勤勉尽责,保持应有的职业谨慎,不得出现对评估结论具有重要影响的实质性疏漏和错误”和第三十三条第(三)项关于“用于价值比率计算的相关数据口径和计算方式应当一致”的规定,其出具的评估报告有误导性陈述。评估报告的签字评估师李文军、黄立新为直接责任人员。

根据当事人违法行为的事实、性质、情节与社会危害程度,依照《证券法》第二百二十三条的规定,我会决定:

(一)没收沃克森评估公司评估业务收入 28 万元,并处以 28 万元罚款;

(二)对李文军、黄立新予以警告,并分别处以 3 万元罚款。

上述当事人应自收到本处罚决定书之日起 15 日内,将罚没款汇交中国证券监督管理委员会(开户银行:中信银行总行营业部,账号:7111010189800000162,由该行直接上缴国库),并将注有当事人名称的付款凭证复印件送中国证券监督管理委员会稽查局备案。当事人如果对本处罚决定不服,可在收到本处罚决定书之日起 60 日内向中国证券监督管理委员会申请行政复议,也可在收到本处罚决定书之日起 3 个月内直接向有管辖权的人民法院提起行政诉讼。复议和诉讼期间,上述决定不停止执行。

关于浙江宏磊铜业股份有限公司、戚建萍、戚建华等 12 名责任人违反证券法规的行政处罚决定书

([2014]89 号)

当事人:浙江宏磊铜业股份有限公司(以下简称宏磊股份),住所:浙江省诸暨市,法定代表人戚建萍。

戚建萍,女,1964 年 3 月 31 日出生,时任宏磊股份董事长、总经理。

戚建华,女,1971 年 7 月 10 日出生,时任宏磊股份董事。

戚建生,男,1967 年 12 月 14 日出生,时任宏磊股份董事。

金磊,男,1988 年 8 月 15 日出生,时任宏磊股份董事。

魏浙强,男,1959 年 9 月 10 日出生,时任宏磊股份董事、副总经理。

杨学桐,男,1948 年 11 月 12 日出生,时任

宏磊股份独立董事。

尚福山，男，1955年2月10日出生，时任宏磊股份独立董事。

何力民，女，1944年8月1日出生，时任宏磊股份独立董事。

吴旭仕，男，1964年8月16日出生，时任宏磊股份独立董事。

俞晓光，男，1965年2月23日出生，时任宏磊股份财务总监。

方中厚，男，1975年9月24日出生，时任宏磊股份副总经理、董事会秘书。

依据《中华人民共和国证券法》（以下简称《证券法》）的有关规定，我会对宏磊股份信息披露违法行为进行了立案调查、审理，并依法向当事人告知了作出行政处罚的事实、理由、依据及当事人依法享有的权利。

当事人宏磊股份、戚建萍、俞晓光未提出陈述、申辩意见，未要求听证；戚建华、戚建生、金磊、魏浙强、杨学桐、尚福山、何力民、吴旭仕、方中厚未提出陈述、申辩意见。本案现已调查、审理终结。经查明，宏磊股份存在以下违法事实：

一、宏磊股份《2012年半年度报告》未披露宏磊集团占用宏磊股份资金的关联交易情况

2012年上半年，宏磊股份的关联方浙江宏磊控股集团有限公司（以下简称宏磊集团）频繁占用宏磊股份资金，截至2012年6月30日，宏磊集团占用宏磊股份资金25,989,000元。

宏磊股份《2012年半年度报告》未披露宏磊集团占用宏磊股份资金的关联交易情况。

二、宏磊股份《2012年年度报告》未完整披露宏磊集团占用宏磊股份资金的关联交易情况

2012年下半年，宏磊集团在占用宏磊股份25,989,000元的情况下，继续频繁占用宏磊股份资金，截至2012年12月31日，宏磊集团占用宏磊股份资金508,715,650.54元。

宏磊股份《2012年年度报告》披露，宏磊集团占用其资金463,215,650.54元。

宏磊股份《2012年年度报告》披露的宏磊集团占用其资金的关联交易情况不完整。

宏磊股份的上述行为违反了《证券法》第六十三条的规定，构成了《证券法》第一百九十三条所述情形。

对上述违法行为直接负责的主管人员为宏磊股份时任董事长、总经理戚建萍；其他直接责任人员为时任董事戚建华、戚建生、金磊，董事、副总经理魏浙强，独立董事杨学桐、尚福山、何力民、吴旭仕，副总经理、董事会秘书方中厚，财务总监俞晓光。

以上违法事实，有宏磊股份《2012年半年度报告》、《2012年年度报告》，宏磊股份的会计记录，相关董事会决议，相关人员的谈话笔录等证据证明，足以认定。

根据当事人违法行为的事实、性质、情节与社会危害程度，以及宏磊股份2013年上半年收回了宏磊集团占用的全部资金508,715,650.54元，并向宏磊集团收取了资金占用费25,414,971.69元的情况，依据《证券法》第一百九十三条和《中华人民共和国行政处罚法》第二十七条从轻和减轻行政处罚的相关规定，我会决定：

一、对宏磊股份给予警告，并处以30万元罚款；

二、对戚建萍给予警告，并处以20万元罚款；

三、对戚建华、戚建生、金磊、魏浙强给予警告，并分别处以3万元罚款；

四、对俞晓光给予警告，并处以5万元罚款；

五、对杨学桐、尚福山、何力民、吴旭仕、方中厚给予警告。

上述当事人应自收到本处罚决定书之日起15日内，将罚款汇交中国证券监督管理委员会（开户银行：中信银行总行营业部，账号：7111010189800000162，由该行直接上缴国库），并将注有当事人名称的付款凭证复印件送中国证券监督管理委员会稽查局备案。当事人如果对本处罚决定不服，可在收到本处罚决定书之日起60日内向中国证券监督管理委员会申请行政复议，也可在收到本处罚决定书之日起3个月内直接向有管辖权的人民法院提起行政诉讼。复议和诉讼期间，上述决定不停止执行。

关于贺小娟违反证券法规的行政处罚决定书

(〔2014〕90 号)

当事人:贺小娟,女,1987 年 8 月出生,住址:四川省成都市青羊区商业街。

依据《中华人民共和国证券法》(以下简称《证券法》)的有关规定,我会对贺小娟利用内幕信息交易"宏达新材"股票行为进行了立案调查、审理,并依法向当事人告知了作出行政处罚的事实、理由、依据及当事人依法享有的权利。当事人未提交陈述、申辩意见及听证申请。本案现已调查、审理终结。

经查明,贺小娟违法事实如下:

一、内幕信息的形成和公开过程

江苏宏达新材料股份有限公司(以下简称宏达新材)是一家从事化学原料和化学制品制造的深圳证券交易所上市公司,第一大股东为江苏伟伦投资管理有限公司,朱某洪为宏达新材董事长、总经理。何某明为科创控股集团有限公司(以下简称科创控股)董事局主席。

2013 年 3 月 3 日,经张某东介绍,朱某洪与何某明在北京商谈科创控股通过重组宏达新材借壳上市事宜,并签署了《江苏宏达新材料股份有限公司重大资产重组项目之保密协议》。

2013 年 4 月 16 日,科创控股金融事业部朱某、张某永前往宏达新材,实地考察上市公司是否适合成为科创控股的借壳对象。2013 年 4 月 23 日至 24 日及 2013 年 4 月 28 日至 29 日,朱某洪两次前往成都与何某明就重组借壳事宜商谈,双方在重组方式上未能达成一致。

2013 年 5 月 4 日至 5 日,朱某洪、朱某伟(朱某洪之子)、西南证券参与人李某(宏达新材方)、何某明、中介机构参与人孙某东(科创控股方)在成都商谈,双方未能就具体重组方案达成一致,但都有继续推进重组的意向。5 月 12 日,朱某洪收到孙某东起草的重组方案,表示虽不同意该方案,但双方仍有意愿做成重组。

2013 年 5 月 15 日,孙某东、张某东到镇江与朱某洪见面,了解其重组思路并向何某明汇报,双方在重组思路上仍旧分歧很大。5 月 19 日,孙某东组织中介机构对科创控股进行尽职调查,并于 5 月 29 日完成尽职调查报告。

2013 年 5 月 30 日至 6 月 2 日,宏达新材与科创控股双方在成都商谈,并于 6 月 2 日下午签署了《科创控股集团有限公司 何某明 四川科创制药集团有限公司与江苏伟伦投资管理有限公司 朱某洪股份转让及重大资产重组合作框架协议》。2013 年 6 月 3 日,宏达新材发布停牌公告。

2013 年 11 月 12 日,宏达新材公告,因重组所需的相关拟置入资产的权属清理工作无法在规定时间内完成,宏达新材终止与科创控股的重组,并复牌。

停牌前 20 个交易日(2013 年 5 月 6 日至 2013 年 5 月 31 日)宏达新材累计上涨 21.12%,同期中小板综指累计上涨 12.44%,偏离 8.68 个百分点。停牌前 4 个交易日(5 月 28 日至 5 月 31 日),该股累计上涨 7.87%,同期中小板综指累计下跌 0.74%,偏离 8.61 个百分点。

二、贺小娟内幕交易情况

王某渝是贺小娟的小姨,其证券账户的实际操作人是贺小娟。"王某渝"账户于 2006 年 12 月 4 日开立于招商证券。该账户自 2011 年 5 月 11 日至 2013 年 5 月 19 日未发生任何交易。2013 年 5 月 20 日下午,该账户共买入"宏达新材"306,431 股,成交金额 1,620,073.76 元,成交均价约 5.3 元,截至调查日(2013 年 11 月 13 日)未卖出。5 月 20 日该账户买入"宏达新材"的资金 160 余万元,为当日亏损卖出所持

30万股“迪康药业”所得。

何某明与贺小娟父亲关系很熟，从而与贺小娟相识。两人2013年3－8月通讯联系频繁，贺小娟5月20日买入“宏达新材”前，贺小娟与何某明2013年5月16日联系6次，5月17日联系2次（5月17日、5月18日为周末）。

贺小娟、何某明均否认交流过宏达新材重组事宜，贺小娟称选择“宏达新材”的原因一是基于“股吧”推荐，二是基于“宏达新材”盘面分析。目前，“王某渝”账户所持“宏达新材”股票已全部卖出，贺小娟涉案交易亏损。

以上事实，有相关公告、涉案人员询问笔录和账户交易记录等证据在案证明，足以认定。

我会认为，何某明属于《证券法》第七十四条规定的内幕信息知情人，其与贺小娟之间存在固有关系、惯常联系，两者在涉嫌交易期间存在频繁通讯联系并与交易时点基本吻合，贺小娟交易操作在内幕信息尚未公开前出现明显异常，而当事人并未对交易理由提出令人信服的合理解释。贺小娟的行为违反了《证券法》第七十三条、第七十六条的规定，构成了《证券法》第二百零二条所述的内幕交易行为。

根据当事人违法行为的事实、性质、情节与社会危害程度，依据《证券法》第二百零二条的规定，我会决定：对贺小娟处以10万元罚款。

上述当事人应自收到本处罚决定书之日起15日内，将罚款汇交中国证券监督管理委员会（开户银行：中信银行总行营业部，账号：7111010189800000162，由该行直接上缴国库），并将注有当事人名称的付款凭证复印件送中国证券监督管理委员会稽查局备案。当事人如果对本处罚决定不服，可在收到本处罚决定书之日起60日内向中国证券监督管理委员会申请行政复议，也可在收到本处罚决定书之日起3个月内直接向有管辖权的人民法院提起行政诉讼。复议和诉讼期间，上述决定不停止执行。

关于浙江大东南集团有限公司违反证券法规的行政处罚决定书

（〔2014〕91号）

当事人：浙江大东南集团有限公司（以下简称大东南集团），住所：浙江省诸暨市璜山镇建新路，法定代表人黄水寿。

依据《中华人民共和国证券法》（以下简称《证券法》）的有关规定，我会对大东南集团非法利用15个个人证券账户交易股票行为进行了立案调查、审理，并依法向当事人告知了作出行政处罚的事实、理由、依据及当事人依法享有的权利。当事人未要求听证，但提出了申辩意见。本案现已调查、审理终结。

经查明，大东南集团存在以下违法事实：

大东南集团为浙江大东南股份有限公司（简称大东南或者公司）第一大股东。2007年7月至8月，大东南集团颁发了《关于期权激励机制的实施方案》，职工代表大会审议通过了《关于期权激励机制的实施方案的规定》，发布了《关于对期权激励股票实行集中管理的规定》，规定激励对象为大东南集团技术骨干和厂龄在五年以上的职工，不包括大东南董事、监事、高级管理人员；凡符合规定员工所享有的期权激励股票委托给赵某根、何某二位职工代表集中管理，从二级市场买入的股票账户由职工代表开立；当大东南集团资金周转困难时，可以先卖出激励对象所享有的股票，以补充大东南集团所急需的流动资金。

2009年6月至2013年7月，大东南集团利用其员工“楼某燕”等15个账户（以下简称15个账户），主要买卖“大东南”。15个账户累计买入“大东南”123,068,043股，买入金额102,960.79万元；累计卖出123,268,583股（持股期间有转增），卖出金额101,404.00万元，亏损1,556.79万元。其中，“陈某晶”、“陈某超”、

"王某峰"3个证券账户曾交易过"大东南"以外的股票,累计买入金额1,455.51万元,卖出金额1,478.13万元,盈利22.62万元。15个账户的资金主要来源和去向为大东南集团。

以上事实,有相关交易记录、涉案人员询问笔录等证据证明,足以认定。

大东南集团的上述行为,违反了《证券法》第八十条"禁止法人非法利用他人账户从事证券交易"的规定,构成了《证券法》第二百零八条第一款所述"法人以他人名义设立账户或者利用他人账户买卖证券"的违法行为。

根据当事人违法行为的事实、性质、情节与社会危害程度,依据《证券法》第二百零八条的规定,我会决定:责令大东南集团改正,并对其处以30万元罚款。

上述当事人应自收到本处罚决定书之日起15日内,将罚款汇交中国证券监督管理委员会(开户银行:中信银行总行营业部,账号:7111010189800000162,由该行直接上缴国库),并将注有当事人名称的付款凭证复印件送中国证券监督管理委员会稽查局备案。当事人如果对本处罚决定不服,可在收到本处罚决定书之日起60日内向中国证券监督管理委员会申请行政复议,也可在收到本处罚决定书之日起3个月内直接向有管辖权的人民法院提起行政诉讼。复议和诉讼期间,上述决定不停止执行。

关于内蒙古四海科技股份有限公司、濮黎明、罗守伟违反证券法规的行政处罚决定书

(〔2014〕92号)

当事人:内蒙古四海科技股份有限公司(以下简称四海股份),住所:内蒙古自治区呼和浩特市回民区工农兵路24号院6号楼三单元201室,法定代表人:马雅。

濮黎明,男,1966年6月3日出生,住址:浙江省绍兴县安昌镇西泉村,时为四海股份实际控制人,时任四海股份董事长、总经理。

罗守伟,男,1981年9月12日出生,住址:浙江省绍兴市越城区解放北路,时任四海股份财务总监。

依据《中华人民共和国证券法》(以下简称《证券法》)的有关规定,我会对四海股份涉嫌违法违规一案进行了立案调查、审理,并依法向四海股份、濮黎明、罗守伟告知了作出行政处罚的事实、理由、依据及当事人依法享有的权利。四海股份、濮黎明、罗守伟未提交陈述申辩材料,未申请听证。本案现已调查、审理终结。

经查明,四海股份存在以下违法事实:

一、四海股份未披露浙江众禾投资有限公司(以下简称浙江众禾)与北京大河之洲集团有限公司(以下简称北京大河)董事长李秉峰签订的四海股份股权转让合同

2011年8月29日,时为四海股份实际控制人濮黎明与北京大河签订了《关于股权转让及重组之框架协议》约定北京大河以现金3亿元收购濮黎明控股的浙江众禾持有的5000万股四海股份股票,并由北京大河向四海股份置入利润不低于一亿元的涉矿资产,同时从四海股份置出绍兴县旭成置业有限公司、绍兴县泰衡纺织品有限公司全部固定资产以及持有的浙江四海氨纶纤维有限公司43.42%的股权。2011年9月2日,四海股份发布公告称,公司控股股东正筹划四海股份股权转让事项。同日,北京大河支付浙江众禾2亿元股权转让预付款。2011年9月7日,四海股份公告称因公共媒体刊登了质疑本公司控股权转让涉嫌内幕信息提前泄露等报道,公司正在对相关事项进行核查,公司股票继续停牌。同日,浙江众禾与北京大

河董事长李秉峰签订《内蒙古时代科技股份有限公司股份转让合同》。2011 年 10 月 10 日，四海股份发布复牌公告称公司接到控股股东浙江众禾的通知，因转让双方存在分歧，公司控股股东浙江众禾终止本次股权转让事项，除上述股权转让事项外，公司控股股东及实际控制人不存在应披露而未披露的重大事项，也不存在处于筹划阶段的重大资产重组、发行股份等行为。四海股份未公告浙江众禾与李秉峰签订的四海股份股权转让合同的行为违反了《证券法》第六十三条、第六十七条第二款第（八）项和《上市公司信息披露管理办法》第三十一条第一款第（二）项的规定。

二、四海股份虚假披露 2012 年半年报货币资金金额

四海股份 2012 年半年报中披露货币资金金额为 200,597,987.56 元。经查，四海股份账册记录的 2012 年二季度末货币资金金额为 49,577,301.97 元。四海股份的上述行为违反了《证券法》第六十三条的规定。

濮黎明时为四海股份实际控制人，时任四海股份董事长、总经理，同时也是浙江众禾控股股东、董事长、总经理，违反了《证券法》第六十八条第三款的规定，是上述违法行为直接负责的主管人员。罗守伟时任四海股份财务总监，故意隐瞒资金已转出上市公司的事实，对四海股份在 2012 年半年报中披露的货币资金与实际不符负有责任，违反了《证券法》第六十八条第三款、《上市公司信息披露管理办法》第五十八条第三款的规定，是上述违法行为的其他直接责任人员。

以上事实有相关协议、合同、账册、半年报、相关人员谈话笔录等证据证明，足以认定。

根据当事人违法行为的事实、性质、情节和社会危害程度，依据《证券法》第一百九十三条第一款的规定，我会决定：

一、对四海股份给予警告，并处以 30 万元罚款；

二、对直接负责的主管人员濮黎明给予警告，并处以 20 万元罚款；

三、对其他直接责任人员罗守伟给予警告，并处以 15 万元罚款。

上述当事人应自收到本处罚决定书之日起 15 日内，将罚款汇交中国证券监督管理委员会（开户银行：中信银行总行营业部，账号：7111010189800000162，由该行直接上缴国库），并将注有当事人名称的付款凭证复印件送中国证券监督管理委员会稽查局备案。当事人如果对本处罚决定不服，可在收到本处罚决定书之日起 60 日内向中国证券监督管理委员会申请行政复议，也可在收到本处罚决定书之日起 3 个月内直接向有管辖权的人民法院提起行政诉讼。复议和诉讼期间，上述决定不停止执行。

关于山东平远投资有限公司违反证券法规的行政处罚决定书

（〔2014〕93 号）

当事人：山东平远投资有限公司（以下简称山东平远），住所：山东省淄博市，法定代表人陈飞。

依据《中华人民共和国证券法》（以下简称《证券法》）的有关规定，我会对山东平远涉嫌非法利用他人账户从事证券交易行为进行了立案调查、审理，并依法向当事人告知了作出行政处罚的事实、理由、依据及当事人依法享有的权利。山东平远未提出陈述、申辩意见。本案现已调查、审理终结。

经查明，山东平远存在以下违法事实：

2012 年 8 月 8 日至 8 月 10 日，山东平远使用“高某某”账户买入亿城集团股份有限公司股票 120 万股。

山东平远的上述行为违反了《证券法》第八十条关于禁止法人非法利用他人账户从事证券交易的规定,构成了《证券法》第二百零八条所述法人利用他人账户买卖证券的行为。

以上违法事实,有相关证券账户开户资料,相关证券交易记录,相关资金往来,相关人员谈话笔录等证据证明,足以认定。

根据当事人违法行为的事实、性质、情节与社会危害程度,依据《证券法》第二百零八条的规定,我会决定:责令山东平远改正,对山东平远处以10万元罚款。

上述当事人应自收到本处罚决定书之日起15日内,将罚没款汇交中国证券监督管理委员会(开户银行:中信银行总行营业部,账号:7111010189800000162,由该行直接上缴国库),并将注有当事人名称的付款凭证复印件送中国证券监督管理委员会稽查局备案。当事人如果对本处罚决定不服,可在收到本处罚决定书之日起60日内向中国证券监督管理委员会申请行政复议,也可在收到本处罚决定书之日起3个月内直接向有管辖权的人民法院提起行政诉讼。复议和诉讼期间,上述决定不停止执行。

关于深圳海联讯科技股份有限公司、章锋、邢文飚等18名责任人违反证券法规的行政处罚决定书

(〔2014〕94号)

当事人:深圳海联讯科技股份有限公司(以下简称海联讯),住所:广东省深圳市南山区深南大道,法定代表人邢文飚。

章锋,男,1962年11月出生,海联讯第一大股东和实际控制人,海联讯董事长,住址:广东省深圳市南山区假日湾华庭。

邢文飚,男,1969年3月出生,海联讯第三大股东,海联讯总经理、董事、法定代表人,住址:广东省深圳市南山区深南大道高新技术园。

杨德广,男,1967年1月出生,海联讯第五大股东,时任海联讯财务总监、董事会秘书,住址:广东省深圳市南山区金田花园。

孔飙,男,1968年1月出生,海联讯第二大股东,海联讯董事、副总经理,住址:广东省深圳市南山区后海大道。

苏红宇,女,1969年4月出生,海联讯第四大股东,海联讯董事、副总经理,住址:北京市海淀区西三旗育新花园。

胡婉蓉,女,1972年10月出生,时任海联讯监事会主席、营运部总监,住址:广东省深圳市南山区佳嘉豪苑。

罗自力,男,1969年8月出生,时任海联讯营运部合同管理兼人事行政主管,住址:广东省深圳市南山区雅仕荔景苑。

罗力,男,1968年4月出生,时任海联讯董事,住址:上海市闵行区报春路。

郭志忠,男,1961年10月出生,时任海联讯独立董事,住址:北京市海淀区西二旗西路。

王德保,男,1966年1月出生,时任海联讯独立董事,住址:北京市海淀区清华园荷清苑。

肖逸,男,1972年1月出生,时任海联讯独立董事,住址:广东省深圳市南山区沙河侨苑。

程浩忠,男,1962年9月出生,海联讯独立董事,住址:上海市徐汇区秀山路。

林夏,女,1975年5月出生,时任海联讯监事,住址:河南省濮阳市华龙区中原路。

周建中,男,1953年3月出生,时任海联讯监事,住址:北京市海淀区太平路。

周红,女,1975年5月出生,时任海联讯监事,住址:广东省深圳市福田区沙尾工业区。

刘宝峰,男,1970年6月出生,海联讯副总经理,住址:山东省德州市德城区肖月教育小区。

廖晓光,男,1973年2月出生,海联讯副总经理,住址:天津市和平区卫津路。

依据《中华人民共和国证券法》(以下简称《证券法》)有关规定,我会对海联讯违反证券法律法规行为进行了立案调查、审理,并依法向当事人告知了作出行政处罚的事实、理由、依据及当事人依法享有的权利。当事人未提出陈述和申辩意见,也未要求听证。本案现已调查、审理终结。

经查明,海联讯存在以下违法事实:

一、报送中国证监会的申请首次公开发行股票并在创业板上市(以下简称 IPO)申请文件中相关财务数据存在虚假记载

2010 年 12 月 14 日,海联讯向中国证监会提交 IPO 申请。2011 年 11 月 3 日,中国证监会对海联讯 IPO 申请予以核准。经查,海联讯为实现发行上市目的,在相关会计期间虚构收回应收账款并虚增营业收入,致使其制作和报送中国证监会的 IPO 申请文件中相关财务数据和财务指标存在虚假记载。具体事实如下:

(一)虚构收回应收账款

为解决公司应收账款余额过大的问题,2009 年底,海联讯第五大股东杨德广向公司前四大股东章锋、孔飙、邢文飚、苏红宇提议通过股东垫资或向他人借款方式,在季末、年末等会计期末冲减应收账款,并在下一会计期初冲回。商量后,各股东均同意杨德广的提议,孔飙、邢文飚、杨德广等 3 位股东并同意自行垫资或向他人借款来解决公司应收账款问题。客户应收账款的冲抵和账务处理事宜由杨德广决策并负责安排人员实施。

经查,2009 年 12 月 31 日,海联讯通过他人转入资金 1,429 万元冲减应收账款,后于 2010 年 1 月 4 日全额退款并转回应收账款;2010 年 9 月和 12 月,海联讯通过股东垫资转入资金 2,566 万元冲减应收账款;2010 年 12 月,海联讯通过他人转入资金 8,754 万元冲减应收账款,后于 2011 年 1 月 4 日将他人资金 8,754 万元全额退款并转回应收账款;2011 年 6 月 30 日,海联讯通过他人转入资金 8,890 万元冲减应收账款,后于 2011 年 7 月 1 日全额退款并转回应收账款。截至 2009 年 12 月 31 日、2010 年 12 月 31 日、2011 年 6 月 30 日,海联讯分别虚构收回应收账款 1,429 万元、11,320 万元、11,456 万元。

(二)虚增营业收入

为优化 IPO 阶段的财务数据和财务指标,海联讯总经理邢文飚在公司内部会议中多次强调并要求,在能通过审计的情况下要尽可能提前确认收入。会后,海联讯营运部总监胡婉蓉(兼监事会主席)督促该部合同管理员罗自力尽力落实邢文飚要求。同时,海联讯财务总监杨德广(兼董事会秘书)在会计期末也要求罗自力把能确认收入的项目尽快确认收入,以提前确认收入来弥补营业收入缺口。当胡婉蓉或杨德广提出提前确认收入要求后,罗自力即向公司质量管理部了解公司已提前开工且后续可能签署合同和收到款项的项目,将其作为提前确认收入的项目,然后自行制作虚假的合同和验收报告,提供给财务部确认收入。

经查,海联讯 2010 年通过虚构 4 份合同和相应的验收报告,虚增营业收入 1,426 万元;2011 年上半年通过虚构 6 份合同和相应的验收报告,虚增营业收入 1,335 万元。

以上事实,有相关工商登记资料、招股说明书、客户提供情况说明、海联讯财务凭证、海联讯明细账、银行单据、承诺书、当事人提供说明材料和当事人询问笔录等证据证明,足以认定。

海联讯将包含虚假财务数据的 IPO 申请文件报送中国证监会并获得中国证监会核准的行为,违反了《证券法》第十三条关于公开发行新股应当符合的条件中“最近三年财务会计文件无虚假记载,无其他重大违法行为”和第二十条第一款“发行人向国务院证券监督管理机构或者国务院授权部门报送的证券发行申请文件,必须真实、准确、完整”的规定,构成《证券法》第一百八十九条所述“发行人不符合发行条件,以欺骗手段骗取发行核准”的行为。对海联讯的该项违法行为,直接负责的主管人员为章锋、邢文飚、杨德广,其他直接责任人员为孔飙、苏红宇、胡婉蓉、罗自力、罗力、肖逸、郭志忠、王德保、周建中、林夏、廖晓光、刘宝峰。同时,章锋作为海联讯控股股东、实际控制人,直接参与讨论并同意以股东垫资或向他人借款方式冲减应收账款,且在海联讯向中国证监会提交的相关 IPO 申请文件上签名,其行为已构成《证券法》第一百八十九条第二款所述“发行人的控股股东、实际控制人指使从事前款违法行为”的行为。

二、上市后披露的定期报告中相关财务数据存在虚假记载

海联讯在IPO申请获得中国证监会创业板发行审核委员会审核通过后,仍存在拆借资金冲减应收账款、伪造合同和验收报告虚增营业收入的行为。海联讯披露的定期报告中相关财务数据和财务指标存在虚假记载。具体情况为:

截至2011年12月31日,海联讯通过股东垫款和向他人借款合计冲减应收账款13,307万元,其中股东垫款2,817万元,向他人借款10,489万元。同时,海联讯2011年度虚构15份合同和相应的验收报告,虚增营业收入3,796万元。海联讯的上述行为,致使其披露的2011年年度报告中涉及应收账款、营业收入项目的财务数据和财务指标存在虚假记载。

截至2012年3月31日,海联讯通过股东垫款和向他人借款合计冲减应收账款10,817万元,其中股东垫款2,817万元,向他人借款8,000万元。海联讯的上述行为,致使其披露的2012年第一季度报告中涉及应收账款项目的财务数据和财务指标存在虚假记载。

截至2012年6月30日,海联讯通过股东垫款和向他人借款合计冲减应收账款11,784万元,其中股东垫款2,817万元,向他人借款8,967万元。海联讯的上述行为,致使其披露的2012年半年度报告中涉及应收账款项目的财务数据和财务指标存在虚假记载。

截至2012年9月30日,海联讯通过股东垫款和向他人借款合计冲减应收账款10,813万元,其中股东垫款2,817万元,向他人借款7,995万元。海联讯的上述行为,致使其披露的2012年第三季度报告中涉及应收账款项目的财务数据和财务指标存在虚假记载。

以上事实,有客户提供情况说明、海联讯财务凭证、海联讯明细账、银行单据、定期报告、董事会决议、监事会决议、定期报告书面确认意见、当事人提供说明材料和当事人询问笔录等证据证明,足以认定。

海联讯披露的2011年年度报告和2012年第一季度报告、半年度报告、第三季度报告虚假记载的行为,违反了《证券法》第六十三条有关“发行人、上市公司依法披露的信息,必须真实、准确、完整,不得有虚假记载、误导性陈述或者重大遗漏”的规定,构成《证券法》第一百九十三条所述“发行人、上市公司或者其他信息披露义务人未按照规定披露信息,或者披露的信息有虚假记载、误导性陈述或者重大遗漏”的行为。对海联讯的该项违法行为,直接负责的主管人员为章锋、邢文飚、杨德广,其他直接责任人员为孔飙、苏红宇、胡婉蓉、罗力、肖逸、郭志忠、王德保、程浩忠、周建中、林夏、周红、廖晓光、刘宝峰。

在本案查处过程中,海联讯和涉案人员能够积极配合调查。为减轻违法行为危害后果,海联讯追溯调整了相关财务数据,主要股东章锋、孔飙、邢文飚和杨德广主动出资设立专项补偿基金,补偿适格投资者因海联讯虚假陈述而遭受的投资损失。

根据当事人骗取发行核准违法和信息披露违法两项行为的事实、性质、情节与社会危害程度,依据《证券法》第一百八十九条、第一百九十三条第一款和《中华人民共和国行政处罚法》第二十七条第一款第(一)项、第(四)项的规定,我会决定:

一、对海联讯给予警告,并处以822万元罚款;

二、对章锋给予警告,并处以1,203万元罚款;

三、对邢文飚、杨德广给予警告,并分别处以60万元罚款;

四、对孔飙、苏红宇给予警告,并分别处以50万元罚款;

五、对胡婉蓉给予警告,并处以25万元罚款;

六、对罗自力处以10万元罚款;

七、对罗力、肖逸、郭志忠、王德保、周建中、林夏、廖晓光、刘宝峰给予警告,并分别处以6万元罚款;

八、对程浩忠、周红给予警告,并分别处以3万元罚款。

上述当事人应自收到本处罚决定书之日起15日内,将罚款汇交中国证券监督管理委员会(开户银行:中信银行总行营业部,账号:7111010189800000162,由该行直接上缴国库),并将注有当事人名称的付款凭证复印件送中国证券监督管理委员会稽查局备案。当事人如果

对本处罚决定不服,可在收到本处罚决定书之日起60日内向中国证券监督管理委员会申请行政复议,也可在收到本处罚决定书之日起3个月内直接向有管辖权的人民法院提起行政诉讼。复议和诉讼期间,上述决定不停止执行。

关于广西北生药业股份有限公司、刘俊奕、姚全等6名责任人违反证券法规的行政处罚决定书

(〔2014〕95号)

当事人:广西北生药业股份有限公司(以下简称北生药业),时任法定代表人何玉良,住所:广西壮族自治区北海市北海大道。

刘俊奕,男,1967年10月出生,时任北生药业财务总监,住址:湖北省荆门市东宝区。

姚全,男,1967年10月出生,时任北生药业副总经理、财务部经理,住址:四川省成都市武侯区。

刘惠民,男,1953年2月出生,时任北生药业副董事长,住址:辽宁省沈阳市和平区。

胡钢,男,1971年3月出生,时任北生药业董事,住址:福建省邵武市五一路。

赵民,男,1961年4月出生,时任北生药业董事会秘书,住址:广西壮族自治区北海市海城区。

依据1999年7月1日起施行的《中华人民共和国证券法》(以下简称原《证券法》)以及2006年1月1日起施行的《中华人民共和国证券法》(以下简称《证券法》)的有关规定,我会对北生药业虚假陈述行为进行了立案调查、审理,并依法向当事人告知了作出行政处罚的事实、理由、依据及当事人依法享有的权利。当事人姚全、刘惠民进行了陈述和申辩。本案现已调查、审理终结。

经查明,北生药业存在以下违法事实:

一、未披露大股东抽逃配股出资并占用上市公司资金事项

2004年,北生药业实施配股。北生药业第一大股东广西北生集团有限责任公司(以下简称北生集团)应缴的配股款为8,921.75万元。北生药业称,2004年9月29日至30日,北生集团的配股款足额转入北生药业配股指定账户。

经查,2004年9月30日,北生集团分别向北海市财政局、北海市住房资金管理中心借款4,100万元、2,500万元。2004年9月29日至30日,北生集团向北生药业支付配股款89,215,672元。

2004年10月8日,北生药业通过向关联方北海腾盛建筑工程有限责任公司(以下简称腾盛建筑)支付预付工程款和往来款的形式,实际向北生集团转移资金6,500万元,用于北生集团归还前述向北海市财政局和北海市住房资金管理中心的借款。对上述事实,北生药业未如实披露。

二、未披露关联方占用上市公司资金事项

经查,2007年9月6日起,北生药业关联方北京华阳新康科技开发有限公司(以下简称华阳新康)占用北生药业资金700万元;2006年10月31日起,北生药业关联方东阳中远经贸有限公司(以下简称中远经贸)占用北生药业资金1,950万元,后经账户调整,仍占用北生药业资金15,722,674.45元;2006年11月17日后,北生药业关联方东阳市东孚经贸有限公司(以下简称东孚经贸)占用北生药业资金1,500万元,后经账户调整,仍占用北生药业资金13,888,932.76元。对上述事实,北生药业未如实披露。

三、未披露关联方关系

为隐瞒与北生药业的关联关系,原北生药

业董事长何玉良通过他人名义实际控制腾盛建筑、北京九洲济康医药有限责任公司(以下简称九洲济康)、北京盛世康健生物科技有限责任公司(以下简称盛世康健)、北海安泰生物技术有限公司(以下简称安泰生物)、广西北生集团海玉农业开发有限责任公司、东阳市川腾房地产开发有限公司、北京川腾投资集团有限公司、吉林华凯医药销售有限公司(以下简称吉林华凯)、四川万龙东顺药业有限公司(以下简称四川万龙)、广东龙京生物医药有限公司(以下简称广东龙京)、华阳新康、北海腾辉商贸有限公司、北海京顺贸易有限公司、北海永宏信息技术开发有限公司、北海宝洁医疗器械有限公司、北海赛诺奇生物工程有限公司、北海恒有源科技发展有限公司、广西腾云拍卖有限公司、北海市环发典当有限责任公司、北海天然药物工程技术中心、中远经贸、东孚经贸、北海百宏建筑工程公司、北海市东江实业开发公司等24家公司。2004年、2005年、2006年、2007年,北生药业未披露上述24家公司与北生药业的关联关系。

四、未披露对外担保事项

2004年,北生药业控股子公司浙江北生药业汉生制药有限公司(以下简称汉生制药)分别为东孚经贸900万元贷款、中远经贸500万元贷款提供担保,担保金额占北生药业2004年末经审计净资产的1.53%。对上述事实,北生药业既未以临时公告形式及时披露,也未在2004年年度报告中予以披露。

2005年,北生药业分别为安泰生物7,000万元贷款、汉生制药1,500万元贷款提供担保;汉生制药分别为东孚经贸1,950万元贷款、中远经贸1,500万元贷款提供担保。上述担保金额合计占北生药业2005年末经审计净资产的12.19%。对上述事实,北生药业既未以临时公告形式及时披露,也未在2005年年度报告中予以披露。

2006年,汉生制药分别为中远经贸1,000万元贷款、东孚经贸550万元贷款提供担保,担保金额占北生药业2006年末经审计净资产的2%。对上述事实,北生药业既未以临时公告形式及时披露,也未在2006年年度报告中予以披露。

五、未披露银行贷款事项

2004年,北生药业隐瞒银行贷款2.45亿元;2005年,北生药业隐瞒银行贷款3.805亿元;2006年,北生药业隐瞒银行贷款3.79亿元;2007年,北生药业隐瞒银行贷款并逾期金额3.79亿元。对上述事实,北生药业既未以临时公告形式及时披露,也未在相应年度报告中予以披露。

六、未披露重大诉讼、仲裁、逾期贷款事项

2005年,北生药业未按规定披露诉讼1项,涉及金额1,300万元,占北生药业2005年末经审计净资产的1.33%;未披露逾期银行贷款1,295万元,占北生药业2005年末经审计净资产的1.32%。对上述事实,北生药业既未以临时公告形式及时披露,也未在2005年年度报告中予以披露。

2006年,北生药业未按规定披露诉讼9项,涉及金额40,495万元;未按规定披露仲裁1项,涉及金额1,300万元,占北生药业2006年末经审计净资产的1.72%;未按规定披露逾期贷款25笔,涉及本金68,800万元,占北生药业2006年末经审计净资产的90.81%;未按规定披露2006年末逾期贷款余额30,895万元,占北生药业2006年末经审计净资产的40.78%。对上述事实,北生药业既未以临时公告形式及时披露,也未在2006年年度报告中予以披露。

2007年,北生药业未按规定披露诉讼及仲裁2项,涉及金额5,800万元,占北生药业2007年末经审计净资产的12.5%;未按规定披露逾期贷款4笔,涉及本金12,500万元;未按规定披露2007年末逾期贷款余额43,395万元。对上述事实,北生药业既未以临时公告形式及时披露,也未在2007年年度报告中予以披露。

七、虚假记载主营业务收入

2004年,北生药业通过向九洲济康、盛世康健、四川万龙、广东龙京、吉林华凯等五大经销商虚假发货的方式,虚增销售收入156,668,643.29元,占北生药业2004年年度报告披露主营业务收入金额的38.97%。

2005年,北生药业通过向九洲济康、盛世康健、四川万龙、广东龙京、吉林华凯等五大经

销商虚假发货的方式，虚增销售收入 188,277,557.00 元，占北生药业 2005 年年度报告披露主营业务收入金额的 46.69%。

2006 年，北生药业通过向九洲济康、盛世康健、四川万龙、广东龙京、吉林华凯等五大经销商虚假发货的方式，虚增销售收入 28,296,255.32 元，占北生药业 2006 年年度报告披露主营业务收入金额的 20.89%。

八、虚假记载在建工程

2004 年，北生药业通过向关联方腾盛建筑支付预付工程款的方式，向关联方转移资金 25,480 万元，虚列在建工程 25,480 万元。

2005 年，北生药业通过向关联方腾盛建筑支付在建工程预付款的方式，虚列在建工程 165,227,399.29 元。

2006 年，北生药业通过伪造银行进账单，虚假支付腾盛建筑在建工程预付款 4,548 万元，虚列在建工程 3,557.14 万元。

上述违法事实，有相关公告、财务会计资料、工商登记资料、银行资料以及当事人询问笔录等证据证明，足以认定。

北生药业的上述行为违反了原《证券法》第五十九条、第六十一条第二项、第六十二条第二款第三项、第四项、第十项和《证券法》第六十三条、第六十六条第二项、第六十七条第二款第三项、第四项、第十项关于信息披露的规定，构成原《证券法》第一百七十七条和《证券法》第一百九十三条所述的信息披露违法行为。

对北生药业上述信息披露违法行为，时任北生药业董事长及实际控制人何玉良（已故）是直接负责的主管人员，时任北生药业财务总监刘俊奕、北生药业副总经理及财务经理姚全、北生药业副董事长刘惠民、北生药业董事胡钢、北生药业董事会秘书赵民是其他直接责任人员。

姚全在其申辩材料中提出：其一，他已于 2006 年 8 月辞职，对北生药业 2006 年和 2007 年的信息披露内容不知情，是北生药业盗用其名义从事违法行为；其二，他作为一个中层干部，无发言权，没享受过高管待遇，也未行使高管权利，并且北生药业拖欠其工资且未补发。姚全请求给予减轻处罚。

刘惠民在其申辩材料中提出：其一，他个人不是北生药业的高管人员，不参与上市公司工作，北生药业"副董事长"是何玉良强行公告的；其二，他本人在 2005 年 10 月向北生药业提交了辞职报告；其三，他已经积极配合监管部门采取了一系列保持上市公司稳定、维护广大股民利益的措施。

我会认为，姚全的申辩理由部分成立。其一，姚全提出的对 2006 年和 2007 年的信息披露不知情的申辩理由，经核实确属实，依法予以采纳；其二，其提出自己不属于高管，拖欠工资未发从而请求减轻处罚的申辩理由没有法律依据。我会调查的事实表明，姚全先后担任北生药业财务部经理、副总经理等关键岗位职务，其在何玉良的指使下，直接参与、指挥北生药业财务造假，对北生药业未披露关联方关系、虚假记载主营业务收入、虚假记载在建工程等重大违法行为负有重要责任。因此，姚全应当对其在北生药业任职期间财务数据虚假及由此导致的信息披露违法行为承担相应的法律责任。

我会认为，刘惠民的申辩理由不成立。其一，刘惠民虽然提出过辞职，但是公司并未批准，其 2005 年至 2008 年担任北生药业董事期间，以北生药业副董事长名义出席公司重要会议，对北生药业重大违法行为知情，应当对北生药业相关信息披露违法行为承担相应的法律责任；其二，刘惠民提出的配合监管等情节，我会已依据《中华人民共和国行政处罚法》第二十七条的规定予以了充分考虑。

根据当事人违法行为的事实、性质、情节与社会危害程度，依据原《证券法》第一百七十七条和《证券法》第一百九十三条的规定，我会决定：

一、对北生药业给予警告，并处以 60 万元罚款；

二、对刘俊奕给予警告，并处以 30 万元罚款；

三、对姚全、刘惠民、胡钢给予警告，并分别处以 10 万元罚款；

四、对赵民给予警告，并处以 3 万元罚款。

鉴于责任人何玉良已于 2008 年 4 月死亡，我会不再对其予以行政处罚。

上述当事人应自收到本处罚决定书之日起 15 日内，将罚款汇交中国证券监督管理委员会（开户银行：中信银行总行营业部，账号：7111010189800000162，由该行直接上缴国库），并将注有当事人名称的付款凭证复印件送中国证券监督管理委员会稽查局备案。当事人如果对本处罚决定不服,可在收到本处罚决定书之日起60日内向中国证券监督管理委员会申请行政复议,也可在收到本处罚决定书之日起3个月内直接向有管辖权的人民法院提起行政诉讼。复议和诉讼期间,上述决定不停止执行。

关于深圳市鹏城会计师事务所有限公司、桑涛、徐凌违反证券法规的行政处罚决定书

(〔2014〕96号)

当事人:深圳市鹏城会计师事务所有限公司(以下简称深圳鹏城),住所:广东省深圳市福田区。

桑涛,男,1970年11月出生,时任深圳鹏城执业注册会计师,住址:广东省深圳市罗湖区。

徐凌,女,1977年1月出生,时任深圳鹏城执业注册会计师,住址:湖北省武汉市武昌区。

依据《中华人民共和国证券法》(以下简称《证券法》)的有关规定,我会对深圳鹏城在审计广西北生药业股份有限公司(以下简称北生药业)2004年年度报告时未勤勉尽责行为进行了立案调查、审理,并依法向当事人告知了作出行政处罚的事实、理由、依据及当事人依法享有的权利。当事人桑涛、徐凌进行了陈述和申辩意见。本案现已调查、审理终结。

经查明,深圳鹏城存在以下违法事实:

深圳鹏城在对北生药业2004年年度报告关联方审计过程中,对北海腾盛建筑工程有限责任公司(以下简称腾盛建筑)、北京九洲济康医药有限责任公司(以下简称九洲济康)、北京盛世康健生物科技有限责任公司(以下简称盛世康健)等3家北生药业主要工程承包商与北生药业是否存在关联关系进行过核查。深圳鹏城审计工作底稿中,没有记录或者说明审计人员向北生药业了解、询问九洲济康和盛世康健股东的详细情况,以及上述两家公司与北生药业实际关系的材料。同时,在工作底稿中,对2002年银行担保合同明确载明何玉良(时任北生药业董事长、法定代表人)任腾盛建筑法定代表人,且腾盛建筑与北生药业存在重大交易往来的情况,深圳鹏城没有给予必要的关注并实施充分必要的审计程序,导致其未发现腾盛建筑与北生药业存在关联关系的事实。

2004年,北生药业通过虚列在建工程并支付预付工程款的方式,向关联方腾盛建筑转移资金25,480万元,虚列在建工程25,480万元。

上述违法事实,有相关审计报告、审计工作底稿、银行资料、当事人询问笔录等证据证明,足以认定。

深圳鹏城的上述行为,构成《股票发行与交易管理暂行条例》第七十三条所述行为。对深圳鹏城的违法行为,在相关审计报告上签字的注册会计师桑涛、徐凌负有直接责任。

桑涛、徐凌在其申辩材料中均提出:其一,深圳鹏城为北生药业2004年年度报告出具审计意见的时间是在2005年4月6日,行政处罚已超过2年追溯时效;其二,二人当时已尽了最大努力,其未能发现北生药业与腾盛建筑、九洲济康、盛世康健的关联关系和北生药业虚构在建工程的问题,更多的是源于当时审计手段的限制(如工商登记信息未充分公开),而非二人未勤勉尽责。据此,桑涛和徐凌请求我会免除对其二人的行政处罚。

我会认为,桑涛、徐凌的申辩理由不能成立:其一,我会在2006年6月对北生药业进行监督检查时发现了北生药业违法行为,而北生药业的相关行为同时涉及深圳鹏城的审计行为。因此,我会发现深圳鹏城违法行为的时间,并未超过2年的时效;其二,深圳鹏城审计工作

底稿中，没有记录或者说明审计人员向北生药业了解、询问九洲济康和盛世康健股东的详细情况，以及上述两家公司与北生药业实际关系的材料。同时，深圳鹏城的审计工作底稿中，未见审计人员对北生药业与九洲济康和盛世康健的往来账款余额进行函证的信封，审计程序不够充分、完整。对于腾盛建筑，深圳鹏城审计工作底稿显示，该公司2002年法定代表人为何玉良。二人称北海市工商局拒绝其查询腾盛建筑的工商登记信息，只是依靠北生药业以往各年度报告的结论，以及北生药业提供的关联方及交易专项声明实施了替代程序。深圳鹏城的审计程序不够充分，其关于腾盛建筑并非北生药业关联方的审计结论，缺乏充分、适当的审计证据支持；其三，对于北生药业虚列在建工程，二人既未以勤勉尽责的态度进行实地勘察，也未以其他适当方式获取充分的审计证据。桑涛、徐凌的上述行为，直接导致深圳鹏城出具的审计文件内容存在虚假，二人应当对此承担相应的法律责任。

根据当事人违法行为的事实、性质、情节与社会危害程度，依据《股票发行与交易管理暂行条例》第七十三条的规定，我会决定：对深圳鹏城、桑涛、徐凌给予警告。

当事人如果对本处罚决定不服，可在收到本处罚决定书之日起60日内向中国证券监督管理委员会申请行政复议，也可在收到本处罚决定书之日起3个月内直接向有管辖权的人民法院提起行政诉讼。复议和诉讼期间，上述决定不停止执行。

关于张彦违反证券法规的行政处罚决定书

（〔2014〕97号）

当事人：张彦，男，1966年7月出生，住址：广东省珠海市香洲区迎宾北路。

依据《中华人民共和国证券法》（以下简称《证券法》）的有关规定，我会对张彦内幕交易行为进行了立案调查、审理，并依法向当事人告知了作出行政处罚的事实、理由、依据及当事人依法享有的权利。当事人未提出陈述、申辩意见，也未要求听证。本案现已调查、审理终结。

一、内幕信息形成与公开过程

广东德豪润达电器股份有限公司（以下简称德豪润达）的控股股东为芜湖德豪投资有限公司，全资子公司为德豪润达国际（香港）有限公司（以下简称香港德豪）。2012年8、9月份，德豪润达董事长开始研究收购在香港联交所主板上市的雷士照明控股有限公司（以下简称雷士照明）事宜，并安排相关人员收集资料，研究可行性。2012年9月19日下午，德豪润达高管王某某及投融资部高级经理兼雷士照明事业部总经理助理张某某等共同讨论收购雷士照明的可行性问题，会上提出了初步收购方案。2012年12月20日，德豪润达发布《关于广东德豪润达电气股份有限公司股票临时停牌的公告》。2012年12月26日，德豪润达召开董事会审议通过公司收购雷士照明股权及非公开发行股票相关议案，并于同日发布《重大股权收购公告》、《非公开发行股票预案》、《第四届董事会第二十四次会议决议公告》等公告，声明德豪润达全资子公司香港德豪将合计持有雷士照明已发行普通股总数的20.05%，成为雷士照明的第一大股东。2012年12月27日，德豪润达股票复牌。

2012年9月20日至12月19日，德豪润达股票累计上涨5%，同期中小板综指累计下跌8.81%，偏离13.81%。

二、张彦交易“德豪润达”的相关事实

（一）张彦与内幕信息知情人韦某某的联系情况

韦某某是德豪润达控股股东芜湖德豪投资

有限公司(以下简称芜湖德豪)的执行董事兼法定代表人,属于《证券法》第七十四条第(二)项规定的内幕信息知情人。韦某某与内幕信息知情人王某某生活在一起,并于2012年12月25日作为芜湖德豪法定代表人签署了与德豪润达收购行为关联的《股权认购协议》。根据其法定知情人的身份、与内幕信息知情人共同生活、密切接触以及参与收购相关事宜的事实,可以认定韦某某知悉德豪润达收购雷士照明一事。

张彦与韦某某是上下楼邻居,在内幕信息形成过程中,二人有较为密切的接触和联系:一是通讯联系频繁;二是张彦常到韦某某家中,张彦本人在接受调查时称其经常到韦某某家为其按摩治病;三是"韦某某"证券账户在2012年9月24日至10月24日期间曾在张彦的电脑上下单交易。

(二)张彦控制账户异常交易"德豪润达"股票的情况

1. 张彦控制的账户开立时间与内幕信息发展过程吻合。2012年12月6日,张彦儿子张双某在广发证券珠海凤凰北路营业部开立证券交易账户,开户时预留联系方式为其父亲张彦的手机号码,张双某开立该账户后未进行交易,而是交由张彦控制使用。德豪润达收购雷士照明一事经过近4个月的酝酿,其股票于12月20日停牌。而"张双某"账户开立时间恰巧是收购工作稳步推进、接近尾声之时,与收购进程吻合。

2. 张彦使用大量资金单一买入"德豪润达"股票的行为明显异常。买入时点与内幕信息的形成及公开时间相吻合。"张双某"账户于2012年12月10日买入"德豪润达"149,500股、18日买入29,200股,累计买入178,700股,成交金额1,209,078.00元;2012年12月17日卖出30,000股,截至2014年6月11日,"张双某"账户"德豪润达"股票已全部卖出,实际获利88,494.12元。张彦未对交易理由提出合理解释。

张彦上述交易"德豪润达"股票的行为违反了《证券法》第七十三条、七十六条的规定,构成《证券法》第二百零二条所述"内幕交易"的情形。

根据当事人违法行为的事实、性质、情节与社会危害程度,依据《证券法》第二百零二条之规定,我会决定:没收张彦违法所得88,494.12元,并处以88,494.12元罚款。

上述当事人应自收到本处罚决定书之日起15日内,将罚款汇交中国证券监督管理委员会(开户银行:中信银行总行营业部,账号:7111010189800000162,由该行直接上缴国库),并将注有当事人名称的付款凭证复印件送中国证券监督管理委员会稽查局备案。当事人如果对本处罚决定不服,可在收到本处罚决定书之日起60日内向中国证券监督管理委员会申请行政复议,也可在收到本处罚决定书之日起3个月内直接向有管辖权的人民法院提起行政诉讼。复议和诉讼期间,上述决定不停止执行。

关于朱继华违反证券法规的行政处罚决定书

(〔2014〕98号)

当事人:朱继华,女,1960年7月出生,住址:广东省珠海市香洲区人民西路。

依据《中华人民共和国证券法》(以下简称《证券法》)的有关规定,我会对朱继华内幕交易行为进行了立案调查、审理,并依法向当事人告知了作出行政处罚的事实、理由、依据及当事人依法享有的权利。当事人未提出陈述、申辩意见,也未要求听证。本案现已调查、审理终结。

经查明,朱继华存在以下违法事实:

一、内幕信息形成与公开过程

广东德豪润达电器股份有限公司（以下简称德豪润达）的控股股东为芜湖德豪投资有限公司，全资子公司为德豪润达国际（香港）有限公司（以下简称香港德豪）。2012年8、9月份，德豪润达董事长开始研究收购在香港联交所主板上市的雷士照明控股有限公司（以下简称雷士照明）事宜，并安排相关人员收集资料，研究可行性。2012年9月19日下午，德豪润达高管王某某及投融资部高级经理兼雷士照明事业部总经理助理张某某等共同讨论收购雷士照明的可行性问题，会上提出了初步收购方案。2012年12月20日，德豪润达发布《关于广东德豪润达电气股份有限公司股票临时停牌的公告》。2012年12月26日，德豪润达召开董事会审议通过公司收购雷士照明股权及非公开发行股票相关议案，并于同日发布《重大股权收购公告》、《非公开发行股票预案》、《第四届董事会第二十四次会议决议公告》等公告，声明德豪润达全资子公司香港德豪将合计持有雷士照明已发行普通股总数的20.05%，成为雷士照明的第一大股东。2012年12月27日，德豪润达股票复牌。

2012年9月20日至12月19日，德豪润达股票累计上涨5%，同期中小板综指累计下跌8.81%，偏离13.81%。

二、朱继华交易"德豪润达"的相关事实

（一）朱继华与内幕信息知情人韦某某的联系情况

韦某某是德豪润达控股股东芜湖德豪投资有限公司（以下简称芜湖德豪）的执行董事兼法定代表人，属于《中华人民共和国证券法》（以下简称《证券法》）第七十四条第（二）项规定的内幕信息知情人。韦某某与内幕信息知情人王某某生活在一起，并于2012年12月25日作为芜湖德豪法定代表人签署了与德豪润达收购行为关联的《股权认购协议》。根据其法定知情人的身份、与内幕信息知情人共同生活、密切接触以及参与收购相关事宜的事实，可以认定韦某某知悉德豪润达收购雷士照明一事。

韦某某与朱继华的母亲是同乡、朋友，朱继华经营的公司自1997年开始为德豪润达提供配套产品。在内幕信息形成的过程中，二人有较为密切的联系和接触：一是通讯联系频繁；二是根据监控录像记录及韦某某笔录，2012年12月10日朱继华在交通银行珠海凤凰支行开立银行账户、转款和交易时，韦某某在场，并与之交谈。

（二）朱继华异常交易"德豪润达"股票的情况

1. 朱继华账户开立时间与内幕信息发展过程吻合。2012年12月10日，朱继华在广发证券珠海市凤凰北路营业部开立证券交易账户，该证券账户由其本人控制。德豪润达收购雷士照明一事经过近4个月的酝酿，其股票于12月20日停牌。而"朱继华"账户开立时间恰巧是收购工作稳步推进、接近尾声之时，与收购进程吻合。

2. 以前未开立过账户、也未交易过股票的朱继华使用大量资金单一买入"德豪润达"股票，且朱继华与内幕信息知情人韦某某联络接触的时间点与其交易涉案股票的时间点高度吻合，其交易涉案股票的时间点与内幕信息形成、公开的时间点高度吻合，朱继华交易行为明显异常。"朱继华"账户分别在2012年12月10日、11日、18日买入"德豪润达"254,370股、103,900股、195,600股，累计买入525,030股，成交金额3,597,634.50元，并分别在2012年12月17日、18日卖出170,000股、20,000股，累计卖出190,000股。截至2014年6月11日，朱继华账户"德豪润达"股票已全部卖出，实际获利197,148.71元。朱继华未对交易理由提出合理解释。

朱继华上述交易"德豪润达"股票的行为违反了《证券法》第七十三条、七十六条的规定，构成《证券法》第二百零二条所述"内幕交易"的情形。

根据当事人违法行为的事实、性质、情节与社会危害程度，依据《证券法》第二百零二条的规定，我会决定：没收朱继华违法所得197,148.71元，并处以197,148.71元罚款。

上述当事人应自收到本处罚决定书之日起15日内，将罚款汇交中国证券监督管理委员会（开户银行：中信银行总行营业部，账号：7111010189800000162，由该行直接上缴国库），并将注有当事人名称的付款凭证复印件送中国

证券监督管理委员会稽查局备案。当事人如果对本处罚决定不服,可在收到本处罚决定书之日起60日内向中国证券监督管理委员会申请行政复议,也可在收到本处罚决定书之日起3个月内直接向有管辖权的人民法院提起行政诉讼。复议和诉讼期间,上述决定不停止执行。

关于亨通集团有限公司、王宏涛违反证券法规的行政处罚决定书

(〔2014〕99 号)

当事人:亨通集团有限公司(以下简称亨通集团),住所:江苏省苏州市吴江区。

王宏涛,男,1970 年 8 月出生,时任亨通集团股权管理部经理,住址:江苏省苏州市吴江区。

依据《中华人民共和国证券法》(以下简称《证券法》)的有关规定,我会对亨通集团信息披露违法行为进行了立案调查、审理,并依法向当事人告知了作出行政处罚的事实、理由、依据及当事人依法享有的权利,当事人未提出陈述、申辩意见,也未要求听证。本案现已调查、审理终结。

经查明,亨通集团存在以下违法事实:

亨通集团系江苏新民纺织科技股份有限公司(以下简称新民科技)第三大股东,截至 2013 年 8 月 1 日,亨通集团账户持有"新民科技"2,000.1 万股,占新民科技总股本的 4.48%。自 2013 年 8 月 2 日起,亨通集团利用其控制的顾某某账户陆续买入"新民科技"。2013 年 8 月 5 日,亨通集团账户与顾某某账户合计持有"新民科技"2,271.9 万股,占新民科技总股本的 5.09%。截至 2013 年 12 月 31 日,亨通集团账户与顾某某账户合计持有"新民科技"2,723.2 万股,占新民科技总股本的 6.10%。对上述事实,亨通集团未依法履行相应的报告和公告义务。

以上事实,有相关涉案人员询问笔录、情况说明、证券账户资料和银行账户资料等证据证明,足以认定。

亨通集团的上述行为违反了《证券法》第八十六条第一款关于持有一个上市公司已发行股份达 5% 时应依法履行报告和公告义务的规定,构成了《证券法》第一百九十三条第一款所述"发行人、上市公司或者其他信息披露义务人未按照规定披露信息"的行为。对亨通集团的该违法行为,时任亨通集团股权管理部经理王宏涛是直接负责的主管人员。

根据当事人违法行为的事实、性质、情节与社会危害程度,依据《证券法》第一百九十三条第一款的规定,我会决定:

一、对亨通集团给予警告,并处以 40 万元罚款;

二、对王宏涛给予警告,并处以 10 万元罚款。

上述当事人应自收到本处罚决定书之日起 15 日内,将罚款汇交中国证券监督管理委员会(开户银行:中信银行总行营业部,账号:7111010189800000162,由该行直接上缴国库),并将注有当事人名称的付款凭证复印件送中国证券监督管理委员会稽查局备案。当事人如果对本处罚决定不服,可在收到本处罚决定书之日起 60 日内向中国证券监督管理委员会申请行政复议,也可在收到本处罚决定书之日起 3 个月内直接向有管辖权的人民法院提起行政诉讼。复议和诉讼期间,上述决定不停止执行。

关于蔡素辉、冯俊汉违反证券法规的行政处罚决定书

（〔2014〕100 号）

当事人：蔡素晖，女，1971 年 8 月出生，时任广东冠豪高新技术股份有限公司（以下简称冠豪高新）运营管理部经理，住址：广东省湛江市霞山区。

冯浚汉，男，1971 年 8 月出生，系蔡素晖配偶，住址：广东省湛江市霞山区。

依据《中华人民共和国证券法》（以下简称《证券法》）的有关规定，我会对蔡素晖、冯浚汉内幕交易行为进行了立案调查、审理，并依法向当事人告知了作出行政处罚的事实、理由、依据及当事人依法享有的权利。当事人未提出陈述、申辩意见，也未要求听证。本案现已调查、审理终结。

经查明，蔡素晖、冯浚汉存在以下违法事实：

一、蔡素晖知悉内幕信息的情况

在冠豪高新筹划收购伊诺尔集团有限公司（以下简称伊诺尔）相关股权的过程中，蔡素晖参与了多个重要环节的工作，知悉内幕信息：

2012 年初，冠豪高新总经理黄某某与伊诺尔实际控制人李某某等就股权收购设想进行了初步沟通。

2012 年 4 月 23 日，冠豪高新召开战略讨论会，讨论向票据印刷方向发展的战略转型事宜，会上提及了伊诺尔转让股权的意向。黄某某安排蔡素晖起草修改后的战略规划。

2012 年 5 月 17 日，冠豪高新安排副总经理靳某某、蔡素晖等人前往上海人民印刷二十二厂、上海伊诺尔集团公司、北京宝旺印务公司、北京朝通票据印务有限公司四家公司考察。蔡素晖于 5 月 30 日草拟形成《关于票据印刷企业的考察报告》初稿，该报告初步认为"伊诺尔集团公司可作（收购）考虑对象"。

2012 年 5 月底或 6 月初，冠豪高新董事长童某某、黄某某、靳某某、蔡素晖与李某某等在北京就股权收购事宜进行商谈，涉及到了收购价格等细节问题，双方表示向前推进该重组事项。

2012 年 6 月 13 日，冠豪高新和伊诺尔签订了《保密协议》。

2012 年 6 月 17 日至 26 日，由蔡素晖等人组成的工作组前往伊诺尔尽职调查。工作组最终形成了《关于收购伊诺尔集团国内业务的尽职调查报告》。

2012 年 6 月下旬，蔡素晖草拟了《冠豪高新关于收购重组伊诺尔集团公司的立项申请》，6 月 24 日，蔡素晖将该立项申请通过邮件发给冠豪高新副总经理兼董秘陈某某，随后发给冠豪高新控股股东中国纸业投资总公司（以下简称中国纸业）战略发展部副经理黄某。

2012 年 6 月 25 日，陈某某和蔡素晖前往北京，6 月 26 日，李某某在北京与童某某、黄某某、黄某、陈某某、蔡素晖和中国纸业办公室副主任李某商谈股权转让事项。

2012 年 7 月 9 日，冠豪高新和伊诺尔签订《合作意向书》，伊诺尔拟转让其 5 家主要子公司各 51% 股权给冠豪高新。

2012 年 7 月 13 日，冠豪高新实际控制人中国诚通控股集团有限公司批复同意冠豪高新推进收购伊诺尔股权事项，"冠豪高新"股票于 7 月 16 日起临时停牌。其后由于双方未能在交易价格问题上达成一致意见，冠豪高新终止了此次收购计划，并于 2012 年 10 月 22 日复牌。

冠豪高新筹划收购伊诺尔相关股权事项构成重大资产重组，属于《证券法》第六十七条第二款第（二）项规定的"公司的重大投资行为和重大的购置财产的决定"，依照《证券法》第七十五条的规定构成内幕信息，该内幕信息的形成时间不晚于 2012 年 5 月底或 6 月初，蔡素晖

为内幕信息知情人。

二、蔡素晖、冯浚汉从事内幕交易

“蔡素晖”账户(资金账号0759××××2703)于1996年3月27日开立于信达证券湛江海滨大道南营业部,由蔡素晖、冯浚汉夫妇共同控制,账户内资金为夫妻共同财产。冯浚汉操作该账户于2012年6月25日、28日共买入26,500股“冠豪高新”股票,成交均价7.38元,成交金额195,550元,2012年10月22日全部卖出,成交金额196,209.2元,成交均价7.40元,扣除交易税费后亏损712.29元。

以上事实,有冠豪高新公告、冠豪高新提供的相关文件及情况说明、蔡素晖工作邮件、“蔡素晖”账户资料、交易数据、相关人员询问笔录等证据证明,足以认定。

蔡素晖、冯浚汉的上述行为,违反了《证券法》第七十三条、第七十六条的规定,构成《证券法》第二百零二条所述内幕交易行为。

根据当事人违法行为的事实、性质、情节与社会危害程度,依据《证券法》第二百零二条的规定,我会决定:对蔡素晖、冯浚汉夫妇处以5万元罚款。

上述当事人应自收到本处罚决定书之日起15日内,将罚没款汇交中国证券监督管理委员会(开户银行:中信银行总行营业部,账号:7111010189800000162,由该行直接上缴国库),并将注有当事人名称的付款凭证复印件送中国证券监督管理委员会稽查局备案。当事人如果对本处罚决定不服,可在收到本处罚决定书之日起60日内向中国证券监督管理委员会申请行政复议,也可在收到本处罚决定书之日起3个月内直接向有管辖权的人民法院提起行政诉讼。复议和诉讼期间,上述决定不停止执行。

关于薛峰违反证券法规的行政处罚决定书

(〔2014〕101号)

当事人:薛峰,男,1969年6月出生,上海申威联合会计师事务所(以下简称上海申威联合)职员,住址:上海市虹口区四川北路。

依据《中华人民共和国证券法》(以下简称《证券法》)的有关规定,我会对薛峰利用内幕信息交易“ST珠峰”的行为进行了立案调查、审理,并依法向当事人告知了作出行政处罚的事实、理由、依据及当事人依法享有的权利,当事人提出了陈述、申辩意见,未要求听证。本案现已调查、审理终结。

经查明,薛峰存在以下违法事实:

一、内幕信息的形成过程及认定

西藏珠峰工业股份有限公司(以下简称西藏珠峰)在2012年1月6日公告,称其2011年7月6日的资产重组方案因董事会不能在董事会决议公告日后的6个月内发出召开股东大会通知,重组方案到期自然终止,并将通过非公开发行的方式注入塔中矿业有限公司(以下简称塔中矿业)资产。

2012年5月9日,西藏珠峰准备重启收购塔中矿业重大资产重组事项,与华普天健会计师事务所(北京)有限公司安徽分所(以下简称华普天健)签署补充业务约定书。

2012年5月10日,西藏珠峰第一大股东的控股股东上海海成资源(集团)(以下简称海成集团)召集上海申威联合薛某琼等人就定向增发工作进程召开工作会议,协调财务审计相关工作。

2012年5月28日,西藏珠峰召开董事长办公会议,研究重组工作,会后形成三个工作小组,明确了重组项目时间表。

2012年6月8日,西藏珠峰召开第1次中介机构协调会讨论增发新股方案,会议由长城证券主持。参会人员有海成集团、西藏珠峰、长城证券、华普天健、上海申威联合等相关人员,薛某琼参加了此次会议。

2012年6月19日,西藏珠峰发布重大事项停牌公告。2013年3月1日,西藏珠峰发布《发行股份购买资产并募集配套资金暨关联交易报告书(草案)》,公告重大资产重组事项后复牌。

我会认为,西藏珠峰收购塔中矿业股权事项,构成重大资产重组,根据《证券法》第六十七条第二款第(二)项"公司的重大投资行为和重大的购置财产的决定"及《证券法》第七十五条第二款第(三)项"公司股权结构的重大变化"的规定,重启收购塔中矿业股权事项在公开前为内幕信息,内幕信息形成时间不晚于2012年5月9日。薛某琼作为上海申威联合的执行事务合伙人,推荐上海申威资产评估有限公司、华普天健承接西藏珠峰重组的资产评估、审计与盈利预测业务,且于2012年5月10日参加了财务审计协调会,知悉重组事项重启的内幕信息,属于内幕信息知情人。薛峰与薛某琼系夫妻关系。

二、薛峰操作账户交易"ST珠峰"情况

(一)"薛峰"账户

"薛峰"账户于2009年5月21日开立于恒泰证券上海祥德路营业部,资金账号100××92,由薛峰本人使用,2012年5月15日至6月7日共买入"ST珠峰"68,300股,成交金额428,061.00元,2013年3月14日至15日将68,300股"ST珠峰"全部卖出,成交金额766,773.00元,盈利总计334,301.01元。

(二)"薛某琼"账户

"薛某琼"账户于2008年12月19日开立于恒泰证券上海祥德路营业部,资金账号100×××31,由薛峰实际控制使用。2012年5月15日买入"ST珠峰"3,400股,成交金额21,726.60元,2012年5月17日将3,400股"ST珠峰"全部卖出,成交金额22,848.00元,盈利总计958.63元。

(三)"薛某"账户

"薛某"账户于2010年10月29日开立于恒泰证券上海祥德路营业部,资金账号10×××532,由薛峰实际控制使用。2012年5月15日至17日共买入"ST珠峰"8,600股,成交金额56,845.00元,2013年3月14日至15日全部卖出,成交金额96,504.54元,盈利总计39,091.80元。

内幕信息形成后至公开前上述三个账户累计买入"ST珠峰"80,300股,成交金额506,632.00元,盈利总计374,351.44元。

以上违法事实有相关公告、《补充业务约定书》、《审计安排会议情况说明》、账户开户、交易、资金流水记录及相关银行交易记录,当事人及其他相关人员询问笔录等证据证明,足以认定。

我会认为,薛某琼不晚于2012年5月10日知悉内幕信息,薛峰控制的三个账户在股票停牌前买入或买卖"ST珠峰",证券交易活动与内幕信息基本吻合。薛峰的上述行为,违反了《证券法》第七十三、七十六条的规定,构成《证券法》第二百零二条所述内幕交易的情形。

调查过程中,薛峰能够积极配合谈话,主动提交相关证据。

根据当事人违法行为的事实、性质、情节与社会危害程度,依据《证券法》第二百零二条的规定,我会决定:没收薛峰违法所得374,351.44元,并处以374,351.44元罚款。

上述当事人应自收到本处罚决定书之日起15日内,将罚没款汇交中国证券监督管理委员会(开户银行:中信银行总行营业部,账号:7111010189800000162,由该行直接上缴国库),并将注有当事人名称的付款凭证复印件送中国证券监督管理委员会稽查局备案。当事人如果对本处罚决定不服,可在收到本处罚决定书之日起60日内向中国证券监督管理委员会申请行政复议,也可在收到本处罚决定书之日起3个月内直接向有管辖权的人民法院提起行政诉讼。复议和诉讼期间,上述决定不停止执行。

关于汪东、孔继东违反证券法规的行政处罚决定书

(〔2014〕102 号)

当事人:汪东,男,1972 年 11 月出生,住址:江苏省江阴市新桥镇。

当事人:孔继东,男,1976 年 9 月出生,住址:江苏省江阴市天鹤六村。

依据《中华人民共和国证券法》(以下简称《证券法》)的有关规定,我会依法对汪东等内幕交易江苏宏宝五金股份有限公司(以下简称江苏宏宝)股票行为进行了立案调查、审理,并向当事人告知了作出行政处罚的事实、理由、依据及当事人依法享有的权利,当事人汪东、孔继东均未提交陈述、申辩意见,也未要求听证。本案现已调查、审理终结。

经查明,当事人汪东、孔继东存在以下违法事实:

一、内幕信息形成、传递与公开过程及知情人情况

2013 年 3 月初,江苏宏宝董事长朱某某向董秘顾某某表示资产重组的意向。4 月 25 日,陈某及宏源证券并购部副总裁杨某与顾某某见面,介绍了影视公司借壳项目。4 月 26 日,杨某将重组方案发送给陈某、顾某某和长城影视董秘张某,顾某某、张某又将方案分别转发给双方公司董事长,长城影视还就方案提出了修改意见。陈某与张某、顾某某分别联系商洽见面事宜,双方公司均有会谈意向并定于五一节后见面,具体会面时间未定。后顾某某与张某直接电话沟通重组事项并确定会面时间。5 月 2 日下午,杨某将调整后的重组方案通过邮件发送张某、顾某某和陈某。5 月 3 日,张某短信告知陈某,顾某某要到长城影视会谈。此后,陈某多次通过电话与张某、顾某某、朱某某联络,了解重组进程相关信息。5 月 6 日,长城影视董事长赵某某、张某与顾某某会谈江苏宏宝重组事项。当日,张某将起草好的借壳上市方案概要发送给顾某某。5 月 11 日,两公司决定于 5 月 13 日开市起停牌。5 月 13 日,江苏宏宝申请停牌,次日发布筹划重大资产重组停牌公告。2013 年 5 月 14 日江苏宏宝所发布的"正在筹划重大资产重组事项",属于《证券法》第七十五条第二款第三项规定的内幕信息,内幕信息敏感期为 2013 年 4 月 26 日至 2013 年 5 月 13 日。

陈某作为中间人,与双方公司董秘熟识,在不晚于 2013 年 4 月 26 日了解到双方分别有重组或借壳上市意向。同时,陈某作为此次重组的介绍人,分别与两家公司董秘接洽推进会面事宜,并知悉双方拟于五一节后会面。陈某知悉由杨某草拟并分别于 4 月 26 日、5 月 2 日经双方董秘向各自董事长转发的重组方案及其修改稿,且该修改稿内容与重组方案签署稿差异不大。据此可以认定陈某在不晚于 5 月 2 日知悉了以江苏宏宝重组为内幕信息的主要内容。此后,自 5 月 3 日至 5 月 13 日,陈某一直保持与双方公司董秘的电话和短信联系,询问双方公司见面情况和双方的意向,持续关注和打探重组进展情况。

以上事实有江苏宏宝、长城影视出具的相关说明及当事人的询问笔录、通讯记录等证据证明,足以认定。

二、汪东内幕交易"江苏宏宝"的相关事实

汪东账户于 2001 年 6 月 5 日开立于南京证券江阴营业部。该账户于 2013 年 5 月 3 日买入"江苏宏宝"401,100 股,成交金额 2,192,293.36元,并于 2013 年 5 月 8 日至 10 日将 401,100 股"江苏宏宝"全部卖出,成交金额 2,339,313.51 元,实际盈利总计 147,020.15 元。

汪东账户由汪东本人控制并使用,经纪人

为陈某的配偶汪某。2013年5月3日，汪东指示汪某购入“江苏宏宝”401,100股，后汪某委托王某某（南京证券江阴营业部投资顾问）在营业部电脑进行交易。汪东股东账户资金来源均为江阴市旺发科技有限公司存入，资金去向主要为该公司。经查，江阴市旺发科技有限公司法人代表为汪东。

2013年4月26日至5月3日的通讯记录显示，汪东与陈某、汪某在内幕信息敏感期内有多次电话联系，且陈某与汪某在5月1日还在陈某舅舅女儿的婚礼上见过面。陈某和汪东通话时点、陈某与汪某的见面时点、汪某和汪东通话联系的时点与内幕信息形成的时点吻合，汪东账户买卖“江苏宏宝”的时点与内幕信息形成过程吻合。

汪东账户在2012年1月1日至2013年5月3日买入“江苏宏宝”前，未交易过该支股票；在江苏宏宝资产重组的内幕信息敏感期间，该账户亏损卖出账户里的所有其他股票后买入“江苏宏宝”，且同期单一持有“江苏宏宝”，买入时点与获悉内幕信息的时点吻合。

以上事实，有当事人的通讯记录、询问笔录、资金流水、交易记录等证据证明，足以认定。

三、孔继东内幕交易“江苏宏宝”的相关事实

孔继东账户于2001年11月19日开立于华泰证券江阴福泰路营业部。该账户于2013年5月3日买入“江苏宏宝”37,000股，成交金额202,380.60元，成交均价5.46元。2013年5月8日至10日将37,000股“江苏宏宝”全部卖出，成交金额226,912.90元，成交均价6.15元，盈利总计24,532.30元。委托下单电脑为孔继东办公室使用的台式电脑。

在内幕信息敏感期内，孔继东与知悉该内幕信息的陈某见面并保持通话联系，联系时点与该账户买入“江苏宏宝”时点及内幕信息形成时点吻合。孔继东账户由其本人实际控制并使用，资金来源主要为其现金存入或借款。该账户自2012年1月1日至此次买入“江苏宏宝”前，未交易过“江苏宏宝”；内幕信息敏感期间，该账户亏损卖出账户里的其他股票后买入“江苏宏宝”，且同期单一持有“江苏宏宝”。

以上事实，有当事人的通讯记录、询问笔录、资金流水、交易记录等证据证明，足以认定。

汪东、孔继东利用内幕信息交易“江苏宏宝”的行为，违反了《证券法》第七十三、七十六条的规定，构成《证券法》第二百零二条所述行为。

根据当事人的违法事实、性质、情节与社会危害程度，依据《证券法》第二百零二条的规定，我会决定：

一、没收汪东违法所得147,020.15元，并处以147,020.15元罚款。

二、对孔继东处以5万元罚款。

上述当事人应自收到本处罚决定书之日起15日内，将罚没款汇交中国证券监督管理委员会（开户银行：中信银行总行营业部，账号7111010189800000162，由该行直接上缴国库），并将注有当事人名称的付款凭证复印件送中国证券监督管理委员会稽查局备案。当事人如果对本处罚决定不服，可在收到本处罚决定书之日起60日内向中国证券监督管理委员会申请行政复议，也可以在收到本处罚决定书之日起3个月内直接向有管辖权的人民法院提起行政诉讼。复议和诉讼期间，上述决定不停止执行。

关于平安证券有限责任公司、韩长风、霍永涛违反证券法规的行政处罚决定书

（〔2014〕103号）

当事人：平安证券有限责任公司（以下简称平安证券），深圳海联讯科技股份有限公司

(以下简称海联讯)首次公开发行股票并在创业板上市(以下简称IPO)的保荐机构和主承销商,住所:广东省深圳市福田区金田路。

韩长风,男,1974年10月出生,平安证券海联讯项目签字保荐代表人,住址:北京市海淀区恩济庄。

霍永涛,男,1975年12月出生,平安证券海联讯项目签字保荐代表人,住址:河北省石家庄市裕华区槐北路。

依据《中华人民共和国证券法》(以下简称《证券法》)的有关规定,我会对平安证券违反证券法律法规行为进行了立案调查、审理,并依法向当事人告知了作出行政处罚的事实、理由、依据及当事人依法享有的权利。当事人韩长风、霍永涛要求申辩和举行听证。2014年11月14日,我会依法举行听证会,听取了韩长风的陈述、申辩。霍永涛无故缺席听证,自动放弃听证权利。听证后,我会对韩长风、霍永涛在听证会前提出的申辩意见以及韩长风听证时提出的申辩意见进行了复核。本案现已调查、审理终结。

经查明,平安证券存在以下违法事实:

一、平安证券出具的保荐书存在虚假记载

平安证券在推荐海联讯IPO过程中未勤勉尽责,未按规定对海联讯IPO申请文件进行审慎核查,从而未能发现海联讯虚构收回应收账款和虚增收入的事实,其所出具的保荐书存在虚假记载。具体事实如下:

(一)平安证券未关注并审慎核查海联讯会计期末收到销售款项期后不正常流出的情况,未能发现海联讯虚构收回应收账款的事实

为实现发行上市目的,解决公司应收账款余额过大的问题,海联讯采用由股东垫资或向他人借款方式,在会计期末冲抵应收账款,并在下一会计期初冲回。2009年12月31日,海联讯通过他人转入资金1,429万元冲减应收账款,后于2010年1月4日全额退款并转回应收账款;2010年9月和12月,海联讯通过股东垫资转入资金2,566万元冲减应收账款;2010年12月,海联讯通过他人转入资金8,754万元冲减应收账款,后于2011年1月4日将他人资金8,754万元全额退款并转回应收账款;2011年6月30日,海联讯通过他人转入资金8,890万元冲减应收账款,后于2011年7月1日全额退款并转回应收账款。截至2009年12月31日、2010年12月31日、2011年6月30日,海联讯分别虚构收回应收账款1,429万元、11,320万元、11,456万元。

平安证券在核查销售收入和应收账款时,未适当关注海联讯在会计期末突击收到的大量销售款项期后不正常流出的情况。在核查货币资金和现金流量时,只收集了海联讯各账户报告期最后1个月的银行对账单,而未整体关注报告期货币资金的期初余额、本期发生额和期末余额。对取得的报告期最后1个月的银行进账单,也未重点核查大额货币资金流入情况。

因未勤勉尽责,平安证券未能发现海联讯在会计期末虚构收回应收账款的事实,致使其所出具的保荐书中关于海联讯应收账款项目的财务数据和财务指标的陈述、海联讯最近三年财务会计文件无虚假记载的陈述、海联讯符合发行上市条件的结论意见存在虚假记载。

(二)平安证券未审慎核查海联讯销售情况,未能发现海联讯虚增营业收入的事实

2010年度,海联讯虚构4份合同,虚增营业收入1,426万元,其中包括虚构与当期第五大客户广东电网公司签订合同2份,金额分别为439万元、256万元;虚构与中国南方电网超高压输电公司签订合同1份,金额为356万元;虚构与湖南星电实业集团股份有限公司签订合同1份,金额为375万元。在上述虚构的4份合同中,有3份合同收入确认时间发生在"三年一期"期末的2010年9月28日。

2011年上半年,海联讯虚构6份合同,虚增营业收入1,335万元,其中虚构与当期前十大客户签订合同4份,即:虚构与当期第二大客户山西省电力公司签订合同1份,金额为288万元;虚构与当期第五大客户广东电网公司签订合同2份,金额分别为193万元、196万元;虚构与当期第六大客户河南省电力公司签订合同1份,金额为265万元。在上述虚构的6份合同中,有4份合同收入确认时间发生在"三年一期"期末的2011年6月29日、30日。

平安证券在核查销售情况时,虽已将海联讯各年度前十大客户拟定为访谈对象,但对其中的电力系统客户,其既未访谈,也未采取足够的替代核查手段以获取充分合理的尽职调查证据。对海联讯在会计期末大量集中确认销售收

入的情况，未予特别关注并采取适当方法进行核查验证。在核查重大合同时，对海联讯2008年至2011年6月30日签署的47份金额在300万元以上的重大合同，仅收集了2010年度以前的22份，遗漏包括海联讯虚构的3份重大合同在内的20余份合同。对所收集的合同，平安证券也未获取核实合同真实性的充分证据。在公司内核会已发现海联讯2010年1－9月毛利率较往年有较大增长的情况下，平安证券仅重新查阅相关合同、验收报告等材料，而未采取其他核查手段以获取充分的尽职调查证据。

因未勤勉尽责，平安证券未能发现海联讯在相关会计期间虚增营业收入的事实，致使其所出具的保荐书中关于海联讯营业收入项目的财务数据和财务指标的陈述、海联讯最近三年财务会计文件无虚假记载的陈述、海联讯符合发行上市条件的结论意见存在虚假记载。

二、平安证券未审慎核查海联讯公开发行募集文件的真实性和准确性

2010年6月，平安证券与海联讯签订《关于深圳海联讯科技股份有限公司首次公开发行股票并上市工作的一揽子协议》，海联讯聘请平安证券担任其IPO的辅导机构、保荐机构和主承销商。2010年12月9日，平安证券与海联讯签订《首次公开发行股票并在创业板上市保荐协议》和《深圳海联讯科技股份有限公司首次公开发行人民币普通股之承销协议》。

因存在虚构收回应收账款和虚增收入的事实，海联讯刊登和披露的《招股意向书》、《招股说明书》等公开发行募集文件中涉及应收账款和营业收入项目的内容存在虚假记载。平安证券在尽职调查中，未审慎核查海联讯《招股说明书（申报稿）》等IPO申请文件的真实性、准确性，未能发现其中含有的虚假记载内容；平安证券在承销海联讯股票过程中，也未审慎核查海联讯刊登和披露的《招股意向书》、《招股说明书》等公开发行募集文件的真实性和准确性，未能发现其中含有的虚假记载内容。在未审慎核查的情况下，平安证券即在海联讯《招股意向书》和《招股说明书》中声明："本公司已对招股意向书（招股说明书）进行了核查，确认不存在虚假记载、误导性陈述或重大遗漏，并对其真实性、准确性和完整性承担相应的法律责任"。

以上事实，有相关保荐书、保荐工作报告、保荐工作底稿、招股意向书、招股说明书、财务资料、平安证券内部文件、任职文件、当事人提供说明材料和当事人询问笔录等证据证明，足以认定。

平安证券出具的保荐书存在虚假记载的行为，违反了《证券法》第十一条第二款、第四十九条第二款的规定，构成《证券法》第一百九十二条所述"保荐人出具有虚假记载、误导性陈述或者重大遗漏的保荐书"的行为。平安证券未审慎核查海联讯公开发行募集文件的真实性和准确性的行为，违反了《证券法》第三十一条的规定，构成《证券法》第一百九十一条第（三）项所述"其他违反证券承销业务规定的行为"。对平安证券的违法行为，韩长风、霍永涛是直接负责的主管人员。

韩长风、霍永涛二人作为平安证券具体负责保荐工作的保荐代表人，在从事保荐业务过程中，未按规定完整核查海联讯货币资金的期初余额、本期发生额和期末余额，未适当关注并核查海联讯在会计期末收到大量应收账款并在期后第1个工作日大量退款的异常情况；未完整核查海联讯重大合同，未对海联讯向前十大客户销售情况获取充分合理的尽职调查证据。韩长风、霍永涛的上述未勤勉尽责行为，直接导致平安证券未能发现海联讯在IPO申请文件和公开发行募集文件中虚构收回应收账款和虚增收入的事实，已构成情节严重。

案发后，平安证券和相关人员能够配合调查，推动并协助海联讯主要股东设立专项补偿基金，补偿投资者因海联讯虚假陈述而遭受的投资损失。

韩长风、霍永涛二人在申辩中，在基本认可平安证券未发现海联讯虚构收回应收账款和虚增营业收入事实的基础上，提出以下申辩意见：

其一，海联讯方面当时故意隐瞒事实，向平安证券提供了与真实文件并无明显差异的虚构合同、验收报告等书面文件。相关虚构合同具备合理的交易背景和成本核算，具有极大的隐蔽性。保荐代表人已勤勉尽责，但仍无法通过正常的核查手段发现海联讯故意造假行为。

其二，本案违法主体是平安证券，韩长风、霍永涛二人系代表平安证券执行海联讯项目核查工作,二人的责任认定应与平安证券保持一致。证监会并未认定平安证券行为构成“情节严重”,也不应认定二人行为构成“情节严重”。

其三,韩长风、霍永涛二人主动配合证监会的调查取证工作,提议并推动海联讯主要股东设立专项补偿基金赔偿投资者,促使海联讯主要股东承诺补偿无法收回的应收账款,积极消除海联讯违法行为的危害后果。

霍永涛还提出,平安证券违法行为主要发生在财务核查方面,他本人并不负责海联讯财务部分的核查工作;其系根据平安证券安排从事保荐工作,职级较低,不是项目主管人员,不应将其认定为直接负责的主管人员。

综合上述申辩理由,韩长风、霍永涛二人请求我会对其免予撤销证券从业资格,同时减少对霍永涛的罚款金额。

我会认为,韩长风、霍永涛二人的辩解理由不能成立:

其一,发行上市保荐是以保荐机构和保荐代表人独立、客观、公正、审慎的尽职调查,来核实发行人申请文件和信息披露资料的真实性、准确性和完整性。本案中海联讯的造假手段并不复杂,当事人只要能按相关业务准则进行核查,并不难发现海联讯造假的线索。但是韩长风、霍永涛二人在履职过程中未按照相关业务规则进行核查,或者遗漏应当核查的事项,或者核查工作不彻底、不充分。韩长风、霍永涛二人所谓保荐代表人无法通过正常核查手段发现海联讯造假的申辩理由不能成立。

其二,同一违法案件中,不同主体是否构成“情节严重”,应当以各主体在整个违法行为中所处的地位、发挥的作用等因素进行综合判断。本案中,平安证券在内核阶段已提出海联讯应收账款余额较大、海联讯 2010 年 1 - 9 月毛利率较往年有较大增长等问题,要求以保荐代表人作为最重要成员的项目组进行核查和说明,但保荐代表人等此后并未进行审慎核查,再一次错失可能发现海联讯造假的机会。本案的发生虽与平安证券内部控制和风险管理不当等因素有关,但更多的是源于保荐代表人未勤勉审慎履行核查职责。正是由于韩长风、霍永涛等明显不勤勉尽责的行为,才导致平安证券未能发现海联讯在 IPO 申请文件和公开发行募集文件中虚构收回应收账款和虚增收入的事实。我会据此将保荐代表人行为认定为“情节严重”并作出处理,并无不妥。

其三,对平安证券、韩长风、霍永涛等配合调查和推动海联讯主要股东赔偿投资者等情节,我会在作出处理决定前已予充分考虑,韩长风、霍永涛二人提出的进一步减轻处理的请求没有法律依据。

其四,保荐代表人是保荐机构中具体负责保荐工作的人员,应当对保荐工作整体承担责任。根据规定,保荐代表人负有保证保荐文件和证券发行募集文件真实、准确、完整的法定义务,其必须在全面尽职调查并获取充分合理证据的基础上,方能推荐发行人股票发行上市。保荐代表人不得以任何借口和理由免除其法定责任。本案中,霍永涛作为具备胜任能力的专业人士,熟悉股票发行、承销、上市相关规则,其在未充分核查验证以确信相关文件不存在虚假记载的情况下,即以保荐代表人身份在相关保荐文件和证券发行募集文件上签名,该行为已足以表明其未勤勉尽责,必须承担相应的法律后果。霍永涛所谓其个人不负责海联讯财务部分核查、系根据平安证券安排等从事保荐、职级较低等申辩理由,不影响我会对其责任的认定。

根据当事人违法行为的事实、性质、情节与社会危害程度,依据《证券法》第一百九十一条、第一百九十二条和《中华人民共和国行政处罚法》第二十七条第一款第(一)项、第(四)项的规定,我会决定:

一、对平安证券给予警告,没收保荐业务收入 400 万元,没收承销股票违法所得 2,867 万元,并处以 440 万元罚款;

二、对韩长风、霍永涛给予警告,并分别处以 30 万元罚款,撤销证券从业资格。

上述当事人应自收到本处罚决定书之日起 15 日内,将罚没款汇交中国证券监督管理委员会(开户银行:中信银行总行营业部,账号:7111010189800000162,由该行直接上缴国库),并将注有当事人名称的付款凭证复印件送中国证券监督管理委员会稽查局备案。当事人如果对本处罚决定不服,可在收到本处罚决定书之日起 60 日内向中国证券监督管理委员会申请行政复议,也可在收到本处罚决定书之日起 3 个月内直接向有管辖权的人民法院提起行政诉讼。复议和诉讼期间,上述决定不停止执行。

关于振兴生化股份有限公司、史跃武、原建民等11名责任人违反证券法规的行政处罚决定书

（〔2014〕104号）

当事人：振兴生化股份有限公司（以下简称振兴生化或者公司），住所：山西省太原市小店区，法定代表人史跃武。

史跃武，男，1973年1月出生，振兴生化董事长，住址：山西省太原市万柏林区。

原建民，男，1964年6月出生，振兴生化董事、常务副总经理、代任董事会秘书，住址：山西省太原市万柏林区。

曹正民，男，1969年2月出生，振兴生化董事、副总经理、财务总监，住址：山西省太原市万柏林区。

陈海旺，男，1957年12月出生，振兴生化董事，住址：山西省太原市迎泽区。

任彦堂，男，1970年1月出生，振兴生化董事，住址：山西省河津市樊村镇。

纪玉涛，男，1976年3月出生，振兴生化董事，住址：北京市朝阳区。

田旺林，男，1957年12月出生，振兴生化独立董事，住址：山西省太原市万柏林区。

张建华，女，1954年10月出生，振兴生化独立董事，住址：山西省太原市小店区。

陈树章，男，1965年3月出生，振兴生化独立董事，住址：山西省太原市迎泽区。

岳云生，男，1971年6月出生，时任振兴生化董事会秘书，住址：山西省太原市万柏林区。

依据《中华人民共和国证券法》（以下简称《证券法》）的有关规定，我会对振兴生化信息披露违法行为进行了立案调查、审理，并依法向当事人告知了作出行政处罚的事实、理由、依据及当事人依法享有的权利。当事人田旺林、张建华、陈树章提出了陈述、申辩意见，其他当事人未提出陈述、申辩意见，也未要求听证。本案现已调查、审理终结。

经查明，振兴生化违法的事实如下：

一、基本情况

振兴生化原名三九宜工生化股份有限公司（以下简称三九生化），1996年在深圳证券交易所上市，控股股东为三九医药股份有限公司（以下简称三九医药），实际控制人为三九企业集团；振兴集团有限公司（以下简称振兴集团）是一家注册于山西的民营企业，史某志是振兴集团的实际控制人、董事长、总经理。

2005年4月28日，振兴集团与三九医药签订国有法人股转让协议，受让三九医药所持三九生化29.11%的股份，若股份转让完成，振兴集团将成为三九生化第一大股东。由于振兴集团收购的股份为国有法人股，协议生效的前提是获得国务院国资委的批准与证监会对《收购报告书》的无异议函。股权转让协议还就协议签订后股权过户前的收购过渡期作了安排，规定成立一个协调小组，就重大事项进行必要的共同协商，股权受让方在过渡期内可以了解三九生化的财务状况，但是股权转让完成前不担任三九生化的董事、监事或者高级管理人员。

2005年6月，振兴集团将其所持山西振兴集团电业有限公司（以下简称振兴电业）65.216%的股权注入三九生化，从而置换出三九生化持有的三九企业集团2.06亿元的部分应收款和昆明白马制药有限公司90%的股权。振兴电业成立于2004年，法定代表人为史某志之子史跃武。本次资产置换后，振兴电业成为三九生化的控股子公司，振兴电业的其他两名股东为振兴集团、史跃武。

2005年9月，振兴集团先后推荐史跃武、原建民、陈海旺3人出任三九生化董事，史跃武从2005年9月12日起任三九生化董事长、总经理，2005年11月振兴集团又向三九生化推

荐了2名独立董事。史跃武接受调查询问时称,过渡期内,三九生化一直处于振兴集团与三九企业集团共管状态下;2006年史跃武是三九生化董事长,但当时主持工作的是三九企业集团的梅某伶。

2006年4月29日,国资委批准了振兴集团收购三九生化股权,批复有效期是6个月,此后有效期先后2次延期至2007年10月30日。

2007年9月10日,证监会对于振兴集团收购三九生化股权《收购报告书》出具了无异议函。

2007年12月,振兴集团完成股权受让过户手续。

2008年5月,公司注册地由江西迁至山西。

2010年6月,公司名称变更为振兴生化。

二、未按规定披露振兴电业为振兴集团的关联公司提供担保的情况

山西振兴集团有限公司(以下简称山西振兴)是振兴集团的关联公司。

2006年6月20日,振兴电业形成《股东会决议》。决议载明,按照《公司章程》规定,包括三九生化、振兴集团、史跃武在内的所有股东均同意用振兴电业部分固定资产5.34亿元,为山西振兴在中国银行股份有限公司(以下简称中行)运城市分行2006年6月29日–2009年6月29日所办理授信进行担保,最高额不超过2亿元。三九生化、振兴集团在该决议上盖章,史跃武在该决议上签字。

2006年6月20日,振兴电业与中行运城市分行签订《最高额抵押合同》(编号:2006年振兴抵字03号)。合同约定:为了保证山西振兴与中行运城市分行于2006年6月29日至2009年6月29日之间签订的所有授信项下债务人的义务得到履行,振兴电业自愿用其建筑物和机器设备评估价534025200元作为抵押财产,为抵押权人中行运城市分行的债权设立抵押担保,担保本金金额不超过2亿元。合同约定,本合同在双方当事人签字盖章且抵押人办妥抵押登记手续后生效。合同显示,振兴电业法定代表人(或授权代表人)签字人为史跃武。

2006年6月22日,三九生化向振兴电业发出了“司公函〔2006〕第01号”,该函件称,关于振兴电业为山西振兴在中行运城分行贷款进行担保一事,因山西振兴系三九生化关联股东,该担保需经公司董事会、股东大会批准;鉴于目前振兴集团系三九生化潜在大股东,在三九生化股东大会批准之前不得为山西振兴提供担保。

2006年6月29日,山西振兴与中行运城市分行签订《人民币借款合同(短期)》(编号:2006年运河振借字01号,以下简称200601号借款合同)。合同载明:借款人山西振兴向贷款人中行运城市分行借款总额5亿元,借款期限3年(自双方约定的提款日起算),该合同项下全部债务由山西振兴、山西振兴集团铝业有限公司、振兴电业共同提供担保,其中振兴电业的担保合同为《最高额抵押合同》。合同显示,山西振兴法定代表人(或授权代表人)签字人为史跃武。

2006年6月29日,河津市工商局出具了《抵押物登记证》(河工商河押字第06014号)。该登记证载明:抵押人振兴电业用机械设备、建筑物(合计5.34亿元)向抵押权人中行运城市分行提供抵押担保并办理了抵押登记;该抵押登记合同为2006年振兴抵字03号,抵押担保范围为200601号借款合同的主债权及利息等,被担保的主债权金额为2亿元,债务人履行期限为2006年6月29日至2009年6月29日。

振兴生化2013年4月向宁夏证监局出具的《关于山西振兴集团电业有限公司违规担保的情况说明》称,关于振兴电业《股东会决议》加盖三九生化公章一事,经史跃武反复回忆,应是振兴电业的财务人员把已经加盖振兴集团与史跃武签字的《股东会决议》带到深圳,由振兴集团当时派驻深圳的工作人员找到三九生化的管理人员盖的章,可能是管理人员看到史跃武的签字,误以为董事长已经同意,就盖了三九生化的章;两日后,史跃武在知悉三九生化公章已盖的情况下,经向有关人士咨询后知道上市公司及控股子公司未经董事会或者股东大会批准不得对外提供担保,遂于2006年6月22日要求三九生化给振兴电业出具了“司公函〔2006〕第01号”。

史跃武接受调查询问时称,曾就上述振兴电业出具的《股东会决议》咨询过原建民,并出具了“司公函〔2006〕第01号”明确否决了担保事项,但自己将该函件交给了山西振兴财务后,

以为他们就不会再向银行申请授信了,后面也就没有再跟进落实;当时在《最高额抵押合同》上签字,是由于都是给山西振兴贷的款,自己当时身兼多重身份,山西振兴财务人员拿来很多授信合同又都放在一起,就一揽子都签了。

中行河津市支行向调查组提供的《关于山西振兴集团电业有限公司为山西振兴集团有限公司授信提供抵押担保的情况说明》(以下简称《授信说明》)的附件载明,山西振兴贷款卡信息、振兴电业企业基本信用信息报告未显示有2006年6月振兴电业给山西振兴授信提供2亿元担保的信息。该《授信说明》显示,2006年6月19日,山西振兴向中行河津市支行出具了《股东会决议》,该决议称,山西振兴于2006年6月19日召开股东会,同意用山西振兴评估值为15亿元的资产在中行河津市支行抵押,期限3年,抵押金额5亿元;该决议由山西振兴股东振兴集团、史跃武盖章、签字。

对此,该《授信说明》称,在人民银行征信系统中,中行只对山西振兴的抵押物进行录入,不对振兴电业的抵押进行录入,因此在人民银行的征信系统中没有反映振兴电业对中行2亿元授信的抵押信息。振兴生化2006年至2012年年报及其审议董事会决议、会议记录等资料中,未发现有2006年6月振兴生化以振兴电业资产为山西振兴贷款提供担保情况的记载。

经核算,上述担保金额占2005年振兴生化总资产、净资产绝对值的比例分别为9.60%、1881.47%,振兴生化未按规定进行临时公告,也未在2006年至2012年期间的年报中公告。

2013年4月24日,振兴生化发布《关于对外担保情况的自查公告》,披露以上贷款担保自查情况。

2013年5月6日,振兴生化公告发布了山西谦诚律师事务所法律意见书,该法律意见书载明:200601号借款合同没有履行,《最高额抵押合同》所担保的主债权未形成,山西振兴集团电业有限公司无需依据《最高额抵押合同》实际承担担保责任。

振兴生化目前董事、监事及高管人员除史跃武、原建民、陈海旺外均为2008年以后任职,史跃武以外的谈话人员笔录及未谈话人员说明,均称不清楚振兴电业2006年担保事项具体审批和办理过程。

三、未按规定披露振兴电业的重大涉诉事项

2012年5月29日,山西省高级人民法院立案受理了中银投资有限公司(以下简称中银投资)诉被告山西振兴、山西振兴集团铝业有限公司、振兴电业、史跃武、振兴集团借款合同纠纷一案((2012)晋商初字第7号)。原告中银投资的诉讼请求事项包括请求判令山西振兴向原告偿还借款本金429937014.63元及全部利息(计至2012年4月30日,利息为255892574.5元),两项合计685829589.13元;同时请求判令振兴电业对山西振兴所欠原告的债务在担保范围内承担担保责任,并判令原告对《最高额抵押合同》项下的抵押物优先受偿。

2012年7月5日,山西省高级人民法院用人民法院专递(单号:EY418417597CN)向振兴电业送达了应诉通知书、起诉状副本等诉讼材料。

2012年7月11日,振兴电业收到山西省高级人民法院关于中银投资就上述贷款担保提起诉讼的应诉通知书,要求振兴电业承担抵押合同约定的2亿元担保责任。经查询邮政客服,该邮件签收人为王某宝,签收日期为2012年7月11日。

上述振兴电业被诉承担2亿元担保责任的金额占2011年振兴生化总资产、净资产的比例分别为20.82%、101.27%。以上重大涉诉事项振兴生化未按规定进行临时公告,也未在2012年年报进行公告。

2013年4月24日,振兴生化发布《重大诉讼提示性公告》。

振兴生化向调查组提供的《关于山西振兴集团电业有限公司违规担保的情况说明》称,振兴电业对涉诉案件山西振兴的借款提供抵押担保不成立,并且不会给振兴生化造成任何损失,理由是:1.振兴电业不是涉诉案件主体。原告中银投资主张的债权是"14份协议"项下债权,而该债权项下的担保是山西振兴2007年运(河)抵字01号、2008年运(河)抵字01号《最高额抵押合同》,抵押人均是山西振兴。2.振兴电业2006年签订的《最高额抵押合同》没有生效,其担保范围内涉及的主债权也不存在。《最高额抵押合同》对应的《抵押物登记证》载

明的抵押担保范围是200601号借款合同的主债权、利息等费用,而原告中银投资所起诉的主债权是“14份协议”项下的债权。3. 2013年4月11日向银行查询振兴电业贷款卡(编码:1427030000113779)显示没有贷款信息和对外担保信息。4. 法律意见书结论认为在涉诉案件中振兴电业不应当承担担保责任。

振兴生化向调查组提供的《关于振兴电业涉及担保一案信息披露的情况说明》、振兴集团常务副总曹某海提供的《情况说明》,以及史跃武、史某志、原建民、岳云生询问笔录,岳云生《履职情况说明》、调查组抽取部分振兴生化信息披露公告审批流程表,对振兴电业涉诉事项的处理与披露作了说明,归纳如下:

1. 振兴电业值班人员收到上述邮寄送达的诉讼材料后,交给了曹某海(曹某海未在上市公司担任职务),曹某海即向史某志电话汇报,史某志电话安排曹某海通知史跃武、原建民,并要求三人共同处理诉讼事项;曹某海即向史跃武电话汇报,称收到一个案子,金额比较大;史跃武称知道这是山西振兴在中行的贷款,现在转到中银投资了,他正在和中银投资谈还款的事;曹某海听史跃武说知道这个事情,就说资料比较多不给史跃武详细说了,史跃武即安排曹某海负责处理此事,并告知原建民。

2. 史跃武、史某志、原建民、岳云生其时均不知道振兴电业也在被告之列;振兴电业担保引发的2012年中银投资诉振兴电业事项,是2013年2月至3月知悉的。知悉后公司没有开过董事会或股东大会,但史跃武告知了振兴生化的董事及高管人员。振兴生化开了个内部会议,原建民、曹正民、岳云生参加,史跃武安排原建民处理并收集核实诉讼材料。由于当时需要把事情核实清楚才进行披露,于2013年4月24日公告此笔诉讼确实滞后,不及时。

3. 知悉振兴电业被诉后,振兴生化向深圳证券交易所、山西证监局、宁夏证监局做了紧急汇报,同时聘请山西谦诚律师事务所就此出具了法律意见,明确振兴电业对山西振兴的担保并不成立,不会给公司造成损失。

4. 振兴生化的信息披露事务由原建民分管,公司信息披露的流程为原建民批示给证券部后,证券部负责拟稿、校核公告底稿,董事会秘书核稿,最终由常务副总原建民签发后进行披露。

振兴生化提供的《公司以振兴电业资产为山西振兴贷款2亿元担保诉讼进展情况》陈述:2013年7月10日,中银投资与山西振兴、史跃武、振兴集团签订《和解协议》,约定相关债务的偿还和担保责任由山西振兴、史跃武、振兴集团共同承担。2013年10月23日,山西省高级人民法院出具(2012)晋商初字第7号《民事调解书》,表明中银投资与山西振兴、史跃武、振兴集团四方已签收并发生法律效力;2013年11月4日,山西省高级人民法院出具(2012)晋商初字第7号《民事裁定书》,裁定中止以上诉讼。

四、配合调查情况

调查过程中,振兴生化、振兴电业、振兴集团等相关公司及人员能够积极配合调查工作。

上述违法事实,有相关公告、财务资料、相关机构的情况说明、涉案人员询问笔录等证据证明,足以认定。

关于振兴电业为山西振兴提供担保事项,我会认为,振兴电业为山西振兴提供担保之时,已经注入振兴生化的前身三九生化,成为三九生化的控股子公司。此时,虽然振兴集团尚未完成上市公司收购的股权过户手续,上市公司处在原控股股东三九医药与潜在的控股股东振兴集团协议“共管”之下,上市公司收购处在“过渡期”,振兴集团已经通过推荐派驻5位董事占据了三九生化董事会多数席位。虽然此举有违证监会2004年1月发布的《关于规范上市公司实际控制权转移行为有关问题的通知》(证监公司字〔2004〕1号)“在过渡期间,收购人原则上不得通过控股股东提议改选上市公司董事会;确有充分理由改选董事会的,来自收购人的董事不得超过董事会三分之一”的规定,但是,鉴于已是既成事实,且振兴集团方面实际行使三九生化的经营管理权,史跃武也已出任三九生化董事长,因此,三九生化实际处在振兴集团的实际控制之下;振兴电业为振兴集团的关联方山西振兴提供担保,实质上构成上市公司控股子公司为实际控制人的关联方提供担保,应按证监会、国务院国资委2003年联合下发的《关于规范上市公司与关联方资金往来及上市公司对外担保若干问题的通知》(证监发

〔2003〕56号），以及证监会、银监会2005年11月联合下发的《关于规范上市公司对外担保行为的通知》（证监发〔2005〕120号）关于关联担保的规定，履行内部决策程序，并按《股票上市规则》的要求对外披露。

按照证据材料显示的时间顺序，2006年6月20日，振兴电业形成了为山西振兴提供最高额抵押担保的《股东会决议》，三九生化、振兴集团在该决议上盖章，史跃武在该决议上签字；同日，振兴电业与中行运城市分行签订《最高额抵押合同》，史跃武以振兴电业法定代表人身份在合同上签字。这一上市公司控股子公司为实际控制人关联方提供担保的行为，未履行内部决策程序，存在明显瑕疵。2006年6月22日，史跃武经人提醒，安排三九生化向振兴电业发函，明确要求振兴电业在三九生化股东大会批准之前，不得为山西振兴提供担保，这是弥补上述瑕疵的正确选择。但是，在三九生化未召开董事会或者股东大会的情况下，2006年6月29日山西振兴与中行运城市分行签订的《人民币借款合同（短期）》上，将振兴电业列为担保责任主体之一，而且列明振兴电业的担保合同为《最高额抵押合同》，史跃武作为山西振兴的法定代表人在借款合同上签字，使三九生化弥补内部决策程序瑕疵的工作归于徒劳。2001年，最高人民法院在福建上市公司中福实业为控股股东向工商银行提供担保案的终审判决中，认定违反《公司法》禁止性规定与《公司章程》约定的上市公司对外担保协议无效，但同时又出于双方对合同无效均有过错以及利益平衡考虑，判令中福实业承担不超过主债务未偿还部分二分之一的担保责任；此后，2003年，最高人民法院又在另一家上市公司运盛实业与中福实业（运盛实业的股东）向建设银行贷款相互提供担保案的终审判决中，以互保、担保经董事会决议批准且已公开披露为由，判决运盛实业为中福实业提供担保的协议有效。参考这些当时轰动一时且引起银行系统强烈反应的判决，三九生化在未经内部决策程序，更未撤销《最高额抵押合同》或者将2006年6月22日发函事项通知银行的情况下，会因振兴电业的担保事项陷入巨大的或有债务负担与风险之中，后续的诉讼纠纷更是证明了这一点。三九生化不将此事项按临时报告与定期报告要求在证券市场上及时披露，违反了《证券法》第一百九十三条的规定，上述事项的经手人、时任三九生化董事长史跃武是主要的直接负责的主管人员，时任董事原建民明知该事项但未尽监督之责，应被认定为直接负责的主管人员，时任董事陈海旺未尽监督之责，系其他直接责任人员。

关于振兴电业的重大涉诉事项，我会认为，2012年7月11日振兴电业收到山西省高级人民法院关于中银投资就贷款担保提起诉讼的应诉通知书后，即应按要求履行临时报告与披露义务。综合本案情况，虽然没有证据证明振兴生化及有关人员刻意隐瞒该重大被诉事项，但是，事件处理的过程反映了振兴生化作为一家民营控股上市公司，在公司治理上与控股股东仍存在较强的混同问题，在公司涉诉等重大风险事项上存在内部控制较差、信息披露意识不强、信息披露制度不健全的情况，尤其2013年2－3月份已经确知该被诉事项后仍迟至4月24日才进行披露，公司董事会成员与董事会秘书应对此承担责任。上市公司涉及重大诉讼事项时，应及时披露涉诉情况以及诉讼事项的进展情况，公司是否应当承担责任、能否胜诉，并非不披露或者拖延披露的正当理由。基于相关人员的职务、职责以及知悉涉案事项的情况，认定时任振兴生化董事长史跃武是主要的直接负责的主管人员，主管信息披露事务的时任董事、常务副总经理原建民为直接负责的主管人员，时任董事曹正民、陈海旺、任彦堂、纪玉涛，独立董事田旺林、张建华、陈树章，董事会秘书岳云生为其他直接责任人员。

当事人田旺林、张建华、陈树章提交书面申辩意见认为，不知悉涉案违法事项；作为独立董事，已经采取了提醒、督促甚至批评的方式要求公司管理层加强包括信息披露在内的规范化管理，做到了勤勉尽责；把独立董事归为“其他直接责任人员”，实属牵强，请求免于处罚。

我会认为，振兴生化在2013年2－3月份已经确知涉案被诉事项后，迟至4月24日才进行披露，公司董事会成员应对此承担责任；提出申辩的三位独立董事未提交证据证明其已经对振兴生化信息披露事务实施了必要的、有效的监督，我会认定其为“其他直接责任人员”，并无不当。

综合上述情况，根据当事人违法行为的事

实、性质、情节与社会危害程度,依据《证券法》第一百九十三条第一款,我会决定:

(四)对振兴生化给予警告,并处以 40 万元罚款;

(五)对史跃武给予警告,并处以 20 万元罚款;

(六)对原建民给予警告,并处以 5 万元罚款;

(七)对曹正民、陈海旺、任彦堂、纪玉涛、田旺林、张建华、陈树章、岳云生分别给予警告。

上述当事人应自收到本处罚决定书之日起 15 日内,将罚款汇交中国证券监督管理委员会(开户银行:中信银行总行营业部,账号:7111010189800000162,由该行直接上缴国库),并将注有当事人名称的付款凭证复印件送中国证券监督管理委员会稽查局备案。当事人如果对本处罚决定不服,可在收到本处罚决定书之日起 60 日内向中国证券监督管理委员会申请行政复议,也可在收到本处罚决定书之日起 3 个月内直接向有管辖权的人民法院提起行政诉讼。复议和诉讼期间,上述决定不停止执行。

(三)2014 年作出的市场禁入措施决定

关于对白杰旻实施市场禁入的决定

(〔2014〕1 号)

当事人:白杰旻,男,1962 年 9 月出生,时任北京禧达丰证券投资顾问有限公司(以下简称禧达丰投资)总经理,住址:北京市东城区大羊宜宾胡同。

依据《中华人民共和国证券法》(以下简称《证券法》)的有关规定,我会对白杰旻违反证券法律法规行为进行了立案调查、审理,并依法向当事人告知了作出市场禁入的事实、理由、依据及当事人依法享有的权利,当事人白杰旻未提出陈述申辩意见,也未要求听证。本案现已调查、审理终结。

经查明,白杰旻存在以下违法事实:

司法机关认定,2009 年 4 月,余某和罗某旭商量借用禧达丰投资的平台发表荐股文章,经与禧达丰投资总经理白杰旻电话联系后,白杰旻初步同意余某借用禧达丰投资白杰旻的名义发表荐股文章。随后余某安排罗某旭、龚某到北京与白杰旻商讨具体“合作”事宜,商定由罗某旭等人撰写相关股票的荐股文章,交余某审核修改后,发送到双方共有的邮箱,再由白杰旻进入该邮箱提取荐股文章,以“禧达丰白杰旻”的名义分别向“新浪网”、“和讯网”、“金融界”等各大财经网站发布,余某每季度付给白杰旻“佣金”5 万元。双方确定“合作”事项后,余某等人借用场所,购买设备,并安排开立证券账户、资金,在荐股前集中买入准备操纵的股票,然后撰写荐股文章,由禧达丰投资将文章在财经网站发布,随后卖出相关股票。

2009 年 5 月至 12 月期间,余某等人利用上述方法对“粤富华”、“新潮实业”、“多伦股份”等 61 只股票进行了操纵,累计买入成交额 3,166,776,107.44 元,累计卖出成交额 3,250,239,785.37 元,非法获利共计 83,463,677.93 元。

司法机关认定,白杰旻身为证券从业人员,明知自己的行为是违反证券法规而为之,其行为触犯了《中华人民共和国刑法》第一百八十二条第一款第(四)项规定的行为,但犯罪情节轻微,其在整个犯罪过程中处于次要地位,属从犯,且具有投案自首情节,积极退回了非法所得,根据《中华人民共和国刑法》第二十七条、第六十七条的规定,可以免除刑罚。依据《中华人民共和国刑事诉讼法》第一百四十二条第二款的规定，决定对白杰旻不起诉。

以上违法事实，有司法机关认定文件等证据证明，足以认定。

我会认为，白杰旻的上述行为违反了《证券、期货投资咨询管理暂行办法》（以下简称《暂行办法》）第二十四条第（五）项的规定。

根据当事人违法行为的事实、性质、情节与社会危害程度，依据《暂行办法》第三十六条和《证券法》第二百三十三条以及《证券市场禁入规定》第三条、第五条的规定，我会决定：认定白杰旻为证券市场禁入者，自我会宣布决定之日起，终身不得从事证券业务或担任上市公司董事、监事、高级管理人员职务。

当事人如果对本决定不服，可在收到本决定书之日起60日内向中国证券监督管理委员会申请行政复议，也可在收到本决定书之日起3个月内直接向有管辖权的人民法院提起行政诉讼。复议和诉讼期间，上述决定不停止执行。

关于对余凯实施市场禁入的决定

（〔2014〕2号）

当事人：余凯，男，1977年1月出生，2004年取得证券投资咨询业务资格，2005年11月至2008年1月任武汉新兰德证券投资顾问有限公司部门经理，2008年初任深圳智多盈投资顾问有限公司分析师，住址：湖北省武汉市江汉区马场路。

依据《中华人民共和国证券法》（以下简称《证券法》）的有关规定，我会对余凯违反证券法律法规行为进行了立案调查、审理，并依法向当事人告知了作出市场禁入的事实、理由、依据及当事人依法享有的权利，当事人余凯未提出陈述申辩意见，也未要求听证。本案现已调查、审理终结。

经查明，余凯存在以下违法事实：

司法机关认定，2008年2月至2009年初，余凯分别以柳某、罗某、翁某伟的名义先后成立了武汉胜券在握投资咨询服务有限公司、武汉金仕齐投资有限公司、武汉善行投资有限公司，随后招聘罗某旭负责操盘、管理日常事务和撰写荐股文章，招聘雷某为各大财经媒体联络人，招聘龚某负责操盘。同时，余凯还聘请江海证券分析师蔡某澍、洛阳证券分析师黄某为其撰写荐股文章，并要求二人和罗某旭为其开立了“鄂某英”等7个证券账户及对应的银行账户，加上其控制的“刘某珍”账户，按照“先建仓、再荐股、后卖出”的操作模式对“ST金花”等44只股票进行了操纵，即在每天收盘之前购买相关股票，然后余凯利用华泰证券分析师李某胜和中信建投分析师丁某森的名义在“证券之星”、“和讯网”、“新浪网”、“金融界”等多个财经网站公开推荐上述股票，影响证券价格，并在荐股文章发表的当日或第二个交易日内将上述股票全部卖出。上述证券账户，累计买入成交额518,734,662.74元，累计卖出成交额596,612,532.96元，非法获利共计18,477,870.22元。

2009年4月，余凯和罗某旭商量借用北京禧达丰证券投资顾问有限公司（以下简称禧达丰投资）的平台发表荐股文章，经与禧达丰投资总经理白某旻电话联系后，白某旻同意余凯借用禧达丰投资白某旻的名义发表荐股文章。随后余凯安排罗某旭、龚某到北京与白某旻商讨具体“合作”事宜，商定由罗某旭等人撰写相关股票的荐股文章，交余凯审核修改后，发送到双方共有的邮箱，再由白某旻进入该邮箱提取荐股文章，以“禧达丰白某旻”的名义分别向“新浪网”、“和讯网”、“金融界”等各大财经网站发布，余凯每季度付给白某旻佣金5万元。双方确定“合作”事项后，余凯等人借用办公场所，购买电脑等办公设备，并安排罗某旭、龚某等人到武汉、太原、天津、郑州、沈阳、哈尔滨等地开立70个证券账户和对应的第三方存管银行账户。余凯等人利用自有资金、对外融资等形式筹集的资金,并向相关人员提供其操纵信息,通过由余凯实际控制的48个证券账户、由罗某旭实际控制的3个证券账户、由雷某实际控制的4个证券账户以及蔡某澍等人实际控制的15个证券账户在荐股前集中买入准备操纵的股票,然后由罗某旭、黄某以及蔡某澍等人对该股撰写荐股文章,由禧达丰投资将文章在财经网站发布。与此同时,为了防止禧达丰投资漏发文章,余凯安排其弟通过QQ将荐股原文发至雷某,由雷某再将该文章用禧达丰投资的邮箱以"禧达丰白某旻"的名义发往"新浪网"、"和讯网"、"金融界"等网站,并通知编辑发表,待荐股文章发布后股价推高时,余凯、罗某旭、龚某等人在两个交易日内将股票卖出。2009年5月至12月期间,余凯等人以"先建仓、再荐股、后卖出"的手段,先后在"和讯网"等网站发表荐股文章87篇,对"粤富华"等61只股票进行了操纵。上述70个证券账户,累计买入成交额3,166,776,107.44元,累计卖出成交额3,250,239,785.37元,非法获利共计83,463,677.93元。

司法机关判决余凯犯操纵证券市场罪,判处有期徒刑三年,并处罚金人民币450万元,并没收违法所得。

以上违法事实,有刑事判决书等证据证明,足以认定。

我会认为,余凯的上述行为违反了《证券、期货投资咨询管理暂行办法》(以下简称《暂行办法》)第二十四条第(五)项的规定。

根据余凯违法行为的事实、性质、情节与社会危害程度,依据《暂行办法》第三十六条和《证券法》第二百三十三条以及《证券市场禁入规定》第三条、第五条的规定,我会决定:认定余凯为证券市场禁入者,自我会宣布决定之日起,终身不得从事证券业务或担任上市公司董事、监事、高级管理人员职务。

当事人如果对本决定不服,可在收到本决定书之日起60日内向中国证券监督管理委员会申请行政复议,也可在收到本决定书之日起3个月内直接向有管辖权的人民法院提起行政诉讼。复议和诉讼期间,上述决定不停止执行。

关于对蔡国澍实施市场禁入的决定

(〔2014〕3号)

当事人:蔡国澍,男,1972年6月出生,2004年11月取得证券投资咨询业务资格,2006年至2007年3月任江海证券哈尔滨友谊路营业部客户经理,住址:黑龙江省哈尔滨市道外区新江桥街。

依据《中华人民共和国证券法》(以下简称《证券法》)的有关规定,我会对蔡国澍违反证券法律法规行为进行了立案调查、审理,并依法向当事人告知了作出市场禁入的事实、理由、依据及当事人依法享有的权利,当事人蔡国澍未提出陈述申辩意见,也未要求听证。本案现已调查、审理终结。

经查明,蔡国澍存在以下违法事实:

司法机关认定,蔡国澍在2007年被余某网上招聘至武汉新兰德证券投资顾问有限公司(以下简称新兰德公司)从事证券分析业务,按照文章的数量获取报酬。2008年底新兰德公司解散后至案发,蔡国澍继续应余某的要求,帮助其撰写荐股分析文章,从中获取利益。此外,蔡国澍还在2009年3月利用"吴某"、"杨某"2个证券账户,利用余某提供的信息与其同步操纵证券13只(次),累计买入成交额29,578,619.84元,累计卖出成交金额31,131,248.50元,非法获利1,552,628.66元。期间,应余某要求,蔡国澍还为其开设了5个证券账户和对应的银行账户并交给余某操作,后期又帮其开了2个银行账户用于转账。案发后,追缴蔡国澍非法所得100万元,已上缴国库。

司法机关认为，蔡国澍身为证券从业人员，明知自己的行为是违反证券法规而为之，其行为触犯了《中华人民共和国刑法》第一百八十二条第一款第（四）项规定的行为，但犯罪情节轻微，其在整个犯罪过程中处于次要地位，属从犯，且退回了部分非法所得，根据《中华人民共和国刑法》第二十七条的规定，可以免除刑罚。依据《中华人民共和国刑事诉讼法》第一百四十二条第二款的规定，决定对蔡国澍不起诉。

以上违法事实，有司法机关认定文件等证据证明，足以认定。

我会认为，蔡国澍的上述行为违反了《证券、期货投资咨询管理暂行办法》（以下简称《暂行办法》）第二十四条第（五）项的规定。

根据蔡国澍违法行为的事实、性质、情节与社会危害程度，依据《暂行办法》第三十六条和《证券法》第二百三十三条以及《证券市场禁入规定》第三条、第五条的规定，我会决定：认定蔡国澍为证券市场禁入者，自我会宣布决定之日起，终身不得从事证券业务或担任上市公司董事、监事、高级管理人员职务。

当事人如果对本决定不服，可在收到本决定书之日起60日内向中国证券监督管理委员会申请行政复议，也可在收到本决定书之日起3个月内直接向有管辖权的人民法院提起行政诉讼。复议和诉讼期间，上述决定不停止执行。

关于对李续禄、孙玉玲实施市场禁入的决定

（〔2014〕4号）

当事人：李续禄，男，1963年4月出生，河南天丰节能板材科技股份有限公司（以下简称天丰节能）法定代表人、董事长，住址：河南省新乡市牧野区建设路。

孙玉玲，女，1973年4月出生，天丰节能财务总监，住址：河南省驻马店市驿城区乐山路。

依据《中华人民共和国证券法》（以下简称《证券法》）的有关规定，我会对天丰节能报送虚假发行申请文件行为进行了立案调查、审理，并依法向当事人告知了作出市场禁入的事实、理由、依据及当事人依法享有的权利。当事人李续禄提出了书面申辩意见。应当事人李续禄的要求，我会举行了听证会，听取了当事人李续禄的陈述和申辩。本案现已调查、审理终结。

经查明，天丰节能存在以下违法事实：

一、天丰节能在2010年至2012年，通过虚增销售收入、虚增固定资产、虚列付款等多种手段虚增利润且存在关联交易披露不完整等行为，导致报送的IPO申报文件（含《招股说明书》、相关财务报表等）及《河南天丰节能板材科技股份有限公司关于报告期财务报告专项检查的说明》（以下简称《天丰节能检查说明》）存在虚假记载

（一）虚增销售收入

2010年至2012年，天丰节能通过虚构客户、虚构销售业务等手段虚增销售收入三年共计92,560,597.15元，其中：2010年虚增11,302,460.63元，2011年虚增36,642,518.14元，2012年虚增44,615,618.38元，分别占当年账面销售收入的10.22%、17.54%、16.43%。具体包括：虚构安徽长彦水利工程有限公司等74家公司客户及其销售业务，虚增销售收入58,232,201.59元；虚构与广东恒耀工程有限公司等14家公司客户的销售业务，虚增销售收入18,797,508.79元；虚构与河南汇能建筑装饰工程有限公司等7家公司客户的销售业务，

虚增销售收入8,361,386.46元;虚构与湖北天福建筑安装工程有限公司等2家公司客户的销售业务,虚增销售收入2,327,418.09元;虚构李彦斌等6个自然人客户的销售业务,虚增销售收入4,842,082.22元。

(二)虚增固定资产

天丰节能通过虚构固定资产采购和贷款利息支出资本化,2010年至2011年累计虚增固定资产和在建工程10,316,140.12元,占2011年末公司资产总额的3.08%;2010年至2012年共计虚增固定资产和在建工程27,923,990.26元,占公司2012年末资产总额的5.83%。具体包括:虚构向台湾后东机械公司和意大利OMS进口设备采购交易虚增固定资产与在建工程25,812,879.11元,其中2011年虚增固定资产9,595,120.94元,2012年虚增固定资产8,738,985.04元,2012年虚增在建工程7,478,773.13元;通过国家开发银行河南省分行贷款利息支出资本化虚增在建工程2,111,111.15元,其中2011年721,019.18元,2012年1,390,091.97元。

(三)虚增利润

2010年至2012年,天丰节能虚增利润共计34,390,224.35元,其中:2010年虚增利润4,088,464.23元,占当年利润总额的14.11%;2011年虚增利润14,044,687.34元,占当年利润总额的23.46%;2012年虚增利润16,257,072.78元,占当年利润总额的22.94%。

(四)虚列付款

天丰节能2010年至2012年虚列向开封市升龙化工物资贸易有限公司、上海昱业实业有限公司、新乡市天发节能建材有限公司等13家供应商付款共计29,441,438.62元。其中:2011年虚列付款2,047,337.40元,2012年虚列付款27,394,101.22元。

(五)关联交易披露不完整

2010年至2012年,天丰节能通过以下三种方式隐瞒关联交易,导致在《招股说明书》中关联交易披露不完整:

1. 天丰节能采取先与无关联第三方签订买卖合同,再由第三方与天丰节能关联方河南天丰钢结构建设有限公司(以下简称天丰建设)等签订买卖合同的手段,将实质性关联交易转化为非关联交易,3年规避关联交易金额合计29,777,598.92元。第三方公司包括安阳宏午商贸有限公司、重庆强捷钢结构有限公司、新乡市汇鑫商贸有限公司、武汉奥克商贸有限公司、自贡东方彩钢结构有限公司。

2. 天丰节能将关联交易资金往来在财务记账时直接篡改为与非关联第三方往来,3年共计3,622,411.02元,其中2011年为747,953.25元,2012年为2,874,457.77元。

3. 天丰节能与河南天丰投资发展有限公司(以下简称天丰投资)、河南天丰钢结构有限公司(以下简称天丰钢构)、天丰建设银行账户间存在大额资金拆借,未计入财务账,3年合计544,211,105.30元。其中2010年97,630,000元、2011年437,581,105.30元、2012年9,000,000元。

(六)账银不符,伪造银行对账单

天丰节能《招股说明书》存在"母公司资产负债表中2011年12月31日货币资金余额为65,499,487.33元"的虚假记载,实际货币资金余额应为35,499,487.33元。

天丰节能明细账显示建设银行新乡牧野支行41001557710050203102账户(以下简称建行牧支3102账户)2011年12月31日的财务账面余额为30,380,019.96元,建设银行对账单显示,2011年12月31日该银行账户余额为380,019.96元。

为了掩盖上述差异,天丰节能伪造了建行牧支3102账户2011年度银行对账单。此外,为了配合前述财务造假行为,天丰节能还伪造了新乡市区农村信用联合社32106232596012账户等账户自2010至2012年的全套对账单。

二、天丰节能财务不独立,在独立性方面有严重的缺陷,《招股说明书》中相关内容存在虚假记载

(一)天丰节能的资金运营不独立

自2010年6月至2012年底,天丰节能的所有资金运转包括银行账户开立、资金收付、票据开立、借款都是由天丰投资统一管理。

《招股说明书》存在"本公司设置了独立的财务部门,建立了独立规范的会计核算体系和财务管理制度。公司根据有关会计制度的要求,依法独立进行财务决策"、"公司不存在货币资金或其他资产被控股股东、实际控制人及

其控制的其他企业占用的情况”的虚假记载。

(二)高级管理人员任职不独立

天丰节能财务总监孙玉玲实际履行天丰投资财务总监的职能,总体负责天丰投资的财务工作。

《招股说明书》存在“公司财务会计人员未在控股股东、实际控制人及其控制的其他企业兼职”的虚假记载。

以上事实有天丰节能招股说明书,检查说明,财务账册,会计凭证,资金存取和划款凭证,工商登记资料,询问笔录,情况说明等证据证明,足以认定。

综上,天丰节能报送的 IPO 申请文件及《天丰节能检查说明》存在虚假记载,违反《证券法》第二十条第一款的规定,构成了《证券法》第一百九十三条第二款所述情形。李续禄、孙玉玲是天丰节能报送虚假发行申请文件直接负责的主管人员。

当事人李续禄提出了陈述申辩理由:1. 认定其为“直接负责的主管人员”存在事实错误,其为技术型管理人员,对财务等方面知识存在欠缺,未亲自参与公司财务管理和未实施清除和转移公司财务数据行为,主要行为由财务总监孙玉玲实施;2. 天丰节能身份仅是申请人,并非被核准发行的发行人,不属于《证券法》第一百九十三条第二款的适用对象;3. 配合调查工作,主动消除违法行为的后果;4. 对其进行证券市场禁入措施违反法律规定; 5. 承担了较多的社会责任,对国家作出了较大的贡献。

我会认为,1. 李续禄作为天丰节能董事长及法定代表人,对公司财务管理不存在不能履职的情形,同时又是公司发行上市的主要决策人,对公司的违法行为应承担最主要责任,但对公司财务相关情形的申辩意见部分予以接受;2. 天丰节能向我会报送发行申请文件即已属于发行人身份,应当遵守《证券法》第二十条第一款规定,如有违反则应当依据《证券法》第一百九十三条第二款进行处罚;3. 李续禄在调查初期不接受我会调查,不接收《调查通知书》,未能要求公司配合调查。天丰节能未在自查阶段提出撤回请求,后期按照要求进行自查,出具了相关自查报告。李续禄提出的配合调查工作的说法存在片面性,不能完全成为减轻处罚的理由;4. 天丰节能的行为情节恶劣,严重扰乱证券市场秩序,李续禄应对公司违法行为承担相应的责任;5. 李续禄勇于承担社会责任不能作为减轻其行政违法责任的依据。

根据当事人违法行为的事实、性质、情节与社会危害程度,依据《证券法》第二百三十三条和《证券市场禁入规定》第五条的规定,我会决定:

一、认定李续禄为证券市场禁入者,自我会宣布决定之日起,10 年内不得在任何机构中从事证券业务或担任上市公司董事、监事或高级管理人员职务。

二、认定孙玉玲为证券市场禁入者,自我会宣布决定之日起,终身不得在任何机构中从事证券业务或担任上市公司董事、监事或高级管理人员职务。

当事人如果对本决定不服,可在收到本决定书之日起 60 日内向中国证券监督管理委员会申请行政复议,也可在收到本决定书之日起 3 个月内直接向有管辖权的人民法院提起行政诉讼。复议和诉讼期间,上述决定不停止执行。

关于对李瑞瑜、水润东实施市场禁入的决定

(〔2014〕5 号)

当事人:李瑞瑜,男,1974 年 1 月出生,河南天丰节能板材科技股份有限公司(以下简称天丰节能)首次公开发行股票并上市申请(以下简称 IPO)光大证券股份有限公司(以下简称光大证券)签字保荐代表人,住址:北京市海淀区世纪城。

水润东,男,1978 年 4 月出生,天丰节能 IPO 光大证券签字保荐代表人,住址:北京市海淀区苏州街。

依据《中华人民共和国证券法》(以下简称《证券法》)的有关规定,我会对光大证券违法违规行为进行了立案调查、审理,并依法向当事人告知了作出市场禁入的事实、理由、依据及当事人依法享有的权利。当事人未要求陈述、申辩和听证。本案现已调查、审理终结。

经查明,光大证券存在以下违法事实:

光大证券在核查天丰节能 IPO 材料以及进行财务自查过程中未勤勉尽责,导致 2013 年 3 月 27 日出具的《发行保荐书》和 2013 年 3 月 28 日出具的《光大证券股份有限公司关于河南天丰节能板材科技股份有限公司报告期财务报告专项检查的自查报告》(以下简称《光大证券自查报告》)存在虚假记载。

一、货币资金方面

光大证券在依据《保荐人尽职调查工作准则》(以下简称《保荐准则》)第四条、第五条、第六条和第五十条规定要求执行货币资金尽职调查程序时,未独立获取天丰节能银行账户资料,未独立获取银行对账单,未独立实施函证,对存在明显异常的银行对账单未予审慎核查,导致未能发现天丰节能伪造银行对账单、伪造银行业务原始凭证入账、银行资金划转与财务记账严重不符等情况。光大证券提交给我会的《发行保荐书》中存在“三、(二)19. 天丰节能申报文件中不存在下列情形:(3)操纵、伪造或者篡改编制财务报表所依据的会计记录或者相关凭证”的虚假记载。

二、固定资产方面

光大证券在依据《保荐准则》第四条、第五条、第六条和第五十四条的相关要求执行固定资产尽职调查程序时,未能对存在明显异常的购置合同和原始单据予以审慎核查,未能获取完整的报关单,未能审慎核查固定资产的使用状态、在建工程的施工进度,未能审慎核查当期新增固定资产的真实性,导致未发现天丰节能报告期内虚增固定资产的行为。《发行保荐书》中存在“三、(一)3. 天丰节能最近三年财务会计文件无虚假记载……。三、(二)15. (4)天丰节能编制财务报表以实际发生的交易或者事项为依据;……19. 天丰节能申报文件中不存在下列情形:(1)故意遗漏或者虚构交易、事项或者其他重要信息”的虚假记载。

三、销售情况方面

光大证券在依据《保荐准则》第四条、第五条、第六条和第二十二条执行销售情况尽职调查程序时,未对 2010 年和 2011 年前十大主要客户编制销售额占年度销售总额的比例及回款情况,未独立发放函证,对明显异常回函未予关注,在对大客户销售业务真实性的核查中,遗漏客户资料,对明显异常回款凭证未予审慎核查,导致未能发现天丰节能报告期内虚构客户、虚增收入的行为。《发行保荐书》中存在“三、(一)3. 天丰节能最近三年财务会计文件无虚假记载……。三、(二)15. (4)天丰节能编制财务报表以实际发生的交易或者事项为依据;……19. 天丰节能申报文件中不存在下列情形:(1)故意遗漏或者虚构交易、事项或者其他重要信息”的虚假记载。

四、采购情况方面

光大证券在依据《保荐准则》第四条、第五条、第六条和第二十条执行采购情况尽职调查程序时,未计算主要供应商的采购金额占天丰节能同类原材料采购金额的比例,未独立实施函证,对存在明显异常的回函未予关注,在对供应商走访过程中,对未取得实际采购数据的企业默认无差异,导致未能发现天丰节能虚构采购、虚增成本的行为。《发行保荐书》中存在“三、(一)3. 天丰节能最近三年财务会计文件无虚假记载……。三、(二)15. (4)天丰节能编制财务报表以实际发生的交易或者事项为依据;……19. 天丰节能申报文件中不存在下列情形:(1)故意遗漏或者虚构交易、事项或者其他重要信息”的虚假记载。

五、关联交易方面

光大证券在依据《保荐准则》第四条、第五条和第二十五条执行关联交易尽职调查程序时,未独立获取天丰节能关联方财务凭证,遗漏关联交易未予披露,对关联交易非关联化的调查流于形式,导致未能发现天丰节能掩盖关联交易、通过第三方将关联交易非关联化的行为。《发行保荐书》中存在“三、(二)15.(5)天丰节能已完整披露关联方关系和关联交易”的虚假记载。

六、独立性方面

光大证券在依据《保荐准则》第四条、第五条和第十六条执行独立性尽职调查程序时,对于已知的独立性缺陷未予审慎核查,导致未能发现天丰节能部分高级管理人员任职不独立、财务不独立的事实。《发行保荐书》存在“三、(二)7.发行人具备独立性……。(3)天丰节能的人员独立,……财务总监……未在控股股东……任除董事、监事以外的其他职务……。(4)天丰节能的财务独立……”的虚假记载。

七、现金回款方面

光大证券在核查天丰节能各报告期内的现金收款交易时,未按照我会《关于进一步提高首次公开发行股票公司财务信息披露质量有关问题的意见》的相关要求对天丰节能的现金交易给予充分关注,未关注天丰节能刻意隐瞒现金收款的做账过程,违反了《保荐准则》第四条、第五条,导致其提交给我会的《光大证券自查报告》中存在“报告期内,天丰节能现金收付交易占比较小,现金收款占营业收入的比例分别为2%、1.59%和0.96%,呈逐年下降的趋势”的虚假记载。

以上事实,有光大证券出具的《发行保荐书》、《光大证券自查报告》、工作底稿、相关人员询问笔录等证据证明,足以认定。

光大证券在核查过程中未勤勉尽责,出具的《发行保荐书》和《光大证券自查报告》存在虚假记载的行为,违反了《证券法》第十一条的规定,构成《证券法》第一百九十二条所述情形。李瑞瑜、水润东是直接负责的主管人员。

根据当事人违法行为的事实、性质、情节与社会危害程度,依据《证券法》第二百三十三条和《证券市场禁入规定》第五条的规定,我会决定:认定李瑞瑜、水润东为证券市场禁入者,自我会宣布决定之日起,10年内不得在任何机构中从事证券业务或担任上市公司董事、监事或高级管理人员职务。

当事人如果对本决定不服,可在收到本决定书之日起60日内向中国证券监督管理委员会申请行政复议,也可在收到本决定书之日起3个月内直接向有管辖权的人民法院提起行政诉讼。复议和诉讼期间,上述决定不停止执行。

关于对黄程、温京辉实施市场禁入的决定

(〔2014〕6号)

当事人:黄程,男,1972年12月出生,为河南天丰节能板材科技股份有限公司(以下简称天丰节能)首次公开发行股票并上市申请(以下简称IPO)审计报告利安达会计师事务所(以下简称利安达)签字注册会计师,住址:北京市朝阳区慧忠北里。

温京辉,男,1970年4月出生,为天丰节能IPO审计报告利安达签字注册会计师,住址:北京市海淀区阜成路。

依据《中华人民共和国证券法》(以下简称《证券法》)的有关规定,我会对利安达违法违规行为进行了立案调查、审理,并依法向当事人告知了作出市场禁入的事实、理由、依据及当事人依法享有的权利。当事人黄程、温京辉提出了书面申辩意见。应当事人黄程、温京辉的要求,我会举行了听证会,听取了当事人黄程、温京辉的陈述和申辩。本案现已调查、审理终结。

经查,利安达存在以下违法事实:

利安达及其注册会计师在审计天丰节能IPO和执行首次公开发行股票公司审计业务专项核查工作时未勤勉尽责,2013年2月17日出具的审计报告和2013年3月28日出具的《利

安达会计师事务所有限责任公司关于河南天丰节能板材科技股份有限公司落实〈关于做好首次公开发行股票公司2012年度财务报告专项检查工作的通知〉的自查报告》(以下简称《自查报告》)存在虚假记载。

(一)IPO审计底稿中计划类工作底稿缺失或没有在计划中对评估出的重大错报风险作出恰当应对,没有设计进一步审计程序,没有对舞弊风险进行评估和计划应对,违反《审计准则第1231号——针对评估的重大错报风险采取的应对措施》第五条、第六条和《审计准则第1141号——财务报表审计中与舞弊相关的责任》第十三条、第十六条、第十七条的规定。

利安达IPO审计底稿(2010年)无计划类工作底稿,无总体审计策略、具体审计计划、重要性水平确定表等;无"风险评估汇总表"或其他风险评估底稿。

利安达IPO审计底稿(2011年)无总体审计策略、具体审计计划;无"风险评估汇总表"或其他风险评估底稿。

利安达IPO审计底稿(2012年)具体审计计划中将"评估的重大错报风险"索引至C47,但未见该份底稿。2012年"风险评估汇总表"中将销售收款循环评估为财务报表层次的重大错报风险,最高风险,并将对报表的影响描述为虚增营业收入和虚增应收账款;将固定资产循环评估为高风险,对报表的影响描述为虚增资产,涉及在建工程、固定资产科目。但总体应对措施仅描述为"控制测试及实质性测试",也没有就认定层次重大错报风险设计进一步审计程序。

利安达IPO审计底稿(2010年—2012年)中没有舞弊风险评估的相关底稿。

(二)IPO审计时应收账款函证过程未保持控制,对明显异常回函没有关注,替代程序未得到有效执行,违反《审计准则第1312号——函证》第十四条、第十九条、第二十三条和《审计准则第1301号——审计证据》第十条、第十一条的规定,未能发现天丰节能虚构客户、虚增收入的行为。

利安达2010年函证的20家应收账款客户中有1家为虚假客户(即天丰节能虚构的客户),10家存在虚假销售(即天丰节能以该客户名义虚构销售),IPO审计底稿中留存了此11家客户中7家的询证函回函。2010年天丰节能虚增对上述11家客户的销售收入1,079.61万元,利润390.49万元,占当期利润总额的13.47%。利安达2012年函证的51家应收账款客户中有5家为虚假客户,2家存在虚假销售,IPO审计底稿中留存了这7家客户的询证函回函。2012年天丰节能虚增对上述客户的销售收入495.64万元,利润165.15万元,占当期利润总额的2.33%。

(三)IPO审计时银行账户函证程序缺失或未有效执行,银行账户函证范围存在遗漏,函证未保持控制,未回函的银行账户和异常的询证函回函未予追查,对获取的明显异常的银行对账单未予关注,也未采取进一步审计程序,违反《审计准则第1312号——函证》第十二条、第十四条和《审计准则第1301号——审计证据》第十条、第十一条、第十五条的规定,未能发现天丰节能在建设银行新乡牧野支行开立的41001557710050203102账户2011年末实际余额比账面余额少3,000万元的事实,以及天丰节能伪造银行询证函回函、伪造银行对账单的事实。

(四)对固定资产的审计程序未能有效执行,检查固定资产新增发生额时,未关注原始凭证异常情况,盘点时未关注大额进口设备及构件,未核对设备编号,检查付款凭证时没有关注合同异常,违反《审计准则第1301号——审计证据》第十条、第十一条和第十五条的规定,未能发现天丰节能虚增固定资产2,581.3万元。

(五)IPO审计过程中,未有效执行关联方识别和披露的审计程序,违反《审计准则第1323号——关联方》第十四条、第十五条、第十六条的规定,未能发现天丰节能通过第三方公司隐瞒关联交易的事实。

利安达2010年IPO审计底稿中仅有关联方及关联方交易"审计程序表",虽标有程序执行索引号,但未见相关底稿。2011年IPO审计底稿中没有任何执行关联方审计程序的记录。2012年IPO审计底稿没有执行其他实质性审计程序的记录,关联方关系及披露没有审计结论。

（六）自查时关联方核查程序未有效执行，对客户的走访流于形式，部分结论没有底稿支持。

自查底稿以及IPO审计底稿中均没有注册会计师核对天丰节能与河南天丰钢结构建设有限公司（以下简称天丰建设）等关联方的往来明细账、现金日记账、银行日记账的记录，也没有访谈上述关联方的记录。

自查底稿显示，走访重庆强捷钢结构有限公司（以下简称重庆强捷）没有访谈记录，底稿中仅取得一份“重庆强捷钢结构有限公司基本情况及财务数据”的说明，未加盖重庆强捷公章。该说明后附的明细清单为天丰节能对重庆强捷的往来明细账，会计师未对双方交易进行核查。同时，会计师未对天丰节能向安阳宏午商贸有限公司、安阳宏信达公司、自贡东方彩钢结构有限公司的销售金额与利安达IPO审计底稿中记录差异进行核查。

自查底稿结论称“项目组核查关联方财务报告、成本、费用、营业外支出明细以及现金银行账款科目明细表、往来科目明细表”，但自查底稿中未见关于上述情况的任何记录。

以上违法事实，有利安达出具的审计报告、自查报告、IPO审计底稿、自查底稿、相关人员询问笔录等证据证明，足以认定。

利安达未按照行业标准履行勤勉尽责义务，出具的审计报告、自查报告存在虚假记载，违反了《证券法》第二十条第二款、第一百七十三条的规定，构成《证券法》第二百二十三条所述情形。对利安达的上述违法行为，黄程、温京辉是直接负责的主管人员。

当事人黄程提出了陈述申辩理由：在提交给核查小组的电子版本底稿中存在计划类工作底稿，2012年实施了舞弊风险相关程序，计划类工作底稿和舞弊风险评估工作底稿缺失与审计失败没有必然联系，客户虚增收入是客户与银行串通提供虚假银行对账单及与第三方串通函证与审计程序的执行程度不存在必然关系，对未回函客户部分实施了走访程序，银行询证函和对账单格式的异常可接受，盘点固定资产时进行了函证并已获取了充分适当的审计证据，关联方程序2012年实施了风险评估程序并采取了应对措施等。对上述申辩意见，我会不予支持。

对黄程提出的对其处罚与以往案例相比采取了简单的方式、终身禁入措施适用法律错误、未能考虑其配合态度和立功表现。我会认为，会计师在天丰节能IPO审计业务及自查业务中未能勤勉尽责，执业存在诸多问题，特别是在我会要求自查后仍未能尽职，应当予以严惩。但同时，也需要考虑当事人的具体情节。黄程在调查未能第一时间从天丰节能获取电子账簿的情况下，应调查要求提供了会计师保存的公司电子账簿，显示其有配合调查的主观意愿，对本案调查工作有一定贡献，对黄程相关意见部分予以采纳。当事人温京辉提出的陈述申辩理由和黄程部分相同，要求免除市场禁入措施，我会不予支持。

根据当事人违法行为的事实、性质、情节与社会危害程度，依据《证券法》第二百三十三条和《证券市场禁入规定》第五条的规定，我会决定：认定黄程、温京辉为证券市场禁入者，自我会宣布决定之日起，10年内不得在任何机构中从事证券业务或担任上市公司董事、监事或高级管理人员职务。

当事人如果对本决定不服，可在收到本决定书之日起60日内向中国证券监督管理委员会申请行政复议，也可在收到本决定书之日起3个月内直接向有管辖权的人民法院提起行政诉讼。复议和诉讼期间，上述决定不停止执行。

关于对臧静涛实施市场禁入的决定

(〔2014〕7 号)

当事人:臧静涛,男,1960 年 7 月 23 日出生,时任贤成矿业董事长。

依据《中华人民共和国证券法》(以下简称《证券法》)的有关规定,我会对贤成矿业信息披露违法行为进行了立案调查、审理,并依法向当事人告知了作出市场禁入的事实、理由、依据及当事人依法享有的权利。当事人臧静涛提出陈述、申辩意见,未要求听证。本案现已调查、审理终结。

经查明,贤成矿业存在以下违法事实:

一、2009 年半年度报告未披露相关担保事项

(一)2009 年 3 月 31 日,贤成矿业控股子公司盘县华阳煤业有限公司(以下简称华阳煤业)为贵州省盘县云贵矿业有限公司(以下简称云贵矿业)的 1,500 万元借款提供担保。

(二)2009 年 3 月 31 日,贤成矿业为华阳煤业的 1,500 万元借款提供担保。

(三)2009 年 5 月 7 日,贤成矿业、华阳煤业为贤成矿业参股子公司盘县华阳森林矿业有限公司(以下简称华阳森林)的 1,500 万元借款提供担保。

贤成矿业 2009 年半年度报告未披露上述 3 项担保。

二、2009 年年度报告未披露相关担保事项

(一)2009 年 3 月 31 日,华阳煤业为云贵矿业的 1,500 万元借款提供担保。

(二)2009 年 3 月 31 日,贤成矿业为华阳煤业的 1,500 万元借款提供担保。

(三)2009 年 5 月 7 日,贤成矿业、华阳煤业为华阳森林的 1,500 万元借款提供担保。

贤成矿业 2009 年年度报告未披露上述 3 项担保。

三、2010 年半年度报告未披露相关担保事项

(一)2009 年 3 月 31 日,华阳煤业为云贵矿业的 1,500 万元借款提供担保。

(二)2009 年 3 月 31 日,贤成矿业为华阳煤业的 1,500 万元借款提供担保。

(三)2009 年 5 月 7 日,贤成矿业、华阳煤业为华阳森林的 1,500 万元借款提供担保。

贤成矿业 2010 年半年度报告未披露上述 3 项担保。

四、2010 年年度报告未披露相关担保事项

2009 年 3 月 31 日,贤成矿业为华阳煤业的 1,500 万元借款提供担保。

贤成矿业 2010 年年度报告未披露上述担保。

五、2011 年半年度报告未披露相关担保事项

(一)2009 年 1 月 6 日,贤成矿业控股子公司光富矿业为仁怀市五马镇铜龙煤矿的 1,500 万元借款提供担保。

(二)2009 年 1 月 6 日,光富矿业为仁怀陶洪煤矿的 1,000 万元借款提供担保。

(三)2009 年 3 月 31 日,贤成矿业为华阳煤业的 1,500 万元借款提供担保。

(四)2009 年 10 月 30 日,贤成矿业控股子公司云尚矿业为大坪煤矿的 2,000 万元借款提供担保。

(五)2011 年 4 月 12 日,光富矿业、云尚矿业、贤成矿业控股子公司云贵矿业为贵州省纳雍县迎新煤业(以下简称迎新煤业)的 3,000 万元借款提供担保。

(六)2011 年 4 月 12 日,云贵矿业、云尚矿业为光富矿业的9,400万元借款提供担保。

贤成矿业2011年半年度报告未披露上述6项担保。

六、2011年年度报告未披露相关担保事项

(一)2009年1月6日,光富矿业为仁怀市五马镇铜龙煤矿的1,500万元借款提供担保。

(二)2009年1月6日,光富矿业为仁怀陶洪煤矿的1,000万元借款提供担保。

(三)2009年3月31日,贤成矿业为华阳煤业的1,500万元借款提供担保。

(四)2009年10月30日,云尚矿业为大坪煤矿的2,000万元借款提供担保。

(五)2011年4月12日,光富矿业、云尚矿业、云贵矿业为迎新煤业的3,000万元借款提供担保。

(六)2011年4月12日,云贵矿业、云尚矿业为光富矿业的9,400万元商业贷款提供担保。

贤成矿业2011年年度报告未披露上述6项担保。

七、未及时披露24,147万元银行存款被法院冻结

2012年4月25日,广西梧州市万秀区法院冻结了贤成矿业控股子公司创新矿业的24,147万元银行存款。

2012年5月17日,贤成矿业董事长臧静涛知悉了上述事项。

2012年6月26日,贤成矿业披露创新矿业24,000万元银行存款被法院冻结。

八、2012年半年度报告未披露向实际控制人黄贤优控制的广州华胜、广州集有、源旺达等3家机构划转45,000万元非经营性资金的关联交易和相关担保事项

(一)未披露向实际控制人黄贤优控制的广州华胜、广州集有、源旺达等3家机构划转45,000万元非经营性资金的关联交易

经查,广州华胜实业有限公司(以下简称广州华胜)、广州集有贸易有限公司(以下简称广州集有)、佛山源旺达贸易有限公司(以下简称源旺达)受贤成矿业实际控制人黄贤优控制。

2012年1月至2月,贤成矿业控股子公司创新矿业向广州华胜、广州集有划转非经营性资金43,000万元。

2012年5月,创新矿业向源旺达划转非经营性资金2,000万元。

根据《企业会计准则－关联方关系及其交易的披露》和上海证券交易所《上市规则》的规定,贤成矿业与广州华胜、广州集有、源旺达构成关联关系。

按照《证券法》的相关规定,贤成矿业应在2012年半年度报告中披露与广州华胜、广州集有、源旺达的关联关系,披露向广州华胜、广州集有、源旺达划转非经营性资金的关联交易。贤成矿业未在2012年半年度报告中披露与广州华胜、广州集有、源旺达的关联关系,及向广州华胜、广州集有、源旺达划转非经营性资金的关联交易。

(二)未披露相关担保事项

1. 2009年1月6日,光富矿业为仁怀市五马镇铜龙煤矿的1,500万元借款提供担保。

2. 2009年1月6日,光富矿业为仁怀陶洪煤矿的1,000万元借款提供担保。

3. 2009年3月31日,贤成矿业为华阳煤业的1,500万元借款提供担保。

4. 2011年4月12日,云贵矿业、云尚矿业为光富矿业的9,400万元借款提供担保。

贤成矿业2012年半年度报告未披露上述4项担保。

对贤成矿业上述行为直接负责的主管人员为董事长臧静涛。

贤成矿业的上述行为违反了《证券法》第六十三条关于上市公司依法披露的信息,必须真实、准确和完整,不得有虚假记载、误导性陈述或者重大遗漏的规定,违反了《证券法》第六十七条关于上市公司发生可能对上市公司股票交易价格产生较大影响的重大事件,投资者尚未得知时,上市公司应当立即将有关该重大事件的情况向国务院证券监督管理机构和证券交易所报送临时报告,并予公告,说明事件的起因、目前的状态和可能产生的法律后果的规定,构成了《证券法》第一百九十三条所述的上市公司未按照规定披露信息,或者所披露的信息有虚假记载、误导性陈述或者重大遗漏的违法行为。

以上违法事实,有贤成矿业2009年半年度报告、2009年年度报告、2010年半年度报告、2010年年度报告、2011年半年度报告、2011年年度报告、2012年半年度报告,贤成矿业临时公告,贤成矿业的会计凭证,相关银行的资金划转凭证,相关担保合同,相关司法文书,相关机构的说明,相关人员的询问笔录等证据证明,足以认定。

臧静涛在陈述、申辩中提出,由于相关担保事项发生在其上任前,臧静涛不知悉相关担保事项;贤成矿业结构混乱,不能有效管理;向实际控制人黄贤优控制的广州华胜、广州集有、源旺达等3家机构划转45,000万元非经营性资金不是关联交易。臧静涛要求减轻行政处罚。

根据相关事实和证据,我会认为,现有证据不足以证明臧静涛忠实、勤勉地履行了职责,臧静涛在陈述、申辩意见中没有提出证明其在本案贤成矿业信息披露的违法行为中忠实、勤勉地履行职责的证据。按照《中华人民共和国公司法》及我会的相关规定,上市公司董事应当根据公司和全体股东的最大利益,忠实、勤勉地履行职责,遵守有关法律、法规、规章及公司章程的规定,保证公开披露的文件内容没有虚假记载、误导性陈述或重大遗漏。上市公司董事应当对董事会的决议负责,保证上市公司定期报告的真实、准确和完整。还应当对提供给中介机构进行审计的上市公司相关财务报表的真实、准确和完整负责。

根据相关事实和证据,我会认为,贤成矿业向实际控制人黄贤优控制的广州华胜、广州集有、源旺达等3家机构划转45,000万元非经营性资金构成关联交易。

因此,我会对臧静涛未勤勉尽责的认定事实清楚、证据充分、处罚适当;我会对臧静涛的申辩意见不予采纳。

根据《证券法》第二百三十三条以及《证券市场禁入规定》第三条和第五条的规定,我会决定:

认定臧静涛为市场禁入者,自我会宣布决定之日起,终身不得从事证券业务或者担任上市公司董事、监事、高级管理人员职务。

当事人如果对本决定不服,可在收到本决定书之日起60日内向中国证券监督管理委员会申请行政复议,也可在收到本决定书之日起3个月内向有管辖权的人民法院提起行政诉讼。复议和诉讼期间,上述决定不停止执行。

关于对单晓钟、丁杰、刘盛宁实施市场禁入的决定

(〔2014〕8号)

当事人:单晓钟,男,1950年6月2日出生,时任南京纺织品进出口股份有限公司(以下简称南纺股份)董事长、总经理,住址:江苏省南京市白下区。

丁杰,男,1971年6月18日出生,时任南纺股份董事、副总经理、财务总监,住址:江苏省南京市玄武区。

刘盛宁(又名刘胜宁),男,1962年12月28日出生,时任南纺股份副总经理,住址:江苏省南京市鼓楼区。

依据《中华人民共和国证券法》(以下简称《证券法》)的有关规定,我会对南纺股份信息披露违法行为进行了立案调查、审理,并依法向当事人告知了作出市场禁入的事实、理由、依据及当事人依法享有的权利。当事人单晓钟、丁杰、刘盛宁未提出陈述、申辩意见,也未要求听证。本案现已调查、审理终结。

经查明,南纺股份存在以下违法事实:

一、南纺股份2006年虚构利润

南纺股份2006年年度报告披露的利润为2,440.50万元(南纺股份在2007年年度报告中将其调整为1,902.44万元)。经查,南纺股份虚构利润3,109.15万元。扣除虚构的利润,

南纺股份2006年利润为-668.65万元。虚构利润占其披露利润的127.39%。

对南纺股份在2006年年度报告中虚构利润直接负责的主管人员为时任董事长兼总经理单晓钟,副总经理兼财务总监丁杰,副总经理刘盛宁。

二、南纺股份2007年虚构利润

南纺股份2007年年度报告披露的利润为2,792.74万元。经查,南纺股份虚构利润4,223.33万元。扣除虚构的利润,南纺股份2007年利润为-1,430.59万元。虚构利润占其披露利润的151.22%。

对南纺股份在2007年年度报告中虚构利润直接负责的主管人员时任董事长兼总经理单晓钟,副总经理兼财务总监丁杰,副总经理刘盛宁。

三、南纺股份2008年虚构利润

南纺股份2008年年度报告披露的利润为1,579.36万元。经查,南纺股份虚构利润15,199.83万元。扣除虚构的利润,南纺股份2008年利润为-13,620.47万元。虚构利润占其披露利润的962.40%。

对南纺股份在2008年年度报告中虚构利润直接负责的主管人员为时任董事长兼总经理单晓钟,副总经理兼财务总监丁杰,副总经理刘盛宁。

四、南纺股份2009年虚构利润

南纺股份2009年年度报告披露的利润为1,582.78万元。经查,南纺股份虚构利润6,053.18万元。扣除虚构的利润,南纺股份2009年利润为-4,470.40万元。虚构利润占其披露利润的382.43%。

对南纺股份在2009年年度报告中虚构利润直接负责的主管人员为时任董事长兼总经理单晓钟,董事兼副总经理、财务总监丁杰,副总经理刘盛宁。

五、南纺股份2010年虚构利润

南纺股份2010年年度报告披露的利润为-104.89万元。经查,南纺股份虚构利润5,864.12万元。扣除虚构的利润,南纺股份2009年利润为-5,969.01万元。虚构利润占其披露利润的5,590.73%。

对南纺股份在2010年年度报告中虚构利润直接负责的主管人员为时任董事兼副总经理、财务总监丁杰,副总经理刘盛宁。

南纺股份虚构利润的行为违反了《证券法》第六十三条关于上市公司依法披露的信息,必须真实、准确和完整,不得有虚假记载、误导性陈述或者重大遗漏的规定,构成了《证券法》第一百九十三条所述的上市公司报送的报告有虚假记载、误导性陈述或者重大遗漏的违法行为。

南纺股份2011年年度报告披露,调减利润39,688.71万元,其中:2010年以前年度的利润31,769.70万元,2010年的利润7,919.01万元。

以上违法事实,有南纺股份2006年、2007年、2008年、2009年、2010年年度报告,南纺股份的会计记录,相关部门提供的书证,相关董事会决议,相关人员的谈话笔录等证据证明,足以认定。

根据《证券法》第二百三十三条以及《证券市场禁入规定》第三条和第五条的规定,我会决定:

一、认定单晓钟为证券市场禁入者,自我会宣布决定之日起,终身不得从事证券业务或者担任上市公司董事、监事、高级管理人员职务。

二、认定丁杰、刘盛宁为证券市场禁入者,自我会宣布决定之日起,10年内不得从事证券业务或者担任上市公司董事、监事、高级管理人员职务。

上述当事人如果对本决定不服,可在收到本决定书之日起60日内向中国证券监督管理委员会申请行政复议,也可在收到本决定书之日起3个月内向有管辖权的人民法院提起行政诉讼。复议和诉讼期间,上述决定不停止执行。

关于对黄天定实施市场禁入的决定

(〔2014〕9 号)

当事人:黄天定,男,1979 年 1 月出生,住址:上海市虹口区唐山路。

依据《中华人民共和国证券法》(以下简称《证券法》)的有关规定,我会对黄天定买卖股票的违法行为进行了立案调查、审理,并依法向当事人告知了作出市场禁入的事实、理由、依据及当事人依法享有的权利。当事人黄天定提出了书面申辩意见,应黄天定的要求,我会举行了听证会,听取了黄天定及其代理人的陈述和申辩。本案现已调查、审理终结。

经查明,黄天定存在以下违法事实:

黄天定于 2005 年 6 月取得证券从业资格。2007 年 11 月 14 日至 2010 年 1 月 18 日黄天定任海通证券证券投资部研究员期间,利用国信证券上海北京东路营业部和华泰证券上海陆家嘴东路营业部开立的“赵某娟”账户、联讯证券北京西直门北大街营业部开立的“鲁某花”账户以及东兴证券上海肇嘉浜路营业部开立的“秦某英”账户买卖“中国神华”等股票,交易金额 1,966,073,508.16元,盈利共计 5,780,026.35 元。2008 年 5 月 8 日黄天定与张某春签订协议,约定黄天定向张某春借款,用途为投资 A 股市场。协议同时约定,张某春委托重庆信托在华泰证券上海陆家嘴营业部开立的证券账户(以下简称重庆信托证券账户)作为黄天定进行股票投资的操作账户,账户的操作权归黄天定,张某春行使监控权,账户的投资收益和亏损由黄天定承担。2008 年 5 月 9 日至 10 月 14 日期间,黄天定利用重庆信托证券账户交易股票金额为 623, 786, 813. 3 元,亏损共计 5,099,922.5元。经合并计算,上述四个账户盈利共计 680,103.85 元。

黄天定与“赵某娟”、“鲁某花”、“秦某英”三个账户名义持有人均有亲戚关系,为上述四个账户提供资金。四个账户的操作均指向黄天定。

我会同时查明,2009 年 4 月至 8 月,黄天定操控“赵某娟”、“鲁某花”账户先于或同步于海通证券自营业务买入并先于后者卖出“创兴置业”等股票 3 只。2009 年 11 月 2 日至 4 日,黄天定利用国海富兰克林基金管理有限公司黄某泄露的该公司旗下基金将要重仓买入“福星股份”的未公开信息,操控“鲁某花”账户对该股进行交易。

黄天定在违法行为期间,经常打探各种“消息”、“题材”,对待本职工作态度消极。黄天定买卖股票金额特别巨大,违法情节恶劣。

以上违法事实,有账户开户、交易、资金流水记录及相关银行凭证,委托下单 IP 地址,下单电脑硬盘序列号记录,相关协议,询问笔录等证据证明,足以认定。

我会认为,黄天定利用“赵某娟”等四个账户买卖股票的行为,违反了《证券法》第四十三条有关禁止证券从业人员借他人名义持有、买卖股票的规定,构成了《证券法》第一百九十九条所述违法行为。

黄天定在听证会及书面陈述申辩意见中提出:1. 在违法行为期间,除“赵某娟”、“鲁某花”、“秦某英”三个账户外,还应计入其实际控制的重庆信托证券账户,应合并计算违法所得数额;2. 其职位低,违法的主观恶性小,认错态度好,没有不配合调查,社会危害性小;3. 考虑相关情节及其经济能力,请求减轻或免除处罚。

经复核,黄天定提供的证据材料可以认定重庆信托证券账户为其控制和交易,相关事实成立,我会予以认可。对黄天定所称没有不配合调查的情节,我会不予认可。我会认为,因涉案账户增加、交易金额增大等因素,情形恶劣,虽然违法所得减少,但仍应予以较重的处罚。综上,对黄天定减轻或免除处理的请求,我会不予支持。

根据当事人违法行为的事实、性质、情节与社会危害程度，依据《证券法》第二百三十三条和《证券市场禁入规定》第五条的规定，我会决定：认定黄天定为证券市场禁入者，自我会宣布决定之日起，5年内不得在任何机构中从事证券业务或担任上市公司董事、监事或高级管理人员职务。

当事人如果对本决定不服，可在收到本决定书之日起60日内向中国证券监督管理委员会申请行政复议，也可在收到本决定书之日起3个月内直接向有管辖权的人民法院提起行政诉讼。复议和诉讼期间，上述决定不停止执行。

关于对王华实施市场禁入的决定

（〔2014〕10号）

当事人：王华，男，1976年11月出生，时任上海申银万国证券研究所有限公司（以下简称申万研究所）首席分析师，住址：上海市徐汇区常熟路。

依据《中华人民共和国证券法》（以下简称《证券法》）的有关规定，我会对王华违法买卖股票行为进行了立案调查、审理，并依法向当事人告知了作出行政处罚的事实、理由、依据及当事人依法享有的权利。当事人提出陈述、申辩意见，并要求听证。根据当事人要求，我会于2014年4月18日举行听证会，听取了王华的陈述、申辩。本案现已调查、审理终结。

经查明，王华存在以下违法事实：

2010年3月8日至2012年4月6日，王华在任职申万研究所首席分析师期间，操作“包某平”账户（资金账号10××××50）进行股票交易，交易“德赛电池”、“中信海直”、“四环生物”等59只股票，买入金额共计108,722,506.82元，卖出金额共计113,349,496.79元，交易方式主要为网上委托和手机委托。根据王华实际出资情况，王华通过操作“包某平”账户买卖股票获利1,124,351.46元。

在上述期间内，王华操作“包某平”、“王某”、“淡某捷”账户，在“大湖科技”、“永鼎股份”、“普利特”等13只股票交易中存在先买入相关股票、在其本人署名的研究报告发布后的当天或第二天卖出的反向交易行为。

以上事实，有涉案账户股票交易记录、银行账户资金划转记录、申万研究所说明、申万研究所发布的王华署名的研究报告、相关人员询问笔录等证据证明，足以认定。

王华在“包某平”账户中投入资金，并操作该账户从事股票交易，违反了《证券法》第四十三条关于禁止证券公司的从业人员借他人名义持有、买卖股票的规定，构成了《证券法》第一百九十九条所述法律、行政法规规定禁止参与股票交易的人员，直接或者以化名、借他人名义持有、买卖股票的行为。同时，王华使用“包某平”等3个账户对“大湖科技”等13只股票的反向交易构成与客户利益的冲突。

王华及其代理人在提交的陈述申辩材料及听证中辩称：从证监会对类似案件所作出的处罚决定看，一般只对构成利益冲突的部分进行认定和处罚，本案处罚应保持统一尺度；当事人所交易股票与其研究报告推荐股票重合度不高，利益冲突情节不严重；当事人积极配合调查，认错态度较好，应酌情减轻处罚；从证券法修法趋势看，可能会废止从业人员买卖股票的禁止性规定，且当事人经济条件较差，请求减轻处罚。

我会认为：其一，当事人所举案例性质或为操纵市场违法行为，或为基金从业人员背信行为甚或利用未公开信息犯罪行为，而本案认定的是从业人员违法买卖股票行为，与前述行为不属相同或类似情形，法律适用及判罚标准不存在可比性，当事人的申辩不予认可；其二，经计算，当事人构成明显利益冲突研究报告的数量占比较低;其三,当事人仅在调查后期较为配合;其四,当事人所提其他申辩意见于法无据,不予采纳。

根据当事人违法行为的事实、性质、情节与社会危害程度,依据《证券法》第二百三十三条和《证券市场禁入规定》第五条的规定,我会决定:认定王华为证券市场禁入者,自我会宣布决定之日起,5 年内不得从事证券业务或者担任上市公司董事、监事、高级管理人员职务。

当事人如果对本决定不服,可在收到本决定书之日起60 日内向中国证券监督管理委员会申请行政复议,也可在收到本决定书之日起 3 个月内直接向有管辖权的人民法院提起行政诉讼。复议和诉讼期间,上述决定不停止执行。

关于对刘小勇实施市场禁入的决定

(〔2014〕11 号)

当事人:刘小勇,男,1968 年 11 月出生,时任民生证券有限责任公司(以下简称民生证券)总裁助理兼证券投资总部总经理,住址:广东省广州市天河区天荣路。

依据《中华人民共和国证券法》(以下简称《证券法》)的有关规定,我会对刘小勇违法买卖股票行为进行了立案调查、审理,并依法向当事人告知了作出市场禁入的事实、理由、依据及当事人依法享有的权利。当事人要求陈述、申辩和举行听证会。据此,我会于 2013 年 12 月 24 日举行听证会,听取了其陈述、申辩。本案现已调查、审理终结。

经查明,刘小勇存在以下违法事实:

2004 年 2 月至 2009 年 6 月,刘小勇任职民生证券总裁助理兼证券投资总部总经理(2007 年 8 月至 2008 年 7 月期间未兼任证券投资总部总经理)期间,控制其配偶汤某在西南证券北京北三环中路营业部、银河证券北京望京西园营业部、光大证券广州林和西路营业部以及国泰君安证券广州东风中路营业部的 4 个同名资金账户以及下挂的“汤某”等证券账户(以下简称“汤某”账户组),通过网络委托等方式买卖“健特生物”等 129 只股票,获利 13,554,066.15 元。同时,刘小勇还利用其任民生证券证券投资总部总经理的职务便利以及所获取的民生证券自营投资信息,于 2005 年至 2007 年期间通过“汤某”账户组从事抢先交易,先于民生证券自营账户买入、卖出相同股票,涉及“北方国际”等 44 只股票。“汤某”账户组资金主要来源于刘小勇夫妻共同财产及刘小勇朋友任某某,主要去向为刘小勇夫妇和任某某夫妇。

以上违法事实,有汤某账户组交易记录、资金流水、下单电脑信息、银行账户资金划转记录、民生证券情况说明、当事人及其他有关人员询问笔录等证据证明,足以认定。

刘小勇的上述行为,违反了《证券法》第四十三条关于禁止从业人员借他人名义持有、买卖股票的规定,构成《证券法》第一百九十九条所述违法行为。同时,刘小勇作为民生证券总裁助理兼证券投资总部总经理,违背其对公司所负信义义务,利用职务便利以及所获取的未公开自营股票投资信息实施抢先交易,客观上损害了公司利益,且获利巨大,违法性质与情节均十分恶劣。

刘小勇在其提交的情况说明及听证中辩称:其与任某某共用账户所获盈利应按出资比例分配但尚未结清,应予扣减;汤某账户组与民生证券自营盘交易重合股票中,除“北方国际”外,民生证券对其他股票交易量很小,请求仅就“北方国际”单只股票认定其违法责任;其买卖股票行为未给公司造成重大损失,且部分交易并未抢先;“汤某”账户由汤某本人交易部分的收益应从违法所得中予以扣除。基于上述理由,当事人请求对其减轻处罚。

我会认为,刘小勇申辩理由不能成立:其一,我会对刘小勇违法所得的认定以交易记录、资金流水、转账记录、当事人询问笔录等为依据,刘小勇所提与任某某盈利未结清的主张无事实依据,不予支持。其二,当事人所提仅就“北方国际”单只股票认定其违法责任的主张无法律依据,不予支持。其三,当事人进行抢先交易的危害性主要在于其对信义义务的违反,无论其是否给公司造成重大损失,均为性质恶劣的利益冲突行为,情节严重。其四,汤某账户组98.42%的交易委托指向刘小勇,其本人未予否认,刘小勇操控“汤某”账户组事实成立,且账户资金为刘小勇夫妻共同财产,所谓由汤某交易的部分收益扣除没有依据。

根据当事人违法行为的事实、性质、情节与社会危害程度,依据《证券法》第二百三十三条和《证券市场禁入规定》第五条的规定,我会决定:认定刘小勇为证券市场禁入者,自我会宣布决定之日起,5年内不得从事证券业务或者担任上市公司董事、监事、高级管理人员职务。

当事人如果对本决定不服,可在收到本决定书之日起60日内向中国证券监督管理委员会申请行政复议,也可在收到本决定书之日起3个月内直接向有管辖权的人民法院提起行政诉讼。复议和诉讼期间,上述决定不停止执行。

关于对刘一、吴光成、侯守军实施市场禁入的决定

(〔2014〕12号)

当事人:刘一,男,1957年1月出生,时任新疆中基实业股份有限公司(以下简称新中基)董事长,住址:上海市普陀区新村路。

吴光成,男,1961年8月出生,时任新中基副总经理、总会计师,住址:新疆维吾尔自治区乌鲁木齐市天山区青年路。

侯守军,男,1968年3月出生,时任新中基财务部经理,住址:新疆维吾尔自治区乌鲁木齐市天山区青年路。

依据《中华人民共和国证券法》(以下简称《证券法》)的有关规定,我会对新中基信息披露违法案进行了立案调查、审理,并依法向当事人告知了作出市场禁入的事实、理由、依据及当事人依法享有的权利。当事人未提出陈述、申辩意见,也不要求听证。本案现已调查、审理终结。

经查明,新中基存在以下违法事实:

2006年1月,在刘一的指使下,经吴光成等人策划与操办,新中基通过隐蔽出资,设立了空壳公司天津晟中国际贸易有限公司(以下简称天津晟中)。天津晟中表面上与新中基在法律上没有任何关系,但其业务与财务实际上完全由新中基控制。天津晟中成立后,先从新中基采购番茄酱,再销售给新中基的控股子公司天津中辰番茄制品有限公司(以下简称天津中辰)。2007年,刘一找到曾任新中基销售负责人、已辞职独立经商的吴新安,请其帮忙从新中基采购番茄酱之后再卖给天津中辰。2007年至2010年间,吴新安控制的新疆豪客国际贸易有限公司(以下简称新疆豪客)先从天津晟中采购番茄酱,加上应交税款与新疆豪客获得的纯利润后,再转手全部销售给天津中辰。相关证据显示,新中基利用非关联企业新疆豪客中转与过账,货物基本不动,实际上的交易就是仓单的转移。

2006年至2008年,新中基各分、子公司向天津晟中累计销售番茄酱15.27万吨,总额66,336.62万元,占期间天津晟中采购额的99.22%。2006年至2010年,天津晟中向天津中辰累计销售番茄酱3.45万吨,总额13,731.75万元,占期间天津晟中销售总额的19.75%;向新疆豪客累计销售番茄酱11.73万吨,总额54,647.50万元,占期间天津晟中销售总额的78.61%;两项合计15.18万吨,总额68,379.25万元,占期间天津晟中销售总额的98.36%。2007年至2010年,新疆豪客向天津

中辰累计销售番茄酱 11.73 万吨,总额 54,853.94万元。

按照调查核查计算口径,涉案事项对新中基年度财务报表数据的影响情况如下:2006 年虚增收入 31,566.92 万元,虚增成本 22,481.37 万元,虚增利润 9,085.55 万元,虚增利润占经核查更正后净利润的 138.57%,导致当年利润由亏损变盈利;2007 年虚增收入 26,849.77 万元,虚增成本 24,915.95 万元,虚增利润 1,933.81万元,虚增利润占经核查更正后净利润的 34.50%;2008 年虚增收入 7,559.67 万元,虚增成本 10,365.51 万元,虚减利润 2,805.84万元,虚减利润占经核查更正后净利润的 68.57%;2009 年虚增收入 0 元,虚增成本 675.04 万元,虚减利润 675.04 万元,虚减利润占经核查更正后净利润的 25.43%;2010 年虚增收入 0 元,虚增成本 5,648.11 万元,虚减利润 5,648.11 万元,虚减利润占经核查更正后净利润的 26.25%;2011 年虚增收入 0 元,虚增成本 1,890.47 万元,虚减利润 1,890.47 万元,虚减利润占经核查更正后净利润的 1.64%。

以上事实,有新中基相关定期报告、涉案人员询问笔录、财务资料等证据证明,足以认定。

新中基通过自己设立的隐形空壳公司天津晟中,利用非关联的中转过账公司新疆豪客,连续多年虚构购销业务,虚增业务收入与成本,虚增或者虚减利润,不仅隐瞒关联关系、关联交易,更直接导致公司 2006 年至 2011 年年度报告信息披露存在虚假记载及重大遗漏。

上述行为,违反了《证券法》第六十三条的规定,构成了《证券法》第一百九十三条所述违法行为。

根据当事人违法行为的事实、性质、情节与社会危害程度,依据《证券法》第一百九十三条的规定,我会已对刘一、吴光成、侯守军作出行政处罚决定。同时,鉴于其违法行为性质恶劣,社会危害后果严重,依据《证券法》第二百三十三条以及《证券市场禁入规定》第三条至第五条的规定,我会决定:

一、认定刘一为市场禁入者,自我会宣布决定之日起,终身不得从事证券业务或担任上市公司董事、监事、高级管理人员职务;

二、认定吴光成为市场禁入者,自我会宣布决定之日起,10 年内不得从事证券业务或担任上市公司董事、监事、高级管理人员职务;

三、认定侯守军为市场禁入者,自我会宣布决定之日起,3 年内不得从事证券业务或担任上市公司董事、监事、高级管理人员职务。

上述当事人如果对本决定不服,可在收到本决定书之日起 60 日内向中国证券监督管理委员会申请行政复议,也可在收到本决定书之日起 3 个月内直接向有管辖权的人民法院提起行政诉讼。复议和诉讼期间,上述决定不停止执行。

关于对周山、李纪、王海棠实施市场禁入的决定

(〔2014〕13 号)

当事人:周山,男,1944 年 12 月出生,时任河北宝硕股份有限公司(以下简称宝硕股份)董事长,住址:河北省保定市新市区云杉路。

李纪,男,1954 年 7 月出生,时任宝硕股份副董事长、总经理,住址:河北省保定市新市区中廉良村。

王海棠,女,1962 年 1 月出生,时任宝硕股份董事、副董事长、总会计师,住址:河北省保定市新市区向阳南大街。

依据 1999 年 7 月 1 日起施行的《中华人民共和国证券法》(以下简称原《证券法》)及 2006 年 1 月 1 日起施行的《中华人民共和国证券法》(以下简称《证券法》)的有关规定,我会对宝硕股份信息披露违法案进行了立案调查、审理,并依法向当事人告知了作出市场禁入的事实、理由、依据及当事人依法享有的权利。应

当事人周山、李纪的要求，我会于2014年3月20日举行听证。《听证通知书》送达后，当事人周山、李纪书面确认放弃听证权利。当事人周山、李纪、王海棠向我会提交了书面陈述、申辩意见。本案现已调查、审理终结。

经查明，宝硕股份存在以下违法事实：

一、未按规定披露控股股东及关联方占用资金事项

自2001年以来，宝硕股份及其分、子公司被大股东河北宝硕集团有限公司（以下简称宝硕集团）占用资金437,301,569.46元，宝硕股份未按规定履行披露义务，直至2006年10月才对外公告。具体情况如下：

（一）截至2001年12月31日，宝硕股份子公司被宝硕集团占用资金余额为40,000,000元，其中截至2001年6月30日占用资金19,400,000元。

（二）截至2002年12月31日，宝硕股份及其子公司被宝硕集团占用资金44,350,923.72元，其中截至2002年6月30日占用资金40,458,232元。

（三）截至2003年12月31日，宝硕股份及其子公司被宝硕集团占用资金66,779,368.61元，其中截至2003年6月30日占用47,988,353.88元。

（四）截至2004年12月31日，宝硕股份及其子公司被宝硕集团占用资金77,165,419.63元，其中截至2004年6月30日占用-4,497,979.46元。

（五）截至2005年12月31日，宝硕股份及其子公司被宝硕集团占用资金115,836,293.49元，其中截至2005年6月30日占用资金117,462,447.85元。

（六）截至2006年9月30日，宝硕股份及其子公司被宝硕集团占用资金437,301,569.46元，其中截至2006年6月30日占用409,955,574.60元。

二、未按规定披露为其他公司提供担保事项

2001至2006年，宝硕股份为其他公司银行借款等事项提供对外担保，宝硕股份未按规定履行披露义务，直到2006年10月才对外公告。涉案担保事项如下：

（一）2001年度

2001年1月17日，宝硕股份为保定宝硕新型建筑材料有限公司（以下简称型材公司）在建行保定西郊办事处的10,000万元借款提供保证担保。

（二）2002年度

2002年10月28日，宝硕股份为东盛科技股份有限公司（以下简称东盛科技）在浦发银行西安分行的3,000万元借款提供保证担保。

2002年12月13日，宝硕股份为东盛科技在工行西安高新支行的2,400万元借款提供保证担保。

2002年12月13日，宝硕股份为东盛科技在工行西安高新支行的1,000万元借款提供保证担保。

（三）2003年度

2003年3月5日，宝硕股份为东盛科技在浦发银行西安分行的3,000万元银行承兑汇票的敞口部分提供保证担保。

2003年4月28日，宝硕股份为东盛科技在浦发银行西安分行的3,000万元借款提供保证担保。

2003年6月12日，宝硕股份为东盛科技在民生银行西安分行的综合授信提供最高额保证担保。

2003年6月25日，宝硕股份为保定富太塑料包装材料有限公司（以下简称富太公司）在民生银行广州羊城支行的5,000万元借款提供保证担保。

2003年6月26日，宝硕股份为陕西东盛医药有限责任公司（以下简称东盛医药）在农行西安长安路支行的2,000万元借款提供保证担保。

2003年7月18日，宝硕股份为保定宝康塑胶母料有限公司（以下简称宝康公司）在工行保定东风路支行的2,700万元借款提供最高额保证担保。

2003年8月29日，宝硕股份为富太公司在浦发银行广州东风支行的3,000万元借款提供保证担保。

2003年9月1日，宝硕股份为东盛科技在中信银行西安分行综合授信提供最高额保证担保，该保证为东盛科技在中信西安分行的2,900

万元银行承兑汇票的敞口部分提供担保。

2003 年 9 月 12 日,宝硕股份为保定宝通新型塑料包装材料有限公司(以下简称宝通公司)在中行保定西城支行的 5,894 万元借款提供保证担保。

2003 年 9 月 15 日,宝硕股份为东盛科技在浦发银行西安分行的 3,000 万元银行承兑汇票的敞口部分提供保证担保。

2003 年 9 月 17 日,宝硕股份为宝康公司在工行保定东风路支行的 499 万元借款提供最高额保证担保。

2003 年 9 月 30 日,宝硕股份为富太公司在浦发银行广州东风支行的 480 万美元借款提供保证担保。

2003 年 10 月 28 日,宝硕股份为东盛科技在浦发银行西安分行的 1,000 万元银行承兑汇票的敞口部分提供保证担保。

(四)2004 年度

2004 年 1 月 7 日,宝硕股份为富太公司在浦发银行广州东风支行的 480 万美元借款提供保证担保。

2004 年 2 月 5 日,宝硕股份为东盛科技在建行西安东大街支行的 2,000 万元银行承兑协议提供商业汇票承兑保证。

2004 年 3 月 3 日,宝硕股份为东盛集团有限公司在招商银行西安城南支行的 3,000 万借款提供担保。

2004 年 3 月 9 日,宝硕股份为东盛科技在浦发银行西安分行的 3,000 万元银行承兑汇票的敞口部分提供保证担保。

2004 年 3 月 29 日,宝硕股份为东盛科技与浦发银行西安分行签署的系列授信合同提供最高额保证担保。

2004 年 4 月 1 日,宝硕股份为东盛医药在交行西安分行的 14,000 万元借款提供保证担保。

2004 年 5 月 26 日,宝硕股份为天津德利得物流有限公司(以下简称天津德利得)在光大银行天津体育中心支行的综合授信提供最高额保证担保。

2004 年 5 月 31 日,宝硕股份和沧州化工共同为沧州沧骅化学工业有限公司(以下简称沧州沧骅)在工行总行营业部的 18,000 万元借款提供保证担保。

2004 年 6 月 25 日,宝硕股份为东盛医药在农行西安长安路支行的 2,000 万元借款提供保证担保。

2004 年 6 月 28 日,宝硕股份为东盛医药在中行陕西省分行的 8,000 万元借款提供保证担保。

2004 年 8 月 31 日,宝硕股份为天津宝硕门窗发展有限公司(以下简称天津门窗)在农行天津南开支行的 4,500 万元借款提供保证担保。

2004 年 10 月 29 日,宝硕股份为东盛医药在农行西安长安路支行的 2,000 万元借款提供保证担保。

2004 年 11 月 2 日,宝硕股份为沧州沧骅在工行沧州南环支行的 5,000 万元借款提供保证担保。

2004 年 11 月 26 日,宝硕股份为东盛科技在交行西安分行的 3,000 万元银行承兑汇票提供保证担保。

2004 年 11 月 26 日,宝硕股份为东盛医药在交行西安分行的 12,000 万元借款提供保证担保。

2004 年 12 月 3 日,宝硕股份为沧州沧骅在工行总行营业部的 5,000 万元借款提供保证担保。

2004 年 12 月 30 日,宝硕股份为富太公司在建行保定五四西路支行的 2,400 万元借款提供保证担保。

(五)2005 年度

2005 年 1 月 11 日,宝硕股份为富太公司在中行保定西城支行的 650 万元借款提供保证担保。

2005 年 1 月 11 日,宝硕股份为东盛科技在交行西安分行的 4,000 万元借款提供保证担保。

2005 年 1 月 21 日,宝硕股份为保定宝来塑料包装材料有限公司(以下简称宝来公司)在中行保定西城支行的 1,000 万元借款提供保证担保。

2005 年 2 月 3 日,宝硕股份为宝来公司在中行保定西城支行的 1,000 万元借款提供保证担保。

2005 年 2 月 5 日,宝硕股份为富太公司在中行保定西城支行的 1,100 万元借款提供保证担保。

2005年2月8日，宝硕股份为沧州沧骅在工行沧州南环支行的5,000万元借款提供保证担保。

2005年3月1日，宝硕股份子公司河北宝硕管材有限公司（以下简称管材公司）为宝硕集团在保定信托投资公司的820万元借款提供保证担保。

2005年3月14日，宝硕股份为东盛医药在西安市商业银行碑林支行的2,000万元借款提供保证担保。

2005年3月29日，宝硕股份为沧州沧骅在工行沧州南环支行的5,000万元借款提供保证担保。

2005年4月1日，宝硕股份为天津德利得在光大银行天津体育中心支行的综合授信最高额保证担保。

2005年4月8日，宝硕股份为富太公司在中行保定西城支行的900万元借款提供保证担保。

2005年4月15日，宝硕股份为东盛科技在交行西安分行的2,000万元借款提供保证担保。

2005年4月19日，宝硕股份为东盛医药在工行西安高新支行的3,000万元借款提供保证担保。

2005年4月29日，宝硕股份为东盛科技在浦发银行西安分行的系列授信提供最高额保证担保。

2005年4月29日，宝硕股份为沧州沧骅在工行沧州南环支行的5,000万元借款提供保证担保。

2005年5月22日，宝硕股份为沧州化学工业股份有限公司（以下简称沧州化工）在光大银行深圳红荔路支行的12,200万元借款提供保证担保。

2005年6月2日，宝硕股份为沧州化工在民生银行石家庄分行的10,000万元综合授信、3笔合计8,000万元借款提供最高额保证担保，并在沧州化工将8,000万元借款提前归还后，继续对沧州化工2006年4、5月份在该行的4笔合计8,000万元借款提供最高额保证担保。

2005年6月22日，宝硕股份为型材公司在中信银行天津分行的4,328万元银行承兑汇票提供保证担保。

2005年6月24日，宝硕股份为东盛医药在农行西安长安路支行的2,000万元借款提供保证担保。

2005年7月15日，宝硕股份为东盛科技在广发银行总行营业部的2,500万元借款提供保证担保。

2005年7月28日，宝硕股份为富太公司在中行保定西城支行的两笔各500万元借款提供保证担保。

2005年8月18日，宝硕股份为东盛科技在中信银行西安分行的综合授信提供最高额保证担保，该保证为东盛科技在中信银行西安分行的两笔各1,400万元借款提供担保。

2005年9月5日，宝硕股份为管材公司在建行保定五四西路支行的500万元借款提供保证担保。

2005年9月20日，宝硕股份为新疆克拉玛依宝硕管材有限公司在中行克拉玛依石油分行的借款提供最高额保证担保。

2005年9月23日，宝硕股份为沧州沧骅在工行沧州南环支行的3,700万元借款提供最高额保证担保。该笔最高额保证担保还分别对沧州沧骅于2006年6月19日在工行沧州南环支行的两笔272万元、2,400万元借款负有保证责任。

2005年9月26日，宝硕股份为河北保定星光集团有限公司在徐水县农村信用合作联社的3,000万元借款提供保证担保。

2005年9月30日，宝硕股份为东盛科技在华夏银行深圳天安支行的2,700万元借款提供保证担保。

2005年10月19日，宝硕股份为天津门窗在中行天津市分行的6,400万元借款提供保证担保。

2005年10月28日，宝硕股份为天津宝络五金制造有限公司在交行天津分行的5,000万元借款提供保证担保。

2005年10月31日，宝硕股份为深圳市正宇投资发展有限公司在广发银行深圳南山支行的1,100万元借款提供保证担保。

2005年11月7日，宝硕股份为河北新大通管业有限公司在中信银行石家庄分行的借款提供最高额保证担保。

2005 年 11 月 22 日,宝硕股份为沧州化工在建行沧州署西街支行 3,000 万元借款提供保证担保。

2005 年 11 月 24 日,宝硕股份为管材公司在建行保定五四西路支行的 4,500 万元借款提供保证担保。

2005 年 11 月 30 日,宝硕股份为管材公司在建行保定五四西路支行的 500 万元借款提供保证担保。

2005 年 12 月 23 日,宝硕股份为保定中产新型塑料包装材料有限公司(以下简称中产公司)在保定信托投资公司的 100 万元借款提供保证担保。

2005 年 12 月 23 日,管材公司为宝硕集团在保定信托投资公司的三笔 262 万元、84 万元、150 万元借款提供保证担保。

2005 年 12 月 28 日,宝硕股份为型材公司在中行保定市西城支行申请国内保理业务项下授信额度出具了保证函。

2005 年 12 月 31 日,宝硕股份为型材公司在建行保定五四西路支行的 4,000 万元借款提供保证担保。

2005 年 12 月 31 日,管材公司为宝硕集团在保定信托投资公司的 955 万元借款提供保证担保。

(六)2006 年度

2006 年 1 月 4 日,宝硕股份为管材公司在中行保定西城支行申请银行承兑汇票出具承兑保证函。

2006 年 1 月 11 日,宝硕股份为天津华通润商贸发展有限公司(以下简称华通润商贸)在交行天津分行的 2,000 万元银行承兑汇票提供保证担保。

2006 年 1 月 13 日,宝硕股份为华通润商贸在交行天津分行的 2,000 万元银行承兑汇票提供保证担保。

2006 年 1 月 19 日,宝硕股份为华通润商贸在交行天津分行的 3,920 万元银行承兑汇票提供保证担保。

2006 年 2 月 13 日,宝硕股份为保定市华劲精品服饰有限公司在农行保定阳光支行的 1,400万元借款提供保证担保。

2006 年 2 月 21 日,宝硕股份为华通润商贸在交行天津分行的 4,080 万元银行承兑汇票提供保证担保。

2006 年 2 月 24 日,宝硕股份为沧州化工在建行沧州署西街支行的 3,800 万元借款提供保证担保。

2006 年 3 月 16 日,宝硕股份为东盛科技在浦发银行广州五羊支行的 3,400 万元借款提供保证担保。

2006 年 3 月 17 日,宝硕股份为沧州沧骅在工行沧州南环支行的 2,225 万元、1,400 万元借款提供最高额保证担保。该笔最高额保证担保还对沧州沧骅于 2006 年 6 月 27 日在工行沧州南环支行的 2,400 万元借款负有保证责任。

2006 年 4 月 21 日,宝硕股份为东盛药业股份有限公司在西安市商业银行碑林支行的 4,000万借款提供保证担保。

2006 年 4 月 24 日,宝硕股份为天津泽融基工贸有限公司在交行天津分行开立银行承兑汇票办理授信业务提供最高额保证担保。

2006 年 6 月 25 日,宝硕股份为天津幸福实业有限公司在华夏银行天津分行的四笔 1,000 万元借款提供最高额保证担保。

2006 年 7 月 18 日,宝硕股份为东盛科技在浦发银行西安分行的系列授信提供最高额保证担保。

2006 年 8 月 21 日,宝硕股份为中信银行西安分行出具了同意为东盛科技贷款展期继续提供保证的函。

三、相关定期报告虚增利润

(一)宝硕股份 2001 年年度报告至 2006 年半年度报告少计财务费用,虚增利润

宝硕股份 2001 年至 2006 年 6 月间发生的利息未列财务费用,记入了其他应收款-德利得中,累计增加利润 190,851,911.49 元。具体情况如下:

宝硕股份将 2002 年至 2005 年间发生的 236 笔贷款利息共 46,783,784.51 元,未列入财务费用而记入其他应收款-德利得科目的借方中,因此少记财务费用,增加 2002 年度利润832,321.50 元,增加 2003 年度利润 15,697,456.56 元,增加 2004 年度利润 17,307,151.81 元,增加 2005 年度利润 12,946,854.64 元。

宝硕股份 2003 年 6 月以富太公司(宝硕股

份持有40%股份)名义办理了2张1,000万元的银行汇票贴现业务,贴现利息155,100.00元没有记入财务费用,而是记入其他应收款－德利得科目的借方发生额。富太公司没有此项业务的记载。宝硕股份因此少记财务费用,增加2003年度利润155,100.00元。

宝硕股份于2002年至2005年通过其分、子公司河北宝硕股份有限公司氯碱分公司(以下简称氯碱分公司)、型材公司、保定德玛斯新型建筑材料有限公司(以下简称德玛斯公司)和河北宝硕股份有限公司绿源塑料分公司(以下简称绿源分公司)银行账户办理82笔票据贴现业务,贴现资金划归宝硕股份使用。宝硕股份将发生的26,712,155.84元贴现利息记入其他应收款－德利得科目的借方中,因此少记财务费用,增加2002年度利润197,500.00元,增加2003年度利润4,474,283.82元,增加2004年度利润21,882,067.421元,增加2005年度利润158,304.60元。

宝硕股份2006年6月补记了以前年度使用公司账户或使用其他公司名义贷款发生的341笔利息入账,未将总金额为70,186,433.13元的贷款利息记入财务费用,而是记入其他应收款－德利得科目借方发生额中。宝硕股份因此少记财务费用,增加2001年度利润314,572.50元,增加2002年度利润3,080,990.39元,增加2003年度利润14,067,882.47元,增加2004年度利润25,479,696.64元,增加2005年度利润26,183,491.56元,增加2006年半年度利润1,059,799.57元。

宝硕股份2006年6月补记了以前年度使用其控制的银行账户进行的票据贴现业务,未将发生的92笔贴现利息35,503,996.45元记入财务费用,而是记入其他应收款－德利得科目中。宝硕股份因此少记财务费用,增加2002年度利润201,250.00元,增加2003年度利润1,330,875.73元,增加2004年度利润16,697,566.65元,增加2005年度利润15,091,332.07元,增加2006年半年度利润2,182,972.00元。

宝硕股份2006年6月补记了75笔以前年度使用其他公司名义进行的贴现业务。宝硕股份通过其控制的账户开出汇票和收到贴现金额均通过其他应收款－德利得科目记载,进而将其应承担的贴现汇票的贴现息变相隐含在其他应收款－德利得科目的往来中。此项隐含的贴现利息共计11,560,441.56元。宝硕股份因此少记财务费用,增加2002年度利润825,066.67元,增加2003年度利润5,580,279.33元,增加2004年度利润5,155,095.56元。

(二)宝硕股份通过河北宝硕股份有限公司创业塑料分公司(以下简称创业分公司)虚增利润

1999年至2006年,创业分公司自制采购凭证387单,自制采购发票968张,虚开支票383张,通过虚假原材料采购虚增主营业务成本1,748,375,387.10元;以收到销售货款的名义,通过资金结算中心进账单的形式增加账面银行存款2,233,010,598.14元。

创业分公司通过上述虚假行为,虚增销售利润484,635,211.04元。其中,虚增2001年度利润85,547,200.00元,虚增2002年度利润82,697,500.00元,虚增2003年度利润64,885,400.00元,虚增2004年度利润52,179,507.20元,虚增2005年度利润84,469,803.84元,虚增2006年半年度利润20,474,100.00元。

(三)宝硕股份2003年年度报告通过富太公司虚开发票虚增利润

富太公司2003年6月虚开22张增值税发票增加销售收入13,478,644.80元,宝硕股份因此虚增当期利润4,608,083.70元。

四、货币资金虚假记载

(一)宝硕股份2001年至2006年大量会计业务未纳入核算,2001年至2005年年度报告中货币资金虚假记载

宝硕股份在2006年6月份集中补记了公司在2001－2006年发生的业务单据,共录入5103号凭证,装订67本。宝硕股份董事、总会计师王海棠承认宝硕股份存在账外账。

宝硕股份2001年至2005年有230个以其自身名义及其他公司名字开立由宝硕股份控制使用的银行账户,均在账外进行核算。

宝硕股份2001年12月31日账外银行账户存款余额为59,873.22元,2002年12月31日账外银行存款余额为54,893,138.43元,2003年12月31日账外银行存款余额为146,923,145.22元,2004年12月31日账外银

行存款余额为168,010,231.78元,2005年12月31日账外银行存款余额为469,992,919.16元。宝硕股份对外披露的2001年至2005年相应年度报告中未包含这些账户存款,直至2006年6月才将这些账户记入银行存款日记账。

宝硕股份在2003年3月至2006年6月间,与银行签订了41笔借款合同,借款金额72,870万元未在账内反映,相关对外披露的财务报告中银行借款涉嫌虚假记载。2006年6月份,宝硕股份将这些借款记入短期借款账内。

(二)宝硕股份将存放在内设机构资金结算中心账户的资金视作银行存款进行核算,大量使用该账户下没有实际业务发生的自制单据入账

宝硕股份及氯碱分公司、创业分公司、绿源分公司、河北宝硕集团有限公司纸品包装分公司、河北宝硕股份有限公司木糖醇分公司、型材公司、管材公司、富太公司、宝来公司、保定宝源新型塑料包装材料有限公司、中产公司、天津门窗、保定宝硕门窗发展有限公司、保定轶思达塑料包装材料有限公司、保定市德利得物流有限公司等关联公司先后在宝硕集团财务结算中心、宝硕股份资金结算中心开立存款账户。宝硕股份资金结算中心还为上述公司提供资金拆借业务,拆借业务的收入上缴宝硕股份财务处。

1999年至2006年,宝硕股份通过宝硕集团资金结算中心(账号:058－03)和宝硕股份资金结算中心(账号:962－01)划转1,848,281,946.13元资金,在两个资金结算中心均没有真实业务发生,没有资金划转记录。

(三)宝硕股份以创业分公司上缴利润名义虚增货币资金

1999年,创业分公司虚制往来凭证6单,虚开结算中心进账单6张,通过虚假货币资金退回虚增账面货币资金27,103,200.00元。

创业分公司于1999年至2006年,通过虚假采购、虚假销售、虚假货币资金退回手段虚假记载货币资金,累计增加余额511,788,411.04元。创业分公司虚制凭证158单,虚开支票159张,将虚增的511,788,411.04元,分别以上缴利润及内部转款的名义通过其在结算中心开立的账户上交宝硕股份财务处。

1999年至2006年,宝硕股份制凭证159单,以创业分公司上缴利润名义记入应付股利科目,同时增加宝硕股份银行存款账户账面的货币资金504,438,411.04元。

五、人为调整2006年半年度报告报表

宝硕股份2006年8月22日公布了2006年半年度财务报告,其对外披露的财务报告与其实际账面数据不符,存在无任何依据的人为调整报表行为。

宝硕股份财务处(以下简称财务处)在2006年6月将大量历年账外财务资料集中补记入账,造成2006年6月30日财务处账面其他应收款、短期借款及其他应付款科目余额激增。

宝硕股份2006年半年度报告公告母公司应收账款金额222,612,333.23元,母公司依据账面记载合并后的实际报表数据是24,612,333.23元,公告数增加了198,000,000.00元。

宝硕股份2006年半年度报告公告母公司其他应收款金额567,442,217.82元,母公司依据账面记载合并后的实际报表数据是2,052,442,217.82元,公告数减少了1,485,000,000.00元。

宝硕股份2006年半年度报告公告母公司短期借款金额534,622,553.08元,母公司依据账面记载合并后的实际报表数据是1,334,622,553.08元,公告数减少了800,000,000.00元。

宝硕股份2006年半年度报告公告母公司其他应付款金额59,902,377.22元,母公司依据账面记载合并后的实际报表数据是559,902,377.22元,公告数减少了500,000,000.00元。

宝硕股份2006年半年度报告公告母公司管理费用金额37,302,216.91元,母公司依据账面记载合并后的实际报表数据是50,302,216.91元。公告数减少了13,000,000.00元。由此造成宝硕股份2006年半年度报告公告母公司未分配利润公告数增加了13,000,000.00元。

以上事实,有宝硕股份情况说明、涉案定期报告、涉案人员询问笔录和情况说明以及财务账册、记账凭证及附件等证据证明,足以认定。

以上行为,违反了原《证券法》第五十九条以及《证券法》第六十三条、第六十八条的规定,构成了原《证券法》第一百七十七条以及《证券法》第一百九十三条所述违法行为。当事人周山、李纪、王海棠在审议涉案年度报告、

半年度报告时未发表过不同意见，对涉案信息披露违法行为负有责任。

当事人周山、李纪、王海棠在陈述、申辩材料中对涉案违法行为造成的不良影响表示歉意，但辩称涉案违法行为发生有其客观历史原因；上市公司及宝硕集团为当地经济和社会发展作出了贡献，其没有从中获取不正当利益；宝硕股份各年度财务报告均经过会计师事务所的审计、应当可信。请求重新考虑对其的处罚。

经复核，对当事人有关申辩意见不予采纳。

根据当事人违法行为的事实、性质、情节与社会危害程度，依据原《证券法》第一百七十七条以及《证券法》第一百九十三条规定，我会已对周山、李纪、王海棠作出行政处罚决定。同时，鉴于其违法行为性质恶劣，社会危害后果严重，依据《证券法》第二百三十三条以及《证券市场禁入规定》第三条至第五条的规定，我会决定如下：

一、认定周山为市场禁入者，自我会宣布决定之日起，终身不得从事证券业务或担任上市公司董事、监事、高级管理人员职务；

二、认定李纪、王海棠为市场禁入者，自我会宣布决定之日起，10 年内不得从事证券业务或担任上市公司董事、监事、高级管理人员职务。

上述当事人如果对本决定不服，可在收到本决定书之日起 60 日内向中国证券监督管理委员会申请行政复议，也可在收到本决定书之日起 3 个月内直接向有管辖权的人民法院提起行政诉讼。复议和诉讼期间，上述决定不停止执行。

关于对李旭利实施市场禁入的决定

（〔2014〕14 号）

当事人：李旭利，男，1973 年 12 月出生，时任交银施罗德基金管理有限公司（以下简称交银施罗德）投资总监兼投资决策委员会主席、交银施罗德旗下蓝筹基金的基金经理，住址：上海市浦东新区丁香路。

依据《中华人民共和国证券法》（以下简称《证券法》）、《中华人民共和国证券投资基金法》（2004 年 6 月 1 日起施行，以下简称原《基金法》）的有关规定，我会对李旭利违法违规行为立案调查并移送公安机关，李旭利利用未公开信息犯罪行为司法判决已生效，我会据此依法向当事人告知了作出市场禁入的事实、理由、依据及当事人依法享有的权利。当事人未要求陈述、申辩，也未要求听证。本案现已调查、审理终结。

司法机关认定，李旭利存在以下违法事实：

2005 年 8 月至 2009 年 5 月，李旭利担任了交银施罗德投资总监，兼任投资决策委员会主席。2007 年 8 月至 2009 年 5 月，李旭利还兼任交银施罗德旗下蓝筹基金的基金经理。在此期间，李旭利有权参与交银施罗德所有基金的投资决策，并对蓝筹基金的股票投资具有直接决定权。

2009 年 4 月 7 日，在交银施罗德旗下蓝筹基金、成长基金对工商银行、建设银行股票进行建仓的信息尚未披露前，李旭利指示五矿证券深圳华富路证券营业部（现为五矿证券深圳金田路证券营业部）总经理李某君，在李旭利及其家人控制的岳某建、童某强名下两个证券账户内，先于或同期于蓝筹基金、成长基金买入工商银行、建设银行股票，累计股票成交额 52,263,797.34 元，并于同年 6 月间将上述股票全部卖出，通过股票交易的差价获利 8,992,399.86 元，此外还分得工商银行股票红利 1,723,342.50 元。

2012 年 11 月，上海市第一中级人民法院下达《刑事判决书》，认定李旭利在 2009 年 4 月 7 日的行为构成《中华人民共和国刑法》第一百八十条第四款利用未公开信息交易罪，非法获利10,715,742.36元，依法判处李旭利有期徒刑4年，并处罚金人民币1800万元，违法所得予以追缴。当事人不服一审判决提出上诉。2013年10月，上海市高级人民法院下达《刑事裁定书》，驳回上诉，维持原判。

以上违法事实，有司法机关认定文件等证据证明。

当事人的上述行为，构成了《证券法》第二百三十三条规定的“违反法律、行政法规或者国务院证券监督管理机构的有关规定，情节严重的”情形。

根据当事人违法行为的事实、性质、情节与社会危害程度，依据《证券法》第二百三十三条和《证券市场禁入规定》第五条第(一)项的规定，我会决定：认定李旭利为证券市场禁入者，自我会宣布决定之日起，终身不得从事证券业务或者担任上市公司董事、监事、高级管理人员职务。

当事人如果对本决定不服，可在收到本决定书之日起60日内向中国证券监督管理委员会申请行政复议，也可在收到本决定书之日起3个月内直接向有管辖权的人民法院提起行政诉讼。复议和诉讼期间，上述决定不停止执行。

关于对郑拓实施市场禁入的决定

(〔2014〕15号)

当事人：郑拓，男，1968年3月出生，时任交银施罗德基金管理有限公司(以下简称交银施罗德)基金经理，住址：上海市浦东新区锦绣路。

依据《中华人民共和国证券法》(以下简称《证券法》)、《中华人民共和国证券投资基金法》(2004年6月1日起施行，以下简称原《基金法》)的有关规定，我会对郑拓违法违规行为立案调查并移送公安机关，郑拓利用未公开信息犯罪行为司法判决已生效，我会据此依法向当事人告知了作出市场禁入的事实、理由、依据及当事人依法享有的权利。当事人未要求陈述、申辩，也未要求听证。本案现已调查、审理终结。

司法机关认定，郑拓存在以下违法事实：

2007年3月至2009年8月，郑拓实际负责交银稳健基金的投资管理工作，2007年7月4日起，郑拓正式担任交银稳健基金经理，2009年8月20日正式离任。任职期间，郑拓对于交银稳健基金投资股票的种类、数量、价格及时间具有决定权或建议权。2009年3月至7月间，郑拓利用担任交银稳健基金经理的职务便利，在交银稳健基金买卖股票的信息尚未公开前，由郑拓本人或者将需要购买的股票种类、数量、价格等告知夏某红、夏某玲，借用原某丽名下中信建投证券哈尔滨中医街营业部证券账户、国泰君安证券北京知春路营业部证券账户，先于或同期于郑拓管理的交银稳健基金买卖相同股票，并从中牟利。期间，郑拓伙同夏某红采用上述方法买卖“万科A”、“泛海建设”、“华侨城A”、“吉林敖东”、“西山煤电”、“保利地产”、“金地集团”、“中国神华”、“西部矿业”、“中国平安”、“中煤能源”等股票11只，一共成交283万余股，交易(买入)金额为4,638万余元，获利金额为1,242万余元。

2013年3月，上海市第一中级人民法院下达《刑事判决书》，认定郑拓在2009年3月至2009年7月间的行为构成《中华人民共和国刑法》第一百八十条第四款利用未公开信息交易罪，非法获利1,242万余元，依法判处郑拓有期徒刑3年，并处罚金人民币600万元，违法所得予以追缴。前述刑事判决已生效。

以上违法事实，有司法机关认定文件等证据证明。

当事人的上述行为，构成了《证券法》第二百三十三条规定的“违反法律、行政法规或者国务院证券监督管理机构的有关规定，情节严重的”情形。

根据当事人违法行为的事实、性质、情节与社会危害程度，依据《证券法》第二百三十三条和《证券市场禁入规定》第五条第（一）项的规定，我会决定：认定郑拓为证券市场禁入者，自我会宣布决定之日起，终身不得从事证券业务或者担任上市公司董事、监事、高级管理人员职务。

当事人如果对本决定不服，可在收到本决定书之日起60日内向中国证券监督管理委员会申请行政复议，也可在收到本决定书之日起3个月内直接向有管辖权的人民法院提起行政诉讼。复议和诉讼期间，上述决定不停止执行。

关于对章锋、邢文飚、杨德广实施市场禁入的决定

（〔2014〕16号）

当事人：章锋，男，1962年11月出生，深圳海联讯科技股份有限公司（以下简称海联讯）第一大股东和实际控制人，海联讯董事长，住址：广东省深圳市南山区假日湾华庭。

邢文飚，男，1969年3月出生，海联讯第三大股东，海联讯总经理、董事、法定代表人，住址：广东省深圳市南山区深南大道高新技术园。

杨德广，男，1967年1月出生，海联讯第五大股东，时任海联讯财务总监、董事会秘书，住址：广东省深圳市南山区金田花园。

依据《中华人民共和国证券法》（以下简称《证券法》）的有关规定，我会对海联讯违反证券法律法规行为进行了立案调查、审理，并依法向当事人告知了作出市场禁入的事实、理由、依据及当事人依法享有的权利。当事人未提出陈述、申辩意见，也未要求听证。本案现已调查、审理终结。

经查明，海联讯存在以下违法事实：

一、报送中国证监会的申请首次公开发行股票并在创业板上市（以下简称IPO）申请文件中相关财务数据存在虚假记载

2010年12月14日，海联讯向中国证监会提交IPO申请。2011年11月3日，中国证监会对海联讯IPO申请予以核准。经查，海联讯为实现发行上市目的，在相关会计期间虚构收回应收账款并虚增营业收入，致使其制作和报送中国证监会的IPO申请文件中相关财务数据和财务指标存在虚假记载。具体事实如下：

（一）虚构收回应收账款

为解决公司应收账款余额过大的问题，2009年底，海联讯第五大股东杨德广向公司前四大股东章锋、孔飙、邢文飚、苏红宇提议通过股东垫资或向他人借款方式，在季末、年末等会计期末冲减应收账款，并在下一会计期初冲回。商量后，各股东均同意杨德广的提议，孔飙、邢文飚、杨德广等3位股东并同意自行垫资或向他人借款来解决公司应收账款问题。客户应收账款的冲抵和账务处理事宜由杨德广决策并负责安排人员实施。

经查，2009年12月31日，海联讯通过他人转入资金1,429万元冲减应收账款，后于2010年1月4日全额退款并转回应收账款；2010年9月和12月，海联讯通过股东垫资转入资金2,566万元冲减应收账款；2010年12月，海联讯通过他人转入资金8,754万元冲减应收账款，后于2011年1月4日将他人资金8,754万元全额退款并转回应收账款；2011年6月30日，海联讯通过他人转入资金8,890万元冲减应收账款，后于2011年7月1日全额退款并转回应收账款。截至2009年12月31日、2010年12月31日、2011年6月30日，海联讯分别虚构收回应收账款1,429万元、11,320万元、11,456万元。

（二）虚增营业收入

为优化IPO阶段的财务数据和财务指标，

海联讯总经理邢文飚在公司内部会议中多次强调并要求,在能通过审计的情况下要尽可能提前确认收入。会后,海联讯营运部总监胡婉蓉(兼监事会主席)督促该部合同管理员罗自力尽力落实邢文飚要求。同时,海联讯财务总监杨德广(兼董事会秘书)在会计期末也要求罗自力把能确认收入的项目尽快确认收入,以提前确认收入来弥补营业收入缺口。当胡婉蓉或杨德广提出提前确认收入要求后,罗自力即向公司质量管理部了解公司已提前开工且后续可能签署合同和收到款项的项目,将其作为提前确认收入的项目,然后自行制作虚假的合同和验收报告,提供给财务部确认收入。

经查,海联讯2010年通过虚构4份合同和相应的验收报告,虚增营业收入1,426万元;2011年上半年通过虚构6份合同和相应的验收报告,虚增营业收入1,335万元。

以上事实,有相关工商登记资料、招股说明书、客户提供情况说明、海联讯财务凭证、海联讯明细账、银行单据、承诺书、当事人提供说明材料和当事人询问笔录等证据证明,足以认定。

海联讯将包含虚假财务数据的IPO申请文件报送中国证监会并获得中国证监会核准的行为,违反了《证券法》第十三条关于公开发行新股应当符合的条件中“最近三年财务会计文件无虚假记载,无其他重大违法行为”和第二十条第一款“发行人向国务院证券监督管理机构或者国务院授权部门报送的证券发行申请文件,必须真实、准确、完整”的规定,构成《证券法》第一百八十九条所述“发行人不符合发行条件,以欺骗手段骗取发行核准”的行为。对海联讯的该项违法行为,直接负责的主管人员为章锋、邢文飚、杨德广。同时,章锋作为海联讯控股股东、实际控制人,直接参与讨论并同意以股东垫资或向他人借款方式冲减应收账款,且在海联讯向中国证监会提交的相关IPO申请文件上签名,其行为已构成《证券法》第一百八十九条第二款所述“发行人的控股股东、实际控制人指使从事前款违法行为”的行为。

二、上市后披露的定期报告中相关财务数据存在虚假记载

海联讯在IPO申请获得中国证监会创业板发行审核委员会审核通过后,仍存在拆借资金冲减应收账款、伪造合同和验收报告虚增营业收入的行为。海联讯披露的定期报告中相关财务数据和财务指标存在虚假记载。具体情况为:

截至2011年12月31日,海联讯通过股东垫款和向他人借款合计冲减应收账款13,307万元,其中股东垫款2,817万元,向他人借款10,489万元。同时,海联讯2011年度虚构15份合同和相应的验收报告,虚增营业收入3,796万元。海联讯的上述行为,致使其披露的2011年年度报告中涉及应收账款、营业收入项目的财务数据和财务指标存在虚假记载。

截至2012年3月31日,海联讯通过股东垫款和向他人借款合计冲减应收账款10,817万元,其中股东垫款2,817万元,向他人借款8,000万元。海联讯的上述行为,致使其披露的2012年第一季度报告中涉及应收账款项目的财务数据和财务指标存在虚假记载。

截至2012年6月30日,海联讯通过股东垫款和向他人借款合计冲减应收账款11,784万元,其中股东垫款2,817万元,向他人借款8,967万元。海联讯的上述行为,致使其披露的2012年半年度报告中涉及应收账款项目的财务数据和财务指标存在虚假记载。

截至2012年9月30日,海联讯通过股东垫款和向他人借款合计冲减应收账款10,813万元,其中股东垫款2,817万元,向他人借款7,995万元。海联讯的上述行为,致使其披露的2012年第三季度报告中涉及应收账款项目的财务数据和财务指标存在虚假记载。

以上事实,有客户提供情况说明、海联讯财务凭证、海联讯明细账、银行单据、定期报告、董事会决议、监事会决议、定期报告书面确认意见、当事人提供说明材料和当事人询问笔录等证据证明,足以认定。

海联讯披露的2011年年度报告和2012年第一季度报告、半年度报告、第三季度报告虚假记载的行为,违反了《证券法》第六十三条有关“发行人、上市公司依法披露的信息,必须真实、准确、完整,不得有虚假记载、误导性陈述或者重大遗漏”的规定,构成《证券法》第一百九十三条所述“发行人、上市公司或者其他信息披露义务人未按照规定披露信息,或者披露的信息有虚假记载、误导性陈述或者重大遗漏”

的行为。对海联讯的该项违法行为，直接负责的主管人员为章锋、邢文飚、杨德广。

在本案查处过程中，海联讯和涉案人员能够积极配合调查。为减轻违法行为危害后果，海联讯追溯调整了相关财务数据，主要股东章锋、孔飙、邢文飚和杨德广主动出资设立专项补偿基金，补偿适格投资者因海联讯虚假陈述而遭受的投资损失。

章锋、邢文飚、杨德广三人作为海联讯前五大股东，分别担任海联讯董事长、总经理兼董事、财务总监兼董事会秘书职务，三人直接参与讨论并决定虚构收回应收账款事项或虚增营业收入事项，明确知悉海联讯报送和披露的文件相关财务数据存在虚假。章锋、邢文飚、杨德广三人的行为对海联讯骗取发行核准和虚假信息披露行为的发生起主要作用，三人应对海联讯此等严重扰乱证券市场秩序并损害投资者利益的行为承担主要责任，其违法情节严重。

根据当事人违法行为的事实、性质、情节与社会危害程度，依据《证券法》第二百三十三条、《证券市场禁入规定》第五条第一款、第七条第(一)项和第(四)项的规定，我会决定：认定章锋、邢文飚、杨德广为证券市场禁入者，自我会宣布决定之日起，8 年内不得从事证券业务或担任上市公司董事、监事、高级管理人员职务。

当事人如果对本决定不服，可在收到本决定书之日起 60 日内向中国证券监督管理委员会申请行政复议，也可在收到本决定书之日起 3 个月内直接向有管辖权的人民法院提起行政诉讼。复议和诉讼期间，上述决定不停止执行。

关于对刘俊奕、姚全实施市场禁入的决定

(〔2014〕17 号)

当事人：刘俊奕，男，1967 年 10 月出生，时任广西北生药业股份有限公司(以下简称北生药业)财务总监，住址：湖北省荆门市东宝区。

姚全，男，1967 年 10 月出生，时任北生药业副总经理、财务部经理，住址：四川省成都市武侯区。

依据 1999 年 7 月 1 日起施行的《中华人民共和国证券法》(以下简称原《证券法》)以及 2006 年 1 月 1 日起施行的《中华人民共和国证券法》(以下简称《证券法》)的有关规定，我会对北生药业虚假陈述行为进行了立案调查、审理，并依法向当事人告知了作出市场禁入的事实、理由、依据及当事人依法享有的权利，当事人姚全进行了陈述、申辩。本案现已调查、审理终结。

经查明，北生药业存在以下违法事实：

一、未披露大股东抽逃配股出资并占用上市公司资金事项

2004 年，北生药业实施配股。北生药业第一大股东广西北生集团有限责任公司(以下简称北生集团)的配股款为 8,921.75 万元。北生药业称，2004 年 9 月 29 日至 30 日，北生集团的配股款足额转入北生药业配股指定账户。

经查，2004 年 9 月 30 日，北生集团分别向北海市财政局、北海市住房资金管理中心借款 4,100 万元、2,500 万元。2004 年 9 月 29 日至 30 日，北生集团向北生药业支付配股款 89,215,672元。

2004 年 10 月 8 日，北生药业通过向关联方北海腾盛建筑工程有限责任公司(以下简称腾盛建筑)支付预付工程款和往来款的形式，实际向北生集团转移资金 6,500 万元，用于北生集团归还前述向北海市财政局和北海市住房资金管理中心的借款。

二、未披露关联方占用上市公司资金事项

经查,2007 年 9 月 6 日起,北生药业关联方北京华阳新康科技开发有限公司(以下简称华阳新康)占用北生药业资金 700 万元;2006 年 10 月 31 日起,北生药业关联方东阳中远经贸有限公司(以下简称中远经贸)占用北生药业资金 1,950 万元,后经账户调整,仍占用北生药业资金 15,722,674.45 元;2006 年 11 月 17 日后,北生药业关联方东阳市东孚经贸有限公司(以下简称东孚经贸)占用北生药业资金 1,500 万元,后经账户调整,仍占用北生药业资金 13,888,932.76元。对上述事实,北生药业未如实披露。

三、未披露关联方关系

为隐瞒与北生药业的关联关系,原北生药业董事长何玉良通过他人名义实际控制腾盛建筑、北京九洲济康医药有限责任公司(以下简称九洲济康)、北京盛世康健生物科技有限责任公司(以下简称盛世康健)、北海安泰生物技术有限公司(以下简称安泰生物)、广西北生集团海玉农业开发有限责任公司、东阳市川腾房地产开发有限公司、北京川腾投资集团有限公司、吉林华凯医药销售有限公司(以下简称吉林华凯)、四川万龙东顺药业有限公司(以下简称四川万龙)、广东龙京生物医药有限公司(以下简称广东龙京)、华阳新康、北海腾辉商贸有限公司、北海京顺贸易有限公司、北海永宏信息技术开发有限公司、北海宝洁医疗器械有限公司、北海赛诺奇生物工程有限公司、北海恒有源科技发展有限公司、广西腾云拍卖有限公司、北海市环发典当有限责任公司、北海天然药物工程技术中心、中远经贸、东孚经贸、北海百宏建筑工程公司、北海市东江实业开发公司等 24 家公司。2004 年、2005 年、2006 年、2007 年,北生药业未披露上述 24 家公司与北生药业的关联关系。

四、未披露对外担保事项

2004 年,北生药业控股子公司浙江北生药业汉生制药有限公司(以下简称汉生制药)分别为东孚经贸 900 万元贷款、中远经贸 500 万元贷款提供担保,担保金额占北生药业 2004 年末经审计净资产的 1.53%。对上述事实,北生药业既未以临时公告形式及时披露,也未在 2004 年年度报告中予以披露。

2005 年,北生药业分别为安泰生物 7,000 万元贷款、汉生制药 1,500 万元贷款提供担保;汉生制药分别为东孚经贸 1,950 万元贷款、中远经贸 1,500 万元贷款提供担保。上述担保金额合计占北生药业 2005 年末经审计净资产的 12.19%。对上述事实,北生药业既未以临时公告形式及时披露,也未在 2005 年年度报告中予以披露。

2006 年,汉生制药分别为中远经贸 1,000 万元贷款、东孚经贸 550 万元贷款提供担保,担保金额占北生药业 2006 年末经审计净资产的 2%。对上述事实,北生药业既未以临时公告形式及时披露,也未在 2006 年年度报告中予以披露。

五、未披露银行贷款事项

2004 年,北生药业隐瞒银行贷款 2.45 亿元;2005 年,北生药业隐瞒银行贷款 3.805 亿元;2006 年,北生药业隐瞒银行贷款 3.79 亿元;2007 年,北生药业隐瞒银行贷款并逾期金额 3.79 亿元。对上述事实,北生药业既未以临时公告形式及时披露,也未在相应年度报告中予以披露。

六、未披露重大诉讼、仲裁、逾期贷款事项

2005 年,北生药业未按规定披露诉讼 1 项,涉及金额 1,300 万元,占北生药业 2005 年末经审计净资产的 1.33%;未披露逾期银行贷款 1,295 万元,占北生药业 2005 年末经审计净资产的 1.32%。对上述事实,北生药业既未以临时公告形式及时披露,也未在 2005 年年度报告中予以披露。

2006 年,北生药业未按规定披露诉讼 9 项,涉及金额 40,495 万元;未按规定披露仲裁 1 项,涉及金额 1,300 万元,占北生药业 2006 年末经审计净资产的 1.72%;未按规定披露逾期贷款 25 笔,涉及本金 68,800 万元,占北生药业 2006 年末经审计净资产的 90.81%;未按规定披露 2006 年末逾期贷款余额 30,895 万元,占北生药业 2006 年末经审计净资产的 40.78%。对上述事实,北生药业既未以临时公告形式及

时披露,也未在2006年年度报告中予以披露。

2007年,北生药业未按规定披露诉讼及仲裁2项,涉及金额5,800万元,占北生药业2007年末经审计净资产的12.5%;未按规定披露逾期贷款4笔,涉及本金12,500万元;未按规定披露2007年末逾期贷款余额43,395万元。对上述事实,北生药业既未以临时公告形式及时披露,也未在2007年年度报告中予以披露。

七、虚假记载主营业务收入

2004年,北生药业通过向九洲济康、盛世康健、四川万龙、广东龙京、吉林华凯等五大经销商虚假发货的方式,虚增销售收入156,668,643.29元,占北生药业2004年年度报告披露主营业务收入金额的38.97%。

2005年,北生药业通过向九洲济康、盛世康健、四川万龙、广东龙京、吉林华凯等五大经销商虚假发货的方式,虚增销售收入188,277,557.00元,占北生药业2005年年度报告披露主营业务收入金额的46.69%。

2006年,北生药业通过向九洲济康、盛世康健、四川万龙、广东龙京、吉林华凯等五大经销商虚假发货的方式,虚增销售收入28,296,255.32元,占北生药业2006年年度报告披露主营业务收入金额的20.89%。

八、虚假记载在建工程

2004年,北生药业通过向关联方腾盛建筑支付预付工程款的方式,向关联方转移资金25,480万元,虚列在建工程25,480万元。

2005年,北生药业通过向关联方腾盛建筑支付在建工程预付款的方式,虚列在建工程165,227,399.29元。

2006年,北生药业通过伪造银行进账单,虚假支付腾盛建筑在建工程预付款4,548万元,虚列在建工程3,557.14万元。

上述违法事实,有相关公告、财务会计资料、工商登记资料、银行资料以及当事人询问笔录等证据证明,足以认定。

北生药业的上述行为违反了原《证券法》第五十九条、第六十一条第二项、第六十二条第二款第三项、第四项、第十项和《证券法》第六十三条、第六十六条第二项、第六十七条第二款第三项、第四项、第十项关于信息披露的规定,构成原《证券法》第一百七十七条和《证券法》第一百九十三条所述的信息披露违法行为。

对北生药业上述信息披露违法行为,时任北生药业董事长及实际控制人何玉良(已故)是直接负责的主管人员,时任北生药业财务总监刘俊奕、北生药业副总经理及财务经理姚全是其他直接责任人员。

姚全在其申辩材料中提出:其一,他已于2006年8月辞职,对北生药业2006年和2007年的信息披露内容不知情,是北生药业盗用其名义从事违法行为;其二,他作为一个中层干部,无发言权,没享受过高管待遇,也未行使高管权利,并且北生药业拖欠其工资且未补发。姚全请求给予减轻处罚。

我会认为,姚全提出的对2006年和2007年的信息披露不知情的申辩理由,经核实确实属实,依法予以采纳。但是,其提出自己不属于高管,拖欠工资未发从而请求减轻处罚的申辩理由我会认为没有法律依据。我会调查的事实表明,姚全先后担任北生药业财务部经理、副总经理等关键岗位职务,其在何玉良的指使下,直接参与、指挥北生药业财务造假,对北生药业未披露关联方关系、虚假记载主营业务收入、虚假记载在建工程等重大违法行为负有重要责任。因此,姚全应当对其在北生药业任职期间财务数据虚假及由此导致的信息披露违法行为承担相应的法律责任。

根据当事人违法行为的事实、性质、情节与社会危害程度,依据《证券法》第二百三十三条和《证券市场禁入规定》第五条第一款的规定,我会决定:

一、对刘俊奕采取10年市场禁入措施,自我会宣布决定之日起,在禁入期间内,不得从事证券业务或者担任上市公司董事、监事、高级管理人员职务;

二、对姚全采取5年市场禁入措施,自我会宣布决定之日起,在禁入期间内,不得从事证券业务或者担任上市公司董事、监事、高级管理人员职务。

鉴于责任人何玉良已于2008年4月死亡,我会不再对其采取市场禁入措施。

当事人如果对本处罚决定不服,可在收到本处罚决定书之日起60日内向中国证券监督管理委员会申请行政复议,也可在收到本处罚决定书之日起3个月内直接向有管辖权的人民法院提起行政诉讼。复议和诉讼期间,上述决定不停止执行。

关于对平安证券有限责任公司、韩长风、霍永涛实施市场禁入的决定

([2014]18号)

当事人:韩长风,男,1974年10月出生,深圳海联讯科技股份有限公司(以下简称海联讯)首次公开发行股票并在创业板上市(以下简称IPO)相关文件签字保荐代表人,住址:北京市海淀区恩济庄。

霍永涛,男,1975年12月出生,海联讯IPO相关文件签字保荐代表人,住址:河北省石家庄市裕华区槐北路。

依据《中华人民共和国证券法》(以下简称《证券法》)的有关规定,我会对平安证券违反证券法律法规行为进行了立案调查、审理,并依法向当事人告知了作出市场禁入的事实、理由、依据及当事人依法享有的权利。当事人韩长风、霍永涛要求申辩和举行听证。2014年11月14日,我会依法举行听证会,听取了韩长风的陈述、申辩。霍永涛无故缺席听证,自动放弃听证权利。听证后,我会对韩长风、霍永涛在听证会前提出的申辩意见以及韩长风听证时提出的申辩意见进行了复核。本案现已调查、审理终结。

经查明,平安证券存在以下违法事实:

一、平安证券出具的保荐书存在虚假记载

平安证券在推荐海联讯IPO过程中未勤勉尽责,未按规定对海联讯IPO申请文件进行审慎核查,从而未能发现海联讯虚构收回应收账款和虚增收入的事实,其所出具的保荐书存在虚假记载。具体事实如下:

(一)平安证券未关注并审慎核查海联讯会计期末收到销售款项期后不正常流出的情况,未能发现海联讯虚构收回应收账款的事实

为实现发行上市目的,解决公司应收账款余额过大的问题,海联讯采用由股东垫资或向他人借款方式,在会计期末冲抵应收账款,并在下一会计期初冲回。2009年12月31日,海联讯通过他人转入资金1,429万元冲减应收账款,后于2010年1月4日全额退款并转回应收账款;2010年9月和12月,海联讯通过股东垫资转入资金2,566万元冲减应收账款;2010年12月,海联讯通过他人转入资金8,754万元冲减应收账款,后于2011年1月4日将他人资金8,754万元全额退款并转回应收账款;2011年6月30日,海联讯通过他人转入资金8,890万元冲减应收账款,后于2011年7月1日全额退款并转回应收账款。截至2009年12月31日、2010年12月31日、2011年6月30日,海联讯分别虚构收回应收账款1,429万元、11,320万元、11,456万元。

平安证券在核查销售收入和应收账款时,未适当关注海联讯在会计期末突击收到的大量销售款项期后不正常流出的情况。在核查货币资金和现金流量时,只收集了海联讯各账户报告期最后1个月的银行对账单,而未整体关注报告期货币资金的期初余额、本期发生额和期末余额。对取得的报告期最后1个月的银行进账单,也未重点核查大额货币资金流入情况。

因未勤勉尽责,平安证券未能发现海联讯在会计期末虚构收回应收账款的事实,致使其所出具的保荐书中关于海联讯应收账款项目的财务数据和财务指标的陈述、海联讯最近三年财务会计文件无虚假记载的陈述、海联讯符合发行上市条件的结论意见存在虚假记载。

(二)平安证券未审慎核查海联讯销售情况,未能发现海联讯虚增营业收入的事实

2010年度，海联讯虚构4份合同，虚增营业收入1,426万元，其中包括虚构与当期第五大客户广东电网公司签订合同2份，金额分别为439万元、256万元；虚构与中国南方电网超高压输电公司签订合同1份，金额为356万元；虚构与湖南星电实业集团股份有限公司签订合同1份，金额为375万元。在上述虚构的4份合同中，有3份合同收入确认时间发生在“三年一期”期末的2010年9月28日。

2011年上半年，海联讯虚构6份合同，虚增营业收入1,335万元，其中虚构与当期前十大客户签订合同4份，即：虚构与当期第二大客户山西省电力公司签订合同1份，金额为288万元；虚构与当期第五大客户广东电网公司签订合同2份，金额分别为193万元、196万元；虚构与当期第六大客户河南省电力公司签订合同1份，金额为265万元。在上述虚构的6份合同中，有4份合同收入确认时间发生在“三年一期”期末的2011年6月29日、30日。

平安证券在核查销售情况时，虽已将海联讯各年度前十大客户拟定为访谈对象，但对其中的电力系统客户，其既未访谈，也未采取足够的替代核查手段以获取充分合理的尽职调查证据。对海联讯在会计期末大量集中确认销售收入的情况，未予特别关注并采取适当方法进行核查验证。在核查重大合同时，对海联讯2008年至2011年6月30日签署的47份金额在300万元以上的重大合同，仅收集了2010年度以前的22份，遗漏包括海联讯虚构的3份重大合同在内的20余份合同。对所收集的合同，平安证券也未获取核实合同真实性的充分证据。在公司内核会已发现海联讯2010年1-9月毛利率较往年有较大增长的情况下，平安证券仅重新查阅相关合同、验收报告等材料，而未采取其他核查手段以获取充分的尽职调查证据。

因未勤勉尽责，平安证券未能发现海联讯在相关会计期间虚增营业收入的事实，致使其所出具的保荐书中关于海联讯营业收入项目的财务数据和财务指标的陈述、海联讯最近三年财务会计文件无虚假记载的陈述、海联讯符合发行上市条件的结论意见存在虚假记载。

二、平安证券未审慎核查海联讯公开发行募集文件的真实性和准确性

2010年6月，平安证券与海联讯签订《关于深圳海联讯科技股份有限公司首次公开发行股票并上市工作的一揽子协议》，海联讯聘请平安证券担任其IPO的辅导机构、保荐机构和主承销商。2010年12月9日，平安证券与海联讯签订《首次公开发行股票并在创业板上市保荐协议》和《深圳海联讯科技股份有限公司首次公开发行人民币普通股之承销协议》。

因存在虚构收回应收账款和虚增收入的事实，海联讯刊登和披露的《招股意向书》、《招股说明书》等公开发行募集文件中涉及应收账款和营业收入项目的内容存在虚假记载。平安证券在尽职调查中，未审慎核查海联讯《招股说明书（申报稿）》等IPO申请文件的真实性、准确性，未能发现其中含有的虚假记载内容；平安证券在承销海联讯股票过程中，也未审慎核查海联讯刊登和披露的《招股意向书》、《招股说明书》等公开发行募集文件的真实性和准确性，未能发现其中含有的虚假记载内容。在未审慎核查的情况下，平安证券即在海联讯《招股意向书》和《招股说明书》中声明：“本公司已对招股意向书（招股说明书）进行了核查，确认不存在虚假记载、误导性陈述或重大遗漏，并对其真实性、准确性和完整性承担相应的法律责任”。

以上事实，有相关保荐书、保荐工作报告、保荐工作底稿、招股意向书、招股说明书、财务资料、平安证券内部文件、任职文件、当事人提供说明材料和当事人询问笔录等证据证明，足以认定。

平安证券出具的保荐书存在虚假记载的行为，违反了《证券法》第十一条第二款、第四十九条第二款的规定，构成《证券法》第一百九十二条所述“保荐人出具有虚假记载、误导性陈述或者重大遗漏的保荐书”的行为。平安证券未审慎核查海联讯公开发行募集文件的真实性和准确性的行为，违反了《证券法》第三十一条的规定，构成《证券法》第一百九十一条第（三）项所述“其他违反证券承销业务规定的行为”。对平安证券的违法行为，韩长风、霍永涛是直接负责的主管人员。

韩长风、霍永涛二人作为平安证券具体负责保荐工作的保荐代表人,在从事保荐业务过程中,未按规定完整核查海联讯货币资金的期初余额、本期发生额和期末余额,未适当关注并核查海联讯在会计期末收到大量应收账款并在期后第1个工作日大量退款的异常情况;未完整核查海联讯重大合同,未对海联讯向前十大客户销售情况获取充分合理的尽职调查证据。韩长风、霍永涛的上述未勤勉尽责行为,直接导致平安证券未能发现海联讯在IPO申请文件和公开发行募集文件中虚构收回应收账款和虚增收入的事实,已构成情节严重。

案发后,平安证券和相关人员能够配合调查,推动并协助海联讯主要股东设立专项补偿基金,补偿投资者因海联讯虚假陈述而遭受的投资损失。

韩长风、霍永涛二人在申辩中,在基本认可平安证券未发现海联讯虚构收回应收账款和虚增营业收入事实的基础上,提出以下申辩意见:

其一,海联讯方面当时故意隐瞒事实,向平安证券提供了与真实文件并无明显差异的虚构合同、验收报告等书面文件。相关虚构合同具备合理的交易背景和成本核算,具有极大的隐蔽性。保荐代表人已勤勉尽责,但仍无法通过正常的核查手段发现海联讯故意造假行为。

其二,本案违法主体是平安证券,韩长风、霍永涛二人系代表平安证券执行海联讯项目核查工作,二人的责任认定应与平安证券保持一致。证监会并未认定平安证券行为构成"情节严重",也不应认定二人行为构成"情节严重"。

其三,韩长风、霍永涛二人主动配合证监会的调查取证工作,提议并推动海联讯主要股东设立专项补偿基金赔偿投资者,促使海联讯主要股东承诺补偿无法收回的应收账款,积极消除海联讯违法行为的危害后果。

霍永涛还提出,平安证券违法行为主要发生在财务核查方面,他本人并不负责海联讯财务部分的核查工作;其系根据平安证券安排从事保荐工作,职级较低,不是项目主管人员,不应将其认定为直接负责的主管人员。

综合上述申辩理由,韩长风、霍永涛二人请求我会对其免予采取证券市场禁入措施。

我会认为,韩长风、霍永涛二人的辩解理由不能成立:

其一,发行上市保荐是以保荐机构和保荐代表人独立、客观、公正、审慎的尽职调查,来核实发行人申请文件和信息披露资料的真实性、准确性和完整性。本案中海联讯的造假手段并不复杂,当事人只要能按相关业务准则进行核查,并不难发现海联讯造假的线索。但是韩长风、霍永涛二人在履职过程中未按照相关业务规则进行核查,或者遗漏应当核查的事项,或者核查工作不彻底、不充分。韩长风、霍永涛二人所谓保荐代表人无法通过正常核查手段发现海联讯造假的申辩理由不能成立。

其二,同一违法案件中,不同主体是否构成"情节严重",应当以各主体在整个违法行为中所处的地位、发挥的作用等因素进行综合判断。本案中,平安证券在内核阶段已提出海联讯应收账款余额较大、海联讯2010年1-9月毛利率较往年有较大增长等问题,要求以保荐代表人作为最重要成员的项目组进行核查和说明,但保荐代表人等此后并未进行审慎核查,再一次错失可能发现海联讯造假的机会。本案的发生虽与平安证券内部控制和风险管理不当等因素有关,但更多的是源于保荐代表人未勤勉审慎履行核查职责。正是由于韩长风、霍永涛等明显不勤勉尽责的行为,才导致平安证券未能发现海联讯在IPO申请文件和公开发行募集文件中虚构收回应收账款和虚增收入的事实。我会据此将保荐代表人行为认定为"情节严重"并作出处理,并无不妥。

其三,对平安证券、韩长风、霍永涛等配合调查和推动海联讯主要股东赔偿投资者等情节,我会在作出处理决定前已予充分考虑,韩长风、霍永涛二人提出的进一步减轻处理的请求没有法律依据。

其四,保荐代表人是保荐机构中具体负责保荐工作的人员,应当对保荐工作整体承担责任。根据规定,保荐代表人负有保证保荐文件和证券发行募集文件真实、准确、完整的法定义务,其必须在全面尽职调查并获取充分合理证据的基础上,方能推荐发行人股票发行上市。保荐代表人不得以任何借口和理由免除其法定责任。本案中,霍永涛作为具备胜任能力的专业人士,熟悉股票发行、承销、上市相关规则,其在未充分核查验证以确信相关文件不存在虚假记载的情况下,即以保荐代表人身份在相关保荐文件和证券发行募集文件上签名，该行为已足以表明其未勤勉尽责，必须承担相应的法律后果。霍永涛所谓其个人不负责海联讯财务部分核查、系根据平安证券安排等从事保荐、职级较低等申辩理由，不影响我会对其责任的认定。

根据当事人违法行为的事实、性质、情节与社会危害程度，依据《证券法》第二百三十三条和《证券市场禁入规定》第五条第一款、第七条第(一)项和第(四)项的规定，我会决定：

认定韩长风、霍永涛为证券市场禁入者，自我会宣布决定之日起，5年内不得从事证券业务或者担任上市公司董事、监事、高级管理人员职务。

当事人如果对本决定不服，可在收到本决定书之日起60日内向中国证券监督管理委员会申请行政复议，也可在收到本决定书之日起3个月内直接向有管辖权的人民法院提起行政诉讼。复议和诉讼期间，上述决定不停止执行。

七、行政复议与行政诉讼

(一)2014年行政复议与行政诉讼工作综述

一、行政复议和行政应诉的基本情况

2014年，中国证监会新收行政复议申请108件，案件类型更加多元，内容涉及面更加广泛，争议焦点涉及法律理解与适用、事实认定、程序合法性、证据充分性等多方面。新发生行政应诉案件47起，其中，以会机关为被告38起，以派出机构为被告9起。新发生申请国务院裁决案件6件，目前中国证监会已提交答辩状，国务院法制办正在审理中。

二、行政复议与行政应诉工作的主要特点

2014年，中国证监会行政复议和行政应诉工作主要呈现以下特点：一是行政复议和行政诉讼案件数量有所增加。二是行政复议和行政诉讼案件类型更加多元，覆盖行政处罚、市场禁入、日常监管、行政许可、信息公开、举报投诉、信访等监管执法各环节。其中，首次发生一起非案件当事人因不服中国证监会未对某上市公司进行行政处罚而提起诉讼的案件，法院已以原告与中国证监会行政处罚行为不具有法律上的利害关系为由裁定驳回起诉。三是公民就同一事项综合运用各种救济途径重复反映诉求的现象比较突出。

三、行政复议工作的主要成效

2014以来，在落实监管转型、加强监管执法的大背景下，中国证监会充分发挥复议诉讼工作覆盖监管执法各环节的优势，在化解争议、监督规范执法等方面，取得一定成效。

一是强化与申请人的沟通机制，努力化解争议。中国证监会始终秉持“以人为本，复议为民”的工作原则，在行政复议各环节强化与申请人的沟通，坚持案前、案中、案后的全程沟通方式，积极引导申请人通过合理方式表达诉求，将申请人的误解、疑惑、困难当成平息复议争议的重点去解决，通过与申请人反复沟通，理清事实，释明法律，阐述政策，努力化解争议，做到案结事了。

二是发挥复议监督的纠错功能，规范监管执法。中国证监会依法办理复议案件，纠正违法行为。对于事实不清、证据不足的，复议依法决定撤销；对于怠于履责的，复议依法确认行政不作为。同时，落实行政复议意见书制度，对个案中反映出来的执法问题提出规范意见，帮助执法人员准确把握监管执法的司法和复议审查要求，提示监管执法中存在的不足，增强执法行为的规范性。

三是通过行政复议推动相关监管制度的完

善,提出进一步完善有关制度规定的建议。如结合复议工作,厘清信访和举报两种不同的工作机制,修改完善中国证监会《信访工作规则》,明确信访与举报的分工定位。

(二)2014年行政复议决定书

关于邹慧楠不服信息公开的行政复议决定书

(〔2014〕1号)

申请人:邹慧楠

被申请人:中国证券监督管理委员会

申请人不服中国证券监督管理委员会(以下简称本会)《监管信息告知书》(证监信息公开〔2013〕17号,以下简称《告知书》),向本会提出行政复议申请。本会受理后,依法对本案进行了审查,现已审查终结。

申请人向本会申请公开天津市天海集团有限公司(以下简称天海集团)转让所持天津市海运股份有限公司(以下简称天海股份)29.98%国有控股股权后,天海股份(含流通股和非流通股)实际控制人的变换情况。本会于2013年7月22日作出《告知书》,答复如下:按照《中华人民共和国政府信息公开条例》(以下简称《信息公开条例》)第二条和第二十一条第三项的规定,申请人申请公开的信息不属于本会的监管信息。根据《公司法》、《证券法》的规定,相关信息属于上市公司应当披露的信息,可在上市公司2013年4月发布的《海口美兰国际机场有限责任公司实际控制人的说明公告》、《大新华物流控股(集团)有限公司关于实际控制人相关情况的说明公告》等有关信息披露文件中查询。

申请人请求确认本会作出的《告知书》违法,请求确认本会未对天海股份变更实际控制人履行信息披露监管职责,并请求赔偿申请人国有企业职工身份置换经济补偿金及社会保险等经济损失和精神伤害。主要理由为:一是自2007年6月18日天海集团与大新华物流控股有限公司(以下简称大新华物流)签订《国有股份转让协议》至本会作出监管措施决定期间,本会未对上市公司披露错误的实际控制人信息进行查处和纠正;二是申请人所需的信息系本会履行监管职责作出《行政监管措施决定书》应当制作和持有的信息。

经审查查明,申请人于2013年6月15日向本会申请公开天海集团转让所持天海股份29.98%股权后,天海股份(含流通股和非流通股)实际控制人及至今的实际控制人变换情况。本会于2013年7月22日作出《告知书》,告知申请人上述信息不属于本会监管信息,相关信息上市公司已依法披露,并告知申请人获取信息的具体途径和方式。

本会认为,根据相关法律规定,上市公司实际控制人的变化情况等信息由上市公司负责对外及时披露,相关信息一般不属于信息公开条例所称的行政机关制作或获取的政府信息。经审查,天海集团转让所持天海股份的股权后,天海股份按照规定分别在详式权益变动书、控股股东变更公告及相关定期报告中披露了相关信息。同时,天海股份于2013年4月10日发布的实际控制人说明公告中对实际控制人的确认情况及其法律依据作出说明。申请人在申请公开实际控制人及其变化情况和相关法律依据等信息之前,天海股份已对外披露了相关信息,申请人可以通过公开的材料获悉其申请的信息。因此,本会《监管信息告知书》(证监信息公开〔2013〕17号)内容和程序合法适当,申请人关于确认《告知书》违法的主张不成立。

根据《中华人民共和国行政复议法》第二条、第六条的规定和《中华人民共和国行政复议法实施条例》第二十八条的规定，公民、法人或者其他组织认为具体行政行为侵犯其合法权益的，可以申请行政复议，同时，复议申请人须与具体行政行为有利害关系。本会认为，申请人与本会未对天海股份变更实际控制人的信息披露履行监管职责的行为之间不具有利害关系，申请人关于确认本会不作为的复议请求不符合行政复议受理条件。而且，本会在发现天海股份错误披露实际控制人信息后，依法采取了监管措施，履行了监管职责。因此，关于本会行政不作为的主张事实上也不成立。

另外，申请人关于本会赔偿其国有企业职工身份置换经济补偿金及社会保险等经济损失和精神伤害的请求，与本会监管职责没有因果关系，不属于《国家赔偿法》规定的赔偿范围。

综上，根据《中华人民共和国行政复议法》第二十八条第（一）项、《中华人民共和国行政复议法实施条例》第四十八条第（二）项和《中华人民共和国国家赔偿法》第四条的规定，本会决定：维持本会《监管信息告知书》（证监信息公开〔2013〕17 号），驳回申请人的其他请求。

申请人如不服本复议决定，可在收到本复议决定书之日起 15 日内向有管辖权的人民法院提起诉讼或向国务院申请裁决。

关于谢晓蓉不服信息公开的行政复议决定书

（〔2014〕3 号）

申请人：谢晓蓉

被申请人：中国证券监督管理委员会

申请人不服中国证券监督管理委员会（以下简称本会）《监管信息告知书》（证监信息公开〔2013〕38 号），向本会提出行政复议申请。本会受理后，依法对本案进行了审查，现已审查终结。

2013 年 11 月 21 日，本会作出《监管信息告知书》，针对申请人向本会要求公开对其信访复查申请作出不再受理答复的直接主管人员和直接工作人员的姓名及职务的信息公开申请，答复申请人申请公开的信息不属于本会信息公开范围。

申请人请求撤销《监管信息告知书》，要求公开其申请公开的上述信息。申请理由为：申请人申请公开的信息与履职行为有关，属于《政府信息公开条例》（以下简称《条例》）第二条规定的政府信息；《监管信息告知书》认定工作人员的姓名及职务为内部管理信息，缺乏法律依据；不予公开其申请的政府信息，是有意包庇相关人员的违法行为；《监管信息告知书》未告知救济途径，属于程序违法。

经审查，本会认为，根据《条例》第二条，政府信息是指“行政机关在履行职责过程中制作或者获取的，以一定形式保存的信息”，即《条例》中规定的政府信息与行政机关履行职责相关。而本会工作人员的姓名及职务属内部人事管理范畴，并非本会履行监管职责过程中制作或获取。根据《国务院办公厅关于做好政府信息依申请公开工作的意见》（国办发〔2010〕5 号）规定，即使是行政机关在日常工作中制作或获取的信息，如果属于内部管理信息也一般不属于《条例》所指应公开的政府信息。因此，申请人申请公开的信息不属于《条例》规定应公开的政府信息。并且，《条例》未规定信息公开告知书须列明救济途径，因此，本会《监管信息告知书》不存在申请人所述程序违法情形。申请人其他理由无证据支持，且与复议请求无关。

综上，本会作出的《监管信息告知书》适用依据正确，程序合法，内容适当，申请人的请求不能成立。

根据《行政复议法》第二十八条第一款第一项的规定，本会决定：维持《监管信息告知书》（证监信息公开〔2013〕38 号）。

申请人如不服本复议决定，可在收到本复

议决定书之日起15日内向有管辖权的人民法院提起诉讼或向国务院申请裁决。

关于张庆瑞不服行政处罚行政复议案

(〔2014〕4号)

申请人:张庆瑞

被申请人:中国证券监督管理委员会

申请人不服中国证券监督管理委员会(以下简称本会)《行政处罚决定书》〔2013〕41号对其作出的行政处罚决定,向本会提出行政复议申请。本会受理后,依法对本案进行了审查,现已审查终结。

本会《行政处罚决定书》〔2013〕41号认定,张庆瑞在内幕信息公开前与内幕信息知情人仇某联络,在价格敏感期内买入北人印刷机械股份有限公司(以下简称ST北人)股票53.8289万股,交易金额达270.96万元,该交易活动与内幕信息高度吻合,且交易风格同以往相比有较大差异,构成《证券法》第二百零二条规定的内幕交易行为。决定没收张庆瑞违法所得542,712.12元,并处以542,712.12元罚款。

申请人认为《行政处罚决定书》〔2013〕41号认定事实不清、证据不足,请求予以撤销。主要理由包括:1.申请人与内幕信息知情人仇某在内幕信息敏感期内的通话不涉及ST北人重组的内幕信息。决定书无证据证明其通话内容涉及内幕信息,认定其构成内幕交易缺乏完整的证据链。2.决定书认定申请人违法的逻辑存在疑问。申请人购买ST北人股票的资金只是其自有资金一小部分,如果知悉内幕信息,在长达一周时间内完全有能力筹集资金买入更多;若知悉内幕信息会告诉持有股票账户的亲属去购买获利。但其实际未从事上述行为。3.决定书未充分考虑申请人买入ST北人股票的原因。申请人买入ST北人股票是因长期关注ST北人,且认为ST北人代表北京国资委的形象,相关领导考察ST北人的实际控股人旗下公司是其具备重组条件的先兆。4.决定书认定申请人"交易风格较以往有较大差异"与事实不符。申请人之前也有"全仓买入"国恒铁路、云南城投两支股票,不存在交易风格变化的问题。申请人提交了"股吧"信息、大盘走势图等网页材料证明上述主张。

经审查查明:2012年4月7日(周六),ST北人公告因筹划重大事项公司股票于4月9日停牌。此"重大事项"为重大资产重组,在公开前属于内幕信息,该内幕信息形成时间不晚于2012年3月29日下午。申请人与内幕信息知情人仇某在2012年2月至3月多次电话联系,其中,3月28日通话两次,3月29日晚上通话1次,之后双方再无电话联系。2012年4月6日,将账户中资金全部买入ST北人股票。

本会认为:根据申请人交易记录,2009年至2012年4月5日,申请人证券账户单日买入数量最多为6万股,单日交易额最多为24.93万元,且在买入时同时持有其他股票。而2012年4月6日当日,申请人将持有的其他股票全部卖出,累计买入ST北人股票53.8289万股,交易金额达270.96万元,与以往相比交易风格差异较大。申请人提出长期关注ST北人,其代表了北京国资委的形象等理由,无法解释其交易异常的原因。申请人提出之前一周没有交易,是因3月31日、4月1日至4日为周末和清明节休市,其无法进行交易、无法向资金账户转账。申请人提出的其他理由,与本案没有直接关系。本会认为,本案的通话记录、谈话笔录、交易数据等证据材料,能够形成完整的证据链条,足以认定申请人构成内幕交易。

综上,申请人在内幕信息敏感期内与内幕信息知情人联络,买入时间和其与内幕信息知情人联系时间基本一致,且买入行为明显与平时交易习惯不同。对此,申请人提出的理由和证据,不能作出合理说明。本会《行政处罚决定书》〔2013〕41 号认定事实清楚，证据充分，适用依据正确，程序合法，内容适当。

根据《中华人民共和国行政复议法》第二十八条第一款第一项的规定，本会决定：维持本会《行政处罚决定书》〔2013〕41 号对申请人作出的行政处罚。

申请人如不服本复议决定，可在收到本复议决定书之日起 15 日内向有管辖权的人民法院提起诉讼或向国务院申请裁决。

关于王海滨不服行政处罚的行政复议决定书

（〔2014〕5 号）

申请人：王海滨

被申请人：中国证券监督管理委员会

申请人不服中国证券监督管理委员会（以下简称本会）《行政处罚决定书》〔2013〕54 号对其作出的行政处罚决定，向本会提出行政复议申请。本会受理后，依法对本案进行了审查，现已审查终结。

本会《行政处罚决定书》〔2013〕54 号认定，大华会计师事务所（以下简称大华所）及申请人在为广东新大地生物科技股份有限公司（以下简称新大地）的首次公开发行（IPO）提供审计鉴证服务过程中，未对该公司 2009 年、2011 年月度间毛利率异常波动做出审计结论，未发现、查验 2011 年 12 月销售现金回款占比过高的异常情形，未能勤勉尽责；制作虚假访谈笔录，出具的审计报告、核查意见等文件存在虚假记载。据此，本会依据《证券法》第二百二十三条的规定，对申请人给予警告，并处 10 万元的罚款。

申请人请求撤销本会对其作出的行政处罚决定。主要理由包括：1. 大华所工作底稿所显示的新大地公司 2009 年主营业务毛利率巨幅波动系审计人员对数据源复制粘贴错误所致，新大地公司 2009 年 3 月份实际毛利率是 25.12% 而不是 -104.24%，11 月份实际毛利率是 15.06% 而不是 90.44%，2009 年月度间毛利率并未出现巨幅波动。2. 新大地 2009 年、2011 年月份综合毛利率出现一些波动，系由于其农业企业生产和销售季节性特点较强的原因，年度之间并未出现重大异常，大华所在报告期内对于现金销售、毛利率波动等风险一直充分关注并实施了审计程序，新大地的会计责任不能扩大为注册会计师的审计责任。3. 申请人对于梅州绿康虚假访谈事项不知情不掌握，且 2010 年新大地向梅州绿康虚假销售 34.48 万元，仅占当年主营业务收入的 0.39%，按照审计计划中确定的重要性水平，并不构成重大影响。4. 本会作出的处罚与其他案件及本案其他中介人员相比，处罚过重，显失公平。

经审查查明，大华所审计工作底稿显示，新大地 2009 年 3 月、11 月毛利率巨幅波动（3 月份为 -104.24%，11 月份为 90.44%），对此，大华所未做出审计结论。在新大地 2011 年 12 月毛利率高于年平均水平 33% 情况下，大华所得出全年毛利率无异常波动的结论；2011 年 12 月现金销售回款占当月销售回款的 43%，大华所未发现此异常情形，也未对上述两项异常进一步查验。大华所在 2011 年 10 月 21 日未实际走访梅州绿康的情况下制作虚假访谈笔录，并在关于新大地的举报核查意见中称其与其他中介机构对梅州绿康进行了实地访谈，梅州绿康向新大地采购茶油情况与新大地 2010 年度茶油销售情况一致。但事实是，2010 年新大地向梅州绿康虚假销售 34.48 万元，大华所并未发现。申请人为本次审计的项目负责人。

关于申请人提出新大地 2009 年主营业务毛利率巨幅波动系审计人员对数据源复制粘贴错误所致的问题，本会认为，申请人提交的相关书证为复印件，未标注来源，无法核实其真实性，且缺乏其他相关证据的印证与支持，本会不予采信。同时,审计工作底稿是审计报告的基础,申请人未依照《中国注册会计师审计准则(2006年)第1313号——分析程序》对工作底稿记载的巨幅波动做出审计结论,也未对异常波动的原因进行分析。工作底稿错误并不构成会计师违反审计准则的免责事由。

关于申请人提出新大地主营业务毛利率波动系由于其生产和销售季节性特点较强的原因,本会认为,新大地产品的市场价格与原材料的市场价格具有较强的联动性,毛利率可以保持不出现较大的波动。2009年3月、11月毛利率巨幅波动,2011年12月毛利率明显高于年平均水平且当月销售现金回款过高,大华所未对上述异常保持应有的职业审慎。

关于申请人提出对虚假访谈事项不知情不掌握的问题。本会认为,本会在反馈意见中明确要求大华所对梅州绿康与新大地之间销售情况及关联关系进行核查并发表意见,但大华所在未实际走访的情况下,制作虚假访谈笔录。申请人作为项目负责人,应当按照法律法规、职业道德规范和审计准则的规定指导、监督与执行审计业务,不能以其不知情、不掌握作为免责事由。

关于申请人提出新大地向梅州绿康虚假销售34.48万元不构成重大影响的问题,本会认为,虽然新大地对梅州绿康2010年实现主营业务收入绝对数额不大,但新大地的客户数量多单个客户销售金额小,梅州绿康是新大地2010年年末应收账款余额第9大客户,2009年年末应收账款余额第2大客户,大华所理应对其保持更高的职业审慎。大华所对该事项制作虚假访谈笔录,不仅未履行勤勉尽责义务,也违背了基本的职业道德,性质恶劣,不能因为数额较小免除其责任。

此外,我会对申请人的处罚,已综合考虑其违法行为的事实、性质、情节与社会危害程度等各种因素,不存在显失公平的情形。

综上,本会《行政处罚决定书》〔2013〕54号认定事实清楚,证据充分,适用依据正确,程序合法,内容适当。申请人提出的复议理由不能成立。

根据《中华人民共和国行政复议法》第二十八条第一款第一项的规定,本会决定:维持本会《行政处罚决定书》〔2013〕54号。

申请人如不服本复议决定,可在收到本复议决定书之日起15日内向有管辖权的人民法院提起诉讼或向国务院申请裁决。

关于王海滨不服市场禁入的行政复议决定书

(〔2014〕6号)

申请人:王海滨

被申请人:中国证券监督管理委员会

申请人不服中国证券监督管理委员会(以下简称本会)《市场禁入决定书》〔2013〕17号对其作出的市场禁入决定,向本会提出行政复议申请。本会受理后,依法对本案进行了审查,现已审查终结。

本会《市场禁入决定书》〔2013〕17号认定,大华会计师事务所(以下简称大华所)及申请人在为广东新大地生物科技股份有限公司(以下简称新大地)的首次公开发行(IPO)提供审计鉴证服务过程中,未对该公司2009年、2011年月度间毛利率异常波动做出审计结论,未发现、查验2011年12月销售现金回款占比过高的异常情形,未能勤勉尽责;制作虚假访谈笔录,出具的审计报告、核查意见等文件存在虚假记载。据此,本会依据《证券法》第二百三十三条和《证券市场禁入规定》第五条的规定,认定申请人为市场禁入者,7年内不得从事证券业务或担任上市公司董事、监事、高级管理人员职务。

申请人请求撤销本会对其作出的市场禁入

决定。主要理由包括:1. 大华所工作底稿所显示的新大地公司2009年主营业务毛利率巨幅波动系审计人员对数据源复制粘贴错误所致,新大地公司2009年3月份实际毛利率是25.12%而不是-104.24%,11月份实际毛利率是15.06%而不是90.44%,2009年月度间毛利率并未出现巨幅波动。2. 新大地2009年、2011年月份综合毛利率出现一些波动,系由于其农业企业生产和销售季节性特点较强的原因,年度之间并未出现重大异常,大华所在报告期内对于现金销售、毛利率波动等风险一直充分关注并实施了审计程序,新大地的会计责任不能扩大为注册会计师的审计责任。3. 申请人对于梅州绿康虚假访谈事项不知情不掌握,且2010年新大地向梅州绿康虚假销售34.48万元,仅占当年主营业务收入的0.39%,按照审计计划中确定的重要性水平,并不构成重大影响。4. 对其作出的市场禁入措施与其他案件及本案其他中介人员相比,处罚过重,显失公平。

经审查查明,大华所审计工作底稿显示,新大地2009年3月、11月毛利率巨幅波动(3月份为-104.24%,11月份为90.44%),对此,大华所未做出审计结论。在新大地2011年12月毛利率高于年平均水平33%情况下,大华所得出全年毛利率无异常波动的结论;2011年12月现金销售回款占当月销售回款的43%,大华所未发现此异常情形,也未对上述两项异常进一步查验。大华所在2011年10月21日未实际走访梅州绿康的情况下制作虚假访谈笔录,并在关于新大地的举报核查意见中称其与其他中介机构对梅州绿康进行了实地访谈,梅州绿康向新大地采购茶油情况与新大地2010年度茶油销售情况一致。但事实是,2010年新大地向梅州绿康虚假销售34.48万元,大华所并未发现。申请人为本次审计的项目负责人。

关于申请人提出新大地2009年主营业务毛利率巨幅波动系审计人员对数据源复制粘贴错误所致的问题,本会认为,申请人提交的相关书证为复印件,未标注来源,无法核实其真实性,且缺乏其他相关证据的印证与支持,本会不予采信。同时,审计工作底稿是审计报告的基础,申请人未依照《中国注册会计师审计准则(2006年)第1313号——分析程序》对工作底稿记载的巨幅波动做出审计结论,也未对异常波动的原因进行分析。工作底稿错误并不构成会计师违反审计准则的免责事由。

关于申请人提出新大地主营业务毛利率波动系由于其生产和销售季节性特点较强的原因,本会认为,新大地产品的市场价格与原材料的市场价格具有较强的联动性,毛利率可以保持不出现较大的波动。2009年3月、11月毛利率巨幅波动,2011年12月毛利率明显高于年平均水平且当月销售现金回款过高,大华所未对上述异常保持应有的职业审慎。

关于申请人提出对虚假访谈事项不知情不掌握的问题。本会认为,本会在反馈意见中明确要求大华所对梅州绿康与新大地之间销售情况及关联关系进行核查并发表意见,但大华所在未实际走访的情况下,制作虚假访谈笔录。申请人作为项目负责人,应当按照法律法规、职业道德规范和审计准则的规定指导、监督与执行审计业务,不能以其不知情、不掌握作为免责事由。

关于申请人提出新大地向梅州绿康虚假销售34.48万元不构成重大影响的问题,本会认为,虽然新大地对梅州绿康2010年实现主营业务收入绝对数额不大,但新大地的客户数量多、单个客户销售金额小,梅州绿康是新大地2010年年末应收账款余额第9大客户,2009年年末应收账款余额第2大客户,大华所理应对其保持更高的职业审慎。大华所对该事项制作虚假访谈笔录,不仅未履行勤勉尽责义务,也违背了基本的职业道德,性质恶劣,不能因为数额较小免除其责任。

此外,我会对申请人作出的市场禁入决定,已综合考虑其违法行为的事实、性质、情节与社会危害程度等各种因素,不存在显失公平的情形。

综上,本会《市场禁入决定书》〔2013〕17号认定事实清楚,证据充分,适用依据正确,程序合法,内容适当。申请人提出的复议理由不能成立。

根据《中华人民共和国行政复议法》第二十八条第一款第一项的规定,本会决定:维持《市场禁入决定书》〔2013〕17号。

申请人如不服本复议决定,可在收到本复议决定书之日起15日内向有管辖权的人民法院提起诉讼或向国务院申请裁决。

关于天能科技不服行政处罚的行政复议决定书

(〔2014〕7 号)

申请人:山西天能科技股份有限公司(以下简称天能科技),法定代表人秦海滨

被申请人:中国证券监督管理委员会

申请人不服中国证券监督管理委员会(以下简称本会)《行政处罚决定书》〔2013〕43 号对其作出的行政处罚决定,向本会提出行政复议申请。本会受理后,依法对本案进行了审查,现已审查终结。

本会《行政处罚决定书》〔2013〕43 号认定,天能科技在 2012 年 1 月 20 日的《天能科技首次公开发行股票招股说明书(申报稿)》(以下简称天能科技招股说明书)中存在虚增 2011 年 1 -9 月营业收入和利润的事实,虚增收入 85,641,025.64 元,虚增成本 47,489,057.48 元,虚增当期利润 38,151,968.16 元,占当期利润总额 53.18%。天能科技在应县道路亮化、金沙植物园太阳能照明、和谐小区太阳能照明三个工程项目的财务账目中有虚假记载。天能科技上述行为违反了《证券法》第二十条、第六十三条规定。依据《证券法》第一百九十三条,本会决定对天能科技给予警告,并处以 60 万元罚款。

申请人认为,本会《行政处罚决定书》〔2013〕43 号处罚过重,请求减轻、免除处罚。主要理由是:1. 申请人认为自身具备上市实力,在发行过程中由于欠缺经验而出现严重工作失误,但并非故意。虽然财务报表出现错误,但三个项目及收益真实存在,并非捏造。2. 申请人认为根据其过错程度,比较类似案件的处罚,对其处罚措施明显过重。申请人在上市前主动撤回了申报材料,未造成任何后果,属于情节轻微。

经审查查明:天能科技应县道路亮化工程等三个项目确属真实存在,但截至 2011 年 9 月,三个项目都未达到收入确认条件。天能科技通过伪造《工程结算书》、制造虚假的资金流虚构销售回款等方式违法确认收入,致使虚增利润达当期利润总额 53.18%。天能科技在首次公开发行股票并上市申报过程中向本会报送虚假材料的行为被媒体曝光后,在社会舆论的压力之下,天能科技才撤回了材料。

本会认为:

(一)本会未否认天能科技应县道路亮化工程等三个项目存在的真实性,但天能科技通过伪造《工程结算书》、制造虚假的资金流虚构销售回款等方式违法确认收入的行为属于财务造假。天能科技上述违法行为非因欠缺经验导致的工作失误,而是基于主观故意产生的。

(二)天能科技撤回材料是在财务造假行为已被媒体曝光、在社会舆论压力之下被迫而为,不属于《行政处罚法》第二十七条规定的“主动消除或者减轻违法行为危害后果”的情形。

(三)天能科技在申请首次公开发行股票并上市过程中报送了虚假材料,存在明显的主观故意。本会对天能科技的行政处罚,是按照天能科技财务造假的事实、性质、情节等因素综合考虑后作出的,符合《证券法》、《行政处罚法》。

综上,本会《行政处罚决定书》〔2013〕43 号认定事实清楚,证据充分,适用依据正确,程序合法,内容适当。

根据《中华人民共和国行政复议法》第二十八条第一款第一项的规定,本会决定:维持本会《行政处罚决定书》〔2013〕43 号对申请人作出的行政处罚。

申请人如不服本复议决定,可在收到本复议决定书之日起 15 日内向有管辖权的人民法院提起诉讼或向国务院申请裁决。

关于秦海滨不服行政处罚的行政复议决定书

（〔2014〕8号）

申请人：秦海滨，时任山西天能科技股份有限公司（以下简称天能科技）董事长

被申请人：中国证券监督管理委员会

申请人不服中国证券监督管理委员会（以下简称本会）《行政处罚决定书》〔2013〕43号对其作出的行政处罚决定，向本会提出行政复议申请。本会受理后，依法对本案进行了审查，现已审查终结。

本会《行政处罚决定书》〔2013〕43号认定，天能科技在2012年1月20日的《天能科技首次公开发行股票招股说明书（申报稿）》（以下简称天能科技招股说明书）中存在虚增2011年1-9月营业收入和利润的事实，虚增收入85,641,025.64元，虚增成本47,489,057.48元，虚增当期利润38,151,968.16元，占当期利润总额53.18%。天能科技在应县道路亮化、金沙植物园太阳能照明、和谐小区太阳能照明三个工程项目的财务账目中有虚假记载。在天能科技上述违法行为中，秦海滨作为天能科技的董事长和实际控制人，在公司申请发行上市过程中实施了部分造假行为，属于直接负责的主管人员。依据《证券法》第一百九十三条，本会决定对秦海滨给予警告，并处以30万元罚款。

申请人认为，其行为情节应属轻微，本会《行政处罚决定书》〔2013〕43号处罚过重，请求减轻、免除处罚。主要理由是：1.虽然天能科技财务报表发生错误，但应县道路亮化工程等三个项目及收益真实存在，并非捏造，且申请人第一次参与公司上市发行工作，由于欠缺经验而出现严重工作失误，但并非故意。2.申请人认为根据其过错程度，比较类似案件的处罚，对其处罚明显过重。天能科技在上市前主动撤回了申报材料，未造成任何后果，属于情节轻微，应当减轻或免除处罚。

经审查查明：天能科技应县道路亮化工程等三个项目确属真实存在，但截至2011年9月，三个项目都未达到收入确认条件，天能科技通过伪造《工程结算书》、制造虚假的资金流虚构销售回款等方式违法确认收入，致使虚增利润达当期利润总额53.18%。天能科技在首次公开发行股票并上市申报过程中向本会报送虚假材料的行为被媒体曝光后，在社会舆论的压力之下，天能科技才撤回了材料。在本会立案调查后天能科技相关人员还拒绝、阻碍本会调查工作。申请人作为天能科技董事长，是天能科技招股说明书的签字人。

本会认为：

（一）天能科技上述违法行为非因欠缺经验导致，而是基于主观故意而为。申请人作为天能科技董事长、实际控制人、天能科技上市发行的主要组织策划人员之一，不能以工作失误为由推卸责任。

（二）天能科技撤回材料是在财务造假行为已被媒体曝光、在社会舆论压力之下被迫作出的，不属于《行政处罚法》第二十七条规定的"主动消除或者减轻违法行为危害后果"的情形。

（三）天能科技在申请首次公开发行股票并上市过程中报送了虚假材料，存在明显的主观故意。本会对申请人予以相应行政处罚，是根据天能科技财务造假的事实、性质、情节以及申请人在其中所起的作用等因素综合考虑后作出的，符合《证券法》和《行政处罚法》。

综上，本会《行政处罚决定书》〔2013〕43号认定事实清楚，证据充分，适用依据正确，程序合法，内容适当。

根据《中华人民共和国行政复议法》第二十八条第一款第一项的规定，本会决定：维持本

会《行政处罚决定书》〔2013〕43 号对申请人作出的行政处罚。

申请人如不服本复议决定,可在收到本复议决定书之日起 15 日内向有管辖权的人民法院提起诉讼或向国务院申请裁决。

关于秦海滨不服市场禁入的行政复议决定书

(〔2014〕9 号)

申请人:秦海滨,时任山西天能科技股份有限公司(以下简称天能科技)董事长

被申请人:中国证券监督管理委员会

申请人不服中国证券监督管理委员会(以下简称本会)《市场禁入决定书》〔2013〕8 号对其作出的终身市场禁入决定,向本会提出行政复议申请。本会受理后,依法对本案进行了审查,现已审查终结。

本会《市场禁入决定书》〔2013〕8 号认定,天能科技在 2012 年 1 月 20 日的《天能科技首次公开发行股票招股说明书(申报稿)》(以下简称天能科技招股说明书)中存在虚增 2011 年 1-9 月营业收入和利润的事实,虚增收入 85,641,025.64 元,虚增成本 47,489,057.48 元,虚增当期利润 38,151,968.16 元,占当期利润总额 53.18%。天能科技在应县道路亮化、金沙植物园太阳能照明、和谐小区太阳能照明三个工程项目的财务账目中有虚假记载。在天能科技上述违法行为中,秦海滨作为天能科技的董事长和实际控制人,在公司申请发行上市过程中实施了部分造假行为,属于直接负责的主管人员。依据《证券法》第二百三十三条和《证券市场禁入规定》第三条、第五条,本会认定秦海滨为证券市场终身禁入者。

申请人认为,本会《市场禁入决定书》〔2013〕8 号采取的证券市场终身禁入措施过重。主要理由是:1. 虽然天能科技财务报表发生错误,但应县道路亮化工程等三个项目及收益真实存在,并非捏造,且申请人第一次参与公司上市发行工作,由于欠缺经验而出现工作失误,但并非故意。2. 申请人认为根据其过错程度,比较类似案件的处罚,对其采取终身市场禁入措施明显过重。天能科技在上市前主动撤回了申报材料,未造成任何后果,属于情节轻微。因此,申请人属于主动消除或减轻违法行为危害后果的情况,不构成《证券市场禁入规定》规定的采取终身市场禁入措施的情形。

经审查查明:天能科技应县道路亮化工程等三个项目确属真实存在,但截至 2011 年 9 月,三个项目都未达到收入确认条件,天能科技通过伪造《工程结算书》、制造虚假的资金流虚构销售回款等方式违法确认收入,致使虚增利润达当期利润总额 53.18%。天能科技在首次公开发行股票并上市申报过程中向本会报送虚假材料的行为被媒体曝光后,在社会舆论的压力之下,天能科技才撤回了材料。在本会立案调查后天能科技相关人员还拒绝、阻碍本会调查工作。申请人作为天能科技董事长,是天能科技招股说明书的签字人。

本会认为:

(一)天能科技上述违法行为非欠缺经验导致,而是基于主观故意而为。申请人作为天能科技董事长、实际控制人、天能科技上市发行的主要组织策划人员之一,不能以工作失误为由而推卸责任。

(二)天能科技撤回材料是在财务造假行为已被媒体曝光、在社会舆论压力之下被迫作出的,不属于《证券市场禁入规定》第七条规定的"主动消除或者减轻违法行为危害后果"的情形。

(三)天能科技在申请首次公开发行股票并上市过程中报送了严重虚假的材料,存在明显的主观故意,其行为严重扰乱了证券市场秩序并造成了严重社会影响。虽然撤回了申报材

料,但在我会立案调查后拒绝、阻碍我会的调查工作,行为恶劣。本会对申请人采取终身市场禁入措施,是根据天能科技财务造假的事实、性质、情节以及申请人在其中所起的作用等因素综合考虑后作出的,申请人的行为构成《证券市场禁入规定》第五条第二项规定情形。

综上,本会《市场禁入决定书》〔2013〕8 号认定事实清楚,证据充分,适用依据正确,程序合法,内容适当。

根据《中华人民共和国行政复议法》第二十八条第一款第一项的规定,本会决定:维持本会《市场禁入决定书》〔2013〕8 号对申请人作出的证券市场终身禁入决定。

申请人如不服本复议决定,可在收到本复议决定书之日起 15 日内向有管辖权的人民法院提起诉讼或向国务院申请裁决。

关于曾坚强不服行政处罚的行政复议决定书

(〔2014〕10 号)

申请人:曾坚强,时任山西天能科技股份有限公司(以下简称天能科技)董事会秘书

被申请人:中国证券监督管理委员会

申请人不服中国证券监督管理委员会(以下简称本会)《行政处罚决定书》〔2013〕43 号对其作出的行政处罚决定,向本会提出行政复议申请。本会受理后,依法对本案进行了审查,现已审查终结。

本会《行政处罚决定书》〔2013〕43 号认定,天能科技在 2012 年 1 月 20 日的《天能科技首次公开发行股票招股说明书(申报稿)》(以下简称天能科技招股说明书)中存在虚增 2011 年 1－9 月营业收入和利润的事实,虚增收入 85,641,025.64 元,虚增成本 47,489,057.48 元,虚增当期利润 38,151,968.16 元,占当期利润总额 53.18%。天能科技在应县道路亮化、金沙植物园太阳能照明、和谐小区太阳能照明三个工程项目的财务账目中有虚假记载。在天能科技上述违法行为中,曾坚强作为董事会秘书在公司申请发行上市过程中实施了部分造假行为,属于直接负责的主管人员。依据《证券法》第一百九十三条,本会决定对曾坚强给予警告,并处 30 万元罚款。

申请人认为,本会《行政处罚决定书》〔2013〕43 号处罚过重,请求减轻、免除处罚。主要理由是:1. 虽然天能科技财务报表发生错误,但应县道路亮化工程等三个项目及收益真实存在,并非捏造,且申请人第一次参与公司上市发行工作,由于欠缺经验而出现工作失误,但并非故意。2. 申请人认为根据其过错程度,比较类似案件的处罚,对其处罚措施明显过重。天能科技在上市前主动撤回了申报材料,未造成任何后果,属于情节轻微,且申请人在本会调查期间积极予以配合,没有能力支付大额罚款,应当减轻或免除行政处罚。

经审查查明:天能科技应县道路亮化工程等三个项目确属真实存在,但截至 2011 年 9 月,三个项目都未达到收入确认条件,天能科技通过伪造《工程结算书》、制造虚假的资金流虚构销售回款等方式违法确认收入,致使虚增利润达当期利润总额 53.18%。天能科技在首次公开发行股票并上市申报过程中向本会报送虚假材料的行为被媒体曝光后,在社会舆论的压力之下,天能科技才撤回了材料。申请人作为天能科技董事会秘书,是天能科技招股说明书的签字人。

本会认为:

(一)天能科技上述违法行为非欠缺经验导致,而是基于主观故意而为。申请人作为天能科技董事会秘书、天能科技上市发行的主要组织策划人员之一,不能以工作失误为由而推卸责任。

(二)天能科技撤回材料是在财务造假行为已被媒体曝光、在社会舆论压力的情况下被

迫作出的,不属于《行政处罚法》第二十七条规定的“主动消除或者减轻违法行为危害后果”的情形。申请人提及的没有能力支付大额罚款不是法定从轻、减轻处罚的理由。

(三)天能科技在申请首次公开发行股票并上市过程中报送了虚假材料,存在明显的主观故意。本会对申请人予以相应行政处罚,是根据天能科技财务造假的事实、性质、情节以及申请人在其中所起的作用等因素综合考虑后作出的,符合《证券法》和《行政处罚法》。

综上,本会《行政处罚决定书》〔2013〕43 号认定事实清楚,证据充分,适用依据正确,程序合法,内容适当。

根据《中华人民共和国行政复议法》第二十八条第一款第一项的规定,本会决定:维持本会《行政处罚决定书》〔2013〕43 号对申请人作出的行政处罚。

申请人如不服本复议决定,可在收到本复议决定书之日起 15 日内向有管辖权的人民法院提起诉讼或向国务院申请裁决。

关于曾坚强不服市场禁入的行政复议决定书

(〔2014〕11 号)

申请人:曾坚强,时任山西天能科技股份有限公司(以下简称天能科技)董事会秘书

被申请人:中国证券监督管理委员会

申请人不服中国证券监督管理委员会(以下简称本会)《市场禁入决定书》〔2013〕8 号对其作出的终身市场禁入决定,向本会提出行政复议申请。本会受理后,依法对本案进行了审查,现已审查终结。

本会《市场禁入决定书》〔2013〕8 号认定,天能科技在 2012 年 1 月 20 日的《天能科技首次公开发行股票招股说明书(申报稿)》(以下简称天能科技招股说明书)中存在虚增 2011 年 1-9 月营业收入和利润的事实,虚增收入 85,641,025.64 元,虚增成本 47,489,057.48 元,虚增当期利润 38,151,968.16 元,占当期利润总额 53.18%。天能科技在应县道路亮化、金沙植物园太阳能照明、和谐小区太阳能照明三个工程项目的财务账目中有虚假记载。在天能科技上述违法行为中,曾坚强作为董事会秘书在公司申请发行上市过程中实施了部分造假行为,属于直接负责的主管人员。依据《证券法》第二百三十三条和《证券市场禁入规定》第三条、第五条,本会认定曾坚强为证券市场终身禁入者。

申请人认为,本会《市场禁入决定书》〔2013〕8 号采取的证券市场终身禁入措施过重。主要理由是:1. 虽然天能科技财务报表发生错误,但应县道路亮化工程等三个项目及收益真实存在,并非捏造,且申请人第一次参与公司上市发行工作,由于欠缺经验而出现工作失误,但并非故意。2. 申请人认为根据其过错程度,比较类似案件的处罚,对其采取终身市场禁入措施明显过重。天能科技在上市前主动撤回了申报材料,未造成任何后果,属于情节轻微,且申请人在本会调查期间积极予以配合。因此,申请人属于主动消除或减轻违法行为危害后果的情况,不构成《证券市场禁入规定》规定的采取终身市场禁入措施的情形。

经审查查明:天能科技应县道路亮化工程等三个项目确属真实存在,但截至 2011 年 9 月,三个项目都未达到收入确认条件,天能科技通过伪造《工程结算书》、制造虚假的资金流虚构销售回款等方式违法确认收入,致使虚增利润达当期利润总额 53.18%。天能科技在首次公开发行股票并上市申报过程中向本会报送虚假材料的行为被媒体曝光后,在社会舆论的压力之下,天能科技才撤回了材料。申请人作为天能科技董事会秘书,是天能科技招股说明书的签字人。

本会认为:

（一）天能科技上述违法行为绝非欠缺经验导致，而是基于主观故意而为。申请人作为天能科技董事会秘书、天能科技上市发行的主要组织策划人员之一，不能以工作失误为由而推卸责任。

（二）天能科技撤回材料是在财务造假行为已被媒体曝光、在社会舆论压力之下被迫作出的，不属于《证券市场禁入规定》第七条规定的“主动消除或者减轻违法行为危害后果”的情形。

（三）天能科技在申请首次公开发行股票并上市过程中报送了虚假材料，存在明显的主观故意，其行为严重扰乱了证券市场秩序并造成了严重社会影响。虽然撤回了申报材料，但在我会立案调查后拒绝、阻碍我会的调查工作，行为恶劣。本会对申请人采取终身市场禁入措施，是根据天能科技财务造假的事实、性质、情节以及申请人在其中所起的作用等因素综合考虑后作出的，申请人的行为构成《证券市场禁入规定》第五条第二项规定情形。

综上，本会《市场禁入决定书》〔2013〕8 号认定事实清楚，证据充分，适用依据正确，程序合法，内容适当。

根据《中华人民共和国行政复议法》第二十八条第一款第一项的规定，本会决定：维持本会《市场禁入决定书》〔2013〕8 号对申请人作出的证券市场终身禁入决定。

申请人如不服本复议决定，可在收到本复议决定书之日起 15 日内向有管辖权的人民法院提起诉讼或向国务院申请裁决。

关于刘俊奕不服行政处罚的行政复议决定书

（〔2014〕12 号）

申请人：刘俊奕，时任山西天能科技股份有限公司（以下简称天能科技）董事长特别助埋

被申请人：中国证券监督管理委员会

申请人不服中国证券监督管理委员会（以下简称本会）《行政处罚决定书》〔2013〕43 号对其作出的行政处罚决定，向本会提出行政复议申请。本会受理后，依法对本案进行了审查，现已审查终结。

本会《行政处罚决定书》〔2013〕43 号认定，天能科技在 2012 年 1 月 20 日的《天能科技首次公开发行股票招股说明书（申报稿）》（以下简称天能科技招股说明书）中存在虚增 2011 年 1－9 月营业收入和利润的事实，虚增收入 85,641,025.64 元，虚增成本 47,489,057.48 元，虚增当期利润 38,151,968.16 元，占当期利润总额 53.18%。天能科技在应县道路亮化、金沙植物园太阳能照明、和谐小区太阳能照明三个工程项目的财务账目中有虚假记载。在天能科技上述违法行为中，刘俊奕虽不是董事会成员，但其作为董事长助理组织策划了财务造假，故认定其为直接负责的主管人员。依据《证券法》第一百九十三条，本会决定对刘俊奕给予警告，并处 30 万元罚款。

申请人认为，本会《行政处罚决定书》〔2013〕43 号处罚过重，请求减轻、免除处罚。主要理由是：1. 虽然天能科技财务报表发生错误，但应县道路亮化工程等三个项目及收益真实存在，并非捏造。并且申请人作为董事长助理，并非公司法意义上的公司高管，其实际工作类似于公司顾问，不参与决策。2. 申请人认为根据其过错程度，比较类似案件的处罚，对其处罚措施明显过重。天能科技在上市前主动撤回了申报材料，未造成任何后果，属于情节轻微，应当减轻或免除处罚。

经审查查明：天能科技应县道路亮化工程等三个项目确属真实存在，但截至 2011 年 9 月，三个项目都未达到收入确认条件，天能科技通过伪造《工程结算书》、制造虚假的资金流虚构销售回款等方式违法确认收入，致使虚增利润达当期利润总额 53.18%。天能科技在首次

公开发行股票并上市(以下简称IPO)申报过程中向本会报送虚假材料的行为被媒体曝光后,在社会舆论压力之下,天能科技才撤回了材料。申请人名义上虽然不是公司高管,但其作为董事长助理,参与组织策划了天能科技IPO申报过程中的财务造假。

本会认为:

(一)本会未否认天能科技应县道路亮化工程等三个项目存在的真实性,但天能科技通过伪造《工程结算书》、制造虚假的资金流虚构销售回款等方式违法确认收入的行为属于财务造假。申请人作为天能科技董事长助理,参与组织策划了上述行为。根据《信息披露违法行为行政责任认定规则》第十七条:"董事、监事、高级管理人员之外的其他人员,确有证据证明其行为与信息披露违法行为具有直接因果关系,包括实际承担或者履行董事、监事或者高级管理人员的职责,组织、参与、实施了公司信息披露违法行为或者直接导致信息披露违法的,应当视情形,认定其为直接负责的主管人员或者其他直接责任人员",申请人应认定为直接负责的主管人员。

(二)天能科技撤回材料是在财务造假行为已被媒体曝光、在社会舆论的压力之下被迫而为,不属于《行政处罚法》第二十七条规定的"主动消除或者减轻违法行为危害后果"的情形。

(三)天能科技在申请IPO过程中报送了虚假材料,存在明显的主观故意。本会对申请人予以相应行政处罚,是根据天能科技财务造假的事实、性质、情节以及申请人在其中所起的作用等因素综合考虑后作出的,符合《证券法》和《行政处罚法》。

综上,本会《行政处罚决定书》〔2013〕43号认定事实清楚,证据充分,适用依据正确,程序合法,内容适当。

根据《中华人民共和国行政复议法》第二十八条第一款第一项的规定,本会决定:维持本会《行政处罚决定书》〔2013〕43号对申请人作出的行政处罚决定。

申请人如不服本复议决定,可在收到本复议决定书之日起15日内向有管辖权的人民法院提起诉讼或向国务院申请裁决。

关于刘俊奕不服市场禁入的行政复议决定书

(〔2014〕13号)

申请人:刘俊奕,时任山西天能科技股份有限公司(以下简称天能科技)董事长特别助理

被申请人:中国证券监督管理委员会

申请人不服中国证券监督管理委员会(以下简称本会)《市场禁入决定书》〔2013〕8号对其作出终身市场禁入决定,向本会提出行政复议申请。本会受理后,依法对本案进行了审查,现已审查终结。

本会《市场禁入决定书》〔2013〕8号认定,天能科技在2012年1月20日的《天能科技首次公开发行股票招股说明书(申报稿)》(以下简称天能科技招股说明书)中存在虚增2011年1-9月营业收入和利润的事实,虚增收入85,641,025.64元,虚增成本47,489,057.48元,虚增当期利润38,151,968.16元,占当期利润总额53.18%。天能科技在应县道路亮化、金沙植物园太阳能照明、和谐小区太阳能照明三个工程项目的财务账目中有虚假记载。在天能科技上述违法行为中,刘俊奕虽不是董事会成员,但其作为董事长助理组织策划了财务造假,故认定其为直接负责的主管人员。依据《证券法》第二百三十三条和《证券市场禁入规定》第三条、第五条,本会认定刘俊奕为证券市场终身禁入者。

申请人认为,本会《市场禁入决定书》〔2013〕8号采取的证券市场终身禁入措施过

重,请求减轻、免除。主要理由是:1. 虽然天能科技财务报表发生错误,但应县道路亮化工程等三个项目及收益真实存在,并非捏造。并且申请人作为董事长助理,并非公司法意义上的公司高管,其实际工作类似于公司顾问,不参与决策。2. 申请人认为根据其过错程度,比较类似案件的处罚,对其采取终身市场禁入措施明显过重。天能科技在上市前主动撤回了申报材料,未造成任何后果,属于情节轻微,且在本会立案调查过程中积极配合。因此,申请人属于主动消除或减轻违法行为危害后果的情况,不构成《证券市场禁入规定》规定的采取终身市场禁入措施的情形。

经审查查明:天能科技应县道路亮化工程等三个项目确属真实存在,但截至 2011 年 9 月,三个项目都未达到收入确认条件,天能科技通过伪造《工程结算书》、制造虚假的资金流、虚构销售回款等方式违法确认收入,致使虚增利润达当期利润总额 53.18%。天能科技在首次公开发行股票并上市(以下简称 IPO)申报过程中向本会报送虚假材料的行为被媒体曝光后,在社会舆论的压力之下,天能科技才撤回了材料。申请人名义上虽然不是公司高管,但其作为董事长助理,参与组织策划了天能科技 IPO 申报过程中的财务造假。

本会认为:

(一)本会未否认天能科技应县道路亮化工程等三个项目存在的真实性,但天能科技通过伪造《工程结算书》、制造虚假的资金流虚构销售回款等方式违法确认收入的行为属于财务造假。申请人作为天能科技董事长助理,参与组织策划了上述行为。根据《信息披露违法行为行政责任认定规则》第十七条“董事、监事、高级管理人员之外的其他人员,确有证据证明其行为与信息披露违法行为具有直接因果关系,包括实际承担或者履行董事、监事或者高级管理人员的职责,组织、参与、实施了公司信息披露违法行为或者直接导致信息披露违法的,应当视情形,认定其为直接负责的主管人员或者其他直接责任人员”的规定,申请人应认定为直接负责的主管人员。

(二)天能科技撤回材料是在财务造假行为已被媒体曝光、在社会舆论压力之下被迫而为,不属于《证券市场禁入规定》第七条规定的“主动消除或者减轻违法行为危害后果”的情形。

(三)天能科技在申请 IPO 过程中报送了虚假材料,存在明显的主观故意,其行为严重扰乱了证券市场秩序并造成了严重社会影响。虽然撤回了申报材料,但在我会立案调查后拒绝、阻碍我会的调查工作,行为恶劣。本会对申请人采取终身市场禁入措施,是根据天能科技财务造假的事实、性质、情节以及申请人在其中所起的作用等因素综合考虑后作出的,申请人的行为构成《证券市场禁入规定》第五条第二项规定情形。

综上,本会《市场禁入决定书》〔2013〕8 号认定事实清楚,证据充分,适用依据正确,程序合法,内容适当。

根据《中华人民共和国行政复议法》第二十八条第一款第一项的规定,本会决定:维持本会《市场禁入决定书》〔2013〕8 号对申请人作出的证券市场终身禁入决定。

申请人如不服本复议决定,可在收到本复议决定书之日起 15 日内向有管辖权的人民法院提起诉讼或向国务院申请裁决。

关于张德利、任小军、张志成不服行政处罚的行政复议决定书

(〔2014〕14 号)

申请人:张德利,时任山西天能科技股份有限公司(以下简称天能科技)董事

任小军,男,1983 年 4 月出生,时任天能科技董事

张志成,男,1975 年 11 月生,新加坡籍,时任天能科技高级管理人员

被申请人:中国证券监督管理委员会

申请人不服中国证券监督管理委员会(以下简称本会)《行政处罚决定书》〔2013〕43 号对其作出的行政处罚决定,向本会提出行政复议申请。本会受理后,依法对本案进行了审查,现已审查终结。

本会《行政处罚决定书》〔2013〕43 号认定,天能科技在 2012 年 1 月 20 日的《天能科技首次公开发行股票招股说明书(申报稿)》(以下简称天能科技招股说明书)中存在虚增 2011 年 1－9 月营业收入和利润的事实,虚增收入 85,641,025.64元,虚增成本 47,489,057.48 元,虚增当期利润38,151,968.16 元,占当期利润总额 53.18%。天能科技在应县道路亮化、金沙植物园太阳能照明、和谐小区太阳能照明三个工程项目的财务账目中有虚假记载。在天能科技上述违法行为中,时任天能科技董事的张德利、任小军和时任天能科技高级管理人员的张志成在天能科技招股说明书上签字,属于其他直接责任人员。依据《证券法》第一百九十三条,本会决定对上述三人给予警告,并处以 10 万元罚款。

申请人认为,本会《行政处罚决定书》〔2013〕43 号处罚过重,请求减轻、免除处罚。主要理由是:1. 虽然天能科技财务报表发生错误,但应县道路亮化工程等三个项目及收益真实存在,并非捏造。申请人在天能科技上市发行工作中不负责具体工作,也不具备专业的财务知识,仅按规定在招股说明书上签字,主观上无故意,属于一般性工作失误。2. 天能科技在上市前主动撤回了申报材料,未造成任何后果,属于情节轻微。根据申请人过错程度,比较类似案件的处罚,对其处罚明显过重。

经审查查明:天能科技应县道路亮化工程等三个项目确属真实存在,但截至 2011 年 9 月,三个项目都未达到收入确认条件。天能科技通过伪造《工程结算书》、制造虚假的资金流虚构销售回款等方式违法确认收入,致使虚增利润达当期利润总额 53.18%。天能科技在首次公开发行股票并上市申报过程中向本会报送虚假材料的行为被媒体曝光后,在社会舆论的压力之下,天能科技才撤回了材料。张德利作为天能科技董事、任小军作为天能科技董事、张志成作为天能科技高级管理人员,都是天能科技招股说明书的签字人。

本会认为:

(一)天能科技应县道路亮化工程等三个项目虽然真实存在,但天能科技伪造了三个项目的《工程结算书》,并且制造虚假的资金流虚构销售回款,存在明显的主观故意。申请人作为在天能科技招股说明书上签字的董事或高级管理人员,应当勤勉尽责。申请人所称"不具备专业财务知识、仅按规定在招股说明书上签字"不是减轻、从轻处罚的理由,恰恰证明申请人未勤勉尽责。

(二)天能科技撤回材料是在财务造假行为已被媒体曝光、在社会舆论压力之下被迫而为,不属于《行政处罚法》第二十七条规定的"主动消除或者减轻违法行为危害后果"的情形。

(三)天能科技在申请首次公开发行股票并上市过程中报送了虚假材料,存在明显的主观故意。本会对申请人予以相应行政处罚,是按照天能科技财务造假的事实、性质、情节以及申请人在其中所起的作用等因素综合考虑后作出的,符合《证券法》和《行政处罚法》。

综上,本会《行政处罚决定书》〔2013〕43 号认定事实清楚,证据充分,适用依据正确,程序合法,内容适当。

根据《中华人民共和国行政复议法》第二十八条第一款第一项的规定,本会决定:维持本会《行政处罚决定书》〔2013〕43 号对申请人作出的行政处罚。

申请人如不服本复议决定,可在收到本复议决定书之日起 15 日内向有管辖权的人民法院提起诉讼或向国务院申请裁决。

关于张红超不服行政处罚的行政复议决定书

(〔2014〕15号)

申请人:张红超,时任山西天能科技股份有限公司(以下简称天能科技)董事

被申请人:中国证券监督管理委员会

申请人不服中国证券监督管理委员会(以下简称本会)《行政处罚决定书》〔2013〕43号对其作出的行政处罚决定,向本会提出行政复议申请。本会受理后,依法对本案进行了审查,现已审查终结。

本会《行政处罚决定书》〔2013〕43号认定,天能科技在2012年1月20日的《天能科技首次公开发行股票招股说明书(申报稿)》(以下简称天能科技招股说明书)中存在虚增2011年1-9月营业收入和利润的事实,虚增收入85,641,025.64元,虚增成本47,489,057.48元,虚增当期利润38,151,968.16元,占当期利润总额53.18%。天能科技在应县道路亮化、金沙植物园太阳能照明、和谐小区太阳能照明三个工程项目的财务账目中有虚假记载。在天能科技上述违法行为中,张红超作为在天能科技招股说明书上签字的董事,属于其他直接责任人员。依据《证券法》第一百九十三条,本会决定对其给予警告,并处以10万元罚款。

申请人认为,本会《行政处罚决定书》〔2013〕43号处罚过重,请求减轻、免除处罚。主要理由是:1.虽然天能科技财务报表发生错误,但应县道路亮化工程等三个项目及收益真实存在,并非捏造。申请人在天能科技上市发行工作中不负责具体工作,也不具备专业的财务知识,仅按规定在招股说明书上签字,主观上无故意,属于一般性工作失误。2.天能科技在上市前主动撤回了申报材料,未造成任何后果,属于情节轻微。根据申请人过错程度,比较类似案件的处罚,对其处罚明显过重。

经审查查明:天能科技应县道路亮化工程等三个项目确属真实存在,但截至2011年9月,三个项目都未达到收入确认条件。天能科技通过伪造《工程结算书》、制造虚假的资金流虚构销售回款等方式违法确认收入,致使虚增利润达当期利润总额53.18%。天能科技在首次公开发行股票并上市申报过程中向本会报送虚假材料的行为被媒体曝光后,在社会舆论的压力之下,天能科技才撤回了材料。申请人作为天能科技董事在天能科技招股说明书上签字。

本会认为:

(一)天能科技应县道路亮化工程等三个项目虽然真实存在,但天能科技伪造了三个项目的《工程结算书》,并且制造虚假的资金流虚构销售回款,存在明显的主观故意。申请人作为在天能科技招股说明书上签字的董事,应当勤勉尽责。申请人所称"不具备专业财务知识、仅按规定在招股说明书上签字"不是减轻、从轻处罚的理由,恰恰证明申请人未勤勉尽责。

(二)天能科技撤回材料是在财务造假行为已被媒体曝光、在社会舆论压力之下被迫而为,不属于《行政处罚法》第二十七条规定的"主动消除或者减轻违法行为危害后果"的情形。

(三)天能科技在申请首次公开发行股票并上市过程中报送了虚假材料,存在明显的主观故意。本会对申请人予以相应行政处罚,是根据天能科技财务造假的事实、性质、情节以及申请人在其中所起的作用等因素综合考虑后作出的,符合《证券法》和《行政处罚法》。

综上,本会《行政处罚决定书》〔2013〕43号认定事实清楚,证据充分,适用依据正确,程序合法,内容适当。

根据《中华人民共和国行政复议法》第二十八条第一款第一项的规定,本会决定:维持本会《行政处罚决定书》〔2013〕43号对申请人作

出的行政处罚。

申请人如不服本复议决定,可在收到本复议决定书之日起 15 日内向有管辖权的人民法院提起诉讼或向国务院申请裁决。

关于高文新不服行政处罚的行政复议决定书

(〔2014〕16 号)

申请人:高文新,时任山西天能科技股份有限公司(以下简称天能科技)监事

被申请人:中国证券监督管理委员会

申请人不服中国证券监督管理委员会(以下简称本会)《行政处罚决定书》〔2013〕43 号对其作出的行政处罚决定,向本会提出行政复议申请。本会受理后,依法对本案进行了审查,现已审查终结。

本会《行政处罚决定书》〔2013〕43 号认定,天能科技在 2012 年 1 月 20 日的《天能科技首次公开发行股票招股说明书(申报稿)》(以下简称天能科技招股说明书)中存在虚增 2011 年 1-9 月营业收入和利润的事实,虚增收入 85,641,025.64 元,虚增成本 47,489,057.48 元,虚增当期利润 38,151,968.16 元,占当期利润总额 53.18%。天能科技在应县道路亮化、金沙植物园太阳能照明、和谐小区太阳能照明三个工程项目的财务账目中有虚假记载。在天能科技上述违法行为中,高文新作为在天能科技招股说明书上签字的监事,属于其他直接责任人员。依据《证券法》第一百九十三条,本会决定对其给予警告,并处以 10 万元罚款。

申请人认为,本会《行政处罚决定书》〔2013〕43 号处罚过重,请求减轻、免除处罚。主要理由是:1. 虽然天能科技财务报表发生错误,但应县道路亮化工程等三个项目及收益真实存在,并非捏造。申请人在天能科技上市发行工作中不负责具体工作,也不具备专业的财务知识,未看到财务报表,仅按规定在招股说明书上签字,主观上无故意,属于一般性工作失误。且即使申请人不签字,天能科技虚增收入和利润的行为也已发生,故不能认定申请为直接责任人员。2. 天能科技在上市前主动撤回了申报材料,未造成任何后果,属于情节轻微。根据申请人过错程度,比较类似案件的处罚,对其处罚明显过重。并且,申请人收入仅能维持个人最低生活,没有能力支付大额罚款。

经审查查明:天能科技应县道路亮化工程等三个项目确属真实存在,但截至 2011 年 9 月,三个项目都未达到收入确认条件。天能科技通过伪造《工程结算书》、制造虚假的资金流虚构销售回款等方式违法确认收入,致使虚增利润达当期利润总额 53.18%。天能科技在首次公开发行股票并上市(以下简称 IPO)申报过程中向本会报送虚假材料的行为被媒体曝光后,在社会舆论的压力之下,天能科技才撤回了材料。申请人作为天能科技监事在天能科技招股说明书上签字。

本会认为:

(一)天能科技应县道路亮化工程等三个项目虽然真实存在,但天能科技伪造了三个项目的《工程结算书》,并且制造虚假的资金流虚构销售回款,存在明显的主观故意。申请人作为在天能科技招股说明书上签字的监事,理应担负起监事应尽的审慎监督职责,申请人所称“不具备专业财务知识、仅按规定在招股说明书上签字”不是减轻、从轻处罚的理由,恰恰证明申请人未勤勉尽责。申请人虽不是天能科技财务造假的策划、实施者,但其未尽监事的职责,并在招股说明书上签字,对天能科技申报 IPO 过程中的信息披露违法行为负有直接责任,故认定为其他直接责任人员,应承担相应的法律责任。

(二)天能科技撤回材料是在财务造假行为已被媒体曝光、在社会舆论压力之下被迫而为,不属于《行政处罚法》第二十七条规定的

“主动消除或者减轻违法行为危害后果”的情形。申请人所称“收入仅能维持个人最低生活,没有能力支付大额罚款”不是法定从轻、减轻处罚的理由。

(三)天能科技在申请IPO过程中报送了虚假材料,存在明显的主观故意。本会对申请人予以相应行政处罚,是根据天能科技财务造假的事实、性质、情节以及申请人在其中所起的作用等因素综合考虑后作出的,符合《证券法》和《行政处罚法》。

综上,本会《行政处罚决定书》〔2013〕43号认定事实清楚,证据充分,适用依据正确,程序合法,内容适当。

根据《中华人民共和国行政复议法》第二十八条第一款第一项的规定,本会决定:维持本会《行政处罚决定书》〔2013〕43号对申请人作出的行政处罚。

申请人如不服本复议决定,可在收到本复议决定书之日起15日内向有管辖权的人民法院提起诉讼或向国务院申请裁决。

关于张新梅不服行政处罚的行政复议决定书

(〔2014〕17号)

申请人:张新梅,时任山西天能科技股份有限公司(以下简称天能科技)监事

被申请人:中国证券监督管理委员会

申请人不服中国证券监督管理委员会(以下简称本会)《行政处罚决定书》〔2013〕43号对其作出的行政处罚决定,向本会提出行政复议申请。本会受理后,依法对本案进行了审查,现已审查终结。

本会《行政处罚决定书》〔2013〕43号认定,天能科技在2012年1月20日的《天能科技首次公开发行股票招股说明书(申报稿)》(以下简称天能科技招股说明书)中存在虚增2011年1-9月营业收入和利润的事实,虚增收入85,641,025.64元,虚增成本47,489,057.48元,虚增当期利润38,151,968.16元,占当期利润总额53.18%。天能科技在应县道路亮化、金沙植物园太阳能照明、和谐小区太阳能照明三个工程项目的财务账目中有虚假记载。在天能科技上述违法行为中,张新梅作为在天能科技招股说明书上签字的监事,属于其他直接责任人员。依据《证券法》第一百九十三条,本会决定对其给予警告,并处以10万元罚款。

申请人认为,本会《行政处罚决定书》〔2013〕43号处罚过重,请求减轻、免除处罚。主要理由是:1.虽然天能科技财务报表发生错误,但应县道路亮化工程等三个项目及收益真实存在,并非捏造。申请人在天能科技上市发行工作中不负责具体工作,也不具备专业的财务知识,仅按规定在招股说明书上签字,主观上无故意,属于一般性工作失误。2.天能科技在上市前主动撤回了申报材料,未造成任何后果,属于情节轻微。根据申请人过错程度,比较类似案件的处罚,对其处罚明显过重。并且,申请人收入仅能维持个人最低生活,没有能力支付大额罚款。

经审查查明:天能科技应县道路亮化工程等三个项目确属真实存在,但截至2011年9月,三个项目都未达到收入确认条件。天能科技通过伪造《工程结算书》、制造虚假的资金流虚构销售回款等方式违法确认收入,致使虚增利润达当期利润总额53.18%。天能科技在首次公开发行股票并上市申报过程中向本会报送虚假材料的行为被媒体曝光后,在社会舆论的压力之下,天能科技才撤回了材料。申请人作为天能科技监事在天能科技招股说明书上签字。

本会认为:

(一)天能科技应县道路亮化工程等三个项目虽然真实存在,但天能科技伪造了三个项目的《工程结算书》,并且制造虚假的资金流虚

构销售回款,存在明显的主观故意。申请人作为在天能科技招股说明书上签字的监事,理应担负起监事应尽的审慎监督职责,申请人所称"不具备专业财务知识、仅按规定在招股说明书上签字"不是减轻、从轻处罚的理由,恰恰证明申请人未勤勉尽责。

(二)天能科技撤回材料是在财务造假行为已被媒体曝光、在社会舆论压力之下被迫而为,不属于《行政处罚法》第二十七条规定的"主动消除或者减轻违法行为危害后果"的情形。申请人所称"收入仅能维持个人最低生活,没有能力支付大额罚款"不是法定从轻、减轻处罚的理由。

(三)天能科技在申请首次公开发行股票并上市过程中报送了虚假材料,存在明显的主观故意。本会对申请人予以相应行政处罚,是根据天能科技财务造假的事实、性质、情节以及申请人在其中所起的作用等因素综合考虑后作出的,符合《证券法》和《行政处罚法》。

综上,本会《行政处罚决定书》〔2013〕43 号认定事实清楚,证据充分,适用依据正确,程序合法,内容适当。

根据《中华人民共和国行政复议法》第二十八条第一款第一项的规定,本会决定:维持本会《行政处罚决定书》〔2013〕43 号对申请人作出的行政处罚。

申请人如不服本复议决定,可在收到本复议决定书之日起 15 日内向有管辖权的人民法院提起诉讼或向国务院申请裁决。

关于王永平不服行政处罚的行政复议决定书

(〔2014〕18 号)

申请人:王永平,时任山西天能科技股份有限公司(以下简称天能科技)监事

被申请人:中国证券监督管理委员会

申请人不服中国证券监督管理委员会(以下简称本会)《行政处罚决定书》〔2013〕43 号对其作出的行政处罚决定,向本会提出行政复议申请。本会受理后,依法对本案进行了审查,现已审查终结。

本会《行政处罚决定书》〔2013〕43 号认定,天能科技在 2012 年 1 月 20 日的《天能科技首次公开发行股票招股说明书(申报稿)》(以下简称天能科技招股说明书)中存在虚增 2011 年 1 - 9 月营业收入和利润的事实,虚增收入 85,641,025.64 元,虚增成本 47,489,057.48 元,虚增当期利润 38,151,968.16 元,占当期利润总额 53.18%。天能科技在应县道路亮化、金沙植物园太阳能照明、和谐小区太阳能照明三个工程项目的财务账目中有虚假记载。在天能科技上述违法行为中,王永平作为在天能科技招股说明书上签字的监事,属于其他直接责任人员。依据《证券法》第一百九十三条,本会对其给予警告,并处以 10 万元罚款。

申请人认为,本会《行政处罚决定书》〔2013〕43 号处罚过重,请求减轻、免除处罚。主要理由是:1. 虽然天能科技财务报表发生错误,但天能科技应县道路亮化工程等三个项目及收益真实存在,并非捏造。申请人在天能科技上市发行工作中不负责具体工作,也不具备专业的财务知识,仅按规定在招股说明书上签字,主观上无故意,属于一般性工作失误。2. 天能科技在上市前主动撤回了申报材料,未造成任何后果,属于情节轻微。根据申请人过错程度,比较类似案件的处罚,对其处罚明显过重。并且,申请人收入仅能维持个人最低生活,没有能力支付大额罚款。

经审查查明:天能科技应县道路亮化工程等三个项目确属真实存在,但截至 2011 年 9 月,三个项目都未达到收入确认条件。天能科技通过伪造《工程结算书》、制造虚假的资金流虚构销售回款等方式违法确认收入,致使虚增

利润达当期利润总额53.18%。天能科技在首次公开发行股票并上市申报过程中向本会报送虚假材料的行为被媒体曝光后，在社会舆论的压力之下，天能科技才撤回了材料。申请人作为天能科技监事在天能科技招股说明书上签字。

本会认为：

（一）天能科技应县道路亮化工程等三个项目虽然真实存在，但天能科技伪造了三个项目的《工程结算书》，并且制造虚假的资金流虚构销售回款，存在明显的主观故意。申请人作为在天能科技招股说明书上签字的监事，理应担负起监事应尽的审慎监督职责，申请人所称“不具备专业财务知识、仅按规定在招股说明书上签字”不是减轻、从轻处罚的理由，恰恰证明申请人未勤勉尽责。

（二）天能科技撤回材料是在财务造假行为已被媒体曝光、在社会舆论压力之下被迫而为，不属于《行政处罚法》第二十七条规定的“主动消除或者减轻违法行为危害后果”的情形。申请人所称“收入仅能维持个人最低生活，没有能力支付大额罚款”不是法定从轻、减轻处罚的理由。

（三）天能科技在申请首次公开发行股票并上市过程中报送了虚假材料，存在明显的主观故意。本会对申请人予以相应行政处罚，是根据天能科技财务造假的事实、性质、情节以及申请人在其中所起的作用等因素综合考虑后作出的，符合《证券法》和《行政处罚法》。

综上，本会《行政处罚决定书》〔2013〕43号认定事实清楚，证据充分，适用依据正确，程序合法，内容适当。

根据《中华人民共和国行政复议法》第二十八条第一款第一项的规定，本会决定：维持本会《行政处罚决定书》〔2013〕43号对申请人作出的行政处罚。

申请人如不服本复议决定，可在收到本复议决定书之日起15日内向有管辖权的人民法院提起诉讼或向国务院申请裁决。

关于陈涌海不服行政处罚的行政复议决定书

（〔2014〕19号）

申请人：陈涌海，时任山西天能科技股份有限公司（以下简称天能科技）独立董事

被申请人：中国证券监督管理委员会

申请人不服中国证券监督管理委员会（以下简称本会）《行政处罚决定书》〔2013〕43号对其作出的行政处罚决定，向本会提出行政复议申请。本会受理后，依法对本案进行了审查，现已审查终结。

本会《行政处罚决定书》〔2013〕43号认定，天能科技在2012年1月20日的《天能科技首次公开发行股票招股说明书（申报稿）》（以下简称天能科技招股说明书）中存在虚增2011年1－9月营业收入和利润的事实，虚增收入85,641,025.64元，虚增成本47,489,057.48元，虚增当期利润38,151,968.16元，占当期利润总额53.18%。天能科技在应县道路亮化、金沙植物园太阳能照明、和谐小区太阳能照明三个工程项目的财务账目中有虚假记载。在天能科技上述违法行为中，陈涌海作为在天能科技招股说明书上签字的独立董事，属于其他直接责任人员。依据《证券法》第一百九十三条，本会决定对其给予警告，并处以10万元罚款。

申请人提出：1.申请人在2011年4月左右签署了多份天能科技的文件，其中可能包含2011年3月天能科技的招股说明书，但此后未在天能科技的文件上签名，因此不可能在2012年1月20日天能科技招股说明书上签名。2.申请人在阅卷时发现有两种2012年天能科技招股说明书，一种是董监高人员签名和天能科技公章全为复印件，一种是签名页为复印件、

公章为原件的2012年天能科技招股说明书,因此申请人推测不存在签名和公章全为原件的招股说明书。3. 申请人认为民生证券股份有限公司(以下简称民生证券)关于2012年天能科技招股说明书被天能科技取走的证词不可信,申请人要求民生证券出示天能科技取走2012年天能科技招股说明书原件的手续证明。4. 申请人承认其签署2011年3月天能科技招股说明书的行为没有勤勉尽责,但是不承认其对于2012年天能科技招股说明书没有勤勉尽责。

经审查查明:本案证据案卷中仅有天能科技董监高人员签名和天能科技公章均为复印件的招股说明书签名页。民生证券向本会提供的《关于天能科技全套申报文件签章页情况的说明》中称:民生证券委派项目组成员崔某永和张某博将申报文件原件及复印件撤回,天能科技于2012年8月委派司机将上述文件运回其所在地山西;每次天能科技提供签字页后,民生证券项目组均与创立大会时的签字进行核对,未发现有伪造的情形;在历次申报和印刷材料过程中,均有天能科技的高管人员全程参与,对申报内容(包括该公司董、监、高的签字)进行把关和确认。并且,在说明中明确"申报文件的复议件与原件核对无误,已提交贵会"。天能科技拒绝配合调查,本会无法取得原件。

本会认为:

(一)根据申请人的申辩,承认其在2011年3月的天能科技招股说明书申报稿上签字,说明申请人知悉天能科技首次公开发行股票并上市项目。申请人作为天能科技的独立董事,在明知公司申请首次公开发行股票并上市的情况下,未对招股说明书进行审慎监督,未履行独立董事应尽的职责。申请人所提出的其未在2012年1月20日天能科技招股说明书上签名、未关注天能科技招股说明书相关内容的申辩,不但不能作为减轻其责任的理由,相反证明其未勤勉尽责。

(二)申请人认为存在两种版本的招股说明书,并由此推测不存在签名和公章全为原件的招股说明书。以上推测没有证据证明,本会不予采信。

(三)根据《最高人民法院关于行政诉讼证据若干问题的规定》第十条:"提供原件确有困难的,可以提供与原件核对无误的复印件、照本、节录本。"由于天能科技拒绝配合调查,本会调查人员无法取到天能科技招股说明书原件,属于规定中"提供原件确有困难的"情形;民生证券在书面说明中已明确"申报文件的复印件与原件核对无误",且天能科技及其他董监高均未对此提出质疑。因此,民生证券向本会提供的复印件符合上述规定,可以作为证据使用。

综上,本会《行政处罚决定书》〔2013〕43号认定事实清楚,证据充分,适用依据正确,程序合法,内容适当。

根据《中华人民共和国行政复议法》第二十八条第一款第一项的规定,本会决定:维持本会《行政处罚决定书》〔2013〕43号对申请人作出的行政处罚。

申请人如不服本复议决定,可在收到本复议决定书之日起15日内向有管辖权的人民法院提起诉讼或向国务院申请裁决。

关于胡小黑不服行政处罚的行政复议决定书

(〔2014〕20号)

申请人:胡小黑,山西天能科技股份有限公司(以下简称天能科技)首次公开发行股票并上市(以下简称IPO)审计报告签字注册会计师

被申请人:中国证券监督管理委员会

申请人不服中国证券监督管理委员会(以下简称本会)《行政处罚决定书》〔2013〕45号对其作出的行政处罚决定,向本会提出行政复议申请。本会受理后,依法对本案进行了审查,

现已审查终结。

本会《行政处罚决定书》〔2013〕45号认定，大信会计师事务所（以下简称大信所）在对天能科技IPO审计过程中，取得的部分审计证据相互矛盾，且未对所发出的询证函汇总并进行有效控制。在对天能科技应县道路亮化工程、金沙植物园太阳能照明工程、和谐小区太阳能照明项目等三个光伏系统应用项目的财务审计中，对于在天能科技IPO审计过程中部分审计证据相互矛盾、相关资金流转异常，以及政府招投标程序缺失等情况，大信所未予关注并追加必要的审计程序。大信所上述未勤勉尽责行为，违反了《证券法》第二十条的规定，构成《证券法》第二百二十三条所述违法行为。对大信所的上述违法行为，胡小黑作为签字注册会计师属于直接负责的主管人员。本会决定对其给予警告，并处以10万元罚款。

申请人认为，本会《行政处罚决定书》〔2013〕45号处罚过重，请求减轻处罚。主要理由是：1. 天能科技IPO审计的结论是天能科技IPO项目不存在虚增收入及利润的情况，应县道路亮化工程等三个项目只是提前确认收入，金沙植物园太阳能照明工程在审计时已经基本完工。2. 处罚决定书中"审计底稿与天能科技财务凭证存在不一致的情况，审计人员仅查看了审计证据的复印件，未查看财务凭证后附原件"的认定与事实不符，申请人在审计过程中查阅了相关材料原件。3. 在申请人的协调下，天能科技主动撤回了IPO申请，符合法定的减轻、免除处罚的情形；且对比以往类似案件，本案对申请人的处罚明显过重。

经审查查明：天能科技应县道路亮化工程等三个项目确属真实存在，但截至2011年9月，三个项目均未达到收入确认条件。天能科技2011年1－9月的财务报表中，虚增收入、成本和利润，虚增利润达当期利润总额53.18%。而大信所在审计报告和核查报告中称天能科技财务报表按规定编制，不存在提前确认和虚增收入的情形。本会处罚决定书中并未出现申请人所提出的"审计人员仅查看了审计证据的复印件，未查看财务凭证后附原件"的表述。天能科技在IPO申报过程中向本会报送虚假材料的行为被媒体曝光后，在社会舆论的压力之下，天能科技才撤回了材料。申请人作为天能科技申请IPO项目的注册会计师在天能科技IPO审计报告和举报事项核查报告上签字。

本会认为：

（一）天能科技应县道路亮化工程等三个项目虽然真实存在，但天能科技伪造了三个项目的《工程结算书》，并且制造虚假的资金流虚构销售回款，属财务造假行为。申请人作为天能科技申请IPO项目的签字注册会计师，未勤勉尽责，对天能科技上述财务造假行为未执行充分的审计程序进行审查。并且，在本会发现天能科技存在舞弊嫌疑并要求大信所核查时，申请人仍未履行基本的审慎注意义务，出具了内容失实的核查报告。

（二）本会认定申请人提供的审计证据相互矛盾，不仅仅是指审计底稿与天能科技财务凭证存在不一致，还包括：审计工作底稿中审计证据存在不一致、天能科技IPO核查工作底稿中审计证据存在不一致、核查工作底稿与审计工作底稿中审计证据存在不一致。申请人作为注册会计师，出具了有虚假记载的标准无保留意见审计报告和内容失实的核查报告，未勤勉尽责。

（三）根据《中国注册会计师执业准则》的规定，会计师应当就舞弊导致的会计差错主动向监管机构报告。申请人作为天能科技申请IPO项目的签字注册会计师，未主动报告。因此，申请人不具有法定的减轻、免除处罚的情形。

综上，本会对申请人予以相应行政处罚，是根据申请人在天能科技IPO审计中未勤勉尽责的情况及该案对证券市场秩序的影响、危害后果等因素综合考虑后作出的，符合《证券法》和《行政处罚法》的规定。本会《行政处罚决定书》〔2013〕45号认定事实清楚，证据充分，适用依据正确，程序合法，内容适当。

根据《中华人民共和国行政复议法》第二十八条第一款第一项的规定，本会决定：维持本会《行政处罚决定书》〔2013〕45号对申请人作出的行政处罚。

申请人如不服本复议决定，可在收到本复议决定书之日起15日内向有管辖权的人民法院提起诉讼或向国务院申请裁决。

关于胡小黑不服市场禁入的行政复议决定书

(〔2014〕21 号)

申请人:胡小黑,山西天能科技股份有限公司(以下简称天能科技)首次公开发行股票并上市(以下简称 IPO)审计报告签字注册会计师

被申请人:中国证券监督管理委员会

申请人不服中国证券监督管理委员会(以下简称本会)《市场禁入决定书》〔2013〕10 号对其作出的终身市场禁入决定,向本会提出行政复议申请。本会受理后,依法对本案进行了审查,现已审查终结。

本会《市场禁入决定书》〔2013〕10 号认定,大信会计师事务所(以下简称大信所)在对天能科技 IPO 审计过程中,取得的部分审计证据相互矛盾,且未对所发出的询证函汇总并进行有效控制。在对天能科技应县道路亮化工程、金沙植物园太阳能照明工程、和谐小区太阳能照明项目等三个光伏系统应用项目的财务审计中,对于在天能科技 IPO 审计过程中部分审计证据相互矛盾、相关资金流转异常,以及政府招投标程序缺失等情况,大信所未予关注并追加必要的审计程序。大信所上述未勤勉尽责行为,违反了《证券法》第二十条的规定,构成《证券法》第二百二十三条所述违法行为。对大信所的上述违法行为,胡小黑作为签字注册会计师属于直接负责的主管人员。依据《证券法》第二百三十三条和《证券市场禁入规定》第三条、第五条的规定,本会认定胡小黑为证券市场终身市场禁入者。

申请人认为,本会《市场禁入决定书》〔2013〕10 号对其作出的终身市场禁入措施过重,请求免除。主要理由是:1. 天能科技 IPO 审计的结论是天能科技 IPO 项目不存在虚增收入及利润的情况,应县道路亮化工程等三个项目只是提前确认收入,金沙植物园太阳能照明工程在审计时已经基本完工。2. 禁入决定书中“审计底稿与天能科技财务凭证存在不一致的情况,审计人员仅查看了审计证据的复印件,未查看财务凭证后附原件”的认定与事实不符,申请人在审计过程中查阅了相关材料原件。3. 在申请人协调下,天能科技主动撤回了 IPO 申请,符合法定的减轻、免除处罚的情形;且对比以往类似案件,本案对申请人采取的措施明显过重。4. 申请人的行为不属于《证券市场禁入规定》第五条规定的可以采取终身证券市场禁入措施的任何一项情形,决定书适用法律不当。

经审查查明:天能科技应县道路亮化工程等三个项目确属真实存在,但截至 2011 年 9 月,三个项目均未达到收入确认条件。天能科技 2011 年 1 - 9 月的财务报表中,虚增收入、成本和利润,虚增利润达当期利润总额 53.18%。而大信所在审计报告和核查报告中称天能科技财务报表按规定编制,不存在提前确认和虚增收入的情形。本会禁入决定书中并未出现申请人所提出的“审计人员仅查看了审计证据的复印件,未查看财务凭证后附原件”的表述。天能科技在 IPO 申报过程中向本会报送虚假材料的行为被媒体曝光后,在社会舆论的压力之下,天能科技才撤回了材料。申请人作为天能科技申请 IPO 项目的注册会计师在天能科技 IPO 审计报告和举报事项核查报告上签字。

本会认为:

(一)天能科技应县道路亮化工程等三个项目虽然真实存在,但截至 2011 年 9 月均未达到收入确认条件。天能科技伪造三个项目的《工程结算书》,并且制造虚假的资金流来虚构销售回款,属财务造假行为。

(二)本会决定书中未出现申请人所述的认定其未查看财务凭证后附原件的表述。并且,本会认定申请人提供的审计证据相互矛盾,不仅仅是指审计底稿与天能科技财务凭证存在

不一致,还包括:审计工作底稿中审计证据存在不一致、天能科技 IPO 核查工作底稿中审计证据存在不一致、核查工作底稿与审计工作底稿中审计证据存在不一致。

(三)根据《中国注册会计师执业准则》,会计师应当就舞弊导致的会计差错主动向监管机构报告。申请人作为天能科技申请 IPO 项目的签字注册会计师,未主动报告。因此,申请人并不具有法定"主动消除或减轻违法行为危害后果"的情形。

(四)申请人在执行天能科技 IPO 审计项目时,未勤勉尽责,对天能科技财务造假行为未执行充分的审计程序进行审查。并且,在本会发现天能科技存在舞弊嫌疑并要求大信所核查时,申请人仍未履行基本的审慎注意义务,出具了内容失实的核查报告。

综上,本会将申请人认定为证券市场终身禁入者,是根据申请人在天能科技 IPO 审计中未勤勉尽责的情况及该案对证券市场秩序的影响、危害后果等因素综合考虑后作出的,符合《证券法》和《证券市场禁入规定》的规定。本会《市场禁入决定书》〔2013〕10 号认定事实清楚,证据充分,适用依据正确,程序合法,内容适当。

根据《中华人民共和国行政复议法》第二十八条第一款第一项的规定,本会决定:维持本会《市场禁入决定书》〔2013〕10 号对申请人作出的终身证券市场禁入决定。

申请人如不服本复议决定,可在收到本复议决定书之日起 15 日内向有管辖权的人民法院提起诉讼或向国务院申请裁决。

关于吴国民不服行政处罚的行政复议决定书

(〔2014〕22 号)

申请人:吴国民,山西天能科技股份有限公司(以下简称天能科技)首次公开发行股票(以下简称 IPO)审计报告签字注册会计师

被申请人:中国证券监督管理委员会

申请人不服中国证券监督管理委员会(以下简称本会)《行政处罚决定书》〔2013〕45 号对其作出的行政处罚决定,向本会提出行政复议申请。本会受理后,依法对本案进行了审查,现已审查终结。

本会《行政处罚决定书》〔2013〕45 号认定,大信会计师事务所(以下简称大信所)在对天能科技 IPO 审计过程中,取得的部分审计证据相互矛盾,且未对所发出的询证函汇总并进行有效控制。在对天能科技应县道路亮化工程、金沙植物园太阳能照明工程、和谐小区太阳能照明项目等三个光伏系统应用项目的财务审计中,对于在天能科技 IPO 审计过程中部分审计证据相互矛盾、相关资金流转异常,以及政府招投标程序缺失等情况,大信所未予关注并追加必要的审计程序。大信所上述未勤勉尽责行为,违反了《证券法》第二十条的规定,构成《证券法》第二百二十三条所述违法行为。对大信所的上述违法行为,吴国民作为签字注册会计师属于其他直接责任人员。本会决定对其给予警告,并处以 5 万元罚款。

申请人认为,本会《行政处罚决定书》〔2013〕45 号处罚过重,请求减轻处罚。主要理由是:1. 天能科技 IPO 审计的结论是天能科技 IPO 项目不存在虚增收入及利润的情况,应县道路亮化工程等三个项目只是提前确认收入,金沙植物园太阳能照明工程在审计时已经基本完工。2. 处罚决定书中"审计底稿与天能科技财务凭证存在不一致的情况,审计人员仅查看了审计证据的复印件,未查看财务凭证后附原件"的认定与事实不符,申请人在审计过程中查阅了相关材料原件。3. 在申请人的协调下,天能科技主动撤回了 IPO 申请,符合法定的减轻、免除处罚的情形;且对比以往类似案件,本

案对申请人的处罚明显过重。

经审查查明:天能科技应县道路亮化工程等三个项目确属真实存在,但截至2011年9月,三个项目均未达到收入确认条件。天能科技2011年1-9月的财务报表中,虚增收入、成本和利润,虚增利润达当期利润总额53.18%。而大信所在审计报告和核查报告中称天能科技财务报表按规定编制,不存在提前确认和虚增收入的情形。本会处罚决定书中并未出现申请人所提出的"审计人员仅查看了审计证据的复印件,未查看财务凭证后附原件"的表述。天能科技在IPO申报过程中向本会报送虚假材料的行为被媒体曝光后,在社会舆论的压力之下,天能科技才撤回了材料。申请人作为天能科技申请IPO项目的注册会计师在天能科技IPO审计报告和举报事项核查报告上签字。

本会认为:

(一)天能科技应县道路亮化工程等三个项目虽然真实存在,但天能科技伪造了三个项目的《工程结算书》,并且制造虚假的资金流虚构销售回款,属财务造假行为。申请人作为天能科技申请IPO项目的注册会计师,未勤勉尽责,对天能科技上述财务造假行为未执行充分的审计程序进行审查。并且,在本会发现天能科技存在舞弊嫌疑并要求大信所核查时,申请人仍未履行基本的审慎注意义务,出具了内容失实的核查报告。

(二)本会认定申请人提供的审计证据相互矛盾,不仅仅是指审计底稿与天能科技财务凭证存在不一致,还包括:审计工作底稿中审计证据存在不一致、天能科技IPO核查工作底稿中审计证据存在不一致、核查工作底稿与审计工作底稿中审计证据存在不一致。申请人作为注册会计师,出具了有虚假记载的标准无保留意见审计报告和内容失实的核查报告,未勤勉尽责。

(三)根据《中国注册会计师执业准则》的规定,会计师应当就舞弊导致的会计差错主动向监管机构报告。申请人作为天能科技申请IPO项目的签字注册会计师,未主动报告。因此,申请人不具有法定的减轻、免除处罚的情形。

综上,本会对申请人予以相应行政处罚,是根据申请人在天能科技IPO审计中未勤勉尽责的情况及该案对证券市场秩序的影响、危害后果等因素综合考虑后作出的,符合《证券法》和《行政处罚法》的规定。本会《行政处罚决定书》〔2013〕45号认定事实清楚,证据充分,适用依据正确,程序合法,内容适当。

根据《中华人民共和国行政复议法》第二十八条第一款第一项的规定,本会决定:维持本会《行政处罚决定书》〔2013〕45号对申请人作出的行政处罚。

申请人如不服本复议决定,可在收到本复议决定书之日起15日内向有管辖权的人民法院提起诉讼或向国务院申请裁决。

关于吴国民不服市场禁入的行政复议决定书

(〔2014〕23号)

申请人:吴国民,山西天能科技股份有限公司(以下简称天能科技)首次公开发行股票并上市(以下简称IPO)审计报告签字注册会计师

被申请人:中国证券监督管理委员会

申请人不服中国证券监督管理委员会(以下简称本会)《市场禁入决定书》〔2013〕10号对其作出的终身市场禁入决定,向本会提出行政复议申请。本会受理后,依法对本案进行了审查,现已审查终结。

本会《市场禁入决定书》〔2013〕10号认定,大信会计师事务所(以下简称大信所)在对天能科技IPO审计过程中,取得的部分审计证据相互矛盾,且未对所发出的询证函汇总并进行有效控制。在对天能科技应县道路亮化工程、

金沙植物园太阳能照明工程、和谐小区太阳能照明项目等三个光伏系统应用项目的财务审计中，对于在天能科技IPO审计过程中部分审计证据相互矛盾、相关资金流转异常，以及政府招投标程序缺失等情况，大信所未予关注并追加必要的审计程序。大信所上述未勤勉尽责行为，违反了《证券法》第二十条的规定，构成《证券法》第二百二十三条所述违法行为。对大信所的上述违法行为，吴国民作为签字注册会计师属于其他直接责任人员。依据《证券法》第二百三十三条和《证券市场禁入规定》第三条、第五条的规定，本会认定吴国民为证券市场终身市场禁入者。

申请人认为，本会《市场禁入决定书》〔2013〕10号对其作出的终身市场禁入措施过重，请求免除。主要理由是：1.天能科技IPO审计的结论是天能科技IPO项目不存在虚增收入及利润的情况，应县道路亮化工程等三个项目只是提前确认收入，金沙植物园太阳能照明工程在审计时已经基本完工。2.禁入决定书中"审计底稿与天能科技财务凭证存在不一致的情况，审计人员仅查看了审计证据的复印件，未查看财务凭证后附原件"的认定与事实不符，申请人在审计过程中查阅了相关材料原件。3.在申请人协调下，天能科技主动撤回了IPO申请，符合法定的减轻、免除处罚的情形；且对比以往类似案件，本案对申请人采取的措施明显过重。4.申请人的行为不属于《证券市场禁入规定》第五条规定的可以采取终身证券市场禁入措施的任何一项情形，决定书适用法律不当。

经审查查明：天能科技应县道路亮化工程等三个项目确属真实存在，但截至2011年9月，三个项目均未达到收入确认条件。天能科技2011年1－9月的财务报表中，虚增收入、成本和利润，虚增利润达当期利润总额53.18%。而大信所在审计报告和核查报告中称天能科技财务报表按规定编制，不存在提前确认和虚增收入的情形。本会禁入决定书中并未出现申请人所提出的"审计人员仅查看了审计证据的复印件，未查看财务凭证后附原件"的表述。天能科技在IPO申报过程中向本会报送虚假材料的行为被媒体曝光后，在社会舆论的压力之下，天能科技才撤回了材料。申请人作为天能科技申请IPO项目的注册会计师在天能科技IPO审计报告和举报事项核查报告上签字。

本会认为：

（一）天能科技应县道路亮化工程等三个项目虽然真实存在，但截至2011年9月均未达到收入确认条件。天能科技伪造三个项目的《工程结算书》，并且制造虚假的资金流来虚构销售回款，属财务造假行为。

（二）本会决定书中未出现申请人所述的认定其未查看财务凭证后附原件的表述。并且，本会认定申请人提供的审计证据相互矛盾，不仅仅是指审计底稿与天能科技财务凭证存在不一致，还包括：审计工作底稿中审计证据存在不一致、天能科技IPO核查工作底稿中审计证据存在不一致、核查工作底稿与审计工作底稿中审计证据存在不一致。

（三）根据《中国注册会计师执业准则》，会计师应当就舞弊导致的会计差错主动向监管机构报告。申请人作为天能科技申请IPO项目的签字注册会计师，未主动报告。因此，申请人并不具有法定"主动消除或减轻违法行为危害后果"的情形。

（四）申请人在执行天能科技IPO审计项目时，未勤勉尽责，对天能科技财务造假行为未执行充分的审计程序进行审查。并且，在本会发现天能科技存在舞弊嫌疑并要求大信所核查时，申请人仍未履行基本的审慎注意义务，出具了内容失实的核查报告。

综上，本会将申请人认定为证券市场终身禁入者，是根据申请人在天能科技IPO审计中未勤勉尽责的情况及该案对证券市场秩序的影响、危害后果等因素综合考虑后作出的，符合《证券法》和《证券市场禁入规定》的规定。本会《市场禁入决定书》〔2013〕10号认定事实清楚，证据充分，适用依据正确，程序合法，内容适当。

根据《中华人民共和国行政复议法》第二十八条第一款第一项的规定，本会决定：维持本会《市场禁入决定书》〔2013〕10号对申请人作出的终身证券市场禁入决定。

申请人如不服本复议决定，可在收到本复议决定书之日起15日内向有管辖权的人民法院提起诉讼或向国务院申请裁决。

关于谢晓蓉不服信息公开的行政复议决定书

(〔2014〕24 号)

申请人:谢晓蓉

被申请人:中国证券监督管理委员会

申请人不服中国证券监督管理委员会(以下简称本会)《监管信息告知书》(证监信息公开〔2013〕37 号),向本会提出行政复议申请。本会受理后,依法对本案进行了审查,现已审查终结。

2013 年 11 月 21 日,本会作出《监管信息告知书》,针对申请人向本会要求公开 2013 年 2 月 26 日以来我会负责行政复议工作的直接主管人员和直接工作人员的姓名及职务的信息公开申请,答复申请人申请公开的信息不属于本会信息公开范围。

申请人请求撤销《监管信息告知书》,要求公开其申请公开的上述信息。申请理由为:申请人申请公开的信息与履职行为有关,属于《政府信息公开条例》(以下简称《条例》)第二条规定的政府信息;《监管信息告知书》认定工作人员的姓名及职务为内部管理信息,缺乏法律依据;不予公开其申请的政府信息,是有意包庇相关人员的违法行为;《监管信息告知书》未告知救济途径,属于程序违法。

经审查,本会认为,根据《条例》第二条,政府信息是指"行政机关在履行职责过程中制作或者获取的,以一定形式保存的信息",即《条例》中规定的政府信息与行政机关履行职责相关。而本会工作人员的姓名及职务属内部人事管理范畴,并非本会履行监管职责过程中制作或获取。根据《国务院办公厅关于做好政府信息依申请公开工作的意见》(国办发〔2010〕5 号)规定,即使是行政机关在日常工作中制作或获取的信息,如果属于内部管理信息也一般不属于《条例》所指应公开的政府信息。因此,申请人申请公开的信息不属于《条例》规定应公开的政府信息。并且,《条例》未规定信息公开告知书须列明救济途径,因此,本会《监管信息告知书》不存在申请人所述程序违法情形。申请人其他理由无证据支持,且与复议请求无关。

综上,本会作出的《监管信息告知书》适用依据正确,程序合法,内容适当,申请人的请求不能成立。

根据《行政复议法》第二十八条第一款第一项的规定,本会决定:维持《监管信息告知书》(证监信息公开〔2013〕37 号)。

申请人如不服本复议决定,可在收到本复议决定书之日起 15 日内向有管辖权的人民法院提起诉讼或向国务院申请裁决。

关于崔岭不服行政处罚的行政复议决定书

(〔2014〕25 号)

申请人:崔岭

被申请人:中国证券监督管理委员会

申请人不服中国证券监督管理委员会(以下简称本会)《行政处罚决定书》〔2013〕48 号,向本会提出行政复议申请。本会受理后,依法对本案进行了审查,现已审查终结。

2013 年 3 月 21 日，本会对平安证券有限责任公司（以下简称平安证券）涉嫌违法违规行为进行了立案调查，并于 2013 年 9 月 24 日作出行政处罚决定。《行政处罚决定书》〔2013〕48 号认定，平安证券在推荐万福生科（湖南）农业开发股份有限公司（以下简称万福生科）首次公开发行股票并在创业板上市（以下简称 IPO）过程中，未能勤勉尽责，包括未对万福生科提供的资料和披露的内容进行独立判断，未审慎核查其他中介机构出具的专业意见，未对万福生科的实际业务及各报告期内财务数字履行尽职调查、审慎核查义务，出具的保荐书存在虚假记载。平安证券的行为违反了《证券法》第十一条的规定，构成了《证券法》第一百九十二条所述"保荐人出具有虚假记载、误导性陈述或者重大遗漏的保荐书，或者不履行其他法定职责"的行为。对平安证券的上述违法行为，申请人为其他直接责任人员，被警告并处 30 万元罚款，撤销证券从业资格。

申请人请求撤销本会对其作出的行政处罚决定。主要理由是：

一是《行政处罚决定书》认定的事实严重失实，并且逻辑错误。1. 证监会虽然认定申请人是平安证券违法行为的其他直接责任人员，但是未能提供任何证据证明其与本案有关联。2. 行政处罚决定书认定申请人承担本案相关责任的事实自相矛盾且存在严重错误。

二是《行政处罚决定书》存在严重的法律适用错误。1.《处罚决定书》认定的违法事实比行政处罚事先告知书中的减少了，但是处罚幅度却没有减轻或者免除。2.《处罚决定书》既适用《证券法》一般违法行为的罚则，又适用"情节严重"的罚则，属于严重的法律适用错误。3.《证券法》及《证券发行上市保荐业务管理办法》均没有对业务部门负责人作出任何法律责任的规定。

三是《行政处罚决定书》存在重大程序违法。1. 证监会网站发布的拟处罚公告与送达的行政处罚事先告知书中关于申请人身份的认定不同。2. 未向申请人出示立案文件，也没有对其作过任何调查。3. 无证据表明证监会对其申辩意见进行了调查核实，且未经听证质证的证据不能作为行政处罚的依据。

本会针对申请人提出的复议申请和主要理由对本案进行了审查。经审查查明，本会认定平安证券在推荐万福生科 IPO 过程中未能勤勉尽责地履行法定职责，出具的发行保荐书存在虚假记载，证据充足、确凿。

关于申请人履行保荐业务部门负责人职责的情况。平安证券按照本会《关于保荐项目尽职调查情况问核程序的审核指引》的要求，于 2011 年 7 月 15 日向本会报告备案，指定申请人作为保荐业务部门负责人参加问核程序。2011 年 8 月 22 日，申请人以保荐业务部门负责人的名义在《关于万福生科（湖南）农业开发股份有限公司首次公开发行股票发行保荐工作报告》（以下简称《保荐工作报告》）中签字。以上可以证明申请人自被指定为保荐业务部门负责人后应当并已开始承担相应的职责。

关于申请人参与万福生科项目的情况。申请人分别作为平安证券投行事业部立项管理委员会委员和内核小组成员参加了万福生科项目的立项审核和内核审议。立项审议中，参与人员主要就万福生科销售、管理和存货等问题予以关注，并提出意见。内核审议中，参与人员对发行申请材料进行审核，并就万福生科原材料采购、与农户的结算等问题予以关注并提出意见。这说明申请人通过参与万福生科项目的立项与内核，了解该项日的相关情况。根据《证券法》第十一条和《证券发行上市保荐业务管理办法》第三十八条的规定，从保证保荐业务质量和水平的角度，保荐机构应当建立健全保荐工作的内部控制体系，保荐业务部门负责人签署保荐工作报告是该内控体系中对保荐工作审慎核查把关的重要一环。发行保荐书和发行保荐工作报告是审核部门据以评价认定保荐机构和相关人员是否勤勉尽责的重要依据。申请人以保荐业务部门负责人的名义在发行保荐工作报告上签字时，基于对万福生科项目的了解，应尽审慎核实的义务并应保证所签署文件的真实、准确和完整。申请人应对未尽职履行法定职责承担相应的法律责任。

本会认为，申请人关于在万福生科 IPO 项目期间是否实际担任保荐业务部门负责人及是否履行相应职责的申辩，并不影响处罚决定认定申请人存在违法行为并应当承担法律责任的事实，即了解万福生科 IPO 项目、承担保荐业务部门负责人的职责并以保荐业务部门负责人的名义在发行保荐工作报告上签字。本会《行政处罚决定书》〔2013〕48号关于申请人违法行为的认定综合考虑了平安证券和相关责任人违法行为的性质及对资本市场造成的恶劣影响，证据充分，申请人关于《行政处罚决定书》认定事实存在严重失实和逻辑错误的主张不成立。

关于《行政处罚决定书》的法律适用。经审查，《行政处罚决定书》〔2013〕48号认定平安证券存在三方面的违法行为：一是在尽职调查中未勤勉尽责，未对万福生科提供的资料和披露的内容进行独立判断；二是未审慎核查其他中介机构出具的专业意见，未能发现万福生科涉嫌造假的内容；三是未对万福生科的实际业务及各报告期内财务数据履行尽职调查、审慎核查义务。《行政处罚决定书》〔2013〕48号中没有对《行政处罚和市场禁入事先告知书》(处罚字〔2013〕24－2号)中平安证券未依法对万福生科IPO履行持续督导的责任进行认定，并不影响对平安证券及相关责任人违法行为属于《证券法》第一百九十二条规定的情节严重行为性质的认定。因此，《行政处罚决定书》〔2013〕48号法律适用正确。

关于行政处罚程序。本会作出的处罚决定以向当事人送达的《行政处罚决定书》〔2013〕48号为准。本会于2013年3月21日对平安证券进行立案调查，向其出示了《调查通知书》，并以适当合理的方式展开调查，根据调取的证据，对平安证券及相关责任人员作出与违法行为的事实、性质、情节以及社会危害程度相应的处罚决定。本会按照《行政处罚法》的规定组织了听证，保证了申请人等被处罚当事人的陈述申辩权利。因此，本会行政处罚决定的作出程序合法适当，不存在申请人所称的"存在重大程序违法"的情形。

综上，根据《中华人民共和国行政复议法》第二十八条第一款第一项的规定，本会决定：维持本会《行政处罚决定书》〔2013〕48号。

申请人如不服本复议决定，可在收到本复议决定书之日起15日内向有管辖权的人民法院提起诉讼或向国务院申请裁决。

关于吴文浩不服行政处罚的行政复议决定书

(〔2014〕26号)

申请人：吴文浩

被申请人：中国证券监督管理委员会

申请人不服中国证券监督管理委员会(以下简称本会)《行政处罚决定书》〔2013〕48号，向本会提出行政复议申请。本会受理后，依法对本案进行了审查，现已审查终结。

2013年3月21日，本会对平安证券有限责任公司(以下简称平安证券)涉嫌违法违规行为进行了立案调查，并于2013年9月24日作出处罚决定。《行政处罚决定书》〔2013〕48号认定，平安证券作为万福生科(湖南)农业开发股份有限公司(以下简称万福生科)首次公开发行股票并在创业板上市(以下简称IPO)的保荐机构和主承销商，在推荐过程中，未能勤勉尽责，包括未对万福生科提供的资料和披露的内容进行独立判断，未审慎核查其他中介机构出具的专业意见，未对万福生科的实际业务及各报告期内财务数字履行尽职调查、审慎核查义务，出具的保荐书存在虚假记载。平安证券的行为违反了《证券法》第十一条的规定，构成了《证券法》第一百九十二条所述"保荐人出具有虚假记载、误导性陈述或者重大遗漏的保荐书，或者不履行其他法定职责"的行为。对平安证券的上述违法行为，申请人是直接负责的主管人员，被给予警告并处30万元罚款，撤销证券从业资格。

申请人请求撤销本会对其作出的行政处罚决定。主要理由是：

一是申请人行为不构成情节严重的违法违规行为。申请人作为保荐代表人是根据平安证券的指定具体负责保荐工作，申请人的行为与平安证券的行为具有一体性。《行政处罚决定书》并未将平安证券的违法行为认定为情节严重，却将申请人的行为认定为情节严重，显然不合逻辑和事实。

二是存在依法应对申请人从轻或者减轻处罚的情形。1. 平安证券主动出资设立专项赔偿基金，公司主动消除或者减轻违法行为危害后果的行为，应视为申请人的行为，客观上也消除或减轻了申请人的违法行为后果。2. 申请人主动配合调查，证监会作出处罚决定时，对此应予考虑。

本会针对申请人提出的复议申请和主要理由对本案进行了审查。经审查查明，本会认定平安证券在推荐万福生科 IPO 过程中未能勤勉尽责，出具的发行保荐书存在虚假记载，证据充足、确凿。根据《证券法》第一百九十二条和《证券发行上市保荐业务管理办法》的相关规定，申请人作为万福生科 IPO 相关保荐文件的签字保荐代表人，属于直接负责的主管人员，应依法承担相应的法律责任。本会《行政处罚决定书》〔2013〕48 号是在综合考虑相关因素的基础上，认定平安证券违法行为属于情节严重，包括申请人在内的直接责任人员是保荐及相关工作的实施主体，其责任应与保荐机构的认定保持一致，不存在逻辑不一致的问题。并且，根据《中华人民共和国行政处罚法》第二十七条，申请人不具有法定可以从轻或者减轻行政处罚的情形。因此，申请人关于其行为不构成“情节严重”的主张不成立，对其依法应予从轻或者减轻处罚的主张不予支持。

综上，根据《中华人民共和国行政复议法》第二十八条第一款第一项的规定，本会决定：维持本会《行政处罚决定书》〔2013〕48 号。

申请人如不服本复议决定，可在收到本复议决定书之日起 15 日内向有管辖权的人民法院提起诉讼或向国务院申请裁决。

关于吴文浩不服市场禁入的行政复议决定书

（〔2014〕27 号）

申请人：吴文浩

被申请人：中国证券监督管理委员会

申请人不服中国证券监督管理委员会（以下简称本会）《市场禁入决定书》〔2013〕13 号，向本会提出行政复议申请。本会受理后，依法对本案进行了审查，现已审查终结。

2013 年 3 月 21 日，本会对平安证券有限责任公司（以下简称平安证券）涉嫌违法违规行为进行了立案调查，并于 2013 年 9 月 24 日作出市场禁入决定。《市场禁入决定书》〔2013〕13 号认定，平安证券作为万福生科（湖南）农业开发股份有限公司（以下简称万福生科）首次公开发行股票并在创业板上市（以下简称 IPO）的保荐机构和主承销商，在推荐过程中，未能勤勉尽责，未对万福生科提供的资料和披露的内容进行独立判断，未审慎核查其他中介机构出具的专业意见，未对万福生科的实际业务及各报告期内财务数字履行尽职调查、审慎核查义务，出具的保荐书存在虚假记载。平安证券的行为违反了《证券法》第十一条的规定，构成了《证券法》第一百九十二条所述“保荐人出具有虚假记载、误导性陈述或者重大遗漏的保荐书，或者不履行其他法定职责”的行为。对平安证券的上述违法行为，申请人被认定为直接负责的主管人员。根据《证券法》第二百三十三条和《证券市场禁入规定》第五条的规定，认定申请人为证券市场终身禁入者。

申请人请求撤销本会对其作出的市场禁入决定。主要理由是：

一是申请人行为不构成情节严重的违法违规行为。申请人作为保荐代表人是根据平安证券的指定具体负责保荐工作，申请人的行为与平安证券的行为具有一体性。《市场禁入决定书》并未将平安证券的违法行为认定为情节严重,却将申请人的行为认定为情节严重,显然不合逻辑和事实。

二是存在依法应对申请人从轻或者减轻市场禁入措施的情形。1. 平安证券主动出资设立专项赔偿基金,公司主动消除或者减轻违法行为危害后果的行为,应视为申请人的行为,客观上也消除或减轻了申请人的违法行为后果。2. 申请人主动配合调查,证监会作出市场禁入决定时,对此应予考虑。

本会针对申请人提出的复议申请和主要理由对本案进行了审查。经审查查明,本会认定平安证券在推荐万福生科 IPO 过程中未能勤勉尽责,出具的发行保荐书存在虚假记载,证据充足、确凿。根据《证券法》第一百九十二条和《证券发行上市保荐业务管理办法》的相关规定,申请人作为万福生科 IPO 相关保荐文件的签字保荐代表人,属于直接负责的主管人员,应依法承担相应的法律责任。本会《市场禁入决定书》〔2013〕13 号是在综合考虑相关因素的基础上,认定平安证券违法行为属于情节严重,包括申请人在内的直接责任人员是保荐及相关工作的实施主体,其责任应与保荐机构的认定保持一致,不存在逻辑不一致的问题。并且,根据《证券市场禁入规定》第七条,申请人不具有法定可以从轻或减轻市场禁入措施的情形。申请人关于其行为不构成“情节严重”的主张不成立,对其依法应予从轻或者减轻禁入措施的主张不予支持。

综上,根据《中华人民共和国行政复议法》第二十八条第一款第一项的规定,本会决定:维持本会《市场禁入决定书》〔2013〕13 号。

申请人如不服本复议决定,可在收到本复议决定书之日起 15 日内向有管辖权的人民法院提起诉讼或向国务院申请裁决。

关于辛青不服行政处罚的行政复议决定书

(〔2014〕28 号)

申请人:辛青

被申请人:中国证券监督管理委员会

申请人不服中国证券监督管理委员会(以下简称本会)《行政处罚决定书》〔2013〕61 号对其作出的行政处罚,向本会提出行政复议申请。本会受理后,依法对本案进行了审查,现已审查终结。

本会《行政处罚决定书》〔2013〕61 号认定,山东海龙股份有限公司(以下简称山东海龙)存在以下违法事实:一是未披露对外担保事项。2009 年 1 月至 2011 年 6 月期间,山东海龙重大担保事项未履行临时报告披露义务 118 笔,累计金额 361,834.5 万元人民币,1,068.43 万美元。重大担保事项未履行定期报告披露义务如下:2009 年半年度报告未披露 21 笔,累计金额 33,800 万元人民币;2009 年年度报告未披露 31 笔,累计金额 81,900 万元人民币,110 万美元;2010 年半年度报告未披露 42 笔,累计金额 145,030 万元人民币,110 万美元;2010 年年度报告未披露 71 笔,累计金额 190,470 万元人民币,568.26 万美元;2011 年半年度报告未披露 73 笔,累计金额 178,744.5 万元人民币,2,703.84万美元。二是未将关联方潍坊巨龙化纤有限公司(以下简称巨龙化纤)以及与巨龙化纤的关联交易在 2009 年半年度报告、2009 年年度报告、2010 年半年度报告、2010 年年度报告和 2011 年半年度报告中披露。申请人时任山东海龙副总经理、董事会秘书,被本会认定为对上述违法行为负责的其他直接责任人员,依据《证券法》第一百九十三条规定,本会给予申请人警告,并处以 5 万元罚款。

申请人请求撤销《行政处罚决定书》〔2013〕61 号,主要理由为:1. 处罚决定书关于“辛青知悉并参与的山东海龙部分经董事会审议程序的担保事项，履行了临时信息披露义务但未在相应定期报告中披露，或者在相应定期报告中披露但未履行临时信息披露义务”的认定无事实和证据证明，不存在上述情形。本会应该而没有逐笔列举且一一对应地说明申请人未履行信息披露义务的相关事实和证据。2. 在编制 2010 年年度报告过程中，申请人知悉有约 18 亿元担保事项未经董事会审议后，坚决要求董事会进行专项审议，并进行了披露。3. 对约 18 亿元的违规担保，公司均未召开董事会审议，董事会决议存在造假，申请人无从知晓。

本会针对申请人提出的复议申请和主要理由对本案进行了审查。经审查查明，本会《行政处罚决定书》〔2013〕61 号关于山东海龙存在未披露重大担保和关联方及关联交易违法违规行为的认定，证据充足、确凿。申请人 2007 年 6 月至 2011 年 5 月 12 日担任山东海龙董事会秘书，2009 年 7 月 3 日至 2011 年 5 月 12 日同时担任山东海龙副总经理。

本会认为，根据《证券法》第六十八条、《上市公司信息披露管理办法》第五十八条和《信息披露违法行为行政责任认定规则》第十五条规定，申请人作为山东海龙时任副总经理、董事会秘书，是公司信息披露事务的主要责任人之一，对本案认定的公司须进行临时信息披露和定期报告披露义务的事项应当审慎关注，因此，对于公司信息披露违法行为应承担相应责任，除非申请人有充足证据表明其已经履行了勤勉尽责义务。

关于申请人对经董事会审议担保事项勤勉尽责的情况。本会审查认定，对申请人知悉并参与经董事会审议的 22 笔担保，山东海龙履行了临时信息披露义务，但未在相应定期报告中披露。申请人未勤勉尽责，可以认定。申请人主张本会应该逐笔列举且一一对应地说明申请人未履行信息披露义务的相关事实和证据。本会认为，相关事实和证据在听证过程中逐一进行了质证，申请人还曾专门阅卷，《行政处罚决定书》〔2013〕61 号未再一一具体列明不影响本会对案件事实的认定。

关于申请人对未经董事会审议担保事项勤勉尽责的情况。申请人主张其不知悉约 18 亿元未经董事会审议担保，其在编制 2010 年年报过程中发现这些担保后，坚决要求董事会进行专项审议并进行了披露，但未向本会提供新证据，本会审查认为，申请人是否知悉未经董事会审议的担保事项，与其是否勤勉尽责没有必然联系。申请人提供证据不足以证明其对约 18 亿元担保事项的信息披露已勤勉履行职责，更不足以证明其在整个任职期间履行了勤勉尽责义务。

另外，对申请人提出的调查山东海龙违规嫌疑事项的要求，本会认定，申请人要求调查事项与本案无关，且不属于复议范围，本会对其要求不予支持。

综上，本会认为，申请人复议理由不成立，本会不予采纳。《行政处罚决定书》〔2013〕61 号认定事实清楚，证据充分，适用依据正确，程序合法，内容适当。

根据《中华人民共和国行政复议法》第二十八条第一款第一项的规定，本会决定：维持本会《行政处罚决定书》〔2013〕61 号对申请人作出的行政处罚。

申请人如不服本复议决定，可在收到本复议决定书之日起 15 日内向有管辖权的人民法院提起诉讼或向国务院申请裁决。

关于章鹏飞、范建国不服行政处罚的行政复议决定书

（〔2014〕29 号）

申请人：章鹏飞、范建国

被申请人：中国证券监督管理委员会

申请人章鹏飞、范建国不服中国证券监督管理委员会（以下简称本会）《行政处罚决定

书》〔2013〕69号对其作出的行政处罚决定,分别向本会提出行政复议申请。本会依法予以合并审理,现已审查终结。

本会《行政处罚决定书》〔2013〕69号认定,2012年3月30日,天目山药业股份有限公司(以下简称天目药业)与杭州誉振科技有限公司(以下简称誉振科技)、杭州天目保健品有限公司和杭州天目山铁皮石斛有限公司签署的股权转让《补充协议》中有天目药业应收账款清收等内容,属于重大事件,应立即披露。天目药业2012年7月26日才披露此协议,违反了《证券法》第六十三条、六十七条和《上市公司信息披露管理办法》第三十条第一款的规定。对于天目药业上述违法行为,认定时为天目药业实际控制人章鹏飞负有责任;时任天目药业董事长范建国为直接负责的主管人员。根据《证券法》第一百九十三条的规定,给予章鹏飞警告并处20万元罚款;给予范建国警告并处5万元罚款。

申请人均认为,《行政处罚决定书》〔2013〕69号认定事实不清、证据不足,请求予以撤销。范建国的复议理由:1. 行政处罚认定《补充协议》的签署时间错误。2012年5月15日,章鹏飞请其秘书陶某将《补充协议》发给范建国,范建国提出修改意见后,陶某当日将修改后的《补充协议》电子版通过电子邮件发给范建国确认。并且,最终签署的《补充协议》与其当时提出修改意见后的版本一字不差,足以证明《补充协议》的签署时间应晚于2012年5月15日,并非处罚认定的2012年3月30日。2. 范建国称在2012年5月20日离职之前对《补充协议》的商谈和签署情况完全不知情,且2012年5月20日天目药业董事会换届后,不再担任公司董事长或高管职务。章鹏飞的复议理由:《补充协议》是天目药业时任总经理朱容稼具体洽谈、签署,并加盖公司印章。其并未在场,事后也未得到任何通知。

经审查查明:章鹏飞在本会行政复议调查核实阶段的询问笔录中明确称,《补充协议》签署后朱容稼向其报告过,即章鹏飞知情《补充协议》的签署,其申请行政复议理由不成立。范建国在复议中提出的电子邮件属于新证据,并未在本会调查处罚本案期间提出。但鉴于《补充协议》签订时间是信息披露的重要时点,本会复议认为有必要核实。根据行政复议调查阶段调取的关于2012年5月15日范建国修改《补充协议》的电子邮件,以及《补充协议》签署各方等相关人员的询问笔录,《补充协议》实际签署时间并非2012年3月30日,而是2012年5月15日之后至2012年5月20日天目药业董事会换届之前,但现有证据无法确认具体签署日期。根据天目药业公告,2012年4月20日天目药业第一大股东及实际控制人发生变更;2012年5月20董事会换届后,范建国不再担任董事长。

本会认为,《补充协议》实际签署时间、申请人的职务和身份等事实涉及到履行信息披露义务时点和法律责任的认定。但处罚认定的《补充协议》签署时间与复议调查中核实的实际签署时间不一致;没有证据证明申请人章鹏飞在《补充协议》签署时仍为天目药业实际控制人。因此,处罚认定的主要事实不清,证据不足。根据《中华人民共和国行政复议法》第二十八条第一款第(三)项的规定,本会决定:撤销《行政处罚决定书》〔2013〕69号。

申请人如不服本复议决定,可在收到本复议决定书之日起15日内向有管辖权的人民法院提起诉讼或向国务院申请裁决。

关于王凯不服信息公开未予答复的行政复议决定书

(〔2014〕30号)

申请人:王凯

被申请人:中国证券监督管理委员会浙江监管局

申请人不服中国证券监督管理委员会浙江

监管局对其信息公开申请未予答复，向中国证券监督管理委员会（以下简称本会）提出行政复议申请。本会受理后，依法对本案进行了审查，现已审查终结。

申请人请求确认被申请人对其信息公开申请不予答复的行为违法，要求责令被申请人依法作出具体行政行为、追究其行政责任，并承担申请人因申请行政复议而产生的邮递费用。

申请人称，其于 2014 年 2 月 17 日通过挂号信向被申请人寄出政府信息公开申请，经查询被申请人已于 2014 年 2 月 20 日签收。但被申请人超出法定期限未予答复，也未作出任何具体行政行为，违反《政府信息公开条例》的相关规定。

被申请人称，其未收到上述挂号信，无法对相关信息公开申请作出答复，请求驳回申请人的行政复议申请。理由为：中国邮政网上邮件跟踪查询记录所显示挂号信"已签收"，签收人为中国邮政派驻东部软件园的网点（以下简称软件园网点），查询记录中所显示"单位收发章"，系软件园网点收发章，被申请人没有签收记录。同时，被申请人与中国邮政也未签订过委托代收信件协议。根据《政府信息公开条例》第二十四条的规定，行政机关收到政府信息公开申请后，方负有答复申请人的义务。截至目前，被申请人尚未收到申请人提出的上述信息公开申请，因此无法作出依申请信息公开的行政行为。

经审查查明，申请人于 2014 年 2 月 17 日交寄挂号信，收件人为被申请人。根据《邮政法》第八十四条和《邮政法实施细则》第三十八条的规定，该挂号信为给据邮件，应由被申请人签收。2014 年 2 月 20 日，中国邮政杭州石灰桥投递组将该挂号信投递至软件园网点后，由软件园网点签收后加盖收发章。另查明，软件园网点无被申请人对该挂号信的签收记录，被申请人亦未与中国邮政签订委托代收信件协议。

上述事实，有中国邮政网上邮件跟踪查询记录、邮件交寄清单以及软件园网点出具的"大宗邮件投递清单"和《说明》等证据证明。

综上，本会认为，中国邮政网上查询记录所显示的 2014 年 2 月 20 日该挂号信"已签收"，实系软件园网点的"已签收"，并非被申请人作为收件人的"已签收"。因此，不能认定被申请人收到了申请人的信息公开申请。根据《政府信息公开条例》第二十四条的规定，行政机关在收到政府信息公开申请后，方负有答复义务。申请人虽通过挂号信寄出信息公开申请，但被申请人未收到该申请，客观上无法依法履行依申请信息公开答复职责。故对申请人关于被申请人超过法定期限不予答复的行为违法等主张，本会不予支持。

根据《行政复议法实施条例》第四十八条第一款第（一）项的规定，本会决定：驳回申请人的行政复议申请。

申请人如不服本复议决定，可在收到本复议决定书之日起 15 日内向有管辖权的人民法院提起诉讼。

关于朱平不服信息公开的行政复议决定书

（〔2014〕31 号）

申请人：朱平

被申请人：中国证券监督管理委员会

申请人不服中国证券监督管理委员会（以下简称本会）《监管信息告知书》（证监信息公开〔2014〕11 号），向本会提出行政复议申请。本会受理后，依法对本案进行了审查，现已审查终结。

2014 年 4 月 9 日，本会作出《监管信息告知书》（证监信息公开〔2014〕11 号），针对申请人向本会要求公开对天津国恒铁路控股股份有限公司（以下简称国恒铁路）作出的《行政处罚和市场禁入事先告知书》（处罚字〔2013〕48 号，以下简称《事先告知书》)的具体内容、形成时间、送达国恒铁路的时间和方式,答复如下:"《事先告知书》送达国恒铁路及相关人员是用于听取其陈述、申辩之用途,根据《国务院办公厅关于做好政府信息依申请公开工作的意见》(国办发〔2010〕5号,以下简称国务院5号文)中关于'行政机关在日常工作中制作或获取的内部管理信息以及处于研究、讨论或者审查中的过程性信息,一般不属于《政府信息公开条例》(以下简称《条例》)所指应公开的政府信息'的规定,您申请的上述信息不属于公开信息。我会对相关案件作出最终决定后,将会对相关决定予以信息公开"。

申请人请求撤销上述《监管信息告知书》,要求公开《事先告知书》。理由是:1.《事先告知书》不属于国务院5号文规定的不予公开的政府信息。国恒铁路董事会已于2014年2月24日公告收到上述《事先告知书》,该《事先告知书》已不属于内部管理信息;《事先告知书》也不属于讨论、研究、审查中的过程性信息,只能是属于处罚过程中的信息。2.国恒铁路已公开披露《事先告知书》内容,且严重影响到国恒铁路的股价,有可能是被人利用,故不予公开行为违反了"三公"原则。

经审查查明,本会向国恒铁路送达的《事先告知书》中所涉案件尚在审查处理过程中。根据《行政处罚法》第三十一条、第三十二条,本会制作并送达《事先告知书》,是为了让当事人充分行使陈述和申辩权利,并不是对当事人作出的具有法律效力的行政处罚决定。

本会认为,上司公司的信息披露不同于政府信息公开,两者的义务主体、法律依据均不同,申请人混淆了二者的关系。《事先告知书》涉及案件尚在审理过程中。根据国务院5号文关于不属于《条例》所指应公开的政府信息的规定,我会《事先告知书》不应公开。因此,上述《监管信息告知书》的答复内容符合法律规定,申请人的主张不能成立。

根据《行政复议法》第二十八条第一款第一项的规定,本会决定:维持本会《监管信息告知书》(证监信息公开〔2014〕11号)。

申请人如不服本复议决定,可在收到本复议决定书之日起15日内向有管辖权的人民法院提起诉讼或向国务院申请裁决。

关于河南天丰节能板材科技股份有限公司不服行政处罚的行政复议决定书

(〔2014〕32号)

申请人:河南天丰节能板材科技股份有限公司(以下简称天丰节能)

被申请人:中国证券监督管理委员会

申请人不服中国证券监督管理委员会(以下简称本会)《行政处罚决定书》〔2014〕19号对其作出的行政处罚,向本会提出行政复议申请。本会受理后,依法对本案进行了审查,现已审查终结。

本会《行政处罚决定书》〔2014〕19号认定,天丰节能在2010年至2012年,通过虚增销售收入、虚增固定资产、虚列付款等多种手段虚增利润,且存在关联交易披露不完整等行为,导致报送的首次公开发行股票并上市(以下简称IPO)申请文件(含《招股说明书》、相关财务报表等)及《河南天丰节能板材科技股份有限公司关于报告期财务报告专项检查的说明》(以下简称《天丰节能检查说明》)存在虚假记载。并且,天丰节能财务不独立、高级管理人员不独立,《招股说明书》对此存在虚假记载。天丰节能上述行为违反《证券法》第二十条第一款的规定,根据《证券法》第一百九十三条第二款的规定,本会决定对其给予警告,并处以60万元罚款。

申请人认为《行政处罚决定书》〔2014〕19

号认定事实有误、程序违法、适用法律错误，复议请求撤销对其作出的行政处罚。理由是：1. 申请人已主动撤回 IPO 申请，本会未作出终止审查决定，违反法定许可程序，行政处罚不能成立。2. 申请人在本会审查申请材料阶段已撤回申请，其身份仅是“申请人”，并非被核准发行的“发行人”、“上市公司”等，本会认定“天丰节能报送发行申请文件即属于发行人身份”并据此处罚错误。3. 即使可以依法对申请人作出处罚，因申请人主动撤回了申请，配合调查，主动消除违法行为的危害后果，根据《行政处罚法》第二十七条的规定，应当依法从轻、减轻或者免除处罚。

经审查查明：申请人向本会报送的 IPO 申请文件存在虚假记载，并且在自查阶段未撤回申请，仍然报送了存在虚假记载的《天丰节能检查说明》。本会 2013 年 4 月 18 日决定对申请人初步调查，4 月 22 日调查组向申请人下达调查通知书，申请人当日拒不签收，4 月 24 日予以签收。申请人 2013 年 4 月 25 日出具撤回 IPO 申请文件的书面申请，向本会受理部门提交。2013 年 5 月 6 日，本会决定对申请人立案调查。

本会认为：

（一）本会对申请人进行行政处罚是依据其违法事实依法作出。并且，自本会立案调查距申请人终止申请未超过两年处罚时效。根据《行政处罚法》第二十九条的规定，本会处罚程序并无不当。申请人陈述的相关行政许可问题不影响本案处罚。

（二）根据《证券法》第十九条、第二十条、第二十一条及第二十四条等以及《首次公开发行股票并上市管理办法》，“发行人”不仅指经核准发行证券的公司，还包括申请发行中的公司。申请人向本会报送发行申请文件，即属于法律规定的发行人，应当遵守《证券法》第二十条关于“发行人向国务院证券监督管理机构或者国务院授权的部门报送的证券发行申请文件，必须真实、准确、完整”的规定。申请人向本会报送了虚假申请文件，按照《证券法》第一百九十三条第二款的规定，应当受到行政处罚。

（三）申请人不仅报送了虚假的 IPO 申请文件，而且在自查阶段仍然出具了虚假的《天丰节能检查说明》，具有明显主观故意，情节恶劣，严重破坏证券市场诚信基础和投资者信心，造成严重的社会影响。申请人不具有《行政处罚法》第二十七条规定的从轻、减轻或者免除处罚的情形。

综上，申请人实施了报送虚假申请文件的违法行为，属于《证券法》规定的发行人，应受到相应处罚，并且申请人不具有从轻、减轻或者免除处罚的情形，申请人的复议理由不能成立。本会《行政处罚决定书》〔2014〕19 号认定事实清楚，证据充分，适用依据正确，程序合法，内容适当。

根据《行政复议法》第二十八条第一款第一项的规定，本会决定：维持本会《行政处罚决定书》〔2014〕19 号对申请人作出的行政处罚。

申请人如不服本复议决定，可在收到本复议决定书之日起 15 日内向有管辖权的人民法院提起诉讼或向国务院申请裁决。

关于李续禄不服行政处罚的行政复议决定书

（〔2014〕33 号）

申请人：李续禄，河南天丰节能板材科技股份有限公司（以下简称天丰节能）法定代表人、董事长

被申请人：中国证券监督管理委员会

申请人不服中国证券监督管理委员会（以下简称本会《行政处罚决定书》〔2014〕19 号对其作出的行政处罚，向本会提出行政复议申请。本会受理后，依法对本案进行了审查，现已审查

终结。

本会《行政处罚决定书》〔2014〕19 号认定,天丰节能在 2010 年至 2012 年,通过虚增销售收入、虚增固定资产、虚列付款等多种手段虚增利润,且存在关联交易披露不完整等行为,导致报送的首次公开发行股票并上市(以下简称 IPO)申请文件(含《招股说明书》、相关财务报表等)及《河南天丰节能板材科技股份有限公司关于报告期财务报告专项检查的说明》(以下简称《天丰节能检查说明》)存在虚假记载。并且,天丰节能财务不独立、高级管理人员不独立,《招股说明书》对此存在虚假记载。天丰节能上述行为违反《证券法》第二十条第一款的规定,构成了《证券法》第一百九十三条第二款所述情形。申请人作为天丰节能法定代表人、董事长,是天丰节能上述违法行为直接负责的主管人员。本会决定对其给予警告,并处以 30 万元罚款。

申请人认为《行政处罚决定书》〔2014〕19 号认定事实有误、程序违法、适用法律错误,复议请求撤销对其作出的行政处罚。理由是:1. 河南豫康建安有限公司等 5 家公司是天丰节能正常客户,与公司发生的业务真实,并非处罚决定认定的虚构客户;公司为了规避关联交易,通过台湾、意大利两家公司将与关联方交易的资产反映出来,仅是财务处理错误问题,借款利息资本化并未违反会计准则,认定公司虚增固定资产与实际情况不符;2011 年 12 月 31 日资金余额差额的原因是公司财务列报不当,并非虚假记载;天丰节能的资金管理已从集团中完全独立出去,公司财务独立,在《招股说明书》中的描述不存在虚假记载。2. 申请人负责公司整体发展战略和重大决策等宏观管理工作,未亲自参与公司财务管理,未指使、参与公司有关人员虚假做账,认定其为“直接负责的主管人员”错误。3. 天丰节能已主动撤回 IPO 申请,本会未作出终止审查决定,违反法定许可程序,行政处罚不能成立。4. 天丰节能在本会审查申请材料阶段已撤回申请,其身份仅是“申请人”,并非被核准发行的“发行人”、“上市公司”等,本会认定“天丰节能报送发行申请文件即属于发行人身份”并据此处罚错误。5. 即使可以依法对申请人作出处罚,因在申请人的直接领导下,天丰节能主动撤回了申请,配合调查,主动消除违法行为的危害后果,根据《行政处罚法》第二十七条的规定,应当依法从轻、减轻或者免除处罚。

经审查查明:天丰节能向本会报送的 IPO 申请文件存在虚假记载,并且在自查阶段未撤回申请,仍然报送了存在虚假记载的《天丰节能检查说明》。本会处罚决定书对虚假记载的认定事实清楚,证据充分。本会 2013 年 4 月 18 日决定对天丰节能初步调查,4 月 22 日调查组向天丰节能下达调查通知书,天丰节能当日拒不签收,4 月 24 日予以签收。天丰节能 2013 年 4 月 25 日出具撤回 IPO 申请文件的书面申请,向本会受理部门提交。2013 年 5 月 6 日,本会决定对天丰节能立案调查。申请人在调查初期不接受我会调查,不接收调查通知书,未能要求公司配合调查。

本会认为:

(一)处罚决定中认定天丰节能虚构的 74 家公司客户中不包括申请人所述的河南豫康建安有限公司等 5 家公司,本会未否认该 5 家公司真实存在及与天丰节能存在业务往来,而是认定天丰节能存在虚增销售收入的情形。

天丰节能虚构了向台湾后东机械公司和意大利 OMS 进口设备采购交易,以虚增固定资产与在建工程,并非申请人所述财务处理错误问题。天丰节能将从国家开发银行河南省分行获得的专项贷款中的部分款项用于归还公司贷款和利息,未用于购建相关资产,不符合新会计准则对专门借款利息资本化的规定条件。

天丰节能伪造了建设银行新乡牧野支行 41001557710050203102 账户 2011 年度银行对账单,在《招股说明书》中虚假记载 2011 年 12 月 31 日货币资金余额,并非仅如其所述为公司财务不当列报所致。

自 2010 年 6 月至 2012 年底,天丰节能的所有资金运转包括银行账户开立、资金收付、票据开立、借款都是由河南天丰投资发展有限公司统一管理,《招股说明书》中存在虚假记载。

申请人关于本会处罚决定认定天丰节能申报文件虚假记载事实有误的主张,无事实依据或没有证据证明,本会不予支持。

(二)申请人作为天丰节能董事长及法定代表人,对公司财务管理不存在不能履职的情形,其所称未实施管理、未参与实施具体行为及不知情不能成为免责的理由。同时，申请人又是公司发行上市的主要决策人，其对公司的违法行为应承担主要责任。本会认定其为直接负责的主管人员并无不当。

（三）本会对天丰节能进行行政处罚是依据其违法事实依法作出。并且，自本会立案调查距天丰节能终止申请未超过两年处罚时效。根据《行政处罚法》第二十九条的规定，本会处罚程序并无不当。申请人陈述的相关行政许可问题不影响本案处罚。

（四）根据《证券法》第十九条、第二十条、第二十一条及第二十四条等以及《首次公开发行股票并上市管理办法》，“发行人”不仅指经核准发行证券的公司，还包括申请发行中的公司。天丰节能向本会报送发行申请文件，即属于法律规定的发行人，应当遵守《证券法》第二十条关于“发行人向国务院证券监督管理机构或者国务院授权的部门报送的证券发行申请文件，必须真实、准确、完整”的规定。天丰节能向本会报送了虚假申请文件，按照《证券法》第一百九十三条第二款的规定，应当受到行政处罚。

（五）天丰节能不仅报送了虚假的IPO申请文件，而且在自查阶段仍然出具了虚假的《天丰节能检查说明》，具有明显主观故意，情节恶劣，严重破坏证券市场诚信基础和投资者信心，造成严重的社会影响。申请人在调查初期不配合调查，不接收调查通知书，未能要求公司配合调查。申请人所提出的主动积极配合调查存在片面性。申请人不具有《行政处罚法》第二十七条规定的从轻、减轻或者免除处罚的情形。

综上，天丰节能实施了报送虚假申请文件的违法行为，属于《证券法》规定的发行人，应受到相应处罚。申请人作为董事长及法定代表人，公司发行上市的决策人，为公司违法行为直接负责的主管人员，并且申请人不具有从轻、减轻或者免除处罚的情形。申请人的复议理由不能成立。本会《行政处罚决定书》〔2014〕19号认定事实清楚，证据充分，适用依据正确，程序合法，内容适当。

根据《行政复议法》第二十八条第一款第一项的规定，本会决定：维持本会《行政处罚决定书》〔2014〕19号对申请人作出的行政处罚。

申请人如不服本复议决定，可在收到本复议决定书之日起15日内向有管辖权的人民法院提起诉讼或向国务院申请裁决。

关于李续禄不服市场禁入的行政复议决定书

（〔2014〕34号）

申请人：李续禄，河南天丰节能板材科技股份有限公司（以下简称天丰节能）法定代表人、董事长

被申请人：中国证券监督管理委员会

申请人不服中国证券监督管理委员会（以下简称本会）《市场禁入决定书》〔2014〕4号对其作出的证券市场禁入措施，向本会提出行政复议申请。本会受理后，依法对本案进行了审查，现已审查终结。

本会《市场禁入决定书》〔2014〕4号认定，天丰节能在2010年至2012年，通过虚增销售收入、虚增固定资产、虚列付款等多种手段虚增利润，且存在关联交易披露不完整等行为，导致报送的首次公开发行股票并上市（以下简称IPO）申请文件（含《招股说明书》、相关财务报表等）及《河南天丰节能板材科技股份有限公司关于报告期财务报告专项检查的说明》（以下简称《天丰节能检查说明》）存在虚假记载。并且，天丰节能财务不独立、高级管理人员不独立，《招股说明书》对此存在虚假记载。天丰节能上述行为违反《证券法》第二十条第一款的规定，构成了《证券法》第一百九十三条第二款

所述情形。申请人作为天丰节能法定代表人、董事长,是天丰节能上述违法行为直接负责的主管人员。根据《证券法》第二百三十三条和《证券市场禁入规定》第五条的规定,本会决定对其采取10年证券市场禁入措施。

申请人认为《市场禁入决定书》〔2014〕4号认定事实有误、程序违法、适用法律错误,复议请求撤销对其作出的市场禁入。理由是:1. 河南豫康建安有限公司等5家公司是天丰节能正常客户,与公司发生的业务真实,并非处罚决定认定的虚构客户;公司为了规避关联交易,通过台湾、意大利两家公司将与关联方交易的资产反映出来,仅是财务处理错误问题,借款利息资本化并未违反会计准则,认定公司虚增固定资产与实际情况不符;2011年12月31日资金余额差额的原因是公司财务列报不当,并非虚假记载;天丰节能的资金管理已从集团中完全独立出去,公司财务独立,在《招股说明书》中的描述不存在虚假记载。2. 申请人负责公司整体发展战略和重大决策等宏观管理工作,未亲自参与公司财务管理,未指使、参与公司有关人员虚假做账,认定其为"直接负责的主管人员"错误。3. 天丰节能已主动撤回IPO申请,本会未作出终止审查决定,违反法定许可程序,行政处罚不能成立。4. 天丰节能在本会审查申请材料阶段已撤回申请,其身份仅是"申请人",并非被核准发行的"发行人"、"上市公司"等,本会认定"天丰节能报送发行申请文件即属于发行人身份"并据此处罚错误。5. 对申请人采取10年证券市场禁入措施违反法律规定。6. 即使可以依法对申请人作出处罚,因在申请人的直接领导下,天丰节能主动撤回了申请,配合调查,主动消除违法行为的危害后果,根据《行政处罚法》第二十七条的规定,应当依法从轻、减轻或者免除处罚。

经审查查明:天丰节能向本会报送的IPO申请文件存在虚假记载,并且在自查阶段未撤回申请,仍然报送了存在虚假记载的《天丰节能检查说明》。本会2013年4月18日决定对天丰节能初步调查,4月22日调查组向天丰节能下达调查通知书,天丰节能当日拒不签收,4月24日予以签收。天丰节能2013年4月25日出具撤回IPO申请文件的书面申请,向本会受理部门提交。申请人在调查初期不接受我会调查,不接收调查通知书,未能要求公司配合调查。

本会认为:

(一)市场禁入决定中认定天丰节能虚构的74家公司客户中不包括申请人所述的河南豫康建安有限公司等5家公司,本会未否认该5家公司真实存在及与天丰节能存在业务往来,而是认定天丰节能存在虚增销售收入的情形。

天丰节能虚构了向台湾后东机械公司和意大利OMS进口设备采购交易,以虚增固定资产与在建工程,并非申请人所述财务处理错误问题。天丰节能将从国家开发银行河南省分行获得的专项贷款中的部分款项用于归还公司贷款和利息,未用于购建相关资产,不符合新会计准则对专门借款利息资本化的规定条件。

天丰节能伪造了建设银行新乡牧野支行41001557710050203102账户2011年度银行对账单,在《招股说明书》中虚假记载2011年12月31日货币资金余额,并非仅如其所述为公司财务不当列报所致。

自2010年6月至2012年底,天丰节能的所有资金运转包括银行账户开立、资金收付、票据开立、借款都是由河南天丰投资发展有限公司统一管理,《招股说明书》中存在虚假记载。

申请人关于本会市场禁入决定认定天丰节能申报文件虚假记载事实有误的主张,无事实依据或没有证据证明,本会不予支持。

(二)申请人作为天丰节能董事长及法定代表人,对公司财务管理不存在不能履职的情形,其所称未实施管理、未参与实施具体行为及不知情不能成为免责的理由。同时,申请人又是公司发行上市的主要决策人,其对公司的违法行为应承担主要责任。本会认定其为直接负责的主管人员并无不当。

(三)本会对天丰节能进行行政处罚是依据其违法事实依法作出。并且,自本会立案调查距天丰节能终止申请未超过两年处罚时效。根据《行政处罚法》第二十九条的规定,本会处罚程序并无不当。申请人陈述的相关行政许可问题不影响本案处罚。

(四)根据《证券法》第十九条、第二十条、第二十一条及第二十四条等以及《首次公开发行股票并上市管理办法》,"发行人"不仅指经核准发行证券的公司，还包括申请发行中的公司。天丰节能向本会报送发行申请文件，即属于法律规定的发行人，应当遵守《证券法》第二十条关于“发行人向国务院证券监督管理机构或者国务院授权的部门报送的证券发行申请文件，必须真实、准确、完整”的规定。天丰节能向本会报送了虚假申请文件，按照《证券法》第一百九十三条第二款的规定，应当受到行政处罚。

（五）天丰节能不仅报送了虚假的IPO申请文件，而且在自查阶段仍然出具了虚假的《天丰节能检查说明》，具有明显主观故意，情节恶劣，严重破坏证券市场诚信基础和投资者信心，造成严重的社会影响，申请人应对公司违法行为承担相应的责任。申请人在调查初期不配合调查，不接收调查通知书，未能要求公司配合调查，申请人所提出的主动积极配合调查存在片面性。申请人不具有《证券市场禁入规定》第七条规定的从轻、减轻或者免予采取证券市场禁入措施的情形。并且，本会已考虑申请人后期配合调查等情形，对其作出的市场禁入适当，符合《证券市场禁入规定》第五条规定。

综上，天丰节能实施了报送虚假申请文件的违法行为，属于《证券法》规定的发行人，应受到相应处罚。申请人作为董事长及法定代表人，公司发行上市的决策人，为公司违法行为直接负责的主管人员。天丰节能违法情节恶劣，严重扰乱证券市场秩序，对申请人进行市场禁入符合法律规定。申请人的复议理由不能成立。本会《市场禁入决定书》〔2014〕4号认定事实清楚，证据充分，适用依据正确，程序合法，内容适当。

根据《行政复议法》第二十八条第一款第一项的规定，本会决定：维持本会《市场禁入决定书》〔2014〕4号对申请人作出的10年证券市场禁入措施。

申请人如不服本复议决定，可在收到本复议决定书之日起15日内向有管辖权的人民法院提起诉讼或向国务院申请裁决。

关于孙玉玲不服行政处罚的行政复议决定书

（〔2014〕35号）

申请人：孙玉玲，河南天丰节能板材科技股份有限公司（以下简称天丰节能）财务总监

被申请人：中国证券监督管理委员会

申请人不服中国证券监督管理委员会（以下简称本会）《行政处罚决定书》〔2014〕19号对其作出的行政处罚，向本会提出行政复议申请。本会受理后，依法对本案进行了审查，现已审查终结。

本会《行政处罚决定书》〔2014〕19号认定，天丰节能在2010年至2012年，通过虚增销售收入、虚增固定资产、虚列付款等多种手段虚增利润，且存在关联交易披露不完整等行为，导致报送的首次公开发行股票并上市（以下简称IPO）申请文件（含《招股说明书》、相关财务报表等）及《河南天丰节能板材科技股份有限公司关于报告期财务报告专项检查的说明》（以下简称《天丰节能检查说明》）存在虚假记载。并且，天丰节能财务不独立、高级管理人员不独立，《招股说明书》对此存在虚假记载。天丰节能上述行为违反《证券法》第二十条第一款的规定，构成了《证券法》第一百九十三条第二款所述情形。申请人作为天丰节能财务总监，是天丰节能上述违法行为直接负责的主管人员。本会决定对其给予警告，并处以30万元罚款。

申请人认为《行政处罚决定书》〔2014〕19号认定事实有误、程序违法、适用法律错误，复议请求撤销对其作出的行政处罚。理由是：1.天丰节能已主动撤回IPO申请，本会未作出终止审查决定，违反法定许可程序，行政处罚不能成立。2.天丰节能在本会审查申请材料阶段

已撤回申请,其身份仅是"申请人",并非被核准发行的"发行人"、"上市公司"等,本会认定"天丰节能报送发行申请文件即属于发行人身份"并据此处罚错误。3. 天丰节能本身符合上市条件,申请人虽有错误行为,但不同于纯粹以编制数据手段欺骗上市的行为;公司申请尚未过会,且招股说明书尚未预披露,造成的社会不良影响较小,应对申请人酌情从轻处罚。

经审查查明:天丰节能向本会报送的 IPO 申请文件存在虚假记载,并且在自查阶段未撤回申请,仍然报送了存在虚假记载的《天丰节能检查说明》。本会 2013 年 4 月 18 日决定对天丰节能初步调查,4 月 22 日调查组向天丰节能下达调查通知书,天丰节能当日拒不签收,4 月 24 日予以签收。天丰节能 2013 年 4 月 25 日出具撤回 IPO 申请文件的书面申请,向本会受理部门提交。申请人是公司财务负责人,在本会调查期间不配合调查工作。

本会认为:

(一)本会对天丰节能进行行政处罚是依据其违法事实依法作出。并且,自本会立案调查距天丰节能终止申请未超过两年处罚时效。根据《行政处罚法》第二十九条的规定,本会处罚程序并无不当。申请人陈述的相关行政许可问题不影响本案处罚。

(二)根据《证券法》第十九条、第二十条、第二十一条及第二十四条等以及《首次公开发行股票并上市管理办法》,"发行人"不仅指经核准发行证券的公司,还包括申请发行中的公司。天丰节能向本会报送发行申请文件,即属于法律规定的发行人,应当遵守《证券法》第二十条关于"发行人向国务院证券监督管理机构或者国务院授权的部门报送的证券发行申请文件,必须真实、准确、完整"的规定。天丰节能向本会报送了虚假申请文件,按照《证券法》第一百九十三条第二款的规定,应当受到行政处罚。

(三)天丰节能不仅报送了虚假的 IPO 申请文件,而且在自查阶段仍然出具了虚假的《天丰节能检查说明》,具有明显主观故意,情节恶劣,严重破坏证券市场诚信基础和投资者信心,造成严重的社会影响。申请人作为财务总监,负责公司财务管理,为公司违法行为直接负责的主管人员。

综上,天丰节能实施了报送虚假申请文件的违法行为,属于《证券法》规定的发行人,应受到相应处罚。申请人不配合调查,不具有从轻处罚的情形。申请人的复议理由不能成立。本会《行政处罚决定书》〔2014〕19 号认定事实清楚,证据充分,适用依据正确,程序合法,内容适当。

根据《行政复议法》第二十八条第一款第一项的规定,本会决定:维持本会《行政处罚决定书》〔2014〕19 号对申请人作出的行政处罚。

申请人如不服本复议决定,可在收到本复议决定书之日起 15 日内向有管辖权的人民法院提起诉讼或向国务院申请裁决。

关于孙玉玲不服市场禁入的行政复议决定书

(〔2014〕36 号)

申请人:孙玉玲,河南天丰节能板材科技股份有限公司(以下简称天丰节能)财务总监

被申请人:中国证券监督管理委员会

申请人不服中国证券监督管理委员会(以下简称本会)《市场禁入决定书》〔2014〕4 号对其作出的证券市场禁入措施,向本会提出行政复议申请。本会受理后,依法对本案进行了审查,现已审查终结。

本会《市场禁入决定书》〔2014〕4 号认定,天丰节能在 2010 年至 2012 年,通过虚增销售收入、虚增固定资产、虚列付款等多种手段虚增利润,且存在关联交易披露不完整等行为,导致

报送的首次公开发行股票并上市(以下简称IPO)申请文件(含《招股说明书》、相关财务报表等)及《河南天丰节能板材科技股份有限公司关于报告期财务报告专项检查的说明》(以下简称《天丰节能检查说明》)存在虚假记载。并且,天丰节能财务不独立、高级管理人员不独立,《招股说明书》对此存在虚假记载。天丰节能上述行为违反《证券法》第二十条第一款的规定,构成了《证券法》第一百九十三条第二款所述情形。申请人作为天丰节能财务总监,是天丰节能上述违法行为直接负责的主管人员。根据《证券法》第二百三十三条和《证券市场禁入规定》第五条的规定,本会决定对其采取终身证券市场禁入措施。

申请人认为《市场禁入决定书》〔2014〕4号认定事实有误、程序违法、适用法律错误,复议请求撤销对其作出的行政处罚。理由是:1. 天丰节能已主动撤回IPO申请,本会未作出终止审查决定,违反法定许可程序,行政处罚不能成立。2. 天丰节能在本会审查申请材料阶段已撤回申请,其身份仅是"申请人",并非被核准发行的"发行人"、"上市公司"等,本会认定"天丰节能报送发行申请文件即属于发行人身份"并据此处罚错误。3. 对申请人采取终身证券市场禁入措施违反法律规定。4. 天丰节能本身符合上市条件,申请人虽有错误行为,但不同于纯粹以编制数据手段欺骗上市的行为;公司申请尚未过会,且招股说明书尚未预披露,造成的社会不良影响较小,应酌情从轻处罚申请人。

经审查查明:天丰节能向本会报送的IPO申请文件存在虚假记载,并且在自查阶段未撤回申请,仍然报送了存在虚假记载的《天丰节能检查说明》。本会2013年4月18日决定对天丰节能初步调查,4月22日调查组向天丰节能下达调查通知书,天丰节能当日拒不签收,4月24日予以签收。天丰节能2013年4月25日出具撤回IPO申请文件的书面申请,向本会受理部门提交。申请人是公司财务负责人,在本会调查期间不配合调查工作。

本会认为:

(一)本会对天丰节能进行行政处罚是依据其违法事实依法作出。并且,自本会立案调查距天丰节能终止申请未超过两年处罚时效。根据《行政处罚法》第二十九条的规定,本会处罚程序并无不当。申请人陈述的相关行政许可问题不影响本案处罚。

(二)根据《证券法》第十九条、第二十条、第二十一条及第二十四条等以及《首次公开发行股票并上市管理办法》,"发行人"不仅指经核准发行证券的公司,还包括申请发行中的公司。天丰节能向本会报送发行申请文件,即属于法律规定的发行人,应当遵守《证券法》第二十条关于"发行人向国务院证券监督管理机构或者国务院授权的部门报送的证券发行申请文件,必须真实、准确、完整"的规定。天丰节能向本会报送了虚假申请文件,按照《证券法》第一百九十三条第二款的规定,应当受到行政处罚。

(三)天丰节能不仅报送了虚假的IPO申请文件,而且在自查阶段仍然出具了虚假的《天丰节能检查说明》,具有明显主观故意,情节恶劣,严重破坏证券市场诚信基础和投资者信心,造成严重的社会影响,申请人作为财务总监,为直接负责的主管人员。并且,申请人不配合本会调查工作,不具有酌情从轻处罚的情节。本会对其终身市场禁入符合《证券市场禁入规定》第五条的规定。

综上,天丰节能实施了报送虚假申请文件的违法行为,属于《证券法》规定的发行人,应受到相应处罚。天丰节能违法情节恶劣,严重扰乱证券市场秩序,且申请人不配合调查,对申请人进行终身市场禁入符合法律规定。申请人的复议理由不能成立。本会《市场禁入决定书》〔2014〕4号认定事实清楚,证据充分,适用依据正确,程序合法,内容适当。

根据《中华人民共和国行政复议法》第二十八条第一款第一项的规定,本会决定:维持本会《市场禁入决定书》〔2014〕4号对申请人作出的终身市场禁入措施。

申请人如不服本复议决定,可在收到本复议决定书之日起15日内向有管辖权的人民法院提起诉讼或向国务院申请裁决。

关于王敏康不服行政处罚的行政复议决定书

(〔2014〕37 号)

申请人:王敏康,河南天丰节能板材科技股份有限公司(以下简称天丰节能)独立董事

被申请人:中国证券监督管理委员会

申请人不服中国证券监督管理委员会(以下简称本会)《行政处罚决定书》〔2014〕19 号对其作出的行政处罚,向本会提出行政复议申请。本会受理后,依法对本案进行了审查,现已审查终结。

本会《行政处罚决定书》〔2014〕19 号认定,天丰节能在 2010 年至 2012 年,通过虚增销售收入、虚增固定资产、虚列付款等多种手段虚增利润,且存在关联交易披露不完整等行为,导致报送的首次公开发行股票并上市(以下简称 IPO)申请文件(含《招股说明书》、相关财务报表等)及《河南天丰节能板材科技股份有限公司关于报告期财务报告专项检查的说明》(以下简称《天丰节能检查说明》)存在虚假记载。并且,天丰节能财务不独立、高级管理人员不独立,《招股说明书》对此存在虚假记载。天丰节能上述行为违反《证券法》第二十条第一款的规定,构成了《证券法》第一百九十三条第二款所述情形。申请人作为天丰节能独立董事,签字承诺招股说明书及其摘要不存在虚假记载、误导性陈述或重大遗漏,并对其真实性、准确性、完整性承担个别和连带责任,是天丰节能上述违法行为的其他直接责任人员。本会决定对其给予警告,并处以 5 万元罚款。

申请人认为对天丰节能违法行为不负有责任,复议请求撤销《行政处罚决定书》〔2014〕19 号对其作出的行政处罚。理由是:1. 申请人没有参与天丰节能财务造假,已履行法定责任和义务,且有理由信赖中介机构的专业能力和执业操守,对公司违法行为的发生没有责任。2. 以在招股说明书上签字承诺为依据处罚,违反法律规定。3. 天丰节能已撤回 IPO 申请,符合《行政处罚法》第二十七条规定的从轻、减轻或者免除处罚情形。4. 独立董事是一种外部监督力量,其责任和义务不应比公司内部高管人员更重,对其处罚未能体现我国设立独立董事制度的意义。

经审查查明:天丰节能向本会报送的 IPO 申请文件存在虚假记载,并且在自查阶段未撤回申请,仍然报送了存在虚假记载的《天丰节能检查说明》。本会 2013 年 4 月 18 日决定对天丰节能初步调查,4 月 22 日调查组向天丰节能下达调查通知书,天丰节能当日拒不签收,4 月 24 日予以签收。天丰节能 2013 年 4 月 25 日出具撤回 IPO 申请文件的书面申请,向本会受理部门提交。申请人作为天丰节能独立董事,在招股说明书上签字承诺。

本会认为:

(一)申请人虽提供了参加天丰节能董事会及股东会等证明其已履职的材料,但这些材料显示申请人参与表决的所有决议均为一致同意通过,包括 2012 年财务报告,不足以证明其在天能科技 IPO 申报过程中履行了勤勉尽责义务。并且,申请人在 2013 年 5 月 31 日的调查询问笔录中称,其对天丰节能的相关财务的疑问,只是听取保荐代表人的解释,并未进一步核查;对天丰节能是否存在关联交易未予关注。申请人信赖中介机构专业能力和职业操守的辩解不能当然免除其自身的勤勉义务。

(二)申请人在招股书上的签字承诺即是表明对公司报送申请文件及披露信息真实、准确、完整的保证,以此作为认定申请人责任的事实依据,符合《证券法》的规定以及立法精神。并且,本会对申请人责任的认定是依据其职务、具体职责、履职情况以及在违法行为发生过程中所起的作用和对违法行为的知情程度等综合分析认定的。如上所述,申请人未能提供足以

证明其勤勉尽责的证据。因此,本会依法追究其行政责任并无不当。

(三)天丰节能不仅报送了虚假的 IPO 申请文件,而且在自查阶段仍然出具了虚假的《天丰节能检查说明》,具有明显主观故意,情节恶劣,严重破坏证券市场诚信基础和投资者信心,造成严重的社会影响。天丰节能不具有《行政处罚法》第二十七条规定的从轻、减轻或者免除处罚的情形。

(四)对申请人的处罚为同案责任人员中最轻,不存在比其他责任人员更重的情形。独立董事制度的意义在于由与公司没有利益关联且具备任职条件的人担任董事,对公司有关事项作出独立客观的判断,促进公司规范运作,以维护公司整体利益特别是中小股东的合法利益不受损害。申请人没有勤勉尽责,背离独立董事制度的意义及所赋予的职责,给予申请人处罚恰是对独立董事制度的维护。

综上,申请人未履行勤勉尽责义务,是公司违法行为的其他直接责任人员,申请人的复议理由不能成立。本会《行政处罚决定书》〔2014〕19 号认定事实清楚,证据充分,适用依据正确,程序合法,内容适当。

根据《行政复议法》第二十八条第一款第一项的规定,本会决定:维持本会《行政处罚决定书》〔2014〕19 号对申请人作出的行政处罚。

申请人如不服本复议决定,可在收到本复议决定书之日起 15 日内向有管辖权的人民法院提起诉讼或向国务院申请裁决。

关于贺颖奇不服行政处罚的行政复议决定书

(〔2014〕38 号)

申请人:贺颖奇,河南天丰节能板材科技股份有限公司(以下简称天丰节能)独立董事

被申请人:中国证券监督管理委员会

申请人不服中国证券监督管理委员会(以下简称本会)《行政处罚决定书》〔2014〕19 号对其作出的行政处罚,向本会提出行政复议申请。本会受理后,依法对本案进行了审查,现已审查终结。

本会《行政处罚决定书》〔2014〕19 号认定,天丰节能在 2010 年至 2012 年,通过虚增销售收入、虚增固定资产、虚列付款等多种手段虚增利润,且存在关联交易披露不完整等行为,导致报送的首次公开发行股票并上市(以下简称 IPO)申请文件(含《招股说明书》、相关财务报表等)及《河南天丰节能板材科技股份有限公司关于报告期财务报告专项检查的说明》(以下简称《天丰节能检查说明》)存在虚假记载。并且,天丰节能财务不独立、高级管理人员不独立,《招股说明书》对此存在虚假记载。天丰节能上述行为违反《证券法》第二十条第一款的规定,构成《证券法》第一百九十三条第二款所述情形。申请人作为天丰节能独立董事,签字承诺招股说明书及其摘要不存在虚假记载、误导性陈述或重大遗漏,并对其真实性、准确性、完整性承担个别和连带责任,是天丰节能上述违法行为的其他直接责任人员。本会决定对其给予警告,并处以 5 万元罚款。

申请人认为对天丰节能违法行为不负有责任,复议请求撤销《行政处罚决定书》〔2014〕19 号对其作出的行政处罚。理由是:1. 申请人没有参与天丰节能财务造假,已履行法定责任和义务,且有理由信赖中介机构的专业能力和执业操守,对公司违法行为的发生没有责任。2. 以在招股说明书上签字承诺为依据处罚,违反法律规定。3. 天丰节能已撤回 IPO 申请,符合《行政处罚法》第二十七条规定的从轻、减轻或者免除处罚情形。4. 独立董事是一种外部监督力量,其责任和义务不应比公司内部高管人员更重,对其处罚未能体现我国设立独立董事制度的意义。

经审查查明:天丰节能向本会报送的 IPO 申请文件存在虚假记载,并且在自查阶段未撤回申请,仍然报送了存在虚假记载的《天丰节能检查说明》。本会 2013 年 4 月 18 日决定对天丰节能初步调查,4 月 22 日调查组向天丰节能下达调查通知书,天丰节能当日拒不签收,4 月 24 日予以签收。天丰节能 2013 年 4 月 25 日出具撤回 IPO 申请文件的书面申请,向本会受理部门提交。申请人作为天丰节能独立董事,在招股说明书上签字承诺。

本会认为:

(一)申请人虽提供了参加天丰节能董事会及股东会等证明其已履职的材料,但这些材料显示申请人参与表决的所有决议均为一致同意通过,包括 2012 年财务报告,不足以证明其在天能科技 IPO 申报过程中履行了勤勉尽责义务。申请人信赖中介机构专业能力和职业操守的辩解不能当然免除其自身的勤勉义务。

(二)申请人在招股书上的签字承诺即是表明对公司报送申请文件及披露信息真实、准确、完整的保证,以此作为认定申请人责任的事实依据,符合《证券法》的规定以及立法精神。并且,本会对申请人责任的认定是依据其职务、具体职责、履职情况以及在违法行为发生过程中所起的作用和对违法行为的知情程度等综合分析认定的。如上所述,申请人未能提供足以证明其勤勉尽责的证据。因此,本会依法追究其行政责任并无不当。

(三)天丰节能不仅报送了虚假的 IPO 申请文件,而且在自查阶段仍然出具了虚假的《天丰节能检查说明》,具有明显主观故意,情节恶劣,严重破坏证券市场诚信基础和投资者信心,造成严重的社会影响。天丰节能不具有《行政处罚法》第二十七条规定的从轻、减轻或者免除处罚的情形。

(四)对申请人的处罚为同案责任人员中最轻,不存在比其他责任人员更重的情形。独立董事制度的意义在于由与公司没有利益关联且具备任职条件的人担任董事,对公司有关事项作出独立客观的判断,促进公司规范运作,以维护公司整体利益特别是中小股东的合法利益不受损害。申请人没有勤勉尽责,背离独立董事制度的意义及所赋予的职责,给予申请人处罚恰是对独立董事制度的维护。

综上,申请人未履行勤勉尽责义务,是公司违法行为的其他直接责任人员,申请人的复议理由不能成立。本会《行政处罚决定书》〔2014〕19 号认定事实清楚,证据充分,适用依据正确,程序合法,内容适当。

根据《行政复议法》第二十八条第一款第一项的规定,本会决定:维持本会《行政处罚决定书》〔2014〕19 号对申请人作出的行政处罚。

申请人如不服本复议决定,可在收到本复议决定书之日起 15 日内向有管辖权的人民法院提起诉讼或向国务院申请裁决。

关于张武不服行政处罚的行政复议决定书

(〔2014〕39 号)

申请人:张武,河南天丰节能板材科技股份有限公司(以下简称天丰节能)独立董事

被申请人:中国证券监督管理委员会

申请人不服中国证券监督管理委员会(以下简称本会)《行政处罚决定书》〔2014〕19 号对其作出的行政处罚,向本会提出行政复议申请。本会受理后,依法对本案进行了审查,现已审查终结。

本会《行政处罚决定书》〔2014〕19 号认定,天丰节能在 2010 年至 2012 年,通过虚增销售收入、虚增固定资产、虚列付款等多种手段虚增利润,且存在关联交易披露不完整等行为,导致报送的首次公开发行股票并上市(以下简称 IPO)申请文件(含《招股说明书》、相关财务报

表等）及《河南天丰节能板材科技股份有限公司关于报告期财务报告专项检查的说明》（以下简称《天丰节能检查说明》）存在虚假记载。并且，天丰节能财务不独立、高级管理人员不独立，《招股说明书》对此存在虚假记载。天丰节能上述行为违反《证券法》第二十条第一款的规定，构成了《证券法》第一百九十三条第二款所述情形。申请人作为天丰节能独立董事，签字承诺招股说明书及其摘要不存在虚假记载、误导性陈述或重大遗漏，并对其真实性、准确性、完整性承担个别和连带责任，是天丰节能上述违法行为的其他直接责任人员。本会决定对其给予警告，并处以5万元罚款。

申请人认为对天丰节能违法行为不负有责任，复议请求撤销《行政处罚决定书》〔2014〕19号对其作出的行政处罚。理由是：1.申请人没有参与天丰节能财务造假，已履行法定责任和义务，且有理由信赖中介机构的专业能力和执业操守，对公司违法行为的发生没有责任。2.以在招股说明书上签字承诺为依据处罚，违反法律规定。3.天丰节能已撤回IPO申请，符合《行政处罚法》第二十七条规定的从轻、减轻或者免除处罚情形。4.独立董事是一种外部监督力量，其责任和义务不应比公司内部高管人员更重，对其处罚未能体现我国设立独立董事制度的意义。

经审查查明：天丰节能向本会报送的IPO申请文件存在虚假记载，并且在自查阶段未撤回申请，仍然报送了存在虚假记载的《天丰节能检查说明》。本会2013年4月18日决定对天丰节能初步调查，4月22日调查组向天丰节能下达调查通知书，天丰节能当日拒不签收，4月24日予以签收。天丰节能2013年4月25日出具撤回IPO申请文件的书面申请，向本会受理部门提交。申请人作为天丰节能独立董事，在招股说明书上签字承诺。

本会认为：

（一）申请人虽提供了参加天丰节能董事会及股东会等证明其已履职的材料，但这些材料显示申请人参与表决的所有决议均为一致同意通过，其中包括2012年财务报告，不足以证明其在天能科技IPO申报过程中履行了勤勉尽责义务。并且，申请人在2013年5月31调查询问笔录中称，其看过相关IPO申报材料后，没有向任何人进行核实即签字。申请人信赖中介机构专业能力和职业操守的辩解不能当然免除其自身的勤勉义务。

（二）申请人在招股书上的签字承诺即是表明对公司报送申请文件及披露信息真实、准确、完整的保证，以此作为认定申请人责任的事实依据，符合《证券法》的规定以及立法精神。并且，本会对申请人责任的认定是依据其职务、具体职责、履职情况以及在违法行为发生过程中所起的作用和对违法行为的知情程度等综合分析认定的。如上所述，申请人未能提供足以证明其勤勉尽责的证据。因此，本会依法追究其行政责任并无不当。

（三）天丰节能不仅报送了虚假的IPO申请文件，而且在自查阶段仍然出具了虚假的《天丰节能检查说明》，具有明显主观故意，情节恶劣，严重破坏证券市场诚信基础和投资者信心，造成严重的社会影响。天丰节能不具有《行政处罚法》第二十七条规定的从轻、减轻或者免除处罚的情形。

（四）对申请人的处罚为同案责任人员中最轻，不存在比其他责任人员更重的情形。独立董事制度的意义在于由与公司没有利益关联且具备任职条件的人担任董事，对公司有关事项作出独立客观的判断，促进公司规范运作，以维护公司整体利益特别是中小股东的合法利益不受损害。申请人没有勤勉尽责，背离独立董事制度的意义及所赋予的职责，给予申请人处罚恰是对独立董事制度的维护。

综上，申请人未履行勤勉尽责义务，是公司违法行为的其他直接责任人员，申请人的复议理由不能成立。本会《行政处罚决定书》〔2014〕19号认定事实清楚，证据充分，适用依据正确，程序合法，内容适当。

根据《行政复议法》第二十八条第一款第一项的规定，本会决定：维持本会《行政处罚决定书》〔2014〕19号对申请人作出的行政处罚。

申请人如不服本复议决定，可在收到本复议决定书之日起15日内向有管辖权的人民法院提起诉讼或向国务院申请裁决。

关于王文立不服行政处罚的行政复议决定书

(〔2014〕40 号)

申请人:王文立,河南天丰节能板材科技股份有限公司(以下简称天丰节能)董事

被申请人:中国证券监督管理委员会

申请人不服中国证券监督管理委员会(以下简称本会)《行政处罚决定书》〔2014〕19 号对其作出的行政处罚,向本会提出行政复议申请。本会受理后,依法对本案进行了审查,现已审查终结。

本会《行政处罚决定书》〔2014〕19 号认定,天丰节能在 2010 年至 2012 年,通过虚增销售收入、虚增固定资产、虚列付款等多种手段虚增利润,且存在关联交易披露不完整等行为,导致报送的首次公开发行股票并上市(以下简称 IPO)申请文件(含《招股说明书》、相关财务报表等)及《河南天丰节能板材科技股份有限公司关于报告期财务报告专项检查的说明》(以下简称《天丰节能检查说明》)存在虚假记载。并且,天丰节能财务不独立、高级管理人员不独立,《招股说明书》对此存在虚假记载。天丰节能上述行为违反《证券法》第二十条第一款的规定,构成了《证券法》第一百九十三条第二款所述情形。申请人作为天丰节能董事,签字承诺招股说明书及其摘要不存在虚假记载、误导性陈述或重大遗漏,并对其真实性、准确性、完整性承担个别和连带责任,是天丰节能上述违法行为的其他直接责任人员。本会决定对其给予警告,并处以 10 万元罚款。

申请人认为《行政处罚决定书》〔2014〕19 号认定事实有误、程序违法、适用法律错误,复议请求撤销对其作出的行政处罚。理由是:1. 天丰节能已主动撤回 IPO 申请,本会未作出终止审查决定,违反法定许可程序,行政处罚不能成立。2. 本会在 2013 年 4 月 24 日向天能科技下达《调查通知书》,在此之前调查人员不具有法定调查权,2013 年 4 月 23 日的调查程序违法,申请人不存在不配合调查的情形。3. "虚增销售收入"部分应以天丰节能《自查报告》中查明的数据为准。4. 天丰节能在本会审查申请材料阶段已撤回申请,其身份仅是"申请人",并非被核准发行的"发行人"、"上市公司"等,本会认定"天丰节能报送发行申请文件即属于发行人身份"并据此处罚错误。5. 即使可以依法对申请人作出处罚,因申请人仅是一名外部董事,不参与公司的经营管理,对申请人处罚过重。并且,天丰节能主动撤回了申请,配合调查,主动消除违法行为的危害后果。根据《行政处罚法》第二十七条的规定,应当对申请人从轻、减轻或者免除处罚。

经审查查明:天丰节能向本会报送的 IPO 申请文件存在虚假记载,并且在自查阶段未撤回申请,仍然报送了存在虚假记载的《天丰节能检查说明》。本会 2013 年 4 月 18 日决定对天丰节能初步调查,4 月 22 日调查组向天丰节能下达调查通知书,天丰节能当日拒不签收,4 月 24 日予以签收。天丰节能 2013 年 4 月 25 日出具撤回 IPO 申请文件的书面申请,向本会受理部门提交。申请人在招股说明书上签字承诺。

本会认为:

(一)本会对天丰节能进行行政处罚是依据其违法事实依法作出。并且,自本会立案调查距天丰节能终止申请未超过两年处罚时效。根据《行政处罚法》第二十九条的规定,本会处罚程序并无不当。申请人陈述的相关行政许可问题不影响本案处罚。

(二)根据《证券法》第十九条、第二十条、第二十一条及第二十四条等以及《首次公开发行股票并上市管理办法》(以下简称《首发办法》),"发行人"不仅指经核准发行证券的公司,还包括申请发行中的公司。天丰节能向本

会报送发行申请文件,即属于法律规定的发行人,应当遵守《证券法》第二十条关于“发行人向国务院证券监督管理机构或者国务院授权的部门报送的证券发行申请文件,必须真实、准确、完整”的规定。天丰节能向本会报送了虚假的 IPO 申请文件,按照《证券法》第一百九十三条第二款的规定,应当受到行政处罚。

(三)处罚认定的“虚增销售收入”的数据是根据天丰节能会计凭证、应收账款明细账、银行对账单、客户外调结果、天丰节能《自查报告》等综合分析予以确认的。天丰节能《自查报告》及申请人未能提出具体项目数字出入及调整理由。申请人认为“虚增销售收入”部分应以天丰节能《自查报告》中查明的数据为准的主张不能得到支持。

(四)本会 2013 年 4 月 22 日向天丰节能下达调查通知书,4 月 23 日对申请人进行询问,申请人未按《证券法》要求配合调查,其后在被通知接受调查的情况下始终未与调查组联系。申请人不配合调查是持续性行为,本会相关证据制作程序合法。

(五)天丰节能不仅报送了虚假的 IPO 申请文件,而且在自查阶段仍然出具了虚假的《天丰节能检查说明》,具有明显主观故意,情节恶劣,严重破坏证券市场诚信基础和投资者信心,造成严重的社会影响。申请人自始至终不配合本会调查。因此,申请人不具有《行政处罚法》第二十七条规定的从轻、减轻或者免除处罚的情形。本会基于申请人违法事实及情节,对其作出的行政处罚适当。

综上,天丰节能实施了报送虚假申请文件的违法行为,属于《证券法》规定的发行人,应受到相应处罚。申请人不仅未履行勤勉尽责义务,并且不配合调查,不具有从轻、减轻或者免除处罚的情形。申请人的复议理由不能成立。本会《行政处罚决定书》〔2014〕19 号认定事实清楚,证据充分,适用依据正确,程序合法,内容适当。

根据《行政复议法》第二十八条第一款第一项的规定,本会决定:维持本会《行政处罚决定书》〔2014〕19 号对申请人作出的行政处罚。

申请人如不服本复议决定,可在收到本复议决定书之日起 15 日内向有管辖权的人民法院提起诉讼或向国务院申请裁决。

关于张爱军不服行政处罚的行政复议决定书

(〔2014〕41 号)

申请人:张爱军,河南天丰节能板材科技股份有限公司(以下简称天丰节能)董事、总经理

被申请人:中国证券监督管理委员会

申请人不服中国证券监督管理委员会(以下简称本会)《行政处罚决定书》〔2014〕19 号对其作出的行政处罚,向本会提出行政复议申请。本会受理后,依法对本案进行了审查,现已审查终结。

本会《行政处罚决定书》〔2014〕19 号认定,天丰节能在 2010 年至 2012 年,通过虚增销售收入、虚增固定资产、虚列付款等多种手段虚增利润,且存在关联交易披露不完整等行为,导致报送的首次公开发行股票并上市(以下简称 IPO)申请文件(含《招股说明书》、相关财务报表等)及《河南天丰节能板材科技股份有限公司关于报告期财务报告专项检查的说明》(以下简称《天丰节能检查说明》)存在虚假记载。并且,天丰节能财务不独立、高级管理人员不独立,《招股说明书》对此存在虚假记载。天丰节能上述行为违反《证券法》第二十条第一款的规定,构成了《证券法》第一百九十三条第二款所述情形。申请人作为天丰节能董事、总经理,签字承诺招股说明书及其摘要不存在虚假记载、误导性陈述或重大遗漏,并对其真实性、准确性、完整性承担个别和连带责任,是天丰节能上述违法行为的其他直接责任人员。本会决定

对其给予警告,并处以 5 万元罚款。

申请人认为《行政处罚决定书》〔2014〕19 号认定事实有误、程序违法、适用法律错误,复议请求撤销对其作出的行政处罚。理由是:1. 申请人既未参与也不知情账册虚假,不负责公司财务事宜,对相关事实不知情,认定其为“其他直接责任人员”错误。2. 天丰节能已主动撤回 IPO 申请,本会未作出终止审查决定,违反法定许可程序,行政处罚不能成立。3. 天丰节能在本会审查申请材料阶段已撤回申请,其身份仅是“申请人”,并非被核准发行的“发行人”、“上市公司”等,本会认定“天丰节能报送发行申请文件即属于发行人身份”并据此处罚错误。4. 即使可以依法对申请人作出处罚,因天丰节能主动撤回了申请,配合调查,主动消除违法行为的危害后果,根据《行政处罚法》第二十七条的规定,应当对申请人从轻、减轻或者免除处罚。

经审查查明:天丰节能向本会报送的 IPO 申请文件存在虚假记载,并且在自查阶段未撤回申请,仍然报送了存在虚假记载的《天丰节能检查说明》。本会 2013 年 4 月 18 日决定对天丰节能初步调查,4 月 22 日调查组向天丰节能下达调查通知书,天丰节能当日拒不签收,4 月 24 日予以签收。天丰节能 2013 年 4 月 25 日出具撤回 IPO 申请文件的书面申请,向本会受理部门提交。申请人在招股说明书上签字承诺。

本会认为:

(一)申请人作为天丰节能董事、总经理,在相关发行申请文件签字保证真实、准确、完整,且未提交勤勉尽责的证据。不知情、不负责财务事宜及未参与实施具体行为不能单独作为免责的理由。本会认定其为其他直接责任人员并无不当。

(二)本会对天丰节能进行行政处罚是依据其违法事实依法作出。并且,自本会立案调查距天丰节能终止申请未超过两年处罚时效。根据《行政处罚法》第二十九条的规定,本会处罚程序并无不当。申请人陈述的相关行政许可问题不影响本案处罚。

(三)根据《证券法》第十九条、第二十条、第二十一条及第二十四条等以及《首次公开发行股票并上市管理办法》,“发行人”不仅指经核准发行证券的公司,还包括申请发行中的公司。天丰节能向本会报送发行申请文件,即属于法律规定的发行人,应当遵守《证券法》第二十条关于“发行人向国务院证券监督管理机构或者国务院授权的部门报送的证券发行申请文件,必须真实、准确、完整”的规定。天丰节能向本会报送了虚假申请文件,按照《证券法》第一百九十三条第二款的规定,应当受到行政处罚。

(四)天丰节能不仅报送了虚假的 IPO 申请文件,而且在自查阶段仍然出具了虚假的《天丰节能检查说明》,具有明显主观故意,情节恶劣,严重破坏证券市场诚信基础和投资者信心,造成严重的社会影响。申请人不具有《行政处罚法》第二十七条规定的从轻、减轻或者免除处罚的情形。

综上,天丰节能实施了报送虚假申请文件的违法行为,属于《证券法》规定的发行人,应受到相应处罚。申请人未履行勤勉尽责义务,是公司违法行为的其他直接责任人员,并且,申请人不具有从轻、减轻或者免除处罚的情形。申请人的复议理由不能成立。本会《行政处罚决定书》〔2014〕19 号认定事实清楚,证据充分,适用依据正确,程序合法,内容适当。

根据《行政复议法》第二十八条第一款第一项的规定,本会决定:维持本会《行政处罚决定书》〔2014〕19 号对申请人作出的行政处罚。

申请人如不服本复议决定,可在收到本复议决定书之日起 15 日内向有管辖权的人民法院提起诉讼或向国务院申请裁决。

关于刘存芳不服行政处罚的行政复议决定书

（〔2014〕42 号）

申请人：刘存芳，河南天丰节能板材科技股份有限公司（以下简称天丰节能）董事

被申请人：中国证券监督管理委员会

申请人不服中国证券监督管理委员会（以下简称本会）《行政处罚决定书》〔2014〕19 号对其作出的行政处罚，向本会提出行政复议申请。本会受理后，依法对本案进行了审查，现已审查终结。

本会《行政处罚决定书》〔2014〕19 号认定，天丰节能在 2010 年至 2012 年，通过虚增销售收入、虚增固定资产、虚列付款等多种手段虚增利润，且存在关联交易披露不完整等行为，导致报送的首次公开发行股票并上市（以下简称 IPO）申请文件（含《招股说明书》、相关财务报表等）及《河南天丰节能板材科技股份有限公司关于报告期财务报告专项检查的说明》（以下简称《天丰节能检查说明》）存在虚假记载。并且，天丰节能财务不独立、高级管理人员不独立，《招股说明书》对此存在虚假记载。天丰节能上述行为违反《证券法》第二十条第一款的规定，构成了《证券法》第一百九十三条第二款所述情形。申请人作为天丰节能董事，签字承诺招股说明书及其摘要不存在虚假记载、误导性陈述或重大遗漏，并对其真实性、准确性、完整性承担个别和连带责任，是天丰节能上述违法行为的其他直接责任人员。本会决定对其给予警告，并处以 5 万元罚款。

申请人认为《行政处罚决定书》〔2014〕19 号认定事实有误、程序违法、适用法律错误，复议请求撤销对其作出的行政处罚。理由是：1. 申请人既未参与也不知情账册虚假，不负责公司财务事宜，对相关事实不知情，认定其为“其他直接责任人员”错误。2. 天丰节能已主动撤回 IPO 申请，本会未作出终止审查决定，违反法定许可程序，行政处罚不能成立。3. 天丰节能在本会审查申请材料阶段已撤回申请，其身份仅是“申请人”，并非被核准发行的“发行人”、“上市公司”等，本会认定“天丰节能报送发行申请文件即属于发行人身份”并据此处罚错误。4. 即使可以依法对申请人作出处罚，因天丰节能主动撤回了申请，配合调查，主动消除违法行为的危害后果，根据《行政处罚法》第二十七条的规定，应当对申请人从轻、减轻或者免除处罚。

经审查查明：天丰节能向本会报送的 IPO 申请文件存在虚假记载，并且在自查阶段未撤回申请，仍然报送了存在虚假记载的《天丰节能检查说明》。本会 2013 年 4 月 18 日决定对天丰节能初步调查，4 月 22 日调查组向天丰节能下达调查通知书，天丰节能当日拒不签收，4 月 24 日予以签收。天丰节能 2013 年 4 月 25 日出具撤回 IPO 申请文件的书面申请，向本会受理部门提交。申请人在招股说明书上签字承诺。

本会认为：

（一）申请人作为天丰节能董事、总经理，在相关发行申请文件签字保证真实、准确、完整，且未提交勤勉尽责的证据。不知情、不负责财务事宜及未参与实施具体行为不能单独作为免责的理由。本会认定其为其他直接责任人员并无不当。

（二）本会对天丰节能进行行政处罚是依据其违法事实依法作出。并且，自本会立案调查距天丰节能终止申请未超过两年处罚时效。根据《行政处罚法》第二十九条的规定，本会处罚程序并无不当。申请人陈述的相关行政许可问题不影响本案处罚。

（三）根据《证券法》第十九条、第二十条、第二十一条及第二十四条等以及《首次公开发行股票并上市管理办法》，“发行人”不仅指经

核准发行证券的公司,还包括申请发行中的公司。天丰节能向本会报送发行申请文件,即属于法律规定的发行人,应当遵守《证券法》第二十条关于"发行人向国务院证券监督管理机构或者国务院授权的部门报送的证券发行申请文件,必须真实、准确、完整"的规定。天丰节能向本会报送了虚假申请文件,按照《证券法》第一百九十三条第二款的规定,应当受到行政处罚。

(四)天丰节能不仅报送了虚假的 IPO 申请文件,而且在自查阶段仍然出具了虚假的《天丰节能检查说明》,具有明显主观故意,情节恶劣,严重破坏证券市场诚信基础和投资者信心,造成严重的社会影响。申请人不具有《行政处罚法》第二十七条规定的从轻、减轻或者免除处罚的情形。

综上,天丰节能实施了报送虚假申请文件的违法行为,属于《证券法》规定的发行人,应受到相应处罚。申请人未履行勤勉尽责义务,是公司违法行为的其他直接责任人员,并且,申请人不具有从轻、减轻或者免除处罚的情形。申请人的复议理由不能成立。本会《行政处罚决定书》〔2014〕19 号认定事实清楚,证据充分,适用依据正确,程序合法,内容适当。

根据《行政复议法》第二十八条第一款第一项的规定,本会决定:维持本会《行政处罚决定书》〔2014〕19 号对申请人作出的行政处罚。

申请人如不服本复议决定,可在收到本复议决定书之日起 15 日内向有管辖权的人民法院提起诉讼或向国务院申请裁决。

关于李公杰不服行政处罚的行政复议决定书

(〔2014〕43 号)

申请人:李公杰,河南天丰节能板材科技股份有限公司(以下简称天丰节能)监事会主席

被申请人:中国证券监督管理委员会

申请人不服中国证券监督管理委员会(以下简称本会)《行政处罚决定书》〔2014〕19 号对其作出的行政处罚,向本会提出行政复议申请。本会受理后,依法对本案进行了审查,现已审查终结。

本会《行政处罚决定书》〔2014〕19 号认定,天丰节能在 2010 年至 2012 年,通过虚增销售收入、虚增固定资产、虚列付款等多种手段虚增利润,且存在关联交易披露不完整等行为,导致报送的首次公开发行股票并上市(以下简称 IPO)申请文件(含《招股说明书》、相关财务报表等)及《河南天丰节能板材科技股份有限公司关于报告期财务报告专项检查的说明》(以下简称《天丰节能检查说明》)存在虚假记载。并且,天丰节能财务不独立、高级管理人员不独立,《招股说明书》对此存在虚假记载。天丰节能上述行为违反《证券法》第二十条第一款的规定,构成了《证券法》第一百九十三条第二款所述情形。申请人作为天丰节能监事会主席,签字承诺招股说明书及其摘要不存在虚假记载、误导性陈述或重大遗漏,并对其真实性、准确性、完整性承担个别和连带责任,是天丰节能上述违法行为的其他直接责任人员。本会决定对其给予警告,并处以 5 万元罚款。

申请人认为《行政处罚决定书》〔2014〕19 号认定事实有误、程序违法、适用法律错误,复议请求撤销对其作出的行政处罚。理由是:1. 申请人既未参与也不知情账册虚假,不负责公司财务事宜,对相关事实不知情,认定其为"其他直接责任人员"错误。2. 天丰节能已主动撤回 IPO 申请,本会未作出终止审查决定,违反法定许可程序,行政处罚不能成立。3. 天丰节能在本会审查申请材料阶段已撤回申请,其身份仅是"申请人",并非被核准发行的"发行人"、"上市公司"等,本会认定"天丰节能报送发行申请文件即属于发行人身份"并据此处罚错误。4. 即使可以依法对申请人作出处罚,因

天丰节能主动撤回了申请,配合调查,主动消除违法行为的危害后果,根据《行政处罚法》第二十七条的规定,应当对申请人从轻、减轻或者免除处罚。

经审查查明:天丰节能向本会报送的 IPO 申请文件存在虚假记载,并且在自查阶段未撤回申请,仍然报送了存在虚假记载的《天丰节能检查说明》。本会 2013 年 4 月 18 日决定对天丰节能初步调查,4 月 22 日调查组向天丰节能下达调查通知书,天丰节能当日拒不签收,4 月 24 日予以签收。天丰节能 2013 年 4 月 25 日出具撤回 IPO 申请文件的书面申请,向本会受理部门提交。申请人在招股说明书上签字承诺。

本会认为:

(一)申请人作为天丰节能监事会主席,在相关发行申请文件签字保证真实、准确、完整,且未提交勤勉尽责的证据。不知情、不负责财务事宜及未参与实施具体行为不能单独作为免责的理由。本会认定其为其他直接责任人员并无不当。

(二)本会对天丰节能进行行政处罚是依据其违法事实依法作出。并且,自本会立案调查距天丰节能终止申请未超过两年处罚时效。根据《行政处罚法》第二十九条的规定,本会处罚程序并无不当。申请人陈述的相关行政许可问题不影响本案处罚。

(三)根据《证券法》第十九条、第二十条、第二十一条及第二十四条等以及《首次公开发行股票并上市管理办法》,“发行人”不仅指经核准发行证券的公司,还包括申请发行中的公司。天丰节能向本会报送发行申请文件,即属于法律规定的发行人,应当遵守《证券法》第二十条关于“发行人向国务院证券监督管理机构或者国务院授权的部门报送的证券发行申请文件,必须真实、准确、完整”的规定。天丰节能向本会报送了虚假申请文件,按照《证券法》第一百九十三条第二款的规定,应当受到行政处罚。

(四)天丰节能不仅报送了虚假的 IPO 申请文件,而且在自查阶段仍然出具了虚假的《天丰节能检查说明》,具有明显主观故意,情节恶劣,严重破坏证券市场诚信基础和投资者信心,造成严重的社会影响。申请人不具有《行政处罚法》第二十七条规定的从轻、减轻或者免除处罚的情形。

综上,天丰节能实施了报送虚假申请文件的违法行为,属于《证券法》规定的发行人,应受到相应处罚。申请人未履行勤勉尽责义务,是公司违法行为的其他直接责任人员,并且,申请人不具有从轻、减轻或者免除处罚的情形。申请人的复议理由不能成立。本会《行政处罚决定书》〔2014〕19 号认定事实清楚,证据充分,适用依据正确,程序合法,内容适当。

根据《行政复议法》第二十八条第一款第一项的规定,本会决定:维持本会《行政处罚决定书》〔2014〕19 号对申请人作出的行政处罚。

申请人如不服本复议决定,可在收到本复议决定书之日起 15 日内向有管辖权的人民法院提起诉讼或向国务院申请裁决。

关于郭新胜不服行政处罚的行政复议决定书

(〔2014〕44 号)

申请人:郭新胜,河南天丰节能板材科技股份有限公司(以下简称天丰节能)监事

被申请人:中国证券监督管理委员会

申请人不服中国证券监督管理委员会(以下简称本会)《行政处罚决定书》〔2014〕19 号对其作出的行政处罚,向本会提出行政复议申请。本会受理后,依法对本案进行了审查,现已审查终结。

本会《行政处罚决定书》〔2014〕19 号认定,天丰节能在 2010 年至 2012 年,通过虚增销售

收入、虚增固定资产、虚列付款等多种手段虚增利润,且存在关联交易披露不完整等行为,导致报送的首次公开发行股票并上市(以下简称IPO)申请文件(含《招股说明书》、相关财务报表等)及《河南天丰节能板材科技股份有限公司关于报告期财务报告专项检查的说明》(以下简称《天丰节能检查说明》)存在虚假记载。并且,天丰节能财务不独立、高级管理人员不独立,《招股说明书》对此存在虚假记载。天丰节能上述行为违反《证券法》第二十条第一款的规定,构成了《证券法》第一百九十三条第二款所述情形。申请人作为天丰节能监事,签字承诺招股说明书及其摘要不存在虚假记载、误导性陈述或重大遗漏,并对其真实性、准确性、完整性承担个别和连带责任,是天丰节能上述违法行为的其他直接责任人员。本会决定对其给予警告,并处以5万元罚款。

申请人认为《行政处罚决定书》〔2014〕19号认定事实有误、程序违法、适用法律错误,复议请求撤销对其作出的行政处罚。理由是:1.申请人既未参与也不知情账册虚假,不负责公司财务事宜,对相关事实不知情,认定其为"其他直接责任人员"错误。2.天丰节能已主动撤回IPO申请,本会未作出终止审查决定,违反法定许可程序,行政处罚不能成立。3.天丰节能在本会审查申请材料阶段已撤回申请,其身份仅是"申请人",并非被核准发行的"发行人"、"上市公司"等,本会认定"天丰节能报送发行申请文件即属于发行人身份"并据此处罚错误。4.即使可以依法对申请人作出处罚,因天丰节能主动撤回了申请,配合调查,主动消除违法行为的危害后果,根据《行政处罚法》第二十七条的规定,应当对申请人从轻、减轻或者免除处罚。

经审查查明:天丰节能向本会报送的IPO申请文件存在虚假记载,并且在自查阶段未撤回申请,仍然报送了存在虚假记载的《天丰节能检查说明》。本会2013年4月18日决定对天丰节能初步调查,4月22日调查组向天丰节能下达调查通知书,天丰节能当日拒不签收,4月24日予以签收。天丰节能2013年4月25日出具撤回IPO申请文件的书面申请,向本会受理部门提交。申请人在招股说明书上签字承诺。

本会认为:

(一)申请人作为天丰节能监事,在相关发行申请文件签字保证真实、准确、完整,且未提交勤勉尽责的证据。不知情、不负责财务事宜及未参与实施具体行为不能单独作为免责的理由。本会认定其为其他直接责任人员并无不当。

(二)本会对天丰节能进行行政处罚是依据其违法事实依法作出。并且,自本会立案调查距天丰节能终止申请未超过两年处罚时效。根据《行政处罚法》第二十九条的规定,本会处罚程序并无不当。申请人陈述的相关行政许可问题不影响本案处罚。

(三)根据《证券法》第十九条、第二十条、第二十一条及第二十四条等以及《首次公开发行股票并上市管理办法》,"发行人"不仅指经核准发行证券的公司,还包括申请发行中的公司。天丰节能向本会报送发行申请文件,即属于法律规定的发行人,应当遵守《证券法》第二十条关于"发行人向国务院证券监督管理机构或者国务院授权的部门报送的证券发行申请文件,必须真实、准确、完整"的规定。天丰节能向本会报送了虚假申请文件,按照《证券法》第一百九十三条第二款的规定,应当受到行政处罚。

(四)天丰节能不仅报送了虚假的IPO申请文件,而且在自查阶段仍然出具了虚假的《天丰节能检查说明》,具有明显主观故意,情节恶劣,严重破坏证券市场诚信基础和投资者信心,造成严重的社会影响。申请人不具有《行政处罚法》第二十七条规定的从轻、减轻或者免除处罚的情形。

综上,天丰节能实施了报送虚假申请文件的违法行为,属于《证券法》规定的发行人,应受到相应处罚。申请人未履行勤勉尽责义务,是公司违法行为的其他直接责任人员,并且,申请人不具有从轻、减轻或者免除处罚的情形。申请人的复议理由不能成立。本会《行政处罚决定书》〔2014〕19号认定事实清楚,证据充分,适用依据正确,程序合法,内容适当。

根据《行政复议法》第二十八条第一款第一项的规定,本会决定:维持本会《行政处罚决定书》〔2014〕19号对申请人作出的行政处罚。

申请人如不服本复议决定,可在收到本复议决定书之日起15日内向有管辖权的人民法院提起诉讼或向国务院申请裁决。

关于张明不服行政处罚的行政复议决定书

（〔2014〕45 号）

申请人：张明，河南天丰节能板材科技股份有限公司（以下简称天丰节能）监事

被申请人：中国证券监督管理委员会

申请人不服中国证券监督管理委员会（以下简称本会）《行政处罚决定书》〔2014〕19 号对其作出的行政处罚，向本会提出行政复议申请。本会受理后，依法对本案进行了审查，现已审查终结。

本会《行政处罚决定书》〔2014〕19 号认定，天丰节能在 2010 年至 2012 年，通过虚增销售收入、虚增固定资产、虚列付款等多种手段虚增利润，且存在关联交易披露不完整等行为，导致报送的首次公开发行股票并上市（以下简称 IPO）申请文件（含《招股说明书》、相关财务报表等）及《河南天丰节能板材科技股份有限公司关于报告期财务报告专项检查的说明》（以下简称《天丰节能检查说明》）存在虚假记载。并且，天丰节能财务不独立、高级管理人员不独立，《招股说明书》对此存在虚假记载。天丰节能上述行为违反《证券法》第二十条第一款的规定，构成了《证券法》第一百九十三条第二款所述情形。申请人作为天丰节能监事，签字承诺招股说明书及其摘要不存在虚假记载、误导性陈述或重大遗漏，并对其真实性、准确性、完整性承担个别和连带责任，是天丰节能上述违法行为的其他直接责任人员。本会决定对其给予警告，并处以 5 万元罚款。

申请人认为《行政处罚决定书》〔2014〕19 号认定事实有误、程序违法、适用法律错误，复议请求撤销对其作出的行政处罚。理由是：1. 申请人既未参与也不知情账册虚假，不负责公司财务事宜，对相关事实不知情，认定其为“其他直接责任人员”错误。2. 天丰节能已主动撤回 IPO 申请，本会未作出终止审查决定，违反法定许可程序，行政处罚不能成立。3. 天丰节能在本会审查申请材料阶段已撤回申请，其身份仅是“申请人”，并非被核准发行的“发行人”、“上市公司”等，本会认定“天丰节能报送发行申请文件即属于发行人身份”并据此处罚错误。4. 即使可以依法对申请人作出处罚，因天丰节能主动撤回了申请，配合调查，主动消除违法行为的危害后果，根据《行政处罚法》第二十七条的规定，应当对申请人从轻、减轻或者免除处罚。

经审查查明：天丰节能向本会报送的 IPO 申请文件存在虚假记载，并且在自查阶段未撤回申请，仍然报送了存在虚假记载的《天丰节能检查说明》。本会 2013 年 4 月 18 日决定对天丰节能初步调查，4 月 22 日调查组向天丰节能下达调查通知书，天丰节能当日拒不签收，4 月 24 日予以签收。天丰节能 2013 年 4 月 25 日出具撤回 IPO 申请文件的书面申请，向本会受理部门提交。申请人在招股说明书上签字承诺。

本会认为：

（一）申请人作为天丰节能监事，在相关发行申请文件签字保证真实、准确、完整，且未提交勤勉尽责的证据。不知情、不负责财务事宜及未参与实施具体行为不能单独作为免责的理由。本会认定其为其他直接责任人员并无不当。

（二）本会对天丰节能进行行政处罚是依据其违法事实依法作出。并且，自本会立案调查距天丰节能终止申请未超过两年处罚时效。根据《行政处罚法》第二十九条的规定，本会处罚程序并无不当。申请人陈述的相关行政许可问题不影响本案处罚。

（三）根据《证券法》第十九条、第二十条、第二十一条及第二十四条等以及《首次公开发行股票并上市管理办法》，“发行人”不仅指经

核准发行证券的公司,还包括申请发行中的公司。天丰节能向本会报送发行申请文件,即属于法律规定的发行人,应当遵守《证券法》第二十条关于"发行人向国务院证券监督管理机构或者国务院授权的部门报送的证券发行申请文件,必须真实、准确、完整"的规定。天丰节能向本会报送了虚假申请文件,按照《证券法》第一百九十三条第二款的规定,应当受到行政处罚。

(四)天丰节能不仅报送了虚假的 IPO 申请文件,而且在自查阶段仍然出具了虚假的《天丰节能检查说明》,具有明显主观故意,情节恶劣,严重破坏证券市场诚信基础和投资者信心,造成严重的社会影响。申请人不具有《行政处罚法》第二十七条规定的从轻、减轻或者免除处罚的情形。

综上,天丰节能实施了报送虚假申请文件的违法行为,属于《证券法》规定的发行人,应受到相应处罚。申请人未履行勤勉尽责义务,是公司违法行为的其他直接责任人员,并且,申请人不具有从轻、减轻或者免除处罚的情形。申请人的复议理由不能成立。本会《行政处罚决定书》〔2014〕19 号认定事实清楚,证据充分,适用依据正确,程序合法,内容适当。

根据《行政复议法》第二十八条第一款第一项的规定,本会决定:维持本会《行政处罚决定书》〔2014〕19 号对申请人作出的行政处罚。

申请人如不服本复议决定,可在收到本复议决定书之日起 15 日内向有管辖权的人民法院提起诉讼或向国务院申请裁决。

关于袁伟不服行政处罚的行政复议决定书

(〔2014〕46 号)

申请人:袁伟,河南天丰节能板材科技股份有限公司(以下简称天丰节能)副总经理

被申请人:中国证券监督管理委员会

申请人不服中国证券监督管理委员会(以下简称本会)《行政处罚决定书》〔2014〕19 号对其作出的行政处罚,向本会提出行政复议申请。本会受理后,依法对本案进行了审查,现已审查终结。

本会《行政处罚决定书》〔2014〕19 号认定,天丰节能在 2010 年至 2012 年,通过虚增销售收入、虚增固定资产、虚列付款等多种手段虚增利润,且存在关联交易披露不完整等行为,导致报送的首次公开发行股票并上市(以下简称 IPO)申请文件(含《招股说明书》、相关财务报表等)及《河南天丰节能板材科技股份有限公司关于报告期财务报告专项检查的说明》(以下简称《天丰节能检查说明》)存在虚假记载。并且,天丰节能财务不独立、高级管理人员不独立,《招股说明书》对此存在虚假记载。天丰节能上述行为违反《证券法》第二十条第一款的规定,构成了《证券法》第一百九十三条第二款所述情形。申请人作为天丰节能副总经理,签字承诺招股说明书及其摘要不存在虚假记载、误导性陈述或重大遗漏,并对其真实性、准确性、完整性承担个别和连带责任,是天丰节能上述违法行为的其他直接责任人员。本会决定对其给予警告,并处以 5 万元罚款。

申请人认为《行政处罚决定书》〔2014〕19 号认定事实有误、程序违法、适用法律错误,复议请求撤销对其作出的行政处罚。理由是:1. 申请人既未参与也不知情账册虚假,不负责公司财务事宜,对相关事实不知情,认定其为"其他直接责任人员"错误。2. 天丰节能已主动撤回 IPO 申请,本会未作出终止审查决定,违反法定许可程序,行政处罚不能成立。3. 天丰节能在本会审查申请材料阶段已撤回申请,其身份仅是"申请人",并非被核准发行的"发行人"、"上市公司"等,本会认定"天丰节能报送发行申请文件即属于发行人身份"并据此处罚错误。4. 即使可以依法对申请人作出处罚,因天

丰节能主动撤回了申请,配合调查,主动消除违法行为的危害后果,根据《行政处罚法》第二十七条的规定,应当对申请人从轻、减轻或者免除处罚。

经审查查明:天丰节能向本会报送的 IPO 申请文件存在虚假记载,并且在自查阶段未撤回申请,仍然报送了存在虚假记载的《天丰节能检查说明》。本会 2013 年 4 月 18 日决定对天丰节能初步调查,4 月 22 日调查组向天丰节能下达调查通知书,天丰节能当日拒不签收,4 月 24 日予以签收。天丰节能 2013 年 4 月 25 日出具撤回 IPO 申请文件的书面申请,向本会受理部门提交。申请人在招股说明书上签字承诺。

本会认为:

(一)申请人作为天丰节能副总经理,在相关发行申请文件签字保证真实、准确、完整,且未提交勤勉尽责的证据。不知情、不负责财务事宜及未参与实施具体行为不能单独作为免责的理由。本会认定其为其他直接责任人员并无不当。

(二)本会对天丰节能进行行政处罚是依据其违法事实依法作出。并且,自本会立案调查距天丰节能终止申请未超过两年处罚时效。根据《行政处罚法》第二十九条的规定,本会处罚程序并无不当。申请人陈述的相关行政许可问题不影响本案处罚。

(三)根据《证券法》第十九条、第二十条、第二十一条及第二十四条等以及《首次公开发行股票并上市管理办法》,“发行人”不仅指经核准发行证券的公司,还包括申请发行中的公司。天丰节能向本会报送发行申请文件,即属于法律规定的发行人,应当遵守《证券法》第二十条关于“发行人向国务院证券监督管理机构或者国务院授权的部门报送的证券发行申请文件,必须真实、准确、完整”的规定。天丰节能向本会报送了虚假申请文件,按照《证券法》第一百九十三条第二款的规定,应当受到行政处罚。

(四)天丰节能不仅报送了虚假的 IPO 申请文件,而且在自查阶段仍然出具了虚假的《天丰节能检查说明》,具有明显主观故意,情节恶劣,严重破坏证券市场诚信基础和投资者信心,造成严重的社会影响。申请人不具有《行政处罚法》第二十七条规定的从轻、减轻或者免除处罚的情形。

综上,天丰节能实施了报送虚假申请文件的违法行为,属于《证券法》规定的发行人,应受到相应处罚。申请人未履行勤勉尽责义务,是公司违法行为的其他直接责任人员,并且,申请人不具有从轻、减轻或者免除处罚的情形。申请人的复议理由不能成立。本会《行政处罚决定书》〔2014〕19 号认定事实清楚,证据充分,适用依据正确,程序合法,内容适当。

根据《行政复议法》第二十八条第一款第一项的规定,本会决定:维持本会《行政处罚决定书》〔2014〕19 号对申请人作出的行政处罚。

申请人如不服本复议决定,可在收到本复议决定书之日起 15 日内向有管辖权的人民法院提起诉讼或向国务院申请裁决。

关于杨俊杰不服行政处罚的行政复议决定书

(〔2014〕47 号)

申请人:杨俊杰,河南天丰节能板材科技股份有限公司(以下简称天丰节能)副总经理

被申请人:中国证券监督管理委员会

申请人不服中国证券监督管理委员会(以下简称本会)《行政处罚决定书》〔2014〕19 号对其作出的行政处罚,向本会提出行政复议申请。本会受理后,依法对本案进行了审查,现已审查终结。

本会《行政处罚决定书》〔2014〕19 号认定,天丰节能在 2010 年至 2012 年,通过虚增销售

收入、虚增固定资产、虚列付款等多种手段虚增利润,且存在关联交易披露不完整等行为,导致报送的首次公开发行股票并上市(以下简称IPO)申请文件(含《招股说明书》、相关财务报表等)及《河南天丰节能板材科技股份有限公司关于报告期财务报告专项检查的说明》(以下简称《天丰节能检查说明》)存在虚假记载。并且,天丰节能财务不独立、高级管理人员不独立,《招股说明书》对此存在虚假记载。天丰节能上述行为违反《证券法》第二十条第一款的规定,构成了《证券法》第一百九十三条第二款所述情形。申请人作为天丰节能副总经理,签字承诺招股说明书及其摘要不存在虚假记载、误导性陈述或重大遗漏,并对其真实性、准确性、完整性承担个别和连带责任,是天丰节能上述违法行为的其他直接责任人员。本会决定对其给予警告,并处以5万元罚款。

申请人认为《行政处罚决定书》〔2014〕19号认定事实有误、程序违法、适用法律错误,复议请求撤销对其作出的行政处罚。理由是:1.申请人既未参与也不知情账册虚假,不负责公司财务事宜,对相关事实不知情,认定其为“其他直接责任人员”错误。2.天丰节能已主动撤回IPO申请,本会未作出终止审查决定,违反法定许可程序,行政处罚不能成立。3.天丰节能在本会审查申请材料阶段已撤回申请,其身份仅是“申请人”,并非被核准发行的“发行人”、“上市公司”等,本会认定“天丰节能报送发行申请文件即属于发行人身份”并据此处罚错误。4.即使可以依法对申请人作出处罚,因天丰节能主动撤回了申请,配合调查,主动消除违法行为的危害后果,根据《行政处罚法》第二十七条的规定,应当对申请人从轻、减轻或者免除处罚。

经审查查明:天丰节能向本会报送的IPO申请文件存在虚假记载,并且在自查阶段未撤回申请,仍然报送了存在虚假记载的《天丰节能检查说明》。本会2013年4月18日决定对天丰节能初步调查,4月22日调查组向天丰节能下达调查通知书,天丰节能当日拒不签收,4月24日予以签收。天丰节能2013年4月25日出具撤回IPO申请文件的书面申请,向本会受理部门提交。申请人在招股说明书上签字承诺。

本会认为:

(一)申请人作为天丰节能副总经理,在相关发行申请文件签字保证真实、准确、完整,且未提交勤勉尽责的证据。不知情、不负责财务事宜及未参与实施具体行为不能单独作为免责的理由。本会认定其为其他直接责任人员并无不当。

(二)本会对天丰节能进行行政处罚是依据其违法事实依法作出。并且,自本会立案调查距天丰节能终止申请未超过两年处罚时效。根据《行政处罚法》第二十九条的规定,本会处罚程序并无不当。申请人陈述的相关行政许可问题不影响本案处罚。

(三)根据《证券法》第十九条、第二十条、第二十一条及第二十四条等以及《首次公开发行股票并上市管理办法》,“发行人”不仅指经核准发行证券的公司,还包括申请发行中的公司。天丰节能向本会报送发行申请文件,即属于法律规定的发行人,应当遵守《证券法》第二十条关于“发行人向国务院证券监督管理机构或者国务院授权的部门报送的证券发行申请文件,必须真实、准确、完整”的规定。天丰节能向本会报送了虚假申请文件,按照《证券法》第一百九十三条第二款的规定,应当受到行政处罚。

(四)天丰节能不仅报送了虚假的IPO申请文件,而且在自查阶段仍然出具了虚假的《天丰节能检查说明》,具有明显主观故意,情节恶劣,严重破坏证券市场诚信基础和投资者信心,造成严重的社会影响。申请人不具有《行政处罚法》第二十七条规定的从轻、减轻或者免除处罚的情形。

综上,天丰节能实施了报送虚假申请文件的违法行为,属于《证券法》规定的发行人,应受到相应处罚。申请人未履行勤勉尽责义务,是公司违法行为的其他直接责任人员,并且,申请人不具有从轻、减轻或者免除处罚的情形。申请人的复议理由不能成立。本会《行政处罚决定书》〔2014〕19号认定事实清楚,证据充分,适用依据正确,程序合法,内容适当。

根据《行政复议法》第二十八条第一款第一项的规定,本会决定:维持本会《行政处罚决定书》〔2014〕19号对申请人作出的行政处罚。

申请人如不服本复议决定,可在收到本复议决定书之日起15日内向有管辖权的人民法院提起诉讼或向国务院申请裁决。

关于杨建峰不服行政处罚的行政复议决定书

（〔2014〕48 号）

申请人：杨建峰，河南天丰节能板材科技股份有限公司（以下简称天丰节能）副总经理

被申请人：中国证券监督管理委员会

申请人不服中国证券监督管理委员会（以下简称本会）《行政处罚决定书》〔2014〕19 号对其作出的行政处罚，向本会提出行政复议申请。本会受理后，依法对本案进行了审查，现已审查终结。

本会《行政处罚决定书》〔2014〕19 号认定，天丰节能在 2010 年至 2012 年，通过虚增销售收入、虚增固定资产、虚列付款等多种手段虚增利润，且存在关联交易披露不完整等行为，导致报送的首次公开发行股票并上市（以下简称 IPO）申请文件（含《招股说明书》、相关财务报表等）及《河南天丰节能板材科技股份有限公司关于报告期财务报告专项检查的说明》（以下简称《天丰节能检查说明》）存在虚假记载。并且，天丰节能财务不独立、高级管理人员不独立，《招股说明书》对此存在虚假记载。天丰节能上述行为违反《证券法》第二十条第一款的规定，构成了《证券法》第一百九十三条第二款所述情形。申请人作为天丰节能副总经理，签字承诺招股说明书及其摘要不存在虚假记载、误导性陈述或重大遗漏，并对其真实性、准确性、完整性承担个别和连带责任，是天丰节能上述违法行为的其他直接责任人员。本会决定对其给予警告，并处以 5 万元罚款。

申请人认为《行政处罚决定书》〔2014〕19 号认定事实有误、程序违法、适用法律错误，复议请求撤销对其作出的行政处罚。理由是：1. 申请人既未参与也不知情账册虚假，不负责公司财务事宜，对相关事实不知情，认定其为"其他直接责任人员"错误。2. 天丰节能已主动撤回 IPO 申请，本会未作出终止审查决定，违反法定许可程序，行政处罚不能成立。3. 天丰节能在本会审查申请材料阶段已撤回申请，其身份仅是"申请人"，并非被核准发行的"发行人"、"上市公司"等，本会认定"天丰节能报送发行申请文件即属于发行人身份"并据此处罚错误。4. 即使可以依法对申请人作出处罚，因天丰节能主动撤回了申请，配合调查，主动消除违法行为的危害后果，根据《行政处罚法》第二十七条的规定，应当对申请人从轻、减轻或者免除处罚。

经审查查明：天丰节能向本会报送的 IPO 申请文件存在虚假记载，并且在自查阶段未撤回申请，仍然报送了存在虚假记载的《天丰节能检查说明》。本会 2013 年 4 月 18 日决定对天丰节能初步调查，4 月 22 日调查组向天丰节能下达调查通知书，天丰节能当日拒不签收，4 月 24 日予以签收。天丰节能 2013 年 4 月 25 日出具撤回 IPO 申请文件的书面申请，向本会受理部门提交。申请人在招股说明书上签字承诺。

本会认为：

（一）申请人作为天丰节能副总经理，在相关发行申请文件签字保证真实、准确、完整，且未提交勤勉尽责的证据。不知情、不负责财务事宜及未参与实施具体行为不能单独作为免责的理由。本会认定其为其他直接责任人员并无不当。

（二）本会对天丰节能进行行政处罚是依据其违法事实依法作出。并且，自本会立案调查距天丰节能终止申请未超过两年处罚时效。根据《行政处罚法》第二十九条的规定，本会处罚程序并无不当。申请人陈述的相关行政许可问题不影响本案处罚。

（三）根据《证券法》第十九条、第二十条、第二十一条及第二十四条等以及《首次公开发行股票并上市管理办法》，"发行人"不仅指经

核准发行证券的公司,还包括申请发行中的公司。天丰节能向本会报送发行申请文件,即属于法律规定的发行人,应当遵守《证券法》第二十条关于"发行人向国务院证券监督管理机构或者国务院授权的部门报送的证券发行申请文件,必须真实、准确、完整"的规定。天丰节能向本会报送了虚假申请文件,按照《证券法》第一百九十三条第二款的规定,应当受到行政处罚。

(四)天丰节能不仅报送了虚假的IPO申请文件,而且在自查阶段仍然出具了虚假的《天丰节能检查说明》,具有明显主观故意,情节恶劣,严重破坏证券市场诚信基础和投资者信心,造成严重的社会影响。申请人不具有《行政处罚法》第二十七条规定的从轻、减轻或者免除处罚的情形。

综上,天丰节能实施了报送虚假申请文件的违法行为,属于《证券法》规定的发行人,应受到相应处罚。申请人未履行勤勉尽责义务,是公司违法行为的其他直接责任人员,并且,申请人不具有从轻、减轻或者免除处罚的情形。申请人的复议理由不能成立。本会《行政处罚决定书》〔2014〕19号认定事实清楚,证据充分,适用依据正确,程序合法,内容适当。

根据《行政复议法》第二十八条第一款第一项的规定,本会决定:维持本会《行政处罚决定书》〔2014〕19号对申请人作出的行政处罚。

申请人如不服本复议决定,可在收到本复议决定书之日起15日内向有管辖权的人民法院提起诉讼或向国务院申请裁决。

关于赵鹏不服行政处罚的行政复议决定书

(〔2014〕49号)

申请人:赵鹏,河南天丰节能板材科技股份有限公司(以下简称天丰节能)副总经理、董事会秘书

被申请人:中国证券监督管理委员会

申请人不服中国证券监督管理委员会(以下简称本会)《行政处罚决定书》〔2014〕19号对其作出的行政处罚,向本会提出行政复议申请。本会受理后,依法对本案进行了审查,现已审查终结。

本会《行政处罚决定书》〔2014〕19号认定,天丰节能在2010年至2012年,通过虚增销售收入、虚增固定资产、虚列付款等多种手段虚增利润,且存在关联交易披露不完整等行为,导致报送的首次公开发行股票并上市(以下简称IPO)申请文件(含《招股说明书》、相关财务报表等)及《河南天丰节能板材科技股份有限公司关于报告期财务报告专项检查的说明》(以下简称《天丰节能检查说明》)存在虚假记载。并且,天丰节能财务不独立、高级管理人员不独立,《招股说明书》对此存在虚假记载。天丰节能上述行为违反《证券法》第二十条第一款的规定,构成了《证券法》第一百九十三条第二款所述情形。申请人作为天丰节能副总经理、董事会秘书,签字承诺招股说明书及其摘要不存在虚假记载、误导性陈述或重大遗漏,并对其真实性、准确性、完整性承担个别和连带责任,是天丰节能上述违法行为的其他直接责任人员。本会决定对其给予警告,并处以5万元罚款。

申请人认为《行政处罚决定书》〔2014〕19号认定事实有误、程序违法、适用法律错误,复议请求撤销对其作出的行政处罚。理由是:1.申请人既未参与也不知情账册虚假,不负责公司财务事宜,对相关事实不知情,认定其为"其他直接责任人员"错误。2.天丰节能已主动撤回IPO申请,本会未作出终止审查决定,违反法定许可程序,行政处罚不能成立。3.天丰节能在本会审查申请材料阶段已撤回申请,其身份仅是"申请人",并非被核准发行的"发行人"、"上市公司"等,本会认定"天丰节能报送发行申请文件即属于发行人身份"并据此处罚

错误。4. 即使可以依法对申请人作出处罚，因天丰节能主动撤回了申请，配合调查，主动消除违法行为的危害后果，根据《行政处罚法》第二十七条的规定，应当对申请人从轻、减轻或者免除处罚。

经审查查明：天丰节能向本会报送的 IPO 申请文件存在虚假记载，并且在自查阶段未撤回申请，仍然报送了存在虚假记载的《天丰节能检查说明》。本会 2013 年 4 月 18 日决定对天丰节能初步调查，4 月 22 日调查组向天丰节能下达调查通知书，天丰节能当日拒不签收，4 月 24 日予以签收。天丰节能 2013 年 4 月 25 日出具撤回 IPO 申请文件的书面申请，向本会受理部门提交。申请人在招股说明书上签字承诺。

本会认为：

（一）申请人作为天丰节能副总经理、董事会秘书，在相关发行申请文件签字保证真实、准确、完整，且未提交勤勉尽责的证据。不知情、不负责财务事宜及未参与实施具体行为不能单独作为免责的理由。本会认定其为其他直接责任人员并无不当。

（二）本会对天丰节能进行行政处罚是依据其违法事实依法作出。并且，自本会立案调查距天丰节能终止申请未超过两年处罚时效。根据《行政处罚法》第二十九条的规定，本会处罚程序并无不当。申请人陈述的相关行政许可问题不影响本案处罚。

（三）根据《证券法》第十九条、第二十条、第二十一条及第二十四条等以及《首次公开发行股票并上市管理办法》，“发行人”不仅指经核准发行证券的公司，还包括申请发行中的公司。天丰节能向本会报送发行申请文件，即属于法律规定的发行人，应当遵守《证券法》第二十条关于“发行人向国务院证券监督管理机构或者国务院授权的部门报送的证券发行申请文件，必须真实、准确、完整”的规定。天丰节能向本会报送了虚假申请文件，按照《证券法》第一百九十三条第二款的规定，应当受到行政处罚。

（四）天丰节能不仅报送了虚假的 IPO 申请文件，而且在自查阶段仍然出具了虚假的《天丰节能检查说明》，具有明显主观故意，情节恶劣，严重破坏证券市场诚信基础和投资者信心，造成严重的社会影响。申请人不具有《行政处罚法》第二十七条规定的从轻、减轻或者免除处罚的情形。

综上，天丰节能实施了报送虚假申请文件的违法行为，属于《证券法》规定的发行人，应受到相应处罚。申请人未履行勤勉尽责义务，是公司违法行为的其他直接责任人员，并且，申请人不具有从轻、减轻或者免除处罚的情形。申请人的复议理由不能成立。本会《行政处罚决定书》〔2014〕19 号认定事实清楚，证据充分，适用依据正确，程序合法，内容适当。

根据《行政复议法》第二十八条第一款第一项的规定，本会决定：维持本会《行政处罚决定书》〔2014〕19 号对申请人作出的行政处罚。

申请人如不服本复议决定，可在收到本复议决定书之日起 15 日内向有管辖权的人民法院提起诉讼或向国务院申请裁决。

关于李公壮不服行政处罚的行政复议决定书

（〔2014〕50 号）

申请人：李公壮，河南天丰节能板材科技股份有限公司（以下简称天丰节能）副总经理

被申请人：中国证券监督管理委员会

申请人不服中国证券监督管理委员会（以下简称本会）《行政处罚决定书》〔2014〕19 号对其作出的行政处罚，向本会提出行政复议申请。本会受理后，依法对本案进行了审查，现已审查终结。

本会《行政处罚决定书》〔2014〕19号认定，天丰节能在2010年至2012年，通过虚增销售收入、虚增固定资产、虚列付款等多种手段虚增利润，且存在关联交易披露不完整等行为，导致报送的首次公开发行股票并上市(以下简称IPO)申请文件(含《招股说明书》、相关财务报表等)及《河南天丰节能板材科技股份有限公司关于报告期财务报告专项检查的说明》(以下简称《天丰节能检查说明》)存在虚假记载。并且，天丰节能财务不独立、高级管理人员不独立，《招股说明书》对此存在虚假记载。天丰节能上述行为违反《证券法》第二十条第一款的规定，构成了《证券法》第一百九十三条第二款所述情形。申请人作为天丰节能副总经理，签字承诺招股说明书及其摘要不存在虚假记载、误导性陈述或重大遗漏，并对其真实性、准确性、完整性承担个别和连带责任，是天丰节能上述违法行为的其他直接责任人员。本会决定对其给予警告，并处以5万元罚款。

申请人认为《行政处罚决定书》〔2014〕19号认定事实有误、程序违法、适用法律错误，复议请求撤销对其作出的行政处罚。理由是：1.申请人既未参与也不知情账册虚假，不负责公司财务事宜，对相关事实不知情，认定其为“其他直接责任人员”错误。2.天丰节能已主动撤回IPO申请，本会未作出终止审查决定，违反法定许可程序，行政处罚不能成立。3.天丰节能在本会审查申请材料阶段已撤回申请，其身份仅是“申请人”，并非被核准发行的“发行人”、“上市公司”等，本会认定“天丰节能报送发行申请文件即属于发行人身份”并据此处罚错误。4.即使可以依法对申请人作出处罚，因天丰节能主动撤回了申请，配合调查，主动消除违法行为的危害后果，根据《行政处罚法》第二十七条的规定，应当对申请人从轻、减轻或者免除处罚。

经审查查明：天丰节能向本会报送的IPO申请文件存在虚假记载，并且在自查阶段未撤回申请，仍然报送了存在虚假记载的《天丰节能检查说明》。本会2013年4月18日决定对天丰节能初步调查，4月22日调查组向天丰节能下达调查通知书，天丰节能当日拒不签收，4月24日予以签收。天丰节能2013年4月25日出具撤回IPO申请文件的书面申请，向本会受理部门提交。申请人在招股说明书上签字承诺。

本会认为：

(一)申请人作为天丰节能副总经理，在相关发行申请文件签字保证真实、准确、完整，且未提交勤勉尽责的证据。不知情、不负责财务事宜及未参与实施具体行为不能单独作为免责的理由。本会认定其为其他直接责任人员并无不当。

(二)本会对天丰节能进行行政处罚是依据其违法事实依法作出。并且，自本会立案调查距天丰节能终止申请未超过两年处罚时效。根据《行政处罚法》第二十九条的规定，本会处罚程序并无不当。申请人陈述的相关行政许可问题不影响本案处罚。

(三)根据《证券法》第十九条、第二十条、第二十一条及第二十四条等以及《首次公开发行股票并上市管理办法》，“发行人”不仅指经核准发行证券的公司，还包括申请发行中的公司。天丰节能向本会报送发行申请文件，即属于法律规定的发行人，应当遵守《证券法》第二十条关于“发行人向国务院证券监督管理机构或者国务院授权的部门报送的证券发行申请文件，必须真实、准确、完整”的规定。天丰节能向本会报送了虚假申请文件，按照《证券法》第一百九十三条第二款的规定，应当受到行政处罚。

(四)天丰节能不仅报送了虚假的IPO申请文件，而且在自查阶段仍然出具了虚假的《天丰节能检查说明》，具有明显主观故意，情节恶劣，严重破坏证券市场诚信基础和投资者信心，造成严重的社会影响。申请人不具有《行政处罚法》第二十七条规定的从轻、减轻或者免除处罚的情形。

综上，天丰节能实施了报送虚假申请文件的违法行为，属于《证券法》规定的发行人，应受到相应处罚。申请人未履行勤勉尽责义务，是公司违法行为的其他直接责任人员，并且，申请人不具有从轻、减轻或者免除处罚的情形。申请人的复议理由不能成立。本会《行政处罚决定书》〔2014〕19号认定事实清楚，证据充分，适用依据正确，程序合法，内容适当。

根据《行政复议法》第二十八条第一款第一项的规定，本会决定：维持本会《行政处罚决定书》〔2014〕19号对申请人作出的行政处罚。

申请人如不服本复议决定，可在收到本复议决定书之日起15日内向有管辖权的人民法院提起诉讼或向国务院申请裁决。

关于谢晓飞不服行政处罚的行政复议决定书

（〔2014〕51号）

申请人：谢晓飞，河南天丰节能板材科技股份有限公司（以下简称天丰节能）副总经理

被申请人：中国证券监督管理委员会

申请人不服中国证券监督管理委员会（以下简称本会）《行政处罚决定书》〔2014〕19号对其作出的行政处罚，向本会提出行政复议申请。本会受理后，依法对本案进行了审查，现已审查终结。

本会《行政处罚决定书》〔2014〕19号认定，天丰节能在2010年至2012年，通过虚增销售收入、虚增固定资产、虚列付款等多种手段虚增利润，且存在关联交易披露不完整等行为，导致报送的首次公开发行股票并上市（以下简称IPO）申请文件（含《招股说明书》、相关财务报表等）及《河南天丰节能板材科技股份有限公司关于报告期财务报告专项检查的说明》（以下简称《天丰节能检查说明》）存在虚假记载。并且，天丰节能财务不独立、高级管理人员不独立，《招股说明书》对此存在虚假记载。天丰节能上述行为违反《证券法》第二十条第一款的规定，构成了《证券法》第一百九十三条第二款所述情形。申请人作为天丰节能副总经理，签字承诺招股说明书及其摘要不存在虚假记载、误导性陈述或重大遗漏，并对其真实性、准确性、完整性承担个别和连带责任，是天丰节能上述违法行为的其他直接责任人员。本会决定对其给予警告，并处以5万元罚款。

申请人认为《行政处罚决定书》〔2014〕19号认定事实有误、程序违法、适用法律错误，复议请求撤销对其作出的行政处罚。理由是：1. 申请人既未参与也不知情账册虚假，不负责公司财务事宜，对相关事实不知情，认定其为“其他直接责任人员”错误。2. 天丰节能已主动撤回IPO申请，本会未作出终止审查决定，违反法定许可程序，行政处罚不能成立。3. 天丰节能在本会审查申请材料阶段已撤回申请，其身份仅是“申请人”，并非被核准发行的“发行人”、“上市公司”等，本会认定“天丰节能报送发行申请文件即属于发行人身份”并据此处罚错误。4. 即使可以依法对申请人作出处罚，因天丰节能主动撤回了申请，配合调查，主动消除违法行为的危害后果，根据《行政处罚法》第二十七条的规定，应当对申请人从轻、减轻或者免除处罚。

经审查查明：天丰节能向本会报送的IPO申请文件存在虚假记载，并且在自查阶段未撤回申请，仍然报送了存在虚假记载的《天丰节能检查说明》。本会2013年4月18日决定对天丰节能初步调查，4月22日调查组向天丰节能下达调查通知书，天丰节能当日拒不签收，4月24日予以签收。天丰节能2013年4月25日出具撤回IPO申请文件的书面申请，向本会受理部门提交。申请人在招股说明书上签字承诺。

本会认为：

（一）申请人作为天丰节能副总经理，在相关发行申请文件签字保证真实、准确、完整，且未提交勤勉尽责的证据。不知情、不负责财务事宜及未参与实施具体行为不能单独作为免责的理由。本会认定其为其他直接责任人员并无不当。

（二）本会对天丰节能进行行政处罚是依据其违法事实依法作出。并且，自本会立案调查距天丰节能终止申请未超过两年处罚时效。根据《行政处罚法》第二十九条的规定，本会处罚程序并无不当。申请人陈述的相关行政许可

问题不影响本案处罚。

(三)根据《证券法》第十九条、第二十条、第二十一条及第二十四条等以及《首次公开发行股票并上市管理办法》,“发行人”不仅指经核准发行证券的公司,还包括申请发行中的公司。天丰节能向本会报送发行申请文件,即属于法律规定的发行人,应当遵守《证券法》第二十条关于“发行人向国务院证券监督管理机构或者国务院授权的部门报送的证券发行申请文件,必须真实、准确、完整”的规定。天丰节能向本会报送了虚假申请文件,按照《证券法》第一百九十三条第二款的规定,应当受到行政处罚。

(四)天丰节能不仅报送了虚假的 IPO 申请文件,而且在自查阶段仍然出具了虚假的《天丰节能检查说明》,具有明显主观故意,情节恶劣,严重破坏证券市场诚信基础和投资者信心,造成严重的社会影响。申请人不具有《行政处罚法》第二十七条规定的从轻、减轻或者免除处罚的情形。

综上,天丰节能实施了报送虚假申请文件的违法行为,属于《证券法》规定的发行人,应受到相应处罚。申请人未履行勤勉尽责义务,是公司违法行为的其他直接责任人员,并且,申请人不具有从轻、减轻或者免除处罚的情形。申请人的复议理由不能成立。本会《行政处罚决定书》〔2014〕19 号认定事实清楚,证据充分,适用依据正确,程序合法,内容适当。

根据《行政复议法》第二十八条第一款第一项的规定,本会决定:维持本会《行政处罚决定书》〔2014〕19 号对申请人作出的行政处罚。

申请人如不服本复议决定,可在收到本复议决定书之日起 15 日内向有管辖权的人民法院提起诉讼或向国务院申请裁决。

关于张辉不服行政处罚的行政复议决定书

(〔2014〕52 号)

申请人:张辉,河南天丰节能板材科技股份有限公司(以下简称天丰节能)副总经理

被申请人:中国证券监督管理委员会

申请人不服中国证券监督管理委员会(以下简称本会)《行政处罚决定书》〔2014〕19 号对其作出的行政处罚,向本会提出行政复议申请。本会受理后,依法对本案进行了审查,现已审查终结。

本会《行政处罚决定书》〔2014〕19 号认定,天丰节能在 2010 年至 2012 年,通过虚增销售收入、虚增固定资产、虚列付款等多种手段虚增利润,且存在关联交易披露不完整等行为,导致报送的首次公开发行股票并上市(以下简称 IPO)申请文件(含《招股说明书》、相关财务报表等)及《河南天丰节能板材科技股份有限公司关于报告期财务报告专项检查的说明》(以下简称《天丰节能检查说明》)存在虚假记载。并且,天丰节能财务不独立、高级管理人员不独立,《招股说明书》对此存在虚假记载。天丰节能上述行为违反《证券法》第二十条第一款的规定,构成了《证券法》第一百九十三条第二款所述情形。申请人作为天丰节能副总经理,签字承诺招股说明书及其摘要不存在虚假记载、误导性陈述或重大遗漏,并对其真实性、准确性、完整性承担个别和连带责任,是天丰节能上述违法行为的其他直接责任人员。本会决定对其给予警告,并处以 5 万元罚款。

申请人认为《行政处罚决定书》〔2014〕19 号认定事实有误、程序违法、适用法律错误,复议请求撤销对其作出的行政处罚。理由是:1. 申请人既未参与也不知情账册虚假,不负责公司财务事宜,对相关事实不知情,认定其为“其他直接责任人员”错误。2. 天丰节能已主动撤回 IPO 申请,本会未作出终止审查决定,违反法定许可程序,行政处罚不能成立。3. 天丰节能在本会审查申请材料阶段已撤回申请,其

身份仅是“申请人”，并非被核准发行的“发行人”、“上市公司”等，本会认定“天丰节能报送发行申请文件即属于发行人身份”并据此处罚错误。4. 即使可以依法对申请人作出处罚，因天丰节能主动撤回了申请，配合调查，主动消除违法行为的危害后果，根据《行政处罚法》第二十七条的规定，应当对申请人从轻、减轻或者免除处罚。

经审查查明：天丰节能向本会报送的 IPO 申请文件存在虚假记载，并且在自查阶段未撤回申请，仍然报送了存在虚假记载的《天丰节能检查说明》。本会 2013 年 4 月 18 日决定对天丰节能初步调查，4 月 22 日调查组向天丰节能下达调查通知书，天丰节能当日拒不签收，4 月 24 日予以签收。天丰节能 2013 年 4 月 25 日出具撤回 IPO 申请文件的书面申请，向本会受理部门提交。申请人在招股说明书上签字承诺。

本会认为：

（一）申请人作为天丰节能副总经理，在相关发行申请文件签字保证真实、准确、完整，且未提交勤勉尽责的证据。不知情、不负责财务事宜及未参与实施具体行为不能单独作为免责的理由。本会认定其为其他直接责任人员并无不当。

（二）本会对天丰节能进行行政处罚是依据其违法事实依法作出。并且，自本会立案调查距天丰节能终止申请未超过两年处罚时效。根据《行政处罚法》第二十九条的规定，本会处罚程序并无不当。申请人陈述的相关行政许可问题不影响本案处罚。

（三）根据《证券法》第十九条、第二十条、第二十一条及第二十四条等以及《首次公开发行股票并上市管理办法》，“发行人”不仅指经核准发行证券的公司，还包括申请发行中的公司。天丰节能向本会报送发行申请文件，即属于法律规定的发行人，应当遵守《证券法》第二十条关于“发行人向国务院证券监督管理机构或者国务院授权的部门报送的证券发行申请文件，必须真实、准确、完整”的规定。天丰节能向本会报送了虚假申请文件，按照《证券法》第一百九十三条第二款的规定，应当受到行政处罚。

（四）天丰节能不仅报送了虚假的 IPO 申请文件，而且在自查阶段仍然出具了虚假的《天丰节能检查说明》，具有明显主观故意，情节恶劣，严重破坏证券市场诚信基础和投资者信心，造成严重的社会影响。申请人不具有《行政处罚法》第二十七条规定的从轻、减轻或者免除处罚的情形。

综上，天丰节能实施了报送虚假申请文件的违法行为，属于《证券法》规定的发行人，应受到相应处罚。申请人未履行勤勉尽责义务，是公司违法行为的其他直接责任人员，并且，申请人不具有从轻、减轻或者免除处罚的情形。申请人的复议理由不能成立。本会《行政处罚决定书》〔2014〕19 号认定事实清楚，证据充分，适用依据正确，程序合法，内容适当。

根据《行政复议法》第二十八条第一款第一项的规定，本会决定：维持本会《行政处罚决定书》〔2014〕19 号对申请人作出的行政处罚。

申请人如不服本复议决定，可在收到本复议决定书之日起 15 日内向有管辖权的人民法院提起诉讼或向国务院申请裁决。

关于胡冰不服行政处罚的行政复议决定书

（〔2014〕53 号）

申请人：胡冰

被申请人：中国证券监督管理委员会

申请人不服中国证券监督管理委员会（以下简称本会）《行政处罚决定书》〔2013〕56 号对其作出的行政处罚，向本会申请行政复议。本会受理后，依法对本案进行了审查，现已审查终结。

本会《行政处罚决定书》〔2013〕56 号认定,2011 年 6 月至 2012 年 6 月,南京证券有限责任公司(以下简称南京证券)出具《关于广东新大地生物科技股份有限公司首次公开发行股票并在创业板上市发行保荐书》以及对上市申请文件反馈意见的回复、对有关举报问题的专项核查意见等文件,未对发行人的申请文件和信息披露资料进行审慎核查,构成了《证券法》第一百九十二条所述"保荐人出具有虚假记载、误导性陈述或者重大遗漏的保荐书,或者不履行其他法律职责"的情形。对上述违法行为,申请人为直接负责的主管人员,本会决定对其给予警告并处 15 万元罚款。

申请人请求作出罚当其责的处罚。主要理由是:

一是处罚决定混淆了广东新大地生物科技股份有限公司(以下简称新大地)"前十大供应商"和"主要原材料茶籽、茶饼前十大采购方"(以下简称前十大采购方)的概念以及对两者不同的要求。申请人对前十大采购方的核查符合相关规定和要求,已履行勤勉尽责义务,不构成虚假记载、误导性陈述或者重大遗漏。

二是处罚决定以稽查结论推导南京证券未对新大地与梅州市喜多多超市连锁有限公司(以下简称喜多多超市)、梅州市绿康农副产品经营部(以下简称梅州绿康)销售金额的真实性进行审慎核查,混淆了"稽查"与"核查"的差别。申请人已对上述销售事项进行了审慎核查,已履行勤勉尽责义务。

三是南京证券受中介机构核查手段的限制,未能发现梅州绿康经营者陈某是新大地财务总监凌某的配偶,但并不能说明申请人在尽职调查中未履行勤勉尽责义务;对新大地与梅州市曼陀神露山茶油专卖店(以下简称曼陀神露)之间的异常情况,南京证券已按照本会《保荐人尽职调查工作准则》(以下简称《尽调准则》)的要求,采取了保荐机构所能采取的核查手段,未发现异常;南京证券在《新大地首次公开发行股票并在创业板上市招股说明书(上会稿)》(以下简称招股说明书上会稿)中未披露梅州市鸿达装饰有限公司(以下简称鸿达装饰)为新大地的关联方,确系工作差错,但对相关财务数据并无实质性影响,不构成重大遗漏。

四是申请人根据内部分工未亲自参加对梅州绿康陈某的实地访谈,事后经核查"访谈笔录",未发现异常情形,已履行勤勉尽责义务,不应当对该"访谈笔录"的虚假记载承担任何责任。而且,南京证券对新大地与梅州绿康的销售真实性问题已尽职核查。对该"虚假记载"毫不知情的申请人进行处罚,明显不公平和不合理。

五是南京证券工作底稿中收集的新大地煤炭采购账面金额与新大地招股说明书上会稿披露金额的差异很小,对新大地财务报表没有任何影响,不构成虚假记载、误导性陈述或者重大遗漏。

六是申请人既没有参与新大地的财务造假,也不存在故意遗漏或者隐瞒相关信息的情形,在尽调工作中已履行勤勉尽责义务,因各种原因出现一些并不产生实质性影响的工作差错和不应由申请人承担直接责任的问题,即受到严厉处罚,明显不公平、不合理。

经审查查明,本会认定南京证券及申请人在保荐新大地 IPO 过程中未勤勉尽责进行核查,证据确凿。

一、关于对前十大采购方(供应商)的核查情况

本会提出书面反馈意见,要求南京证券对 2010 年度、2011 年 1 – 6 月和 2011 年度(以下简称报告期间)发行人茶籽、茶饼前十大采购方的具体情况、核查过程等回复书面意见。南京证券分别在 2011 年 7 月 14 日和 2012 年 3 月 2 日出具的反馈意见回复中对前十大供应商和前十大采购方具体情况发表意见,并专门说明通过查阅发行人《审计报告》、财务报表及会计凭证,并通过实地走访、发询证函或者查阅其工商档案等方式对上述供应商进行了核查。

本会未发现申请人工作底稿中其对上述报告期间前十大采购方进行实地核查或者发询证函等材料,仅有申请人对并非前十大采购方进行访谈的材料。而且,从南京证券书面回复的表述看,关于该核查方式的说明未区分前十大供应商或者前十大采购方,而是将其一并作为原材料供应商。因此,申请人关于本会行政处罚决定书混淆新大地"前十大供应商"与"前十大采购方"的概念以及对两者不同要求的主张不成立。南京证券在上述反馈意见回复中对前十大采购方的核查过程作出了与其实际核查情况不一致的虚假说明。

二、关于对喜多多超市、梅州绿康和曼陀神露的核查

新大地招股说明书上会稿披露，喜多多超市和梅州绿康为新大地2009年度前十大客户。本会在书面反馈意见中要求南京证券对报告期间新大地前十大客户的销售情况及是否与发行人存在关联关系等发表意见。根据《尽调准则》的要求，对于报告期内发行人与大客户（至少前10名）销售业务真实性的确定，保荐人应追查相关销货合同、销货发票、产品出库单、银行进账单，或者用函证的方式核查。南京证券工作底稿显示，关于新大地与喜多多超市2009年度的销售业务，仅抽查一笔金额62850元的销货发票和银行对账单，未收集销售合同和出库单。关于新大地与梅州绿康2009年度的销售，南京证券工作底稿中未发现任何相关销货发票、产品出库单或银行账单。而且，南京证券在未对梅州绿康经营者陈某作实地访谈的情况下，在出具的专项核查意见中作出已进行实地访谈的虚假记载。

本会在书面反馈意见中明确要求南京证券补充说明新大地2008年末至2010年末及2011年6月末应收账款前五大客户的具体情况、是否存在关联关系等。同时，专门要求南京证券对曼陀神露与新大地及其控股股东、实际控制人、董监高之间的关系进行核查。梅州绿康是2009年末发行人应收账款前五大客户之一，曼陀神露是上述所有报告期内应收账款前五大客户之一。新大地招股说明书上会稿及南京证券出具的书面反馈意见回复发表了梅州绿康、曼陀神露与新大地不存在关联关系的意见。根据《尽调准则》的要求，核查关联方情况，须对相关人员访谈并调阅工商登记资料等。南京证券虽然调阅了梅州绿康的工商资料，但未调阅工商底档，从而未发现梅州绿康经营者陈某的配偶为新大地的财务总监凌某。申请人未对曼陀神露与新大地之间存在异常联系保持应有的职业谨慎，作进一步的审慎核查。

本会认为，申请人对喜多多超市、梅州绿康和曼陀神露未按照《证券法》、《证券发行上市保荐业务管理办法》的规定及《尽调准则》的要求审慎、勤勉履行核查职责。

三、关于新大地招股说明书上会稿未披露或者未准确披露相关信息的情况

新大地董事长黄某江的弟弟黄某光系鸿达装饰实际控制人，鸿达装饰为新大地关联企业。南京证券保荐新大地IPO的工作底稿及相关材料中均记录该信息，但在新大地招股说明书上会稿中未披露。另外，新大地招股说明书上会稿披露的2009年至2011年度煤炭采购账面金额与工作底稿中记录的金额有差额。本会认为，申请人对上述未披露或者未准确披露的事项未尽审慎核查职责，对申请人关于差额较小对新大地财务报表没有任何影响，不构成虚假记载、误导性陈述或者重大遗漏的主张不予支持。

综上，本会处罚决定认定事实清楚、证据充分，法律适用正确，根据《中华人民共和国行政复议法》第二十八条第一款第（一）项的规定，本会决定：维持本会《行政处罚决定书》〔2013〕56号。

申请人如不服本复议决定，可在收到本复议决定书之日起15日内向有管辖权的人民法院提起诉讼或向国务院申请裁决。

关于胡冰不服市场禁入的行政复议决定书

(〔2014〕54 号)

申请人:胡冰

被申请人:中国证券监督管理委员会

申请人不服中国证券监督管理委员会(以下简称本会)《市场禁入决定书》〔2013〕19 号对其作出的市场禁入措施,向本会申请行政复议。本会受理后,依法对本案进行了审查,现已审查终结。

本会《市场禁入决定书》〔2013〕19 号认定,2011 年 6 月至 2012 年 6 月,南京证券有限责任公司(以下简称南京证券)出具《关于广东新大地生物科技股份有限公司首次公开发行股票并在创业板上市发行保荐书》以及对上市申请文件反馈意见的回复、对有关举报问题的专项核查意见等文件,未对发行人的申请文件和信息披露资料进行审慎核查,构成了《证券法》第一百九十二条所述"保荐人出具有虚假记载、误导性陈述或者重大遗漏的保荐书,或者不履行其他法律职责"的情形。对上述违法行为,申请人为直接负责的主管人员,本会对其作出终身证券市场禁入的决定。

申请人请求作出罚当其责的措施。主要理由是:

一是市场禁入决定混淆了广东新大地生物科技股份有限公司(以下简称新大地)"前十大供应商"和"主要原材料茶籽、茶饼前十大采购方"(以下简称前十大采购方)的概念以及对两者不同的要求。申请人对前十大采购方的核查符合相关规定和要求,已履行勤勉尽责义务,不构成虚假记载、误导性陈述或者重大遗漏。

二是市场禁入决定以稽查结论推导南京证券未对新大地与梅州市喜多多超市连锁有限公司(以下简称喜多多超市)、梅州市绿康农副产品经营部(以下简称梅州绿康)销售金额的真实性进行审慎核查,混淆了"稽查"与"核查"的差别。申请人已对上述销售事项进行了审慎核查,已履行勤勉尽责义务。

三是南京证券受中介机构核查手段的限制,未能发现梅州绿康经营者陈某是新大地财务总监凌某的配偶,但并不能说明申请人在尽职调查中未履行勤勉尽责义务;对新大地与梅州市曼陀神露山茶油专卖店(以下简称曼陀神露)之间的异常情况,南京证券已按照本会《保荐人尽职调查工作准则》(以下简称《尽调准则》)的要求,采取了保荐机构所能采取的核查手段,未发现异常;南京证券在《新大地首次公开发行股票并在创业板上市招股说明书(上会稿)》(以下简称招股说明书上会稿)中未披露梅州市鸿达装饰有限公司(以下简称鸿达装饰)为新大地的关联方,确系工作差错,但对相关财务数据并无实质性影响,不构成重大遗漏。

四是申请人根据内部分工未亲自参加对梅州绿康陈某的实地访谈,事后经核查"访谈笔录",未发现异常情形,已履行勤勉尽责义务,不应当对该"访谈笔录"的虚假记载承担任何责任。而且,南京证券对新大地与梅州绿康的销售真实性问题已尽职核查。对该"虚假记载"毫不知情的申请人采取禁入措施,明显不公平和不合理。

五是南京证券工作底稿中收集的新大地煤炭采购账面金额与新大地招股说明书上会稿披露金额的差异很小,对新大地财务报表没有任何影响,不构成虚假记载、误导性陈述或者重大遗漏。

六是申请人既没有参与新大地的财务造假,也不存在故意遗漏或者隐瞒相关信息的情形,在尽调工作中已履行勤勉尽责义务,因各种原因出现一些并不产生实质性影响的工作差错和不应由申请人承担直接责任的问题,即受到证券市场终身禁入严厉措施,明显不公平、不合理。

经审查查明，本会认定南京证券及申请人在保荐新大地 IPO 过程中未勤勉尽责进行核查，证据确凿。

一、关于对前十大采购方（供应商）的核查情况

本会提出书面反馈意见，要求南京证券对2010 年度、2011 年 1 - 6 月和 2011 年度（以下简称报告期间）发行人茶籽、茶饼前十大采购方的具体情况、核查过程等回复书面意见。南京证券分别在 2011 年 7 月 14 日和 2012 年 3 月 2 日出具的反馈意见回复中对前十大供应商和前十大采购方的具体情况发表意见，并专门说明通过查阅发行人《审计报告》、财务报表及会计凭证，并通过实地走访、发询证函或者查阅其工商档案等方式对上述供应商进行了核查。

本会未发现申请人工作底稿中其对上述报告期间前十大采购方进行实地核查或者发询证函等材料，仅有申请人对并非前十大采购方进行访谈的材料。而且，从南京证券书面回复的表述看，关于该核查方式的说明未区分前十大供应商或者前十大采购方，而是将其一并作为原材料供应商。因此，申请人关于市场禁入决定书混淆新大地"前十大供应商"与"前十大采购方"的概念以及对两者不同要求的主张不成立。南京证券在上述反馈意见回复中对前十大采购方的核查过程作出与其实际核查情况不一致的虚假说明。

二、关于对喜多多超市、梅州绿康和曼陀神露的核查

新大地招股说明书上会稿披露，喜多多超市和梅州绿康为新大地 2009 年度前十大客户。本会在书面反馈意见中要求南京证券对报告期间新大地前十大客户的销售情况及是否与发行人存在关联关系等发表意见。根据《尽调准则》的要求，对于报告期内发行人与大客户（至少前 10 名）销售业务真实性的确定，保荐人应追查相关销货合同、销货发票、产品出库单、银行进账单，或者用函证的方式核查。南京证券工作底稿显示，关于新大地与喜多多超市 2009 年度的销售业务，仅抽查一笔金额 62850 元的销货发票和银行对账单，未收集销售合同和出库单。关于新大地与梅州绿康 2009 年度的销售，南京证券工作底稿中未发现任何相关销货发票、产品出库单或银行账单。而且，南京证券在未对梅州绿康经营者陈某作实地访谈的情况下，在出具的专项核查意见中作出已进行实地访谈的虚假记载。

本会在书面反馈意见中明确要求南京证券补充说明新大地 2008 年末至 2010 年末及 2011 年 6 月末应收账款前五大客户的具体情况、是否存在关联关系等。同时，专门要求南京证券对曼陀神露与新大地及其控股股东、实际控制人、董监高之间的关系进行核查。梅州绿康是 2009 年末发行人应收账款前五大客户之一，曼陀神露是上述所有报告期内应收账款前五大客户之一。新大地招股说明书上会稿及南京证券出具的书面反馈意见回复发表了梅州绿康、曼陀神露与新大地不存在关联关系的意见。根据《尽调准则》的要求，核查关联方情况，须对相关人员访谈并调阅工商登记资料等。南京证券虽然调阅了梅州绿康的工商资料，但未调阅工商底档，从而未发现梅州绿康经营者陈某的配偶为新大地的财务总监凌某。申请人未对曼陀神露与新大地之间存在异常联系保持应有的职业谨慎，作进一步的审慎核查。

本会认为，申请人对喜多多超市、梅州绿康和曼陀神露未按照《证券法》、《证券发行上市保荐业务管理办法》的规定及《尽调准则》的要求审慎、勤勉履行核查职责。

三、关于新大地招股说明书上会稿未披露或者未准确披露相关信息的情况

新大地董事长黄某江的弟弟黄某光系鸿达装饰实际控制人，鸿达装饰为新大地关联企业。南京证券保荐新大地 IPO 的工作底稿及相关材料中均记录该信息，但在新大地招股说明书上会稿中未披露。另外，新大地招股说明书上会稿披露的 2009 年至 2011 年度煤炭采购账面金额与工作底稿中记录的金额有差额。本会认为，申请人对上述未披露或者未准确披露的事项未尽审慎核查职责，对申请人关于差额较小对新大地财务报表没有任何影响，不构成虚假记载、误导性陈述或者重大遗漏的主张不予支持。

四、关于市场禁入措施过于严厉的问题

南京证券及申请人在保荐新大地 IPO 中未

尽审慎、勤勉核查职责,未起到应有的把关作用。在本会明确要求对有关事项进行核查的情况下,申请人仍然出具虚假记载的核查意见(其中包括伪造尽职调查材料),性质严重,情节恶劣,已构成严重失职。因此,本会对申请人作出的证券市场禁入决定合法、适当。

综上,根据《中华人民共和国行政复议法》第二十八条第一款第(一)项的规定,本会决定:维持《市场禁入决定书》〔2013〕19号。

申请人如不服本复议决定,可在收到本复议决定书之日起15日内向有管辖权的人民法院提起诉讼或向国务院申请裁决。

关于廖建华不服行政处罚的行政复议决定书

(〔2014〕55号)

申请人:廖建华

被申请人:中国证券监督管理委员会

申请人不服中国证券监督管理委员会(以下简称本会)《行政处罚决定书》〔2013〕56号对其作出的行政处罚,向本会申请行政复议。本会受理后,依法对本案进行了审查,现已审查终结。

本会《行政处罚决定书》〔2013〕56号认定,2011年6月至2012年6月,南京证券有限责任公司(以下简称南京证券)出具《关于广东新大地生物科技股份有限公司首次公开发行股票并在创业板上市发行保荐书》以及对上市申请文件反馈意见的回复、对有关举报问题的专项核查意见等文件,未对发行人的申请文件和信息披露资料进行审慎核查,构成了《证券法》第一百九十二条所述“保荐人出具有虚假记载、误导性陈述或者重大遗漏的保荐书,或者不履行其他法律职责”的情形。对上述违法行为,申请人为直接负责的主管人员,本会决定对其给予警告并处15万元罚款。

申请人请求作出罚当其责的处罚。主要理由是:

一是处罚决定混淆了广东新大地生物科技股份有限公司(以下简称新大地)“前十大供应商”和“主要原材料茶籽、茶饼前十大采购方”(以下简称前十大采购方)的概念以及对两者不同的要求。申请人对前十大采购方的核查符合相关规定和要求,已履行勤勉尽责义务,不构成虚假记载、误导性陈述或者重大遗漏。

二是处罚决定以稽查结论推导南京证券未对新大地与梅州市喜多多超市连锁有限公司(以下简称喜多多超市)、梅州市绿康农副产品经营部(以下简称梅州绿康)销售金额的真实性进行审慎核查,混淆了“稽查”与“核查”的差别。申请人已对上述销售事项进行了审慎核查,已履行勤勉尽责义务。

三是南京证券受中介机构核查手段的限制,未能发现梅州绿康经营者陈某是新大地财务总监凌某的配偶,但并不能说明申请人在尽职调查中未履行勤勉尽责义务;对新大地与梅州市曼陀神露山茶油专卖店(以下简称曼陀神露)之间的异常情况,南京证券已按照本会《保荐人尽职调查工作准则》(以下简称《尽调准则》)的要求,采取了保荐机构所能采取的核查手段,未发现异常;南京证券在《新大地首次公开发行股票并在创业板上市招股说明书(上会稿)》(以下简称招股说明书上会稿)中未披露梅州市鸿达装饰有限公司(以下简称鸿达装饰)为新大地的关联方,确系工作差错,但对相关财务数据并无实质性影响,不构成重大遗漏。

四是申请人根据内部分工未亲自参加对梅州绿康陈某的实地访谈,事后经核查“访谈笔录”,未发现异常情形,已履行勤勉尽责义务,不应当对该“访谈笔录”的虚假记载承担任何责任。而且,南京证券对新大地与梅州绿康的销售真实性问题已尽职核查。对该“虚假记载”毫不知情的申请人进行处罚,明显不公平和不合理。

五是南京证券工作底稿中收集的新大地煤炭采购账面金额与新大地招股说明书上会稿披露金额的差异很小，对新大地财务报表没有任何影响，不构成虚假记载、误导性陈述或者重大遗漏。

六是申请人既没有参与新大地的财务造假，也不存在故意遗漏或者隐瞒相关信息的情形，在尽调工作中已履行勤勉尽责义务，因各种原因出现一些并不产生实质性影响的工作差错和不应由申请人承担直接责任的问题，即受到严厉处罚，明显不公平、不合理。

经审查查明，本会认定南京证券及申请人在保荐新大地 IPO 过程中未勤勉尽责进行核查，证据确凿。

一、关于对前十大采购方（供应商）的核查情况

本会提出书面反馈意见，要求南京证券对 2010 年度、2011 年 1 – 6 月和 2011 年度（以下简称报告期间）发行人茶籽、茶饼前十大采购方的具体情况、核查过程等回复书面意见。南京证券分别在 2011 年 7 月 14 日和 2012 年 3 月 2 日出具的反馈意见回复中对前十大供应商和前十大采购方具体情况发表意见，并专门说明通过查阅发行人《审计报告》、财务报表及会计凭证，并通过实地走访、发询证函或者查阅其工商档案等方式对上述供应商进行了核查。

本会未发现申请人工作底稿中其对上述报告期间前十大采购方进行实地核查或者发询证函等材料，仅有申请人对并非前十大采购方进行访谈的材料。而且，从南京证券书面回复的表述看，关于该核查方式的说明未区分前十大供应商或者前十大采购方，而是将其一并作为原材料供应商。因此，申请人关于本会行政处罚决定书混淆新大地“前十大供应商”与“前十大采购方”的概念以及对两者不同要求的主张不成立。南京证券在上述反馈意见回复中对前十大采购方的核查过程作出了与其实际核查情况不一致的虚假说明。

二、关于对喜多多超市、梅州绿康和曼陀神露的核查

新大地招股说明书上会稿披露，喜多多超市和梅州绿康为新大地 2009 年度前十大客户。本会在书面反馈意见中要求南京证券对报告期间新大地前十大客户的销售情况及是否与发行人存在关联关系等发表意见。根据《尽调准则》的要求，对于报告期内发行人与大客户（至少前 10 名）销售业务真实性的确定，保荐人应追查相关销货合同、销货发票、产品出库单、银行进账单，或者用函证的方式核查。南京证券工作底稿显示，关于新大地与喜多多超市 2009 年度的销售业务，仅抽查一笔金额 62850 元的销货发票和银行对账单，未收集销售合同和出库单。关于新大地与梅州绿康 2009 年度的销售，南京证券工作底稿中未发现任何相关销货发票、产品出库单或银行账单。而且，南京证券在未对梅州绿康经营者陈某作实地访谈的情况下，在出具的专项核查意见中作出已进行实地访谈的虚假记载。

本会在书面反馈意见中明确要求南京证券补充说明新大地 2008 年末至 2010 年末及 2011 年 6 月末应收账款前五大客户的具体情况、是否存在关联关系等。同时，专门要求南京证券对曼陀神露与新大地及其控股股东、实际控制人、董监高之间的关系进行核查。梅州绿康是 2009 年末发行人应收账款前五大客户之一，曼陀神露是上述所有报告期内应收账款前五大客户之一。新大地招股说明书上会稿及南京证券出具的书面反馈意见回复发表了梅州绿康、曼陀神露与新大地不存在关联关系的意见。根据《尽调准则》的要求，核查关联方情况，须对相关人员访谈并调阅工商登记资料等。南京证券虽然调阅了梅州绿康的工商资料，但未调阅工商底档，从而未发现梅州绿康经营者陈某的配偶为新大地的财务总监凌某。申请人未对曼陀神露与新大地之间存在异常联系保持应有的职业谨慎，作进一步的审慎核查。

本会认为，申请人对喜多多超市、梅州绿康和曼陀神露未按照《证券法》、《证券发行上市保荐业务管理办法》的规定及《尽调准则》的要求审慎、勤勉履行核查职责。

三、关于新大地招股说明书上会稿未披露或者未准确披露相关信息的情况

新大地董事长黄某江的弟弟黄某光系鸿达装饰实际控制人，鸿达装饰为新大地关联企业。南京证券保荐新大地 IPO 的工作底稿及相关材料中均记录该信息,但在新大地招股说明书上会稿中未披露。另外,新大地招股说明书上会稿披露的2009年至2011年度煤炭采购账面金额与工作底稿中记录的金额有差额。本会认为,申请人对上述未披露或者未准确披露的事项未尽审慎核查职责,对申请人关于差额较小对新大地财务报表没有任何影响,不构成虚假记载、误导性陈述或者重大遗漏的主张不予支持。

综上,本会处罚决定认定事实清楚、证据充分,法律适用正确,根据《中华人民共和国行政复议法》第二十八条第一款第(一)项的规定,本会决定:维持本会《行政处罚决定书》〔2013〕56号。

申请人如不服本复议决定,可在收到本复议决定书之日起15日内向有管辖权的人民法院提起诉讼或向国务院申请裁决。

关于廖建华不服市场禁入的行政复议决定书

(〔2014〕56号)

申请人:廖建华

被申请人:中国证券监督管理委员会

申请人不服中国证券监督管理委员会(以下简称本会)《市场禁入决定书》〔2013〕19号对其作出的市场禁入措施,向本会申请行政复议。本会受理后,依法对本案进行了审查,现已审查终结。

本会《市场禁入决定书》〔2013〕19号认定,2011年6月至2012年6月,南京证券有限责任公司(以下简称南京证券)出具《关于广东新大地生物科技股份有限公司首次公开发行股票并在创业板上市发行保荐书》以及对上市申请文件反馈意见的回复、对有关举报问题的专项核查意见等文件,未对发行人的申请文件和信息披露资料进行审慎核查,构成了《证券法》第一百九十二条所述"保荐人出具有虚假记载、误导性陈述或者重大遗漏的保荐书,或者不履行其他法律职责"的情形。对上述违法行为,申请人为直接负责的主管人员,本会对其作出终身证券市场禁入的决定。

申请人请求作出罚当其责的措施。主要理由是:

一是市场禁入决定混淆了广东新大地生物科技股份有限公司(以下简称新大地)"前十大供应商"和"主要原材料茶籽、茶饼前十大采购方"(以下简称前十大采购方)的概念以及对两者不同的要求。申请人对前十大采购方的核查符合相关规定和要求,已履行勤勉尽责义务,不构成虚假记载、误导性陈述或者重大遗漏。

二是市场禁入决定以稽查结论推导南京证券未对新大地与梅州市喜多多超市连锁有限公司(以下简称喜多多超市)、梅州市绿康农副产品经营部(以下简称梅州绿康)销售金额的真实性进行审慎核查,混淆了"稽查"与"核查"的差别。申请人已对上述销售事项进行了审慎核查,已履行勤勉尽责义务。

三是南京证券受中介机构核查手段的限制,未能发现梅州绿康经营者陈某是新大地财务总监凌某的配偶,但并不能说明申请人在尽职调查中未履行勤勉尽责义务;对新大地与梅州市曼陀神露山茶油专卖店(以下简称曼陀神露)之间的异常情况,南京证券已按照本会《保荐人尽职调查工作准则》(以下简称《尽调准则》)的要求,采取了保荐机构所能采取的核查手段,未发现异常;南京证券在《新大地首次公开发行股票并在创业板上市招股说明书(上会稿)》(以下简称招股说明书上会稿)中未披露梅州市鸿达装饰有限公司(以下简称鸿达装饰)为新大地的关联方,确系工作差错,但对相关财务数据并无实质性影响,不构成重大遗漏。

四是申请人根据内部分工未亲自参加对梅州绿康陈某的实地访谈,事后经核查"访谈笔录”，未发现异常情形，已履行勤勉尽责义务，不应当对该“访谈笔录”的虚假记载承担任何责任。而且，南京证券对新大地与梅州绿康的销售真实性问题已尽职核查。对该“虚假记载”毫不知情的申请人采取禁入措施，明显不公平和不合理。

五是南京证券工作底稿中收集的新大地煤炭采购账面金额与新大地招股说明书上会稿披露金额的差异很小，对新大地财务报表没有任何影响，不构成虚假记载、误导性陈述或者重大遗漏。

六是申请人既没有参与新大地的财务造假，也不存在故意遗漏或者隐瞒相关信息的情形，在尽调工作中已履行勤勉尽责义务，因各种原因出现一些并不产生实质性影响的工作差错和不应由申请人承担直接责任的问题，即受到证券市场终身禁入严厉措施，明显不公平、不合理。

经审查查明，本会认定南京证券及申请人在保荐新大地 IPO 过程中未勤勉尽责进行核查，证据确凿。

一、关于对前十大采购方(供应商)的核查情况

本会提出书面反馈意见，要求南京证券对 2010 年度、2011 年 1－6 月和 2011 年度(以下简称报告期间)发行人茶籽、茶饼前十大采购方的具体情况、核查过程等回复书面意见。南京证券分别在 2011 年 7 月 14 日和 2012 年 3 月 2 日出具的反馈意见回复中对前十大供应商和前十大采购方的具体情况发表意见，并专门说明通过查阅发行人《审计报告》、财务报表及会计凭证，并通过实地走访、发询证函或者查阅其工商档案等方式对上述供应商进行了核查。

本会未发现申请人工作底稿中其对上述报告期间前十大采购方进行实地核查或者发询证函等材料，仅有申请人对并非前十大采购方进行访谈的材料。而且，从南京证券书面回复的表述看，关于该核查方式的说明未区分前十大供应商或者前十大采购方，而是将其一并作为原材料供应商。因此，申请人关于市场禁入决定书混淆新大地“前十大供应商”与“前十大采购方”的概念以及对两者不同要求的主张不成立。南京证券在上述反馈意见回复中对前十大采购方的核查过程作出与其实际核查情况不一致的虚假说明。

二、关于对喜多多超市、梅州绿康和曼陀神露的核查

新大地招股说明书上会稿披露，喜多多超市和梅州绿康为新大地 2009 年度前十大客户。本会在书面反馈意见中要求南京证券对报告期间新大地前十大客户的销售情况及是否与发行人存在关联关系等发表意见。根据《尽调准则》的要求，对于报告期内发行人与大客户(至少前 10 名)销售业务真实性的确定，保荐人应追查相关销货合同、销货发票、产品出库单、银行进账单，或者用函证的方式核查。南京证券工作底稿显示，关于新大地与喜多多超市 2009 年度的销售业务，仅抽查一笔金额 62850 元的销货发票和银行对账单，未收集销售合同和出库单。关于新大地与梅州绿康 2009 年度的销售，南京证券工作底稿中未发现任何相关销货发票、产品出库单或银行账单。而且，南京证券在未对梅州绿康经营者陈某作实地访谈的情况下，在出具的专项核查意见中作出已进行实地访谈的虚假记载。

本会在书面反馈意见中明确要求南京证券补充说明新大地 2008 年末至 2010 年末及 2011 年 6 月末应收账款前五大客户的具体情况、是否存在关联关系等。同时，专门要求南京证券对曼陀神露与新大地及其控股股东、实际控制人、董监高之间的关系进行核查。梅州绿康是 2009 年末发行人应收账款前五大客户之一，曼陀神露是上述所有报告期内应收账款前五大客户之一。新大地招股说明书上会稿及南京证券出具的书面反馈意见回复发表了梅州绿康、曼陀神露与新大地不存在关联关系的意见。根据《尽调准则》的要求，核查关联方情况，须对相关人员访谈并调阅工商登记资料等。南京证券虽然调阅了梅州绿康的工商资料，但未调阅工商底档，从而未发现梅州绿康经营者陈某的配偶为新大地的财务总监凌某。申请人未对曼陀神露与新大地之间存在异常联系保持应有的职业谨慎，作进一步的审慎核查。

本会认为，申请人对喜多多超市、梅州绿康和曼陀神露未按照《证券法》、《证券发行上市保荐业务管理办法》的规定及《尽调准则》的要求审慎、勤勉履行核查职责。

三、关于新大地招股说明书上会稿未披露或者未准确披露相关信息的情况

新大地董事长黄某江的弟弟黄某光系鸿达装饰实际控制人,鸿达装饰为新大地关联企业。南京证券保荐新大地 IPO 的工作底稿及相关材料中均记录该信息,但在新大地招股说明书上会稿中未披露。另外,新大地招股说明书上会稿披露的 2009 年至 2011 年度煤炭采购账面金额与工作底稿中记录的金额有差额。本会认为,申请人对上述未披露或者未准确披露的事项未尽审慎核查职责,对申请人关于差额较小对新大地财务报表没有任何影响,不构成虚假记载、误导性陈述或者重大遗漏的主张不予支持。

四、关于市场禁入措施过于严厉的问题

南京证券及申请人在保荐新大地 IPO 中未尽审慎、勤勉核查职责,未起到应有的把关作用。在本会明确要求对有关事项进行核查的情况下,申请人仍然出具虚假记载的核查意见(其中包括伪造尽职调查材料),性质严重,情节恶劣,已构成严重失职。因此,本会对申请人作出的证券市场禁入决定合法、适当。

综上,根据《中华人民共和国行政复议法》第二十八条第一款第(一)项的规定,本会决定:维持《市场禁入决定书》〔2013〕19 号。

申请人如不服本复议决定,可在收到本复议决定书之日起 15 日内向有管辖权的人民法院提起诉讼或向国务院申请裁决。

关于利安达会计师事务所不服行政处罚的行政复议决定书

(〔2014〕57 号)

申请人:利安达会计师事务所(以下简称利安达)

被申请人:中国证券监督管理委员会

申请人不服中国证券监督管理委员会(以下简称本会)《行政处罚决定书》〔2014〕21 号对其作出的行政处罚,向本会提出行政复议申请。本会受理后,依法对本案进行了审查,现已审查终结。

本会《行政处罚决定书》〔2014〕21 号认定,利安达及其注册会计师在审计河南天丰节能板材科技股份有限公司(以下简称天丰节能)首次公开发行股票并上市(以下简称 IPO)和执行首次公开发行股票公司审计业务专项核查工作时未勤勉尽责,2013 年 2 月 17 日出具的审计报告和 2013 年 3 月 28 日出具的《利安达会计师事务所有限责任公司关于河南天丰节能板材科技股份有限公司落实〈关于做好首次公开发行股票公司 2012 年度财务报告专项检查工作的通知〉的自查报告》(以下简称《自查报告》)存在虚假记载,违反《证券法》第二十条第二款、第一百七十三条的规定,构成《证券法》第二百二十三条所述情形,决定没收其业务收入 60 万元,并处以 120 万元罚款。

申请人认为《行政处罚决定书》〔2014〕21 号认定事实不清、程序存在瑕疵,请求撤销对其作出的处罚。理由包括:1. 申请人被迫签署的《股东和解协议》和《分立合并协议》是确定本案处罚的事实基础,两个文件不仅是申请人股东间的内部文件,而且涉及第三方法律责任分担。申请人分立后,应由权利义务的继受者承担法律责任。天丰节能项目是以姜某为首的项目组非法控制利安达期间负责的业务,申请人对此不应承担责任。2. 以前年度审计底稿的不合法必然导致 2013 年度出具的审计报告和《自查报告》的不合法。3. 调查人员调取审计底稿和询问相关会计师不是在申请人办公地点,被调查询问的注册会计师汪某已不属于申请人的工作人员,行政处罚程序存在明显瑕疵。4. 天丰节能处于IPO审核前的自查阶段,其行为尚未对社会公众产生实质损害,违法行为显著轻微,申请人在审计报告上的盖章行为不应受到处罚。

经审查查明:申请人与天丰节能于2010年4月19日签订《审计业务约定书》。申请人在2013年2月17日出具的天丰节能IPO审计报告和2013年3月28日出具的《自查报告》上签章。天丰节能项目业务收入转入申请人账户。申请人在天丰节能IPO审计过程中未勤勉尽责,出具的IPO审计报告和《自查报告》存在虚假记载。

本会认为:

(一)申请人所签订的《分立合并协议》、《股东和解协议》属于平等主体之间的民事合同,合同中各自权利义务的约定不能改变相应主体行政法律责任的承担。申请人与天丰节能签订《审计业务约定书》,收取该审计项目业务收入,对出具的天丰节能IPO审计报告和《自查报告》复核并盖章。据此,申请人作为天丰节能IPO项目的审计机构,应对其出具的虚假文件承担相应的行政法律责任。

(二)申请人2013年2月提交的IPO审计报告是独立的审计报告。根据《证券法》第一百七十三条的规定,申请人在出具该IPO审计报告时,负有审慎核查的义务,应对所依据文件资料内容的真实性、准确性、完整性进行核查和验证。申请人以之前年度审计报告有误、不合法作为其出具的IPO审计报告有误的免责理由,不能成立。

(三)申请人认为其行为尚未对社会公众产生实质损害,不应受到行政处罚的理由,与法律规定不符。根据《证券法》第二百二十三条的规定,包括申请人在内的证券服务机构未勤勉尽责,所制作、出具的文件有虚假记载、误导性陈述或者重大遗漏的,即应当承担相应行政处罚的法律责任。

(四)申请人在天丰节能IPO审计工作底稿等相关证据材料上盖章确认,调查询问笔录有相关注册会计师签字,符合证据客观、真实、合法性的要求,证据来源和调取地点不影响证据效力。汪某在审计报告上签字时已完成转所手续,但申请人在汪某签字的报告上加盖公章,说明其认可汪某代表申请人执行业务。本案行政调查、处罚程序合法。

综上,申请人未履行勤勉尽责义务,对其出具的虚假IPO审计报告和《自查报告》不承担责任的主张不能成立。本会《行政处罚决定书》〔2014〕21号认定事实清楚,证据充分,适用依据正确,程序合法,内容适当。

根据《行政复议法》第二十八条第一款第一项的规定,本会决定:维持本会《行政处罚决定书》〔2014〕21号对申请人作出的行政处罚。

申请人如不服本复议决定,可在收到本复议决定书之日起15日内向有管辖权的人民法院提起诉讼或向国务院申请裁决。

关于易永健不服行政处罚的行政复议决定书

(〔2014〕60号)

申请人:易永健

被申请人:中国证券监督管理委员会

申请人不服中国证券监督管理委员会(以下简称本会)《行政处罚决定书》〔2014〕27号对其作出的行政处罚,向本会申请行政复议。本会受理后,依法对本案进行了审查,现已审查终结。

本会《行政处罚决定书》〔2014〕27号认定,青海贤成矿业股份有限公司(以下简称贤成矿业)在2009年至2011年的半年度报告和年度报告(以下简称2009年至2011年定期报告)未披露贤成矿业及其控股子公司对外提供的借款担保(以下简称相关担保事项),构成信息披露违法。同时,认定贤成矿业时任独立董事易永健为其他直接责任人员,根据《证券法》和《行政处罚法》的相关规定,本会给予从轻处罚,给予警告并处以3万元罚款。

申请人请求撤销对其行政处罚决定。主要理由是:

一是处罚决定认定未依法披露的相关担保事项,贤成矿业及相关人员未提交董事会审议,故意隐瞒,独立董事的知情权受到侵害,要求独立董事发现相关交易,是不切实际的过高要求。

二是信息披露违法行为的责任主体是上市公司和其他信息披露义务人,独立董事不属于责任主体。根据《证券法》第一百九十三条的规定认定申请人为信息披露违法行为的责任主体,属于法律适用错误。

三是贤成矿业披露24,147万元银行存款被法院冻结后,申请人才了解到公司存在违规担保及涉诉事项,申请人积极主动做了大量工作,已勤勉尽责。

四是与其他参与策划、执行及负有法定报告义务的主体,但未被认定为其他直接责任人员相比,尤其是负有直接责任但因辞职较早而豁免处罚的高管相比,申请人受到的处罚不公平。

行政复议答复的意见认为,现有证据不足以证明申请人已忠实、勤勉履行独立董事职责,而且其在陈述、申辩意见中也未提供相关证据予以证明。申请人参加审议并同意贤成矿业2009年至2011年的定期报告,导致定期报告不符合《证券法》第六十三条关于上市公司信息披露的规定。综合考虑申请人的违法情节,依据《证券法》第一百九十三条的规定和《行政处罚法》第二十七条的规定,本会已经对申请人予以从轻处罚,建议维持行政处罚决定。

经审查,本会认为申请人未勤勉履行独立董事职责,应对贤成矿业2009年至2011年定期报告未披露相关担保事项的违法行为承担法律责任。

综上,本会处罚决定认定事实清楚、证据充分,法律适用正确,根据《中华人民共和国行政复议法》第二十八条第一款第(一)项的规定,本会决定:维持本会《行政处罚决定书》〔2014〕27号。

申请人如不服本复议决定,可在收到本复议决定书之日起15日内向有管辖权的人民法院提起诉讼或向国务院申请裁决。

关于王汉齐不服行政处罚的行政复议决定书

(〔2014〕61号)

申请人:王汉齐

被申请人:中国证券监督管理委员会

申请人不服中国证券监督管理委员会(以下简称本会)《行政处罚决定书》〔2014〕27号对其作出的行政处罚,向本会申请行政复议。本会受理后,依法对本案进行了审查,现已审查终结。

本会《行政处罚决定书》〔2014〕27号认定,青海贤成矿业股份有限公司(以下简称贤成矿业)在2009年至2011年的半年度报告和年度报告(以下简称2009年至2011年定期报告)未披露贤成矿业及其控股子公司对外提供的借款担保(以下简称相关担保事项),构成信息披露违法。同时,认定贤成矿业时任独立董事王汉齐为其他直接责任人员,根据《证券法》和《行政处罚法》的相关规定,本会给予从轻处罚,给予警告并处以3万元罚款。

申请人请求撤销对其行政处罚决定。主要理由是:

一是处罚决定认定未依法披露的相关担保事项,贤成矿业及相关人员未提交董事会审议,故意隐瞒,独立董事的知情权受到侵害,要求独立董事发现相关交易,是不切实际的过高要求。

二是信息披露违法行为的责任主体是上市

公司和其他信息披露义务人，独立董事不属于责任主体。根据《证券法》第一百九十三条的规定认定申请人为信息披露违法行为的责任主体，属于法律适用错误。

三是贤成矿业披露24，147万元银行存款被法院冻结后，申请人才了解到公司存在违规担保及涉诉事项，申请人积极主动做了大量工作，已勤勉尽责。

四是与其他参与策划、执行及负有法定报告义务的主体，但未被认定为其他直接责任人员相比，尤其是负有直接责任但因辞职较早而豁免处罚的高管相比，申请人受到的处罚不公平。

行政复议答复的意见认为，现有证据不足以证明申请人已忠实、勤勉履行独立董事职责，而且其在陈述、申辩意见中也未提供相关证据予以证明。申请人参加审议并同意贤成矿业2009年至2011年的定期报告，导致定期报告不符合《证券法》第六十三条关于上市公司信息披露的规定。综合考虑申请人的违法情节，依据《证券法》第一百九十三条的规定和《行政处罚法》第二十七条的规定，本会已经对申请人予以从轻处罚，建议维持行政处罚决定。

经审查，本会认为申请人未勤勉履行独立董事职责，应对贤成矿业2009年至2011年定期报告未披露相关担保事项的违法行为承担法律责任。

综上，本会处罚决定认定事实清楚、证据充分，法律适用正确，根据《中华人民共和国行政复议法》第二十八条第一款第（一）项的规定，本会决定：维持本会《行政处罚决定书》〔2014〕27号。

申请人如不服本复议决定，可在收到本复议决定书之日起15日内向有管辖权的人民法院提起诉讼或向国务院申请裁决。

关于裴永红不服行政处罚的行政复议决定书

（〔2014〕62号）

申请人：裴永红

被申请人：中国证券监督管理委员会

申请人不服中国证券监督管理委员会（以下简称本会）《行政处罚决定书》〔2014〕27号对其作出的行政处罚，向本会申请行政复议。本会受理后，依法对本案进行了审查，现已审查终结。

本会《行政处罚决定书》〔2014〕27号认定，青海贤成矿业股份有限公司（以下简称贤成矿业）在2009年至2011年的半年度报告和年度报告（以下简称2009年至2011年定期报告）未披露贤成矿业及其控股子公司对外提供的借款担保（以下简称相关担保事项），构成信息披露违法。同时，认定贤成矿业时任独立董事裴永红为其他直接责任人员，根据《证券法》和《行政处罚法》的相关规定，本会给予从轻处罚，给予警告并处以3万元罚款。

申请人请求撤销对其行政处罚决定。主要理由是：

一是处罚决定认定未依法披露的相关担保事项，贤成矿业及相关人员未提交董事会审议，故意隐瞒，独立董事的知情权受到侵害，要求独立董事发现相关交易，是不切实际的过高要求。

二是信息披露违法行为的责任主体是上市公司和其他信息披露义务人，独立董事不属于责任主体。根据《证券法》第一百九十三条的规定认定申请人为信息披露违法行为的责任主体，属于法律适用错误。

三是贤成矿业披露24，147万元银行存款被法院冻结后，申请人才了解到公司存在违规担保及涉诉事项，申请人积极主动做了大量工作，已勤勉尽责。

四是与其他参与策划、执行及负有法定报告义务的主体，但未被认定为其他直接责任人员相比,尤其是负有直接责任但因辞职较早而豁免处罚的高管相比,申请人受到的处罚不公平。

行政复议答复的意见认为,现有证据不足以证明申请人已忠实、勤勉履行独立董事职责,而且其在陈述、申辩意见中也未提供相关证据予以证明。申请人参加审议并同意贤成矿业2009年至2011年的定期报告,导致定期报告不符合《证券法》第六十三条关于上市公司信息披露的规定。综合考虑申请人的违法情节,依据《证券法》第一百九十三条的规定和《行政处罚法》第二十七条的规定,本会已经对申请人予以从轻处罚,建议维持行政处罚决定。

经审查,本会认为申请人未勤勉履行独立董事职责,应对贤成矿业2009年至2011年定期报告未披露相关担保事项的违法行为承担法律责任。

综上,本会处罚决定认定事实清楚、证据充分,法律适用正确,根据《中华人民共和国行政复议法》第二十八条第一款第(一)项的规定,本会决定:维持本会《行政处罚决定书》〔2014〕27号。

申请人如不服本复议决定,可在收到本复议决定书之日起15日内向有管辖权的人民法院提起诉讼或向国务院申请裁决。

关于张军不服信息公开的行政复议决定书

(〔2014〕63号)

申请人:张军

被申请人:中国证券监督管理委员会江苏监管局

申请人不服被申请人作出的《监管信息不存在告知书》(苏证监信公字〔2014〕3号,以下简称《告知书》),向中国证券监督管理委员会(以下简称本会)提出行政复议申请。本会受理后,依法对本案进行了审查,现已审查终结。

申请人请求,撤销被申请人作出的《告知书》,并责令被申请人对申请人申请公开的政府信息——“你委要求2006年上市初期江苏省沙钢集团有限公司(002075)清理职工持股会的批文”,重新作出答复。

申请人称,被申请人做出的政府信息不予公开行为,不符合《政府信息公开条例》的规定。江苏省沙钢集团有限公司董事会2011年1月3日向各位股东发出的《江苏沙钢集团公司股权变动方案》写明,“在重组ST张铜过程中,中国证监会明确要求我司必须将职工持股会予以清理”等。另外,被申请人作出的《告知书》没有告知司法救济途径,剥夺申请人合法权利。

被申请人称,申请人申请公开的信息确实不存在,建议维持其作出的《告知书》。主要理由为:被申请人不具有清理职工持股事项的审批权限,且被申请人查阅了相关档案、监管信息等,也未查找到上述批文,申请人申请公开的信息确实不存在。申请人提供的《江苏沙钢集团公司股权变动方案》不能证明被申请人处存在上述批文。而且,被申请人据实答复信息不存在,并非申请人所称对做出的政府信息不予公开。另外,《告知书》未告知救济途径并没有剥夺申请人的权利,申请人仍可以提起行政复议或者行政诉讼。

经查,被申请人2014年5月26日收到申请人的信息公开申请。被申请人经查询其相关档案、监管信息,并不掌握申请人要求公开的信息。6月10日,被申请人依据《政府信息公开条例》第二十一条第三项的规定对申请人作出答复。《政府信息公开条例》等相关法律法规未规定信息公开告知书须列明救济途径,被申请人作出的《告知书》不存在申请人所述剥夺其权利的情形。

本会认为,被申请人作出的《告知书》认定

事实清楚，证据确凿，适用依据正确，程序合法，内容适当。申请人的请求不能成立。根据《行政复议法》第二十八条第一款第一项的规定，本会决定：维持被申请人作出的《监管信息不存在告知书》（苏证监信公字〔2014〕3 号）。

申请人如不服本复议决定，可在收到本复议决定书之日起 15 日内向有管辖权的人民法院提起诉讼。

关于杨金柱不服信息公开的行政复议决定书

（〔2014〕64 号）

申请人：杨金柱

被申请人：中国证券监督管理委员会江苏监管局

申请人不服中国证券监督管理委员会江苏监管局作出的《监管信息公开告知书》（苏证监信公告字〔2014〕6 号，以下简称《告知书》）向中国证券监督管理委员会（以下简称本会）提出行政复议申请，请求责令被申请人重新依法答复申请人的信息公开申请。本会受理后，依法对本案进行了审查，现已审查终结。

申请人称，其于 2014 年 6 月 4 日通过被申请人邮箱 jsbgs@ csrc. gov. cn 提交《中国证监会证券期货监督管理信息公开申请表》，要求公开：肖 × ×向江苏证监局举报华芳纺织股份有限公司（以下简称华芳纺织）“做假账”及其控股股东华芳纺织集团有限公司（以下简称华芳集团）涉嫌操纵股价和内幕交易的调查处理结果。被申请人于 2014 年 6 月 17 日作出《告知书》，向申请人提供对肖 × ×举报事项的查处结果。

经审理查明，被申请人收到申请人提交的信息公开申请表后，于《政府信息公开条例》规定的 15 日期限内作出答复。并且，根据申请人申请公开的内容请求，即被申请人对肖 × ×举报华芳纺织“做假账”以及华芳集团涉嫌操纵和内幕交易的处理结果，被申请人根据举报核查结果向申请人作出答复。

综上，本会认为，被申请人向申请人作出的《告知书》，程序合法、内容适当、法律依据正确，对申请人的主张不予支持。

关于申请人主张追究举报人肖 × ×责任的问题，不属于本复议案受理范围，应予驳回。

根据《行政复议法》第二十八条第一款第（一）项的规定，本会决定：维持被申请人作出的《监管信息公开告知书》（苏证监信公告字〔2014〕6 号）中对申请人的答复内容。

申请人如不服本复议决定，可在收到本复议决定书之日起 15 日内向有管辖权的人民法院提起诉讼。

关于蒋波不服行政许可的行政复议决定书

（〔2014〕65 号）

申请人：蒋波

被申请人：中国证券监督管理委员会

申请人不服中国证券监督管理委员会（以下简称本会）《关于核准重庆莱美药业股份有限公司首次公开发行股票并在创业板上市的批复》（证监许可〔2009〕956 号，以下简称《核准批复》),向本会提出行政复议申请。本会受理后,依法对本案进行了审查,现已审查终结。

申请人请求,撤销本会《核准批复》,并责令重庆莱美药业股份有限公司(以下简称莱美药业)回购流通股退市。

申请人称,莱美药业提交的上市申请文件存在重大违法:莱美药业在上市申请中隐瞒了公司自1999年8月设立起就存在的股权纠纷。重庆莱美药业有限责任公司(莱美药业改制前身)设立时,其中350万元出资额的实际出资人为重庆药友制药有限责任公司(以下简称重庆药友),并非重庆制药六厂。这部分股权非法登记在重庆制药六厂名下,并在2002年非法转让给重庆药友工会,2007年又非法转让给邱某等自然人。本会对莱美药业申报文件审查不严,存在重大过失,损害了重庆药友股东的合法权益。

被申请人认为,申请人与莱美药业无直接法律关系,《核准批复》是批准莱美药业公开发行股票并在创业板上市的行政许可决定,并不涉及对莱美药业相关股权结构或者财产归属的认可或者确认,不会对申请人的权益产生影响。而且,申请人并未提供证明其权益受到损害以及损害与莱美药业直接相关的证据。申请人所称的可能受到的权益损害与本会核准决定无直接因果关系。

本会认为,申请人与《核准批复》不存在法律上的利害关系,不符合《行政复议法实施条例》第二十八条第(二)项的规定。

根据《行政复议法实施条例》第四十八条第一款第(二)项的规定,本会决定:驳回申请人的行政复议申请。

申请人如不服本复议决定,可在收到本复议决定书之日起15日内向有管辖权的人民法院提起诉讼或向国务院申请裁决。

关于张明续不服行政处罚的行政复议决定书

(〔2014〕66号)

申请人:张明续

被申请人:中国证券监督管理委员会

申请人不服中国证券监督管理委员会(以下简称本会)《行政处罚决定书》〔2014〕63号对其作出的行政处罚,向本会提出行政复议申请。本会受理后,依法对本案进行了审查,现已审查终结。

本会《行政处罚决定书》〔2014〕63号认定,孟某是北京梅泰诺通信技术股份有限公司(以下简称梅泰诺)收购成都军通通信股份有限公司(以下简称军通股份)部分股权、向特定对象发行股份购买浙江金之路信息科技有限公司(以下简称金之路)100%股权两个项目的内幕信息知情人。张明续与孟某在内幕信息敏感期内有频繁通讯联系,且通讯联系时间与张明续账户交易“梅泰诺”时间高度吻合,与孟某指使的涉嫌内幕交易刑事案件有关账户交易时间一致。对此,张明续不能作出合理说明或提供证据排除其非法获取内幕信息从事证券交易活动。张明续交易“梅泰诺”的行为违反了《证券法》第七十三条禁止内幕交易的规定,根据《证券法》第二百零二条,本会决定对其处以6万元罚款。

申请人认为,《行政处罚决定书》〔2014〕63号认定事实不清、证据不足,请求予以撤销。主要理由包括:1. 在没有依法确认孟某知悉内幕信息并对其处罚或者采取其他法律措施之前处罚申请人,不符合逻辑和法律规定。2. 在申请人交易“梅泰诺”期间,无直接证据证明孟某知悉内幕信息。行政处罚决定书认定孟某自2012年5月21日为法定内幕信息知情人,孟某此前参加有关会议及相关笔记本记录等证据,不能作为认定孟某知悉内幕信息的依据。孟某虽前期负责军通股份项目调研,但未全程参与,

2012年5月23日之前该项目尚不确定。相关会议即使提及金之路项目,但未谈及具体内容,孟某未参与、无决策权,与金之路总经理哈某只是业务上的联系。3. 认定申请人利用获取的内幕信息来获利,不符合事实和逻辑。申请人交易"梅泰诺"收益率远低于银行理财产品;申请人如果获取内幕信息,可获得多次重大获利的机会,但并未在相关内幕信息确定后大量买入;仅根据通讯记录,不能证明通讯内容涉及内幕信息。

经审查查明,2012年3月19日,梅泰诺董事会秘书、副总裁伍某某收到军通股份财务报表等资料的邮件后,安排人将《军通股份招股说明书(申报稿)》邮发给孟某。2012年4月11日至4月13日,孟某等人赴军通股份调研。4月28日,孟某参会讨论军通股份项目进展情况,同意调研报告对军通股份的判断,确定收购报价估值。5月2日,梅泰诺总裁办公会决定孟某负责跟进军通股份项目。6月19日,梅泰诺与军通股份及其股东就收购股份初步达成一致意见,孟某参会。6月20日,孟某参会讨论军通股份项目后续安排。6月29日,梅泰诺发布《关于收购军通股份部分股权的公告》。梅泰诺艾某某2012年3月2日发送的邮件中,在金之路项目上写明"与孟总(孟某)沟通业务价值,完善投资建议书"。2012年3月19日、5月2日、5月14日梅泰诺三次会议均提及金之路项目,孟某三次均有参会,且在其笔记本上记录"近期:金之路"。孟某与交易对手方金之路总经理哈某在2012年4月20日、4月23日和6月29日有电话联系。

申请人于2012年5月7日开立股票账户,当日与孟某5次短信联系。2012年5月15日申请人与孟某互相主叫对方、5月28日申请人主叫孟某、6月5日申请人发短信给孟某,且申请人分别于与孟某联系当日买入"梅泰诺"各10,000股,交易时间与跟孟某通讯时间高度吻合。截至本会调查日,申请人账户仅交易"梅泰诺"一支股票。

以上事实,有梅泰诺关于军通股份、金之路项目的相关材料,梅泰诺会议纪要,孟某笔记本记录、通讯记录,申请人开户资料、交易流水,以及相关人员的询问笔录等证据证明。

本会认为:1. 梅泰诺自2012年3月19日已筹划收购军通股份项目,根据最高人民法院、最高人民检察院《关于办理内幕交易、泄露内幕信息刑事案件具体应用法律若干问题的解释》(法释〔2012〕6号)第五条第三款的规定,此时内幕信息形成。孟某作为主要人员参与了军通股份项目,知悉该项目内幕信息。申请人所述张某某询问笔录中称"军通项目前期调查是孟某去的,当时没有具体方案,后来撤了没上成",与事实不符。张某某询问笔录原话为"军通项目前期调查是孟某去的,军通和我们业务模式很接近,军通曾报过上会,后来撤了没上成"。且项目能否确定实现不是内幕信息形成与否的必要条件。2. 梅泰诺三次会议均提及金之路项目,孟某三次均有参会,且在其笔记本中有金之路项目记录。再结合艾某某的邮件、孟某与哈某的联系,足以认定孟某知悉金之路项目。是否知悉项目细节,以及孟某是否参与该项目、是否有决策权,与知悉内幕信息无关。3. 本会行政处罚决定书已依法认定孟某为内幕信息知情人,因其涉嫌刑事犯罪已移送公安机关,孟某是否已被采取法律措施与认定申请人的违法行为无关。4. 申请人自开立股票账户仅交易"梅泰诺"一支股票,交易前后均与孟某有联系,且通讯时间与交易时间高度吻合;申请人交易"梅泰诺"时间与孟某指使的涉嫌内幕交易刑事案件的有关账户交易时间具有一致性。对此异常交易行为,申请人不能予以合理解释,其所述未大量获利等申辩理由不能成立。因为获利与否并非构成内幕交易的要件,仅影响罚款数额。本会调取查明的上述事实和证据能够形成完整的证据链条,足以认定申请人构成内幕交易。本会《行政处罚决定书》〔2014〕63号认定事实清楚,证据充分,适用依据正确,程序合法,内容适当。

根据《中华人民共和国行政复议法》第二十八条第一款第一项的规定,本会决定:维持本会《行政处罚决定书》〔2014〕63号对申请人作出的行政处罚。

申请人如不服本复议决定,可在收到本复议决定书之日起15日内向有管辖权的人民法院提起诉讼或向国务院申请裁决。

关于赵力宾不服行政处罚的行政复议决定书

(〔2014〕67 号)

申请人:赵力宾

被申请人:中国证券监督管理委员会

申请人不服中国证券监督管理委员会(以下简称本会)《行政处罚决定书》〔2014〕49 号对其作出的行政处罚决定,向本会提出行政复议申请。本会受理后,依法对本案进行了审查,现已审查终结。

本会《行政处罚决定书》〔2014〕49 号认定,四川科伦药业股份有限公司(以下简称科伦药业)存在以下违法事实:科伦药业《关于使用超募资金用于收购崇州君健塑胶有限公司股权的公告》披露信息不真实;科伦药业《2010 年年度报告》、《2011 年年度报告》存在重大遗漏。科伦药业上述行为构成了《证券法》第一百九十三条所述违法行为。赵力宾时任科伦药业董事,未勤勉尽责,为科伦药业信息披露违法的其他直接责任人员。据此,本会对赵力宾给予警告处罚。

申请人请求撤销本会《行政处罚决定书》〔2014〕49 号对其作出的警告处罚。理由是:(一)申请人未组织、策划、参与、实施《行政处罚决定书》所述的信息披露违法行为;(二)申请人不知情崇州君健塑胶有限责任公司(以下简称君健塑胶)的隐名股东,且无法知晓;(三)申请人曾质疑以超募资金收购君健塑胶的必要性和合规性,要求科伦药业内部审计部出具审计报告;(四)勤勉义务应当限于一个理性的人的能力范围,申请人没有疏忽,没有遗漏可能的途径去尽勤勉之责,已尽忠实勤勉义务;(五)申请人不再担任董事时,仍积极要求科伦药业整改。

行政复议答复的意见认为,申请人要求公司内部审计部予以审计是为了解科伦药业收购君健塑胶的必要性和合规性,与科伦药业临时公告披露不真实、定期报告存在重大遗漏无关;申请人参加临时公告、《2010 年年度报告》和《2011 年年度报告》相关董事会并签字同意,未就科伦药业与君健塑胶的关联关系和关联交易提出质疑,与科伦药业信息披露违法具有因果关系;申请人未提出相关证据证明其了解公司生产和经营,关注公司相关制度建设,监督公司实际控制人、大股东、高级管理人员遵纪守法,保证信息披露的真实完整;申请人事后要求科伦药业积极整改与认定其责任无关。因此,申请人所提出的证据和事实不足以证明其已勤勉尽责,申请人应当对科伦药业信息披露违法行为负有责任。

经审查,本会认为,申请人时任科伦药业董事,参加临时公告、《2010 年年度报告》和《2011 年年度报告》相关董事会并签字同意,未就科伦药业与君健塑胶的关联关系和关联交易提出质疑,现有证据不足以证明其勤勉尽责,为科伦药业信息披露违法行为的其他直接责任人员。申请人提出的复议理由不能成立。本会在具体量罚时已充分考量相关因素,根据《行政处罚法》的规定予以减轻。

综上,本会处罚决定认定事实清楚、证据充分,法律适用正确,根据《中华人民共和国行政复议法》第二十八条第一款第(一)项的规定,本会决定:维持本会《行政处罚决定书》〔2014〕49 号对申请人作出的警告处罚。

申请人如不服本复议决定,可在收到本复议决定书之日起 15 日内向有管辖权的人民法院提起诉讼或向国务院申请裁决。

关于邹慧楠不服信息公开的行政复议决定书

（〔2014〕68 号）

申请人：邹慧楠

被申请人：中国证券监督管理委员会

申请人不服中国证券监督管理委员会（以下简称本会）《监管信息告知书》（证监信息公开〔2013〕18 号，以下简称《告知书》），向本会提出行政复议申请。本会受理后，依法对本案进行了审查，现已审查终结。

申请人向本会申请公开天津市海运股份有限公司（含流通股和非流通股，以下简称天海股份）2007 年 6 月 28 日至今确定实际控制人所依据的规范性文件。本会于 2013 年 7 月 22 日作出《告知书》，答复如下：按照《中华人民共和国政府信息公开条例》（以下简称《信息公开条例》）第二条和第二十一条第三项的规定，申请人申请公开的信息不属于本会的监管信息。根据《公司法》、《证券法》的规定，相关信息属于上市公司应当披露的信息，可在上市公司 2013 年 4 月发布的《海口美兰国际机场有限责任公司实际控制人的说明公告》、《大新华物流控股（集团）有限公司关于实际控制人相关情况的说明公告》等有关信息披露文件中查询。

申请人请求确认本会作出的《告知书》违法，请求确认本会未对天海股份变更实际控制人履行信息披露监管职责，并请求赔偿申请人国有企业职工身份置换经济补偿金及社会保险等经济损失和精神伤害。主要理由为：一是自 2007 年 6 月 18 日天海集团与大新华物流控股有限公司（以下简称大新华物流）签订《国有股份转让协议》至本会作出监管措施决定期间，本会未对上市公司披露错误的实际控制人信息进行查处和纠正；二是申请人所需的信息系本会履行监管职责作出《行政监管措施决定书》应当制作和持有的信息。

经审查查明，申请人于 2013 年 6 月 15 日向本会申请公开天海股份 2007 年 6 月 28 日至今确定实际控制人所依据的规范性文件。本会于 2013 年 7 月 22 日作出《告知书》，依法进行了答复。

本会认为，根据相关法律规定，上市公司实际控制人的变化情况以及上市公司确定实际控制人时所依据的规范性文件等信息，应由上市公司负责对外及时披露，上市公司所披露相关信息不属于行政机关制作或获取的政府信息。经审查，天海集团转让所持天海股份的股权后，天海股份按照规定分别在详式权益变动书、控股股东变更公告及相关定期报告中披露了相关信息，并在 2013 年 4 月 10 日发布的实际控制人说明公告中，对实际控制人的确认情况及其法律依据作出说明。申请人在申请公开实际控制人及其变化情况和相关法律依据等信息之前，天海股份已对外披露了相关信息，申请人可以通过公开的材料获悉其申请的信息。因此，本会《监管信息告知书》（证监信息公开〔2013〕18 号）内容和程序合法适当，申请人关于确认《告知书》违法的主张不成立。

本会认为，本会在发现天海股份错误披露实际控制人信息后，依法采取了监管措施，履行了监管职责。因此，关于本会行政不作为的主张不成立。

申请人关于本会赔偿其国有企业职工身份置换经济补偿金及社会保险等经济损失和精神伤害的请求，与本会监管职责没有因果关系，不属于《国家赔偿法》规定的赔偿范围。

综上，根据《中华人民共和国行政复议法》第二十八条第（一）项、《中华人民共和国行政复议法实施条例》第四十八条第（二）项和《中华人民共和国国家赔偿法》第四条的规定，本会决定：维持本会《监管信息告知书》（证监信息公开〔2013〕18 号），驳回申请人的其他请求。

申请人如不服本复议决定，可在收到本复议决定书之日起 15 日内向有管辖权的人民法院提起诉讼或向国务院申请裁决。

关于蒋波不服对其投诉答复的行政复议决定书

(〔2014〕70 号)

申请人:蒋波

被申请人:中国证券监督管理委员会上海监管局

申请人不服被申请人作出的《信访答复函》(沪证监办访复字〔2014〕243 号),向中国证券监督管理委员会(以下简称本会)提出行政复议申请。本会受理后,依法对本案进行了审查,现已审查终结。

申请人请求,撤销《信访答复函》(沪证监办访复字〔2014〕243 号),并责令被申请人针对其投诉事项重新作出具体行政行为。

申请人称,被申请人对其投诉的上海中期期货有限公司(以下简称上海中期)违法行为的查处履责不充分。申请人已电话告知被申请人应当对上海中期的一位从业人员进行调查取证,并进行必要合理的推断来判断上海中期的不当及违法行为。被申请人未举证有关调查笔录,调查取证不充分。

被申请人称,对申请人的投诉已经充分履行调查核实职责。申请人在投诉来信中没有指明其举报存在违规行为的从业人员姓名,也未提供任何能证明其主张的证据材料,被申请人与申请人进行了电话沟通,申请人确认其无法提供其举报的从业人员的姓名,也无法提供任何证据材料。在此情况下,被申请人仍然采取了多种措施进行核查,查询到早已离职的为申请人办理开户手续的从业人员马某某并向其询问相关情况,查阅了申请人与上海中期签订的《期货经纪合同》、申请人签署的《期货交易风险说明书》等材料,并要求上海中期对有关事项进行说明。核查证据表明,上海中期已事先履行了实名制审核、风险揭示及签订书面合同等法定义务,无证据证明该公司及其从业人员存在诱导、诱骗、欺诈等违规行为。被申请人作出的答复并无不妥,法律未要求答复中要列明调查笔录。

经查,对申请人的投诉事项,被申请人已采取相应措施进行核查,并告知申请人核查结果。本会认为,被申请人已依法履行监管职责,并根据核查事实依法作出答复。申请人的复议主张不能成立。

根据《行政复议法实施条例》第二十八条第一款第(一)项的规定,本会决定:维持《信访答复函》(沪证监办访复字〔2014〕243 号)。

申请人如不服本复议决定,可在收到本复议决定书之日起 15 日内向有管辖权的人民法院提起诉讼。

关于杭灵建不服行政许可的行政复议决定书

(〔2014〕72 号)

申请人:杭灵建

被申请人:中国证券监督管理委员会

第三人:蔡某某

申请人不服中国证券监督管理委员会(以下简称本会)作出的证监许可〔2014〕789 号《关于核准江苏维尔利环保科技股份有限公司向蔡

某某等发行股份购买资产并募集配套资金的批复》(以下简称《核准批复》)向本会提出行政复议申请,请求撤销《核准批复》。本会受理后,依法对本案进行了审查,现已审查终结。

申请人称,其原持有杭州能源环境工程有限公司(以下简称杭能环境)6% 的股权。2012 年 8 月,该 6% 的股权转让给蔡某某(杭能环境的法定代表人),并办理了工商变更登记。同时,根据双方的约定,蔡某某向其出具了加盖有杭能环境印章的《股权转让协议附带说明》(以下简称《附带说明》),内容是杭能环境品牌及其他无形资产不在此次股权转让范围内,今后如公司对外转让股权,杭灵建可按原持有股份比例分享其产生的经济价值。2014 年 3 月,江苏维尔利环保科技股份有限公司(以下简称维尔利公司)发布《现金及发行股份购买资产并募集配套资金报告书(草案)》等相关公告,表明维尔利公司于 2014 年 3 月以 4.6 亿元的价格向蔡某某及杭能环境其他股东收购杭能环境 100% 股权。维尔利公司向本会提出维尔利公司重组事项的许可申请。申请人主张,就其转让给蔡某某的 6% 股权,仍享有一定的权利,未经其同意,蔡某某无权向维尔利公司转让相关股权。且维尔利公司向本会及投资者隐瞒交易股权存在纠纷的事实,本会明知股权存在争议仍予以核准,违反法律规定,侵害了其合法权益。

本会具体负责维尔利公司重组事项许可审核的相关部门答复称,《核准批复》适用法律正确,内容适当,申请人复议请求不成立,建议维持本会作出的核准决定。答复意见如下:一是根据维尔利公司披露的信息和申报材料,申请人与蔡某某之间不存在《附带说明》等其他约定或安排,标的资产权属清晰。独立财务顾问和律师经专项核查发表肯定意见;二是如果申请人提供的《附带说明》具备法律效力,其可以向相关人民法院主张有关民事权利,但相关诉讼请求并不涉及相关股权的归属问题;三是蔡某某已出具承诺,如相关争议事项导致标的资产或上市公司承担任何赔偿、补偿等责任,由其全额承担;四是维尔利公司已补充披露申请人与蔡某某之间关于杭能环境股权转让的争议、及相关中介机构对争议的核查意见,不存在申请人所主张的隐瞒交易股权存在纠纷,未向监管部门披露的情况。本会核准维尔利公司重组事项符合《证券法》等规定,已依法履行信息披露监管的法定职责。

蔡某某与申请人所复议的《核准批复》具有利害关系,作为第三人参加本行政复议。蔡某某认为本会作出的核准决定合法合规,申请人的主张缺乏事实与法律依据,请求依法驳回其复议申请。具体意见为:一是申请人与蔡某某的股权转让已完成付款和工商变更登记手续。2014 年 1 月申请人本人出具《确认函》,明确表示对其转让的 6% 股权不存在任何纠纷,不向杭能环境及其股东主张任何权益。二是《附带说明》中没有蔡某某的签字,是伪造的,对蔡某某和杭能环境均无法律约束力。三是 2014 年 6 月杭灵建就与蔡某某的股权争议向法院起诉,后又撤回起诉。而且,其向监管部门反映诉求的时机均为维尔利公司重组事项许可期间,目的是迫使杭能环境及蔡某某满足其无理要求。

经审理查明,申请人自 2002 年开始持有杭能环境 6% 的股权,2012 年 8 月 7 日,与蔡某某签署《股权转让协议》,将其持有的股权转让给蔡某某。2012 年 8 月 13 日,杭能环境取得《有限责任公司变更登记审核表》,对相应的股权变更事项予以登记。2014 年 3 月,维尔利公司协议向蔡某某及杭能环境其他股东收购杭能环境 100% 股权,并向本会提出维尔利公司重组事项的许可申请。本会于 2014 年 4 月 3 日正式受理,7 月 29 日作出《核准批复》。

申请人与蔡某某签署的《股权转让协议》明确规定,申请人将持有的 6% 杭能环境股权转让蔡某某后,申请人不再就该部分股权享有任何股东权利,而且未就蔡某某对外转让股权的权利约定任何限制。杭能环境已完成股权变更的工商登记手续。2014 年 1 月 27 日,申请人本人出具《确认函》确认,与蔡某某就 6% 股权的转让无任何争议或纠纷,不会向其主张任何权益。本会认为,蔡某某持有 6% 杭能环境股权的权属清晰。

关于申请人提供的《附带说明》,主要载明其按原先持有杭能环境股权的比例享有收益权,不涉及蔡某某持有 6% 股权的权属问题。《附带说明》所述内容与申请人和蔡某某签署的《股权转让协议》、股权变更的工商登记信息、申请人本人出具的《确认函》均不一致,而且申请人也未提供证据证明蔡某某未经其同意没有对外处分、转让6%股权的权利。本会认为,申请人的主张及其提供的《附带说明》不影响蔡某某持有6%杭能环境股权的权属状况。

申请人于2014年6月向本会实名举报其与蔡某某之间存在股权转让争议。本会委托中介机构进行专项核查,经核查认为申请人举报的事项不影响维尔利公司重组事项。申请人关于本会明知交易股权存在争议仍作出核准决定的主张不成立。而且,维尔利公司于2014年8月2日在披露的《江苏维尔利环保科技股份有限公司现金及发行股份购买资产并募集配套资金报告书(修订稿)》中,就中介机构对相关股权转让争议的核查情况和核查意见作了补充披露,并说明了相关民事诉讼的进展情况。申请人关于维尔利公司等隐瞒交易股权存在纠纷的主张不成立。

综上,本会认为,被申请人作出的《核准批复》内容适当、程序合法,对申请人的复议请求不予支持。

根据《行政复议法》第二十八条第一款(一)项的规定,本会决定:维持被申请人作出的证监许可〔2014〕789号《关于核准江苏维尔利环保科技股份有限公司向蔡某某等发行股份购买资产并募集配套资金的批复》。

申请人如不服本复议决定,可在收到本复议决定书之日起15日内向有管辖权的人民法院提起诉讼或向国务院申请裁决。

八、法律问题评析

(一)B股上市公司进行债转股是否需经中国证监会审核相关问题

1. 法律问题

W公司是一家在深圳证券交易所挂牌上市,仅发行以外币认购并且在境内上市的股份(即B股)。后经相关部门批准,一家外商投资企业A公司,收购了W公司51%的股权,作为其战略投资人。后因该公司在一定期间连续亏损,依照规则其股票暂停上市。暂停上市期间,W公司向股东A公司借款,并因此产生了较大负债。为避免因市场重大变革所带来的历史累计亏损而导致公司最终退市,股东A公司拟将对W公司所提供的贷款转变为公司非流通股份中一部分。该案例中涉及到的是关于该次债转股的事项是否需经过中国证监会的审核。

2. 法律评析

我国《证券法》第十三条规定,“上市公司非公开发行新股,应当符合经国务院批准的国务院证券监督管理机构规定的条件,并报国务院证券监督管理机构核准”,这是法律有关上市公司非公开发行监管权限的一般性规定。同时,《证券法》第二百三十九条规定:“境内公司股票以外币认购和交易的,具体办法由国务院另行规定。”根据国务院之前制定的《关于股份有限公司境内上市外资股的规定》,所谓境内上市外资股(B股)是指“采取记名股票形式,以人民币标明面值,以外币认购买卖,在境内证券交易所上市交易”的股票。在本案中,W公司股东A公司以债权认购的股份为非流通股,依据上述规定,不属于境内上市外资股(B股),所以并不适用《证券法》第二百三十九条以及《关于股份有限公司境内上市外资股的规定》的特别规范。因此W公司债转股行为依然属于一般的上市公司非公开发行新股行为,依法应当经中国证监会审核。

（二）关于“连襟”关系信息披露及原始股东减持股份的法律适用

1. 法律问题

A 公司是一家在深交所中小企业版挂牌上市的公司，其原始股东 B 原持有 10% 左右的非流通股，在限售期结束后减持其股份并至最终注销账户。事实上，B 与 A 公司的实际控制人 C 存在“连襟”关系（连襟是指配偶的兄弟姐妹的配偶），该关系在公开发行时的《招股说明书》中并未进行信息披露。该案例涉及的问题是“连襟”关系是否需要披露以及原始股东减持股份是否适用《证券法》第 86 条第二款的规定。

2. 法律评析

（1）“连襟”关系是否需要进行披露？

“连襟”关系要不要披露，关键在于其是不是构成了法定披露事由。例如《公开发行证券的公司信息披露内容与格式准则——年度报告的内容与格式》第 24 条规定“如前十名股东之间存在关联关系或属于《上市公司收购管理办法》规定的一致行动人的，应予以说明”。“连襟”关系符合《上市公司收购管理办法》第 83 条（九）项规定的“持有投资者 30% 以上股份的自然人和在投资者任职的董事、监事及高级管理人员，其父母、配偶、子女及其配偶……配偶的兄弟姐妹及其配偶等亲属，与投资者持有同一上市公司股份”。因此，如前 10 名股东之间存在“连襟”关系的理应披露，未披露的应当承担《证券法》及其配套规则规定的法律责任。

（2）原始股东股份减持是否需要遵守《证券法》第 86 条的规定

《证券法》第 86 条第二款规定“投资者持有或者通过协议、其他安排与他人共同持有一个上市公司已发行的股份达到百分之五后，其所持该上市公司已发行的股份比例每增加或者减少百分之五，应当依照前款规定进行报告和公告。在报告期限内和作出报告、公告后二日内，不得再行买卖该上市公司的股票。”我们认为，《证券法》第 86 条对投资者增持或者减持股份的披露要求、交易要求作了规定，构成了对上市公司权益变动监管的法律基础。原始股东减持股份的也应当适用上述规定，并承担相应的行政法律责任。

九、律 师 监 管

2014 年证券法律服务业发展报告

2014 年是全面贯彻党的十八和十八届三中全会、四中全会精神的关键之年，是落实“四个全面”、积极主动适应新常态、实现资本市场健康发展的开局之年。资本市场认真贯彻落实党的十八大和十八届三中、四中全会及中央经济工作会议精神，紧紧围绕监管转型中心工作，立足于服务实体经济发展的实际需要，全面提高资本市场监管执法力度和市场改革创新。在过去的一年里，证券法律服务行业继续坚持服务发行融资、并购重组等业务活动，发挥法律专业服务、支持作用，积极参与资本市场改革创新，认真履行合规审查“守门人”的职责，为资本市场持续健康发展作出了应有贡献。

一、证券法律服务业务总体情况

2014 年证券法律服务业务体现出一下特点:

一是证券法律服务业务总量有所增加,并购重组业务量大幅增加。受 IPO 重启及国家鼓励企业并购重组的影响,2014 年证券法律服务业务总量较去年有所增加。据统计,2013 年全年共收到 178 家律师事务所为 1251 项行政许可申请出具的正式法律意见书,2014 年全年共收到 191 家律师事务所为 1560 项行政许可申请出具的正式法律意见书,从事证券法律服务业务的律师事务所数量和所服务的项目数量均有增加,分别增加了 7% 和 25%。境内股票首发业务量有所增长,2013 年全年证券法律服务行业共为 161 个股票首发项目申请出具法律意见书,2014 年这个数字达到了 175,增长了 9%。其中,为创业板发行上市业务出具法律意见书 56 份,较 2013 年减少了 5 份,降幅 8%;涉及律师事务所 28 家,与去年相同。与此同时,并购重组法律业务继续大幅增长,全年证券法律服务行业共为 308 个并购重组项目申请出具法律意见书,较 2013 年增长 33%。

二是境外发行上市法律服务业务持续增长。自 2013 年 1 月 1 日起施行的《关于股份有限公司境外发行股票和上市申报文件及审核程序的监管指引》,更好地适应了境内企业特别是中小企业的融资需求。据统计,2014 年共有 24 家律师事务所为 64 个境外项目出具法律意见书,虽然律师事务所量与去年基本持平,但是业务总量提升了 64%。

三是证券法律服务业集中度进一步提高。以 2014 年为例,从区域分布来看,2014 年证监会共受理北京、上海、广东地区律师事务所为 1382 个项目出具法律意见书,上述地区法律意见书数量占证监会受理的法律意见书总量的 89%,占比较 2013 年提高了 2 个百分点。主板首发项目前 15 家律师事务所中 12 家来自北京、上海地区,其中,北京地区的律师事务所达 10 家;创业板首发项目前 15 家律师事务所中 10 家来自北京、上海地区,其中,北京地区的律师事务所达到 9 家。从优势律师事务所的业务量占比看,2014 年综合业务量统计前 20 位的律师事务所接受了 1090 个项目申请委托,比去年增加了 26.30%,占总委托项目量的 70%,占比较 2013 年提高了 1 个百分点。

二、证券法律服务行业所处的执业环境逐步改善

一是进一步规范包括律师事务所在内的中介机构的立案、调查和处罚与行政许可工作的衔接,保护律师事务所等中介机构及其相关人员的合法权益。针对律师和律师事务所涉嫌违法被立案调查即暂不受理和审核其法律文件制度(以下简称暂不受理制度)实施过程中存在的问题,证监会专门形成研究报告,对暂不受理制度的初衷、实施过程中产生的问题及其原因进行深入分析,提出了规范暂不受理制度实施、降低消极影响的思路建议。全面梳理包括律师事务所在内的中介机构暂不受理制度,经广泛征求系统单位意见,形成关于规范证券中介机构稽查处罚与行政许可衔接若干问题的意见,目前正在对相关问题作进一步研究。

二是针对律师非诉业务特点适时向行业主管部门提出制度完善建议。证券法律服务业务主要为非诉业务,与律师的诉讼业务具有较大差别。长期以来,行业主管部门对律师非诉业务关注不够,相关制度设计针对性不强。适时向行业主管部门反映证券法律业务和证券律师监管的特点,有助于改善证券律师监管环境。今年以来,以司法部就《关于深化律师制度改革的意见》征求证监会意见为契机,针对实践中有些行政机关对证券律师的依法查验行为不予配合,导致证券律师无法获得相关资料,正常执业活动和执业效果受到影响的情况,建议司法部在文件中增加行政机关应当配合律师的依法查验行为,明确不予配合的相关处理措施,保障律师执业权利,优化律师执业环境等内容。以司法部修改《律师和律师事务所违法行为处罚办法》为契机,向司法提出完善行政处罚决定通报机制、增加律师非诉业务保密义务等意见,推动完善律师监管制度。

三、证券法律服务行业积极参与资本市场法治建设

一是积极参与资本市场规章制度建设。2014 年是资本市场改革创新举措较多、力度较

大的一年。资本市场制度建设紧紧围绕各项工作重点，坚持依法立法、科学立法、民主立法，取得了显著成效，为切实履行好"两维护一促进"的核心职能提供了制度支撑。全年共推动国务院发布法规性文件 2 件，制定出台规章 15 件，规范性文件 50 件。在一些资本市场重要规章制度向社会公开征求意见时，几乎都有证券法律行业的积极参与。从反馈情况看，证券法律服务行业提出了大量富有建设性的意见建议，为完善资本市场规章制度作出了应有的贡献。

二是积极关注资本市场重大案件。例如，针对"11 超日债"违约案件及其相关问题，有律师积极提出意见建议，为证监会《公司债券发行试点办法》的修改工作以及"11 超日债"的个案处理工作提供了有益借鉴。

资本市场公开、公平、公正的目标与法治的价值理念具有天然的同质性和一致性，一个成熟的资本市场必然是一个高度依赖法治的市场。党的十八届四中全会通过的《中共中央关于全面推进依法治国若干重大问题的决定》、国务院印发的《国务院关于进一步促进资本市场健康发展的若干意见》对全面依法治国、深化资本市场改革发展进行了统筹规划和总体部署，也对证券法律服务行业监管提出了更高的要求。从目前相关法律服务实践看，证券法律服务行业还存在以下可以进一步改进的地方：一是部分律师在尽调工作中过于依赖发行人、实际控制人的承诺或由发行人提供的相关单位出具的证明，核查程序存在瑕疵，由此可能会造成发表的核查意见不准确；对相关事项的核查流于形式，过分依赖保荐机构的核查，履行职责存在不够到位的现象。二是有的律师工作报告仅仅遵循最低披露准则，不能充分反映底稿工作内容。三是部分法律意见书及相关文件遗漏重大信息，未对部分重要事项未发表明确意见或者发表模糊意见，以及法条援引错误、文字错误或其他低质量问题。

下一步，证监会将推动完善充分发挥律师作用的制度机制。立足于股票发行注册制对于中介机构的高度依赖，正式出台 IPO 执业细则，研究起草并购重组、期货执业细则，进一步完善律师执业规则体系，明确证券法律业务的核查验证监管要求，合理划分律师与其他中介机构的职责，引导证券律师勤勉、独立执业。完善公职律师管理使用制度，明确公职律师法律地位及权利义务，充分发挥公职律师参与决策论证、提供法律意见、促进依法办事、防范法律风险的职能作用。同时，将依托资本市场诚信数据库，全面梳理证监会成立以来针对律师和律师事务所的监管措施和行政处罚案例，收集整理决定书文本，编制案件摘要，以表格形式列明案由、案件主要事实和处理结果等情况，为下一步深入研究证监会律师监管的特点和规律，进一步改善律师监管工作奠定了良好基础。

十、普 法 工 作

2014 年普法工作综述

2014 年，全国证券期货监管系统深入贯彻落实党的十八届三中全会、四中全会精神，紧紧围绕履行"两维护、一促进"的核心职责，在法治化的轨道上快速有序推动监管转型，坚持依法行政，全面提高全体监管干部的依法行政能力和法律知识水平，不断加强对市场主体及从业人员的普法宣传工作，严厉打击违法违规行为，维护投资者的合法权益，为多层次资本市场的建设和发展营造了良好的法治环境。

一、进一步推动完善资本市场法律体系，夯实资本市场法治基础

完善的法律体系是资本市场法治的基础，2014 年，我会全面贯彻落实党的十八大和十八

届三中、四中全会精神,大力推进资本市场法律体系建设,为资本市场法治夯实基础。

一是继续推动《证券法》修订、《期货法》制定工作。我会积极配合全国人大财经委《证券法》修订、《期货法》制定工作,在全系统多次征求意见,并举办证券期货系统《证券法》、《期货法》研讨班,对法律修订、制定中的重要问题进行了系统深入的研究。目前,《证券法》已经通过全国人大财经委全体会议审议,《期货法》已经形成草案第二稿。二是推动国务院出台《国务院关于进一步优化企业兼并重组市场环境的意见》(国发〔2014〕14 号)、《国务院关于进一步促进资本市场健康发展的若干意见》(国发〔2014〕17 号)等促进资本市场改革的重要政策文件,为资本市场改革发展指明方向。三是为全面贯彻落实党的十八大、十八届三中全会、十八届四中全会及国务院有关文件精神,我会 2014 年出台规章 15 部、规范性文件 44 部,对优先股、股票期权、沪港股票市场交易互联互通机制试点、证券发行与承销、上市公司并购重组、非上市公众公司监管、私募基金监管、期货公司监管等方面作出了全面规定。此外,系统有关单位也根据市场发展新形势,推进有关规则、合约的修订、制定工作,如上海证券交易所为顺利开展优先股试点及沪港通工作,制定出台《上海证券交易所优先股业务试点管理办法》、《上海证券交易所沪港通试点办法》、《上海证券交易所港股通投资者适当性管理指引》等;上海期货交易所修订、制定热轧卷板、黄金、螺纹钢、天然橡胶等期货合约及《上海期货交易所风险控制管理办法》等。

二、坚持依法行政,全面提高全体监管干部的法律水平

证券期货监管系统全体干部的法律水平和依法行政能力,是我会深化资本市场改革、促进监管转型及依法行政的基础。2014 年,证券期货监管系统开展多种形式的法律法规学习,注重学习效果,全面提高了全体监管干部的法律水平和依法行政能力。

一是继续开展党委中心组学习,坚持领导带头学法。2014 年,我会开展党委中心组(扩大)学习会议 22 次,就学习传达十八届四中全会精神、学习习总书记系列讲话精神、加强党风廉政建设、注册制改革、国外债券市场现状与监管、加强新闻宣传和舆论引导等问题,邀请中央党校教授辛鸣、国务院法制办公室副主任袁曙宏、中央纪委宣传部副部长李本刚、清华大学法学院院长王振民、港交所总裁李小加、新加坡交易所首席监察长邓伟政、德国联邦金融监管局资产管理部部门主管 Kopp – Colomb 和德意志交易所集团现券与衍生品市场部董事 Cord Gebhard、台湾证券交易所董事长李述德、美国证券交易委员会公司国际融资办公室主任保罗・杜德克、韩国证券期货交易所董事徐钟南和韩国金融监督院北京代表处代表李圭晔、日本交易所常任理事美浓口・真琴、高盛集团副董事长史华兹、新华社副社长兼常务副总编辑周锡生等作了专题讲座,并互动交流,对于领导干部学习贯彻党的十八届四中全会精神、学习习近平总书记精神、加强党风廉政建设、加强新闻宣传和舆论引导、借鉴国外注册制经验等发挥了重要作用,提高了领导干部的学法用法能力。

二是通过多种方式,在全系统开展法治学习、培训及举办警示教育展,全面提高全体监管干部的法律水平和依法行政能力。如北京证监局根据资本市场发展实际和监管需要,针对资产证券化、国有控股上市公司股权激励、依法行政理论探讨、行政处罚典型案例等热点问题开展培训,并就其中的疑难问题展开学习讨论;组织有关监管干部旁听行政诉讼庭审,使监管干部直接了解司法对行政行为的审查重点,进一步提升监管干部的依法行政意识。山东证监局组织监管干部参加培训、讲座 24 期,深化监管干部对监管政策和法律法规的把握程度;邀请济南市中级人民法院法官结合行政审判中的具体案例,对行政执法中的常见问题进行解读;与山东省公安厅经侦总队开展一系列培训、交流活动,学习刑事、行政案件调查的法律法规及调查技巧。

三是为帮助监管干部系统学习相关法律法规,证券期货监管系统通过编辑、出版法律专业刊物,有效促进了监管干部法治观念的养成和法律素质的提升。2014 年,我会编辑出版《证券期货法规汇编》(2014),介绍最新法律法规及我会规章、规范性文件制定、修订情况;组织翻译出版《境外资本市场重要法律文献译丛》,

介绍境外成熟资本市场规定；编发《证券法制通讯》15 期、《证券法制参考》25 期，促进监管干部法律研究能力的提高和法律思维的养成；购买《中华人民共和国行政诉讼法释义》并向全体监管干部发放，使全体干部深入了解立法宗旨及法律条款内容，提高全体干部的依法行政能力。

三、不断加强对市场主体及从业人员的普法宣传工作，营造良好的资本市场法治环境

2014 年，证券期货监管系统立足于依法治市、监管转型大局，依靠全系统力量，加强协调配合，形成工作合力，进一步加强对市场主体及其从业人员的普法宣传工作，有效提高了各市场主体及其从业人员的依法经营意识及规范运作水平。

一是会机关及各派出机构通过开展法律培训班、举办座谈会以及实地走访等多种方式，向各市场主体及其从业人员全方面普及资本市场有关法律政策规定，帮助其学习、掌握有关法律的基本精神和主要内容，精准传递监管要求。如机构部为使证券期货经营机构能够及时掌握新出台的有关法律规定，积极督导和支持各派出机构对辖区证券期货经营机构开展专项培训工作，并派员参与授课，详细宣讲新修订的《公开募集证券投资基金运作管理办法》、《期货公司监督管理办法》等内容，促进其依法诚信经营、归位尽责；江苏局针对监管转型新要求、上市公司监管、再融资、并购重组以及信息披露等内容，开展上市公司监管培训 4 期，为上市公司规范运作提供政策解读和监管支持，并将新出台的法律法规、市场关注热点、案例剖析等编撰为通俗易懂的简报，通过电子邮件形式发给上市公司高管、实际控制人，以方便其学习、理解及执行；浙江局召开辖区基金销售机构座谈会，辖区内 9 家商业银行总行、22 家商业银行分行、3 家证券公司、3 家独立销售机构及支付宝、淘宝平台相关业务负责人参加会议，会议提出要以适当性管理为抓手，提升销售业务规范化水平和保护投资者能力。

二是充分发挥自律组织在市场主体法制宣传教育中的作用。2014 年，在我会指导下，证券业协会、基金业协会、期货业协会等自律组织根据行业人才发展需要，将法治教育纳入为证券期货从业人员职业培训体系的重要内容，在行业高管资质测试与培训、从业人员后续网络培训、后备人才培养等行业培训中进一步充实法律内容，通过理论授课、案例教学等多种形式，提高从业人员的法律素养。如在广东证监局的指导下，广东证券期货业协会分别在广州、汕头、湛江市举办面向辖区上市公司和证券期货经营机构的“解读和落实国办《意见》专题培训班”8 期，来自辖区 193 家上市公司的 1000 余名董事、监事、高级管理人员和 549 家证券营业部的 2000 余名从业人员参加了培训，取得了显著效果。

四、开展投资者教育工作，全面提高投资者风险意识、法律意识和维权意识

2014 年，证券期货监管系统进一步加强投资者教育工作，充分调动各方力量，采取多种形式向投资者普及法律知识，揭示投资风险，使投资者深入全面了解证券期货产品的功能及风险特征。通过普法教育，投资者特别是中小投资者和新入市的投资者加深了对市场规则、法律法规的了解，增强了风险意识、法律意识和维权意识。

一是创新工作方法，通过各种形式使投资者全面了解证券期货市场法律知识，熟练掌握证券期货交易规则，形成买者自负的理性投资理念。首先，依托“12306”热线、“投资者声音快速调研平台”及问卷调查等方式，广泛听取投资者需求、意见及建议，了解投资者关心的问题，为开展法治宣传打下扎实基础。其次，通过官方微信、微博、移动 APP、主流报刊、媒体等渠道，刊发涉及股票期权、退市规则、现金分红、信息披露、债券新产品等为主题的专题普法文章，并通过编发《证券投资者手册》、《期货投资者手册》等普法材料，增进投资者对相关产品及规则的了解。再次，充分发挥证券期货经营机构深入社区、贴近群众的优势，通过在营业场所张贴海报、悬挂条幅、举办普法讲座以及通过短信向投资者推送普法信息等方式，使广大投资者了解证券期货法律基础知识，提高甄别能力提高投资者对非法证券、非法期货、集资诈骗等非法证券期货活动的辨别能力和防范能力。最后，组织开展举办投资者“走进交易所”、“走进上市公司”、“走进券商营业部”等活动，通过开

展“走进交易所”活动,倾听投资者心声、了解投资者诉求,增强投资者对市场监管的认识和了解,提升交易所服务与监管工作的针对性、有效性和科学性;通过开展“走进上市公司”活动,提升上市公司投资者关系管理水平,加强投资者对上市公司的了解;通过“走进券商营业部”,为投资者讲解交易规则、价值投资方法、投资产品基础知识、宏观经济分析等内容,促进资本市场理性投资文化形成。

二是增强市场维权意识,探索多元化投资纠纷解决机制,积累投资者保护经验。2014年以来,证券业协会通过在线申请平台和处理投诉函的方式,接收88起证券纠纷调解申请,受理60起,成功调解40起,同时,指导地方协会成功调解纠纷722起;深交所在“万福生科投资者利益补偿项目”的实践经验基础上,积极推动海联讯受损投资者补偿项目,督促违规当事人主动赔偿投资者,通过测算受损投资者范围、损失和赔偿金,提供网络投票和结算系统等,为投资者提供有效援助,实现投资者补偿的全程电子化,赔付率达到98.81%,为进一步探索完善多元化投资者保护救济制度积累了有益经验。

五、严厉打击违法违规行为,加大违法违规案件披露力度

一是推进监管转型,强化监管执法及从事前审批向事中、事后监管执法转变,加强违法违规行为打击力度。2014年,证券期货监管系统继续对内幕交易、欺诈上市、虚假披露、操纵市场等违法违规行为保持高压态势,坚持案件分类办理、重点突破,持续优化调查组织、密切各环节衔接配合,“新发新办、快速反应”,力争办案效率与质量“双赢”,有效实现了对市场违法行为的快速反应及遏制威慑;积极探索线索移送、联合侦办等行刑衔接模式,与公安机关合作更加紧密、成效更加彰显,有力地威慑了不法分子,改变有关市场主体法治意识模糊、“有法不依”的现象,培育和营造资本市场良好的法治环境。

二是加大违法违规案件披露力度,进一步提高监管警示作用。我会官网设置“非法证券期货风险警示”专栏,不定期发布典型案例和“黑名单”,并通过新闻发言人答记者问、组织会系统单位发送提醒短信等方式,向市场主体及投资者及时披露违法行为,进行风险提示;同时,为了加大案件宣传力度,我会官网及时公开行政处罚决定书,充分发挥行政执法“处罚一例、警示一批”的作用;证券期货系统各单位也通过各种方式,提升对违法违规案件宣传的深入和广度,如江苏局利用《现代快报》发行量大、对中老年投资者影响大的特点,刊发图文并茂、浅显易懂的非法证券活动典型案例及救济途径,利用《大众证券报》读者中投资者比例较高的特点,刊登各种类型非法证券活动的典型案例并进行深入剖析,着力提升投资者对非法集资的防范意识和识别能力。

六、充分利用各普法专项活动及“国家宪法日暨全国法制宣传日”,形成全系统集中普法态势

一是积极参加司法部、全国普法办等举办的各普法专项活动。2014年,我会积极参加司法部、全国普法办等举办的各普法专项活动,在证券期货监管系统下发了《关于征集“六五”普法典型经验材料的通知》、《关于参加第十一届全国法制漫画动画微电影作品评选活动的通知》、《关于组织开展宪法知识竞赛活动的通知》。系统各单位认真组织、积极参与,通过参加各普法专项活动,证券期货监管系统全体干部、市场主体及投资者进一步了解了相关法律知识,增强了法治意识。

二是开展“国家宪法日暨全国法制宣传日”活动。党的十八届四中全会审议通过了《中共中央关于全面推进依法治国若干重大问题的决定》,为大力宣传以宪法为核心的中国特色社会主义法律体系,弘扬宪法精神,弘扬社会主义法治精神,我会充分利用“国家宪法日暨全国法制宣传日”,向全系统印发《关于转发〈关于开展国家宪法日暨全国法制宣传日系列宣传活动的通知〉的通知》后,我会邀请清华大学法学院院长王振民作《依法治国与宪法实施》的专题讲座,使全体干部树立宪法意识、增强宪法观念,自觉履行维护宪法尊严、保障宪法实施的职责;证券期货监管系统36家派出机构及系统各单位也积极行动,形式多样,组织开展有声势、有效果的法治宣传教育主题活动,迅速形成覆盖全国的宪法宣传声势,如组织证券期

货经营机构在公司网站上刊登“弘扬宪法精神，建设法治中国”宣传标语，在营业场所放置《宪法》相关资料，组织上市公司通过举办座谈会、专题讲座、征文比赛、发放宣传材料等方式，向员工普及宪法知识，弘扬宪法观念。

此外，我会领导特别重视法制宣传工作，通过发表文章、会议演讲等方式，向投资者及市场传递监管政策，带动投资者及市场主体遵法、守法、用法。例如，肖钢主席在《人民日报》、《行政管理改革》、《证券法苑》等刊物，发表《健全多层次资本市场体系》、《积极探索监管执法的行政和解新模式》、《证券法的法理与逻辑》等多篇署名文章。

总体上看，2014 年，我会全面推进依法行政，普法工作机制更加健全，普法工作方式更加多样化，全体监管干部的依法行政能力和法律知识水平明显提高，市场主体和投资者学法用法能力得到有效提升，加强市场监管，全面保护投资者利益，投资者互动机制及维权途径进一步完善，营造出良好的舆论氛围，有效推动了我国资本市场健康稳定发展。

十一、诚 信 建 设

2014 年资本市场诚信建设工作综述

2014 年，证监会坚决贯彻落实党中央、国务院关于加强诚信建设的要求，立足于简政放权、监管转型的实际需要，大力加强资本市场诚信建设，丰富诚信监管手段，加强资本市场诚信监管，强化了资本市场诚信约束。

一、建成并不断完善资本市场诚信数据库

健全诚信记录是加强市场诚信建设的基础。按照《社会信用体系建设规划纲要（2014－2020 年）》“建立行业信用信息数据库”等要求，证监会于 2014 年建成并正式启动运行了内容全面、标准统一、独立运行、功能强大的“资本市场诚信数据库”。记入诚信数据库的信息包括发行人、上市公司、证券公司、期货公司、基金管理公司、私募基金管理人、证券期货服务机构等各类机构以及高管人员和从业人员等各类资本市场参与主体的基本信息、负面信息和正面信息等诚信相关信息。截至目前，诚信数据库收录有市场机构约 1.6 万家，人员约 62.6 万名，诚信信息约 8 万条（1 条指 1 个法律文件或者事件），其中含监管措施、案件调查、处罚禁入、纪律处分、诉讼赔偿等负面信息 1.43 万条。

二、修改完善《证券期货市场诚信监督管理暂行办法》

为将诚信建设纳入法治化、规范化轨道，建立起一系列诚信监管制度机制，证监会专门制定出台了《证券期货市场诚信监督管理暂行办法》。2014 年，证监会对《办法》进行了修改完善，除在市场准入、监管检查、处罚处理等环节继续实施失信惩戒和守信激励措施外，主要是如下两个方面：一方面，调整完善了违法失信信息在诚信档案中的效力期限，规定一般违法失信信息的效力期限为 3 年，行政处罚、市场禁入、刑事处罚等重大违法信息的效力期限为 5 年。另一方面，进一步明确了可以公开的违法失信信息范围，为开展违法失信信息互联网公示查询工作奠定了基础。

三、开通证券期货市场重大失信记录互联网查询平台

为落实《国务院办公厅关于加强资本市场中小投资者权益保护的若干意见》关于“健全中小投资者查询市场经营主体诚信状况的机制”的要求，证监会于 2014 年 12 月正式上线了

证券期货市场失信记录互联网查询平台。纳入查询平台的内容,包括资本市场参与主体受到证监会行政处罚、市场禁入以及交易所等行业自律组织实施的纪律处分措施等重大失信记录。目前,纳入查询平台的重大失信主体共有3764个,其中包括619家企业,3145名自然人。查询平台开通以来得到了市场和社会广泛关注,日均查询量约180批次。

四、大力推进部际信用信息共享,建立健全共享的信用信息使用和信用约束机制

按照关于推进信用信息共享的要求,根据证券期货监管工作的实际需要,证监会先后在2010年与中国人民银行实现征信系统联网,2014年与最高人民法院实现执行信息共享,同时在国家发改委的支持下,与国家税务总局实现重大税收违法案件当事人信息共享和联合惩戒。为有效使用中国人民银行征信记录、最高人民法院被执行人信息和国家税务总局重大税收违法案件信息等会外诚信信息,实施失信约束和守信激励,推动证券期货监管转型,提升资本市场诚信水平,证监会拟就会外诚信信息的查询、使用、反馈、监督等工作专门制订规范性文件。

第五部分　派出机构依法行政工作

北京证监局2014年依法行政工作报告

2014年，北京证监局（以下简称北京局）按照全国证券期货监管工作会议关于“大力推进监管转型”的要求，认真贯彻落实“两维护，一促进”的核心工作职责，继续推进转变监管理念和监管方式。在各项监管工作中，北京局秉持依法行政的理念，着力提升监管干部的法治意识和依法办事能力，不断强化局内各项制度建设和外部监管规范，使各项监管工作有据可依。继续发挥派出机构现场检查功能，采取多种手段强化非现场监管，为保障辖区资本市场稳定健康发展，维护投资者合法权益，创造了良好的法制环境。

一、开展法制教育，提升监管干部依法行政的意识与能力

2014年，北京局通过开展多角度、全方位的机关内部法制教育，以学习宣传党的十八届四中全会精神为契机，着重强化监管干部依法行政、依法监管的观念，不断提升北京局的依法行政能力。

为了提升监管干部的法律素养，北京局2014年在不同层面开展了多种形式的法律法规和监管规则培训。法制专业处室、法律专业小组、各一线监管业务处室、处级干部等不同组织形式分别结合自身业务工作，邀请证监会法律部业务负责人、法学教授、资本市场业内专业人士等授课交流，以培养监管干部法治思维，开拓工作思路，提升监管视野。

此外，北京局还通过每月编发《法制工作通讯》，组织旁听行政诉讼，宣传违法行政案例等多种方式，引导监管干部学习了解资本市场相关最新制度建设情况，观摩司法机关对行政行为的审查重点，进一步提升监管干部对依法行政的认识，帮助监管干部预防监管执法中的违法风险。

二、加强制度建设，推进监管工作的规范化与程序化

面对监管工作量的增加和监管人员队伍的扩大，北京局通过加强制度建设，着力改进、完善内部管理工作流程和外部监管业务规范，梳理派出机构工作职责范围，真正做到监管有依据、执法有规范。

（一）完善内外工作制度，夯实依法行政基础

一是完善内部管理工作流程。在已有内部管理制度的基础上，北京局2014年又相继制定或修改了《北京证监局文件会签法律审查工作规程》、《北京证监局司法机关来访接待处理工作规程（试行）》、《北京证监局会计监管职责分工与协作指引》、《北京证监局公文运转工作规程》、《北京证监局档案管理办法》、《北京证监局信息公开办法》、《北京证监局监管信息公开工作实施工作规程》等内部工作制度，推进内部管理工作的规范化和程序化。通过系统梳理综合行政法律规范依据，形成《日常公务规范性文件汇编》及《现行证券期货法规汇编目录》，并以此为基础对内部管理制度和管理行为的合法性进行审查，确保内部管理制度和管理行为均有章可循。

二是健全外部监管业务规范。根据市场发展和监管实际需要，北京局2014年相继制定或修订了《行政许可程序规定》、《辖区证券营业部监管分类评价办法》、《辖区上市公司媒体质疑处置工作规程》、《关于商品现货市场非法期货交易活动认定的工作机制》等十余项工作规

程,细化了监管工作流程,基本形成系统完备、运行有效的规程体系,为监管干部规范履行监管职责提供了制度保障。

(二)建言监管业务规范,促进法律体系建设

为了推进资本市场法律规范体系的建设,北京局积极承担业务条线监管转型相关文件起草和前期调研工作。一是通过多种渠道对《证券法》修改、《期货法》制定、新股发行改革和证券期货经营机构创新发展等资本市场重大问题,提出针对性建议。二是承担《证券公司内部控制指引》《证券公司风险准备金管理办法》《转融通业务监督管理试行办法》等评估修订工作任务。三是代为制定《基金服务机构业务管理办法》,探索建立公募基金管理人评价指标体系。四是承担制定现场检查工作手册及《派出机构监管工作职责》修订工作。五是承担私募基金注册地与办公地分离下的监管机制研究、私募基金监管内外部协作机制研究等任务。六是完成《我国场外衍生品市场建设的思考》、《监管转型下期货经营机构非现场监管和监管模式探究》两篇调研课题,为期货行业发展建言献策。

三、落实监管转型,积极探索创新监管与依法行政的融合

2014 年,北京局积极落实中国证监会推进监管转型的要求,进一步精简行政许可及备案事项,积极推动辖区监管以信息披露为核心、以问题为导向、监管重心向加强事中事后及实施全程监管转移的监管新模式,鼓励、引导市场主体在合规运营的前提下开展各项市场创新。

(一)依法做好行政许可工作,开展行政许可实施评价

2014 年,北京局按照会党委简政放权和放松管制的要求,继续大力推进行政审批制度改革,清理许可备案类事项,简化许可流程,依法做好行政许可备案工作,加强许可事项的公开。

截至 2014 年年底,北京局负责审核的行政许可共 13 项,比上年减少 4 项。除按相关规定要求设定的事项之外,北京局不设立类许可备案事项。依据《行政许可法》及中国证监会的规定,北京局修订完善审核工作制度,制定完善审核手册,严格实施受审分离制度,明确申请标准,细化审核依据、标准和办理时限,保障行政许可的程序合法。审核中制定完善工作底稿,确保留痕管理,审核后加大行政许可事项公开力度,实现行政许可的全程监督。通过简化监管对象的报送要求,及时公示行政审批转事后备案事项的监管要求,稳步推进电子许可备案系统建设,进一步减轻行政许可对象的负担,提高行政许可的效率。

2014 年,北京局按照中国证监会的要求,就北京局近年来实施行政许可的情况进行评估、总结,就取消、调整以及取消行政许可后加强事中事后监管提出具体建议,从一线监管角度为简政放权提出解决方案,按照要求开展行政许可实施评价。

(二)落实监管转型要求,做好事中监管工作

北京局以全面加强事中监管作为监管转型的主要突破口,强化派出机构的一线监管职责,探索监管创新,在各业务条线积极落实监管转型的要求,在注重依法监管的同时,保障监管质效明显提升。

一是在上市公司监管方面,确立以信息披露为中心、以问题为导向、强化风险分类监管的模式。2014 年,北京局依法对辖区 46 家重点上市公司的年报进行审核,根据审核结果进行风险评定,并以此作为实施现场检查的重要依据。对 23 家上市公司开展全面检查或专项检查,通过优化风险分类评估体系,科学确定检查范围,并首次借助中介机构行业研究经验和参考财务风险预警,精准定位检查内容。强化对一些高风险公司的监管,成立风险处置小组,建立局内日报、周报、专报等制度,要求公司向北京局报告重大事项,加强与交易所的联动,开展贴身接管,及时掌握公司动向,充分揭示风险,保护投资者权益。

二是在机构业务监管方面,实施合法、高效的日常监管,多举措构建分支机构监管体系,坚守底线思维,依法妥善化解重大风险隐患。2014 年,北京局以风险为导向、有针对性地开展现场检查,完成对辖区公司全面资产管理业务、港股通业务准备情况的现场检查,配合机构部完成多项专项直检工作。多渠道强化非现场监管,通过审阅证券公司及其分支机构报送的年报、经营月报、合规报告、资管产品报备等报

告,以及证券市场交易结算资金监控系统推送的预警信息等非现场检查的方式,密切关注证券公司及其分支机构的日常经营情况和风险状况。推行营业部分类评价,在营业部自评的基础上对营业部自评结果进行审核,重点关注营业部诚信水平。依法妥善处置了中信建投承销的超日债违约事件、信达证券博瑞格债违约事件、瑞银证券314信息系统事件和民族证券与方正证券重组事件等重大风险事件。

三是基金业务监管方面,依法放宽行业准入,转变现场检查方式,强化非现场监管手段,启动辖区私募基金监管工作。北京局响应资产管理行业放宽准入的号召,鼓励支持辖区符合条件的各类机构申请公募基金管理牌照,支持基金销售渠道多元化发展,拓宽服务业务范围,积极推动辖区基金机构创新发展。同时,现场检查方式从以往"大而全"转变为"专而精",开展了为期一个月的基金从业人员违规炒股专项治理行动,并加强追责问责力度。充分利用信访投诉、社会舆论等非现场监管手段,增强非现场监管的敏感度,建立监管快速反应机制,制定风险处置预案。私募监管方面,北京局在私募部的统一部署下,对个别涉嫌非法吸收公众存款和存在延期兑付风险的私募基金公司进行了暗访,对一些私募机构开展了现场检查,初步摸底私募机构经营情况。

四是期货业务监管方面,依法着力加强事中、事后监管,完善协同监管机制。2014年,北京局加大对期货行业的现场检查力度,检查期货公司16家次,检查期货营业部22家次,检查覆盖辖区半数以上期货公司和期货营业部全部关键业务环节。制定《非现场检查工作月度汇总表》,对非现场监管发现的问题及后续处理情况实现全程跟踪与留痕,全年处理保证金监控中心预警11家次,对风险监管指标变动超过20%的8家次公司进行逐笔核查。为地方公安、工商等部门出具5份非法期货交易活动认定意见,为相关部门商品现货市场清理整顿工作提供了强有力的支持。

五是中介机构监管方面,依法对投资咨询、资信评级机构严格监管,加大审计与评估业务的监管力度,强化对行政许可报备法律意见书的审核,切实提高辖区中介机构的执业质量。2014年,北京局积极支持投资咨询机构转型发展,对资信评级机构开展半年度现场检查工作,并对检查发现问题对公司采取监管措施,要求公司整改。审计和评估业务监管方面,北京局以年报监管为抓手,加大对审计与评估的现场检查力度,按照中国证监会会计部统一部署,全年完成了对2家会计师事务所的全面检查,4个审计项目、4个资产评估项目执业质量的专项检查,以及自主开展的3个资产评估项目的专项检查,对存在严重问题的评估机构及时采取监管措施。在律师辖区执业监管方面,审核行政许可报备法律意见书27份,对意见书中存在明显瑕疵的律师、律师事务所分别进行谈话警示,督促律师事务所和执业律师勤勉尽责。

在日常监管环节,北京局准确理解监管授权,用好用足行政监管措施,全年采取各项行政监管措施35项,覆盖上市公司、证券公司、证券投资咨询机构、审计及评估机构等各类监管对象,有效地发挥监管措施及时矫正的功能。

(三)加强监管对象专题培训,引导市场主体合规运营

北京局2014年继续以培训为抓手,通过加强对监管对象的专题培训,促进公司治理和内控规范水平的提升,引导市场主体规范运营。一是辖区各上市公司高管先后参加了北京局组织的新任董监事培训、监管政策专题解读等多期培训。二是证券公司组织参加营业部总经理、分支机构负责人合规培训,从政策解读、情况通报、案例分析、监管架构、信访处置等多方面进行宣讲培训。三是基金管理公司参加辖区投资管理人员行为规范培训会,培训会介绍了基金行业典型的背信行为对行业声誉的负面影响、监管部门对行业违规背信行为的打击态势。四是期货公司首席风险官参加北京局联合浙江期货业协会举办的"北京浙江期货公司首席风险官座谈会",加强两地首席风险官工作经验交流。五是辖区证券期货律师参加北京局联合北京市司法局、北京市律师协会举办的第一期北京律师证券业务培训会,中国证监会相关部门处长就新股发行改革、并购重组监管政策进行重点解读。

四、坚持查审分离,依法做好稽查执法与行政处罚的衔接

2014年,北京局深入落实《关于进一步加

强稽查执法工作的意见》,加大执法力度,继续完善稽查执法全流程制度机制,顺利启动自立案件的行政处罚工作,严格坚持查审分离体制,实现案件调查部门与处罚部门的相互监督,确保行政处罚案件的程序合法与实体公正。

(一)加强稽查执法,严厉打击违法违规行为

2014 年,北京局依法完成了案件调查、整非打非、清理整顿、案件协查等工作。全年共办理各类证券期货违法违规案件 67 件,办结 55 件,结案率 82%;查处涉案证券账户 300 余个、银行账户 600 余个,涉案金额近 20 亿元。

一是提高案件调查质量。北京局积极落实严格执法、公正执法、文明执法三项基本原则,在案件调查程序的合法性、获取证据的完备性、案件调查的时效性等方面下工夫。

二是严打非法证券活动。北京局 2014 年共办理涉嫌非法发行原始股、非法证券投资咨询及非法从事其他证券业务等非法证券类案件 9 件,现已办结 7 件,结案率 78%,已移送北京市公安机关案件两起,其中一起涉案金额高达 10 亿元。

三是完成辖区各类交易场所现场检查工作。2014 年,北京局贯彻落实国务院清理整顿各类交易场所部际联席会议办公室工作部署,牵头组织北京市金融工作局等单位对北京市各类交易场所进行了现场检查,与北京市有关部门就现场检查中发现的违规问题和金融风险进行了深入沟通协调,将所发现问题总结上报北京市政府,支持北京市做好后续整改工作。

(二)启动行政处罚,依法做好案件审理工作

2014 年是北京证监局行政处罚工作的启动之年,全年共有 3 起自立案件进入行政处罚的审理程序。目前已有 1 起案件完成了审理和处罚文书的送达,另外 2 起案件尚在审理中。北京局在案件审理过程中严格依据法律法规及中国证监会的规定,保障当事人的程序权利,确保行政处罚决定程序完备、实体公正。

一是严格遵循案件审理的程序规定。北京局按照《中国证监会北京监管局行政处罚案件审理工作规则(试行)》要求,有序开展案件的移交、审理、备案、咨询、送达工作,严格遵守审理时限、上报备案的程序性规定,使案件审理工作一经启动即进入规范化运作,保证了案件审理的时效和质量。

二是探索完善案情会商程序和补充调查程序。案件审理过程中,在遵循查审分离原则的前提下,就案件事实认定和证据运用与调查部门进行充分沟通,形成对案件审理的会商纪要。在必要的情况下商请调查部门进行补充调查,逐步形成了灵活高效的会商和补充调查机制,为保证案件审理质量提供了重要支撑。

三是做好类型化案件的审理经验总结,提高审理专业化水平。在案件审理工作启动前,集中组织审理人员对常见案件类型进行了梳理总结,对各类型案件的审理标准、法律适用有了基本掌握,为确立各类案件的审理思路打下扎实基础。

五、加强法律会签,完善行政执法行为的内控机制

2014 年,北京局充分利用局内法律小组及法制处的专业力量,进一步加强重大行政行为的法律会签制度,全年累计针对 166 项行政行为进行法律会签,主要针对行政监管措施、信访举报答复等开展合法性审查。就会签过程中发现的典型问题形成会签专报,全年共起草会签专报 5 份,对执法风险进行提示,对存在的问题提出改进建议。

(一)谨慎审查行政监管措施,准确提出法律适用意见

针对日常监管环节采取的行政监管措施,北京局安排法制专业处室从法律适用依据、文书格式等方面进行审查,积极提出法律会签意见,提示其中可能存在的法律风险,为规范行政监管措施的使用、防范执法风险提供保障。

(二)妥善处理信访举报事项,防范行政复议诉讼风险

针对不予受理、复杂疑难的信访以及举报和投诉咨询事项,北京法制专业处室进行强制会签。在会签审查过程中,了解案件基础事实,讲明法理、查清依据、用准规则,确保答复意见程序合法、说理透彻、结论恰当,实现了辖区本年度未新增一例不服信访举报答复的行政复议或诉讼案件。

六、开展普法宣传,依法做好投资者教育与保护工作

2014 年,北京局继续贯彻落实中国证监会

"六五"普法工作规划，结合北京局2014年普法工作计划，以投资者教育与保护工作宣传为重点，积极开展形式多样的普法宣传活动。同时，北京局也广泛发动辖区市场主体与自律组织开展多角度的普法宣传活动。

(一)多种渠道面向市场开展普法活动

一是在北京局外网"普法园地"栏目分期上挂证券期货市场新法规索引、违法违规案例分析、投资者普法宣传专稿等普法信息，2014年全年上挂普法信息41条，向市场主体持续开展对监管法规的解读与宣导，通过违法违规案例分析告诫市场主体合规经营。

二是将信访举报事项的处理作为普法教育的重要阵地。在处理信访举报事项过程中，北京局积极与信访人、举报人沟通，解释各项监管法规，查清信访举报事项是否属实，维护信访人、举报人的合法权益。通过帮助投资者理解问题、消除疑惑，实现向投资者普法教育的目的。

三是积极组织辖区各上市公司、证券期货经营机构的代表参观"内幕交易警示教育展"，普及有关内幕交易的法律知识，以鲜活案例警示教育从业人员远离内幕交易，共同维护资本市场的公开、公平与公正。

四是联合市打非协调小组开展防范打击非法集资宣传月活动，联合市金融局开展金融安全宣传，直接对投资者开展普法教育。

(二)指导辖区市场主体与自律组织普法

一是辖区各公司结合公司实际情况，开展了一系列各具特色的普法活动。2014年，辖区各公司按照北京局确定的"依法合规，创新发展，保护投资者合法权益"普法宣传主题，通过内部培训、座谈会、内部刊物等形式，积极向公司员工宣讲最新颁布的法律法规，各公司加强对从业人员执业规则的教育，避免出现内幕交易、老鼠仓等违法违规行为。通过公司网站设置普法专栏，在公司及营业部营业场所张贴海报、悬挂横幅，举办普法讲座，利用微博、微信官方账号及短信等形式向投资者推送普法信息，使广大投资者了解证券期货法律基础知识，增强对非法证券、非法期货、集资诈骗等违法活动的甄别能力，不断提升风险防范意识。

二是辖区自律组织开展普法。2014年，北京上市公司协会、北京证券业协会、北京期货商会受北京局委托处理"12386"热线投资者诉求事项，在处理投资者诉求过程中加强对会员公司和投资者的普法宣传力度。另外，辖区自律组织积极通过网站、刊物开展普法宣传工作，如北京上市公司协会、北京证券业协会通过在《公司之友》、《首都证券之窗》开辟普法专栏，刊登案例解读、政策法规等内容。

(北京证监局供稿)

天津证监局2014年依法行政工作报告

2014年，党的十八届四中全会对深入推进依法治国作了全面部署，为依法治市创造了前所未有的良好环境。天津证监局(以下简称天津局)在会党委的正确领导和会有关部门的关心指导下，认真贯彻落实全国证券期货监管工作会议精神，用法治思维和法治方式探索监管转型、服务地方经济，将天津局依法行政工作推向深入。

一、利长远见长效，夯实监管工作基础

(一)建章立制，筑牢基石

监管工作质的复杂和量的增加对局内工作制度流程提出了更高要求。2014年，天津局进一步加强监管工作的精细化、规范化建设，制定或修订了《天津证监局上市公司风险分类评价办法》、《天津证监局定期报告监管工作规程》、《天津证监局冻结、查封工作实施细则》、《行政诉讼应诉工作规程》、《证券期货重大案件报告工作规程》等10余项监管规程制度，通过制度明确具体操作流程，通过制度细化裁量标准，通过制度制约和监督权力运行。

(二)学习培训，提升能力

天津局党委认真领会会党委工作部署，领

导班子成员带头学习,从上至下,在全局营造起多形式开展资本市场法制宣传和学习的良好氛围。坚持党委中心组月度专题学习报告会制度,自 2012 年 8 月起,每月邀请有关专家和政府领导进行专题授课,至今已举办 21 期。坚持监管干部季度学习交流会制度,自 2012 年 11 月每季度集中解读监管政策、讨论落实措施、介绍培训体会,至今已举办 9 期。坚持学习培训汇报制度,相关学习体会、工作报告及时发布在 OA 办公网络,信息共享。三项学习制度的良好开展,有效促进监管干部扩大视野、提高素质、提升水平。

(三)加强协作,形成合力

为更好依托其他监管主体力量,形成监管合力,天津局不断深化综合监管体系建设。一是主动走访沪深交易所,就推进重大事项会商、投资者保护等达成多项共识。其中,与深交所签订上市公司监管协作的备忘录,建立了涵盖信息披露、监管信息共享等 6 方面 34 项的分工合作机制。二是与天津市第一中级人民法院建立了辖区行政审判与证券监管行政执法良性互动机制,推进监管执法与司法审判的配合。三是继续巩固已有的 14 项协作机制,主动走访天津市滨海新区、天津市发改委、天津市金融局等已建立合作机制的单位及区县,探讨深化合作的具体措施。

二、严格依法行政,做好事前事中监管

(一)简政放权,提高效率

天津局按照证监会行政审批权精简、下放工作进程及新业务要求,兼顾效率与审慎、创新与合规,平等对待各市场主体,实行政务公开、阳光监管。

一是全面实现行政许可在线审批。天津局自主搭建的上市公司、证券期货机构监管外网信息系统运行顺畅,同市场主体文件往来、信息传递更加便捷。该平台已实现了行政许可项目全部关键业务环节的在线办理与公示,提升了监管工作信息化和政务公开水平。2014 年,完成期货行政许可审核 40 余项,高管人员任职资格审核平均用时 5 个工作日,设立营业部审核平均用时 7 天,分别为规定审核时限的 25% 和 12%;办理证券机构备案事项 300 余项,行政许可事项 20 项,平均用时缩减到约 8 个工作日,审核效率大幅提高,得到了市场主体的好评。

二是进一步精简备案事项。深入落实简政放权要求,为确保不存在各类于法无据的审批、备案和报告等事项,对原有全部事项进行了系统清理。取消了证券公司借入次级债务、次级债务展期和偿还次级债务 4 项原有行政许可审批事项,改为事后备案管理;取消了证券经纪人制度需取得天津局备案通知书方可执行的规定,简化证券营业部开业事项备案要求,将证券公司分支机构迁址等涉及许可证变更的备案事项与变更许可证合并办理,减少了机构的重复工作;系统梳理现有的 75 项期货类备案管理事项,全部改为网上电子报备,简化期货营业部报表格式,切实为期货机构"减负"。

三是及时简化辅导监管流程。为更好地服务辖区企业上市工作,天津局经过深入调研、认真评估,进一步厘清了拟上市公司监管思路,以实现辅导、上市、上市后信息披露合理监管为出发点,制定并印发了《关于天津辖区拟上市公司辅导监管有关事项的通知》,对辖区企业首次报送、辅导期持续监管、辅导评估三个环节相关流程及要求进行了精简调整,取消了备案、考试、验收等事项。通知印发后,天津局实时跟踪在审及辅导企业进展及存在的问题,督促保荐机构做好辅导信息披露,并在互联网做好同步披露。2014 年辅导企业在局互联网页发布辅导公告 4 期、进展报告 3 期、辅导工作总结 1 期。程序的精简调整,进一步提高辅导效率,减少企业负担,提升了信息披露质量。

四是有序推进监管信息主动公开。在天津局互联网建立监管制度专区,及时公开监管制度、监管规则。充分利用新媒体,建立天津辖区上市公司董秘微信群、证券期货机构微信群、辖区资本市场媒体微信群,主动释放监管声音。探索实行监管措施分层次公开体系,对天津局采取的行政监管措施,除要求责任主体公开披露外,也已于 2014 年年底前在互联网集中公开。同时,认真做好行政许可信息公示工作,在天津局互联网页以及上市公司、证券期货机构外网监管平台上,实现了行政许可审核信息的标准、流程、期限、方式及审核进度的全公开,真正做到要求公开、过程公开、结果公开,以公开促公正,以透明促公平。

（二）强化事中监管，防范市场风险

一是科学优化配置辖区监管资源。深入开展分类监管，在2013年试行的基础上，进一步修订完善《上市公司风险分类评价办法》，明确非财务标准6类40项、财务标准2类13项，并结合日常监管情况，合理确定公司风险等级。2014年已根据2013年年报、2014年半年报完成2次分类评价，并将风险等级高的公司列入重点监管对象加大现场检查频次。同时，有针对性地对评级较低的期货公司倾斜监管资源，在确定期货公司现场检查频次时，原则上A类、B类、C类公司分别为三年、两年和一年，增强监管的针对性和有效性。2014年，辖区6家期货公司中，一德期货评为A级，和融期货评为CCC级，其他4家公司都评为B级，与2013年相比评价结果显著提升，优化配置监管资源取得了较好效果。

二是继续强化日常监管。推动上市公司做好信息披露、承诺履行、现金分红、内幕交易防控等专项工作，促进提高治理水平。督促证券期货机构完善公司治理和内控建设，强化重点领域和关键环节的合规管理，以内部合规稽核为抓手，努力推进形成内生驱动的合规风控模式。发挥好上市公司协会、证券业协会、期货协会在行业自律、投资者保护等方面的积极作用。

三是扎实做好检查工作。注意运用信息化、电子化技术手段提高检查工作的实效性。非现场检查方面，明确检查重点，改进检查方法，及时梳理、分析发现的问题，要求立即改正。现场检查方面，细致做好案头工作，精心编制工作底稿，持续跟踪、督导发现的各种问题，明确标准，督促整改。2014年共进行各类现场检查58余家次，通过检查，切实发现了市场主体经营管理中存在的问题和风险点，均果断采取了相应监管措施。年初至今，累计采取14项行政监管措施，出具监管关注函20份。

三、加强稽查执法，稳步推进行政处罚

（一）加大稽查力度，保持高压态势

根据2014年年初全国证券期货监管工作会议精神，天津局系统优化稽查执法的内部运行机理和外部环境，落实监管转型要求，强化案件查办力度。

一是加强稽查制度建设。坚持案前案中学习研讨机制和案后一案一结一讲制度。办案前，详细了解案件背景、立案材料，通过集中会商确定重点方向；办案中，定期组织分析讨论，提出疑点难点问题，确定下一步工作重点；办案后，及时组织总结分析会，提炼好的经验和做法，查找不足之处。

二是继续加大对违法违规案件的打击查处力度。2014年开展了4件立案案件（含2件自立案件）、10件初步调查案件、12件协查案件的调查；异地调查取证807人次，约谈涉案当事人159人次，完成122个证券账户、368个银行账户的调查。案件调查数量和查办效率较去年同期有明显提升。

三是创新模式总结经验。在第一次承办“老鼠仓”案时（张某某利用未公开信息交易案），作为推进行刑有效衔接的央批案件，首次探索实践了行政与刑事“同步研究、联合调查”的稽查办案模式，取得了良好效果，并成为系统重点案例。

（二）注重审理公平，传递警示效应

2013年10月1日，证监会正式授予各派出机构行政处罚权。天津局对处罚权下放工作高度重视，审慎对待，确保行政处罚质量。

一是加强机制建设。2014年年初局长办公会审议通过了《天津证监局行政处罚案件审理小组工作办法（试行）》和审理小组成员名单，由局领导主持召开审理小组成员第一次全体会议，强调行政处罚工作重要性、严肃性和纪律性，随后进一步完善并公布天津局行政处罚相关业务规则等。

二是积极沟通请教。主动向证监会行政处罚委员会（以下简称处罚委）请示沟通，由局领导带队，多次拜访处罚委，聆听对行政处罚工作的指导意见。分批次组织审理小组成员旁听证监会部分处罚听证会和天津市第一中级人民法院行政诉讼案件庭审，加深认识，提高案件审理水平。

三是开展个案审理。2014年处罚结案一起，在审一起。其中，天津磁卡信息披露违法案是辖区第一起自立自办案件，该案历史成因复杂，涉及人员众多，违法行为持续多年。在没有经验可借鉴、没有先例可遵循的情况下，天津局以事实为依据，以法律为准绳，成功审理了该案

件。当事人对最终处罚决定表示无异议,服从处罚,共计96万元罚款已全部执行到位。该案的处罚不仅让违法主体得到应有的惩罚,也在辖区内起到了良好的警示教育作用。

四、积极建言献策,深入进行市场调研

(一)认真做好立法建议

一是建立机制,参与立法。建立以天津局法制工作处牵头负责、各处室积极参与、局领导审核把关的参与立法工作机制。通过该机制,保证所提建议既符合业务实际、便于操作,又符合法律要求。

二是深入开展《证券法》、《期货法》学研工作。《证券法》、《期货法》是资本市场两部基础性法律,天津局集全局之智慧,立足派出机构工作实际,从资本市场发展变化的内在法律需求和监管执法的实际需要出发,组织召开专题会议反复学习讨论,研提意见。

三是认真做好证监会布置的其他各项立法征求意见事项。对于《上市公司监督管理条例》、《众筹融资管理暂行办法》等,天津局都认真提出了意见和建议。

(二)积极开展专题调研

面对新兴加转轨的资本市场实际情况,如何切实转变监管理念,充分发挥市场作用,还权于市场,到位而不越位,天津局从资本市场监管全局角度、从服务地方经济服务实体经济的角度出发,通过实地走访、现场座谈等方式,开展了一系列调研活动。

局领导班子成员分头带队赴上海证监局、深圳证监局、深圳专员办、沪深交易所等兄弟单位对标找差距,赴辖区上市公司、渤海证券、天弘基金、联合信用和国泰君安分公司等证券期货机构,以及渤海钢铁、渤海化工、渤海轻工、天津物产等国有企业集团和部分民营企业走访调研,了解经营情况,听取发展意见,提供监管服务。

2014年,天津局共进行走访调研40余次。在此基础上,形成了35篇调研报告,报送证监会领导、天津市领导进行参考。2014年,证监会领导在天津局有关报告文件上作出16次批示,天津市委市政府领导在天津局相关报告文件上做出26次批示。

五、防范化解风险,扎实开展投保工作

(一)排查隐患,防范风险

一是认真防范退市风险。密切跟踪辖区内某上市公司相关风险情况,落实退市新政,2014年对公司、大股东、保荐机构及保荐人出具行政监管措施5次、监管关注函3次,分别向证监会上市部、天津市政府报送该上市公司风险专报4次、8次,处理信访投诉40余件。在天津局关于该上市公司的专项报告等文件上,天津市政府领导多次作出批示。

二是防范私募基金风险。为防范责任不清、监管空白,天津局主动加强监管协作,2014年上半年积极与天津市发改委协商,明确过渡期内双方的监管职责;下半年与天津市金融局加强沟通,调研风险处置的经验和做法,制定《私募基金涉嫌非法集资集体信访的应急预案》,共同防范监管风险。在中国基金业协会支持下,组织辖区私募机构开展培训,推动辖区私募基金按照要求完成登记备案。根据证监会私募部统一安排,针对地产基金风险频发的情况,选取部分地产基金进行现场检查,评估基金兑付风险。

三是及时处置机构风险。密切关注市场高风险问题,针对*ST长油退市、超日债违约等情况,要求辖区各机构做好投资者情绪安抚工作。持续跟踪互联网金融发展动态,督促辖区内基金公司加强风险监测和分析,采取有效的措施严格控制风险。针对辖区内某评级公司评级信息披露不完善的情况出具警示函,针对辖区内某证券公司营业部内部控制不完善、合规管理不到位等问题出具警示函,并均通过天津局网站予以公示。加强期货公司首席风险官监管,组织召开首席风险官工作例会。

四是坚持做好维稳工作。认真做好全国两会期间维稳和矛盾纠纷排查化解工作,及时发现、报告、处置有关情况,确保资本市场稳定运行。认真、耐心、负责地做好日常信访接访工作,2014年共处理各类信访事件1000余项,均按期回复,有效化解矛盾纠纷,未发生重大缠访闹访或者进京上访事件。

(二)投保宣教,维护权益

一是形成纵向立体保护。在年初制定天津局2014年投资者保护工作计划的基础上建立监

督监测机制，形成业务处室对监管对象和协会、协会对会员单位、局投保小组对监管处室的多层次协调、督办、评价机制；业务处室负责将整理的国办《意见》政策举措逐项甄选和分解，启动3项举措、14项制度性安排，明确责任人和完成时间。指导辖区证券业协会、期货协会，调研摸底辖区投资者基本情况，逐步建立投资者数据库。

二是加强横向协同保护。联合天津市金融局等部门出台落实国办意见的《关于进一步加强我市资本市场中小投资者合法权益保护工作的实施意见》，明确了7个政府相关部门的协作配合责任，推动该项工作常态化、规范化和制度化运行。指导成立天津市证券业纠纷人民调解委员会，在全国范围内首次将人民调解制度引入资本市场领域。

三是舆论引导自我保护。联合辖区3个协会和天津经济广播电台等制作播出投资者保护节目近50期。组织辖区市场主体就中小投资者保护开展系列交流座谈。利用《今晚报》平台，每周第一时间刊发证监会新闻发布会内容，使相关信息在辖区落地；天津市证券业协会开设"宣传投资者保护知识，关注政策与市场热点"专栏，自6月4日起，每周三发表专评和风险警示文章，至今已发表24期。同时，天津局还与《天津日报》、北方网建立合作关系，及时刊发有关宣传教育文章。广泛的舆论引导活动起到了很好的宣传效果，提升了辖区市场主体的自我保护意识。

四是引导市场主体保护。组织开展辖区39家上市公司年报业绩网上集体说明会暨投资者集体接待日活动，组织投资者走进中储股份、红日药业。积极利用"3·15国际消费者权益日"开展宣传教育活动，通过市场主体发放给投资者《投资者保护宣传系列手册》6650套，组织回收"3·15"投资者调查问卷3000余份，满意度94%，较2013年增长4%。

（天津证监局供稿）

黑龙江证监局2014年依法行政工作报告

2014年，我局在证监会的正确领导和会机关各部门的大力支持下，认真贯彻落实全国证券期货监管工作会议精神，紧紧围绕证券期货监管中心工作，改进工作方式，适应监管转型，不断强化法律制度建设，完善执法监督体系，扎实推进依法行政能力建设，严厉打击证券期货违法违规行为，切实保护投资者的合法权益，为辖区资本市场的持续健康发展创造了良好的法制条件，现将有关情报告如下：

一、加强制度建设，为依法行政提供制度保障

建立健全工作制度是全面推行依法行政的重要内容和重要保障，也是资本市场加强法制建设和改革发展的内在要求。我局坚持以制度建设促科学监管，切实加强程序法治建设，严格规范执法行为，认真履行法定职责，努力把资本市场的依法行政工作提高到新的水平。一是为了进一步提高工作的规范化、标准化和工作效率，我局对包括《黑龙江证监局行政许可实施规程》、《黑龙江证监局行政处罚案件审理工作规则》在内的93部工作规则进行了系统梳理，统一印制了《黑龙江证监局工作制度汇编》，年初印发给每名监管干部，要求认真学习，严格按照工作规则规定的权限、程序开展各项工作；二是根据新法规、新情况的要求，不断修改完善和制定新的工作规则。由于资本市场诚信数据库的更新，以及诚信工作的新变化和新要求，按照《关于修改〈证券期货市场诚信监督管理暂行办法〉的决定》，修订了《黑龙江证监局证券期货市场诚信监督管理工作制度》。为提高稽查案件调查质量和调查效率，保障承办案件复核工作的有序开展，根据《中国证券监督管理委员会案件调查实施办法》和《关于派出机构自办案件调查工作的指导意见》相关规定，结合我局实际，制定了《黑龙江证监局案件复核工

作办法》。为规范我局证券期货违法违规行为举报的受理、审查、调查等相关工作,保障个人、单位依法行使举报证券期货违法违规行为的权利,制定了《黑龙江证监局证券期货违法违规行为举报工作规程》。根据证监会信访投诉与违法违规举报事项进行分离的工作安排,我局对《黑龙江证监局信访工作实施办法》进行了修订。为了规范我局的新闻工作和对外信息公开工作,制定了《黑龙江证监局新闻工作实施细则》、《黑龙江证监局证券期货监督管理信息公开工作管理办法(试行)》。

二、严格依法行政,增强监管工作的有效性

(一)认真做好行政处罚准备工作

2014 年,证券监管工作转型中提出了放松管制,加强事中、事后监管的新理念。为适应资本市场监管新形势需要,进一步加强执法工作,健全证券期货执法体制,2014 年 10 月 1 日起,证监会正式授予各派出机构行政处罚权。行政处罚工作启动后,我局的执法工作涵盖了行政许可、日常监管、现场检查、案件调查、行政处罚等各个环节,形成了一个完整的执法链条,有助于增强我局监管执法的有效性和权威性。目前,我局在审的涉嫌行政处罚案件 1 件。为确保各项工作的规范化、制度化,我局为实施行政处罚做了大量的前期准备工作。一是多次组织关于审理规则、听证规则、内幕交易法律法规、案例等知识的学习、讨论,组织观看听证会现场录像,将学习讨论中发现的有争议的问题进行汇总,并有针对性地撰写调研报告,提高了执法人员的思考能力、执法水平,也增强了对行政处罚类案件的把控能力;二是加强与证监会和其他派出机构的沟通协调,提高自身执法水平,确保案件处罚工作质量。对学习过程中发现的问题,主动向证监会行政处罚委员会(以下简称"处罚委")请教,并派人前往处罚委以岗代训 2 个月,实地学习包括行政处罚案件审理流程、处罚委工作机制在内的行政处罚涉及相关事项。此外,专程赴上海证监局就行政处罚工作涉及相关事项进行调研,并与广州、深圳等证监局积极沟通,咨询和探讨行政处罚工作经验。

(二)依法做好行政许可工作,严把市场准入关

2014 年,按照简称放权、放松管制、加强监管的转型工作新理念,我局对负责实施的行政许可项目进行了全面评估。同时,改善行政许可工作的方式方法,全面提高行政许可工作的质量和效率。一是开展黑龙江证监局行政许可实施情况评价专项活动。在放松管制、加强监管、简政放权等监管转型的新形势下,我局按照《关于开展行政许可实施情况评价活动的通知》(证监办发〔2014〕17 号)、《关于进一步做好行政许可评价工作的通知》(法律部函〔2014〕436 号)的要求,对近三年(2011 年—2013 年)来我局负责实施的行政许可项目实施总体情况进行了全面总结和评价。成立评价工作小组、制订工作方案、开展单位评价、组织实施社会评价。在总结评价基础上,对行政许可项目提出了保留、取消或修改的意见(具体情况见附件一《黑龙江证监局行政许可实施情况评价报告》);二是按照证监会简政放权的统一部署,完善规则和程序,及时对外公布调整后的标准、流程、期限、方式及结果,做到规则公开、过程公开和结果公开。2014 年,在证券机构审核方面,我局共受理证券公司董事、监事、高级管理人员及分支机构负责人任职资格申请 27 件,其中撤回 2 件,核准 25 件。受理并批复证券投资基金销售业务资格(龙江银行)、证券公司设立分支机构(江海证券新设北京和青岛营业部)、证券公司撤销分支机构(财达证券撤销佳木斯富锦建三江营业部)和变更公司章程重要条款行政许可事项各 1 项。出具辖区证券从业人员监管意见 3 人次。组织辖区证券经营机构中符合年检要求人员进行年检,完成 2 名分支机构负责人任职资格年检材料的审阅工作,顺利完成经理层人员及分支机构负责人任职资格年检工作。在期货机构审核方面,共完成行政许可审核 6 项,其中期货公司董事长任职资格 1 项、营业部负责人任职资格 2 项、设立境内分支机构 2 项、变更期货公司法定代表人 1 项。

(三)依法适当运用监管措施,强化监管效果

2014 年,我局进一步加强了事中监管,通过日常监管快速反应,强化问责,对违法违规行为绝不姑息迁就。对违法违规行为及时采用责令改正、责令公开说明、出具警示函等适当的监管措施。全年下发 5 份行政监管措施决定书,并记入诚信档案。通过监管措施及时地纠正了

市场主体的违法违规行为，确保了辖区资本市场的平稳健康发展。

（四）加大现场检查力度，提高监管威慑力

通过创新检查手段，扩大检查范围，建立快速反应、各方联动的工作机制，增加上市公司检查的广度和深度。加大对中介机构的动态检查力度，提高监管的时效性。结合非现场检查发现的问题，丰富现场检查手段，提高对证券期货机构的检查效率。2014年，我局对5家上市公司、5家年审机构、2家持续督导机构进行了检查。对1家证券公司、1家证券投资咨询机构、3家证券分公司、24家证券营业部、22家基金销售机构及网点进行了检查。期货机构现场检查21家次。

（五）完善稽查打非体制，提高稽查办案能力

通过完善岗位设置，构建稽查打非的协同机制，进一步提高办案效率和办案能力。继续加大对市场各类违法违规行为的查处和打击力度，全年共办理6起案件调查工作，其中1起属于我局办理的辖区自办案件，目前已进入审理环节，该案是我局监管转型后首例自查自审案件。完成7起案件协查任务，其中1起境外协查。办理非法证券期货活动案件12起。

三、认真做好信访投诉与违法违规举报处理工作

2014年6月，证监会稽查局设立的违法违规举报系统正式运行，将信访投诉与违法违规举报事项进行了分离。顺应变化，我局适时调整了分工，捋顺了信访投诉和违法违规举报工作的关系，将违法违规举报处理工作交给我局稽查处负责。全年共处理信访事项401件，其中来电269件、来信86件、来访46件，处理举报事项34件。通过认真细致地处理信访工作，提高了信访工作的质量，也有力地推进了我局信访工作的制度化和规范化。

四、加强诚信监管，营造良好的市场诚信环境

2014年，根据证监会关于加强诚信监管工作的要求，我局统筹安排，加强组织协调，积极做好诚信监管工作。一是修订我局诚信工作制度。由于资本市场诚信数据库的更新，以及诚信工作面临的新变化和新要求，按照《关于修改〈证券期货市场诚信监督管理暂行办法〉的决定》，我局修订了《黑龙江证监局证券期货市场诚信监督管理工作制度》；二是诚信档案查询、录入工作。严格按照诚信档案查询、录入的管理规定，开展诚信监管工作。全年共查询涉密诚信信息31次、录入诚信信息34次。

五、加强执法监督，提高依法行政水平

我局积极贯彻依法行政的各项要求，在强化法律意识、程序意识和责任意识的同时，着力构建外部和机关内部监督体系，不断深化对各项监管工作的执法监督。一是不断加强外部廉政监督。坚持工作人员外出检查、调研走访廉政监督卡随身携带制度，全年回收监督卡20份，强化了执法外部廉政监督；二是开展“半年一评”活动，邀请辖区182家监管对象对我局贯彻中央八项规定、改进“四风”、执行“15个严禁”、我局监管工作等情况进行评议，收到4个方面近10余条意见建议，促进了干部勤政、廉政；三是认真做好法律审查与会签工作。为了提高依法行政的质量和水平，减少法律适用风险，我局严格按照《黑龙江证监局法律会商工作制度》规定的会商范围、会商程序和工作要求，认真开展法律会商工作。2014年对会商事项出具法律意见7份，起到了严把审查关的效果。

六、精心谋划，持续开展丰富多样的法制宣传教育

认真贯彻落实“六五”普法工作规划和党的十八届四中全会全面推进依法治国的精神，紧密结合投资者教育、防控内幕交易、整治非法证券活动等重点工作，持续深入地开展法制宣传教育，取得了良好的成效。

（一）全面开展国家宪法日暨全国法制宣传日宣传活动

按照《关于转发〈关于开展国家宪法日暨全国法制宣传日系列宣传活动的通知〉的通知》（证监办发〔2014〕81号）要求，我局举办了国家宪法日暨全国法制宣传日宣传活动。一是制订活动方案。为做好本次法制宣传活动，我局专门制定了《国家宪法日暨全国法制宣传日宣传活动方案》，确定了活动主题、明确了职责

分工、制定了活动安排;二是举办法制宣传讲座。先后邀请邀请黑龙江大学法学院吕艳辉副教授、哈尔滨仲裁委吴爱民副主任分别就宪法学和行政法学、仲裁解决纠纷的机制和仲裁相关业务知识为我局全体职工及辖区部分证券期货经营机构,证券、期货业协会人员举办法制宣传讲座;三是督促市场主体采取多种方式开展了以“弘扬宪法精神,建设法治中国”为主题的宪法日暨法制宣传日宣传活动。(具体情况见附件二《黑龙江证监局关于开展国家宪法日暨全国法制宣传日宣传活动总结》)

(二)全面开展2014年普法工作

为深入贯彻党的十八届四中全会精神,推进辖区资本市场法治环境建设,适应监管转型新要求,我局结合辖区资本市场实际,全面开展了2014年普法工作。一是确定普法工作重点。提高监管人员规范执法、高效执法的意识和提高辖区市场主体依法合规的意识,充分保护投资者尤其是中小投资者的合法权益,将推动辖区资本市场法治环境建设作为我局全年普法工作的重点;二是加强组织领导,推动普法工作任务落实。为加强宣传工作中的组织保障,局党委指定法制处牵头负责,会同其他相关处室以及黑龙江省证券业协会、黑龙江省期货业协会、黑龙江省上市公司协会三家自律组织共同开展此项工作,以推动普法宣传工作任务的落实;三是通过加强监管干部学法用法学习、开展法制培训、举办法制宣传活动、督导证券期货经营机构开展普法活动等形式开展普法工作。(具体情况见附件三《黑龙江证监局2014年普法工作总结》)

(三)集中开展投资者教育和保护宣传工作

结合辖区资本市场发展特征和投资者需求,组织开展了一系列投资者保护宣传活动。一是指导证券期货经营机构采取多种形式进行宣传教育。利用证券期货营业部贴近投资者的一线窗口优势,在营业场所开辟投资者园地和利用大屏幕悬挂和滚动播放风险警示词条和宣传标语,使广大投资者对资本市场有了更深刻的理性投资意识和风险防范意识;二是通过官网定期更新合法机构信息公示(证券交易、证券投资基金销售、投资咨询机构网点)及投诉常见问题,提升投资者的金融素养,确保投资者充分了解辖区情况,从源头上减少非法证券活动发生;三是持续关注广播电视证券节目不规范的情况、非法证券投资咨询和非法证券委托理财案件查处情况,定期分析统计投资者教育及舆情监测情况;四是提升投资者对适当性管理的认知水平和风险防范能力,引导其选择适合其风险承受能力的金融产品和服务,进一步深化投资者适当性管理制度,营造辖区资本市场健康理性投资文化,切实维护投资者合法权益。2014年3月10日,我局在辖区启动了以“严格遵守适当性制度,依法保护投资者权益”为主题的“3·15投资者保护”主题宣传教育活动。此次主题宣传教育活动在市场中产生了较大的影响,取得了良好的效果。

(四)加强对内幕交易违法违规行为的宣传工作

筹备辖区第二届内幕交易警示教育展,制订展览方案、选取展览场地、设计制作展板、培训解说员、布置展馆。同时,在全国首展展览内容基础上,结合辖区实际,增加12个经典警示案例和有关内幕交易的法律法规。展览期间,组织黑龙江省直、哈尔滨市直有关单位、监管对象、相关行业协会等1000余人参观展览,加深了辖区市场主体对内幕交易危害性的认识,展现了打击内幕交易的整体合力和坚强决心。

(五)扎实做好“整非”宣传教育

督促辖区证券期货经营机构将整非工作作为投资者教育的重要内容,要求辖区各机构通过组织专题培训、在营业场所发放宣传材料、设立咨询台、发送短信、大屏幕播放等方式,讲解非法证券期货活动的危害性,广泛宣传“理性投资”的理念。在我局各处室与辖区证券期货经营机构的共同努力下,发放宣教手册8500份,宣传单页3800张,发送提醒短信115000条,牢牢构建“预防与打击”有机结合的整治非法证券期货活动综合体系。

附件:(略)

(黑龙江证监局供稿)

上海证监局2014年依法行政工作报告

2014年,上海局按照国务院《关于进一步促进资本市场健康发展的若干意见》和全国证券期货监管工作会议精神的总体部署,以维护辖区资本市场公开公平公正的市场秩序、维护中小投资者合法权益、促进辖区资本市场健康稳定发展为核心职责,深入贯彻肖钢主席实现“六个转变”的监管转型工作思路,坚持围绕中心工作,充分发挥法制的服务、保障和引领作用,提升全局依法监管水平,为促进辖区市场规范发展创造良好法治环境。

一、以“两法”修改制定为重点,积极参与市场法制建设,夯实监管转型制度基础

一是深入开展《证券法》修改与《期货法》制定。推动《证券法》修改与《期货法》制定,解决市场改革创新和推进监管转型面临的制度供给问题,是全系统的一件大事。2014年,上海局积极参与《证券法》修改与《期货法》制定工作,为资本市场“基本法”的制定和完善建言献策,先后7次配合中国证监会(以下简称证监会)及全国人大常委会财经委,对《证券法(修订草案)》、《期货法(修订草案)》进行深入研究,提出修改意见。此外,上海局还积极参加证监会组织的“两法”修订研修班,配合全国人大常委会财经委以及证监会组织的有关“两法”修改制定的专题调研活动,与上海市人大常委会财经委就《证券法》修改共同召开专题座谈会,邀请市场主体、专家学者讨论修改建议。

二是积极参与市场其他重要法规的制定修改。共计对《行政诉讼法修正案(草案)》、注册制改革方案、《公开募集证券投资基金管理人监督管理办法》、《关于审理上市公司及相关方公开承诺民事诉讼案件的若干规定(代拟稿)》等31部法规制度和政策文件提出修订建议,同比增长93.8%,为资本市场改革创新和国家法制建设献计献策。此外,上海局还积极参与证监会《派出机构监管工作职责》的修订反馈工作,全面梳理相关制度文件,系统总结监管实践经验,形成关于《派出机构监管工作职责(建议稿)》、关于《建议稿》的制定说明等材料。

二、积极贯彻落实简政放权要求,开展审批备案事项清理,做好行政许可实施评价

一是坚决贯彻落实简政放权,减少对市场主体的微观干预,努力做到放而不乱。根据肖钢主席提出的简政放权六原则,对许可、备案、信息报送事项进行全面梳理和评估,向证监会提交保留、取消、调整建议。全年按照证监会统一部署共取消了证券、期货条线的9项行政许可,首批取消了基金、期货条线的32项报备事项。全面清理了辖区自行要求机构报送的各类“土政策”事项,目前已经全部取消。此外,对尚未取消的各类报备事项也分类别简化了报备要求和报送数量或频率。据不完全统计,全年至少减少了机构近5000件次的报备工作量。全面运用网上审批系统和电子收文系统,所有项目均实现了网上审批和文件电子报送。同时以梳理为契机,检查监管工作盲点,排查备而不审、审不留痕等情况,强化定期分析、汇总报告,提高报备审阅效率。完善各条线监管要求。注重落实后续衔接,针对分支机构负责人资格许可、营业场所变更许可等取消事项,明确事后备案及监管安排,建立定期集体谈话制度和履职诚信档案系统,指导同业公会开展定期培训,突出公司自主把关责任,强调把关不严的后果,做到有效衔接。

二是在全面落实辖区审批备案事项清理工作的基础上,采取多项措施,按照证监会统一部署,认真开展行政许可实施情况评价工作:其一是落实工作责任,加强组织领导。专门召开会议进行部署,确定该项工作由一名局领导负责组织领导,并制订了工作实施方案,明确各相关处室密切协作,共同开展工作。其二是明确评价重点,创新评价方式。结合辖区监管工作实

际,明确工作重点,对评价项目进行深入研究和详细论证,提出保留、取消、调整的具体意见。在开展自我评价的基础上,积极拓宽渠道,采取多种方式认真开展社会评价,广泛听取许可对象、中介机构、专家学者的意见建议。其三是深入分析论证,形成评价报告。经过对各处室分评价报告、社会评价收集材料和境外监管制度的统筹梳理和论证分析,形成了上海局关于行政许可评价工作的总报告。

三、加强开展现场检查,依法处置各类信访,切实防范执法风险

一是按照"加强事中事后监管"的总体思路,以检查依据的合法性、执法程序的规范性为基本理念,严格贯彻落实依法行政的各项要求,全年共计开展现场检查 353 家次。同时,加大检查后的惩戒问责力度,立足于《证券期货市场监督管理措施实施办法(试行)》的各项规定,用好用足行政监管措施,全年共采取行政监管措施 48 份,其中公司监管条线 8 份、机构监管条线 8 份、基金监管条线 27 份、期货监管条线 5 份。

二是依法处理各类信访事项。全年共接待来访 233 批次 435 人次,处理来信 689 份,接听热线电话 2496 件。依法处置"11 超日债"兑付集访、基金子公司"华宸未来湖南志高"项目产品兑付、大智慧"操盘大师"、民泰(天津)贵金属业务等突出信访矛盾。同时积极探索纠纷多元化解决,与证券同业公会、基金同业公会等自律组织和中小投资者服务中心合作探索开展调解试点,取得良好效果。

三是做好法律审查会签,防范执法风险。在加强监管执法的同时,充分发挥法制处的合规审核把关作用,以法律依据的准确性、案件事实的清晰性、执法程序的规范性为着力点,对于各类监管措施、信访事项提出法律会签意见,有效防范执法风险。全年共计会签各类监管文件 106 件,同比增长 37.7%。其中,监管措施 38 件;信访回复 45 件,为去年同期的 6.4 倍;其他各类文件(局内规章制度、对外重大合同等)19 件,同比增长 111.1%。

四是配合法律部,做好辖区首起行政复议答复工作。行政相对人蒋波不服我局于 2014 年 7 月 10 日作出的信访答复,向证监会提出行政复议申请。按照法律部《行政复议答复通知书》的要求,形成行政复议答复意见书及证据案卷函复会法律部,配合做好复议答复工作,最终法律部决定维持我局原处理结果。

四、严厉打击各类违法违规行为,将稽查执法和案件处罚作为工作的重中之重

一是加大违法违规行为查办力度。首先,全年查办案件数量多、种类全。全年共查办立案、初查及线索核查案件 52 件,其中立案 17 件,同比增加 13.3%;另有送达、执行、复核、协查等案件 107 件,同比增长 32.1%。涉刑案件移送力度加大,共向公安机关移送案件 7 件,较上年增长 16.7%。2014 年还首次对负责审计上市公司定期报告的会计师事务所启动初查,并参与了证监会拟上市公司财务抽查和慈铭体检、钜华科技等 IPO 专项核查。其次,稽查执法的主动性和积极性进一步增强。通过强化同日常监管部门有效衔接、对特殊案件适度延伸调查、借助舆情监控和举报系统等,稽查部门线索发现能力进一步提升。全年自办案件 13 件,较 2013 年增长 85.7%;自行启动的初查、线索核查和自办案件合计 35 件,同比增加 29.6%,占承办案件总数的 67.3%,在数量上首次超过同期交办案件。此外,还在涉外稽查工作上取得突破。全年共承办境外协查案件 20 件,比 2013 年增长 5.3%,且案件复杂程度有所上升。其中法国证监会提请协查的"地中海俱乐部"案,首次按境内案件标准配置调查组,并联合其他派出机构共同进场调查取证,协查效果得到了中国证监会稽查局、国际合作部和法国证监会的充分肯定。在相关部门协调和香港证监会的支持下,某信披违规案件调查组得以赴港列席对被调查对象的询问,是系统内首次直接参与境外监管执法活动。

二是高质量做好行政处罚。其一是全力做好案件审理。全年共审理案件 10 件,是过去 3 年审理案件总数的 3 倍,已全部审结。审理案件覆盖信息披露、利用未公开信息交易、短线交易、超比例持股、限制转让期内买卖股票、私下接受客户委托买卖证券等资本市场主要违法违规类型。其二是实现案件审理标准化。重点对《证券法》关于超比例持股、短线交易、信息披露违法责任人员认定等相关条款进行系统分析

和深入研究，总结同类案件的法律适用、责任追究的相关标准，实现处罚标准统一。其三是加强与行政处罚委员会（以下简称“处罚委”）的沟通。通过电话咨询、书面请示等多种方式，寻求处罚委对审理工作的指导和支持，部分案件还专门向处罚委报送补充审理意见，详细解释在事实认定、法律适用及处罚裁量方面的理由和依据。处罚权下放至今，辖区所有案件均顺利通过处罚委备案。其四是加强处罚相关的调研交流。根据处罚委要求及主席办公会讨论需要，多次研究证监会行政处罚体制改革方案、行政处罚和解制度方案，并提出相关完善建议供证监会决策参考。此外，还相继和到访的宁波局、湖南局、黑龙江局等相关兄弟单位，就处罚工作开展中的问题进行深入交流。

五、紧密围绕投资者权益保护，广泛开展法制宣传教育活动

国务院办公厅《关于进一步加强资本市场中小投资者合法权益保护工作的意见》的发布和肖钢主席在年初投资者保护专题会议上的讲话，将资本市场投保工作提到一个新的高度。2014年，紧密围绕投资者保护这一核心工作，开展各类形式的法制宣传教育活动。

一是关口前移，将投保法宣工作真正融入日常监管全过程。上海局在年初组织召开辖区投资者保护工作联席会议，全面部署落实国办《意见》，明确年度投保法宣工作重点任务，并制定任务分解方案，要求全局各处室和行业协会根据各自优势，找准工作切入点开展投保法宣工作。

二是深入基层开展宣教，推动建立投资者常态化联系机制。专门制定《定点联系投资者工作办法》，规定处级以上干部每年选取有代表性的证券期货经营机构作为固定联络点，深入一线与投资者进行联系，开展法制宣传教育，掌握投保政策实施效果，传递监管理念，听取投资者对监管工作的意见建议，回应投资者关切。通过组织召开监管座谈会等形式，邀请市场主体和投资者围绕监管工作建言献策。

三是拓展投保法宣领域，推动将投资者教育纳入国民教育体系。与市教育局、市金融办等单位共同推动由证券同业公会牵头编写的理财教育系列教材在上海市部分学校进行试点推广。此外，还编写以“互联网基金销售”、“证券公司柜台市场”为主题的宣传教育材料共6万份，通过辖区各行业协会无偿提供给证券、期货经营机构及投资者。

四是构建宣传合力，加大与辖区金融监管部门间的协作力度。全程参加上海市金融监管投资者保护专题工作会议，与市金融办、市公安局、一行两局等部门联合开展以“和谐金融、美好生活”为主题的上海3·15金融消费者（投资者）权益保护日宣传活动。

五是丰富活动形式，开展投资者适当性管理宣传教育月、内幕交易警示教育展等专题活动。在年初组织辖区所有从事经纪业务的12家证券公司及其300多家营业部开展了“投资者适当性管理宣传教育月”活动，共发放宣传材料约8.4万份，公司网站发布信息约2.2万条，发送短信约167万条，举办专题讲座912场，借助公众媒体宣传168次；联合上市公司协会开展“走进上市公司”系列活动，为投资者与上市公司搭建交流沟通平台，先后走进辖区5家上市公司，累计吸引上百名投资者直接参与；举办内幕交易警示教育展，观展人员近万人次，受到第一财经等媒体的高度关注和观展人员普遍好评；针对辖区部分证券市场投资者缺乏专业投资知识、风险防范意识不强、风险承受能力较弱等问题，组织辖区证券经营机构开展“我的投资我作主”主题活动，通过知识普及、风险揭示、适当性管理、知情权宣讲等方面的重点活动，掀起了新一轮法制宣传教育的新高潮。

六、强化诚信建设，为辖区市场规范发展打好基础

一是继续做好《证券期货市场诚信监督管理暂行办法》贯彻落实及“中国资本市场诚信信息数据库”启动运行对接工作。全年共录入行政许可、违法违规、正面信息、承诺等各类诚信信息922条。在监管工作中主动使用诚信数据库，自助查询2096人次、涉密查询共531批次，查询量均位列派出机构第一。“中国资本市场诚信信息数据库”启动运行后，系统梳理证监会诚信建设的相关要求，进一步明确处室分工，共同做好相关工作。同时在局外网发布相关公告，鼓励市场主体主动申请查询、积极申

报正面信息,真正形成市场各方共同参与、协力推动诚信建设的良好局面。

二是充分依托证监会诚信数据库,大力开展与其他政府部门、行业组织的信用信息共享与交换。2014 年上半年,上海市公共信用信息服务平台正式开通运营,该平台归集了市发改委、市商务委、市公安局、市环保局、市工商局、市质监局、市安监局、市食药监局等 67 家单位提供的登记类、资质类、监管类、执行类、违约类信用信息。上海局认真履行上海市社会诚信体系建设联席会议成员单位职责,定期向平台提供监管对象基本信息、行政许可、行政处罚等信用信息,全年共计 1160 条,同时要求相关处室在日常监管、稽查办案中根据工作需要积极申请查询、使用平台信息。

三是持续完善辖区"五位一体"信息公示平台,指导证券同业公会对金融产品销售信息备案平台进行改版优化,并在现场检查中检查机构对各平台的使用维护情况,切实推动平台发挥实效。同时,指导基金同业公会建立辖区基金业诚信管理平台,督促机构建立长效的诚信管理机制,强化从业人员职业道德意识和信用水平。

七、以构建监管合力为目标,完善司法协作,有序推动清理整顿

一是做好司法接待,开展对外交流。2014 年,共接待司法机关及其他国家机关来访来函 32 次,出具认定意见 10 份,借此与辖区司法机关建立了良好的沟通联系。同时,积极开展对外各项交流,与法院、检察院、司法局、法学会、律协等单位通过召开证券法律问题研讨会、建立打非协作机制、参加金融法治联席会议等形式,加强业务交流、健全协作机制,拓展我局对外影响;与市检察院签订《加强中国(上海)自由贸易试验区金融法治保障合作备忘录》;根据市检察院来函,协助其接待香港廉政公署总调查主任指挥课程班来我局进行考察调研,介绍内地及上海资本市场发展和监管情况。通过不断加大与司法机关的协作力度,充分发挥法制对辖区资本市场规范发展的引领作用,营造辖区市场良好的金融法治环境。

二是配合地方政府有关部门,严格按照 37 号文、38 号文要求,做好各类交易场所现场检查。与市金融办联合发函全市 38 家交易场所,要求各场所开展自查,针对部分交易场所可能存在的问题,函商市金融办核查相关情况。与市政府相关部门组成联合检查组,对 9 家交易场所开展现场检查,就上海环境能源交易所和上海大宗农产品电子商务有限公司存在的违法违规情况反馈市政府相关部门,督促交易场所切实整改、守法合规经营。此外,还积极为地方政府做好相关交易场所日常监管及市场发展问题提供专业支持,协助市商务委、市金融办处理关于地方交易场所的投诉信访问题,并参加有关大宗商品市场发展、金融资产交易平台建设相关会议,为本市相关交易平台的规范发展建言献策。

(上海证监局供稿)

江苏证监局 2014 年依法行政工作报告

2014 年,在中国证监会的正确领导下,在会内各部门的大力支持下,江苏证监局立足"两维护、一促进"的核心职责,以监管转型为主线,坚持"放松管制、加强监管"的总体思路,坚持法治思维和法治工作方法,全面提升依法行政工作水平,实现辖区资本市场的平稳健康发展。

一、积极履行稽查执法核心职责,全面促进市场健康发展

(一)严厉打击违法违规行为

江苏局积极履行稽查执法核心职责,不断加大对稽查执法工作的监管资源投入,创新稽查执法工作方式,实施"矩阵型"组织管理模式、"分步式"案件调查模式、"三级制"质量把关模式,并充分发挥查审分离机制的核心功能,在办案数量大幅提升的基础上不断提高办案质量和效率,稽查执法工作取得明显实效。2014年,共办理各类稽查案件60件,其中,立案调查11件,初步调查19件;办理非法证券活动案件9件;审理行政处罚案件10件,作出处罚决定4件;向公安机关移送涉嫌犯罪案件6起;执行各类罚没款项共计820余万元。

（二）优化稽查执法工作机制

一是建立统一的立案机制。江苏局成立跨处室的立案工作办公室,全面筛选案件线索,通过分析证据清晰度、研究比照立案标准、进行立案会商等程序,全面提高对违法违规线索的发现处置能力。二是实行标准化的调查机制,细化调查组相关职责规定,明确稽查案件调查的主要任务,规范案件调查的各项程序,有效提升案件调查工作有序性。三是实施精细化的审理机制,严格案件管理,理顺案件审理工作流程,健全调查与审理的沟通协调机制,有效解决查审分歧,建立社会关注重大案件快速回应机制,建立案件总结评点制度,提高案件审理的工作效能。

（三）增强监管执法全链条合力

一是建立日常监管部门与稽查部门联合办案机制。通过双向协作,抽调部分日常监管处室人员参与稽查案件查办。一方面有效补充了稽查力量,另一方面通过以干代训的方式使全体监管干部熟悉稽查执法的程序、证据标准和认定条件,有利于实现日常监管与稽查执法的有效衔接。二是实现稽查执法向监管前端有效延伸。对于日常监管或现场检查中发现的重要线索,稽查部门提前介入,成立联合工作组进行前期调查,以办理稽查案件的标准搜集固化证据。三是强化调查与审理部门沟通协调。在坚持查审分离机制的基础上加强调查审理部门之间的沟通,通过说明解释、集体会商、领导班子集体决策等方式有效解决查审分歧。

二、大力推进监管转型目标任务,顺应市场改革发展需要

（一）全面深入开展现场检查

以现场检查作为一线监管的主要手段,集中监管力量,统一安排部署,以问题为导向,加大对各类市场主体的检查力度。全年共实施现场检查261家次,其中上市公司年报现场检查31家次,并购重组、再融资专项核查35家次;证券公司现场检查17家次,期货公司现场检查13家次,证券期货分支机构51家次,其他机构3家次;拟上市公司辅导验收检查20家次;私募基金检查1家次;审计机构专项检查8家次;投诉举报现场调查70余家次;交易场所的现场检查12家次。2014年,共对辖区市场主体下发监管关注函件150余份;依法采取责令改正、出具警示函等行政监管措施14次,其中上市公司5次,证券期货经营机构8次,审计机构1次;将1家上市公司的信息披露违规问题通报国资控股股东,要求严格责任追究;向8家交易场所下发问题告知书,并向省政府办公厅、金融办通报;现场检查发现违法线索2条,移交稽查立案调查。

（二）防范化解公司退市风险

优化风险分类指标,合理配置监管资源,对32家次高风险以上的上市公司实行聚焦监管。组织开展退市风险排查,针对存在较大退市风险的4家公司,制定风险处置预案,建立风险跟踪和报告制度,持续督促公司做好退市风险信息披露;将退市风险通报地方政府,积极引导和推动上市公司通过并购重组化解退市风险。全力做好 * ST长油退市工作,妥善完成退市后续转板工作和30多件相关投诉事项处理。 * ST长油平稳退市,辖区未发生群体性事件。

（三）督促证券期货经营机构稳健经营

加强证券期货经营机构的非现场监管,组织审阅监管报表,重点关注证券公司客户交易结算资金安全和期货公司"两金"安全。督促证券、期货公司建立健全全面风险管理体系,完善资本补充机制,增强对创新业务的风险防控能力,辖区证券、期货公司各项风控指标均达到监管标准。通过下发合规报告编报指引、通报存在问题、组织培训交流等多种方式,引导证券期货经营机构提升合规管理水平。加强对沪港通业务的监管,组织业务培训,现场督导各证券公司的前期准备工作,保障了该业务的平稳运行。强化信息技术监管,妥善处理辖区证券期货经营机构6起信息系统安全事件,保障辖区市场安全稳定运行。

三、全面强化投资者保护价值取向,稳固资本市场发展根基

(一)建立完善投资者保护工作机制

一是制定《江苏证监局关于加强投资者保护工作实施意见》,明确深化投资者适当性管理、优化辖区投资回报机制、保障中小投资者的知情权和参与权、构建多元化投资者权益救济体系等具体工作内容,全方位指导江苏辖区投资者保护工作的深入开展。二是下发《江苏证监局关于建立征求投资者意见常态化机制的通知》,就建立辖区投资者信息数据库、构建投资者交流网络平台、与投资者进行座谈、设立投资者服务组织和开展投资者调查五个方面建立了常态化机制,明确了责任分工和工作要求,进一步加强与投资者的沟通交流,更好地为投资者服务。

(二)加大投保工作监督检查力度

加强对证券经营机构投资者保护情况的监督检查,对南京证券、国联证券、东吴证券等辖区证券公司开展了投资者保护专项检查,重点关注投资者适当性制度的落实和执行、落实国办《意见》方案、投资者教育工作部署、投诉处理机制的制定与落实等情况,督促证券公司健全投保工作机制,将中小投资者权益保护融入公司治理、业务经营的全过程。

(三)保障中小投资者收益权和决策权

一是督促上市公司按照《分红指引》规定修改公司章程,制订股东回报计划。辖区173家上市公司在2013年年报中公布现金分红方案,占辖区上市公司总数的74%,现金分红总额占净利润的30.51%,均与全国水平相当。56家上市公司连续5年以上进行现金分红,50家公司累计分红金额已超过IPO融资总额。二是积极引导辖区上市公司健全中小投资者投票机制,完善公司股东大会投票表决第三方见证制度和中小投资者单独记票机制,积极推进辖区8家上市公司采用视频方式召开股东大会,2家上市公司在股东大会审议非公开发行等重大议案时,中小投资者表决单独计票,有效维护中小投资者决策权。

(四)推动建立多元化纠纷解决机制

一是建立三位一体的投资者投诉处理机制。全年累计处理投资者来信来访189件,办结161件,办结率85%。累计处理"12386"热线事项135件,办结114件,办结率84%。二是落实证券纠纷调解工作制度。督促省证券业协会加快落实《江苏省证券业协会证券纠纷调解工作暂行办法》,在制度框架下规范开展辖区的行业调解工作。2014年,成功办理证券纠纷调解书面申请和电话申请40余项,取得了较好的效果。三是打造调解员队伍。一方面选拔扩充调解员数量。将原有的11名调解员扩充至64名人员,拓宽调解员的职业覆盖范围,以满足日益增长纠纷调解工作的需要。另一方面积极开展培训。举办证券纠纷调解员培训班,全面提高调解员的责任意识和专业能力。

(五)开展投资者宣传教育

一是开展"3·15"投资者保护宣传月活动。牵头组织辖区近80家证券期货经营机构及上市公司,集中开展"3·15投资者保护"广场宣传活动。同时,创新方式方法,组织辖区市场主体陆续开展投资者报告会、走进上市公司、股民学校、新媒体宣传和投资者教育进社区进校园等一系列投资者教育宣传活动。二是深入开展防范非法集资宣传活动。通过报纸、网络以及各证券期货经营机构的宣传平台,刊登典型案例,揭露非法集资活动的危害和手法,引导投资者自觉远离非法集资。三是编印《期货投资者手册》,联合协会制作和发放《证券投资者手册》、《2014年江苏省期货投资者手册》、投资者保护宣传折页、"国九条"宣传折页、《关于建立金融期货投资者适当性制度的规定》等各类投资者教育产品三万余册。四是以全国第十一届法制漫画动漫微电影作品评选为契机,要求辖区上市公司和证券期货公司积极制作、报送投资者教育产品,共征集漫画作品4幅,动画作品10部。

(六)加强投资者相关制度调研

一是开展投资者适当性管理调研。对辖区适当性制度实施情况进行调研,了解辖区证券期货经营机构适当性管理的真实情况,为完善投资者适当性制度建设和有效加强监管奠定基础。二是开展证券期货纠纷仲裁案件情况调研。全面了解江苏辖区自2004年以来证券期货纠纷仲裁案件基本情况及仲裁效果,深入分析证券期货纠纷仲裁制度和执行中存在的问题,并提出相应的工作建议。三是开展证券期

货市场投诉处理规章制度立法调研。对江苏辖区证券期货投诉处理的基本情况进行了全面梳理，并对市场主体承担投诉处理首要责任的监管定位提出看法和意见，为制定统一的证券期货市场投诉处理制度提供依据。

四、充分发挥法制服务保障功能，巩固夯实监管法制基础

（一）注重防范化解法律风险

一是充分发挥法律审核把关作用。加强对全局的监管制度、行政监管措施、立案调查、信访受理、信访答复、依申请信息公开、风险处置等重大监管工作事项的法律审核，出具合法性审查会签意见。全年，江苏局法制处共审核法律疑难问题106件，参与法律疑难集体会商30余次，有效发挥了法制工作服务、支持、保障监管工作的作用。二是做好行政应诉工作。针对周小军等3人诉江苏局履行监管职责行政诉讼一案，我局高度重视，组织应诉小组仔细研讨案情，推敲证据，商定应诉方案，积极做好应诉工作，最终两审均获胜诉。三是制定《江苏证监局文件会签法律审查工作规程（试行）》和《江苏证监局法律小组工作规程（试行）》，进一步规范了法律小组运作和法律会签工作流程，健全我局法律风险防范机制。

（二）注重强化诚信监管功能

一是修订《诚信档案管理工作规程》。进一步明确报送诚信信息的范围，简化诚信信息记入程序，规范诚信工作程序，提高诚信档案使用效率。二是积极推进与江苏省内其他信用管理单位之间的信息共享。积极与江苏省社会信用体系建设领导小组办公室沟通联系，研究诚信数据对接和交换的方式方法，加快推进部门间信用数据共享。三是做好诚信信息记入、查询等日常工作。2014年，批量录入上市公司承诺信息千余条，记入违法违规信息23条，对外受理诚信信息查询申请3起，对内办理涉密诚信信息查询166批次，涉及机构、自然人主体近4000个，涉密查询数量较去年仍明显增长。

（三）注重做好法制研究工作

一是积极配合开展《证券法》修订工作。先后三次对《证券法》不同阶段的修改稿进行研究，提出进一步完善的修改建议。二是办理《期货法》、《行政诉讼法》、《上市公司监督管理条例》、《律师和律师事务所违法行为处罚办法》、《行政处罚听证规则》等各类法律法规征求意见四十余件。三是开展辖区行政许可实施情况评价工作。对我局所实施的行政许可的相关情况及存在的必要性进行全面评价。评价工作按照制订方案、梳理分析、问卷调查、召开座谈会、文献及案例研究和撰写评价报告六个阶段逐项推进。四是开展法律责任、执法措施等有关问题的研究，对如何综合运用各类法律责任、执法措施和加大执法力度等问题提出相应建议。

（江苏证监局供稿）

浙江证监局2014年依法行政工作总结

2014年，浙江证监局在中国证监会的正确领导下，在会机关各部门的大力支持和帮助下，结合资本市场形势变化和证监会重点工作安排，充分考虑辖区资本市场实际，围绕监管转型、依法治市，进一步更新监管理念，推进依法监管，突出监管重点，优化监管方式，认真完成各项监管任务，不断提升监管实效，有效促进了辖区资本市场健康发展。

一、改进监管模式，进一步提升依法治市水平

2014年，我局“坚持法无授权不可为、法定职责必须为”的原则，强化法治理念，加强监管信息公开，不断提高监管透明度，改进事中、事后监管模式，加强现场检查力度，强化信息技术运用，丰富稽查办案手段。同时，根据监管工作重心的转移，逐步调整内部分工，更加注重风险研判处置，防控重大风险事件。

(一)切实改进拟上市公司辅导监管模式

一是探索辅导工作监管转型,大幅简化辅导监管程序。对辅导监管报备事项进行清理,仅保留辅导备案等4项报备事项,取消了3个月辅导期的限定。二是努力提高辅导工作透明度。在我局外网按月公示拟上市企业辅导工作进展情况以及报会企业基本信息,并要求辅导机构在我局外网详细披露辅导工作进程、存在问题及解决情况,接受社会公众监督。三是实施辅导监管"负面清单"机制。将独立性缺失、关联交易、同业竞争、违规担保、资金占用和财务虚假六大重点关注事项列入"负面清单"。对于触碰"负面清单"事项的企业,列为现场检查重点对象,提升了现场检查的针对性。四是做好服务工作。针对拟上市企业涉诉情况查询难问题,我局与杭州市中级人民法院建立了杭州市拟上市公司涉诉情况协助查询机制,为拟上市企业保荐辅导工作提供了便利;针对企业上市环保核查耗时较长的问题,我局推动省环保厅出台了环保核查新规定,优化流程环节、减轻企业负担。

(二)切实改进上市公司监管模式

一是确立以问题为导向的现场检查模式。发挥非现场监管的线索发现作用,以问题为导向,突出检查重点,固化检查证据,确保结论依据充分。二是深化上市公司监管简政放权。集中梳理上市公司监管规范性文件和备案事项,废止25项规范性文件、3项备案事项要求,加快推进事前向事中事后监管转型,提高上市公司监管效率。三是探索上市公司分行业监管模式。以上市公司行业分类为基础调整设置监管员并形成行业监管小组,对辖区集中度较高的医药化工、房地产等建立行业比较指标体系,加强行业研究分析及异常问题的早期预警,引导各行业上市公司实施差异化信息披露。四是编制新上市公司"普法数字诀"。在辖区新上市公司专项走访活动中,我局将上市公司监管法律法规转化成"普法数字诀":绷紧"一根弦",即绷紧信息披露的一根弦;学会"两手抓",即一手抓业务提升、一手抓资本运作;养成"三种意识",即养成规范运作意识、诚信履职意识和投资者保护意识;增强"四种能力",即增强风险防范能力、应急处突能力、媒体关系处理能力和投资者关系管理能力;严防触碰"五条红线",即严防内幕交易、资金占用、违规提供担保、违规买卖股票和虚假信息披露,为新上市公司"依法、守法、合规"奠定认识基础。

(三)切实改进证券期货经营机构监管模式

一是清理规范许可报备事项。围绕监管转型,全面清理整合政策文件,开展行政许可评价,废止21项监管政策和23项备案验收要求,激发市场主体创新活力。二是依法支持证券期货经营机构申请业务牌照。支持浙商证券资产管理公司取得公募基金管理牌照、财通证券设立资产管理子公司;支持证券期货公司取得互联网证券、场外期权、OTC、期货资产管理、私募基金托管等创新业务资格,开展私募基金托管、量化交易、场外期权等创新业务。三是推动证券期货经营机构合规运行。督促证券期货经营机构建立全面风险管理体系、流动性风险应对机制、特定客户资产管理业务风险管理体系,完善内控制度建设,支持首席风险官、内部稽核部门履职;改变原先全面普查式的现场检查,发挥非现场检查在风险发现、风险预判方面的作用,有重点、有计划的启动现场检查,提高现场检查的针对性和有效性。我局全年共开展证券期货经营机构现场检查153家次,采取行政监管措施3单;督促证券经营机构按照市场化、法治化原则化解风险。

(四)探索私募基金监管模式,积极引导私募基金规范发展

一是深入开展摸底调研。深入调研杭州玉皇山南对冲基金小镇、嘉兴南湖基金小镇、杭州市创业投资服务中心等私募机构集聚区,走访30多家私募基金管理人,全面掌握辖区私募基金基本情况。二是探索私募基金监管模式。以行业自律为基础,以非法集资、影子银行风险排查为重点,按照"底线监管、适度监管、自律监管"原则,督促私募基金到基金业协会登记备案,建立风险管控机制,逐步纳入规范轨道。此外,我局还与各级政府、发改委、工商局、金融办等部门保持密切沟通,力争为私募基金发展创造更加良好的外部环境。截至12月底,辖区已完成登记的私募基金管理人200家,管理私募产品416只,管理规模441.3亿元。

(五)创新中介服务机构监管模式

深入探索"大所监管"模式,建立重大风险、重大事项及时报告机制,发挥会计师事务所

在上市公司财务信息治理的把关作用；深化与会计师事务所、资产评估机构、律师事务所、辅导保荐机构等中介机构的日常沟通机制，加强对中介机构专项检查和延伸检查，督促其提升执业质量。全年完成中介机构专项检查 5 次、延伸检查 3 次。此外，我局还在相关中介机构的支持下，严肃查处了宏磊股份大股东占用资金等重大案件。

二、加强稽查执法，加大处罚力度，严厉打击违法违规

（一）严肃查处重点典型案件

加强内外部协同配合，严厉打击和查处内幕交易、虚假信息披露等重点典型案件，坚决做到"发现一起、查处一起、制止一起"，集中力量、快速反应，切实提高案件调查质效。全年共开展立案案件调查 5 起，办结 4 起；开展初步调查案件 15 起，办结 9 起，包括基金经理"老鼠仓"、内幕交易、信息披露违法违规等案件。

（二）优化查审分离体制，加大处罚力度

一是完善查审工作机制。结合《关于进一步加强稽查执法工作的意见》要求，在坚持查审分离的前提下，加强稽查部门与案件审理部门的衔接配合。二是圆满完成第一单处罚。完成李某涉嫌内幕交易案的处罚工作，并及时公开行政处罚信息。

（三）从严打击非法证券活动

一是重点整治网络非法证券活动。加强与省金融办、公安厅的配合，曝光 11 家不具备证券经营业务资质的机构及 9 个非法网站，要求淘宝公司对我局通报的 3 批次 90 家违法网店进行了清理关闭。二是积极开展非法期货活动认定。完善非法期货认定程序，支持、配合地方政府打击非法期货工作，共处理非法期货认定事项 12 起。

三、依法推动多层次资本市场建设，营造依法监管良好市场环境

（一）支持地方金融改革向纵深领域推进

通过走访调研、参与论证、协调推进等方式，对接温州金改、丽水农村金改等金融改革战略，参与长三角金融后台基地、嘉兴南湖基金小镇等金融集聚区和区域性财富管理市场建设，参与推进地方市政债、资产证券化试点。

（二）推动地方交易场所清理整顿

牵头并会同省金融办等部门成立联合检查组，组织辖区 68 家交易场所进行全面自查，对 12 家交易场所开展现场检查，及时向交易场所和当地政府反馈存在的问题，并推动省金融办下发专项通知督促整改落实。目前，大多数交易场所已进入整改或基本整改完毕。

（三）深入开展新三板宣传推动工作

深入辖区各市县开展新三板市场的宣传培训工作，基本做到地市级、重点县区全覆盖，参会企业累计达到2000 余家，参会人员超过3000人；积极协调各地政府有关部门出台扶持政策，鼓励企业到新三板挂牌。目前，杭州、温州、金华、舟山等多个地市扶持政策已经相继出台；引导辖区证券公司及证券分支机构成立专门部门或工作小组，集中力量推进新三板业务，并将证券从业人员作为新三板培训的重点，会同浙江证券业协会举办了四期培训班，培训证券从业人员超过 600 人。

（四）依法推动区域性股权市场发展

加强对区域性股权市场的业务指导，鼓励挂牌企业按照新三板、主板、创业板等要求进行信息披露，鼓励私募创投基金进入区域性市场，鼓励金融机构研究适合区域性市场的股权产品，增强区域性市场的流动性。

四、建设信访、举报、投诉处理新机制，依法稳妥处理投资者诉求

（一）逐步完善投资者诉求处理工作机制

一是明确了"一个窗口对外，多渠道办理"的工作机制。对外由一个窗口接收接待，对内分信访、举报、投诉三个渠道按相应流程办理。制定了我局《举报工作实施细则》，并对《信访工作实施细则（试行）》、《12386 热线转办细则》进行了全面修订。全年共接收信访、举报等 1248 件，均依法妥善处理。二是切实做好"12386"热线转办工作。全年接收热线转办单 187 件，涉及上市公司、证券公司、期货公司、基金公司、投资咨询公司等各类主体。在我局督促下，相关市场经营主体都高度重视，均在规定时间内完成了投诉事项的处理。

（二）积极探索多元化投资者纠纷解决机制

我局指导辖区证券、期货行业协会建立纠

纷调解机构,协调证券期货经营机构与投资者解决纠纷矛盾。同时,将"12386"热线中涉及投资者与市场主体经济利益纠纷的事项,转交给调解机构同步进行调解,双管齐下,确保快速解决纠纷问题。

(三)实行"三个到位",处置重大事件

在工作中,坚持"诉求合理的要解决到位,不属我局职责的要引导到位,无理诉求的要教育疏导到位"。在做好日常工作的同时,积极有效应对处置重大事件。协调地方政府,妥善处置了沈某长达近10年的缠访事件;积极应对卢某扬言实施极端行为的事件;妥善应对化解范某威胁自杀事件;在局领导的亲自指挥下,平稳处置了花园高科的群访事件。

五、重视普法宣传,加强投资者教育

(一)积极开展辖区市场主体普法培训

一是组织培训、座谈,提升辖区市场主体法律意识。召开辖区首次基金销售机构座谈会,提出以适当性管理为抓手,提升销售业务规范化水平和投资者保护能力;举办辖区新设证券经营机构负责人培训班,督促新设证券经营机构提高规范运作水平和创新发展能力;举办辖区拟上市企业培训会,传达证监会新股发行体制改革精神,讲解企业上市过程涉及的法律问题;召开拟上市企业见面会,强调财务规范、信息披露的法律法规等要求,进一步提升公司董事长、董秘、财务总监等高管人员的规范意识。

二是联合辖区相关协会开展普法培训,进一步提升辖区市场主体规范运作水平。在全国率先开展新企业会计准则培训,近220名财务总监、财务经理等参加培训学习;召开了2014年度浙江上市公司董秘例会,共有190余家上市公司的董秘参加;举办了四期场外市场业务专题讲座,辖区620名证券公司、分公司及证券营业部从事场外市场业务相关人员参加。

(二)创新宣传形式,让证券期货法律知识走进投资者

一是联合辖区相关协会改变单纯说教方式,通过轻松幽默的方式宣传证券期货法律知识。将我局投资者案例、中金所股指期货、国债期货相关材料改编成轻松、幽默的人物情景对话,在FM996"乐乐说新闻"栏目中共计播出120期,取得了较好的舆论宣传效果。此外,改编《期货入市手册》,将部分经典案例以卡通漫画的形式展现出来,寓教于乐,完成《老王该做期货么?》等4期系列漫画,并刊登至《期货·浙江》向市场推广。

二是积极走访证券期货经营机构,与投资者座谈,继续开展投资者联络站试点工作。多次组织召开了辖区证券、期货投资者座谈会,赴缙云、海宁等地调研座谈,与投资者代表面对面交流,听取投资者意见,解答投资者对政策法规的疑问。投资者联络站试点经过一年的运行,收集了大量机构、私募、散户等各类型投资者的意见和建议,在监管部门和投资者之间搭建了一座沟通的桥梁。

三是开展大型普法宣传活动。在杭州大厦D座、城站火车站出口、中都百货、吴山广场等处户外电子广告屏上投放《国务院办公厅关于进一步加强资本市场中小投资者合法权益保护工作的意见》(国办发〔2013〕号)相关宣传材料;会同辖区行业协会,组织6家证券公司、11家期货公司参加,开展了以"保护投资者权益,促进资本市场法治建设"为主题的国家宪法日暨全国法制宣传日广场宣传活动。

(浙江证监局供稿)

山东证监局2014年依法行政工作报告

2014年,山东证监局(以下简称山东局)在中国证监会党委的正确领导下,在会机关各部门的大力支持下,认真贯彻落实全国证券期货监管工作会议精神,进一步强化法治理念,落实监管转型,提高依法行政水平,为辖区市场的健康稳定发展提供有力保障。现将相关情况报告

如下：

一、建言献策，积极参与资本市场法制建设

一是积极参与《证券法》修改工作。通过广泛征求全局意见，立足派出机构工作实际，从资本市场发展变化的内在法律需求和监管执法的实际需要出发，就《证券法修改草案建议稿》、《证券法修订草案（征求意见稿）》、《证券法修订草案》先后提出意见和建议。

二是积极参与《期货法》立法工作。在以往《期货法》的立法调研的基础上，结合派出机构期货监管实践，就《期货法（草案第二稿）》向期货法工作小组提出了关于交易者开立专门账户、程序化交易、协会职责等方面的意见和建议。

三是认真做好《上市公司财务信息现场检查指引》起草工作。受上市部委托，山东局认真讨论，集思广益，起草了《上市公司财务信息现场检查指引》，基本涵盖上市公司财务信息主要风险点，得到了有关方面的好评。

四是认真对待证监会布置的其他各项立法修法征求意见事项。对《中华人民共和国行政诉讼法修正案（草案）》、《派出机构监管工作职责》、《粮食法（送审稿）》、《非上市公众公司监管规定（征求意见稿）》等法律、法规、规章和规范性文件等立法或者修法事项，都认真提出了意见和建议。

二、加强制度建设，为依法行政提供制度保障

一是健全完善工作制度。山东局始终高度重视制度的建立健全工作，将制度建设作为推进依法行政的重要抓手。根据证监会新规定、新要求，年内制定和修订了包括《山东辖区证券机构行政许可及备案事项办事指南》、《山东辖区证券机构行政许可审核工作指引》、《山东辖区基金销售业务资格行政许可事项办事指南》、《山东证监局证券期货案件立案工作规定（试行）》、《山东证监局案件结案工作规程（试行）》和《山东辖区会计师事务所与资产评估机构证券期货相关业务监管档案管理工作规程》等在内的9项工作制度，对原有制度体系进行了及时更新和完善，进一步细化了监管工作要求，从而更好地规范监管行为。

二是做好法律汇编工作。其一，搜集整理审计评估方面的相关规定，按照证券、税务、内部控制、资产评估等类别对267项规定进行分类梳理，编制形成会计监管法规汇编，其中资产评估业务监管法规汇编已印发。其二，结合最新的法规政策，对机构监管岗位手册相应内容进行了调整，并对私募基金监管法律法规进行梳理新增私募基金监管职责，做到岗位手册及时更新，真正起到岗位手册对工作的指导作用，依法监管。

三是落实制度清理工作。根据证监会清理备案等事项的工作部署，山东局全面梳理关于企业上市辅导监管的相关做法，改进或清理辅导监管的相关程序，为辖区企业上市和中介机构执业创造良好的环境。取消辅导备案材料受理环节，保荐机构与企业签订辅导协议后5个工作日内将相关材料报送山东局即可，不再要求保荐机构报送辅导备案申请报告；简化辅导评估流程，不再要求保荐机构报送辅导评估书面申请；取消对发行人董监高等相关人员的辅导考试，同时采取措施督促保荐机构做实辅导培训和考试工作。

三、严格依法行政，务实推进监管工作

（一）坚持公开便民，依法做好行政许可审核和备案管理工作

一是严格遵守行政许可各项工作制度。2014年山东局严格执行复核制度、回避制度、保密制度、处务会集体讨论决策制度、报告制度等十几项制度，审核工作的制度化和规范化水平不断提高。

二是强化信息公示工作。行政许可过程和结果公开是政务公开的重要内容，对于保障行政相对人、利害关系人和公众的知情权，加强对行政机关的监督具有重要意义。山东局每周将受理和审核进程以及决定文件在网站公示，实行事前、事中、事后全程公开。

三是认真做好备案管理工作。及时解答期货经营机构的咨询，对备案、报告材料进行审慎审查，发挥备案监管的作用。对于期货营业部变更营业场所、开业备案中的消防问题等予以重点关注，提醒机构关注可能忽视的监管要求，防止出现监管不到位的情况。严格做好证券营业部IB业务开业备案材料的审查。

四是注重总结评估行政许可实施情况。山东局于2014年召开期货类行政许可实施情况评估工作座谈会,对2011年以来期货类行政许可工作情况进行总结评估,听取辖区期货经营机构对证监会拟保留行政许可项目的意见建议,撰写期货类行政许可实施情况评价报告,对证监会下一步行政许可工作提出建议。

2014年,山东局共接收行政许可事项121项,出具并送达受理通知书119件、一次反馈通知书1件、终止审查决定通知书6件,送达行政许可决定119件。

(二)突出风险导向,强化上市公司监管效果

一是依法实施现场检查,稳妥细致做好风险的摸排和处置。从揭示风险出发,创新检查手段,加大现场检查力度,严格执法,做到"发现一例、处罚一例、警示一批",增强了监管威慑力。同时,结合个案事项,有效督促审计机构履行恰当程序,并较好构建了联动监管机制,审慎应对公司年报信息披露重大风险。

二是周密部署,全方位做好年报监管相关工作。坚持年报现场监管与年报审阅"两手抓",提前布局年报监管工作,包括制定年报现场检查计划;整理审计机构需关注问题;召集辖区执业集中、风险较高的4家审计机构进行年报审计机构监管座谈会,并下发年报审计监管备忘录;针对重点公司,提请审计机构关注审计风险。

(三)多方式指导拟上市公司,提高辅导监管工作质量

一是在山东局网站公开披露辅导企业相关信息,提高辅导监管的透明度。根据新股发行体制改革意见的要求,结合辖区实际,下发《关于披露辅导工作有关信息的通知》,明确了山东局对保荐机构披露辅导工作有关信息的要求;并在山东局网站设立专门板块全过程披露企业辅导相关信息,全年累计披露10家公司接受辅导的公告,16家公司终止辅导的公告,6家公司的辅导工作总结报告,自5月起每月披露拟上市公司辅导进展情况。

二是督促中介机构归位尽责,提高拟上市公司辅导质量。山东局对中介机构的监管除督促中介机构指导公司健全并有效实施内控制度、及时整改不规范问题外,以防范财务造假上市为核心,重点加强了中介机构对公司经营业绩真实性核查情况的监管力度。全年督促8家公司的保荐机构完善、修订辅导计划及实施方案;向2家保荐机构下发监管关注函;审阅保荐机构报送的辅导工作报告140余份;检查了10家保荐机构对11家公司的辅导情况,向5家保荐机构出具反馈意见函;向发行监管部门出具辅导监管工作报告6份;对8家审计机构在11个项目上的执业情况进行检查,单独向审计机构下发3份书面反馈意见函,书面要求5家保荐机构对审计机构的审计报告进行审慎核查;对9家律师事务所11个项目的执业情况进行现场检查,对核查不充分等问题督促其整改;书面要求4家保荐机构对律师事务所的法律意见书进行审慎核查。

(四)加大检查力度,全程监管,督促辖区证券机构合规发展

一是强化现场检查,将现场检查打造成监管的一把利器,提高监管权威性。山东局依照"宽进严管"、"以检查驱动监管"等理念,加大了现场检查的力度,通过检查督促辖区证券机构提高合规运作水平。2014年,对一家证券公司全面风险管理和流动性风险管理、信息系统、柜台业务、基金销售业务、金融衍生品业务、沪港通业务等进行6次专项检查;对辖区44家证券公司分支机构进行了例行检查;对3家基金销售法人机构进行了现场检查。

二是全程监管,促进辖区证券机构合规发展。其一,坚持全面法人监管制度,注重从总部入手促进辖区证券机构提高合规运作水平。其二,及时分析预判合规风险来源,督促辖区证券机构做好排查工作。山东局及时总结了近年来现场检查、日常监管、信访调查等工作经验,向监管对象下发了《关于做好山东辖区2014年证券期货相关工作的通知》等通知,向其提示风险,警示问题,要求其进一步加强合规和风险管理,提升规范运作和内控水平。其三,通过非现场检查、现场检查以及定期调度情况等措施,对证券机构各项业务开展情况进行事中监督。发现存在问题的,及时采取约见谈话、通报公司总部、下发监管文件等措施,督促相关机构及时整改。

(五)实行以功能型监管为主、条块结合的网格化监管,提高期货监管威慑力

今年,山东局采取检查、调研、专项核查等

多种方式，在期货经营机构监管中试行“五必去、五必做”制度，在开业、负责人更换、迁址、信访、权益变化较大五种情况下必去现场，政策宣讲、与负责人谈话、投资者开户与适当性管理、交易合规、投资者服务五项工作必做工作。以岗位责任制和片区责任制相结合，实现功能性监管为主、条块结合的网格化监管，弥补了以往单纯功能性监管的漏洞，实现了现场检查与非现场检查的有机结合。2014 年，现场监管营业部数量较去年增长 52.9%，现场检查或调研辖区期货经营机构 45 余家次，出具监管关注函 2 份，约见首席风险官等高管谈话 2 次。从检查反馈的后续情况来看，有 2 家营业部更换了营业部负责人，有 2 家公司在检查结束后对营业部进行了内部合规稽核，有 1 家营业部对营业部负责人进行了处分。

（六）推进区域性市场建设，提升服务实体经济能力

一是牵头做好各类交易场所现场检查工作。7 月至 9 月，根据清整办部署和局统一安排，山东局精心组织，积极协调，牵头完成了辖区 24 家交易场所自查工作与 8 家场所现场检查工作，按时完成了检查任务，并向清整联办及省政府办公厅报送现场检查报告。

二是大力支持区域性股权市场发展。对暂不具备上市条件的企业，重点引导其结合自身实际情况选择到齐鲁股权交易中心挂牌发展；多次赴齐鲁股权交易中心进行实地调研，及时掌握中心发展状况，撰写《关于支持齐鲁股权交易中心更好发展的报告》，积极为中心的健康发展出谋划策；及时向证监会建言献策，呼吁尽快放宽对区域性股权市场发展的各种限制，研究出台推动其快速发展的各项优惠政策等。

四、加大执法力度，严厉打击违法违规行为

（一）坚持贯彻“铁案”原则，认真做好案件调查工作

山东局积极探索加强稽查执法的有效方式，坚定不移地贯彻“铁案”原则，确保证据收集、事实认定、行为定性等各项行政执法活动均符合法律法规规定，力争做到立案准、办案实、证据真、量裁当，以加强执法的实际行动，积极推进监管转型各项工作。同时，在具体办案过程中，选择恰当时机，区分违法违规行为各种性质类型，在进场调查、调取资料、约见谈话等多种场合，有针对性的向被调查对象宣讲证券期货法律法规及法律责任，进一步加深涉案人员对于证券期货法律法规的认识程度。今年，山东局共承办正式立案案件 4 起，初步调查案件 8 起，协查案件 10 起。通过从严执法，不断加大资本市场违法违规成本，提升了监管权威，增强稽查这把监管利剑的威慑力。

（二）立足严格高效，稳步推进行政处罚工作

2014 年，山东局进入行政处罚审理程序的案件 3 件，涉及内幕交易、信息披露违法等。已审结案件 2 件，其中，1 件不予处罚结案，1 件处罚结案；正在审理案件 1 件。在案件审理过程中，充分发挥审理提前介入的制度优势，加强审理部门与调查部门之间的沟通，妥善解决分歧，提高案件办理效率。同时，充分利用合议机制，坚持“以事实为依据、以法律为准绳”，严谨查明事实，审慎适用法律，确保案件办理的质量。

（三）加强执法合作，严厉打击非法证券期货活动

一是做好司法机关来函来访接待工作。2014 年度，受理司法机关来函、来访事项共 8 件，出具资质认定意见 3 份，非法期货活动认定意见 1 份。在非法期货交易活动性质认定过程中，山东局与公安机关相关人员组织召开了两次沟通协调会，就如何迅速获取有效的证据材料向其提供专业意见。同时，依据证监会要求从是否具备非法期货交易的目的要件和形式要件两个角度分别对某农产品电子市场开展的交易活动性质进行逐项审查，审慎、及时出具了认定意见，得到了公安机关的高度评价。通过此次案件的协作，山东局还与山东省公安厅在非法期货交易活动性质认定工作的协作发起主体、来函内容格式、认定证据标准、沟通协作方式、联合工作组组建等多方面达成共识，初步建立起了非法期货交易活动认定的工作机制，确定了认定意见的标准化形式，为今后相关认定工作的高效开展奠定了坚实的基础。

二是与山东省公安厅合作开展一系列交流、培训活动。今年 4 月，山东局与山东省公安厅联合举办了山东证券期货案件行政刑事执法培训班，山东、天津、四川、湖北证监局，稽查总

队,上海、深圳专员办部分一线稽查办案人员及山东省各地市部分公安经侦人员参加了培训。6 月,山东局协调辖区证券期货营业部,安排公安经侦人员到营业部进行了证券期货知识的专业培训。7 月,与省公安厅经侦总队部分人员共同观看了证监会稽查执法工作视频讲座,讲座涉及刑事侦查与行政调查部门的配合、询问技巧等方面。通过增加与公安机关的交流,为合力打击非法证券期货活动提供了有力保障。

五、紧扣监管执法工作,加强法律监督与法律服务

(一)做好法制宣传和培训,提高依法行政意识

一是举办“最新监管动态”系列培训 12 次。通过全局内部培训的形式,对资产证券化业务、案件调查询问工作、关于执法人员的法律意识以及 ETF 期权等内容进行讲解,宣讲最新法律动态,交流执法经验,探讨执法难题,提高全局干部的法律素养和运用法律的能力。

二是编发《法制信息》11 期。把《法制信息》作为局内法律宣传和信息交流的平台,发挥贴近监管实际、及时解读法规、介绍法制动态、剖析监管案例的作用。一方面,结合证监会最新出台的监管法规,从出台的背景和主要内容进行解读,便于大家了解和掌握相关规定;另一方面,围绕资本市场的热点问题,选择对证券期货市场影响较大的典型案件进行分析,提高大家学法用法的能力。

三是继续加强“法制园地”建设。结合监管工作和局内干部需求,购置多批法律和经济专业书籍,供大家学习交流。

(二)完善法律监督体系,提高法律保障能力

一是全面做好法律审查工作。充分发挥法制处室审核把关作用,全面对日常监管处室规范性文件的制定、采取监管措施、重要信访事项和信息公开事项等进行法律审查和会签,以合法规范为要求,提高执法的规范性,防范法律风险。2014 年,内部共审查会签各类文件 41 件,出具无异议会签意见 27 份,法律意见书 14 份,有效防范了法律风险。

二是定期分析监管执法中存在的问题。按季度对审查会签过程中遇到的问题进行系统梳理分析,就具有普遍性的常见问题进行了归纳,并提出有针对性的意见和建议,供局内各处室在日常工作中参考,收到了良好的效果。

三是组织开展信访事项专项监督工作。信访事项一直是比较棘手的工作,也占用了大量监管资源;同时,由信访引发的信息公开、行政诉讼复议事项增长趋势明显。为此山东局调取了 2013 年信访档案,通过全面查阅和重点抽取的方式,查找信访工作中存在的问题并进行专门研究,召开信访工作座谈会,提出改进意见。

四是积极开展法律专业小组工作。发挥法律小组集体智慧的作用,为全局监管执法工作提供咨询性意见和建议。全年共组织召开法律专业小组会议 2 次,就内幕交易案件中的疑难法律问题进行讨论,会后形成书面法律意见,解答了监管执法中出现的法律问题。

(三)加强诚信档案机制建设,促使诚信约束有效实施

一是及时采集录入诚信信息,夯实诚信建设基础。持续做好诚信信息的采集录入工作,截至 2014 年 12 月 31 日,山东局在证券期货市场诚信档案数据库中共录入违法违规信息 329 条,记入行政许可类诚信信息 415 条。其中 2014 年共录入违法违规信息 19 条,行政许可类诚信信息 119 条。

二是强化诚信信息查询意识,保障诚信约束落到实处。在日常监管工作中强调监管执法环节必须查询诚信信息,强调行政许可审核必须查询涉密管理信息。通过上述措施,监管执法及时查询诚信档案、执法结果及时录入诚信档案已成为监管干部自觉行为,诚信档案建设工作得以较快推进。

三是加强诚信建设宣传,营造辖区诚实守信氛围。其一,将诚信教育与普法宣传紧密结合起来,明确将诚信建设列入普法宣传活动的主题,面向社会公众介绍资本市场诚信建设情况及举措,广泛开展诚信宣传教育。其二,要求相关处室在山东辖区市场主体培训会议增加诚信建设工作内容,将诚信教育纳入上市公司、证券期货经营机构高管人员培训的内容,及时向相关培训对象介绍诚信建设情况,讲解与诚信建设相关的法律知识等,提高了市场主体诚实守信意识。

六、积极应对行政诉讼和行政复议，有效化解风险

（一）切实做好行政诉讼应诉工作

2014年2月，董某向法院提起行政诉讼，要求法院判决山东局公开对某期货公司济南营业部的违规行为的具体惩罚措施。接到应诉通知书后，由法制处和期货处抽调人员共同组成应诉小组，研究确定答辩意见，按时向法院提交答辩状及证据资料；分析庭审中原告可能提出的各种问题，并形成完整的应对材料。局领导亲自出庭应诉，整个庭审过程较为顺利，最终原告向法院申请撤回了诉讼。

（二）认真做好行政复议答复工作

孟某某不服山东局作出的《某举报事项回复函》，向证监会提出行政复议申请。对此，山东局认真应对，相关处室密切配合，梳理案情，迅速准备材料，从依法履职的角度出发，有针对性的提交答复意见，并将举报的相关背景材料一并向法律部报送，便于法律部全面了解案件情况。证监会作出维持山东局作出的《某举报事项回复函》的行政复议决定。

七、重视普法宣传，加强投资者保护

（一）积极开展对辖区市场主体普法培训

通过各类培训，不断增强市场主体的依法经营运作和保护投资者合法权益的意识。一是以透明度建设和规范运作为重点，辖区共组织上市公司各类培训8期，参训人员包括董监高在内1200余人次，编印并下发各类培训教材及资料1000余册。二是通过分片区在烟台、聊城、莱芜、临沂4地召开“山东辖区部分证券经营机构监管工作暨培训会议”，明确辖区证券经营机构要做到创新发展与风控合规动态均衡，守住合规底线。三是组织召开山东企业上市工作会议，对新股发行体制改革的相关政策及审核思路向全省17地市金融办相关负责人和180余家拟上市企业的董事长、董秘进行讲解。四是组织会计准则培训班，向各市场主体400余人对2014年新颁布修订的8项会计准则进行系统讲解培训。五是将“小教室”与“大课堂”相结合，为辖区新设8家期货营业部的70余名期货从业人员进行合规培训；利用金融期货流动学堂为445名期货从业人员讲解合规政策。

（二）营造保护投资者合法权益的良好氛围

一是山东辖区第二届“内幕交易警示教育展”在济南、潍坊、临沂等地开展。本届展览全面介绍了内幕交易的相关法规和知识，重点剖析了24起典型案例，在辖区发挥了很好的警示教育作用，有利于更好地构建内幕交易综合防控体系。二是针对多起居间人代理客户从事期货交易引发信访投诉较多的情况，今年山东局继续印制若干《“明明白白居间人”期货投资者主题教育手册》，通过期货经营机构下发投资者，内容包括居间法律知识篇、居间人身份篇、风险提示篇、信息查询提示篇、案例篇，提高投资者对居间人及相关监管法律法规的了解程度，以更好地保护投资者的合法权益。

（三）探索建立证券期货纠纷协商解决机制

8月，山东局与深交所联合举办证券期货调解仲裁座谈会，邀请了深圳国际仲裁院、深圳证券期货纠纷调解中心、山东省金融办、济南仲裁委、行业协会、上市公司、证券期货经营机构代表等40余人参加。会上对中国资本市场纠纷解决模式、深圳证券纠纷调解典型案例、山东证券期货调解仲裁情况等内容进行了研讨，各方为建立和完善调解仲裁机制提出了很好的意见和建议。9月，赴深圳与深圳证券期货业纠纷调解中心洽谈合作事宜，达成合作意向，目前正在筹备签署合作备忘录。积极探索完善符合山东实际的证券期货纠纷解决机制，努力为市场主体尤其是中小投资者提供低成本、高效率、多元化的纠纷解决平台。

（四）依法做好举报事项和“12386”热线投诉事项处理工作

一是做好举报事项处理工作。《证券期货违法违规行为举报工作暂行规定》实施后，依法做好举报事项处理工作。向各处室下发通知，进一步加强举报信息保密管理；及时登录举报中心网站接收举报材料，登记举报事项办理情况。今年，山东局接收举报中心转来举报事项14件，自行接收举报事项9件，已答复13件。

二是做好“12386”热线投诉事项处理工作。及时登录“12386”热线业务平台，接收投

诉事项,登记各投诉事项进展情况。两次参加证监会投保局召集的投资者诉求协商会,就山东局 12386 热线工作开展情况进行汇报交流。2014 年,山东局接收“12386”热线投诉事项 137 件,咨询事项 2 件,出具通知书 128 件,答复 114 件。

(山东证监局供稿)

湖南证监局 2014 年依法行政工作报告

2014 年,在中国证监会的正确领导和会相关部门的大力支持下,湖南证监局(以下简称“湖南局”)紧紧围绕“两维护、一促进”的监管目标,不断深化对监管转型的认识,努力提升改革执行力,大力推进监管转型,并在实际监管工作中秉承“法定职责必须为,法无授权不可为”的理念,不断提高依法行政水平,推动全局法制建设各项工作上一个新台阶,为辖区资本市场稳定健康发展创造了良好的法制环境。

一、落实简政放权,夯实依法行政工作基础

(一)全面梳理规章制度

一是启动上市公司监管制度修订工作,将原有的 19 项监管工作制度、16 项工作规程,合并删减为 18 项,同时新增了现金分红监管、保荐代表人持续督导工作评价等 4 项制度规程,形成再融资、并购重组、诚信档案、财务总监评价等 15 个监管数据库和 6 个内部管理数据库体系,实现了内部管理和监管工作的全覆盖。二是对不适应资本市场改革发展需要,可能束缚拟上市企业发展的辅导备案审批制度、流程进行了全面清理和优化,简化了辅导期公告程序,取消了拟上市企业辅导期不少于三个月的原则性要求,并将辅导备案审查时间由 10 个工作日缩短为 5 个工作日。三是对辖区部分证券机构规范性文件进行了全面清理,废止了《营业部分类监管工作办法》、《营业部合规管理工作指引》等 4 个文件,进一步放松了对辖区证券经营机构的限制,取消了于法无据的法外要求。

(二)积极主动做好各类信息公开工作

一是完善了《湖南证监局政务公开工作制度》和《湖南证监局上网披露管理暂行办法》,明确了监管信息公开的工作机构、工作职责和工作流程,建立了监督与责任追究机制,理顺了门户网站的信息公开机制。2014 年,围绕加快推进多层次资本市场建设、深化行政审批制度改革、构建非上市公司监管体系、提升上市公司监管效能等中心工作,通过外网网站发布监管公开信息 2598 条,其中:转发证监会各类政策、通知、公示、公告等信息 2490 条;发布湖南局监管信息 108 条,其中行政许可审批信息 92 条、监管对象信息 5 条、行政处罚决定书信息 4 条、其他公示、公告、通知信息 7 条,应公开事项全部按规定及时予以公开。二是健全行政许可审核过程信息实时发布机制,加强对行政许可事项受理、审核过程及相关情况的定期公示,使行政许可相对人能够及时了解所申报项目的具体审核状态。今年以来在外网网站已发布行政许可结果 97 件。按照国务院取消部分行政审批事项文件和证监会简政放权的要求,湖南局通过下发通知、发送短信、工作 QQ 群等方式,及时向辖区监管对象通报取消和下放行政审批项目的有关情况,使行政许可相对人充分知悉相关要求。

二、推进监管转型,优化辖区资本市场发展环境

为落实监管转型,除放松行政管制外,湖南局积极调整监管方向,将监管重心由事前审批调整为事中事后监管,确保监管工作放而不乱,有序衔接。

(一)强化事中事后监管,推进公司治理不断规范

一是突出风险导向,提高现场检查的有效性和针对性。在检查对象的选取上,以风险为导向,将监管资源集中于重点公司以及公司较

为突出的问题上。2014年，湖南局根据公司风险评估情况，结合公司行业特点和日常监管发现的风险点等因素，选取了华天酒店等6家公司实施年报检查；同时延伸检查了6家年审机构、2家持续督导机构、1家独立财务顾问的执业质量情况；并结合2013年现场检查和日常监管情况，对金瑞科技、红宇新材两家公司往年现场检查发现问题的整改情况进行了回访检查，这些举措有效地提高了现场检查的深度和广度。二是推行以投资者为导向的信息披露制度。突出以信息披露监管为核心的监管理念，努力提升信息披露对投资决策的有用性。2014年，辖区上市公司向投资者公开征集年报问询2000余个问题，并采用投资者公开日的形式予以了公开答复。健全舆论反应机制，进一步加强对舆情的监控，在出现具有较大影响的舆情以及股价出现异常波动时，督促上市公司有针对性地发布风险提示或澄清公告。在辖区发生熊猫烟花终止重大资产重组、山河智能受到媒体质疑、物产中拓大股东欲整体上市、天润控投拟调整重大资产重组预案、方正证券股东纠纷等重大、敏感事件时，湖南局均在第一时间与交易所沟通互动，督促相关公司准确、及时、充分、公平披露信息。三是综合运用监管措施，实现公司监管与稽查执法的无缝对接。根据现场检查和专项核查情况，湖南局将4家公司的违规线索移交稽查处调查处理，对其中1家公司采取了责令改正的监管措施，2家公司采取了出具警示函的监管措施，1家公司的股东采取了责令公开说明的监管措施，2家公司的股东采取了出具警示函的监管措施。此外，还向18家公司、4家年审机构、6家保荐机构下发监管意见16份，监管函19份。

（二）改进监管模式，切实提升机构监管效能

一是用好合规监控平台。对“合规监控平台”进行改造升级，优化调整原有报备事项，增加了创新业务、两融业务、投诉事项等方面的监控内容。另外，还新增了“提请解释说明”功能，对发现的异常报送信息采用线上督办跟进、系统留痕的措施。全年共形成监控月报告11份，发现异常预警信息183条，并根据异常预警信息及时跟进调查，排查风险，对出现违规问题坚决督促营业部进行整改。二是做实非现场监管。针对辖区机构增多、监管资源紧张的现状，湖南局加强了对证券期货经营机构经营数据和报备文件的分析，强化了信访投诉处理和风险预研预判，全年对数据报送异常或错误的机构电话核实提醒24次，督促补正和说明报表问题25家次，编制月度分析报告和季度分析报告14份，形成辖区经营机构经营分析报告10份，借助保证金监控系统处理账户预警信息27条，审核通过账户备案信息78条，有效保持了监管压力。三是强化现场检查。今年，机构监管工作始终把现场检查作为加强事后监管，强化监管执法的主要抓手，在检查数量上进一步扩大，并修订了检查底稿，完善了检查流程，更新了检查方法。在检查中，将检查对象的“自查自纠”和监管部门的“他查他纠”相结合，坚持风险和问题导向，将监管资源集中在潜在风险多的机构和领域，在检查流程上，增加了情况通报和检查回访环节，提高了整改效果。全年，共对辖区3家证券公司、50家营业部、2家投资咨询公司和1家投资咨询公司分公司进行了全面现场检查和专项检查，累计约谈高管和工作人员60人次，回访客户130人次，发现和整改问题80余个，起到了摸清底数、查找隐患、整改提高的作用。四是改进年报监管。在年报监管过程中，将全程监管转向事中、事后监管，坚持风险导向、问题导向，把年报监管和审计监管相结合，通过审阅审计策略与计划、约见谈话、签署审计监管备忘录等方式，督促中介机构归位尽责。同时，要求证券公司区分好会计责任和审计责任，不得干预审计工作，并积极引导证券公司以年报审计为契机开展自查自纠和完善内部控制。公司提交年报后，我处对年报及相关工作底稿加大了审查力度，就发现的问题和需要补充说明的14个事项，要求公司进行补充和反馈，有效提升了年报事后审查工作质量。

（三）坚持不懈抓好日常监管，提升期货市场规范程度

一是做好常规监管措施。认真落实保证金封闭管理制度，逐月对保证金账户进行核查。对质押保证金及交割业务进行核查，确保业务的真实合规。利用FISS监管系统逐月核对风险监管报表，认真复核期货公司上报的净资本计算表，重点关注和检查同期报表项目的调整和波动较大的指标，确保风险可控可测和期货

公司合规运行。二是加大外部核查力度。除了上述常规措施外,湖南局还创新手段着力从外部获取数据印证保证金、净资本的真实性。通过年报审计、日常抽查等手段,不定期调阅期货公司银行账户网银记录;通过函证期货公司保证金存管银行,确保公司银行账户余额真实、准确;通过每月获取期货保证金监控中心资金月报、交易月报等一手数据,及时掌握客户保证金变动及风险情况,核对公司账表、账实相符。三是及时处理保证金预警。对期货自有资金不足以及客户保证金连续两日为负产生的2起预警进行核实调查,督促公司加强交易结算信息在部门间的传递沟通,提高应对突发情况的能力。四是牵头开展湖南各类交易场所现场检查。2014年7月至10月,按照清整联办《关于开展各类交易场所现场检查的通知》要求,经省政府同意,会同省金融办、省商务厅等6部门组成联合检查组,对13家交易场所进行了现场检查,向存在问题的6家交易场所下发了问题告知书,协调督促限期整改。目前,省商务厅已责令6家交易场所年底前完成整改。同时,为了实现我省各类交易场所的长治久安,根据现场检查掌握的整体情况,湖南局形成了《关于加强我省各类交易场所管理建议》报湖南省政府。

三、加大执法力度,严厉打击各类违法违规行为

(一)稽查执法力度不断增强

一是严厉打击各类违法违规行为。今年湖南局稽查执法共承担专项调查25件,比上年增长31.5%,初查案件立案率达到75%;3件已完成执行的案件罚没款3391万元,执行率100%,没有出现复议、诉讼情况;办理打非案件3起,其中1起移送公安部门,有效地震慑了市场违法违规行为。二是违法线索发现和处理更及时。高度重视和充分利用我会互联网信息稽查分析系统,安排专人负责,做到"异动即报告",确保系统提供的线索得到及时处理。严格落实辖区资本市场负面信息监控制度,对辖区内上市公司、证券期货机构的负面信息做到及时掌握、及时报告、及时反应。全年对5起违法线索启动核查,自主立案2起。此外,对酒鬼酒亿元资金被盗、山河智能巨额关联交易未披露问题,都在第一时间掌握了情况,启动了稽查提前介入措施。三是跨部门监管执法协作更顺畅。与湖南省公安厅签署了《关于办理证券期货违法犯罪案件协作章程》,建立了与公安部门之间的协助调查、案件移送、业务交流机制,积极推动行政刑事有序衔接;协调湖南银监局严格落实《关于证券监管机构查询银行金融机构账户的有关通知》要求,银行查询工作机制得到有效改善。

(二)依法依规做好行政处罚工作

自去年10月行政处罚权下放以来,湖南局经过一年多来协调、磨合、适应,从制度建设、人员培训、案件审理和案件执行四个方面有效的开展工作,依法、及时、高效地审理处罚了一批违法违规案件,案件审理的效率和质量均具备了较高的水准。

一是抓制度建设,创建审理工作机制。在审理实践中,法制处探索建立了"审理工作督办和记录"、"处室间审理联动机制"、"主助审五人合议制"、"疑难案件会商机制"和"行政诉讼应诉及舆论应对预案"五项工作机制,提高行政处罚工作的准确性和及时性。今年8月,会行政处罚委领导到湖南调研工作时,认为湖南局行政处罚案件审理工作探索出了案件审理的"湖南模式",对其中五人合议制、舆论应对预案等做法予以充分肯定。二是抓基础建设,注重人员培训、硬件设施保障审理工作的正常运行。行政处罚对派出机构来讲是一项前所未有的重要职能,因此湖南局从一开始就非常注重审理队伍的培训工作,从年初法制处负责人亲自到会处罚委以岗代训2个月,参与协助会处罚委案件审理工作,到组织处室人员参加行政处罚听证、法院行政应诉旁听以及组织专门培训等措施,提高审理人员的理论基础和实践历练。此外,在办公室的大力支持下,按会处罚委要求还设立了听证室,配备了录音、录像、电脑等设备。三是抓审核把关,高效高质做好行政处罚工作。2014法制处共接收7起案件,为保质保量做好行政处罚工作,湖南局狠抓质量关,案件审理效率明显加快,如蒋辉珍违规买卖股票案,从1月22日移交法制处到4月23日罚款执行完毕,仅3个月时间就完成行政处罚全部程序,大大提高了审理工作效率;全年审理处罚完结案件3起,且3起案件的罚款全部已缴纳,在审4起,案件类型覆盖内幕交易、信息

披露、限制转让期内违规买卖股票等资本市场主要违法违规类型。

四、创新监管思路，依法扎实推进投资者保护工作

（一）探索投资者保护巡查抽查的实现形式

一是将上市公司2014年年报现场检查与投资者保护巡查抽查有机结合。在上半年开展的3家上市公司年报现场检查过程中，湖南局同时对其在优化投资回报机制、保障中小投资者知情权、健全中小投资者投票机制和多元化纠纷解决机制、健全中小投资者赔偿机制五大方面进行了现场检查。二是指导湖南省上市公司协会制定了《湖南省上市公司优秀董事会秘书评选办法》，将信息披露、投资者关系管理和投资者保护工作纳入董秘的评价内容，通过优秀董秘考评引导上市公司加强保护投资者工作，发挥董秘在投资者保护中的积极作用。三是修改了证券期货经营机构2014年检查工作底稿，将检查营业部是否在一个年度开展两次以上活动类、宣传类、产品类公众性投资者教育专题工作；是否利用纸质媒体、电子媒介等两种以上途径投放投资者教育产品；是否主动报送相关投资者教育产品；是否通过创新方式、方法和手段，采取切实措施确保投资者适当性制度落实到位，未发生因适当性引发的投资者权益受损情况等内容列入专项检查内容。

（二）探索投资者教育纳入国民教育体系建设

一是举办资本市场业界名师系列讲座，推动投资者教育纳入高校课程。经湖南局与湖南商学院多次协调，今年9月在湖南商学院举办了“中国资本市场业界名师系列讲座”，此次活动初步形成了“四个一”工程，即建立了一项长效机制——由监管部门牵头组织，市场主体提供师资、高校提供教学场地的机制，具有可持续性；编辑了一套教学内容和一份教学提纲，内容涵盖证券发行、证券交易、证券投资、大学生职业规划等；充实了一支业界名师队伍，在“湖南投资者教育讲师团”基础上，遴选出9名知名人士授课；设置了学分和效果评估体系，系列讲座共10讲，纳入商学院“素质拓展与创新创业教育”课程，并设相应学分。此次活动为投资者教育纳入国民教育体系积累了宝贵经验，具有较强的可推广性和可复制性。今年11月，会投保局领导来湖南局调研时，对湖南局的投教工作先行先试进行了详细了解和充分肯定。二是开展“期货大讲堂”进党校、高校巡讲活动。“期货大讲堂”活动继长沙、岳阳、湘潭、衡阳巡讲之后，今年6月4日，湖南局再次联合上海期货交易所、郴州市金融办、郴州市委党校、湘南学院、湖南省期货业协会，举办了“期货大讲堂走进党校、高校”活动。来自郴州市委党校中青班、处干班、科长班的100多名学员，湘南学院经管系150多名学生参加了此次培训。巡讲活动受到各地党政干部和高校师生的热烈欢迎。

（三）探索投资者多元化权益救济渠道

一是积极走访调研，提出组建调解机构方案。今年8月，湖南局在列席证监会主席办公会时提出了“建立以投资者需求为导向的专业调解组织或替代性纠纷解决机制”的建议，获得肖主席肯定。根据主席办公会精神，湖南局就多元化纠纷解决机制进行了深入调查研究，一方面专门派出监管干部分别走访了方正证券、财富证券、金证咨询3家市场主体机构，省证券业、期货业、保险业和上市公司协会4家自律组织，以及省司法厅、保监局、长沙市中院、长沙市仲裁委、中证中小投资者服务中心、省公证处、律师事务所、深圳证券业调解中心等10多个部门；另一方面又召集多名有投诉经历的中小投资者进行2次座谈，在听取各方的意见建议、掌握大量第一手资料的基础上，认真研究提出整合三家协会现有资源，引入中证中小投资者中心资源，联合打造新的调解纠纷平台的方案，并完成了《关于湖南证券期货多元化纠纷解决机制调研报告》。经与中证投资者服务中心协商，湖南辖区已被列入全国四家试点建立调解中心的地区之一，相关工作正在稳步推进。二是主动走访了地方仲裁机构，与长沙市仲裁委建立了会商机制。拟在证券纠纷调解的机构、机制、人员方面探索深度合作；在投诉纠纷中积极引入仲裁机制，协调各证券期货公司在投资者开户申请中，将争议纠纷提交仲裁作为一个选项；在投诉纠纷调解中引入仲裁机制，增强调解的法律约束力。三是与长沙市中院就湖南投资虚假陈述案相关法律问题及建立相互之间沟通协商机制进行座谈，分管局领导和长沙市中院分管民事诉讼的副院长参加了本次座谈

会,初步建立了重大事项协商沟通机制。

五、加大信访和“12386”投诉处理工作力度,维护辖区资本市场稳定

(一)持续健全投诉处理和纠纷解决服务机制

专门印发《关于进一步做好投诉处理纠纷解决工作的通知》,就市场主体切实做好投诉处理和纠纷解决工作提出具体要求:发挥市场在处理投诉纠纷中的主体作用,要求经营机构承担“12386”热线投诉处理和纠纷解决首要责任,设立专门处理机构和岗位。将受理投诉的多种渠道、处理流程、负责人员和办理时限向中小投资者公示。支持证券期货业调解委员会探索建立小额争议简易调解机制,着力提升投诉处理有效性。截至 2014 年年底,湖南局收到 12386 热线事项 94 件,除了 2 件不属于监管范围不予受理,其余大部分已受理办结。已办结事项中,66 件达成和解,和解率超过 70%,及时快捷地维护了中小投资者合法权益。

(二)更加突出投诉处理工作的投资者保护导向

今年以来,为更好与中小投资者保护联络、沟通,体现监管部门的关心和用心,湖南局突出信访工作投资者保护的导向,建立了保护关心投资者的三项工作机制。一是继续贯彻落实新提拔副处级干部挂职锻炼机制。全年共有 3 名新提拔的副处级干部轮流到信访岗位挂职锻炼一个月,并为信访工作提出了很好的意见和建议。二是实行投诉值班电话全天 24 小时开通制度,不管工作日还是休息日均保持畅通,保证了与投资者能随时沟通。由于处置高效服务到位,湖南局信访投诉工作保持了零投诉记录。三是将信访投诉作为投资者反馈意见的主要方式和监管部门倾听市场声音的重要渠道,定期梳理总结信访信息,用以完善和指导监管工作。截至 2014 年年底,湖南局全年累计接听信访电话 610 个,收到信访投诉 91 件。全部信访投诉事项均得到了妥善处理,没有一起超过处理时限。此外湖南局还将投诉处理工作实绩评价贯穿于各处室工作评价及干部考核评价全程,实现了投诉处理评价考核显性指标的硬约束,充分体现了“两维护一促进”的监管核心理念。

(湖南证监局供稿)

广东证监局 2014 年依法行政工作报告

2014 年,广东证监局在中国证监会的统一领导下,在会法律部等相关部门的大力支持和帮助下,认真贯彻落实党的十八届四中全会《关于全面推进依法治国若干重大问题的决定》和全国证券期货监管工作会议精神,依法全面履行法定职责,深入推进简政放权,坚持依法科学决策,加大稽查执法力度,完善矛盾纠纷化解机制,持续提升监管干部依法行政水平,推动辖区资本市场法治水平上了一个台阶。

一、简政放权,强化服务,为市场主体发展创造良好环境

(一)优化行政许可备案制度,规范权力实施清单

一是根据中国证监会的统一部署,认真开展行政许可项目实施评价工作,解决好行政许可项目取消和下放后的衔接问题。建立并在局互联网站公布行政审批事项目录清单,完善备案事项报送指引,明确审批备案事项的依据、标准、流程、期限和方式。主动与广东省工商局沟通协调,推动工商管理部门按照“先照后证”办理证券机构工商登记,着力解决相关机构“换证难”问题。二是进一步清理规范非审批事项和监管政策措施。继 2013 年对各类审批备案登记等事项和监管政策措施进行全面清理、取消、调整之后,2014 年上半年再次对自设的 13 项备案报告等非审批事项进行认真甄别清理,经清理后全部予以取消,废止 9 份规范性文件,进一步减轻监管对象备案工作负担。三是推进电子政务建设和使用。优化行政许可网上办事

流程,新增邮寄方式接收、送达许可备案有关材料和批复文件功能。管好用好行政许可网上审批和备案管理系统,全年共受理证券期货行政许可项目 199 项,发放证券经营机构许可证 323 份,接收各类备案材料 4589 项,全部通过网上办理和审核。

(二)加强指导,提高资本市场服务实体经济能力

一是多渠道推进企业扩大直接融资。加强上市辅导监管,指导辖区拟上市公司规范运行。支持符合条件的上市公司和中小企业通过定向增发、配股、发行优先股、H 股、公司债券、私募债券等方式进行融资,拓宽直接融资渠道。辖区全年共有 16 家企业发行 A 股上市,28 家上市公司实施再融资,5 家中小企业发行私募债,累计融资 430 多亿元。二是积极支持上市公司并购重组。推动各级地方政府、上市公司利用资本市场进行市场化的并购重组,实施低成本扩张和产业转型升级。2014 年,辖区上市公司共实施并购重组 130 家次,交易金额达 348 亿元。三是加快推进场外交易市场建设。推动和支持符合条件的辖区企业到“新三板”挂牌,全年辖区挂牌企业达 83 家。会同地方政府部门开展各类交易场所联合检查工作,督导交易场所规范运作,对存在的问题进行整改。指导广发证券发展柜台市场,截至 2014 年年底,上柜产品超过 300 只,业务存量规模达 208 亿元,位居行业首位。四是积极培育私募市场。加强与工商管理等部门的沟通,及时核查摸清辖区私募基金状况,组织召开辖区私募机构座谈会,举办 2 期专题培训班,加强政策宣传引导,多渠道推动辖区私募机构做好登记备案工作,促进私募基金规范发展。辖区全年共有 197 家私募基金公司完成登记备案手续。

(三)全面推进监管信息公开,保障市场主体知情权

一是加大行政审批备案信息公开力度。坚持每周公布辖区证券期货经营机构行政许可申请受理及审核情况信息,对行政许可批复文书在印发后两个工作日内予以公开。进一步健全拟上市公司辅导备案受理登记信息公示制度,在局互联网站设立辅导企业信息一级栏目,发布拟上市公司辅导备案受理登记公示信息 25 期,拟上市公司辅导工作进度信息 3 期,辅导保荐机构有关辖区拟上市公司辅导工作总结报告 14 份。二是定期发布辖区资本市场相关信息。对局内机构设置、工作职责、联系方式、办事指南等应予公开的信息,依法全部予以公开并及时更新,按时发布监管信息公开年度报告。每月在局互联网站发布辖区证券期货市场统计信息,定期更新辖区证券经营机构、证券投资咨询机构、期货经营机构和上市公司名录,方便社会公众查询。三是动态发布监管执法信息。及时在局互联网发布 2014 年作出的全部 9 份行政处罚决定书,还主动公开了 3 份对辖区证券经营服务机构的行政监管措施决定书,起到了对当事人及社会公众警示教育的效果。

二、敢于担当,积极作为,全面履行法定职责

(一)加强检查问责,提升日常监管实效

一是强化现场检查。2014 年以来,广东局全面推行以“风险和问题”为导向的现场检查,减少例行性、拉网式的常规检查,提高现场检查的针对性和有效性。落实舆情信息快速响应机制,完善证券公司非现场检查系统,加强监管信息共享和协作机制建设,加大后台非现场监管对前台检查的支持力度。在上市公司检查中全面应用升级后的现场检查软件,增强违法违规案件线索发现能力。全年共组织开展各类现场检查 300 余家次,对检查发现的问题依法及时进行了处理。二是强化中介机构监管。落实年报审计跟踪监管、保荐机构问核监管和中介执业质量检查评价等工作机制,建立健全中介机构执业质量倒查机制,督促中介机构及其执业人员勤勉尽责。2014 年以来共向中介机构发出通报函、关注函、提示函等 20 份,约见中介机构人员谈话 20 余家次。三是强化问责监管。对存在违规行为的市场主体及相关责任人员依法采取行政监管措施,并推动各市场主体进行内部问责,确保追责到位。2014 年以来,针对监管中发现的问题,共采取行政监管措施 40 次,向有关监管对象下发监管关注函、意见函 80 余份,督促相关公司内部问责 40 多人次。

(二)敢于碰硬,依法惩处证券期货违法行为

一是加强稽查执法组织保障。充实稽查处室人员配置,目前稽查执法人员占到全局在编人员的近三分之一。加强稽查执法信息化建

设,完善证券期货案件调查分析系统功能,为稽查处室配备电子取证等技术装备,增强稽查执法人员信息技术取证分析能力,提高科技办案水平。通过"一案一评估、一案一总结"等方式,加强稽查执法培训交流,加大对稽查业务骨干的培养力度,提高稽查执法人员整体素质。二是完善稽查执法工作机制。制定稽查电子取证工作规程、聘用中介机构协助执法工作规程、执法文书使用管理办法等制度,修订完善自办案件工作规程和行政处罚审理规则。建立快速立案和案件分类管理机制,加强案件统筹管理,对大案要案实行办案资源重点优先保障,对简易案件适当简化审理程序,提升查审效率。完善日常监管处室与稽查处室执法情况双向通报和违规线索会商机制,拓宽自办案件线索来源。深化与公安等部门的执法协作,改善执法环境。三是加大违法违规案件查办力度。2014 年,共主办虚假信息披露、内幕交易、欺诈发行、中介机构未勤勉尽责等各类案件 49 起,协查案件 34 起,均为史上同期最多。对 9 起上市公司虚假陈述、内幕交易等案件作出行政处罚,罚没款金额共计 2335 万元,全部及时执行到位,案件数量、罚没款项、执行率均为历史最高值。四是持续重拳整治非法证券活动。积极推动广东省通信管理局将"涉非"短信纳入垃圾短信集中整治范围,协调电信运营商关停一批"涉非"短信群发端口,从源头上压缩非法证券活动信息传播空间。加强与公检法等部门之间的协作,推动公安机关对通过拨打电话、群发短信等方式的非法证券案件以"电信诈骗罪"进行立案查处,加大对电信、网络类非法证券活动的打击力度。辖区非法证券活动高发的势头得到有效遏制,2014 年,广东局收到的各类"涉非"投诉举报 21 件,同比下降 85%。

(三)未雨绸缪,及时化解辖区证券期货市场风险

及早对高风险上市公司做好风险预案,督促公司加强信息披露,及时揭示风险。2014 年,韶钢松山实现"ST"摘帽,*ST 中富公司债券在暂停上市前按时付息,力合股份控制权争议风险成功化解,华南期货停业注销相关风险得到妥善处置。推动证券公司加强全面风险管理和流动性管理,督促切实提升风控水平,确保各项业务和创新活动合规、有序开展。开展行业信息技术资源调查、重要信息系统安全检查和信息系统审计验证工作,加强互联网站漏洞监测,及时处置 4 起信息系统突发事件和 7 起银证系统故障,确保行业信息安全运行。

三、坚持依法科学决策,强化对行政权力的监督

(一)积极参与资本市场立法,提高法制建设质量

结合国内外立法及一线监管实践,先后 5 次对《证券法(草案)》提出修改建议,协调相关部门做好全国人大财经委到粤对《证券法》的修法调研。积极参与其他立法工作,全年共对证监会和广东省市相关部门转来的 71 部法规草案提出修改意见;对行政和解、股票发行注册制改革方案等 58 项证监会主席办公会议议题进行研究并提出修改完善建议。结合推进监管转型主题开展调研活动,全年完成各类监管调研报告 20 篇,其中有 7 篇获得证监会领导批示肯定。

(二)健全依法决策机制,确保决策科学合理

一是推行重大决策集体研究。按照《广东证监局局长办公会议工作程序和规范(修订)》规定,全年共召开局长办公会议 11 次,集体研究讨论关于进一步推进监管转型等涉及辖区证券期货市场改革发展与监管工作中的重大问题,制定辖区证券期货市场监管相关规范性文件。二是完善监管政策措施。在全面清理的基础上,务实研究出台监管政策与业务规则,不留监管空白,先后制定印发了《关于做好辖区证券公司分支机构信息公示有关工作的通知》等 13 份对外规范性文件;制定或修改了《广东证监局稽查执法电子取证工作规程》等 18 项规范局内行政行为的制度文件。三是对重大决策进行合法性审查。凡涉及辖区重大监管问题或与资本市场参与主体密切相关的决策事项,均交由法制工作处室进行合法性审查,2014 年全年对 31 项规章制度、40 项行政监管措施和 105 份投诉举报复函等进行了审核。凡未经合法性审查或者经审查不合法的,不提交局长办公会议讨论或不予实施。

(三)加强监督,强化对行政权力的制约

一是加强党内监督。制定局纪委工作规

则，及时调整充实局纪委班子。在派出机构中首家单独设置纪检监察室，并配备专职干部，把纪检监察工作重心转到监督、执纪和问责上来。牵头办理涉及监管干部的信访事项，坚持“每季一查”、现场检查廉政监督及“两书一表”稽查执法监督等制度，制定或修订完善行政许可和稽查执法不当说情备案、证券经营机构行政许可审核等制度，强化对监管执法、行政许可权等权力运行的制约监督。二是坚持社会监督。坚持开展“半年一评”活动，每半年向辖区一半以上数量的监管对象发放评议卡，邀请协助评议广东局依法行政、廉洁自律的情况，包括按照法律规定的标准和程序开展执法工作的情况、监管意见和处罚决定是否事实清楚等情况。从2014年上半年的统计情况看，参与评议的单位对广东局“依法行政”项目的“好”评率为99.04%。三是接受司法监督。2014年，对法院受理的5件涉及广东局的行政诉讼案件精心准备，沉着应对，认真研拟答辩词，仔细推敲诉讼证据，多次模拟开庭，并指派法制处负责人及专业骨干出庭应诉，最终全部取得胜诉，有效维护了监管权威。

四、完善机制，防范和化解证券期货市场矛盾纠纷

（一）积极探索预防和化解市场矛盾新机制

一是完善与投资者的沟通机制。实行信访案件处室负责人首负责任制，“及时、就地”处理和解决投资者诉求。落实处级以上领导干部联系投资者代表制度，通过定期召开座谈会、开展问卷调查等方式，建立健全征求投资者意见常态化机制，认真听取广大投资者的意见与建议，提高辖区投资者保护工作的针对性和有效性。2014年以来，共召开2期投资者代表座谈会，收集调查问卷1300余份，向证监会有关部门提出政策性建议47项。二是推动落实投资者保护主体责任。通过举办培训班、制定投诉处理工作指引、印发工作动态、开展投资者保护专项检查和专题通报被投诉问题等方式，督促辖区上市公司和证券期货经营机构落实责任，建立健全投资者投诉处理、适当性管理、配置投资者保护专员、损害赔偿救济、客户回访和中小投资者投票等制度机制。采取约见谈话、下发监管函等多种措施，督促上市公司切实履行公开承诺，落实分红政策，提升股东回报。开发证券公司分支机构信息公示平台，通过互联网公示辖区证券公司分支机构基本信息和代销金融产品信息，提供证券从业人员信息查询服务，保障投资者的知情权和监督权。

（二）推进多元化纠纷解决机制建设

建立健全信访、投诉、举报三者协调处理的投资者诉求处理机制和信调、仲调、诉调对接机制，对信访投诉举报事项进行分类处理，对涉法涉诉类信访事项不再受理，将信访投诉引导分流至调解、仲裁、诉讼等途径。指导广东证券期货业协会、上市公司协会充实调解力量，开通纠纷处理热线，推动设立广东资本市场投资者服务与纠纷调解中心，加强证券期货纠纷调解工作，2014年以来已组织调解证券期货纠纷232起。加强与广州金融仲裁院的沟通交流，指导辖区各证券期货经营机构在与投资者签订的各类业务合同中完善纠纷调解及仲裁条款。指导广东证券期货业协会与广州市中级人民法院签署《证券期货纠纷诉调对接合作备忘录》，实现证券期货诉讼和调解的无缝对接。

五、加强法制宣传，提高依法行政能力和市场主体法治观念

（一）切实提高监管干部依法行政的能力

一是认真学习资本市场法律法规。组织全局在职干部积极参加国家公职人员学法用法活动，在线学习《宪法》、《行政处罚法》等法律法规，并举行考试。两次邀请资深法官开展依法行政专题讲座，局领导班子成员、全局干部职工共同参加学习。开展《基金法》专题培训，组织全体干部职工认真学习《基金法》重点条文，并开展测试。通过学习培训，有效提高监管干部依法行政水平。二是深化学习型党组织建设。年初召开党建工作座谈会，每月召开1次党委中心组学习会，组织处级以上领导干部深入学习党的十八届四中全会、习近平总书记系列讲话、《国务院关于进一步促进资本市场健康发展的若干意见》、全国证券期货监管工作会议等精神，推进学习型党组织建设，提高领导干部利用法治思维解决监管问题的能力。

（二）积极营造市场参与主体遵法守法意识

一是加强培训宣导，增强市场主体法制观

念。召开重点公司防控内幕交易专题会议,举办第二届“内幕交易教育警示展”,加大防范内幕交易宣传力度。编发《证券期货法制工作通讯》9期,广泛宣传资本市场监管要求。联合举办《私募投资基金监督管理暂行办法》培训班,编印《私募投资基金政策法规宣传手册》,增强辖区私募行业合规意识。二是结合投资者教育,引导投资者依法维护自身权益。运用公益信息平台进行普法宣传,全年发布信息26条,投资者累计接收超过1亿人次。加强常态化打非宣传力度,全年共组织防范和打击非法证券期货活动专项教育活动35场次,通过辖区机构网站、交易软件终端和短信微信平台等发送防范非法证券期货活动的提示类短信7条,在局互联网站和广东资本市场网先后公布3批次23家不具有合法证券业务资质的机构名单。整理证监会对沪港两地市场交易制度差异的公开解读内容,制作发放了15万册以“了解沪港交易制度差异,理性参与港股通业务”为主题的宣传折页。部署动员辖区市场主体围绕“弘扬宪法精神,建设法治中国”的主题,积极宣传遵守宪法、维护宪法,辖区将近200家上市公司、证券期货经营机构开展了丰富多样的法制宣传活动。

(广东证监局供稿)

深圳证监局2014年依法行政工作报告

2014年,深圳证监局立足“两维护、一促进”的核心职责,结合辖区实际推进监管转型,加强行政执法,提升依法监管工作水平,进一步强化中小投资者合法权益保护工作,切实、有效服务实体经济。

一、主动探索监管创新,依法推进监管转型

(一)进一步简政放权,优化行政服务

一是完善行政许可及备案管理信息系统。目前辖区全部证券经营机构均通过该系统实现许可和备案网上申请,平均办理周期比上线前缩短7.6天,较法定期限提前20.3天。二是全面梳理162件关于证券期货经营机构审批备案事项的法规规范,涉及427项审批备案事项,逐项审慎提出清理意见,对证券、基金、期货三类机构监管中的共性事项及问题提出调整思路、建议。三是以前海开发开放为契机,在前海设立监管办公室,多次参与前海创新政策起草修订和汇报工作,推动前海资本市场开放创新政策落地,对前海资本市场实行集中统一监管,优化对前海证券期货领域改革的服务工作。做好证券经营机构创新发展和服务实体经济多项专题调研,产业转型升级调研报告核心部分被《新华内参》采用;推动多层次资本市场建设,督促引导各类私募基金到中国证券投资基金业协会登记备案,至2014年11月底,完成登记私募基金管理人666家,并协调辖区基金公司前海REITs产品落户前海。

(二)强化监管协作,实施功能监管

一是将派出机构监管划分为公众公司监管、中介机构监管、稽查执法、专业支持服务、后台综合管理等业务条线,强化分工协作,并设置相对独立的纪检监察机制。二是组建风险防控、审理小组等跨处室议事机构,专设信访、行政许可等监管小组。三是调整部分处室监管职能,将券商资产管理业务与基金子公司业务统一监管,建立重大事项和数据报送机制。

(三)突出风险和问题导向,加强事中事后监管

一是完善风险、问题导向的现场检查制度,以信访投诉线索、媒体报道、异动指标监测信息为依据,建立定性与定量相结合的检查对象选取标准体系,提高针对性。二是高度关注创新业务和跨市场风险,建立基金公司子公司业务数据定期报送机制,及时监测风险、研判趋势、采取措施,提升风险防范能力。三是修订完善上市公司风险分类评价体系,开展两轮全面风险排查、三轮公司债风险排查和多轮专项风险

排查,将监管资源重点投向高风险公司和重要风险事项。四是及时处置重大事项或重要舆情,通报监管过程中发现的共性、趋势性问题,及时消除风险隐患,避免问题扩大化。

(四)以信息披露监管为核心,探索上市公司底线监管

一是以信息披露为核心,梳理上市公司监管工作,重塑监管与市场责任边界。二是明确虚假信息披露、内幕交易、侵占上市公司利益"三条底线",重点查处财务造假、侵害上市公司和投资者合法权益等重大违法违规行为。三是用好用足法定监管手段,加强对法律法规未明确规定中间地带的监管,如对屡次违反承诺并导致股价异常波动的零七股份采取责令公开说明的行政监管措施,既促使公司清理收回了各项往来资金1.8亿元,又向投资者提示了风险,维护了投资者的知情权。通过实施底线监管,深圳局2014年对上市公司采取的一般性日常监管措施数量减少,但通过现场检查发现的线索,对2家上市公司立案稽查,向3家公司出具5份行政监管措施。

(五)推动监管手段多样化,构建开放多元监管格局

一是引导公司健全内生约束机制。推动辖区上市公司建立、完善内审制度,利用内审部门在推动公司规范发展方面与行政监管目标相一致的有利条件,引导公司内审部门发挥自治规范作用,先后组织三场上市公司"内审工作经验交流会",编制涵盖230余项规范要求的上市公司内审自查手册。二是进一步落实中介机构责任。将一些原本就属于中介机构职责的事项"交还"给中介机构,并将会计师事务所年报审计、保荐机构持续督导业务纳入上市公司现场检查范围。三是深化监管协作机制。继近年与人民银行深圳中心支行、深圳银监局、深圳市公安局等签署备忘录后,2014年进一步与深圳市中级人民法院、深圳市市场监督管理委员会签订合作文件,与深圳证券交易所签署第二期协作备忘录,与财政部深圳专员办、深圳市财政委员会、深圳市注册会计师协会和资产评估协会等建立了沟通合作机制。

(六)规范执法行为,推进公正、透明、高效监管

一是编制上市公司监管权力清单。对照法律法规规定,结合监管转型安排,梳理形成上市公司监管职责清单,及时向全辖区通报职责变化情况,划定监管边界,约束监管行为。二是完善自由裁量权约束机制。依法推进现场检查队伍专业化和专职化,实施全面现场检查名单的专业软件随机抽查制度,抽查原则、程序和结果向全辖区公开,从源头上保障监管公平性;完善现场检查内核制度,以集体决策防范监管标准不一问题;开展公司自查整改情况下行政监管措施适用专题调研,进一步规范行政自由裁量权。三是创新信息公开方式。尝试在官网公开监管年报,探索以监管工作通讯、上市公司董秘微信群等方式公开监管关注点和监管执法活动。

二、建立紧密衔接的监管执法机制,切实推动监管重心向强化监管执法转变

(一)强化外部合作机制,提高稽查执法效能

一是持续加强与司法机关的合作,探索与公安部门同步立案、联合办理的行政刑事合作新模式,推进刑事移送相关工作。如对社会高度关注、违法持续时间最长、交易股票数量最多、金额最大的"马乐利用未公开信息交易案"及时移送,与司法机关密切沟通,出具性质认定意见、参加司法机关组织的座谈会,跟进一、二审刑事审判流程,向证监会报告相关情况等。二是强化与其他行政机关合作,进一步拓宽信息查询渠道。2014年多个案件通过住建部门、人民银行等查询涉案人员信息,提高了取证效率。三是发挥技术软件优势,探索取证新手段,深挖线索、完善证据,通过与专业公司合作查询IP落地信息等,查办了多起大案要案。至2014年11月底,承办各类案件98件,办结78件,其中自办案件11件。四是积极参与跨境执法协作。自2011年至2014年8月先后承办跨境执法协作案件36件,占系统总数的12.9%。

(二)建立内部监管联动机制,加强执法一体化

深圳局充分利用监管、稽查、审理力量,合理调配监管资源,及时、有效查处了辖区资本市场违法违规行为。一是牢固树立"大监管、大执法"理念,明确日常监管的执法属性,强化日常监管处室发现违法违规线索并进行处置的职

能,提高监管执法效率。二是积极构建日常监管与稽查执法的全程联动机制,包括现场检查的重大事项稽查提前介入和联合核查机制、立案过程的快速立案会商和快速移交机制、调查过程的信息反馈与风险协同处置机制、执法全程的资源统筹调配机制。联动机制建立后,执法周期明显缩短,如"新都酒店案"从发现违法违规线索到宣布立案仅用时2天。三是探索查审协作新机制。召开稽查执法工作专题会议,研究建立工作协调机制,提高案件查审质量和效率。行政处罚工作开展4年来,共审理行政处罚案件24件,作出行政处罚决定书21份,其中2014年达10份;案件类型多样,以内幕交易和信息披露为主,也有未经核准擅自开展基金业务及证券从业人员违规等,涉案主体涵盖证券经营机构、上市公司及高管、证券从业人员等。

三、全力构建"四位一体"纠纷解决模式,有效推动监管取向向保护中小投资者转变

一是建立辖区资本市场行业自律、专业调解、诉讼仲裁、行政监管相互支持、相互补充、相互促进的"四位一体"多元化纠纷解决模式:当投资者面临投资产品及服务纠纷时,由经营机构承担投诉处理首要责任,及时解决常见问题;投资者也可选择由独立、公益性的深圳证券期货业纠纷调解中心(以下简称调解中心)调解,还可通过仲裁或司法程序赋予调解协议可强制执行的法律效力;人民法院可以委托调解中心调解相关民商事纠纷案件。"四位一体"机制运行一年来,深圳局向辖区机构转办了311件投诉,9成以上办结,其中5成以上于10个工作日内完成;调解中心成功调解15宗疑难纠纷,成功率达94%,并初步尝试了远程调解;调解中心还受人民法院委托,组织对上市公司虚假陈述民事赔偿案件进行调解。"四位一体"纠纷解决模式得到各方的高度评价。二是结合执法活动探索对中小投资者及时、适当补偿机制,积极推动海联讯大股东主动赔偿适格投资者,这是资本市场第一例由上市公司大股东因虚假陈述事项对中小投资者予以全额赔偿的案例,市场反响良好。投资者不接受补偿和解方案的,还可以选择通过专业调解、仲裁或诉讼等方式解决,体现出充分尊重当事人的主体地位和自主选择权,程序公正和实体正义的统一。三是推动完善投资者适当性制度,积极开展投资者适当性管理的评估调研、私募基金投资者保护问题等课题研究。四是加大"打非"工作力度,依法开展各类交易场所检查和清理整顿,及时查处九州源、嘉睿基金等典型案件,切实保护投资者合法权益。五是不断强化中小投资者教育与宣传,开展6期"理财童行"青少年投资者教育系列活动,让更多中小学生接触一线证券期货知识,持续接受投资者教育、与深圳证券交易所共同组织13批次中小投资者走进上市公司,搭建投资者与上市公司互信沟通桥梁。此外,还根据证监会有关要求,组织第二届内幕交易警示教育展、加强行政处罚案件审理后的媒体通报等其他投资者教育系列活动。

四、切实加强干部执法培训,适应监管转型挑战

2014年,深圳局以监管转型为主线,创新学习型组织建设,强化干部专业培训。一方面与北大法学院、汇丰集团等探索长期培训合作机制,在局内搭建"青年干部论坛"、"青年工作坊"等青年干部交流学习平台,丰富培训内容和形式,全年共组织或参加培训近50场次,包括邀请证监会行政处罚委员会和稽查局开展稽查执法专题培训、举办汇丰集团"汇丰智享"、港交所上市公司监管等实务培训。另一方面充分发挥派出机构贴近一线的优势,积极主动开展各类专题调研、案例分析和实践经验总结。截至2014年12月15日,共10篇报告获得会领导批示或得到《参阅件》、《证监会简报(增刊)》采用。

(深圳证监局供稿)

四川证监局2014年依法行政工作报告

2014年,在会党委的正确领导和会机关各部门的大力支持下,四川局积极贯彻落实党的十八届四中全会关于深入推进依法行政的重要精神,紧紧围绕会党委关于监管转型的总体工作部署,全面落实肖钢主席关于监管转型"六个转变"和"九项工作"要求,强化法治思维,不断提升依法监管工作水平,有力促进了辖区资本市场健康发展。现将相关情况报告如下。

一、加强学习,不断提高监管干部依法行政意识与水平

(一)深入学习党中央关于依法治国的重要决策部署

通过支部学习、处室集体学习、专题学习讨论、邀请行业专家专题讲座等多种形式,学习《中共中央关于全面推进依法治国若干重大问题的决定》及其起草说明、习近平总书记关于依宪治国的系列重要论述等重要文献,准确把握依法治国、依法行政总体要求。

(二)建立办公会法律学习制度

创新形式,着眼长远,建立局长办公会前法律学习制度,推动法律学习长效性、制度化。学习专题突出务实性、专业性和时效性,避免流于形式。目前已就新行政诉讼法、信息公开制度和美国证券监管制度等进行了3次专题学习,取得较好效果。

(三)利用多种平台,加强法治学习

一是以"百家讲坛"为平台,邀请行业领域专家就目前国内外资本市场法制实践热点、重点进行专题讲座。二是以我局办理的一件调查案件为基础,组织听证实战演练,并组织观摩行政诉讼案件法庭审理。三是编撰《法治宣传动态》、《系统监管动态》累计5期,有效拓宽监管干部视野。

(四)务实开展宪法学习会

在首个国家宪法日期间,一方面组织召开全局宪法学习会,就各支部前期学习提出的问题进行分析说明,并提出可供参考的意见建议;另一方面开展宪法知识竞赛并制作专题展板与电子显示屏播放宪法与国家宪法日有关知识,使全局干部全面了解了宪法知识。

二、多措并举,夯实依法行政工作基础

(一)坚持依法决策工作机制与程序

修订完善并严格执行局长办公会议事规则,继续坚持依法决策工作机制与程序。凡是列入审议的议题,相关处室会前就拟讨论议题进行充分调研、沟通与协调,条件不成熟的不上会,并在会后组织、督促相关处室抓好落实议定事项,防止走样。同时局长办公会组成人员应提前将上会议题所涉内容事项全面了解掌握并充分沟通,对分管工作外的议题也应提前阅研,并对每个议题发表明确意见。上述做法有效保障了全局性重大事项的科学、民主、规范决策。

(二)积极参与资本市场法制建设

一是立足资本市场发展变化以及监管执法实践需要积极开展《证券法》、《期货法》修法相关意见反馈工作,在修法工作基础上,对执法和解、注册制改革等重大问题进行专题研究。二是积极参与涉及行政处罚机制、上市公司监管、中介机构监管、诚信监管办法、市场操纵等违法行为查处、退市制度改革、资本市场新型重大事件咨询等30余项立法项目,对每一项目均反复讨论研究,努力保障所提意见与建议有科学性、针对性和可操作性。

(三)全面集中清理内部规章制度和配套措施

按照监管转型需要和十八届四中全会关于依法行政的要求,对现存内部制度和配套措施集中进行全面清理,2014年全年累计废止内部制度26件,新增修订内部制度37件,涵盖内部管理、行政执法等11个方面工作。坚持将制度清理工作长期化、机制化、流程化,为全局依法

行政监管工作的顺利开展提供了制度保障,确保“法定职责必须为、法无授权不得为”落到实处。

三、深化简政放权,加强市场服务意识

(一)进一步取消调整行政许可审批和备案、报告事项,全面优化流程,不断释放市场活力

一是全面修订审核机制。简化、规范 10 项制度和流程,包括审核、档案管理等。优化现行行政审批程序,如压缩证券期货行业行政许可审批时间等。制订备案事项管理办法,通过流程图、工作手册等方式,实现各审核环节的规范化、标准化。调整优化岗位设置,对行政许可分类,并对专岗进行了 A、B 角分工,提高审核效率。截至今年 11 月底,简化调整备案报告事项 64 项,废止向辖区证券经营机构发文 19 件;办理行政许可 230 件,办理周期较上年平均缩短 5 个工作日。二是继续推进阳光审核。加大政务公开力度,将全部制度、程序、条件和要求对市场公开,明确审批备案登记事项公示流程和时限要求,及时公开许可信息。今年以来主动公开行政许可相关政务信息 243 件次。

(二)积极促成多层次资本市场发展,发挥资本市场服务实体经济功能

一是通过现场调研、座谈、精心撰写调研报告、提出具有可操作性的意见建议等各种新式,配合并推动省政府以正式文件行为出台《关于发展多层次资本市场服务实体经济的若干意见》。二是制订我局落实四川省“十二五”金融业发展规划 2014 年实施计划,形成 2014 年推进金融领域改革主要任务与重点工作实施方案。三是积极推进与攀枝花、广安、巴中等地签订合作备忘录事宜,鼓励支持当地企业用好多层次资本市场。四是优化 IPO 辅导报备程序,深化与地方政府部门企业培育培训方面的合作机制,有力推动辖区实体经济发展。

(三)促进证券期货经营机构提升竞争力

全面清理、废止妨碍创新发展的政策措施,简化办事程序。支持机构结合自身特点和优势创新服务形式,增强经营能力。充分发挥地方协会作用,开展创新培训,创造条件引导机构紧跟市场创新发展,发挥行业和市场的创新主导作用。协调上期所、郑商所及西南财大等高校共建期货培训、调研基地,针对期权新业务开展 3 场大型培训,培训人员 600 名。

(四)推进舆论引导和信息公开机制

强化信息公开,制定新闻工作规程和信息公开制度,通过辖区专业媒体拓展披露渠道,做到规则、过程、结果公开透明。主动沟通,举办媒体座谈会、“媒体接待日”等活动,提高监管机构的公信力和监管工作的透明度。认真落实辖区舆论引导责任制,强化与新闻媒体的协作机制,规范新闻发布流程,健全舆情监测、评估、应急响应机制,积极做好舆论宣传,及时回应舆情关切,取得市场各方对监管工作的理解和支持。

四、探索改进日常监管模式,提高依法监管效能

(一)以信息披露为中心推进上市公司监管

紧紧围绕信息披露这一中心,突出问题导向,构建“非现场监管 + 现场监管”监管架构和“功能网络型”监管机制。监管架构方面,非现场监管负责监测预判和线索发现,现场监管负责深入一线和问题揭示,今年通过非现场和现场监管的密切配合,获取 2 家公司的违法违规线索,及时移送稽查立案。监管机制方面,突破过去“人盯人”的责任人监管模式,通过设置信息披露、舆情监管和现场检查等功能小组实现功能化、网格化监管,全面提升监管效能,全年对 16 家上市公司、1 家中介机构进行现场检查,对 9 家公司进行专项核查。

(二)突出风险导向推进证券期货经营机构监管

将监管资源集中到全面风险管理和流动性风险管理上,在守住合规底线基础上鼓励创新。建立辖区法人证券期货公司风险指标监测平台,加强对风险数据的集中监测分析,督导机构做好流动性风险评估和压力测试。制定证券期货机构非现场监管工作指引及流程,实现与现场检查的优势互补。全年对 210 家证券期货经营机构实施现场检查和专项核查。

(三)坚持底线监管推进非上市公众公司和私募基金监管

突出市场导向。强化底线监管理念,非上市公众公司以自律监管为主,以主办券商持续

督导为抓手,以事后行政执法为保障,以协会监督为补充。私募基金监管抓住"诚实守信、非公开和合格投资者"三条底线,坚持监管与服务并重。

(四)多渠道强化外部综合监管体系

及时向地方政府传递我会监管转型精神,与地方政府联合开展专题调研,与市(州)政府签订合作备忘录,构建区域金融风险的共同防范机制。发挥舆论引导和社会监督作用,定期召开辖区主要媒体座谈会,建立辖区千人投资者联系机制,开门纳言、协商共管。

五、严格执法,对违法违规行为保持高压态势

(一)建立完善"管查审"融合机制,做好"两前移,两反馈"

将稽查取证标准和程序逐步前移到日常监管环节,将审理介入适当前移到稽查初步认定意见形成环节,稽查及时反馈办案中发现的日常监管共性和重大问题,审理及时反馈对稽查的补正要求。通过各个执法环节的相互融合,执法合力得到增强,执法效率明显提高,执法效果得以显现。

(二)用足用好行政监管措施

今年以来我局在日常监管中发现的问题,对辖区各类市场主体实施行政监管措施20次,同比增加20%,监管措施类型从以警示函为主的单一型措施向责令改正、责令公开说明和认定为不适当人选等多元化措施转变。

(三)集中力量查处违法案件

2014年,我局共承办案件调查工作41件,涉及信息披露、内幕交易、"老鼠仓"等类型,其中初步调查11件、立案调查9件,协查21件(涉外协查4件)。深化与公安机关的行刑协作,通过联合办案,今年高效完成一起基金经理利用未公开信息交易股票案的调查工作,并同步完成司法移送,有效维护了资本市场法治秩序、净化了法制环境。

(四)扎实做好行政处罚审理工作

2014年,我局增强大局意识、责任意识,高度重视行政处罚各种新情况、新问题,攻坚克难,健全制度机制,扎实推进审理工作。全年共审理案件10件,涉及信息披露、内幕交易等类型、其中办结8件。已处罚案件无陈述、申辩或申请听证情形,且全部执行完毕。

(五)持续重拳打击整治非法证券活动

一是根据国家清整联办部署,联合省清理整顿交易所领导小组18个成员单位,牵头完成各类交易场所现场检查专项工作,反馈整改意见7份,提交书面总结2份。二是根据信访举报线索,开展现场调查20余件次,督促相关公司完成对某投资者的全部退赔,移送涉非案件线索1件。三是积极协助公安机关和地方政府做好打非相关工作。四是配合相关部门做好非法期货活动性质认定工作,出具认意见13份。

六、紧扣监管执法工作,加强法律监督与法律服务

(一)全面做好法律审查工作

发挥法制处室对内部制度制定、信访事项、行政监管措施的审核把关作用,提高执法的规范性,防范法律风险。修订完善《四川证监局法制工作处公文会签工作流程》,根据监管职责变化及监管工作实践对法律审查内容进行了修订。2014年,累计提供法律反馈意见35件次。

(二)高度重视行政诉讼、复议工作

随着当事人法治意识的增强,行政执法风险明显增加,涉及情况更加复杂,对法律服务要求更高。今年,某公司因不服我局信访答复,向会法律部提出行政复议,这是我局首例复议事项,案件情况非常复杂。我局严格按照规定的流程,由相关处室认真分析案情,起草答复意见,参加向会法律部汇报,全面准确阐述复议事实,反映我局意见主张,认真做好各项工作。

(三)做好诚信数据库建设工作

一方面依托OA系统,将诚信信息采集、录入工作纳入电子化流程管控。加强督促检查,提高录入质量与时效。2014年,累计采集录入信息132条。另一方面,在行政许可、日常监管等工作中查询诚信数据库,严格实施行政许可每单必查。2014全年自助查询916批次,涉密查询124批次,其中涉及机构45批次,涉及个人110批次,与2013年相比均有大幅增加,查询、使用诚信数据库融入监管工作,发挥促进监管转型的作用。

(四)积极开展法律专业委员会工作

发挥法专委集体智慧作用,为全局监管执法工作提供咨询性意见和建议。全年法专委通

过召开专门会议,为全局提供了各项法律专业意见19件次,主要涉及大宗商品交易规则、证券期货违法犯罪法律适用、《证券法》、《期货法》修改、我局行政诉讼、行政复议制度修订等法律制度的意见征集反馈,以及我局采购办法、行政处罚、非法期货认定、办公用房租赁、模拟听证等具体法律问题研讨,为辖区资本市场法治建设和我局依法行政提供有力的专业支持。

七、法制教育宣传常抓不懈,提升依法治市水平

(一)深入开展辖区法制宣传

一是按照会机关统一部署,举办第二届内幕交易警示教育展。地方政府相关部门、辖区上市公司、证券期货经营机构、拟上市公司、中介机构高级管理人员以及高校师生共约2200余人参观了展览。二是开展专题法治培训。指导四川省证券业协会制订全年普法计划,组织开展普法活动。联合中国上市公司协会,举办投资者保护专项培训及研讨活动,辖区81家上市公司、6家拟上市公司155名高管人员参加。协会全年开展法治培训交流33期,有效覆盖市场业务,法治宣传涉及私募基金、优先股、沪港通和新三板等。三是广泛发放专题普法材料。联合四川省政府金融办、经信委,共同编制印发新三板知识宣传手册。从认识“新三板”历史沿革、发展现状、定位作用、挂牌登陆、特色制度、并购重组与转板等成功案例等进行系统全面介绍,突出实务性、操作性和简易性。全年累计向省、市金融办及企业发放IPO及新三板宣传资料等近10000份。四是开展宣传月系列活动。在“3·15国际消费者权益日”期间,联合四川省证券业协会举办投资者权益主题讲座,邀请了成都市仲裁委仲裁员、有关律师事务所律师对多元化纠纷解决途径进行讲解。联合人民银行在成都、德阳、绵阳和攀枝花四地设立宣传点,放置依法治省内容宣传板,发放保护投资者权益宣传手册,开展金融消费者维权宣传活动。五是推动法治宣传纳入国民教育体系。精心组织,邀请深交所、知名证券机构,结合资本市场法制建设,联合西南财大开展法治教育5场专题讲座,把讲座嵌入学生必修课,累计参与人数近千名,有关媒体进行广泛报道。

(二)做好媒体法制宣传工作

一是把媒体宣传作为普法工作重要抓手,加强媒体关系管理,创新普法载体,发挥报刊、电视、网络等载体辐射作用,拓宽宣传覆盖面。全年共向新闻媒体提供稿件数十篇,协调央视来局进行“打非防非”专题采访,并在“3.15”节目中播出。二是加强媒体关系管理。加强与省委宣传部、新闻宣传主管机关沟通,争取普法宣传支持与指导。召开组织新闻通气会、媒体培训会3次。配合会办公厅在成都召开新闻工作座谈会,广泛听取对辖区内多家媒体关于做好资本市场新闻工作的意见建议,并就如何加强与媒体协作、更好开展上述工作,同媒体代表进行深入沟通交流。三是加强媒体普法宣传。结合资本市场重大改革,在《金融投资投资报》开辟专栏“投保周刊”十余期,整版介绍国务院、证监会的投资者保护政策及监管措施,相关内容被主流门户网站、财经网站转载,营造良好的舆论环境;开辟私募基金专栏,连续介绍政策法规、业务指引,普及私募基金有关知识。在《中国证券报》以“四川健全证券期货纠纷诉调对接机制”为题,宣传辖区诉调对接机制。四是创新普法宣传形式。指导协会制作“小四川教您化解证券期货投资纠纷”宣传动画,反复修改完善,突出辖区特色,突出寓教于乐,指导证券经营机构通过网站、经营场所广泛播放,增强宣传效果。

八、突出核心职责,持续推进投资者保护工作

切实贯彻落实国办《意见》,整合各方面投资者保护力量,构建投资者综合保护体系,确立保护中小投资者的监管取向。

(一)抓市场保护,提高市场主体主动性

一方面,在上市公司投保工作方面,以保障投资者知情权、收益权、决策权为抓手,引导有条件的上市公司开展股东大会网络投票和中小股东单独计票试点,加强现金分红监管,建立上市公司投保工作评价“红绿榜”通报机制。另一方面,在证券期货经营机构投保工作方面,以投资者适当性管理为核心,将风险提示、投资者适当性要求嵌入机构经营和客户交易各个环节,督导机构树立“卖者有责”的正确理念,确保机构销售的产品和服务与投资者的风险承受

能力相适应。

（二）抓行业保护，发挥自律组织作用

指导协会成立纠纷调解中心，去年成立以来已成功完成调解43起。加强与地方法院、金融仲裁院的沟通协作，建立完善诉调、调仲对接机制。指导协会举办“投资者集体接待日”和“董秘值班周”，联合交易所开展“投资者走进上市公司”等活动，充分发挥协会的桥梁纽带作用。

（三）抓监管保护，切实提高投资者保护实效

妥善办理信访及“12386”热线事项177件次、处理各项举报18次，试行投诉登记转办机制，明确市场主体处理投诉的首要责任，在现有的多个纠纷解决渠道之间建立起有效的衔接机制，有效提升市场主体的合规意识。

（四）抓自我保护，帮助投资者提高维权能力

引导《金融投资报》开设投资者保护工作专栏，定期报道监管做法与典型案例。与西南财经大学联合开设投教课程，邀请行业专家授课，探索将投教纳入国民教育体系。巡回开展金融消费者维权宣传专项活动，宣讲投保政策，夯实多元化解决投诉纠纷的基础。

（四川证监局供稿）

陕西证监局2014年依法行政工作总结

2014年，陕西证监局紧紧围绕“两维护、一促进”核心职责，认真贯彻落实证监会各项工作部署，积极推进监管转型，着力改进一线监管，不断提高依法行政水平，切实加强稽查执法，保护投资者合法权益，有力推进了辖区资本市场健康发展。

一、依法推进监管转型，不断提升监管执法效能

（一）以信息披露监管为核心，强化上市公司监管

围绕上市公司监管转型，坚持风险导向、问题导向监管理念，不断创新监管方式方法，有效整合和利用内外部监管资源，综合运用年报审核、审计督导、现场检查、监管协作等手段，及时排查、揭示和处置上市公司信息披露风险，督导18家公司发布年报更正公告；坚持上市公司风险分类监管，采用定性与定量指标相结合方式，全面筛查和科学评估上市公司风险状态，有针对性地对12家风险公司进行了现场检查，执法有效性得到明显提升。督导上市公司和中介机构归位尽责，强化自我约束与市场监督作用，要求17家上市公司核实风险问题，中介机构出具专项意见，实现了由“关注问题”向“核实问题”的转变。对5家公司和2名签字注册会计师采取行政监管措施，形成了有力震慑。充分运用稽查提前介入和联合核查机制，对3家公司进行提前介入调查或立案稽查，日常监管与稽查执法衔接更加紧密，协作更加顺畅。切实加强与沪深交易所的信息共享、线索通报与监管协作，形成监管合力，及时妥善处置了3家公司信息披露问题和重大风险隐患。

（二）风险防范与创新发展并重，强化证券期货经营机构监管

以强化投资者保护、力促行业创新发展与合规风控同步提升为核心，加快推进机构监管转型。深入推进行政审批制度改革，取消4项事先审批事项、3项备案事项和5项报告事项，简化备案报告程序和内容，减少行政干预，充分释放机构创新发展活力。坚持监管规则、办事指南与具体事项办理过程全公开，提高监管透明度。以流动性风险管理为重点，通过摸底调查、专项督导、压力测试等手段，推动证券公司建立健全全面风险管理体系，强化风险管理机制有效性和针对性，实现了对各类风险的预先评估、过程控制和及时处置。实行非现场监管与现场检查联动，集中开展对高风险机构、高风险业务和高风险环节的专项检查，对2家证券

营业部、1 名从业人员采取了行政监管措施。组织实施行业信息技术资源调查、专项检查和应急演练,及时堵塞安全漏洞,提高信息系统安全保障。积极推动证券期货经营机构内部合规管理、风险控制机制发挥作用,通过合规审查、督导、培训、座谈等方式,促进合规总监、首席风险官积极主动履职尽责,机构自我约束、自我管理意识和能力不断增强。抓住"新国九条"和行业创新发展意见集中出台的有利机遇,积极推动证券期货经营机构拓宽融资渠道,壮大资本实力,优化网点布局,拓展业务领域,改善盈利结构,强化市场培育,证券期货经营机构核心竞争能力和金融服务能力明显增强。

(三)坚持监管与服务并重、规范与发展并举,着力推动辖区资本市场健康发展

认真贯彻落实"新国九条"精神,正确处理监管与服务、规范与发展的关系,充分发挥职能作用,着力加强政策宣传、咨询指导、协调推动、市场培育,全力营造有利于辖区资本市场健康发展的良好生态环境。今年以来,辖区 3 家公司首发上市,6 家公司再融资,3 家公司完成重大资产重组,配套融资额同比增长 120.2%。抓住证券行业创新发展新机遇,指导 3 家证券公司拓展业务领域,充实资本实力,加快提升专业能力和核心竞争力。落实期货行业创新发展意见,指导 3 家期货公司开展业务和产品创新,突出差异化发展理念,不断提高服务实体经济能力。积极引导私募基金规范运作与创新发展,完成 50 家私募基金备案,主动加强与有关部门协作,探索有效监管方式。大力推动多层次资本市场建设,支持中小微企业加快发展,18 家公司在全国股权转让系统挂牌,完成 70 家股东超 200 人公司调查摸底。积极配合地方政府推进区域性股权交易市场建设,135 家企业在陕西省股权交易中心挂牌。牵头完成了 17 家各类交易场所的现场检查和整改验收工作,化解了存在的风险隐患。

(四)坚持依法治市,严厉查处各类违法违规行为

维护市场秩序,净化市场环境。一是强化大稽查、大执法理念,继续完善"准全员稽查"体制,建立协作会商机制,进一步理顺日常监管、案件调查与案件审理、行政处罚之间执法协作关系,采取稽查干部临调、轮岗等方式加强稽查办案力量;进一步优化案件调查组织管理,加强案情分析研究,改进调查取证技术,强化案件复核审理,案件调查质量和效率明显提高。全年顺利办结立案案件和初查案件各 4 个、协查案件 12 个,其中 2 个自立案件已完成审理(1 个已完成行政处罚和执行工作)。二是深入持续开展打非整非工作,取得明显成效。针对辖区非法证券活动具体表现形式、特点及其成因,不断完善打非整非工作机制和制度,坚持"严打当头,严防为本;标本兼治,分类处置"工作原则,抓住重点、夯实创新,坚持"打防结合、以防为主"的方针,广泛深入开展面向社会公众的政策宣传,严密监控各类非法证券活动新动向,联合公安、通信等部门妥善处置 3 起非法荐股行为。积极推进行刑衔接机制,与陕西省公安厅加强打非、整非案件线索移交、信息通报等合作,进一步拓宽了监管协作领域。三是深入开展内幕信息管理制度执行情况检查,严查内幕交易案件,进一步优化打防内幕交易工作机制。

(五)将诚信监管与信息公开相结合,强化监管执法效果

积极主动落实监管转型,强化事中事后监管要求,制定《陕西证监局证券期货市场监督管理措施公开办法》,对执法中采取的监管措施原则上全面公开,发挥警示教育作用。将诚信监管与信息公开有机结合,及时录入诚信监管数据库,发挥"一处失信,处处受限"的诚信监管作用,进一步强化了执法效果。制定《陕西证监局诚信信息对外服务工作规程》,主动接受社会公众查询诚信信息;主动公开辅导备案的拟上市公司信息,增强监管透明度,接受社会监督。

二、切实加强投资者保护,依法维护投资者合法权益

把"保护中小投资者合法权益"作为监管转型的重点,着力完善投保工作体系,落实投资者维权机制,投保工作持续深入。积极引导中小投资者参与公司治理,推动 32 家公司股东大会提供网络投票,31 家公司实施中小投资者单独计票并披露计票情况,7 家公司采用累积投票选举董监事,维护了投资者参与权。加强上市公司股利政策执行情况监管,推动 31 家公司

修订现金分红政策，明确分红预期，增强政策可操作性，27 家公司实施现金分红，总额 30.39 亿元，同比增长 28.58% 和 51.05%，投资者收益权得到有效保护。采取分类处置办法，着力推动解决 3 家公司承诺履行问题，辖区上市公司不规范承诺事项及超期未履行承诺问题得到全部解决。把投资者适当性管理制度执行情况纳入检查重点，开展适当性管理滚动调查，督促机构严格执行适当性标准，把好投资者保护第一道关口。建立健全仲裁、居间调解等多层次证券纠纷解决机制，为中小投资者解决纠纷提供了多元化渠道。坚持把及时妥善处理信访投诉作为衡量一线监管工作成效的重要标准，进一步完善信访举报工作制度和分类处理机制，耐心细致做好信访工作，妥善化解矛盾纠纷和风险隐患，全年信访总量继续保持较低水平。要求执业律所组织学习投保“国九条”，鼓励律师为辖区中小投资者提供公益性法律援助。

三、加强执法监督，不断提升依法行政水平

一是以法律审查为抓手，强化行政执法监督。以“合理、适度、有效”为标准，防范法律风险为工作底线，审慎开展法律审查工作。对监管措施、调查报告、信访答复意见、规章制度等进行法律把关，确保执法行为“严格、规范、公正”。不断延伸法律审查功能，拓展审查范围，适度提前介入日常监管与稽查执法，丰富监管经验，提升法律审查质效。参加疑难法律问题座谈会，答复各类法律咨询，为一线监管执法提供法律支持。全年共完成法律审查和法律咨询 75 件，进一步提升了全局依法行政水平。

二是以纪检监察为抓手，强化执法效能监督。开展党风党纪和廉政法规教育工作，签订廉政建设责任书和承诺书，编写廉政短信，向监管干部进行廉政提醒，公示廉政举报电话和举报邮箱，主动接受社会公众监督，强化了全局干部廉政守法意识。单设纪检监察室，充实纪委力量，配备专职纪检干部，纪检监察工作得到有效加强。纪检干部参加业务处室现场检查，跟踪廉政规定执行情况。持续开展年度执法检查和效能监察工作，对强化依法行政、提高执法效能起到积极推动作用。

四、参与资本市场法制建设，认真做好立法调研工作

一是积极参与我会重点立法调研任务。参与了 10 项证监会重点立法调研工作。先后完成《证券法》修改、《期货法》立法建议、《上市公司监督管理条例》、《期权交易管理暂行办法》等立法征求意见反馈工作，以及陕西省人大等部门交付的其他立法研究工作。全年共参与立法反馈意见工作 60 余项。

二是注重调查研究，配合各部门做好法制调研工作。对“暂不受理措施”法律适用、信访与信息公开衔接等调研问题提出务实可行的建议，完成辖区行政许可评价工作，积极支持了会内各部门工作。深入思考资本市场法制建设等问题，完成多篇调研报告。其中《敢于说不　善于说行——证监会派出机构法制工作探析》得到会领导的高度评价。

五、积极应对，依法做好行政处罚、行政复议和行政应诉工作

一是在实践中探索做好行政处罚工作。建立完善行政处罚工作机制，加强案件复核、审理、处罚各环节制度建设，夯实行政处罚工作基础。严把行政处罚案件质量。今年对超比例持股案和内幕交易案进行了审理工作，其中内幕交易案已完成行政处罚和罚没款收缴工作，为今后开展行政处罚工作积累了经验。

二是积极应对行政诉讼和行政复议工作。今年办理行政诉讼和行政复议案件各 1 起。对首例行政诉讼案件，迅速组成应诉工作组，深入研判，周密制订应诉方案，查阅法律法规，全面梳理证据，积极应对，依法答辩。该案最终在庭审前以原告撤诉结案，维护了执法权威。对首例行政复议案件，依据事实和证据，准确适用相关法律法规，稳妥、审慎作出行政复议答复意见。

六、优化执法环境，夯实依法行政基础

一是与地方政府加强合作，形成监管合力，进一步优化辖区资本市场执法环境。推动陕西省政府金融办下发了《关于进一步优化金融运行环境的意见》、与陕西省委宣传部等 15 个部门联合转发了《关于进一步做好打击利用网络实施经济犯罪活动工作的通知》，与省公安厅

联合草拟了《加强证券期货执法行刑衔接工作备忘录》,目前该备忘录在征求意见中。二是进一步加强内部制度建设,先后制定、修订信访、举报、稽查执法、行政复议和行政应诉、保密等规章制度21项,强调工作纪律,完善执法程序,规范执法行为。三是加强司法机关接待等法制协调工作,共接待公安、司法机关来人来访10批24人次,积极为公安、司法机关提供法律帮助和政策支持。四是加强与高校联系交流,组织局法律小组参加高校金融法学学术交流会,拓展法律专业人员视野。

七、注重实效,深入开展普法宣传

按照"贴近大众、贴近市场、深入浅出、注重实效"的原则,将投资者教育与普法相结合,积极开展形式多样的普法宣传。

一是对辖区市场主体开展普法宣传。联合有关部门开展"3·9"大接访、"3·15"维权、"5·17"防范电信诈骗、"12·4"首个宪法日及法治宣传日、金融知识宣传月和内幕交易警示教育展览等大型普法宣传活动,组织证券期货经营机构深入开展"投资者教育进社区"活动,与主流媒体合作开展常态化投资者教育。联合高校开设期货知识课程,开展内幕交易系列宣传活动,编写发布打非整非、投保宣传材料,公布稽查执法、打击防范非法证券活动信息,及时发布开展投资者保护活动的信息,印发上万份普法宣传材料。开展"12·4"普法专项检查工作,通报检查结果,取得示范激励效应。坚持不懈的投资者教育和普法宣传工作已形成声势,提高了辖区市场主体守法意识,进一步增强了中小投资者识别、抵制、防范违法犯罪活动的能力,提升了理性投资理念和依法维权意识。

二是加强干部职工普法宣传。通过每季度编发《监管执法情况通报》,通报监管执法工作中存在的法律问题,督促改进完善行政执法行为。通过不定期编发《证券法制资讯要览》,及时宣传新法新规。发放大量法律书籍,供学习参考,进一步提高了全局干部职工依法行政意识和能力。

(陕西证监局供稿)

第六部分　市场自律组织及相关机构法制建设

一、上海证券交易所

(一)2014 年法制建设工作综述

2014 年,是我国资本市场的改革创新年,也是上海证券交易所(以下简称“上交所”)抓住机遇、积极作为、开拓创新、突破瓶颈、实现跨越式发展的一年。年初以来,按照证监会的统一部署,在有关各方大力支持下,上交所紧密围绕蓝筹股市场、债券市场、衍生品市场、国际化四大发展战略,大力加强法制建设,包括持续完善业务规则体系、切实加强自律监管、全力支持市场创新、扎实推进法制研究、深入开展法制宣传,在法制工作方面取得了新的进展。

一、持续完善业务规则体系

业务规则是上交所市场发展和监管的基础,也是资本市场法律、规则体系的有机组成部分。2014 年,上交所继续完善业务规则体系,新制定业务规则 35 件,修改 8 件,废止 25 件。截至 2014 年 12 月 31 日,上交所有效的业务规则为 186 件。

(一)推进基本业务规则的修订

1. 配合推进退市相关工作的需求,修订《股票上市规则》。根据证监会 2014 年《关于改革完善并严格实施上市公司退市制度的若干意见》,上交所对《股票上市规则》进行了第九次修订并于 2014 年 10 月 17 日发布。本次规则修订的重点是新增主动退市和重大违法强制退市制度。新增的重大违法公司强制退市制度,将投资者和市场反应最强烈的欺诈发行和上市公司重大信息披露违法等严重违规事件,纳入强制退市情形,并明确了相应的暂停上市和终止上市要求。

2. 适应“沪港通”等新业务发展需求,修订《交易规则》。2014 年 9 月 26 日,上交所发布了修订后的《交易规则》及配套的交易单元实施细则,删除交易参与人取得席位的相关规定,补充了交易参与人的申报指令、申报时间、交易记录等交易申报事项,并补充交易参与人的监督管理事项。此次修订为沪港通顺利开通特别是联交所证券交易服务公司参与沪股通业务、申请成为上交所交易参与人并取得参与者交易业务单元提供了规则依据和支持。

3. 配合证监会《公司债券发行与交易管理办法(征求意见稿)》,启动《公司债券上市规则》修订工作。2014 年,证监会启动修订《公司债券发行试点办法》,并向市场公开征求意见(即《公司债券发行与交易管理办法(征求意见稿)》)。为与上位规则保持一致,上交所全面启动修订《公司债券上市规则》。此次修改主要是充实债券持有人保护相关内容,例如对投资者进行合理分类、完善债券受托管理人制度和债券持有人会议制度等;同时,增加了非公开发行的公司债券(已完成在协会事后备案)可以在上交所进行转让的相关规定,并就非公开发行公司债券转让事宜单独制定业务规则。

(二)推进业务实施细则、业务指引的立、改、废

在基本业务规则的制度框架之下,上交所同时制定和发布了相关的业务实施细则、业务指引。业务实施细则、指引种类涉及的业务领

域相对集中,其中,交易管理类细则、指引的新增量最大,共有32件,占到70%以上;上市公司管理类业务规则新增量也占比超过了10%。

上交所全年废止的业务规则(主要为业务实施细则、指引)共计25件(注:2013年为38件)。在制定和修改业务规则的同时明确废止的22件,通过年度清理拟予以集中废止的3件。规则废止与规则制定修改之间呈现出较强的联动性,废止的业务规则主要集中在交易管理类别,占比超过50%。此外,由于在本年度业务规则统筹管理中,重点加强了对业务通知的归并,全年废止的业务通知达到14件,占废止总量的56%。

(三)加强业务规则的统筹协调和清理评估

1. 科学界定业务规则及规范性文件的效力层次,进一步优化规则体系。本次清理中,拟将证券品种代码段分配通知等23项业务操作性文件,从现有业务规则体系转入业务指南与流程范畴进行管理,从而精简规则数量,更便于相关主体查询与使用。

2. 切实扩展业务规则公开征求意见的范围和程度。2014年,本所进一步完善市场参与主体参与规则制定的途径和方式,大力提高规则制定的公众参与度,拟将业务规则在发布之前向市场征求意见的流程制度化、常规化。

3. 适时明确本所官网作为业务规则发布平台的法律地位。按照通常理解以及本所现有的规定,绝大部分业务规则应当在证监会指定的信息披露媒体上公布。但是,在实际执行过程中,受制于纸面媒体的篇幅限制,要求所有业务规则通过三大报等指定媒体进行全文公布,已难以得到纸媒的充分配合。实践中,大量细则、指引类规则是以摘要或者新闻通稿的方式进行有限发布,本所外部网站已成为规则全文发布的核心渠道,同时也已被指定为沪港通标的股票发行人的指定信息披露网站。此次规则清理,拟与证监会商议后,适时向市场发布通知,明确本所官网作为本所业务规则指定发布平台的法律地位。

二、切实加强自律监管

自律监管是上交所的法定职责和核心职能。按照2014年初证券期货监管工作会议提出的“推进监管转型、实现六个转变”的要求,上交所积极推进上市公司监管方式的转变,建立健全市场异常波动风险防控机制和会员业务风险监测体系,努力提升会员服务水平和能力。

(一)积极推进上市公司信息披露自律监管转型

1. 在直通车基础上推进信息披露监管转型。在2013年顺利启动信息披露直通车的基础上,进一步扩大了直通车的覆盖范围。2014年沪市全部上市公司85%的公告已经实现直通处理。推动贯彻事中事后监管模式,在关注信息披露合规性的同时,进一步满足投资者对信息披露的有效性需求,增强信息披露审核的针对性。在监管公开方面,除监管规则和结果公开外,加大了监管过程和监管措施的公开力度。在“*ST长油”退市等重大事件处置和“山水文化”重组、“西藏药业”控制权之争等一批热点事件快速反应过程中,充分使用官方微博、新闻发布会等方式,及时动态地向市场通报监管立场、态度和措施,取得积极效果。

2. 完成由辖区监管向分行业监管转变的实施准备。研究论证改变目前的辖区监管模式,形成实施方案。以证监会行业划分为基础,依据“突出重点行业、整合相关行业、兼顾特殊行业”的划分标准,确定43个行业类型。围绕公司交接和行业研究准备两大重点环节,按照稳中求进的总体思路,从公司交接、行业研究、行业指引制定三个方面,扎实做好实施准备工作。共召集了7场公司交接讨论会和20场行业知识培训,建立近30个行业研究数据库。

3. 强化与证券监管机构的上市公司监管协作。落实《上市公司监管协调工作规程》,在积极承担上市公司非现场监管职责的同时,加强监管情况通报,努力提供信息披露违规线索,共向证监会发出请示报告函件100余份,向派出机构发出监管协作函件50余份。在山水文化、上海新梅等重大案件处理中,与证监会、派出机构有效配合,发挥了三点一线的监管协同效应。开通了上交所与证监局的监管联系网络专区,共享监管信息,加强日常交流,获得了积极认可。

4. 积极落实新一轮退市制度改革。组织专门力量,参与证监会退市制度修改完善的讨论和研究,并对上交所相关配套规则进行了同步修订，明确终止上市前的交易、终止上市后重新上市等退市后的相关安排。在＊ST长油退市实施过程中，为保障退市工作有序推进，会同所内相关部门成立专门工作小组，启动退市整理期首单保障机制、突发事件应急处置机制、舆情应对机制、快速反应机制等多项工作保障机制。与中国证监会上市公司监管部、江苏证监局建立了顺畅的信息互通、工作互动的协作机制，顺利完成了投资者集中信访、舆情应对、公司重大事项信息披露等重大事项的处置工作。

5. 加大违规行为自律监管力度。截至2014年底，针对上市公司及相关主体的违规行为，共做出了50份纪律处分，96份监管措施决定，其中公开谴责了57名董监高，8家次上市公司、2名实际控制人，并公开认定4人不适合担任董监高；通报批评了134名董监高，4家上市公司、5名实际控制人、10家股东及2名股东单位负责人。纪律处分的数量和层级较去年同期均有较大幅度增加。

（二）切实加强市场交易监管

1. 建立健全市场异常波动风险防控机制，完善应对处置措施。一是制订和完善了《上交所市场异常波动应急预案》，编制了《市场异常波动应急处置手册》（试用版）。二是建立了应急值班制度，在内网公布应急处置部门值班表，保持每日更新，并不定期进行抽查。三是完善并细化应急处置流程，设立舆情监测专人专岗，充分利用上交所舆情监测系统，提升应急处置和实时监控的舆情分析能力。

2. 加强市场监控调查，维护市场交易秩序。2014年，上交所继续加大了对异常交易的监控、调查、制止力度，围绕债券异动、题材股炒作和新股炒作等，坚决抑制过度投机行为，并从以下几个方面防范重大异常事件的发生，维护市场交易秩序：一是提高监控工作主动性，及时处理监控系统预警。二是加大新股的监管力度，遏制过度投机。修订并重新发布了《关于新股上市初期交易监管有关事项的通知》等规则，并向会员发布《新股上市初期监管信息》。三是对绝对发行价格低、被市场热炒的少数新股进行了重点监控，并对参与炒作的机构及个人大户及时予以警示。

3. 及时采取措施制止异常交易，主动化解市场风险。本年度，上交所对交易出现异常波动以及媒体关注的一批股票进行了重点监控，对其中存在违规嫌疑的异常交易行为及时进行了调查，并分别采取了电话警示、发送书面监管关注函、警示函、约见谈话、限制证券账户交易等监管措施。

4. 提升案件线索发现能力，加强稽查执法协作。2014年，上交所主要从以下几个方面继续多维度拓宽线索来源，提升挖掘违法违规线索的能力，与稽查执法部门继续加强协调配合：一是继续拓展案件数据来源，重点加大资产重组停牌核查力度，为稽查执法输送大量案源。二是提升数据挖掘能力，为老鼠仓等案件查处提供大量数据支持，配合各地公检法机构，提供大量数据支持，处理审计署来函核查老鼠仓案件。三是提升案件数据协查效率，加强与稽查执法部门的协调配合，完成百余件稽查协助配合工作，同比增加60%以上。

（三）不断完善会员监管

在会员监管方面，上交所以支持会员创新为主线，同时确保风险防范、控制、应对体系同步跟上。上交所坚持守住行业性、系统性风险底线，建立健全会员融资类业务风险监测体系，大力推进会员自律管理转型，并不断提升会员的服务水平和能力。

1. 建立健全会员融资类业务风险监测体系。健全的风险控制机制是金融创新稳步推进的重要保障。为此，上交所围绕市场焦点问题，从以下几个方面积极跟踪、督促会员做好风险控制：一是积极探索制定会员融资类业务风险指引，在交易所网站公布股票质押回购的相关信息，做好风险控制。二是每月对融资融券业务进行分析，形成月度风险评估报告。三是制定股票质押回购业务综合风险指数编制方案，撰写约定购回、股票质押回购风险评估月报，实时跟踪业务进展。

2. 大力推进会员自律管理转型。上交所积极推动会员自律管理转型。一是在自律管理方法上，从过多的事前审核，向事中、事后监管转变，并对部门相关审核登记事项进行全面评估和梳理。二是在自律管理运行上，增强自律管理的透明度和稳定性。对相关审核和登记事项公布了办事指南，确定了规则依据、办理标准、提交材料的内容、办理时限等。三是在自律管理手段上，实现监管手段的多样性、协商性和开放性。四是在监管规则上,增强监管规则的透明度,在证监会相关部门的指导下,上交所与深交所多次沟通协调,推动《会员管理规则》修改工作,达成较为一致的修改意见。

3. 不断提升会员服务水平和能力。会员服务是上交所工作的一项重要内容。2014 年上交所从以下几方面继续提升服务水平,拓宽服务内容:一是采取多项措施积极推动证券公司改制上市,高度重视会员融资和改制上市事务。二是大力支持证券公司在交易所发行债券。三是精心制定会员服务总体方案,建立交易所与会员人员双向交流的机制。

三、全力支持市场创新

为市场创新提供法律支持是上交所法制工作的一大重点。2014 年,上交所正式启动沪港股票市场交易互联互通机制试点,股票期权业务方案获得证监会批准,在债券、基金等领域进行了大量创新,法制工作在其中发挥了重要的支持和保障作用。

(一)为沪港通业务试点提供法律支持

1. 制定《沪港通试点办法》及配套业务规则和业务协议。落实两地证监会《联合公告》和中国证监会《沪港股票市场交易互联互通机制试点若干规定》所确立的原则和要求,制定《沪港通试点办法》、《港股通投资者适当性管理办法》、起草并组织会员和非会员机构与上交所证券交易服务公司签署《港股通服务协议》,明确证券交易服务公司的职责和会员参与港股通业务的要求,细化投资标的、交易方式、额度控制、投资者适当性管理的相关安排,进一步明确各市场参与主体的权利义务和沪港通业务的规则适用。完成上交所外部网站成为沪股通公司指定信息披露网站的准备工作。对境外结算机构作为名义持有人参与沪股通上市公司网络投票做出适当安排。与中国证券登记结算有限责任公司联合发布《港股通委托协议必备条款》和《港股通交易风险揭示书必备条款》,对会员接受投资者港股通交易委托作出补充规定,强化会员主动向客户揭示业务风险的义务。

2. 与境内外合作机构谈判、共同起草和签署相关协议。完成《四方协议》、《交易通协议》、所司《业务合作备忘录》、《港股通结算协议》等四份协议的谈判和签署,一是确立了上交所、香港联合交易所有限公司及各自设立的证券交易服务公司、中国证券登记结算有限责任公司、香港中央结算有限公司合作开展沪港通业务的基本框架、合作方式和合作范围;二是就沪港通相关业务和技术细节达成一致,指导和约束两地交易所和结算机构制定和执行沪港通相关业务规则,加强各方业务规则的协调;三是就沪港通业务所涉及的监管合作和应急处置等事项在理念和操作方面达成共识。完成上交所证券交易服务公司申请成为香港地区自动化交易服务提供者、香港联合交易所有限公司特别交易所参与人的相关程序,接纳香港联合交易所有限公司证券交易服务公司为上交所交易参与人。

3. 研究解决沪港通业务所涉及的法律问题,组织评估沪港通业务的法律风险并提出防范措施。参加证监会有关沪港通业务筹备的专题会和两地监管机构、交易所、结算机构的五方会议,及时反映并参与相关问题的研究。就沪港通业务所涉及的基本法律关系、自动化交易服务(或称 ATS)制度、上交所与证券交易服务公司(或称 SPV)的法律责任、沪股通投资者融资融券、机构投资者参与港股通业务、自律监管合作、上交所民事责任豁免等问题形成了 10 余篇研究报告,并组织完成 2 项“上证联合研究计划”课题,及时、高效地提供了法律解决方案。组织对沪港通业务的法律风险进行评估,紧密结合沪港通业务方案和规则,跟踪各大媒体舆情,重点提出子公司“公司人格否认”、账户体系差异与实时监控、名义持有人制度、两地交易制度差异性规定、持仓超限豁免减持以及风险揭示等 8 个方面的潜在风险,及时向相关业务部门反馈。

(二)为股票期权试点提供法律支持

2013 年年初起,上交所正式提出衍生品市场战略,选定股票期权作为衍生品创新的突破点。一年多来,按照“高标准、稳起步、严监管、控风险”的总方针,借助全真模拟交易这一平台,从方案完善、技术就绪、规则制定、市场准备、投资者教育等方面入手,全力做好推出股票期权的各项准备工作。

就股票 ETF 期权业务规则及涉及的法制相关问题,上交所在深入研究的基础上,构建了期权规则体系，在现有法律、法规框架下推出个股期权业务的法律路径，并就个股期权业务中较为突出的风控制度、强行平仓法律关系、保证金安全存管法规适用等问题进行研究并形成专题报告，得到了监管机构的认可。目前，证监会和上交所已向市场发布了股票期权试点办法和业务规则，广泛征求各方意见。

（三）力推债券业务创新

1. 推进信贷资产支持证券发展，发布《资产证券化业务指引》。2014 年 6 月 25 日，平安银行 1 号小额消费贷款资产支持证券在上交所成功上市，并由中央结算公司集中登记托管，信贷资产证券化产品正式登陆交易所市场。为配合证监会《证券公司及基金管理公司子公司资产证券化业务管理规定》，上交所于 2014 年配套发布《资产证券化业务指引》，我国信贷资产证券化扩大试点取得重大进展。

2. 发布《证券公司短期公司债券业务试点办法》，推出短期私募产品。在中国证监会的统一指导及上交所的积极推动下，2014 年 10 月，上交所发布《证券公司短期公司债券业务试点办法》，正式启动试点工作。截止 2014 年底，已完成备案 4 家，其中 3 家为上市证券公司；备案金额达 561 亿元，其中完成发行 10 亿元。

3. 发布《可交换债券业务实施细则》，盘活上市公司股权存量。为落实国务院常务会议关于"盘活存量"的政策要求，盘活上市公司股权存量，上交所起草并向市场发布了《可交换债券业务实施细则》，以重启可交换债券业务试点。其中宝钢集团已经于 12 月份完成首单可交换债券的公开发行。

4. 发布业务通知，推出并购重组私募债券试点。为贯彻落实国务院及中国证监会相关精神，发挥资本市场对推动企业兼并重组的积极作用，上交所对并购重组债券市场进行了深入研究与探讨，完成并向市场发布了《关于开展并购重组私募债券业务试点有关事项的通知》。

5. 积极研究协议回购、债券借贷等创新业务。一是研究债券质押式协议回购业务的相关方案，起草业务规则。二是研究债券借贷业务相关方案，并起草业务规则。三是研究境外机构发行人民币债券及通过自贸区平台引进境外机构投资者相关法律问题。

（四）加强基金业务创新

1. 发布《开放式基金业务管理办法》，推动基金业务创新。上交所于 2014 年 1 月 2 日发布《开放式基金业务管理办法》，为开启 2014 年基金业务创新打下良好基础。2014 年，上交所一是顺利推出创新型封闭式基金。9 月 23 日，嘉实元和直投封闭混合型证券投资基金成功募集资金，年内即将在上交所挂牌上市。该基金是国内首只为配合国企混合所有制改革而推出的创新封闭式基金。二是行业 ETF 增长迅速。2014 年，华安、南方、嘉实和景顺长城基金共有 9 只跨市场行业 ETF 在上交所上市，涵盖了金融、医药、消费、材料、能源、地产等多个行业。三是跨境 ETF 发展提速。2014 年新增跨境 ETF 产品 2 只，新增规模 12 亿元，分别较去年增长了 100% 和 600%。四是全面启动推出商品 ETF、杠杆 ETF。上交所已经召集有关基金公司完善商品 ETF、杠杆 ETF 产品方案，撰写相关专题报告送证监会，并多次到证监会汇报请示。多家基金公司已上报相关产品，待证监会准予注册后，即可在上交所发行上市。

2. LOF 产品以及相关业务方案、规则准备就绪。LOF 产品的各项准备工作都已就绪。业务上，上交所与中国结算年内分别发布了 LOF 业务管理办法和 LOF 登记结算细则，上交所和中国结算还联合起草了上证 LOF 业务指引，LOF 所司备忘录。技术上，上交所和中国结算都已完成技术开发，部分基金公司完成了技术准备和测试工作。市场上，多家基金公司已向证监会上报了上证 LOF 和分级基金产品方案，拟准予注册后在上交所上市交易。

四、积极配合行政审批制度改革

（一）完成行政许可项目评价工作

根据《关于开展行政许可实施情况评价活动的通知》（证监办发〔2014〕17 号）要求，认真开展并完成了证监会相关行政许可项目的评价工作。一是委托中国政法大学法学院课题组开展行政许可实施情况的外部评价工作，就全部 47 个行政许可项目进行了研究，并形成课题报告，为行政审批制度改革和监管转型提供科学依据。二是组织所内部门从自律管理机构的角度对证监会行政许可的实施情况进行评价，主要涉及与证券交易所市场监管及日常运行密切相关的8个方面:1. 要约收购义务豁免核准;2. 公司公开发行股票(A股、B股)核准;3. 上市公司非公开发行新股核准;4. 证券交易所的设立和解散审核;5. 证券交易所的章程和业务规则的审批;6. 证券交易所的收费审批;7. 证券交易所上市新的交易品种审批;8. 证券交易所与境外机构重大合作项目审批。

(二)开展交易所自律监管审批登记事项清理工作

按照监管转型、简政放权的要求,两次组织实施自律监管中面向市场主体实施的审核、登记事项的全面清理工作。一是保留有明确法律依据的审核事项;二是根据上交所自律监管需要,区分需由上交所做实质把关或者设置准入限额或规模的事项和由市场主体自主决策的事项,将前者统一确定为登记事项,后者统一调整为事后把关性质的办理类事项(即取消登记类事项)。

本次清理工作,取消了包括证券公司次级债券转让服务、资产管理计划份额转让服务、交易单元租用三项登记事项;在证监会批准、上交所业务规则修改之后,拟取消信息披露等四项审核登记事项。上交所向市场公布了自律监管审批登记事项清单及办理程序,同时对交易所业务规则中的相关表述进行了规范,大幅提升了自律监管的公开性、规范性与便捷性。

五、扎实推进法制研究

(一)继续加大资本市场重大立法工作参与力度,做好法治工作的理论支持和研究

1. 组织力量开展证券法修改的论证工作。组织召开《证券法苑》创刊五周年暨注册制改革专题研讨会,认真听取市场对注册制改革的意见建议;牵头组织证券法修改专题论证会,并就与证券交易所密切相关的重点问题形成具体条文修改建议。

2. 积极研究证券法修改中的重点、难点问题。牵头多次就全国人大财经委《证券法(修订草案)》反馈修改建议,形成证券法条文修改建议,报送证监会,并重点研究交易所审核新股发行注册与行政许可的关系、审核主体模式选择利弊以及证券交易制度、证券交易场所制度、证券的范围及证券衍生品制度,以及发行、公司债券、证券上市等重要制度。派员借调证监会证券法修改工作小组,参与证券法修改研究工作。

3. 积极参与《期货法》制定。先后就《期货法》草案多次反馈修改意见,着重就与上交所密切相关的事项,特别是股票期权业务形成具体条文修改建议,提交期货法立法小组。

(二)依托"上证法治论坛"、《证券法苑》等平台,做好舆论宣传引导工作

1. 成功举办第五届"上证法治论坛"。12月27日在北京举办以"依法治市:中国资本市场的现实选择和推进路径"为主题的第五届"上证法治论坛"。中国证监会副主席庄心一、全国人大常委会法工委副主任信春鹰、最高人民法院副院长奚晓明、最高人民检察院副检察长孙谦、国务院法制办副主任甘藏春、上海证券交易所理事长桂敏杰、中国人民大学校长陈雨露出席会议并讲话。来自立法、司法、执法部门和高校、研究机构的专家学者以及市场专业人士近百人参加会议,围绕股票发行注册制与证券立法、多层次资本市场法律制度、资本市场对外开放、证券监管执法、司法和多元化解纷机制等进行了深入研讨。12月29日,三大证券报等主流媒体重点报道了论坛情况,市场反响良好。

2. 优化《证券法苑》的编辑出版工作,不断提升《资本市场法制动态》的质量,推动资本市场重大问题研究。一是成功争取《证券法苑》入选中文社会科学引文索引CSSCI来源集刊,并以此为契机,优化《证券法苑》编辑机制,扩大刊物的影响力。2014年度共编辑出版《证券法苑》四卷,收录了所外专家与所内员工关于证券法制的最新研究成果百余篇。二是着力将《资本市场法制动态》打造成为所内法制研究交流平台,并为业务发展和监管实践提供参考。2014年度共连续编辑《资本市场法制动态》12期,合计刊登近百篇文章。

3. 完成与资本市场发展密切相关的多份研究报告。围绕我国注册制下发行上市监管体制的模式选择、利用自由贸易账户建立新股全球配售机制、互联网企业境外上市的原因分析与政策建议、新股配售中引入美式招标法、资本市场法律体系建设、2014年资本市场法治评述、阿里上市方案中与控制权相关的特殊股权

结构安排、B股转H股法律问题研究报告、新三板公司转板上市法律问题、上市公司存在重大违法行为直接退市、商业银行投资境内市场股票的可行性分析及政策建议、诚信建设在监管转型中更好发挥作用等问题，形成了20余份研究成果。

六、深入开展法制宣传，切实加强投资者保护

（一）以增强工作实效为着眼点，不断创新法制宣传方式方法

2014年，上交所积极创新法制宣传方式方法，着力提高法制宣传的及时性、覆盖面和影响力，提升工作实效。

1. 充分发挥官方微博“上交所发布”的作用，强化政策宣传和舆论引导。围绕资本市场改革创新重大举措和沪港通等新业务的推出，充分发挥新媒体快速、及时的特点，通过“上交所发布”微博，将证监会的新政策和上交所的业务规则及时向公众转发，对投资者关注的热点问题及时作出说明，对市场上流传的不实信息及时予以澄清。

2. 持续深入开展“我是股东”和“投资者面对面”活动，形成投资者关系管理常态工作机制。2014年，上交所共组织开展3季网络海选，每季投票均突破百万，累计投票超过353万，页面点击量超过4000万次，先后组织超过900名中小投资者走进光明乳业、中国重工等20家上市公司。活动新增“上市公司自荐”、“证券公司专场”等方式，充分调动投资者参与积极性，增强投资者的股东权利意识。央视、新华社、第一财经、大智慧等20余家财经主流媒体全程报道了本次活动，投资者反响强烈。

3. 综合利用官方网站、报纸、财经门户网站、折页、动画片、微信等多种宣传渠道开展投资者教育。一是不断优化上交所投教网站，从投资者需求出发，以业务为主线，充分发挥投教网站在法制宣传中的重要窗口作用。结合新业务发展情况，上交所不断丰富“股票期权投教专区”栏目内容，新增“沪港通投教专区”。截至2014年底，全年网站页面点击量共计10679万次。二是积极依托主流媒体开展投教工作，撰写并通过三大证券报及上交所官方微信、微博等渠道持续刊发《投资者之声》21期，累计超过7万字。三是采用折页、动画、视频课件等生动活泼的投教方式，制作《沪港通ABC》宣传折页、《港股通投资者一本通》、视频课件、股票期权动画片、《期权策略快速入门》小册子和《期权策略游戏》等投教材料。截至2014年底，全市场共印制折页等资料100余万本。

（二）认真落实国办发110号规定，完善投资者保护制度安排，围绕市场创新业务，系统开展投资者教育工作

1. 贯彻国办发〔2013〕110号政策规定，积极参与资本市场投资者适当性管理制度建设。在交易所规则制定、修订工作中，认真贯彻“将投资者保护嵌入自律监管”的要求，不断检视投资者保护的落实情况和相关措施。积极参与中国证监会《证券期货市场投资者适当性管理办法》起草工作，系统梳理和分析境内外市场相关资料形成《现行适当性制度实施情况评估报告》，就投资者分类标准条文的制定提出具体建议。修订《会员管理规则》等基础性规则，明确会员承担的投资者教育义务及适当性管理义务。在沪港通、股票期权等业务创新中，通过制定投资者适当性管理指引、经纪业务合同和风险揭示书必备条款，督促会员履行投资者保护义务，强制规定最低风险揭示标准，强化证券期货经营机构向投资者主动、充分揭示风险的义务。动态调整现有业务中的投资者保护的规定以适应市场发展变化。

2. 配合创新业务的推出，根据“交易所—证券公司营业部—投资者”三层工作思路，积极开展从业人员及投资者培训。为满足市场对沪港通业务的需求，先后组织了6场面向全体会员的业务培训，共培训会员讲师近600名，截至2014年年底，全市场培训投资者84.6万人次，从业人员28.6万人次；在股票期权业务方面，上交所结合期权策略应用与模拟交易推广，面向会员营业部讲师开展培训，累计培育“特约讲师”164名、“讲师”819名，打造了一支“千人”讲师队伍。上述会员讲师在后续投资者培育中，成为投教工作的“播种机”和中坚力量。

3. 运用投资者声音快速调研平台，及时、准确地收集市场声音。依托23家会员的110家营业部，围绕“股票期权”、“沪港通”“新股发行”、“信息披露”等20余个重点业务专题面向中小投资者开展了6期问卷调查，累计参与投资者

近1.5万名。开展“我是股东我点评”,尝试引入投资者参与对上市公司信息披露质量的评价。

(三)以企业培训为窗口,切实加强对上市公司、会员公司的法制教育

2014年,上交所进一步将法制宣传工作寓于企业培训日常工作中,立足上市公司、市场机构的实际情况,差异化、分门类开展普法宣传。

1. 推进上市公司高管培训工作。全年举办上市公司独董、董秘、财务总监培训22期,培训人数4354人。对培训内容进行优化,将重组并购、退市、注册制、员工持股计划、ETF投资策略等内容及时纳入培训课程,深受学员欢迎。同时,根据最新法律法规及时修订培训资料库和考试题库,提升培训效果。

2. 扩展针对市场机构的业务培训。全年举办培训43期,培训人数达到6723人。其中,沪港通和ETF期权培训组织31期,占市场机构类培训的72%,基金、债券及其他产品业务培训组织12期。培训对象涵盖地方证监局、券商、基金、保险、社保、QFII、私募、媒体等多方市场参与主体。

3. 增强拟上市公司培训的针对性。全年完成拟上市企业培训班共76期,培训人数达7187人,紧扣热点,注重实务,有针对性地宣传了证监会关于新股发行的法规和相关政策,满足了拟上市企业和地方政府金融主管部门对于相关信息的需求。

(二)2014年作出的核准上市决定目录

股票

序号	文件名称	文号	部门	发文日期
1	关于苏州纽威阀门股份有限公司人民币普通股股票上市交易的通知	自律监管决定书〔2014〕23号	发行上市部	2014/1/15
2	关于安徽应流机电股份有限公司人民币普通股股票上市交易的通知	自律监管决定书〔2014〕31号	发行上市部	2014/1/20
3	关于贵人鸟股份有限公司人民币普通股股票上市交易的通知	自律监管决定书〔2014〕34号	发行上市部	2014/1/22
4	关于陕西煤业股份有限公司人民币普通股股票上市交易的通知	自律监管决定书〔2014〕35号	发行上市部	2014/1/24
5	关于苏州晶方半导体科技股份有限公司人民币普通股股票上市交易的通知	自律监管决定书〔2014〕42号	发行上市部	2014/1/29
6	关于佛山市海天调味食品股份有限公司人民币普通股股票上市交易的通知	自律监管决定书〔2014〕43号	发行上市部	2014/2/6
7	关于上海联明机械股份有限公司人民币普通股股票上市交易的通知	自律监管决定书〔2014〕350号	发行上市部	2014/6/25
8	关于广东依顿电子科技股份有限公司人民币普通股股票上市交易的通知	自律监管决定书〔2014〕351号	发行上市部	2014/6/25
9	关于浙江莎普爱思药业股份有限公司人民币普通股股票上市交易的通知	自律监管决定书〔2014〕354号	发行上市部	2014/6/30

续表

序号	文件名称	文号	部门	发文日期
10	关于江苏今世缘酒业股份有限公司人民币普通股股票上市交易的通知	自律监管决定书〔2014〕355号	发行上市部	2014/6/30
11	关于上海北特科技股份有限公司人民币普通股股票上市交易的通知	自律监管决定书〔2014〕401号	发行上市部	2014/7/16
12	关于中材节能股份有限公司人民币普通股股票上市交易的通知	自律监管决定书〔2014〕437号	发行上市部	2014/7/29
13	关于南京康尼机电股份有限公司人民币普通股股票上市交易的通知	自律监管决定书〔2014〕446号	发行上市部	2014/7/30
14	关于重庆川仪自动化股份有限公司人民币普通股股票上市交易的通知	自律监管决定书〔2014〕447号	发行上市部	2014/8/1
15	关于辽宁禾丰牧业股份有限公司人民币普通股股票上市交易的通知	自律监管决定书〔2014〕461号	发行上市部	2014/8/6
16	关于长白山旅游股份有限公司人民币普通股股票上市交易的通知	自律监管决定书〔2014〕488号	发行上市部	2014/8/20
17	关于会稽山绍兴酒股份有限公司人民币普通股股票上市交易的通知	自律监管决定书〔2014〕489号	发行上市部	2014/8/21
18	关于杭州福斯特光伏材料股份有限公司人民币普通股股票上市交易的通知	自律监管决定书〔2014〕510号	发行上市部	2014/9/3
19	关于江苏亚邦染料股份有限公司人民币普通股股票上市交易的通知	自律监管决定书〔2014〕511号	发行上市部	2014/9/3
20	关于华懋(厦门)新材料科技股份有限公司人民币普通股股票上市交易的通知	自律监管决定书〔2014〕559号	发行上市部	2014/9/24
21	关于中节能风力发电股份有限公司人民币普通股股票上市交易的通知	自律监管决定书〔2014〕560号	发行上市部	2014/9/25
22	关于重庆燃气集团股份有限公司人民币普通股股票上市交易的通知	自律监管决定书〔2014〕561号	发行上市部	2014/9/26
23	关于兰州兰石重型装备股份有限公司人民币普通股股票上市交易的通知	自律监管决定书〔2014〕566号	发行上市部	2014/9/30
24	关于浙江九洲药业股份有限公司人民币普通股股票上市交易的通知	自律监管决定书〔2014〕574号	发行上市部	2014/9/30
25	关于浙江万盛股份有限公司人民币普通股股票上市交易的通知	自律监管决定书〔2014〕575号	发行上市部	2014/9/30
26	关于江苏省交通规划设计院股份有限公司人民币普通股股票上市交易的通知	自律监管决定书〔2014〕576号	发行上市部	2014/10/8
27	关于宁波东方电缆股份有限公司人民币普通股股票上市交易的通知	自律监管决定书〔2014〕588号	发行上市部	2014/10/13
28	关于江苏太平洋石英股份有限公司人民币普通股股票上市交易的通知	自律监管决定书〔2014〕605号	发行上市部	2014/10/29

续表

序号	文件名称	文号	部门	发文日期
29	关于中电电机股份有限公司人民币普通股股票上市交易的通知	自律监管决定书〔2014〕614 号	发行上市部	2014/10/31
30	关于陕西黑猫焦化股份有限公司人民币普通股股票上市交易的通知	自律监管决定书〔2014〕619 号	发行上市部	2014/10/31
31	关于曙光信息产业股份有限公司人民币普通股股票上市交易的通知	自律监管决定书〔2014〕620 号	发行上市部	2014/11/4
32	关于合肥合锻机床股份有限公司人民币普通股股票上市交易的通知	自律监管决定书〔2014〕621 号	发行上市部	2014/11/4
33	关于宁波精达成形装备股份有限公司人民币普通股股票上市交易的通知	自律监管决定书〔2014〕626 号	发行上市部	2014/11/7
34	关于桂林福达股份有限公司人民币普通股股票上市交易的通知	自律监管决定书〔2014〕656 号	发行上市部	2014/11/26
35	关于维格娜丝时装股份有限公司人民币普通股股票上市交易的通知	自律监管决定书〔2014〕662 号	发行上市部	2014/12/1
36	关于广西柳州医药股份有限公司人民币普通股股票上市交易的通知	自律监管决定书〔2014〕669 号	发行上市部	2014/12/2
37	关于湖南方盛制药股份有限公司人民币普通股股票上市交易的通知	自律监管决定书〔2014〕670 号	发行上市部	2014/12/3
38	关于海南矿业股份有限公司人民币普通股股票上市交易的通知	自律监管决定书〔2014〕672 号	发行上市部	2014/12/5
39	关于华电重工股份有限公司人民币普通股股票上市交易的通知	自律监管决定书〔2014〕673 号	发行上市部	2014/12/10
40	关于北京高能时代环境技术股份有限公司人民币普通股股票上市交易的通知	自律监管决定书〔2014〕696 号	发行上市部	2014/12/26
41	关于南威软件股份有限公司人民币普通股股票上市交易的通知	自律监管决定书〔2014〕702 号	发行上市部	2014/12/26
42	关于苏州工业园区设计研究院股份有限公司人民币普通股股票上市交易的通知	自律监管决定书〔2014〕706 号	发行上市部	2014/12/29
43	关于浙江新澳纺织股份有限公司人民币普通股股票上市交易的通知	自律监管决定书〔2014〕707 号	发行上市部	2014/12/29

债券

序号	文件名称	文号	部门	发文日期
1	关于 2013 年第一期武威市经济发展投资(集团)有限公司公司债券上市交易的通知	自律监管决定书〔2014〕2 号	债券业务部	2014/1/2
2	关于 2013 年即墨市城市开发投资有限公司公司债券上市交易的通知	自律监管决定书〔2014〕3 号	债券业务部	2014/1/2

续表

序号	文件名称	文号	部门	发文日期
3	关于2013年清远市交通建设开发公司企业债券上市交易的通知	自律监管决定书〔2014〕4号	债券业务部	2014/1/2
4	关于2013年第一期天津市武清区国有资产经营投资公司企业债券上市交易的通知	自律监管决定书〔2014〕5号	债券业务部	2014/1/2
5	关于2013年濮阳市建设投资公司企业债券上市交易的通知	自律监管决定书〔2014〕6号	债券业务部	2014/1/3
6	关于2013年泰兴市成兴国有资产经营投资有限公司公司债券上市交易的通知	自律监管决定书〔2014〕7号	债券业务部	2014/1/3
7	关于2013年福建省投资开发集团有限责任公司公司债券上市交易的通知	自律监管决定书〔2014〕8号	债券业务部	2014/1/3
8	关于2013年第一期湖南天易集团有限公司公司债券上市交易的通知	自律监管决定书〔2014〕9号	债券业务部	2014/1/3
9	关于2013年府谷县国有资产运营有限责任公司公司债券上市交易的通知	自律监管决定书〔2014〕10号	债券业务部	2014/1/3
10	关于2013年海航旅业控股(集团)有限公司公司债券上市交易的通知	自律监管决定书〔2014〕11号	债券业务部	2014/1/3
11	关于2013年第一期贵州省凯里城镇建设投资有限公司公司债券上市交易的通知	自律监管决定书〔2014〕12号	债券业务部	2014/1/3
12	关于2013年宁德市国有资产投资经营有限公司公司债券上市交易的通知	自律监管决定书〔2014〕13号	债券业务部	2014/1/9
13	关于2013年常州滨湖建设发展集团有限公司公司债券上市交易的通知	自律监管决定书〔2014〕14号	债券业务部	2014/1/9
14	关于2013年第一期忻州市资产经营管理中心企业债券上市交易的通知	自律监管决定书〔2014〕15号	债券业务部	2014/1/9
15	关于2013年第一期黄冈市城市建设投资有限公司公司债券上市交易的通知	自律监管决定书〔2014〕16号	债券业务部	2014/1/13
16	关于2013年第一期镇江市城市建设投资集团有限公司公司债券上市交易的通知	自律监管决定书〔2014〕17号	债券业务部	2014/1/13
17	关于2013年第一期重庆豪江建设开发有限公司公司债券上市交易的通知	自律监管决定书〔2014〕18号	债券业务部	2014/1/13
18	关于2013年宁德市国有资产投资经营有限公司公司债券上市交易的通知	自律监管决定书〔2014〕19号	债券业务部	2014/1/13
19	关于2013年第一期周口市综合投资有限公司公司债券上市交易的通知	自律监管决定书〔2014〕20号	债券业务部	2014/1/14
20	关于2013年第一期宁海县城市建设投资开发有限公司公司债券上市交易的通知	自律监管决定书〔2014〕21号	债券业务部	2014/1/14
21	关于2013年第一期随州市城市投资集团有限公司公司债券上市交易的通知	自律监管决定书〔2014〕22号	债券业务部	2014/1/14

续表

序号	文件名称	文号	部门	发文日期
22	关于2013年第一期大理经济开发投资集团有限公司市政项目建设债券上市交易的通知	自律监管决定书〔2014〕24号	债券业务部	2014/1/17
23	关于2013年天津住宅建设发展集团有限公司公司债券上市交易的通知	自律监管决定书〔2014〕25号	债券业务部	2014/1/17
24	关于2013年第一期沈阳南湖科技开发集团公司企业债券上市交易的通知	自律监管决定书〔2014〕26号	债券业务部	2014/1/17
25	关于2013年南宁市城市建设投资发展有限责任公司公司债券上市交易的通知	自律监管决定书〔2014〕27号	债券业务部	2014/1/20
26	关于2013年河池市城市投资建设发展有限公司公司债券上市交易的通知	自律监管决定书〔2014〕28号	债券业务部	2014/1/20
27	关于2014年滨州高新区开发投资有限公司公司债券上市交易的通知	自律监管决定书〔2014〕29号	债券业务部	2014/1/20
28	关于2011年桐庐县国有资产投资经营有限公司公司债券上市交易的通知	自律监管决定书〔2014〕30号	债券业务部	2014/1/20
29	关于2013年第一期赣州开发区建设投资(集团)有限公司公司债券上市交易的通知	自律监管决定书〔2014〕32号	债券业务部	2014/1/22
30	关于2013年格尔木投资控股有限公司公司债券上市交易的通知	自律监管决定书〔2014〕33号	债券业务部	2014/1/22
31	关于2013年海西州发展投资有限责任公司公司债券上市交易的通知	自律监管决定书〔2014〕37号	债券业务部	2014/1/27
32	关于2013年第一期秦皇岛开发区国有资产经营有限公司公司债券上市交易的通知	自律监管决定书〔2014〕38号	债券业务部	2014/1/27
33	关于2013年第一期海城市金财土地房屋投资有限公司公司债券上市交易的通知	自律监管决定书〔2014〕39号	债券业务部	2014/1/27
34	关于2014年第一期怀化市城市建设投资有限公司公司债券上市交易的通知	自律监管决定书〔2014〕40号	债券业务部	2014/1/29
35	关于2009年重庆市地产集团有限公司公司债券上市交易的通知	自律监管决定书〔2014〕41号	债券业务部	2014/1/29
36	关于2014年第一期迁安市城市建设投资发展有限公司公司债券上市交易的通知	自律监管决定书〔2014〕44号	债券业务部	2014/2/7
37	关于2013年第一期大丰市城建国有资产经营有限公司公司债券上市交易的通知	自律监管决定书〔2014〕45号	债券业务部	2014/2/7
38	关于2013年第一期锦州市城市建设投资发展有限公司公司债券上市交易的通知	自律监管决定书〔2014〕46号	债券业务部	2014/2/7
39	关于2014年第一期北京首都开发控股(集团)有限公司公司债券上市交易的通知	自律监管决定书〔2014〕47号	债券业务部	2014/2/7
40	关于2014年邵阳市城市建设投资经营集团有限公司公司债券上市交易的通知	自律监管决定书〔2014〕48号	债券业务部	2014/2/14

续表

序号	文件名称	文号	部门	发文日期
41	关于2014年北京市华远集团有限公司公司债券上市交易的通知	自律监管决定书〔2014〕49号	债券业务部	2014/2/14
42	关于2013年第二期镇江市城市建设投资集团有限公司公司债券上市交易的通知	自律监管决定书〔2014〕50号	债券业务部	2014/2/14
43	关于2014年湖州吴兴南太湖建设投资有限公司公司债券上市交易的通知	自律监管决定书〔2014〕51号	债券业务部	2014/2/14
44	关于2014年第一期大连融强投资有限公司公司债券上市交易的通知	自律监管决定书〔2014〕52号	债券业务部	2014/2/14
45	关于2014年如皋市经济贸易开发总公司企业债券上市交易的通知	自律监管决定书〔2014〕53号	债券业务部	2014/2/14
46	关于2014年第一期丰城市城市建设投资有限公司公司债券上市交易的通知	自律监管决定书〔2014〕54号	债券业务部	2014/2/20
47	关于2014年第一期北京金融街资本运营中心企业债券上市交易的通知	自律监管决定书〔2014〕55号	债券业务部	2014/2/20
48	关于2014年第一期东台市城市建设投资发展有限公司公司债券上市交易的通知	自律监管决定书〔2014〕56号	债券业务部	2014/2/20
49	关于2014年武汉市江夏城建投资有限公司公司债券上市交易的通知	自律监管决定书〔2014〕57号	债券业务部	2014/2/20
50	关于2013年第二期沈阳南湖科技开发集团公司企业债券上市交易的通知	自律监管决定书〔2014〕58号	债券业务部	2014/2/20
51	关于2014年扬州化工产业投资发展有限公司公司债券上市交易的通知	自律监管决定书〔2014〕59号	债券业务部	2014/2/20
52	关于2014年宁夏晟晏实业集团有限公司公司债券上市交易的通知	自律监管决定书〔2014〕60号	债券业务部	2014/2/21
53	关于2013年第二期深圳市地铁集团有限公司公司债券上市交易的通知	自律监管决定书〔2014〕61号	债券业务部	2014/2/21
54	关于2014年第一期盘县宏财投资有限责任公司公司债券上市交易的通知	自律监管决定书〔2014〕62号	债券业务部	2014/2/21
55	关于2014年第一期锦州经济技术开发区发展(集团)公司企业债券上市交易的通知	自律监管决定书〔2014〕63号	债券业务部	2014/2/21
56	关于2014年潍坊滨城投资开发有限公司公司债券上市交易的通知	自律监管决定书〔2014〕65号	债券业务部	2014/2/27
57	关于2014年福建泉州江南高新技术电子信息产业园区开发建设有限公司公司债券上市交易的通知	自律监管决定书〔2014〕66号	债券业务部	2014/3/3
58	关于2014年如皋沿江开发投资有限公司公司债券上市交易的通知	自律监管决定书〔2014〕67号	债券业务部	2014/3/3
59	关于2014年仪征市城市建设发展有限公司公司债券上市交易的通知	自律监管决定书〔2014〕68号	债券业务部	2014/3/3

续表

序号	文件名称	文号	部门	发文日期
60	关于日照港股份有限公司 2013 年公司债券上市交易的通知	自律监管决定书〔2014〕69 号	债券业务部	2014/3/3
61	关于 2014 年太仓市资产经营投资有限公司公司债券上市交易的通知	自律监管决定书〔2014〕72 号	债券业务部	2014/3/7
62	关于 2013 年第二期赣州开发区建设投资(集团)有限公司公司债券上市交易的通知	自律监管决定书〔2014〕73 号	债券业务部	2014/3/7
63	关于 2013 年宁波杉杉股份有限公司公司债券上市交易的通知	自律监管决定书〔2014〕74 号	债券业务部	2014/3/7
64	关于 2013 年第二期湖南天易集团有限公司公司债券上市交易的通知	自律监管决定书〔2014〕75 号	债券业务部	2014/3/12
65	关于 2014 年赣州开发区建设投资(集团)有限公司公司债券上市交易的通知	自律监管决定书〔2014〕76 号	债券业务部	2014/3/12
66	关于 2014 年兴安盟城市发展投资经营有限责任公司公司债券上市交易的通知	自律监管决定书〔2014〕77 号	债券业务部	2014/3/12
67	关于 2014 年文山城市建设投资有限公司公司债券上市交易的通知	自律监管决定书〔2014〕78 号	债券业务部	2014/3/12
68	关于 2014 年第二期怀化市城市建设投资有限公司公司债券上市交易的通知	自律监管决定书〔2014〕79 号	债券业务部	2014/3/12
69	关于 2011 年三门县国有资产投资控股有限公司公司债券上市交易的通知	自律监管决定书〔2014〕80 号	债券业务部	2014/3/12
70	关于 2013 年第二期贵州省凯里城镇建设投资有限公司公司债券上市交易的通知	自律监管决定书〔2014〕82 号	债券业务部	2014/3/12
71	关于 2014 年苏州汾湖投资集团有限公司公司债券上市交易的通知	自律监管决定书〔2014〕83 号	债券业务部	2014/3/12
72	关于 2014 年铜仁旅游投资有限公司公司债券上市交易的通知	自律监管决定书〔2014〕84 号	债券业务部	2014/3/12
73	关于 2014 年云南路桥股份有限公司公司债券上市交易的通知	自律监管决定书〔2014〕85 号	债券业务部	2014/3/12
74	关于 2014 年第二期北京首都开发控股(集团)有限公司公司债券上市交易的通知	自律监管决定书〔2014〕86 号	债券业务部	2014/3/12
75	关于 2011 年鹰潭市投融资公司企业债券上市交易的通知	自律监管决定书〔2014〕87 号	债券业务部	2014/3/12
76	关于 2014 年江苏省沿海开发集团有限公司公司债券上市交易的通知	自律监管决定书〔2014〕88 号	债券业务部	2014/3/17
77	关于 2014 年佳木斯市新时代城市基础设施建设投资(集团)有限公司公司债券上市交易的通知	自律监管决定书〔2014〕89 号	债券业务部	2014/3/17
78	关于 2014 年青岛莱西市资产运营有限公司公司债券上市交易的通知	自律监管决定书〔2014〕90 号	债券业务部	2014/3/17

续表

序号	文件名称	文号	部门	发文日期
79	关于2014年天津临港投资控股有限公司公司债券上市交易的通知	自律监管决定书〔2014〕91号	债券业务部	2014/3/17
80	关于2014年嘉兴市南湖新市镇开发建设集团有限公司公司债券上市交易的通知	自律监管决定书〔2014〕92号	债券业务部	2014/3/17
81	关于2014年云浮市新达城市建设投资公司企业债券上市交易的通知	自律监管决定书〔2014〕93号	债券业务部	2014/3/17
82	关于2013年第二期忻州市资产经营管理中心企业债券上市交易的通知	自律监管决定书〔2014〕94号	债券业务部	2014/3/17
83	关于2014年廊坊开发区建设发展有限公司公司债券上市交易的通知	自律监管决定书〔2014〕95号	债券业务部	2014/3/18
84	关于2014年第一期双流县水务建设投资有限公司公司债券上市交易的通知	自律监管决定书〔2014〕96号	债券业务部	2014/3/18
85	关于2014年泰州市新滨江开发有限责任公司公司债券上市交易的通知	自律监管决定书〔2014〕97号	债券业务部	2014/3/18
86	关于2014年榆神能源开发建设有限责任公司公司债券上市交易的通知	自律监管决定书〔2014〕98号	债券业务部	2014/3/18
87	关于2014年杭州余杭城市建设集团有限公司公司债券上市交易的通知	自律监管决定书〔2014〕99号	债券业务部	2014/3/18
88	关于2014年第二期锦州经济技术开发区发展(集团)公司企业债券上市交易的通知	自律监管决定书〔2014〕100号	债券业务部	2014/3/18
89	关于2014年攀枝花市国有资产投资经营有限责任公司公司债券上市交易的通知	自律监管决定书〔2014〕101号	债券业务部	2014/3/18
90	关于2014年长沙市麓山城市建设投资有限责任公司公司债券上市交易的通知	自律监管决定书〔2014〕102号	债券业务部	2014/3/18
91	关于2014年杭州余杭经济开发建设有限公司公司债券上市交易的通知	自律监管决定书〔2014〕103号	债券业务部	2014/3/18
92	关于2014年酒泉市经济开发投资(集团)有限责任公司公司债券上市交易的通知	自律监管决定书〔2014〕104号	债券业务部	2014/3/18
93	关于2014年石家庄市裕峰投资开发有限公司公司债券上市交易的通知	自律监管决定书〔2014〕105号	债券业务部	2014/3/18
94	关于2014年第一期甘肃省公路航空旅游投资集团有限公司公司债券上市交易的通知	自律监管决定书〔2014〕106号	债券业务部	2014/3/18
95	关于2014年仙桃市城市建设投资开发公司企业债券上市交易的通知	自律监管决定书〔2014〕107号	债券业务部	2014/3/18
96	关于2014年第一期天能电池集团有限公司公司债券上市交易的通知	自律监管决定书〔2014〕109号	债券业务部	2014/3/21
97	关于2013年第二期大理经济开发投资集团有限公司市政项目建设债券上市交易的通知	自律监管决定书〔2014〕110号	债券业务部	2014/3/21

续表

序号	文件名称	文号	部门	发文日期
98	关于2014年眉山市资产经营有限公司公司债券上市交易的通知	自律监管决定书〔2014〕111号	债券业务部	2014/3/21
99	关于2014年吉林市铁路投资开发有限公司公司债券上市交易的通知	自律监管决定书〔2014〕112号	债券业务部	2014/3/21
100	关于2014年重庆渝中国有资产经营管理有限公司公司债券上市交易的通知	自律监管决定书〔2014〕114号	债券业务部	2014/3/21
101	关于2014年嘉兴经济技术开发区投资发展集团有限责任公司公司债券上市交易的通知	自律监管决定书〔2014〕115号	债券业务部	2014/3/21
102	关于2014年毕节市开源建设投资(集团)有限公司公司债券上市交易的通知	自律监管决定书〔2014〕116号	债券业务部	2014/3/21
103	关于2014年泉州市泉港石化工业区建设发展有限公司公司债券上市交易的通知	自律监管决定书〔2014〕117号	债券业务部	2014/3/24
104	关于2014年武汉车都建设投资有限公司公司债券上市交易的通知	自律监管决定书〔2014〕118号	债券业务部	2014/3/24
105	关于2014年湖南高新创业投资集团有限公司公司债券上市交易的通知	自律监管决定书〔2014〕119号	债券业务部	2014/3/24
106	关于2014年新疆富蕴县国有资产投资经营有限责任公司公司债券上市交易的通知	自律监管决定书〔2014〕120号	债券业务部	2014/3/24
107	关于2014年伊犁哈萨克自治州财通国有资产经营有限责任公司公司债券上市交易的通知	自律监管决定书〔2014〕121号	债券业务部	2014/3/24
108	关于2014年第二期丰城市城市建设投资有限公司公司债券上市交易的通知	自律监管决定书〔2014〕122号	债券业务部	2014/3/24
109	关于2014年海安县开发区经济技术开发总公司企业债券上市交易的通知	自律监管决定书〔2014〕124号	债券业务部	2014/3/24
110	关于2014年天津市房地产信托集团有限公司公司债券上市交易的通知	自律监管决定书〔2014〕126号	债券业务部	2014/3/24
111	关于2014年莱芜市经济开发投资有限公司公司债券上市交易的通知	自律监管决定书〔2014〕127号	债券业务部	2014/3/26
112	关于2014年第一期上海陆家嘴(集团)有限公司公司债券上市交易的通知	自律监管决定书〔2014〕128号	债券业务部	2014/3/26
113	关于2014年如东县金鑫交通工程建设投资有限公司公司债券上市交易的通知	自律监管决定书〔2014〕129号	债券业务部	2014/3/26
114	关于2014年中国南方电网有限责任公司公司债券上市交易的通知	自律监管决定书〔2014〕130号	债券业务部	2014/3/26
115	关于2014年淮安开发控股有限公司公司债券上市交易的通知	自律监管决定书〔2014〕131号	债券业务部	2014/3/26
116	关于2014年第一期国家电网公司企业债券上市交易的通知	自律监管决定书〔2014〕132号	债券业务部	2014/3/26

续表

序号	文件名称	文号	部门	发文日期
117	关于2014年第一期山东宏桥新型材料有限公司公司债券上市交易的通知	自律监管决定书〔2014〕133号	债券业务部	2014/3/26
118	关于2014年大连普湾工程项目管理有限公司公司债券上市交易的通知	自律监管决定书〔2014〕135号	债券业务部	2014/3/31
119	关于2014年太原市国有投资控股有限公司公司债券上市交易的通知	自律监管决定书〔2014〕136号	债券业务部	2014/3/31
120	关于2014年六盘水市开发投资有限公司公司债券上市交易的通知	自律监管决定书〔2014〕137号	债券业务部	2014/3/31
121	关于2014年邹平县国有资产投资经营有限公司公司债券上市交易的通知	自律监管决定书〔2014〕138号	债券业务部	2014/3/31
122	关于2014年海门市海晋交通建设有限公司公司债券上市交易的通知	自律监管决定书〔2014〕139号	债券业务部	2014/3/31
123	关于2014年龙岩城市发展集团有限公司公司债券上市交易的通知	自律监管决定书〔2014〕140号	债券业务部	2014/3/31
124	关于2013年第二期大丰市城建国有资产经营有限公司公司债券上市交易的通知	自律监管决定书〔2014〕141号	债券业务部	2014/4/1
125	关于2014年苏州市相城城市建设有限责任公司公司债券上市交易的通知	自律监管决定书〔2014〕142号	债券业务部	2014/4/1
126	关于2014年青岛城阳开发投资有限公司公司债券上市交易的通知	自律监管决定书〔2014〕143号	债券业务部	2014/4/1
127	关于2014年长影集团有限责任公司公司债券上市交易的通知	自律监管决定书〔2014〕144号	债券业务部	2014/4/1
128	关于2014年第一期淮安新城投资开发有限公司公司债券上市交易的通知	自律监管决定书〔2014〕145号	债券业务部	2014/4/1
129	关于2014年株洲市国有资产投资控股集团有限公司公司债券上市交易的通知	自律监管决定书〔2014〕146号	债券业务部	2014/4/1
130	关于2014年大冶市城市建设投资开发有限公司公司债券上市交易的通知	自律监管决定书〔2014〕147号	债券业务部	2014/4/1
131	关于2014年第二期上海陆家嘴（集团）有限公司公司债券上市交易的通知	自律监管决定书〔2014〕148号	债券业务部	2014/4/1
132	关于2014年海安县城建开发投资有限责任公司公司债券上市交易的通知	自律监管决定书〔2014〕149号	债券业务部	2014/4/3
133	关于2014年开原市城乡建设投资有限公司公司债券上市交易的通知	自律监管决定书〔2014〕150号	债券业务部	2014/4/3
134	关于2014年天津环城城市基础设施投资有限公司公司债券上市交易的通知	自律监管决定书〔2014〕151号	债券业务部	2014/4/3
135	关于2011年云南省铁路投资有限公司公司债券上市交易的通知	自律监管决定书〔2014〕152号	债券业务部	2014/4/3

续表

序号	文件名称	文号	部门	发文日期
136	关于2014年第一期富阳市城市建设投资集团有限公司公司债券上市交易的通知	自律监管决定书〔2014〕153号	债券业务部	2014/4/3
137	关于2014年第二期富阳市城市建设投资集团有限公司公司债券上市交易的通知	自律监管决定书〔2014〕154号	债券业务部	2014/4/3
138	关于2014年长沙县星城建设投资有限公司公司债券上市交易的通知	自律监管决定书〔2014〕155号	债券业务部	2014/4/3
139	关于2014年常德市经济建设投资集团有限公司公司债券上市交易的通知	自律监管决定书〔2014〕156号	债券业务部	2014/4/3
140	关于2014年云南省铁路投资有限公司公司债券上市交易的通知	自律监管决定书〔2014〕157号	债券业务部	2014/4/3
141	关于2014年济宁市城建投资有限责任公司公司债券上市交易的通知	自律监管决定书〔2014〕158号	债券业务部	2014/4/3
142	关于2014年陕西威楠高科(集团)实业有限责任公司公司债券上市交易的通知	自律监管决定书〔2014〕159号	债券业务部	2014/4/3
143	关于2014年泉州台商投资区开发建设有限责任公司公司债券上市交易的通知	自律监管决定书〔2014〕160号	债券业务部	2014/4/10
144	关于2014年第一期温州高新技术产业开发区投资建设开发有限公司公司债券上市交易的通知	自律监管决定书〔2014〕162号	债券业务部	2014/4/14
145	关于2014年大庆市城市建设投资开发有限公司公司债券上市交易的通知	自律监管决定书〔2014〕163号	债券业务部	2014/4/14
146	关于2014年湘潭高新集团有限公司公司债券上市交易的通知	自律监管决定书〔2014〕164号	债券业务部	2014/4/14
147	关于2014年菏泽市投资开发公司企业债券上市交易的通知	自律监管决定书〔2014〕165号	债券业务部	2014/4/14
148	关于国家开发银行在上海证券交易所发行2014年第一期金融债券上市交易的通知	上证函〔2014〕148号	债券业务部	2014/4/14
149	关于2014年江苏句容福地生态科技有限公司公司债券上市交易的通知	自律监管决定书〔2014〕166号	债券业务部	2014/4/16
150	关于2014年长沙先导土地开发建设有限公司公司债券上市交易的通知	自律监管决定书〔2014〕167号	债券业务部	2014/4/16
151	关于2014年重庆市涪陵区新城区开发(集团)有限公司公司债券上市交易的通知	自律监管决定书〔2014〕168号	债券业务部	2014/4/16
152	关于四川川投能源股份有限公司2013年公司债券上市交易的通知	自律监管决定书〔2014〕169号	债券业务部	2014/4/21
153	关于2014年宣城市国有资产投资有限公司公司债券上市交易的通知	自律监管决定书〔2014〕170号	债券业务部	2014/4/22
154	关于2009年山东省青州市宏源公有资产经营有限公司企业债券上市交易的通知	自律监管决定书〔2014〕171号	债券业务部	2014/4/22

续表

序号	文件名称	文号	部门	发文日期
155	关于2014年广东省粤科金融集团有限公司公司债券上市交易的通知	自律监管决定书〔2014〕173号	债券业务部	2014/4/28
156	关于2014年信阳华信投资集团有限责任公司公司债券上市交易的通知	自律监管决定书〔2014〕174号	债券业务部	2014/4/28
157	关于2014年永州市零陵城建投资有限公司公司债券上市交易的通知	自律监管决定书〔2014〕175号	债券业务部	2014/4/28
158	关于2014年合肥桃花工业园经济发展有限公司公司债券上市交易的通知	自律监管决定书〔2014〕176号	债券业务部	2014/4/28
159	关于2014年第一期阜阳市城市建设投资有限公司公司债券上市交易的通知	自律监管决定书〔2014〕177号	债券业务部	2014/4/28
160	关于2014年第二期阜阳市城市建设投资有限公司公司债券上市交易的通知	自律监管决定书〔2014〕178号	债券业务部	2014/4/28
161	关于2013年第二期天津市武清区国有资产经营投资公司企业债券上市交易的通知	自律监管决定书〔2014〕179号	债券业务部	2014/4/28
162	关于2014年遂宁市河东开发建设投资有限公司公司债券上市交易的通知	自律监管决定书〔2014〕181号	债券业务部	2014/4/29
163	关于2013年第二期宁海县城市建设投资开发有限公司公司债券上市交易的通知	自律监管决定书〔2014〕182号	债券业务部	2014/4/29
164	关于2009年吴江市东方国有资产经营有限公司公司债券上市交易的通知	自律监管决定书〔2014〕185号	债券业务部	2014/5/5
165	关于2013年第二期海城市金财土地房屋投资有限公司公司债券上市交易的通知	自律监管决定书〔2014〕186号	债券业务部	2014/5/5
166	关于2014年济南市城市建设投资有限公司公司债券上市交易的通知	自律监管决定书〔2014〕187号	债券业务部	2014/5/5
167	关于2014年潍坊市东方国有资产经营管理有限公司公司债券上市交易的通知	自律监管决定书〔2014〕188号	债券业务部	2014/5/5
168	关于2014年淄博高新技术产业开发区国有资产经营管理公司企业债券上市交易的通知	自律监管决定书〔2014〕189号	债券业务部	2014/5/5
169	关于2013年第二期库车城市建设投资（集团）有限公司公司债券上市交易的通知	自律监管决定书〔2014〕193号	债券业务部	2014/5/7
170	关于2014年蚌埠高新投资集团有限公司公司债券上市交易的通知	自律监管决定书〔2014〕194号	债券业务部	2014/5/7
171	关于2014年第一期重庆市万盛经济技术开发区开发投资集团有限公司公司债券上市交易的通知	自律监管决定书〔2014〕195号	债券业务部	2014/5/7
172	关于2014年牡丹江市国有资产投资控股有限公司公司债券上市交易的通知	自律监管决定书〔2014〕196号	债券业务部	2014/5/7
173	关于2014年邳州市润城资产经营集团有限公司公司债券上市交易的通知	自律监管决定书〔2014〕201号	债券业务部	2014/5/8

续表

序号	文件名称	文号	部门	发文日期
174	关于2014年厦门火炬集团有限公司公司债券上市交易的通知	自律监管决定书〔2014〕202号	债券业务部	2014/5/8
175	关于2014年衡阳市湘江水利投资开发有限公司公司债券上市交易的通知	自律监管决定书〔2014〕203号	债券业务部	2014/5/8
176	关于2014年防城港市港工基础设施建设开发投资有限责任公司公司债券上市交易的通知	自律监管决定书〔2014〕204号	债券业务部	2014/5/8
177	关于2014年苏州元禾控股有限公司公司债券上市交易的通知	自律监管决定书〔2014〕205号	债券业务部	2014/5/8
178	关于2014年杨凌现代农业开发集团有限公司公司债券上市交易的通知	自律监管决定书〔2014〕208号	债券业务部	2014/5/13
179	关于2014年益阳市交通发展投资有限责任公司公司债券上市交易的通知	自律监管决定书〔2014〕209号	债券业务部	2014/5/13
180	关于2014年永安市国有资产投资经营有限责任公司公司债券上市交易的通知	自律监管决定书〔2014〕210号	债券业务部	2014/5/13
181	关于2014年第二期大连融强投资有限公司公司债券上市交易的通知	自律监管决定书〔2014〕211号	债券业务部	2014/5/13
182	关于2014年上海市漕河泾新兴技术开发区发展总公司公司债券上市交易的通知	自律监管决定书〔2014〕212号	债券业务部	2014/5/13
183	关于2014年第一期广州市地下铁道总公司企业债券上市交易的通知	自律监管决定书〔2014〕213号	债券业务部	2014/5/13
184	关于2014年湛江经济技术开发区新域基础设施建设投资有限公司公司债券上市交易的通知	自律监管决定书〔2014〕214号	债券业务部	2014/5/13
185	关于2014年汕头投资建设总公司企业债券上市交易的通知	自律监管决定书〔2014〕215号	债券业务部	2014/5/13
186	关于2014年北京市基础设施投资有限公司公司债券上市交易的通知	自律监管决定书〔2014〕216号	债券业务部	2014/5/19
187	关于2014年云南省公路开发投资有限责任公司公司债券上市交易的通知	自律监管决定书〔2014〕218号	债券业务部	2014/5/20
188	关于2014年宁波市海曙广聚资产经营有限公司公司债券上市交易的通知	自律监管决定书〔2014〕219号	债券业务部	2014/5/20
189	关于2014年淄博市临淄区公有资产经营有限公司公司债券上市交易的通知	自律监管决定书〔2014〕220号	债券业务部	2014/5/20
190	关于2014年第一期贵阳市水利交通发展投资(集团)有限公司公司债券上市交易的通知	自律监管决定书〔2014〕221号	债券业务部	2014/5/20
191	关于2014年第二期贵阳市水利交通发展投资(集团)有限公司公司债券上市交易的通知	自律监管决定书〔2014〕222号	债券业务部	2014/5/20
192	关于2014年乌海市城市建设投资集团有限责任公司公司债券上市交易的通知	自律监管决定书〔2014〕223号	债券业务部	2014/5/20

续表

序号	文件名称	文号	部门	发文日期
193	关于2014年贵州铁路投资有限责任公司公司债券上市交易的通知	自律监管决定书〔2014〕224号	债券业务部	2014/5/20
194	关于2014年沈阳农业高新区国有资产经营有限公司公司债券上市交易的通知	自律监管决定书〔2014〕225号	债券业务部	2014/5/20
195	关于2014年第一期湖北省交通投资有限公司公司债券上市交易的通知	自律监管决定书〔2014〕226号	债券业务部	2014/5/20
196	关于2014年林州红旗渠经济技术开发区汇通控股有限公司公司债券上市交易的通知	自律监管决定书〔2014〕227号	债券业务部	2014/5/20
197	关于2014年伊宁市国有资产投资经营有限责任公司公司债券上市交易的通知	自律监管决定书〔2014〕228号	债券业务部	2014/5/20
198	关于2014年宁乡经济技术开发区建设投资有限公司公司债券上市交易的通知	自律监管决定书〔2014〕229号	债券业务部	2014/5/20
199	关于2014年天津市北辰区建设开发公司企业债券上市交易的通知	自律监管决定书〔2014〕230号	债券业务部	2014/5/20
200	关于2014年合肥市工业投资控股有限公司小微企业扶持债券上市交易的通知	自律监管决定书〔2014〕231号	债券业务部	2014/5/20
201	关于2014年江苏金灌投资发展集团有限公司公司债券上市交易的通知	自律监管决定书〔2014〕234号	债券业务部	2014/5/26
202	关于2014年徐州高新技术产业开发区国有资产经营有限公司公司债券上市交易的通知	自律监管决定书〔2014〕235号	债券业务部	2014/5/26
203	关于2014年南充化学工业园投资建设开发有限责任公司公司债券上市交易的通知	自律监管决定书〔2014〕236号	债券业务部	2014/5/26
204	关于2014年昆山高新技术产业开发区资产经营有限公司公司债券上市交易的通知	自律监管决定书〔2014〕237号	债券业务部	2014/5/26
205	关于2014年第一期重庆两江新区开发投资集团有限公司公司债券上市交易的通知	自律监管决定书〔2014〕238号	债券业务部	2014/5/26
206	关于2014年广西钦州临海工业投资有限责任公司公司债券上市交易的通知	自律监管决定书〔2014〕239号	债券业务部	2014/5/26
207	关于2014年青岛海创开发建设投资有限公司公司债券上市交易的通知	自律监管决定书〔2014〕240号	债券业务部	2014/5/26
208	关于天津市房地产发展(集团)股份有限公司2013年公司债券上市交易的通知	自律监管决定书〔2014〕241号	债券业务部	2014/5/26
209	关于2014年安宁发展投资集团有限公司公司债券上市交易的通知	自律监管决定书〔2014〕242号	债券业务部	2014/5/26
210	关于2014年长沙市雨花城市建设投资集团有限公司公司债券上市交易的通知	自律监管决定书〔2014〕243号	债券业务部	2014/5/26
211	关于2014年马鞍山市城市发展投资集团有限责任公司公司债券上市交易的通知	自律监管决定书〔2014〕244号	债券业务部	2014/5/26

续表

序号	文件名称	文号	部门	发文日期
212	关于2014年徐州经济技术开发区国有资产经营有限责任公司公司债券上市交易的通知	自律监管决定书〔2014〕245号	债券业务部	2014/5/26
213	关于2013年第二期六安城市建设投资有限公司公司债券上市交易的通知	自律监管决定书〔2014〕246号	债券业务部	2014/5/26
214	关于2014年威海经济技术开发区国有资产经营管理公司企业债券上市交易的通知	自律监管决定书〔2014〕247号	债券业务部	2014/5/26
215	关于国金证券股份有限公司可转换公司债券上市交易的通知	自律监管决定书〔2014〕248号	上市公司监管一部	2014/5/28
216	关于2014年宁波经济技术开发区控股有限公司公司债券上市交易的通知	自律监管决定书〔2014〕250号	债券业务部	2014/5/28
217	关于2014年成都隆博投资有限责任公司公司债券上市交易的通知	自律监管决定书〔2014〕251号	债券业务部	2014/5/28
218	关于2013年第二期武威市经济发展投资(集团)有限公司公司债券上市交易的通知	自律监管决定书〔2014〕252号	债券业务部	2014/5/28
219	关于2014年潜江市城市建设投资开发有限公司公司债券上市交易的通知	自律监管决定书〔2014〕253号	债券业务部	2014/5/28
220	关于2014年沭阳金源资产经营有限公司公司债券上市交易的通知	自律监管决定书〔2014〕254号	债券业务部	2014/5/28
221	关于2014年第一期中国电力投资集团公司企业债券上市交易的通知	自律监管决定书〔2014〕255号	债券业务部	2014/5/28
222	关于2014年北京兴展国有资产经营公司企业债券上市交易的通知	自律监管决定书〔2014〕256号	债券业务部	2014/5/28
223	关于中原证券股份有限公司2013年公司债券上市交易的通知	自律监管决定书〔2014〕257号	债券业务部	2014/5/28
224	关于2014年银川市城市建设投资控股有限公司公司债券上市交易的通知	自律监管决定书〔2014〕258号	债券业务部	2014/5/28
225	关于2014年武安市国有资产经营有限责任公司公司债券上市交易的通知	自律监管决定书〔2014〕259号	债券业务部	2014/5/28
226	关于2014年德阳高新建设投资有限公司公司债券上市交易的通知	自律监管决定书〔2014〕260号	债券业务部	2014/5/29
227	关于2014年中卫市建设投资有限责任公司公司债券上市交易的通知	自律监管决定书〔2014〕261号	债券业务部	2014/5/29
228	关于2014年第一期滕州市城市国有资产经营有限公司公司债券上市交易的通知	自律监管决定书〔2014〕262号	债券业务部	2014/5/29
229	关于2014年中国电力建设集团有限公司公司债券上市交易的通知	自律监管决定书〔2014〕263号	债券业务部	2014/5/29
230	关于2014年第一期长兴交通投资集团有限公司公司债券上市交易的通知	自律监管决定书〔2014〕264号	债券业务部	2014/5/29

续表

序号	文件名称	文号	部门	发文日期
231	关于2014年广西农垦集团有限责任公司公司债券上市交易的通知	自律监管决定书〔2014〕265号	债券业务部	2014/5/29
232	关于2014年包头市滨河新区开发建设有限责任公司公司债券上市交易的通知	自律监管决定书〔2014〕266号	债券业务部	2014/6/5
233	关于2014年宁国市国有资产投资运营有限公司公司债券上市交易的通知	自律监管决定书〔2014〕267号	债券业务部	2014/6/5
234	关于2014年江苏省太仓港港口开发建设投资公司企业债券上市交易的通知	自律监管决定书〔2014〕268号	债券业务部	2014/6/5
235	关于2013年第二期秦皇岛开发区国有资产经营有限公司公司债券上市交易的通知	自律监管决定书〔2014〕269号	债券业务部	2014/6/5
236	关于2014年北京新城基业投资发展有限公司公司债券上市交易的通知	自律监管决定书〔2014〕270号	债券业务部	2014/6/5
237	关于2014年浙江富春山居集团有限公司公司债券上市交易的通知	自律监管决定书〔2014〕271号	债券业务部	2014/6/5
238	关于2014年张家界市经济发展投资集团有限公司公司债券上市交易的通知	自律监管决定书〔2014〕272号	债券业务部	2014/6/5
239	关于2014年宜春市城市建设投资开发总公司企业债券上市交易的通知	自律监管决定书〔2014〕273号	债券业务部	2014/6/5
240	关于2014年奉化市投资有限公司公司债券上市交易的通知	自律监管决定书〔2014〕274号	债券业务部	2014/6/6
241	关于2014年南通市崇川城市建设投资有限公司公司债券上市交易的通知	自律监管决定书〔2014〕275号	债券业务部	2014/6/6
242	关于2014年克拉玛依市城市建设投资发展有限责任公司公司债券上市交易的通知	自律监管决定书〔2014〕276号	债券业务部	2014/6/6
243	关于2014年象山县国有资产经营投资有限公司公司债券上市交易的通知	自律监管决定书〔2014〕277号	债券业务部	2014/6/6
244	关于2014年唐山市城市建设投资集团有限公司公司债券上市交易的通知	自律监管决定书〔2014〕278号	债券业务部	2014/6/6
245	关于2014年四平市四通城市基础设施建设投资有限公司公司债券上市交易的通知	自律监管决定书〔2014〕279号	债券业务部	2014/6/6
246	关于2014年荥阳市城市投资开发有限责任公司公司债券上市交易的通知	自律监管决定书〔2014〕280号	债券业务部	2014/6/6
247	关于2014年仁怀市城市开发建设投资经营有限责任公司公司债券上市交易的通知	自律监管决定书〔2014〕281号	债券业务部	2014/6/6
248	关于2014年盘锦辽滨鑫诚开发建设有限责任公司公司债券上市交易的通知	自律监管决定书〔2014〕282号	债券业务部	2014/6/6
249	关于2014年重庆市黔江区城市建设投资(集团)有限公司公司债券上市交易的通知	自律监管决定书〔2014〕284号	债券业务部	2014/6/6

续表

序号	文件名称	文号	部门	发文日期
250	关于2013年第二期重庆豪江建设开发有限公司公司债券上市交易的通知	自律监管决定书〔2014〕285号	债券业务部	2014/6/6
251	关于2014年第二期温州高新技术产业开发区投资建设开发有限公司公司债券上市交易的通知	自律监管决定书〔2014〕287号	债券业务部	2014/6/10
252	关于2014年第二期滕州市城市国有资产经营有限公司公司债券上市交易的通知	自律监管决定书〔2014〕288号	债券业务部	2014/6/10
253	关于2014年扬州经济技术开发区开发总公司企业债券上市交易的通知	自律监管决定书〔2014〕289号	债券业务部	2014/6/10
254	关于2014年吉安市城市建设投资开发公司企业债券上市交易的通知	自律监管决定书〔2014〕290号	债券业务部	2014/6/10
255	关于2014年第二期盘县宏财投资有限责任公司公司债券上市交易的通知	自律监管决定书〔2014〕291号	债券业务部	2014/6/10
256	关于2014年徐州高速铁路投资有限公司公司债券上市交易的通知	自律监管决定书〔2014〕292号	债券业务部	2014/6/13
257	关于2014年湖州西塞山开发建设有限公司公司债券上市交易的通知	自律监管决定书〔2014〕293号	债券业务部	2014/6/13
258	关于2014年内江投资控股集团有限公司公司债券上市交易的通知	自律监管决定书〔2014〕294号	债券业务部	2014/6/13
259	关于2014年青州市宏源公有资产经营有限公司公司债券上市交易的通知	自律监管决定书〔2014〕295号	债券业务部	2014/6/13
260	关于2014年柳州市龙建投资发展有限责任公司公司债券上市交易的通知	自律监管决定书〔2014〕296号	债券业务部	2014/6/13
261	关于2014年西双版纳州景洪市国有资产投资有限公司公司债券上市交易的通知	自律监管决定书〔2014〕297号	债券业务部	2014/6/13
262	关于2014年常熟市交通公有资产经营有限公司公司债券上市交易的通知	自律监管决定书〔2014〕298号	债券业务部	2014/6/13
263	关于2014年广元市投资控股(集团)有限公司公司债券上市交易的通知	自律监管决定书〔2014〕299号	债券业务部	2014/6/13
264	关于2014年临沂经济开发有限公司公司债券上市交易的通知	自律监管决定书〔2014〕300号	债券业务部	2014/6/13
265	关于2014年朝阳市建设投资有限公司公司债券上市交易的通知	自律监管决定书〔2014〕301号	债券业务部	2014/6/13
266	关于2013年第二期随州市城市投资集团有限公司公司债券上市交易的通知	自律监管决定书〔2014〕302号	债券业务部	2014/6/13
267	关于2014年烟台市莱山区城市资源开发经营管理中心企业债券上市交易的通知	自律监管决定书〔2014〕303号	债券业务部	2014/6/13
268	关于2014年文登金滩投资管理有限公司公司债券上市交易的通知	自律监管决定书〔2014〕304号	债券业务部	2014/6/13

续表

序号	文件名称	文号	部门	发文日期
269	关于2014年江西省四通路桥建设集团有限公司公司债券上市交易的通知	自律监管决定书〔2014〕305号	债券业务部	2014/6/13
270	关于2014年余姚市城市建设投资发展有限公司公司债券上市交易的通知	自律监管决定书〔2014〕306号	债券业务部	2014/6/13
271	关于2014年第一期鄂州市城市建设投资有限公司公司债券上市交易的通知	自律监管决定书〔2014〕307号	债券业务部	2014/6/13
272	关于2014年第一期兖州市惠民城建投资有限公司小微企业增信集合债券上市交易的通知	自律监管决定书〔2014〕308号	债券业务部	2014/6/13
273	关于2014年天津津南城市建设投资有限公司公司债券上市交易的通知	自律监管决定书〔2014〕309号	债券业务部	2014/6/17
274	关于2014年通辽市城市投资集团有限公司公司债券上市交易的通知	自律监管决定书〔2014〕310号	债券业务部	2014/6/17
275	关于2014年贺州市城市建设投资开发集团有限公司公司债券上市交易的通知	自律监管决定书〔2014〕311号	债券业务部	2014/6/17
276	关于2014年江西省萍乡市昌盛城市投资有限公司公司债券上市交易的通知	自律监管决定书〔2014〕312号	债券业务部	2014/6/17
277	关于2014年上海嘉定公路建设发展有限公司公司债券上市交易的通知	自律监管决定书〔2014〕313号	债券业务部	2014/6/17
278	关于2014年浙江省临安经济开发区投资建设有限公司公司债券上市交易的通知	自律监管决定书〔2014〕314号	债券业务部	2014/6/17
279	关于2014年芜湖市鸠江建设投资有限公司公司债券上市交易的通知	自律监管决定书〔2014〕316号	债券业务部	2014/6/17
280	关于2014年杭州萧山经济技术开发区国有资产经营有限公司公司债券上市交易的通知	自律监管决定书〔2014〕317号	债券业务部	2014/6/17
281	关于2014年绍兴袍江工业区投资开发有限公司公司债券上市交易的通知	自律监管决定书〔2014〕318号	债券业务部	2014/6/17
282	关于2014年湘潭市两型社会建设投融资有限公司公司债券上市交易的通知	自律监管决定书〔2014〕319号	债券业务部	2014/6/17
283	关于2014年第一期海南省发展控股有限公司公司债券上市交易的通知	自律监管决定书〔2014〕320号	债券业务部	2014/6/17
284	关于2014年乌鲁木齐房地产开发(集团)有限公司公司债券上市交易的通知	自律监管决定书〔2014〕321号	债券业务部	2014/6/17
285	关于2014年合肥高新建设投资集团公司企业债券上市交易的通知	自律监管决定书〔2014〕322号	债券业务部	2014/6/17
286	关于2014年银川高新技术产业开发总公司企业债券上市交易的通知	自律监管决定书〔2014〕324号	债券业务部	2014/6/17
287	关于2014年遂宁川中经济技术开发总公司企业债券上市交易的通知	自律监管决定书〔2014〕325号	债券业务部	2014/6/17

续表

序号	文件名称	文号	部门	发文日期
288	关于2014年荣成市经济开发投资公司企业债券上市交易的通知	自律监管决定书〔2014〕326号	债券业务部	2014/6/17
289	关于2014年第二期东台市城市建设投资发展有限公司公司债券上市交易的通知	自律监管决定书〔2014〕327号	债券业务部	2014/6/17
290	关于2014年第一期南京紫金投资集团有限责任公司小微企业增信集合债券上市交易的通知	自律监管决定书〔2014〕328号	债券业务部	2014/6/17
291	关于2014年遵义市国有资产投融资经营管理有限责任公司公司债券上市交易的通知	自律监管决定书〔2014〕329号	债券业务部	2014/6/20
292	关于2014年深业集团有限公司公司债券上市交易的通知	自律监管决定书〔2014〕330号	债券业务部	2014/6/20
293	关于2014年桓台县金海公有资产经营有限公司公司债券上市交易的通知	自律监管决定书〔2014〕331号	债券业务部	2014/6/20
294	关于2014年广西城建投资集团有限公司公司债券上市交易的通知	自律监管决定书〔2014〕332号	债券业务部	2014/6/20
295	关于2014年巴中市国有资产经营管理有限责任公司公司债券上市交易的通知	自律监管决定书〔2014〕333号	债券业务部	2014/6/20
296	关于2014年武汉市蔡甸城建投资开发有限公司公司债券上市交易的通知	自律监管决定书〔2014〕334号	债券业务部	2014/6/20
297	关于2014年重庆高新区开发投资集团有限公司公司债券上市交易的通知	自律监管决定书〔2014〕335号	债券业务部	2014/6/20
298	关于2014年唐山市丰南建设投资有限公司公司债券上市交易的通知	自律监管决定书〔2014〕336号	债券业务部	2014/6/20
299	关于2014年当阳市鑫源投资开发有限责任公司公司债券上市交易的通知	自律监管决定书〔2014〕337号	债券业务部	2014/6/20
300	关于2014年张家港市金城投资发展有限公司公司债券上市交易的通知	自律监管决定书〔2014〕338号	债券业务部	2014/6/20
301	关于2014年开封市发展投资有限公司公司债券上市交易的通知	自律监管决定书〔2014〕339号	债券业务部	2014/6/20
302	关于2014年江苏苏海投资集团有限公司公司债券上市交易的通知	自律监管决定书〔2014〕340号	债券业务部	2014/6/20
303	关于2014年云南省城市建设投资集团有限公司公司债券上市交易的通知	自律监管决定书〔2014〕341号	债券业务部	2014/6/24
304	关于2014年安徽省铜陵市承接产业转移示范园区建设投资有限责任公司公司债券上市交易的通知	自律监管决定书〔2014〕342号	债券业务部	2014/6/24
305	关于2014年新疆生产建设兵团农十二师国有资产经营有限责任公司公司债券上市交易的通知	自律监管决定书〔2014〕343号	债券业务部	2014/6/24
306	关于2014年新余市城东建设投资总公司企业债券上市交易的通知	自律监管决定书〔2014〕344号	债券业务部	2014/6/24

续表

序号	文件名称	文号	部门	发文日期
307	关于2014年南京江宁经济技术开发总公司企业债券上市交易的通知	自律监管决定书〔2014〕345号	债券业务部	2014/6/24
308	关于2014年哈尔滨合力投资控股有限公司公司债券上市交易的通知	自律监管决定书〔2014〕346号	债券业务部	2014/6/24
309	关于2014年重庆市永川区惠通建设发展有限公司公司债券上市交易的通知	自律监管决定书〔2014〕347号	债券业务部	2014/6/24
310	关于2014年巴音郭楞蒙古自治州库尔勒城市建设(集团)有限责任公司公司债券上市交易的通知	自律监管决定书〔2014〕348号	债券业务部	2014/6/24
311	关于2014年北京京西鑫融投资管理有限公司公司债券上市交易的通知	自律监管决定书〔2014〕352号	债券业务部	2014/6/27
312	关于2014年天津市宁河县兴宁建设投资集团有限公司公司债券上市交易的通知	自律监管决定书〔2014〕356号	债券业务部	2014/6/30
313	关于2014年郴州市城市建设投资经营有限责任公司公司债券上市交易的通知	自律监管决定书〔2014〕357号	债券业务部	2014/6/30
314	关于2014年威海市新区国有资产经营管理有限公司公司债券上市交易的通知	自律监管决定书〔2014〕358号	债券业务部	2014/6/30
315	关于2014年曲靖市开发投资有限责任公司公司债券上市交易的通知	自律监管决定书〔2014〕359号	债券业务部	2014/6/30
316	关于2014年保山市国有资产经营有限责任公司公司债券上市交易的通知	自律监管决定书〔2014〕360号	债券业务部	2014/6/30
317	关于2014年襄阳高新投资开发有限公司公司债券上市交易的通知	自律监管决定书〔2014〕361号	债券业务部	2014/7/2
318	关于2014年吉安市井冈山开发区金庐陵经济发展有限公司公司债券上市交易的通知	自律监管决定书〔2014〕362号	债券业务部	2014/7/2
319	关于2014年宜兴拓业实业有限公司公司债券上市交易的通知	自律监管决定书〔2014〕363号	债券业务部	2014/7/2
320	关于2014年新疆五家渠蔡家湖国有资产投资经营有限公司公司债券上市交易的通知	自律监管决定书〔2014〕364号	债券业务部	2014/7/2
321	关于2014年第二期长兴交通投资集团有限公司公司债券上市交易的通知	自律监管决定书〔2014〕365号	债券业务部	2014/7/3
322	关于2014年辽宁沿海经济带城镇化建设集合债券上市交易的通知	自律监管决定书〔2014〕366号	债券业务部	2014/7/3
323	关于2014年兰州新区投资控股有限公司公司债券上市交易的通知	自律监管决定书〔2014〕367号	债券业务部	2014/7/3
324	关于2014年庆阳市经济发展投资有限公司公司债券上市交易的通知	自律监管决定书〔2014〕368号	债券业务部	2014/7/3
325	关于2014年郑州二七国有资产经营有限公司公司债券上市交易的通知	自律监管决定书〔2014〕369号	债券业务部	2014/7/3

续表

序号	文件名称	文号	部门	发文日期
326	关于2014年合肥市建设投资控股(集团)有限公司公司债券上市交易的通知	自律监管决定书〔2014〕370号	债券业务部	2014/7/3
327	关于2014年当阳市鑫源投资开发有限责任公司公司债券上市交易的通知	自律监管决定书〔2014〕371号	债券业务部	2014/7/8
328	关于甘肃亚盛实业(集团)股份有限公司2013年公司债券上市交易的通知	自律监管决定书〔2014〕372号	债券业务部	2014/7/8
329	关于2014年恩施城市建设投资有限公司公司债券上市交易的通知	自律监管决定书〔2014〕373号	债券业务部	2014/7/8
330	关于2014年太原经济技术开发总公司企业债券上市交易的通知	自律监管决定书〔2014〕374号	债券业务部	2014/7/8
331	关于2014年江西省萍乡市昌盛城市投资有限公司公司债券上市交易的通知	自律监管决定书〔2014〕375号	债券业务部	2014/7/8
332	关于2014年泰州市姜堰区鑫源建设有限公司公司债券上市交易的通知	自律监管决定书〔2014〕376号	债券业务部	2014/7/8
333	关于2014年金坛市国发国际投资发展有限公司公司债券上市交易的通知	自律监管决定书〔2014〕377号	债券业务部	2014/7/8
334	关于2014年第一期海航资本控股有限公司公司债券上市交易的通知	自律监管决定书〔2014〕378号	债券业务部	2014/7/8
335	关于2014年湖南常德市德源投资开发有限公司公司债券上市交易的通知	自律监管决定书〔2014〕379号	债券业务部	2014/7/8
336	关于2014年第一期启东市城市投资经营中心企业债券上市交易的通知	自律监管决定书〔2014〕381号	债券业务部	2014/7/10
337	关于2014年第二期启东市城市投资经营中心企业债券上市交易的通知	自律监管决定书〔2014〕382号	债券业务部	2014/7/10
338	关于2014年神木县国有资产运营公司企业债券上市交易的通知	自律监管决定书〔2014〕383号	债券业务部	2014/7/10
339	关于2014年山东省管国有企业集合债券上市交易的通知	自律监管决定书〔2014〕384号	债券业务部	2014/7/10
340	关于2014年绿地控股集团有限公司公司债券上市交易的通知	自律监管决定书〔2014〕385号	债券业务部	2014/7/10
341	关于2014年舟山市普陀区国有资产投资经营有限公司公司债券上市交易的通知	自律监管决定书〔2014〕386号	债券业务部	2014/7/10
342	关于2014年亳州建设投资集团有限公司公司债券上市交易的通知	自律监管决定书〔2014〕387号	债券业务部	2014/7/10
343	关于2014年河北顺德投资集团有限公司公司债券上市交易的通知	自律监管决定书〔2014〕388号	债券业务部	2014/7/10
344	关于2014年上海崇明建设投资发展有限公司公司债券上市交易的通知	自律监管决定书〔2014〕389号	债券业务部	2014/7/10

续表

序号	文件名称	文号	部门	发文日期
345	关于2014年池州市贵池金桥资产经营发展有限公司公司债券上市交易的通知	自律监管决定书〔2014〕390号	债券业务部	2014/7/10
346	关于2014年重庆保税港区开发管理有限公司公司债券上市交易的通知	自律监管决定书〔2014〕391号	债券业务部	2014/7/10
347	关于杭州前进齿轮箱集团股份有限公司2013年公司债券上市交易的通知	自律监管决定书〔2014〕393号	债券业务部	2014/7/14
348	关于2014年常州公共住房建设投资发展有限公司公司债券上市交易的通知	自律监管决定书〔2014〕394号	债券业务部	2014/7/14
349	关于2014年阿拉尔市新鑫国有资产经营有限责任公司公司债券上市交易的通知	自律监管决定书〔2014〕395号	债券业务部	2014/7/14
350	关于山东高速股份有限公司2013年公司债券上市交易的通知	自律监管决定书〔2014〕397号	债券业务部	2014/7/14
351	关于东方电气股份有限公司可转换公司债券上市交易的通知	自律监管决定书〔2014〕402号	上市公司监管一部	2014/7/17
352	关于2014年第一期天瑞集团股份有限公司公司债券上市交易的通知	自律监管决定书〔2014〕403号	债券业务部	2014/7/17
353	关于2014年江苏金桥盐化集团有限责任公司棚户区改造公司债券上市交易的通知	自律监管决定书〔2014〕404号	债券业务部	2014/7/17
354	关于2013年第二期普兰店市建设投资有限公司公司债券上市交易的通知	自律监管决定书〔2014〕405号	债券业务部	2014/7/17
355	关于2014年青海海东投资有限责任公司公司债券上市交易的通知	自律监管决定书〔2014〕406号	债券业务部	2014/7/17
356	关于2014年茂名市交通建设投资集团有限公司公司债券上市交易的通知	自律监管决定书〔2014〕407号	债券业务部	2014/7/17
357	关于2014年杭州余杭交通集团有限公司公司债券上市交易的通知	自律监管决定书〔2014〕408号	债券业务部	2014/7/17
358	关于2014年衢州市国有资产经营有限公司公司债券上市交易的通知	自律监管决定书〔2014〕409号	债券业务部	2014/7/17
359	关于2014年德州德达城市建设投资运营有限公司公司债券上市交易的通知	自律监管决定书〔2014〕410号	债券业务部	2014/7/17
360	关于2014年平湖经济开发区投资(集团)有限公司公司债券上市交易的通知	自律监管决定书〔2014〕411号	债券业务部	2014/7/17
361	关于2014年第二期广州市地下铁道总公司企业债券上市交易的通知	自律监管决定书〔2014〕412号	债券业务部	2014/7/17
362	关于2014年第一期醴陵市国有资产投资经营有限公司公司债券上市交易的通知	自律监管决定书〔2014〕413号	债券业务部	2014/7/18
363	关于2014年梧州市东泰国有资产经营有限公司公司债券上市交易的通知	自律监管决定书〔2014〕414号	债券业务部	2014/7/18

续表

序号	文件名称	文号	部门	发文日期
364	关于2014年日照经济技术开发区国有资产经营管理有限公司公司债券上市交易的通知	自律监管决定书〔2014〕415号	债券业务部	2014/7/18
365	关于2014年山东宏河矿业集团有限公司公司债券上市交易的通知	自律监管决定书〔2014〕416号	债券业务部	2014/7/18
366	关于2014年河北渤海投资集团有限公司公司债券上市交易的通知	自律监管决定书〔2014〕417号	债券业务部	2014/7/18
367	关于2014年河北融投控股集团有限公司公司债券上市交易的通知	自律监管决定书〔2014〕418号	债券业务部	2014/7/18
368	关于2014年北京市国有资产经营有限责任公司公司债券上市交易的通知	自律监管决定书〔2014〕419号	债券业务部	2014/7/18
369	关于2014年天津滨海新塘建设发展有限公司公司债券上市交易的通知	自律监管决定书〔2014〕420号	债券业务部	2014/7/18
370	关于2011年河北渤海投资有限公司公司债券上市交易的通知	自律监管决定书〔2014〕421号	债券业务部	2014/7/18
371	关于2014年娄底市城市建设投资集团有限公司公司债券上市交易的通知	自律监管决定书〔2014〕422号	债券业务部	2014/7/18
372	关于2014年喀什深喀投资发展有限公司企业债券上市交易的通知	自律监管决定书〔2014〕423号	债券业务部	2014/7/18
373	关于2014年第一期孝感市高创投资有限公司公司债券上市交易的通知	自律监管决定书〔2014〕424号	债券业务部	2014/7/24
374	关于2013年第二期周口市综合投资有限公司公司债券上市交易的通知	自律监管决定书〔2014〕425号	债券业务部	2014/7/24
375	关于2014年江苏宜兴经济开发区投资发展有限公司公司债券上市交易的通知	自律监管决定书〔2014〕426号	债券业务部	2014/7/24
376	关于2014年孝感市城市建设投资公司公司债券上市交易的通知	自律监管决定书〔2014〕427号	债券业务部	2014/7/24
377	关于2014年北京昌鑫建设投资有限公司公司债券上市交易的通知	自律监管决定书〔2014〕428号	债券业务部	2014/7/24
378	关于2009年绍兴市交通投资集团有限公司公司债券上市交易的通知	自律监管决定书〔2014〕429号	债券业务部	2014/7/24
379	关于2014年济南高新控股集团有限公司公司债券上市交易的通知	自律监管决定书〔2014〕430号	债券业务部	2014/7/24
380	关于2014年江苏南通二建集团有限公司公司债券上市交易的通知	自律监管决定书〔2014〕431号	债券业务部	2014/7/24
381	关于冠城大通股份有限公司可转换公司债券上市交易的通知	自律监管决定书〔2014〕432号	上市公司监管一部	2014/7/25
382	关于2009年建发房地产集团有限公司公司债券上市交易的通知	自律监管决定书〔2014〕433号	债券业务部	2014/7/25

续表

序号	文件名称	文号	部门	发文日期
383	关于2014年南京汤山建设投资发展有限公司公司债券上市交易的通知	自律监管决定书〔2014〕434号	债券业务部	2014/7/25
384	关于2014年安吉县资产经营有限公司公司债券上市交易的通知	自律监管决定书〔2014〕435号	债券业务部	2014/7/25
385	关于2014年重庆市合川城市建设投资(集团)有限公司公司债券上市交易的通知	自律监管决定书〔2014〕436号	债券业务部	2014/7/25
386	关于2014年大石桥市城市建设投资有限公司公司债券上市交易的通知	自律监管决定书〔2014〕439号	债券业务部	2014/7/30
387	关于2014年福建省晋江市工业园区开发建设有限公司公司债券上市交易的通知	自律监管决定书〔2014〕440号	债券业务部	2014/7/30
388	关于2014年昆山交通发展控股有限公司公司债券上市交易的通知	自律监管决定书〔2014〕441号	债券业务部	2014/7/30
389	关于2014年重庆市长寿生态旅业开发有限公司公司债券上市交易的通知	自律监管决定书〔2014〕442号	债券业务部	2014/7/30
390	关于2014年新疆润盛投资发展有限公司公司债券上市交易的通知	自律监管决定书〔2014〕443号	债券业务部	2014/7/30
391	关于2014年第一期淮安清河新区投资发展有限公司小微企业扶持债券上市交易的通知	自律监管决定书〔2014〕444号	债券业务部	2014/7/30
392	关于2014年赤峰市城市基础设施投资开发有限公司公司债券上市交易的通知	自律监管决定书〔2014〕448号	债券业务部	2014/8/4
393	关于2014年漳州市九龙江建设有限公司公司债券上市交易的通知	自律监管决定书〔2014〕449号	债券业务部	2014/8/4
394	关于2014年喀什深喀投资发展有限公司公司债券上市交易的通知	自律监管决定书〔2014〕450号	债券业务部	2014/8/4
395	关于2014年淄博市城市资产运营有限公司公司债券上市交易的通知	自律监管决定书〔2014〕451号	债券业务部	2014/8/4
396	关于2014年合肥市滨湖新区建设投资有限公司公司债券上市交易的通知	自律监管决定书〔2014〕452号	债券业务部	2014/8/4
397	关于2013年第二期黄冈市城市建设投资有限公司公司债券上市交易的通知	自律监管决定书〔2014〕453号	债券业务部	2014/8/4
398	关于2014年桐庐县国有资产投资经营有限公司公司债券上市交易的通知	自律监管决定书〔2014〕454号	债券业务部	2014/8/4
399	关于2014年淮南市城市建设投资有限责任公司公司债券上市交易的通知	自律监管决定书〔2014〕455号	债券业务部	2014/8/4
400	关于2014年新疆生产建设兵团第二师绿原国有资产经营有限公司公司债券上市交易的通知	自律监管决定书〔2014〕456号	债券业务部	2014/8/4
401	关于2014年苏州高新区经济发展集团总公司企业债券上市交易的通知	自律监管决定书〔2014〕457号	债券业务部	2014/8/4

续表

序号	文件名称	文号	部门	发文日期
402	关于2014年河南省济源市建设投资公司企业债券上市交易的通知	自律监管决定书〔2014〕458号	债券业务部	2014/8/4
403	关于2014年临沂未来科技城开发建设集团有限公司公司债券上市交易的通知	自律监管决定书〔2014〕459号	债券业务部	2014/8/5
404	关于2014年重庆市渝南资产经营有限公司公司债券上市交易的通知	自律监管决定书〔2014〕460号	债券业务部	2014/8/5
405	关于2014年大连黄海港务有限公司公司债券上市交易的通知	自律监管决定书〔2014〕462号	债券业务部	2014/8/8
406	关于2014年台州市基础设施建设投资集团有限公司公司债券上市交易的通知	自律监管决定书〔2014〕463号	债券业务部	2014/8/8
407	关于2014年重庆西永微电子产业园区开发有限公司公司债券上市交易的通知	自律监管决定书〔2014〕464号	债券业务部	2014/8/8
408	关于2014年杭州市拱墅区经济发展投资有限公司公司债券上市交易的通知	自律监管决定书〔2014〕465号	债券业务部	2014/8/8
409	关于2014年如东县东泰社会发展投资有限责任公司公司债券上市交易的通知	自律监管决定书〔2014〕466号	债券业务部	2014/8/8
410	关于2014年睢宁县润企投资有限公司公司债券上市交易的通知	自律监管决定书〔2014〕467号	债券业务部	2014/8/8
411	关于2014年遵义市汇川区城市建设投资经营有限公司公司债券上市交易的通知	自律监管决定书〔2014〕468号	债券业务部	2014/8/8
412	关于2014年柳州市产业投资有限公司公司债券上市交易的通知	自律监管决定书〔2014〕473号	债券业务部	2014/8/13
413	关于2014年兴化市城市建设投资有限公司公司债券上市交易的通知	自律监管决定书〔2014〕474号	债券业务部	2014/8/13
414	关于2014年嵊州市投资控股有限公司公司债券上市交易的通知	自律监管决定书〔2014〕475号	债券业务部	2014/8/13
415	关于2009年池州城市经营投资有限公司公司债券上市交易的通知	自律监管决定书〔2014〕476号	债券业务部	2014/8/15
416	关于2014年天津水务投资集团有限公司公司债券上市交易的通知	自律监管决定书〔2014〕477号	债券业务部	2014/8/15
417	关于2014年成都市龙泉驿区国有资产投资经营有限公司公司债券上市交易的通知	自律监管决定书〔2014〕478号	债券业务部	2014/8/15
418	关于2014年郑州高新国有资产经营有限公司公司债券上市交易的通知	自律监管决定书〔2014〕479号	债券业务部	2014/8/15
419	关于2014年新疆凯迪投资有限责任公司公司债券上市交易的通知	自律监管决定书〔2014〕480号	债券业务部	2014/8/15
420	关于2014年郑州投资控股有限公司公司债券上市交易的通知	自律监管决定书〔2014〕481号	债券业务部	2014/8/15

续表

序号	文件名称	文号	部门	发文日期
421	关于2014年城发投资集团有限公司公司债券上市交易的通知	自律监管决定书〔2014〕482号	债券业务部	2014/8/15
422	关于2014年宝鸡高新技术产业开发总公司企业债券上市交易的通知	自律监管决定书〔2014〕483号	债券业务部	2014/8/15
423	关于2014年重庆园业实业有限公司公司债券上市交易的通知	自律监管决定书〔2014〕484号	债券业务部	2014/8/15
424	关于2014年河北宣化北山工业园投资有限责任公司公司债券上市交易的通知	自律监管决定书〔2014〕485号	债券业务部	2014/8/15
425	关于2014年邹城市城市资产经营有限公司公司债券上市交易的通知	自律监管决定书〔2014〕486号	债券业务部	2014/8/15
426	关于2014年文登市城市资产经营有限公司公司债券上市交易的通知	自律监管决定书〔2014〕487号	债券业务部	2014/8/15
427	关于2014年广西北部湾国际港务集团有限公司公司债券上市交易的通知	自律监管决定书〔2014〕490号	债券业务部	2014/8/22
428	关于2014年重庆长寿经济技术开发区开发投资集团有限公司公司债券上市交易的通知	自律监管决定书〔2014〕491号	债券业务部	2014/8/22
429	关于2014年第一期株洲高科集团有限公司公司债券上市交易的通知	自律监管决定书〔2014〕492号	债券业务部	2014/8/22
430	关于2014年临安市城建发展有限公司公司债券上市交易的通知	自律监管决定书〔2014〕493号	债券业务部	2014/8/22
431	关于2014年长春现代农业产业建设有限公司公司债券上市交易的通知	自律监管决定书〔2014〕494号	债券业务部	2014/8/22
432	关于2014年新疆维吾尔自治区哈密地区国有资产投资经营有限公司公司债券上市交易的通知	自律监管决定书〔2014〕495号	债券业务部	2014/8/22
433	关于2014年天津广成投资集团有限公司公司债券上市交易的通知	自律监管决定书〔2014〕496号	债券业务部	2014/8/22
434	关于2014年盐城市城南新区开发建设投资有限公司公司债券上市交易的通知	自律监管决定书〔2014〕499号	债券业务部	2014/8/27
435	关于2014年重庆市江北嘴中央商务区投资集团有限公司公司债券上市交易的通知	自律监管决定书〔2014〕500号	债券业务部	2014/8/27
436	关于2014年第二期淮安新城投资开发有限公司公司债券上市交易的通知	自律监管决定书〔2014〕501号	债券业务部	2014/8/27
437	关于2014年莱州市国有资产经营有限公司公司债券上市交易的通知	自律监管决定书〔2014〕502号	债券业务部	2014/8/27
438	关于2014年舟山市定海区国有资产经营有限公司公司债券上市交易的通知	自律监管决定书〔2014〕503号	债券业务部	2014/8/27
439	关于2014年甘肃省电力投资集团有限责任公司公司债券上市交易的通知	自律监管决定书〔2014〕504号	债券业务部	2014/9/2

续表

序号	文件名称	文号	部门	发文日期
440	关于2014年登封市城市开发建设投资有限公司公司债券上市交易的通知	自律监管决定书〔2014〕505号	债券业务部	2014/9/2
441	关于2014年安顺虹阳国有资产投资营运有限责任公司公司债券上市交易的通知	自律监管决定书〔2014〕506号	债券业务部	2014/9/2
442	关于2014年扬州瘦西湖旅游发展集团有限公司公司债券上市交易的通知	自律监管决定书〔2014〕507号	债券业务部	2014/9/2
443	关于2014年第二期双流县水务建设投资有限公司公司债券上市交易的通知	自律监管决定书〔2014〕508号	债券业务部	2014/9/2
444	关于2009年山西省交通建设开发投资总公司企业债券上市交易的通知	自律监管决定书〔2014〕509号	债券业务部	2014/9/2
445	关于2014年第二期迁安市城市建设投资发展有限公司公司债券上市交易的通知	自律监管决定书〔2014〕514号	债券业务部	2014/9/5
446	关于2014年第二期山东宏桥新型材料有限公司公司债券上市交易的通知	自律监管决定书〔2014〕515号	债券业务部	2014/9/5
447	关于2014年南宁绿港建设投资集团有限公司公司债券上市交易的通知	自律监管决定书〔2014〕516号	债券业务部	2014/9/5
448	关于2014年陕西省西咸新区沣西新城开发建设(集团)有限公司公司债券上市交易的通知	自律监管决定书〔2014〕517号	债券业务部	2014/9/5
449	关于2014年钦州市滨海新城置业集团有限公司公司债券上市交易的通知	自律监管决定书〔2014〕518号	债券业务部	2014/9/11
450	关于2014年第二期海航资本控股有限公司公司债券上市交易的通知	自律监管决定书〔2014〕519号	债券业务部	2014/9/11
451	关于2013年第二期锦州市城市建设投资发展有限公司公司债券上市交易的通知	自律监管决定书〔2014〕520号	债券业务部	2014/9/11
452	关于2014年上虞市城市建设发展有限公司公司债券上市交易的通知	自律监管决定书〔2014〕521号	债券业务部	2014/9/11
453	关于2014年第三期广州市地下铁道总公司企业债券上市交易的通知	自律监管决定书〔2014〕522号	债券业务部	2014/9/11
454	关于2014年广西铁路投资(集团)有限公司公司债券上市交易的通知	自律监管决定书〔2014〕523号	债券业务部	2014/9/12
455	关于2014年十堰市城市基础设施建设投资有限公司公司债券上市交易的通知	自律监管决定书〔2014〕524号	债券业务部	2014/9/12
456	关于江苏凤凰置业投资股份有限公司2014年公司债券上市交易的通知	自律监管决定书〔2014〕525号	债券业务部	2014/9/12
457	关于2014年慈溪市建设投资集团有限公司公司债券上市交易的通知	自律监管决定书〔2014〕526号	债券业务部	2014/9/12
458	关于2014年第一期重庆巴南经济园区建设实业有限公司公司债券上市交易的通知	自律监管决定书〔2014〕527号	债券业务部	2014/9/12

续表

序号	文件名称	文号	部门	发文日期
459	关于2014年河北建设投资集团有限责任公司公司债券上市交易的通知	自律监管决定书〔2014〕529号	债券业务部	2014/9/18
460	关于2014年郴州市百福投资有限公司公司债券上市交易的通知	自律监管决定书〔2014〕531号	债券业务部	2014/9/18
461	关于2014年超威电源有限公司公司债券上市交易的通知	自律监管决定书〔2014〕532号	债券业务部	2014/9/18
462	关于2014年赤峰市元宝山区国有资产经营有限公司公司债券上市交易的通知	自律监管决定书〔2014〕533号	债券业务部	2014/9/18
463	关于2014年第二期重庆市万盛经济技术开发区开发投资集团有限公司公司债券上市交易的通知	自律监管决定书〔2014〕534号	债券业务部	2014/9/18
464	关于2014年滨州市滨城区经济开发投资有限公司公司债券上市交易的通知	自律监管决定书〔2014〕535号	债券业务部	2014/9/18
465	关于2014年中国保利集团公司企业债券上市交易的通知	自律监管决定书〔2014〕536号	债券业务部	2014/9/18
466	关于2014年北京市石景山区国有资产经营公司企业债券上市交易的通知	自律监管决定书〔2014〕537号	债券业务部	2014/9/18
467	关于2014年上海南汇城乡建设开发投资总公司企业债券上市交易的通知	自律监管决定书〔2014〕538号	债券业务部	2014/9/18
468	关于2014年芜湖宜居投资（集团）有限公司公司债券上市交易的通知	自律监管决定书〔2014〕539号	债券业务部	2014/9/22
469	关于2014年揭阳市城市投资开发有限公司公司债券上市交易的通知	自律监管决定书〔2014〕540号	债券业务部	2014/9/22
470	关于2014年玉溪市开发投资有限公司公司债券上市交易的通知	自律监管决定书〔2014〕541号	债券业务部	2014/9/22
471	关于2014年阜宁县城市投资发展有限责任公司公司债券上市交易的通知	自律监管决定书〔2014〕542号	债券业务部	2014/9/22
472	关于2014年天津北辰科技园区总公司企业债券上市交易的通知	自律监管决定书〔2014〕543号	债券业务部	2014/9/22
473	关于吉视传媒股份有限公司可转换公司债券上市交易的通知	自律监管决定书〔2014〕544号	上市公司监管一部	2014/9/22
474	关于2014年兰州国资投资（控股）建设有限公司公司债券上市交易的通知	自律监管决定书〔2014〕545号	债券业务部	2014/9/24
475	关于2014年重庆市空港新城建设投资（集团）有限公司公司债券上市交易的通知	自律监管决定书〔2014〕546号	债券业务部	2014/9/24
476	关于2009年南京市城市建设投资控股（集团）有限责任公司公司债券上市交易的通知	自律监管决定书〔2014〕548号	债券业务部	2014/9/24
477	关于2014年河北省高速公路开发有限公司公司债券上市交易的通知	自律监管决定书〔2014〕549号	债券业务部	2014/9/24

续表

序号	文件名称	文号	部门	发文日期
478	关于2014年天门市城市建设投资有限公司公司债券上市交易的通知	自律监管决定书〔2014〕550号	债券业务部	2014/9/24
479	关于2014年福安市城市建设投资有限公司公司债券上市交易的通知	自律监管决定书〔2014〕551号	债券业务部	2014/9/24
480	关于2013年卧龙地产集团股份有限公司公司债券上市交易的通知	自律监管决定书〔2014〕552号	债券业务部	2014/9/24
481	关于2014年广晟有色金属股份有限公司公司债券上市交易的通知	自律监管决定书〔2014〕553号	债券业务部	2014/9/24
482	关于2014年鹤壁市经济建设投资集团有限公司公司债券上市交易的通知	自律监管决定书〔2014〕554号	债券业务部	2014/9/24
483	关于2014年大连旅泰投资有限公司公司债券上市交易的通知	自律监管决定书〔2014〕555号	债券业务部	2014/9/24
484	关于2014年浏阳市城市建设集团有限公司公司债券上市交易的通知	自律监管决定书〔2014〕556号	债券业务部	2014/9/24
485	关于2011年宁夏宝丰能源集团有限公司公司债券上市交易的通知	自律监管决定书〔2014〕557号	债券业务部	2014/9/24
486	关于2014年湖州市中兴建设开发公司企业债券上市交易的通知	自律监管决定书〔2014〕558号	债券业务部	2014/9/24
487	关于2014年常熟市滨江城市建设经营投资有限责任公司公司债券上市交易的通知	自律监管决定书〔2014〕562号	债券业务部	2014/9/29
488	关于2014年滁州市城市建设投资有限公司公司债券上市交易的通知	自律监管决定书〔2014〕563号	债券业务部	2014/9/29
489	关于2014年新密财源城市开发建设有限公司公司债券上市交易的通知	自律监管决定书〔2014〕564号	债券业务部	2014/9/29
490	关于2014年曲靖经济技术开发区建设投资集团有限公司公司债券上市交易的通知	自律监管决定书〔2014〕567号	债券业务部	2014/9/30
491	关于2014年随州市城市建设综合开发投资有限公司公司债券上市交易的通知	自律监管决定书〔2014〕568号	债券业务部	2014/9/30
492	关于2014年威海市中城公有资产经营有限公司公司债券上市交易的通知	自律监管决定书〔2014〕569号	债券业务部	2014/9/30
493	关于2014年陕西安康高新产业发展投资(集团)有限公司公司债券上市交易的通知	自律监管决定书〔2014〕570号	债券业务部	2014/9/30
494	关于2014年昌邑市经济开发投资公司企业债券上市交易的通知	自律监管决定书〔2014〕571号	债券业务部	2014/9/30
495	关于2014年天津新技术产业园区武清开发区总公司企业债券上市交易的通知	自律监管决定书〔2014〕572号	债券业务部	2014/9/30
496	关于2014年第二期北京金融街资本运营中心企业债券上市交易的通知	自律监管决定书〔2014〕573号	债券业务部	2014/9/30

续表

序号	文件名称	文号	部门	发文日期
497	关于2014年广元市园区建设投资有限公司公司债券上市交易的通知	自律监管决定书〔2014〕577号	债券业务部	2014/10/10
498	关于2014年江苏望涛投资建设有限公司公司债券上市交易的通知	自律监管决定书〔2014〕578号	债券业务部	2014/10/10
499	关于2014年石狮市国有投资发展有限公司公司债券上市交易的通知	自律监管决定书〔2014〕579号	债券业务部	2014/10/10
500	关于2013年中华企业股份有限公司公司债券上市交易的通知	自律监管决定书〔2014〕581号	债券业务部	2014/10/10
501	关于2014年建湖县开发区建设投资有限公司公司债券上市交易的通知	自律监管决定书〔2014〕582号	债券业务部	2014/10/10
502	关于2014年北京国有资本经营管理中心企业债券上市交易的通知	自律监管决定书〔2014〕583号	债券业务部	2014/10/10
503	关于2014年第二期重庆两江新区开发投资集团有限公司公司债券上市交易的通知	自律监管决定书〔2014〕584号	债券业务部	2014/10/10
504	关于2014年仁寿县资产经营有限公司公司债券上市交易的通知	自律监管决定书〔2014〕585号	债券业务部	2014/10/10
505	关于2014年盐城东方投资开发集团有限公司公司债券上市交易的通知	自律监管决定书〔2014〕586号	债券业务部	2014/10/10
506	关于2014年泸州市纳溪区国有资产经营有限公司公司债券上市交易的通知	自律监管决定书〔2014〕587号	债券业务部	2014/10/10
507	关于2014年张掖市城市投资发展（集团）有限公司公司债券上市交易的通知	自律监管决定书〔2014〕589号	债券业务部	2014/10/15
508	关于2014年九江富和建设投资有限公司公司债券上市交易的通知	自律监管决定书〔2014〕590号	债券业务部	2014/10/15
509	关于2014年重庆九龙园高新产业集团有限公司公司债券上市交易的通知	自律监管决定书〔2014〕591号	债券业务部	2014/10/15
510	关于2014年阿拉善左旗城市建设投资开发有限公司公司债券上市交易的通知	自律监管决定书〔2014〕592号	债券业务部	2014/10/15
511	关于2014年绍兴县交通投资有限公司公司债券上市交易的通知	自律监管决定书〔2014〕593号	债券业务部	2014/10/15
512	关于2014年第一期山东三星集团有限公司公司债券上市交易的通知	自律监管决定书〔2014〕594号	债券业务部	2014/10/15
513	关于2014年上海嘉宝实业（集团）股份有限公司公司债券上市交易的通知	自律监管决定书〔2014〕599号	债券业务部	2014/10/22
514	关于2014年济南西城投资开发集团有限公司公司债券上市交易的通知	自律监管决定书〔2014〕600号	债券业务部	2014/10/22
515	关于2014年杭州市地铁集团有限责任公司公司债券上市交易的通知	自律监管决定书〔2014〕601号	债券业务部	2014/10/22

续表

序号	文件名称	文号	部门	发文日期
516	关于浙江浙能电力股份有限公司可转换公司债券上市交易的通知	自律监管决定书〔2014〕602 号	上市公司监管一部	2014/10/23
517	关于 2014 年宣城经济技术开发区建设投资有限公司公司债券上市交易的通知	自律监管决定书〔2014〕603 号	债券业务部	2014/10/24
518	关于 2014 年内蒙古盛祥投资有限公司公司债券上市交易的通知	自律监管决定书〔2014〕604 号	债券业务部	2014/10/24
519	关于 2014 年第一期抚顺市城建投资有限公司小微企业增信集合债券上市交易的通知	自律监管决定书〔2014〕608 号	债券业务部	2014/10/30
520	关于 2014 年第二期天瑞集团股份有限公司公司债券上市交易的通知	自律监管决定书〔2014〕609 号	债券业务部	2014/10/30
521	关于 2014 年衡阳白沙洲开发建设投资有限公司公司债券上市交易的通知	自律监管决定书〔2014〕610 号	债券业务部	2014/10/30
522	关于 2014 年靖江港口发展有限公司公司债券上市交易的通知	自律监管决定书〔2014〕611 号	债券业务部	2014/10/30
523	关于 2014 年马鞍山慈湖高新技术产业开发区投资发展有限公司公司债券上市交易的通知	自律监管决定书〔2014〕612 号	债券业务部	2014/10/30
524	关于 2014 年青岛胶州湾发展有限公司公司债券上市交易的通知	自律监管决定书〔2014〕613 号	债券业务部	2014/10/30
525	关于 2014 年第二期孝感市高创投资有限公司公司债券上市交易的通知	自律监管决定书〔2014〕615 号	债券业务部	2014/10/31
526	关于 2014 年第二期天能电池集团有限公司公司债券上市交易的通知	自律监管决定书〔2014〕616 号	债券业务部	2014/10/31
527	关于 2014 年第二期中国电力投资集团公司企业债券上市交易的通知	自律监管决定书〔2014〕618 号	债券业务部	2014/10/31
528	关于 2014 年成都新开元城市建设投资有限公司公司债券上市交易的通知	自律监管决定书〔2014〕622 号	债券业务部	2014/11/6
529	关于 2014 年第一期高安市城市建设投资有限责任公司公司债券上市交易的通知	自律监管决定书〔2014〕623 号	债券业务部	2014/11/6
530	关于 2014 年第二期醴陵市国有资产投资经营有限公司公司债券上市交易的通知	自律监管决定书〔2014〕624 号	债券业务部	2014/11/6
531	关于 2014 年第一期福建省龙岩市经济技术开发区建设发展有限公司公司债券上市交易的通知	自律监管决定书〔2014〕627 号	债券业务部	2014/11/10
532	关于 2014 年舟山群岛新区蓬莱国有资产投资集团有限公司公司债券上市交易的通知	自律监管决定书〔2014〕630 号	债券业务部	2014/11/10
533	关于 2014 年溧水经济技术开发总公司企业债券上市交易的通知	自律监管决定书〔2014〕631 号	债券业务部	2014/11/10
534	关于 2014 年广安经济技术开发区恒生投资开发有限公司公司债券上市交易的通知	自律监管决定书〔2014〕632 号	债券业务部	2014/11/10

续表

序号	文件名称	文号	部门	发文日期
535	关于2014年阿克苏地区绿色实业开发有限公司公司债券上市交易的通知	自律监管决定书〔2014〕633号	债券业务部	2014/11/10
536	关于2014年贵阳经济技术开发区国有资产投资经营有限公司公司债券上市交易的通知	自律监管决定书〔2014〕634号	债券业务部	2014/11/10
537	关于2014年乐清市国有投资有限公司公司债券上市交易的通知	自律监管决定书〔2014〕635号	债券业务部	2014/11/10
538	关于2014年昆明经济技术开发区投资开发(集团)有限公司公司债券上市交易的通知	自律监管决定书〔2014〕636号	债券业务部	2014/11/10
539	关于2013年上海金桥出口加工区开发股份有限公司公司债券上市交易的通知	自律监管决定书〔2014〕637号	债券业务部	2014/11/12
540	关于2014年繁昌县建设投资有限公司公司债券上市交易的通知	自律监管决定书〔2014〕638号	债券业务部	2014/11/12
541	关于2014年第二期鄂州市城市建设投资有限公司公司债券上市交易的通知	自律监管决定书〔2014〕639号	债券业务部	2014/11/12
542	关于2014年第一期三门县国有资产投资控股有限公司公司债券上市交易的通知	自律监管决定书〔2014〕640号	债券业务部	2014/11/14
543	关于2014年福建省投资开发集团有限责任公司公司债券上市交易的通知	自律监管决定书〔2014〕641号	债券业务部	2014/11/14
544	关于2014年第一期高安市城市建设投资有限责任公司公司债券上市交易的通知	自律监管决定书〔2014〕642号	债券业务部	2014/11/20
545	关于2014年自贡市高新投资有限公司公司债券上市交易的通知	自律监管决定书〔2014〕643号	债券业务部	2014/11/20
546	关于2014年广东省高速公路有限公司公司债券上市交易的通知	自律监管决定书〔2014〕644号	债券业务部	2014/11/20
547	关于2014年岳阳惠临投资发展有限公司湘江流域重金属污染治理公司债券上市交易的通知	自律监管决定书〔2014〕645号	债券业务部	2014/11/20
548	关于2014年北京天恒置业集团企业债券上市交易的通知	自律监管决定书〔2014〕647号	债券业务部	2014/11/20
549	关于2014年德兴市城市建设经营总公司企业债券上市交易的通知	自律监管决定书〔2014〕648号	债券业务部	2014/11/20
550	关于2014年第二期兖州市惠民城建投资有限公司小微企业增信集合债券上市交易的通知	自律监管决定书〔2014〕649号	债券业务部	2014/11/20
551	关于2014年第一期玉环县交通投资集团有限公司公司债券上市交易的通知	自律监管决定书〔2014〕650号	债券业务部	2014/11/21
552	关于2010年江苏句容福地生态科技有限公司公司债券上市交易的通知	自律监管决定书〔2014〕651号	债券业务部	2014/11/21
553	关于2014年辽宁忠旺集团有限公司公司债券上市交易的通知	自律监管决定书〔2014〕653号	债券业务部	2014/11/21

续表

序号	文件名称	文号	部门	发文日期
554	关于2014年柳州市城市投资建设发展有限公司小微企业增信集合债券上市交易的通知	自律监管决定书〔2014〕654号	债券业务部	2014/11/21
555	关于2014年第一期浙江省新昌县投资发展有限公司公司债券上市交易的通知	自律监管决定书〔2014〕658号	债券业务部	2014/11/26
556	关于2014年晋城市城市经济发展投资有限公司公司债券上市交易的通知	自律监管决定书〔2014〕659号	债券业务部	2014/11/26
557	关于2014年惠安县城乡建设投资经营有限公司公司债券上市交易的通知	自律监管决定书〔2014〕664号	债券业务部	2014/12/1
558	关于2014年永嘉投资集团有限公司公司债券上市交易的通知	自律监管决定书〔2014〕665号	债券业务部	2014/12/1
559	关于2014年温州市鹿城城市发展有限公司公司债券上市交易的通知	自律监管决定书〔2014〕666号	债券业务部	2014/12/1
560	关于2014年江苏省吴中经济技术发展总公司企业债券上市交易的通知	自律监管决定书〔2014〕667号	债券业务部	2014/12/1
561	关于2014年乌兰察布市集宁区城市建设投资开发有限责任公司公司债券上市交易的通知	自律监管决定书〔2014〕668号	债券业务部	2014/12/2
562	关于2014年西安世园投资(集团)有限公司公司债券上市交易的通知	自律监管决定书〔2014〕674号	债券业务部	2014/12/10
563	关于2014年新疆供销投资(控股)集团有限责任公司公司债券上市交易的通知	自律监管决定书〔2014〕675号	债券业务部	2014/12/10
564	关于2014年上海城市建设债券上市交易的通知	自律监管决定书〔2014〕676号	债券业务部	2014/12/10
565	关于2014年攀枝花市城市建设投资经营有限公司小微企业增信集合债券上市交易的通知	自律监管决定书〔2014〕677号	债券业务部	2014/12/10
566	关于2014年龙海市国有资产投资经营有限公司公司债券上市交易的通知	自律监管决定书〔2014〕678号	债券业务部	2014/12/10
567	关于2014年西湖电子集团有限公司公司债券上市交易的通知	自律监管决定书〔2014〕679号	债券业务部	2014/12/10
568	关于2014年鹰潭市投融资公司企业债券上市交易的通知	自律监管决定书〔2014〕680号	债券业务部	2014/12/11
569	关于2014年乐山市国有资产经营有限公司公司债券上市交易的通知	自律监管决定书〔2014〕682号	债券业务部	2014/12/15
570	关于2014年广西来宾市工业投资有限责任公司公司债券上市交易的通知	自律监管决定书〔2014〕683号	债券业务部	2014/12/15
571	关于2014年第二期甘肃省公路航空旅游投资集团有限公司公司债券上市交易的通知	自律监管决定书〔2014〕684号	债券业务部	2014/12/15
572	关于2014年第一期江苏春辉生态农林股份有限公司公司债券上市交易的通知	自律监管决定书〔2014〕685号	债券业务部	2014/12/15

续表

序号	文件名称	文号	部门	发文日期
573	关于2014年第二期江苏春辉生态农林股份有限公司公司债券上市交易的通知	自律监管决定书〔2014〕686号	债券业务部	2014/12/15
574	关于2014年金湖县国有资产经营投资有限责任公司公司债券上市交易的通知	自律监管决定书〔2014〕687号	债券业务部	2014/12/15
575	关于2014年海宁市城市发展投资集团有限公司公司债券上市交易的通知	自律监管决定书〔2014〕688号	债券业务部	2014/12/15
576	关于深圳香江控股股份有限公司2013年公司债券上市交易的通知	自律监管决定书〔2014〕689号	债券业务部	2014/12/15
577	关于宝钢集团有限公司2014年可交换公司债券上市交易的通知	自律监管决定书〔2014〕690号	债券业务部	2014/12/15
578	关于2014年即墨市城市旅游开发投资有限公司公司债券上市交易的通知	自律监管决定书〔2014〕691号	债券业务部	2014/12/17
579	关于2014年中山市交通发展集团有限公司公司债券上市交易的通知	自律监管决定书〔2014〕692号	债券业务部	2014/12/17
580	关于2014年镇江市丹徒区建设投资有限公司公司债券上市交易的通知	自律监管决定书〔2014〕693号	债券业务部	2014/12/17
581	关于2014年浏阳经开区开发投资有限公司公司债券上市交易的通知	自律监管决定书〔2014〕694号	债券业务部	2014/12/22
582	关于2014年第二期黑龙江省灾后重建集合债券上市交易的通知	自律监管决定书〔2014〕695号	债券业务部	2014/12/22
583	关于2014年陕西省交通建设集团公司公司债券上市交易的通知	自律监管决定书〔2014〕697号	债券业务部	2014/12/25
584	关于2014年芜湖县建设投资有限公司公司债券上市交易的通知	自律监管决定书〔2014〕698号	债券业务部	2014/12/25
585	关于2014年连云港市交通集团有限公司公司债券上市交易的通知	自律监管决定书〔2014〕699号	债券业务部	2014/12/25
586	关于2014年黑龙江省鹤城建设投资发展有限公司公司债券上市交易的通知	自律监管决定书〔2014〕700号	债券业务部	2014/12/25
587	关于2014年河源市润业投资有限公司公司债券上市交易的通知	自律监管决定书〔2014〕701号	债券业务部	2014/12/25
588	关于2014年盛屯矿业集团股份有限公司公司债券上市交易的通知	自律监管决定书〔2014〕704号	债券业务部	2014/12/29
589	关于2014年宜都市国通投资开发有限责任公司公司债券上市交易的通知	自律监管决定书〔2014〕705号	债券业务部	2014/12/29
590	关于2014年重庆市双桥经济技术开发区开发投资集团有限公司公司债券上市交易的通知	自律监管决定书〔2014〕708号	债券业务部	2014/12/31

基金

序号	文件名称	文号	部门	发文日期
1	关于博时标普500交易型开放式指数证券投资基金上市交易的通知	上海证券交易所自律监管决定书〔2014〕1号	基金业务部	2014/1/1
2	关于诺安中证500交易型开放式指数证券投资基金上市交易的通知	上海证券交易所自律监管决定书〔2014〕64号	基金业务部	2014/2/26
3	关于易方达沪深300非银行金融交易型开放式指数证券投资基金上市交易的通知	上海证券交易所自律监管决定书〔2014〕380号	基金业务部	2014/7/9
4	关于嘉实中证金融地产交易型开放式指数证券投资基金上市交易的通知	自律监管决定书〔2014〕398号	基金业务部	2014/7/15
5	关于嘉实中证主要消费交易型开放式指数证券投资基金上市交易的通知	自律监管决定书〔2014〕399号	基金业务部	2014/7/15
6	关于嘉实中证医药卫生交易型开放式指数证券投资基金上市交易的通知	自律监管决定书〔2014〕400号	基金业务部	2014/7/15
7	关于景顺长城中证800食品饮料交易型开放式指数证券投资基金上市交易的通知	自律监管决定书〔2014〕470号	基金业务部	2014/8/11
8	关于景顺长城中证医药卫生交易型开放式指数证券投资基金上市交易的通知	自律监管决定书〔2014〕471号	基金业务部	2014/8/11
9	关于景顺长城中证TMT150交易型开放式指数证券投资基金上市交易的通知	自律监管决定书〔2014〕472号	基金业务部	2014/8/11
10	关于华安国际龙头(DAX)交易型开放式指数证券投资基金上市交易的通知	上海证券交易所自律监管决定书〔2014〕497号	基金业务部	2014/8/25
11	关于同意易方达货币市场基金增设场内份额上市交易的通知	上海证券交易所自律监管决定书〔2014〕655号	基金业务部	2014/11/24
12	关于同意中证500医药卫生指数交易型开放式指数证券投资基金上市交易的通知	上海证券交易所自律监管决定书〔2014〕661号	基金业务部	2014/11/27
13	关于同意博时保证金实时交易型货币市场基金上市交易的通知	上海证券交易所自律监管决定书〔2014〕663号	基金业务部	2014/12/1
14	关于同意上证可质押城投债交易型开放式指数证券投资基金上市交易的通知	上海证券交易所自律监管决定书〔2014〕671号	基金业务部	2014/12/4
15	关于同意南方理财金交易型货币市场基金H类份额上市交易的通知	上海证券交易所自律监管决定书〔2014〕703号	基金业务部	2014/12/26

（三）2014 年作出的暂停上市决定目录

序号	文件名称	文号	部门	发文日期
1	关于对 2011 年保定天威保变电气股份有限公司公司债券实施暂停上市的决定	自律监管决定书〔2014〕108 号	上市公司监管一部	2014/3/19
2	关于对 2011 年江苏中能硅业科技发展有限公司公司债券实施暂停上市的决定	自律监管决定书〔2014〕180 号	债券业务部	2014/4/29
3	关于对 2009 年陕西煤业化工集团有限责任公司公司债券实施暂停上市的决定	自律监管决定书〔2014〕183 号	债券业务部	2014/4/30
4	关于对 2011 年山西煤炭进出口集团有限公司公司债券实施暂停上市的决定	自律监管决定书〔2014〕192 号	债券业务部	2014/5/5
5	关于对 2010 年天脊煤化工集团股份有限公司公司债券实施暂停上市的决定	自律监管决定书〔2014〕191 号	债券业务部	2014/5/5
6	关于对 2009 年永城煤电控股集团有限公司公司债券实施暂停上市的决定	自律监管决定书〔2014〕190 号	债券业务部	2014/5/5
7	关于对 2012 年山西煤炭运销集团有限公司公司债券实施暂停上市的决定	自律监管决定书〔2014〕207 号	债券业务部	2014/5/8
8	关于对 2010 年太原重型机械集团有限公司公司债券实施暂停上市的决定	自律监管决定书〔2014〕206 号	债券业务部	2014/5/8
9	关于对南京钢铁股份有限公司 2011 年公司债券实施暂停上市的决定	自律监管决定书〔2014〕200 号	上市公司监管一部	2014/5/9
10	关于对华锐风电科技（集团）股份有限公司 2011 年公司债券（第一期）实施暂停上市的决定	自律监管决定书〔2014〕199 号	上市公司监管一部	2014/5/9
11	关于对二重集团（德阳）重型装备股份有限公司股票实施暂停上市的决定	自律监管决定书〔2014〕217 号	上市公司监管一部	2014/5/20
12	关于对 2012 年青岛泰能燃气集团有限公司公司债券实施暂停上市的决定	自律监管决定书〔2014〕353 号	债券业务部	2014/6/27

(四)2014年作出的恢复上市决定目录

序号	文件名称	文号	部门	发文日期
1	关于2005年中国大唐集团公司企业债券恢复上市的通知	自律监管决定书〔2014〕197号	债券业务部	2014/5/7
2	关于2006年中国大唐集团公司企业债券恢复上市的通知	自律监管决定书〔2014〕198号	债券业务部	2014/5/7
3	关于同意山东金泰集团股份有限公司股票恢复上市申请的通知	自律监管决定书〔2014〕445号	上市公司监管一部	2014/7/30

(五)2014年作出的终止上市决定目录

序号	文件名称	文号	部门	发文日期
1	关于终止中国长江航运集团南京油运股份有限公司股票上市交易的决定	自律监管决定书〔2014〕161号	上市公司监管一部	2014/4/11
2	关于终止汉盛证券投资基金上市的决定	自律监管决定书〔2014〕172号	基金业务部	2014/4/24
3	关于终止安顺证券投资基金上市的决定	自律监管决定书〔2014〕184号	基金业务部	2014/4/30
4	关于终止兴和证券投资基金上市的决定	自律监管决定书〔2014〕232号	基金业务部	2014/5/23
5	关于终止金鑫证券投资基金上市的决定	自律监管决定书〔2014〕498号	基金业务部	2014/8/27
6	关于终止汉兴证券投资基金上市的决定	自律监管决定书〔2014〕657号	基金业务部	2014/11/26

(六)2014年采取的纪律处分决定目录

序号	文件标题	文号	发文日期
1	关于对桐昆集团股份有限公司及相关当事人予以通报批评的决定	纪律处分决定书〔2014〕1号	2014/1/8
2	关于对北京通灵通电讯技术有限公司和上海秦砖投资管理有限公司予以通报批评的决定	纪律处分决定书〔2014〕2号	2014/1/17
3	关于对江苏康缘药业股份有限公司董事夏月予以通报批评的决定	纪律处分决定书〔2014〕5号	2014/1/17
4	关于对河南大有能源股份有限公司董事李永久和董事长田富军予以公开谴责的决定	纪律处分决定书〔2014〕3号	2014/1/20
5	关于对河南大有能源股份有限公司和董事宋建华等相关当事人予以通报批评的决定	纪律处分决定书〔2014〕4号	2014/1/20
6	关于对大连大杨创世股份有限公司副总经理石豆豆予以通报批评的决定	纪律处分决定书〔2014〕6号	2014/1/23
7	关于对吉林成城集团股份有限公司董事成卫文等予以通报批评的决定	纪律处分决定书〔2014〕7号	2014/3/17
8	关于对吉林成城集团股份有限公司和实际控制人、董事成清波等予以公开谴责并公开认定成清波五年内不适合担任上市公司董事、监事和高级管理人员的决定	纪律处分决定书〔2014〕8号	2014/3/17
9	关于对江西昌九化工集团有限公司及其董事长姚伟彪和赣州工业投资集团有限公司及其董事长叶扬焕予以通报批评的决定	纪律处分决定书〔2014〕9号	2014/4/30
10	关于对四川禾嘉股份有限公司股东云南兰茂投资管理有限公司予以通报批评的决定	纪律处分决定书〔2014〕10号	2014/4/30
11	关于对宁夏大元化工股份有限公司及有关责任人予以通报批评的决定	纪律处分决定书〔2014〕11号	2014/4/30
12	关于对贵州国创能源控股(集团)股份有限公司及有关责任人予以通报批评的决定	纪律处分决定书〔2014〕12号	2014/5/6
13	关于对贵州国创能源控股(集团)股份有限公司时任董事长兼总经理周剑云和时任财务总监陈剑予以公开谴责并公开认定周剑云在三年内不适合担任上市公司董事、监事和高级管理人员的决定	纪律处分决定书〔2014〕13号	2014/5/6
14	关于限制证券账户A331862255证券交易的决定	纪律处分决定书〔2014〕14号	2014/5/9
15	关于对宁夏大元化工股份有限公司实际控制人邓永新予以公开谴责的决定	纪律处分决定书〔2014〕15号	2014/5/23
16	关于对吉林成城集团股份有限公司和实际控制人、董事成清波等予以公开谴责并公开认定成清波5年内不适合担任上市公司董事、监事和高级管理人员的决定	纪律处分决定书〔2014〕16号	2014/5/27

续表

序号	文件标题	文号	发文日期
17	关于对吉林成城集团股份有限公司董事长徐才江等予以通报批评的决定	纪律处分决定书〔2014〕17 号	2014/5/27
18	关于对南京医药股份有限公司时任董事长周耀平和时任总裁何金耿予以通报批评的决定	纪律处分决定书〔2014〕18 号	2014/5/28
19	关于对华丽家族股份有限公司股东曾志锋、金鑫、狄自中和陈志坚予以通报批评的决定	纪律处分决定书〔2014〕19 号	2014/5/29
20	关于对杭州天目山药业股份有限公司及有关责任人予以通报批评的决定	纪律处分决定书〔2014〕20 号	2014/6/3
21	关于对浙报传媒集团股份有限公司原控股股东新洲集团有限公司及信息披露义务人傅建中、林海文予以公开谴责的决定	纪律处分决定书〔2014〕21 号	2014/6/16
22	关于对新疆赛里木现代农业股份有限公司及有关责任人予以通报批评的决定	纪律处分决定书〔2014〕22 号	2014/6/20
23	关于对航天通信控股集团股份有限公司及有关责任人予以通报批评的决定	纪律处分决定书〔2014〕23 号	2014/6/23
24	关于对哈药集团三精制药股份有限公司及有关责任人予以通报批评的决定	纪律处分决定书〔2014〕24 号	2014/6/23
25	关于对吉林成城集团股份有限公司有关责任人予以通报批评的决定	纪律处分决定书〔2014〕25 号	2014/6/27
26	关于对吉林成城集团股份有限公司及有关责任人予以公开谴责的决定	纪律处分决定书〔2014〕26 号	2014/6/27
27	关于对山东博汇纸业股份有限公司有关责任人予以通报批评的决定	纪律处分决定书〔2014〕27 号	2014/6/27
28	关于对山东博汇纸业股份有限公司及有关责任人予以公开谴责的决定	纪律处分决定书〔2014〕28 号	2014/6/27
29	关于对上海现代制药股份有限公司董事冯鸣予以通报批评的决定	纪律处分决定书〔2014〕29 号	2014/7/25
30	关于对北京银行股份有限公司予以通报批评的决定	纪律处分决定书〔2014〕30 号	2014/7/29
31	关于对上海创兴资源开发股份有限公司及有关责任人予以通报批评的决定	纪律处分决定书〔2014〕31 号	2014/7/31
32	关于对西藏诺迪康药业股份有限公司原实际控制人斯钦予以通报批评的决定	纪律处分决定书〔2014〕33 号	2014/8/6
33	关于对天津市海运股份有限公司及有关责任人予以通报批评的决定	纪律处分决定书〔2014〕32 号	2014/8/7

续表

序号	文件标题	文号	发文日期
34	关于对广西五洲交通股份有限公司及有关责任人予以公开谴责的决定	纪律处分决定书〔2014〕34 号	2014/8/7
35	关于对广西五洲交通股份有限公司有关责任人予以通报批评的决定	纪律处分决定书〔2014〕35 号	2014/8/7
36	关于对湖北三峡新型建材股份有限公司及有关责任人予以公开谴责并公开认定不适合担任上市公司董事、监事和高级管理人员的决定	纪律处分决定书〔2014〕36 号	2014/8/8
37	关于对湖北三峡新型建材股份有限公司有关责任人予以通报批评的决定	纪律处分决定书〔2014〕37 号	2014/8/8
38	关于对杭州天目山药业股份有限公司及有关责任人予以通报批评的决定	纪律处分决定书〔2014〕38 号	2014/10/21
39	关于对西宁特殊钢股份有限公司及有关责任人予以通报批评的决定	纪律处分决定书〔2014〕39 号	2014/10/29
40	关于对黑龙江北大荒农业股份有限公司及有关责任人予以通报批评的决定	纪律处分决定书〔2014〕40 号	2014/10/29
41	关于对广东明珠集团股份有限公司时任独立董事周灿鸿予以通报批评的决定	纪律处分决定书〔2014〕44 号	2014/11/5
42	关于对南京纺织品进出口股份有限公司及有关责任人予以通报批评的决定	纪律处分决定书〔2014〕41 号	2014/11/6
43	关于对甘肃酒钢集团宏兴钢铁股份有限公司股东民生加银基金管理有限公司予以通报批评的决定	纪律处分决定书〔2014〕42 号	2014/11/6
44	关于对山西广和山水文化传播股份有限公司实际控制人黄国忠予以通报批评的决定	纪律处分决定书〔2014〕43 号	2014/11/6
45	关于对二重集团(德阳)重型装备股份有限公司予以通报批评的决定	纪律处分决定书〔2014〕45 号	2014/11/11
46	关于对湖州金泰科技股份有限公司及有关责任人予以通报批评的决定	纪律处分决定书〔2014〕46 号	2014/11/18
47	关于对山东博瑞格生物资源制品有限公司及有关责任人予以通报批评的决定	纪律处分决定书〔2014〕47 号	2014/11/18
48	关于对湖南天雁机械股份有限公司及有关责任人予以通报批评的决定	纪律处分决定书〔2014〕48 号	2014/11/28
49	关于对山东博汇纸业股份有限公司、山东天源热电有限公司、江苏丰源热电有限公司及有关责任人予以纪律处分的决定	纪律处分决定书〔2014〕49 号	2014/12/2
50	关于对天津环球磁卡股份有限公司及有关责任人予以纪律处分的决定	纪律处分决定书〔2014〕50 号	2014/12/23

(七)2014年制定、修改的主要自律规则目录

序号	文件标题	发布时间	发文文号
1	关于发布《上海证券交易所开放式基金业务管理办法》的通知	2014/1/2	上证发〔2014〕1号
2	关于修订《上海证券交易所债券交易实施细则》第二十一条的通知	2014/1/2	上证发〔2014〕2号
3	关于对未股改股票实施差异化交易监管的通知	2014/1/7	上证发〔2014〕3号
4	关于商业银行发行公司债券补充资本及其上市交易、转让相关事项的通知	2014/1/9	上证发〔2014〕4号
5	关于调整质押式报价回购质押券折算率(值)有关事项的通知	2014/1/16	上证函〔2014〕25号
6	关于修改《上海证券交易所融资融券交易实施细则》第四十九条及第五十条的通知	2014/2/21	上证发〔2014〕9号
7	关于发布《上海证券交易所合格境外机构投资者和人民币合格境外机构投资者证券交易实施细则》的通知	2014/3/19	上证发〔2014〕12号
8	关于上市公司股票进入退市整理期交易有关事项的通知	2014/3/28	上证发〔2014〕15号
9	关于发布《上海证券交易所资产管理计划份额转让业务指引》的通知	2014/4/4	上证发〔2014〕19号
10	关于取消解除限售存量股份转让等业务限制相关事宜的通知	2014/4/15	上证发〔2014〕23号
11	关于修改《上海市场首次公开发行股票网上按市值申购实施办法》的通知	2014/5/9	上证发〔2014〕29号
12	关于修改《上海市场首次公开发行股票网下发行实施办法》的通知	2014/5/9	上证发〔2014〕30号
13	关于发布《上海证券交易所优先股业务试点管理办法》的通知	2014/5/9	上证发〔2014〕31号
14	关于新股上市初期交易监管有关事项的通知	2014/6/13	上证发〔2014〕37号
15	关于平安银行1号小额消费贷款资产支持证券交易有关事项的通知	2013/6/15	上证发〔2014〕38号
16	关于对公司债券实施风险警示相关事项的通知	2014/6/17	上证发〔2014〕39号
17	关于修改《上海证券交易所债券市场投资者适当性管理暂行办法》第六条的通知	2014/6/17	上证发〔2014〕40号
18	关于发布《上海证券交易所可交换公司债券业务实施细则》的通知	2014/6/17	上证发〔2014〕41号
19	关于为暂停上市债券提供转让服务的通知	2014/6/19	上证发〔2014〕42号
20	关于启用信贷资产支持证券交易代码段的通知	2014/7/10	上证发〔2014〕45号
21	关于关键期限国债开展预发行(试点)交易有关事项的通知	2014/7/18	上证发〔2014〕46号

续表

序号	文件标题	发布时间	发文文号
22	关于启用公司债券相关代码段的通知	2014/7/30	上证发〔2014〕47 号
23	关于调整上海市场股票质押式回购交易经手费收费标准的通知	2014/8/28	上证发〔2014〕49 号
24	关于扩大融资融券标的股票范围相关事项的通知	2014/9/12	上证发〔2014〕51 号
25	关于发布《上海证券交易所上市公司员工持股计划信息披露工作指引》的通知	2014/9/22	上证发〔2014〕58 号
26	关于修改《上海证券交易所交易规则》及《上海证券交易所参与者交易业务单元实施细则》涉及交易参与人若干条款的通知	2014/9/26	上证发〔2014〕59 号
27	《上海证券交易所沪港通试点办法》	2014/9/26	上证发〔2014〕60 号
28	《上海证券交易所港股通投资者适当性管理指引》	2014/9/26	上证发〔2014〕60 号
29	关于发布《港股通委托协议必备条款》和《港股通交易风险揭示书必备条款》的通知	2014/9/26	上证发〔2014〕61 号
30	关于启用优先股业务相关代码段的通知	2014/9/30	上证发〔2014〕62 号
31	上海证券交易所证券公司短期公司债券业务试点办法	2014/10/15	上证发〔2014〕63 号
32	关于发布《上海证券交易所股票上市规则(2014 年修订)》的通知	2014/10/17	上证发〔2014〕65 号
33	关于开展并购重组私募债券业务试点有关事项的通知	2014/11/5	上证发〔2014〕67 号
34	关于启用证券公司短期债券业务相关代码段的通知	2014/11/10	上证发〔2014〕68 号
35	关于启动沪港通试点有关事项的通知	2014/11/10	上证发〔2014〕69 号
36	关于加强沪港通业务中上海证券交易所上市公司信息披露工作及相关事项的通知	2014/11/10	上证发〔2014〕70 号
37	关于发布《香港中央结算有限公司参与沪股通上市公司网络投票实施指引》的通知	2014/11/10	上证发〔2014〕71 号
38	关于启用并购重组私募债券业务相关代码段的通知	2014/11/12	上证发〔2014〕76 号
39	关于规范上市公司筹划非公开发行股份停复牌及相关事项的通知	2014/11/25	上证发〔2014〕78 号
40	关于发布实施《上海证券交易所资产证券化业务指引》的通知	2014/11/26	上证发〔2014〕80 号
41	关于启用可交换公司债券业务相关代码段的通知	2014/11/26	上证发〔2014〕79 号
42	关于发布《上海证券交易所上市开放式基金业务指引》的通知	2014/12/10	上证发〔2014〕83 号
43	关于落实非许可类并购重组事项信息披露相关工作的通知	2014/12/15	上证函〔2014〕854 号

（上海证券交易所供稿）

二、深圳证券交易所

(一)2014年法制建设工作综述

2014以来,深交所深入贯彻落实党的十八届三中、四中全会精神和新国九条部署,在中国证监会的正确领导下,全面推进依法治所、依法治市,法治建设各项工作取得积极成效。

一、学习贯彻十八届四中全会精神,全面推进依法治市

党的十八届四中全会召开以来,深交所通过多种形式学习领会全会精神,所党委、总经理室参加了中国证监会党委传达学习专题会议,各支部、各部室组织全体党员干部认真学习相关文件,深刻领会会议精神,紧密联系工作实际部署贯彻落实。

(一)党委中心组学习贯彻十八届四中全会精神

2014年11月4日,深交所召开党委中心组学习会议,深入学习全会精神。吴利军理事长要求,交易所既是资本市场的组织者,又是市场的自律监管者,在资本市场法治化的进程中发挥着重要作用。全所上下都要深刻领会全会精神,认真落实中国证监会党委对证券期货监管系统学习贯彻会议精神的部署要求,把思想和行动统一到全会的重大决策部署上来,全面推进"依法治市",努力开创资本市场法治工作的新局面、新境界。

(二)法律专业协会组织学习全会精神的系列活动

深交所法律专业协会还组织一系列活动:举办了学习四中全会"依法治国"精神的座谈会,加深了员工对资本市场法治化的认识;举办法律大讲堂活动,邀请学者做"依法治国与依法行政面临的重点与难点问题"讲座;举办学习贯彻四中全会征文活动等,带动全体员工深入学习贯彻十八届四中全会精神,提升依法监管能力素养。

二、健全自律监管规范体系,夯实自律监管制度基础

新国九条提出要建立健全法律实施规范体系。业务规则是资本市场法律规范体系的重要组成部分,是自律监管的法律基础。今年以来,深交所坚持简明高效、公开透明、动态清理的原则,认真做好业务规则体系建设工作。

(一)构建简明高效的业务规则体系

认真做好业务规则的立、改、废工作,着力构建简明高效的多层次业务规则体系。2014年以来,共制定修订业务规则35件。截至2014年12月31日,深交所现行有效业务规则共有129件,其中,上市类48件,会员类27件,交易类24件,基金、债券、权证类23件,综合类7件,基本形成以三大业务规则为核心,简明高效的多层次业务规则体系。

(二)做好业务规则与重大改革的衔接

坚持规则先行的理念,通过业务规则贯彻落实资本市场重大改革措施,做到改革实施于法有据。2014年10月,修订发布《股票上市规则》和《创业板股票上市规则》,完善主动退市制度,实施重大违法公司强制退市制度,丰富强制退市指标,修改退市整理期和重新上市等配套制度,强化退市过程中的中小投资者保护机制,落实新一轮退市制度改革。

(三)完善业务规则制定程序

为贯彻十八届四中全会关于推进科学立法、民主立法,健全公开征求意见和公众意见采纳情况反馈机制的精神,修订《业务规则制定办法》,增加科学立规、民主立规的原则,充分发挥自律监管委员会对立规工作的作用,新增征求意见反馈环节,力争做到"有征求、有反馈”。同时,开展规则体系建设意见公开征集活动,收到了逾千件反馈意见。

(四)积极参与资本市场重大立法

积极参与《证券法》、《期货法》、《上市公司监管条例》、《证券发行与承销管理办法》以及上市公司收购、重组管理办法等重要法律、行政法规和部门规章的制定和修改工作,向立法机关及中国证监会反馈市场改革发展诉求和加强自律监管等意见。

三、健全自律监管执法机制,加强执法力度

自律监管执法是资本市场执法体系的重要组成部分。今年以来,深交所贯彻新国九条关于从严查处证券期货违法违规行为的要求,健全自律监管执法机制,加强执法力度,并做好与中国证监会稽查执法的衔接,不断增强自律监管执法效能。

(一)不断健全自律执法工作机制

坚持“查审分离”的原则,违规案件由一线监管部门调查,纪律处分委员会集体审议后做出处分决定。在程序上保障当事人申诉权利,在做出处分前告知当事人,当事人可以申请减免责、听证,在做出处分后,当事人还可以按规则申请复核。在执法过程中坚持透明公开,公开上市公司公开谴责处分标准,纪律处分决定书也对外公开。纪律处分决定纳入诚信档案,作为并购重组分道制、再融资审核的评价指标,增强自律监管的效力。

(二)加强自律监管执法力度

2014 年,深交所召开纪律处分委员会审议会议 11 次,作出 54 份纪律处分决定,涉及上市公司 29 家次及有关责任人员 185 人次,其中公开谴责涉及的公司 6 家,责任人员 39 人;通报批评涉及的公司 23 家次,责任人员 146 人。对出现重大异常交易情况的投资者证券账户采取限制交易措施 53 起,涉及 106 名从事异常交易的投资者的 112 个证券账户。

(三)切实做好上诉复核工作

完成上诉复核委员会换届工作,产生第三届上诉复核委员会,委员共 24 人,其中所外委员 22 人,占比 91.7%。2014 年 7 月,上诉复核委员会审理一起投资者对限制交易决定提起的复核案件。经审议认为,深交所限制交易决定事实清晰,依据充分,决定予以维持。

(四)深化所内所外监管执法协作

加强与中国证监会及其派出机构的监管协作,配合做好案件协查工作,向中国证监会上报异常交易线索 168 起。完善跨市场监管协作,建立定期沟通机制,共享监管信息。加强所内部门监管联动,对 1400 多家次重大资产重组、再融资、股权变更及高送转等敏感事项前的交易进行专项核查。

四、落实简政放权精神,依法推进监管转型

根据新国九条和全国证券期货监管工作会议关于推进监管转型的要求,深交所切实转变自律监管理念,发挥自律监管职能,以信息披露为中心放松管制,加强事中事后监管,以服务促监管。

(一)清理审核登记事项,减少限制性规定

根据全国证券期货监管工作会议关于进一步精简行政审批备案登记事项的要求,深交所于 2014 年 6 月完成第四次审核登记事项清理工作。清理后,原有的 8 项审核事项调整为 4 项,原有的 8 项登记事项调整为 7 项,合计减幅 31%。审核事项均有法律、行政法规依据,登记事项均有部门规章、业务规则依据。同时,梳理相关规则和备忘录,调整或取消增加市场运作成本、降低运行效率的限制性规定。

(二)以信息披露为中心,创新上市公司监管机制

一是整体推进信息披露直通车,信息披露直通车公司范围和公告类别范围进一步扩大,直通披露公司数量占比达到 98.7%。二是贯彻国务院关于优化企业兼并重组市场环境的意见,简化重组业务规则和流程,对不需要行政许可的重组预案实行直通披露,实施事后监管。三是全面梳理上市公司承诺事项,建立承诺事项数据库,督促公司及相关方履行承诺。四是进一步完善行业监管、分类监管制度,扩大行业监管的覆盖面,增设文化传媒行业监管指引,持续优化分类监管指标。五是引导市场机构归位尽责,加强对保荐机构持续督导文件和财务顾问意见监管。

(三)寓监管于服务,强化会员合规管理

充分发挥交易所市场公益平台作用,打造“会员之家”,举办财富管理培训,传递监管政策,召开会员座谈会听取会员意见。做好会籍

业务审核、咨询与协调工作,研究解决保险机构直接持有席位与交易单元的历史遗留问题,开展清理工作。落实退市公司、新股和高风险股票的风险警示信息送达机制。针对融资融券、投资者适当性、客户交易行为管理等方面存在的问题,加强会员合规与风险管理。

(四)强化系统性风险监控,维护市场运行秩序

针对近年来市场发生的重大异常交易风险事件,优化系统性风险预警指标,强化程序化交易和跨市场风险监控,实现对市场价量异动原因的快速定位。深入研究分析尾市大幅波动事件,设置针对性的监控指标,重点监控特定日期、特定时段的交易情况。

(五)公开监管信息,提高自律监管透明度

今年2月起,通过官方微博微信发布"一周上市公司监管信息动态",重点公布信息披露事后审核、临时停牌、风险警示、违规处分等监管信息,首次公开限制交易措施。今年4月起,在官网"监管信息公开"栏目公开对上市公司及其相关当事人的监管措施,已公布220条监管记录。在官网公开解除限售、非公开发行证券上市等七大类业务办理进度,目前已公布1300多条办理记录。开发IPO信息查询专区,提高询价信息披露透明度。

(六)主动关注市场热点,及时回应社会关切

第一时间关注"北大医药代持"、"獐子岛巨亏"、"天晟新材租壳"等事件,迅速采取监管措施,及时化解市场质疑。及时发现并报告市值管理领域存在的违法违规问题。对市场和媒体关注的"VIP交易通道"问题及时进行回应,完善网关管理机制,维护公平竞争的市场环境。

五、以法治思维和法治方式规范产品业务创新

十八届三中全会提出鼓励金融创新,新国九条对提高证券期货服务业竞争力、规范发展债券市场等做出一系列部署。今年以来,深交所不断完善支持创新的业务规则和基础性制度,依法规范和引导各类产品与业务创新,拓展资本市场服务实体经济的广度和深度。

(一)优化交易制度,支持会员产品和业务创新

实施盘后定价大宗交易,研究制定优先股、可交换私募债等交易制度。建立证券质押信息披露平台,推动股票质押回购业务稳健发展,优化约定购回业务,扩大报价回购试点范围,推进资管份额转让业务。其中,股票质押回购业务融资余额增长至2400多亿元,70%的融出资金投入实体经济。

(二)制定创新指引,推进基金产品规范与创新

制定《基金产品开发与创新服务指引》,建立标准明确、透明高效的产品开发制度和流程。成功推出货币ETF、跨境分级基金等创新产品,推出国债ETF质押回购业务,行业指数分级基金取得突破性进展。上市基金产品数量增长至339只,占深沪两市总量的83%。

(三)完善固收产品业务规则,发展固定收益创新平台

发展多层次固定收益产品市场是深交所的重要发展战略。今年以来,深交所修订、发布《资产证券化业务指引》、《关于开展并购重组私募债券业务的通知》、《证券公司短期公司债券业务试点办法》等7项业务规则,推出证券公司短期公司债券、并购重组私募债券以及棚改专项计划等创新产品,推出首个场内房地产投资基金产品,实现深市融资租赁资产证券化的突破。

六、加强投资者保护和法治宣传,优化市场法治环境

保护投资者特别是中小投资者合法权益是自律监管工作的基本价值取向。今年以来,深交所贯彻落实新国九条和国办九条要求,完善中小投资者投票机制,健全多元化纠纷解决和救济机制,把保护中小投资者合法权益贯穿自律监管工作始终。

(一)全面实施股东大会网络投票

为贯彻国办九条关于健全中小投资者投票机制的要求,深交所于今年9月修订了《上市公司股东大会网络投票实施细则》,明确上市公司股东大会全面实施网络投票,建立中小投资者单独计票机制,改进了网络投票系统,为中小投资者行使投票权提供更多便利。新系统上线以来,已完成了1200多次网络投票,43000多名投资者通过网络行使投票权。

（二）推动完善证券期货纠纷解决机制

为贯彻十八届四中全会关于加强行业性、专业性人民调解组织建设和国办九条关于支持自律组织开展证券期货专业调解的要求，深交所与深圳证监局等单位共同推动成立深圳证券期货纠纷调解中心，将专业调解、商事仲裁、行业自律和行政监管有机结合，形成了“四位一体”的运作模式。目前已成功调解海联讯虚假陈述赔偿等多起纠纷。

（三）推动实施海联讯投资者利益补偿项目

海联讯违法案件发生后，深交所积极协调各方推出投资者补偿方案，并通过网络投票系统为投资者申报补偿等提供便利。2014 年 7 月，公司当事股东宣布出资 2 亿元设立补偿专项基金。专项基金于 2014 年 9 月完成补偿，共补偿投资者 9823 人，占适格投资者总数的 95.7%。

（四）做好市场参与主体法治培训，引导市场主体规范运作、归位尽责

以现场结合远程视频等方式举办各类上市公司培训，及时传达监管动态和监管要求，2014 年共计完成 9 期独立董事培训，4 期财务总监培训等，累计培训万余人次；打造“会员之家”，举办 8 期“大讲堂”财富管理培训，覆盖 86 家会员的 1200 多个营业部；组织各类创业培训以及沙龙活动 62 期，累计培训 12000 多人次。

（五）加强投资者教育

优化运用“六位一体”服务平台，弥补中小投资者在信息、分析、投票、调研等方面的欠缺，保障投资者的知情权、决策参与权、求偿权与监督权等合法权益。持续开展“3·15 投资者维权网上咨询”、“投资者走进上市公司”、“走进券商营业部”、“走进交易所”等主题教育活动，培育市场健康股权文化，吸引 3800 多名投资者参与。

七、强化依法治所的治理结构，加强法治工作队伍建设

（一）强化依法治所的治理结构，推进理事会专业委员会建设

推进依法治市，首先要加强深交所自身法治建设。2014 年 10 月以来，深交所理事会新设战略规划、创新发展、自律监管三个专门委员会，调整充实风险管理、中小企业培育发展、上诉复核三个专门委员会，聘任战略规划委员会顾问，搭建多个维度的交流议事平台，增强治理结构透明度、包容性和覆盖面，提高依法治所和科学决策水平。

（二）充分发挥法律专业协会平台作用，加强法治工作队伍建设

组织全所法律专业背景员工，采取多种形式提高员工学法用法积极性，提升法治思维和依法监管水平：开展 JOBS 法案、证券法修改等学习活动；建立微信群，每日交流学习资料；参与证券法学研究会等学术交流；组织与司法机关座谈、参观彩虹精化虚假陈述案件庭审等活动。

回顾一年来的法治建设工作，深交所认真贯彻党中央、国务院关于加快发展多层次资本市场的精神，在中国证监会的正确领导下，大力推进自律监管转型，基本建成简明高效的规则体系，自律监管执法力度进一步加强，中小投资者权益保护水平进一步提升，市场稳定安全运行得到有效保障，自律监管的法治化水平不断提高。

2015 年是全面推进依法治国的开局之年，资本市场法治建设站在了新的起点。深交所将全面学习贯彻党的十八届四中全会和中央经济工作会议精神，认真落实全国证券期货监管工作会议部署，全面推进依法治所、依法治市，适应经济发展新常态，努力在更高层次、更大范围服务资本市场和国家发展战略全局。

(二)2014年作出的核准上市决定目录

序号	发文日期	文号	文件标题
1	2014-1-17	深证上〔2014〕22号	关于广东新宝电器股份有限公司人民币普通股股票上市的通知
2	2014-1-17	深证上〔2014〕23号	关于上海良信电器股份有限公司人民币普通股股票上市的通知
3	2014-1-17	深证上〔2014〕24号	关于常州光洋轴承股份有限公司人民币普通股股票上市的通知
4	2014-1-17	深证上〔2014〕25号	关于浙江我武生物科技股份有限公司人民币普通股股票在创业板上市的通知
5	2014-1-17	深证上〔2014〕26号	关于楚天科技股份有限公司人民币普通股股票在创业板上市的通知
6	2014-1-17	深证上〔2014〕27号	关于广东全通教育股份有限公司人民币普通股股票在创业板上市的通知
7	2014-1-17	深证上〔2014〕28号	关于杭州炬华科技股份有限公司人民币普通股股票在创业板上市的通知
8	2014-1-17	深证上〔2014〕29号	关于成都天保重型装备股份有限公司人民币普通股股票在创业板上市的通知
9	2014-1-21	深证上〔2014〕30号	关于北京众信国际旅行社股份有限公司人民币普通股股票上市的通知
10	2014-1-21	深证上〔2014〕31号	关于广州天赐高新材料股份有限公司人民币普通股股票上市的通知
11	2014-1-21	深证上〔2014〕32号	关于思美传媒股份有限公司人民币普通股股票上市的通知
12	2014-1-21	深证上〔2014〕33号	关于北京恒华伟业科技股份有限公司人民币普通股股票在创业板上市的通知
13	2014-1-21	深证上〔2014〕34号	关于河北汇金机电股份有限公司人民币普通股股票在创业板上市的通知
14	2014-1-21	深证上〔2014〕35号	关于北京安控科技股份有限公司人民币普通股股票在创业板上市的通知
15	2014-1-21	深证上〔2014〕36号	关于唐山汇中仪表股份有限公司人民币普通股股票在创业板上市的通知
16	2014-1-21	深证上〔2014〕37号	关于扬州扬杰电子科技股份有限公司人民币普通股股票在创业板上市的通知
17	2014-1-23	深证上〔2014〕62号	关于广东欧浦钢铁物流股份有限公司人民币普通股股票上市的通知

续表

序号	发文日期	文号	文件标题
18	2014-1-23	深证上〔2014〕63号	关于北京金一文化发展股份有限公司人民币普通股股票上市的通知
19	2014-1-23	深证上〔2014〕64号	关于四川创意信息技术股份有限公司人民币普通股股票在创业板上市的通知
20	2014-1-23	深证上〔2014〕65号	关于丹东欣泰电气股份有限公司人民币普通股股票在创业板上市的通知
21	2014-1-23	深证上〔2014〕66号	关于天津鹏翎胶管股份有限公司人民币普通股股票在创业板上市的通知
22	2014-1-23	深证上〔2014〕67号	关于广东易事特电源股份有限公司人民币普通股股票在创业板上市的通知
23	2014-1-23	深证上〔2014〕68号	关于深圳市赢时胜信息技术股份有限公司人民币普通股股票在创业板上市的通知
24	2014-1-23	深证上〔2014〕69号	关于鼎捷软件股份有限公司人民币普通股股票在创业板上市的通知
25	2014-1-24	深证上〔2014〕70号	关于牧原食品股份有限公司人民币普通股股票上市的通知
26	2014-1-24	深证上〔2014〕71号	关于郴州市金贵银业股份有限公司人民币普通股股票上市的通知
27	2014-1-24	深证上〔2014〕72号	关于浙江友邦集成吊顶股份有限公司人民币普通股股票上市的通知
28	2014-1-24	深证上〔2014〕73号	关于麦趣尔集团股份有限公司人民币普通股股票上市的通知
29	2014-1-24	深证上〔2014〕74号	关于金轮科创股份有限公司人民币普通股股票上市的通知
30	2014-1-24	深证上〔2014〕75号	关于北京东方通科技股份有限公司人民币普通股股票在创业板上市的通知
31	2014-1-24	深证上〔2014〕76号	关于上海安硕信息技术股份有限公司人民币普通股股票在创业板上市的通知
32	2014-1-24	深证上〔2014〕77号	关于广东溢多利生物科技股份有限公司人民币普通股股票在创业板上市的通知
33	2014-1-27	深证上〔2014〕78号	关于广东金莱特电器股份有限公司人民币普通股股票上市的通知
34	2014-1-27	深证上〔2014〕79号	关于浙江跃岭股份有限公司人民币普通股股票上市的通知
35	2014-1-27	深证上〔2014〕80号	关于重庆博腾制药科技股份有限公司人民币普通股股票在创业板上市的通知
36	2014-1-27	深证上〔2014〕81号	关于东方网力科技股份有限公司人民币普通股股票在创业板上市的通知
37	2014-1-27	深证上〔2014〕82号	关于北京神州绿盟信息安全科技股份有限公司人民币普通股股票在创业板上市的通知

续表

序号	发文日期	文号	文件标题
38	2014-1-27	深证上〔2014〕83 号	关于苏州斯莱克精密设备股份有限公司人民币普通股股票在创业板上市的通知
39	2014-1-27	深证上〔2014〕84 号	关于北京光环新网科技股份有限公司人民币普通股股票在创业板上市的通知
40	2014-2-17	深证上〔2014〕94 号	关于东易日盛家居装饰集团股份有限公司人民币普通股股票上市的通知
41	2014-2-17	深证上〔2014〕95 号	关于怀集登云汽配股份有限公司人民币普通股股票上市的通知
42	2014-2-17	深证上〔2014〕96 号	关于岭南园林股份有限公司人民币普通股股票上市的通知
43	2014-5-9	深证上〔2014〕160 号	关于淄博齐翔腾达化工股份有限公司可转换公司债券上市交易的通知
44	2014-6-24	深证上〔2014〕213 号	关于山东龙大肉食品股份有限公司人民币普通股股票上市的通知
45	2014-6-24	深证上〔2014〕214 号	关于无锡雪浪环境科技股份有限公司人民币普通股股票在创业板上市的通知
46	2014-6-24	深证上〔2014〕215 号	关于飞天诚信科技股份有限公司人民币普通股股票在创业板上市的通知
47	2014-6-30	深证上〔2014〕224 号	关于云南鸿翔一心堂药业(集团)股份有限公司人民币普通股股票上市的通知
48	2014-6-30	深证上〔2014〕225 号	关于湖北富邦科技股份有限公司人民币普通股股票在创业板上市的通知
49	2014-7-7	深证上〔2014〕232 号	关于江苏长青农化股份有限公司可转换公司债券上市交易的通知
50	2014-7-29	深证上〔2014〕262 号	关于广东台城制药股份有限公司人民币普通股股票上市的通知
51	2014-7-29	深证上〔2014〕263 号	关于苏州天华超净科技股份有限公司人民币普通股股票在创业板上市的通知
52	2014-7-30	深证上〔2014〕264 号	于安徽国祯环保节能科技股份有限公司人民币普通股股票在创业板上市的通知
53	2014-7-30	深证上〔2014〕265 号	关于北京三联虹普新合纤技术服务股份有限公司人民币普通股股票在创业板上市的通知
54	2014-7-30	深证上〔2014〕266 号	关于深圳市艾比森光电股份有限公司人民币普通股股票在创业板上市的通知
55	2014-7-30	深证上〔2014〕273 号	关于康跃科技股份有限公司人民币普通股股票在创业板上市的通知
56	2014-9-4	深证上〔2014〕323 号	关于北京腾信创新网络营销技术股份有限公司人民币普通股股票在创业板上市的通知

续表

序号	发文日期	文号	文件标题
57	2014－9－4	深证上〔2014〕324 号	关于湖北菲利华石英玻璃股份有限公司人民币普通股股票在创业板上市的通知
58	2014－9－4	深证上〔2014〕325 号	关于长春迪瑞医疗科技股份有限公司人民币普通股股票在创业板上市的通知
59	2014－9－4	深证上〔2014〕326 号	关于西安天和防务技术股份有限公司人民币普通股股票在创业板上市的通知
60	2014－9－10	深证上〔2014〕332 号	关于好利来（中国）电子科技股份有限公司人民币普通股股票上市的通知
61	2014－9－10	深证上〔2014〕333 号	关于苏州中来光伏新材股份有限公司人民币普通股股票在创业板上市的通知
62	2014－9－30	深证上〔2014〕349 号	关于电光防爆科技股份有限公司人民币普通股股票上市的通知
63	2014－9－30	深证上〔2014〕350 号	关于上海飞凯光电材料股份有限公司人民币普通股股票在创业板上市的通知
64	2014－9－30	深证上〔2014〕351 号	关于北京无线天利移动信息技术股份有限公司人民币普通股股票在创业板上市的通知
65	2014－9－30	深证上〔2014〕352 号	关于浙江花园生物高科股份有限公司人民币普通股股票在创业板上市的通知
66	2014－9－30	深证上〔2014〕353 号	关于齐峰新材料股份有限公司可转换公司债券上市交易的通知
67	2014－10－8	深证上〔2014〕354 号	关于深圳市劲拓自动化设备股份有限公司人民币普通股股票在创业板上市的通知
68	2014－10－8	深证上〔2014〕355 号	关于南京宝色股份公司人民币普通股股票在创业板上市的通知
69	2014－10－28	深证上〔2014〕394 号	关于江门市地尔汉宇电器股份有限公司人民币普通股股票在创业板上市的通知
70	2014－10－28	深证上〔2014〕395 号	关于辽宁科隆精细化工股份有限公司人民币普通股股票在创业板上市的通知
71	2014－10－28	深证上〔2014〕396 号	关于北京九强生物技术股份有限公司人民币普通股股票在创业板上市的通知
72	2014－10－31	深证上〔2014〕401 号	关于海洋王照明科技股份有限公司人民币普通股股票上市的通知
73	2014－10－31	深证上〔2014〕402 号	关于沈阳萃华金银珠宝股份有限公司人民币普通股股票上市的通知
74	2014－12－1	深证上〔2014〕446 号	关于广东燕塘乳业股份有限公司人民币普通股股票上市的通知

续表

序号	发文日期	文号	文件标题
75	2014－12－1	深证上〔2014〕447 号	关于深圳市雄韬电源科技股份有限公司人民币普通股股票上市的通知
76	2014－12－1	深证上〔2014〕448 号	关于深圳王子新材料股份有限公司人民币普通股股票上市的通知
77	2014－12－1	深证上〔2014〕449 号	关于天津凯发电气股份有限公司人民币普通股股票在创业板上市的通知
78	2014－12－1	深证上〔2014〕450 号	关于潮州三环(集团)股份有限公司人民币普通股股票在创业板上市的通知
79	2014－12－1	深证上〔2014〕451 号	关于广东道氏技术股份有限公司人民币普通股股票在创业板上市的通知
80	2014－12－25	深证上〔2014〕489 号	关于国信证券股份有限公司人民币普通股股票上市的通知
81	2014－12－26	深证上〔2014〕490 号	关于葵花药业集团股份有限公司人民币普通股股票上市的通知
82	2014－12－26	深证上〔2014〕491 号	关于中矿资源勘探股份有限公司人民币普通股股票上市的通知
83	2014－12－29	深证上〔2014〕494 号	关于广东正业科技股份有限公司人民币普通股股票在创业板上市的通知
84	2014－12－29	深证上〔2014〕495 号	关于浙江金盾风机股份有限公司人民币普通股股票在创业板上市的通知
85	2014－12－29	深证上〔2014〕496 号	关于浙江迦南科技股份有限公司人民币普通股股票在创业板上市的通知

(三)2014 年作出的暂停上市决定目录

序号	发文日期	文号	文件标题
1	2014－5－12	深证上〔2014〕166 号	关于武汉锅炉股份有限公司股票暂停上市的决定
2	2014－5－12	深证上〔2014〕167 号	关于长航凤凰股份有限公司股票暂停上市的决定
3	2014－5－14	深证上〔2014〕168 号	关于珠海中富实业股份有限公司 2012 年公司债券(第一期)暂停上市的决定
4	2014－5－21	深证上〔2014〕177 号	关于上海超日太阳能科技股份有限公司股票暂停上市的决定
5	2014－7－14	深证上〔2014〕238 号	关于天津国恒铁路控股股份有限公司股票暂停上市的决定

（四）2014年作出的终止上市决定目录

序号	发文日期	文号	文件标题
1	2014－5－21	深证上〔2014〕175号	关于上海超日太阳能科技股份有限公司2011年公司债券终止上市的决定

（五）2014年采取的纪律处分决定目录

编号	印发日期	文号	文件名称
1	2014－1－2	深证上〔2014〕4号	关于对北京湘鄂情集团股份有限公司及相关当事人给予通报批评处分的决定
2	2014－2－11	深证上〔2014〕91号	关于对北京赛迪传媒投资股份有限公司及相关当事人给予处分的决定
3	2014－2－14	深证上〔2014〕92号	关于对芜湖亚夏汽车股份有限公司董事会秘书李林给予通报批评处分的决定
4	2014－2－24	深证上〔2014〕99号	关于对重庆新世纪游轮股份有限公司及相关当事人给予通报批评处分的决定
5	2014－3－31	深证上〔2014〕119号	关于对金谷源控股股份有限公司及相关当事人给予处分的决定
6	2014－3－31	深证上〔2014〕120号	关于对浙江东晶电子股份有限公司控股股东李庆跃给予通报批评处分的决定
7	2014－3－31	深证上〔2014〕121号	关于对深圳市彩虹精细化工股份有限公司董事兼财务总监陈英淑、董事会秘书兼副总经理金红英给予通报批评处分的决定
8	2014－3－31	深证上〔2014〕126号	关于对西宁城市投资管理有限公司给予通报批评处分的决定
9	2014－4－29	深证上〔2014〕147号	关于对金河生物科技股份有限公司时任董事吴明夏给予通报批评处分的决定
10	2014－4－29	深证上〔2014〕148号	关于对北京超图软件股份有限公司控股股东钟耳顺给予通报批评的决定
11	2014－4－29	深证上〔2014〕149号	关于对深圳天源迪科信息技术股份有限公司股东吴志东给予通报批评的决定
12	2014－4－29	深证上〔2014〕150号	关于对北京神州泰岳软件股份有限公司相关当事人给予通报批评的决定

续表

编号	印发日期	文号	文件名称
13	2014－4－29	深证上〔2014〕151 号	关于对兰州海默科技股份有限公司董事兼副总经理陈继革给予通报批评的决定
14	2014－4－30	深证上〔2014〕153 号	关于对西安通源石油科技股份有限公司及相关当事人给予通报批评的决定
15	2014－4－30	深证上〔2014〕154 号	关于对佛山市国星光电股份有限公司董事陈锐添给予通报批评处分的决定
16	2014－4－30	深证上〔2014〕155 号	关于对烟台恒邦集团有限公司给予通报批评处分的决定
17	2014－5－9	深证上〔2014〕159 号	关于对广州市有达投资有限公司给予通报批评处分的决定
18	2014－5－21	深证上〔2014〕178 号	关于对天津国恒铁路控股股份有限公司及相关当事人给予处分的决定
19	2014－5－30	深证上〔2014〕188 号	关于对万向钱潮股份有限公司董事会秘书给予处分的决定
20	2014－6－30	深证上〔2014〕220 号	关于对江苏三友集团股份有限公司及相关当事人给予通报批评处分的决定
21	2014－7－2	深证上〔2014〕226 号	关于对史维、常州华业投资咨询有限公司给予通报批评处分的决定
22	2014－7－3	深证上〔2014〕231 号	关于对江苏中泰桥梁钢构股份有限公司及相关当事人给予通报批评处分的决定
23	2014－7－9	深证上〔2014〕235 号	关于对浙江步森服饰股份有限公司及相关当事人给予通报批评处分的决定
24	2014－7－14	深证上〔2014〕242 号	关于对上海超日太阳能科技股份有限公司及相关当事人给予通报批评处分的决定
25	2014－7－30	深证上〔2014〕267 号	关于对福建三木集团股份有限公司股东林传德给予处分的决定
26	2014－7－30	深证上〔2014〕268 号	关于对江苏霞客环保色纺股份有限公司董事兼时任总经理陈建忠给予公开谴责处分的决定
27	2014－7－30	深证上〔2014〕269 号	关于对广东金莱特电器股份有限公司时任董事蒋光勇给予通报批评处分的决定
28	2014－7－31	深证上〔2014〕274 号	关于对江西正邦科技股份有限公司及相关当事人给予通报批评处分的决定
29	2014－8－11	深证上〔2014〕284 号	关于对茂名石化实华股份有限公司及相关当事人给予处分的决定
30	2014－8－18	深证上〔2014〕294 号	关于对江苏霞客环保色纺股份有限公司及相关当事人给予通报批评处分的决定
31	2014－8－18	深证上〔2014〕295 号	关于对海南康芝药业股份有限公司及相关当事人给予通报批评处分的决定
32	2014－8－21	深证上〔2014〕301 号	关于对深圳键桥通讯技术股份有限公司及相关当事人给予通报批评处分的决定

续表

编号	印发日期	文号	文件名称
33	2014－8－26	深证上〔2014〕307号	关于对深圳新都酒店股份有限公司及相关当事人给予处分的决定
34	2014－8－26	深证上〔2014〕308号	关于对深圳市零七股份有限公司及相关当事人给予处分的决定
35	2014－8－28	深证上〔2014〕310号	关于对江苏华盛天龙光电设备股份有限公司及相关当事人给予通报批评处分的决定
36	2014－8－29	深证上〔2014〕312号	关于对荣丰控股集团股份有限公司和相关当事人给予处分的决定
37	2014－9－2	深证上〔2014〕316号	关于对海南珠江控股股份有限公司和相关当事人给予处分的决定
38	2014－9－5	深证上〔2014〕327号	关于对金城造纸股份有限公司及相关当事人给予处分的决定
39	2014－9－5	深证上〔2014〕328号	关于对杭州如山创业投资有限公司给予处分的决定
40	2014－9－17	深证上〔2014〕337号	关于对西安宝德自动化股份有限公司及相关当事人给予通报批评的决定
41	2014－10－20	深证上〔2014〕383号	关于对深圳海联讯科技股份有限公司及相关当事人给予公开谴责的决定
42	2014－10－20	深证上〔2014〕384号	关于对平安证券有限责任公司保荐代表人韩长风、霍永涛给予公开谴责的决定
43	2014－10－20	深证会〔2014〕113号	关于对原深圳市鹏城会计师事务所有限公司注册会计师李洪、刘涛给予公开谴责的决定
44	2014－10－27	深证上〔2014〕393号	关于对石家庄以岭药业股份有限公司董事兼副总经理赵韶华给予通报批评处分的决定
45	2014－10－28	深证上〔2014〕397号	关于对振兴生化股份有限公司及相关当事人给予处分的决定
46	2014－11－28	深证上〔2014〕434号	关于对浙江宏磊铜业股份有限公司及相关当事人给予处分的决定
47	2014－12－8	深证上〔2014〕438号	关于对昆山金利表面材料应用科技股份有限公司及相关当事人给予通报批评处分的决定
48	2014－12－1	深证上〔2014〕445号	关于对深圳市同洲电子股份有限公司股东袁明、袁华给予通报批评处分的决定
49	2014－12－8	深证上〔2014〕460号	关于对金利科技控股股东SONEM INC. 给予通报批评处分的决定
50	2014－12－26	深证上〔2014〕492号	关于对华灿光电股份有限公司及相关当事人给予通报批评的决定
51	2014－12－29	深证上〔2014〕493号	关于对金谷源控股股份有限公司及相关当事人给予处分的决定

续表

编号	印发日期	文号	文件名称
52	2014－12－31	深证上〔2014〕499 号	关于对华塑控股股份有限公司及相关当事人给予处分的决定
53	2014－12－31	深证上〔2014〕504 号	关于对浙富控股集团股份有限公司董事兼副总经理余永清、董事傅友爱给予通报批评处分的决定
54	2014－12－31	深证上〔2014〕506 号	关于对威海华东数控股份有限公司时任副总经理刘传金给予通报批评处分的决定

(六)2014 年作出的限制交易措施目录

序号	发文日期	文号	限制对象
1	2014－1－16	深圳证券交易所限制交易决定书〔2014〕1 号	广州市有达投资有限公司
2	2014－1－24	深圳证券交易所限制交易决定书〔2014〕2 号	广运投资有限公司
3	2014－2－13	深圳证券交易所限制交易决定书〔2014〕3 号	于伟
4	2014－2－14	深圳证券交易所限制交易决定书〔2014〕4 号	章小格
5	2014－2－27	深圳证券交易所限制交易决定书〔2014〕5 号	河北沧州东塑集团股份有限公司
6	2014－3－3	深圳证券交易所限制交易决定书〔2014〕6 号	吕洪品
7	2014－3－5	深圳证券交易所限制交易决定书〔2014〕7 号	ART GARDEN HOLDINGS LIMITED
8	2014－3－13	深圳证券交易所限制交易决定书〔2014〕8 号	史建伟、史娟华、史维、常州华业投资咨询有限公司
9	2014－3－18	深圳证券交易所限制交易决定书〔2014〕9 号	许继红
10	2014－3－20	深圳证券交易所限制交易决定书〔2014〕10 号	杭州如山创业投资有限公司
11	2014－4－1	深圳证券交易所限制交易决定书〔2014〕11 号	张跃飞
12	2014－4－18	深圳证券交易所限制交易决定书〔2014〕12 号	潍坊市康源投资有限公司
13	2014－4－18	深圳证券交易所限制交易决定书〔2014〕13 号	官木喜、深圳雅致钢结构工程有限公司
14	2014－4－21	深圳证券交易所限制交易决定书〔2014〕14 号	卢显霞
15	2014－5－30	深圳证券交易所限制交易决定书〔2014〕15 号	林传德、任日明、林明正
16	2014－6－27	深圳证券交易所限制交易决定书〔2014〕16 号	黄长富
17	2014－6－30	深圳证券交易所限制交易决定书〔2014〕17 号	陈怀荣、吕桂芹、程辉、任京建、张淑玉、田金红、庞建华
18	2014－7－4	深圳证券交易所限制交易决定书〔2014〕18 号	黄天火、黄长远、黄印电、黄秀兰
19	2014－7－17	深圳证券交易所限制交易决定书〔2014〕19 号	曾胜强、许忠桂、曾胜辉、许忠慈

续表

序号	发文日期	文号	限制对象
20	2014－8－18	深圳证券交易所限制交易决定书〔2014〕20 号	吴光明、吴群、江苏鱼跃科技发展有限公司
21	2014－8－21	深圳证券交易所限制交易决定书〔2014〕21 号	阎克伟、新余新力科技术工程有限公司
22	2014－8－21	深圳证券交易所限制交易决定书〔2014〕22 号	李跃宗、李琛、李漫铁、王丽珊、乌鲁木齐杰得股权投资合伙企业（有限合伙）、乌鲁木齐希旭股权投资合伙企业（有限合伙）
23	2014－8－26	深圳证券交易所限制交易决定书〔2014〕23 号	新光控股集团有限公司
24	2014－9－12	深圳证券交易所限制交易决定书〔2014〕24 号	侯伟
25	2014－9－16	深圳证券交易所限制交易决定书〔2014〕25 号	昆山吉立达投资咨询有限公司、昆山亚通汽车维修服务有限公司、昆山飞达投资管理有限公司
26	2014－9－16	深圳证券交易所限制交易决定书〔2014〕26 号	安徽中鼎控股（集团）股份有限公司
27	2014－9－22	深圳证券交易所限制交易决定书〔2014〕27 号	吴培服、宿迁市迪智成投资咨询有限公司、宿迁市启恒投资有限公司
28	2014－9－24	深圳证券交易所限制交易决定书〔2014〕28 号	林祝凤
29	2014－9－26	深圳证券交易所限制交易决定书〔2014〕29 号	柯维新、柯维龙
30	2014－9－30	深圳证券交易所限制交易决定书〔2014〕30 号	高云峰、大族控股集团有限公司
31	2014－10－13	深圳证券交易所限制交易决定书〔2014〕31 号	新疆国信鸿基投资合伙企业（有限合伙）
32	2014－10－13	深圳证券交易所限制交易决定书〔2014〕32 号	孟凯、克州湘鄂情投资控股有限公司
33	2014－10－13	深圳证券交易所限制交易决定书〔2014〕33 号	田泽训、林仙琴、陈娟娟、潘加波、黄秀玉、黄丽爱、陈海涛、田汉镇、周俊驹
34	2014－10－14	深圳证券交易所限制交易决定书〔2014〕34 号	袁明、袁华
35	2014－10－16	深圳证券交易所限制交易决定书〔2014〕35 号	钱翠屏
36	2014－10－20	深圳证券交易所限制交易决定书〔2014〕36 号	MEI TUNG（CHINA）LIMITED
37	2014－10－24	深圳证券交易所限制交易决定书〔2014〕37 号	嘉华优势（天津）投资企业（有限合伙）、嘉华卓越（天津）股权投资合伙企业（有限合伙）、嘉华致远（天津）股权投资合伙企业（有限合伙）
38	2014－11－5	深圳证券交易所限制交易决定书〔2014〕38 号	金道明、马绍琴、金浩、金道满、马绍翠
39	2014－11－11	深圳证券交易所限制交易决定书〔2014〕39 号	金国清、安徽省宁国市农业生产资料有限公司
40	2014－11－12	深圳证券交易所限制交易决定书〔2014〕40 号	方少瑜
41	2014－11－18	深圳证券交易所限制交易决定书〔2014〕41 号	山东华源创业投资有限公司

续表

序号	发文日期	文号	限制对象
42	2014 - 11 - 19	深圳证券交易所限制交易决定书〔2014〕42 号	东亚真空电镀厂有限公司
43	2014 - 11 - 21	深圳证券交易所限制交易决定书〔2014〕43 号	王延安、卢元健
44	2014 - 11 - 21	深圳证券交易所限制交易决定书〔2014〕44 号	李莉、天津名轩投资有限公司
45	2014 - 11 - 30	深圳证券交易所限制交易决定书〔2014〕45 号	海南宏氏投资有限公司、洪江游、陈惠贞
46	2014 - 12 - 4	深圳证券交易所限制交易决定书〔2014〕46 号	通联创业投资股份有限公司
47	2014 - 12 - 4	深圳证券交易所限制交易决定书〔2014〕47 号	蔡孟珂、郝镇熙
48	2014 - 12 - 5	深圳证券交易所限制交易决定书〔2014〕48 号	烟台开发区龙源电力燃烧控制工程有限公司
49	2014 - 12 - 9	深圳证券交易所限制交易决定书〔2014〕49 号	西藏山南神宇创业投资管理合伙企业(有限合伙)、王新明
50	2014 - 12 - 10	深圳证券交易所限制交易决定书〔2014〕50 号	罗双跃
51	2014 - 12 - 17	深圳证券交易所限制交易决定书〔2014〕51 号	首创置业股份有限公司
52	2014 - 12 - 30	深圳证券交易所限制交易决定书〔2014〕52 号	孙庚文
53	2014 - 12 - 30	深圳证券交易所限制交易决定书〔2014〕53 号	施玉庆、徐桂花

(七)2014 年制定、修改的主要自律规则目录

序号	发文时间	文号	业务规则名称
1	2014 - 1 - 13	深证上〔2014〕14 号	深圳证券交易所上市公司信息披露直通车业务指引(2014 年修订)
2	2014 - 4 - 25	深证会〔2014〕36 号	深圳证券交易所合格境外机构投资者和人民币合格境外机构投资者证券交易实施细则
3	2014 - 4 - 29	深证上〔2014〕152 号	关于废止《关于实施〈上市公司解除限售存量股份转让指导意见〉有关问题的通知》等业务规则相关事宜的通知
4	2014 - 5 - 9	深证上〔2014〕158 号	深圳市场首次公开发行股票网下发行实施细则
5	2014 - 5 - 9	深证上〔2014〕158 号	深圳市场首次公开发行股票网上按市值申购实施办法
6	2014 - 5 - 16	深证会〔2014〕40 号	关于实施盘后定价大宗交易的通知
7	2014 - 6 - 12	深证上〔2014〕204 号	深圳证券交易所优先股试点业务实施细则
8	2014 - 6 - 13	深证会〔2014〕54 号	关于完善首次公开发行股票上市首日交易机制有关事项的通知
9	2014 - 6 - 13	深证会〔2014〕55 号	深圳证券交易所新股上市初期异常交易行为监控指引(2014 年修订)

续表

序号	发文时间	文号	业务规则名称
10	2014－6－13	深证会〔2014〕56 号	深圳证券交易所限制交易实施细则(2014 年修订)
11	2014－6－14	深证会〔2014〕59 号	关于扩大转融通证券出借交易业务试点范围有关事项的通知
12	2014－6－17	深证会〔2014〕92 号	关于对公司债券交易实行风险警示等相关事项的通知
13	2014－6－19	深证会〔2014〕93 号	关于为暂停上市公司债券提供转让服务的通知
14	2014－6－27	深证会〔2014〕63 号	关于在深圳证券交易所上市的国债交易型开放式基金计入回购质押库的通知
15	2014－7－25	深证会〔2014〕72 号	关于严格执行证券竞价交易卖出申报数量有关规定的通知
16	2014－8－11	深证会〔2014〕75 号	深圳证券交易所资产管理计划份额转让业务指引(2014 年修订)
17	2014－8－11	深证上〔2014〕282 号	深圳证券交易所可交换公司债券业务实施细则
18	2014－8－18	深证会〔2014〕82 号	关于调降深圳市场股票质押回购交易经手费收费标准的通知
19	2014－8－19	深证会〔2014〕86 号	关于提升报盘速率及调降证券通信服务收费的通知
20	2014－9－5	深证上〔2014〕318 号	深圳证券交易所上市公司股东大会网络投票实施细则(2014 年 9 月修订)
21	2014－9－5	深证上〔2014〕318 号	深圳证券交易所投资者网络服务身份认证业务指引(2014 年 9 月修订)
22	2014－9－12	深证会〔2014〕95 号	关于扩大融资融券标的证券范围的通知
23	2014－10－11	深证会〔2014〕107 号	关于修改《深圳证券交易所融资融券交易实施细则》第 6.1 条的通知
24	2014－10－14	深证会〔2014〕108 号	深圳证券交易所证券投资基金交易和申购赎回实施细则
25	2014－10－16	深证会〔2014〕112 号	深圳证券交易所证券公司短期公司债券业务试点办法
26	2014－10－19	深证上〔2014〕378 号	深圳证券交易所股票上市规则(2014 年修订)
27	2014－10－19	深证上〔2014〕378 号	深圳证券交易所创业板股票上市规则(2014 年修订)
28	2014－10－24	深证上〔2014〕387 号	深圳证券交易所上市公司保荐工作指引(2014 年修订)
29	2014－11－5	深证会〔2014〕123 号	关于受理和评估上市公司股权激励行权融资和限制性股票融资业务试点工作安排的通知
30	2014－11－5	深证会〔2014〕124 号	深圳证券交易所关于开展并购重组私募债券业务试点有关事项的通知
31	2014－11－18	深证会〔2014〕126 号	深圳证券交易所基金产品开发与创新服务指引
32	2014－11－21	深证会〔2014〕128 号	关于证券公司现金管理产品快速取现业务试点相关工作安排的通知
33	2014－11－25	深证会〔2014〕130 号	深圳证券交易所资产证券化业务指引(2014 年修订)
34	2014－11－26	深证会〔2014〕133 号	关于接受转融通证券出借交易约定申报的通知
35	2014－12－12	深证上〔2014〕468 号	关于做好不需要行政许可的上市公司重大资产重组预案等直通披露工作的通知

（深圳证券交易所供稿）

三、上海期货交易所

(一)2014 年法制建设工作综述

2014 年,党的十八届四中全会顺利召开,对深入推进依法治国作了全面部署。国务院颁布“新国九条”,为促进资本市场改革创新发展制定了顶层设计,为依法治市创造了前所未有的良好环境。在中国证监会(以下简称证监会)的统一领导下,上期所深入学习中央精神,坚持“稳健运行、稳步发展”的基本方针,努力弘扬宪法精神,稳步推进各项法治建设工作,取得了显著成效。现将我所本年度法治建设工作报告如下:

一、健全我所业务规则体系,为加快产品创新、做深做精现有品种、完善交易及风险管理制度夯实制度保障

(一)丰富市场交易品种

一是顺利推出热轧卷板期货,目前市场运行平稳;二是稳步推进镍、锡期货的上市准备工作,已完成镍、锡期货上市报告和合约规则设计并向证监会提交了上市申请;三是完成有色金属指数期货立项,积极稳妥推进有色金属指数期货上市和商品期权准备工作;四是扎实推进原油期货上市工作。

(二)完善交易运作机制、丰富风险管理工具

以构建新型综合交易平台为核心,我所在理念、体系、规则、服务、风控等方面不断优化,逐步实现与国际接轨。在 2013 年成功推出贵金属、有色金属期货连续交易的基础上,今年将连续交易上线品种拓展到螺纹钢、天胶、石油沥青等品种,并积极研究连续交易时间延长。优化结算运行机制,进一步挖掘单向大边保证金制度潜力,推进 SPAN 本土化研究。完善套保制度,放宽套保头寸的使用规定,构建套保审批风险预警体系。完成仓单合约和价差合约交易方案的设计,通过仓单平台连通场内外市场,增强交易所在现货市场的影响力。适时推出市价指令等新型交易指令,强化市场信息反馈机制。扩展作为保证金资产的使用,对现有仓单冲抵折扣率、货币资金配比乘数进行动态化管理的可行性进行研究,推动国债作为保证金资产的实施。推进平今仓免手续费制度在相关品种上的应用,实施针对性更强的市场手续费减免计划,研究手续费分类管理制度。

(三)完善现有合约、规则及实施细则

为做精做深做细现有产品,科学评估现有品种合约、规则、交割情况,继续完善现有品种规则修改方案。我所已完成或已报证监会的新制定和修订完善项目共计 4 项,涉及修订或制定期货合约共 6 个、实施细则共 7 个。正在会商中的项目共 4 项,涉及修订实施细则 10 个。

新品种合约及配套规则的制定完善方面,一是配合热轧卷板期货合约上市,完成了热轧卷板期货合约及配套 5 项规定的制定及修订;二是完成了镍、锡期货合约及规则上市申请报告工作。现有品种和业务规则修订完善方面,一是配合连续交易,完成了天然橡胶、螺纹钢合约修订工作;二是完成了黄金合约及相关规则修订的起草工作,并完成了与证监会期货部的事先协调沟通工作;三是完成了关于取消纸质仓单、减少有价证券充抵保证金时滞等创新内容的结算、交割等细则修订的起草工作。制度层面,我所先后研究了交易所套期保值制度、限仓制度及保证金制度改革、风险准备金制度等事宜;认真研究了交易商制度,特别是关于期货市场设立交易商制度所涉及的各方面法律问题;完成黄金期货免票据交割及零星头寸解决方案等业务创新涉及法律问题研究。合约、规则及制度的完善,切实方便了会员和投资者,有

效促进了期货品种的功能发挥。

二、加大研究力度，配合证监会依法治市工作，推动期货市场法治建设

（一）配合证监会推动期货法立法相关研究工作

一是继续积极参与《期货法（草案）》论证，对草案从章节设计到基本制度，提出意见和建议，多次参加全国人大财经委和证监会《期货法》立法调研组讨论。二是针对期货立法遇到的问题进行专题研究，完成研究报告。根据证监会要求，完成《期货交割违约责任研究》、《境内外期货市场刑事、民事和行政案例》等多份研究材料。三是加大对期货立法的宣传力度。根据证监会要求，在《人民日报》开辟专栏，刊发文章。通过向专家学者约稿、组织力量撰写等方式在《期货日报》发表研究文章10余篇，收到了良好效果。

（二）配合证监会推进依法治市，完成相关研究工作

一是认真完成系统内外的法律法规研究工作。在对相关法规、规章和规范性文件进行认真研究的基础上，全年起草复函近80件，注重从有利于期货市场和交易所健康发展的角度，提出富有针对性的建议。二是落实证监会《关于开展行政许可实施情况评价活动的通知》的要求，针对交易所和期货公司涉及行政许可事项，分别进行意见征集。通过交易所内部问卷评估、会员发出调查问卷及对综合实力较强的期货公司进行重点访谈等多种手段，综合各方意见及我所研究成果，针对期货交易场所及期货公司涉及行政许可项目提出保留、调整及取消建议。三是正式出版由我所组织翻译的《美国多德—弗兰克华尔街改革与消费者保护法》。

（三）举办第二届“上衍法治论坛”，提升期货立法共识

在2013年“上期法治论坛”首次成功举办的基础上，本届论坛在参会嘉宾层次、会议形式、会议成果等方面均取得了新的突破。全国人大财经委尹中卿副主任委员、证监会姜洋副主席、我所杨迈军理事长等重要嘉宾参会并发表演讲。本届论坛主要围绕我国期货市场的法治建设，聚焦期货立法相关问题。邀请众多国内外知名学者、专家从各自角度对期货立法提出建议，旨在增进社会各界对期货立法达成共识，推动《期货法》早日出台，完善期货市场法治建设。会议不仅“集思广益促共识”，也“群策群力破难题”，实现了论坛“为理论界与实务界提供交流平台”的初衷，并为《期货法》制定提供了许多重要的、有建设性的建议，得到了市场各方的普遍认可。

（四）系统研究“我国期货市场规则演变和市场变迁”，优化交易所新一代规则框架

我所成立专题研究小组，以上海期货市场为样本，系统梳理1991年至2014年交易所交易、结算、交割等各项制度变迁，按照时间维度，完成了《我国期货市场规则演变与市场变迁》初稿，约22万字。在研究不同制度规则演变过程的基础上，分析规则演变原因，以及规则演变、市场发展和国民经济发展三者之间内在联系，为现有制度创新发展和交易所规则框架优化提供借鉴。通过规则研究，为期货市场更好服务实体经济发展作用的发挥提供新的视角。

三、持续推进普法宣传，探索多种宣传渠道，开展多层次投资者教育活动

（一）精心组织普法宣传活动，探索多种宣传渠道

一是精心组织和落实“12·4”国家宪法日暨全国法制宣传日系列普法活动。我所以“弘扬宪法精神、建设法治资本市场”为主题，设计制作法制宣传栏供全所员工和市场参与者学习，并举办“12·4”法制宣传咨询日活动，邀请业内资深律师解答会员和员工、客户等市场参与者面临的法律问题。二是继续探索多种渠道和方式，通过张贴普法宣传海报、在我所外网及会员服务系统内及时公布信息，加强与新华网、中国日报网、《期货日报》等多家媒体合作等方式，强化法制宣传力度、拓展宣传范围，使期货市场广大参与主体全面、深入地了解期货市场诚信规范要求，树立诚信交易理念。

（二）加大市场服务力度，做好投资者教育工作

我所认真学习国务院办公厅《关于进一步加强资本市场中小投资者合法权益保护工作的意见》，贯彻投资者保护理念，牵头完成修改完善交易所和行业协会自律自治规则，将中小投

资者权益保护嵌入自律之中,配合完成完善投资者保护相关规则的制定等任务。同时继续加大市场服务力度,开展多层次投资者教育活动,促进资本市场持续健康发展。一是打造品牌投资者教育活动,做好新产品新业务市场培育。以“期货大讲堂”、“与机构投资者同行”、“为产业服务”为抓手,提供47场次不同侧重点的讲座培训;正式挂牌有色金属产业培训基地;与会员单位合作举办市场会议605场,覆盖企业总数约15000余家,合作举办驻厂调研124场。二是密切联系市场。所领导带队分赴全国7个城市召开“分片区会员座谈会”;实地走访百余家期货公司和相关金融机构,多渠道听取意见建议。三是借鉴国际投资者教育平台的经验,推进我所投资者教育平台建设,进一步明确定位布局和发展框架。四是建立市场服务中心,开设热线电话和公共邮箱,维护投资者权益。五是与投资者开展全方位合作,提供专业化服务。

四、落实资本市场支持上海自贸区的政策措施,扎实推进国际化原油期货市场建设

原油期货上市工作整体进展顺利。通过对原油期货合约设计、交易结算交割风控流程、境外投资者引入模式等问题的全面梳理,已完成原油期货规则(草案)体系建设,待各部委政策公布后即能最终定稿。具体工作主要包括:一是鼎力协助会机关制定《境外交易者和境外经纪机构从事境内特定品种期货交易管理暂行办法》,为境外投资者参与原油期货提供合法路径,有序推进期货市场对外开放。二是积极研究境外期货市场交易所准入和跨境监管机制,梳理境外注册法律风险和应对方案,建立国内国际律所库,配合证监会加强与香港、新加坡等监管机构沟通,积极开展境外注册准备工作。三是调动市场力量、行业专家参与制定能源中心业务规则,多次召开不同范围的规则研讨会,不断修改完善和做精做细规则体系,适应原油期货对外开放需要。四是深化协作交流,积极配合央行、外汇局、海关总署、税务总局等国家部委拟定原油期货上市涉及的外汇、海关、税收相关政策,为原油期货上市争取各项政策支持。

五、严格查处各类违规案件,有效维护期货市场交易秩序

一是加强监管协作和违法违规线索监测力度,高效打击期货犯罪,保护投资者合法权益。进一步加强自律监管与刑事执法衔接,建立违法案件举报及双向合作培训机制,丰富行政调查手段,大幅改进执法效率。探索与上海黄金交易所建立监管协作机制,推动期货、现货市场联动监管,增强跨市场风险防范能力。不断加强跨境执法协查力度,研究跨境审计监管合作相关制度安排。二是做好违规案件审理工作。保持违规处罚力度,组织审理委员会研究处理违规案件12起,对25位客户采取了警告、通报批评、限制开仓等自律处罚措施。在加大违规处罚力度的同时,对《上海期货交易所违规案件处理工作办法》进行全面修订,优化违规案件处理流程,进一步提升案件处理精益化水平。三是注重对会员和客户进行法规规则教育,加强违规处罚的对外宣传警示工作,多渠道、广范围地进行宣传,维护期货市场秩序。在我所外网增设专栏,作为违规案件宣传警示的窗口,每季度通告我所违规案件处理情况。同时在我所会员服务系统内按季度将受到我所通报批评处罚的客户信息向各会员单位公布,提示会员加强对自身客户的管理,防范违规案件的发生。

六、密切配合业务工作,提供良好法律服务,提升交易所治理法治化水平

我所全年共对外签订合同近700份,均经过严格的法律审核,同时在SMARTS等多个专项谈判工作中全程引入法律支持;完成司法协助21件,接待查询50件,内部管理制度审核20余件;回复所内外法律咨询300余条;完成与银行、地方政府间的战略合作协议、与境内外交易所的合作备忘录法律审查12份;内部制度研究、制定及修订工作方面,包括开展监事会系列规则制度的修订和有关专题研究、审查财务支出相关办法、职务聘任等相关办法。妥善处理交易所所涉的各类法律纠纷,维护了交易所的良好市场形象。此外,我所组织召开了第一届法律顾问单位座谈会,共同研讨在新形势下如何更好发挥外部法律顾问的作用,为交易所的稳健合规运行提供有力法律保障。

(二)2014 年采取的纪律措施决定目录

序号	文号	发文日期	处分对象	违规事实	处分依据
1	〔2014〕1 号	2 月 18 日	自然人客户	对敲转移资金	《上海期货交易所违规处理办法》第二十九条
2	〔2014〕2 号	2 月 18 日	自然人客户	对敲转移资金	《上海期货交易所违规处理办法》第二十九条
3	〔2014〕3 号	4 月 24 日	法人客户 自然人客户	对敲转移资金(法人账户资金转移至自然人账户)	《上海期货交易所违规处理办法》第二十九条
4	〔2014〕4 号	4 月 24 日	自然人客户	对敲转移资金	《上海期货交易所违规处理办法》第二十九条
5	〔2014〕5 号	4 月 24 日	自然人客户	对敲转移资金	《上海期货交易所违规处理办法》第二十九条
6	〔2014〕6 号	5 月 23 日	自然人客户	对敲转移资金	《上海期货交易所违规处理办法》第二十九条
7	〔2014〕7 号	5 月 23 日	自然人客户	对敲转移资金	《上海期货交易所违规处理办法》第二十九条
8	〔2014〕8 号	8 月 28 日	自然人客户	对敲转移资金	《上海期货交易所违规处理办法》第二十九条
9	〔2014〕9 号	10 月 9 日	自然人客户	对敲转移资金	《上海期货交易所违规处理办法》第二十九条
10	〔2014〕10 号	10 月 9 日	法人客户 自然人客户	对敲转移资金(法人账户资金转移至自然人账户)	《上海期货交易所违规处理办法》第二十九条
11	〔2014〕11 号	11 月 24 日	法人客户 自然人客户	对敲转移资金(法人账户资金转移至自然人账户)	《上海期货交易所违规处理办法》第二十九条
12	〔2014〕12 号	11 月 24 日	自然人客户	对敲转移资金	《上海期货交易所违规处理办法》第二十九条

(三)2014 年制定、修改的主要自律规则目录

序号	发文号和文件名称	制定、修订规则项目
1	上期所公告〔2014〕2 号《关于印发上海期货交易所热轧卷板期货标准合约及相关规则的公告》	1.《上海期货交易所热轧卷板期货标准合约》 2.《上海期货交易所风险控制管理办法》修订案 3.《上海期货交易所交割细则》修订案 4.《上海期货交易所套期保值交易管理办法》修订案 5.《上海期货交易所套利交易管理办法》修订案 6.《上海期货交易所标准仓单管理办法》修订案
2	上期所公告〔2014〕8 号《关于印发螺纹钢、天然橡胶两个期货合约修订案的公告》	1.《上海期货交易所螺纹钢期货标准合约》修订案 2.《上海期货交易所天然橡胶标准合约》修订案

(上海期货交易所供稿)

四、大连商品交易所

(一)2014 年法制建设工作综述

2014 年,大连商品交易所(以下简称“大商所”)以党的十八届三中全会以及全国证券期货监管工作会议精神为指引,深入贯彻新“国九条”和“监管转型”要求,坚持“保稳定、抓创新、促发展”的工作方针,以防范化解风险、确保安全平稳为基础,大力开发建设新工具、新品种、新市场,深入做精做细已上市品种,积极推进市场对外开放,持续优化业务规则制度,加强完善内部管理,在期货市场法制建设方面主要开展了以下工作:

一、积极参与《期货法》的立法研究工作

按照证监会的总体部署,积极参与期货立法研究和立法起草工作。

(一)深入开展立法专项研究

根据证监会要求,我所对期货法立法中出现的重大、疑难、关注较多的问题开展了及时、深入的研究,先后完成《证券法与期货法调整范围研究》、《期货保证金制度研究》、《衍生品合约结算制度与我国破产法的冲突与解决》、《中央对手方法律地位分析》、《境内外期货交易所商品交割中的法律地位比较研究》、《由深证所无效交易引发的思考》、《场外衍生品市场监管与立法研究》、《关于期货法草案使用交易者一词的说明》、《关于 CFTC 品种上市、规则修改的监管制度研究》、《涉外交易相关问题研究》、《关于完善期货法草案内幕交易相关规定的建议》等 11 篇专项研究报告,取得业界广泛关注和共识。

(二)全程参与立法调研讨论,书面建议 7 次近 10 万字

我所全程参与了在草案起草过程中,全国人大财经委分别在郑州、上海、大连进行的三场实地调研、在烟台、北京召开的两次封闭改稿会、全国人大财经委召开的期货法起草组第二次全体会议审议期货法草案第一稿、证监会举

办的两法培训班组织系统内各单位领导学习证券法修订案及期货法草案第二稿的调研和讨论，我们从期货市场三公原则及交易所业务实践出发，将相关立法需求直接带到了立法现场。

在上述各个立法阶段，我所分别针对草案建议稿、第一稿和第二稿、证监会就专项问题征求意见的来函等正式回复书面建议七次，具体建议共计百余条，近10万字，多数意见已被采纳或重视，正在开展相关研究。

（三）筹备全国人大期货法大连站调研会议，为两法研修班准备会议材料

4月11－13日，全国人大财经委及证监会期货法立法工作小组来连调研，我所承担会议筹备及服务工作，整理准备期货法相关研究成果的汇报材料，起草《关于〈期货法〉立法调研议题的相关建议》等书面参会材料。同时，为10月份证监会组织召开的证券法与期货法研修班准备会议材料《境外期货立法情况概述》，并承担了部分会议记录工作。

（四）起草《期货交易所与结算机构管理办法》

根据证监会统一部署，我所与中金所负责起草了《期货交易所与结算机构管理办法》，作为期货法的下位法在期货法出台后配套实施。

二、规则制度建设与新业务法律制度研究

（一）对现有的规则制度进行完善修订

今年我所共发布实施11项业务相关规则修正案，包括：制定保税交割实施细则，修改会员资格费清退规则、调整线型低密度聚乙烯质量标准、为适应夜盘交易修改相关规则、三步交割法规则、在胶合板品种中增加厂库相关制度、调整黄大豆2号交割预报定金清退流程、修改质量争议复检机构规则、修改风险管理办法中限仓、保证金及涨跌停板相关规则、修改套期保值管理办法、修改套利交易管理办法等。

（二）新业务法律制度研究

1. 场外市场建设相关法律问题研究

为适应场外市场建设的相关业务需求，围绕以下五方面开展了相关研究：一是对ISDA主协议、国内法适用、OTC相关法律问题等内容开展专项研究，完成相关研究报告；二是参与现货交易平台、贸易企业和交易商等实地调研，了解场外衍生品交易流程，提供相关法律支持；三是探讨场外品种设计与监管等相关问题，起草监管问题研究整体框架；四是起草场外业务与场外主协议衔接相关问题报告、《场外交易清算法律和监管问题研究》报告、《关于开展铁矿石互换业务法律问题研究》报告等；五是完成课题《多层次衍生品市场法律与监管问题研究》。

2. 期权业务制度研究

为配合期权业务顺利推进，在对境外交易所期权规则、投资者适当性制度、做市商制度以及境内各交易所期权具体业务方案进行深入比较研究的基础上，完善优化我所期权交易管理办法、投资者适当性管理办法、做市商管理办法及相关协议。

（三）积极开发建设新工具、新品种、新市场

1. 推出夜盘交易，积极备战农产品期权试点。

7月4日以棕榈油和焦炭为试点，顺利推出夜盘交易。近半年来，我所夜盘运行平稳。我们逐步优化完善期权规则制度体系和相关技术系统，继续开展期权仿真交易，强化期权市场宣传和培育。

2. 研发新品种，完善化工、农业等品种系列。

我所积极拓展新品种，今年上市聚丙烯和玉米淀粉期货，丰富了品种体系。

3. 加大指数研发力度，探索建设新衍生工具。

期现货指数研究取得阶段性成果，公开发布了中塑指数和煤炭指数，温度、进口大豆和木材三个现货指数均已完成编制方案、年底前将通过一定方式发布，完成大豆压榨利润期货指数的编制和备案准备，探索建立生猪现货价格信息采集和发布机制、为相关指数期货上市创造条件。

三、积极防范化解各类风险，确保市场安全平稳运行

（一）强化日常运维管理，维护市场正常秩序

加强交易运行维护，做好新合约和套利合约上市、维护工作，有效防范化解价格波动过大的风险。严格控制结算风险，强化交割日常管理，确保实物交割平稳顺畅，其中：铁矿石、鸡蛋、纤维板、胶合板、聚丙烯均顺利完成首次交割。

强化期货大厦信息系统和河口灾备系统的日常运维,确保主、备中心系统安全稳定无事故运行。提升期货大厦运营管理水平,强化安全管理、设施保障和配套服务,维护大厦安全平稳运行。

(二)加强风险防范处置,有效防范化解市场风险

制定并实施《大连商品交易所突发应急预案》,建立健全所突发应急管理体系和工作机制。组织全所开展消防和技术风险应急演练,提高突发应急处理能力。

(三)切实维护"三公"原则,促进市场规范运行

加大违规交易查处力度,对11起违规案件实施纪律处分,对其中涉及的16名违规客户实施了纪律处分。排查市场异常波动1,190条,查处异常交易160起,完成368组实际控制关系账户合并限仓。分析并妥善处理证监会信访办、报案中心、投资者保护局及交易所接到的各类投诉50余件,切实维护投资者尤其是中小投资者合法权益。

四、强化行业服务,积极开展法制宣传教育

(一)加强期货行业人才培养,提升市场服务水平

充分发挥我所在期货学院、十大团队评选、优秀研究员评选、校友会、产业调研、EDP培训等市场服务平台上的优势,重点加强期权、新品种、夜盘等业务培训,帮助期货公司提升市场服务水平。

(二)创新产业服务平台和方式,促进产业服务功能发挥

与行业协会、信息机构、银行、政府部委、龙头企业、会员单位等合作开展产业链培训。我所的产业大会越办越好,塑料、煤焦、玉米和油脂油料四个产业大会总计2809人参加,产业客户参与比例为69%。我所期货市场服务"三农"结出硕果,成功开展新型粮食银行、"永安云天化"、"新湖瑞丰"和"浙商订单保险"等场外期权试点。与农业部、地方政府和信息机构合作开展三农培训,成功承办"第三届风险管理与农业发展研讨会"。

(三)深入推进银期合作,深化机构投资者培育

银期合作呈现新局面,存管银行增至11家,多家银行推出套期保值项下标准仓单融资业务。联合北京大学光华管理学院开展《商品期货高级管理课程》EDP项目。加强对私募、银行、券商、基金、保险等机构客户开发,协助推动证监会研究出台商品期货交易型开放式证券投资基金相关法律指引,加快农产品ETF产品落地。

(四)组织举办"12·4"全国宪法日暨法制宣传日宣传活动

按照司法部和证监会要求,组织今年"12·4"全国宪法日暨法制宣传日的法制宣传工作,以宣传条幅、标语、招贴画的形式向所内和市场进行宣传,提高相关主体对期货市场相关法律、规则的认知程度。

五、加强业界沟通协作,加强各方交流合作

8月14日,为加强期货业与法律界的交流与合作,推动期货交易所自律监管工作,我所组织召开了以"期货市场违规案件处理"为主题的第二届期货法律理论与实务座谈会。来自全国人大财经委、中国证监会、相关地方法院、公安机关、仲裁机构以及律师事务所的领导、专家以及交易所相关人员二十余人参加了会议。与会代表就期货市场典型违规案件的认定标准、处理程序以及自律监管、行政执法和刑事司法的衔接机制等具体问题展开了深入研讨和交流。座谈会从具体执法角度出发,不仅讨论一般的制度规范问题,还深入讨论实际的案例和做法,将法理与自律监管实践相结合,加深了有关方面对期货市场违规案件处理、自律监管等问题的认识,有利于推动期货市场法制建设。

持续深化与相关部委、行业协会、地方政府、理论界等各方的务实合作,营造良好外部环境。与中国建设银行、日照市政府、大连港集团签署战略合作协议,推动与浙江省政府、青岛市政府、庄河市政府开展战略合作。

六、完善法人治理结构,加强内部管理。

(一)完善法人治理结构,全面加强内部管理

健全党委会、理事会、监事会、总办会等有关工作机制、制度和流程,推动发展战略规划实施,严格年度重点工作的执行和落实,加强督促检查,提升执行效率。进一步严格财务管理制

度,健全和完善投资与资产管理,完成财务自动化系统建设。完成基建结算、设备台账编制和档案整理工作。组织开展履职评价和财务报告审核,推进重大财务报表项目、重大采购项目、差旅费及招待费、软件开发流程建设及其合同工作量等4个专项审计,切实加强内部监督。

(二)加强队伍建设,提升全所凝聚力

优化部门机构设置,明确细化部门、岗位工作职责,加强人力资源规划。做好中层职位选拔和考察,完善干部交流轮岗。加强干部管理与监督,规范领导干部兼职,完成领导有关事项报告。按计划启动人员招聘和博士后招收,继续推进培训工作体系化建设。进一步优化绩效管理,加强廉政风险防控机制建设和内部监督制约,规范权力运行。

(二)2014年采取的纪律措施决定目录

序号	处罚日期	处分对象	违规事实	处分依据	纪律处分措施
1	2014-8-18	吴小红、王英	对敲转移资金	《大连商品交易所违规处理办法》第二十九条	警告
2	2014-8-18	胡宁	对敲转移资金	《大连商品交易所违规处理办法》第二十九条	暂停开仓1个月、警告
3	2014-8-18	章晶	对敲转移资金	《大连商品交易所违规处理办法》第二十九条	警告
4	2014-8-18	王虎法	对敲转移资金	《大连商品交易所违规处理办法》第二十九条	暂停开仓5交易日、警告
5	2014-8-18	邱晓华	对敲转移资金	《大连商品交易所违规处理办法》第二十九条	暂停开仓5交易日、警告
6	2014-8-18	倪国岩	对敲转移资金	《大连商品交易所违规处理办法》第二十九条	暂停开仓5交易日、警告
7	2014-8-18	王瑞、牛燕栋	对敲转移资金	《大连商品交易所违规处理办法》第二十九条	暂停开仓10交易日、警告
8	2014-8-18	林立科、潘子焱	对敲转移资金	《大连商品交易所违规处理办法》第二十九条	暂停开仓5交易日、警告
9	2014-12-18	鄂伦春自治旗大杨树华兴农副产品有限责任公司	自成交影响价格	《大连商品交易所违规处理办法》第二十九条	暂停开仓3个月
10	2014-12-18	中唐(天津)投资有限公司、天津天能易拓贸易公司	对敲影响价格	《大连商品交易所违规处理办法》第二十九条	暂停开仓10交易日
11	2014-12-18	汕头市荣宝投资有限公司、林远辉	对敲转移资金	《大连商品交易所违规处理办法》第二十九条	警告

(三)2014年制定、修改的主要自律规则目录

序号	发文日期	文号	文件标题
1	2014－2－19	大商所发〔2014〕33号	关于公布施行《大连商品交易所聚丙烯期货合约》和相关实施细则修正案的通知
2	2014－4－18	大商所发〔2014〕81号	关于公布施行《大连商品交易所保税交割实施细则(试行)》的通知
3	2014－6－13	大商所发〔2014〕130号	关于修改会员管理办法相关规则的通知
4	2014－6－13	大商所发〔2014〕131号	关于调整线型低密度聚乙烯交割质量标准的通知
5	2014－6－26	大商所发〔2014〕142号	关于发布施行夜盘交易相关合约、实施细则的通知
6	2014－7－11	大商所发〔2014〕153号	关于调整交割流程相关合约规则的通知
7	2014－8－20	大商所发〔2014〕190号	关于在胶合板品种中增加厂库交割制度的通知
8	2014－9－10	大商所发〔2014〕211号	关于修改风险管理办法等业务规则的通知
9	2014－10－22	大商所发〔2014〕243号	关于调整相关品种质量争议复检机构规则的通知
10	2014－12－8	大商所发〔2014〕276号	关于公布施行《大连商品交易所玉米淀粉期货合约》和相关实施细则修正案的通知

(大连商品交易所供稿)

五、郑州商品交易所

(一)2014年法制建设工作综述

2014年,在中国证监会正确领导下,郑州商品交易所(以下简称郑商所)牢牢把握服务实体经济根本要求,坚持监管转型与深化服务并重,安全组织交易,严厉打击违法违规行为,切实保护投资者权益。郑商所在期货市场法治建设方面主要做了以下工作。

一、积极参与期货立法工作,加强资本市场法治建设

期货市场法治建设对于整个期货行业意义重大、影响深远,期货法立法更是期货市场法治建设的核心。郑商所通过多种途径积极配合上级单位工作,通过多种形式献力期货市场法治建设。

(一)受托主办期货立法国际研讨会

受全国人大财经委期货法起草组委托,经中国证监会批准,由郑商所主办的“期货立法国际研讨会”,经过近三个月的精心准备,于2014年11月12日在郑州召开。本次研讨会主题为“借鉴国际期货市场经验,推进中国期货

市场法治建设”。中国证监会副主席姜洋、全国人大财经委副主任委员尹中卿出席会议并讲话。研讨会共邀请了境内外75位嘉宾参加，其中来自美国、英国、新加坡以及香港、台湾地区的期货市场监管机构、交易所、行业协会和律师事务所嘉宾16位；来自全国人大财经委期货法起草组成员单位、中国证监会相关职能部门、各证券期货交易所、行业协会及中国期货保证金监控中心嘉宾59位。

研讨会聚焦期货立法进程中面临三个方面的热点难点问题，即“期货法调整范围及期货市场监管与跨境协作”、“期货交易、交割、结算、风控制度及中央对手方制度”和“场外衍生品监管及交易者权益保护”。境内外嘉宾以扎实的法律知识背景和期货市场长期从业经验，对期货立法相关重大问题进行了深入专业研讨。与会嘉宾一致认为，在我国期货立法的关键时刻，举办“期货立法国际研讨会”，对推进我国期货立法进程和科学立法具有十分重要意义。

会后，郑商所及时整理出9万字的“期货立法国际研讨会”全程会议文字纪录，针对出席会议的主要领导讲话及国内外嘉宾讨论的重点问题，先后撰写了五期“期货立法国际研讨会”工作简报，报送中国证监会、全国人大财经委及其他参会部门。

（二）积极参与期货立法等资本市场法治建设

资本市场是典型的法治市场，期货法立法、宣传及资本市场法治建设有关工作，直接关涉期货市场发展法治根基的强化和法治环境的优化，其必要性和重要性不言而喻。郑商所有效利用各种直接或间接参与资本市场法治建设有关工作的时机，探索研究期货立法等资本市场法治实践和研究的重点领域，深入做好期货立法协助、期货法宣传等资本市场法治建设工作，按要求向立法机关反馈期货市场的立法需求、交易所对立法工作的意见建议和思考。2014年4月，全国人大财经委期货法起草组将立法调研的第一站选择在我国期货市场的发源地——郑州举行。郑商所全力配合做好调研期间有关会议组织、材料准备、会务接待等方面工作。在撰写会议材料方面，起草了《郑商所关于期货法立法调研议题的意见》，从20个方面系统阐述了郑商所对于期货法立法迫切性、必要性及若干重要且颇具争议的立法议题的意见建议，扎实做好期货立法推进工作。

除此之外，郑商所积极承办中国证监会等上级机关及相关单位有关法律法规及规范性文件的征求意见工作。2014年，共为38部法律法规及规范性文件提供立法建议。

二、做好业务规则及内部管理制度建设，优化和完善自律监管体系

期货交易所的业务规则是国家法律法规在期货市场运行的延伸，内部管理制度是交易所优化管理水平和提高工作效率的行为准则。不断地优化业务规则及内部管理制度是完善郑商所自律监管体系，保障期货市场稳定运行的前提和基础。

（一）完善业务规则，提高市场运行效率

2014年是期货市场深化监管转型之年，为配合中国证监会监管转型工作要求、顺应市场发展需要，郑商所共完成各类业务规则修订48项，为推动期货市场功能发挥、保护期货市场投资者权益提供制度支持。

2014年，郑商所围绕服务实体经济，以满足市场需求、守住风险底线、发挥市场功能为工作目标，修订完善了《郑州商品交易所期货交易风险控制管理办法》、《郑州商品交易所期货交割细则》和《郑州商品交易所标准仓单管理办法》等业务规则。在配合中国证监会做好投资者适当性管理制度制定工作的同时，参照国内外金融市场有关做法，制定了《郑州商品交易所投资者适当性管理办法》，明确了投资者适当性标准要求、相关义务，就制度的实施进行了积极的业务、技术方面准备，并对期货公司实施适当性管理提出具体要求。

2014年，郑商所在进行深入调研论证的基础上，先后上市了晚籼稻、硅铁和锰硅期货品种，不仅完善了我国口粮期货品种体系，同时使工业品种体系扩展到能源、化工、建材和冶金四大消费领域。目前正在抓紧研究并全力推进棉纱、牛肉、短纤、乙二醇、水泥和尿素等期货新品种的研发上市工作，逐步拓展期货市场服务实体经济的深度和广度。

（二）积极推进内部管理制度建设

制度及管理的规范化是现代企业管理的核心，也是法治社会企业文明程度的象征。2014

年,郑商所在内部管理制度建设工作方面做了许多工作,全年共制定或修订各项制度45项。其中,为加强自有资金管理与监督,保证资金安全,提高资金收益,根据国家有关法律法规及《郑州商品交易所财务管理制度》等规定,制定了《郑州商品交易所资金管理办法》;为规范信息技术外包人员管理,提高工作效率,制定了《郑州商品交易所信息技术外包人员管理办法》;为进一步规范信访工作,对《郑州商品交易所信访工作制度》进行了修订,建立了信访事项统一管理制度,明确各部门信访职责,建立首次接访跟踪负责机制;为进一步规范公文管理,明确公文格式要求,提高公文质量,提升公文处理效率,对《郑州商品交易所公文处理办法》进行了修订;为落实八项规定精神,进一步规范和完善会议费支出管理,提高会议费支出效率和效果,对《郑州商品交易所会议费管理办法》进行了修订;为进一步规范和完善业务活动费支出管理,对《郑州商品交易所业务活动费管理办法》进行了修订;为进一步规范和完善财务管理机制,制定了《郑州商品交易所财务领导小组工作办法》;为进一步加强博士后科研工作站的管理,对《郑州商品交易所博士后科研工作站管理办法》、《郑州商品交易所博士后考核管理办法》进行了修订;为进一步加强实习人员管理,提高实习人员的学习和工作效率,制定了《郑州商品交易所实习人员管理办法(试行)》。以上制度的制定与修订以及工作流程的优化与完善,有力推进了郑商所内部管理制度建设再上新台阶。

三、紧紧围绕监管转型要求,放松市场管制,强化一线监管

2014年,郑商所紧紧围绕监管转型要求积极开展各项工作,结合市场实际情况,放松市场管制,激发市场活力,完善规则制度,加强事中事后监管,防范和化解市场风险,确保了市场健康运行。

(一)放松市场管制,激发市场活力

1. 完善业务规则。一是在我国期货市场率先取消了会员持仓限制制度。二是为防范市场系统性风险,扩大了单边市时的交易保证金标准和涨跌停板幅度,将连续三个停板幅度由16%放大到21%,避免频繁与连续涨跌停板,尽可能减少强制减仓对市场的干预。三是适度降低棉花、PTA等品种交易保证金标准。

2. 丰富交易模式。一是推出跨品种套利业务,初期先推出硅铁与锰硅跨品种套利。二是丰富套利指令,增加一腿合约开仓另一腿合约平仓的交易方式。三是推出FAK指令。

3. 完善异常交易监管。一是明确因套利、套保或使用特定交易指令时的异常交易豁免标准,1-12月份共豁免8个客户的异常交易。二是依据市场实际情况,完善实控组异常交易标准。三是取消自成交、频繁报撤等异常交易的电话提示,减少事前限制。

4. 简化大户报告流程。一是避免因临近交割月限仓标准变化、套保持仓未确认等原因导致客户重复频繁申报大户报告的情况。二是简化申报流程,便利会员和投资者。

(二)加强日常监管,促进市场规范运行,及时排查处理异常交易线索,加强事中监管

2014年共处理异常交易线索379起,认定实际控制关系账户544组。在加大违规查处力度方面,全年调查终结违规交易案件34起,已审结16起,对28名当事人给予处分。

(三)加强市场风险分析,切实防范风险隐患

1. 防范棉花、强麦1405合约风险隐患。针对各1405合约市场运行情况,及时上报风险分析报告,采取了加强实时监控、排查实际控制关系、走访会员及客户、严厉查处违规行为等措施,及时有效防范和化解棉花、强麦1405合约风险隐患,保障了市场健康运行。

2. 跟踪研究重点品种。今年以来,受国家宏观政策、品种行业背景等因素影响,棉花、PTA等品种价格、持仓等出现了较大波动,针对上述情况,安排专人加强对重点品种的跟踪研究,及时分析行业基本面变化,评估各重点品种重点合约的风险隐患。

(四)全面梳理市场监察各项工作

结合监管转型及内部审计情况,梳理监察工作机制现状、相关工作职责、存在的问题及自律监管规则,查漏补缺、细化标准、优化流程,进一步梳理、完善市场监察工作制度,提高市场监察工作的专业化、规范化水平。今年以来,郑商所共完善大户报告、异常交易处理等34项市场监察工作制度和工作流程。

四、做好法制宣传，为期货市场稳定运行保驾护航

市场经济本质上是法治经济，期货市场本质上是法治市场。期货市场只有与法治建设相结合，才能得到更好的发展。郑商所通过举办法制宣传讲座、开展研讨会等多种方式，弘扬社会主义法治精神、营造资本市场依法治市和市场参与者知法守法的市场环境。

（一）培养员工知法守法意识、提升内部廉政建设水平

郑商所通过围绕社会主义核心价值体系建设，采取多种形式开展理想信念、宗旨教育和廉政法规教育，加强廉政文化建设。2014 年 7－8 月份，分批组织全体员工到郑州市监狱接受警示教育，引导员工牢固树立正确的人生观、价值观、权力观和利益观，正确处理人情关系，严格执行任职回避、公务回避、离职回避和内幕信息管理制度，自觉做到不逾越法纪红线，不突破做人底线，进一步筑牢思想道德防线和法纪防线。按照“监管权力配置科学、权责明确、依法行使、运行公开”的总体要求，郑商所通过加强制度建设，建立完善廉政风险防控机制。探索建立从员工岗位间横向制约、上下级间纵向制约，合规审核、审计、监事会、纪检监察等全过程、多渠道、全方位的立体监督制约体系，减少职权行使的随意性和人为干预，努力从源头上抓好廉政反腐败工作，真正使党员干部“不想腐”、“不能腐”。

（二）开展“12·4”全国法制宣传日系列活动

12 月初，郑商所举办了一场以“弘扬法治精神，建设法治中国”为主题的法治经济与法治社会沙龙活动，特别邀请了来自河南省高级人民法院的法官、郑州市人民检察院的检察官以及来自法学界和实务界的专家学者，与郑商所员工现场互动交流，并就相关问题进行了充分细致的讨论。

“12·4”普法沙龙活动分为三个环节：第一个环节，邀请来自国内知名政法大学法学院的教授围绕法治的源流、法治的概念以及法治与现代社会的关系等方面进行了深入浅出的讲解。第二个环节，郑商所员工结合期货市场工作体验畅谈对法治的理解与期盼，探讨市场经济与法治经济在期货市场的体现等期货市场法治建设问题。第三个环节，来自法院、检察院及律师事务所等法律实务界的工作人员，围绕宪法原理、依法治国的功能作用以及当今社会如何推进依法治国等问题展开了深入讨论。通过“法治经济与法治社会”沙龙活动，一方面，在郑商所员工中形成了坚持党的领导、崇尚宪法、遵守宪法、维护宪法权威的浓厚氛围；另一方面，积极宣传期货市场法治建设的重要意义，弘扬社会主义法治精神、促进期货市场形成知法守法的良好氛围，有利于实现资本市场依法治市，持续营造知法守法的市场环境。

资本市场的法制宣传教育工作是一项长期、系统性工程，需要长期不懈的坚持与努力。2015 年，郑商所将继续深入学习宣传党的十八大和习总书记关于全面推进依法治国的重要论述精神，在期货市场坚持弘扬社会主义法治精神，持续营造实现资本市场依法治市的良好社会环境。

（二）2014 年采取的纪律措施决定目录

序号	处分时间	处分对象	处分原因
1	2014/2/26	自然人	自然人持仓进入交割月
2	2014/3/4	交割仓库	交割仓库违规
3	2014/3/17	自然人	对敲交易行为
4	2014/6/5	交割仓库	交割仓库违规

续表

序号	处分时间	处分对象	处分原因
5	2014/8/25	自然人	对敲交易行为
6	2014/8/25	自然人	对敲交易行为
7	2014/8/25	自然人	对敲交易行为
8	2014/8/25	自然人	对敲交易行为
9	2014/8/25	自然人	对敲交易行为
10	2014/8/25	自然人	自然人持仓进入交割月
11	2014/8/25	自然人	对敲交易行为
12	2014/8/26	自然人	自然人持仓进入交割月
13	2014/8/26	自然人	自然人持仓进入交割月
14	2014/8/26	自然人	自然人持仓进入交割月
15	2014/9/25	自然人	自成交行为
16	2014/12/15	自然人	未遵守交易所风险警示有关要求

(三)2014 年制定、修改的主要自律规则目录

序号	名称	实施时间	备注
1	《郑州商品交易所期货交易风险控制管理办法》	2014/8/8	修改
2	《郑州商品交易所期货交割细则》	2014/8/8	修改
3	《郑州商品交易所标准仓单管理办法》	2014/8/8	修改

(郑州商品交易所供稿)

六、中国金融期货交易所

(一)2014 年法制建设工作综述

2014 年,在中国证监会的正确领导下,中国金融期货交易所认真贯彻落实“新国九条”和十八大四中全会精神,紧密结合金融期货市场工作实际,自觉运用法治思维和法治方式,切实做好市场发展和自律管理工作,努力提高依法治市水平,法制建设工作取得新进展。

一、有效推进业务规则制定和体系优化

(一)梳理规则体系,提升规则透明度

对现行业务指引、业务通知进行梳理,将指

引中对市场具有普遍规范效力的内容纳入到实施细则层级，将套期保值业务主要流程和标准向全市场公开。修改《业务规则制定办法》，明确业务规则制定修订程序。

（二）推进新产品、新业务规则论证起草

完成后续股指、国债、外汇期货和期权新产品以及有价证券充抵保证金、交易指令创新、大宗交易、期转现、场外清算和金融期货市场国际化等新业务的合约或机制设计、制度论证。配合单向大边收取保证金、股指期货和国债期货市场功能优化方案，完善现有合约交易规则。目前，完成修订并发布《交易细则》、《结算细则》、《风控管理办法》等。修订《会员管理办法》，明确银行申请交易所结算会员的资格条件；优化会员业务流程，简化会员入会和报告要求。

二、深入参与资本市场立法修法

一是全面参与期货立法。高质量完成《期货法调整范围研究》等13项期货立法重点课题研究，形成60万字的研究成果。配合期货立法，组织完成近200万字的《衍生品监管》翻译工作。根据市场实际就期货法基础性问题提出符合市场发展趋势的立法建议。组织2014年“上衍法治论坛”，邀请相关专家共同探讨期货立法重大课题。邀请全国人大法工委信春鹰副主任举行十八届四中全会精神学习辅导讲座。二是积极参加证券法等法律法规修订，对56部法律法规或者部门规章征求意见回复工作。三是配合资本市场法律实施规范体系建设，在中国证监会法律部的指导下，顺利完成行政许可项目实施情况评估工作。

三、全面开展合法合规管理

一是推进内部合规管理，有效识别和主动管理、防范、处置本所重大决策事项的合规风险，对所级制度、业务规则、重大决策等事项进行梳理，并建立了重大事项合规管理制度和流程，加强相关事项合法合规性审查，提高内部合规管理的科学性、规范性。二是严把合同审核关，全年未发生合同法律纠纷。认真落实诚信档案及相关监管工作。积极为司法机关提供司法协助等法律服务。三是持续做好“8·16事件”应诉准备工作。密切跟踪诉讼进展，全面梳理自律管理和一线监管规则制度，防范交易所履行监管职责的法律风险。

四、切实提高自律管理水平

（一）加强监管协作机制，改进突发事件应急处理机制

一是优化突发事件应对处置流程，完善跨市场例会制度，扩大跨市场信息交换范围。建立交易异常情况分级、分类处理制度，制定重大交易异常情况防范和处置办法。建立所内跨部门会商机制，健全对市场具有重大影响事件或发生重大交易异常时的信息披露机制流程。二是完善盘中动态监管和信息报告制度。全面开展盘中实时、全程监控交易行为，动态关注市场变化，及时发现异常交易行为和价格异常波动。三是针对股票市场与股指期货市场最新变化，与跨市场监管协作各方以研究课题为合作依托，加快推进跨市场联合研究分析，为防范系统性风险的跨市场传递打好基础。

（二）优化异常交易监管机制，完善自律监管流程

一是加强异常交易行为内涵分析，明确异常交易行为监管目标，理清异常交易分级监管模式和多元化处置方式。修订异常交易行为适用情形，适时调整异常交易行为认定标准，并积极与中国证监会期货部沟通，逐步完善异常交易监管管理体制。二是梳理监查工作制度和业务流程，确保在突发事件处置过程中，准确、有效、得体地传递监管意图。三是建立合规业务联系人制度。

五、积极开展法制宣传教育

（一）推进投资者合法权益保护宣传

一是将投资者适当性制度作为普法宣传重点，积极开展投资者保护专题教育。向投资者和会员提供法律、规则咨询服务，广泛告知投资者权益受到侵害后的救济方式和路径。全年交易所自主培训35场，与会员合作培训1422场，与行业协会及证监局等机构联合培训220多场。制作面向中小投资者的涵盖金融法律法规内容的教育宣传资料，发放逾40万份。在各大媒体发表投资者适当性专题文章20余篇。将投资者适当性制度、风控规则等内容融于两届“中金所杯”高校大学生金融及衍生品知识竞赛中，全国700多所高校7万多名青年学生通

过参与竞赛接受现代风险管理理念的熏陶。二是宣传金融期货市场违法违规行为监管处罚和行政责任、刑事责任规定。整理并宣传相关违法违规行为典型案例,在相关媒体宣传我所对市场参与主体所采取的监管措施,发挥典型案件警示作用。

(二)培育金融期货市场合规文化

一是开展以适当性制度落实情况为核心的合规检查,积极探索建立会员合规评价指标体系。二是加强对会员的事前合规引导及合规文化培育,全年针对全体会员高管、首席风险官、开户人员、市场开发人员,累计培训逾6000人次,并在北京、上海、深圳举办了覆盖全部会员首席风险官、合规部门负责人的专门培训,着力提升市场参与主体自律意识与会员合规管理能力。

(二)2014年制定、修改的主要自律规则目录

序号	文件标题	文号	生效日期
1	中国金融期货交易所应急交易厅使用指引	中金法字〔2014〕004号	2014年1月29日
2	沪深300股指期货合约	中金法字〔2014〕055号	2014年9月1日
3	中国金融期货交易所沪深300股指期货合约交易细则	中金法字〔2014〕055号	2014年9月1日
4	中国金融期货交易所结算细则	中金法字〔2014〕066号	2014年10月27日
5	中国金融期货交易所风险控制管理办法	中金法字〔2014〕066号	2014年10月27日
6	5年期国债期货合约	中金法字〔2014〕071号	2014年11月3日
7	中国金融期货交易所5年期国债期货合约交易细则	中金法字〔2014〕071号	2014年11月3日
8	中国金融期货交易所5年期国债期货合约交割细则	中金法字〔2014〕073号	2015年7月1日
9	中国金融期货交易所结算细则	中金法字〔2014〕087号	2015年1月1日
10	中国金融期货交易所交易细则	中金法字〔2014〕089号	2015年1月26日

(中国金融期货交易所供稿)

七、中国证券登记结算公司

2014 年法制建设工作综述

2014 年,在中国证监会的正确领导下,中国结算深入贯彻落实习近平总书记系列讲话和十八届三中、四中全会精神,根据国务院新国九条、全国证券期货监管工作会议和证监会关于资本市场改革发展的工作部署,继续高度重视法制建设工作,围绕服务实体经济发展和资本市场市场化、法治化、国际化发展的根本要求,坚守风险底线,确保系统安全高效稳定运行,强化登记结算基础设施建设,全力支持健全多层次市场体系和市场创新发展各项重点工作,在推动《证券法》修订和《期货法》制定、做好业务规则清理整合与对外发布、坚持依法合规运营等多方面取得了显著成效,推动了证券登记结算法制建设再上新的台阶。

一、推动《证券法》修订和《期货法》制定工作

(一)《证券法》修改建议工作

2014 年,中国结算高度重视《证券法》的修改工作,大力支持证监会修法工作小组的各项工作。公司党委书记、董事长周明同志和总理戴文华同志亲自部署和研究重大问题,副总经理刘肃毅同志总负责,成立了公司专门的修法工作小组,将修法工作作为近期核心工作,优先安排、全力以赴、扎实推进。在公司党委和总经理班子的坚强领导下,通过公司三地齐心协力的努力,目前《证券法》修改稿吸收和采纳了中国结算的大部分立法意见和建议。中国结算在历次反馈意见稿中,坚持确立重大基础性制度,明确法律关系和职责边界,为证券登记结算业务的开展与运行提供重要法律保障,为资本市场创新发展提供有力法律支持。一是对集中统一的证券登记结算制度等展开了集中和详细的论证,建议坚持和完善集中统一的证券登记结算制度;二是对证券登记、证券结算、共同对手方、证券账户、证券登记结算机构的职能、证券登记结算数据查询等制度和相关条款进行完善;三是建议引入名义持有、证券担保等制度,建议增加证券登记结算机构业务规则效力、三方二段式法律关系等的规定;四是对客户交易结算资金第三方存管、流动性安排等条款提出了修改建议。

我公司通过配合和参与《证券法》修改工作,推动完善登记结算法律制度顶层设计,体现立法的科学性、系统性和前瞻性。坚持和完善集中统一的登记结算制度和登记结算基础设施建设,大力支持多层次资本市场建设和实体经济的发展,服务我国资本市场互联互通与对外开放。

(二)《期货法》制定建议工作

向证监会法律部报送了关于《期货法(建议稿草稿)》和《期货法(草案)》第一稿、第二稿的意见和建议。此外,先后参加了证监会期货法立法小组召开的关于期货法草案说明的讨论会,《期货法》中期权相关制度安排的座谈会等,充分表达了关于期货法草案中关于登记结算等制度的有关意见与建议。

二、业务规则清理整合与对外发布工作

(一)业务规则的清理整合工作

公司积极研究、贯彻证监会印发的《资本市场法律体系建设规划意见》,抓紧规章制度清理相关工作。绘制业务规则框架图,召开业务规则清理工作法律专题会议,讨论并确定业务规则清理工作各阶段的内容和时间表,撰写《证券登记结算业务规则体系现状初步分析》,并在公司内部征求意见,同时提醒各业务规则清理部门注重在业务规则中嵌入关于投资者保护的相关内容。

（二）业务规则的对外发布工作

2014 年，公司制定或修订并发布了《中国证券登记结算有限责任公司证券账户管理规则》、《关于为投资者开设一码通账户及建立证券账户关联关系的通知》、《中国证券登记结算有限责任公司证券账户业务指南》、《沪港股票市场交易互联互通机制试点登记、存管、结算业务实施细则》、《中国证券登记结算有限责任公司结算参与人管理规则（2014 年修订版）》、《关于私募投资基金开户和结算有关问题的通知》、《关于调整部分回购质押券折扣系数取值的通知》、《中国证券登记结算有限责任公司可交换公司债券登记结算业务细则》和《上市开放式基金登记结算业务实施细则》等业务规则。

上海分公司制定或修订并发布了《港股通存管结算业务指南》、《私募债券登记结算业务指南》、《质押式报价回购登记结算业务指南》、《上市公司收购和现金选择权业务指南》、《结算账户管理及资金结算业务指南》和《境外机构投资者证券投资登记结算业务指南》等业务指南。同时，继续及时做好与上海证券交易所对口协调部门的协调工作，完成 12 份备忘录核稿、7 份备忘录的签署工作。

深圳分公司完成了约 12 部业务指南的修订或制定并对外发布，包括《深圳市场首次公开发行股票登记结算业务指南（2014 年 5 月修订）》、《质押式报价回购登记结算业务指南》、《中国证券登记结算有限责任公司深圳分公司协助执法业务指南》和《中国证券登记结算有限责任公司深圳分公司优先股登记结算业务指南》等，并与深圳证券交易所联合发布了《深圳市场首次公开发行股票网上按市值申购实施办法》和《深圳市场首次公开发行股票网下发行实施细则》。

北京分公司对外发布了《中国结算北京分公司证券资金结算业务指南》、《中国结算北京分公司发行人业务指南》和《中国结算北京分公司做市业务指南》等业务指南，并与股转公司签订了《证券业务合作框架备忘录》，其余 9 项备忘录也在起草中。此外，《债券业务实施细则》和《非上市非挂牌公众公司登记存管业务指南》等业务规则也在制定或修订过程中。

三、法律法规、部门规章等征求意见工作

2014 年，中国结算共向中国证监会等上级机关反馈了关于约四十余件法律法规征求意见稿的意见和建议，包括《中华人民共和国行政诉讼法修正案（草案）》、《上市公司监督管理条例（复核稿）》、《私募投资基金管理暂行条例（送审稿）》、《不动产登记条例（征求意见稿）》和《证券期货市场诚信监督管理暂行办法》等。

此外，根据中国证监会《关于开展行政许可实施情况评价工作的通知》，公司积极展开相关讨论和研究，历时四个多月，完成并向证监会报送了《行政许可实施情况评价报告》。

四、协助执法工作

2014 年，关于加强信用信息共享及司法协助机制建设事项，公司多次与证监会法律部进行沟通。我公司意见主要包括按照协助执法而非信用信息共享的制度来设计人民法院电子化查控机制，建立最高法院与证监会之间的“总对总”模式，在相关法律或司法解释等制度已经建立后才能推广，建议证监会通盘考虑，抓紧修改四部委《关于查询、冻结、扣划证券和证券交易结算资金相关问题的通知》。机制建立过程中高度重视证券登记结算系统信息安全问题，从组织、业务、技术上落到实处。此外，对于可能涉及的港股通中的香港股票等涉外证券资产，建议暂不纳入该机制等。目前，《最高人民法院、中国证券监督管理委员会关于加强信用信息共享及司法协助机制建设的通知》已经印发，原则性的规定已经明确，我公司所提具体意见和建议仍需相关各方在以后工作中继续关注和逐步推进。

五、公司运营合法合规审核工作和业务创新支持工作

（一）合法合规运营审核工作

2014 年，公司贯彻“依法治司”理念，为加强制度建设，推动科学管理，开展了公司内部管理制度清理工作，完成了《公司党委会议议事规则》、《公司对外合同办理法定代表人授权和签署事项管理》等重要制度的修订工作。

京、沪、深分公司为加强公司内部管理，规范相关业务依法运行，也分别组织各部门对分

公司内部管理制度进行梳理，制定或修订了《公司技术项目立项管理办法》、《公司软件使用及管理工作指引》、《印章管理办法》和《财务预算编制管理规定》等共计六十余项规章制度。

同时，进一步规范公司合同管理工作，对合同、备忘录等法律文件进行合法性审查，尤其重点加强对“三重一大”事项的合规性审核与把关，严控法律风险。

通过以上措施，全公司上下牢固树立了依法合规运营的理念，并贯彻于公司日常运营和个人行为之中，公司依法合规管理、运营水平进一步得到提高。

（二）业务创新支持工作

2014 年，公司大力支持多层次资本市场建设、证券公司创新发展，对证券账户整合业务、股票期权业务、沪港通、可交换公司债业务、私募市场业务、新三板市场业务、机构间报价市场业务和区域性股权市场等业务创新进行积极、充分的法律论证、规则审核、风险分析、预案编写等工作，力求从制度设计上防范法律风险。

六、国债回购纠纷处理等风险处置遗留事项收尾工作

涉及国债回购纠纷的所有诉讼案件均已经审理结案。目前仅剩河南公安厅冻结的 1.79 亿资金等三起因各种因素暂时无法了结的事宜，后续将根据进展情况，逐步协调解决。

关于最高人民法院驳回抚顺公积金中心等三起国债回购纠纷案件再审申请，我公司紧急研究对策，对比分析最高人民法院裁定与国务院、最高人民法院等关于国债回购纠纷最终处理意见的异同，提出后续应对措施和意见，防范可能产生连锁反应的风险，及时就相关情况向证监会报告，并与证监会法律部沟通，共同维护已有的国债回购纠纷处置政策和成果，防止出现新的诉讼和强制执行。

七、诚信建设工作

按照证监会关于“登记结算公司每月报送持有 A 股 5000 万元以上市值的机构大户名录”的新要求，每月按要求将数据上报证监会法律部和信息中心。参加证监会关于资本市场诚信数据库管理使用的相关培训，提出关于《证券期货市场诚信监督管理暂行办法》的修订意见等。

八、法律研究工作

公司修法工作小组组织翻译、整理了超过 300 万字的国际组织相关准则和境外法规资料，较为系统地进行了比较研究、吸收借鉴。撰写专题论证分析材料、立法例及案例汇编 50 余篇约百万字，为我公司关于登记结算制度的研究积累了丰富的资料。历经半年时间，对 32 个以上境外国家或地区证券登记结算体制的现状、历史演变及未来发展趋势专题进行了中外比较研究，从而进一步理清了我国证券登记结算体制从国际化比较而言的独特性、优越性、先进性及其需要完善之处，提出了坚持和优化我国集中统一证券登记结算制度的立法意见，并拟出具体的立法建议条文。

为加强金融基础设施建设，促进金融市场安全高效运行和整体稳定，履行国际组织成员职责，根据中国人民银行和中国证监会的要求，公司完成了《金融市场基础设施原则》自评估工作，并研究反馈提请金融市场基础设施领导小组协调解决的相关事项。

此外，配合协调组织开展 ACG 法律工作组等工作，组织人员完成年度课题研究，参加 ACG18 年会并向小组成员介绍我国最近相关立法进展及下一年度的工作计划。

九、普法工作和投资者教育保护工作

（一）认真开展普法学习和积极举办国家宪法日暨全国法制宣传日系列宣传活动

公司组织员工认真学习《中共中央关于全面深化改革若干重大问题的决定》、《中共中央关于全面推进依法治国若干重大问题的决定》、《国务院办公厅关于进一步加强资本市场中小投资者合法权益保护工作的意见》和《国务院关于进一步促进资本市场健康发展的若干意见》等党和国家的政策与文件。公司印发了《中国结算关于贯彻落实新国九条、完善集中统一登记结算制度的意见》并组织员工学习落实。参加证监会组织的国务院法制办副主任袁曙宏所作的《全面推进依法治国、为建设法治中国而奋斗》讲座以及清华大学法学院王振民教授所作的《依法治国与宪法实施》讲座等学

习活动。

2014 年 12 月 4 日是我国首个国家宪法日，主题为“弘扬宪法精神，建设法治中国”。当日，我公司首次尝试通过三地视频与证券公司营业部直接对接的形式，整合京、沪、深三地的力量，共同合作举办了“12 · 4 法制宣传暨投资者教育”活动，在线解答投资者现场提出的相关问题，认真落实投资者保护各项工作。通过现场交流形式，比较直接、广泛的为投资者解答业务上的相关疑问，普及证券登记结算领域的法律知识。

(二)开展形式多样的投资者教育活动和投资者保护工作

2014 年，公司对证券市场进行全方位深入培训，开展投资者教育，通过组织上市公司、证券公司培训和走访等多种形式，大力宣传证券登记结算法律法规和业务规则。

上海分公司通过发放普法读物、汇编普法刊物、组织学习培训等形式，多样化开展普法工作；深圳分公司创新宣传机制，通过拍摄投资者保护工作宣传视频，使投资者更加直观地了解分公司的业务规则、办理流程等；北京分公司坚持法制教育与法制实践相结合，及时进行相关规则信息的发布与宣传。

公司积极落实证监会关于加强中小投资者保护工作会议的要求和部署，深入研究健全投资者适当性制度、保障中小投资者知情权、健全中小投资者投票机制、制定和完善优先股股份登记业务规则等，进一步加强投资者合法权益的保护。此外，公司还通过呼叫中心和热线电话等方式及时为广大投资者解疑答惑，有效帮助市场参与者解决诉求。为确保电话解答的专业、高效，公司组织整理了现行有效的法律法规和业务规则，不断更新、完善客户服务知识库。

(中国证券登记结算公司供稿)

八、中国证券投资者保护基金公司

2014 年法制建设工作综述

2014 年，中国证券投资者保护基金公司(以下简称投保基金公司、我公司)立足于服务资本市场监管的大局，积极探索保护投资者，特别是中小投资者合法权益的新举措和新途径，在前期工作的基础上，进一步拓宽法制建设工作思路，继续积极参与投资者保护立法活动，深入开展投资者保护法制研究，切实提高普法工作实效性等方面进行了有益的探索和实践。

一、稳步推进证券投资者保护立法促进工作

结合证券投资者保护工作需要，开展证券投资者保护立法促进工作是投保基金公司 2014 年法制建设工作的重点内容之一，具体包括以下内容：

(一)积极推进《证券投资者保护基金管理办法》的修订

在 2013 年证监会就《证券投资者保护基金管理办法(修订草案)》(以下简称《修订草案》)正式发文征求财政部意见相关工作基础上，2014 年 4 月，证监会就《修订草案》正式征求国务院法制办意见。后续，结合财政部、人民银行、国务院法制办以及全国人大法工委反馈意见，我公司对相关问题深入研究论证，与上述单位相关部门积极沟通汇报，对《修订草案》及相关说明材料的内容进行了进一步完善，并于 2014 年 7 月完成了财政部和人民银行的会签工作，将《中国证监会关于修订〈证券投资者保护基金管理办法〉的请示》正式上报国务院法制办。

《修订草案》修改的内容主要体现在投保基金保护范围、投保基金公司职责与治理结构、

投保基金筹集与使用等方面：一是将公募基金管理人纳入投保基金保护范围，当公募基金管理人被风险处置时，参照证券公司风险处置政策，使用保护基金对因公募基金管理人违法、违规或违反合同约定等行为而造成损失的基金份额持有人进行偿付；二是为了弥补我国证券公司、公募基金管理人因突发事件引发的短期流动性不足，迫切需要引入投保基金紧急救助机制，增加投保基金用于向证券公司、公募基金管理人提供紧急救助的规定，及时化解由于因单个机构流动性风险引发的行业系统性风险；三是增加了证券发行人、上市公司及发起人、证券公司、证券服务机构等在证券发行、上市、交易等证券业务活动中发生违法行为，给投资者造成损失、证券公司需承担连带责任时，按照国家有关规定对投资者损失按一定比例预先偿付，而后由投保基金公司对相关责任主体进行追偿的相关规定；四是对投保基金公司治理结构、董事会构成、公司章程制定修改等做了必要调整。

（二）充分认识《证券法》修改工作的重要意义，积极响应《证券法》修改相关立法建议

鉴于《证券法》修改的重要性、复杂性和紧迫性，我公司将全力配合《证券法》修改工作作为本年度的一项重要任务来抓。立足于我公司保护投资者权益的法律职责和成立使命，结合近年来投保基金公司对保护中小投资者合法权益新举措、新方法的研究、探索和实践，我公司积极参与《证券法》修改相关工作，认真组织研究扩大证券投资者保护基金使用范围和来源，截至目前，提出《证券法》有关证券投资者保护基金条款的修改建议共5次，并派出一名业务骨干脱产参加《证券法》修改工作小组。

二、深入开展投资者保护研究工作

投保基金公司自成立以来，一直高度重视投资者保护研究工作，以不断深化和提高认识水平，为推进投资者保护法制建设打下理论基础。2014年，结合境外主要国家和地区投资者保护的新情况和新进展，以及我公司《办法》修订的实际情况，投保基金公司继续深入开展投资者保护研究，取得了以下主要成果：

（一）开展投资者补偿机制研究

结合2013年我公司担任万福生科虚假陈述案件投资者利益补偿专项基金管理人工作实践，在总结具体工作经验的基础上，我公司就投资者补偿机制相关问题展开了深入研究，组织编写了《万福生科投资者补偿专项基金案例》一书印发会系统单位。

2014年度，我公司接受委托，担任海联讯虚假陈述案件投资者利益补偿专项基金管理人工作，这是我公司继担任万福生科专项补偿基金管理人之后，研究建立完善投资者补偿长效机制的又一次有益尝试，并是首次作为“海联讯案件投资者利益补偿协调小组”（以下简称协调小组）牵头人，负责主持协调小组工作，在补偿工作中统一舆论宣传、对外口径、工作安排和对外协调，向证监会报告工作，担任专项补偿基金管理人等，共报送工作简报44期。同时作为基金管理人，我公司对每一个环节的工作都力求精益求精，无论是设计补偿方案、拟定补偿流程还是发布相关公告，以及适格投资者的联系、推广工作，都做到全程介入，层层把关，与控股股东、平安证券及其他相关单位反复讨论、沟通，将每一个环节都落实到位，做实做细。专项补偿基金存续期间，各项既定工作按计划有序开展，平稳推进，没有出现任何重大失误，圆满完成了补偿工作。下一步，我公司将继续总结投资者补偿工作经验，编写出版相关书籍。

（二）开展会管公司持股参与上市公司治理和投资者保护相关工作研究

为贯彻落实《国务院办公厅关于进一步加强资本市场中小投资者合法权益保护工作的意见》（以下简称“新国九条”），了解持股上市公司中小投资者保护的基本状况，2014年，我公司对持股的6家上市公司中小投资者合法权益保护方面情况进行了调研。调研中先后查阅了6家上市公司的公司章程、利润分配原则及股东大会网络投票情况等资料，就“新国九条”具体内容与6家上市公司进行了沟通，并赴哈药股份、南纺股份及华润双鹤等上市公司进行了现场调研。在此基础上，完成了我公司持股上市公司中小投资者保护调研情况报告，得到了会领导的高度肯定和重要批示。为进一步落实会领导的批示，本年度，我公司还积极参加了哈药股份、百花村等5家持股上市公司2013年度股东大会，对56项股东大会议案进行了审议并投票，就其中多项涉及中小投资者利益的议案内容向上市公司进行质询，并就各公司中小投

资者保护最新进展情况与上市公司高级管理人员进行了交流,持续加强持股上市公司在中小投资者保护方面的宣传和引导。

(三)开展美国投资者保护经典案例出版、改编和宣传工作

在证监会法律部的指导下,本年度我公司承担的《美国投资者保护经典案例选编》已正式出版。为进一步扩大《美国投资者保护经典案例选编》在资本市场的影响力,及时向广大投资者普及投资者保护方面的知识,提高其维权意识,我公司先后完成了对美国投资者保护十六篇经典案例的改编工作,力求用通俗易懂的语言和简明扼要的形式将案例的故事情节、法院推理和判决及相关启示表述清楚,并在四大证券报及公司外网、微博微信刊发,在资本市场和投资者引起广泛的关注和较高的评价。

(四)开展境外及我国投资者保护相关情况研究

2014年度,我公司对涉及境外及我国投资者保护相关问题开展了多项研究,先后完成《欧盟在保护投资者和维护金融稳定方面的经验及其借鉴》、《关于欧盟投资者适当性制度的研究》、《投保基金持股上市公司2013年度股东大会落实投保国九条相关情况的报告》、《美司法部与美国银行达成史上最贵和解协议》、《永业国际私有化主动退市案例分析》等五篇市场热点研究;结合"新国九条"中关于跨境投资者赔偿和保护的相关要求和沪港通推出的实践情况,整理编辑了《跨境赔偿案件——华安国际配置基金案件处置过程及启示》和《境外主要投资者保护机构跨境赔偿工作简析》;围绕与俄罗斯投保机构签署MOU的契机,对俄罗斯证券市场开展专题研究,形成了《俄罗斯证券市场发展综述》等报告材料。

(五)投资者保护相关课题研究工作

本年度,我公司继续积极开展投资者保护相关课题的研究工作,截至目前,已经完成了《控股股东或实际控制人背信违约赔偿制度研究》、《新形势下客户交易结算资金安全的再评估与资金监控系统的调整》、《保护基金公司在防范与处置证券行业流动性风险中的作用研究》和《公平与效率——中小投资者保护的理论基础和尺度把握》等4项课题的立项和研究工作,并开展了《金融创新背景下的证券经营机构与投资者法律关系及证券投资者保护基金赔付制度研究》课题的立项工作。

三、切实提高普法工作的实效性

2014年,投保基金公司紧紧围绕证券法制工作重点,将普法工作与公司具体业务相结合,严格落实上级有关工作的部署,从实践出发,采取灵活多样的方式深入开展法制宣传教育,积极探索提高普法工作的实效性。

(一)将公司内网作为日常普法宣传的平台

一是由公司法律部在总结内控及合规审查常见问题的基础上,上传相关资料,对一些带有共性的、容易在认识上有误区的问题进行专门解释,其他业务部门上传相关业务研究报告,及时传递资本市场最新动态。二是由办公室和法律部随时汇总整理证监会新近发布的规范性文件或文件解读,在内网发布供全体员工自我学习。该平台成为面向员工进行法制宣传的一个窗口,极大地方便了全公司员工证券法律知识的学习,均取得了良好的效果。三是结合日常工作和市场热点,通过公司内网及时发布肖钢主席发表的文章及演讲稿等学习资料,发布证券市场热点追踪研究6篇,发布投资者保护研究10期,有针对性地开展宣传和教育,努力提高普法工作的实效性。

(二)不断夯实公司基础性制度建设

秉承"以制度管人、管事"的理念,投保基金公司紧密结合不同阶段的运营与管理实际,及时对行之有效的经验和做法进行总结,形成制度,2014年制定了《中国证券投资者保护基金有限责任公司专项审计机构备选库管理办法(试行)》等7项制度;同时公司还特别注意对不合时、不合适的制度进行调整,先后修订了《中国证券投资者保护基金有限责任公司董事长办公会议制度》、《中国证券投资者保护基金有限责任公司干部选拔任用工作规定》等9项制度。通过这一系列措施的建立与完善,推动了公司各项管理工作走上制度化、规范化和标准化的道路。

(三)专门购置法律类书籍,开辟"法律图书角"

普法工作离不开最基本的物质载体是法律书籍。我公司图书馆特别设立了专门经费用来购置法律类书籍,法律部也开辟了"法律图书

角”,征订了中国审判指导丛书系列等刊物以及法律类书籍共200余册,这些法律刊物与员工的工作、生活等实际中所遇到的法律法规问题紧密联系,大部分刊物采用问答式编写,用法律案例进行解答,通俗易懂,便于记忆,深受部分领导和其他部门员工们的喜爱。大家一致认为,这是学习法律的好机会,不仅极大提高了员工学法、用法积极性,还进一步提高了员工的法律意识和修养。

(四)培训活动常态化

为了切实增强员工法律基础,投保基金公司于每年年初制定年度培训工作计划,采用定期培训和不定期培训的方式,还建立了培训考勤管理制度,将参加培训的出勤率作为年底员工考核的一项参考指标,切实提高员工参与培训积极性。同时还特别注意收集证监会及其他系统单位的培训资源及信息,以丰富公司培训内容,做到内容深刻、主题鲜明、多侧面、多角度突出培训亮点,提高员工兴趣,化被动为主动。2014年,我公司邀请了国信证券柜台市场总部产品总监陈晓斌、国信证券清算托管部高级经理余进举办证券公司柜台业务培训;此外,结合公司员工队伍有年龄结构较轻、社会阅历浅、工作经验少的特点,本着可行性、实效性原则,公司充分调动内部人员资源,组织各部门负责人及业务骨干分别讲授与公司管理、业务发展相关的内容,分别就证券公司风险处置、证券市场交易结算资金监控、证券投资者信息调查评价等相关业务知识。各类讲座的举办带动全公司形成了知法、学法、懂法、用法的新高潮,有力推动了员工对工作中相关问题的讨论与研究。

(中国证券投资者保护基金有限责任公司供稿)

九、中国证券金融股份有限公司

2014年法制建设工作综述

2014年,中国证券金融股份有限公司(以下简称“公司”)党委班子及全体员工深入学习党的十八届四中全会《关于全面推进依法治国若干重大问题的决定》(以下简称“《决定》”),认真贯彻落实证监会党委的各项决策和工作要求,以法治理念推进监管转型,在工作中不断形成法治思维。公司上下通过各种方式深入学习了法治建设的内涵、宪法精神的原意和党内的各项法规制度;从提升经营管理效率和规范性角度,进一步完善了内部各项制度;以《证券法》修改为重点,参与了有关国家立法和行业监管制度的制定或修订;在日常工作层面,继续推进普法宣传与合规文化建设。

一、深入学习法治理念、宪法精神和党内法规

党的十八届四中全会在我党历史上第一次以“依法治国”为主题通过了《决定》,把我国法治建设推向新的战略高度。公司对此十分重视,通过各种方式认真学习,深刻认识到只有具备牢固的法治意识,才能在平时工作中严格依法办事、依法创新。

(一)对法治理念和宪法精神的学习

一是公司党委班子成员及中层干部积极参加证监会党委中心组(扩大)的学习。2014年11月24日,聆听国务院法制办公室副主任袁曙宏同志对党的十八届四中全会精神的深入解读暨“全面推进依法治国,为建设法治中国而努力”的报告。2014年12月30日,聆听清华大学法学院院长、宪法学教授王振民同志作“依法治国与宪法实施”的专题讲座。

二是邀请证监会法律部负责人就“法治下的证券业务创新”这一主题为公司全体员工授课。为了更好地在公司日常运营和业务发展中贯彻法治理念,培养员工在宪法这一根本大法

下，善于用法律工具开展业务创新并理解证监会依法监管的思路，公司于2014年12月25日邀请证监会首席律师、法律部主任黄炜同志为全体员工进行授课培训。培训介绍了中央对于依法治国目标的总体要求，阐述了市场需要监管的法理和监管需要法治的逻辑，列举了证券领域目前正在开展的各项改革活动与法治的关系，讨论了公司转融通业务发展中的具体法律问题，是一堂生动精彩的法制教育课。

三是以“弘扬宪法精神，建设法治中国”为主题，创刊《中证金融法律通讯》(以下简称“《通讯》”)。公司负责法律事务的部门在2014年12月启动编辑了第1期《通讯》，刊登清华大学王振民教授对依法治国和宪法精神的宏观解读以及中国人民大学法学院副院长胡锦光教授对习近平总书记法治思想内涵的解读。《通讯》通过电子方式向公司全体员工刊发，使员工对依法治国的重要性有了更深刻的理解和认识。

(二)对党内法规的学习

《决定》首次提出党内法规制度建设，把党内法规纳入依法治国范畴。党内法规既是管党治党的重要依据，也是建设社会主义法治国家的有力保障。为此，公司党委进一步加强了对党内法规的学习，并要求各党支部在组织生活中相应开展学习。

一是公司党委中心组带头学习。2014年5月22日，聆听中共中央组织部干部一局巡视员、副局长孔圣根同志作《党政领导干部选拔任用工作条例》辅导讲座。2014年12月24日，组织学习《关于党内政治生活的若干准则》和《中国共产党党员领导干部廉洁从政若干准则》两项规定。

二是公司组织全体党员进行学习。2014年下半年，为加强基层组织建设，公司党委要求各党支部积极开展组织生活并对党内法规进行学习。各党支部在组织生活会上学习了目前以党章为根本的党内法规体系。2014年12月2日，公司邀请证监会机关党委郭宇处长作《关于加强发展党员工作》的专题讲座，对党的组织工作有关规定进行了宣讲。

通过上述各个层次和角度的学习，公司上下对法治和宪法的重要性有了更深入的认识，对党内法规包括党的纪律有了更全面的了解，深化了在法律和党纪范围内创新业务和开展工作的意识。

二、完善内部制度，参与外部立法

(一)进一步完善内部各项规章制度的建设

为提升公司内部决策、治理及经营管理的科学性、规范性，兼顾时效性，以法治理念为统领，2014年公司进一步加强了内部规章制度的建设。

一是加强党委决策方面的制度建设。2014年3月，公司第29次党委会审议并修订了《党委会议议事规则》，对党委会的议事范围、议事程序、议事纪律及决议执行等方面作出了更具体的规定，使“三重一大”事项决策有了更完备的机制保障。公司第29次党委会也同时审议通过了《干部选拔任用管理办法(试行)》，明确了人事管理的决策依据。

二是完善公司治理相关制度建设。作为一家股份有限公司，公司股东大会、董事会、监事会及经营管理层严格依照《公司法》、《公司章程》有关规定履行职责。为进一步细化法律和章程的规定，公司于2014年5月30日召开的2013年度股东大会审议通过了《股东大会议事规则》和《董事会议事规则》，进一步规范了股东大会和董事会的议事、决策程序。公司第一届监事会第八次会议审议通过了《监事会对财务工作监督检查细则》和《监事会日常工作制度》，连同往年制定的《监事会工作规程》和《监事会对董事、高级管理人员履职监督细则》，初步形成了监事会的内部监督规范体系。

三是梳理完善内部各项经营管理制度。公司自成立至今，已逐步迈入正常经营和发展的轨道。根据实际需要，公司于2014年修订了《资金管理办法》、《采购管理办法》、《印章管理办法》和《文件处理办法》等近10项内部制度，新制定《转融通业务信用评价及授信管理办法》、《转融资业务资金到账及融出流程》等多项制度或流程，通过制度化手段提升了内部管理水平。

(二)积极参与外部立法并反馈意见建议

一是参与《证券法》修改工作。公司高度重视《证券法》的修改工作，分别于2014年3月、6月、8月三次就《证券法》修订稿草案相关条款提出意见或建议。2014 年 9 月中旬,公司主要负责人参加了证监会组织的证券法和期货法立法培训班。

二是参与融资融券及转融通相关业务规则的修改工作。自 2010 年证券公司开展融资融券业务、2012 年公司开展转融通业务以来,市场实践经验不断丰富,市场规模不断扩大,相关业务规则条款已逐步落后于实际情况的发展。在此情形下,公司 2014 年积极参与证监会组织的《证券公司融资融券业务管理办法》及相关单位配套业务规则的修订工作,分别于 5 月、9 月、11 月反馈了三次论证意见;同时,就《转融通业务监督管理试行办法》的修订提出了意见。公司对自身的业务规则也进行了梳理。

三是对其他外部立法提出反馈建议。公司还认真研究证监会转来的国家立法或相关部委、证监会自身规章的征求意见稿,结合公司的具体业务提出合理化建议。一年来,对《行政诉讼法(修正案)》、审计署《内部审计工作规定》、证监会《证券发行上市保荐业务管理办法》、《财务顾问业务管理办法》、《证券期货经营机构董监高管理办法》、《区域性股权市场规范发展指导意见》、《证券期货违反行为举报规定》等多件法律法规提出了反馈建议。

三、继续推进普法宣传与合规文化建设

(一)组织开展证券公司转融通业务培训会

公司于 2014 年 11 月组织转融通业务培训会,邀请证监会机构部有关同志就证券公司融资类业务情况及相关监管要求进行讲解,并由公司相关业务部门就授信管理、转融通归还、保证金业务、融资融券业务数据报送的规则和流程进行深入的介绍和宣传。

(二)向证监会办公厅新闻办提供"证监会微讲堂"素材

通过该微讲堂(微博平台),公司向广大投资者广泛宣传了融资融券法规体系、监管框架、风控机制以及投资者教育等内容,做到了融资融券业务领域的普法宣传工作。

(三)新创《通讯》在公司内部搭建了普法平台

《通讯》初期拟每两月编辑一期,每期设置一个主题。同时,设置"监管动态"栏目,对与公司业务有关的、金融监管领域近期的法律法规制定、修订情况进行跟踪;设置"法制热点"栏目,对社会生活方面的法制热点予以关注和解读;设置"案件关注"栏目,聚集有较大影响的历史或当下案件,以案说法。《通讯》既为公司的业务发展提供法律视角下的参考,也阐明各种行为的合法非法界限,宣导合规理念,同时关注生活中的法律热点,普及法律知识,帮助员工在生活中维护自身合法权益。

(四)组织员工代表证监会工会参加中国金融工会"金融系统女职工权益保护法律法规知识竞赛"

公司重视女职工权益保护,参赛员工在业余积极备赛,也在备赛过程中广泛宣传女职工权益保护法律知识。在竞赛中,公司代表的证监会系统代表队取得了优异成绩。

(五)积极开展《劳务派遣暂行规定》相关宣传活动

4 月 1 日 –20 日公司组织全体员工集中学习该规定,并要求行政管理部门人员、工会专职人员及劳务派遣人员先学先懂、应知应会。同时,组织召开座谈会,充分征求公司劳务派遣人员的具体意见建议,使其在自身劳动权利和义务的认识方面有了升华,也增进了同事间的相互理解、支持和包容。

(六)继续深入研究与公司业务相关的法律制度等问题

2014 年,公司对境内外融资融券风险控制制度进行了比较研究,对上市公司员工持股计划、个股期权与融资融券的关系、"港股通"融资融券业务以及集中托管融资融券客户担保资金等前沿课题及与之相关的制度安排进行了深入研究,撰写了研究报告并向证监会报送。

(七)积极向证监会法律部推荐 2014 年全国法制好新闻

经过认真筛选,公司推荐 2013 年 7 月 26 日蔡宗琦发表在《中国证券报》的通讯文章《券商提示两融投资者增强风险对冲意识》。该文章的素材由公司提供(新闻通稿为《正确认识两融业务,提高风险防范能力》),对证券公司融资融券业务的相关规则进行了解读。

(中国证券金融公司供稿)

十、中国期货保证金监控中心公司

2014 年法制建设工作综述

2014 年,在证监会党委的坚强领导下,在会内相关部门及各期货交易所的支持下,中国期货保证金监控中心不断完善各项基础制度建设,积极参与期货市场法律法规建设,监控中心法制建设工作稳步推进。

一、继续积极参与行业政策法规的制定修改

2014 年,我中心继续配合证监会开展法律法规建设相关工作。做好期货法立法调研工作,并研究提出与监控中心相关的立法建议;积极研究并参与《期货交易管理办法》、《期货公司管理办法》(修订稿)、《期货交易所、结算所管理办法》的修订工作;按照期货部落实《关于做好资本市场法律实施规范体系建设工作的通知》,制定《期货保证金监控管理办法》的实施方案;研究反馈《期货交易结算管理办法》中涉及保证金监控的相关条款。

此外,紧跟资本市场改革创新的步伐,不断完善相关工作规则体系。针对特殊单位客户开户,修订了《特殊单位客户统一开户业务操作指引》,增加了私募基金管理机构作为特殊单位客户开户和证券公司自营业务分部门或团队开户的相关规定;针对期货公司资产管理业务,起草发布了《期货公司资产管理业务统一开户操作指引》,并对《证券期货经营机构私募资产管理业务管理办法(征求意见稿)》和《期货公司资产管理业务管理规则(试行)》深入研究,对资金安全方面提出了相关建议;针对期货公司互联网开户,同会机构部及期货业协会反复沟通,并对《期货公司网上开户规范》和《期货公司网上开户操作指引》提出修改意见;针对境外客户开户,发布了《关于在中国永久居留的境外客户开立期货市场账户有关事宜的通知》,放开对持《外国人永久居留证》的境外客户的开户限制,并对其开户要求做出了规定;针对原油期货,根据《境外交易者和境外经纪机构从事境内特定品种期货交易管理暂行办法(草稿)》起草并修订原油期货指引,同时对《境外交易者从事境内特定品种期货交易管理暂行办法(草稿)》、《境外交易者和境外经纪机构从事境内特定品种期货交易管理暂行办法(草案)》提出相关修改意见;针对期权交易,认真学习研究了《期权交易管理(暂行)办法(征求意见稿)》、《股票期权交易试点管理办法(征求意见稿)》、《证券期货经营机构参与股票期权交易试点指引》,并根据工作需要反馈相关建议。

二、配合司法机关工作,打击期货市场违法犯罪行为

2014 年,我中心接待公检法及各派出机构期货相关案件查询 40 余次,共查询了数百个自然人和法人期货市场开户、权益情况,为司法机关打击违法犯罪行为提供线索。此外,根据中国证监会行政处罚委下发的行政处罚决定书和各地证监局司法部门转来的协作函,对证券、期货违法行为的人员,及时进行市场禁入,净化市场环境。

三、对国内外期货市场相关法律法规、制度安排进行深入研究

一方面,积极开展我国与其他国家期货市场发展情况、法制建设情况的对比研究工作,为我国期货市场制度建设提供借鉴经验。研究了美国期货法律行政审批内容,起草上报了《美国期货法律审批研究》报告;对国外交易商制度以及我国发展交易商情况进行了分析,起草上报了《关于发展商品交易商的思考》报告;对中美期货市场在规则制度体系、监管制度体系

等方面的主要差异进行研究，起草上报了《中国特色期货市场制度的建立与发展》报告。另一方面，针对各期货交易所推出的保证金优惠措施、梯度保证金制度等规则制度改革的实施效果进行监测、分析和评估，为相关法规制度的完善提供参考。

四、进一步完善内控制度建设

2014 年，为进一步完善内部管理，我中心修订、制定了一系列制度，涉及内控、人事、纪检、财务等各个方面。内控方面，制定了《监控中心接待管理办法》、《监控中心合同管理办法》、《监控中心会议管理办法》、《监控中心大额采购管理办法》等八项制度；人事方面，修订了《监控中心休假管理办法》、《监控中心职务职级序列管理规定》等四项制度；纪检方面，制定了《敏感信息知情人管理制度》；财务方面制定了《监控中心支出审批管理办法》等三项制度，我中心制度体系不断完善。

五、开展多形式普法宣传和教育工作，增强员工法律意识

一是在新员工入职培训时，开展廉政教育工作，播放廉政教育录像，树立员工廉政守法的意识。二是 2014 年，结合监控中心特点，进一步明确了敏感信息部门和岗位，制订实施了敏感信息知情人管理制度，从制度上提高员工保密守法意识。三是积极响应会纪委号召，组织员工参观内幕交易警示教育展览，使广大干部职工从思想上提高了遵纪守法的意识。

（中国期货保证金监控中心公司供稿）

十一、全国股份转让系统公司

（一）2014 年法制建设工作综述

2014 年是全国中小企业股份转让系统（以下简称全国股转系统）正式面向全国运行的开局之年。在中国证监会的正确领导下，全国中小企业股份转让系统有限责任公司（以下简称全国股转公司）认真贯彻党的十八大、十八届三中、四中全会精神，全面落实《国务院关于全国中小企业股份转让系统有关问题的决定》和"支持中小微企业依托全国中小企业股份转让系统开展融资"的战略部署，按照监管转型的要求，厘清公开市场的制度体系和管理框架，形成了新兴市场的初始规模。在这个过程中，全国股转公司高度重视法制建设，扎实推进市场制度建设，努力构建依法治市、依法治司的工作机制和市场环境，取得了积极成效。

一、完善业务规则体系，巩固市场发展的制度基础

2014 年市场规模快速增长，挂牌公司多元化特征越发明显，为满足市场主体的多元化需求，全国股转公司以市场需求为导向，严守风险底线，进一步完善各业务线条配套制度，加强市场自律管理制度建设。2014 年全国股转公司新发布业务规则 6 件，服务指南 9 件，另修订服务指南 6 件，为市场快速稳定发展及时提供制度保障。

（一）完善市场准入机制，提高挂牌审查效率

自全国股转系统面向全国接收企业挂牌申请以来，申请挂牌企业数量持续增加。为提高服务中小企业的效率，全国股转公司积极探索机制创新，共计 2 次修改《全国中小企业股份转

让系统股票挂牌业务操作指南(试行)》,着力提升挂牌审查效率,推动主办券商提升推荐工作质量,确保挂牌审查工作有序、高效推进。此外,为配合完善上市公司退市制度,规范退市公司股票挂牌业务,全国股转公司发布了《全国中小企业股份转让系统退市公司股票挂牌业务指南(试行)》。

挂牌审查规则修改主要体现两方面理念。第一,坚持以信息披露为核心,在总结挂牌审查案例及经验的基础上,区分挂牌审查中共性问题和特性问题,对反馈意见进行标准化处理;第二,进一步强化主办券商的基础准备工作,重点审查主办券商内控的组织及落实情况,为提升挂牌审查效率创造条件。

(二)完善挂牌公司信息披露制度,明确主体权利义务

为规范挂牌公司的信息披露,提升信息披露质量,进一步明确划分挂牌公司、主办券商等信息披露义务主体的权责,全国股转公司修订了《全国中小企业股份转让系统挂牌公司持续信息披露业务指南(试行)》、《全国中小企业股份转让系统临时公告格式模板(试行)》、《全国中小企业股份转让系统挂牌公司证券简称或公司全称变更业务指南(试行)》、《全国中小企业股份转让系统挂牌公司暂停与恢复转让业务指南(试行)》共计 4 件服务指南,新发布《全国中小企业股份转让系统挂牌公司权益分派业务指南(试行)》、《全国中小企业股份转让系统挂牌公司年度报告内容与格式模板(试行)》共计 2 件服务指南。

信息披露制度的发布与修订秉承三个理念。一是问题导向,通过总结监管实践中问题,研究分析解决方案,及时针对相关制度进行补充修订,如主办券商与挂牌公司信息披露义务的划分,主办券商如何尽职尽责履行持续督导义务等;二是总结经验,及时调整,提炼信息披露中的共性问题,不断调整信息披露模板,增强披露信息的可操作性及可读性;三是根据市场需求,规范权益分派业务,提升市场主体行为的可预期性。

(三)配合交易系统及做市商转让方式上线,完善配套转让制度

为配套《全国中小企业股份转让系统股票转让细则(试行)》实施,保障交易系统和做市转让方式上线工作的顺利完成,全国股转公司新发布 3 件业务规则,1 件服务指南,分别为《全国中小企业股份转让系统交易单元管理办法(试行)》、《全国中小企业股份转让系统股票异常转让实时监控指引(试行)》、《全国中小企业股份转让系统股票转让方式确定及变更指引(试行)》、《全国中小企业股份转让系统交易单元业务办理指南(试行)》。此外,为满足"老三板"公司转让方式变更需求,全国股转公司修订了《全国中小企业股份转让系统两网公司及退市公司股票分类转让变更业务指南(试行)》,为"老三板"公司提供规范化流程指引。

为维护市场秩序,保护投资者合法权益,全国股转公司对做市业务进行了严格规范:一是实行严格的业务隔离制度。确保做市业务与推荐、自营、资管、经纪、研究等业务在机构、人员、信息、账户、资金上严格分离;二是加强市场监控,做市商须通过专用交易单元及专门做市账户开展做市业务;三是严格防范可能的利益冲突,原则上禁止做市商自营证券账户持有或买卖其做市证券;四是为提高做市商报价质量,提高市场成交效率,降低投资者交易成本,规定做市商报价的最大买卖价差不得超过 5%。

交易制度的完善主要旨在解决两方面问题,即:一是为全国股转公司承接转让系统整体迁移后交易相关业务;二是为全国股转系统异常转让监控管理提供基础制度。

(四)构建挂牌公司重大资产重组配套制度

为规范挂牌公司的重大资产重组行为,在证监会《非上市公众公司重大资产重组管理办法》(以下简称"《管理办法》")基础上,全国股转公司细化具体操作细节,配套颁布《全国中小企业股份转让系统非上市公众公司重大资产重组业务指引(试行)》(以下简称"《业务指引》")、《全国中小企业股份转让系统重大资产重组业务指南第 1 号:非上市公众公司重大资产重组内幕信息知情人报备指南(试行)》、《全国中小企业股份转让系统重大资产重组业务指南第 2 号:非上市公众公司发行股份购买资产构成重大资产重组文件报送指南(试行)》。

挂牌公司重大资产重组相关业务规则具体呈现以下特点:一是全面落实《管理办法》的要

求。《业务指引》及配套指南严格按照《管理办法》的要求，对公司申请暂停转让、提交内幕知情人信息、发行股份购买资产等具体环节进行了明确规定；二是注重可操作性。鉴于大部分公司此前缺乏重大资产重组的实操经验，《业务指引》及配套指南重点对重大资产重组的各环节进行了较为详细的拆解，具有较强的可操作性，能够起到"重组流程说明书"的作用；三是与股票发行等业务规则相衔接。由于公司在重组实操中经常涉及发行股份购买资产，《业务指引》明确了发行股份购买资产构成重大资产重组的规则适用及操作程序，避免同一行为重复适用股票发行规则及重组规则。

（五）细化完善主办券商自律管理制度

进一步完善全国股转系统主办券商自律管理机制，为主办券商提供行为引导，规范主办券商做市业务和持续督导业务，全国股转公司发布《全国中小企业股份转让系统做市商做市业务管理规定（试行）》、《全国中小企业股份转让系统主办券商持续督导工作指引（试行）》2件业务规则，《全国中小企业股份转让系统主办券商和挂牌公司协商一致解除持续督导协议操作指南（试行）》、《全国中小企业股份转让系统投资者适当性管理证券账户信息报送业务指南（试行）》、《全国中小企业股份转让系统做市业务备案申请文件内容与格式指南（试行）》3件服务指南。

2014年全国股转公司着重从两方面完善主办券商管理。一是建立了主办券商做市业务制度，由此构建起涵盖三类业务的完整主办券商业务规则体系；二是总结主办券商持续督导中存在的主要问题，本着市场化理念，合理划分挂牌公司与主办券商的权利义务，确保双方主体的权责利相统一。此外，全国股转公司还积极参与政策法律的修改工作，为市场发展争取良好的法律环境。认真完成证监会关于《证券法》、《公司法》、《发展规划法》等多部法律法规意见征求工作，多次参与《公司债券发行与交易管理办法》、《证券公司及基金管理子公司资产证券化业务管理规定》等部门规章的制定和修改，为优化资本市场法制环境贡献力量。

二、完善市场监管体制，推进自律管理体系建设

（一）以信息披露为核心，强化挂牌公司日常监管

加大信息披露的审查和监管力度，根据既往信息披露质量、电子化监控测试结果及公司风险外溢程度开展重点审查，将审查标准精细化、具体化、客观化。通过对信息披露文件的模块化、表格化设计，有效提高披露的完整性和准确性。提高监管威慑力，处理7起违规行为，对挂牌公司及相关主体实施了自律管理措施，其中2家采了取纪律处分，并从匿名处罚公告过渡到实名处罚公告。理顺摘牌程序，对ST羊业进行技术移除，实现市场进退有序。积极参与建立非上市公众公司综合监管体系，建立与证监会行政监管的信息沟通机制。

（二）发挥市场约束，加强中介机构监督

2014年，全国股转公司进一步加强对主办券商为主的中介机构的自律管理。一是，先后对中信建投等10家主办券商的推荐挂牌业务进行了工作底稿抽查。对于底稿检查中发现的部分工作底稿编制不完整、尽职调查意见缺乏逻辑分析和必要支持材料等问题，提出专项整改意见，督促其尽快规范。

二是，配合交易支持平台上线，组织开展对47家主办券商的专项检查，对22家采取了"要求提交书面承诺"等自律监管措施。完善对主办券商等中介机构的社会监督与评价机制，定期在官网公示执业情况。

三是，研究建立与主办券商制度相适应的执业记录与评价机制，督促其提高执业质量；探索建立对会计师、律师等证券服务机构的自律管理机制，开展中介机构责任分配机制研究。

（三）完善市场监察体系，上线交易监察系统

2014年，全国股转公司确定了"守住合规底线、分类确定重点、服务市场创新"的监察原则和"及时发现、及时制止、及时报告、积极协查"的监察职责。完善市场监察的制度机制，明确实时监控工作范畴、流程和岗位职责。建立较为完整的监察指标体系，初步完成了市场监察室改造，监察系统与交易支持平台同步上线。

（四）探索纪律处分机制，完善自律管理体系

为细化各类违规情形对应的监管措施，推进规则公开、过程公开、结果公开的纪律处分工作机制，全国股转公司不断探索纪律处分机制。一是，为解决现阶段市场纪律处分问题，牵头组建临时纪律处分委员会，共组织召开了三次会议并对两起违规行为做出了纪律处分决定；二是，结合前期纪律处分程序经验，立足市场特点，起草内部工作制度《全国中小企业股份转让系统纪律处分程序规定（试行）》；三是，初步形成部门协作配合机制，由业务部门提出纪律处分需求，由法律事务部提供法务支持，由纪律处分委员会牵头进行处理形成决定，取得了较好的效果。

（五）充分利用先进技术，探索监管机制创新

作为第三家全国性证券交易场所，全国股转公司坚定"用好后发优势、实现数据治市"的理念。一是，强化技术手段的运用，完善挂牌公司信息监管的电子化，实现中介机构信息报送的电子化，审查流程中披露材料以及反馈、答复通过 BPM（业务过程管理）平台公开，以及审查材料的 XBRL（可扩展商业报告语言）化；二是，开展自律管理创新研究，对各种利用互联网平台进行自律管理的模式进行研究，包括淘宝网自律模式、美国期货业协会自律管理系统、维基百科自律模式，从中分析市场利用现代科技进行自律管理的必要性和可行性；三是，响应证监会启动资本市场诚信数据库相关工作的号召，组织公司多部门力量积极开展全国股转系统诚信数据库建设工作，拟定全国股转系统诚信数据库建设方案。

三、建设市场法制文化，强化投资者保护

（一）开展公司内部法制培训

在公司内部多渠道多形式组织开展法制宣传培训活动，不断提高全国股转公司员工的法制意识和依法办事的水平。一是，完善常规培训机制，加强新员工入职培训的法制宣传，强调依法依规办事的重要性和必要性；二是，开展"证券法律半月谈"系列讲座活动，定期邀请证监会及市场资深人士就市场热点法律问题到全国股转公司来展开交流，共计十五期，涉及内容包括融资融券制度、并购制度、债券办法等内容，参会员工达到 500 余人次；三是，将业务规则汇编成册，供全司人员使用，并通过市场培训、市场推广等渠道向市场主体分发，推广宣传全国股转公司业务规则；四是，以"党的十八届四中全会精神"为主题，制作普法专题材料，宣传"依法治国"核心理念；五是，开展"十八届全会精神及市场业务规则"知识竞赛，增强员工法制意识，提升业务技能。

（二）强化市场主体法制宣传和培训

从市场需求出发，构建市场培训常态机制，针对不同地域、不同行业、不同业务，向市场主体进行培训。一是，举办面向企业的市场推广培训 308 场，介绍全国股转系统及业务规则整体情况及特点；二是，分地域、分批次地完成了已挂牌公司的首次培训，建立了新增挂牌公司分批培训制度，累计进行了 13 次挂牌公司基础培训，实现了基础培训的常态化、全覆盖；三是，稳步推进做市业务开展，普及做市业务规则，组织面向做市商、挂牌公司、投资机构的培训 30 余场，举办做市业务对接活动，建立做市信息发布机制，及时总结推广经验；四是，以"针对特殊事项、面向特殊主体"为原则，与证监会公众公司部、各地高新园区等机构合作，开展了一系列专项培训活动，举办了优先股、收购与重大资产重组、私募债、公司治理等一系列专题培训工作；五是，针对专门人群进行培训，推动建立分别针对挂牌公司董秘、管理层以及主办券商的专项培训制度，提升培训的针对性及效果；六是，通过咨询热线、邮件、董秘微信群等为挂牌公司提供及时辅导，提升挂牌公司信息披露及其他业务合法合规性。

（三）开展投资者教育工作

通过多元化宣传教育途径，培养全国股转系统专业投资者群体。一是，开展 VC、PE 及基金公司"走进股转系统"活动，编制"掘金全国股转系统"宣讲材料，举办 22 场推介活动；二是，与主办券商合作，有针对性地举办"走进营业部"系列活动，向符合投资者适当性标准的机构与自然人投资者介绍市场新的交易规则，共 19 场，参加人员逾千人；三是，组织主办券商开展"新三板、新机遇"系列交流，推动消除公募基金、券商资管产品入市障碍；四是，编纂投资者教育资料，通过网络、报纸及全国股转公司

官网向社会发布；五是，通过全国股转公司官方微信微博及时发布市场最新动态，增进投资者对市场业态与规则的了解。

四、加强内部管理制度与工作机制，进一步提升公司规范治理水平

全国股转公司秉承“依法治司”理念，出台完善各类规范治理文件，不断提升内部治理水平。一是，完善“三重一大”的决策机制，修订党委会、总办会和财审会议事规则，明确重大项目支出和大额资金的具体标准。二是，按照党风廉政建设有关规定和证监会财务监管工作要求，修订财务管理制度。大力推进惩防体系建设，形成关键职权目录及廉洁从业风险防控流程图，制定任职回避和公务回避、内幕信息知情人登记等利益冲突防控制度。设立专职纪委书记，调整完善基层党组织，完成党建云建设并上线运行。三是，坚持用制度管人管事管财管运行。2014 年共完成制定、修订内部管理制度 33 件。目前已经形成了较为完备的内部管理制度。推动公司内部控制体系建设，形成关键工作流程及风险防控手册，建立项目后评的制度机制，进一步发挥内部审计作用。完善保密制度和措施，加强财务和采购管理，提高预算执行效率，实现采购工作的归口管理。四是，推进激励约束机制建设，制定职位和薪酬管理制度，改进绩效考核，研究建立员工奖惩机制，试行专项奖励。优化人才引进机制，做好人才引进与培养工作。

（二）2014 年制定、修改的主要自律规则目录

序号	文件标题	文号	发文日期
1	全国中小企业股份转让系统主办券商和挂牌公司协商一致解除持续督导协议操作指南	股转系统公告〔2014〕10 号	2014－4－1
2	全国中小企业股份转让系统挂牌公司证券简称或公司全称变更业务指南（试行）	股转系统公告〔2014〕19 号	2014－5－6
3	全国中小企业股份转让系统挂牌公司暂停与恢复转让业务指南（试行）	股转系统公告〔2014〕19 号	2014－5－6
4	全国中小企业股份转让系统挂牌公司权益分派业务指南（试行）	股转系统公告〔2014〕19 号	2014－5－6
5	全国中小企业股份转让系统两网公司及退市公司股票分类转让变更业务指南（试行）	股转系统公告〔2014〕19 号	2014－5－6
6	全国中小企业股份转让系统临时公告格式模板	股转系统公告〔2014〕24 号	2014－7－21
7	全国中小企业股份转让系统投资者适当性管理证券账户信息报送业务指南	股转系统公告〔2014〕27 号	2014－4－30
8	全国中小企业股份转让系统交易单元管理办法（试行）	股转系统公告〔2014〕28 号	2014－4－28
9	全国中小企业股份转让系统交易单元业务办理指南（试行）	股转系统公告〔2014〕29 号	2014－4－28

续表

序号	文件标题	文号	发文日期
10	全国中小企业股份转让系统股票挂牌业务操作指南(试行)	股转系统公告〔2014〕37 号	2014－5－6
11	全国中小企业股份转让系统做市商做市业务管理规定(试行)	股转系统公告〔2014〕48 号	2014－6－5
12	全国中小企业股份转让系统做市业务备案申请文件内容与格式指南	股转系统公告〔2014〕49 号	2014－6－5
13	全国中小企业股份转让系统股票异常转让实时监控指引	股转系统公告〔2014〕50 号	2014－6－9
14	全国中小企业股份转让系统退市公司股票挂牌业务指南(试行)	股转系统公告〔2014〕51 号	2014－6－17
15	全国中小企业股份转让系统股票转让方式确定及变更指引(试行)	股转系统公告〔2014〕62 号	2014－7－3
16	全国中小企业股份转让系统非上市公众公司重大资产重组业务指引(试行)	股转系统公告〔2014〕70 号	2014－7－25
17	全国中小企业股份转让系统重大资产重组业务指南第 1 号:非上市公众公司重大资产重组内幕信息知情人报备指南	股转系统公告〔2014〕71 号	2014－7－25
18	全国中小企业股份转让系统重大资产重组业务指南第 2 号:非上市公众公司发行股份购买资产构成重大资产重组文件报送指南	股转系统公告〔2014〕72 号	2014－7－25
19	全国中小企业股份转让系统主办券商持续督导工作指引(试行)	股转系统公告〔2014〕101 号	2014－10－9
20	全国中小企业股份转让系统股票挂牌业务操作指南(试行)	股转系统公告〔2014〕118 号	2014－12－31
21	全国中小企业股份转让系统挂牌公司持续信息披露业务指南(试行)	股转系统公告〔2014〕119 号	2014－12－31
22	全国中小企业股份转让系统挂牌公司年度报告内容与格式模板	股转系统公告〔2014〕121 号	2014－12－31

(全国股份转让系统公司供稿)

十二、中国证券业协会

(一)2014 年法制建设工作综述

2014 年,中国证券业协会紧紧围绕资本市场改革发展的大局,坚持市场化改革导向,注重运用法治思维和法治方式破解制约行业发展的突出问题,化解市场运行的矛盾风险,在建立行业自律规则体系、促进行业合规水平、深化投资者教育和适当性管理、健全自律监察和执业检查工作机制、推进诚信建设和从业人员法制教育等方面切实履职尽责,努力推动证券业在强化风险控制的前提下创新发展、转型发展,不断拓展、提高服务实体经济和投资者的范围与水平。

一、加大制度供给,完善自律规则体系,保障行业创新规范发展

协会自律规则从内容上大致可分为会员管理、从业人员管理、证券业务及社会责任管理等方面,构成了证券业协会履行自律管理职责的规则授权、工作依据以及行业行为自律规范的完整体系,成为证监会法律体系框架下包含的一个子体系。2014 年,协会适应行业创新发展的需要,一年内新发布、修订 17 个自律规则,市场监测中心发布备案指引类文件 5 个。截至 2014 年 12 月 31 日,协会现行有效的自律规则 86 个,市场监测中心现行有效的指引类文件 8 个,为行业的规范发展奠定了规则基础。2014 年,协会继续组织对既有自律规则的清理工作,按照"去行政化"、"市场化"的原则梳理协会自律管理职责,先后发布《关于集中取消一批备案报送事项的通知》、《关于取消两件报告事项的通知》,将事前备案报送、报告事项从制度层面予以取消。

(一)初步形成报价系统制度规范体系

2014 年,协会继续加强私募市场制度建设工作,初步形成了机构间报价系统制度规范体系。

2014 年 8 月 15 日,经证监会同意,协会发布了《机构间私募产品报价与服务系统管理办法(试行)》(以下简称《管理办法》),为报价系统的规范发展奠定了制度基础。10 月 20 日及 11 月 5 日,协会分别发布了《证券公司短期公司债券试点办法》及《并购重组私募债券试点办法》,为报价系统进行债券交易开辟了空间。根据《管理办法》,市场监测中心陆续起草了 10 余项报价系统相关业务规则,其中,《机构间私募产品报价与服务系统参与人管理规则(试行)》、《机构间私募产品报价与服务系统发行与转让规则(试行)》已于 2014 年 9 月 10 日经向协会报备同意后由市场监测中心发布;《私募投资基金募集与转让业务指引(试行)》与《私募股权投资基金项目股权转让业务指引(试行)》已于 10 月 16 日由市场监测中心发布。另外,为贯彻多层次服务实体经济的融资需求,拓宽中小微企业融资难等问题,《资产支持证券发行与转让业务指引》、《私募股权质押融资业务指引》等业务规则也已完成初稿,下一步将根据业务的准备情况,成熟一个,发布一个。

(二)积极推动行业创新发展

为进一步完善证券市场场外衍生品交易主协议及相关配套文件,促进证券、基金、期货行业场外衍生品交易业务发展,中国证券业协会、中国期货业协会、中国证券投资基金业协会在《中国证券市场金融衍生品交易主协议(2013 年版)》的基础上,于 2014 年 8 月 22 日发布了《中国证券期货市场场外衍生品交易主协议(2014 年版)》及补充协议、《中国证券期货市场场外衍生品交易权益类衍生品定义文件(2014 年版)》,相关文件的发布有利于促进证券、基金、期货行业场外衍生品业务规范发展,有利于提高场外衍生品交易效率,有利于降低场外衍生品交易风险。

2014 年 8 月 15 日,经证监会批准同意,协会发布了《证券公司柜台市场管理办法(试行)》和《机构间私募产品报价与服务系统管理办法(试行)》,取消了对私募产品的专业评价工作。截至 2014 年 12 月 31 日,协会共受理证券公司报送的 131 项创新业务方案,分 12 批次评审通过了对 91 项创新业务方案的专业评价。目前共有 28 家证券公司获准开展金融衍生品业务试点,35 家证券公司获准开展互联网证券业务试点,42 家试点证券公司获得柜台市场试点资格。到 11 月底,投资者累计开立 35.15 万个柜台产品账户,其中机构开户数为 2521 户,个人开户数为 34.89 万户。试点证券公司制度建设与内部管理比较健全,柜台交易系统建设基本完成并平稳运行,投资者适当性管理工作基本落实。

(三)促进行业提高合规风控水平

2014 年 2 月 25 日,协会发布了《证券公司全面风险管理规范》、《证券公司流动性风险管理指标》,引导证券公司加强风险管理制度、组织架构、系统和人才队伍建设,促进行业提升风险管理能力。为加强行业系统性风险评估,防范行业系统性风险,促进证券公司提升全面风

险管理能力,夯实证券业创新发展基础,协会于2014年3月发布了《关于证券公司2014年度压力测试工作的通知》,并于3-5月间组织证券公司开展了2014年度压力测试工作,115家证券公司在进行年度综合压力测试的同时,按协会要求进行了行业统一的流动性专项压力测试。与往年相比,行业压力测试在风险覆盖、情景设置、流动性测试规范性方面有明显进步。2014年9月26日,协会制定并发布《证券公司资本补充指引》,引导证券公司完善资本补充机制,提高资本管理能力,强化资本约束。2014年12月29日至31日,协会会同两所两司举办了证券公司合规与风控高级研讨班,引导行业进一步加强合规风控、加强流动性风险管理、加强信息技术安全管理、推进互联网金融业务、补充资本实力、完善公司治理和投资者教育和客户管理工作。

(四)强化首次公开发行股票自律管理

2014年5月9日,协会发布了新修订的《首次公开发行股票承销业务规范》,以及两个配套自律规则《首次公开发行股票网下投资者备案管理细则》和《首次公开发行股票配售细则》,强化了协会在首次公开发行股票时对承销商路演推介、询价、定价、配售、撰写并发布投资价值研究报告、信息披露等业务活动和网下投资者报价行为的自律管理。根据证监会发行部要求启动新股发行承销检查抽签工作,起草《新股发行承销检查抽签工作方案》和《新股发行承销检查抽签工作流程》等文件,完成新股发行承销检查首次抽签仪式的组织、结果发布等工作。会同证监会稽查局、稽查总队、发行部、创业板部等有关部门开展了首次公开发行股票专项核查,对违反协会自律规则的会员公司实施自律惩戒措施。制定《首发企业信息披露质量抽查工作方案》,目前已组织9次首发企业信息披露质量抽查名单仪式。

(五)加强网下投资者自律管理工作

2014年3月,证监会对《证券发行与承销管理办法》进行了修订,明确由协会承担网下投资者的自律管理职责。2014年5月9日,协会制定并发布了《首次公开发行股票网下投资者备案管理细则》,明确了网下投资者的备案条件、备案方式、行为规范、综合评价以及自律管理措施等方面内容。截至2014年12月31日,共完成备案的网下投资者3423家,配售对象5839家。为规范网下投资者及其配售对象的询价与申购行为,根据《首次公开发行股票承销业务规范》规定,8月25日、12月1日协会在外网网站公布了首批和第二批股票配售对象黑名单,两批黑名单中共包括在联明股份等33个IPO项目中,存在违反《规范》第四十五条规定行为的30家机构投资者和72位个人投资者管理的103个股票配售对象。同时对存在待整改事项的34家机构投资者和12位个人投资者管理的65个股票配售对象发出了整改通知。

(六)积极推动证券从业人员管理改革

2014年,协会继续推动修订《证券业从业人员管理办法》及配套自律规则,完成了《证券业从业人员资格管理实施细则(试行)》、《证券业从业人员资格考试办法(试行)》和《证券业从业人员培训纲要(试行)》三项自律规则的修订起草工作。根据对不同业务和岗位对胜任能力的不同要求,将从业人员资格类别细分为一般从业资格、专项业务类资格和管理类资格。在此基础上,积极探索建立与各个类别相适应的考试课程体系、培训课程体系以及执业注册、执业行为管理体系。

此外,协会按照"分类管理"思路,积极推进从业人员考试改革。按照将从业人员资格类别细分方式,协会将考试相应地划分为三种类型,即一般从业资格考试、专项业务类资格考试和管理类考试,统称为证券业从业资格考试。

二、以投资者保护为核心,继续推进投资者法制教育和保护工作

(一)继续推进证券纠纷调解工作

为落实国办110号文件"关于建立多元纠纷解决机制"相关规定,促进证券公司完善投诉处理机制,协会建立了督促证券公司履行纠纷解决第一责任人、指导地方协会就地调解纠纷和证券业协会自行调解证券纠纷"三位一体"的行业纠纷调解机制。2014年以来,证券行业共受理1007起证券纠纷调解申请,调解成功934起,其中,协会统一受理72起,调解成功43起,指导地方协会受理935起,调解成功891起,在地方协会的配合下,协会编写了第一期调解案例汇编,共收集了16个案例,在协会内网上刊登。

（二）不断完善"整非"、"打非"工作

2014年，协会根据证监会要求，扩大涉非信息监测范围。为便于投资者查询，协会进一步改了黑名单发布方式，对涉非信息进行分类，保留了往期发现的尚未关闭的信息。截至2014年12月31日，协会共发布9期黑名单，公示非法仿冒网页、网站、博客等约1300余个，受到媒体的广泛关注。同时，协会在官网设置了有关打非工作的专栏，发布黑名单及"投资者风险提示"、"合法机构信息公示"、"证券公司网站LOGO链接"等内容，公示典型性的非法证券活动形式。

为保护投资者合法权益，远离非法证券活动，协会公布8个非法发行证券、非法投资咨询、非法销售金融产品等典型案例，案例宣传首次制作成广播节目，通过中国国际广播电台《新财富时间特别节目——真相》播出，并同步在协会网站公示，供会员单位下载宣传。为加大宣传力度，使宣传更具有针对性，宣传月期间还首次在北京地区试点向地铁、公交、社区、航站楼等公共场所进行警示性公益宣传关公投放。

为形成打非宣传长效机制，2014年12月15日，协会发布《关于进一步做好参与防范非法证券活动宣传教育工作的通知》，要求证券经营机构按照持续性与阶段性、一般性和针对性相结合的原则，继续做好防范非法证券活动宣传教育工作，持续开展广覆盖、低成本的宣传教育方式，逐步形成宣传长效机制。

（三）引导行业开展投资者教育服务和社会责任建设

2014年在与投资者相关的8项业务规则的制定和修订过程中陷入了投资者合法权益的要求或措施；根据投教工作需要，对《会员投资者教育工作指引（试行）》和《证券公司营业部投资者教育工作业务规范》进行合并式修订，形成了《会员投资者教育服务工作指引（草案）》。组织行业开展了3.15投资者权益主题宣传活动，会员公司组织主题活动达到400余场。在协会网站上刊发《香港股票市场及沪港通知识简介》等资料，供会员下载、选用。开展2013年证券公司投资者教育与服务专项评估工作，根据评估结果，对部分"2013年度证券公司投资者教育与服务优秀单位"予以表彰。2014年协会进一步推动证券行业履行社会责任，逐步建立行业社会责任工作机制，组织行业积极参与证监会统一领导的扶贫工作。证券公司在服务实体经济、重视股东利益、强化风险管理、提升客户满意度等方面有显著提高。

三、健全自律监察和执业检查工作机制，维护市场正常秩序

（一）进一步健全自律监察工作机制

2014年协会进一步健全自律监察工作，全年共办理自律监察案件19件，目前已办结18件，共对12家会员机构做出自律惩戒，其中对4家会员机构作出警示自律管理措施，对5家会员机构作出谈话提醒自律管理措施，对2家会员机构作出责令整改自律管理措施，对1家会员机构作出行业内通报批评纪律处分；共对2家会员机构发出提醒函；共对23名从业人员做出自律惩戒措施，对光大证券股份有限公司内幕交易案的相关负责人员4名作出纪律处分。

2014年，协会自律监察专业委员会启动了自《中国证券业协会自律监察案件办理规则》发布以来首批纪律处分案件审理程序，实现了自律管理措施案件审理程序与纪律处分案件审理程序的交融互补，为协会的自律监察工作积累了宝贵经验。下一步，协会将尝试将行业专家力量引入自律管理措施案件中涉及专业判断的领域，更好地发挥协会行业自治的优势。

（二）逐步完善行业自律组织执业检查职能

执业检查是协会近两年来新开展的工作，2014年7月，经证监会批准，协会成立执业检查部，与法律事务部合署办公。2014年以来，协会积极参与证监会各项业务联合检查，独立组织证券业协会规则执行情况检查。先后组织、参与了对14家证券公司融资融券业务检查、对39家证券公司期权业务准备情况现场检查、对7家公司的资信评级机构现场检查、对两个新股发行项目承销商及相关26个获配网下投资者的现场检查和对40家公司融资融券、股票质押式回购、约定式购回等业务进行的联合现场检查。在制度建设层面上，协会目前已完成执业检查工作制度初稿，下一步除完善并尽快发布该制度外，还将根据实践经验相应修改自律监察相关规则,以更好地将执业检查结果与自律惩戒机制相结合,维护市场正常秩序。

四、深化诚信建设和从业人员法制教育,建设诚信合规的行业文化

(一)深入推进行业诚信建设工作

2014年,协会根据《证券从业人员诚信信息管理暂行办法》规定,不断推动完善执业行为管理系统、诚信信息管理系统,及时完成诚信信息采集、管理和录入,加强诚信档案的查询使用,进一步加强对从业人员诚信状况评估和检查力。2014年以来,协会共查处考试违纪、违规执业等违规行为227件,记录诚信信息238条。

为推进证券业诚信建设,贯彻落实《社会信用体系建设规划纲要(2014-2020)》对于证券行业诚信建设的工作要求,深入推进证券行业诚信体系建设,协会于2014年10月中旬至12月初面向全体会员公司开展了"法制宣传与诚信建设活动"。活动内容分为两项,第一项是向会员公司征集会员公司"六五"普法阶段的诚信建设工作情况,包括组织制度、活动实施情况、好的做法与经验、发现的问题和不足、对于行业法制建设和诚信建设工作的意见建议等,题材及风格不限。协会对各会员单位提交作品进行汇总筛选后,以专题的形式在协会外网网页上刊登展出,同时组成评选工作小组,选出优秀作品向媒体推荐。第二项向各会员公司征集本单位及相关从业人员的正面诚信信息,协会集中汇总后向诚信信息数据库统一报送,以充实完善证监会建立的"中国资本市场诚信信息数据库"。目前活动已进入收尾阶段。

(二)加强从业人员法制教育与培训

2014年,协会紧扣监管工作重点和行业创新业务,加大从业人员职业培训力度,共举办面授培训班30余期,远程培训系统新发布课件73门、92学时,培训内容紧紧围绕监管工作重点和行业创新业务、新产品,如证券公司风险控制与流动性风险管理培训、IPO新政及首次公开发行与优先股相关政策解读、沪港通业务培训班、OTC业务、财富管理业务、投资者适当性管理、反垄断与反不正当竞争等。

2014年5月,协会启动了远程培训系统的改造工作。远程培训系统目标用户类别从从业人员转向以从业人员为主、兼顾证券监管系统人员和社会普通投资者。目前,系统改造工作进展,新版远程培训系统将于2015年推出。协会届时还将开放远程培训资料库,为社会公众投资者提供一个查询和阅读法律法规、部门规章、业务规则及资本市场相关知识内容的窗口。

此外,为完善协会内部工作机制、增强自律管理与服务的能力,2014年协会新发布内部规则3个,修订发布内部规则2个,涉及自律规则制定的程序、财务管理与财务预算、首次公开发行股票企业信息披露质量抽签工作规程等方面,有效地保障了协会内部工作流程的顺畅与合规。

(二)2014年采取的纪律惩戒决定目录

序号	文件标题	文号	发文日期
1	关于对徐浩明采取自律惩戒措施的决定	中国证券业协会自律惩戒措施决定书〔2014〕1号	2014/1/2
2	关于杨赤忠对采取自律惩戒措施的决定	中国证券业协会自律惩戒措施决定书〔2014〕2号	2014/1/2
3	关于对沈诗光采取自律惩戒措施的决定	中国证券业协会自律惩戒措施决定书〔2014〕3号	2014/1/2

续表

序号	文件标题	文号	发文日期
4	关于对杨剑波采取自律惩戒措施的决定	中国证券业协会自律惩戒措施决定书〔2014〕4 号	2014/1/2
5	关于对施尚聪采取自律惩戒措施的决定	中国证券业协会自律惩戒措施决定书〔2014〕8 号	2014/4/8
6	关于对宋大林采取自律惩戒措施的决定	中国证券业协会自律惩戒措施决定书〔2014〕9 号	2014/4/8
7	关于对袁丽采取自律惩戒措施的决定	中国证券业协会自律惩戒措施决定书〔2014〕10 号	2014/4/8
8	关于对张弘采取自律惩戒措施的决定	中国证券业协会自律惩戒措施决定书〔2014〕11 号	2014/4/8
9	关于对陈玉琴采取自律惩戒措施的决定	中国证券业协会自律惩戒措施决定书〔2014〕12 号	2014/4/8
10	关于对于健采取自律惩戒措施的决定	中国证券业协会自律惩戒措施决定书〔2014〕13 号	2014/4/8
11	关于对潘婷采取自律惩戒措施的决定	中国证券业协会自律惩戒措施决定书〔2014〕14 号	2014/4/8
12	关于对车海娟采取自律惩戒措施的决定	中国证券业协会自律惩戒措施决定书〔2014〕15 号	2014/5/13
13	关于对郭毅采取自律惩戒措施的决定	中国证券业协会自律惩戒措施决定书〔2014〕17 号	2014/7/9
14	关于对王德强采取自律惩戒措施的决定	中国证券业协会自律惩戒措施决定书〔2014〕18 号	2014/7/14
15	关于对陈文海采取自律惩戒措施的决定	中国证券业协会自律惩戒措施决定书〔2014〕19 号	2014/7/14
16	关于对李丽萍采取自律惩戒措施的决定	中国证券业协会自律惩戒措施决定书〔2014〕20 号	2014/7/14
17	关于对海际大和证券采取自律惩戒措施的决定	中国证券业协会自律惩戒措施决定书〔2014〕28 号	2014/8/21
18	关于对陈闪采取自律惩戒措施的决定	中国证券业协会自律惩戒措施决定书〔2014〕29 号	2014/7/22
19	关于对潘慧杰采取自律惩戒措施的决定	中国证券业协会自律惩戒措施决定书〔2014〕30 号	2014/8/26
20	关于对楼婷采取自律惩戒措施的决定	中国证券业协会自律惩戒措施决定书〔2014〕31 号	2014/10/16
21	关于对王丽萍采取自律惩戒措施的决定	中国证券业协会自律惩戒措施决定书〔2014〕32 号	2014/10/24

(三)2014年制定、修改的主要自律规则目录

序号	标题	发布日期
1	证券公司直接投资业务规范	2014/1/3
2	证券交易委托代理协议指引	2014/1/13
3	证券公司客户账户开户协议指引	2014/1/13
4	证券公司流动性风险管理指引	2014/2/25
5	证券公司全面风险管理规范	2014/2/25
6	证券公司反洗钱工作指引	2014/4/30
7	首次公开发行股票承销业务规范	2014/5/9
8	首次公开发行股票网下投资者备案管理细则	2014/5/9
9	首次公开发行股票配售细则	2014/5/9
10	证券公司柜台市场管理办法(试行)	2014/8/15
11	机构间私募产品报价与服务系统管理办法(试行)	2014/8/15
12	《中国证券期货市场场外衍生品交易主协议》(2014版)及补充协议	2014/8/22
13	中国证券期货市场场外衍生品交易权益类衍生品定义文件	2014/8/22
14	证券公司资本补充指引	2014/9/26
15	证券公司短期公司债券试点办法	2014/10/20
16	并购重组私募债券试点办法	2014/11/5
17	证券业从业人员执业行为准则	2014/12/17

(中国证券业协会供稿)

十三、中国期货业协会

(一)2014年法制建设工作综述

2014年,面对期货及衍生品市场创新发展、开放多元的新格局,中国期货业协会协会紧紧围绕服务创新发展、加强行业自律两条主线,继续完善自律规则体系,严厉打击违法违规行为,推进行业诚信建设,探索建立行业调解机制,进一步深化了行业自律管理职能,不断推动行业规范发展和保护投资者合法权益。

一、服务创新发展,完善自律规则体系

近年来,期货市场的业务创新与对外开放速度加快,协会自律监管的深度与广度面临着更高的要求。协会积极应对市场发展的新形势,及时研究制定创新业务相关自律规则。

(一)以自律规则制定和修订为抓手,积极推动期货市场创新发展

2014年,为了更好地适应期货及其他衍生品市场发展要求,进一步提升期货行业自律规则的体系性,不断降低期货公司的合规成本,协会共计制定自律规则7件、修改3件、废止2件,内容涉及期货资管业务、风险管理公司、信息技术、纠纷调解等方面。

为了贯彻落实"国九条"的有关精神和《关于进一步推进期货经营机构创新发展的意见》(以下简称《创新意见》),满足期货行业创新发展要求,提高期货公司的核心竞争力和服务实体经济的能力,协会及时制订并出台了《期货公司资产管理业务管理规则》及申报材料规范,修订了《期货公司设立子公司开展以风险管理服务为主的业务试点工作指引》及申报材料规范,与证券业协会、基金业协会成立联合制订发布了《中国证券期货市场场外衍生品交易主协议(2014年版)》及补充协议、《中国证券期货市场场外衍生品交易权益类衍生品定义文件(2014年版)》,为期货公司及风险管理公司开展相关业务提供了制度依据,也强化了市场主体的责任意识与自我约束,加强了对风险的防范监控和对投资者合法权益的保护。

同时,为配合原油期货、期权等创新业务推出,协会注重加强相关研究,成立了由相关交易所和部分期货公司组成的专家小组,对创新业务相关《合同指引》及《风险说明书》开展研究,初步形成了有关合同文本。

(二)配合中国证监会行政审批制度改革,优化工作流程、清理自律规则

为落实《创新意见》及中国证监会(以下简称"证监会")相关文件精神,协会对现有的审核、备案、考试、报告四类共计31项工作进行了流程梳理,取消备案事项5项;进一步明确了上述四类工作的审核标准、审核流程、审核期限和方式,编制了工作流程,向社会公示,接受社会监督。下一步,按照证监会理顺监管机构与协会的关系及职能定位,以及协会工作去行政化的要求,协会将继续对自律管理工作中有关审批、报备事项进行梳理,并据此完成自律规则修订与清理工作,促进工作法治化、规范化、程序化,赋予市场更多的自主性和灵活性。

同时,根据证监会行政审批制度改革的有关要求,协会组织召开证监会行政审批实施情况评价工作会议,由北京证监局、中国金融交易所、部分会员单位以及北京工商大学学者等相关人员对涉及期货行业的行政审批事项进行评估,提出改进建议。协会在综合各方意见的基础上形成了《证监会行政许可实施情况评价工作报告》并提交期货部。

二、加强立法研究,推动《期货法》立法

期货市场的创新发展对法治建设提出了新的需求,《期货法》的适时推出成为当务之急,

推动《期货法》立法也是协会2014年的重点工作之一。

(一)参与证监会《期货法》立法工作

一是配合证监会法律部完成有关《期货法》征求意见回复,特别是重点围绕期货经营机构发展定位、业务类型,场外市场建设,行业协会定位及职责等内容进行了深入的研究,提出了相关建议。

二是多次参与证监会及人大《期货法》立法工作会议,充分发挥传导作用,代表行业提出重要具体意见。

三是参与证监会《期货法立法资料汇编》的编写工作,对国际期货和其他衍生品市场发展情况进行了全面、细致的收集整理,形成了相关情况报告,为立法工作提供了重要参考资料。

(二)配合《期货法》立法开展专题研究

协会多次组织行业、业内专家就期货法立法涉及的期货市场的透支交易与强行平仓、期货经营机构的业务范围、期货经营机构的资料保存期限等重点问题进行专题研究讨论,形成有关研究报告并提出具体的立法建议,促使《期货法》更加贴近市场实际与需求,保障行业充分参与,积极推动立法进程。

三、加强对违规行为的惩戒力度,提高行业合规意识

合法合规经营是期货经营机构健康运行与创新发展的生命线。期货经营机构要达到持续稳健发展的目标,必须处理好合法合规与创新发展的关系,二者相辅相成、不可偏废。长期以来,协会与证监会及其派出机构建立了良好的沟通协作机制,能够做到及时发现违规线索,同时借助地方局的调查资源及优势顺利开展自律惩戒工作。

2014年,协会完成了对9名从业人员、1家期货公司的纪律惩戒,另有4名从业人员、1家期货公司的纪律惩戒工作仍在进行中。具体工作如下:

(一)纪律惩戒

今年,协会继续充分发挥专业委员会的作用,为完成案件处理工作,共组织召开了4次纪律委员会会议、1次申诉委员会会议。处理的从业人员违规案件具体包括五类:以个人名义接受客户委托代理客户从事期货交易(涉及5人,其中有1人的案件仍在处理中),参与配资交易(涉及3人,其中有2人的案件仍在处理中),盗用公章(涉及1人),伪造客户签名(涉及1人),以及冒名接听客户回访电话(涉及1人);处理的期货公司违规案件是东航期货实行期货交易手续费“零佣金”案件。

其中,北方期货从业人员唐钧参与配资交易案件,以及东航期货实行期货交易手续费“零佣金”案件,对于明确从业人员的执业行为准则、促进期货公司在合规框架下开展业务创新具有重要警示与示范意义,也为协会未来的案件处理工作积累了宝贵的经验。

(二)定期整理期货市场违法违规情况报告

协会及时对证监会资本市场诚信数据库进行维护,上传协会对期货公司及从业人员的纪律惩戒信息,并按季度从数据库查询各单位提交的关于期货公司、从业人员、投资者等的违法违规信息。今年,协会共整理期货交易所处罚信息22条、证监局行政监管措施信息23条,分别根据情况采取了记入投资者信用风险信息数据库、启动纪律惩戒程序等处理措施。

此外,为了在《创新意见》落实过程中加强期货经营机构及其从业人员的诚信合规意识,牢牢守住职业道德和法律法规底线,保护投资者合法权益,协会发布了《关于进一步加强期货经营机构及其从业人员自律管理的通知》,并向证监会报送了相关报告。

四、加强行业诚信建设,提升行业诚信水平

合规诚信是期货行业的发展之基,诚实信用的行业文化对于期货市场的持续健康发展至关重要。2014年,协会通过加强诚信建设和规范竞争秩序不断强化自律管理,进一步提升了行业诚信水平。

(一)开展行业诚信建设调查研究

年初,协会起草完成了关于进一步推进期货行业诚信建设的调研报告《夯实诚信建设基础,优化期货市场环境》,并在中国金融思想政治工作研究会、中国金融企业文化促进会主办的《金融思想战线》上发表。调研报告通过对期货业诚信建设情况的调查研究,总结了期货行业诚信建设的成功做法和不足,提出了进一步推进期货行业诚信建设的对策建议。

（二）研究建立诚信评估机制

为了推进期货行业诚信建设，优化行业诚信环境，协会根据年初制定的《期货行业诚信建设2014年重点工作计划》，以申诉委员会为基础，组织成立了诚信评价工作小组。工作小组从合规经营、投资者保护、服务实体经济、社会责任、执业道德、公平竞争等方面对诚信评价的原则、范围、方法、框架和指标体系进行了深入探讨，并在此基础上制定了《期货公司诚信评价指标体系（初稿）》，旨在引导期货公司及从业人员树立和践行诚信理念，提升执业操守。

五、积极构建行业调解机制，推进行业纠纷调解工作

纠纷调解机制是协会探索多元化解决纠纷，进一步加强自身基础制度建设的重要内容，有利于公正、及时地调解期货业务纠纷，保障当事人的合法权益。

2014年年初，协会在去年工作的基础上向证监会备案并发布实施了《中国期货业协会调解规则》、《中国期货业协会调解委员会工作办法》、《中国期货业协会调解员守则》、《中国期货业协会调解员聘任管理办法》四个调解规则，初步构建了协会主导、地方协会参与、会员单位配合的期货纠纷行业调解机制。以上述规则为依据，4月，协会组织召开了期货行业纠纷调解工作组会议，就纠纷调解工作机制与工作组成员进行了沟通，并作出了工作安排。10月，经理事会决定，协会调解委员会正式成立。12月，协会召开调解委员会第一次会议，133名同志通过审核，成为协会第一批调解员。同时，协会组织优秀师资力量完成了对全体调解员的第一次培训。

六、加强普法宣传，提高法律意识，保护投资者合法权益

（一）配合证监会开展法制宣传相关工作

2014年2月，协会积极配合证监会完成“全国法制好新闻评奖活动”组织工作，共收集材料18篇，最终筛选出3篇文章参加评奖；8月，协会组织期货公司参与“第十一届全国法制漫画动画微电影作品征集活动”，共收集参评作品36件，其中配图故事作品1件，视频作品6部，漫画作品29件；根据证监会《证券期货业反洗钱宣传方案》和《关于进一步加强和改进打击非法证券期货活动工作有关问题的通知》的工作要求，协会充分利用“12·4法制宣传日”的平台，并与期货行业诚信文化建设紧密结合，积极组织开展期货行业“反洗钱和防范非法期货活动”的宣传与培训。

（二）组织出版投资者保护丛书，利用多种载体全面普法

2014年，协会编写了一套2册投资者保护丛书（《期货导航——基础知识》、《期海护航——保护与维权》）、9册投教品种丛书；发布了《2013年期货市场投资者保护与教育服务工作报告》，启动了“2014年期货投资者保护宣传计划”；同时，组织业内外专业人士进行“期货市场投资者的自律保护”研究，研讨新形势下投资者保护的工作思路。

同时，协会积极利用自身优势不断探索新的普法方式，丰富普法形式、充实普法内容。2014年，协会组织开展“3·15”期货投资者保护宣传统一行动，与中证报合作开展“创新背景下的投资者保护”专题活动，在全行业开展以“远离非法期货，保护自身权益”为主题的“12.4”法制宣传等活动，引导期货市场在保护投资者合法权益的基础上进行制度、产品、技术等市场创新；推出中期协官方认证微信，通过“自媒体”的新方式第一时间向社会公众发布行业最新法律法规、自律规则及其解读，投教信息，经典期货案例等相关普法宣传材料，截至目前共获得6000余人关注。

（三）有效处理投资者投诉，为投资者提供咨询服务

2014年，协会制定了《中国期货业协会投资者投诉举报处理程序》，进一步规范了投资者投诉处理程序，畅通了投诉渠道。全年中，协会通过电话、书信、来访等形式共接收并处理了31起投资者咨询和投诉。在处理过程中，工作人员耐心与投资者沟通，讲解法律法规和行业自律规则，同时协助其与期货公司沟通解决纠纷，或将投诉引导至诉讼、仲裁等纠纷解决渠道，较好地实现了平息纠纷、保护投资者权益的目标。

同时，协会继续积极参与12386热线工作，2014年共计受理30件“12386”投资者热线问题，起到了为投资者答疑解问的作用。

七、其他工作

(一)期货经纪合同审查备案

2014 年,协会共计完成期货经纪合同审查备案 52 件。同时,随着期货市场的发展、监管方式的转变以及期货公司的成长,配合《期货公司监督管理办法》的推出,同时结合协会实际工作情况,协会起草完成了《期货经纪合同备案制度评估报告》,对合同备案制度的取消进行了论证。

(二)投资者信用风险信息备案

协会按照《期货投资者信用风险信息共享管理办法(试行)》及其实施细则的规定,对期货公司提交的投资者信用风险信息进行审查。2014 年,共计审核、收录了 54 条投资者信用风险信息,并在行业内实现共享。

(三)为监管机构提供政策建议

2014 年,协会以回复征求意见、报送专题报告、参加有关座谈会、研讨会等方式,提供了关于《境外交易者从事境内特定品种期货交易管理暂行办法(征求意见稿)》、《关于资本市场支持中国(上海)自由贸易试验区建设的指导意见(征求意见稿)》、《资本市场系统性风险监测预警指标体系》等制度的 40 余份政策建议。

(二)2014 年采取的纪律惩戒决定目录

序号	发文日期	名称	惩戒原因	惩戒种类	惩戒依据
1	2014 年 1 月 24 日	关于对车治远给予纪律惩戒的决定	违规持有期货账户从事期货交易	暂停从业资格 12 个月	《期货从业人员管理办法》第十四条、《期货从业人员执业行为准则(修订)》第十一条、《中国期货业协会纪律惩戒程序(修订)》第二十一条
2	2014 年 3 月 4 日	关于对唐钧给予纪律惩戒的决定	参与配资交易,加大了客户财务风险,扰乱了期货市场秩序,严重破坏了行业声誉、损害了行业根本利益	暂停从业资格 12 个月	《中国期货业协会纪律惩戒程序(修订)》第十八条第(二)项、第二十一条
3	2014 年 3 月 4 日	关于对张军峰给予纪律惩戒的决定	违规接受客户委托代理客户从事期货交易定,情节严重	撤销从业资格并在永久性拒绝受理从业资格申请	《期货从业人员执业行为准则(修订)》第十二条、第四十条,《中国期货业协会纪律惩戒程序(修订)》第二十一条
4	2014 年 4 月 14 日	关于对朱亦林作出纪律惩戒的决定	违规接受客户委托代理从事期货交易,造成了客户较大亏损,情节严重	撤销从业资格并在 3 年内拒绝受理从业资格申请	《期货从业人员执业行为准则(修订)》第十二条、第四十条,《中国期货业协会纪律惩戒程序(修订)》第二十一条

续表

序号	发文日期	名称	惩戒原因	惩戒种类	惩戒依据
5	2014年4月17日	关于对东航期货有限责任公司进行纪律惩戒的决定	以低于成本价收取客户手续费等方式从事不正当竞争行为	公开谴责	《中国期货业协会会员自律公约》第五条、《关于提升服务能力规范行业竞争秩序的实施意见》第三条
6	2014年8月20日	关于对李亮作出纪律惩戒的决定	在客户开户资料中,未真实填写客户电话号码,指使他人冒名接听国都期货客户回访电话,导致客户无法接受公司的回访服务	撤销从业资格并在3年内拒绝受理从业资格申请	《期货从业人员管理办法》第十四条,《期货从业人员执业行为准则》第六条、第七条,《中国期货业协会纪律惩戒程序》第二十一条、第二十五条
7	2014年8月20日	关于对李蔚作出纪律惩戒的决定	在未征得客户同意的情况下,违反公司内控管理规定,伪造客户签名,办理了调低该客户保证金收取标准的相关手续	撤销从业资格并在3年内拒绝受理从业资格申请	《期货从业人员管理办法》第十四条,《期货从业人员执业行为准则》第六条、第七条,《中国期货业协会纪律惩戒程序》第二十一条、第二十五条
8	2014年8月20日	关于对周峰作出纪律惩戒的决定	身为营业部负责人,违规接受客户委托代理客户从事期货交易,且以营业部名义与其中一名客户签订担保协议、加盖营业部公章,给客户及所在公司造成严重损失	撤销从业资格并在永久性拒绝受理从业资格申请	《期货从业人员执业行为准则》第十二、第四十条,《中国期货业协会纪律惩戒程序》第二十一条、第二十五条
9	2014年9月11日	关于对韩冰作出纪律惩戒的决定	任营业部负责人期间,擅用营业部公章、财务专用章为个人负债行为与他人签订还款协议和出具收款收据	撤销从业资格并在永久性拒绝受理从业资格申请	《期货从业人员执业行为准则》第四条、第四十条,《期货公司董事、监事和高级管理人员任职资格管理办法》第四十二条,《中国期货业协会纪律惩戒程序》第二十一条
10	2014年9月11日	关于对杜静作出纪律惩戒的决定	私下接受客户王某委托代理从事期货交易,造成了客户较大亏损	撤销从业资格并在3年内拒绝受理从业资格申请	《期货从业人员执业行为准则(修订)》第十二条、第四十条,《中国期货业协会纪律惩戒程序(修订)》第二十一条

(三)2014年制定、修改的主要自律规则目录

序号	发文日期	文件标题	备注
1	2014年3月12日	中国期货业协会调解规则	制定类
2	2014年3月12日	中国期货业协会调解员守则	制定类
3	2014年3月12日	中国期货业协会调解员聘任管理办法	制定类
4	2014年3月12日	中国期货业协会调解委员会工作办法	制定类
5	2014年8月22日	中国证券期货市场场外衍生品交易主协议(2014年版)及补充协议	制定类(与中国证券业协会、中国证券投资基金业协会共同制定)
6	2014年8月22日	中国证券期货市场场外衍生品交易权益类衍生品定义文件(2014年版)	制定类(与中国证券业协会、中国证券投资基金业协会共同制定)
7	2014年8月26日	期货公司设立子公司开展以风险管理服务为主的业务试点工作指引(修订)	修订类
8	2014年8月27日	期货公司信息技术管理指引(修订)	修订类
9	2014年8月27日	期货公司信息技术管理指引检查细则(修订)	修订类
10	2014年12月4日	期货公司资产管理业务管理规则(试行)	制定类

(中国期货业协会供稿)

十四、中国上市公司协会

(一)2014年法制建设工作综述

2014年,上市公司协会紧密围绕“服务、自律、规范、提高”的办会宗旨,坚持服务为先,加强自律规范,努力推动上市公司科学发展,提高上市公司整体质量,在法制建设方面开展了以下工作,取得良好效果。

一、深入调查研究,充分发挥身份和平台优势,形成多个重要调研成果,为促进企业发展创造良好的法制环境

一是承担中编办“加强和改进市场监管调研”项目。通过实地调研、座谈和发放调查问卷形式,形成《改进市场监管的调研与建议》调研报告。提出的改进商事管理制度、规范市场秩序、改进监管执法、清理监管法律法规、引入

第三方机构等政策建议，在国务院《关于促进市场公平竞争维护市场正常秩序的若干意见》（国发〔2014〕20号）中被充分采纳。

二是开展企业办证难问题的第三方评估。为中编办向社会组织“购买服务”的试点项目，在分类型问卷调查和分区域实地调研的基础上，形成《企业办证难问题第三方评估报告》，切实提出解决办证难问题的政策建议，为中编办出台相关改革措施提供了重要参考。

三是开展上市公司混合所有制调研。经实地走访典型企业和座谈研讨，形成《上市公司发展混合所有制的现状与建议》调研报告，提交证监会后上报国务院，得到国务院领导重要批示。

四是进一步推进企业发展环境第三方评估。在2013年成功发布《中国企业发展环境报告2013》的基础上，研究发布《中国企业发展环境报告2014》。收集、归纳企业发展中遇到的外部困扰，反映企业优化外部发展环境的需求，得到国务院领导和相关部委高度重视。

二、从自律引导的角度出发，积极构建上市公司自律规范体系，取得突破性丰硕成果

一是发布《上市公司独立董事履职指引》。解决了长期以来上市公司独立董事履职缺少全面、详尽指导的难题。此项工作得到证监会充分肯定，肖钢主席亲自为《指引》图书作序。《指引》发布后得到了独立董事及市场各方的关注和好评。

二是发布《中国上市公司治理报告》。以独立董事、监事会、机构投资者、外部审计机构、控股股东、上市公司监管等六项制度建设为着力点，提出我国上市公司治理在治理环境、治理规则、治理实践中存在的问题与困难，对现行的制度安排和监管思路提出了完善意见和建议。庄心一副主席在“序言”中，对上市公司治理的历史、现状和发展趋势作了深刻阐述，为进一步推进公司治理现代化打下了坚实基础。

三是积极推进上市公司履行社会责任建设。在联合国全球契约组织中国峰会期间主办“绿色生态　荒漠治理——我们在行动”分论坛，与深交所共同举办2014“生态文明—阿拉善对话”，发布了《中国上市公司社会责任信息披露研究报告（2014）》，倡导企业关注环境，履行社会责任。

四是启动《上市公司监事会工作指引》研究和编写工作。经实地走访典型公司、分地区、分类型座谈研讨，完成了《指引》（征求意见稿），将在进一步征求相关各方意见后上报证监会审阅。在此过程中完成《上市公司监事会履职状况报告》，对上市公司监事会履职现况及监事会制度十多年的实施效果进行了全面分析和评估，提出进一步完善制度的意见和建议。

五是启动“企业道德合规制度研究”。联合商务部跨国公司研究所，收集、整理国内外相关文献、资料、案例，编译美国道德与合规官协会《企业道德合规手册》，深入企业对相关制度引入中国的重要性、必要性、路径进行调查研究，撰写《企业道德与合规制度简介及其在中国建立的思考》、《由葛兰素事件看我国企业道德合规制度的建立》等系列文章、报告。

三、配合监管部门做好上市公司自律管理和监管工作

一是协助证监会进行资本市场监管转型社会评价。对证监会行政许可事项实施情况进行综合评估，形成《对中国证监会行政许可实施情况的综合评价报告》。并选编形成《部分地方上市公司协会行政许可实施情况评价报告》和《部分上市（拟上市）公司行政许可实施情况独立评价报告》，一并上报。

二是协助证监会上市部进行“上市公司信息披露的投资者需求调查”。对投资者在上市公司信息披露方面的需求、建议进行全面了解，形成《上市公司信息披露投资者需求调研报告》。

三是承担证监会上市公司行业分类工作。继续承担上市公司行业分类的组织实施，及时发布行业类别划分和变更情况，建立行业分类动态维护机制。

四是参与立法、修法工作。参与《证券法》、《上市公司监管条例》、《上市公司收购管理办法》、《上市公司并购管理办法》等法律法规的制定、修订。

五是应邀参与其他监管课题研究。通过召开座谈会，陪同到典型上市公司、派出机构进行调研等形式，参与证监会《资本市场监管体系建设》、《信息披露制度改革》、《退市制度改革》、《优化投资回报机制》、《股权激励制度改

革》、《市值管理战略与路径》、《内部控制状况评估》等多项监管课题的研究。

六是组织编写《中国上市公司年鉴》。召开《中国上市公司年鉴》(2014)编纂工作会议，完成年鉴2014年的全国上市公司数据采集、整理、分析、校对工作，先后有近百家机构、上千人参与编纂工作，目前已经连续出版发行7期。

(二)2014年制定的主要自律规则目录

序号	文件名称	生效时间
1	《上市公司独立董事履职指引》	2014. 9. 12

(中国上市公司协会供稿)

十五、中国证券投资基金业协会

(一)2014年法制建设工作综述

2014年，协会共制定并发布了《私募投资基金管理人登记和基金备案办法(试行)》、《公开募集证券投资基金销售公平竞争行为规范》、《资产支持专项计划备案管理办法》等12项自律规则，发布了《关于基金管理公司设立及相关业务资格申请有关事宜的问答》，起草、修订了《私募基金管理人内部控制指引(草案)》、《基金业从业人员资格管理办法(草案)》、《基金业从业人员资格考试办法(草案)》等17项自律规则草案。

一、积极开展私募基金自律管理

2014年是我国私募基金行业发展历程中具有里程碑意义的一年。根据《基金法》、中央编办对私募股权基金的职责分工和证监会授权，协会启动私募基金登记备案工作，基本摸清行业底数。首次正式将私募证券基金、私募股权基金和风险创投基金等3个行业纳入证监会监管体系。协会1月17日发布《私募投资基金管理人登记和基金备案办法(试行)》，规定私募投资基金管理人登记、基金备案、从业人员管理、信息报送、自律管理等方面的要求，明确了私募投资基金管理人登记和私募基金备案的程序和要求，对私募投资基金业务活动进行自律管理。据统计，境内主要私募证券、股权、创投基金管理人基本完成登记，登记备案工作初步形成市场号召力。截至2014年底，已登记私募基金管理人4955家，管理人登记后新募集备案基金1718只，系统登记备案基金7654只，规模21174亿元，私募基金从业人员85875人。

二、加强自律管理制度建设

(一)制定行业标准和业务规范

根据行业发展需要，发布《基金管理公司及其子公司特定客户资产管理业务电子签名合同操作指引》及数据接口规范，规范了专户业务电子签名合同的操作流程，统一了行业数据接口；发布《证券投资基金国债期货投资会计核算业务细则(试行)》、《中国证券投资基金业协会估值核算工作小组关于2015年1季度固定收益品种的估值处理标准》等行业标准和业务规范；与证券业协会、期货业协会联合发布《中国证券期货市场场外衍生品交易主协议（2014 年版）》及配套文件。

（二）完善基金从业人员管理

一是为规范基金从业人员执业行为，树立从业人员的良好职业形象和维护行业声誉，制定并发布了《基金从业人员执业行为自律准则》。二是为促进形成更加健全的从业人员自律管理体系，拟修订并发布《基金业从业人员资格管理办法（试行）》、《基金业从业人员资格考试办法（试行）》、《基金经理注册登记规则》、《基金从业人员职业道德准则和执业行为规范》、《后续职业培训管理办法（试行）》。

（三）促进行业合规与风险管理

一是为促进基金管理公司强化风险意识，增强风险防范能力，建立全面的风险管理体系，发布了《基金管理公司风险管理指引（试行）》。以《指引》发布为契机，在北京、上海、深圳三地举办了合规与风险管理培训班，对《指引》进行解读，同时配合基金管理公司风险管理实践、基金公司及子公司内控评价、基金法务问题与对策，对基金行业相关业务人员进行了系统的培训。二是发布《公开募集证券投资基金销售公平竞争行为规范》，规范基金公司的商业贿赂与不正当竞争行为。

（四）鼓励行业业务创新

一是推动基金托管机构提供多样化增值服务，出台《基金业务外包服务指引》（试行），支持基金管理人特色化、差异化发展，降低运营成本，提高核心竞争力。二是配合基金机构部出台《基金服务机构管理办法》，组织第三方基金销售机构研究发售以公募基金为投资标的基金产品。三是为贯彻落实中国证监会《关于进一步推进期货经营机构创新发展的意见》，协会发布了《关于期货公司资产管理计划备案相关事项的通知》，明确了期货公司资产管理业务的备案主体、备案内容、审查方式、备案管理机制以及自律措施，指导期货公司做好资产管理计划备案工作。

（五）推动基金管理公司完善公司治理

协会于 2014 年 3 月发布了《关于进一步完善基金管理公司治理相关问题的意见》，并于 2014 年 6 月发布了《关于基金管理公司设立及相关业务资格申请有关事宜的问答》，鼓励各类机构及专业人士申请设立基金管理公司。同时协会正在起草制定《关于促进基金管理公司建立长效激励约束机制的指导意见》，为基金管理公司实施核心人士持股、完善薪酬管理制度等长效激励约束措施提供操作性指引，为行业重视人力资本价值营造良好氛围。

（六）促进资产证券化发展

以《资产支持专项计划备案管理办法》及配套自律规则，全面启动行业自律。一是针对《资产支持专项计划说明书》的内容与格式出具指引，要求凡对投资者投资决策有重大影响的信息，均应披露。二是配套发布《资产证券化业务基础资产负面清单指引》、《资产证券化业务风险控制指引》给出基础资产负面清单，引导管理人做好风险控制。三是配套发布《个人/机构投资者资产支持证券认购协议与风险揭示书》，要求投资人对《说明书》中披露的重要事项逐一确认并签字。四是协会以信息披露真实性、准确性、完整性为核心进行自律管理。管理人充分披露所有对投资者投资决策有重大影响的信息，投资人完整准确获知，自主决策，明确受托人责任和投资人责任边界，真正建立强大的市场信用体系。

三、初步建立自律监察制度

发布《纪律处分实施办法（试行）》，理顺自律案件审理、复议程序，强化社会治理和行业意思自治功能，通过对涉嫌违规会员及从业人员自律案件的审理、复核及处分，维护行业健康发展秩序，推进协会自律管理工作。

借鉴境外先进行业自律管理经验，发布《自律检查规则（试行）》，设计切实可行的自律检查方案和流程，建立行业自律检查制度；制定《投诉处理办法（试行）》，建立投诉处理制度，指派专人负责投诉处理工作，妥善处理投诉案件，维护会员合法权益；发布《投资基金纠纷调解规则（试行）》，建立专业投资基金纠纷调解制度。

四、建立纪律处分工作机制

以“查审分离”为原则，以《纪律处分实施办法》为依据，依托自律监察委员会，会同委员会中监管部门、高校专家以及会员机构代表，严格履行程序。开出私募行业"第一张罚单",撤销深圳吾思基金管理有限公司私募基金管理人登记,对其2名高管做出公开谴责、加入黑名单等纪律处分,初步树立自律监管权威,形成有效震慑。建立纪律处分工作机制,对于触碰行业底线、违反自律规定的机构及相关人员,采取自律管理措施;对于其中涉嫌违法犯罪的线索,向监管部门和司法机关移交,监管措施及自律措施各有所适用,并行不悖,共同规范行业秩序,促进行业健康发展。

五、积极参与政策法规的制定修改

参与《证券法》、《期货法》等法律法规的修订工作,对《公开募集证券投资基金运作指引第1号——商品期货交易型开放式基金指引》等法律文件提出修改建议;召开行业座谈会,组织行业就《公开募集证券投资基金运作管理办法》(征求意见稿)、《私募投资基金监督管理暂行办法》(征求意见稿)等多项证监会规章提出意见、建议,反馈行业意见。

六、深入开展投资者教育

一是连续七年开展个人基金投资者情况调查,共有83家基金管理公司和独立基金销售机构参与,使用调查样本5.6万份,并在今年联合百度理财、余额宝开展对互联网基金投资者的调查,完成并发布《2013年度基金投资者情况调查报告》,为开展投资者保护工作提供科学决策依据。二是拟定新版《证券投资基金投资者教育手册》,分《基金基础知识篇》、《公募基金产品篇》、《私募投资基金篇》三个分册,介绍公募基金产品、投资、交易等内容的同时,兼顾提示私募基金产品风险和销售陷阱。三是联合媒体,多渠道开展投资者教育工作,协会官方微信设立"热点问答"、"基金知识"和"养老面面观"等投资者教育栏目,开设查询功能方便投资者查询名词释义;联合媒体开展投资者教育专题活动,宣传基金行业法规和政策和"基金热点问答"。四是为加强从业人员特别是投研管理人员的教育警示,制作了《利用未公开信息交易违法行为典型案例分析》读本,分基础知识、法律法规、案件概述、比较分析、个案分析、对从业人员的警示等六章,分析了自2007年以来行业利用未开信息交易的违法案件。五是成功召开两次投资者教育与公共关系专业委员会会议,以委员会为平台充分发挥行业经营主体的主导力量,共同开展投资者保护工作。六是落实国务院加强资本市场中小投资者合法权益保护工作的各项工作,全年处理"12386"热线200多条投资者咨询和投诉。

七、持续做好法制培训工作

全年共举办培训班及专家讲坛共65期,参加人数约15213人次。其中,举办了23期《私募投资基金监督管理暂行办法》和《私募投资基金管理人登记和基金备案办法(试行)》培训班、24期各类业务培训班,内容涉及公募基金合规与风险管理、公司治理、财务管理、公募基金产品、中后台运营、沪港通、股指期权、国债期货、养老金、信息技术与安全等各个方面,覆盖全面,紧跟行业发展形势。境外培训资源方面,邀请国际知名专家举办18期专家讲坛,内容涉及私募股权投资、基金外包、量化投资、企业治理、风险管理、养老金发展等。

(二)2014年采取的纪律措施决定目录

1. 纪律处分决定书(深圳吾思基金管理有限公司、李志刚、周建国)(中基协字〔2014〕143号,2014-12-2)

(三)2014年度制定、修改的主要自律规则目录

制定类:

1. 关于发布《私募投资基金管理人登记和基金备案办法(试行)》的通知(中基协发〔2014〕1号,2014-1-17)

2. 关于发布《关于进一步完善基金管理公司治理相关问题的意见》的通知(中基协发〔2014〕7号,2014-3-10)

3. 关于发布《证券投资基金国债期货投资会计核算业务细则(试行)》的通知(中基协发〔2014〕9号,2014-3-14)

4. 关于发布《基金管理公司风险管理指引(试行)》的通知(中基协发〔2014〕11号,2014-6-24)

5. 关于发布《基金管理公司及其子公司特定客户资产管理业务电子签名合同操作指引(试行草案)》的通知(中基协发〔2014〕16号,2014-7-7)

6. 关于发布《公开募集证券投资基金销售公平竞争行为规范》的通知(中基协发〔2014〕19号,2014-8-19)

7. 关于发布《中国证券投资基金业协会估值核算工作小组关于2015年1季度固定收益品种的估值处理标准》的通知(中基协发〔2014〕24号,2014-11-13)

8. 关于发布《基金业务外包服务指引(试行)》的通知(中基协发〔2014〕25号,2014-11-24)

9. 关于发布《中国证券投资基金业协会纪律处分实施办法(试行)》、《中国证券投资基金业协会自律检查规则(试行)》、《中国证券投资基金业协会投诉处理办法(试行)》、《中国证券投资基金业协会证券投资基金纠纷调解规则(试行)》的通知(中基协发〔2014〕23号,2014-9-4)

10. 关于发布《基金从业人员执业行为自律准则》的通知(中基协发〔2014〕26号,2014-12-16)

11. 关于发布《资产支持专项计划备案管理办法》及配套规则的通知(中基协函〔2014〕459号,2014-12-24)

修订类:

12. 与证券业协会、期货业协会共同发布《中国证券期货市场场外衍生品交易主协议(2014年版)》及《中国证券期货市场场外衍生品交易权益类衍生品定义文件(2014年版)》(中期协字〔2014〕68号,2014-8-22)

(中国证券投资基金业协会供稿)

第七部分　监管专题

北京证监局践行机构监管转型专项报告

2014年,北京证监局(以下简称"北京局")立足辖区监管实际,转变工作思路,研判工作难点,调整工作重心,强调服务与监管并重,倡导公司自治与行业自律并行,通过加强事中事后监管与动态监测监控,充分发挥了派出机构一线监管的前沿作用,确保了北京辖区市场放而不乱、活而有序,在推行"简政放权",推动证券公司创新发展,探索机构监管转型过程摸索了一些实践做法。

一、推动诚信为本、自我完善,以透明化的监管模式引导辖区营业部诚信守法

随着辖区证券公司营业部数量的日渐增多,营业部经理的变动频繁,为有效解决监管资源严重不足的矛盾,北京局积极探索将监管要求和监管标准公示化的透明监管模式,力求通过透明化的监管来引导辖区营业部自查自纠、自我完善,以此提升辖区营业部的自我规范合规和自我诚实守信的意识。北京局主要采取的措施包括:

一是明示标准,推行营业部分类评价。围绕营业部内控建设、业务开展合规性和投资者保护三方面监管内容,北京局有针对性地整理了对营业部的监管要求和监管标准,并汇总成87条监管评价指标,形成了《北京辖区证券营业部监管分类评价办法》。要求辖区营业部按照"自我评价,诚信为本"的原则,对照评价指标开展自评工作。

二是现场检查,警示不诚信行为。针对营业部自评结果,北京局逐一审阅核验,并有针对性对42家自评结果为"满分"的营业部开展现场检查,着重核验公司自评态度及诚信水平,以此来警示个别营业部的不诚信行为,并对故意掩盖问题的营业部采取了相应监管措施。

三是及时通报,防范违规行为重复发生。为有效防范系统性风险,今年北京局针对代销金融产品、两融纠纷、信访投诉、投顾风险等营业部存在的问题,及时组织了两期营业部总经理的系列培训,从政策解读、情况通报、案例分析、监管架构、信访处置等多方面对营业部经理进行宣讲培训,以此强化和提升了营业部总经理的合规意识。同时,北京局将现场检查和行业存在的共性问题及时进行书面通报,以此防范同类问题的再次发生。

四是强化学习,不断提升合规意识。随着营业部经理不断变更,为有效提升守法合规意识,北京局自行编制了营业部经理应知应会的法律法规并予以公示,要求营业部经理尤其新任职人员系统学习,熟知业务开展中的相关法律法规。

二、优化现场检查、非现场监管,实施严谨、高效的日常监管

一是以风险为导向有针对性开展现场检查。按照机构部的统一部署,完成对辖区公司全面资产管理业务、港股通业务准备情况的现场检查;配合机构部完成对中信证券、招商证券、平安证券、东莞证券的专项直检工作;完成华林证券的迁址移交及全面现场检查,督促公司完善治理结构,完成整改要求;对涉及证券经营机构违法违规线索的投诉事项每件必查。

二是多渠道强化非现场职责。通过优化备案审阅工作流程、年报信息披露审核、月度经营数据分析、合规总监季度报告报告机制、编制持续监管记录,多渠道、多维度了解公司经营及风险状况,健全监管档案,提高非现场检查的分析和风险预判能力。

三是督导证券公司完成机构部部署的重点工作。督促证券公司建立全面管理制度，完善流动性风险管理；加强对客户交易结算资金的管理；建立资本补足机制。

四是强化事后问责。根据日常监管的情况，按照统一的监管标准和原则，对辖区2家证券公司采取行政监管措施、1家证券公司出具监管提示函。

三、强化行业自律、公司自治，搭建行业创新发展、合规经营的交流平台

北京证券业协会现有会员398家。为有效发挥行业自律和公司自治功能，不断提升辖区证券经营机构的行业地位，北京局积极指导协会搭建会员沟通和交流平台，为会员单位各业务条线业务人员提供交流学习的空间。今年以来，协会已经成立了合规总监、资产管理、经纪业务和营业部自律等4个专业委员会。经纪业务委员会对互联网金融环境下证券公司经纪业务转型、修订转融通办法进行了讨论；资产管理业务委员会开展了辖区资产管理业务开展情况的调研；合规总监专业委员会讨论了证券公司内控指引、程序化交易自律管理指引，并赴大连商品期货交易所进行了个股期权业务培训；营业部自律委员会就辖区保护投资者权益、加强佣金管理出台了自律公约并会签了《承诺书》。通过搭建协会各专业委员会平台，对促进辖区证券经营机构的创新合规发展、维护公平和谐的竞争环境、增强自我规范、自我诚信、合规守法意识起到了积极作用。

四、推进监管服务、监管交流，构建共赢、开放、有序互动的监管格局

一是系统梳理机构监管备案事项指引对辖区公示。根据最近机构监管法律法规，梳理证券机构需备案报告事项，明确每项报备事项的法律依据、备案时限、内容、审阅时限、出具文件，指导证券机构严格履行备案义务，规范监管人员严守审阅职责。

二是公示《投资者投诉流程》，疏导投诉处理渠道。清晰告知投资者营业部从业人员禁止行为和有效解决投资者诉求的投诉渠道，以利投资者从速“就地”解决各类诉求。

三是做好普法宣传，编制证券机构法规汇编。北京局系统梳理了截至2013年年底最新的证券经营机构所涉及的法律法规，并编印出版了《证券公司监管法律法规汇编》，以此为证券经营机构提供了守法合规经营的工具指南。

四是优势互补，完善派出机构监管合作机制。本着“加强联系，相互协作，信息共享”原则，北京局在与上海证监局建立监管合作的基础上，今年又与深圳、广东证监局建立了监管写协作，初步实现整合资源、经验交流、信息共通，检查互帮机制。2014年7月，北京局在深圳证监局协助下完成了对华林证券的监管移交工作。

五、研判预警体系、风险指标，积极提高对机构风险的应对能力

一是研究财务预警指标体系。为强化风险监测和预警，密切关注行业出现的新情况新问题，北京局借鉴香港证监会非现场检查监管经验，正在研究建立适用国内证券公司的财务预警指标体系，拟通过标准统一的指标监测，规范和完善非现场审阅工作流程，进而实现监管资源的有效利用，最终达到客观公正评价证券公司财务风险状况和防范区域性、系统性风险的目标。

二是发布监管通报进行风险提示。今年，针对日常监管发现部分证券机构的中小企业私募债违约问题、代销金融产品问题，北京局坚持“个案跟进、风险研判、重点督导、及时报告”的原则，以风险为导向，由点及面，对风险业务的重点环节和关键流程进行梳理，向辖区公司通报情况、提示风险、部署监管措施、重申监管要求，有效降低和防范了由个案风险持续蔓延、扩大引发的区域性风险。

三是加强对风险事项的应急处置。2014年，北京局坚守底线思维，妥善化解重大风险隐患，对辖区中信建投承销的超日债违约事件、信达证券博瑞格债违约事件、瑞银证券314信息系统事件、民族证券与方正证券重组事件等重大风险事件，启动应急机制，履行报告义务，排查风险隐患，督促公司平稳解决风险事件。

六、加强理论学习、调查研究，发挥派出机构一线监管的前沿作用

一是拓宽国际化视野，提高监管干部专业水平。持续组织开展“创新背景下的机构监管系列讲座”，本年度北京局先后邀请了国内外

知名投行、香港证监会等国内外专家分别就境外监管、创新业务等做了专题讲座,通过案例及讨论,拓宽了一线监管人员的国际视野,提高对创新业务及产品的知识储备。

二是以风险为导向进行专项调研。北京局及时总结行业及辖区机构监管的新情况、新问题,提出应对建议及措施,为机构部的行业宏观监管提供政策依据,发挥一线监管前沿作用。2014年4月辖区信达证券承销的山东博瑞格生物资源制品有限公司2013年中小企业私募债无法按期支付利息后,北京局系统排查辖区证券公司所承销的中小企业私募债债券偿债风险;在辖区一家营业部出现"飞单"现象后,北京局及时对辖区证券机构代销金融产品情况进行了调研,从销售产品的规模、类型、投向、发行人、参与人和风险情况等方面进行了统计分析并部署措施。

三是开展证券公司流动性风险管理研究。随着证券公司创新业务的发展,流动性管理管理成为证券公司面对的新课题,北京局联合德勤会计师事务所、中央财经大学、证券公司成立课题组,从流动性风险识别、计量、处理、报告等方面展开研究,为提升行业整体流动性管理水平提供业务指南及最佳实践。

四是对行业发展的前瞻性问题提供政策建议。结合辖区证券机构经纪业务发展和转型的现状,提出经纪业务转型的政策建议,完成了经纪业务转型发展的调研报告;对辖区合资证券公司业务开展情况进行了专项调研和思考,完成了证券公司对外开放的专项调研报告。

随着证券行业创新发展的不断深入,北京局的机构监管工作将继续沿着监管转型的道路不断探索,不断创新,切实履行好"两维护、一促进"的核心职责,为维护资本市场的健康发展和首都社会安全稳定做出应有贡献。

(北京证监局供稿)

天津证监局关于完善证监会行政监管措施的报告

行政监管措施是证监会基于矫正不法行为、防范风险的蔓延与危害后果的扩散而对市场主体采用的一种快速反应手段。由于时效性强、针对性突出,行政监管措施在日常监管中发挥了重要作用。但随着资本市场改革发展的形势变化和新情况、新问题的不断涌现,特别是监管理念、监管模式和监管方法的革新和转变,现行行政监管措施制度体系存在的实体与程序脱节、适用法律起点过高、威慑力不足等问题日益凸显,已不能很好地适应监管转型的需要。为此,天津局进行了专题研究,以2010年初至2013年底证监会系统36个派出机构在上市公司监管过程中采取的行政监管措施情况为样本,讨论分析了目前行政监管措施制度存在的问题和主要原因,并结合监管转型的要求提出了进一步的完善建议,供参考。

一、现行行政监管措施情况

(一)概况

现行行政监管措施制度体系由实体和程序两方面构成。实体方面设定了措施的具体适用情形和实施主体等,包括《证券法》、《证券投资基金法》等法律法规以及《上市公司信息披露管理办法》、《上市公司收购管理办法》等证监会部门规章。程序方面,证监会在2008年制定了《证券期货市场监督管理措施实施办法(试行)》(以下简称《实施办法》),以规范性文件的形式统一设定了行政监管措施的种类,对其实施程序作了明确规范。2009年证监会出台了《关于印发监督管理措施格式文书的通知》,进一步统一了监管措施的格式文书。

(二)特点

一是措施种类较多。证监会现有18类行政监管措施,其中涉及上市公司的有责令改正、监管谈话、出具警示函、责令公开说明、责令参加培训、认定为不适当人选、责令定期报告、暂不受理与行政许可有关的文件等8类。二是设定依据广泛。上述8类涉及上市公司的行政监管措施由证监会制定的不同部门规章予以设定,其余10类源于相关法律、行政法规的规定。

三是实体与程序相分离。通过制定单独的《实施办法》对散落于不同法律法规和部门规章的措施实施程序进行统一规定，导致调整同一对象的实体性法律与程序性规范相分离。四是适用条件严格。无论是构成要件的认定还是具体实施的步骤，现行行政监管措施都有一套十分严格的制度规定。

（三）效果

作为行政许可、行政处罚等措施的重要补充形式，行政监管措施在日常监管中发挥了重要作用。一是维护了日常监管的统一性。对于派出机构而言，行政监管措施是日常监管特别是上市公司日常监管的重要方式和手段。现行制度体系对其适用标准和使用程序的明文规定，极大地减少了各地日常监管的随意性，对依法行政起到了很好的促进作用。二是提升了风险处置的及时性。无论是制度设计的初衷，还是具体实施的效果，行政监管措施都体现出快速反应、及时矫正、迅速抑制的特点，而风险的有效遏制和违法违规的定点打击对维护市场健康稳定、保护投资者合法权益意义重大。三是切实增强了监管的威慑力。行政监管措施不仅对市场主体一时的个案行为进行惩处、警戒，还通过记入诚信档案等方式，加大了违规成本，有效拓展了威慑力，同时也在一定范围内起到了警示教育的作用。

随着资本市场改革发展的形势变化和新情况、新问题的层出不穷，行政监管措施也面临覆盖面过窄、威慑力下降等考验，为适应监管转型对加强事中事后监管、强化监管执法的要求，仍需进一步改进和完善。

二、实施中存在的主要问题和原因分析

（一）实施总体情况分析（以上市公司监管为样本）

因《实施办法》于2009年3月1日起施行，本文从证监会证券期货市场诚信档案中选取了2010年初至2013年底全部36个派出机构在上市公司监管过程中采取的行政监管措施作为讨论对象，以期总结规律，探究存在的问题。

从各辖区采取的行政监管措施数量看，虽然不排除个别派出机构采取的行政监管措施没有录入诚信档案的情形，各地上市公司家数差别也较大，但从分析中还是可以看出，各辖区上市公司家数与监管措施次数之间并不存在严格的对应关系，各地对行政监管措施的使用频率明显不一致，对监管措施的重视程度、对违规行为的惩戒尺度并不统一。具体如下：

排序	实施辖区	A股上市公司家数	实施次数	排序	实施辖区	A股上市公司家数	实施次数
1	福建	59	63	19	浙江	203	16
2	山东	131	59	20	辽宁	41	15
3	湖南	73	48	21	安徽	77	15
4	河南	66	44	22	海南	26	14
5	广东	181	44	23	广西	30	14
6	北京	219	42	24	新疆	39	12
7	上海	196	41	25	厦门	28	11
8	吉林	38	31	26	青海	10	11
9	四川	90	31	27	甘肃	25	10
10	江西	32	28	28	内蒙古	24	9
11	江苏	233	28	29	宁夏	12	8
12	黑龙江	31	28	30	河北	47	7
13	重庆	36	21	31	大连	25	6
14	深圳	183	20	32	青岛	19	4
15	湖北	82	19	33	西藏	10	4
16	天津	38	17	34	山西	34	1
17	陕西	39	17	35	贵州	21	0
18	宁波	43	16	36	云南	28	0

从实施种类看,《实施办法》明确的18类行政监管措施中,有8类监管措施涉及上市公司监管。2010年-2013年36个派出机构共采取754项行政监管措施,其中责令改正、出具警示函和监管谈话次数最多,责令定期报告为零。具体如下:

	责令改正	出具警示函	监管谈话	责令公开说明	责令参加培训	认定为不适当人选
次数	316	244	148	29	10	7
占比	41.91%	32.36%	19.63%	3.85%	1.33%	0.93%

从针对的违规问题上看,共涉及984个问题,主要针对信息披露、公司治理、财务会计方面的违规事项,内控规范、违规买卖股票、拒不配合检查等实施较少。具体如下:

	信息披露	公司治理	财务会计	内控建设	关联交易	违规买卖股票	拒不配合检查
次数	380	228	219	89	43	19	6
占比	38.62%	23.17%	22.26%	9.04%	4.57%	1.93%	0.61%

从监管措施的实施对象上看,共涉及市场主体765个,其中针对上市公司自身、上市公司董监高次数最多,其余次数较少。具体如下:

	公司自身	公司董监高	中介机构	公司控股股东或实际控制人	公司股东及关联方	其他
次数	539	114	60	28	18	6
占比	70.5%	14.9%	7.8%	3.7%	2.4%	0.8%

(二)存在的主要问题和原因分析

一是行政监管措施威慑力不足。出具警示函、监管谈话等措施,多以警示、告诫为目的,不涉及市场主体实体权利义务,实际效果虽有但不强。而实践中广泛采用的责令改正等措施,由于缺乏配套的强制力保障,效果也不尽理想。需要指出的是,《实施办法》虽然明确了行政监管措施公开的原则性程序,但是公开的范围、条件等缺乏具体标准,这也是造成威慑力不佳的原因之一。

二是覆盖面较窄的问题日益凸显。由于设定措施的实体规定如《证券法》、《上市公司收购管理办法》等没有及时修订,《上市公司监管条例》尚未出台,导致日常监管中遇到的很多新情况、新问题并没有相对应的行政监管措施予以规制,客观上产生了监管不能的尴尬局面。比如针对实体法中无明确措施依据的"三会"规范运作、独立董事履职等,各派出机构较为广泛地采用有别于行政监管措施的日常监管手段。

三是监管措施缺乏明确的标准。部分行政监管措施的认定既缺乏明确标准,更没有量化的指标,导致适用时需要多方沟通、慎之又慎。以天津辖区2013年延宕多时的中环股份第三大股东违规减持所持上市公司股票的监管实践为例,由于《上市公司收购管理办法》对股东违规减持违法行为缺乏明确的规定,天津局同证监会上市部、交易所多次沟通、研究、会商,最终在证监会上市部指导下对违规减持的责任主体采取了出具警示函的行政监管措施。监管措施标准的不完善,已经不适应监管转型和快速反应的现实需要。

四是选择性执法现象时有发生。由于实体与程序相脱节,行政监管措施设定依据、制度标准门槛很高,但《实施办法》作为规范监管者的程序性规定,本身仅是规范性文件,位阶过低。实体与程序的脱节,容易造成选择性执法现象的出现,引发了法律义务与法律责任不匹配的现实问题。

三、各派出机构存在的日常监管手段

日常监管特别是上市公司监管中,各派出机构还出现了大量的诸如监管关注函、监管意见函、通报批评函等监管手段,这些日常监管手段产生的原因主要有以下几点：一是弥补监管空白。证监会在《关于印发〈证券期货市场监督管理措施实施办法（试行）〉的通知》（证监发〔2008〕158 号）中规定，采取其他监督管理措施可以参照《实施办法》的程序，这说明现行 18 类行政监管措施的种类还有完善空间。现行监管措施制度体系存在的空白模糊地带，可能导致部分违法违规行为或风险隐患面临无法可依、无规可制的局面。以短线交易行为为例，根据《证券法》第四十七条、第一百九十五条的规定，对短线交易应给予警告，并可并处罚款。但证监会于 2010 年 8 月在《证监会对短线交易的处理措施是什么》一文中以问题解答的形式进一步细化了对此类行为的监管标准，对于金额较小、无主观故意的短线交易，由证监局、交易所实施相应的行政监管和自律监管措施。然而，现行行政监管措施制度体系并没有涵盖短线交易行为，采取行政监管措施的法律依据不足，日常监管手段作为行政监管措施的变通补充形式，就应运而生。二是追求快速反应。行政监管措施程序严格，适用时需要反复研究，甚至需要多部门多次会商，时效性难免不足。而日常监管手段不涉及市场主体的实体权利义务，主要以提醒、警示为主，具有快速、灵活等特点，能及时传递监管意图。在等待行政监管措施的过程中，各地往往先以日常监管手段作为控制风险的一种方式。三是基于自我免责。由于行政监管措施的设定依据至少在部门规章以上，出于依法行政的考虑，各地派出机构在运用时十分谨慎。以股价异动等行为为例，相关核查并不属于派出机构的监管权限，出于辖区监管责任制的考核体系和免责的考虑，就把日常监管手段作为实现监管到位的一种表现形式。

从实践上看，日常监管手段在警示违法违规行为、快速制止风险等方面确实发挥了一定作用，但由于没有明确的法律法规和规章授权，存在执法风险。此外，由于缺乏统一规定，导致日常监管手段形式各异、名目繁多，随意性较强，不利于监管的严肃性和威慑力。随着行政监管措施制度体系的完善，日常监管手段的目的和作用将不复存在，从而丧失存在的必要性。

四、完善行政监管措施的建议

结合监管实践和监管转型的要求，建议从以下方面进一步完善行政监管措施：

一是整合实体性依据和程序性规定，制定统一的行政监管措施实施规定。截至目前，《实施办法》已经试行了 5 年，修改完善的主客观条件已经具备。建议及时总结梳理监管实践中存在的违法违规行为，固化实践中比较成熟的做法，制定一个有实体、也有程序的行政监管措施法律规范，并上升至部门规章及以上层级。

二是降低行政监管措施门槛，扩大应用范围。以上市公司监管为例，适应全程监管、强化事中事后监管的需要，对财务信息披露错误、资金占用达一定比例、隐瞒重大关联交易达一定比例、承诺事项不履行、违规担保、短线交易、中介机构未勤勉尽责等，建议明确行政监管措施的种类，降低实施门槛，扩大适用范围，量化指标，便于对照施行。在此基础上，明令取消日常监管手段，吸收、消化于行政监管措施之中，增强监管的统一性、权威性、有效性。

三是整合行政监管措施种类，体现功能监管。按照功能监管的理念，将证券期货监管执法程序与实体性认定标准相统一，纠正实践中存在的相同性质行为、不同监管标准的问题，同时做加法和减法。一方面，精简行政监管措施种类，对实践中相同的、无实质区别的措施种类予以合并，对有些已不适应现实监管需求、使用较少的措施种类予以完善。另一方面，把“责令公开说明”升级为“责令公开披露”，调整范围由对信息披露前后矛盾、违背承诺、失信等扩大至公司治理、三会运作等市场主体信息披露的各个方面，把问题公开于阳光下，交由市场和投资者判断。

四是理顺行政监管措施与行政许可的关系，提高监管威慑力。实际上，从上市公司行政监管措施的种类和功能看，绝大部分监管措施并不直接对市场主体的实体权利义务构成影响。即使被采取行政监管措施，也只是记入诚信档案，对违法违规当事人约束力较弱。建议理顺行政监管措施与行政许可之间的关系，明确对于被采取行政监管措施未整改完毕、风险事项未消除或者累计达到一定次数的，设置相应的行政许可禁止期，以提高行政监管措施的威慑力。

附件

2010年－2013年各地证监局行政监管措施实施情况统计表

序号	实施辖区	2013年底A股上市公司家数	实施次数	平均每家上市公司实施次数	实施对象						行政监管措施的种类						违规问题						
					上市公司自身	上市公司董监高	上市公司控股股东或实际控制人	上市公司股东及关联方	中介机构	其他	责令改正	监管谈话	出具警示函	责令公开说明	责令参加培训	认定为不适当人选	公司治理	信息披露	内控建设	关联交易决策及披露	财务会计	违规买卖股票	拒不配合检查的
1	福建	59	63	1.07	52	0	0	2	9	0	22	24	17	0	0	0	15	15	14	5	11	3	0
2	山东	131	59	0.45	32	21	3	0	7	1	28	7	22	0	0	2	22	21	5	4	30	3	5
3	湖南	73	48	0.66	34	4	2	0	6	2	26	17	3	2	0	0	31	16	9	1	20	0	0
4	河南	66	44	0.67	45	4	0	0	1	0	26	8	7	3	0	0	32	29	9	1	17	0	0
5	广东	181	44	0.24	23	7	6	3	2	0	11	1	24	7	1	0	2	27	2	4	4	3	0
6	北京	219	42	0.19	31	7	0	1	3	0	11	10	20	0	1	0	17	13	2	0	19	4	0
7	上海	196	41	0.21	34	3	1	3	1	0	18	1	21	1	0	0	8	35	0	0	5	0	0
8	吉林	38	31	0.82	22	4	1	0	4	0	14	1	11	1	4	0	19	16	12	0	18	0	0
9	四川	90	31	0.34	22	4	1	1	3	0	15	2	13	0	1	0	2	16	2	2	9	0	0
10	江西	32	28	0.88	24	1	0	0	4	0	20	4	4	0	0	0	20	6	7	0	9	1	0
11	江苏	233	28	0.12	20	6	0	1	1	2	12	6	10	0	0	0	6	25	2	1	0	0	0
12	黑龙江	31	28	0.9	23	4	1	0	0	0	19	0	5	2	1	1	14	17	4	0	12	0	0
13	重庆	36	21	0.58	18	1	0	0	2	0	7	10	4	0	0	0	2	7	2	3	7	0	0
14	深圳	183	20	0.11	8	3	2	0	7	0	11	2	7	0	0	0	2	4	3	2	9	0	0
15	湖北	82	19	0.23	13	3	2	0	1	0	2	8	7	0	0	2	2	15	1	3	1	0	0
16	天津	38	17	0.45	10	3	0	4	0	0	5	3	5	4	0	0	5	11	0	0	1	0	0
17	陕西	39	17	0.44	10	7	0	0	0	0	5	5	6	1	0	0	1	9	0	3	4	0	0
18	宁波	43	16	0.37	12	3	1	0	0	0	6	3	7	0	0	0	1	14	1	2	0	0	0
19	浙江	203	16	0.08	8	4	4	0	0	0	7	6	3	0	0	0	1	8	0	5	3	0	0
20	辽宁	41	15	0.37	15	0	0	0	0	0	3	2	6	4	0	0	7	6	2	1	6	0	0
21	安徽	77	15	0.19	10	4	0	0	0	1	6	2	6	0	0	1	3	11	1	0	4	1	0
22	海南	26	14	0.54	10	4	0	1	0	0	2	5	7	0	0	0	1	6	1	0	6	0	1

续表

序号	实施辖区	2013年底A股上市公司家数	实施次数	平均每家上市公司实施次数	实施对象						行政监管措施的种类						违规问题						
					上市公司自身	上市公司董监高	上市公司控股股东或实际控制人	上市公司股东及关联方	中介机构	其他	责令改正	监管谈话	出具警示函	责令公开说明	责令参加培训	认定为不适当人选	公司治理	信息披露	内控建设	关联交易决策及披露	财务会计	违规买卖股票	拒不配合检查的
23	广西	30	14	0.47	11	1	1	0	1	0	8	3	3	0	0	0	2	5	3	0	3	1	0
24	新疆	39	12	0.31	9	2	0	0	1	0	3	5	4	0	0	0	0	10	0	0	2	0	0
25	厦门	28	11	0.39	7	0	1	0	4	0	7	0	4	0	0	0	0	2	2	3	4	0	0
26	青海	10	11	1.1	4	5	0	0	2	0	0	5	5	0	0	1	0	7	0	0	4	0	0
27	甘肃	25	10	0.4	5	2	1	2	0	0	0	1	7	0	2	0	2	6	0	2	0	0	0
28	内蒙古	24	9	0.38	5	1	0	0	0	0	6	0	0	3	0	0	3	4	0	0	3	0	0
29	宁夏	12	8	0.67	5	3	0	0	0	0	0	5	3	0	0	0	0	7	1	0	0	0	0
30	河北	47	7	0.15	6	0	1	0	0	0	4	1	2	0	0	0	2	5	0	0	3	1	0
31	大连	25	6	0.24	4	2	0	0	0	0	5	1	0	0	0	0	3	1	1	1	2	2	0
32	青岛	19	4	0.21	3	0	0	0	1	0	4	0	0	0	0	0	2	2	1	0	1	0	0
33	西藏	10	4	0.4	3	1	0	0	0	0	2	0	1	1	0	0	0	3	1	0	1	0	0
34	山西	34	1	0.03	1	0	0	0	0	0	1	0	0	0	0	0	1	1	1	0	1	0	0
35	贵州	21	0	0	0	0	0	0	0	0	0	0	0	0	0	0	0	0	0	0	0	0	0
36	云南	28	0	0	0	0	0	0	0	0	0	0	0	0	0	0	0	0	0	0	0	0	0
总计		2469	754	0.31	539	114	28	18	60	6	316	148	244	29	10	7	228	380	89	43	219	19	6

（天津证监局供稿）

天津证监局关于派出机构自立案件查处情况的分析报告

行政处罚权全面下放后,多个派出机构开展了自立案件的办理,并作出了行政处罚。现对2014年上半年派出机构作出的行政处罚和由派出机构移送公安的案件进行分析。

一、派出机构2014年上半年自立案件查处基本情况

(一)总体情况

通过查询证券期货市场诚信档案,并向相关派出机构调研后了解到,2014年上半年派出机构作出行政处罚的有11家,将案件移送公安的有1家。

(二)线索来源、案件类型的分布特点

2014年上半年派出机构查处案件的类型和线索来源类型分布情况如下图所示:

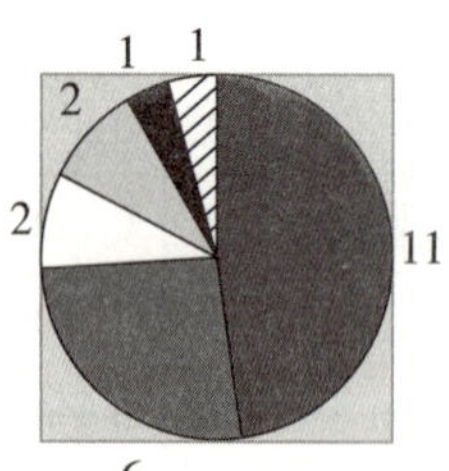

图1:派出机构2014年上半年查处案件类型分布图

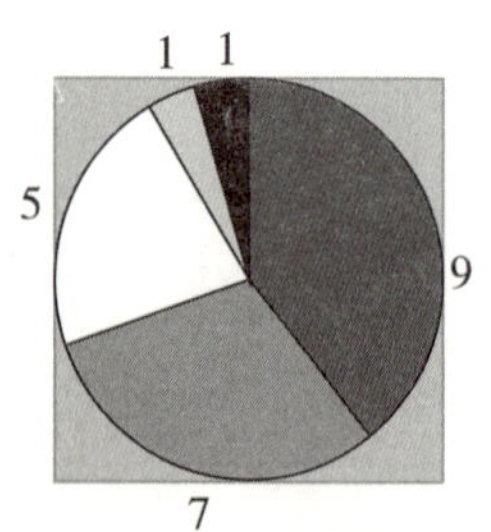

图2:派出机构2014年上半年查处案件线索来源分布图

二、派出机构2014年上半年案件查处特点

(一)作出行政处罚的派出机构明显增多

行政处罚权下放前,仅3家试点派出机构有行政处罚权。中国证监会在2013年全面授予各派出机构行政处罚权,从2013年10月1日起,各派出机构均有权开展行政处罚工作。截止到目前,作出行政处罚的派出机构数量明显增多,2014年以来,共计11家派出机构作出行政处罚。

(二)查处案件类型以信披案件和内幕交易案为主

在案件类型上,派出机构上半年查处的案件以信息披露违法违规案件和内幕交易案件为主。信息披露违法违规案件主要有两大类:一类为上市公司信息披露违法违规,如未按规定披露重要事项、披露存在误导性陈述等,共7件;另一类为其他信息披露义务人未按规定披露信息,主要体现为投资者交易上市公司股票比例达到信息披露情形,未履行报告和披露义务,共4件。除信披案件外,内幕交易案件占比也较高,达到了26%。

(三)案件线索来源以外部为主,违法违规线索发现渠道呈多样化态势

派出机构2014年上半年查处的案件中,有11个案件原为证监会稽查局交办,其中9个案件来源为交易所,2个案件来源为证监会收到信访举报。自主发现线索的派出机构共9家,案件共12件,主要来源为日常监管部门的移送,举报投诉也是派出机构直接开展调查的重要线索,除此之外,关注媒体报道和网上舆情也是派出机构发现线索的来源。总体来看,派出机构查处案件线索来源呈现多样化态势。

(四)交办转自办已在多个派出机构开展

《关于将交办案件转自办相关问题的通知》(稽查局函〔2013〕856号)下发后,多个派

出机构将证监会稽查局交办的案件转为自办案件,并进行了审理和处罚。2014年上半年,有11个交办案件转为派出机构自办案件,占到所有处罚案件的50%,说明交办转自办已在多个派出机构开展。近期下发的《关于进一步做好立案、复核等有关工作的通知》(稽查局函〔2014〕380号)也明确仅指定调查案件移交证监会处罚委审理。

三、关于派出机构自办案件查处的建议

随着行政处罚权下放以及证监会的监管转型,派出机构被赋予了更多的权限和更大的自主性,要在一线稽查工作上发挥更重要的作用,现对天津局自办案件查处提出如下建议:

(一)要充分做好自立、自罚的准备

行政处罚权下放前,交办案件的立案需要提请证监会稽查局批准,如需处罚要移交证监会处罚委。但根据稽查局最新通知(稽查局函〔2014〕380号),派出机构初步调查需要转立案的,不再报稽查局批准,直接办理立案手续;同时,交办转自办已成为常态,除指定调查案件外,交办案件通常会转为派出机构自办案件,由派出机构进行复核并审理处罚。因此,要及时转变理念,做好自立、自罚的准备。天津局在稽查提前介入、立案、复核、审理等方面已经建立了相对完整的制度体系,下一步就是要着眼于实际,主动发现、利用各类线索,通过办理具体案件逐渐形成完备的流程和成熟的做法。

(二)要加强稽查执法部门与日常监管部门的联动,严厉打击监管对象违法违规行为

派出机构自主发现的线索中占比最高的线索来源于日常监管部门的移送,说明日常监管是发现违法违规行为的重要渠道。目前,天津局已建立了稽查提前介入的制度,要进一步加强稽查执法部门与日常监管部门的联动和配合,充分发挥稽查执法部门提前介入的作用,及时查处违法违规线索;在办理监管对象违法违规案件时,也可派日常监管部门人员加入,使日常监管部门对相关的违法违规能重点关注,一旦发现线索及时移送稽查部门。

(三)妥善应对举报投诉,保护投资者合法权益

除日常监管部门移送外,举报投诉也是派出机构案件的重要来源。《证券期货违法违规行为举报工作暂行规定》对外发布后,证监会开通了电话、网络、信件、来访等多种举报途径,举报奖励制度开始实行,因举报投诉开展调查的案件可能会越来越多。这就需要派出机构建立完善的举报处理的流程和机制,妥善应对各类举报投诉,重视举报人提供的线索,一旦发现涉嫌违法违规,及时开展调查,打击证券期货违法违规行为,保护投资者合法权益。

(四)主动关注舆情信息,及时开展核查、调查

派出机构2014上半年查处的案件中,个别案件最初线索来源为媒体报道或网上舆情,日常监管部门或稽查部门关注后开展核查、调查,最终发现了违法违规行为并给予了处罚。互联网目前已经得到十分广泛的应用,媒体报道也发挥了重要的社会监督作用,因此派出机构日常监管部门、稽查执法部门要主动关注网上舆情、媒体报道,尤其是稽查人员要充分利用证监会的互联网信息稽查分析系统,不放过任何蛛丝马迹,发现违法违规线索后及时开展核查、调查。

(天津证监局供稿)

黑龙江证监局2014年普法工作总结报告

为深入贯彻党的十八届四中全会精神,推进辖区资本市场法治环境建设,适应监管转型新要求,黑龙江证监局(以下简称“我局”)结合辖区资本市场实际,全面开展了2014年普法工作,现将全年普法工作情况总结如下:

一、明确目标,确定普法工作重点

结合肖主席在全国证券期货监管工作会议

上提出的监管转型工作要求以及我会“两维护,一促进”的核心职责,我局确定了全年普法工作重点:一是注重提高监管人员规范执法、高效执法的意识;二是注重提高辖区市场主体依法合规的意识,充分保护投资者尤其是中小投资者的合法权益,推动辖区资本市场法治环境建设。

二、加强组织领导,推动普法工作任务落实

为加强宣传工作中的组织保障,局党委指定法制处牵头负责,会同其他相关处室以及黑龙江省证券业协会、黑龙江省期货业协会、黑龙江省上市公司协会三家自律组织共同开展此项工作,以推动普法宣传工作任务的落实。

三、采取多种形式,深入开展法制宣传教育

为加大法制宣传力度,在总结以往法制宣传工作经验的基础之上,我局采取多种宣传形式,深入开展了一系列的法制宣传教育活动。

(一)加强监管干部学法用法

为加强依法执政能力,提高监管执法水平,我局高度重视监管干部学法、用法。一方面,加强监管干部学法能力,认真组织学习证券期货市场相关法律法规,2014 年局党委中心组进行法律法规学习共 22 次,484 人次。在《证券法》修订、《期货法》制定之际,我局干部认真学习两法的立法精神,及时了解、掌握新的监管政策,深入研究监管转型过程中关于简政放权的相关规定,更新监管思路,严格依照法律法规开展辖区监管工作;另一方面,加强监管干部用法能力,在准确理解法律法规规定的基础之上,严格适用法律,在行政许可、监管措施以及行政处罚等工作中,做到有法可依、有法必依,提升我局监管执法水平。

(二)开展法制培训

开展针对市场主体的法制教育培训是法制宣传教育的重要形式,我局面向市场主体进行了多次培训,包括新业务、新品种方面的培训,以及针对有问题的市场主体开展的专题教育培训。一是联系全国股转系统专家及有关部门,陆续在哈尔滨、大庆等地举办多场“新三板政策业务培训班”,共有近 300 名企业代表、相关政府部门工作人员参加,讲解新三板相关法律法规和规范性文件,推进辖区新三板业务;二是协调大连商品交易所,举办相关期货市场知识培训,增强辖区投资者对期货市场法规和新产品交易规则的认知能力,提高投资者的风险防范能力;三是针对公司信息披露、公司治理等方面问题,对北大荒子公司及参股企业董事监事进行上市公司规范运作培训,以加强北大荒相关人员规范运作意识,提高公司治理水平,为上市公司健康发展创造良好的环境。

(三)举办法制宣传活动

1. 开展 3 · 15 主题宣传活动。为提升投资者对适当性管理的认知水平和风险防范能力,引导其选择适合其风险承受能力的金融产品和服务,进一步深化投资者适当性管理制度,2014 年 3 月 10 日,在辖区举办了以“严格遵守适当性制度,依法保护投资者权益”为主题的“3 · 15 投资者保护”主题宣传教育活动。活动采取多种宣传形式,一是将涉及投资者适当性规定的 47 部法律法规和创业板适当性制度问答等材料汇编成宣传材料;二是利用新媒体宣传。将投资者适当性管理相关制度和我局制作的宣传材料上传至局外网投资者保护专栏。充分发挥我局网络评论员作用,借助互联网、微信、微博等新媒体,主动发布相关宣传信息 37 条,并对投资者答疑解惑 17 次。黑龙江省证券业协会、辖区 2 家期货公司、1 家证券公司在公司网站发布并解读投资者适当性管理宣传材料;三是召开座谈会。召集黑龙江省证券业、期货业协会及部分在哈证券期货经营机构召开了“投资者适当性制度工作座谈会”,要求各机构在投保工作中以投资者需求为导向,采取投资者易于接受的方式开展投保工作,并注重完善信访投诉的处理机制。本次主题宣传教育活动在市场中产生了较大的影响,取得了良好的效果,推进了投资者适当性制度的落实,为保护投资者权益发挥了重要作用。

2. 国家宪法日暨全国法制宣传日宣传活动。为深入贯彻党的十八届四中全会精神,大力宣传以宪法为核心的中国特色社会主义法律体系,弘扬宪法精神,我局结合实际监管工作,开展了国家宪法日暨全国法制宣传日宣传活动。一是面向局内干部举办以“宪法学和行政法学”为主要内容的法制宣传讲座,邀请黑龙江大学法学院教授讲解宪法以及依法行政相关内容;二是举办针对市场主体的法制宣传讲座,邀请哈尔滨仲裁委副主任,以“保护公民合法

权益,利用多渠道解决市场纠纷”为主要内容,宣传介绍利用仲裁制度解决证券、期货纠纷新渠道。两场法制宣传讲座的举办,增强了我局干部依法行政的理念,提高了市场主体的法治意识,推动了仲裁在解决证券、期货纠纷中的适用。

3. 内幕交易警示教育展。11 月 19 至 20 日,我局举办了第二届内幕交易警示教育展,黑龙江省有关单位,上市公司及其控股股东、拟上市公司、证券期货经营机构、中介机构、相关行业协会等 1000 余人参观了展览。展览全面介绍了内幕交易的相关法规和知识,剖析了典型案例,较生动地揭示了内幕交易的危害,充分展现了打击内幕交易的成果和决心,通过举办此次展览,强化了黑龙江辖区资本市场各主体及参与者防控内幕交易意识,形成了防控内幕交易的良好氛围。

(四)督导证券期货经营机构开展普法活动

我局指导证券期货经营机构采取多种形式进行宣传教育。一是在 3·15 主题宣传活动中,督促辖区证券期货经营机构利用贴近投资者的一线窗口优势,在营业场所发放投保宣传材料 4000 余册,设立咨询台接待投资者现场咨询 60 余次,发送短信、微信信息 6000 余条,2 家证券期货经营机构召集其客户和潜在投资者举办投资者适当性专题培训班 2 场,在营业场所开辟投资者园地、利用大屏幕滚动播放风险警示词条和宣传标语;二是在国家宪法日暨全国法制宣传日宣传活动中,督促公司及营业部组织员工开展宪法知识专题学习,在营业部现场悬挂宪法宣传条幅,张贴宣传海报,摆放宣传手册及折页,发放宣传资料,LED 屏滚动播放宣传视频,设置法制宣传咨询台,举办普法知识讲座 30 余次,并通过网站、微信、短信、qq 群、报刊等媒体形式进行法制宣传,在公司及营业部网站滚动播出宣传标语并设置知识问答专栏,向客户发送宣传短信 15000 余条,在微信、qq 客户群平台上积极宣传“弘扬宪法精神,建设法治中国”相关内容,1 家证券营业部在《鹤岗晚报》上刊登了法制宣传文章;三是在打击非法证券期货活动中,要求辖区各机构通过组织专题培训、在营业场所发放宣传材料、设立咨询台、发送短信、大屏幕播放等方式,讲解非法证券期货活动的危害性,广泛宣传“理性投资”的理念。在我局与辖区证券期货经营机构的共同努力下,共发放宣教手册 8500 份,宣传单页 3800 张,发送提醒短信 115000 条,牢牢构建“预防与打击”有机结合的整治非法证券期货活动综合体系;四是在反洗钱工作中,协助中国人民银行,督促辖区证券期货经营机构严格控制业务流程,完善反洗钱内控机制,履行大额和可疑交易报告制度。督促辖区证券期货经营机构采取多种形式做好反洗钱宣传工作。

(黑龙江证监局供稿)

上海证监局 2014 年度投资者保护工作情况报告

2014 年,上海证监局(以下简称“上海局”)按照国务院办公厅《关于进一步加强资本市场中小投资者合法权益保护工作的意见》(以下简称《国办意见》)和全国证券期货监管工作会议精神的总体部署,以维护辖区资本市场公开公平公正的市场秩序、维护中小投资者合法权益、促进辖区资本市场健康稳定发展为核心职责,在中国证监会(以下简称证监会)投资者保护局的指导下和局党委的安排部署下,不断完善工作机制,切实加强监管执法,强化投保工作,推动辖区资本市场形成保护中小投资者权益的良好氛围,取得了一定效果。

一、建立健全辖区落实投资者保护工作安排

(一)召开辖区投资者保护工作联席会议,全面部署落实《意见》方案

2014 年初,上海局召开辖区投资者保护工作联席会议,局领导、所有处室及辖区证券、基

金、期货和上市公司4个行业协会负责人及相关工作人员参加会议。会议从全面贯彻落实国办《意见》和肖钢主席重要讲话精神、推动辖区资本市场持续健康稳定发展的高度,把投资者保护工作摆在更加重要的位置来推动。会议明确了2014年投保工作的重点:一是加强宣传教育,认真学习贯彻国办《意见》精神,将思想和行动统一到《意见》要求上来;二是加大关口前移,把投保工作真正融入日常监管全过程。在日常监管中做好投资者适当性巡查抽查、投诉处理、纠纷解决、投资者教育等各项工作;三是深化监管转型,理顺监管与执法的关系,包括日常监管与稽查执法的关系、监管措施与行政处罚的关系;四是倾听投资者意见,建立领导干部投资者定点联系机制;五是拓宽维权渠道,研究探索建立多元化纠纷解决机制。加强与地方公安司法机关、政府部门的联系沟通,大力推动行政执法与刑事司法的有效衔接,推广专业化纠纷调解,推动金融仲裁。

(二)加强与地方金融监管部门合作,形成监管合力

参加辖区金融监管部门投保专题会议,达成思想共识。2014年初,上海局参加市金融办组织召开的投资者保护专题工作会议,人民银行上海总部、上海银监局、上海保监局一同参会。会上,各参会单位就加强五个方面的共同协作达成共识:1. 开展联合宣传教育,特别是针对一些跨领域的创新金融产品,向投资者充分揭示风险。2. 联合信息公示发布,加强信息交流和共享,对一些跨领域的非法金融风险等,联合发布警示信息。3. 重大项目联合检查执法,对一些跨领域的重大违法行为,探索联合检查和执法。4. 共同建设多元化的纠纷解决体系,完善诉调对接机制,发挥仲裁作用等。5. 重大课题联合推进,加强理论研究,有效指导实践。

二、畅通与投资者的沟通渠道,建立与投资者常态化联系机制

(一)畅通投资者与上海局的联系

在去年试点开展定点联系投资者工作基础上,上海局于2014年年初制定了《上海证监局定点联系投资者工作办法》,并将此项工作作为局投资者保护的重点工作,在全局所有处室深入推进。根据该办法规定,局里所有处级以上干部都要作为联系人,与投资者开展联系活动,掌握投资者保护政策制度的实施效果,传递监管理念,回应投资者关切问题,听取投资者对监管工作的意见建议。2014年年初,上海局共确定了34个联络点,涵盖上市公司、证券公司、期货公司、基金公司及相应分支机构。在确定联络点的同时,也确定了每个联络点对应的联系人、联系处室。今年,各联系人、联系处室根据监管工作的需要,有条不紊地开展联系活动,联系对象近300位投资者。通过今年的联系活动,上海局获取了有关投保政策执行效果及投资者需求的一手资料,拉进了与投资者之间距离,搭建了与投资者交流的平台。联系过程中呈现出如下特点:一是领导干部率先垂范,是活动蓬勃开展的核心。今年上海局领导班子成员亲自带头,率先垂范。每位局领导确定了两个联络点,每个联系点均开展了一次以上集中的面对面联系活动。二是工作机制的健全,是活动有序开展的保障。《上海证监局定点联系投资者工作办法》明确了联系人范围、联络点选取标准、联系内容及联系方式。在每次扩大局长办公会上通报联系活动的进展情况。年终各联系人、联系处室撰写联系活动工作总结。三是联系形式丰富多样,是活动拓展创新的重点。联系活动有以座谈会形式开展,有组织投资者走进上市公司,有以不记名问卷调查的形式开展。四是联系对象类型繁多,是活动贴近大众的基础。为了让被联系的投资者具有充分的代表性,上海局联系的投资者都是随机选取的。今年联系的投资者中既有机构投资者,也有个人投资者,基本涵盖了辖区投资者的主要类型。五是联系活动精心组织,是活动取得实效的关键。为避免联系活动走过场,上海局要求在开展集中联系活动前,联系人应确定联系议题并提前发放给投资者,联系过程中要记录投资者发言要点,联系活动结束后要归纳投资者意见建议并在监管实践中加以落实。

(二)畅通投资者与上市公司的联系

为落实《意见》中保障中小投资者知情权的要求,2014年,上海局联合辖区上市公司协会开展"走进上市公司"系列活动。"走进上市公司"为投资者与上市公司搭建交流沟通的平台,通过直接对话和实地考察,增进双方的互信和了解,这不仅有助于维护投资者的合法权益,

也有助于引导上市公司树立投资者保护意识，加强投资者关系管理。今年，我们已先后走进外高桥、中国太保、百视通等十家上市公司，每次均有20位左右投资者直接参与。

三、做好辖区投资者宣传教育工作，提高投资者自我保护能力

一是探索将投资者教育纳入国民教育体系，自幼筑牢理性投资根基。上海局自2008年起推动上海市证券同业公会牵头上海市银行同业公会、上海市保险同业公会编写理财教育系列读书。2013年12月，理财教育系列读本面市。在市教育局、市金融办等单位的共同推动下，该套教材已经在上海市部分学校进行试点教育。同时，自2008年起，上海市浦东新区教育局牵头上海远东出版社，依托学校教师力量，也编写了一套适用于中小学课堂教学的《金融与理财》教材，同时开发了配套教学网站－卓夫在线课程及APP教学软件。目前，该套教材已经浦东新区百余所学校试用，并通过上海市中小学教材审核委员会审查，列入“中小学拓展型课程教材”，已在上海浦东、青浦、松江等区县的中、小学校广泛使用，年发行量达30万册。二是组织开展内容丰富、形式各异的投教宣传活动。组织开展了“上市公司中小投资者保护实践案例展示”、“投资者适当性管理宣传教育月”、“我的投资我作主”等主题活动。与市金融办、其他金融监管部门联合开展以“和谐金融、美好生活”为主题的上海3·15金融消费者（投资者）权益保护日宣传活动。编印以“互联网基金销售”、“证券公司柜台市场”为主题的投资者宣传教育材料共6万份无偿提供给证券、期货经营机构及投资者。与市教育局、市金融办等单位共同推动由上海市证券同业公会牵头编写的理财教育系列教材在上海市部分学校进行试点推广。三是建设金融产品销售、从业人员、营业网点等信息公示平台。便利投资者查询确认，更好保障投资者权益。四是举办内幕交易警示教育展。观展人员近万人次，受到第一财经等媒体的高度关注和观展人员普遍好评。

四、将投资者保护检查工作融入上市公司、证券期货经营机构日常业务检查

2014年上海局业务处室将投资者保护纳入日常检查范围，并相应地修订了现场检查工作底稿。

（一）上市公司条线投保检查

全年共开展各类现场检查49家次。检查过程中以保护投资者合法权益为最终导向原则，重点检查了上市公司投资者关系管理工作。就检查工作中发现的问题，加大整改落实力度。全年（截至11月底，下同）共采取各类监管措施44份，其中日常监管措施37份、行政监管措施7份，违规线索移交稽查9家次，并将典型案例以《上市公司监管通讯》形式通报。

（二）证券期货经营机构条线检查

坚持“以投资者适当性管理”为检查重点，全面现场检查与专项现场检查相结合，专项检查以业务条线检查与公司个案抽查相结合。全年共开展现场检查304家次，对4家基金公司、17家期货公司开展了全面现场检查，对20家证券公司、20家基金公司、14家期货公司开展了专项现场检查。重点检查了港股通业务的准备工作，尤其是投资者教育及开户、交易环节的适当性管理工作。就检查工作中发现的问题，共下发了33份行政监管措施，并对整改落实情况进行后续跟踪检查。

五、协调做好投资者保护的信访处理和纠纷解决服务

一是完善信访、投诉及举报窗口服务和分流处理工作机制，探索纠纷多元化解决，与证券同业公会、基金同业公会等自律组织和中小投资者服务中心合作开展的调解试点，取得良好效果。二是与上海市人民检察院签订《加强中国（上海）自由贸易试验区金融法治保障合作备忘录》，探索在自贸区内与司法机关共同加强投资者保护的有关举措。三是截至11月底，全年共接待来访233批次435人次，处理来信689信，接听热线电话2496件。四是妥善处置“11超日债”兑付集访、基金子公司“华宸未来湖南志高”项目产品兑付、大智慧“操盘大师”、民泰（天津）贵金属业务等突出信访矛盾。

六、严厉打击各类违法违规行为，保护投资者合法权益

一是全年查办案件数量多、种类全。截至11月底全年共查办立案、初查及线索核查案件52件，其中立案17件，同比增加13.3%；另有送达、执行、复核、协查等案件107件，同比增长32.1%。涉刑案件移送力度加大，共向公安机关移送案件7件，较上年增长16.7%。二是稽查执法的主动性和积极性进一步增强。通过强化同日常监管部门有效衔接、对特殊案件适度延伸调查、借助舆情监控和举报系统等，稽查部门线索发现能力进一步提升。全年自办案件13件，较上年增长85.7%；自行启动的初查、线索核查和自办案件合计35件，同比增加29.6%，占承办案件总数的67.3%，在数量上首次超过同期交办案件。三是深入推进打非工作。会同市金融办、银监、保监等部门在新民晚报“金融法谭”栏目宣传打非案例。全年共办理打非类案件调查19件，其中4件已移送或通报公安机关调查，“牛股师”非法咨询案进入提起公诉阶段。四是高质量做好行政处罚工作。全年共审理案件10件，是过去3年审理案件总数的3倍，已全部审结。审理案件覆盖信息披露、利用未公开信息交易、短线交易、超比例持股、限制转让期内买卖股票、私下接受客户委托买卖证券等资本市场主要违法违规类型。在责任人员认定范围方面，上海证监局严格公正执法，在不冤枉好人的同时，也不放过任何一个有责任的人员，以处罚促监管，督促上市公司、证券期货经营机构的高管人员勤勉尽责，保障投资者合法权益。

七、开展调研，完善上市公司中小投资者投票机制

《意见》提出要完善中小投资者投票等机制，引导上市公司股东大会全面采用网络投票方式，积极推行累积投票制选举董事、监事，上市公司不得对征集投票权提出最低持股比例限制。近期，上海证监局采取问卷调查、座谈、走访等形式，对辖区所有上市公司的网络投票、累积投票及征集投票权等三项投票机制的实施现状、影响因素等情况进行了深入调研，并得出初步结论：要充分发挥好三项投票机制的作用，除了要完善相关制度规定，细化操作规程外，还需要市场各方提高对中小投资者权益保护重要性的认识，积极引导上市公司进一步树立公众公司理念，培育尊重股东权利的股权文化，形成维护投资者权益的良好氛围，同时，要持续强化中小投资者教育和宣传工作，不断提高投资者对于股东权利和义务的认识，促使其真正行使好法律法规赋予的权利并履行其应尽的义务。目前，调研报告已提交证监会。

八、参与上海市诚信信息平台建设，为联合打击违法违规行为提供保障

《意见》提出要建立覆盖全市场的诚信记录数据库，并实现部门之间共享，同时要健全中小投资者查询市场经营主体诚信状况的机制。十一五期间，市经信委牵头成立了社会信用体系建设联席会议，负责上海市公共信用信息服务平台的建设。上海局也是联席会议成员单位之一。现该平台汇集了上海市地方政府各委办局、区县人民政府等70余家联席会议成员的诚信信息。年初市经信委组织召开联席会议，部署辖区2014年诚信建设工作，2014年4月份，市公共信用信息服务平台正式启动运营。现在，录入平台的诚信信息已在成员单位间实现共享，中小投资者也可按规定的程序申请查询市场经营主体的诚信信息。截至11月底，上海局向该平台提供登记类信息788条，行政许可信息349条，行政处罚信息3条。

下一步，上海局将以辖区投资者保护工作联席会议、市金融法制环境建设联席会议为平台，加强投资者保护的协同推动，重点开展投资者适当性管理、保障中小投资者知情权的调研工作，协调推动理财教育教材进学校，做好第三方纠纷解决引导等方面工作，将投资者保护工作落实到日常监管、稽查执法的全过程。

（上海证监局供稿）

上海证监局2014年度诚信建设工作情况报告

今年以来，上海证监局（以下简称“上海局”）在中国证监会（以下简称“证监会”）的统一领导和上海市征信办的大力支持下，以证监会“证券期货市场诚信档案数据库”（以下简称诚信数据库）为基础，以上海证券、期货、基金诚信平台为辅助，全面收集上海辖区证券期货市场相关监管执法、自律管理和司法审判等公共诚信信息，研究升级后的诚信数据库的建设与使用措施，建立符合市场实际需求的失信惩戒、约束和守信激励、引导机制。大力推动信用信息互联互通，建立与上海市公共信用信息服务平台的信息共享。现将上海局2014年诚信建设工作总结如下：

一、做好证监会诚信数据库启动运行的对接工作

2014年7月，证监会启动运营全国统一的诚信数据库。诚信数据库是为贯彻《国务院关于进一步促进资本市场健康发展的若干意见》（国发〔2014〕17号）中“完善资本市场诚信监管制度，强化守信激励、失信惩戒机制”要求，也是为落实《证券期货市场诚信监督管理暂行办法》（以下简称《管理办法》）中诚信报告对外提供查询的要求而建立的。上海局作为证监会的派出机构，就是要做好诚信数据库的建设与使用工作。诚信数据库运行后，上海局系统梳理证监会诚信建设的要求，制定相关措施，形成了市场各方共同参与、协力推动诚信建设的良好局面。

（一）进一步做好诚信数据库建设工作，扩大信息覆盖面

诚信数据库与原有的诚信档案相比，诚信信息类型新增了上市公司承诺信息、正面信息、监管关注信息等。上海局在去年机制制度完善的基础上，今年进一步做好诚信信息的录入工作。在录入时，更加强调录入的及时性与准确性。上海局2014年共录入行政许可、违法违规、正面信息、承诺等各类诚信信息922条。

（二）进一步做好诚信数据库的查询使用工作，强化失信惩戒和诚信约束

在做好原有行政许可、行政处罚、稽查立案、并购重组、再融资查询诚信档案的基础上，进一步扩大诚信档案查询使用范围。一是在出具监管措施时，查询诚信档案，将当事人的诚信状况作为确定监管措施类别的酌定因素；二是在非行政许可事项、业务创新试点安排中，查询诚信档案，并将当事人的诚信记录作为考虑因素之一；三是做好诚信信息使用的研究工作，《管理办法》对诚信约束、激励与引导作了原则性规定，上海局将结合监管实践，研究诚信信息的具体使用。截至2014年11月30日，上海局全年自助查询诚信数据库1761批次，涉密查询诚信数据库485批次，两项查询量均在证监会派出机构中均位列第一。

（三）做好诚信数据库的对外服务工作

为确保市场主体充分知悉《管理办法》规定，鼓励市场主体积极使用诚信信息，上海局采取了以下措施：一是给辖区监管对象发放通知，进一步告知其有申请查询与更正信息、申报正面信息的权利及具体的办理流程；二是在上海局外网发布公告，告知公民、法人或其他组织申请查询与更正信息、申报正面信息的具体操作流程，并附上申请表，供市场主体下载，保障包括非监管对象在内的市场主体知情权。进一步树立监管服务的理念，通过诚信信息公示、做好诚信信息对外查询服务等，服务投资者、服务市场、服务社会。今年上海局已收到12件市场主体提出的正面信息录入申请，经形式审核，符合《管理办法》要求后，在规定时间全部录入诚信档案。

二、加强辖区同业公会的诚信平台建设，强化信用信息记录

（一）推动辖区基金同业公会启动诚信管理平台建设

为有效规范基金销售行为，引导市场经营

机构及从业人员树立诚实守信经营理念,培育资本市场诚信文化,在上海局的推动下,上海市基金同业公会今年启动了辖区基金业诚信管理平台建设。为规范诚信平台信息的录入与使用,上海基金同业公会于制定了配套的《上海市基金同业公会诚信平台暂行管理办法(试行)》及《上海市基金同业公会诚信平台实施细则》,以明确诚信平台信息类型、信息来源及信息公开方式。管理办法及细则将先行适用于基金公司及子公司、独立第三方销售机构,并将逐步适用于基金管理、托管、服务及其他相关机构。目前,该诚信平台的建设正处于数据库准备阶段。

(二)完善证券、期货两个行业诚信平台的建设

一是完善上海市证券业诚信数据平台建设。上海局从2010年开始指导上海证券同业公会开发上海地区证券营销人员(证券经纪人)信息平台,公示营销人员基本信息和诚信信息,并公布非法证券经营机构。截至2014年末,该平台已收录5000余位证券营销人员、5000余位证券经纪人、2000余名投资顾问人员信息基本信息,社会公众查询超13000次。2013年又开发了金融产品销售信息查询平台,目前已录入近5000条金融产品信息,社会公众可通过上海市证券同业公会网站查询相关信息。二是完善上海市期货业诚信数据平台建设。上海局指导上海市期货同业公会在2008年建立了"上海市期货业诚信数据平台",公示辖区期货公司、从业人员及居间人的诚信信息。截至2014年末,该平台已录入16000余条期货从业人员、居间人基本信息,社会公众浏览20000余次。

上海局也正着力于推动辖区基金同业公会、证券同业公会、期货同业公会间实现诚信信息的共享,进一步健全上海证券期货市场信用体系。

三、依托证监会诚信数据库,与上海市公共信用信息服务平台共享信息

今年上半年,上海市公共信用信息服务平台正式开通运营,该平台归集了市发改委、市商务委、市公安局、市环保局、市工商局、市质监局、市安监局、市食药监局等70余家单位提供的登记类、资质类、监管类、执行类、违约类信用信息。上海局作为上海市社会诚信体系建设联席会议成员单位,认真履行职责,定期向平台提供监管对象基本信息、行政许可、行政处罚等信用信息,截至2014年11月30日,全年已提供登记类信息788条,行政许可信息390条,行政处罚信息5条。同时,在拟上市公司辅导验收、上市公司并购重组、再融资、行政许可、稽查办案中查询上海市公共信用信息服务平台的信息,以确定申请主体是否受到过其他行政机关、司法机关的处罚。

四、下一步诚信建设工作计划

加强诚信建设是资本市场与生俱来的内在本质要求,也是推进监管转型成功的重要措施。监管转型后,监管重点要逐渐从以市场主体的具体经营指标、经营活动转到以市场主体诚信、合规状况上来;监管路径要从主要依赖许可审批和监管检查转到与市场和社会各方一起协力对市场主体的诚信状况进行监督制约上来;监管方式要在强调严肃违法违规行为的基础上,向包括失信惩戒、守信激励、行业自律在内的更具弹性和适应性的综合监管上来。诚信在监管转型后发挥好作用的前提是要建立一个记录完整、使用明确、信息共享、查询方便的诚信系统。为此,结合上海局的监管实践,2015年将在做好诚信录入、使用、宣传等常规工作的基础上,重点推动以下几项工作:一是要充分依托证监会诚信数据库,大力开展与其他政府部门、行业组织的信用信息共享与交换,促进诚信监管协作,建立辖区市场的良好社会信用体系。二是要继续贯彻落实《证券期货市场诚信监督管理暂行办法》,切实做好诚信信息公示与申请查询工作。三是要扩大信息使用覆盖面,强化市场诚信激励约束。

(上海证监局供稿)

江苏证监局关于证监会派出机构政务信息公开调研报告

近年来,我会系统在加强市场主体信息披露监管的同时,不断加强透明证监会建设,通过证监会官方网站等平台发布信息的数量、质量在各部委中比较靠前,信息公开工作取得了比较明显的成效。当前,监管转型的不断深化对我们的信息公开工作又提出了新的更高要求,肖主席在年初的全国证券期货监管工作会议上指出:要加快建设透明证监会。证监会要维护"三公",必须增强透明度。要加大新闻宣传和舆论引导工作力度,强化沟通交流互动,及时解疑释惑,让市场各方充分理解和支持监管工作。

我们对照监管转型的要求,对派出机构信息公开工作做了一些简要的分析和思考。

一、证监会派出机构信息公开现状

根据《中华人民共和国政府信息公开条例》(以下简称《信息公开条例》)和《中国证券监督管理委员会证券期货监督管理信息公开办法(试行)》(以下简称《会信息公开办法》)关于"政府信息"的定义,派出机构在履职过程中产生的政府信息主要包括3个方面的内容:一是辖区内上市公司、各类证券期货服务类机构及证券期货专业类机构的业务监管信息。二是查处监管辖区范围内的违法、违规案件的相关信息。三是在派出机构运行过程中产生的管理类信息。

从是否公开的角度来看,这些信息可以分为:应主动公开的信息;可依申请公开的信息;不能公开的信息(主要是一些涉密信息、商业敏感类信息);可选择公开的信息。

表1:派出机构信息分类表

信息类别	信息内容	公开类型
业务监管信息	各类合法机构基本信息	主动公开类
	行政许可	主动公开类
	非行政许可审批备案登记等事项	可选择公开类
	行政监管措施	可选择公开类
	日常监管措施信息	可选择公开类
	各类检查信息	可依申请公开类
稽查信息	行政处罚措施	主动公开类
管理类信息	派出机构基本信息	主动公开类
	各类办事指南、规程	主动公开类
	各类统计信息	可选择公开类
	重要政策会议活动信息	可选择公开类
	各类简报、分析、报告	可选择公开类

根据《中国证监会2013年监管信息公开工作年度报告》,2013年,证监会通过会网站证券期货监督管理信息公开专栏共主动公开监管信息7739条,其中派出机构5836条;共收到监管信

息公开申请99件,其中派出机构29件,均在规定的办理期限内办理完毕。派出机构在信息公开方面的成果主要体现在:内容越来越丰富。除行政许可、行政监管措施、行政处罚措施等规定应予公开内容,部分派出机构根据其监管实际,对非行政监管措施、数据统计报表、数据分析、动态简报调研报告等信息也予以主动公开,拓展了信息公开范围。程序越来越规范。各派出机构根据《会信息公开办法》制定了相应的实施细则或落实方案,从制度层面对信息公开程序进一步规范和完善。标准越来越统一。各派出机构基本能够对各类信息统一按主题、文种体裁等类别标准和要求予以公开。公开越来越及时。各派出机构均能在信息产生20个工作日内完成信息公开,部分派出机构还主动缩短公开时限,在行政许可、备案等信息的公开上基本可以做到即时更新。

表2:部分派出机构近3年信息公开目录下的信息公开数量

序号	派出机构	信息发布量			
		2011年	2012年	2013年	三年合计
1	上海	464	430	512	1406
2	北京	330	346	362	1038
3	江苏	271	331	408	1010
4	广东	296	327	346	969
5	浙江	291	263	350	904
6	深圳	202	258	352	812
7	山东	219	224	216	659
8	四川	59	116	287	462
9	山西	159	146	138	443
10	湖南	169	139	130	438

注:各数据是指按年份检索的数据。资料来源:中国证监会网站。

二、证监会派出机构信息公开存在的主要问题

虽然派出机构在信息公开方面取得了一定的成绩,但工作中依然存在一些需要改进的地方。

(一)规定动作普遍完成情况良好,但自选动作完成情况差异大

对于“行政许可批复”这些有明确公示要求的“规定动作”项目,大部分派出机构都能按照时间要求进行公示。但是没有硬性规定的“自选动作”类项目,各派出机构的完成情况差异比较大。

(二)信息公开栏目较为相似,但公示标准差异大

各派出机构官网是信息公开的主要载体,在网站信息公开的栏目设置上,各派出机构大同小异,但栏目公示内容的标准差异比较大。比如个别派出机构就没有对行政监管措施这一类信息进行公示。

(三)主动公开信息较为及时,但工作细节仍有待完善

各派出机构对于主动信息公开工作都较为重视,但也存在追究信息公开数量,忽视质量的问题,比如,将原本应作为一条信息的事项分作若干条公开,为公开而公开。在具体处理流程上存在一定缺陷,比如在接受申请环节存在瑕疵,造成申请人的申请无法及时受理,引发纠纷。另外,对于依申请公开部分,很多派出机构还没有按照《信息公开条例》作详细具体的规定。

三、证监会派出机构信息公开需要处理好的几个关系

面对派出机构信息公开工作中存在的问题,我们认为,关键是要处理好以下三个关系:

(一)处理好会机关与派出机构信息公开的主体资格关系

《会信息公开办法》第三条规定,我会实施信息公开两级管理体系,即证监会的信息公开

由办公厅主管，派出机构信息公开由办公室（综合处）负责实施，但并未明确规定派出机构是否应履行国务院《信息公开条例》中规定的各项职能。其次，派出机构直接套用证监会制定的《信息公开指南》，致使申请人在向派出机构申请信息公开时，不能找到正确途径。因此，要处理好证监会统一主管和派出机构自主公开的关系，并明确派出机构承担信息公开一级主体的完整职责。

（二）处理好会机关与派出机构新闻工作的主体资格关系

新闻工作与信息公开工作有密切的联系。2014年3月发布的《中国证监会新闻工作办法》第五条、第十三条规定，会办公厅新闻办公室归口管理新闻工作，派出机构根据授权开展新闻活动，强调“统筹联动、分层有序”，也就是两级管理体系中更倾向于统一领导。第六条规定，会机关及系统各单位的新闻工作适用该办法，但对派出机构新闻工作未作细化要求，对派出机构“主动公开监管信息的范围”、“建立新媒体新闻发布平台”等也未作明确规定。由于证券市场的特殊性，我们认为，派出机构新闻工作应统一审核把关的细节要求，确保证监会原则上对外是一个“声音”。

（三）处理好内部管理信息与监管调查中取证信息的关系

从监管实际看，大部分申请公开的信息为调查结论及相应的判断依据信息。根据《国务院办公厅关于做好政府信息依申请公开工作的意见》（国办发〔2010〕5号），“行政机关在日常工作中制作或者获取的内部管理信息以及处于讨论、研究或者审查中的过程性信息，一般不属于《信息公开条例》所指应公开的政府信息。”我们认为，此处的“内部管理信息”是指内部审批过程性信息，可以不予公开。而对于正处于调查取证过程中的事项，因有关信息涉及到案件调查保密的问题，建议以不公开为原则。

四、有关建议

针对派出机构信息公开工作现状和存在的问题，我们建议具体从以下五个方面进一步改进和完善。

（一）落实责任、完善机制

一是健全考核监督机制。建议把派出机构信息公开情况适当纳入考核范围，派出机构自身也应建立相应的监督和考核机制，明确由党办或纪检等部门牵头对本局信息公开情况进行监督检查。二是健全定期评估机制。派出机构由办公室（综合处）牵头，联合党办（纪检）等部门定期开展对信息公开情况的评估，对与实践不相适应的做法提出调整方案，对有关共性问题或重大变化，及时上报会机关主管部门，提出调整意见和建议。三是健全持续培训机制。加大对派出机构信息公开及新闻宣传工作的培训和学习力度，引导派出机构把信息公开培训纳入本局干部培训规划。

（二）确定标准、分类处理

一是进一步完善派出机构信息公开目录。建议进一步完善派出机构信息公开内容标准，制定派出机构信息公开指南必备条款，明确信息公开内容及申请途径。鉴于行政监管措施、非许可行政审批事项对各市场主体权益有较大影响，建议也纳入到信息公开内容中。二是明确几种特殊信息的处理原则。对以下一些特殊类别的信息是否公开、怎样公开，需要明确处理原则：（1）日常监管措施信息。主要指派出机构为加强对轻微违法行为的提醒、警示，在法定行政监管措施之外，向监管对象下发的一些文书（如监管关注函、提醒函、提示函、反馈意见函、监管建议函等），这些日常监管措施本应公开，但考虑各派出机构对采取这类措施的标准还存在差异，建议在进一步规范标准的基础上，逐步实现对日常监管措施的信息公开。（2）统计信息。建议能够制定相应指南，明确各派出机构辖区证券期货市场统计对象、统计周期、统计口径、统计项目以及公开标准。（3）历史信息和档案信息。这类信息的公开适用于《信息公开条例》，一般情况下应依法公开，如果可能引起《信息公开条例》第八条以及《会信息公开办法》第五条的后果，可以依法决定不予公开。（4）过程性信息。根据《国务院办公厅关于做好政府信息依申请公开工作的意见》规定，行政机关在日常工作中制作或者获取的内部管理信息以及处于讨论、研究或者审查中的过程性信息，一般不属于《信息公开条例》所指应公开的政府信息，因此，过程性信息以不公开为原则。（5）涉及个人隐私和商业机密的信息。根据《会信息公开办法》，依申请公开信息中，对于涉及商业秘密、个人隐私的,需要书面征求第三方的意见,第三方同意后,可予以公开。三是加强年度报告工作。信息公开年度报告是信息公开工作的一个重要组成部分,需要在《信息公开指南》中增加关于派出机构编制信息公开年度报告的要求,并把信息公开年度报告质量考核的一个指标。

(三)细化流程、规范程序

一是细化信息公开流程。派出机构应制定并公布自身的《信息公开指南》,明确信息公开受理的途径和时限要求等。建立健全信息公开审批机制,强化派出机构各职能处室在信息公开中的审查职责。简化依申请公开的申请程序,完善依申请公开的受理、审查及答复程序。二是群体性信息公开申请的处理。根据《国务院办公厅关于做好政府信息依申请公开工作的意见》的相关要求,"凡是应该公开、能够公开的事项,都应及时、全面、主动公开,尽量避免将公共性政府信息只向个别申请人公开"。因此,群体性信息公开申请应尽量转化为主动公开,但若信息本身不能公开,则依照条例一般规定和处理群体问题的普通做法处理。三是明确依申请信息公开渠道。按照证监会信息公开目录规定,信息公开申请有四种方式:现场、信函、传真、电子邮件,但公开的渠道均为会机关的联系方式,建议要求各派出机构在信息公开指南中公示本单位信息公开申请渠道。

(四)丰富形式、畅通交流

一是抓好信息公开主要渠道,确保信息公开内容全面完整。《信息公开条例》和《会信息公开办法》分别列举了多种信息公开方式,其中,政府公报、报刊广播电视、办公场所查阅、政府网站、新闻发布会等是信息公开的主要渠道,我们开展信息公开工作,首先要以这些主要形式为基础,确保信息公开内容的全面、完整。二是拓展各类新载体作为补充,使信息公开形式更加丰富便捷。针对社会信息交流的新变化,还需要积极利用新技术、新方式公开各类信息。比如,通过官方微博、微信等移动互联方式,及时发布信息;在现场查阅方式方面,除了置备政府公报等文件外,可以通过配备电子信息屏、电子查询终端等设备方便社会公众查询。三是畅通与群众的互动交流,持续改进信息公开效果。主动了解社会公众对信息公开的需求和意见,比如,开设信息公开意见专用邮箱、互动留言平台、信息公开工作网上问卷调查等;实行领导接访日,组织专家进行政策解读,定期召开辖区投资者和市场主体的座谈会,征求社会公众对信息公开和各项工作的意见、建议。

(五)强化宣传,有效衔接信息公开和新闻工作

一是进一步完善派出机构非现场监管与舆情监控的关联机制,理顺舆情监控与回应社会关注的联动机制。二是建立派出机构主动回应社会关注机制,一方面建立与会机关的沟通机制,另一方面建立派出机构领导负责,综合部门牵头,各业务部门参与的组织体系,快速稳妥做好回应工作。三是主动做好与各级媒体的联动工作,加强与新闻宣传部门、互联网信息内容主管部门、通信管理部门的沟通联系。除及时通过媒体发布政府信息外,同时承担起提升行业形象的宣传职能。

(江苏证监局供稿)

湖南证监局关于多元化纠纷解决机制的思考和建议

证券期货业纠纷的解决是保护投资者合法权益最重要的一环,是关系资本市场持续发展和深化改革的一项基础性工程。因此,全面系统地掌握矛盾纠纷及解决机制的现状,并以此为依据构建符合实际的纠纷解决机制,将有利于促进我国资本市场多元化纠纷解决机制建设,这既体现中小投资者的根本利益,也符合资本市场发展的内在规律。为此,湖南局在辖区范围内组织了一次多元化纠纷解决机制的专题调研。调研主要采取走访和座谈的方式,分别

走访了3家市场经营主体、4家行业自律组织，以及深圳证监局、湖南省司法厅、保监局、长沙市中院、长沙市仲裁委、中证中小投资者服务中心（以下简称投资者服务中心）、省公证处、律师事务所等多个部门，并召集多名有维权经历的中小投资者进行座谈，充分听取了各方意见建议，力图通过调研挖掘出纠纷及解决机制现状、问题以及政策建议，为相关各方提供参考。

一、湖南证券期货业纠纷现状及特征

一是纠纷数量高发不下。经统计，湖南辖区2011年至2014年10月，投资者共通过信访渠道投诉3677起，通过“12386”渠道投诉79件，通过行业自律组织反映与市场经营主体纠纷98件，通过诉讼渠道反映与市场经营主体纠纷165起，通过仲裁渠道发生10起，累计发生纠纷数量达到4千余起。

二是纠纷涉及主体类型多样。从发生主体看，纠纷主要集中在三种类型：以2014年1－10月为例，我局正式受理的纠纷投诉144件，其中信访84件，“12386”热线60件。上述投诉中，证券期货纠纷占比51.3%，其中又以证券交易合同纠纷和投资咨询纠纷为主。涉及上市公司的纠纷占比30.5%，主要以侵害股东权益和股东知情权纠纷为主，如今年投资者投诉天润发展财务造假、山河智能关联交易未披露等。除了这两种传统的纠纷类型之外，近两年随着国家鼓励改革创新和证监会监管职责范围的调整，湖南局受理的纠纷也呈现出一些新的类型，如各类大宗商品电子交易场所、定向募集公司、私募投资公司与投资者的纠纷，此类纠纷占比约18%，且呈逐渐增加趋势。

二、纠纷解决机制现状及问题、原因分析

按纠纷解决主体来分，目前投资者与市场主体纠纷的解决渠道主要有行政监管（信访、“12386”热线、举报等）、行业调解、仲裁及诉讼四种。前述纠纷解决机制的实际运行情况如下：

一是主要通过行政力量解决投诉，既加大了监管压力，也未必能满足投资者合理诉求。2011年以来，湖南辖区证券期货业纠纷90%以上通过信访和“12386”渠道传递给了监管部门，占用了大量监管资源。对于纠纷双方之间的民事赔偿问题，尤其是缠访、闹访者，我局前几年基于维稳考量，往往通过向被投诉的市场经营主体方施压，要求其与投诉者协商解决、息事宁人，至于被投诉者是否有过错并未作为最关键的因素来考虑。客观来说，这样处理方法不仅助长了投诉者对监管机构的依赖性，又增加监管工作量，投诉者不满意时又可能将矛头对准监管部门。近年来随着依法行政的要求，我局对于此类纠纷的处理态度有所改变，依法受理属于职责范围内的投诉后，对被投诉方的违法违规行为进行监管处分，至于双方之间民事赔偿问题，则要求双方自行协商或寻求仲裁、诉讼解决。此种处理方式减轻了监管压力，但又不利于投资者民事赔偿诉求的解决。如“ST昌九”在2013年11月因连续跌停，引发不少融资买入的投资者被券商强行平仓后损失惨重，部分投资者出现保证金穿仓被券商追债，我局依法对其中涉及违规开通融资功能的券商采取了监管措施，对于双方之间的赔偿问题则要求双方自行协商或通过仲裁或司法途径解决。但目前的现状是，部分昌九生化的投资者仍在与所开户券商纠缠，双方纠纷并未得到解决，投资者满怀怒火、券商不堪其扰。

今年8月份，证监会颁布实施了新的《信访工作规则》，明确规定纠纷类投诉应通过与市场主体协商、调解、仲裁、司法途径解决，本意也是通过法律或市场手段去维权、化解矛盾纠纷。具体实施过程中，投资者由于认识不到位或理解偏差以及长期以来形成的“信访不信法”的依赖性，遇到矛盾纠纷大多数还是选择来信、来电、来访。对于这种投诉，监管部门面临着不受理则不利于维护资本市场稳定、受理又与新的《信访工作规则》相违背，有悖于“法无授权不可为”之精神。因此，为填补监管部门信访退出纠纷解决途径之后的空缺，畅通调解、仲裁、司法等多元化纠纷解决途径显得十分迫切。

二是现有行业调解功能没有得到充分的发挥，影响力有待提升。湖南辖区现有三家自律性组织，分别是湖南省证券业协会、期货业协会、上市公司协会。前两个协会均明确规定具有调解职能，设有专门的调解委员会，分别有4－6名调解员，调解员由协会工作人员、监管干部及市场机构人士组成，其主要法律依据是《证券法》第176条和《期货交易管理条例》第

49 条的规定,即行业协会的职责包含调解会员之间及会员与客户之间的纠纷。而上市公司协会因为没有法律依据暂不具备调解职能,也未成立调解委员会、建立调解制度。从实际运行情况看,2011 年以来,湖南省证券业协会累计受理纠纷 94 件,剔除电话投诉,正式来信来访投诉 4 件;湖南省期货业协会累计受理纠纷投诉 4 件,其中 3 件经调解后达成了调解协议;上市公司协会成立以来未受理过纠纷调解事项。不难看出,当事人向行业协会提起调解的数量较少,调解仅限于投资者与证券期货公司之间纠纷,不包括上市公司、基金公司与投资者纠纷,行业调解功能没有得到充分发挥。

从调研过程了解到行业调解较少的原因包括:市场机构认为调解省时省力,愿意接受行业调解,但投资者并不愿意接受行业调解,也没有形成一批具有影响力的典型案例。投资者代表认为,行业协会依靠经营机构缴纳会费生存和发展,代表的是会员利益,对其公正性和公信力有一定的疑惑,此外因缺乏宣传,对行业调解也不太了解,因此并不愿意选择去协会调解,更愿意找监管部门反映诉求。因此,可以预计,在现有环境下,即使上市公司协会具备了调解职能,投资者对与上市公司之间的纠纷也未必会到上市公司协会去申请调解。从行业协会方面来分析,看不到调解所带来的益处,且普遍人员、经费均比较紧张,也不具有调解纠纷的积极性,更谈不上主动去推广协会的调解职能,更多的是被动接收处理,其代表行业代言的立场更可能使调解效果打折扣。

综上,行业协会调解存在着资源分散、力量有限、没有形成品牌,覆盖面、影响力和公信力都有待提升等突出问题。

三是仲裁机制形同虚设,亟需进行改革调整。证券、期货纠纷具有复杂性、专业性、技术性等特点,其纠纷类型主要为合同纠纷和侵权责任纠纷。我国《仲裁法》规定"平等主体的公司、法人和其他组织之间发生的合同纠纷和其他财产权益纠纷,可以仲裁。"仲裁相对诉讼而言,具有快捷、方式灵活、成本低廉、不公开进行等特点。为进一步发挥仲裁化解纠纷的优势,2004 年国务院法制办和证监会曾联合下发《关于依法做好证券、期货合同纠纷仲裁工作的通知》,要求推广以仲裁方式解决纠纷,我局按文件要求与仲裁机构建立了合作对接机制,向辖区各市场机构下发了《关于依法做好湖南证券期货合同纠纷仲裁工作的通知》。按通知要求,辖区证券期货机构大多数将仲裁作为争议解决方式之一写入了合同争议解决条款。但从实施效果上并不理想,据了解湖南辖区共计 12 家仲裁委员会,自 2004 年以来受理证券、期货合同纠纷案件数量不超过 10 件,总金额大约 10 多万元,全部以调解方式结案,可以看出当事人选择仲裁的很少。

究其原因,市场机构人士认为,协议已明确仲裁作为争议解决方式之一,他们愿意选择仲裁来解决纠纷,主要取决于投资者是否同意选择。而投资者认为,他们对仲裁形式不了解,同时因仲裁的一裁终局制和裁决结果不可诉,对仲裁的公信力也存在疑问,且仲裁须承担一定费用,种种原因导致仲裁解决证券期货纠纷未能在辖区得到很好的推广应用。

从境外经验来看,美国证券业自律(美国证券商协会、纽约证券交易所)等组织设立的证券仲裁机构在解决证券业纠纷中取得了巨大成功,有数据表明这种机构解决了 90% 以上的证券业纠纷。我国台湾证券投资人及期货交易人保护中心也承担者协助投资人提起证券仲裁的职能,解决了大量纠纷。他们共同特征是监管当局行业自律组织发挥主导作用,体现了证券仲裁的高度专业性。国内的劳动仲裁做法也非常成功,成为人们解决劳动争议纠纷时的首选机制。这说明了仲裁制度在处理资本市场纠纷的可行性,需要的是要改革现行的仲裁体制,完善相应机构和配套制度,使仲裁的优势能充分发挥出来。

四是诉讼案件不多,诉讼类型以因虚假陈述索赔为主。根据我们从长沙市中院了解到的情况,2011 年至今,该院共审理投资者起诉上市公司的案件 160 起,涉及 4 家上市公司,其中 2 家公司通过判决结案,2 家公司以调解结案;证券期货交易纠纷(长沙市中院受理资金门槛是 800 万元以上)5 起,3 起是投资者与证券公司虚假委托、理财产品的纠纷,2 起期货公司强行平仓的纠纷。

五是仲调、诉调对接机制尚未建立。调解与仲裁、诉讼对接,是一个双向对接的过程,既包括仲裁、诉讼受理后移交调解部门先行调解,也包括调解成功后由仲裁、司法确认强制执行效力或调解不成移交仲裁诉讼解决纠纷，两者如能顺畅对接，对于纠纷的解决无疑大有帮助。但从辖区的实际情况来看，尽管近年我们已多次与长沙市中院接触，探讨建立诉调对接机制，但对方认为他们近年来受理的证券类案件数量不多，对建立诉调对接机制的意愿并不是十分迫切。长沙市仲裁委很希望能与我们建立仲调对接机制，不过目前尚无一例对接案例。与之形成对比的是，从投资者服务中心了解到的信息，上海市中院对于建立诉调对接机制非常积极主动，这主要得益于上海诉讼案件多、审判机关愿意分流案件，可见地域差异是影响对接的重要因素。

六是我国香港和台湾地区金融纠纷解决机制提供了有益借鉴。香港2008年金融危机后，因雷曼兄弟倒闭，引发"迷你债"事件，众多香港投资人维权困难，可能需要经过多年时间、付出高昂费用才可能获得赔偿。鉴于此，2011年11月，香港财政事务及库务局牵头组建金融调解中心，2012年6月，调解中心正式运作，由香港特区政府、财政事务及库务局、金管局及证监会共同支付费用及前三年运作费用，三年后由金融机构按公正、公正的方式共同分担运作费用。调解中心实行"用者自负"原则，为避免金融消费者滥用申诉权，向投诉者收取200至10000港元不等费用。调解范围为除保险合约以外的其他金融合约纠纷，标的金额不超过50万港元，基本处理方式是自愿申请、居中协调、先调解后仲裁、"一裁终局"。

我国台湾地区依据2011年6月通过的《金融消费保护法》，于2011年12月成立了"金融消费争议处理机构"，一般民众的金融消费（包括证券、保险、银行三个方面），都可以向该机构提出申诉，争议处理费用由业者负担，其纠纷先行调解，调解不成由该机构进行评议，金融机构必须接受一定金额以下（证券期货业投资产品为100万台币）评议结果，不得转向民事诉讼或仲裁。金融消费争议处理机构的评议结果具有类似民事判决效力。评议不成还可以提起民事诉讼，可见其评议程序与仲裁程序有所区别。

三、证券期货多元化纠纷解决机制的构建设想

为维护好投资者尤其是中小投资者的合法权益，化解湖南辖区资本市场高发不下的证券纠纷，亟待建立符合辖区实际需要的多元化纠纷解决机制。考虑到辖区现行情况，借鉴国际和港台地区做法，可考虑分为两个阶段进行多元化机制建设：第一阶段构建以调解为重点的证券业多元化纠纷解决机制，兼顾仲裁、诉讼，即整合现有各方调解力量，引入第三方援助，大力发展调解模式，优化调解职能，以调解作为化解矛盾纠纷的第一道防线，兼顾对接仲裁、诉讼来解决剩余纠纷；第二阶段即在将来条件具备时，再与国际发达资本市场接轨，形成调解、仲裁和诉讼并重局面，引导投资者根据自身实际情况选择最佳途径解决纷争。

（一）当前应重点引导当事人通过调解方式解决纠纷

因为调解具有低成本、非公开、高效率等优势。我们从实地调研了解到，对中小投资者而言，他们不愿意选择仲裁和诉讼原因包括：要支付一定的仲裁或起诉费用，一般是按标的额比例收费；费时费力，要履行维权程序都需要较长时间；自身不懂法律导致维权困难，聘请律师又要增加维权成本支出。而调解的公益性决定其一般不收取费用。投资者认为调解机制组织建立太有必要了，主要担心的是市场机构对于调解结果是否买账。对市场机构而言，愿意参与调解的原因多来自于"省时省力"，同时希望调解结果影响最小化，以利于保护当事人商业秘密。不同于法院公开审理的方式，调解主持人可由双方协商确定，对行业比较了解，能做好保密工作。和诉讼和仲裁相比，调解可以绕开各种复杂程序规定和前置调解，而且可以规定要在一定期限内完成，解决纠纷具有较高时效性。因此，无论是从当事人角度，还是从维护资本市场和谐稳定发展角度，都应当搭建平台、畅通机制，引导当事人通过调解解决纠纷。

1. 调解路径分析和模式选择

现行证券期货业调解除了行业协会调解之外，另有深圳为代表与仲裁委合作的调解模式，以及人民调解委员会模式。我们对两种模式均进行了实地调研。

(1)与仲裁合作调解模式分析。除深圳的证券期货业纠纷调解中心外,与此类似的还有福州仲裁委员会证券期货仲裁中心,宁波证券期货仲裁中心等。这种模式是由仲裁主导建立并提供免费调解,如调解不成再转入仲裁,为现有行政监管与诉讼之外寻求替代性纠纷解决机制提供了有益借鉴。但这种模式存在的问题是案源过少、缺乏经费、受理范围过窄(暂时不包括实践中较为常见的上市公司和投资者之间的证券虚假陈述责任纠纷等),导致难以顺利持续发展。如深圳调解中心从 2013 年 9 月成立至 2014 年 5 月,仅受理并成功调解两起纠纷,且均为深圳证监局通过信访受理所移送。上述当地仲裁机构着眼长远且实力较强,在运作前期为树立仲裁品牌、扩大其影响力而愿意开展公益性的调解,目的在于扩大仲裁业务来源,尤其是如上市公司虚假陈述类型的大额纠纷。但内地仲裁机构整体实力相对要弱,很难有能力先期独立开展公益调解,因此深圳模式可能并不适用中西部经济欠发达地区。我们与长沙仲裁委员会有过多次接触,他们对案源数量、案件类型、盈利模式十分关注,而对于公益性的纠纷调解积极性并不高,原因正是如此。

(2)人民调解委员会模式分析。此种模式依据《人民调解法》设立,通过人民调解委员会来实施调解职能。行业调解可选用人民调解模式,由行业协会根据“谁设立、谁保障”的原则,到所在区司法局备案审批即可成立,接受司法部门的指导。人民调解委员会属民间社团组织性质,人民调解具有免费、便捷、不伤和气的优点。今年 10 月,天津市证券业纠纷人民调解委员会挂牌成立,办公机构设在天津市证券业协会,实际运行情况还不明朗。而从湖南省司法厅了解到,湖南省一年人民调解纠纷案件 40 多万起,调解成功率 98% 以上,其中只有不到 2% 的案件去申请司法确认。从湖南保监局和保险业协会了解到的情况,于 2008 年成立的保险业行业调解组织在 2013 年 1 月变更为“湖南省保险业人民调解委员会”。变更之后有几大变化:一是法律依据更加充分,以前行业调解仅有《保险法》规范,变更之后接受人民调解法规范,由司法部门指导、培训、考试认证。依据人民调解法规定,调解协议生效后三十日内可向法院申请司法确认,使得此类调解效能得到大大强化。二是调解范围扩大,以前协会只调解保险合同纠纷,人民调解委员会可以调解所有的保险业矛盾纠纷。三是公信力显著增强、受理案件激增、效果明显。变更之前的 2008 - 2011 年受理案件数量分别为 1 件、10 件、11 件、41 件,调解成功率 70% 以上;变更之后 2013 年受理案件 139 件,今年 1 月至 10 月底受理案件 190 件,调解成功率 82% 。人民调解促进了矛盾纠纷化解,但是也存在一些问题。一是受到司法部门制约,人民调解工作要接受司法部门指导和管理,对调解流程、调解制度、调解场地、调解人员等均有统一的要求,工作协调难度较大,与我们行业监管部门主导的多元化调解思路可能会存在冲突。二是调解员专业水平有待提高,尤其对重大复杂纠纷的调解,既需要较高的证券法律专业水平,还需要有良好的调解技巧。三是工作经费缺乏保障,由于调解是免费模式,人员工资、场地租金以及调解报酬(200 元每单)等一年大约 40 多万元费用直接从保险业协会会费开支,不利于调解工作长远持续开展。

2. 建立纠纷调解平台和机制要从实际出发。一是考虑案源数量和经济发展水平,深圳与仲裁合作模式现阶段不适用于湖南辖区。前文已述,与深圳、宁波、福州等经济发达地区相比,长沙仲裁委对案件数量、类型、调解费用均有更高的要求,如果在湖南辖区建立仲裁调解平台,可能会与国九条提倡的“开展专业调解,为中小投资者提供免费服务”精神不符。二是行业人民调解模式对场地、专职和兼职调解员资格、经费都有很高的要求,而且多部门领导存在工作协调难度大等问题,可能并不适合湖南辖区资本市场。三是要充分利用证券期货行业的优势,寻求与第三方合作,谋求调解模式的突破口。与银行、保险行业不同的是,证券期货业有几大交易场所及登记结算机构,其近年由交易所投资成立几家会管公司,其中如新近成立的投资者服务中心,注册资本达 30 亿元,资金实力充沛;其主要职能即包括投资者纠纷调解和投资者教育,截至 11 月 15 日,该中心已经成功调解 55 例证券纠纷案件,除了 2 例系证券期货经营机构与投资者纠纷,其余均是投资者与上市公司虚假陈述索赔类案件,案件来源于当地法院移交调解。因此,我们可以寻求与其合作,实现优势互补。

3. 建议分阶段建设辖区多元化纠纷调解平台。第一阶段整合三家协会分散的资源,在现有的场地、调解力量等基础上,联合投资者服务中心,成立“资本市场中小投资者(湖南)服务中心”(以下简称湖南中心),湖南中心仅向中小投资者提供免费公益服务,主要服务职能为纠纷调解和投资者教育两项。中心借助投资者服务中心的资金和专业优势,日常调解及投教工作仍由三家协会原有人员承担。前期在搭建平台、理顺流程,充实调解人员力量基础上,以个案方式开展案件调解、宣传推广工作。为保证新平台的平稳运行,弥补以往行业调解的不足,应采取以下措施:一是要加强监督管理,该中心由湖南局及投资者服务中心监督,确保调解工作的公正性,调解协议事后应向投资者服务中心报备,湖南局对其调解工作进行检查督导;二是提供充足的经费来源,除由现在三家协会提供部分经费支持外,另由投资者服务中心每年提供一定费用补充;三是提供高水平调解服务,建立一支高水平的调解员队伍,在现有调解员基础上补充调整一批调解员,由投资者服务中心统一进行培训、指导,复杂案件由该中心提供专业人员援助;四是充分调动调解工作积极性,经调解达成调解协议的,给予调解员一定的调解补助(建议每单200元),此外,投资者服务中心每年所补充的费用视调解中心工作完成情况分批支付、按年核定;五是加强对新调解机构的宣传力度,组织辖区市场经营主体、联合媒体对新机构进行多种形式的宣传,让投资者充分了解调解的优势、公正性、运作情况,引导纠纷双方主动选择调解模式解决纠纷。第二阶段即总结梳理经验基础上,时机成熟时,再成立独立法人组织,组织形式可选择事业单位、民办非企业法人等模式,视前期运作情况再定。

(二)改革完善现有仲裁体制和规则,探索成立行业仲裁机构

从前文可以看出,现在仲裁体制还存在种种不足,导致通过仲裁解决证券纠纷的寥寥无几,而证券纠纷的复杂性与重要性日益明显,使加大仲裁介入力度势在必行。建议从以下三个方面入手改善仲裁解决证券期货纠纷机制:一是建立行业仲裁规则。建议由国务院法制办牵头,会同证监会、证券、期货、基金等行业协会、中国国际经济贸易仲裁委等仲裁机构、沪深证券交易所等相关部门,组织制定符合证券期货争议行业性强、技术性高、时间要求短等特点的《证券期货仲裁示范规则》,通过制度创新方式,用行业仲裁示范规则,来指导仲裁实践。二是扩大对仲裁方式的宣传。督促各行业协会和市场主体加大对仲裁机制、成功案例的宣传力度,让投资者认识到行业仲裁解决纠纷的优势、提高对仲裁公信力的认可。三是以立法推动证券期货仲裁业发展。从顶层设计上角度来看,很有必要通过修改《仲裁法》等法规的方法,探索建立专业的证券行业仲裁机构,通过立法保障仲裁机构的公信力,提高仲裁的专业性。

(三)进一步解决民事诉讼面临的困难。一是拓宽诉讼受理范围

依据最高法的现有规定,对于证券民事赔偿案,目前仅限受理因虚假陈述引起的民事侵权纠纷,对于其他证券期货违法行为,如内幕交易、市场操纵,董监高侵犯上市公司合法权益等民事纠纷尚不能进入司法程序,而目前证券市场虚假陈述以外的违法行为猖獗,司法救济作为民事侵权赔偿的最后解决途径,应当予以保障,因此建议由证监会会同最高院尽快推出法院受理其他类型证券违法行为民事诉讼案件的细则出台。二是改善诉讼形式。根据最高院的相关规定,法院在审理证券民事纠纷案件中,原告可以选择单独诉讼或共同诉讼方式提起诉讼。但对于共同诉讼,原告人数应当在开庭前确定、排除了人数不确定的代表人诉讼、适用“选择加入”规则(即要求各个受害者成为共同参加到诉讼中来,成为诉讼当事人)、烦琐的开庭前登记程序等均不便于众多受害者通过诉讼来维权。因此,证监会应建议最高院克服上述诉讼制度所存在的困难,采取鼓励通过诉讼维权立场,通过改造代表人诉讼的适用范围、扩大代表人的权能、修改权利登记制度等,以期能提高投资者通过诉讼维护自身合法权益。三是推动出台集团诉讼制度。集团诉讼是指允许一人或数人代表其他具有共同利害关系的人提起诉讼,诉讼的裁决对所有共同利益人有效,而不受共同利益人是否参与到诉讼影响。该制度发源于英国,在美国得到了极大发展,形成了对美国证券违法行为的强大监督,是一项对维护投资

者的合法权益、遏制证券违法行为极为有效的法律制度,对我国而言具有重要借鉴意义,建议在将来条件成熟时,由证监会推动此项法律制度的出台。

(湖南证监局供稿)

广东证监局加强中小投资者保护工作总结

一、落实国办发〔2013〕110号文件主要工作情况

国务院办公厅《关于进一步加强资本市场中小投资者合法权益保护工作的意见》(国办发〔2013〕110号,以下简称《意见》)出台后,广东局高度重视,将落实《意见》精神作为全局工作的重中之重,全面部署,逐项跟进,狠抓落实,辖区投资者保护(以下简称"投保")工作取得明显成效。

(一)积极响应,全面部署落实《意见》各项要求

一是明确贯彻执行《意见》的各项工作任务。《意见》出台后,广东局立即召开局长办公会议,就辖区落实《意见》精神作出具体部署,明确将完善中小投资者投票机制、加强上市公司现金分红和承诺履行监管、建立证券纠纷多元化解决机制、开展投保专项检查等23项工作列为全局重点工作,由局领导牵头督办、对口处室限期落实。二是明确市场经营主体落实《意见》的具体要求。向辖区上市公司、证券期货经营机构发文,从加强学习宣传、做好适当性管理和投资者教育、切实保障投资者权利以及依法赔偿投资者损失等四大方面提出十六项具体工作要求,要求各单位进一步完善保护机制,加大资源投入,规范执业行为,切实做好投保工作。三是建立投保专员工作制度。印发《广东辖区证券基金期货经营机构投资者保护专员工作指引》,指导各机构按要求设立投保专员,明确投保专员应组织协调做好《意见》规定的各项投保工作,形成既有部门牵头、专人负责又有分工协作的投保工作机制。目前,辖区16家证券基金期货法人机构以及400余家异地分支机构均按要求设立投保专员并建立了投保专员工作制度。

(二)加强宣传,引导市场主体学习掌握《意见》内涵

一是先后在广州、湛江、汕头举办投资者合法权益保护专题培训7期,讲解落实《意见》的工作要求,参会的上市公司高管和证券期货从业人员累计2443人,每期培训结束后还对全体学员学习掌握《意见》情况进行测试。二是向辖区市场经营主体印发《证券期货法制工作通讯》投保专刊3期,对《意见》的具体内容、投保相关法规、投资者维权援助事项进行解读和宣传。三是分别召开辖区证券、期货投资者代表座谈会,向到会的50余名机构和个人投资者代表介绍《意见》精神和证监会出台的配套政策措施,并就进一步加强市场建设和投保工作深入听取意见和建议。四是通过各证券基金期货经营机构手机短信平台、证券交易软件终端等投保公益信息传播渠道,定期向投资者发送介绍《意见》主要措施的公益信息,投资者累计接收达2500余万人次,信息内容主要包括鼓励行使投票权、通过机构参与证券市场、选择调解仲裁方式解决证券纠纷等。五是通过媒体宣传国办《意见》。侯外林局长在《中国证券报》等媒体发表署名文章《不断强化中小投资者合法权益保护工作》,对《意见》出台的重要意义和主要内容进行深度解读,并从完善投保工作机制、加强监管执法等方面提出了5项贯彻落实《意见》的具体措施。

(三)严格督导,推动各机构切实加强适当性管理工作

一是明确适当性管理要求。发文向各类机构重申有关做好合理划分金融产品风险等级、科学开展风险测评、认真做好风险提示以及加强客户信息管理等方面的规定。二是开展以适

当性管理为重点的专项现场检查。2014 年度累计开展投保工作专项检查 7 家次、创新产品和业务专项检查 29 家次、证券营销行为专项检查 10 家次,并首次将现场检查范围拓展至证券基金期货等各类法人机构,检查中重点关注融资融券、代销金融产品等高风险业务适当性管理情况,对存在客户风险评估流程不健全、风险提示不到位等问题的机构发文要求整改,对存在违法违规行为的机构依法采取行政监管措施。三是公示金融产品风险评级的相关信息。指导广东证券期货业协会建立证券公司分支机构信息公示平台,要求各机构实时登录填报金融产品名称、收益类型、风险评级等信息,方便投资者随时查询核实,防止金融欺诈。截至年底,辖区证券经营机构已在该平台公示 4656 条金融产品信息。四是强化对适当性违规行为的问责。2014 年度先后对存在误导投资者、未按要求揭示风险等违规行为的广州越声理财咨询公司、广州万隆咨询顾问公司采取责令改正的监管措施,对存在适当性管理缺位、经纪人管理不规范等违规行为的中投证券广州天河路营业部、方正证券广州兴盛路营业部分别采取责令改正和出具警示函的监管措施。

在广东局督导下,辖区各类机构适当性管理工作基本规范,2014 年全年未发生因适当性管理不当引发投资者权益受损且未得到及时有效解决的情况。

(四)多方推动,切实保障上市公司中小投资者知情权、参与权、回报权

一是督促上市公司明确分红政策。要求辖区上市公司按照国办《意见》和《上市公司监管指引第 3 号——上市公司现金分红》等文件要求对公司章程和相关制度进行自查和修订,明确分红政策。截至 2014 年底,辖区全部 199 家公司均已在章程或有关制度中补充或明确了分红条款。推动上市公司提高现金分红水平,对上市公司不履行分红承诺、符合条件但多年未分红等情况坚持零容忍,一旦发现违规即采取现场检查、责令整改并公开披露等监管措施。在广东局督导下,2014 年辖区实施现金分红的公司达 153 家,分红总额 242.31 亿元,同比分别增长 3.38% 和 33.27%。在日常监管中加强交流指导,引导上市公司优化利润分配结构,2014 年辖区有 4 家公司发放股票股利,3 家公司推出股份回购计划,回报投资者的渠道日趋多元化。二是加强对承诺相关方履行承诺的监管。梳理掌握辖区上市公司相关承诺及履行情况,将其中 32 家上市公司的 42 项尚在履行期限内的承诺事项列为重点跟踪对象,对 5 家公司的承诺相关方因业绩不达标触发补偿承诺采取监管措施;督促存在不规范承诺和超期未履行承诺的相关方规范承诺内容,包括约见博元投资、东华实业等上市公司承诺相关方谈话 10 家次,向相关上市公司及其控股股东下发监管函 4 份。针对部分因特殊原因未履行承诺的情形,派员深入一线了解情况,认真倾听市场主体的实际困难,积极协调有关部门,督促推进承诺履行。在广东局督导下,辖区上市公司相关承诺方的 7 项超期未履行承诺和 10 项不合规承诺均在规定的期限内全部完成整改,承诺履行情况总体良好。三是持续关注和督促提高上市公司信息披露质量。结合 192 家上市公司年报审核情况,对 23 家上市公司开展年报现场检查,对 40 家公司进行投保工作专项检查。对检查中发现的信息披露不公平等问题,向 19 家上市公司下发监管关注函,对东华实业信息披露违规事项出具警示函,对博元投资信息披露涉嫌违法违规事项立案调查。开展上市公司披露信息和相关情况的集中公示,在广东上市公司协会网站"上市公司诚信信息专栏"集中公示上市公司公开承诺履行情况和投诉处理工作制度流程等诚信信息,方便中小投资者查阅。四是采取多种措施保障中小投资者参与权。如在投保专项检查中,将重大事项中小投资者单独计票、网络投票以及投票征集制度建设和落实等 4 项指标列为检查内容,将检查发现的累积投票制度、投票征集制度不完善的东方宾馆、美达股份等 8 家公司列为日常监管重点跟踪对象;对年报现场检查发现存在股东大会表决或计票程序不规范、股东大会记录与实际不符、重大决策未按规定经股东大会审批等问题的南方风机、星河生物等 5 家公司下发监管关注函。开展专题培训交流,指导广东上市公司协会举办上市公司证券实务培训暨经验交流会,邀请深圳证券信息公司有关负责人讲解投资者关系互动平台和网络投票应用实务,引导和帮助上市公司为中小投资者依法行权创造条件。加强对中小投资者行权的提示,通过辖区机构证券交

易软件、手机短信平台、官方微信微博等渠道,先后向投资者发送关于鼓励参与网络投票、依法行使股东权利、便捷查询披露信息等内容的公益信息5条,覆盖投资者超过2000万人次。

在广东局督导下,辖区中小投资者参与权保障水平不断提高。据统计,在被抽查的145家上市公司中,2014年6月全面推行股东大会网络投票以来,在209次股东大会采用了网络投票方式,占所有股东大会的比例高达88.6%;2014年以来,分别有66家、132家、72家公司建立中小投资者单独计票制度、累积投票制度和征集投票制度;各上市公司在198次股东大会审议影响中小投资者利益的重大事项时,实施了中小投资者单独计票并予以公告。

(五)丰富渠道,建立健全辖区证券纠纷多元化解决机制

一是推动市场经营主体完善机制,落实投诉处理首要责任。向辖区上市公司和证券期货经营机构分别印发完善投诉处理工作的通知及指引,督促指导各单位健全组织机构、完善工作制度、加强考核评价,全面落实投诉处理工作责任制。截至2014年年底,辖区全部上市公司和证券期货经营机构均建立完善了投诉处理工作制度,并在广东资本市场网集中公示。要求各证券期货经营机构对重大复杂案件实行“负责人包案”,通过相关机构董事长包案,促成缠访近十年的杨某、方某有关证券期货投诉纠纷得到圆满解决,做到案结事了。建立信访投诉事项通报机制,系统梳理辖区2013年投诉情况,向涉及投诉较多的52家证券营业部所属的7家证券公司总部发函通报,督促相关机构对投诉事项逐一核实、处置和问责,并从完善业务流程、改进信息系统、健全纠纷解决机制等方面进行整改。二是发挥第三方机构作用,构建调解仲裁等投资者维权机制。建立信调对接机制,推动指导广东证券期货业协会、上市公司协会开通“证券期货纠纷处理热线”,对涉及经济诉求的证券期货信访投诉,引导投资者直接向行业协会申请调解。2014年度已成功调解证券期货纠纷211件,投资者获赔金额近百万元。建立诉调对接机制,联合广东证券期货业协会与广州市中级人民法院签署了《证券期货纠纷诉调对接合作备忘录》,印发广州各区、县级市法院及辖区各证券期货经营机构实施,明确诉前调解、诉中调解的具体方式和调解协议申请司法确认的流程,实现诉调无缝对接。建立信仲对接机制,积极支持广州仲裁委员会设立广州金融仲裁院,开展包括证券期货纠纷在内的各类金融纠纷专业仲裁服务。推动指导辖区机构在证券期货业务合同中完善仲裁条款,规范争议解决方式,就近择优选择仲裁机构。组织召开仲裁座谈会,帮助辖区机构与广州金融仲裁院建立沟通渠道。目前,辖区各机构均以修订协议或补充协议的方式在各类合同文本中加入或更新仲裁条款。三是积极配合司法机关工作,支持投资者维权诉讼。多次与受案法院研究讨论辖区上市公司佛山照明、美达股份虚假陈述案投资者损失赔偿标准,并协调具有相关经验的证券公司利用计算机软件,配合法院计算1300余名起诉人的损失金额。2014年11月,广州中院对首批930起案件作出一审判决,判令佛山照明赔偿投资者损失共计5931万元。

(六)积极探索,推动建立辖区中小投资者赔偿机制

为有效补偿因市场经营主体违规或失误等给投资者合法权益造成的损失,广东局推动辖区广发证券、广州期货等4家法人机构修订相关制度,扩大风险准备金赔偿投资者的范围。在广东局推动下,辖区主动赔偿投资者的成功案例日益增多,如辖区某证券公司因适当性管理不到位,主动向120名投资者补偿105万元;某异地证券公司因其广东中山小榄营业部的员工欺诈投资者,先行支付近1800万元赔偿款。

(七)加大力度,坚决查处和纠正损害中小投资者合法权益的违法行为

一是严厉打击证券期货违法侵权行为。2014年以来,广东局不断充实稽查执法人员,将6名新招录人员全部充实到稽查处室,目前广东局稽查执法人员达45人,占全局在编人员的近三分之一。加强稽查执法信息化建设,制订稽查电子取证工作规程等制度,建立快速立案和案件分类管理机制,提升查审效率。完善日常监管处室与稽查处室执法情况双向沟通机制,拓宽案件线索来源。深化与公安、通信等部门的执法协作,健全个人户籍信息和通信信息查询协作机制,改善执法环境。截至目前,共主办虚假信息披露、内幕交易、欺诈发行、中介机构未勤勉尽责等各类案件49起,其中自办案件

17起，已办结37起，另协查案件34起，均为史上同期最多。通过采取责令公开说明的行政监管措施，督促博元投资及时公开披露涉嫌违法违规情况，主动向市场揭示风险。对9起上市公司虚假陈述、内幕交易、超比例减持公司股份、法人非法利用他人账户买卖证券、非法证券投资咨询等案件作出行政处罚，罚没款金额共计2332万元，全部及时执行到位。二是重拳整治非法证券期货活动。2014年度共现场摸查“涉非”机构经营场所16家次，向公安机关移送非法证券案件线索4宗，协调配合公安机关侦破非法证券案件2宗，抓获犯罪嫌疑人26人，涉案金额达400多万元。在各方共同努力下，辖区非法证券活动高发的势头得到有效遏制，2014年以来，广东局收到的各类“涉非”投诉举报仅21件，同比下降85%。三是深入推进部门间打非执法协作。积极推动广东省通信管理局将“涉非”短信纳入垃圾短信集中整治范围，协调电信运营商关停一批“涉非”短信群发端口，从源头上压缩非法证券活动信息传播空间。加强与公检法等部门之间的协作，推动公安机关对以拨打电话、群发短信方式为主的非法证券案件以“电信诈骗罪”立案查处。会同省委宣传部、省金融办等单位对辖区17家交易场所进行检查，协调省清理整顿各类交易场所工作领导小组办公室督促存在问题的交易场所进行整改。

（八）创新方式，不断提高投资者教育的覆盖面和影响力

一是组织市场机构开展投资者教育主题宣传活动。开展证券期货纠纷调解主题宣传活动，将辖区“3·15”宣传活动主题确定为“宣传调解制度，化解证券期货纠纷”。在多家证券媒体以及各证券机构网站首页、营业场所等发布调解工作公告，定期编制宣传公益信息和宣传标语，通过各机构手机短信平台、网站首页、营业场所投教园地等途径广泛传播。面向不同领域投资者开展专题宣传活动，包括面向基金投资者开展以理性对待互联网营销为主题的“基金大讲堂”活动，面向期货投资者开展豆粕期权和期货期权业务培训班，面向全体投资者开展以弘扬法治精神为主题的“12·4”国家宪法日宣传活动等。在上述活动中，广东局指导辖区各类机构，通过现场讲座、户外宣传、媒体专栏等方式，向广大投资者普及知识、提示风险，累计开展现场活动16场，发放宣传材料4.1万册。二是借助媒体持续做好日常宣传教育。包括编写投资风险警示语，联系广东电视台和广州广播电视台在全年的证券电视节目中滚动播出；指导广东证券期货业协会在广东电台“财经927”节目中开设投资者教育公益专栏，组织业内专家通过专栏传播投资知识和理念，引导投资者理性投资，节目累计播放达253集；联合《南方日报》、《证券时报》等平面媒体开展新三板业务专题宣传，先后刊发专题文章10余篇。三是组织制作和投放投资者教育产品。建立辖区投保公益信息发布制度，该制度明确依托证券交易软件终端、手机短信、微信等平台，定期向投资者发送风险提示和法规政策信息，建立覆盖全辖区证券、期货、基金投资者的公益信息网络。全年广东局共编写并发布公益信息26条，投资者累计接收超过9000万人次。做好港股通专题投教产品的制作和投放工作，编印港股通宣传折页15万册、编写专题公益信息8条，分别通过证券期货机构营业场所和短信平台等途径投放，向投资者介绍沪港两地股票交易制度差异和港股通业务主要风险。与广州市天河区经侦大队联合印制和张贴、发放防范证券期货诈骗活动的宣传海报。四是探索推动投资者教育纳入国民教育体系。积极推动广东省政府和省教育主管部门支持在广州市启动中小学金融证券理财知识教育试点工作，联合广州市教育局组织编写适用于中小学生的金融证券理财知识教材。

（九）统筹协调，初步形成投资者综合保护体系

一是加强与地方政府的投保协作。推动广东省政府出台贯彻落实《意见》精神的通知，从规范国有上市公司治理、加强内幕信息管理、完善行刑衔接机制、建立联合打非机制、推动投资者教育纳入国民教育等方面，对各地政府及有关部门做好投保工作提出明确要求，形成辖区各方齐抓共管、协调配合的投保工作局面。联合广电主管部门开展广播电视证券节目监测和公示工作，全年共审核公示67项证券节目备案材料。二是建立常态化投资者沟通交流机制。分别召开证券期货投资者座谈会2场，并以资本市场重大政策为主题开展投资者在线调查，

深入了解辖区投资者对新股发行制度改革、上市公司分红、沪港通等重大政策的看法和意见,参与投资者达1300多人次。三是开展《意见》所涉投保工作领域的基础性研究工作。2014年度先后开展涉及保障投资者知情权和回报权、加强适当性和投资者关系管理以及完善信访投诉机制等主题的专题调研,并向会投保局报送研究报告7篇,其中《关于进一步完善股份回购制度增强回报投资者作用的调研报告》深入分析了我国股份回购制度现状和发展的制约因素,并从扩大适用范围、明确法律地位、简化决策程序等6方面提出了具有创新性的政策建议,得到肖钢主席批示肯定。

二、下一步开展投保工作的有关思路

总体来看,广东局投保工作在会投保局的指导和局党委的领导下取得了较好的成效,辖区投资者对监管部门的满意度日益提高。但广东局也认识到,投保工作是一项系统性、长期性工程,需要上下齐心、坚持不懈地努力与探索。辖区投保工作与市场的期待相比还存在差距和不足,存在的问题主要有:在落实层面,上市公司信息披露违法违规行为时有发生,公司利润分配政策尤其是现金分红政策尚需进一步完善;证券基金期货经营机构在适当性管理、营销行为、资产管理等方面还存在个别侵害投资者利益的情形;信访投诉处理的满意度虽然高达95%以上,但辖区行业自律组织介入上市公司虚假陈述民事赔偿调解工作未取得实质性进展。在制度建设方面,有关投保的立法工作尚需进一步完善;对现金分红持续稳定的上市公司在监管政策上给予扶持、中小投资者单独计票等具体措施不够明确;证券期货基金经营机构利用风险准备金完善自主救济机制缺乏操作指引,等等。2015年,广东局将继续深入贯彻落实《意见》精神,结合辖区实际和当前投保工作存在的问题,不等不靠,不断创新工作思路,推动辖区投保工作更上层楼。

(一)积极配合证监会做好有关投保的立法工作

一是紧紧围绕证券法修订、期货法制定等重大资本市场立法工作,充分发挥派出机构贴近投资者、贴近市场的优势,主动向有关立法部门反映投保的各项制度需求,为资本市场基础性立法建言献计。二是配合做好投保专项立法工作。认真对照国办《意见》的各项要求,在充分研究论证的基础上,对《证券期货投资者适当性管理办法》、《关于进一步优化首次公开发行股票、再融资和重大资产重组中投资回报机制的规定》、《证券期货业市场投资者投诉处理管理暂行办法》等规章制度提出可行的立法意见建议。

(二)强化机构投保工作的主体责任

一是在2014年专项现场检查的基础上,进一步扩大检查范围,以投资者适当性管理、投资者教育和信访投诉核查为关注重点,通过检查督促辖区各类机构不断提高投保工作水平。二是进一步健全辖区投保专员工作机制,加强投保专员培训交流,切实提高其履职能力、优化履职环境,强化各机构投保工作的内部责任制。三是探索开展市场经营主体投保工作动态监测,建立有关指标体系,对辖区内上市公司、证券期货经营机构的投保工作情况和各项法律法规及政策实施效果进行综合评估和专项评估,结合评估结果对市场经营主体投保工作开展动态指导。

(三)大力推动上市公司健全中小投资者权益保障机制

继续督促上市公司进一步完善利润分配政策和分配决策程序,全面推动实行股东大会网络投票,建立中小投资者单独计票制度,以投资者需求为导向披露公司信息。落实舆情信息监控和快速响应机制,及时发现和处理违规问题,切实保障投资者合法权益。

(四)不断探索健全投资者维权援助机制

一是建设辖区证券期货投资者服务和调解组织。发挥广东证券期货业协会优势,建立投资者服务和证券期货纠纷调解中心,向投资者提供纠纷调解、咨询等综合性服务,降低投资者维权成本,有效化解各种矛盾风险隐患。二是推动完善中小投资者赔偿机制。在现有政策框架下,推动辖区相关机构利用计提的风险准备金依法赔偿投资者损失。在案件调查和审理中,督促违法违规的责任主体赔偿权益受损的投资者。三是在案件调查审理中,督促有关违法违规的责任主体主动赔偿权益受损的投资者。四是在与广州中院签订诉调对接备忘录的基础上,进一步推动与广东省高级人民法院建立相关机制,将诉调对接的经验推广到广东省其他地区。

（五）继续深入开展投资者教育活动

一是根据市场发展开展专题教育。紧密结合沪港通、新退市制度、股票期权、股票发行注册制改革等资本市场重大政策和创新业务推出情况，积极组织辖区有关证券基金期货机构通过网络和现场讲解培训、制作和投放教育产品等多种方式开展投资者教育专题活动，帮助广大投资者充分理解新业务、新政策，提高投资者对新业务、新政策的认知水平。二是力争完成金融证券理财知识纳入国民义务教育体系工作。继续加强与教育部门的协作，在广州市逐步拓宽中小学金融证券理财知识教育先行试点范围，通过基础教育普及金融知识，培育合格、理性的金融消费者。

（广东证监局供稿）

中国证券业协会参与整非、打非工作专项报告

为做好投资者保护工作，近年来，协会积极组织会员单位参与整治利用网络等媒体从事非法证券活动（以下简称整非）和打击非法证券活动（以下简称打非）。具体情况如下：

一、协会参与、组织整非、打非工作情况

（一）发布工作指引，形成工作机制

2012 年 12 月，协会发布《中国证券业协会会员单位参与整治利用网络等媒体从事非法证券活动工作指引》（以下简称《指引》）。《指引》明确了会员单位参与整非工作的职责和工作机制，要求建立发现机制、处理、报告、警示机制，在各业务环节加强投资者风险提示，并要求公司将整非作为一项持久性工作常抓不懈。2014 年，根据证监会打非局发布《关于进一步加强和改进打击非法证券期货活动工作有关问题的通知》（以下简称《通知》），要求协会将原参与的“整治网络等媒体非法证券活动”扩大为参与“打击非法证券活动”，承担打非工作宣传教育、组织会员单位参与打非等工作，将发现的有关涉非信息移交打非局或地方监管局，并按月提交打非分析报告。按照上述要求，协会及时组织会员单位对打非新形势和新要求进行了培训，将非法证券发行活动和非法区域性股权转让市场纳入日常监测范围，并自 2014 年 10 月起按月度向打非局提交协会参与打非分析报告。

（二）定期公布非法机构黑名单，设置风险提示专栏

按照证监会的要求，自 2012 年 4 月起，协会开始定期在网站公布黑名单。协会成立了黑名单发布与撤销小组，规范发布工作程序。为进一步做好黑名单发布工作，2013 年 5 月，协会建立舆情监测系统，每月排查和监测，为黑名单的定期发布提供技术保障。2014 年，根据《通知》要求，扩大涉非信息监测范围。为便于投资者查询，协会近期进一步改了黑名单发布方式，对涉非信息进行分类，保留了往期发现的尚未关闭的信息。截至 2014 年 12 月底，协会累计公布黑名单 27 期，公示了非法仿冒网页、网站、博客等总计 2700 余个。

同时，协会在官网设置了有关打非工作的专栏，发布黑名单及“投资者风险提示”、“合法机构信息公示”、“证券公司网站 LOGO 链接”等内容，公示典型性的非法证券活动形式。

（三）公布典型案例，组织会员单位开展宣传活动

为保护投资者合法权益，远离非法证券活动，协会于 2013 年起共组织会员单位编写非法证券活动典型案例 14 个，总结了有关非法证券投资咨询、非法证券发行、非法代销金融产品等活动的典型特征和手法，向投资者提示相关风险并告知维权途径。同时，分别于 2013 年 9 月和 2014 年 10 月组织会员单位开展整非、打非宣传月活动，集中揭露不法分子从事非法证券活动的情形，通过协会、会员单位及新闻媒体的大范围宣传。

为提升宣传效果，协会采取了多种宣传形式，制作典型案例 Flash 动漫和宣传手册、宣传

海报等,免费提供给会员在营业场所进行播放和张贴、在公司网站进行展示等。2014年,协会与中国国际广播电台联合推出一档专题栏目——《新财富时间特别节目——真相》。该节目由案例呈现、案例解析、知识普及三部分构成,特邀证券业内资深专家、向听众剖析非法证券活动的表现形式、特征及其危害性,支招投资者如何识别陷阱,避免上当受骗,充分利用了电台传播广,面向大众投资者的传播方式,将打非宣传深入到易受害人群,从而提高打非宣传的针对性和有效性。截至2014年11月底,《真相》节目第一轮共10期首播结束。此外,协会还组织会员单位首次在北京市投放打击非法证券活动公益宣传广告。包括北京T3航站楼、100个社区、地铁各线路、重点区域公交候车亭灯箱、18条线路中的20辆公共汽车,公益广告投放时间为一个月。

为形成打非宣传长效机制,2014年12月15日,协会发布《关于进一步做好参与防范非法证券活动宣传教育工作的通知》,要求证券经营机构按照持续性与阶段性、一般性和针对性相结合的原则,继续做好防范非法证券活动宣传教育工作,持续开展广覆盖、低成本的宣传教育方式,逐步形成宣传长效机制。

(四)处理会员单位及投资者关于非法证券活动信息的举报投诉

协会发布的涉非信息黑名单经会员单位、媒体转载后,起到了较好的提示作用,协会成为投资者举报投诉相关问题的渠道之一。为做好会员单位和投资者的举报投诉处理工作,协会建立相关事项的举报投诉处理机制。2013年至今,协会共受理15例举报。对于会员单位的举报投诉,协会采取在网上公示、进行投资者风险提示等方式进行处理。对于投资者的举报,一般经初步调查后,对举报投诉人员进行回复,并将相关情况转至地方证监局和相关部门,协助投资者维权。

2013年,协会发现大量荐股软件通过一些知名网站进行销售。针对上述违规事项,协会采取"总对总"的方式与提供销售平台的网站直接联系。通过当地协会及证监局请该网站加强对"荐股软件"销售方资质情况的监控,对不具备证券投资咨询业务资格但在销售"荐股软件"的网店予以关闭或下架。今后有该类商品上架时,应向证监会或协会核实销售方是否具备资质。

经多方努力,该网站成立了由多部门组成的专项组,并采取措施进行清理和规范:一是对销售"荐股软件"的网页和商家进行了关闭和清理,当期清除荐股软件商品信息达300余条;二是将"荐股+软件"设置为关键字,纳入日常监控,定期排查删除;三是通过门户网站论坛等形式告知软件类卖家,未经备案的"荐股软件"为违规商品。

2014年,协会共受理5例举报和投诉:西藏同信证券、东北证券、投资者金益成对山西"太原驰马奥信息科技有限公司"投诉、投资者陈传举报T+0双向交易平台"信安金融网"、国信证券举报不法分子利用苹果APP软件假冒该公司名称进行非法证券活动的情况等。

二、证券行业参与整非、打非工作情况

(一)行业整非工作机制初步形成

按照《指引》要求,会员单位建立整非工作机制。根据会员单位的年度报告,截至2013年底,适用于该指引的107家证券公司已全部建立了整非工作制度,初步形成了"发现—处理—警示"的工作机制。其中有93家公司制订了规章制度与工作流程,对公司各部门在参与整非工作中的职责及流程进行了细化和完善,保证整非工作的持续、深入、长效开展。93家公司成立了工作组,负责建立工作制度,明确岗位职责,投入足够的人力、物力和财力,保障整非工作落到实处。

(二)加大宣传力度,行业形成普遍氛围

为提高投资者对非法证券活动识别能力,各会员单位加强风险提示和宣传工作,以多种形式、渠道,定期安排投资者教育活动。通过开展专项宣传活动,向客户揭示非法证券活动风险。

根据2013年会员单位参与整非情况报告,投资者风险提示工作已基本在证券公司业务主要环节体现。在客户开户环节,有经纪业务的95家证券公司完善了风险揭示书,提高客户防范意识。在开立证券账户和资金账户以发放宣传材料等多种方式提醒客户辨别和防范非法证券活动。在证券交易委托和资金存取环节,有86家证券公司以弹出窗口或跑马灯的

方式做出风险提示，提示客户投资者要自觉抵制不当利益的诱惑。在销售金融产品及提供证券投资咨询等服务环节，有90家证券公司通过电子邮件或短信等方式定期提醒客户防范风险。所有107家证券公司在日常回访客户环节中均增加了整非宣传内容，认真做好风险提示工作。

在投资者教育方面，近年来，证券公司举办整非、打非相关的投资者教育专场活动4万余场次，受教育人数超过300万余人次发送防范非法证券活动的提醒短信5千万余条，发放宣传资料50万份。

（三）会员单位参加反钓鱼联盟，关闭仿冒、假冒网站速度加快

为建立证券行业预防和打击仿冒网站的工作机制，形成合力，协会组织会员单位加入中国反钓鱼网站联盟。联盟可协助监测、处置钓鱼网站，借助停止CN域名或非CN域名钓鱼网站解析或警示等手段，及时终止其危害，构建可信网络。目前，所有证券公司及3家证券投资咨询公司、7家基金公司加入反钓鱼网站联盟。

证券公司发现仿冒钓鱼网站后向联盟进行举报，联盟会在第一时间内进行处理。目前，关闭非法网站时间大大缩短，一般从发现、举报到网站被关闭只需要3天左右的时间。

2013年证券公司共发现856个含有非法证券活动信息的网站及网页，有效关闭或屏蔽802个。对于暂时不能关闭的，通过发送手机短信、官网发布公告的方式来提醒投资者。

三、下一步工作安排

（一）结合打非工作新形势，修订《指引》

《指引》运行两年来，对督促会员单位参与整非工作起到了积极作用。随着市场环境变化和打非工作持续推进，协会将根据打非新形势、新要求，组织力量对《指引》进行评估和修订，强化证券经营机构参与打非工作的职责。

（二）进一步完善涉非信息监测，按要求做好涉非信息分析

进一步推动会员单位完善相应的非法证券活动信息的发现机制，协助前端监控，重点针对所在地区的地方媒体进行监测，对于发现的信息及时向协会举报和公示。协会将按照《通知》要求，做好涉非信息分析、报告和移送工作。

（三）推动合法经营机构积极参与打非，守住底线

加强与监管部门和地方协会的协作配合，形成更大的打击合力，提高参与打非工作的有效性。要求各会员单位将“不参与、不支持非法活动，不为非法活动提供任何便利，不为非法经纪业务提供通道”作为打非工作的底线，同时要全面提升服务水平，深入了解客户需求，积极创新业务与产品，努力提升服务质量，广开渠道，不断压缩非法证券活动的生存空间。

（四）推动打非宣传长效化，进一步提升宣传的有效性

持续推动打非宣传工作，将打非宣传月作为常规化内容纳入年度打非工作计划中，同时做好会员单位打非宣传长效机制的建立和推动工作。充分利用会员单位及媒体的宣传优势，全方位、多角度进行打非宣传，注重提升宣传的有效性，将宣传深入社区，并将注重对中老年人等易受骗人群的宣传。

（中国证监业协会供稿）

中证资本市场发展监测中心
关于报价系统建设相关情况的专项报告

2013年2月27日，中证资本市场发展监测中心（以下简称“市场监测中心”）注册成立。2014年6月，证监会批复市场监测中心变更经营范围，专门负责建设和管理机构间私募产品报价与服务系统（以下简称“报价系统”），并授权中国证券业协会（以下简称“协会”）按照市

场化原则管理。2014 年下半年,在证监会的大力支持下协会加快了报价系统的建设工作,多项业务制度陆续发布实施、系统建设有序推进、系统功能不断完善、私募产品发行和柜台市场互联互通等工作取得重要进展,报价系统作为私募市场基础设施功能开始显现。

报价系统是为参与人提供私募产品报价、发行、转让及相关服务的专业化电子平台,是我国多层次资本市场体系的有机组成部分,是私募市场的一项重要基础设施。报价系统定位于私募市场,服务于私募产品的报价、发行和转让,严格区分公募和私募,坚守私募底线;报价系统定位于机构间市场,参与人均为金融机构和专业投资机构;报价系统定位于互联互通市场,打造市场中的市场,建设市场联盟,促进证券公司柜台市场、区域性股权交易市场等市场互联互通;报价系统定位于互联网市场,实行每周 7 天、每天 24 小时不间断运行,全网运营并支持网上信息发布、网上发行、网上签约、网上报价转让等,还提供互联网移动设备等参与路径和工具。报价系统作为我国多层次资本市场体系的底层架构之一,具备私募市场互联互通、私募产品报价、发行与转让、私募产品登记结算、私募机构/产品信息服务等的功能,致力于为金融机构和专业投资机构发展私募业务提供全方位、综合性的服务。

报价系统建设秉持“多元、开放、竞争、包容”的理念。报价系统适应私募市场需要,发展多元的参与人结构、产品体系、发行转让方式和登记结算支付安排;发挥每一个参与人的市场组织能力,向各类市场机构和市场资源充分开放;以竞争促发展,发挥市场在资源配置中的决定性作用;支持创新和允许试错,加强事中事后管理以防控风险,营造包容、有序的市场环境。

报价系统的重要特点是采用参与人制度。参与人的准入遵循开放性原则,参与人类型包括证券公司、基金管理公司、期货公司、私募基金、商业银行、保险机构、信托投资公司、财务公司等金融机构和各类专业投资机构。中国证券业协会、中国证券投资基金业协会、中国期货业协会以及中国上市公司协会会员均可按照自愿原则申请成为报价系统参与人。截至 2014 年 12 月 31 日,共有 229 家机构注册成为报价系统参与人,参与人中证券公司 91 家、私募基金 83 家、区域市场 9 家,公募基金 9 家、银行与信托机构 6 家、期货公司 5 家、咨询公司 17 家,独立基金销售机构等其他类型参与人 9 家。跨行业金融机构等专业投资者通过报价系统开展机构间的私募产品交易,有利于集聚不同行业的资源和优势,更好地开展跨界业务,共同推动私募市场的发展。

报价系统是支持各类私募产品报价、发行转让的一个综合性市场体系。其市场架构包含以下几个部分:包括理财产品、私募基金、私募债务融资工具、资产支持证券等在内的私募产品的发行转让市场;包括私募股权募集转让、并购、众筹在内的私募股权发行转让市场;包括收益互换、场外股票期权等在内的场外衍生品市场;包括支持 FICC 业务在内的场外大宗商品期货合约市场。

报价系统率先实行负面清单制度。为落实国务院关于促进私募市场发展的战略部署及中国证监会的相关要求,报价系统在支持的私募产品种类方面,率先实行负面清单制度,以充分发挥市场的决定性作用。除金融监管部门明确规定必须事前审批、备案的私募产品外,证券公司在报价系统报价、发行、转让的私募产品直接实行事后备案,无须向中国证券业协会申请创新业务(产品)专业评价,为私募产品的创设提供了较大空间。按照私募产品的政策规则清晰度和条件成熟度,报价系统逐步上线了资管产品、收益凭证、私募基金、场外衍生品、证券公司短期债、并购重组私募债、资产支持证券、非公众公司股权/股份等私募产品。截至 2014 年 12 月 31 日,60 家参与人在报价系统共发行资管计划、收益凭证、次级债券、私募基金等产品 351 只,募资规模共计 185.89 亿元。

(中证资本市场发展监测中心供稿)

第八部分　综述评析

2014年证券市场法治述评*

上海证券交易所法律部　资本市场研究所**

摘要:2014年证券市场立法、执法、司法和法治研究扎实推进,证券市场法制建设和法治水平不断提升。"新国九条"颁布,顶层设计逐步释放改革红利,简政放权,全面推进资本市场监管转型。严厉打击资本市场违法违规行为,提高证券市场违法违规成本。创新监管理念和监管方式,提升监管水平。商事审判理念凸显,切实保障资本市场公平底线。围绕证券法修改等主题,深入开展法治研究。

关键词:证券市场、法治、述评

2014年,十八届四中全会通过了《中共中央关于全面推进依法治国若干重大问题的决定》。市场经济是法治经济,资本市场公开、公平、公正的目标与法治的价值理念具有天然的同质性和一致性,一个成熟的资本市场必然是一个高度依赖法治的市场。2014年,"依法治市"、"简政放权"、"监管转型"、"创新监管"等成为资本市场法治主题。

一、规则先行,全面推进"依法治市"和"监管转型"

2014年以来,资本市场更加注重以规则促改革,谋发展,全面推进"依法治市"和"监管转型"。

(一)新"国九条"颁布,资本市场顶层设计释放改革红利

2014年5月9日,《国务院关于进一步促进资本市场健康发展的若干意见》公布,共计九条三十三项(简称"新国九条"),这是2004年《关于推进资本市场改革开放和稳定发展的若干意见》公布十年后,我国资本市场制度建设上具有里程碑意义的又一重大决定,也是贯彻落实党的十八大和十八届二中、三中全会精神,全面深化资本市场改革的纲领性文件。"新国九条"站在经济社会发展全局的高度,从发展多层次股票市场、规范发展债券市场、培育私募市场、推进期货市场建设、提高证券期货服务业竞争力、扩大资本市场开放等多个视角,对新时期资本市场改革、开放、发展和监管等方面进行了统筹规划和总体部署。

(二)行政审批制度改革稳步推进,证监会监管转型加速

长期以来,证券监管机构饱受重审批、轻监管的批评。"监管转型"是2014年资本市场的主题词,证券监管机构应该回到"监管田",而不能只管"审批地",其中,行政审批制度改革是监管转型的基本前提。2002年以来,证监会清理取消的行政审批事项有138项。2014年度,证券监管机构根据《国务院关于取消和下放一批行政审批项目的决定》和有关要求,取

* 本文仅代表执笔人本人观点,与作者所在单位无关。

** 执笔人为武俊桥、刘沛佩、邢梅。武俊桥,法学博士,上海证券交易所法律部员工;刘沛佩、邢梅,法学博士,上海证券交易所博士后科研工作站在站博士后。

消了证券公司借入次级债审批、境外期货业务持证企业年度外汇风险敞口核准以及证券公司专项投资审批3项行政审批项目。各派出机构、交易所、协会和会管单位的审批备案等事项都按业务条线进行了甄别清理。2月12日证监会公布《关于废止部分证券期货规章的决定(第十二批)》,对自成立以来至2013年底期间公布的证券期货规章进行再次清理,再废止22件证券期货规章,并首次公开行政审批事项目录。其中涉及上市公司非公开发行新股核准、证券公司在境外设立、收购或者参股证券经营机构审批及全国中小企业股份转让系统公司章程和业务规则的审批、股份有限公司境外公开募集股份及上市核准等审批事项。

(三)《证券法》个别条款修改,要约收购程序进行变更

2014年8月31日,第十二届全国人民代表大会常务委员会第十次会议通过《关于修改〈中华人民共和国证券法〉等五部法律的决定》,取消了发出收购要约前及变更收购要约时证监会的审批程序,将“报送制”改为“公告制”。具体而言,首先,取消了收购方须在发出收购要约前向证监会报送并同时向证券交易所提交上市公司收购报告书的规定,收购方直接公告上市公司收购报告书全文即可。其次,取消了证监会对上市公司收购报告书进行审核批准的权力。再次,取消了证监会对变更收购要约进行审核批准的规定,收购方及时公告并载明具体变更事项即可。最后,相应修改上市公司收购的责任条款,取消了未按规定报送上市公司收购报告书以及擅自变更收购要约的法律责任。本次修改简化了上市公司的要约收购程序,但重在强化信息披露、减少和简化收购行政许可、加强事中事后监管,有利于降低收购成本,提高收购成功率,将使上市公司股权收购的市场化程度大幅提高。

(四)创业板首发上市及再融资规范出台,创业板活力增加

创业板在推出四年半后于2014年迎来重大改革。证监会在2014年5月发布了修订后的《首次公开发行股票并在创业板上市管理办法》和《创业板上市公司证券发行管理暂行办法》。新的创业板首发办法降低了创业板首发财务准入指标,申报企业也不再限于九大行业,有助于扶持更多创新成长型企业上市,从而在良性竞争的环境下铸就创业板动力。创业板再融资办法对创业板上市公司再融资提供了公开增发、配股、定向增发、可转债等多个融资品种,满足多元化的投融资需求;引入了“小额快速”定向增发创新机制,允许“不保荐不承销”,有助于提高再融资效率。6月证监会颁布了创业板首发信息披露的四大要点和再融资信息披露的三大准则,更加强调从监管导向转为投资者需求导向的信息披露理念,提出差异化的披露要求,要求简明易懂、语言浅白,增强投资者的可读性和可理解性。

(五)证监会、中证协发布新股销售新规,强化事中监管

为进一步加强首次公开发行股票的事中监管,根据《中国证监会关于进一步推进新股发行体制改革的意见》和《证券发行与承销管理办法》,证监会制定并发布了《关于加强新股发行监管的措施》,主要内容包括:一是“现场抽查”,明确证监会将对发行人的询价、路演过程进行抽查,以及会同证券业协会对网下报价投资者的报价过程进行抽查。二是“风险提示”,首发企业如拟定的发行价格对应的市盈率过高,要在一段时间内做特别风险提示。三是“严处违法”,对于发现的违规行为,证监会将依据有关规定严肃处理;涉嫌违法犯罪的,移交司法部门依法处理。三大措施剑指高价发行,无疑会给违法违规高价发行以震慑,在一定程度上将遏制一级市场高市盈率的问题。此外,证监会还在《关于进一步加强保荐机构内部控制有关问题的通知》中,对首发企业审核的问核责任下放给保荐机构,首发企业审核不再设问核环节,而由保荐机构建立健全公司内部问核机制,进一步完善关于问核的具体制度,明确问核内容、程序、人员和责任。在首次公开发行的承销及配售方面,中国证券业协会发布了经修订的《首次公开发行股票承销业务规范》、《首次公开发行股票网下投资者备案管理细则》、《首次公开发行股票配售细则》。明确了承销商在进行询价、定价、配售等承销业务,以及IPO路演推介过程中的合规管理要求,并建立对承销商和网下投资者的跟踪分析和评价体系制度,通过现场检查、非现场检查等方式加强对承销商承销行为和网下投资者

报价行为的监督检查。此外,配售细则还对配售行为及网下投资者申购行为予以规范,要求主承销商建立完善的制度,加强配售过程管理。

（六）上市公司并购重组办法修订,“放松管制、加强监管”的理念凸显

为贯彻落实《国务院关于促进企业兼并重组的意见》、《国务院关于进一步优化企业兼并重组市场环境的意见》、《国务院关于进一步促进资本市场健康发展的若干意见》的精神,更好地使资本市场服务于国民经济发展,结合《上市公司重大资产重组管理办法》(以下简称《重组办法》)、《上市公司收购管理办法》(以下简称《收购办法》)实施多年来的市场实践,证监会在2014年对上述两个办法进行了修改。

《重组办法》取消除借壳上市以外的重大资产重组行政审批;明确对借壳上市执行与IPO审核等同的要求,创业板上市公司不允许借壳上市,重大资产重组审核实行分道制,不再强制上市公司提供盈利预测报告,取消向非关联第三方发行股份购买资产的门槛限制和相关的盈利补偿要求;同时,进一步完善发行股份购买资产的市场化定价机制。《收购办法》的主要修改包括,在放松管制上:一是免除投资者、收购人大量的信息报送、报告义务,极大地减轻了其负担。二是丰富履约能力保证方式。新增银行保函、财务顾问书面承诺两种履约能力保证形式,为收购人根据自身情况作出选择提供便利。三是减少行政审批事项,并结合证券业务创新发展的实际,增加了因履行约定购回式证券交易协议、所持优先股表决权依法恢复导致其所持有的股份超过公司已发行股份的30%的情形下,投资者无须提出豁免申请,可直接办理股份转让和过户手续的规定。在加强监管上:一是免除收购人众多信息报送义务的同时,保留和加强了收购人的信息披露义务;二是新增收购人不履行相关义务和程序下的监管措施,限制了收购人在违规情形下行使股份表决权。另外,为了节省审批时间,工信部牵头,会同发改委、商务部及证监会等部门,共同研究制定了上市公司并联审批方案,并于2014年10月24日起正式施行。证监会于2014年12月26日,对《公开发行证券的公司信息披露内容与格式准则第17号——要约收购报告书》和《公开发行证券的公司信息披露内容与格式准则第26号——上市公司重大资产重组申请文件》进行了修订。

（七）非上市公众公司并购重组规则出台,强调市场化约束机制下的股东自治

非上市公众公司多以中小微企业为主,并购重组的方式和特点与上市公司不同,证监会针对其特点制定了有别于上市公司的制度规则《非上市公众公司收购管理办法》和《非上市公众公司重大资产重组管理办法》。根据上述两个办法,除重大资产重组涉及发行股份的实施核准管理外,其他的收购、重大资产重组均不设事前行政许可;不要求非上市公众公司实施强制全面要约收购制度,而是由公司章程自主约定是否实行强制全面要约收购制度;对发行股票购买资产后股东累计不超过200人的重大资产重组行为,也豁免向证监会提出核准申请,而由全国中小企业股份转让系统实施自律管理。同时,丰富了重大资产重组支付手段,除发行股份外,还可使用优先股、可转换债券等支付方式,并且不限制股票、优先股、可转换债券等支付手段的定价方式,允许交易各方自主协商定价,并强化相关披露。总体看来,制度设计体现了简便、透明、高效,降低成本的改革思路,将有助于促进并购重组市场的制度创新,退市公司重组路径也同时得到了明确。

（八）规范上市公司员工持股行为,促进员工持股计划良性发展

员工持股计划是企业鼓励其员工持有本公司股票的一种有效方式。在我国资本市场发展史上,上市公司先后推出了主要针对高管和核心技术人员的股权激励计划、期权激励计划,但对普通员工的激励还主要体现为薪酬激励,缺乏所有者与劳动者利益共享的激励与分配机制。随着公司的发展、公司治理的完善,上市公司的激励机制也需要逐步细化和深入,因此推出员工持股计划具有一定的内在需求。6月20日,证券监管机构在《关于上市公司实施员工持股计划试点的指导意见》,明确上市公司可以根据员工意愿实施员工持股计划,通过合法方式使员工获得本公司股票并长期持有,股份权益按约定分配给员工。《指导意见》还就员工持股计划的实施程序、管理模式、信息披露及内幕交易防控等问题做出规定。与

2012年颁布的《上市公司员工持股计划管理暂行办法(征求意见稿)》相比,此次《指导意见》放宽了资金来源、持股期限的限制,增加了股票来源,也不再限于第三方管理。《指导意见》的颁布,有利于上市公司立足于长远,致力于为股东和利益相关者创造长期价值,有利于吸引外部投资者购买本公司股票,并坚持价值投资取向,这有利于资本市场长期健康稳定的发展。

(九)健全上市公司退市制度,保护退市公司投资者合法权益

当前,上市公司退市制度还存在着相关标准不够明确、具体情形规定的不够全面、退市后相关配套制度不够完善等问题,造成了退市制度的执行和实施效果有一定障碍。为此,证监会于2014年10月正式发布了《关于改革完善并严格实施上市公司退市制度的若干意见》。重点从五方面完善了已有的退市制度:一是健全了上市公司主动退市制度,逐项列举了因收购、回购、吸收合并以及其他市场活动引发的7种主动退市情形,并在实施程序、后续安排等方面作出了有别于强制退市的专门安排和针对性配套政策措施;二是明确实施重大违法公司强制退市制度,因欺诈发行、重大信息披露违法等两类违法行为,被证监会依法作出行政处罚决定,或者因涉嫌犯罪被证监会依法移送公安机关的,证券交易所将暂停其股票上市交易,并在一年内作出终止上市决定;三是严格执行市场交易类、财务类强制退市指标,在统一创业板与主板、中小板退市标准的同时,允许证券交易所在其上市规则中对部分指标予以细化或者动态调整,并且针对不同板块的特点作出差异化安排;四是完善与退市相关的配套制度安排,包括证券交易所对强制退市公司股票设置"退市整理期",并建立相应的投资者适当性制度;统一安排强制退市公司股票在全国股转系统设立的专门层次挂牌交易;退市公司满足条件的,可申请重新上市;对重大违法退市公司责任股东转让股份予以限制,以防止其通过提前转让股份规避法律责任;五是加强退市公司投资者合法权益保护,重点强调了退市中的信息披露、主动退市异议股东保护问题,并进一步明确了重大违法公司及有关责任人员的民事赔偿责任。《退市意见》标志着新一轮退市制度改革正式启动,《退市意见》以"市场化、法制化、常态化"的基本原则,针对退市工作中较为突出、市场较为关注的现实问题,在既有的法律制度框架下作了明确和细化的规定,有利于上市公司明确自我定位并制定相关的发展战略,提高公司的整体实力,增强市场竞争力,有助于实现优胜劣汰,促进市场健康有序的发展。

(十)"沪港通"稳步推出,跨境交易制度重大创新

党的十八届三中全会明确提出"推动资本市场双向开放",以此为指导,为了更好地贯彻落实十八届三中全会精神,中国证券监督管理委员会、香港证券及期货事务监察委员会决定开展沪港股票市场交易互联互通机制试点,简称沪港通。2014年6月13日,证监会发布《沪港股票市场交易互联互通机制试点若干规定》。2014年9月,《上海证券交易所沪港通试点办法》发布。沪港通既是一项证券市场的业务创新,也是股票市场的一项制度变革。在沪港通推出之前,为方便内地投资者投资香港股票市场,我国建立了QDII(合格境内机构投资者)制度,同时为了方便境外投资者投资内地股票市场,又建立了QFII(合格境外机构投资者)制度,但这两项制度一则额度有限,二则仅限于机构投资者。沪港通创立了国内投资者向海外投资和海外投资者向境内投资的新渠道,符合条件的机构投资者和个人投资者均可以向对方市场投资,与QDII和QFII相比,既扩大了投资者范围,又有更大的额度和灵活性,实现了国内外资本在沪港通下的自由流动,是打通内地和香港股票市场的一项新的制度设计。当然,沪港通不只是股票市场的一场制度变革,它也是推动资本项目可兑换和人民币国际化的一项重大改革,并将推动更多改革的进行。总之,沪港通建立了上海、香港两地股票市场的双向开放和合作机制,实现了境内外股票市场的互联互通,有助于推动中国金融全面深化改革开放。

(十一)公司债券办法修改,全面扩大发行主体

为贯彻落实党的十八届三中全会决定和国务院《关于进一步促进资本市场健康发展的若干意见》关于规范发展债券市场的总体目

标，体现新一届政府简政放权、宽进严管的政府职能转变要求，适应债券市场改革发展的新形势，推动债券市场监管转型，提升债券市场服务实体经济的能力，同时加强市场监管，强化投资者保护，证监会对《公司债券发行试点办法》进行了修订，更名为《公司债券发行与交易管理办法》（以下简称《公司债券办法》），将原来分散的针对不同发行主体的债券发行规则进行了统一。主要包括以下六个方面的修改：一是扩大发行主体范围，将原来限于境内证券交易所上市公司、发行境外上市外资股的境内股份有限公司、证券公司的发行范围扩大至所有公司制制法人；二是丰富债券发行方式，在总结中小企业私募债试点经验的基础上，对非公开发行以专门章节作出规定，全面建立非公开发行制度；三是增加债券交易场所，将公开发行公司债券的交易场所由上海、深圳证券交易所拓展至全国中小企业股份转让系统，非公开发行公司债券的交易场所除上海、深圳证券交易所外增加全国中小企业股份转让系统、机构间私募产品报价与服务系统和证券公司柜台；四是简化发行审核流程，取消公司债券公开发行的保荐制和发审委制度，以简化审核流程；五是实施分类管理，将公司债券公开发行区分为面向公众投资者的公开发行和面向合格投资者的公开发行两类，并完善相关投资者适当性管理安排；六是加强债券市场监管，强化了信息披露、承销、评级、募集资金使用等重点环节监管要求，并对私募债的行政监管作出安排；七是强化持有人权益保护，完善了债券受托管理人和债券持有人会议制度，并对契约条款、增信措施作出引导性规定。《公司债券办法》的颁布，符合证券监管转型要求和市场化、法治化原则，有利于债券市场规范健康发展。

（十二）基金发行与交易多规颁布，基金行业稳健发展

证监会于2014年7月发布了重新修订后的《公开募集证券投资基金运作管理办法》，遵循“加强监管、放松管制”的主导思想将公募基金产品的审查由核准制改为注册制，将产品审查转向以保护投资者为导向，以信息披露为中心，减少对微观活动的干预。加强事中事后监管，形成放而不乱、活而有序的新机制。有效利用交易所一线监控以及独立第三方托管机制，辅以风险为导向的现场检查，及时发现制止基金违规行为，建立注册许可与日常监管执法的联动机制，提高违规失信成本。在推动行业创新发展、激发市场活力同时，通过切实加强风险防范，提升公募基金行业的合规诚信水平，促进基金行业和资本市场的健康发展。2014年5月发布的《国务院关于进一步促进资本市场健康发展的若干意见》中明确提出发展私募投资基金，并要求按照功能监管、适度监管的原则，完善股权投资基金、私募资产管理计划、私募集合理财产品、集合资金信托计划等各类私募投资基金产品的监管标准。据此，证监会在反复调研论证基础上，出台了《私募投资基金监督管理暂行办法》，将私募证券基金和私募股权基金，以及市场上以期货、期权、艺术品、红酒等为投资对象的其他种类私募基金均纳入调整范围，将私募基金的投资范围明确为“包括买卖股票、股权、债券、期货、期权、基金份额及投资合同约定的其他投资标的”，以进行投资活动为目的设立的公司或者合伙企业，资产由基金管理人或者普通合伙人管理的，其投资活动也适用本办法。《办法》要求各类私募基金管理人均应当向基金业协会申请登记，并根据基金业协会相关规定报送基本信息。它与新《证券投资基金法》一脉相承，对私募基金加以规范化、制度化、法律化，标志着我国私募基金行业进入了一个崭新的发展阶段。6月，证监会下发了《关于做好有关私募产品备案管理及风险监测工作的通知》，将有关私募产品的登记备案、风险监测等职责正式从中国证券业协会和中证资本市场发展监测中心划归至中国证券投资基金业协会。基金业协会也出台了针对私募基金行业自律管理的《私募投资基金管理人登记和基金备案办法（试行）》。此外，上海证券交易所于2014年颁布了《开放式基金业务管理办法》，允许沪市上市开放式基金（简称“上证LOF”）和原上证基金通基金（在上交所挂牌进行认购、申购、赎回，但不上市交易的开放式基金）等开放式基金均可申请在上交所场内挂牌交易；分级基金的母基金份额和子份额也可同时申请上市交易，分级基金的母基金份额和子份额之间可以通过分拆、合并进行实时配对转换。

(十三)推进资产证券化发展,服务经济结构调整和转型升级

为进一步推进资产证券化发展,服务经济结构调整和转型升级,按照简政放权、宽进严管的要求,证监会对《证券公司资产证券化业务管理规定》进行了修订,取消了资产证券化业务的行政许可,制定了《证券公司及基金管理公司子公司资产证券化业务管理规定》及配套的《证券公司及基金管理公司子公司资产证券化业务信息披露指引》、《证券公司及基金管理公司子公司资产证券化业务尽职调查工作指引》等配套规则。主要内容包括:一是明确以《证券法》、《基金法》、《私募投资基金监督管理暂行办法》为上位法,统一以资产支持专项计划作为特殊目的载体开展资产证券化业务;二是将资产证券化业务管理人范围由证券公司扩展至基金管理公司子公司,并将《证券公司资产证券化业务管理规定》更名为目前名称;三是取消事前行政审批,实行基金业协会事后备案和基础资产负面清单管理;四是强化重点环节监管,制定信息披露、尽职调查配套规则,强化对基础资产的真实性要求,以加强投资者保护。

(十四)违法举报奖励制度出台,扩大证券执法线索来源

违法行为报告和举报奖励制度是境外市场惩处资本市场违法违规行为,保护投资者权益的主要线索来源之一。2014 年 6 月 27 日,中国证监会发布了《证券期货违法违规行为举报工作暂行规定》,明确对内幕交易或利用未公开信息交易、操纵证券或期货市场、信息披露违法违规、欺诈发行证券等行为,知情人可以实名或者匿名举报,实名举报且符合特定要求的,可以获得一定数额的物质奖励。从制度的横向比较来看,与美国等发达国家证券监管举报相比,我国有奖举报制度立法层次较低,奖金采用限额制且奖励金额偏低,奖金来源不明确,缺少了对举报人保护的反报复和保密条款,有可能削弱举报人的积极性,不利于监管部门通过知情人举报来获取相关线索和证据。未来可以在循序渐进地以个案先试来推进有奖举报制度的基础上,在增加举报奖励金额、明确举报奖金来源、加强对举报人的保护,筛查恶意举报等方面予以完善。

(十五)全国股转系统做市商制度正式出炉,交易机制进一步完善

6 月 5 日,全国中小企业股份转让系统正式发布实施《全国中小企业股份转让系统做市商做市业务管理规定(试行)》,新三板挂牌公司股票做市转让业务的基本制度框架至此初步形成。做市商交易制度本质上是一种附流动性提供者的竞价交易制度,优点是提高市场流动性、活跃并稳定市场,在公开有序并富有竞争性的报价驱动机制下,保障证券交易市场的规范和效率。通过做市商的持续报价,原本活跃度不够的市场能够保持适当的流动性、市场价格的稳定和连续,买卖指令不均衡也将得以校正。从 2014 年做市商实施以来的整体效果来看,做市股票估值水平较为合理,市场整体运行平稳,流动性有了较大提升,基本符合做市商交易机制的成效预期。2014 年 12 月 26,证监会发布了《关于证券经营机构参与全国股转系统相关业务有关问题的通知》,进一步明确证券经营机构参与全国股转系统业务的有关事项。一是明确证券公司以及其他机构在全国股转系统开展推荐业务的有关要求。二是明确证券公司以及其他机构在全国股转系统开展做市业务的有关要求。三是明确证券公司、基金管理公司等机构投资全国股转系统挂牌股票的有关要求。四是明确证券期货经营机构在全国股转系统挂牌、募集资金和转让股权的有关要求。五是明确证券公司参与全国股转系统业务在合规风控管理、投资者保护、风险控制指标、分类评价等方面的要求。六是要求系统内各单位加强分工协作,形成集中统一、优势互补、功能配套、信息共享、协调高效的监管体系。

(十六)丰富资本市场产品种类,扩大投资者投资范围

2014 年 3 月 21 日,证监会发布《优先股试点管理办法》(以下简称《办法》)。主要内容包括:一是上市公司可以发行优先股,非上市公众公司可以非公开发行优先股。二是三类上市公司可以公开发行优先股:(1)其普通股为上证 50 指数成分股;(2)以公开发行优先股作为支付手段收购或吸收合并其他上市公司;(3)以减少注册资本为目的回购普通股的,可以公开发行优先股作为支付手段,或者在回购

方案实施完毕后,可公开发行不超过回购减资总额的优先股。三是上市公司发行优先股,可以申请一次核准,分次发行。四是公司非公开发行优先股仅向本办法规定的合格投资者发行,每次发行对象不得超过二百人,且相同条款优先股的发行对象累计不得超过二百人。五是优先股交易或转让环节的投资者适当性标准应当与发行环节保持一致;非公开发行的相同条款优先股经交易或转让后,投资者不得超过二百人。同时制定了相应的信息披露准则,包括:《公开发行证券的公司信息披露内容与格式准则第 32 号——发行优先股申请文件》、《公开发行证券的公司信息披露内容与格式准则第 33 号——发行优先股发行预案和发行情况报告书》和《公开发行证券的公司信息披露内容与格式准则第 34 号——发行优先股募集说明书》。为了补充商业银行一级资本,证监会和银监会联合发布《关于商业银行发行优先股补充一级资本的指导意见》,规定了商业银行发行优先股的申请条件和发行程序,进一步明确了优先股作为商业银行其他一级资本工具的合格标准。2014 年 9 月 19 日,证监会制定并发布了非上市公众公司发行优先股相关的信息披露文件。

2014 年 12 月 19 日,证监会正式发布《公开募集证券投资基金运作指引第 1 号——商品期货交易型开放式基金指引》。此次发布的《指引》是落实《关于大力推进证券投资基金行业创新发展的意见》中关于"研究推出商品期货基金"的重要举措,将为商品期货 ETF 的顺利推出奠定坚实基础。在我国现有商品期货的基础上,开发商品期货 ETF 具有积极意义:一是可以引进机构投资者参与商品期货市场投资,有利于改善商品期货市场的投资者结构;二是投资者借助基金的专业管理能力可以在期货市场参与商品期货的投资,拓展基金业发展空间,推动多层次资本市场体系建设;三是满足投资者多样化资产配置投资需求,有效分散投资风险;四是有利于证券经营机构服务投资者和实体经济的能力。

(十七)引导基金管理子公司规范发展,加强风险监测分析

证监会发布《关于进一步加强基金管理公司及其子公司从事特定客户资产管理业务风险管理的通知》,要求各地证监局督促子公司强化合规风控管理,牢牢守住合规底线,切实防范业务风险。

(十八)私募投资基金监督管理规范出台,规划私募基金发展

2014 年 8 月 22 日,中国证监会发布了《私募投资基金监督管理暂行办法》(以下简称《办法》)。《办法》的出台,是为了落实《证券投资基金法》关于私募投资基金的规定。《办法》充分发挥行业自律监管的作用,适度进行行政监管的指导思想,主要明确了以下五项制度:一是,明确了全口径登记备案制度;二是,确立了合格投资者制度;三是,明确了私募基金的募资规模;四是,确立了规范投资运行行为的有关规则;五是,确立了对不同类别私募基金进行差异化行业自律和监管的制度安排。

二、强化事中事后监管,全面提高市场主体违规成本

(一)执法情况概览

2014 年是证券监管转型的一年,证券监管机构简政放权,工作重心逐步向事中、事后监管和全程监管转移,相关工作融合了"专业"监管与"创新"监管两个方面,在宏观上主要体现为四个纬度:

第一,启动快速程序,结案率创历史新高。截至 2014 年 12 月 31 日,证监会处罚委共结案 103 件,案件审结率为 62.8%,较去年增加 20%,是处罚委成立以来结案数量最多的一年,其中内幕交易案 46 件,信息披露案 20 件,操纵市场案 11 件,证券从业人员买卖股票案 7 件,超比例持股未披露案件 5 件,法人非法利用他人账户从事证券交易案 5 件,其他类型案件 9 件。

第二,加快重点类型案件查办,提升案件的整体处罚力度。2014 年证监会行政处罚对象涉及 16 家上市公司、4 家会计师事务所、14 家其他机构、297 人,其中包括给予 195 人警告、270 人罚款处罚,罚没款项总计达 3.9 亿元,其中 9 名当事人被处以违法所得两倍以上的罚款。证监会作出 18 项市场禁入决定,对 31 人实施了市场禁入,其中 10 人被终身市场禁入。全年共举行听证会 30 次,审理会 20 次,

专家咨询会3次。

第三,强化保荐信用监管力度,公开失信行为与监管措施。2014年证监会对中金公司、海通证券、东北证券和东吴证券4家公司、计静波等6人采取了监管谈话、出示警示函等信用监管措施,规制保荐人在询价敏感时间段内私下与投资者联系,向投资者提供超出招股意向书等公开信息以外的发行人其他信息,擅自披露个人对发行定价看法,干扰投资者正常报价和申购等行为,纠正向关联公司配售股份的行为。

第四,提高执法效能和监管转型成效。其中主要包括:一是进一步强化"专业"监管。针对执法中出现较多的新型问题,引发的适法争议,对处罚效率和专业能力提出了更高要求,监管机构在案件处罚上进一步提高专业性。二是处罚权全面下放。2014年证监会派出机构共审结案件60件,其中处罚结案52件,不予处罚结案7件,取缔结案1件,罚没款金额总计达8066.76万元。目前派出机构全部在办案件47件。全年派出机构举办听证会5次。三是强化现场检查等事中监管。2014年证监会加强对证券公司两融业务的合规性检查,开展融资类业务的现场检查,依法对中信证券、海通证券等15家相关公司进行处理,并责成相关公司内部追责。① 四是加强执法信息公开。2014年证监会不断增强主动公开、宣传回应、依申请公开和机制平台建设等工作实效,②及时发布证监会执法工作报告,通报执法重点案件审结情况和昌九生化、威华股份等有关案件的调查情况。③

(二)进一步综合防治内幕交易

证监会始终将打击内幕交易行为作为工作重点,立案调查的案件数量呈逐年增长态势。2011年、2012年、2013年内幕交易立案案件分别是48件、70件和86件。2013年下半年开发启用大数据分析系统以来,已调查内幕交易线索375起,立案142起,分别比以往同期增长了21%、33%。目前,已将涉嫌利用"银润投资"、"圆城黄金"、"爱施德"、"焦作万方"等43家上市公司的内幕信息,从事非法交易的林平忠、张鹏、聂平等125名个人和3家机构移交公安机关。

考察2014年证监会处罚案件实例,可以看出证监会内幕交易案的执法特征,它表现为以下几个方面:

一是采用智能监控手段,提高内幕交易线索挖掘效率。在打击力度明显加大的同时,随着执法新技术的运用,一批多环节泄露内幕信息、交易隐蔽性较强、多种违法行为交织并存、常规手段难以发现的案件线索被挖掘出来。与此同时,对涉案主体众多的"窝案"加大了案件调查处罚的难度,其中天威视讯内幕交易案涉案人员最多,内幕信息传递范围不仅包括内幕信息知情人的亲友等关系密切人员,还扩散至知情人的司机、校友、客户、原同事等较外围人员。大数据、舆情系统等智能监控手段和执法效能的提升促进了办案效率的提高。

二是加大执法打击力度,回应内幕交易主体日趋多元化的现象。从2011年-2014年的内幕交易案件看,受处罚主体的人员范围逐步从上市公司董监高、一般公司高管为主,向以投资者为主转移。④ 涉案人员呈现链条化、扩散化的特点,不仅包括上市公司的董事、监事、高级管理人员,还包括上市公司实际控制人、证券从业人员、中介机构工作人员、政府公务人员以及其他间接知情人等。在ST甘化内幕交易案(〔2014〕57号)中,涉案当事人多渠道传递内幕信息,被处罚的主体牵涉多个不同的单位,例如德信丰益、德力西、上海夫雄智能、温州银行杭州分行和江门国资委企业管

---

① 中国证监会通报2014年第四季度证券公司融资类业务现场检查情况,〔EB/OL〕. http://www.csrc.gov.cn/pub/newsite/zjhxwfb/xwdd/201501/t20150116_266711.html,访问日期:2015年2月10日。

② 中国证监会2014年政府信息公开工作要点落实情况,〔EB/OL〕. http://www.gov.cn/zhuanti/2014-12/23/content_2795391.htm,访问日期:2015年2月23日。

③ 证监会通报昌九生化、威华股份有关案件调查情况,〔EB/OL〕. http://www.csrc.gov.cn/pub/newsite/zjhxwfb/xwdd/201404/t20140418_247306.html,访问日期:2015年2月10日。

④ 证监会《关于诚信数据库所反映的监管执法情况的报告》。

理科。[1] 在林平忠内幕交易案中，内幕信息知情人陈某涉嫌向其大学老师林平忠泄露信息，林平忠涉嫌进行内幕交易并向他人泄露内幕信息，经移交公安机关侦查终结后，正在检察院审查起诉。[2]

三是依法公正稽核，将公平正义作为案件审查的核心标准。在案例审理过程中可能存在涉嫌违规行为不成立的情形。2014 年证监会公布了首例立案后“昭雪”的案例——盛运股份内幕交易案（〔2014〕20 号）。证监会依法宣告华宝兴业基金涉嫌内幕交易不成立，相关基金经理郭鹏飞被证清白。这向市场传递了一个非常重要的信号，即被立案调查的涉案当事人并不一定都有问题。如果未来可以在资本市场上树立这种观念，将可以降低证监会的立案调查对具体上市公司的负的外部性。

四是提升案件审理质量，研判行政处罚的事实与理由。在盛康股份内幕交易案（〔2014〕80 号）中，处罚对象分别属于能够影响内幕信息形成的策划、决策或执行人员。证监会将内幕信息的形成视为一个动态的过程，首次提出“相关知情人知悉内幕信息的时间应根据身份与作用有所区别的原则”，对于杨晓春、倪宋燕、徐永翔等 6 名责任人区分内幕信息的获知时间分别给予行政处罚。

（三）严厉打击市场操纵

市场操纵行为历来是证券监管的工作重点。近年来，操纵案件数量明显大幅上升，且恶性操纵案件频发。有的操纵主体系累犯，多次操纵多只股票，交易金额和获利金额巨大，最高非法获利达 1.68 亿元。证监会运用互联网信息稽查分析系统，强化了针对市场操纵线索筛查和调查工作，已对涉嫌操纵“中科云网”、“百圆裤业”、“兴民钢圈”、“山东如意”、“湖南发展”、“铁岭新城”、“宝泰隆”、“宝鼎重工”、“元力股份”、“东江环保”“中兴商业”、“山东威达”、“宁波联合”、“远东传动”、“科泰电源”、“新海股份”、“九鼎新材”、“珠江啤酒”等 18 支股票的涉案机构和个人立案调查。在最近查办的两起操纵案中，操纵者选择多只小盘股，利用明显资金优势进行连续交易和对倒交易，累计交易金额多达几十亿元，获利数千万元，达到了犯罪刑事追诉标准。证监会将移送公安机关追究其刑事责任。[3]

2014 年市场操纵行为出现了一些新变化、新特点。从操纵市场的案件实例看，证监会在处罚新型市场操纵行为时，具有如下特征：

一是重点查处虚假申报、反复撤单等短线操纵行为，强化专业化监管执法。证券监管机构在 2014 年继续查处“抢帽子”交易、连续交易、虚假申报、反复撤单等操纵行为。在有的案件中，操纵者不是采用单一的操纵手法，而是综合运用开盘集合竞价虚假申报、盘中拉抬、尾盘封涨停等多种手法进行市场操纵，操纵持续时间短、建仓拉抬出货快等隐蔽性较强的类庄股操纵模式有所抬头。在苏颜翔操纵市场案（〔2014〕21 号）中，证监会从主观与客观两个纬度分析苏颜翔市场操纵行为的认定及其损害后果，在客观上细化了隐蔽性较强的“类庄股操纵模式”的认定要件，为以后类似案

---

① 在德力西重组 ST 甘化期间，陈汉、王舜夫、王顺林、陈狄奇、姚锦聪、王仲鸣、陈述等 7 位直接或间接知情人买卖公司股票，其中陈汉系温州银行杭州分行副行长，从参与重组工作的德力西董事吴某处获知内幕，组织资金买入 75.95 万股；王舜夫系上海夫雄智能科技有限公司董事长，从参与重组工作的德力西副总裁王顺林处获知内幕信息，组织资金买入 106.84 万股；德力西集团为德信丰益的有限合伙人，德信丰益的合伙人陈狄奇、姚锦聪，投资经理王仲鸣、投资助理陈述在内幕信息公开前知悉内幕信息并在期间买入该股，分别买入 11.75 万股、6 万股、2.82 万股和 5000 股，获利明显。江门国资委企业管理科科长张益武在德力西集团接洽中得知该内幕信息，告知妻子，并通过妻子操纵的“林海彬”账户买入 5.48 万股。副科长李焕红于张益武联系得知消息，买入 1.94 万股。2014 年 6 月 10 日，证监会对上述当事人作出处罚决定，没收违法所得并处以罚款。（中国证监会行政处罚决定书〔2014〕57 号）

② 该案内幕信息知情人厦门高能投资咨询有限公司的董事陈某，涉嫌向其大学老师林平忠泄露，林平忠涉嫌利用其亲属及学生账户非法交易“银润投资”股票和向他人泄露内幕信息。目前，该案经移交公安机关侦查终结后，正在检察院审查起诉。参见证监会通报针对内幕交易的执法工作情况（2015 年 1 月 9 日），〔EB/OL〕. http://www.csrc.gov.cn/pub/newsite/zjhxwfb/xwdd/201501/t20150109_266364.html，访问日期：2015 年 2 月 10 日。

③ 证监会通报近年来市场操纵案件的执法工作情况，〔EB/OL〕. http://www.csrc.gov.cn/pub/newsite/zjhxwfb/xwdd/201408/t20140822_259482.html，访问日期：2015 年 3 月 6 日。

件的处理提供了重要的参考。①

二是查处定增中的操纵行为,厘清特定目的的市场操纵与内幕交易行为边界。在恒逸石化操纵市场案(〔2014〕41 号)中,证监会首次对上市公司定向增发过程中的特定目的操纵行为进行处罚,提出恒逸集团利用何某水、施某红账户动用 3000 万元巨资集中买入恒逸石化的目的是维持、拉抬恒逸石化股价,帮助实现定向增发,在主观上操纵恒逸石化交易价格的意图明显;属于特定目的的操纵行为,使得市场投资者对公司股价的表现产生判断错误,扰乱证券市场秩序,已经构成了《证券法》第七十七条"集中资金优势"、"连续买卖"的操纵市场行为。②

三是查处信息型市场操纵案件,规范以市值管理名义和荐股方式误导投资者的行为。目前,有的操纵主体故意编造、传播、散布对证券价格有重大影响的虚假信息,误导投资者的投资决策,以此获利。有的上市公司为配合大股东、高管减持等需要,控制信息发布的内容和时机,以所谓"股价维护、市值管理"方式进行信息操纵。在余凯操纵市场案(〔2014〕16 号)中,余凯通过控制他人账户在每天收盘之前购买相关股票,然后利用华泰证券分析师李某胜和中信建投分析师丁某森的名义在"证券之星"、"和讯网"、"新浪网"、"金融界"等多个财经网站公开推荐上述股票,影响证券价格,并在荐股文章发表的当日或第二个交易日内将上述股票全部卖出。余凯以"先建仓、再荐股、后卖出"的操纵方式,非法获利共计 18,477,870.22 元,构成市场操纵行为。③

四是加强期货价格操纵行为监管,规制跨市场操纵行为。在厦门宝拓操纵"焦炭 1209 合约"案中,厦门宝拓在交割月通过在其实际控制的期货账户间对倒交易"焦炭 1209 合约"来提高交割结算价,致使增值税进项税额被多计,达到少纳增值税的目的。此种行为与传统的通过操纵形成价差进而获利相比,是一种较为新型的操纵获利方式。与此同时,从中国资本市场整体看,跨市场操纵也开始出现。在执法实践中已经遇到跨期货、现货市场操纵的案例。④

(四)积极应对信息披露违规

违规信息披露行为容易出现涉案主体众多和新型的法律适用问题。与历史数据比较,2014 年因信息披露违法而受到行政处罚的案件有所增长,全年共 39 件,较 2013 年增长了 69%,其中上市公司及其董监高在信息披露违法案件主体总数中占比达到 95%。2014 年证监会打击信息披露违法行为的力度有所加大,特别是在案件涉及 IPO 中的虚假陈述时,上市公司、保荐人、审计机构等中介机构及其高级管理人员都可能因此而受到处罚,相应地行政复议案件数量有所提高。从整体上看,信息披露违规执法和工作重点具有如下特点:

一是重点查处 IPO 虚假记载案,应对多方涉事当事人提出的行政复议。IPO 虚假记载案件涉事主体多,主观恶性较大。2014 年重点查处了两个重大案件:深圳海联讯 IPO 虚假记载案(〔2014〕94 号和天丰节能 IPO 虚假记载案(〔2014〕19 号)。深圳海联讯 IPO 虚假记载案对海联讯科技公司、公司实际控制人、董事、监事、高管和独立董事等 18 名责任人进行了处罚。天丰节能 IPO 虚假记载案,证监会对公司法定代表人、董事、监事、高管和独立董事等 19

① 参见苏颜翔操纵市场案(中国证监会行政处罚决定书 2014〔12〕)主观方面:"苏颜翔"账户组频繁虚假申报撤单、随即反向卖出的客观行为,足以显示其不以成交为目的、操纵市场的主观心理状态:(1)全天撤单比例一般在 80% 以上,大部分在 90% 以上,最高达 97.61%;(2)驻留委托时间短,大都为几秒、十几秒;(3)申买撤单后迅速反向卖出,时间间隔较短,一般为几秒到几分钟,且频繁反复使用;(4)全天以卖出为主,卖出行为坚决;(5)后续申报卖出价格与此前申报买入价格矛盾。客观方面:苏颜翔的大笔申报买入撤单行为,已严重影响到时段内相应股票的供求关系,足以对其他投资者产生误导,绝大部分时段的指标同时满足以下条件:(1)账户组申买量占同期市场申买总量超过 10%;(2)账户组买申报总量占申买前期订单簿上前 5 档价位其他投资者的待成交买申报总量的比例大于 100%;(3)账户组申买后较账户组申买前其他投资者申买户数、申买量、申买均价的比值大于 1;(4)全天及多数时段申买排名均为第一。

② 浙江恒逸集团有限公司操纵市场案(中国证监会行政处罚决定书〔2014〕41 号)

③ 参见余凯操纵市场案(中国证监会行政处罚决定书〔2014〕16 号)

④ 证监会通报近年来市场操纵案件的执法工作情况,〔EB/OL〕. http://www.csrc.gov.cn/pub/newsite/zjhxwfb/xwdd/201408/t20140822_259482.html,访问日期:2015 年 3 月 6 日。

名相关责任人进行了行政处罚。其中天丰节能公司及其高管、其他涉案公司的高管、独立董事分别单独提起行政复议,2014 年针对该案证监会行政复议结案 19 起(〔2014〕32 号 -〔2014〕52 号),会计师事务所行政复议 1 起(〔2014〕57 号)。

二是严查保荐人在虚假陈述中的责任,着力追究中介机构的责任。

深圳海联讯 IPO 虚假记载案(〔2014〕103 号),对保荐机构平安证券、保荐人韩长风、霍永涛作出行政处罚。在万福生科虚假记载案、新大地虚假陈述案中,对保荐人平安证券崔岭(〔2014〕25 号)、吴文浩(〔2014〕26 号)、南京证券胡冰(〔2014〕53 号)、廖建华(〔2014〕55 号),做出行政复议决定。在天丰节能虚假陈述案中,对包括光大证券保荐代表人在内的 6 名天丰节能案的相关责任人被罚市场禁入,其中天丰节能财务总监孙玉玲被认定为终身证券市场禁入者。

莲花味精审计机构责任案(〔2014〕52 号),追究华安所在莲花味精信息披露违法中的责任;宝硕股份信息披露违法审计机构责任案(〔2014〕70 号)对亚太集团未尽勤勉义务、具有明显过失的行为追究法律责任;天丰节能审计责任案(〔2014〕57 号)对安利达作出维持行政处罚的复议决定。广联达资产评估责任案(〔2014〕88 号)认定沃克森出具的资产评估性报告存在误导性陈述,对其作出行政处罚。

三是加强对上市公司“未及时披露”和“虚假陈述”等行为的监管。未按规定披露信息案件较多,2014 年证监会查处结案 15 起。根据公开信息,目前正在调查的案件还有上海三毛、深圳键桥通讯、广西五洲交通、上海创兴等家上市公司信息披露违规行为。除了 IPO 虚假记载、保荐人和中介机构责任类案件之外,已经审结的信息披露违规案件情况如下表所示:

表 1:2014 年证监会未按规定披露信息案件情况

案例号	行政处罚相对人	案件类型
〔2014〕29	章鹏飞、范建国	未及时披露(复议)
〔2014〕51	莲花味精、郑献锋、高君等 20 人	未及时披露
〔2014〕75	华塑控股、邢乐成、王苏等 11 人	未及时披露、虚假记载
〔2014〕76	东贝机电、杨百昌、朱金明等 5 人	未及时披露、重大遗漏
〔2014〕40	林广茂	未按规定披露超比例持股
〔2014〕99	亨通集团有限公司、王宏涛	未按规定披露超比例持股
〔2014〕69	宝硕股份、周山、闫海清等 10 人	未按规定披露关联方占用资金
〔2014〕89	宏磊铜业、戚建萍、戚建华等 12 人	未按规定披露关联方占用资金
〔2014〕28	辛青	重大遗漏(复议)
〔2014〕92	四海科技、濮黎明、罗守伟	重大遗漏、虚假记载
〔2014〕82	康达化工、陆企亭、陆天耘等 4 人	重大遗漏、虚假记载
〔2014〕68	中基实业、刘一、文勇等 8 人	重大遗漏、虚假记载
〔2014〕42	南京纺织、单晓钟、丁杰等 13 人	虚假记载
〔2014〕49	科伦药业、刘革新、程志鹏等 12 人	虚假记载

(五)以“大数据”有效打击利用未公开信息交易行为

2014 年以来,利用未公开信息交易案件出现一些新变化、新特征:(1)部分涉案金额、非法获利特别巨大。在近期已查办的案件中,涉案交易金额累计 10 亿元以上的有 7 件,非法获利金额在 1000 万元以上的有 13 件;(2)涉案人员已涉及基金公司、证券公司、保险公司、银行等多类金融机构的从业人员;(3)出现多环节调配资金、频繁变换交易方式等隐蔽性较强,以及内外串通共同实施违法犯罪行为的案件。①

证监会采用以市场监控系统、举报分析系统、舆情监测系统的线索筛查为基础,以自律监管机构、日常监管部门和其他执法单位的线索移交为补充的“六位一体”的线索渠道体系,与公安机关针对打击利用未公开信息交易行为探索建立的行政与刑事“同步研究、联合调查”新模式,已经取得初步成效。

自2013年下半年启用大数据以来,已立案调查利用未公开信息交易案件41起。目前,已将涉嫌利用华夏基金公司、海富通基金公司、平安资产管理有限公司、中国人寿资产管理有限公司等20家金融机构的未公开信息,从事非法交易活动的罗泽萍、刘振华、蒋征、陈绍胜、牟永宁、程岽、黄春丽、张敦勇、张治民、陈全伟、邓瑞祥、张颢等39名涉案人员依法移送公安机关。其中,钱钧、苏竞已受到刑事处罚。②

三、创新证券监管机制,营造良性市场环境

(一)强化承诺履行监管,打击市场失信行为

上市公司控股股东、实际控制人、董监高、关联方、收购人等在证券发行、上市、收购以及重大资产重组过程中,可能作出各种大量内容各异的公开承诺。但实践中,公开承诺不履行或者不适当履行等“打白条”现象较为突出,中小投资者权益难以得到有效保护。2014年沪深两市共1770家公司专项披露了截至2013年底存在未履行完毕的承诺及其履行情况。其中,存在超期未履行承诺事项122项,这其中既有不可抗力等客观原因,也有承诺相关方自身原因。承诺类型主要为解决同业竞争及关联交易(36%)、解决产权瑕疵(26%)、资产注入(22%)。存在不规范承诺事项218项,主要问题有:没有明确的履约期限、用词模糊、承诺内容不具体、违约的制约措施约束力不足等。在实践中,对公开承诺法律性质、承诺不履行是否可以行政介入监管等问题存在争议。

为贯彻落实投资者保护“国九条”的相关要求,营造诚信的市场环境,保护中小投资者的合法利益,证监会制定了《上市公司监管指引第4号——上市公司实际控制人、股东、关联方、收购人以及上市公司承诺及履行》(〔2013〕55号)(以下简称监管指引),并以此为依据进行事中监管,在2014年启动了承诺及履行监管专项治理活动,打击市场失信行为。

在监管方式上,证券监管机构通过约谈上市公司及相关方、下发监管关注函、召开专题座谈会、向地方政府和国资委通报、与相关单位联合发文等方式,督促上市公司及相关方切实进行整改,并先后对北京、河北、广东、深圳、上海、江西、江苏等辖区的承诺监管重点公司进行检查、督导。截至2014年12月31日,绝大部分不规范或者超期未履行承诺已得到整改,整改率约90%,部分承诺长达10余年得以解决。仍存在超期未履行承诺事项23项,不规范承诺事项12项。证监会已对上述未按照《监管指引》要求完成整改的承诺相关方采取了责令公开说明监管措施23项,下发了警示函10份。对于未完成整改的承诺,目前绝大部分公司已提出明确的解决方案,如拟通过资产重组、非公开发行等方式解决同业竞争、资产注入承诺,相关工作正在推进;部分承诺涉及政府协调、两地上市、历史遗留等问题,正在协调解决。③

(二)推进通过行政和解的方式执法,降低纠纷解决的成本

行政和解是一项立足于更好地保护投资者合法权益的执法制度创新。2014年12月国务院批准在证券期货行政执法领域开展行政和解试点。为规范试点相关工作,证监会广泛征集意见后制定了《行政和解试点实施办法》,自2015年3月29日起施行。依据行政和解制度,在涉嫌证券违法违规行为的调查执法过程中,行政相对人可以申请就改正涉嫌违法行为,消

① 证监会通报对利用未公开信息交易的执法工作情况,〔EB/OL〕http://www.csrc.gov.cn/pub/newsite/zjhxwfb/xwdd/201412/t20141226_265701.html.访问日期:2015年3月6日。

② 证监会通报对利用未公开信息交易的执法工作情况,〔EB/OL〕http://www.csrc.gov.cn/pub/newsite/zjhxwfb/xwdd/201412/t20141226_265701.html.访问日期:2015年3月6日。

③ 证监会推动承诺履行监管专项工作严厉打击市场失信,〔EB/OL〕中国新闻网,http://finance.chinanews.com/stock/2015/01-16/6977388.shtml,访问日期:2015年3月7日。

除违法行为的不良后果，交纳行政和解金补偿投资者损失等进行协商达成行政和解协议，并据此终止调查执法程序的行为。行政相对人因行政和解协议所涉行为造成投资者损失的，投资者可以向行政和解金管理机构申请补偿。

但并不是所有证券违法违规案件，都可以进行行政和解。依据《行政和解试点实施办法》，行政相对人涉嫌实施虚假陈述、内幕交易、操纵市场或欺诈客户等违法违规行为，并同时符合以下全部条件的，才可以适用行政和解程序：(1)中国证监会已经正式立案，且经过了必要调查程序，但案件事实或法律关系尚难完全明确；(2)采取行政和解方式执法有利于实现监管目的，减少争议，稳定和明确市场预期，恢复市场秩序，保护投资者合法权益；(3)行政相对人愿意采取有效措施补偿因其涉嫌违法行为受到损失的投资者；(4)以行政和解方式结案不违反法律、行政法规的禁止性规定，不损害社会公共利益和他人合法权益。

如果案件存在“行政相对人违法行为的事实清楚，证据充分，法律适用明确，依法应当给予行政处罚的”、“行政相对人涉嫌犯罪，依法应当移送司法机关处理的”、“中国证监会基于审慎监管原则认定不适宜行政和解的”其中一项情形的，中国证监会不得与行政相对人进行行政和解。

(三)委托上海、深圳证券交易所实施案件调查，弥补执法力量不足

为解决证券期货执法任务不断加重与执法力量相对不足的突出矛盾，加强证券期货稽查执法力量，更好地履行“两维护、一促进”核心职责，证监会发布了《中国证监会委托上海、深圳证券交易所实施案件调查试点工作规定》(〔2014〕111号)(以下简称《委托调查规定》)，对欺诈发行、内幕交易等常规案件，采取专项委托方式，对重大、新型、跨市场等特定个案，采取一事一委托方式委托证券交易所调查取证。

在《委托调查规定》中明确规定了对交易所执法的约束与限制。一是关于交易所的受托权限。交易所仅负责案件调查取证环节，调查终结，应将证据等案件材料移交中国证监会稽查执法部门或其指定的派出机构复核后，由中国证监会或其授权的派出机构依照法定程序对调查结果进行审查、作出决定。二是关于交易所权力行使的约束。明确交易所实施案件调查应当遵循的程序要求和执法权限，规定交易所在委托的范围内，应当以中国证监会的名义，依照证券法、基金法、行政处罚法、期货交易管理条例等法律、行政法规和中国证监会相关规定实施案件调查。三是关于交易所采取行政措施的限制。规定交易所有权采取相关法律、行政法规规定的调查措施，但需要采取查封、冻结、封存等与行政处罚权有关的行政强制措施的，应当报请中国证监会稽查执法部门依法办理；交易所应当自行完成受委托的案件调查事项，不得将受委托事项再委托给其他组织或者个人。四是关于交易所的法律责任。明确规定，出现特定情形的，证监会可以对交易所责令改正、撤销委托并依法对直接负责的主管人员和其他直接责任人员给予行政处分，对其工作人员依法给予处分；构成犯罪的，依法追究刑事责任。

目前，对于证监会委托执法存在一些的分歧。有观点认为，交易所处于发现和监督证券违法行为的“第一线”，委托证券交易所实施案件调查，有利于及时查处证券违法违规行为，有效提升证券执法的效率，是资本市场稽查执法的一项重大制度创新。同时也有观点认为，现行证券法没有规定证监会可以将自己的执法权委托给交易所，建议证券法应对证监会委托授权予以明确，使证监会的授权，做到职权法定、程序法定、主体法定、证据法定。

(四)推进证券经营机构创新发展，增加市场活力

2014年5月9日，证监会发布《关于进一步推进证券经营机构创新发展的意见》，明确了推进证券经营机构创新发展的主要任务和具体措施。一是建设现代投资银行。支持证券经营机构提高综合金融服务能力，完善基础功能，拓展融资渠道，发展跨境业务，提升合规风控水平，促进形成具有国际竞争力、品牌影响力和系统重要性的现代投资银行。二是支持业务产品创新。推动资产管理业务发展，支持开展固定收益、外汇和大宗商品业务，支持融资类业务创新，稳妥开展衍生品业务，发展柜台业务，支持自主创设私募产品。三是推动监管转型。转变监管方式，神话审批改革，放宽行业准入，实施业务牌照管理。

四、推进自律管理转型与创新，切实发挥自律管理优势

证券交易所的自律管理，主要体现在对上市公司、证券交易和对会员的监管三个方面。根据资本市场监管转型的要求，沪深证券交易所积极完善相关业务规则，全面服务资本市场改革创新。

(一)健全自律管理规范体系，完善监管执法运行的规则基础

2014 年，交易所坚持规则先行的理念，通过业务规则贯彻落实资本市场重大改革措施，先后修订《股票上市规则》，完善主动退市制度，健全重大违法公司强制退市制度，丰富强制退市指标，修订退市整理期和重新上市等配套制度，强化退市过程中的中小投资者保护机制。

上交所就规范重大资产重组与非公开发行中停复牌、中小企业私募债券风险防控等内容逐步完善规则体系自身建设：一是明确完善基本业务规则、实施细则、指引、通知等不同层级业务规则的功能定位，并严格予以执行。二是在业务规则以外，灵活运用业务指南、流程等操作性文件，加强对市场主体遵守本所业务规则的指导。三是不断完善通过上交所网站发布业务规则及操作性文件的发布方式。

深交所健全公开征求意见和公众意见采纳情况反馈机制，修订《业务规则制定办法》，充分发挥市场主体对立规工作的作用，新增征求意见反馈环节，力争做到“有征求、有反馈”。

(二)以信息披露直通车为载体，创新上市公司信息披露自律管理机制

上交所以信息披露直通车为载体，提高信息披露的有效性和针对性，监管工作逐步向事中事后转型，定期公告和停复牌审核数量明显增加。

目前，除与上市公司停复牌等少量公告外，沪市 85% 的公告已实现了直通披露。同时上交所还强化了事后审核，全年事后审核 55000 余份定期公告及临时公告，同比增加 25%；形成 670 余份审核意见，督促公司及时披露补充更正公告 1000 余份，同比增加 20%；发出监管问询函 319 份，同比增加 182%。

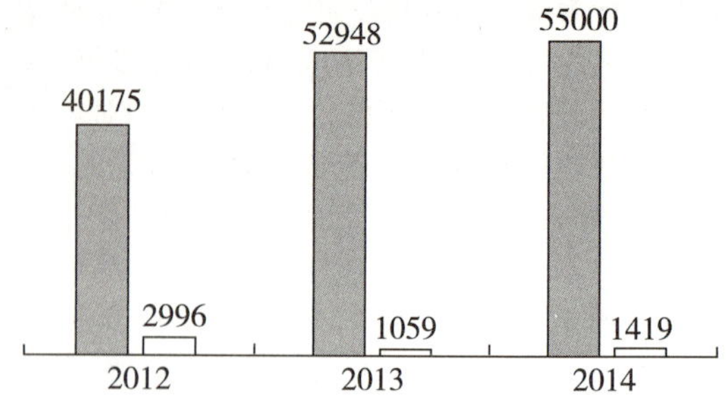

图 1:2012 – 2014 年上交所信息披露开展情况

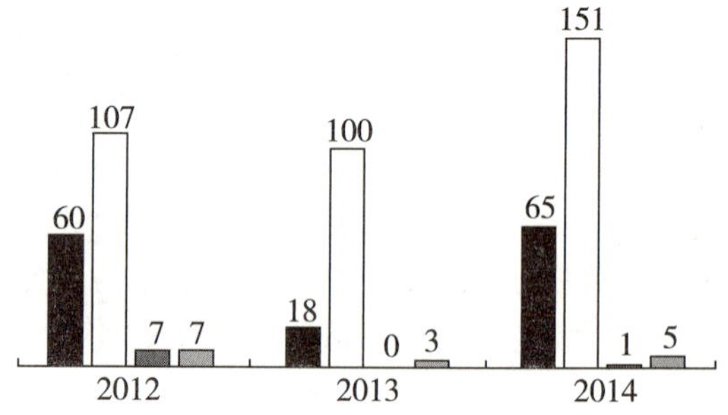

图 2:2012 – 2014 年上交所纪律处分开展情况

深交所以信息披露为中心，创新上市公司监管机制。一是整体推进信息披露直通车，信息披露直通车公司范围和公告类别范围进一步扩大，直通披露公司数量占比达到 98.7%。二是贯彻国务院关于优化企业兼并重组市场环境的意见，简化重组业务规则和流程，对不需要行政许可的重组预案实行直通披露，实施事后监管。全年共审核 230 多家次公司的重组预案或报告书。三是全面梳理上市公司承诺事项，建立承诺事项数据库，督促公司及相关方履行承诺。四是引导市场机构归位尽责，加强对保荐机构持续督导文件和财务顾问意见的监管。

(三)提升热点事件的及时处置能力，切实行使“一线”证券交易监管

上交所以及时发现和快速有效处置问题为抓手，以督促信息披露义务人依法履行披露义务为基点，不断推进以问题为导向的快速反应监管，及时回应市场舆情热点和投资者关切事项。在创兴资源不当信息披露、山水文化等“忽悠式”重大资产重组、西藏药业控制权之争等个案处理中，上交所第一时间采取快速反应

的监管措施,督促公司履行信息披露义务,取得良好市场效果。同时,借助微博、微信、新闻发布等媒体作用,对"海润光伏除权误差"、"＊ST长油退市"等事项实行快速反应、及时披露处理。

深交所主动关注市场热点,及时回应社会关切。第一时间关注"北大医药代持"、"獐子岛巨亏"、"天晟新材租壳"等事件,迅速采取监管措施,及时化解市场质疑。及时发现并报告市值管理领域存在的违法违规问题。对市场和媒体关注的"VIP交易通道"问题及时进行回应,完善网关管理机制,维护公平竞争的市场环境。

(四)改革信息披露的监管模式,提高信息披露监管有效性和专业性

上交所积极推进分行业监管和分类监管。2014年,经过充分的论证和准备,上交所从辖区监管转向分行业监管模式,实现了信息披露监管模式的第二次自主变革。上交所为此重点开展了多项工作:一是逐步建立完善行业信息披露指标和指引体系,修订前期发布的房地产等行业的信息披露指引,并着手制订零售、电力等重点行业的信息披露指引。二是对年报开展分行业审核,加强对同行业公司财务信息、经营业务、商业模式的横向比较分析,督促公司增强信息披露的有效性和可比性。三是在日常监管中落实分行业监管理念,创新分行业监管的工作方式。此外,针对以往上市公司分类监管主要重点关注业绩亏损公司、标准较为单一的情况,上交所予以改进完善。对股权高度分散可能发生控制权之争的公司、PE涉足的公司,进入TMT等新兴行业但潜在经营风险较高的公司、主营业务基本停顿的壳公司,通过分类监管加以重点关注,有针对性地配置监管资源。

深交所适应监管转型需求,稳步推进行业监管。2011年创业板开始在信息技术、影视、农业等行业试行行业监管。2013年初,创业板试点推出行业信息披露指引。2014年以来,深交所进一步完善行业监管、分类监管制度,扩大行业监管的覆盖面,增设文化传媒行业监管指引,持续优化分类监管指标。创业板行业监管的范围扩大至医药、节能环保、光伏、电子等行业。目前完成了创业板影视和医药两个行业信息披露指引的修订工作,并启动了对创业板节能环保、光伏、互联网视频、游戏和电子商务等新兴行业的信息披露指引的起草工作。部分指引已在征求上市公司意见,后续将陆续发布。

(五)建设资本市场诚信数据库,优化资本市场诚信环境

2014年8月,证监会正式启动运行全国统一的"资本市场诚信数据库"。资本市场数据库的建设,是资本市场建设发展的重要基础设施,在优化资本市场诚信环境方面将发挥重要作用。证券期货监管系统将在日常监管执法、行政许可等工作中,全面查询、使用和应用诚信数据库系统。另外将与外部进行诚信数据库数据的共享与交换。2014年12月19日,证监会与最高人民法院联合发布了《关于加强信用信息共享及司法协助机制建设的通知》,对共同推进国家社会信用体系建设等作了明确规定。

2014年9月19日,证监会正式公布《关于修改〈证券期货市场诚信监督管理暂行办法〉的决定》,其中进一步完善了违法失信信息在诚信档案中的效力期限,规定一般违法失信信息的效力期限为3年,行政处罚、市场禁入和刑事处罚等重大违法信息的效力期限为5年。

(六)加强中小投资者保护,夯实资本市场发展基础

2013年12月25日,国务院办公厅发布《关于进一步加强资本市场中小投资者合法权益保护工作的意见》(以下简称《意见》)。2014年1月6日,证监会召开加强中小投资者保护工作会议,部署加强中小投资者保护工作:一是,抓好学习和组织宣传;二是,抓好任务分解和责任落实。结合工作特点和工作实际落实《意见》要求,创新工作内容和方式,增强责任意识,提升为中小投资者服务水平;三是,抓好统筹协调和检查评估,将维护中小投资者合法权益的职责履行情况作为衡量监管工作成效的重要依据。

五、以点带面,司法保障证券市场公平底线

2014年,与证券市场相关的司法工作进一步深入推进,以点带面,司法对证券市场保障日益强化。

(一)以商事审判理念平等保护企业兼并重组各方利益

最高人民法院于2014年6月3日下发了

《关于人民法院为企业兼并重组提供司法保障的指导意见》,主要包括六大方面:一是依法及时受理审理兼并重组相关案件,按照利益衡平原则,通过司法审判依法妥善化解企业兼并重组中的各类纠纷。二是强化商事审判理念。严格依法认定各类兼并重组合同的效力,结合商业惯例准确认定兼并重组中预约、意向协议、框架协议等的效力及强制执行力,平等保护公有制经济和非公经济的利益,正确适用公司资本法律规则,促进并购重组使用发行优先股、定向发行可转换债券等多元化的融资方式。三是加强国有资产保护。依法正确审理国有企业兼并重组案件,依法规制关联交易,严厉打击企业兼并重组中的违法犯罪行为。四是维护金融安全。要有效防范通过不当兼并重组手段逃废债务,坚决遏制以兼并重组为名的民间高利贷和投机化倾向。五是完善市场退出机制。依法审理企业清算、破产案件,有效发挥破产重整程序的特殊功能,成立企业清算破产案件审判庭或者合议庭,培养和使用企业清算破产案件法官。做好司法程序与行政许可程序的衔接。六是充分保障职工合法权益。建立大要案通报制度,制定必要的风险处置预案,并结合司法新闻宣传和良好社会舆论环境的塑造,依法保护劳动者合法权益。

(二)公平、意思自治的"对赌"条款逐渐为司法认可

"对赌协议"是国外资本市场广为运用的工具,在我国却存在着商业、监管和司法的多重现实困境。这种困境一方面源自中国资本市场及其参与者特有的价值偏好,另一方面也源自现有法律框架的对该等投资协议的兼容性不足。在被誉为"对赌协议第一案"的海富投资诉甘肃世恒案中,最高人民法院否认了投资方与被投资公司之间损害公司及公司债权人利益的对赌条款的法律效力,但认可了投资方与被投资公司股东之间对赌条款的合法有效性。

此外,2014年年初,北京市第一中级人民法院在北京某投资中心诉曹某某股权转让纠纷一案中,首次确认了以上市为目标的PE与所投企业间"对赌协议"的法律效力。曹某某为某生物技术有限公司(下称"目标公司")实际控制人、大股东,以首次上市公开发行股票为业绩目标向某投资中心等PE进行融资。该投资中心投资入股后,由于目标公司的IPO目标无法实现,各方签署退股协议,约定曹某某于协议起订之日起三十个工作日内,按照年6%的溢价回购该投资中心所持有目标公司股份。到期后,曹某某未依约履行回购义务。法院认为,各方当事人签订的《股权转让协议》等均系真实意思表达,不违反法律、行政法规的强制性规定,应属合法有效。目标公司无法按照预期获准合格IPO,曹某某有义务按照《股权转让协议》约定收购投资中心所持有的目标公司股权。曹某某未按照协议约定支付股权转让款,构成违约,还应当赔偿利息损失。

(三)明晰跨市场内幕交易司法认定

2013年11月,中国证监会就"光大证券816事件",以光大证券决策层了解相关事件的重大性之后,在没有向社会公开之前进行的交易,应当认定为内幕交易为由,决定对杨剑波给予行政处罚及市场禁入。杨剑波认为光大证券的错单交易信息不属于内幕信息、光大证券并未利用错单交易信息从事证券或期货交易活动及其并非其他直接责任人员,向北京市第一中级人民法院提起行政诉讼,请求法院撤销上述行政决定。该案在历经2014年2月立案、4月开庭,之后三次因案件复杂、影响重大而延期宣判后,于2014年12月26日由北京一中院作出一审判决,驳回原告杨剑波的诉讼请求。法院就错单交易信息能否构成内幕信息指出:一是内幕信息并不限于与发行人自身相关的信息,也应包括对公司证券的市场价格有重大影响的交易信息。鉴于到大盘指数与公司证券价格之间的紧密关联性,对大盘指数产生重大影响的交易信息亦应属于《证券法》上的内幕信息。二是考虑到证券市场与期货市场的关联性,证券市场上形成的内幕信息如对期货市场的波动可能产生重大影响亦应属于《期货交易管理条例》上的内幕信息。三是本案中的错单信息对沪深300指数,180ETF、50ETF和股指期货合约价格均产生重大影响,监管机构认定错单交易信息构成内幕信息,未超出《证券法》、《期货交易管理条例》的范畴。此外,法院还指出,内幕信息以媒体揭露的方式公开至少应该满足广泛周知性、完整性和可靠性等三个特征。法院对就是否利用了内幕信息的利用指出:一是在内幕交易案件中,交易者知悉错单交易信息后

实施了相关的证券期货交易行为，原则上即应推定其利用了内幕信息。二是能够作为抗辩事由的既定投资计划和指令，应当是在内幕信息形成以前已经制订，并包含了交易时间、交易数量等具体交易内容，且在实施的过程中没有发生变更，方能体现其交易行为没有对内幕信息加以利用。三是光大证券当日下午实施的对冲交易，是在错单交易信息形成之后，光大证券直接针对错单交易而采取的对冲风险行为，而非基于内幕信息形成之前已经制订的投资计划、指令所作出的交易行为。法院就杨剑波是否构成其他责任人员明确：错单交易发生于光大证券策略投资部，而杨剑波作为光大证券时任策略投资部总经理，参与了光大证券决定实施对冲交易的相关会议，且是负责执行当日下午对冲交易的人员，可以认定构成其他直接责任人员。

（四）海联讯案开控股股东先期赔付先河

长期以来，因虚假陈述引发的投资者损害赔偿诉讼，投资者通过民事诉讼途径主张自身权益往往存在耗时长、成本高、举证程序繁琐、覆盖面窄、诉讼结果不确定等诸多因素，最终获赔情况不甚理想。海联讯因涉嫌财务造假被证监会立案调查后，主动承认"财务差错"，并出资2亿元设立"海联讯虚假陈述事件投资者利益补偿专项基金"，赔偿适格投资者因海联讯财务数据差错而遭受的投资损失。此前平安证券独家出资3亿元设立"万福生科虚假陈述事件投资者利益补偿专项基金"，补偿投资者损失，开启了保荐机构先行赔付再向相关责任方追偿的先河。但相较于此，海联讯案是国内市场上首个发行人主要股东在监管机构正式做出处罚决定前主动赔偿并以基金方式赔偿投资者的案例。未来，承担连带责任的中介机构、发行人控股股东先行垫付或许应成为虚假陈述赔偿的方式之一。

六、围绕热点主题深入开展法治研究

2014年，监管层、理论界和实务界围绕资本市场改革发展相关法治建设召开工作会议、举办研讨活动，进一步推动资本市场法治研究。

（一）中国证券法学研究会2014年年会：聚焦证券法修改

5月10日，中国证券法学研究会2014年年会在湖北省武汉市召开，来自国内外数十所高校以及政府机关和实务部门的200多位专家学者齐聚一堂，围绕"全面深化改革背景下证券法的修订与完善"会议主题，分"《证券法》修改的向与路径"、"市场深化背景下的监管转型"、"资本市场创新与证券法制回应"等专题，对对证券法修改的方向、思路和制度作了深入探讨。

（二）2014年中国资本市场法治论坛：依法治国背景下的国有企业改革与国有资产保护

为贯彻落实十八届四中全会深化国有企业改革的方针和政策，中国人民大学商法研究所主办的"2014年中国资本市场法治论坛：依法治国背景下的国有企业改革与国有资产保护"于11月15日在北京举行。与会专家结合我国当前国有企业改革与发展中面临的新情况、新形势和新问题，从立法论和解释论角度对国有企业进一步改革与发展进行了全面深入的研讨。

（三）第五届上证法治论坛：用法治引领、推动和保障资本市场发展

为深入贯彻落实党的十八届四中全会《关于全面推进依法治国若干重大问题的决定》精神，12月27日，由上海证券交易所主办，中国人民大学、北京大学和华东政法大学联合举办的第五届"上证法治论坛"在北京举行。本届论坛主题为"依法治市：中国资本市场的现实选择和推进路径"。来自立法、司法、执法部门和高校、研究机构的专家学者以及市场专业人士近百人参加会议，在回顾和总结资本市场法治发展基础上，对完善资本市场法律体系、推进资本市场改革发展、强化资本市场法治监管进行了深入研讨，为全面推进依法治市献计献策。

第九部分　案例评析

查某某不服中国证监会行政处罚行政复议案

2014 年 10 月 30 日，查某某不服中国证监会某监管局（以下简称某证监局）作出的《行政处罚决定书》〔2014〕1 号，申请行政复议。

一、案件基本情况

2014 年 9 月 15 日，某证监局作出《行政处罚决定书》〔2014〕1 号，认定查某某在某证券有限责任公司（以下简称某证券公司）从业期间，控制许 × × 证券账户，于 1999 年 7 月 1 日至 2013 年 11 月 12 日通过网络、手机委托等方式买卖股票 1200 多笔，交易股票 73 支，交易资金多来源于查某某招商银行账户；截至 2013 年 11 月 12 日，许 × × 账户仍然持有部分股票，合计亏损 91 万余元。查某某上述行为构成“法律、法规禁止参与股票交易的人员，直接或者以化名、借他人名义持有、买卖股票”的违法行为，违反 1999 年 7 月 1 日施行的《证券法》、2006 年 1 月 1 日施行的《证券法》相关规定。某证监局决定责令查某某依法处理非法持有的股票，并处以 3 万元罚款。查某某不服，向我会申请行政复议。

二、复议请求与理由

查某某认为，某证监局作出的处罚决定缺乏事实和法律依据，请求予以撤销。理由为：1. 查某某与许 × × 是夫妻，账户资金为夫妻共同财产，其无需借配偶名义持股。非从业人员许 × × 可以买卖股票，某证监局认定查某某控制许 × × 证券账户的事实不清。2. 许 × × 有权要求开户证券营业部的从业人员代为买卖股票，查某某作为从业人员、作为许 × × 的配偶，代为买卖股票的行为不违法。

三、复议答复意见

某证监局认为处罚决定认定的事实清楚，证据确凿，法律适用正确，建议维持。答复意见如下：

（一）关于查某某控制许 × × 证券账户的事实认定

自 1996 年 4 月至 2013 年 11 月 12 日，查某某就职于某证券公司，历任阜外营业部综合管理部部门经理、阜外营业部总经理助理、某证券公司经纪业务部经纪人管理岗、经纪业务部总经理助理，查某某属于《证券法》规定的证券公司从业人员。根据查某某、许 × × 的询问笔录，许 × × 证券账户由查某某实际操作交易股票，许 × × 不参与交易。根据许 × × 证券账户交易流水，调查区间内有 36 个交易日的 205 笔交易下单地址为查某某手机号或其办公地址外网 IP 地址。以上证据证明查某某实际控制许 × × 证券账户交易股票。查某某作为从业人员，实际控制许 × × 账户，利用夫妻共同财产买卖、持有股票，违反《证券法》规定。

（二）关于许 × × 有权要求查某某代为买卖股票

从业人员接受客户委托买卖证券属于证券经纪业务，应当由证券公司经纪业务部门执行，并应当符合证券经纪业务流程要求。查某某实际控制许 × × 账户交易股票不属于合法合规的证券经纪业务。查某某提出的“以开户的从业人员身份代为买卖股票不违法”、“以配偶身份代为买卖股票不违法”于法无据。

四、复议审查情况

经查，1999 年 7 月 1 日至 2013 年 11 月 12

日，查某某任职于某证券公司，属于证券从业人员，不得直接持有、买卖股票。在询问笔录中，查某某及其配偶许××均承认，许××证券账户由查某某实际操作，许××不参与交易；证券账户交易资金由查某某管理划拨，来源和去向均为家庭资金。查某某也承认，1998年至2003底年通过营业部的终端机交易，2004年初至2009年9月通过互联网交易，2009年下半年至2013年11月12日通过手机交易，证券账户交易流水中36个交易日的205笔交易下单地址也显示为查某某手机号码或其办公地外网IP地址。因此，案件的争议焦点在于查某某是否控制配偶许××证券账户，以及查某某控制配偶账户买卖股票的行为是否违法。

复议审查认为，从现有证据看，查某某控制许××账户持有、买卖股票的事实成立。证券法明确规定禁止证券从业人员直接或者以化名、借他人名义持有、买卖股票。查某某身为证券从业人员，使用以其配偶名义开立的证券账户，运用夫妻共同财产，并亲自操作进行证券交易，构成了证券从业人员借他人名义进行证券交易的违法行为，依法应当承担法律责任。对于查某某主张"作为开户营业部从业人员、作为许××的配偶，接受配偶委托买卖股票的行为不违法"的辩解理由，鉴于其并未任职证券经纪业务岗位，也未按证券经纪业务相关法律法规和程序制度规定办理，其控制账户并自主决定交易的行为不属于执行证券经纪业务，不属于从业人员与客户之间的委托关系。查某某的辩解理由依据不足，不予采信，其行为构成证券公司从业人员借他人名义持有、买卖股票的违法行为，应当予以处罚。

综上，某证监局《行政处罚决定书》〔2014〕1号认定事实清楚、证据充分、适用法律正确，复议决定予以维持。

某会计师事务所不服中国证监会行政处罚行政复议案

2014年4月21日，某会计师事务所有限责任公司（以下简称某会计所）不服中国证监会《行政处罚决定书》〔2014〕21号，申请行政复议。

一、案件基本情况

某会计所系某上市公司首次公开发行股票并上市申请（以下简称IPO）证券服务机构。中国证监会《行政处罚决定书》〔2014〕21号认定，某会计所及其注册会计师在审计某上市公司IPO和执行首次公开发行股票公司审计业务专项核查工作时未勤勉尽责，2013年2月17日出具的审计报告和2013年3月28日出具的自查报告存在虚假记载，违反《证券法》的相关规定。处罚决定没收某会计所业务收入60万元，并处以120万元罚款。

二、复议请求与理由

申请人不服《行政处罚决定书》〔2014〕21号对其作出的行政处罚，请求予以撤销。理由为：1.某会计所分立后，应由权利义务的继受者承担法律责任。申请人签署的《股东和解协议》和《分立合并协议》是确定本案处罚的事实基础，两个文件不仅是申请人股东的内部文件，而且涉及第三方法律责任分担。某上市公司项目是以姜某为首的项目组非法控制某会计所期间负责的业务，申请人对此不应承担责任。2.申请人认为以前年度审计底稿的不合法必然导致2013年度出具的审计报告和《自查报告》的不合法，《行政处罚决定书》仅针对2013年度出具的审计报告和自查报告调查处罚，未全面考虑相关报告的内在逻辑关系。3.行政处罚程序存在明显瑕疵。调查人员调取审计底稿和询问相关会计师不是在申请人办公地点；被调查询问的注册会计师汪某已不属于申请人的工作人员。4.某上市公司处于IPO审核前的自查阶段，其行为尚未对社会公众产生实质损害，违法行为显著轻微，申请人在审计报告上的盖章行为不应受到处罚。

三、复议答复意见

被申请人认为申请人提出的复议理由不能成立,建议维持行政处罚决定。答复意见如下:

(一)某会计所未发生公司分立,为本案的责任主体

某会计所作为法人主体从始至终未发生法律意义上的分立。项目组并非独立法人,办公场所的不同仅是公司业务分割的安排。股东之间的协议可以约定法律责任的分担,但是行政法律责任的认定并非以其契约为基础,而是以法律主体资格及相关违法事实为基础。在公司股东未进行变更登记前,项目组依照之前与某上市公司签订的协议以某会计所的名义执业并无法律障碍。IPO审计报告和自查报告由某会计所的注册会计师签字并由该所复核盖章,违法行为人是某会计所。

(二)以前年度财务报告的合法性和真实性与本案认定的IPO审计报告无关

某会计所提交的IPO审计报告是独立的审计报告,某会计所使用了以前年度审计底稿代替IPO审计底稿,并不意味着使用以前年度审计报告代替IPO审计报告。中国证监会追究某会计所责任是其制作、出具的IPO审计报告有虚假记载,因此,2010年、2011年财务报告的合法性和真实性与IPO审计报告并无任何关系。并且,某会计所既已知道以前年度审计底稿"不合法",还为以该工作底稿为依据的审计报告签章,至少具有放任的主观故意。

(三)行政处罚程序合法,不存在申请人所述瑕疵

某会计所在相关证据材料上盖章确认,询问笔录有相关注册会计师签字,证据来源和调取地点不影响证据效力。汪某在审计报告签字时已完成转所手续,对此某会计所应当知情,但某会计所在汪某签字的报告上加盖公章,说明其认可汪某代表某会计所执行业务。鉴于汪某是报告签字人员,调查人员向其询问应属正当。

(四)某会计所不具有免除行政处罚情形

某上市公司实施了报送虚假申请文件的违法行为并具有明显的主观故意,在应中国证监会要求自查后,仍未停止申报虚假申请文件行为,情节恶劣,严重破坏证券市场诚信基础和投资者信心,造成严重的社会影响。某会计所在审计某上市公司相关报告时未勤勉尽责,应承担相应的责任。

四、复议审查情况

(一)关于本案违法责任主体认定

申请人主张,根据2013年1月签署的《股东和解协议》和《分立合并协议》,项目组对之后出具的某上市公司IPO审计报告负责,申请人只是按协议约定无条件盖章,不应受到处罚。经审查,2013年1月,申请人签署《股东和解协议》和《分立合并协议》,表明申请人存在内部股权纠纷,但是,申请人在股东完成变更登记之前,即2013年2月17日以申请人名义盖章出具了某上市公司IPO审计报告。审查认为,申请人作为独立法人,与某上市公司签订《审计业务约定书》,收取该审计业务收入,并以其名义出具IPO审计报告和《自查报告》,申请人是本案行政责任主体,而非项目组。申请人所签订的《分立合并协议》、《股东和解协议》属于平等主体之间的民事合同,合同中权利义务的约定不改变申请人作为法人所承担的行政法律责任。并且,申请人在明知公司内部治理已出现失控状态,审计条件发生重大不确定性的情形下,仍在未进行审慎核查的情况下,对出具的某上市公司IPO审计报告和《自查报告》复核并盖章,应视为对某上市公司项目的确认。

(二)IPO审计报告因使用以前存在错误的年度审计报告的责任承担问题

申请人认为因使用的以前年度审计报告存在错误,导致其出具的IPO审计报告有误,而以前年度的审计报告是项目组非法控制某会计所期间出具,故申请人不应受到处罚。经审查,申请人的上述意见与现行有关规定不符,免责理由不能成立。《证券法》第173条明确规定,审计机构应对出具审计报告所依据的文件资料内容的真实性、准确性、完整性进行核查和验证。《中国注册会计师审计准则第1152号——前后任注册会计师的沟通》第14条也明确规定,后任注册会计师不应在审计报告中说明其审计意见全部或部分依赖前任注册会计师的审计报告或工作,其应当对自身实施的审计程序和得出的审计结论负责。《独立审计准则第1号——会计报表审计》第17条规定,在需要发表审计

意见的当期会计报表中使用了前期会计报表数据的,注册会计师应进行适当的审计。尤其是,本案申请人在已经认为2012年出具的两份审计报告不合法、对项目组失控的情况下,仍在2013年审计报告上盖章,明显没有进行审慎核查。

(三)关于申请人是否存在免予行政处罚的情形

申请人以某上市公司未核准发行股票、未造成实质性损害为由,主张其不应受到处罚。审查认为,《证券法》对未勤勉尽责的证券服务机构明确规定了两种法律责任,其中,第173条规定了证券服务机构的民事法律责任,第223条规定了其行政法律责任。并且,法律对这两种法律责任适用条件的规定是不同的。对民事责任的承担,明确规定了“给他人造成损失的”法定要件;但对行政责任的承担则未作出这样的要件规定,即只要“证券服务机构未勤勉尽责,所制作、出具的文件有虚假记载、误导性陈述或者重大遗漏的”,就应当承担相应的行政处罚责任。本案中,申请人不仅出具了虚假的IPO审计报告,而且在自查阶段仍然出具了虚假的《自查报告》,未履行勤勉尽责义务。对于这一事实,申请人并未予以否认。因此,按照《证券法》第223条的规定,对其予以行政处罚,并无不当。

综上,《行政处罚决定书》〔2014〕21号认定的某会计所违法事实清楚、证据充分、法律适用正确,复议决定维持对某会计所的行政处罚决定。

蒋某不服中国证监会对上市公司作出的行政许可行政复议案

一、申请人的复议申请

蒋某自称是重庆某有限责任公司(以下简称某有限公司)的职工股东,认为某有限公司1998年出资设立重庆某股份有限公司(以下简称重庆某公司)的股权被非法占有、转让,重庆某公司股权存在纠纷;认为2002年上海某股份有限公司(以下简称上海某公司)涉嫌非法增资、非法控股某有限公司,2002年至今的财务报表涉嫌虚假,进而质疑中国证监会对重庆某公司、上海某公司作出的发行行政许可的合法性,要求予以撤销。申请人提交了某有限公司1997年成立时的“股东出资证明”和1999年8月重庆某公司验资账户进账单,主张与中国证监会行政许可具有利害关系。

二、复议审查情况

经审查查明,“股东出资证明”显示申请人自1997年7月通过职工持股会持股,申请人自1998年7月至2001年6月参与收益分配,不能证明申请人申请复议时仍为某有限公司股东。为此,复议机关专门向重庆市高级人民法院调取了《民事裁定书》(2014)渝高法民申字第00388号,该裁定明确认定蒋某不具有某有限公司股东资格。

复议审查认为,申请人并非中国证监会行政许可决定的行政相对人,非上市公司重庆某公司、上海某公司的股东,亦非某有限公司股东,申请人也未提供证据证明其合法权益因中国证监会作出的行政许可受到侵害。因此,申请人与中国证监会行政许可决定不具有法律上的利害关系,申请人的复议申请不符合《行政复议法实施条例》第二十八条第(二)项规定的受理条件。

综上,根据《行政复议法》第十七条第一款的规定,中国证监会复议决定对申请人所提复议申请不予受理。

邹某某不服中国证监会信息公开行政诉讼案

一、案件基本情况

邹某某原系某股份有限公司(以下简称公司)职工,与公司存在劳动争议纠纷,曾多次向中国证监会来信、来访投诉公司信息披露违规等问题。2012年4月23日,中国证监会收到邹某某通过信函方式向中国证监会提出的信息公开申请,要求中国证监会公开公司从1996年上市到目前为止国有股、法人股初始登记及变更情况。2012年6月4日,中国证监会作出《监管信息告知书》,告知邹某某"按照《政府信息公开条例》第二条的规定,您申请公开的信息不属于中国证监会监管信息。根据《公司法》、《证券法》的规定,相关信息可直接向上市公司查询,所需信息亦可在上市公司有关信息披露文件中查询"。

2012年8月,邹某某就该《监管信息告知书》向中国证监会申请行政复议,请求确认中国证监会作出的《监管信息告知书》违法,并要求重新作出监管信息告知书。2012年10月30日,中国证监会作出《行政复议决定书》〔2012〕21号,决定维持《监管信息告知书》。邹某某不服提起行政诉讼,经过一审、二审,北京市高级人民法院2014年作出终审判决,维持一审判决,驳回邹某某上诉请求。

二、争议焦点

本案诉讼争议焦点为原告邹某某申请公开的信息是否属于中国证监会履行证券监管职责过程中制作或获取的信息。

(一)关于原告认为中国证监会具有公开证券登记信息的法定职权和职责的主张。法院认定,根据《股票发行与交易管理暂行条例》第5条,1999年7月1日施行的《证券法》(以下简称旧《证券法》第166条、167条,2006年6月1日实施的修订后的《证券法》(以下简称新《证券法》)第178条、179条中关于证券监督管理机构性质与职责的规定,被告中国证监会依法对证券市场实施监督管理,但并不具有行使证券监管行政职责中只对涉及上市公司股东变更与股权登记等事项的职责。原告所援引的《中国证监会信息公开办法》第7条第(七)项之规定,系中国证监会对包括证券登记、托管、结算机构在内的相关单位的章程以及自律规则等的批准、备案结果具有信息公开义务,而非对"证券登记"信息负有公开职责。综上,原告主张缺少法律依据,法院不予支持。

(二)关于原告认为中国证监会与中登公司是上下级管理关系,中登公司的实际控制人是中国证监会,中登公司制作收集的相关信息属于被告中国证监会的监管信息之主张。法院认为,根据《股票发行与交易管理暂行条例》第56条,1996年8月21日国务院证券委员会发布的《证券交易所管理办法》第3条、4条、11条第(七)项,旧《证券法》第146条、新《证券法》第155条的规定,参照《证券登记结算管理办法》第8条、10条、11条的规定,以及参考《中登公司证券登记规则》等规定中关于证券登记结算机构的性质、职能范围及需要报被告批准或备案的事项之规定,证券登记结算机构属于独立于被告的机构或法人,而非被告的下属机关或派出机构,其进行证券登记等业务虽然受中国证监会监督,但不能认为其制作或获取证券登记相关信息就等同于被告中国证监会制作或获取。故对原告的上述主张法院亦不予支持。

(三)关于原告认为其所申请公开的信息属于中国证监会在履行对公司监管职责过程中应当获取的政府信息之主张。法院认为,原告所申请公开的信息是公司从1996年上市时直至今日的国有股、国有法人股、社会法人股的初始登记及变更和登记情况,而相关法律、法规及规章均未规定被告负有专门制作或获取上述信息并进行档案管理的法定义务,因此,要求被告公开上述信息实质上就是要求被告查找1996年至今其对公司进行监管的全部档案材料，并对其中是否存在涉及原告申请的信息进行分析并搜集汇总，而根据最高人民法院《关于审理政府信息公开行政案件若干问题的规定》第2条第(三)项之规定，要求行政机关为其制作、搜集政府信息，或者对若干政府信息进行汇总、分析、加工，行政机关予以拒绝的，公民、法人或者其他组织对该行为不服提起诉讼的，人民法院不予受理。据此可以认为，行政机关在政府信息公开中不负有针对申请人的申请对信息进行搜集、汇总、加工的法定义务。因此，对原告的上述主张法院不予支持。

综上，法院认定，原告所申请公开的信息并非中国证监会应当公开的政府信息，中国证监会作出的《监管信息告知书》程序合法、适用法律正确，认定事实并无不当，依法判决驳回原告邹某某的诉讼请求。

杨某等人利用未公开信息交易案

2014年6月30日，广州市中级人民法院就原某基金公司副总经理杨某，伙同吴某某、张某利用未公开信息交易一案作出判决，判决杨某、吴某某、张某构成利用未公开信息交易罪。法院在判决中对被告之间是否存在实施利用未公开信息交易行为的共同犯意进行了详细论证，有利于准确认定未公开信息交易罪的共同犯罪，对证券期货监管也具有重要的借鉴意义。

一、案件基本情况

(一)案件事实

杨某自2006年1月起兼任某基金公司管理投资的两支投资组合基金经理，2008年9月起兼任某基金公司管理的A投资组合基金经理直至2012年7月离职前。期间，杨某自2011年3月至10月兼任某基金公司管理的B投资组合基金经理。

2009年初，吴某某向杨某提出帮其操作股票账户的要求，得到杨某同意。2009年2月27日，吴某某以其女吴×1的名义在开立证券账户，并于2009年3月将该账户账号、密码告知杨某，由其具体操作。2011年吴某某将“吴×1”证券账户资金转入其妻名下“吴×2”证券账户，并将该账户账号、密码告知杨某，由杨某继续操作该证券账户。2009年3月至2012年3月，在前述四支投资组合投资股票的信息尚未披露前，杨某利用其管理相关投资组合而掌握的有关投资组合投资股票的名称、数量、价位及买卖时机等未公开信息的职务便利，亲自或指令张某操作“吴×1”、“吴×2”证券账户进行股票交易。

2009年3月至2012年3月期间，吴某某通过即时登陆“吴×1”、“吴×2”证券账户的方式，跟随操作“吴某某”、“吴×2”、“吴×3”、“吴×4”证券账户进行股票交易。

2009年5月至2011年9月期间，张某利用杨某指令传达的相关股票交易信息，在操作“吴×1”、“吴×2”证券账户的同时，跟随操作其他三人证券账户进行股票交易。

(二)争议焦点

一是吴某某将其证券账户交由杨某操作，杨某亲自或指令张某操作相关账户，吴某某、张某是否与杨某构成利用未公开信息交易罪的共同犯罪，核心是确定三人是否存在共同犯意。吴某某辩称其主观上并没有与杨某共同犯罪的故意，其将证券账户交由杨某操作是基于相信杨某的能力，并非要求杨某利用未公开信息进行操作。同时，杨某在操作相关证券账户期间并未告知其提供的股票信息是自己管理的基金投资的股票信息。张某辩称其在操作相关账户时并不知悉其操作的证券账户股票与杨某负责的投资组合基金在买卖的股票和种类上的高度趋同。公诉机关提出，吴某某在明知杨某担任基金经理的情况下，将自己的证券账户交由其操作，杨某亲自或指令张某操作相关账户，足以证明，吴某某、张某与杨某就实施利用未公开信息交易形成共同犯意,构成利用未公开信息交易罪的共同犯罪。

二是吴某某跟随操作吴 ×1 等 4 人证券账户交易相关股票,是否与杨某构成利用未公开信息交易罪的共同犯罪,核心是确定二人是否存在共同犯意。杨某辩称,其对吴某某的跟随操作并不知情。吴某某辩称,杨某和张某代其操作证券账户期间,杨某并未与其就股票交易情况进行沟通。公诉机关提出杨某明知在不修改吴 ×1 证券账户密码的情况下,吴某某可以通过登录吴 ×1 账户获知杨某传递的未公开信息,这种不修改账户密码的行为本身就暗示吴某某利用未公开信息进行交易,故吴某某、杨某构成利用未公开信息交易罪的共同犯罪。

三是张某跟随操作证券账户交易相关股票,是否与杨某构成利用未公开信息交易罪的共同犯罪,核心是确定二人是否存在共同犯意。杨某辩称其对张某的跟随操作情况并不知情。张某辩称其跟随操作行为是个人行为,并非杨某的授意或暗示,杨某对此并不知情。公诉机关提出:杨某一直存在向张某推荐股票的行为,对于张某的跟随操作行为知情而未制止,二人之间形成利用非公开信息交易的共同犯意,构成利用非公开信息交易罪的共同犯罪。

二、法院审理情况

一是对于吴某某委托杨某操作相关证券账户行为的认定。吴某某明知杨某担任基金经理,将"吴 ×1"、"吴 ×2"证券账户交由杨某操作,在此过程中,杨某、张某、吴某某均避免让他人知晓委托操作一事。吴某某作为委托杨某操作证券账户的提议者、证券账户和资金的提供者以及实际的受益者,杨某利用未公开信息交易涉案账户并未超过其故意范围,其与杨某、张某操作"吴 ×1"、"吴 ×2"账户具有共同的犯意联络,应当认定三人共同构成利用未公开信息交易罪。

二是对于吴某某跟随操作行为的认定。根据现有证据不足以认定杨某对吴某某跟随操作行为知情以及杨某与吴某某对于吴某某的跟随操作行为具有犯意联络,也不足以证实杨某有明示或暗示吴某某从事相关交易的行为,故不能认定二人具有共同犯意,杨某对于吴某某的跟随操作行为不承担责任。虽然客观上吴某某实施了跟随操作行为,但因不符合利用未公开信息交易罪的特定主体身份要求,仍不能单独认定其构成利用未公开信息交易罪。

三是对于张某跟随操作行为的认定。从 2009 年上半年开始杨某即利用未公开信息主动向张某推荐股票,属于利用未公开信息暗示他人从事相关交易的行为,杨某在明知张某跟随操作以后并未立即予以制止且继续提供相关交易信息,其对于张某的跟随操作行为持放任态度,二人形成就利用未公开信息交易的共同犯意,应认定杨某与张某共同构成利用未公开信息交易罪。

第十部分　司法文书选编

北京市第一中级人民法院行政判决书

（2014）一中行初字第 2438 号

原告杨剑波，男，汉族，光大证券股份有限公司策略投资部原总经理，现上海财经大学商学院教师。

委托代理人李江，北京市中兆律师事务所律师。

委托代理人杨翼飞，北京市中兆律师事务所西安分所律师。

被告中国证券监督管理委员会。

法定代表人肖钢，主席。

委托代理人罗娟，女，中国证券监督管理委员会干部。

委托代理人徐云，男，中国证券监督管理委员会干部。

原告杨剑波因不服被告中国证券监督管理委员会（以下简称证监会）作出的行政处罚决定，于 2014 年 2 月 8 日向本院提起行政诉讼，本院受理后依法组成合议庭，并于 2014 年 4 月 3 日公开开庭审理了本案。原告杨剑波及其委托代理人李江、杨翼飞，被告证监会的委托代理人罗娟、徐云到庭参加了诉讼。经北京市高级人民法院批准，本案延长审理期限。本案现已审理终结。

2013 年 11 月 1 日，被告证监会作出〔2013〕59 号《行政处罚决定书》（以下简称被诉处罚决定），查明：2013 年 8 月 16 日 11 时 05 分，光大证券股份有限公司（以下简称光大证券）在进行交易型开放式指数基金（以下简称 ETF）申赎套利交易时，因程序错误，其所使用的策略交易系统以 234 亿元的巨量资金申购 180ETF 成分股，实际成交 72.7 亿元。经测算，180ETF 与沪深 300 指数在 2013 年 1 月 4 日至 8 月 21 日期间的相关系数达 99.82%，即巨量申购和成交 180ETF 成分股对沪深 300 指数，180ETF、50ETF 和股指期货合约价格均产生重大影响。同时，巨量申购和成交可能对投资者判断产生重大影响，从而对沪深 300 指数，180ETF、50ETF 和股指期货合约价格产生重大影响。根据《中华人民共和国证券法》（以下简称《证券法》）第七十五条第二款第（八）项和《期货交易管理条例》第八十二条第（十一）项的规定，“光大证券在进行 ETF 套利交易时，因程序错误，其所使用的策略交易系统以 234 亿元的巨量资金申购 180ETF 成分股，实际成交 72.7 亿元”（以下简称错单交易信息）为内幕信息。光大证券是《证券法》第二百零二条和《期货交易管理条例》第七十条所规定的内幕信息知情人。上述内幕信息自 2013 年 8 月 16 日 11 时 05 分交易时产生，至当日 14 时 22 分光大证券发布公告时公开。同日不晚于 11 时 40 分，光大证券时任法定代表人、总裁徐浩明召集时任助理总裁杨赤忠、时任计划财务部总经理兼办公室主任沈诗光和时任策略投资部总经理杨剑波开会，达成通过做空股指期货、卖出 ETF 对冲风险的意见，并让杨剑波负责实施。因此，光大证券知悉内幕信息的时间不晚于 2013 年 8 月 16 日 11 时 40 分。

被诉处罚决定认定：光大证券 2013 年 8 月 16 日下午将所持股票转换为 180ETF 和 50ETF 并卖出的行为和 2013 年 8 月 16 日下午卖出股指期货空头合约 IF1309、IF1312 共计 6240 张的行为构成内幕交易。2013 年 8 月 16 日 13 时，光大证券称因重大事项停牌。当日 14 时 22

分,光大证券发布公告,称“公司策略投资部自营业务在使用其独立套利系统时出现问题。”但在当日13时开市后,光大证券即通过卖空股指期货、卖出ETF对冲风险,至14时22分,卖出股指期货空头合约IF1309、IF1312共计6240张,合约价值43.8亿元,获利74 143 471.45元;卖出180ETF共计入2.63亿份,价值1.35亿元,卖出50ETF共计6.89亿份,价值12.8亿元,合计规避损失13 070 806.63元。光大证券在内幕信息公开前将所持股票转换为ETF卖出和卖出股指期货空头合约的交易,构成《证券法》第二百零二条和《期货交易管理条例》第七十条所述内幕交易行为。徐浩明为直接负责的主管人员,杨赤忠、沈诗光、杨剑波为其他直接责任人员。以上事实,有相关说明、询问笔录、公告、会议纪要、相关鉴定以及上海证券交易所、中国金融期货交易所计算的相关数据等证据证明,足以认定。

光大证券在陈述申辩中提出:其一,2013年8月16日全天所做对冲交易,是按照光大证券《策略投资部业务管理制度》的规定和策略投资的原理,按照既定计划进行的必然性和常识性操作,具有合规性和正当性,符合业内操作惯例。其二,本案系我国资本市场上首次发生的新型案件,事件发生时,作为一个正常理性的市场交易主体,无法判断错单信息属于内幕信息,更无从判断下午的行为可能构成内幕交易行为。证监会认定相关交易构成内幕交易法律依据不足。其三,证监会对于违法所得的认定没有法律依据,而且存在计算错误。其四,即使证监会认定其构成内幕交易,也应该从轻减轻处罚,不应处以5倍罚款。除上述申辩理由外,徐浩明、杨赤忠、沈诗光、杨剑波还提出,没有内幕交易的主观故意。杨剑波还提出,其并非高级管理人员,没有参与会议决策,不应对其处以重罚。

针对光大证券及徐浩明、杨赤忠、沈诗光、杨剑波的申辩意见,被告经复核认为:本案是我国资本市场上首次发生的新型案件,虽然《证券法》和《期货交易管理条例》列举的内幕信息主要是与发行人自身相关的信息或与政策相关的信息,但同时规定证监会有权就具体信息是否属于内幕信息进行认定。内幕信息有两个基本特征,包括信息重大和未公开性。本案中,光大证券因程序错误以234亿元的巨量资金申购180ETF成分股,实际成交72.7亿元,可能影响投资者判断,对沪深300指数,180ETF、50ETF和股指期货合约价格均可能产生重大影响,同时这一信息在一段时间内处于未公布状态,符合内幕信息特征。证监会据此依法认定其为内幕信息。光大证券自身就是信息产生的主体,对内幕信息知情。按照光大证券《策略投资部业务管理制度》的规定和策略投资的原理,光大证券可以进行正常的对冲交易,但是光大证券决策层了解相关事件的重大性之后,在没有向社会公开之前进行的交易,并非针对可能遇到的风险进行一般对冲交易的既定安排,而是利用内幕信息进行的交易。此时公司具有进行内幕交易的主观故意,符合《证券法》中“利用”要件,应当认定为内幕交易。光大证券内幕交易行为性质恶劣,影响重大,对市场造成了严重影响,应当依法予以处罚。本案的违法所得认定综合考虑了交易金额、税费、内幕信息的影响时间等因素,具有合理性。本案四名责任人员召开公司层面的决策会议决定先交易后披露,理应承担相应的责任。

被告依据《证券法》第二百零二条和《期货交易管理条例》第七十条的规定,决定对光大证券ETF内幕交易的其他责任人员杨剑波给予警告,并处以30万元罚款;对光大证券股指期货内幕交易的其他直接责任人员杨剑波给予警告,并处以30万元罚款。上述两项罚款合计60万元。

被告证监会于答辩期内向本院提交了两组证据:

第一组:光大证券2013年8月16日内幕交易的相关证据,包括:1.1相关人员的说明、询问笔录、邮件、司法鉴定检验报告书、媒体报道、2013年8月16日大盘走势图等证据共26项,用以证明内幕信息形成过程;1.2信息披露过程、工作函件、公告、情况说明、询问笔录及新闻稿等证据共9项,用以证明内幕信息的披露过程;1.3会议纪要、询问笔录、人员名单、通讯记录及录音等证据共27项,用以证明内幕信息知悉过程;1.4 2013年8月16日交易的相关明细、报告统计表、对账单及资金凭证等证据共21项,用以证明光大证券内幕交易情况;1.5相关情况说明、通讯记录、询问笔录等证据共26

项,用以证明相关监管部门履行职责情况;1.6询问笔录、说明、《策略投资部业务管理制度》等光大证券内部管理制度相关文件、邮件及函件等证据共34项,用以证明光大证券修改交易程序及光大证券内部控制的情况。

第二组:2.1光大证券立案调查通知书及徐浩明、杨赤忠、沈诗光、杨剑波调查通知书;2.2行政处罚事先告知书、送达回证、回执、相关当事人身份证明材料及授权委托书等证据;2.3当事人陈述、申辩意见及证据材料;2.4被诉处罚决定及送达回证,第二组证据用以证明被告证监会作出被诉处罚决定履行法定程序的相关情况。被告证监会向本院提交了《证券法》第七十五条、第二百零二条,《期货交易管理条例》第七十条、第八十二条等作为作出被诉处罚决定的法律依据。

原告杨剑波不服被诉处罚决定诉至本院,请求本院撤销被诉处罚决定中对其作出的行政处罚。其诉讼理由略为:一、错单交易信息不构成内幕信息。首先,错单交易信息并非与发行人自身相关的信息,不属于内幕信息范畴。《证券法》第七十五条和《期货交易管理条例》第八十二条第(十一)项均作出了规定。根据相关规定,内幕信息是指发行人自身的有关信息或者相关部门制定的政策等影响发行人股票或期货交易价格的信息。无论是发行人自身的相关信息,还是政策性信息,显然均不包括申购者自身因申购行为而产生的信息。对此,证监会有着清楚的认识,在被诉处罚决定中,证监会亦认为内幕信息“主要是与发行人自身相关的信息或与政策相关的信息”。就此而言,光大证券因程序错误出现的错单交易信息显然不属于内幕信息。其次,光大证券的错单交易信息被媒体揭露,已处于公开状态,不满足内幕信息非公开性要求。依据《证券法》和《期货交易管理条例》的规定,“未公开”是构成内幕信息的要件之一,如果某些重要信息已公开或处于事实上的公开状态,则该信息便不再构成“内幕信息”。本案中,光大证券错单交易出现后,即有诸多媒体及记者获得了该信息,并通过多种方式或渠道予以公开。因此,该信息并不构成内幕信息,证监会的认定违反了上述规定。二、光大证券并未利用错单交易信息从事证券或期货交易活动。依据《证券法》第七十三条和《期货交易管理条例》第七十条的规定,内幕信息知情人只有利用内幕信息从事证券或期货交易方构成内幕交易行为。本案中,光大证券针对上午错单交易采取的对冲措施属于基于市场中性策略型投资的交易原理进行的常规性必然性操作,光大证券并未利用错单交易信息,也不存在谋利的主观目的。因此,光大证券的交易行为不构成内幕交易。三、杨剑波并非其他直接责任人员。被诉处罚决定将杨剑波认定为光大证券对冲交易的其他直接责任人员违反了法律规定。依据证监会的规定,“具体实施”和“起较大作用”是构成“其他直接责任人员”的两个要件。本案中,杨剑波依照当日中午会议决策的内容向交易员传达了实施对冲交易的指令,其既非会议的决策者,也非对冲交易的具体实施者,因而不属于“其他直接责任人员”。四、被诉处罚决定对光大证券做空股指期货部分的违法所得数额认定错误。光大证券案发当日下午卖空的股指期货合约未交割,实际交割之后光大证券在股指期货部分实际亏损四百余万元,而被诉处罚决定以2013年8月16日当日收盘后的价格,即所谓盯市盈利计算违法所得,认定光大证券获利七千余万元,违反《会计准则》的相关规定。同时,从光大证券股指期货部分的实际亏损来看,光大证券下午做空股指期货的行为不具有盈利目的,亦可反证其行为并非内幕交易。五、被告认定光大证券下午的对冲行为构成内幕交易,缺乏法律依据,被告亦未事先制订并公布过相关依据,被告将错单交易信息认定为内幕信息,超越了《中华人民共和国立法法》(以下简称《立法法》)关于法律、行政法规如何解释及解释权限的相关规定,以及《中华人民共和国行政处罚法》(以下简称《行政处罚法》)第三条、第四条关于行政处罚法定和行政处罚公开的基本原则。

原告杨剑波于法定期间向本院提交如下证据:1.《会议纪要》,用以证明光大证券于2013年8月16日11:40－12:40召开会议,作出了“按ETF申赎套利交易策略继续进行交易”的决策,及此次会议的参加者为徐浩明、杨赤忠、沈诗光和杨剑波;2.《策略投资部业务管理制度》用以证明光大证券策略投资部主要业务即为市场中性策略型投资,光大证券当日的对冲交易是按照既定的制度和事先的计划进行的,不属于内幕交易;3. 陈××、肖××两人的证人证言,用以证明错单交易发生后,光大证券立即向相关监管机构汇报,当日下午开市前,相关监管机构已经派人到光大证券进行调查且了解到光大证券下午进行的对冲交易;4. 证监会新闻发布会实录,用以证明证监会确认《证券法》未就异常交易及随后对冲行为的性质及处理作出规定,也未作出相应的授权安排,被诉处罚决定将光大证券的错单交易信息认定为内幕信息及将对冲行为认定为内幕交易缺乏法律依据;5.(2014)京国立内证字第0804号《公证书》,用以证明光大证券上午错单交易发生后,国内大量主流媒体即进行了报道,该错单交易信息已处于公开状态,不具有内幕信息的特点。另,原告杨剑波向本院提交了名为《解密对冲基金指数与策略》的出版物相关内容复印件,用以说明市场中性策略型投资的含义。

被告证监会请求本院维持被诉处罚决定中对原告杨剑波的行政处罚,驳回原告杨剑波的诉讼请求。其答辩理由略为:一、本案错单交易信息构成内幕信息。首先,根据《证券法》第七十五条第二款第(八)项和《期货交易管理条例》第八十二条第(十一)项规定,证监会有权就具体信息是否属于内幕信息进行认定。本案中错单交易信息在一段时间内处于未公布状态,满足内幕信息重大性和未公开性的构成要件。因此,证监会根据案件事实和《证券法》的授权认定上述信息为内幕信息。2013年8月16日14时22分公告前,光大证券知悉市场异动的真正原因,公众投资者并不知情。在此情况下,光大证券本应戒绝交易,待内幕信息公开以后再合理避险。光大证券在内幕信息公开前即着手反向交易,明显违反了公平交易的原则。其次,在2013年8月16日14时22分光大证券发布公告前信息不是法定的公开状态。(一)内幕信息的"公开"方式有明确的法律规范。2013年8月16日上午光大证券巨额交易之后,市场上的确有"光大证券乌龙指"的传闻及相关新闻报道,但根据《证券法》第七十条、《上市公司信息披露管理办法》第六条的规定,依法披露信息应于指定媒体发布,同时置于公司住所、证券交易所以供查阅,不得以新闻发布或者答记者问等任何形式代替应当履行的报道、公告义务。因此,以媒体和记者的报道认定内幕信息已公开,不符合相关法律规范的要求。(二)"光大证券乌龙指"仅是市场诸多传闻之一,且光大证券董事会秘书对此予以否认。2013年8月16日上午11点06分左右,上证指数瞬间上涨逾100点,沪深300指数成分股中共有70多只股票瞬间涨停。事件发生后,市场上产生了诸多传闻,包括收市后公布优先股试点方案,光大证券自营盘70亿元乌龙指,交易员买入股票操作失误,沪深300指数成分股将实行T+0交易,中投外汇资金建仓金融股等。11时59分左右,光大证券董事会秘书梅键在与大智慧记者通话时否认了市场上"光大证券自营盘70亿元乌龙指"的传闻。综上,"光大证券乌龙指"信息仅是市场传闻之一,而且光大证券董事会秘书对此予以否认,不能认为内幕信息已公开。(三)内幕信息于14时22分光大证券发布公告时公开。8月16日13时光大证券紧急停牌,14时22分发布公告,称"公司策略投资部自营业务在使用其独立套利系统时出现问题,公司正在进行相关核查和处置工作"。至此,本案内幕信息公开。综上所述,2013年8月16日14时22分光大证券公告,承认套利系统出现问题,内幕信息公开。在此之前,市场上有关"错单交易"的消息报道,是一种传闻,且不符合信息披露的法律要求,不能视为内幕信息"已公开"。二、中性投资策略不足以构成内幕交易的抗辩事由。中性策略的执行应当遵守相关法律法规、监管要求及自律组织的业务规则。任何人不得以中性策略为由,从事违法违规交易行为,不得损害广大投资者的合法权益。光大证券可以按照其《策略投资部业务管理制度》进行正常的对冲交易,但其本身是本案内幕信息产生的主体,应当在内幕信息公开前戒绝交易,可在信息公开后再进行合法的风险处置,而不应利用内幕信息进行交易。光大证券在内幕信息公开前实施交易,违反了《证券法》和《期货交易管理条例》的相关规定,应当认定为内幕交易。三、杨剑波构成其他直接责任人员。2013年8月16日异常交易发生后,徐浩明召集杨赤忠、沈诗光和杨剑波开会,达成通过做空股指期货、卖出ETF对冲风险的意见,并让杨剑波负责实施。杨剑波作为当天上午巨额交易时策略投资部的负责人,参与了上述会议,并作为执行部门的负责人安排执行了内幕交易，在该案中起到较大作用，应当认定为该案中的其他直接责任人员。四、关于股指期货部分违法所得的计算并无不当。首先，《会计准则》是用以规范企业收入的计算标准，而本案是基于《期货交易管理条例》的规定，对内幕交易的违法所得进行计算，并不适用《会计准则》。其次，光大证券做空股指期货的行为是否实际获利，不影响内幕交易的认定。本院于2014年3月26日组织双方当事人进行证据交换，原告杨剑波对被告证监会提交全部证据的合法性、真实性均无异议，对证据1.6以外的其他证据的关联性亦无异议，认为证据1.6与被诉处罚决定无关，且能够反证光大证券的主要责任在于其内部风险控制存在漏洞，而非从事了内幕交易，另对证据1.5中证监会对中国金融期货交易所监查部张×的询问笔录内容的真实性提出异议。被告对原告提交的证据1、2、4、5的合法性、真实性均无异议；针对原告提交的证据3，被告认为两名证人未出庭，无法确认其证言内容的真实性。本院经审查认为，被告提交的证据1.6可以证明光大证券内部管理的相关情况，本院予以采纳。被告提交的录音证据不符合最高人民法院《关于行政诉讼证据若干问题的规定》关于录音证据的法定形式要求，本院不予采纳。原告提交的证据3与本案无关联，本院不予采纳。双方当事人提交的其他证据，符合证据关联性、合法性及真实性的要求，本院予以采纳。原告提交的出版物系用于说明相关专业知识以供法院参考，并非用以证明个案事实，本院不作为证据予以认证。

根据已采纳之证据及当事人无争议之陈述，本院认定如下事实：2013年8月16日11时05分，光大证券在进行ETF申赎套利交易时，因程序错误，其所使用的策略交易系统以234亿元的巨量资金申购180ETF成分股，实际成交72.7亿元。同日不晚于11时40分，光大证券时任法定代表人、总裁徐浩明召集时任助理总裁杨赤忠、时任计划财务部总经理兼办公室主任沈诗光和时任策略投资部总经理杨剑波开会，达成通过做空股指期货、卖出ETF对冲风险的意见，并让杨剑波负责实施。当日13时开市后，光大证券通过卖空股指期货、卖出ETF对冲风险，至14时22分，卖出股指期货空头合约IF1309、IF1312共计6240张，合约价值43.8亿元；卖出180ETF共计2.63亿份，价值1.35亿元，卖出50ETF共计6.89亿份，价值12.8亿元。当日14时22分，光大证券发布公告，称其“策略投资部门自营业务在使用其独立的套利系统时出现问题，公司正在进行相关核查和处置工作。公司其他经营活动保持正常”。

2013年8月18日，证监会向光大证券作出调查通知书，告知光大证券因其涉嫌违反证券期货法律法规相关规定，决定对光大证券立案调查。次日，证监会向杨剑波作出调查通知书，告知因工作需要，决定向其调查取证。证监会向徐浩明、杨赤忠、沈诗光亦作出了调查通知书。同年8月30日，证监会向光大证券、徐浩明、杨赤忠、沈诗光及杨剑波作出行政处罚及市场禁入事先告知书，告知光大证券涉嫌内幕交易一案已调查完毕，证监会拟对光大证券作出行政处罚，并对徐浩明、杨赤忠、沈诗光及杨剑波作出行政处罚及市场禁入，同时告知了证监会认定的事实、理由和相应依据，以及光大证券、徐浩明、杨赤忠、沈诗光及杨剑波所享有的相关权利。同年9月1日、9月3日，杨剑波及光大证券分别在行政处罚及市场禁入事先告知书回执上签字，均表示需要陈述和申辩，但不要求举行听证会，后光大证券、徐浩明、杨赤忠、沈诗光及杨剑波针对证监会拟作出的行政处罚决定向证监会提出了陈述申辩意见。

2013年11月1日，证监会对光大证券、徐浩明、杨赤忠、沈诗光及杨剑波的陈述申辩意见进行复核后，对光大证券、徐浩明、杨赤忠、沈诗光及杨剑波作出被诉处罚决定。杨剑波不服被诉处罚决定中针对自己的部分，向本院提起行政诉讼。

本院认为：根据《证券法》第一百七十九条第一款第（七）项之规定，国务院证券监督管理机构依法对违反证券市场监督管理法律、行政法规的行为进行查处；《期货交易管理条例》第四十七条第（七）项规定，国务院期货监督管理机构对违反期货市场监督管理法律、行政法规的行为进行查处。因此，被告具有作出被诉处罚决定的法定职权。根据《证券法》第二百零二条及《期货交易管理条例》第七十条之规定，被告对于内幕交易予以行政处罚亦有明确法律依据。原告对被诉处罚决定认定的基本事实及作出程序的合法性未持异议。经审查，被诉处罚决定认定事实清楚,被告作出被诉处罚决定的程序亦无违法之处。

根据双方当事人的陈述,本案主要争议焦点在于:一、本案错单交易信息能否构成《证券法》及《期货交易管理条例》所规定的内幕信息;二、光大证券案发当日下午的对冲交易是否构成基于既定投资计划、指令所作出的交易行为,从而不构成对内幕信息的利用;三、杨剑波是否构成其他直接责任人员。

关于争议焦点一。本案的错单交易信息产生于证券市场,虽然《证券法》第七十五条第二款明确列举的内幕信息主要是与发行人自身相关的信息,但该法第七十五条第二款第(八)项规定,内幕信息包括国务院证券监督管理机构认定的对证券交易价格有显著影响的其他重要信息。而根据该条第一款之规定,证券交易活动中,涉及公司的经营、财务或者对该公司证券的市场价格有重大影响的尚未公开的信息,为内幕信息。因此内幕信息并不限于与发行人自身相关的信息,也应包括对公司证券的市场价格有重大影响的交易信息。进一步考虑到大盘指数与公司证券价格之间的紧密关联性,对大盘指数产生重大影响的交易信息亦应属于《证券法》所指对公司证券的市场价格有重大影响的内幕信息范畴。就期货市场而言,虽然《期货交易管理条例》第八十二条第(十一)项中列举的内幕信息并未明确包含期货市场以外的交易信息,但该条规定,期货市场的内幕信息也包括国务院期货监督管理机构认定的对期货交易价格有显著影响的其他重要信息。而该条对内幕信息给予了明确的定义,即内幕信息是指可能对期货交易价格产生重大影响的尚未公开的信息。考虑到证券市场与期货市场的关联性,证券市场上形成的内幕信息如对期货市场的波动可能产生重大影响亦应属于期货市场内幕信息的范畴。本案中,光大证券当日上午的错单交易对沪深 300 指数,180ETF、50ETF 和股指期货合约价格均产生重大影响,被告据此将错单交易信息认定为内幕信息,并未超出《证券法》、《期货交易管理条例》对内幕信息定义的范畴。原告认为被告将错单交易信息认定为内幕信息违反《立法法》,超越其法定解释权限,以及违反《行政处罚法》关于行政处罚法定及公开原则的主张均不能成立,本院不予支持。

原告主张本案错单交易信息在案发当日下午对冲交易开始之前已经被媒体揭露从而处于公开状态。本院认为,内幕信息以媒体揭露的方式公开应至少满足三个要件:第一,相关媒体报道能够为市场主体所广泛周知;第二,媒体所揭露的信息具有完整性,即已经包含内幕信息的主要内容,从而使理性的市场主体能够就其可能产生的市场影响进行综合判断;第三,理性的市场主体能够相信相关媒体揭露的信息具有可靠性。本案中,原告所主张的相关网络媒体关于错单交易信息的报道对市场主体来说不能满足可靠性的要求。首先,原告所举 21 世纪网的报道中并未准确指明其报道的信息来源,市场主体无法确信该报道来自于可靠的信息源;其次,原告提交的其他网站对于错单交易信息的报道均是对 21 世纪网报道的转载,并非基于各自独立调查而进行的报道,不能形成相互佐证的关系从而使市场主体相信其内容真实可靠;最后,在光大证券于当日下午发布公告之前,相关媒体对当日上午大盘指数大幅上涨的原因还有诸多其他推测和报道,市场主体无法仅仅基于 21 世纪网的报道而相信其内容真实可靠。因此,原告主张错单交易信息在光大证券当日下午对冲交易开始之前已经公开的主张不能成立,本院不予支持。

关于争议焦点二。本院认为,该争议焦点的实质在于光大证券当日下午的对冲交易是否利用了错单交易信息。在内幕交易案件中,交易者知悉内幕信息后实施了相关的证券期货交易行为,原则上即应推定其利用了内幕信息,从而具有内幕交易的主观故意。如果该交易行为系基于内幕信息形成以前即已经制订的投资计划和指令所作出,足以证明其实施的交易行为确与内幕信息无关,可以作为内幕交易的抗辩事由。但是,能够作为抗辩事由的既定投资计划和指令,应当是在内幕信息形成以前已经制订,并包含了交易时间、交易数量等具体交易内容,且在实施的过程中没有发生变更,方能体现其交易行为没有对内幕信息加以利用。虽然在本案错单交易发生之前,光大证券《策略投资部业务管理制度》规定,当出现因系统故障等原因而导致交易异常,应考虑采用合适的对冲工具(包括但不限于股指期货、ETF 等),及时控制风险,进行对冲交易,以保证部门整体风险敞口处于可控范围,保持市场中性,但上述规定并无具体的交易内容,不足以构成既定投资计划和指令。本案中,光大证券当日下午实施的对冲交易,是在错单交易信息形成之后,光大证券直接针对错单交易而采取的对冲风险行为,而非基于内幕信息形成之前已经制订的投资计划、指令所作出的交易行为。至于原告认为对冲交易是基于既定的市场中性投资策略所作出,本院认为,虽然市场中性投资策略的目标是保证投资组合中多空双边头寸的平衡,不留风险敞口,从而实现投资收益与市场整体波动无关。但是,交易者在实施市场中性投资策略并根据市场变化进行动态调整的过程中,仍然可能利用内幕信息对市场波动的单边影响,从而构成内幕交易。本案中,光大证券当日下午的对冲交易是在其因错单而建立了巨额多头头寸的情况下,同时在证券市场卖出和在期货市场做空的单边对冲交易,其利用了内幕信息对市场可能产生的单边影响,不能构成内幕交易的抗辩事由。因此,对原告所持光大证券当日下午的对冲交易系基于市场中性投资策略这一既定投资计划和指令所作出,并未利用内幕信息之主张,本院不予支持。

关于争议焦点三。《证券法》第二百零二条及《期货交易管理条例》第七十条第一款均规定,单位从事内幕交易的,还应当对直接负责的主管人员和其他直接责任人员给予警告;并处以三万元以上三十万元以下的罚款。本院认为,本案错单交易发生于光大证券策略投资部,而原告作为光大证券时任策略投资部总经理,参与了光大证券决定实施对冲交易的相关会议,且是负责执行当日下午对冲交易的人员,故被告认定其为其他直接责任人员并无不当。原告认为自己并非其他直接责任人员之主张不能成立,本院不予支持。

原告认为被诉处罚决定对光大证券做空股指期货部分违法所得的计算标准有违《会计准则》,以此作为请求撤销对其作出的处罚决定之理由,本院对此不予支持。

本院认为,正如被诉处罚决定所注意到的,本案是我国资本市场上首次发生的新型案件。《证券法》第一条规定其宗旨是为了规范证券发行和交易行为,保护投资者的合法权益,维护社会经济秩序和社会公共利益,促进社会主义市场经济的发展。《期货交易管理条例》第一条亦规定其宗旨是为了规范期货交易行为,加强对期货交易的监督管理,维护期货市场秩序,防范风险,保护期货交易各方的合法权益和社会公共利益,促进期货市场积极稳妥发展。同时,《证券法》第三条和《期货交易管理条例》第三条均规定了从事证券和期货交易,应当遵循公开、公平、公正的原则。因此,维护证券期货市场秩序,保护投资者利益,保障证券期货交易的公开、公平、公正是《证券法》和《期货交易管理条例》的重要立法精神。本案中,光大证券在2013年8月16日上午进行ETF套利交易时,因程序错误导致的错单交易对整个证券市场及期货市场产生极为重大的影响。错单交易发生之后,上证综指迅速上涨5.96%,属重大错单交易,严重影响了资本市场秩序。光大证券在知悉内幕信息且未予公开的情况下,与其他处于信息不对称地位的投资者进行交易,不符合资本市场“公开、公平、公正”的基本原则。被告为维护资本市场秩序,保护投资者合法权益,结合本案具体案情,将光大证券于当日下午实施的对冲交易认定为内幕交易并对原告作出行政处罚,不违反《证券法》及《期货交易管理条例》关于维护资本市场秩序以及保护投资者合法权益的基本精神。

综上,原告的相关诉讼理由均不能成立,故对其要求撤销被诉处罚决定中针对自己的部分的诉讼请求,本院不予支持。依照最高人民法院《关于执行〈中华人民共和国行政诉讼法〉若干问题的解释》第五十六条第(四)项之规定,判决如下:

驳回原告杨剑波的诉讼请求。

案件受理费50元,由原告杨剑波负担(已交纳)。

双方当事人如对本判决不服,可于收到判决书之日起15日内向本院提交上诉状,并按对方当事人人数提交上诉状副本,预交二审案件受理费50元,上诉于北京市高级人民法院。

二〇一四年十二月二十六日

北京市高级人民法院行政判决书

(2014)高行终字第3800号

上诉人(一审原告)唐建平,男,汉族。

委托代理人陆峻熙,北京市康达律师事务所律师。

委托代理人陈晶晶,北京康达(海口)律师事务所律师。

被上诉人(一审被告)中国证券监督管理委员会。

法定代表人肖钢,主席。

委托代理人刘方义,男,中国证券监督管理委员会干部。

委托代理人王平,男,中国证券监督管理委员会干部。

上诉人唐建平因证券监管行政处罚一案,不服北京市第一中级人民法院(2013)一中行初字第1171号行政判决,向本院提起上诉。本院受理后依法组成合议庭公开开庭审理了本案。上诉人唐建平的委托代理人陆峻熙、陈晶晶,被上诉人中国证券监督管理委员会(以下简称证监会)的委托代理人刘方义、王平到庭参加诉讼。本案经最高人民法院批准延期审理,现已审理终结。

2012年9月17日,证监会作出〔2012〕43号《行政处罚决定书》(以下简称被诉处罚决定),认定唐建平在2010年4月2日至7月28日连续交易"航天动力"股票、在自己实际控制的证券账户之间交易"航天动力"股票,由于连续交易、在自己实际控制的证券账户之间交易"航天动力"股票的数量较大,交易量占市场成交量比例较高,致使"航天动力"股票价格从2010年4月1日的14.09元(收盘价)上升至2010年7月28日的19.54元,2010年6月10日,"航天动力"股票价格达到20.51元。唐建平的上述行为违反了《中华人民共和国证券法》(以下简称《证券法》)第七十七条关于禁止操纵股票价格的规定,构成了《证券法》第二百零三条所述操纵股票价格行为,其违法所得为168,584,294元。证监会根据唐建平违法行为的事实、性质、情节和社会危害程度,依据《证券法》第二百零三条的规定,决定没收唐建平违法所得168,584,294元,并对唐建平处以168,584,294元罚款。唐建平不服证监会作出的上述被诉处罚决定,向北京市第一中级人民法院(以下简称一审法院)提起行政诉讼。

一审法院判决认定,根据证监会提交的第一组证据,唐建平实际控制唐建平、窦××等共计19个股东账户(以下简称唐建平等19个账户)在2010年4月2日到12月23日期间同时段频繁共用电脑下单,所用MAC地址与IP地址高度重合,足以证明唐建平等19个账户具有同一控制必系,在上述账户为同一人实际控制的前提下,证监会的资产管理协议、资金流向、证人证明、证言、人员关系和账户关系等证据已形成明显的证据优势,且均指向唐建平一人。故在唐建平无充分证据予以否定的情况下,被诉处罚决定认定唐建平为涉案账户的实际控制人并无不当。

通过对2010年4月2日至7月28日期间唐建平等19个账户交易"航天动力"股票过程中的行为特征分析,唐建平交易"航天动力"股票的行为符合连续交易操纵与在自己实际控制的账户间交易操纵的特征,其通过连续交易拉抬"航天动力"股价,通过在自己实际控制的账户间交易稳定"航天动力"股价,符合操纵股票价格行为的一般特征。被诉处罚决定认定唐建平于上述期间实施了连续交易操纵及在自己实际控制的账户间交易操纵的行为,致使"航天动力"股价上升,具备事实及法律依据,并无违法之处。

根据上海证券交易所市场监察部向证监会提供的数据显示,在2010年4月2日至7月

28 日期间,唐建平等 19 个账户账面收益为 168,584,294元。具体为,账面盈亏 = 期末市值 + 期间卖出金额 - 期初市值 - 期间买入金额 - 配股金额 - 印花税 - 过户费 - 交易佣金估算,其中印花税按实际发生金额计算,其余税费按3‰算。2010 年 7 月 28 日余股以当日收盘价作为卖出价计算盈利。被诉处罚决定以此为依据认定唐建平的违法所得数额并不违背《证券法》及有关法律法规的规定,亦不侵害唐建平合法权益。

对于证监会在本案的执法程序问题。法院调取的《听证笔录》可以证明证监会告知了唐建平申请回避的权利及唐建平不申请听证会主持人回避的事实。唐建平主张听证会主持人系证监会调查人员,负责证监会对本案的调查工作,但其未提交证据予以证明,且唐建平已于听证会中明确表示不申请有关人员回避。故证监会作出被诉处罚决定履行了告知、听证、送达等程序,并无违法之处。

综上,被诉处罚决定认定事实清楚,适用法律正确,程序合法,处罚幅度并无不当。依照最高人民法院《关于执行〈中华人民共和国行政诉讼法〉若干问题的解释》第五十六条第(四)项的规定,判决驳回唐建平的诉讼请求。

唐建平不服一审判决,提起上诉。诉称,被诉处罚决定认定事实不清,证据不足,程序违法,处罚错误。主要理由如下:一、被诉处罚决定认定唐建平自 2010 年 4 月 2 日至 7 月 28 日控制唐建平等 19 个账户证据不足,严重错误。第一,从交易记录的 MAC 地址(MAC Address,MAC 即 Media AccessControl,也称硬件地址)看,其余 18 个账户无任何或仅有极少部分交易记录的 MAC 地址与唐建平账户重叠,有重叠部分的交易可能系该账户户主委托唐建平下单所致。从资金往来情况看,其余 18 个账户无任何或仅有极少笔与唐建平账户之间的资金往来,资金往来涉及的款项与本案无关。从资产管理协议的签订情况看,其余 18 个账户户主绝大部分和唐建平之间并未签订任何形式的资产管理协议。唐建平与其余 18 个账户部分户主的亲属关系并不足以认定这些账户为唐建平控制。第二,证监会过于相信并依赖交易记录的 IP 地址(Internet Protocol Address,即网际协议地址)及 MAC 地址认定账户控制关系不符合明显优势证明标准,还必须结合对证券公司人员和账户持有人的询问笔录、证券公司提供的材料、资产管理协议、账户持有人之间的亲属关系等其他证据相互结合、互相印证。二、从唐建平账户 2009 年至 2011 年的“航天动力”交易记录来看唐建平对“航天动力”的关注和投资是长期、持续的过程,唐建平的交易记录根本不符合操纵行为的特征。第一,唐建平从 2009 年开始持有“航天动力”,至 2011 年第三季度,唐建平仍为“航天动力”的前十大流通股股东。唐建平对“航天动力”的投资是因为其长期关注军工股,唐建平投资“航天动力”,是完全正常的投资行为,没有任何操纵股票价格的意图和行为。第二,证监会大量使用超出被诉处罚决定确定的调查期间的交易记录、非“航天动力”的其他股票的交易数据、资金往来记录等证据,且无视部分账户在 2010 年 7 月 28 日之后大量买入“航天动力”的事实,存在有意剪裁证据,自相矛盾之处,构造了完美的操纵故事。第三,证券市场上股民之间存在的资金往来、互相借贷行为及股民之间的互相委托下单行为不能作为一方控制他人账户的证据。股民之间因正常的交流讨论而形成的对某些个股、类股的共识和类似操作,以及因个别股民在证券市场名气较大,出现其他股民跟风操作的现象也不是操纵行为。第四,“航天动力”的上涨系基本面向好的正常反映,也是市场热捧航天题材的反映,相较同类股票,涨幅在合理范围,并未异常偏离。证监会调查人员在听证会上承认在操纵认定的比对中只考虑了“航天动力”股价与大盘之间的差异,没有考虑过“航天动力”股价与同在 A 股上市的其他航天科技类股股票的比对。二、证监会存在选择性执法的问题,对同样的案件采取不同的处罚方式和标准,同类案件违法所得额的计算结果差异之巨大完全违反常理及日常生活经验。四、证监会在计算唐建平违法所得数额上存在明显错误,应减少违法所得数额。鉴于除唐建平名下账户外,其余账户并非由唐建平控制,与唐建平无关,因此,在计算违法所得数额时,应将其余账户在调查期间买卖“航天动力”的所得扣除。另外,证监会认定“航天动力”股价上涨的唯一原因系唐建平的操纵行为.未将市场大势以及“航天动力”2010 年业绩大幅增长导致的股价上涨因素排除在外。五、被诉处罚决定程序违法。听证程序的主持人系主导对唐建平行政处罚调查工作的负责人,这导致听证程序违反回避原则,无法自我纠错,流于形式,违反了《中华人民共和国行政处罚法》第四十二条的规定。综上,一审法院判决认定事实错误,请求二审法院撤销一审判决。

证监会辩称,被诉处罚决定认定事实清楚,证据充分,适用法律正确,程序合法,内容适当。主要理由如下,一、证监会分析了唐建平等19个账户进行网上委托交易所使用的MAC地址、IP地址,交易股票的共同性,交易行为的一致性,资金联系等证据认定唐建平等19个账户为唐建平控制,该事实认定清楚,具有说服力。二、控制账户与操纵股票价格是两个问题,证监会认定唐建平在2010年4月2日至12月23日控制唐建平等19个账户的证据不限于上述期间,也不限于唐建平交易“航天动力”,唐建平在上述期间之外也控制唐建平等19个账户。三、证监会认定2010年7月28日之后,唐建平将其持有的“航天动力”股票卖出,依据的是唐建平等19个账户对“航天动力”的持有情况,不是其中某个证券账户对“航天动力”的持有情况。某个证券账户对“航天动力”的买入不影响证监会的前述认定,唐建平2010年7月28日之后买卖“航天动力”不影响证监会对唐建平操纵“航天动力”价格的认定及盈利计算。四、通过对唐建平等19个账户2010年4月2日至7月28日、2010年7月29日至12月23日两个阶段交易“航天动力”价格特征、交易习惯的分析,交易“航天动力”与该股票价格变化之间关系的分析,证监会认为唐建平在2010年4月2日至7月28日连续交易、在自己实际控制的证券账户之间交易“航天动力”,由于交易“航天动力”数量较大,交易量占市场成交量比例较高,致使“航天动力”价格从2010年4月1日的14.09元(收盘价)上升至2010年7月28日的19.54元。证监会依据上述事实认定“航天动力”价格的上涨由唐建平的操纵行为所致。五、唐建平强调宏观层面因素对“航天动力”价格的间接影响,却回避唐建平控制唐建平等19个账户的交易行为对“航天动力”价格造成的直接影响。唐建平具有操纵故意,实施了操纵行为,导致“航天动力”价格的异常波动。六、证监会不存在选择性执法的问题,证监会对有关类案的处罚所依据的事实与本案不同,与本案没有可比性。七、经上海证券交易所计算,唐建平通过操纵“航天动力”价格实现的盈利为168,584,294元。证监会认定唐建平操纵“航天动力”价格实现的盈利数额,事实清楚,证据充分。八、被诉处罚决定程序合法。听证会审理人员并非主导行政处罚调查工作的负责人,在听证会上,唐建平代理人表示不申请审理人员回避。综上,一审法院判决认定事实清楚,证据确凿,法律适用正确,请求二审法院驳回唐建平的上诉,维持一审判决。

本案一审审理期间,证监会向一审法院提交了以下证据:第一组证据,编号1-1至1-19:1-1、唐建平操纵“航天动力”股价的相关数据及协查结果;1-2、唐建平账户开户、交易及资金流转资料;1-3、窦××账户开户、交易及资金流转资料、询问笔录和资产管理协议;1-4、孙×1开户、交易及资金流转资料;1-5、孙×2开户、交易及资金流转资料、询问笔录和资产管理协议;1-6、唐×1开户、交易及资金流转资料、询问笔录和资产管理协议;1-7、唐×2开户、交易及资金流转资料;1-8、唐×3开户、交易及资金流转资料;1-9、侯××开户、交易及资金流转资料;1-10、于××开户、交易及资金流转资料、询问笔录和资产管理协议;1-11、霍×开户、交易及资金流转资料、询问笔录;1-12、徐×1开户、交易及资金流转资料;1-13、徐×2开户、交易及资金流转资料;1-14、李×1开户、交易及资金流转资料、询问笔录;1-15、徐×3开户、交易及资金流转资料;1-16、王×1开户、交易及资金流转资料;1-17、王×2开户、交易及资金流转资料;1-18、李×2开户、交易及资金流转资料;1-19、张×1、张×2开户、交易及资金流转资料。第二组证据,编号为2-1至2-3:2-1、行政处罚事先告知书、送达回证及当事人填写的回执;2-2、听证通知书;2-3、被诉处罚决定及送达回证。证监会向一审法院提交了《证券法》第七十七条、第二百零三条,作为其作出被诉处罚决定的法律依据。

唐建平向一审法院提交了以下证据:1.《公证书》;2.“航天动力”和“中国卫星”在2010年的K线图;3.侯××于2012年1月9日向证监

会出具的《中国证监会处罚委员会关于侯宝平买卖股票情况说明材料》;4. 董××于2011年12月23日向证监会出具的《关于我们购买股票情况的说明》;5. 康达律师事务所律师于2012年5月29日对董××的谈话笔录;6. “航天动力”2011年十大流通股东网页;7.《情况说明》及邮寄凭证;8. 和讯网显示的“航天动力”2008年十大流通股东;9. 侯××证人证言;10. 董××证人证言;11. 北京市方圆公证处《公证书》;12. 行政处罚事先告知书。

一审法院根据唐建平的申请,依据最高人民法院《关于执行〈中华人民共和国行政诉讼法〉若干问题的解释》第二十九条第(一)项的规定,向证监会调取了“听证笔录”作为本案证据。

一审法院经审查认为,证监会第1组证据符合行政诉讼证据形式的要求,与本案具有关联性,且合法真实,均予以采纳。证监会第2组证据,与本案具有关联性,且合法真实,予以采纳。唐建平证据11可以证明“航天动力”价格在2010年度、2011年度的总体变化情况,但并不足以证明唐建平的证明事项;唐建平证据12同证监会证据2－1中的行政处罚事先告知书,认证意见同上;唐建平的其余证据并不足以证明其主张,不予采纳。经准许,证人董××、侯××出庭作证。经询问,两名证人出具的证言与唐建平证据9、10内容相同。对其证言的认证意见同前述认证意见。

上述证据均已随案移送本院。二审期间,唐建平向本院提交了两份《关于唐建平诉中国证券监督管理委员会行政诉讼案专家论证意见书》的证据材料,经审查,本院认为,唐建平在二审期间提交的上述证据材料,属于在一审程序中无正当事由未提交的证据材料,依据最高人民法院《关于行政诉讼证据若干问题的规定》第七条第二款的规定,本院不予接纳。以上其他证据经庭审质证及审查核实,本院确认一审法院认证意见正确。

二审诉讼过程中,唐建平针对包括唐建平在内的19个账户于2010年4月2日至7月28日期间买卖“航天动力”股票的所得数额,以及2010年4月2日至12月23日期间唐建平证券账户交易“航天动力”所用MAC地址、IP地址与其他18个账户所用MAC地址、IP地址重叠情况,向本院申请司法鉴定,本院经审查认为,该申请理由不能成立,本院不予准许。

根据上述有效证据及当事人无争议的陈述,本院确定本案如下事实:

2011年,证监会针对唐建平涉嫌操纵“航天动力”一案进行调查,对有关人员进行了询问。2012年5月21日,证监会向唐建平送达行政处罚事先告知书,告知其对“航天动力”操纵案调查完毕,拟对唐建平作出没收违法所得168,584,294元,并处以168,584,294元罚款的行政处罚,同时告知唐建平享有陈述、申辩及要求听证等权利。2012年6月7日,证监会应唐建平申请,举行听证会。听证中,唐建平委托代理人及证监会调查人员围绕案件争议问题发表了意见,唐建平委托代理人明确表示不申请听证会主持人及有关人员回避。2012年9月17日,证监会针对唐建平操纵“航天动力”一案作出被诉处罚决定。该决定认定如下事实:唐建平通过控制19个证券账户在2010年4月2日至7月28日期间操纵航天动力股票价格。2010年4月2日至12月23日,唐建平等19个账户买入航天动力股票60,204,340股,卖出60,204,340股。2010年4月2日至7月28日有72个交易日,唐建平等19个账户在70日内交易“航天动力”股票,交易量排名第一的有52个交易日。唐建平等19个账户交易“航天动力”的数量占市场成交量比例超过20%的有10个交易日,超过30%的有6个交易日,超过40%的有3个交易日;2010年6月24日,唐建平等19个账户交易量占市场成交量比例达到50.14%。唐建平等19个账户买入“航天动力”的数量占市场买入量比例超过20%的有29个交易日,超过30%的有10个交易日,超过40%的有4个交易日;2010年7月2日,唐建平等19个账户买入量占市场买入量比例达到56.99%。唐建平等19个账户卖出“航天动力”的数量占市场卖出量比例超过20%的有19个交易日,超过30%的有9个交易日,超过50%的有2个交易日;2010年6月24日,唐建平等19个账户卖出量占市场卖出量比例达到52.79%。自2010年4月2日,唐建平开始持有“航天动力”股票。2010年6月10日,唐建平等19个账户持有“航天动力”占“航天动力”已发行股份的比例上升至16.44%;2010年6

月 11 日至 7 月 28 日,唐建平等 19 个账户持有“航天动力”的比例在 16.72% 至 18.24% 之间。2010 年 6 月 11 日至 7 月 28 日的 25 个交易日中,唐建平有 16 个交易日在自己实际控制的证券账户之间交易“航天动力”,总量达到 6,573,185 股。唐建平在自己实际控制的证券账户之间交易“航天动力”的数量占市场成交量比例超过 10% 的有 9 个交易日,超过 20% 的有 3 个交易日;2010 年 7 月 6 日达到 32.06%。被诉处罚决定认定唐建平实施了操纵“航天动力”股票价格行为。

唐建平不服被诉处罚决定,向证监会提起行政复议,证监会经复议后维持了被诉处罚决定。唐建平仍不服,向一审法院提起行政诉讼。

本院认为,本案的焦点问题是:一、唐建平在 2010 年 4 月 2 日至 7 月 28 日期间,是否为包括唐建平在内的 19 个账户的实际控制人;二、唐建平是否于 2010 年 4 月 2 日至 7 月 28 日期间实施了操纵“航天动力”股票价格的行为;三、被诉处罚决定的处罚幅度是否适当;四、被诉处罚决定程序是否合法。

关于焦点问题一。根据证监会提交的第一组证据证明,唐建平等 19 个账户在 2010 年 4 月 2 日到 12 月 23 日期间同时段频繁共用电脑下单,所用 MAC 地址与 IP 地址高度重合,足以证明唐建平等 19 个账户具有同一控制关系。本案涉案账户名义所有人中大部分与唐建平有亲属、朋友或同乡关系,唐建平等 19 个账户中的唐建平、窦××、孙×1 和孙×2 等 4 个账户明确为唐建平控制使用。因此,在上述账户为同一人实际控制的前提下,证监会的资产管理协议、资金流向、证人证明、证言、人员关系和账户关系等证据已形成了充分的证明力,而所有证据均指向唐建平一人。因此,在唐建平无充分证据予以否定的情况下,被诉处罚决定认定唐建平为涉案账户的实际控制人并无不当。

关于焦点问题二。唐建平等 19 个账户于 2010 年 4 月 2 日至 6 月 10 日期间为唐建平所实际控制,根据上述账户于上述期间交易“航天动力”的记录分析,上述账户交易量占比、买比重、持股比等数值均较高,账户在上述期间交易“航天动力”具有明显资金及持股优势。部分账户多次连续申报买入“航天动力”股票,申买价格均高于委托前一刻申买第一档价格,该交易特征在上述期间表现显著,足以说明上述账户紧密配合,通过连续买卖拉抬“航天动力”股票。而同期“航天动力”价格由 14.09 元上升至 20.51 元,涨幅高达 45.60%。结合上述账户在交易量占比、买比重、持股比等数值分析,上述账户对“航天动力”股票价格走势的影响权重极高。所以能够认定上述账户的连续交易行为致使“航天动力”股票价格出现明显涨幅。2010 年 6 月 11 日至 7 月 28 日期间,唐建平在自己实际控制的证券账户之间交易“航天动力”的交易量占市场成交量比例较高,多次于同日内在自己实际控制的账户间以固定价格幅度连续交易“航天动力”,上述显著的交易特征足以说明唐建平操纵其实际控制的账户并在上述账户间交易“航天动力”。根据上海证券交易所市场监察部向证监会提供的数据显示,“航天动力”在 2010 年 6 月 23 日、6 月 24 日、7 月 2 日、7 月 6 日、7 月 7 日、7 月 8 日、7 月 9 日、7 月 27 日、7 月 28 日的收盘价涨跌幅与大盘的偏离度分别为:43.67%、43.70%、33.04%、34.06%、38.27%、40.56%、39.07%、38.91%、36.42%,同期“航天动力”股票价格与大盘涨跌幅指数出现了较高的偏离度。据此,能够认定唐建平于上述期间内在自己实际控制的账户间交易“航天动力”股票的行为,致使“航天动力”价格呈现以上特征。综上,通过对 2010 年 4 月 2 日至 7 月 28 日期间,唐建平等 19 个账户交易“航天动力”股票过程中的行为特征分析,唐建平交易“航天动力”股票的行为符合连续交易操纵与在自己实际控制的账户间交易操纵的特征,其通过连续交易拉抬“航天动力”股价,通过在自己实际控制的账户间交易稳定“航天动力”股价,符合操纵股票价格行为的一般特征。被诉处罚决定认定唐建平于上述期间实施了连续交易操纵及在自己实际控制的账户间交易操纵的行为,致使“航天动力”股价上升,具有事实及法律依据,无违法之处。

关于焦点问题三。根据上海证券交易所市场监察部向证监会提供的数据显示,在 2010 年 4 月 2 日至 7 月 28 日期间,唐建平等 19 个账户账面收益为 168,584,294 元。具体为:账面盈亏 = 期末市值 + 期间卖出金额 - 期初市值 - 期间买入金额 - 配股金额 - 印花税 - 过户费 - 交易佣金估算，其中印花税按实际发生金额计算，其余税费按3‰计算，2010年7月28日余股以当日收盘价作为卖出价计算盈利。被诉处罚决定以此为依据，认定唐建平的违法所得数额并不违背《证券法》及有关法律法规的规定。

关于焦点问题四。根据一审法院调取的《听证笔录》可以证明，证监会在行政程序中告知了唐建平申请回避的权刊，以及唐建平不申请听证会主持人回避的事实。关键在于，唐建平主张听证会主持人系证监会调查人员，负责证监会对本案的调查工作，应当在本案听证程序中予以回避，但唐建平未提供任何证据予以证明上述事实，因此，唐建平关于证监会违反回避原则，从而导致行政程序违去的诉讼主张，缺乏事实及法律依据，本院不予支持。

综上，一审法院判决驳回唐建平的诉讼请求正确，本院应予维持，唐建平的上诉理由和请求，缺乏事实和法律依据，本院不予支持。据此，依照《中华人民共和国行政诉讼法》第六十一条第(一)项的规定，判决如下：

驳回上诉，维持一审判决。

二审案件受理费人民币50元，由上诉人唐建平负担(已交纳)。

本判决为终审判决。

二〇一五年四月三十日

北京市第一中级人民法院行政裁定书

(2014)一中行初字第10171号

原告林锡弟，男，汉族。

委托代理人吴志宏，上海市东方剑桥律师事务所律师。

委托代理人吴立骏，上海市东方剑桥律师事务所律师。

被告中国证券监督管理委员会。

法定代表人肖钢，主席。

委托代理人王平，男，中国证券监督管理委员会干部。

委托代理人孟洁，女，中国证券监督管理委员会干部。

原告林锡弟认为被告中国证券监督管理委员会不履行法定职责，向本院提起行政诉讼。本院受理后，依法组成合议庭，进行了审理。

原告诉称：原告作为原山东海龙股份有限公司(以下简称海龙公司)的投资人，购买了该公司的股票。2011年6月1日，海龙公司因涉嫌违反证券法律法规被被告立案调查。2013年11月21日，海龙公司公告了被告的行政处罚决定。该处罚决定仅处罚了海龙公司的前高管人员，但没有处罚该公司。后原告委托律师向被告提出对海龙公司进行行政处罚的建议，被告回复，认为该案已经结案，只认定海龙公司违法，并只处罚该公司前高管。依据《最高人民法院关于审理证券市场因虚假陈述引发的民事赔偿案件的若干规定》，只有被告对虚假陈述的主体行政处罚后，股民才能提起诉讼索赔，法院才能受理。由于上市公司的虚假陈述违法行为是一种侵权行为，所以原告作为被侵权的主体，与被告是否依法履行职责和是否给予海龙公司行政处罚有直接利害关系。被告只处罚公司高管不处罚信息披露义务主体的海龙公司，存在不履行法定职责的情形。综上，请求判令被告履行法定职能，对海龙公司的虚假陈述行为给予行政处罚。

被告辩称：被告立案调查后，海龙公司即向公司原大股东潍坊巨龙化纤有限公司收回了为其垫付的相关款项。被告对海龙公司调查和审理期间，海龙公司于2012年5月至12月完成破产重整。经过重整后，海龙公司不再负担原有债务。2013年9月23日，海龙公司公告变更公司名称为“恒天海龙股份有限公司”。被告认为：1. 人民法院受理重整申请时认为，作为一家上市公司，通过破产重整有利于充分整合其现有资源,提高对债权人的清偿率,有利于职工安置,维护社会稳定,保护中小股东利益;2.被告在审理案件时,尽管海龙公司重整调整结束后时间不长,难以对破产重整的效果作出全面评价。但总的来看,重整之后有利于海龙公司良性发展;3.海龙公司的控股股东、实际控制人和公司名称均以发生变更,董事会已经改选,形成了新的决策机构,原作出违法决定的法人意志机关已经改变;4.原公司高管中应当承担责任的已予以追责,受到应有的处罚,实现行政处罚的社会效果。综上,考虑到"处罚与教育相结合"的原则,同时也为了支持上市公司规范健康发展,最大限度保护投资者的合法权益,被告对公司未作出行政处罚。故请求人民法院裁定驳回原告起诉。

本院认为:最高人民法院《关于执行〈中华人民共和国行政诉讼法〉若干问题的解释》第十二条规定,与具体行政行为有法律上利害关系的公民、法人或者其他组织对该行为不服的,可以依法提起行政诉讼。本案中,原告作为投资者,并非证券监管行为的直接相对人。故原告与被告对海龙公司是否作出行政处罚不具有直接的法律上的利害关系,不具备提起本案诉讼的原告资格。据此,依照《最高人民法院关于执行〈中华人民共和国行政诉讼法〉若干问题的解释》第四十四条第一款第(二)项的规定,裁定如下:

驳回原告林锡弟的起诉。

预交的案件受理费50元,于本裁定生效后7日内退还原告林锡弟。

如不服本裁定,各方当事人可在本裁定书送达之日起10日内向本院递交上诉状,并按对方当事人人数提交上诉状副本,上诉于北京市高级人民法院。

二〇一四十二月十二日

广东省高级人民法院刑事裁定书

(2014)粤高法刑二终字第137号

抗诉机关广东省深圳市人民检察院。

原审被告人马乐,男,汉族,原系博时基金管理有限公司旗下博时精选股票证券投资基金经理。

辩护人刘子平,广东卓建律师事务所律师。

辩护人李明明,广东卓建律师事务所律师。

广东省深圳市中级人民法院审理广东省深圳市人民检察院指控原审被告人马乐犯利用未公开信息交易罪一案,于2014年3月24日作出(2014)深中法刑二初字第27号刑事判决。宣判后,抗诉机关即原公诉机关广东省深圳市人民检察院提出抗诉。本院依法组成合议庭,于2014年9月22日在本院审判法庭公开开庭审理了本案。广东省人民检察院指派检察员朱尚云、李和亮出庭履行职务。原审被告人马乐及其辩护人刘子平、李明明到庭参加诉讼。现已审理终结。

原判认定,2011年3月9日至2013年5月30日期间,被告人马乐担任博时基金管理有限公司旗下的博时精选股票证券投资基金经理,全权负责投资基金投资股票市场,掌握了博时精选股票证券投资基金交易的标的股票、交易时点和交易数量等内幕信息以外的其他未公开信息。马乐在任职期间利用其掌控的上述内幕信息以外的其他未公开信息,从事与该信息相关的证券交易活动,操作自己控制的"金×"、"严×1"、"严×2"三个股票账户,通过临时购买的不记名神州行电话卡下单,先于(1-5个交易日)、同期或稍晚于(1-2个交易日)其管理的"博时精选"基金账户买入相同股票76只,累计成交金额人民币10.5亿余元,从中非法获利人民币18833374.74元。2013年7月17日,被告人马乐主动到深圳市公安局经济犯罪侦查支队投案。

原判认定上述事实有书证、证人证言及被告人供述等证据证实。

原审法院认为,被告人马乐无视国家法律,作为基金管理公司从业人员,利用因职务便利获取的内幕信息以外的其他未公开信息,违反规定,从事与该信息相关的证券交易活动,情节严重,其行为已构成利用未公开信息交易罪。被告人马乐自动投案并如实供述其所犯罪行,构成自首,依法可予从轻处罚。被告人马乐认罪态度良好,其违法所得能从扣押冻结的财产中金额返还,判处的罚金亦能全额缴纳,确有悔罪表现,符合适用缓刑的条件,决定对其适用缓刑。依照《中华人民共和国刑法》第一百八十条第四款、第一款、第六十七条第一款、第七十二条、第七十三条、第五十二条、第五十三条、第六十四条之规定,判决:一、被告人马乐犯利用未公开信息交易罪,判处有期徒刑三年,缓刑五年,并处罚金人民币1884万元;二、违法所得人民币18833374.74元依法予以追缴,上缴国库。

广东省深圳市人民检察院抗诉提出:1. 从法律上分析,目前《刑法》规定利用未公开信息交易罪依照内幕交易、泄露内幕信息罪的量刑标准处罚,故结合本案的案情,马乐应当依照"情节特别严重"的量刑档次处罚;2. 从案件事实看,马乐利用未公开信息交易的时间跨度比较长,操纵76只股票,买卖频繁,交易额达10.5亿余元,其犯罪情节非常严重,社会影响恶劣;3. 马乐回国后表示愿意配合调查但并没有说要退赃,其行为不属于退赃,应当认定为被司法机关追赃。综上,一审判决适用法律错误,量刑明显不当,请求依法改判。

广东省人民检察院支持抗诉认为:本案马乐的犯罪行为应属犯罪"情节特别严重",现一审法院仅认定其犯罪"情节严重",系认定情节错误。

广东省人民检察院出庭检察员认为:1. 量刑问题。内幕交易、泄露内幕信息罪有"情节严重"和"情节特别严重"两个量刑档次,本案马乐有自首情节,且积极退赃,一审对其作出判三缓五的处罚,基本符合法定的量刑幅度。2. 情节认定问题。根据《刑法》第一百八十条第四款的规定,利用未公开信息交易,"情节严重"的依照第一款的规定处罚;从《刑法》设置上来说,同一法条的不同款项在处罚上应该有一个协调性,这种处罚的参照不可能只是部分参照,应该是全部参照;《刑法》第一百八十条第一款规定的内幕交易、泄露内幕信息罪存在"情节严重"和"情节特别严重"的不同情形和两个不同量刑档次,对利用未公开信息交易罪的处罚也应该存在两个不同情形和量刑档次,入罪标准应完全一致;本案马乐的证券交易成交额为10.5亿余元,获利1800多万元,应认定其"情节特别严重",一审判决其"情节严重",属认定情节错误,应予纠正。

原审被告人马乐及其辩护人提出:1. 根据《刑法》第一百八十条第四款,利用未公开信息交易罪只规定了"情节严重"这一量刑标准;在目前的司法实践及判例中,各级检察院及法院亦均认定利用未公开信息交易罪只有一个量刑情节,即"情节严重",而无"情节特别严重",包括已生效的郑拓、李旭利等非法获利达一千多万元以上的案件亦均认定为"情节严重",公诉机关指控马乐的行为应认定为"情节特别严重"违反了"罪刑法定"及"罪刑相适应"原则,不应采纳。2. 本案马乐有自首情节,且在证监局调查及自首后即向公安、检察、审判机关要求积极退赃,节省了宝贵的司法资源,对于实现司法公平和效率均衡起到了积极效果,一审法院依法对马乐从轻处罚,并适用缓刑,量刑也是适当的。请求二审法院依法裁定驳回抗诉,维持原判。

经审理查明,2011年3月9日至2013年5月30日期间,原审被告人马乐担任博时基金管理有限公司旗下的博时精选股票证券投资基金经理,全权负责投资基金投资股票市场,掌握了博时精选股票证券投资基金交易的标的股票、交易时点和交易数量等内幕信息以外的其他未公开信息。马乐在任职期间利用其掌控的上述内幕信息以外的其他未公开信息,从事与该信息相关的证券交易活动,操作自己控制的"金×"、"严×1"、"严×2"三个股票账户,通过临时购买的不记名神州行电话卡下单,先于(1-5个交易日)、同期或稍晚于(1-2个交易日)其管理的"博时精选"基金账户买入相同股票76只,累计成交金额人民币10.5亿余元,从中非法获利人民币18833374.74元。2013年7月17日,原审被告人马乐主动到深圳市公安局经济犯罪侦查支队投案。

上述事实有下列证据证实:

1. 受案登记表、立案决定书及投案经过,证实原审被告人马乐于2013年7月17日到深圳市公安局经济犯罪侦查支队投案,称其于2011年3月至2013年5月担任深圳博时基金管理有限公司基金经理期间,利用自己控制的股票账户,获取基金未公开的交易信息,通过无记名手机下单的方式交易股票70-80只,获利1800余万元。深圳市公安局于2013年7月17日受理该案,同日立案侦查。

2. 拘留证、拘留通知书、提请批准逮捕书、批准逮捕决定书、逮捕证、逮捕通知书,证实原审被告人马乐于2013年7月17日被深圳市公安局刑事拘留,同年8月21日被逮捕。

3. 深圳市公安局经济犯罪侦查局对马乐投案自首的认定,证实深圳市公安局经济犯罪侦查局认为马乐的投案行为属自首。

4. 中国证券监督管理委员会《马乐利用非公开信息交易案案情说明》、中国证券监督管理委员会深圳监管局(以下简称深圳证监局)《深圳证监局关于马乐涉嫌利用未公开信息交易股票案情况的函》(深证局函〔2013〕401号)、《深圳证监局关于移送马乐涉嫌利用未公开信息交易股票案案卷的函》(深证局函〔2013〕462号)、深圳证监局《马乐涉嫌利用未公开信息交易股票案案件调查终结报告》,证实:中国证券监督管理委员会于2013年4月11日启动对"严×1等账户异常交易案"的初查工作,2013年6月21日决定对马乐涉嫌利用未公开信息交易行为立案稽查,并交由深圳证监局承办;经查,2011年3月9日至2013年5月30日,马乐任博时精选基金经理期间,利用其控制的"金×"、"严×1"、"严×2"证券账户先于(1-5个交易日)、同期或稍晚于(1-2个交易日)其管理的"博时精选"基金账户买入相同股票76只,成交金额10亿余元,获利1883万余元;深圳证监局认为,搏时精选交易的标的股票、交易时点和数量,属于《刑法》第一百八十条第四款规定的内幕信息以外的其他非公开信息,马乐作为博时精选的基金经理,利用其职务,不但完全知悉博时精选交易的标的股票、时点和数量,而且在投资权限内有完全的控制权,其控制并使用"金×"、"严×1"、"严×2"证券账户稍早于、同步于或稍晚于博时精选交易相关股票,累计获利18833374.74元,涉嫌违反《基金法》第八十条、《证券法》第四十三条以及《刑法》第一百八十条第四款的规定,构成利用未公开信息交易股票。调查期间,马乐积极配合,主动到深圳证监局接受调查,交代案情。

5. 原审被告人马乐于2013年6月13日、2013年7月15日书写的关于赴美国就医经过的说明及相关病历,证实马乐于2013年5月31日在美国就医时,接到公司监察部电话,称深圳证监局需要其配合调查;马乐原计划在美国做手术逗留1个月左右,但深圳证监局一直做其及其家人思想工作,其本人意识到事情紧急且可能情节严重,愿意主动承担责任,故改签机票回深圳配合监管部门调查。

6. 博时基金管理公司人事调整通知、关于基金经理注册通知、关于基金经理注册的报告、基金经理授权表、2013年6月20日总裁办公会会议决议,证实原审被告人马乐自2011年3月9日开始担任博时精选股票证券投资基金经理,拥有博时精选基金的相关交易权限;2013年6月20日博时基金管理公司总裁办公会同意马乐辞职。

7. 博时基金管理公司出具的《关于博时精选基金投资指令下达人的说明》、博时精选基金投资指令记录,证实2011年3月14日至2013年5月30日,博时精选的所有股票交易指令均由马乐发出,在马乐出差期间由马乐电话或电子邮件委托下单。

8. 原审被告人马乐签署的《员工直系亲属股票交易情况声明书》等材料,证实原审被告人马乐主观明知基金管理公司员工不得买卖股票,不得谋求本人或第三人的任何不正当权益。

9. 博时精选股票交易流水以及金×、严×1、严×2等三个证券账户交易流水,证实金×、严×1、严×2等三个证券账户先于(1-5个交易日)、同期或稍晚于(1-2个交易日)买入与博时精选相同股票76只,累计成交金额10.5亿元,盈利合计18833374.74元。

10. 李××《员工入职表》、金×账户开户资料,证实金×证券开户资料所留电子邮箱为李××所有。

11. 银河证券深圳海德三道证券营业部关于金×资金账户的情况说明、金×证券开户资料,证实金×于2006年11月4日开立资金账户，于 2007 年 11 月 8 日开通招商银行第三方存管，累计转入资金 1936116.53 元，累计转出资金 7121900.00 元。

12. 国泰君安证券上海虹桥路营业部关于严×1 账户的情况说明、严×1 第三方存管银行账户资金流水，证实严×1 于 2009 年 9 月 21 日开立资金账户，资金主要来源于建设银行三方转账，累计转入资金 1348800.00 元，无转出记录。

13. 国信证券深圳松岗证券营业部关于严×2 账户的情况说明、严×2 第三方存管银行账户资金流水，证实严×2 于 2011 年 8 月 11 日开立资金账户，资金来源是其银行账户的自有资金，资金去向是其三方存管银行账户，累计转入资金 3759400 元，累计转出资金 840000 元，净转入 2919400 元。

14. 协助冻结财产通知书，证实：严×2 在国信证券公司资金账号中的资金 9676410.52 元于 2013 年 8 月 2 日被冻结；金×在银河证券公司资金账号中的保证金 13000000.00 元于 2013 年 8 月 5 日被冻结；严×1 在国泰君安证券公司资金账号中的资金 15000000.00 元于 2013 年 8 月 6 日被冻结。以上共计 37676410.52 元。

15. 原审被告人马乐的户籍信息，证实马乐的身份情况。

16. 中国证券监督管理委员会《关于马乐涉嫌利用未公开信息交易案有关问题的认定函》，证实中国证券监督管理委员会认定：(1) 本案所涉及的"未公开信息"是指马乐担任博时精选股票证券投资基金经理期间，因管理该基金而掌握的有关投资决策、交易等方面的重要信息，包括博时精选投资股票的名称、数量、价格、盈利预期以及投资（买卖）时点等；(2) 本案有关证券交易账户利用"未公开信息"所进行的股票交易与博时精选投资交易的关联性是指涉案账户和博时精选在股票交易品种及交易时机上的关联，即涉案账户先于或同期于博时精选买入或卖出同一支股票。

17. 深圳证监局关于马乐涉嫌利用未公开信息交易案获利金额相关情况的复函，证实：在马乐案中，深圳证监局依据相关账户所在营业部提供的数据，按照每笔交易实际发生的交易佣金（即按照每笔交易的清算数额）计算获利金额，是对本案客观事实的真实反映；沪深交易所在不掌握相关账户的实际佣金费率的情况下，按照千分之三的交易佣金标准计算获利金额，系推算得出；实际上，本案相关账户交易佣金收取比例约为千分之一至二之间，按照 10.5 亿元的交易金额匡算，千分之一的交易佣金差别为 100 万元左右。

18. 主动退缴违法所得的申请书，证实原审被告人马乐表示愿意主动退缴全部违法所得。

19. 证人李××（原审被告人马乐的妻子）的证言：金×是我同学，我们之间的关系很好；严×1 是我舅舅；严×2 是严×1 的女儿，是我的表妹。

（1）关于金×的证券账户。2006 年，严×1 跟马乐说他想炒股票，希望马乐帮他操作，马乐建议找一个信得过的第三人开户，而且最好到深圳开户，方便资金存取。于是严×1 就找到金×，让其帮忙在深圳开户，金×同意并于 2006 年 11 月份利用到深圳出差的机会自己到当时的银河证券深茂证券部开了户，同时在招行开立了银证转账的银行账户。2007 年 11 月，金×再次来深圳办理了该账户的银行第三方存管业务。金×开好户之后，将证券账户和银行账户的开户资料、账号、密码、银行卡交给了马乐，之后马乐又交给了我。金×证券账户上的资金一部分来源于严×1，有 25 万元人民币；一部分来源于我和马乐的工资和奖金收入，大约有 80、90 万元人民币。（2）关于严×1 的证券账户。严×1 的证券账户是 2009 年 9 月，他自己在上海的国泰君安证券公司开的户，同时在上海的建行开立了第三方存管。严×1 账户资金来源分两部分，一部分是从金×的证券账户中取现，另一部分来自于马乐的工资和奖金。（3）关于严×2 的证券账户。2011 年 8 月份，严×1 跟马乐说他觉得金×账户金额比较多，放在第三人的账户里不放心，而且当时严×2 正好准备到香港旅游，于是马乐建议他让严×2 到深圳再开一个证券账户，把金×账户里的钱取一部分出来存到严×2 账户。于是 2011 年 8 月，严×2 利用到香港旅游的机会，自己到深圳国信证券泰然九路营业部开了户，同时办理了工行的三方存管。严×2 开好户后，将证券账户和银行账户的开户资料、账号、密码、银行卡交给了我。严×2账户资金来源分两部分,大部分是从金×的证券账户取现,小部分是来自于马乐的建行卡里的工资和奖金。上述三个证券账户和银行账户的开户资料、银行卡后来在2013年6月1日,也就是马乐从美国回深圳之前我在马乐的授意下用剪刀剪掉扔了。我没有证券账户,从没有买过股票,这些证券账户都是马乐在操作。

严×1和马乐没有书面的收益分成协议,我理解主要是一种关系的维持,除了在2010年5月份给过严×1大约10万元的分红,我印象中是我拿了马乐的建行工资卡,以银行转账方式转到曹×的工行卡里,其他的资金一直在证券账户上,没有再实施分红。

20. 证人金×(原审被告人马乐妻子的同学)的证言:2006年11月份,李××的丈夫马乐打电话给我让我帮他在深圳开一个证券账户和银行账户,由于我和李××关系很好,我就答应了。后来我利用到深圳出差的机会,先是到招商银行总部一楼的营业厅开立了银行账户,之后在马乐的陪同下在深圳银河证券深茂营业部开立了证券账户,开户资料上留存的电话号码、电子邮箱都是李××的。我把所有证券账户开户资料和银行账户开户资料、银行卡、交易密码全部交给了马乐,之后就回上海了。我不懂股票,从来不炒股,仅仅是帮了他们一个忙,我和他们之间没有任何经济往来,他们也从来没给过我什么好处。

21. 证人严×1,(原审被告人马乐妻子的舅舅)的证言,证实金×、严×1、严×2三个证券账户的开立经过、资金来源及分红情况,其陈述与证人李××的相关陈述基本一致。

22. 证人曹×(原审被告人马乐妻子的舅妈)的证言:2006年的时候,我家有部分闲钱,刚好马乐在博时基金公司工作,严×1就打电话给他,问他能否帮忙理财炒股,马乐就同意了。严×1让我将25万元存入李××的银行账户。除了这25万元,我和严×1都没有给过马乐和李××其他钱。我听严×1说他和严×2、金×都开立了证券账户,但具体如何开立及在哪里开立的,我不清楚。我听严×1说这些证券账户都是开给马乐操作,其他情况我不清楚。2010年5月5日,我工行卡里收到过马乐转账给我的一笔10万元,其他钱没有收到过。这笔钱严×1说是马乐分给他炒股的10万元分红钱。

23. 证人严×2(原审被告人马乐妻子的表妹)的证言:2011年7月份,马乐打电话问我有无证券账户,我说没有,他说让我帮他一个忙,让我以我自己的名义开个证券账户给他用。同年8月份,我利用到香港旅游的机会,到深圳国信证券泰然九路营业部开了户,第二天又在工商银行办理了工行卡和第三方存管,在深圳开户时都是我一个人去办的。我开好户之后,将证券账户和银行账户的开户资料、账号、密码、银行卡交给了马乐或李××。除此之外,我没有用他人名义开立过证券账户。我证券账户大约有40多万元,是我在深圳开立完银行账户后的当天李××交给我的,当天在李××的陪同下由我在工行通过柜台存入我之前已开好的证券账户对应的第三方工行银行卡里。该证券账户中的其他资金来源情况如何我不清楚。我不懂股票,也从不炒股,我的证券账户是帮马乐开的,证券账户的交易及收益情况我不清楚。

24. 原审被告人马乐供述,证实金×、严×1、严×2三个账户的开立情况、资金来源及分红情况,其供述与证人李××、严×1、曹×、金×、严×2的陈述一致,并供称:

上述三个证券账户,我都是用手机电话委托操作的。都是我买的不记名的电话卡,前后共使用十余个手机号码,这些手机卡都被我扔掉了。除我之外,没有其他人操作过这三个股票账户。除了这三个账户,我也没有操作过其他证券账户。我利用控制的金×、严×1和严×2三个证券账户交易的股票数量大约有70、80只,与我管理的基金相关,操作方式都是先于基金账户买入,基金账户再买,先于基金账户卖出,基金账户再卖。一般是在基金账户买入前五个交易日之内,我用控制的证券账户先买,在我控制的证券账户卖出的两个交易日之内,基金账户再卖。这样交易主要是为了让金×、严×1和严×2三个账户获得稳定的较高的收益,具体交易的股票名称我记得有“湖北宜化”、“广宇发展”、“中天城投”等。这些股票具体交易数量多少以证监部门的认定为准,我没有任何异议。还有一部分是我独立研究,并未利用基金未公开的信息操作购买的股票。博时精选股票基金是股票型基金,基金规模在70多个亿,基金股票配置比例60%到95%,我管理股票部分,张×管理债券部分。我从2011年3月9日开始管理这只基金,除我以外,其他人都没有下达股票交易指令的权限。因出差等原因无法在公司下达交易指令时,我就通过电子邮件、电话等方式下达指令。

关于严×2、金×、严×1证券账户对应的第三方存管的银行卡、开户资料处理的时间,应该是我在2013年6月1日从美国回深圳之前让李××处理的。我在担任博时基金管理公司博时精选基金经理期间,利用因职务便利获取的内幕信息以外的其他未公开信息,违反规定,从事与该信息相关的证券交易活动。

对广东省深圳市人民检察院抗诉和广东省人民检察院支持抗诉的意见,经查:

1. 关于退赃问题。马乐归案后于2013年11月8日向一审法院出具了一份《关于主动退缴违法所得的申请书》,表示愿意退还所有违法所得,同时在《申请书》中提到其2013年6月被中国证券监督管理委员会调查后已将"金×"、"严×1"、"严×2"账户中股票抛出,兑成现金存在三个账户内准备退款,并向中国证券监督管理委员会书面说明账户情况,款项一直未移出;对于马乐《申清书》中所述内容,有"金×"等账户的交易流水、中国证券监督管理委员会出具的《案情说明》及相关书证佐证,情况属实;故马乐在未受控制的情况下,将股票兑换成现金存在三个账户中并主动向中国证券监督管理委员会说明情况愿意退还违法所得,其行为可认定为主动退赃。

2. 关于本案的情节认定。《中华人民共和国开刑法》第一百八十条第四款规定,证券交易所、期货交易所等金融机构从业人员以及有关监管部门或者行业协会的工作人员,利用未公开信息交易,"情节严重的,依照第一款的规定处罚",该条款并未对利用未公开信息交易罪规定有"情节特别严重"情形;而根据第一百八十条第一款的规定,"情节严重的,处五年以下有期徒刑或者拘役,并处或者单处违法所得一倍以上五倍以下罚金";故本案马乐利用未公开信息,非法交易股票76只,累计成交金额人民币10.5亿余元,从中获利人民币1883万余元,属"情节严重",应在该量刑幅度内判处刑罚;抗诉机关提出马乐的行为应认定为"情节特别严重"缺乏法律依据,不予采纳。

3. 关于本案的量刑。原审被告人马乐利用未公开信息交易,情节严重,应处"五年以下有期徒刑或者拘役,并处或者单处违法所得一倍以上五倍以下罚金",一审法院考虑马乐有自首、退赃情节,予以从轻处罚,判处其"有期徒刑三年,缓刑五年,并处罚金人民币1884万元"适当,本院予以确认。

本院认为,原审被告人马乐无视国家法律,作为基金管理公司从业人员,利用因职务便利获取的内幕信息以外的其他未公开信息,违反规定,从事与该信息相关的证券交易活动,情节严重,其行为已构成利用未公开信息交易罪。原审判决认定事实清楚,证据确实、充分,量刑适当,审判程序合法。抗诉机关的抗诉理由不成立,不予采纳。依照《中华人民共和国刑法》第一百八十条第四款、第一款、第六十七条第一款、第七十二条、第七十二条、第六十四条以及《中华人民共和国刑事诉讼法》第二百二十五条第一款第(一)项之规定,裁定如下:

驳回抗诉,维持原判。

本裁定为终审裁定。

二〇一四年十月二十日

(注:2014年12月最高人民检察院就本案向最高人民法院提起抗诉,再审判决尚未作出。)

北京市第二中级人民法院刑事判决书

(2014)二中刑初字第315号

公诉机关北京市人民检察院第二分院。

被告人:李民俊,女。

辩护人:林鹤,北京市亿达律师事务所律师。

被告人:宋×,男。

辩护人:张雁峰,北京市京都律师事务所律师。

被告人:涂×,女。

辩护人:陈猛,北京市君泰律师事务所律师。

北京市人民检察院第二分院以京检二分刑诉(2013)235号起诉书指控被告人李民俊、宋×、涂×犯内幕交易罪,于2014年2月10日向本院提起公诉。本院遵照北京市高级人民法院(2014)高刑指字第17号指定管辖决定,依法组成合议庭,公开开庭审理了本案。北京市人民检察院第二分院指派代理检察员宋伟出庭支持公诉,被告人李民俊及其辩护人林鹤、被告人宋×及其辩护人张雁峰、被告人涂×及其辩护人陈猛到庭参加诉讼。现已审理终结。

北京市人民检察院第二分院指控:

2012年6月23日,湖北博盈投资股份有限公司(以下简称博盈投资)实际控制人罗×召集公司董事长杨×2和公司董事、董事会秘书李民俊等人召开非正式会议,会上确定公司必须在限定时间内完成资产优化重组。会后,杨×2加快推进公司资产优化重组,除前期已经在商谈中的奥地利斯太尔项目外,还联系接触了加拿大金矿项目。同年7月6日,博盈投资发布重大事项停牌公告,同年11月5日,博盈投资复牌并发布非公开发行股票预案。2012年6月23日会议确定的公司限期内完成资产优化重组事项在公开披露前属于《证券法》规定的内幕信息,内幕信息敏感期为2012年6月23日至同年11月5日。被告人李民俊作为博盈投资董事、董事会秘书,属于《证券法》规定的内幕信息知情人员。

被告人李民俊于2012年6月底,将博盈投资将要重组的内幕信息告诉其丈夫宋×及被告人涂×,要求宋×准备资金买博盈投资的股票,要求涂×帮助购买博盈投资的股票,被告人宋×后将准备好的人民币现金169万元于同年7月1日委托他人存入被告人涂×指定的银行账户。被告人涂×于同年7月2日,用其丈夫杨×1的证券账户买入博盈投资股票(股票代码:000760)共计332655股,成交金额1686959.29元。同年11月21日,涂×按照李民俊的要求,将上述博盈投资股票全部卖出,成交金额2562390.57元,违法所得86万余元。

被告人李民俊、宋×作案后于2013年3月15日被查获归案,被告人涂×作案后于同年3月14日被查获归案。

针对指控的事实,公诉机关向本院移送了中国证券监督管理委员会《认定函》、涉案证券账户开户和交易材料、深圳证券交易所出具的涉案证券账户股票交易盈利计算证明等书证,证人杨×1、周×、杨×2等人证言以及被告人供述和辩解等证据,认为被告人李民俊作为证券交易内幕信息的知情人员,无视国家法律,为获取不正当利益,伙同被告人宋×、涂×,违反证券交易公开、公平、公正原则,在涉及对证券交易价格有重大影响的信息尚未公开前,大量买入该证券,非法获取高额利息,侵害了国家对证券交易市场的管理秩序和投资者的合法权益,情节特别严重,其行为触犯了《中华人民共和国刑法》第二十五条、第二十六条、第二十七条、第一百八十条第一款之规定,犯罪事实清楚,证据确实、充分,应当以内幕交易罪追究三名被告人的刑事责任。被告人宋×、涂×系从犯,应当从轻、减轻处罚。提请本院依法判处。

被告人李民俊、宋×、涂×对于公诉机关指控的犯罪事实不持异议。

被告人李民俊辩护人的辩护意见是:李民俊有自首、全部退赃、坦白、认罪悔罪、无前科劣迹、社会危害性小等量刑情节,请求对李民俊适用缓刑。

被告人宋×辩护人的辩护意见是:宋×有从犯、自首、认罪悔罪、积极退赃、无前科劣迹、人身危险性小等量刑情节、请求对宋×判处三年以下有期徒刑并适用缓刑。

被告人涂×辩护人的辩护意见是:涂×的行为显著轻微不构成犯罪:涂×有自首情节,且自愿认罪,请求对涂×判处缓刑,且不适用罚金刑。

经审理查明:

湖北博盈投资股份有限公司(以下简称博盈投资)系深圳证券交易所上市公司(证券代码:000760),被告人李民俊担任博盈投资董事兼董事会秘书。2012年6月23日,博盈投资实际控制人罗×召集公司董事长杨×2和董事李民俊等高管人员召开非正式会议,要求公司必须在限定期限内完成资产优化重组。会后,杨×2加速推进重组,除前期已经在商谈中的奥地利斯太尔项目外,还联系了加拿大金矿项目,并让李民俊准备上市公司申请停牌的相关资料。2012年7月6日,博盈投资因重大资产重组事项向深圳证券交易所申请停牌,公司证券于当日开市起临时停牌:同年11月5日,博盈投资复牌并发布非公开发行股票预案。

2012年6月23日会议确定的公司限期内完成资产优化重组事项在公开披露前属于《证券法》规定的内幕信息,2012年6月23日至同年11月5日为内幕信息敏感期。被告人李民俊作为博盈投资董事、董事会秘书,属于《证券法》规定的内幕信息知情人员。

2012年6月底,李民俊把博盈投资将要重组的信息告诉其丈夫和表妹,即被告人宋×和被告人涂×、李民俊要求宋×准备资金购买博盈投资的股票,并用现金方式将钱汇给涂×:要求涂×帮助购买博盈投资的股票。后涂×通过短信向李民俊提供了其丈夫杨×1的银行账户。2012年7月1日,宋×委托他人将169万元人民币存入杨×1的银行账户。7月2日,涂×用杨×1的证券账户买入博盈投资股票共计332655股,成交金额1686959.29元。同年11月21日,涂×按照李民俊的要求,将上述博盈投资股票全部卖出,获利860120.87元。

被告人李民俊、宋×、涂×于2013年3月15日被查获归案。

2013年4月2日,被告人李民俊将违法所得存入其工商银行账户,并将该账户交付司法机关依法处理。

认定上述事实的证据有:

1. 被告人李民俊的供述:博盈投资董事长是杨×2,我是博盈投资的董事、董事会秘书,职责包括召集董事会、信息披露、年报、投资者关系协调、与证监部门协调等工作。涂×是我姑妈的女儿。2012年6月29日,杨×2打电话问我博盈投资办停牌需要什么手续,我说不清楚,杨×2让我学习一下这方面的知识。我就和我老公宋×说,博盈投资要重组,可以用我表妹夫杨×1的股票账户买进。同时,我也打电话给涂×说,博盈投资要停牌,待我的钱转到杨×1账户后帮我操作买进博盈投资。我向建行预约从我的银行账户上提现29万元,到银行取现是宋×经办的,其余的140万元都是他筹得。2012年7月1日,我老公的朋友周×把我和我老公的169万元现金分两次存入杨×1的股票三方托管账户(×××)。7月2日,涂×用这钱帮我买了博盈投资的股票。博盈投资的股票复牌后,我或者我老公打电话给涂×让她卖掉全部博盈投资的股票,卖了240余万元。我使用杨×1的账户是不想让别人知道我在买卖博盈投资的股票。

我们公司在2010年年底就打算重组,董事长杨×2一直在寻找项目,进行实质性前期调查的只有STEYR(斯太尔)项目。2011年年底,杨总在公司会议室用PPT展示过这个项目,当时在场的还有公司大股东罗×、财务总监张×1和我。2012年6月23日,罗×和张×1都在北京,罗×问杨×2 STEYR(斯太尔)项目进展到什么程度了,催问能否成功,说能做就做,要做就快点。2012年6月29日,杨总让我找些博盈投资办理停牌需要的手续材料,在这前后,公司法律顾问姚×发给我一份关于重组法律框架的电子邮件,让我转交给杨总。2012年7月5日,杨总让我第二天稍微早点到公司,7月6日,我提前到公司,杨总让我立即和深交所联系办理停牌,公司在当天实现停牌。

2. 被告人宋×的供述:2012 年 6 月中旬,李民俊问我手上还有多少钱,我说大概有 100 万元,当时我卡上有 90 万元,家里现金有 50 万元。她说博盈投资可能要重组,想买点公司的股票,可以用她妹夫杨×1 的股票账户买,让我找个熟悉的朋友把钱汇给杨×1,要用现金汇款,不要转账。我认为她说的是个好消息,也就同意了。我或者我老婆让杨×1 把卡号提供给周×。

2012 年 7 月 1 日上午,我把自己工行的 90 万元取出来,加上家里的 50 万元,共 140 万元交给周×,他在农民日报附近的建设银行网点按我的意思给杨×1 账户打过去。当天下午,我老婆把建行卡上的 29 万元取出来之后,我给了周×,他在同一个建行网点办理的汇款。这次购买博盈公司股票大概赚了 80 多万元,是杨×1 把本金和收益转到周×的招商银行账户的,分两次转的,一次是 100 万元,另一次是 140 万元多点。周×分四次将 240 万元现金交给我。

3. 被告人涂×的供述:2012 年 6 月 15 日后的一天,李民俊打电话给我,说博盈投资要重组了,股票会涨,要我帮她买入博盈投资,她会把资金打到杨×1 的资金账户里,李民俊好像打给我 160 多万元。具体哪天买的博盈投资我想不起来了,好像是周一早上一开盘,博盈投资就开始涨,我先试探性地买,但博盈投资一直涨,我就一直追,最后分多笔全仓买进博盈投资,买完股票后我就关闭股票账户。李民俊不是很懂股票,她要我全仓买进,因为博盈投资马上要停牌了,所以在买的时候我就按照要求抓紧时间全仓买进。我把她打入资金账户里的钱全部买完了,是在江海汇鑫期货有限公司我的办公台式电脑上买的。李民俊要我帮忙操盘,可能是怕被查出来。2012 年年底,宋×打电话给我,要我赶紧卖掉博盈投资,我就打开股票账户,按照他的要求卖掉了,印象中盈利率是 50%。

2012 年 12 月,李民俊打电话给我,要我汇 100 万元到周×的招商银行账户里,我用 U 盾直接在公司将 100 万元汇到周×账户。一周后,周×打电话给杨×1,要杨×1 在账户中留 20 万元,把剩上的钱汇给他。杨×1 回家后告诉我这件事情。正好在这时候,李民俊打电话给我,我又问她为什么要留 20 万元到账户里,她说先放着吧,我这次还是通过 U 盾将钱汇给周×。

4. 证人周×的证言:2012 年 7 月,宋×让我替他往杨×1 的银行卡存过两笔现金,一笔 140 万元、一笔 29 万元,一共 169 万元。我不认识杨×1,没见过面。2012 年 12 月中旬的一天,我去宋×公司,他说杨×1 要转 100 万元过来,先转到我的账户上,让我提出来给他。这 100 万元交给宋×没几天,他又让我给杨×1 打电话,让杨×1 留点钱继续炒着,把剩下的钱打回来,他说杨×1 知道打多少钱回来。杨×1 打的钱到账后,我才知道具体数字是 140 万元。2013 年 2 月底开始,我分四次把这 240 万元取了出来,以现金的形式交给了他。

5. 证人杨×1 的证言:我有银河证券的股票账户,近两三年没有用该账户买卖过股票,我妻子涂×用我的账户买卖过股票。2012 年 12 月 13 日,涂×让我打电话告诉周×,说有一笔钱给周×打过去了。钱是涂×用我的建设银行储蓄卡给周×打的,打过两次,具体金额我不知道,平时我的银行卡都在涂×手里。

6. 证人杨×2 的证言:博盈投资在 2010 年的时候就有重组的打算,李民俊是公司的董事兼董事会秘书,公司的高管中实际长期驻守在北京的只有我和李民俊,影响公司运营的重大项目,李民俊都能接触到,都知道一些。

2010 年 5 月,我担任博盈投资董事长和总经理职务以来,一直在寻找优质项目,其中一个就是奥地利的斯太尔项目,这个项目因为中介机构的尽职调查进展太慢,没有按照我的预期在 2012 年三四月完成。2012 年 6 月 23 日,罗×来北京,我和李民俊在场,他主要是催促我尽快做成项目,说再给我三个月时间,做不成就让我立刻辞职。我觉得有压力,当时就表态让李民俊尽快查询一下上市公司停牌的要求和重组的有关规定并尽快告知我。

这次谈话后,我让公司的法律顾问姚×提供过上市公司重组的法律框架,2012 年 6 月 27 日,姚律师将起草的《重大重组专项法律顾问协议——博盈投资》发给我,我提出了修改意见,6 月 30 日又把调整后《重大重组专项法律顾问协议——博盈投资》及合作协议、承诺函集中发给我。这些文件的电子版,姚律师都同时抄送给李民俊了。

公司停牌前最后一次涨停在2012年7月2日,当时我就怀疑可能是斯太尔项目走漏了消息。2012年7月2日涨停后,我的想法是,斯太尔项目可以继续推进,但只是重组对象的一个备选,我还得找几个分散一下风险。7月5日傍晚,我在21世纪饭店附近碰到张×2,他给介绍了上次吃饭时提到的加拿大金矿项目。7月6日停牌确实有点仓促,但当时我手里有奥地利斯太尔和加拿大金矿两个项目,至少能做成一个。另一个原因就是罗×一直催促,我急于想证明自己的能力。停牌提交的是加拿大金矿项目的材料,到10月初,这个项目因故停止了。10月底,我们决定紧急启动斯太尔项目,10月29日,我们报送材料的内容就是斯太尔项目方面的。

恒丰制动在2011年10月成为博盈投资的第一大股东。占股7.18%,罗×和卢× 是恒丰制动的股东,他俩并称一致行动人。罗×实际上拥有14.91%的表决权,而其余的股权份额均在1%以下,无法形成统一的表决权。罗×实际上控制着股东会和董事会,我们选择的重组项目要上董事会讨论,但最终还是罗×说了算。

2013年3月16日的下午,李民俊突然给我打电话说自己犯了错误,在7月2日的涨停前,没抵制诱惑,买了咱公司的股票。

7. 证人罗×的证言:2013年6月22日,我带着很大的怒气去了北京,住在光明饭店。6月23日早上,杨×2、李民俊来陪我吃早饭,张×1在不在我记不清了。我对杨×2说,我进驻公司这么久,还看不到公司前景,他得给我做成一个项目才行。如果做成项目,我就给公司管理层奖励,同时,我手里也有项目,杨×2做不成,我就做自己的项目,那杨×2就必须主动辞职。这次谈话中,我要求杨×2在三个月内做出好的项目。这次来北京主要是警告杨×2,给他施加压力。

在博盈投资公司寻找项目进行重组中,我有权对公司重组项目进行选择、监督,决定是否做项目,以及监督项目的进展情况,能在董事会和股东大会上对重组施加决定性影响。

8. 证人卢×的证言:恒丰制动在博盈投资公司中占有大约7.17%的股权,是博盈投资公司的第一大股东,而罗×又是恒丰制动的第一大股东,具体掌握着恒丰公司的经营管理。2011年10月我和罗×签署过《一致行动人协议》,约定就恒丰公司和博盈投资公司经营发展的重大事项行使表决权之前,我们俩先对相关事项和表决事项进行协商,达成一致意见再由罗×对外公布意见,行使公司的管理权。

9. 证人张×1的证言:我是在2012年春节前后知道斯太尔项目的,当时杨×2用PPT给我、罗×、卢×、李民俊介绍斯太尔项目,内容非常简单。2012年6月23日的非正式会议上,罗×很生气地来到北京,他和杨×2、李民俊、我谈到了斯太尔项目。罗×实际上在湖北有自己的项目意向,在谈话中,透露出杨×2既然在斯太尔项目上做了很多事情,就再给他几个月时间,成功了就会给博盈投资管理层奖励,失败了就让杨×2辞职。

10. 证人姚×的证言:我是博盈投资的常年法律顾问。2012年6月23日之后,杨×2让我给他准备一下博盈投资重组法律框架。6月27日,我把草拟的《重大重组专项法律顾问协议——博盈投资》通过电子邮件发给杨×2后,他提出了一些修改意见,6月30日我又把修改后的《重大重组专项法律顾问协议——博盈投资》及合作协议、承诺函发给他,同时也抄送给了李民俊。

11. 证人张×2的证言:2012年10月底,杨×2告诉我说加拿大金矿项目做不成了,希望做斯太尔项目,我考虑博盈投资自身实力还可以,前期也做了很多工作,就同意让博盈投资购买了我们拥有的斯太尔公司股权。

12. 中国证券监督管理委员会出具的证监函(2013)82号《关于李民俊等人涉嫌内幕交易犯罪案件有关问题的认定函》证明:一、博盈投资2012年6月23日会议确定的限期完成资产优化重组的事项在公开披露前属于《证券法》规定的内幕信息。二、2012年6月23日至11月5日为本案内幕信息敏感期。三、博盈投资董秘李民俊自2010年5月开始参与博盈投资资产优化重组事项,参与了奥地利斯太尔项目筹运作,并参加了2012年6月23日召开会议,知悉该内幕信息,属于《证券法》规定的内幕信息知情人。

13. 2011年12月8日的《湖北博盈投资股份有限公司第七届董事会第二十四次会议决议公告》证明:公司董事会审议通过增补罗×为公司董事、聘任罗×为公司执行总裁,审议通过了关于增补李民俊为公司董事的议案。

14. 湖北博盈投资股份有限公司2013年9月26日出具的证明证明:李民俊于2007年9月至2013年3月任湖北博盈投资股份有限公司董事会秘书。

15. 湖北博盈投资股份有限公司2012年7月6日出具的《停牌申请》、2012年7月12日《湖北博盈投资股份有限公司重大资产重组暨继续停牌公告》、2012年7月19日《湖北博盈投资股份有限公司重大事项更正说明暨进展公告》、2012年8月3日《湖北博盈投资股份有限公司关于公司重大事项停牌相关情况说明》2012年11月5日《公司管理部业务处理记录单》证明:2012年7月6日,博盈投资发布重大事项停牌公告,11月5日博盈投资复牌并发布非公开发行股票预案。

16. 李民俊建设银行账户(×××)交易明细单、取款凭证、宋×工商银行账户(×××)历史明细清单、个人业务凭单、杨×1建设银行账户(×××)个人活期明细查询、存款条凭证明:2012年7月1日,宋×代李民俊从李民俊建设银行账户取现29万元,宋×从其工商银行账户取现90万元,周×向杨×1建设银行账户存入现金169万元。

17. 中国银河证券股份有限公司出具的杨×1证券账户开户资料、第三方存管银行账户交易记录及MAC地址、杨×1证券账户委托和交易记录、涂×台式机电脑取证分析报告证明:2012年7月2日,杨×1证券账户转入资金169万元,同日,该账户合计买入博盈投资股票332655股,买入金额1686959.29元。2012年11月21日,杨×1证券账户的博盈投资股票332655股全部卖出,卖出金额2562390.57元。杨×1证券账户网上委托交易登陆的MAC地址与涂×台式机电脑MAC地址一致。

18. 深圳证券交易所出具的“杨×1”账户2012年7月2日至2012年11月21日买卖“博盈投资”股票盈利情况证明:杨×1账户买卖“博盈投资”投票,卖出金额减去买入金额、交易费用后盈利860120.87元。

19. 侦查人员出具的到案经过、情况说明证明:2013年3月15日14时许,专案组民警经工作在北京市朝阳区亮马桥路×室将李民俊抓获,在惠河南街×楼大厅将宋×抓获:2013年3月15日,侦查员将涂×夫妻二人从其大连家中带至大连市公安局讯问,直到3月16日凌晨,夫妻二人才离开公安机关。

20. 立案决定书、拘传证、传唤证、取保候审决定书证明:2013年3月6日,公安部对李民俊等人涉嫌内幕交易、泄露内幕信息立案侦查后,对李民俊、宋×、涂×拘传、传唤、职保候审的情况。

21. 协助冻结财产通知书(回执)证明:李民俊工商银行账户(×××)被冻结人民币87万余元。

22. 李民俊、宋×、涂×的户籍材料证明:李民俊、宋×、涂×的自然情况。

上述证据经庭审举证、质证,本院予以确认。

对于李民俊、宋×、涂×的辩护人所提三名被告人具有自首情节的辩护意见,经查,侦查人员出具的抓捕经过、情况说明等证据证明,侦查人员经工作,在被告人的办公地点或居住地分别将被告人抓获,三名被告人均人具有主动、直接向司法机关投案的行为,不符合自动投案的要求,故上述辩护意见,无事实和法律依据,不能成立,本院不予采纳。

对于涂×的辩护人所提涂×的行为显著轻微不构成犯罪的辩护意见,经查,主观上,涂×在李民俊明确告知其博盈投资即将重组的内幕信息后,明知李民俊是上市公司董事,利用内幕信息买入上市公司股票的行为系违法行为,还是自愿去帮助李民俊买卖股票,具有内幕交易罪的主观故意:客观上,涂×按照李民俊的要求,实施了帮助李民俊买入博盈投资股票的行为,符合内幕交易罪的构成要件,且涂×参与的内幕交易获利超过七十五万元,情节特别严重,不属于情节显著轻微,故涂×辩护人所提上述辩护意见不能成立,本院不予采纳。

本院认为:被告人李民俊作为证券交易内幕信息知情人员,为获取不正当利益,伙同被告人宋×、涂×,在涉及对证券交易价格有重大影响的信息尚未公开前,大量买入该证券,获取高额利益,三名被告人的行为侵害了国家对证券交易市场的管理秩序和投资者的合法权益，均已构成内幕交易罪，且情节特别严重，依法应予惩处。北京市人民检察院第二分院指控被告人李民俊、宋×、涂×犯内幕交易罪的事实清楚，证据确实、充分，指控罪名成立。在共同犯罪中，李民俊起主要作用，系主犯，宋×、涂×起次要和辅助作用，系从犯；鉴于李民俊、宋×、涂×能如实供述自己的罪行，李民俊具有积极退赃情节，本院对李民俊酌予从轻处罚，对宋×、涂×依法减轻处罚。宋×、涂×二人犯罪情节较轻、有悔罪表现、没有再犯罪的危险、宣告缓刑对所居住社区没有重大不良影响，本院依法对宋×、涂×宣告缓刑，辩护人的相关辩护意见，本院酌予采纳。对于李民俊的辩护人建议对李民俊适用缓刑的辩护意见，经查，李民俊不符合宣告缓刑条件，上述辩护意见不能成立，本院不予采纳。对于涂×的辩护人所提对涂×不适用罚金刑的辩护意见，经查，刑法对内幕交易罪明确规定了并处罚金的法定刑，故涂×辩护人的上述辩护意见于法无据，不能成立，本院不予采纳，本院根据被告人李民俊、宋×、涂×犯罪的事实、犯罪的性质、情节及对于社会的危害程度，依照《中华人民共和国刑法》第一百八十条第一款、第三款，第二十五条第一款，第二十六条第一款、第四款，第二十七条，第六十七条第三款，第七十二条第一款、第三款，第七十三条第二款、第三款，第五十二条，第五十三条，第六十一条，第六十四条及最高人民法院、最高人民检察院《关于办理内幕交易、泄露内幕信息刑事案件具体应用法律若干问题的解释》第七条第（三）项、第九条之规定，判决如下：

一、被告人李民俊犯内幕交易罪，判处有期徒刑五年，并处罚金人民币六十二万元（刑期从判决执行之日起计算：判决执行前先行羁押的，羁押一日折抵刑期一日，即自2014年4月28日起至2019年4月25日止；罚金于本判决生效之日起一个月内缴纳）。

二、被告人宋×犯内幕交易罪，判处有期徒刑一年六个月，缓刑一年六个月，并处罚金人民币十九万元（缓刑考验期限，从判决确定之日起计算；罚金于本判决生效之日起一个月内缴纳）。

三、被告人涂×犯内幕交易罪，判处有期徒刑六个月，缓刑一年，并处罚金人民币六万元（缓刑考验期限，从判决确定之日起计算；罚金于本判决生效之日起一个月内缴纳）。

四、在案冻结的李民俊在中国工商银行北京麦子店支行×××账户中的人民币八十六万零一百二十元八角七分作为违法所得予以没收，上缴国库，余款折抵李民俊的罚金。

如不服本判决，可在接到判决书的第二日起十日内，通过本院或者直接向北京市高级人民法院提出上诉。书面上诉的，应当提交上诉状正本一份，副本一份。

二〇一四年五月十二日

广州市中级人民法院民事判决书

(2013)穗中法金民初字第5号①

原告:何智慧,女,汉族。

原告:苏勇,男,汉族。

原告:杨勇康,男,侗族。

原告:曾琴,女,汉族。

原告:陆彩民,女,汉族。

原告:戚占发,男,汉族。

委托代理人:徐永平、赵晓伟,吉林华港律师事务所律师。

原告:孟兰芬,女,汉族。

委托代理人:贾建辉,北京市翰盛律师事务所律师。

原告:郭亚星,男,汉族。

委托代理人:王树平,上海市汇业(太原)律师事务所律师。

原告:夏凯,男,汉族。

委托代理人:张洪明,北京市未名律师事务所律师。

原告:张文晓,男,汉族。

委托代理人:吴承泽、金沙,北京市盈科(广州)律师事务所律师。

原告:谭鸿杰等63人。

委托代理人:刘国华,广东奔犇律师事务所律师。

原告:何政等98人。

委托代理人:宋一欣、张瑜,上海市嘉澜达律师事务所律师。

原告:许芳芳等354人。

委托代理人:王智斌,上海杰赛律师事务所律师。

原告:邬顺瑛等157人。

委托代理人:吴立骏,上海市东方剑桥律师事务所律师。

原告:潘锦龙,男,汉族。

委托代理人:张鹏、谢良,广东环宇京茂律师事务所律师。

原告:姚玉林等7人。

委托代理人:刘华浩、谢良,广东环宇京茂律师事务所律师。

原告:屠莲英等96人。

委托代理人:许峰、张婷,上海市华荣律师事务所律师。

原告:李平碧等3人。

委托代理人:陈文杰、谭智峰,广东广立信律师事务所律师。

原告:王勇等4人。

委托代理人:丁亚妮,广东领路律师事务所律师。

原告:李志能等2人。

委托代理人:华敏、李蔚颖,广东通法正承律师事务所律师。

原告:史本学等6人。

委托代理人:李修蛟、边磊,广东法制盛邦律师事务所律师。

原告:王跃星等15人。

委托代理人:厉健,浙江裕丰律师事务所律师。

① 本判决书包括(2013)穗中法金民初字第5、7-9、12-14、17-53、56-81、106-116、118-157、159-195、197、199-271、273-359、361、363-383、385、387-397、399、401-403、406-416、420-482、484-489、491-519、522-529、530-535、538-557、560-582、584-593、595-608、610-616、618-627、630-649、651-669、671-676、678-682、686-700、702-711、713-728、730-733、735-744、746-754、783-791、793-804、806-808、810-813、815-839、841-843、845、847、849-891、893-919、921-926、928-938、964-970、972-997、999、1001-1014、1016-1019、1021-1022、1024-1032、1035、1037-1038、1040、1042-1043、1045-1048、1050-1055、1057-1064、1066-1069、1071-1081、1085、1088-1089、1091-1092号案。

原告:赖婉涛等2人。

委托代理人:林汉明,广东南岭律师事务所律师。

原告:李江等15人。

委托代理人:杨兆全,北京威诺律师事务所律师。

原告:谢灼明等11人。

委托代理人:袁耿升,广东广立信律师事务所律师。

原告:崔玉倩等63人。

委托代理人:臧小丽,北京市盈科律师事务所律师。

原告:何文锋等13人。

委托代理人:郑名伟,广东经大律师事务所律师。

原告:刘玉彬等4人。

委托代理人:朱柄仑,山东钟罗律师事务所律师。

原告:林燕芬等6人。

委托代理人:陈丕升,广东循理律师事务所律师。

被告:佛山电器照明股份有限公司。

法定代表人:潘杰,董事长。

委托代理人:周宦生、黄龙昌、吴顺勇、台晔、马淑芬、姚向阳、陈星、高海生,广东格林律师事务所律师。

委托代理人:李微,广东格林律师律师事务所实习律师。

原告何智慧等人诉被告佛山电器照明股份有限公司(下称“佛山照明”)证券虚假陈述责任纠纷案,本院受理后,依法组成合议庭,分别于2014年7月9日、2014年8月25日公开开庭进行了审理。原告何智慧、苏勇、杨勇康、曾琴、陆彩民,原告的委托代理人赵晓伟、贾建辉、王树平、张洪明、吴承泽、金沙、刘国华、宋一欣、王智斌、吴立骏、张鹏、谢良、刘华浩、许峰、张婷、陈文杰、谭智峰、丁亚妮、华敏、李蔚颖、边磊、厉健、林汉明、杨兆全、袁耿升、臧小丽、郑名伟、朱柄仑、陈丕升,被告佛山照明的委托代理人周宦生、黄龙昌、吴顺勇、台晔、马淑芬、姚向阳、陈星、高海生、李微等均到庭参加诉讼。本案现已审理终结。

原告何智慧等人诉称,原告基于对被告佛山照明信息披露的信赖,购买了该公司股票。然而,被告佛山照明从2010年7月15日开始实施虚假陈述,于2012年7月6日被中国证券监督管理委员会广东监管局(以下简称广东证监局)处罚,导致股价下跌,造成原告的损失。为了维护原告的合法权益,请求判令被告佛山照明向原告赔偿投资差额损失、佣金、印花税、利息等,其中有部分原告请求被告赔礼道歉,支付律师费、交通费、误工费、公证费等。(诉请金额详见附表1)。

被告佛山照明辩称,原告增加、变更诉讼请求超过法定期限,被告不同意原告增加、变更诉讼请求。针对原告诉讼请求,被告提出如下答辩意见:一、被告不构成证券市场虚假陈述,无须对原告的投资损失承担赔偿责任。根据法律规定,只有针对重大事件作出虚假陈述,才构成证券市场虚假陈述。被告因未完全按关联交易的规定进行信息披露而被处罚,并非对重大事件虚假陈述而受罚,未达到法律规定重大事项的金额标准,不属于《中华人民共和国证券法》(下称《证券法》,未特别说明则指2005年修正版)第六十七条规定的重大事件范围,不构成证券市场虚假陈述,被告无须对原告的投资损失承担赔偿责任。二、即使被告构成证券市场虚假陈述,原告因股价下跌所造成的投资损失,属系统风险、行业风险、公司经营风险等因素所致,与被告虚假陈述无关,原告的损失与涉案的虚假陈述没有因果关系。三、被告未披露的关联交易,属于中性信息,既不影响公司利润等主要财务指标,也未对股票交易产生实质性影响,原告购买股票是原告自己对股市的分析把握,原告应当对自己的决策负责,被告的虚假陈述行为与原告的投资损失之间没有交易上的因果关系。四、法律法规和司法实践表明,诱多型的虚假陈述对股票价格的不利影响是从虚假陈述揭露日才开始的,故即便原告的投资损失与虚假陈述有关,揭露日前股价下跌所造成的投资损失也与虚假陈述没有任何因果关系。五、关于虚假陈述日的确定。被告未在2010年11月8日之前发布的临时公告中披露青海佛照锂电正极材料有限公司(以下简称锂电正极)为关联公司青海盐湖佛照蓝科锂业股份有限公司(以下简称蓝科锂业)提供担保的事项,被广东证监局处罚,应据此认定虚假陈述的实施日是2010年11月8日。原告主张的2010年7月15

日是被告临时公布增资青海佛照锂能开发有限公司(以下简称佛照锂)的时间,但上述事项本不属于需要临时披露的事项,广东监管局亦未认定上述事项违反临时报告的披露规定,仅认定上述事项违反年度报告的披露规定,而佛山照明2010年度报告披露日期为2011年4月28日,故以2010年7月15日认定实施日错误。六、原告所提交的交易清单或交割单,缺乏真实性、合法性和关联性,不应作为计算其投资损失的定案依据,被告请求法院依法向中国证券登记结算有限责任公司调查涉案股票交易记录等重大事实。七、原告未按《规定》第六条规定提交身份证原件或经过公证的身份证复印件,又未能提供股东卡,故原告身份无从确定,不能确定原告为适格主体。八、部分原告所主张的律师费、企业查询费、赔礼道歉等诉讼请求没有法律依据。综上,请求驳回原告的全部诉讼请求。

本院经审理查明,佛山电器照明股份有限公司成立于1992年10月20日,经批准在深圳证券交易所上市,证券简称为佛山照明(A股),证券代码为000541(A股)。

2012年7月6日,佛山照明发布《关于收到广东证监局行政监管措施决定书的公告》(2012-024),内容如下:近日,公司收到广东监管局发的《行政监管措施决定书》〔2012〕9号——《关于对佛山电器照明股份有限公司采取责令公开说明措施的决定》。决定内容如下:经查,我局发现你公司2009年年报、2010年中报及年报、2011年中报及年报未披露与佛山施诺奇加州电器有限公司(以下简称施诺奇)、佛山市斯郎柏企业有限公司(以下简称斯郎柏)的关联关系、关联交易;未在上述定期报告中披露与(香港)青海天际稀有元素科技开发有限公司(以下简称香港天际)的关联关系;未如实披露与香港天际共同成立佛照锂的关联交易。上述行为违反了《公开发行证券的公司信息披露编报规则第15号——财务报告的一般规定(2010年修订)》第三十七条、三十八条、《企业会计准则第36号——关联方披露(2006)》第二条、第十条、《上市公司信息披露管理办法》第四十八条、《证券法》第六十三条、第六十五条、第六十六条等规定。按照《证券法》第一百九十三条和《上市公司信息披露管理办法》第六十三条的规定,我局决定对你公司采取责令改正的行政监管措施。现责令你公司予以整改,于收到本决定书后10日内在中国证监会指定信息披露媒体上,补充披露与施诺奇、斯郎柏、香港天际的关联关系及近三年的关联交易情况,以及更正后的2011年年度报告。

同日,佛山照明发布《关于收到广东证监局行政监管措施决定书的公告》(2012-025),内容如下:近日,公司收到广东证监局发的《行政监管措施决定书》〔2012〕10号——《关于对钟信才采取责令公开说明措施的决定》。决定内容如下:经查,我局发现你没有及时向佛山照明董事会报告施诺奇、斯郎柏、青海威力新能源材料有限公司(以下简称青海威力)、香港天际等四家公司与佛山照明之间的关联关系,违反了《上市公司信息披露管理办法》第四十八条的规定。按照《上市公司信息披露管理办法》第五十九条等规定,现责令你在接到本决定书后10日内在中国证监会指定信息披露媒体上,公开说明前述四家公司与你本人及佛山照明的关系,以及你未及时向佛山照明董事会报送关联关系说明的原因。

佛山照明董事会于2012年11月5日发布重大事项公告,内容如下:本公司于2012年11月2日收到《中国证券监督管理委员会调查通知书》,通知称"因涉嫌信息披露违法违规,根据《证券法》的有关规定,我会决定对你公司立案调查,请予以配合"。公司将积极配合监管部门的调查工作,并按照有关规定及时履行信息披露义务,敬请广大投资者注意投资风险。

2013年3月6日,佛山照明发布《关于收到中国证监会广东监管局行政处罚决定书的公告》,内容如下:本公司于2013年3月6日收到广东证监局下发的行政处罚决定书(2013)1号,该处罚决定书对本公司信息违法违规行为的相关当事人佛山照明、钟信才、邹建平、刘醒明、赵勇、解庆、魏彬作出行政处罚。现将该处罚决定书的具体内容公告如下:

一、2010年定期报告、临时报告信息披露违法。(一)未依法披露重大担保事项。2010年11月2日锂电正极向中国建设银行格尔木市分行(以下简称建行格尔木市分行)出具《关于同意为青海盐湖蓝科锂业股份有限公司贷款担保的决议》,同意锂电正极为关联公司蓝科锂业4000万元银行贷款提供担保。11月5日,锂电正极与建行格尔木市分行签署保证合同,为蓝科锂业4000万元银行贷款提供连带责任保证担保。2011年12月20日,蓝科锂业向建行格尔木市分行归还借款4000万元,锂电正极的担保责任解除。上述担保事项未经佛山照明董事会和股东大会审议,公司未及时进行临时信息披露,也未在2010年年度报告中披露。上述行为违反了《证券法》第六十三、六十六、六十七条的规定。对佛山照明上述违法行为直接负责的主管人员为时任董事长兼总经理钟信才,其他直接责任人员为时任副总经理兼董事会秘书邹建平。

（二）未依法披露有关关联方及与日常经营相关的关联交易。香港天际等15家公司是钟信才的儿子等亲属直接或间接控制、或者担任董事、高级管理人员的公司,是佛山照明的关联方。2010年,佛山照明与施诺奇等9家关联公司存在与日常经营相关的关联交易,交易金额累计达7646.52万元。佛山照明未在2010年年度报告和中期报告中披露上述关联方和关联交易,违反了《证券法》第六十三、六十五、六十六条的规定。2010年佛山照明与施诺奇之间的与日常经营相关的关联交易金额累计达到3949.36万元,超过了公司最近一期经审计净资产绝对值的0.5%,达到临时信息披露标准,佛山照明未召开董事会审议此关联交易,也未及时予以公告,违反了《证券法》第六十三、六十七条的规定。对佛山照明上述违法行为直接负责的主管人员为时任董事长兼总经理钟信才,其他直接责任人员为时任副董事长兼副总经理刘醒明、时任董事兼副总经理赵勇、时任副总经理兼董事会秘书邹建平、时任副总经理解庆和魏彬。

（三）未如实披露与关联方共同投资及收购事项。1.未如实披露与关联方共同投资事项。2010年8月17日,佛山照明召开董事会,全票审议通过与青海威力等4家公司共同出资5000万元设立锂电正极的议案,其中佛山照明出资2550万元,占51%股权。会议未将该议案作为关联交易审议,关联董事未回避表决。8月18日,佛山照明发布关于发起设立锂电正极的公告,公告称该次投资事项不属于关联交易。青海威力为佛山照明的关联方,佛山照明与青海威力共同投资设立锂电正极的行为构成关联交易,公司临时报告披露该次投资事项不属于关联交易与事实不符。公司2010年年度报告也未披露上述关联交易,上述行为违反了《证券法》第六十三、六十六条的规定。对佛山照明上述违法行为直接负责的主管人员为时任董事长兼总经理钟信才,其他直接责任人员为时任副总经理兼董事会秘书邹建平。2.未依法披露与关联方共同增资事项。2010年7月13日,佛山照明召开董事会,全票表决通过与香港天际等共同对佛照锂增资的议案。会议未将该议案作为关联交易表决。7月15日,佛山照明发布公告,披露佛山照明出资876.93万元与香港天际等共同增资佛照锂。公告未将该次增资事项披露为关联交易。香港天际为佛山照明的关联方,佛山照明与香港天际共同对佛照锂增资的行为构成关联交易。公司临时报告未如实披露该关联交易,2010年年度报告也未披露该关联交易。上述行为违反了《证券法》第六十三、六十六条的规定。对佛山照明上述违法行为直接负责的主管人员为时任董事长兼总经理钟信才,其他直接责任人员为时任副总经理兼董事会秘书邹建平。3.未依法披露向关联方收购股权事项。2010年11月19日,上海亮奇电器有限公司(以下简称上海亮奇)、佛山市泓邦电器照明有限公司(以下简称佛山泓邦)等公司分别与佛山照明签署股权转让协议,将其分别持有的佛山照明灯具有限公司(以下简称佛照灯具)各6%的股权转让给佛山照明。同日,佛照灯具股东会审议同意佛山照明受让上海亮奇、佛山泓邦等5家公司分别持有的佛照灯具6%的股权,并选举赵勇为董事。12月23日,佛山照明分别向上海亮奇、佛山泓邦等公司支付相应的股权转让款30.54万元。上海亮奇、佛山泓邦为佛山照明的关联方,佛山照明2010年收购上海亮奇和佛山泓邦所持佛照灯具股权构成关联交易。公司未在2010年年度报告中披露上述事项,违反了《证券法》第六十三、六十六条的规定。对佛山照明上述违法行为直接负责的主管人员为时任董事长兼总经理钟信才,其他直接责任人员为时任副董事长兼副总经理刘醒明、时任董事兼副总经理赵勇。

二、2011年定期报告、临时报告信息披露违法。（一）未及时披露向关联方提供借款事项。2011年1月4日,佛山照明控股子公司锂电正极董事会通过决议,同意向关联公司佛照锂提供2500万元借款。1月5日,锂电正极与佛照锂签署借款合同,并向佛照锂账户转款2500万元。4月2日,佛照锂归还了全部本金和利息。4月8日,佛山照明召开董事会,审议通过《关于子公司之间提供财务资助的议案》。4月12日,佛山照明发布了锂电正极向佛照锂提供2500万元借款的公告。公告中称,佛山照明与锂电正极的其他股东、佛照锂的其他股东均无关联关系。上述关联借款事项,超过了公司最近一期经审计净资产绝对值的0.5%,达到临时信息披露标准,公司未及时召开董事会审议,也未及时予以公告。在补充披露时,未如实披露其与锂电正极股东青海威力、佛照锂股东香港天际的关联关系。上述行为违反了《证券法》第六十三、六十七条的规定。对佛山照明上述违法行为直接负责的主管人员为时任董事长兼总经理钟信才,其他直接责任人员为时任副总经理兼董事会秘书邹建平。

(二)未依法披露有关关联方及与日常经营相关的关联交易。香港天际等16家公司是佛山照明的关联方。2011年,佛山照明与佛山市费德伦电气有限公司(以下简称费德伦)等9家关联公司存在与日常经营相关的关联交易,交易金额累计达到8321.02万元。佛山照明未在2011年年度报告和中期报告中披露上述关联方和关联交易,违反了《证券法》第六十三、六十五、六十六条的规定。此外,佛山照明与费德伦、佛山市高明区瑞贝克电光源材料有限公司(以下简称高明瑞贝克)之间的与日常经营相关的关联交易累计分别达到2947.44万元和2127.62万元,超过了公司最近一期经审计净资产绝对值的0.5%,达到临时信息披露标准,公司未召开董事会审议相关关联交易,也未及时予以披露。上述行为违反了《证券法》第六十三、六十七条的规定。对佛山照明上述违法行为直接负责的主管人员为时任董事长兼总经理钟信才,其他直接责任人员为时任副董事长兼副总经理刘醒明、时任董事兼副总经理赵勇、时任副总经理解庆和魏彬。以上违法事实,有公司2010年、2011年年度报告和中期报告,相关临时公告,相关董事会决议,相关工商登记档案,相关合同、协议,相关人员谈话笔录、公司情况说明等证据证明,足以认定。根据当事人的违法行为的事实、性质、情节与社会危害程度,依据《证券法》第一百九十三条的规定,我局决定:一、责令佛山照明改正,给予警告,并处以40万元罚款;二、对钟信才给予警告,并处以15万元罚款;三、对邹建平给予警告,并处以10万元罚款;四、对刘醒明、赵勇给予警告,并分别处以3万元罚款;五、对解庆、魏彬给予警告。

(三)其他事项。另查,自2012年7月6日起,佛山照明A股累计成交量至2013年1月16日达到可流通部分的100%。自2012年7月6日起至2013年1月16日之间的交易日,佛山照明A股收盘价平均价为6.7087元。

被告确认佛山照明股票价格在2012年7月6日之后有下跌。

以上事实有广东证监局的行政处罚决定书、原告的证券交易清单、当事人陈述等证据证实。此外,因被告对原告的证券交易清单有异议,本院调取了中国证券登记结算有限责任公司深圳分公司及深圳证券交易所的数据库数据,对原告的主体资格及证券交易记录情况进行了核对。为对损失进行计算,本院从深圳交易所网站收集了涉案期间深成指数及佛山照明股票的收盘价等数据。以上数据均经原、被告质证。

在案件审理过程中,本院要求原告明确选择其诉讼请求具体针对被告被行政处罚的七个虚假陈述行为中的哪一个行为,原告均选择了2010年7月15日被告公告增资佛照锂的行为,同时确定所有行为对原告损失均产生影响。

本院认为,本案为证券虚假陈述赔偿纠纷。综合原、被告的诉辩意见,双方争议焦点在于:一、本案被告的行为是否构成证券虚假陈述。二、原告的损失与被告的虚假陈述行为之间有无因果关系。三、虚假陈述的实施日、揭露日、基准日如何确定。四、原告的损失应如何计算。五、其他问题。

一、本案被告的行为是否构成证券虚假陈述

根据最高人民法院《关于审理证券市场因虚假陈述引发的民事赔偿案件的若干规定》(下称《规定》)第十七条,证券市场虚假陈述,是指信息披露义务人违反证券法律规定,在证券发行或者交易过程中,对重大事件作出违背事实真相的虚假记录、误导性陈述,或者在披露信息时发生重大遗漏、不正当披露的行为。对于重大事件,应当结合《证券法》(1998 版)第五十九条、第六十条、第六十一条、第六十二条、第七十二条及相关规定的内容认定。被告抗辩认为,只有针对重大事件作出虚假陈述,才构成证券市场虚假陈述,被告因未对关联交易进行信息披露而被处罚,不构成《规定》第十七条所规定的虚假陈述。

对此,本院认为,被告的行为构成证券虚假陈述,理由如下:《证券法》第六十三条规定,发行人、上市公司依法披露的信息,必须真实、准确、完整,不得有虚假记载、误导性陈述或者重大遗漏。第一百九十三条规定,发行人、上市公司或者其他信息披露义务人未按照规定披露信息,或者所披露的信息有虚假记载、误导性陈述或者重大遗漏的,责令改正,给予警告,并处以三十万元以上六十万元以下的罚款。……广东证监局以被告违反《证券法》第六十三条、第六十五条、第六十六条、第六十七条、第一百九十三条的规定,对被告作出了处罚。证监会及其派出机构的职能是监督、管理证券市场。《规定》第六条规定了行政处罚作为人民法院受理证券虚假陈述案件的前置程序。证券行政监管部门的处罚决定,不仅是人民法院受理证券虚假陈述案件的前提条件,也是人民法院在实体审理中认定证券虚假陈述行为的重要依据。广东证监局对被告的不当披露行为依照《证券法》的规定作出行政处罚,应当认定被告构成对重大事件虚假陈述。如果上市公司对证券管理部门的认定有异议,应当循行政复议、行政诉讼的途径解决。在本案中,被告并未对广东证监局的行政处罚提起行政复议或者行政诉讼,现行政处罚已经生效,故本院依据行政处罚决定认定被告的行为违反对重大事件的信息披露义务,构成证券虚假陈述。被告抗辩其行为不构成证券虚假陈述理由不成立,本院不予采纳。

二、原告的损失与被告的虚假陈述行为之间是否存在因果关系

原告主张其在被告虚假陈述行为实施后进行佛山照明股票交易,由于被告虚假陈述行为被揭露导致股票下跌,造成原告的损失,原告损失与被告的虚假陈述行为之间具有因果关系,被告对原告的损失应当承担赔偿责任。对此,被告抗辩即使其行为构成证券虚假陈述,原告的损失属系统风险、行业风险、公司经营风险等因素所致,与被告的行为无关,其未披露的关联交易,属于中性信息,既不影响公司利润等主要财务指标,也未对投资者决策产生实质性影响,其虚假陈述行为与原告的投资损失之间不存在交易上的因果关系,故被告不应承担赔偿责任。

本院认为,《规定》第十八条规定,投资人具有以下情形的,人民法院应当认定虚假陈述与损害结果之间存在因果关系:(一)投资人所投资的是与虚假陈述直接关联的证券;(二)投资人在虚假陈述实施日及以后,至揭露日或者更正日之前买入该证券;(三)投资人在虚假陈述揭露日或者更正日及以后,因卖出该证券发生亏损,或者因持续持有该证券而产生亏损。第十九条规定,被告举证证明原告有以下情形的,人民法院应当认定虚假陈述与损害结果之间不存在因果关系:(一)在虚假陈述揭露日或者更正日之前已经卖出证券;(二)在虚假陈述揭露日或者更正日及以后进行的投资;(三)明知虚假陈述存在而进行的投资;(四)损失或者部分损失是由证券市场系统风险等其他因素所导致;(五)属于恶意投资、操纵证券的。现原告已就被告股票交易及损失情况提交了证据,被告也就系统风险造成原告损失提交了相关证据,但如下文所述,根据本院计算,在扣除系统风险影响后,原告仍存在损失。就该部分损失,本院确认与被告虚假陈述行为之间存在因果关系,被告应予以赔偿。就被告提出的原告损失系由系统性风险导致,原告买入股票行为与被告的信息披露行为之间无交易因果关系的问题,本院分述如下:

(一)关于系统风险对原告损失的影响。

司法解释规定了被告举证证明原告的损失系由系统风险造成的,可认定原告的损失与被告的行为之间没有因果关系。本案审理过程中,被告就系统风险问题提交了佛山照明 A 股 K 线图、深成指数 K 线图等证据。被告所举证据在一定程度上能够证明,佛山照明股票的下跌与大盘系统性风险存在一定关联性。故本院对被告抗辩系统风险造成原告损失的主张予以采信。但由于《规定》未对系统风险的计算提供具体标准,被告所提交的证据未能充分证明原告的损失均是由系统风险造成,故本院结合

本案的实际情况,确定以深成指数作为参数,以买入平均价 * 损失计算数 * (1 - 卖出时的深成指数/买入时的平均深成指数)计算系统风险致损金额。在扣除系统风险致损的金额之后,原告余下的投资差额损失仍应由被告承担。

(二)关于交易因果关系的问题。

被告主张其未披露的关联交易对投资者决策没有影响,其行为与原告损失之间不存在交易上的因果关系,对此,本院认为,被告的抗辩理由不成立,理由如下:

首先,如上所述,《规定》第十八条、第十九条对因果关系的构成要件及不适用的情形已有详尽的规定,应当依照以上规定对被告行为与原告损失之间是否存在因果关系进行认定,被告提出所谓交易因果关系超出法律规定的框架。从《规定》第十八条看,证券虚假陈述民事赔偿纠纷适用因果关系推定原则,作为投资者的原告,只须承担基本的举证责任,证明原告存在损失,即应认定原告的损失与被告的虚假陈述行为具有因果关系。司法解释并未将被告虚假陈述行为是否对原告股票交易决策有影响作为被告承担赔偿责任的要件之一。

其次,投资者是否进行股票交易的决定受多重因素和心理影响,任何人无法替代投资人作出是否交易的决定。为确保投资者独立判断是否应买入或者卖出证券,法律法规均要求上市公司充分履行信息披露义务,否则上市公司就应对因信息披露不实导致投资人误判产生的损失承担赔偿责任,而无需再考虑客观上是否存在交易因果关系。关联交易是上市公司实际控制人、管理人进行利益输送、损害上市公司利益的方式之一,对上市公司、证券市场及投资者的信心和决策等均会产生影响。《中华人民共和国公司法》、《证券法》、《上市公司章程指引》、《上市公司治理准则》、《上市公司信息披露管理办法》等法律法规均对关联关系或关联交易进行规制和指引,信息披露义务是法律法规对关联关系或关联交易进行监管的基本要求。如果关联交易对投资者决策没有影响,那么法律法规毋须要求上市公司对此进行披露,证监管理部门也毋须因为被告不披露关联交易而进行处罚。因此,被告认为是否披露关联交易并不会影响投资者购买股票的决策是被告的主观判断,没有法律依据,也不符合制度设计。

最后,即便考虑交易因果关系的影响,本案被告的虚假陈述行为也诱导了原告作出买入股票的决定,被告的行为与原告的损失也存在因果关系。如下文所述,本案虚假陈述行为的实施日为 2010 年 7 月 15 日,被告于当日公布了其与香港天际共同增资佛照锂,但是隐瞒了香港天际是其关联方的信息。被告公布增资锂电新能源的利好消息,隐瞒了关联交易这一不利因素,引诱投资者购买股票。以理性人的标准判断,原告在决策时信息不对称,受被告发布的不完整利好消息的影响,那么,可认定原告买入股票的行为是受了被告信息披露的诱导,原告买入股票行为与被告虚假陈述行为之间具有关联性。

综上,被告关于原告损失均系由系统风险造成,原告买入股票与被告虚假陈述行为之间不存在因果关系的抗辩理由不能成立,本院不予支持。

三、本案证券虚假陈述的实施日、揭露日、基准日如何确定

根据《规定》第二十条的规定,虚假陈述实施日,是指作出虚假陈述或发生虚假陈述之日。被告佛山照明于 2010 年 7 月 13 日董事会,全票表决通过与香港天际等共同对佛照锂增资的议案,会议未将该议案作为关联交易表决,而其于 2010 年 7 月 15 日发布公告,披露其出资 876.93 万元与香港天际等共同增资佛照锂,但公告未将该次增资事项披露为关联交易。2010 年 7 月 15 日是被告佛山照明最早作出虚假陈述之日,本院确定该日为虚假陈述实施日。被告佛山照明认为其本无须披露以上增资事项,其在临时公告进行披露,虽有遗漏但未被处罚,不应以增资事项确定实施日,对此,本院认为,从被告佛山照明发布《关于收到中国证监会广东监管局行政处罚决定书的公告》看,广东证监局的行政处罚认定,被告虽然在临时公告中披露了增资事项,但未将该事项披露为关联交易,存在重大遗漏,违反了《证券法》第六十三条、第六十六条的规定,据此对被告进行处罚,故应确定当日为虚假陈述实施日。被告对实施日的抗辩不能成立,本院不予采纳。

《规定》第二十条规定,虚假陈述揭露日,是指陈述在全国范围发行或播放的报刊、电台、电视台等媒体上,首次被公开揭露日。2012 年

7月6日，佛山照明发布《关于收到广东证监局行政监管措施决定书的公告》，首次向投资者公布其因虚假陈述被行政处罚，本院认定该日为虚假陈述揭露日。

《规定》第三十三条规定，投资差额损失计算的基准日，是指虚假陈述揭露或者更正后，为将投资人应获赔偿限定在虚假陈述所造成的损失范围内，确定损失计算的合理期间而规定的截止日期。基准日分别按下列情况确定。（一）揭露日或者更正日起，至被虚假陈述影响的证券累计成交量达到可流通部分100%之日。但通过大宗交易协议转让的证券成交量不予计算。……佛山照明股票自虚假陈述揭露日后，A股累计成交量到2013年1月16日达到可流通部分的100%，故2013年1月16日确定为佛山照明股票A股基准日。

四、原告的损失应如何计算

根据《规定》第三十条的规定，虚假陈述行为人在证券交易市场承担民事赔偿责任的范围，以投资人因虚假陈述而实际发生的损失为限。投资人实际损失包括：（一）投资差额损失；（二）投资差额损失部分的佣金和印花税。前款所涉资金利息，自买入至卖出证券日或者基准日，按银行同期活期存款利率计算。原告请求中，投资差额损失（在扣除系统风险因素致损部分后）、佣金、印花税以及所涉资金利息符合法律规定，本院予以支持。部分原告诉请要求被告赔礼道歉，支付律师费、差旅费、交通费、公证费、误工费等，因缺乏法律依据，本院不予支持。

关于投资差额损失的问题。根据《规定》第三十一条的规定，投资人在基准日及以前卖出证券的，其投资差额损失，以买入证券平均价格与实际卖出证券平均价格之差，乘以投资人所持证券数量计算。第三十二条，投资人在基准日之后的卖出或者仍持有证券的，其投资差额损失，以买入证券平均价格与虚假陈述揭露日或者更正日起至基准日期间，每个交易日收盘价的平均价格之差，乘以投资人所持证券数额计算。据此，自2010年7月15日后至2012年7月6日前买入佛山照明股票，在2012年7月6日后至基准日前卖出或者持有该股票产生的亏损，应认定为原告的投资差额损失。买卖佛山照明A股的损失，以佛山照明A股自2012年7月6日起至2013年1月16日之间交易股票收盘价的平均价6.7087元作为基准价。

关于佣金的问题。证券市场自2002年之后实行浮动佣金制度，各营业部收取的佣金利率不同，但最高不得超过千分之三，考虑到证券市场近年来的实际情况，统一按千分之一计算为宜。

关于印花税的问题。自2008年9月19日之后，股票交易印花税按千分之一单边征收，因此，印花税统一按照千分之一计算。

关于所涉资金利息的问题。原告所涉的资金利息按照其买入至卖出或者基准日，按人民银行同类币种同期活期存款利率计算。

五、其他问题

关于被告抗辩不同意原告变更诉讼请求的问题，本院认为，原告在开庭前或当庭增加、减少诉讼请求并未违反法律规定，被告的抗辩理由不充分，本院不予采纳。

关于被告对原告主体资格所提异议的问题，《规定》第六条第二款规定，投资人提起虚假陈述证券民事赔偿诉讼，除提交行政处罚决定或者公告，或者人民法院的刑事裁判文书以外，还须提交以下证据：（一）自然人、法人或者其他组织的身份证明文件，不能提供原件的，应当提交公证证明的复印件；（二）进场交易的凭证等投资损失证明材料。本院已依照以上规定审查相关的身份证明文件，并与中国证券登记结算有限责任公司深圳分公司的数据进行比对，确定适格原告，故被告关于原告主体不适格的抗辩不成立，本院不予采纳。

综上所述，广东证监局对被告作出行政处罚，被告的行为构成虚假陈述。作为构成承担责任最低要求的民事责任，在被告已经构成行政违法责任的前提下，理应在承担行政责任的同时，对其给原告造成的损失承担民事责任。被告佛山照明抗辩其不构成证券虚假陈述，即便构成，其行为与原告的损失之间不存在因果关系，不应对原告的损失承担赔偿责任等理由均不能成立，本院不予采纳。被告应对适格原告在法律规定的时点内所进行的证券交易投资差额损失，扣除系统风险影响之后的数额以及佣金、印花税、所涉资金利息承担赔偿责任。原告的诉讼请求金额小于本院计算损失金额的，以原告的诉讼请求为限。原告的其他诉讼请求没有法律依据，本院不予支持。

经本院审委会决定,依照《中华人民共和国证券法》(2005 年修正版)第六十三条、第六十六条、第六十七条、第六十九条,《中华人民共和国民事诉讼法》第六十四条,最高人民法院《关于审理证券市场因虚假陈述引发的民事赔偿案件的若干规定》第六条、第十六条、第十七条、第十八条、第十九条、第二十条、第三十条、第三十一条、第三十二条、第三十三条的规定,判决如下:

一、被告佛山电器照明股份有限公司在本判决发生法律效力之日起十五日内向原告赔偿共计 59310191.16 元(具体每个案件原告的获赔金额详见附表 1 的判决金额)。

二、驳回原告的其他诉讼请求。

如果被告未按本判决指定的期间履行给付金钱义务,应当依照《中华人民共和国民事诉讼法》第二百五十三条之规定,加倍支付迟延履行期间的债务利息。

一审案件受理费 2157108 元,由被告负担 1004361 元,原告负担情况详见附表 1 的原告负担。

如不服本判决,可在判决书送达之日起十五日内,向本院递交上诉状,并按对方当事人的人数提出副本,上诉于广东省高级人民法院。

二〇一四年十一月十五日

广东省高级人民法院民事裁定书

(2014)粤高法立民终字第 939 号

上诉人(原审被告):佛山电器照明股份有限公司。

法定代表人:潘杰,董事长。

被上诉人(原审原告):姜春诗,女,汉族。

委托代理人:许峰,上海市华荣律师事务所律师。

上诉人佛山电器照明股份有限公司(以下简称佛山照明)因与被上诉人姜春诗证券虚假陈述责任纠纷管辖权异议一案,不服广东省广州市中级人民法院(2013)穗中法金民初字第 358 号民事裁定,向本院提起上诉。本院依法组成合议庭对本案进行审理,现已审理终结。

原审法院认为:本案属证券虚假陈述责任纠纷,确定管辖应适用因证券虚假陈述引发的民事赔偿案件的特别规定。根据最高人民法院《关于审理证券市场因虚假陈述引发的民事赔偿案件的若干规定》第八条的规定,因广东省佛山市不是计划单列市,也不是经济特区,故原审法院作为广东省人民政府所在地的中级人民法院,对本案具有管辖权。依照《中华人民共和国民事诉讼法》第一百五十四条第一款第一项以及最高人民法院《关于审理证券市场因虚假陈述引发的民事赔偿案件的若干规定》第八条的规定,裁定驳回被告佛山照明提出的管辖权异议。

佛山照明不服原审裁定,向本院提起上诉,请求撤销原审裁定并将案件移送广东省佛山市中级人民法院管辖。事实和理由:本案被告住所地和侵权行为地均在广东省佛山市,根据《中华人民共和国民事诉讼法》第二十八条的规定,原审法院对本案无管辖权,作出的原审裁定缺乏法律依据。

被上诉人姜春诗在法定期限内未提交书面答辩意见。

本院经审查认为,姜春诗依据佛山照明于 2013 年 3 月 7 日发布的《关于收到中国证监会广东监管局行政处罚决定书的公告》,以佛山照明存在虚假陈述行为,致使其受佛山照明虚假陈述行为的影响买入的佛山照明股票遭受巨额投资损失为由,向原审法院提起本案诉讼。本案是证券虚假陈述责任纠纷,根据特别法优于普通法的原则,本案不能依据《中华人民共和国民事诉讼法》第二十八条的规定确定管辖,而应根据最高人民法院《关于审理证券市场因虚假陈述引发的民事赔偿案件的若干规定》第八条的规定确定管辖，原审法院作为广东省人民政府所在地的中级人民法院，对本案依法拥有管辖权。原审裁定驳回佛山照明提出的管辖权异议正确，本院予以维持。虽然佛山照明作为本案被告的住所和侵权行为地均在广东省佛山市，但由于广东省佛山市不是广东省人民政府所在的市、计划单列市，也不是经济特区，故广东省佛山市中级人民法院对本案不享有管辖权。因此，佛山照明上诉请求撤销原审裁定并将案件移送广东省佛山市中级人民法院管辖，本院不予支持。依照《中华人民共和国民事诉讼法》第一百六十九条第一款、第一百七十条第一款第一项、第一百七十一条的规定，裁定如下：

驳回上诉，维持原裁定。

本裁定为终审裁定。

二〇一四年四月三十日

第十一部分　法律意见书选编

一、非公开发行类

关于深圳和而泰智能控制股份有限公司非公开发行A股股票的法律意见书

致:深圳和而泰智能控制股份有限公司

北京市金杜律师事务所(以下简称“本所”)接受和而泰委托,作为其本次发行的专项法律顾问,根据《公司法》、《证券法》、《管理办法》、《实施细则》、《证券法律业务管理办法》、《证券法律业务执业规则》和《编报规则第12号》等法律、行政法规、规章、规范性文件和中国证监会的有关规定,按照律师行业公认的业务标准、道德规范和勤勉尽责精神,出具本法律意见书

为出具本法律意见书,本所律师依据《律师事务所从事证券法律业务管理办法》和《律师事务所证券法律业务执业规则(试行)》等有关规定,编制和落实了查验计划,收集了证据材料,查阅了按规定需要查阅的文件以及本所认为必须查阅的其他文件。在和而泰保证提供了本所为出具本法律意见所要求提供的原始书面材料、副本材料、复印材料、确认函或证明,提供给本所的文件和材料是真实、准确、完整和有效的,并无隐瞒记载、虚假陈述和重大遗漏之处,且文件材料为副本或复印件的,其与原件一致和相符的基础上,本所合理、充分地运用了包括但不限于面谈、书面审查、实地调查、查询、复核等方式进行了查验,对有关事实进行了查证和确认。

本所及经办律师依据《中华人民共和国证券法》、《律师事务所从事证券法律业务管理办法》和《律师事务所证券法律业务执业规则(试行)》等规定及本法律意见书出具日以前已经发生或者存在的事实,严格履行了法定职责,遵循了勤勉尽责和诚实信用原则,进行了充分的核查验证,保证本法律意见所认定的事实真实、准确、完整,所发表的结论性意见合法、准确,不存在虚假记载、误导性陈述或者重大遗漏,并承担相应法律责任。

本所仅就与和而泰本次发行有关的法律问题发表意见,且仅根据现行中国法律发表法律意见,并不依据任何中国境外法律发表法律意见,其中涉及到必须援引境外法律的,均引用和而泰聘请的境外律师提供的法律意见。本所不对有关会计、审计及资产评估等非法律专业事项发表意见,在本法律意见书中对有关会计报告、审计报告和资产评估报告的某些数据和结论进行引述时,已履行了必要的注意义务,但该等引述并不视为本所对这些数据、结论的真实性和准确性作出任何明示或默示保。

除非文义另有所指,《北京市金杜律师事务所为深圳和而泰智能控制股份有限公司非公开发行A股股票出具法律意见书的律师工作报告》的释义同样适用于本法律意见书。

一、本次发行的批准和授权

(一)本次发行的批准

1. 2013年12月12日,发行人召开第三届董事会第二次会议。该次董事会会议审议并通过了与本次发行相关的全部议案,并决定将相

关议案提交于2013年12月31日召开的2013年第三次临时股东大会审议。

2. 2013年12月31日，发行人召开2013年第三次临时股东大会。本次股东大会会议审议并通过了与本次发行有关的全部议案。

根据发行人2013年第三次临时股东大会的会议通知、议案、决议和会议记录并经核查，本所经办律师认为发行人本次股东大会的召集、召开程序，出席会议人员的资格、召集人的资格及会议的表决程序等均符合《公司法》及《公司章程》的规定。发行人股东大会已依法定程序作出批准本次发行的决议，该等决议的内容合法有效。

（二）本次发行的授权

发行人2013年第三次临时股东大会审议并通过了《关于提请股东大会授权董事会全权办理本次非公开发行股票相关事宜的议案》。根据该议案，股东大会授权董事会全权办理与本次发行相关的全部事宜。

根据发行人2013年第三次临时股东大会会议通知、《关于提请股东大会授权董事会全权办理本次非公开发行股票相关事宜的议案》、决议和会议记录并经核查，本所经办律师认为，发行人股东大会就本次发行对董事会所作授权的范围、程序合法有效。

（三）本次发行尚待获得中国证监会核准

基于上述，本所经办律师认为，发行人本次发行已获得发行人内部的批准及授权；本次发行尚待获得中国证监会的核准。

二、发行人本次发行的主体资格

（一）发行人系依法设立且合法存续的股份有限公司

（二）发行人系股票依法在深交所上市交易的股份有限公司

基于上述，本所经办律师认为，截至报告期末，发行人系依法设立并有效存续的股份有限公司，其股票已依法在深交所挂牌交易，具备本次发行的主体资格。

三、本次发行的实质条件

（一）本次发行符合《证券法》、《公司法》规定的相关条件

1. 根据发行人2013年第三次临时股东大会决议，本次发行系向特定对象非公开发行A股股份，未采用广告、公开劝诱和变相公开方式发行股份，符合《证券法》第十条第三款之规定。

2. 根据发行人2013年第三次临时股东大会决议，本次发行的股份为同一类别股份，即人民币普通股（A股），同股同权，每股的发行价格和条件相同，符合《公司法》第一百二十七条的规定。

（二）本次发行符合《管理办法》、《实施细则》规定的相关条件

1. 本次发行的对象

根据发行人2013年第三次临时股东大会决议等文件并经核查，本次发行的特定对象为创东方拟筹建和管理的一只有限合伙制的股权投资基金，不超过十名，符合《管理办法》第三十七条、《实施细则》第八条之规定。

2. 本次发行的定价安排

根据发行人2013年第三次临时股东大会决议等文件并经核查，发行人本次发行的A股股票价格以不低于审议本次发行的董事会决议公告日（即2013年12月13日）前20个交易日公司A股股票交易均价的百分之九十（定价基准日前20个交易日公司股票交易均价=定价基准日前20个交易日公司股票交易总额/定价基准日前20个交易日公司股票交易总量）的原则予以确定，符合《管理办法》第三十八条第一款、《实施细则》第七条之规定。

3. 本次发行股票的锁定安排

根据发行人2013年第三次临时股东大会决议，发行对象认购本次发行的股票自发行结束之日起36个月内不得转让，符合《管理办法》第三十八条第二款、《实施细则》第九条之规定。

4. 本次发行募集资金的数额和使用

根据发行人2013年第三次临时股东大会审议通过的《关于公司本次非公开发行股票方案的议案》，本次发行募集资金不超过1.60亿元，在扣除发行费用后将全部用于建设公司“智能控制器生产技术及产能扩大项目（二期）”。

若本次发行的实际募集资金净额少于上述项目的总投资额，则不足部分由发行人自筹解决。本次发行的募集资金到位前，发行人可根据市场情况利用自筹资金对募集资金投资项目

进行先期投入,并在募集资金到位后予以置换。

如本法律意见书“十八、发行人募集资金的运用”所述,发行人本次发行募集资金的数额和使用符合《管理办法》第十条之规定。

5. 本次发行对发行人控制权的影响

截至报告期末,刘建伟先生持有发行人25,130,000股股份,占发行人股份总数的25.12%,系发行人的控股股东暨实际控制人;根据本次发行方案,本次发行将不会导致发行人控制权发生变化,符合《管理办法》第三十八条第四款之规定。

6. 发行人的规范运行、财务与会计

根据发行人承诺,并经核查,发行人不存在下列各项情形,符合《管理办法》第三十九条之规定:

(1)本次发行申请文件有虚假记载、误导性陈述或重大遗漏;

(2)发行人的权益被控股股东或实际控制人严重损害且尚未消除;

(3)发行人及其附属公司违规对外提供担保且尚未解除;

(4)现任董事、高级管理人员最近36个月内受到过中国证监会的行政处罚,或者最近12个月内受到过证券交易所公开谴责;

(5)发行人或其现任董事、高级管理人员因涉嫌犯罪正被司法机关立案侦查或涉嫌违法违规正被中国证监会立案调查;

(6)最近一年及一期财务报表被注册会计师出具保留意见、否定意见或无法表示意见的审计报告;

(7)严重损害投资者合法权益和社会公共利益的其他情形。

基于上述,本所经办律师认为,截至报告期末,发行人具备本次发行的实质条件。

四、发行人的设立

发行人系由和而泰科技以其账面净资产折股,于2007年12月4日整体变更为股份公司而来。

经核查,发行人设立的程序、资格、条件、方式、有关审计、资产评估、验资等程序符合国家当时有效的法律、法规及规范性文件的规定。

五、发行人的独立性

经核查,截至报告期末,发行人业务、资产、人员、财务、机构独立,具有完整的业务体系和直接面向市场独立经营的能力,在独立性方面不存在重大缺陷。

六、发起人和股东

(一)发起人

发行人共由12名发起人共同发起设立,分别为刘建伟、丁守明、王长百、肖春香、肖冰、陈宇、李莉、深圳力合创业、深圳达晨创业、深圳长园盈佳、深圳国创恒、深圳和谐安泰。根据发行人说明及其提供的相关资料并经核查,上述各发起人均具有当时有效的法律、法规和规范性文件规定的担任股份有限公司发起人或进行出资的资格。

(二)实际控制人

根据中国结算深圳分公司提供的发行人股东名册并经核查,截至报告期末,刘建伟先生直接持有发行人25.12%的股份,系发行人的控股股东暨实际控制人。

根据《非公开发行预案》,本次发行前后,发行人的实际控制人不发生改变,均系刘建伟先生。本次发行前后,发行人的股权结构图,详见律师工作报告之“附件一:本次发行前后,发行人的股权结构图”。

(三)持股5%及以上的主要股东

根据中国结算深圳分公司提供的发行人股东名册并经核查,截至报告期末,持有发行人5%及以上股份的股东共3名,分别为刘建伟、深圳力合创业、深圳国创恒。其持股情况如下:

序号	股东	持股数量(股)	持股比例(%)	股份性质
	刘建伟	25,130,000	25.12	流通A股、流通受限股份
	深圳力合创业	10,600,000	10.59	流通A股
	深圳国创恒	6,300,000	6.30	流通A股

根据上述主要股东说明及其提供的相关资料并经核查，截至报告期末，上述主要股东的基本情况如下：

1. 刘建伟

性别：男；国籍：中国；身份证号码：23010319640510××××；住址：广东省深圳市南山区。截至报告期末，其持有加拿大永久居留权。

2. 深圳力合创业

注册号	440301103181629
法定代表人	嵇世山
法定住所	深圳市南山区高新技术工业村深圳清华大学研究院大楼 A 区 408 室
注册资本	33333.33 万元
实收资本	33333.33 万元
经营范围	从事风险、高新技术产业投资；受托管理和经营其他创业投资公司的创业资本；直接投资或参与企业孵化器的建设；投资咨询业务及法律法规允许的其他业务；高科技产品的技术开发；投资兴办实业（具体项目另行申报）；国内商业、物资供销业（不含专营、专控、专卖商品）。进出口业务（具体按深贸管证字第 2004－0463 号进出口企业资格证书经营）。
公司类型	有限责任公司
成立时间	1999 年 8 月 31 日
工商年检情况	已通过 2012 年度企业工商年检

3. 深圳国创恒

注册号	440301501129175
法定代表人	陈宇
法定住所	深圳市福田区金田路与福中路交界东南荣超经贸中心 2205
注册资本	4,000 万元
实收资本	4,000 万元
经营范围	研究开发计算机网络安全产品、数字视频网络技术及相关产品及环境科学与工程技术和相关产品，并提供相关的技术咨询服务。
公司类型	中外合资企业
成立时间	2000 年 12 月 24 日
工商年检情况	已通过 2012 年度企业工商年检

根据上述主要股东说明及其提供的相关资料并经核查，截至报告期末，上述主要股东具有法律、法规和规范性文件规定的作为股份有限公司股东的资格。

（四）主要股东所持发行人股份权利受限制的情况

根据中国结算深圳分公司提供的发行人股东名册并经核查，截至报告期末，除前述刘建伟先生所持 18,847,500 股股份受限售承诺，20,050,000股股份冻结[①]外，上述主要股东所

① 其中，1,500 万股因股票质押式回购质押给国信证券；360 万股为其个人向上海浦东发展银行股份有限公司深圳分行的 2,000 万元贷款提供质押担保；145 万股为哈工大电子向上海浦东发展银行股份有限公司深圳分行的 900 万元贷款提供质押担保。

持发行人股份不存在质押、冻结或其他权利受限制的情形。

(五)主要股东所持发行人股份重大权属纠纷的情况

根据上述主要股东说明并经核查,截至报告期末,上述主要股东所持发行人股份不存在重大权属纠纷。

七、发行人的股本及其演变

(一)发行人设立时的股权设置及股本结构

经核查,发行人设立时无需产权界定和确认,其股权设置已经有权部门批准,股本结构符合《公司法》等相关法律、法规的规定,合法有效。

(二)发行人成立后的股本变动

经核查,自发行人成立至本法律意见书出具日,其股本结构的变化主要有首次公开发行A股并上市、股份划转、资本公积金转增股本、股份回拨、实际控制人增持股份等。该等股本及股权结构变动均履行了必需的程序或手续,合法、合规、真实、有效。

八、发行人的业务

(一)发行人的经营范围和经营方式

经核查,本所经办律师认为,发行人的经营范围和经营方式符合有关法律、法规和规范性文件的规定。

(二)发行人业务的变更情况

根据发行人说明、发行人历次变更的《企业法人营业执照》、发行人最近三年及一期报告并经核查,本所经办律师认为,发行人的主营业务最近三年未发生过重大变化。

(三)发行人的主营业务突出

根据发行人说明及其提供的相关资料、最近三年及一期报告并经核查,本所经办律师认为,截至报告期末,发行人的主营业务突出。

(四)发行人的持续经营能力

经核查,本所经办律师认为,发行人不存在持续经营的法律障碍。

九、关联交易和同业竞争

(一)关联方

根据《上市规则》、发行人提供的最近三年及一期报告等相关资料并经核查,截至报告期末,发行人的关联方如下:

1. 持股5%及以上的股东、控股股东及实际控制人

发行人持股5%及以上的股东及其持股比例分别为:刘建伟,持股25.12%;深圳力合创业,持股10.59%;深圳国创恒,持股6.30%。

其中,刘建伟先生为发行人的控股股东暨实际控制人。

上述股东的基本情况,详见律师工作报告正文之"六/(三)持股5%及以上的主要股东"。

2. 发行人的董事、监事、高级管理人员

根据发行人提供的相关资料并经核查,截至报告期末,发行人董事、监事、高级管理人员的基本情况如下①:

序号	姓名	职务	身份证件号码	住所
1	刘建伟	董事长　总经理	23010319640510××× ×	广东省深圳市南山区
2	陈宇	副董事长	23010319710106××××	北京市海淀区
3	王鹏	董事　常务副总经理	13032119751204××××	广东省深圳市南山区
4	罗珊珊	董事　副总经理　财务总监	42222319660825××××	广东省深圳市福田区
5	朱方	董事	BGFCC5L××	广东省深圳市南山区
6	梁国智	董事	11010819721024××××	广东省深圳市福田区
7	黄纲	独立董事	43022419750413××××	广东省深圳市南山区

① 报告期后本法律意见书出具日前,2013年11月18日,发行人召开了2013年第一次临时股东大会,选举并产生了发行人第三届董事会董事,以及发行人第三届监事会非职工代表监事;同日,发行人召开第三届董事会第一次会议,聘任了公司的高级管理人员。发行人现任董事、监事、高级管理人员的情况,详见律师工作报告正文之"十五/(一)发行人的现任董事、监事和高级管理人员"。

续表

序号	姓名	职务	身份证件号码	住所
8	董世杰	独立董事	AUS M25418××	广东省深圳市宝安区
9	孙进山	独立董事	34220119641115××××	广东省深圳市福田区
10	韩伟净	监事会主席	33080219590501××××	浙江省衢州市柯城区
11	路颖	监事	43010419820724××××	长沙市岳麓区
12	蒋洪波	职工代表监事	23010719751208××××	广东省深圳市南山区

3. 上述1－2项所列自然人的关系密切的家庭成员

上述1－2项所列自然人的关系密切的家庭成员，系发行人的关联方。该等关系密切的家庭成员，包括上述1－2项所列自然人的配偶、父母、配偶的父母、兄弟姐妹及其配偶、年满十八周岁的子女及其配偶、配偶的兄弟姐妹和子女配偶的父母。

根据发行人说明及其最近三年及一期报告，报告期内不存在该等关联方与发行人发生关联交易的情形。

4. 上述1－3所列自然人控制的其他企业

上述1－3项所列自然人控制的、除发行人及其控股子公司以外的其他企业，系发行人的关联方。

根据发行人说明及其最近三年及一期报告，报告期内，不存该等关联方与发行人发生关联交易的情形。

5. 上述1－3所列自然人担任董事、高级管理人员的其他企业

上述1－3项所列自然人在发行人及其控股子公司以外的企业担任董事或高级管理人员职务的，该等企业系发行人的关联方。

根据发行人说明及其最近三年及一期报告，报告期内不存在该等关联方与发行人发生关联交易的情形。

6. 其他关联方

根据发行人提供的相关资料并经核查，2013年8月16日，发行人原副总经理、董事会秘书赵小英辞去副总经理、董事会秘书职务。

截至报告期末，该等该事项发生在过去12个月内，因此，赵小英视同为上市公司的关联方。赵小英关系密切的家庭成员，以及由赵小英、赵小英关系密切的家庭成员控制的，或担任董事、高级管理人员的其他企业，亦视同上市公司的关联方。

根据发行人说明及其最近三年及一期报告，报告期内不存在该等关联方与发行人发生关联交易的情形。

（二）关联交易

根据最近三年及一期报告、发行人说明及其提供的相关资料并经核查，按照重要性原则，报告期内发行人或其控股子公司与关联方发生的主要关联交易如下：

1. 接受关联方提供担保

报告期内，发行人接受关联方提供担保的情况如下：

序号	担保人	债权人	担保金额（万元）	担保期限	担保方式	履行情况
1	刘建伟	上海浦东发展银行股份有限公司	2,285	主债务履行期届满之日起两年	连带责任保证	履行完毕
	深圳力合创业		1,143			
	深圳达晨创业		1,143			
2	刘建伟	中国民生银行股份有限公司深圳分行	1,000	主债务履行期届满之日起两年	连带责任保证	履行完毕
3	刘建伟	招商银行股份有限公司深圳深南中路支行	1,200	主债务履行期届满之日起两年	连带责任保证	履行完毕
4	刘建伟	恒生银行（中国）有限公司深圳分行	3,000	主债务履行期届满之日起两年	连带责任保证	履行完毕

2. 向关联方租赁物业

报告期内,发行人及和而泰照明向关联方航天科技研究院租赁物业的情况如下:

序号	坐落	承租人	租赁期限	租赁费用(元/月)	建筑面积(m^2)
1	深圳市南山区高新南区科技南十路深圳航天科技创新研究院大厦D座D1001-1011、D703-D704、D310-311房间	发行人	2009.10.14-2012.9.30	134,741.64	2,041.54
2	深圳市南山区高新南区科技南十路深圳航天科技创新研究院大厦D座407-409房间	发行人	2010.1.1-2010.12.31	13,044.90	197.65
3	深圳市南山区高新南区科技南十路深圳航天科技创新研究院大厦D座601-602房间	发行人	2010.10.1-2012.9.30	19,010.64	288.04
4	深圳市南山区高新南区科技南十路深圳航天科技创新研究院大厦D座407-409房间	发行人	2011.5.1-2012.9.30	13,835.50	197.65
5	深圳市南山区高新南区科技南十路深圳航天科技创新研究院大厦D座201-202房间	和而泰照明	2011.7.16-2012.9.30	12,304.00	153.8
6	深圳市南山区高新南区科技南十路深圳航天科技创新研究院大厦B座602房间	发行人	2011.4.15-2012.9.30	11,385.60	142.32

注:2011年5月前,因发行人董事陈宇系航天科技研究院的副院长,因此,基于谨慎性原则,航天科技研究院视为发行人的关联方。2011年5月后,陈宇不再担任航天科技研究院的副院长。

根据发行人提供的《房屋所有权证》并经本所经办律师核查,航天科技研究院用以出租的上述物业,依法取得了由深圳市国土资源和房产管理局核发的《房地产权证》(深房地字第4000339451号)。

3. 关联方资金往来余额

报告期内,发行人与关联方各年度应收往来余额情况如下:

往来科目	关联方名称	余额(万元)			
		2013.09.30	2012.12.31	2011.12.31	2010.12.31
其他应收款	航天科技研究院	-	-	65.62	57.62

注:根据发行人说明,该等应收往来余额系发行人支付给航天科技研究院的租赁押金。

(三)关联交易的公允性和对其他股东利益的保护措施

根据最近三年及一期报告、发行人说明并经核查,上述关联交易的价格及条件均符合公允原则,不存在损害发行人及其他股东利益的情况。

对于交易的一方是发行人股东的关联交易,发行人已经按照公司章程及《关联交易管理制度》履行了相关程序,对其他股东的利益进行保护。

(四)关联交易决策制度

经核查,本所经办律师认为,发行人在其《公司章程》和《关联交易管理制度》等内部规章制度中已对关联方、关联交易的认定、决策制度和程序做出了明确规定。

（五）独立董事意见

针对报告期内发行人关联交易情况，发行人独立董事发表了如下确认意见：经核查，报告期内，公司与关联方之间发生的关联交易遵循了平等、自愿、等价、有偿的原则，有关协议所确定的条款是公允的、合理的，关联交易的价格未偏离市场独立第三方的价格，不存在损害公司及其他股东利益的情况。

（六）同业竞争

根据发行人及其实际控制人刘建伟先生和哈工大电子说明并经核查，发行人与刘建伟先生及其控制的哈工大电子之间不存在同业竞争。

（七）避免同业竞争的承诺

发行人的控股股东暨实际控制人刘建伟先生出具了《避免同业竞争承诺函》，明确声明其自身及其控制的其他企业中，目前不存在与发行人的同业竞争；其未来不从事，亦不投资与发行人构成同业竞争的其他业务或实体。并就出现同业竞争时，其应采取消除和避免同业竞争措施，以及给予发行人赔偿等事项作出了承诺。

十、发行人的主要财产

根据重要性原则及发行人提供的相关资料并经核查，截至报告期末，发行人及其控股子公司的主要财产如下：

（一）房产

1. 自有房产

根据发行人说明及其提供的相关资料并经核查，截至报告期末，发行人及其控股子公司已取得权属证书的房产情况，详见律师工作报告之“附件三：发行人及其控股子公司已取得权属证书的房产”。

2. 租赁房产

根据发行人说明及其提供的相关资料并经核查，截至报告期末，发行人及其控股子公司租赁他人房产的情况，详见律师工作报告之“附件四：发行人及其控股子公司向他人租赁的房产”。

经核查，截至报告期末，和而泰顺德承租的，律师工作报告之“附件四：发行人及其控股子公司向他人租赁的房产”第3－6项所列房产的转租人广东华南家电研究院未能提供对应房屋的所有权属证书，亦未能提供房屋所有权人允许其转租的相关文件。

根据转租人广东华南家电研究院提供的相关资料并经核查，2008年12月22日，佛山市顺德区人民政府与广东华南家电研究院签署了《建设华南家电研究院协议》。根据该协议，佛山市顺德区人民政府同意将华南家电研究院一期三十亩及该范围内的研发大楼和中试大楼免费租赁给乙方使用。佛山市顺德区人民政府有权根据需要收回或安排其他机构使用上述土地或建筑物。该协议有效期5年，期限届满前3个月，双方视合作情况，决定是否续签或中止。

根据发行人说明，截至报告期末，广东华南家电研究院正在与佛山市顺德区人民政府就上述协议的续签事宜进行沟通，相关手续正在办理之中。

根据本所经办律师对和而泰顺德总经理的访谈，和而泰顺德所在的佛山市顺德区租赁市场成熟，一旦发生和而泰顺德无法继续承租当前租赁物业的情形，找寻可替代性租赁物业较为便捷，不会对和而泰顺德的生产经营造成实质性影响。

根据广东华南家电研究院出具的承诺文件，转租人承诺在和而泰顺德承租该等物业期间，如因产权瑕疵、房屋所有权人不同意转租或终止/中止与其的租赁协议而给和而泰顺德生产经营造成损失的，其将承担该等损失。

除上述情况外，发行人及其控股子公司承租的其他房产，均已依法取得相关权属证书。

综上所述，本所经办律师认为，鉴于和而泰顺德所在的佛山市顺德区找寻可替代性租赁房产较为便捷，且转租方已出具相关承诺，愿意承担因产权瑕疵、房屋所有权人不同意转租或终止/中止与其的租赁协议而给和而泰顺德生产经营造成的损失。因此，本所经办律师认为，和而泰顺德承租该等物业的行为，不会对本次发行构成实质性法律障碍。

（二）土地使用权

1. 自有土地使用权

根据发行人说明及其提供的相关资料并经核查，截至报告期末，发行人及其控股子公司已取得权属证书的土地使用权情况，详见律师工作报告之“附件五：发行人及其控股子公司已取得权属证书的土地使用权”。

2. 租赁土地使用权

根据发行人说明并经核查,截至报告期末,发行人及其控股子公司不存在租赁土地使用权的情形。

(三)注册商标权、专利等无形资产

1. 注册商标权

根据发行人说明及其提供的相关资料并经核查,截至报告期末,发行人及其控股子公司已经取得商标注册证书的注册商标的情况,详见律师工作报告之“附件六:发行人及其控股子公司已经取得商标注册证书的注册商标”。

2. 专利权

根据发行人说明及其提供的相关资料并经核查,截至报告期末,发行人及其控股子公司已经取得专利证书的专利权情况,详见律师工作报告之“附件七:发行人及其控股子公司已经取得专利证书的专利权”。

3. 计算机软件著作权

根据发行人说明及其提供的相关资料并经核查,截至报告期末,发行人及其控股子公司已经取得计算机软件著作权登记证书的软件著作权,详见律师工作报告之“附件八:发行人及其控股子公司已经取得计算机软件著作权登记证书的软件著作权”。

(四)主要生产经营设备

根据发行人最近一期报告、发行人说明及其提供的相关资料并经核查,截至报告期末,发行人及其控股子公司拥有的主要生产经营设备为机器设备、电子设备、运输设备、办公设备等。

(五)主要财产的产权状况

根据发行人说明并经核查,发行人及其控股子公司拥有的上述主要财产权属明确,不存在产权纠纷或潜在纠纷。

(六)主要财产的取得方式

根据发行人说明及其提供的相关资料并经核查,发行人及其控股子公司拥有的上述主要财产系通过自建、购买、依法申请注册等方式合法取得,相关主要财产已取得完备的权属证书或凭证。

(七)主要财产所有权或使用权的受限制情况

根据发行人说明及其提供的相关资料并经核查,截至报告期末,除承兑保证金、履约保证金等正常经营过程中发生的事项外,发行人及其控股子公司的主要财产不存在担保或其他权利受到限制的情况。

十一、发行人的重大债权债务

(一)重大合同

根据重要性原则及发行人其控股子公司提供的相关资料并经核查,截至报告期末,发行人及其控股子公司正在履行的金额在500万元以上的重大合同包括银行承兑合同、重大销售合同、重大采购合同等,具体如下:

1. 承兑合同

截至报告期末,发行人及其控股子公司正在履行的金额在500万元以上的银行承兑合同,详见律师工作报告之“附件九:发行人及其控股子公司正在履行的金额为500万元以上的银行承兑合同”。

2. 重大销售合同

截至报告期末,发行人及其控股子公司正在履行的金额在500万元以上的销售合同(含根据发行人预计,当年度销售总金额将在500万元以上的框架协议),详见律师工作报告之“附件十:发行人及其控股子公司正在履行的重大销售合同”。

3. 重大采购合同

截至报告期末,发行人及其控股子公司正在履行的金额在500万元以上的采购合同(含根据发行人预计,当年度采购总金额将在500万元以上的框架协议),详见律师工作报告之“附件十一:发行人及其控股子公司正在履行的重大采购合同”。

(二)合同主体及合同的履行

经核查,截至报告期末,发行人及其控股子公司正在履行的上述重大合同的主体均为发行人或其控股子公司,该等合同的履行不存在法律障碍。

(三)侵权之债

根据发行人说明并经核查,截至报告期末,发行人不存在因环境保护、知识产权、产品质量、劳动安全、人身权等原因产生的重大侵权之债。

(四)与关联方之间的重大债权债务及担保

发行人及其控股子公司与关联方之间的关联交易,详见律师工作报告正文之“九/(二)关联交易”。

根据发行人最近一期报告、发行人说明并经核查，截至报告期末，发行人及其控股子公司与关联方之间不存在其他重大债权债务关系。

根据发行人最近一期报告、发行人说明并经核查，截至报告期末，发行人及其控股子公司不存在为关联方提供担保的情况。关联方为发行人及其控股子公司提供担保的情况，详见律师工作报告正文之“九/（二）/1. 接受关联方提供担保”。

（五）金额较大的其他应收、应付款项

根据发行人最近一期报告、发行人说明并经核查，截至报告期末，发行人金额较大的其他应收、应付款均系正常的生产经营活动所发生，合法有效。

十二、发行人的重大资产变化及收购兼并

（一）发行人报告期内的重大资产变化及收购兼并

根据发行人最近三年及一期报告、发行人说明并经核查，报告期内，发行人及其控股子公司涉及的金额在1,000万元以上的重大资产变化及收购兼并情况如下：

1. 增资扩股

发行人2011年5月的资本公积转增股本，构成报告期内发行人的重大资产变化。具体情况，详见律师工作报告正文之“七、发行人的股本及其演变”。

经核查，本所经办律师认为，发行人上述增资扩股符合当时的法律、法规和规范性文件的规定，并已履行必要的法律手续。

2. 重大股权收购或投资

报告期内，发行人及其控股子公司构成重大股权收购或投资的情形如下：

（1）2011年5月之设立和而泰照明

2011年5月19日，发行人召开第二届董事会第五次会议，审议通过了《关于使用部分超募资金投资设立控股子公司并实施“LED现代照明产品研发与产业化项目”的议案》，同意发行人使用部分超额募集资金（约人民币700万元）投资设立全资子公司和而泰照明，并由其实施“LED现代照明产品研发与产业化项目”，该项目总投资10,000万元人民币。

（2）2013年4月之对汇思科电子增资

2013年4月19日，发行人召开第二届董事会第十七次会议，审议通过了《关于对深圳市汇思科电子科技有限公司增资入股的议案》，同意发行人以自有资金2,000万元增资汇思科电子，增资完成后，公司将持有其20%的股权。

经核查，本所经办律师认为，发行人上述重大股权收购或投资符合当时的法律、法规和规范性文件的规定，并已履行必要的法律手续。

（二）拟进行的重大资产收购或出售

根据发行人说明，截至报告期末，发行人未来一年内没有进行重大资产置换、重大资产剥离、重大资产收购或出售的计划。

十三、发行人章程的制定与修改

（一）发行人章程的制定及近三年的修改

经核查，本所经办律师认为，发行人《公司章程》的制定，以及近三年章程的修改履行了当时有效的法律、法规、规范性文件和公司章程规定的法定程序。

（二）发行人章程的内容

经核查，本所经办律师认为，发行人《公司章程》的内容符合《公司法》等现行有效的法律、法规和规范性文件的规定。

（三）本次发行将涉及章程修订

发行人就本次发行召开的2013年第三次临时股东大会上，审议通过了《关于提请股东大会授权董事会全权办理本次非公开发行股票相关事宜的议案》，授权董事会“根据本次非公开发行股票结果，增加公司注册资本、修改公司章程相应条款及办理工商变更登记等相关事宜”。本次公司章程的修订将于本次发行完成后进行。

十四、发行人股东大会、董事会、监事会议事规则及规范运作

（一）发行人的组织机构

经核查，本所经办律师认为，发行人具有健全的组织机构。

（二）发行人的股东大会、董事会、监事会议事规则

经核查，本所经办律师认为发行人《股东大会议事规则》、《董事会议事规则》和《监事会议事规则》系根据《公司法》等法律、法规、规范性文件和《公司章程》的规定制定，符合相关法律、法规和规范性文件的规定。

(三)发行人的历次股东大会、董事会、监事会

经核查,本所经办律师认为,发行人历次股东大会、董事会、监事会会议的召集和召开、决议内容及签署合法、合规、真实、有效。

(四)股东大会或董事会历次授权或重大决策等行为

经核查,本所经办律师认为,发行人股东大会或董事会做出授权或重大决策,履行了《公司法》、《公司章程》、《股东大会议事规则》、《董事会议事规则》及公司其他内部规章制度所规定的决策程序,该等授权或重大决策行为合法、合规、真实、有效。

十五、发行人董事、监事和高级管理人员及其变化

(一)发行人的现任董事、监事和高级管理人员

根据发行人董事、监事、高级管理人员说明及其简历并经核查,本所经办律师认为,发行人现任董事、监事和高级管理人员的任职符合法律、法规、规范性文件以及《公司章程》的规定。

(二)发行人董事、监事和高级管理人员近三年发生的变化

经核查,本所经办律师认为,发行人董事、监事、高级管理人员的变化符合《公司法》、《公司章程》等有关规定,履行了必要的法律程序。

(三)发行人的独立董事

经核查,本所经办律师认为,发行人独立董事的人数、提名、任职资格、选举程序及职权范围符合《公司法》、《关于在上市公司建立独立董事制度的指导意见》等法律、法规、规范性文件及《公司章程》的规定。

十六、发行人的税务

(一)发行人及其控股子公司的税种及税率

根据发行人最近三年及一期报告、发行人说明,截至报告期末发行人及其控股子公司执行的主要税种、税率情况如下:

1. 除发行人及其子公司和而泰杭州①被认定为高新技术企业依法享受减按15%税率征收企业所得税优惠;和而泰顺德②被认定为软件企业,依法享受减按12.5%税率征收企业所得税优惠外,发行人中国境内其他控股子公司的企业所得税税率为25%。

2. 发行人之境外控股子公司和而泰国际依照香港立法局颁布的《税务条例》,依据课税年度的应纳税所得额按16.5%的税率缴纳利得税。

3. 发行人及其控股子公司的税种和税率

税种	计税依据	税率
增值税	产品销售收入	17%
营业税	按应税劳务收入	5%
城市维护建设税	流转税额、出口货物免抵税额	7%
企业所得税	应纳税所得额	25%、16.5%、15%、12.5%
教育费附加	流转税额、出口货物免抵税额	3%
地方教育费附加	流转税额、出口货物免抵税额	2%

① 根据浙科发高〔2013〕292号文件,2013年12月30日,和而泰杭州被浙江省科学技术厅、浙江省财政厅、浙江省国家税务局、浙江省地方税务局联合认定为高新技术企业,认定有效期3年,企业所得税优惠期为2013年1月1日至2015年12月31日。

② 根据粤经信软信〔2012〕983号文件,2012年12月28日,和而泰顺德被广东省经济和信息化委员会认定为软件企业。

根据发行人说明及其提供的相关资料并经核查，本所经办律师认为，发行人及其控股子公司执行的税种、税率符合现行法律、法规和规范性文件的规定。

（二）发行人报告期内享受的税收优惠

根据《中华人民共和国企业所得税法》（中华人民共和国主席令〔2007〕63号）第28条的规定，国家需要重点扶持的高新技术企业，减按15%的税率征收企业所得税。

2008年12月16日，根据《高新技术企业认定管理办法》（国科发火〔2008〕172号）和《高新技术企业认定管理工作指引》（国科发火〔2008〕362号）的相关规定，深圳市科技和信息局、深圳市财政局、深圳市国家税务局、地方税务局向发行人联合下发了《高新技术企业证书》（编号：GR200844200052），有效期三年。

因此自2008年1月1日至2010年12月31日，发行人享受减按15%的税率缴纳企业所得税。

根据深圳市科技工贸和信息化委员会、深圳市财政局、深圳市国家税务局、地方税务局于2011年10月31日联合下发的《高新技术企业证书》（GF201144200208号），发行人通过高新技术企业复审，资格有效期为三年。

因此自2011年1月1日至2013年12月31日，发行人继续享受减按15%的税率缴纳企业所得税。

基于上述，本所经办律师认为，发行人享受的上述税收优惠政策合法、合规、真实、有效。

（三）发行人报告期内享受的财政补助和税收返还

根据最近三年及一期报告并经核查，报告期内发行人收到的金额在10万元以上的大额财政补贴和税收返还的情况，详见律师工作报告之“附件十二：报告期内发行人收到的金额为10万元以上的财政补贴和税收返还”。

经核查，本所经办律师认为，发行人享受上述财政补贴和税收返还，均已取得相关有权部门的批准，合法、合规、真实、有效。

（四）发行人的纳税情况

根据最近三年及一期报告、发行人说明、深圳市南山区国家税务局及深圳市南山区地方税务局于2013年12月26日出具的证明文件并经核查，本所经办律师认为，发行人近三年依法纳税，不存在被税务部门处罚的情形。

十七、发行人的环境保护和产品质量、技术等标准

（一）发行人的生产经营活动和募集资金拟投资项目的环境保护情况

经核查，本所经办律师认为，发行人的生产经营活动和募集资金拟投资项目符合环境保护要求，近三年未因违反环境保护方面的法律、法规和规范性文件而受到重大行政处罚。

（二）发行人的产品质量和技术标准

经核查，本所经办律师认为，发行人的产品符合有关产品质量和技术监督标准，近三年未因违反有关产品质量和技术监督方面的法律法规而受到重大行政处罚。

十八、发行人募集资金的运用

（一）募集资金投资项目及其批准或备案

1. 2013年12月31日，发行人召开2013年第三次临时股东大会。本次股东大会审议通过了《关于本次非公开发行股票募集资金运用可行性研究报告的议案》。根据该议案，本次发行的募集资金在扣除发行费用后将全部用于“智能控制器生产技术改造及产能扩大项目（二期）”项目。该项目投资总额为1.95亿元（其中建造成本10,400万元，设备及辅助设施投资4,100万元，流动资金5,000万元）。

若本次发行的实际募集资金净额少于上述项目的总投资额，则不足部分由发行人自筹解决。本次发行的募集资金到位前，发行人可根据市场情况利用自筹资金对募集资金投资项目进行先期投入，并在募集资金到位后予以置换。

2. 2009年7月1日，发行人和而泰智能控制器生产项目，获得深圳市宝安区环境保护局的《建设项目环境影响审查批复》（深光环批〔2009〕200451号）。根据本所律师核查，该批复对本次募集资金投资项目依然适用，因此，发行人本次募集资金投资项目已获得环境保护主管部门的核准。

3. 发行人本次募集资金投资项目，已获得深圳市光明新区发展和财政局出具的《社会投资项目备案通知》（深光发财备案〔2014〕0070号和深光发财函〔2014〕83号）。

4. 根据发行人提供的《国有土地使用证》

及其说明,实施上述“智能控制器生产技术改造及产能扩大项目(二期)”项目所需土地,已取得《国有土地使用证》(编号:深房地字第8000105859号),土地坐落于宝安区(光明新区)公明办事处模具基地根玉路,面积为30,261.4平方米;发行人的“智能控制器生产技术改造及产能扩大项目(二期)”项目,将在发行人现有土地上实施,不涉及需要另行取得国有土地使用权的情形。

(二)项目的合作情况

根据发行人说明并经核查,发行人上述募集资金投资项目均由其自身实施,不涉及与他人进行合作的情形。

基于上述,本所经办律师认为,发行人募集资金投资项目已经取得有权部门的备案和批准。

十九、发行人业务发展目标

(一)发行人业务发展目标与主营业务的一致性

根据发行人说明,发行人的业务发展目标为:“以智能控制器为核心产业,以研发能力和技术创新为核心竞争优势,以资本运营为主导扩张模式,以优秀的国际化运营管理平台为经营保障”。

经核查,本所经办律师认为,发行人的业务发展目标与其主营业务一致。

(二)发行人业务发展目标的合法性

经核查,本所经办律师认为,发行人业务发展目标符合相关法律、法规和规范性文件的规定,不存在潜在的法律风险。

二十、发行人涉及的诉讼、仲裁或行政处罚

(一)发行人、主要股东及其实际控制人、控股子公司涉及诉讼、仲裁或行政处罚情况

根据发行人、持有发行人5%及以上股份的主要股东及其实际控制人、发行人子公司说明并经核查,截至报告期末,发行人、持有发行人5%及以上股份的主要股东及其实际控制人、发行人子公司不存在尚未了结的或可预见的重大诉讼、仲裁或行政处罚。

(二)发行人董事长、总经理涉及诉讼、仲裁或行政处罚情况

根据发行人董事长、总经理刘建伟先生说明并经核查,截至报告期末,其不存在尚未了结的或可预见的重大诉讼、仲裁或行政处罚。

二十一、结论意见

综上所述,本所经办律师认为,截至本法律意见书出具日,除尚待取得中国证监会的核准外,发行人已具备《公司法》、《证券法》、《管理办法》等相关法律、法规及规范性文件所规定的非公开发行A股股票的条件。截至本法律意见书出具日,发行人不存在影响其本次发行的实质性法律障碍或风险。

本法律意见书正本共四份,无副本。

(以下无正文,下接《北京市金杜律师事务所关于深圳和而泰智能控制股份有限公司非公开发行A股股票的法律意见书》之签署页)

(本页无正文,为《北京市金杜律师事务所关于深圳和而泰智能控制股份有限公司非公开发行A股股票的法律意见书》之签署页)

北京市金杜律师事务所
负 责 人:王　玲
经办律师:冯　艾　王立新

二、境内发行上市类

（一）上市公司首次公开发行

关于安徽九华山旅游发展股份有限公司首次公开发行股票并上市之法律意见书

致：安徽九华山旅游发展股份有限公司

根据《中华人民共和国证券法》（以下简称《证券法》）、《中华人民共和国公司法》（以下简称《公司法》）、《首次公开发行股票并上市管理办法》（以下简称《管理办法》）、《公开发行证券公司信息披露的编报规则第12号——公开发行证券的法律意见书和律师工作报告》（以下简称《编报规则第12号》）等有关法律、法规以及中国证监会的有关规定，安徽天禾律师事务所（以下简称“本所”）接受安徽九华山旅游发展股份有限公司（以下简称“九华旅游”或“发行人”）的委托，指派汪大联、孙箫律师（以下简称“本所律师”）以特聘专项法律顾问的身份，参加九华旅游本次股票发行、上市工作。本所律师按照律师行业公认的业务标准、道德规范和勤勉尽责精神，出具本法律意见书。

为出具本法律意见书，本所律师谨作如下承诺声明：

1. 本法律意见书是本所律师依据中国证监会《编报规则第12号》的规定及出具日以前九华旅游已经发生或存在的事实和我国现行法律、法规的有关规定作出的。

2. 本所律师已严格履行法定职责，遵循了勤勉尽责和诚实信用原则，对九华旅游的行为以及本次申请的合法、合规、真实、有效进行了充分的核查验证，保证法律意见书不存在虚假记载、误导性陈述及重大遗漏。

3. 本所律师同意将本法律意见书作为九华旅游本次公开发行股票并上市所必备的法律文件，随同其他材料一同上报，并愿意承担相应的法律责任。

4. 本所律师同意九华旅游部分或全部在招股说明书中自行引用或按中国证监会审核要求引用本法律意见书的内容，但九华旅游作上述引用时，不得因引用而导致法律上的歧义或曲解。本所律师应对九华旅游有关招股说明书的内容进行再次审阅并确认。

5. 对于法律意见书所涉及的财务、审计和资产评估等非法律专业事项，本所律师主要依赖于审计机构和资产评估机构出具的证明文件发表法律意见。本所在法律意见书中对有关会计报表、报告中某些数据和结论的引述，并不意味着本所对这些数据、结论的真实性和准确性做出任何明示或默示的保证。

6. 本法律意见书仅供九华旅游为本次公开发行股票并上市之目的使用，不得用作其他任何目的。

本所律师根据《证券法》第二十条的要求，按照律师行业公认的业务标准、道德规范和勤勉尽责精神，对九华旅游提供的有关文件和事实进行了核查和验证，现出具法律意见如下：

一、本次发行上市的批准和授权

（一）本次发行上市的批准和授权程序

1. 经本所律师核查，九华旅游于2011年12月7日召开第四届董事会第六次会议，会议就九华旅游本次公开发行股票并上市事宜作出决议，决议涉及发行股票的种类、发行数量、发行对象、发行价格的确定方式、募集资金用途、发行前滚存利润的分配方案、决议的有效期、召开临时股东大会以及对公司章程（草案）修正案进行修订并在上市后施行等与九华旅游本次股票发行上市相关的议案，并决定于2011年12月22日召开2011年第一次临时股东大会，审议上述第一项至第九项议案。

2. 经本所律师核查，九华旅游于2011年12月22日召开2011年第一次临时股东大会，会议就九华旅游本次公开发行股票并上市事宜作出决议，决议涉及发行股票的种类、发行数量、发行对象、发行价格的确定方式、募集资金用途、发行前滚存利润的分配方案、决议的有效期、对董事会办理本次发行具体事宜的授权以及对公司章程（草案）修正案进行修订并在上市后施行等必要事项。

（二）上述董事会、股东大会召开程序符合现行法律、法规和《公司章程》的规定，决议内容合法有效。

（三）上述股东大会决议授权董事会全权办理申请股票发行上市有关事宜，其授权合法有效。

综上所述，本所律师认为，九华旅游本次发行及上市已获得其内部权力机构的批准，但尚需获得中国证监会的核准及深圳证券交易所的批准。

二、九华旅游本次发行上市的主体资格

（一）经本所律师核查，九华旅游是经安徽省人民政府皖府股字〔2000〕第55号《股份有限公司批准证书》批准，由安徽九华山旅游（集团）有限公司、安徽省国有资产运营有限公司、安徽省创新投资有限公司、青阳县城市建设经营发展有限公司、安徽省九华山佛茶有限责任公司共同出资，采取发起设立方式，于2000年12月27日在安徽省工商行政管理局依法登记设立的股份有限公司，领取了注册号为3400001300208号的《企业法人营业执照》［现注册号为：341700000005313(1-1)］，设立时注册资本为5000万元。

（二）九华旅游已通过了2011年度企业法人年检。经本所律师核查，对照《公司法》及有关法律、法规、规范性文件和《公司章程》的规定，九华旅游没有出现需要终止的情形。

（三）根据安徽华普会计师事务所2000年12月26日出具的会事验字〔2000〕第240号《验资报告》和安徽华普会计师事务所2006年12月14日出具的华普验字〔2006〕第0782号《验资报告》验证，九华旅游设立及增资时发起人或股东的注册资本均已足额缴纳，发起人用作出资的资产的财产权证变更手续已办理完毕；同时，九华旅游的主要资产不存在重大权属纠纷。

（四）九华旅游的经营范围为：旅游索道、住宿、餐饮、旅游服务、旅游景区景点资源开发、园林经营管理、电子商务、信息咨询、旅游商品销售。九华旅游的生产经营符合法律、法规和规范性文件的规定，符合国家产业政策。

（五）经本所律师核查，九华旅游最近三年内，主营业务未发生重大变化；因换届等正常原因发生的董事、高级管理人员变动履行了法律法规和《公司章程》规定的程序；实际控制人没有发生变更。

（六）经本所律师核查，九华旅游的股权清晰，控股股东和受控股股东、实际控制人支配的股东持有的九华旅游股份不存在重大权属纠纷。

综上，本所律师认为，截至本法律意见书出具之日，九华旅游为合法设立、有效存续的股份公司，未出现根据《公司法》及有关法律、法规、规范性文件和《公司章程》规定需要终止的情形，已具备进行本次股票发行上市的主体资格。

三、本次发行上市的实质条件

发行人本次发行及上市系发起设立的股份有限公司申请首次公开发行人民币普通股（A股）股票并在深圳证券交易所中小企业板上市交易。

（一）根据九华旅游招股说明书、《公司章程》（草案）并经本所律师核查，九华旅游本次公开发行股票为境内上市人民币普通股（A）股，同股同价、同股同权，符合《公司法》第127条的规定。

（二）根据九华旅游招股说明书，九华旅游本次公开发行股票发行价格的确定方式为通过向询价对象询价确定发行价格，不低于票面金额，符合《公司法》第128条的规定。

（三）如本法律意见书第五节“九华旅游的独立性”所述，九华旅游具有独立性，符合《管理办法》第14条至20条之规定。

（四）经本所律师核查，九华旅游已经依法建立健全股东大会、董事会、监事会、独立董事、董事会秘书制度，并制定、完善了各项议事规

则；九华旅游各相关机构和人员能够依据法律、法规、规范性文件及《公司章程》等规定履行各自职责，符合《管理办法》第 21 条的规定。

（五）经本所律师核查，九华旅游的董事、监事和高级管理人员参加了国元证券股份有限公司组织的首次公开发行上市辅导并通过了通过了中国证监会安徽监管局的辅导验收，了解并熟悉与股票发行上市有关的法律法规，知悉上市公司及其董事、监事和高级管理人员的法定义务和责任，符合《管理办法》第 22 条的规定。

（六）经本所律师核查，九华旅游的董事、监事和高级管理人员符合法律、法规和规范性文件规定的任职资格，且不存在《管理办法》第 23 条规定的下列任职资格限制情形：

1. 被中国证监会采取证券市场禁入措施尚在禁入期的。

2. 最近 36 个月内受到中国证监会行政处罚，或者最近 12 个月内受到证券交易所公开谴责。

3. 因涉嫌犯罪被司法机关立案侦查或者涉嫌违法违规被中国证监会立案调查，尚未有明确结论意见。

（七）经本所律师核查，根据华普天健会计师事务所（北京）有限公司（系安徽华普于 2008 年经合并后变更而来，下称："华普天健"）针对九华旅游内部控制制度出具的会审字〔2012〕第 0347 号《内部控制专项鉴证报告》，九华旅游按照《内部会计控制规范——基本规范》以及其他控制标准于截至 2011 年 12 月 31 日止在所有重大方面保持了与财务报表编制相关的有效的内部控制，符合《管理办法》第 24 条的规定。

（八）经本所律师核查，发行人不存在《管理办法》第 25 条规定的以下任　情形：

1. 发行人最近 36 个月内未公开或者变相公开发行过证券。

2. 发行人最近 36 个月内不存在因违反工商、税收、土地、环保、海关以及其他法律、法规，受到行政处罚，且情节严重。

3. 发行人最近 36 个月内曾向中国证监会提出发行申请，但报送的发行申请文件不存在虚假记载、误导性陈述或重大遗漏。不存在以欺骗手段骗取发行核准；或者以不正当手段干扰中国证监会及其发行审核委员会审核工作；或者伪造、变造发行人或其董事、监事、高级管理人员的签字、盖章等情形。

4. 发行人本次报送的发行申请文件不存在虚假记载、误导性陈述或者重大遗漏。

5. 发行人没有涉嫌犯罪被司法机关立案侦查情形。

6. 发行人不存在严重损害投资者合法权益和社会公共利益的其他情形。

（九）经本所律师核查，九华旅游的《公司章程》中已明确对外担保的审批权限和审议程序，根据华普天健出具的会审字〔2012〕0346 号《审计报告》，九华旅游截至目前不存在为控股股东、实际控制人及其控制的其他企业进行违规担保的情形，符合《管理办法》第 26 条的规定。

（十）经本所律师核查，九华旅游有严格的资金管理制度；根据华普天健出具的会审字〔2012〕0346 号《审计报告》，九华旅游不存在资金被控股股东、实际控制人及其控制的其他企业以借款、代偿债务、代垫款项或者其他方式占用的情形，符合《管理办法》第 27 条的规定。

（十一）根据华普天健出具的会审字〔2012〕0346 号《审计报告》，并经本所律师核查，九华旅游资产质量良好，资产负债结构合理，盈利能力较强，现金流量正常，符合《管理办法》第 28 条的规定。

（十二）根据华普天健出具的会审字〔2012〕0346 号《审计报告》、会审字〔2012〕第 0347 号《内部控制专项鉴证报告》并经本所律师核查，九华旅游的内部控制在所有重大方面是有效的，符合《管理办法》第 29 条的规定。

（十三）经本所律师核查，九华旅游会计基础工作规范，华普天健已对公司 2009 年度、2010 年度、2011 年度的财务报表进行了审计，出具了标准无保留意见的《审计报告》；九华旅游财务报表的编制符合《企业会计准则（2007 年 1 月 1 日起施行）》和相关会计制度的规定，在所有重大方面公允地反映了九华旅游的财务状况、经营成果和现金流量，符合《管理办法》第 30 条的规定。

（十四）根据华普天健出具的会审字〔2012〕0346 号《审计报告》并经本所律师核查，九华旅游编制财务报表以实际发生的交易或者事项为依据；在进行会计确认、计量和报告时均保持应有的谨慎；对相同或者相似的经济业务，选用一致的会计政策，未随意变更，符合《管理办法》第31条的规定。

(十五)根据华普天健出具的会审字〔2012〕0346号《审计报告》并经本所律师核查,九华旅游完整披露了关联方关系并按重要性原则恰当披露关联交易。关联交易价格公允,不存在通过关联交易操纵利润的情形,符合《管理办法》第32条的规定。

(十六)经本所律师核查,九华旅游符合《管理办法》第33条规定的下列条件:

1. 根据华普天健出具的会审字〔2012〕0346号《审计报告》,九华旅游最近3个会计年度净利润扣除非经常损益后均为正数且累计超过人民币3000万元。

2. 根据华普天健出具的会审字〔2012〕0346号《审计报告》,九华旅游最近3个会计年度营业收入累计超过人民币3亿元。

3. 九华旅游现有股本额为8300万元,本次拟公开发行的股份不超过2768万股,不少于九华旅游发行后股份总额的25%;九华旅游上市前股本总额不少于人民币3000万元。

4. 根据华普天健出具的会审字〔2012〕0346号《审计报告》,九华旅游最近一期末无形资产(扣除土地使用权等后)占净资产的比例不高于20%。

5. 根据华普天健出具的会审字〔2012〕0346号《审计报告》,九华旅游最近一期末不存在未弥补亏损。

(十七)根据华普天健出具的会审字〔2012〕0346号《审计报告》,经本所律师核查,九华旅游依法纳税,各项税收优惠符合相关法律法规的规定。九华旅游经营成果对税收优惠不存在严重依赖,符合《管理办法》第34条的规定。

(十八)经本所律师核查,九华旅游不存在重大偿债风险,不存在影响持续经营的担保、诉讼以及仲裁等重大或有事项,符合《管理办法》第35条的规定。

(十九)经本所律师核查,九华旅游申报文件中不存在《管理办法》第36条规定的下列情形:

1. 故意遗漏或虚构交易、事项或者其他重要信息。

2. 滥用会计政策或者会计估计。

3. 操纵、伪造或篡改编制财务报表所依据的会计记录或者相关凭证。

(二十)经本所律师核查:

1. 九华旅游的经营模式、产品结构没有发生重大变化,不存在经营模式、产品结构已经或者将发生重大变化对九华旅游的持续盈利能力构成重大不利影响之情形。

2. 九华旅游的行业地位或九华旅游所处行业的经营环境没有发生重大变化,不存在行业地位、所处行业的经营环境已经或者将发生重大变化对九华旅游的持续盈利能力构成重大不利影响之情形。

3. 九华旅游最近1个会计年度的营业收入或净利润没有对关联方或者重大不确定性的客户存在重大依赖关系。

4. 九华旅游最近1个会计年度的净利润不存在主要来自合并财务报表范围以外的投资收益之情形。

5. 九华旅游在用的商标、专利重要资产或技术的取得或者使用不存在重大不利变化的风险。

6. 九华旅游不存在其他可能对其持续盈利能力构成重大不利影响之情形。

九华旅游符合《管理办法》第37条规定。

(二十一)经本所律师核查,最近三年内九华旅游的经营业务、管理层未发生较大变化;最近三年内九华旅游的实际控制人未发生变化。本所律师认为,发行人连续经营超过三年。

(二十二)根据九华旅游董事会的承诺及安徽华普会计师事务所出具的会审字〔2012〕0346号《审计报告》,九华旅游近三年财务会计资料无虚假记载。

经核查和验证,九华旅游发行申请文件中提供的原始财务报告和纳税资料与九华旅游各年度报送地方财政、税务部门的一致。

(二十三)经本所律师核查,发行人已与国元证券股份有限公司签订《保荐协议》及《承销协议》,聘请国元证券股份有限公司担任其保荐人并委托国元证券承销本次发行的股票,符合《证券法》第十一条和第二十八条关于公开发行股票的规定。

九华旅游于2011年12月15日与国元证券股份有限公司签订了辅导协议,并于2011年12月向中国证监会安徽监管局进行了备案,2012年2月25日至26日,中国证监会安徽监管局对九华旅游进行了评估调查并予通过。

基于以上事实，本所律师认为九华旅游已具备本次股票发行、上市的实质条件。

四、九华旅游的设立

（一）根据九华旅游的工商登记档案资料等文件并经本所律师核查，九华旅游设立的程序、资格、条件、方式等符合当时法律、法规和规范性文件的规定，并得到有权部门的批准。

（二）经本所律师核查，九华旅游设立过程中所签订的有关合同符合有关法律、法规和规范性文件的规定，不会引致九华旅游设立行为存在潜在纠纷。

（三）根据九华旅游的工商登记档案资料等文件并经本所律师核查，九华旅游设立过程中有关审计、验资等均履行了必要程序，符合当时法律、法规和规范性文件的规定，不存在法律障碍。

（四）经本所律师核查，九华旅游创立大会的程序及所议事项符合《公司法》等法律、法规和规范性文件的规定，程序合法，相关决议合法有效。

综上所述，本所律师认为九华旅游的设立程序、资格、条件、方式符合当时法律、法规和规范性文件的规定，设立行为合法、有效。

五、九华旅游的独立性

根据九华旅游的工商登记档案资料等文件并经本所律师核查，本所律师认为：

（一）九华旅游业务完全独立于股东及其他关联方

根据九华旅游的工商登记档案资料、书面说明等文件并经本所律师核查，九华旅游的业务独立于股东单位及其他关联方，具备直接面向市场独立经营的能力。九华旅游与控股股东、实际控制人及其控制的其他企业间不存在同业竞争或者显失公平的关联交易。九华旅游的业务独立于股东单位及其他关联方。

（二）九华旅游的资产独立完整

根据九华旅游的工商登记档案资料等文件并经本所律师核查，九华旅游的注册资本已由各发起人足额缴纳，九华旅游的各项资产权利不存在产权归属纠纷或潜在的相关纠纷。九华旅游资产独立完整。

（三）九华旅游人员独立

根据九华旅游及相关人员的书面说明并经本所律师核查，九华旅游的总经理、副总经理、财务负责人和董事会秘书等高级管理人员未在控股股东、实际控制人及其控制的其他企业中担任除董事、监事以外的其他职务，未在控股股东、实际控制人及其控制的其他企业领薪，九华旅游的财务人员未在控股股东、实际控制人及其控制的其他企业中兼职。九华旅游的人员独立。

（四）九华旅游机构独立

根据九华旅游提供的文件并经本所律师核查，九华旅游已建立健全内部经营管理机构，独立行使经营管理职权，不存在与控股股东、实际控制人及其控制的其他企业机构混同的情形。九华旅游的机构独立。

（五）九华旅游财务独立

根据九华旅游提供的文件及书面说明并经本所律师核查，九华旅游已建立独立的财务核算体系，能够独立作出财务决策，具有规范的财务会计制度和对分公司、子公司的财务管理制度；九华旅游不存在与控股股东、实际控制人及其控制的其他企业共用银行账户的情况；九华旅游独立进行纳税申报、独立纳税。九华旅游的财务独立。

（六）综合意见

综上所述，本所律师认为，九华旅游资产独立完整，在人员、财务、业务、机构等方面独立于控股股东、实际控制人及其控制的其他企业，具有完整的业务体系和直接面向市场独立经营的能力，在独立性方面不存在其他严重缺陷。

六、九华旅游的发起人和股东

（一）九华旅游的发起人和股东情况

1. 发起人

经本所律师核查，根据九华旅游发起人签订的《发起人协议》和九华旅游工商登记资料的记载，九华旅游设立时共有5家发起人，全部为法人。分别是安徽九华山旅游（集团）有限公司、安徽省国有资产运营有限公司、安徽省创新投资有限公司、青阳县城市建设经营发展有限公司和安徽省九华山佛茶有限责任公司。经核查，九华旅游的发起人均具有担任发起人的资格。

2. 九华旅游的现任股东

九华旅游现有股东共7家,均系法人股东。分别为安徽九华山旅游(集团)有限公司、安徽省国有资产运营有限公司、安徽省信用担保集团有限公司(原安徽省创新投资有限公司)、青阳县城市建设经营发展有限公司、安徽安粮兴业有限公司、安徽省创业投资有限公司、安徽嘉润金地投资管理有限公司。其中安徽九华山旅游(集团)有限公司、安徽省国有资产运营有限公司、安徽省信用担保集团有限公司(原安徽省创新投资有限公司)和青阳县城市建设经营发展有限公司系发起人;安徽安粮兴业有限公司和安徽嘉润金地投资管理有限公司均系通过股权转让方式成为九华旅游的股东;安徽省创业投资有限公司系通过货币出资方式认购九华旅游非公开增发的股份而成为九华旅游的股东。

经本所律师核查,九华旅游的现任股东均具有担任股东的资格。

3. 安徽九华山旅游(集团)有限公司持有九华旅游的股份为3773.57万股,为九华旅游的第一大股东。九华旅游设立时,安徽九华山旅游(集团)有限公司持股比例为75.47%,处于绝对控股地位;九华旅游增资扩股后,安徽九华山旅游(集团)有限公司持股数量未发生变化,持股比例变为45.46%,仍为第一大股东并处于相对控股地位,对九华旅游的股东大会和董事会的决议具有重要影响。

九华山风景区国有资产管理委员会系九华山风景区内国有资产的监督管理机构,依法对安徽九华山旅游(集团)有限公司履行出资人职责,其对安徽九华山旅游(集团)有限公司的行为能够产生重大实质性影响;安徽九华山旅游(集团)有限公司对九华旅游股东权利的行使,受九华山风景区国有资产管理委员会的实际控制。因此,本所律师认为,九华山风景区国有资产管理委员会系九华旅游的实际控制人。

(二)根据九华旅游的工商登记档案资料等文件并经本所律师核查,九华旅游的发起人人数、住所、出资比例符合当时法律、法规和规范性文件的规定。

(三)主发起人安徽九华山旅游(集团)有限公司将其所属全资企业九华山索道公司、九华山百岁宫缆车公司、九华山中国旅行社、九华山国际旅行社按其经评估后的净资产价值整体投入九华旅游,同时还将其持有的聚龙大酒店50%的权益投入九华旅游;安徽省创新投资有限公司和青阳县城市建设经营发展有限公司以其持有的青阳县西峰山庄按评估后的净资产值投入九华旅游;安徽省国有资产运营有限公司、安徽省九华山佛茶有限责任公司以货币方式投入。各发起人投入九华旅游的资产产权关系明晰,不存在法律障碍或风险。

(四)经本所律师核查,九华旅游承继了发起人的各项资产权利,九华旅游的现有资产属于九华旅游合法所有或使用,不存在法律障碍和风险。

七、九华旅游的股本及其演变

(一)九华旅游设立时股本总额为5000万股。九华旅游设立时的股权设置及股本结构如下:

股东名称	股份(万股)	持股比例(%)
安徽九华山旅游(集团)有限公司	3,773.57	75.47
安徽省创新投资有限公司	402.99	8.06
安徽省国有资产运营有限公司	277.39	5.55
安徽省九华山佛茶有限责任公司	277.39	5.55
青阳县城市建设经营发展有限公司	268.66	5.37
合　计	5000.00	100.00

经本所律师核查,九华旅游设立时的股本结构合法、有效,产权界定和确认不存在纠纷及风险。

（二）九华旅游的历次股权变动均合法、合规、真实、有效。

根据发行人的工商登记档案资料等文件并经本所律师核查，九华旅游设立后，其股本结构发生5次变更。截至本法律意见书出具之日，发行人的股本结构如下表所示：

股东名称	持股数（万股）	持股比例（%）
安徽九华山旅游（集团）有限公司	3,773.57	45.46
安徽省创业投资有限公司	1,700.00	20.48
安徽嘉润金地投资管理有限公司	1,600.00	19.28
安徽省信用担保集团有限公司	402.99	4.86
安徽省国有资产运营有限公司	277.39	3.34
安徽安粮兴业有限公司	277.39	3.34
青阳县城市建设经营发展有限公司	268.66	3.24
合　计	8300.00	100.00

经核查，本所律师认为，九华旅游变更后的股本结构合法、有效，产权界定和确认不存在纠纷及风险。

（三）根据九华旅游各股东承诺和本所律师核查，各股东所持的九华旅游股份未向他人进行质押。

八、九华旅游的业务

根据发行人的工商登记档案资料等文件并经本所律师核查，发行人的经营范围已经工商行政管理部门的核准，生产经营活动已取得国家有关行政主管部门必要的许可或批准。

（一）九华旅游的经营范围和经营方式符合有关法律、法规和规范性文件的规定。

（二）九华旅游的业务均在中国大陆进行，没有在中国大陆以外开展经营活动。

（三）九华旅游的主营业务包括索道缆车营运、酒店服务、旅行社以及旅游客运，经九华旅游确认和本所律师核查，九华旅游近三年主营业务没有发生过重大变化。

（四）九华旅游的主营业务突出。

（五）九华旅游不存在持续经营的法律障碍。

九、关联交易及同业竞争

（一）九华旅游的关联方

1. 实际控制人

九华旅游的实际控制人为九华山风景区国有资产管理委员会。详见本所《律师工作报告》之六“发起人、股东、实际控制人”）。

2. 持有5%以上股份的股东

股东名称	持有股份（万股）	持股比例（%）
集团公司	3773.57	45.46
安徽创投	1700.00	20.48
嘉润金地	1600.00	19.28
合　计	7073.57	85.22

3. 九华旅游的董事、监事、高级管理人员

（1）董事

目前，九华旅游的董事会成员共有九人，其中独立董事三人，具体情况如下：

姓名	职务	其他兼职
舒畅	董事长	安徽九华山旅游(集团)有限公司董事
李正白	董事	安徽九华山旅游(集团)有限公司董事、常务副总经理安徽九华山印象旅游文化发展有限公司董事长
吴勇	董事、副总经理、董事会秘书	安徽九华山旅游(集团)有限公司董事
钱进	董事	安徽省投资集团控股有限公司副总经理 安徽省创业投资有限公司董事长 安徽科大讯飞信息科技股份有限公司独立董事
王忠道	董事	安徽省信用担保集团有限公司总经济师
吴良华	董事	安徽嘉润金地投资管理有限公司执行董事 合肥汇智基金管理有限公司执行董事
严国泰	独立董事	同济大学建筑与城市规划学院教授、博士生导师 中国风景名胜区协会专家理事 中国地质学会旅游地学与地质公园分会委员 上海市旅游协会常务理事、教育分会副会长
周学民	独立董事	天职国际会计师事务所副主任会计师、安徽分所所长 安徽省注册会计师协会常务理事、自律委员会委员 安徽省会计师学会理事 安徽省造价协会理事 安徽省土地估价协会理事 安徽众源新材料股份有限公司独立董事 安徽徽电科技股份有限公司独立董事
华国庆	独立董事	安徽大学法学院副院长、教授、博士生导师 中国法学会经济法学研究会常务理事 中国法学会财税法学研究会常务理事 安徽省法学会经济法研究会总干事 安徽省税务协会理事 安徽省保险协会理事 安徽省人民政府立法咨询员、行政执法监督员

(2)监事

目前,九华旅游的监事会成员共有八人,具体情况如下:

姓名	职务	其他兼职
章春	监事会主席	安徽九华山旅游(集团)有限公司财务部经理
杨武军	监事	安徽九华山旅游(集团)有限公司党委办公室主任 安徽九华山印象旅游文化发展有限公司总经理
陈永华	监事	安徽云松投资管理有限公司总经理
郑梦华	监事	安徽省国有资产运营有限公司投资部负责人 中钢集团安徽天源科技股份有限公司监事 安徽省产权交易中心有限责任公司监事 安徽水安建设集团股份有限公司董事

续表

姓名	职务	其他兼职
吴彦连	监事	安徽安粮兴业有限公司总经理助理
叶永发	职工监事	无
陈国才	职工监事	无
汪晓东	职工监事	无

(3)高级管理人员

姓名	职务	其他兼职
高政权	总经理	安徽九华山旅游(集团)有限公司董事
吴勇	董事、副总经理、董事会秘书	安徽九华山旅游(集团)有限公司董事
明强华	副总经理	无
胡玉立	副总经理	无
张启才	副总经理	无
王晓宏	财务负责人	无

4. 控股股东安徽九华山旅游(集团)有限公司、控股、参股的公司

经本所律师核查,九华旅游控股股东安徽九华山旅游(集团)有限公司下属企业除秋浦胜境分公司外,还包括四家全资子公司即:池州市九华山供排水有限公司、安徽池州市九华山旅游商品开发有限公司、安徽九华山金地旅游发展有限公司、池州皖之韵旅行社有限公司;两家控股子公司即:安徽省九华山新区开发建设有限责任公司、安徽九华山印象文化旅游发展有限公司(详见本所《律师工作报告》之九"关联交易及同业竞争")。

5. 其他关联方

关联方名称	与本公司关系
安徽嘉润投资控股集团有限公司	原持有公司5%以上股权的股东
安徽九华山润地建设投资有限公司	安徽嘉润投资控股集团有限公司实际控制的企业
安徽九华山龙溪山庄酒店有限公司	公司原联营企业
安徽省池州市九华太愿旅游纪念品有限公司	安徽池州市九华山旅游商品开发有限公司持有其40%股权

详见本所《律师工作报告》之九"关联交易及同业竞争"

(二)关联交易

根据经审计的财务报告及发行人提供的其他文件并经本所律师核查,在报告期内,发行人发生的重大关联交易的具体情况如下:

1. 九华旅游与集团公司之间的关联交易

(1)租用集团公司土地

九华旅游分别于2000年12月30日、2002年9月29日、2006年12月31日同集团公司签订《土地使用权租赁合同》,租用集团公司6宗土地使用权。

(2)受让集团公司土地使用权

2011年11月25日,发行人与集团公司签订《土地使用权转让合同》,发行人收购了包括上述6宗租用土地及聚龙大酒店用地共7宗土地使用权。

(3)集团公司向九华旅游提供供水服务

集团公司所属九华山供排水有限公司向发行人提供供水服务,并按照物价主管部门批准

的供水价格和计量装置记录的实际供水量向发行人定期结算水费及随征的有关费用。

(4)集团公司向发行人提供给水设施安装服务

2011年1月6日,发行人同九华山供排水有限公司签订《给水安装施工协议》一份,发行人委托供排水公司为五溪山色大酒店动力中心供水管道进行安装施工,工程预算造价为120万元,工期自2011年1月6日至2月1日。该工程现已施工完毕。

(5)发行人向集团公司提供消费服务

根据华普天健会审字〔2012〕0346号《审计报告》,发行人2009年、2010年、2011年从关联方集团公司取得的收入(索道、缆车、客运及酒店餐饮服务收入)分别为40,217.00元、12,841.00元和117,689.00元。报告期内发行人通过关联交易所取得的收入占同期主营业务收入的比例甚小,主营业务收入对关联交易不具有依赖性。

2. 报告期内,发行人同嘉润控股的关联企业安徽九华山润地建设投资有限公司(下称"润地建设")之间发生一起关联交易,向润地建设转让了所持安徽九华山龙溪山庄有限公司34%的股权(以上详见本所《律师工作报告》之九"关联交易及同业竞争")。

(三)九华旅游(包括有限公司)与关联方之间的上述关联交易公允,不存在损害九华旅游及其股东利益的内容。且关联交易全部经公司股东大会审议批准,关联股东集团公司在上述事项表决中均按规定回避,程序合法有效。

(四)为规范九华旅游的关联交易,避免关联方利用关联交易损害九华旅游其他股东的利益,控股股东、实际控制人亦已就规范关联交易,保护其他股东利益作出书面承诺。

(五)九华旅游已在《公司章程》以及《股东大会议事规则》、《董事会议事规则》、《独立董事制度》、《关联交易管理制度》等内部制度中对关联交易的决策权限、决策程序等了作出明确规定。

(六)同业竞争

1. 经本所律师核查,目前,各股东均未经营与九华旅游存在直接或间接竞争的业务,九华旅游与各股东间不存在同业竞争。

2. 为有效避免发生同业竞争,九华旅游控股股东集团公司、持股5%以上股东安徽创投、嘉润金地均已出具了避免同业竞争的承诺函。

(七)经本所律师核查,九华旅游已在《招股说明书》中就重大关联交易事项以及不存在同业竞争的情形及承诺进行了充分的披露,不存在重大遗漏或重大隐瞒。

十、九华旅游的主要财产

(一)九华旅游拥有一家全资子公司即客运公司;十七家分公司:安徽九华山旅游发展股份有限公司索道分公司、安徽九华山旅游发展股份有限公司缆车分公司、安徽九华山旅游发展股份有限公司花台索道分公司、安徽九华山旅游发展股份有限公司东崖宾馆、安徽九华山旅游发展股份有限公司聚龙大酒店、安徽九华山旅游发展股份有限公司青阳西峰山庄、安徽九华山旅游发展股份有限公司大九华宾馆、安徽九华山旅游发展股份有限公司平天半岛大酒店分公司、安徽九华山旅游发展股份有限公司五溪山色大酒店、安徽九华山旅游发展股份有限公司九华壹陆捌快捷酒店分公司、安徽九华山旅游发展股份有限公司东崖旅行社、安徽九华山旅游发展股份有限公司聚龙商务旅行社、安徽九华山旅游发展股份有限公司西峰旅行社、安徽九华山旅游发展股份有限公司九华山中国旅行社、安徽九华山旅游发展股份有限公司九华山中国国际旅行、安徽九华山旅游发展股份有限公司池州九之旅旅行社、安徽九华山旅游发展股份有限公司九华山旅游在线电子商务分公司(详见本所《律师工作报告》之五"发行人的独立性")。

安徽九华山旅游客运有限责任公司成立于2002年12月20日,公司地址为安徽池州市九华山风景区柯村新区,法定代表人叶杨兵,《企业法人营业执照》注册号为341724000000127,公司类型为一人有限责任公司,注册资本人民币1580万元。经营范围:旅游客运,班车客运,出租客运,包车客运,客运站经营,景点推介,停车场经营,客运代理,汽车租赁,商品汽车发送,汽车修理,物流业务,信息配载,仓储业务,业务咨询,旅游服务业开发经营,资本运营。九华旅游为其股东。

本所律师经核查后认为,上述子公司、分公司的设立、变更均符合当时有效的法律、法规和规范性文件的规定，且已履行必要的法律程序。上述子公司依法设立，并且不存在根据法律、法规、规范性文件或其《公司章程》需要终止的情形，合法存续，发行人持有上述子公司的权益合法有效。

（二）九华旅游及其控股子公司现有房屋、建筑物合计面积为133,928.91平方米，均办理了房产权证，拥有合法的产权（详见本所《律师工作报告》之十“发行人的主要财产”）。

（三）九华旅游所及其子公司目前拥有14宗国有土地的使用权，面积合计244,609.54平方米（详见本所《律师工作报告》之十“发行人的主要财产”）。

（四）九华旅游现拥有注册商标19项，权利人均为九华旅游（详见本所《律师工作报告》之十“发行人的主要财产”）。

（五）九华旅游通过与安徽省九华山风景区管理委员会签订协议取得了九华山风景区内部旅游客运特许专营权，许可期限20年。

（六）九华旅游及其控股子公司拥有的主要生产经营设备均系九华旅游及其控股子公司自购取得。目前该等设备均能正常使用。

（七）经核查，九华旅游的上述财产没有产权纠纷或潜在纠纷。

（八）经核查，九华旅游主要经营性财产未设定抵押、质押或者存在其他债务关系，产权明晰，权证齐备，不存在权利受到限制的情况。

十一、九华旅游的重大债权债务

（一）九华旅游正在履行和将要履行的重大合同形式完备，内容合法有效，未发现存在潜在纠纷。

（二）九华旅游所签订的重大合同均系以九华旅游名义进行，合同履行不存在法律障碍。

（三）九华旅游没有因环境保护、知识产权、产品质量、劳动安全、人身权等原因产生的重大侵权之债。

（四）根据华普天健出具的会审字〔2012〕0346号《审计报告》，截至2011年12月31日，九华旅游应收账款3,581,462.30元，应付账款56,780,225.88元。根据九华旅游董事会的承诺及本所律师核查，九华旅游截至目前没有为发起人或其他关联方提供担保。

（五）根据华普天健出具的会审字〔2012〕0346号《审计报告》，截至2011年12月31日，九华旅游的其他应收款2,911,488.82元，其他应付款17,478,201.68元。上述其他应收、其他应付款均系在正常的生产经营过程中发生，合法有效。

十二、九华旅游重大资产变化及收购兼并

（一）经本所律师核查，九华旅游自设立以来，未发生合并、分立、减少注册资本等行为。

（二）2006年，根据公司2005年度股东大会决议，九华旅游进行了增资扩股。增资后，九华旅游的注册资本增加至8300万元，总股本增加至8300万股。

（三）九华旅游自设立以来，进行过下列收购行为：

1. 东崖宾馆资产收购：为消除同业竞争，九华旅游于2002年9月收购了集团公司所属东崖宾馆全部经营性资产，并将其组建为分公司继续营业（详见本所《律师工作报告》之十二“发行人重大资产变化及收购兼并”）。

2. 聚龙大酒店50%股权收购：2004年7月，九华旅游收购了聚龙大酒店他方（中国银行安徽省分行和香港朝达投资有限公司）的50%股权，并将其组建为分公司继续营业（详见本所《律师工作报告》之十二“发行人重大资产变化及收购兼并”）。

3. 大九华宾馆经营性资产收购：2006年12月，九华旅游利用增资扩股募集的资金收购了集团公司所属的大九华宾馆（详见本所《律师工作报告》之十二“发行人重大资产变化及收购兼并”）。

4. 九华山旅游客运整体项目收购：2006年12月，九华旅游利用增资扩股募集的资金收购了集团公司所属的九华山旅游客运整体项目（详见本所《律师工作报告》之十二“发行人重大资产变化及收购兼并”）。

5. 安徽九华山旅游（集团）有限公司7宗土地使用权收购：2011年11月25日，发行人与安徽九华山旅游（集团）有限公司签订《土地使用权转让合同》，发行人收购了包括租用九华山旅游集团有限公司土地在内的7宗土地使用权（详见本所《律师工作报告》之十二“发行人重大资产变化及收购兼并”）。

(四)龙溪山庄股权转让

根据发行人提供的文件并经本所律师核查,发行人于 2011 年 9 月 22 日将其持有的安徽九华山龙溪山庄有限公司的 34% 股权转让给安徽九华山润地建设投资有限公司(详见本所《律师工作报告》之十二“发行人重大资产变化及收购兼并”)。

经本所律师核查,九华旅游的上述增资扩股、资产收购、股权收购、股权转让行为均符合当时法律、法规及规范性文件的规定,并履行了必要的法律手续,真实有效。

十三、九华旅游公司章程的制定与修改

(一)经本所律师核查,九华旅游《公司章程》的制定和历次修改,均已获得股东大会批准,并办理了工商登记备案手续,履行了法定程序。

(二)经本所律师核查,九华旅游《公司章程》的内容符合法律、法规和规范性文件的规定。

(三)经本所律师核查,九华旅游《公司章程》(草案)已按照《上市公司章程指引》(2006 年修订)进行了修订,未对《上市公司章程指引》(2006 年修订)的实质性内容进行删除或修改。《公司章程》(草案)符合《上市公司章程指引》(2006 年修订)的规定。

十四、九华旅游股东大会、董事会、监事会议事规则及规范运作

(一)九华旅游建立了由股东大会、董事会、监事会、经营管理层等组成的组织机构。

(二)九华旅游制定了健全的股东大会、董事会、监事会议事规则和独立董事任职及议事制度。

(三)九华旅游历次股东大会、董事会、监事会的召开、决议内容及签署合法、合规、真实、有效。

(四)九华旅游股东大会对董事会的授权及董事会的重大决策等行为均是在法律、法规和《公司章程》的权限内进行的,合法、合规、真实、有效。

十五、九华旅游董事、监事和高级管理人员及其变化

(一)九华旅游现有董事、监事和高级管理人员

1. 董事

九华旅游现任董事会有董事 9 名,成员是舒畅、吴勇、李正白、钱进、吴良华、王忠道、华国庆、周学民、严国泰,其中华国庆、周学民、严国泰为独立董事。董事会成员均由九华旅游股东大会选举产生。九华旅游未设职工代表董事。九华旅游现任 9 名董事任职符合法律、法规和规范性文件及《公司章程》的规定。

2. 监事

九华旅游现任监事会有监事 8 名,成员是章春、陈永华、郑梦华、吴彦连、杨武军、叶永发、陈国才、汪晓东。九华旅游现任 8 名监事任职符合法律、法规和规范性文件及《公司章程》的规定。

3. 高级管理人员

九华旅游现任总经理为高政权;副总经理为吴勇、明强华、张启才、胡玉立;董事会秘书为吴勇,财务负责人为王晓宏。公司高级管理人员兼任董事的人数为 1 人,未超过董事人数的二分之一。九华旅游总经理、副总经理、董事会秘书、财务负责人任职符合法律、法规和规范性文件及《公司章程》的规定。

(二)董事、监事、高级管理人员的变动情况

经本所律师核查,最近三年九华旅游董事、监事及高级管理人员的变化符合法律规定,并履行了必要的法律程序,不存在由控股股东或实际控制人直接或间接委派等情况;最近三年九华旅游董事、高级管理人员不存在重大变化,九华旅游的经营管理层保持稳定。

(三)独立董事

九华旅游现有独立董事 3 名:华国庆、周学民、严国泰。独立董事不低于董事会人数的三分之一,符合中国证监会《关于在上市公司建立独立董事制度的规定》。九华旅游独立董事任职资格符合法律、法规、《公司章程》和《独立董事任职及议事制度》所规定的条件。

同时,根据九华旅游《独立董事任职及议事制度》的规定,九华旅游独立董事的职权范

围符合有关法律、法规和规范性文件的规定。

十六、九华旅游的税务

（一）九华旅游及其控股子公司执行的税种、税率符合现行法律、法规和规范性文件的要求。报告期内，九华旅游及其子公司未享受税收优惠政策，九华旅游享受的政府补贴合法、合规、真实、有效。

（二）根据安徽省池州市地方税务局、安徽省池州市地方税务局九华山风景区分局、安徽省青阳县地方税务局出具的证明，九华旅游及控股子公司近三年均依法纳税，不存在因违反税收法律、法规和规范性文件的要求而受到处罚的情形。

十七、九华旅游的环境保护和产品质量、技术等标准

（一）经本所律师适当核查，因九华旅游所从事产业的特征，其生产经营活动及拟投资项目本身不会产生有毒污染物，符合国家有关环境保护的要求。

（二）根据池州市环境保护局于 2012 年 3 月 2 日出具的证明，九华旅游近三年来没有因违反环境保护方面的法律、法规和规范性文件而受到处罚。

（三）根据国家客运架空索道安全监督检验中心颁发的《客运索道安全检验合格证》和池州市质量技术监督局、池州市安全生产监督管理局出具的证明，九华旅游现运营中的百岁宫缆车、天台索道、花台索道符合国家客运索道安全规范及有关安全技术标准，九华旅游近三年来没有因违反有关产品质量和技术监督方面的标准和法律法规而受到处罚的情形。

十八、九华旅游募集资金的运用

（一）九华旅游本次募股资金拟用于天台索道改建项目，估算投资总额 9821 万元；东崖宾馆维修改造项目，估算投资总额 4800.60 万；西峰山庄改造项目，估算投资总额 4930.00 万元；已经九华旅游 2011 年第一次临时股东大会通过。

本所律师认为，九华旅游本次募股资金拟投资项目已经得到相关有权部门的批准或授权。

（二）本次募股资金拟投资项目不涉及与他人进行合作。

十九、九华旅游业务发展目标

（一）九华旅游的业务发展目标与其主营业务一致。

（二）九华旅游业务发展目标符合国家法律、法规和规范性文件的规定，不存在潜在的法律风险。

二十、诉讼、仲裁和行政处罚

（一）根据九华旅游声明及本所律师核查，九华旅游没有尚未了结或可预见的重大诉讼、仲裁或者行政处罚案件。根据九华旅游全体股东声明及本所律师核查，该等主体也不存在尚未了结或可预见的重大诉讼、仲裁或者行政处罚案件。

（二）根据九华旅游董事长、总经理个人的声明，并经本所律师核查，九华旅游董事长、总经理没有尚未了结或可预见的重大诉讼、仲裁或者行政处罚案件。

二十一、九华旅游招股说明书法律风险的评价

本所律师参与了《招股说明书》的编制及讨论，审阅了《招股说明书》及其摘要全文，认为九华旅游《招股说明书》及其摘要不存在虚假记载、误导性陈述及重大遗漏引致的法律风险。

二十二、本次发行上市的总体结论性意见

鉴于对九华旅游所进行的事实与法律方面的审查，本所律师认为，九华旅游本次公开发行股票并上市，在程序上和实体上均已符合《公司法》、《证券法》、《管理办法》等法律、法规和规范性文件的规定，待中国证监会依法核准后，九华旅游即具备 2012 年股票发行并上市的法定条件。

（本页为签署页，无正文）

本法律意见书见于二〇一二年 5 月 29 日在安徽省合肥市签字盖章。

本法律意见书正本二份、副本二份。

北京天禾律师事务所

负 责 人：汪大联

经办律师：汪大联　孙　箫

(二)上市公司再融资

关于武汉三镇实业控股股份有限公司 2014 年公开发行公司债券(第一期)的法律意见书

致:武汉三镇实业控股股份有限公司

湖北松之盛律师事务所接受发行人武汉三镇实业控股股份有限公司的委托,依据《公司法》、《证券法》、《试点办法》、《律师事务所从事证券法律业务管理办法》和《律师事务所证券法律业务执业规则(试行)》及相关法律、法规的规定,为发行人本次发行提供专项法律服务,并按照律师行业公认的业务标准、道德规范和勤勉尽责精神出具本法律意见书。

本所律师根据发行人提供的文件资料、陈述与说明,以及本所律师进行的尽职调查,结合有关法律、法规和规范性文件的规定,对发行人的主体资格、本次发行是否符合法定条件、保荐机构和评级机构的资质等本次发行所需审查的重大法律事项及相应材料进行核查和验证,对本次发行的合法性及重大法律问题独立发表法律意见并出具本法律意见书。

本法律意见书系依据本法律意见书出具日前存在的有关事实,结合我国现行法律、法规及中国证监会的相关规定,并基于本所律师对有关事实的了解和对有关法律、法规规定的理解基础上作出的。

本所律师承诺已严格履行法定职责,遵循勤勉尽责和诚实信用原则,对发行人本次发行所涉及的相关材料及有关事项进行核查验证,保证本法律意见书不存在虚假记载、误导性陈述或重大遗漏。

发行人保证其已经提供了本所律师认为出具本法律意见书所必需的、真实的原始书面材料、副本材料或其他材料。发行人保证上述文件真实、准确、完整;文件上所有签字与印章真实;复印件与原件一致。

对于出具本法律意见书至关重要而又无法得到独立证据支持的事实,本所律师依赖于有关政府部门、发行人或者其他有关单位出具的证明文件出具本法律意见书。

本所律师仅就与本次发行有关的法律问题发表意见,本法律意见书中对有关会计报表、审计报告、信用评级报告书及其他本次发行的申报文件中某些数据和结论的引述,并不意味着本所对该等数据、结论的真实性和准确性作出任何明示或默示的保证,本所律师对于该等文件的内容并不具备核查和作出评价的适当资格。

本法律意见书仅供发行人本次发行申请之目的使用,不得用作任何其他目的。

本所同意将本法律意见书作为本次发行申请所必备的法定文件,随其他申报材料一起上报,并依法对此承担责任。

正　　文

一、本次发行发行人的主体资格

(一)发行人的基本情况

武汉控股现持有武汉市工商行政管理局核发的注册号为 420100000071259 的《企业法人营业执照》,注册资本为人民币 709,569,692 元,住所为武汉经济技术开发区联发大厦,办公地址为武汉市武昌区友谊大道特 8 号长江隧道公司管理大楼 2 楼。法定代表人:王贤兵。公司经营范围为:城市给排水、污水综合处理、道路、桥梁、供气、供电、通讯基础设施的投资、经营管理。经营期限至2048年4月16日。经核查,武汉控股已经通过2012年度工商企业年检,目前正待按《工商总局关于停止企业年度检验工作的通知》(工商企字〔2014〕28号)的有关规定办理2013年企业年度报告公示。

(二)发行人的历史沿革

1.1998年4月成立

武汉控股系经武汉市人民政府(1997)75号文件《武汉市人民政府关于设立武汉三镇实业股份有限公司的批复》批准,由武汉三镇基建发展有限责任公司(2003年更名为"武汉市水务集团有限公司",下同)独家发起,用所属的宗关水厂和后湖泵站的全部经营资产投资,以募集方式设立的股份有限公司。

经中国证监会证监发字(1998)31号和32号文件批准,武汉控股于1998年4月2日首次向社会公众公开发行境内上市的人民币普通股股票(A股)8500万股(其中向公司职工发行779万股)。公司流通股股票于1998年4月27日在上海证券交易所挂牌交易,股票简称为"武汉控股",股票代码为600168。公开募股后武汉控股总股本为34,000万股,其中国有法人股25,500万股,社会公众股8,500万股。

2.1999年资本公积金转增股本

1999年7月,武汉控股实施1998年度的利润分配方案,以1998年末总股本34,000万股为基数,向全体股东按照10:2的比例,以1998年末资本公积金转增股份。转增后,武汉控股股本总额增至40,800万股,其中国有法人股30,600万股,流通A股10,200万股。

3.2000年配股

经证监会证监公司字(2000)104号文批准,武汉控股于2000年8月16日至9月5日实施了2000年配股方案。此次配股以1999年末总股本40,800万股为基数,向全体股东每10股配售2.5股,配股价格为每股人民币10元,配股总数为3,315万股。其中发起人股东武汉三镇基建发展有限责任公司认购765万股,社会公众配股2,550万股。此次配股实施后,武汉控股总股本增至44,115万股,其中国有法人股31,365万股,流通A股12,750万股。

4.2006年股权分置改革

2006年4月3日,湖北省人民政府国有资产监督管理委员会(以下简称"国资委")以《关于武汉三镇实业控股股份有限公司股权分置改革方案涉及的国有股权管理事项的批复》(鄂国资产权〔2006〕72号)文件,同意武汉控股股权分置改革方案,即公司非流通股股东水务集团,以其持有的4,080万股股份作为对价,支付给流通股股东,以获得其所持非流通股份的流通权,流通股股东每持有10股流通股获得3.20股股份。2006年4月10日,武汉控股股东大会审议通过《武汉三镇实业控股股份有限公司股权分置改革方案》。此次股改完成后,武汉控股总股本不变,其中水务集团持有27,285万股,其他无限售条件流通股合计16,830万股。

5.2013年重大资产重组

2012年5月15日,湖北省国资委出具鄂国资产权〔2012〕134号《省国资委关于武汉三镇实业控股股份有限公司重大资产重组方案的批复》及鄂国资产权〔2012〕131号《省国资委关于水务集团与武汉控股重大资产重组涉及国有股协议转让的批复》,批准武汉控股该次重组方案及所涉及的国有股权协议转让。

2013年7月22日,中国证监会核发证监许可〔2013〕963号《关于核准武汉三镇实业控股股份有限公司重大资产重组及向武汉市水务集团有限公司发行股份购买资产并募集配套资金的批复》,同意武汉控股向水务集团发行140,688,600股股份购买相关资产;同意发行人非公开发行不超过127,731,100股新股募集该次发行股份购买资产的配套资金。

2013年8月8日,众环海华出具了众环验字〔2013〕010070号《验资报告》,对该次重大资产重组及发行股份购买资产的事项进行了验资,确认截至2013年8月8日武汉控股已收到水务集团缴纳的新增注册资本合计人民币140,688,600元,变更后发行人的注册资本为581,838,600元。

2013年10月25日,众环海华出具了众环验字〔2013〕010093号《验资报告》,对该次重大资产重组及非公开发行股份募集资金的事项进行了验资,确认截至2013年10月25日发行人实际发行人民币普通股127,731,092股,募集资金净额人民币749,051,997.4元,其中增加股本人民币127,731,092元。至此,发行人注册资本变更为709,569,692元。

上述重大资产重组及发行股份购买资产并

募集配套资金暨关联交易完成后,武汉控股总股本变更为709,569,692股,其中有限售条件的流通股份268,419,692股,无限售条件的流通股份441,150,000股。

6. 目前股本结构

根据发行人披露的公司2013年度报告,截至2013年12月31日,发行人总股本为709,569,692股,股本结构如下:

股份类别	股份数量(股)	占总股本比例(%)
一、有限售条件股份	268,419,692	37.83
1. 国有法人持股	140,688,600	19.83
2. 境内法人持股	127,731,092	18.00
二、无限售条件流通股份	441,150,000	62.17
1. 人民币普通股	441,150,000	62.17
三、股份总数	709,569,692	100.00

武汉控股上述股本变动均履行了必要的法律程序,合法有效。

综上所述,本所律师认为:截至本法律意见书出具之日,武汉控股为依法设立并有效存续的股份有限公司,不存在根据法律、法规及其公司章程规定的应予终止的情形,具备本次发行的主体资格。

二、本次发行的方案

根据发行人第六届董事会第十八次会议和2014年第二次临时股东大会审议通过的《关于公司符合公司债券发行条件的议案》和《关于发行公司债券的议案》,以及本次发行涉及的相关材料,本次发行的方案内容如下:

(一)本期债券的主要条款

1. 发行主体:武汉三镇实业控股股份有限公司。

2. 债券名称:武汉三镇实业控股股份有限公司2014年公司债券(第一期)。

3. 债券期限:本期债券期限为不超过5年。可以为单一期限品种,也可以是多种期限混合品种,具体期限提请股东大会授权给董事会在发行前根据市场情况和公司资金需求情况,在前述范围内确定。

4. 发行规模:本期债券发行规模为6.5亿元。

5. 债券利率及其确定方式:本期债券票面利率将由发行人和簿记管理人根据网下利率询价结果在预设利率区间内协商确定,在债券存续期内固定不变。

6. 债券票面金额:本期债券票面金额为100元。

7. 发行价格:本期债券按面值平价发行。

8. 发行方式与发行对象:发行方式与发行对象安排参见发行公告。

9. 债券形式:实名制记账式公司债券。投资者认购的本期债券在登记机构开立的托管账户托管记载。本期债券发行结束后,债券认购人可按照有关主管机构的规定进行债券的转让、质押等操作。

10. 向现有股东配售安排:本期债券向社会公开发行,不向公司股东优先配售。

11. 还本付息方式及支付金额:本期债券采用单利按年计息,不计复利。每年付息一次,到期一次还本,最后一期利息随本金的兑付一起支付。本期债券于每年的付息日向投资者支付的利息金额为投资者截至付息债权登记日收市时所持有的本期债券票面总额与对应的票面年利率的乘积;于兑付日向投资者支付的本息金额为投资者截至兑付债权登记日收市时所持有的本期债券最后一期利息及所持有的债券票面总额的本金。

12. 付息、兑付方式:本期债券本息支付将按照本期债券登记机构的有关规定统计债券持有人名单,本息支付方式及其他具体安排按照债券登记机构的相关规定办理。

13. 担保安排:本次公司债券将采取无担保形式发行。

14. 信用级别及资信评级机构:经新世纪评估综合评定,发行人的主体长期信用等级为AA+,本期债券的信用等级为AA+。

15. 保荐人、主承销商、簿记管理人、债券受托管理人:发行人聘请中信证券股份有限公司作为本期债券的保荐人、主承销商、簿记管理人及债券受托管理人。

16. 承销方式:本期债券由主承销商负责组建承销团,以余额包销的方式承销。本期债券发行最终认购不足6.5亿元部分全部由主承销商组织承销团余额包销,各承销方应足额划付各自承担余额包销责任比例对应的募集款项。

17. 拟上市交易场所：上海证券交易所。

18. 质押式回购：发行人主体长期信用等级为AA+，本期债券信用等级为AA+，本期债券符合进行质押式回购交易的基本条件，具体折算率等事宜将按债券登记机构的相关规定执行。

19. 发行费用概算：本次发行费用概算不超过本期债券发行总额的2%，主要包括保荐及承销费用、审计师费用、律师费用、资信评级费用、发行推介费用和信息披露费用等。

20. 募集资金用途：发行人拟将本期债券募集资金扣除发行费用后用于改善债务结构、偿还公司债务、补充营运资金以及项目建设。

21. 税务提示：根据国家有关税收法律、法规的规定，投资者投资本期债券所应缴纳的税款由投资者承担。

（二）本期债券发行及上市安排

本次发行结束后，发行人将尽快向上交所提出关于本期债券上市交易的申请。具体上市时间将另行公告。

本所律师认为：本次发行的方案符合《公司法》、《证券法》、《试点办法》等法律、法规及规范性文件的规定。

三、本次发行的批准和授权

（一）发行人本次发行的批准和授权

1. 2014年4月2日，发行人第六届董事会第十八次会议审议通过了《关于公司符合公司债券发行条件的议案》和《关于发行公司债券的议案》。

2. 2014年4月18日，发行人2014年第一次临时股东大会审议通过了《关于公司符合公司债券发行条件的议案》和《关于发行公司债券的议案》，同意公司公开发行规模不超过人民币10亿元的公司债券，分期发行，其中首期发行规模为人民币6.5亿元，剩余部分自中国证监会核准本次发行公司债券之日起24个月内完成发行，并同意董事会授权公司董事长为获授权人士具体处理本次公开发行公司债券相关事项。

（二）中国证监会对本次发行的批准

根据《证券法》、《试点办法》的相关规定，本次发行尚需取得中国证监会的核准。

综上所述，本所律师认为：发行人本次发行已取得发行人董事会及股东大会的批准和授权，决议的内容及程序符合《公司法》、《试点办法》等有关法律、法规及《公司章程》的规定。根据《证券法》、《试点办法》等相关规定，发行人发行本次债券尚需获得中国证监会的核准。

四、本次发行的实质条件

（一）经本所律师核查，发行人在经有权部门核准的经营范围内从事生产经营活动，符合法律、行政法规和公司章程的规定，符合国家产业政策，符合《试点办法》第七条第一项的规定。

（二）发行人内部控制制度健全，内部控制制度的完整性、合理性、有效性不存在重大缺陷

经本所律师核查，发行人已按照《公司法》、《上市公司治理准则》等相关法律、法规的规定，设置股东大会、董事会、监事会及相关职能部门，且按照中国证监会对上市公司的要求设置独立董事，并就各组织机构及重要职能部门的议事程序及规范管理、信息披露、对外担保、募集资金、关联交易、内部会计控制、资产管理等制定相应的管理制度，发行人具有健全的内部控制制度体系，符合《试点办法》第七条第二项的规定。

（三）发行人本期债券经资信评级机构评级，且信用级别良好

发行人已聘请经中国证临会认定、具有从事证券服务业务资格的资信评级机构新世纪评估担任本次债券发行的评级机构。根据新世纪评估于2014年4月16日为发行人发行本期债券出具的《2014年武汉三镇实业控股股份有限公司公司债券信用评级报告》（新世纪债评(2014)010182），发行人的主体信用等级为AA+，本期债券的信用等级为AA+，评级展望为稳定，发行人信用级别良好，符合《试点办法》第七条第三项、第十条的规定。

（四）最近一期末经审计的净资产额符合法律、行政法规和中国证监会的有关规定

根据众环海华出具的众环审字（2014）010005号《审计报告》、众环审字（2014）011485号《审计报告》，发行人最近一期末经审计的净资产为40.09亿元，不低于人民币3000万元，

净资产额度符合《证券法》第十六条第一款第一项和《试点办法》第七条第四项的规定。

(五)发行人最近三年连续盈利,平均可分配利润不少于本期债券一年的利息

根据众环海华出具的众环审字(2012)007号、众环审字(2013)010009号和众环审字(2014)010005号《审计报告》,发行人2011年、2012年和2013年合并报表后归属于母公司所有者的净利润依次为0.61亿元、0.51亿元(2013年合并利润报表期初数为2.99亿元)和2.72亿元(根据众环海华出具的众环审字(2014)011485号《审计报告》,发行人2011年、2012年和2013年归属于母公司所有者的净利润依次为1.37亿元、2.99亿元和2.72亿元),发行人连续三年盈利,年平均净利润足以支付公司债券一年的利息,符合《证券法》第十六条第一款第三项和《试点办法》第七条第五项的规定。

(六)发行人累计公司债券余额未超过最近一期末净资产额的40%

根据众环海华出具的众环审字(2014)010005号《审计报告》、众环审字(2014)011485号《审计报告》,截至2013年12月31日,发行人经审计净资产为40.09亿元。

经核查,本次发行前,发行人不存在经发行、尚未到期的公司债券。本次债券经中国证监会核准并全部发行完毕后,发行人的累计公司债券余额不超过人民币10亿元,未超过发行人截至2013年12月31日净资产额的40%,符合《证券法》第十六条第一款第二项和《试点办法》第七条第六项规定。

(七)本期债券的募集资金用途符合发行人股东大会核准的用途及国家产业政策

根据发行人编制的《募集说明书》,发行人拟将本期债券募集资金扣除发行费用后用于改善债务结构、偿还公司债务、补充营运资金以及项目建设,符合《证券法》第十六条第一款第四项和《试点办法》第十三条的规定。

(八)发行人本期债券的利率水平不超过国家法律法规限定的利率水平

根据发行人编制的《募集说明书》,本期债券票面利率将由发行人和保荐人(主承销商)通过本期债券发行时的网下利率询价结果在预设利率区间内协商确定。根据对债券市场状况、发行人的资信水平和偿债能力、以及本期债券自身情况综合分析,本期债券的票面利率不会超过国家法律法规限定的利率水平,符合《证券法》第十六条第一款第五项的规定。

(九)据发行人承诺并经本所律师核查,发行人不存在《试点办法》第八条、《证券法》第十八条规定的不得发行/再次发行公司债券的情形:

1. 最近三十六月内公司财务会计文件存在虚假记载,或存在其他重大违法行为;

2. 本次发行申请文件存在虚假记载、误导性陈述或者重大遗漏;

3. 前一次公开发行的公司债券尚未募足;

4. 对已发行的公司债券或者其他债务有违约或者迟延支付本息的事实,仍处于继续状态;

5. 违反《证券法》规定,改变公开发行公司债券所募资金的用途;

6. 严重损害投资者合法权益和社会公共利益的其他情形。

(十)本次发行不存在《重组管理办法》第四十九条第二款规定的情形

1. 发行人在2013年重大资产重组前即符合中国证监会规定的公开发行公司债券的条件

经核查,根据《公司法》、《证券法》、《试点办法》等相关法律、法规及规范性文件的规定,发行人在2013年重大资产重组之前即符合公开发行公司债券的相关条件,具体情况如下:

(1)经本所律师核查,发行人在经有权部门核准的经营范围内从事生产经营活动,符合法律、行政法规和《公司章程》的规定,符合国家产业政策,符合《试点办法》第七条第一项的规定。

(2)发行人已按照《公司法》、《上市公司治理准则》等相关法律、法规的规定,设置股东大会、董事会、监事会及相关职能部门,且按照中国证监会对上市公司的要求设置独立董事,并就各组织机构及重要职能部门的议事程序及规范管理、信息披露、对外担保、募集资金、关联交易、内部会计控制、资产管理等制定相应的管理制度,发行人具有健全的内部控制制度体系,符合《试点办法》第七条第二项的规定。

(3)根据众环海华出具的众环审字(2013)

010009 号《审计报告》，截至 2012 年 12 月 31 日，发行人净资产为 18.62 亿元，不低于人民币 3,000 万元，净资产额度符合《证券法》第十六条第一款第一项和《试点办法》第七条第四项的规定。

（4）根据众环海华出具的众环审字（2011）018 号、众环审字（2012）007 号和众环审字（2013）010009 号《审计报告》，发行人 2010 年、2011 年和 2012 年归属于母公司所有者的净利润依次为 1.11 亿元、0.61 亿元和 0.51 亿元，发行人截至 2012 年 12 月 31 日的净资产为 18.62 亿元。发行人在重大资产重组前连续三年盈利，年平均净利润足以支付重大资产重组前可发行最大额度的公司债券一年的利息，符合《证券法》第十六条第一款第三项和《试点办法》第七条第五项的规定。

（5）据发行人承诺并经本所律师核查，发行人在 2013 年重大资产重组前，不存在《试点办法》第八条和《证券法》第十八条规定的不得发行/再次发行公司债券的情形：

①最近三十六月内公司财务会计文件存在虚假记载，或存在其他重大违法行为；

②本次发行申请文件存在虚假记载、误导性陈述或者重大遗漏；

③前一次公开发行的公司债券尚未募足；

④对已发行的公司债券或者其他债务有违约或者迟延支付本息的事实，仍处于继续状态；

⑤违反《证券法》规定，改变公开发行公司债券所募资金的用途；

⑥严重损害投资者合法权益和社会公共利益的其他情形。

2. 发行人 2013 年重大资产重组未导致上市公司实际控制人发生变化

发行人 2013 年重大资产重组完成前后控股股东均为武汉水务集团，实际控制人均为武汉市国有资产监督管理委员会，未发生变化。

本所律师认为，发行人在 2013 年重大资产重组前即符合《证券法》、《试点办法》等法律、法规及规范性文件规定的公开发行公司债券的条件，且该次重大资产重组未导致发行人控制权的变化，不存在《重组办法》第四十九条第二款规定的公开发行公司债券距重大资产重组交易完成时间应不少于一个完整会计年度的情形。

综上所述，本所律师认为：本次发行不存在《重组办法》第四十九条第二款规定的公开发行公司债券距重大资产重组交易完成时间应不少于一个完整会计年度的情形，且本次发行符合《公司法》、《证券法》、《试点办法》规定的有关公司债券发行的各项实质性条件。

五、本期债券的资信评级

经本所律师核查，发行人聘请的新世纪评估于 2014 年 6 月 11 日为发行人发行本期债券出具了《2014 年武汉三镇实业控股股份有限公司公司债券信用评级报告》（新世纪债评（2014）010182），评定发行人的主体信用等级为 AA+，本期债券的信用等级为 AA+，评级展望为稳定。根据新世纪评估出具的评级报告对中长期债券信用级别 AA+的释义，该级别表明本期债券“偿还债务的能力很强，受不利经济环境的影响不大，违约风险很低”，发行人信用级别良好。

本所律师认为，发行人本期债券的资信评级符合《试点办法》第十条的规定。

六、债券持有人的权益保护

（一）债券受托管理人

经本所律师核查，发行人就本期债券的托管事宜与中信证券签订了《债券受托管理协议》，明确约定由中信证券担任本期债券的债券受托管理人，在本期债券的存续期限内维护本期债券持有人的利益。

本所律师认为，中信证券具备担任本期债券受托管理人的主体资格及证券从业资质，且中信证券不担任本期债券的担保人，符合《试点办法》第二十三条及二十四条的规定。

（二）债券受托管理协议

经本所律师核查，发行人与本期债券的债券受托管理人中信证券签订了《债券受托管理协议》，该协议对发行人、债券持有人和受托管理人之间的权利义务及违约责任，债券受托管理人的职权及行使权利、履行义务的方式、程序等相关事项做出明确的约定，且在《募集说明书》中声明投资者认购或购买或以其他合法方式取得本期债券视作同意《债券受托管理协议》项下的相关规定。

本所律师认为，《债券受托管理协议》符合

《试点办法》第二十三条及二十四条的规定。

(三)债券持有人会议规则

为了保证债券持有人行使其合法权利,发行人与本期债券的债券受托管理人中信证券共同制定了《债券持有人会议规则》,且在《募集说明书》中声明投资者认购或购买或以其他合法方式取得本期债券被视作同意并接受《债券持有人会议规则》并受之约束。

《债券持有人会议规则》明确规定债券持有人会议的权限范围、召集、议案、委托及授权事项、召开、表决、决议及会议记录和其他重要事项,并明确规定应当召开债券持有人会议的情形如下:

1. 拟变更债券募集说明书的约定;

2. 拟变更债券受托管理人;

3. 发行人不能按期支付本息;

4. 发行人减资、合并、分立、解散、歇业、被接管或者申请破产;

5. 设立担保或保证人、担保物发生重大变化;

6. 单独或合并持有本期债券表决权总数10%以上的债券持有人书面提议召开;

7. 发行人书面提议召开;

8. 债券受托管理人书面提议召开;

9. 发生其他对债券持有人权益有重大影响的事项。

本所律师认为,发行人与本期债券的债券受托管理人中信证券共同制定的《债券持有人会议规则》符合《试点办法》第二十六条及二十七条的规定。

(四)偿债计划

根据《募集说明书》,发行人已制定本期债券的偿还计划,本期债券偿债资金将来源于发行人日常经营所产生的现金流。

(五)偿债保障措施

发行人编制的《募集说明书》制订的偿债保障措施主要包括:发行人将组成偿付工作小组,负责利息和本金的偿付及与之相关的工作;制定并严格执行资金管理计划;按照《试点办法》的规定与债券受托管理人为本期债券制定了《债券持有人会议规则》;引入了债券受托管理人制度,保护债券持有人的正当利益;遵循真实、准确、完整的信息披露原则;当出现预计不能按期偿付本期债券本息或者在本期债券到期时未能按期偿付债券本息时的应对措施等。

经核查,本所律师认为发行人对本期债券的债券持有人的权益保护符合《试点办法》第四章的规定。

七、本次发行募集资金的运用

根据发行人为本次发行编制的《募集说明书》,发行人拟将本期债券募集资金扣除发行费用后用于改善债务结构、偿还公司债务、补充营运资金以及项目建设。其中,发行人拟将1亿元用于固定资产项目投资、2亿元用于偿还银行贷款,剩余3.5亿元募集资金用于补充公司流动资金。

拟投资项目的具体情况如下:

序号	项目名称	项目规模	环保批复	立项核准	项目用地
1	汤逊湖污水处理改扩建项目	改造现有5万吨/日污水处理设施,新增5万吨/日污水处理能力,总规模达到10万吨/日,尾水水质达到一级A标准	《市环保局关于汤逊湖污水处理厂改扩建工程建设项目环境影响报告书的批复》(武环管〔2012〕33号)	《市发展改革委关于龙王嘴、二郎庙、汤逊湖、三金潭、黄家湖等五个污水处理厂改扩建工程项目建议书的批复》(武发改城建〔2010〕136号)、《市发展改革委关于汤逊湖污水处理厂改扩建工程可行性研究报告的批复》(武发改城建〔2012〕195号)	《关于龙王嘴、二郎庙等五座污水处理厂改扩建工程选址意见的函》(武土资规函〔2010〕171号)、《中华人民共和国建设项目选址意见书》(武规(东开)选〔2012〕014号)、《中华人民共和国建设用地规划许可证》(武规(东开)地〔2012〕027号)

续表

序号	项目名称	项目规模	环保批复	立项核准	项目用地
2	黄家湖污水处理厂改扩建项目	改造现有10万吨/日污水处理设施，新增10万吨/日污水处理能力，总规模达到20万吨/日，尾水水质达到一级A标准	《市环保局关于黄家湖污水处理厂改扩建工程建设项目环境影响报告书的批复》（武环管〔2012〕35号）	《市发展改革委关于龙王嘴、二郎庙、汤逊湖、三金潭、黄家湖等五个污水处理厂改扩建工程项目建议书的批复》（武发改城建〔2010〕136号）、《市发展改革委关于黄家湖污水处理厂改扩建工程可行性研究报告的批复》（武发改城建〔2012〕196号）	《关于龙王嘴、二郎庙等五座污水处理厂改扩建工程选址意见的函》（武土资规函〔2010〕171号）、《关于黄家湖污水处理厂扩建工程用地预审有关意见的函》（武土资规函〔2012〕189号）、《中华人民共和国建设项目选址意见书》（武规选〔2012〕082号）、《中华人民共和国建设用地规划许可证》（武规地〔2012〕082号）
3	南太子湖污水处理厂升级改造项目	升级改造现状20万吨/日处理设施，尾水水质达到一级A标准	《市环保局关于南太子湖污水处理厂升级改造工程环境影响报告书的批复》（武环管〔2013〕66号）	《市发展改革委关于南太子湖污水处理厂升级改造工程项目建议书的批复》（武发改城建〔2013〕72号）、《市发展改革委关于南太子湖污水处理厂升级改造工程可行性研究报告的批复》（武发改审批〔2013〕61号）	《国有土地使用证》（武国用〔2012〕第60号）、《国有土地使用证》（武国用〔2012〕第55号）

上述拟投资项目已取得有权部门的批准。

本所律师认为，发行人本次发行募集资金运用符合《证券法》第十六条、《试点办法》第十三条的规定。

八、本期债券的担保

根据发行人编制的《募集说明书》，本期债券无担保。

本所律师认为，发行人本期债券为无担保债券，符合法律、法规及相关规范性文件的规定，不影响本期债券的发行。

九、本次发行的保荐、承销

本所律师核查了发行人与主承销商中信证券为本期债券发行而签订的《保荐协议》、《承销协议》。根据上述协议的约定，主承销商在《承销协议》约定的先决条件获得满足后，将组织承销团以余额包销方式承销本期债券，即：主承销商将按照《承销协议》约定按时、足额划付以其为销售人的投资者缴款违约对应的募集款项；如果出现认购不足、承销团其他成员缴款违约或以承销团其他成员为销售人的投资者缴款违约以致形成债券余额的，主承销商将按照《承销协议》约定按时、足额地划付承担余额包销责任对应的募集款项。

本所律师认为，发行人为发行本期债券签订的《保荐协议》、《承销协议》为当事人真实意思表示，内容合法、有效。

十、本次发行《募集说明书》法律风险评价

本所律师核查了发行人编制的《募集说明书》，《募集说明书》的主要内容包括：释义、发行概况、风险因素、发行人资信情况、偿债计划及其他保障措施、债券持有人会议、债券受托管理人、发行人基本情况、财务会计信息、募集资金运用、其他重要事项等。

本所律师认为，对《募集说明书》中引用的本法律意见书的内容无异议，确认《募集说明书》所引用的本法律意见书的内容不存在虚假记载、误导性陈述或重大遗漏，并对其真实性、准确性和完整性承担相应的法律责任。

十一、本次发行涉及的中介机构

(一)本次发行的主承销商

担任本期债券发行承销的中信证券是一家在中华人民共和国境内合法设立的股份有限公司,持有国家工商行政管理总局核发的注册号为100000000018305(4－1)的《企业法人营业执照》和中国证监会核发的《中华人民共和国经营证券业务许可证》(编号:Z20374000)。

(二)本次发行的律师事务所

本所担任发行人本期债券发行的法律顾问并出具法律意见书,现持有湖北省司法厅核发的《律师事务所执业许可证》(编号:24201199810203404)和中华人民共和国司法部、中国证监会核发的《律师事务所从事证券法律资格证书》(编号:99065)。

(三)本次发行的审计机构

执行本期债券发行审计业务的众环海华,现持有武汉市武昌区工商行政管理局核发的注册号为420106000311665的《营业执照》、湖北省财政厅核发的《会计师事务所执业证书》(证书序号:NO. 020499)、中华人民共和国财政部和中国证监会核发的证书号为000489的《会计师事务所证券、期货相关业务许可证》。

(四)本次发行的资信评级机构

担任本期债券资信评级机构的新世纪评估,现持有上海市工商行政管理局杨浦分局核发的注册号为310110000035996的《企业法人营业执照》、中国证监会核发的《证券市场资信评级业务许可证》(编号:ZPJ003)。

本所律师认为,上述中介机构均具备从事公司债券发行相关业务的合法主体资格和从业资格,符合法律、法规及规范性文件的规定。

十二、与本次发行有关的重大法律事项和潜在法律风险

(一)公司治理情况

1. 组织机构及议事规则

经核查,股东大会是公司的最高权力机构,董事会是公司的决策机构,监事会是公司的监督机构,董事会内部按照功能分别设立了战略、提名、审计、薪酬与考核四个专业委员会。公司内部设立了董秘办、综合办公室、财务部、投资计划部、生产安全部等业务和行政管理部门。

公司根据《公司法》、《证券法》等有关法律法规的规定,制订了《公司章程》、《股东大会议事规则》、《董事会议事规则》、《监事会议事规则》、《总经理工作细则》、《信息披露管理制度》、《内幕信息及知情人登记管理制度》、《对外部单位报送信息管理制度》、《投资管理办法》、《独立董事工作制度》、《董事会薪酬与考核委员会实施细则》、《董事会战略委员会实施细则》、《董事会提名委员会实施细则》、《董事会审计委员会实施细则》、《募集资金管理办法》等规则、制度,以保证公司规范运作。

2. 现任董事、监事和高级管理人员的任职资格

发行人现任董事、监事和高级管理人员基本情况:

<table>
<tr><th>姓　名</th><th>职务</th><th>性别</th><th>出生年月</th><th>任期起始日期</th><th>任期终止日期</th><th>学历</th></tr>
<tr><td>王贤兵</td><td>董事长</td><td>男</td><td>1965</td><td>2013－11</td><td>2016－3－26</td><td>硕士</td></tr>
<tr><td rowspan="2">周　强</td><td>董事</td><td rowspan="2">男</td><td rowspan="2">1973</td><td rowspan="2">2013－11</td><td>2016－3－26</td><td rowspan="2">硕士</td></tr>
<tr><td>总经理</td><td>2016－3－26</td></tr>
<tr><td>王　静</td><td>董事</td><td>女</td><td>1974</td><td>2013－11</td><td>2016－3－26</td><td>硕士</td></tr>
<tr><td rowspan="2">涂立俊</td><td>董事</td><td rowspan="2">男</td><td rowspan="2">1959</td><td>2005－4</td><td>2016－3－26</td><td rowspan="2">专科</td></tr>
<tr><td>副总经理</td><td>2013－11</td><td>2016－3－26</td></tr>
<tr><td rowspan="2">张　勇</td><td>董事</td><td rowspan="2">男</td><td rowspan="2">1976</td><td rowspan="2">2013－11</td><td>2016－3－26</td><td rowspan="2">硕士</td></tr>
<tr><td>副总经理</td><td>2016－3－26</td></tr>
</table>

续表

姓　名	职务	性别	出生年月	任期起始日期	任期终止日期	学历
何愿平	董事	男	1966	2013－11	2016－3－26	硕士
唐建新	独立董事	男	1965	2009－6	2015－6－30	博士
汪　胜	独立董事	男	1963	2013－3	2016－3－26	本科
韩世坤	独立董事	男	1967	2008－6	2014－6－26	博士
杨方麟	监事会主席	男	1954	2007－4	2016－3－26	专科
梁玉革	监事	女	1968	2004－4	2016－3－26	本科
李艳兰	监事	女	1960	2004－4	2016－3－26	本科
卫　治	职工监事	男	1977	2005－3	2016－3－26	本科
谭　嗣	职工监事	男	1963	1998－4	2016－3－26	本科
刘　宁	副总经理	男	1963	2007－4	2016－3－26	硕士
孙　丽	财务负责人	女	1977	2007－8	2016－3－26	本科

公司于2014年1月29日公告,原公司董事会秘书李丹女士提出辞职,在董事会秘书空缺期间,董事会指定公司董事、副总经理涂立俊先生代行董事会秘书职责。

经公司于2014年4月18日召开的第六届董事会第十九次会议审议通过,公司拟聘任涂立俊先生为公司董事会秘书。

经核查,上述人员均系根据《公司法》、《公司章程》及公司议事规则的规定,经公司有权机构选任或聘任,其任职资格符合法律、法规及公司章程的规定。

综上所述,本所律师认为:发行人具有健全的组织机构及议事规则,该组织机构及议事规则符合法律、法规及公司章程的规定;发行人现任董事、监事和高级管理人员的任职符合法律、法规及公司章程的规定。

(二)业务运营情况

1. 根据发行人的承诺并经本所律师核查,发行人及其合子公司均在工商行政管理局核准的经营范围内生产经营,业务营运合法合规;发行人及其子公司近三年不存在因安全生产、环境保护、产品质量、纳税等受到重大处罚的情形;本期债券的融资行为不存在因业务运营或其他原因受到限制的情形。

2. 主要在建工程

根据发行人披露的2013年度报告,报告期内,武汉控股无投资总额超过公司上年度净资产10%的非募集资金投资项目。

根据发行人出具的承诺并经本所律师核查,截至2014年3月31日,除上述3个募集资金拟投资项目外,武汉控股主要在建工程具体情况如下:

项目名称	环保批复	立项核准	项目用地
三金潭D线污水管道及建设渠泵站工程	《湖北省环保局关于亚行贷款污水处理工程新建污水处理厂(三金潭、落步嘴、黄家湖)项目环境影响评价报告审查意见的报告》(鄂环监〔2002〕17号)	《国家计委关于武汉市利用亚行贷款污水处理厂工程项目建议书的批复》(计投资〔2002〕695号)	《湖北省国土资源厅关于武汉市城市排水发展有限公司建设渠泵站工程建设用地预审意见的函》(鄂土资预审函〔2008〕37号)
黄家湖大道污水工程	该项目属管网、道路工程,无需环评批复	《市建委关于黄家湖大道(产业四路－白沙五路)污水工程项目建议书的批复》(武建立项〔2007〕63号)	该项目属管网、道路工程,无需用地批复

续表

项目名称	环保批复	立项核准	项目用地
建设十路(临江大道 - 中北路延长线)排水	该项目属管网、道路工程,无需环评批复	《市建委关于建设十路(临江大道 - 中北路延长线)工程项目建议书的批复》(武建立项〔2006〕28 号)	该项目属管网、道路工程,无需用地批复
污水管理培训中心	《建设项目环境影响登记表》(洪环管登〔2012〕51 号)	《国家计委关于武汉市利用亚行贷款污水处理厂工程项目建议书的批复》(计投资〔2002〕695 号)	《国有土地使用证》(武国用〔2012〕54 号)
黄浦路污水处理厂改造工程(亚行二期)	《关于亚行贷款武汉市污水和雨水处理项目汉口黄浦路污水处理厂二期工程环境影响评价报告书的批复》(鄂环函〔2006〕12 号)	《省发展改革委关于亚行贷款武汉市污水和雨水处理项目建议书的批复》(鄂发改外经〔2005〕292 号)	该项目所涉土地系占用长江江滩用地,已取得水利部长江水利委员会的批准,可合法使用
龙王嘴污水处理厂改扩建工程	《市环保局关于武汉市城市排水发展有限公司龙王嘴污水厂改扩建工程环境影响评价报告书的批复》(武环管〔2010〕83 号)	《市发展改革委关于龙王嘴、二郎庙、汤逊湖、三金潭、黄家湖等五个污水处理厂改扩建工程项目建议书的批复》(武发改城建〔2010〕136 号)	《武汉东湖新技术开发区管委会关于办理龙王嘴污水厂改扩建工程项目用地有关意见的函》(武新管函〔2011〕9 号)
南太子湖污水厂扩建项目	《关于亚行贷款武汉市污水和雨水处理项目汉口南太子湖污水处理厂二期工程及收集系统工程环境影响评价报告书的批复》(鄂环函〔2006〕13 号)	《省发展改革委关于亚行贷款武汉市污水和雨水处理项目建议书的批复》(鄂发改外经〔2005〕292 号)	《国有土地使用证》(武国用〔2012〕第 55 号)

经核查,上述在建工程已取得有权部门的批准/备案。

(三)受限资产情况

截至 2014 年 3 月 31 日,发行人子公司武汉长江隧道建设有限公司(以下简称“长江隧道公司”)存在以收费权进行质押,为其银行借款提供担保的情况。

经核查,上述资产权利质押事项合法、合规,具有法律效力;除此之外,发行人及其子公司不存在其他资产抵押、质押、留置和其他限制资产用途安排,以及除此以外的其他具有可对抗第三人的优先偿付负债的情况。

发行人及其子公司虽存在用自有资产/资产权利为其债务提供质押的情况,但由于发行人及其子公司不存在用自有资产/资产权利为他人提供质押担保的情况,因此发行人及其子公司在财产所有权或使用权的行使上所存在的限制不会对发行人及其子公司产生重大不利影响,也不会对本期公司债的发行产生重大不利影响。

(四)或有事项

1. 对外担保

根据发行人披露的 2013 年度报告、2014 年第一季度报告,截至 2014 年 3 月 31 日,发行人及其合并报表范围内的子公司无对外担保事项。

2. 未决诉讼/仲裁事项

2012 年 10 月 23 日,公司的控股子公司长江隧道公司收到武汉仲裁委员会《仲裁通知书〔(2012)武仲受字第 00899 号〕》和《仲裁申请书》:长江隧道工程项目设计采购施工总承包单位中铁隧道集团有限公司联合体(以下简称“联合体”)成员之一——中铁隧道集团有限公司(以下简称“中隧集团”,联合体成员)已将其与长江隧道公司建设工程施工合同的纠纷事项向武汉仲裁委员会提出仲裁申请。

2004 年 11 月 26 日，联合体与长江隧道公司签订了《武汉长江隧道工程设计采购施工总承包合同书》，承担武汉长江隧道工程设计采购施工总承包工作。中隧集团作为联合体成员之一，认为其在实施武汉长江隧道工程过程中，由于市场的异常波动，出现了材料、人工等生产要素大幅涨价以及其他一些双方人力不可控制的因素，导致工程费用大幅增加，远超过其承受能力，因此就其自身分劈部分工程款的结算事宜独立向武汉仲裁委员会提出仲裁申请。申请事项：(1)裁令长江隧道公司向中隧集团支付拖欠工程款 17604.9880 万元；(2)由长江隧道公司承担本案的仲裁费用。

经核查，长江隧道公司于 2013 年 3 月 18 日收到中隧集团发给武汉仲裁委员会的补充证据材料，随后长江隧道公司将针对上述补充证据材料的质证意见提交武汉仲裁委员会。武汉仲裁委员会于 2013 年 6 月 5 日和 2013 年 6 月 19 日分别开庭审理。截至本法律意见书出具之日，武汉仲裁委员会已指定了鉴定机构对隧道工程工程量进行鉴定，但鉴定机构尚未出具鉴定结果，且武汉仲裁委员会也未针对上述仲裁申请出具仲裁意见。

据发行人承诺并经本所律师核查，截至本法律意见书出具之日，除上述仲裁事项外，发行人不存在其他诉讼、仲裁事项。

3. 重大承诺及其他或有事项

根据发行人承诺并经本所律师核查，除发行人已在 2013 年度报告、2014 年第一季度报告中披露的重大承诺及其他或有事项外，发行人不存在其他需要披露而未披露的重大承诺及或有事项。

(五)重大资产重组情况

2013 年 7 月 22 日，中国证监会核发证监许可〔2013〕963 号《关于核准武汉三镇实业控股股份有限公司重大资产重组及向武汉市水务集团有限公司发行股份购买资产并募集配套资金的批复》，同意武汉控股向水务集团发行 140,688,600 股股份购买相关资产；同意发行人非公开发行不超过 127,731,100 股新股募集该次发行股份购买资产的配套资金。

经核查，众环海华已出具验资报告，确认截至 2013 年 8 月 8 日武汉控股已收到水务集团缴纳的新增注册资本合计人民币 140,688,600 元；确认截至 2013 年 10 月 25 日发行人实际发行人民币普通股 127,731,092 股，募集资金净额人民币 749,051,997.4 元，其中增加股本人民币 127,731,092 元。

武汉控股已于 2013 年 8 月 15 日披露了《武汉控股非公开发行股票(购买资产)发行结果暨股本变动公告》、于 2013 年 11 月 1 日披露了《武汉控股非公开发行股票发行结果暨股本变动公告》。

经核查，在该次重组过程中，发行人发行股份购买的资产中有 2 宗划拨土地和 10 宗土地尚未取得《国有土地使用证》(面积合计为 45,183.97m^2)，以及 11 栋未取得《房屋所有权证》的房产(面积合计为 3,488.71 平方米)。2012 年 4 月 26 日，武汉水务集团出具承诺：如因上述房产、土地瑕疵问题对上市公司生产运营造成损失的，武汉水务集团将于实际发生损失认定之日起 30 个工作日内就上市公司实际遭受的损失以现金的方式给予全额赔偿。

根据发行人 2014 年 2 月 15 日作出的临 2014－010 号《武汉三镇实业控股股份有限公司关于承诺事项履行情况的公告》，武汉水务集团的上述承诺期限为重组获核准后的 12 个月至 24 个月内，目前该承诺尚在履行中。

十三、结论意见

本所律师认为：发行人具备法律、行政法规规定的本次发行的主体资格。发行本次债券已取得必要的批准。发行本期债券符合《公司法》、《证券法》、《试点办法》等法律、法规及规范性文件的相关规定。在取得中国证监会的核准后，发行人发行本期债券不存在法律障碍。

本法律意见书经本所盖章并经经办律师签字后生效，正本伍份，无副本。

(以下无正文)

[本页无正文，为《湖北松之盛律师事务所关于武汉三镇实业控股股份有限公司 2014 年公开发行公司债券(第一期)的法律意见书》的签署页。]

湖北松之盛律师事务所

负 责 人：李　刚

经办律师：朱兆雍　韩　菁

(三)上市公司并购重组

关于南京纺织品进出口股份有限公司重大资产出售暨关联交易的法律意见书

致:南京纺织品进出口股份有限公司

本所接受公司的委托,担任公司本次重大资产出售暨关联交易的专项法律顾问,为公司本次重大资产重组出具法律意见书。本所及本所律师依据《公司法》、《证券法》、《重组管理办法》、《上市规则》、《业务管理办法》以及《准则第26号》等法律、法规及规范性文件的有关规定,出具本法律意见书。

对本所出具的本法律意见书,本所律师声明如下:

1. 本所及本所律师依据《证券法》、《业务管理办法》和《执业规则》等规定,遵循勤勉尽责和诚实信用原则,对本法律意见书出具之日以前已经发生或者存在的事实进行了充分的核查验证,严格履行了法定职责,保证本法律意见书所认定的事实真实、准确、完整,所发表的结论性意见合法、准确,不存在虚假记载、误导性陈述或者重大遗漏,并承担相应法律责任。

2. 为出具本法律意见书,本所律师已查阅了本所认为出具本法律意见书所需查阅的文件,以及有关法律、法规和规范性文件,并就有关事项向有关人员作了询问并进行了必要的讨论。

3. 本所律师同意公司在本次重大资产重组申请文件中部分或全部自行引用或按中国证监会审核要求引用本法律意见书的内容,但在作上述引用时,不得因引用而导致法律上的歧义或曲解。

4. 本所仅就公司本次重大资产重组所涉及到的中国法律问题发表意见,并不对有关会计、审计和资产评估等非法律专业事项发表意见。本所在本法律意见书中对有关会计、审计、资产评估、财务顾问等机构出具的专业文件(包括但不限于财务报告、审计报告、资产评估报告、独立财务顾问报告等)中某些数据和结论的引述,并不意味着本所对该等专业文件以及所引述的数据、结论的真实性和准确性作出任何明示或默示保证,本所律师亦不具备对该等专业文件以及所引用内容进行核查和判断的专业资格。

5. 公司保证已经向本所提供了为出具本法律意见书所必需的全部法律文件,包括原始书面材料、副本材料、复印材料、确认函和证明等,确认其所提供的文件真实、准确、完整、有效,副本材料和复印件与正本和原件一致,并无任何隐瞒、虚假、重大遗漏或误导。

6. 对于本法律意见书至关重要而又无法得到独立的证据支持的事实,本所律师依赖于有关政府部门、公司或者其他有关单位出具的证明文件出具法律意见。

7. 本法律意见书仅供公司为本次重大资产重组之目的使用,不得用作任何其他目的。

本所律师通过对本次重大资产重组涉及的有关事实的必要核查和验证,根据中国现行有效的有关法律、法规及规范性文件,并按照律师行业公认的业务标准、道德规范和勤勉尽责精神,就公司本次重大资产重组事宜出具法律意见如下:

正　文

一、本次重大资产重组各方的主体资格

本次重大资产重组的资产出售方为公司,

资产受让方为商旅集团,其各自的基本情况如下:

(一)资产出售方的主体资格

1. 本次交易中,公司为标的股权的出售方,其基本情况如下:

公司现持有南京市工商行政管理局颁发的注册号为320100000021980的《企业法人营业执照》。公司现住所为南京市鼓楼区云南北路77号,法定代表人为夏淑萍,注册资本为25,869.246万元,实收资本为25,869.246万元,公司类型为股份有限公司(上市),经营范围为许可经营项目:危险化学品销售(按许可证所列范围经营);对外劳务合作业务;对外派遣工程、生产及服务行业的劳务人员(不含海员);煤炭批发。一般经营项目:纺织品进出口及代理进出口业务,"三来一补",承办中外合资,经营合作生产业务,经营国家放开经营的其他商品进出口业务(按外经贸部批文);百货、五金交电、电子产品、化工产品、金属材料,建筑材料的销售。营业期限自1994年5月30日至2046年5月30日。公司已通过2012年度工商年检。

2. 公司的主要历史沿革

(1)公司的设立

a. 公司系经南京市经济体制改革委员会宁体改字〔1994〕277号文批准,由南京市纺织品进出口公司作为发起人,通过向公司内部职工定向募集股份的方式设立的股份有限公司。公司于1994年5月30日领取了南京市工商行政管理局颁发的注册号为13496742－8的《企业法人营业执照》。

b. 根据南京会计师事务所宁会评(94)026号《关于南京市纺织品进出口公司资产评估结果报告书》、南京市国有资产管理办公室宁国资办确认字(1994)19号《关于南京市纺织品进出口公司资产评估确认的批复》以及南京会计师事务所宁会验字(94)0912号《验资报告》,发起人投入的净资产和内部职工募集股份现金均已实际投入公司。

c. 根据南京市经济体制改革委员会宁体改字〔96〕174号《关于同意南京纺织品进出口股份有限公司重新规范登记的通知》确认,公司重新进行规范登记,并于1996年10月21日领取了南京市工商行政管理局颁发的注册号为3201001010095的《企业法人营业执照》。

(2)首次公开发行股票并上市前的股本变动

a. 1997年4月,经公司股东大会审议通过,并经南京市经济体制改革委员会宁体改综字〔1997〕55号《关于同意南京纺织品进出口股份有限公司1996年度送股方案的批复》批准,公司以1996年年末总股本2,538万股为基数,以盈余公积每10股转增8股,向全体股东转增股份。本次转增完成后,公司的股本总额增加至4,568.40万股。

b. 1998年4月,经公司股东大会审议通过,并经南京市经济体制改革委员会宁体改综字〔1998〕103号《关于同意南京纺织品进出口股份有限公司1997年度送股方案的批复》批准,公司以1997年年末总股本4,568.40万股为基数,以盈余公积每10股转增7股,向全体股东转增股份。本次转增完成后,公司的股本总额增加至7,766.28万股。

c. 1999年10月,经公司股东大会审议通过,并经南京市经济体制改革委员会宁体改综字〔1999〕63号文批准,公司内部职工股东向南京商厦股份有限公司、南京斯亚实业有限公司、中国外运江苏公司、江苏省工艺品进出口集团股份有限公司四家单位分别转让所持内部职工股735.84万股、300万股、200万股、100万股,共计1,335.84万股。本次股权转让完成后,公司内部职工股由1,530万股减至194.16万股,占公司总股本的比例由19.7%减至2.5%。

(3)2001年公司首次公开发行股票并上市

a. 2001年2月,经中国证监会证监发行字〔2001〕7号文核准,公司以上网定价发行方式首次向社会公众公开发行5,500万股人民币普通股股票。

b. 2001年3月,经上交所上证上字(2001)26号文批准,公司公开发行的5,500万股社会公众股在上交所挂牌上市交易。公开发行上市后,公司总股本增加至13,266.28万股,其中社会公众股5,500万股。

(4)公司首次公开发行股票并上市后的股本变动

a. 2003年6月,经公司2002年年度股东大会审议通过,公司以2002年年末总股本13,266.28万股为基数,以资本公积每10股转增3股,未分配利润每10股送2股,向全体股东转增股份。本次转增完成后,公司的股本总额增加至19,899.42万股。

b. 2004年6月,经公司2003年年度股东大会审议通过,公司以2003年年末总股本19,899.42万股为基数,以资本公积每10股转增3股,向全体股东转增股份。本次转增完成后,公司的股本总额增加至25,869.246万股。

c. 2006年7月,公司股权分置改革方案经江苏省人民政府国有资产监督管理委员会批准,并经公司股东大会审议通过。股权分置改革的方案主要内容为:方案实施股权登记日登记在册的流通股股东每持有10股流通股将获得非流通股股东支付的3股股份的对价,非流通股股东需向流通股股东支付33,310,836股股份的对价总额。本次股权分置改革方案实施后,公司股本总额保持25,869.246万股不变。

截至本法律意见书出具之日,公司股本总额为25,869.246万股,均为无限售条件流通股。

经核查,本所律师认为,公司为依法设立并有效存续的股份有限公司,截至本法律意见书出具之日,其不存在根据法律法规及其公司章程规定需要终止的情形,具备本次交易出售方的主体资格。

(二)资产受让方的主体资格

1. 在本次交易中,商旅集团为标的股权的受让方,其基本情况如下:

商旅集团现持有南京市工商行政管理局颁发的注册号为320100000020456的《企业法人营业执照》。商旅集团现住所为南京市玄武区太平北路82号长城大厦7楼,法定代表人为刁立群,注册资本为76,000万元,实收资本为76,000万元,公司类型为有限责任(法人独资)内资,经营范围为许可经营项目:无。一般经营项目:自营和代理各类商品及技术的进出口业务(国家限定或禁止企业经营的商品和技术除外);资产管理;企业管理;实业投资;服装及纺织品的生产、加工(限分支机构经营);企业仓储服务;自有房屋租赁;室内外装饰;企业信息咨询;物业管理;商业运营管理;旅游信息咨询。营业期限自2007年10月31日至××××××。商旅集团已通过2012年度工商年检。

截至本法律意见书出具之日,商旅集团为南京市国有资产投资管理控股(集团)有限责任公司的全资子公司。

2. 商旅集团的主要历史沿革

(1)商旅集团的设立

商旅集团系经南京市人民政府宁政复〔1996〕18号《关于成立南京市国有资产经营(控股)公司的批复》和南京市国有资产管理局宁国资产(1996)141号《关于对〈关于组建南京市国有资产经营(控股)有限责任公司实施方案的请示〉的批复》批准,于1996年3月10日成立的国有独资公司,其成立时的名称为"南京市国有资产经营(控股)有限公司",注册资本为人民币76,000元,股东为南京市国有资产管理局。

(2)2008年股东变更

2008年,经南京市人民政府《关于组建南京市国有资产投资管理控股(集团)有限责任公司的通知》(宁政发〔2002〕190号)和南京市国有资产管理委员会办公室宁国资办〔2002〕23号《关于同意市国资集团调整资本金结构的批复》批准,公司股东由南京市国有资产管理局变更为南京市国有资产投资管理控股(集团)有限责任公司,公司性质变更为有限责任公司(法人独资)。南京市国有资产投资管理控股(集团)有限责任公司系经南京市人民政府宁政发字(2002)190号文批准设立,并于2002年9月3日领取了南京市工商行政管理局颁发的注册号为3201001014108的《企业法人营业执照》,南京市国有资产投资管理控股(集团)有限责任公司为国有独资公司,南京市国资委是其唯一股东。

(3)2011年名称变更

2011年,经南京市国有资产经营(控股)有限公司股东决定,其名称变更为南京国资商贸有限公司。

(4)2012年名称变更

2012年,经中国共产党南京市委员会宁委〔2012〕185号《中共南京市委南京市人民政府关于组建紫金投资集团、商贸旅游集团、安居建设集团、新农发展集团的决定》批准,并经南京国资商贸有限公司股东决定,其名称变更为南京商贸旅游发展集团有限责任公司。

经核查,本所律师认为,商旅集团为依法设立并有效存续的企业法人,截至本法律意见书出具之日,其不存在根据法律法规及其公司章程规定需要终止的情形,具备本次交易受让方的主体资格。

二、本次重大资产重组方案及协议

（一）本次重大资产重组方案

1. 方案主要内容

公司第七届四次董事会决议同意通过公开挂牌方式转让所持南泰国展100%股权。公司于2012年12月21日将所持南泰国展100%股权在南京产权交易中心公开挂牌,转让参考价格为经南京市国资委备案的南泰国展全部股东权益评估值90,980.41万元。截至挂牌截止日2013年1月18日,公司未征集到意向受让方。公司第七届六次董事会决议同意公司再次在南京产权交易中心公开挂牌转让南泰国展100%股权,挂牌价格以经南京市国资委备案的评估结果90,980.41万元为依据,综合考虑公司对南泰国展的成本投入,确定挂牌价格为85,000万元。公司于2013年2月1日将所持南泰国展100%股权在南京产权交易中心第二次挂牌。截至挂牌截止日2013年2月19日,公司未征集到意向受让方。由于两次挂牌均未征集到意向受让方,公司第七届十四次董事会审议通过了《关于调整重大资产出售方案的议案》、《关于本次重大资产出售暨关联交易的议案》等相关议案,同意将公司所持南泰国展51%的股权协议转让给公司的控股股东商旅集团。

2. 交易标的、交易方式和交易对方

交易标的:公司所持南泰国展51%股权;

交易方式:协议转让方式,交易对方以货币方式购买;

交易对方:南京商贸旅游发展集团有限责任公司。

3. 交易价格和定价依据

根据《评估报告》,截至评估基准日2012年9月30日,南泰国展全部股东权益的评估值为90,980.41万元,即公司所持南泰国展51%股权的评估值为46,400.01万元。公司与交易对方商旅集团在参考南泰国展股权第二次在南京产权交易中心挂牌价格的基础上,确定本次交易标的转让价格为43,350万元。

4. 本次重大资产出售构成重大资产重组

本次交易标的企业南泰国展最近一个会计年度(即2012年度)经审计的净资产为63,834.05万元,占南纺股份最近一个会计年度(即2012年度)经审计的归属于母公司股东净资产29,323.70万元的比例为217.69%,达到50%以上,且超过5,000万元,根据《重组办法》第十一条的规定,本次交易构成重大资产重组。

5. 本次重大资产出售构成关联交易

截至本法律意见书出具之日,公司股本总额为25,869.246万股,商旅集团直接持有公司9,051.6562万股,占公司股本总额的34.99%,为公司的控股股东。按照《上市规则》的有关规定,本次重大资产出售构成关联交易。

经核查,本所律师认为,本次重大资产重组方案的内容合法、有效,不违反我国现行有效的法律、法规和规范性文件的有关规定。

（二）股权转让协议

2013年8月8日,公司与商旅集团签署了附条件生效的股权转让协议,主要内容如下:

1. 转让标的

南纺股份所拥有的南泰国展51%的股权;

2. 转让价格

根据《评估报告》,截至评估基准日2012年9月30日,南泰国展全部股东权益的评估值为90,980.41万元,即南纺股份所持南泰国展51%股权的评估值为46,400.01万元。公司与交易对方商旅集团在参考南泰国展股权第二次在南京产权交易中心挂牌价格的基础上,确定本次交易标的转让价格为43,350万元。

3. 转让价款的支付

商旅集团于股权转让协议生效后并在交割日前将全部股权转让款计43,350万元(大写:肆亿叁仟叁佰伍拾万元整)以货币方式支付给公司。

4. 转让标的的交割

在股权转让协议生效后30日内,交易双方协助南泰国展办理本次股权转让的相关工商变更登记手续,工商变更登记完成日为转让标的的交割日。

5. 期间损益的归属

转让标的在南泰国展评估基准日2012年9月30日至2013年6月30日期间产生的损益由公司承担;2013年7月1日至转让标的的交割日期间产生损益由公司与商旅集团各承担50%。

6. 滚存利润的归属

转让标的在评估基准日 2012 年 9 月 30 日前的滚存利润由商旅集团根据其受让的股权比例享有。若南泰国展在评估基准日至股权转让协议生效日期间进行分红,商旅集团有权在股权转让价款中扣除公司所分得的分红款。

7. 违约责任

商旅集团不能按期支付股权转让价款的,则应按照同期银行贷款利息支付违约金;逾期超过 30 日的,公司有权解除股权转让协议并追究商旅集团的违约责任。

8. 协议生效条件

股权转让协议由公司和商旅集团签署并在下列条件全部成就之日起生效:

(1)公司股东大会审议批准本次股权转让;

(2)中国证券监督管理委员会核准公司因本次股权转让而引发的重大资产重组。

经核查,本所律师认为,本次重大重组涉及的附条件生效的《股权转让协议》的签约主体合格,协议内容合法、有效,将在协议约定的全部生效条件成就时依法生效。

三、本次重大资产重组的批准和授权

(一)南纺股份的批准和授权

1. 南纺股份董事会的批准

(1)2012 年 12 月 8 日,南纺股份召开第七届董事会四次会议,审议通过了《关于公司符合重大资产重组条件的议案》、《关于本次重大资产出售方案的议案》、《关于审议〈重大资产出售预案〉的议案》、《关于本次重大资产出售符合〈关于规范上市公司重大资产重组若干问题的规定〉第四条规定的议案》、《关于本次重大资产出售履行法定程序完备性、合规性和提交的法律文件的有效性的说明》、《关于提请股东大会授权董事会全权办理本次重大资产出售相关事宜的议案》、《关于本次重大资产出售所涉及的资产评估的议案》等议案。

(2)2013 年 1 月 29 日,公司第七届董事会六次会议审议通过了《关于公司再次挂牌转让南京南泰国际展览中心有限公司 100% 股权的议案》。

(3)2013 年 8 月 8 日,南纺股份召开第七届董事会十四次会议,审议通过了《关于调整重大资产出售方案的议案》、《关于本次重大资产出售暨关联交易方案的议案》、《关于本次重大资产出售暨关联交易符合重大资产重组条件的议案》、《关于公司与商旅集团签署附条件生效的〈关于南京南泰国际展览中心有限公司之股权转让协议〉的议案》、《关于本次重大资产出售构成关联交易的议案》、《关于审议〈重大资产出售暨关联交易报告书(草案)〉及摘要的议案》、《关于本次重大资产出售符合〈关于规范上市公司重大资产重组若干问题的规定〉第四条规定的议案》、《关于本次重大资产出售履行法定程序完备性、合规性和提交的法律文件的有效性的说明》、《关于提请股东大会授权董事会全权办理本次重大资产出售相关事宜的议案》、《关于本次重大资产出售所涉及的资产评估的议案》等议案,批准了本次重大资产重组。

2. 南纺股份股东大会的批准

本次重大资产重组尚需南纺股份股东大会批准。

(二)商旅集团的批准和授权

1. 商旅集团董事会的批准

2013 年 7 月 24 日,商旅集团召开董事会,会议通过了《关于集团受让南纺股份持有的南泰国展 51% 股权的议案》,同意受让南纺股份持有的南泰国展 51% 股权,受让价格为 43,350 万元。

2. 商旅集团主管部门的批准

商旅集团系国有独资公司的全资子公司。商旅集团本次受让南纺股份持有的南泰国展 51% 股权尚需取得其主管部门的批准。

(三)中国证监会的核准

南纺股份本次重大资产重组尚需取得中国证监会的核准。

经核查,本所律师认为,截至本法律意见书出具之日,除上述尚需取得的批准和授权外,本次重大资产重组已获得现阶段必要的批准和授权。

四、本次重大资产重组的标的资产

本次重大资产重组的标的资产为公司所持南泰国展 51% 股权。经核查,南泰国展的基本情况及拥有的主要资产情况如下:

(一)南泰国展的基本情况

1. 南泰国展的基本情况

南泰国展现持有南京市工商行政管理局颁发的注册号为 320100000038376 的《企业法人

营业执照》。南泰国展现住所为南京市玄武区龙蟠路88号，法定代表人为夏淑萍，注册资本为50,708.38万元，实收资本为50,708.38万元，公司类型为有限公司（法人独资）内资，经营范围为许可经营项目：营业性演出；一般经营项目：举办各类商品、产品、科技成果、考古及文化艺术成果等的展览、展示；举办各类会议及招商活动；为各类招商、促销、展览、宣传及会议提供场所和配套服务；室内外装饰；陈列室设计、装修；设计、制作、发布影视、报刊、印刷品、展览广告；科技及商品信息咨询服务；装饰材料、展览用品、通讯器材、家用电器租赁；计算机软件开发；物业管理；停车场服务。营业期限自2004年11月22日至2054年11月22日。南泰国展已通过2012年度工商年检。

截至本法律意见书出具之日，南泰国展为南纺股份的全资子公司。

2. 南泰国展的主要历史沿革

（1）南泰国展的设立

a. 2004年11月16日，南京国际展览中心有限公司与南泰集团共同投资设立南泰国展，注册资本为40,000万元，其中南京国际展览中心有限公司以固定资产、无形资产出资39,200万元，占注册资本的98%；南泰集团以现金出资800万元，占注册资本的2%。

b. 2004年11月19日，经南京永华会计师事务所有限公司宁永会验字（2004）第0077号《验资报告》验证，截至2004年11月19日，南泰国展已收到全体股东缴纳的注册资本合计40,000万元整，其中以实物资产出资33,441.6万元；以无形资产出资5,758.4万元；以货币现金出资800万元。

c. 2004年11月22日，南泰国展领取了南京市工商行政管理局颁发的注册号为3201001014409的《企业法人营业执照》。

d. 南泰国展设立时的股权结构如下：

序号	股东名称	出资额（万元）	持股比例（%）
1	南京国际展览中心有限公司	39,200	98
2	南京南泰集团有限公司	800	2
合计	40,000	100	

（2）2006年股权转让

a. 2004年11月24日，南泰国展召开股东会，同意南京国际展览中心有限公司将所持南泰国展20,400万元股权转让给南纺股份。

b. 2004年11月25日，南京国际展览中心有限公司与南纺股份签署《关于转让南京南泰国展展览中心有限公司股权的协议》，南京国际展览中心有限公司将其持有的南泰国展20,400万元股权以20,400万元的价格转让给南纺股份。

c. 2006年1月10日，南泰国展办理完毕本次股权转让的工商变更登记手续。

d. 本次股权转让完成后，南泰国展的股权结构变更为：

序号	股东名称	出资额（万元）	持股比例（%）
1	南京纺织品进出口股份有限公司	20,400	51
2	南京国际展览中心有限公司	18,800	47
3	南京南泰集团有限公司	800	2
合计	40,000	100	

（3）2008年股权转让

a. 2007年11月1日，南泰国展召开股东会，同意南京国际展览中心有限公司和南泰集团分别将其所持南泰国展47%、2%的股权在南京产权交易中心挂牌转让。

b. 2007年12月29日，南京国际展览中心有限公司、南泰国展与公开征集的受让方南纺股份签署《产权交易合同》，南京国际展览中心有限公司将其所持南泰国展47%的股权以38,200.04万元的价格转让给南纺股份；南泰集团将其所持南泰国展2%的股权以1,625.53万元的价格转让给南纺股份。

c. 2008年2月1日，南泰国展办理完毕本次股权转让的工商变更登记手续。

d. 本次股权转让完成后，南泰国展的股权结构变更为：

序号	股东名称	出资额（万元）	持股比例（%）
1	南京纺织品进出口股份有限公司	40,000	100

(4)2010 年增资

a. 2010 年 7 月 10 日，南泰国展决定增加注册资本 10,708.38 万元，公司注册资本从 40,000万元增至 50,708.38 万元，由南京国际展览中心有限公司全额认购。

b. 南京国际展览中心有限公司以其价值为 23,130.10 万元的房屋和土地使用权出资，其中 10,708.38 万元为新增的注册资本，其余 12,421.72 万元计入资本公积。经南京立信永华会计师事务所有限公司宁信会验字(2010)0050 号《验资报告》验证，截至 2010 年 8 月 10 日，南泰国展已收到南京国际展览中心有限公司缴纳的新增注册资本 10,708.38 万元。

c. 2010 年 8 月 16 日，南泰国展办理完毕本次股权转让的工商变更登记手续。

d. 本次增资完成后，南泰国展的股权结构变更为：

序号	股东名称	出资额（万元）	持股比例（%）
1	南京纺织品进出口股份有限公司	40,000.00	78.88
2	南京国际展览中心有限公司	10,708.38	21.12
合计	50,708.38	100	

(5)2011 年股权转让

a. 2010 年 8 月 17 日，南泰国展召开股东会，同意南京国际展览中心有限公司将所持南泰国展 21.12% 的股权在南京产权交易中心挂牌转让。

b. 2010 年 11 月 10 日，南京国际展览中心有限公司与公开征集的受让方南纺股份签署《产权交易合同》，南京国际展览中心有限公司将其所持南泰国展 21.12% 的股权以 23,393.67 万元的价格转让给南纺股份。

c. 2011 年 1 月 24 日，南泰国展办理完毕本次股权转让的工商变更登记手续。

d. 本次股权转让完成后，南泰国展的股权结构变更为：

序号	股东名称	出资额（万元）	持股比例（%）
1	南京纺织品进出口股份有限公司	50,708.38	100

经核查，本所律师认为，南泰国展为依法成立并有效存续的有限责任公司，截至本法律意见书出具之日，其不存在根据法律法规及其公司章程规定应当终止的情形；公司合法持有南泰国展 100% 股权，不存在产权纠纷或潜在纠纷。

(二)南泰国展拥有的主要资产情况

根据《审计报告》及南泰国展提供的资料，并经本所律师核查，截至本法律意见书出具之日，南泰国展的主要资产情况如下：

1. 土地使用权

序号	土地使用权编号	坐落	使用权类型	面积(m^2)	用途	终止日期
1	宁玄国用(2006)第 14634 号	玄武区龙蟠路 88 号	出让	74,539.70	文、体、娱	2038 年 11 月 11 日
2	宁玄国用(2007)第 00493 号	玄武区龙蟠路 88 号	出让	8,000.20	宾馆	2038 年 11 月 11 日
3	宁玄国用(2010)第 08217 号	玄武区龙蟠路 88 号	出让	28,864.60	文体娱乐用地	2038 年 11 月 11 日

经核查，本所律师认为，南泰国展合法取得上述国有土地使用权，并已取得完备的权属证书，使用权不存在争议。

2. 房屋

序号	产权证编号	坐落	建筑面积(m^2)	用途
1	宁房权证玄转字第 349528 号	玄武区龙蟠路 88 号	22,955.74	商业
2	宁房权证玄转字第 250077 号	玄武区龙蟠路 88 号	89,439.29	商业

经核查,本所律师认为,南泰国展合法取得上述房屋所有权,并已取得完备的权属证书,所有权不存在争议。

3. 其他主要财产

单位:元

固定资产类别	账面原值	累计折旧	账面净额
通用设备	1,423,251.02	1,208,587.90	214,663.12
运输设备	590,705.00	420,612.01	170,092.99

(三)权利限制及对外担保

根据南纺股份及南泰国展的书面确认并经本所律师核查,南纺股份于 2013 年 3 月 22 日与中国银行股份有限公司江苏省分行作为牵头行、中国光大银行股份有限公司南京分行及华夏银行股份有限公司南京分行共同作为副牵头行、中国银行股份有限公司南京鼓楼支行作为代理行以及授信合同所列的其他金融机构作为参加行签署了《银团授信合同》。银团依据《银团授信合同》向南纺股份提供总计本金不超过等值人民币贰拾伍亿元整(RMB2,500,000,000)且不低于等值人民币壹拾肆亿元整(RMB1,400,000,000)的授信额度。为担保南纺股份按期足额偿还《银团授信合同》项下南纺股份的应付款项,南泰国展以其所有的"宁房权证玄转字第 250077 号"和"宁房权证玄转字第 349528 号"项下的房产及前述房产项下的"宁玄国用(2006)第 14634 号"、"宁玄国用(2010)08217 号"土地使用权和"宁玄国用(2007)第 00493 号"项下的土地使用权为南纺股份《银团授信合同》项下的 182,272 万元债务提供抵押担保。

经核查,本所律师认为,除上述已披露的外,截至本法律意见书出具之日,南泰国展拥有的国有土地使用权及房屋所有权不存在其他权利限制,南泰国展也不存在其他对外担保。

(四)涉及的诉讼、仲裁及行政处罚情况

根据南泰国展出具的承诺并经本所律师适当核查,截至本法律意见书出具之日,南泰国展不存在尚未了结的或可预见的影响本次重大资产重组的诉讼、仲裁或行政处罚案件。

五、本次重大资产重组涉及的债权债务安排

根据南纺股份的书面确认并经本所律师核查,本次重大资产重组涉及的债权债务安排如下:

1. 南泰国展具有独立的法人主体资格,本次重大资产重组完成后,南泰国展的债权债务仍由其享有和承担,不涉及债权债务主体转移问题。

2. 根据《银团授信合同》的规定,南纺股份应就本次出售所持南泰国展 51% 股权的重大资产重组事项取得银团出具的同意函。

3. 根据股权转让协议的约定,截至股权转让协议签署日,南泰国展共欠南纺股份债务共计 4,600 万元。对于南泰国展前述债务的偿还,南纺股份与商旅集团一致同意:(1)商旅集团应促使南泰国展在转让标的交割日前向南纺股份还清前述欠款;(2)若南泰国展未按时向南纺股份还清上述债务,商旅集团应在转让标的交割日前代南泰国展向南纺股份还清上述债务。

经核查,本所律师认为,本次重大资产重组涉及债权债务的处理合法有效,实施不存在实质性法律障碍。

六、本次重大资产重组涉及的同业竞争

(一)经核查,根据商旅集团的《企业法人

营业执照》,商旅集团的经营范围为:自营和代理各类商品及技术的进出口业务(国家限定或禁止企业经营的商品和技术除外);资产管理;企业管理;实业投资;服装及纺织品的生产、加工(限分支机构经营);企业仓储服务;自有房屋租赁;室内外装饰;企业信息咨询;物业管理;商业运营管理;旅游信息咨询。商旅集团实际以股权投资、管理业务为主,并未直接从事生产经营。因此,本所律师认为,商旅集团与南纺股份不存在同业竞争。

(二)经核查,根据本次重大资产重组方案,本次重大资产出售完成后,商旅集团将成为南泰国展的控股股东,南纺股份除持有南泰国展的少数股权外不再经营会展业务。因此,本所律师认为,商旅集团与南纺股份之间不会因本次重大资产重组而产生新的同业竞争。

七、本次重大资产重组涉及的关联交易

(一)本次重大资产出售构成关联交易

根据本次重大资产重组方案,公司将所持南泰国展51%股权出售给控股股东商旅集团,本次重大资产出售构成关联交易。本次重大资产出售完成后,商旅集团将持有南泰国展51%股权,南纺股份将持有南泰国展49%股权,商旅集团与南纺股份共同投资南泰国展。

(二)本次重大资产出售暨关联交易决策程序

2013年8月8日,公司召开第七届董事会十四次会议,审议通过了《关于本次重大资产出售暨关联交易方案的议案》、《关于本次重大资产出售构成关联交易的议案》等议案。因本次交易属于关联交易,董事会审议相关议案时,关联董事已回避表决,本次重大资产重组经出席会议的非关联董事的有效表决通过;独立董事对本次重大资产出售暨关联交易发表独立意见认为:

"1. 本次重大资产出售构成关联交易,公司董事会在审议本次重大资产出售相关议案时,关联董事已回避表决,表决程序符合相关法律、法规及《公司章程》的规定,不存在损害公司非关联股东特别是中小股东利益的情形。

2. 本次重大资产出售交易价格以经南京市人民政府国有资产监督管理委员会备案的中京民信(北京)资产评估有限公司于2012年11月26日出具的《南京南泰国际展览中心有限公司股东全部权益价值资产评估报告》(京信评报字〔2012〕第170号)为依据,参考南京南泰国际展览中心有限公司股权在南京产权交易中心第二次挂牌价格,经交易双方协商一致确定为人民币43,350万元,交易价格和交易条件公允,不存在损害公司非关联股东特别是中小股东利益的情形。

3. 本次重大资产出售暨关联交易尚需取得公司股东大会批准以及中国证监会核准,为保障公司股东能够充分行使权利,公司将同时向全体股东提供网络投票平台。

4. 同意将本次重大资产出售暨关联交易事项提交股东大会审议。"

(三)本次重大资产出售后的关联交易情况

本次重大资产出售为公司出售南泰国展51%的股权,交易完成后公司将不再控股南泰国展。截至本法律意见书出具之日,南泰国展根据《银团授信合同》以其资产为公司向银团提供抵押担保,在本次重大资产出售暨关联交易完成后,该事项将构成关联担保。

南泰国展的主营业务与公司将继续从事的纺织品及其他商品外贸业务不存在直接的上下游关系,业务相对独立,本次交易完成后,公司不会因本次重大资产出售而与商旅集团产生除上述关联担保以外的新的关联交易事项。

经核查,本所律师认为,本次重大资产重组的关联交易决策已履行了现阶段所需的相关程序,符合相关法律、法规和公司章程对关联交易的规定;本次交易不存在损害公司及其全体股东的利益的情形,本次交易完成后将不会产生除上述关联担保以外的新的关联交易。

八、本次重大资产重组的信息披露

(一)2012年11月21日,经上交所批准,公司因筹划重大重组事项,刊登停牌公告,公司股票自2012年11月21日起停牌。停牌期间,公司每周发布一次本次重大资产重组进展的公告。

(二)2012年12月8日,公司第七届董事会四次会议审议通过本次重大资产重组预案等相关事宜,并于2012年12月11日进行公告。

(三)2013年1月29日,公司第七届六次

董事会会议审议通过了《关于公司再次挂牌转让南京南泰国际展览中心有限公司 100% 股权的议案》，并于 2013 年 1 月 30 日进行公告。

（四）2013 年 2 月 26 日、2013 年 3 月 28 日、2013 年 4 月 27 日、2013 年 5 月 27 日、2013 年 6 月 26 日，公司在指定信息披露媒体公告了《南京纺织品进出口股份有限公司重大资产重组事项进展公告》，公告公司正在积极研究重大资产出售方案。

（五）2013 年 7 月 16 日，公司因拟调整重大资产出售方案，刊登停牌公告，公司股票自 2013 年 7 月 15 日起停牌。停牌期间，公司每周发布一次本次重大资产重组进展的公告。

经核查，本所律师认为，截至本法律意见书出具之日，南纺股份就本次重大资产重组已履行了现阶段所必需的披露及报告义务，不存在应披露而未披露的合同、协议、安排或其他事项，不存在未按照《重组管理办法》履行信息披露义务的情形。

九、本次重大资产重组的实质条件

根据《重组办法》的规定，本所律师逐项核查了本次交易的实质条件并形成意见如下：

（一）本次重大资产重组仅涉及出售股权，不存在违反国家产业政策、环境保护、土地管理、反垄断等法律和行政法规规定的情形，符合《重组办法》第十条第（一）项之规定。

（二）本次重大资产重组出售的资产为上市公司子公司的股权，不涉及上市公司的股权变动，不会导致上市公司不符合股票上市条件，符合《重组办法》第十条第（二）项之规定。

（三）本次重大资产重组的标的资产价格以经具有证券从业资格的评估机构评估并报经南京市国资委备案的评估值为依据，并已按照《重组办法》第十九条等规定履行了相关标的资产的定价程序，定价公允，不存在损害公司和股东合法权益的情形，符合《重组办法》第十条第（三）项之规定。

（四）截至本法律意见书出具之日，本次重大资产重组所涉及的股权权属清晰，股权过户不存在法律障碍，相关债权债务的处理合法，符合《重组办法》第十条第（四）项之规定。

（五）本次重大资产重组完成后，公司将获得后续发展的资金，增强持续经营能力，不存在可能导致公司重组后主要资产为现金或者无具体经营业务的情形，符合《重组办法》第十条第（五）项之规定。

（六）本次重大资产出售完成前，公司在业务、资产、财务、人员、机构等方面与控股股东及其关联人保持独立。本次重大资产出售完成后，公司在业务、资产、财务、人员和机构等方面仍将继续保持独立，符合《重组办法》第十条第（六）项之规定。

（七）公司已建立了股东大会、董事会、监事会及独立董事等健全的法人治理结构，并制定通过了公司章程、《股东大会议事规则》、《董事会议事规则》、《监事会议事规则》等各项法人治理制度，本次重大资产重组不会对上市公司的法人治理结构产生不利影响，符合《重组办法》第十条第（七）项之规定。

综上，本所律师认为，本次重大资产重组符合《重组办法》等相关法律法规规定的实质性条件。

十、本次重大资产重组涉及的证券服务机构及其业务资格

（一）独立财务顾问

本次重大资产重组的独立财务顾问为安信证券，其基本情况如下：

名称：安信证券股份有限公司

注册号：440301103553444

公司类型：股份有限公司

经营范围：证券经纪；证券投资咨询；与证券交易、证券投资活动有关的财务顾问；证券承销与保荐；证券自营；证券资产管理；融资融券业务；中国证监会批准的其他证券业务（须取得《经营证券业务许可证》方可经营）。

现持有中国证监会核发的编号为 Z15874000 的《经营证券业务许可证》。

（二）财务审计机构

本次重大资产重组的财务审计机构为大信会计师事务所，其基本情况如下：

名称：大信会计师事务所（特殊普通合伙）

注册号：110108014689085

公司类型：特殊普通合伙企业

经营范围：许可经营项目：审查企业会计报表、出具审计报告；验证企业资本，出具验资报告；办理企业合并、分立、清算事宜中的审计业

务,出具有关报告;基本建设年度财务决算审计;代理记账;会计咨询、税务咨询、管理咨询、会计培训;法律法规规定的其他业务。一般经营项目:无

现持有中华人民共和国财政部核发的编号为 NO.006716 的《会计师事务所执业证书》以及中华人民共和国财政部和中国证监会共同核发的证书号为 000106 的《会计师事务所证券、期货相关业务许可证》。

(三)资产评估机构

本次重大资产重组的资产评估机构为中京民信,其基本情况如下:

名称:中京民信(北京)资产评估有限公司

注册号:420102000080172

公司类型:有限责任公司(自然人投资或控股)

经营范围:许可经营项目:从事各类单项资产评估、企业整体资产评估、市场所需的其他资产评估或者项目评估。一般经营项目:无。

现持有北京市财政局颁发的证书号为 NO.42020031 的《资产评估资格证书》以及中华人民共和国财政部和中国证监会共同核发的证书号为 0270037003 的《证券期货相关业务评估资格证书》。

(四)法律顾问

本次重大资产重组的法律顾问为江苏永衡昭辉律师事务所,现持有江苏省司法厅核发的编号为 23201200910222719 的《律师事务所执业许可证》。

经核查,本所律师认为,上述为本次重大资产重组提供服务的独立财务顾问、财务审计机构、评估机构和法律顾问等证券服务机构均具有为本次重大资产重组提供服务的必要资格。

十一、关于本次交易相关当事人买卖证券行为的核查情况

根据《准则第 26 号》、《关于规范上市公司信息披露及相关各方行为的通知》(证监会公司字〔2007〕128 号)等规范性文件,本所律师对本次交易内幕信息知情人及其直系亲属是否利用本次重大资产重组的内幕信息交易进行了核查。

本次交易的内幕信息知情人包括:南纺股份及其董事、监事、高级管理人员,控股股东、交易对方商旅集团及其董事、监事、高级管理人员,相关专业服务机构及其他知悉本次交易内幕信息的法人和自然人,以及前述自然人的直系亲属,包括配偶、父母、年满 18 周岁的子女。

经本所律师核查,在自本次重大资产出售作出首次董事会决议之日前 6 个月(2012 年 5 月 1 日)至本次停牌前最后一个交易日(2013 年 7 月 12 日)期间(以下简称"核查期间"),上述内幕信息知情人买卖上市公司的股票情况如下:

(一)南纺股份及其董事、监事、高级管理人员核查情况

根据在中国证券登记结算有限责任公司上海分公司查询到的股票账户交易情况,南纺股份及其董事、监事、高级管理人员及其直系亲属在核查期间,买卖上市公司的股票情况如下:

姓名	与本次重大资产出售各方的关联关系	核查期间买卖股票的情况			
		日期	方向	数量	价格
王华枫	前南纺股份副总经理徐晓鹏[注1]的母亲	2012.09.06	买入	8,900	4.16
		2012.10.29	卖出	8,900	4.22
原维玲	前南纺股份监事张建[注2]的配偶	2012.12.12	买入	800	4.28
		2012.12.12	买入	19,400	4.32
		2013.01.18	卖出	20,200	5.64
		2013.01.30	买入	19,400	5.82
		2013.01.31	买入	33,800	6.00
		2013.05.06	卖出	53,200	6.02

注 1:徐晓鹏的任职期间为 2012 年 8 月 29 日至 2013 年 4 月 15 日。

注 2:张建的任职期间为 2009 年 5 月 11 日至 2012 年 8 月 29 日。

王华枫就上述买卖股票的行为作出了说明:“本人在买卖南纺股份股票时,对南纺股份重大资产出售计划并不知情,未以不正当手段获取南纺股份内幕消息进行交易,相关决策完全是依照当时市场公开信息而做出”。徐晓鹏就该事项声明:“本人母亲未参与公司重大资产出售事项的决策,上述股票买卖行为与本次申请事项不存在关联关系,不属于内幕交易行为,本人亦没有泄露内幕信息行为”。

原维玲就上述买卖股票的行为作出了说明:“本人在2012年12月12日至2013年5月6日期间买卖南纺股份股票时,对南纺股份重大资产出售事项除公司公告外的后续进展情况并不知情,未以不正当手段获取南纺股份内幕消息进行交易,相关决策完全是依照当时市场公开信息而做出的。”张建就该事项声明:“本人未参与南纺股份重大资产出售事项的决策,并不知晓公司本次重大资产出售事项的内幕信息,本人妻子在2012年12月12日至2013年5月6日期间买卖南纺股份股票时,对南纺股份重大资产出售事项除公司公告外的进展情况并不知情,不属于内幕交易行为”。

除王华枫、原维玲外,其他内幕信息知情人员及其直系亲属在核查期间均不存在买卖公司股票的行为。

(二)交易对方商旅集团及其董事、监事、高级管理人员核查情况

根据在中国证券登记结算有限责任公司上海分公司查询到的股票账户交易情况,商旅集团及其董事、监事、高级管理人员及其直系亲属在核查期间内,没有买卖南纺股份股票的记录。

(三)参与本次重大资产重组的证券服务机构及其内幕信息知情人核查情况

根据在中国证券登记结算有限责任公司上海分公司查询到的股票账户交易情况,参与本次重大资产重组的证券服务机构及其内幕信息知情人及其直系亲属在核查期间内,买卖上市公司的股票情况如下:

安信证券股份有限公司客户信用交易担保证券账户在2013年5月13日至2013年7月12日期间累计买入南纺股份322,500股、累计卖出南纺股份股票327,400股。

安信证券为其客户信用交易担保证券账户在核查期间买卖南纺股份股票的行为作出说明如下:“客户信用交易担保证券账户用于记录客户委托证券公司持有、担保证券公司因向客户融资融券所生债权的证券。根据《上海证券交易所上市公司信息披露业务手册》,证券公司通过客户信用交易担保证券账户持有的股票不计入其自有股票,证券公司无须因该账户内股份数量的变动而履行相关信息披露义务或者要约收购义务。安信证券客户信用交易担保证券账户在核查期间买入、卖出南纺股份股票与本次重大资产出售暨关联交易无关,不存在利用内幕信息而进行交易的情况,不属于内幕交易行为。”

除安信证券外,参与本次重大资产重组的证券服务机构及其内幕信息知情人及其直系亲属在核查期间内,不存在买卖公司股票的行为。

本所律师认为,根据上述相关人士的说明和声明,其买卖公司股票的行为系相关当事人根据自身的判断所进行的正常的股票交易行为,与本次重大资产重组不存在关联关系,不构成内幕交易,亦不会对本次重大资产重组构成实质性法律障碍。

十二、结论意见

综上所述,本所律师认为,南纺股份本次重大资产重组符合《公司法》、《证券法》、《重组管理办法》、《若干规定》等相关法律、行政法规和中国证监会的相关规定,并已依法履行了现阶段应当履行的程序,在履行本法律意见书所述的全部必要的法定程序后,本次重大资产重组的实施将不存在法律障碍。

(本页以下无正文)

[此页无正文,为江苏永衡昭辉律师事务所出具的《关于南京纺织品进出口股份有限公司重大资产出售暨关联交易的法律意见书》之签章页]

本法律意见书正本六份,无副本。

江苏永衡昭辉律师事务所

负责人:黎民 景忠

经办律师:景忠 王峰

关于申银万国证券股份有限公司换股吸收合并宏源证券股份有限公司并上市的法律意见书

致:申银万国证券股份有限公司

本所是经中国北京市司法局批准成立,具有合法执业资格的律师事务所。本所接受申银万国的委托,担任申银万国换股吸收合并宏源证券并在深交所上市的特聘专项法律顾问。应申银万国的要求,本所根据《公司法》、《证券法》、《重组办法》、《首发管理办法》、《公开发行证券公司信息披露的编报规则第12号——公开发行证券的法律意见书和律师工作报告》及中国证监会制订的其他有关规定,出具本法律意见书。

为出具本法律意见书,本所依据中国律师行业公认的业务标准、道德规范和勤勉尽责精神,对涉及本次合并的有关事实和法律事项进行了详细的尽职调查,查阅了本所认为必须查阅的文件,包括申银万国和宏源证券提供的书面说明文件、有关政府部门的批准文件、有关记录、资料和证明,以及现行有关中国法律,并就申银万国本次合并及与之相关的问题向有关管理人员做了询问或与之进行了必要的讨论,对有关问题进行了核实。

本所仅就与申银万国本次合并有关的中国法律问题发表法律意见,而不对有关会计、审计及资产评估等专业事项发表意见。本所并未就中国以外的其他司法管辖区域的法律事项进行调查,亦不就中国以外的其他司法管辖区域的法律问题发表意见。在本法律意见书中述及有关会计、审计、资产评估等专业事项或中国以外的其他司法管辖区域的法律事项时,均为按照其他有关专业机构出具的报告或意见引述,本所经办律师对于该等非中国法律业务事项仅履行了普通人一般的注意义务。本所在本法律意见书中对其他有关专业机构出具的报告或意见中某些数据和结论的引述,并不意味着本所对这些数据和结论的真实性和准确性做出任何明示或默示的保证。

为出具本法律意见书,本所特作如下声明:

1. 本所发表法律意见所依据的是本法律意见书出具日前已经发生或存在的有关事实和正式颁布实施的中国法律,本所基于对有关事实的了解和对有关法律的理解而发表法律意见;

2. 本所要求申银万国和宏源证券提供本所认为出具本法律意见书所必备的和真实的原始书面材料、副本材料、复印材料或者口头证言,申银万国和宏源证券所提供的文件和材料应是完整、真实和有效的,并无隐瞒、虚假和重大遗漏之处;文件材料为副本或复印件的,应与其正本或原件是一致和相符的;本所经适当核查,未发现申银万国和宏源证券提供的材料有隐瞒、虚假和重大遗漏的情况;

3. 本所及经办律师依据《证券法》、《律师事务所从事证券法律业务管理办法》和《律师事务所证券法律业务执业规则(试行)》等规定及本法律意见书出具日以前已经发生或者存在的事实,严格履行了法定职责,遵循了勤勉尽责和诚实信用原则,进行了充分的核查验证,保证本法律意见所认定的事实真实、准确、完整,所发表的结论性意见合法、准确,不存在虚假记载、误导性陈述或者重大遗漏,并承担相应法律责任;

4. 本所同意将本法律意见书作为申银万国申请本次合并所必备的法律文件,随其他申报材料一同上报,并承担相应的法律责任;

5. 本所同意申银万国在签署日期为2014年8月13日的《重组报告书》中按照中国证监会的审核要求引用本法律意见书全部或部分的内容,但申银万国作上述引用时,不得因引用而导致法律上的歧义或曲解;本所有权对上述相关文件的相关内容再次审阅并确认;

6. 本法律意见书仅供申银万国为本次合并之目的使用，不得由任何其他人使用或用于任何其他目的。

基于上述，本所出具法律意见如下：

一、本次合并的方案和协议

1.1　本次合并的方案

根据申银万国2014年第二次临时股东大会、宏源证券2014年第一次临时股东大会、《重组报告书》、《换股吸收合并协议》等相关文件资料并经核查，本次合并方案的主要内容如下：

1.1.1　本次合并的方式

申银万国以换股吸收合并的方式吸收合并宏源证券。申银万国向宏源证券全体股东发行A股股票，以取得该等股东持有的宏源证券全部股票；本次合并完成后，申银万国将作为存续公司承继及承接宏源证券的全部资产、负债、业务、人员、合同及其他一切权利与义务，宏源证券终止上市并注销法人资格。申银万国的股票（包括为本次换股吸收合并发行的A股股票）将申请在深交所上市流通。

1.1.2　合并生效日和合并完成日

本次合并生效日为下述的所有生效条件均获满足之日：

（1）本次合并分别获得申银万国、宏源证券股东大会的批准，即本次合并须经出席申银万国股东大会的非关联股东所持表决权的三分之二以上表决通过；以及须经出席宏源证券股东大会的全体非关联股东所持表决权的三分之二以上表决通过；

（2）本次合并涉及的相关事项取得中国证监会及/或任何其他对本次合并具有审批、审核权限的国家机关、机构或部门的必要批准、核准、同意；

（3）不存在限制、禁止或取消本次换股吸收合并的中国法律，政府机构的禁令或命令，或法院的判决、裁决、裁定。

本次合并完成日为申银万国就本次换股吸收合并完成相应的工商变更登记手续之日及宏源证券完成工商注销登记手续之日，以两者中较晚之日为准。

1.1.3　换股实施方案

（1）本次发行的股票种类和面值

本次发行的股票为人民币普通股（A股），每股面值为人民币1元。

（2）本次发行的对象

本次发行的对象为换股实施股权登记日收市后在证券登记结算机构登记在册的宏源证券全体股东（包括此日收市后已在证券登记结算机构登记在册的现金选择权提供方）。

（3）本次换股吸收合并的换股价格

宏源证券的换股价格以定价基准日前20个交易日宏源证券的A股股票交易均价，即8.30元/股（已考虑宏源证券2013年度分红派息事项）为基础，并在此基础上给予20%的换股溢价率确定。因此，宏源证券本次换股价格为9.96元/股。自定价基准日至本次合并完成前，若宏源证券发生派息、送股、资本公积金转增股本等除权除息事项，则上述换股价格将相应调整。在其他情况下，宏源证券的换股价格不再进行调整。

（4）本次发行的发行价格

申银万国本次发行的A股股票的发行价格依据《资产评估报告》确定的申银万国每股净资产评估价格，并结合申银万国评估基准日后的除权除息事项确定。根据《资产评估报告》，申银万国于评估基准日2013年12月31日的每股净资产的评估值为4.96元/股。根据申银万国2013年年度股东大会决议，其2013年度利润分配方案为向全体股东每10股派发现金红利1.00元（含税）。因此，申银万国本次发行价格为4.86元/股。自发行价格确定之日至本次合并完成前，若申银万国发生派息、送股、资本公积金转增股本等除权除息事项，则上述发行价格将相应调整。在其他情况下，申银万国发行价格不再进行调整。

（5）本次换股吸收合并的换股比例

换股比例＝宏源证券的换股价格/申银万国的发行价格（计算结果按四舍五入保留三位小数）。本次换股吸收合并的换股比例为2.049，即换股股东所持有的每股宏源证券A股股票可以换得2.049股申银万国本次发行的A股股票。除非根据相关中国法律、有权监管机构的规定或要求或根据《换股吸收合并协议》的约定作出调整，上述换股比例在任何其它情形下均不做调整。

（6）宏源证券异议股东的现金选择权

为充分保护宏源证券全体股东的利益，宏

源证券将安排中央汇金和/或其他第三方作为现金选择权提供方,以现金对价收购宏源证券异议股东要求售出的宏源证券的股份,在此情况下,该等宏源证券异议股东不得再向宏源证券或任何同意本次合并的宏源证券的股东主张现金选择权。

行使现金选择权的宏源证券异议股东,可就其有效申报的每一股宏源证券股份,在现金选择权实施日,获得由现金选择权提供方按照8.12元/股的价格支付的现金对价,同时将相对应的股份过户到现金选择权提供方名下。除宏源证券股票在现金选择权实施日前发生除权、除息事项,以及发生按照中国法律的相关规定或有权监管机构的要求须对现金选择权的行权价格进行调整的情形外,上述现金选择权的行权价格在任何其他情形下均不作调整。

于换股实施日,未申报、无权申报或无效申报行使现金选择权的宏源证券股东持有的宏源证券股票,以及现金选择权提供方因提供现金选择权而持有的宏源证券股票,将全部按照换股比例转换为申银万国A股股票。

(7)本次换股吸收合并的换股实施日

换股实施日为换股股东将其所持宏源证券的全部股票按换股比例转换为申银万国本次发行的A股股票之日,该日期将由申银万国与宏源证券另行协商确定并公告。

(8)本次换股吸收合并的换股方法

换股实施股权登记日收市后在证券登记结算机构登记在册的宏源证券全体股东(包括此日收市后已在证券登记结算机构登记在册的现金选择权提供方)所持的宏源证券股票按照换股比例全部转换为申银万国本次发行的A股股票。

本次合并中,换股股东通过换股持有的申银万国本次发行的A股股票所涉股份登记及管理等事宜,按合并双方相关股东大会会议决议、本次合并的《重组报告书》及本次合并的方案等文件执行。

(9)本次换股吸收合并的换股发行股份的数量

申银万国因本次合并将发行8,140,984,977股A股股票,全部用于吸收合并宏源证券。

自本次发行的发行价格确定之日至本次合并完成前,若申银万国、宏源证券发生派息、送股、资本公积金转增股本等除权除息事项,则上述发行股份的数量将相应调整。

(10)本次发行的股票上市地点

申银万国的A股股票(包括为本次合并发行的A股股票)将申请于深交所上市流通。

(11)申银万国股东的退出请求权

为保护申银万国股东的利益,申银万国将赋予其异议股东退出请求权,行使退出请求权的申银万国异议股东,可就其有效申报的每一股申银万国股份,在退出请求权实施日,获得由退出请求权提供方按照申银万国本次发行价格,即每股4.86元支付的现金对价,同时,将相对应的股份过户到退出请求权提供方名下。除申银万国股票在退出请求权实施日前发生除权、除息事项,以及发生按照相关中国法律的规定或要求须对退出请求权的行权价格进行调整的情形外,上述退出请求权的行权价格在任何其他情形下均不作调整。

申银万国将安排中央汇金和/或其他第三方作为退出请求权提供方,以现金对价收购申银万国异议股东要求售出的申银万国的股份,在此情况下,该等申银万国异议股东不得再向申银万国或任何同意本次换股吸收合并的申银万国的股东主张退出请求权。

(12)零碎股处理方法

本次合并完成后,换股股东取得的申银万国A股股票应当为整数,如其所持有的宏源证券股票乘以换股比例后的数额不是整数,则按照其小数点后尾数大小排序,每一位股东依次送一股,直至实际换股数与计划发行股数一致。如遇尾数相同者多于余股时则采取计算机系统随机发放的方式,直至实际换股数与计划发行股数一致。

(13)存在权利限制的宏源证券股份的处理

如宏源证券股东所持有的宏源证券股票存在《换股吸收合并协议》规定的权利限制,则该等股票在换股时均应转换成申银万国本次发行的A股,但原在宏源证券股票上设置的权利限制将在换股后的申银万国相应A股之上继续维持有效。

1.1.4 本次发行的募集资金用途

本次发行的A股股票全部用于换股吸收合并宏源证券,不另向社会公众公开发行股票,因此不涉及募集资金用途。

1.1.5　本次换股吸收合并的滚存利润安排

除非本次合并终止，在申银万国股东大会审议通过本次合并事宜后至宏源证券退市前，申银万国将不再进行任何形式的利润分配。本次合并完成后，存续公司截至本次换股实施日的滚存未分配利润应由存续公司的新老股东按照本次合并完成后的持股比例共享。

1.1.6　本次换股吸收合并的债权人保护

申银万国、宏源证券将于本次换股吸收合并方案分别获得各自公司的决议通过后，按照相关中国法律的要求履行债权人通知和公告程序，并将根据各自债权人于法定期限内提出的要求向各自债权人提前清偿债务或提供担保。

1.1.7　本次换股吸收合并的有关资产、负债、业务等的承继与承接

自《换股吸收合并协议》约定的交割日起，宏源证券的全部资产、负债、业务、合同及其他一切权利与义务将由存续公司享有和承担。宏源证券应在《换股吸收合并协议》生效日起12个月内办理完成相关资产、负债、业务、人员、合同及其他一切权利与义务转移至存续公司名下的相关手续，包括但不限于移交、过户、登记、备案。应宏源证券的要求，存续公司同意协助宏源证券办理移交、过户、登记手续。如在《换股吸收合并协议》生效日起12个月内未能办理完毕形式上的移交手续（如房地产、商标、专利等过户手续，对外投资权益的变更手续以及车辆过户手续等），则该等资产的实质权利、权益、负债亦自交割日起归属于存续公司。

合并双方同意，双方将按照中国法律的相关规定向各自的债权人发出有关本次换股吸收合并事宜的通知和公告并将依法按照各自债权人的要求清偿债务或提供充分有效的担保。双方所有未予偿还的债务、尚须履行的义务、责任在交割日后将由存续公司承担。

合并双方同意，宏源证券在交割日前已开展并仍须在交割日后继续开展的业务将由存续公司继续开展，宏源证券在交割日前已签署并仍须在交割日后继续履行的有效协议的履约主体将自交割日起由宏源证券变更为存续公司。

1.1.8　业务整合

申银万国和宏源证券一致同意将按如下方案对其证券及相关业务进行整合，存续公司将以其全部净资产或届时确定的资产（以下简称“注入资产”）出资，在上海市注册设立全牌照证券子公司（以下简称“证券子公司”），全面承接存续公司的证券及相关业务，并将与该等业务和注入资产相关的人员（以下简称“注入人员”）一并转移至证券子公司。存续公司将变更为一家投资控股公司（以下简称“投资控股公司”），不再直接持有任何证券业务牌照，包括但不限于涉及证券经纪业务、证券自营业务、证券承销与保荐业务、证券资产管理业务、融资融券业务等的业务牌照。投资控股公司的注册地为新疆维吾尔自治区乌鲁木齐市。

本次合并完成后，申银万国及宏源证券的全体在册员工将按照中国法律的相关规定与存续公司（或证券子公司）签订劳动合同，存续公司（或证券子公司）应充分保障、平等对待申银万国及宏源证券全体员工根据中国法律的相关规定以及关于本次合并的职工大会（或职工代表大会）决议而享有的权利，申银万国和宏源证券分别作为申银万国和宏源证券现有员工雇主的全部权利和义务将不予改变，并自《换股吸收合并协议》约定的交割日起由存续公司享有和承担；注入人员雇主的全部权利和义务将自证券子公司设立之日其由证券子公司享有和承担。

1.1.9　本次换股吸收合并的过渡期安排

在过渡期内，除经申银万国和宏源证券事先书面同意的外，申银万国及其控股子公司、宏源证券及其控股子公司的资产、业务、人员、运营等各方面保持稳定；不会采取与其一贯正常经营不符的重大决策；不会进行任何可能产生重大债务、义务、责任，或对其经营和财务情况产生重大影响的活动，于《换股吸收合并协议》签署日合并双方已明确知晓的事项除外。

在过渡期内，为实现业务的平稳过渡，在确有必要的情况下，如申银万国、宏源证券的任一方在业务的开展过程中需要另一方予以配合（包括但不限于提供相关资料、出具说明、共同向主管部门开展申报行为等），则另一方对此予以积极配合。

在过渡期内，申银万国、宏源证券均应遵循以往的运营惯例和经营方式运作，维持好与政府主管部门、客户及员工的关系，制作、整理及

保管好各自的文件资料,及时缴纳有关税费。

在过渡期内,除申银万国拟发行不超过100亿元次级债、本次换股吸收合并及经申银万国和宏源证券事先书面同意外,申银万国和宏源证券不得增加或减少其股本总额及发行证券(包括但不限于股票、债券、有权转换为股票的债券等)。

在过渡期内,申银万国和宏源证券(包括各自的重要控股子公司)发生《换股吸收合并协议》约定的事项,需事先以书面方式通知另一方,并在征得另一方书面同意后方可实施。

1.1.10 本次发行的锁定期安排

申银万国的A股股票(包括为本次换股吸收合并发行的A股股票)将申请在深交所上市流通,该等股票将根据《公司法》、《深圳证券交易所股票上市规则》和《证券公司行政许可审核工作指引第10号——证券公司增资扩股和股权变更》等中国法律的相关规定确定限售期限。

1.2 本次合并的协议

申银万国与宏源证券于2014年7月25日签署附生效条件的《换股吸收合并协议》,该等协议对本次合并的合并方和被合并方的主体名称,本次换股吸收合并,宏源证券异议股东的现金选择权,申银万国异议股东的退出请求权,合并双方的声明、保证及承诺,过渡期安排,有关员工安排,有关资产、负债、权利、义务、业务、资质、责任的承继,协议的生效及终止,违约责任,协议的转让、变更、修改、补充,完整协议,可分割性,不可抗力,法律适用和争议解决,通知,保密和文本等内容进行了约定。

《换股吸收合并协议》的生效以及本次合并取决于以下生效条件的全部成就及满足:

(1)本次合并和《换股吸收合并协议》分别获得申银万国、宏源证券各自股东大会的批准;

(2)本次合并涉及的相关事项取得全部有权监管机构的必要批准、核准、同意;

(3)不存在限制、禁止或取消本次换股吸收合并的中国法律,政府机构的禁令或命令,或法院的判决、裁决、裁定。

基于上述,本所认为,本次合并方案的内容符合《公司法》、《证券法》、《首发管理办法》、《重组办法》等中国法律的有关规定,该方案在取得本法律意见书第2.2条“本次合并尚需获得的批准和授权”所述的全部授权和批准后依法可以实施;《换股吸收合并协议》的内容不违反中国法律的强制性规定,该等协议将自其规定的生效条件全部得到满足之日起生效。

二、本次合并的批准和授权

2.1 本次合并已获得的批准和授权

2.1.1 合并方股东大会的批准

2014年8月11日,申银万国召开2014年第二次临时股东大会,审议通过《关于申银万国证券股份有限公司换股吸收合并宏源证券股份有限公司符合〈关于规范上市公司重大资产重组若干问题的规定〉第四条规定的议案》、《关于申银万国证券股份有限公司换股吸收合并宏源证券股份有限公司的方案的议案》、《关于签署〈申银万国证券股份有限公司与宏源证券股份有限公司换股吸收合并协议〉的议案》、《关于〈申银万国证券股份有限公司换股吸收合并宏源证券股份有限公司重组报告书(草案)〉及其摘要的议案》、《关于申银万国证券股份有限公司换股吸收合并宏源证券股份有限公司构成关联交易的议案》、《关于授权董事会全权办理申银万国证券股份有限公司换股吸收合并宏源证券股份有限公司相关事宜的议案》、《关于申银万国证券股份有限公司未来三年股东回报规划的议案》、《关于拟订〈申银万国证券股份有限公司章程(草案)〉的议案》、《关于拟订〈申银万国证券股份有限公司股东大会议事规则〉的议案》、《关于拟订〈申银万国证券股份有限公司董事会议事规则〉的议案》、《关于拟订〈申银万国证券有限公司监事会议事规则〉的议案》和《关于申银万国证券股份有限公司发行次级债的议案》等议案。

2.1.2 被合并方股东大会的批准

2014年8月11日,宏源证券召开2014年第一次临时股东大会,审议通过《关于本次吸收合并符合相关法定条件的议案》、《关于申银万国证券股份有限公司换股吸收合并宏源证券股份有限公司方案的议案》、《关于签署〈申银万国证券股份有限公司与宏源证券股份有限公司换股吸收合并协议〉的议案》、《关于〈申银万国证券股份有限公司换股吸收合并宏源证券股份有限公司报告书(草案)〉及其摘要的议案》、《关于本次吸收合并构成关联交易的议案》和

《关于提请股东大会授权董事会办理本次换股吸收合并相关事宜的议案》等议案。

2.2　本次合并尚需获得的批准和授权

根据《公司法》、《证券法》、《首发管理办法》、《重组办法》等中国法律以及《换股吸收合并协议》,本次合并涉及的相关事项尚需取得中国证监会的核准;本次发行完成后,存续公司的A股股票于深交所挂牌交易尚需获得深交所的审核同意。

基于上述,本所认为,除本法律意见书第2.2条“本次合并尚需获得的批准和授权”所述以外,本次合并已履行相应的批准和授权程序。

三、合并双方的主体资格

3.1　合并方的主体资格

申银万国为本次合并的合并方,本次发行的发行人。申银万国进行本次合并的主体资格情况如下:

(1)申银万国系经中国人民银行于1996年7月3日出具的银复〔1996〕200号文《关于组建申银万国证券股份有限公司的批复》批准,在原上海申银证券有限公司(以下简称“申银证券”)与原上海万国证券公司(以下简称“万国证券”)进行合并的基础上,由申银证券和万国证券的股东以发起方式于1996年9月16日于上海市注册成立的股份有限公司。

(2)申银万国现持有上海市工商局于2013年9月13日核发的注册号为310000000046991的《企业法人营业执照》。根据申银万国的说明并经本所适当核查,截至本法律意见书出具之日,申银万国为依法设立并有效存续的股份有限公司,不存在相关中国法律及《公司章程》规定的应当终止的情形,符合《首发管理办法》第八条之规定。

(3)申银万国设立于1996年9月16日,截至本法律意见书出具之日,其持续经营时间已达三年以上,符合《首发管理办法》第九条之规定。

(4)根据申银万国现行有效的《企业法人营业执照》记载,申银万国的注册资本和实收资本均为67.1576亿元;根据大华会计师事务所于1996年6月7日出具的华业字(96)第815号《实收资本验资报告》以及后续的验资报告,申银万国的注册资本已经足额缴纳;股东用作出资的资产之财产权转移手续已办理完毕,申银万国的主要资产不存在重大权属纠纷,符合《首发管理办法》第十条之规定。

(5)根据申银万国现行有效的《企业法人营业执照》,申银万国的经营范围为证券经纪;证券投资咨询;与证券交易、证券投资活动有关的财务顾问;证券自营;证券承销与保荐;证券资产管理;证券投资基金代销;为期货公司提供中间介绍业务;融资融券业务;代销金融产品业务;国家有关管理机关批准的其他业务。(企业经营涉及行政许可的,凭许可证件经营)。经本所适当核查,申银万国的经营在相关重大方面符合中国法律和《公司章程》的规定,符合国家产业政策,符合《首发管理办法》第十一条之规定。

(6)申银万国报告期内主营业务和董事、高级管理人员没有发生重大变化(详见本法律意见书第17.2条),实际控制人没有发生变更(详见本法律意见书第七条),符合《首发管理办法》第十二条之规定。

(7)经本所适当核查及根据申银万国控股股东出具的声明函,申银万国的股权清晰(详见本法律意见书第八条),控股股东持有的申银万国股份不存在重大权属纠纷(详见本法律意见书第七条),符合《首发管理办法》第十三条之规定。

基于上述,本所认为,申银万国具备本次合并的主体资格。

3.2　被合并方的主体资格

宏源证券为本次合并的被合并方。宏源证券进行本次合并的主体资格情况如下:

(1)宏源证券的前身原新疆宏源信托投资股份有限公司(以下简称“宏源信托”)系经新疆维吾尔自治区经济体制改革委员会于1993年1月5日出具的新体改〔1993〕001号文《关于设立新疆宏源信托投资股份有限公司和向社会公开发行股票的批复》批准,在中国人民建设银行新疆信托投资公司(以下简称“新疆信托”)的基础上,由新疆信托联合新疆维吾尔自治区电力公司等七家企业共同发起并以社会募集方式于1993年5月25日设立的股份有限公司。中国证监会于1994年1月3日出具证监发审字〔1994〕3号文《关于新疆宏源信托投资股份有限公司申请股票发行上市的复审意见书》,核准宏源信托发行A股股票。1994年2月2日,宏源信托股票在深交所挂牌交易。

(2)根据国务院办公厅于1999年2月7日出具的国办发〔1999〕12号文《国务院办公厅转发中国人民银行整顿信托投资公司方案的通知》,宏源信托进行了证券公司改组工作。中国证监会于2000年9月11日出具证监机构字〔2000〕210号文《关于同意宏源证券股份有限公司开业的批复》,核准宏源证券开业。2000年9月20日,新疆维吾尔自治区工商行政管理局(以下简称“新疆维吾尔自治区工商局”)为宏源信托核发了公司名称为“宏源证券股份有限公司”,经营范围为“信托存贷款、投资业务;委托存贷款,投资业务;房地产投资业务;有价证券业务(限国家政策允许部分);金融租赁业务;代理财产保管与处理业务;机电产品、金属材料(国家有专项审批规定的产品除外)、五金交电化工产品、建筑材料、装饰材料、百货针纺织品、农副产品(棉花除外)的销售。房地产开发。自有资金的贷款和投资;经济担保与信用见证;经济咨询”的《企业法人营业执照》。

(3)宏源证券现持有新疆维吾尔自治区工商局2013年11月14日核发的注册号为650000040000388的《企业法人营业执照》,宏源证券基本情况如下:

名称:宏源证券股份有限公司

住所:新疆乌鲁木齐市天山区文艺路233号宏源大厦

法定代表人:冯戎

注册资本:39,7240.83万元

实收资本:39,7240.83万元

公司类型:股份有限公司(上市)

经营范围:许可经营项目:证券经纪;证券投资咨询;与证券交易、证券投资活动有关的财务顾问;证券承销与保荐;证券自营;证券资产管理;融资融券;证券投资基金代销;为期货公司提供中间介绍业务;代销金融产品。一般经营项目:无。

(4)根据宏源证券的说明并经本所适当核查,截至本法律意见书出具之日,宏源证券为依法设立并有效存续的上市股份有限公司,不存在相关中国法律及《宏源证券股份有限公司章程》规定的应当终止的情形。

基于上述,本所认为,宏源证券具备进行本次合并的主体资格。

四、本次合并的实质条件

本次合并系由申银万国向宏源证券全体股东发行A股股票,并以换股方式吸收合并宏源证券,存续公司的A股股票(包括为本次换股吸收合并发行的A股股票)将申请在深交所上市流通。根据《证券法》、《公司法》、《首发管理办法》及《重组办法》等中国法律规定的实质条件,本所认为:

4.1 主体资格

如本法律意见书第三条“合并双方的主体资格”所述,申银万国和宏源证券具备本次合并的主体资格,符合《首发管理办法》第八条至第十三条之规定。

4.2 独立性

如本法律意见书第六条“申银万国的独立性”所述,申银万国具有完整的业务体系和直接面向市场独立经营的能力;申银万国资产完整、人员独立、财务独立、机构独立、业务独立,在独立性方面不存在其他严重缺陷,符合《首发管理办法》第十四条至第二十条之规定。

4.3 规范运行

4.3.1 如本法律意见书第16.1条所述,申银万国已经依法建立健全股东大会、董事会、监事会、独立董事和董事会秘书制度,相关机构和人员能够依法履行职责,具备健全且运行良好的组织机构,符合《证券法》第十三条第一款第(一)项和《首发管理办法》第二十一条之规定。

4.3.2 经本所适当核查,申银万国的董事、监事和高级管理人员参加了申银万国为本次合并委任的财务顾问华泰联合组织的辅导,辅导的内容包括但不限于与上市公司及其董事、监事和高级管理人员的法定义务和责任有关的中国法律。根据申银万国的董事、监事和高级管理人员的说明,申银万国的董事、监事和高级管理人员已经了解与股票发行上市有关的中国法律,知悉上市公司及其董事、监事和高级管理人员的法定义务和责任,符合《首发管理办法》第二十二条之规定。

4.3.3 经本所适当核查及根据申银万国的董事、监事和高级管理人员的说明,申银万国的现任董事、监事和高级管理人员符合中国法律规定的任职资格(详见本法律意见书第十七条),符合《首发管理办法》第二十三条之规定。

4.3.4　根据《内控报告》及申银万国的说明,申银万国的内部控制制度健全且被有效执行,能够合理保证财务报告的可靠性、经营的合法性、营运的效率与效果,符合《首发管理办法》第二十四条之规定。

4.3.5　经本所适当核查及根据申银万国的说明,申银万国不存在下列情形,符合《证券法》第十三条第一款第(三)项、第五十条第一款第(四)项和《首发管理办法》第二十五条之规定:

(1)最近36个月内未经法定机关核准,擅自公开或者变相公开发行过证券;或者有关违法行为虽然发生在36个月前,但目前仍处于持续状态;

(2)最近36个月内违反工商、税收、土地、环保、海关以及其他法律、行政法规,受到行政处罚,且情节严重;

(3)最近36个月内曾向中国证监会提出发行申请,但报送的发行申请文件有虚假记载、误导性陈述或重大遗漏;或者不符合发行条件以欺骗手段骗取发行核准;或者以不正当手段干扰中国证监会及其发行审核委员会审核工作;或者伪造、变造申银万国或其董事、监事、高级管理人员的签字、盖章;

(4)本次报送的发行申请文件有虚假记载、误导性陈述或者重大遗漏;

(5)涉嫌犯罪被司法机关立案侦查,尚未有明确结论意见;和

(6)严重损害投资者合法权益和社会公共利益的其他情形。

4.3.6　申银万国现行《公司章程》、《公司章程(草案)》中均已明确对外担保的审批权限和审议程序;根据《审计报告》并经本所适当核查,截至2014年3月31日,申银万国不存在为其控股股东、实际控制人及其控制的其他企业进行违规担保的情形,符合《首发管理办法》第二十六条之规定。

4.3.7　根据《内控报告》,申银万国有严格的资金管理制度;根据《审计报告》,截至2014年3月31日,申银万国不存在资金被控股股东、实际控制人及其控制的其他企业以借款、代偿债务、代垫款项或者其他方式占用的情形,符合《首发管理办法》第二十七条之规定。

4.4　财务与会计

4.4.1　根据《审计报告》及申银万国的说明,申银万国资产质量和财务状况良好,资产负债结构合理,盈利能力较强且具有持续盈利能力,现金流量正常,符合《证券法》第十三条第一款第(二)项和《首发管理办法》第二十八条之规定。

4.4.2　天健已就申银万国内部控制情况出具了无保留意见的《内控报告》。根据《内控报告》,申银万国的内部控制在所有重大方面是有效的,符合《首发管理办法》第二十九条之规定。

4.4.3　根据《审计报告》和《内控报告》,申银万国报告期内会计基础工作规范,财务报表的编制在所有重大方面符合企业会计准则和相关会计制度的规定,在所有重大方面公允地反映了申银万国的财务状况、经营成果和现金流量,并由注册会计师出具了无保留意见的审计报告,符合《首发管理办法》第三十条之规定。

4.4.4　根据《审计报告》、《内控报告》及申银万国的说明,申银万国报告期内编制财务报表以实际发生的交易或者事项为依据;在进行会计确认、计量和报告时保持了应有的谨慎;对相同或者相似的经济业务,选用了一致的会计政策,不存在随意变更的情形,符合《首发管理办法》第三十一条之规定。

4.4.5　经本所适当核查《重组报告书》和《审计报告》,本所认为,申银万国已按重要性原则完整披露关联方关系和恰当披露关联交易;根据申银万国的说明,截至本法律意见书出具之日,关联交易价格公允,不存在通过关联交易操纵利润的情形,符合《首发管理办法》第三十二条之规定。

4.4.6　根据《审计报告》(以下数据均摘自申银万国经审计的合并资产负债表、合并利润表、非经常性损益明细表及相关财务报表附注):

(1)申银万国2011年、2012年、2013年和2014年第一季度归属于公司普通股股东的扣除非经常性损益前后较低者的净利润分别为1,604,738,723.80元、1,342,990,841.91元、1,838,449,821.51元和566,868,644.21元。

申银万国最近三个会计年度净利润均为正数且累计超过3,000万元,符合《首发管理办法》第三十三条第(一)项之规定;

(2)申银万国2011年、2012年、2013年和2014年第一季度的营业收入分别为4,901,864,114.64元、4,737,073,872.32元、5,947,237,579.12元和1,546,191,657.06元,最近三个会计年度营业收入累计超过3亿元,符合《首发管理办法》第三十三条第(二)项之规定;

(3)截至2014年3月31日,申银万国的净资产为19,954,381,633.33元,无形资产为51,335,890.68元(扣除土地使用权后),申银万国最近一期的无形资产(扣除土地使用权后)在净资产中所占比例不高于20%,符合《首发管理办法》第三十三条第(四)项之规定;

(4)截至2014年3月31日,申银万国的未分配利润为7,404,072,845.96元,申银万国在最近一期期末不存在未弥补亏损,符合《首发管理办法》第三十三条第(五)项之规定。

4.4.7　申银万国现股本总额为67.1576亿元,不少于3,000万元,符合《证券法》第五十条第一款第(二)项、《首发管理办法》第三十三条第(三)项之规定。

4.4.8　经本所适当核查及根据申银万国的说明和相关国家税务局和/或地方税务局出具的证明文件,申银万国报告期内依法纳税;各项税收优惠符合中国法律的规定;根据《审计报告》及申银万国的说明,申银万国的经营成果对税收优惠不存在严重依赖,符合《首发管理办法》第三十四条之规定。

4.4.9　经本所适当核查及根据《审计报告》和申银万国的说明,申银万国不存在重大偿债风险,不存在影响其持续经营的担保、诉讼以及仲裁等重大或有事项(详见本法律意见书第十三条和第二十二条),符合《首发管理办法》第三十五条之规定。

4.4.10　根据《审计报告》、《重组报告书》和申银万国的说明并经本所适当核查,申银万国本次合并的申请文件中不存在以下情形,符合《首发管理办法》第三十六条之规定:

(1)故意遗漏或虚构交易、事项或者其他重要信息;

(2)滥用会计政策或者会计估计;

(3)操纵、伪造或篡改编制财务报表所依据的会计记录或者相关凭证。

4.4.11　经本所适当核查及根据《审计报告》和申银万国的说明,申银万国不存在下列影响其持续盈利能力的情形,符合《首发管理办法》第三十七条之规定:

(1)申银万国的经营模式、产品或服务的品种结构已经或者将发生重大变化,并对申银万国的持续盈利能力构成重大不利影响;

(2)申银万国的行业地位或申银万国所处行业的经营环境已经或者将发生重大变化,并对申银万国的持续盈利能力构成重大不利影响;

(3)申银万国最近1个会计年度的营业收入或净利润对关联方或者存在重大不确定性的客户存在重大依赖;

(4)申银万国最近1个会计年度的净利润主要来自合并财务报表范围以外的投资收益;

(5)申银万国在用的商标、专利、专有技术以及特许经营权等重要资产或技术的取得或者使用存在重大不利变化的风险;

(6)其他可能对申银万国持续盈利能力构成重大不利影响的情形。

4.4.12　根据《审计报告》和申银万国的说明,申银万国报告期的财务会计文件无虚假记载,符合《证券法》第十三条第(三)项、第五十条第一款第(四)项之规定。

4.5　《重组办法》规定的相关条件

4.5.1　根据《重组报告书》、相关政府主管部门出具的证明、申银万国的说明及申银万国提供的其他文件资料,如本法律意见书第十条"申银万国的业务"及第十九条"申银万国的环境保护"所述,本次合并符合国家产业政策和有关环境保护、土地管理、反垄断等中国法律的相关规定,符合《重组办法》第十条第(一)项之规定。

4.5.2　截至本法律意见书出具之日,申银万国的股本总额为67.1576亿股。根据申银万国2014年第二次临时股东大会决议、《重组报告书》、本次合并方案及现金选择权和退出请求权提供方的承诺,本次合并完成后,社会公众股东合计持有的股份将不低于存续公司股份总数的10%,不会导致存续公司不符合上市条件的情形,符合《证券法》第五十条第一款第(三)项之规定及《重组办法》第十条第(二)项之规定。

4.5.3　根据《重组报告书》、《换股吸收合并协议》、合并双方提供的文件资料和作出的说明，本次合并申银万国的发行价格，系依据《资产评估报告》确定的申银万国每股净资产评估值，并结合申银万国评估基准日后的除权除息事项确定；本次合并的换股价格，系以定价基准日前20个交易日宏源证券的A股股票交易均价，即8.30元/股（已考虑宏源证券2013年度分红派息事项）为基础，并在此基础上给予20%的换股溢价率确定。申银万国及宏源证券的独立董事均就本次合并的发行价格、换股价格的定价公允性发表了独立意见。本次合并的发行价格、换股价格的定价公允，不存在损害合并双方及其股东合法权益的情形，符合《重组办法》第十条第（三）项之规定。

4.5.4　根据《重组报告书》、合并双方提供的文件资料和作出的说明，如本法律意见书第十二条“合并双方的主要财产”部分所述，本次合并所涉及的合并双方主要资产产权清晰、权属明确，本次合并涉及的相关债权债务的处理安排合法合规；在相关法律程序和本次合并先决条件得到适当履行的情形下，合并双方在约定期限内办理完毕本次合并涉及的资产过户及债权债务的转移将不存在重大的法律障碍和风险，符合《重组办法》第十条第（四）项之规定。

4.5.5　根据《重组报告书》和申银万国的说明并经本所适当核查，本次合并前，申银万国主要从事证券经纪业务、投资银行业务、资产管理业务和证券交易投资业务等证券业务；本次合并完成后，申银万国为存续公司，宏源证券的业务将全部纳入存续公司，存续公司仍主要直接或间接从事证券经纪业务、投资银行业务、资产管理业务和证券交易投资业务等证券业务。据此，本次合并不存在可能导致存续公司主要资产为现金或者无具体经营业务的情形。根据《重组报告书》，本次合并有利于存续公司增强持续经营能力，符合《重组办法》第十条第（五）项之规定。

4.5.6　根据《重组报告书》、中央汇金出具的承诺，存续公司在业务、资产、财务、人员和机构等方面与中央汇金及其关联人保持独立，符合《重组办法》第十条第（六）项之规定。

4.5.7　根据《重组报告书》，本次合并有利于申银万国保持健全有效的法人治理结构，符合《重组办法》第十条第（七）项之规定。

4.6　其他

根据《换股吸收合并协议》、《重组报告书》，本次发行的A股股票全部作为本次合并的对价，并不向其他公众投资者发行和募集资金。因此，申银万国本次发行不适用《首发管理办法》第三十八条至第四十三条之规定。

综上所述，本所认为，本次合并符合《公司法》、《证券法》、《首发管理办法》、《重组办法》等中国法律规定的上市公司重大资产重组及股票发行上市的实质条件。

五、合并双方的设立

5.1　合并方的设立

申银万国的前身为申银证券和万国证券。申银证券系根据中国人民银行银复〔1988〕238号《关于同意设立上海申银证券公司的批复》，成立于1988年7月1日的证券公司；万国证券系根据中国人民银行银复〔1988〕262号《关于同意成立上海万国证券公司的批复》，成立于1988年7月15日的证券公司。

1996年9月16日，在申银证券和万国证券合并的基础上，由中国工商银行、上海市财政局、上海久事、上海浦东发展银行和上海国际信托投资公司等两家公司的原股东作为发起人采取发起方式设立了申银万国。为合并设立申银万国之目的，申银证券、万国证券履行了以下法律程序：

5.1.1　召开股东会

申银证券和万国证券于1996年2月14日分别召开各自的股东会，通过了两家公司合并的决议。

5.1.2　发出合并公告

申银证券和万国证券于1996年4月25日在中国证券报、上海证券报、证券时报和解放日报上发出合并公告。

根据申银万国的说明，在合并公告期内并无任何债权人要求申银证券或万国证券清偿债务或提供相应的债权担保。

本所注意到，根据当时有效的《公司法》的规定，申银证券和万国证券应当自作出合并决议之日起十日内通知债权人，并于三十日内在报纸上至少公告三次，申银证券和万国证券为合并作出的上述公告时间晚于合并决议作出后30日内，且仅发出一次公告。

5.1.3　签订《合并协议》

1996年4月24日，申银证券和万国证券签署了《上海申银证券有限公司与上海万国证券公司关于合并组建申银万国证券股份有限公司之协议》(以下简称"《合并协议》")。根据《合并协议》，双方决定以新设合并的方式组建新公司，双方以1995年12月31日经审计师事务所或会计师事务所审计核定、上海市国有资产管理办公室确认、双方认可的资产为准进行合并。申银证券和万国证券的原股东各以69,564万元的净资产作为对新公司的投资，新公司的注册资本为132,000万元，股份共计132,000万股，每股面值1元；申银证券的股东持有的股份总计为66,000万股，申银证券原各股东按原出资比例转持新公司股份；万国证券的股东持有的股份总计为66,000万股，万国证券原各股东按原出资比例转持新公司股份；同时持有申银证券及万国证券股份的股东，其在新公司中持有的股份数累积计算。《合并协议》同时约定，股东对新公司的投资总额超出注册资本部分，即7,128万元，转为新公司的资本公积金和公益金；申银证券原股东入股所余的股东权益17,390万元，在扣除1995年度股东分红后的余额，即113,899,711.10元，作为新公司对申银证券原股东的负债，由新公司有偿使用，待新公司具备一定实力后归还。根据《审计报告》，截至2014年3月31日，上述对申银证券原股东的负债仍记载为申银万国的长期应付款，金额为131,649,974.11元。根据申银万国的说明，截至本法律意见书出具之日，并无任何申银证券原股东向申银万国提出过清偿要求或其他权利主张；申银万国同时承诺，如有任何申银证券原股东提出偿还请求，其将立即予以足额偿付。

5.1.4　审计及合规性审核

为合并新设申银万国之目的，上海市审计中心万隆审计师事务所于1996年2月5日出具沪审万财字(1996)第9号《关于上海申银证券有限公司的资产审计报告》，审计基准日为1995年12月31日，申银证券在该日经审计的资产总额为4,913,993,809.73元，负债总额为4,044,450,932.98元，净资产为869,542,876.75元；上海公正会计师事务所于1996年2月9日出具沪公报(96)第16号《关于上海万国证券公司一九九五年度会计报表的审计报告》，审计基准日为1995年12月31日，万国证券在该日的资产总额为4,920,594,465.62元，负债总额为4,224,951,299.97元，净资产为695,643,165.65元。

上海市国有资产管理办公室于1996年2月12日出具沪国资基〔1996〕10号文《关于对上海万国证券公司〈关于上海万国证券公司原股本全部投入新公司的请示〉的批复》，同意上海公正会计师事务所对万国证券截至1995年末资产的审计结果(其中，资产总额为4,920,594,465.62元，负债总额为4,224,951,299.97元，净资产为695,643,165.65元)；同意万国证券所属国有股及其他股权与申银证券合并组建新公司。

上海市国有资产管理办公室于1996年2月12日出具沪国资基〔1996〕11号文《关于对上海申银证券有限公司〈关于上海申银证券有限公司资产审计情况及变动情况的报告〉的批复》，同意上海市审计中心万隆审计师事务所对申银证券截至1995年末资产的审计结果(其中，资产总额为49.14亿元，负债总额为40.44亿元，净资产为8.7亿元)；同意申银证券所属国有股及其他股权与万国证券合并组建新公司。

5.1.5　国有股权管理

本所注意到，申银万国未就申银证券和万国证券合并设立股份公司事宜获得有权国有资产管理部门出具的国有股权管理的相关批复。

5.1.6　申银万国设立的批准

1996年7月3日，中国人民银行出具了银复〔1996〕200号文《关于组建申银万国证券股份有限公司的批复》，根据该批复：

(1)同意申银证券和万国证券合并，合并后组建的新公司名称为申银万国证券股份有限公司；

(2)核准《申银万国证券股份有限公司章程》；

(3)核准申银万国的注册资本为132,000万元(其中外汇资本2,016万美元)；

(4)核准上海国际信托投资公司等223家股东资格；

(5)核准申银万国的业务范围；

(6)确认申银万国的董事及高级管理人员的任职资格。

5.1.7 验资

大华会计师事务所于1996年6月7日出具华业字(96)第815号《实收资本验资报告》,验证截至1995年12月31日,申银证券和万国证券已并入净资产为1,391,286,331.30元,其中实收资本为132,000,000.00元,盈余公积为71,286,331.30元;同时,该验资报告的附件中载明了申银万国223家股东的出资额。

5.1.8 创立大会

1996年7月16日,申银万国召开第一次股东大会暨创立大会,通过了申银万国的公司章程,并选举了申银万国第一届董事会及监事会成员。

5.1.9 办理工商登记

1996年9月16日,申银万国在上海市工商局领取了合并新设的股份有限公司的《企业法人营业执照》。

申银万国设立时的股权结构如下表所列示:

序号	股东名称	持股数(股)	持股比例
1	中国工商银行	248,160,000	18.8%
2	上海市财政局	231,000,000	17.5%
3	上海国际信托投资公司	114,453,104	8.67%
4	中国人民保险公司上海市分公司	30,364,256	2.30%
5	其他股东	696,022,640	52.73%
总计		1,320,000,000	100%

5.2 结论

综上,本所认为:

5.2.1 除本法律意见书第5.1.2和5.1.5条所述外,申银证券和万国证券合并设立申银万国的程序、资格、条件、方式等符合当时中国法律的规定,并得到政府有权部门的批准。本所认为,申银证券和万国证券在合并设立申银万国的过程中虽然就合并公告事宜存在第5.1.2条所述的问题,但鉴于上海市工商局已于1996年9月16日为合并完成后的申银万国办理了工商注册登记,且根据申银万国的说明,截至本法律意见书出具之日,并无申银证券和万国证券的任何债权人因该等程序瑕疵向申银万国提出异议或权利主张。就第5.1.5所述而言,申银万国当年虽然未就股份公司的设立办理国有股权管理事宜,但根据申银万国的说明,截至本法律意见书出具之日,有权国有资产管理部门并未因该瑕疵对申银万国作出任何处罚或追究责任,亦无任何申银证券原股东或万国证券原股东就该瑕疵提出过任何质疑或权利主张。为本次合并之目的,申银万国控股股东中央汇金已于2014年7月16日向财政部上报《关于申银万国证券股份有限公司国有股权管理方案有关问题的请示》,尚待获得财政部有关申银万国国有股权管理事宜作出的审核批复(详见本法律意见书第8.3条)。故本所认为前述瑕疵不会对本次合并构成重大不利影响。

5.2.2 申银证券和万国证券在合并设立申银万国的过程中签署的《合并协议》符合当时中国法律的规定,不会因此引致申银万国设立行为存在潜在纠纷。

5.2.3 申银证券和万国证券在合并设立申银万国的过程中履行了必要的审计和验资等程序,符合当时中国法律的规定。

5.2.4 申银万国创立大会的召开程序及做出的决议内容符合当时中国法律的规定,合法有效。

5.3 被合并方的设立

5.3.1 宏源信托的设立

宏源证券的前身为宏源信托。中国人民建设银行新疆分行于1992年10月12日出具建新办字〔1992〕33号文《对建设银行新疆信托投资公司改组为股份企业申请报告的批复》,中国人民银行新疆分行于1992年10月14日出具新人银(92)金管字281号文《关于同意中国人民建设银行新疆信托投资公司股份制改组的批复》,中国人民建设银行总行于 1993 年 2 月 13 日出具建总函字〔1993〕36 号文《关于建设银行新疆维吾尔自治区分行信托投资公司改组为股份制企业问题的复函》,同意新疆信托进行股份制改组,由新疆信托作为主发起人,连同七家其它法人共同发起设立宏源信托。新疆维吾尔自治区经济体制改革委员会于 1993 年 1 月 5 日出具新体改〔1993〕001 号文《关于设立新疆宏源信托投资股份有限公司和向社会公开发行股票的批复》,批准在新疆信托的基础上,由新疆信托联合新疆维吾尔自治区电力公司等七家企业共同发起并以社会募集方式设立的股份有限公司宏源信托。宏源信托于 1993 年 5 月 25 日在新疆维吾尔自治区工商局领取了《企业法人营业执照》。

5.3.2 宏源信托发行境内上市普通股

新疆维吾尔自治区人民政府于 1993 年 4 月 11 日出具新政函〔1993〕88 号文《关于对新疆宏源信托投资股份有限公司向社会公开发行股票报告的批复》,新疆维吾尔自治区人民政府于 1993 年 11 月 6 日出具新政办〔1993〕102 号文《关于新疆宏源信托投资股份有限公司继续募股方案的批复》,国务院证券委员会于 1993 年 10 月 20 日出具证委发〔1993〕49 号文《关于同意恢复新疆宏源公司个人股募集工作的通知》,同意宏源信托公开发行股票并上市。

根据宏源信托于 1994 年 1 月 28 日发布的《新疆宏源信托投资股份有限公司股票上市公告书》,宏源信托总股本设定为 17,500 万股,其中:发起人股 8,750 万股,定向法人股 3,750 万股,社会公众股 5,000 万股(含职工股 500 万股),每股面值均为 1 元。

深圳市金鹏会计师事务所于 1993 年 12 月 30 日出具〔1993〕验第 38 号《验资报告》,验证截至 1993 年 12 月 30 日,宏源信托的实收股数为 17,500 万股,每股股票面值 1 元,实收股本金总额 17,500 万元。股票溢价总收入 12,000 万元,其中法人股 7,500 万股,每股溢价 0.80 元;社会公众股共 5,000 万股,每股溢价 1.20 元。

中国证监会于 1994 年 1 月 3 日出具证监发审字〔1994〕3 号《关于新疆宏源信托投资股份有限公司申请股票发行上市的复审意见书》,复审通过宏源信托股票发行上市申报材料,确认宏源信托股本总额为 17,500 万股,每股面值为 1 元。1994 年 2 月 2 日,宏源信托股票在深交所挂牌交易。

5.3.3 宏源信托改组为宏源证券

(1)改组核准

国务院办公厅于 1999 年 2 月 7 日颁发《国务院办公厅转发中国人民银行整顿信托公司方案的通知》(国办发〔1999〕12 号),据记载,该次信托公司整顿工作的主要内容包括,通过清理整顿,实现信托业与证券业分业经营、分别设立、分业管理,信托投资公司不再从事股票经营业务。已设立证券营业部、办理股票经营业务的信托投资公司,符合中国证监会有关规定的,经批准,可独立或牵头组建具有法人资格的证券公司或证券经纪公司;达不到中国证监会规定条件的,可以转让或出售其证券营业部,也可以选择合作对象,申请联合组建证券公司或证券经纪公司。宏源信托根据该通知的原则改组为证券公司,为此目的,宏源信托履行了以下法律程序:

中国人民银行办公厅于 1999 年 12 月 13 日出具了银办函〔1999〕641 号文《关于新疆宏源信托投资股份有限公司改组为证券公司方案的复函》,同意新疆维吾尔自治区政府将宏源信托改组为宏源证券的调整意见。

新疆维吾尔自治区人民政府于 2000 年 1 月 17 日向中国证监会出具了新政函〔2000〕3 号文《关于新疆宏源信托投资股份有限公司改组为证券公司的函》,说明改组的基本方案为宏源信托彻底剥离和处置信托资产和信托负债,不再经营信托业务,整体改组为宏源证券,改组后宏源证券的注册资本增加至 5 亿元,为综合类证券公司,注册地仍为新疆乌鲁木齐市。

中国证监会于 2000 年 3 月 6 日出具证监机构字〔2000〕42 号文《关于同意新疆宏源信托投资股份有限公司改组为证券公司方案的批复》,同意新疆维吾尔自治区人民政府将宏源信托改组为证券公司的方案。

(2)改组公告

宏源信托于 2000 年 3 月 8 日发布《新疆宏源信托投资股份有限公司关于改组为证券公司的公告》。

(3)召开改组董事会

宏源信托于 2000 年 3 月 20 日召开第二届

董事会第五次会议，通过了宏源信托改组为证券公司的决议。

宏源信托于2000年4月18日召开第二届董事会第六次会议，通过了《公司1999年度利润分配预案及变更注册资本金》的决议，同意宏源信托向全体股东每10股配送红股1股，宏源信托股本由47,158.65万股变更为51,874万股，注册资本由47,158.65万元变更为51,874.515万元。

(4)召开改组股东大会

宏源信托分别于2000年5月11日和2000年6月6日召开2000年第一次临时股东大会和1999年度股东大会，审议通过了宏源信托改组为证券公司的议案和《公司1999年度利润分配方案及变更公司注册资本金》的议案，同意公司股本由47,158.65万股变更为51,874万股，注册资本金变更为51,874.515万元。

(5)验资

新疆西华会计师事务所于2000年6月18日出具华会所验字〔2000〕075号《验资报告》，验证截至2000年6月18日，宏源信托注册资本为518,745,150元，注册资本金已全部到位。

(6)专项审计情况

深圳同人会计师事务所于2000年6月27日出具深同证特字〔2000〕第009号《关于新疆宏源信托投资股份有限公司非证券类资产及负债的专项审计报告》，截至2000年3月31日，宏源信托账面的非证券类资产为691,790,050.68元，其中：拟剥离非证券类资产520,455,717.68元，自主清理的非证券类资产171,334.33元；负债为126,785,526.17元。

(7)开业批复

中国证监会于2000年9月11日出具证监机构字〔2000〕210号《关于同意宏源证券股份有限公司开业的批复》，同意宏源证券开业，并向其颁发《经营证券业务许可证》和《证券经营机构营业许可证》。

(8)工商变更登记

新疆维吾尔自治区工商局于2000年9月20日为改组完成的宏源证券办理了工商变更登记，并向其核发了改组完成后的《企业法人营业执照》。

5.4　结论

本所认为，宏源证券的设立符合当时关于证券公司设立的中国法律的相关规定，其设立合法有效。

六、申银万国的独立性

申银万国目前的控股股东为中央汇金(详见本法律意见书第七条)。根据申银万国关于其资产、人员、机构、财务、业务等方面独立情况的说明，并经本所适当核查，申银万国与中央汇金及其控制的其他企业之间独立运作，具体如下：

6.1　资产独立

经核查，申银万国独立、完整拥有与其经营有关的经营场所、设施和设备，具备与其经营有关的业务体系及相关资产，独立于控股股东和实际控制人及其控制的其他企业，符合《首发管理办法》第十五条之规定。

6.2　人员独立

经核查，申银万国的总经理、副总经理、董事会秘书等高级管理人员均未在申银万国的控股股东和实际控制人及其控制的其他企业中担任除董事、监事以外的其他职务或领取薪酬；申银万国的财务总监未在控股股东和实际控制人及其控制的其他企业中兼职，符合《首发管理办法》第十六条之规定。

6.3　财务独立

经核查，申银万国设置了独立的财务部门，建立了独立的财务核算体系，能够独立作出财务决策，具有规范的财务会计制度和对分支机构、子公司的财务管理制度；申银万国不存在与控股股东和实际控制人及其控制的其他企业共用银行账户的情形，符合《首发管理办法》第十七条之规定。

6.4　机构独立

经核查，申银万国建立健全了内部经营管理机构，申银万国的内部经营管理机构独立行使经营管理职权，也不存在与控股股东和实际控制人及其控制的其他企业的机构混同的情形，符合《首发管理办法》第十八条之规定。

6.5　业务独立

经核查，申银万国的主营业务包括证券经纪业务、投资银行业务、资产管理业务和证券交易投资业务等证券业务。申银万国拥有从事主营业务的完整、独立业务体系及人员，不依赖控股股东和实际控制人及其控制的其他企业。申银万国控股股东已作出了《关于避免同业竞争的承诺函》(详见本法律意见书第 11.4 条)。根据申银万国的说明,申银万国与控股股东和实际控制人及其控制的其他企业间的关联交易不存在显失公平或损害申银万国及申银万国其他股东利益的情形,符合《首发管理办法》第十九条之规定。

综上所述,本所认为,申银万国的资产、人员、财务、机构和业务均独立于控股股东和实际控制人及其控制的其他企业,在独立性方面不存在其他严重缺陷,具有完整的业务体系和直接面向市场独立经营的能力,申银万国符合《首发管理办法》第十四条至第二十条之规定。

七、申银万国的主要股东

7.1　申银万国的主要股东

经核查,截至本法律意见书出具之日,申银万国的股东共有 193 家,其中直接持有申银万国 5% 及以上股权的股东及其持股情况如下表所示:

序号	股东名称	持股数(股)	持股比例
1	中央汇金	3,718,967,798	55.38%
2	上海久事	898,378,066	13.38%
3	光大集团	740,000,000	11.02%

7.1.1　中央汇金

中央汇金在报告期内为申银万国的控股股东,成立于 2003 年 12 月 16 日,是由国家出资设立的国有独资公司,代表国家依法行使对国有商业银行等重点金融企业出资人的权利和义务。

于本法律意见书出具之日,中央汇金持有国家工商总局于 2013 年 8 月 27 日核发的注册号为 100000000038533 的《企业法人营业执照》。根据该营业执照的记载、中央汇金的公司章程并经本所适当核查,截至本法律意见书出具之日,中央汇金的基本情况如下:

名称:中央汇金投资有限责任公司

住所:北京市东城区朝阳门北大街 1 号新保利大厦

法定代表人:丁学东

注册资本:8,282.0862718388 亿元

实收资本:8,282.0862718388 亿元

公司类型:有限责任公司(国有独资)

经营范围:许可经营项目:(无)。一般经营项目:接受国家授权,对国有重点金融企业进行股权投资。

股本结构:中国投资有限责任公司持有 100% 股权

经营状态:存续

7.1.2　上海久事

上海久事成立于 1987 年 12 月 12 日,是由上海市国资委履行出资人职责,在上海市工商局注册登记的全民所有制企业。

于本法律意见书出具之日,上海久事持有上海市工商局于 2008 年 9 月 1 日核发的注册号为 310000000002048 的《企业法人营业执照》。根据该营业执照的记载、上海久事的公司章程并经本所适当核查,截至本法律意见书出具之日,上海久事的基本情况如下:

名称:上海久事公司

住所:上海市中山南路 28 号

法定代表人:张惠民

注册资金:252.70 亿元

经济性质:国有企业(法人)

经营范围:利用国内外资金,投资及综合开发经营,房地产开发经营、出租、出售,咨询业务,实业投资(上述经营范围涉及许可经营的凭许可证或资格证书经营)。

出资人:上海市国资委

经营状态:存续

7.1.3　光大集团

光大集团成立于 1990 年 11 月 12 日,是经国务院批准设立的全民所有制企业。

于本法律意见书出具之日,光大集团持有国家工商总局于 2012 年 10 月 23 日核发的注册号为 100000000010850 的《企业法人营业执照》。根据该营业执照的记载、光大集团的公司章程并经本所适当核查,截至本法律意见书出具之日,光大集团的基本情况如下:

名称:中国光大(集团)总公司

住所:北京市西城区太平桥大街 25 号

法定代表人:唐双宁

注册资金:11 亿元

经济性质:全民所有制

经营范围:主营:对银行、证券、保险、基金管理、信托投资、金银交易的企业进行投资及管

理。兼营:对非金融企业进行投资及管理。

出资人:财政部

经营状态:存续

本所注意到,光大集团已分别于2013年12月19日和2014年1月28日,与上海世茂股份有限公司(以下简称“世茂股份”)签订《上海市产权交易合同》(合同编号:G313SH1006883－2)和《上海市产权交易合同》(合同编号:G313SH1007091)。根据前述《上海市产权交易合同》,光大集团将其持有的共计52,000万股申银万国股份转让给世茂股份。光大集团于2014年6月16日就前述股份转让向上海证监局(转报中国证监会核准)提交核准申请;上海证监局已于2014年7月15日出具沪证监许可〔2014〕190号文《关于不予核准申银万国证券股份有限公司变更持有5%以上股权股东的决定》,决定不予核准世茂股份持有申银万国5%以上股份的股东资格。

此外,光大集团于2008年4月9日将其持有的5,000万股申银万国股份质押给中国光大银行股份有限公司,截至本法律意见书出具之日,该等质押仍然有效。

7.2　结论

综上,本所认为:

(1)申银万国的前述主要股东均为依法有效存续的企业法人,其作为申银万国的主要股东的资格已获得中国证监会的认定,符合中国法律的相关规定。

(2)申银万国最近3年内实际控制人没有发生变更,符合《首发管理办法》第十二条之规定。

八、申银万国的股本及演变

8.1　申银万国的股本变更

自设立至今,申银万国的股本发生了下述变更:

8.1.1　申银万国第一次增资扩股

经中国证监会批准,申银万国于2002年实施了其设立以来的第一次增资扩股。为本次增资扩股之目的,申银万国履行了以下法律程序:

(1)增资扩股的批准

中国证监会于2001年10月18日作出证监机构字〔2001〕218号文《关于同意申银万国证券股份有限公司增资扩股方案的批复》,同意申银万国的注册资本由132,000万元增至433,276万元,其中公积金转增79,200万元,另外222,076万元由原股东增加出资和由新股东出资。

中国证监会于2002年3月4日作出证监机构字〔2002〕61号文《关于核准申银万国证券股份有限公司增资扩股的批复》,核准如下事项:

(a)申银万国注册资本增加至421,576万元;

(b)《公司章程》;

(c)申银万国股东的股东资格和出资额,具体情况如下:

序号	股东名称	增资额(万元)
1	光大集团	44,576
2	国际集团	56,000
3	上海久事	61,000
4	申能(集团)有限公司	20,000
5	上海市上投投资管理有限公司	5,000
6	上海大江(集团)股份有限公司	5,000
7	上海东方明珠股份有限公司	4,500
8	中国华能集团公司	3,800
9	上海广电电子股份有限公司	2,500
10	上海金山实业投资发展有限公司	2,500
11	上海金叶烟草有限公司	1,200
12	锦江(集团)有限公司	1,100
13	上海闵行联合发展有限公司	700
14	上海文新投资有限公司	500
15	上海华联商厦股份有限公司	500
16	上海印钞厂	500
17	江南造船(集团)有限责任公司	500
18	上海友谊(集团)有限公司	500

(2)申银万国的内部批准与授权

申银万国于2000年12月15日召开申银万国第一届董事会第五次临时会议,决议将申银万国的注册资本由13.20亿元增至42亿元,并审议通过了增资扩股的具体方案。

申银万国全体股东于2000年12月27日通过了《关于同意申银万国证券股份有限公司增资扩股方案的决议》,同意将申银万国的注册资本由13.20亿元增至42亿元。增资扩股的具体方案主要包括:

(a)以公积金对原股东转增股本,按10:6的比例向原股东转增股本7.92亿元,即新增股本27.5%为公积金转增;

(b)新增发行股份20.88亿股,采取平价发行,即按1元/股发行新股,新增资金20.88亿元;

(c)出资单位均以货币资金入股;

(d)认购新增发行股份的出资单位以500万股为认购基数,每100万股为递增单位,出资单位认购的新增发行股份与原持有股份之和最高不超过增资后申银万国股本总额的20%。

申银万国于2001年12月3日召开第一届董事会第十七次会议,通过了《增资扩股前净资产处理的方案(草案)》,同意将24,321,272.79元未分配利润提留为公积金,以弥补申银万国账面上盈余公积金(767,678,727.21元)不足上述增资扩股具体方案拟定的待转增公积金7.92亿元的差额部分。

申银万国于2002年1月14日召开2002年第一次股东大会,通过了《关于增资扩股方案实施情况报告》。根据该报告,共有18家单位认购了申银万国本次新增发行的股份,实际认购金额共计210,376万元;申银万国的注册资本由13.20亿元增至42.1576亿元。

(3)验资

申银万国本次增资完成后的股本已经上海上会会计师事务所于2002年1月15日出具的上会师报字(2002)第015号《验资报告》予以验证。根据该验资报告,截至2002年1月14日,申银万国注册资本已增加2,895,760,000元,其中,由公积金转增注册资本767,678,727.21元,由未分配利润转增注册资本24,321,272.79元,收到中国证监会批准出资的股东以货币资金缴纳的新增注册资本2,103,760,000元;本次增资后,申银万国的累计注册资本实收金额为4,215,760,000元。

(4)申银万国的工商变更登记

上海市工商局于2002年5月14日为申银万国办理了工商变更登记,向申银万国核发了本次增资完成后的《企业法人营业执照》。

本次增资扩股完成后,申银万国的股权结构如下表所示:

序号	股东名称	持股数(股)	持股比例
1	光大集团	840,000,000	19.93%
2	上海久事	648,288,956	15.38%
3	国际集团	560,000,000	13.28%
4	国资公司	380,935,986	9.04%
5	申能(集团)有限公司	200,000,000	4.74%
6	其他股东	1,586,535,058	37.63%
总计		4,215,760,000	100%

8.1.2 申银万国第二次增资扩股

经中国证监会批准,申银万国于2005年完成了其设立以来的第二次增资扩股。为该次增资扩股之目的,申银万国履行了以下法律程序:

(1)增资扩股的批准

上海市人民政府和中国人民银行于2005年7月16日作出沪府〔2005〕42号文《关于申银万国和国泰君安两家证券公司深化改革建立现代金融企业制度有关事项的请示》,向国务院申请将申银万国的注册资本由42亿元增加至67亿元,增加的注册资本25亿元全部由中央汇金认购。

中国证监会于2005年9月27日作出证监机构字〔2005〕100号文《关于同意申银万国证券股份有限公司增资扩股及修改公司章程的批复》,同意申银万国注册资本由42.1576亿元增至67.1576亿元;核准中央汇金的股东资格;同意中央汇金以现金向申银万国出资25亿元,持股比例为37.3%;同意申银万国修改后的《申银万国证券股份有限公司章程》。

(2)申银万国的内部批准与授权

申银万国分别于2005年9月16日和2005年9月29日召开了申银万国第二届董事会第十九次会议和2005年第一次股东大会,审议通过了本次增资扩股议案。即:

(a)申银万国拟在现有注册资本基础上增资25亿元,增资后注册资本变更为67.1576亿元;

(b)中央汇金以25亿元现金认购25亿股

新股，每股价格为1元。

(3)财务重组方案

根据中央汇金与申银万国于2005年8月30日签署的《中央汇金公司与申银万国证券公司关于注资与财务重组的备忘录》和《中央汇金公司与申银万国证券公司关于注资与财务重组方案》，中央汇金以每股1元的价格向申银万国注资25亿元，增资后申银万国的注册资本变更至67亿元，中央汇金持股比例为37.3%；同时，前十大股东按等比例将相当于20亿股申银万国股份所代表的表决权阶段性的让渡给中央汇金；该等表决权让渡后，中央汇金有权行使的表决权累计占全体股东所持表决权的比例为67%。2012年2月24日，中央汇金股份受让后(详见本法律意见书第8.2.3条)持有申银万国55.3767%的股份，成为申银万国第一大股东，并分别与上述前十大股东中除国际集团、国资公司、国际信托以外的其他股东签署了《确认书》，终止上述表决权让渡安排，国际集团、国资公司、国际信托已于2012年2月24日向中央汇金转让其所分别持有的全部申银万国股份(详见本法律意见书第8.2.3条)。

(4)验资

申银万国本次增资扩股完成后的股本已经上海上会会计师事务所于2005年9月29日出具的上会师报字(2005)第1285号《验资报告》予以验证。根据该验资报告，截至2005年9月29日，申银万国已收到中央汇金缴纳的投资款25亿元，全部为现金出资。

(5)申银万国的工商变更登记

上海市工商局于2005年9月30日为申银万国办理了工商变更登记，向申银万国核发了本次增资扩股完成后的《企业法人营业执照》。

本次增资扩股完成后，申银万国的股权结构如下表所示：

序号	股东名称	持股数(股)	持股比例
1	中央汇金	2,500,000,000	37.23%
2	光大集团	840,000,000	12.51%
3	上海久事	648,288,956	9.65%
4	国际集团	568,097,134	8.46%
5	国资公司	380,935,986	5.67%
6	申能(集团)有限公司	200,000,000	2.98%
7	其他股东	1,578,437,924	23.50%
总计		6,715,760,000	100%

8.2　申银万国的历次股份转让

自申银万国设立以来，申银万国的股东所持股份发生了四次主要转让(如下所述)，其他股份转让的情况见本法律意见书附件1。

8.2.1　中国工商银行无偿划转所持有的申银万国股份①、上海市财政局转让所持有的申银万国股份②

1999年8月，中国工商银行将所持有的全部24,640万股申银万国股份无偿划转给上海市财政局持有；2000年1月，上海市财政局将其所持有的该等申银万国股份有偿转让给光大集团，该次转让完成后，光大集团累计持有84,000万股申银万国股份。为该2次股份转让之目的，申银万国履行了以下法律程序：

(1)财政部批准股份无偿划转

1999年8月5日，财政部作出财债字〔1999〕165号文《关于国泰证券公司、申银万国证券公司、海通证券公司、中国太平洋保险公司脱钩及股权划转的通知》，批准中国工商银行将所持有的24,640万股申银万国股份无偿划转给上海市(实际由上海市财政局持有)。

(2)签订股份转让协议

上海市财政局与光大集团于1999年9月23日签署《股权转让协议书》，约定上海市财政局将其所持的24,640万股申银万国股份以40,656万元的价格有偿转让给光大集团。

(3)提出批准申请

申银万国于1999年10月26日向上海证监局提交《关于我公司第一大股东等股东单位转让股份的请示》，并由上海证监局上报中国证监会，说明根据财政部出具的财债字〔1999〕165号文，申银万国第一大股东中国工商银行将其所持有的24,640万股申银万国股份全部

① 本法律意见书附件1第1项。

② 本法律意见书附件1第33项。

无偿划归上海市财政局持有;上海市财政局已与光大集团达成协议将该等获准无偿取得的申银万国股份全部转让给光大集团;本次转让生效后,光大集团将成为申银万国第一大股东。

(4)股份转让的批准

中国证监会于 2000 年 1 月 21 日作出证监机构字〔2000〕22 号文《关于同意申银万国证券股份有限公司部分股权变更的批复》,同意上海市财政局将其所持的申银万国 24,640 万股股份转让给光大集团。

8.2.2 上海市财政局转让所持有的申银万国股份①

上海市财政局于 2001 年 7 月与国资公司签署了《股权转让协议书》,约定上海市财政局将其所持有的申银万国 238,084,992 股国家股无偿转让给国资公司。

中国证监会于 2001 年 9 月 20 日出具机构部部函〔2001〕95 号文《关于同意申银万国证券股份有限公司股权变更的批复》,同意上海市财政局将其所持有的申银万国 238,084,992 股国家股无偿转让给国资公司。

本次转让完成后,上海市财政局不再持有申银万国股份。

8.2.3 国际集团、国资公司、国际信托及上海国际集团资产管理有限公司转让所持有的申银万国股份②

2012 年 2 月,国际集团及其下属国资公司、国际信托及上海国际集团资产管理公司(以下简称"国际集团资管公司")将其所持有的共计 1,218,967,798 股申银万国股份转让给中央汇金(以下简称"中央汇金股份受让"),转让的对价为前述受让方持有的国泰君安证券股份有限公司(以下简称"国泰君安")的股份和现金。转让及受让的具体情形如下:

序号	转让方名称	转让的股份数额
1	国际集团	568,097,134
2	国资公司	380,935,986
3	国际信托	183,934,678
4	国际集团资管公司	86,000,000
总计		1,218,967,798

为该次股份转让之目的,各方履行了以下法律程序:

(1)批准

国务院于 2011 年 1 月同意中央汇金股份受让。上海市金融服务办公室于 2011 年 9 月 27 日出具沪金融办〔2011〕16 号文《关于上海国际集团公司与中央汇金公司置换和转让申银万国与国泰君安股权有关事项的批复》,原则同意国际集团与中央汇金关于申银万国与国泰君安股份置换和转让总体方案。

国际集团于 2011 年 9 月 27 日出具沪国际(2011)149 号文《关于同意上海国有资产经营有限公司所持申银万国股份置换国泰君安股份的批复》、沪国际(2011)150 号文《关于同意上海国际集团资产管理有限公司所持申银万国股份置换国泰君安股份的批复》和沪国际(2011)151 号文《关于同意国际信托所持申银万国股份置换国泰君安股份的批复》,同意国资公司、国际信托及国际集团资管公司以所持有的全部申银万国股份置换中央汇金持有的国泰君安股份。

上海证监局于 2012 年 2 月 24 日出具沪证监机构字〔2012〕42 号文《关于核准申银万国证券股份有限公司变更持有 5% 以上股权的股东的批复》,对中央汇金受让 1,218,967,798 股申银万国股份(占股份总数 18.1509%)无异议。

(2)签订协议

国际集团及其下属国资公司、国际信托及国际集团资管公司与中央汇金于 2011 年 9 月 27 日签署《关于申银万国证券股份有限公司和国泰君安证券股份有限公司之股份置换协议》,国际集团、国资公司、国际信托及国际集团资管公司将其所持有的共计 1,218,967,798 股申银万国股份置换中央汇金所持有的 522,251,808 股国泰君安股份,置换比例根据有权国有资产管理部门核准的申银万国和国泰君安各自的资产评估结果确定。

(3)资产评估以及核准

财政部于 2011 年 9 月 14 日出具财金〔2011〕110 号文《财政部关于申银万国证券股份有限公司股权置换和转让项目资产评估报告核准的批复》,核准北京中同华资产评估有限公司出

① 本法律意见书附件 1 第 49 项。

② 详见本法律意见书附件 1 第 172 项。

具的《申银万国证券股份有限公司股权置换和转让项目资产评估报告书》(中同华评报字〔2011〕第117号),截至评估基准日2010年9月30日,申银万国净资产评估值为2,077,510.44万元。

上海市国资委于2011年9月23日出具沪国资评核〔2011〕2号文《关于国泰君安证券股份有限公司股份置换和转让项目涉及的企业价值评估项目的核准通知》。根据该通知,上海市国资委已经收悉中同华资产评估有限公司出具的资产评估报告(中同华评报字〔2011〕第118号),并对该资产评估项目予以核准;截至评估基准日2010年9月30日,国泰君安净资产评估价值为3,393,386.41万元。

(4)工商变更登记

根据申银万国提供的工商文件中的《发起人变更名单》,申银万国已就前述四次股份转让涉及的中国工商银行、上海市财政局和国际信托等发起人变更事宜办理了工商变更登记。

8.3　国有股权管理

申银万国控股股东中央汇金已于2014年7月16日向财政部上报了《关于申银万国证券股份有限公司国有股权管理方案有关问题的请示》,确认了截至2014年7月9日申银万国的国有股权管理事宜。根据该请示以及该请示的附件《申银万国证券股份有限公司国有股权管理方案》,申银万国截至2014年7月9日的注册资本总额为67.1576亿元,折合总股本67.1576亿股,其中持有国家股的股东1家,持有3,718,967,798股股份,持股比例为55.38%;持有国有法人股的股东102家,合计持有2,437,405,368股股份,合计持股比例为36.29%;持有社会法人股的股东91家,合计持有559,386,834股股份,合计持股比例为8.33%。

申银万国截至2014年7月9日的股权结构如下表所列示:

序号	股东名称	持股数(股)	持股比例
1	中央汇金	3,718,967,798	55.38%
2	上海久事	898,378,066	13.38%
3	光大集团	740,000,000	11.02%
4	其他股东共计	1,358,414,136	20.22%
总计		6,715,760,000	100%

申银万国尚待获得财政部有关申银万国国有股权管理事宜作出的审核批复。

8.4　结论

综上所述,本所认为:

(1)申银万国的历次股本变动均履行了外部批准和内部授权程序,并履行了必要的资产评估和验资事项,办理了工商变更登记手续,不存在对本次合并有重大不利影响的情形。

(2)根据申银万国的说明并经本所适当核查,除本法律意见书附件1第55、56、62、66、71、76和206项所述情况外,申银万国的历次股份转让或该次股份转让的受让方持股资格均取得了中国证监会或其派出机构的核准或无异议函或向其履行了法定的报告手续,不存在对本次合并有重大不利影响的情形。就上述第55、56、62、66、71、76和206项股份转让,该等股份转让的股份受让方目前仍为持有申银万国股份的股东;申银万国已经于2014年7月4日向中国证监会上报《关于申请出具换股吸收合并宏源证券并上市监管意见书的请示》及相关材料,详细描述了申银万国的股权结构形成过程及报批或报备情况,以及申银万国目前的股权结构,申银万国尚待获得中国证监会出具的监管意见书。本所认为,该等瑕疵不会对本次合并构成实质性重大不利影响。根据申银万国的说明并经本所适当核查,截至本法律意见书出具之日,不存在因股份转让而引发的诉讼或争议。

(3)根据申银万国的说明并经本所适当核查,截至本法律意见书出具之日,除光大集团持有的申银万国股份存在质押的情况(详见本法律意见书第7.1条)以外,不存在持有申银万国5%以上股份的股东将其所持有的申银万国的股份进行质押的情形。

九、申银万国的控股子公司和分支机构

9.1　控股子公司

9.1.1　申万研究所

申万研究所目前持有上海市工商局黄浦分局于2013年7月18日核发的注册号为310103000020971的《企业法人营业执照》。根据该营业执照的记载、申万研究所的公司章程并经本所适当核查,申万研究所的基本情况如下:

名称:上海申银万国证券研究所有限公司

住所:上海市鲁班路 402 号

法定代表人:陈晓升

注册资本:2,000 万元

实收资本:2,000 万元

公司类型:有限责任公司(国内合资)

经营范围:证券投资咨询、企业投资咨询、企业策划;信息软件开发与销售;信息成果转让;信息科技咨询服务;证券人才培训;信息采集、信息加工、信息发布、经济信息服务、信息系统集成(专营项目凭许可证或有关批准意见经营)。[企业经营涉及行政许可的,凭许可证件经营]。

股东及持股比例:申银万国持有申万研究所 90% 的股权,万达信息股份有限公司持有申万研究所 10% 的股权。

成立日期:1992 年 10 月 16 日

经营状态:存续

经上海前进审计师事务所有限公司出具的咨前业验字(1997)3 - 51 号《验资报告》,及上海复兴会计师事务所有限公司出具的复会师验(2000)第 118 号和复会师验(2000)第 213 号《验资报告》验证,截至 2000 年 4 月 26 日,申万研究所的注册资本 2,000 万元已由其股东以现金方式全部缴足。

9.1.2　申万菱信

根据中国证监会分别于 2003 年 8 月 25 日和 2003 年 12 月 22 日出具的证监基金字〔2003〕98 号文和证监基金字〔2003〕144 号文,及上海市工商局于 2004 年 1 月 15 日核发的《企业法人营业执照》,申银万国和法国巴黎资产管理有限公司于 2004 年 1 月 15 日设立申万巴黎基金管理有限责任公司(后更名为“申万菱信基金管理有限公司”)。

申万菱信目前持有商务部于 2011 年 1 月 25 日核发的商外资资审字〔2003〕0230 号《外商投资企业批准证书》和国家工商总局于 2011 年 3 月 3 日核发的注册号为 100000400010467 的《企业法人营业执照》。根据该等批准证书和营业执照的记载并经本所适当核查,申万菱信的基本情况如下:

名称:申万菱信基金管理有限公司

住所:上海市淮海中路 300 号香港新世界大厦 40 楼

法定代表人:姜国芳

注册资本:15,000 万元

实收资本:15,000 万元

公司类型:有限责任公司(中外合资)

经营范围:基金管理业务、发起设立基金以及经中国证监会批准的其他业务(包括销售其本身发起设立的基金)。

股东及持股比例:申银万国持有申万菱信 67% 的股权,三菱 UFJ 信托银行株式会社持有申万菱信 33% 的股权。

经营状态:存续

经德勤华永会计师事务所有限公司出具的德师报(验)字(03)第 052 号、德师报(验)字(03)第 061 号和德师报(验)字(08)第 0029 号《验资报告》验证,截至 2008 年 10 月 7 日,申万菱信的注册资本 15,000 万元已由其股东以现金方式全部缴足。

另外,申万菱信持有申万菱信(上海)资产管理有限公司(以下简称“菱信资管”)100% 的股权。

根据中国证监会于 2014 年 3 月 5 日出具的证监许可〔2014〕253 号文《关于核准申万菱信基金管理有限公司设立子公司的批复》,及上海市工商行政管理局自由贸易试验区分局(以下简称“上海市工商局自贸区分局”)于 2014 年 3 月 13 日核发的《营业执照》,申万菱信于 2014 年 3 月 13 日设立菱信资管。

菱信资管目前持有上海市工商局自贸区分局于 2014 年 3 月 13 日核发的注册号为 310141000064081 的《营业执照》。根据该营业执照的记载、菱信资管的公司章程并经本所适当核查,菱信资管的基本情况如下:

名称:申万菱信(上海)资产管理有限公司

住所:中国(上海)自由贸易试验区希雅路 69 号 2 幢 4 层 4021 室

法定代表人:过振华

注册资本:2,000 万元

公司类型:一人有限责任公司(法人独资)

经营范围:特定客户资产管理业务;中国证监会认可的其他业务。[依法须经批准的项目,经相关部门批准后方可开展经营活动]。

股东及持股比例:申万菱信持有菱信资管 100% 的股权。

经营状态:存续

经普华永道中天会计师事务所（特殊普通合伙）出具的普华永道中天验字（2014）第128号《验资报告》验证，截至2014年3月11日，菱信资管的注册资本2,000万元已由其股东以现金方式全部缴足。

9.1.3　申万期货

根据中国证监会于2007年7月26日出具的证监期货字〔2007〕104号文《关于核准天意期货经纪有限公司变更注册资本和股权的批复》和上海市工商局于2007年9月18日核发的《企业法人营业执照》，申银万国认购天意期货经纪有限公司（后更名为“申银万国期货有限公司”）新增注册资本7,000万元，占变更后注册资本的70%。

申万期货目前持有上海市工商局于2012年12月14日核发的注册号为510000000010507的《企业法人营业执照》。根据该营业执照的记载、申万期货的公司章程并经本所适当核查，申万期货的基本情况如下：

名称：申银万国期货有限公司

住所：上海市东方路800号宝安大厦7、8、10楼

法定代表人：李建中

注册资本：77,600万元

实收资本：77,600万元

公司类型：有限责任公司（国内合资）

经营范围：商品期货经纪，金融期货经纪，期货投资咨询，资产管理。［企业经营涉及行政许可的，凭许可证件经营］。

股东及持股比例：申银万国持有申万期货96.22%的股权，上海交大产业投资管理（集团）有限公司持有申万期货3.40%的股权，上海新南洋股份有限公司持有申万期货0.38%的股权。

经营状态：存续

经四川君和会计师事务所有限责任公司2007年出具的《报告书》，及上海上会会计师事务所有限公司出具的上会师报字（2008）第1843号和上会师报字（2011）第1819号《验资报告》验证，截至2011年9月15日，申万期货的注册资本77,600万元已由其股东全部缴足。

另外，申万期货持有申银万国智富投资有限公司（以下简称“申万智富”）100%的股权。

根据中国期货业协会于2013年5月23日出具的中期协函字〔2013〕150号文《关于申银万国期货有限公司设立子公司开展以风险管理服务为主的业务试点备案申请的复函》，及上海市工商局自贸区分局于2013年10月1日核发的《企业营业执照》，申万期货于2013年10月1日设立申万智富。

申万智富目前持有上海市工商局自贸区分局于2014年5月9日核发的注册号为310141000000084的《营业执照》。根据该营业执照的记载、申万智富的公司章程并经本所适当核查，申万智富的基本情况如下：

名称：申银万国智富投资有限公司

住所：中国（上海）自由贸易试验区华京路8号8楼837室

法定代表人：李建中

注册资本：5,000万元

公司类型：一人有限责任公司（法人独资）

经营范围：仓单服务，合作套保，基差交易；投资管理，资产管理，投资咨询，实业投资，国际贸易，转口贸易，区内企业间的贸易及贸易代理，区内商业性简单加工，软件和信息技术服务；从事货物及技术的进出口业务，金属材料、矿产品（除专控）、贵金属（除专控）、化工产品及原料（除危险化学品、监控化学品、烟花爆竹、民用爆炸物品、易制毒化学品）、橡胶及制品、煤炭、燃料油（除危险品）、机械设备、计算机及配件、建材、棉花（除棉花收购）、玻璃、焦炭、沥青、木材、汽车配件、食用农产品（除生猪、牛、羊等家畜产品）、饲料的销售。［依法须经批准的项目，经相关部门批准后方可开展经营活动］。

股东及持股比例：申万期货持有申万智富100%的股权。

经营状态：存续

经上海国金嘉德会计师事务所出具的国金会验（2013）第500号《验资报告》验证，截至2013年9月24日，申万智富的注册资本5,000万元已由其股东以现金方式全部缴足。

9.1.4　申万直投

根据中国证监会于2008年10月21日出具的机构部部函〔2008〕603号文《关于申银万国证券股份有限公司开展直接投资业务试点的无异议函》和上海市工商局于2009年4月9日核发的《企业法人营业执照》，申银万国于2009

年4月9日设立申万直投。

申万直投目前持有上海市工商局于2014年4月18日核发的注册号为310000000095651的《企业法人营业执照》。根据该营业执照的记载并经本所适当核查,申万直投的基本情况如下:

名称:申银万国投资有限公司

住所:上海市浦东新区春晓路289号张江大厦21层A03室

法定代表人:徐宜阳

注册资本:5亿元

实收资本:5亿元

公司类型:一人有限责任公司(法人独资)

经营范围:使用自有资金对境内企业进行股权投资;为客户提供股权投资的财务顾问服务;设立直投基金,筹集并管理客户资金进行股权投资;在有效控制风险、保持流动性的前提下,以现金管理为目的,将闲置资本金投资于依法公开发行的国债、投资级公司债、货币市场基金、央行票据等风险较低、流动性较强的证券,以及证券投资基金、集合资产管理计划或者专项资产管理计划;证监会同意的其他业务。[企业经营涉及行政许可的,凭许可证件经营]。

股东及持股比例:申银万国持有申万直投100%的股权。

经营状态:存续

经上海兴中会计师事务所有限公司出具的兴验内字(2009)-1373号《验资报告》验证,截至2009年4月2日,申万直投的注册资本5亿元已由其股东以现金方式全部缴足。

另外,申万直投持有桐乡市申银万国金凤凰投资管理有限公司(以下简称"申万金凤凰投资")80%的股权,以及申银万国交投产融(上海)投资管理有限公司(以下简称"申万投资管理公司")51%的股权。

申万金凤凰投资目前持有桐乡市工商行政管理局于2014年3月31日核发的注册号为330483000138008的《营业执照》。根据该营业执照的记载、申万金凤凰投资的公司章程并经本所适当核查,申万金凤凰投资的基本情况如下:

名称:桐乡市申银万国金凤凰投资管理有限公司

住所:桐乡市梧桐街道振东新区和平路(西)95号3幢6楼

法定代表人:马龙官

注册资本:500万元

公司类型:有限责任公司

经营范围:投资管理及相关咨询服务;投资咨询服务;企业管理咨询。[依法须经批准的项目,经相关部门批准后方可开展经营活动]。

股东及持股比例:申万直投持有申万金凤凰投资80%的股权,桐乡市金凤凰服务业发展集团有限公司持有申万金凤凰投资20%的股权。

成立日期:2014年3月31日

经营状态:存续

经浙江方联会计师事务所有限公司出具的方联会验内〔2014〕048号《验资报告》验证,截至2014年3月20日,申万金凤凰投资的注册资本500万元已由其股东以现金方式全部缴足。

申万投资管理公司目前持有上海市工商局自贸区分局于2014年7月25日核发的注册号为310141000095306的《营业执照》。根据该营业执照的记载、申万投资管理公司的公司章程并经本所适当核查,申万投资管理公司的基本情况如下:

名称:申银万国交投产融(上海)投资管理有限公司

住所:中国(上海)自由贸易试验区美盛路55号2幢3层343室

法定代表人:欧阳华杰

注册资本:1,000万元

公司类型:有限责任公司(国内合资)

经营范围:投资管理、投资咨询、企业管理咨询(除经纪)。[依法须经批准的项目,经相关部门批准后方可开展经营活动]。

股东及持股比例:申万直投持有申万投资管理公司51%的股权,四川交投产融控股有限公司持有申万投资管理公司49%的股权。

成立日期:2014年7月25日

经营状态:存续

9.1.5 申万创投

根据上海证监局于2013年4月22日出具的证监机构字〔2013〕92号文《关于核准申银万国证券股份有限公司变更章程重要条款的批

复》和深圳市市场监督管理局于2013年5月29日核发的《企业法人营业执照》,申银万国于2013年5月29日设立申万创投。

申万创投目前持有深圳市市场监督管理局于2014年6月5日核发的注册号为440301107371663的《企业法人营业执照》。根据该营业执照的记载并经本所适当核查,申万创投的基本情况如下:

名称:申银万国创新证券投资有限公司

住所:深圳市前海深港合作区前湾一路鲤鱼门街一号前海深港合作区管理局综合办公楼A栋201室(入驻深圳市前海商务秘书有限公司)

法定代表人:陈建民

注册资本:10亿元

实收资本:10亿元

公司类型:有限责任公司(法人独资)

经营范围:投资管理;咨询服务;顾问服务。

股东及持股比例:申银万国持有申万创投100%的股权。

经营状态:存续

经深圳新洲会计师事务所(普通合伙)出具的深新洲内验字〔2013〕041号《验资报告》验证,截至2013年5月29日,申万创投的注册资本10亿元已由其股东以现金方式全部缴足。

另外,申万创投持有申银万国创新资本管理有限公司(以下简称"申万创新管理公司")100%的股权。

申万创新管理公司目前持有上海市工商局于2014年7月18日核发的注册号为310000000128664的《营业执照》。根据该营业执照的记载、申万创新管理公司的公司章程并经本所适当核查,申万创新管理公司的基本情况如下:

名称:申银万国创新资本管理有限公司

住所:上海市浦东新区浦东南路2250号3幢三层A341室

法定代表人:陈建民

注册资本:6亿元

公司类型:一人有限责任公司(法人独资)

经营范围:投资管理,实业投资,股权投资,资产管理,投资咨询。[依法须经批准的项目,经相关部门批准后方可开展经营活动]。

股东及持股比例:申万创投持有申万创新管理公司100%的股权

成立日期:2014年7月18日

经营状态:存续

除以上境内控股子公司外,申银万国还全资拥有一家在香港设立的申银万国(香港)集团有限公司(以下简称"申万香港集团公司")(详见本法律意见书第10.3条)。

9.2　分公司

经中国证监会以证监许可〔2009〕第442号文、上海证监局以沪证监机构字〔2012〕501号文和沪证监机构字〔2013〕288号文批准,申银万国共设立了16家分公司,具体情况详见本法律意见书附件2所列示。经本所适当核查,截至本法律意见书出具之日,申银万国各个分公司的存续状态正常。

9.3　证券营业部

截至本法律意见书出具之日,申银万国分别在北京市、上海市、天津市、重庆市、黑龙江省、广东省等29个省、市、自治区共设立了169家证券营业部。根据申银万国的说明,申银万国对该等分支机构实施区域化管理,除上海陆家嘴环路证券营业部由申银万国直接管理外,申银万国的各证券营业部分别由当地的分公司按地域实施管理。该等营业部的基本情况详见本法律意见书附件3。经本所适当核查,截至本法律意见书出具之日,申银万国各个证券营业部的存续状态正常。

9.4　申万期货营业部

截至本法律意见书出具之日,申万期货分别在北京市、上海市、天津市、浙江省等15个省、市共设立了20家营业部,该等营业部的基本情况详见本法律意见书附件4。经本所适当核查,截至本法律意见书出具之日,申银万国各个期货营业部存续状态正常。

9.5　申万菱信分公司

截至本法律意见书出具之日,经中国证监会核准,申万菱信分别在北京市、广东省各设立了1家分公司。申万菱信北京分公司成立于2007年11月14日,目前持有北京市工商行政管理局于2011年6月16日核发的注册号为110000450032089的《营业执照》。申万菱信广州分公司成立于2008年5月14日,目前持有广州市工商行政管理局于2011年4月19日核发的注册号为440101400074962的《营业执照》。

经本所适当核查,截至本法律意见书出具

之日，申万菱信分公司存续状态正常。

9.6　结论

经核查，本所认为，申银万国的前述境内控股子公司和分支机构均为有效存续的公司或分支机构，不存在根据适用的中国法律或其公司章程的规定需要终止的情形；申银万国合法拥有本法律意见书第9.1条所述的境内控股子公司的股权；根据申银万国的说明并经本所适当核查，在该等子公司的股权上不存在为第三方提供担保而设置的有效质押权利。

十、申银万国的业务

10.1　申银万国的经营范围及许可

10.1.1　申银万国的经营范围及许可

根据申银万国现行有效的《企业法人营业执照》的记载，申银万国的经营范围为：证券经纪；证券投资咨询；与证券交易、证券投资活动有关的财务顾问；证券自营；证券承销与保荐；证券资产管理；证券投资基金代销；为期货公司提供中间介绍业务；融资融券业务；代销金融产品业务；国家有关管理机关批准的其他业务。[企业经营涉及行政许可的，凭许可证件经营]。

就申银万国前述经营范围中所述的业务，申银万国获得了有权部门的如下主要批准和/或许可：

序号	批准文件/业务许可名称	批准文件/证书编号	业务内容	核发机构	有效期限/核发日期①
1	《经营证券业务许可证》	Z22731000	证券经纪；证券投资咨询；与证券交易、证券投资活动有关的财务顾问；证券承销与保荐；证券自营；证券资产管理；融资融券；证券投资基金代销；为期货公司提供中间介绍业务；代销金融产品。	中国证监会	2013. 9. 30 – 2016. 9. 30
2	《关于申银万国证券股份有限公司开展客户证券资金消费支付服务试点的无异议函》	机构部部函〔2013〕742号	对申银万国开展客户证券资金消费支付服务试点无异议。	中国证监会机构监管部	2013. 9. 29
3	《关于申银万国证券股份有限公司开展私募基金综合托管业务试点的无异议函》	机构部部函〔2013〕242号	对申银万国开展有限合伙型私募基金综合托管业务试点无异议。	中国证监会机构监管部	2013. 5. 7
4	《关于核准申银万国证券股份有限公司代销金融产品业务资格的批复》	沪证监机构字〔2013〕39号	核准申银万国变更业务范围，增加代销金融产品业务。	上海证监局	2013. 1. 21
5	《关于核准申银万国证券股份有限公司作为合格境内机构投资者从事境外证券投资管理业务的批复》	沪证监机构字〔2012〕5号	核准申银万国作为合格境内机构投资者，从事境外证券投资管理业务。	上海证监局	2012. 1. 12

① 表格中描述为期间的，为该证照或批复载明的有效期限；描述为具体日期的，为该证照或批复出具的日期。

续表

序号	批准文件/业务许可名称	批准文件/证书编号	业务内容	核发机构	有效期限/核发日期
6	《关于核准申银万国证券股份有限公司融资融券业务资格的批复》	证监许可〔2010〕763 号	核准申银万国变更业务范围，增加融资融券业务。	中国证监会	2010. 6. 3
7	《关于申银万国证券股份有限公司自营业务参与股指期货交易相关文件备案的函》	沪证监机构字〔2010〕361 号	对于申银万国参与股指期货交易相关文件予以备案。	上海证监局	2010. 6. 29
8	《关于对申银万国证券股份有限公司开展为期货公司提供中间介绍业务的无异议函》	沪证监机构字〔2010〕102 号	对申银万国开展为期货公司提供中间介绍业务无异议。	上海证监局	2010. 3. 12
9	《证券经纪人制度现场核查意见书》	沪证监机构字〔2009〕259 号	对申银万国实施证券经纪人制度无异议。	上海证监局	2009. 6. 4
10	《关于核准申银万国证券股份有限公司受托投资管理业务资格的批复》	证监机构字〔2002〕124 号	核准申银万国从事受托投资管理业务的资格。	中国证监会	2002. 9. 13
11	《关于申银万国证券股份有限公司开放式证券投资基金代销业务资格的批复》	证监基金字〔2002〕77 号	核准申银万国开办开放式证券投资基金代销业务资格。	中国证监会	2002. 10. 31
12	《证券业务外汇经营许可证》	SC201306	外汇业务范围：外币有价证券经纪业务；外币有价证券承销业务	国家外汇管理局	2013. 2. 9 – 2016. 2. 8
13	《国家外汇管理局关于申银万国证券股份有限公司境外证券投资额度的批复》	汇复〔2012〕179 号	批准公司境外证券投资额度为 1 亿美元。	国家外汇管理局	2012. 9. 21
14	《中国人民银行关于东吴证券有限责任公司等 7 家证券公司成为全国银行间同业拆借市场成员的批复》；《关于调整长城证券等 17 家证券公司同业拆借限额的通知》	银复〔2003〕68 号；银总部发〔2009〕27 号	核准申银万国成为全国银行间同业拆借市场成员，从事同业拆借业务。核定申银万国同业拆借最高拆入、拆出资金限额均为 71 亿元。	中国人民银行 中国人民银行上海总行	2003. 4. 1 – 2009. 6. 18
15	《中国证券业协会关于申银万国证券股份有限公司参与大连股权交易中心的备案确认函》	中证协函〔2014〕382 号	对申银万国以会员形式参与大连股权交易中心开展推荐公司挂牌、定向股权融资业务予以备案确认。	中国证券业协会	2014. 6. 30

续表

序号	批准文件/业务许可名称	批准文件/证书编号	业务内容	核发机构	有效期限/核发日期
16	《关于确认金融衍生品业务方案备案的函》	中证协函〔2014〕17号	对公司互换、场外期权2项业务方案予以备案。	中国证券业协会	2014. 1. 13
17	《关于申银万国证券股份有限公司参与浙江股权交易中心的备案确认函》	中证协函〔2013〕701号	对申银万国以会员形式参与浙江股权交易中心开展推荐公司挂牌、定向股权融资业务予以备案确认。	中国证券业协会	2013. 7. 10
18	《关于申银万国证券股份有限公司参与辽宁股权交易中心的备案确认函》	中证协函〔2013〕702号	对申银万国以会员形式参与辽宁股权交易中心开展推荐公司挂牌、定向股权融资业务予以备案确认。	中国证券业协会	2013. 7. 10
19	《关于申银万国证券股份有限公司参与重庆股份转让中心的备案确认函》	中证协函〔2013〕703号	对申银万国以会员形式参与重庆股份转让中心开展推荐公司挂牌、定向股权融资业务予以备案确认。	中国证券业协会	2013. 7. 10
20	《关于反馈证券公司中小企业私募债券承销业务试点实施方案专业评价结果的函》	中证协函〔2012〕384号	通过申银万国业务实施方案,开展中小企业私募债承销业务。	中国证券业协会秘书处	2012. 6. 11
21	《关于同意确认申银万国证券公司柜台市场实施方案备案的函》	中证协函〔2012〕825号	对于申银万国的柜台市场实施方案予以备案确认。	中国证券业协会	2012. 12. 21
22	《关于反馈从事相关创新活动证券公司评审意见的函》	中证协函〔2006〕245号	评审通过申银万国创新试点类证券公司的申请。	中国证券业协会	2006. 8. 11
23	《关于申请参与转融通业务试点的复函》	中证金函〔2012〕120号	确定申银万国参与转融通业务授信额度为35亿元,保证金比例档次为20%。	中国证券金融股份有限公司	2012. 8. 29
24	《关于同意申银万国证券股份有限公司成为中国证券登记结算有限责任公司甲类结算参与人的批复》	中国结算函字〔2008〕26号	核准申银万国成为中国证券登记结算有限责任公司甲类结算参与人。	中国证券登记结算有限责任公司	2008. 2. 1
25	《关于批准申银万国证券股份有限公司开通代理登记业务的通知》	无	批准申银万国开通代理登记业务。	中国证券登记结算有限责任公司深圳分公司	2002. 5. 20
26	《主办券商业务备案函》	股转系统函〔2014〕708号	同意申银万国作为主办券商在全国中小企业股份转让系统从事做市业务。	全国中小企业股份转让系统有限责任公司	2014. 6. 20

续表

序号	批准文件/业务许可名称	批准文件/证书编号	业务内容	核发机构	有效期限/核发日期
27	《主办券商业务备案函》	股转系统函〔2013〕81号	同意申银万国作为主办券商在全国中小企业股份转让系统从事推荐业务和经纪业务。	全国中小企业股份转让系统有限责任公司	2013.3.21
28	《关于确认申银万国证券股份有限公司股票质押式回购业务交易权限的通知》	上证会字〔2013〕81号	确认申银万国的股票质押式回购业务交易权限。	上交所	2013.7.1
29	《关于确认申银万国证券股份有限公司转融通证券出借交易权限的通知》	上证会字〔2013〕17号	确认申银万国的转融通证券出借交易权限。	上交所	2013.2.27
30	《关于确认申银万国证券股份有限公司约定购回式证券交易权限的通知》	上证会字〔2012〕194号	确认申银万国的约定购回式证券交易权限。	上交所	2012.9.27
31	《关于申银万国证券股份有限公司开展债券质押式报价回购业务试点相关事项的通知》	上证交字〔2012〕17号	同意申银万国开展债券质押式报价回购业务。	上交所	2012.3.5
32	《关于确认上海证券交易所固定收益证券综合电子平台交易商资格的函》	上证会函〔2007〕36号	核准申银万国为电子平台交易商。	上交所会员部	2007.7.10
33	《关于同意申银万国证券股份有限公司开展"上证基金通"业务的函》	无	同意申银万国代理与上海证券交易所签订《开放式基金认购、申购、赎回等相关业务服务协议》的基金管理公司通过上海证券交易所交易系统办理。	上海证券交易所会员部	2005.7.29
34	《关于股票质押式回购交易权限开通的通知》	深证会〔2013〕60号	同意申银万国开通股票质押式回购交易权限。	深交所	2013.7.2
35	《关于约定购回式证券交易权限开通的通知》	深证会〔2013〕15号	同意申银万国开通约定购回式证券交易权限。	深交所	2013.1.12
36	《保险业兼业代理业务许可证》	31000013227866100	代理险种：保险公司授权代理范围	中国保险监督管理委员会上海监管局	2013.12.13－2016.12.12

续表

序号	批准文件/业务许可名称	批准文件/证书编号	业务内容	核发机构	有效期限/核发日期
37	《关于开展保险机构特殊机构客户业务的通知》	无	同意申银万国开展保险机构特殊机构客户业务。	中国保险监督管理委员会保险资金运用监管部	2013. 1. 8
38	《关于证券公司向保险机构投资者提供交易单元审核意见书》	保监资金〔2009〕1号	核准申银万国向保险机构投资者提供交易单元的资格。	中国保险监督管理委员会保险资金运用监管部	2009. 11. 2

根据申银万国的说明并经本所适当核查，申银万国具备证券业协会会员资格、中国国债协会会员资格、上交所会员资格和深交所会员资格，同时具备上交所权证交易资格、深交所权证交易资格和深交所场内申购业务参与资格。

10. 1. 2　申银万国分公司的经营范围及许可

根据申银万国 16 家分公司持有的现行有效的《营业执照》的记载，申银万国分公司的经营范围为经营证券经纪，证券投资咨询，与证券交易、证券投资活动有关的财务顾问，证券投资基金代销，为期货公司提供中间介绍业务，融资融券业务，代销金融产品等业务；部分分公司的经营范围亦包括管理当地的证券营业部。该等分公司就经营该等业务均持有中国证监会核发的《经营证券业务许可证》；截至本法律意见书出具之日，该等许可证均在有效期内。

10. 1. 3　申银万国证券营业部的经营范围及许可

根据申银万国 169 家证券营业部所持有的现行有效的《营业执照》的记载，申银万国证券营业部的经营范围主要为"证券经纪"、"证券代理买卖，代理还本付息、分红派息，证券代保管、鉴证，代理登记开户"或"证券经纪；证券投资咨询；与证券交易、证券投资活动有关的财务顾问；证券投资基金代销；为期货公司提供中间介绍业务；融资融券业务；代销金融产品业务；证券承销与保荐业务(仅限项目承揽、项目信息传递与推荐、客户关系维护等辅助工作)；证券资产管理业务(仅限项目承揽、项目信息传递与推荐、客户关系维护等辅助工作)"等内容。其中，根据申银万国的说明并经本所适当核查，申银万国证券营业部就有关业务经营取得相关许可、批复、批准或向证券监管部门履行报备手续的情形如下：

序号	批准文件/业务许可名称	应持证经营的证券营业部家数	实际持证经营的证券营业部家数
1	《证券经营机构营业许可证》或《经营证券业务许可证》①	169	169
2	为期货公司提供中间介绍业务批复或向证券监管部门报备	154	154
3	建立证券经纪人制度的批复或向证券监管部门报备	153	153

① 根据中国证监会于 2013 年 8 月 2 日颁布的《关于做好证券公司分支机构〈经营证券业务许可证〉发放管理有关工作的通知》(证监办发〔2013〕65 号)，自该通知实施之日起，证券公司的《经营证券业务许可证》和证券公司分支机构的《证券经营机构业务许可证》统一为《经营证券业务许可证》；已颁发的《证券经营机构营业许可证》，如果维持原经营范围不变的，其许可证可以持有到有效期终止。因此，申银万国的证券营业部部分持有《证券经营机构营业许可证》，部分持有《经营证券业务许可证》。

截至本法律意见书出具之日，申银万国1家证券营业部持有的《证券经营机构营业许可证》已于2014年7月25日到期（即本法律意见书附件3之序号为119的证券营业部），目前正在办理有效期延续手续；申银万国其余证券营业部均持有现行有效的《证券经营机构营业许可证》或《经营证券业务许可证》及前述批复，或履行了相关报备手续。

根据申银万国的说明，前述1家证券营业部正在办理相关许可证的有效期延续手续且取得新的许可证不存在重大法律障碍。经适当核查并根据申银万国的说明，截至本法律意见书出具之日，前述证券营业部未因许可证过期而受到过主管政府部门的任何行政处罚。本所认为，前述证券营业部尚待完成相关许可证有效期延续手续不会对本次吸收合并有重大不利影响。

综上，本所认为，申银万国及其分支机构的经营范围和经营方式符合中国法律的规定；申银万国及其分支机构已经取得了经营其业务所需的相关许可和/或批复和/或申银万国已向证券监管部门履行报备手续。

10.2　申银万国在中国境内的控股子公司的经营范围及许可

10.2.1　申万研究所

根据申万研究所现行有效的《企业法人营业执照》的记载，申万研究所的经营范围为：证券投资咨询、企业投资咨询、企业策划；信息软件开发与销售；信息成果转让；信息科技咨询服务；证券人才培训；信息采集、信息加工、信息发布、经济信息服务、信息系统集成（专营项目凭许可证或有关批准意见经营）。［企业经营涉及行政许可的，凭许可证件经营］。

就前述经营范围中所述的业务，申万研究所获得了中国证监会于2013年8月9日核发的zx0065号《证券投资咨询业务资格证书》。

10.2.2　申万菱信

根据申万菱信现行有效的《企业法人营业执照》的记载，申万菱信的经营范围为：基金管理业务、发起设立基金以及经中国证监会批准的其他业务（包括销售其本身发起设立的基金）。

就前述经营范围中所述的业务，申万菱信获得了（1）中国证监会于2011年3月8日核发的A034号《基金管理资格证书》，核准业务内容为"基金募集、基金销售、资产管理、中国证监会许可的其他业务"；和（2）中国证监会于2011年12月13日核发的证监许可〔2011〕1987号文《关于核准申万菱信基金管理有限公司从事特定客户资产管理业务的批复》。

根据申万菱信控股子公司菱信资管现行有效的《营业执照》的记载，菱信资管的经营范围为：特定客户资产管理业务；中国证监会认可的其他业务。［依法须经批准的项目，经相关部门批准后方可开展经营活动］。

就前述经营范围中所述的业务，菱信资管获得了中国证监会于2014年2月27日核发的A034－01号《特定客户资产管理业务资格证书》，核准业务内容为"特定客户资产管理业务以及中国证监会许可的其他业务"。

10.2.3　申万期货及其营业部

根据申万期货现行有效的《企业法人营业执照》的记载，申万期货的经营范围为：商品期货经纪；金融期货经纪；期货投资咨询；资产管理。［企业经营涉及行政许可的，凭许可证件经营］。

就前述经营范围中所述的业务，申万期货获得了中国证监会于2012年12月25日核发的31770000号《经营期货业务许可证》，核准业务内容为"商品期货经纪；金融期货经纪；期货投资咨询；资产管理"。

另外，根据申银万国的说明，申万期货控股子公司申万智富从事仓单服务，合作套保和基差交易业务。就前述业务，申万期货获得了中国期货业协会于2013年5月23日出具的中期协函字〔2013〕150号文《关于申银万国期货有限公司设立子公司开展以风险管理服务为主的业务试点备案申请的复函》。

此外，根据申万期货提供的会员证书，申万期货具备中国金融期货交易所交易全面结算会员资格、上海期货交易所会员资格、郑州商品交易所会员资格和大连商品交易所会员资格。

就申万期货营业部经营的"商品期货经纪、金融期货经纪"业务，申万期货的20家营业部均取得了《期货公司营业部经营许可证》。

10.2.4　申万直投

申万直投就其目前实际经营的业务，可以依据其核准的经营范围进行。

10.2.5 申万创投

申万创投就其目前实际经营的业务,可以依据其核准的经营范围进行。

综上,本所认为,申银万国在中国境内的控股子公司及其分支机构的经营范围和经营方式符合中国法律的规定,已经取得了经营其业务所需的相关许可和/或批复。

10.3 申银万国在中国大陆以外的经营

经核查,申银万国在中国大陆以外的经营均通过申万香港集团公司及其子公司进行。

根据申银万国的说明和申银万国分别就其境外公司所在地聘请的香港律师事务所阮葆光律师事务所联营上海市方达律师事务所(Peter Yuen & Associates in Association with Fangda Partners,以下简称"香港律师")、英属维尔京群岛(以下简称"BVI")律师事务所 Appleby(以下简称"BVI 律师",与香港律师合称"境外律师")出具的法律意见书,目前申银万国通过申万香港集团公司在境外拥有 22 家主要下属公司(与申万香港集团公司统称为"境外 23 家公司",其中包括申万香港集团公司在内的 19 家注册于香港的公司,统称"香港 19 家公司",4 家注册于英属维尔京群岛的公司,统称"BVI4 家公司")。

香港 19 家公司包括:申万香港集团公司、上海申银(香港)控股有限公司、上海申银证券(香港)有限公司、申银万国(香港)有限公司、申银万国证券(香港)有限公司、申银万国委托(香港)有限公司、申银万国期货(香港)有限公司、申银万国融资(香港)有限公司、申银万国研究(香港)有限公司、申银万国投资管理(亚洲)有限公司、申银万国财务(香港)有限公司、申银万国贸易(香港)有限公司、申银万国策略投资(香港)有限公司、申银万国企业(香港)有限公司、申银万国(集团)有限公司、申银万国网络有限公司、华富利有限公司、金井有限公司、申银万国网上证券(香港)有限公司。

BVI4 家公司包括:Venture - Some Investments Limited、Shenyin Wanguo Holdings(BVI) Limited、First Million Holdings Ltd、Crux Assets Limited。

10.3.1 境外投资批准

1992 年 10 月 29 日,香港公司注册处向申万香港集团公司(曾用名"上海万国证券(香港)有限公司")核发了编号为 387055 的公司注册证书。2006 年,申银万国向中国证监会提交了申银万国证〔2006〕109 号文《关于请求审核确认申银万国证券股份有限公司境外分支机构的请示》,说明了申银万国境外投资管理架构及运营状况。中国证监会于 2006 年 12 月 5 日出具证监机构字〔2006〕303 号文《关于申银万国证券股份有限公司在香港特别行政区设立申银万国(香港)集团有限公司的批复》,同意申银万国在香港设立申万香港集团公司。

本所认为,申银万国在中国境外投资设立申万香港集团公司的行为已经补充履行了证券公司境外投资的批准程序。

10.3.2 境内业务资质

申银万国的如下境外公司拥有与证券行业相关的境内业务资格,包括:(1)由中国证监会向申万香港集团公司核发的人民币合格境外机构投资者资格的批复;(2)由中国证监会向申银万国证券(香港)有限公司核发的从事外资股业务资格的批复和经营外资股业务资格证书。

本所认为,申银万国的上述公司已经取得了经营上述业务所需的境内的相关许可和/或批复。

10.3.3 香港律师就香港 19 家公司出具的意见

就申银万国在香港的经营,申银万国聘请了阮葆光律师事务所联营上海市方达律师事务所对其注册于香港的主要境外 19 家公司的主体和业务等法律状况依据当地有效适用的法律出具了法律意见书。根据申银万国聘请的阮葆光律师事务所联营上海市方达律师事务所于 2014 年 6 月 27 日出具的法律意见书,香港 19 家公司:(1)均为依据《香港公司条例》正式组建并有效存续的有限责任公司;(2)各公司均已取得香港税务局颁发的商业登记证书;(3)依据申银万国(香港)有限公司("SWHK")于 2014 年 6 月 20 日签发的和申银万国(香港)控股有限公司("SW 控股")于 2014 年 6 月 25 日签发的确认函,截止到 2014 年 6 月 20 日,各公司均已自香港有关政府部门或监管部门取得营业所需的全部许可证和注册,并且该等许可证和注册在本意见附件 3 中有具体规定,(i)根据 SFC 调查(见本意见附件 2 中定义),本意见附件 3

第1(b)、2(b)、3(b)、4(b)、5(b)和15(b)条中所列的《证券及期货条例》(香港法第571章)("SFO")下的许可证均有效,且无任何变更、撤销、终止或取消;(ii)依据MLL清单(见本意见附件2中定义),本意见附件3第7(b)和16(b)条所列的《放债人条例》(香港法第163章)("MLO")下的许可证均有效,且无任何变更、撤销、终止或取消;(iii)根据HKEx调查(见本意见HKEx附件2中定义),本意见附件3第1(c)-1(f)和2(c)-2(d)条所列的注册均有效,且无任何撤销、终止或取消;(4)根据公司登记处调查,各公司拥有本意见附件1中规定的已发行股本,并且各公司全部现有股份已有效发行,并且其已发行股本已全款缴清;(5)根据公司登记处调查,本意见附件1列明了各公司的股权,并且附件1中列明的各公司股东均为各公司的法定所有人;(6)根据2014年6月20日向我事务所提供的SWHK成员登记薄,截止到2014年6月20日,申银万国控股(英属维尔京群岛)有限公司(Shenyin Wanguo Holdings (B. V. I.) Limited)持有SWHK(一家目前在香港联合交易所有限公司("证券交易所")主板上市并交易的公司(证券代码:00218))268,334,875股股份,占SWHK总发行股本约50.56%;(7)各公司章程在各个方面均符合《香港公司条例》,并且该等章程中的每一条所具有的效力应视同(i)公司及其各成员;以及(ii)公司各成员与其他成员之间依据《香港公司条例》签署之合同的效力;(8)根据针对各公司所做调查之结果(详见前述第5条),目前:(i)无针对任何公司的清算请求或清算命令;(ii)未任命任何公司的任何破产接管人;以及(iii)香港境内无任何其他悬而未决或正在进行的涉及任何公司的法律程序或政府程序,但本意见附件4所列的除外;(9)根据SWHK于2014年6月20日签发的和SW控股于2014年6月25日签发的确认函,SWHK及SW控股在自身和公司名义下表示在香港境内未发现任何可能对各公司业务和运营造成重大不利影响的重大未决或正在进行的诉讼;(10)根据账户(定义参见本意见附件2),截止到2013年12月31日,各公司资产未进行押记;(11)根据押记调查,截止到2014年6月20日,股东未在公司登记处登记任何押记或抵押,除了本意见附件5列明的申银万国证券(香港)有限公司("SWSL")抵押("抵押")。根据SWHK于2014年6月26日签发的确认函,申银万国证券(香港)有限公司("SWSL")确认:SWSL在申银万国代理人(香港)有限公司的股票均未抵押;(12)根据SFC调查,五年内公司未被证券及期货事务监察委员会("SFC")处以本意见附件1第1-5条和第15条所列的任何公开纪律处分;(13)拟议上市不违反任何公司的章程规定。根据我事务所截至本意见出具之日获知的各项事实和事宜,我事务所未发现任何可能导致《香港公司条例》或香港任何其他法律法规的任何规定适用于SWSC(一家并非依据《香港公司条例》组建或注册的公司)的事实和事宜。

10.3.4　BVI律师就BVI4家公司出具的意见

就申银万国在BVI的境外经营,申银万国聘请了Appleby对其注册于BVI的主要境外4家公司的主体和业务等法律状况依据当地有效适用的法律出具了法律意见书。

根据申银万国聘请的Appleby于2014年6月24日出具的法律意见书,BVI4家公司:(1)均是依据《国际商业公司法》(第291章)正式注册成立的有限公司;2007年1月1日,各公司已根据《2004年英属维尔京群岛商业公司法》(以下简称"《英属维尔群岛商业公司法》")自动重新注册,依照英属维尔京群岛法律有效存续且信誉良好。各公司均为独立法人实体,具有以自己的名义起诉和被起诉的能力。(2)根据《英属维尔群岛商业公司法》,英属维尔京群岛公司(包括本文所述公司)的组织大纲及章程对(i)公司与公司成员之间,以及(ii)公司成员具有约束力。(3)对于公司作为控股公司开展业务而言,公司无需获得英属维尔京群岛政府机关的任何同意、许可或授权。(4)拟上市事宜没有且不会违反(i)英属维尔京群岛任何法律或法规要求;(ii)章程文件、或与上述规定相抵触或构成违规。(5)仅仅基于公司查询和诉讼查询结果:(i)不存在任何针对公司的未决法庭诉讼程序;(ii)目前不存在任何有效的公司清盘令或清盘决议,并且目前不存在任何公司或其资产接管人指定通知,但是应注意的是,未向公司注册处处长提交接管人指定通知,并不会使接管无效,而仅仅是对接管人做出处罚。

10.4 主营业务及变更情况

经核查,申银万国的主营业务为:证券经纪业务、投资银行业务、资产管理业务和证券交易投资业务等证券业务。经本所适当核查,报告期内,申银万国的主营业务突出,且未发生重大变化。

10.5 持续经营

根据申银万国现行有效的《企业法人营业执照》和《审计报告》,并经本所适当核查,截至本法律意见书出具之日,申银万国不存在影响其持续经营的重大法律障碍。

十一、关联交易及同业竞争

11.1 申银万国的关联方及关联关系

申银万国的控股股东为中央汇金,详见本法律意见书第7.1条。中央汇金根据国务院授权,对国有重点金融企业进行股权投资,以出资额为限代表国家依法对国有重点金融企业行使出资人权利和履行出资人义务,实现国有金融资产保值增值。中央汇金不开展其他任何商业性经营活动,不干预其控股的国有重点金融企业的日常经营活动。

鉴于上述特殊性质,中央汇金不作为本法律意见书所述之申银万国的关联方,其与申银万国的交易亦不作为关联交易处理。

经核查,根据中国法律的规定,申银万国的主要关联方及关联关系如下:

11.1.1 除中央汇金外,其他持有申银万国5%以上股份的股东

除中央汇金外,其他直接持有申银万国5%以上股份的股东为上海久事和光大集团,详见本法律意见书第7.1条。

11.1.2 申银万国的子公司。申银万国的子公司详见本法律意见书第9.1条。

11.1.3 申银万国的董事、监事和高级管理人员,详见本法律意见书第17.1条。

11.1.4 申银万国的董事、监事和高级管理人员关系密切的家庭成员,包括配偶、父母、配偶的父母、兄弟姐妹及其配偶、年满18周岁的子女及其配偶、配偶的兄弟姐妹和子女配偶的父母。

11.1.5 申银万国的董事(不包括独立董事)、监事和高级管理人员及其关系密切的家庭成员直接或间接控制的,或担任董事、高级管理人员的除申银万国集团以外的法人或其他组织。

11.1.6 其他关联方。申银万国的联营企业富国基金管理有限公司(以下简称"富国基金"),及富国基金的全资子公司富国资产管理(上海)有限公司(以下简称"富国资管")。

经核查,除上述外,申银万国没有其他应予以披露的关联方。

11.2 申银万国与主要关联方之间的重大关联交易

截至2014年3月31日,申银万国集团与主要关联方(不包括申银万国的子公司和中央汇金)之间仍在进行的重大关联交易如下:

11.2.1 向关联方转让融资业务债权收益权并回购

根据申银万国与富国资管于2014年1月26日签署的《申银万国证券股份有限公司与富国资产管理(上海)有限公司关于融资业务债权收益权转让及回购合同》,申银万国将其向融资客户融资所产生的债权对应的财产收益权利(以下简称"融资业务债权收益权")根据业务需要分期转让给富国资管,具体各期转让价款以富国资管实际向申银万国支付的金额为准;申银万国依据双方确认的各期融资业务债权收益权的赎回价格、赎回时间以及赎回方式赎回融资业务债权收益权。截至本法律意见书出具之日,富国资管已受让申银万国向其转让的一期融资业务债权收益权,并支付转让价款12,350万元。

根据申银万国当时有效的《公司章程》的规定,前述关联交易未达到需要提交董事会或股东大会审议的标准。

11.3 关于重大关联交易的公允性

11.3.1 根据申银万国的说明,针对上述交易,申银万国按照公开、公平、公正的市场原则确定交易价格,并按照申银万国《公司章程》、《股东大会议事规则》、《董事会议事规则》与《监事会议事规则》等制度履行关联交易决策程序。该等关联交易以及相关合同的签署,均遵循了平等、自愿、等价、有偿的原则,合同条款公允、合理,关联交易价格由交易方根据市场情况及变化协商确定,不存在损害申银万国及其他股东特别是小股东利益的情形,符合申银

万国及全体股东的最大利益。

11.3.2　申银万国现行公司章程和申银万国拟于本次合并完成后采用的《公司章程(草案)》、《申银万国证券股份有限公司关联交易管理制度》均规定了关联董事及关联股东分别在董事会及股东大会审议关联交易时的回避制度和决策程序,以及其他关联交易公允决策的程序。《申银万国证券股份有限公司关联交易管理制度》还规定,独立董事作出判断前,可聘请律师、会计师等中介机构提供相应的咨询服务,作为其判断的依据,相关费用由公司承担。该等规定均有助于保护申银万国的中小股东的利益。

11.4　同业竞争

11.4.1　同业竞争

申银万国的主营业务为证券经纪业务、投资银行业务、资产管理业务和证券交易投资业务等证券业务。

鉴于中央汇金不从事任何商业性经营活动,申银万国与控股股东中央汇金本身不存在同业竞争。经适当核查,截至本法律意见书出具之日,除申银万国以外,中央汇金还直接持有的证券公司股权包括:中国中投证券有限责任公司100%的股权、中国国际金融有限公司43.35%的股权及中信建投证券股份有限公司40%的股权。如本法律意见书第11.4.2条所述,中央汇金承诺,其作为中国政府设立的从事金融业投资的国有投资公司,将公平地对待所投资的证券公司。

11.4.2　避免未来发生同业竞争的措施

中央汇金于2014年7月22日向申银万国出具了《关于避免同业竞争的承诺函》,承诺:

(1)只要中央汇金按照中国或申银万国股票上市地(如申银万国的股票上市交易)的法律或上市规则被视为申银万国的实际控制人或申银万国实际控制人的关联人,中央汇金承诺将不会在中国境内或境外从事或参与任何竞争性证券业务;若中央汇金在中国境内或境外任何地方参与或进行竞争性证券业务或任何演变为竞争性证券业务的业务或活动,中央汇金承诺将立即终止对该等竞争性证券业务的参与、管理或经营。

(2)若中央汇金取得了任何政府批准、授权或许可可以直接经营证券业务,或者取得了经营证券业务的其他机会,中央汇金承诺立即放弃该等批准、授权或许可,不从事任何证券业务。

(3)尽管有上述承诺,鉴于中央汇金为中国政府设立的从事金融业投资的国有投资公司,汇金公司可以通过其他下属企业,以任何形式(包括但不限于独资经营、合资或合作经营以及直接或间接拥有其他公司或企业的股票或其他权益)在中国境内或者境外从事或参与任何竞争性证券业务。

(4)中央汇金作为中国政府设立的从事金融业投资的国有投资公司,将公平地对待所投资的证券公司,不会将中央汇金所取得或可能取得的经营证券业务的政府批准、授权、许可或业务机会授予或提供给任何证券公司,亦不会利用申银万国实际控制人的地位或利用该地位获得的信息作出不利于申银万国而有利于其他中央汇金所投资的证券公司的决定或判断,并将避免该种客观结果的发生。中央汇金在行使其申银万国实际控制人权利时将如同所投资的证券公司仅有申银万国,为申银万国的最大或最佳利益行使其实际控制人权利,不会因中央汇金投资于其他证券公司而影响其作为申银万国实际控制人为申银万国谋求最大或最佳利益的商业判断。

综上,本所认为,中银万国的控股股东中央汇金已采取有效措施避免在申银万国本次合并完成后与申银万国在主营业务上进行竞争。

11.4.3　经核查,申银万国在《重组报告书》中已对重大关联交易及避免同业竞争的承诺作出充分披露,没有重大遗漏或重大隐瞒。

十二、合并双方的主要财产

(一)合并方的主要财产

申银万国集团在中国境内拥有和/或使用的主要财产为土地使用权、房屋和注册商标、软件著作权、网站域名、交易席位等无形资产,有关详情如下:

12.1　申银万国集团拥有的土地使用权

申银万国以实现债权的方式于2004年取得一宗位于湖北省宜昌市艾家咀的国有土地的使用权(以下简称“艾家咀地块土地使用权”),并持有宜昌市人民政府于2004年11月19日颁发的《国有土地使用证》(宜市国用(2004)150301017号)。根据证载信息,该宗土地使用权面积为3,004.47平方米,用途为城镇单一住宅用地,使用权性质为出让,使用期限截至2065年6月5日。

根据申银万国的说明,申银万国在取得该宗土地的使用权后,未对该宗土地进行开发,并一直在积极对外处置;申银万国曾三次以挂牌方式转让该宗土地的土地使用权,但受限于城市规划的不断调整,至今未能成功转让;目前,该宗土地仍处于闲置状态,一部分被宜昌市伍家区园林绿化管理局("伍家区绿化管理局")占用,作为公园绿化用地使用;一部分被宜昌艾家咀社区桥头小区自助委员会("桥头小区自助委员会")占用,作为收费停车场使用;申银万国目前正与当地土地储备中心及伍家区绿化管理局协商,计划由土地储备中心从申银万国有偿收储该宗土地使用权,再由政府划作绿化/市政用途。申银万国进一步说明,如其与土地储备中心协商无果,申银万国拟启动诉讼程序以推进解决艾家咀地块土地使用权被伍家区绿化管理局和桥头小区自助委员会无偿占用事宜。

本所认为,申银万国为艾家咀地块土地使用权的合法权利人,有权依据中国法律规定依法处置该土地使用权。鉴于申银万国集团从未将该宗土地用于经营目的,同时,本所注意到,根据《审计报告》记载,申银万国已经按该宗土地使用权的账面原值金额(126.01万元)全额计提了减值准备,因此,伍家区绿化管理局与桥头小区自助委员会未经许可占用该宗土地的情况不会对申银万国集团的持续经营和本次合并有重大不利影响。

12.2　申银万国集团拥有的房屋

根据申银万国的说明并经本所适当核查,截至本法律意见书出具之日,申银万国集团在中国境内共拥有129处房屋,建筑面积总计为92,957.67平方米,其中,用于办公或营业用途的房屋(以下简称"营业类房屋")建筑面积总计为81,859.16平方米(该等营业类房屋的情况详见本法律意见书附件5),用于职工宿舍等其他用途的房屋(以下简称"非营业类房屋")建筑面积总计为11,098.51平方米。

12.2.1　营业类房屋

根据申银万国的说明并经本所适当核查,申银万国集团在中国境内拥有52处、建筑面积总计为81,859.16平方米的营业类房屋。申银万国集团以承继申银证券和万国证券的自有房屋、购买或实现债权的方式取得该等房屋的所有权。本所认为,除下述5处产权存在瑕疵的房屋(以下简称"瑕疵房屋")外,申银万国集团有权依法占有、使用、转让、出租、抵押或以其他方式处置所拥有的营业类房屋,该等房屋不存在产权纠纷,亦不存在有效担保或其他使用权受到限制的情形:

申银万国集团下属5处自有营业类房屋坐落于使用权性质为划拨的土地之上(具体参见附件5第31、38、39、43和47项),该等房屋的建筑面积总计为8,739.64平方米,约占申银万国集团使用的营业类房屋总建筑面积(包括申银万国集团拥有的营业类房屋的总建筑面积81,859.16平方米和租赁的营业用房的总建筑面积211,864.54平方米,总计为293,723.7平方米,以下同)的2.98%。根据该等房屋所坐落土地对应的《国有土地使用证》或有权房产管理部门、有权土地管理部门出具的有关房地产权属登记信息,该等房屋所坐落土地的使用权性质为划拨。根据中国法律的相关规定,划拨性质的土地使用权对应的房屋转让时,需首先经有权土地管理部门审批,并办理土地使用权出让手续,按照国家有关规定缴纳相应的土地使用权出让金。根据申银万国的说明,其正在就该5处房屋申请办理其所坐落土地的使用权出让手续。

根据申银万国的说明并经本所适当核查,申银万国集团未曾因占有和使用上述瑕疵房屋发生任何产权纠纷,亦未发生其他影响申银万国集团正常使用该等瑕疵房屋的情形,且瑕疵房屋的面积仅占申银万国集团使用的营业类房屋总建筑面积的2.98%。本所认为,申银万国集团已就该5处自有营业类房屋取得《房屋所有权证》,不存在产权纠纷,但申银万国集团处置该等房产的权利可能会受到相关的限制,申银万国集团占有及使用该等房屋不会对申银万国的持续经营和本次合并有重大不利影响。

此外,申银万国集团下属2处营业类自有房屋的《房屋所有权证》的证载权利人仍登记为上海申银证券公司(即申银证券的前身)和上海申银证券公司成都营业部(具体参见附件

5 第 1 和 23 项），该 2 处房屋的建筑面积分别为 3,788.20 平方米和 1,388.85 平方米。根据申银万国的说明，经申银万国与有权房产管理部门沟通，就仍登记在上海申银证券公司名下的房屋，需在申银万国提供完整的有关公司主体更名沿革之证明文件后，方可办理更名手续；就另一处仍登记在上海申银证券公司成都营业部名下的房屋，需要按照当地有权房产管理部门的要求补缴相关税费后方可办理更名手续。根据申银万国的说明，其办理取得该 2 处房屋所对应的《房屋所有权证》的更名手续不存在实质性法律障碍。本所认为，该等房屋不存在产权纠纷，申银万国集团对该等房屋的所有权或使用权的行使不存在实质性限制。

12.2.2　非营业类房屋

根据申银万国的说明并经本所适当核查，申银万国集团在中国境内拥有 77 处、建筑面积总计为 11,098.51 平方米的非营业类房屋。申银万国集团主要以承继申银证券和万国证券的自有房屋或实现债权的方式取得该等房屋的所有权。本所注意到，申银万国集团未就其中的 18 处非营业类房屋取得《房屋所有权证》，建筑面积总计为 4,204.18 平方米。

因非营业类房屋不用于申银万国集团的经营或办公，因此，非营业类房屋存在未取得《房屋所有权证》的情形并不会对申银万国的持续经营有重大不利影响。

12.3　申银万国集团租用的房屋

根据申银万国的说明并经本所适当核查，截至本法律意见书出具之日，申银万国集团共承租 226 处、建筑面积总计为 213,529.50 平方米的房屋，其中用于经营或办公等营业用途的房屋建筑面积总计为 211,864.54 平方米，用于职工宿舍等非营业用途的房屋建筑面积总计为 1,664.96 平方米。申银万国集团与该等房屋的出租人签订了相应的租赁合同，其中：

12.3.1　申银万国集团合法使用的租赁房屋

申银万国集团合法租用的房屋的建筑面积总计为 203,354.15 平方米。本所认为，申银万国集团和出租人就该等房屋签订的相关租赁合同合法有效，申银万国集团在该等租赁合同项下的权利受中国法律的保护。

12.3.2　申银万国集团使用的合法性不能确定的租赁房屋

申银万国集团使用的合法性不能确定的租赁房屋共 11 处，均用于营业用途，建筑面积总计为 10,175.35 平方米，约占申银万国集团使用的营业类房屋总建筑面积的 3.46%，包括：

（1）3 处租赁房屋对应的租赁合同已到期，申银万国集团目前正在办理续租手续。该等租赁房屋的建筑面积总计为 3,410.22 平方米，约占申银万国集团使用的营业类房屋总建筑面积的 1.16%，根据申银万国的说明，办理前述续租手续不存在实质性法律障碍。

（2）8 处租赁房屋因该等房屋的出租人未提供该等房屋所对应的《房屋所有权证》、其他有效权属证明或房屋所有权人同意出租人出租房屋的许可（仅在房屋所有权人与出租人不一致的情形下）。该等租赁房屋的建筑面积总计为 6,765.13 平方米，约占申银万国集团使用的营业类房屋总建筑面积的 2.30%。本所不能确认该等出租人是否为该等租赁合同的适当签约主体，该等租赁合同是否合法有效，以及申银万国集团在该等租赁合同项下的权益是否能得到中国法律的保护。但本所注意到该等房屋所对应的租赁合同中的出租人一般已在相关租赁合同中陈述或保证其为出租房屋的合法拥有人。根据中国法律和相关租赁合同的规定，如果发生第三方就该等租赁事宜提出异议，以致影响申银万国集团在该等租约项下的权益时，申银万国集团有权就其因此所遭受的损失要求该等出租人赔偿。

12.4　无形资产

12.4.1　注册商标

根据申银万国的说明并经本所适当核查，截至本法律意见书出具之日，申银万国集团共拥有 64 项境内注册商标，且在该等商标权上未设置质押或其他第三方权益。申银万国集团拥有的境内注册商标的详细情况如下：

序号	注册号	权利人	商标	类号	专用权期限
1	1357469	申银万国	申銀萬國	36	2010. 1. 21 – 2020. 1. 20
2	1364886	申银万国	宝 鼎	36	2010. 2. 14 – 2020. 2. 13
3	5285005	申银万国		36	2009. 10. 21 – 2019. 10. 20
4	5285006	申银万国	SHENYIN WANGUO	36	2009. 9. 28 – 2019. 9. 27
5	5285007	申银万国	申银万国	36	2009. 11. 28 – 2019. 11. 27
6	7289700	申银万国		16	2010. 8. 7 – 2020. 8. 6
7	7289701	申银万国		16	2010. 8. 7 – 2020. 8. 6
8	7289702	申银万国	申银万国 SHENYIN & WANGUO	9	2010. 11. 21 – 2020. 11. 20
9	7289703	申银万国	申银万国 SHENYIN & WANGUO	9	2010. 11. 21 – 2020. 11. 20
10	7289706	申银万国	申银万国证券 SHENYIN & WANGUO SECURITIES	16	2010. 8. 7 – 2020. 8. 6
11	7289707	申银万国	申银万国证券 SHENYIN & WANGUO SECURITIES	16	2010. 8. 7 – 2020. 8. 6
12	7289708	申银万国	申银万国证券 SHENYIN & WANGUO SECURITIES	9	2010. 11. 21 – 2020. 11. 20
13	7289709	申银万国	申银万国证券 SHENYIN & WANGUO SECURITIES	9	2010. 11. 21 – 2020. 11. 20
14	7289714	申银万国	SWS	16	2010. 8. 7 – 2020. 8. 6
15	7289715	申银万国	SWS	16	2010. 8. 7 – 2020. 8. 6

续表

序号	注册号	权利人	商标	类号	专用权期限
16	7289716	申银万国	SWS	9	2010. 11. 21 –2020. 11. 20
17	7289717	申银万国	SWS	9	2010. 11. 21 –2020. 11. 20
18	7289718	申银万国	申银万国 SHENYIN & WANGUO	35	2010. 10. 7 –2020. 10. 6
19	7289719	申银万国	申银万国 SHENYIN & WANGUO	35	2010. 10. 7 –2020. 10. 6
20	7289720	申银万国	申银万国 SHENYIN & WANGUO	16	2010. 8. 7 –2020. 8. 6
21	7289721	申银万国	申银万国 SHENYIN & WANGUO	16	2010. 8. 7 –2020. 8. 6
22	7289752	申银万国	SHENYIN & WANGUO SECURITIES	16	2010. 8. 7 –2020. 8. 6
23	7289753	申银万国	SHENYIN & WANGUO SECURITIES	16	2010. 8. 7 –2020. 8. 6
24	7289754	申银万国	SHENYIN & WANGUO SECURITIES	9	2010. 11. 21 –2020. 11. 20
25	7289755	申银万国	SHENYIN & WANGUO SECURITIES	9	2010. 11. 21 –2020. 11. 20
26	7289756	申银万国	申银万国证券	35	2010. 10. 7 –2020. 10. 6
27	7289757	申银万国	申银万国证券	35	2010. 10. 7 –2020. 10. 6
28	7289758	申银万国	申银万国证券	16	2010. 8. 7 –2020. 8. 6
29	7289759	申银万国	申银万国证券	16	2010. 8. 7 –2020. 8. 6
30	7289760	申银万国	申银万国证券	9	2010. 11. 21 –2020. 11. 20
31	7289761	申银万国	申银万国证券	9	2010. 11. 21 –2020. 11. 20
32	7289762	申银万国		9	2010. 11. 21 –2020. 11. 20
33	7289763	申银万国		9	2010. 11. 21 –2020. 11. 20

续表

序号	注册号	权利人	商标	类号	专用权期限
34	7289764	申银万国	SWS	35	2010. 10. 7 – 2020. 10. 6
35	7289765	申银万国	SWS	35	2010. 10. 7 – 2020. 10. 6
36	7289766	申银万国	SWS	16	2010. 8. 7 – 2020. 8. 6
37	7289767	申银万国	SWS	16	2010. 8. 7 – 2020. 8. 6
38	7289768	申银万国	SWS	9	2010. 11. 21 – 2020. 11. 20
39	7289769	申银万国	SWS	9	2010. 11. 21 – 2020. 11. 20
40	7289770	申银万国	SHENYIN & WANGUO SECURITIES	35	2010. 10. 7 – 2020. 10. 06
41	7289771	申银万国	SHENYIN & WANGUO SECURITIES	35	2010. 10. 7 – 2020. 10. 06
42	7320432	申银万国	申银万国 SHENYIN & WANGUO	36	2010. 10. 14 – 2020. 10. 13
43	7320433	申银万国	申银万国 SHENYIN & WANGUO	36	2010. 10. 14 – 2020. 10. 13
44	7320436	申银万国		36	2011. 2. 21 – 2021. 2. 20
45	7320437	申银万国		36	2011. 3. 7 – 2021. 3. 6
46	7320438	申银万国	SWS	36	2011. 6. 14 – 2021. 6. 13
47	7320519	申银万国	SWS	36	2011. 4. 21 – 2021. 4. 20
48	7320520	申银万国	申银万国证券 SHENYIN & WANGUO SECURITIES	36	2011. 2. 21 – 2021. 2. 20
49	7320521	申银万国	申银万国证券 SHENYIN & WANGUO SECURITIES	36	2011. 2. 21 – 2021. 2. 20
50	7320522	申银万国	SHENYIN & WANGUO SECURITIES	36	2010. 10. 14 – 2020. 10. 13
51	7320523	申银万国	SHENYIN & WANGUO SECURITIES	36	2010. 10. 14 – 2020. 10. 13

续表

序号	注册号	权利人	商标	类号	专用权期限
52	7320524	申银万国	申银万国证券	36	2010. 10. 14 – 2020. 10. 13
53	7320525	申银万国	申银万国证券	36	2010. 10. 14 – 2020. 10. 13
54	7289705	申银万国	申银万国证券 SHENYIN & WANGUO SECURITIES	35	2014. 2. 21 – 2024. 2. 20
55	7289712	申银万国	SWS	35	2014. 2. 21 – 2024. 2. 20
56	7289713	申银万国	SWS	35	2014. 2. 21 – 2024. 2. 20
57	7289704	申银万国	申银万国证券 SHENYIN & WANGUO SECURITIES	35	2014. 2. 21 – 2024. 2. 20
58	3921641	申万菱信	盛利	36	2006. 10. 7 – 2016. 10. 6
59	9528462	申万菱信	SWS MU FUND	36	2012. 6. 21 – 2022. 6. 20
60	9528463	申万菱信	SWS MU	36	2012. 6. 21 – 2022. 6. 20
61	10952515	申万研究所	SWS INDEX	36	2013. 12. 7 – 2023. 12. 6
62	10952562	申万研究所	SWS INDEX	42	2013. 12. 7 – 2023. 12. 6
63	8670891	申万研究所	申万云	36	2011. 10. 28 – 2021. 10. 27
64	8670910	申万研究所	申万云	42	2011. 9. 28 – 2021. 9. 27

本所认为,申银万国集团为前述注册商标的合法权利人,有权依据中国法律规定使用、转让或以其他方式处置前述注册商标权。

12.4.2 软件著作权

根据申银万国的说明并经本所适当核查,截至本法律意见书出具之日,申银万国集团共拥有54项境内软件著作权,均已取得《计算机软件著作权登记证书》,且在该等软件著作权上未设置质押或其他第三方权益,详细情况如下:

序号	登记号	软件名称	著作权人	权利范围	首次发表日期
1	2012SR080369	申万研究手机移动办公平台软件 V1.0	申万研究所	全部权利	2011.11.15
2	2012SR080398	申万云搜索平台软件 V2.0	申万研究所	全部权利	2012.6.11
3	2012SR080375	申万云智能聊天机器人软件 V1.0	申万研究所	全部权利	2012.5.1
4	2012SR080394	申银万国 CRM(客户关系管理)软件 V3.0	申万研究所	全部权利	2012.4.26
5	2012SR080389	申银万国报告模板软件 V4.0	申万研究所	全部权利	2012.6.12
6	2012SR080364	申银万国财务预测与估值模型软件 V3.1	申万研究所	全部权利	2012.6.15
7	2012SR080366	申银万国晨会纪要管理软件 V2.0	申万研究所	全部权利	2012.6.12
8	2012SR080360	申银万国量化分析平台软件 V1.0	申万研究所	全部权利	2012.6.12
9	2012SR080270	申银万国数据展现工具软件 V2.0	申万研究所	全部权利	2012.6.5
10	2012SR080265	申银万国外部网站数据抓取软件 V2.0	申万研究所	全部权利	2012.5.15
11	2012SR080261	申银万国自由流通量管理软件 V1.0	申万研究所	全部权利	2012.6.12
12	2011SR044772	申银万国仓位估算模型软件 V1.0	申万研究所	全部权利	2011.3.1
13	2011SR040320	申银万国 Wiki 平台软件 V1.0	申万研究所	全部权利	2011.5.13
14	2011SR040316	申银万国海外估值模型软件 V1.0	申万研究所	全部权利	2011.3.15
15	2011SR040321	申银万国数据发布平台软件 V2.0	申万研究所	全部权利	2011.3.15
16	2011SR040323	申银万国数据展现工具软件 V1.0	申万研究所	全部权利	2011.3.15
17	2011SR040318	申银万国指数实时计算软件 V2.0	申万研究所	全部权利	2011.5.1
18	2011SR040315	申银万国股价指数平台软件 V1.0	申万研究所	全部权利	2011.5.21
19	2010SR063761	申银万国晨会纪要管理软件 V1.0	申万研究所	全部权利	2010.10.1
20	2010SR063762	申银万国关键假设表管理软件 V1.0	申万研究所	全部权利	2010.7.11
21	2010SR061134	申银万国可转换债券分析软件 V1.0	申万研究所	全部权利	2010.1.15
22	2010SR061135	申银万国权证分析软件 V1.0	申万研究所	全部权利	2010.1.18
23	2010SR063760	申万云搜索平台软件 V1.0	申万研究所	全部权利	2010.6.1
24	2010SR063759	申银万国外部网站数据抓取软件 V1.0	申万研究所	全部权利	2010.6.1
25	2009SR059579	申银万国证券咨询平台软件 V3.0	申万研究所	全部权利	2009.7.1
26	2009SR059582	申银万国研究平台共享软件 V1.0	申万研究所	全部权利	2009.7.1
27	2009SR059578	申银万国指数实时计算软件 V1.0	申万研究所	全部权利	2009.6.30
28	2008SR32330	申银万国证券研究所海外盈利预测软件 V2.1	申万研究所	全部权利	2007.12.28
29	2008SR32335	申银万国财务预测与估值模型软件 V2.1	申万研究所	全部权利	2008.8.1
30	2008SR32334	申银万国证券研究所经纪人集中客户管理软件 V1.2	申万研究所	全部权利	2007.11.16
31	2008SR32333	申银万国 CRM(客户关系管理)软件 V1.0	申万研究所	全部权利	2007.12.31
32	2008SR32332	申银万国证券研究所衍生品套利套保软件 V1.0	申万研究所	全部权利	2007.5.10

续表

序号	登记号	软件名称	著作权人	权利范围	首次发表日期
33	2008SR32331	申银万国证券研究所研究报告模板软件 V3.0	申万研究所	全部权利	2007.9.1
34	2005SR10330	申银万国证券咨询平台软件 V2.0	申万研究所	全部权利	2005.4.28
35	2005SR10329	申银万国投资组合管理软件 V1.0	申万研究所	全部权利	2005.3.31
36	2003SR10165	申银万国证券研究所资讯浏览器软件 V1.0	申万研究所	全部权利	2003.4.28
37	2003SR9705	申银万国证券投资基金绩效评价软件 V1.0	申万研究所	全部权利	2003.5.19
38	2003SR9704	申银万国研究业务平台软件 V1.0	申万研究所	全部权利	2003.7.1
39	2003SR9703	申银万国数据发布平台软件 V1.0	申万研究所	全部权利	2003.4.28
40	2003SR9700	申银万国数据仓库软件 V1.0	申万研究所	全部权利	2002.11.30
41	2003SR7389	申银万国证券咨询平台软件 V1.0	申万研究所	全部权利	2003.4.28
42	2003SR4895	申银万国债券分析系统 V1.0	申万研究所	全部权利	2002.11.30
43	2003SR4894	经纪通营业部 CRM 系统 V1.0	申万研究所	全部权利	2002.11.30
44	2013SR121139	申万云智能聊天机器人软件 V1.5	申万研究所	全部权利	2013.5.24
45	2013SR121519	申银万国 CRM(客户关系管理)软件 V4.0	申万研究所	全部权利	2013.5.24
46	2013SR121146	申万研究报告审核流程管理软件 V1.0	申万研究所	全部权利	2013.6.1
47	2013SR122030	申银万国短信发送平台软件 V1.0	申万研究所	全部权利	2013.3.15
48	2013SR121524	申银万国股价指数平台软件 V2.0	申万研究所	全部权利	2013.5.25
49	2013SR120705	申银万国海外报告模板软件 V1.0	申万研究所	全部权利	2013.5.25
50	2013SR122004	申银万国海外财务预测与估值模型软件 V1.0	申万研究所	全部权利	2013.6.1
51	2013SR120912	中银万国海外盈利预测软件 v3.0	申万研究所	全部权利	2013.5.25
52	2013SR122149	申万研究手机移动办公平台软件 V1.5	申万研究所	全部权利	2013.5.25
53	2013SR122008	申银万国双数据源审核软件 V2.0	申万研究所	全部权利	2013.5.25
54	2013SR074938	申银万国证券研究云服务平台软件 V1.0	申万研究所	全部权利	2013.3.1

本所认为，申银万国集团为前述软件的合法著作权人，有权依据中国法律规定使用、转让或以其他方式处置前述著作权。

12.4.3　网站域名

根据申银万国的说明并经本所适当核查，截至本法律意见书出具之日，申银万国集团拥有登记证书且在有效期内的互联网域名共 115 项，详细情况如下：

序号	权利人	域名	有效期
1	申银万国	Sywg.com.cn	1998.8.10－2019.8.10
2	申银万国	Sywg.cn	2003.3.17－2019.3.17
3	申银万国	Sywg.net	2001.11.21－2019.11.21
4	申银万国	Sywg.biz	2001.11.21－2019.11.21

续表

序号	权利人	域名	有效期
5	申银万国	Sywg. com	1998. 8. 31 – 2019. 8. 30
6	申银万国	Sw2000. com. cn	2000. 4. 30 – 2019. 4. 30
7	申银万国	Sw2000. cn	2003. 3. 17 – 2019. 3. 17
8	申银万国	申银万国 . cn	2003. 7. 25 – 2019. 7. 25
9	申银万国	神网 . cn	2003. 7. 25 – 2019. 7. 25
10	申银万国	通用网址“申银万国”	2003. 11. 14 – 2014. 11. 14
11	申银万国	通用网址“申银万国证券”	2012. 7. 12 – 2019. 7. 12
12	申银万国	无线网址“申银万国”	2008. 12. 27 – 2018. 12. 27
13	申银万国	无线网址“申银万国证券”	2008. 12. 25 – 2018. 12. 25
14	申银万国	无线网址“神网”	2008. 12. 25 – 2018. 12. 25
15	申银万国	无线网址“sywg”	2008. 12. 25 – 2018. 12. 25
16	申银万国	无线网址“sws”	2008. 12. 25 – 2018. 12. 25
17	申银万国	申银万国． 中国	2003. 7. 25 – 2019. 7. 25
18	申银万国	神网． 中国	2003. 7. 25 – 2019. 7. 25
19	申银万国	swhsc. cn	2014. 7. 21 – 2015. 7. 21
20	申银万国	swhsc. com. cn	2014. 7. 21 – 2015. 7. 21
21	申银万国	swhyai. cn	2014. 7. 21 – 2015. 7. 21
22	申银万国	swhyai. com. cn	2014. 7. 21 – 2015. 7. 21
23	申银万国	swhybc. cn	2014. 7. 21 – 2015. 7. 21
24	申银万国	swhybc. com. cn	2014. 7. 21 – 2015. 7. 21
25	申银万国	swhyfc. cn	2014. 7. 21 – 2015. 7. 21
26	申银万国	swhyfc. com. cn	2014. 7. 21 – 2015. 7. 21
27	申银万国	swhyic. cn	2014. 7. 21 – 2015. 7. 21
28	申银万国	swhyic. com. cn	2014. 7. 21 – 2015. 7. 21
29	申银万国	swhyih. cn	2014. 7. 21 – 2015. 7. 21
30	申银万国	swhyih. com. cn	2014. 7. 21 – 2015. 7. 21
31	申银万国	swhysc. cn	2014. 7. 21 – 2015. 7. 21
32	申银万国	swhysc. com. cn	2014. 7. 21 – 2015. 7. 21
33	申银万国	swhysr. cn	2014. 7. 21 – 2015. 7. 21
34	申银万国	swhysr. com. cn	2014. 7. 21 – 2015. 7. 21
35	申银万国	通用网址“申万宏源控股”	2014. 7. 21 – 2015. 7. 21
36	申银万国	无线网址“申万宏源控股”	2014. 7. 21 – 2015. 7. 21

续表

序号	权利人	域名	有效期
37	申银万国	通用网址“申万宏源证券”	2014. 7. 21 – 2015. 7. 21
38	申银万国	无线网址“申万宏源证券”	2014. 7. 21 – 2015. 7. 21
39	申银万国	通用网址“申万宏源”	2014. 7. 21 – 2015. 7. 21
40	申银万国	无线网址“申万宏源”	2014. 7. 21 – 2015. 7. 21
41	申银万国	通用网址“申万宏源经纪”	2014. 7. 21 – 2015. 7. 21
42	申银万国	无线网址“申万宏源经纪”	2014. 7. 21 – 2015. 7. 21
43	申银万国	通用网址“申万宏源创新投”	2014. 7. 21 – 2015. 7. 21
44	申银万国	无线网址“申万宏源创新投”	2014. 7. 21 – 2015. 7. 21
45	申银万国	通用网址“申宏证券”	2014. 7. 21 – 2015. 7. 21
46	申银万国	无线网址“申宏证券”	2014. 7. 21 – 2015. 7. 21
47	申银万国	通用网址“申万宏证券”	2014. 7. 21 – 2015. 7. 21
48	申银万国	无线网址“申万宏证券”	2014. 7. 21 – 2015. 7. 21
49	申银万国	通用网址“申万宏源期货”	2014. 7. 21 – 2015. 7. 21
50	申银万国	无线网址“申万宏源期货”	2014. 7. 21 – 2015. 7. 21
51	申银万国	通用网址“申万宏源研究”	2014. 7. 21 – 2015. 7. 21
52	申银万国	无线网址“申万宏源研究”	2014. 7. 21 – 2015. 7. 21
53	申银万国	通用网址“申万宏源香港”	2014. 7. 21 – 2015. 7. 21
54	申银万国	无线网址“申万宏源香港”	2014. 7. 21 – 2015. 7. 21
55	申银万国	通用网址“申万宏源投资”	2014. 7. 21 – 2015. 7. 21
56	申银万国	无线网址“申万宏源投资”	2014. 7. 21 – 2015. 7. 21
57	申银万国	swhysc. com	2014. 7. 18 – 2015. 7. 18
58	申银万国	swhyih. com	2014. 7. 18 – 2015. 7. 18
59	申银万国	swhybc. com	2014. 7. 21 – 2015. 7. 21
60	申银万国	swhyai. com	2014. 7. 21 – 2015. 7. 21
61	申银万国	swhsc. com	2014. 7. 21 – 2015. 7. 21
62	申银万国	swhyfc. com	2014. 7. 21 – 2015. 7. 21
63	申银万国	swhysr. com	2014. 7. 21 – 2015. 7. 21
64	申银万国	swhyic. com	2014. 7. 21 – 2015. 7. 21
65	申万研究所	sw108. cn	2003. 3. 17 – 2015. 3. 17
66	申万研究所	sw108. com	2000. 5. 17 – 2015. 5. 17
67	申万研究所	申银万国证券咨询网 . com	2004. 1. 5 – 2015. 1. 5
68	申万研究所	申银万国证券研究所 . com	2004. 1. 5 – 2015. 1. 5

续表

序号	权利人	域名	有效期
69	申万研究所	申万研究 . net	2009. 2. 25 – 2015. 2. 25
70	申万研究所	申万研究 . 中国	2009. 2. 26 – 2015. 2. 26
71	申万研究所	申万研究 . cn	2009. 2. 26 – 2015. 2. 26
72	申万研究所	申万研究 . com	2009. 2. 25 – 2015. 2. 25
73	申万研究所	申银万国证券咨询网 . 中国	2009. 2. 27 – 2015. 2. 27
74	申万研究所	申银万国证券咨询网 . cn	2009. 2. 27 – 2015. 2. 27
75	申万研究所	申银万国证券研究所 . 中国	2009. 2. 26 – 2015. 2. 26
76	申万研究所	申银万国证券研究所 . cn	2009. 2. 26 – 2015. 2. 26
77	申万研究所	swsresearch. com. cn	2009. 2. 25 – 2015. 2. 25
78	申万研究所	SWSresearch. net	2009. 2. 25 – 2015. 2. 25
79	申万研究所	SWSresearch. cn	2009. 2. 25 – 2015. 2. 25
80	申万研究所	SWSresearch. com	2009. 2. 25 – 2015. 2. 25
81	申万研究所	sw108. com. cn	2007. 5. 31 – 2015. 6. 30
82	申万研究所	swsresearch. mobi	2009. 7. 3 – 2015. 7. 3
83	申万研究所	swsresearch. org. cn	2009. 7. 3 – 2015. 7. 3
84	申万研究所	swsresearch. net. cn	2009. 7. 3 – 2015. 7. 3
85	申万研究所	Swsresearch. tw	2009. 7. 3 – 2015. 7. 3
86	申万研究所	swsresearch. hk	2009. 7. 3 – 2015. 7. 3
87	申万研究所	证券研究 . com	2009. 7. 3 – 2015. 7. 3
88	申万研究所	申银万国研究 . com	2009. 7. 3 – 2015. 7. 3
89	申万研究所	申银万国证券研究 . com	2009. 7. 3 – 2015. 7. 3
90	申万研究所	swsresearch. org	2009. 7. 3 – 2015. 7. 3
91	申万研究所	申银万国证券研究 . 中国	2009. 7. 6 – 2015. 7. 6
92	申万研究所	申银万国证券研究 . cn	2009. 7. 6 – 2015. 7. 6
93	申万研究所	申银万国研究 . 中国	2009. 7. 6 – 2015. 7. 6
94	申万研究所	申银万国研究 . cn	2009. 7. 6 – 2015. 7. 6
95	申万研究所	证券研究 . 中国	2009. 7. 6 – 2015. 7. 6
96	申万研究所	证券研究 . cn	2009. 7. 6 – 2015. 7. 6
97	申万研究所	swsx. com. cn	2011. 7. 11 – 2015. 7. 11
98	申万研究所	申万指数 . 中国	2011. 8. 2 – 2015. 8. 2
99	申万研究所	申万指数 . cn	2011. 8. 2 – 2015. 8. 2
100	申万研究所	申万指数 . com	2011. 7. 1 – 2015. 7. 1

续表

序号	权利人	域名	有效期
101	申万研究所	申万指数 . net	2011. 7. 1 – 2015. 7. 1
102	申万研究所	swsindex. net	2011. 7. 1 – 2015. 7. 1
103	申万研究所	swsindex. cn	2011. 7. 11 – 2015. 7. 11
104	申万研究所	swsindex. com. cn	2011. 7. 11 – 2015. 7. 11
105	申万研究所	swsindex. com	2011. 7. 1 – 2015. 7. 1
106	申万期货	申银万国期货． 中国	2007. 6. 19 – 2019. 6. 19
107	申万期货	申银万国期货 . com	2007. 6. 18 – 2019. 6. 18
108	申万期货	申银万国期货 . cn	2007. 6. 19 – 2019. 6. 19
109	申万期货	Sywgqh. net	2007. 6. 18 – 2019. 6. 18
110	申万期货	Sywgqh. net. cn	2007. 6. 18 – 2019. 6. 18
111	申万期货	Sywgqh. info	2007. 6. 19 – 2019. 6. 19
112	申万期货	Sywgqh. com	2007. 6. 18 – 2019. 6. 18
113	申万期货	Sywgqh. com. cn	2007. 6. 18 – 2019. 6. 18
114	申万期货	Sywgqh. cn	2007. 6. 18 – 2019. 6. 18
115	申万期货	Sywgqh. biz	2007. 6. 19 – 2019. 6. 19

本所认为，申银万国集团有权依法使用前述互联网域名。

12. 4. 4　交易席位

根据申银万国的说明并经本所适当核查，截至 2014 年 3 月 31 日，申银万国集团共拥有 477 个交易席位，详细情况如下：

序号	权利人	交易场所	席位数(个)
1	申银万国	上海证券交易所	312
2	申银万国	深圳证券交易所	117
3	申万期货	大连商品交易所	9
4	申万期货	上海期货交易所	11
5	申万期货	郑州商品交易所	8
6	申万期货	中国金融期货交易所	20

本所认为，申银万国集团为前述交易席位的合法权利人，有权依据中国法律规定使用前述交易席位。

(二)被合并方的主要财产

宏源证券集团在中国境内拥有和/或使用的主要财产为房屋和注册商标、软件著作权、网站域名、交易席位等无形资产，有关详情如下：

12. 5　宏源证券集团拥有的房屋

根据宏源证券的说明并经本所适当核查，截至本法律意见书出具之日，宏源证券集团在中国境内共拥有 66 处房屋，建筑面积总计为 75，190. 07 平方米，其中，用于办公或营业的房屋(以下简称“营业类房屋”)建筑面积总计为 66，412. 46 平方米(该等营业类房屋的情况详见本法律意见书附件6),用于职工宿舍等其他用途的房屋(以下简称“非营业类房屋”)建筑面积总计为8,777.61平方米。

12.5.1　营业类房屋

根据宏源证券的说明并经本所适当核查,宏源证券集团在中国境内拥有37处、建筑面积总计为66,412.46平方米的营业类房屋。宏源证券集团以承继宏源信托的自有房屋、购买或实现债权的方式取得该等房屋的所有权。产权存在瑕疵的房屋(以下简称“瑕疵房屋”)共2处,建筑面积总计为2,157.02平方米,约占宏源证券集团使用的营业类房屋总建筑面积(包括宏源证券拥有的营业类房屋的总建筑面积66,412.46平方米和租赁的营业用房的总建筑面积96,918.45平方米,总计为163,330.91平方米,以下同)的1.32%,本所认为,除以上瑕疵房屋外,宏源证券集团有权依法占有、使用、转让、出租、抵押或以其他方式处置所拥有的营业类房屋,该等房屋不存在产权纠纷,亦不存在有效担保或其他使用权受到限制的情形。瑕疵房屋具体情况如下:

宏源证券集团下属2处营业类自有房屋尚未取得《房屋所有权证》和《国有土地使用证》(参见附件6第3和36项),建筑面积总计为2,157.02平方米。根据宏源证券与奎屯东方伟业房地产开发有限公司于2013年10月签署的《商品房预售合同》和宏源证券的说明,附件6第3项所述房屋为宏源证券于2013年10月自奎屯东方伟业房地产开发有限公司购得,宏源证券正在办理《房屋所有权证》和《国有土地使用证》。根据宏源证券的说明,该等手续的办理不存在实质性法律障碍。根据杭州拱墅区人民法院于2008年1月3日作出的〔2007〕拱民一初字第961号《民事判决书》、中国证监会于2003年出具的证监机构字〔2003〕100号文《关于同意宏源证券股份有限公司收购浙江省信托公司所属5家证券营业部的批复》以及宏源证券的说明,附件6第36项所述房屋系原浙江信托投资有限公司于1998年自浙江蓝天房产开发公司购得,后宏源证券因收购浙江信托投资有限公司5家证券营业部取得该处房产,宏源证券目前正在办理该处房产对应的《房屋所有权证》和《国有土地使用证》。根据宏源证券的说明,该等手续的办理不存在实质性法律障碍。本所认为,宏源证券集团占有、使用该等房屋不存在产权纠纷,上述《房屋所有权证》和《国有土地使用证》相关手续办理完毕后,宏源证券集团处置该等房产的权利亦不会受到相关的限制。

12.5.2　非营业类房屋

根据宏源证券的说明并经本所适当核查,宏源证券集团在中国境内拥有29处、建筑面积总计为8,777.61平方米的非营业类房屋。宏源证券集团主要以承继宏源信托的自有房屋或购买的方式取得该等房屋的所有权。其中5处非营业类房屋需要办理《房屋所有权证》的证载权利人更名手续,该等房屋的建筑面积总计为231.02平方米。

因非营业类房屋不用于宏源证券的经营或办公,因此,非营业类房屋存在未取得《房屋所有权证》的情形并不会对宏源证券的经营有重大不利影响。

除上述房产外,宏源证券拥有1处位于大连开发区金马路178号的房屋,建筑面积总计为4,990.9平方米。宏源证券就该房屋持有大连市房地产管理局于2003年6月颁发的《房屋所有权证》(大房权证开字第150224号)和大连市人民政府于2003年2月颁发的《国有土地使用证》(大开国用(2003)字第437号)。根据宏源证券大连开发区证券营业部与大连德泰控股有限公司(以下简称“大连德泰”)于2008年1月签署的《华轻大厦拆迁安置补偿协议》及宏源证券的说明,大连德泰负责该处房屋的拆迁与重建,其将为宏源证券大连开发区营业部安排总计5,000平方米回迁面积的重建房屋,并协助宏源证券大连开发区营业部办理该等重建房屋的《国有土地使用证》和《房屋所有权证》。截至本法律意见书出具之日,该处重建房屋尚未竣工。

12.6　宏源证券集团租用的房屋

根据宏源证券的说明并经本所适当核查,截至本法律意见书出具之日,宏源证券集团共承租172处、建筑面积总计为97,038.85平方米的房屋,其中用于经营、办公等营业用途的房屋建筑面积总计为96,918.45平方米,用于职工宿舍等非营业用途的房屋建筑面积总计为120.40平方米。宏源证券集团与该等房屋的出租人签订了相应的租赁合同,其中:

12.6.1　宏源证券集团合法使用的租赁房屋

宏源证券集团合法租用的房屋的建筑面积总计为83,841.71平方米。本所认为,宏源证券集团和出租人就该等房屋签订的相关租赁合同合法有效,宏源证券集团在该等租赁合同项下的权利受中国法律的保护。

12.6.2　宏源证券集团使用的合法性不能确定的租赁房屋

宏源证券集团使用的合法性不能确定的租赁房屋共21处,均用于营业用途,建筑面积总计为13,197.14平方米,约占宏源证券集团使用的营业类房屋总建筑面积的8.08%,包括:

(1)3处租赁房屋已到期。根据宏源证券的说明,针对其中1处建筑面积为2,499.70平方米的租赁房屋,出租方允许宏源证券相关营业部在确定迁址事宜前继续使用该房屋;针对其余2处租赁房屋,宏源证券集团目前正在办理续租手续。前述租赁房屋的建筑面积总计为4,144.85平方米,约占宏源证券集团使用的营业类房屋总建筑面积的2.54%。

(2)18处租赁房屋因该等房屋的出租人未提供该等房屋所对应的《房屋所有权证》、其他有效权属证明或房屋所有权人同意出租人出租房屋的许可(仅在房屋所有权人与出租人不一致的情形下)。该等租赁房屋的建筑面积总计为9,052.29平方米,约占宏源证券集团使用的营业类房屋总建筑面积的5.54%。本所不能确认该等出租人是否为该等租赁合同的适当签约主体,该等租赁合同是否合法有效,以及宏源证券集团在该等租赁合同项下的权益是否能得到中国法律的保护。但本所注意到该等房屋所对应的租赁合同中的出租人一般已在相关租赁合同中陈述或保证其为出租房屋的合法拥有人。根据中国法律和相关租赁合同的规定,如果发生第三方就该等租赁事宜提出异议,以致影响宏源证券集团在该等租约项下的权益时,宏源证券集团有权就其因此所遭受的损失要求该等出租人赔偿。

12.7　无形资产

12.7.1　注册商标

根据宏源证券的说明并经本所适当核查,截至本法律意见书出具之日,宏源证券集团共拥有9项境内注册商标,且在该等商标权上未设置质押或其他第三方权益。宏源证券集团拥有的境内注册商标的详细情况如下:

序号	注册号	权利人	商标名称	类号	专用权期限
1	8648920	宏源证券	宏源期货	36	2012.1.28－2022.1.27
2	11627815	宏源证券	宏源期货	36	2014.3.21－2024.3.20
3	11627793	宏源证券	宏源证券	36	2014.3.21－2024.3.20
4	8648921	宏源证券	宏源证券	36	2012.1.28－2022.1.27
5	1279871	宏源证券		36	2009.5.28－2019.5.27
6	7482926	宏源证券	天游	42	2011.1.28－2021.1.27
7	7482927	宏源证券	天游	38	2010.11.7－2020.11.6
8	7482928	宏源证券	天游	36	2010.11.7－2020.11.6
9	8648928	宏源证券	宏源	36	2014.1.14－2024.1.13

本所认为,宏源证券集团为前述注册商标的合法权利人,有权依据中国法律规定使用、转让或以其他方式处置前述注册商标权。

12.7.2　网站域名

根据宏源证券的说明并经本所适当核查,截至本法律意见书出具之日,宏源证券集团拥有登记证书且在有效期内的互联网域名共7项,详细情况如下:

序号	权利人	域名	有效期
1	宏源证券	hysec.com	2008.3.4－2016.3.4
2	宏源证券	ehongyuan.com	2001.8.31－2014.8.31
3	宏源证券	ehongyuan.com.cn	2001.9.8－2020.9.8
4	宏源证券	hysec.net	2008.3.4－2016.3.4
5	宏源期货	hongyuanqh.cn	2007.12.24－2017.12.24
6	宏源期货	honyuanqh.com.cn	2007.12.24－2017.12.24
7	宏源期货	hongyuanqh.com	2007.12.24－2017.12.24

本所认为,宏源证券集团有权依法使用前述互联网域名。

12.7.3　交易席位

根据宏源证券的说明及上交所和深交所询证函的回复,截至本法律意见书出具之日,宏源证券拥有并有权使用上交所的65个交易席位及深交所的38个交易席位,宏源期货拥有并有权使用大连商品交易所、上海期货交易所、郑州商品交易所和中国金融期货交易所的48个交易席位,详细情况如下:

序号	权利人	交易场所	席位数(个)
1	宏源证券	上海证券交易所	65
2	宏源证券	深圳证券交易所	38
3	宏源期货	大连商品交易所	11
4	宏源期货	上海期货交易所	11
5	宏源期货	郑州商品交易所	8
6	宏源期货	中国金融期货交易所	18

十三、申银万国的重大债权债务

13.1　重大合同

本所审查了申银万国向本所提供的其将要履行、正在履行及虽已履行完毕但可能存在潜在纠纷的重大债权债务关系文件,包括《审计报告》中所列示的其他应收、其他应付账目项下的有关重大债权债务关系文件(以下简称“重大合同”),主要包括:

13.1.1　本法律意见书第11.2条所述的关联交易协议/合同和第11.4.2条所述的避免同业竞争承诺函。

13.1.2　发行证券公司债券

2013年7月12日,中国证监会向申银万国出具证监许可〔2013〕922号《关于核准申银万国证券股份有限公司发行债券的批复》,核准申银万国发行面值总额不超过60亿元的公司债券,期限为6年。

根据申银万国与认购人签署的《2012年申银万国证券股份有限公司债券认购协议》及普华永道中天会计师事务所于2013年8月6日出具的普华永道中天验字(2013)第522号《定向发行公司债募集资金到位情况的验资报告》,截至2013年7月30日,申银万国定向发行公司债券实际收到募集资金60亿,认购人及其认购金额如下所示:

认购人名称	认购金额(亿元)
中国工商银行股份有限公司	10
中国建设银行股份有限公司	12
交通银行股份有限公司	12
中国农业银行股份有限公司	10
上海浦东发展银行股份有限公司	2
中国邮政储蓄银行股份有限公司	2
中国银行股份有限公司	10
中海信托股份有限公司	2
合计	60

13.1.3　发行短期融资券

2014年1月20日,中国证监会机构监管部出具机构部部函〔2014〕82号文《关于申银万国证券股份有限公司申请发行短期融资券的监管意见函》，对申银万国申请发行短期融资券无异议。2014年4月1日，中国人民银行出具银发〔2014〕101号文《中国人民银行关于申银万国证券股份有限公司发行短期融资券的通知》，核定申银万国待偿还短期融资券的最高余额为78亿元，该等余额自该通知发出之日起一年内有效；在有效期内，申银万国可自主发行短期融资券。

根据申银万国的说明，截至本法律意见书出具之日，申银万国已发行、尚未到期的短期融资券的余额合计为65亿元。

13.1.4　融资业务债权收益权转让及远期受让合同

2013年9月29日，申银万国与招商银行股份有限公司（以下简称"招商银行"）签署《融资业务债权收益权转让及远期受让合同》。根据该合同，申银万国将其向融资客户融资所产生的债权对应的财产收益权利（以下简称"融资业务债权收益权"）转让给招商银行，招商银行以理财产品募集资金受让申银万国持有的融资业务债权收益权；合同约定的1年有效期届满后，申银万国将以双方确认的固定溢价率远期受让该融资业务债权收益权；在该合同有效期内任一时点，招商银行向申银万国支付的转让价款总额不超过（含）30亿元，并可根据业务需要分期受让上述融资业务债权收益权。截至本法律意见书出具之日，招商银行已受让申银万国向其转让的两期融资业务债权收益权，回购溢价率分别为6.40%和6.50%，共计支付转让价款15亿元。

13.1.5　重大业务合同

（1）股票承销保荐协议

截至本法律意见书出具之日，就申银万国参与的、已报送至主管部门的、未履行完毕的股票承销保荐项目（其中，A股首次公开发行并上市项目9项，A股非公开发行项目5项），申银万国向本所提供了相关的股票承销、保荐协议；除少数协议明确约定固定承销费用外，承销费用多为按照募集资金或实际承销股款的一定比例计算，保荐费用则多为固定费用。

（2）债券承销协议

截至本法律意见书出具之日，就申银万国集团参与的、已报送主管部门的、未履行完毕的债券承销项目（其中，企业债券承销项目4项，公司债券承销项目1项，金融债券承销项目1项，中小企业私募债券承销项目1项），申银万国集团向本所提供了相关的债券承销协议；承销方式均为余额包销，承销费用多为按照发行总金额的一定比例计算。

（3）资产管理合同

（i）集合资产管理合同

截至本法律意见书出具之日，按照集合资产管理合同管理的资产规模，申银万国集团向本所提供了其排名前十位的集合资产管理计划对应之集合资产管理合同；均为限定性集合资产管理计划，其中，推广期间募集规模上限为50亿元的共计8项。该等集合资产管理计划的设立均已取得中国证监会批准或中国证券业协会备案，具体信息如下：

序号	基金合同名称	批准文件文号	备案文件文号	类型	最低募集规模	托管人
1	申万巴黎新经济混合型证券投资基金基金合同	证监基金字〔2006〕220号	基金部函〔2006〕310号	混合型证券投资基金	2亿份	中国工商银行股份有限公司
2	申万巴黎深证成指分级证券投资基金基金合同	证监许可〔2010〕1066号	基金部函〔2010〕633号	股票型证券投资基金	2亿份	中国工商银行股份有限公司
3	申万巴黎新动力股票型证券投资基金基金合同	证监基金字〔2005〕159号	基金部函〔2005〕265号	股票型证券投资基金	2亿份	中国工商银行股份有限公司

续表

序号	基金合同名称	批准文件文号	备案文件文号	类型	最低募集规模	托管人
4	申银万国证券行业指数分级证券投资基金基金合同	证监许可〔2014〕141号	基金部函〔2014〕140号	股票型证券投资基金	2亿份	中国工商银行股份有限公司
5	申万巴黎盛利精选证券投资基金基金契约	证监基金字〔2004〕22号	基金部函〔2004〕07号	混合型证券投资基金	2亿份	中国工商银行股份有限公司
6	申万菱信中小板指数分级证券投资基金基金合同	证监许可〔2012〕197号	基金部函〔2012〕290号	股票型证券投资基金	2亿份	中国农业银行股份有限公司
7	申万巴黎沪深300价值指数证券投资基金基金合同	证监许可〔2009〕1191号	基金部函〔2010〕73号	股票型证券投资基金	2亿份	中国工商银行股份有限公司
8	申万巴黎消费增长股票型证券投资基金基金合同	证监许可〔2009〕310号	基金部函〔2009〕402号	股票型证券投资基金	2亿份	中国工商银行股份有限公司
9	申万菱信收益宝货币市场证券投资基金基金合同	证监基金字〔2006〕98号	基金部函〔2006〕154号	货币市场基金	2亿份	中国工商银行股份有限公司
10	申万菱信稳益宝债券型证券投资基金	证监许可〔2010〕1795号	基金部函〔2010〕772号	债券型证券投资基金	2亿份	华夏银行股份有限公司

注:根据以上集合资产管理计划对应之集合资产管理合同,每一集合资产管理计划份额的面值为1元。

(ii)定向资产管理合同

截至本法律意见书出具之日,按照管理费及业绩报酬(如有)的总计金额,申银万国集团向本所提供了其排名前十位的定向资产管理合同。根据该等合同,申银万国或资产管理公司均系以管理人身份受托管理委托人所委托的财产,并收取一定比例的管理费及业绩报酬(如有)。

(4)基金合同

(i)公募基金合同

截至本法律意见书出具之日,按照基金合同项下申银万国集团所管理的募集资金的规模,申银万国集团向本所提供了其排名前十位的基金合同及基金托管协议;其中,股票型证券投资基金7项,混合型证券投资基金2项,货币市场基金1项。该等基金的募集均已取得中国证监会批准,并在募集完成后取得了中国证监会的备案确认,具体信息如下:

序号	基金合同名称	批准文件文号	备案文件文号	类型	最低募集规模	托管人
1	申万巴黎新经济混合型证券投资基金基金合同	证监基金字〔2006〕220号	基金部函〔2006〕310号	混合型证券投资基金	2亿份	中国工商银行股份有限公司

续表

序号	基金合同名称	批准文件文号	备案文件文号	类型	最低募集规模	托管人
2	申万巴黎深证成指分级证券投资基金基金合同	证监许可〔2010〕1066号	基金部函〔2010〕633号	股票型证券投资基金	2亿份	中国工商银行股份有限公司
3	申万巴黎新动力股票型证券投资基金基金合同	证监基金字〔2005〕159号	基金部函〔2005〕265号	股票型证券投资基金	2亿份	中国工商银行股份有限公司
4	申银万国证券行业指数分级证券投资基金基金合同	证监许可〔2014〕141号	基金部函〔2014〕140号	股票型证券投资基金	2亿份	中国工商银行股份有限公司
5	申万巴黎盛利精选证券投资基金基金契约	证监基金字〔2004〕22号	基金部函〔2004〕07号	混合型证券投资基金	2亿份	中国工商银行股份有限公司
6	申万菱信中小板指数分级证券投资基金基金合同	证监许可〔2012〕197号	基金部函〔2012〕290号	股票型证券投资基金	2亿份	中国农业银行股份有限公司
7	申万菱信中证军工指数分级证券投资基金基金合同	证监许可〔2014〕350号	证券基金机构监管部部函〔2014〕873号	股票型证券投资基金	2亿份	中国农业银行股份有限公司
8	申万巴黎沪深300价值指数证券投资基金基金合同	证监许可〔2009〕1191号	基金部函〔2010〕73号	股票型证券投资基金	2亿份	中国工商银行股份有限公司
9	申万巴黎消费增长股票型证券投资基金基金合同	证监许可〔2009〕310号	基金部函〔2009〕402号	股票型证券投资基金	2亿份	中国工商银行股份有限公司
10	申万菱信收益宝货币市场证券投资基金基金合同	证监基金字〔2006〕98号	基金部函〔2006〕154号	货币市场基金	2亿份	中国工商银行股份有限公司

注：根据以上证券投资基金对应之基金合同，每一证券投资基金份额的面值为1元。

(ii)特定资产管理合同

截至本法律意见书出具之日，就申银万国集团正在履行且已发行的特定资产管理计划，申银万国集团向本所提供了7份其为单一客户办理特定资产管理的资产管理合同，及3份为特定多个客户办理特定资产管理的资产管理合同。其中，涉及为单一客户办理特定资产管理的管理计划委托资产226,536.89万元；为特定多个客户办理特定资产管理的管理计划认购金额均在30,39.95万元以上，其中股票型资产管理计划7项，债券型资产管理计划3项。前述管理计划均已完成认购，为特定多个客户办理的特定资产管理计划已向中国证监会办理备案登记。

13.1.6　重大其他应收、应付款

根据《审计报告》，截至2014年3月31日，申银万国集团有其他应收款48,620,170.58元，其他应付款87,722,905.93元。根据《审计报告》及申银万国的说明，申银万国集团金额较大的其他应收款、其他应付款均因正常的经营活动发生,合法有效。

13.1.7 本次合并涉及的债权债务的处置方案

根据《重组报告书》、《换股吸收合并协议》及合并双方的相关股东大会决议等文件,本次合并完成后,申银万国将作为合并后的存续公司承继及承接宏源证券的全部资产、负债、业务、人员、合同及其他一切权利与义务,宏源证券终止上市并注销法人资格。

自交割日起,宏源证券的全部资产、负债、业务、资质、人员、合同及其一切权利和义务将由存续公司享有和承担。宏源证券应在《换股吸收合并协议》生效日起12个月内办理完成相关资产、负债、业务、人员、合同及其一切权利和义务转移至存续公司名下的相关手续,包括但不限于移交、过户、登记、备案。应宏源证券的要求,存续公司同意协助宏源证券办理移交、过户、登记手续。如在生效日起12个月内未能办理形式上的移交手续(如房地产、商标、专利等过户手续,对外投资权益的变更手续以及车辆过户手续等),则该等资产的实质权利、权益、负债亦自交割日起归属于存续公司。

综上,本所认为,本次合并涉及的债权债务的处置方案,符合中国法律的有关规定。

13.2 结论

13.2.1 经核查,本所认为,本法律意见书第13.1条所述的重大合同合法、有效;申银万国为该等合同的合法主体,合同履行不存在实质法律障碍。根据申银万国的说明以及本所律师对中国法律的理解,上述合同不存在重大纠纷或潜在纠纷。

13.2.2 根据申银万国的说明并经本所适当核查,截至本法律意见书出具之日,申银万国没有因环境保护、知识产权、产品质量、劳动安全、人身权等原因产生的重大侵权之债。

13.2.3 申银万国与其主要关联方之间的重大债权债务关系见本法律意见书第11.2条所述。除此之外,截至2014年3月31日,申银万国与其主要关联方之间不存在其他重大的债权债务关系。

13.2.4 根据申银万国的说明并经本所适当核查,截至2014年3月31日,申银万国金额较大的其他应收、应付款均因正常的生产经营活动发生,合法有效。

十四、申银万国重大资产变化及收购兼并

14.1 申银万国报告期内的重大资产变化及收购兼并情况。

根据申银万国的说明并经本所适当核查,除正在进行的本次合并以外,申银万国报告期内未发生重大资产变化及收购兼并的情况。

14.2 资产出售的安排或计划

截至本法律意见书出具之日,申银万国持有非上市实业公司股权的情况如下表所列示:

序号	公司名称	账面原值(万元)	持股比例	评估值(万元)
1	中国重型汽车财务有限公司	1,599.86	0.60%	767.82
2	中原百货集团股份有限公司	365.40	0.85%	95.62
3	润华集团股份有限公司	115.49	0.64%	2,373.64
4	上海银行股份有限公司	4.00	0.01%	423.74
5	上海不夜城股份有限公司	42.00	0.52%	266.57
6	天津天女化工集团股份有限公司	132.00	0.56%	85.05
7	天安财产保险股份有限公司	1,500.00	0.27%	1,937.40
8	武汉物业(集团)股份有限公司	866.31	10.32%	374.48
9	五环(集团)股份有限公司	1,257.56	3.18%	590.65
10	济南人民商场股份公司	112.50	0.10%	10.50
11	抚松县联营胶合板厂	14.04	0.04%	0.00

续表

序号	公司名称	账面原值(万元)	持股比例	评估值(万元)
12	川东化学工业公司	132.00	0.50%	0.00
13	黑龙江北方企业(集团)股份有限公司	32.07	0.07%	8.32
14	广西中大股份有限公司	322.00	4.45%	0.00
15	天津万华股份有限公司	390.00	1.93%	287.67
16	成都海发(集团)股份有限公司	3,522.00	16.77%	0.00
17	天津大邱庄尧舜发展股份有限公司	564.30	2.34%	0.00
18	海南省海证实业公司	398.71	14.59%	0.00
19	中华企业咨询有限责任公司	100.00	9.26%	56.96
20	南京高能信息产业股份有限公司	5.00	0.08%	0.00
21	重庆金属材料股份公司	31.00	0.34%	3.59
22	天津津泰橡胶股份有限公司	200.00	0.58%	19.55
23	河南万国咨询开发有限公司	18.00	3.60%	0.00
24	深圳天极光电技术实业股份有限公司	225.00	0.23%	0.00
25	四川省辰龙股份有限公司	150.00	3.00%	0.00
26	海南民源现代农业发展股份有限公司	235.59	0.26%	0.00
27	苏州万川旅业股份有限公司	4,000.00	37.10%	4,915.92
合计				12,217.49

本所注意到,申银万国继续持有上述非上市实业公司股权的行为,不符合中国法律的相关规定。因此,申银万国拟全部出售前述非上市实业公司股权。

申银万国于2014年3月21日召开第三届董事会第十四次会议,审议通过了《关于处置非证券类股权投资的议案》,同意申银万国对27项非证券类股权投资进行处置。

申银万国于2014年委托上海东洲资产评估有限公司对上述股权进行了评估。根据上海东洲资产评估有限公司于2014年6月18日出具的沪东洲资评报字〔2014〕第0069288号《资产评估报告书》,于评估基准日2013年12月31日,前述非上市公司股权的各自的评估值如上表所列示,评估值合计为12,217.49万元。财政部已于2014年7月16日出具财金〔2014〕56号文《财政部关于申银万国证券股份有限公司重组资产评估项目核准的批复》对上述《资产评估报告书》所记载的评估结果予以核准。

14.3　结论

经核查,本所认为:

14.3.1　除正在进行的本次合并以及本法律意见书第8.1条所述两次增资扩股以外,申银万国报告期内未发生其他合并、分立、增资扩股、减少注册资本、重大收购或出售资产等行为。

14.3.2　第14.2条所述之资产处置已根据中国法律的相关规定履行了必要的法律手续,对申银万国本次合并的实质条件并无实质性影响。除本法律意见书第14.2条所述的资产出售安排或计划外,申银万国目前没有其他的资产置换、资产剥离、资产出售或收购的计划。

十五、申银万国公司章程的制订与修改

15.1　章程的制订与修改

申银万国在报告期内对《公司章程》进行了若干次修订,具体如下:

15.1.1　由于在经营范围中增加融资融券业务,申银万国对公司章程作出修订,修订后的公司章程经2011年5月26日召开的申银万国2010年度股东大会审议通过,并已办理了工商变更登记。申银万国本次公司章程的修改已履行了必要的法定程序。

15.1.2　由于申银万国的法定代表人由董事长变更为总经理,且法定代表人的职权也进行了调整,申银万国对公司章程作出修订,修订后的公司章程经2012年5月22日召开的申银万国2011年度股东大会审议通过,并已办理了工商变更登记。申银万国本次公司章程的修改已履行了必要的法定程序。

15.1.3　由于申银万国在经营范围中增加"公司可以设立子公司从事金融产品等投资业务",并同时调整了董事会人数,申银万国对公司章程作出修订,修订后的公司章程经2012年12月11日召开的申银万国2012年第二次临时股东大会审议通过,并已办理了工商变更登记。申银万国本次公司章程的修改已履行了必要的法定程序。

15.1.4　由于申银万国规范英文名称,变更公司住所,经营范围增加"代销金融产品业务",同时,规范股东大会、董事会、监事会的决策程序等,申银万国对公司章程作出修订,修订后的公司章程经2013年6月5日召开的申银万国2012年度股东大会审议通过,并已办理了工商变更登记。申银万国本次公司章程的修改已履行了必要的法定程序。

15.1.5　由于中国证监会修订了《证券公司治理准则》,申银万国对公司章程作出修订,修订后的公司章程已经2014年6月25日召开的申银万国2014年第一次临时股东大会审议通过,并获得上海证监局于2014年8月8日出具的沪证监许可〔2014〕225号文《关于核准申银万国证券股份有限公司变更公司章程重要条款的批复》核准,目前正在办理工商变更登记。本次修订后的公司章程的内容符合中国法律的规定。

15.2　《公司章程(草案)》

为本次合并之目的,申银万国按照中国法律的相关规定修订了申银万国的公司章程,形成了《公司章程(草案)》,并已经申银万国本次合并相关股东大会审议通过。《公司章程(草案)》系按照《章程指引》等中国法律的相关规定制订,其内容符合中国法律的规定,将于申银万国获得中国证监会关于本次换股吸收合并的核准并完成工商变更登记之日起生效。

十六、申银万国股东大会、董事会、监事会的议事规则及规范运作

16.1　组织机构

16.1.1　经核查,申银万国已经设立了股东大会、董事会、监事会和经营管理职能部门,并且设立了董事会办公室以及发展协调委员会、合规管理与风险控制委员会、审计委员会和薪酬与提名委员会四个专门委员会,股东大会为申银万国的权力机构,由其全体股东组成;董事会为申银万国的决策机构,现有9名董事(其中3名为独立董事),董事会向股东大会负责并报告工作;监事会由股东选举的代表和职工民主选举的代表组成,现有9名监事(其中3名为职工代表监事),负责监督检查申银万国的经营管理、财务状况,对董事、总经理和其他高级管理人员执行职务进行监督,维护申银万国和股东利益;经营管理职能部门包括经纪事业部、投资银行事业部、资产管理事业部、投资交易事业部、机构客户总部、固定收益总部、国际业务总部、人力资源总部、办公室、合规与风险管理总部、战略规划总部、计划财会管理总部、电脑网络中心、运营中心、稽核审计总局、监察室、培训中心和博士后科研工作站。

16.1.2　本所认为,申银万国已经依法建立符合中国法律及其现行《公司章程》规定的健全的组织机构。

16.2　议事规则

16.2.1　经核查,作为申银万国现行《公司章程》的组成部分,申银万国已经根据《公司法》的规定制订及实施了《股东大会议事规则》、《董事会议事规则》和《监事会议事规则》;此外,申银万国还根据《上市公司章程指引》及上市公司监管机构发布的其他相关规定修订了《股东大会议事规则》、《董事会议事规则》和《监事会议事规则》,该等经修订的议事规则已与《公司章程(草案)》一并经申银万国本次合并相关股东大会审议通过,并将于申银万国获得中国证监会关于本次换股吸收合并的核准并完成工商变更登记之日起生效。

16.2.2　本所认为，申银万国已经制订了健全的股东大会、董事会和监事会的议事规则，该等议事规则的内容符合中国法律的相关规定。

16.3　三会的召集、召开及授权或决策

经核查，本所认为，申银万国报告期内历次股东大会、董事会、监事会的召开、决议内容及签署合法、合规、真实、有效；申银万国报告期内历次股东大会或董事会授权或重大决策行为合法、合规、真实、有效。

十七、申银万国董事、监事、高级管理人员及其变化

17.1　现任董事、监事、高级管理人员的任职情况

17.1.1　申银万国现任董事9名，均由申银万国股东大会选举产生，其任职资格均已经上海证监局核准，具体情况如下：

序号	姓名	职位	任职资格批复文号
1	李剑阁	董事长	沪证监机构字〔2013〕241号
2	储晓明	副董事长	沪证监机构字〔2010〕793号
3	屈艳萍	董事	沪证监机构字〔2010〕761号
4	李军	董事	沪证监机构字〔2012〕513号
5	姜波	董事	沪证监机构字〔2011〕82号
6	张新玫	董事	沪证监机构字〔2012〕506号
7	叶梅	独立董事	沪证监机构字〔2012〕519号
8	谢荣	独立董事	沪证监机构字〔2012〕507号
9	黄丹涵	独立董事	沪证监机构字〔2012〕518号

17.1.2　申银万国现任监事9名，其中股东代表监事蒋元真、朱根林、龚波、许奇、杨小平和李冬青由申银万国股东大会选举产生，职工代表监事宋孜茵、瞿炳建和陈明由申银万国职工代表大会选举产生。该等监事的任职资格均已经上海证监局核准，具体情况如下：

序号	姓名	职位	任职资格批复文号
1	蒋元真	监事会主席	沪证监机构字〔2010〕560号
2	朱根林	监事会副主席	沪证监机构字〔2008〕555号
3	龚波	监事	沪证监机构字〔2012〕517号
4	许奇	监事	沪证监机构字〔2009〕223号
5	杨小平	监事	沪证监机构字〔2009〕223号
6	李冬青	监事	沪证监机构字〔2012〕511号
7	瞿炳建	职工监事	沪证监机构字〔2012〕521号
8	陈明	职工监事	沪证监机构字〔2012〕516号
9	宋孜茵	职工监事	沪证监许可〔2014〕209号

17.1.3　申银万国现任高级管理人员7名，分别为储晓明、杜平、朱敏杰、刘郎、陈建民、方荣义和姜建勤，均由董事会决议聘任，其任职资格均已经上海证监局核准，具体情况如下：

序号	姓名	职位	任职资格批复文号
1	储晓明	总经理	沪证监机构字〔2010〕793号
2	杜平	副总经理	证监机构字〔2003〕248号
3	朱敏杰	副总经理	沪证监机构字〔2007〕487号
4	刘郎	副总经理	沪证监机构字〔2008〕10号
5	陈建民	副总经理	沪证监机构字〔2012〕520号
6	方荣义	财务总监	沪证监机构字〔2008〕20号
7	姜建勤	董事会秘书	沪证监机构字〔2008〕416号

17.2 申银万国报告期内董事、监事及高级管理人员变化情况

17.2.1 董事变更

(1)2011 年 1 月董事情况:根据申银万国相关会议文件,申银万国 2011 年 1 月 1 日的董事为丁国荣、储晓明、戴德馨、蒋义宏、胡奕明、刘晓兵、屈艳萍、陈建民、牟辉军、张建伟、邵亚良、张建铭及王鸿祥,其中,丁国荣担任董事长,储晓明担任副董事长。

(2)2011 年 5 月董事变动:申银万国于 2011 年 5 月 10 日召开 2011 年第一次临时股东大会,选举姜波担任公司董事,牟辉军不再担任公司董事。

(3)2012 年 5 月董事变动:申银万国于 2012 年 5 月 11 日召开 2012 年第一次临时股东大会,选举汪建熙担任公司董事长,丁国荣不再担任公司董事长。

(4)2012 年 12 月董事变动:申银万国于 2012 年 12 月 11 日召开 2012 年第二次临时股东大会,选举汪建熙、储晓明、屈艳萍、李军、张新玫、姜波担任公司第三届董事会董事,谢荣、叶梅、黄丹涵担任公司第三届董事会独立董事,戴德馨、蒋义宏、胡奕明、刘晓兵、陈建民、张建伟、邵亚良、张建铭和王鸿祥不再担任公司董事。

(5)2013 年 7 月董事变动:申银万国于 2013 年 7 月 26 日召开 2013 年第三次临时股东大会,选举李剑阁担任公司董事长,汪建熙不再担任公司董事长。

17.2.2 监事变动

(1)2011 年 1 月监事情况:根据申银万国相关会议文件,申银万国 2011 年 1 月 1 日的监事为蒋元真、朱根林、陈志刚、叶力俭、杨小平、顾伟文、许奇和李民,均为股东代表监事。蒋元真担任监事会主席,朱根林担任副主席。

(2)2011 年 8 月监事变动:申银万国于 2011 年 8 月 6 日召开第三届职工代表大会第一次会议,选举陆琼燕为职工监事。

(3)2012 年 12 月监事变动:申银万国于 2012 年 12 月 11 日召开 2012 年第二次临时股东代表大会,选举蒋元真、龚波、许奇、杨小平、朱根林、李冬青担任公司第三届监事会监事,陈志刚、叶力俭、顾伟文和李民不再担任公司监事。

(4)2012 年 12 月监事变动:申银万国于 2012 年 12 月 11 日召开第三届监事会第一次会议,选举蒋元真为监事会主席。

(5)2012 年 12 月监事变动:申银万国与 2012 年 12 月 11 日召开第三届职工代表大会第二次会议,选举姜建勤、瞿炳建、陈明为职工监事,陆琼燕不再担任职工监事。

(6)2014 年 6 月监事变动:申银万国于 2014 年 6 月 5 日召开第三届职工代表大会第三次会议,选举宋孜茵为公司职工监事,姜建勤不再担任职工监事。

17.2.3 高级管理人员变动

(1)2011 年 1 月高级管理人员情况:根据申银万国相关会议文件,申银万国 2011 年 1 月 1 日的高级管理人员分别为:总经理储晓明,副总经理杜平、朱敏杰、陆文清、刘郎,合规总监顾百俭,财务总监方荣义,以及董事会秘书姜建勤。

(2)2012 年 9 月高级管理人员变动:申银万国于 2012 年 9 月 25 日召开第二届董事会第四十七次会议,聘任陈建民为公司副总经理。

(3)2014 年 3 月高级管理人员变动:申银万国于 2013 年 3 月 21 日召开第三届董事会第十四次会议,陆文清不再担任公司副总经理,顾百俭不再担任公司合规总监①。

17.3 结论

经核查,本所认为:

17.3.1 申银万国现任董事、监事、高级管理人员的任职均符合中国法律及申银万国现行《公司章程》的规定。

17.3.2 申银万国的董事、监事、高级管理人员最近 3 年的变化情况符合当时中国法律和申银万国当时有效的《公司章程》的规定,并履行了必要的法律程序。

17.3.3 申银万国最近 3 年董事和高级管理人员没有发生重大变化。

17.3.4 申银万国设立了 3 名独立董事,其任职资格符合中国法律的规定,其职权范围不违反中国法律的规定。

① 申银万国聘任合规总监前,暂由副总经理杜平代行合规总监职责。

十八、申银万国的税务

18.1　适用的主要税种税率

根据申银万国的说明,申银万国集团提供的税务资料并经本所适当核查,申银万国集团目前执行的主要税种为营业税及企业所得税,其中营业税税率均为5%;企业所得税税率,除申万研究所为15%、深圳等市注册的证券营业部按企业所得税过渡优惠政策执行外,其余均为25%。

本所认为,申银万国集团执行的主要税种税率符合中国法律的规定。

18.2　申银万国及其各分支机构的汇总纳税

根据国家税务总局《关于印发〈跨地区经营汇总纳税企业所得税征收管理暂行办法〉的通知》(国税发〔2008〕28号)规定,申银万国自2008年度开始按应纳税所得额的50%在各分支机构间分摊,各分支机构根据分摊税款就地办理预缴企业所得税;50%由申银万国总部分摊缴纳,其中25%就地入库,25%预缴入中央国库。年度终了由申银万国总部统一向总部机构所在地主管税务机关进行汇算清缴。

18.3　税收优惠和财政补贴

18.3.1　申银万国税收优惠

根据《国务院关于实施企业所得税过渡优惠政策的通知》(国发〔2007〕39号),自2008年1月1日起,原享受低税率优惠政策的企业,在新税法施行后5年内逐步过渡到法定税率。其中:享受企业所得税15%税率的企业,2008年按18%税率执行,2009年按20%税率执行,2010年按22%税率执行,2011年按24%税率执行。根据申银万国的说明,申银万国注册于深圳等市原享受低税率优惠政策的分支机构适用的所得税税率在五年内逐步过渡到25%,其中,2011年按24%的所得税税率执行。

根据《财政部、国家税务总局关于资本市场有关营业税政策的通知》(财税〔2004〕203号),准许证券公司代收的以下费用从其营业税计税营业额中扣除,按扣除后净额纳税:(1)为证券交易所代收的证券交易监管费;(2)代理他人买卖证券代收的证券交易所经手费;(3)为中国证券登记结算公司代收的股东账户开户费(包括A股和B股)、特别转让股票开户费、过户费、B股结算费、转托管费。根据《财政部、国家税务总局关于证券投资者保护基金有关营业税问题的通知》(财税〔2006〕172号),准许证券公司上缴的证券投资者保护基金从其营业税计税营业额中扣除。

根据《财政部、国家税务总局关于证券行业准备金支出企业所得税税前扣除有关政策问题的通知》(财税〔2012〕11号)规定,自2011年1月1日起至2015年12月31日止,对证券公司依据《证券投资者保护基金管理办法》的有关规定,按营业收入0.5%－5%缴纳的证券投资者保护基金,可在企业所得税税前扣除。

18.3.2　申万研究所税收优惠

上海市科学技术委员会、上海市财政局、上海市国家税务局、上海市地方税务局于2008年11月25日、2011年10月20日分别向申万研究所授予了《高新技术企业证书》,有效期至2014年10月20日。

根据《关于印发〈高新技术企业认定管理办法〉的通知》(国科发火〔2008〕172号)、《高新技术企业认定管理工作指引》(国科发火〔2008〕362号)、《上海市高新技术企业认定管理实施办法》(沪科合〔2008〕第025号)、上海市地方税务局黄浦区分局第一税务所出具的沪地税黄三〔2012〕000002号《企业所得税优惠审批结果通知书》,以及上海市黄浦区国家税务局第三税务所、上海市地方税务局黄浦区分局第三税务所于2014年6月23日出具的证明文件,申万研究所自2011年1月1日至2013年12月31日作为高新技术企业,按15%的税率缴纳企业所得税。

本所认为,申银万国集团享受的前述税收优惠政策符合中国法律的规定,真实有效。

18.3.3　财政补贴

根据中国法律的相关规定和/或相关政府机构出具的文件,申银万国集团报告期内享受的金额在100万元以上的财政补贴如下:

序号	提供补贴机构	补贴金额(元)
1	上海市财政局	7,967,000
2	上海市财政局	3,370,000
3	上海市财政局	6,669,000
4	上海市财政局	1,105,800

续表

序号	提供补贴机构	补贴金额(元)
5	上海市财政局	9,180,000
6	徐汇区财政局	27,000,000
7	徐汇区财政局	27,000,000
8	徐汇区财政局	23,000,000
9	徐汇区财政局	23,000,000
10	浦东新区财政局	5,000,000
11	卢湾区财政局	6,700,000
12	卢湾区财政局	7,400,000
13	卢湾区财政局	4,360,000
14	黄浦区财政局	2,800,000
15	黄浦区财政局	5,100,000
16	黄浦区财政局	3,295,000
17	上海陆家嘴金融贸易区管理委员会(筹)	4,561,000
18	上海陆家嘴金融贸易区管理委员会(筹)	1,279,000
19	淮安市清浦区财政局	1,000,000

本所认为,申银万国集团享受的前述财政补贴符合中国法律的相关规定,或者已经相关政府部门批准,真实有效。

18.4　遵守税收法规的情况

根据申银万国的说明和有关税务部门为申银万国集团出具的完税证明文件,并经本所适当核查,申银万国集团在报告期内没有重大税务违法行为,不存在被税务部门处以重大处罚的情形。

十九、申银万国的环境保护

经核查,申银万国为非银行金融机构,从事经中国证监会批准的证券类业务,其经营活动不涉及生产性环保问题。

根据申银万国的说明并经本所适当核查,申银万国集团于报告期内没有因违反环境保护方面的中国法律而受到重大处罚的情况。

二十、申银万国本次募集资金的运用

根据本次合并相关股东大会决议,申银万国本次合并的A股股票全部作为本次换股吸收合并的对价,没有募集资金,不涉及募集资金的使用。

二十一、申银万国的业务发展目标

经核查,申银万国在《重组报告书》中所述的业务发展目标与其主营业务一致。

经核查,申银万国在《重组报告书》中所述的业务发展目标符合中国法律的规定,不存在潜在的法律风险。

二十二、合并双方涉及的重大诉讼、仲裁或行政处罚

(一)合并方的重大诉讼、仲裁或行政处罚

22.1　申银万国涉及的重大诉讼、仲裁

经核查,申银万国目前涉及如下尚未结案或可预见的重大诉讼、仲裁:

22.1.1　申银万国诉龙建实业、万泰公司商品房委托代理销售合同纠纷案

2000年3月6日,因万泰(集团)有限公司(以下简称"万泰公司")长期占用申银万国资金,双方签订《还款协议书》。2000年12月18日,双方签订《协议书》,约定以万泰公司子公司名下的"万泰花苑"房产的销售收益权抵偿该债务。为对该房产进行销售变现,申银万国与上海龙建实业发展有限公司(以下简称"龙建实业")于2001年2月22日签订《销售代理协议书》,并于同年7月达成补充协议,约定由龙建实业代理销售相关房产,并将全部销售房款交付申银万国,申银万国按销售房款实际结算金额的2.5%向龙建实业支付佣金。为解决销售房屋之障碍,龙建实业在销售中共垫付4,969,413.10元。龙建实业现已将94套房产售出,但未按约定将销售房款共计10,500,171元交付申银万国。故申银万国要求龙建实业支付其房屋销售款10,500,171元,并要求万泰公司对其承担补充清偿责任。

上海市闵行区人民法院于2014年6月26日作出判决,判决龙建实业向申银万国交付销售房款10,387,179元,申银万国向龙建实业返还龙建实业垫付款项4,969,413.10元,并向龙建实业支付佣金1,076,281.05元。申银万国已向上海市第一中级人民法院提起上诉。

目前本案处于二审上诉阶段。

根据申银万国的说明,申银万国已将上述

诉讼涉及的金额进行账务核销。

22.1.2　申银万国上饶中山西路证券营业部诉络腾实业、赵运章借款合同纠纷系列案件

因赵运章曾向申银万国上饶中山西路证券营业部（以下简称“申万上饶营业部”）借款2,000万元用于证券投资交易，截至2002年尚欠申万上饶营业部1,800万元，上海络腾实业发展有限公司（以下简称“络腾实业”）、赵运章与申万上饶营业部于2002年12月17日订立还款相关《协议书》，约定：（i）络腾实业于2003年12月底前将600万元划入约定资金账户；（ii）如约定资金账户总资产于2005年12月底不足1,800万元，则申万上饶营业部有权卖出账户中的股票，并将股票卖出资金及账户剩余资金全部收回（以下简称“回收款项”），络腾实业需以现金方式向申万上饶营业部支付回收款项与1,800万元欠款的差额部分，且赵运章承担连带保证责任；如约定资金账户总资产于2005年12月底高于1,800万元，则高于1800万元部分归络腾实业所有。

（1）申万上饶营业部诉络腾实业返还570万元

2003年12月底前，仅赵运章持有股权的上海奉惠实业有限公司于2003年2月19日向约定资金账户划付了30万元，络腾实业未按照《协议书》第（i）项约定在2003年12月底前将600万元划入约定资金账户，因此，申万上饶营业部将络腾实业及赵运章诉至法院，要求其偿还570万元欠款。上海市第二中级人民法院于2005年7月5日一审判决络腾实业于判决生效之日起十日内将570万元划入约定的资金账户，并令赵运章对上述义务承担连带责任，同时判令络腾实业及赵运章共同负担受理费38,510元，财产保全费30,520元。

判决生效后，赵运章向上海市第二中级人民法院申请再审。2007年9月21日，上海市第二中级人民法院驳回其再审请求。

目前本案处于执行阶段。

根据申银万国的说明，申银万国已将上述诉讼涉及的计入应收款项的金额全额计提了坏账准备。

（2）申万上饶营业部诉络腾实业返还1,800万元

因络腾实业和赵运章一直未向申万上饶营业部支付欠款，已违反《协议书》第（ii）项约定。2008年3月26日，申万上饶营业部将约定资金账户下的股票卖出，获得款项连同原有账户资金共计8,943,058.10元，但仍不足1,800万元。申万上饶营业部因此再次诉请络腾公司归还其欠款1,800万元并支付违约金，并要求赵运章承担连带责任。

上海市第二中级人民法院认为应扣除已生效判决的570万元及回收资金8,943,058.10元，故判令络腾公司返还申万上饶营业部3,356,941.90元，判令赵运章承担连带责任，对违约金诉求不予支持。

赵运章向上海市高级人民法院提起上诉，上海市高级人民法院于2009年3月31日宣布驳回上诉，维持原判。

目前本案处于执行阶段。

根据申银万国的说明，申银万国已将上述诉讼涉及的计入应收款项的金额全额计提了坏账准备。

22.2　结论

22.2.1　经核查，截至本法律意见书出具之日，不存在针对申银万国集团的尚未了结或可预见的重大诉讼、仲裁或行政处罚案件。

22.2.2　经核查，截至本法律意见书出具之日，申银万国集团作为原告的重大诉讼为二项（详见本法律意见书第22.1.1条和第22.1.2条），申银万国已将该等诉讼涉及的计入应收账款的款项全额计提了坏账准备或已进行账务核销。

22.2.3　经核查，截至本法律意见书出具之日，不存在针对持有申银万国5%以上股份的主要股东的尚未了结或可预见的重大诉讼、仲裁或行政处罚案件。

22.2.4　经核查，截至本法律意见书出具之日，不存在针对申银万国董事长、总经理的尚未了结或可预见的重大诉讼、仲裁或行政处罚案件。

（二）被合并方的重大诉讼、仲裁或行政处罚

22.3　宏源证券的重大诉讼，仲裁

经核查，宏源证券目前涉及如下尚未结案或可预见的重大诉讼，仲裁：

22.3.1　客户李德林诉宏源证券大连友好路证券营业部存款合同纠纷案

2008年8月21日，客户李德林以其与宏源

证券大连友好路证券营业部之间的存款到期为由向大连市中山区人民法院提起诉讼，请求判令该营业部偿还其存款15,375,908.00元及利息3,382,699.80元，合计18,758,608.00元。大连市中山区人民法院开庭审理后于2009年8月27日作出裁定，确认因审理过程中出现另一案件与该案件之间具有共同的法律事实且尚未审结，裁定该案中止审判，待另一案件审结后再作出判决。

目前本案处于一审中止审判阶段。

根据宏源证券的说明，上述案件对宏源证券无重大不利影响。

22.3.2　王运岗诉宏源期货期货交易损失赔偿纠纷案

根据王运岗向北京市第二中级人民法院提交的《民事起诉状》和《变更、增加诉讼请求申请书》，宏源期货济南营业部工作人员张太学、张家祥以代替王运岗从事期货交易可为其获得高额收益为由，令王运岗于2012年6月9日起共计出资9,000,000元进行期货交易。截至2013年6月底，张太学、张家祥共造成王运岗期货交易损失9,000,000元。

2014年5月4日，王运岗起诉宏源期货和宏源期货济南营业部，要求其赔偿期货交易损失9,000,000元。2014年6月20日，王运岗变更、增加诉讼请求，要求宏源期货及其济南营业部赔偿期货交易损失9,253,900元，并赔偿利息损失1,138,229.70元。北京市第二中级人民法院已向宏源期货发送《应诉通知书》及《传票》，并已于2014年8月8日开庭审理。

目前本案处于一审阶段。

根据宏源证券的说明，上述案件目前对宏源期货生产经营无影响。

22.4　结论

22.4.1　经核查，截至本法律意见书出具之日，除本法律意见书第22.3条所披露者外，不存在其他针对宏源证券集团的尚未了结或可预见的重大诉讼、仲裁或行政处罚案件。

22.4.2　经核查，截至本法律意见书出具之日，宏源证券集团作为被告的重大诉讼为二项(详见本法律意见书第22.3.1条和第22.3.2条)。根据宏源证券的说明，上述案件对宏源证券无重大不利影响。

22.4.3　经核查，截至本法律意见书出具之日，不存在针对宏源证券现任董事长、总裁与公司经营相关的尚未了结的重大诉讼、仲裁或行政处罚案件。

二十三、对《重组报告书》的法律风险评价

经审阅《重组报告书》及其摘要引用本法律意见书相关内容的部分(以下简称“本所报告内容”)，本所认为，《重组报告书》及其摘要引用本所报告内容与本法律意见书无矛盾之处；本所对《重组报告书》及其摘要引用本所报告内容无异议，确认《重组报告书》及其摘要不会因引用本所报告内容而出现虚假记载、严重误导性陈述或者重大遗漏。

二十四、结论意见

综上所述，本所认为，本次合并符合《公司法》、《证券法》、《首发管理办法》和《重组办法》等中国法律的相关规定，并已依法履行现阶段应当履行的法律程序，在取得以下全部批准及授权后，本次合并即可依法实施：

(1)本次合并涉及的相关事项尚需取得中国证监会的核准；

(2)本次发行完成后，存续公司的A股股票于深交所挂牌交易尚需获得深交所的审核同意。

本法律意见书正本一式五份。

特此致书

(此页无正文，为《北京市海问律师事务所关于申银万国证券股份有限公司换股吸收合并宏源证券股份有限公司并上市的法律意见书》的签署页)

北京市海问律师事务所

负　责　人：张继平

经办律师：王建勇　牟　坚

三、境外发行上市类

(一)上市公司境外首次公开发行

关于保利文化集团股份有限公司首次公开发行境外上市外资股(H股)股票并上市的法律意见书

致:保利文化集团股份有限公司

北京市君致律师事务所(以下简称“本所”)接受保利文化集团股份有限公司(以下简称“发行人”)的委托,作为发行人首次申请公开发行境外上市外资股(以下简称“H股”)并在香港联合交易所有限公司(以下简称“香港联交所”)主板上市事宜(以下简称“本次发行上市”)的中国法律顾问,出具本法律意见书。

本法律意见书根据《中华人民共和国公司法》(以下简称“《公司法》”)、《中华人民共和国证券法》(以下简称“《证券法》”)、国务院《关于股份有限公司境外募集股份及上市的特别规定》(国务院第160号令,以下简称“《特别规定》”)、中国证券监督管理委员会(以下简称“中国证监会”)《关于股份有限公司境外发行股票和上市申报文件及审核程序的监管指引》(中国证券监督管理委员会公告〔2012〕45号,以下简称“《公告》”)及原国家经济贸易委员会、中国证监会《关于进一步促进境外上市公司规范运作和深化改革的意见》(国经贸企改〔1999〕230号,以下简称“《意见》”)等法律、行政法规及规范性文件的规定而出具。

根据有关法律、行政法规、规章及规范性文件的要求和发行人的委托,本所律师就发行人本次发行上市的主体资格、本次发行上市的实质条件、申报文件及相关事实的合法性进行了审查,并根据本所律师对事实的了解和对法律的理解就本法律意见书出具日之前已发生并存在的事实发表法律意见。

本法律意见书仅依据中华人民共和国(以下简称“中国”,为本法律意见书之目的,不包括香港特别行政区、澳门特别行政区及台湾地区)现行有效的法律、行政法规及规范性文件的有关规定发表法律意见,并不依据境外法律发表法律意见。涉及必须援引境外法律或涉及发行人境外机构有关事宜的,均引用发行人境外律师提供的法律意见。

为出具本法律意见,本所律师审查了发行人提供的有关文件及其复印件,并在进行尽职调查时基于发行人向本所律师做出的如下保证:发行人已提供了出具本法律意见书所必需的、真实的、全部的原始书面材料、副本材料或口头证言,不存在任何遗漏或隐瞒;其所提供的副本材料或复印件与原件完全一致。对于出具本法律意见书至关重要而又无法得到独立的证据支持的事实,本所依赖政府有关部门、发行人或者其他有关机构出具的证明文件做出判断。

本所律师已严格履行法定职责,遵循了勤勉尽责和诚实信用原则,对发行人本次发行上市的合法、合规、真实、有效进行了充分的审查验证,保证本法律意见书不存在虚假记载、误导性陈述及重大遗漏。

本法律意见书仅供发行人本次发行上市之目的使用,不得用作任何其他目的。本所律师同意发行人将本法律意见书作为其申请本次发行上市的申请材料的组成部分,并对本法律意见书承担责任。

本所律师根据《证券法》的要求,按照中国律师行业公认的业务标准、道德规范和勤勉尽责精神,对发行人提供的文件及有关事实进行了审查和验证,现出具法律意见如下:

正　文

一、本次发行上市的批准和授权

(一)发行人于2013年6月3日召开了第一届董事会第十一次会议(以下简称"第一届董事会第十一次会议"),审议通过了《保利文化集团股份有限公司关于首次公开发行境外上市外资股(H股)股票并上市的议案》、《关于提请股东大会授权董事会及其获授权人士全权处理与本次H股股票发行和上市有关事项的议案》等议案,同意发行人本次发行上市以及授权董事会全权处理与本次发行上市有关的事项。根据相关法律、行政法规、规范性文件以及发行人现行有效的章程(以下简称"《公司章程》")等规定,上述决议的内容合法有效,上述授权范围、程序合法有效。

(二)发行人于2013年6月24日召开了2013年第二次临时股东大会(以下简称"2013年第二次临时股东大会"),审议通过了《保利文化集团股份有限公司关于首次公开发行境外上市外资股(H股)股票并上市的议案》、《关于授权董事会及其获授权人士全权处理与本次H股股票发行和上市有关事项的议案》等议案,批准发行人本次发行上市以及授权董事会全权处理与本次发行上市有关的事项。根据相关法律、行政法规、规范性文件以及《公司章程》等规定,上述决议的内容合法有效,上述授权范围、程序合法有效。

(三)发行人于2013年7月17日取得国资委国资产权〔2013〕545号《关于保利文化集团股份有限公司国有股转持有关问题的批复》,同意发行人本次发行上市所涉有关国有股减持方案。

(四)发行人尚待取得中国证监会和联交所对于本次发行上市的核准。

鉴于对上述情况的核查,本所律师认为,发行人本次发行上市已获得国资委等相关部门的批准及《公司章程》规定的发行人内部批准和授权,上述批准和授权合法、合规、真实、有效,同时,发行人本次发行上市尚待取得中国证监会和联交所的核准。

二、发行人本次发行上市的主体资格

(一)发行人系以保利文化集团股份有限公司全体股东作为发起人以保利文化集团股份有限公司原账面净资产值折股整体变更设立的股份有限公司。发行人现持有国家工商总局于2012年5月15日核发的《企业法人营业执照》(注册号:100000000032928)。住所地为北京市东城区朝阳门北大街1号20层A区,法定代表人为蒋迎春,注册资本为16,500万元,实收资本为16,500万元,公司类型为股份有限公司(未上市),经营范围为:许可经营项目:经营演出及经纪业务。一般经营项目:组织文化艺术活动;演出票务代理;字画、工艺美术品(金饰品除外)、旅游纪念品的销售;演出器材的销售、租赁;艺术装饰;艺术品展示;舞台美术、工艺美术品、包装装潢设计、制作;与上述业务相关的技术咨询、技术服务。

(二)经本所律师适当核查,发行人为依法成立的股份有限公司,其设立符合公司法及所有有关的中国法律法规规定,自成立之日起至今依法有效存续,未出现根据法律、行政法规、规范性文件及《公司章程》需要发行人终止的情形。

鉴于对上述情况的核查,发行人为依法设立并有效存续的股份有限公司,具有本次发行上市的主体资格。

三、本次发行上市的实质条件

(一)发行人本次发行的股份仅限于境外上市外资股(H股)一种,同种类的每一股份具有同等权利,同次发行的同种类股票,每股的发行条件和价格相同,符合《公司法》第一百二十七条的规定。

(二)根据发行人提供的材料和本所律师的核查,发行人具备健全且运行良好的组织机构。发行人依法设立了股东大会、董事会及其专门委员会、监事会,选举了独立董事、职工监事,聘请了总经理、副总经理、总会计师、董事会秘书等高级管理人员,并设置了相应的职能部门,符合《证券法》第十三条第(一)项的规定。

（三）根据《财务报告》以及本所律师的核查，发行人具有持续盈利能力，且财务状况良好，符合《证券法》第十三条第（二）项的规定。

（四）根据发行人提供的材料、《财务报告》、相关政府部门的证明文件以及本所律师的核查，发行人最近三年及一期财务会计文件无虚假记载，无其他重大违法行为，符合《证券法》第十三条第（三）项的规定。

（五）发行人本次发行前，其股本总额为16,500万股，本次拟公开发行H股不超过7,071.5万股（未考虑超额配售权的行使），约占发行后总股本的30%，并授予全球协调人不超过本次发行股份总数15%的超额配售权。公司股本总额不少于人民币3,000万元，以及公开发行的股份达到发行后公司股份总数的25%以上，符合《证券法》第五十条的规定。

（六）发行人已聘请中信证券融资（香港）有限公司担任本次发行上市的保荐人，符合《证券法》第十一条和第四十九条的规定。

（七）发行人已就本次发行并上市拟定了H股发行并上市后适用的《公司章程（草案）》，该《公司章程（草案）》已载明《关于执行〈到境外上市公司章程必备条款〉的通知》、《关于到香港上市公司对公司章程作补充修改的意见的函》所要求的内容，符合《特别规定》第十三条之规定。

据此，本所律师认为，发行人本次发行上市具备了中国法律、行政法规、规范性文件所规定的所有实质条件。

四、发行人的历史沿革及重要股本演变

（一）保利文化集团股份有限公司的历史沿革

1.1　保利文化集团股份有限公司的设立

1.1.1　发行人的前身为保利文化集团股份有限公司，系由保利集团和保利科技共同出资设立的有限责任公司。

1.1.2　1999年9月30日，国家工商总局出具了《企业名称预先核准通知书》，同意保利文化集团股份有限公司使用"保利文化艺术有限公司"的名称，预先核准名称保留期自1999年9月30日至2000年3月30日。

1.1.3　2000年1月5日，文化部出具文市函〔2000〕21号《文化部关于同意中国保利集团公司设立一类演出经纪机构的批复》，同意保利集团设立一类演出经纪机构。

1.1.4　2000年1月14日，中蓝特会计师事务所有限责任公司出具中蓝特审字99209号《开业验资报告书》，根据该报告，保利文化集团股份有限公司设立时的注册资本500万元已缴足，各方均以货币方式出资。

1.1.5　大信对本次验资进行了复核并出具了《验资复核报告》，确认中蓝特会计师事务所有限责任公司于2000年1月14日出具的中蓝特审字99209号验资报告能够对保利文化集团股份有限公司截至2000年1月14日注册资本实收情况予以验证。

1.1.6　2000年2月2日，保利文化集团股份有限公司在国家工商总局登记设立，并取得了注册号为1000001003292的《企业法人营业执照》。

1.1.7　保利文化集团股份有限公司设立时的股权结构如下：

序号	股东名称	出资额（万元）	出资比例（%）
1	保利集团	400	80
2	保利科技	100	20
合计		500	100

本所律师经核查认为，保利文化集团股份有限公司的设立程序、资格、条件、方式等符合当时法律、法规和规范性文件的规定，真实、合法、有效。

1.2　2003年保利文化集团股份有限公司股权转让和增资情况

1.2.1　2003年1月16日，保利文化集团股份有限公司召开股东会会议，全体股东一致审议通过以下股权转让及增资事宜：

1.2.1.1　同意保利集团将所持保利文化集团股份有限公司26.53%的股权无偿转让给保利科技。本次股权转让完成后，保利集团持有保利文化集团股份有限公司53.47%的股权，保利科技持有保利文化集团股份有限公司46.53%的股权。

1.2.1.2　同意保利文化集团股份有限公司以资本公积4,500万元转增注册资本4,500万元，本次增资完成后，保利文化集团股份有限公司注册资本变更为5,000万元。

1.2.2　2003年1月16日，保利集团与保利科技就上述股权转让事宜签署了股权转让协议。

1.2.3　2003 年 2 月 14 日,北京京都会计师事务所有限责任公司出具了北京京都验字(2003)第 0002 号《验资报告》,截至 2002 年 12 月 31 日,公司已将资本公积 4,500 万元转增注册资本,变更后公司注册资本实收金额为5,000 万元。

1.2.4　大信对本次验资进行了复核并出具了出具《验资复核报告》,确认北京京都会计师事务所有限责任公司 2003 年 2 月 14 日出具的北京京都验字(2003)第 0002 号《验资报告》,能够对贵公司截至 2002 年 12 月 31 日注册资本实收情况予以验证。

1.2.5　2003 年 8 月 13 日,保利文化集团股份有限公司完成了本次股权转让和增资的工商变更登记手续,并取得了变更后的《企业法人营业执照》。

1.2.6　本次股权转让和增资完成后,保利文化集团股份有限公司的注册资本变更为 5,000 万元,股权结构如下:

序号	股东名称	出资额(万元)	出资比例(%)
1	保利集团	2,673.5	53.47
2	保利科技	2,326.5	46.53
合计		5,000	100

本所律师经核查认为,保利文化集团股份有限公司本次股权转让及增资事宜符合当时有关法律法规和规范性文件的规定,真实、合法、有效。

1.3　2004 年保利文化集团股份有限公司股权转让和增资情况

1.3.1　2004 年 1 月 12 日,保利文化集团股份有限公司召开股东会会议,全体股东一致审议通过以下股权转让及增资事宜:

1.3.1.1　同意保利科技将所持保利文化集团股份有限公司 14.53% 的股权无偿转让给保利集团。本次股权转让完成后,保利集团持有保利文化集团股份有限公司 68% 的股权,保利科技持有保利文化集团股份有限公司 32% 的股权。

1.3.1.2　同意保利文化集团股份有限公司以资本公积 5,000 万元转增注册资本 5,000 万元,本次增资完成后,保利文化集团股份有限公司注册资本变更为 10,000 万元。

1.3.2　2004 年 1 月 12 日,保利集团与保利科技就上述股权转让事宜签署了股权转让协议。

1.3.3　鉴于保利文化集团股份有限公司截至 2004 年 1 月 31 日的资本公积不足 5,000 万元,保利文化集团股份有限公司于 2004 年 2 月 26 日再次召开股东会会议,审议同意资本公积不足部分以未分配利润转增注册资本,即保利文化集团股份有限公司以资本公积 47,696,126.17 元,未分配利润 2,303,873.83 元转增注册资本,本次增资完成后,保利文化集团股份有限公司注册资本变更为 10,000 万元。

1.3.4　2004 年 4 月 1 日,北京源隆会计师事务所有限责任公司出具的京源验字(2004)第 009 号《验资报告》,截至 2004 年 1 月 31 日,公司注册资本实收金额为 10,000 万元。

1.3.5　大信对本次验资进行了复核并出具了《验资复核报告》,确认截至 2004 年 4 月 1 日,保利文化集团股份有限公司股东增资 5,000 万元出资已到位并作了账务处理。

1.3.6　2004 年 5 月 10 日,保利文化集团股份有限公司完成了本次股权转让和增资的工商变更登记手续,并取得了变更后的《企业法人营业执照》。

1.3.7　本次股权转让和增资完成后,保利文化集团股份有限公司的注册资本变更为 10,000 万元,股权结构如下:

序号	股东名称	出资额(万元)	出资比例(%)
1	保利集团	6,800	68
2	保利科技	3,200	32
合计		10,000	100

经本所律师核查,①保利文化集团股份有限公司本次增资原计划以资本公积 5,000 万元转增注册资本,但由于资本公积实际不足 5,000 万元,保利文化集团股份有限公司已再次召开股东会会议,审议同意资本公积不足部分以未分配利润转增注册资本,保利文化集团股份有限公司实际以资本公积47,696,126.17元和未分配利润 2,303,873.83 元转增注册资本;②本次增资的验资报告京源验字(2004)第 009 号《验资报告》关于"公司已将资本公积 50,000,000.00 元转增注册资本"的描述与实际情

况不符，就此，大信已出具《验资复核报告》，确认保利文化集团股份有限公司实际以资本公积47,696,126.17元和未分配利润2,303,873.83元转增注册资本5,000万元，公司本次新增的5,000万元注册资本已足额到位。

本所律师认为，虽然京源验字（2004）第009号《验资报告》关于本次增资出资方式的描述与实际情况不符，但保利文化集团股份有限公司对本次增资出资方式的变更已履行了内部审批程序，本次新增的注册资本已及时、足额到位，该验资报告对本次增资出资方式的描述与实际情况不符对本次发行上市不构成实质性法律障碍。保利文化集团股份有限公司本次股权转让及增资事宜符合当时有关法律法规和规范性文件的规定，真实、合法、有效。

1.4　2008年保利文化集团股份有限公司增资情况

1.4.1　2007年12月1日，保利文化集团股份有限公司召开股东会会议，全体股东一致同意保利文化集团股份有限公司注册资本由10,000万元增加至11,000万元，新增注册资本1,000万元由保利集团和保利科技以现金10,000万元认购，其中：保利集团以现金6,800万元认购新增出资680万元，余额6,120万元计入资本公积；保利科技以现金3,200万元认购新增出资320万元，余额2,880万元计入资本公积。

1.4.2　2008年4月16日，华青会计师事务所有限公司出具华青验字（2008）第075号《验资报告》，根据该报告，截至2008年4月16日，保利文化集团股份有限公司已收到保利集团和保利科技缴纳的新增注册资本（实收资本）合计1,000万元。

1.4.3　2008年5月29日，保利文化集团股份有限公司完成了本次股权转让和增资的工商变更登记手续，并取得了变更后的《企业法人营业执照》。

1.4.4　本次股权转让和增资完成后，保利文化集团股份有限公司的注册资本变更为11,000万元，股权结构如下：

序号	股东名称	出资额（万元）	出资比例（%）
1	保利集团	7,480	68
2	保利科技	3,520	32
合计		11,000	100

本所律师经核查认为，保利文化集团股份有限公司本次增资事项符合法律、法规及规范性文件的规定，真实、合法、有效。

（二）保利文化集团股份有限公司整体变更为股份有限公司

2.1　保利文化集团股份有限公司于2010年6月2日召开股东会会议，审议通过了《关于保利文化集团有限公司整体变更为股份有限公司的议案》。

2.2　2010年6月2日，保利集团和保利科技签署了《发起人协议书》，同意共同发起设立保利文化集团股份有限公司，股份公司总股本为12,000万股，每股面值1元。全体发起人同意将保利文化集团股份有限公司经审计的净资产值折股12,000万股，全体发起人以其享有的保利文化集团股份有限公司权益按1∶0.8020的比例折为股份公司股份，折股后净资产余额部分转入资本公积；保利文化集团股份有限公司原有的一切权利义务均由变更后的股份公司承继。

2.3　各发起人以所持保利文化集团股份有限公司经审计的账面净资产作为出资，具体持股数及持股比例如下：

序号	股东姓名	认购股份（万股）	占总股本比例（%）
1	保利集团	8,160	68
2	保利科技	3,840	32
合计		12,000	100

2.4　2010年6月12日，国资委出具了《关于保利文化集团有限公司整体改制并上市有关事项的批复》（国资改革〔2010〕433号），同意保利文化集团股份有限公司整体改制上市方案。

2.5　2010年6月24日，中京民信（北京）资产评估有限公司出具的京信评报字〔2010〕第050号《资产评估报告》，根据该报告，截至2009年12月31日，保利文化集团股份有限公司总资产评估值为60,632.06万元，净资产的评估价值为41,533.01万元。

2.6　2010年7月27日，国资委对保利文化集团股份有限公司整体变更设立股份公司的资产评估事项办理了备案，备案编号为20100045。

2.7　2010年8月12日,国资委出具《关于保利文化集团股份有限公司(筹)国有股权管理有关问题的批复》(国资产权〔2010〕861号),同意保利文化集团股份有限公司整体变更设立股份公司的国有股权管理方案。

2.8　2010年12月6日,国资委出具《关于设立保利文化集团股份有限公司的批复》(国资改革〔2010〕1406号),同意保利文化集团股份有限公司整体变更股份公司。

2.9　2010年12月9日,大信出具了大信验字〔2010〕第1-0055号《验资报告》,根据该报告,截至2010年12月9日,股份公司(筹)已收到全体股东缴纳的注册资本合计人民币12,000万元整。本次缴纳的注册资本系以保利文化集团股份有限公司截至2009年12月31日的净资产出资,占股份公司(筹)注册资本(股本)的100%。

2.10　2010年12月9日,发行人召开创立大会,出席本次会议的股东及股东代理人共2人,代表股份12,000万股,占公司总股本的100%。会议以记名投票的表决方式逐项审议并通过了以下议案:关于保利文化集团股份有限公司筹办情况的议案;关于制定保利文化集团股份有限公司章程的议案;关于制定保利文化集团股份有限公司股东大会议事规则的议案;关于制定保利文化集团股份有限公司董事会议事规则的议案;关于制定保利文化集团股份有限公司监事会议事规则的议案;关于制定保利文化集团股份有限公司关联交易管理制度的议案;关于制定保利文化集团股份有限公司对外担保管理制度的议案;关于选举保利文化集团股份有限公司第一届董事会董事的议案;关于选举保利文化集团股份有限公司第一届监事会股东代表监事的议案。

2.11　2010年12月14日,股份公司在国家工商总局登记注册,领取了注册号为100000000032928的《企业法人营业执照》。

本所律师经核查认为,股份公司设立时的股权设置、股本结构符合当时有关法律、法规以及规范性文件的规定,真实、合法、有效,不存在法律障碍或潜在的法律风险。

(三)股份公司的股本变化

3.1　股份公司2011年增资情况

3.1.1　2011年3月10日,发行人召开股东大会,全体股东一致同意公司注册资本由12,000万元增至16,500万元,其中,公司以资本公积2,400万元转增注册资本2,400万元,以未分配利润2,100万元转增注册资本2,100万元。本次增资完成后,公司注册资本增至16,500万元,股本为16,500万股,股东保利集团持有公司11,220万股股份,占公司总股本的68%;股东保利科技持有公司5,280万股股份,占公司总股本的32%。

3.1.2　2011年3月11日,大信出具大信验字〔2011〕第1-0016号《验资报告》,根据该报告,截至2011年3月10日,发行人已将资本公积24,000,000.00元,未分配利润21,000,000.00元,合计45,000,000.00元转增股本。

3.1.3　2011年3月16日,发行人完成了本次股权转让和增资的工商变更登记手续,并取得了变更后的《企业法人营业执照》。

3.1.4　本次增资扩股完成后,发行人的股权结构如下:

序号	股东名称	股权(万股)	出资比例(%)
1	保利集团	11,220	68
2	保利科技	5,280	32
合计		16,500	100

本所律师经核查认为,股份公司本次增资事项符合法律、法规及规范性文件的规定,真实、合法、有效。

3.2　股份公司2013年股权划转情况

3.2.1　2013年5月15日,发行人召开2013年度第一次临时股东大会,审议批准《关于保利文化集团股份有限公司股权划转的议案》,同意股东保利科技将其持有的公司股权全部无偿划转给保利南方。

3.2.2　2013年5月16日,保利科技与保利南方就上述股权划转事宜签署了股权划转协议。

3.2.3　2013年6月26日,发行人取得了国资委就无偿划转事宜出具的《关于保利文化集团股份有限公司国有股权无偿划转有关问题的批复》(国资产权〔2013〕389号)。

3.2.4　本次股权划转完成后,发行人的股权结构如下:

序号	股东名称	股权(万股)	出资比例(%)
1	保利集团	11,220	68
2	保利南方	5,280	32
合计		16,500	100

本所律师经核查认为,股份公司本次股权划转事项符合法律、法规及规范性文件的规定,真实、合法、有效。

(四)发行人发行上市时国有股转持情况

4.1　2013年6月24日,发行人召开了2013年第二次临时股东大会,审议通过了《关于首次公开发行境外上市外资股(H股)股票并上市的议案》,同意发行人本次发行并上市时,国有股股东按照H股发行额的10%进行国有股转/减持,充实全国社会保障基金。

4.2　保利集团与保利南方分别出具了《关于转持/减持国有股募集社会保障资金的承诺函》,同意在发行人本次发行上市时,将不超过本次实际发行股份总数10%的股份(不超过707.15万股,如果全额行使占新股发行总数15%的超额配售选择权,则预计不超过813.25万股)转由全国社保基金理事会持有。

4.3　2013年7月17日,国资委出具了国资产权〔2013〕545号《关于保利文化集团股份有限公司国有股转持有关问题的批复》,同意在发行人境外发行H股是按本次发行上限8,132.1428万股的10%计算,将保利集团和保利南方分别持有的发行人552.9857万股和260.2286万股(合计813.2143万股)股份划转给全国社会保障基金理事会。若股份公司实际发行H股的数量低于本次发行的上限8,132.1428万股,保利集团和保利南方应划转给全国社会保障基金理事会的发行人股份数量低于本次已划转的813.2143万股,二者相抵后的差额部分在股份公司发行H股结束后,按照相应持股比例从全国社会保障基金理事会自动回拨给保利集团和保利南方持有。

本所律师认为,发行人本次公开发行境外上市外资股(H股)股票并上市时,发行人的国有股东将履行的国有股转持已取得了所有相关审批,所有相关承诺均为合法、有效。

(五)根据发行人提供的材料及本所律师的核查,保利集团和保利南方所持有的发行人的全部股权均未设有质押、被冻结或其他权利受到限制的情形

鉴于对上述情况的核查,本所律师认为,发行人的设立已取得的所有有权部门的必要批准,其设立程序、股权设置、股本结构均符合中国法律、行政法规和规范性文件的所有适用规定;发行人的历次股权变更行为均履行了相应的变更手续,符合有关法律、行政法规和规范性文件的所有规定,均为合法、有效;本次公开发行股票时,发行人的国有股东将履行的国有股转持已取得了所有相关审批,所有相关承诺均为合法、有效;发行人股东所持有的公司股权未设有质押、被冻结或其他权利受到限制的情形。

五、发行人的独立性

(一)业务体系完整

经核查,发行人目前的主营业务为演出与剧院管理、艺术品经营与拍卖、影业投资管理等业务。发行人具有完整的业务体系和直接面向市场独立自主经营的能力。

(二)业务独立

经核查,发行人独立从事其《企业法人营业执照》所核定的经营范围中的业务,发行人的业务独立于控股股东、实际控制人及其控制的其他企业,与控股股东、实际控制人及其控制的其他企业间不存在同业竞争或者显失公平的关联交易。

(三)资产独立

根据中蓝特会计师事务所有限责任公司出具的中蓝特审字99209号《开业验资报告书》、北京京都会计师事务所有限责任公司出具的北京京都验字(2003)第0002号《验资报告》、北京源隆会计师事务所有限责任公司出具的京源验字(2004)第009号《验资报告》、华青会计师事务所有限公司出具的华青验字(2008)第075号《验资报告》、大信出具的大信验字〔2010〕第1-0055号《验资报告》、大信验字〔2011〕第1-0016号《验资报告》、大信验字〔2011〕1-1206号《验资复核报告》和本所律师的核查,各发起人或股东投入股份公司的资本已足额到位,各发起人或股东投入发行人的资产均

已办理权属变更,发行人的资产独立于控股股东及其他关联方,发行人现拥有独立完整的生产经营性资产。

根据发行人提供的材料及本所律师核查,发行人具备与经营有关的业务体系,合法拥有或使用与其经营有关的土地、房产、设备、商标等财产的所有权或使用权。

根据发行人提供的材料、《财务报告》以及本所律师的核查,发行人目前不存在资金被控股股东、实际控制人及其控制的其他企业以借款、代偿债务、代垫款项或者其他方式占用的情形。

(四)人员独立

根据发行人提供的材料及本所律师的核查,发行人的总经理、副总经理、总会计师和董事会秘书等高级管理人员目前均未在控股股东、实际控制人控制的其他企业担任除董事、监事以外的其他任何职务,未在控股股东、实际控制人及其控制的其他企业领薪。

发行人的财务人员未在控股股东、实际控制人及其控制的其他企业中兼职。

发行人的董事、监事和高级管理人员均通过合法的程序产生,根据《公司法》及其他法律、行政法规、规范性文件及发行人《公司章程》规定的程序推选与任免,不存在超越发行人董事会和股东大会的人事任免决定。

发行人与公司员工签订了劳动合同,并建立了独立完整的劳动、人事和工资管理等各项管理制度,有关劳动、人事、工资管理等诸方面均独立于控股股东、实际控制人及其控制的其他企业。

(五)机构独立

经核查,发行人已设立了股东大会、董事会、监事会等机构,聘请了包括总经理、副总经理、总会计师和董事会秘书等人员在内的高级管理人员,根据自身经营管理的需要设置了董事会办公室、审计监察部、企业发展部、财务部、办公室和党群工作部等职能机构/部门。

发行人建立了健全的内部经营管理机构,独立行使经营管理职权。发行人上述组织机构均独立于各股东,公司办公机构和生产经营场所与各股东不存在混合经营、合署办公的情形,与控股股东、实际控制人及其控制的其他企业不存在机构混同的情形。

(六)财务独立

发行人建立了独立的财务部门和财务核算体系,制定了较为完备的财务管理制度,能够独立作出财务决策,具有规范的财务会计制度和对子公司的财务管理制度。

发行人设立了单独的银行账户,其开户银行为:中信银行北京富华大厦支行,银行账号为:7110310182600008512。发行人未与控股股东及其控制的其他企业共用银行账户。

发行人实现了独立核算,依法独立履行纳税申报及缴纳义务。发行人现持有北京市国家税务局和北京市地方税务局联合核发的京税证字11010171092593×号《税务登记证》。

发行人在生产经营过程中,均以自己的名义独立对外签订各类合同/协议。

鉴于对上述情况的核查,本所律师认为,发行人的业务、机构、人员、财务和资产等方面均独立于其控股股东,符合相关法律、行政法规、规范性文件所规定的独立性,发行人具有独立完整的业务系统,具备独立面向市场的自主经营能力,发行人在独立性方面不存在对本次发行上市有不利影响的缺陷。

六、发行人的发起人和股东(实际控制人)

(一)发起人或股东的存续及担任发起人或股东的资格等情况

1. 股份公司发起人情况。股份公司设立时发起人共2名,即保利集团和保利科技。根据发行人提供的材料并经本所律师核查,上述发起人均具备发起人的资格,其出资行为符合当时法律、行政法规和规范性文件的规定。

1.1 中国保利集团公司

中国保利集团公司系经中华人民共和国国务院批准组建的全民所有制企业,现持有国家工商总局核发的注册号为100000000012881的《企业法人营业执照》。保利集团目前注册资金为150,000万元,住所为北京市东城区朝阳门北大街1号28层,法定代表人为张振高,经营方式为代购、代销、批发、供应、咨询、服务。经营范围为对集团所属企业的生产经营活动实施组织、协调、管理;所属企业生产所需设备、原材料的代购、供应、销售;所属企业生产产品的批发、代销;与以上业务相关的技术咨询、技术服务、信息服务;进出口业务。保利集团已通过

2012 年工商年检。

保利集团为国资委履行出资人职责的国有独资企业，依法设立，目前合法存续，不存在可能终止其法人资格的情况，过往三年不存在重大违法、违规行为。

1.2　保利科技有限公司

保利科技有限公司系全民所有制企业，现持有国家工商总局核发的注册号为100000000001523 的《企业法人营业执照》。保利科技目前注册资本为 10,000 万元，住所为北京市东城区朝阳门北大街 1 号新保利大厦 27 层，法定代表人为王林，经营方式为进出口、“三来一补”、展览、销售。经营范围为许可经营项目：丙烯醛、丙酮、硫酸、盐酸、高锰酸钾、乙醚、石油气、有毒品、易燃液体、压缩气体及液化气体、易燃固体、自燃和遇湿易燃物品、氧化剂和有机氧化物、腐蚀品（有效期至 2012 年 3 月 5 日）；一般经营项目：矿产资源领域的投资；进出口业务；燃料油的经营；仓储；汽车、汽车零配件、建筑材料、玻璃、五金交电、化工产品及原材料（危险化学品除外）、机械设备、仪器仪表、日用百货、针纺织品、服装鞋帽、家具、有色金属、废旧金属、文化体育用品及器材的销售；与上述业务相关的信息咨询和技术服务；自有房屋租赁。保利科技已通过 2012 年工商年检。

保利科技为保利集团的全资子企业，依法设立，目前合法存续，不存在可能终止其法人资格的情况，过往三年不存在重大违法、违规行为。

2. 发行人现股东情况

发行人目前的股东为保利集团（详见本节上述“股份公司发起人情况”部分）和保利南方。该等股东均合法存续，且具有法律、行政法规和规范性文件规定的进行出资的资格。

保利南方集团有限公司系全民所有制企业，现持有国家工商总局核发的注册号为440101000145319 的《企业法人营业执照》。保利南方目前注册资本为 10,050 万元，住所为广州市天河区临江大道 5 号 36 层 01 单元，法定代表人为张玲，经营范围：房地产开发经营、物业管理、房地产中介服务。自有资金投资与管理，企业管理服务。批发和零售贸易（国家专营专控商品除外）。保利南方已通过 2012 年工商年检。

保利南方为保利集团的全资子企业，依法设立，目前合法存续，不存在可能终止其法人资格的情况，过往三年不存在重大违法、违规行为。

根据保利集团和保利南方出具的声明，各股东均保证：其所持股份的出资已全部足额到位；该等股权不存在质押、司法冻结、权属纠纷或其他权利受到限制的情形，该等股份不存在信托持股、委托持股等任何其他权利负担，不存在其他任何潜在的法律纠纷。

本所律师经核查认为，发行人各法人股东依法设立，目前依法存续，均具有法律、行政法规和规范性文件规定进行出资入股的资格。

（二）发行人的发起人或股东已投入股份公司资产的产权关系

根据中蓝特会计师事务所有限责任公司出具的中蓝特审字 99209 号《开业验资报告书》、北京京都会计师事务所有限责任公司出具的北京京都验字（2003）第 0002 号《验资报告》、北京源隆会计师事务所有限责任公司出具的京源验字（2004）第 009 号《验资报告》、华青会计师事务所有限公司出具的华青验字（2008）第 075 号《验资报告》、大信出具的大信验字〔2010〕第 1－0055 号《验资报告》、大信验字〔2011〕第 1－0016号《验资报告》、大信验字〔2011〕第 1－0072 号《验资报告》、大信验字〔2011〕1－1206 号《验资复核报告》和本所律师的核查，发行人设立及历次增资时，发行人股东投入发行人的资产的产权关系清晰，发起人或股东投入股份公司的资产已办理完成权属变更登记，不存在法律障碍或风险。

本所律师经核查认为，发行人的发起人或股东已投入发行人的资产的产权关系清晰，不存在法律障碍或潜在的法律风险。

（三）发行人的发起人或股东以其他企业的权益出资的情况

根据大信出具的大信验字〔2010〕第 1－0055 号《验资报告》和本所律师的核查，发行人系由保利文化集团股份有限公司按经审计账面净资产值折股整体变更设立，其中，保利文化集团股份有限公司当时持有的保利艺术中心 100% 的股权、保利剧院 99.67% 的股权、保利影业 90% 的股权、保利艺术投资 80% 的股权、北京保利拍卖 55% 的股权和广东保利拍卖

50% 的股权亦转由股份公司持有。

发行人设立时不存在发起人将其全资附属企业或其他企业先注销再以其资产折价入股的情况。

本所律师经核查认为,发行人的发起人或股东不存在将其全资附属企业或其他企业先注销再以其资产折价入股的情况,发行人以在其他企业中的权益出资合法、有效,不存在法律障碍或潜在法律风险。

(四)发行人的发起人或股东投入发行人资产或权利权属证书的转移

根据发行人提供的材料和本所律师的核查,发行人系由保利文化集团股份有限公司按经审计账面净资产值折股整体变更设立的股份公司,发行人的发起人投入发行人的非货币财产需要办理权属变更登记的,现均已依法办理了权属变更登记手续。

本所律师经核查认为,发行人的注册资本已足额缴纳,发行人的发起人或股东投入发行人的资产或权利已办理了权属变更登记手续,不存在法律障碍或潜在的法律风险。

(五)发行人的控股股东及实际控制人

1. 发行人的控股股东

根据发行人提供的资料及本所律师的核查,保利集团目前持有发行人 11,220 万股股份,占发行人总股本的 68%,为发行人的控股股东。

2. 发行人的实际控制人

根据发行人提供的资料及本所律师的核查,保利集团目前直接持有发行人 11,220 万股股份,占发行人总股本的 68%;保利集团的全资子企业保利南方目前持有发行人 5,280 万股股份,占发行人总股本的 32%。

综上,保利集团目前直接及间接持有发行人 16,500 万股股份,占发行人总股本的 100%,为发行人的实际控制人。

根据发行人提供的资料及本所律师的核查,自发行人设立至今,保利集团均直接及间接持有发行人 100% 的股份,一直为发行人的控股股东及实际控制人。

根据发行人提供的材料及本所律师的核查,发行人目前的控股股东和实际控制人均为保利集团,符合有关法律、行政法规、规范性文件的规定。

鉴于对上述情况的核查,本所律师认为,发行人各法人股东均依法设立及持有合法有效的《企业法人营业执照》,依法存续,且具有担任发行人股东或进行出资的资格,其投资发行人的行为合法、合规、真实、有效;发行人的实际控制人近三年及一期内未发生变化。

七、发行人的控股及参股子公司

(一)发行人的控股及参股子公司情况概览

1. 根据发行人提供的相关公司的《企业法人营业执照》、《公司章程》并经核查,发行人控股及参股子公司的基本情况如下:

序号	公司名称	法定代表人	注册资本/万元	企业法人营业执照注册号号码	公司直接或间接持股比例(%)
1	北京保利艺术中心有限公司	蒋迎春	10,000	110101010053201	100
2	北京保利剧院管理有限公司	任伟	5,000	110101006192110	100
2－1	北京保利演出有限公司	任伟	2,500	110101010975981	100
2－2	东莞市保利玉兰大剧院管理有限公司	任伟	200	441900000649764	100
2－3	河南保利艺术中心管理有限公司	任伟	300	410100100072363	100
2－4	烟台市保利大剧院管理有限公司	任伟	300	370600000000555	100
2－5	惠州市保利文化艺术中心管理有限公司	郭文鹏	200	441302000034242	100
2－6	温州保利大剧院管理有限公司	任伟	200	330300000039679	100
2－7	合肥保利大剧院管理有限公司	任伟	200	340100000358549	100

续表

序号	公司名称	法定代表人	注册资本/万元	企业法人营业执照注册号号码	公司直接或间接持股比例(%)
2-8	保利(北京)剧院建设工程咨询有限公司	武晟	300	110101004940122	100
2-9	青岛保利大剧院管理有限公司	郭文鹏	300	370212020001015	100
2-10	马鞍山市保利大剧院管理有限公司	郭文鹏	200	340500000095771	100
2-11	丽水保利大剧院管理有限公司	刘健	200	331100000040435	100
2-12	呼和浩特保利剧院管理有限公司	郭文鹏	300	150102000040244	100
2-13	保利广告有限公司	李南	100	100000000035324	100
2-14	宜春市保利大剧院管理有限公司	王文平	300	360900110002949	100
2-15	营口市鲅鱼圈区保利大剧院管理有限公司	郭文鹏	300	210800004153663	100
2-16	吉安市保利大剧院管理有限公司	王文平	200	360800110002938	100
2-17	常熟市保利大剧院管理有限公司	于昌林	200	320581000303350	100
2-18	大边保利剧院管理有限公司	郭文鹏	300	210200000539923	100
2-19	山西保利大剧院管理有限公司	王文平	300	140100207205413	100
2-20	重庆市保利剧院管理有限公司	任伟	600	500105000062154	66.67
2-21	北京保利紫禁城剧院管理有限公司	任伟	200	110101006923939	51
2-22	上海东方艺术中心管理有限公司	李南	1,500	310115000825736	51
2-23	武汉琴台大剧院管理有限公司	郭文鹏	300	420100000229862	51
2-24	泰州市保利大剧院管理有限公司	武晟	200	321200000017851	51
2-25	常州市保利大剧院管理有限公司	郭文鹏	200	320407000117461	51
2-26	深圳市保利剧院演出经营有限公司	任伟	200	440301102781858	49
2-27	张家港市保利大剧院管理有限公司	于昌林	300	320582000246170	51
2-28	无锡大剧院保利管理有限公司	郭文鹏	500	320211000198753	60
2-29	东莞保利文化演艺团有限公司	郭文鹏	200	441900001302318	100
2-30	昆山市保利大剧院管理有限公司	于昌林	300	320853000542858	51
2-31	邯郸市保利大剧院管理有限公司	郭文鹏	300	130400000108776	51
2-32	宁波文化广场保利大剧院管理有限公司	郭文鹏	300	3302040001050750	51
3	保利影业投资有限公司	蒋迎春	10,000	110000011169112	100
3-1	无锡保利影院有限公司	柳德彬	50	320211000209061	100
3-2	日照市保利影城有限公司	柳德彬	50	371102000000457	100
3-3	上海保利影城有限公司	柳德彬	10	310114002438177	100
3-4	广州保利国际影城有限公司	柳德彬	200	440104000275029	100
3-5	深圳市保利国际影城有限公司	张信生	50	440301107312964	100
3-6	北京保利万源影城有限公司	柳德彬	150	110106011447307	86.67

续表

序号	公司名称	法定代表人	注册资本/万元	企业法人营业执照注册号号码	公司直接或间接持股比例(%)
3-7	保利摄影影像艺术(北京)有限公司	柳德彬	96	110000410202023	59
4	北京保利艺术投资管理有限公司	陈宜	1,000	110107013083229	80
5	北京保利国际拍卖有限公司	李达	1,000	110101008635938	55
6	广东保利拍卖有限公司	陈宜	1,660	440000000042975	62.048
6-1	广东保利资产管理有限公司	蒋迎春	1,000	440101000141858	100
7	北京保利华亿传媒文化有限公司	张长胜	12,000	110000008787804	50
8	北京保利天源广告有限公司	阮永虎	100	1101011577219	50

2. 根据发行人提供的相关公司的《公司注册登记证书》、公司章程并经核查,设立在香港的发行人控股或参股子公司的基本情况如下:

序号	公司名称	出资额	公司注册登记证书号码	公司直接或间接持股比例(%)
1	保利香港拍卖有限公司	10,000万港币	60538437-000-10-12-A	68.5
2	Kangoo Overseas Ltd.	5万美元	NO. 252058	100

(二)发行人的控股及参股子公司的详细情况

1.1　公司的全资子公司——北京保利艺术中心有限公司

(1)注册号:110101010053201

(2)成立时间:2007年3月16日

(3)住所:北京市东城区朝阳门北大街1号新保利大厦二层C区

(4)法定代表人:蒋迎春

(5)注册资本:10,000万元

(6)实收资本:10,000万元

(7)公司类型:有限责任公司(法人独资)

(8)经营范围:许可经营项目:销售文物(拍卖除外)。一般经营项目:销售字画、工艺美术品、珠宝首饰;组织文化艺术交流;文物艺术品鉴定与修复;文物技术咨询;承办展览展示。

(9)营业期限:2007年3月16日至2027年3月15日

(10)目前的股权结构:

序号	股东名称	出资额(万元)	出资比例(%)
1	发行人	10,000	100
合计		10,000	100

1.2　公司的全资子公司——北京保利剧院管理有限公司及其下属公司

1.2.1　北京保利剧院管理有限公司

(1)注册号:110101006192110

(2)成立时间:2003年10月10日

(3)住所:北京市东城区东直门南大街14号7号门1065-1066室

(4)法定代表人:任伟

(5)注册资本:5,000万元

(6)实收资本:5,000万元

(7)公司类型:有限责任公司(法人独资)

(8)经营范围:许可经营项目:经营演出及经纪业务;销售包装食品。一般经营项目:企业管理咨询(不含中介服务);剧院管理;企业形象策划;组织文化艺术交流;承办展览展示;舞台美术设计;租赁舞台灯光设备;广告设计制作;接受委托从事物业管理;代售门票;技术咨询;技术服务;销售舞台灯光音响设备、文化用品、工艺美术品。

(9)营业期限:2003年10月10日至2033年10月9日

(10)目前的股权结构:

序号	股东名称	出资额(万元)	出资比例(%)
1	发行人	5,000	100
合计		5,000	100

1.2.2　保利剧院的全资子公司——北京保利演出有限公司

(1)注册号:110101010975981

(2)成立时间:2008 年 4 月 24 日

(3)住所:北京市东城区东直门南大街 14 号保利大厦 8 层 877 室

(4)法定代表人:任伟

(5)注册资本:2,500 万元

(6)实收资本:2,500 万元

(7)公司类型:有限责任公司(法人独资)

(8)经营范围:许可经营项目:经营演出及经纪业务。一般经营项目:票务代理;组织文化艺术交流;美术设计;舞台、灯光、设计;装饰设计;技术推广服务;租赁乐器、灯光设备、音响设备、舞台机械设备;销售乐器、灯光设备、音响设备、玩具、工艺美术品、文具用品、服装。

(9)营业期限:2008 年 4 月 24 日至 2038 年 4 月 23 日

(10)目前的股权结构:

序号	股东名称	出资额(万元)	出资比例(%)
1	保利剧院	2,500	100
合计		2,500	100

1.2.3　保利剧院的全资子公司——东莞市保利玉兰大剧院管理有限公司

(1)注册号:441900000649764

(2)成立时间:2005 年 11 月 24 日

(3)住所:东莞市南城区鸿福路东莞玉兰大剧院内

(4)法定代表人:任伟

(5)注册资本:200 万元

(6)实收资本:200 万元

(7)公司类型:有限责任公司(法人独资)

(8)经营范围:企业管理咨询;企业形象策划;组织文化艺术交流;承办展览展示;舞台美术设计;租赁舞台灯光设备;代售门票;技术咨询;技术服务;销售:舞台灯光音响设备,文化用品,工艺美术品(以上不含法律法规禁止或限制项目)。

(9)营业期限:长期

(10)目前的股权结构:

序号	股东名称	出资额(万元)	出资比例(%)
1	保利剧院	200	100
合计		200	100

1.2.4　保利剧院的全资子公司——河南保利艺术中心管理有限公司

(1)注册号:410100100072363

(2)成立时间:2008 年 9 月 12 日

(3)住所:郑州市郑东新区内环路 25 号楼 2 单元 6 层 01 号

(4)法定代表人:任伟

(5)注册资本:300 万元

(6)实收资本:300 万元

(7)公司类型:有限责任公司(自然人投资或控股的法人独资)

(8)经营范围:企业管理咨询、企业形象策划、组织文化艺术交流;舞美设计制作;演出设备租赁、销售及技术服务;代售门票;展览展示服务;工艺美术品、文化用品的销售;演出经营的经纪业务(营业性演出许可证有效期至 2014 年 2 月 26 日);销售:定型包装食品(食品卫生许可证有效期至 2013 年 9 月 15 日)。

(9)营业期限:2008 年 9 月 12 日至 2028 年 9 月 12 日

(10)目前的股权结构:

序号	股东名称	出资额(万元)	出资比例(%)
1	保利剧院	300	100
合计		300	100

1.2.5　保利剧院的全资子公司——烟台市保利大剧院管理有限公司

(1)注册号:370600000000555

(2)成立时间:2009 年 5 月 19 日

(3)住所:烟台市芝罘区南大街文化中心

(4)法定代表人:任伟

(5)注册资本:300 万元

(6)实收资本:300 万元

(7)公司类型:有限责任公司(法人独资)

(8)经营范围:前置许可经营项目:剧场及演出经营业务(有效期至 2016 年 3 月 1 日)。一般经营项目:演出设备器材及场地租赁、企业经营管理咨询、企业形象策划、承办展览展示、舞台美术设计、咨询服务、演出票务代理、代理设计、发布国内各类广告业务(以上范围法律法规禁止的除外,需许可或审批经营的,须凭许可证或审批的文件经营)。

(9)营业期限:2009年5月19日至2019年5月18日

(10)目前的股权结构:

序号	股东名称	出资额(万元)	出资比例(%)
1	保利剧院	300	100
合计		300	100

1.2.6　保利剧院的全资子公司——惠州市保利文化艺术中心管理有限公司

(1)注册号:441302000034242

(2)成立时间:2009年5月20日

(3)住所:惠州市云山西路惠州市文化艺术中心

(4)法定代表人:郭文鹏

(5)注册资本:200万元

(6)实收资本:200万元

(7)公司类型:有限责任公司(法人独资)

(8)经营范围:企业管理咨询(不含中介服务);企业形象策划;组织文化艺术交流、策划营业性演出;承办展览展示;舞台美术设计;租赁舞台灯光设备;广告设计制作(户外广告需取得审批经营);接受委托从事物业管理;代售门票;技术咨询;技术服务;销售舞台灯光音响设备、文化用品、工艺美术品。

(9)营业期限:长期

(10)目前的股权结构:

序号	股东名称	出资额(万元)	出资比例(%)
1	保利剧院	200	100
合计		200	100

1.2.7　保利剧院的全资子公司——温州保利大剧院管理有限公司

(1)注册号:330300000039679

(2)成立时间:2009年9月9日

(3)住所:温州市府路500号市行政中心19楼1914室

(4)法定代表人:任伟

(5)注册资本:200万元

(6)实收资本:200万元

(7)企业类型:有限责任公司(法人独资)

(8)经营范围:许可经营项目:经营演出及经济业务(在营业性演出许可证有效期内经营);一般经营项目:企业管理咨询、企业形象策划;组织文化艺术交流;承办展览展示;舞台美术设计;租赁舞台灯光设备;广告设计、制作;代售门票;舞台技术咨询、舞台技术服务(上述经营范围不含国家法律法规规定禁止、限制和许可经营的项目)。

(9)营业期限:2009年9月9日至2019年9月8日

(10)目前的股权结构:

序号	股东名称	出资额(万元)	出资比例(%)
1	保利剧院	200	100
合计		200	100

1.2.8　保利剧院的全资子公司——合肥保利大剧院管理有限公司

(1)注册号:340100000358549

(2)成立时间:2009年9月28日

(3)住所:合肥市蜀山区东流路与怀宁路交口东南角合肥大剧院一楼

(4)法定代表人:任伟

(5)注册资本:200万元

(6)实收资本:200万元

(7)公司类型:一人有限责任公司

(8)经营范围:剧院管理和技术培训(除专项许可);企业管理咨询;企业形象策划;组织文化艺术交流(除专项许可);展览展示服务;舞台美术设计;舞台灯光、设备租赁、技术咨询与技术服务;国内广告设计、制作、发布、代理;物业管理;代售门票;舞台灯光、音响设备、文化用品、工艺美术品销售。

(9)营业期限:2009年9月28日至2016年12月31日

(10)目前的股权结构:

序号	股东名称	出资额(万元)	出资比例(%)
1	保利剧院	200	100
合计		200	100

1.2.9　保利剧院的全资子公司——保利(北京)剧院建设工程咨询有限公司

(1)注册号:110101004940122

(2)成立时间:2002年10月28日

(3)住所:北京市东城区东直门南大街14号保利大厦写字楼764室

(4)法定代表人:武晟

(5)注册资本:300 万元

(6)实收资本:300 万元

(7)公司类型:有限责任公司(法人独资)

(8)经营范围:许可经营项目:无。一般经营项目:工程技术管理咨询;企业管理咨询;投资顾问;市场调查。

(9)营业期限:2002 年 10 月 28 日至 2032 年 10 月 27 日

(10)目前的股权结构:

序号	股东名称	出资额(万元)	出资比例(%)
1	保利剧院	300	100
合计		300	100

1.2.10　保利剧院的全资子公司——青岛保利大剧院管理有限公司

(1)注册号:370212020001015

(2)成立时间:2010 年 8 月 27 日

(3)住所:青岛市崂山区云岭路 5 号

(4)法定代表人:郭文鹏

(5)注册资本:300 万元

(6)实收资本:300 万元

(7)公司类型:有限责任公司(法人独资)

(8)经营范围:许可经营项目:影剧院(卫生许可证有效期至:2013 年 5 月 9 日)。一般经营项目:剧院管理与服务,营业性演出场所经营,组织文化艺术交流,承办展览展示,广告设计制作,技术咨询,技术服务,代售演出门票,演出器材及场地租赁,演出场所配套设施租赁;销售:演出器材、办公用品、工艺美术品(以上范围需经许可经营的,须凭许可证经营)。

(9)营业期限:2010 年 8 月 27 日至 2040 年 8 月 26 日

(10)目前的股权结构:

序号	股东名称	出资额(万元)	出资比例(%)
1	保利剧院	300	100
合计		300	100

1.2.11　保利剧院的全资子公司——马鞍山市保利大剧院管理有限公司

(1)注册号:340500000095771

(2)成立时间:2010 年 7 月 22 日

(3)住所:雨山区太白大道 2006 号 3 栋

(4)法定代表人:郭文鹏

(5)注册资本:200 万元

(6)实收资本:200 万元

(7)公司类型:有限责任公司(法人独资)

(8)经营范围:许可经营项目:经营演出(许可项目凭许可证在有效期内经营)。一般经营项目:企业管理咨询(不含中介服务),企业形象策划,组织文化艺术交流,承办展览展示,舞台美术设计,租赁舞台灯光设备,广告设计制作,接受委托从事物业管理,代售门票,技术咨询,技术服务,销售舞台灯光音响设备、文化用品、工艺美术品。

(9)营业期限:长期

(10)目前的股权结构:

序号	股东名称	出资额(万元)	出资比例(%)
1	保利剧院	100	100
合计		100	100

1.2.12　保利剧院的全资子公司——丽水保利大剧院管理有限公司

(1)注册号:331100000040435

(2)成立时间:2010 年 12 月 29 日

(3)住所:丽水市人民路(处州公园东首)

(4)法定代表人:刘健

(5)注册资本:200 万元

(6)实收资本:200 万元

(7)公司类型:有限责任公司(法人独资)

(8)经营范围:许可经营项目:无。一般经营项目:影剧院管理,承办展示,演出票务代理,演出器材租赁,演出场所配套设施租赁,舞美设计制作,国内广告设计、制作(不含喷绘);非文化教育(艺术)培训;演出器材、文化用品、音响器材、工艺美术品的批发、零售(上述经营范围不含国家法律法规规定禁止、限制和许可经营的项目)。

(9)营业期限:长期

(10)目前的股权结构:

序号	股东名称	出资额(万元)	出资比例(%)
1	保利剧院	200	100
合计		200	100

1.2.13　保利剧院的全资子公司——呼和浩特保利剧院管理有限公司

(1)注册号:150102000040244

(2)成立时间:2011 年 3 月 14 日

(3)住所:呼和浩特市新城区新华大街与东二环十字路口北

(4)法定代表人:郭文鹏

(5)注册资本:300 万元

(6)实收资本:300 万元

(7)公司类型:一人有限责任公司(法人独资)

(8)经营范围:许可经营项目:综合文艺表演;一般经营项目:企业管理(不含中介服务);企业形象策划;组织文化艺术交流;承办展览展示;广告业;门票、文化用品、工艺美术品销售;舞台灯光音响设备销售及租赁(法律、行政法规、国务院决定规定应经许可的,未获许可不得生产经营)。

(9)营业期限:2011 年 3 月 14 日至 2031 年 3 月 13 日

(10)目前的股权结构:

序号	股东名称	出资额(万元)	出资比例(%)
1	保利剧院	300	100
合计		300	100

1.2.14　保利剧院的全资子公司——保利广告有限公司

(1)注册号:100000000035324

(2)成立时间:2001 年 5 月 16 日

(3)住所:北京市东直门南大街 14 号

(4)法定代表人:李南

(5)注册资本:100 万元

(6)实收资本:100 万元

(7)公司类型:一人有限责任公司(法人独资)

(8)经营范围:设计、制作、发布、代理国内外各类广告。

(9)目前的股权结构:

序号	股东名称	出资额(万元)	出资比例(%)
1	保利剧院	100	100
合计		100	100

1.2.15　保利剧院全资子公司——宜春市保利大剧院管理有限公司

(1)注册号:360900110002949

(2)成立时间:2011 年 12 月 22 日

(3)住所:宜春市文化艺术中心内

(4)法定代表人:王文平

(5)注册资本:300 万元

(6)实收资本:300 万元

(7)公司类型:有限责任公司(非自然人投资或控股的法人独资)

(8)经营范围:一般经营项目:剧院的管理服务,承办展览展示,演出票务代理,演出器材的租赁、演出场地配套设施的租赁,舞美设计制作服务,物业管理,广告设计制作;演出器材、文化用品、工艺美术销售品。

(9)营业期限:2011 年 12 月 22 日至 2061 年 12 月 21 日

(10)目前的股权结构:

序号	股东名称	出资额(万元)	出资比例(%)
1	保利剧院	300	100
合计		300	100

1.2.16　保利剧院全资子公司——营口市鲅鱼圈区保利大剧院管理有限公司

(1)注册号:210800004153663

(2)成立时间:2012 年 5 月 16 日

(3)住所:营口经济技术开发区平安大街南段政府办公大楼西侧

(4)法定代表人:郭文鹏

(5)注册资本:300 万元

(6)实收资本:300 万元

(7)公司类型:有限责任公司(法人独资)

(8)经营范围:经营演出场所项目筹建(有效期至 2012 年 6 月 16 日);企业管理;企业形象策划;广告设计,制作(固定印刷品广告除外);物业管理;票务服务;灯光音响设备、文化用品、工艺美术品经销;灯光设备租赁。

(9)营业期限:2012 年 5 月 16 日至 2032 年 5 月 16 日

(10)目前的股权结构:

序号	股东名称	出资额(万元)	出资比例(%)
1	保利剧院	300	100
合计		300	100

1.2.17　保利剧院全资子公司——吉安市保利大剧院管理有限公司

(1)注册号:360800110002938

(2)成立时间:2012 年 8 月 3 日

(3)住所:吉安市吉州区城南体育北路吉安市文化艺术中心 A 座

(4)法定代表人:王文平

(5)注册资本:200 万元

(6)实收资本:200 万元

(7)公司类型:有限责任公司(非自然人投资或控股的法人独资)

(8)经营范围:影剧院管理,组织文化艺术交流,国内外文艺演出,承办展览展示,演出票务代理,演出器材的租赁,舞美设计制作,演出场所配套设施租赁,制作设计广告,演出器材、文化用品、音响制品、工艺美术品的批发零售(以上项目国家有专项规定的除外,涉及行政许可的凭有效许可证经营)。

(9)营业期限:2012 年 8 月 3 日至 2062 年 8 月 2 日

(10)目前的股权结构:

序号	股东名称	出资额(万元)	出资比例(%)
1	保利剧院	200	100
合计		200	100

1.2.18 保利剧院全资子公司——常熟市保利大剧院管理有限公司

(1)注册号:320581000303350

(2)成立时间:2012 年 11 月 19 日

(3)住所:常熟市竞文路 8 号

(4)法定代表人:丁昌林

(5)注册资本:200 万元

(6)实收资本:200 万元

(7)公司类型:有限公司(法人独资)内资

(8)经营范围:许可经营项目:无。一般经营项目:剧院经营管理;文化艺术交流策划,承办展览展示,舞台美术设计制作;代售门票、租赁演出器材、场地及配套设施;接受委托从事物业管理;文化用品、工艺美术品销售。

(9)营业期限:长期

(10)目前的股权结构:

序号	股东名称	出资额(万元)	出资比例(%)
1	保利剧院	200	100
合计		200	100

1.2.19 保利剧院全资子公司——大连保利剧院管理有限公司

(1)注册号:210200000539923

(2)成立时间:2013 年 2 月 16 日

(3)住所:大连市中山区港浦路 3 号

(4)法定代表人:郭文鹏

(5)注册资本:300 万元

(6)实收资本:300 万元

(7)公司类型:有限责任公司(非自然人投资或控股的法人独资)

(8)经营范围:剧院管理;企业形象策划、文化信息咨询、展览展示服务;经营广告业务;物业管理;票务代理;舞台灯光音响设备、文化用品、工艺美术品的销售;舞台灯光音响设备租赁。

(9)营业期限:2013 年 2 月 16 日至 2023 年 2 月 15 日

(10)目前的股权结构:

序号	股东名称	出资额(万元)	出资比例(%)
1	保利剧院	300	100
合计		300	100

1.2.20 保利剧院全资子公司——山西保利大剧院管理有限公司

(1)注册号:140100207205413

(2)成立时间:2013 年 5 月 31 日

(3)住所:太原市万柏林区长风西街长风文化商务区山西大剧院

(4)法定代表人:王文平

(5)注册资本:300 万元

(6)实收资本:300 万元

(7)公司类型:有限责任公司(非自然人投资或控股的法人独资)

(8)经营范围:许可经营项目:经营演出及经纪业务。一般经营项目:剧院管理;组织文化艺术交流;展览展示;演出票务代理;演出器材的租赁;舞美设计及技术咨询服务;演出场所配套设施的租赁;物业管理;广告业务;演出器材、文化用品、工艺美术品的销售(法律法规禁止经营的不得经营,需经审批的未获审批前不得经营)。

(9)营业期限:2013 年 5 月 31 日至 2019 年 8 月 31 日

(10)目前的股权结构:

序号	股东名称	出资额(万元)	出资比例(%)
1	保利剧院	300	100
合计		300	100

1.2.21 保利剧院的控股子公司——重庆

市保利剧院管理有限公司

(1)注册号:渝江 500105000062154

(2)成立时间:2009 年 7 月 20 日

(3)住所:重庆市江北区重庆大剧院

(4)法定代表人:任伟

(5)注册资本:600 万元

(6)实收资本:600 万元

(7)公司类型:有限责任公司

(8)经营范围:许可经营项目:演出的策划、组织、联络、制作、营销等经营活动和演出的代理、行纪、居间等经纪活动。一般经营项目:剧院管理;承办经批准的文化艺术交流活动;展览展示服务;演出票务代理;演出器材、设备及场地租赁;设计、安装:舞台灯光、布景;设计、制作、代理、发布国内外广告;艺术培训(不含认证);销售:演出器材、文化用品、工艺美术品;停车场经营(国家法律、行政法规禁止的不得经营;国家法律、行政法规规定取得许可后方可从事经营的,未取得许可前不得经营)。

(9)目前的股权结构:

序号	股东名称	出资额(万元)	出资比例(%)
1	保利剧院	400	66.67
2	重庆市演出管理处	200	33.33
合计		600	100.00

1.2.22　保利剧院的控股子公司——北京保利紫禁城剧院管理有限公司

(1)注册号:110101006923939

(2)成立时间:2004 年 5 月 10 日

(3)住所:北京市东城区北池子大街 67 号

(4)法定代表人:任伟

(5)注册资本:200 万元

(6)实收资本:200 万元

(7)公司类型:其他有限责任公司

(8)经营范围:许可经营项目:无。一般经营项目:企业管理咨询;组织文化艺术交流;经营演出及经纪业务;承办展览展示;代售门票;设备租赁;舞台设计、制作;技术咨询;技术服务;广告设计、制作;销售舞台灯光音响设备、文化办公用品、工艺美术品。

(9)营业期限:2004 年 5 月 10 日至 2024 年 5 月 9 日

(10)目前的股权结构:

序号	股东名称	出资额(万元)	出资比例(%)
1	保利剧院	102	51
2	北京市文化设施运营管理中心	98	49
合计		200	100

1.2.23　保利剧院的控股子公司——上海东方艺术中心管理有限公司

(1)注册号:310115000825736

(2)成立时间:2004 年 3 月 31 日

(3)住所:浦东新区丁香路 425 号

(4)法定代表人:任伟

(5)注册资本:1,500 元

(6)实收资本:1,500 万元

(7)公司类型:有限责任公司(国内合资)

(8)经营范围:剧院、音乐厅、餐饮的管理,预包装食品(不舍熟食卤味、冷冻冷藏)的零售(凭许可证经营),乐器、鲜花、文化旅游用品的销售,音像制品的零售(凭许可证经营)、图书报刊、电子出版物的零售(凭许可证经营),经营演出及经纪业务(凭许可证经营),广告制作及利用自有媒体的发布,收费停车场,以上相关业务的咨询服务(除经纪),物业管理,会展服务(企业经营涉及行政许可的,凭许可证件经营)。

(9)营业期限:2004 年 3 月 31 日至 2024 年 3 月 30 日

(10)目前的股权结构:

序号	股东名称	出资额(万元)	出资比例(%)
1	保利剧院	765	51
2	文汇新民联合报业集团	735	49
合计		1,500	100

1.2.24　保利剧院的控股子公司——武汉琴台大剧院管理有限公司

(1)注册号:420100000229862

(2)成立时间:2007 年 6 月 22 日

(3)住所:汉阳区知音大道 7 号

(4)法定代表人:郭文鹏

(5)注册资本:300 万元

(6)实收资本:300 万元

(7)公司类型:有限责任公司

(8)经营范围:影剧院管理;组织文化艺术

交流;国内外文艺演出;承办展览展示;演出票务代理;演出器材的租赁;舞美设计制作;演出场所配套设施租赁;制作设计广告;艺术培训;演出器材、文化用品、音响制品、工艺美术品的批发零售(国家有专项规定的凭许可证方可经营)。

(9)营业期限:2007 年 6 月 22 日至 2027 年 6 月 21 日

(10)目前的股权结构:

序号	股东名称	出资额(万元)	出资比例(%)
1	保利剧院	153	51
2	武汉天河影业有限公司	147	49
合计		300	100

1.2.25 保利剧院的控股子公司——泰州市保利大剧院管理有限公司

(1)注册号:321200000017851

(2)成立时间:2009 年 7 月 31 日

(3)住所:泰州市海陵南路 300 号泰州大剧院二层

(4)法定代表人:武晟

(5)注册资本:200 万元

(6)实收资本:200 万元

(7)公司类型:有限公司

(8)经营范围:许可经营项目:无。一般经营项目:剧院的管理,营业性演出场所经营,组织文化艺术交流,承办展览展示,代售演出门票,演出器材及场地租赁,舞台美术设计,演出场所配套设施的租赁,销售演出器材、文化用品、工艺美术品。

(9)营业期限:2009 年 7 月 31 日至 2029 年 7 月 30 日

(10)目前的股权结构:

序号	股东名称	出资额(万元)	出资比例(%)
1	保利剧院	102	51
2	泰州市广播电视台	98	49
合计		200	100

1.2.26 保利剧院的控股子公司——常州市保利大剧院管理有限公司

(1)注册号:320407000117461

(2)成立时间:2009 年 5 月 26 日

(3)住所:常州市新北区晋陵北路 2 号

(4)法定代表人:郭文鹏

(5)注册资本:200 万元

(6)实收资本:200 万元

(7)公司类型:有限公司

(8)经营范围:许可经营项目:电影放映;预包装食品、乳制品(含婴幼儿配方乳粉)的销售。一般经营项目:艺术表演场馆,组织文化艺术交流,展览展示服务,演出票务代理,演出器材及场地的租赁,舞台美术设计,物业管理服务,设计、制作、代理、发布国内各类广告业务,演出器材、文化用品、工艺美术品的销售,停车场服务。

(9)营业期限:2009 年 5 月 26 日至 2039 年 5 月 25 日

(10)目前的股权结构:

序号	股东名称	出资额(万元)	出资比例(%)
1	保利剧院	102	51
2	常州体育产业发展有限公司	50	25
3	常州市演出公司	48	24
合计		200	100

1.2.27 保利剧院的控股子公司——深圳市保利剧院演出经营有限公司

(1)注册号:440301102781858

(2)成立时间:2007 年 8 月 15 日

(3)住所:深圳市南山区后海滨路保利文化广场保利剧院三楼

(4)法定代表人:任伟

(5)注册资本:200 万元

(6)实收资本:200 万元

(7)公司类型:有限责任公司

(8)经营范围:影剧院的管理、组织文化艺术交流、承办展览展示、演出票务代理、演出器材的租赁、舞美设计制作、技术咨询、技术服务、物业管理、广告业务;演出器材、文化用品、工艺美术品的销售;经营演出及经纪业务。

(9)营业期限:2007 年 8 月 15 日至 2027 年 8 月 15 日

(10)目前的股权结构:

序号	股东名称	出资额(万元)	出资比例(%)
1	保利剧院	98	49
2	深圳市保利文化广场有限公司	90	45
3	曾若明	12	6
合计		200	100

1.2.28　保利剧院的控股子公司——张家港市保利大剧院管理有限公司

(1)注册号:320582000246170

(2)成立时间:2011 年 10 月 8 日

(3)住所:杨舍镇人民东路 5 号

(4)法定代表人:于昌林

(5)注册资本:300 万元

(6)实收资本:300 万元

(7)公司类型:有限公司

(8)经营范围:许可经营项目:承接国内外演出经营、演出经纪。一般经营项目:企业管理服务,为营业性演出提供场所,演出场所设备租赁,票务代理(涉及行政许可项目的,取得许可后方可经营)。

(9)营业期限:2011 年 10 月 8 日至 2017 年 10 月 7 日

(10)目前的股权结构如下:

序号	股东名称	出资额(万元)	出资比例(%)
1	保利剧院	153	51
2	张家港市文化中心管理委员会办公室	147	49
合计		300	100

1.2.29　保利剧院控股子公司——无锡大剧院保利管理有限公司

(1)注册号:320211000198753

(2)成立时间:2012 年 1 月 17 日

(3)住所:无锡市滨湖区太湖街道周新中路 265 号

(4)法定代表人:郭文鹏

(5)注册资本:500 万元

(6)实收资本:500 万元

(7)公司类型:有限公司

(8)经营范围:许可经营项目:承接国内外演出经营、演出经纪。一般经营项目:剧院管理服务;企业管理咨询;企业形象策划;组织文化艺术交流;会议及展览服务;舞台美术设计;照明器材、音响设备的租赁与销售;物业管理;票务代理(不含铁路客票);文具用品,工艺美术品的销售。

(9)目前的股权结构:

序号	股东名称	出资额(万元)	出资比例(%)
1	保利剧院	300	60
2	无锡市太湖新城建设投资管理有限公司	200	40
合计		500	100

1.2.30　保利剧院控股子公司——东莞保利文化演艺团有限公司

(1)注册号:441900001302318

(2)成立时间:2012 年 4 月 20 日

(3)住所:东莞市东城区东城支路文化中心内

(4)法定代表人:郭文鹏

(5)注册资本:200 万元

(6)实收资本:200 万元

(7)公司类型:有限责任公司

(8)经营范围:演艺创作策划、演艺交流策划、文化艺术活动策划、文化艺术交流策划;经营演出及经纪业务;代售门票;企业形象策划;舞台美术设计;灯光、音响、舞台设备租赁及销售;承办展览展示策划;会议服务;设计、制作、代理、发布各类广告业务;销售:工艺美术品。

(9)营业期限:长期

(10)目前的股权结构:

序号	股东名称	出资额(万元)	出资比例(%)
1	保利剧院	80	40
2	北京保利演出	80	40
3	东莞玉兰大剧院	40	20
合计		200	100

1.2.31　保利剧院控股子公司——昆山市

保利大剧院管理有限公司

（1）注册号:320853000542858

（2）成立时间:2012 年 7 月 19 日

（3）住所:玉山镇前进西路北侧、体育场路东侧

（4）法定代表人:于昌林

（5）注册资本:300 万元

（6）实收资本:300 万元

（7）公司类型:有限公司

（8）经营范围:许可经营项目:电影放映。一般经营项目:影院经营管理;文化艺术交流活动策划服务;产品展览展示服务;物业管理;演出票务代理;演出器材及场地租赁;舞美设计制作,设计、制作、代理发布国内各类广告;停车场经营;工艺美术品销售。

（9）营业期限:2012 年 7 月 19 日至 2042 年 7 月 18 日

（10）目前的股权结构:

序号	股东名称	出资额（万元）	出资比例（%）
1	保利剧院	153	51
2	昆山市广播电视广告有限责任公司	147	49
合计		300	100

1.2.32　保利剧院控股子公司——邯郸市保利大剧院管理有限公司

（1）注册号:130400000108776

（2）成立时间:2013 年 1 月 14 日

（3）住所:邯郸市丛台区滏东南大街 9 号

（4）法定代表人:郭文鹏

（5）注册资本:300 万元

（6）实收资本:300 万元

（7）公司类型:有限责任公司

（8）经营范围:剧院的管理;会展服务;演出票务代理;演出器材的租赁;舞美设计制作;演出技术咨询;演出技术服务;演出场所配套设施的租赁;剧场物业管理;广告设计、制作、发布;演出器材、文化用品、音像制品、工艺美术品的销售。

（9）营业期限:2013 年 1 月 14 日至 2033 年 1 月 13 日

（10）目前的股权结构:

序号	股东名称	出资额（万元）	出资比例（%）
1	保利剧院	153	51
2	邯郸市文化艺术中心有限责任公司	147	49
合计		300	100

1.2.33　保利剧院控股子公司——宁波文化广场保利大剧院管理有限公司

（1）注册号:330204000105075０

（2）成立时间:2013 年 1 月 14 日

（3）住所:江东区昌乐路 187 号 23 幢发展大厦 B 座 14 楼 1403 室

（4）法定代表人:郭文鹏

（5）注册资本:300 万元

（6）实收资本:300 万元

（7）公司类型:有限责任公司

（8）经营范围:许可经营项目:无。一般经营项目:剧院管理咨询,组织文化艺术交流活动,展览展示服务,演出票务代理,演出器材、配套设施、自有房屋的租赁,演出场地租赁（另设分支机构经营）,舞美设计,广告服务;演出器材、文化用品、工艺品的批发、零售（上述经营范围不含国家法律法规规定禁止、限制和许可经营的项目）。

（9）营业期限:2013 年 1 月 14 日至 2033 年 1 月 13 日

（10）目前的股权结构:

序号	股东名称	出资额（万元）	出资比例（%）
1	保利剧院	153	51
2	宁波文化广场投资发展有限公司	147	49
合计		300	100

1.3　发行人的全资子公司——保利影业投资有限公司及其下属公司

1.3.1　保利影业投资有限公司

（1）注册号:110000011169112

（2）成立时间:2002 年 8 月 19 日

（3）住所:北京市丰台区南三环西路 16 号 1 号楼五层

(4)法定代表人:蒋迎春

(5)注册资本:10,000 万元

(6)实收资本:10,000 万元

(7)公司类型:有限责任公司(法人独资)

(8)经营范围:许可经营项目:广播电视节目制作;电影放映、冷热饮品制售、零售定型包装食品(限分支机构经营)。一般经营项目:影视教育产业项目投资;进出口业务;影视演艺人员的经纪业务(不含营业性演出);影视器材的租赁、销售;影视技术的开发、转让、服务、咨询;承办影视文化交流活动;电影院线的建设、经营;上述业务的信息咨询;劳务服务;设计、制作、代理、发布广告。

(9)营业期限:自 2002 年 8 月 19 日至 2032 年 8 月 18 日

(10)目前的股权结构:

序号	股东名称	出资额(万元)	出资比例(%)
1	发行人	10,000	100
合计		10,000	100

1.3.2　保利影业全资子公司——无锡保利影院有限公司

(1)注册号:320211000209061

(2)成立时间:2012 年 8 月 1 日

(3)住所:无锡市滨湖区蠡湖大道 2001 号

(4)法定代表人:柳德彬

(5)注册资本:50 万元

(6)实收资本:50 万元

(7)公司类型:有限公司(法人独资)内资

(8)经营范围:许可经营项目:电影放映;预包装食品的零售;点心和小食品类(爆米花)的现场制售。一般经营项目:设计、制作代理和发布国内广告业务;商务信息咨询;会议及展览服务;工艺品、办公用品、日用品、电子产品、服装的零售(上述经营范围中涉及专项审批的经批准后方可经营)。

(9)营业期限:2012 年 8 月 1 日至 2022 年 7 月 12 日

(10)目前的股权结构:

序号	股东名称	出资额(万元)	出资比例(%)
1	保利影业	50	100
合计		50	100

1.3.3　保利影业全资子公司——日照市保利影城有限公司

(1)注册号:371102000000457

(2)成立时间:2012 年 11 月 16 日

(3)住所:日照市海曲东路 288 号

(4)法定代表人:柳德彬

(5)注册资本:50 万元

(6)实收资本:50 万元

(7)公司类型:有限责任公司(法人独资)

(8)经营范围:前置许可经营项目:日照市区电影放映(凭电影放映经营许可证经营,有效期至 2015 年 3 月 15 日);影剧院(凭卫生许可证经营,有效期 2016 年 12 月 28 日);预包装食品兼散装食品批发零售(凭食品流通许可证经营,有效期至 2015 年 12 月 3 日)。一般经营项目:影院管理;会议服务;展览展示服务;代理发布各类广告;商务信息咨询(法律禁止和国家专控除外);工艺品、办公用品、日用百货、电子产品批发零售(上述范围涉及许可经营的凭有效许可证经营)。

(9)营业期限:2012 年 11 月 16 日至 2022 年 11 月 16 日

(10)目前的股权结构:

序号	股东名称	出资额(万元)	出资比例(%)
1	保利影业	50	100
合计		50	100

1.3.4　保利影业全资子公司——上海保利影城有限公司

(1)注册号:310114002438177

(2)成立时间:2012 年 8 月 24 日

(3)住所:嘉定区真南路 4368 弄 1 号、2 号 4 层

(4)法定代表人:柳德彬

(5)注册资本:10 万元

(6)实收资本:10 万元

(7)公司类型:一人有限责任公司(法人独资)

(8)经营范围:影院投资与资产管理,商务咨询,企业管理,展览展示服务,工艺礼品、办公用品、日用品的销售,零售:预包装食品(含冷冻冷藏、不含熟食卤味),固定放映数字电影放映,利用自有媒体发布广告(企业经营涉及行

政许可的,凭许可证件经营)。

(9)营业期限:2012 年 8 月 24 日至 2022 年 8 月 23 日

(10)目前的股权结构:

序号	股东名称	出资额(万元)	出资比例(%)
1	保利影业	10	100
合计		10	100

1.3.5 保利影业全资子公司——广州保利国际影城有限公司

(1)注册号:440104000275029

(2)成立时间:2011 年 12 月 9 日

(3)住所:广州市越秀区建设大马路 18 号 5 楼 501(自编)

(4)法定代表人:柳德彬

(5)注册资本:200 万元

(6)实收资本:200 万元

(7)公司类型:有限责任公司(法人独资)

(8)经营范围:电影放映(公共场所卫生许可证有效期至 2015 年 9 月 2 日);零售:预包装食品(食品流通许可证有效期限至 2014 年 6 月 7 日);设计、制作、发布、代理国内外各类广告;会议服务;国内劳务派遣;商务信息咨询。

(9)营业期限:2011 年 12 月 9 日至 2021 年 11 月 22 日

(10)广州保利国际影城有限公司股权结构如下:

序号	股东名称	出资额(万元)	出资比例(%)
1	保利影业	200	100
合计		200	100

1.3.6 保利影业全资子公司——深圳市保利国际影城有限公司

(1)注册号:440301107312964

(2)成立时间:2013 年 5 月 17 日

(3)住所:深圳市福田区福华路北深圳国际交易广场裙楼 404

(4)法定代表人:张信生

(5)注册资本:50 万元

(6)实收资本:50 万元

(7)公司类型:有限责任公司(法人独资)

(8)经营范围:许可经营项目:电影放映;预包装食品销售。一般经营项目:从事广告业务。

(9)营业期限:2013 年 5 月 17 日至 2028 年 5 月 17 日

(10)广州保利国际影城有限公司股权结构如下:

序号	股东名称	出资额(万元)	出资比例(%)
1	保利影业	50	100
合计		50	100

1.3.7 保利影业的控股子公司——北京保利万源影城有限公司

(1)注册号:110106011447307

(2)成立时间:2008 年 11 月 11 日

(3)住所:北京市丰台区东高地万源西里 36 栋 - 甲 44 栋社区综合服务中心五层

(4)法定代表人:柳德彬

(5)注册资本:150 万元

(6)实收资本:150 万元

(7)公司类型:其他有限责任公司

(8)经营范围:许可经营项目:35 毫米电影放映;销售定型包装食品、冷热饮、爆米花;美容(一般性皮肤护理);理发。一般经营项目:销售小礼品;技术咨询、技术服务;会议服务;计算机技术培训;设计、制作、代理、发布广告;摄影扩印服务。

(9)营业期限:2008 年 11 月 11 日至 2028 年 11 月 10 日

(10)目前的股权结构:

序号	股东名称	出资额(万元)	出资比例(%)
1	保利影业	130	86.67
2	李颖	20	13.33
合计		150	100.00

1.3.8 保利影业的控股子公司——保利摄影影像艺术(北京)有限公司

(1)注册号:110000410202023

(2)成立时间:1984 年 12 月 15 日

(3)住所:北京市朝阳区建国门外 19 号

(4)法定代表人:柳德彬

(5)注册资本:人民币 96 万元

(6)实收资本:人民币 96 万元

(7)公司类型:有限责任公司(台港澳与境内合资)

(8)经营范围:彩色胶卷的冲洗扩印,并代售胶卷、提供办公用品及复印机消耗材料,照相服务。

(9)营业期限:1984 年 12 月 15 日至 2014 年 12 月 15 日。

(10)目前的股权结构:

序号	股东名称	出资额(万元)	出资比例(%)
1	保利影业	56.64	59
2	香港拉费尔有限公司	39.36	41
合计		96	100

1.4 发行人的控股子公司——北京保利艺术投资管理有限公司

(1)注册号:110107013083229

(2)成立时间:2010 年 7 月 29 日

(3)住所:北京市石景山区八大处高科技园区西井路 3 号 3 号楼 5554 号房间

(4)法定代表人:陈宜

(5)注册资本:1,000 万元

(6)实收资本:1,000 万元

(7)公司类型:其他有限责任公司

(8)经营范围:许可经营项目:无。一般经营项目:投资管理;投资咨询;古玩、字画、艺术品、收藏品鉴定活动;组织文化艺术交流(演出除外);承办展览展示;技术咨询、技术服务。

(9)营业期限:自 2010 年 7 月 29 日至 2030 年 7 月 28 日。

(10)目前的股权结构:

序号	股东名称	出资额(万元)	出资比例(%)
1	发行人	800	80
2	方德乐(北京)投资顾问有限公司	200	20
合计		1,000	100

1.5 发行人的控股子公司——北京保利国际拍卖有限公司及其下属公司

1.5.1 北京保利国际拍卖有限公司

(1)注册号:110101008635938

(2)成立时间:2005 年 7 月 14 日

(3)住所:北京市东城区朝阳门北大街 1 号新保利大厦三层

(4)法定代表人:李达

(5)注册资本:1,000 万元

(6)实收资本:1,000 万元

(7)公司类型:其他有限责任公司

(8)经营范围:许可经营项目:拍卖;一般经营项目:无。

(9)营业期限:2005 年 7 月 14 日至 2055 年 7 月 13 日

(10)目前的股权结构:

序号	股东名称	出资额(万元)	出资比例(%)
1	发行人	550	55
2	李达	220	22
3	赵旭	180	18
4	李移舟	50	5
合计		1,000	100

1.5.2 北京保利拍卖的全资子公司——Kangoo Overseas Ltd.

(1)注册证书编号:NO. 252058

(2)成立时间:1997 年 10 月 9 日

(3)注册办公地:Tropic Isle Building, P. O. Box 438, Road Town, Torto1a, British Birgin Islands

(4)法律地位:国际商业公司

(5)目前的股权结构:

序号	股东名称	出资额(美元)	出资比例(%)
1	北京保利拍卖	50,000	100
合计		50,000	100

1.6 发行人的控股子公司——广东保利拍卖有限公司及其下属公司

1.6.1 广东保利拍卖有限公司

(1)注册号:440000000042975

(2)成立时间:2003 年 11 月 20 日

(3)住所:广州市天河区珠江新城华利路 59 号保利大厦东塔 4 楼

(4)法定代表人:陈宜

(5)注册资本:1,660 万元

(6)实收资本:1,660 万元

(7)公司类型:有限责任公司

(8)经营范围:动产、不动产和无形资产的拍卖(国家特别规定的物品除外),第二、三类文物拍卖(以上项目凭本公司有效许可证书经营)。

(9)营业期限:长期

(10)目前的股权结构:

序号	股东名称	出资额(万元)	出资比例(%)
1	发行人	1,030	62.048
2	保利南方	315	18.976
3	广州市丰嘉企业发展有限公司	315	18.976
合计		1,660	100.000

1.6.2 广东保利的全资子公司——广东保利资产管理有限公司

(1)注册号:440101000141858

(2)成立时间:2010 年 12 月 24 日

(3)住所:广州市天河区天河北路 233 号中信广场办公楼 1808 号房间

(4)法定代表人:蒋迎春

(5)注册资本:1,000 万元

(6)实收资本:1,000 万元

(7)公司类型:有限责任公司(法人独资)

(8)经营范围:资产管理、收购、处置、重组及相关业务咨询服务(金融信托与管理除外)(经营范围涉及法律、行政法规禁止经营的不得经营,涉及许可经营的未获许可前不得经营)。

(9)营业期限:长期

(10)目前的股权结构:

序号	股东名称	出资额(万元)	出资比例(%)
1	广东保利拍卖	1,000	100
合计		1,000	100

1.7 发行人的控股子公司——保利香港拍卖有限公司

(1)登记证号码:60538437 - 000 - 10 - 12 - A

(2)成立时间:2012 年 10 月 30 日

(3)住所:香港金钟道 88 号太古广场一座 7 楼 703 - 708 室

(4)法律地位:法人团体

(5)主营业务:艺术品拍卖及经营业务

(6)目前的股权结构:

序号	股东名称	出资额(万港币)	出资比例(%)
1	发行人	3,850	38.5
2	保利拍卖	3,000	30
3	赵旭	2,150	21.5
4	张益修	1,000	10
合计		10,000	100

1.8 发行人的参股子公司——北京保利华亿传媒文化有限公司

(1)注册号:110000008787804

(2)成立时间:1997 年 4 月 9 日

(3)住所:北京市朝阳区京顺路 5 号曙光大厦 B 座

(4)法定代表人:张长胜

(5)注册资本:12,000 万元

(6)实收资本:12,000 万元

(7)公司类型:有限责任公司(外商投资企业与内资合资)

(8)经营范围:许可经营项目:无。一般经营项目:影视文化项目开发;为承办文化体育活动、文化交流活动、广告制作、影视节目制作提供咨询服务;为演艺人员培训提供服务。

(9)营业期限:1997 年 4 月 9 日至 2047 年 4 月 8 日

(10)目前的股权结构:

序号	股东名称	出资额(万元)	出资比例(%)
1	北京华亿浩歌传媒文化有限公司	6,000	50
2	发行人	6,000	50
合计		12,000	100

(11)根据发行人提供的材料及本所律师的核查,保利华亿的股东之间正在发生纠纷诉讼,详见本法律意见书之“二十、诉讼仲裁或行政处罚”之“1. 发行人与北京华亿浩歌传媒文化有限公司的诉讼”。

1.9 发行人的参股子公司——北京保利天源广告有限公司

(1)注册号:1101011577219

(2)成立时间:2003 年 6 月 19 日

(3)住所:北京市东城区东直门南大街 14 号保利大厦 3 层

(4)法定代表人:阮永虎

(5)注册资本:100 万元

(6)实收资本:100 万元

(7)公司类型:有限责任公司

(8)营业期限:2003 年 6 月 19 日至 2023 年6 月 18 日

(9)经营范围:设计、制作、代理国内及外商来华广告;组织文化艺术交流活动;承办展览展示;广告信息咨询。

(10)目前的股权结构:

序号	股东名称	出资额(万元)	出资比例(%)
1	深圳市金庆实业发展有限公司	50	50
2	发行人	25	25
3	保利广告有限公司	25	25
合计		100	100

(11)根据发行人提供的材料及本所律师的核查,由于北京保利天源广告有限公司未按规定参加年检,已于 2007 年 10 月 15 日被北京市工商行政管理局东城分局吊销营业执照,由于发行人无法联系到北京保利天源广告有限公司的法定代表人及另一方股东深圳市金庆实业发展有限公司的相关人员,故北京保利天源广告有限公司目前仍未办理注销手续。北京保利天源广告有限公司因吊销营业执照而失去了经营资格,但因其尚未办理注销手续,根据中国最高人民法院相关司法解释仍不失其诉讼主体的法人地位。作为有限责任公司,发行人以其出资额对北京保利天源广告有限公司承担有限责任。

鉴于对上述情况的核查,本所律师认为,除北京保利天源广告有限公司外,发行人所有控股及参股的公司均依法设立,合法存续,不存在按照中国法律法规可能被撤销或终止的情况;发行人所有控股子公司及参股子公司股权清晰,其注册资本均已缴足;发行人拥有控股及参股子会司的权益合法有效,且该等权益之上未设有任何担保、抵押、质押或其他第三方权益。

八、发行人的业务

(一)发行人的经营范围、经营方式

1. 发行人的经营范围变化情况

1.1　保利文化集团股份有限公司设立时的经营范围

根据发行人提供的材料和本所律师的核查,保利文化集团股份有限公司设立时经国家工商总局核准的经营范围为:国内及引进香港、澳门特别行政区和台湾地区及国外的演出单位或个人的演出活动;组织文化艺术活动;演出票务代理;字画、工艺美术品(金饰品除外)、旅游纪念品的销售;演出器材的销售、租赁;艺术装饰;艺术品展示;舞台美术、工艺美术品、包装装潢设计、制作;与上述业务相关的技术咨询、技术服务。

1.2　发行人目前的经营范围

根据发行人提供的材料和本所律师的核查,保利文化集团股份有限公司于 2010 年 12 月 14 日变更为股份有限公司,经国家工商总局核准,股份公司设立时经营范围为:许可经营项目:经营演出及经纪业务(有效期至 2011 年 12 月 31 日)。一般经营项目:组织文化艺术活动;演出票务代理;字画、工艺美术品(金饰品除外)、旅游纪念品的销售;演出器材的销售、租赁;艺术装饰;艺术品展示;舞台美术、工艺美术品、包装装潢设计、制作;与上述业务相关的技术咨询、技术服务。

截至本法律意见书出具之日,发行人《企业法人营业执照》中经营范围所述“经营演出及经纪业务”的有效期至 2014 年 12 月 31 日,该等变化系由于发行人的《营业性演出许可证》办理续期更新所至,发行人的经营范围未发生变化。

除上述外,自发行人设立后,发行人的经营范围未发生其他变更。

发行人对外投资公司的经营范围见本法律意见书之“七、发行人的控股及参股子公司”

2. 发行人目前的实际经营业务

发行人目前的主营业务为演出与剧院管理、艺术品经营与拍卖、影业投资管理等业务。

3. 发行人及其境内子公司目前持有与其经营相关的主要证书/批准文件情况如下:

3.1　营业性演出许可证

序号	企业名称	证书编号	发证时间	批准机关	经营范围	有效期
1	发行人	京市演 357	2013－6－7	北京市文化局	经营演出及经纪业务	至 2014－12－31
2	保利剧院	京市演 54	2012－1－12	北京市文化局	经营演出及经纪业务	至 2013－12－31
3	北京保利演出	京市演 293 号	2011－12－20	北京市文化局	经营演出及经纪业务	至 2013－12－31
4	东莞玉兰大剧院	莞演纪 009 号	2012－7－18	东莞市文化广电新闻出版局	经营演出及经纪业务	至 2014－6－30
5	河南艺术中心	豫文演 123 号	2012－2－27	河南省文化厅	演出经营及经纪业务	至 2014－2－26
6	烟台大剧院	烟演－05	2010－3－1	烟台市文化广电新闻出版局	剧场及演出经营	无到期日
7	惠州艺术中心	惠文演纪 004 号	2012－11－14	惠州市文化广电新闻出版局	经营演出及经纪	至 2014－11－14
8	温州大剧院	浙省演出第 3165 号	2012－3－29	浙江省文化厅	经营演出及经纪业务	至 2014－3－31
9	合肥大剧院	皖文(2009) 001 号	2013－4－25	安徽省文化厅	演出经营、演出经纪、演员经纪	二年
10	青岛大剧院	青文演崂山 003	2013－5－15	青岛市崂山区文化新闻出版局	营业性演出场所	至 2015－3－15
11	马鞍山大剧院	皖文演 2011－001 号	2013－6－20	安徽省文化厅	经营演出及经纪业务	二年
12	丽水大剧院	浙省演出第 3202 号	2012－3－26	浙江省文化厅	经营演出及经纪业务	至 2014－3－31
13	呼和浩特剧院	内蒙文场 2011－1 号	2011－3－7	内蒙古自治区文化厅	综合文艺表演	无到期日
14	呼和浩特剧院	内蒙文演 2011－38 号	2011－6－22	内蒙古自治区文化厅	演出策划、组织、联络、制作、营销、代理、行纪、居间等	无到期日
15	宜春大剧院	赣演经字 099 号	2013－4－3	江西省文化厅	经营演出及经纪业务	至 2015－4－2

续表

序号	企业名称	证书编号	发证时间	批准机关	经营范围	有效期
16	吉安大剧院	吉文演(2012)002 号	2012 – 8 – 2	吉安市文化广播电影电视新闻出版局	影剧院管理,组织文化艺术交流,国内外文艺演出,承办展览展示,演出票务代理,演出器材的租赁,舞美设计制作,演出场所配套设施租赁,制作设计广告,演出器材、文化用品、音响制品、工艺美术品的批发零售。(以上项目国家有专项规定的除外,涉及行政许可的凭有效许可证经营)	无到期日
17	常熟大剧院	苏演经 353 号	2013 – 5 – 7	江苏省文化厅	承接国内外演出经营、演出经纪	至 2015 – 5 – 30
18	山西大剧院	晋文演 0069 号	2013 – 5 – 28	山西省文化厅	经营演出及经纪业务	至 2015 – 3 – 31
19	重庆剧院	渝文演 010 – 072 号	2012 – 12 – 11	重庆文化广播电视局	演出的策划、组织、联络、制作、营销等经营活动和演出的代理、行纪、居间等经纪活动	至 2013 – 12 – 11
20	北京紫禁城剧院	京市演 50	2011 – 12 – 16	北京市文化局	经营演出及经纪业务	至 2013 – 12 – 31
21	上海东艺	沪文演(经) 00 – 0149 号	2012 – 6 – 1	上海市文化广播影视管理局	经营演出及经纪业务	至 2013 – 12 – 31
22	武汉琴台大剧院	鄂文演 066 号	2011 – 3 – 11	湖北省文化厅	经营演出及经纪业务	至 2014 – 3 – 31
23	武汉琴台大剧院音乐厅分公司	鄂文演 072 号	2011 – 5 – 10	湖北省文化厅	经营演出及经纪业务	至 2014 – 3 – 31
24	常州大剧院	苏演经 266 号	2013 – 6 – 21	江苏省文化厅	承接国内外演出经营、演出经纪	至 2115 – 6 – 30
25	深圳剧院	深南文演 020 号	2012 – 3 – 29	深圳市南山区文化局	经营演出及经纪业务	2014 – 3 – 29
26	张家港大剧院	苏演经 297 号	2011 – 11 – 10	江苏省文化厅	承担国内外演出经营、演出经纪	至 2013 – 11 – 10
27	无锡大剧院	苏演经 319 号	2012 – 7 – 22	江苏省文化厅	承接国内外演出经营演出经纪	至 2014 – 12 – 30
28	东莞演艺团	莞演团 007	2012 – 6 – 28	东莞市文化广电新闻出版局	综合文艺表演	至 2014 – 6 – 30
29	东莞演艺团	莞演团 011	2012 – 6 – 28	东莞市文化广电新闻出版局	经营演出及经纪业务	至 2014 – 6 – 30

续表

序号	企业名称	证书编号	发证时间	批准机关	经营范围	有效期
30	昆山大剧院	苏演经 325 号	2012-8-13	江苏省文化厅	承接国内外演出经营、演出经纪	2014-3-30

3.2 电影放映、经营业务的许可证书

序号	企业名称	证书编号	发证时间	批准机关	经营范围	有效期
1	保利影业投资有限公司北京马家堡影城	字(丰)第 007 号	2011-12-12	北京市丰台区文化委员会	35 毫米、3D、4D 电影放映	至 2013-12-31
2	保利影业投资有限公司北京龙旗广场影城	字(昌文影)第 07 号	2012-12-25	北京市昌平区文化委员会	电影放映	至 2014-2-29
3	保利影业投资有限公司北京大兴金星影城	兴影字(2010)第 004 号	2012-6-25	大兴区文化委员会	电影放映	2013-12-31
4	保利影业投资有限公司佛山保利影城	07-C30	2011-4-21	佛山市南海区市场安全监督局	电影放映	无到期日
5	保利影业投资有限公司深圳保利影城	NS200801	2013-5-23	深圳市南山区广播电视局	电影放映	无到期日
6	无锡影城	苏影放字第 32021106 号	2013-5-9	无锡市文化广电新闻出版局	电影放映	三年
7	日照影城	证放字第 37LDY018 号	2013-3-15	日照市文化广电新闻出版局	电影放映	至 2015-3-15
8	上海影城	沪影放字 0637 号	2013-5-13	上海市文化广播影视管理局	固定放映 2K 数字电影放映	至 2014-3-31
9	上海影城昆山分公司	苏影放字第 32058310 号	2013-2-6	昆山市文化广电新闻出版局	电影放映	无到期日
10	广州影城	粤证放字第 A03-11 号	2011-12-6	广州市文化广电新闻出版局	电影放映	无到期日
11	北京万源影城	字(丰)第 005 号	2011-12-12	北京市丰台区文化委员会	35 毫米电影放映、数字电影放映	2013-12-31
12	昆山大剧院	苏影放字第 32058307 号	2012-7-5	昆山市文化广电新闻出版局	电影放映	无到期日
13	常州大剧院	苏影放字第 32040001 号	2012-5-21	常州市文化广电新闻出版局	电影放映	六年

3.3 经营拍卖业务的批准、许可证书

3.3.1 拍卖经营批准证书

序号	企业名称	证书编号	发证时间	批准机关	经营范围	有效期
1	北京保利拍卖	1101651100002005	2011-3-16	北京市商务委员会	拍卖	至 2019-11-3

续表

序号	企业名称	证书编号	发证时间	批准机关	经营范围	有效期
2	广东保利拍卖	4403931100002003	2011－6－17	广东省经济和信息化委员会	动产、不动产和无形资产的拍卖（国家特别规定的物品除外）	至2017－6－17
3	广东保利拍卖梧州分公司	4403931101452010	2011－12－16	广西壮族自治区商务厅	接受委托开展拍卖业务(国家有专项规定的除外)	至2021－12－15
4	广东保利拍卖深圳分公司	4403931101442010	2013－5－30	广东省经济和信息化委员会	动产、不动产和无形资产的拍卖（国家特别规定的物品除外）	至2019－5－30

3.3.2　文物拍卖许可证

序号	企业名称	证书编号	发证时间	批准机关	经营范围	有效期
1	北京保利拍卖	文物拍字(2013)第11005051号	2013－1－31	国家文物局	第一、二、三类文物	至2023－1－31
2	广东保利拍卖	文物拍字(2013)第44004061号	2013－1－31	国家文物局	第二、三类文物	至2023－1－31

3.4　经营文物商店的批准文件

北京市文物局于2007年3月9日出具京文物〔2007〕224号《关于同意北京保利艺术中心有限公司申请经营文物资质的批复》,认定保利艺术中心符合《中华人民共和国文物保护法》设定的申请设立文物商店的条件,同意保利艺术中心经营文物。

本所律师经核查认为,发行人对其经营范围的变更履行了所有必要的法律手续,发行人及下属子公司的经营已获得了业务经营所有必需的许可、资格、资质、授权以及批准,符合有关法律、行政法规和规范性文件的规定。

(二)发行人在境外的经营情况

根据《财务报告》、发行人提供的材料及本所律师的核查,发行人及其下属企业在境外设有保利香港拍卖有限公司和Kangoo Overseas Ltd.(详见本法律意见书之“七、发行人控股及参股子公司”之“(二)发行人控股及参股子公司的详细情况”)。

(三)发行人的主营业务变更情况

根据发行人提供的材料及本所律师的核查,发行人近三年及一期主营业务未发生过变化。

(四)发行人的主营业务突出

发行人的主营业务为演出与剧院管理、艺术品经营与拍卖、影院投资管理等业务。根据发行人提供的材料、《财务报告》和本所律师的核查,发行人近三年及一期主营业务突出。

(五)发行人的持续经营

1. 根据发行人《公司章程》及本所律师核查,发行人为永久存续的股份有限公司。

2. 根据发行人提供的材料和本所律师的核查,发行人的主营业务属于国家鼓励发展的产业。

3. 根据发行人提供的材料和本所律师的核查,发行人已取得其生产经营所需的相关证照,发行人现拥有的固定资产和设备均处于适用状况,不会影响其持续经营。

4. 根据发行人提供的材料和本所律师的核查,发行人未出现《公司法》和《公司章程》规定的需要终止的事由。

5. 根据发行人提供的材料和本所律师的核查,除本法律意见书之“二十、发行人涉及诉讼、仲裁或行政处罚的情况”披露的诉讼情形外,发行人不存在其他尚未了结的或可预见的重大诉讼、仲裁及行政处罚,其主要生产经营性资产不存在被采取查封、扣押、拍卖等强制性措施的情形;发行人目前尚未了结的诉讼不会影响发行人的持续经营,对发行人本次发行上市不构成法律障碍。

本所律师经核查认为,发行人持续经营不存在法律障碍或潜在的法律风险。

鉴于对上述情况的核查,本所律师认为,发行人的业务符合法律、行政法规、规范性文件的有关规定,发行人持续经营不存在对本次发行上市不利的法律障碍;发行人及下属子公司的经营已获得了业务经营必需的许可、资格、资质、授权以及批准或正在办理续期手续。

九、关联交易及同业竞争

(一)关联交易

根据发行人提供的材料及本所律师核查,发行人与发行人的主要关连方签署了如下关联交易框架协议,具体情况如下:

1. 商标许可协议

发行人与保利集团拟订立商标许可协议。根据公司提供的该协议文本,保利集团授予发行人非排他性的普通许可,同意发行人免费使用保利集团的若干商标。除非获得保利集团事先书面同意,否则发行人不得向任何第三方转让或许可该等商标。商标许可协议的有效期自上市日期起计为期十年。除非协议双方另行达成书面协议,商标许可协议的期限届满后将自动续约十年,唯须遵守香港上市规则的限制及规定。

2. 综合服务框架协议

发行人与保利集团拟订立综合服务框架协议。根据公司提供的该协议文本,保利集团及/或其联系人士须不时向发行人提供若干类型的服务,主要包括展览服务、艺术鉴赏活动服务、酒店及餐饮服务。

3. 综合服务框架协议

发行人与保利集团拟订立综合服务框架协议。根据公司提供的该协议文本,发行人须不时向保利集团及/或其联系人士提供若干类型的服务,主要包括展览服务、剧院管理服务、艺术鉴赏活动服务及一般服务。协议有效期自上市日期起计为期三年;协议双方的相关附属公司或联营公司将另行订立合约,并将根据综合服务框架协议规定的原则列明具体条款及条件;及根据综合服务框架协议提供的服务的价格将参照当时市价或由协议双方经公平协商后厘定。

4. 商品买卖框架协议

发行人与保利集团拟订立商品买卖框架协议。根据公司提供的该协议文本,发行人可不时向保利集团及/或其联系人士出售商品,主要为艺术产品及剧院演出票。协议有效期自上市日期起计为期三年;协议双方的相关附属公司或联营公司将另行订立合约,并将根据商品买卖框架协议规定的原则列明具体条款及条件;及发行人根据商品买卖框架协议出售的商品价格将由协议双方参照市价后经公平协商厘定。

5. 物业租赁框架协议

发行人与保利集团拟订立物业租赁框架协议。根据公司提供的该协议文本,发行人可向保利集团及/或其联系人士租赁物业,作办公室、影院、剧院、拍卖业务营运及辅助服务用途。协议的有效期自上市日期起计为期20年;协议双方的相关附属公司或联营公司将另行订立租赁协议,并将根据物业租赁框架协议规定的原则列明具体条款及条件;租金的厘定方式为:就作办公室物业用途和剧院、拍卖业务营运及辅助服务用途的租赁物业而言,租金将参照当时市价或由协议双方经公平协商后厘定;就作影院营运的租赁物业而言:年租应按参照当时市价或由协议双方经公平协商后厘定的租金;物业管理费应参照当时市价或由协议双方经公平协商后厘定;能源费及其他设施费应依照政府定价,倘无适用政府定价,则应参照当时市价或由协议双方经公平协商后厘定;及根据物业租赁框架协议订另行订立的租约,最长期限为20年。发行人可于租约届满前提前至少一个月向保利集团的相关成员公司发出书面通知,要求续签租约。保利集团的相关成员公司接获上述通知后,将同意续约要求并于租约届满前与发行成员公司续约。

6. 影片收入分账框架协议

发行人与保利集团拟订立影片收入分账框架协议。根据公司提供的该协议文本,协议双方均可分享影片放映业务产生的票房收入净额。协议的有效期自上市日期起计为期三年;

协议双方的相关附属公司或联营公司将另行订立合约,并将根据影片收入分账框架协议规定的原则列明具体条款及条件;保利集团及/或其联系人士将为发行人提供影片副本,而发行人届时将安排在发行人的影院放映该等影片。发行人将首先收取影片放映业务产生的票房收入净额,然后向保利集团及/或其联系人士根据个别订立的合约所载的各自收入分享百分比分享部分收入;及根据相关中国法律、规则及条例,发行人将仅安排放映保利集团及/或其联系人士提供的影片。

本所律师经核查认为,发行人上述关联交易为公司正常经营需要,上述关联交易框架协议的内容、形式及所有主要条款符合法律、行政法规和规范性文件的相关规定,亦符合《公司章程》的规定,对所有签约方均有法律约束力。

(二)发行人对关联交易公允决策程序的规定

发行人在《公司章程》及其《股东大会议事规则》、《董事会议事规则》、《独立董事工作制度》中均规定了关联交易公允决策的程序,发行人还专门制定了关联交易管理制度,建立了相应的关联交易决策程序和内部控制制度,相关主要内容如下所述:

1. 关联交易的决策权限

1.1 总经理的审批权限:公司拟与关联自然人发生的单笔交易金额在30万元以下的关联交易;公司拟与关联法人发生的交易金额(合同一标的或同一关联法人在连续12个月内发生的关联交易累计金额)在300万元以下或占公司最近一期经审计净资产绝对值0.5%以下的关联交易。

1.2 董事会的审批权限:公司拟与关联自然人发生的单笔交易金额在30万元以上的关联交易;公司拟与关联法人发生的交易金额(含同一标的或同一关联法人在连续12个月内发生的关联交易累计金额)在300万元以上,且占公司最近一期经审计净资产绝对值0.5%以上的关联交易事项。

1.3 股东大会的审批权限:公司拟与关联人发生的交易金额(合同一标的或同一关联人在连续12个月内发生的关联交易累计金额)在3,000万元以上,且占公司最近一期经审计净资产绝对值5%以上的关联交易,应由董事会作出决议,并提交股东大会批准。股东大会审议上述关联交易事项时,公司监事会应当对该交易是否对公司有利发表意见。

1.4 独立董事的权限:公司拟与关联人达成的总额高于300万元且高于公司最近一期经审计净资产绝对值0.5%的关联交易,应由二分之一以上独立董事认可后提交董事会讨论。独立董事做出判断之前,可聘请中介机构出具独立财务顾问报告,作为其判断的依据。

2. 审议关联交易事项回避表决程序

2.1 关联董事的回避:

2.1.1 公司董事会审议关联交易事项时,关联董事应当回避表决,也不得代理其他董事行使表决权。该董事会会议由过半数的非关联董事出席即可举行,董事会会议所做决议须经非关联董事过半数通过。出席董事会的非关联董事人数不足三人的,公司应当将该交易提交股东大会审议。

2.1.2 在董事会就关联交易事项进行表决时,关联董事应主动说明情况并提出回避申请;关联董事未主动说明情况并回避的,知悉情况的董事应要求关联董事予以回避。

2.2 关联股东的回避:

2.2.1 公司股东大会审议关联交易事项时,关联股东应当回避表决。

2.2.2 关联股东在股东大会审议有关关联交易事项时,应当主动向股东大会说明情况,并明确表示不参与投票表决。关联股东没有主动说明关联关系的,其他股东可以要求其说明情况并回避表决。关联股东所持有的股份数不计入有效表决权股份总数。

2.2.3 股东大会结束后,其他股东发现有关联股东参与有关关联交易事项投票的,或者股东对是否应适用回避有异议的,有权就相关决议根据《公司法》相关规定向人民法院起诉。

2.2.4 关联交易事项应经出席股东大会的非关联股东所持表决权的二分之一以上通过。股东大会决议的公告应当充分披露非关联股东的表决情况。

2.3 公司关联人在与公司签署涉及关联交易的协议时,应当采取必要的回避措施:

2.3.1 任何个人只能代表一方签署协议;

2.3.2 关联人不得以任何方式干预公司的决定。

本所律师经核查认为，发行人上述有关关联交易的控制与决策方面的制度，符合国家有关法律、行政法规和规范性文件的规定，并为保护其他股东的权益和避免不正当交易提供适当的法律保障。

（三）同业竞争

1. 根据发行人提供的材料及本所律师的核查，发行人的主营业务为演出与剧院管理、艺术品经营与拍卖、影院投资管理等业务；发行人控股股东、实际控制人保利集团及其控制的企业（发行人及其下属公司除外）的主营业务为军民品贸易；房地产开发经营、物业管理、中介服务；矿产资源领域的投资开发；民爆器材生产及爆破服务。发行人与控股股东、实际控制人及其控制的企业之间目前不存在同业竞争。

2. 发行人的控股股东及实际控制人保利集团已签署了《不竞争契据》，承诺具体内容如下：

（1）其作为上市集团的控股股东不会，亦促使其联系人（上市集团成员除外）不会在受制约期间直接或间接（无论以彼等自身名义，或连同，或代表任何人士、企业或公司的当事人或代理人身份）在受制约地区内从事任何与限制业务产生竞争或者可能产生竞争的业务，或在该等业务中直接或间接拥有任何股权权益，或为其提供任何服务或以其他形式涉及该等业务。（2）在不违反第（1）条的情况下，承诺人及其联系人于受制约期间在受制约地区发现或被提供与限制业务相同或类似的业务机会（简称"新业务机会"），该新业务机会应以下列方式推荐或介绍给上市集团：①承诺方应当，并促使、保证其联系人（上市集团成员除外）（合称"推荐人"）应当将该新业务机会推荐或介绍给上市集团；并提供一份载有关于该新业务机会的所有合理的、必要的信息的书面通知给上市集团，以方便上市集团考虑：（a）该新业务机会是否对受限制业务构成竞争或可能构成竞争；及（b）上市集团从事该新业务机会（包括该新业务机会的性质，该投资或并购成本的详细情况）是否符合上市集团的利益（简称"推荐通知"）；②推荐人仅在如下条件满足时有权从事新业务机会：（a）推荐人已从上市集团获得上市集团拒绝从事该新业务机会；或（b）推荐人在上市集团收到推荐通知后30个工作日内未收到来自上市集团从事该新业务机会的回复。如果推荐人所从事的新业务机会的有关情况发生了重大变化，推荐人应按上述①部分所述的方式将该变化情况告知上市集团。

本所律师核查认为，发行人与其控股股东、实际控制人等关联方之间目前不存在同业竞争；且发行人的控股股东、实际控制人等关联方已采取了有效的措施避免将来可能发生的同业竞争。

鉴于对上述情况的核查，本所律师认为，发行人的相关关联交易为公司正常经营需要，相关关联交易框架协议合法、有效；有关关联交易的控制与决策方面的制度符合国家有关法律、行政法规和规范性文件的规定；发行人与其控股股东、实际控制人等关联方之间目前不存在同业竞争，发行人的控股股东、实际控制人等关联方已采取了有效的措施避免将来可能发生的同业竞争。

十、发行人的主要财产

（一）房产

1. 自有房产

根据发行人提供的材料及本所律师的核查，截至本法律意见书出具之日，发行人及其子公司自有的重要房产的主要情况如下：

序号	房屋所有权证书权证号	房屋所有权人	建筑面积（m^2）	房屋坐落位置	房屋性质	规划用途	登记时间	他项权利
1	X京房权证东字第049805号	北京保利拍卖	1,071.12	东城区朝阳门北大街1号2层A办公屋	商品房	综合	2011－8－25	无
2	X京房权证东字第049806号	北京保利拍卖	453.76	东城区朝阳门北大街1号2层2B	商品房	综合	2011－8－25	无

本所律师认为,发行人子公司北京保利拍卖作为上表所述房产的唯一合法所有权人,依法独立享有占有、使用、收益、处分的权利。该等自有房产不存在任何产权纠纷,并且未设定任何抵押或担保、未有司法查封或保全情形。

2. 租赁房产

根据发行人提供的材料及本所律师的核查,发行人及其子公司目前租赁的重要房产的主要情况如下:

序号	承租方	出租方	位置	合同期限	面积(m^2)
1	发行人	北京新保利大厦房地产开发有限公司	北京市东城区朝阳门北大街1号新保利大厦项目20层A区	自2012-3-5至2015-3-4	821.43
2	保利剧院	保利大厦有限公司	北京市东城区东直门南大街14号保利剧院	自2013-1-1至2015-12-31	约7,400
3	保利剧院	保利大厦有限公司	北京市东城区东直门南大街14号保利大厦876/877室	自2011-11-19至2013-11-18	116
4	保利剧院	保利大厦有限公司	北京市东城区东直门南大街14号保利大厦2层	自2012-6-1至2014-5-31	40.1
5	保利剧院	保利大厦有限公司	北京市东城区东直门南大街14号保利大厦4层467室	自2012-3-10至2014-3-9	34.3
6	保利剧院	保利大厦有限公司	北京市东城区东直门南大街14号保利大厦5层577室	自2012-5-16至2014-5-15	60.7
7	保利剧院	保利大厦有限公司	北京市东城区东直门南大街14号保利大厦875室	自2012-8-1至2014-7-31	60.3
8	保利剧院	北京利保技贸中心	北京市东城区东直门南大街14号保利大厦大堂西侧扶梯下区域	自2012-12-16至2014-12-15	46.8
9	北京保利演出	修涞贵	北京市东城区新中街18号院阳光都市2号楼2202房	自2012-4-1至2015-3-31	159
10	保利工程咨询	保利大厦有限公司	北京市东城区东直门南大街十四号保利大厦写字楼区七层764室	自2013-5-25至2014-5-24	65.1
11	保利工程咨询	保利大厦有限公司	北京市东城区东直门南大街十四号保利大厦写字楼区八层873室	自2012-11-1至2014-10-31	58.7
12	北京保利拍卖	北京新保利大厦房地产开发有限公司	北京市东城区朝阳门北大街1号新保利大厦B4储藏室	自2012-1-1至2013-12-31	51.55
13	北京保利拍卖	北京新保利大厦房地产开发有限公司	北京市东城区朝阳门北大街1号新保利大厦项目吊楼3、4层	自2011-5-1至2016-4-30	2,604.46

续表

序号	承租方	出租方	位置	合同期限	面积(m^2)
14	北京保利拍卖	北京新保利大厦房地产开发有限公司	北京市东城区朝阳门北大街1号新保利大厦项目B4层B406室	自2011-10-20至2014-10-19	86.61
15	北京保利拍卖	北京星宇速递有限公司	北京市定福庄	自2012-6-20至2014-6-19	1,280
16	北京保利拍卖	北京紫金枫商贸易有限公司	北京市朝阳区黄港仓库东一号仓库	自2012-1-1至2013-12-31	约1,000
17	北京保利拍卖	北京东方可创商贸有限公司	北京市朝阳区黄港仓库东三号仓库	自2012-1-1至2013-12-31	约400
18	北京保利拍卖	上海信义房屋中介咨询有限公司	北京市东城区朝阳门北大街1号新保利大厦项目9层ABC区	自2012-6-1至2017-12-31	2,003.15
19	保利彰业	深圳市保利文化广场有限公司	广东省深圳市南山区	自房产交付日起15年，届满自动延长5年	7,745
20	保利影业	深圳市保利文化广场有限公司	广东省深圳市南山区	自2011-11-1至2022-12-31	1326.65
21	保利影业	航天万源实业公司	北京市丰台区航天万源广场5层	自房产交付日起20年	2,200
22	保利彭业	保利华南实业有限公司	广东省佛山市南海区桂城街道灯湖西路20号保利商业水城东广场项目3、4层	自房产交付日起20年	4,000
23	保利影业	华坤商业投资管理有限公司	丰台区南三环西路16号1号地上第5层	自房产交付日起20年	4,205
24	保利影业	广州怡顺房地产开发有限公司	广东省广州市保利中环广场南裙楼五楼	自2010-8-31至2030-8-31	3,135
25	保利影业	北京绿地京城商业管理有限会司	北京市大兴区黄村镇金星西路	自房产交付日起至2031-10-31	约5,000
26	保利影业	上海中冶祥佳投资有限公司	上海市嘉定区	自2012-10-29至2027-10-28	3,665
27	保利影业	日照衡悦海曲商用设施经营管理有限公司	日照市海曲东路228号4层53号	自2012-9-1至2024-4-30	2,900
28	保利影业	江苏华莱坞投资发展有限公司	江苏省无锡市滨湖区	免租装修期届满之日起20年	9,545

续表

序号	承租方	出租方	位置	合同期限	面积(m^2)
29	上海影城	昆山文化艺术中心开发有限公司	江苏省昆山市前进西路1850号	若交付日早于2013-3-31则自2013-3-31起;若交付日晚于2013-3-31则自交村日的下月第一日起,第一租期6年,第二租期同等条件优先续租4年,第三租期同等条件优先续租10年	约8,900
30	保利影业	国盛风尚贸易(北京)有限公司	北京市东城区	自交付日起20年	约7,113.6
31	保利影业	北京华贸奥苑房地产开发有限公司	北京市朝阳区	自2011-6-1至2025-12-31	约4,810
32	保利影业	北京市泰华房地产开发集团有限公司	北京市昌平区文华路与黄平路交汇处北京泰华龙旗广场3#楼三层	自免租期届满次日起15年	5,853.68
33	保利影业	重庆市电影发行放映有限公司	重庆市渝中区民权路59号恒通云鼎大厦6层	自2005-4-18至2030-4-17	4,396.46
34	保利艺术投资	北京新保利大厦房地产开发有限公司	北京市东城区朝阳门北大街1号新保利大厦7层A1区	自2010-9-25至2015-9-24	121
35	保利艺术中心	北京新保利大厦房地产开发有限公司	北京市东城区朝阳门北大街1号新保利大厦1C、1D房屋	自2013-5-1至2016-4-30	256
36	广东保利拍卖	中国检验认证集团广东有限公司	天河区华利路59号东塔第四层	自2007-10-10至2013-10-9	1,082
37	广东保利资产	保利房地产(集团)股份有限公司	广东省广州市天河区临江大道5号第56层05、06单元	自2011-12-1至2019-8-1	约709.80

出租人与发行人及附属公司就上表所列的房产均签订了正式书面合同。该等租赁合同合法、有效,该等房产租赁合同对合同各方具有约束力和可执行力。

上表所述房产中,第25项至第29项房产,出租人向发行人及附属公司提供了部分证明其为房屋所有权人的材料,此5宗房产面积合计约为30,010平方米,约占发行人及附属公司承租的房屋的32.2%,根据发行人及附属公司提供的材料和政府部门、出租人的说明,经本所律师适当核查,本所律师认为,该等房产存在被第三方主张权利的风险较小,该种情形不会对发行人及附属公司的生产经营造成重大不利影响。

根据发行人及附属公司承租的房产中共有6项(第13项、第15项至第17项、第21项、第30项)出租人未提供证明房产权属的文件,此6处房产面积合计约为14,598平方米,约占发行人及附属公司承租的重要房产的15.7%,本所律师认为,该等房产存在被第三方主张权利、租赁合同被认定无效的风险。

(二)知识产权

1. 专利权

根据发行人提供的材料及本所律师的核查,发行人目前无自有专利权,发行人下属公司目前拥有的专利权情况如下:

序号	专利名称	专利号	专利权人	专利类型	申请日期	有效期限
1	L型双机放映系统	ZL201320068670.8	保利影业	实用新型	2013-2-6	2023-2-5
2	新型双机放映装置	ZL201320061896.5	保利影业	实用新型	2013-2-4	2023-2-3
3	一种影院用放映窗口结构	ZL201320061745.X	保利影业	实用新型	2013-2-4	2023-2-3
4	放映窗口(U型结构)	ZL201330034596.3	保利影业	外观设计	2013-2-4	2023-2-3

2. 自有注册商标

根据发行人提供的材料及本所律师的核查,发行人目前无自有注册商标,发行人下属公司目前拥有的注册商标情况如下:

序号	注册商标	注册号	国际分类号	申请人	有效期限
1		3635916	41	保利影业	2005-11-21至2015-11-20
2		3635918	42	保利影业	2006-4-21至2016-4-20
3		5019330	41	北京紫禁城剧院	2009-10-28至2019-10-27
4	打开艺术之门	6605563	16	北京紫禁城剧院	2010-5-28至2020-5-27
5		8988635	16	保利影业	2012-1-7至2022-1-6
6		8988633	9	保利影业	2012-1-7至2022-1-6
7		8988629	35	保利影业	2012-1-21至2022-1-20
8		8988628	41	保利影业	2012-2-28至2022-2-27

续表

序号	注册商标	注册号	国际分类号	申请人	有效期限
9		9541668	35	保利影业	2012 - 7 - 21 至 2022 - 7 - 20
10		9541669	41	保利影业	2012 - 7 - 21 至 2022 - 7 - 20
11		9541670	9	保利影业	2012 - 7 - 21 至 2022 - 7 - 20
12		9541671	16	保利影业	2012 - 6 - 28 至 2022 - 6 - 27

3. 许可使用商标

根据发行人与保利集团于 2011 年 5 月 26 日签署的《注册商标使用许可合同》,保利集团许可公司及其附属公司在业务范围内无偿使用保利集团拥有的 36 项商标,许可使用的期限至该等商标的有效期届满时止(若商标有效期续展,则许可使用期限延长至续展后的有效期),其中,以独占许可方式许可公司及其附属公司使用 7 项注册商标,以普通许可方式许可公司及其附属公司使用 29 项注册商标。

3.1 以独占许可方式许可公司及其附属公司使用的注册商标情况如下:

序号	注册商标	商标注册号	核定使用服务	注册人	有效期限
1	POLY MUSIC	4056211	演员的商业管理;艺术家演出的商业管理;表演艺术家经纪	保利集团	2007 - 7 - 7 至 2017 - 7 - 6
2		4056210	培训;组织表演(演出);组织竞赛(教育和娱乐);节目录制;作曲;录音带制作;文娱活动;演出;娱乐信息;提供娱乐设施	保利集团	2007 - 7 - 7 至 2017 - 7 - 6
3	POLY AGENCY	4056217	演员的商业管理;艺术家演出的商业管理;表演艺术家经纪	保利集团	2007 - 7 - 7 至 2017 - 7 - 6
4		4056216	培训;组织表演(演出);组织竞赛(教育和娱乐);节目录制;作曲;录音带制作;文娱活动;演出;娱乐信息;提供娱乐设施	保利集团	2007 - 7 - 7 至 2017 - 7 - 6
5	POLY AGENCY	4056214	演员的商业管理;艺术家演出的商业管理;表演艺术家经纪	保利集团	2007 - 7 - 7 至 2017 - 7 - 6
6		4056213	培训;组织表演(演出);组织竞赛(教育和娱乐);节目录制;作曲;录音带制作;文娱活动;演出;娱乐信息;提供娱乐设施	保利集团	2007 - 7 - 7 至 2017 - 7 - 6
7	保利剧院	1655625	文娱活动;文娱节目;演出;音乐厅;现场表演;提供娱乐场所;组织表演(演出)	保利集团	2011 - 10 - 21 至 2021 - 10 - 20

3.2　以普通许可方式许可公司及其附属公司使用的注册商标情况如下：

序号	注册商标	商标注册号	核定使用服务类别	注册人	有效期限
1	保利	778073	35	保利集团	1995 - 2 - 21 至 2015 - 2 - 20
2		3846642	36	保利集团	2006 - 7 - 21 至 2016 - 7 - 20
3		771649	40	保利集团	1994 - 11 - 1 至 2014 - 11 - 13
4		773711	41	保利集团	1994 - 12 - 1 至 2014 - 12 - 13
5		3846638	41	保利集团	2006 - 4 - 7 至 2016 - 4 - 6
6		773396	42	保利集团	1994 - 12 - 7 至 2014 - 12 - 6
7		3846637	42	保利集团	2006 - 7 - 21 至 2016 - 7 - 20
8	POLY	772061	35	保利集团	1994 - 11 - 21 至 2014 - 11 - 20
9		3846599	36	保利集团	2006 - 9 - 28 至 2016 - 9 - 27
10		772343	39	保利集团	1994 - 11 - 21 至 2014 - 11 - 20
11		771648	40	保利集团	1994 - 11 - 14 至 2014 - 11 - 13
12		773710	41	保利集团	1994 - 12 - 14 至 2014 - 12 - 13
13		3846595	41	保利集团	2006 - 4 - 7 至 2016 - 4 - 6
14		773395	42	保利集团	1994 - 12 - 7 至 2014 - 12 - 6
15		778045	35	保利集团	1995 - 2 - 21 至 2015 - 2 - 20
16		778875	36	保利集团	1995 - 2 - 28 至 2015 - 2 - 27
17		3846565	36	保利集团	2006 - 5 - 14 至 2016 - 5 - 13
18		771650	40	保利集团	1994 - 11 - 14 至 2014 - 11 - 13
19		779664	41	保利集团	1995 - 3 - 21 至 2015 - 3 - 20
20		3846561	41	保利集团	2006 - 4 - 7 至 2016 - 4 - 6
21		779679	42	保利集团	1995 - 3 - 21 至 2015 - 3 - 20
22		3846560	42	保利集团	2006 - 5 - 14 至 2016 - 5 - 13
23		778874	36	保利集团	1995 - 2 - 28 至 2015 - 2 - 27
24		779680	42	保利集团	1995 - 3 - 21 至 2015 - 3 - 20
25		778052	35	保利集团	1995 - 2 - 21 至 2015 - 2 - 20
26		778873	36	保利集团	1995 - 2 - 28 至 2015 - 2 - 27

续表

序号	注册商标	商标注册号	核定使用服务类别	注册人	有效期限
27		778044	35	保利集团	1995－2－21 至 2015－2－20
28		779628	41	保利集团	1995－3－21 至 2015－3－20
29		779621	42	保利集团	1995－3－21 至 2015－3－20

本所律师经核查认为,发行人子公司拥有的上述专利、商标已完成相关的注册并取得相应的权利证书,合法、有效,不存在权属纠纷,上述专利、商标也不存在担保或其他第三方权利的情况;发行人及其子公司许可使用保利集团注册商标的行为符合所有相关的法律、行政法规及其他规范性文件的规定,《注册商标使用许可合同》对许可权人具有法律约束力,不存在导致发行人及其子公司未来不能使用该等专利及商标的情形。

鉴于对上述情况的核查,本所律师认为,发行人及其子公司合法拥有上述财产的所有权或使用权,发行人及其子公司的上述主要财产不存在产权纠纷或潜在纠纷,亦不存在抵押、质押担保情况。

十一、发行人及其子公司的重大债权债务

(一)发行人及其子公司正在履行或将要履行的重大合同

1. 银行贷款合同

1.1　2012 年 9 月 28 日,发行人与中国农业银行股份有限公司北京崇文支行签署了编号为 11010120120001126 的《流动资金借款合同》,贷款金额为 1,000 万元,贷款期限自 2012 年 9 月 28 日至 2013 年 9 月 27 日。

1.2　2013 年 4 月 24 日,发行人与中国农业银行股份有限公司北京崇文支行签署了编号为 11010120130000408 的《流动资金借款合同》,贷款金额为 5,000 万元(其中 3,000 万元已于 2013 年 5 月 22 日偿还),贷款期限自 2013 年 4 月 24 日至 2014 年 4 月 24 日。

1.3　2012 年 11 月 2 日,北京保利拍卖与交通银行股份有限公司北京天坛支行签署了编号为 14210043 的《流动资金最高额借款合同》,贷款额度为 2 亿元,授信期限为 2012 年 4 月 25 日至 2015 年 4 月 19 日。贷款期限不长于 24 个月,且全部贷款到期日不迟于 2014 年 10 月 19 日。

序号	借款人	借款合同编号	贷款金额(万元)	贷款期限	利率
1	北京保利拍卖	14210043－1	5,000	自 2013－3 至 2014－3	以贷款实际发放日一年期基准利率为准
2	北京保利拍卖	14210043－2	8,000	自 2013－3 至 2014－3－25	以贷款实际发放日一年期基准利率为准

1.4　2012 年 11 月 2 日,保利影业与交通银行股份有限公司北京天坛支行签署了编号为 14210041 的《流动资金最高额借款合同》,贷款额度为 1.5 亿元,授信期限为 2012 年 4 月 19 日至 2015 年 4 月 19 日。贷款期限不长于 36 个月,且全部贷款到期日不迟于 2015 年 10 月 19 日。本协议项下短期流动资金贷款余额不得超过 5,000 万元,且与 14210040 的《流动资金最高额借款合同》项下短期流动资金贷款月合计不超过 5,000 万元;本协议项下中期流动资金贷款余额不得超过 1 亿元,且与 14210040 的《流动资金最高额借款合同》项下中期流动资金贷款月合计不超过 1 亿元。

本最高额借款合同项下正在履行的借款合同情况如下:

序号	借款人	借款合同编号	贷款金额（万元）	贷款期限	利率
1	保利影业	14210041－1	4,000	自2012－11－8至2013－11－5	以贷款实际发放日一年期基准利率为准

1.5　2012年12月15日，保利影业与北京银行股份有限公司奥东支行签署了编号为0142621的《综合授信合同》，最高授信额度为10,000万元，授信期限为2012年12月15日至2013年12月14日。

本综合授信合同项下正在履行的借款合同情况如下：

序号	借款人	借款合同编号	贷款金额（万元）	贷款期限	利率
1	保利影业	0143993	1,900	自2013－1－7至2014－1－7	提款日同期基准利率
2	保利影业	0145839	1,900	自2013－1－25至2014－1－25	提款日同期基准利率

1.6　2013年5月31日，保利影业与上海浦东发展银行股份有限公司北京分行签署了编号为91292013280024的《流动资金借款合同》，贷款金额为800万元，贷款期限自2013年5月31日至2014年5月30日。

1.7　2013年5月31日，保利影业与上海浦东发展银行股份有限公司北京分行签署了编号为91292013280016的《流动资金借款合同》，贷款金额为1,100万元，贷款期限自2013年3月11日至2014年3月10日。

1.8　2013年2月27日，保利艺术中心与北京银行股份有限公司奥东支行签署了编号为0148153的《综合授信合同》，最高授信额度为5000万元，授信期限为2013年2月27日至2014年2月26日。

本综合授信合同项下正在履行的借款合同情况如下：

序号	借款人	借款合同编号	贷款金额（万元）	贷款期限	利率
1	保利艺术中心	0150012	1,000	自2013－3－18至2014－3－18	提款日同期基准利率
2	保利艺术中心	0150221	4,000	自2013－3－19至2014－3－19	提款日同期基准利率

1.9　2013年3月26日，保利艺术中心与北京银行股份有限公司奥东支行签署了编号为0155337的《综合授信合同》，最高授信额度为7,000万元，授信期限为2013年3月26日至2014年3月25日。下列合同项下已经发生但尚未结清的业务占用本合同下的授信额度，但该业务下的权利义务仍按该合同执行（本合同另有特别约定的除外）：北京银行奥东支行与授信人订立的编号为0148153名称为《综合授信合同》的合同，截至本合同订立日的业务本金余额为人民币50,000万元。

本综合授信合同项下正在履行的借款合同情况如下：

序号	借款人	借款合同编号	贷款金额(万元)	贷款期限	利率
1	保利艺术中心	0155365	2,000	自2013－3－26至2014－3－25	提款日同期基准利率

1.10　2013年4月24日,发行人与中国民生银行股份有限公司总行营业部签署了编号为公授信字第1300000077403号的《综合授信合同》,最高授信额度为30,000万元,授信期限为2013年4月24日至2014年4月24日,该授信额对由发行人及其子公司使用,子公司使用时有发行人提供担保。

本综合授信合同项下正在履行的借款合同情况如下:

序号	借款人	借款合同编号	贷款金额(万元)	贷款期限	利率
1	保利艺术中心	1300000087306	4,000	自2013－4－25至2014－4－25	提款日同期基准利率

1.11　2013年5月20日,保利艺术中心与中国农业银行股份有限公司北京崇文支行签署了编号为11010120130000487的《流动资金借款合同》,贷款金额为6,000万元,贷款期限自2013年5月20日至2014年5月19日。

2. 担保合同

序号	担保方	被担保方	担保贷款/综合授信的情况			担保类型
			贷款人	金额(万元)	到期日	
1	发行人	保利艺术中心	交通银行股份有限公司北京天坛支行	10,000	2014－4－19	最高额保证
2	发行人	保利影业	上海浦东发展银行股份有限公司北京分行	1,100	2014－3－10	连带保证
3	发行人	保利影业	交通银行股份有限公司北京天坛支行	15,000	2015－4－19	最高额保证
4	发行人	保利影业	北京银行股份有限公司奥东支行	10,000	2014－12－25	最高额保证
5	发行人	保利艺术中心	北京银行股份有限公司奥东支行	5,000	2015－2－27	最高额保证
6	发行人	保利艺术中心	北京银行股份有限公司奥东支行	7,000	2015－3－26	最高额保证
7	发行人	发行人及下属公司	中国民生银行股份有限公司总行营业部	30,000	2014－4－24	最高额保证

3. 保利剧院的委托经营合同及相关合同

序号	剧院名称	委托方	受托方	经营管理期限
1	中山公园音乐堂	北京交响乐团	保利紫禁城剧院	2013－1－1 至 2017－12－31
2	东莞玉兰大剧院	东莞玉兰大剧院管理委员会	保利剧院	2012－1－1 至 2016－12－31
3	武汉琴台大剧院	武汉琴台文化艺术中心经营管理有限公司	武汉琴台大剧院管理有限公司	2007－11－15 至 2015－12－31
4	武汉琴台音乐厅	武汉琴台文化艺术中心经营管理有限公司	武汉琴台大剧院管理有限公司	2010－1－1 至 2015－12－31
5	深圳保利剧院	深圳市保利文化广场有限公司	深圳市保利剧院演出经营有限公司	2008－1－1 至 2015－12－31
6	河南艺术中心	河南艺术中心	保利剧院	2009－1－1 至 2014－12－31
7	惠州市文化艺术中心	惠州市国有文化资产监督管理办公室	保利剧院	2009 年开业之日至 2015－12－31
8	烟台大剧院	烟台市文化局	保利剧院	2009－3－31 至 2015－12－31
9	温州大剧院	温州市文化广电新闻出版局	保利剧院	2009－7－30 至 2014－12－31
10	重庆大剧院	重庆市国有文化资产经营管理有限责任公司，重庆市江北嘴中央商务区开发投资有限公司	公司、保利剧院、重庆市演出公司	2009 年开业之日至 2014－12－31
11	泰州大剧院	泰州市广播电视局	保利剧院	2009 年开业之日至 2015－12－31
12	常州大剧院	常州市文化广电新闻出版局	保利剧院	2009 年开业之日至 2015－12－31
13	合肥大剧院	合肥政务文化新区开发投资有限公司	保利剧院	2010－1－1 至 2015－12－31
14	青岛大剧院	青岛国信大剧院有限公司	保利剧院	2010－7－23 至 2016－12－31
15	上海东方艺术中心	上海东方艺术中心	上海东艺	2010－7－1 至 2015－6－30
16	丽水大剧院	浙江省丽水市文化广电新闻出版局	保利剧院	2010－12－4 至 2015－12－31
17	马鞍山大剧院	马鞍山市文化委员会	保利剧院	2010 年开业之日至 2016－12－31
18	呼和浩特大剧院	内蒙古自治区文化厅	保利剧院	2011－1－1 至 2016－12－31
19	张家港大剧院	张家港市文化中心管理委员会办公室	保利剧院	2012－1－1 至 2017－12－31

续表

序号	剧院名称	委托方	受托方	经营管理期限
20	无锡大剧院	无锡市太湖新城发展集团有限公司	保利剧院	2011－11－18至2019－12－31
21	宜春大剧院	宜春市宜阳新区管理委员会	保利剧院	2012－1－1至2017－12－31
22	营口大剧院	中共营口经济技术开发区工作委员会	保利剧院	2012－5－9至2019－12－31
23	昆山大剧院	昆山文化艺术中心开发有限公司	保利剧院	首场演出之日至2013－12－31
24	常熟大剧院	常熟市文化广电新闻出版局	保利剧院	首场演出之日至2018－12－31
25	吉安大剧院	吉安市文化广播电影电视新闻出版局	保利剧院	2013－1－1至2017－12－31
26	宜兴大剧院	宜兴市文化广电新闻出版局	保利剧院	首场演出之日至2022－12－31
27	邯郸大剧院	邯郸市文化艺术中心有限责任公司	保利剧院	自2013年1月合同签署日至2018－12－31
28	山西大剧院	陕西省文化厅	保利剧院	2013－9－1至2019－8－31
29	宁波大剧院	宁波文化广场投资发展有限公司	保利剧院	2011年开业之日至2017－12－31
30	上海大剧院	上海市嘉定区文化广播影视管理局	保利剧院	2014－5－1至2020－4－30

2012年3月1日，保利剧院与东莞市东城区办事处、东莞市文化广电新闻出版局签署了《建立东莞保利文化艺术制作基地合作协议书》，约定在东莞东城成立东莞保利演艺团有限公司，由该公司运作东莞保利文化艺术制作基地，组织开展演艺创作、演艺交流、演艺包装、艺术培训等工作，合作期限自2012年1月1日起，采取3年加2年的方式合作(根据前3年的社会效益，决定是否续签其余2年的协议)。

4. 保利影业的影城租赁/委托经营合同

承租方	出租方	房屋坐落	面积(m^2)	租赁期限
保利影业	航天万源实业公司	北京市丰台区航天万源广场5层	2,200	自房产交付日起20年
保利影业	深圳市保利文化广场有限公司	广东省深圳市南山区	7,745	自房产交付日起15年，届满自动延长5年
			1326.65	自2011－11－1至2022－12－31
保利影业	保利华南实业有限公司	佛山市南海区桂城街道灯湖西路20号保利商业水城东广场项目3、4层	4,000	自房产交付日起20年

续表

承租方	出租方	房屋坐落	面积(m²)	租赁期限
保利影业	华坤商业投资管理有限公司	丰台区南三环西路16号1号地上第5层	4,205	自房产交付日起20年
保利影业	重庆市电影发行放映有限公司	重庆市渝中区民权路59号恒通云鼎大厦6层	4,396.46	自2005－4－18至2030－4－17
保利影业	北京市泰华房地产开发集团有限公司	北京市昌平区文华路与黄平路交汇处北京泰华龙旗广场3#楼三层	5,853.68	自免租期届满次日起15年
保利影业	日照衡悦海曲商用设施经营管理有限公司	日照市海曲东路228号4层53号	2,900	自2012－9－1至2024－4－30
保利影业	肇庆市加洲新城房地产实业开发有限公司	广东省肇庆市华生中心	2,655	自2014－12－31至2029－12－31
保利影业	云南和谐实业投资集团股份有限公司	云南省文山市	约2,380	自2013－12－1至2033－11－30
保利影业	云南俊发凤凰置业有限公司	云南省昆明市盘龙区	约4,415	自2014－4－1至2029－3－31
保利影业	国盛风尚贸易(北京)有限公司	北京市东城区	约7,113.6	自交付日起20年
保利影业	北京绿地京城商业管理有限公司	北京市大兴区	约5,000	自交付日起至2031－10－31
保利影业	北京华贸奥苑房地产开发有限公司	北京市朝阳区	约4,810	自2011－6－1至2025－12－31
保利影业	唐山市博志房地产开发有限公司	河北省唐山市路北区	约8,684	自交付日起20年
保利影业	北京蓝景丽家大钟寺家居广场市场有限公司	北京市海淀区	约5,550	自交付日起20年
保利影业	天津保利昆仑房地产开发有限公司	天津市东丽区	约5,000	暂定为自2015－9－1至2025－8－31
保利影业	云南俊泽房地产有限公司	云南省昆明市呈贡新区	约5,038	自2014－4－1至2029－3－31
保利影业	深圳市喜悦生活商业管理有限公司	广东省深圳市福田区	约2,700	自2012－6－1至2027－5　31
保利影业	上海中冶祥佳投资有限公司	上海市嘉定区	3,665	自2012－10－29至2027－10－28
保利影业	广州怡顺房地产开发有限公司	广东省广州市保利中环广场南裙楼五楼	3,135	自2010－8－31至2030－8－31
保利影业	成都复地置业有限公司	四川省成都市高新区	6,922	自2013－6－1至2028－5－31
保利影业	湖南润领房地产开发有限公司	湖南省长沙市	6,723	自2013－3－1至2033－2－28

续表

承租方	出租方	房屋坐落	面积(m^2)	租赁期限
保利影业	苏州市相城区绿原城乡建设有限公司	江苏省苏州市相城区	3702.38	自交付之日起 180 个月
保利影业	安徽蓝鼎置地发展有限公司	安徽省合肥市包河区	5,260	自 2015 - 7 - 1 至 2030 - 6 - 30
保利影业	江苏华莱坞投资发展有限公司	江苏省无锡市滨湖区	9,545	免租装修期届满之日起 20 年
保利影业	南京中利聚合投资有限公司	江苏省南京市建邺区	3,950	自交付之日起 180 个月
保利影业	上海世博百联商业有限公司	上海市浦东新区	7,084	自交付之日起 180 个月
保利影业	佛山市兆阳房地产投资有限公司	广东省佛山市禅城区	3,748	自交付之日起 216 个月
保利影业	上海碧江实业有限公司	上海市闵行区鹤庆路 900 号	4,028	自 2013 - 5 - 1 至 2028 - 11 - 30
保利影业	广东百利投资有限公司	广东省阳江市百利广场	约 4,000	自交付之日起 15 年
上海影城	昆山文化艺术中心开发有限公司	昆山市前进西路 1850 号	约 8,900	自交付日下月 1 日起 6 年
保利影业	上海宝龙华睿房地产开发有限公司	上海市浦东新区金海路	约 42,000	自交付之日起 180 个月
保利影业	重庆万汇置业有限公司	重庆市江北区兴隆路 36 号	5,145	自免租装修期届满次日起 20 年
保利影业	江门市蓬江区白石永灏地产开发有限公司	广东省江门市蓬江区益丞国际广场	约 3731	自 2014 - 8 - 1 至 2029 - 7 - 31

本所律师经核查认为,发行人及其子公司正在履行或将要履行的上述重大合同的内容及形式合法、有效,不存在潜在的法律风险;上述合同不存在合同主体变更的问题,上述合同的履行不存在法律障碍;发行人及其子公司其他已履行完毕的重大合同不存在潜在的法律风险。

(二)发行人的侵权之债

根据发行人提供的材料和本所律师的核查,发行人目前不存在因环境保护、知识产权、产品质量、劳动安全和人身权等原因而产生的重大侵权之债。

鉴于对上述情况的核查,本所律师认为,发行人的重大债权债务关系合法有效。

十二、发行人的重大资产变化

(一)发行人的重大资产变化及收购兼并行为

1. 发行人设立至今的增资扩股

根据发行人提供的材料及本所律师的核查,保利文化集团股份有限公司分别于 2003 年、2004 年、2008 年进行过增资扩股,发行人自整体变更设立以来,于 2011 年进行过一次增资扩股,保利文化集团股份有限公司及发行人的上述增资扩股情形已履行了必要的法律手续,合法有效(详见本法律意见书之“四、发行人的股本及重要股本演变”)。

2. 发行人设立至今的资产收购及资产出售行为

2.1　发行人设立至今的重大资产收购情况

2.1.1　2002年保利集团、保利科技向保利文化有限无偿划转资产

2002年12月，保利集团出具《关于向保利文化艺术有限公司无偿划转资产等事宜的批复》（保集字〔2002〕113号），同意保利集团免除保利文化集团股份有限公司对其的1,500万元债务，并同意无偿划转以下资产：

（1）保利集团拥有的保利艺术博物馆全部出资权益。

（2）保利科技持有的利影图片59%的股权。

（3）保利科技持有的保利星34%的股权。

（4）保利科技对保利星的27,400,388.20元债权。

2.1.2　2004年保利集团向保利文化集团股份有限公司无偿划转资产

2004年1月，保利集团出具《关于向保利文化艺术有限公司无偿划转资产等事宜的批复》（保集字〔2004〕157号），同意保利集团将其所持保利影业90%的股权无偿划转至保利文化集团股份有限公司。

2.1.3　2008年发行人受让保利艺术中心49%的股权

经保利艺术中心于2008年6月11日召开的股东会会议审议同意，股东蒋迎春将其所持保利艺术中心的54万元出资额、股东陈杰将其所持保利艺术中心的44万元出资额转让给保利文化集团股份有限公司，转让价格以北方亚事评报字〔2008〕第046号《资产评估报告书》为依据。经转让方与受让方协商一致，蒋迎春以79.35万元的价格将所持保利艺术中心的54万元出资额转让给保利文化集团股份有限公司，陈杰以64.65万元的价格将所持保利艺术中心44万元出资额转让给保利文化集团股份有限公司。蒋迎春、陈杰已于2008年6月11日就上述股权转让事宜分别与保利文化集团股份有限公司签署了《股权转让协议》。2008年6月23日，保利艺术中心完成了本次股权转让的工商变更登记手续。

2.1.4　2008年发行人受让广东保利拍卖25%的股权

经广东保利拍卖于2007年12月31日召开的股东会会议审议同意，广东华美国际投资集团有限公司（原名广东华美教育产业集团有限公司）将所持广东保利拍卖25%的股权转让给保利文化集团股份有限公司，转让价格为275万元（以〔2008〕0134号《审计报告》审计的财务报表为依据）。转让双方于2007年12月31日签署了股权转让协议。2008年6月30日，广东省经济贸易委员会出具粤经贸函〔2008〕1049号《关于核准广东保利拍卖行有限公司变更事项的函》，同意广东保利拍卖的上述股权变更事项。2008年8月26日，广东保利拍卖已办理完成本次股权转让的工商变更登记手续。

2.1.5　2009年发行人受让保利剧院22.667%的股权

经保利剧院于2009年3月5日召开的股东会会议审议同意，任伟等34位自然人股东将其所持保利剧院合计190万元的出资额（合计占保利剧院注册资本的12.67%）转让给保利文化集团股份有限公司。经各方同意，转让价格以北方亚事评报字〔2009〕第009号《资产评估报告书》为依据，通过上海联合产权交易所公开挂牌转让。2009年4月8日，保利集团出具保集字〔2009〕48号《关于同意北京利保技贸中心转让所持有的北京保利剧院管理有限公司3.33%国有产权的批复》、保集字〔2009〕49号《关于同意上海三利实业有限公司转让所持有的北京保利剧院管理有限公司6.667%国有产权的批复》，对上述转让进行了批准。鉴于挂牌期间仅保利文化集团股份有限公司表示受让意向，因此采用协议转让的方式，确定保利文化集团股份有限公司为受让方。2009年6月9日，上海三利实业有限公司、北京利保技贸中心与保利文化集团股份有限公司签署《产权交易合同》，上海三利实业有限公司将其所持保利剧院6.667%的股权以131.9万元的价格、北京利保技贸中心将其所持保利剧院3.33%的股权以65.9万元的价格转让给保利文化集团股份有限公司。上海联合产权交易所出具了编号为0007415的《产权交易凭证（A类）》（挂牌编号G309SH1002702），认定本次产权交易中各方交易主体行使本次产权交易的行为符合交易

的程序性规定。保利剧院已于2009年12月完成本次股权转让的工商变更登记手续。

2.1.6 2009年发行人受让北京保利拍卖13%的股权

经北京保利拍卖于2009年9月19日召开的股东会会议审议同意,董晓娟将其所持北京保利拍卖40万元出资额转让给保利文化集团股份有限公司,将其所持北京保利拍卖50万元出资额转让给李移舟,张宇红将其所持北京保利拍卖90万元出资额转让给保利文化集团股份有限公司,李达将其所持北京保利拍卖180万元出资额转让给赵旭。转让价格为8.2元/1元出资额(以大信审字〔2009〕第1-0865号《审计报告》审计的财务报表为依据)。就上述股权转让事项,转让方与受让方于2009年9月22日签署了股权转让协议。2009年12月1日,北京保利拍卖完成本次股权转让的工商变更登记手续。

2.1.7 2009年保利剧院先后受让北京保利演出12%股权

经北京保利演出于2009年8月31日召开股东会会议审议同意,周游将其所持北京保利演出150万元出资额(占全部出资额的6%)以150万元的价格转让给保利剧院(以原始投资价格为定价依据)。周游与保利剧院于2009年9月7日签署了股权转让协议。本次股权转让的工商变更登记手续已办理完成。

经北京保利演出于2009年12月召开股东会会议审议同意,韩立勋、唐晓蕾将其所持北京保利演出合计150万元出资额(共占全部出资额的6%)以150万元的价格转让给保利剧院(以原始投资价格为定价依据)。韩立勋、唐晓蕾与保利剧院于2009年10月31日签署了股权转让协议。本次股权转让的工商变更登记手续已办理完成。

2.1.8 2009年保利剧院受让东莞玉兰大剧院49%股权

经东莞玉兰大剧院于2009年8月26日召开的股东会会议审议同意,张宇红、任伟等7名自然人股东将其所持东莞玉兰大剧院合计49万元出资额(占东莞玉兰大剧院注册资本的49%)转让给保利剧院,转让价格为49万元(以国友大正评报字(2009)第25号《资产评估报告》为依据)。上述转让方与受让方于2009年8月26日签署了《股权转让合同》。本次股权转让的工商变更登记手续已办理完成。

2.1.9 2009年保利剧院受让深圳剧院24%的股权

经深圳剧院于2009年3月31日召开的股东会会议审议同意,李南、郭文鹏、程锐3名自然人股东将其所持深圳剧院合计18万元出资额(占深圳剧院注册资本的9%)转让给保利剧院,转让价格为18万元(以国友大正评报字(2009)第25号《资产评估报告》为依据)。上述转让方与受让方于2009年12月18日签署了《股权转让合同》。本次股权转让的工商变更登记手续已办理完成。

2.1.10 2009保利影业受让北京万源影城33.33%的股权

经北京万源影城于2009年6月15日召开的股东会会议审议同意,林叶青、董晓娟等7名自然人股东将其所持北京万源影城合计50万元出资额(占北京万源影城注册资本的33.33%)以50万元的价格(以原始投资价格为作价依据)转让给保利影业。上述转让方与受让方于2009年7月20日签署了股权转让协议。本次股权转让的工商变更登记手续已办理完成。

2.1.11 2010年保利剧院受让保利广告100%的股权

经保利广告于2010年9月6日召开的股东会会议审议同意,保利集团和保利文化集团股份有限公司将其各自持有保利广告的51%和49%的股权以零对价转让给保利剧院,转让价格以京信评报字(2010)第085号《评估报告》为依据,转让方与受让方已就上述股权转让事宜签署股权转让协议。保利集团于2010年10月15日出具保集字〔2010〕226号《关于同意保利文化集团有限公司向保利剧院协议转让保利广告股权的批复》,同意上述转让。本次股权转让的工商变更登记手续已办理完成。

2.1.12 2010年保利剧院受让保利工程咨询100%的股权

经保利工程咨询于2010年4月20日召开的股东会会议审议同意,保利集团以22.876万元的价格将其所持保利工程咨询40%的股权转让给保利剧院;保利南方以11.438万元的价格将其所持保利工程咨询20%的股权转让给保利剧院;保利科技以 11.438 万元的价格将其所持保利工程咨询 20% 的股权转让给保利剧院;保利文化集团股份有限公司以 5.719 万元的价格将其所持保利工程咨询 10% 的股权转让给保利剧院:上海三利实业有限公司以 5.719 万元的价格将其所持保利工程咨询 10% 的股权转让给保利剧院。转让价格以北方亚事评报字(2010)第 022 号《资产评估报告》为依据,转让方与受让方已就上述股权转让事宜签署股权转让协议。2010 年 5 月 15 日,保利集团出具保集字〔2010〕96 号《关于同意北京保利剧院管理有限公司受让北京保利鼎工程咨询有限公司股权的批复》,同意保利剧院受让保利集团、保利南方、保利科技、保利文化集团股份有限公司及上海三利实业有限公司分别持有的保利工程咨询 40%、20%、20%、10%、10% 的国有股权。本次股权转让的工商变更登记手续已办理完成。

2.1.13　2011 年发行人受让华夏电影发行有限责任公司所持保利影业 10% 股权

经保利影业于 2011 年 4 月 6 日召开的股东会会议审议同意,长影集团有限责任公司将其所持保利影业 10% 的股权通过上海联合产权交易所公开挂牌转让。转让价格以京信评报字(2011)第 011 号《资产评估报告书》为依据,转让双方于 2011 年 6 月 16 日签署了《上海市产权交易合同》。2011 年 4 月 30 日,吉林省财政厅出具《关于同意长影集团有限责任公司转让所持有的保利影业投资有限公司国有法人股权的批复》(吉财产函〔2011〕364 号),同意上述转让。上海联合产权交易所已出具编号为 G311SH1005404 的《产权交易凭证(A 类)》(挂牌编号 0000545)。2011 年 8 月 3 日,保利影业完成了本次股权转让的工商变更登记手续。

2.1.14　2011 年北京保利拍卖受让 Kangoo Overseas Ltd. 100% 股权

北京保利拍卖与保利(香港)控股有限公司已于 2011 年 5 月 20 日签署《股权转让协议》,约定由北京保利拍卖受让保利(香港)控股有限公司所持 Kangoo Overseas Ltd. 100% 的股权。保利集团已出具保集字〔2011〕112 号《关于同意保利(香港)控股有限公司转让所持有的 Kangoo 公司 100% 股权的批复》,同意上述股权转让事项。上述转让价格为 1 美元/股,其定价依据为原始投资价格。北京保利拍卖已于 2011 年 8 月 29 日取得中华人民共和国商务部颁发的商境外投资证第 1000201100245 号《企业境外投资证书》,确认北京保利拍卖对 Kangoo Overseas Ltd. 的投资符合《境外投资管理办法》。2013 年 3 月 15 日,转让双方完成了上述转让。

本次股权转让完成后,北京保利拍卖持有 Kangoo Overseas Ltd. 100% 的股权。

2.2　发行人设立至今的重大资产出售情况

2.2.1　2007 年发行人转让北京保利演艺经纪有限公司 40% 的股权

2.2.1.1　根据湖北民信资产评估有限公司于 2006 年 8 月 6 日出具的鄂信评报字(2006)第 050 号《资产评估报告书》,截至 2006 年 6 月 30 日,北京保利演艺经纪有限公司的净资产评估值为 130.82 万元。

2.2.1.2　经北京保利演艺经纪有限公司于 2007 年 5 月 31 日召开的股东会会议审议通过,并经保利集团于 2006 年 8 月 23 日出具《关于北京保利演艺经纪有限公司国有股权转让有关问题的批复》(保集字〔2006〕86 号)批准,发行人将所持北京保利演艺经纪有限公司的 40% 的股权通过天津产权交易中心转让给于洋。转让价格以截至 2006 年 6 月 30 日北京保利演艺经纪有限公司的净资产评估值为基准确定。

2.2.1.3　通过在天津产权交易中心公开挂牌,发行人以 106.67 万元的价格将所持北京保利演艺经纪有限公司 40% 的股权转让给于洋,双方已签署《产权交易合同》。

2.2.1.4　本次股权转让的工商变更登记手续已办理完成。

2.2.2　2007 年发行人转让保利艺术博物馆 100% 的出资权益

经保利文化集团股份有限公司于 2008 年 4 月 16 日召开股东会会议,审议同意公司将所拥有的保利艺术博物馆 100% 的出资权益转让给保利集团,转让价格按照保利艺术博物馆截至 2007 年 12 月 31 日的账面净资产值确定为 3,560 万元。保利文化集团股份有限公司与保利集团于 2008 年 4 月 16 日签署《出资权益转让协议》,确认公司将保利艺术博物馆 100% 的出资权益转让给保利集团,转让价格按照截至2007年12月31日保利艺术博物馆净资产值确定为3560万元。

2.2.3　2010年保利影业出售重庆影城、北京东方明姜影院管理有限公司股权和北京百川电影发行有限公司股权

2.2.3.1　根据重庆大信房地产土地资产评估有限公司于2010年5月10日出具的重大信评报(2010)第00006号《评估报告书》、北京北方亚事资产评估有限责任公司于2010年3月11日出具的北方亚事评报字〔2010〕第042号《评估报告书》、中京民信(北京)资产评估有限公司于2010年3月26日出具的京信评报字〔2010〕第049号《评估报告书》,截至2009年12月31日,重庆影城拟转让资产的公允市场价值为900.47万元、北京东方名姜影院管理有限公司净资产评估值为1,685.34万元、北京百川电影发行有限公司净资产评估值为5,061.39万元。

2.2.3.2　经保利影业股东会会议审议通过,并经保利集团出具的《关于同意转让重庆保利影城资产、北京东方明姜影院和北京百川电影发行有限公司国有产权的批复》(保集字〔2010〕178号)批复同意,保利影业将其拥有的重庆保利影城资产、北京东方明姜影院管理有限公司51%股权和北京百川电影发行有限公司10%股权通过上海联合产权交易所公开挂牌对外转让。转让价格以上述标的截至2009年12月31日的净资产评估值为基准确定。

2.2.3.3　通过在上海联合产权交易所公开挂牌,保利影业以859.5234万元的价格将所持北京东方明姜影院管理有限公司51%股权转让给北京安日祥文化传媒有限公司、以506.14万元的价格将所持北京百川电影发行有限公司10%股权转让给北京博纳影视文化交流有限公司、以923.47万元的价格将重庆影城部分资产转让给重庆华葡投资有限公司。

2.2.4　2010年发行人转让所持保利星34%的股权

经公司于2010年3月19日召开董事会会议审议同意,公司将所持保利星34%的股权转让给保利科技,转让价格以大信审字〔2010〕第1－0522号《审计报告》审计的财务报表为依据,转让双方于2010年3月29日签署了股权转让协议,保利集团于2010年3月26日出具保集字〔2010〕45号《关于同意文化公司转让北京保利星数据光盘有限公司股权的批复》,同意上述转让。本次股权转让的工商变更登记手续已办理完成。

2.2.5　2013年保利影业转让所持重庆万和院线51%的股权

经重庆万和院线召开股东会议审议同意,保利影业将所持重庆万和院线51%的股权转让给保利集团,转让价格以大信审字〔2013〕第1－00222号《审计报告》审计的财务报表为依据,转让双方于2013年6月27日签署了股权转让协议,保利集团于2013年6月26日出具《关于同意保利影业投资有限公司转让所持重庆保利万和电影院线有限责任公司51%股权的批复》,同意上述转让。

根据发行人提供的材料及本所律师的核查,除上述情形外,发行人设立至今未发生其他重大资产收购、出售行为。

本所律师经核查认为,发行人上述增资扩股、资产收购行为符合有关法律、行政法规和规范性文件的规定,已履行了必要的法律手续,合法有效,发行人近三年及一期未发生影响本次发行上市的重大资产重组。

(二)发行人拟进行的资产重组行为

根据发行人提供的材料及本所律师的核查,发行人拟进行的资产重组行为情况如下:

发行人拟转让保利华亿50%的股权。公司于2010年11月30日将所持保利华亿50%的股权通过上海联合产权交易所公开挂牌交易,挂牌底价为8,000万元。挂牌交易期间,由于保利华亿另一方股东北京华亿浩歌传媒文化有限公司就本次股权挂牌交易事项向人民法院提起诉讼并申请人民法院冻结该等股权,且该案仍在审理过程中尚未判决,故发行人公开挂牌转让保利华亿股权的程序中止(详见本法律意见书之"二十、发行人涉及诉讼、仲裁及行政处罚")。

根据发行人提供的材料及本所律师的核查,除上述情形外,在可预见的一段时间内,发行人不会进行重大资产置换、资产剥离、资产出售或收购等行为。

鉴于对上述情况的核查,本所律师认为,发行人上述的重大资产变化及收购兼并行为符合

当时法律、行政法规、规范性文件的规定并履行了必要的法律手续，合法有效。

十三、发行人章程的制定与修改

（一）保利文化集团股份有限公司章程的制定与修改

1. 2000 年 2 月 2 日，保利文化集团股份有限公司设立时根据原《公司法》等当时有效的法律、行政法规和规范性文件制定了公司章程，并经工商行政管理部门核准登记。

2. 2002 年 6 月 20 日，保利文化集团股份有限公司召开第一届第三次股东会会议，会议审议通过了修改公司章程中的董事会人数条款；该项变更事宜在工商行政管理部门进行了备案。

3. 2003 年 1 月 16 日，保利文化集团股份有限公司召开 2003 年第一次股东会会议，会议审议通过了修改公司章程中的注册资本条款；该项变更事宜在工商行政管理部门进行了备案。

4. 2004 年 1 月 12 日，保利文化集团股份有限公司召开 2004 年第一次股东会会议，会议审议通过了修改公司章程中的股东结构、注册资本条款；该项变更事宜在工商行政管理部门进行了备案。

5. 2006 年 6 月 2 日，保利文化集团股份有限公司召开股东会会议，会议审议通过了修改公司章程中的经营范围条款；该项变更事宜在工商行政管理部门进行了备案。

6. 2007 年 3 月 2 日，保利文化集团股份有限公司召开股东会会议，会议审议通过了修改公司章程中的公司住所条款；该项变更事宜在工商行政管理部门进行了备案。

7. 2007 年 11 月 11 日，保利文化集团股份有限公司召开股东会会议，会议审议通过了修改公司章程中的注册资本条款；该项变更事宜在工商行政管理部门进行了备案。

8. 2007 年 12 月 1 日，保利文化集团股份有限公司召开股东会会议，会议审议通过了修改公司章程中的公司经营范围条款；该项变更事宜在工商行政管理部门进行了备案。

9. 2009 年 7 月 30 日，保利文化集团股份有限公司召开第一届第三次股东会会议，会议审议通过了修改公司章程中的董事会人数条款；该项变更事宜在工商行政管理部门进行了备案。

10. 2009 年 11 月 20 日，保利文化集团股份有限公司召开第一届第三次股东会会议，会议审议通过了修改公司章程中的公司名称条款；该项变更事宜在工商行政管理部门进行了备案。

（二）股份公司章程的制定与修改

1. 2010 年 12 月 8 日，发行人召开了创立大会，会议审议通过了《保利文化集团股份有限公司章程》，该章程是根据保利文化集团股份有限公司整体变更为股份公司的具体情况而制定的股份公司章程，并在国家工商总局予以备案。

2. 2011 年 3 月 10 日，发行人召开了 2010 年度股东大会，会议审议通过了修改公司章程中注册资本部分；该项变更事宜在国家工商总局进行了备案。

3. 2012 年 9 月 28 日，发行人召开 2012 年第一次临时股东大会会议，会议审议通过了修改公司章程中的公司住址条款；该项变更事宜在国家工商总局进行了备案。

4. 发行人于 2013 年 6 月 24 日召开了 2013 年第二次临时股东大会，本次会议根据《公司法》、《证券法》、《关于执行〈到境外上市公司章程必备条款〉的通知》（证委发〔1994〕21 号）、《关于到香港上市公司对公司章程作补充修改的意见的函》、《关于印发〈上市公司章程指引（2006 年修订）〉的通知》（证监公司字〔2006〕38 号）等法律、行政法规及规范性文件和香港联交所的有关规定以及发行人本次发行并上市的需要，对《公司章程》进行全面修订，制定了《公司章程（草案）》，并决定该章程草案于公司股票发行并上市之日起生效实施。

5. 2013 年 7 月 10 日，发行人召开 2013 年第三次临时股东大会会议，由于公司股权由保利科技划转至保利南方，会议审议通过了修改公司章程中的现有股东情况条款，该项变更事宜在国家工商总局进行了备案；并审议通过了《公司章程（草案）》中的 H 股发行后股本结构条款。

鉴于对上述情况的核查，本所律师认为，发行人现行章程的制定及其修改均已履行了必要的法律程序，符合法律、行政法规和规范性文件的规定,其内容不违反有关法律、法规和规范性文件的规定;发行人为本次发行所作的并于公司股票发行上市后生效的《公司章程(草案)》符合《公司法》、《证券法》、《关于执行〈到境外上市公司章程必备条款〉的通知》(证委发〔1994〕21号)、《关于到香港上市公司对公司章程作补充修改的意见的函》、《关于印发〈上市公司章程指引(2006年修订)〉的通知》(证监公司字〔2006〕38号)等法律、行政法规及规范性文件和香港联交所的有关规定。

十四、发行人股东大会、董事会、监事会议事规则及规范运作

(一)发行人具有健全的组织机构

根据发行人《公司章程》的规定,发行人设立了股东大会、董事会、监事会和经营管理层等组织机构,并根据《公司法》等法律、行政法规及规范性文件的有关规定配置了相应的决策、执行、监督权限。

本所律师经核查认为,发行人具有健全的组织机构,建立了分工合理、相互制衡的法人治理结构。

(二)发行人的股东大会、董事会、监事会议事规则及其他制度

根据发行人提供的材料及本所律师的核查,发行人已经在《公司章程》中规定了股东大会、董事会、监事会议事规则,为更好落实《公司章程》的相关规定,发行人专门制定了《股东大会议事规则》、《董事会议事规则》、《监事会议事规则》以及《关联交易管理制度》、《对外担保管理制度》、《独立董事工作制度》、《总经理工作细则》、《董事会秘书工作细则》、《董事会战略委员会议事规则》、《董事会审计委员会议事规则》、《董事会提名委员会议事规则》、《董事会薪酬与考核委员会议事规则》、《内部审计工作制度》、《董事会艺术委员会议事规则》、《内部控制管理制度》、《对外投资管理制度》、《子公司管理制度》、《信息披露事务管理办法》、《投资者关系管理制度》、《内幕消息披露管理规定》、《重大交易披露管理制度》等内部控制规章制度。

本所律师经核查认为,发行人股东大会、董事会、监事会的议事规则及其他有关制度的内容均不违反有关法律、行政法规和规范性文件的规定,其制定已履行了必要的法律程序。

(三)发行人设立以来股东大会、董事会、监事会的召开、决议内容及签署

根据本所律师对发行人历次股东大会、董事会、监事会会议记录及决议所作的审查,发行人自成立以来,历次股东大会、董事会、监事会的召开、决议内容及签署合法、合规、真实、有效;发行人的股东大会和董事会历次授权或重大决策等行为合法、合规、真实、有效。

(四)发行人董事会专门委员会设置情况

1. 公司董事会战略委员会的设置情况

1.1 发行人于2010年12月9日召开第一届董事会第一次会议审议通过了《关于设立保利文化集团股份有限公司董事会战略委员会并选举战略委员会委员的议案》,并选举产生了第一届董事会战略委员会成员。2013年,张连生因退休原因辞去公司董事会战略委员会委员职务,公司第一届董事会第十二次会议增选王林为公司董事会战略委员会委员。

1.2 发行人于2010年12月9日召开第一届董事会第一次会议审议通过了《关于制订保利文化集团股份有限公司董事会战略委员会议事规则的议案》,规定:

1.2.1 战略委员会成员由五名董事组成;战略委员会设主任委员一名,由公司董事长担任。

1.2.2 战略委员会的主要职责权限:

1.2.2.1 对公司长期发展战略规划进行研究并提出建议;

1.2.2.2 对《公司章程》规定须经董事会批准的重大投资融资方案进行研究并提出建议;

1.2.2.3 对《公司章程》规定须经董事会批准的重大资本运作、资产经营项目进行研究并提出建议;

1.2.2.4 对其他影响公司发展的重大事项进行研究并提出建议;对以上事项的实施进行检查;

1.2.2.5 董事会授权的其他事宜。

2. 公司董事会审计委员会的设置情况

2.1 发行人于2010年12月9日召开第一届董事会第一次会议审议通过了《关于设立保利文化集团股份有限公司董事会审计委员会并选举审计委员会委员的议案》,并选举产生

了第一届董事会审计委员会成员。

2.2　发行人于2010年12月9日召开的第一届董事会第一次会议制定了《保利文化集团股份有限公司董事会审计委员会议事规则》,并于2013年6月3日召开的第一届董事会第十一次会议上对之进行了修订,该议事规则规定:

2.2.1　审计委员会成员由三名(或以上)非执行董事组成,其中独立非执行董事应占多数,且委员中至少有一名独立非执行董事具有会计或相关财务管理专长,符合《上市规则》(包括其修订)对审核委员会财务专业人士的资格要求。

2.2.2　审计委员会的主要职责权限:

2.2.2.1　提议聘请或更换外部审计机构,就其薪酬、辞职或被罢免的事宜作出考虑和建议;在审计工作展开前与外聘审计师讨论审计工作的性质及范围及有关申报责任,并按适用的标准监察外部审计机构是否独立客观及审计程序是否有效;

2.2.2.2　监督公司的内部审计制度及其实施,检讨集团的财务及会计政策及实务;

2.2.2.3　发展及落实公司有关外聘审计师的政策;就任何须跟进的行动或改善的事项向董事会报告,并提供建议;

2.2.2.4　负责内部审计与外部审计之间的沟通,确保内部审计和外聘审计师的工作得到协调;担任公司与外部审计师之间的主要代表,负责监察二者之间的关系;

2.2.2.5　审核公司的财务信息及其披露,包括公司的财务报表及公司年度报告及账目、半年度报告及(若拟刊发)季度报告的完整性,并审阅报表及报告所载有关财务申报的重大意见。审计委员会应特别针对下列事项:(i)会计政策及实务的更改;(ii)涉及重要判断的地方;(iii)因审计而出现的重大调整;(iv)企业持续经营的假设及保留意见;(v)是否有遵守会计准则;及(vi)是否有遵守有关财务申报的《上市规则》及法律规定;

2.2.2.6　审查公司的财务监控、内部监控及风险管理系统,对重大关联交易进行审计,确保管理层已履行职责建立有效的内控系统,并就有关内控事宜的重要调查结果及管理层的回应进行研究;

2.2.2.7　提名公司内部审计部门的负责人;

2.2.2.8　检查外部审计机构给予管理层的《审核情况说明函件》、审计师就会计记录、财务账目或监控系统向管理层提出的任何重大疑问及管理层作出的回应;

2.2.2.9　确保董事会及时回应于外部审计机构给予管理层的《审核情况说明函件》中提出的事宜;

2.2.2.10　就上述事宜向董事会汇报;

2.2.2.11　检讨公司设定的以下安排:公司雇员可暗中就财务汇报、内部监控或其他方面可能发生的不正当行为提出关注;并且应确保有适当安排,让公司对此等事宜作出公平独立的调查及采取适当行动;

2.2.2.12　制定举报政策及系统,让雇员及其他与公司有往来者(如客户及供应商)可暗中向审计委员会提出其对任何可能关于公司的不当事宜的关注;及

2.2.2.13　公司董事会授予的其他事宜。提议聘请或更换外部审计机构;监督公司的内部审计制度及其实施;负责内部审计与外部审计之间的沟通;审核公司的财务信息及其披露;审查公司内控制度,对重大关联交易进行审计;提名公司内部审计部门的负责人;公司董事会授予的其他事宜。

3. 公司董事会提名委员会的设置情况

3.1　发行人于2010年12月9日召开第一届董事会第一次会议审议通过了《关于设立保利文化集团股份有限公司董事会提名委员会并选举提名委员会委员的议案》,并选举产生了第一届董事会提名委员会成员。

3.2　发行人于2010年12月9日召开的第一届董事会第一次会议制定了《保利文化集团股份有限公司董事会提名委员会议事规则》,并于2013年6月3日召开的第一届董事会第十一次会议上对之进行了修订,该议事规则规定:

3.2.1　提名委员会成员由三名董事组成,独立非执行董事占多数。

3.2.2　提名委员会的主要职责权限:

3.2.2.1　根据公司经营活动情况、资产规模和股权结构对董事会的架构、人数和构成(包括技能、知识及经验方面),并就任何拟作

出的变动向董事会提出建议；

3.2.2.2　研究董事、总经理人员的选择标准和程序，并向董事会提出建议；

3.2.2.3　广泛搜寻合格的董事和总经理人员的人选；

3.2.2.4　对董事候选人和总经理人选进行审查并就有关董事、高级管理人员的委任、重新委任及继任提出建议；

3.2.2.5　对副总经理、董事会秘书、总会计师等需要董事会决议的其他高级管理人员人选进行审查并提出建议；

3.2.2.6　评核独立非执行董事的独立性；

3.2.2.7　董事会授权的其他事宜。

4. 公司董事会薪酬与考核委员会的设置情况

4.1　发行人于2010年12月9日召开第一届董事会第一次会议审议通过了《关于设立保利文化集团股份有限公司董事会薪酬与考核委员会并选举薪酬与考核委员会委员的议案》，并选举产生了第一届董事会薪酬与考核委员会成员。

4.2　发行人于2010年12月9日召开的第一届董事会第一次会议制定了《保利文化集团股份有限公司董事会薪酬与考核委员会议事规则》，并于2013年6月3日召开的第一届董事会第十一次会议上对之进行了修订，该议事规则规定：

4.2.1　薪酬与考核委员会成员由三名(或以上)董事组成，独立非执行董事占多数。

4.2.2　薪酬与考核委员会的主要职责权限：

4.2.2.1　根据董事及高级管理人员管理岗位的主要范围、职责、重要性、其他相关企业相关岗位的薪酬水平及全体薪酬政策及架构，就设立正规而具透明度的程序制订薪酬计划或方案，向董事会提出建议；

4.2.2.2　薪酬计划或方案主要包括但不限于绩效评价标准、程序及主要评价体系，奖励和惩罚的主要方案和制度等；

4.2.2.3　审查公司董事及高级管理人员的履行职责情况并对其进行年度绩效考评；

4.2.2.4　负责对公司薪酬制度执行情况进行监督；

4.2.2.5　根据董事会所订企业方针及目标，检讨及批准管理层的薪酬建议；

4.2.2.6　考虑同类公司支付的薪酬、须付出的时间及职责以及集团内其他职位的雇用条件；

4.2.2.7　向董事会建议个别执行董事、非执行董事及高级管理人员的薪酬待遇；

4.2.2.8　检讨及批准向执行董事及高级管理人员究其丧失或终止职务或委任而须支付的赔偿，以确保该等赔偿与合约条款一致；若未能与合约条款一致，赔偿应须公平合理，不致过多；

4.2.2.9　检讨及批准因董事行为失当而解雇或罢免有关董事所涉及的赔偿安排，以确保该等安排与合约条款一致；若未能与合约条款一致，赔偿应须公平合理；

4.2.2.10　确保任何董事或其任何联系人不得自行决定其个人的薪酬；

4.2.2.11　董事会授权的其他事宜。

5. 公司董事会艺术委员会的设置情况

5.1　发行人于2010年12月9日召开第一届董事会第一次会议审议通过了《关于设立保利文化集团股份有限公司文化艺术委员会并选举李南为委员会主席的议案》，并选举产生了第一届董事会艺术委员会成员。

5.2　发行人于2011年1月13日召开第一届董事会第二次会议审议通过了《关于选举董事会艺术委员会委员并审议〈董事会艺术委员会议事规则〉的议案》。会议选举李南、蒋迎春、何德旭为董事会艺术委员会委员，并审议通过了《董事会艺术委员会议事规则》，规定：

5.2.1　艺术委员会成员由三名董事组成。

5.2.2　艺术委员会的职责权限：

5.2.2.1　对公司文化艺术投资、经营方面的发展规划进行研究并提出建议；

5.2.2.2　对《公司章程》规定须经董事会批准的重大项目中涉及文化艺术方面的内容进行研究并提出建议；

5.2.2.3　对具有重大国际影响力且投资、购买涉及金额在1000万元以上(含1000万元)的舞台表演类项目以及投资金额在1000万元以上(含1000万元)的原创舞台表演类项目进行研究并提出建议；对投资额在2000万元以上(含2000万元)的影视剧项目进行研究并提出建议；对指定艺术家美术作品的委托约定购买

涉及金额在2000万元以上(含2000万元)的项目,进行研究并提出建议;

5.2.2.4　对经理层认为有必要征求艺术委员会意见的项目,进行研究并提出建议;

5.2.2.5　艺术委员会认为有必要的,可直接向董事会提交建议、提案;

5.2.2.6　董事会授权的其他事宜。

本所律师经核查认为,发行人董事会专门委员会的设置和专门委员会的议事规则符合有关法律、行政法规、规范性文件和《公司章程》的规定。

鉴于对上述情况的核查,本所律师认为,发行人具有健全的组织机构,建立了规范的法人治理结构,发行人股东大会、董事会及其专门委员会、监事会运作规范,其召集、召开、决议内容及签署合法、合规、真实、有效,发行人股东大会和董事会的历次授权或重大决策均符合法律法规和《公司章程》的规定。

十五、发行人董事、监事和高级管理人员及其变化

(一)发行人现任的董事、监事和高级管理人员

1.根据发行人提供的材料和本所律师的核查,发行人现任董事、监事、高级管理人员的情况如下:

1.1　发行人现任董事9名,分别为:陈洪生、李南、张振高、王林、赵子高、蒋迎春、何德旭、李晓慧、饶戈平;其中,陈洪生为公司董事长,李南为副董事长,何德旭、李晓慧、饶戈平为独立董事。

1.2　发行人现任监事为3名,分别为:刘军才、刘建民、郭建巍;其中,刘军才为监事会主席,郭建巍为职工监事。

1.3　发行人现任高级管理人员5名,分别为:总经理蒋迎春,副总经理兼总会计师王蔚,副总经理任伟、周游,董事会秘书陈鹏。

发行人现任董事、监事、高级管理人员的基本情况及兼职情况如下:

姓名	职位	国籍	兼职	
			兼职单位	职务
陈洪生	董事长、非执行董事	中国	保利(香港)控股有限公司	董事
			保利置业集团有限公司	执行董事
			保利能源控股有限公司	董事
李南	副董事长、非执行董事	中国	中国爱乐乐团	团长
			保利剧院	董事
			保利影业	董事
张振高	非执行董事	中国	中国保利集团公司	董事、党委副书记、总经理
			保利科技有限公司	董事长
			保利能源控股有限公司	董事长、党委书记
			保利南方集团有限公司	董事
			保利房地产(集团)股份有限公司	董事

续表

姓名	职位	国籍	兼职	
			兼职单位	职务
王林	非执行董事	中国	中国保利集团公司	副总经理
			保利科技有限公司	董事、总经理、党委书记、法定代表人
			中国新时代科技有限公司	董事长、法定代表人
			保利能源控股有限公司	董事
			保利矿业投资有限公司	董事长
			中非投资发展有限公司	董事长
			PTI International Group Ltd.	董事
			吉林保利中试有限公司	董事
			辽宁保利特种车辆有限责任公司	副董事长
			保利国际发展有限公司	董事
			保利矿业国际投资有限公司	董事
			保利矿业(亚太)投资有限公司	董事
			PMMI International Ltd.	董事长
			MYANMAR POLY	董事长
			PTICA International Ltd.	董事
			PTIAL International Ltd.	董事
赵子高	非执行董事	中国	中国保利集团公司	企业发展部主任
			保利科技有限公司	董事
			保利化工控股有限公司	董事
蒋迎春	总经理、执行董事	中国	北京保利艺术中心有限公司	总经理、董事长
			北京保利艺术投资管理有限公司	董事
			保利影业投资有限公司	董事长
			北京保利国际拍卖有限公司	董事长
饶戈平	独立非执行董事	中国	北京大学港澳研究中心	主任
			北京大学港澳台法律研究中心	主任
			中国国际法学会	常务会长
			全国自学高考法学专业委员会	主任委员
			中信证券股份有限公司	独立董事
			中国生物技术股份有限公司	独立董事
			中国民航信息网络股份有限公司	独立董事

续表

<table>
<tr><th rowspan="2">姓名</th><th rowspan="2">职位</th><th rowspan="2">国籍</th><th colspan="2">兼职</th></tr>
<tr><th>兼职单位</th><th>职务</th></tr>
<tr><td rowspan="9">何德旭</td><td rowspan="9">独立非执行董事</td><td rowspan="9">中国</td><td>中国社会科学院财贸经济研究所</td><td>副所长、研究员、博士生导师</td></tr>
<tr><td>中国社会科学院研究生院</td><td>教授、博士生导师</td></tr>
<tr><td>中国社会科学院金融研究中心</td><td>副主任</td></tr>
<tr><td>中国金融学会</td><td>常务理事</td></tr>
<tr><td>中央财经大学</td><td>教授</td></tr>
<tr><td>中信证券股份有限会司</td><td>外部监事</td></tr>
<tr><td>信诚基金管理公司</td><td>独立董事</td></tr>
<tr><td>浙江民泰商业银行</td><td>独立董事</td></tr>
<tr><td>深圳索菱实业股份有限公司</td><td>独立董事</td></tr>
<tr><td rowspan="7">李晓慧</td><td rowspan="7">独立非执行董事</td><td rowspan="7">中国</td><td>中央财经大学会计学院</td><td>副院长、党总支书记</td></tr>
<tr><td>中国注册会计师协会专业技术咨询委员会</td><td>委员</td></tr>
<tr><td>中国会计学会会计监督专业委员会</td><td>委员</td></tr>
<tr><td>亚洲风险与危机管理协会资格证书专家认证（中国）委员会</td><td>委员</td></tr>
<tr><td>中国泰坦能源技术集团有限公司</td><td>独立非执行董事</td></tr>
<tr><td>开滦能源化工股份有限公司</td><td>独立董事</td></tr>
<tr><td>北京东方国信科技股份公司</td><td>独立董事</td></tr>
<tr><td rowspan="9">刘军才</td><td rowspan="9">监事会主席</td><td rowspan="9">中国</td><td>中国保利集团公司机关工会</td><td>主席</td></tr>
<tr><td>国务院国资委派驻保利集团国有企业监事会</td><td>兼职监事</td></tr>
<tr><td>保利房地产（集团）股份有限公司</td><td>监事</td></tr>
<tr><td>中国保利集团公司办公厅</td><td>主任</td></tr>
<tr><td>中国保利集团公司纪律检查委员会</td><td>委员</td></tr>
<tr><td>保利艺术博物馆</td><td>馆长</td></tr>
<tr><td>中国新时代科技有限公司</td><td>监事</td></tr>
<tr><td>保利民爆科技集团股份有限公司</td><td>监事</td></tr>
<tr><td>保利化工控股有限公司</td><td>监事</td></tr>
</table>

续表

姓名	职位	国籍	兼职	
			兼职单位	职务
刘建民	监事	中国	保利科技有限公司	副总经理、党委委员
			利能源控股有限公司	监事
			保利矿业投资有限公司	董事、总经理
			保利满王矿业(承德)有限公司	副董事长
			武鸣县保利矿业有限责任公司	董事长
			丰宁保利隆欣矿业有限公司	董事长
			保利矿业国际投资有限公司	董事
			保利矿业(亚太)投资有限公司	董事
			PMMI Internationa1 Ltd.	董事
			MYANMAR POLY	董事
郭建巍	职工监事、财务部主任	中国	北京保利拍卖有限公司	监事
			保利影业投资有限公司	监事
任伟	副总经理	中国	北京保利剧院管理有限公司	董事长
			北京保利国际拍卖有限公司	董事
			保利香港拍卖有限公司	董事
			北京保利演出有限公司	董事长
			北京保利紫禁城剧院管理有限公司	董事长
			上海东方艺术中心管理有限公司	董事
周游	副总经理	中国	北京保利剧院管理有限公司	董事
柳德彬	副总经理、总经理助理	中国	保利影业投资有限公司	总经理
王蔚	总会计师	中国	北京保利剧院管理有限公司	董事
			北京保利国际拍卖有限公司	董事
			广东保利拍卖有限公司	董事
			保利香港拍卖有限公司	董事
陈鹏	董事会秘书、企业发展部主任	中国	广东保利拍卖有限公司	监事
			北京保利艺术投资管理有限公司	监事
			北京保利艺术中心有限公司	董事
			保利影业投资有限公司	董事

2. 根据发行人提供的材料及本所律师的核查，上述人员不存在国家法律、行政法规、规范性文件规定的禁止担任上市公司董事、监事、高级管理人员的情形。

3. 根据发行人提供的材料及本所律师的核查，发行人董事（含独立董事）、监事和高级管理人员目前均未持有公司股份。

4. 根据发行人提供的材料及本所律师的核查，发行人董事会中兼任公司高级管理人员的董事人数总计未超过公司董事总数的二分之一。最近两年内曾担任公司董事或者高级管理人员的监事人数未超过公司监事总数的二分之一。在任期间，公司董事、高级管理人员及其配偶和直系亲属未担任公司监事。

本所律师经核查认为，上述董事、监事和高级管理人员的任职符合法律、行政法规和规范性文件以及《公司章程》的规定。

（二）发行人董事、监事和高级管理人员的任免及其变化

本所律师经核查发行人近三年及一期董事、监事和高级管理人员的任免及其变化后认为，发行人董事、监事、高级管理人员均具有有关法律、行政法规、规范性文件和《公司章程》规定的任职资格，其任免程序符合有关法律、行政法规、规范性文件和《公司章程》的规定；发行人董事近三年及一期的变更主要是由于该等董事在股东单位职务变动的原因导致，高级管理人员的变更主要是由于该等人员在公司任职变动或其因个人原因离职导致，该等人员的变更均履行了相应的程序，对发行人经营管理不构成不利影响且不构成重大变化，发行人董事、高级管理人员近三年及一期来的变化对本次发行上市不构成实质性法律障碍。

（三）公司独立董事情况

1. 独立董事的选任

发行人于2010年12月9日召开了发行人创立大会暨第一次股东大会，本次会议选举何德旭、李晓慧、饶戈平为公司第一届董事会独立董事。

2. 独立董事的任职资格

发行人于2010年12月9日召开的第一届董事会第一次会议审议通过了《独立董事工作制度》，对独立董事的任职资格等作出了明确的规定。

发行人现任独立董事何德旭、李晓慧、饶戈平已分别发表声明，承诺其符合担任独立董事的基本条件。

3. 独立董事的职权

经本所律师核查，发行人《独立董事工作制度》对独立董事的职权及其行使作出了明确的规定。

4. 近三年及一期独立董事行使职权情况

4.1 公司现任三位独立董事就公司现任董事（不含独立董事）及高级管理人员的任职发表了独立核查意见，认为公司现任董事（不含独立董事）、高级管理人员符合法律、法规及规范性文件规定的任职资格，其选聘程序符合《公司法》等有关法律、行政法规、规范性文件以及《公司章程》的规定，认为公司现任董事（不含独立董事）、高级管理人员任职合法、有效。

4.2 公司现任三位独立董事就公司最近三年及一期与其关联方所发生的重大关联交易发表了独立核查意见，认为公司最近三年及一期发生的关联交易均遵循了公平、公正、自愿、诚信的原则，并按照公司当时的有效章程及决策程序履行了相关审批程序；该等关联交易定价公允，公司与关联方均依照关联交易协议享有权利、履行义务，不存在通过关联交易操纵利润的情形，亦不存在损害公司及其他股东利益的情况。

本所律师核查后认为，发行人独立董事的选任履行了必要的法律程序；公司独立董事符合中国证监会规定的任职资格和独立性要求；发行人独立董事工作制度规定的独立董事职权范围及独立董事行使职权的情形符合有关法律、行政法规和规范性文件的规定。

鉴于对上述情况的核查，本所律师认为，发行人的董事、监事及总经理等高级管理人员均符合现行法律、行政法规、规范性文件以及《公司章程》规定的任职条件；近三年及一期来，发行人的董事、监事和高级管理人员的变化均已履行了必要的法律程序，合法、有效，董事、高级管理人员未发生重大变化；发行人独立董事的任职符合中国证监会规定的任职资格和独立性要求，均具有任职资格，合法、合规。

十六、发行人的税务

(一)发行人及其下属公司目前执行的主要税种、税率

税项	计税基础	税率
企业所得税/利得税	应纳税所得额	25%、16.5%(注1)
增值税	销售货物和应税劳务额	17%、3%、2%(注2)
营业税	应税收入	3%、5%
城市维护建设税	实际缴纳的营业税及增值税	7%
教育费附加	实际缴纳的营业税及增值税	3%、5%

注1:香港保利拍卖适用香港特别行政区利得税,税率为16.5%。

注2:保利艺术中心经营销售古玩及古旧字画业务目前按2%的税率(按4%的征收率减半征收)缴纳增值税。

根据发行人提供的材料和本所律师的核查,发行人及其下属公司目前执行的税种、税率符合现行法律、行政法规和规范性文件的规定。

(二)发行人及其下属公司近三年及一期享受的税收优惠

1. 企业所得税税收优惠

1.1　根据国发〔2007〕39号文规定:"自2000年1月1日起,原享受低税率优惠政策的企业,在企业所得税法施行后5年内逐步过渡到法定税率。其中:享受企业所得税率15%税率的企业,2008年按18%税率执行,2009年按20%税率执行,2010年按22%税率执行,2011年按24%税率执行,2012年按25%税率执行",子公司上海东方艺术中心管理有限公司注册地为上海浦东新区,原企业所得税率为15%,根据这一规定在2009年度、2010年度、2011年度、2012年度分别执行20%、22%、24%、25%的所得税率。

1.2　子公司河南保利艺术中心管理有限公司根据财税〔2009〕31号及财税〔2005〕2号《财政部、海关总署、国家税务总局关于文化体制改革试点中支持文化产业发展若干税收政策问题的通知》的规定,2008－2010年度享受企业所得税100%免征的优惠政策。

1.3　子公司北京保利万源影城有限公司,根据《财政部、海关总署、国家税务总局关于文化体制改革试点中支持文化产业发展若干税收政策问题的通知》(财税〔2005〕2号)和《财政部、海关总署、国家税务总局关于支持文化企业发展若干税收政策问题的通知》(财税〔2009〕31号)的规定,经北京市丰台区国家税务总局批复,自2009年1月1日至2010年12月31日止享受新办文化企业免征企业所得税优惠政策。

1.4　原子公司重庆保利万和电影院线有限责任公司根据渝中国税减〔2009〕52号《减、免税批准通知书》的规定,公司从2008年1月1日起至2010年12月31日止,享受西部大开发优惠税率,减按15%的税率征收企业所得税。2011年期满恢复25%的税率征收。

2. 增值税税收优惠

2.1　根据国家税务总局税函〔2009〕90号《关于增值税简易征收政策有关管理问题的通知》,子公司北京保利艺术中心有限公司在2009年11月以前取得的销售古玩及古旧字画收入享受2%的优惠税率。

2.2　根据财政部、国家税务总局财税〔2009〕9号文件,以及京国税发〔2009〕31号文件规定:"文物经营单位销售古玩及古旧字画,按4%的征收率减半征收增值税。"子公司北京保利艺术中心有限公司自2009年11月起收取的该项收入享受该项税收优惠。

2.3　原子公司重庆保利万和电影院线有限责任公司根据财税〔2009〕31号《关于支持文化企业发展若干税收政策问题的通知》中的有关规定,取得的电影发行收入免征营业税。

根据发行人提供的材料和本所律师的核查,发行人及其下属公司享受的税收优惠符合国家法律、行政法规和规范性文件的有关规定。

(三)发行人近三年及一期的纳税情况

1. 发行人现持有北京市国家税务局、北京市地方税务局联合核发颁发的京税证字11010171092593X号《税务登记证》。

根据发行人提供的材料和北京市东城区国家税务局第六税务所、北京市东城区地方税务局朝阳门税务所于2013年6月21日、2013年6月18日分别出具的涉税信息证明以及本所律师的核查,发行人近三年及一期在税务局依

法申报纳税，未在主管税务机关因重大违法违规事项受到行政处罚。

2. 保利艺术中心现持有北京市国家税务局和北京市地方税务局联合核发的京税证字110101799965419号《税务登记证》。

根据发行人提供的材料和北京市东城区国家税务局第六税务所、北京市东城区地方税务局交通商务区税务所于2013年6月21日、2013年6月20日分别出具的涉税信息证明以及本所律师的核查，保利艺术中心近三年及一期在税务局依法申报纳税，未在主管税务机关因重大违法违规事项受到行政处罚。

3. 保利剧院现持有北京市国家税务局和北京市地方税务局联合核发的京税证字110101755280266号《税务登记证》。

根据发行人提供的材料和北京市东城区国家税务局第六税务所、北京市东城区地方税务局交通商务区税务所于2013年6月21日、2013年6月20日分别出具的涉税信息证明以及本所律师的核查，保利剧院近三年及一期在税务局依法申报纳税，未在主管税务机关因重大违法违规事项受到行政处罚。

4. 保利影业现持有北京市国家税务局和北京市地方税务局联合核发的京税证字110101710930130号《税务登记证》。

根据发行人提供的材料和北京市东城区国家税务局第六税务所、北京市东城区地方税务局交通商务区税务所于2013年6月21日、2013年6月20日分别出具的涉税信息证明以及本所律师的核查，保利影业近三年及一期在税务局依法申报纳税，未在主管税务机关因重大违法违规事项受到行政处罚。

5. 保利艺术投资现持有北京市国家税务局和北京市地方税务局联合核发的京税证字110107558509455号《税务登记证》。

根据发行人提供的材料和北京市石景山区国家税务局第一税务所、北京市石景山区地方税务局八大处园区税务所于2013年6月8日、2013年6月20日分别出具的涉税信息证明以及本所律师的核查，保利艺术投资近三年及一期在税务局依法申报纳税，未在主管税务机关因重大违法违规事项受到行政处罚。

6. 北京保利拍卖现持有北京市国家税务局和北京市地方税务局联合核发的京税证字110101777673773号《税务登记证》。

根据发行人提供的材料和北京市东城区国家税务局第六税务所、北京市东城区地方税务局雍和园税务所于2013年6月21日、2017年6月17日分别出具的涉税信息证明以及本所律师的核查，北京保利拍卖近三年及一期在税务局依法申报纳税，未在主管税务机关因重大违法违规事项受到行政处罚。

7. 广东保利拍卖现持有广州市国家税务局核发的粤国税字44010675647007X号《税务登记证》和广州市地方税务局核发的粤地税字44010675647007X号《税务登记证》。

根据发行人提供的材料和广州市国天河区家税务局、广州市天河区地方税务局于2013年6月26日、2013年6月13日分别出具的涉税信息证明以及本所律师的核查，广东保利拍卖近三年及一期在税务局依法申报纳税，未在主管税务机关因重大违法违规事项受到行政处罚。

鉴于对上述情况的核查，本所律师认为，近三年及一期以来，发行人及其下属公司依法申报纳税，执行的税种、税率符合国家有关法律、行政法规和规范性文件的规定，无重大税务违法违规行为，发行人享受的税收优惠合法有效。

十七、发行人的外汇、环境保护、产品质量和技术等标准

（一）发行人的外汇情况

发行人目前持有《外汇登记证》（证号：NO. 00339931），并已依法开立外汇账户。

根据国家外汇管理局北京分局于2013年3月21日出具的证明及本所律师的核查，发行人近三年及一期不存在因违反外汇法律法规而受到行政处罚的情形。

（二）发行人的环境保护情况

根据北京市东城区环境保护局于2013年6月8日出具的证明及本所律师的核查，发行人在经营过程中能够遵守环境保护法律法规，近三年及一期未因环保违法行为受到过环保部门的行政处罚。

经本所律师核查，发行人及下属公司主要从事演出与剧院管理、艺术品经营与拍卖、影院投资管理等业务，经对照中国环境保护部《上市公司环保核查行业分类管理名录》，发行人

及下属公司所处行业不属于环保核查名录列举的重污染行业,因此本所律师认为发行人不涉及环保核查事项,无须向环保部门申请环保核查。

(三)发行人的产品质量和技术监督情况

根据发行人提供的材料及本所律师的核查,发行人近三年及一期不存在因违反质监行政管理法律法规而受到行政处罚的情况。

(四)发行人的工商管理情况

根据发行人历年经年检的《企业法人营业执照》、发行人提供的材料及本所律师的核查,发行人近三年及一期不存在因违反有关工商行政管理方面的法律法规而受到处罚的情况。

鉴于对上述情况的核查,本所律师认为,发行人在外汇、环境保护、产品质量和技术监督、工商管理等方面符合国家现行法律、行政法规和规范性文件的规定。

十八、发行人募股资金的运用

根据发行人 2013 年度第二次临时股东大会决议,发行人本次发行募集资金将用于以下项目:

1. 拟将资金的 50% 用于艺术品经营和拍卖业务,包括加大在全球主要国家的艺术品征集和销售客户网络建设;通过设立连锁艺术画廊等形式提升公司艺术家经纪代理业务;同时扩大优质艺术品经营的业务规模。

2. 拟将资金 15% 用于演出与剧院管理业务,包括在全国范围内新增管理剧院,扩大保利剧院院线规模;同时增加原创演出项目的投资。

3. 拟将资金 25% 用于直营影院的储备、投资和经营,包括影院的场地租赁、设备采购和开业筹备等。

4. 拟将资金 10% 用于补充流动资金和用于一般用途。

经本所律师核查,上述募集资金项目所需的物业均采用租赁的方式获取,不涉及《中华人民共和国行政许可法》、《国务院关于投资体制改革的决定》(国发〔2004〕20 号)、《国家发展改革委关于实行企业投资项目备案制指导意见的通知》(发改投资〔2004〕2656 号)等法律、法规、规范性文件规定的需要申请审批、核准、备案的企业固定资产投资建设项目,因此本所律师认为《股份有限公司境外公开募集股份及上市(包括增发)审批》第 a.7 项文件"募集资金投资项目的审批、核准或备案文件"不适用于发行人。

鉴于对上述情况的核查,本所律师认为,上述募集资金的用途有明确的使用方向,且用于公司的主营业务,符合国家产业政策和利用外资政策。对于该等募集资金的运用项目,公司已按有关法律,行政法规、规范性文件及公司章程的规定取得所有必要的内部批准,合法有效。

十九、发行人业务发展目标

(一)发行人业务发展目标与主营业务的关系

根据发行人提供的材料及本所律师的核查,本所律师认为,发行人业务发展目标与主营业务一致。

(二)发行人业务发展目标的法律风险

根据发行人提供的材料及本所律师的核查,发行人业务发展目标符合国家法律、行政法规的有关规定,其业务发展目标未偏离现有主营业务,不存在潜在的法律风险。

鉴于对上述情况的核查,本所律师认为,发行人业务发展目标与主营业务一致,符合国家法律、行政法规的有关规定,不存在潜在的法律风险。

二十、诉讼、仲裁或行政处罚

(一)发行人、发行人股东相关诉讼、仲裁及行政处罚

根据发行人提供的材料及本所律师的核查,发行人、发行人股东目前尚未了结或可预见的重大诉讼情况如下:

1. 发行人与北京华亿浩歌传媒文化有限公司的诉讼

1.1　2011 年 12 月,北京华亿浩歌传媒文化有限公司就股东出资纠纷案向北京市东城区人民法院提起诉讼,诉讼请求如下:

(1)请求法院判发行人立即将抽逃的注册资金 6,000 万元返还保利华亿,并按照中国人民银行同期长期贷款利率支付自抽逃之日起至全部返还之日止的利息;

(2)请求法院判令北京北大青鸟有限责任公司对发行人上述第(1)项债务承担连带责任;

(3)请求由发行人与北京北大青鸟有限责

任公司承担本案全部诉讼费。

1.2　北京华亿浩歌传媒文化有限公司于2011年12月向北京市东城区人民法院提出诉讼财产保全申请，请求冻结发行人持有的保利华亿50%的股权。北京市东城区人民法院于2011年12月21日作出了（2012）东民初字第2－（2）号《民事裁定书》，裁定冻结发行人持有的保利华亿50%的股权。

1.3　2013年1月15日，北京市东城区人民法院开庭审理本案，北京华亿浩歌传媒文化有限公司当庭提出增加诉讼请求：将原诉讼请求中判令返还抽逃注册资金数额由6,000万元增加至10,038万元。根据《北京市高级人民法院关于调整北京市三级法院管辖第一审民商事案件标准及高院执行案件的通知》（京高法发〔2011〕270号）的规定，诉讼标的在1亿元以上的第一审民事案件由中级人民法院审理。因此，北京市东城区人民法院当庭决定就诉讼管辖事宜请示北京市第二中级人民法院，并决定中止审理本案。2013年4月16日，北京北大青鸟有限责任公司向北京市东城区人民法院提出管辖权异议，经北京市东城区人民法院（2012）东民初字第2号裁定，将案件移送北京市第二中级人民法院审理。本案目前在北京市第二中级人民法院审理过程中，尚未判决。

1.4　根据中永立勤（北京）会计师事务所出具的中永立勤审字（2010）第2040号《审计报告》审计的财务报表，截至2009年12月31日，保利华亿经审计的净资产为－36,220,135.72。根据中京民信（北京）资产评估有限公司出具的京信评报字〔2010〕第133号资产评估报告（已在保利集团备案），截至2009年12月31日，保利华亿的净资产评估值为－15,339.70万元。

1.5　根据发行人出具的承诺，确认其对保利华亿的出资额6,000万元已经足额按期到位，且经过验资机构核验，并履行了工商变更手续，其未从保利华亿抽逃注册资本。

根据发行人提供的材料及本所律师的核查，保利华亿系发行人与北京华亿浩歌传媒文化有限公司共同出资设立的有限责任公司，发行人对保利华亿的历次出资均经过验资机构核验，均足额到位，且履行了工商变更手续，不存在抽逃出资的行为，北京华亿浩歌传媒文化有限公司的诉讼请求没有足够的依据获得法院支持，发行人被判决要求返还人民币10,038万元的可能性极小；此外，保利华亿不属于发行人合并报表范围内的下属公司，报告期内发行人对保利华亿的长期股权投资余额均为0元，且报告期内保利华亿历年均为亏损，未曾向发行人分配利润，保利华亿对发行人的财务影响较小；保利华亿从事的业务不属于发行人主要经营的业务范围，保利华亿对发行人的财务和业务影响均较小，发行人持有的保利华亿50%股权尚未解除冻结对发行人不构成重大影响。综上，本所律师认为，上述诉讼对发行人本次发行上市不构成实质性法律障碍。

2. 其他重大诉讼、仲裁及行政处罚事项

根据发行人及股东保利集团、保利南方分别出具的承诺及本所律师的核查，除上述已披露的重大诉讼事项外，发行人、发行人股东和发行人子公司目前不存在尚未了结的或可预见的重大诉讼、仲裁及行政处罚事项。

发行人及其上述主要股东和发行人子公司目前不存在尚未了结的或可预见的重大诉讼、仲裁及行政处罚事项。

（二）发行人现任董事长及总经理相关的诉讼、仲裁及行政处罚

发行人现任董事长为陈洪牛、总经理为蒋迎春，根据其分别出具的承诺并经本所律师核查，发行人董事长、总经理目前不存在尚未了结的或可预见的重大诉讼、仲裁及行政处罚事项。

鉴于对上述情况的核查，本所律师认为，发行人目前正在进行的上述诉讼对发行人本次发行上市不构成实质性法律障碍或对公司业务的持续经营构成重大不利影响，除此之外，发行人的主要股东、发行人的控股子公司、发行人的董事长、总经理目前不存在其他尚未了结的或可预见的重大诉讼、仲裁及行政处罚案件。

二十一、发行人招股说明书法律风险的评价

（一）经本所律师核查，《招股说明书》中对有关中国法律、行政法规、《保利文化集团股份有限公司章程（草案）》及相关法律文件内容的表述真实、准确，不存在虚假、严重误导性陈述或重大遗漏。

（二）经本所律师核查，《招股说明书》中涉及中国法律问题的相关风险因素披露的描述与

本所律师所了解的关于该等风险因素的事实相符,不存在严重误导性陈述或重大遗漏。

(三)经本所律师核查,《招股说明书》中所描述发行人在中国境内的业务,并不抵触中国相关法律、行政法规和规范性文件的规定。

(四)经本所律师核查,《招股说明书》中对发行人重大事实的披露准确、完整,《招股说明书》不存在虚假记载、误导性陈述或重大遗漏引致的法律风险。

(五)经本所律师核查,发行人无未披露但对本次发行上市有重大影响的其他法律问题。

二十二、结论意见

本所及经办律师认为,发行人为依法设立并有效存续的股份有限公司,近三年不存在重大违法违规行为;截至本法律意见书出具日,除尚待取得中国证监会、联交所核准外,发行人本次发行上市符合《证券法》、《公司法》、《特别规定》、《通知》等法律、行政法规和规范性文件规定的条件。

本法律意见书正本一式六份,仅供发行人本次发行上市中国证监会核准之目的使用,未经本所书面同意,不得用作任何其他目的。

北京市君致律师事务所

负 责 人:刘小英

经办律师:刘小英 孙学运 柴瑛平

(二)上市公司境外再融资

关于上海复星医药(集团)股份有限公司新增发行境外上市外资股(H股)并在香港联合交易所有限公司主板上市之法律意见书

致:上海复星医药(集团)股份有限公司

国浩律师(上海)事务所依据受上海复星医药(集团)股份有限公司(以下简称"发行人"或"公司")委托,担任发行人新增发行境外上市外资股(H股)并在香港联合交易所有限公司主板上市(以下简称"本次发行上市")的特聘专项法律顾问。

本所律师依据《中华人民共和国公司法》、《中华人民共和国证券法》、《律师事务所从事证券法律业务管理办法》、《律师事务所证券法律业务执业规则(试行)》、《国务院关于股份有限公司境外募集股份及上市的特别规定》、《关于股份有限公司境外发行股票和上市申报文件及审核程序的监管指引》等现行公布并生效的法律、法规、行政规章和中国证券监督管理委员会(以下简称"中国证监会")的有关规范性文件,按照律师行业公认的业务标准、道德规范和勤勉尽责精神就本次发行事宜出具本法律意见书。

一、关于本次发行上市的批准和授权

1.1 发行人本次发行上市所涉及的一般性授权已经发行人2013年度股东大会批准,本次发行上市的具体方案已经发行人第六届董事会第三十三次会议批准。具体如下:

1.1.1 2014年3月24日,发行人第六届董事会第二十一次会议审议通过了《关于提请股东大会授予董事会增发本公司H股股份的一般性授权的议案》,提请股东大会批准授予本公司董事会无条件和一般性授权,并授权本公司董事会根据市场情况和本公司需要,决定发行、配发及处理不超过于该等决议案获本公司股东大会通过时本公司已发行境外上市外资股(H股)20%之新增股份;该次董事会会议一并审议通过了《关于召开本公司2013年度股东大会的议案》,决定召开2013年度股东大会。

1.1.2　2014年5月12日,发行人在香港联交所网站(http://www.hkex.com.hk)发布《上海复星医药(集团)股份有限公司股东周年大会通告》。根据公司确认,公司已通过邮寄的方式向公司境外上市外资股(H股)股东邮寄了有关的股东大会通告及通函。

1.1.3　2014年5月13日,发行人在指定的信息披露媒体和上海证券交易所网站(http://www.sse.com.cn)同时刊登《关于召开2013年度股东大会的通知公告》,将本次会议的召开时间、现场会议召开地点及会议审议事项等事项作出通知。

1.1.4　发行人于2014年6月11日在香港联交所网站(http://www.hkex.com.hk)发布《关于将于二零一四年六月三十日(星期一)举行的股东周年大会的提示性公告》,并于2014年6月12日在指定的信息披露媒体和上海证券交易所网站(http://www.sse.com.cn)同时刊登《关于召开2013年度股东大会的再次通知》,将本次会议的召开时间、现场会议召开地点及会议审议事项等事项再次作出通知。

1.1.5　2014年6月30日,发行人召开2013年度股东大会,会议审议通过《关于授予董事会增发本公司H股股份的一般性授权的议案》,批准授予发行人董事会无条件和一般性授权,并授权本公司董事会根据市场情况和本公司需要,决定发行、配发及处理不超过于该等决议案获本公司股东大会通过时本公司已发行境外上市外资股(H股)20%之新增股份。

1.1.6　根据《上海复星医药(集团)股份有限公司2013年度股东大会决议》,上述批准授权的授权内容和授权期限为(以下所称“本公司”之处,均指发行人):

“一、授权内容

具体授权内容包括但不限于:

1. 授予本公司董事会在相关期间(定义见下文)无条件和一般性授权,根据市场情况和本公司需要,决定发行、配发及处理本公司H股股本中之额外股份。

2. 由本公司董事会批准发行、配发及处理或有条件或无条件同意发行、配发及处理(不论是否依据购股权或其他原因配发)的H股的面值总额不得超过本议案经本公司股东大会通过之日本公司已发行的H股总面值之20%。

3. 授权本公司董事会在行使上述一般性授权时制定并实施具体发行方案,包括但不限于拟发行的新股类别、定价方式和/或发行价格(包括价格区间)、发行数量、发行对象、募集资金投向、发行时机、发行期间、具体认购方法、原有股东优先认购比例及其他与发行相关的具体事宜。

4. 授权本公司董事会聘请与发行有关的中介机构,批准及签署发行所需、适当、可取或有关的一切行为、契据、文件及其他相关事宜;审议批准及代表本公司签署与发行有关的协议,包括但不限于配售承销协议、中介机构聘用协议等。

5. 授权本公司董事会审议批准及代表本公司签署向有关监管机构递交的与发行相关的法定文件。根据监管机构和本公司上市地的要求,履行相关的审批程序,并向香港及/或任何其他地区及司法管辖权区(如适用)的相关政府部门办理所有必需的存档、注册及备案手续等。

6. 授权本公司董事会根据境内外监管机构要求,对上述第4项和第5项有关协议和法定文件进行修改。

7. 授权本公司董事会批准本公司在发行新股后增加注册资本及对本公司章程中涉及股本总额、股权结构等相关内容进行修改,并授权管理层办理相关手续。

二、授权期限

除董事会于相关期间就发行H股订立或授予发售建议、协议或购买权,而该发售建议、协议或购买权可能需要在相关期间结束后继续推进或实施外,上述授权不得超过相关期间。‘相关期间’为审议本议案之股东大会通过本议案之日起至下列二者最早之日期止:

1. 本公司2014年度股东大会结束时;

2. 本公司任何股东大会通过决议撤销或更改本议案所述授权之日。

本公司董事会仅在符合《公司法》及《香港联合交易所有限公司证券上市规则》(经不时修订)或任何其他政府或监管机构所有可适用

法律、法规及规范，并在取得中国证券监督管理委员会及/或中华人民共和国其他有关政府机关的一切必需批准的情况下，方可行使上述一般性授权下的权力。”

经核查，本所律师认为，发行人2013年度股东大会已经依照法定程序作出批准本次发行上市一般性授权的决议，决议内容合法有效。

1.1.7　根据发行人2013年度股东大会的批准授权，2014年9月28日，发行人召开第六届董事会第三十三次会议，审议通过《关于本公司新增发行H股方案的议案》。

1.1.8　根据《上海复星医药（集团）股份有限公司第六届董事会第三十三次会议（临时会议）决议》，本次发行上市的具体方案如下（以下所称“本公司”之处，均指发行人）：

“（一）发行股份种类

本次H股发行为向境外投资者发行并在香港联交所的主板挂牌上市的面值为每股人民币1.00元的H股，均为普通股。

除适用中国法律法规及公司章程另行规定外，拟新增发行的H股须在各方面均与现有A股及H股享有同等地位。

（二）发行规模

本次H股发行的面值总额不得超过本公司2013年度股东大会（以下简称‘股东大会’）召开之日（即2014年6月30日）本公司已发行的H股总面值的20%，以2014年6月30日H股总股数403,284,000股为基准测算，本次发行H股的股数为不超过80,656,800股。

本次H股发行的相关议案（即《关于授予董事会增发本公司H股股份的一般性授权的议案》）已经股东大会决议审议批准，本次H股发行在得到中国证券监督管理委员会（以下简称‘中国证监会’）、香港联交所批准后方可实施，实际发行的H股股份数量将由本公司与主承销商根据市场情况及《香港联合交易所有限公司证券上市规则》（以下简称‘《香港上市规则》’）确定。

（三）发行对象

本次H股发行对象为独立于本公司、并非本公司的关联人士（定义见《香港上市规则》）的境外自然人、机构投资者及其他合资格投资者。

（四）定价及认购方式

本次H股发行定价将在充分考虑本公司现有股东利益的前提下，根据国际惯例、监管要求，依据当时国际资本市场情况，参照当时本公司H股股价走势以及同类公司在国际市场的估值水平进行确定，且不得较下述价格（取更高者）折让超过20%：

（i）签订有关配售协议或其他涉及建议根据一般性授权发行证券的协议日期当天H股的收市价；及

（ii）紧接以下日期（以最早者为准）之前五个交易日期间H股的平均收市价：

（a）公告配售或涉及建议根据一般性授权发行证券的交易或安排日期；

（b）签订配售协议或其他涉及建议根据一般性授权发行证券的协议日期；及

（c）配售或认购发行价确定日期。

本次H股发行的股票全部采用现金方式认购。

（五）滚存利润

本公司本次H股发行前滚存利润由本次发行后的新老股东共同享有。

（六）募集资金用途

本次H股发行募集的资金在扣除相关发行费用后，将用于本公司及下属控股子公司/单位（以下简称“本集团”）偿还带息债务、补充本集团营运资金及潜在的境内外并购。

（七）决议有效期

本次H股发行决议的有效期为本次董事会会议审议通过之日起十二个月。

（八）关于本次H股发行授权事宜

为保证本次H股发行有关事宜的顺利进行，本公司董事会转授权执行董事陈启宇先生或高级副总裁、首席财务官Hongfei Jia先生，在股东大会以及本次董事会会议审议通过的框架和原则下、在本次H股发行决议有效期内，单独或共同全权办理本次H股发行相关事宜，包括但不限于：

1. 向境内外监管机关或机构提交各项与本次H股发行有关的申请、相关报告及其他文件，并办理审批、登记、备案、核准、同意等手续；

2. 负责确定本次H股发行的具体方案，包括确定具体的H股发行规模、发行价格（包括价格区间和最终定价）、发行时间、发行方式及发行对象、签署、执行、修改、终止任何与本次H股发行有关的协议、合同或其他文件及调整募集资金用途以及其他有关的事项；

3. 与配售承销商商讨及签署配售协议并对配售协议的任何修订予以确认；

4. 负责处理与取得中国证监会、香港联交所及中国境内外其他相关监管机构对本次H股发行的批准的有关工作；

5. 根据本次H股发行的实际需要，为本次H股发行聘请及委任本公司的主承销商、境内外律师等中介机构，签署聘用或委任协议及其他相关法律文件；

6. 根据本次H股发行的发行情况，相应修改公司章程，并办理工商变更登记以及一切与执行股东大会及本次董事会决议有关的工作；

7. 根据本次H股发行的实际情况及有关监管机构的有关批准文件，对关于本次H股发行方案有关内容作出适当修改；

8. 签署、执行、修改、完成与本次H股发行相关的所有文件并做出与本次H股发行相关的所有恰当或合适的行为、事宜；

9. 批准在香港联交所及本公司网站刊发与本次H股发行相关的公告，及向香港联交所提交相关的表格、文件或其他资料；及

10. 取得香港联交所批准本公司本次H股发行之股份于香港联交所上市交易。"

经核查，本所律师认为，发行人第六届董事会第三十三次会议已经依照法定程序作出批准本次发行上市具体方案的决议，决议内容合法有效。

1.2　发行人本次发行上市在中国境内尚待取得中国证监会的批准。

经上述核查，本所律师认为，本次发行上市已获得发行人内部的批准、授权，在中国境内尚待取得中国证监会的批准。

二、本次发行上市的主体资格

2.1　发行人的前身系经上海市闸北区经济体制改革办公室以闸体改(93)第223号文批准，于1994年1月14日经上海市闸北区工商行政管理局登记注册的上海复星实业有限公司。根据1998年5月14日上海市人民政府出具的沪府〔1998〕23号《上海市人民政府关于同意上海复星实业有限公司变更为上海复星实业股份有限公司的批复》及1998年6月17日中国证券监督管理委员会出具的证监发字〔1998〕163号文批准，上海复星实业有限公司变更为上海复星实业股份有限公司，并向社会公开发行人民币普通股5000万股，每股面值一元。本次发行完成后，发行人于1998年7月10日在上海市工商局变更登记为股份有限公司。1998年8月7日，发行人发行的社会公众股在上海证券交易所挂牌上市，证券代码600196，股票简称为"复星实业"。2004年12月27日，经上海市人民政府核发的沪府发改核(2004)第003号通知批准，发行人更名为"上海复星医药(集团)股份有限公司"，复星医药的股票简称亦相应变更为"复星医药"(其历史沿革情况详见本法律意见书正文第三部分"发行人的设立、股本及其演变")。

2.2　2006年4月28日，发行人完成股权分置改革，发行人的非流通股转为有限售条件的流通股。

2.3　发行人现持有上海市工商局于2014年5月13日核发的营业执照(注册号：310000000036602)。根据该营业执照的记载，发行人目前的工商登记情况如下：

名称：上海复星医药(集团)股份有限公司；

住所：上海市曹杨路510号9楼；

法定代表人：陈启宇；

注册资本：231161.1364万元人民币；

公司类型：股份有限公司(上市)；

经营范围：生物化学产品，试剂，生物四技服务，生产销售自身开发的产品，仪器仪表，电子产品，计算机，化工原料(除危险品)，咨询服务；经营本企业自产产品及相关技术的出口业务，经营本企业生产、科研所需的原辅材料、机械设备、仪器仪表、零配件及相关技术的进口业务。(依法须经批准的项目，经相关部门批准后方可开展经营活动)

经营期限：1998年3月31日至不约定期限。

2.4　根据发行人现持有的营业执照、发行人现行章程、相关工商机读材料并经本所律师合理核查，发行人的经营期限为"不约定期限"，发行人历次股东大会亦未作出解散公司的决定，发行人亦未出现发行人现行章程规定的需要解散的其他情形，发行人2014年1－6月份财务报告显示，发行人的生产经营活动及

财务处于正常状况。为此,截至本法律意见书出具之日,就本所律师所知,未有任何导致发行人停业、解散或影响发行人合法存续的事由出现。

2.5　综上,本所律师认为,发行人为依法设立并有效存续的股份有限公司。发行人已具备本次发行上市的主体资格。

三、发行人的设立、股本及其演变

3.1　发行人的前身上海复星实业有限公司的设立、股本及其演变

3.1.1　复星医药前身系经上海市闸北区经济体制改革办公室闸体改(93)第223号批准,于1994年1月14日经上海市闸北区工商局登记注册的股份合作制企业上海复星实业公司,成立时的股东为广信科技、上海永信咨询有限公司、上海复生生物工程研究所和部分内部职工,注册资金为200万元,已经上海市闸北区股份制企业服务中心和上海国华会计师事务所出具《资金信用证明》验证确认全部缴足。

3.1.2　1994年12月,广信科技收购其他股东上海永信咨询有限公司、上海复生生物工程研究所以及内部职工的全部股权,并与复星高科技共同将股份合作制企业上海复星实业公司增资及改制为有限公司。增资及改制后的上海复星实业有限公司股权结构变更为:复星高科技出资1800万元,占注册资本的90%,广信科技出资200万元,占注册资本的10%。本次股权转让及增资已经上海爱华审计师事务所出具上海爱业字(94)085号《验资报告》验证确认。

3.1.3　1997年4月25日,上海复星实业有限公司的注册资本增至5,880万元,股权结构变更为:复星高科技出资5,680万元,占注册资本的96.6%,广信科技出资200万元,占注册资本的3.4%。本次增资已经上海爱华审计师事务所出具上海爱业字〔97〕147号《验资报告》验证确认。

3.1.4　1998年4月1日,复星高科技将其持有的上海复星实业有限公司部分股权依法转让给上海英富信息发展有限公司、上海申新实业(集团)有限公司及上海西大堂科技投资发展有限公司。转让后的复星医药的股权结构变更为:复星高科技出资5,560万元,占注册资本的94.55%;广信科技出资200万元,占注册资本的3.40%;上海英富信息发展有限公司出资10万元,占注册资本的0.17%;上海申新实业(集团)有限公司出资55万元,占注册资本的0.94%;上海西大堂科技投资发展有限公司出资55万元,占注册资本的0.94%。本次股权转让已经上海爱华审计师事务所出具上海爱业字〔98〕655号《验资报告》验证确认。

3.2　募集设立股份有限公司

1998年5月14日,上海市人民政府签发沪府〔1998〕23号《上海市人民政府关于同意上海复星实业有限公司变更为上海复星实业股份有限公司的批复》,同意上海复星实业有限公司变更为上海复星实业股份有限公司,具体方式为:上海复星实业有限公司以经审计的截至1997年12月31日的净资产值10,070万元按1:1比例折股,同时向社会公众发行5,000万股人民币普通股票。设立后的股份有限公司的股份总额为15,070万股,其中:发起人复星高科技持有9,521.18万股,占总股本63.18%;发起人广信科技持有342.38万股,占总股本2.27%;发起人上海英富信息发展有限公司持有17.12万股,占总股本0.11%;发起人上海申新实业(集团)有限公司持有94.66万股,占总股本0.63%;发起人上海西大堂科技投资发展有限公司持有94.66万股,占总股本0.63%;向社会公众发行5000万股,占总股本33.18%。五家发起人应缴股款经大华会计师事务所出具华业字〔98〕第753号《验资报告》验证确认,已于1998年3月31日前全部投入。

1998年6月17日,中国证监会签发证监发字〔1998〕163号《关于上海复星实业股份有限公司(筹)申请公开发行股票的批复》,同意发行人向社会公开发行人民币普通股5,000万股,每股面值一元。截至1998年7月3日,发行人共计收到募集社会公众股股款351,011,270.85元,已经大华会计师事务所有限公司出具的华业字〔98〕第860号《验资报告》验证确认。

1998年7月10日,上海市工商局向复星医药核发了企业法人营业执照(注册号:3100001005299),上海复星实业有限公司变更登记为上海复星实业股份有限公司。

1998年8月7日,发行人发行的社会公众股在上海证券交易所挂牌交易,股票简称为

"复星实业",证券代码为600196。

3.2.1　经上海市证券期货监督管理办公室签发沪证司(1999)02号通知批准,1999年5月12日,发行人将资本公积金7,535万元转增为股本,转增后的股本总额(注册资本)为22,605万元。本次增资经大华会计师事务所有限公司华业字(99)第789号验资报告验证确认。

3.2.2　经中国证监会上海证券监管办公室签发的沪证司〔2000〕28号通知批准,2000年6月16日,发行人完成向全体股东配送4,521万股红股,送股后的股本总额(注册资本)为27,126万元。本次增资经大华会计师事务所有限公司华业字(2000)第906号《验资报告》验证确认。

3.2.3　经中国证监会签发证监公司字〔2000〕83号批复批准,2000年9月8日,发行人完成向社会公众配售2,250万股股份,实际募集股款为434,306,337.95元。本次配股后,发行人的股本总额(注册资本)变更为29,376万元,本次募集股款及增资已经大华会计师事务所有限公司华业字(2000)第1108号《验资报告》验证确认。

3.2.4　经中国证监会上海证券监管办公室签发的沪证司〔2002〕98号通知批准,2002年7月15日,发行人完成将资本公积金88,128,000元转增股本,转增后的股本总额(注册资本)为381,888,000元,本次增资经安永出具的安永大华业字(2002)第039号《验资报告》验证确认。

3.2.5　经中国证监会证监发行字〔2003〕118号通知批准,2003年10月28日,发行人发行可转换公司债券,发行总额为95,000万元,票面金额为100元,按面值平价发行,可转债期限为5年。2003年11月17日,该可转换公司债券简称"复星转债"(证券代码100196)在上海证券交易所上市。"复星转债"自2004年4月28日开始转换为发行人发行的公司A股股票,简称"复星转股"(证券代码:181196)。

3.2.6　经上海市人民政府核发的沪府发改核(2004)第003号通知批准,2004年12月27日,发行人完成将资本公积金408,912,329元转增股本,加上可转换公司债券转股,股本总额(注册资本)变更为817,824,856元,同时,发行人更名为"上海复星医药(集团)股份有限公司"。自2004年12月24日起,发行人的股票简称亦相应变更为"复星医药"。

3.2.7　2005年1月11日,复星高科技分别向上海西大堂科技投资发展有限公司、广信科技及上海英富信息发展有限公司收购三家持有的发行人的股份合计21,254,688股(占复星医药截至2004年12月31日股本总数的2.58%),股份购买价款按发行人截至2004年9月30日合并资产负债表计算的每股净资产值2.717元确定,合计为57,748,986元。复星高科技已付清上述转让款。2005年4月7日,发行人在中国证券登记结算有限责任公司上海分公司完成该次股权转让的过户手续。复星高科技因本次收购触发的要约收购发行人股票的义务已经中国证券监督管理委员会2005年3月16日核发的证监公司字〔2005〕12号文件批准豁免。本次股权转让完成后,复星高科技合计持有发行人466,845,912股发起人法人股份,占发行人截至2005年6月30日股份总数(包含可转换公司债券转股)831,949,088股的56.11%。

3.2.8　2006年4月17日,发行人2006年第一次临时股东大会审议通过《上海复星医药(集团)股份有限公司股权分置改革方案》。根据该股权分置改革方案,发行人以2005年年报的财务数据为基础,以方案实施股权登记日的总股本为基数,向方案实施股权登记日在册的全体股东每10股派送现金红利3.4元(含税),同时,非流通股股东将其应得的现金红利全部作为对价安排执行给流通股股东。于股权分置改革方案实施时(方案实施股权登记日为2006年4月24日,现金发放日为2006年4月28日),流通股东每10股获得非流通股执行的现金对价为4.3143元(不含税),加上自身应得红利,流通股股东最终每10股实得7.7143元(含税)。

此次股权分置改革实施后,控股股东复星高科技持有发行人的股份数仍为466,845,912股,唯股份性质转为有限售条件的流通股。

3.2.9　2006年6月26日,发行人第三届董事会第三十三次会议作出决议,鉴于发行人A股股票自2006年5月16日至2006年6月26日连续30个交易日中,累计20个交易日的收盘价格高于当期转股价的 120%,符合《上市公司证券发行管理办法》、《上海证券交易所上市规则》(2006 年修订)和发行人《可转换公司债券募集说明书》关于赎回可转换公司债券的有关条件,决定行使对“复星转债”的赎回权,对赎回日前未转股的“复星转债”全部赎回。截至赎回日 2006 年 7 月 12 日收市,尚有面值 2,552,000 元的“复星转债”未转股,发行人于 2006 年 7 月 18 日通过中国证券登记结算有限责任公司发放赎回款共计 2,603,040 元。2006 年 7 月 24 日,“复星转债”(证券代码:100196)、“复星转股”(证券代码:181196)在上海证券交易所被摘牌。

于“复星转债”转股期间,发行人股本数因“复星转债”转股增加,根据 2006 年 7 月 18 日收市后中国证券登记结算有限责任公司上海分公司提供的股本登记数据,发行人股份总数为 952,134,545 股。2006 年 8 月 8 日,发行人第二次临时股东大会作出决议,对发行人章程作出相应修改,并将发行人股本总额(注册资本)变更为 952,134,545 元。2006 年 10 月 24 日,发行人在上海市工商局办理了相关变更登记并换领了注册资本变更后的企业法人营业执照。

至此,复星高科技持有发行人 466,845,912 股有限售条件流通股,占发行人股份总数 952,134,545 股的 49.03%。

3.2.10　2007 年 6 月 14 日,发行人因实施 2006 年度利润分配方案,以股份总数 952,134,545 股为基数,按 10:3 比例进行资本公积金转增股本,转增后的股本总额为 1,237,774,909 股,复星高科技持有发行人的股份数变更为 606,899,686 股,占发行人股份总数的比例不变。2008 年 5 月 26 日,发行人 2007 年度股东大会作出决议,对发行人章程作出相应修改,并将发行人股本总额(注册资本)变更为 1,237,774,909 元。2008 年 6 月 2 日,发行人在上海市工商局办理了相关变更登记并换领了注册资本变更后的企业法人营业执照。

3.2.11　2010 年 3 月 24 日,中国证监会核发《关于核准上海复星医药(集团)股份有限公司非公开发行股票的批复》(证监许可〔2010〕334 号),核准发行人非公开发行不超过 4,600 万股新股。根据发行人 2010 年 5 月 6 日发布的《非公开发行股票发行结果暨股本变动公告》,本次非公开发行的发行数量为 3,182 万股,发行价格为 20.60 元/股,复星高科技认购的股票限售期为 36 个月,其他 6 名发行对象认购的股票限售期为 12 个月。

经立信会计师事务所有限公司出具的信会师报字(2010)第 11450 号《验资报告》确认,本次发行募集资金总额 65,549.20 万元,扣除发行费用 2,010 万元,募集资金净额 63,539.20 万元。

至此,复星医药股本总数变更为 1,269,594,909 股,复星高科技持有发行人 610,081,686 股流通股,占发行人股份总数 1,269,594,909 股的 48.05%。

2010 年 5 月 25 日,发行人在上海市工商局办理了相关变更登记并换领了注册资本变更后的企业法人营业执照。

3.2.12　2010 年 7 月 30 日,发行人因实施 2009 年度利润分配方案,向利润分配实施股权登记日在册的全体股东每 10 股送红股 1 股,并以非公开发行后的总股本 1,269,594,909 股为基数,以资本公积向利润分配实施股权登记日在册的全体股东按每 10 股转增 4 股的比例转增股本。转增后的股本总额为 1,904,392,364 股,复星高科技持有发行人的股份数变更为 915,122,529 股,占发行人股份总数的比例不变(即 48.05%)。2010 年 6 月 9 日,发行人 2009 年度股东大会作出决议,授权董事会对发行人章程作出相应修改。发行人第五届董事会第六次会议决定修改公司章程,将发行人股本总额(注册资本)变更为 1,904,392,364 元。2010 年 9 月 7 日,发行人在上海市工商局办理了相关变更登记并换领了注册资本变更后的企业法人营业执照。

3.3　首次公开发行境外上市外资股(H 股)并上市

2011 年 7 月 12 日,上海市人民政府签发沪府函〔2011〕91 号文件,批复同意发行人在境外公开发行 H 股并在香港联合交易所主板上市。

2012 年 4 月 5 日,中国证监会出具证监许可〔2012〕444 号文件,批复同意发行人发行不超过 547,512,805 股境外上市外资股(含超额配售 71,414,714 股),每股面值人民币 1 元,全部为普通股。

2012年10月30日，发行人发行的336,070,000股境外上市外资股（H股）在香港联交所主板挂牌并开始上市交易，H股股票中文简称为“复星医药”、H股股票英文简称为“FOSUN PHARMA”，H股股票代码为“02196”。

2012年11月22日，发行人发布《关于稳定价格期限结束、稳定价格行动及超额配股权失效的公告》，宣布上述H股发行上市的超额配股权并无获行使，并于2012年11月21日失效。

经安永出具的安永华明（2012）验字第60469139_B01号《验资报告》确认，截至2012年10月30日，发行人已收到本次向全球公开发行募集的新增注册资本折合人民币336,070,000元，全部为货币现金，变更后的累计注册资本人民币2,240,462,364.00元，实收资本为人民币2,240,462,364.00元。

至此，复星医药股本总数变更为2,240,462,364股，股本结构变更为：

股份类别	持股数（股）	持股比例（%）
境内上市内资股（A股）	1,904,392,364	85.00
境外上市外资股（H股）	336,070,000	15.00
合计	2,240,462,364	100.00

2013年2月1日，发行人在上海市工商局办理了相关变更登记并换领了注册资本变更后的企业法人营业执照。

3.4　限制性股票激励计划授予

2013年12月20日，公司召开2013年第一次临时股东大会、2013年第一次A股类别股东会及2013年第一次H股类别股东会，以特别决议审议通过了《上海复星医药（集团）股份有限公司限制性股票激励计划（草案修订稿）》。2014年1月7日，公司分别召开第六届董事会第十二次会议和第六届监事会2014年第一次会议，审议通过了《关于本公司限制性股票激励计划授予相关事项的议案》，确定激励计划授予日为2014年1月7日，同意向28名激励对象授予共计403.5万股限制性A股股票。根据发行人的确认，本次实际授予及认购限制性A股股票393.5万股，激励对象人数为27人。

经瑞华会计师事务所（特殊普通合伙）出具的瑞华验字〔2014〕第31140001号《验资报告》确认，截至2014年1月7日，发行人已收到符合条件的27名激励对象缴纳的新增注册资本（股本）合计人民币3,935,000元，全部为货币现金，变更后的累计注册资本人民币2,244,397,364元，实收资本人民币2,244,397,364元。

发行人已于2014年1月20日办理完成限制性股票登记手续，中国证券登记结算有限责任公司上海分公司出具了《证券变更登记证明》。

至此，复星医药股本总数变更为2,244,397,364股，股本结构变更为：

股份类别	持股数（股）	持股比例（%）
境内上市内资股（A股）	1,908,327,364	85.03
境外上市外资股（H股）	336,070,000	14.97
合计	2,244,397,364	100.00

2014年1月24日，发行人在上海市工商局办理了相关变更登记并换领了注册资本变更后的企业法人营业执照。

3.5　新增发行H股

2013年12月20日，公司召开2013年第一次临时股东大会，审议通过了《关于提请股东大会授予董事会增发本公司H股股份的一般性授权的议案》。2014年1月20日，公司召开第六届董事会第十三次会议，审议通过了《关于本公司新增发行H股方案的议案》，确认本次发行H股的股数为不超过67,214,000股。

2014年3月2日，中国证监会出具《关于核准上海复星医药（集团）股份有限公司增发境外上市外资股的批复》（证监许可〔2014〕240号），核准发行人增发不超过67,214,000股境外上市外资股，每股面值人民币1元，全部为普通股。

经安永出具的安永华明（2014）验字第60469139_B01号《验资报告》确认，截至2014年4月3日，发行人已收到本次向不少于六名不多于十名的专业、机构或者其他投资人新增发行境外上市外资股募集的新增注册资本折合人民币67,214,000元,全部为货币现金,变更后的累计注册资本人民币2,311,611,364元,实收资本为人民币2,311,611,364元。

至此,复星医药股本总数变更为2,311,611,364股,股本结构变更为:

股份类别	持股数(股)	持股比例(%)
境内上市内资股(A股)	1,904,392,364	82.55
境外上市外资股(H股)	403,284,000	17.45
合计	2,311,611,364	100.00

2014年5月13日,发行人在上海市工商局办理了相关变更登记并换领了注册资本变更后的营业执照。

根据对上述文件资料的核验,本所律师认为,发行人在股份有限公司阶段的历次资本公积转增股本、送红股、配股、可转换公司债券转股、可转换公司债券赎回、非公开发行股份、首次公开发行境外上市外资股(H股)并上市、限制性股票激励计划授予、新增发行H股等事宜已获得发行人及有关方有权决策机构的批准、授权和许可,并取得了有权主管机关的批准、备案,增加的注册资本金已足额缴付,并向工商管理部门办理了变更登记手续,历次股权的变更合法、有效。

四、发行人的独立性

4.1 发行人的资产完整

4.1.1 经核查,发行人设立及历次增资时,股东均全额认缴出资,发行人独立完整地拥有各股东所认缴的出资,发行人与各股东的产权关系明晰(详见本法律意见书正文第三部分"发行人的设立、股本及其演变")。

4.1.2 发行人独立、完整地拥有与经营有关的场所、配套设施、设备等相关资产。

经核查并根据发行人确认,发行人及其下属各专业生产企业具备与生产经营有关的生产系统、辅助生产系统和配套设施,拥有与生产、经营有关的土地、厂房、机器设备以及商标、专利、非专利技术的所有权或者使用权(详见本法律意见书正文第八部分"发行人的主要财产"),具有独立的原料采购和产品销售系统;下属各非生产型企业均具备与经营有关的业务体系及相关资产。

4.2 发行人的业务独立

4.2.1 根据上海市工商局于2014年5月13日向发行人核发的营业执照,发行人经核准的经营范围为:生物化学产品,试剂,生物四技服务,生产销售自身开发的产品,仪器仪表,电子产品,计算机,化工原料(除危险品),咨询服务;经营本企业自产产品及相关技术的出口业务,经营本企业生产、科研所需的原辅材料、机械设备、仪器仪表、零配件及相关技术的进口业务。(依法须经批准的项目,经相关部门批准后方可开展经营活动)

4.2.2 发行人拥有独立完整的采购、生产、供应、销售系统,具有独立面向市场从事经营活动的能力。

发行人经过数年的不断发展,已经成为一家专业化的医药集团。发行人作为核心公司,主要负责整体战略管理、投资决策和财务控制,其主要的业务活动系通过下属专业企业进行,该等企业均具备经营所需的相关经营许可及业务资源,主要供应商和销售客户均非控股股东、实际控制人及其控制的其他企业,发行人具有独立的业务体系(详见本法律意见书正文第六部分"发行人的业务")。

发行人与控股股东、实际控制人及其控制的其他企业之间不存在同业竞争及显失公平的关联交易,发行人与及控股股东亦已就过往存在的或可能发生的同业竞争问题采取了合理、有效的解决措施(详见本法律意见书正文第七部分"关联交易及同业竞争")。

4.3 发行人的机构独立

4.3.1 发行人的办公机构和经营场所与控股股东分开,不存在混合经营、合署办公的情况。

4.3.2 发行人具有独立的股东大会、董事会和监事会,这三个机构具有较为完善的议事程序,其运行亦符合《公司章程》的规定;同时发行人已根据自身经营需要形成独立健全的职能部门组织,与控股股东的职能部门不重叠(详见本法律意见书正文第十二部分"股东大会、董事会、监事会的议事规则及规范运作")。

4.4 发行人的人员独立

4.4.1 发行人已按照中国法律的规定建

立了一套独立的人事、工资管理制度,与其员工已签订聘用合同,并办理了独立的社会保险和住房公积金账户。

4.4.2 经适当核查并根据发行人的确认,发行人的总裁、副总裁、首席财务官、董事会秘书等高级管理人员均专职在发行人工作,并在发行人领取薪酬,未在控股股东单位、实际控制人及其控制的其他企业兼任除董事、监事以外的其他职务。发行人的财务人员亦未在控股股东、实际控制人及其控制的其他企业中兼职。

4.4.3 发行人的董事、监事和高级管理人员的任职均系按照《公司法》和发行人章程规定的程序进行(详见本法律意见书正文第十三部分"董事、监事和高级管理人员及其变化")。其中,董事和非职工代表监事由股东大会选举产生;高级管理人员由董事会聘任。控股股东向发行人推荐的董事或经理人选均通过合法程序进行,不存在干预发行人董事会或股东大会作出的人事任免决定的情形。

4.5 发行人的财务独立

4.5.1 经发行人确认并经本所律师适当核查,发行人设置独立的财务会计部门,发行人并结合自身业务性质、组织形态建立了独立的会计核算体系和财务管理制度,独立进行财务决策;发行人已依据《企业会计准则》和《企业会计制度》制定并实行《财务管理制度》、《募集资金管理制度》等规范的财务会计制度;根据安永出具的于2013年12月31日有效的《内部控制审计报告》,发行人于2013年12月31日按照《企业内部控制基本规范》和相关规定在所有重大方面保持了有效的财务报告内部控制。

4.5.2 发行人开立了独立的银行账户,对自有资金和财产有独立的支配权。

4.5.3 经本所律师核查发行人近三年的纳税申报资料,发行人依法独立进行纳税申报和履行缴纳义务。

4.5.4 发行人聘请了安永作为其2011-2013年度外部审计机构,对发行人按企业会计准则编制的各年度财务报告进行审计。

4.5.5 根据发行人2014年1-6月份财务报告、发行人的确认,控股股东及其关联方(不包括发行人子公司,下同)并无占用发行人非经营性资金的情况。

4.5.6 根据发行人2014年1-6月份财务报告、发行人的确认,发行人并无违反规定决策程序对外提供担保的情况。

4.6 经本所律师合理核验,发行人在独立性方面不存在其他严重缺陷。

综合上述几个方面的核验,本所律师认为,发行人在业务、人员、机构、财务和资产方面独立于其股东及其他关联方,具备直接面向市场独立经营的能力。

五、发行人的控股股东及实际控制人

5.1 发行人A股前十大股东及其持股情况

根据中央证券登记结算有限公司上海分公司出具的证明,截至2014年9月23日,发行人A股前十大股东及其持股情况如下:

序号	股东名称	持股数(股)	持股比例(%)
1	上海复星高科技(集团)有限公司	920,641,314	39.830
2	全国社保基金一零四组合	35,389,831	1.531
3	新华人寿保险股份有限公司—分红—团体分红—018L—FH001沪	19,661,022	0.851
4	全国社保基金一一八组合	16,370,437	0.708
5	中国建设银行—华安宏利股票型证券投资基金	15,000,000	0.649
6	融通新蓝筹证券投资基金	12,000,000	0.519
7	国信证券股份有限公司客户信用交易担保证券账户	10,204,510	0.441
8	方正证券股份有限公司客户信用交易担保证券账户	9,036,748	0.391
9	中国工商银行—广发稳健增长证券投资基金	8,972,515	0.388
10	上海申新(集团)有限公司	8,638,672	0.370

5.2　发行人的控股股东

根据中央证券登记结算有限公司上海分公司出具的证明及本所律师的核验,截至2014年9月23日,复星高科技持有发行人920,641,314股,占发行人股份总数的39.83%,为发行人的控股股东。

5.2.1　复星高科技,系于1994年11月21日在上海市工商局注册登记的有限责任公司。2005年1月31日,经上海市外国投资工作委员会签发的沪外资委批〔2005〕166号《关于港资收购上海复星高科技(集团)有限公司全部股权并改制为港商独资企业的批复》及上海市人民政府核发的商外资沪独资字〔2005〕0447号《中华人民共和国台港澳侨投资企业批准证书》批准,复星国际收购复星高科技的100%股权。2005年3月8日,复星高科技在上海市工商局完成本次股权转让的工商变更登记,复星高科技由内资企业变更为外商投资企业。

5.2.2　根据2014年4月29日上海市工商局颁发的营业执照,复星高科技目前的工商登记情况如下:

住所:上海市曹杨路500号206室

法人代表人:郭广昌

注册资本:人民币380,000万元

公司类型:有限责任公司(台港澳法人独资)

成立日期:2005年3月8日

经营范围:生物制品、计算机领域的技术开发、技术转让及生产和销售自产产品;相关业务的咨询服务。受复星国际有限公司和其所投资企业以及其关联企业的委托,为它们提供经营决策和管理咨询,财产管理咨询,采购咨询和质量监控和管理咨询,市场营销服务,产品技术研究和开发及技术支持,信息服务及员工培训和管理。(依法须经批准的项目,经相关部门批准后方可开展经营活动)

经营期限:自2005年3月8日至2035年3月7日

5.2.3　根据中央证券登记结算有限公司上海分公司2014年9月24日出具的证明及发行人的确认,截至2014年9月23日,发行人的控股股东复星高科技持有的发行人股份未有被质押的情形。

5.3　复星国际

5.3.1　复星高科技的母公司复星国际,于2004年12月24日在香港注册成立,设立时的法定股本为10,000港元,广信科技及复星高新分别持有复星国际的95%及5%股权。就境外投资设立复星国际事宜,广信科技及复星高新按照其时适用的《关于内地企业赴香港、澳门特别行政区投资开办企业核准事项的规定》及《国家外汇管理局关于简化境外投资外汇资金来源审查有关问题的通知》等相关法律规定,已取得如下批准:

(1)2004年11月26日,国家外汇管理局上海市分局出具编号31000004063的《境外投资外汇资金来源审查批复》,同意通过对广信科技及复星高新在境外投资设立复星国际的外汇资金来源审查及投资资金的购汇核准。

(2)2004年12月20日,商务部以商合批〔2004〕919号文批准广信科技及复星高新在香港设立复星国际,并于2004年12月28日向复星国际颁发〔2004〕商合港澳企证字第HM0029号《批准证书》。

5.3.2　2005年8月8日,复星控股向广信科技及复星高新收购取得复星国际的100%股权。根据《关于内地企业赴香港、澳门特别行政区投资开办企业核准事项的规定》,复星国际该次股权变更已分别于2005年6月23日及2005年7月11日经上海市外经贸委沪经贸外经〔2005〕245号文及商务部对外经济合作司商合作司函〔2005〕404号文批准。

复星控股为一家于2005年2月18日在香港注册成立的有限责任公司,Fosun International Holdings Ltd. 持有其100%的股权权益。Fosun International Holdings Ltd. 为一家于2004年9月9日在英属维尔京群岛成立的有限责任公司,郭广昌、梁信军、范伟及汪群斌分别持有其58%、22%、10%及10%权益。郭广昌等四名境内居民于海外投资设立Fosun International Holdings Ltd.,根据当时的中国法律及行政法规,无需经国内批准(包括外汇资金来源审查)。

郭广昌等四名境内居民于海外投资设立上述公司,已按照2005年10月21日国家外汇管理局发布的《关于境内居民通过境外特殊目的公司融资及返程投资外汇管理有关问题的通知》的要求，向国家外汇管理局上海市分局办理了境内居民个人境外投资外汇登记。

5.3.3　2007 年 7 月 16 日，复星国际在香港联合交易所挂牌上市，股票代码为 HK0656。

5.4　发行人的实际控制人

5.4.1　郭广昌先生，中国国籍，1967 年 2 月出生，工商管理硕士，高级工程师，全国人大代表，1995 年至 2007 年 10 月 27 日任发行人董事长，2007 年 10 月 28 日起任发行人董事，现任复星国际的执行董事及董事长、复星高科技董事长。

5.4.2　截至 2014 年 6 月 30 日，发行人追溯至实际控制人的投资架构图详见下表：

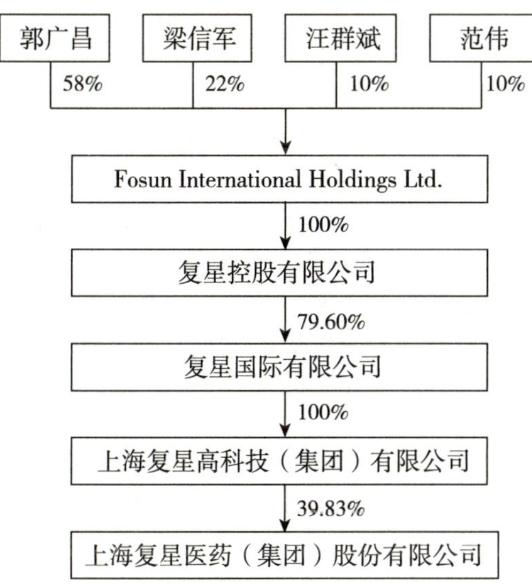

六、发行人的业务

6.1　发行人的经营范围与经营方式

6.1.1　根据《公司章程》及发行人营业执照的记载，发行人目前的经营范围为：生物化学产品，试剂，生物四技服务，生产销售自身开发的产品，仪器仪表，电子产品，计算机，化工原料（除危险品），咨询服务；经营本企业自产产品及相关技术的出口业务，经营本企业生产、科研所需的原辅材料、机械设备、仪器仪表、零配件及相关技术的进口业务。[企业经营涉及行政许可的，凭许可证件经营]。

6.1.2　发行人主要通过本法律意见书附表 A 所列子公司及主要联营公司从事医药产品的分销和零售；药品研发、制造和销售；医疗服务；诊断产品及医疗器械的生产和销售业务。上述发行人子公司及主要联营公司的经营范围详见本法律意见书附表 A。

经本所律师适当核查及经发行人确认，发行人实际从事的业务及经营方式未超越各自经核准的经营范围与经营方式，符合有关中国法律的规定。

6.2　业务开展及其许可

6.2.1　药品制造与研发业务

根据发行人的确认并经本所律师适当核查，发行人主要通过本法律意见书附表 A 所列药品制造与研发板块中的企业从事药品生产和销售业务，及主要通过本法律意见书附表 A 所列重庆医工院等研究机构及其他制药子公司的研发部门从事药品研发业务。

（1）药品生产企业许可

根据发行人提供的《药品生产许可证》、GMP 证书及其确认，发行人下属药品生产企业均已获得《药品生产许可证》及 GMP 证书，具体情况详见本法律意见书附表 B－1－1。

（2）药品批准文号

根据发行人提供的药品注册证及其确认，发行人下属药品生产企业生产的主要药品均已获发相应的药品批准文号，具体注册情况详见本法律意见书附表 B－1－2。

（3）药品经营许可

根据发行人提供的《药品经营许可证》、GSP 证书及其确认，发行人医药工业板块企业中的药品经营企业均已获得《药品经营许可证》及 GSP 证书，具体情况详见本法律意见书附表 B－1－1。

（4）以互联网为媒介的药品经营许可

根据发行人提供的《互联网药品信息服务资格证书》及其确认，发行人下属医药工业板块企业中从事互联网药品信息服务的企业已获得《互联网药品信息服务资格证书》，具体情况详见本法律意见书附表 B－1－1。

6.2.2　医药分销与零售业务

根据发行人的确认并经本所律师适当核查，发行人主要通过本法律意见书附表 A 所列国药控股等企业从事医药产品分销业务，及主要通过本法律意见书附表 A 所列复美药房等企业从事医药产品零售业务。

（1）药品分销企业许可

根据发行人提供的《药品经营许可证》、

GSP 证书及其确认,发行人控股的医药产品分销企业或参股的重要医药产品分销企业均已获得《药品经营许可证》及 GSP 证书,具体情况详见本法律意见书附表 B –2。

(2)药品零售企业许可

根据发行人提供的《药品经营许可证》、GSP 证书及其确认,发行人下属医药产品零售企业均已获得《药品经营许可证》及 GSP 证书,具体情况详见本法律意见书附表 B –2。

(3)医疗器械经营企业许可

根据发行人提供的《医疗器械经营企业许可证》及其确认,发行人下属医药产品分销及零售企业中经营医疗器械的企业均已获得《医疗器械经营企业许可证》,详见本法律意见书附表 B –2。

(4)以互联网为媒介的药品经营许可

(i)根据发行人提供的《互联网药品交易服务资格证书》及其确认,发行人下属医药商业板块企业中从事互联网药品交易服务的医药产品分销及零售企业均已获得《互联网药品交易服务资格证书》,具体情况详见本法律意见书附表 B –2。

(ii)根据发行人提供的《互联网药品信息服务资格证书》及其确认,发行人下属医药商业板块企业中从事互联网药品信息服务的医药产品分销及零售企业均已获得《互联网药品信息服务资格证书》具体情况详见本法律意见书附表 B –2。

(5)特许经营备案

根据商务部特许经营备案系统的公开信息,存在加盟许可情形的金象连锁、复星药房已向商务主管部门办理了商业特许经营备案。

6.2.3 医疗服务业务

根据发行人的确认并经本所律师适当核查,发行人主要通过本法律意见书附表 A 所列医诚投资与境内外企业共同投资,经营济民医院、广济医院等相关医疗机构,向公众提供医疗服务。

根据发行人提供的《医疗机构执业许可证》,并经其确认,发行人下属医疗机构均已获得《医疗机构执业许可证》,详见本法律意见书附表 B –3。

6.2.4 医学诊断业务

根据发行人的确认并经本所律师适当核查,发行人主要通过本法律意见书附表 A 所列复星长征、复星医学、星佰生物等企业从事医药诊断产品生产业务。该等企业生产的医药诊断产品涉及生化诊断、免疫诊断、分子诊断、微生物诊断等四大类产品。

(1)诊断产品生产企业许可

诊断产品部分属于医疗器械类,部分属于药品类。

根据发行人提供的《医疗器械生产企业许可证》及其确认,发行人下属诊断产品企业中生产属于医疗器械类诊断产品的企业均已获得医疗器械生产企业许可证,具体情况详见本法律意见书附表 B –4 –1。

根据发行人提供的《药品生产许可证》、GMP 证书及其确认,发行人下属诊断产品企业中生产属于药品类诊断产品的企业均已获得《药品生产许可证》及 GMP 证书,具体情况详见本法律意见书附表 B –4 –1。

(2)诊断产品注册许可

根据发行人提供的《医疗器械注册证》及其确认,发行人下属诊断产品企业生产的属于医疗器械类的主要诊断产品均已获得医疗器械产品注册证,具体情况详见本法律意见书附表 B –4 –2。

根据发行人提供的药品注册证及其确认,发行人下属诊断产品企业生产的属于药品类的主要诊断产品亦已取得药品批准文号,具体情况详见本法律意见书附表 B –4 –3。

(3)诊断产品经营企业许可

根据发行人提供的《医疗器械经营企业许可证》及其确认,发行人下属诊断产品经营企业均已获得医疗器械经营企业许可证,具体情况详见本法律意见书附表 B –4 –1。

6.2.5 医疗器械业务

根据发行人的确认并经本所律师适当核查,发行人主要通过本法律意见书附表 A 所列复技医疗、淮阴医械及输血技术等企业主要从事医疗器械的生产和销售业务。

(1)医疗器械生产企业许可

根据发行人提供的《医疗器械生产企业许可证》及其确认,发行人下属医疗器械生产企业均已获得《医疗器械生产企业许可证》,具体情况详见本法律意见书附表 B –5 –1。

(2)医疗器械注册许可

根据发行人提供的《医疗器械注册证》及其确认,发行人下属医疗器械企业生产的主要医疗器械产品均已获得注册,具体情况详见本法律意见书附表B-5-2。

(3)医疗器械经营企业许可

根据发行人提供的《医疗器械经营企业许可证》及其确认,发行人下属医疗器械经营企业均已获得《医疗器械经营企业许可证》,具体情况详见本法律意见书附表B-5-1。

(4)药品生产企业许可及药品批准文号

根据发行人提供的《药品生产许可证》及GMP证书及其确认,发行人医疗器械板块企业中从事药品生产的企业均已获得《药品生产许可证》及GMP证书,具体情况详见本法律意见书附表B-5-1。

根据发行人提供的药品注册证及其确认,发行人医疗器械板块企业中从事药品生产的企业生产的属于药品类产品亦已取得药品批准文号,具体情况详见本法律意见书附表B-5-3。

综上,除本法律意见书附表披露的个别产品许可及企业许可申请延期、换发新证或正在办理再注册申请等手续的情形外,本所律师认为,发行人及其附属单位为从事现时的医药业务而需要取得的相关批准、许可登记和备案手续,均已全部依法取得和完成。

6.3　发行人在中国大陆以外的经营情况

6.3.1　发行人的全资子公司复星香港

(1)基本信息

根据复星香港的《公司注册证书》、《商业登记证》等资料和发行人的确认,复星香港系一家于2004年9月22日在香港注册成立的公司,截至2013年6月30日,已发行股份1,153,200万股,每股面值0.01美元,股本总额为11,532万美元,全部由发行人认缴。

根据发行人获发的商境外投资证第3100201100009号《中国企业境外投资批准证书》,发行人投资复星香港已经商务主管机构核准。

(2)经营活动

根据发行人披露的2013年年度报告、相关公告及发行人的确认,并经本所律师核查复星香港的相关资料,截至目前,复星香港的主要经营活动为在境内参与投资设立万邦金桥(持有40%股权)、大连雅立峰(持有74%股权)等企业,并在境外进行投资。

6.3.2　发行人的全资子公司香港能悦

(1)基本信息

根据香港能悦的于2013年5月30日获发的商境外投资证第3100201300130号《企业境外投资批准证书》、《公司注册证书》、《商业登记证》等资料和发行人的确认,香港能悦系一家于2010年4月7日在香港注册成立的公司,注册资本为6158.72万美元,其中,发行人认缴4148.72万美元,复星香港认缴2010万美元。

发行人就2010年通过复星香港投资设立香港能悦事宜已向上海市商务委员会办理了备案手续。

根据上海市商务委于2013年5月23日出具的沪商外经〔2013〕336号《市商务委关于同意上海复星医药(集团)股份有限公司增资香港能悦有限公司的批复》及香港能悦《企业境外投资批准证书》,发行人就2013年后续增资香港能悦事宜已获得上海市商务委审批同意。

(2)经营活动

根据公司章程及发行人确认,香港能悦为控股型公司,主要从事投资控股业务。

6.3.3　发行人子公司美国复创

(1)基本信息

根据发行人的确认,美国复创系一家于2009年5月21日在美国加利福尼亚州申请注册成立的公司,已发行股份1,000股普通股,全部由重庆复创认缴。

根据重庆复创获发的商境外投资证第5000201100018号《中国企业境外投资批准证书》,重庆复创投资美国复创已经商务主管机构核准。

(2)经营活动

根据发行人的确认,美国复创系一家小分子药物研发公司,主要从事癌症和糖尿病新药的研发。

6.3.4　发行人子公司加纳桂林

(1)加纳桂林的设立

根据发行人的确认,加纳桂林系一家于2010年3月22日在加纳注册成立的公司,已发行股份3,000股无面值的普通股,全部由科麟医药认缴。

根据科麟医药获发的商境外投资证第

3100201000100 号《中国企业境外投资批准证书》,科麟医药投资加纳桂林已经商务主管机构核准。

(2)经营活动

根据境外投资批准证书及发行人确认,加纳桂林主要从事医药产品、医疗器械的进出口及批发业务。

6.3.5 发行人子公司美国汉霖

(1)美国汉霖的设立

根据发行人的确认,美国汉霖系一家于2010年3月11日在美国加利福尼亚州申请注册成立的公司,已发行股份1,000,000股普通股,全部由复宏汉霖认缴。

根据复宏汉霖获发的商境外投资证第3100201000181号《中国企业境外投资批准证书》,复宏汉霖投资美国汉霖已经商务主管机构核准。

(2)经营活动

根据境外投资批准证书及发行人确认,美国汉霖主要从事生物大分子药物的前期开发。

6.3.6 发行人子公司 Chindex Medical 及其下属公司

(1)Chindex Medical 的基本信息

根据 Chindex Medical 的《公司注册证书》、《商业登记证》等资料和发行人的确认,Chindex Medical 系一家于2010年11月15日在香港注册成立的公司,已发行股份3,000万股,每股面值10港元,股本总额为30,000港元。截至2014年6月30日,香港能悦持有 Chindex Medical 70%的股权。

发行人通过增资子公司香港能悦间接增持 Chindex Medical 至70%事宜,已经上海市发展和改革委员会于2013年5月17日出具的《关于上海复星医药(集团)股份有限公司通过香港子公司收购以色列 Alma Lasers Ltd. 公司部分股权项目核准的批复》与上海市商务委员会于2013年5月23日出具的沪商外经〔2013〕336号《关于同意上海复星医药(集团)股份有限公司增资能悦有限公司的批复》同意。

(2)经营活动

根据公司章程及发行人确认,Chindex Medical 为控股型公司,其子公司 Chindex Export、CAH 亦为控股型公司,主要生产经营活动系通过子公司 Chindex HK、Chindex Export Medical 及 CHINADEX GMBH 开展。

(i)Chindex Export

根据 Chindex Export 的《公司成立证书》、股东名册等资料和发行人的确认,Chindex Export 系一家于2001年11月13日在英属维尔京群岛注册成立的公司,已发行股份1,000股,每股面值1美元,股本总额为1,000美元,全部由 Chindex Medical 认缴。

(ii)CAH

根据 CAH 的《公司成立证书》、董事会决议等资料和发行人的确认,CAH 系一家于2001年8月31日在毛里求斯共和国注册成立的公司,已发行股份1,000股,每股面值1美元,股本总额为1,000美元,全部由 Chindex Export 认缴。

(iii)Chindex HK

根据 Chindex HK 的《公司注册证书》、《商业登记证》、Chindex HK2013年周年申报表等资料和发行人的确认,Chindex HK 系一家于1996年2月15日在香港注册成立的公司,已发行股份数为2股,每股面值为10港元,股本总额为10,000港元,全部由 Chindex Export 认缴。

根据发行人的确认,Chindex HK 主要从事医疗器械及手术耗材的贸易,提供维护服务,进行投资。

(iv)Chindex Export Medical

根据发行人的确认,Chindex Export Medical 于2010年8月17日在美国特拉华州注册成立,其全部权益都归属于 Chindex Export。

根据发行人的确认,Chindex Export Medical 主要从事医疗器械的出口贸易活动。

(v)CHINADEX GMBH

根据发行人的确认,CHINADEX GMBH 系一家于2002年10月30日在德国法兰克福注册成立的公司,注册资本为25,000欧元,其股东为 Chindex Export。

根据发行人的确认,CHINADEX GMBH 主要从事药品及保健品的出口贸易活动。

6.3.7 发行人子公司科麟西非

(1)基本信息

根据科麟西非的《公司注册证书》、《企业境外投资证书》、《更改公司名称通知书》和发行人的确认,科麟西非系一家于2012年6月22

日在香港注册成立的公司,股本总额为100万美元,截至2014年6月30日,发行人通过其境内子公司科麟医药持有科麟西非95%的股权,SOMA Pharma Co.,Ltd.持有5%的股权。

根据科麟西非获发的商境外投资证第3100201200181号《企业境外投资证书》,科麟医药投资科麟西非已经商务主管机构核准。

(2)经营活动

根据《企业境外投资证书》及发行人确认,科麟西非主要从事医药产品、医疗器械的进出口及批发业务。

6.3.8　发行人子公司科麟西法

(1)基本信息

根据发行人的确认,科麟西法系一家于2012年7月11日在科特迪瓦注册成立的公司,股本总额为3,000欧元,全部由科麟西非认缴。

(2)经营活动

根据发行人的确认,截至目前,科麟西法的主要经营活动为药品生产、销售。

6.3.9　发行人子公司科麟尼日利亚

(1)基本信息

根据科麟尼日利亚的《BUSINESS LICENSE》和发行人的确认,科麟尼日利亚系一家于2013年10月20日在尼日利亚注册成立的公司,截至2014年6月30日,科麟医药持有70%的股权,Drugfield医药公司持有30%的股权。

根据科麟尼日利亚获发的商境外投资证第3100201400035号《企业境外投资证书》,科麟医药投资科麟尼日利亚已经商务主管机构核准。

(2)经营活动

根据发行人的确认,截至目前,科麟尼日利亚的主要经营活动为药品生产、销售。

6.3.10　发行人子公司SISRAM MEDICAL LTD.,及其下属公司

(1)基本信息

根据发行人的确认,SISRAM MEDICAL LTD.,系一家于以色列注册成立的公司,股份数额为735,000股,每股价值0.01新谢克尔,股本总额为7,350新谢克尔,由能悦有限公司持有30.03%股权;Chindex Medical持有36.17%股权;Magnificent View Investments Limited持有33.80%股权。

(2)经营活动

根据发行人的确认,截至目前,SISRAM MEDICAL LTD.,的主要经营活动为投资管理。

(i)Alma Lasers Ltd.

根据发行人提供的股权购买协议及其确认,Alma Lasers Ltd.系一家于1999年10月5日在以色列注册成立的公司,SISRAM MEDICAL LTD.,持有615,873,368股;公司管理层持有31,344,901股。

根据发行人的确认,截至目前,Alma Lasers Ltd.的主要经营活动为医疗和美容激光器械的研发、生产和销售,并持有Alma Lasers Inc.、Alma Laser GmbH及Alma Lasers AT GmbH的全部股权。

上述发行人通过子公司香港能悦、Chindex Medical,联合另一境外公司在以色列设立SISRAM MEDICAL LTD公司,并通过SISRAM MEDICAL LTD.,收购Alma Lasers Ltd. 63.2872%股权事宜,已经上海市发展和改革委员会于2013年5月17日出具的《关于上海复星医药(集团)股份有限公司通过香港子公司收购以色列Alma Lasers Ltd.公司部分股权项目核准的批复》同意。

根据发行人确认,发行人已就其境外投资事宜于相关外汇主管机关系统内办理完成了所需外汇登记手续,但根据外汇主管机关系统的操作惯例,并未提供书面确认材料。

6.4　经本所律师适当核查并经发行人确认,报告期内,发行人经营范围未发生变更。

6.5　发行人主营业务突出。

根据发行人2014年1-6月份财务报告,发行人2011年度、2012年度、2013年度及2014年1-6月的营业收入分别为6,485,540,800.81元,7,340,782,721.14元,9,996,409,009.20元及5,538,539,348.65元,其中主营业务收入分别为6,404,857,702.02元,7,258,784,806.53元,9,897,584,450.31元及5,508,376,746.33元,归属于母公司所有者的净利润分别为1,165,607,629.27元,1,563,916,441.26元,2,027,057,736.35元及1,002,014,591.95元,其主营业务十分突出且增长迅速。

6.6　根据发行人的确认及本所律师核查,发行人现有生产经营范围符合国家产业政策。

6.7　根据发行人现行有效的《公司章程》、安永审计报告及发行人股东大会、董事会、监事会的有关会议材料并经本所律师合理核查,发行人目前不存在影响持续经营的法律障碍。

七、关联交易与同业竞争

7.1　关联方

根据《公司法》、《企业会计准则第36号——关联方披露》(财会〔2006〕3号)及《上市公司信息披露管理办法》对关联方范围的有关规定,一方控制、共同控制另一方或对另一方施加重大影响,以及两方或两方以上同受一方控制、共同控制或重大影响的,构成关联方。发行人的关联方主要包括:

7.1.1　发行人的子公司、主要联营公司及合营公司,其基本情况详见本法律意见书附表A。

7.1.2　持有发行人股份5%以上的主要股东

经发行人确认,截至2014年6月30日,持有发行人股份5%以上的主要股东亦即复星高科技,其基本情况详见本法律意见书正文第五部分"发行人的控股股东及实际控制人"。

7.1.3　复星高科技所控制或能施加重大影响的企业

经发行人确认,除发行人外,复星高科技所控制的企业主要还包括:复地集团、南京南钢、南钢股份、海南矿业及该等企业的控股子公司;复星高科技能施加重大影响的企业主要为豫园商城。

7.1.4　实际控制人及其控制的其他企业

经发行人确认,发行人的实际控制人即郭广昌先生,其所控制的企业除复星高科技及其控股子公司外,还包括:

(1)复星高科技的母公司(即Fosun International Holdings Ltd.、复星控股及复星国际,该等公司情况详见本法律意见书正文第五部分"发行人的控股股东及实际控制人")及其控股子公司;

(2)上海广信科技、亚东广信科技、复星高新及其控股子公司。

7.1.5　主要投资个人及与其关系密切的家庭成员

经发行人确认,截至2014年6月30日,郭广昌先生、梁信军先生、汪群斌先生及范伟先生分别持有发行人最终控股法人Fosun International Holdings Ltd. 的58%、22%、10%、10%股权,上述自然人及与其关系密切的家庭成员亦为发行人的关联方。

7.1.6　关键管理人员及与其关系密切的家庭成员

包括发行人的董事、监事和高级管理人员,上述自然人及与其关系密切的家庭成员亦为发行人的关联方。

7.2　已发生的关联交易

发行人2011年度、2012年度、2013年度以及2014年1-6月份与关联方发生的主要关联交易情况如下:

7.2.1　经常性关联交易

(1)采购货物

根据安永审计报告,发行人2011年度、2012年度及2013年度因采购货物向关联方所支付的价款分别为138,592,862.71元、227,469,792.42元及184,009,577.36元,分别占各年度总采购金额的比例为3.473%、5.512%和3.319%。

根据安永审计报告,该等向关联方采购货物的价格与向非关联方采购的价格一致,以市场价格为基础协商确定。

根据发行人2014年1-6月份财务报告,自2014年1月1日至2014年6月30日期间,发行人因采购货物向关联方所支付的价款为78,001,682.64元,占该期间总采购金额的比例为2.87%。

(2)销售货物

根据安永审计报告,发行人2011年度、2012年度及2013年度因向关联方销售货物所获得的收入分别为400,882,091.23元、463,900,769.27元及647,203,698.51元,分别占各年度总销售金额的比例为6.182%、6.318%和6.474%。

根据安永审计报告,该等向关联方销售货物的价格与向非关联方销售的价格一致,以市场价格为基础协商确定。

根据发行人2014年1-6月份财务报告,自2014年1月1日至2014年6月30日期间,发行人因向关联方销售货物所获得的收入为365,318,275.59元,占该期间总采购金额的比例为6.60%。

(3)房屋租赁

根据安永审计报告,2011 年度、2012 年度及 2013 年度发行人向关联方承租资产与发行人向关联方出租资产并提供物业管理服务的具体情况如下:

出租方或物业	承租方	租赁资产类型	租赁起始日	租赁终止日	年度确认的租赁费用(元)
2011 年度					
复地投资	产业发展	房屋	2010. 5. 1	2013. 4. 30	391,777. 08
复地投资	江苏万邦	房屋	2010. 5. 1	2013. 4. 30	147,489. 72
复地投资	重庆药友	房屋	2010. 3. 1	2013. 2. 28	255,594. 00
复地投资	Chindex Medical	房屋	2011. 3. 1	2016. 2. 29	1,972,025. 20
复星物业	发行人	房屋	2011. 1. 1	2011. 12. 31	7,015,537. 61
北京金象	金象连锁	房屋	2011. 1. 1	2015. 12. 31	3,000,000. 00
克隆生物	复星物业	房屋	2011. 5. 1	2015. 4. 30	501,371. 00
克隆生物	复地集团	房屋	2011. 5. 1	2015. 4. 30	501,371. 00
金象连锁	北京金象	房屋	2010. 12. 17	2013. 12. 16	60,000. 00
克隆生物	复星高科技	房屋	2011. 8. 1	2015. 7. 31	93,585. 00
2012 年度					
复地投资	产业发展	房屋	2010. 5. 1	2013. 4. 30	391,777. 06
复地投资	江苏万邦	房屋	2010. 5. 1	2013. 4. 30	255,504. 00
复地投资	重庆药友	房屋	2010. 3. 1	2013. 2. 28	147,489. 68
复地投资	Chindex Medical	房屋	2011. 3. 1	2016. 2. 29	3,681,113. 74
复星物业	发行人	房屋	2012. 1. 1	2012. 12. 31	7,230,952. 08
北京金象	金象连锁	房屋	2011. 1. 1	2015. 12. 31	2,662,000. 00
克隆生物	复星物业	房屋	2011. 5. 1	2015. 4. 30	752,064. 00
克隆生物	复地集团	房屋	2011. 5. 1	2015. 4. 30	802,957. 00
金象连锁	北京金象	房屋	2012. 6. 17	2013. 12. 16	71,777. 78
克隆生物	复星高科技	房屋	2012. 4. 1	2014. 7. 31	269,093. 70
2013 年度					
复地投资	Chindex Medical	房屋	2011. 3. 1	2013. 11. 30	3,374,354. 28
复地投资	产业发展	房屋	2010. 5. 1	2014. 12. 31	559,930. 36
复地投资	重庆药友	房屋	2010. 3. 1	2013. 2. 28	36,872. 42
复地投资	江苏万邦	房屋	2010. 5. 1	2015. 4. 30	330,168. 00
新施华投资管理	Chindex Medical	房屋	2013. 12. 1	2016. 2. 29	306,759. 48
复星物业	发行人	房屋	2013. 1. 1	2013. 12. 31	7,230,952. 08
北京金象	金象连锁	房屋	2011. 1. 1	2015. 12. 31	3,705,000. 12

续表

出租方或物业	承租方	租赁资产类型	租赁起始日	租赁终止日	年度确认的租赁费用(元)
克隆生物	复星高科技	房屋	2012.4.1	2014.7.31	76,868.00
克隆生物	复星物业	房屋	2013.1.1	2013.4.30	376,028.00
金象连锁	北京金象	房屋	2012.6.17	2013.12.16	40,000.00
克隆生物	上海复晟	房屋	2013.4.8	2014.5.7	517,392.00
星泰医药	龙沙复星	房屋	2013.2.15	2014.2.14	97,599.50
桂林南药	澳林制药	房屋	2013.1.1	2014.4.30	52,291.68

根据发行人2014年1－6月份财务报告,自2014年1月1日至2014年6月30日期间,发行人向关联方承租资产与发行人向关联方出租资产并提供物业管理服务的具体情况如下:

出租方或物业	承租方	租赁资产类型	租赁起始日	租赁终止日	年度确认的租赁费用(元)
2014年上半年度					
新施华投资管理	产业发展	房屋	2014.1.1	2014.12.31	377,204.10
新施华投资管理	万邦营销	房屋	2013.12.1	2015.4.30	140,000.00
新施华投资管理	Chindex Medical	房屋	2013.12.1	2016.2.29	1,643,354.35
复星物业	发行人	房屋	2014.1.1	2014.8.31	3,615,476.04
北京金象	金象连锁	房屋	2011.1.1	2015.12.31	1,996,500.00
克隆生物	复星集团	房屋	2012.4.1	2014.7.31	37,434.00
星泰医药	龙沙复星	房屋	2013.2.15	2014.2.14	12,973.95
星泰医药	龙沙复星	房屋	2014.2.15	2015.2.14	39,806.70
桂林南药	澳林制药	房屋	2004.5.1	2014.4.30	17,430.56
克隆生物	上海复晟	房屋	2013.4.8	2014.5.7	246,450.00
克隆生物	上海复晟	房屋	2014.5.8	2015.5.7	128,856.00

(4)接受关联方劳务

根据安永审计报告,2011年度、2012年度及2013年度发行人接受关联方劳务的具体情况如下:

接受劳务方	提供劳务方	接受劳务类型	劳务起始日	劳务终止日	年度确认的劳务费用(元)
2011年度					
产业发展	北京高地物业	物业管理	2010.5.1	2013.4.30	95,681.04
Chindex Medical	北京高地物业	物业管理	2011.3.1	2016.2.29	582,233.93
发行人	上海高地物业	物业管理	2011.1.1	2011.12.31	1,165,505.38
克隆生物	上海高地物业	物业管理	2011.1.4	2011.12.31	640,038.00
重庆药友	复地投资	物业管理	2010.1.3	2013.2.28	36,020.00
江苏万邦	复地投资	物业管理	2010.5.1	2013.4.30	62,400.00

续表

接受劳务方	提供劳务方	接受劳务类型	劳务起始日	劳务终止日	年度确认的劳务费用(元)
2012 年度					
产业发展	北京高地物业	物业管理	2010. 5. 1	2013. 4. 30	110,401. 20
Chindex Medical	北京高地物业	物业管理	2011. 3. 1	2016. 2. 29	764,607. 60
重庆药友	北京高地物业	物业管理	2010. 3. 1	2013. 2. 28	41,562. 00
江苏万邦	北京高地物业	物业管理	2010. 3. 1	2013. 4. 30	77,868. 82
克隆生物	上海高地物业	物业管理	2011. 4. 1	2013. 12. 31	895,855. 59
2013 年度					
产业发展	北京高地物业	物业管理	2012. 4. 1	2014. 12. 31	110,401. 20
Chindex Medical	北京高地物业	物业管理	2012. 4. 1	2016. 2. 29	806,169. 60
重庆药友	北京高地物业	物业管理	2012. 4. 1	2013. 2. 28	6,981. 99
江苏万邦	北京高地物业	物业管理	2012. 4. 1	2015. 4. 30	84,061. 77
发行人	复瑞物业	物业管理	2013. 1. 1	2013. 12. 31	1,043,035. 25
克隆生物	复瑞物业	物业管理	2013. 7. 1	2013. 12. 31	1,598,928. 57

根据发行人 2014 年 1 – 6 月份财务报告，自 2014 年 1 月 1 日至 2014 年 6 月 30 日期间，发行人接受关联方劳务的具体情况如下：

接受劳务方	提供劳务方	接受劳务类型	劳务起始日	劳务终止日	年度确认的劳务费用(元)
2014 年上半年度					
产业发展	北京高地物业	物业管理	2013. 5. 1	2014. 12. 31	55,200. 60
万邦营销	北京高地物业	物业管理	2013. 5. 1	2015. 4. 30	32,307. 57
Chindex Medical	北京高地物业	物业管理	2012. 4. 1	2016. 2. 29	335,904. 00

(5)关键管理人员薪酬

根据安永审计报告，发行人 2011 年度、2012 年度及 2013 年度支付关键管理人员报酬的具体情况如下：

关联方	2013 年度	2012 年度	2011 年度
关键管理人员薪酬	27,886,400. 78 元	23,072,883. 18 元	12,959,461. 72 元

根据发行人 2014 年 1 – 6 月份财务报告，自 2014 年 1 月 1 日至 2014 年 6 月 30 日期间，发行人支付关键管理人员报酬合计人民币 29,583,185. 89 元。

7. 2. 2　偶发性关联交易

(1)资产收购、出售与股权转让

(i)2011 年 7 月 20 日，发行人全资子公司复星香港与 Catalent Pharma Solutions, Inc. 等签订了《股份购买协议》，复星香港出资 500 万美元认购了 Handa Pharmaceuticals, LLC 增发的 1, 165, 502 股股份。Handa Pharmaceuticals, LLC 已于 2011 年 7 月 20 日签发了本次股份认购证明。

该次股权转让已经发行人第五届董事会第四十一会议审议，且经独立董事发表意见。

(ii)2011 年 8 月 19 日，发行人全资子公司医药投资与国药控股签订《股权转让协议》,由医药投资向国药控股转让所持有的浙江复星68.6%的股权,本次股权转让价格参照上海东洲资产评估有限公司以2010年12月31日为基准日出具的资产评估报告所确认的浙江复星净资产评估值、由转让双方协商确定为人民币3,666.60万元,该股权转让于2011年6月30日完成。

该次股权转让已经发行人第五届董事会第四十二次会议审议,且经独立董事发表意见。

(iii)2011年12月5日,发行人全资子公司医药投资与国药控股湖州有限公司签订《股权转让协议》,医药投资向国药控股湖州有限公司转让所持有的湖州慕韩斋医药连锁有限公司8.00%的股权,本次转让价格以上海东洲资产评估有限公司以2010年12月31日为基准日出具的资产评估报告所确认的湖州慕韩斋医药连锁有限公司净资产评估值为基础、由转让双方协商确定为人民币37.8万元。该事项已于2011年12月21日办理了工商变更登记手续。该资产出售产生的损益为人民币0万元。

该次股权转让已经发行人第五届董事会第四十七次会议审议,且经独立董事发表意见。

(iv)2012年7月20日,发行人与复星工发签订《股份转让协议》,发行人以人民币9,976万元的价格向复星工发转让所持有的永安保险8,600万股股份;本次转让价格参照有关审计报告所确认的永安保险的审定净资产值为依据,确定为人民币9,976万元;本次转让的结算方式为现金。该事项已于2013年6月21日办理了工商变更登记手续。

该次股权转让已经发行人第五届董事会第六十四次会议审议,且经独立董事发表意见。

(v)2013年4月,复星香港与SD Biosensor,Inc.(以下简称"SDB")签订《股份认购协议》,由复星香港出资556,245.35万韩币认购51,498股新增股份。

该次股权认购已经发行人第五届董事会第八十八次会议审议,且经独立董事发表意见。

(vi)2013年12月,发行人与复星集团、南京钢铁联合有限公司签署《增资协议书》,约定复星财务公司的注册资本增至150,000万元,增资后各股东股权比例不变。

该次增资已经发行人第六届董事会第十一次会议审议,且经独立董事发表意见,并经中国银监会上海监管局于2014年1月8日出具的沪银监复〔2014〕20号《上海监管局关于同意上海复星高科技集团财务有限公司变更注册资本及修改公司章程的批复》同意。

(vii)本公司全资子公司复星香港参与美中互利私有化以及本公司(通过控股子公司)受让Chindex Medical 30%股权。

发行人全资子公司复星香港投资之美国纳斯达克证券交易所(以下简称"纳斯达克")上市企业——美中互利拟通过合并进行私有化并从纳斯达克退市(以下简称"私有化交易"),复星实业拟以不超过19,374万美元以及截至2014年2月17日所持有的美中互利共计3,157,163股A类股票参与该私有化交易。

该次股权认购已经发行人第六届董事会第十七次会议审议,且经独立董事发表意见,并经发行人2013年度股东大会审议通过。

(viii)2014年2月,发行人全资子公司复星医药产业与新疆博泽、锦州奥鸿及于洪儒签订了股权转让协议,复星医药产业拟出资不超过人民币186,607.98万元受让新疆博泽所持有的锦州奥鸿共计28.146%股权。

该次股权认购已经发行人第六届董事会第十八次会议审议,且经独立董事发表意见,并经发行人2014年第一次临时股东大会审议通过

(ix)2014年7月,发行人与国药控股签署《产权交易合同》,以17500.03万元购买国药控股所持国药控股医疗投资管理有限公司35%股权。

该次股权收购已经发行人第六届董事会第二十七次会议审议,且经独立董事发表意见。

本所律师经适当查验,认为上述关联交易的定价没有显失公允、损害发行人及其他股东利益的情形,发行人亦履行了相关法律及发行人章程规定的决策程序和公告义务。

(2)担保

根据安永审计报告,2011年度、2012年度关联方为发行人提供如下担保:

担保方	债务人	金额(万元)	担保期限
2011 年度			
复星高科技	发行人	200.00	2009.12.15-2012.6.15
复星高科技	发行人	200.00	2010.12.17-2012.6.17
复星高科技	发行人	100.00	2010.12.17-2012.12.17
复星高科技	发行人	9,800.00	2009.12.15-2012.12.14
复星高科技	发行人	2,500.00	2010.9.30-2012.9.30
复星高科技	发行人	1,000.00	2010.8.30-2013.2.26
复星高科技	发行人	100.00	2010.12.17-2013.6.17
复星高科技	发行人	4,600.00	2010.12.17-2013.12.16
复星高科技	发行人	3,500.00	2010.9.30-2013.9.30
复星高科技	发行人	4,000.00	2010.9.30-2014.9.30
复星高科技	发行人	4,000.00	2010.9.30-2015.9.30
复星高科技	发行人	3,500.00	2010.9.30-2016.9.30
复星高科技	发行人	3,000.00	2010.9.30-2017.9.30
复星高科技	发行人	2,000.00	2010.9.30-2018.9.30
复星高科技	发行人	32,000.00	2006.11.14-2013.11.4
复星高科技	发行人	6,300.90	2011.11.3-2012.3.5
复星高科技	发行人	6,300.90	2011.11.22-2012.3.5
2012 年度			
复星高科技	发行人	32,000.00	2006.11.14-2012.10.30

根据安永审计报告,2013 年度,无关联方为发行人提供担保的情况。

根据发行人 2014 年 1-6 月份财务报告,自 2014 年 1 月 1 日至 2014 年 6 月 30 日期间,无关联方为发行人提供担保的情况。

(3)其他重大关联交易

(i)2011 年 3 月 16 日,发行人全资子公司齐绅投资、国药产投与北京银行股份有限公司上海分行签订了《委托贷款协议》,齐绅投资向关联方国药产投提供人民币 9,800 万元的贷款,实际贷款期限自 2011 年 3 月 16 日至 2011 年 8 月 18 日,贷款利率为 6.31%。

该次股权转让已经发行人第五届董事会第三十一次会议审议,且经独立董事发表意见。

(ii)2011 年 11 月 21 日,发行人全资子公司复星平耀与西藏复星投资管理有限公司等 45 名合伙人签订《有限合伙协议》,各方出资共计人民币 150,500 万元共同设立上海复星创泓股权投资基金合伙企业(有限合伙);其中,复星平耀有限合伙人出资人民币 4,000 万元,占 2.66% 的出资份额。上海复星创泓股权投资基金合伙企业(有限合伙)于 2011 年 11 月 30 日获发企业法人营业执照。

该次股权转让已经发行人第五届董事会第四十九次会议审议,且经独立董事发表意见。

(iii)2011 年 12 月 1 日和 12 月 9 日,发行人、湖北新生源与北京银行股份有限公司上海分行签订了 2 份《委托贷款协议》,发行人分两次向湖北新生源提供总计人民币 8,000 万元的贷款,贷款期限分别为 2011 年 12 月 1 日起至 2012 年 12 月 1 日止,2011 年 12 月 9 日起至 2012 年 12 月 1 日止,贷款利率均为 6.56%。

该次股权转让已经发行人第五届董事会第四十五次会议审议,且经独立董事发表意见。

(iv)2012 年 10 月 24 日,发行人与关联方上海复星高科技集团财务有限公司签署《金融服务协议》,由上海复星高科技财务有限公司为发行人及其子公司提供存款服务、授信服务、结算服务以及其他金融服务,协议期限至 2013 年 12 月 31 日。上海复星高科技财务有限公司与发行人同为复星高科技控制,本次交易构成发行人的关联交易。

本次交易已经发行人 2013 年第四次临时股东大会审议通过,关联股东复星高科技回避了表决,且经独立董事发表意见。

(v)2012 年 6 月 25 日,发行人与国药集团医疗健康投资管理有限责任公司(以下简称“国药基金管理公司”)、中国医药集团总公司、国药控股及其他投资者等签订《上海国药股权投资基金合伙企业(有限合伙)之有限合伙协议》(以下简称“《有限合伙协议》”),发行人以有限合伙人身份出资人民币 5,000 万元参与设立合伙基金。合伙基金由国药基金管理公司发起设立,合伙基金计划募集资金总额为人民币 10 亿元,其中:国药基金管理公司以普通合伙人身份认缴出资额人民币 500 万元,包括发行人、中国医药集团总公司以及国药控股等在内的有限合伙人合计认缴出资额人民币 99,500 万元。本次交易构成公司与关联人共同投资之关联交易。该事项已于 2012 年 6 月 26 日办理了工商变更登记手续。

该次交易已经发行人 2012 年第五届董事会第六十一次会议审议,且经独立董事发表意见。

本所律师认为,发行人与其关联方之间发生的关联交易无显失公允及损害发行人及其他股东的利益的情形。

7.3 发行人关联交易决策制度

7.3.1 经本所律师核查,发行人在现行章程中明确规定了控股股东及实际控制人的义务、关联交易的决策程序及回避制度。具体如下:

(1)《公司章程》第 62 条规定:“公司的控股股东、实际控制人员不得利用其关联关系损害公司利益。违反规定的,给公司造成损失的,应当承担赔偿责任。公司控股股东及实际控制人对公司和公司社会公众股股东负有诚信义务。控股股东应严格依法行使出资人的权利,控股股东不得利用利润分配、资产重组、对外投资、资金占用、借款担保等方式损害公司和社会公众股股东的合法权益,不得利用其控制地位损害公司和社会公众股股东的利益”。

(2)《公司章程》第 110 条规定:“股东大会审议有关关联交易事项时,关联股东不应当参与投票表决,其所代表的有表决权的股份数不计入有效表决总数;股东大会决议的公告应当充分披露非关联股东的表决情况。

有关联关系股东的回避和表决程序为:

(一)股东大会在审议关联交易事项时,主持人应宣布有关关联股东的名单,并宣布出席大会的非关联方有表决权的股份数总和占公司股份总数的比例。

(二)关联股东应主动向董事会提出回避并放弃表决权,会议主持人应当要求关联股东代表回避并放弃表决权。

(三)如董事长作为关联股东代表出席大会,则在审议并表决相关关联交易事项时,董事长应授权副董事长或其他董事主持会议。

(四)关联股东对召集人的决定有异议,有权向有关证券主管部门反映,也可就是否构成关联关系、是否享有表决权事宜提请人民法院裁决(涉及外资股股东的适用本章程第二百七十五条规定之争议解决规则),但在证券主管部门或人民法院或其他有权机关作出最终有效裁定之前,该股东不应当参与投票表决,其所代表的有表决权的股份数不计入有效表决总数。

(五)应予回避的关联股东可以参加讨论涉及自己的关联交易,并可就该关联交易产生的原因、交易基本情况、交易是否公允合法及事宜等向股东大会作出解释和说明。”

(3)《公司章程》第 146 条规定:“董事与董事会会议决议事项所涉及的企业有关联关系的,不得对该项决议行使表决权,也不得代理其他董事行使表决权。该董事会会议由过半数的无关联关系董事出席即可举行,董事会会议所作决议须经无关联关系董事过半数通过。出席董事会的无关联董事人数不足 3 人的,应将该事项提交股东大会审议”。

(4)《公司章程》第 153 条规定:“公司及控股子公司的关联交易(公司与控股子公司之

间、控股子公司相互之间的除外)，除需由股东大会审议的以外，必须经董事会审议。董事会可在其权限范围内授权总裁批准相关关联交易。”

综上，本所律师认为，上述规定符合法律、行政法规和规范性文件的规定，发行人已采取必要的措施对非关联股东的利益进行保护。

7.4　同业竞争

7.4.1　发行人的控股股东复星高科技作为所在集团的境内核心企业，负责集团境内企业整体的战略管理、投资决策和财务控制，本身未从事药品制造与研发、医药分销与零售、医疗服务、医学诊断及医疗器械业务。

经发行人确认，复星高科技控制的其他主要法人单位(除发行人外)包括：

(1)子公司南京南钢、及其控制的南钢股份和南钢联其他控股子公司，主要经营钢铁业务，未涉及医药制造和销售业务。

(2)子公司复地集团及其控股子公司，主要经营房地产开发和管理业务，未涉及医药制造和销售业务。

(3)豫园商城是一家以上海老城隍庙旅游区为主要经营区域的商业经营企业。经发行人确认，豫园商城业务范围虽涉及少量医药业务，但其医药业务主要是经营以中成药、中药饮片、中高档滋补品及保健品为主的药品生产、分销及零售业务(根据上海市医保定点药店的要求，同时销售少量西药)，且零售网点分布主要集中于上海老城隍庙旅游区、根据豫园商城2011至2013年年报，其医药业务占其主营业务收入的比例较低，于2011至2013年度分别为3.01%、2.50%、2.26%。经发行人确认，截至2014年6月30日，复星高科技直接持有豫园商城12.64%股份，通过产业投资持有豫园商城的17.26%的股份，复星创投持有豫园商城的0.01%股份及南钢股份持有豫园商城20,000股，合计持有豫园商城29.91%的股份。复星高科技、产业投资、复星创投、南钢股份为一致行动人。虽然产业投资为豫园商城单一第一大股东，复星高科技合计持有豫园商城29.91%的股份，但复星高科技合计持有豫园商城的股权比例并未达到30%以上，复星高科技也未控制豫园商城董事会半数以上的表决权，未满足《公司法》、《上市公司收购管理办法》及《〈首次公开发行股票并上市管理办法〉第十二条“实际控制人没有发生变更”的理解和适用——证券期货法律适用意见第1号》关于上市公司控股股东或控制权的明确及具体的判断标准。因此，豫园商城从事的少量医药业务(且主要非西药业务)并不对发行人构成实质性同业竞争。

7.4.2　发行人实际控制人所控制的其他法人单位

根据发行人的确认并经本所律师适当核查，除上述复星高科技所控制的企业外，发行人的实际控制人郭广昌先生所控制的其他法人单位还包括上海广信科技、亚东广信科技、复星高新及其下属企业，该等企业均未从事医药制造和销售业务。

7.4.3　避免同业竞争的措施

经核查，复星高科技作为发行人的控股股东，于发行人首次公开发行股票前，为避免与发行人构成同业竞争，在1998年5月16日曾出具一份《不予竞争承诺函》，特作出郑重承诺和保证：“除本集团公司及其下属子公司(不包括上海复星实业股份有限公司)、联营公司、合资公司和企业在本承诺出具日所进行的业务外，集团公司承诺及保证集团公司本身，并促使集团各成员不会直接参与或进行与股份公司(指发行人)的产品或业务竞争的任何活动。本承诺将于股份公司A股股票于上海证券交易所上市当日起生效，长期有效。”

此外，根据Fosun International Holdings Ltd.有限公司、复星控股有限公司、复星国际有限公司、复星高科技、郭广昌、梁信军、汪群斌、范伟(以下合称“承诺方”)与发行人于2012年10月13日签署的《不竞争承诺契约》，各承诺方分别作出如下受香港法律管辖并根据香港法律解释的承诺：

“(一)在发行人的股份继续在香港联交所上市、发行人及其附属公司直接或间接持有任何从事上市业务(系指发行人从事的业务，包括制药、药品分销及零售、医疗保健服务以及诊断产品与医疗器械业务，下同)的发行人及其附属公司的任何权利及各承诺方继续作为发行人的控股股东期间内，除承诺方在豫园商城的非直接权益，及承诺方及彼等各自的联系人士日后可能不时于公司拥有但无控制权的其他权益外,则承诺方在任何适用法律、规例或证券交易所规则的规限外,将尽其在商业上属合理的努力,促致该等主要受到有关承诺方控制的公司和其他业务主体(发行人及其附属公司除外)不会在香港及中国境内地区从事与上市业务性质类似的任何业务。

(二)在不违反前述条款的情况下,在发行人的股份继续在香港联交所上市、发行人及其附属公司直接或间接持有任何从事上市业务的发行人及其附属公司的任何权利及各承诺方继续作为发行人的控股股东期间内,各承诺方在香港及中国境内地区中发现与上市业务相同或类似的业务机会而该业务机会直接或间接地对发行人及其附属公司构成竞争或可能构成竞争,应于发现该业务机会后立即通知发行人,按不低于给予发行人、其任何联系人士或任何其他第三方的条款及条件优先向发行人提供上述商机。发行人的独立非执行董事将会考虑上述业务机会,如发行人选择及确定不从事该业务机会,各承诺方在收到发行人书面通知后有权从事该业务机会。"

根据上述核查情况,本所律师认为,截至本法律意见书出具之日,发行人与其控股股东、实际控制人及其控制的企业之间不存在同业竞争,且发行人的控股股东已就今后可能发生的同业竞争采取了合理、有效的避免措施。

八、发行人的主要财产

8.1 发行人的知识产权及其他重要财产权利

8.1.1 注册商标

根据发行人提供的商标注册证、核准转让注册商标证明、核准续展注册证明等材料并经本所律师查询国家工商行政管理总局商标局官方网站(http://sbcx.saic.gov.cn/trade/index.jsp)公开信息,截至2014年6月30日,发行人及其子公司在中国合法持有653项注册商标,详见本法律意见书附表C-1。

8.1.2 专利

根据发行人提供的专利证书(包括发明、实用新型、外观设计)并经本所律师查询国家知识产权局官方网站(http://www.sipo.gov.cn/sipo2008/zljs/)公开信息,截至2014年6月30日,发行人及其子公司在中国拥有263项专利,详见本法律意见书附表C-2。

8.1.3 新药

根据《药品注册管理办法》(国家食品药品监督管理局令第28号),国务院药品监督管理部门根据保护公众健康的要求,可以对药品生产企业生产的新药品种设立最长不超过5年的监测期;在监测期内,不得批准其他企业生产和进口。经审查发行人提供的新药证书,并经发行人确认,发行人及其子公司主要合法拥有如下主要新药:

企业名称	新药名称	证书编号	药品批准文号	监测期至
大连雅立峰	甲型H1N1流感病毒裂解疫苗	国药证字S20090013	国药准字S20090025 国药准字S20090026	2014.11.9
江苏万邦、重庆医工院	非布司他片	国药证字H20130031	国药准字H20130058	2017.2.3

8.1.4 中药保护品种

根据《中药品种保护条例》(国务院令第106号),被批准保护的中药品种,在保护期内限于获得《中药保护品种证书》的企业生产,法律另有规定的除外。根据《国家中药保护品种公告》、中药保护品种证书,并经发行人确认,发行人及其子公司合法拥有如下尚在保护期的中药保护品种:

企业名称	药品名称	证书编号或保护品种号	保护级别	保护期至
邯郸制药	丹杞颗粒	ZYB2072010008	2	2017.8.2
	三黄胶囊	ZYB2072007056-1	2	2014.10.23
	小儿风热清合剂	ZYB20720100320	2	2014.12.22

8.2　发行人截止2014年6月30日拥有的物业权益

8.2.1　关于发行人及其子公司拥有、占用的房产及相应土地（详见本法律意见书附表D－1）

（1）发行人及其子公司已取得458处建筑面积总计为659,647.15平方米房产所相应的房屋所有权证及出让类型的国有土地使用证。本所律师认为，发行人合法拥有该等房产的所有权和相应占有土地的国有土地使用权，有权占有、使用、收益、转让、出租、抵押或以其他方式处置该等房屋，唯于转让、出租已被抵押的物业时应征得抵押权人同意，或应通知抵押权人并将转让或出租的收益优先用于清偿所抵押担保的债务。

（2）发行人及其子公司已取得6处建筑面积总计为902.07平方米房产的房屋所有权证及该等房产所相应占有土地的划拨类型的国有土地使用证。本所律师认为，发行人合法拥有该等房产的所有权和相应占有土地的国有土地使用权，有权占有、使用、收益、转让、出租、抵押或以其他方式处置该等房屋，唯于转让、出租该等房产时，须按照有关规定办理出让手续、补交土地出让金或土地增值收益金。

由于历史原因，洞庭药业名下有1处房产（房产证编号为武字第00094393号，面积为1,677.65平方米的办公楼）所占有土地的划拨土地使用权人为常德市政府。根据发行人的确认，该处房产实际已闲置，不做生产经营用途，财务上也预备做计提处理。因此，本所律师认为，上述房产占用第三方划拨地的情形不会对发行人的财产和经营活动造成重大不利影响或损失，不构成本次发行上市的法律障碍。

（3）发行人及其子公司实际占有147处合计建筑面积为347,325.96平方米房产，但未取得该等房产的房屋所有权证及/或相应所占有土地的土地使用权证，该147处房产占发行人及其子公司持有、占用及租赁房产总面积（“房产总面积”）的32.77%。

根据发行人出具的说明，由于发行人在报告期内收购了若干子公司，新纳入上市公司体系的子公司的物业正在逐步进行规范，截至2014年6月30日，73处生产经营性用房正在办理工程竣工结算等房产证手续过程中，其余房产多为辅助性设施或已列入拆除计划；公司将加快办理生产经营性用房的房地产权证/土地使用权证/房屋所有权证的进度，以降低集团整体物业瑕疵比例；同时针对由于历史原因暂时无法规范的自有物业，发行人同意在无法继续使用时进行搬迁，由于该等物业多为辅助性设施或已列入拆除计划，该等搬迁不会对发行人的财产和经营活动造成重大不利影响。

基于上述，本所律师认为，发行人及其子公司未取得部分房产及土地使用权的相关权属证书不会对发行人的财产和经营活动造成重大不利影响或损失，不构成本次发行上市的实质性法律障碍。

8.2.2　租赁物业（详见本法律意见书附表D－2）

根据发行人的确认及本所律师核查，截止2014年6月30日，发行人向第三方承租156处合计建筑面积约为51,973.27平方米的房产，经核查，其中：

（1）发行人及其子公司承租的111处建筑面积合计约为25,482.29平方米的房产，出租方拥有该等房产的房屋所有权证或该房产的所有权人同意出租方转租该房产的证明文件或出租方为负责经营管理国家公房的政府授权机构，该等租赁合法有效。

（2）发行人及其子公司承租的45处合计建筑面积约为26,490.98平方米的房产，出租方未能提供该等房产的房屋所有权证或该房产的所有权人同意出租方转租该房产的证明文件，出租方亦未办理房屋租赁备案登记手续。该等租赁可能因出租方无权出租而无效。发行人确认截至目前，亦无任何第三方就该等租赁物业的使用向发行人子公司提出异议。

该45处租赁物业大都用于商业、仓储、职工宿舍等用途,发行人确认,对于其中用于商业、仓储、职工宿舍的租赁物业,发行人不难物色替代物业,而有关开支亦不会重大,如因租赁物业瑕疵发行人无法继续租赁,发行人承诺将另行租赁能适用生产经营需求的场地。

基于上述,本所律师认为,上述可能存在权利瑕疵的租赁物业不会对发行人及其子公司的经营活动或财产造成重大不利影响或损失,不构成本次发行上市的障碍。

8.2.3 在建工程(详见本法律意见书附表D-3)

根据发行人的确认及本所律师核查,截止2014年6月30日,发行人及其子公司拥有21项合计建筑面积为578,302.62平方米的在建工程,其中:

(1)16项在建工程均已取得相关《国有土地使用证》、《建设用地规划许可证》、《建设工程规划许可证》和《建筑工程施工许可证》(扩建工程无需取得的情况除外)。本所律师认为,于该16项在建工程竣工验收后,发行人相关子公司取得相应的房屋所有权证不存在法律障碍。

(2)1项在建工程已经取得相关《国有土地使用证》、《建设用地规划许可证》和《建设工程规划许可证》,相关子公司目前尚在办理《建筑工程施工许可证》。

1项在建工程与土地使用权方签署了50年的场地使用合同,已取得《建设用地规划许可证》、《建筑工程规划许可证》,相关子公司目前尚在办理《建筑工程施工许可证》。

(3)3项在建工程已经取得相关《国有土地使用证》、《建设用地规划许可证》,相关子公司目前尚在办理《建设工程规划许可证》和《建筑工程施工许可证》。

8.3 发行人主要财产提供担保的情况

根据发行人的确认,截至2014年6月30日,发行人主要财产没有为除发行人及其子公司之外的第三方提供担保的情况。

九、发行人的重大债权债务

9.1 债券

9.1.1 中期票据

经发行人于2010年5月14日召开的公司2010年第二次临时股东大会决议同意,发行人在全国银行间债券市场注册发行总金额不超过人民币26亿元的中期票据;2010年9月29日,中国银行间市场交易商协会核发中市协注〔2010〕MTN103号《接受注册通知书》(以下简称"《注册通知书》"),同意接受发行人注册人民币26亿元的中期票据额度,该注册额度自《注册通知书》发出之日起2年内有效,由中国农业银行股份有限公司主承销,发行人在注册有效期内可分期发行中期票据。

经本所律师核查,发行人已分别于2010年11月8日和2011年3月30日发行10亿元和16亿元,发行利率分别为4.9%和5.9%,期限均为5年;根据发行人的确认并经本所律师适当核查,发行人该次中期票据的发行不存在违约或者迟延支付本息的事实且处于继续状态的情形。

9.1.2 公司债

经发行人于2011年9月15日召开的公司2011年第二次临时股东大会决议同意,发行人公开发行公司债券,本次发行的规模拟不超过人民币30亿元(含30亿元),分期发行。中国证券监督管理委员会于2011年11月23日出具了《关于核准上海复星医药(集团)股份有限公司公开发行公司债券的批复》(证监许可〔2011〕1835号),核准公司向社会公开发行面值不超过30亿元的公司。

经本所律师核查,发行人已于2012年4月23日发行2011年公司债券(第一期),发行规模为15亿元,票面利率分别为5.53%,期限为5年;根据发行人的确认并经本所律师适当核查,发行人该次公司债的发行不存在违约或者迟延支付本息的事实且处于继续状态的情形。

9.2 合同之债

经审查发行人提供的合同文件,并根据发行人的确认,截止2014年6月30日,发行人在中国境内尚未履行完毕的1.5亿元以上的授信合同、借款合同、担保合同及对发行人的生产经营、未来发展或财务状况具有重要影响的其他重大合同主要如下:

9.2.1 授信合同、借款合同及其相应的担保合同

(1)2010年9月20日,中国进出口银行与发行人签订编号为2010001062010111257《借款

合同》，约定中国进出口银行向发行人提供24,000万元贷款，用于发行人实施向其下属全资子公司复星实业（香港）有限公司增资以认购美国 Chindex International, Inc. 的部分股权项目，借款期限为2010年9月30日至2018年9月30日。2012年3月，产业发展与中国进出口银行签订编号为2010001062010111257ZY02《股权质押合同》，将桂林南药268,371,532股的股权质押给中国进出口银行，为该项贷款提供担保。

（2）2014年1月27日，发行人与厦门国际银行股份有限公司上海分行签订编号为GRS14016《综合授信额度合同》，约定厦门国际银行股份有限公司上海分行向发行人提供授信贷款，用于资金营运周转，贷款额度为人民币2亿元整，贷款期限为2014年1月27日至2017年1月27日。

（3）2013年10月25日，发行人与中国工商银行股份有限公司上海市长宁支行签订编号为07131000095《流动资金借款合同》，约定：该合同项下的借款金额为2亿元整，用于下属子公司对外采购等经营需求，借款期限为自首次提款日起一年。

（4）2013年11月13日，发行人与中国银行股份有限公司上海市黄浦支行签订编号为G－61－E－2013－036（1）《流动资金借款合同》，约定：该合同项下的借款金额为2亿元整，用于复星药业采购原材料，借款期限为自首次提款日起12个月。

（5）2014年3月17日，发行人与北京银行股份有限公司上海分行签订0207145号《借款合同》，约定：该合同项目的借款金额为2.5亿元，用于公司对外采购，借款期限为自首次提款日起12个月。

（6）2014年产业发展与 International Finance Centre 为规定一种新的固定基准利率的计算机制修订了双方于2012年6月26日签订的贷款协议，约定：产业发展从 International Finance Centre 处借入总额为3亿元人民币的贷款，借款期限为自放款日起五年。

International Finance Centre、产业发展和江苏万邦于2012年8月6日签订了《股份质押协议》，产业发展同意将其持有的江苏万邦97.7640%的股份出质给 International Finance Centre 作为偿还贷款和其他交易文件项下或与之相关的其他被担保义务的担保。

International Finance Centre 与发行人于2012年8月6日签订了《保证协议》，发行人同意就借款人在贷款协议及其他交易文件的贷款下的义务以 International Finance Centre 为受益人提供保证。

International Finance Centre、产业发展和存款银行于2013年8月6日签订了《偿债基金存单质押协议》，产业发展同意与 International Finance Centre 订立一份定期存款单据质押协议，将产业发展名下的存款单据以 International Finance Centre 为受益人质押给 International Finance Centre 作为产业发展应向 International Finance Centre 支付或负担的在贷款协议和其他交易文件项下、或与之有关的所有债务、义务和金钱责任的全部支付和偿还的持续担保。

（7）2014年4月13日，SISRAM MEDICAL LTD 与汇丰银行控股有限公司、以色列贴现银行以及 MIZRAHI TEFAHOT BANK. LTED 签署《贷款协议》，约定汇丰银行控股有限公司、以色列贴现银行以及 MIZRAHI TEFAHOT BANK. LTED 向 SISRAM MEDICAL LTD 提供合计总额为8,200万美元的贷款，用以偿还 SISRAM MEDICAL LTD 对中国银行新加坡分行的未偿还本金借款。ALMA LASERS LETD 和 ALMA LASERS INC 为该笔贷款不可撤销及无条件提供个别及连带保证责任。

经本所律师审阅上述重大合同后认为，截止2014年6月30日：上述将要履行或尚未履行完毕的重大合同或协议合法有效；上述合同的主体均为发行人或其子公司，发行人及其子公司对该等合同或协议的履行不存在法律障碍；根据发行人向本所提供的信息及本所律师的合理查验，就本所律师所知，发行人及其子公司上述将要履行或尚未履行完毕的重大合同或协议不存在潜在的纠纷或风险；发行人已履行完毕的其他重大合同或协议也不存在潜在纠纷。

9.3　侵权之债

经本所律师查验及发行人确认，发行人及其子公司目前未有因环境保护、知识产权、产品质量、劳动安全、人身权等原因产生的重大侵权之债。

9.4　发行人和关联方之间的重大债权债务关系情况

根据发行人2014年半年报,截止2014年6月30日:

9.4.1　发行人应收账款为1,530,387,423.53元,账龄主要在1年以内,该账户余额中无持发行人5%或以上股份的股东单位的款项。

发行人预付款项为197,714,257.04元,该账户余额中无持有发行人5%或以上表决权股份的股东单位的款项。

发行人其他应收款为237,796,970.10元,该账户余额中无持有发行人5%或以上表决权股份的股东单位的款项。

9.4.2　发行人短期借款为1,564,426,959.25元。

发行人应付账款为1,132,271,920.29元,预收账款为261,210,835.92元,该等账户余额中均无持发行人5%或以上股份的股东单位的款项。

发行人其他应付账款为1,503,679,488.98元,主要包括应付股权收购款、其他单位往来款、应付未付费用、未付工程款、保证金及押金、对外暂收款、限制性股票激励计划等。

9.4.3　根据发行人确认,发行人不存在为控股股东及其子公司提供担保的情况。

综上,发行人与股东、董事、监事及其他高级管理人员之间不存在重大债权、债务关系,发行人亦不存在为股东及其关联方(发行人子公司除外)或董事、监事和其他高级管理人员提供担保的情形。

十、发行人的重大资产变化及收购兼并

10.1　经本所律师核查,发行人设立至今,并未发生过合并、分立及减少注册资本之行为,其历次增资行为,详见本法律意见书正文第三部分“发行人的设立、股本及演变”章节,发行人报告期内金额在5000万元以上的重大收购和出售详见本法律意见书附表E。

经本所律师核验,发行人历次增资、报告期内的重大资产收购及出售符合当时法律、法规和规范性文件的规定,并已履行必要的法律手续。

十一、发行人章程的制定与修改

11.1　公司章程(A股)

2012年10月30日H股发行上市前,发行人报告期内修订公司章程(主要指针对作为A股上市公司适用的章程)情况如下:

11.1.1　2011年12月20日,发行人2011年第三次临时股东大会审议通过关于修改公司章程的议案,本次修改的主要内容是为进一步完善公司治理结构,强化董事会决策,而修改了董事会职权范围及权限。

11.1.2　2012年8月6日,发行人2012年第三次临时股东大会审议通过关于修订《上海复星医药(集团)股份有限公司章程》(A股)的议案。根据中国证监会最新监管精神及指导意见,对公司章程中有关股利分配政策进一步明确。

11.2　公司章程(A+H股)

经核查,发行人报告期内修订公司章程(A+H股)情况如下:

11.2.1　2011年3月16日,发行人2011年第一次临时股东大会审议通过了A+H股章程草案,该A+H股章程草案(或其修订版)已于2012年10月30日H股发行上市完成时生效并取代原A股公司章程。

11.2.2　2012年8月6日,发行人2012年第三次临时股东大会审议通过关于修订《上海复星医药(集团)股份有限公司章程》(A+H股)的议案,根据香港联合交易所有限公司2011年10月28日刊发的《有关检讨企业管治守则及相关上市规则的谘询总结》和中国证监会《关于进一步落实上市公司现金分红有关事项的通知》(证监发〔2012〕37号)的要求,对公司H股发行上市后适用的《上海复星医药(集团)股份有限公司章程》(A+H股)(草案)进行了修订。

11.2.3　2013年6月28日,发行人2012年度股东大会审议通过关于修改公司章程的议案,对董事会人数进行了修改,由9人更改为11人。

11.2.4　2014年1月21日,由于发行人已完成限制性股票激励计划的授予、登记工作,根据2013年第一次临时股东大会、2013年第一次A股类别股东会及2013年H股类别股东会

对董事会的授权，发行人第六届董事会第十四次会议审议通过关于修订公司章程的议案，对公司股本结构及注册资本进行了修订。

11.2.5　2014 年 4 月 29 日，由于发行人新增 H 股配售及登记已完成，根据 2013

年第一次临时股东大会对董事会的授权，发行人第六届董事会第二十三

次会议审议通过关于修订公司章程的议案，对公司股本结构及注册资本进行了修订。

本所律师经审阅公司现行章程内容及上述制定、修改程序的会议决议文件认为，发行人现行的公司章程的内容符合现行法律、行政法规和规范性文件的规定，发行人现行章程的制定及修改均履行了法定程序。

十二、股东大会、董事会、监事会的议事规则及规范运作

12.1　经本所律师核查，发行人现行的组织机构主要包括：

根据《公司法》和发行人章程规定，发行人设有股东大会、董事会、监事会、董事会秘书及经营管理层。发行人的股东大会由全体股东组成，是发行人的权力机构；发行人的董事会由 11 名董事组成，其中执行董事 2 名，非执行董事 5 名，有三分之一以上为独立董事（现为 4 名独立董事），董事会设董事长及副董事长各 1 名，发行人董事会下设战略委员会、审计委员会、提名委员会、薪酬与考核委员会；发行人的监事会由 3 名监事组成，监事会设监事会主席 1 名；发行人的经营管理层由总裁 1 名、高级副总裁、副总裁若干名、首席财务官 1 名、总会计师 1 名组成；发行人并设董事会秘书及证券事务代表各 1 名。

综上，本所律师认为，发行人已按照《公司法》及其他有关法律、行政法规和规范性文件的规定及香港联交所有关 H 股上市公司的治理要求，设立了健全的组织机构。

12.2　经本所律师审阅，《公司章程》（包括其附件《股东大会议事规则》、《董事会议事规则》及《监事会议事规则》）、均对发行人股东大会、董事会、监事会的议事程序做出了专门和具体的规定，并对类别股东表决的特别程序做出了规定。该等规定符合《公司法》、《章程必备条款》等相关法律法规的规定。

12.3　发行人报告期内股东大会、董事会及监事会会议召开情况如下：

12.3.1　股东大会的召开情况

（1）根据发行人公开披露文件，发行人在 2011 年召开了四次股东大会，分别为 2011 年第一次临时股东大会、2010 年度股东大会、2011 年第二次临时股东大会、2011 年第三次临时股东大会。

（2）根据发行人公开披露文件，发行人在 2012 年召开了五次股东大会，分别为 2012 年第一次临时股东大会、2012 年第二次临时股东大会、2011 年度股东大会、2012 年第三次临时股东大会、2012 年第四次临时股东大会。

（3）根据发行人公开披露文件，发行人在 2013 年召开了两次股东大会，分别为 2012 年度股东大会、2013 年第一次临时股东大会、2013 年第一次 A 股类别股东会和 2013 年第一次 H 股类别股东会。

（4）根据发行人公开披露文件，发行人自 2014 年 1 月 1 日至 2014 年 6 月 30 日，发行人共召开了两次股东大会，分别为 2013 年度股东大会、2014 年第一次临时股东大会。

12.3.2　董事会会议的召开情况

（1）根据发行人 2011 年年度报告及其他公开披露文件，发行人在 2011 年召开了三十次董事会会议，为第五届董事会第二十四次至第五十三次会议。

（2）根据发行人 2012 年年度报告及其他公开披露文件，发行人在 2012 年召开了二十六次董事会会议，为第五届董事会第五十四次至第七十九次会议。

（3）根据发行人 2013 年年度报告及其他公开披露文件，发行人在 2013 年召开了二十七次董事会会议，为第五届董事会第八十次至第九十五次会议，第六届董事会第一次至第十一次会议。

（4）根据发行人公开披露文件及其他资料，发行人自 2014 年 1 月 1 日至 2014 年 6 月 30 日，发行人共召开了十六次董事会会议，为第六届董事会第十二次至第二十七次会议。

12.3.3　监事会会议的召开情况

（1）根据发行人 2011 年年度报告及其他公开披露文件，发行人在 2011 年召开了 4 次监事会会议，为第五届监事会 2011 年第一次至第

四次会议。

(2)根据发行人2012年年度报告及其他公开披露文件,发行人在2012年召开了6次监事会会议,为第五届监事会2012年第一次至第六次会议。

(3)根据发行人2013年年度报告及其他公开披露文件,发行人在2013年召开了8次监事会会议,为第五届监事会2013年第一次会议及第二次会议,第六届监事会2013年第一次会议至2013年第六次会议。

(4)根据发行人公开披露文件,发行人自2014年1月1日至2014年6月30日,发行人共召开了3次监事会会议,第六届监事会2014年第一次会议至2014年第三次会议。

经核查发行人报告期内召开的股东大会、董事会及监事会的通知、议案、会议决议文件等会议文件资料,本所律师认为,发行人报告期内股东大会、董事会及监事会的召开、决议内容合法、有效。发行人股东大会、董事会决议中作出的授权和重大决策行为均系依照《公司法》等有关法律、行政法规、规范性文件及公司章程做出,合法、有效。

十三、董事、监事和高级管理人员及其变化

13.1　发行人目前的董事、监事和高级管理人员

13.1.1　发行人的董事

发行人现任董事11名,包括陈启宇先生、姚方先生、郭广昌先生、汪群斌先生、John Changzheng Ma先生、王品良先生、康岚女士、韩炯先生、张维炯先生、李民桥先生、曹惠民先生。

13.1.2　发行人的监事

发行人现任监事3名,包括周文岳先生、管一民先生、曹根兴先生。其中管一民先生、曹根兴先生为独立监事,周文岳先生为职工代表监事。

13.1.3　发行人的高级管理人员

发行人现任高级管理人员18名,包括姚方先生、李显林先生、李东久先生、汪诚先生、李春先生、张新民先生、Hongfei Jia先生、崔志平先生、朱耀毅先生、王可心先生、胡江林先生、倪小伟先生、周飚先生、董志超先生、关晓晖女士、Bing Li先生、吴以芳先生、汪曜先生。

13.2　董事、监事及高级管理人员的任职程序

13.2.1　经核查,发行人现任董事中的John Changzheng Ma先生系发行人于2014

年6月30日召开的2013年度股东大会选举产生,其余董事均系发行人于2013年6月28日召开的2012年度股东大会选举产生。董事长陈启宇先生及副董事长姚方先生系由第六届董事会第一次会议选举产生。

13.2.2　经核查,发行人独立监事曹根兴先生系于发行人于2013年6月28日召开的2012年度股东大会选举产生,独立监事管一民先生系发行人于2014年6月30日召开的2013年度股东大会选举产生,至此,发行人已拥有两名独立监事。周文岳先生系由发行人职工代表大会选举产生。发行人现任监事中,周文岳先生系第六届监事会2013年第一次会议当选为监事会主席。

13.2.3　经核查,发行人现任高级管理人员中周飚先生系由第六届董事会第十八次会议决定聘任为高级副总裁,Bing Li先生系由第六届董事会第二十六次会议决定聘任为副总裁,吴以芳先生系由第六届董事会第二十九次会议决定聘任为高级副总裁,汪曜先生系由第六届董事会第三十二次会议决定聘任为副总裁,其余人员均系由第六届董事会第一次会议决定聘任。

经本所律师核查上述有关股东大会、董事会及监事会会议通知、有关候选人简历、会议决议等文件,认为发行人现任董事、监事及高级管理人员的当选及聘任程序符合《公司法》及公司章程规定。

13.3　发行人报告期及至今董事、监事和高级管理人员的变化

13.3.1　因程阳锋辞职,自2011年2月27日起不再担任发行人副总裁、董事会秘书职务,2011年2月27日,发行人召开第五届董事会第二十九次会议,决定改聘乔志城兼任董事会秘书。

13.3.2　2011年6月30日,发行人召开第五届董事会第四十次会议,决定聘请倪小伟、王可心担任发行人副总裁。

13.3.3　2011年8月26日,发行人召开第五届董事会第四十三次会议,决定聘请胡江林

担任发行人副总裁。

13.3.4　2011 年 10 月 27 日，发行人召开第五届董事会第四十六次会议，决定聘请张新民、汪诚担任公司高级副总裁。

13.3.5　2012 年 4 月 17 日，发行人召开 2011 年度股东大会，决定聘请李民桥担任发行人独立董事。

13.3.6　因傅洁民退休，自 2013 年 1 月 1 日起不再担任发行人副总裁职务，范邦翰退休，自 2013 年 3 月 1 日起不再担任发行人高级副总裁职务，2013 年 2 月 28 日，发行人召开第五届董事会第八十三次会议，决定聘请李春担任公司高级副总裁。

13.3.7　因周文岳工作安排调整，发行人召开第五届董事会第八十七次会议，同意自 2013 年 4 月 13 日起周文岳不再担任发行人高级副总裁职务。

13.3.8　2013 年 6 月 28 日，发行人召开 2012 年股东大会，决定聘请陈启宇先生、姚方先生、郭广昌先生、汪群斌先生生、章国政先生、王品良先生、康岚女士、韩炯先生、张维炯先生、李民桥、曹惠民先生担任发行人董事，聘请曹根兴、李海峰为发行人监事。

13.3.9　因乔志城个人原因，自 2013 年 6 月 28 日起不再担任发行人董事会秘书、2013 年 6 月 28 日，发行人召开第六届董事会第一次会议，决定聘请陈启宇为发行人董事长，聘请姚方为发行人副董事长、总裁（首席执行官），聘请李显林、李东久、汪诚、张新民、Hongfei Jia 为发行人高级副总裁，聘请 Hongfei Jia 为发行人首席财务官，聘请崔志平、丁晓军、朱耀毅、王可心、胡江林、倪小伟、周飚、董志超为发行人副总裁，聘请关晓晖为发行人总会计师，聘请周飚为发行人董事会秘书。

13.3.10　2013 年 6 月 28 日，发行人召开第六届监事会 2013 年第一次会议，决定聘请周文岳先生担任发行人监事会主席。

13.3.11　2013 年 8 月 26 日，发行人召开第六届董事会第三次会议，决定聘请 JOHN CHANGZHENG MA 担任发行人高级副总裁。

13.3.12　2014 年 2 月 28 日，发行人召开第六届董事会第十八次会议，经总裁提名，同意聘任周飚先生担任本公司高级副总裁。

13.3.13　2014 年 3 月 24 日，发行人召开第六届董事会第二十一次会议，同意丁晓军先生辞去本公司副总裁的申请。丁晓军先生自 2014 年 3 月 24 日起不再担任本公司副总裁职务。

13.3.14　2014 年 4 月 29 日，发行人召开第六届董事会第二十三次会议，同意 John Changzheng Ma 先生辞去本公司高级副总裁的申请。John Changzheng Ma 先生自 2014 年 4 月 29 日起不再担任本公司高级副总裁职务。

13.3.15　2014 年 4 月 29 日，发行人分别召开第六届董事会第二十三次会议及第六届监事会 2014 年第三次会议，章国政先生及李海峰先生因工作安排，分别申请辞去本公司非执行董事职务及监事职务。

2014 年 6 月 30 日，发行人召开 2013 年度股东大会，会议审议通过董事、监事换选的议案，John Changzheng Ma 先生、管一民先生分别当选本公司非执行董事、监事，章国政先生及李海峰先生于 2014 年 6 月 30 日起不再担任本公司的非执行董事及监事。

13.3.16　2014 年 5 月 29 日，发行人召开第六届董事会第二十六次会议，经总裁提名，同意聘任 Bing Li 先生担任本公司副总裁。

13.3.17　2014 年 7 月 14 日，发行人召开第六届董事会第二十八次会议，李民桥先生因工作安排，申请辞去本公司独立非执行董事职务，将于股东大会选举产生新任独立非执行董事后卸任。经董事会提名委员会审核，董事会提名黄天祐先生为本公司独立非执行董事候选人，并提请股东大会批准。

13.3.18　2014 年 7 月 17 日，发行人召开第六届董事会第二十九次会议，经总裁提名，同意聘任吴以芳先生担任本公司高级副总裁。

13.3.19　2014 年 9 月 1 日，发行人召开第六届董事会第三十二次会议，经总裁提名，同意聘任汪曜先生担任本公司副总裁。

经核查上述有关股东大会、董事会及监事会会议通知、有关候选人简历及声明、会议决议、会议记录、表决票等文件，本所律师认为，发行人的董事、监事及高级管理人员职位的变动符合其时适用的《公司法》及发行人章程规定且履行了必要的法律程序。

十四、发行人的税务

14.1　发行人的税务登记

经本所律师核查,发行人及其子公司均已依法办理了税务登记,其中发行人持有上海市国家税务局和上海市地方税务局核发的沪字310107133060541号《税务登记证》。

14.2　发行人适用的主要税种及其税率

发行人目前执行的主要税种、税率为:企业所得税25%,增值税17%、13%、6%、3%,营业税5%,城市维护建设税7%。

本所律师认为,发行人执行的上述税种和税率符合现行有效的税务法律、行政法规以及规范性文件的规定。

14.3　发行人及其子公司报告期享受的税收优惠

(1)锦州奥鸿、星耀医学、朝晖药业、复星长征、湖北新生源、红旗制药、洞庭医药、桂林南药、输血技术和邯郸制药2011年通过当地科学技术、财政和税务部门的高新技术企业资格复审,于2011年度、2012年度和2013年度,依据国家有关高新技术企业的税收优惠政策,享受15%的企业所得税优惠税率。

深圳亚能、江苏万邦、万邦金桥、复星佰珞、重庆药友、江苏黄河于2009年获发高新技术企业认定证书,并于2012年通过当地科学技术、财政和税务部门的高新技术企业资格复审,于报告期内,依据国家有关高新技术企业的税收优惠政策,享受15%的企业所得税优惠税率。

万邦复临、凯茂生物于2010年获发高新技术企业认定证书,并于2013年通过当地科学技术、财政和税务部门的高新技术企业资格复审,于报告期内,依据国家有关高新技术企业的税收优惠政策,享受15%的企业所得税优惠税率。

淮阴医疗于2012年获发高新技术企业认定证书,于2012年度和2013年度依据国家有关高新技术企业的税收优惠政策,享受15%的企业所得税优惠税率。

(2)四川合信、桂林南药、重庆医工院、重庆凯林、重庆凯兴、重庆药友和重庆科美在报告期内依据国家有关西部大开发税收优惠政策,减按15%的税率缴纳企业所得税。

根据《财政部、国家税务总局、海关总署关于西部大开发税收优惠政策问题的通知》(财税〔2011〕58号),自2011年1月1日至2020年12月31日,对设在西部地区的鼓励类产业企业减按15%的税率征收企业所得税。

(3)西藏药友和药友科技位于西藏自治区,根据《西藏自治区人民政府关于我区企业所得税税率问题的通知》(藏政发〔2011〕14号)规定,在报告期内,按优惠税率15%征收企业所得税。

(4)济民医院系非营利性医院,根据《企业所得税法》、《企业所得税法实施条例》、《财政部、国家税务总局关于非营利组织企业所得税免税收入问题的通知》(财税〔2009〕122号)、《财政部、国家税务总局关于非营利组织免税资格认定管理有关问题的通知》(财税〔2009〕123号)、《中华人民共和国营业税暂行条例》的规定,报告期内免征企业所得税和营业税。

(5)根据财政部和国家税务总局发布的《关于小型微利企业所得税优惠政策有关问题的通知》(财税〔2011〕117号),自2012年1月1日至2015年12月31日,对年应纳税所得额低于6万元(含6万元)的小型微利企业,其所得减按50%计入应纳税所得额,按20%的税率缴纳企业所得税。

济民管理于2012年度按照小型微利企业20%税率征收企业所得税。安吉创新和上海信长于2012年度、2013年度、2014年度按照小型微利企业20%税率征收企业所得税。

(6)大连雅立峰系注册于大连的生产性外商投资企业,根据《关于实施企业所得税过渡优惠政策的通知》(国发〔2007〕39号)规定,大连雅立峰可以减按15%的税率缴纳企业所得税,并且经大连经济开发区国家税务局开国税减免准〔2009〕85号《减、免批准通知书》核准,大连雅立峰享受"两免三减半"的企业所得税税收优惠。经发行人确认,因大连雅立峰2008年之前并未获利,故大连雅立峰的优惠期限从2008年度起计算。因此,大连雅立峰2009年度免征所得税,2010年度至2012年度减半征收企业所得税。

本所律师认为,发行人及其子公司享受上述税收优惠符合国家有关法律、法规及规范性文件的规定。

14.4　关于依法纳税情况

根据发行人及其部分子公司相关税务主管

机关(国税、地税)分别出具的证明及发行人的确认,发行人及其部分子公司近三年或自设立以来依法申报纳税,无欠缴税款,亦无因违反国家税收法律法规被行政处罚且情节严重的过往记录。

十五、发行人的环境保护和产品质量、技术等标准

15.1　发行人的环境保护

15.1.1　发行人作为医药企业,其生产经营活动对环境的影响主要体现在药品生产企业的固定资产投资建设以及日常生产、排放污染过程中。

根据主要药品生产企业所在地环保部门于2014年1月出具的证明以及发行人的书面确认,发行人药品生产企业自2011年1月1日至本法律意见书出具之日没有因违反环保法律法规而受到重大行政处罚。

15.2　发行人生产的药品、医疗器械的质量及技术监督标准

如本法律意见书正文第六部分“发行人的业务”所述,从生产药品、医疗器械的主体资格、厂房设施、设备、人员、物料、生产工艺、质量控制及产品的安全性、有效性方面,发行人及其下属药品、医疗器械生产企业已符合《中华人民共和国药品管理法》、《药品生产质量管理规范》、《药品注册管理办法》、《医疗器械注册管理办法》及《医疗器械监督管理条例》等相关法律法规有关药品、医疗器械产品质量控制的相关规定,均已获得其生产经营所必备的资质、许可。

2012年9月,因重庆药友生产的注射用炎琥宁产品在江苏、安徽、广西临床使用过程中出现不良反应。根据重庆市食品药品监督管理局于2012年9月24日出具的“(渝)食药行罚(2012)13号”《行政处罚决定书》,重庆药友生产的“12102961”批次80ml/瓶注射用炎琥宁经江苏省常州药品检验所检验,其“细菌内毒素”检查不符合规定;该批药品全部销售给天津康哲医药科技发展有限公司,重庆药友主动配合查处工作,于2012年8月30日接到通知的当天即启动了一级召回程序;重庆市食品药品监督管理局对重庆药友处以如下处罚:没收该批次产品所得收益9282元;没收召回的“12102961”批次80ml/瓶注射用炎琥宁;处以货值金额一倍的罚款共计人民币280730.9元。根据重庆市食品药品监督管理局于2012年10月26日出具的《关于重庆药友制药有限责任公司注射用炎琥宁恢复生产的答复》,重庆市食品药品监督管理局同意重庆药友注射用炎琥宁正式恢复生产。

除上述行政处罚外,经发行人的确认,自2011年1月1日至本法律意见书出具之日,发行人并无因违反相关法律法规的规定而被处重大行政处罚的记录。

十六、募股资金的运用

16.1　前次募集资金的运用

16.1.1　2014年4月新增发行H股募集资金使用情况

经中国证监会核发《关于核准上海复星医药(集团)股份有限公司增发境外上市外资股的批复》(证监许可〔2014〕240号)核准,发行人于2014年4月向不少于六名不超过十名承配人配发及发行共计67,214,000股新H股,每股配股股份价格为26.51港元,配股所得款项总额约为178,184.32万港元,经扣除佣金和估计费用后的配售所得款项净额约为176,224.29万港元。

根据发行人第六届董事会第三十三次会议审议通过的《关于前次募集资金使用情况说明的议案》,截至2014年8月31日,前次募集资金使用情况如下:

单位:万元

承诺项目名称	募集资金拟投入金额	募集资金实际投入金额	是否符合计划进度	项目进度
偿还计息债务、补充本集团营运资金及本地或海外潜在合并及收购	176,224.29	176,224.29	是	100%
小计	176,224.29	176,224.29	/	/

的信息披露监管,提高披露质量。二是统一信息披露标准,加强各规定之间的衔接性。三是简化信息披露内容,提高信息披露针对性和有效性。

1月15日,根据1月12日发布的《关于加强新股发行监管的措施》,中国证监会已经开始对新股发行过程进行抽查。此次抽查44家机构询价对象及13家主承销商。

1月20日,中国证监会副主席刘新华与白俄罗斯共和国财政部第一副部长弗拉基米尔·阿马林在北京签署了《证券期货监管合作谅解备忘录》。监管合作谅解备忘录的签署,对于进一步加强双方在证券期货领域的监管交流合作、促进双方资本市场的健康发展均具有重要的意义,标志着双方证券监管机构的合作进入一个新的阶段。迄今,中国证监会已相继同52个国家和地区的证券期货监管机构签署了56个监管合作谅解备忘录。

1月21日,2014年全国证券期货监管工作会议在中国证监会机关召开。中国证监会党委书记、主席肖钢就大力推进监管转型发表讲话。肖钢表示,监管转型的主要任务是:一是进一步精简行政审批备案登记等事项。二是推进股票发行注册制改革。三是确立以信息披露为中心的监管理念。四是理顺监管与执法的关系。五是强化派出机构职责。六是促进证券期货服务业提升竞争力。七是提高稽查执法效能。八是推进资本市场中央监管信息平台建设。九是建设法律实施规范体系。

1月22日,肖钢主席在《人民日报》上发表署名文章《健全多层次资本市场体系》。

1月24日,中国证监会通报了尤利丰通过“尤利丰”等未按规定披露持股信息案、亚星化学信息披露违法违规案、向日葵高管丁国军、潘卫标内幕交易案、“海南大印、海南龙盘园、海南万嘉”等公司操纵期货市场违法违规案、美锦能源重大资产重组案等。

1月24日,中国证监会通报,近日热轧卷板期货已经中国证监会批准在上海期货交易所交易。合约具体上市时间由上海期货交易所根据准备情况确定。

二月

2月14日,中国证监会正式发布《证券交易数据交换协议》、《证券交易数据交换编解码协议》和《证券期货业非公开募集产品编码及管理规范》等三项金融行业标准。《证券交易数据交换协议》提供了市场参与者内部系统与其他市场参与者协议转换接口的连接标准,以及市场参与者内部系统通过开放接口与证券交易所间的连接标准。《证券交易数据交换编解码协议》提供了证券交易所交易系统与市场参与者系统之间使用金融信息交换协议(FIX协议)或证券交易数据交换协议(STEP协议)时,对传输数据的编码、解码和会话传输等内容的规范。《证券期货业非公开募集产品编码及管理规范》规定了证券期货业非公开募集产品的编码规则、编码分配与管理原则、编码细则制订要求以及代理分配机构管理规范。

2月21日,中国证监会通报称,批准大商所挂牌交易聚丙烯期货合约。合约具体挂牌时间由其根据市场状况及各项准备工作的进展情况确定。

2月28日,中国证监会表示,2013年,中国证监会承办全国人大代表建议和全国政协委员提案共计317件,目前已全部办理完毕。其中,主办、独办、分办128件,协(会)办158件,参阅、转信办理31件。在办理全国人大代表建议和全国政协委员提案工作过程中,中国证监会注重不断完善办理机制,强化工作责任,加强协调配合,积极联系沟通,办理工作质量得到进一步提升。

三月

3月3日,中国证监会召开全系统党风廉政建设工作视频会议,学习贯彻十八届中央纪委第三次全会和国务院第二次廉政工作会议精神。党委书记肖钢就落实相关会议精神作了部署,纪委书记王会民主持会议。肖钢要求,要抓紧制定《建立健全惩治和预防腐败体系2013—2017年工作规划》实施意见。围绕监管转型防控廉政风险,通过清理、取消、调整行政审批项目和变相审批项目,不断压缩权力寻租、设租空间。对派出机构、交易所、协会和会管单位审批备案等事项,要按业务条线列出清单,甄别清理。要健全反腐倡廉基础制度,完善回避规定等防止利益冲突制度,以及会管单位“三重一大”决策制度。要坚持以零容忍态度惩治腐败，既要抓早抓小，也要严肃查处利用行政许可权、稽查办案权和行政处罚权等进行权力寻租，以及违规买卖股票或个人投资入股等案件。要深化作风建设，建立为官用权的底线原则和价值理念，认真开展专项整治，集中解决作风建设的重点、难点和盲点问题，着力解决公款吃喝等隐性问题，防止会管单位花钱大手大脚，持之以恒反对"四风"。

3月7日，中国证监会表示，根据深圳证券交易所监控发现的线索，2012年7月，中国证监会对"天威视讯"股票内幕交易案立案调查。2012年12月，中国证监会将倪鹤琴等15人移送公安机关，并将许军等多人进行行政处罚审理。2014年1月17日，倪鹤琴等涉嫌"天威视讯"股票内幕交易案于深圳市中级人民法院首次开庭审理。同月，中国证监会对许军等15人涉嫌内幕交易、泄露内幕信息行为做出行政处罚。

3月7日，中国证监会主席肖钢与文莱金融管理局董事总经理拿督·罗斯里先生分别签署了《证券期货监管合作谅解备忘录》。2014年2月17日，中国证监会刘新华副主席代表中国证监会与文莱金融管理局董事总经理拿督·罗斯里先生举行正式会谈和备忘录交换仪式。

3月21日，中国证监会发布《中国证监会新闻工作办法》（以下简称《办法》），自发布之日起实施。《办法》明确了新闻发布的主要内容。规定了新闻发布机制和形式。《办法》还要求交易所及登记结算机构应当切实履行与自身市场组织和监管职能相对应的新闻工作职责，真实、准确、及时对外发布新闻，回应社会关切。证券期货行业协会及上市公司协会应当以促进证券期货行业和上市公司健康发展和维护公平市场原则为指导思想，主动做好新闻工作。

3月21日，中国证监会通报，将多措并举全面推进创业板市场改革，推动创业板市场成为支持创新型、成长型中小企业发展的资本市场平台。一是修订《首次公开发行股票并在创业板上市管理暂行办法》，适当降低创业板首发财务准入指标，取消持续增长要求，简化发行条件，进一步加强对创新型、成长型企业发展的扶持力度。二是拓展市场服务覆盖面，停止执行《关于进一步做好创业板推荐工作的指引》，创业板申报企业不再限于九大行业。三是建立符合创业板特点的再融资制度，合理设定发行条件，强化再融资的市场约束机制，推出"小额、快速、灵活"的定向增发机制，支持创业板上市公司持续发展的融资需求。四是完善创业板并购重组制度，简化审核程序，完善并购定价机制，丰富并购重组支付手段，拓宽融资渠道，支持创业板上市公司通过并购实现持续发展。五是完善首发信息披露规则，以信息披露为中心，以投资者决策为导向，提高信息披露的有效性和针对性，强化风险揭示，强化对信息披露的监管。六是严格执行退市制度，抑制投机炒作。创业板上市公司一旦触发退市条件，将坚决、快速退市，不允许借壳上市，明确市场预期，保护投资者的合法权益。

3月21日，中国证监会宣布，及时对发行承销办法、老股转让规定、募集资金运用信息披露等进行了微调和完善，为下一步向注册制改革过渡打下良好基础。一是进一步优化老股转让制度。二是规范网下询价和定价行为。三是进一步满足中小投资者的认购需求。四是强化对配售行为的监管。五是进一步加强事中事后监管。

3月21日，中国证监会发布《优先股试点管理办法》（以下简称《办法》）。中国证监会新闻发言人张晓军介绍，本次发布实施的《办法》共9章，70条，包括总则、优先股股东权利的行使、上市公司发行优先股、非上市公众公司非公开发行优先股、交易转让及登记结算、信息披露、回购与并购重组、监管措施和法律责任、附则等。主要内容包括以下方面：一是上市公司可以发行优先股，非上市公众公司可以非公开发行优先股。二是三类上市公司可以公开发行优先股：（1）其普通股为上证50指数成分股；（2）以公开发行优先股作为支付手段收购或吸收合并其他上市公司；（3）以减少注册资本为目的回购普通股的，可以公开发行优先股作为支付手段，或者在回购方案实施完毕后，可公开发行不超过回购减资总额的优先股。三是上市公司发行优先股，可以申请一次核准，分次发行。四是公司非公开发行优先股仅向本办法规定的合格投资者发行，每次发行对象不得超过二百人，且相同条款优先股的发行对象累计不得超过二百人。五是优先股交易或转让环节的投资者适当性标准应当与发行环节保持一致；

非公开发行的相同条款优先股经交易或转让后,投资者不得超过二百人。

3月28日,中国证监会发布《中国证监会行政许可和监管执法事项不当说情备案规定(试行)》(以下简称《规定》)的相关情况。《规定》建立了可操作性较强的不当说情备案工作制度。一是列举了证券期货监管工作中经常发生的几类不当说情情形,当上述不当说情发生时,要求经办人员立即填写《不当说情备案表》,记录说情人的姓名、联系方式、工作单位及职务、与当事人的关系,以及说情事由、时间、地点等情况;二是规定《不当说情备案表》应当报送所在部门主要负责人签字,登记归档,录入相应的信息系统,并及时报备中国证监会监察局。中国证监会监察局可根据需要检查有关不当说情备案情况。《规定》明确了中国证监会工作人员与不当说情相关的工作纪律,要求工作人员自觉拒绝请托说情,严格按照本规定履行不当说情备案程序。违反本规定的,追究相关责任。

四月

4月1日,中国证监会制定并发布了上市公司发行优先股相关信息披露准则,包括《公开发行证券的公司信息披露内容与格式准则第32号——发行优先股申请文件》、《公开发行证券的公司信息披露内容与格式准则第33号——发行优先股发行预案和发行情况报告书》和《公开发行证券的公司信息披露内容与格式准则第34号——发行优先股募集说明书》。这三个准则是落实《国务院关于开展优先股试点的指导意见》和《优先股试点管理办法》的重要配套文件。

4月4日,中国证监会通报对上海三毛企业(集团)股份有限公司、深圳键桥通讯技术股份有限公司、广西五洲交通股份有限公司、上海创兴资源开发股份有限公司等4家上市公司信息披露违法违规行为进行立案调查的情况。中国证监会已对上述案件正式立案,目前正在调查过程中。

4月10日,中国证监会与香港证监会联合发布沪港通试点公告,公告指明了沪港通的投资表弟、投资额度、投资者要求以及执法合作等内容。

4月18日,中国证监会通报称,经核查,未发现昌九生化存在信息披露违规及相关方操纵昌九生化股票价格的行为;"威华股份"内幕交易案已完成调查,目前我会正在审理中。

4月18日,中国证监会主席肖钢与泽西岛金融服务委员会总干事约翰·哈里斯分别签署了《证券期货监管合作谅解备忘录》。4月9日,经泽西岛政府首席部长伊恩·戈斯特见证,中国证监会刘新华副主席与泽西岛金融服务委员会总干事约翰·哈里斯在北京举行正式会谈和备忘录签字交换仪式。迄今,中国证监会已相继同54个国家和地区的证券期货监管机构签署了58个监管合作谅解备忘录。

4月18日,中国银监会、中国证监会联合发布《关于商业银行发行优先股补充一级资本的指导意见》(以下简称《指导意见》)。《指导意见》规定了商业银行发行优先股的申请条件和发行程序,进一步明确了优先股作为商业银行其他一级资本工具的合格标准。《指导意见》简化了优先股发行涉及的资本补充、章程修订等行政许可事项。同时,强化信息披露要求,加强事中事后监管,注重平衡优先股和普通股两类股东利益,保护投资者合法权益。《指导意见》的发布,进一步明确了商业银行补充发行优先股补充一级资本的监管要求和路线图,有利于优化商业银行的资本结构,并促进多层次资本市场建设和发展。

4月25日,中国证监会印发了《关于进一步加强基金管理公司及其子公司从事特定客户资产管理业务风险管理的通知》(以下简称《通知》),要求相关证监局督促子公司强化合规风控管理,牢牢守住合规底线,切实防范业务风险。《通知》重申了子公司开展业务应当守住的底线要求和禁止性行为,例如不得利用专户产品为客户以外的任何机构和个人牟取利益;不得侵占、挪用专户产品财产;不得向客户违规承诺收益或者承担损失;不得向不特定对象募集资金或者募集资金超过规定人数或者采用公开宣传推介方式募集资金;不得向合格投资者以外的单位和个人募集资金;不得虚假宣传或者夸大宣传产品特性,误导欺诈客户等等。考虑到子公司业务起步较晚,《通知》要求子公司根据各类业务的不同风险特质,尽快完善业务流程,建立健全覆盖全部业务环节的风险管理制度并确保有效执行，涵盖尽职调查、投后管理、建账与核算、通道业务、审慎投资、流动性风险管理、客户服务、应急机制、激励约束机制、母公司管控等方面的要求。

五月

5月9日，中国证监会新闻发言人通报了资产管理行业相关人员涉嫌利用未公开信息交易股票案件及相关查处情况。在案件查办过程中，中国证监会与公安部紧密合作，不断强化行政执法与刑事执法衔接工作，将涉嫌犯罪的一批案件及时移送公安机关查处，中国证监会将根据案件查处情况陆续通报有关典型案件。据了解，公安机关近期已对光大保德信基金管理有限公司原基金经理钱某、嘉实基金管理有限公司、上投摩根基金管理有限公司原基金经理欧某某及平安资产管理有限责任公司原投资管理人员张某某3起案件中犯罪嫌疑人采取了强制措施。

5月9日，中国证监会将《中国证券监督管理委员会上市公司并购重组审核委员会工作规程(2011年修订)》(中国证监会公告〔2011〕40号)第20条第1款修改为“并购重组委委员分成召集人组和专业组，其中专业组分为法律组、会计组、机构投资人组和金融组”。

5月9日，中国证监会向社会公开征求对《非上市公众公司收购管理办法(征求意见稿)》(以下简称《收购办法》)、《非上市公众公司重大资产重组管理办法(征求意见稿)》(以下简称《重组办法》)的意见和建议。《收购办法》、《重组办法》充分考虑了非上市公众公司中小微企业多、并购重组主要以产业升级为目的、并购数量多但金额小、全国中小企业股份转让系统(以下简称全国股转系统)实行投资者适当性管理、以合格投资者为主等特点，突出股东自治原则和促进形成市场化的约束机制，制度设计上以市场化为导向，进一步放松管制，注重简便、透明、高效，并在此基础上强化事中、事后监管，构建有别于交易所市场和上市公司的并购重组制度体系。

5月9日，中国证监会就《沪港股票市场交易互联互通机制试点若干规定》(以下简称《规定》)公开征求意见。《规定》共19条，明确了交易所、证券交易服务公司及结算机构的职责，对境内证券公司开展沪港通业务提出原则性要求，明确了沪港通的业务范围、外资持股比例、清算交收方式、交收货币等相关事项，对投资者保护、监督管理、资料保存等提出了相关要求。

5月23日，中国证监会通报对金谷源控股股份有限公司、深圳新都酒店股份有限公司、山东博汇纸业股份有限公司、天津国恒铁路控股股份有限公司、吉林成城集团股份有限公司等5家上市公司信息披露违法违规行为进行立案调查的情况。中国证监会已对上述案件正式立案，目前正在调查过程中。

5月23日，铁合金期货已经中国证监会批准在郑州商品交易所交易。合约具体上市时间由郑州商品交易所根据准备情况确定。

5月23日，中国证监会通报新股发行承销检查结果处理情况，决定对违规的机构和个人采取相应的监管措施。检查发现，在我武生物、良信电器、炬华科技、天保重装、慈铭体检、天赐材料等6家新股项目发行承销过程中，存在未按事先披露的原则配售股票、向禁止配售的关联方配售、干扰投资者报价、向投资者提供超出招股书范围的发行人信息等违反公平、公正原则的行为。上述违规行为涉及4家证券公司、2家发行人和6名个人。

5月29日，中国证监会发布《关于进一步推进证券经营机构创新发展的意见》，该意见从三个方面明确了推进证券经营机构创新发展的主要任务和具体措施。一是建设现代投资银行。支持证券经营机构提高综合金融服务能力，完善基础功能，拓宽融资渠道，发展跨境业务，提升合规风控水平，促进形成具有国际竞争力、品牌影响力和系统重要性的现代投资银行。二是支持业务产品创新。推动资产管理业务发展，支持开展固定收益、外汇和大宗商品业务，支持融资类业务创新，稳妥开展衍生品业务，发展柜台业务，支持自主创设私募产品。三是推进监管转型。转变监管方式，深化审批改革，放宽行业准入，实施业务牌照管理。

5月29日，人民银行、银监会、中国证监会、保监会、外汇局日前联合印发了《关于规范金融机构同业业务的通知》(银发〔2014〕127号，以下简称《通知》)。《通知》提出了十八条规范性意见，《通知》逐项界定并规范了同业拆借、同业存款、同业借款、同业代付、买入返售

(卖出回购)等同业投融资业务。要求金融机构开展的以投融资为核心的同业业务,应当按照各项交易的业务实质归入上述基本类型,并针对不同类型同业业务实施分类管理。《通知》强化了金融机构同业业务内外部管理要求。

5月29日,中国证监会正式发布《首次公开发行股票并在创业板上市管理办法》和《创业板上市公司证券发行管理暂行办法》,自发布之日起施行。本次发布实施的创业板首发办法共6章、57条,包括总则、发行条件、发行程序、信息披露、监督管理和法律责任、附则等。主要修订以下方面:一是适当放宽财务准入指标,取消持续增长要求;二是简化其他发行条件,强化信息披露约束;三是全面落实保护中小投资者合法权益和新股发行体制改革意见的要求。另外,办法还废止了《关于进一步做好创业板推荐工作的指引》(中国证监会公告〔2010〕8号),拓展市场服务覆盖面,创业板申报企业不再限于九大行业。

六月

6月6日,中国证监会对《上市公司章程指引(2006年修订)》(以下简称《章程指引》)、《上市公司股东大会规则》(以下简称《大会规则》)、《公开发行证券的公司信息披露内容与格式准则第2号——年度报告的内容与格式(2012年修订)》(以下简称《年报准则》)、《公开发行证券的公司信息披露内容与格式准则第3号——半年度报告的内容与格式(2013年修订)》(以下简称《半年报准则》)、《公开发行证券的公司信息披露编报规则第13号——季度报告内容与格式特别规定(2013修订)》(以下简称《季报规则》)、《公开发行证券的公司信息披露内容与格式准则第15号——权益变动报告书》(以下简称《权益变动报告书》)、《公开发行证券的公司信息披露内容与格式准则第16号——上市公司收购报告书》(以下简称《收购报告书》)、《公开发行证券的公司信息披露内容与格式准则第17号——要约收购报告书》(以下简称《要约收购报告书》)、《公开发行证券的公司信息披露内容与格式准则第26号——上市公司重大资产重组申请文件》(以下简称《重组文件》)等九个规范性文件进行了集中配套修订。

6月13日,中国证监会发布《沪港股票市场交易互联互通机制试点若干规定》(以下简称《若干规定》)。《若干规定》共19条,明确了上海证券交易所、香港联合交易所,证券交易服务公司及中国证券登记结算公司、香港中央结算公司开展沪港通业务应当履行的职责,对境内证券公司开展沪港通业务提出原则性要求,明确了沪港通的业务范围、外资持股比例、清算交收方式、交收货币等相关事项,对投资者保护、监督管理、资料保存等内容提出了相关要求。

6月13日,中国证监会发布实施创业板首发和再融资相关信息披露准则,其中首发信息披露准则包括《公开发行证券的公司信息披露内容与格式准则第28号——创业板公司招股说明书(2014年修订)》、《公开发行证券的公司信息披露内容与格式准则第29号——首次公开发行股票并在创业板上市申请文件(2014年修订)》,再融资信息披露准则包括《公开发行证券的公司信息披露内容与格式准则第35号——创业板上市公司公开发行证券募集说明书》、《公开发行证券的公司信息披露内容与格式准则第36号——创业板上市公司非公开发行股票预案和发行情况报告书》和《公开发行证券的公司信息披露内容与格式准则第37号——创业板上市公司发行证券申请文件》。

6月13日,中国证监会发布了《关于大力推进证券投资基金行业创新发展的意见》(以下简称《意见》),明确今后一段时期推进基金行业创新发展的总体原则、主要任务和具体举措。《意见》从三个方面明确了推进基金行业创新发展的主要任务和具体举措。一是加快建设现代资产管理机构。二是支持业务产品创新。三是推进监管转型。

6月20日,中国证监会宣布法国金融机构可参照RQFII试点相关法规,申请RQFII资格并开展相关业务。目前,RQFII试点已经扩大到香港地区、伦敦、新加坡和法国,投资额度合计4800亿元人民币。截至5月底,已有78家境外机构获批RQFII资格,累计获批额度约2400亿元人民币。

6月20日,中国证监会制定并发布《关于上市公司实施员工持股计划试点的指导意见》

（以下简称《指导意见》），在上市公司中开展员工持股计划试点。《指导意见》明确，上市公司可以根据员工意愿实施员工持股计划，通过合法方式使员工获得本公司股票并长期持有，股份权益按约定分配给员工。实施员工持股计划，相关资金可以来自员工薪酬或以其他合法方式筹集，所需本公司股票可以来自上市公司回购、直接从二级市场购买、认购非公开发行股票、公司股东自愿赠与等合法方式。《指导意见》还就员工持股计划的实施程序、管理模式、信息披露及内幕交易防控等问题作出规定。

6月27日，中国证监会发布了《证券期货违法违规行为举报工作暂行规定》（以下简称《暂行规定》）。举报中心专门负责处理可以作为稽查案件调查线索的举报。举报人可以通过中国证监会互联网站开通的举报专栏、信函、来访和电话的方式向举报中心举报。除举报中心外，中国证监会各证监局也受理和处理举报工作。通过举报专栏、电话、书面等方式，举报中心或各证监局将受理情况和办理结果答复实名举报人。《暂行规定》从多方面强化举报保密措施，防止实名举报人身份信息泄露，解除举报人顾虑，包括对实名举报人身份信息进行编码管理。编码用于代替实名举报人身份信息，在后续调查、处罚和举报奖励评审等各阶段均使用该编码。《暂行规定》建立了举报奖励制度。对于符合奖励条件的一般举报，给予不超过10万元的奖励；对于举报在全国有重大影响或罚没款金额特别巨大的，奖励金额不受上述限制，但最高不超过30万元。

6月27日，中国证监会正式发布《非上市公众公司收购管理办法》（以下简称《收购办法》）和《非上市公众公司重大资产重组管理办法》。

七月

7月4日，中国证监会通报，根据相关线索，2014年3月，中国证监会对蒋征、陈绍胜、牟永宁、程岽和黄春雨等5名海富通基金管理有限公司原任或时任基金经理涉嫌利用未公开信息交易股票案立案调查，调查发现上述5人相关行为涉嫌构成犯罪。目前，该案件已由公安部门进一步侦办。

7月4日，中国证监会批复郑商所挂牌交易晚籼稻期货合约，合约具体挂牌时间由其所根据市场状况及各项准备工作的进展情况确定。

7月4日，中国证监会主席肖钢与马恩岛金融监督管理委员会主席杰奥夫·卡兰勋爵分别签署了《证券期货监管合作谅解备忘录》。迄今，中国证监会已相继同55个国家和地区的证券期货监管机构签署了59个监管合作谅解备忘录。

7月4日，中国证监会就《关于改革完善并严格实施上市公司退市制度的若干意见（征求意见稿）》（以下简称《退市意见》）向社会公开征求意见。这标志着新一轮退市制度改革正式启动。这次退市制度改革的核心内容主要有以下几个方面：一是健全上市公司主动退市制度。二是实施重大违法公司强制退市制度。三是进一步明确市场交易类、财务类强制退市指标。四是将中小投资者合法权益保护作为退市制度完善要考虑的重点问题之一。

7月11日，中国证监会就《私募投资基金监督管理暂行办法（征求意见稿）》（以下简称《办法》）向社会公开征求意见。《办法》共十章四十一条，分总则、登记备案、合格投资者、资金募集、投资运作、行业自律、监督管理、关于创业投资基金的特别规定、法律责任、附则等。《办法》将私募证券基金、私募股权基金和创业投资基金，以及市场上以艺术品、红酒等为投资对象的其他种类私募基金均纳入调整范围。在市场准入环节，不对私募基金管理人和私募基金进行前置审批，而是基于基金业协会的登记备案信息，进行事后行业统计、风险监测和必要的检查。《办法》规定合格投资者是指具备相应风险识别能力和风险承担能力，投资于单只私募基金的金额不低于100万元且符合下列相关标准的单位和个人：（1）净资产不低于1000万元的单位；（2）个人金融资产不低于300万元或者最近三年个人年均收入不低于50万元。

7月11日，中国证监会召开新闻发布会，发布重新制订后的《公开募集证券投资基金运作管理办法》（以下简称《运作办法》）及其实施规定，自2014年8月8日起施行。《运作办法》条文修改重点体现以下四个方面的内容：一是以投资者需求为导向，将保障投资者合法权益贯穿始终。二是准确把握新《基金法》对公募基金产品注册制的精神实质,在保护投资者利益的基础上推进基金行业的市场化改革。三是进一步规范基金运作,着力解决当前的一些突出问题,防范系统性风险。四是适应今后一段时期行业发展的需要,进一步拓宽行业创新空间。

7月11日,中国证监会就修订《上市公司重大资产重组管理办法》(以下简称《重组办法》)、《上市公司收购管理办法》(以下简称《收购办法》)向社会公开征求意见,修订内容主要包括:第一,大幅取消对上市公司重大购买、出售、置换资产行为审批,根据14号文的要求,对不构成借壳上市的上市公司重大购买、出售、置换资产行为,取消审批。此外,取消要约收购事前审批及两项要约收购豁免情形的审批。第二,完善发行股份购买资产的市场化定价机制。第三,完善借壳上市的界定,明确对借壳上市执行与IPO审核等同的要求,遏止规避IPO规定的"绕道上市"。并明确创业板上市公司不允许借壳上市。第四,进一步丰富并购重组支付工具。第五,取消向非关联第三方发行股份购买资产的门槛要求和相应的盈利预测补偿强制性规定,鼓励交易双方经协商签订符合自身特点、方式更为灵活的业绩补偿协议,体现了尊重市场化博弈的监管取向。第六,丰富要约收购履约保证制度,强化财务顾问责任。第七,明确分道制审核制度,加强事中事后监管,督促中介机构归位尽责。

7月18日,中国证监会宣布韩国、德国金融机构可参照RQFII试点相关法规,申请RQFII资格并开展相关业务。截至6月底,已有84家境外机构获批RQFII资格,累计获批额度约2500亿元人民币。

八月

8月1日,中国证监会批复郑商所挂牌交易铁合金期货合约,具体挂牌时间由其根据市场状况及各项准备工作的进展情况确定。

8月8日,中国证监会正式启动运行全国统一的"资本市场诚信数据库"。根据《诚信监管办法》的规定,诚信数据库将主要在以下几个层面发挥作用:一是证券期货监管系统将全面查询、使用和应用。二是外部共享与交换。三是接受市场主体的查询。四是按规定公开失信记录。

8月22日,中国证监会发布了《私募投资基金监督管理暂行办法》(以下简称《办法》),自发布之日起实施。《办法》主要明确了以下五项制度安排:一是明确了全口径登记备案制度。二是确立了合格投资者制度。三是明确了私募基金的募资规则。四是提出了规范投资运作行为的有关规则。五是确立了对不同类别私募基金进行差异化行业自律和监管的制度安排。

8月29日,中国证监会就《公开募集证券投资基金运作指引第1号——商品期货交易型开放式基金指引(征求意见稿)》(以下简称《指引》)公开征求意见。《指引》共十条,对商品期货ETF的定义、投资范围、风险控制、相关主体责任、监管要求等内容进行了规范。《指引》的发布实施,将为商品期货ETF的顺利推出奠定基础,支持基金管理公司创新发展。

8月29日,中国证监会就《期货公司监督管理办法(征求意见稿)》(以下简称"《办法》")公开征求意见。《办法》具体包括九个方面的内容:一是落实简政放权,减少行政审批,调整行政许可项目取消和下放相关内容;二是降低准入门槛,扩大期货公司股东范围,优化股东条件;三是完善期货公司业务范围,并为创新业务和牌照管理预留空间;四是适应期货公司业务多元化需要,调整完善业务规则;五是扩大对外开放,明确期货公司引进境外股东和设立境外机构的规则,并为境外客户参与境内期货交易预留空间;六是完善监管制度,着力维护投资者合法权益;七是鼓励期货公司组织形式创新,满足多元化发展需要;八是强化期货公司信息披露义务,健全信息报送及公示制度;九是强化对期货公司的监管要求与法律责任,加大对违法违规行为的惩处力度。

九月

9月16日,中国证监会发布了《关于进一步推进期货经营机构创新发展的意见》(以下简称《意见》),对期货经营机构创新发展重点提出了八大举措:一是大力提升服务实体经济能力。二是努力增强期货经营机构竞争力。三是适时放宽行业准入。四是探索交易商制度,培育专业交易商队伍。五是逐步推进期货经营机构对外开放。六是稳步发展场外衍生品业务。七是加强投资者保护。八是加强风险防范。

9月19日，中国证监会正式公布了《关于修改〈证券期货市场诚信监督管理暂行办法〉的决定》（中国证监会令第106号）。这次修改《诚信监管办法》，主要是明确规定中国证监会将专门建立违法失信信息互联网公示平台。这次修改还调整完善了违法失信信息在诚信档案中的效力期限，规定一般违法失信信息的效力期限为3年，行政处罚、市场禁入、刑事处罚等重大违法信息的效力期限为5年。

9月19日，中国证监会下发通知，鼓励证券公司多渠道补充资本，并清理取消有关证券公司股权融资的限制性规定。主要是：一是要求各证券公司重视资本补充工作，通过IPO上市、增资扩股等方式补充资本，确保业务规模与资本实力相适应，公司总体风险状况与风险承受能力相匹配。二是鼓励符合条件的证券公司IPO上市，取消“较强的市场竞争力”和“良好的成长性”两项额外审慎性要求，并简化有关程序，提高IPO上市监管意见书的出具效率。三是适当降低持股5%以上入股股东及信托公司、有限合伙企业入股证券公司的要求，并对入股股东长期投资规模不再做出要求。四是鼓励证券公司通过利润留存补充资本，并支持证券公司探索发行新型资本补充工具，如优先股、减计债、可转债等。

9月19日，中国证监会制定并发布了非上市公众公司发行优先股相关的信息披露文件，包括《非上市公众公司信息披露内容与格式准则第7号——定向发行优先股说明书和发行情况报告书》、《非上市公众公司信息披露内容与格式准则第8号——定向发行优先股申请文件》。上述信息披露内容与格式准则为非上市公众公司发行优先股指明了操作路径和监管要求，明确了试点期间优先股的发行主体、豁免核准、转让场所等问题，规范了优先股定向发行环节信息披露的内容、格式及申请文件。

9月24日，由中国证监会、公安部、国资委共同举办的“内幕交易警示教育展”在京开展。中国证监会党委书记、主席肖钢出席开展仪式并讲话。中国证监会副主席姜洋主持开展仪式。

9月26日，中国证监会召开新闻发布会，就《证券公司及基金管理公司子公司资产证券化业务管理规定（修订稿）》以及配套的《证券公司及基金管理公司子公司资产证券化业务信息披露指引（征求意见稿）》、《证券公司及基金管理公司子公司资产证券化业务尽职调查工作指引（征求意见稿）》公开征求意见。修订的主要内容包括：一是明确以《证券法》、《基金法》、《私募投资基金监督管理暂行办法》为上位法，统一以资产支持专项计划作为特殊目的载体开展资产证券化业务。二是将资产证券化业务开展主体范围由证券公司扩展至基金管理公司子公司，并将《证券公司资产证券化业务管理规定》更名为《证券公司及基金管理公司子公司资产证券化业务管理规定》。三是取消行政审批，实行市场化的证券自律组织事后备案和基础资产负面清单管理制度。四是强化重点环节监管，制定信息披露、尽职调查配套规则，强化基础资产的真实性要求，加强投资者保护。

十月

10月17日，中国证监会就《中国证监会委托上海深圳证券交易所实施案件调查试点工作规定（草案）》（以下简称《委托调查规定》）向社会公开征求意见。《委托调查规定》共九条，从委托的对象、委托的方式、委托的内容、监督指导、法律责任等方面，对委托调查行为作了规范。

10月17日，中国证监会发布《关于证券公司参与沪港通业务试点有关事项的通知》，进一步明确证券公司参与“沪港通”业务试点有关事项。

10月17日，中国证监会正式发布了《关于改革完善并严格实施上市公司退市制度的若干意见》（以下简称《退市意见》），自发布之日起30日后生效。

10月17日，中国证监会与香港中国证监会共同签署了《沪港通项目下中国证监会与香港中国证监会加强监管执法合作备忘录》。至此，内地与香港关于沪港通跨境监管合作的制度安排已完成。该备忘录的主要内容有以下7个方面：一是开展监管执法合作的目的、备忘录的效力。二是线索与调查信息通报机制。三是协助调查、联合调查的程序及有关安排。四是信息的使用，包括执法合作中有关信息的使用范围、信息保密有关要求。五是双方互为送达有关文书的安排。六是沪港通下协助执行有关安排。七是其他配套安排,包括投资者权益损害赔偿有关安排、信息发布的协调、磋商及定期联络机制、执法人员的实习、培训和交流等。

10月24日,为贯彻落实《国务院关于进一步优化企业兼并重组市场环境的意见》"优化企业兼并重组相关审批流程,推行并联式审批,避免互为前置条件"要求,按照统一论证、分步实施原则,依托企业兼并重组部际协调小组,工信部牵头,会同发改委、商务部及中国证监会等部门,共同研究制定了上市公司并联审批方案。经过充分准备,实施条件已经成熟,定于2014年10月24日起正式施行。

10月24日,中国证监会发布修订后的《上市公司重大资产重组管理办法》(以下简称《重组办法》)和《关于修改〈上市公司收购管理办法〉的决定》。

10月24日,中国证监会党委迅速召开党委中心组(扩大)学习会议,认真传达学习会议精神。中国证监会党委书记、主席肖钢主持会议并讲话。要求证券期货监管系统一定要认真学习《中共中央关于全面推进依法治国若干重大问题的决定》,深刻领会党的十八届四中全会精神,紧密联系实际,切实贯彻落实,大力推进资本市场法治化。一是要坚定不移地走中国特色社会主义法治道路。二是要努力学会运用法治思维和法治方法做好监管工作。三是要推动科学立法不断完善市场法律规则体系。四是要大力推进严格公正文明执法。五是要着力提升依法治市的能力和素质。

10月31日,中国证监会正式发布《期货公司监督管理办法》(以下简称《办法》),自发布之日起实施。

十一月

11月6日,中国证监会和中国人民银行依据《中华人民共和国中国人民银行法》、《中华人民共和国证券法》,建立《债券统计制度》,目前已印发执行。《债券统计制度》以我国银行间市场、交易所市场、商业银行柜台及其他场所发行以及境内机构在境外发行的债务证券,包括债券、票据、存托凭证等债务性金融工具作为统计对象,报送机构逐支报送债券的产品、发行人、存续期、交易、持有人信息,以及债券收益率和其他有关统计资料,报送机构包括银行间债券市场及交易所债券市场多家机构,共涉及全市场债券指标逾80个。

11月6日,中国证监会通报称,根据日常监管中发现的线索,2013年3月19日,中国证监会对海联讯涉嫌财务造假行为立案调查。经审理,案件已于2014年11月6日进入行政处罚前的告知阶段。下一步,根据涉案当事人的申辩情况,中国证监会将依照法定程序,作出行政处罚决定和市场禁入决定。中国证监会初步认定,海联讯涉嫌骗取发行核准和信息披露违法两项违法行为。

11月10日,中国证监会与香港中国证监会宣布,正式启动沪港股票交易互联互通机制试点。沪港通下的股票交易将于2014年11月17日开始。

11月12日,由郑州商品交易所举办的"期货立法国际研讨会"在郑州召开。本次研讨会分为三个主题,分别是"期货法调整范围及期货市场监管与跨境协作"、"期货交易、交割、结算、风险控制及中央对手方制度"、"场外衍生品监管及交易者权益保护"。

11月14日,财政部、国家税务总局和中国证监会通知,对沪港通试点涉及的所得税、营业税和证券(股票)交易印花税等税收政策以及QFII、RQFII所得税政策问题予以明确。自2014年11月17日起至2017年11月16日止,对内地个人投资者通过沪港通投资香港联交所上市股票取得的转让差价所得,三年内暂免征收个人所得税。自2014年11月17日起,对香港市场投资者(包括企业和个人)投资上交所上市A股取得的转让差价所得,暂免征收所得税;对香港市场投资者(包括单位和个人)通过沪港通买卖上交所上市A股取得的差价收入,暂免征收营业税;香港市场投资者通过沪港通买卖、继承、赠与上交所上市A股,按内地现行税制规定缴纳证券(股票)交易印花税;内地投资者通过沪港通买卖、继承、赠与联交所上市股票,按照香港特别行政区现行税法规定缴纳印花税。同时对其他有关税收政策问题根据现行税制规定予以明确。自2014年11月17日起,对QFII(合格境外机构投资者)、RQFII(人民币合格境外机构投资者)取得来源于中国境内的股票等权益性投资资产转让所得,暂免征收企业所得税。

11月14日,中国证监会发布《关于港股通下香港上市公司向境内原股东配售股份的备案规定》,进一步明确香港上市公司向内地投资者配股有关事宜。需遵循以下三个原则:一是对等原则。二是监管相互信赖原则。三是不显著增加上市公司额外负担原则。

11月17日,沪港股票市场交易互联互通机制试点开通仪式在上海、香港同时举行。中共中央政治局委员、上海市委书记韩正出席在上海的开通仪式。中国证监会主席肖钢、上海市市长杨雄、上海证券交易所理事长桂敏杰先后致辞。

11月21日,中国证监会批准玉米淀粉期货在大连商品交易所交易。合约具体上市时间由大连商品交易所根据准备情况确定。

11月21日,中国证监会现正式发布《证券公司及基金管理公司子公司资产证券化业务管理规定》(以下简称《管理规定》)及配套的《证券公司及基金管理公司子公司资产证券化业务信息披露指引》、《证券公司及基金管理公司子公司资产证券化业务尽职调查工作指引》,自公布之日起施行。

十二月

12月5日,中国证监会就《公司债券发行与交易管理办法(征求意见稿)》公开征求意见。主要修订内容包括:一是扩大发行主体范围。二是丰富债券发行方式。三是增加债券交易场所。四是简化发行审核流程。五是实施分类管理。六是加强债券市场监管。

12月5日,中国证监会就《股票期权交易试点管理办法(征求意见稿)》(以下简称《办法》)、《证券期货经营机构参与股票期权交易试点指引》(以下简称《指引》)向社会公开征求意见。《办法》和《指引》的主要内容如下:第一,股票期权交易场所和结算机构。第二,证券公司和期货公司参与股票期权业务的资格。第三,高度重视投资者保护。第四,针对性建立股票期权风控措施。第五,其他规定。第六,期权相关业务资格条件。

12月12日,中国证监会取消8项行政审批项目,取消2项职业资格许可和认定事项,将1项工商登记前置审批事项调整为后置审批。

12月12日,中国证监会发布了《中国证监会委托上海、深圳证券交易所实施案件调查试点工作规定》。委托证券交易所实施案件调查,是资本市场稽查执法的一项重大制度创新。下一步,中国证监会将按照《委托调查规定》启动试点工作,不断加强执法力量,更好地维护市场秩序。

12月12日,中国证监会通报,近日已批准上海期货交易所在其国际能源交易中心开展原油期货交易。下一阶段,中国证监会将会同各相关部委,发布与上市原油期货相关的各项配套政策和管理办法。上海国际能源交易中心和有关各方要全面做好原油期货上市交易的各项准备工作,确保原油期货平稳推出和安全运行。根据准备情况,中国证监会将择机批准挂牌上市原油期货合约的日期。

12月19日,中国证监会正式发布《公开募集证券投资基金运作指引第1号——商品期货交易型开放式基金指引》(以下简称《指引》),自发布之日起实施。《指引》共十一条,对商品期货ETF的定义、投资范围、风险控制、相关主体责任、监管要求等内容进行了规范。此次发布的《指引》是落实《关于大力推进证券投资基金行业创新发展的意见》中关于"研究推出商品期货基金"的重要举措,将为商品期货ETF的顺利推出奠定坚实基础。

12月19日,中国证监会通报,我会与最高人民法院联合发布了《关于加强信用信息共享及司法协助机制建设的通知》(以下简称《通知》),对共同推进国家社会信用体系建设等作了明确规定。今后中国证监会将与最高人民法院实现全国法院执行案件信息管理系统和资本市场诚信数据库的信用信息共享。《通知》对中国证监会提供行政处罚、市场禁入等诚信信息与最高法院共享进行了规定。

12月19日,中国证监会专门研究制定了《中国证监会行政和解试点实施办法(征求意见稿)》(以下简称《实施办法》),现向社会公开征求意见。行政和解的制度设计主要包括以下两个方面的内容:一方面,合理确立行政和解金补偿机制,最大限度弥补投资者损失。另一方面,严格限定适用行政和解案件的范围,建立全面的权力约束机制。

12 月 19 日,中国证监会通报了中国证监会近期针对市场操纵违法违规行为的执法工作情况。指出,近期,中国证监会依托大数据系统,强化了针对市场操纵线索筛查和调查工作。目前,已对涉嫌操纵“中科云网”、“百圆裤业”、“兴民钢圈”、“山东如意”、“湖南发展”、“铁岭新城”、“宝泰隆”、“宝鼎重工”、“元力股份”、“东江环保”“中兴商业”、“山东威达”、“宁波联合”、“远东传动”、“科泰电源”、“新海股份”、“九鼎新材”、“珠江啤酒”等 18 支股票的涉案机构和个人立案调查。

12 月 25 日,大陆方面证券及期货监督管理机构负责人肖钢先生与台湾方面金融监督管理机构负责人曾铭宗先生在北京共同主持了两岸第二次证券及期货监管合作会议。首次监管合作会议以来,两岸证券及期货监管机构保持顺畅的沟通,两岸资本市场合作在 ECFA 框架下进一步得到深化。本次会议就两岸资本市场的发展与合作进行了有益的沟通和讨论。

12 月 26 日,中国证监会修订了《公开发行证券的公司信息披露编报规则第 15 号——财务报告的一般规定》。本次修订结合了会计准则的最新要求并考虑资本市场现实情况,以投资者需求为导向,进一步提高市场主体财务信息披露质量。本次修订主要考虑以下几个方面:一是强调重要性原则,引导公司减少冗余信息披露。二是强调个性化披露,为投资者决策提供更为相关的信息。三是统筹协调财务信息与非财务信息的披露要求,提高信息披露的一体化程度。四是充分考虑会计准则的最新变化,调整有关信息披露要求。五是根据市场出现的新业务的特点和监管中发现的突出问题,增加对投资者决策影响较大或风险较高项目的披露。修订后的《财务报告的一般规定》共五章七十四条。

12 月 26 日,中国证监会对《公开发行证券的公司信息披露内容与格式准则第 17 号——要约收购报告书》、《公开发行证券的公司信息披露内容与格式准则第 26 号——上市公司重大资产重组申请文件》进行了相应修订。修订思路及要点如下:一是根据《重组办法》修订内容,对信息披露准则做出相应修订。二是进一步推进并购重组审核标准公开化。三是坚持以投资者需求为导向,提高重组报告书的可读性。

12 月 26 日,中国证监会通报称,近日发布了《关于证券经营机构参与全国股转系统相关业务有关问题的通知》,进一步明确证券经营机构参与全国股转系统业务的有关事项。一是明确证券公司以及其他机构在全国股转系统开展推荐业务的有关要求。二是明确证券公司以及其他机构在全国股转系统开展做市业务的有关要求。三是明确证券公司、基金管理公司等机构投资全国股转系统挂牌股票的有关要求。四是明确证券期货经营机构在全国股转系统挂牌、募集资金和转让股权的有关要求。五是明确证券公司参与全国股转系统业务在合规风控管理、投资者保护、风险控制指标、分类评价等方面的要求。六是要求系统内各单位加强分工协作,形成集中统一、优势互补、功能配套、信息共享、协调高效的监管体系。

12 月 31 日,中国证监会就《境外交易者和境外经纪机构从事境内特定品种期货交易管理暂行办法(征求意见稿)》(以下简称《办法》)向社会公开征求意见。《办法》共 35 条,具体包括四方面的主要内容:一是扩大我国期货市场参与主体,允许境外交易者和境外经纪机构从事境内特定品种期货交易。二是为境外交易者和境外经纪机构提供了多种参与模式。三是规范境内特定品种期货交易涉及的主要业务环节,包括开户、运营、结算、保证金收取及存管要求、大户报告、强行平仓、违约处理、纠纷调解处理等。四是规定了对境外交易者、境外经纪机构从事境内特定品种期货交易及相关业务活动的违法违规查处和跨境执法等监督管理职责。

后　记

为了全面反映过去一年中资本市场法制建设的实践情况，客观记录中国资本市场法制发展的工作成果和文献资料，我们组织编辑了《中国资本市场法制发展报告（2014）》。在编辑过程中，中国证监会会内相关部门、各派出机构、各系统单位提供了大量的资料，给予了大力支持和帮助。中国证监会领导一直关心《报告》的编辑工作，并对《报告》提出了许多指导和建议。相关部门、机构和工作人员做了大量工作，付出了艰辛的劳动。我们在此一并表示感谢！

由于编写时间有限，书中难免有疏漏、不足之处，欢迎读者批评指正。

中国证监会法律部
2014 年 10 月

图书在版编目(CIP)数据

中国资本市场法制发展报告.2014／中国证券监督管理委员会编.—北京:法律出版社, 2015.10
ISBN 978-7-5118-8622-4

Ⅰ.①中…　Ⅱ.①中…　Ⅲ.①证券法—研究报告—中国—2014　Ⅳ.①D922.287.4

中国版本图书馆 CIP 数据核字(2015)第 253579 号

责任编辑／麦　锐　　**装帧设计**／贾丹丹

出版／法律出版社　　**编辑统筹**／法规出版分社
总发行／中国法律图书有限公司　　**经销**／新华书店
印刷／北京中科印刷有限公司　　**责任印制**／吕亚莉

开本／787 毫米×1092 毫米　1/16　　**印张**／77.25　　**字数**／1200千
版本／2015 年 12 月第 1 版　　**印次**／2015 年 12 月第 1 次印刷

法律出版社／北京市丰台区莲花池西里 7 号(100073)
电子邮件／info@ lawpress. com. cn　　**销售热线**／010-63939792/9779
网址／www. lawpress. com. cn　　**咨询电话**／010-63939796

中国法律图书有限公司／北京市丰台区莲花池西里 7 号(100073)
全国各地中法图分、子公司电话:
第一法律书店／010-63939781/9782　　**西安分公司**／029-85388843　　**重庆公司**／023-65382816/2908
上海公司／021-62071010/1636　　**北京分公司**／010-62534456　　**深圳公司**／0755-83072995

书号:ISBN 978-7-5118-8622-4　　**定价:**260.00 元